Gerhard Kraft
Außensteuergesetz

Außensteuergesetz

Herausgegeben von

Professor Dr. Gerhard Kraft

Erläutert von

Georg S. Edelmann
Wirtschaftsprüfer und
Steuerberater in München

Prof. Dr. Gerhard Kraft
Universitätsprofessor in Halle
Wirtschaftsprüfer, Steuerberater

Dr. Martin Krause
Rechtsanwalt und
Steuerberater in Frankfurt

Dr. Peer Daniel G. Protzen
LL.M., Rechtsanwalt in Berlin

Dr. Sabine Rödel
Steuerberaterin

2. Auflage 2019

Zitiervorschlag:
Bearbeiter in Kraft AStG § 1 Rz. 10

www.beck.de

ISBN 978 3 406 64926 4

© 2019 Verlag C. H. Beck oHG
Wilhelmstraße 9, 80801 München

Druck: Beltz Grafische Betriebe GmbH,
Am Fliegerhorst 8, 99947 Bad Langensalza

Satz: Druckerei C. H. Beck Nördlingen
(Adresse wie Verlag)

Gedruckt auf alterungsbeständigem, säurefreiem Papier
(hergestellt aus chlorfrei gebleichtem Zellstoff)

Vorwort

Seit dem Erscheinen der Erstauflage des vorliegenden Kurzkommentars zum AStG in der „Gelben Reihe" des Verlags hat diese Steuerrechtsmaterie eine Entwicklung genommen, die mit dem Prädikat „stürmisch" noch verharmlosend umschrieben wäre. So sind sowohl aus der Richtung der OECD als auch der Europäischen Union hochaktuelle Initiativen zu verzeichnen, die innerhalb eines überschaubaren Zeitraums sowohl die Konzeption als auch die Systematik der deutschen Hinzurechnungsbesteuerung nachhaltig beeinflussen dürften. Zu nennen sind insoweit der am 5.10.2015 veröffentlichte Aktionsplan 3 (action point 3) „Designing Effective Controlled Foreign Company Rules (CFC)" der BEPS-Initiative der OECD sowie die am 12.7.2016 formal verabschiedete EU-Richtlinie gegen Steuervermeidung („Anti Tax Avoidance Directive" – „ATAD"), die aufgrund ihrer Veröffentlichung im Amtsblatt als RL (EU) 2016/1164 am 19.7.2016 den Rang europäischen Sekundärrechts einnimmt. Die Kommentierung der in nationales Recht umgesetzten ATAD wird – das ist bereits jetzt absehbar – den Schwerpunkt der zwangsläufig zeitnah erscheinenden dritten Auflage bilden.

Die freundliche Aufnahme der Erstauflage des Kommentars haben Verlag und Herausgeber bewogen, die Zweitauflage noch vor der Umsetzung der ATAD in nationales Recht ins Werk zu setzen, sind dem deutschen Gesetzgeber doch enge zeitliche Fesseln angelegt, die ATAD bis zum 31.12.2018 in nationales Recht umzusetzen. Zu umfangreich erschienen die Entwicklungen, als dass sie erst mit dem Mammutprojekt ATAD hätten berücksichtigt werden können. Die vorliegende Zweitauflage des Kommentars versteht sich demgemäß als notwendiger, aber auch logischer Zwischenschritt. Dass der Gesetzgeber die sekundärrechtliche Vorgabe der fristgerechten ATAD-Umsetzung nicht halten wird können, ist bereits jetzt absehbar. Leidige Rückwirkungsdiskussionen werden die zwangsläufige Konsequenz sein.

Der Bedeutungszuwachs des AStG zeigt sich daneben in zahlreichen beim BFH sowie beim EuGH anhängigen bzw. kürzlich entschiedenen Verfahren. Diese betreffen sämtliche Regelungsbereiche des Gesetzes, von den Verrechnungspreisen über die Wegzugsbesteuerung, die Hinzurechnungsbesteuerung bis hin zur Behandlung ausländischer Familienstiftungen. Diese Entwicklungen belegen, dass sich das AStG von einer Spezialistenmaterie zu einem Rechtsgebiet gewandelt hat, welches in der gestaltenden und beratenden Tagespraxis einen überaus hohen Stellenwert einnimmt.

Die Kommentierung gibt den aktuellen Rechtstand 1. Juli 2018 wieder. Die gesetzgeberischen Neuentwicklungen seit der Erstauflage berücksichtigen die Reform des Investmentsteuerrechts, die Fundamentalreform der Behandlung ausländischer Familienstiftungen sowie die teilweise erheblichen Änderungen im Bereich des § 1 AStG. Darüber hinaus berücksichtigt sie zentrale Entwicklungen in der Judikatur. So konnte die für die unionsrechtliche Beurteilung der Verrechnungspreisproblematik überaus wichtige Hornbach Entscheidung C-382/16 v. 31.5.2018 noch verarbeitet werden. Einen Überblick über zentrale einer höchstrichterlichen Entscheidung harrenden Verfahren vermittelt der in der Zweitauflage neu konzipierte Teil „Vor §§ 7–14 AStG". Hier finden sich auch Hinweise über wahrschein-

Vorwort

liche legislatorische Anpassungsnotwendigkeiten im Nachgang der ATAD-Umsetzung, die bereits in der Gestaltungsberatung zu antizipieren sind.

Mein Dank gilt Frau *Gabriele Wichmann-Woge* für die begleitende lektoratsmäßige Betreuung. Ebenso bedanke ich mich bei Herrn *Sven Hentschel,* M. Sc./LL. M., der mir bei der Kommentierung des § 1 AStG Zu- und Entlastungsarbeiten von unschätzbarem Wert geleistet hat. Mein Dank gilt ferner den zahlreichen Fachkolleginnen und Fachkollegen in der Beratungs-, Unternehmens-, Verwaltungs-, Rechtsprechungs- und Gesetzgebungspraxis, die sich in den vergangenen Jahren dem inhaltlichen Austausch geöffnet haben. Überaus fruchtbare Diskussionen haben es mit ermöglicht, dass der AStG-Kommentar dem Anspruch der „Gelben Reihe" genügt, nämlich einen effektiven Zugang zu den zentralen Problemen intellektuell höchst anspruchsvoller Rechtsgebiete darzustellen.

Im September 2018 *Gerhard Kraft*

Vorwort zur 1. Auflage

Die Idee, einen Kurzkommentar zum „Gesetz über die Besteuerung bei Auslandsbeziehungen" (Außensteuergesetz – AStG) zu verfassen, basiert auf der Überlegung, in der „Gelben Reihe" des Verlags ein Werk auch zu diesem anspruchsvollen Steuergesetz herauszugeben. Diese Vakanz zu schließen und dabei dem Rechtsanwender eine Handreichung in der Tagespraxis zu bieten, lässt sich auch als Leitlinie der Autoren bei der Kommentierung des AStG formulieren. Sämtliche Autoren haben sich im Rahmen ihrer beruflichen Tätigkeit, in der Wissenschaft ebenso wie in der Unternehmens- und Beratungspraxis, über lange Jahre mit dem AStG auseinandergesetzt. Sie haben sich mit dem vorliegenden Kommentar das Ziel gesetzt, den komplexen Stoff des AStG mit wissenschaftlicher Sorgfalt so aufzubereiten, dass dem Rechtsanwender ein effektiver und direkter Zugang zu den relevanten Fragestellungen ermöglicht wird.

Das AStG sah sich in Bezug auf nahezu sämtliche Regelungsbereiche über mehrere Jahre hinweg dem Vorwurf ausgesetzt, gegen die europäischen Grundfreiheiten zu verstoßen. Dieser Befund führte dazu, dass sich die im AStG geregelte Materie äußerst stürmisch entwickelte. Mittlerweile ist eine Phase der (vermeintlichen) Beruhigung eingetreten. Sie ist darauf zurückzuführen, dass der Gesetzgeber – häufig im Nachgang zu Äußerungen der Finanzverwaltung – europarechtliche Defizite der Vergangenheit in den Bereichen der Wegzugsbesteuerung und der Hinzurechnungsbesteuerung beseitigt hat oder beseitigt zu haben glaubt. Die europarechtlich induzierte Rechtsunsicherheit war auch ursächlich dafür, das Erscheinen des vorliegenden Kommentars mehrfach zurückzustellen bzw. zu verschieben. Nachdem indessen der Gesetzgeber durch die Fundamentalreform des § 6 AStG auf die EuGH-Judikatur in der Rechtssache *Lasteyrie du Saillant* und durch die Einführung des § 8 Abs. 2 AStG auf die Rechtssache *Cadbury-Schweppes* reagiert hatte, entschieden sich Verlag, Herausgeber und Autoren zum Erscheinen im Frühjahr 2009.

Die Kommentierung gibt damit den aktuellen **Rechtstand 1. Januar 2009** wieder. Sie berücksichtigt insbesondere die umfangreichen Änderungen des AStG durch die Unternehmensteuerreform 2008 sowie durch die Jahressteuergesetze 2008 und 2009. Die gelegten Schwerpunkte sind dabei einerseits der Aktualität, andererseits ihrer überragenden Praxisrelevanz geschuldet. Exemplarisch lassen sich als Stichworte die folgenden Themenbereiche nennen, die in der Kommentierung als besondere Schwerpunkte behandelt wurden:

– die *Funktionsverlagerung* nebst ihren besonderen ökonomischen und europarechtlichen Bezügen,
– die reformierte *Wegzugsbesteuerung* und deren europarechtliche Beurteilung,
– die *investmentsteuerlichen* Besonderheiten der Hinzurechnungsbesteuerung,
– die Sonderregelung bei *REIT-Strukturen* im Kontext der Hinzurechnungsbesteuerung,
– die eingehende Beurteilung des in den letzten Jahren geänderten, gleichwohl nach wie vor reformierungsbedürftigen *Aktivitätskatalogs* der Hinzurechnungsbesteuerung,
– die ausländischen *Umwandlungen* und ihre Behandlung bei der Hinzurechnungsbesteuerung,

Vorwort

– die *Ermittlung der Einkünfte* im Rahmen des anzusetzenden Hinzurechnungsbetrags,
– die zunehmend aktueller werdenden ausländischen *Familienstiftungen,*
– die *Switch-over-Klausel* für Zwischeneinkünfte einer DBA-Betriebsstätte.

Meinen Mitstreitern danke ich für das ausdauernde Engagement, ohne das dieses ebenso ehrgeizige wie schwierige Werk nicht entstanden wäre. Miteinbeziehen in diesen Dank darf ich die Familienangehörigen und Lebenspartner für das Verständnis und den Verzicht, die auch ihnen in dieser Zeit abverlangt wurden. Ebenso gilt mein Dank Frau *Gabriele Wichmann-Woge* und Herrn *Albert Buchholz* für die begleitende lektoratsmäßige Betreuung und für die damit einhergehende Geduld wie (nie nachlassende) Ungeduld. Gerade in der Schlussphase war die enge Zusammenarbeit zwischen Verlag und Autoren das ausschlaggebende Kriterium für ein erfolgreiches Finale. Ebenso bedanke ich mich bei Herrn Dipl.-Kfm. *Patrick Wortmann,* LL.M., sowie bei Frau *Annett Graupeter,* die mir bei der Kommentierung des § 1 AStG Zu- und Entlastungsarbeiten von unschätzbarem Wert geleistet haben.

Im März 2009 *Gerhard Kraft*

Inhaltsverzeichnis

Vorwort zur 2. Auflage V
Vorwort zur 1. Auflage VII
Abkürzungs- und Literaturverzeichnis XI
Verzeichnis der zitierten Aufsätze XXIII

Erster Teil. Internationale Verflechtungen

§ 1 Berichtigung von Einkünften 3

Zweiter Teil. Wohnsitzwechsel in niedrig besteuernde Gebiete

§ 2 Einkommensteuer 199
§ 3 *(aufgehoben)*
§ 4 Erbschaftsteuer 234
§ 5 Zwischengeschaltete Gesellschaften 247

Dritter Teil. Behandlung einer Beteiligung im Sinne des § 17 des Einkommensteuergesetzes bei Wohnsitzwechsel im Ausland

§ 6 Besteuerung des Vermögenszuwachses 263

Vierter Teil. Beteiligung an ausländischen Zwischengesellschaften

Vorbemerkungen zu §§ 7–14 357
§ 7 Steuerpflicht inländischer Gesellschafter 405
§ 8 Einkünfte von Zwischengesellschaften 479
§ 9 Freigrenze bei gemischten Einkünften 639
§ 10 Hinzurechnungsbetrag 650
§ 11 Veräußerungsgewinne 751
§ 12 Steueranrechnung 762
§ 13 *(aufgehoben)*
§ 14 Nachgeschaltete Zwischengesellschaften 780

Fünfter Teil. Familienstiftungen

§ 15 Steuerpflicht von Stiftern, Bezugsberechtigten und Anfallsberechtigten 817

Sechster Teil. Ermittlung und Verfahren

§ 16 Mitwirkungspflicht des Steuerpflichtigen 867
§ 17 Sachverhaltsaufklärung 880
§ 18 Gesonderte Feststellung von Besteuerungsgrundlagen ... 892

Siebenter Teil. Schlußvorschriften

§ 19 *(aufgehoben)*
§ 20 Bestimmungen über die Anwendung von Abkommen zur Vermeidung der Doppelbesteuerung 915

Inhaltsverzeichnis

§ 21 Anwendungsvorschriften 940
§ 22 Neufassung des Gesetzes 970

Sachverzeichnis 971

Abkürzungsverzeichnis

Verzeichnis der Abkürzungen und der abgekürzt zitierten Literatur

a A	anderer Ansicht
aaO	am angegebenen Ort
a E	am Ende
ABl.	Amtsblatt
ABl. EG/EU	Amtsblatt der Europäischen Gemeinschaften / der Europäischen Union
abl.	ablehnend
AE	Anwendungserlass
AEAStG	Anwendungserlass zum Außensteuergesetz vom 14.5.2004 (BGBl. I Sondernr. 1/2004, 3)
AEUV	Vertrag über die Europäische Union
Abs.	Absatz
Abschn.	Abschnitt
AEAO	Anwendungserlass zur AO vom 31.1.2014 (BStBl. I 2014, 290)
aF	alte Fassung
AfA	Absetzung für Abnutzung
AfS	Absetzung für Substanzverringerung
AG	Aktiengesellschaft; auch Zeitschrift „Die Aktiengesellschaft"; mit Ortsbezeichnung Amtsgericht
AIG	s. Auslandsinvestitionsgesetz
AktG	Aktiengesetz vom 6.9.1965 (BGBl. 1965 I 1089)
Alt.	Alternative
a M	anderer Meinung
AOA	Authorized OECD Approach
Anh.	Anhang
Anm.	Anmerkung
AO	Abgabenordnung
Art.	Artikel
AStG	Gesetz über die Besteuerung bei Auslandsbeziehungen (Außensteuergesetz) vom 8.9.1972 (BGBl. 1972 I 1713)
ATAD	Anti Tax Avoidance Directive. RL (EU) 2016/1164 des Rates mit Vorschriften zur Bekämpfung von Steuervermeidungspraktiken mit unmittelbaren Auswirkungen auf das Funktionieren des Binnenmarkts vom 12.7.2016 (ABl. EU 2016 Nr. L 193, 1)
Aufl.	Auflage
AuslInvG	Gesetz über steuerliche Maßnahmen bei Auslandsinvestitionen der deutschen Wirtschaft vom 18.8.1969 (BGBl. 1969 I 1214)
AuslInvestmG	Auslandsinvestmentgesetz vom 9.9.1998 (BGBl. 1998 I 2820), aufgeh. mWv 1.1.2004
AWD	Außenwirtschaftsdienst
Az.	Aktenzeichen
BaKred	Bundesaufsichtsamt für das Kreditwesen
Baumgärtl/Perlet	Baumgärtl/Perlet, Die Hinzurechnungsbesteuerung bei Auslandsbeteiligungen, 1996

Abkürzungsverzeichnis

Beck/Samm/ Kokemoor	T. Samm, A. Kokemoor (Hrsg.), Gesetz über das Kreditwesen (Loseblatt), begr. von Heinz Beck
Begr.	Begründung
Beil.	Beilage
BEPS	Base Erosion and Profit Shifting
Beschl.	Beschluss
Betr., betr.	Betreff, betrifft
BewG	Bewertungsgesetz vom 1.2.1991 (BGBl. 1991 I 230)
BfF	Bundesamt für Finanzen
BFH	Bundesfinanzhof
BFHE	Sammlung der Entscheidungen des Bundesfinanzhofs, hrsg. von den Mitgliedern des Bundesfinanzhofs
BFH/NV	Sammlung amtlich nicht veröffentlichter Entscheidungen des Bundesfinanzhofs
BGB	Bürgerliches Gesetzbuch
BGBl.	Bundesgesetzblatt
BGH	Bundesgerichtshof
Blümich/Bearbeiter	B. Heuermann, P. Brandis (Hrsg.), Blümich, Kommentar zu EStG, KStG, GewStG und Nebengesetze (Loseblatt), begr. von W. Blümich
BMF	Bundesminister(ium) der Finanzen
BMG	Bemessungsgrundlage
Boos/Bearbeiter	K.-H. Boos, R. Fischer, H. Schulte-Mattler (Hrsg.), KWG, CRR-VO. Kommentar zum Kreditwesengesetz und zur VO (EU) 575/2013 (CRR) und Ausführungsvorschriften, 5. Aufl., München 2016
BR	Bundesrat
BR-Drs.	Bundesrats-Drucksache
Brezing	K. Brezing u a, Kommentar Außensteuerrecht, Herne 1993
BsGaV	Betriebsstättengewinnaufteilungsverordnung vom 10.10.2014 (BGBl. 2014 I 1603)
Bsp., bspw.	Beispiel, beispielsweise
BStBl.	Bundessteuerblatt
BStBK	Bundessteuerberaterkammer
BS-VWG	Grundsätze der Verwaltung für die Prüfung der Aufteilung der Einkünfte bei Betriebsstätten international tätiger Unternehmen (Betriebsstättenverwaltungsgrundsätze) vom 24.12.1999 (BGBl. 1999 I 1076)
BT	Bundestag
BT-Drs.	Bundestags-Drucksache
Buchst.	Buchstabe
BV	Besloten Vennootschap met beperkte ansprakelijkheit (NL); Betriebsvereinbarung; Betriebsvermögen
BVerfG	Bundesverfassungsgericht
BVerfGE	Amtliche Sammlung von Entscheidungen des BVerfG
BVerwG	Bundesverwaltungsgericht
BVerwGE	Entscheidungen des Bundesverwaltungsgerichts
bzgl.	Bezüglich
BZSt	Bundeszentralamt für Steuern
bzw.	beziehungsweise

Abkürzungsverzeichnis

Caliess/Ruffert/Bearbeiter	C. Calliess, M. Ruffert (Hrsg.), EUV/AEUV. Das Verfassungsrecht der Europäischen Union mit Europäischer Grundrechtecharta. Kommentar, 5. Aufl., München 2016
CAT-Bond	Cat(astrophe) Bond
CbCR	Country by Country Reporting
CFC	Controlled Foreign Companies
CGI	Code général des impôts
Crezelius, Steuerrecht II	G. Crezelius, Die einzelnen Steuerarten, 2. Aufl., München 1994
DBA	Doppelbesteuerungsabkommen
DBA D-NL	Doppelbesteuerungsabkommen Deutschland-Niederlande
DDR	Deutsche Demokratische Republik
Degenhart, Staatsrecht	C. Degenhart, Staatsrecht I. Staatsorganisationsrecht, 33. Aufl., Heidelberg 2017
DepotG	Depotgesetz vom 11.1.1995 (BGBl. 1995 I 34)
ders.	derselbe
d h	das heißt
DMBilG	Gesetz über die Eröffnungsbilanz in Deutscher Mark und die Kapitalneufestsetzung (D-Markbilanzgesetz) vom 28.7.1994 (BGBl. 1994 I 1842)
Dok.Nr.	Dokumentennummer
Doppelbuchst.	Doppelbuchstabe
DPM	E. Dötsch, A. Pung, R. Möhlenbrock (Hrsg.), Die Körperschaftsteuer. Kommentar zum Körperschaftsteuergesetz. Umwandlungssteuergesetz und zu den einkommensteuerrechtlichen Vorschriften der Anteilseignerbesteuerung (Loseblatt)
DStR	Deutsches Steuerrecht (Zeitschrift)
DV/DVO	Durchführungsverordnung
EFG	Entscheidungen der Finanzgerichte
EG	Europäische Gemeinschaft
EGV	Vertrag zur Gründung der Europäischen Gemeinschaft
EK	Eigenkapital
Erle/Sauter/Bearbeiter	B. Erle, T. Sauter (Hrsg.), Heidelberger Kommentar zum Körperschaftsteuergesetz, 3. Aufl., Heidelberg 2010
ErbSt	Erbschaftsteuer
ErbStG	Erbschaftsteuer- und Schenkungsteuergesetz vom 27.2.1997 (BGBl. 1997 I 378)
ESt	Einkommensteuer
EStDV	Einkommensteuerdurchführungsverordnung
EStG	Einkommensteuergesetz vom 8.10.2009 (BGBl. 2009 I 3366, ber. 2009 I 3862)
EStR	Einkommensteuerrichtlinien
EStH	Einkommensteuerhinweise
etc.	et cetera
EU	Europäische Union
EuGH	Europäischer Gerichtshof

Abkürzungsverzeichnis

EuGHE	Entscheidungen des Europäischen Gerichtshofes
EURLUmsG	Gesetz zur Umsetzung von EU-Richtlinien in nationales Steuerrecht und zur Änderung weiterer Vorschriften (Richtlinien-Umsetzungsgesetz) vom 9.12.2004 (BGBl. 2004 I 3310)
europarechtl.	europarechtlich
EUGRZ	Europäische Grundrechte-Zeitschrift
EuZW	Europäische Zeitschrift für Wirtschaftsrecht
evtl.	eventuell
EWG	Europäische Wirtschaftsgemeinschaft
EWIR	Entscheidungen zum Wirtschaftsrecht (Entscheidungssammlung)
EWR	Europäischer Wirtschaftsraum
f., ff.	folgend, folgende
FCP	Fonds Commun de Placement
Festgabe Wassermeyer 2015	C. Kaeser (Hrsg.), Doppelbesteuerung: Festgabe zum 75. Geburtstag von Prof. Dr. Dr. h. c. Franz Wassermeyer, München 2015
FG	Finanzgericht
FK	Fremdkapital
FKVO	Verordnung (EG) Nr. 139/2004 des Rates über die Kontrolle von Unternehmenszusammenschlüssen – (Europäische) Fusionskontrollverordnung) vom 20.1.2004 (ABl. EU 2004 Nr. L 24, 1)
FinMin	Finanzministerium
FR	Finanz-Rundschau (Zeitschrift)
Frotscher, Internationales Steuerrecht	Gerrit Frotscher, Internationales Steuerrecht, 4. Aufl., München 2015
FS	Festschrift
FS Karl Beusch	Festschrift für Karl Beusch zum 68. Geburtstag, hrsg. von H. Beisse, M. Lutter, H. Närger, Berlin 1993
FS Endres	Besteuerung internationaler Unternehmen. Festschrift für Dieter Endres zum 60. Geburtstag, hrsg. von J. Lüdicke, A. Schnitger, C. Spengel, München 2016
FS Frotscher	Das Steuerrecht der Unternehmen. Festschrift für Gerrit Frotscher zum 70. Geburtstag, hrsg. von J. Lüdicke, J. M. Mössner, L. Hummel, Freiburg 2013
FS Herzig	Unternehmensbesteuerung. Festschrift für Norbert Herzig zum 65. Geburtstag, hrsg. von W. Kessler, G. Förster, C. Watrin, München 2010
FS Loukota	Praxis des Internationalen Steuerrechts, Festschrift für Helmut Loukota zum 65. Geburtstag, hrsg. von M. Lang, H. Jirousek, Wien 2005
FS 65. Geburtstag von Professor Dr. Hans Luik (1991)	Aktuelle Fachbeiträge aus Wirtschaftsprüfung und Beratung. Festschrift zum 65. Geburtstag von Professor Dr. Hans Luik, 1991

Abkürzungsverzeichnis

FS Offerhaus	Steuerrechtsprechung, Steuergesetz, Steuerreform: Festschrift für Klaus Offerhaus zum 65. Geburtstag, hrsg. Von P. Kirchhof, W. Jakob, A. Beermann, Köln 1999
FS Schaumburg	Steuerzentrierte Rechtsberatung. Festschrift für Harald Schaumburg, hrsg. von W. Spindler, K. Tipke, T. Rödder, 2009
FS Widmann	Umwandlungen im Zivil- und Steuerrecht, Festschrift für Siegfried Widmann zum 65. Geburtstag, hrsg. von F. Wassermeyer, D. Mayer, N. Rieger , 2000
Fuhrmann	S. Fuhrmann (Hrsg.), Außensteuergesetz. Kommentar, 3. Aufl., 2017
FVerlV	Funktionsverlagerungsverordnung vom 12.8.2008 (BGBl. 2008 I 1680)
FWBS	H. Flick, F. Wassermeyer, H. Baumhoff, J. Schönfeld (Hrsg.), Außensteuerrecht, Kommentar (Loseblatt)
G	Gesetz
Gassner/Bearbeiter	W. Gassner, M. Lang, E. Lechner (Hrsg.). Der Entwurf eines österreichischen Außensteuergesetzes. Grenzen der Gestaltung, Wien 2001
GAufzV	Gewinnabgrenzungsaufzeichnungsverordnung vom 12.7.2017 (BGBl. 2017 I 2367)
GBBerG	Grundbuchbereinigungsgesetz vom 20.12.1993 (BGBl. 1993 I 2182)
GbR	Gesellschaft bürgerlichen Rechts
GE	Grundeigentum (Zeitschrift)
gem.	gemäß
Ges. m. b. H.	s. GmbH
GewESt	Gewerbeertragsteuer
GewStG	Gewerbesteuergesetz vom 15.10.2002 (BGBl. 2002 I 4167)
GG	Grundgesetz
ggf.	gegebenenfalls
ggü.	gegenüber
GHS/Bearbeiter	Grotherr/Herfort/Strunk, Internationales Steuerrecht (Handkommentar)
GKG	Gosch/Grotherr/Kroppen, DBA. Kommentar, Loseblatt
GKKB	Gemeinsame konsolidierte Körperschaftsteuer-Bemessungsgrundlage
GmbH	Gesellschaft mit beschränkter Haftung
GmbHR	GmbH-Rundschau (Zeitschrift)
gl A	gleicher Ansicht
Grabitz/Hilf/ Nettesheim/ Bearbeiter	Das Recht der Europäischen Union. EUV/AEUV Begr. von E. Grabitz, fortgef. von M. Hilf, hrsg. von M. Nettesheim, Kommentar (Loseblatt)
H	Hinweise
Haase/Bearbeiter	F. Haase (Hrsg.), Außensteuergesetz/Doppelbesteuerungsabkommen – Kommentar, 3. Aufl., Heidelberg 2016
Haritz/Benkert	Haritz/Benkert (Hrsg.), Umwandlungssteuergesetz, 2. Aufl., München 2000
Helios/Wewel/ Wiesbrock	M. Helios, U. Wewel, M. R. Wiesbrock, REIT-Gesetz. Gesetz über deutsche Immobilien-Aktiengesellschaften mit bör-

Abkürzungsverzeichnis

	sennotierten Anteilen (Real Estate Investment Trusts mit Nebenbestimmungen), Kommentar, München 2008
Hepberger, Die Liechtensteinsche Stiftung	R. Hepberger, Die Liechtensteinische Stiftung – Unter besonderer Berücksichtigung der Rechte des Stifters nach deren Errichtung, 2003
Herdegen	M. Herdegen, Europarecht, 19. Aufl., München 2017
HHR/Bearbeiter	G Heuer, A. Raupach (Hrsg.), Einkommensteuer- und Körperschaftsteuergesetz mit Nebengesetzen (Loseblatt)
HGB	Handelsgesetzbuch
HHS	W. Hübschmann/E. Hepp/A. Spitaler, Kommentar zur Abgabenordnung und Finanzgerichtsordnung (Loseblatt)
hM	herrschende Meinung
Hs.	Halbsatz
Höppner IWB	Höppner IWB F. 3 Gr. 3 S. 1157
HZB	Hinzurechnungsbilanz
ICI	Imperial Chemical Industries PLC (EuGH-Urteil)
idF	in der Fassung
idR	in der Regel
idS	in diesem Sinne
IdW	Institut der Wirtschaftsprüfer
IDW-HFA	Stellungnahmen des Hauptfachausschusses des IDW
iE	im Einzelnen
ieS	im eigentlichen Sinne
IDW	Institut der Wirtschaftsprüfer
IHK	Industrie- und Handelskammer(n)
iHv	in Höhe von
Inc.	Incorporated
insb.	insbesondere
InvÄndG	Investmentänderungsgesetz vom 21.12.2007 (BGBl. 2007 I 3089)
Investment-ModernisierungsG	Investmentmodernisierungsgesetz vom 15.12.2003 (BGBl. 2003 I 2676)
InvG	Investmentgesetz vom 15.12.2003 (BGBl. 2003 I 2676)
InvStG	Investmentsteuergesetz vom 15.12.2003 (BGBl. I S. 2676)
InvModG	s. Investment-ModernisierungsG
IRC	Internal Revenue Code
iR(d)	im Rahmen (des)
iS	im Sinne
iSd	im Sinne des
IStR	Internationales Steuerrecht (Zeitschrift)
iSv	im Sinne von
iVm	in Verbindung mit
iwS	im weiteren Sinne
IWB	Internationale Wirtschafts-Briefe (Loseblatt)
iZm	im Zusammenhang mit
Jacobs, Internationale Unternehmensbesteuerung	D. Endres, C. Spengel (Hrsg.), begr. von Otto H. Jacobs, Internationale Unternehmensbesteuerung. Deutsche Investi-

Abkürzungsverzeichnis

	tionen im Ausland. Ausländische Investitionen im Inland, 8. Aufl., München 2016
JStG	Jahressteuergesetz
KAG	Kommunalabgabengesetz
KAGG	Gesetz über Kapitalanlagegesellschaften vom 9.9.1998 (BGBl. 1998 I 2726)
Kaiser/Bellstedt	Kaiser/Bellstedt, Die Anwaltssozietät, 2. Aufl., 1995
Kaligin	Kaligin, Die Betriebsaufspaltung, 10. Aufl., Berlin 2017
Kallmeyer /Bearbeiter	H. Kallmeyer, Umwandlungsgesetz, 6. Aufl., 2017
KapG	Kapitalgesellschaft
Kapp/Ebeling	Begr. R. Kapp. Fortgef. J. Ebeling, Kommentar zum Erbschaftsteuer- und Schenkungsteuergesetz (Loseblatt)
KapSt	Kapitalertragsteuer
KG	Kammergericht; Kommanditgesellschaft
KGaA	Kommanditgesellschaft auf Aktien
Kirchhof/Söhn/ Mellinghoff	P. Kirchhof, H. Söhn, R. Mellinghoff, Einkommensteuergesetz. Kommentar (Loseblatt)
KJ	Kalenderjahr
Klein	Klein, AO. Kommentar, 13. Aufl., München 2016
KOM	Kommission
Korb II	Gesetz zur Umsetzung der Protokollerklärung der Bundesregierung zur Vermittlungsempfehlung zum Steuervergünstigungsabbaugesetz (Korb II) vom 22.12.2003 (BStBl. I 2004, 14)
Kroppen, Internationale Verrechnungspreise/ Bearbeiter	H.-K. Kroppen, S. Rasch (Hrsg.), Handbuch Internationale Verrechnungspreise. Nationale und internationale Aspekte der Verrechnungspreisproblematik (Loseblatt)
KSt	Körperschaftsteuer
KStG	Körperschaftsteuergesetz vom 15.10.2002 (BGBl. 2002 I 4144)
KStR	Körperschaftsteuer-Richtlinien
KStH	Körperschaftsteuerhinweise
KWG	Kreditwesengesetz vom 9.9.1998 (BGBl. 1998 I 2776)
Lademann/Söffing/ Brockhoff/Bearbeiter	G. Söffing, K. Brockhoff (Hrsg.) Kommentar zum Einkommensteuergesetz (Loseblatt), begr. von F. Lademann
Lademann/ Bearbeiter	Lademann, AStG. Kommentar, 2. Aufl., 2015
(Bearbeiter in) Lehner, Grundfreiheiten	M. Lehner, Grundfreiheiten im Steuerrecht der EU-Staaten (Münchener Schriften zum Internationalen Steuerrecht, Heft 23), München 2000
Lenz/Borchardt/ Bearbeiter	Lenz/Borchardt, EU-Verträge, 6. Aufl., Bonn 2012
Lexinform	Datenbanksystem der DATEV
lfd.	laufend
li. Sp.	linke Spalte
lit.	Buchstabe

Abkürzungsverzeichnis

Littmann/Bitz/Pust/ Bearbeiter	E. Littmann, H. Bitz, H. Pust (Hrsg.), Das Einkommensteuerrecht, Kommentar, Loseblatt
LPF	Livre des procédures fiscales
Ltd.	Limited
(Bearbeiter in) Lüdicke	J. Lüdicke, Fortentwicklung der Internationalen Unternehmensbesteuerung, Köln 2002
Lühn	Lühn, Ergänzung der Besteuerung ausländischer Familienstiftungen nach § 15 AStG durch das JStG 2009, IWB Nr. 17
Lux	luxemburgisch, Luxemburg
MA	Musterabkommen
m a W	mit anderen Worten
max.	maximal
m E	meines Erachtens
Milatz/Kemcke/Schütz	J. Milatz, T. Kemcke, R. Schütz, Stiftungen im Zivil- und Steuerrecht, Frankfurt 2004
Mio.	Million
(Bearbeiter in) Mössner u. a.	J. M. Mössner u. a., Steuerrecht international tätiger Unternehmen. Handbuch der Besteuerung von Auslandsaktivitäten inländischer Unternehmen und von Inlandsaktivitäten ausländischer Unternehmen, 5. Aufl., Köln 2018
Moser, Hinzurechnungsbesteuerung/Familienstiftungen	T. Moser, Die Hinzurechnungsbesteuerung nach den §§ 7–14 AStG und die Besteuerung ausländischer Familienstiftungen nach § 15 AStG, Lohmar 2015
m w N	mit weiteren Nachweisen
Müller-Etienne	Müller-Etienne, Die Europarechtswidrigkeit des Erbschaftssteuerrechts, 2003
n F	neue Fassung
NJW	Neue Juristische Wochenschrift
Nr., Nrn.	Nummer (n)
nrkr.	nicht rechtskräftig
OECD	Organisation für wirtschaftliche Zusammenarbeit und Entwicklung
OECD-RL	OECD-Richtlinien
OFD	Oberfinanzdirektion
OGAW-Richtlinie	Richtlinie 2009/65/EG des Europäischen Parlaments und des Rates zur Koordinierung der Rechts- und Verwaltungsvorschriften betreffend bestimmte Organismen für gemeinsame Anlagen in Wertpapieren (OGAW) vom 13.7.2009 (ABl. EU 2009 Nr. L 302, 32)
o g	oben genannt
OHG	Offene Handelsgesellschaft
Ohler	C.M. Ohler, Europäische Kapital- und Zahlungsverkehrsfreiheit, 2002

Abkürzungsverzeichnis

Palandt	Palandt, Bürgerliches Gesetzbuch, 77. Aufl., München 2018
Pechstein/Bunk EUGRZ	M. Pechstein/A. Bunk, Das Aufenthaltsrecht als Auffangrecht – Die fehlende unmittelbare Anwendbarkeit und die Reichweite des Artikels 8a Absatz 1 EGV, EuGRZ 1997, 547 ff.
Perridon/Steiner/Rathgeber	L. Perridon, M. Steiner, A. Rathgeber, Finanzwirtschaft der Unternehmung, 17. Aufl., München 2017
PersG	Personengesellschaft
plc	Public Limited Company (Großbritannien)
Praktiker Handbuch 2003 Außensteuerrecht, VB 2	IDW (Hrsg.), Praktiker Handbuch Außensteuerrecht, Düsseldorf 2003
Pyszka/Brauer,	Ausländische Personengesellschaften im Unternehmenssteuerrecht – Outbound-Gestaltungen, Umwandlungen, Hinzurechnungs-besteuerung, Herne/Berlin, 2008
Rdnrn.	Randnummern
re. Sp.	rechte Spalte
RefE	Referentenentwurf
Reischauer/Kleinhans	F. Reischauer, J. Kleinhans, Kreditwesengesetz, Kommentar (Loseblatt)
REIT-G	Gesetz über deutsche Immobilien-Aktiengesellschaften mit börsennotierten Anteilen vom 28.5.2007 (BGBl. 2007 I 914)
RFH	Reichsfinanzhof
RFHE	Entscheidungen des Reichsfinanzhofs
RGBl.	Reichsgesetzblatt
RIW	Recht der internationalen Wirtschaft
rkr.	rechtskräftig
RL	Richtlinie der EU
Rödel	Rödel, Ausländische Umwandlungen und Hinzurechnungsbesteuerung, Wiesbaden 2006
Rs.	Rechtssache
Rspr.	Rechtsprechung
RStBl.	Reichssteuerblatt
Rz.	Randziffer
S	Satz, Seite
s. a.	siehe auch
SGI	Société de Gestion Industrielle
s u	siehe unten
s o	siehe oben
S. A.	Société anonyme (Frankreich, Belgien, Luxemburg); Sociedade anónima (Portugal)
S. A. R. L.	Société á responsabilité limitée (Frankreich, Luxemburg)
S. P. R. L.	Société privée a responsabilite limitee (Belgien)
Säcker/Bearbeiter	F. J. Säcker (Redaktuer), Münchener Kommentar zum Bürgerlichen Gesetzbuch. Band 1/Teilband 1: Allgemeiner Teil: §§ 1–240, 7. Aufl., München 2015
Schacht/Fackler/Bearbeiter	U. Schacht, M. Fackler (Hrsg.), Praxishandbuch Unternehmensbewertung, 2. Aufl., 2009

Abkürzungsverzeichnis

Schaumburg	Schaumburg, Internationales Steuerrecht, 4. Aufl., Köln 2017
Schmidt Gesellschaftsrecht	K. Schmidt, Gesellschaftsrecht, 4. Aufl., Köln 2002
Schmidt/Bearbeiter	H. Weber-Grellet (Hrsg.), begr. von Ludwig Schmidt, Kommentar zum Einkommensteuergesetz, 37. Aufl., München 2018
Schmidt-Bleibtreu/Bearbeiter	H. Hoffmann, H. G. Henneke (Hrsg.), Grundgesetz. Kommentar, 14. Aufl., 2017
Schr.	Schreiben
Schwarze/Bearbeiter	J. Schwarze, EU-Kommentar, Baden-Baden 2008
Sec.	Section
SEStEG	Gesetz über steuerliche Begleitmaßnahmen zur Einführung der Europäischen Gesellschaft und zur Änderung weiterer steuerrechtlicher Vorschriften vom 7.12.2006 (BGBl. 2006 I S. 2782)
SICAF	société d'investissement à capital fixe
SICAR	société d'investissement en capital à risque
SICAV	société d'investissement à Capital Variable
Slg.	Sammlung
sog.	sogenannte(r)
SolZ	Solidaritätszuschlag
Sondernr.	Sondernummer
Starck/Schmidt Staatsrecht	Starck/Schmidt, Staatsrecht, 2. Aufl. München 2008
StandOG	Standortsicherungsgesetz vom 13.9.1993 (BGBl. 1993 I 1569)
StÄndG 1992	Steueränderungsgesetz 1992 vom 25.2.1992 (BGBl. 1992 I 297)
StAnpG	Steueranpassungsgesetz
StEntlG	Steuerentlastungsgesetz 1999/2000/2002 vom 24.3.1999 (BGBl 1999 I 402)
StEuglG	Steuereuroglättungsgesetz vom 19.12.2000 (BGBl. 2000 I 1790)
Steuerpfl.	Steuerpflichtige(r)
StMBG 1993	Missbrauchsbekämpfungs- und Steuerbereinigungsgesetz 1993 vom 21.12.1993 (BStBl. I 1994, 50)
StraBEG	Strafbefreiungserklärungsgesetz vom 23.12.2003 (BGBl. 2003 I 2928)
Streck	M. Streck, Körperschaftsteuergesetz, Kommentar, 9. Aufl., München 2018
st. Rspr.	ständige Rechtsprechung
StSenkG	Steuersenkungsgesetz vom 23.10.2000 (BGBl I S. 1433)
SKK	G. Strunk, B. Kaminski, S. Köhler (Hrsg.), Außensteuergesetz. Doppelbesteuerungsabkommen, Kommentar (Loseblatt)
StVergAbG	Gesetz zum Abbau von Steuervergünstigungen und Ausnahmeregelungen vom 16.5.2003 (BGBl. I S. 660)
Szagunn/Haug/Ergenzinger	V. Szagunn, U. Haug, W. Ergenzinger, Gesetz über das Kreditwesen, 1997

Abkürzungsverzeichnis

TG	Tochtergesellschaft
Tipke/Kruse/Bearbeiter	K. Tipke, W. H. Kruse, Abgabenordnung – Finanzgerichtsordnung (Loseblatt)
Tipke/Lang	K. Tipke, J. Lang, Steuerrecht. 22. Aufl., Köln 2015
Trautmann, Investitionen	S. Trautmann, Investitionen, 2. Aufl., 2007
TGJG	Troll/Gebel/Jülicher/Gottschalk Erbschaftsteuer- und Schenkungsteuergesetz. Kommentar. Begr. von M. Troll, bearb. von D. Gebel, M. Jülicher und P. R. Gottschalk (Loseblatt)
TUIR	Testo unico delle imposte sui redditi
TW	Teilwert
Tz.	Textziffer
u.	und
u a	unter anderem
u ä	und ähnlich
u. dgl.	und dergleichen
u E	unseres Erachtens
UmwG	Umwandlungsgesetz
UmwStG	Umwandlungssteuergesetz
Unterges.	Untergesellschaft
UntStFG	Gesetz zur Fortentwicklung des Unternehmenssteuerrechts vom 20.12.2001 (BGBl. 2001 I 3858)
UntStRefG 2008	Unternehmenssteuerreformgesetz 2008 vom 14.8.2007 (BGBl. 2008 I 1912)
Urt.	Urteil
US	United States
u U	unter Umständen
v.	vom
v a	vor allem
v H	vom Hundert
VAG	Versicherungsaufsichtsgesetz vom 17. Dezember 1992 (BGBl. 1993 I 2)
VersR	Versicherungsrecht
VersRiLiG	Gesetz zur Durchführung der Richtlinie des Rates der Europäischen Gemeinschaften über den Jahresabschluß und den konsolidierten Abschluß von Versicherungsunternehmen (Versicherungsbilanzrichtlinie-Gesetz) vom 24.6.1994 (BGBl. 1994 I 1377
VG	Verwaltungsgrundsätze
vGA	verdeckte Gewinnausschüttung
vgl.	vergleiche
VGr 1983	Schreiben betr. Grundsätze für die Prüfung der Einkunftsabgrenzung bei international verbundenen Unternehmen (Verwaltungsgrundsätze) vom 23. Februar 1983 (BGBl. I S. 218)
Vögele, Verrechnungspreise	A. Vögele, T. Borstell, G. Engler, Verrechnungspreise, 4. Aufl., München 2015
Vogel/Lehner/Bearbeiter	M. Lehner (Hrsg.), Doppelbesteuerungsabkommen. Kommentar. Begr. von K. Vogel, 6. Aufl., München 2015

Abkürzungsverzeichnis

von Waldthausen	von Waldthausen, Steuerlastgestaltung im Einflußbereich der erweiterten Hinzurechnungsbesteuerung im Außensteuergesetz, Diss. 1998, 81 f., 277
vs.	voraussichtlich
VV	Verwaltungsvorschriften
VWG	Schreiben betr. Grundsätze für die Prüfung der Einkunftsabgrenzung zwischen nahestehenden Personen mit grenzüberschreitenden Geschäftsbeziehungen in Bezug auf Ermittlungs- und Mitwirkungspflichten, Berichtigungen sowie auf Verständigungs- und EU-Schiedsverfahren (Verwaltungsgrundsätze-Verfahren) vom 12.4.2005 (BStBl. I 2005, 570)
VWG BsGa	Schreiben betr. Grundsätze für die Anwendung des Fremdvergleichsgrundsatzes auf die Aufteilung der Einkünfte zwischen einem inländischen Unternehmen und seiner ausländischen Betriebsstätte und auf die Ermittlung der Einkünfte der inländischen Betriebsstätte eines ausländischen Unternehmens nach § 1 Abs. 5 des Außensteuergesetzes und der Betriebsstättengewinnaufteilungsverordnung (Verwaltungsgrundsätze Betriebsstättengewinnaufteilung) vom 22.12.2106 (BStBl. I 2017, 182)
VWG-Umlage	Schreiben betr. Grundsätze für die Prüfung der Einkunftsabgrenzung durch Umlageverträge zwischen international verbundenen Unternehmen vom 30.12.1999 (BStBl. I 1999, 1122)
VZ	Veranlagungszeitraum
Wallenhorst/ Halaczinsky	Wallenhorst/Halaczinsky, Die Besteuerungen gemeinnütziger Vereine und Stiftungen, 7. Aufl., München 2017
Wassermeyer/ Bearbeiter	F. Wassermeyer (Hrsg.), Doppelbesteuerung. Kommentar zur allen deutschen Doppelbesteuerungsabkommen (Loseblatt)
Wassermeyer/ Andresen/Ditz/ Bearbeiter	Betriebsstätten-Handbuch, 2. Aufl. 2017
Widmann/Mayer	Widmann/Mayer, Umwandlungsrecht (Loseblatt)
WJ	Wirtschaftsjahr
Wöhe	Wöhe, Betriebswirtschaftliche Steuerlehre, Band II, 2. Halbband: Der Einfluß der Besteuerung auf Unternehmenszusammenschlüsse im nationalen und internationalen Bereich, 3. Aufl.
WSG/Bearbeiter	J. Haun, H. Kahle, S. Goebel, H. Reiser (Hrsg.), Außensteuergesetz. Kommentar (Loseblatt), begr. von W. Wöhrle, D. Schelle, E. Gross
WÜRV	Wiener Übereinkommen über das Recht der Verträge vom 23.5.1969 (BGBl. 1985 II 927 und BGBl. 1987 II 757)
z B	zum Beispiel
z T	zum Teil
Ziff.	Ziffer
ZmK	Zwischeneinkünfte mit Kapitalanlagecharakter
zust.	zuständig
zzgl.	zuzüglich

Verzeichnis der zitierten Aufsätze

Zu § 1 AStG

G. Adrian/O. Franz Änderungen der Unternehmensbesteuerung durch das Amtshilferichtlinie-Umsetzungsgesetz, BB 2013, 1879

U. Andresen Teilwertabschreibung auf eine Darlehensforderung gegenüber ausländischer Tochtergesellschaft darf keine Einkünftekorrektur nach § 1 Abs. 1 AStG auslösen. Zugleich Anmerkung zum Urteil des FG Brandenburg vom 30.1.2013, 12 K 12056/12, IStR 2014, 209

U. Andresen Missverstandener Authorised OECD Approach bei inländischer Bankbetriebsstätte mit mehrjährigen Verlusten, DB 2012, 879

U. Andresen Keine Einkünftekorrektur nach § 1 Absatz 1 AStG bei Begebung eines zinslosen Darlehens an inländische GmbH mit Schweizer Betriebsstätte, IStR 2005, 123

U. Andresen/O. Busch Betriebsstätten-Einkunftsabgrenzung: steuerliche Untiefen bei der Transformierung des Authorised OECD Approaches in nationales Recht, Ubg 2012, 451

P. Baker/R. Collier The Attribution of Profits to Permanent Establishments, Cahiers de Droit Fiscal International, Bd. 91b, 2006, 21

E.-A. Baldamus Neues zur Betriebsstättengewinnermittlung, IStR 2012, 317

W. Ballwieser Betriebswirtschaftliche (kapitalmarkttheoretische) Anforderungen an die Unternehmensbewertung, WPg-Sonderheft 2008, 102

B. Ban/R. Pestl Neuregelung zur Gewinnaufteilung: Wesentliche Änderungen bei Bank-, Versicherungs- sowie Bau- und Montagebetriebsstätten, DB Sonderausgabe 01/2017, 3

H. Baumhoff/X. Ditz/M. Greinert Die Besteuerung von Funktionsverlagerungen nach den Verwaltungsgrundsätzen Funktionsverlagerung vom 13.10.2010, Ubg 2011, 162

H. Baumhoff/X. Ditz/M. Greinert Die Besteuerung von Funktionsverlagerungen nach den Änderungen des § 1 Absatz 3 AStG durch das EU-Umsetzungsgesetz, DStR 2010, 1309

H. Baumhoff/X. Ditz/M. Greinert Auswirkungen des Unternehmensteuerreformgesetzes 2008 auf die Besteuerung grenzüberschreitender Funktionsverlagerungen, DStR 2007, 1649

H. Baumhoff/X. Ditz/M. Greinert Auswirkungen des Unternehmensteuerreformgesetzes 2008 auf die Ermittlung internationaler Verrechnungspreise, DStR 2007, 1461

H. Baumhoff/X. Ditz/M. Greinert Grundsätze der Dokumentation internationaler Verrechnungspreise nach der Gewinnabgrenzungsaufzeichnungsverordnung (GAufzV), DStR 2004, 157

H. Baumhoff/M. Puls Der OECD-Diskussionsentwurf zu Verrechnungspreisaspekten von „Business Restructurings" – Analyse und erster Vergleich mit den deutschen Funktionsverlagerungsregeln nach § 1 Abs. 3 AStG, IStR 2009, 77

H. Baumhoff/K. Sieker Ausgewählte Verrechnungspreisprobleme im Lichte des neuen OECD-Berichts, IStR 1995, 517

H. Becker Funktionsnutzen oder Erwirtschaftungsgrundsatz. Wege zur Ermittlung des zutreffenden Betriebsstättenergebnisses, DB 1990, 392

H. Becker Die Besteuerung von Betriebsstätten, DB 1989, 10

H. Becker Konzernumlagen und Konzernpreise bei Betriebsstätten, EuStZ 1971, 95

R. Beiser Das arm's length-Prinzip beim Güter- und Leistungstransfer zwischen Stammhaus und Betriebsstätten im Gemeinschaftsrecht, DB 2008, 2724

Zitierte Aufsätze

L. Bernhardt/S. van der Ham/S. Kluge Das Verhältnis von § 1 AStG n. F. und verdeckter Einlage – Können Wirtschaftsgüter grenzüberschreitend noch immer ausschließlich verdeckt eingelegt werden?, IStR 2007, 717

E. Biergans/C. Wasmer Zum Tatbestand der Besteuerung und zum Leistungsfähigkeitsbegriff in der Einkommensteuer, FR 1985, 57

D. Birk Das Leistungsfähigkeitsprinzip in der Unternehmenssteuerreform, StuW 2000, 328

D. Birk Zum Stand der Theoriediskussion in der Steuerrechtswissenschaft, StuW 1983, 293

W. Blumers Funktionsverlagerung per Transferpaket, BB 2007, 1757

T. Borstell Verrechnungspreisprobleme bei Funktionsverlagerungen, StbJb 2001/2002, 202

T. Borstell/J. Schäperclaus Was ist eigentlich eine Funktion?, IStR 2008, 275

J. Bron Kommentar zu EuGH v. 21.1.2010, Rs. C-311/08, Société de Gestion Industrielle SA (SGI) EWS 2010, 80

D. Brüninghaus u. a. Verrechnungspreise und Verrechnungspreisdokumentation – Zweifelsfragen und Praxishinweise, WPg-Sonderheft 2006, 131

J. Bruski Kaufpreisbemessung und Kaufpreisanpassung im Unternehmenskaufvertrag, BB-Special Nr. 7 (zu BB 2005 H. 30), 19

O. Busch Die finale Fassung der Betriebsstättengewinnaufteilungsverordnung, DB 2014, 2490

M. Cain/D. Denis/D. Denis Earnouts: A study of financial contracting in acquisition agreements, Journal of Accounting and Econimics 2011, Vol. 51, 151

N. Dautzenberg/S. Goksch Die europarechtliche Problematik des § 1 AStG, BB 2000, 904

R. Dawid/K. Dorner Anpassungsrechnungen bei Anwendung der Preisvergleichsmethode im Rahmen der Bestimmung konzerninterner Verrechnungspreise, IWB Fach 10 International Gr. 2, 1549

X. Ditz Betriebsstättengewinnabgrenzung nach dem „Authorised OECD Approach" – Eine kritische Analyse, ISR 2012, 48

X. Ditz Aufgabe der finalen Entnahmetheorie – Analyse des BFH-Urteils vom 17.7.2008 und seiner Konsequenzen, IStR 2009, 115

X. Ditz Übertragung von Geschäftschancen bei Funktionsverlagerungen ins Ausland. Darstellung an ausgewählten Beispielen, DStR 2006, 1625

X. Ditz/S.-E. Bärsch/C. Engelen Die neuen Pflichten zur Dokumentation von Verrechnungspreisen nach dem Regierungsentwurf des Anti-BEPS-Umsetzungsgesetzes v. 13.7.2016, IStR 2016, 789

X. Ditz /H. Luckhaupt Betriebsstättengewinnaufteilungsverordnung – Neues Gewinnermittlungsrecht für Betriebsstätten, ISR 2015, 1

X. Ditz/C. Quilitzsch Die Änderungen im internationalen Steuerrecht durch das Anti-BEPS-Umsetzungsgesetz, DStR 2017, 281

X. Ditz/C. Quilitzsch Internationale Aspekte des Zollkodex-Anpassungsgesetzes, DStR 2015, 545

X. Ditz/C. Quilitzsch Die Änderungen im AStG durch das AmtshilfeRLUmsG, DStR 2013, 1917

X. Ditz/M. Schneider Änderungen des Betriebsstättenerlasses durch das BMF-Schreiben vom 25.8.2009, DStR 2010, 81

A. Dölker/M. Ribbrock EG-Widrigkeit von § 1 Abs. 1 AStG?, IStR 2005, 531

G. Döllerer Bilanz des Unternehmens oder des Betriebs?, BB 1981, 25

I. Dörr/D. Fehling Europarechtliche Aspekte der Unternehmensteuerreform 2008, NWB Fach 2, 9375

A. Ebering Wann sind Preisanpassungsklauseln bei Funktionsverlagerungen i. S. von § 1 Abs. 3 Satz 9 AStG fremdüblich?, IStR 2011, 418

A. Eggert Behandlung von Anteilen an transparenten Unternehmen im Rahmen der GKKB, ISR 2013, 304

Zitierte Aufsätze

A. Eigelshoven/C. Kratzer Rechtsverordnung zu Aufzeichnungspflichten bei der Bestimmung angemessener Verrechnungspreis, IStR 2004, 30

A. Eigelshoven/A. Nientimp Funktionsverlagerungen und kein Ende – Die Änderungen bei der Besteuerung von Funktionsverlagerungen nach dem EU-Umsetzungsgesetz, Ubg 2010, 233

D. Endres/A. Oestreicher Grenzüberschreitende Ergebnisabgrenzung: Verrechnungspreise, Konzernumlagen, Betriebsstättengewinnermittlung – Bestandsaufnahme und Neuentwicklungen, IStR-Beih. 2003, 1

S. Greil/D. Fehling Verrechnungspreisbestimmung im Zeitalter der Digitalisierung, IStR 2017, 757

J. Englisch Einige Schlussfolgerungen zur Grundfreiheitskompatibilität des § 1 AStG – zugleich Anmerkung zum Urteil des EuGH in der Rs. SGI, IStR 2010, 139

J. Englisch Verbot des Rechtsmissbrauchs – ein allgemeiner Rechtsgrundsatz des Gemeinschaftsrechts,? StuW 2009, 3

J. Englisch Zur Dogmatik der Grundfreiheiten des EGV und ihren ertragsteuerlichen Implikationen, StuW 2003, 88

J. U. Fink Gewinnzurechnungsmethoden im Verhältnis zwischen inländischem Stammhaus und ausländischer Betriebsstätte, RIW 1988, 43

C. Franz Einkommensbegriffe im Steuer- und Sozialrecht, StuW 1988, 17

M. Freudenberg/C. Ludwig Chancen für Gestaltungen aufgrund der geänderten Vorschriften zur Funktionsverlagerung, BB 2010, 1268

M. Frischmuth Die Konzeption der Funktionsverlagerungsbesteuerung nach dem UntStRefG 2008, StuB 2007, 386

A. Froitzheim Funktionsweise und Wirkung der AOA-Gewinnabgrenzung, Ubg 2015, 354

G. Frotscher Grundfragen der Funktionsverlagerung, FR 2008, 49

R. Gebhardt Ist § 1 Abs. 5 S. 8 AStG-E i. d. F. des JStG 2013 ein Treaty Override?, BB 2012, 2353

G. Gebhardt/H. Daske Kapitalmarktorientierte Bestimmung von risikofreien Zinssätzen für die Unternehmensbewertung, WPg 2005, 649

G. Girlich/M. Philipp Entstrickungsaspekte bei der Hinausverschmelzung von Kapitalgesellschaften, Ubg 2012, 150

M. Glahe Vereinbarkeit von § 1 AStG mit den Europäischen Grundfreiheiten, IStR 2010, 870

S. Goksch Die Anwendbarkeit von § 1 AStG auf Entnahmesachverhalte, IStR 2002, 181

M. von Goldacker Gewinnverlagerung zwischen Schwesterbetriebsstätten – eine Analyse des AOA, BB 2013, 87

D. Gosch Über Entstrickungen. Stand des unnötig komplexen „Entstrickungssteuerrechts" und absehbare Entwicklungen, IWB 2012, 779

D. Gosch Keine Steuerentstrickung bei Übertragung eines Einzelwirtschaftsguts in eine ausländische Betriebsstätte, BFH-PR 2008, 499

M. Göttsche/I. Stangl Der Betriebsstättenerlass des BMF vom 24.12.1999 – Anmerkungen und Zweifelsfragen, DStR 2000, 498

S. Greil Die Berücksichtigung von Steuern bei der Transferpaketbewertung, Stbg 2011, 156

S. Greil/D. Fehling Verrechnungspreisbestimmung im Zeitalter der Digitalisierung, IStR 2017, 757

S. Greil/M. Naumann Funktionsverlagerungen – Praxistest in der Betriebsprüfung, IStR 2015, 429

M. Greinert/S. Metzner Entwicklung des Fremdvergleichsgrundsatzes, Ubg 2014, 307

M. Greinert/A. Reichl Einfluss von Besteuerungseffekten auf die Verrechnungspreisermittlung bei Funktionsverlagerungen, DB 2011, 1182

S. Grotherr Anwendungsfragen bei der länderbezogenen Berichterstattung – Country-by-Country Reporting IStR 2016, 991

Zitierte Aufsätze

M. Günkel/B. Lieber Zur Änderung des Begriffs der „Geschäftsbeziehung" in § 1 Abs. 4 AStG, IStR 2004, 229

W. Haarmann Ist der Treaty Override nicht doch verfassungswidrig?, BB 2016, 2775

M. Hahn/U. Suhrbier-Hahn Mitwirkungspflichten bei Auslandssachverhalten europarechtswidrig? – Neukonzeption der §§ 90 Abs. 3 und 162 Abs. 3 und 4 AO im SteVAG, IStR 2003, 84

H. Hahn/J. Ziegler „Penalties" i. S. des § 162 Abs. 4 AO im Lichte des Art. 6 Abs. 1 EMRK, IStR 2004, 78

L. Haverkamp /J. Binding Gesellschaftsvertragliche Vereinbarung i. S. d. § 1 Abs. 4 AStG n. F., ISR 2015, 85

A. Hemmelrath/P. Kepper Die Bedeutung des „Authorized OECD Approach" (AOA) für die deutsche Abkommenspraxis, IStR 2013, 37

S. Hentschel/G. Kraft/T. Moser Klassifizierung und Systematisierung von Abkommenstypen als Anwendungshilfe der Escape-Klausel des § 1 Abs. 5 S. 8 AStG, Ubg 2016, 144

S. Hentschel/G. Kraft Funktionsverlagerungen in anstehenden Außenprüfungen – eine Bestandsaufnahme potenzieller Streitfragen, IStR 2015, 193

T. Henze EuGH-Rechtsprechung: Aktuelle Entwicklungen zu den direkten Steuern im Jahr 2017, ISR 2017, 401

N. Herzig Perspektiven der Ermittlung, Abgrenzung und Übermittlung des steuerlichen Gewinns, DB 2012, 1

N. Herzig Prinzipienorientierung und schrittweise Umsetzung des GKKB-Projektes, FR 2012, 761

J. Hey Verletzung fundamentaler Besteuerungsprinzipien durch die Gegenfinanzierungsmaßnahmen des Unternehmensteuerreformgesetzes 2008, BB 2007, 1303

H. D. Höppner Der neue Verrechnungspreis-Erlaß – Grundsätzliche Probleme aus der Sicht der Verwaltung, StBp 1983, 121

U. Höreth/B. Stelzer Jahressteuergesetz 2013 alt, light and reloaded – Spielball der Politik, große Verwirrung bei den Rechtsanwendern, DStZ 2013, 218

U. Höreth/Zimmermann Verordnung zur Anwendung des Fremdvergleichsgrundsatzes auf Betriebsstätten nach § 1 Abs. 5 AStG – Betriebsstättengewinnaufteilungsverordnung – BsGaV, DStZ 2014, 742

F. Hruschka Feststellungslast und Mitwirkungspflicht bei Auslandsbetriebsstätten, IStR 2002, 753

T. Isensee Der tatsächliche Fremdvergleich bei der Bestimmung von Verrechnungspreisen am Beispiel von Vertriebsunternehmen, IStR 2002, 465

C. Jahndorf Besteuerung der Funktionsverlagerung, FR 2008, 101

H. Jenzen Internationale Funktionsverlagerungen – Die Besteuerung von Gewinnpotenzialen bei grenzüberschreitenden Funktionsverlagerungen im Konzern, NWB 2007, Fach 2, 9419

W. Joecks/B. Kaminski Dokumentations- und Sanktionsvorschriften für Verrechnungspreise in Deutschland – Eine rechtliche Würdigung, IStR 2004, 65

M. Jonas Relevanz persönlicher Steuern? – Mittelbare und unmittelbare Typisierung der Einkommensteuer in der Unternehmensbewertung, WPg 2008, 826

H. Kahle/M. Baschnagel/A. Kindich Aktuelle Aspekte der Ertragsbesteuerung von Server-Betriebsstätten, FR 2016, 193

H. Kahle/V. Franke Überführung von Wirtschaftsgütern in ausländische Betriebsstätten, IStR 2009, 406

H. Kahle/J. Mödinger Betriebsstättenbesteuerung: Zur Anwendung und Umsetzung des Authorised OECD Approach, DStZ 2012, 802

H. Kahle/J. Mödinger Die Neufassung des Art. 7 OECD-MA im Rahmen der Aktualisierung des OECD-MA 2010, IStR 2010, 757

B. Kaminski Änderungen im Bereich der internationalen Einkunftsabgrenzung durch die Unternehmensteuerreform 2008, RIW 2007, 594

Zitierte Aufsätze

B. Kaminski/G. Strunk Funktionsverlagerungen in und von ausländischen Betriebsstätten und Personengesellschaften: Überlegungen zur (Nicht-)Anwendbarkeit der Grundsätze zum sog. Transferpaket, DB 2008, 2501

B. Kaminski/G. Strunk Funktionsverlagerungen im Rahmen von e-Business-Aktivitäten, IStR 2002, 789

W. Kessler/F. Huck Grenzüberschreitender Transfer von Betriebsvermögen. Die Verlagerung von Einzelwirtschaftsgütern, Betriebsstätten und Betrieben ins Ausland, StuW 2005, 193

W. Kessler/M. Ortmann-Babel/L. Zipfel Unternehmensteuerreform 2008: Die geplanten Änderungen im Überblick, BB 2007, 531

P. Kirchhof Die Leistungsfähigkeit des Steuerrechts – Steuerrecht und Verfassungsrecht, StuW 2011, 354

P. Kirchhof Der verfassungsrechtliche Auftrag zur Besteuerung nach der finanziellen Leistungsfähigkeit, StuW 1985, 319

P. Kirchhof Steuergleichheit, StuW 1984, 297

V. Kluge Zur unmittelbaren Anwendung von DBA-Vorschriften bei der Gewinnermittlung, StuW 1975, 294

M. Kobetsky Article 7 of the OECD Model: Defining the Personality of Permanent Establishments, BIT 2006, 411

S. Köhler Grenzüberschreitende Outbound-Verschmelzung und Sitzverlegung vor dem Hintergrund der jüngsten BFH-Rechtsprechung, IStR 2010, 337

A. Körner Ent- und Verstrickung, IStR 2009, 741

G. Kraft/J. Bron Grundfreiheiten und grenzüberschreitende Verschmelzung im Lichte aktueller EuGH-Rechtsprechung (Sevic), IStR 2006, 26

G. Kraft/X. Ditz/C. Heider Internationaler Informationsaustausch – Überblick über die Rechtsgrundlagen und aktuelle Entwicklungen –, DB 2017, 2243

G. Kraft/M. Dombrowski Die Folgen der Einführung des AOA für den Steuerpflichtigen im Spannungsfeld zwischen internationaler Genese und nationaler Umsetzung, IWB 2015, 87

G. Kraft/M. Dombrowski Die praktische Umsetzung des „Authorized OECD Approach" vor dem Hintergrund der Betriebsstättengewinnaufteilungsverordnung, FR 2014, 1105

G. Kraft/C. Heider Das Country-by-Country Reporting und seine innerstaatliche Umsetzung im Rahmen des „Anti-BEPS-Umsetzungsgesetzes", DStR 2017, 1353

G. Kraft/S. Hentschel/M. Apler Besteuerungsstrukturen von Auslieferungslagern im Kontext sich abzeichnender BEPS-Entwicklungen illustriert anhand ausgewählter Fallstudien, Ubg 2017, 318

G. Kraft/S. Hentschel/M. Apler Die Bedeutung der Gemeinsamen Konsolidierten Körperschaftsteuer-Bemessungsgrundlage für die Gewinnabgrenzung zwischen Stammhaus und Betriebsstätte, RIW 2017, 473

H.-K. Kroppen Aufteilungen zwischen Stammhaus und Betriebsstätte auf Basis von Personalfunktionen?, DB 2014, 2134

H.-K. Kroppen Ausgewählte Fragen zum Betriebsstättenerlaß, StBJb 1999/2000, 137

H.-K. Kroppen/S. Rasch/A. Eigelshoven Die Behandlung der Funktionsverlagerungen im Rahmen der Unternehmensteuerreform 2008 und der zu erwartenden Verwaltungsgrundsätze-Funktionsverlagerung, IWB 2007, Fach 3, Deutschland, Gruppe 1, 2201

H. Kußmaul/C. Delarber/F. Müller Betriebsstättengewinnaufteilungsverordnung-Entwurf – Ein allgemeiner Überblick, IStR 2014, 466

H. Kußmaul/C. Ruiner Zur Umsetzung des OECD functionally separate entity approach in nationales Recht, BB 2012, 2025

H. Kußmaul/C. Ruiner/C. Delarber Leistungsbeziehungen in internationalen Einheitsunternehmen mit Blick auf die Änderung des Art. 7 OECD-MA und die geplante Änderung des § 1 AStG, Ubg 2011, 837

Zitierte Aufsätze

M. Lang Das Territorialitätsprinzip und seine Umsetzung im Entwurf der Richtlinie über eine Common Consolidated Corporate Tax Base (CCCTB), StuW 2012, 297

M. Lang Verfassungsrechtliche Gewährleistung des Familienexistenzminimums im Steuer- und Kindergeldrecht, StuW 1990, 331

M. Lenz / G. Rautenstrauch Die neue Öffnungsklausel bei der Funktionsverlagerung in § 1 Abs. 3 Satz 10 Hs. 2 AStG, DB 2010, 696

H. Luckhaupt Fragwürdige Vorgaben der Finanzverwaltung bei der Grenzpreisermittlung bei Funktionsverlagerungen ins Ausland, DStR 2012, 1571

H. Luckhaupt OECD Business Restructuring im Vergleich zur Funktionsverlagerung, DB 2010, 2016

J. Lüdicke Internationale Aspekte des Steuervergünstigungsabbaugesetzes, IStR 2003, 433

Y. Melhem / M. Dombrowski Die unbestimmten Grenzen der Selbständigkeitsfiktion des AOA, IStR 2015, 912

U. Moebus Neue Dokumentationspflichten bei Transferpreisen – Irrweg und/oder Irrglaube?, BB 2003, 1413

A. Musil Anmerkung zu EuGH: National Grid Indus: Entstrickung der Wirtschaftsgüter bei Sitzverlegung, IStR 2012, 27

M. Naumann Seminar E: Gewinnaufteilungsmethoden und der Fremdvergleichsgrundsatz, IStR 2013, 616

A. Nestler / A. Schaflitzl Praktische Anwendungsfragen für die Bewertung bei Funktionsverlagerungen nach dem neuen BMF-Schreiben, BB 2011, 235

W. Niemann / M. Kiera-Nöllen Dokumentation der Geschäftsbeziehungen mit Auslandsbezug im Mittelstand, DStR 2004, 482

A. Nientimp / C. Ludwig / S. Stein Die finale Betriebsstättengewinnaufteilungsverordnung (BsGaV). Anwendung des Authorized OECD Approach in Deutschland, IWB 2014, 815

A. Nientimp / C. Ludwig Der Entwurf einer Betriebsstättengewinnaufteilungsverordnung. Anwendung des Authorized OECD Approach in Deutschland, IWB 2013, 638

L. Nouel New Article 7, BIT 2011, 12

A. Oestreicher et al. Gemeinsame Körperschaftsteuer-Bemessungsgrundlage (GKB) bzw. Gemeinsame Unternehmensteuer-Bemessungsgrundlage (GUB): Eine steuerliche Folgenabschätzung für Deutschland, StuW 2014, 326

A. Oestreicher Ist der Dreiklang harmonisch? Zur Tatbestandsbestimmtheit der Regelungen in Bezug auf die Besteuerung der Funktionsverlagerung, Ubg 2011, 512

A. Oestreicher / C. Hundeshagen Weder Wirtschaftsgut noch Unternehmen – die Bewertung von Transferpaketen anlässlich der grenzüberschreitenden Verlagerung von Unternehmensfunktionen, IStR 2009, 145

A. Oestreicher / S. van der Ham / U. Andresen Die Neuregelung der Betriebsstättengewinnaufteilung in zwölf Fällen – zugleich eine Stellungnahme zum Entwurf der Betriebsstättengewinnaufteilungsverordnung, IStR-Beih. 2014, 1

A. Oestreicher / D. Wilcke Die Einzelbewertung des Firmenwerts – Verrechnungspreise in Fällen einer Funktionsverlagerung nach dem Gesetz zur Umsetzung steuerlicher EU-Vorgaben sowie zur Änderung steuerlicher Vorschriften, Ubg 2010, 225 – 232

M. Peter / O. Wehnert / M. Koch / S. Peter Änderungen bei der Besteuerung von Funktionsverlagerungen durch das EU-Vorgaben-Umsetzungsgesetz – echte Erleichterung oder Fata Morgana in der Steuerwüste?, IStR 2011, 180

M. Petutschnig Common Consolidated Corporate Tax Base – Analyse der vorgeschlagenen Aufteilungsfaktoren, StuW 2012, 192

R. Pinkernell / X. Ditz Betriebsstättenbegriff, Einkünftequalifikation und Gewinnabgrenzung beim Online-Vertrieb elektronischer Produkte, FR 2001, 1271

C. Pohl Ergänzung der Funktionsverlagerungsregelungen durch das Gesetz zur Umsetzung steuerrechtlicher EU-Vorgaben sowie zur Änderung steuerrechtlicher Vorschriften – Boykott der Altregelung oder viel Lärm um Nichts?, IStR 2010, 357

Zitierte Aufsätze

U. Prinz Gesetzgeberische Wirrungen um Grundsätze der Betriebsstättenbesteuerung, DB 2009, 807

S. Rasch /K. Nakhai Die EG-Rechtswidrigkeit des § 1 AStG bleibt weiterhin ungeklärt, DB 2005, 1984

H. Rehm/J. Nagler § 1 AStG vor dem technischen K. o.? – Anmerkung zum Urteil des Finanzgerichts Düsseldorf vom 19.2.2008, 17 K 894/05 E, IStR 2008, 421

L. Richter/S. Heyd Neujustierung der Betriebsstätten-Gewinnabgrenzung durch die Implementierung des Authorized OECD-Approach, Ubg 2013, 418

L. Richter/S. Heyd Die Konkretisierung der Entstrickungsregelungen und Kodifizierung der finalen Betriebsaufgabe durch das Jahressteuergesetz 2010, Ubg 2011, 172

W. Ritter Steuerliche Prüfung internationaler Verrechnungspreise, BB 1983, 1677

F. Roser Überführung von Wirtschaftsgütern ins Ausland – eine Grundsatzentscheidung mit vielen Fragen, DStR 2008, 2389

M. Rudolf Anmerkung zu BFH: Sperrwirkung von Art. 9 Abs. 1 DBA-USA 1989 gegenüber Einkünftekorrektur nach § 1 Abs. 1 AStG (a. F.) bei Teilwertabschreibung infolge unbesichert begebenen Darlehens, BB 2015, 626

B. Runge Quo vadis, internationaler Verrechnungspreis, cui bono, neuer OECD-Verrechnungspreisbericht?, IStR 1995, 505

H. Schaumburg Grenzüberschreitende Einkünftekorrektur bei Betriebsstätten, Verfassungs- und europarechtliche Aspekte, ISR 2013, 197

H. Schaumburg Außensteuerrecht und europäische Grundfreiheiten, DB 2005, 1129

T. Scheipers/A. Linn Einkünfteberichtigung nach § 1 Abs. 1 AStG bei Nutzungsüberlassungen im Konzern – Auswirkungen des EuGH-Urteils SGI, IStR 2010, 469

D. Schilling Bewertung von Transferpaketen auf Basis von Einzelwerten: Firmenwert, quo vadis?, BB 2012, 307

D. Schilling Bewertung von Transferpaketen, DB 2011, 1533

D. Schneider Leistungsfähigkeitsprinzip und Abzug von der Bemessungsgrundlage, StuW 1984, 356

A. Schnitger Änderungen des § 1 AStG und Umsetzung des AOA durch das JStG 2013, IStR 2012, 633

S. Schnorberger Verrechnungspreis-Dokumentation und StVergAbG – Offene Fragen und Probleme, DB 2003, 1241

C. M. Scholz Die Fremdüblichkeit einer Preisanpassungsklausel nach dem Entwurf zu § 1 Abs. 3 AStG, IStR 2007, 521

J. Schönfeld Aktuelle Entwicklungen im Verhältnis von § 1 AStG und EU-Recht anhand von Fallbeispielen, IStR 2011, 219

J. Schönfeld Anmerkung zu EuGH: Unterkapitalisierung und Missbrauch im Binnenmarkt und im Verhältnis zu Drittstaaten, und Staatshaftung, IStR 2007, 249

F. Schreiber Indizien zum Nachweis verdeckter Gewinnausschüttung bei Dauergewinnlosigkeit der inländischen Konzernvertriebsgesellschaft, IStR 1994, 317

R. Schreiber/S. Greil Das „Anti-BEPS-Umsetzungsgesetz", DB 2017, 10

K. Schulz-Trieglaff Unentgeltliche Überlassung eines Markenzeichens als Geschäftsbeziehung und Voraussetzungen eines Verständigungsverfahrens. Anmerkung zum laufenden Revisionsverfahren beim BFH, I R 22/14, IStR 2014, 596

K. Seeleitner/M. Krinninger/K. Grimm Verschärfung der steuerlichen Herausforderungen durch den Authorised OECD Approach (AOA) bei Bau- und Montagebetriebsstätten?, IStR 2013, 220

R. Seer Kodifikation von Dokumentationspflichten über Verrechnungspreisgestaltung FR 2002, 380

D. Sennewald/G. Geberth BFM veröffentlicht Verwaltungsgrundsätze zur Betriebsstättengewinnaufteilung, DB 2017, 31

O. Serg Die Behandlung von Geschäftschancen bei grenzüberschreitenden Funktionsverlagerungen, DStR 2005, 1916

K. Sieker Betriebsstättengewinn und Fremdvergleichsgrundsatz, DB 1996, 110

Zitierte Aufsätze

K. Sieker Verluste als Nachweis für Gewinnverlagerungen (BFH 17.2.93), BB 1993, 2424

G. D. Sprague/R. Hersey Attribution of Profits to Permanent Establishments, TNI 2002, 629

S. Strothenke/T. Holtrichter Zuordnungsregeln im Entwurf einer Betriebsstättengewinnaufteilungsverordnung (BsGaV), StuB 2013, 730

G. Strunk/B. Kaminski Anmerkungen zum BMF-Schreiben zum Vorliegen von Geschäftsbeziehungen im Sinne von § 1 Abs. 4 AStG – Neue Gestaltungsmöglichkeiten infolge der Nichtanwendung des BFH-Urteils vom 28.4.2004?, IStR 2006, 141

K. Tipke Über „richtiges Steuerrecht", StuW 1988, 262

O. Treidler/B. Grothe Multinationale Unternehmen und Besteuerung, StuW 2014, 175

S. Unkelbach-Tomczak § 1 AStG-Änderungen betreffend Funktionsverlagerungen durch den Entwurf des Unternehmensteuerreformgesetzes 2008, SAM 3/2007, 94

K. van Raad Deemed Expenses of a Permanent Establishment under Article 7 of the OECD Model, Intertax 2000, 162

J. S. A. van Wanrooij Comments on the Proposed Article 7 of the OECD Model Conention, Intertax 2009, 298

K. Vogel Bemerkungen zur Gewinnverwirklichung und Gewinnberichtigung im deutschen Aussensteuerrecht, StuW 1974, 193

A. Vögele/R. Borck Quantifizierung von Risiken zur Verrechnungsspreisbestimmung, IStR 2002, 176

A. Vögele/M. Brem Die neue Rechtsverordnung zu § 90 Abs. 3 AO: Systematik zu Aufbau und Struktur der Verrechnungspreisdokumentation, IStR 2004, 48

A. Vögele/A. Crüger Datenbanken für Transferpreisstudien in Deutschland, IStR 2000, 516

S. Waldens Steuerliche Aspekte bei der Verlagerung von Distributionsfunktionen, PIStB 2004, 73

F. Wassermeyer Die abkommensrechtliche Aufteilung von Unternehmensgewinnen zwischen den beteiligten Vertragsstaaten, IStR 2012, 277

F. Wassermeyer Modernes Gesetzgebungsniveau am Beispiel des Entwurfs zu § 1 AStG, DB 2007, 535

F. Wassermeyer Dokumentationspflichten bei internationalen Verrechnungspreisen, DB 2003, 1538

F. Wassermeyer Die Fortentwicklung der Besteuerung von Auslandsbeziehungen – Anmerkungen zu den derzeitigen Überlegungen zur Reform des Außensteuerrechts, IStR 2001, 113

F. Wassermeyer Mehrere Fremdvergleichsmaßstäbe im Steuerrecht?, StBJB 1998/1999, 157

F. Wassermeyer Das Wettbewerbsverbot des Gesellschafters und des Gesellschafter-Geschäftsführers einer GmbH, GmbHR 1993, 329

M. Werra Verrechnungspreise bei der Restrukturierung internationaler Unternehmensgruppen – Zum Stand der Diskussion in der OECD, IStR 2009, 81

M. Werra Der 1995-OECD-Bericht zu den Verrechnungspreisen (Teil 1), IStR 1995, 457

J. Wilmanns Besteuerung von Funktionsverlagerungen – Ein internationaler Vergleich, Status:Recht 2007, 201

M. Wulf Änderungen im Außensteuerrecht und Sonderregelungen zu Funktionsverlagerungen nach dem Unternehmensteuerreformgesetz 2008, DB 2007, 2280

T. Zech Funktionsverlagerung auf einen Eigenproduzenten und auf ein Routineunternehmen – Anmerkungen zum Beitrag von Ditz, in diesem Heft S. 125, IStR 2011, 131

G. Zeidler/S. Schöniger/A. Tschöpel Auswirkungen der Unternehmensteuerreform 2008 auf Unternehmensbewertungskalküle, FB 2008, 276

Zitierte Aufsätze

Zu § 2 AStG

X. *Ditz/C. Quilitzsch* Die Änderungen im AStG durch das AmtshilfeRLUmsG, DStR 2013, 1917

H. *Kußmaul/C. Cloß* Der persönliche Anwendungsbereich des § 2 AStG, StuB 2010, 264

H. *Kußmaul/C. Cloß* Die Rechtsfolgen des § 2 AStG unter besonderer Berücksichtigung einer Wohnsitzverlagerung in die Schweiz, StuB 2010, 936

H. *Kußmaul/C. Delarber/F. Müller* Betriebsstättengewinnaufteilungsverordnung-Entwurf – Ein allgemeiner Überblick, IStR 2014, 466

S. *Schauhoff* Der Umfang der erweitert beschränkten Einkommensteuerpflicht bei gewerblich tätigen Handelsvertretern, Unternehmensberatern, Fotomodellen, Sportlern und anderen umherreisenden Unternehmern, IStR 1995, 108

F. *Wassermeyer* Stellungnahme zu dem vorstehenden Beitrag von Kramer über die Frage nach der Relevanz einer Betriebsstätte im Wohnsitzstaat für die Besteuerung im Quellenstaat, IStR 2004, 676

Zu § 4 AStG

F. *Wassermeyer* Die Fortentwicklung der Besteuerung von Auslandsbeziehungen – Anmerkungen zu den derzeitigen Überlegungen zur Reform des Außensteuerrechts, IStR 2001, 113

Zu § 6 AStG

J. *Bron* Das van Hilten-Urteil des EuGH und die (Un-)Anwendbarkeit der Wegzugsbesteuerung im Verhältnis zu Drittstaaten, IStR 2006, 296

H. *Debatin* Leitsätze für ein Gesetz zur Wahrung der steuerlichen Gleichmäßigkeit bei Auslandsbeziehungen und zu Verbesserung der steuerlichen Wettbewerbslage bei Auslandsinvestitionen, DStZ/A 1971, 89

E. *Dötsch/A. Pung* Steuersenkungsgesetz: Die Änderungen bei der Körperschaftsteuer und bei der Anteilseignerbesteuerung, DB Beilage 10/2000, 9

H. *Flick* Vereinbarkeit des Steuerfluchtgesetzes mit Doppelbesteuerungsabkommen, BB 1971, 250

S. *Grotherr* Neuregelungen bei der Wegzugsbesteuerung (§ 6 AStG) durch das SEStEG, IWB Fach 3, Gruppe 1, 2153

N. *Häck* Anmerkung zu FG München: Keine Berücksichtigung von (fiktiven) Veräußerungsverlusten im Rahmen des § 6 AStG, IStR 2015, 484

P. *Hellwig* Die Olympiapferde und die Hürden des Außensteuergesetzes – Einige Fragen zur Vermögenszuwachsbesteuerung, DStZ/A 1976, 4

B. *Kaminski/G. Strunk* Neue Zweifelsfragen und Gestaltungsmöglichkeiten bei der Anwendung von § 6 AStG, RIW 2001, 810

A. *Kluge* Basisgesellschaften und Doppelbesteuerungsabkommen, RIW 1975, 525

A. *Kluge* Außensteuergesetz und Doppelbesteuerungsabkommen, RIW/AWD 1972, 411

S. *Köhler/K. Eicker* Wichtige EuGH-Entscheidungen zur Hinzurechnungs- und Wegzugsbesteuerung. Anmerkungen zu den EuGH-Urteilen vom 7.9.2006, „N" und vom 12.9.2006, Cadbury Schweppes, DStR 2006, 1871

G. *Kraft/R. Gebhardt* Das Postulat der Kapitalinhaberschaftsneutralität im Kontext der EuGH-Judikatur zu National Grid Indus, FR 2012, 403

G. *Kraft/M. Gräfe* Rettung fiktiver Wertverluste in Kapitalgesellschaftsanteilen beim Wegzug natürlicher Personen – FG München, Urteil vom 25.3.2015 – 1 K 495/13, IWB 2016, 384

G. *Kraft/M. Müller* Schlussfolgerungen aus der EuGH-Entscheidung zur französischen Wegzugsbesteuerung (Saillant) für die internationale Steuerberatungspraxis aus deutscher Sicht, RIW 2004, 366

Zitierte Aufsätze

G. Kraft/S. Schmid Die Wegzugsbesteuerung im kritischen Spiegel jüngerer Entwicklungen, RIW 2011, 758

M. Lang/J. Lüdicke/M. Reich Beteiligungen im Privatvermögen: Die Besteuerung des Wegzugs aus Österreich und Deutschland in die Schweiz – Teil II, IStR 2008, 709

M. Lausterer Die Wegzugsbesteuerung nach dem Regierungsentwurf des SEStEG, BB-Special 2006, 80

C. Pohl Die „vermögensverwaltende" Personengesellschaft im Abkommensrecht – Rechtsänderungen durch den neuen § 50i EStG, IStR 2013, 699

U. Prinz Der neue § 50i EStG: Grenzüberschreitende „Gepräge-KG" zur Verhinderung einer Wegzugsbesteuerung, DB 2013, 1378

H.-J. Telkamp Der Außensteuergesetz-Entwurf, StuW 1972, 97

H. Vogel Schwerpunkte des Außensteuerreformgesetzes in Verbindung mit dem deutsch-schweizerischen Doppelbesteuerungsabkommen, DB 1972, 1402

H. Vogel Aktuelle Fragen des Außensteuerrechts, insbesondere des „Steueroasengesetzes" unter Berücksichtigung des neuen DBAs mit der Schweiz, BB 1971, 1185

M. Walter Die überdachende Besteuerung des Art. 4 DBA-Schweiz bei Wohnsitzwechsel von Deutschland in die Schweiz, IWB 2007 Fach 5 Schweiz Gr. 2, 633

F. Wassermeyer Die Denkfehler des Gesetzgebers in § 6 AStG-Entwurf, DB 2006, 1390

J. Weigell Geltung der Niederlassungsfreiheit auch im Verhältnis zur Schweiz, IStR 2006, 190

Zu § 7 AStG

C. Bellstedt Das Zeitproblem bei § 7 Abs. 2 Satz 1 AStG, DStZ/A 1979, 283

C. Bellstedt Beteiligungen an ausländischen „Zwischengesellschaften" nach dem Außensteuergesetz-Entwurf, FR 1972, 242

S. Benz/J. Böhmer Die Nichtanwendungsgesetze des RefE eines „Anti-BEPS-Umsetzungsgesetzes", DB 2016, 1531

M. Bünning Steuerliche Aspekte der Beteiligung von Inländern an ausländischen Venture Capital und Private Equity Fonds, FR 2002, 982

D. Gosch Missbrauchsabwehr im Internationalen Steuerrecht, DStJG 2013, 201

W. Haarmann Wirksamkeit, Rechtmäßigkeit, Bedeutung und Notwendigkeit der Hinzurechnungsbesteuerung im AStG, IStR 2011, 565

F. Haug Investmentfonds und Außensteuerrecht: Abgrenzungsfragen nach dem InvStRefG, IStR 2016, 597

J. Haun/H. Reiser Ausgewählte Probleme des Anwendungsschreibens zum Außensteuergesetz aus der Sicht der GmbH, GmbHR 2004, 841

G. Kraft Der Hinzurechnungsbetrag als „inländische Einkünfte" – Anmerkungen zum terminologischen und konzeptionellen Verständnis der obersten Finanzbehörden im Nichtanwendungserlass vom 14.12.2015, FR 2016, 257

G. Kraft Verluste in der Hinzurechnungsbesteuerung, IStR 2016, 909

G. Kraft Belastungswirkungen von Outbound-Strukturen im zweistufigen Konzern auf der Ebene des ultimativen Risikokapitalgebers, Ubg 2014, 596

G. Kraft Konzeptionelle und strukturelle Defizite der Hinzurechnungsbesteuerung – Reformbedarf und Reformnotwendigkeit, IStR 2010, 377

G. Kraft Schlußfolgerungen aus der BFH-Rechtsprechung zur Abgrenzung des § 42 AO von den §§ 7 ff. AStG aus der Sicht der internationalen Steuerberatung, IStR 1993, 148

G. Kraft/D. Beck Deutsche und US-Hinzurechnungsbesteuerung – Subpart F und die §§ 7–14 AStG im konzeptionellen Vergleich und im Spiegel aktueller Entwicklungen, IWB 2012, 629 (Teil 1) und IWB 2012, 682 (Teil 2)

G. Kraft/J. Trennheuser Treatment of Foreign Finance Companies Under German and U.S. CFC Rules, TNI 2013, 965

Zitierte Aufsätze

G. Kraft/J. Trennheuser Besteuerung der Erträge ausländischer Finanzierungsgesellschaften beim Anteilseigner am Beispiel des deutschen und des US-amerikanischen Steuerrechts, Ubg 2012, 691

B. Lieber Neuregelung der Hinzurechnungsbesteuerung durch das Unternehmenssteuerfortentwicklungsgesetz, FR 2002, 139

J. Lüdicke Anmerkungen zur deutschen Verhandlungsgrundlage für Doppelbesteuerungsabkommen, IStR-Beih. 2013, 26

C. Luttermann Die Rechtsprechung des Bundesfinanzhofes zur Anerkennung von Basisunternehmen im Internationalen Steuerrecht, IStR 1993, 153

T. Moser Zur (Nicht-) Anwendung von § 8c KStG bei der Ermittlung des Hinzurechnungsbetrages gem. § 10 Abs. 3 AStG – Anmerkungen zum Runderlass der SenFin Berlin v. 6.1.2016 – III A – S 2745a – 3/2013, IStR 2016, 462

F. Oppel BEPS in Europa: (Schein-) Harmonisierung der Missbrauchsabwehr durch neue Richtlinie 2016/1164 mit Nebenwirkungen, IStR 2016, 797

F. Oppel BEPS-Update: Bundesregierung legt Entwurf eines BEPS-Umsetzungsgesetzes vor, SteuK 2016, 421

M. Pfaar Hinzurechnungsbesteuerung bei Beteiligungen an ausländischen Kapitalgesellschaften über eine ausländische Personengesellschaft, IStR 2001, 8

M. Pfaar/G. Welke Steuerliche Fragen bei der Beteiligung privater Anleger an ausländischen Private Equity und Venture Capital Fonds, IWB 2001 Gruppe 3, 1317

S. Radmanesh Empfehlungen für eine effektive Hinzurechnungsbesteuerung (sog CFC-Regelungen) – Aktionspunkt 3 des OECD/G20 Base Erosion and Profit Shifting (BEPS)-Aktionsplans, IStR 2015, 895

H. Rättig/P. D. Protzen Das BMF-Schreiben vom 14.5.2004 – IV B 4 – S 1340 – 11/04 – (Grundsätze zur Anwendung des Außensteuergesetzes) – Analyse und Kritik der wesentlichen Anordnungen im Bereich der Hinzurechnungsbesteuerung der §§ 7 bis 14 AStG, IStR 2004, 625

H. Rättig/P. D. Protzen Überblick über die Hinzurechnungsbesteuerung des AStG in der Fassung des Unternehmenssteuerfortentwicklungsgesetzes, DStR 2002, 241

H. Rättig/P. D. Protzen Die „neue Hinzurechnungsbesteuerung" der §§ 12–14 AStG in der Fassung des UntStFG – Problembereiche und Gestaltungshinweise, IStR 2002, 123

H. Rättig/P. D. Protzen Die im Entwurf eines Gesetzes zur Fortentwicklung des Unternehmenssteuerrechts vorgesehenen Änderungen der Hinzurechnungsbesteuerung der §§ § 7–14 AStG, IStR 2001, 601

M. Schütz Kürzung des Gewinns aus Gewerbebetrieb um den Hinzurechnungsbetrag nach § 10 Abs. 1 S. 1 AStG, SteuK 2015, 258

F. Wassermeyer Die Besteuerung des Hinzurechnungsbetrages auf der Grundlage des Referentenentwurfs zum Gesetz zur Umsetzung der EU-Amtshilferichtlinie v. 31.5.2016, IStR 2016, 517

W. Wassermeyer Ausländische Investmentfonds im Internationalen Steuerrecht, IStR 2001, 193

Zu § 8 AStG

J. Becker/T. Lickteig Steuerrechtliche Einordnung von Asset Backed Securities, StBP 2000, 321

C. Bellstedt Beteiligungen an ausländischen „Zwischengesellschaften" nach dem Außensteuergesetz-Entwurf, FR 1972, 242

H. Debatin Außensteuerreformgesetz, DStZ/ A 1972, 265

H. Debatin Leitsätze für ein Gesetz zur Wahrung der steuerlichen Gleichmäßigkeit bei Auslandsbeziehungen und zu Verbesserung der steuerlichen Wettbewerbslage bei Auslandsinvestitionen, DStZ/A 1971, 89

E. Dötsch/A. Pung § 8b Abs. 1 bis 6 KStG: Das Einführungsschreiben des Bundesfinanzministeriums, DB 2003, 1016

Zitierte Aufsätze

H. Flick Schädliche Mitwirkungstatbestände im Außensteuerrecht, FR 1976, 6

H. Flick/F. Wassermeyer Die funktionale Betrachtungsweise im Außensteuergesetz, BB 1973, 857

S. Goebel/A. Palm Der Motivtest – Rettungsanker der deutschen Hinzurechnungsbesteuerung?, IStR 2007, 720

S. Grotherr Erneute Reform der Hinzurechnungsbesteuerung durch das Unternehmenssteuerfortentwicklungsgesetz, IWB Fach 3, Gruppe 1, 1883

S. Grotherr Umwandlungen nach dem SEStEG, IWB Fach 3, Gruppe 1, 2175

S. Grotherr International relevante Änderungen 2008 im Außensteuergesetz und in der AO, IWB Fach 3 Deutschland Gr. 1, 2259

H. Gummert/S. Trapp Steuerliche Aspekte bei der Finanzierung durch Asset Backed Securities, IWB Fach 3, Deutschland, Gruppe 1, 1603

G. Gundel Auswirkungen der neuen Hinzurechnungsbesteuerung des Außensteuergesetzes auf internationale Finanzierungsgesellschaften, IStR 1993, 49

W. Haarmann Wirksamkeit, Rechtmäßigkeit, Bedeutung und Notwendigkeit der Hinzurechnungsbesteuerung im AStG, IStR 2011, 565

G. Haas Beteiligung an ausländischen Gesellschaften – Probleme des Außensteuergesetzes, DStR 1973, 527

F. Haase Die atypisch stille Gesellschaft in der Hinzurechnungsbesteuerung, IStR 2008, 312

S. Hammerschmitt/L. Rehfeld Gemeinschaftsrechtliche Bezüge der Änderungen des AStG durch das UntStRefG 2008 und das JStG 2008, IWB Fach 3 Deutschland Gr. 1, 2293

H. Häuselmann/J. Hechler Die Besteuerung ausländischer ABS-Vehikel in Deutschland, IStR 1999, 33

J. Haun/H. Reiser Ausgewählte Probleme des Anwendungsschreibens zum Außensteuergesetz aus der Sicht der GmbH, GmbHR 2004, 841

G. Hollatz/U. Moebus Steuerliche Beurteilung von Finanzierungsgeschäften im Ausland, DB 1978, 605

C. Jochimsen/C. Bildstein Einzelfragen zur Niedrigbesteuerung i. S. d. § 8 Abs. 3 AStG, UBg 2012, 26

W. Kessler/P. Dorfmüller/P. Schmitt Änderungen der Hinzurechnungsbesteuerung durch den Entwurf eines UntStFG, PiStB 2001, 318

D. Kley/H. Schüßler Zur Auslegung des § 8 Abs. 1 Ziff. 7 AStG – Zugleich eine Ergänzung zu Hollatz/Moebus „Steuerliche Beurteilung von Finanzierungsgeschäften im Ausland", DB 1978, 605 ff. , DB 1978, 2335

D. Klingberg/I. van Lishaut Ausländische Umwandlungen im deutschen Steuerrecht, FR 1999, 1209

C. Kneip/I. Rieke Hinzurechnungsbesteuerung bei ausländischen Holdinggesellschaften nach dem Entwurf eines Unternehmenssteuerfortentwicklungsgesetzes (UntStFG), IStR 2001, 665

S. Köhler/J. Haun Kritische Analyse der Änderungen der Hinzurechnungsbesteuerung durch das JStG 2008, Ubg 2008, S. 7378

T. Kollruss/L. Kuhlmann/T. Tüshaus Die Schweiz als Standort für Finanzierungsgesellschaften deutscher multinationaler Unternehmen, BB 2013, 1751

S. Korten Zweifelsfragen bei der Anwendung von Switch-over-Klauseln. Illustration anhand des Beispiels einer Bankbetriebsstätte in Großbritannien mit deutschem Stammhaus, IWB 2015, 471

G. Kraft Anmerkung zu BFH: Unionsrecht und Hinzurechnungsbesteuerung von Zwischeneinkünften mit Kapitalanlagecharakter in Drittstaatenfall, IStR 2017, 316

G. Kraft Abweichende Bemessungsgrundlagen im Aus- und Inland als Ursache von Niedrigbesteuerung im System der Hinzurechnungsbesteuerung – illustriert anhand von Fallstudien, IStR 2016, 276

G. Kraft Strukturen der Niedrigbesteuerung im System der Hinzurechnungsbesteuerung bei identischen Gewinnermittlungskonventionen im Aus- und Inland – illustriert anhand von Fallstudien, IStR 2016, 129

Zitierte Aufsätze

G. Kraft Steuererklärungspflichten im Kontext der Hinzurechnungsbesteuerung, IStR 2011, 897

G. Kraft Die Auswirkung des TIEA Deutschland-Liechtenstein auf die deutsche Hinzurechnungsbesteuerung, IStR 2010, 440

G. Kraft Konzeptionelle und strukturelle Defizite der Hinzurechnungsbesteuerung – Reformbedarf und Reformnotwendigkeit, IStR 2010, 377

G. Kraft/J. Bron Implikationen des Urteils in der Rechtssache „Cadbury Schweppes" für die Fortexistenz der deutschen Hinzurechnungsbesteuerung, IStR 2006, 614

G. Kraft/D. Nitzschke Anmerkung zum BFH-Urteil vom 9.7.2003 I R 82/01, IStR 2003, 818

G. Kraft/D. Nitzschke Der Kreditinstituts-Begriff des Außensteuergesetzes unter besonderer Berücksichtigung der aufsichtsrechtlichen Einflüsse der 6. KWG-Novelle, IStR 2003, 427

G. Kraft/T. Moser Fallstudie zur Systematik des AStG – Die Grundstruktur der Hinzurechnungsbesteuerung nach §§ 7–14 AStG, StStud 2013, 39

G. Kraft/K. Richter/T. Moser Genussrechte als Gestaltungsinstrument im Rahmen der Hinzurechnungsbesteuerung nach §§ 7–14 AStG, DB 2014, 85

G. Kraft/E. Seydewitz Gruppenbesteuerungs- und Verlustkompensationssysteme in der Hinzurechnungsbesteuerung, BB 2015, 1494

G. Kraft/S. Zielinski Like-kind exchanges nach Section 1031 Internal Revenue Code und ihre Folgen in der deutschen Hinzurechnungsbesteuerung, RIW 2012, 596

M. Lenz/O. Heinsen Zur Niedrigbesteuerung i. S. des § 8 Abs. 3 AStG, IStR 2003, 793

T. Lickteig Factoring und Hinzurechnungsbesteuerung gem. §§ 7 ff. AStG 94, StBP 2001, 267

B. Lieber Neuregelung der Hinzurechnungsbesteuerung durch das Unternehmenssteuerfortentwicklungsgesetz, FR 2002, 139

Linklaters Oppenhoff & Rädler, DB Beilage Nr. 1/2002, 59

A. Linn Die Anti-Tax-Avoidance-Richtlinie der EU – Anpassungsbedarf in der Hinzurechnungsbesteuerung?, IStR 2016, 645

C. Lorenz Veräußerungen und Reorganisationen im Außensteuerrecht, IStR 2001, 393

J. Lüdicke Internationale Aspekte des Steuervergünstigungsabbaugesetzes, IStR 2003, 433

T. Menck Neuere Grundmodelle grenzüberschreitender Steuerplanung im Blickfeld der Außenprüfung, StBP 1997, 200

T. Menck Das Zusammentreffen vom „aktiven" und „passiven" Einkünften im Außensteuerrecht, DStZ/A 1975, 2543

H. Merkert Die außensteuerliche Mitwirkung bei Handels- und Dienstleistungsgesellschaften, DB 1975, 1861

W. Neyer/A. Gürzenich-Schmidt Liquidation einer ausländischen Kapitalgesellschaft: Deutsche Besteuerung unbeschränkt steuerpflichtiger Anteilseigner, IStR 2000, 295

H. Pannenbecker Mitwirkung bei Handelsgeschäften i. S. von § 8 Abs. 1 Nr. 4 Außensteuergesetz (AStG), StBP 1974, 34

D.J. Piltz Liquidation ausländischer Kapitalgesellschaften in den Doppelbesteuerungsabkommen, DStR 1989, 133

H. Rättig/P.D. Protzen Die „neue Hinzurechnungsbesteuerung" der §§ 12–14 AStG in der Fassung des UntStFG – Problembereiche und Gestaltungshinweise, IStR 2002, 123

H. Rättig/P.D. Protzen Die im Entwurf eines Gesetzes zur Fortentwicklung des Unternehmenssteuerrechts vorgesehenen Änderungen der Hinzurechnungsbesteuerung der §§ § 7–14 AStG, IStR 2001, 601

G. Rautenstrauch/J. Suttner Die EU Anti-BEPS-Richtlinie: Überblick und künftige Anpassungsnotwendigkeiten im deutschen Recht, BB 2016, 2391

H. Reiser/B. Cortez Die funktionale Betrachtungsweise der deutschen Hinzurechnungsbesteuerung im Anwendungsbereich der Produktionstätigkeit, Ubg 2011, 846

Zitierte Aufsätze

V. Schmidt/H. Schwind Ausgewählte Änderungen des AStG durch das JStG 2008 – Reaktion auf die Rechtsprechung von EuGH und BFH, IWB 2008, Fach 2, 9713

D. Schmidtmann Hinzurechnungsbesteuerung bei internationalen Umwandlungen – Neuregelungen durch das SEStEG, IStR 2007, 229

A. Schnitger Die Niederlande als Niedrigsteuerland i. S. des § 8 Abs. 3 AStG und die gewerbesteuerliche Kürzung des Hinzurechnungsbetrags, IStR 2011, 328

A. Schnitger Ausländische Umwandlungen – Fragen im Zusammenhang mit § 8 Abs. 1 Nr. 10 AStG, IStR 2010, 265

A. Schnitger/C. Bildstein Beteiligungsähnliche Genussrechte und das Korrespondenzprinzip innerhalb der Hinzurechnungsbesteuerung, IStR 2009, 629

S. Schnorberger Factoring und Außensteuergesetz, RIW 1993, 911

W. Schön Deutsche Hinzurechnungsbesteuerung und Europäische Grundfreiheiten, IStR-Beih. 2013, 3

J. Schönfeld Ausländische Verluste und Niedrigbesteuerung im Sinne von § 8 Abs. 3 AStG – oder: Unter welchen Voraussetzungen verhindert ein „Ausgleich mit Einkünften aus anderen Quellen" eine Hinzurechnungsbesteuerung?, IStR 2009, 301

M. Schwarz Zum 40. Geburtstag des Außensteuergesetzes: Die Dienstleistungsgesellschaft als Anwendungsfall der Hinzurechnungsbesteuerung, IStR 2012, 861

G. Vogt Die Niedrigbesteuerung in den Hinzurechnungsvorschriften des AStG, DStR 2005, 1347

F. Wassermeyer/J. Schönfeld Die Niedrigbesteuerung i. S. des § 8 Abs. 3 AStG vor dem Hintergrund eines inländischen KSt-Satzes von 15 %, IStR 2008, 496

F. Wassermeyer Die Fortentwicklung der Besteuerung von Auslandsbeziehungen – Anmerkungen zu den derzeitigen Überlegungen zur Reform des Außensteuerrechts, IStR 2001, 113

F. Wassermeyer Einzelfragen zur Besteuerung von Zwischengesellschaften nach dem Außensteuergesetz, StbJb 1973/1974, 489

M. Werra Zum Reformbedarf beim Außensteuergesetz unter besonderer Berücksichtigung des Verhaltenskodex, IStR 2001, 438

E. Witzani Steuerrechtliche Beurteilung von Asset Backed Securities – Transaktionen bei Kreditinstituten, BB 2000, 2125

Zu § 9 AStG

G. Strunk/B. Kaminski Passive Erträge in keinem Fall mehr betriebliche Nebenerträge aktiver Tätigkeiten im Sinne des Außensteuergesetzes?, Stbg 2005, 125

Zu § 10 AStG

J. D. Becker Zur Besteuerung inländischer Gesellschafter von Auslandsholdings nach dem Steuersenkungsgesetz, IWB 2000, Fach 3, Gruppe 1, 1653

J. D. Becker/T. Loose „Paukenschlag" des BFH: Keine Gewerbesteuerpflicht des Hinzurechnungsbetrags gemäß § 9 Nr. 3 GewStG – was sind die Folgen für die Praxis?, Ubg 2015, 399

A. Benecke/A. Schnitger Letzte Änderungen der Neuregelungen des UmwStG und der Entstrickungsnormen durch das SEStEG – Beschlussempfehlung und Bericht des Finanzausschusses, IStR 2007, 22

A. Benecke/A. Schnitger Anwendung des § 8a KStG – Ein Diskussionsbeitrag, IStR 2004, 44

E. Bogenschütz/G. Kraft Konzeptionelle Änderungen der erweiterten Hinzurechnungsbesteuerung und Verschärfungen im Bereich der Konzernfinanzierungseinkünfte durch das StMBG, IStR 1994, 153

G. Burwitz Der Entwurf eines Gesetzes zur Änderung des Außensteuergesetzes und anderer Gesetze (AStÄG) FR 1998, 293

D. Eimermann Änderungen des Außensteuergesetzes, NWB 2004, Fach 3, 12 721

Zitierte Aufsätze

T. Fock Investmentsteuerrecht und Außensteuergesetz, IStR 2006, 734

P. Hellwig Vom Unwesen der Einkommensteuerpflichtigen Einkünfte und Einkommensteuerpflichtigen Einnahmen oder Gut gemeint ist nicht immer gut, DB 1987, 2379

S. Grotherr International relevante Änderungen durch das Gesetz zur Umsetzung der Protokollerklärung zum Steuervergünstigungsabbaugesetz, IWB 2003, Fach 3, Gruppe 1, 1935

S. Grotherr Erneute Reform der Hinzurechnungsbesteuerung durch das Unternehmenssteuerfortentwicklungsgesetz, IWB 2002, Fach 3, Gruppe 1, 1883

S. Grotherr Änderungen bei der Besteuerung von Einkünften aus ausländischen Beteiligungen durch das Steuersenkungsgesetz, IWB 2000, Fach 3 Gruppe 1, 1697, 1709

S. Grotherr Änderung in der Hinzurechnungsbesteuerung durch das Steuersenkungsgesetz, IWB 2000, Fach 3 Gruppe 1, 1675

W. Kessler/T. Teufel Läuft die Hinzurechnungsbesteuerung bei Beteiligungserträgen und Veräußerungsgewinnen leer? – Überlegungen zur Anwendbarkeit von § 8b Abs. 1 und Absatz 2 KStG n. F. im Rahmen des § 10 Abs. 3 Satz 1 AStG, IStR 2000, 545

M. Klein Hinzurechnungsbesteuerung bei Auslandsholdings – Situation nach Steuersenkungsgesetz und Unternehmenssteuerfortentwicklungsgesetz, IStR 2001, 616

A. Kluge Basisgesellschaften und Doppelbesteuerungsabkommen, RIW 1975, 525

F. Köhler Verdeckte Gewinnausschüttungen und Vorabausschüttungen bei ausländischen Zwischengesellschaften, RIW 1989, 466

F. Köhler Die steuergesetzliche Tatbestandsbildung der Zugriffsbesteuerung nach dem Außensteuergesetz, RiW 1988, 979

S. Köhler Die relevante Beteiligungshöhe für die Zurechnung von Zwischeneinkünften mit Kapitalanlagecharakter nachgeschalteter Gesellschaften im AStG, IStR 1994, 105

A. Körner Europarecht und CFC-Regelungen – Anrufung des EuGH im Verfahren „Cadbury Schweppes", IStR 2004, 697

G. Kraft Der Hinzurechnungsbetrag als „inländische Einkünfte" – Anmerkungen zum terminologischen und konzeptionellen Verständnis der obersten Finanzbehörden im Nichtanwendungserlass vom 14.12.2015, FR 2016, 257

G. Kraft Unionsrecht als Forschungsgegenstand der Betriebswirtschaftlichen Steuerlehre – Illustriert anhand aktuell anhängiger Meilensteinverfahren, FR 2017, 405

G. Kraft Verluste in der Hinzurechnungsbesteuerung, IStR 2016, 909

G. Kraft/U. Hohage Die anstehende EuGH-Entscheidung zum gewerbesteuerlichen Schachtelprivileg (Rs. C-685/16) – Präzedenzfunktion der SECIL-Entscheidung (Rs. C-464/14) –, DB 2017, 1612

G. Kraft/U. Hohage Repatriierung von Drittstaatendividenden im Kapitalgesellschaftskonzern. Zugleich Besprechung des Beschlusses des FG Münster v. 20.9.2016 – 9 K 3911/13 F, DStR 2017, 384 (Az. EuGH: C-685/16), IStR 2017, 381

G. Kraft/D. Nitzschke Der Kreditinstituts-Begriff des Außensteuergesetzes unter besonderer Berücksichtigung der aufsichtsrechtlichen Einflüsse der 6. KWG-Novelle, IStR 2003, 427

G. Kraft/D. Nitzschke „Niedrige Besteuerung" i. S. des § 8 Abs. 3 AStG, IStR 2003, 818

G. Kraft/C. Schreiber Die Gewerbesteuerpflicht des Hinzurechnungsbetrages – Belastungseffekte, normative Analyse, systematische Rechtfertigung, IStR 2015, 149

B. Lieber Neuregelung der Hinzurechnungsbesteuerung durch das Unternehmenssteuerfortentwicklungsgesetz, FR 2002, 139

B. Lieber/S. Rasch Mögliche Konsequenzen der Rechtssache „Cadbury Schweppes" für die deutsche Hinzurechnungsbesteuerung, GmbHR 2004, 1572

C. Lorenz Veräußerungen und Reorganisationen im Außensteuerrecht, IStR 2001, 393

J. Lüdicke Internationale Aspekte des Steuervergünstigungsabbaugesetzes, 433

T. Moser Zur (Nicht-)Anwendung von § 8c KStG bei der Ermittlung des Hinzurechnungsbetrages gem. § 10 Abs. 3 AStG – Anmerkungen zum Runderlass der SenFin

Zitierte Aufsätze

Berlin v. 6.1.2016 – III A – S 2745a – 3/2013, Internationales Steuerrecht, IStR 2016, 462

R. *Portner* Anwendung des § 3c EStG auf den Hinzurechnungsbetrag nach AStG, IStR 1996, 287

H. *Rättig/P. D. Protzen* Überblick über die Hinzurechnungsbesteuerung des AStG in der Fassung des Unternehmenssteuerfortentwicklungsgesetzes, DStR 2002, 241

H. *Rättig/P. D. Protzen* Die „neue Hinzurechnungsbesteuerung" der §§ 12–14 AStG in der Fassung des UntStFG – Problembereiche und Gestaltungshinweise, IStR 2002, 123

H. *Rättig/P. D. Protzen* Die im Entwurf eines Gesetzes zur Fortentwicklung des Unternehmenssteuerrechts vorgesehenen Änderungen der Hinzurechnungsbesteuerung der §§ 7–14 AStG, IStR 2001, 601

H. *Rättig/P. D. Protzen* Holdingbesteuerung nach derzeit geltendem und kommendem Außensteuergesetz, IStR 2000, 548

T. *Rödder* Ist der Hinzurechnungsbetrag gewerbesteuerpflichtig?, IStR 2009, 873

T. *Rödder/C. Ritzer* § 8a KStG n. F. im Outbound-Fall, DB 2004, 891

T. *Rödder/B. Liekenbrock* Verstößt die gewerbesteuerliche Belastung des Hinzurechnungsbetrags i. S. d. § 10 AStG gegen Europarecht?, Ubg 2013, 23

T. *Rödder/A. Schumacher* Das SEStEG – Überblick über die endgültige Fassung und die Änderungen gegenüber dem Regierungsentwurf, DStR 2007, 369

T. *Rödder/A. Schumacher* Erster Überblick über die geplanten Steuerverschärfungen und -entlastungen für Unternehmen zum Jahreswechsel 2003/2004, DStR 2003, 1725

T. *Rödder/A. Schumacher* Unternehmenssteuerfortentwicklungsgesetz: Wesentliche Änderungen des verkündeten Gesetzes gegenüber dem Regierungsentwurf, DStR 2002, 105

C. *Schmidt/D. Blöchle* Einkünfte aus Auslandinvestmentfonds bei Anwendung von Doppelbesteuerungsabkommen – Zugleich grundsätzliche Überlegungen zur Relevanz des Abkommensrechts bei der Einkünfteerzeugung, IStR 2002, 645

L. *Schmidt/J. Hageböke* Auslandsverschmelzungen im Außensteuerrecht, IStR 2001, 697

D. *Schmidtmann* Hinzurechnungsbesteuerung bei internationalen Umwandlungen – Neuregelungen durch das SEStEG, IStR 2007, 229

A. *Schnitger* Die Niederlande als Niedrigsteuerland i. S. des § 8 Abs. 3 AStG und die gewerbesteuerliche Kürzung des Hinzurechnungsbetrags, IStR 2011, 328

A. *Schnitger/O. Schachinger* Das Transparenzprinzip im Investmentsteuergesetz und seine Bedeutung für das Zusammenwirken mit den Vorschriften über die Hinzurechnungsbesteuerung nach den §§ 7 ff. AStG, BB 2007, 801

W. *Schön* Hinzurechnungsbesteuerung und Europäisches Gemeinschaftsrecht, DB 2001, 940

G. *Seitz* Die Berücksichtigung der Steuerbefreiungen nach § 8b II und VI KStG bzw. § 3 Nr. 40 EStG bei der Ermittlung des Gewerbeertrags einer Mitunternehmerschaft, GmbHR 2004, 476

K. *Sieker* Steuervergünstigungsabbaugesetz: Vorgesehene Verschärfungen der Rechtsfolgen der Hinzurechnungsbesteuerung, IStR 2003, 78

M. *Sradj/H. Mertes* Steuerliche Aspekte des Investmentmodernisierungsgesetzes, DStR 2003, 1681

T. *Töben* Keine Gewerbesteuer auf Dividenden und auf Gewinne aus der Veräußerung von Anteilen an Kapitalgesellschaften bei Zwischenschaltung einer Personengesellschaft, FR 2002, 361

A. *Vögele/G. Edelmann* Internationale Steuerplanung nach der Unternehmenssteuerreform 2001, IStR 2000, 463

F. *Wassermeyer* Die Hinzurechnungsbesteuerung aus der Sicht des Entwurfs des Unternehmenssteuerreform- und Steuersenkungsgesetzes, IStR 2000, 114

F. *Wassermeyer* Der Scherbenhaufen „Hinzurechnungsbesteuerung", EuZW 2000, 513

Zitierte Aufsätze

W. Wassermeyer Der zweite Entwurf des Investmentsteuergesetzes vom 20.8.2003, DB 2003, 2085

W. Wassermeyer Ausländische Investmentfonds im Internationalen Steuerrecht, IStR 2001, 193

M. Weiss § 8c KStG im Rahmen der Hinzurechnungsbesteuerung, NWB 2016, 1360

M. Werra/A. Teiche Das SEStBeglG aus der Sicht international tätiger Unternehmen, DB 2006, 1455

Zu § 11 AStG

S. Grotherr Erneute Reform der Hinzurechnungsbesteuerung durch das Unternehmenssteuerfortentwicklungsgesetz, IWB Fach 3, Gruppe 1, 1883

B. Lieber Neuregelung der Hinzurechnungsbesteuerung durch das Unternehmenssteuerfortentwicklungsgesetz, FR 2002, 139

Linklaters Oppenhoff & Rädler DB Beilage 1/2002, 62

Zu § 12 AStG

J. D. Becker Zur Besteuerung inländischer Gesellschafter von Auslandsholdings nach dem Steuersenkungsgesetz, IWB 2000, Fach 3, Gruppe 1, 1653

S. Grotherr Erneute Reform der Hinzurechnungsbesteuerung durch das Unternehmenssteuerfortentwicklungsgesetz, IWB Fach 3, Gruppe 1, 1883

S. Grotherr Änderungen bei der Besteuerung von Einkünften aus ausländischen Beteiligungen durch das Steuersenkungsgesetz, IWB 2000, Fach 3 Gruppe 1, 1697, 1709

S. Grotherr Änderung bei der Hinzurechnungsbesteuerung durch das Steuersenkungsgesetz, IWB 2000, Fach 3 Gruppe 1, 1675

M Günkel/B. Lieber Erhöhung des Hinzurechnungsbetrags gemäß § 12 Abs. 1 Satz 2 AStG a. F. auch bei der Gewerbesteuer, IStR 2005, 457

M. Klein Hinzurechnungsbesteuerung bei Auslandsholdings – Situation nach Steuersenkungsgesetz und Unternehmenssteuerfortentwicklungsgesetz, IStR 2001, 616

G. Kraft/J. Bron Implikationen des Urteils in der Rechtssache „Cadbury Schweppes" für die Fortexistenz der deutschen Hinzurechnungsbesteuerung, IStR 2006, 614

B. Lieber Neuregelung der Hinzurechnungsbesteuerung durch das Unternehmenssteuerfortentwicklungsgesetz, FR 2002, 139

R. Portner Anwendung des § 3c EStG auf den Hinzurechnungsbetrag nach AStG, IStR 1996, 287

H. Rättig/P. D. Protzen Überblick über die Hinzurechnungsbesteuerung des AStG in der Fassung des Unternehmenssteuerfortentwicklungsgesetzes, DStR 2002, 241

H. Rättig/P. D. Protzen Die „neue Hinzurechnungsbesteuerung" der §§ 12–14 AStG in der Fassung des UntStFG – Problembereiche und Gestaltungshinweise, IStR 2002, 123

Zu § 14 AStG

H. Debatin Die Erfassungsspannweite der deutschen Zugriffsbesteuerung auf Auslandsbeteiligungen, DB 1978, Teil I 1195, Teil II 1240

G. Gundel Auswirkungen der neuen Hinzurechnungsbesteuerung des Außensteuergesetzes auf internationale Finanzierungsgesellschaften, IStR 1993, 49

S. Köhler Die relevante Beteiligungshöhe für die Zurechnung von Zwischeneinkünften mit Kapitalanlagecharakter nachgeschalteter Gesellschaften im AStG, IStR 1994, 105

S. Köhler Trendwende in der Hinzurechnungsbesteuerung?, RIW 1994, 663

G. Lempenau Hinzurechnung bei nachgeschalteten Zwischengesellschaften: Nebeneinander von § 14 AStG und § 7 Abs. 2 Satz 2 AStG?, DB 1973, 2013

H. Rättig/P. D. Protzen Das BMF-Schreiben vom 14.5.2004 – IV B 4 – S 1340 – 11/04 – (Grundsätze zur Anwendung des Außensteuergesetzes) – Analyse und Kritik der

Zitierte Aufsätze

wesentlichen Anordnungen im Bereich der Hinzurechnungsbesteuerung der §§ 7 bis 14 AStG, IStR 2004, 625

H. *Rättig/P. D. Protzen* Die „neue Hinzurechnungsbesteuerung" der §§ 12–14 AStG in der Fassung des UntStFG – Problembereiche und Gestaltungshinweise, IStR 2002, 123

H. *Rättig/P. D. Protzen* Holdingbesteuerung nach derzeit geltendem und kommendem Außensteuergesetz, IStR 2000, 548

F. *Wassermeyer* Die Anwendung des AStG innerhalb des REITG, IStR 2008, 197

F. *Wassermeyer* Die Zurechnung von Einkünften einer ausländischen Untergesellschaft gegenüber ihrer ausländischen Obergesellschaft nach § 14 AStG, IStR 2003, 665

Zu § 15 AStG

H. *Götz* Wird § 7 Absatz 1 Nr. 9 ErbStG von § 15 Absatz 11 AStG verdrängt?, DStR 2014, 1047

C. *Habammer* Der ausländische Trust im deutschen Ertrag- und Erbschaft-/Schenkungsteuerrecht, DStR 2002, 425

J. *Hey* Hinzurechnungsbesteuerung bei ausländischen Familienstiftungen gemäß § 15 AStG i. d. F. des JStG 2009 – europa- und verfassungswidrig!, IStR 2009, 181

M. *Jülicher* Die Österreichische Privatstiftung: Charme und Risiken eines Gestaltungsinstruments, PIStB 2001, 137

C. *Kirchhain* Neues von der Zurechnungsbesteuerung – Gedanken zur geplanten Neufassung des § 15 AStG durch das Jahressteuergesetz 2013, IStR 2012, 602

G. *Kraft/M. Gräfe/T. Moser* Missbrauchsklausel: Das Verhältnis von allgemeinen zu speziellen Missbrauchsklauseln – illustriert anhand von Gestaltungen mit ausländischen Familienstiftungen, ISR 2016, 219

G. *Kraft/K. Hause* Die Gemeinschaftsrechtswidrigkeit des § 15 AStG zur Besteuerung ausländischer Familienstiftungen aus dem Blickwinkel der EuGH-Rechtsprechung, DB 2006, 414

G. *Kraft/T. Moser/R. Gebhardt* Neukonzeption der Besteuerung ausländischer Familienstiftungen durch das JStG 2013. Systematische Würdigung, strukturelle Defizite und Gestaltungsüberlegungen, DStR 2012, 1773

G. *Kraft/U. Preil/T. Moser* Problembereiche und Gestaltungspotenzial bei Leistungen ausländischer Familienstiftungen und nachgeschalteter Vehikel im Kontext von § 15 AStG und §§ 7–14 AStG, IStR 2016, 96

G. *Kraft/K.-A. Schulz* Zwischengesellschaften im Kontext ausländischer Familienstiftungen – Entwicklungen durch das JStG 2013, IStR 2012, 897

G. *Kraft/K.-A. Schulz* The Compatibility of the German Taxation of Foreign Private Foundations with EU Law, ET 2010, 2015

G. *Kraft/K.-A. Schulz* Systematische Verwerfungen im Rahmen der Besteuerung ausländischer Familienstiftungen nach dem neu eingefügten § 15 Abs. 6 AStG, ZSt 2009, 122

T. *Lühn* Ergänzung der Besteuerung ausländischer Familienstiftungen nach § 15 AStG durch das JStG 2009, IWB Fach 3 Deutschland Gr. 1, 2361

T. *Lühn* Non-Conformity of Section 15 German Foreign Tax Code Concerning the Taxation of Foreign Family Trusts with EC Law?, Intertax 2008, 520

J. *Maier* Zurechnung von Vermögen einer Auslandsstiftung nach § 15 AStG, IStR 2001, 589

T. *Moser/R. Gebhardt* Ungereimtheiten und Übergangsprobleme durch die systematischen Änderungen in § 15 AStG im Rahmen des Amtshilferichtlinie-Umsetzungsgesetzes, DStZ 2013, 753

T. *Moser /R. Gebhardt* Diskussionsanstöße zu einer grundlegenden Reform des § 15 AStG nach dem Scheitern des Jahressteuergesetzes 2013, ISR 2013, 84

T. *Moser/S. Hentschel* Germany's Taxation of Foreign Trusts – Pitfalls for U. S. Citizens Moving to Germany, TNI 2014, 749

Zitierte Aufsätze

B. Runge Die Familienstiftung im Außensteuergesetz, DB 1977, 514
F. Wassermeyer Das österreichische Privatstiftungsgesetz aus Sicht des deutschen Steuerrechts, SWI 1994, 279

Zu § 17 AStG

H. Becker Zur Änderung des Außensteuerrechts DStR 1972, 359
K. Ebling Überlegungen zum neuen Außensteuerrecht aus der Sicht der steuerlichen Betriebsprüfung, StBP 1971, 218

Zu § 18 AStG

W. Frenz Anmerkung zu Klausner Holz Niedersachsen, DVBl. 2016, 42
H.-J. Gebel Zur Bindungswirkung eines gemeinschaftsrechtswidrigen Feststellungsbescheids nach § 18 Abs. 1 Satz 1 AStG, EFG 2016, 1318
C. Kirchhain Neues von der Zurechnungsbesteuerung – Gedanken zur geplanten Neufassung des § 15 AStG durch das Jahressteuergesetz 2013, IStR 2012, 602

Zu § 20 AStG

J. D. Becker/T. Loose Erfordert die gewerbesteuerliche Kürzung nach § 9 Nr. 3 Satz 1 GewStG das Bestehen einer auch abkommensrechtlichen Betriebsstätte?, Ubg 2015, 520
J. Bron EWS-Kommentar zum EuGH-Urteil in der Rs. C-298/05 (Columbus Container), EWS 2008, 42
J. Bron Das Treaty Override im deutschen Steuerrecht vor dem Hintergrund aktueller Entwicklungen, IStR 2007, 431
J. Bron Verstößt das REIT-Gesetz gegen Gemeinschaftsrecht? – Folgerungen aus dem EuGH-Urteil zum VW-Gesetz, BB 2007, 2444
H. Debatin Der deutsch-schweizerische Steuervertrag, DB 1972, Teil I 1939 , Teil II 1983
H. Debatin StÄndG 1992 und „Treaty Override", DB 1992, 2159
F. Haase Die atypisch stille Gesellschaft in der Hinzurechnungsbesteuerung, IStR 2008, 312
T. Hagemann Gewerbesteuerliche Kürzung des Hinzurechnungsbetrags?, Ubg 2014, 706
B. Kaminski/G. Strunk § 20 Abs. 2 AStG i. d. F. des JStG 2010: (Nicht-)Freistellung von Betriebsstätteneinkünften in DBA-Fällen, IStR 2011, 137
B. Kaminski/G. Strunk/F. Haase Anmerkung zu § 20 Abs. 2 AStG in der Entwurfsfassung des Jahressteuergesetzes 2008, IStR 2007, 726
A. Kluge Außensteuergesetz und Doppelbesteuerungsabkommen, RIW/AWD 1972, 411
S. Köhler Aktuelles Beratungs-Know-how Internationales Steuerrecht, DStR 2003, 1156
G. Kraft/J. Bron Die Zinsschranke – Ein europarechtliches Problem?, § 4h EStG, § 8a KStG und § 15 S. 1 Nr. 3 KStG zwischen Grundfreiheiten sowie Zins- und Lizenzrichtlinie, EWS 2007, 487
G. Kraft/J. Bron Implikationen des Urteils in der Rechtssache „Cadbury Schweppes" für die Fortexistenz der deutschen Hinzurechnungsbesteuerung, IStR 2006, 614
G. Kraft/C. Jochimsen Sonderbetriebsvermögen in grenzüberschreitender Perspektive – Grundstrukturen und aktuelle Entwicklungen, NWB 2015, 123
G. Kraft/A. Kempf Die Umschaltklausel des § 20 Abs. 2 AStG im Praxistest bei Personengesellschaften als zivilrechtliche Träger von Betriebsstätten, IStR 2016, 220
G. Kraft/D. Nitzschke Anmerkung zum BFH – Urteil vom 9.7.2003 I R 82/01, IStR 2003, 818

Zitierte Aufsätze

J. Lüdicke Gewerbesteuer bei ausländischer Hilfsbetriebsstätte nach dem DBA-Türkei, IStR 2015, 770

T. Maack/J. Stöbener Die Niedrigbesteuerung des § 8 Abs. 3 AStG bei ausländischen Betriebstätten, IStR 2008, 461

T. Rödder/A. Schumacher Das Steuervergünstigungsabbaugesetz, DStR 2003, 805

T. Rödder/A. Schumacher Unternehmenssteuerfortentwicklungsgesetz: Wesentliche Änderungen des verkündeten Gesetzes gegenüber dem Regierungsentwurf, DStR 2002, 105

A. Schnitger Änderungen der grenzüberschreitenden Unternehmensbesteuerung sowie des § 42 AO durch das geplante Jahressteuergesetz 2008 (JStG 2008), IStR 2007, 729

G. Vogt Die Niedrigbesteuerung in den Hinzurechnungsvorschriften des AStG, DStR 2005, 1347

F. Wassermeyer Der Wirrwarr mit den Aktivitätsklauseln im deutschen Abkommensrecht, IStR 2000, 65

F. Wassermeyer/J. Schönfeld Die Niedrigbesteuerung i. S. des § 8 Abs. 3 AStG vor dem Hintergrund eines inländischen KSt-Satzes von 15 %, IStR 2008, 496

Zu § 21 AStG

H.-M. Eckstein/C. Naumburg Sind die Hinzurechnungsbeträge des Jahres 2001 steuerfrei bzw. dem Halbeinkünfteverfahren unterworfen? IStR 2004, 490

Gesetz über die Besteuerung bei Auslandsbeziehungen (Außensteuergesetz)

Vom 8. September 1972 (BGBl. I S. 1713)

BGBl. III/FNA 610-6-8

Geändert durch Gesetz zur Reform des Erbschaftsteuer- und Schenkungsteuerrechts vom 17.4.1974 (BGBl. I S. 933), Einführungsgesetz zum Einkommensteuerreformgesetz vom 21.12.1974 (BGBl. I S. 3656), Einführungsgesetz zum Körperschaftsteuerreformgesetz vom 6.9.1976 (BGBl. I S. 2641), Einführungsgesetz zur Abgabenordnung vom 14.9.1976 (BGBl. I S. 3341), Gesetz zur Änderung des EStG, des KStG und anderer Gesetze vom 20.8.1980 (BGBl. I S. 1545), Gesetz zur Stärkung der Wettbewerbsfähigkeit der Wirtschaft und zur Einschränkung von steuerlichen Vorteilen (Steuerentlastungsgesetz 1984) vom 22.12.1983 (BGBl. I S. 1583), Steuerbereinigungsgesetz 1985 vom 14.12.1984 (BGBl. I S. 1493), Beschluß des Bundesverfassungsgerichts vom 14.5.1986 (BGBl. I S. 1030), Einigungsvertrag vom 31.8.1990 (BGBl. II S. 889, 978), Steueränderungsgesetz 1992 vom 25.2.1992 (BGBl. I S. 297), Standortsicherungsgesetz vom 13.9.1993 (BGBl. I S. 1569), Mißbrauchsbekämpfungs- und Steuerbereinigungsgesetz vom 21.12.1993 (BGBl. I S. 2310), Gesetz zur Änderung des Umwandlungssteuerrechts vom 28.10.1994 (BGBl. I S. 3267), Jahressteuergesetz 1997 vom 20.12.1996 (BGBl. I S. 2049), Steuersenkungsgesetz vom 23.10.2000 (BGBl. I S. 1433), Steuer-Euroglättungsgesetz vom 19.12.2000 (BGBl. I S. 1790), Unternehmenssteuerfortentwicklungsgesetz vom 20.12.2001 (BGBl. I S. 3858), Steuervergünstigungsabbaugesetz vom 16.5.2003 (BGBl. I S. 660), Investmentmodernisierungsgesetz vom 15.12.2003 (BGBl. I S. 2676), Gesetz zur Umsetzung der Protokollerklärung der Bundesregierung zur Vermittlungsempfehlung zum Steuervergünstigungsabbaugesetz vom 22.12.2003 (BGBl. I S. 2840), EURichtlinien-Umsetzungsgesetz vom 9.12.2004 (BGBl. I S. 3310), Gesetz über steuerliche Begleitmaßnahmen zur Einführung der Europäischen Gesellschaft und zur Änderung weiterer steuerrechtlicher Vorschriften (SEStEG) vom 7.12.2006 (BGBl. I S. 2782), Gesetz zur Schaffung deutscher Immobilien-Aktiengesellschaften mit börsennotierten Anteilen vom 28.5.2007 (BGBl. I S. 914), Unternehmensteuerreformgesetz 2008 vom 14.8.2007 (BGBl. I S. 1912), Jahressteuergesetz 2008 vom 20.12.2007 (BGBl. I S. 3150), Jahressteuergesetz 2009 vom 19.12.2008 (BGBl. I S. 2794), Gesetz zur Umsetzung steuerlicher EU-Vorgaben sowie zur Änderung steuerlicher Vorschriften vom 8.4.2010 (BGBl. I S. 386), Jahressteuergesetz 2010 (JStG 2010) vom 8.12.2010 (BGBl. I S. 1768), Gesetz zur Umsetzung der Amtshilferichtlinie sowie zur Änderung steuerlicher Vorschriften (Amtshilferichtlinie-Umsetzungsgesetz – AmtshilfeRLUmsG) vom 26.6.2013 (BGBl. I S. 1809), Gesetz zur Anpassung der Abgabenordnung an den Zollkodex der Union und zur Änderung weiterer steuerlicher Vorschriften vom 22.12.2014 (BGBl. I S. 2417), Gesetz zur Reform der Investmentbe-

Außensteuergesetz

steuerung (Investmentsteuerreformgesetz – InvStRefG) vom 19.7.2016 (BGBl. I S. 1730) und Gesetz gegen schädliche Steuerpraktiken im Zusammenhang mit Rechteüberlassungen vom 27.6.2017 (BGBl. I S. 2074).

Erster Teil. Internationale Verflechtungen

§ 1 Berichtigung von Einkünften

(1) ¹Werden Einkünfte eines Steuerpflichtigen aus einer Geschäftsbeziehung zum Ausland mit einer ihm nahe stehenden Person dadurch gemindert, dass er seiner Einkünfteermittlung andere Bedingungen, insbesondere Preise (Verrechnungspreise), zugrunde legt, als sie voneinander unabhängige Dritte unter gleichen oder vergleichbaren Verhältnissen vereinbart hätten (Fremdvergleichsgrundsatz), sind seine Einkünfte unbeschadet anderer Vorschriften so anzusetzen, wie sie unter den zwischen voneinander unabhängigen Dritten vereinbarten Bedingungen angefallen wären. ²Steuerpflichtiger im Sinne dieser Vorschrift ist auch eine Personengesellschaft oder eine Mitunternehmerschaft; eine Personengesellschaft oder Mitunternehmerschaft ist selbst nahestehende Person, wenn sie die Voraussetzungen des Absatzes 2 erfüllt. ³Für die Anwendung des Fremdvergleichsgrundsatzes ist davon auszugehen, dass die voneinander unabhängigen Dritten alle wesentlichen Umstände der Geschäftsbeziehung kennen und nach den Grundsätzen ordentlicher und gewissenhafter Geschäftsleiter handeln. ⁴Führt die Anwendung des Fremdvergleichsgrundsatzes zu weitergehenden Berichtigungen als die anderen Vorschriften, sind die weitergehenden Berichtigungen neben den Rechtsfolgen der anderen Vorschriften durchzuführen.

(2) Dem Steuerpflichtigen ist eine Person nahestehend, wenn

1. die Person an dem Steuerpflichtigen mindestens zu einem Viertel unmittelbar oder mittelbar beteiligt (wesentlich beteiligt) ist oder auf den Steuerpflichtigen unmittelbar oder mittelbar einen beherrschenden Einfluß ausüben kann oder umgekehrt der Steuerpflichtige an der Person wesentlich beteiligt ist oder auf diese Person unmittelbar oder mittelbar einen beherrschenden Einfluß ausüben kann oder
2. eine dritte Person sowohl an der Person als auch an dem Steuerpflichtigen wesentlich beteiligt ist oder auf beide unmittelbar oder mittelbar einen beherrschenden Einfluß ausüben kann oder
3. die Person oder der Steuerpflichtige imstande ist, bei der Vereinbarung der Bedingungen einer Geschäftsbeziehung auf den Steuerpflichtigen oder die Person einen außerhalb dieser Geschäftsbeziehung begründeten Einfluß auszuüben oder wenn einer von ihnen ein eigenes Interesse an der Erzielung der Einkünfte des anderen hat.

(3) ¹Für eine Geschäftsbeziehung im Sinne des Absatzes 1 Satz 1 ist der Verrechnungspreis vorrangig nach der Preisvergleichsmethode, der Wiederverkaufspreismethode oder der Kostenaufschlagsmethode zu bestimmen, wenn Fremdvergleichswerte ermittelt werden können, die nach Vornahme sachgerechter Anpassungen im Hinblick auf die ausgeübten Funktionen, die eingesetzten Wirtschaftsgüter und die übernommenen Chancen und Risiken (Funktionsanalyse) für diese Methoden uneinge-

schränkt vergleichbar sind; mehrere solche Werte bilden eine Bandbreite. ²Sind solche Fremdvergleichswerte nicht zu ermitteln, sind eingeschränkt vergleichbare Werte nach Vornahme sachgerechter Anpassungen der Anwendung einer geeigneten Verrechnungspreismethode zugrunde zu legen. ³Sind in den Fällen des Satzes 2 mehrere eingeschränkt vergleichbare Fremdvergleichswerte feststellbar, ist die sich ergebende Bandbreite einzuengen. ⁴Liegt der vom Steuerpflichtigen für seine Einkünfteermittlung verwendete Wert in den Fällen des Satzes 1 außerhalb der Bandbreite oder in den Fällen des Satzes 2 außerhalb der eingeengten Bandbreite, ist der Median maßgeblich. ⁵Können keine eingeschränkt vergleichbaren Fremdvergleichswerte festgestellt werden, hat der Steuerpflichtige für seine Einkünfteermittlung einen hypothetischen Fremdvergleich unter Beachtung des Absatzes 1 Satz 3 durchzuführen. ⁶Dazu hat er auf Grund einer Funktionsanalyse und innerbetrieblicher Planrechnungen den Mindestpreis des Leistenden und den Höchstpreis des Leistungsempfängers unter Berücksichtigung funktions- und risikoadäquater Kapitalisierungszinssätze zu ermitteln (Einigungsbereich); der Einigungsbereich wird von den jeweiligen Gewinnerwartungen (Gewinnpotenzialen) bestimmt. ⁷Es ist der Preis im Einigungsbereich der Einkünfteermittlung zugrunde zu legen, der dem Fremdvergleichsgrundsatz mit der höchsten Wahrscheinlichkeit entspricht; wird kein anderer Wert glaubhaft gemacht, ist der Mittelwert des Einigungsbereichs zugrunde zu legen. ⁸Ist der vom Steuerpflichtigen zugrunde gelegte Einigungsbereich unzutreffend und muss deshalb von einem anderen Einigungsbereich ausgegangen werden, kann auf eine Einkünfteberichtigung verzichtet werden, wenn der vom Steuerpflichtigen zugrunde gelegte Wert innerhalb des anderen Einigungsbereichs liegt. ⁹Wird eine Funktion einschließlich der dazugehörigen Chancen und Risiken und der mit übertragenen oder überlassenen Wirtschaftsgüter und sonstigen Vorteile verlagert (Funktionsverlagerung) und ist auf die verlagerte Funktion Satz 5 anzuwenden, weil für das Transferpaket als Ganzes keine zumindest eingeschränkt vergleichbare Fremdvergleichswerte vorliegen, hat der Steuerpflichtige den Einigungsbereich auf der Grundlage des Transferpakets zu bestimmen. ¹⁰In den Fällen des Satzes 9 ist die Bestimmung von Einzelverrechnungspreisen für alle betroffenen Wirtschaftsgüter und Dienstleistungen nach Vornahme sachgerechter Anpassungen anzuerkennen, wenn der Steuerpflichtige glaubhaft macht, dass keine wesentlichen immateriellen Wirtschaftsgüter und Vorteile Gegenstand der Funktionsverlagerung waren, oder dass die Summe der angesetzten Einzelverrechnungspreise, gemessen an der Bewertung des Transferpakets als Ganzes, dem Fremdvergleichsgrundsatz entspricht; macht der Steuerpflichtige glaubhaft, dass zumindest ein wesentliches immaterielles Wirtschaftsgut Gegenstand der Funktionsverlagerung ist, und bezeichnet er es genau, sind Einzelverrechnungspreise für die Bestandteile des Transferpakets anzuerkennen. ¹¹Sind in den Fällen der Sätze 5 und 9 wesentliche immaterielle Wirtschaftsgüter und Vorteile Gegenstand einer Geschäftsbeziehung und weicht die tatsächliche spätere Gewinnentwicklung erheblich von der Gewinnentwicklung ab, die der Verrechnungspreisbestimmung zugrunde lag, ist widerlegbar zu vermuten, dass zum Zeit-

Berichtigung von Einkünften § 1

punkt des Geschäftsabschlusses Unsicherheiten im Hinblick auf die Preisvereinbarung bestanden und unabhängige Dritte eine sachgerechte Anpassungsregelung vereinbart hätten. [12] Wurde eine solche Regelung nicht vereinbart und tritt innerhalb der ersten zehn Jahre nach Geschäftsabschluss eine erhebliche Abweichung im Sinne des Satzes 11 ein, ist für eine deshalb vorzunehmende Berichtigung nach Absatz 1 Satz 1 einmalig ein angemessener Anpassungsbetrag auf den ursprünglichen Verrechnungspreis der Besteuerung des Wirtschaftsjahres zugrunde zu legen, das dem Jahr folgt, in dem die Abweichung eingetreten ist.

(4) [1] Geschäftsbeziehungen im Sinne dieser Vorschrift sind
1. einzelne oder mehrere zusammenhängende wirtschaftliche Vorgänge (Geschäftsvorfälle) zwischen einem Steuerpflichtigen und einer ihm nahestehenden Person,
    a) die Teil einer Tätigkeit des Steuerpflichtigen oder der nahestehenden Person sind, auf die die §§ 13, 15, 18 oder 21 des Einkommensteuergesetzes anzuwenden sind oder anzuwenden wären, wenn sich der Geschäftsvorfall im Inland unter Beteiligung eines unbeschränkt Steuerpflichtigen und einer inländischen nahestehenden Person ereignet hätte, und
    b) denen keine gesellschaftsvertragliche Vereinbarung zugrunde liegt; eine gesellschaftsvertragliche Vereinbarung ist eine Vereinbarung, die unmittelbar zu einer rechtlichen Änderung der Gesellschafterstellung führt;
2. Geschäftsvorfälle zwischen einem Unternehmen eines Steuerpflichtigen und seiner in einem anderen Staat gelegenen Betriebsstätte (anzunehmende schuldrechtliche Beziehungen).

[2] Liegt einem Geschäftsvorfall keine schuldrechtliche Vereinbarung zugrunde, ist davon auszugehen, dass voneinander unabhängige ordentliche und gewissenhafte Geschäftsleiter eine schuldrechtliche Vereinbarung getroffen hätten oder eine bestehende Rechtsposition geltend machen würden, die der Besteuerung zugrunde zu legen ist, es sei denn, der Steuerpflichtige macht im Einzelfall etwas anderes glaubhaft.

(5) [1] Die Absätze 1, 3 und 4 sind entsprechend anzuwenden, wenn für eine Geschäftsbeziehung im Sinne des Absatzes 4 Satz 1 Nummer 2 die Bedingungen, insbesondere die Verrechnungspreise, die der Aufteilung der Einkünfte zwischen einem inländischen Unternehmen und seiner ausländischen Betriebsstätte oder der Ermittlung der Einkünfte der inländischen Betriebsstätte eines ausländischen Unternehmens steuerlich zugrunde gelegt werden, nicht dem Fremdvergleichsgrundsatz entsprechen und dadurch die inländischen Einkünfte eines beschränkt Steuerpflichtigen gemindert oder die ausländischen Einkünfte eines unbeschränkt Steuerpflichtigen erhöht werden. [2] Zur Anwendung des Fremdvergleichsgrundsatzes ist eine Betriebsstätte wie ein eigenständiges und unabhängiges Unternehmen zu behandeln, es sei denn, die Zugehörigkeit der Betriebsstätte zum Unternehmen erfordert eine andere Behandlung. [3] Um die Betriebsstätte wie ein eigenständiges und unabhängiges Unternehmen zu behandeln, sind ihr in einem ersten Schritt zuzuordnen:

Kraft

§ 1 Berichtigung von Einkünften

1. die Funktionen des Unternehmens, die durch ihr Personal ausgeübt werden (Personalfunktionen),
2. die Vermögenswerte des Unternehmens, die sie zur Ausübung der ihr zugeordneten Funktionen benötigt,
3. die Chancen und Risiken des Unternehmens, die sie auf Grund der ausgeübten Funktionen und zugeordneten Vermögenswerte übernimmt, sowie
4. ein angemessenes Eigenkapital (Dotationskapital).

[4] Auf der Grundlage dieser Zuordnung sind in einem zweiten Schritt die Art der Geschäftsbeziehungen zwischen dem Unternehmen und seiner Betriebsstätte und die Verrechnungspreise für diese Geschäftsbeziehungen zu bestimmen. [5] Die Sätze 1 bis 4 sind entsprechend auf ständige Vertreter anzuwenden. [6] Die Möglichkeit, einen Ausgleichsposten nach § 4g des Einkommensteuergesetzes zu bilden, wird nicht eingeschränkt. [7] Auf Geschäftsbeziehungen zwischen einem Gesellschafter und seiner Personengesellschaft oder zwischen einem Mitunternehmer und seiner Mitunternehmerschaft sind die Sätze 1 bis 4 nicht anzuwenden, unabhängig davon, ob die Beteiligung unmittelbar besteht oder ob sie nach § 15 Absatz 1 Satz 1 Nummer 2 Satz 2 des Einkommensteuergesetzes mittelbar besteht; für diese Geschäftsbeziehungen gilt Absatz 1. [8] Ist ein Abkommen zur Vermeidung der Doppelbesteuerung anzuwenden und macht der Steuerpflichtige geltend, dass dessen Regelungen den Sätzen 1 bis 7 widersprechen, so hat das Abkommen nur Vorrang, soweit der Steuerpflichtige nachweist, dass der andere Staat sein Besteuerungsrecht entsprechend diesem Abkommen ausübt und deshalb die Anwendung der Sätze 1 bis 7 zu einer Doppelbesteuerung führen würde.

(6) Das Bundesministerium der Finanzen wird ermächtigt, mit Zustimmung des Bundesrates durch Rechtsverordnung Einzelheiten des Fremdvergleichsgrundsatzes im Sinne der Absätze 1, 3 und 5 und Einzelheiten zu dessen einheitlicher Anwendung zu regeln sowie Grundsätze zur Bestimmung des Dotationskapitals im Sinne des Absatzes 5 Satz 3 Nummer 4 festzulegen.

Inhaltsübersicht

	Rz.
A. Allgemeines	1–19
I. Entstehung und Rechtsentwicklung	1–9
II. Zentraler Inhalt, Zielsetzung, Zweck und Bedeutung des § 1	10–19
B. Verhältnis des § 1 zu anderen Vorschriften	20–64
I. Vorbemerkung; normative Ausgangslage	20–24
II. § 1 zur verdeckten Gewinnausschüttung/verdeckten Einlage	25–34
III. § 1 zur Entnahme/Einlage iSd EStG	35–39
IV. § 1 zur Hinzurechnungsbesteuerung	40–42
V. § 1 zum Art. 9 OECD-MA	43–49
VI. § 1 zum Unionsrecht	50–64

Inhaltsübersicht

	Rz.
C. § 1 Abs. 1	65–159
I. Tatbestandsseite	65–149
1. Einkünfte eines Steuerpflichtigen	65–70
2. Geschäftsbeziehungen zum Ausland	71–79
3. Nahe stehende Person	80–82
4. Abweichungen vom Fremdvergleichsgrundsatz	83–149
a) Fremdvergleich als Maßstab der Ermittlung der Verrechnungspreise	83–99
b) Merkmale des Fremdvergleichs	100–135
aa) Unabhängigkeit der Geschäftspartner	101–105
bb) Vergleichbarkeit der Verhältnisse	106–124
cc) Kenntnis aller wesentlichen Umstände	125–131
dd) Maßstab der ordentlichen und gewissenhaften Geschäftsleiter	132–135
c) Einzubeziehende Kriterien	136–145
aa) Üblichkeit und Ernsthaftigkeit der Vereinbarung	136–139
bb) Klarheit und Zeitpunkt der Vereinbarung	140–145
d) Kritik am Fremdvergleichsgrundsatz	146–149
II. Rechtsfolgeseite	150–159
1. Bemessung der steuerpflichtigen Einkünfte gemäß Drittvergleich	150–156
2. Weitergehende Berichtigungen als bei anderen Vorschriften	157–159
D. § 1 Abs. 2	160–199
I. Bedeutung des Topos der „nahe stehenden Person"	160–166
II. Definitionen des Nahestehens	167–199
1. Vorbemerkung	167
2. § 1 Abs. 2 Nr. 1 Alt. 1: Nahestehen qua gesellschaftsrechtlicher Beteiligung	168–173
3. § 1 Abs. 2 Nr. 1 Alt. 2: Nahestehen qua beherrschenden Einflusses	174–181
4. § 1 Abs. 2 Nr. 2: Nahestehen mittels einer dritten Person	182–186
5. § 1 Abs. 2 Nr. 3 1. Alt.: Geschäftsfremde Einflussmöglichkeit zwischen nahe stehender Person und Steuerpflichtigem	187–192
6. § 1 Abs. 2 Nr. 3 2. Alt.: Interessenidentität	193–199
E. § 1 Abs. 3	200–559
I. Bestimmung des Verrechnungspreises	200–212
II. Tatsächlicher Fremdvergleich	213–291
1. Uneingeschränkt vergleichbare Fremdvergleichswerte	213–249
a) Vorgehensweise beim konkreten Fremdvergleich	213–219
b) Preisvergleichsmethode	220–225
c) Wiederverkaufspreismethode	226–229
d) Kostenaufschlagsmethode	230–236
e) Sonstige Verrechnungspreismethoden	237–249
2. Eingeschränkt vergleichbare Fremdvergleichswerte	250–254

	Rz.
3. Vornahme sachgerechter Anpassungen	255–269
a) Funktionsanalyse	260–264
b) Chancen und Risiken	265–269
4. Bandbreiten bei der Ermittlung angemessener Verrechnungspreise	270–284
5. Rechtsfolge bei Nichteinhaltung der (eingeschränkten) Bandbreite	285–291
III. Hypothetischer Fremdvergleich	292–359
1. Voraussetzungen	292–299
2. Einigungsbereich	300–334
a) Problematik des Einigungsbereiches	300–306
b) Funktionsanalyse	307–312
c) Innerbetriebliche Planrechnungen	313–319
d) Mindestpreis des Leistenden	320–324
e) Höchstpreis des Leistungsempfängers	325–329
f) Gewinnpotenziale	330–334
3. Preisfestlegung	335–342
a) Höchste Wahrscheinlichkeit	335–337
b) Mittelwert	338–342
4. Korrektur bei abweichendem Einigungsbereich	343–359
IV. Fremdvergleichspreisermittlung bei Vorliegen einer Funktionsverlagerung	360–449
1. Funktion	360–362
2. Chancen, Risiken und sonstige Vorteile	363–379
3. Funktionsverlagerung	380–399
4. Transferpaket	400–409
5. Bewertung der Funktionsverlagerung	410–449
a) Bewertungsverfahren	410–413
b) Gewinnprognose	414–419
c) Abzinsungszeitraum	420–429
d) Kapitalisierungszinssatz	430–436
e) Berücksichtigung transaktionsinhärenter Steuereffekte	437–439
f) Möglichkeit der Einzelbewertung (Escape-Klausel)	440–449
V. Preisanpassungsklausel	450–499
1. Tatbestandsvoraussetzungen	450–469
a) Hypothetischer Fremdvergleich und Funktionsverlagerung	451
b) Wesentliche immaterielle Wirtschaftsgüter und Vorteile	452
c) Erhebliche Abweichung der späteren Gewinnentwicklung	453–460
d) Innerhalb von zehn Jahren	461–464
e) Fehlen einer tatsächlichen Preisanpassungsklausel	465–469
2. Rechtsfolgen	470–499
a) Widerlegbare Vermutung einer Preisanpassungsklausel	470–479
b) Einmalige Berichtigung im Folgejahr	480–489
c) Angemessener Anpassungsbetrag	490–499
VI. Rechtliche Beurteilung	500–559
1. Verfassungsrechtliche Bedenken	500–524

Inhaltsübersicht § 1

Rz.

    a) Verfassungsrechtliches Gebot der Bestimmtheit und Normenklarheit 500–504
    b) Vorbehalt des Gesetzes 505–509
    c) Rückwirkungsverbot 510–514
    d) Gleichheitsgebot, Art. 3 Abs. 1 GG 515–519
    e) Regelungen durch die Rechtsverordnung 520–524
  2. Unionsrechtliche Bedenken 525–534
    a) Niederlassungsfreiheit 525–530
    b) Kapitalverkehrsfreiheit 531, 532
    c) Dienstleistungsfreiheit 533, 534
  3. Konformität mit internationalen Grundsätzen 535–559
    a) Fremdvergleichsgrundsatz nach Art. 9 Abs. 1 OECD-MA 535–541
    b) Territorialitätsprinzip 542–544
    c) Vermeidung der Doppelbesteuerung 545–559

F. § 1 Abs. 4 560–579
  I. Begriff der „Geschäftsbeziehung" und Rechtsentwicklung 560–569
  II. Regelungsgehalt 570–579

G. § 1 Abs. 5 580–789
  I. Gewinnabgrenzung bei grenzüberschreitenden Betriebsstättenstrukturen 580–609
    1. Besonderheiten bei der Betriebsstättengewinnermittlung 580–584
    2. Reichweite der Selbstständigkeitsfiktion der Betriebsstätte 585–589
      a) Eingeschränkte (hypothetische) Selbstständigkeit 585
      b) Absolute (hypothetische) Selbstständigkeit 586–589
    3. Entwicklung des AOA durch die OECD 590–609
      a) Entstehung 590–592
      b) Zweistufiges Verfahren der Gewinnabgrenzung . 593–599
        aa) Überblick 593
        bb) Erste Stufe: Erfolgsabgrenzung dem Grunde nach 594–597
        cc) Zweite Stufe: Erfolgsabgrenzung der Höhe nach 598, 599
      c) Würdigung 600–609
  II. Implementierung des AOA in § 1 610–649
    1. Regelungsbedürfnis 610
    2. Nationale Rechtsentwicklung 611–629
      a) Entwicklung bis Veranlagungszeitraum 2005 .... 611, 612
      b) Entwicklung ab Veranlagungszeitraum 2006 613–617
      c) Entwicklung ab Veranlagungszeitraum 2013 618–629
        aa) Systematische Verortung des AOA 618–620
        bb) Würdigung 621–629
    3. Tatbestandsvoraussetzungen 630–644
      a) Geschäftsbeziehung iSd § 1 Abs. 4 S. 1 Nr. 2 ... 630–634
      b) Vom Fremdvergleichsgrundsatz abweichende Bedingungen 635, 636
      c) Minderung der Einkünfte 637–644
    4. Rechtsfolgen 645–649

Kraft   9

	Rz.
III. Umsetzung des Fremdvergleichsgrundsatzes	650–739
1. Selbstständigkeitsfiktion der Betriebsstätte	650, 651
2. Implementierung einer zweistufigen Erfolgsermittlung	652–739
a) Allgemeine Zuordnungsmethodik	652–654
b) Erste Stufe: Erfolgsabgrenzung dem Grunde nach	655–719
aa) Zuordnung von Personalfunktionen	655–664
(1) Zum Begriff der Personalfunktion	655, 656
(2) Zuordnungsparadigma	657–659
(3) Vereinbarkeit mit den OECD Grundsätzen	660, 661
(4) Sonderproblem: Personenlose Betriebsstätte	662–664
bb) Zuordnung von Vermögenswerten	665–687
(1) Grundsätzliche Zuordnungsmethodik	665, 666
(2) Zuordnung von materiellen Wirtschaftsgütern	667–672
(3) Zuordnung von immateriellen Werten	673–680
(4) Zuordnung von Beteiligungen, Finanzanlagen und ähnlichen Vermögenswerten	681, 682
(5) Zuordnung von sonstigen Vermögenswerten	683–686
(6) Zuordnung von Geschäftsvorfällen	687
cc) Zuordnung von Chancen und Risiken	688–691
dd) Zuordnung von Sicherungsgeschäften	692
ee) Zuordnung von Dotationskapital	693–703
(1) Grundsätzliche Zuordnungsmethodik	693, 694
(2) Inbound Fall	695–699
(3) Outbound Fall	700–702
(4) Würdigung	703
ff) Zuordnung von übrigen Passiva	704, 705
gg) Zuordnung von Finanzierungsaufwendungen	706–719
c) Zweite Stufe: Erfolgsabgrenzung der Höhe nach	720–727
aa) Anzunehmende schuldrechtliche Beziehungen	720–725
bb) Bestimmung fremdvergleichskonformer Verrechnungspreise	726, 727
d) Erstellung von Hilfs- und Nebenrechnungen	728–739
aa) Grundsätzliches Vorgehen	728–731
bb) Würdigung	732–739
IV. Spezielle Problembereiche	740–789
1. Verhältnis zu den Entstrickungsregeln	740–744
2. Vermeidung internationaler Besteuerungskonflikte	745–769
a) Überblick über die verschiedenen Abkommenstypen	745–747
b) Die Escape-Klausel des § 1 Abs. 5 S. 8	748–765
aa) Notwendigkeit	748, 749

Inhaltsübersicht

Rz.

bb) Voraussetzungen zur Anwendung der
Escape-Klausel 750–765
(1) Überblick 750, 751
(2) Geltendmachung des Widerspruchs 752–758
(3) Nachweis der abkommenskonformen
Ausübung 759–762
(4) Nachweis der Doppelbesteuerung 763–765
c) Anwendbarkeit der Escape-Klausel im Nicht-
DBA-Fall 766–769
3. Vereinbarkeit mit höherrangigem Recht 770–789
a) Verfassungsrecht 770–774
aa) Leistungsfähigkeitsprinzip, Realisations-
prinzig 770–772
bb) Bestimmungsgebot 773, 774
b) Unionsrecht 775–789
aa) Einschlägige Grundfreiheit 775, 776
bb) Niederlassungsfreiheit 777–789

**H. Dokumentations- und Mitwirkungspflichten bei
Auslandssachverhalten** 790–913

I. Vorbemerkung 790–794
II. Mitwirkungspflichten der Beteiligten
(§ 90 Abs. 3 AO) 795–869
1. Rechtsentwicklung und Ziel der Vorschrift 795–799
2. Landesspezifische, unternehmensbezogene
Dokumentation 800–839
a) Allgemeines 800–804
b) Persönlicher Anwendungsbereich 805–810
c) Sachlicher Anwendungsbereich 811–814
d) Anforderungen an die Aufzeichnungen 815–839
aa) Grundsätze der Aufzeichnungspflicht 815–819
bb) Art, Inhalt und Umfang der Aufzeich-
nungen 820–825
cc) Allgemein erforderliche Aufzeichnungen ... 826–831
dd) Erforderliche Aufzeichnungen in
besonderen Fällen 832–834
ee) Aufzeichnungen bei außergewöhnlichen
Geschäftsvorfällen 835–837
ff) Ausnahmen 838, 839
3. Stammdokumentation (Master File) 840–849
a) Allgemeines 840
b) Persönlicher Anwendungsbereich 841–843
c) Sachlicher Anwendungsbereich 844
d) Anforderungen an die Aufzeichnungen 845–849
4. Rechtsfolgen bei Verletzung des § 90 Abs. 3 AO .. 850–869
a) Schätzung und Ausnutzung der Bandbreiten
zu Ungunsten des Steuerpflichtigen 850–859
b) Festsetzung von Strafzuschlägen 860–869
III. Länderbezogene Berichterstattung
(Country-by-Country Reporting, § 138a AO) 870–894
1. Allgemeines 870
2. Persönlicher Anwendungsbereich 871–876
3. Sachlicher Anwendungsbereich 877–884

	Rz.
4. Anforderungen an die Aufzeichnungen	885–889
5. Rechtsfolgen bei Verletzung des § 138a AO	890–894
IV. Übrige Mitwirkungs- und Dokumentationspflichten	895–909
1. Erweiterte Mitwirkungs- und Aufbewahrungspflichten (§ 90 Abs. 2 AO)	895–899
2. Verwaltungsgrundsätze zur Einkunftsabgrenzung	900
3. Umlageverträge	901–903
4. Arbeitnehmerentsendung	904
5. Rechtsfolgen bei Pflichtverletzungen	905–909
V. Gefahr der wirtschaftlichen Doppelbesteuerung	910–913

A. Allgemeines

I. Entstehung und Rechtsentwicklung

1 Bereits seit Ende des Ersten Weltkriegs gibt es in Deutschland Bemühungen, die Verlagerung von Steuersubstrat vom Inland ins Ausland zu verhindern. Nachdem der BFH § 30 EStG 1934 als verfassungswidrig verworfen hatte (BFH v. 7.4.1959, I 2/58 S, BStBl. III 1959, 233), wurde durch Tz. 1 des Oasenerlasses (BMF v. 14.6.1965, BStBl. II 1965, 74) versucht, Gewinnverlagerungen zu unterbinden. Der steuerlichen Korrektur fehlte jedoch die Rechtsgrundlage, die mit § 1 des Außensteuergesetzes als Art. 1 des Gesetzes zur Wahrung der steuerlichen Gleichmäßigkeit bei Auslandsbeziehungen und zur Verbesserung der steuerlichen Wettbewerbslage bei Auslandsinvestitionen (BGBl. 1972 I 1713) eingeführt wurde.

2 Die grundlegenden Regeln des § 1 gehen auf die Entwicklung im internationalen Steuerrecht zurück. Der Maßstab des Fremdverhaltens wurde als Kriterium für Einkünftekorrekturen und zur Abgrenzung der Besteuerungsrechte betroffener Staaten entwickelt. Entsprechend lassen sich viele Parallelen zwischen Art. 9 OECD-MA und § 1 ziehen. Letztlich bildet § 1 die Rechtsgrundlage für die nach Art. 9 OECD-MA möglichen Gewinnberichtigungen.

3 Die Grundkonzeption des § 1 als Korrekturvorschrift, die bereits den Leitsätzen der Bundesregierung vom 17.12.1970 zugrunde lag, wurde im Wesentlichen beibehalten. Die im Laufe des Gesetzgebungsverfahrens vorgenommenen Änderungen betrafen weitgehend die Konkretisierung der einzuführenden Regelung. Während zunächst nur gewerbliche Einkünfte von der Korrektur erfasst werden sollten, wurde der Anwendungsbereich bereits durch den ersten Referentenentwurf vom 23.12.1970 auf alle Geschäftsbeziehungen ausgedehnt. Bis zum Kabinettsentwurf gab es eine Reihe von Änderungen hinsichtlich der Definition der nahe stehenden Personen, welche die Erfassung aller Beziehungen, die ein Nahestehen begründen, zum Inhalt hatten.

4 Nachdem der BFH den Anwendungsbereich der Vorschrift durch die einschränkende Auslegung des Begriffs der Geschäftsbeziehung beschnitten hatte (BFH v. 5.12.1990, I R 94/88, BStBl. II 1991, 287), wurde durch das StÄndG 1992 vom 25.2.1992 (BGBl. 1992 I 297 = BStBl. I 1992, 146) Abs. 4, der nunmehr eine gesetzliche Definition des Begriffs der Geschäftsbeziehung enthält, eingefügt. Das StandOG vom 13.9.1993 (BGBl. 1993 I 1569)

A. Allgemeines   5–9 § 1

ordnete durch § 21 Abs. 4 die rückwirkende Anwendung des Abs. 4 für den Veranlagungs- bzw. Erhebungszeitraum 1992 an. Durch das StVergAbG vom 16.5.2003 (BGBl. 2003 I 660) wurde Abs. 4 dahingehend präzisiert, dass lediglich schuldrechtliche Beziehungen einer Korrektur durch § 1 zugänglich sind. Gesellschaftsvertragliche Vereinbarungen sind in jedem Falle ausgenommen. Zudem erfolgte eine Klarstellung hinsichtlich der erfassten Tätigkeiten, die von einem ausländischen Nahestehenden ausgeübt werden.

Im Rahmen des UntStRefG 2008 vom 14.8.2007 (BGBl. 2007 I 1912) kam   5
es zwecks Sicherung inländischen Steuersubstrats zu weiteren Änderungen und Ergänzungen des § 1. Da diese aus Sicht des Gesetzgebers allerdings überwiegend nur klarstellenden Charakter haben (so jedenfalls die Gesetzesbegründung in BT-Drs. 16/4841, 84 ff.), ist trotz erstmaliger Anwendung für den Veranlagungszeitraum 2008 (§ 21 Abs. 15) eine entsprechende Handhabung für die Vergangenheit durch die Finanzverwaltung zu vermuten. Im Abs. 1 wurden die Begriffe „Verrechnungspreise" und „Fremdvergleichsgrundsatz" gesetzlich definiert. Darüber hinaus wurde ein neuer Abs. 3 eingefügt, der die Bestimmung des Fremdvergleichspreises, insbesondere bei Funktionsverlagerungen und Übertragungen von immateriellen Wirtschaftsgütern, regeln soll. Infolgedessen kam es zu Umbenennungen der bisherigen Abs. 3 und 4 in Abs. 4 und 5.

Durch das Amtshilferichtlinie-Umsetzungsgesetz vom 26.6.2013 (Amtshilfe-   6
RLUmsG v. 26.6.2013, BGBl. 2013 I 1809) kam es zu weiteren Änderungen des § 1. Die erste wesentliche Änderung wurde in § 1 Abs. 1 S. 2 vorgenommen, wonach der Fremdvergleichsgrundsatz unmittelbar auch für Personengesellschaften und Mitunternehmerschaften selbst gilt.

Darüber hinaus wird der bisherige § 1 Abs. 4 aufgehoben, da er für Fälle von Verletzungen erhöhter Mitwirkungspflichten keine praktische Bedeutung mehr hat (vgl. BT-Drs. 17/13033 v. 10.4.2013, 84). Der Regelungsinhalt ist bereits in den allgemeinen Schätzungsregeln des § 162 AO enthalten. Infolgedessen wird aus § 1 Abs. 5 wieder § 1 Abs. 4, der inhaltlich gewisse Änderungen erfährt. So wird mit Wirkung zum 1.1.2013 der Begriff der Geschäftsbeziehung als grundlegende Tatbestandsvoraussetzung des § 1 Abs. 1 neu definiert. Darüber hinaus wird der AOA in innerstaatliches Recht transformiert und somit der Anwendungsbereich des § 1 auf Betriebsstättenfälle ausgeweitet. Hierzu wurde ein spezieller Abs. 5 eingefügt. Anzuwenden sind die neuen Regelungen erstmals für Wirtschaftsjahre, die nach dem 31.12.2012 beginnen (§ 21 Abs. 20 S. 3). Darüber hinaus wurde der bisherigen in § 1 Abs. 3 S. 13 verorteten Rechtsverordnungsermächtigung ein umfassender und angepasster Abs. 6 gewidmet.

Zu einer weiteren Anpassung des Begriffs der Geschäftsbeziehung kam es   7
durch das am 22.12.2014 verkündete Zollkodex-Anpassungsgesetz (BGBl. 2014 I 2417). Auch die Dokumentations- und Mitwirkungspflichten des Steuerpflichtigen bei Auslandssachverhalten wurden mit dem „Gesetz zur Umsetzung der Änderungen der EU-Amtshilferichtlinie und von weiteren Maßnahmen gegen Gewinnverkürzungen und -verlagerungen" (gemeinhin als „Anti-BEPS-Umsetzungsgesetz" bezeichnet, BGBl. 2016 I 3000) angepasst (vgl. → Rz. 790 ff.).

einstweilen frei   8, 9

II. Zentraler Inhalt, Zielsetzung, Zweck und Bedeutung des § 1

10 Nahe stehende Personen sind durch geeignete Gestaltung ihrer wirtschaftlichen, rechtlichen oder auch tatsächlichen Beziehungen zueinander in der Lage, Besteuerungssubstrat – also Bemessungsgrundlagen – von einem Rechts- bzw. Steuersubjekt auf ein anderes nahe stehendes Rechts- bzw. Steuersubjekt zu verlagern. Fehlt bei einem derartigen Verbund nahe stehender Personen ein natürlicher Interessengegensatz, wie er etwa bei Bedingungen gegeben ist, die den Spielregeln von Wettbewerbsmärkten unterworfen sind, so existiert ein Anreiz, Steuersubstrat in Jurisdiktionen zu verlagern, die zu der aus der Sicht des gesamten Verbundes günstigsten erreichbaren Steuerlast führen. Derartigen Gestaltungsmöglichkeiten mit dem Ziel der Einkünfteverlagerung möchte der Gesetzgeber entgegentreten, indem er mit § 1 eine Rechtsgrundlage zur Berichtigung von Einkünften geschaffen hat. Voraussetzung ist, dass Einkünfte eines der deutschen Steuerhoheit erfassten Steuerpflichtigen dadurch gemindert worden sind, dass er in seinen grenzüberschreitenden Geschäftsbeziehungen zu einer nahe stehenden Person Bedingungen vereinbart hat, die voneinander unabhängige Personen nicht vereinbart hätten. Die vom Gesetz zugrunde gelegte Messlatte der von unabhängigen Personen vereinbarten Bedingungen besteht in einer hypothetischen Größe und orientiert sich am sog. Fremdvergleichsmaßstab. Inhaltlich gleichbedeutend werden in diesem Zusammenhang auch die Begriffe „Grundsatz des Fremdverhaltens", „dealing-at-arm's-length-Grundsatz", „Grundsatz des Drittvergleichs" oder ähnliche Charakteristika verwendet.

11 Kernanliegen der Vorschrift ist es, eine Rechtsgrundlage für die Berichtigung von Einkünften aus internationalen Geschäftsbeziehungen zu schaffen. Bei der Anwendung der Vorschrift ist im Auge zu behalten, dass sie allein darauf gerichtet ist, eine allenfalls steuerlich wirkende Korrektur der Einkünfte aus den Geschäftsbeziehungen zum Ausland zu ermöglichen. Ihre Aufgabe ist es dagegen nicht, eine Korrektur der zivilrechtlich (wirksam) geschlossenen Vereinbarungen zu effektuieren. Damit wird deutlich, dass die Bestimmung auf die Besteuerung eines fiktiven bzw. eines hypothetischen Sachverhalts gerichtet ist, der von dem tatsächlich realisierten Sachverhalt abweicht.

12 Die Vorschrift wirkt einseitig fiskalisch. Dies ergibt sich daraus, dass nur solche Beziehungen zum Ausland mit steuerlicher Wirkung korrigiert werden, die zu Lasten des inländischen Steueraufkommens vereinbart wurden. Hinsichtlich der Rechtsfolgeanordnung lässt § 1 nämlich nur eine Erhöhung, jedoch keine Minderung der aus den vereinbarten Geschäftsbeziehungen resultierenden Einkünfte zu. Diese einseitig fiskalische Konzeption der Bestimmung wurzelt in einer nur bedingt international-orientierten steuerlichen Haltung der sechsten und siebenten Dekade des vorigen Jahrhunderts und wird den Anforderungen global vernetzter, internationaler Steuerstrukturen nicht mehr gerecht.

13 Bedeutung der Vorschrift: Nach einer – auf welcher empirischen Grundlage auch immer beruhenden – in der Literatur geäußerten Einschätzung werden 85 % der internationalen Einkünftekorrekturen zwischen nahe stehenden Per-

B. Verhältnis des § 1 zu anderen Vorschriften   14–20 § 1

sonen auf die Rechtsgrundlage der vGA (§ 8 Abs. 3 S. 2 KStG) und weitere 10% auf die Grundlage einer vE (§ 8 Abs. 3 S. 3 KStG) gestützt. Damit verbleiben für § 1 allenfalls 5% der gesamten Anwendungsfälle (*FWBS* § 1 AStG Rz. 101). Diese quantitativen Verhältnisse dürften sich im zugänglichen Fallmaterial der höchstrichterlichen Finanzrechtsprechung widerspiegeln. Lange Zeit kam der Vorschrift eine eigenständige Bedeutung lediglich aufgrund der Rechtsprechung des BFH zu. Dieser hatte für den Bereich unangemessen vereinbarter Nutzungsüberlassungen vom Inland ins Ausland den § 1 mit dem Charakter einer eigenständigen, korrigierend ins Besteuerungsgefüge eingreifenden, Auffangvorschrift ausgestattet. Typischer Beispielsfall: Inländisches Mutterunternehmen vergibt Darlehen ins Ausland ohne bzw. gegen zu geringes Entgelt. Da aufgrund der höchstrichterlich entwickelten mangelnden Einlagefähigkeit des Nutzungsvorteils „Zinsverbilligung" die Rechtsfolgen der vE nicht greifen konnten, verblieb die Vorschrift als einzige Möglichkeit, die als unbillig empfundene Aushöhlung des inländischen Steuersubstrats zu korrigieren. Da sich am Beispiel der unentgeltlichen bzw. der verbilligten Nutzungsüberlassung vom Inland ins Ausland indessen auch eines der zentralen Probleme der Vorschrift festmacht, wird die mittelfristige Rechtsentwicklung über das Schicksal der Vorschrift Aufschluss geben müssen. Die Problematik hat ihre Wurzeln darin, dass die unentgeltliche bzw. die verbilligte Nutzungsüberlassung vom inländischen Mutterunternehmen an das inländische Tochterunternehmen nicht zu einer Einkünftekorrektur führt, hingegen die Überlassung an ein insbesondere EU-ausländisches Tochterunternehmen die Rechtsfolge der Korrektur nach § 1 auszulösen vermag. Es liegt nahe, dass sich damit neben gleichheitsrechtlichen vor allem EU-rechtliche Fragestellungen verbinden (vgl. → Rz. 50 ff.). Von deren letztlicher Beantwortung hängt auch der Fortbestand der Bestimmung ab.

einstweilen frei 14–19

B. Verhältnis des § 1 zu anderen Vorschriften

I. Vorbemerkung; normative Ausgangslage

§ 1 ist eine Einkünftekorrekturvorschrift (*FWBS* § 1 AStG Rz. 101). Auf- 20 grund der Formulierung in Abs. 1 erfolgt eine Berichtigung der Einkünfte unbeschadet anderer Vorschriften. Dies bedeutet zunächst die vorrangige Anwendbarkeit von Vorschriften, die sich tatbestandlich mit § 1 überschneiden. Namentlich sind dies va § 8 Abs. 3 S. 2 und 3 KStG (so auch VGr 1983 Tzn. 1.1.1 bzw. 1.1.3), aber uU auch die Entnahme bzw. die Einlage iSd EStG. Gleichzeitig lässt sich ableiten, dass § 1 durch die Anwendung anderer Vorschriften nicht verdrängt wird. Dh: Gehen die Rechtsfolgen des § 1 weiter als die anderer Vorschriften, so ist eine Korrektur auf Grundlage des § 1 weiterhin möglich (*FWBS* § 1 AStG Rz. 67; Lademann/*Kaligin* § 1 AStG Rz. 13a; AEAStG Tz. 1.1.2). Lediglich eine mehrfache Erfassung des gleichen Betrages kommt nicht in Betracht (*FWBS* § 1 AStG Rz. 67). Die bisher gegenteilige Auffassung der Finanzverwaltung (VGr 1983 Tzn. 1.1.1 und 1.1.3) ging von einer Konvergenz der Korrekturvorschriften aus, die eine weitergehende Korrektur auf Grundlage des § 1 unnötig erscheinen ließ. Aufgrund unterschiedlicher Maßstäbe für Einkünftekorrekturen (FG Münster v. 31.8. 2000, 8 V 4639/00 E, EFG 2000, 1389; BFH v. 21.6.2001, I B 141/00, BFH/NV 2001, 1169) bleibt § 1 aber auch nach dem Eingreifen anderer Korrekturvorschriften anwendbar. Daneben geht § 1 tatbestandlich weit über die Vorschriften zur vGA und zur vE hinaus. Hier ergibt sich eine eigenständige Bedeutung der Korrekturvorschrift (vgl.→ Rz. 26 ff.). Im Kern geht es darum, die am weitesten zugunsten der Finanzverwaltung wirkende Vorschrift anzuwenden.

21 Der im Rahmen der Unternehmensteuerreform 2008 eingefügte S. 3 des Abs. 1, der durch das Amtshilferichtlinie-Umsetzungsgesetz in § 1 Abs. 1 S. 4 verschoben wurde, regelt explizit, dass „die weitergehenden Berichtigungen neben den Rechtsfolgen der anderen Vorschriften durchzuführen" sind. Ausweislich der Gesetzesbegründung (BT-Drs. 16/4841, 85) handelt es sich hierbei lediglich um eine Klarstellung, so dass diese Regelung auch schon in der Vergangenheit entsprechend anzuwenden gewesen sein soll und nicht erst ab dem Veranlagungszeitraum 2008 gilt.

22 Aus dogmatischer Sicht bedarf es nur bzgl. der Einkünftekorrekturvorschriften der gesetzlichen Regelung einer vorrangigen Anwendung. Dagegen gehen Gewinnermittlungsvorschriften, dh Vorschriften auf der ersten Stufe der Gewinnermittlung, grundsätzlich vor. Eine Korrektur von Einkünften kann begrifflich erst nach deren Ermittlung erfolgen (vgl. auch *FWBS* § 1 AStG Rz. 65).

23, 24 *einstweilen frei*

II. § 1 zur verdeckten Gewinnausschüttung/ verdeckten Einlage

25 Die Tatbestandsvoraussetzungen der vGA und des § 1 sind trotz der unterschiedlichen Gesetzesformulierungen teilweise identisch. Liegen die Voraussetzungen des § 8 Abs. 3 S. 2 KStG vor, darf die vGA das Einkommen nicht mindern. Die Norm setzt dabei auf Ebene der Korrektur der ermittelten Einkünfte an und hat vorrangig vor § 1 zu erfolgen (vgl. → Rz. 20; AEAStG Tz. 1.1.2). Das darf jedoch nicht darüber hinwegtäuschen, dass sowohl auf Tatbestands- als auch auf Rechtsfolgeseite der Regelungen eigenständige Vorschriften existieren.

26 Die vGA betrifft nur die Gewinnkorrektur bei juristischen Personen sowie die korrespondierende Behandlung beim Gesellschafter. § 1 geht darüber hinaus, indem er Einkünfteminderungen aller im Inland steuerpflichtigen Personen erfasst. Daneben verlangt § 1 nicht zwingend ein Beteiligungsverhältnis; nach § 1 Abs. 2 reicht die Ausübung eines beherrschenden Einflusses oder ein Interessengleichlauf für eine Gewinnkorrektur aus. § 1 enthält insoweit die weiteren Tatbestandsvoraussetzungen.

27 Dagegen wird von § 1 eine Minderung der Einkünfte durch Geschäftsbeziehungen zum Ausland verlangt; eine solche Beschränkung auf Geschäftsbeziehungen zum Ausland enthält § 8 Abs. 3 S. 2 KStG nicht. Außerhalb eines beherrschenden Einflusses oder der Interessenidentität verlangt § 1 eine Betei-

B. Verhältnis des § 1 zu anderen Vorschriften   28–31 § 1

ligung von mindestens 25%. Eine derartige Einschränkung kennen die Regelungen zur vGA ebenfalls nicht. Insoweit ist § 1 enger gefasst.

Schließlich ist auf der Tatbestandsseite der Maßstab der vGA und der Einkünftekorrektur nach § 1 nicht vollständig deckungsgleich. Während die Rspr. zur vGA auf den ordentlich und gewissenhaft handelnden Geschäftsleiter abstellt, bezieht sich § 1 ausdrücklich auf Bedingungen, die fremde Dritte unter sonst gleichen Verhältnissen vereinbart hätten (Fremdvergleichsgrundsatz bzw. „dealing-at-arm's-length-Grundsatz"). Zwar wird dieser Grundsatz in § 1 Abs. 1 S. 3 durch den Rückgriff auf das Handeln des ordentlichen und gewissenhaften Geschäftsleiters konkretisiert (vgl. → Rz. 132), dennoch kann es je nach Interpretation der beiden Maßstäbe auf der Tatbestandsseite zu gleichen oder zu unterschiedlichen Ergebnissen kommen. Dabei darf einerseits nicht übersehen werden, dass die Rspr. des BFH (BFH v. 17.5.1995, I R 147/93, BStBl. II 1996, 204; BFH v. 6.12.1995, I R 88/94, BStBl. II 1996, 383) den Maßstab der ordentlich und gewissenhaft handelnden Geschäftsleiters als Unterfall oder Teilaspekt des „dealing-at-arm's-length-Grundsatz" behandelt. Andererseits stellt § 1 für die Anwendung des Fremdvergleichsgrundsatzes zusätzlich auf die Kenntnis aller wesentlichen Umstände der Geschäftsbeziehung durch die unabhängigen Dritten ab (vgl. → Rz. 125 ff.). Diese in sich widersprüchliche Annahme liegt der vGA dagegen nicht zu Grunde. Schließlich ist zu berücksichtigen, dass international eine solche Interpretation des Fremdvergleichsgrundsatzes nicht üblich ist (*Wassermeyer* DB 2007, 536). Trotz alledem ist die Angleichung des Maßstabs auf der Tatbestandsseite zu begrüßen. 28

Der unterschiedliche Maßstab für das Vorliegen einer vGA und dem Abweichen vom Fremdverhalten nach § 1 kann sich auch unmittelbar auf der Rechtsfolgeseite auswirken. Während für eine Gewinnberichtigung nach § 1 ausschließlich eine Ausrichtung an Bedingungen erfolgt, wie sie auch zwischen fremden Dritten vereinbart werden, knüpft die Korrektur bei der vGA grundsätzlich am gemeinen Wert eines hingegebenen Wirtschaftsguts oder der erzielbaren Vergütung von Nutzungsüberlassungen an. Auch insoweit ist Deckungsgleichheit der Korrekturmaßstäbe nicht zwingend gegeben. Die Rspr. des BFH v. 17.10.2001, I R 103/00, BFHE 197, 68, scheint aber (ebenso wie der Gesetzgeber durch die Formulierung des § 1 Abs. 1 S. 2) eine Annäherung der Vergleichsmaßstäbe der Korrekturvorschriften anzustreben und setzte erstmals den Fremdvergleichsmaßstab auch auf der Rechtsfolgeseite der vGA an. 29

Schließlich ist noch auf die Folgen des Abweichens vom Vergleichsmaßstab hinzuweisen. Während bei der vGA ein Abweichen vom Handeln eines ordentlichen und gewissenhaften Geschäftsführers die widerlegbare Vermutung der Veranlassung durch das Gesellschaftsverhältnis begründet (KStH 8.6), führt ein Abweichen vom Fremdvergleichsmaßstab im Rahmen des § 1 unmittelbar zur Einkünftekorrektur. Im Ergebnis lässt sich die Berichtigung nach § 1 nur durch Darlegung eines fremdüblichen Verhaltens verhindern, während bei der vGA auch durch Darlegung von außerhalb des Gesellschaftsverhältnisses liegenden Gründen eine Korrektur verhindert werden kann. 30

Das Wesen der vE besteht in einer durch ein Rechtsgeschäft verdeckten Einlagehandlung des Gesellschafters in das Vermögen der Gesellschaft. Zweck der Verdeckung ist regelmäßig eine gewinnmindernde Erfassung des Rechts- 31 geschäfts beim Gesellschafter und eine entsprechende Behandlung bei der Gesellschaft, die das Vermögen erhält. Durch das Rechtsinstitut der vE wird die Minderung durch eine Erfassung als nachträgliche Anschaffungskosten der Beteiligung neutralisiert. Es besteht damit ein grundlegender Gegensatz zwischen vE und § 1. Erstere beruht auf gesellschaftsrechtlichen Beziehungen; das verdeckende Rechtsgeschäft wird negiert. Die Einkünftekorrektur nach § 1 hingegen knüpft an ein bestehendes Rechtsgeschäft an. Somit besteht kein Raum für eine Anwendung des § 1 neben der vE.

32 Zur Anwendung der Grundsätze zur vE müssen aber alle Voraussetzungen erfüllt sein. Liegen nicht einlagefähige Vermögensvorteile vor, kann das Rechtsinstitut der vE nicht greifen. Insoweit bleibt Raum für die Anwendung des § 1. Hierbei wäre in erster Linie an unentgeltliche Nutzungsüberlassungen und Dienstleistungen zu denken (Lademann/*Kaligin* § 1 AStG Rz. 13).

33, 34 *einstweilen frei*

III. § 1 zur Entnahme/Einlage iSd EStG

35 Obwohl die Entnahme bzw. die Einlage iSd EStG weder in den VGr 1983 noch in AEAStG Tz. 1.1.2 berücksichtigt wird, könnte auch hier – analog zur vGA bzw. zur vE – ein Konkurrenzverhältnis zu § 1 entstehen. IdR fehlt es bei offenen Einlagen/Entnahmen für die Anwendung des § 1 allerdings an der Tatbestandsvoraussetzung der Geschäftsbeziehung (vgl. auch *Goksch* IStR 2002, 184; vgl. → Rz. 635). Sollte eine solche ausnahmsweise doch einmal vorliegen, zB im Rahmen einer Dienstleistung oder Nutzungsüberlassung an den Gesellschafter, so hat die Vorschrift des § 4 Abs. 1 EStG grundsätzlich Vorrang vor dem § 1. Da die Bewertung der Entnahme nach § 5 Abs. 1 Nr. 4 EStG zum Teilwert erfolgt, ist strittig, ob darüber hinaus eine weitergehende Korrektur zum Fremdvergleichspreis möglich ist (so zB *Höppner* JbFSt 2000/2001, 643 ff.). Dies ist aber abzulehnen, da die Vorschrift des § 4 Abs. 1 S. 1 EStG der Einkunftsermittlung, also der ersten Gewinnermittlungsstufe, dient. Die Einkünftekorrektur nach § 1 erfolgt dagegen auf einer zweiten Stufe, so dass hierdurch die Regelungen zur offenen Entnahme/Einlage nicht berührt werden dürften (vgl. → Rz. 22).

36 Nicht unter die Vorschrift des § 4 Abs. 1 EStG fallen dagegen die unentgeltlichen Dienstleistungen oder Nutzungsüberlassungen an die Gesellschaft. Hier mangelt es an der Bilanzierungs- und Einlagefähigkeit der Leistung. Somit kann § 1 mangels Anwendung der (verdeckten) Einlage zur Geltung kommen (Lademann/*Kaligin* § 1 AStG Rz. 13; vgl. auch → Rz. 32).

37–39 *einstweilen frei*

IV. § 1 zur Hinzurechnungsbesteuerung

40 Durch das Zusammenwirken von § 1 einerseits und der Hinzurechnungsbesteuerung nach den §§ 7 ff. andererseits kann eine effektive Überbesteuerung eintreten. Dass diese im Ergebnis korrekturbedürftig ist, steht weitgehend außer Frage. Im Rahmen des Verfahrens IR 4/01 hatte der BFH Gelegenheit, sich zu äußern (BFH v. 19.3.2002, IR 4/01, IStR 2002, 669). In

B. Verhältnis des § 1 zu anderen Vorschriften   41–45 § 1

Rspr. und Literatur wurde die Ansicht vertreten, § 1 müsse gegenüber den §§ 7 ff. zurücktreten (FG Münster v. 7.8.1997, 15 K 144/96 F, EFG 1997, 1289; Lademann/*Kaligin* § 1 AStG Rz. 13b; Haase/*Hofacker* § 1 AStG Rz. 44 ff.). Die Finanzverwaltung hingegen wollte in allen Fällen § 1 uneingeschränkt auch auf Geschäftsbeziehungen eines Steuerpflichtigen zu Zwischengesellschaften iSd §§ 7 bis 14 anwenden (vgl. VGr 1983 Tz. 1.5.2). Wenn auch der I. Senat des BFH den Meinungsstreit aufgrund der Sachverhaltskonstellation des vorbezeichneten Verfahrens nicht abschließend und für alle denkbaren Gestaltungen entscheiden musste, vermochte er jedenfalls für den zu beurteilenden Fall keinen Raum für einen Vorrang des § 7 gegenüber § 1 zu erkennen. Zur Vermeidung des unbilligen Ergebnisses einer effektiven Überbesteuerung verweist der I. Senat des BFH auf den Billigkeitsweg (§ 163 AO bzw. § 227 AO). Der vom BFH favorisierten Lösung wird immerhin zugetraut, für Sonderfälle in der Praxis eine sachgerechte Lösung zu finden (Urteilsanmerkung *KB* IStR 2002, 670). In der Sache ist der BFH damit einer Verwaltungsübung gefolgt, die für die meisten Fälle zu einer annehmbaren Lösung führt.

einstweilen frei   41, 42

V. § 1 zum Art. 9 OECD-MA

Die Norm des § 1, nach der bei Geschäftsbeziehungen zwischen nahe ste- 43
henden Personen bei einem Verstoß gegen den Fremdvergleichsgrundsatz eine Einkünftekorrektur auf Grundlage eben dieses Prinzips vorzunehmen ist, ähnelt der Vorschrift des Art. 9 Abs. 1 OECD-MA. Auch hiernach kann eine Gewinnberichtigung vorgenommen werden, wenn zwischen verbundenen Unternehmen Bedingungen vereinbart werden, die dem „dealing-at-arm's-length"-Grundsatz nicht entsprechen. Dies wirft die Frage nach dem Verhältnis der beiden Regelungen zueinander auf.

Unstrittig ist, dass Art. 9 Abs. 1 OECD-MA keine „self-executing-Wir- 44
kung" auslöst (*Wassermeyer* Art. 9 MA Rz. 4) und deshalb eine innerstaatliche Rechtsgrundlage erfordert (BFH v. 12.3.1980, BStBl. II 1980, 531; BFH v. 9.11.1988, I R 335/83, BStBl. II 1989, 510; Vögele Verrechnungspreise/*Vögele/Raab* Rz. A 416). In Deutschland bildet der § 1 diese zugrunde liegende Vorschrift. Ist eine Besteuerung der ins Ausland „verlagerten" Einkünfte ausgeschlossen, zB weil aufgrund der DBA-Regelungen der andere Vertragsstaat das Besteuerungsrecht hat, so kann Art. 9 Abs. 1 OECD-MA keine sachliche Steuerpflicht begründen (*Wassermeyer* Art. 9 MA Rz. 4).

Versteht man den Art. 9 Abs. 1 OECD-MA als reine Erlaubnisnorm, eine 45
Einkünftekorrektur vorzunehmen, so hätte er lediglich deklaratorischen Charakter (VGr 1983 Tz. 1.2.1). Vielmehr ist er aber als Verbots- oder Sperrnorm anzusehen (Vögele Verrechnungspreise/*Vögele/Raab* Rz. A 417; aA Blümich/*Pohl* § 1 AStG Rz. 11). In diesem Zusammenhang ist insbesondere auf das Urteil des FG Baden-Württemberg v. 12.1.2017, K 26/47/15 – Rev. eingelegt (Az. BFH I R 5/17) zur Sperrwirkung des Art. 9 DBA-Schweiz 1971 gegenüber § 1 AStG 2003 zu verweisen, wonach eine Einkünftekorrektur nach § 1 AStG 2003 unter dem Gesichtspunkt der fehlenden Besicherung eines Darlehens und der dadurch ausgelösten Teilwertabschreibung auf die Darle-

hensforderung ausscheidet. Damit folgt das FG der Finanzverwaltung (BMF v. 29.3.2011, IV B 5 – S 1341/09/10004, BStBl. I 2011, 277 Rz. 27). Im weiteren Zeitablauf wurden durch verschiedene FG vergleichbare Entscheidungen getroffen, deren Revision beim BFH anhängig ist (FG Köln v. 22.2.2017, 13 K 493/12 – Rev. eingelegt: BFH, I R 32/17; FG Köln v. 17.5.2017, 9 K 1361/14 – Rev. eingelegt: BFH, I R 51/17; FG Düsseldorf v. 27.6.2017, 6 K 896/17 K, G – Rev. eingelegt: BFH, I R 54/17; FG Baden-Württemberg v. 23.11.2017, 3 K 2804/15 – Rev. eingelegt: BFH, I R 81/17). Hierbei kann eine übergreifende Entscheidung des BFH erwartet werden. Insbesondere ist hierbei auf die neuere Rspr. des BFH zum Verhältnis von nationalen Einkünftekorrekturvorschriften und Abkommensrecht hinzuweisen. Wegweisend hierzu ist das Urteil des BFH v. 11.10.2012, I R 75/11, BFHE 239, 242, BStBl. II 2013, 1046), wonach der abkommensrechtliche Grundsatz des „dealings at arm's length" bei verbundenen Unternehmen eine Sperrwirkung gegenüber den sog. Sonderbedingungen entfaltet, denen beherrschende Unternehmen bei der Einkommenskorrektur nach § 8 Abs. 3 S. 2 KStG bei Annahme einer vGA unterworfen sind (vgl. *Graw* Anmerkungen zu FG Baden-Württemberg, Urteil v. 12.1.2017, 3 K 2647/15, EFG 2017, 638). Im Weiteren entschied der BFH mit Urteilen v. 17.12.2014, I R 23/13, BFHE 248, 170, BStBl. II 2016, 261 und v. 24.6.2015, I R 29/14, BFHE 250, 386, BStBl. II 2016, 258), dass Art. 9 Abs. 1 OECD-MA im Falle einer Teilwertabschreibung eines unbesichert begebenen Darlehens gleichermaßen Sperrwirkung gegenüber der Einkünftekorrektur nach § 1 AStG aF entfaltet (vgl. *Graw,* Anmerkungen zu FG Baden-Württemberg, Urteil v. 12.1.2017, 3 K 2647/15, EFG 2017, 638). Letztlich haben diese Urteile auch für die aktuelle Fassung des § 1 zur Konsequenz, dass jegliche Korrektur von Substanzverlusten „wegen Veranlassung durch den Konzern" unzulässig sind, da vom Fremdvergleichsgrundsatz nur Umstände erfasst werden, die sich auf die „Höhe" der vereinbarten Vertragsbedingungen auswirken (vgl. *Rudolf* BB 2015, 626). Die beiden letztgenannten Entscheidungen des BFH zu § 1 hat das BMF mit einem Nichtanwendungserlass belegt (vgl. BMF-Schreiben v. 30.3.2016, IV B 5 – S 1341/11/10004-07, BStBl. I 2016, 455).

46 Zudem war es die ursprüngliche Intention des BMF, den § 1 Abs. 1 im Zuge des Entwurfs des Anti-BEPS-Umsetzungsgesetzes (BT-Drs. 18/9536 v. 5.9.2016) um einen Satz 5 zu ergänzen, wonach der Inhalt des Fremdvergleichsgrundsatzes in den jeweiligen DBA nicht mehr aus dem Abkommenszusammenhang, sondern nach den Regelungen des AStG auszulegen sei (Durchbrechung der Rechtsprechung, vgl. Urteil des BFH v. 17.12.2014, I R 23/13, BStBl. II 2016, 261; BFH v. 24.6.2015, I R 29/14, BStBl. II 2016, 258). Auch wenn es in der finalen Fassung des Gesetzes zu einer solchen Änderung erfreulicherweise nicht gekommen ist, bleibt festzustellen, dass die in Deutschland vorhandene Tendenz des Gesetzgebers, steuerliche Einzelfragen mittels eines „Treaty Override" (zB § 50d Abs. 8 S. 1 EStG, § 50d Abs. 10 S. 3 EStG) abweichend von der OECD-Ansicht zu regeln, problematisch gesehen werden muss (vgl. *Kraft/Hentschel/Apler* RIW 2017, 473, 475). Denn obwohl das BVerfG dieses Vorgehen grundsätzlich als rechtmäßig ansieht, birgt es dennoch die Gefahr, den eigentlich auf einem internationalen Konsens beruhenden Fremdvergleichsgrundsatz über national abweichende Ausle-

B. Verhältnis des § 1 zu anderen Vorschriften   47–50 § 1

gungen zu unterlaufen und somit Doppelbesteuerung hervorzurufen (vgl. *Kraft/Hentschel/Apler* RIW 2017, 473, 475). Durch die zunehmenden Treaty Overrides kommt es bei Anwendung des Fremdvergleichsgrundsatzes außerdem zu der absurden Situation, dass für deutsche Steuerzahler zweierlei Recht gilt. Im Falle eines Verständigungs- oder Schiedsverfahrens wird allein auf Ebene der Doppelbesteuerungsabkommen entschieden und widerstreitendes nationales Recht nicht beachtet (vgl. *Kraft/Hentschel/Apler* RIW 2017, 473, 475). Findet hingegen kein Verständigungs- oder Schiedsverfahren statt, gilt das nationale Recht aufgrund des Treaty Overrides (vgl. *Haarmann* BB 2016, 2775 f.).

Das FG Baden-Württemberg hat sich im Urteil v. 12.1.2017 der Rechtsprechung des BFH angeschlossen, jedoch zugleich Revision im Hinblick auf das zwischenzeitlich ergangene BMF-Schreiben v. 30.3.2016 (IV B 5 – S 1341/11/10004-07, BStBl. I 2016, 455) zugelassen. Das Urteil des FG Baden-Württemberg folgt damit der mittlerweile als gefestigt zu bezeichnenden Rechtsprechung des BFH. Eine Abkehr des BFH ist daher nicht zu erwarten (so auch *Graw* Anmerkungen zu FG Baden-Württemberg, Urteil v. 12.1.2017, 3 K 2647/15, EFG 2017, 639). **47**

Art. 9 Abs. 2 OECD-MA sieht im Falle einer Korrektur nach Abs. 1 im jeweils anderen Staat eine Gegenberichtigung vor. Da der andere Staat aber nicht immer zu einer entsprechenden Korrektur verpflichtet ist (im Detail *Wassermeyer* Art. 9 MA Rz. 8), droht in solchen Fällen eine wirtschaftliche Doppelbelastung. In diesen Fällen steht es dem Steuerpflichtigen frei, ein Verständigungsverfahren nach dem jeweiligen Doppelbesteuerungsabkommen zu beantragen. Bei Verständigungsverfahren gemäß Art. 25 OECD-MA handelt es sich um ein zwischenstaatliches Verwaltungsverfahren, welches das Recht des Steuerpflichtigen schützen soll, nicht abkommenswidrig besteuert zu werden. Da solche Verständigungsverfahren nicht zwingend zu einem Ergebnis führen müssen, sehen Doppelbesteuerungsabkommen teilweise ergänzende verbindliche Schiedsklauseln (zB Art. 25 Abs. 5 OECD-MA) vor, welche die Doppelbesteuerung in jedem Fall beseitigen (vgl. *Kraft/Hentschel/Apler* RIW 2017, 473, 475 Fn. 34). Daneben existiert auf EU-Ebene die EU-Schiedskonvention (Übereinkommen 90/436/EWG), die ebenfalls die Beseitigung der Doppelbesteuerung durch Einigung der Vertragsstaaten vorschreibt (vgl. *Kraft/Hentschel/Apler* RIW 2017, 473, 475 Fn. 34). **48**

einstweilen frei **49**

VI. § 1 zum Unionsrecht

§ 1 sieht sich in der Literatur großen Bedenken bezüglich der Vereinbarkeit mit dem Unionsrecht ausgesetzt (ua Haase/*Hofacker* § 1 AStG Rz. 362 ff.; SKK/*Kaminski* § 1 AStG Rz. 57 ff.; *Rasch/Nakhai* DB 2005, 1984; *Wassermeyer* IStR 2001, 113; *Dautzenberg/Goksch* BB 2000, 904). Mit Einführung der Besteuerung von Funktionsverlagerungen sowie der Umsetzung des AOA in § 1 Abs. 5 haben sich die Bedenken hinsichtlich der Vereinbarkeit des § 1 mit dem Unionsrecht zweifellos verschärft. **50**

Diese Zweifel werden offensichtlich auch vom BFH geteilt, wie der Beschluss v. 21.6.2001 in einem Verfahren zur Aussetzung der Vollziehung zeigt

§ 1 51   Berichtigung von Einkünften

(Beschl. v. 21.6.2001, I B 141/00, DB 2001, 1648). Im diesen Beschluss vorangegangenen AdV-Verfahren hatte das FG Münster keinerlei unionsrechtliche Bedenken geäußert (Beschl. v. 31.8.2000, 8 V 4639/00 E, EFG 2000, 1389). Im Hauptsacheverfahren vermied das FG Münster bewusst eine Stellungnahme zu dieser strittigen Frage, indem es die Klärung der Rechtswidrigkeit des § 1 für den gegebenen Sachverhalt als nicht entscheidungsrelevant betrachtete (FG Münster v. 10.3.2005, 8 K 7687/00E, IStR 2005, 531). Die daraufhin ergehende Beschwerde wurde vom BFH als unzulässig abgewiesen (BFH-Beschl. v. 5.4.2006, I B 84/05, BFH/NV 2006, 1497). Das FG Düsseldorf brachte klar zum Ausdruck (FG Düsseldorf v. 19.2.2008, 17 K 894/05 E, EFG 2008, 1006), dass es im vorliegenden Fall, in dem ein im Inland ansässiger Steuerpflichtiger der in Großbritanien ansässigen Ltd, an welcher er zu 75% beteiligt war, ein zinsloses Darlehen aus seinem Privatvermögen gewährt hatte, die Bedenken hinsichtlich der Vereinbarkeit des § 1 mit Unionsrecht teilt (vgl. *Fuhrmann/Nientimp* § 1 AStG Rz. 28). Jedoch wurde im vorliegenden Fall eine grundsätzliche Anwendung von § 1 verneint, da die Transaktion vom Gericht als unentgeltliche Stützungsmaßnahme eingestuft wurde, welche nicht zu einer Geschäftsbeziehung iSv § 1 führt. Im Urteil v. 22.2.2008 wurde vom FG Münster hingegen ein Verstoß des § 1 gegen die Niederlassungsfreiheit festgestellt (FG Münster v. 22.2.2008, 9 K 509/07 K, EFG 2008, 923). Die Anwendung von § 1 wurde im entsprechenden Urteil daher verneint.

Eine Norm ist mit dem Unionsrecht unvereinbar, sobald eine Diskriminierung oder eine Beschränkung der Grundfreiheiten vorliegt, die nicht gerechtfertigt werden kann (*Kraft/Bron* IStR 2006, 26 f; *Kraft/Michel* EWS 2017, 321). § 1 erfasst ausschließlich grenzüberschreitende Sachverhalte, sodass regelmäßig zumindest eine Beschränkung vorliegt:

51 – Die *Dienstleistungsfreiheit* wird beeinträchtigt, da es bei der Erbringung von grenzüberschreitenden verbilligten Dienstleistungen sowohl innerhalb eines Konzerns als auch zwischen einem Unternehmen eines Steuerpflichtigen und seiner in einem anderen Staat gelegenen Betriebsstätte zu einer Einkünftekorrektur kommt, die bei rein inländischen Sachverhalten unterbleibt.
– Zu einer Beeinträchtigung der *Warenverkehrsfreiheit* kommt es, weil die angesetzten Verrechnungspreise bei grenzüberschreitenden Lieferungen dem Fremdvergleichspreis (inklusive Gewinnaufschlag) entsprechen müssen, während bei inländischen Lieferungen analog zur Entnahme ein Ansatz zum Teilwert, jh ohne Gewinnaufschlag, ausreichend ist.
– In den Schutzbereich der *Arbeitnehmerfreizügigkeit* wird in Fällen der Mitarbeiterentsendung an verbundene Unternehmen eingegriffen, denn lediglich bei grenzüberschreitenden Entsendungen führt § 1 zu einer inländischen Einkünftekorrektur. Diese Problematik wurde im Rahmen der Unternehmensteuerreform 2008 durch die explizite Erfassung von Funktionsverlagerungen nach § 1 Abs. 3 S. 9 weiter verschärft (vgl. → Rz. 380 ff.). Hiernach droht nicht nur bei der Versetzung von Mitarbeitern eine Funktionsverlagerung mit der Folge einer steuerschädlichen Gewinnberichtigung. Bei einer weiten Auslegung dieser Regelung könnte selbst eine Kündigung von Mitarbeitern, die nur wenig später bei einem ausländischen nahe stehenden Unternehmen eingestellt werden, als eine solche Funktionsverlagerung interpretiert werden. Sollte die Finanzverwaltung entgegen § 1 Abs. 7 S. 2

B. Verhältnis des § 1 zu anderen Vorschriften 52, 53 § 1

FVerlV diese Auffassung vertreten, greift diese Vorgehensweise offensichtlich in den Schutzbereich der Arbeitnehmerfreizügigkeit ein.
– Die *Niederlassungsfreiheit* ist ebenso betroffen. Es kommt zu einer Einkünftekorrektur im Verhältnis zu Mutter- bzw. Tochtergesellschaften (nahe stehende Personen) sowie einem Unternehmen eines Steuerpflichtigen und seiner in einem anderen Staat gelegenen Betriebsstätte (anzunehmende schuldrechtliche Beziehungen).
– Die *Kapitalverkehrsfreiheit* wird dadurch beeinträchtigt, dass es bei grenzüberschreitenden Darlehensvergaben mit verbilligtem Zinssatz zu einer außerbilanziellen Hinzurechnung kommt, während dies bei einer inländischen Konstruktion unterbleibt. Ebenso schützt die Kapitalverkehrsfreiheit die Verwaltung und Kontrolle von Gesellschaften (*Kraft/Bron* IStR 2007, 378). Diese Tätigkeiten werden durch die Einkünftekorrektur entsprechend beeinträchtigt, sodass die Kapitalverkehrsfreiheit regelmäßig durch die Anwendung von § 1 tangiert wird. Insbesondere ist dies von Bedeutung, da die Kapitalverkehrsfreiheit auch im Verhältnis zu Drittstaaten Anwendung findet. Vor diesem Hintergrund stellt sich die Frage des Verhältnisses der einzelnen Grundfreiheiten zueinander.

Grundsätzlich sind die Grundfreiheiten nebeneinander anwendbar. Allerdings zeigt sich in seiner Rechtsprechung, dass der EuGH die Beeinträchtigung eines Schutzbereichs nicht mehr prüft, wenn die jeweilige Grundfreiheit nur reflexartig betroffen wird (EuGH v. 3.10.2006, C-452/04, *Fidium Finanz AG*, Rz. 34 ff., 49). Diese Auslegungstendenz reicht dabei sehr weit: Vorschriften über den Besitz von Beteiligungen, die es ermöglichen, einen sicheren Einfluss auf Entscheidungen der Beteiligungsgesellschaft auszuüben und deren Tätigkeiten zu bestimmen, fallen regelmäßig in den sachlichen Geltungsbereich der Niederlassungsfreiheit (EuGH v. 10.5.2007, C-492/04, *Lasertec*, Rz. 20 mwN). Aufgrund des Begriffes der nahe stehenden Person ist der Anwendungsbereich der Niederlassungsfreiheit damit regelmäßig eröffnet, sofern § 1 zur Anwendung kommt (vgl. auch EuGH v. 10.5.2007, C-492/04, *Lasertec*, Rz. 21 ff.). Bei diesen Fällen, in denen die Niederlassungsfreiheit regelmäßig einschlägig ist, weil die jeweilige Norm erst beim Vorliegen einer wesentlichen Beteiligung eingreift, ist damit zu rechnen, dass der EuGH die Beschränkung der Kapitalverkehrsfreiheit nur als unvermeidliche Konsequenz der Beschränkung der Niederlassungsfreiheit ansieht und entsprechend von einer Prüfung der Art. 63 bis 65 AEUV absieht (zB EuGH v. 10.5.2007, C-492/04, *Lasertec*, Rz. 25; EuGH v. 13.3.2007, C-524/04, *Test Claimants in the Thin Cap Group Litigation*, Rz. 34). Wenngleich die Prüfung der Kapitalverkehrsfreiheit aus dem europäischen Grundgedanken eines gemeinsamen Marktes sowie „effet utile"-Erwägungen (Art. 2, 26 AEUV) geboten scheint, ist davon auszugehen, dass der EuGH – mangels Prüfung – in Bezug auf § 1 keinen Verstoß gegen die Kapitalverkehrsfreiheit feststellen wird und daher die Einkünftekorrektur im Verhältnis zu Drittstaaten nicht (wirksam) gerügt werden kann. Wie gezeigt, wird die Niederlassungsfreiheit jedoch sicher beeinträchtigt, sodass sich insofern die Frage nach Rechtfertigungsmöglichkeiten eines solchen Eingriffs stellt.

Für Zwecke der Rechtfertigung des dargestellten Verstoßes ist insbesondere auf das Urteil des EuGH in der Rechtssache SGI (EuGH v. 21.1.2010, Rs. C-

311/08, *Société de Gestion Industrielle SA* (SGI), IStR 2010, 144) hinzuweisen. Dem Streitfall lag eine vergleichbare Regelung des belgischen Steuerrechts (Art. 26 CIR) zugrunde, die ebenso wie § 1 nur auf grenzüberschreitende Sachverhalte anwendbar ist. In der Rechtssache SGI ging es um eine belgische Kapitalgesellschaft, die ein unverzinsliches Darlehen an eine französische Tochterkapitalgesellschaft (65% Beteiligung) gibt. Die belgischen Finanzbehörden führten daraufhin eine Einkünftekorrektur in Höhe des gewährten Zinsvorteils (5%) durch. In Übereinstimmung mit der hM (vgl. ua *Schaumburg* DB 2005, 1129; *Schönfeld* IStR 2007, 260f.; *Ditz* IStR 2009, 120f.; *Rasch/ Nakhai* DB 2005, 1984; *Dölker/Ribbrock* IStR 2005, 533) sah der EuGH in der nur im grenzüberschreitenden Fall durchgeführten Verrechnungspreiskorrektur einen Eingriff in die unionsrechtlich verbürgte Niederlassungsfreiheit des Art. 49 AEUV. Nach Ansicht des EuGH kann die potenziell beschränkende Wirkung jedoch durch zwingende Gründe des Allgemeininteresses gerechtfertigt werden. Der EuGH prüft die Rechtfertigung der grundfreiheitlichen Beschränkung anhand der Eignung der Vorschrift zur Wahrung einer ausgewogenen Aufteilung der Besteuerungsbefugnisse zwischen den Mitgliedsstaaten (vgl. EuGH v. 21.1.2010, Rs. C-311/08, *Société de Gestion Industrielle SA* (SGI), IStR 2010, 144 Rz. 60 ff.) sowie der Notwendigkeit der Vorschrift zur Verhinderung von Steuerumgehungen (vgl. EuGH v. 21.1.2010, Rs. C-311/08, *Société de Gestion Industrielle SA* (SGI), IStR 2010, 144, Rz. 65 ff.). In der Rechtssache SGI entschied der EuGH, dass die belgische Regelung gerechtfertigt ist, da sie dem belgischen Staat erlaubt, seine Steuerhoheit auszuüben und somit für eine ausgewogene Aufteilung der Besteuerungsbefugnis zwischen den Mitgliedstaaten in Übereinstimmung mit dem Fremdvergleichsgrundsatz als EU-Abgrenzungsmaßstab geeignet ist. Darüber hinaus stellte der EuGH fest, dass die belgische Regelung geeignet ist um Steuerumgehungen zu vermeiden, die durch die Übertragung von Einkünften auf Gesellschaften, die in Mitgliedstaaten mit niedrigen Steuersätzen ansässig sind bzw. in Staaten in denen diese Einkünfte gar nicht erst besteuert werden. Insofern eignet sich die belgische Regelung zur Erreichung der gesetzten Ziele und ist damit auch durch das Allgemeininteresse gerechtfertigt (vgl. EuGH v. 21.1.2010, Rs. C-311/08, *Société de Gestion Industrielle SA* (SGI), IStR 2010, 144, Rz. 69; so auch Haase/*Hofacker* § 1 AStG, Rz. 375).

54 Nach Auffassung des EuGH geht die belgische Regelung auch nicht über das hinaus, was zur Erreichung der genannten Ziele erforderlich ist, wenn dem Steuerpflichtigen – ohne ihm übermäßig Verwaltungszwänge zu unterwerfen – die Möglichkeit eines Gegenbeweises eingeräumt wird, dass für den Abschluss des vereinbarten Geschäfts zu den vom Fremdvergleichsgrundsatz abweichenden Konditionen wirtschaftliche Gründe bestehen; objektive und nachprüfbare Umstände den Verdacht einer nicht dem Fremdvergleichsgrundsatz entsprechenden Vereinbarung zwischen den verbundenen Unternehmen begründen und die Einkünftekorrektur nicht über das hinausgehen, was die betreffende Gesellschaft ohne Verflechtung unter Berücksichtigung des freien Wettbewerbs vereinbart hätte (vgl. EuGH v. 21.1.2010, Rs. C-311/08, *Société de Gestion Industrielle SA* (SGI), IStR 2010, 144, Rz. 70 ff.; hierzu auch *Englisch* IStR 2011, 139; *Scheipers/Linn* IStR 2010, 472 ff.; *Schönfeld* IStR 2011, 222 f.; *Mössner* Steuerrecht/*Baumhoff* Rz. 3.60).

B. Verhältnis des § 1 zu anderen Vorschriften

Vor dem Hintergrund der EuGH-Entscheidung im Fall *SGI* könnten die 55
Einkünftekorrekturvorschriften des § 1 grundsätzlich unionsrechtskonform
sein, wenn diese tatsächlich dem Fremdvergleichsgrundsatz entsprechen und
ihn lediglich präzisieren würden. Ob jedweder unter § 1 fallende Sachverhalt
den vom EuGH benannten Rechtfertigungsgründen standhält und dem unionsrechtlichen Verhältnismäßigkeitsgebot genügt, ist allerdings fraglich (vgl.
Mössner Steuerrecht/*Baumhoff* Rz. 3.61). So enthält § 1 sehr wohl Korrekturmöglichkeiten, die über den international anerkannten Fremdvergleichsgrundsatz hinausgehen (so auch Kroppen, Internationale Verrechnungspreise/
Schreiber FVerl Anm. 29; *Glahe* IStR 2010, 870). Dies betrifft bspw. die in § 1
Abs. 1 S. 3 unterstellte Informationstransparenz und die Einengung der Preisbandbreite bei eingeschränkt vergleichbaren Fremdvergleichspreisen gemäß
§ 1 Abs. 3 S. 3 sowie den gesetzlich vorgeschriebenen Ansatz des Medians im
Rahmen des tatsächlichen Fremdvergleichs, falls vom Steuerpflichtigen ein
Wert außerhalb der Bandbreite bzw. der eingeengten Bandbreite gewählt wurde (§ 1 Abs. 3 S. 4). Auch im Rahmen des hypothetischen Fremdvergleiches
wird der Steuerpflichtige angesichts des praktisch nicht durchführbaren Nachweises eines dem Fremdvergleich mit der höchsten Wahrscheinlichkeit entsprechenden Wertes den Ansatz des Mittelwertes im Einigungsbereich nicht
vermeiden können (vgl. Mössner Steuerrecht/*Baumhoff* Rz. 3.62). Zudem
geht die profiskalisch wirkende Preisanpassungsklausel nach § 1 Abs. 3 S. 11
und insbesondere auch die 10-jährige Anpassungsdauer nach § 1 Abs. 3 S. 12
über das hinaus, was fremde Dritte vereinbart hätten (so ua auch *Wassermeyer*
DB 2007, 539). Während in den OECD-Leitlinien 2010 (vgl. OECD-Leitlinien 2017 Tz. 3.73, 9.110 und 6.28 ff.) die Frage nach der Vereinbarung einer Preisanpassungsklausel selbst einem Fremdvergleich unterstellt wird, führt
die Finanzverwaltung (vgl. BMF v. 13.10.2010, BStBl. I 2010, 774, Tz. 2.9,
Rz. 135) eine solche Vereinbarung ausdrücklich auf den Fremdvergleichsgrundsatz zurück (vgl. Mössner Steuerrecht/*Baumhoff* Rz. 3.62). Die in § 1
Abs. 3 S. 11 f. verortete mittels der widerlegbaren, realitätsfernen Vermutung
bewirkte Beweislastumkehr, die zu Lasten des Steuerpflichtigen wirkt, dürfte
dem vom EuGH geforderten Plausibilitätserfordernis insofern nicht genügen
(vgl. Mössner Steuerrecht/*Baumhoff* Rz. 3.62).

Darüber hinaus ist zu berücksichtigen, dass dem Steuerpflichtigen die Mög- 56
lichkeit des Gegenbeweises eingeräumt werden muss, dass für den Abschluss
des vereinbarten Geschäfts zu den vom Fremdvergleichsgrundsatz abweichenden Konditionen wirtschaftliche Gründe vorliegen. Die Korrekturnorm des
§ 1 sieht eine solche Möglichkeit jedoch nicht vor. Dass dem Steuerpflichtigen im Fall einer Funktionsverlagerung über die Escape-Klausel des § 1 Abs. 3
S. 10 für einige Fälle eine Widerlegungsmöglichkeit eingeräumt wird, kann
kaum als angemessen bzw. verhältnismäßig angesehen werden, da diese mit einer Reihe von Anwendungsproblemen und zusätzlichen Aufzeichnungspflichten verbunden sind (vgl. *Hentschel/Kraft* IStR 2015, 195; *Englisch* IStR 2010,
141).

Im Ergebnis geht die herrschende Literaturmeinung somit zu Recht von 57
einer Unvereinbarkeit des § 1 mit dem Unionsrecht aus (ua *Dautzenberg/
Goksch* BB 2000, 904, *Englisch* IStR 2010, 141; *Bron* EWS 2010, 83; Mössner
Steuerrecht/*Baumhoff* Rz. 3.59 ff.; Kroppen, Internationale Verrechnungs-

preise/*Schreiber* FVerl Anm. 29). In diesem Zusammenhang ist insbesondere auch auf die Entscheidung des FG Schleswig-Holstein v. 29.11.2012, I K 118/07, EFG 2013, 279 hinzuweisen, in welcher die Grundsätze des EuGH-Urteils *SGI* im Hinblick auf die unionsrechtskonforme Auslegung von § 1 Anwendung fanden. So wurde vom FG Schleswig-Holstein für einen Teil eines zinslosen Darlehens eines inländischen Steuerpflichtigen an seine belgische Tochtergesellschaft ein wirtschaftlicher Grund erkannt, der ein Abweichen vom Fremdvergleichsgrundsatz rechtfertigte. Folglich wäre somit bei unionsrechtskonformer Auslegung eine Einkünftekorrektur für nicht erhaltene Zinsen von eigenkapitalähnlichem Gesellschafterfremdkapital nicht möglich (vgl. Fuhrmann/*Nientimp* § 1 AStG Rz. 34). Typisierend wurden vom FG Schleswig Holstein wirtschaftliche Gründe für die Gewährung des zinslosen Darlehens iHv 40% der Summe aus Eigenkapital und Fremdkapital erkannt (vgl. Fuhrmann/*Nientimp* § 1 AStG Rz. 34). In der Revision des BFH v. 25.5.2014 verneint der BFH eine Unionsrechtswidrigkeit von § 1, da sich die belastenden Wirkungen der Hinzurechnungen auf den Ansatz eines fremdvergleichskonformen Leistungsentgelts beschränken würden (BFH v. 25.6.2014, I R 88/12, BFH/NV 2015, 57). Der BFH entnimmt dem SGI-Urteil, dass die zu prüfende belgische Vorschrift als eine Vorschrift anzusehen ist, die mit § 1 vergleichbar ist und leitet daraus ab, dass auch § 1 mit der Niederlassungsfreiheit des Art. 49 AEUV vereinbar sein kann, da § 1 zur „Wahrung einer ausgewogenen Aufteilung der Besteuerungsbefugnis zwischen den Mitgliedstaaten" und der Notwendigkeit der „Verhinderung von Steuerumgehungen" gerechtfertigt sein kann (BFH v. 25.6.2014, I R 88/12, BFH/NV 2015, 57). Den Ansatz eines fremdvergleichsüblichen Entgelts auf eine zinslose Darlehensgewährung hält der BFH schließlich vom „Rechtfertigungsgrund der Aufteilung der Besteuerungsbefugnisse" gedeckt, den Verhältnismäßigkeitsgrundsatz für gewahrt und verneint jegliche unionsrechtliche Zweifel, die eine Vorlage an den EuGH nach Art. 267 Abs. 3 AEUV notwendig machen würden (BFH v. 25.6.2014, I R 88/12, BFH/NV 2015, 57, detailiert *Nagler* Anmerkungen zu FG-Rheinland-Pfalz, Beschluss v. 28.6.2016 – 1 K1472/13, IStR 2016, 682). In der Revision des Steuerpflichtigen gegen das Urteil des FG Sachsen v. 26.1.2016, 3 K 653/11, BeckRs 2016, 94900, Az. beim BFH I R 14/16) hat der BFH nun die Möglichkeit, seine diesbezügliche Rechtsprechung unionsrechtskonform auszugestalten. Der Vorlagebeschluss des FG-Rheinland-Pfalz v. 28.6.2016 (1 K1472/13) ist nach der Rechtssache *Columbus Container Services* (EuGH v. 6.12.2007, C 298/05, *Columbus Container Services BVBA & Co.,* Slg. 2007, I-10451) erst das zweite EuGH-Verfahren, in welchem eine Vorschrift des deutschen AStG am europäischen Primärrecht geprüft wird (vgl. *Nagler* Anmerkungen zu FG-Rheinland-Pfalz, Beschluss v. 28.6.2016 – 1 K1472/13, IStR 2016, 680).

58 Im Hornbach Verfahren C-382/16 des EuGH (EuGH v. 31.5.2018, (C-382/16, *Hornbach,* DStR, 1221) hatte das vorlegende Finanzgericht Rheinland-Pfalz (Vorlagebeschluss v. 28.6.2016 1 K 1472/13, EFG 2016, 1678) angefragt, ob Art. 49 iVm Art. 54 des Vertrages über die Arbeitsweise der Europäischen Union – AEUV – (zuvor Art. 43 iVm Art. 48 des Vertrages zur Gründung der Europäischen Gemeinschaft – EGV –) der Regelung eines Mitgliedstaats entgegen steht, nach welcher Einkünfte eines gebietsansässigen

Steuerpflichtigen aus Geschäftsbeziehungen mit einer in einem anderen Mitgliedstaat ansässigen Gesellschaft, an der er mindestens zu einem Viertel unmittelbar oder mittelbar beteiligt ist und mit der er Bedingungen vereinbart hat, die von denen abweichen, die voneinander unabhängige Dritte unter gleichen oder ähnlichen Verhältnissen vereinbart hätten, so anzusetzen sind, wie sie unter den zwischen unabhängigen Dritten vereinbarten Bedingungen angefallen wären, wenn eine solche Korrektur in Bezug auf die Einkünfte aus Geschäftsbeziehungen mit einer gebietsansässigen Gesellschaft nicht erfolgt und die Regelung dem gebietsansässigen Steuerpflichtigen nicht die Möglichkeit des Nachweises einräumt, dass die Bedingungen aus wirtschaftlichen Gründen, die sich aus seiner Stellung als Gesellschafter der in einem anderen Mitgliedstaat ansässigen Gesellschaft ergeben, vereinbart wurden (*Hennigfeld* EFG 2016, 1681).

Im Sachverhalt des Ausgangsverfahrens betrieb die Klägerin, eine im Inland unbeschränkt körperschaftsteuerpflichtige AG, Baumärkte. Sie war mittelbar zu 100% an zwei Gesellschaften in den Niederlanden beteiligt. Diese Gesellschaften hatten 2003 ein negatives Eigenkapital. Um den Neubau eines Baumarktes finanzieren und den weiteren Geschäftsbetrieb sicherstellen zu können, gab die Klägerin gegenüber der die in den Niederlanden ansässigen Tochtergesellschaften finanzierenden Bank Garantie- und Patronatserklärungen ab. Hierfür verlangte sie kein Entgelt. Gegenüber der Bank verpflichtete sich die unbeschränkt körperschaftsteuerpflichtige AG mit diesen Erklärungen, die niederländischen Gesellschaften finanziell so auszustatten, dass diese in der Lage sein sollten, ihre Verbindungen zu erfüllen. Das Finanzamt hatte gestützt auf § 1 Abs. 4 AStG die Auffassung vertreten, durch die Garantie- und Patronatserklärungen seien Geschäftsbeziehungen zwischen der AG und den niederländischen Gesellschaften begründet worden. Die Einkünfte der AG seien deshalb im Rahmen der Ermittlung der körperschaftsteuerlichen Bemessungsgrundlage im Inland um fiktive Haftungsvergütungen zu erhöhen, da fremde Dritte eine solche Haftungsvergütung vereinbart hätten. Im Klageverfahren setzte das Finanzgericht Rheinland-Pfalz das Verfahren aus und legte dem EuGH die Frage vor, ob § 1 Abs. 1 und 2 Nr. 1 AStG mit dem Unionsrecht vereinbar sei, da es in der AG nicht möglich sei, die bestehenden wirtschaftlichen Gründe für ein Abweichen von einer fremdüblichen Gestaltung steuerwirksam geltend zu machen.

Im Kern ging es aus niederlassungsfreiheitsrechtlicher Sicht somit um das Zentralproblem, ob es wirtschaftlich gerechtfertigt werden kann, wenn eine Muttergesellschaft unentgeltlich eine Patronatserklärung zugunsten ihrer ausländischen Tochtergesellschaft abgibt, um ihr die nötige Bonität zu verschaffen (*Henze* ISR 2017, 401 (407)). Die „wirtschaftlichen Gründe", die bereits im Rahmen der SGI-Entscheidung des EuGH (EuGH v. 21.1.2010, Rs. C-311/08, *Société de Gestion Industrielle SA (SGI)*, IStR 2010, 144) besondere Beachtung im Kontext von Verrechnungspreisbestimmungen fanden, resultierten aus dem Gesellschaftsverhältnis. Im Schrifttum war von den Vertretern der Finanzverwaltung (*Dobratz* IStR 2017, 1006 (1009)) daher befürchtet worden, die Anerkennung einer unentgeltlichen Patronatserklärung aufgrund des Gesellschaftsinteresses könne die unionsrechtliche Axt an das Thema Verrechnungspreise anlegen.

In seinen Schlussanträgen hatte Generalanwalt *Bobek* (GA Bobek v. 14.12.2017 – C-382/16, *Hornbach-Baumarkt*, IStR 2018, 210 mit Anm. *Kippenberg*) das sog. „Null-Summen-Argument" als Rechtfertigungsgrund für eine nachteilige Besteuerung von Auslandssachen ins Zentrum seiner Entscheidungsvorschläge gestellt. Danach sollte es bereits an einer Vergleichbarkeit von In- und Auslandssituationen im Rahmen von Patronatserklärungen mangeln, weshalb § 1 AStG keinen Eingriff in unionsrechtlich verbürgte Grundfreiheiten zur Folge haben können.

61 Aus diesem Grund ist bemerkenswert, dass die Zweite Kammer des Gerichtshofes hinsichtlich ihrer Argumentation deutlich von den Schlussanträgen abwich (*Cloer/Hagemann* DStR 2018, 1226). Während diese der Frage der Vergleichbarkeit eines rein innerstaatlichen mit dem streitgegenständlichen grenzüberschreitenden Sachverhalt viel Aufmerksamkeit gewidmet hatten und bereits auf Eingriffsebene die Verletzung der Niederlassungsfreiheit verneinten, stieg der EuGH unmittelbar in die Rechtfertigungsprüfung ein. Zuvor hatte der Gerichtshof betont, dass nach seiner ständigen Rechtsprechung eine nationale Regelung, die nur auf Beteiligungen anwendbar ist, die es ermöglichen, einen sicheren Einfluss auf die Entscheidungen einer Gesellschaft auszuüben und deren Tätigkeiten zu bestimmen, in den Anwendungsbereich der Niederlassungsfreiheit fällt und herausstellt, dass die von der dritten Alternative des § 1 Abs. 2 Nr. 1 hervorgerufenen Unterschiede in der steuerlichen Behandlung von Steuerpflichtigen, je nach dem Ort des Sitzes der Gesellschaften, mit denen die nicht fremdüblichen Bedingungen vereinbart wurden, eine Beschränkung der Niederlassungsfreiheit im Sinne von Art. 43 EGV (nunmehr Art. 49 AEUV) darstellen (*Schnitger* IStR 2018, 469).

Damit hat der EuGH in seiner zentralen Kernaussage (Rn. 52 Hornbach-Entscheidung) ausdrücklich der Ansicht der Bundesregierung widersprochen. Diese hatte argumentiert, es sei ausschließlich auf den Fremdvergleichspreis abzustellen und wirtschaftliche Gründe einer von einem Fremdvergleichspreis abweichenden Vereinbarung zwischen Gesellschafter und Gesellschaft seien nicht maßgeblich (*Uterhark/Nagler* IStR 2018, 467).

62 Anknüpfend an die im SGI-Verfahren bemühte Argumentationslinie hat der EuGH im Hornbach-Judikat im Kern die Unionsrechtskonformität der deutschen Regelung festgestellt. Diese Feststellung verknüpft er mit einem Prüfungsauftrag für das nationale Gericht. So formuliert der EuGH in Rn. 57 seiner Entscheidung, es sei Sache des vorlegenden Gerichts, zu überprüfen, ob der Klägerin des Ausgangsverfahrens, ohne sie übermäßigen Verwaltungszwängen zu unterwerfen, die Möglichkeit eingeräumt wurde, Beweise für etwaige wirtschaftliche Gründe für den Abschluss der im Ausgangsverfahren in Rede stehenden Geschäfte beizubringen, ohne dabei auszuschließen, dass wirtschaftliche Gründe, die sich aus ihrer Stellung als Gesellschafterin der gebietsfremden Gesellschaft ergeben, berücksichtigt werden können. Ferner betont die Zweite Kammer, eine Regelung wie die im Ausgangsverfahren in Rede stehende gehe nicht über das hinaus, was zur Erreichung des von ihr verfolgten Ziels erforderlich sei, sofern die mit der Anwendung dieser Regelung betrauten Behörden dem ansässigen Steuerpflichtigen die Möglichkeit einräumen, zu beweisen, dass die Bedingungen aus wirtschaftlichen Gründen vereinbart wurden, die sich aus seiner Stellung als Gesellschafter der gebietsfremden Gesellschaft ergeben können. Auch diese Prüfung legt der Gerichtshof in die Prüfkompetenz des vorlegenden Gerichts.

Schließlich hat der EuGH durch das Bejahen des Rechtfertigungsgrundes **63** der ausgewogenen Aufteilung der Besteuerungsbefugnisse den Einwand zurückgewiesen, dass es wegen der Nichtbesteuerung der inländischen Nutzungseinlage bereits an einem Besteuerungssubstrat fehlt, das aufgeteilt oder in einen anderen Mitgliedstaat transferiert werden könnte. Die Entscheidung des EuGH dokumentiert einmal mehr, dass er bei der unionsrechtlichen Prüfung spezieller Missbrauchsklauseln am Erfordernis einer „Escape-Klausel" im Sinne eines Motivtests höchste Priorität einräumt.

Offen bleibt indessen weiterhin, in welchen Konstellationen ansonsten von dem Bestehen wirtschaftlicher Gründe, die die Vereinbarung nicht fremdvergleichskonformer Bedingungen einer Geschäftsbeziehung rechtfertigen, ausgegangen werden kann (*Schnitger* IStR 2018, 469 (470)). So lässt sich nicht mit letzter Sicherheit sagen, ob es im Kontext der unionsrechtlichen Anerkennung der in der grenzüberschreitenden Konzernwirklichkeit häufig anzutreffenden Patronatserklärungen notwendig ist, dass die ausländische Tochtergesellschaft über ein negatives Kapital verfügt. Somit ist weiterhin offen, in welchen spezifischen Konstellationen im Einzelfall von dem Bestehen wirtschaftlicher Gründe ausgegangen werden kann, welche die Vereinbarung nicht fremdvergleichskonformer Bedingungen einer Geschäftsbeziehung rechtfertigen. Nicht klar zum Ausdruck gekommen ist schließlich, ob als wirtschaftliche Gründe alle Gründe herangezogen werden können, bei denen steuerliche Beweggründe von anderen Beweggründen außerhalb des Steuerrechts überlagert werden oder ob die außerhalb des Steuerrechts liegenden Beweggründe immer speziell gesellschaftsrechtlich motiviert sein müssen. Zutreffend wird darauf hingewiesen, dass im Detail Unklarheiten verbleiben (*Mitschke* IStR 2018, 470).

einstweilen frei **64**

C. § 1 Abs. 1

I. Tatbestandsseite

1. Einkünfte eines Steuerpflichtigen

In persönlicher Hinsicht setzt § 1 Abs. 1 einen Steuerpflichtigen voraus. **65** Darunter sind sämtliche im Inland steuerpflichtige Personen zu verstehen. Dabei ist es unerheblich, ob es sich um beschränkt oder unbeschränkt steuerpflichtige natürliche Personen oder Körperschaften iSd § 1 KStG handelt. Demnach sind auch erweitert beschränkt Steuerpflichtige iSd § 2 vom Anwendungsbereich des § 1 betroffen. Nicht zu den Steuerpflichtigen iSd Vorschrift gehörten Personengesellschaften, nur die beteiligten Mitunternehmer. Durch das AmtshilfeRLUmsG vom 26.6.2013 wurde der Anwendungsbereich des § 1 für Veranlagungszeiträume ab 2013 (§ 21 Abs. 20 S. 1) jedoch fiktiv erweitert. So legt § 1 Abs. 1 S. 2 Hs. 1 fest, dass nun auch Personengesellschaften oder Mitunternehmerschaften Steuerpflichtige iSd § 1 sein können. Betroffen sind Personengesellschaften und Mitunternehmerschaften, die Einkünfte nach § 13, § 15 oder § 18 EStG erzielen, aber auch Personengesellschaften, die keine Mitunternehmerschaften sein können, weil sie zB ausschließlich Einkünfte nach § 21 EStG erzielen (vgl. BT-Drs. 17/13033 v. 10.4.2013, 83). Durch die Regelung werden Personengesellschaften und Mitunternehmerschaften für Zwecke des § 1 den Kapitalgesellschaften bei der Einkünfteermittlung gleichgestellt. Die Intention des Gesetzgebers, eine rechtsformneutrale Anwendung des § 1 bei Kapital- und Personengesellschaften zu realisieren, ist sachgerecht und nachvollziehbar (so auch *Ditz/Quilitzsch* DStR 2013, 1917; kritisch hingegen: *Adrian/Franz* BB 2013, 1879f.).

66 Als sachliches Tatbestandsmerkmal fordert § 1 Abs. 1 eine Minderung der Einkünfte. Eine Berichtigung kann also nur einseitig zu Lasten des Steuerpflichtigen wirken, weil aus fiskalpolitischen Gründen nur inländische Einkünfteminderungen erfasst werden (vgl. → Rz. 12; ebenso *Kaminski* RIW 2007, 601).

67 Für den Einkünftebegriff ist § 2 Abs. 1 EStG zugrunde zu legen. Unabhängig von der Form der Einkünfteermittlung werden daher sämtliche Einkunftsarten erfasst. Für beschränkt Steuerpflichtige sind die im Inland steuerpflichtigen Einkünfte iSd § 49 EStG heranzuziehen. Insbesondere Einkünfte einer inländischen Betriebsstätte eines ausländischen Unternehmens werden hier relevant sein.

68 Keine Anwendung kann § 1 finden, wenn kein Einkünfteerzielungstatbestand iSd § 2 Abs. 1 EStG vorliegt. Hieran mangelt es, wenn der Steuerpflichtige tatsächlich keine Absicht zur Erzielung von Einkünften hat (vgl. den Fall des zinslosen privaten Darlehens bei *FWBS* § 1 AStG Rz. 105), ein Fall der Liebhaberei vorliegt oder es sich schlicht um einen von § 2 EStG nicht erfassten Vorgang in der Privatsphäre des Steuerpflichtigen handelt. Dabei ist die fragliche Handlung nicht isoliert, sondern in ihrem wirtschaftlichen Kontext zu betrachten. So wird bei einem im betrieblichen Bereich gewährten unentgeltlichen Darlehen ein Einkünfteerzielungstatbestand regelmäßig vorliegen (*FWBS* § 1 AStG Rz. 106). Anwendung findet die Einkünftekorrektur dagegen bei steuerfreien Einkünften. Durch die Steuerfreiheit ergibt sich keine direkte steuerliche Konsequenz bei einer Erhöhung der Einkünfte; indirekt kann die Einkünfteerhöhung dennoch Auswirkungen auf die steuerliche Belastung haben. So führt eine Erhöhung des steuerfreien Veräußerungsgewinns nach § 8b Abs. 2 KStG bei Kapitalgesellschaften zu einer Erhöhung der nicht abzugsfähigen 5%igen Betriebsausgabe (§ 8b Abs. 3 KStG). Bei natürlichen Personen könnte sich eine steuerfreie Einkünftekorrektur evtl. im Progressionsvorbehalt (§ 32b Abs. 1 Nr. 3 EStG) niederschlagen.

69, 70 *einstweilen frei*

2. Geschäftsbeziehungen zum Ausland

71 Der Begriff der Geschäftsbeziehung war bei Einführung des AStG zunächst gesetzlich nicht definiert. Der von der Finanzverwaltung (vgl. Einführungsschreiben zum AStG, BStBl. I 1974, 442, Tz. 1.11) ausufernd ausgelegte Begriff der Geschäftsbeziehung zum Ausland wurde durch die Urteile des BFH (BFH v. 30.5.1990, I R 97/88, BStBl. II 1990, 875; BFH v. 29.11.2000, I R 85/99, BStBl. II 2002, 720, dazu Nichtanwendungserlass BMF v. 17.10.2002, BStBl. I 2002, 1025) durch eine am Wortlaut der Vorschrift orientierte engere

C. § 1 Abs. 1

Auslegung eingeschränkt. Durch Art. 17 Nr. 1 StÄndG 1992 (BGBl. 1992 I 297 = BStBl. I 1992, 146) wurde der Begriff im damaligen Abs. 4 gesetzlich definiert (vgl. → Rz. 805 ff.).

Im Zuge des Amtshilferichtlinienumsetzungsgesetzes vom 26.6.2013 (AmtshilfeRLUmsG v. 26.6.2013, BGBl. 2013 I 1809) und des am 22.12.2014 verkündeten Zollkodex-Anpassungsgesetzes (BGBl. 2014 I 2417) kam es zu einer Veränderung der Definition der Geschäftsbeziehung. So wird der Begriff der Geschäftsbeziehung nunmehr durch zwei Fallgruppen definiert. Gemäß § 1 Abs. 4 Nr. 1 handelt es sich bei Geschäftsbeziehungen zum einen um „einzelne oder mehrere zusammenhängende wirtschaftliche Vorgänge (Geschäftsvorfälle) zwischen einem Steuerpflichtigen und einer nahe stehenden Person, die Teil einer Tätigkeit des Steuerpflichtigen sind, auf die die §§ 13, 15, 18 oder 21 des Einkommensteuergesetzes anzuwenden sind oder anzuwenden wären, wenn sich der Geschäftsvorfall im Inland unter Beteiligung eines unbeschränkt Steuerpflichtigen und einer inländischen nahestehenden Person ereignet hätte" (Buchst. a) und „denen keine gesellschaftsvertragliche Vereinbarung zugrunde liegt" (Buchst. b). Durch die Neuregelung des § 1 Abs. 4 S. 1 Nr. 1 Buchst. b) 2. Hs. nF wird die Negativabgrenzung um folgenden Wortlaut ergänzt: „eine gesellschaftsvertragliche Vereinbarung ist eine Vereinbarung, die unmittelbar zu einer rechtlichen Änderung der Gesellschafterstellung führt". Zum anderen regelt § 1 Abs. 4 Nr. 2, dass auch Geschäftsvorfälle zwischen einem Unternehmen eines Steuerpflichtigen und seiner in einem anderen Staat gelegenen Betriebsstätte als Geschäftsbeziehungen iSd § 1 anzusehen sind (vgl. → Rz. 560 ff.).

Die Einkünfte müssen aus Geschäftsbeziehungen zum Ausland stammen. Der Begriff des Auslands kann im Rahmen des § 1 zum einen aus geographischer Sicht, zum anderen im Hinblick auf den vorrangigen Besteuerungszugriff beurteilt werden (Vögele Verrechnungspreise/*Vögele/Raab* Rz. A 200). Letzterer Interpretation ist der Vorrang zu geben (ebenso *FWBS* § 1 AStG Rz. 126), denn Zielsetzung des § 1 ist die Verhinderung von Einkünfteverlagerungen ins steuerliche Ausland. Dh ein mit einer Einkünfteminderung im Inland korrespondierender Vorteil muss außerhalb des Zugriffsbereiches des deutschen Fiskus anfallen. Anderenfalls sind die Tatbestandsvoraussetzungen des Abs. 1 nicht erfüllt.

Der BFH (BFH v. 28.4.2004, I R 5, 6/02, BStBl. II 2005, 516) stellte in seinem Urteil dabei ausschließlich auf die personale Beziehung zwischen dem inländischen Steuerpflichtigen und der nahe stehenden Person ab. Somit fehlt es am erforderlichen Auslandsbezug, wenn der korrespondierende Vermögensvorteil (in diesem Falle ein unverzinsliches Darlehen) bei der nahe stehenden Person im Inland anfällt. Dies gilt nach Auffassung des BFH selbst dann, wenn diese mit dem Darlehen eine ausländische Betriebsstätte finanziert, da der sachliche Bezug hier nicht von Bedeutung sei. Entscheidend ist somit letztlich, bei wem das Darlehen tatsächlich passiviert wird.

Aus Sicht der Finanzverwaltung hat dagegen eine funktionale Zuordnung anhand der Verwendung zu erfolgen, da Tatbestandsvoraussetzung des § 1 der sachliche Bezug zum Ausland und eben nicht zu einer ausländischen Person ist (dazu Nichtanwendungserlass BMF v. 22.7.2005, BStBl. I 2005, 818). Ansonsten müsste bei einer Umkehrung des Falls, dh bei Darlehensvergabe eines Inländers an eine nahe stehende Person im Ausland, die das Darlehen funktional ihrer deutschen Betriebsstätte zuordnet, ebenfalls § 1 zur Anwendung kommen. Eine Einkünftekorrektur bei einem solchen Sachverhalt würde allerdings dem Sinn des § 1, nämlich der Vermeidung der Verlagerung von Besteuerungssubstrat ins Ausland, widersprechen (*Andresen* IStR 2005, 124; *Strunk/Kaminski* IStR 2006, 142).

76 Unklar ist zudem, ob es hinsichtlich des Besteuerungszugriffs ausreichend ist, dass Deutschland das Besteuerungsrecht auch für ausländische Einkünfte zusteht. Dies kann dann Relevanz erlangen, wenn bspw. ein inländischer Steuerpflichtiger über eine ausländische Betriebsstätte Geschäftsbeziehungen mit nahe stehenden Personen unterhält. Sind die Einkünfte der Betriebsstätte nicht von der inländischen Besteuerung freigestellt, können sich im Ausland erfolgende Gewinnverlagerungen im Inland steuermindernd auswirken. Gleichwohl ist uE die Auffassung zu vertreten, dass eine Geschäftsbeziehung *im Ausland* und eben nicht *zum Ausland* vorliegt, so dass eine Korrektur der Einkünfte über § 1 nicht angezeigt ist (*FWBS* § 1 AStG Rz. 128).

77–79 *einstweilen frei*

3. Nahe stehende Person

80 Durch § 1 sollen Minderungen von Einkünften durch Gewinnverlagerungen bei grenzüberschreitenden Geschäftsbeziehungen berichtigt werden. Anlass für eine derartige Überprüfung besteht aufgrund eines natürlichen Interessengegensatzes nicht bei Geschäftsbeziehungen zwischen fremden Unternehmen. Der Anwendungsbereich erstreckt sich daher nur auf Geschäftsbeziehungen mit nahe stehenden Personen. Dieses „Nahestehen" wird in Abs. 2 durch eine abschließende Aufzählung definiert (vgl. → Rz. 167). Bei der nahe stehenden Person kann es sich dabei sowohl um natürliche als auch um juristische Personen handeln (vgl. → Rz. 162). Im Gegensatz zum Steuerpflichtigen ist allerdings keine persönliche Steuerpflicht im Inland notwendig.

81 § 1 Abs, 1 S. 2 2. Hs. regelt, dass neben Kapitalgesellschaften auch Personengesellschaften sowie Mitunternehmerschaften nahestehende Personen sein können, falls die Voraussetzungen des § 1 Abs. 2 erfüllt sind (so bereits BMF v. 23.2.1983, BStBl. I 1983, 218, Tz. 1.3.2.2).

82 *einstweilen frei*

4. Abweichungen vom Fremdvergleichsgrundsatz

a) Fremdvergleich als Maßstab der Ermittlung der Verrechnungspreise

83 § 1 Abs. 1 stellt für die Einkünfteberichtigung darauf ab, ob die Bedingungen, insbesondere die Verrechnungspreise, die der Steuerpflichtige für die entsprechende Transaktion mit ihm nahe stehenden Personen vereinbart hat, denen entsprechen, auf welche unabhängige Dritte sich unter gleichen oder vergleichbaren Verhältnissen geeinigt hätten (zur Transaktionsbezogenheit der Verrechnungspreismethoden von OECD und der VGr 1983 vgl. → Rz. 201 ff.). Wie in der Regierungsbegründung dargelegt, folgt § 1 dem im internationalen Steuerrecht für die Einkunftsabgrenzung allgemein anerkannten Grundsatz des **Fremdvergleichs,** dem sog. „dealing-at-arm's-length-Grundsatz" (vgl. Art. 9 Abs. 1 OECD-MA; Regierungsbegründung, BT-Drs. 6/2883, Tzn. 15 ff.; Vögele Verrechnungspreise/*Vögele/Raab* Rz. A 160; *FWBS* § 1 AStG Rz. 101). Die Kodifizierung des Verhaltens unabhängiger Dritter unter gleichen oder vergleichbaren Verhältnissen als Maßstab für die Einkünfteberichtigung ist das Kernstück des Regelungsbereichs des § 1.

Der Verteilungskampf der nationalen Fisci iVm national uneinheitlichen 84 Besteuerungspraktiken endet oftmals in unilateralen Verrechnungspreiskorrekturen und damit Doppelbesteuerungen. Um diesem Problem zu begegnen und um eine funktions- und risikogerechte Besteuerung der einzelnen Unternehmenseinheiten zu gewährleisten, einigte man sich im **OECD-Musterabkommen** auf den Fremdvergleichsgrundsatz (OECD-Leitlinien 2017 Einführung Tzn. 6f.; Art. 9 OECD-MA; vgl. *Becker* in Raupach Verrechnungspreissysteme multinationaler Unternehmen S. 59 f.; *Jacobs* Internationale Unternehmensbesteuerung S. 544 f.). Danach werden konzerninterne Verrechnungspreise daran gemessen, ob sie auch von unabhängigen Unternehmen in vergleichbaren (Markt-)Situationen so vereinbart worden wären (Art. 9 Abs. 1 OECD-MA). Art. 9 Abs. 1 OECD-MA fordert damit eine fiktive Unabhängigkeit der verbundenen Unternehmen (OECD-Leitlinien 2017 Tz. 1.6; *Wassermeyer* Art. 9 MA Rz. 127). Jedoch verhindert auch der Fremdvergleichsgrundsatz nicht immer eine etwaige Doppelbesteuerung, was va an seiner unterschiedlichen Konkretisierung auf nationaler Ebene liegt.

Art. 9 Abs. 1 OECD-MA bzw. die daran anknüpfenden Normen der 85 DBA regeln den Fremdvergleich lediglich abstrakt. Konkretisiert wird dieser durch die **OECD-Leitlinien 2017 für multinationale Unternehmen und Steuerverwaltungen.** Somit stellen die OECD-Leitlinien 2017 eine besondere Kommentierung zu Art. 9 OECD-MA dar. Kapitel I der OECD-Leitlinien 2017 bestätigt den Fremdvergleichsgrundsatz unter Bezugnahme auf Art. 9 Abs. 1 OECD-MA als den internationalen Standard, mit dem Verrechnungspreise zwischen verbundenen Unternehmen festgelegt werden (OECD-Leitlinien 2017 Tzn. 1.1, 1.6). Die OECD-Leitlinien 2017 Tzn. 1.33 ff. enthalten Grundregeln für die Anwendung des Fremdvergleichs, wobei die Bedingungen eines Geschäfts zwischen verbundenen Unternehmen mit den Bedingungen bei Geschäften zwischen voneinander unabhängigen Unternehmen verglichen werden. Welche Faktoren in den Vergleich einzubeziehen sind, ist Gegenstand der OECD-Leitlinien 2017 Tzn. 1.36 ff. Die OECD erkennt an, dass die Fälle zunehmen, in denen sich die Anwendung des Fremdvergleichsgrundsatzes schwierig und kompliziert gestaltet (OECD-Leitlinien 2017 Tz. 1.9). Dies betrifft va konzerninterne Transaktionen mit hoch spezialisierten Waren und Dienstleistungen oder auch immateriellen Wirtschaftsgütern.

Auf nationaler Ebene bestimmt Tz. 2.1.1 der **Verwaltungsgrundsätze** 86 **1983** (VGr 1983) den Fremdvergleichsgrundsatz als zentralen Maßstab der Einkünfteabgrenzung. Zwar verweisen die VGr 1983 weder auf ein DBA noch auf das OECD-MA, jedoch ist die Finanzverwaltung um eine dem Art. 9 Abs. 1 OECD-MA entsprechende Auslegung des „dealing-at-arm's-length-Grundsatzes" bemüht (*FWBS* § 1 AStG Rz. 101). So wird auf das Verhalten eines ordentlichen und gewissenhaften Geschäftsleiters bei der Durchführung des Fremdvergleichs abgestellt (VGr 1983 Tzn. 2.1.1 und 2.1.8;

vgl. → Rz. 132). Maßgebend sind die tatsächlichen Verhältnisse nach ihrem wirtschaftlichen Gehalt (VGr 1983 Tz. 2.1.2). Wie auch die OECD-Leitlinien 2017 bestimmen die VGr 1983, dass eine Funktions- und Risikoanalyse durchzuführen ist (VGr 1983 Tz. 2.1.3).

87 Eine konkrete Beschreibung des Fremdvergleichs können allerdings auch die VGr 1983 nicht liefern. Durch die ständigen Veränderungen der wirtschaftlichen Umwelt, auf der Fremdvergleich basiert, ist eine abschließende Erfassung aller denkbaren Fälle nicht möglich. Daraus ergibt sich, dass die VGr 1983 im Bereich der Erläuterung der zugrunde zu legenden ökonomischen Methoden auch für die Finanzverwaltung nicht bindend sein müssen. Insbesondere gilt dies für die VGr 1983 Tzn. 2.1.9, Bsp. 1, 3.1.2.1 und 3.4.1 (Vögele Verrechnungspreise/*Vögele/Raab* Rz. A 271 f.; *Höppner* StBp 1983, 121 ff.).

88 Die Arbeitsteilung im Konzernverbund selbst unterliegt – abgesehen von Missbrauchsfällen – der zivilrechtlichen Gestaltungsfreiheit und ist auch steuerrechtlich grundsätzlich nicht zu beanstanden (*Ritter* BB 1983, 1684). Auch konzernverbundenen Unternehmen steht es daher offen, den Geschäftspartner frei zu wählen. Gleiches trifft auch auf die Art der getroffenen Vereinbarung zu. Zur Disposition stehen vielmehr die innerhalb der vertraglichen Verhältnisse zwischen verbundenen Unternehmen vereinbarten Bedingungen, die dem Fremdvergleich entsprechen müssen. Denn wie sich eine Unternehmensgruppe an die Markterfordernisse strukturell anpasst, ist nach dem Maßstab des Fremdvergleichs bzw. dem des ordentlichen und gewissenhaften Geschäftsleiters nicht nachprüfbar (*Ritter* BB 1983, 1684). Somit sind entgegen dem Wortlaut von VGr 1983 Tz. 2.1.1 nicht die Geschäftsbeziehungen zwischen Nahestehenden steuerlich zu beurteilen, sondern in erster Linie Preise und sonstige Konditionen, welche für die Transaktion unter den auf die Geschäftsbeziehung einwirkenden Umständen abgerechnet wurden (*Ritter* BB 1983, 1684; Kroppen, Internationale Verrechnungspreise/*Becker* Anm. zu Tz. 2.1.1 VGr 1983). Es geht zentral um die Frage der Ermittlung angemessener Verrechnungspreise zur Bewertung von Leistungsbeziehungen zwischen rechtlich selbständigen Einheiten. Ziel ist die Verhinderung von Gewinnverlagerungen innerhalb der wirtschaftlichen Einheit, die allein den Zweck der Ausnutzung des internationalen Steuergefälles verfolgen.

89 Der Fremdvergleich dient also der möglichst korrekten Einkunftsabgrenzung. Rechtsgrundlage ist der **Veranlassungsgrundsatz** (*Wassermeyer* FS Offerhaus 406 f.; *ders.* in StBJB 1998/99, 161). Ziel ist es, durch das Gesellschaftsverhältnis veranlasste Verschiebungen von Steuersubstrat zu verhindern, indem Beziehungen zwischen verbundenen Unternehmen mit fremdüblichen Vereinbarungen verglichen werden. Bei der Wahl der getroffenen Gestaltungen ist aufgrund der nur bedingten Objektivierbarkeit der Voraussetzungen ein gewisser Spielraum kaufmännischen Ermessens zu berücksichtigen (BFH v. 10.1.1973, IR 119/70, BStBl. II 1973, 322).

90 Da der Fremdvergleich die Konditionen zugrunde legt, die fremde Dritte vereinbart hätten, sind neben dem Entgelt viele weitere Merkmale zu prüfen (nicht abschließende Aufzählung, vgl. auch *FWBS* § 1 AStG Rz. 195 ff.). Der BFH stellt in seinen Entscheidungen im Wesentlichen auf folgende Kriterien ab:

- **Angemessenheit** des Entgelts (BFH v. 10.7.1996, I R 108–109/95, BStBl. II 1997, 230),
- **Üblichkeit** einer bestimmten Vereinbarung (BFH v. 13.7.1994, I R 43/94, BFH/NV 1995, 548; BFH v. 16.12.1992, I R 2/92, BStBl. II 1993, 455; BFH v. 17.2.1993, I R 3/92, BStBl. II 1993, 457),
- **Ernsthaftigkeit** der Vereinbarung (BFH v. 13.11.1996, I R 53/95, BFH/NV 1997, 622; BFH-Beschl. v. 31.5.1995, I S 2/95, BFH/NV 1996, 178; BFH v. 6.12.1995, I R 88/94, BStBl. II 1996, 383),
- **Vorhandensein** klarer, von vornherein abgeschlossener, rechtswirksamer und tatsächlich vollzogener Vereinbarungen (BFH v. 17.5.1995, I R 147/93, BStBl. II 1996, 204).

IdR wird die Frage der Üblichkeit und der Ernstlichkeit der Vereinbarung vorrangig zu prüfen sein. Bei Unüblichkeit oder mangelnder Ernstlichkeit kann aber nicht per se von einer Abweichung vom Fremdvergleichsmaßstab ausgegangen werden. Vielmehr besteht eine, durch den Steuerpflichtigen widerlegbare, Vermutung, dass die Bedingungen nicht dem Fremdvergleich entsprechen.

Um überhaupt von Verrechnungspreisen sprechen zu können, muss eine **Verrechenbarkeit** der transferierten Güter gegeben sein. Nicht verrechenbar sind Leistungsbeziehungen, die ihren Rechtsgrund in gesellschaftsrechtlichen Beziehungen oder in anderen Verhältnissen haben, die die Verflechtung begründen (vgl. auch VGr 1983 Tz. 6.1). In Betracht kommen dabei insbesondere verwaltungsbezogene Leistungen im Konzern. Derartige Leistungen werden idR Außenstehenden nicht angeboten, insoweit kann die Vergleichbarkeit der Bedingungen und der Vereinbarung auch nicht gegeben sein.

einstweilen frei

b) Merkmale des Fremdvergleichs

Der Begriff des Fremdvergleichs beinhaltet grundsätzlich zwei dominante Merkmale: die Unabhängigkeit bzw. „Fremdheit" der Geschäftspartner und die Vergleichbarkeit der Verhältnisse (Mössner Steuerrecht/*Baumhoff* Rz. 3.78). Für die Anwendung des Fremdvergleichs wurde das erste Merkmal, die Unabhängigkeit der Geschäftspartner, vom Gesetzgeber im Rahmen der Unternehmensteuerreform 2008 um die Kenntnis aller wesentlichen Umstände der Geschäftsbeziehung und das Handeln nach den Grundsätzen ordentlicher und gewissenhafter Geschäftsleiter ergänzt (§ 1 Abs. 1 S. 3).

aa) Unabhängigkeit der Geschäftspartner. Hinsichtlich der Unabhängigkeit zwischen dem Steuerpflichtigen und dessen Geschäftspartner ist zwischen tatsächlicher und fiktiver Unabhängigkeit zu unterscheiden. Daraus ergibt sich dann die Art des anzustellenden Fremdvergleichs (vgl. → Rz. 215 f.); bei der Anwendung der Methoden (vgl. → Rz. 207) ergeben sich ebenfalls Unterschiede. Im Hinblick auf die Art des vorzunehmenden Fremdvergleichs ist einer Geschäftsbeziehung zu einem tatsächlich unabhängigen Dritten der Vorzug einzuräumen, insoweit bedarf es eines Rückgriffs auf einen fiktiv unabhängigen Dritten nicht.

Der Begriff des unabhängigen Dritten ist weder in den Verwaltungsrichtlinien noch in gesetzlichen Normen definiert. Ein Rückgriff auf den Terminus der nahe stehenden Person als Gegenstück verbietet sich allerdings, da die verwendeten Begriffe unterschiedlichen Zwecken dienen (Vögele Verrechnungspreise/*Vögele/Raab* Rz. A 204 f.). Von unabhängigen Dritten kann für Zwecke des Fremdvergleichs nur dann ausgegangen werden, wenn keine der beiden Vertragsparteien in der Lage ist, auf die Geschäftsführung der anderen Vertragspartei einzuwirken, wenn also ein Einfluss über die Geschäftsbeziehung hinaus nicht möglich ist (*FWBS* § 1 AStG Rz. 310; Kroppen, Internationale Verrechnungspreise/*Becker* Anm. zu Tz. 1.3.2.6 VGr 1983; vgl. → Rz. 188). Derartige Voraussetzungen können sowohl zwischen dem Steuerpflichtigen und Dritten, zwischen mit dem Steuerpflichtigen verbundenen Unternehmen und Dritten oder bei Geschäftsbeziehungen konzernexterner Unternehmen untereinander vorliegen. Dabei bleibt zu beachten, dass aufgrund besonderer Marktsituationen eine der beiden Parteien die Geschäftsbedingungen zwar durchaus diktieren kann, ein weitergehender Einfluss aber dennoch nicht vorliegt.

103 Liegen Geschäfte mit unabhängigen Dritten nicht vor, kann dem Fremdvergleich ersatzweise eine fiktive Unabhängigkeit zugrunde gelegt werden. Es erfolgt quasi eine gedankliche Herauslösung des Unternehmens aus dem Konzernverbund, dh es müssen alle auf konzerninternen Verflechtungen beruhenden Verzerrungen in der Gestaltung der vertraglichen Beziehungen eliminiert werden. Dazu zählen sowohl passive als auch aktive Konzerneffekte. Passive Konzerneffekte resultieren allein aus der Zugehörigkeit zum Konzern und schlagen sich in Kreditwürdigkeit, Risikostreuung, Einkaufs- und Absatzmöglichkeiten etc. nieder (Mössner Steuerrecht/*Baumhoff* Rz. 3.75). Sie werden meist unter der Bezeichnung „Rückhalt im Konzern" zusammengefasst (VGr 1983 Tz. 6.3.2). Aktive Konzerneffekte sind alle Eingriffe durch konzernverbundene Unternehmen in die Betriebsabläufe (Mössner Steuerrecht/*Baumhoff* Rz. 3.75). Solche Eingriffe erfolgen regelmäßig durch die Spitzeneinheit; sie können aber auf allen Ebenen der Unternehmensorganisation vorgenommen werden. Die Eliminierung aller Konzerneffekte ist allerdings nicht frei von Bedenken (Mössner Steuerrecht/*Baumhoff* Rz. 3.75), da letztlich kein reales, sondern ein fiktives Einkommen angesetzt wird. Es ist aber gerade Zielsetzung des Fremdvergleichs, Verbundeffekte zu eliminieren. Trotz der durchaus vorhandenen Schwächen würde durch die Vernachlässigung von Konzerneffekten das eigentliche Ziel des Fremdvergleichs ausgehebelt. Insoweit stellt sich indes die Frage, inwieweit die betreffenden Leistungen möglicherweise verrechenbar sind.

104, 105 *einstweilen frei*

106 bb) **Vergleichbarkeit der Verhältnisse.** Wesentlicher Bestandteil des Fremdvergleichsgrundsatzes in § 1 Abs. 1 ist, dass die in die Vergleichbarkeitsanalyse einbezogenen Drittgeschäfte unter gleichen oder zumindest vergleichbaren Verhältnissen vollzogen wurden. Eine Vergleichbarkeit ist dann gegeben, wenn keiner der Unterschiede in den als relevant beurteilten Gegebenheiten die methodisch untersuchte Bedingung (Preis, Gewinnmarge) wesentlich beeinflussen kann, wobei die Vergleichbarkeit auch erst durch entsprechende Anpassungsrechnungen hergestellt worden sein kann (OECD-Leitlinien 2017 Tzn. 1.33 ff.). Die erforderliche Analyse der Verhältnisse beruht grundsätzlich auf der jeweiligen Transaktion zwischen den nahe stehenden Personen (VGr 1983 Tz. 2.1.2). Dabei ist zu berücksichtigen, dass der Ähnlichkeit der Eigenschaften bei Warenlieferungen oder erbrachten Dienstleistungen bei einem Preisvergleich eine größere Bedeutung zukommt als bei einem Vergleich der Gewinnspannen (OECD-Leitlinien 2017 Tz. 1.38). Grundsätzlich ist bei der Auswahl der relevanten Transaktionscharakteristika das praktische Urteilsvermögen des Steuerpflichtigen gefordert.

Zunächst sind Art (bei immateriellen Wirtschaftsgütern zB Patent, Marke, Know-How), Beschaffenheit, Qualität und Zuverlässigkeit des der Transaktion zugrunde liegenden Gutes zu untersuchen (OECD-Leitlinien 2017 Tz. 1.107). Dies betrifft neben physischen Eigenschaften auch zB den Innovationsgehalt. Insbesondere ist die Involvierung immaterieller Wirtschaftsgüter zu prüfen, wie gewerblicher Schutzrechte, Geschmacksmusterrechte, Urheberrechte, nicht geschützte Erfindungen, sonstige die Technik bereichernde Leistungen, Sortenschutzrechte, Geschäfts- oder Betriebsgeheimnisse usw. (VGr 1983 Tz. 3.1.2.3). Auch Beistellungen oder Nebenleistungen können sich auf das Entgelt auswirken (VGr 1983 Tz. 3.1.2.2). Des Weiteren können Verfügbarkeit und Liefermenge eine Rolle spielen, bei immateriellen Vermögenswerten auch die Dauer und der Grad des Schutzes sowie die geplanten Erträge aus ihrer Verwendung. Preiswirksame Liefer- und Zahlungsbedingungen bestehen va in der Gewährung von Rabatten, Boni oder Skonti. Auch Unterschiede in den Incoterms sind zu berücksichtigen (zB cif, fob). Anpassungsrechnungen können sich weiterhin auf Haftungsverhältnisse und Gefahrentragung, Kulanzleistungen sowie Zahlungsziele und Arten der Kundenfinanzierung beziehen (VGr 1983 Tz. 3.1.2.1 Nr. 4). **107**

Die VGr 1983 stellen für die Einkunftsabgrenzung in Tz. 2.1.3 ausdrücklich auf die **Funktions- und Risikoverteilung** zwischen den nahe stehenden Unternehmen ab. Diese ergibt sich zunächst aus der rechtlichen und operativen Struktur, der Organisation, Aufgabenteilung sowie der Zurechnung von Wirtschaftsgütern innerhalb der Nahestehensbeziehung. Weiterhin muss untersucht werden, welche Funktionen die einzelnen Parteien erfüllen (zB Herstellung, Montage, Forschung und Entwicklung, Design, Transport, Service, verwaltungsbezogene Leistungen wie Einkauf, Vertrieb, Marketing, Werbung, Finanzierung und Management). Hierbei sind die wichtigsten Funktionen der geprüften Parteien festzustellen. Nicht die Anzahl der ausgeübten Funktionen ist entscheidend, sondern ihre wirtschaftliche Bedeutung für die Geschäftsparteien (VGr 1983 Tz. 2.1.2; OECD-Leitlinien 2017 Tz. 1.43). Nicht zuletzt spielt die Eigenschaft, in der die Parteien diese Funktionen erfüllen, eine Rolle (zB als Eigenhändler, Agent oder als gleichgeordneter Teilnehmer bzw. Handlungsbeauftragter eines Pools; VGr 1983 Tz. 2.1.3; OECD-Leitlinien 2017 Tz. 1.36). OECD-Leitlinien 2017 Tz. 1.54 verweist auf die Bedeutung von Art, Einsatz und Beschaffenheit der eingesetzten Wirtschaftsgüter für die Funktionsanalyse, wobei dies aber nicht als einziges Merkmal der Analyse anzusehen ist (zum Rechtsstand der OECD-Leitlinien 2010 vgl. Kroppen, Internationale Verrechnungspreise/*Becker* Anm. zu Tz. 1.44 OECD-RL 2010). Je umfangreicher die von einer Konzerngesellschaft aufgrund der vorgenannten Umstände übernommenen Funktionen und Risiken sind, desto höher fällt der ihr zuzuordnende Absatzpreis, Gewinnaufschlag oder Gewinnanteil aus. **108**

Dass dies in der Praxis keine Allgemeingültigkeit besitzt, wird auch durch die OECD-Leitlinien anerkannt (OECD-Leitlinien 2017 Tz. 1.56). Als problematisch erweist sich zudem, trotz verfügbarer Instrumente, immer noch deren exakte Quantifizierung (*Vögele/Borck* IStR 2002, 176).

109 Die ausgeübten Funktionen bestimmen bis zu einem gewissen Grad auch die Risikoaufteilung (ausführlich dazu OECD-Leitlinien 2017 Abschnitt 1D). Preisrelevante **Risiken** sind insbesondere folgende (OECD-Leitlinien 2017 Tz. 1.72; *Vögele/Borck* IStR 2002, 176; Vögele Verrechnungspreise/*Vögele/Raab* Rz. E 139 ff.):

– **Marktrisiken**
 – Schwankungen von (Produktions-)Kosten, Inputpreisen oder Lagerhaltung (insbesondere bei hohen Fixkosten können derartige Variationen dazu führen, dass Gewinne trotz fester Bruttomargen stark nach oben oder unten schwanken)
 – Schwankungen der Nachfrage (zB durch den Wegfall eines Großabnehmers)
 – Schwankungen der Absatzpreise (zB durch Dumpingpreise von Wettbewerbern)
 – Auftreten neuartiger Konkurrenzprodukte
– **Verlust- und Geschäftsrisiken**
 – Risiken des Erfolgs oder Misserfolgs bei Investitionen in Forschung und Entwicklung (forschungsintensive Industrien können überdurchschnittlich hohe Gewinne erwarten, die jedoch ggf. stark schwanken)
 – Risiken aufgrund von Investitionen in Vermögen, Maschinen und Einrichtungen
– **Gewährleistungsrisiken**
 – durch Produkthaftung und Garantiezusagen
– **Finanzielle Risiken**
 – Wechselkurs- und Zinsänderungsrisiko
 – Forderungsausfallrisiko
 – Kreditausfallrisiko, das bei Banken und einander nahe stehenden Unternehmen in anderen Sektoren besteht, welche untereinander Kredite vergeben.

110 Eine einseitige Risikoverteilung zulasten des deutschen Unternehmens ohne finanziellen Ausgleich wird die deutsche Finanzverwaltung kaum akzeptieren, sofern mit diesen Risiken gerechnet werden muss. Wie am freien Markt muss erhöhtes Risiko über einen erhöhten Ertrag wettgemacht werden (OECD-Leitlinien 2017 Tz. 1.56). So wird idR über den Lieferpreis eine Kompensation geschaffen. Bspw. müsste sich ein deutscher Lieferant bei Lieferungen in Weichwährungsländer gegen Faktura in Landeswährung das Wechselkursrisiko durch einen entsprechend höheren Preis vergüten lassen. Nimmt ein Steuerpflichtiger seine **Vertriebsfunktionen** zB in der Eigenschaft als Eigenhändler wahr, so trägt er ua durch den Einsatz eigener Mittel für Vermarktung und Werbung ein höheres Risiko als ein Handelsvertreter, der dafür einen Kostenersatz bzw. eine Entschädigung von der nahe stehenden Person erhält (OECD-Leitlinien 2017 Tz. 1.74). Ähnlich wie Handelsvertreter haben auch auftragsbezogen **forschende oder produzierende** (Stichwort: verlängerte Werkbank) Unternehmen, die somit kein bedeutendes Risiko eingehen, nur einen Anspruch auf ein beschränktes Entgelt im Vergleich zu Unternehmen, die in eigener Verantwortung und auf eigenes Risiko forschen oder produzieren (OECD-Leitlinien 2017 Tz. 1.75). Somit kann funktionslosen Unternehmen kein Leistungsentgelt zugestanden werden. Funktionsschwachen Unternehmen kann nur die tatsächlich erbrachte wirtschaftliche Leistung vergütet werden, und zwar idR mit einem kostenorientierten Entgelt (VGr 1983 Tz. 2.1.3). Vergütet werden muss die tatsächliche Tätigkeit bzw. deren wirtschaftlicher Gehalt (vgl. VGr 1983 Tz. 2.1.2). Ein Vertriebsunternehmen, das laut Distributionsvertrag die Funktionen eines Handelsvertreters wahrnehmen soll, in Wirklichkeit aber das Absatzrisiko trägt, muss also – entgegen der vertraglichen Absprache – auch wie ein Eigenhändler vergütet werden.

Ein wesentlicher Bestandteil des Fremdvergleichs sind auch die Verhältnisse auf den Märkten, auf denen der Steuerpflichtige und die Vergleichsunternehmen agieren. Selbst bei grundsätzlich gleicher Funktion und identischen Lieferbedingungen kann es bei gleicher Ware auf verschiedenen Märkten zu Preisunterschieden kommen (in GKG/*Rasche* Art. 9 OECD-MA Rz. 94; Wassermeyer/*Sieker* MA Art. 9 Rz. 192; *FWBS* § 1 AStG Anm. 303). Bei der Untersuchung der **Marktverhältnisse** ist der Markt ausschlaggebend, auf dem Fremde ihre Geschäftsbedingungen aushandeln würden (VGr 1983 Tz. 2.1.5;). Elemente der Marktvergleichbarkeit sind neben der geographischen Lage die Größe der Märkte, dh die Angebots- und Nachfragemenge auf dem Markt insgesamt und ggf. in bestimmten Regionen sowie die Kaufkraft der Konsumenten. Auch die Verfügbarkeit und Kosten der Produktionsfaktoren spielen eine Rolle. Als rechtliche Merkmale sind zB Unterschiede in der Besteuerung und im Vertragsrecht zu berücksichtigen. In politischer Hinsicht sind Art und Umfang staatlicher Marktregulierung, va in Bezug auf Absatz-, Beschaffungs- und Finanzmärkte, in die Analyse einzubeziehen. Ebenso ist die politische und wirtschaftliche Stabilität von Bedeutung (vgl. auch OECD-Leitlinien 2017 Tz. 1.110). 111

Besondere Merkmale der Marktverhältnisse leiten sich aus der individuellen und marktüblichen **Wettbewerbssituation** des analysierten und der vergleichbaren Unternehmen ab. Diese wird durch die Wettbewerbsintensität bzw. die jeweilige Wettbewerbsposition der Käufer und Verkäufer sowie durch Substitutionsmöglichkeiten in Bezug auf die untersuchten Waren und Dienstleistungen determiniert. So kann zB ein Einkaufsunternehmen, das auf seinem relevanten Markt ein Nachfragemonopol besitzt, wesentlich geringere Einkaufspreise durchsetzen als bspw. ein Einkäufer, der sich in einer Oligopolsituation befindet. Allerdings sind dabei auch Kaufkraft und -neigung zu berücksichtigen (vgl. OECD-Leitlinien 2017 Tzn. 110 ff.). Eine besondere Wettbewerbssituation liegt ua vor bei abgeschlossenen Sondermärkten mit abweichender Preisbildung oder aufgrund unternehmensindividueller Preisabschläge während der Marktpenetrationsphase. Das Vorliegen bzw. Fehlen eines ansonsten bestehenden Patentschutzes ist ebenfalls zu untersuchen. Nicht zuletzt können wirtschaftspolitische Maßnahmen die Vergleichbarkeit der Marktbedingungen erheblich beeinflussen. Zu denken ist an Maßnahmen wie Preis- und Währungsregulierung, Subventionierung oder auch Anti-Dumping, Ein- und Ausfuhrbeschränkungen etc. (OECD-Leitlinien 2017 Tz. 1.132). So können zB Preise, die aufgrund staatlicher Höchstpreisgrenzen 112 zustande kommen, nicht ohne entsprechende Anpassungsrechnungen zum Fremdvergleich herangezogen werden, sofern dies überhaupt möglich ist.

113 Die verfolgte Unternehmens- bzw. **Geschäftsstrategie** hat uU erheblichen Einfluss auf die Vergleichbarkeit der Transaktionen und kann daher steuerlich zu berücksichtigen sein (OECD-Leitlinien 2017 Tz. 1.114; GKG/*Rasch* Art. 9 OECD-MA Rz. 95). Zu denken ist insbesondere an den Diversifikationsgrad und an die Risikostrategie. So muss zwischen Unternehmen unterschieden werden, die sich innovativ der Entwicklung neuer Produkte widmen und denen, die eine eher konservative Angebotspalette bereithalten oder als Nachahmer einzuordnen sind (OECD-Leitlinien 2017 Tzn. 1.114 ff.). Dies wird etwa für Verrechnungspreisanalysen, die die Pharmabranche betreffen, relevant sein. Aber auch bestimmte Wettbewerbsaktivitäten, wie etwa zur Markterschließung, können Einfluss auf die (Verrechnungs-)Preisfestlegung haben. Ein Unternehmen, das versucht, auf einem Markt Fuß zu fassen oder seinen Marktanteil auszuweiten bzw. zu verteidigen, kann vorübergehend höhere Kosten zu tragen haben, zB durch Anlaufkosten oder verstärktes Marketing. Auf der anderen Seite können auch geringere Absatzpreise die Folge sein. Insgesamt kommt es dann zu Gewinnen, die niedriger ausfallen als jene, die vergleichbare Unternehmen auf demselben Markt erzielen (OECD-Leitlinien 2017 Tz. 1.115.

114 Macht der Steuerpflichtige allerdings eine besondere Geschäftsstrategie geltend, so muss er sich auf eine besonders genaue Prüfung durch die Finanzverwaltung einstellen. Schließlich sollen Fälle verhindert werden, in denen das Unternehmen die angegebene Strategie in Wirklichkeit gar nicht verfolgt und eine erneute Prüfung nach Jahren eventuell rechtlich nicht mehr zulässig ist (OECD-Leitlinien 2017 Tz. 1.116). Das Scheitern einer Geschäftsstrategie allein ist jedoch kein ausreichender Grund für die Finanzverwaltung, die Strategie nicht anzuerkennen (OECD-Leitlinien 2017 Tz. 1.118. Entscheidend ist, dass die Strategie zu Beginn ihrer Durchführung plausible Erfolgsaussichten aufweist (*Werra* IStR 1995, 459). Allerdings muss der Zeitraum, über den eine bestimmte Strategie (zB Niedrigpreisstrategie) verfolgt wird, dem Fremdvergleichsgrundsatz entsprechen. Wird diese Strategie trotz Erfolglosigkeit über einen längeren Zeitraum beibehalten, sind Zweifel am Vorbringen des Steuerpflichtigen gerechtfertigt (OECD-Leitlinien 2017 Tz. 1.118). Der BFH stellt in seinem Urt. v. 17.2.1993, I R 3/92, BStBl. II 1993, 457 fest, dass eine Verlustphase drei Jahre nicht überschreiten sollte. Eine derartige Limitierung kann nur als zu starr und der wirtschaftlichen Realität nicht angemessen beurteilt werden (*Baumhoff/Sieker* IStR 1995, 521; *Schreiber* IStR 1994, 317). Besser sollte diese Frage einzelfallbezogen entschieden werden, wobei vor allem auf die Marktsituation und auf die geschäftlichen Beziehungen zwischen Vertriebsunternehmen und nahe stehender Person abzustellen ist (*Baumhoff/Sieker* IStR 1995, 521). Allgemein gesprochen kommt es für den Zeitrahmen, nach welchem die vorübergehend ungewöhnlichen Maßnahmen aufgrund der Geschäftsstrategie beendet sein müssen, zum einen darauf an, inwieweit von der betreffenden Strategie realistischerweise erwartet werden kann, dass sie sich innerhalb absehbarer Zeit als rentabel erweist und zum anderen, ob einzelne fremde Unternehmen unter diesen wirtschaftlichen Umständen und Wettbewerbsbedingungen über einen ähnlichen Zeitraum zu einem derartigen Rentabilitätsopfer bereit gewesen wären (OECD-Leitlinien 2017 Tz. 1.118). Darüber hinaus kann ein Konzern es steuerlich über einen gewissen Zeitraum geltend machen, unrentable Gesellschaften in einem bestimmten Land operieren zu lassen, um dort aus strategischen Gründen weiterhin präsent zu sein. Erforderlich ist aber die Erkennbarkeit, dass die Strategie durch den Konzern allgemein verfolgt wird und sich nicht ausschließlich aus steuerlichen Gründen auf bestimmte Konzerngesellschaften beschränkt.

Erweist sich die Geschäftsstrategie auch nach Ablauf eines „angemessenen" Zeitrahmens als (noch) nicht rentabel, so kann dies weder Beweis noch Indiz für Gewinnverlagerungen sein (*Baumhoff/Sieker* IStR 1995, 521; *Sieker* BB 1993, 2425). Entscheidend ist ausschließlich, ob die verfolgte Strategie bei einer ex-ante-Betrachtung langfristig geeignet ist, Gewinne zu erwirtschaften (*FWBS* § 1 AStG Rz. 240). Aus diesem Blickwinkel heraus muss sich der Steuerpflichtige auf einen erhöhten Dokumentations- und Nachweisaufwand vorbereiten, da ansonsten Strafschätzungen nach § 162 Abs. 3 AO drohen (vgl. → Rz. 722). Dies führt faktisch zu einer Umkehr der Beweislast zu Lasten des Steuerpflichtigen (*Schreiber* IStR 1994, 316; *Baumhoff/Ditz/Greinert* DStR 2004, 157; *Moebus* BB 2003, 1413; damals noch aA *Baumhoff/Sieker* IStR 1995, 521). Allerdings kann nicht jede Art von Strategie steuerlich geltend gemacht werden. So stellt OECD-Leitlinien 2017 Tz. 1.117 darauf ab, ob es sich um Konzernstrategien handelt oder um Strategien, die von einem selbstständig agierenden Gliedunternehmen des Konzerns entwickelt worden sind. Letztere haben die Eigeninteressen des Gliedunternehmens gegenüber Konzerninteressen ebenso zu wahren wie gegenüber fremden Dritten und halten einer Vergleichsanalyse daher eher stand. Konzernstrategien bedürfen dagegen einer genaueren Dokumentation zu ihrer Anerkennung.

Bezüglich der Frage nach der Verteilung der Kosten aus der Geschäftsstrategie auf den Steuerpflichtigen und die ihm nahe stehende Person sind die ausgeübte Funktion, das getragene wirtschaftliche Risiko und natürlich die Verteilung des Nutzens aus der Strategie mit Hinblick auf zu erwartende wirtschaftliche Vorteile zu untersuchen. Eine Beteiligung anderer Konzernunternehmen an den Markterschließungsaktivitäten einer Konzernvertriebsgesellschaft ist zB dann zwingend, wenn sich dadurch der Lieferumfang einer Konzernproduktionsgesellschaft erhöht oder die Lizenzeinnahmen einer Konzern-Lizenz- bzw. Patentverwaltungsgesellschaft oder auch die Fertigungslizenzeinnahmen einer Konzernforschungsgesellschaft steigen (*Baumhoff/Sieker* IStR 1995, 520). Dabei kann das Vertriebsunternehmen – dem Fremdvergleichsgrundsatz folgend – nur insoweit mit Markterschließungskosten belastet werden, als ihm aus der Geschäftsverbindung noch ein angemessener Betriebsgewinn verbleibt (VGr 1983 Tz. 3.4.1; BFH v. 17.2.1993, I R 3/92, BStBl. II 1993, 457). Eine Beteiligung der nahe stehenden Person an den Kosten kann in der Weise erfolgen, dass die herstellende Gesellschaft durch reduzierte Lieferpreise (Verrechnungspreise) oder durch Zuschüsse die insbesondere aufgrund hoher Markterschließungskosten entstandene Verlustsituation des Vertreibers beseitigt oder überkompensiert (*Baumhoff/Sieker* IStR 1995, 520). Das Vertriebsunternehmen hat die Verluste aufgrund von Markterschließungsaktivitäten dann nicht zu tragen, wenn die Kosten branchenüblich vom Hersteller oder Lieferanten getragen werden. Dies ist bspw. dann der Fall, wenn die herstellende Gesellschaft als Warenzeicheninhaber den Aufbau ihres Warenzeichens auf dem betreffenden Markt fördern will (*Baumhoff/Sieker* IStR 1995, 520).

117 Sofern die Auswirkungen der besonderen wirtschaftlichen oder politischen Situation, Geschäftsstrategie, Risikoneigung, Lieferbedingungen etc. des Vergleichsunternehmens durch **Anpassungsrechnungen** (vgl. dazu *Dawid/Dorner* IWB Fach 10 Gr. 2, 1549 ff.) eliminiert werden können, sind die angepassten Fremdvergleichspreise heranzuziehen (VGr 1983 Tz. 2.1.7, 2.2.2 und OECD-Leitlinien 2017 Tz. 1.33). Aufgrund der vielfältigen Faktoren, welche die Vergleichbarkeit ausmachen, sind Abweichungen die Regel bzw. das Auftreten eines absolut identischen Geschäftsvorfalls im Vergleich unabhängiger Unternehmen zu verbundenen Unternehmen faktisch auszuschließen.

118 Die Verhältnisse müssen für die Durchführung des Fremdvergleichs nur hinreichend vergleichbar sein (OECD-Leitlinien 2017 Tz. 1.33); somit können geringfügige Abweichungen unberücksichtigt bleiben **(direkte Vergleichbarkeit).** Geringfügigkeit ist gegeben, wenn keiner der festgestellten Unterschiede den mit der anzuwendenden Preismethode ermittelten Preis maßgeblich beeinflussen kann (OECD-Leitlinien 2017 Tz. 1.33). Hier besteht ein gewisser Spielraum, wobei sich der Begriff der Maßgeblichkeit danach bestimmt, was unabhängige Unternehmen als maßgeblich ansehen würden (GKG/*Rasch* Art. 9 OECD-MA Rz. 94).

119 Sind die Verhältnisse nicht „hinreichend" vergleichbar, so sind zunächst Anpassungsrechnungen vorzunehmen **(indirekte Vergleichbarkeit),** um die Anwendbarkeit der von der OECD und der deutschen Finanzverwaltung bevorzugten transaktionsbezogenen Standardmethoden (vgl. → Rz. 200 f.) und insbesondere der Preisvergleichsmethode zu gewährleisten (vgl. → Rz. 220 ff.). In Bezug auf unterschiedliche Lieferbedingungen kann eine Vergleichbarkeit schon dadurch hergestellt werden, dass ein cif-Preis in einen fob-Preis umgerechnet wird und umgekehrt. VGr 1983 Tz. 2.1.7 nennt weiterhin die branchenübliche Umrechnung von Marktpreisen für Waren einer Standardqualität auf Warenqualitäten, für die ein besonderer Marktpreis nicht besteht sowie die Berücksichtigung von Mengenrabatten. Im Allgemeinen gestaltet sich die Quantifizierung von entsprechenden Zu- oder Abschlägen jedoch als äußerst problematisch, weswegen häufig unterschiedliche Auffassungen zwischen Steuerpflichtigen und Finanzverwaltung auftreten (Vögele Verrechnungspreise/*Borstell* Rz. C 15). Ist eine Eliminierung der wesentlich abweichenden Umstände beim Vergleichsunternehmen nicht möglich und somit keine Vergleichbarkeit gegeben, so ist ein hypothetischer Fremdvergleich nach § 1 Abs. 3 S. 5 durchzuführen (vgl. → Rz. 292 ff.).

120–124 *einstweilen frei*

125 **cc) Kenntnis aller wesentlichen Umstände.** Der Gesetzgeber verlangt seit der Unternehmensteuerreform 2008 in § 1 Abs. 1 S. 3, dass bei der Anwendung des Fremdvergleichsgrundsatzes von der Kenntnis aller wesentlichen Umstände der Geschäftsbeziehung durch die unabhängigen Dritten auszugehen ist. Dadurch sollen willkürliche Ergebnisse vermieden werden, die auf einem unter irregulären Verhältnissen zustande gekommenen Fremdvergleich beruhen (BT-Drs. 16/4841, 85). Dabei wird verkannt, dass voneinander unabhängige Vertragspartner eben nicht Kenntnis aller wesentlichen Informationen haben (ua *Wulf* DB 2007, 2281), sondern nur der ihnen – aus welchen Quellen auch immer – verfügbaren. In VGr 1983 Tz. 2.1.1.8 heißt es für den ordentlichen Geschäftsleiter, dass dieser „aus den verfügbaren oder ihm zugänglichen Daten den Verrechnungspreis ableiten" wird. Entsprechendes müsste für die unabhängigen Dritten gelten, weil auch für sie der Maßstab des ordentlichen und gewissenhaften Geschäftsleiters anzuwenden ist (vgl. → Rz. 132). In der Praxis häufig vorkommende Informationsasymmetrien sollten daher akzeptiert werden.

Die wesentlichen Umstände der Geschäftsbeziehung können sich zum einen auf die Transaktion selbst beziehen, wozu Daten über die Beschaffenheit der veräußerten Ware oder der durchgeführten Dienstleistung gehören. Allerdings werden gerade bei schwer bewertbaren immateriellen Wirtschaftsgütern die wesentlichen Informationen nicht schon zum Zeitpunkt der Durchführung zur Verfügung stehen, sondern erst bei späterer Nutzung ersichtlich werden (vgl. → Rz. 452). Zum anderen können sich die betrachteten Umstände auch auf die beteiligten Vertragspartner beziehen. Wesentlich sind hierbei zB die Marktposition, die Unternehmensstruktur, die finanzielle Situation oder Abhängigkeiten des Unternehmens. Ein Betrieb, der mit Absatzproblemen zu kämpfen hat, wird Zugeständnisse bei Preisverhandlungen mit seinen Kunden machen müssen, wenn diese hiervon Kenntnis haben. Fehlt dagegen den Abnehmern diese Information, können die Produkte weiterhin zum marktüblichen Preis verkauft werden. Der durch direkten Preisvergleich ermittelte und relevante Fremdvergleichspreis liegt dann höher als derjenige, der sich bei Kenntnis der Absatzschwierigkeiten ergeben hätte.

Darüber hinaus dürfte es bei der Bestimmung des Fremdvergleichspreises praktische Probleme geben, da der Steuerpflichtige wiederum bei den zum Vergleich herangezogenen Transaktionen zwischen fremden Dritten nicht wissen kann, inwieweit diesen Transparenz hinsichtlich aller Informationen zugrunde liegt. Die Quantifizierung einer möglichen Anpassung müsste dann unter Berücksichtigung dieses doppelten Informationsdefizits erfolgen. Wenn es sich bei der Kenntnis aller wesentlichen Umstände allerdings nicht um ein allgemeines Merkmal des Fremdvergleichs handelt, sondern sie lediglich der Vermeidung beliebiger Ergebnisse beim hypothetischen Fremdvergleich dienen soll (so in etwa die Gesetzesbegründung, BT-Drs. 16/4841, 85), dann hätte diese Formulierung nicht in den Abs. 1, sondern in den Abs. 3 gehört.

Problematisch ist auch der Widerspruch zum international anerkannten Fremdvergleichsgrundsatz des Art. 9 OECD-MA. Danach wird bei den unabhängigen Dritten lediglich auf die allgemein bzw. individuell zugänglichen Informationen abgestellt (*Wassermeyer* DB 2007, 536). Eine weitergehende nationale Regelung birgt die Gefahr von Ergebnissen, die im Ausland keine Anerkennung finden werden (*Wulf* DB 2007, 2281). Folglich droht dann aufgrund aussichtsloser Verständigungsverfahren eine Doppelbesteuerung.

einstweilen frei

dd) Maßstab der ordentlichen und gewissenhaften Geschäftsleiter.

§ 1 Abs. 1 S. 3 konkretisiert den Fremdvergleichsgrundsatz (bzw. „dealing-at-arm's-length-Grundsatz") durch den Rückgriff auf das Handeln der ordentlichen und gewissenhaften Geschäftsleiter (ebenso VGr 1983 Tz. 2.1.1). Dies ist insofern zu begrüßen, als dass dadurch die Tatbestandsvoraussetzungen der konkurrierenden Vorschriften der vGA und des § 1 angeglichen werden. Darüber hinaus kann dadurch die umfangreiche Rechtsprechung des BFH zum ordentlichen und gewissenhaften Geschäftsleiter zu Rate gezogen werden. Allerdings ist zu beachten, dass der BFH den Maßstab des ordentlich und gewissenhaft handelnden Geschäftsleiters richtigerweise nur als Unterfall oder Teilaspekt des „dealing-at-arm's-length-Grundsatz" behandelt (BFH v. 17.5. 1995, I R 147/93, BStBl. II 1996, 204; v. 6.12.1995, I R 88/94, BStBl. II 1996, 383). So ist bei Fällen, in denen ein konkreter Fremdvergleich möglich ist, der Rückgriff auf den ordentlichen und gewissenhaften Geschäftsleiter nicht nötig; die Notwendigkeit eines solchen Indizienbeweises ist lediglich beim hypothetischen Fremdvergleich gegeben (*FWBS* § 1 AStG Rz. 321). Somit wäre auch diese Formulierung im Abs. 3 S. 5 besser aufgehoben (vgl. → Rz. 127). Im Vergleich zur VGr 1983 Tz. 2.1.1 geht die neue Fassung des § 1 dahingehend weiter, dass sie nicht nur vom Steuerpflichtigen, sondern auch von der nahe stehenden Person ein entsprechendes Handeln verlangt. Es erfolgt also eine in der Literatur schon lange anerkannte „Verdoppelung" des ordentlichen und gewissenhaften Geschäftsleiters, wodurch ein Interessengegensatz der beteiligten Unternehmen geschaffen wird (Vögele Verrechnungspreise/*Borstell* Rz. C 81 ff.; *FWBS* § 1 AStG Rz. 324 f.). Zu berücksichtigen ist allerdings, dass international eine solche Interpretation des Fremdvergleichsgrundsatzes nicht üblich ist und somit unter Umständen zusätzliche Verständigungsverfahren drohen (*Wassermeyer* DB 2007, 536).

133–135 *einstweilen frei*

c) Einzubeziehende Kriterien

136 **aa) Üblichkeit und Ernsthaftigkeit der Vereinbarung.** Während nach früherer Auffassung zur vGA eine Geschäftsbeziehung sowohl dem Grunde als auch der Entgelthöhe nach dem Maßstab eines ordentlich und gewissenhaft handelnden Geschäftsleiters unterworfen wurde, tendiert die neuere Rechtsprechung zu einer klaren Trennung vom Tatbestandsmerkmal der gesellschaftsrechtlich veranlassten Vermögensminderung und Indizien, die dem Grunde nach für eine gesellschaftliche Veranlassung sprechen (*Tipke/Lang* Steuerrecht § 11 Rz. 73). Insoweit erfolgte eine punktuelle Anpassung an § 1, der nach dem Vorbild von Art. 9 OECD-MA (vgl. → Rz. 2) allein auf die Höhe des Verrechnungspreises abstellt. Die Finanzverwaltung darf eine Gewinnkorrektur nach § 1 nicht schon deswegen vornehmen, weil der Steuerpflichtige sich unüblich verhält oder nicht ernstlich gemeinte Vereinbarungen abschließt. Letztlich muss die Höhe des Verrechnungspreises das entscheidende Kriterium für eine Korrektur sein. Auch begründet die Unüblichkeit einer Vereinbarung nicht automatisch ein Abweichen vom Fremdvergleichsgrundsatz (*FWBS* § 1 AStG Rz. 48).

137 Vermutet die Finanzverwaltung dennoch wegen unüblicher Vereinbarungen eine Gewinnverlagerung aufgrund der Nahestehensbeziehung, so kann der Steuerpflichtige den Nachweis führen, dass ihn vernünftige betriebswirtschaftliche Gründe zu diesem Verhalten veranlasst haben und somit diese Vermutung widerlegen (vgl. EuGH v. 21.2.2010, Rs. C-311/08, *Société de Gestion Industrielle SA (SGI)*, IStR 2010, 149; EuGH v. 31.5.2018, Rs. C-382/16,

Hornbach, DStR 2018, 1221). Gleiches gilt für den Fall, dass die Vereinbarung letztendlich gar nicht durchgeführt wurde (*FWBS* § 1 AStG Rz. 46 ff.). Die Begriffe der Üblichkeit und Ernsthaftigkeit lassen sich grundsätzlich mit dem Maßstab des ordentlichen und gewissenhaften Geschäftsleiters auslegen (*FWBS* § 1 AStG Rz. 49). Sofern vergleichbare Geschäfte zwischen fremden Dritten vorhanden sind, kommt jedoch zunächst ein Fremdvergleich mit den Praktiken unabhängiger Unternehmen infrage (zum Verhältnis zwischen hypothetischem und konkretem Fremdvergleich vgl. → Rz. 207). Dieser Fremdvergleich erfordert theoretisch nur die Ermittlung eines einzigen unverbundenen Unternehmens, das sich wie der Steuerpflichtige verhalten hat. Allerdings kann auch dieses unverbundene Unternehmen in seinem Verhalten vom branchentypischen Verhalten stark abweichen (*FWBS* § 1 AStG Rz. 107.4). Gerade bei unüblichen Vereinbarungen ist es deshalb ratsam, der Betriebsprüfung mehrere Vergleichsunternehmen präsentieren zu können. Anderenfalls läuft der Steuerpflichtige Gefahr, dass die Finanzverwaltung dem Vergleichsunternehmen aufgrund der veränderten Beweislastverteilung zu Recht nicht den nötigen Beweiswert zuerkennt.

einstweilen frei **138, 139**

bb) Klarheit und Zeitpunkt der Vereinbarung. Ein besonderer Fall **140** unüblichen Verhaltens, der aus Sicht der Betriebsprüfung regelmäßig die Vermutung der gesellschaftsrechtlichen Veranlassung der Vereinbarung begründet, ist das Fehlen klarer und im Voraus getroffener Vereinbarungen. Die Finanzverwaltung verlangt in VGr 1983 Tz. 1.4.1, soweit es sich nicht um „normalen Lieferungs- und Leistungsverkehr" handelt, „im voraus getroffene klare und eindeutige Vereinbarungen" über die vollzogenen Transaktionen mit beherrschenden Gesellschaftern oder Schwestergesellschaften, ohne die sie die steuerliche Anerkennung von Betriebsausgaben versagt. Sie stützt sich dabei auf den BFH, der in seiner Rechtsprechung zu Fragen der nationalen Einkunftsabgrenzung bisher gleichfalls im Voraus getroffene Vereinbarungen verlangt (BFH v. 3.11.1976, I R 98/75, BStBl. II 1977, 172; zu Ausnahmen vgl. BFH v. 21.7.1982, I R 56/78, BStBl. II 1982, 761; außerdem BFH v. 1.7.1992, I R 78/91, BStBl. II 1992, 975; BFH v. 2.12.1992, BStBl. II 1993, 311; BFH v. 29.6.1994, I R 11/94, BStBl. II 1994, 952). Bezüglich internationaler Verrechnungspreisfragen liegt dazu soweit ersichtlich kein Urteil vor. Die Forderung nach derartigen Vereinbarungen wird nach hM nicht von Art. 9 OECD-MA gedeckt (ua GKG/*Rasch* Art. 9 OECD-MA Rz. 21; *Knobbe-Keuk* Bilanz- und Unternehmenssteuerrecht, 695). Nach dem Wortlaut des Art. 9 OECD-MA darf die Finanzverwaltung nur dann eine Anpassung vornehmen, wenn die Bedingungen von denen abweichen, auf die sich unabhängige Geschäftspartner geeinigt hätten. Der Wortlaut selbst gibt aber keinen klaren Aufschluss darüber, ob damit auch formale Charakteristika der Transaktion erfasst werden.

§ 1 verlangt auf der Tatbestandsseite eine Einkünfteminderung des inländi- **141** schen Steuerpflichtigen. Eine solche Gewinnminderung erfordert nicht, dass die Bedingungen einer Geschäftsbeziehung dem Grunde nach überprüft werden. Um eine Überprüfung dem Grunde nach geht es aber gerade bei der Frage der vorherigen Festlegung der Vertragsbedingungen zwischen verbundenen Unternehmen. Für eine Einkünfteminderung kommen lediglich Abweichungen vom Fremdvergleichspreis in Betracht. Folglich ist das Vorhandensein im Voraus getroffener klarer und eindeutiger Vereinbarungen für die steuerliche Anerkennung der vereinbarten Leistungsbedingungen nicht erforderlich. Dabei ist § 1 von den Regelungen der vGA zu unterscheiden, die gerade gesellschaftlich veranlasste Vermögensverschiebungen verhindern sollen. § 1 betrifft unabhängig von irgendwelchen gesellschaftlichen Veranlassungen eine Einkünftekorrektur; im Zusammenhang mit Art. 9 OECD-MA erfolgt eine Aufteilung des Steuersubstrats. Allein durch Formmängel wird keine Gewinnminderung hervorgerufen, welche gemäß Art. 9 OECD-MA jedoch Voraussetzung für eine Gewinnberichtigung ist. Insofern entfaltet Art. 9 OECD-MA hier eine Sperrwirkung (*Schaumburg* Internationales Steuerrecht Rz. 21.143; vgl. → Rz. 45). Zwar verweisen die VGr 1983 in Tz. 1.4.3 auf die Möglichkeit eines Verständigungsverfahrens, sofern aus einer Erstberichtigung wegen fehlender klarer und eindeutiger Vereinbarungen eine Doppelbesteuerung resultiert. Jedoch dürfte es der Finanzverwaltung in einem solchen Verfahren schwer fallen, dem anderen betroffenen Staat darzulegen, dass allein dieser Mangel eine Berichtigung dem Grunde und der Höhe nach rechtfertigen soll (OECD-Leitlinien 2017 Einführung Tz. 17; *Ritter* BB 1983, 1683).

142 Es bleibt gleichwohl anzumerken, dass mit Blick auf die Dokumentationspflichten (vgl. → Rz. 670 ff.) eine vorherige Vereinbarung von Vertragskonditionen sinnvoll erscheint. Anderenfalls besteht die Gefahr, dass die den Vertragskonditionen zugrunde liegenden Umstände nicht in der geforderten Eindeutigkeit nachgewiesen werden können. Insbesondere in den Fällen sich schnell ändernder wirtschaftlicher und rechtlicher Rahmenbedingungen kommt dem Zeitpunkt der Vereinbarung erhebliche Bedeutung zu, so dass eine exakte und zeitnahe Dokumentation für die Anerkennung der vereinbarten Bedingungen von großem Belang sein kann.

143–145 *einstweilen frei*

d) Kritik am Fremdvergleichsgrundsatz

146 Zwar weist die OECD darauf hin, dass für die Überprüfung von Verrechnungspreisen keine realistische Alternative zum Fremdvergleich vorhanden ist (OECD-Leitlinien 2017 Tz. 1.15); dennoch ist der Fremdvergleichsgrundsatz mit erheblichen Mängeln behaftet. Indem er die Unabhängigkeit der Konzernunternehmen fingiert, berücksichtigt er das Wesen und den Zweck der Konzernierung nicht, Verbundvorteile zu erzeugen und Risiken zu verringern (Kutschker Perspektiven der Internationalen Wirtschaft/*Djanani* 264; auch OECD-Leitlinien 2017 Tz. 1.11). Somit wird ein fiktiver Erfolg zugrunde gelegt, der die Konzernzugehörigkeit außer Acht lässt. *Baumhoff* vertritt die Ansicht, dass dies dem Leistungsfähigkeitsprinzip bei der Besteuerung widerspricht (Mössner Steuerrecht/*Baumhoff* Rz. 3.75). Auch *Strobl* sieht den Grundsatz des Fremdvergleichs als einen künstlichen und wesensfremden Maßstab für die Prüfung von Verrechnungspreisen an, mit der Begründung, dass Konzernunternehmen „Teile einer Familie" seien, innerhalb derer nicht wie unter Fremden gehandelt wird (*Strobl* RIW/AWD 1980, 409). *Baumhoff* hält dem entgegen, dass das verbundene Unternehmen im Rahmen der Unabhängigkeitsfiktion keineswegs aus dem Unternehmensverbund insgesamt herausgelöst wird (Mössner Steuerrecht/*Baumhoff* Rz. 3.75f.). Vielmehr solle diese Fiktion vermeiden, dass solche Gesellschafterinteressen im Preisbildungsprozess berücksichtigt werden, die keinen Bezug zum betreffenden Liefer- oder Leistungstransfer haben. Dadurch würden die positiven (oder negativen) Konzerneffekte nicht eliminiert werden; statt einer Konzernneutralität werde lediglich eine Verlagerungsneutralität gewährleistet (Mössner Steuerrecht/ *Baumhoff* Rz. 3.76; *Jacobs* Internationale Unternehmensbesteuerung 762). *Borstell* argumentiert, dass durch Kritik an der Unabhängigkeitsfiktion der Fremdvergleichsgrundsatz in seinem Wesenskern ausgehebelt werde, da dieser ja gerade auf die Eliminierung von Konzerneffekten abziele, um zu einem Verhalten zwischen voneinander unabhängigen Dritten zu kommen (Vögele Verrechnungspreise/*Borstell* Rz. C 11).

Bei aller Kritik am Fremdvergleichsgrundsatz würde eine Abkehr von diesem die Sicherung einer angemessenen Steuerbemessungsgrundlage auf nationaler Ebene gefährden und das Doppelbesteuerungsrisiko für Unternehmen erhöhen (OECD-Leitlinien 2017 Tz. 1.15). Da auch mögliche Alternativen, zB in Form von Anpassungsrechnungen, verbindlichen Verrechnungspreiszusagen, globaler Gewinnaufteilung oder einer Gemeinsamen Konsolidierten Körperschaftsteuer-Bemessungsgrundlage (GKKB), – zumindest kurzfristig – nicht realisierbar sind, wird auch in absehbarer Zukunft die Gewinnabgrenzung nach dem Fremdvergleichsgrundsatz erfolgen (*Kraft/Hentschel/Apler* RIW 2017, 473, 480; *Ditz* FR 2015, 115 ff.; ausführlich zur GKKB als mögliche Alternative zum Fremdvergleichsgrundsatz: *Kraft/Hentschel/Apler* RIW 2017, 473 ff.).

Der Fremdvergleichsgrundsatz beruht auf einem stabilen internationalen Konsens (vgl. *Baumhoff* Festgabe Wassermeyer, 2015, 256, Rz. 13) und wird als Maßstab für die Gewinnabgrenzung sowohl im OECD-MA als auch im UN-MA herangezogen (vgl. ausführlich hierzu *Kraft/Hentschel/Apler* RIW 2017, 473, 480). Die OECD und ihr folgend der deutsche Gesetzgeber haben den Fremdvergleichsgrundsatz zudem uneingeschränkt auf die Erfolgsabgrenzung zwischen Stammhaus und Betriebsstätte übertragen und damit die formelhafte Gewinnaufteilung durch Abschaffung der indirekten Methode der Betriebsstättengewinnermittlung zurückgedrängt. Vor diesem Hintergrund erscheint eine Abkehr vom Fremdvergleichsgrundsatz derzeit nicht zielführend (vgl. *Kraft/Hentschel/Apler* RIW 2017, 473). Vielmehr gilt es, sich um eine international einheitliche Ausgestaltung und Anwendung der unterschiedlichen Methoden des Fremdvergleichs zu bemühen. Speziell für die aus der Digitalisierung resultierenden Anwendungsprobleme des Fremdvergleichsgrundsatzes kommt vor allem ein verstärkter Gebrauch der geschäftsvorfallbezogenen ‚Gewinnaufteilungsmethode – als eine Weiterentwicklung des Fremdvergleichsgrundsatzes im Rahmen einer gewinnorientierten Betrachtungsweise – in Betracht. Vor diesem Hintergrund sind die intensiven Bemühungen der OECD im Rahmen der BEPS Aktionspunkte 8–10 „Aligning Transfer Pricing Outcomes with Value Creation" zu begrüßen. Insbesondere die Verbesserung, Klarstellung und Ergänzung der OECD-Verrechnungspreisrichtlinien hinsichtlich der Frage, in welchen Fällen die geschäftsvorfallbezogene Gewinnaufteilungsmethode angewendet werden kann und wie die Anwendung praktisch durchzuführen ist, sind hier hervorzuheben (OECD-Leitlinien 2017,

Tzn. 2.114 ff.; zur Entwicklung vgl. *OECD* OECD/G20 Base Erosion and Profit Shifting Project, Public Discussion Draft v. 4.7.2016 sowie Public Discussion Draft v. 22.6.2017; vgl. ausführlich *Kraft/Hentschel/Apler* RIW 2017, 473).

149 *einstweilen frei*

II. Rechtsfolgeseite

1. Bemessung der steuerpflichtigen Einkünfte gemäß Drittvergleich

150 Als Rechtsfolge ordnet § 1 Abs. 1 einen Ansatz der Einkünfte an, wie sie unter den zwischen fremden Dritten vereinbarten Bedingungen angefallen wären. Das Gesetz drückt sich insoweit etwas unscharf aus, denn es handelt sich bei § 1 um eine **Einkünftekorrekturvorschrift,** die an den einzelnen Geschäftsbeziehungen ansetzt, die unter Bedingungen abgeschlossen wurden, welche nicht dem Fremdvergleich entsprechen. Die Rechtsfolge der Vorschrift ist zwingend, dh es kommt nicht darauf an, ob das Verhältnis zur nahe stehenden Person tatsächlich kausal für die Einkünfteminderung war. Dem Steuerpflichtigen bleibt daher auch nicht die Verteidigung, die Einkünfteminderung erfolgte unabhängig von der Person des Geschäftspartners; er kann sich nur darauf berufen, dass die vereinbarten Bedingungen dem Fremdvergleich entsprechen. Im Ergebnis wird durch § 1 eine Soll-Größe besteuert (Blümich/ *Pohl* § 1 AStG Rz. 35; *FWBS* § 1 AStG Rz. 37).

151 Die Berichtigung iSd § 1 erschöpft sich in einer Korrektur der Einkünfte des Steuerpflichtigen. Diese Berichtigung der Einkünfte findet **außerbilanziell** statt, die bestehende Gewinnermittlung wird durch die Korrektur nicht berührt (BFH v. 30.5.1990, IR 97/88, BStBl. II 1990, 875). Der Korrekturbetrag ist in der Einkunftsart anzusetzen, in der die Einkünfteminderung eingetreten ist (VGr 1983 Tz. 8.2.1). Es werden weder Betriebseinnahmen fingiert, noch werden diverse Bilanzposten von der Einkünftekorrektur erfasst. Diese Auffassung bestätigt sich mit Blick auf die betroffenen Einkunftsarten (vgl. → Rz. 634). Die Berichtigung muss sich auch bei den Überschusseinkunftsarten durchführen lassen; daher ist ein Rückgriff auf die Bilanz des Steuerpflichtigen nicht möglich. Die Einkünftekorrektur hat auch **keinen Einfluss auf den Buchwert bzw. die Anschaffungskosten** evtl. bestehender Beteiligungen, sie fingiert keinen Einlagevorgang, der sich auf die Höhe der Beteiligungsbuchwerte auswirken könnte (BFH v. 30.5.1990, I R 97/88, BStBl. II 1990, 875; BFH v. 5.4.1995, I R 81/94, BStBl. II 1995, 629). Sich daraus ergebende Doppelbesteuerungen sind auf dem Wege des Erlasses der Steuern aufgrund sachlicher Unbilligkeit zu lösen (BFH v. 30.5.1990, I R 97/88, BStBl. II 1990, 875, vgl. → Rz. 154).

152 Die **Höhe des Korrekturbetrages** entspricht der eingetretenen Einkünfteminderung. Diese muss exakt ermittelt werden und ist entsprechend derjenigen Einkunftsart zu behandeln, in der die Einkünfte gemindert wurden. Dazu ist im Gegensatz zur Tatbestandsseite der Norm, bei der nur eine Abweichung von vereinbarten und dem Fremdvergleich standhaltenden Bedingungen erforderlich ist, der zugrunde zu legende Fremdvergleichspreis exakt zu ermitteln. Aufgrund der dem Steuerpflichtigen aufgebürdeten umfangreichen Dokumentationspflichten (vgl. → Rz. 670 ff.) dürfte die Festlegung eines Fremdvergleichspreises auch im Nachhinein künftig wesentlich leichter nachzuvollziehen sein.

Die Einkünftekorrektur hat in dem **Veranlagungszeitraum** zu erfolgen, **153** in dem die Minderung eingetreten ist. Maßgebend bei der Einkünfteermittlung durch Betriebsvermögensvergleich ist das Realisationsprinzip. Bei Gewinnermittlung durch Einnahmen-Überschussrechnung oder innerhalb der Überschusseinkunftsarten ist nach dem Fremdvergleich zu entscheiden, in welchem Zeitpunkt die Einkünfteminderung durch Abfluss oder fehlenden Zufluss eingetreten ist (Blümich/*Pohl* § 1 AStG Rz. 49 ff.; *FWBS* § 1 AStG Rz. 64 f.).

Aufgrund der Erfassung der Einkünfteminderung durch § 1 und der Tatsa- **154** che, dass der einer Beteiligungsgesellschaft zuzurechnende Vorteil nicht durch eine Erhöhung des Buchwertes bzw. der Anschaffungskosten der Beteiligung ausgeglichen wird, drohen bei Rückgängigmachung des Vorteils oder bei Veräußerung bzw. Liquidation der Beteiligung **Doppelbesteuerungen.** Eine Doppelbesteuerung soll durch § 1 aber nicht ausgelöst werden. Daher ist ein Erlass durch Billigkeitsmaßnahmen geboten. Zur Vermeidung dieser Doppelbesteuerungen ist außerbilanziell ein Merkposten iHd Korrekturbetrages zu bilden, mit dem anfallende Rückerstattungen und Veräußerungs- bzw. Liquidationsgewinne verrechnet werden können (VGr 1983 Tz. 8.3).

einstweilen frei **155, 156**

2. Weitergehende Berichtigungen als bei anderen Vorschriften

Die **vorrangige Anwendung anderer Vorschriften** (vgl. → Rz. 20) **157** schließt die Anwendung des § 1 nicht aus. Ursache sind die voneinander abweichenden Korrekturmaßstäbe (BFH v. 17.12.1997, I B 96/97, BStBl. II 1998, 321). Während vGA und vE eine Bewertung mit dem gemeinen Wert oder dem Teilwert vorsehen, knüpft § 1 an die Differenz zwischen vereinbartem Preis und Fremdvergleichspreis an. Da der Fremdvergleichspreis einen Gewinnaufschlag beinhaltet, wird dieser im Regelfall über dem Teilwert liegen und entsprechende weitergehende Korrekturmöglichkeiten eröffnen. Die Durchführung dieser **weitergehenden Berichtigungen** wurde im Rahmen der Unternehmensteuerreform 2008 gesetzlich im neu eingefügten S. 3 des Abs. 1 verankert. Durch das AmtshilfeRLUmsG vom 29.6.2013 (BGBl. 2013 I 1809) wurde die Vorschrift in S. 4 des Abs. 1 verlagert. Insoweit tritt entsprechend der Idealkonkurrenz stets die schärfste Rechtsfolge für den Steuerpflichtigen ein (BMF v. 14.5.2004, BStBl. I 2004, Sonder-Nr. 1, Tz. 1.1.2). Da der Gesetzgeber in seiner Gesetzesbegründung (BT-Drs. 16/4841, 85) ausdrücklich auf den klarstellenden Charakter dieser Norm verweist, unterliegen aber auch schon vor dem 1.1.2008 durchgeführte Transaktionen dieser weitergehenden Korrekturmöglichkeit. Dies entspricht auch der herrschenden Literaturmeinung (Mössner Steuerrecht/*Baumhoff* Rz. 3.53; *FWBS* § 1 AStG Rz. 67; Blümich/*Pohl* § 1 AStG Rz. 17 f.; *Schaumburg*, Internationales Steuerrecht, Rz. 21.177 f.). Die Differenzierung zwischen den einzelnen Korrekturvorschriften ist auf der Rechtsfolgeseite wegen der unterschiedlichen bilanziellen Behandlung zwingend geboten. Aufgrund der damit verbundenen unterschiedlichen Behandlung zwischen reinen Inlandsfällen und grenzüberschreitenden Geschäftsbeziehungen werden Verletzungen der Grundfreiheiten des AEUV befürchtet (vgl. → Rz. 57).

158, 159 *einstweilen frei*

D. § 1 Abs. 2

I. Bedeutung des Topos der „nahe stehenden Person"

160 Zweck des § 1 ist die Korrektur von Gewinnminderungen bei grenzüberschreitenden Geschäftsbeziehungen. Bei voneinander unabhängigen Unternehmen besteht aufgrund des gegebenen Interessengegensatzes kein Anlass für eine derartige Überprüfung. Der Anwendungsbereich erstreckt sich daher nur auf Geschäftsbeziehungen mit nahe stehenden Personen. Dieses „Nahestehen" wird in Abs. 2 durch eine abschließende Aufzählung definiert. Der Gesetzgeber sieht für den Steuerpflichtigen bei Vorliegen der Voraussetzungen des Nahestehens keine Möglichkeit eines Gegenbeweises vor.

161 Der Begriff der nahe stehenden Person ist im Bereich der vGA relevant, wenn die Kapitalgesellschaft einen Vorteil nicht dem Gesellschafter direkt, sondern einer ihm nahe stehenden Person gewährt. In Betracht kommen Vorteilsgewährungen an Personen, die dem Gesellschafter – und nicht etwa der Gesellschaft – in schuldrechtlicher, gesellschaftsrechtlicher oder tatsächlicher Art nahe stehen (KStH 8.5 III Nahe stehende Person). Allerdings kann der Steuerpflichtige in diesen Fällen die Vermutung des Nahestehens widerlegen, so dass der BFH eine Deckungsgleichheit mit dem unwiderlegbaren Nahestehen nach § 1 Abs. 2 verneint (BFH v. 19.1.1994, I R 93/93, BStBl. II 1994, 725).

162 Sich nahe stehende Personen können sowohl natürliche als auch juristische Personen sein. Aus dem erfassten Personenkreis wird deutlich, dass der Anwendungsbereich des § 1 deutlich weiter reicht als der des § 8 Abs. 3 S. 2, 3 KStG. Während die vGA Korrekturen bei der Vorteilsgewährung der Kapitalgesellschaft an den Gesellschafter vorsieht und die vE die Gewährung von Vorteilen durch den Gesellschafter an die Kapitalgesellschaft erfasst, erlaubt § 1 darüber hinaus die Einkünftekorrektur bei Geschäftsbeziehungen zwischen natürlichen Personen.

163 Seit dem AmtshilfeRLUmsG vom 26.6.2013 regelt § 1 Abs. 1 S. 2, dass neben Kapitalgesellschaften auch Personengesellschaften sowie Mitunternehmerschaften steuerpflichtig und nahestehende Personen sein können, falls die Voraussetzungen des § 1 Abs. 2 erfüllt sind (VGr 1983 Tz. 1.3.2.2; Blümich/*Pohl* § 1 AStG Rz. 58).

164–166 *einstweilen frei*

II. Definitionen des Nahestehens

1. Vorbemerkung

167 Eine Person ist nahe stehend, wenn zwischen ihr und dem Steuerpflichtigen eine wesentliche Beteiligung (§ 1 Abs. 2 Nr. 1 und 2), ein Beherrschungsverhältnis (§ 1 Abs. 2 Nr. 1 und 2), eine Einflussmöglichkeit außerhalb der Geschäftsbeziehungen (§ 1 Abs. 2 Nr. 3 1. Alt.) oder eine Interessenidentität (§ 1 Abs. 2 Nr. 3 2. Alt.) besteht. Mit dem Kriterium der wesentlichen Beteiligung hat der Gesetzgeber eine Beteiligungsgrenze geschaffen, ab der ein Nahestehen unwiderlegbar angenommen wird. Ob eine tatsächliche Einflussmöglichkeit gegeben ist, spielt keine Rolle. In der Praxis dürften somit überwiegend Konzernstrukturen erfasst werden. Die darüber hinaus gehenden Regelungen haben, nicht nur wegen der unklar definierten Voraussetzungen, kaum Bedeutung.

2. § 1 Abs. 2 Nr. 1 Alt. 1: Nahestehen qua gesellschaftsrechtlicher Beteiligung

Zerlegt man den Wortlaut des § 1 Abs. 2 Nr. 1 1. Alt., so ergeben sich strukturell die folgenden Möglichkeiten des Nahestehens aufgrund einer wesentlichen Beteiligung:
– die Person ist an dem Steuerpflichtigen mindestens zu einem Viertel unmittelbar beteiligt,
– die Person ist an dem Steuerpflichtigen mindestens zu einem Viertel mittelbar beteiligt,
– der Steuerpflichtige ist an der Person unmittelbar wesentlich beteiligt,
– der Steuerpflichtige ist an der Person mittelbar wesentlich beteiligt.

Eine wesentliche Beteiligung liegt nach der Legaldefinition des § 1 Abs. 2 Nr. 1 vor, wenn eine Beteiligung von mindestens einem Viertel gegeben ist. Die Beteiligung bezieht sich sowohl auf Beteiligungen an Körperschaften als auch auf Beteiligungen an Personengesellschaften. Als Körperschaften, an denen eine Beteiligung bestehen kann, kommen in erster Linie Kapitalgesellschaften in Betracht. Daneben dürften Genossenschaften oder Versicherungsvereine auf Gegenseitigkeit zum Kreis der durch § 1 erfassten beteiligungsfähigen Personen gehören (Vögele Verrechnungspreise/*Vögele/Raab* Rz. A 208).

Ausschlaggebend ist bei Kapitalgesellschaften der Anteil am gezeichneten Kapital. Dabei sind Gesellschafterdarlehen, Genussrechte, typische stille Beteiligungen, partiarische Darlehen oder Anwartschaften auf Beteiligungen nicht zu berücksichtigen (Vögele Verrechnungspreise/*Vögele/Raab* Rz. A 208). Die gegensätzliche Auffassung der Finanzverwaltung (VGr 1983 Tz. 1.3.2.2) ist abzulehnen (so auch Blümich/*Pohl* § 1 AStG Rz. 60; Vögele Verrechnungspreise/*Vögele/Raab* Rz. A 208). Atypische stille Beteiligungen sind dagegen Beteiligungen an Personengesellschaften gleichzustellen (Vögele Verrechnungspreise/*Vögele/Raab* Rz. A 208). Erforderlich ist eine 25%ige Beteiligung am Vermögen der Gesellschaft; allein ein Viertel der Stimmrechte begründet keine wesentliche Beteiligung (Vögele Verrechnungspreise/*Vögele/Raab* Rz. A 207). Demgegenüber scheint die erforderliche Vermögensbeteiligung ohne die entsprechenden Stimmrechte auszureichen (*WSG* § 1 Abs. 2 AStG Rz. 27; Blümich/*Pohl* § 1 AStG Rz. 60; Vögele Verrechnungspreise/*Vögele/Raab* Rz. A 209). Eigene Anteile der Gesellschaft sind bei der Ermittlung der Beteiligungsquote nicht zu berücksichtigen (BFH v. 18.4.1989, VIII R 329/84, BFH/NV 1990, 27). Bei Personengesellschaften ist auf den Anteil am Festkapital der Gesellschaft abzustellen.

Für das Nahestehen reicht eine mittelbare Beteiligung aus, die durch Zwischenschaltung einer Personen- oder Kapitalgesellschaft entstehen kann. Die

Höhe der indirekten Beteiligung ist dabei durch Multiplikation der vermittelnden Beteiligungen zu berechnen (VGr 1983 Tz. 1.3.2.3). Liegen mittelbare und unmittelbare Beteiligungen nebeneinander vor, ist trotz des Gesetzeswortlautes „oder" zu vertreten dass diese Beteiligungen zusammenzurechnen sind (BMF v. 12.4.2005 BStBl. I 2005, 570, Tz. 3.4.5.3; Blümich/*Pohl* § 1 AStG Rz. 61). Selbiges gelte bei Vorliegen mehrerer mittelbarer Beteiligungen zwischen dem Steuerpflichtigen und der betroffenen Person. Die Formulierung „mindestens zu einem Viertel unmittelbar oder mittelbar beteiligt (wesentlich beteiligt)" zielt nicht auf eine Trennung zwischen den verschiedenen Beteiligungssträngen ab, sondern dient lediglich als Aufzählung der verschiedenen potenziellen Beteiligungsformen. Der Sinn des § 1 besteht in der Korrektur der Einkünfte, die aufgrund eines fehlenden Interessengegensatzes zustande gekommen sind (vgl. → Rz. 10). Dieser fehlt bei einer 100%igen Tochtergesellschaft ebenso wie bei einer Gesellschaft, an der der Steuerpflichtige unmittelbar 20% hält und die restlichen Anteile iHv 80% über vier zwischengeschaltete Kapitalgesellschaften zu je 20% lediglich mittelbar hält. Nach *Wassermeyers* Auffassung liegt im zweiten Fall aufgrund der separaten Betrachtung jeder einzelnen mittelbaren Beteiligung insgesamt keine wesentliche Beteiligung vor, obwohl der Steuerpflichtige insgesamt ebenso sämtliche Anteile an der Tochtergesellschaft hält wie im ersten Fall. Eine Umgehung des § 1 Abs. 2 Nr. 1 1. Alt. wäre durch eine Aufteilung der Anteile auf verschiedene Tochtergesellschaften demnach problemlos möglich. Dies widerspricht allerdings eindeutig dem Sinn des Gesetzes und dem Grundsatz des „substance over form".

172, 173 *einstweilen frei*

3. § 1 Abs. 2 Nr. 1 Alt. 2: Nahestehen qua beherrschenden Einflusses

174 Der wesentlichen Beteiligung steht ein beherrschender Einfluss gleich. Für das Vorliegen eines beherrschenden Einflusses ergeben sich strukturell die folgenden Möglichkeiten:
– die Person kann auf den Steuerpflichtigen unmittelbar einen beherrschenden Einfluss ausüben,
– die Person kann auf den Steuerpflichtigen mittelbar einen beherrschenden Einfluss ausüben,
– der Steuerpflichtige kann auf die Person unmittelbar einen beherrschenden Einfluss ausüben,
– der Steuerpflichtige kann auf die Person mittelbar einen beherrschenden Einfluss ausüben.

175 Der Begriff des „beherrschenden Einflusses" ist § 17 Abs. 1 AktG entlehnt. Daher kann auf dessen Auslegung zurückgegriffen werden (BT-Drs. 6/2883, Tz. 50). Voraussetzung für einen beherrschenden Einfluss ist eine strukturelle Grundlage, die ein absolutes Abhängigkeitsverhältnis begründet (Vögele Verrechnungspreise/*Vögele/Raab* Rz. A 212). Diese Grundlage rechtlicher und/oder tatsächlicher Natur kann insbesondere auf beteiligungsähnlichen Rechten, aktienrechtlichen Unternehmensverträgen, der Beteiligung derselben Personen an Geschäftsleitung oder Kontrolle der betroffenen Unternehmen oder der Beherrschung zweier Unternehmen durch ein Drittes beruhen (VGr 1983

D. § 1 Abs. 2　　　　　　　　　　　　　　　　　　　　　176–182　§ 1

Tz. 1.3.2.5; vgl. → Rz. 183). Entscheidend ist dabei nicht die tatsächliche Beeinflussung, sondern lediglich die potenzielle Einflussnahme. Ein lediglich faktischer Einfluss, zB aufgrund der Stellung als Lieferant, Kredit- oder Lizenzgeber, sollte dagegen idR als nicht ausreichend angesehen werden (Vögele Verrechnungspreise/ *Vögele/Raab* Rz. A 216, sofern der faktische Einfluss nicht zu einer – nur schwer beweisbaren – absoluten Abhängigkeit führt; aA *Schaumburg* Internationales Steuerrecht Rz. 21.171).

Der Einfluss muss nach dem Wortlaut der Vorschrift ein beherrschender **176** sein, dh ein lediglich mitbestimmender Einfluss reicht nicht aus. Der beherrschten Person darf also kein wesentlicher Entscheidungsspielraum bei der Vereinbarung der konkreten Geschäftsbedingungen verbleiben (Blümich/*Pohl* § 1 AStG Rz. 63). Ein wie auch immer gearteter Einfluss auf übergeordnete Unternehmensentscheidungen genügt nicht, um eine Einkünftekorrektur nach § 1 zu begründen. Mit Blick auf die Rechtsprechung zur vGA kann ein beherrschender Einfluss bei einer Beteiligung von über 50% der Stimmrechte angenommen werden. Treten besondere Umstände hinzu, reicht bereits eine Beteiligung von weniger als 50% aus (BFH v. 8.1.1969, I R 91/66, BStBl. II 1969, 347; v. 21.7.1976, I R 223/74, BStBl. II 1976, 734; v. 23.10.1985, I R 247/81, BStBl. II 1986, 195). Solche Umstände können insbesondere in der nachhaltigen Stimmrechtsmehrheit in der Gesellschafterversammlung aufgrund der Nichtausübung von Stimmrechten durch Minderheitsgesellschafter liegen. IdR dürfte ein derartiger Einfluss bei Gesellschaften aber bereits unter die wesentliche Beteiligung der 1. Alt. des Abs. 2 Nr. 1 fallen. Nur in besonders gelagerten Ausnahmefällen kann aus einer unter 25% liegenden Beteiligung auf einen beherrschenden Einfluss geschlossen werden. Andererseits muss eine Mehrheitsbeteiligung ohne zusätzliche Abhängigkeitsmerkmale nicht unbedingt einen beherrschenden Einfluss begründen (Vögele Verrechnungspreise/ *Vögele/Raab* A 214).

Der beherrschende Einfluss kann nicht nur gegenüber juristischen Personen, **177** sondern aufgrund der Gesetzesänderung des AmtshilfeRLUmsG vom 26.6.2013 auch gegenüber Personengesellschaften und natürlichen Personen ausgeübt werden (WSG/*Boller* § 1 Abs. 2 AStG, Rz. 31).

Wie bei der wesentlichen Beteiligung reicht auch ein mittelbar beherrschender **178** Einfluss aus. Aufgrund dessen kann sich ein beherrschender Einfluss in mehrstufigen Strukturen auch dann ergeben, wenn die jeweils übergeordnete Person die Möglichkeit hat, auf die nachgeordnete Person einen beherrschenden Einfluss auszuüben.

einstweilen frei　　　　　　　　　　　　　　　　　　　　　　　　　　　**179–181**

4. § 1 Abs. 2 Nr. 2: Nahestehen mittels einer dritten Person

Zerlegt man den Wortlaut des § 1 Abs. 2 Nr. 2, so ergeben sich strukturell **182** die folgenden Möglichkeiten einer Einflussnahme:
– eine dritte Person ist sowohl an der Person als auch an dem Steuerpflichtigen wesentlich beteiligt,
– eine dritte Person kann auf beide unmittelbar einen beherrschenden Einfluss ausüben,
– eine dritte Person kann auf beide mittelbar einen beherrschenden Einfluss ausüben.

183 Abs. 2 Nr. 2 erfasst Konstellationen, in denen zwischen den an den Geschäftsbeziehungen beteiligten Personen selbst keine wesentlichen Beteiligungen oder Beherrschungsverhältnisse existieren. Gleichwohl kann aus einem Abhängigkeitsverhältnis beider zu einer dritten Person eine Einflussnahme resultieren. Dabei ist nicht erforderlich, dass die dritte Person im Inland steuerpflichtig ist (BFH v. 10.4.2013, I R 45/11, DStR 2013, 1824). In der Praxis dürfte diese Fallkonstellation im Wesentlichen auf Schwestergesellschaften Anwendung finden. Insoweit finden bei Kapitalgesellschaften vGA und vE vorrangig Anwendung (vgl. → Rz. 20 bzw. H 8.5 III KStH).

184 Die in Abs. 2 Nr. 2 erwähnte wesentliche Beteiligung bezieht sich auf die Legaldefinition der Nr. 1. Daher werden sowohl mittelbare als auch unmittelbare Beteiligungen erfasst. Liegen unmittelbare und mittelbare Beteiligungen nebeneinander vor, sind diese zusammenzurechnen (vgl. → Rz. 171. Bzgl. des beherrschenden Einflusses vgl. → Rz. 175 ff.). Ob für die Annahme eines Nahestehens ausreichend ist, wenn bzgl. einer Person eine wesentliche Beteiligung und gegenüber der anderen ein beherrschender Einfluss vorliegt, wird nicht ohne weiteres ersichtlich. *Brezing* verneint dies unter Berufung auf den Gesetzeswortlaut (Brezingua/*Brezing* § 1 AStG Rz. 250). Geht man aber von der Überlegung aus, dass die wesentliche Beteiligung eine Einflussmöglichkeit unwiderlegbar fingiert und berücksichtigt man zudem den Sinn des § 1 (vgl. → Rz. 10), so wird man entgegen dem Wortlaut der Vorschrift ein Nahestehen annehmen müssen.

185, 186 *einstweilen frei*

5. § 1 Abs. 2 Nr. 3 1. Alt.: Geschäftsfremde Einflussmöglichkeit zwischen nahe stehender Person und Steuerpflichtigem

187 Zerlegt man den Wortlaut des § 1 Abs. 2 Nr. 3 1. Alt., so ergeben sich strukturell die folgenden Möglichkeiten einer Einflussnahme:
– die Person ist imstande, bei der Vereinbarung der Bedingungen einer Geschäftsbeziehung auf den Steuerpflichtigen einen außerhalb dieser Geschäftsbeziehung begründeten Einfluss auszuüben,
– der Steuerpflichtige ist imstande, bei der Vereinbarung der Bedingungen einer Geschäftsbeziehung auf die Person einen außerhalb dieser Geschäftsbeziehung begründeten Einfluss auszuüben.

188 § 1 Abs. 2 Nr. 3 1. Alt. verlangt eine außerhalb der Geschäftsbeziehung bestehende Möglichkeit der Einflussnahme. Dh die Einflussnahmemöglichkeit muss auf Umständen oder Tatsachen beruhen, die außerhalb der zu beurteilenden Geschäftsbeziehung liegen. Es ist umstritten, ob diese Einflussmöglichkeit außerhalb jeglicher Geschäftsbeziehungen (Vögele Verrechnungspreise/ *Vögele/Raab* Rz. A 217) oder ob sie nur außerhalb der zu beurteilenden Geschäftsbeziehung liegen muss (WSG/*Boller* § 1 Abs. 2 AStG Rz. 34 ff.). Vom Wortlaut der Vorschrift her ist auf die außerhalb der zu beurteilenden Geschäftsbeziehung beruhende Einflussmöglichkeit abzustellen. Im Ergebnis kann daher die Einflussmöglichkeit auch durch eine andere Geschäftsbeziehung begründet sein. In Betracht kommen insbesondere Marktbindungsverträge, Konkurrenzausschlussabsprachen oder Vertriebsbindungen. Keine derart begründeten Einflussmöglichkeiten stellen Gegebenheiten des Marktes wie bspw. Marktbeherrschung oder die Monopolstellung dar (WSG/*Boller* § 1 Abs. 2 AStG Rz. 36).

Ausreichend ist die Möglichkeit der Einflussnahme auf die Geschäftsbeziehung. Auf eine tatsächliche Einflussnahme kommt es nicht an. Anders als in Nr. 1 und 2, die einen beherrschenden Einfluss verlangen, ist der Grad der möglichen Einflussnahme in Nr. 3 nicht näher spezifiziert. Verlangt werden muss in jedem Falle eine Einflussmöglichkeit von gewissem Gewicht (so auch Blümich/*Pohl* § 1 AStG Rz. 67). Dabei ist aber zu beachten, dass sich diese Einflussmöglichkeit nur auf die zu beurteilende Geschäftsbeziehung auswirken muss. Ein absolutes Abhängigkeitsverhältnis ist nicht erforderlich. Im Gegensatz zu Nr. 1 2. Alt. reicht daher bereits ein faktisch bestehender Einfluss aus, um ein Nahestehen zu begründen. 189

Ob persönliche Beziehungen wie Verwandtschaftsverhältnisse oder die Ehe als strukturelle Elemente von der Vorschrift erfasst werden sollten (Vögele Verrechnungspreise/*Vögele*/*Raab* Rz. A 217), darf bestritten werden. Ohne weitere Umstände lässt sich allein aus familiären Beziehungen auf eine Einflussmöglichkeit nicht schließen (BFH v. 19.1.1994, I R 93/93, BStBl. II 1994, 725). Ein Beweis für das Vorliegen der außergeschäftlichen Einflussnahme durch die Finanzbehörden dürfte auch kaum möglich sein. In derartigen Fällen ist vielmehr die Interessenidentität zu prüfen. 190

einstweilen frei 191, 192

6. § 1 Abs. 2 Nr. 3 2. Alt.: Interessenidentität

Nach dem Wortlaut des § 1 Abs. 2 Nr. 3 2. Alt. ergibt sich eine Interessenidentität zwischen zwei Personen, wenn 193
– einer von ihnen (Person oder Steuerpflichtiger) ein eigenes Interesse an der Erzielung der Einkünfte des anderen hat.

Durch Nr. 3 2. Alt. zielte der Gesetzgeber auf Gestaltungen ab, bei denen eine konkrete Einflussnahme nicht zu erfassen ist. Die Vorschrift birgt daher die Gefahr, den Begriff der nahe stehenden Person zu weitläufig zu interpretieren, da der geforderte Gleichlauf der Interessen nicht näher definiert ist. 194

Die Vorschrift fordert zunächst ein außerhalb der betrachteten Geschäftsbeziehung liegendes, eigenes Interesse an der Einkünfteerzielung des Anderen. Nach der Rechtsprechung des BFH v. 19.1.1994, I R 93/93, BStBl. II 1994, 725 und der Auffassung von Finanzverwaltung (VGr 1983 Tz. 1.3.2.7) und Literatur (Blümich/*Pohl* § 1 AStG Rz. 69; Lademann/*Kaligin* § 1 AStG Rz. 43 ff.; WSG/*Boller* § 1 Abs. 2 AStG Rz. 38; Brezing ua/*Brezing* § 1 AStG Rz. 246) reicht ein persönliches Interesse aus. Wirtschaftlich muss der Vorteil der Verlagerung dem Steuerpflichtigen nicht zukommen. Von Bedeutung ist aber das Eigeninteresse des Steuerpflichtigen an der Einkünfteverlagerung. Nicht ausreichend ist, dass der Steuerpflichtige ausschließlich im Fremdinteresse handelt. Daher wird eine Interessengemeinschaft oder eine zusätzliche Rechtsbeziehung bestehen müssen, um ein Eigeninteresse des Steuerpflichtigen bejahen zu können (Vögele Verrechnungspreise/*Vögele*/*Raab* Rz. A 219). Ein Verwandtschaftsverhältnis begründet für sich noch keine Interessenidentität. Der BFH lässt es aber ausreichen (BFH v. 19.1.1994, I R 93/93, BStBl. II 1994, 725), wenn als Grund für die eintretende Einkünfteverlagerung ver- 195 nünftigerweise nur die Absicht einer mittelbaren Vermögensverlagerung zwischen nahen Familienangehörigen in Betracht gezogen werden kann. Das legt allerdings die Vermutung nahe, dass alle Geschäftsbeziehungen zwischen Familienangehörigen, die nicht dem Fremdvergleich entsprechen, einer Korrektur durch § 1 zugänglich sind. Letztlich verschwimmen die Tatbestandsmerkmale des Fremdvergleichs und der nahe stehenden Person iSd Nr. 3 2. Alt. Lassen sich keine Gründe für eine Einkünfteverlagerung auf nahe Angehörige finden, wird der Grund im Angehörigenverhältnis gesehen.

196 Das Eigeninteresse muss zudem auf die Einkünfteerzielung einer anderen Person gerichtet sein. Dadurch werden vom Wortlaut der Vorschrift alle diejenigen Einkünfteminderungen im Inland ausgeschlossen, denen keine Einkünfteerzielung durch die nahe stehende Person gegenübersteht. Dies dürfte allerdings nicht in der Intention des Gesetzgebers gelegen haben, da die Rechtsfolge des § 1 Abs. 1 auf die Minderung im Inland erzielter Einkünfte abzielt. Ob eine korrespondierende Einkünfteerhöhung oder überhaupt eine Erzielung von Einkünften im Ausland angestrebt wird, ist für die übrigen Definitionen der nahe stehenden Person unbeachtlich.

197–199 *einstweilen frei*

E. § 1 Abs. 3

I. Bestimmung des Verrechnungspreises

200 Das Prinzip des in § 1 Abs. 1 kodifizierten Fremdvergleichsgrundsatzes wird durch die Verrechnungspreismethoden konkretisiert. Der Fremdvergleichsgrundsatz wurde als internationaler Maßstab zur Einkünfteabgrenzung etabliert, um Doppelbesteuerungen aufgrund einer uneinheitlichen Besteuerungspraxis zu vermeiden (vgl. OECD-Leitlinien 2017 Einführung Tzn. 1.6 f.; Art. 9 OECD-MA; Raupach Verrechnungspreissysteme multinationaler Unternehmen/*Becker* 59 f., 101 f.; *Jacobs* Internationale Unternehmensbesteuerung 543 f.). Aufgrund international unterschiedlich ausgestalteter Verrechnungspreismethoden kommt es immer wieder zu Doppelbesteuerungen.

201 Die in § 1 verorteten Verrechnungspreismethoden entsprechen im Wesentlichen den in den OECD-Leitlinien genannten. Erstmals wurden die Methoden in den VGr 1983 diskutiert, die als Reaktion auf den OECD-Bericht vom Mai 1979 den Standpunkt der deutschen Finanzverwaltung erläuterten. In späteren Aktualisierungen wurden die Verrechnungspreisgestaltung spezifiziert und insbesondere auch die Verrechnungspreismethoden durch das VGr-Verfahren vom 12.4.2005 und durch § 1 Abs. 3 näher geregelt (Vögele Verrechnungspreise/*Vögele/Raab* Rz. D 7).

202 Die in den VGr 1983 vorgeschlagenen Verrechnungspreismethoden besaßen für den Steuerpflichtigen keine Verbindlichkeit. Eine Orientierung an den dargestellten Methoden war aufgrund ihrer hohen faktischen Bedeutung dennoch ratsam. Beide Veröffentlichungen unterscheiden transaktionsbezogene Standardmethoden von transaktionsbezogenen Gewinnmethoden.

203 Internationale Anerkennung in der Verrechnungspreisermittlung finden die drei klassischen Methoden, die daher auch als Standardmethoden gelten (BMF

v. 19.5.2014, BStBl. I 2014, 852; Wassermeyer/Baumhoff Verrechnungspreise/ *Baumhoff* Rz. 5.1). Namentlich sind dies:
- die Preisvergleichsmethode,
- die Wiederverkaufspreismethode sowie
- die Kostenaufschlagsmethode.

Darüber hinaus halten die OECD-Leitlinien auch die geschäftsvorfallbezogenen gewinnorientierten Methoden als mit dem Fremdvergleichsgrundsatz vereinbar (OECD-Leitlinien 2017 Tzn. 2.2 f.). Zwar werden diese in der nationalen Gesetzgebung nicht explizit genannt, aber im Rahmen anderer geeigneter Methoden iSd § 1 Abs. 3 Satz 2 anerkannt. Zum einen kann dies die geschäftsvorfallbezogene Nettomargenmethode, zum anderen die geschäftsvorfallbezogene Gewinnaufteilungsmethode (Profit-Split-Methode) sein (WSG/ Kahle/ *Schulz* § 1 Abs. 3 AStG Rz. 211). Vor dem Hintergrund der Digitalisierung und der damit verbundenen steuerrechtlichen Fragen erhöhte sich in den vergangenen Jahren insbesondere der Stellenwert der Profit-Split-Methode (OECD-Leitlinien 2017 Tzn. 2.115 ff.; *Greil/Fehling* IStR 2017, 757 (759); *Petruzzi/Peng* TPI 2017, 110 (116); *Schreiber/Fell* FS Endres S. 396). **204**

In den **VGr 1983** Tz. 2.4.1 hält das BMF die Finanzbehörden an, bei der Verrechnungspreisprüfung zunächst von der Methode auszugehen, die das analysierte Konzernunternehmen selbst verwendet hat. Diese wird daraufhin überprüft, ob sie nach Art und Anwendung sachgerecht ist bzw. dem Fremdvergleichsgrundsatz entspricht. Der Steuerpflichtige soll sich an der Methode orientieren, „die den Verhältnissen am nächsten kommt, unter denen sich auf wirtschaftlich vergleichbaren Märkten Fremdpreise bilden" und für die im betreffenden Fall möglichst zuverlässige preisrelevante Daten zur Verfügung stehen (VGr 1983 Tz. 2.4.1). Somit wird auf die Sorgfalt des ordentlichen Geschäftsleiters abgestellt und dessen Berufung auf eine den Markt- und Unternehmensgegebenheiten widersprechende Methode, ausgeschlossen (VGr 1983 Tz. 2.4.4). Die Anwendung gewinnorientierter Methoden ist nur dann akzeptabel, wenn die Standardmethoden aufgrund fehlender oder mangelhafter Daten lediglich unbefriedigende Ergebnisse liefern würden (BMF v. 12.4. 2005, BStBl. I 2005, 570 Rz. 3.4.10.3 lit. b). In VGr 1983 Tz. 3.1.3 wird die Wahlfreiheit praktisch weiter eingeengt, indem für bestimmte betriebliche Funktionen Verrechnungspreismethoden vorgegeben werden. Wenngleich diese Verknüpfung von Funktion und Methode akzeptabel ist, bleibt im Einzelfall ein Abweichen dennoch zulässig (ua Blümich/*Pohl* § 1 AStG Rz. 101). **205**

Die **OECD-Leitlinien** räumen den transaktionsbezogenen Standardmethoden eindeutigen Vorrang vor den transaktionsbezogenen Gewinnmethoden ein (OECD-Leitlinien 2017 Tz. 2.3). Gewinnorientierte Verfahren sollen laut OECD-Leitlinien 2017 Tz. 2.4 nur in Ausnahmesituationen gewählt werden, in denen die Standardmethoden aufgrund fehlender Informationen oder ungenügender Qualität der Daten nicht zuverlässig anwendbar sind. Die Formulierung, insbesondere das Abstellen auf die Qualität vorhandener Informationen als Zulässigkeitskriterium, lässt die für die Verrechnungspreispraxis und va für die Bearbeitung des Einzelfalls erforderliche Klarheit vermissen (*Baumhoff/Sieker* IStR 1995, 518). Innerhalb der Standardmethoden favorisieren die OECD-Leitlinien an verschiedenen Stellen die Preisvergleichsmethode (zB in OECD-Leitlinien 2017 Tz. 2.3), schließen aber wie die VGr 1983 in **206**

§ 1 207, 208 Berichtigung von Einkünften

Tz. 2.4.1 eine für alle Fallgruppen zutreffende Rangfolge aus. Sowohl die OECD-Leitlinien (OECD-Leitlinien 2017 Tz. 2.12) als auch die VGr 1983 (VGr 1983 Tz. 2.4.2) gestatten die Vermischung der Verrechnungspreismethoden, falls damit den Marktverhältnissen besser entsprochen wird. Dies gilt jedoch lediglich optional, da auch der Fremdvergleichsgrundsatz nur die Verwendung einer Methode erfordert.

207 Die Alternative der Globalmethoden, die eine Gewinnaufteilung anhand von Formeln vornehmen, wird nicht nur von der nationalen Finanzverwaltung, sondern auch von den OECD-Ländern abgelehnt (OECD-Leitlinien 2017 Tzn. 1.21; 1.32; WSG/*Kahle/Schulz* § 1 Abs. 3 AStG Rz. 334). Ein entsprechendes Konzept stellte die EU-Kommission in ihrem überarbeiteten Richtlinienentwurf vom 25.10.2016 für die Einführung einer GKKB vor (GKKB-RL-E 2016, Com(2016) 683). Die vorgeschlagene und im Falle einer Einführung verbindliche Formel bezieht sich auf die Dimensionen Umsatz, Arbeit und Vermögenswerte. Die Integration soll zweistufig geschehen und so zunächst nur die Bemessungsgrundlage von Körperschaften und ihren Betriebsstätten vereinheitlichen und erst zu einem späteren Zeitpunkt um eine Regelung zur Konsolidierung ergänzt werden (vgl. hierzu ausführlich *Kraft/Hentschel/Apler* RIW 2017, 473 ff.). Die so angestrebte Vereinfachung durch den vermeintlichen Wegfall der Transaktionsüberprüfung durch Fremdvergleichspreise ist jedoch insofern zu kritisieren, dass sich keine Drittstaatenregelung in den aktuellen Entwürfen findet und somit die Parallelexistenz zweier unterschiedlicher Modelle unumgänglich wäre. Durch die strikte Ablehnung der OECD gegenüber jedweder formelhaften Gewinnaufteilung und die annehmbare Unmöglichkeit einer weltweit gültigen Formel, wird einmal mehr die notwendige Transaktionsbezogenheit der Fremdvergleichspreisbestimmung deutlich.

208 Der § 1 Abs. 3 wurde im Rahmen der Unternehmensteuerreform 2008 eingefügt und regelt explizit die Ermittlung des Fremdvergleichspreises bei verschiedenen Fallkonstruktionen, während gleichzeitig der internationale Konsens übernommen wird (WSG/*Kahle/Schulz* § 1 Abs. 3 AStG Rz. 11). Nach dem Gesetzeswortlaut wird zwar die Bestimmung des Verrechnungspreises geregelt; da dieser aber zwischen den beiden beteiligten Parteien frei verhandelbar ist (vgl. → Rz. 11) und erst auf der zweiten Stufe der Gewinnermittlung auf seine steuerliche Angemessenheit hin überprüft wird, hat der Gesetzgeber bei seiner Formulierung wohl eigentlich den Fremdvergleichspreis gemeint (*Wassermeyer* DB 2007, 536). Nachdem in § 1 Abs. 1 der Fremdvergleichsgrundsatz nur allgemein genannt wird (vgl. → Rz. 83 ff.), sieht § 1 Abs. 3 ein Stufenverhältnis für die Bestimmung des Fremdvergleichspreises vor (vgl. ua *Hentschel* Deutsche Regelungen zur internationalen Funktionsverlagerung, 19 ff.; *Kroppen/Rasch/Eigelshoven* IWB Fach 3 Gr. 1, 2209; *Jahndorf* FR 2008, 106 f.):

1) Tatsächlicher Fremdvergleich auf Basis uneingeschränkt vergleichbarer Fremdvergleichswerte. Bei *uneingeschränkt vergleichbaren Fremdvergleichswerten* sind vorrangig die drei Standardmethoden, dh die Preisvergleichs-, Wiederverkaufspreis- und Kostenaufschlagsmethode zu verwenden (§ 1 Abs. 3 S. 1 und 4).
2) Tatsächlicher Fremdvergleich auf Basis eingeschränkt vergleichbarer Fremdvergleichswerte. Bei lediglich *eingeschränkt vergleichbaren Fremdvergleichswerten*

ist nach Vornahme sachgerechter Anpassungen eine (notfalls andere) geeignete Verrechnungspreismethode zu wählen (§ 1 Abs. 3 S. 2 bis 4).

3) Ist mangels (un)eingeschränkt vergleichbarer Werte ein tatsächlicher Fremdvergleich nicht möglich, so ist ein *hypothetischer Fremdvergleich* auf der Grundlage des „ordentlichen und gewissenhaften Geschäftsführers" durchzuführen (§ 1 Abs. 3 S. 5 bis 8 iVm Abs. 1 S. 3).

Kann kein konkreter Fremdvergleichswert iSd ersten zwei Stufen ermittelt werden, wird ein hypothetischer Fremdvergleich notwendig. Dabei wird abweichend vom Grundsatz der Einzelbewertung die Funktion als Transferpaket unter Berücksichtigung der dazugehörigen Chancen und Risiken bewertet (vgl. → Rz. 400). Weicht die tatsächliche Gewinnentwicklung von der ursprünglich prognostizierten erheblich ab, ist eine spätere Preisanpassung möglich (vgl. → Rz. 450). Eine solche Preisanpassungsklausel scheint nach Ansicht des Gesetzgebers zwischen fremden Dritten üblich und somit fremdvergleichskonform zu sein. Die vielen unbestimmt formulierten Rechtsbegriffe des § 1 Abs. 3 erforderten eine genaue Definition oder zumindest eine Interpretationshilfe. Dies erkannte auch der Gesetzgeber und beauftragte das BMF mit der Erstellung einer Funktionsverlagerungsverordnung (FVerlV), welcher der Bundesrat am 4.7.2008 zugestimmte (FVerlV v. 12.8.2008, BGBl. 2008 I 1680). Zudem erließ die Finanzverwaltung am 13.10.2010 die „Grundsätze für die Prüfung der Einkunftsabgrenzung zwischen nahe stehenden Personen in Fällen von grenzüberschreitenden Funktionsverlagerungen (Verwaltungsgrundsätze Funktionsverlagerung)" (BMF v. 13.10.2010, BStBl. I 2010, 774).

einstweilen frei **210–212**

II. Tatsächlicher Fremdvergleich

1. Uneingeschränkt vergleichbare Fremdvergleichswerte

a) Vorgehensweise beim konkreten Fremdvergleich

Der Begriff des Fremdvergleichs beinhaltet zwei dominante Merkmale (Mössner Steuerrecht/*Baumhoff* Rz. 3.71): die Unabhängigkeit bzw. „Fremdheit" der Geschäftspartner (vgl. → Rz. 101 ff.) und die Vergleichbarkeit der Verhältnisse (vgl. → Rz. 106 ff.). Liegen Geschäftsbeziehungen zwischen tatsächlich unabhängigen Geschäftspartnern vor und sind die Verhältnisse mit denen zwischen verbundenen Unternehmen direkt oder indirekt vergleichbar, lässt sich ein konkreter oder tatsächlicher Fremdvergleich zur Prüfung der Angemessenheit der Verrechnungspreise heranziehen. Anderenfalls ist auf einen hypothetischen Fremdvergleich zurückzugreifen (vgl. → Rz. 292).

Beim konkreten Fremdvergleich wird die Angemessenheit des Verrechnungspreises anhand von Rechtsgeschäften beurteilt, die tatsächlich zwischen fremden Dritten abgeschlossen wurden. Es handelt sich folglich um einen Ist-Ist-Vergleich unter Verwendung tatsächlich ermittelter Marktdaten. Ein solcher Vergleich ist im engeren Sinne nur im Rahmen der Preisvergleichsmethode möglich (Vögele Verrechnungspreise/*Borstell* Rz. C 5; vgl. → Rz. 220 zu den Voraussetzungen).

Der tatsächliche Fremdvergleich lässt sich in Form eines internen (innerbetrieblichen) oder eines externen (zwischenbetrieblichen) Vergleichs durchführen. Für den **internen Fremdvergleich** werden die Leistungen des Unternehmens an oder von verbundenen und unverbundenen Unternehmen verglichen. Voraussetzung ist daher der Austausch der gleichen Leistung sowohl mit gesellschaftsrechtlich verbundenen als auch unverbundenen Vertragspartnern. Zu beachten ist hierbei insbesondere, dass die verwendeten Vergleichsmaßstäbe repräsentativ sind und über ein entsprechendes Volumen verfügen (vgl. auch BFH v. 17.10.2001, I R 103/00, BFHE 197, 68). Der interne Fremdvergleich stellt bei Vorhandensein eines entsprechenden Datenbestandes die theoretisch wohl exakteste Methode dar, weil der Maßstab des fremdvergleichsüblichen Verhaltens durch das Unternehmen selbst gesetzt wird (*FWBS* § 1 AStG Rz. 309; *Isensee* IStR 2002, 466; *Jacobs* Internationale Unternehmensbesteuerung 567 f.). Probleme dürften dann auftreten, wenn durch geringe Leistungsvolumina versucht wird, den Vergleichspreis zu beeinflussen.

216 Der **externe Fremdvergleich** beruht auf Leistungsbeziehungen zwischen fremden Dritten, von denen keiner dem Unternehmensverbund der untersuchten Konzerngesellschaft angehört. Allerdings bereitet es zT erhebliche Schwierigkeiten, Daten vergleichbarer Unternehmen zu ermitteln. Zudem wird kaum abzulesen sein, ob im Einzelfall tatsächlich voneinander völlig unabhängige Unternehmen vorliegen. Auch lässt sich aus dem Datenmaterial idR nicht erkennen, welche Erwägungen das Unternehmen bei der Festsetzung des Preises geleitet haben. Mithin lässt sich die Vergleichbarkeit der Bedingungen aus internen Vorgängen besser beurteilen und ggf. anpassen (zur indirekten Vergleichbarkeit der Bedingungen vgl. → Rz. 119). Daher ist der interne Fremdvergleich zu bevorzugen, soweit ausreichende Daten vorliegen (*Isensee* IStR 2002, 466). Um den – gegenüber dem hypothetischen Fremdvergleich vorzuziehenden, aber oft sehr problematischen – Drittvergleich durchzuführen, wird in der Praxis auf entsprechende Datenbanken zurückgegriffen (vgl. zB die Übersicht bei *Vögele/Crüger* IStR 2000, 516 ff.). Jedoch ist es auch dann nicht immer möglich, eine signifikante Anzahl von Unternehmen aufzuspüren, die über fundierte und vollständig adäquate Vergleichsdaten verfügen (zu Möglichkeiten und Grenzen des Einsatzes von Datenbanken s. *Tucha* IStR 2002, 745 ff.). Ein weiteres Problem ergibt sich bei einer etwaigen Involvierung immaterieller Wirtschaftsgüter, bei der eine Vergleichbarkeitsanalyse erhebliche Probleme aufwerfen kann.

217 Im Ergebnis ist somit bei der Wiederverkaufspreis- und Kostenaufschlagsmethode ein tatsächlicher Fremdvergleich streng genommen nur bei einem innerbetrieblichen Vergleich möglich. Bei einem zwischenbetrieblichen Vergleich dagegen kann immer nur eine Größe, nämlich der Wiederverkaufspreis oder (mit Einschränkungen) die Kostenbasis, dem tatsächlichen Fremdvergleich unterliegen. Der jeweils andere Wert, nämlich die Gewinnmarge oder der Kostenaufschlag, dürfte kaum exakt ermittelbar sein, sondern sich immer an hypothetischen Soll-Vergleichstatbeständen orientieren (*Wassermeyer* DB 2007, 536; noch kritischer *Baumhoff/Ditz/Greinert* DStR 2007, 1462). Dennoch wird vom Gesetzgeber die Verwendung aller drei Standardmethoden dem konkreten Fremdvergleich im weiteren Sinne zugerechnet.

218, 219 *einstweilen frei*

b) Preisvergleichsmethode

Bei der Preisvergleichsmethode (comparable uncontrolled price method) **220** wird der Fremdvergleichspreis aus Marktpreisen abgeleitet, dh es wird eine Bandbreite von Preisen herangezogen, die Fremde am Markt für jeweils vergleichbare Transaktionen vereinbart haben (OECD-Leitlinien 2017 Tzn. 1.40 und 2.14 ff.). Als hauptsächliche Anhaltspunkte für die Ermittlung von Fremdvergleichspreisen nennen VGr 1983 Tzn. 2.1.6 und 2.2.2:
– Börsenpreise, branchenübliche Preise auf dem maßgeblichen Markt sowie sonstige Informationen über den Markt (äußerer Preisvergleich);
– Preise, die fremde Dritte untereinander für vergleichbare Transaktionen auf dem maßgeblichen Markt tatsächlich vereinbart haben (äußerer Preisvergleich);
– Preise, die der Steuerpflichtige oder ihm Nahestehende jeweils mit Dritten für vergleichbare Transaktionen auf dem maßgeblichen Markt tatsächlich vereinbart haben (innerer Preisvergleich).

Entsprechend der Unterscheidung zwischen externem und internem Fremdvergleich (vgl. → Rz. 215 f.) wird also auch bei der Preisvergleichsmethode danach unterschieden, ob ein äußerer bzw. innerer Preisvergleich vorgenommen wird.

Marktpreise zeichnen sich durch weitgehende Objektivität und damit geringe Manipulierbarkeit aus (*Ewert/Wagenhofer* Interne Unternehmensrechnung 576). Allerdings ist es in der Praxis oftmals schwierig, marktorientierte Fremdvergleichspreise abzuleiten. Einerseits können die externen Vergleichsmärkte unvollkommen sein und Produktdifferenzierungen existieren, was das Auffinden von Vergleichsgütern erschwert (*Jacobs* Internationale Unternehmensbesteuerung 568; *Ewert/Wagenhofer* Interne Unternehmensrechnung 576; *Joos* Controlling, Kostenrechnung und Kostenmanagement 104). Andererseits setzt diese Methode theoretisch voraus, dass die transferierte Leistung auch marktfähig ist und *beide,* sowohl liefernde als auch beziehende, Konzerngesellschaften tatsächlich ungehinderten Marktzutritt haben (vgl. *Ewert/Wagenhofer* Interne Unternehmensrechnung 576 f.). Zudem führt der Ansatz von Marktpreisen dazu, dass verbundinterne Zwischengewinne besteuert werden, die aus Gesamtverbundsicht wirtschaftlich noch gar nicht realisiert sind (*Schänzle* Steuerorientierte Gestaltung internationaler Konzernstrukturen 27 f.). Nicht zuletzt konterkarieren Marktpreise das Wesen der Konzernierung, durch welche der Markt eben grundsätzlich ausgeschlossen werden soll (vgl. Kutschker Perspektiven der Internationalen Wirtschaft/*Djanani* 258). **221**

Eine feststehende Regelung für die Anwendungsbereiche der Standardmethoden gibt es zwar nicht (GKG/*Rasch* Art. 9 OECD-MA Rz. 117), jedoch ist die Preisvergleichsmethode, sofern keine börsennotierten Preise vorhanden sind, im Wesentlichen nur bei (substituierbaren) Massenwaren anwendbar (vgl. *Jacobs* Internationale Unternehmensbesteuerung 568 f.; Kutschker Perspektiven der Internationalen Wirtschaft/*Djanani* 257). Ansonsten wird sie für die Verrechnung von Serviceleistungen, insbesondere von EDV- und Werkstattleistungen verwendet (*Dorprigter* CM 1997, 355). Aufgrund der strengen und unpraktikablen Anwendungsvoraussetzungen der Preisvergleichsmethode ist das Augenmerk eher auf die grundsätzliche Vergleichbarkeit der Waren und Leis- **222** tungen zu legen. Kriterien dafür sind ua Produktart, Qualität, Liefer-, Zahlungs- und Abnahmebedingungen (vgl. → Rz. 107; ebenso *Kley* KRP 2001, 268). Im Ergebnis soll die Preisvergleichsmethode nach Schätzungen somit in mehr als 95% der Fälle nicht anwendbar sein (*Wassermeyer* DB 2007, 536 f.).

223–225 *einstweilen frei*

c) Wiederverkaufspreismethode

226 In der Praxis ist es oftmals schwierig, unter Verwendung der Preisvergleichsmethode marktorientierte Fremdvergleichspreise abzuleiten, weswegen häufig auf Ersatzmethoden wie zB die Wiederverkaufspreismethode (resale price method) zurückgegriffen wird. Diese geht in einem retrograden Verfahren davon aus, dass sich an den konzerninternen Leistungsaustausch eine Weiterveräußerung an fremde Abnehmer anschließt (VGr 1983 Tz. 2.2.3; OECD-Leitlinien 2017 Tz. 2.27) und findet daher hauptsächlich für Vertriebsunternehmen Anwendung. Von dem auf dem externen Absatzmarkt letztlich erzielten Preis (Wiederverkaufspreis) wird eine angemessene Brutto-Gewinnspanne abgezogen. Diese muss, um dem Fremdvergleich standzuhalten, die vom Wiederverkäufer übernommenen Funktionen und Risiken (vgl. → Rz. 108) berücksichtigen (VGr 1983 Tz. 2.2.3; *Jacobs* Internationale Unternehmensbesteuerung 569 ff.). Wie bei der Preisvergleichsmethode ist für den konkreten Fremdvergleich ein äußerer oder innerer Betriebsvergleich der Gewinnmargen zulässig. Aus der Rückrechnung des am Absatzmarkt erzielbaren Preises und einer dem Fremdvergleich standhaltenden Bruttomarge ergibt sich eine Bandbreite angemessener Preise, die für die vorangegangene Transaktion zwischen den verbundenen Unternehmen anzusetzen sind (OECD-Leitlinien 2017 Tz. 2.27; *Jacobs* Internationale Unternehmensbesteuerung 568 f.). Gelangt die Ware oder Leistung über eine Kette Nahestehender auf den externen Absatzmarkt, so kann gemäß VGr 1983 Tz. 2.2.3 uU eine Rückrechnung vom letztlich erzielten Marktpreis über die verschiedenen Stufen hinweg bis zum Anfangsglied erfolgen.

227 Die Wiederverkaufspreismethode liefert lediglich Ersatzgrößen für Fälle, in denen die Preisvergleichsmethode nicht anwendbar ist. Dies ist zB bei Vertriebsbeziehungen der Fall, für die kein Marktpreis feststellbar ist und allein das verbundene Vertriebsunternehmen mit dem Vertrieb der Fertigwaren im Absatzgebiet betraut ist (vgl. VGr 1983 Tz. 3.1.3 Bsp. 1). Dabei handelt es sich insbesondere um Geschäfte, bei denen der Wiederverkäufer eine nur unwesentliche Wertschöpfung am Gut verrichtet, dh eine reine Vertriebsfunktion ausübt (OECD-Leitlinien 2017 Tzn. 2.27, 2.35; *Jacobs* Internationale Unternehmensbesteuerung 570 f.).

228, 229 *einstweilen frei*

d) Kostenaufschlagsmethode

230 Wie die Wiederverkaufspreismethode ist auch die Kostenaufschlagsmethode (cost plus method) dann anzuwenden, wenn Vergleichspreise nicht vorliegen. Allerdings weist sie noch weniger Marktnähe auf als die Wiederverkaufspreismethode, die an den am Markt erzielbaren Wiederverkaufspreis anknüpft (*Masuch* AG 1986, 156). Im Rahmen der Kostenaufschlagsmethode wird der angemessene Verrechnungspreis auf Grundlage der Kosten des leistenden Unternehmens ermittelt und um einen branchenüblichen Gewinnaufschlag erhöht (OECD-Leitlinien 2017 Tz. 2.45; Vögele Verrechnungspreise/*Vögele*/*Raab* Rz. D 250). Dieser angemessene Gewinnaufschlag kann durch einen internen oder durch einen externen Fremdvergleich ermittelt werden, wobei die Funktions- und Risikoverteilung zu berücksichtigen ist (*Jacobs* Internationale Unternehmensbesteuerung 573 f.; vgl. → Rz. 108). Wie bei der Wiederverkaufspreismethode sehen die VGr 1983 eine gestufte Anwendung der Methode vor, falls die Ware oder Leistung mehrere Konzernstufen passiert, bevor sie auf den externen Absatzmarkt gelangt (VGr 1983 Tz. 2.2.4).

Genauso wie die Gewinnkomponente muss die Kostenkomponente der **231** Cost-Plus-Preise dem Fremdvergleichsgrundsatz entsprechen. Sofern das analysierte Konzernunternehmen Lieferungen oder Leistungen an konzernfremde Dritte erbringt, verlangen die VGr 1983 eine entsprechende Anwendung der verwendeten Kalkulationsmethoden auf die konzerninternen Transaktionen (VGr 1983 Tz. 2.2.4). Sind derartige Vergleichstransaktionen nicht verfügbar, so ist auf Kalkulationsmethoden zurückzugreifen, die betriebswirtschaftlichen Grundsätzen entsprechen (VGr 1983 Tz. 2.2.4). Der Steuerpflichtige ist demnach nicht auf eine bestimmte Kostenbasis festgelegt. Nach den OECD-Leitlinien sollte die Kostenaufschlagsmethode als Bruttomargenmethode verstanden werden. Somit bilden die direkten und indirekten Fertigungskosten idR die Kostenbasis. Hiervon abzugrenzen sind die betrieblichen Aufwendungen des Gesamtunternehmens (OECD-Leitlinien 2017 Tz. 2.54; Vogel/Lehner/*Eigelshoven* Art. 9 Rz. 79). Den Ansatz von Grenzkosten akzeptieren die OECD-Leitlinien dagegen nur, wenn die Produkte nachweislich auf dem ausländischen Markt gegenüber fremden Dritten nicht zu höheren Preisen absetzbar gewesen wären (OECD-Leitlinien 2017 Tz. 2.57).

Bei der Ermittlung der Kostenbasis schreiben die VGr 1983 keine bestimm- **232** ten Berechnungssysteme vor (VGr 1983 Tz. 2.4.3). Theoretisch möglich ist daher eine **Istkostenrechnung.** Problematisch ist neben der naturgemäßen ex-post-Betrachtung insbesondere die exakte Erfassung der Kosten (Vögele Verrechnungspreise/*Vögele*/*Raab* Rz. D 250). Ein weiterer Nachteil dieser Vorgehensweise ist die direkte Auswirkung von Kostenänderungen auf den angemessenen Verrechnungspreis, die nicht dem Fremdvergleichsgrundsatz entspricht (*Jacobs* Internationale Unternehmensbesteuerung 572 f.). Daher wird in der Praxis eher auf die Normal- oder die Plankostenrechnung zurückgegriffen. Ein Vorteil der **Plankostenrechnung** im Vergleich zur Istkostenmethode ist die ex-ante-Betrachtung, die dem Fremdvergleichsgrundsatz wesentlich besser gerecht wird (Vögele Verrechnungspreise/*Vögele*/*Raab* Rz. D 293 f.). Nachteilig ist dagegen ihre Eigenschaft als Prognosewert, da dadurch die Nachprüfbarkeit erschwert und der Manipulationsspielraum erweitert werden könnte (*Jacobs* Internationale Unternehmensbesteuerung 572 f.). Die **Normalkostenrechnung** stellt eine Normierung und somit Vereinfachung der Istkosten dar. Durch den Rückgriff auf Durchschnittswerte und dem daraus folgenden Ausschluss kurzfristiger Schwankungen ermöglicht sie eine erheblich einfachere und schnellere Kalkulation ohne ihre wesentliche Aussagekraft zu verlieren (Vögele Verrechnungspreise/*Vögele*/*Raab* Rz. D 289 f.).

Entgegen der gesetzlichen Gleichstellung der drei Standardmethoden (vgl. **233** → Rz. 207) stellen Cost-Plus-Preise aufgrund der praktischen Schwierigkeiten bei der Bestimmung der Fremdvergleichspreise letztlich eher eine Ersatzgröße dar. Sowohl die Ermittlung der Kostenbasis als auch des Gewinnaufschlags kann Probleme bereiten. Aufgrund der Vernachlässigung der Nachfragerseite müssen die ermittelten Preise somit nicht zwingend Marktpreisen entsprechen. Trotz ihrer konzeptionellen Mängel ist die Kostenaufschlagsmethode zur Beurteilung des (nicht marktgängigen) konzerninternen Dienstleistungsverkehrs, bei Verträgen über die Nutzung gemeinsamer Einrichtungen zwischen verbundenen Unternehmen und zur Preisfindung für nicht marktgängige Produkte und Halbfabrikate aber häufig die einzig anwendbare Verrechnungspreismethode (OECD-Leitlinien 2017 Tz. 2.45; *Jacobs* Internationale Unternehmensbesteuerung 573f.; in Vögele Verrechnungspreise/*Vögele/Raab* Rz. D 255). Ein besonderer Anwendungsfall ist die Lohnfertigung oder Lohnveredelung, auch unter dem Begriff der „verlängerten Werkbank" kursierend (VGr 1983 Tz. 3.1.3 Bsp. 3).

234–236 *einstweilen frei*

e) Sonstige Verrechnungspreismethoden

237 Gewinnorientierte transaktionsbezogene Verfahren ermitteln die Angemessenheit des Verrechnungspreises durch Rückschluss aus einer betriebswirtschaftlich angemessenen Gewinnaufteilung aus der einzelnen Transaktion. Explizit in den OECD-Leitlinien aufgeführt werden die geschäftsvorfallbezogene Nettomargenmethode (Transactional net margin method (TNMM), OECD-Leitlinien 2017 Tzn. 2.64ff.) sowie, als Unterfälle der geschäftsvorfallbezogenen Gewinnaufteilungsmethode (Transactional profit split method), die Beitragsanalyse (Contribution analysis, OECD-Leitlinien 2017 Tzn. 2.125f.) und die Restwertanalyse (Residual analysis, OECD-Leitlinien 2017 Tzn. 2.127ff.). Globalmethoden, wie die globale Gewinnzerlegung, die eine Gewinnaufteilung anhand starrer Formeln (die zB von fremden Unternehmen übernommen wurden) vornehmen, sind nicht zulässig (OECD-Leitlinien 2017 Tz. 1.21; 1.32). Damit wird einmal mehr die Transaktionsbezogenheit der Fremdvergleichspreisbestimmung deutlich.

238 Hinsichtlich der Akzeptanz der gewinnbasierten Methoden für die Praxis der Prüfung und Festlegung von internationalen Verrechnungspreisen ist eine Unterscheidung vorzunehmen. Während die geschäftsvorfallbezogenen Gewinnmethoden auf der einen Seite sowohl von der OECD als auch von den deutschen Finanzbehörden zur Anwendung zugelassen werden, werden die Globalmethoden grundsätzlich abgelehnt (vgl. OECD-Leitlinien 2017 Tzn. 2.62ff.; 1.32; BMF vom 12.4.2005, IV B 4 – S 1341 – 1/05, BStBl. I 2005, 570, Rz. 3.4.10.3 Buchst. b), c). In den letzten Jahren ist eine generelle Aufwertung der geschäftsvorfallbezogenen Gewinnmethoden gegenüber den klassischen Methoden zu verzeichnen. Diese Aufwertung lässt sich insbesondere auf die Neufassung der Kapitel I bis III der OECD-Leitlinien 2017 zurückführen. Hier wurde die grundsätzliche Nachrangigkeit der gewinnorientierten Methoden („methods of last resort") aufgegeben (vgl. Wassermeyer/Baumhoff Verrechnungspreise/*Greinert* Rz. 5.82; *Naumann* IStR 2013, 616; detailliert zu den Methoden vgl. Wassermeyer/Baumhoff Verrechnungspreise/*Greinert* Rz. 5.82ff.; Mössner Steuerrecht/*Baumhoff* Rz. 3.219ff.). Nach Erfahrungen der deutschen Finanzverwaltung werden jedoch bereits 80% der „einfachen"

E. § 1 Abs. 3 239–242 § 1

Fälle" (Vertriebsgesellschaften, Produktionsgesellschaften oder Dienstleistungsgesellschaften) von vornherein nach den geschäftsvorfallbezogenen Gewinnmethoden abgerechnet (vgl. *Naumann* IStR 2013, 616; Wassermeyer/Baumhoff Verrechnungspreise/*Baumhoff/Liebchen* Rz. 5.141).

Da die **Transaktionsbezogene Nettomargenmethode** (TNMM) gewisse Ähnlichkeiten mit der Wiederverkaufspreismethode und der Kostenaufschlagsmethode aufweist (OECD-Leitlinien 2017 Tzn. 2.64 ff.), kann sie eher als mit dem Fremdvergleichsgrundsatz vereinbar angesehen werden als die Gewinnaufteilungsmethoden. Die TNMM untersucht die Angemessenheit einer Gewinnmarge bezogen auf eine angemessene Grundlage wie etwa Kosten, Umsatz oder Anlagevermögen. Dabei wird die Gewinnspanne für einen bestimmten Geschäftsvorfall analysiert. Es handelt sich dabei vorwiegend um die Netto-Gewinnspanne, die bevorzugter Weise in einem konkreten (internen) Fremdvergleich ermittelt werden soll (GKG/*Rasch* Art. 9 OECD-MA Rz. 114). Anderenfalls ist ein externer Fremdvergleich unter Anwendung einer Funktions- und Risikoanalyse vorzunehmen (vgl. → Rz. 108). 239

Gewinnaufteilungsmethoden finden va dann Anwendung, wenn bei eng miteinander verwobenen Geschäftsvorfällen eine einzelne Beurteilung nicht mehr möglich ist (Vögele Verrechnungspreise/*Vögele/Witt* Rz. 139). Stattdessen wird versucht, nach betriebswirtschaftlichen Maßstäben eine Aufteilung des Gesamtgewinns des zu beurteilenden Geschäftsvorfalles festzulegen, die auch unabhängige Unternehmen im Rahmen vergleichbarer Geschäftsvorfälle akzeptieren würden (OECD-Leitlinien 2017 Tz. 2.63; VGr 1983 Tz. 2.4.6). Die Ermittlung der zuzuweisenden Gewinnanteile bestimmt sich nach der Verteilung von Funktionen und Risiken zwischen den beteiligten Unternehmen (vgl. → Rz. 108). Dabei ist insbesondere eine etwaige Einbindung immaterieller Wirtschaftsgüter zu berücksichtigen. Zugrundezulegen ist nach dem Wortlaut der VGr 1983 Tz. 2.4.6 das Verhalten eines ordentlichen und gewissenhaften Geschäftsleiters auf beiden Seiten (vgl. → Rz. 132). Die OECD-Leitlinien beschreiben insbesondere eine Gewinnaufteilung nach der Beitrags- und der Restgewinnmethode. 240

Bei der **Beitragsanalyse** bestimmt der Wert der von den beteiligten Parteien ausgeübten Funktionen und getragenen Risiken (unter Berücksichtigung des Kapitaleinsatzes) die Aufteilung. Ergänzt wird dieses Verfahren durch externe Marktdaten, die Aufschluss darüber geben, wie unabhängige Unternehmen den Gewinn unter ähnlichen Verhältnissen geteilt hätten (OECD-Leitlinien 2017 Tz. 2.125). 241

Die **Restgewinnanalyse** als Gewinnaufteilungsverfahren vollzieht sich in zwei Stufen. Auf der ersten Stufe wird jeder der Parteien ein ausreichender Gewinn zugeordnet, der ihnen eine für die Art des getätigten Geschäftes angemessene Mindestrendite sichert. Diese wird sich idR nach den Markterträgen richten, die von unabhängigen Unternehmen für gleichartige Geschäfte erzielt werden. Übrig bleibt ein Restgewinn oder -verlust, der in einer zweiten Stufe den Parteien – wiederum unter Beachtung des Fremdvergleichsgrundsatzes – zugerechnet wird (OECD-Leitlinien 2017 Tz. 2.127). OECD-Leitlinien 2017 Tz. 2.127 geht davon aus, dass es sich bei den Restgewinnen in erster Linie um Gewinne handeln wird, die mit hochrentierlichen oder sogar einmaligen immateriellen Vermögenswerten verbunden sind. Somit unter- 242 stellt die Restgewinnanalyse, dass alle Funktionserträge, die nicht leicht aufzuteilen sind, solchen immateriellen Vermögenswerten zuzurechnen sind, was im konkreten Fall nicht gerechtfertigt sein mag (GKG/*Rasch* Art. 9 OECD-MA Rz. 112).

243 Im Gegensatz zu den transaktionsbezogenen Standard- und Gewinnmethoden wird bei der Anwendung der **globalen formelhaften Gewinnaufteilungsmethode** kein Fremdvergleich vorgenommen. Stattdessen wird der einheitlich festgestellte Gesamtgewinn der verbundenen Personen nach einer vorher festgelegten Formel auf diese Personen verteilt. Dies kann zB dadurch geschehen, dass die Gewinnverteilungsschlüssel fremder Unternehmensverbände einfach übernommen werden. Von den OECD-Ländern wird diese Methode als nicht sachgerecht und nicht mit dem in Art. 9 des OECD-MA kodifizierten Fremdvergleichsgrundsatz vereinbar abgelehnt (OECD-Leitlinien 2017 Tzn. 1.16 ff.). Globale Methoden ignorieren die Umstände des einzelnen Geschäfts und weisen demzufolge nicht den geforderten Transaktionsbezug auf. Des Weiteren besteht eine erhebliche Doppelbesteuerungsgefahr, wenn die nationalen Steuerbehörden solche Methoden unabgestimmt benutzen. Eine vorherige Einigung aller beteiligten Finanzverwaltungen wäre unerlässlich, erscheint aber unrealistisch. Eher besteht die Gefahr, dass sich der Verteilungskampf der nationalen Fisci dadurch sogar noch verschärfen könnte (OECD-Leitlinien 2017 Tzn. 1.22 ff.). Die Befürworter der Globalmethode argumentieren dagegen, dass auf diese Weise der Verwaltungsaufwand reduziert und die Planungssicherheit für die Unternehmen erhöht werden könne (OECD-Leitlinien 2017 Tz. 1.19). Immerhin wurde bei der EU-Kommission erneut über ein Modell der Globalmethode im Rahmen einer Gemeinsamen konsolidierten Körperschaftsteuer-Bemessungsgrundlage (GKKB) diskutiert. Hierzu wurde am 16.3.2011 auch ein entsprechender Richtlinienvorschlag veröffentlicht (vgl. KOM(2011) 121/4, detailliert hierzu *Oestreicher* et al. StuW 2014, 326; *Petutschnig* StuW 2012; *Lang* StuW 2012, 297; *Eggert* ISR 2013, 304; *Treidler/Grothe* StuW 2014, 175). Da die Umsetzung eine Abkehr vom Fremdvergleichsgrundsatz und damit eine fundamentale Reform der Steuersysteme der einzelnen Mitgliedstaaten bedeuten würde sowie verschiedene Elemente, wie beispielsweise die steuerliche Konsolidierung und Gewinnaufteilung, zu kontroversen Diskussionen unter den Mitgliedstaaten geführt haben, hat sich die Kommission in ihrem Aktionsplan vom 17.6.2015 (Europäische Kommission v. 17.6.2015, COM(2015) 302) für ein schrittweises Vorgehen bei der Einführung der GKKB entschieden (Für ein schrittweises Vorgehen bereits *Herzig* DB 2012, 3; *Herzig* FR 2012, 762). Zur Umsetzung wurden am 25.10.2016 zwei neue Richtlinienentwürfe veröffentlicht. Demnach konzentriert sich der Richtlinienentwurf vom 25.10.2016 für eine Gemeinsame Körperschaftsteuer-Bemessungsgrundlage (GKB RL-E v. 25.10. 2016) auf den „ersten Schritt" der Harmonisierung der steuerlichen Gewinnermittlungsvorschriften und der Richtlinienentwurf vom 25.10.2016 für eine GKKB (GKKB RL-E v. 25.10.2016) auf den „zweiten Schritt" der Konsolidierung der Steuerbemessungsgrundlage sowie deren formelbasierte Aufteilung (vgl. ausführlich hierzu *Kraft/Hentschel/Apler* RIW 2017, 473 ff.).

244–249 *einstweilen frei*

E. § 1 Abs. 3

2. Eingeschränkt vergleichbare Fremdvergleichswerte

Bei der Anwendung der Verrechnungspreismethoden, va aber bei der Rechtsfolge der drohenden Einengung der Bandbreite (vgl. → Rz. 274), wird auf den ersten beiden Stufen unterschieden, ob die Fremdvergleichswerte nach Vornahme sachgerechter Anpassungen (vgl. → Rz. 255) uneingeschränkt (S. 1) oder eingeschränkt (S. 2) vergleichbar sind. *Wassermeyer* bezweifelt zu Recht, ob im Falle des S. 1 solche Korrekturen vom Wortlaut her einer uneingeschränkten Vergleichbarkeit nicht widersprechen (*Wassermeyer* DB 2007, 537). Er verweist auf die unpräzise Regelung in VWG-Verfahren Tz. 3.4.12.7 Buchst. a), wonach eine uneingeschränkte Vergleichbarkeit nur in wenigen Ausnahmefällen, ua bei „hinreichend genauen" Anpassungen, gegeben ist. Dagegen wird unter Buchst. c) die eingeschränkte Vergleichbarkeit bejaht, wenn Unterschiede, zB anhand von Funktions- und Risikoanalysen (vgl. → Rz. 108), feststellbar sind und mit Hilfe von Anpassungsrechnungen berücksichtigt werden können. Schon aufgrund dieser Wortwahl wird deutlich, wie unscharf die Grenzen sind, zumal eine solche Funktionsanalyse mit den entsprechenden Konsequenzen wiederum zu einer uneingeschränkten Vergleichbarkeit der Daten nach S. 1 führen kann (kritisch hierzu *Wulf* DB 2007, 2281). Der Gesetzgeber scheint die restriktive Sichtweise der Finanzverwaltung somit nicht zu teilen und die uneingeschränkte Vergleichbarkeit weiter auslegen zu wollen als nur auf Ausnahmefälle, wie zB homogene Güter (*Baumhoff/Ditz/Greinert* DStR 2007, 1463). Dagegen werden in der Gesetzesbegründung Preise, Bruttomargen, Kostenaufschlag- oder Provisionssätze als Beispiele für mögliche eingeschränkt vergleichbare Fremdvergleichswerte genannt (BT-Drs. 16/4841, 85). Im Ergebnis wird somit aber auf dieselben Merkmale abgestellt, die auch die Standardmethoden kennzeichnen, die bei den uneingeschränkt vergleichbaren Fällen des S. 1 vorrangig verwendet werden sollen. **250**

Der Übergang von (nach Vornahme sachgerechter Anpassungen) uneingeschränkt zu lediglich eingeschränkt vergleichbaren Fremdvergleichswerten scheint somit fließend und mehr oder weniger willkürlich zu sein. Besonders deutlich wird dies bei der Abgrenzung der eingeschränkten Vergleichbarkeit zur Unvergleichbarkeit von Daten. Letztere liegt nach VWG-Verfahren Tz. 3.4.12.7 Buchst. b) vor, wenn „die Unterschiede durch Anpassungsrechnungen nicht beseitigt werden können." Dabei handelt es sich selbst aus Sicht der Finanzverwaltung „weitgehend [um] eine Frage der Bewertung im Einzelfall" (VWG-Verfahren Tz. 3.4.12.7. Buchst. c). Dies verdeutlicht, wie undurchführbar eine solch unbestimmte Gesetzesnorm letztendlich in der Praxis ist (*Wassermeyer* DB 2007, 537). **251**

Ein Widerspruch zu der im Kontext der direkten bzw. indirekten Vergleichbarkeit konstatierten Möglichkeit, durch Anpassungsrechnung die direkte Vergleichbarkeit herzustellen (vgl. → Rz. 117 ff.), liegt insoweit nicht vor. Das Begriffspaar direkte/indirekte Vergleichbarkeit ist nicht deckungsgleich mit dem Begriffspaar der uneingeschränkten/eingeschränkten Vergleichbarkeit. **252**

einstweilen frei **253, 254**

3. Vornahme sachgerechter Anpassungen

255 Da die Vergleichbarkeit der Transaktionen von vielen verschiedenen Faktoren abhängt, dürfte das Auftreten eines absolut identischen Geschäftsvorfalls im Vergleich von unabhängigen Unternehmen zu verbundenen Unternehmen faktisch auszuschließen sein. Um dennoch eine – zumindest eingeschränkte – Vergleichbarkeit herzustellen, sind Anpassungsrechnungen durchzuführen (vgl. auch die Beispiele in VGr 1983 Tz. 2.1.7). Diese haben neben den eingesetzten Wirtschaftsgütern im Rahmen einer Funktionsanalyse (vgl. → Rz. 260) auch die ausgeübten Funktionen und die übernommenen Chancen und Risiken (vgl. → Rz. 265) zu berücksichtigen. Zu möglichen Anpassungsrechnungen kann auf das Unterkapitel zur Vergleichbarkeit der Verhältnisse als Merkmal des Fremdvergleichs verwiesen werden (vgl. → Rz. 106 ff.).

256–259 *einstweilen frei*

a) Funktionsanalyse

260 Für eine sachgerechte Anpassungsrechnung ist es unerlässlich, die mit der Transaktion verbundenen Funktionen und Risiken zu berücksichtigen. Auch die VGr 1983 stellen für die Einkunftsabgrenzung in Tz. 2.1.3. ausdrücklich auf die Funktions- und Risikoverteilung zwischen den nahe stehenden Unternehmen ab. Welche Funktionen und Risiken bei der Dokumentation, die auch als tabellarische Darstellung möglich ist, insbesondere aufzuzeichnen und ggf. zu erläutern sind, ergibt sich aus VWG-Verfahren Tz. 3.4.11.4. Bezüglich der im Rahmen einer Funktionsanalyse zu berücksichtigenden Aspekte kann auf OECD-Leitlinien 2017 Tz. 1.51 sowie die Vergleichbarkeit der Verhältnisse als Merkmal des Fremdvergleichs verwiesen werden (vgl. → Rz. 106 ff.).

261–264 *einstweilen frei*

b) Chancen und Risiken

265 Grundsätzlich kann bei dem Begriff der Chancen und Risiken auf die Definition nach S. 9 verwiesen werden (vgl. → Rz. 363 ff.). Zu beachten ist allerdings, dass es im Rahmen der Funktionsverlagerung zu einer Gesamtbewertung des Transferpakets kommt, während beim tatsächlichen Fremdvergleich nach S. 1 eine Einzelbewertung erfolgt. Im Ergebnis sind daher nicht allgemeine Gewinnpotenziale, sondern nur die den einzelnen Wirtschaftsgütern zuzuordnenden Chancen und Risiken zu berücksichtigen. Als Chancen sind deshalb va die bereits gebildeten stillen Reserven zu qualifizieren. Im Rahmen einer Funktionsanalyse können aber noch weitere Chancen identifiziert werden. Eine nicht direkt zurechenbare Geschäftschance wird dagegen lediglich dann berücksichtigt, wenn sie iSd vom BFH entwickelten Geschäftschancenlehre hinreichend konkret und bewertbar ist (vgl. → Rz. 367). Neben den werterhöhenden Chancen sind auch die wertmindernden Risiken bei der Preisfindung heranzuziehen. Diese hängen erheblich von den ausgeübten Funktionen ab und sind demnach, ebenso wie die Chancen, im Rahmen der Funktionsanalyse zu quantifizieren (vgl. → Rz. 260).

266–269 *einstweilen frei*

4. Bandbreiten bei der Ermittlung angemessener Verrechnungspreise

Um nachzuweisen, dass die eigenen Verrechnungspreise dem Fremdvergleich standhalten, genügt es theoretisch, wenn die Daten nur eines existenten vergleichbaren Unternehmens herangezogen werden (*FWBS* § 1 AStG Rz. 307 f.). Allerdings ist es aus Verteidigungsaspekten ratsam, **mehrere Vergleichsunternehmen** in die Analyse einzubeziehen. Zum einen kann das Finanzamt auch dann, wenn der Steuerpflichtige auf den Preis eines einzigen Vergleichsunternehmens verweist, prüfen, ob die wirtschaftlichen Umstände des Steuerpflichtigen nicht einen anderen Preis erfordert hätten (entsprechend BFH v. 17.10.2001, I R 103/00, BFHE 197, 68). Zum anderen können zwei unterschiedliche Vergleichsunternehmen auch unterschiedliche Geschäftsstrategien (zB aufgrund von Konkurrenz- und Wettbewerbsverhältnissen) verfolgen (*FWBS* § 1 AStG Rz. 232 ff.). Werden mehrere Vergleichsunternehmen herangezogen, so ergibt sich eine Bandbreite möglicher angemessener Verrechnungspreise („arm's length range"). Sowohl die OECD (vgl. zB OECD-Leitlinien 2017 Tzn. 1.13 sowie 3.55) als auch die deutsche Finanzverwaltung (VGr 1983 Tz. 2.1.9 Bsp. 1) erkennen an, dass der Fremdvergleichsgrundsatz kein exakter Beurteilungsmaßstab ist, der in einem einzigen zutreffenden Verrechnungspreis resultiert; vielmehr ergibt sich eine Bandbreite angemessener Verrechnungspreise, was mit Einführung des neuen Abs. 3 durch S. 1 2. Hs. auch gesetzlich verankert wurde. **270**

Eine solche Bandbreite von Fremdvergleichspreisen kann sich sowohl bei der Verwendung einer als auch **mehrerer Verrechnungspreismethoden** ergeben (OECD-Leitlinien 2017 Tz. 3.58). Diese Methoden sind letztlich nur Hilfsmittel zur Feststellung der angemessenen Verrechnungspreise, mit denen zwangsläufig Unschärfen verbunden sind. Ein „richtiger" Verrechnungspreis im Sinne eines mathematisch exakt fixierbaren Werts kann nicht festgestellt werden (BFH v. 17.10.2001, I R 103/00, BFHE 197, 68). Der Fremdvergleichspreis ist vielmehr ein praxisbezogener Näherungswert, der aufgrund unterschiedlicher Methoden unterschiedliche Werte – auch innerhalb der Methoden – annehmen kann (GKG/*Rasch* Art. 9 OECD-MA Rz. 120). **271**

Aus OECD-Leitlinien 2017 Tz. 3.60 lässt sich ablesen, dass nach Ansicht der OECD Verrechnungspreiskorrekturen grundsätzlich nur dann vorgenommen werden sollten, wenn die Bandbreite ohne hinreichende Gründe verlassen wird. Daraus ist der Umkehrschluss zu ziehen, dass grundsätzlich jeder Preis innerhalb der Bandbreite als angemessen zu betrachten ist und insofern nicht zu einer Einkommensberichtigung führen dürfe (OECD-Leitlinien 2017 Tz. 3.60; *FWBS* § 1 AStG Rz. 157 f.; Kroppen, Internationale Verrechnungspreise/*Dawid/Renaud* Anm. 231 zu OECD-Leitlinien 2010 Tz. 3.60). Allerdings empfiehlt die OECD an gleicher Stelle, dass im Falle einer notwendigen Berichtigung diese auf den Preis innerhalb der Bandbreite abzielen soll, der am besten den Gegebenheiten und Umständen des betreffenden konzerninternen Geschäfts entspricht (OECD-Leitlinien 2017 Tz. 3.61). Eine Präzisierung dieser Preisermittlung erfolgt aber naturgemäß nicht (Wassermeyer/*Sieker* Art. 9 OECD-MA Rz. 155). **272**

273 Noch weiter geht der BFH in seinem Urt. v. 17.10.2001, wonach sich die Finanzverwaltung im Streitfall an dem für den Steuerpflichtigen günstigeren Ober- oder Unterwert der Bandbreite (die allerdings schon durch die Verwendung zweier Methoden eingeschränkt war) zu orientieren hat (BFH v. 17.10.2001, I R 103/00, BFHE 197, 68). Innerhalb der Preisspanne entspricht per definitionem jeder Preis, also auch die Randwerte, dem Fremdvergleichsgrundsatz und ist daher von der Finanzverwaltung zu akzeptieren (Vögele Verrechnungspreise/*Borstell* Rz. B 125). Eine Gewinnkorrektur kann somit rechtlich nur begründet werden, wenn die angesetzten Verrechnungspreise vom Fremdvergleich abweichen (WSG/*Rupp* § 1 Abs. 1 AStG Rz. 220). Eine Ausnahme besteht lediglich dann, wenn die sog. Beweisrisikoverteilung zu Lasten des Steuerpflichtigen wirkt (WSG/*Rupp* § 1 Abs. 1 AStG Rz. 220).

274 Falls die Fremdvergleichswerte nur eingeschränkt vergleichbar sind (vgl. → Rz. 250), hält der Gesetzgeber eine **Einengung der Bandbreite** für notwendig (§ 1 Abs. 3 S. 3), da sich in diesem Fall im Vergleich zu den uneingeschränkt vergleichbaren Werten regelmäßig eine größere Bandbreite ergeben soll (BT-Drs. 16/4841, 85). Ziel der Eingrenzung ist die Eliminierung sog. Ausreißer, welche die Bandbreite übermäßig nach unten oder oben erweitern. Dieser Vorgehensweise ist jedoch nur bedingt zuzustimmen. Vom Grundsatz her sind alle Preise innerhalb der Bandbreite anzuerkennen (vgl. BFH v. 17.10.2001, I R 103/00, BFHE 197, 68; OECD-Leitlinien 2017 Tz. 3.60). So sind nach der ständigen Rechtsprechung des BFH auch Werte an dem für den Steuerpflichtigen günstigsten Rand der Bandbreite anzuerkennen (vgl. BFH v. 17.10.2001, I R 103/00, BFHE 197, 68). Wie eine solche Einengung aber im Detail auszusehen hat, ist dem Gesetzeswortlaut nicht zu entnehmen; die Gesetzesbegründung verweist in diesem Fall auf die VWG-Verfahren (BT-Drs. 16/4841, 85).

275 Die Bandbreite kann durch die **Verwendung verschiedener Verrechnungspreismethoden** ausgeweitet oder eingeschränkt werden. Durch die Kombination der Methoden entstehen zwangsläufig mehrere Bandbreiten, wobei der angemessene Verrechnungspreis laut Vorschlag der OECD-Leitlinien (OECD-Leitlinien 2017 Tz. 3.58) im überlappenden Teil dieser verschiedenen Bandbreiten eingegrenzt wird (ähnlich VWG-Verfahren Tz. 3.4.12.5 Buchst. c). Aber auch andere innerhalb einzelner Bandbreiten liegende Preise sind steuerlich anzuerkennen (Kroppen, Internationale Verrechnungspreise/*Dawid/Renaud* Anm. 203 zu Tz. 3.55 OECD-Leitlinien 2010). Der BFH geht in seinem Urt. v. 17.10.2001 für den speziell entschiedenen Fall zunächst von einer aus der Wiederverkaufspreismethode resultierenden Bandbreite aus, die dann jedoch mit Hilfe der Kostenaufschlagsmethode oder im Wege einer Vergleichbarkeitsanalyse einzuschränken sei (BFH v. 17.10.2001, I R 103/00, BFHE 197, 68). Dieses Vorgehen widerspricht allerdings dem in den VGr 1983 und den OECD-Leitlinien festgehaltenen Prinzip, dass die Verrechnungspreismethoden zwar kombiniert angewandt werden können, aber nicht müssen.

276 Auch **Plausibilitätsüberlegungen** sollen nach Ansicht der deutschen Finanzverwaltung zu einer Einengung der Bandbreite herangezogen werden (VWG-Verfahren Tz. 3.4.12.5. Buchst. c). So lässt Bsp. 1 in VGr 1983 Tz. 2.1.9 erkennen, dass der Steuerpflichtige nicht willkürlich das für ihn günstigste Ergebnis auswählen kann. Dies bedeutet, dass zwei verbundene Unternehmen den steuerlich anzuerkennenden Verrechnungspreis nicht ohne weitere betriebswirtschaftlich beachtliche Gründe auf die Ober- oder Untergrenze des Preisbandes festsetzen können. Nicht zuletzt bei der Auswahl eines Verrechnungspreises aus der bereits angemessenen Bandbreite muss sich der Steuerpflichtige nach Ansicht der Finanzverwaltung demnach an dem Verhalten eines ordentlichen und gewissenhaften Geschäftsleiters gegenüber fremden Dritten messen lassen. Er wird auf eine im Sinne seines Unternehmens ausgewogene Preisgestaltung bedacht sein (ähnlich *Runge* IStR 1995, 508). Diese Auffassung ist grundsätzlich abzulehnen, denn das Auftreten von Bandbreiten bei der Fremdvergleichspreisbestimmung ist unbestritten; eine derartige zusätzliche faktische Einengung der bereits ermittelten Bandbreite würde in letzter Konsequenz doch wieder eine Reduzierung auf einen einzigen Fremdvergleichspreis bedeuten. Basierend auf unterschiedlichen temporären Zielsetzungen oder absatz- und beschaffungswirtschaftlichen Entscheidungsspielräumen entspricht es umgekehrt nicht dem Verhalten eines ordentlichen und gewissenhaften Geschäftsleiters, sich dauerhaft auf seinen Grenzpreis festlegen zu lassen, sondern vielmehr innerhalb von Preisgrenzen zu handeln. (*FWBS* § 1 AStG Rz. 319 ff.). Allerdings gibt es viele Situationen, die es rechtfertigen, dass ein Verhandlungspartner vorübergehend auf seinen Grenzpreis bzw. in dessen Nähe fixiert wird. Derartige Verhandlungssituationen können im Rahmen von Überkapazitäten, Großaufträgen, Markterschließungsmaßnahmen, Prestigeprojekten, Verbundgeschäften etc. auftreten. Auch können die allgemeinen Markt- und Wettbewerbsverhältnisse (zB Monopolsituationen) ein solches Verhalten verlangen (*FWBS* § 1 AStG Rz. 232; vgl. → Rz. 112).

Im Gegensatz zu den US-Regulations (Sec. 1.482-1e 2 iii IRC) besteht bislang im deutschen Steuerrecht sowie nach Art. 9 OECD-MA keine Verpflichtung, die gewonnene Verrechnungspreisbandbreite durch statistische Methoden einzuschränken. Gleichwohl sehen auch die VWG-Verfahren **mathematische Verfahren** vor, um die Zuverlässigkeit des Ergebnisses zu verbessern (VWG-Verfahren Tz. 3.4.12.5 Buchst. c). Im Rahmen der sog. „Interquartile Range" wird zB durch ein Ausscheiden von 25% der kleinsten und der größten Werte nur die interquartile Bandbreite anstelle der gesamten Bandbreite herangezogen. Dadurch werden Ausreißer eliminiert und das Ergebnis, die resultierende 50%-Bandbreite, gewinnt an Zuverlässigkeit. Einer solchen Reduzierung der Bandbreite standen Vertreter der Finanzverwaltung trotz bislang fehlender gesetzlicher Grundlage seit jeher aufgeschlossen gegenüber (vgl. *Kuckhoff/Schreiber* Verrechnungspreise in der Betriebsprüfung Rz. 166). Statt der interquartilen sind jedoch auch jegliche Arten anderer Bandbreiten vorstellbar; so könnte zB auch über die Verwendung von Konfidenzintervallen nachgedacht werden. Allerdings fehlt für ein solches rein statistisches Vorgehen, im Gegensatz zu den anderen dargestellten Methoden, ein ökonomischer Bezug zum Fremdvergleichsgrundsatz. Stattdessen handelt es sich um eine willkürliche pauschale Einengung der Bandbreite (*Baumhoff/Ditz/Greinert* DStR 2007, 1463).

einstweilen frei

5. Rechtsfolge bei Nichteinhaltung der (eingeschränkten) Bandbreite

285 Grundsätzlich ist bei **uneingeschränkt vergleichbaren Fremdvergleichswerten** jeder Verrechnungspreis innerhalb der Bandbreite als angemessen anzusehen. Daraus ergibt sich, dass es dem Steuerpflichtigen unbenommen bleibt, den für ihn günstigsten Grenzwert der Bandbreite anzusetzen (vgl. → Rz. 273). Wählt der Steuerpflichtige allerdings einen Preis, der sich außerhalb der ermittelten Bandbreite befindet und somit nicht dem Fremdvergleich standhält, so ist dieser zu korrigieren. Der Gesetzgeber fordert in diesem Fall im Gegensatz zum BFH v. 17.10.2001, I R 103/00, BFHE 197, 68 nicht den Ansatz des für den Steuerpflichtigen günstigen Randwerts der Bandbreite, sondern deren Median. Der Steuerpflichtige hat in einem solchen Fall keine Möglichkeit nachzuweisen, dass ein anderer Verrechnungspreis innerhalb der Bandbreite „angemessener" ist (*Kroppen/Rasch/Eigelshoven* IWB Fach 3 Gr. 1, 2226).

286 Der **Median** teilt den Datensatz in zwei gleichgroße Hälften und stellt somit die Mitte der sortierten Daten dar (*Sibbertsen/Lehne* Statistik S. 42). Daher wird er auch als Zentralwert bezeichnet. Es handelt sich also weder um den Wert mit der größten Häufigkeit, noch um einen Durchschnitts- oder Mittelwert, wie beim hypothetischen Fremdvergleich (vgl. → Rz. 338). Ein Vorteil des Medians liegt in seiner Resistenz gegenüber Ausreißern. Dies ist gerade bei nicht normalverteilten Grundgesamtheiten, die regelmäßig beim tatsächlichen Fremdvergleich auftreten, von Bedeutung. Problematisch ist allerdings, dass der Median als statistische Größe (sog. Lageparameter) auf ein ausreichendes Ausgangsmaterial zurückgreifen muss, um eine gewisse Aussagekraft zu erzielen. Dies dürfte allerdings beim konkreten Fremdvergleich selten der Fall sein, da sich einerseits häufig keine ausreichend große Anzahl von Vergleichsgrößen ermitteln lässt und diese andererseits kaum vollständig erhoben werden können. Im Ergebnis wird die Finanzverwaltung also auf einen Wert zurückgreifen, der lediglich eine Scheingenauigkeit wiedergibt (*Baumhoff/Ditz/Greinert* DStR 2007, 1464).

287 Ähnlich verhält es sich in den Fällen der **eingeschränkten Vergleichbarkeit** nach S. 2. Aufgrund der Relevanz der eingeengten Bandbreite bei solchen Sachverhalten (vgl. → Rz. 274) ist in diesen Fällen auf den Median der verbleibenden steuerlich anerkannten Bandbreite abzustellen. Dies gilt selbst dann, wenn sich der Verrechnungspreis zwar innerhalb der ursprünglich ermittelten, aber außerhalb der eingegrenzten Bandbreite befindet.

288 Offensichtlich handelt es sich bei einer solchen gesetzlichen Regelung um eine Art „Strafbesteuerung" (*Kaminski* RIW 2007, 597) mit vorbeugendem Charakter. Indem dem Steuerpflichtigen auch schon bei geringfügiger Verfehlung der (eingeschränkten) Bandbreite mit einer Sanktion in Form des Median-Ansatzes gedroht wird (vgl. Beispiel bei *Kaminski* RIW 2007, 597), soll scheinbar ein Ausreizen der Bandbreite durch Ansatz des günstigen Grenzwertes schon im Voraus vermieden werden (*Baumhoff/Ditz/Greinert* DStR 2007, 1464; *Wulf* DB 2007, 2282). Dies ist insofern kritisch zu sehen, als es sich beim Steuerrecht um Eingriffsrecht handelt, welches dem Verhältnismäßigkeitsprinzip unterliegt. Da auch der Grenzwert einer (eingegrenzten) Band-

breite noch angemessen ist, ist eine Anpassung darüber hinaus nicht erforderlich. Es handelt sich demnach um einen verfassungsrechtlich bedenklichen Verstoß gegen das Übermaßverbot (*Kroppen/Rasch/Eigelshoven* IWB Fach 3 Gr. 1, 2226).
einstweilen frei 289–291

III. Hypothetischer Fremdvergleich

1. Voraussetzungen

Ist kein konkreter Fremdvergleich möglich, da es an einer uneingeschränkten oder eingeschränkten Vergleichbarkeit nach § 1 Abs. 3 S. 1 bzw. 2 fehlt, so ist auf der dritten Stufe (vgl. → Rz. 207) ein hypothetischer bzw. fiktiver Preisvergleich vorzunehmen. § 1 Abs. 3 S. 5 verweist auf § 1 Abs. 1 S. 3 und somit auf den allgemeinen Fremdvergleichsgrundsatz. Dieser stellt darauf ab, was „voneinander unabhängige Dritte unter gleichen oder vergleichbaren Verhältnissen nach betriebswirtschaftlichen Grundsätzen" (BT-Drs. 16/4841, 85) vereinbaren würden. Die Unabhängigkeit der Vertragspartner wird fingiert und darauf basierend die Preisbildung simuliert (*FWBS* § 1 AStG Rz. 313; Mössner Steuerrecht/*Baumhoff* Rz. 3.154).

Der Ablauf einer Preissimulation könnte folgendermaßen aussehen: Zunächst werden die Daten des Ausgangstatbestands um die auf der Verflechtung beruhenden Einflüsse korrigiert. Als Folge ergeben sich Soll-Vergleichstatbestände, die den tatsächlich verwirklichten Sachverhalten gegenüberzustellen sind. Um jeglichen Verdacht konzernbedingter Einflussnahme auszuschließen, muss die Preissimulation auf Basis der konkreten Marktverhältnisse, der Handelsbräuche und Marktgepflogenheiten, der Unternehmensstruktur, der Funktion des Unternehmens im Konzern sowie der Kostensituation der beteiligten Vertragspartner erfolgen (Mössner Steuerrecht/*Baumhoff* Rz. 3.155). Der Vergleich hat sich am betriebswirtschaftlich Sinnvollen zu orientieren (Wassermeyer/*Wassermeyer* Art. 9 OECD-MA Rz. 125; *FWBS* § 1 AStG Rz. 340). Zum Maßstab wird dabei in Anlehnung an die Rechtsprechung zur vGA (BFH v. 16.3.1967, I 261/63, BStBl. III 1967, 626) der doppelte ordentliche und gewissenhafte Geschäftsführer gemacht (vgl. dazu → Rz. 132). § 1 Abs. 1 S. 3 verlangt zudem „zur Vermeidung willkürlicher Ergebnisse (…) Transparenz hinsichtlich aller Informationen, die für die Geschäftsbeziehung wesentlich sind" (BT-Drs. 16/4841, 85). Im Ergebnis würde man also ähnlich vorgehen wie beim tatsächlichen Fremdvergleich auf der 2. Stufe.

Ein solches, in der Praxis durchaus übliches Vorgehen, sieht der Gesetzgeber allerdings nicht vor. Stattdessen regelt er detailliert, wie mit Hilfe einer Funktionsanalyse (vgl. → Rz. 307) und innerbetrieblicher Planrechnungen (vgl. → Rz. 313 ff.) ein Einigungsbereich (vgl. → Rz. 300 ff.) zu ermitteln ist (S. 6). Der Mittelwert (vgl. → Rz. 338) oder alternativ der Wert mit der höchsten Wahrscheinlichkeit (Rz. → 335) gilt dann als angemessener Preis (S. 7).

einstweilen frei 295–299

2. Einigungsbereich
a) Problematik des Einigungsbereiches

300 Mit Hilfe des hypothetischen Fremdvergleichs ist ein Einigungsbereich zu ermitteln, in dessen Rahmen der angemessene Verrechnungspreis festzusetzen ist. Auf der Grundlage des doppelten gewissenhaften und ordentlichen Geschäftsleiters (vgl. → Rz. 132) erfolgt durch „Nachdenken" eine Simulation des Preisbildungsprozesses (vgl. *Kroppen/Rasch/Eigelshoven* IWB Fach 3 Gr. 1, 2209); anders als die Bandbreite beim tatsächlichen Fremdvergleich ist der Einigungsbereich beim hypothetischen Fremdvergleich somit nicht durch vergleichbare Daten gegeben.

301 Die Ermittlung dieses Einigungsbereichs wird in der Literatur va im Zusammenhang mit Funktionsverlagerungen nach S. 9 gesehen. Deshalb werden die Begriffe „leistendes" und „verlagerndes" bzw. „empfangendes" und „übernehmendes" Unternehmen häufig synonym verwendet. Auch im Rahmen der FVerlV werden Begriffe wie „Gewinnpotenzial", „Mindestpreis" und „Höchstpreis des Einigungsbereichs" aus dem Blickwinkel der Funktionsverlagerung heraus definiert. Gleichwohl ist die Ermittlung des Einigungsbereichs nach S. 6 gesetzessystematisch dem hypothetischen Fremdvergleich (S. 5) zugeordnet. Somit ist diese Vorgehensweise grundsätzlich bei jedem Verrechnungspreisfall, bei dem der tatsächliche Fremdvergleich versagt, anzuwenden (ebenso in anderem Zusammenhang *Kroppen/Rasch/Eigelshoven* IWB Fach 3 Gr. 1, 2217). Allerdings wird man in der Praxis versuchen, den hypothetischen Fremdvergleich zu vermeiden, da die Ermittlung des Einigungsbereichs durch Anwendung eines Ertragswertverfahrens mit einem hohen Aufwand verbunden ist. Aus Gründen der Verhältnismäßigkeit müsste bei nicht allzu komplexen Sachverhalten auch ein „herkömmlicher" hypothetischer Fremdvergleich (vgl. → Rz. 293) ohne die Ermittlung eines Einigungsbereiches möglich sein (vgl. *Baumhoff/Ditz/Greinert* DStR 2007, 1465). Dies scheint auch der Gesetzgeber ausweislich seiner Gesetzesbegründung so zu sehen (BT-Drs. 16/4841, 85). Hauptanwendungsfall dürften neben Funktionsverlagerungen demnach va immaterielle Wirtschaftsgüter sein.

302 Die Untergrenze des Einigungsbereichs bildet der Preis, den der Leistende mindestens für seine Leistung verlangen wird, die Obergrenze wird durch das Höchstgebot des Leistungsempfängers definiert. Die Grenzpreise ergeben sich aus dem Gewinnpotenzial, dh den jeweiligen Gewinnerwartungen der beiden nahe stehenden Personen aus dieser Transaktion. Diese sind auf Basis innerbetrieblicher Planrechnungen (vgl. → Rz. 313 ff.) unter Berücksichtigung einer Funktionsanalyse (vgl. → Rz. 307) zu bestimmen. Es ist also der Ertragswert der jeweiligen Geschäftsbeziehung aus Sicht des verlagernden und des übernehmenden Unternehmens zu ermitteln (vgl. *Baumhoff/Ditz/Greinert* DStR 2007, 1651). Da für jedes der beiden Unternehmen je einmal der Ertragswert vor und nach Durchführung der Transaktion ermittelt werden muss, um sämtliche Synergieeffekte für die Ermittlung des Gewinnpotenzials zu berücksichtigen, sind im Ergebnis vier Ertragswertberechnungen nötig (*Jenzen* NWB Fach 2, 9427).

303 Dabei geht der Gesetzgeber scheinbar davon aus, dass grundsätzlich ein Einigungsbereich existiert, was allerdings nicht zwingend der Fall sein muss.

Unproblematisch ist der Fall, in dem beide Unternehmen dieselbe Gewinnerwartung aus der Geschäftsbeziehung haben. Im Ergebnis erhält man zwar keinen Einigungsbereich, aber zumindest einen gemeinsamen Wert, der als Fremdvergleichspreis akzeptabel ist. Problematischer ist es dagegen, wenn die Preisobergrenze des Leistungsempfängers unterhalb der Preisuntergrenze des Leistenden liegt. Zwischen unabhängigen Dritten würde in einem solchen Fall kein Geschäft zustande kommen, weil ein Vertragsabschluss mit Gewinnverzicht (oder gar entstehendem Verlust) nicht dem Handeln eines ordentlichen Geschäftsleiters entspricht (*Baumhoff/Ditz/Greinert* DStR 2007, 1464). Nichtsdestotrotz können solche Transaktionen konzernintern durchgeführt werden bzw. dort sogar sinnvoll sein. Ein hypothetischer Fremdvergleich nach den Sätzen 6–8 wäre dann allerdings nicht durchführbar.

einstweilen frei **304–306**

b) Funktionsanalyse

Zur Ermittlung der jeweiligen Gewinnerwartungen der beiden beteiligten **307** Unternehmen ist neben einer innerbetrieblichen Planrechnung auch eine Funktionsanalyse durchzuführen. Die Voraussetzungen und die Durchführung entsprechen der Funktionsanalyse beim tatsächlichen Fremdvergleich nach S. 1 (vgl. → Rz. 260 bzw. → Rz. 106 ff.).

einstweilen frei **308–312**

c) Innerbetriebliche Planrechnungen

Unter Planung versteht man einen Prozess der Erkennung und Vorberei- **313** tung von Entscheidungen zur Lösung von Zukunftsproblemen (*Busse von Colbe/Pellens* Lexikon des Rechnungswesens S. 551). Die Plankostenrechnung als Instrument der Kosten- und Leistungsrechnung unterstützt die Planung eines Unternehmens, indem sie quantifizierte Daten zur Verfügung stellt. Dazu werden verschiedene Determinanten festgelegt, die als entscheidungsrelevant angesehen werden und darauf aufbauend Entscheidungen gefällt (*Kloock/Sieben/Schildbach/Homburg* Kosten- und Leistungsrechnung S. 209). Mit Hilfe von Vergangenheitswerten werden für einen bestimmten Planungshorizont die Kosten- und Erlöse auf der Basis von Preisprognosen, Verbrauchsstudien oder ähnlichen Berechnungen für die Zukunft berechnet (*Deimel/Isemann/Müller* Kosten- und Erlösrechnung S. 39). Zusätzlich erfordert die innerbetriebliche Kontrollfunktion der Planrechnung eine Abweichungsanalyse.

Es werden zwei Fälle unterschieden: Bei der flexiblen Plankostenrechnung **314** ist eine ständige Anpassung der Planwerte an sich ändernde Rahmenbedingungen vorzunehmen, wohingegen die starre Plankostenrechnung an einmal getroffenen Entscheidungen festhält (*Schneider* Betriebswirtschaftslehre, Band 3 S. 100). Ein Nachteil der flexiblen Plankostenrechnung ist, dass zur Gewinnung belastbarer Plangrößen eine Vielzahl von Variablen eingefügt werden muss, was zu einer Erhöhung der Informationskosten führt. Außerdem bestehen zumeist Interdependenzen zwischen den Determinanten, die die Entscheidungsfindung zusätzlich erschweren (*Kloock/Sieben/Schildbach/Homburg* Kosten- und Leistungsrechnung S. 209).

Im Rahmen der Angemessenheitsdokumentation wird der Steuerpflichtige **315** auf eine flexible Plankostenrechnung zurückgreifen müssen, um den Anforderungen der Finanzverwaltung an wirklichkeitsnahe Planungsrechnungen gerecht werden zu können (VWG-Verfahren Tz. 3.4.12.6 Buchst. b). Daraus ergibt sich aber nicht, dass bei einem späteren Abweichen der Ist- von den Soll-Zahlen ohne weiteres eine rückwirkende Preisanpassung möglich ist (vgl. → Rz. 472). Zu bedenken ist nämlich, dass die Planrechnung als innerbetriebliches Instrument grundsätzlich keinen gesetzlichen (Rechnungslegungs-)Vorschriften unterliegt, auch wenn die VWG-Verfahren für steuerliche Zwecke eine Orientierung an Fremdvergleichsdaten verlangen (VWG-Verfahren Tz. 3.4.12.6. Buchst. b). Da die Planrechnung auf zukunftsgerichteten subjektiven Einschätzungen beruht, kann es keine richtigen oder unzutreffenden Plan-Werte geben, höchstens unplausible (*Baumhoff/Ditz/Greinert* DStR 2007, 1466).

316 Erschwerend kommt hinzu, dass der Steuerpflichtige nicht nur seinen eigenen Mindestpreis aufgrund solcher Planrechnungen ermitteln soll, sondern ebenfalls den Höchstpreis des Leistungsempfängers. Dazu wäre allerdings erforderlich, dass er sowohl die individuelle Funktionsanalyse als auch die innerbetrieblichen Planrechnungen des Käufers kennen müsste. Eine solche umfassende Transparenz ist allerdings illusorisch und entspricht auch nicht dem Fremdvergleichsgrundsatz (*Kroppen/Rasch/Eigelshoven* IWB Fach 3 Gr. 1, 2215). Falls es sich beim übertragenden Unternehmen um eine Tochtergesellschaft handelt, hat diese weder die rechtlichen noch die tatsächlichen Möglichkeiten, solche Informationen zu erhalten.

317–319 *einstweilen frei*

d) Mindestpreis des Leistenden

320 Der Mindestpreis, den das leistende Unternehmen verlangen wird, ist abhängig von den Gewinnaussichten, die sich aus der jeweiligen Geschäftsbeziehung ergeben. Für eine ertragbringende Funktion wird das verlagernde Unternehmen zumindest einen „Ausgleich für den Wegfall oder die Minderung des Gewinnpotenzials" (§ 7 Abs. 1 S. 1 FVerlV) verlangen. Auch evtl. anfallende einmalige Kosten wie zB Schließungskosten wird sich ein ordentlicher Geschäftsmann idR vergüten lassen. Andererseits wird sich bei dauerhaften Verlusten der Funktion die Untergrenze an den Verlusten oder den ggf. anfallenden Schließungskosten orientieren. Dies kann dazu führen, dass das verlagernde Unternehmen sogar „eine Ausgleichszahlung an das übernehmende Unternehmen für die Übernahme der Verlustquelle" leistet (§ 7 Abs. 3 S. 2 FVerlV). Aufgrund der Orientierung am ordentlichen und gewissenhaften Geschäftsleiter sind alle tatsächlich möglichen Handlungsalternativen unter Beachtung der unternehmerischen Dispositionsbefugnis zu berücksichtigen (§ 7 Abs. 1 S. 2 FVerlV).

321–324 *einstweilen frei*

e) Höchstpreis des Leistungsempfängers

325 Analog zum Mindestpreis des leistenden Unternehmens ergibt sich der absolute Höchstpreis des empfangenden Unternehmens aus seinem potenziellen Gewinn. Auch in diesem Fall sind alle tatsächlich möglichen Handlungsalternativen zu berücksichtigen (§ 7 Abs. 4 FVerlV).

326–329 *einstweilen frei*

f) Gewinnpotenziale

§ 1 Abs. 4 FVerlV definiert Gewinnpotenzial als „die aus der verlagerten 330
Funktion zu erwartenden Reingewinne nach Steuern (Barwert), auf die ein
ordentlicher und gewissenhafter Geschäftsleiter (...) nicht unentgeltlich verzichten würde und für die ein solcher Geschäftsleiter aus der Sicht des übernehmenden Unternehmens bereit wäre, ein Entgelt zu zahlen". Dies stellt
explizit die Existenz eines Verhandlungspartners iSd Rechtsfigur des doppelten
ordentlichen und gewissenhaften Geschäftsleiters heraus, der seinerseits bereit
ist, einen (mindestens genau so hohen) Preis für die Funktion zu bezahlen. Zur
Ermittlung wird also ein Ertragswertverfahren herangezogen, das auf künftige
(Rein-)Gewinne nach Steuern abstellt. Auch wenn die FVerlV die Ermittlung eines Einigungsbereichs für eine Funktionsverlagerung im Auge hat (vgl.
→ Rz. 301), so bestimmt S. 6 ein solches Vorgehen grundsätzlich für jede
Transaktion, der der hypothetische Fremdvergleich zugrunde gelegt wird. Das
in der Literatur – zu Recht – kritisierte Einbeziehen von Chancen und Risiken
in die Bemessungsgrundlage bei Funktionsverlagerungen (vgl. stellvertretend
Kroppen/Rasch/Eigelshoven IWB Fach 3 Gr. 1, 2207 ff.) erfolgt somit über das
Ertragswertverfahren nach S. 6 faktisch bei jedem hypothetischen Fremdvergleich und nicht nur bei Transferpaketen nach S. 9. Bei der Bewertung bzw.
damit verbundenen Besteuerung werden also grundsätzlich nicht nur – wie bisher – die *bereits* im Inland *entstandenen* stillen Reserven berücksichtigt, sondern
ebenso „*zukünftige*, im Ausland *erst entstehende* Gewinne" (*Hey* BB 2007, 1308),
die darüber hinaus – im Gegensatz zur anerkannten Geschäftschancenlehre (vgl.
→ Rz. 366 f.) – auch noch vollkommen ungewiss sind.

einstweilen frei 331–334

3. Preisfestlegung

a) Höchste Wahrscheinlichkeit

Nach § 1 Abs. 3 S. 7 hat der Steuerpflichtige den Preis anzusetzen, „der 335
dem Fremdvergleichsgrundsatz mit der höchsten Wahrscheinlichkeit entspricht"; kann ein solcher Nachweis nicht erbracht werden, ist der Mittelwert
des Einigungsbereichs anzusetzen. Fraglich ist, wie der Steuerpflichtige einen
anderen als den der gesetzlichen Fiktion zugrunde liegenden Mittelwert
glaubhaft machen soll. Bei einer sich aus dem tatsächlichen Fremdvergleich
ergebenden Datenmenge, die als (eingeschränkte) Bandbreite nach S. 1
bzw. S. 3 dargestellt wird, entspricht der Preis mit der größten auftretenden
Häufigkeit uU dem Fremdvergleichspreis am besten. Bei dem allein durch
„Nachdenken" ermittelten Werten des Einigungsbereichs dagegen, gibt es einen solchen Wert nicht. Anhand der berechneten Unter- und Obergrenze ergibt sich ein Einigungsbereich, dem keine Datenmenge oder betriebswirtschaftliche Funktion und somit auch keine Häufigkeitsverteilung zugrunde
liegt. Dem Steuerpflichtigen dürfte es somit mangels Fremdvergleichswerten
schwer fallen, der Finanzverwaltung gegenüber einen Preis mit der „höchsten
Wahrscheinlichkeit" glaubhaft zu machen (*Kroppen/Rasch/Eigelshoven* IWB
Fach 3 Gr. 1, 2217).

einstweilen frei 336, 337

b) Mittelwert

338 Aufgrund der praktischen Probleme bei der Ermittlung eines Wertes mit „höchster Wahrscheinlichkeit" (vgl. → Rz. 335), wird beim hypothetischen Fremdvergleich regelmäßig der Mittelwert des Einigungsbereichs bei der Einkünfteermittlung angesetzt werden müssen. Unter dem Mittelwert ist das arithmetische Mittel, welches sich aus dem Mindestpreis des Leistenden und dem Höchstpreis des Leistungsempfängers ergibt, zu verstehen. Dem liegt die Vermutung zugrunde, dass sich zwei ordentliche und gewissenhafte Geschäftsleiter bei ihren Preisverhandlungen regelmäßig auf den Mittelwert des Einigungsbereichs einigen würden (so jedenfalls die Gesetzesbegründung, BT-Drs. 16/4841, 86). Eine solche Pauschalierung verkennt aber, dass es auf Märkten sowohl Informationsasymmetrien als auch Teilnehmer mit stärkerer oder schwächerer Verhandlungsposition gibt. Eine Einigung, die beiden Verhandlungspartnern denselben Gewinnanteil ermöglicht, dürfte daher eher die Ausnahme und nicht den Regelfall darstellen.

339 Als Ausnahmefall könnte man die BFH-Rechtsprechung zur Fremdüblichkeit von Darlehenszinsen anführen (BFH v. 19.1.1994, I R 93/93, BStBl. II 1994, 725 mit Verweis auf BFH v. 28.2.1990, I R 83/87, BStBl. II 1990, 649), nach der bei Fehlen anderweitiger Anhaltspunkte eine hälftige Teilung der Soll- und Habenzinsen erfolgen soll. Auch das FG Münster hat in einem Urteil den sich aus Standortvorteilen ergebenden Einigungsbereich hälftig auf den Auftraggeber und den Lohnfertiger aufgeteilt (FG Münster v. 16.3.2006, 8 K 2348/02 E, IStR 2006, 794). Ob diese nur für besondere Fälle fremdverkehrsübliche Gewinnaufteilung nach der sog. Schiedsrichterlösung aber zB auf immaterielle Wirtschaftsgüter übertragbar ist, darf stark bezweifelt werden (ebenso *Kroppen/Rasch/Eigelshoven* IWB Fach 3 Gr. 1, 2216; begrüßt wird diese Regelung dagegen von *Baumhoff/Ditz/Greinert* DStR 2007, 1465).

340 Darüber hinaus wird allgemein anerkannt, dass die Verrechnungspreisgestaltung keine exakte Wissenschaft ist (OECD-Leitlinien 2017 Tz. 3.55). Ebenso wie bei Bandbreiten sollte die Finanzverwaltung auch innerhalb des Einigungsbereichs jeden Preis, also auch die Randwerte, steuerlich anerkennen (vgl. → Rz. 273). Die gesetzliche Festlegung auf einen bestimmten Wert innerhalb des Einigungsbereichs geht nicht konform mit den internationalen Grundsätzen.

341, 342 *einstweilen frei*

4. Korrektur bei abweichendem Einigungsbereich

343 Wird der vom Steuerpflichtigen durch „Nachdenken" ermittelte Einigungsbereich von der Finanzverwaltung als unzutreffend beurteilt, weil diese von einem anderen Einigungsbereich ausgeht, so hat grundsätzlich eine Einkünfteberichtigung zu erfolgen (Umkehrschluss aus § 1 Abs. 3 S. 8 2. Hs.). Die Finanzverwaltung kann jedoch darauf verzichten, wenn der vom Steuerpflichtigen angenommene Verrechnungspreis innerhalb des berichtigten Einigungsbereichs liegt. Die Einräumung eines solchen Ermessensspielraums ist im Hinblick auf die Problematik der Preisermittlung mit Hilfe des hypothetischen Fremdvergleichs zu begrüßen. Durch die Simulation des Preisbildungsprozesses kann es schnell zu unterschiedlichen Einigungsbereichen von Steuerpflichtigem und Finanzverwaltung kommen.

344 Fraglich ist allerdings, wann die Finanzverwaltung den Einigungsbereich des Steuerpflichtigen als „unzutreffend" betrachtet. Der Einigungsbereich ergibt sich nicht unmittelbar, sondern aus den Grenzpreisen der beiden beteiligten Unternehmen. Diesen liegen wiederum Funktionsanalysen (vgl. → Rz. 307) und innerbetriebliche Planungen (vgl. → Rz. 313 ff.) zu Grunde. Im Ergebnis muss also eine dieser beiden Größen unzutreffend sein. Aufgrund der Komplexität von Funktionsanalysen (vgl. → Rz. 108 ff.) ist es üblich, dass es bei ihrer Beurteilung zu unterschiedlichen Ansichten kommt. Allein daraus aber bereits eine unzutreffende Feststellung seitens des Steuerpflichtigen abzuleiten, wäre unzulässig. Als unzutreffend könnte die Funktionsanalyse lediglich dann qualifiziert werden, wenn die Abweichungen so beträchtlich sind, dass die Preisermittlung in grundsätzlich anderer Weise hätte erfolgen müssen (*Baumhoff/Ditz/Greinert* DStR 2007, 1466). Ein ähnliches Problem ergibt sich bei den innerbetrieblichen Planrechnungen. Da es sich um zukunftsgerichtete Plan-Werte handelt, kann ein späteres Abweichen der Ist-Werte nicht per se schädlich sein. Schädlich können allenfalls unplausible Plan-Werte sein, die erheblich gegen die Denkgesetze verstoßen. Demnach müssen die Anforderungen an den Nachweis durch die Finanzverwaltung, dass ein unzutreffender Einigungsbereich vorliegt, sehr hoch sein (*Baumhoff/Ditz/Greinert* DStR 2007, 1466).

345 Der Fall, dass der Steuerpflichtige zwar einen „zutreffenden" Einigungsbereich ermittelt, aber einen Verrechnungspreis wählt, der weder dem Mittelwert noch dem Wert mit der „höchsten Wahrscheinlichkeit" entspricht, wird von S. 8 dagegen nicht erfasst. Nach dem Wortlaut des S. 7 („ist der Mittelwert (…) zugrunde zu legen") müsste hier zwingend eine Korrektur auf den Mittelwert erfolgen. Dies kann allerdings nicht iSd Gesetzgebers sein (ebenso *Baumhoff/Ditz/Greinert* DStR 2007, 1466). Würde man bei solchen Sachverhalten der Finanzverwaltung nicht ebenfalls ein Ermessen einräumen, würde man einen Steuerpflichtigen, der einen „unangemessenen" Preis in einem „zutreffenden" Einigungsbereich wählt, uU schlechter stellen als jemanden, der von vornherein einen „unzutreffenden" Einigungsbereich ermittelt.

Beispiel

346 Der von der Finanzverwaltung als zutreffend beurteilte Einigungsbereich liegt zwischen 10 GE und 20 GE, der anzusetzende Mittelwert beträgt demnach 15 GE.

Alt. 1: Der Steuerpflichtige A behauptet, innerhalb des Einigungsbereichs von 10–20 GE entspricht ein Preis von 13 GE der höchsten Wahrscheinlichkeit; da er dies nicht plausibel darlegen kann, wird der Verrechnungspreis zwingend auf 15 GE korrigiert.

Alt. 2: Der Steuerpflichtige B ermittelt einen Einigungsbereich von 8 GE bis 16 GE und setzt als Verrechnungspreis den Mittelwert iHv 12 GE an. Die Finanzverwaltung korrigiert zwar den Einigungsbereich; da der angesetzte Wert von 12 GE sich aber innerhalb des „zutreffenden" Einigungsbereiches befindet, kann auf eine Einkünfteberichtigung verzichtet werden.

347 Unter solchen Umständen müsste man dem Steuerpflichtigen raten, einen für ihn günstigen Preis innerhalb des „zutreffenden" Einigungsbereichs auszuwählen und sich anschließend darum einen „unzutreffenden" Bereich zu „konstruieren". Dadurch würde man die zwingende Korrektur umgehen und könnte zumindest hoffen, dass man nach S. 8 noch in den Genuss des „unangemessenen" Preises kommt.

§ 1 348–361 Berichtigung von Einkünften

348 Für die Ermessensausübung ist lt. Gesetzesbegründung zu berücksichtigen, ob es sich um eine erhebliche Abweichung handelt und „ob durch die Berichtigung ein Verständigungs- oder Schiedsverfahren ausgelöst wird und wie die Aussichten eines solchen Verfahrens einzuschätzen sind." (BT-Drs. 16/4841, 86). Fraglich ist, was die Finanzverwaltung unter einer „erheblichen Abweichung" versteht. Aufgrund der Probleme bei der Ermittlung eines angemessenen Verrechnungspreises beim hypothetischen Fremdvergleich (vgl. → Rz. 300 ff.), wäre eine enge Auslegung der „Erheblichkeit" zu begrüßen, sodass es lediglich bei extremen Abweichungen zwischen dem eigentlich anzusetzenden und dem zugrunde gelegten Wert zu einer Korrektur kommt bzw. der Verzicht hierauf den Regelfall darstellt.

349 Bezüglich der Gefahr eines Verständigungs- oder Schiedsverfahrens und der Einschätzung der Erfolgsaussichten „ist auf die Erfahrungen des Bundeszentralamtes für Steuern zurückzugreifen, das die entsprechenden Verfahren führt." (BT-Drs. 16/4841, 86). Der ausländische betroffene Staat wird Einkünftekorrekturen, die zu seinen Lasten gehen und auf einer international unüblichen Fremdvergleichswertermittlung beruhen, allerdings kaum akzeptieren. Da somit fast immer ein derartiges Verfahren mit ungewissem Ausgang droht, besteht die Hoffnung, dass die Finanzverwaltung weitgehend, insbesondere bei geringen steuerlichen Auswirkungen, auf solche Einkünfteberichtigungen verzichten wird.

350–359 *einstweilen frei*

IV. Fremdvergleichspreisermittlung bei Vorliegen einer Funktionsverlagerung

1. Funktion

360 Eine gesetzliche Definition des Begriffs Funktion existiert nicht. Allerdings deutet § 1 Abs. 1 FVerlV eine Funktion als „Geschäftstätigkeit, die aus einer Zusammenfassung gleichartiger betrieblicher Aufgaben besteht, die von bestimmten Stellen oder Abteilungen eines Unternehmens erledigt werden." Insoweit stellt eine Funktion immer nur einen Teilbereich der unternehmerischen Gesamtaufgabe dar (vgl. *Brockhagen* Funktionsverlagerung S. 13; Wassermeyer/Andresen/Ditz Betriebsstätten-Handbuch/*Ditz* Rz. 4.2; *Eisele* Funktionsverlagerung S. 23 f.), ohne dass ein steuerlicher Teilbetrieb vorliegen muss (§ 1 Abs. 1 S. 2 FVerlV; ebenso BT-Drs. 16/4841, 86). Die Ausübung einer Funktion ist regelmäßig mit dem Eingehen von Rechtspositionen und daher auch mit der Übernahme von Chancen und Risiken verbunden (vgl. *Eisele,* Funktionsverlagerung S. 22 f., 193). Da eine sachgerechte Zuordnung der daraus resultierenden Erträge und Aufwendungen möglich sein muss, ist eine gewisse Eigenständigkeit unerlässlich (Begründung zu § 1 Abs. 1 S. 2 FVerlV). Dies wird auch durch die Verwendung des Begriffs „Geschäftstätigkeit" deutlich, wodurch betriebsfremde Nebentätigkeiten ausgeschlossen werden. Als Beispiele für Funktionen werden ua in VGr 1983 Tz. 2.1.3 sowie Betriebsstätten-VGr Tz. 2.3.1 „Herstellung, Montage, Forschung und Entwicklung, verwaltungsbezogene Leistungen, Absatz [und sonstige] Dienstleistungen" aufgezählt.

361 In den am 13.10.2010 veröffentlichten „Verwaltungsgrundsätze Funktionsverlagerung" wird ersichtlich, dass die Finanzverwaltung neben einem tätigkeitsbezogenen Begriffsverständnis zudem von einem objekt- bzw. produktbezogenen Begriffsverständnis ausgeht (vgl. BMF v. 13.10.2010, BStBl. I 2010, 774, Rz. 16). Abweichend von der hM (vgl. *Baumhoff/Ditz/Greinert* DStR 2007, 1449 f.; *Borstell/Schäperclaus* IStR 2008, 275; *Frotscher* FR 2008, 49 f.; Schaumburg/Piltz Besteuerung von Funktionsverlagerungen/*Frischmuth* 86 f.; Kroppen, Internationale Verrechnungspreise/*Schreiber* Rz. 44; *Baumhoff/Ditz/Greinert* Ubg 2011, 162; Vögele Verrechnungspreise/*Borstell/Wehnert* Rz. R 23 ff.) wäre nach dem Willen der Finanzverwaltung somit auch die Produktion eines bestimmten Produkts bzw. einer bestimmten Produktgruppe als eine Funktion anzusehen (vgl. *Hentschel/Kraft* IStR 2015, 194). In der Literatur wird daher auch von einer horizontalen und vertikalen Atomisierung des Funktionsbegriffs gesprochen (vgl. Schaumburg/Piltz Besteuerung von Funktionsverlagerungen/*Frischmuth* 87). Auch wenn verwaltungsnahe Stimmen meinen, dass ein solches Begriffsverständnis notwendig wäre um eine sachgerechte Besteuerung eines unternehmerischen Vorgangs sicherzustellen (vgl. *Greil/Naumann* IStR 2015, 430), würden Unternehmen hierdurch erheblich in ihrer Dispositionsfreiheit beeinträchtigt (vgl. *Hentschel/Kraft* IStR 2015, 194). Der damit verbundene Dokumentationsaufwand wäre vom Steuerpflichtigen kaum noch zu bewältigen. Inwiefern die Finanzverwaltung dennoch auf einem solch atomisierten Begriffsverständnis beharrt, bleibt abzuwarten. Vertreter der Finanzverwaltung stellen fest, dass es in der Praxis der Betriebsprüfung keine Schwierigkeiten hinsichtlich der Frage, ob eine Funktion bzw. eine Funktionsverlagerung vorliegt auftreten (vgl. *Greil/Naumann* IStR 2015, 430). Dies legt nahe, dass von einer ausufernden Anwendung der Regelungen zur Funktionsverlagerungsbesteuerung abgesehen wird (so auch in der Verordnungsbegründung gefordert, vgl. BR-Drs. 352/08 v. 23.5.2008, 10).

einstweilen frei 362

2. Chancen, Risiken und sonstige Vorteile

Im Rahmen der Funktionsverlagerung sind neben den übertragenen und 363 überlassenen Wirtschaftsgütern auch die sonstigen Vorteile sowie die zur Funktion gehörenden Chancen und Risiken zu berücksichtigen. Eine solche Betrachtung entspricht bei einer Einzelbewertung dem Grundsatz des Fremdvergleichs (vgl. → Rz. 83 ff.). Im Zusammenhang mit der Bewertung eines Transferpakets anhand des hypothetischen Fremdvergleichs auf Grundlage der Gewinnpotenziale ergibt sich dagegen eine deutliche Ausdehnung des Begriffs der Chancen und Risiken, die mit einer Verbreiterung der steuerlichen Bemessungsgrundlage einhergeht.

Als **Chance** bezeichnet man die als solche erkannte Möglichkeit, durch ge- 364 zieltes Handeln einen im eigenen Interesse liegenden Zustand zu erreichen. Betriebswirtschaftlich wird es sich dabei um die Teilhabe am zukünftigen wirtschaftlichen Erfolg einer Unternehmung handeln.

Eine Risikosituation ist dagegen grundsätzlich dadurch charakterisiert, dass 365 (subjektive oder objektive) Wahrscheinlichkeiten für das Eintreten der verschiedenen Zustände der Realität bekannt sind (*Bamberg* Handelsblatt Wirtschaftslexikon, Band 9 S. 5003). Mit Hilfe der Wahrscheinlichkeiten kann das Eintreten zukünftiger Umweltzustände eingegrenzt werden. Eine Risikoanalyse soll durch eine kombinierte Variation von Inputgrößen eine Wahrscheinlichkeitsverteilung der Ergebnisgröße ermitteln (*Wöhe* Betriebswirtschaftslehre 2016, S. 505). Eine solche betriebswirtschaftliche Definition wird der Gesetzgeber aber kaum gemeint haben. Vielmehr ist davon auszugehen, dass er **Risiken** als (ausschließlich negativen) Gegensatz zu Chancen betrachtet.

366 Grundsätzlich werden sich Chancen und Risiken nach dieser Interpretation bei unternehmerischen Geschäftschancen etwa gleichmäßig gegenüber stehen (*Jahndorf* FR 2008, 103). Ua deshalb wurde bislang nach gefestigter Rechtsprechung des BFH v. 9.7.2003, I B 194/02, BFH/NV 2003, 1349; BFH v. 24.3.1998, I R 93/96, BFHE 186, 61; BFH v. 12.6.1997, I R 14/96, BFHE 183, 459; BFH v. 6.12.1995, I R 40/95, BFHE 180, 35; BFH v. 30.8.1995, I R 155/94, BFHE 178, 371 als **Geschäftschance** überwiegend die konkrete Möglichkeit verstanden, aus einem Geschäft (sog. singuläre Geschäftschance; vgl. ua *Brockhagen* Funktionsverlagerung 38; *Bodenmüller* Funktionsverlagerungen 292; *Ditz* DStR 2006, 1626) oder einer betrieblichen Funktion (sog. unternehmerische Geschäftschance bzw. Marktchance; vgl. ua BFH v. 6.12.1995, I R 40/95, BFHE 180, 38; Grotherr Steuerplanung/*Baumhoff/Bodenmüller* 585) künftig (risikolos) einen Vermögensvorteil erzielen zu können, soweit sich dieser nicht bereits aus einem anderen Wirtschaftsgut ergibt (so ua *Borstell* StbJb 2001/2002, 207; *Brüninghaus* WPg-Sonderheft 2006, 132; Wassermeyer/Andresen/Ditz Betriebsstätten-Handbuch/*Ditz* Rz. 4.55; einschränkend *Wassermeyer* GmbHR 1993, 332).

367 Es bestand insoweit Einigkeit darüber, dass es sich bei einer steuerlich zu berücksichtigenden Geschäftschance nicht bloß um eine vage Aussicht, zB auf einem Markt künftig Gewinne erzielen zu können, handeln darf (*Ditz* DStR 2005, 1916; *Schmidt/Sigloch/Henselmann* Steuerlehre S. 486). Umstritten war allerdings, inwieweit die Geschäftschance tatsächlich konkretisiert und damit einer selbstständigen Bewertung zugänglich sein muss. Der BFH hat seine Rechtsprechung zur Geschäftschancenlehre vor dem Hintergrund unterschriftsreifer Rechtsgeschäfte entwickelt, die bereits einen hohen Konkretisierungsgrad aufwiesen (v. 9.7.2003, I B 194/02, BFH/NV 2003, 1349; v. 7.8.2002, I R 64/01, BFH/NV 2003, 205; v. 24.3.1998, I R 93/96, BFHE 186, 61; v. 12.6.1997, I R 14/96, BFHE 183, 459), wobei eine unternehmerische Geschäftschance, soweit ersichtlich, nur in einem Urteil als obiter dictum thematisiert wurde (BFH v. 6.12.1995, I R 40/95, BFHE 180, 38). Folgt man der Rechtsprechung des BFH, so muss es sich bei einer Geschäftschance zwar nicht zwingend um eine rechtlich abgesicherte Rechtsposition handeln (BFH v. 12.6.1997, I R 14/96, BFHE 183, 459), jedoch muss die Geschäftschance wenigstens so weit konkretisiert sein, dass sie einer Bewertung zugänglich ist, zumal es anderenfalls nicht möglich wäre, ein angemessenes Entgelt für sie zu bestimmen (vgl. *Bodenmüller* Funktionsverlagerungen S. 316; *Borstell* StbJb 01/02, 207; *Ditz* DStR 2005, 1916 f.; Wassermeyer/Andresen/Ditz Betriebsstätten-Handbuch/*Ditz* Rz. 4.55; aA *Wassermeyer* GmbHR 1993, 332). Ob damit eine Geschäftschance bereits als immaterielles Wirtschaftsgut zu qualifizieren ist, hat der BFH jedoch bislang weitgehend offen gelassen (BFH v. 13.11.1996, I R 149/94, DStR 1997, 325; BFH v. 6.12.1995, I R 40/95, BFHE 180, 38 f.).

368 Mit der Einführung des Transferpaketansatzes nach § 1 Abs. 3 S. 9 sollen nun nicht mehr nur konkrete Geschäftschancen, sondern nach S. 5 sämtliche Gewinnpotenziale der Besteuerung unterworfen werden. Unter Gewinnpo-

tenzial ist hierbei die Summe der (positiv wirkenden) unternehmerischen Chancen und (negativ wirkenden) Risiken zu verstehen (*Jahndorf* FR 2008, 105). Insoweit geht es nicht allein um die Realisierung der bereits unter deutscher Steuerhoheit entstandenen stillen Reserven, sondern vielmehr sollen auch zukünftige, im Ausland möglicherweise erst entstehende Gewinne der inländischen Besteuerung zugeführt werden (*Blumers* BB 2007, 1757; *Hey* BB 2007, 1308; *Wulf* DB 2007, 2283).

Zudem sollen gemäß § 3 Abs. 2 S. 1 FVerlV Synergieeffekte und Standortvorteile, die der neue Funktionsinhaber innehat, der Besteuerung zugänglich gemacht werden, obwohl diese weder einen direkten Bezug zum inländischen Wertschöpfungsprozess aufweisen noch eine Geschäftschance iS einer risikolosen Gewinnerzielung darstellen. Unabhängig von dem sich hieraus ergebenden Verstoß gegen internationale Grundsätze, ist diese Regelung wenig marktkonform und scheint insoweit gegen den in § 1 Abs. 1 S. 1 verankerten Fremdvergleichsgrundsatz zu verstoßen, denn ein unabhängiger Dritter würde seine eigenen Synergieeffekte und Standortvorteile nicht zu seinen Lasten in die Kaufpreisbemessung einfließen lassen (ebenso *Frischmuth* StuB 2007, 392; *Jenzen* NWB Fach 2, 9428). Auch würde er nicht, wie ursprünglich in § 2 Abs. 1 S. 2 FVerlV-E v. 4.6.2007 angenommen, sonstige Vorteile und Potenziale entgelten, die das abgebende Unternehmen selbst nicht realisieren kann (*Kroppen/Rasch/Eigelshoven* IWB Fach 3 Gr. 1, 2213; *Jenzen* NWB Fach 2, 9428). Da es in diesen Fällen an der Verlagerung von inländischem Steuersubstrat mangelt, scheint eine solche Regelung nicht der Gesetzesintention zu entsprechen (*Wulf* DB 2007, 2283). Im Ergebnis geht der neu eingeführte Begriff des Gewinnpotenzials somit deutlich über die bisherige Rechtsprechung des BFH zur sog. Geschäftschancenlehre hinaus, nicht zuletzt auch deshalb, weil auf ein Konkretisierungserfordernis jeglicher Art gänzlich verzichtet wird (ua *Hey* BB 2007, 1308; *Jenzen* NWB Fach 2, 9423; *Kaminski* RIW 2007, 599; *Kroppen/Rasch/Eigelshoven* IWB Fach 3 Gr. 1, 2212f.). **369**

Ebenfalls berücksichtigt werden sollen **sonstige Vorteile**, wobei fraglich ist, was der Gesetzgeber damit genau meint, denn weder die Gesetzesbegründung noch die FVerlV enthält eine nähere Definition. Die allgemeinen Vorteile, die ein Marktakteur sich von jeder Geschäftsbeziehung verspricht und ohne die er die jeweiligen Transaktionen nicht abschließen würde, können nicht gemeint sein, da fremde Dritte dafür keine gesonderte Vergütung vereinbaren würden (*Kroppen/Rasch/Eigelshoven* IWB Fach 3 Gr. 1, 2208). Da die sonstigen Vorteile vom Satzbau der Vorschrift her nicht im Zusammenhang mit den Chancen und Risiken, sondern mit den Wirtschaftsgütern stehen, wird es sich eher um Vorteile mit wirtschaftsgutähnlichem Charakter handeln (vgl. hierzu H 4.2 (1) Wirtschaftsgut EStH). **370**

einstweilen frei **371–379**

3. Funktionsverlagerung

Nach § 1 Abs. 3 S. 9 liegt eine Funktionsverlagerung vor, wenn „eine Funktion einschließlich der dazugehörigen Chancen und Risiken und der mit übertragenen oder überlassenen Wirtschaftsgüter und sonstigen Vorteile verlagert" wird (ausführlich hierzu *Hentschel,* Deutsche Regelungen zur internationalen Funktionsverlagerung). Diese wenig hilfreiche Legaldefinition wird nach **380**

§ 1 Abs. 2 FVerlV ergänzt. Hiernach handelt es sich um eine Funktionsverlagerung iSd § 1 Abs. 3 S. 9, „wenn ein Unternehmen (verlagerndes Unternehmen) einem anderen, nahe stehenden Unternehmen (übernehmendes Unternehmen) Wirtschaftsgüter und sonstige Vorteile sowie die damit verbundenen Chancen und Risiken überträgt oder zur Nutzung überlässt, damit das übernehmende Unternehmen eine Funktion ausüben kann, die bisher von dem verlagernden Unternehmen ausgeübt worden ist, und dadurch die Ausübung der betreffenden Funktion durch das verlagernde Unternehmen eingeschränkt wird". Es genügt demnach, dem übernehmenden Unternehmen die Grundlagen für die Funktionsausübung zur Verfügung zu stellen; eine Ausübung der Funktion in gleicher Weise ist somit nicht erforderlich (Begründung zu § 1 Abs. 2 S. 1 FVerlV). Sofern allerdings ausschließlich (materielle oder immaterielle) Wirtschaftsgüter überlassen oder Dienstleistungen erbracht werden, ohne dass damit betriebliche Aufgaben iSd § 1 Abs. 1 FVerlV verbunden sind, liegt entsprechend der Negativabgrenzung des § 1 Abs. 7 S. 1 FVerlV keine Funktionsverlagerung vor. Gleiches gilt nach § 1 Abs. 7 S. 2 1. Alt. FVerlV für bloße Mitarbeiterentsendungen.

381 Während bei der Übertragung die Funktion endgültig auf das übernehmende Unternehmen übergeht, wird im Zuge einer Überlassung die Ausübung einer Funktion lediglich zeitlich begrenzt gewährt (vgl. ua *Borstell* StbJb 01/02, 220; *Unkelbach-Tomczak* SAM 2007, 94; *Waldens* PIStB 2004, 73). Auch eine solche nur zeitweise Funktionsverlagerung wird von § 1 Abs. 3 S. 9 erfasst (§ 1 Abs. 2 S. 2 FVerlV).

382 Voraussetzung einer Funktionsverlagerung ist, dass die entsprechenden Funktionen bereits vor der Verlagerung ausgeübt worden sind (vgl. § 1 Abs. 1 FVerlV; Wassermeyer/Andresen/Ditz Betriebsstätten-Handbuch/*Ditz* Rz. 4.3; *Eisele* Funktionsverlagerung S. 26 f.; *Kaminski/Strunk* IStR 2002, 790). **Funktionsneugründungen** fallen demnach nicht unter den Begriff der Funktionsverlagerung. Eine solche Funktionsneugründung ist auch dann anzunehmen, wenn es an einem engen zeitlichen Zusammenhang zwischen der Beendigung der Funktionsausübung am bisherigen und der Aufnahme der Funktionsausübung am neuen Standort fehlt, dh, die Aufnahme der Funktion am neuen Standort erst zu einem deutlich späteren Zeitpunkt erfolgt (vgl. ua Wassermeyer/Andresen/Ditz Betriebsstätten-Handbuch/*Ditz* Rz. 4.3; *Eisele* Funktionsverlagerung S. 27). In der Praxis wird man sich am Fünfjahreszeitraum der § 1 Abs. 2 S. 3 und § 1 Abs. 6 S. 2 FVerlV orientieren müssen (vgl. → Rz. 390). Demnach sind aufgrund der wirtschaftlichen Betrachtungsweise die Geschäftsvorfälle, die innerhalb von fünf Jahren erfolgen, als einheitliche Funktionsverlagerung zusammenzufassen. Letztere erfolgt allerdings erst zu dem Zeitpunkt, an dem alle Voraussetzungen erfüllt sind, so dass eine rückwirkende Funktionsverlagerung ausgeschlossen wird (Begründung zu § 1 Abs. 2 S. 3 FVerlV).

383 Da § 1 Abs. 2 S. 1 FVerlV als Voraussetzung für eine Funktionsverlagerung lediglich eine Einschränkung der Funktionsausübung am bisherigen Standort vorsieht, ist es nicht zwingend erforderlich, dass die Funktionsausübung vollständig aufgegeben wird. Vielmehr können im Rahmen der Funktionsverlagerung einzelne wie auch mehrere und kombinierte Funktionen verlagert werden (vgl. *Brockhagen* Funktionsverlagerung 14 f.; *Eisele* Funktionsverlagerung 35; *Fischer/Kleineidam/Warneke* Steuerlehre 659; *Unkelbach-Tomczak* SAM

E. § 1 Abs. 3   384–387   § 1

2007, 94; *Waldens* PIStB 2004, 74). Insoweit sind grundsätzlich verschiedene Erscheinungsformen von Funktionsverlagerungen denkbar, wobei in der Literatur die Funktionsausgliederung, die Funktionsabschmelzung und die Funktionsabspaltung unterschieden werden (vgl. ua *Brockhagen* Funktionsverlagerung S. 13 f.; *Fischer/Kleineidam/Warneke* Steuerlehre S. 659; *Frischmuth* StuB 2007, 387; *Kaminski* RIW 2007, 599).

Unter einer **Funktionsausgliederung** versteht man dabei die vollständige   **384** Verlagerung bestimmter Funktionen einschließlich der damit verbundenen Chancen und Risiken auf einen anderen Funktionsträger (vgl. ua *Frischmuth* StuB 2007, 387; *Jenzen* NWB Fach 2, 9423). Eine Funktionsausgliederung ist bspw. dann gegeben, wenn die gesamte Produktion einer bestimmten Produktgruppe einschließlich aller damit verbundenen Entscheidungskompetenzen sowie Ertragschancen und -risiken verlagert wird.

Bei einer **Funktionsabschmelzung** wird nur ein Teil einer Funktion einschließlich der damit verbundenen Chancen und Risiken verlagert. Dementsprechend werden die Funktionen einschließlich der damit verbundenen Chancen und Risiken beim bisherigen Funktionsinhaber lediglich vermindert (vgl. ua *Fischer/Kleineidam/Warneke* Steuerlehre 659; *Kaminski* RIW 2007, 599). Dies ist bspw. dann gegeben, wenn ein bisher als Eigenhändler tätiges inländisches Unternehmen künftig nur noch als Kommissionär für ein anderes Konzernunternehmen tätig wird (ausführlich dazu zB in Grotherr Steuerplanung/*Baumhoff/Bodenmüller* 562 und *Timmermans* IWB Fach 11 Gr. 2, 805 ff.).   **385**

Bei einer **Funktionsabspaltung** findet dagegen eine Übertragung einer   **386** (Teil-)Funktion statt, wobei die mit der Funktion verbundenen Chancen und Risiken im Wesentlichen beim übertragenden Unternehmen verbleiben (vgl. *Baumhoff/Ditz/Greinert* DStR 2007, 1650; *Jenzen* NWB Fach 2, 9423; *Kaminski* RIW 2007, 599). Bspw. liegt eine Funktionsabspaltung vor, wenn die Produktion einer einzelnen Maschinenkomponente auf einen Lohnfertiger ausgelagert wird (sog. „verlängerte Werkbank").

Als Funktionsverlagerung iSd § 1 Abs. 3 S. 9 gelten allerdings nur die   **387** Funktionsausgliederung und -abschmelzung, da nur in diesen beiden Fällen auch eine Übertragung der dazugehörigen Chancen und Risiken erfolgt (vgl. *Baumhoff/Ditz/Greinert* DStR 2007, 1650). Bei der Funktionsabspaltung verbleibt das Gewinnpotenzial dagegen regelmäßig im Inland, so dass eine Funktionsabspaltung keine Funktionsverlagerung iSd § 1 Abs. 3 S. 9 darstellt (so auch: Wassermeyer/Baumhoff Verrechnungspreise/*Ditz/Greinert* Rz. 7.45; *Baumhoff/Ditz/Greinert* DStR 2007, 1650; *Zimmermann* Funktionsverlagerung im Konzern 37; *Zech* IStR 2011, 132 ff. Kritisch: Blumenberg/Benz Die Unternehmenssteuerreform 2008/*Bödefeld/Kuntschik* 267; Vögele Verrechnungspreise/*Borstell/Wehnert* Rz. R 386; Kroppen, Internationale Verrechnungspreise/*Schreiber* Rz. 48). Die Finanzverwaltung vertritt hingegen die Auffassung, dass eine Funktionsabspaltung als Funktionsverlagerung einzustufen ist (BMF v. 13.10.2010, IV B 5 – S 1341/08/10003, BStBl. I 2010, 774, Rz. 22 ff.; Rz. 206 f.). Auch wenn die damit verbundenen Besteuerungsfolgen einer Transferpaketbewertung in den meisten Fällen durch die Regelung in § 2 Abs. 2 S. 1 FVerlV bzw. durch die in § 1 Abs. 3 S. 10 1. Hs. 1. Alt. verorteten ersten Öffnungsklausel vermieden werden können, ist die Ansicht der Finanzverwaltung systematisch nicht nachvollziehbar und daher zu kritisieren (so auch: *Zech* IStR 2011, 133; ähnlich auch Wassermeyer/Baumhoff Verrechnungspreise/*Ditz*/*Greinert* Rz. 7.62). *Zech* führt zurecht an, dass die Klassifikation der Funktionsabspaltung als Funktionsverlagerung die Finanzverwaltung in Betriebsprüfungen vor große Schwierigkeiten stellt und daher als „unbefriedigend" einzuschätzen ist (vgl. *Zech* IStR 2011, 133).

388 Sofern nur Kapazitätsausweitungen ohne korrespondierende Einschränkungen von Kapazitäten an anderen Standorten vorgenommen werden, wie zB im Fall von **Funktionsverdoppelungen,** stellt dieses nach hM schon dem Wortlaut nach keine Funktions*verlagerung* dar (vgl. *Bodenmüller* Funktionsverlagerung 8; *Borstell* StbJb 2001/2002, 220f.; Wassermeyer/Andresen/Ditz Betriebsstätten-Handbuch/*Ditz* Rz. 4.3; *Eisele* Funktionsverlagerung S. 26f.; *Kaminski*/*Strunk* IStR 2002, 790; *Serg* Funktionsverlagerungen 4 Fn. 20; kritisch dagegen *Deuster* Standortverlagerung 6). Ursprünglich sollten dennoch nach § 1 Abs. 4 S. 2 FVerlV-E v. 4.6.2007 auch solche Fälle als Funktionsverlagerung behandelt werden, um missbräuchliche Umgehungen in Form einer „schleichenden Funktionsverlagerung" zu vermeiden. Eine solche Interpretation der Finanzverwaltung ging aber eindeutig über die Ermächtigungsgrundlage des § 1 Abs. 3 S. 13 hinaus, da in S. 9 lediglich von „Funktions*verlagerungen*" die Rede ist (vgl. ua *Frotscher* FR 2008, 51; *Baumhoff*/*Ditz*/*Greinert* DStR 2007, 1650). Folgerichtig wurde die Erfassung der reinen Funktionsverdoppelung gestrichen und stattdessen durch eine Missbrauchsklausel ersetzt.

389 Nach § 1 Abs. 6 S. 1 FVerlV stellt eine Funktionsverdoppelung keine Funktionsverlagerung iSd § 1 Abs. 2 FVerlV dar, wenn es innerhalb von fünf Jahren zu keinen Einschränkungen der Funktionsausübung beim verlagernden Unternehmen kommt. Daher kann mangels Übertragung wichtiger immaterieller Wirtschaftsgüter in solchen Fällen davon ausgegangen werden, dass die Summe der Einzelpreise der übertragenen Wirtschaftsgüter dem Preis des Transferpakets entspricht (Begründung zu § 1 Abs. 6 S. 1 FVerlV). Folglich orientiert sich der Fremdvergleichsgrundsatz an der Einzelbewertung und nicht an den Regelungen zum Transferpaket.

390 Erfolgen dagegen innerhalb der Fünfjahresfrist Einschränkungen beim verlagernden Unternehmen (abgesehen von Bagatellfällen, vgl. Begründung zu § 1 Abs. 6 S. 1 FVerlV), so unterstellt die Finanzverwaltung nach § 1 Abs. 6 S. 2 FVerlV aufgrund der wirtschaftlichen Betrachtungsweise eine einheitliche Funktionsverlagerung ab dem Zeitpunkt der Erfüllung sämtlicher Voraussetzungen. Die Notwendigkeit einer Fortführungsfrist ist vor dem Hintergrund der Umgehungsgefahr nachvollziehbar; unter Berücksichtigung der sich schnell ändernden wirtschaftlichen Gegebenheiten scheint die Dauer von fünf Jahren allerdings zu lang. Immerhin kann der Steuerpflichtige diese Unterstellung widerlegen, indem er glaubhaft macht, dass es zwischen der Funktionsausübung beim übernehmenden Unternehmen und der Einschränkung beim übertragenden Unternehmen keinen unmittelbaren wirtschaftlichen Zusammenhang gibt (§ 1 Abs. 6 S. 2 FVerlV). Auch wenn eine solche Glaubhaftmachung im Einzelfall problematisch sein wird, so ist die grundsätzliche Akzeptanz unternehmerischer Handlungsspielräume zu begrüßen.

391 § 1 Abs. 3 S. 9 erfasst offensichtlich nur Outbound-Fälle. Somit stellt sich die Frage, wie Funktionsverlagerungen von einer ausländischen nahe stehenden Person ins Inland behandelt werden. Da der Fremdvergleichsgrundsatz prinzipiell beidseitig wirkt und daher auch für Inbound-Fälle gelten sollte, ist laut Gesetzesbegründung (BT-Drs. 16/4841, 86) eine entsprechende Berichtigung zu Gunsten des Steuerpflichtigen vorgesehen. Diese kann sich allerdings nicht auf § 1 Abs. 1, sondern nur auf andere Rechtsnormen, wie zB die vGA stützen. Im Ergebnis könnten somit immaterielle Wirtschaftsgüter im Inland aktiviert und erfolgswirksam abgeschrieben werden. Dadurch erhofft sich der Gesetzgeber eine Attraktivitätssteigerung des Standortes Deutschland (BT-Drs. 16/4841, 86).

einstweilen frei 392–399

4. Transferpaket

Die Verlagerung einer Funktion soll grundsätzlich nicht mehr auf Basis einer Einzelbetrachtung der übergehenden Wirtschaftsgüter und Geschäftschancen bewertet werden. Vielmehr wird gemäß § 1 Abs. 3 S. 9 der Übergang eines sog. Transferpakets fingiert, wonach die „Funktion als Ganzes" das Bewertungsobjekt darstellt. Nach § 1 Abs. 3 FVerlV besteht das Transferpaket aus „den mit dieser [verlagerten] Funktion zusammenhängenden Chancen und Risiken sowie den Wirtschaftsgütern und Vorteilen", die übertragen oder überlassen werden. Gemessen am Fremdvergleichsgrundsatz muss somit für das Transferpaket als Ganzes ein angemessenes Gesamtentgelt bestimmt werden, wie es voneinander unabhängige Dritte unter gleichen oder vergleichbaren Verhältnissen vereinbart hätten. Dabei entspricht das Gesamtentgelt für das Transferpaket idR nicht der Summe der Preise für die einzelnen Wirtschaftsgüter und Dienstleistungen, da im Transferpaket auch die mit der verlagerten Funktion zusammenhängenden werterhöhenden Chancen und Vorteile sowie wertmindernde Risiken enthalten sind (vgl. → Rz. 363 ff.). Insoweit übersteigt der Wert des Transferpaketes den Wert der einzelnen übertragenen oder überlassenen Wirtschaftsgüter und erbrachten Dienstleistungen (Begründung zu § 3 Abs. 1 FVerlV). 400

Mit diesem Vorgehen weicht der Gesetzgeber bewusst vom handels- und steuerrechtlichen Grundsatz der Einzelbewertung ab (vgl. § 252 Abs. 1 Nr. 3 HGB; § 6 Abs. 1 EStG sowie BFH v. 10.12.1991, VIII R 69/86, BFHE 166, 476), dessen steuerliche Funktion im Schutz vor Überbewertungen liegt (vgl. *Blumers* BB 2007, 1759; *Hey* BB 2007, 1308 sowie *Weber-Grellet* Steuerbilanzrecht § 5 Rz. 16). Insoweit wird die Funktionsverlagerung mit der Gesamt- oder Teilunternehmensveräußerung gleichgesetzt, was abzulehnen ist, zumal die im Rahmen der Gesamtbewertung des Transferpakets mit zu berücksichtigenden Chancen und Risiken im Unterschied zum derivativen Geschäfts- oder Firmenwert keine Wirtschaftsgüter darstellen und somit nicht bilanzierbar sind (so auch schon *Kroppen/Rasch/Eigelshoven* IWB Fach 3 Gr. 1, 2211 f.). Begründet wird die Abweichung vom Einzelbewertungsgrundsatz mit der kaum belegbaren Behauptung (vgl. insoweit *Baumhoff/Ditz/Greinert* DStR 2007, 1651), dass der Wert einer Funktion regelmäßig nicht adäquat durch den Preis der einzelnen übertragenen Wirtschaftsgüter widergespiegelt wird (vgl. die Gesetzesbegründung, BT-Drs. 16/4841, 86). De facto führt ein solches Vorgehen zu einer Umkehr der Beweislastverteilung (vgl. *Baumhoff/Ditz/Greinert* DStR 2007, 1651). 401

Existieren für das Transferpaket (un)eingeschränkt vergleichbare Werte, so ist vorrangig der tatsächliche Fremdvergleich anzuwenden (§ 2 Abs. 1 S. 1 402

FVerlV). Da dies in der Praxis bei Funktionsverlagerungen aber nur in Ausnahmefällen vorkommen dürfte, wird der Wert des Transferpakets regelmäßig mithilfe des hypothetischen Fremdvergleichs zu ermitteln sein (so auch die Begründung zu § 2 Abs. 1 S. 2 FVerlV). Einen solchen Ausnahmefall könnten Schadenersatz-, Entschädigungs- oder Ausgleichsansprüche auf gesetzlicher oder vertraglicher Basis darstellen, die auch voneinander unabhängige Dritte unter ähnlichen Umständen geltend machen würden (§ 8 S. 1 FVerlV). Dies betrifft va sog. „Abschmelzungsfälle", in denen eine Entziehung oder Reduzierung der Funktion erfolgt, ohne dass das verlagernde Unternehmen Anspruch auf ein frei verhandelbares Entgelt hat (Begründung zu § 8 S. 1 FVerlV). Bspw. wäre hier der Ausgleichsanspruch eines Handelsvertreters nach § 89b HGB zu nennen (vgl. hierzu *Kroppen/Rasch/Eigelshoven* IWB Fach 3 Gr. 1, 2223). Neben der Glaubhaftmachung der Fremdüblichkeit eines solchen Anspruchs, hat der Steuerpflichtige außerdem plausibel zu machen, „dass im Rahmen der Funktionsverlagerung keine wesentlichen immateriellen Wirtschaftsgüter und Vorteile übertragen oder zur Nutzung überlassen worden sind, es sei denn, dies ist zwingende Folge fremdüblichen, vertragsgemäßen Verhaltens" (Begründung zu § 8 S. 2 FVerlV). Ansonsten wird das Entgelt nach den Vorschriften zum hypothetischen Fremdvergleich ermittelt.

403–409 *einstweilen frei*

5. Bewertung der Funktionsverlagerung

a) Bewertungsverfahren

410 § 1 Abs. 4 FVerlV definiert Gewinnpotenziale als „die aus der verlagerten Funktion jeweils zu erwartenden Reingewinne nach Steuern (Barwert), auf die ein ordentlicher und gewissenhafter Geschäftsleiter […] nicht unentgeltlich verzichten würde". Zur Ermittlung der Gewinnpotenziale soll demnach ein Barwertverfahren herangezogen werden. Die VWG-Funktionsverlagerung führt diesbezüglich aus, dass sowohl das Discounted-Cash-Flow (DCF) Verfahren als auch das Ertragswertverfahren für die Bestimmung der Gewinnpotenziale zulässig ist (vgl. BMF v. 13.10.2010, BStBl. I 2010, 774, Rz. 88). Die folgende Abbildung gibt einen Überblick über die Ausprägungsformen der anwendbaren Barwertverfahren (ausführlich zur Bewertung von Funktionsverlagerungen *Hentschel* Deutsche Regelungen zur internationalen Funktionsverlagerung, 50 ff.).

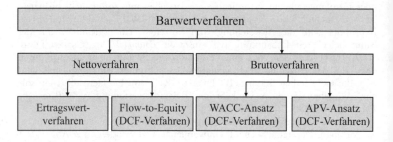

Da sowohl das Ertragswertverfahren als auch das DCF-Verfahren auf dem **411**
Barwertkalkül beruht und bei konsistenter Anwendung theoretisch auch zu
gleichen Ergebnissen führt, schafft ein solches, durch die VWG-Funktionsverlagerung eingeräumtes Wahlrecht Flexibilität bei der Umsetzung der Gewinnpotenzialberechnung und ist somit im Grundsatz zu begrüßen (vgl. *Hentschel* Deutsche Regelungen zur internationalen Funktionsverlagerung 53). Die auf das Bewertungsobjekt entfallenden Gewinnpotenziale werden hierbei nach einem dreistufigen Verfahren ermittelt. In einem ersten Schritt sind zunächst die dem Bewertungsobjekt zurechenbare Überschüsse für jede Periode zu prognostizieren. In einem zweiten Schritt ist sodann der Kapitalisierungszeitraum des Transferpakets, der sich aus der maßgeblichen Nutzungsdauer ergibt, zu ermitteln. In einem letzten Schritt sind die einzelnen über die Perioden ermittelten Überschüsse mit einem adäquaten zum Bewertungsverfahren passenden Kapitalisierungszinssatz auf den Bewertungsstichtag abzuzinsen (vgl. BMF v. 13.10.2010, BStBl. I 2010, 774, Rz. 84).

Als geeignete Bewertungsstandards, die Anhaltspunkte zur Vorgehensweise **412**
bei der Ermittlung vorgenannter Schritte geben, kommen nach Ansicht der Finanzverwaltung sowohl die Vorgaben des Instituts der Wirtschaftsprüfer für Unternehmensbewertungen IDW S 1 (v. 2.4.2008, WPg Supplement 2/2008, 68 ff.) als auch die Vorgaben für die Bewertung immaterieller Wirtschaftsgüter IDW S 5 (v. 23.5.2011, WPg Supplement 3/2011, 98 ff.) in Betracht (vgl. BMF v. 13.10.2010, BStBl. I 2010, 774, Rz. 63, 89). Welcher dieser Bewertungsstandards steuerlich für die jeweilige Funktionsverlagerung heranzuziehen ist, hängt von der Bedeutung und dem Charakter der Funktionsverlagerung ab. Ist die Funktion für sich eigenständig lebensfähig und entfaltet ggf. Teilbetriebscharakter, spricht vieles für die Anwendung eines Bewertungsverfahrens, das IDW S 1 entspricht (BMF v. 13.10.2010, IV B 5 – S 1341/08/10003, BStBl. I 2010, 774, Rz. 89). Sind hingegen von der Funktionsverlagerung vorwiegend immaterielle Wirtschaftsgüter betroffen, werden die Bewertungsverfahren von IDW S 5 empfohlen (BMF v. 13.10.2010, BStBl. I 2010, 774, Rz. 63, 89). Beide Bewertungsstandards finden jedoch nur insoweit Anwendung, wie sie auch den gesetzlichen Vorgaben des § 1 Abs. 3 sowie der FVerlV entsprechen.

Die der Funktion beizulegende Gewinnerwartung dürfte sich nur in weni- **413**
gen Fällen direkt ermitteln lassen. Um sämtliche (positive wie negative) Effekte berücksichtigen zu können, wird es häufig nötig sein, für jedes beteiligte Unternehmen die Gewinnerwartungen unter Berücksichtigung der jeweiligen Funktionsanalysen vor und nach der Funktionsverlagerung zu ermitteln, um indirekt das Gewinnpotenzial der Funktion aus der Differenz zu erhalten (vgl. § 3 Abs. 2 S. 1 FVerlV; *Blumers* BB 2007, 1762). Im Ergebnis ist für eine einzige Funktionsverlagerung somit eine vierfache Bewertung erforderlich (*Baumhoff/Ditz/Greinert* DStR 2007, 1652).

b) Gewinnprognose

Das Ertragswertverfahren beruht nach § 1 Abs. 4 FVerlV auf dem zu erwar- **414**
tenden Reingewinn nach Steuern. Es sind also die in den Folgejahren auf genau diese Funktion entfallenden Reingewinne zu ermitteln, die nach Abzug der jeweiligen Ertragsteuern verbleiben (*Ballwieser* Unternehmensbewertung

47 ff.). Eine Konkretisierung, was wiederum unter dem Reingewinn nach Steuern zu verstehen ist, kann weder dem Gesetz noch der FVerlV entnommen werden. Da die FVerlV jedoch mehrfach auf periodisierte Größen des pagatorischen Rechnungswesens: „Gewinne", „Reingewinne" bzw. „Gewinnerwartungen" Bezug nimmt, könnte zunächst vermutet werden, dass es sich bei der zu diskontierenden Größe um die Differenz aus Erträgen und Aufwendungen (Gewinn) handelt. Diese Vermutung würde jedoch nicht im Einklang mit den vorgesehenen Bewertungsverfahren stehen (so auch *Hentschel* Deutsche Regelungen zur internationalen Funktionsverlagerung 56). Vielmehr verlangt die Ertragswertmethode den Ansatz der zu erwartenden finanziellen Überschüsse (Nettozuflüsse/Net Income), die für Ausschüttungen an oder Entnahmen durch die Eigenkapitalgeber zur Verfügung stehen. Dieser Ansatz wird auch durch die Finanzverwaltung vertreten. So heißt es in den VWG-Funktionsverlagerung, dass für die Ermittlung des Reingewinns nach Steuern grundsätzlich „nur die finanziellen Überschüsse nach Fremdkapitalkosten und Steuern aus dem Transferpaket wertrelevant" sind, „die als Nettoeinnahmen während der erwarteten wirtschaftlichen Nutzungsdauer des Transferpakets in den Verfügungsbereich des ordentlichen und gewissenhaften Geschäftsleiters gelangen" (BMF v. 13.10.2010, IV B 5 – S 1341/08/10003, BStBl. I 2010, 774, Rz. 31).

415 Auch das DCF-Verfahren stellt nicht auf Gewinne ab. Vielmehr orientiert sich das Verfahren an den tatsächlichen Zahlungsströmen in Form der zu erwarteten Cashflows. Zu unterscheiden ist zwischen dem DCF-Verfahren auf Bruttobasis (WACC-Methode, APV-Methode) und dem DCF-Verfahren auf Nettobasis (Flow to Equity-Methode). Entscheidet sich der ordentliche und gewissenhafte Geschäftsleiter zur Ermittlung der Gewinnpotenziale für ein DCF-Verfahren auf Bruttobasis, wird der Marktwert des Eigenkapitals indirekt als Differenz aus dem Marktwert des Gesamtkapitals und dem Marktwert des Fremdkapitals berechnet. Dabei ist zu beachten, dass bei der gebräuchlichsten Ausprägungsform der Bruttoverfahren – dem WACC-Ansatz des DCF-Verfahrens – Fremdkapitalkosten nicht vom „Reingewinn nach Steuern" abzuziehen sind. Kommt hingegen ein DCF-Verfahren auf Nettobasis zur Anwendung, wird analog zum Ertragswertverfahren der Marktwert des Eigenkapitals direkt ermittelt. Hierfür werden nur die Cashflows berücksichtigt, die den Eigenkapitalgebern zustehen (vgl. *Hentschel* Deutsche Regelungen zur internationalen Funktionsverlagerung S. 57 mwN).

416 Maßgeblich sind demnach Nettozuflüsse bzw. Cashflows und nicht Nettogewinne. In der praktischen Umsetzung erweist sich der Rückgriff auf solche Zahlungsgrößen jedoch idR als schwierig, da entsprechende Planungsrechnungen (Plan-Bilanzen, Plan-Gewinn- und Verlustrechnung und Finanzplanungen) in den meisten Fällen auf periodisierten Größen beruhen (vgl. Mössner Steuerrecht/*Baumhoff* Rz. 3.388; *Baumhoff/Ditz/Greinert* Ubg 2011, 166). Um den Bewertungsaufwand für den Steuerpflichtigen nicht unnötig zu verkomplizieren, sieht die Finanzverwaltung vor, dass der Steuerpflichtige die bewertungsrelevanten Nettozuflüsse bzw. Cashflows aus den entsprechenden Planrechnungen ableiten kann (BMF v. 13.10.2010, BStBl. I 2010, 774, Rz. 31; kritisch hierzu: SKK/*Kaminski* § 1 AStG Rz. 784). Die Planrechnungen können nach einem für den Steuerpflichtigen maßgeblichen Rechnungslegungsstandard (zB HGB, IFRS, US-GAAP) aufgestellt sein. Macht der Steuerpflichtige von seinem Wahlrecht Gebrauch und greift entsprechend auf periodisierte Größen zurück, sind ggf. ergänzende Berechnungen sowie eine Korrektur um nicht zahlungswirksame Ergebnisbeiträge notwendig (BMF v. 13.10.2010, BStBl. I 2010, 774, Rz. 31).

Da sich der Wert eines Unternehmens respektive einer Funktion danach **417** richtet, was dem Verkäufer bzw. Erwerber letztendlich tatsächlich verbleibt, sind die Reingewinne nach Abzug der entstehenden Ertragsteuern zu betrachten. Bei einer in Deutschland tätigen funktionsabgebenden Kapitalgesellschaft fallen Gewerbesteuer, Körperschaftsteuer und Solidaritätszuschlag an. Für das aufnehmende Unternehmen wiederum sind die jeweils im Ausland anfallenden Unternehmenssteuern zu berücksichtigen. Umstritten ist hingegen, ob auch persönliche Einkommensteuern der Anteilseigner von Kapitalgesellschaften mit in das Bewertungskalkül einzubeziehen sind. So wird auf der einen Seite angeführt, dass persönliche Steuern wertrelevant sind, da sie in die Entscheidungsfindung der Marktteilnehmer einfließen (*Ballwieser* WPg Sonderheft 2008, 106, *Zeidler/Schöniger/Tschöpel* FB 2008, 276 ff.; *Oestreicher/Hundeshagen* IStR 2009, 149). Auf der anderen Seite wird angemerkt, der Einbezug persönlicher Steuern „sei zu komplex, widerspreche der Objektivierung und sei bei korrekter Bestimmung der Alternativanlage überflüssig" (*Jonas* WPg 2008, 833). Die Finanzverwaltung berücksichtigt beide Standpunkte und konzediert, dass bei Kapitalgesellschaften für die Ermittlung der Nettozuflüsse typisierend nur die Ertragsteuern des Unternehmens wertrelevant sind (vgl. BMF v. 13.10.2010, BStBl. I 2010, 774, Rz. 34). Gleichwohl wird eine Berücksichtigung persönlicher Einkommensteuern zugelassen. Bei Personengesellschaften hingegen wird aufgrund des deutschen Steuersystems der Ansatz persönlicher Ertragsteuern als notwendig erachtet. Es kann jedoch typisierend auf die Ertragsteuern abgestellt werden, die entstanden wären, wenn anstelle des Personenunternehmens eine Kapitalgesellschaft an der Funktionsverlagerung beteiligt gewesen wäre (vgl. BMF v. 13.10.2010, BStBl. I 2010, 774, Rz. 35).

Richtigerweise ist im Rahmen des Fremdvergleichs bei Kapitalgesellschaf- **418** ten von Gesellschafterbeziehungen abzusehen, da die fiktive Verhandlung im Rahmen des hypothetischen Fremdvergleichs aus der Perspektive des ordentlichen Geschäftsleiters sowohl auf Seiten des abgebenden als auch auf Seiten des aufnehmenden Unternehmens durchzuführen ist (so auch Mössner Steuerrecht/*Baumhoff* Rz. 3.399). Die Grenzpreisermittlung ist demnach auf die Gesellschaftsebene eingeengt, wodurch Partikularinteressen der Gesellschafter für die Bewertung nicht ausschlaggebend sein können. Auch international ist der Einbezug persönlicher Ertragssteuern in das Bewertungskalkül unbekannt (vgl. Vögele Verrechnungspreise/*Borstell/Wehnert* Rz. R 646; *Nestler/Schaflitzl* BB 2011, 237 f.). Dass die Finanzverwaltung dennoch ein Wahlrecht für den Einbezug persönlicher Einkommensteuern vorsieht, ist nicht nachvollziehbar und entbehrt einer entsprechenden Rechtsgrundlage (vgl. *Greinert/Reichl* DB 2011, 118; Mössner Steuerrecht/*Baumhoff* Rz. 3.399).

Da die Gewinnprognosen beider beteiligter Unternehmen zu erstellen sind, **419** werden gemäß § 3 Abs. 2 S. 1 FVerlV auch Synergieeffekte und Standortvorteile, die allein dem neuen ausländischen Funktionsinhaber zustehen, der Besteuerung zugänglich gemacht (allerdings auch seine Standortnachteile), obwohl diese keinen direkten Bezug zum inländischen Wertschöpfungsprozess aufweisen. Unabhängig von dem sich hieraus ergebenden Verstoß gegen internationale Grundsätze (vgl. ua *Baumhoff/Ditz/Greinert* DStR 2007, 1652) ist diese Regelung kaum marktkonform und scheint insoweit gegen den in § 1 Abs. 1 S. 1 verankerten Fremdvergleichsgrundsatz zu verstoßen, denn ein unabhängiger Dritter würde seine eigenen Synergieeffekte und Standortvorteile nicht zu seinen Lasten in die Kaufpreisbemessung einfließen lassen (ebenso *Frischmuth* StuB 2007, 392; *Jenzen* NWB Fach 2, 9428). Ebenso wenig würde er, wie ursprünglich in § 2 Abs. 1 S. 2 FVerlV-E v. 4.6.2007 angenommen, sonstige Vorteile und Potenziale vergüten, die das abgebende Unternehmen aus rechtlichen, tatsächlichen oder wirtschaftlichen Gründen nicht selbst realisieren kann (vgl. *Kroppen/Rasch/Eigelshoven* IWB Fach 3 Gr. 1, 2213; *Jenzen* NWB Fach 2, 9428). Nach neuerer Ansicht des BMF würden in diesem Fall unabhängige Dritte für die Verlagerung dagegen nur noch den Liquidationswert (abzüglich der Schließungskosten) als Mindestpreis verlangen (vgl. § 7 Abs. 2 FVerlV sowie Begründung zu § 7 Abs. 2 FVerlV).

c) Abzinsungszeitraum

420 Für die Berechnung der jeweiligen Gewinnpotenziale ist nach § 3 Abs. 2 S. 3 FVerlV grundsätzlich „ein von den Umständen der Funktionsausübung abhängiger Kapitalisierungszeitraum (§ 6 FVerlV) zu Grunde zu legen". Dies lässt sich damit begründen, dass viele Funktionen häufig nur zeitlich begrenzt ausgeübt werden können, bspw. aufgrund begrenzter Laufzeiten von Vertriebs- oder Lizenzverträgen, Produktlebenszyklen, technischer Neu- und Weiterentwicklungen oder Kundenfluktuationen (*Baumhoff/Ditz/Greinert* DStR 2007, 1653). Unter diesem Aspekt ist eine Einzelfallbetrachtung erforderlich (ebenso *Jenzen* NWB Fach 2, 9428), auch wenn pauschale Prognosezeiträume von drei bis fünf Jahren häufig dem Fremdvergleich entsprechen (vgl. *Baumhoff/Ditz/Greinert* DStR 2007, 1653; Kroppen, Internationale Verrechnungspreise/*Roeder* Rz. 159). Gemäß der Regierungsbegründung ist von einem begrenzten Kapitalisierungszeitraum insbesondere auch dann auszugehen, wenn die ursprünglichen Investitionen des verlagernden Unternehmens mit der Zeit an Wert verlieren und eigene Ersatzinvestitionen durch das aufnehmende Unternehmen für die Funktionsausübung immer mehr an Bedeutung gewinnen (vgl. BR-Drs. 352/08 vom 23.5.2008, 19).

421 Sind die Gründe für einen solchen zeitlich begrenzten Abzinsungszeitraum nicht ersichtlich und können sie auch vom Steuerpflichtigen nicht glaubhaft gemacht werden, ist allerdings ein unbegrenzter Kapitalisierungszeitraum zu unterstellen (§ 6 FVerlV). Dies begründet der Verordnungsgeber (neben der dadurch angeblich geschaffenen Rechtssicherheit) damit, dass nach betriebswirtschaftlichen Grundsätzen auch bei (Teil-)Betriebsveräußerungen ein unbeschränkter Kapitalisierungszeitraum zugrunde gelegt werde (Begründung zu § 6 FVerlV). Dabei übersieht er allerdings, dass es sich bei den verlagerten Funktionen eben nicht um (steuerliche) Teilbetriebe handelt (ebenso § 1 Abs. 1 S. 2 FVerlV), sondern lediglich um Teilbereiche der unternehmerischen Gesamtaufgabe (vgl. ua *Brockhagen* Funktionsverlagerung 13), weshalb eine Ähnlichkeit zu (Teil-)Betriebsveräußerungen nur im Ausnahmefall gegeben sein dürfte. Nach Auffassung der Finanzverwaltung kann ein kürzerer Kapitalisierungszeitraum jedoch umso eher glaubhaft gemacht werden, je weiter die verlagerte Funktion unterhalb der Teilbetriebsgrenze liegt (vgl. BMF v. 13.10.2010, BStBl. I 2010, 774, Rz. 109). Letztendlich führt diese Regelung zu einer Beweislastumkehr zu Lasten des Steuerpflichtigen.

Eine isolierte Gewinnprognose ist demnach nicht nur für ein Jahr, sondern über einen möglichst langen Zeitraum zu erstellen. In der Praxis wird man, den Grundsätzen zur Durchführung von Unternehmensbewertungen (IDW S 1) entsprechend, eine solch langfristige Prognose in zwei Planungsphasen unterteilen (zur Phasenmethode vgl. Peemöller Praxishandbuch der Unternehmensbewertung/*Mandl/Rabel* 59): In der ersten Phase, die idR einen überschaubaren Zeitraum von drei bis fünf Jahren umfasst, sind häufig noch hinreichend detaillierte Planungsrechnungen möglich (Schacht/Fackler Praxishandbuch Unternehmensbewertung/*von Ahsen/de Witt* 148 ff.; ebenso IDW S. 1 Tz. 85). Für die daran anschließende zweite Phase wird man dagegen auf Tendenzen abstellen müssen. Das Unternehmen kann sich im sog. Beharrungszustand befinden, der die Berücksichtigung einer ewigen Rente zur Folge hätte (Schacht/Fackler Praxishandbuch Unternehmensbewertung/ *von Ahsen/de Witt* 218 ff.), oder konstant weiter wachsen (IDW S 1 Tz. 86). Für den Fall einer einzelnen Funktionsverlagerung scheint aber eine dritte Alternative besonders realistisch: abnehmende finanzielle Überschüsse und damit einhergehend eine Beschränkung des Planungszeitraums. 422

Eine Begrenzung des Kapitalisierungszeitraums wäre auch deshalb angemessen, da dem übertragenden Unternehmen andernfalls eine erhebliche Liquiditätsbelastung droht (*Kaminski* RIW 2007, 600). Im Extremfall wird die Gewinnprognose als unendliche Rente fortgeführt. Das vom übernehmenden Unternehmen erst in ferner Zukunft (möglicherweise!) realisierte Gewinnpotenzial unterliegt beim übertragenden Unternehmen aber bereits zum Zeitpunkt der Übertragung der Sofortbesteuerung. Eine solche Sofortbesteuerung kann vermieden werden, indem man die Funktion nicht auf die nahe stehende Person überträgt, sondern sie ihr lediglich zur Nutzung überlässt. Die im Rahmen der Lizenzierung erzielten Einkünfte unterliegen der nachgelagerten Besteuerung, wenn das wirtschaftliche Eigentum beim Lizenzgeber verbleibt. Sofern mangels konkreter Anhaltspunkte unklar ist, ob eine Übertragung oder eine Nutzungsüberlassung vorliegt, ist gemäß § 4 Abs. 2 FVerlV auf Antrag des Steuerpflichtigen von einer Nutzungsüberlassung auszugehen. Folglich werden die ggf. erheblichen stillen Reserven nicht sofort aufgedeckt und versteuert (Begründung zu § 4 Abs. 2 FVerlV). Diese unterschiedlichen steuerlichen Konsequenzen eröffnen dem Steuerpflichtigen einen erheblichen Gestaltungsspielraum (*Baumhoff/Ditz/Greinert* DStR 2007, 1654). 423

einstweilen frei 424–429

d) Kapitalisierungszinssatz

Zur Ermittlung des jeweiligen Barwertes des Transferpakets müssen die jährlichen Reingewinne nach § 1 Abs. 3 S. 9 mit funktions- und risikoadäquaten Kapitalisierungszinssätzen der beiden Unternehmen auf den Zeitpunkt der Übertragung abgezinst werden. Für die Bestimmung des risikoadäquaten Zinssatzes ist grundsätzlich zwischen einer subjektiven und einer kapital- 430 marktorientierten Herangehensweise zu unterscheiden. Wird das Verhalten eines ordentlichen und gewissenhaften Geschäftsleiters als Maßstab unterstellt, ist davon auszugehen, dass der funktions- und risikoadäquate Zinssatz aus den Umständen des Einzelfalls abgeleitet werden kann (vgl. *Greil/Naumann* IStR 2015, 433). Demnach ist seriösen unternehmensintern verwendeten Daten der Vorzug zu geben (vgl. *Greil/Naumann* IStR 2015, 433). Eine Bestimmung des risikoadäquaten Zinssatzes kann jedoch auch mittels kapitalmarktorientierten Methoden vorgenommen werden. Das wohl prominenteste Modell zur Bestimmung der Eigenkapitalkosten ist das Capital Asset Pricing Modell (vgl. ausführlich zur Anwendung des CAPM bei Funktionsverlagerungen *Hentschel* Deutsche Regelungen zur internationalen Funktionsverlagerung 63 ff.).

431 Basis für die Bestimmung des angemessenen Kapitalisierungszinssatzes ist nach § 5 S. 1 FVerlV der Zinssatz einer risikolosen Investition. Da in der Realität eine vollkommen risikolose Anlage finanzieller Mittel unmöglich ist, stellt die Finanzverwaltung mit Verweis auf IDW S 1 zur Bestimmung des „quasirisikolosen" Zinssatzes auf laufzeitäquivalente und stichtagsaktuelle Spot Rates aus Renditen für Null-Kupon-Anleihen der öffentlichen Hand ab (vgl. BMF v. 13.10.2010, BStBl. I 2010, 774, Rz. 104). Diese Spot Rates können mit Hilfe der ursprünglich von *Nelson/Siegel* (Journal of Business 1987, 473 ff.) und durch *Svensson* (IMF Working Paper No. 94/114) weiterentwickelten Methode geschätzt werden (ausführlich hierzu Peemöller Praxishandbuch der Unternehmensbewertung/*Baetge/Niemeyer/Kümmel/Schulz* 374; *Hentschel* Deutsche Regelungen zur internationalen Funktionsverlagerung 67 ff.). Aus Praktikabilitätsgründen lässt die Finanzverwaltung die Verwendung eines Einheitszinssatzes für den gesamten Kapitalisierungszeitraum zu. Dieser soll sich an der voraussichtlichen Nutzungsdauer der Funktion, dh an der letzten Periode des Planungszeitraums, orientieren (vgl. § 5 S. 2 FVerlV; BMF v. 13.10. 2010, BStBl. I 2010, 774, Rz. 105). Auch wenn gegen die Verwendung des Einheitszinssatzes in der Literatur bereits mehrfach Bedenken geäußert wurden (vgl. *Gebhardt/Daske* WPg 2005, 654 ff.; Peemöller Praxishandbuch der Unternehmensbewertung/*Baetge/Niemeyer/Kümmel/Schulz* 367; *Drukarczyk/ Schüler* Unternehmensbewertung 239 f.; Kroppen, Internationale Verrechnungspreise/*Roeder* FVerl, Rz. 153), wurde die Verwendung eines aus Zinsstrukturkurven ermittelten Einheitszinssatzes für den Bewertungsstichtag als sachgerecht angesehen (vgl. OLG Frankfurt a.M. v. 30.8.2012, 21 W 14/11). Auch die Verwendung des Durchschnitts der Zerobondzinssätze der letzten drei Monate vor dem Bewertungsstichtag und die anschließende Abrundung auf den nächsten vollen ¼ Prozentpunkt wurde als „methodisch bedenkenfrei" (OLG Frankfurt a.M. v. 30.8.2012, 21 W 14/11) erachtet. Dem Rechtsanwender sollte es demnach letztlich freistehen, ob er die genauen periodenspezifischen Basiszinssätze oder den Einheitszinssatz für die Bewertung heranzieht. Liegt ausnahmsweise ein unbegrenzter Kapitalisierungszeitraum vor, ist von einer möglichst langfristigen risikolosen Investition auszugehen (*Drukarczyk/Schüler* Unternehmensbewertung 238 f.; ebenso Begründung zu § 5 S. 2 FVerlV-E).

432 Der so ermittelte Basiszinssatz ist um einen funktions- und risikoadäquaten Zuschlag zu erhöhen (vgl. § 5 S. 1 FVerlV). Dadurch sollen die mit der Funktion zusammenhängenden Chancen und Risiken sowie die grundsätzliche Risikoaversion des Wirtschaftssubjektes, nach der zukünftige Risiken stärker gewichtet werden als zukünftige Chancen, berücksichtigt werden (Schacht/Fackler Praxishandbuch Unternehmensbewertung/*Serf* 187 ff.; ebenso IDW S 1 Tz. 96).

Die Höhe des Risikozuschlags soll sich an marktüblichen Renditen orientieren, welche für die Ausübung vergleichbarer Funktionen erzielt werden, sofern ausreichend vergleichbare Renditeerwartungen ermittelt werden können (vgl. BMF v. 13.10.2010, BStBl. I 2010, 774, Rz. 106; ausführlich zur Ermittlung des funktions- und risikoadäquaten Zuschlags mit Hilfe des CAPM vgl. *Hentschel* Deutsche Regelungen zur internationalen Funktionsverlagerung 71 ff.). Können keine ausreichend vergleichbaren Renditeerwartungen ermittelt werden, soll sich die Prämie an den anteiligen Gewinnerwartungen des Gesamtunternehmens orientieren (BMF v. 13.10.2010, BStBl. I 2010, 774, Rz. 106). **433**

Der Nachsteuerbetrachtung bei der Gewinnprognose entsprechend (vgl. → Rz. 419), ist auch beim Kapitalisierungszinssatz eine ertragsteuerliche Kürzung vorzunehmen (vgl. § 5 S. 1 FVerlV; Schacht/Fackler Praxishandbuch Unternehmensbewertung/*Löffler* 395 ff.). Wurden persönliche Steuern in die Berechnung der Reingewinne nach Steuern mit einbezogen, sind diese auch beim Kapitalisierungszinssatz entsprechend zu berücksichtigen (vgl. BMF v. 13.10.2010, BStBl. I 2010, 774, Rz. 108). Begründen lässt sich eine solche Kürzung damit, dass auch die Erträge der Alternativinvestition, bspw. in Form eines Aktienportfolios, der persönlichen Ertragsbesteuerung unterliegen würden. Unter Berücksichtigung der individuellen steuerlichen Folgen der Alternativinvestition, dh Teileinkünfteverfahren, Abgeltungssteuer oder Steuerfreiheit nach § 8b KStG, ist die durchschnittliche Steuerbelastung zu ermitteln, die den Kapitalisierungszinssatz mindert (IDW S 1 Tz. 101). **434**

Schließlich haben die beiden nahe stehenden Unternehmen bei der Bestimmung ihres Zinssatzes auch ihre jeweilige Kapitalstruktur, bspw. mit Hilfe des WACC-Ansatzes (hierzu ausführlich ua *Loderer et al.* Handbuch der Bewertung 646 ff.), zu berücksichtigen, sofern sie den Barwert durch Bruttokapitalisierung ermitteln (IDW S 1 Tzn. 108 f.). **435**

Da die beschriebenen Parameter im Zeitverlauf häufig nicht konstant sein werden, zB aufgrund einer Änderung der Kapitalstruktur oder steuerlicher Neuerungen, müsste man theoretisch für jedes Jahr innerhalb des Prognosezeitraumes den Kapitalisierungszins neu festlegen. In der Praxis wird man allerdings wegen der Komplexität des Ermittlungsverfahrens regelmäßig einen einheitlichen Zinssatz verwenden (vgl. unter Annahme einer konstanten Zielkapitalstruktur Schacht/Fackler Praxishandbuch Unternehmensbewertung/*Schacht/Fackler* 217 f). **436**

e) Berücksichtigung transaktionsinhärenter Steuereffekte

Nach Auffassung der Finanzverwaltung sind für die Ermittlung der Grenzpreise der Beteiligten zusätzlich transaktionsinhärente Steuereffekte zu berücksichtigen (BMF v. 13.10.2010, BStBl. I 2010, 774, Rz. 118, 125). Konkret sieht die Finanzverwaltung ein zweistufiges Bewertungsverfahren vor. Danach sind bei der Ermittlung des Mindestpreises die auf den Übertragungsgewinn **437** entfallende Steuer (Exit Tax) sowie bei der Ermittlung des Höchstpreises der Steuervorteil, der sich aus dem mit dem Transferpaket erworbenen Abschreibungspotenzial ergibt, bei der Ermittlung der jeweiligen Grenzpreise zu berücksichtigen (vgl. *Hentschel/Kraft* IStR 2015, 197 f.).

438 Wird die Exit Tax berücksichtigt, müsste der auf der ersten Stufe ermittelte Mindestpreis zusätzlich auf einer zweiten Stufe um die Steuerbelastung auf den Veräußerungsgewinn angepasst werden müssen (vgl. BMF v. 13.10.2010, BStBl. I 2010, 774, Rz. 118). Die Anpassung ist in der Weise durchzuführen, dass der nach der Besteuerung des Verlagerungsgewinns verbleibende Wert dem Barwert der übertragenen Funktion zzgl. ggf. anfallender Schließungskosten entspricht (vgl. *Baumhoff/Ditz/Greinert* Ubg 2011, 168; *Greinert/Reichl* DB 2011, 1182).

439 Der Einbezug transaktionsinhärenter Steuereffekte in die Ermittlung der jeweiligen Grenzpreise ist jedoch abzulehnen (vgl. *Hentschel/Kraft* IStR 2015, 197; Wassermeyer/Baumhoff Verrechnungspreise/*Ditz/Greinert* Rz. 7.102; Kroppen, Internationale Verrechnungspreise/*Kroppen* FVerl Rz. 138; aA *Greil/Naumann* IStR 433). Zum einen vereinfacht die Finanzverwaltung das Ermittlungsverfahren, welches sich allein aus einem im BMF-Schreiben vorgestellten Beispiel ableitet (vgl. BMF v. 13.10.2010, BStBl. I 2010, 774, Anlage, Beispiel 1) in einer kaum zulässigen Weise. Bedenklich ist insbesondere, dass für den Einbezug der Exit Tax auf der zweiten Ermittlungsstufe nicht auf den Mindestpreis der Stufe 1 abzustellen ist. Sachgerecht wäre es vielmehr an dieser Stelle den maßgeblichen Verrechnungspreis zugrunde zu legen (*Luckhaupt* DStR 2012, 1573; *Greil* Stbg 2011, 157). Zum anderen stellt sich die Frage, ob der Einbezug transaktionsinhärenter Besteuerungseffekte überhaupt auf einer soliden gesetzlichen Basis ruht und somit bei der Ermittlung der jeweiligen Grenzpreise Beachtung finden sollte. Es ist festzustellen, dass weder aus dem Wortlaut des Gesetzes noch aus dem Wortlaut der FVerlV der Einbezug einer Exit Tax bzw. eines TAB explizit entnommen werden kann (vgl. *Hentschel/Kraft* IStR 2015, 198; so auch: *Oestreicher* Ubg 2011, 515; *Baumhoff/Ditz/Greinert* Ubg 2011, 168 f.; Mössner Steuerrecht/*Baumhoff* Rz. 3.400 ff.; Kroppen, Internationale Verrechnungspreise/*Kroppen* Rz. 138 FVerl). Vor dem Hintergrund der Bewertungssystematik werden im Fachschrifttum dennoch Gründe für eine Berücksichtigung vorgenannter Besteuerungseffekte vorgetragen. So wird bspw. ausgeführt, dass sich der Einbezug implizit aus dem gesetzlich verankerten Konzept des hypothetischen Fremdvergleichs ergibt (vgl. *Oestreicher* Ubg 2011, 515) bzw. dass zwei ordentliche und gewissenhafte Geschäftsleiter in Kenntnis aller wesentlichen Umstände entsprechende Besteuerungseffekte in ihrem Bewertungskalkül berücksichtigen würden (vgl. *Schilling* DB 2011, 1539; *Zimmermann* Die Entscheidung zur Funktionsverlagerung im Konzern 89 f.). Die implizite Ableitung allein aus bewertungssystematischen Überlegungen, ohne eine explizite gesetzliche Grundlage, kann an dieser Stelle nicht ausreichen (vgl. *Hentschel/Kraft* IStR 2015, 198; so auch Kroppen, Internationale Verrechnungspreise/*Kroppen* Rz. 138 FVerl; *Greinert/Reichl* DB 2011, 1184 f.). Auch in den OECD-Verrechnungspreisgrundsätzen 2010 bzw. in den IDW S 1 2008 (WPg Supplement 3/2008, 68 ff.) ist eine Berücksichtigung transaktionsinhärenter Steuereffekte nicht vorgesehen.

f) Möglichkeit der Einzelbewertung (Escape-Klausel)

§ 1 Abs. 3 S. 10 bietet dem Steuerpflichtigen unter bestimmten Voraussetzungen die Möglichkeit, von der Gesamtbewertung des Transferpaketes abzusehen und stattdessen eine Einzelbewertung für alle betroffenen Wirtschaftsgüter und Dienstleistungen im Rahmen eines tatsächlichen Fremdvergleichs durchzuführen. Die zwei bereits seit der Unternehmensteuerreform 2008 (v. 14.8.2007, BGBl. 2007 I 1912) bestehenden und in § 1 Abs. 3 S. 10 verorteten Öffnungsklauseln wurden durch das „Gesetz zur Umsetzung steuerlicher EU-Vorgaben sowie zur Änderung steuerlicher Vorschriften" (v. 8.4.2010, BStBl. I 2010, 334) um eine dritte Öffnungsklausel erweitert. Alle drei Fälle muss der Steuerpflichtige glaubhaft machen, was im Ergebnis wiederum zu einer Umkehr der Beweislast führt (vgl. *Baumhoff/Ditz/Greinert* DStR 2007, 1653). **440**

Die erste in § 1 Abs. 3 S. 10 1. Hs. 1. Alt. verortete Alternative behandelt die Fälle, in denen keine wesentlichen immateriellen Wirtschaftsgüter und Vorteile mit der Funktion übergegangen sind. Die Nutzungsüberlassung ist der Übertragung gleich gestellt. Nach § 1 Abs. 5 FVerlV soll die Wesentlichkeitsschwelle bei 25% der Summe der Einzelverrechnungspreise liegen (quantitativer Maßstab). Zudem greift die Ausnahmeregelung, wenn die immateriellen Wirtschaftsgüter und Vorteile für die verlagerte Funktion nicht erforderlich sind (qualitativer Maßstab). Aufgrund fehlender Präzisierung des qualitativen Maßstabs der Erforderlichkeit, wird wohl vornehmlich auf den quantitativen Maßstab abzustellen sein. Problematisch hieran ist jedoch, dass für die Verprobung des quantitativen Maßstabs ua die Einzelwerte der Vorteile heranzuziehen sind. Was der Gesetzgeber konkret unter einem Vorteil versteht ist jedoch unklar. Nach *Jahndorf* kann es sich dabei nur um ein Gewinnpotenzial handeln (*Jahndorf* FR 2008, 108). Da der Vorteil nicht wesentlich sein darf, muss er aber in irgendeiner Form bewertbar bzw. quantifizierbar sein. Dies lässt auf eine engere Begriffsauslegung schließen, bspw. als wirtschaftsgutähnlichen Wert oder als eine Art (Teil-)Geschäftswert (*Jenzen* NWB Fach 2, 9429). Nach Auffassung der Finanzverwaltung handelt es sich bei einem Vorteil um einen geschäftswertbildenden Faktor, bspw. ein guter Ruf, gut ausgebildete Arbeitnehmer oder eine eingespielte Betriebsorganisation. (vgl. BMF v. 13.10.2010, BStBl. I 2010, 774, Rz. 29). Da solche Vorteile jedoch gerade keiner Einzelbewertung zugänglich sind, lassen sie sich nur als Residualwert zwischen dem Wert des Transferpakets und der Summe der Einzelverrechnungspreise der jeweiligen Wirtschaftsgüter ermitteln (so auch *Oestreicher/Wilcke* Ubg 2010, 228, *Pohl* IStR 2010, 360; Mössner Steuerrecht/*Baumhoff* Rz. 3.363; Kroppen, Internationale Verrechnungspreise/*Schreiber* Rz. 81). Mithin ist eine Gesamtbewertung des Transferpakets notwendig. Auch die Finanzverwaltung scheint eine entsprechende Gesamtbewertung für notwendig zu erachten. So ist den VWG Funktionsverlagerung zu entnehmen, dass zur Bestimmung, ob der quantitative Maßstab erfüllt ist, „die Bestandteile des Transferpakets (ggf. einschließlich geschäftswertbildender Faktoren) unabhängig von deren Ausweis als Wirtschaftsgut zu berücksichtigen" (vgl. BMF v. 13.10.2010, IV B 5 – S 1341/08/10003, BStBl. I 2010, 774, Rz. 39) sind. An anderer Stelle heißt es jedoch wiederum, dass eine „präzise Wertberechnung für das Transferpaket" (vgl. BMF v. 13.10.2010, IV B 5 – S 1341/08/10003, **441**

BStBl. I 2010, 774, Rz. 39) nicht erforderlich ist. Obwohl eine solche Unbestimmtheit dem Steuerpflichtigen auch Gestaltungsspielräume bieten kann (*Jahndorf* FR 2008, 108), wird sie im Ergebnis tendenziell die Anwendung der Einzelbewertung erschweren und streitanfällig machen (*Jenzen* NWB Fach 2, 9429). Es ist ohnehin davon auszugehen, dass der ersten Öffnungsklausel nur geringe praktische Relevanz zukommt, da sich diese allein dann als vorteilhaftig erweisen wird, wenn sich das Transferpaket ganz wesentlich aus materiellen Wirtschaftsgütern zusammensetzt und somit die 25% Grenze unterschritten wird (vgl. *Hentschel/Kraft* IStR 2015 195; *FWBS* § 1 AStG Rz. 89).

442 Die zweite Alternative greift, wenn das Gesamtergebnis der Einzelpreisbestimmungen dem Fremdvergleichsgrundsatz entspricht (§ 1 Abs. 3 S. 10 1. Hs. 2. Alt.). Da dieser aber an der Preisbestimmung für das Transferpaket als Ganzes gemessen werden soll, ist dessen Bewertung zwingend erforderlich (*Wulf* DB 2007, 2284). Nach § 2 Abs. 3 S. 2 FVerlV wird ein Ansatz der Summe der Einzelwerte sogar nur akzeptiert, wenn diese innerhalb des durch hypothetischen Fremdvergleich ermittelten Einigungsbereichs liegt „und der Steuerpflichtige glaubhaft macht, dass sie dem Fremdvergleichsgrundsatz entspricht". Es ist offensichtlich, dass der Steuerpflichtige Probleme haben wird, einen solchen Wert glaubhaft zu machen, sofern dies überhaupt möglich ist (vgl. → Rz. 335; ebenso *Baumhoff/Ditz/Greinert* DStR 2007, 1653; *Kroppen/Rasch/Eigelshoven* IWB Fach 3 Gr. 1, 2218 f.). Die zweite Öffnungsklausel entfaltet für den Steuerpflichtigen aufgrund der hohen Komplexität und Arbeitsintensität keinerlei vereinfachende Wirkung und ist für praktische Zwecke somit ebenfalls von untergeordneter Bedeutung (vgl. *Hentschel/Kraft* IStR 2015, 195; *Greil/Naumann* IStR 2015, 434; *FWBS* § 1 AStG Rz. 89).

443 Der dritten in § 1 Abs. 3 S. 10 2. Hs. verorteten Öffnungsklausel dürfte im Vergleich zu den anderen beiden Öffnungsklauseln größere praktische Bedeutung zukommen (ausführlich zur dritten Öffnungsklausel *Hentschel* Deutsche Regelungen zur internationalen Funktionsverlagerung S. 105 ff.). Hiernach sind Einzelverrechnungspreise für die Bestandteile des Transferpakets anzuerkennen, wenn der Steuerpflichtige glaubhaft macht, dass mindestens ein wesentliches immaterielles Wirtschaftsgut Bestandteil der Funktionsverlagerung ist und er dieses genau bezeichnet. Wird ein solches wesentliches immaterielles Wirtschaftsgut (zB Kundenstamm, Patent) genau bezeichnet, könnte ein von der Finanzverwaltung befürchtetes Erfassungsdefizit (vgl. BT-Drs. 17/939 vom 4.3.2010, 8), das bspw. aufgrund des in § 5 Abs. 2 EStG verortetem Bilanzierungsverbot für selbstgeschaffene immaterielle Wirtschaftsgüter auftreten kann, vermieden werden und eine Transferpaketbewertung somit verzichtbar sein (vgl. Kroppen, Internationale Verrechnungspreise/*Kroppen* Rz. 125). Bei Inanspruchnahme wird der Steuerpflichtige jedoch mit einer Reihe von Anwendungsproblemen konfrontiert. So ist bereits unklar, was unter einem wesentlichen immateriellen Wirtschaftsgut zu verstehen ist. Wenngleich von Seiten der Finanzverwaltung eine sinngemäße Anwendung des § 1 Abs. 5 FVerlV vorgesehen wird, wonach sowohl ein quantitatives als auch ein qualitatives Merkmal erfüllt sein müssen, wird diese Ansicht in der Literatur zurecht mehrheitlich abgelehnt (*Baumhoff/Ditz/Greinert* DStR 2010, 1311; *Eigelshoven/Nientimp* Ubg 2010, 235; *Freudenberg/Ludwig* BB 2010, 1270; *Luckhaupt* DB 2010, 2018; Kroppen, Internationale Verrechnungspreise/*Schreiber* Rz. 15;

Baumhoff/Ditz/Greinert Ubg 2011, 169, aA *Lenz/Rautenstrauch* DB 2010, 699; *Peter/Wehnert/Koch/Peter* IStR 2011, 181; *Schilling* BB 2012, 307 ff.). Vielmehr greifen die in § 1 Abs. 5 FVerlV verorteten Merkmale gemäß dem eindeutigen Wortlaut der Verordnung nur für den Fall der ersten Öffnungsklausel iSd § 1 Abs. 3 S. 10 1. Hs. 1. Alt. (vgl. *Hentschel/Kraft* IStR 2015, 196). Eine automatische Übertragung auf die dritte Öffnungsklausel iSd § 1 Abs. 3 S. 10 2. Hs. ist somit ohne vorherige Anpassung der FVerlV nicht sachgerecht (vgl. *Hentschel/Kraft* IStR 2015, 196). Bis zum heutigen Zeitpunkt hat es eine solche Anpassung jedoch nicht gegeben.

Darüber hinaus dürfte die Rechtsfolge der dritten Öffnungsklausel für weiteres Konfliktpotenzial sorgen. Diese ordnet an, dass nach Glaubhaftmachung des Übergangs mindestens eines wesentlichen immateriellen Wirtschaftsguts die einzelnen Bestandteile des Transferpakets mit ihren Einzelverrechnungspreisen bewertet werden können (vgl. § 1 Abs. 3 S. 10 2. Hs.). Unklar ist, ob der in den sonstigen Vorteilen zum Ausdruck kommende funktionsanteilige Geschäftswert zu den Bestandteilen des Transferpakets gehört und somit auch hierfür ein Einzelverrechnungspreis zu bestimmen ist. Da sich der Wert des funktionsanteiligen Geschäftswerts nur als Residualwert zwischen dem Wert des Transferpakets und der Summe der Einzelverrechnungspreise der jeweiligen Wirtschaftsgüter ermitteln lässt, wäre in diesem Fall wiederum eine Gesamtbewertung des Transferpakets notwendig (vgl. *Hentschel/Kraft* IStR 2015, 196). Ein funktionsanteiliger Geschäftswert sollte jedoch nur dann berücksichtigt werden, wenn dies auch fremde Dritte so handhaben würden. Fremde Dritte wären jedoch nur dann bereit einen funktionsanteiligen Geschäftswert zu vergüten, wenn sie vom Übertragenden einen funktionsanteiligen Geschäftswert erhalten – es also zur Verlagerung eines Teilbetriebs oder Betriebs kommt (vgl. *Hentschel/Kraft* IStR 2015, 196). **444**

Um in den Genuss der Einzelbewertung kommen zu können, hat der Steuerpflichtige somit in allen drei Fällen einen erhöhten Aufwand zu leisten und die Umkehrung der Beweislast zu tragen (so auch *Baumhoff/Ditz/Greinert* DStR 2007, 1653). Wie von Vertretern der Finanzverwaltung konstatiert, machen Unternehmen von den Öffnungsklauseln in der Praxis jedoch eher selten Gebrauch (vgl. *Greil/Naumann* IStR 2015, 434). **445**

einstweilen frei **446–449**

V. Preisanpassungsklausel

1. Tatbestandsvoraussetzungen

Da der hypothetische Fremdvergleich nach Ansicht des Gesetzgebers häufig mit erheblichen Unsicherheiten behaftet ist, wenn wesentliche immaterielle Wirtschaftsgüter oder Funktionen übertragen werden (BT-Drs. 16/4841, 86), wird bei einem späteren erheblichen Abweichen der Gewinnentwicklung nach § 1 Abs. 3 S. 11 die vorherige Vereinbarung einer Preisanpassungsklausel widerlegbar vermutet. Wurde eine solche Regelung nicht vereinbart und kommt es innerhalb der darauf folgenden zehn Jahre tatsächlich zu einer erheblichen Abweichung, so ist nach S. 12 eine einmalige angemessene Korrektur des ursprünglich vereinbarten Preises vorzunehmen. **450**

a) Hypothetischer Fremdvergleich und Funktionsverlagerung

451 In S. 11 wird explizit auf die Fälle der S. 5 und 9 verwiesen, dh die Preisanpassungsklausel greift lediglich bei einer vorherigen Bewertung anhand des hypothetischen Fremdvergleichs. Erfolgt die Beurteilung einer Geschäftsbeziehung bzw. einer Funktionsverlagerung dagegen aufgrund einer eingeschränkten oder sogar uneingeschränkten Vergleichbarkeit anhand des tatsächlichen Fremdvergleichs, kann eine Preisanpassung nicht erfolgen (*Jenzen* NWB Fach 2, 9430; *Wulf* DB 2007, 2284). Eine solche Unterscheidung lässt sich damit begründen, dass bei einer (un-)eingeschränkten Vergleichbarkeit der Daten, die einen konkreten Fremdvergleich ermöglicht, keine erheblichen Unsicherheiten bestehen. Die auch bei dieser Vorgehensweise möglicherweise auftretenden geringen Unsicherheiten scheint der Gesetzgeber hinzunehmen – gerade auch im Hinblick darauf, dass die Verrechnungspreisermittlung eben keine exakte Wissenschaft ist (OECD-Leitlinien 2017 Tz. 3.55).

b) Wesentliche immaterielle Wirtschaftsgüter und Vorteile

452 Die Unterstellung einer Preisanpassungsregelung erfolgt nicht bei der Übertragung materieller, sondern allein beim Übergang immaterieller Wirtschaftsgüter und sonstiger Vorteile. Hierzu zählen va Lizenzen, Patente oder der Kundenstamm (vgl. ua *Jahndorf* FR 2008, 108). Ein funktionsanteiliger Geschäftswert wird zwar ebenfalls im Rahmen des Transferpakets erfasst. Da dieser aber weder ein Wirtschaftsgut noch einen sonstigen Vorteil darstellt, dürfte er keine Preisanpassung begründen (ebenso *Jenzen* NWB Fach 2, 9430). Obwohl nicht klar ist, warum eine Preiskorrektur ausgerechnet durch immaterielle Wirtschaftsgüter ausgelöst werden soll (*Scholz* IStR 2007, 522), ist zu vermuten, dass der Gesetzgeber auch in diesem Fall eine besondere Anfälligkeit für erhebliche Unsicherheiten bei der späteren Gewinnentwicklung erwartet. Ebenfalls nicht eindeutig gesetzlich geregelt ist, ab wann immaterielle Wirtschaftsgüter als wesentlich einzustufen sind (*Kroppen/Rasch/Eigelshoven* IWB Fach 3 Gr. 1, 2220). Analog zu § 1 Abs. 3 S. 10 1. Hs. 1. Alt (vgl. → Rz. 441) wird die Wesentlichkeitsgrenze, sofern die Wirtschaftsgüter und Vorteile für die Ausübung der Funktion erforderlich sind, wohl bei 25% der Summe der Einzelverrechnungspreise liegen (§ 1 Abs. 5 FVerlV).

c) Erhebliche Abweichung der späteren Gewinnentwicklung

453 Eine weitere Voraussetzung für die Vermutung einer vereinbarten Preisanpassungsklausel ist eine erhebliche Abweichung der tatsächlichen Gewinnentwicklung von der ursprünglich dem Verrechnungspreis zu Grunde gelegten. Nach § 10 S. 1 FVerlV ist die Differenz dann erheblich, „wenn der unter Zugrundelegung der tatsächlichen Gewinnentwicklung zutreffende Verrechnungspreis außerhalb des ursprünglichen Einigungsbereichs liegt". Problematisch bei einer solchen Interpretation ist, dass sich die Erheblichkeit nicht an einer relativen, sondern einer absoluten Abweichung orientiert. So kann selbst eine geringfügige Überschreitung des, auf Planwerten basierenden, Einigungsbereichs zu einer „erheblichen" Abweichung führen (*Baumhoff/Ditz/Greinert* DStR 2007, 1654). Dem könnte entgegen gehalten werden, dass die tatsächliche Gewinnentwicklung nicht den angemessenen Verrechnungspreis darstellt, sondern lediglich den neu ermittelten Höchstpreis des neuen Einigungsbereichs markiert (§ 10 S. 2 FVerlV). Dessen Mittelwert ergibt wiederum den Preis, der mit dem ursprünglichen Einigungsbereich zu vergleichen ist. Im Ergebnis erhält man aufgrund der grundsätzlichen Orientierung am Mittelwert somit nur dann eine erhebliche Abweichung, dh einen Wert außerhalb des ursprünglichen Einigungsbereichs, wenn letzterer sich nach oben hin mehr als verdoppelt.

Beispiel:
Der ursprüngliche Einigungsbereich reicht von 80 bis 100 GE. Aufgrund einer positiven Gewinnentwicklung wird ein neuer Höchstpreis iHv 120 GE ermittelt. Der Mittelwert des neuen Einigungsbereichs (80–120 GE) beträgt 100 GE und liegt noch im ursprünglichen Einigungsbereich. Eine erhebliche Abweichung iSd § 1 Abs. 3 S. 11 liegt somit nicht vor.

Allerdings ergibt sich aus der dann folgenden Preisanpassung (vgl. Rz. 480 ff.) nicht zwingend eine relevante Mehreinnahme für den Fiskus. Dies ist insbesondere dann der Fall, wenn der ursprüngliche Preis als der Wert mit der höchsten Wahrscheinlichkeit bereits am Rand des Einigungsbereichs festgelegt wurde.

Zwar soll diese Regelung nur in Ausnahmefällen anwendbar sein, „um so weit wie möglich Planbarkeit und Vorhersehbarkeit für Unternehmen und Finanzbehörden sicher zu stellen" (so zumindest die Begründung zu § 10 S. 1 FVerlV); gleichwohl werden alle Steuerpflichtigen (wie auch der Fiskus im Rahmen von Betriebsprüfungen) in einem solchen Fall mit erheblichen Zusatzkosten durch die Überwachung und Dokumentation der entsprechenden Gewinnentwicklung sowie die ggf. erforderliche Anpassung des Verrechnungspreises belastet. Fraglich ist außerdem, wie der inländische Steuerpflichtige über einen Zeitraum von zehn Jahren die Gewinnentwicklung der betroffenen Wirtschaftsgüter bei der ausländischen nahe stehenden Person dokumentieren soll (vgl. → Rz. 316). Diese Problematik verschärft sich, wenn das ursprüngliche Gewinnpotenzial durch Restrukturierungen o. ä. immer mehr verwässert wird (*Jahndorf* FR 2008, 108 f.).

Schließlich ist zu bedenken, dass eine unvorhersehbare zusätzliche Gewinnerzielung nicht zwingend auf die übernommenen Wirtschaftsgüter zurückzuführen ist (*Jahndorf* kritisiert dies als „statische Betrachtungsweise", FR 2008, 109), sondern auch durch besondere Anstrengungen des Erwerbers begründet werden kann. Erzielt dieser durch eigens eingeleitete Maßnahmen eine höhere Wertschöpfung, so ist eine nachträgliche Preisanpassung weder angemessen noch fremdüblich (*Baumhoff/Ditz/Greinert* DStR 2007, 1654; vgl. auch BFH v. 9.8.2000, I R 12/99, BStBl. II 2001, 140 zur Nutzungsüberlassung von Marken).

Nach § 10 S. 3 FVerlV kommt es außerdem grundsätzlich zu einer erheblichen Abweichung, wenn der neu ermittelte Höchstwert unterhalb des ursprünglichen Mindestpreises des verlagernden Unternehmens liegt, da in diesem Fall kein Einigungsbereich existiert.

einstweilen frei

d) Innerhalb von zehn Jahren

461 Nach § 1 Abs. 3 S. 12 werden Preisanpassungen vorgenommen, wenn eine erhebliche Abweichung (vgl. → Rz. 453) innerhalb der ersten zehn Jahre nach der Transaktion eintritt. Dieser lange Zeitraum ist offensichtlich fiskalisch bedingt und wird in der Literatur einhellig als zu lang und nicht fremdüblich beurteilt (vgl. *Baumhoff/Ditz/Greinert* DStR 2007, 1655; *Scholz* IStR 2007, 524; *Kroppen*, Internationale Verrechnungspreise/*Schreiber* Rz. 230; *Wassermeyer* DB 2007, 539; *FWBS* § 1 AStG Rz. 1391; *Ebering* IStR 2011, 419; *Nestler/Schaflitzl* BB 2011, 235 f.). Verwiesen wird dabei sowohl auf die Schnelllebigkeit in fast allen Branchen als auch auf das Ziel der möglichst schnellen Integration des Wirtschaftsgutes in einen neuen Wertschöpfungsprozess sowie der kurzfristig möglichen Beurteilung seiner Werthaltigkeit (ua *Baumhoff/Ditz/Greinert* DStR 2007, 1655; *Scholz* IStR 2007, 524). Obwohl vereinzelt auch Fälle mit noch längeren Laufzeiten vorkommen, ergeben empirische Untersuchungen eine praxisübliche Anpassungsdauer von ein bis fünf Jahren (vgl. *Ebering* IStR 2011, 421; *Piehler* Kontraktgestaltung bei M&A-Transaktionen 203; *Bruski* BB 2005, Beilage 19 ff.; *Cain/Denis/Denis* Journal of Accounting and Economics 2011, 51, 151 ff.). Da Anpassungsklauseln regelmäßig nicht nur zeitlich, sondern auch inhaltlich stark begrenzt werden (*Kroppen/Rasch/Eigelshoven* IWB Fach 3 Gr. 1, 2220), ist ein Zeitraum von zehn Jahren als ausufernd abzulehnen. Dies gilt vor allem unter Berücksichtigung der sich daraus für den Steuerpflichtigen ergebenden Überwachungs- und Dokumentationspflichten (vgl. → Rz. 670 ff.; *Jahndorf* FR 2008, 108 f.).

462 Eine Anpassung nach § 1 Abs. 3 S. 12 kann nur einmalig erfolgen (vgl. → Rz. 485). Der Steuerpflichtige kann daher den Zehnjahreszeitraum verkürzen, indem er eine (geringe) Korrektur möglichst früh vornimmt. Nach *Jahndorf* könnte er dies bspw. durch eine tatsächliche Preisanpassungsklausel erreichen, bei der schon eine relativ geringe Abweichung als „erheblich" definiert wird (*Jahndorf* FR 2008, 108 f.). Da der Zehnjahreszeitraum allerdings nur für die fiktive Preisanpassung relevant ist (vgl. → Rz. 465), würde zu seiner Verkürzung bereits der Abschluss einer tatsächlichen Preisanpassungsklausel mit kürzerer Laufzeit genügen; eine frühzeitig durchgeführte Korrektur wäre dann nicht mehr erforderlich.

463 Der Steuerpflichtige könnte aber seinerseits auch ohne Vorliegen einer Preisanpassungsklausel eine Korrektur nach § 1 Abs. 1 durchführen, wenn seiner Meinung nach eine erhebliche Abweichung eintritt. In diesem Fall wäre eine entsprechende Korrektur beim ausländischen Vertragspartner aber wohl kaum möglich, was eine wirtschaftliche Doppelbesteuerung zur Folge hätte. Der Steuerpflichtige müsste also abwägen, ob er die frühzeitige Berichtigung eines noch relativ geringen Betrags initiiert oder die spätere Korrektur eines unter Umständen erheblich größeren Betrags durch das Finanzamt riskiert (jeweils inkl. drohender Doppelbesteuerung). Inwieweit die Finanzverwaltung durch den Steuerpflichtigen selbst durchgeführte Korrekturen bzw. tatsächliche Preisanpassungsklauseln in der Praxis akzeptieren wird, bleibt allerdings abzuwarten (vgl. → Rz. 465).

464 *einstweilen frei*

e) Fehlen einer tatsächlichen Preisanpassungsklausel

Die gesetzlich normierte fiktive Anpassung findet keine Anwendung, wenn **465** zwischen den beiden nahe stehenden Unternehmen tatsächlich eine Preisanpassungsklausel vereinbart wird, die die Grundlage für spätere Preiskorrekturen bildet (*Jenzen* NWB Fach 2, 9430). Obwohl unklar ist, wie eine solche vertragliche Anpassungsklausel im Detail ausgestaltet sein sollte (*Scholz* IStR 2007, 524), ist deren Fremdüblichkeit Voraussetzung für ihre Anerkennung (Begründung zu § 9 FVerlV). Dies gilt wohl bezüglich der tatsächlichen Durchführung einer vorzunehmenden Preiskorrektur anhand der vertraglichen Regelung als auch hinsichtlich der vereinbarten Parameter. Unter diesen Voraussetzungen kann die Übereinstimmung mit der gesetzlichen Regelung bzw. ihrer Konkretisierung im Rahmen der FVerlV nicht entscheidend für die Akzeptanz der Anpassungsklausel sein, auch wenn die Finanzverwaltung diese Ansicht im Zweifel vertreten dürfte (so wohl auch *Jahndorf* FR 2008, 108). Vielmehr ist einzig und allein auf die Fremdüblichkeit der vereinbarten Faktoren, dh der finanziellen oder branchenspezifischen Kennzahlen und deren Schwellen- oder Grenzwerte, abzustellen (*Scholz* IStR 2007, 524). Anerkannt werden nach § 9 FVerlV insbesondere gewinn- bzw. umsatzabhängige Lizenzvereinbarungen. Auch ein kürzerer Anpassungszeitraum als die gesetzlich vorgegebenen zehn Jahre muss somit bei Fremdüblichkeit von der Finanzverwaltung akzeptiert werden (vgl. Begründung zu § 9 FVerlV; vgl. auch Rz. 461). Durch eine geschickte Ausgestaltung können sich dadurch uU Gestaltungsspielräume für den Steuerpflichtigen ergeben (vgl. → Rz. 485; ebenso *Jahndorf* FR 2008, 108; vgl. hierzu auch *Hentschel* Deutsche Regelungen zur internationalen Funktionsverlagerung 96 ff.).

einstweilen frei **466–469**

2. Rechtsfolgen

a) Widerlegbare Vermutung einer Preisanpassungsklausel

Sind die beschriebenen Tatbestandsvoraussetzungen erfüllt, so unterstellt der **470** Gesetzgeber in § 1 Abs. 3 S. 11, „dass zum Zeitpunkt des Geschäftsabschlusses Unsicherheiten im Hinblick auf die Preisvereinbarung bestanden und unabhängige Dritte eine sachgerechte Anpassungsregelung vereinbart hätten". Er unterstellt dem Steuerpflichtigen also eine gesetzlich standardisierte Anpassungsklausel (*Baumhoff/Ditz/Greinert* DStR 2007, 1655). Dabei übersieht er zwei wichtige Aspekte. Zum einen stellen Preisanpassungsklauseln in der Praxis nicht den Regelfall, sondern die Ausnahme dar, so dass *Wassermeyer* eine solche Unterstellung als willkürlich kritisiert (*Wassermeyer* DB 2007, 539; *Wassermeyer* FR 2008, 68; ähnlich *Kroppen/Rasch/Eigelshoven* IWB Fach 3 Gr. 1, 2219 f.). Häufig wird von ihnen aufgrund der Schwierigkeiten bei der Ausarbeitung und der Streitanfälligkeit sogar abgeraten (*Baumhoff/Ditz/Greinert* DStR 2007, 1654; *Jahndorf* FR 2008, 108). Zum anderen wurden nachträgliche Preisanpassungen von der Finanzverwaltung bisher große Skepsis entgegengebracht. Nach VWG-Verfahren Tz. 3.4.12.8 sollen nachträgliche Preisermittlungen nur dann steuerlich akzeptiert werden, wenn alle beeinflussenden Faktoren von vornherein vereinbart wurden. Da demnach Preisanpassungen nur in Ausnahmefällen anzuerkennen sind, erscheint die gesetzliche Neuregelung wie ein Paradigmenwechsel (*Scholz* IStR 2007, 522).

471 Darüber hinaus werden in der Praxis Preisanpassungsklauseln nur selten aufgrund von Unsicherheiten über die Werthaltigkeit abgeschlossen, so wie es der Gesetzgeber formuliert. Viel häufiger dienen Anpassungsklauseln dem Schutz des Käufers vor Informationsasymmetrien oder Anreizproblemen des Verkäufers; wegen der nach § 1 Abs. 1 S. 2 unterstellten Kenntnis aller wesentlichen Umstände sind solche Ursachen steuerlich allerdings unbeachtlich. Selbst bei bestehenden Unsicherheiten wird eine Anpassungsklausel aber eher als Versicherung des Käufers gegen eine drohende *Über*bezahlung und nicht als Schutzinstrument des Verkäufers gegen eine potenzielle *Unter*bezahlung gesehen. Eine Datenbankanalyse von *Lukas/Heimann* zeigt, dass in 2008 Earn-Out Klauseln bei M&A-Aktivitäten zwischen unabhängigen Unternehmen nur in 1,64 % der in Deutschland beobachteten Fälle vereinbart wurden (vgl. *Lukas/Heimann* FEMM Working Paper 2010, 4). Auch weltweit lag der Anteil nur bei circa 3 % (vgl. *Ebering* IStR 2011, 419). Der Verweis auf den Fremdvergleich erscheint somit absurd (ausführlich dazu *Scholz* IStR 2007, 524 f.).

472 Die Korrektur eines ursprünglich anerkannten Fremdvergleichspreises ist auch international nicht üblich und widerspricht, entgegen der Gesetzesbegründung (BT-Drs. 16/4841, 87), eindeutig den OECD-Leitlinien 2017 Tzn. 3.73 f., nach denen eine rückwirkende Beurteilung nicht vorzunehmen ist (ebenso *Kroppen/Rasch/Eigelshoven* IWB Fach 3 Gr. 1, 2220). Da lediglich in den USA eine derartige nachträgliche Neubewertung möglich ist, werden inländische Einkünftekorrekturen von der betroffenen ausländischen Finanzverwaltung kaum akzeptiert werden (*Scholz* IStR 2007, 523). Als Konsequenz daraus ergeben sich Doppelbesteuerungen und/oder langwierige Verständigungsverfahren.

473 Aufgrund der durch die Preisanpassung bewirkten Beteiligung des inländischen Steuerpflichtigen am Gewinn und Verlust sowie den stillen Reserven der ausländischen nahe stehenden Person, könnten uU die Voraussetzungen einer Mitunternehmerschaft gegeben sein. Dies hätte sogar eine steuerliche Präsenz des inländischen Steuerpflichtigen im Ausland zur Folge (*Scholz* IStR 2007, 523).

474 Immerhin räumt der Gesetzgeber die Möglichkeit ein, die gesetzliche Vermutung zu widerlegen. Der Steuerpflichtige kann also nachweisen, dass entweder keine Bewertungsunsicherheiten zum Zeitpunkt des Geschäftsabschlusses bestanden oder unabhängige Dritte ebenfalls keine Anpassungsklausel vereinbart hätten (*Jenzen* NWB Fach 2, 9430). Dies wird sich in der Praxis allerdings als sehr schwierig herausstellen, da gerade die Sachverhalte betroffen sind, bei denen ein konkreter Fremdvergleich nicht möglich ist (*Wassermeyer* DB 2007, 539; im Ergebnis ebenso *Baumhoff/Ditz/Greinert* DStR 2007, 1655).

475–479 *einstweilen frei*

b) Einmalige Berichtigung im Folgejahr

480 Kann die Vermutung einer fiktiven Preisanpassungsklausel nicht widerlegt werden, so ist einmalig ein angemessener Anpassungsbetrag (vgl. → Rz. 490 f.) auf den ursprünglichen Verrechnungspreis vorzunehmen. Im Gegensatz zur Einkünftekorrektur des § 1 Abs. 1 S. 1, die aus fiskalischen Gründen nur inländische Einkünfteminderungen erfasst (vgl. hierzu

→ Rz. 12), kann eine Berichtigung nach § 1 Abs. 3 S. 12 nicht nur einseitig zu Lasten des Steuerpflichtigen, sondern auch zu seinen Gunsten wirken (aA *Kaminski* RIW 2007, 601; *Jahndorf* FR 2008, 108). Begründen lässt sich dies damit, dass es sich hierbei um eine Anpassung des gesetzlich normierten Fremdvergleichspreises, dh des Berichtigungsmaßstabs handelt, der anhand neuer Erkenntnisse präzisiert werden soll. Kommt es dadurch zu einer (erstmaligen) Abweichung vom ursprünglich durch den Steuerpflichtigen ausgehandelten Verrechnungspreis, so ist tatsächlich nach § 1 Abs. 1 S. 1 nur eine Korrektur zu seinen Lasten möglich. Wurde dagegen bereits eine solche Einkünftekorrektur durch den Steuerpflichtigen oder durch das Finanzamt vorgenommen, so führt die Anpassung im Rahmen des § 1 Abs. 3 S. 12 nicht zu einer separaten Einkünfteberichtigung. Stattdessen passt sie vielmehr die ursprünglich vorgenommene Korrektur an. Abhängig davon, ob die tatsächliche Gewinnentwicklung positiv oder negativ erheblich von der ursprünglichen Gewinnerwartung abweicht, erfolgt demnach eine Korrektur zu Lasten oder zu Gunsten des Steuerpflichtigen (vgl. § 11 iVm § 10 S. 1 bzw. S. 3 FVerlV).

Beispiel:

Eine steuerpflichtige Muttergesellschaft verlagert im Jahre 01 für 100 GE eine betriebliche Funktion an ihre ausländische Tochtergesellschaft. Im Rahmen des hypothetischen Fremdvergleichs (§ 1 Abs. 3 S. 5, 9) ergibt sich bei einem Einigungsbereich von 110 bis 130 GE ein Mittelwert iHv 120 GE, der nach § 1 Abs. 1 S. 1 eine außerbilanzielle Korrektur zu Lasten der Muttergesellschaft iHv 20 GE erforderlich macht. Im Jahre 10 stellt sich heraus, dass die ursprünglichen Gewinnerwartungen zu positiv waren und der tatsächliche Gewinn aus der Funktionsverlagerung lediglich 100 GE beträgt. Der sich aus § 11 2. Hs. FVerlV ergebende Mittelwert des neuen „negativen Einigungsbereichs" von 100 bis 110 GE (§ 10 S. 3 FVerlV) beträgt 105 GE und befindet sich außerhalb des ursprünglichen Einigungsbereichs. Somit liegt eine erhebliche Abweichung iSd § 1 Abs. 3 S. 11 vor. Da die ursprüngliche Korrektur nach § 1 Abs. 1 S. 1 nach späterem Kenntnisstand um 15 GE zu hoch ausfiel, erfolgt im Folgejahr 11 aufgrund des § 1 Abs. 3 S. 12 eine außerbilanzielle Berichtigung zu Gunsten der Muttergesellschaft iHv 15 GE.

Begrenzt wird die Berichtigung nach § 1 Abs. 3 S. 12 durch den ursprünglich vom Steuerpflichtigen angesetzten Verrechnungspreis, dh es kann maximal die auf § 1 Abs. 1 S. 1 basierende Korrektur rückgängig gemacht werden. Eine darüber hinausgehende Berichtigung zu Gunsten des Steuerpflichtigen ist nicht möglich (vgl. → Rz. 12).

Beispiel:

Stellt sich beim og Sachverhalt im Jahr 10 heraus, dass der tatsächliche Gewinn aus der Funktionsverlagerung lediglich 80 GE beträgt, ergibt sich aufgrund des neuen „negativen Einigungsbereichs" von 80 bis 110 GE (§ 10 S. 3 FVerlV) ein Mittelwert von 95 GE (§ 11 2. Hs. FVerlV). In diesem Fall kann die zu hohe erstmalige Korrektur nach § 1 Abs. 1 S. 1 iHv 20 GE lediglich aufgrund der fiktiven Preisanpassungsklausel nach § 1 Abs. 3 S. 12 rückgängig gemacht werden. Eine darüber hinausgehende Berichtigung um weitere 5 GE auf den „neuen" Fremdvergleichspreis von 95 GE ist dagegen nicht möglich.

Daraus ergibt sich, dass die zu Gunsten des Steuerpflichtigen durchzuführende Anpassung nach § 1 Abs. 3 S. 12 bei einer negativen Gewinnentwicklung umso höher sein kann, je niedriger der von den beiden nahe stehenden Personen vereinbarte Verrechnungspreis ursprünglich war. Dennoch kann vor einem allein aus diesem Grund durchgeführten zu niedrigen Ansatz nur gewarnt werden. Die zwingend zu erfolgende Einkünftekorrektur nach § 1 Abs. 1 S. 1 wird bei mangelnder Akzeptanz im Ausland zu einer wirtschaftlichen Doppelbesteuerung führen. Inwieweit diese später durch eine Anpassung nach § 1 Abs. 3 S. 12 wieder beseitigt wird, ist dagegen rein spekulativ.

485 Da die Berichtigung lediglich einmalig vorzunehmen ist, besteht für die Finanzverwaltung in den nachfolgenden Wirtschaftjahren keine Möglichkeit, eine erneute Korrektur aufgrund derselben Funktionsverlagerung durchzuführen (vgl. *Kaminski* RIW 2007, 601). Hieraus ergibt sich für den Steuerpflichtigen ein beachtliches Gestaltungspotenzial: Wird eine Korrektur aufgrund einer tatsächlichen oder fiktiven Preisanpassungsklausel relativ früh realisiert, bleiben zukünftige weitere Steigerungen der Gewinnerwartungen folgenlos (vgl. *Jahndorf* FR 2008, 108).

486 Die Anpassung nach § 1 Abs. 3 S. 12 erfolgt nicht in dem Jahr, in dem die Abweichung eingetreten ist, sondern erst im darauf folgenden Wirtschaftsjahr. Eine Begründung hierfür findet man allerdings weder in der Gesetzesbegründung noch in der umfangreichen Literatur zu dieser Thematik.

487–489 *einstweilen frei*

c) Angemessener Anpassungsbetrag

490 Nach § 11 1. Hs. FVerlV ist bei positiver Gewinnentwicklung eine Anpassung dann angemessen, wenn sie der Differenz zwischen dem ursprünglichen und dem neu ermittelten angemessenen Verrechnungspreis entspricht. Es ist also auf Basis späterer Kenntnisse im Rahmen des hypothetischen Fremdvergleichs ein neuer Einigungsbereich festzulegen, der sich aus dem ursprünglich ermittelten Mindestpreis und dem neu ermittelten Höchstpreis ergibt (vgl. → Rz. 453). Sofern kein anderer Wert glaubhaft gemacht werden kann (vgl. zu dieser Problematik → Rz. 335), ist der Mittelwert als neuer Fremdvergleichswert anzusetzen (*Jenzen* NWB Fach 2, 9430 f.; *Kroppen/Rasch/Eigelshoven* IWB Fach 3 Gr. 1, 2220).

491 Liegt ein Einigungsbereich nicht vor, weil der neu ermittelte Höchstpreis aufgrund einer negativen Gewinnentwicklung unterhalb des ursprünglichen Mindestpreises liegt (§ 10 S. 3 FVerlV), so wird analog der neue Mittelwert (des „negativen" Einigungsbereichs) mit dem ursprünglich angesetzten Verrechnungspreis verglichen (§ 11 2. Hs. FVerlV).

492–499 *einstweilen frei*

VI. Rechtliche Beurteilung

1. Verfassungsrechtliche Bedenken

a) Verfassungsrechtliches Gebot der Bestimmtheit und Normenklarheit

500 Nach der Rechtsprechung des BVerfG entspricht eine Norm dem aus dem Rechtsstaatsprinzip des Art. 20 Abs. 3 GG abgeleiteten Gebot der Bestimmtheit und Normenklarheit, wenn der gesetzliche Tatbestand so präzise formuliert ist, dass die Normenadressaten die Rechtslage erkennen und ihr Verhalten dementsprechend ausrichten können (vgl. zB BVerfG v. 9.5.1989, 1 BvL

35/86, BVerfGE 80, 107 f.; BVerG v. 26.9.1978, 1 BvR 525/77, BVerfGE 49, 181). Insoweit bedarf es einer begrifflichen Präzision bei der Abfassung der Norm mit der Folge von möglichst übersichtlichem, widerspruchsfreiem und verständlichem Recht (vgl. BVerfG anhängiges Verfahren, 2 BvL 59/06; Schmidt-Bleibtreu/Klein/*Hofmann* Art. 20 Rz. 87).

Mit der Neuregelung des § 1 Abs. 3, insbesondere des S. 9, hat der Gesetzgeber steuerliches Sonderrecht geschaffen, indem er bspw. vom Einzelbewertungsgrundsatz zugunsten einer Transferpaketbewertung abweicht und Zukunftserträge des ausländischen funktionsübernehmenden Unternehmens der inländischen Besteuerung unterwerfen will. Zudem enthält § 1 Abs. 3 etliche unbestimmte Rechtsbegriffe. So wird bspw. in S. 1 und S. 3 von (un-)eingeschränkter Vergleichbarkeit (vgl. → Rz. 250 f.), in S. 9 von Funktionen (vgl. → Rz. 360) und sonstigen Vorteilen (vgl. → Rz. 370) und in S. 10 von Wesentlichkeit (vgl. → Rz. 441) gesprochen, ohne dass diese Begriffe näher im Gesetz erläutert werden. Auch die Definition der Funktionsverlagerung stellt letztendlich nichts anderes als einen Zirkelschluss dar: So definiert § 1 Abs. 3 S. 9 lediglich, dass eine Funktionsverlagerung vorliegt, wenn „eine Funktion […] verlagert" wird. **501**

Vor diesem Hintergrund und der Tatsache, dass auch zentrale Begriffe wie „Transferpaket" (vgl. → Rz. 400) und „Gewinnpotenzial" (vgl. → Rz. 330) trotz Definition weitgehend unklar bleiben, ergeben sich insoweit erhebliche Bedenken an der verfassungsrechtlichen Bestimmtheit und Normenklarheit des § 1 Abs. 3. **502**

einstweilen frei **503, 504**

b) Vorbehalt des Gesetzes

Steuerrecht ist grundsätzlich als Eingriffsrecht zu qualifizieren (vgl. ua *Baumhoff/Ditz/Greinert* DStR 2007, 1651; *Blumers* BB 2007, 1757; *Tipke/Lang* Steuerrecht § 1 Rz. 27). Insoweit bedarf es, basierend auf dem in Art. 20 Abs. 3 GG verankerten Gesetzesvorbehalt, grundsätzlich einer gesetzlichen Ermächtigungsgrundlage (vgl. *Degenhart* Staatsrecht Rz. 313 ff.; *Tipke/Lang* Steuerrecht § 1 Rz. 27). **505**

Angesichts der zahlreichen Vermutungen, die § 1 Abs. 3 enthält, besteht allerdings die Gefahr, dass es zu einer Umkehr der Beweis- und Feststellungslast kommt. Insoweit muss nicht mehr die Finanzverwaltung den Nachweis führen, dass der tatsächlich vereinbarte Preis unangemessen hoch oder niedrig ist, vielmehr muss sich der Steuerpflichtige, der eine Funktion verlagert, nun dahingehend exkulpieren, dass kein Transferpaket übergegangen ist. Darüber hinaus werden die konkreten Anforderungen und maßgeblichen Inhalte der Besteuerung einer Funktionsverlagerung mittels Transferpaket statt direkt durch § 1 Abs. 3 erst durch die FVerlV und somit durch das BMF und nicht durch die Legislative geregelt. **506**

Diese Vorgehensweisen stehen im Widerspruch zu dem in Art. 20 Abs. 3 GG verankerten Gesetzesvorbehalt (im Ergebnis so wohl auch *Baumhoff/Ditz/Greinert* DStR 2007, 1651). Auch im Hinblick auf den Gewaltenteilungsgrundsatz des Art. 20 Abs. 3 GG erscheint dies bedenklich. **507**

einstweilen frei **508, 509**

c) Rückwirkungsverbot

510 Das Rechtsstaatsgebot des Art. 20 Abs. 3 GG verlangt vom Gesetzgeber die Einhaltung rechtsstaatlicher Anforderungen in Form von Rechtssicherheit und Vertrauensschutz für den einzelnen Bürger (vgl. zB *Degenhart* Staatsrecht Rz. 437 und *Schmidt* Staatsorganisationsrecht Rz. 160). Vor diesem Hintergrund sind auch rückwirkende Gesetze nur eingeschränkt zulässig, wobei nach ständiger Rspr. des BVerfG zwischen echter (retrograder) und unechter (retrospektiver) Rückwirkung zu unterscheiden ist. Eine echte Rückwirkung liegt vor, wenn ein Gesetz nachträglich in abgeschlossene, der Vergangenheit angehörende Tatbestände eingreift (vgl. BVerfG v. 15.10.1996, 1 BvL 44/92, 1 BvL 48/92, BVerfGE 95, 86; BVerfG v. 30.9.1987, 2 BvR 933/82, BVerfGE 76, 345; *Degenhart* Staatsrecht Rz. 394; *Schmidt* Staatsorganisationsrecht Rz. 290). Eine unechte Rückwirkung ist demgegenüber gegeben, wenn das Gesetz in Tatbestände eingreift, die in der Vergangenheit zwar begannen, jedoch nicht abgeschlossen wurden (vgl. BVerfG v. 15.10.1996, 1 BvL 44/92, 1 BvL 48/92, BVerfGE 95, 86; BVerfG v. 14.5.1986, 2 BvL 2/83, BVerfGE 72, 241 f.; *Degenhart* Staatsrecht Rz. 394; *Schmidt* Staatsorganisationsrecht Rz. 291). Während die echte Rückwirkung grundsätzlich unzulässig ist, wird die unechte Rückwirkung prinzipiell als zulässig angesehen (vgl. *Degenhart* Staatsrecht Rz. 394.; *Schmidt* Staatsorganisationsrecht Rz. 290 f.).

511 Zwar ermöglicht die Preisanpassungsklausel nach § 1 Abs. 3 S. 11, 12 dem Fiskus die Festsetzungsverjährung nach §§ 169 ff. AO zu umgehen, indem die Bestandskraft für die in der Vergangenheit erlassene Steuerbescheide dadurch unterlaufen wird, dass die Korrekturen der maßgeblichen Besteuerungssachverhalte in die Gegenwart verlagert werden. Es wäre daher zB möglich, im Veranlagungszeitraum 2018 bei Funktionsverlagerungen, die sich bereits 2008 ereignet haben, korrigierend einzugreifen. Ob dies allerdings iSv *Wassermeyer* als „neuartige Form rückwirkender Steuergesetze" (*Wassermeyer* DB 2007, 539) zu verstehen ist, erscheint zweifelhaft. Denn die Erstreckung der Rückwirkung stellt keine Neuerung für den Steuerpflichtigen dar, da er bereits bei Durchführung der Transaktion (im Bsp. im VZ 2008) mit späteren Änderungen rechnen musste. Ein schutzwürdiges Interesse ist insoweit nicht zu erkennen.

512–514 *einstweilen frei*

d) Gleichheitsgebot, Art. 3 Abs. 1 GG

515 Das Gleichheitsgebot des Art. 3 Abs. 1 GG verbietet zum einen die willkürliche Ungleichbehandlung von wesentlich Gleichem, zum anderen aber auch die willkürliche Gleichbehandlung von wesentlich Ungleichem (vgl. BVerfG v. 17.10.1998, 1 BvR 2306/96, BVerfGE 98, 385; BVerfG v. 9.8.1978, 2 BvR 831/76, BVerfGE 49, 165).

516 Die Regelungen des § 1, insbesondere im Hinblick auf die Besteuerung von Funktionsverlagerungen, wirken ausschließlich bei grenzüberschreitenden Aktivitäten (vgl. § 1 Abs. 1 S. 1). Im Inlandsfall kann eine Einkünftekorrektur weiterhin nur auf Basis der vGA nach § 8 Abs. 3 S. 2 KStG oder der vE iSd § 8 Abs. 3 S. 3 KStG erfolgen. Allerdings findet weder bei der vGA noch bei der vE eine Gesamtpaketbetrachtung statt. Vielmehr sind dort, basierend auf dem Einzelbewertungsgrundsatz, nur die einzelnen Wirtschaftsgüter sowie konkretisierten Geschäftschancen, die im Rahmen einer Funktionsverlagerung übertragen oder überlassen werden, einer Korrektur zugänglich. Im Unterschied dazu will § 1 Abs. 3 S. 5 und 9 im Rahmen des Transferpaketansatzes auch Gewinnpotenzial einer Besteuerung zugänglich machen, das aus zukünftigen, noch nicht konkretisierten Gewinnen einschließlich der Synergie- und Standortvorteile des funktionsübernehmenden Unternehmens besteht (vgl. § 3 Abs. 2 S. 1 FVerlV).

Insoweit führt § 1 Abs. 3 S. 9 zu einer Ungleichbehandlung von wesentlich Gleichem, da Steuerpflichtige, die eine Funktionsverlagerung ins Ausland tätigen, umfangreicher besteuert werden als Steuerpflichtige, die eine Funktion im Inland verlagern. Mangels ersichtlicher Rechtfertigungsgründe ist diese Ungleichbehandlung willkürlich, so dass es insoweit zu einem Verstoß gegen das verfassungsrechtliche Gleichheitsgebot des Art. 3 Abs. 1 GG kommt. Das Argument der Sicherung des deutschen Steuersubstrats erscheint ua deshalb nicht als Rechtfertigungsgrund geeignet, weil im Inland nicht steuerbares Gewinnpotenzial allein aufgrund der Transferpaketbetrachtung besteuert wird. **517**

einstweilen frei **518, 519**

e) Regelungen durch die Rechtsverordnung

Mit der ursprünglich in § 1 Abs. 3 S. 13 und mittlerweile in § 1 Abs. 6 verorteten Regelung wurde das BMF ermächtigt, eine Rechtsverordnung zu erlassen, um eine einheitliche Rechtsanwendung und die Übereinstimmung mit den internationalen Grundsätzen zur Einkunftsabgrenzung sicherzustellen. Angesichts der Tragweite des durch § 1 Abs. 6 vorgeschriebenen Regelungszwecks der Verordnung, dh für eine Übereinstimmung mit internationalen Grundsätzen zu sorgen, ergeben sich bereits berechtigte Zweifel an der Verfassungsmäßigkeit der Verordnungsermächtigung auf Basis des Bestimmtheitsgebots des Art. 80 Abs. 1 S. 2 GG (vgl. Wesentlichkeitstheorie des BVerfG, wonach globale Ermächtigungen unzulässig sind, BVerfG v. 2.3.1993, 1 BvR 1213/85, BVerfGE 88, 116; BVerfG v. 20.10.1981, 1 BvR 640/80, BVerfGE 58, 268 sowie ausführlich zu § 1 Abs. 3 S. 13 bspw. *Kroppen/Rasch/Eigelshoven* IWB Fach 3 Gr. 1, 2231; *Wassermeyer* DB 2007, 539). **520**

Darüber hinaus erscheint es fraglich, ob eine Rechtsverordnung entsprechend der FVerlV überhaupt noch durch die Ermächtigung in § 1 Abs. 6 gedeckt wäre. Die in § 1 FVerlV geregelten Begriffsbestimmungen gingen im Entwurf v. 4.6.2007 noch vielfach über den Wortlaut des § 1 hinaus und schafften zB im Fall der Funktionsverdoppelung sowie der teilweisen Übertragung einer Funktion sogar vom Gesetz nicht gedeckte Besteuerungstatbestände. Diesbezüglich sollten von der FVerlV-E v. 4.6.2007 nicht nur, wie es § 1 Abs. 6 vorsieht, Einzelheiten bestimmt, sondern eigenständige Regelungen geschaffen werden. Insoweit wäre eine Rechtsverordnung entsprechend der FVerlV-E v. 4.6.2007 nicht mehr von der Verordnungsermächtigung gedeckt gewesen (im Ergebnis so wohl auch *Baumhoff/Ditz/Greinert* DStR 2007, 1650; *IDW* Pressemitteilung Nr. 7/2007 v. 30.8.2007) und damit rechtswidrig. Dies konnte der Verordnungsgeber jedoch gerade noch vermeiden, indem er die besonders kritischen Stellen nicht in die endgültige FVerlV übernahm. **521**

einstweilen frei **522–524**

2. Unionsrechtliche Bedenken

a) Niederlassungsfreiheit

525 Infolge der Neuregelung des § 1 Abs. 3 S. 9 kommt es bei grenzüberschreitenden Funktionsverlagerungen anders als bei rein inländischen Sachverhalten zu einer Besteuerung von Gewinnpotenzial, dh von noch nicht realisierten Gewinnen. Insoweit ergeben sich Parallelen zur Gewinnrealisierung im Rahmen der Wegzugsbesteuerung, bei der die Unionsrechtswidrigkeit durch den EuGH in der Rs. *Hughes de Lasteyrie du Saillant* (EuGH v. 11.3.2004, Rs. C-9/02, FR 2004, 659) bereits festgestellt wurde (so auch *Dörr/Fehling* NWB Fach 2, 9389; *Hey* BB 2007, 1308). In diesem Urteil hat der EuGH klargestellt, dass die Niederlassungsfreiheit die wegzugsbedingte Besteuerung verbietet, weil letztere infolge ihrer abschreckenden Wirkung auf den Steuerpflichtigen dazu geeignet ist, die Niederlassung in einem anderen Mitgliedstaat zu behindern (vgl. EuGH v. 11.3.2004, Rs. C-9/02, FR 2004, 659 Rz. 45).

526 Diese Ansicht lässt sich auch auf Funktionsverlagerungen übertragen. So kann davon ausgegangen werden, dass Steuerpflichtige durch die in § 1 Abs. 1 S. 1, Abs. 3 S. 9 vorgesehene Besteuerung des Gewinnpotenzials davon abgehalten werden, im Ausland Unternehmen mit dem Zweck zu gründen, Teile der bisher im Inland ausgeübten Funktionen auf diese zu verlagern. Insofern liegt eine Beschränkung der Niederlassungsfreiheit nach Art. 49, 54 AEUV vor. *Jahndorf* verneint dies zwar, weil die Besteuerung von Funktionsverlagerungen eine laufende Besteuerung eines gewinnrealisierenden Umsatzaktes zum Fremdvergleichswert darstellen soll (*Jahndorf* FR 2008, 109). Er verkennt dabei jedoch, dass der Funktionsverlagerung zu Grunde zu legende Transferpaketmaßstab (einschließlich drohender Preisanpassung) ein anderer, weiter gehender als bei der vGA bzw. vE ist.

527 Mit Blick auf das EuGH-Urteil vom 21.1.2010 (Rs. C-311/08, *Société de Gestion Industrielle SA* (SGI), IStR 2010, 144) könnten die Regelungen zur Funktionsverlagerung trotz der beschränkenden Wirkung jedoch grundsätzlich unionsrechtskonform sein, wenn diese tatsächlich dem Fremdvergleichsgrundsatz entsprechen und diesen lediglich präzisieren würden. Die gesetzlichen Regelungen zur Transferpaketbewertung nach § 1 Abs. 3 S. 9 gehen jedoch weit über den international anerkannten Fremdvergleichsgrundsatz hinaus, indem sie bspw. ebenso ausländisches Gewinnpotenzial besteuern und somit gegen das vom EuGH anerkannte Territorialitätsprinzip verstoßen (vgl. *Altvater* DB 2009, 1201). Auch die zehnjährige, einseitig zu Gunsten des Fiskus wirkende Preisanpassungsmöglichkeit hat mit einer fremdüblichen Preisanpassungsklausel keine Gemeinsamkeit mehr (vgl. *Wassermeyer* DB 2007, 539). Aufgrund der im In- und Auslandsfall unterschiedlich anzulegenden Maßstäbe des Fremdvergleichs kann das Argument der Wahrung einer ausgewogenen Aufteilung der Besteuerungsbefugnis somit nicht zur Rechtfertigung herangezogen werden. Insofern würde auch die Gewährung eines voraussetzungslosen Zahlungsaufschubs in Anlehnung an die Wegzugsbesteuerung (vgl. EuGH v. 7.9.2006, Rs. C-470/04, *N*, FR 2006, 1128 Rz. 36; EuGH v. 11.3.2004, Rs. C-9/02, *Hughes de Lasteyrie du Saillant*, FR 2004, 659 Rz. 50, 56; *Wassermeyer* GmbHR 2004, 613) nicht weiterhelfen, zumal der künftige Gewinn nur

bei einer anderen (nämlich der nahe stehenden) Person als dem Steuerpflichtigen realisiert werden kann.

Weitere Rechtfertigungsgründe für diese Beschränkung (vgl. → Rz. 53 ff.) **528** sind ebenfalls nicht ersichtlich. Auch unter dem Gesichtspunkt einer Missbrauchsverhinderung ist eine Besteuerung nicht erforderlich, da Funktionsverlagerungen nur in Ausnahmefällen ausschließlich steuerlich motiviert sein dürften und insoweit grundsätzlich keinen Missbrauch darstellen (vgl. *Hey* BB 2007, 1308). Zudem handelt es sich bei Funktionsverlagerungen nicht um „rein künstliche Gestaltungen" (EuGH v. 12.9.2006, Rs. C-196/04, *Cadbury Schweppes,* RIW 2006, 785 Rz. 51), da die Funktionsausübung im Aufnahmestaat regelmäßig auch mit der Ausübung „wirtschaftlicher Tätigkeiten" (EuGH v. 12.9.2006, Rs. C-196/04, *Cadbury Schweppes,* RIW 2006, 785 Rz. 54) einhergehen wird (so auch *Hey* BB 2007, 1308).

Darüber hinaus ist zu berücksichtigen, dass dem Steuerpflichtigen im Rah- **529** men einer Verhältnismäßigkeitsprüfung bei einer Missbrauchsvermutung die Möglichkeit eines Gegenbeweises eingeräumt werden muss (vgl. EuGH v. 21.1.2010, Rs. C-311/08, *Société de Gestion Industrielle SA* (SGI), IStR 2010, 149, Rz. 71). Im Falle der Funktionsverlagerung wird dem Steuerpflichtigen über die in § 1 Abs. 3 S. 10 verorteten Öffnungsklauseln die Möglichkeit eingeräumt eine Einzelbewertung als Abkehr von der Transferpaketbewertung durchzuführen. Deren Anwendbarkeit ist jedoch weitgehend unklar und mit erhöhten Dokumentationsanforderungen verbunden (vgl. *Hentschel/Kraft* IStR 2015, 195). Die vom EuGH geforderte grundsätzliche Möglichkeit, einen Nachweis wirtschaftlicher Gründe für das Abweichen vom Fremdvergleichsgrundsatz zu führen, kann somit kaum als verhältnismäßig bzw. angemessen angesehen werden (vgl. *Englisch* IStR 2010, 141). Der EuGH bekräftigt indes in seinem Urteil vom 31.5.2018 die Auffassung, dass die Nachweismöglichkeit gegeben sein muss und stellt ergänzend fest, dass diese dem Grundsatz der Verhältnismäßigkeit durch den Verzicht auf „übermäßige Verwaltungszwänge" zu entsprechen habe (vgl. EuGH v. 31.5.2018, Rs. C-382/16, *Hornbach,* DStR 2018, 1221 Rz. 22).

einstweilen frei **530**

b) Kapitalverkehrsfreiheit

Neben der Niederlassungsfreiheit könnte auch die Kapitalverkehrsfreiheit **531** nach Art. 63 AEUV durch die Regelung des § 1 Abs. 3 S. 9 verletzt sein (zur Frage der Subsidiarität aufgrund der Voraussetzung der wesentlichen Beteiligung bzw. des beherrschenden Einflusses vgl. → Rz. 52). Die Regelung des § 1 Abs. 3 S. 9 bewirkt durch die Anwendung eines von dem vGA/vE abweichenden Fremdvergleichsmaßstabs eine Schlechterstellung des Transfers von Geld- und Sachkapital bei Funktionsverlagerungen ins Ausland gegenüber rein inländischen Sachverhalten und somit eine Ungleichbehandlung von wesentlich Gleichem (vgl. → Rz. 516 f.). Auch dies verneint *Jahndorf (Jahndorf* FR 2008, 110), jedoch ohne zu berücksichtigen, dass sich durch das Messen mit zweierlei Maß (Einzel- vs. Gesamtbewertung, vgl. → Rz. 400 f.) durchaus auch bei inländischen Funktionsverlagerungen ein „Mehrwert" ergeben kann, der nicht durch ausländische Standortvorteile begründet wird. Insoweit kommt es zu einer Diskriminierung iSd Art. 63, 18 AEUV. Diese Diskriminierung ist ebenfalls nicht gerechtfertigt, da § 1 Abs. 3 S. 9 nicht nur die Sicherstellung des Besteuerungsrechts an den inländischen Wertschöpfungsbeiträgen bewirkt, sondern im Rahmen des Gewinnpotenzials auch ausländische Synergie- und Standortvorteile mit in die Bemessungsgrundlage einbezogen werden, die keinen Bezug zum inländischen Wertschöpfungsprozess aufweisen (vgl. → Rz. 417). Ebenso wie beim Verstoß gegen die Niederlassungsfreiheit können Missbrauchserwägungen zur Rechtfertigung des Verstoßes gegen Art. 63, 18 AEUV nicht erfolgreich herangezogen werden (vgl. → Rz. 56).

532 Im Ergebnis steht § 1 Abs. 3 S. 9 somit weder mit der Niederlassungsfreiheit nach Art. 49, 54 AEUV noch mit der Kapitalverkehrsfreiheit nach Art. 63 AEUV im Einklang.

c) Dienstleistungsfreiheit

533 Da der Gesetzeswortlaut in § 1 Abs. 3 S. 9 nicht nur übertragene, sondern auch überlassene Wirtschaftsgüter erfasst, könnte sich ebenso die Frage nach der Dienstleistungsfreiheit stellen. Da die Nutzungsüberlassung idR auf einer Lizenzvereinbarung beruht, stellt sich dem Steuerpflichtigen das Problem der Transferpaketbewertung und der damit verbundenen Sofortrealisierung der Gewinnpotenziale nicht. Vielmehr ergibt sich eine laufende Besteuerung dieser Einnahmen nach den allgemeinen Grundsätzen (vgl. → Rz. 423). Zu den damit im Zusammenhang stehenden unionsrechtlichen Bedenken kann auf die → Rz. 51 verwiesen werden.

534 *einstweilen frei*

3. Konformität mit internationalen Grundsätzen

a) Fremdvergleichsgrundsatz nach Art. 9 Abs. 1 OECD-MA

535 Die mit dem UntStRefG 2008 in § 1 Abs. 1 S. 1 aufgenommene Definition des Fremdvergleichsgrundsatzes lehnt sich an die Regelung des Art. 9 Abs. 1 OECD-MA an. Die in § 1 Abs. 1 S. 3 aufgenommene Erweiterung der Fremdvergleichsmaßstäbe steht allerdings im unmittelbaren Widerspruch zu den Fremdvergleichsprinzipien des Art. 9 Abs. 1 OECD-MA (so ua *Dörr/Fehling* NWB Fach 2, 9388 f.; *Jenzen* NWB Fach 2, 9428 und *Wassermeyer* DB 2007, 536). So werden international den unabhängigen Dritten nur die allgemein bzw. individuell zugänglichen Informationen zugerechnet (*Wassermeyer* DB 2007, 536). Auch die Annahme, dass das Handeln der unabhängigen Dritten am Maßstab zweier ordentlicher und gewissenhafter Geschäftsleiter zu messen ist, ist international weitgehend unbekannt (so schon *Wassermeyer* DB 2007, 536).

536 Darüber hinaus widersprechen die Einzelregelungen zur Fremdvergleichspreisbestimmung, wie bspw. die Einengung der Bandbreite nach § 1 Abs. 3 S. 3 und die gesetzliche Fixierung auf den Median bzw. Mittelwert nach § 1 Abs. 3 S. 4 bzw. 7, dem internationalen Fremdvergleichsgrundsatz nach Art. 9 Abs. 1 OECD-MA, wonach der Steuerpflichtige jeden Preis innerhalb der Bandbreite wählen kann, da alle als angemessen anzusehen sind (vgl. Vogel/Lehner/*Eigelshoven* Art. 9 Rz. 114; *Kaminski* RIW 2007, 596; *Wassermeyer* DB 2007, 537; Wassermeyer/*Sieker* Art. 9 OECD-MA Rz. 154). Die Behauptung der Finanzverwaltung, dass sich die Regelungen zur Funktionsverlagerung trotz der herausgearbeiteten Kritikpunkte im Einklang mit dem in Art. 9 OECD-MA niedergelegten Fremdvergleichsgrundsatz sowie den OECD-Leitlinien 2017 befindet, kann daher nur verwundern (BMF v. 13.10.2010, IV B 5 – S 1341/08/10003, BStBl. I 2010, 774, Rz. 9, Rz. 29; *Gosch* in Lüdicke, Brennpunkte im internationalen Steuerrecht, 180).

Infolge seines Widerspruchs zur Regelung des Art. 9 Abs. 1 OECD-MA **537** erhält § 1 Abs. 1 S. 3 im DBA-Fall den Charakter eines treaty overriding, das gemäß Art. 60 WÜRV zu einer Kündigung des DBAs durch den anderen Vertragspartner führen kann (allerdings sind solche Reaktionen im Rahmen von Verrechnungspreisproblemen im Kontext des Art. 9 OECD-MA noch nicht bekannt; vgl. ausführlicher dazu zB Mössner Steuerrecht/*Mössner* Rz. 2.455).

Insgesamt ist zu erwarten, dass die im deutschen Alleingang (vgl. *Krop-* **538** *pen/Rasch/Eigelshoven* IWB Fach 3 Gr. 1, 2227; *Wassermeyer* DB 2007, 536; *Wilmanns* Status Recht 2006/2007, 201) vorgenommenen Abweichungen vom internationalen Fremdvergleichsgrundsatz des Art. 9 Abs. 1 OECD-MA zu internationalen Akzeptanzproblemen und insoweit zu einer steigenden Anzahl von Schieds- und Verständigungsverfahren führen werden (so ua *Kroppen/ Rasch/Eigelshoven* IWB Fach 3 Gr. 1, 2214, 2220 f.; *Wassermeyer* DB 2007, 537; *Wulf* DB 2007, 2282).

einstweilen frei **539–541**

b) Territorialitätsprinzip

Im Zuge der Fremdvergleichspreisbestimmung nach § 1 Abs. 3 S. 5, 9 ist **542** auch das Gewinnpotenzial, das bei dem funktionsübernehmenden Unternehmen (möglicherweise) zu späteren Gewinnen führt, mit zu berücksichtigen. So fließen ausländische Synergie- und Standortvorteile (vgl. § 3 Abs. 2 S. 1 FVerlV) infolge der widerlegbaren Vermutung, dass der Mittelwert des Einigungsbereichs maßgeblich ist (vgl. § 1 Abs. 3 S. 7), zur Hälfte in den Preis für das Transferpaket ein. Allerdings verlangt das Territorialitätsprinzip, dass der besteuernde Staat einen Anknüpfungspunkt in Bezug auf das Steuersubjekt (sog. subjektives Territorialitätsprinzip) oder das Steuerobjekt (sog. objektives Territorialitätsprinzip) vorweisen kann (vgl. *Schaumburg* Internationales Steuerrecht Rz. 6.4). Während im Rahmen des subjektiven Territorialitätsprinzips regelmäßig der Wohnsitz oder der gewöhnliche Aufenthalt maßgeblich ist, kommt es im Rahmen des objektiven Territorialitätsprinzips auf die Belegenheit der Einkunftsquelle an (vgl. *Schaumburg* Internationales Steuerrecht Rz. 6.4). In Bezug auf die ausländischen Synergie- und Standortvorteile des funktionsübernehmenden Unternehmens ist allerdings weder das eine noch das andere gegeben. Insoweit verstößt ihre Einbeziehung bei der Preisermittlung nach § 1 Abs. 3 S. 5, 9 gegen das Territorialitätsprinzip (im Ergebnis so auch *Frischmuth* StuB 2007, 391 f.; *Hey* BB 2007, 1308 und *Kessler/Ortmann-Babel/Zipfel* BB 2007, 531).

einstweilen frei **543, 544**

c) Vermeidung der Doppelbesteuerung

Im Rahmen der Funktionsverlagerungsbesteuerung nach § 1 Abs. 3 S. 9 **545** und S. 5 werden in Deutschland bereits Gewinne erfasst, die erst nach der

Verlagerung im Ausland entstehen (vgl. → Rz. 368). Allerdings ist es unwahrscheinlich, dass die dadurch entstehende zusätzliche Steuerlast im Ausland durch einen Abzug kompensiert werden kann. Vielmehr entspricht es internationalen Gepflogenheiten, dass der Fremdvergleichspreisbestimmung die übertragenen Einzelwirtschaftsgüter zugrunde gelegt werden. Eine der deutschen Regelung vergleichbare Transferpaketbesteuerung ist dagegen international nicht üblich (vgl. ua *Jenzen* NWB Fach 2, 9437). Zwar enthalten die OECD-Leitlinien ebenfalls die Möglichkeit einer Gesamtbewertung, falls ein „ongoing concern" übertragen wird (vgl. OECD-Leitlinien 2017, Tzn. 9.68 ff.). Allerdings muss dafür eine „business unit" notwendigerweise mitübertragen werden. Folgt man dem Ansatz der Finanzverwaltung, wonach eine Funktion kaum noch von der einzelnen Tätigkeit unterschieden werden kann, erscheint es schon fast ironisch anzunehmen, dass eine solche Funktion einer „business unit" entsprechen soll. Auch in der Literatur wurde bereits mehrfach darauf hingewiesen, dass die „business unit" eher vergleichbar mit einem Betrieb oder Teilbetrieb ist und gerade nicht mit einer Funktion (Vgl. *Werra* IStR 2009, 85 f.; *Baumhoff/Puls* IStR 2009, 80; *Luckhaupt* DB 2010, 2019 f.). Zudem ist nicht zu erwarten, dass der aus dem Transferpaket abgeleitete geschäftswertähnliche Mehrwert im Ausland als (immaterielles) Wirtschaftsgut qualifiziert und insoweit eine Einlage- und Abschreibungsfähigkeit anerkannt wird (so auch schon *Jenzen* NWB Fach 2, 9437). Demzufolge wird das funktionsübernehmende Unternehmen auch die Zahlung eines Verrechnungspreises für das Gewinnpotenzial im Ausland kaum geltend machen können, sodass es im Fall der Realisierung dieses Gewinnpotenzials zu einer Doppelbesteuerung dieser Gewinnanteile kommt (vgl. *Jenzen* NWB Fach 2, 9437).

546 Auch Preisanpassungsklauseln sind international unüblich (*Looks/Scholz* BB 2007, 2542 f.). So ist eine der deutschen Regelung vergleichbare Preisanpassungsklausel nur aus dem US-Steuerrecht bekannt, wobei diese sog. „commensurate with income standard" international bereits viel kritisiert wurde (vgl. *Kroppen/Rasch/Eigelshoven* IWB Fach 3 Gr. 1, 2220; *Scholz* IStR 2007, 523). Demnach ist zu befürchten, dass Einkünfteanpassungen auf Grundlage des § 1 Abs. 3 S. 12 im Ausland überwiegend nicht akzeptiert werden und insofern Doppelbesteuerungen infolge unterbleibender korrespondierender Einkommensanpassungen drohen (vgl. ua *Jenzen* NWB Fach 2, 9436 f.; *Kroppen/Rasch/Eigelshoven* IWB Fach 3 Gr. 1, 2220; *Scholz* IStR 2007, 523).

547–559 *einstweilen frei*

F. § 1 Abs. 4

I. Begriff der „Geschäftsbeziehung" und Rechtsentwicklung

560 Der Begriff der Geschäftsbeziehung war bei Einführung des AStG zunächst nicht gesetzlich geregelt. Der weiten Auslegung der Finanzverwaltung hat der BFH eine Absage erteilt (BFH v. 5.12.1990, I R 94/88, BStBl. II 1991, 287). Erfasst wurden nach damaliger Rechtslage Beziehungen, die vom Steuerpflichtigen im Rahmen der Erzielung von Gewinneinkünften eingegangen wurden. Daher war eine Korrektur im privaten Bereich des Steuerpflichtigen nicht möglich, auch wenn die nahe stehende Person Gewinneinkünfte erzielte. Daraufhin wurde durch das StÄndG 1992 der Begriff in § 1 Abs. 4 aF gesetzlich fixiert. Ausgeschlossen sind weiterhin Einkünfteberichtigungen, wenn sie ausschließlich den privaten Bereich beider beteiligter Personen betreffen. Eine Korrektur kann nur innerhalb der Gewinneinkunftsarten und bei den Einkünften aus Vermietung und Verpachtung erfolgen.

Als Reaktion auf die ständige Rechtsprechung des BFH zur alten Rechtslage (BFH v. 22.1.1992, I R 42/91, BFH/NV 1992, 600; BFH v. 29.11.2000, I R 85/99, BStBl. II 2002, 720, dazu Nichtanwendungserlass v. 17.10.2002, BStBl. I 2002, 1025), nach welcher zunächst eigenkapitalersetzende Darlehen und später auch Sicherheitszusagen vom Anwendungsbereich des § 1 ausgenommen wurden (vgl. *Haverkamp/Binding* ISR 2015, 86), wurde § 1 Abs. 4 aF durch das StVergAbG vom 16.5.2003 (Art. 11 StVergAbG, BGBl. 2003 I 666) ergänzt. Hierbei wurde der Begriff der Geschäftsbeziehung als eine den Einkünften „zugrunde liegende schuldrechtliche Beziehung, die keine gesellschaftsvertragliche Vereinbarung ist", definiert. Ausweislich der Gesetzesbegründung (BR-Drs. 15/119, 97) zur Änderung des § 1 Abs. 4 aF war es Ziel, alle schuldrechtlichen Vereinbarungen einer Überprüfung auf Einhaltung des Fremdvergleichsgrundsatzes und einer Korrektur nach § 1 Abs. 1 zuzuführen. Insbesondere sollen hierdurch gerade auch gesellschaftsrechtlich veranlasste Transferleistungen einer Prüfung auf Fremdvergleichskonformität unterworfen werden (vgl. *Rehm/Nagler* IStR 2008, 422; *FWBS* § 1 AStG Rz. 2742). Patronatserklärungen etwa, die nach Ansicht der Finanzverwaltung als Haftungsvergütung unter § 1 Abs. 4 zu subsumieren sind, sollen nach Auffassung des EuGH nur dann eine Korrektur nach § 1 Abs. 1 zur Folge haben, wenn die wirtschaftliche Notwendigkeit des Patronats nicht nachgewiesen werden kann (EuGH v. 31.5.2018, Rs. C-382/16, *Hornbach,* DStR 2018, 1221 Rz. 22). Dieser Nachweis über die wirtschaftliche Notwendigkeit der Maßnahmen soll ohne „übermäßige Verwaltungszwänge" auskommen, mithin dem Grundsatz der Verhältnismäßigkeit entsprechen (EuGH v. 31.5.2018, Rs. C-382/16, *Hornbach,* DStR 2018, 1221 Rz. 22; EuGH v. 21.1.2010, Rs. C-311/08, *Société Gestion Industrielle SA (SGI),* IStR 2010, 149 Rz. 71). In der Rs. Hornbach wurde die Bewertung der Verhältnismäßigkeit an das zuständige nationale Gericht übertragen (EuGH v. 31.5.2018, Rs. C-382/16, *Hornbach,* DStR 2018, 1221 Rz. 59).

Im Rahmen des UntStRG 2008 (UntStRG v. 14.8.2007, BGBl. 2007 I 1912) wurde die bisher in § 1 Abs. 4 verortete Definition der Geschäftsbeziehung ohne inhaltliche Änderungen in Abs. 5 verlagert. Durch das Amtshilferichtlinie-Umsetzungsgesetz (AmtshilfeRLUmsG v. 26.6.2013, BGBl. 2013 I 1809) wird der bisherige § 1 Abs. 4 aufgehoben. Infolgedessen wird aus § 1 Abs. 5 wieder § 1 Abs. 4, der inhaltlich gewisse Änderungen erfährt. So wurde mit Wirkung zum 1.1.2013 das Tatbestandsmerkmal der „schuldrechtlichen Beziehung" aufgegeben und durch „einzelne oder mehrere zusammenhängende wirtschaftliche Vorgänge (Geschäftsvorfälle)" ersetzt. Darüber hinaus wurde die Negativabgrenzung dahingehend abgewandelt, dass eine Geschäftsbeziehung iSd § 1 Abs. 4 nur dann vorliegen kann wenn den Geschäftsvorfällen „keine gesellschaftsvertragliche Vereinbarung zugrunde liegt".

563 Zu einer erneuten Änderung kam es durch das am 22.12.2014 verkündete Zollkodex-Anpassungsgesetz (BGBl. 2014 I 2417), welches nach Auffassung der Finanzverwaltung nur klarstellenden Charakter hat (vgl. BMF vom 4.6.2014, IV B 5, BStBl. I 2014, 834). So wird der Begriff der Geschäftsbeziehung nunmehr durch zwei Fallgruppen definiert. Gemäß § 1 Abs. 4 Nr. 1 handelt es sich bei Geschäftsbeziehungen zum einen um „einzelne oder mehrere zusammenhängende wirtschaftliche Vorgänge (Geschäftsvorfälle) zwischen einem Steuerpflichtigen und einer nahe stehenden Person, die Teil einer Tätigkeit des Steuerpflichtigen sind, auf die §§ 13, 15, 18 oder 21 des Einkommensteuergesetzes anzuwenden sind oder anzuwenden wären, wenn sich der Geschäftsvorfall im Inland unter Beteiligung eines unbeschränkt Steuerpflichtigen und einer inländischen nahestehenden Person ereignet hätte" (Buchst. a) und „denen keine gesellschaftsvertragliche Vereinbarung zugrunde liegt" (Buchst. b). Durch die Neuregelung des § 1 Abs. 4 S. 1 Nr. 1 Buchst. b) 2. Hs. nF wird die Negativabgrenzung um folgenden Wortlaut ergänzt: „eine gesellschaftsvertragliche Vereinbarung ist eine Vereinbarung, die unmittelbar zu einer rechtlichen Änderung der Gesellschafterstellung führt".

564 Zum anderen regelt § 1 Abs. 4 Nr. 2, dass auch Geschäftsvorfälle zwischen einem Unternehmen eines Steuerpflichtigen und seiner in einem anderen Staat gelegenen Betriebsstätte als Geschäftsbeziehungen iSd § 1 anzusehen sind. Per Klammerzusatz werden diese Vorgänge vom Gesetzgeber als „anzunehmende schuldrechtliche Beziehungen" (international wird auch von sog. „dealings" gesprochen) bezeichnet. Hintergrund dieser Erweiterung ist die in § 1 Abs. 5 nationale Umsetzung des AOA, wonach unter bestimmten Voraussetzungen auch fiktive Rechtsbeziehungen zwischen einem inländischen Unternehmen und seiner ausländischen Betriebsstätte bzw. zwischen einem ausländischen Unternehmen und seiner inländischen Betriebsstätte im Rahmen der Gewinnabgrenzung zu berücksichtigen sind. Die Regelung des § 1 Abs. 4 Nr. 2 ist folglich die Rechtsgrundlage, um auch vorgenannte Rechtsbeziehungen einer Fremdvergleichskontrolle nach § 1 Abs. 1 und Abs. 5 zu unterziehen (vgl. Blümich/Pohl § 1 AStG Rz. 177).

565–569 *einstweilen frei*

II. Regelungsgehalt

570 Im Rahmen des AmtshilfeRLUmsG (v. 26.6.2013, BGBl. 2013 I 1809) wurde das Tatbestandsmerkmal der „schuldrechtlichen Beziehung" mit Wirkung zum 1.1.2013 aufgegeben und durch „einzelne oder mehrere zusammenhängende wirtschaftliche Vorgänge (Geschäftsvorfälle)" ersetzt. Ursächlich hierfür ist die Tatsache, dass es in den Fällen des neu gefassten § 1 Abs. 5 (Verhältnis zwischen einem Unternehmen und seiner Betriebsstätte) keine schuldrechtlichen Beziehungen geben kann (vgl. BT-Drs. 17/13033 v. 10.4.2013, 84). Gleichwohl handelt es sich auch insoweit um wirtschaftliche Vorgänge, die ordentliche und gewissenhafte Geschäftsleiter voneinander unabhängiger Unternehmen bereits aus Gründen der Rechtsklarheit und Rechtssicherheit als schuldrechtliche Beziehung ausgestaltet hätten (vgl. BT-Drs. 17/13033 v. 10.4.2013, 84). Wie der Gesetzesbegründung zu entnehmen ist, umfasst der

Begriff „wirtschaftlicher Vorgang" sowohl alle rechtlichen Beziehungen als auch tatsächliche Handlungen. Demnach werden wie auch bereits nach alter Rechtslage alle schuldrechtlichen Beziehungen sowie nach neuer Rechtslage auch fiktive Rechtsbeziehungen zwischen dem Unternehmen und seiner Betriebsstätte von der Angemessenheitskontrolle des § 1 erfasst (vgl. Blümich/ *Pohl* § 1 AStG Rz. 179). Wie *Ditz/Quilitzsch* zu Recht feststellen, eignet sich jedoch weder der Begriff „wirtschaftliche Vorgänge" noch der Begriff „Geschäftsvorfälle", um eine Geschäftsbeziehung zu definieren (vgl. *Ditz/ Quilitzsch* DStR 2013, 1918). Denn wie *Wassermeyer* beispielhaft anführt, handelt es sich auch bei der Gründung einer Personen- oder Kapitalgesellschaft um einen wirtschaftlichen Vorgang (vgl. Wassermeyer/Baumhoff Verrechnungspreise/*Wassermeyer* Rz. 2.96).

Angesichts dieser unklaren Begriffswahl kommt der Negativabgrenzung des § 1 Abs. 4 S. 1 Nr. 1 Buchst. b) eine besondere Bedeutung zu (vgl. hierzu auch Wassermeyer/Baumhoff Verrechnungspreise/*Wassermeyer* Rz. 2.96). Hiernach können Geschäftsvorfälle zwischen einem Steuerpflichtigen und einer ihm nahe stehenden Person nur dann eine Geschäftsbeziehung iSd § 1 Abs. 4 darstellen, wenn diesen Geschäftsvorfällen keine gesellschaftsvertragliche Vereinbarung zugrunde liegt. Im Zuge des Zollkodex-Anpassungsgesetzes wurde die Negativabgrenzung des § 1 Abs. 4 Nr. 1 Buchst. b) um eine konkrete Definition der gesellschaftsvertraglichen Vereinbarung ergänzt, die wie folgt formuliert ist: „eine gesellschaftsvertragliche Vereinbarung ist eine Vereinbarung, die unmittelbar zu einer rechtlichen Änderung der Gesellschafterstellung führt". Nach der Gesetzesbegründung soll dies bspw. bei einer Veränderung der Beteiligungshöhe oder der Beteiligungsrechte gegeben sein (vgl. BT-Drs. 18/3017 v. 3.11.2014, 53). Vor Ergänzung dieser konkreten Definition wurde der Wortlaut der Regelung in der Literatur unterschiedlich interpretiert. So waren Vertreter der engen Auslegung (vgl. Blümich/*Pohl* § 1 AStG Rz. 188 f.; *Schulz-Trieglaff* IStR 2014, 596) der Auffassung, dass es sich bei gesellschaftsvertraglichen Vereinbarungen um Vereinbarungen mit korporationsrechtlichem Charakter handelt, welche die Organisationsstruktur der Gesellschaft betreffen (vgl. *Haverkamp/Binding* ISR 2015, 86). Vertreter der weiten Auslegung (*Günkel/Lieber* IStR 2004, 229; *Bernhardt/van der Ham/ Kluge* IStR 2007, 717; *Andresen* IStR 2014, 209) interpretieren das Tatbestandsmerkmal der gesellschaftsvertraglichen Vereinbarung hingegen so, dass bereits die formale Aufnahme einer Leistungsbeziehung in den Gesellschaftsvertrag unabhängig von deren Rechtsnatur eine Geschäftsbeziehung ausschließt (vgl. *Haverkamp/Binding* ISR 2015, 86). Letzterer Auffassung konnte jedoch bereits vor der Änderung des § 1 Abs. 4 Nr. 2 Buchst. b) im Rahmen des Zollkodex-Anpassungsgesetzes nicht gefolgt werden. Schließlich sind die getroffenen Vereinbarungen nicht nach der äußeren Form, sondern nach ihrem wirtschaftlichen Gehalt zu bewerten (vgl. BFH v. 21.10.1992, X R 99/88, BStBl. II 1993, 289; BFH v. 5.11.2003, X R 55/99, BStBl. II 2004, 706). Eine Darlehensgewährung zwischen Gesellschafter und Gesellschaft wird nicht dadurch zur gesellschaftsvertraglichen Regelung, weil sie in den Gesellschaftsvertrag aufgenommen wird. Es ist vielmehr danach zu fragen, ob die Organisationsstruktur der Gesellschaft betroffen ist oder nur eine äußerliche Verbindung mit der Satzungsurkunde hergestellt wurde.

572 Mit der Ergänzung des § 1 Abs. 4 Nr. 2 Buchst. b) durch das Zollkodex-Anpassungsgesetz wurde der weiten Auslegung eine klare Absage erteilt (so auch *Haverkamp/Binding* ISR 2015, 86 f.; *Ditz/Quilitzsch* DStR 2015, 550). Seit dem Veranlagungszeitraum 2015 ist es daher nicht mehr möglich, durch die rein formelle Aufnahme von Leistungsbeziehungen in den Gesellschaftsvertrag eine Geschäftsbeziehung iSd § 1 Abs. 4 zu vermeiden (so auch *Ditz/ Quilitzsch* DStR 2015, 550; *Haverkamp/Binding* ISR 2015, 86 f.; Wassermeyer/Baumhoff Verrechnungspreise/*Wassermeyer* Rz. 2.96). Ferner ist aufgrund der Gesetzesänderung davon auszugehen, dass nunmehr auch harte und weiche Patronatserklärungen, Garantien, Bürgschaften und eigenkapitalersetzende Darlehen eine Geschäftsbeziehung nach § 1 Abs. 4 darstellen (vgl. *Ditz/Quilitzsch* DStR 2015, 550; so auch bereits nach früherer Rechtslage Vögele Verrechnungspreise/*Brüninghaus* Rz. P 98; SKK/*Kaminski* § 1 AStG Rz. 1453 ff.; Blümich/*Pohl* § 1 AStG Rz. 180; ähnlich auch: *WSG* § 1 Abs. 4 AStG Rz. 7). Denn die rein gesellschaftsrechtliche Veranlassung eines wirtschaftlichen Vorgangs reicht für die Ablehnung einer Geschäftsbeziehung nicht mehr aus (vgl. *Ditz/Quilitzsch* DStR 2015, 550; Vögele Verrechnungspreise/ *Brüninghaus* Rz. P 98).

573–579 *einstweilen frei*

G. § 1 Abs. 5

I. Gewinnabgrenzung bei grenzüberschreitenden Betriebsstättenstrukturen

1. Besonderheiten bei der Betriebsstättengewinnermittlung

580 International agierende Unternehmen, die im Rahmen Ihrer grenzüberschreitenden Aktivitäten über ausländische Tochtergesellschaften oder Betriebsstätten verfügen, sehen sich gleichermaßen mit der Herausforderung der zwischenstaatlichen Gewinnabgrenzung konfrontiert. Im Gegensatz zu einer rechtlich selbstständigen Tochtergesellschaft handelt es sich bei einer Betriebsstätte jedoch um einen rechtlich unselbstständigen Teil des Einheitsunternehmens. Daher kann eine Betriebsstätte – anders als eine Tochtergesellschaft – auch nicht Träger von Rechten und Pflichten sein. Folglich ist auch die Abrechnung unternehmensinterner Liefer- und Leistungsbeziehungen auf Basis schuldrechtlicher Verträge zwischen Stammhaus und Betriebsstätte nicht möglich. Gleichwohl macht das in Art. 7 Abs. 1 OECD-MA verortete Betriebsstättenprinzip es erforderlich, dass die Gewinne des Gesamtunternehmens den einzelnen unselbstständigen Unternehmensteilen zugewiesen werden, um somit eine adäquate Besteuerung in den jeweiligen Betriebsstättenstaaten zu gewährleisten. Voraussetzung für eine sachgerechte Gewinnallokation ist jedoch ein einheitliches Verständnis darüber, wie die Gewinne des Gesamtunternehmens entsprechend auf die einzelnen Unternehmenseinheiten aufzuteilen sind. Im nationalen Recht der Mitgliedsstaaten bestehen jedoch erhebliche Unterschiede hinsichtlich der Besteuerung von Betriebsstätten (vgl. *Kroppen* FS Herzig 1071). Ursächlich hierfür ist insbesondere die Formulierung in Art. 7 Abs. 2 OECD-MA aF und sein Verhältnis zu Art. 7 Abs. 1 OECD-MA und Art. 7 Abs. 3 OECD-MA, das von den Mitgliedsstaaten völlig unterschiedlich interpretiert wird (vgl. *Kroppen* FS Herzig 1071). Gemäß Art. 7 Abs. 2 OECD-MA idF von Juli 2008 sind einer Betriebsstätte diejenigen Gewinne zuzurechnen, „die sie hätte erzielen können, wenn sie eine gleiche oder ähnliche Tätigkeit unter gleichen oder ähnlichen Bedingungen als selbstständiges Unternehmen ausgeübt hätte und im Verkehr mit dem Unternehmen, dessen Betriebsstätte sie ist, völlig unabhängig gewesen wäre". Umstritten ist im Fachschrifttum insbesondere, in welchem Umfang nach dieser Regel eine Selbstständigkeit der Betriebsstätte zu fingieren ist und inwiefern dadurch die Anwendung des Fremdvergleichsgrundsatzes auf unternehmensinterne Liefer- und Leistungsbeziehungen zwischen Betriebsstätte und Stammhaus zum Tragen kommt (hierzu ausführlich Vogel/Lehner/*Hemmelrath* Art. 7 Rz. 77 ff.; Vögele Verrechnungspreise/*Brüninghaus* Rz. L 66 ff.). So stehen sich insbesondere die folgenden zwei Grundhaltungen zur Reichweite der Verselbstständigung einer Betriebsstätte diametral gegenüber.

einstweilen frei 581–584

2. Reichweite der Selbstständigkeitsfiktion der Betriebsstätte

a) Eingeschränkte (hypothetische) Selbstständigkeit

Die Vertreter (*Debatin* DB 1989, 1692 ff.; *ders.* DB 1989, 1739 ff.; Wassermeyer/*Wassermeyer* Art. 7 OECD-MA Rz. 185 ff., 323 f.; Wassermeyer/Andresen/Ditz Betriebsstätten-Handbuch/*Wassermeyer* 172 f.; *ders.* SWI 2006, 256 ff.; *Wassermeyer* FS Loukota, 668 f.; *ders.* IStR 2004, 733; Piltz/Schaumburg Internationale Betriebsstättenbesteuerung/*Wassermeyer* 25; *Schaumburg* Internationales Steuerrecht Rz. 19.264; *Bierlaagh* Intertax 1992, 156; *Brülisauer* ST 2005, 723; *Kleineidam* IStR 1993, 349 ff.; *ders.* IStR 1993, 395 ff.; *Ritter* JbFSt 1976/1977, 300) der eingeschränkten (hypothetischen) Selbstständigkeit der Betriebsstätte sind der Ansicht, dass die Anwendung des Fremdvergleichsgrundsatzes für Zwecke der Gewinnabgrenzung dort enden müsse, wo Stammhaus und Betriebsstätte nicht so agieren können, wie dies unabhängige fremde Dritte in einer solchen oder vergleichbaren Situation getan hätten (vgl. Vogel/Lehner/*Hemmelrath* Art. 7 Rz. 79; *Pinkernell/Ditz* FR 2001, 1271). Einer Betriebsstätte wird demnach lediglich im Verkehr mit Dritten die vollständige Selbstständigkeit zugesprochen. Entgeltzahlungen für rein fiktive interne Leistungsbeziehungen – der BFH spricht insofern von „Insichgeschäften" (vgl. BFH v. 20.7.1988, I R 49/84, BStBl. II 1989, 142; BFH v. 17.7.2008, I R 77/06, BStBl. II 2009, 464) – wie bspw. innerunternehmerische Zahlungen von Mieten, Zinsen oder Lizenzgebühren auf der Grundlage fiktiver Verträge bleiben im Rahmen der Gewinnabgrenzung außer Betracht (vgl. *Kroppen* FS Herzig 1074). Bestimmte rechtliche Besonderheiten, wie der Umstand, dass eine Betriebsstätte im Verhältnis zum Stammhaus keine zivilrechtlich wirksamen Verträge abschließen kann, werden im Rahmen der Gewinnermittlung nach dem Ansatz der eingeschränkten (hypothetischen) Selbstständigkeit somit akzeptiert (vgl. Wassermeyer/*Kaeser* Art. 7 MA 2010 Rz. 372). Auch der BFH versagte bereits frühzeitig (BFH v. 27.7.1965, I 1 110/63, BStBl. III 19666, 24) die Verrechnung unternehmensinterner Zinsen zwischen Stammhaus und Betriebsstätte. In der Grundsatzentscheidung vom

20.7.1988 betont der BFH, dass die Betriebsstätte nur ein unselbstständiger Teil des Gesamtunternehmens ist, wodurch lediglich eine reine Aufwandsverrechnung für Innentransaktionen zwischen Stammhaus und Betriebsstätte, ohne einen entsprechenden Gewinnaufschlag, angebracht ist (BFH v. 20.7. 1988, I R 49/84, BStBl. II 1989, 140). Ebenso vertritt die deutsche Finanzverwaltung in den am 24.12.1999 veröffentlichten Betriebsstätten-Verwaltungsgrundsätzen (vgl. BMF v. 24.12.1999, BStBl. 1999 I, 1076; im Folgenden: BS-VWG) die eingeschränkte Selbstständigkeitsfiktion der Betriebsstätte (vgl. *Mödinger* Internationale Erfolgs- und Vermögensabgrenzung 42 f.; *Becker* Steuerkoordination 2010, 82; *Göttsche/Stangl* DStR 2000, 503).

Der Ansatz der eingeschränkten (hypothetischen) Selbstständigkeit der Betriebsstätte ist mit dem auf OECD-Ebene diskutierten „Relevant Business Activity Approach" vergleichbar (vgl. Vögele Verrechnungspreise/*Brüninghaus* Rz. L 68; *Roser* DStR 2008, 2389 ff.; *Baker/Collier* CDFI 2006, 30; *Sprague/Hersey* TNI 2002, 632; *Mödinger* Internationale Erfolgs- und Vermögensabgrenzung 43).

b) Absolute (hypothetische) Selbstständigkeit

586 Die Befürworter (*Bähr* Gewinnermittlung ausländischer Zweigbetriebe 84; *Baranowski* Auslandsbeziehungen 112 ff.; *Becker* EuStZ 1971, 100; ders. DB 1989, 10 ff.; ders. DB 1990, 392; *Beiser* DB 2008, 2726 ff.; *Ditz/Schneider* DStR 2010, 82 ff.; *Fink* RIW 1988, 48 ff.; *Haiß* Gewinnabgrenzung bei Betriebsstätten im Internationalen Steuerrecht 363; Institut der Wirtschaftsprüfer Intertax 1988, 427; *Kluge* StuW 1975, 304; GKG/*Kroppen* Art. 7 OECD-MA Rz. 119; ders. IStR 2005, 74 f.; ders. IWB 2005 Fach 10 Gr. 2, 1871; *Kumpf* Ergebnis- und Vermögenszuordnung 417 ff.; *Plansky* Gewinnzurechnung 112 ff.; *Sieker* DB 1996, 110 ff.; *Storck* Betriebsstätten 324 ff.; *van Raad* Intertax 2000, 163 ff.) der absoluten (hypothetischen) Selbstständigkeit der Betriebsstätte sind der Ansicht, dass eine Betriebsstätte für Zwecke der Gewinnabgrenzung nicht anders als eine rechtlich selbstständige Tochtergesellschaft zu behandeln ist, da nur so der in § 7 Abs. 2 OECD-MA verortete Fremdvergleichsgrundsatz seine Wirkung vollumfänglich entfalten kann. Folglich sind vertragliche Vereinbarungen zwischen der Betriebsstätte und dem Stammhaus – auch wenn zivilrechtlich nicht existent – für steuerliche Zwecke wie Verträge zwischen völlig fremden Unternehmen zu betrachten (vgl. *Kußmaul/Ruiner/Delarber* Ubg 2011, 839; *Vogel/Lehner/Hemmelrath* Art. 7 Rz. 78). Als Konsequenz sind Entgeltzahlungen wie bspw. Mietzahlungen, Lizenzgebühren, Darlehenszinsen sowie Dienstleistungsentgelte für rein innerbetriebliche Leistungsbeziehungen zwischen Betriebsstätte und Stammhaus stets mit einem marktüblichen Gewinnaufschlag zu vergüten (vgl. GKG/*Kroppen* Art. 7 OECD-MA Rz. 119; *Heyd* Internationale Gewinnabgrenzung 26). Darüber hinaus kann einer Betriebsstätte auf der Grundlage der absoluten (hypothetischen) Selbstständigkeit für steuerliche Zwecke auch dann ein Gewinn zugerechnet werden, wenn das Unternehmen als Ganzes einen Verlust ausweist (vgl. OECD-MK 2008, Art. 7, Tz. 17; *Roth* in Baumhoff/Schönfeld Doppelbesteuerungsabkommen – Nationale und internationale Entwicklungen 92; *Kahle* FS Frotscher 287; *Prinz* Umwandlungen im Internationalen Steuerrecht/*Stadler/Bindl/Korff* Rz. 13.18).

Der Ansatz der absoluten (hypothetischen) Selbstständigkeit der Betriebs- 587
stätte ist mit dem auf OECD-Ebene diskutierten „Functionally Separate Entity Approach" vergleichbar (vgl. *Mödinger* Internationale Erfolgs- und Vermögensabgrenzung 47; *Frotscher* Dealings 97 f.; *Baker/Collier* CDFI 2006, 30; *Kobetsky* BIT 2006, 417; *van Wanrooij* Intertax 2009, 300).
einstweilen frei 588, 589

3. Entwicklung des AOA durch die OECD

a) Entstehung

Die Kontroverse um das Verständnis der Selbstständigkeitsfiktion der Be- 590
triebsstätte als Gewinnermittlungssubjekt ist bereits seit vielen Jahrzehnten Gegenstand internationaler und nationaler Überlegungen und führt in vielen Fällen zu abweichenden Ergebnissen zwischen den einzelnen Vertragsstaaten (vgl. *Hentschel/Kraft/Moser* Ubg 2016, 144; für Nachweise *Wassermeyer/Kaeser* Art. 7 OECD-MA 2010 Rz. 323 f.). Divergierende Besteuerungsansätze im Ansässigkeits- und Quellenstaat bergen jedoch die Gefahr der internationalen Doppelbesteuerung bzw. Doppel-Nichtbesteuerung von Gewinnen (vgl. OECD-Diskussionsentwurf v. 8.2.2001, Teil 1 Rz. Tz. 4; *Richter/Heyd* Ubg 2013, 418). Der OECD-Steuerausschuss nahm dieses unterschiedliche Verständnis um die Auslegung der Selbstständigkeitsfiktion zum Anlass, die Verteilungsnorm für Unternehmensgewinne (Art. 7 OECD-MA) grundlegend zu überarbeiten. Mit der Veröffentlichung des „Report on the Attribution of Profits to Permanent Establishments" (OECD-Betriebsstättenbericht 2008) vom 17.7.2008 und dem darin vorgestellten Authorized OECD Approach legte die OECD das Fundament für die umfangreichen Neuregelungen der abkommensrechtlichen Betriebsstättengewinnabgrenzung (vgl. *Hentschel/Kraft/Moser* Ubg 2016, 144; *Richter/Heyd* Ubg 2013, 418; *Kahle/Mödinger* IStR 2010, 757; vgl. detailliert zur Entstehung des OECD-Betriebsstättenbericht 2008 *Kroppen* FS Herzig, 1071 f.).

Da umfangreiche Veränderungen im System der Besteuerung nicht selten 591
zu unvorhersehbaren Konsequenzen hinsichtlich des Besteuerungsaufkommens führen können, wurde zur Implementierung des AOA ein zweistufiger Ansatz verfolgt. In der ersten Stufe fanden jene Teile des OECD-Betriebsstättenberichtes 2008 Eingang in die überarbeitete Kommentierung zu Art. 7 OECD-MA, die von der OECD als vereinbar mit der aktuellen Fassung des OECD-MA angesehen wurden (vgl. OECD-MK 2008, Tz. 7). In der zweiten Stufe wurde schließlich zur vollständigen Umsetzung des AOA der Art. 7 OECD-MA 2010 sowie der OECD-MK 2010 zu Art. 7 neu konzipiert (im Folgenden: OECD-MA 2010 bzw. OECD-MK 2010). Anlässlich dieser Neukonzipierung wurde entsprechend auch der OECD-Betriebsstättenbericht 2008 angepasst und zeitgleich mit dem OECD-MA 2010 und dem OECD-MK 2010 am 22.7.2010 veröffentlicht (im Folgenden: OECD-Betriebsstättenbericht 2010).

Mit der Neufassung der Regelungen auf Seiten der OECD ist der AOA 592
nunmehr in Art. 7 Abs. 2 OECD-MA 2010 manifestiert und mit ihm das Bekenntnis der OECD, die Gewinnabgrenzung ausschließlich anhand der uneingeschränkten Selbstständigkeitsfiktion der Betriebsstätte auszurichten

(vgl. *Hentschel/Kraft/Moser* Ubg 2016, 144; Wassermeyer/*Kaeser* Art. 7 OECD-MA 2010 Rz. 374; Vogel/Lehner/*Hemmelrath* Art. 7 Rz. 201 f.; *Hemmelrath/Kepper* IStR 2013, 213; *Kußmaul/Ruiner/Delarber* Ubg 2011, 840). Besonders deutlich wird dies anhand der Formulierung in Art. 7 Abs. 2 OECD-MA 2010, wonach der Betriebsstätte der Gewinn zuzurechnen ist, den diese „insbesondere im Verkehr mit anderen Teilen des Unternehmens" hätte erzielen können. Demnach sind auch fiktive Liefer- und Leistungsbeziehungen zwischen Stammhaus und Betriebsstätte – die OECD spricht insofern von sog. „dealings" – für steuerliche Zwecke nach dem Fremdvergleichsgrundsatz abzurechnen und folglich mit einem marktüblichen Gewinnaufschlag zu vergüten. Diesem Ansatz folgend kann der Betriebsstätte auf der Grundlage reiner Innentransaktionen ein Gewinn zugerechnet werden, ohne dass eine Gewinnrealisierung im Außenverhältnis des Einheitsunternehmens stattgefunden hat (OECD, Betriebsstättenbericht 2010, Teil I, Rz. 50).

b) Zweistufiges Verfahren der Gewinnabgrenzung

aa) Überblick. Aufgrund der fehlenden Möglichkeit zivilrechtlich wirksamer Vertragsbeziehungen zwischen Stammhaus und Betriebsstätte bestand die Notwendigkeit ein Verfahren zu konstruieren, um die absolute (hypothetische) Selbstständigkeit von Stammhaus und Betriebsstätte für Zwecke der Betriebsstättengewinnabgrenzung umzusetzen. Hierfür entwickelte die OECD – um die international übliche Terminologie zu bemühen – den sog. „two-step approach", der im OECD-Betriebsstättenbericht 2010 umfassend beschrieben ist (vgl. OECD-Betriebsstättenbericht 2010, Tz. 13 ff.). Nachfolgende Abbildung gibt einen Überblick über das zweistufige Verfahren der Betriebsstättengewinnermittlung.

Abb. 1: Zweistufiges Verfahren der Betriebsstättengewinnermittlung

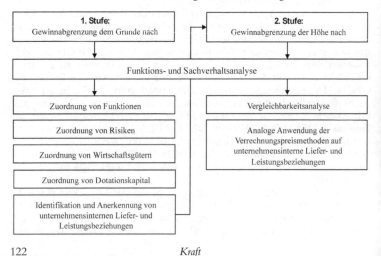

bb) Erste Stufe: Erfolgsabgrenzung dem Grunde nach. Ausgehend 594
von der in Art. 7 Abs. 2 OECD-MA 2010 manifestierten Leitidee der uneingeschränkten (hypothetischen) Selbstständigkeit von Stammhaus und Betriebsstätte ist in einem ersten Schritt zunächst sowohl für das Stammhaus als auch für jede der zum Einheitsunternehmen gehörenden Betriebsstätten eine an den OECD-RL 2010 angelehnte Funktions- und Sachverhaltsanalyse durchzuführen (vgl. OECD-Betriebsstättenbericht 2010, Teil 1, Tz. 13 ff.). Ziel der Analyse ist die Identifikation der ökonomisch bedeutsamen Tätigkeiten und Verantwortungsbereiche der Betriebsstätte im Kontext der gesamten Unternehmenstätigkeit (OECD-RL 2010 Tz. 1.42). Als relevanter Anknüpfungspunkt für die Ermittlung der in den jeweiligen Unternehmensteilen wahrgenommenen Funktionen wird primär auf die wesentlichen Personalfunktionen – die OECD spricht insofern von der „significant people function" – abgestellt (vgl. OECD-Betriebsstättenbericht 2010, Teil 1, Tz. 62; *Heyd* Internationale Gewinnabgrenzung 48). Im Rahmen der Funktionsanalyse kommt es somit entscheidend darauf an, welche Personen in welchen Teilen des Unternehmens welche Tätigkeiten ausüben bzw. welche Verantwortungsbereiche sie übernehmen (OECD-Betriebsstättenbericht 2010, Teil 1 Tz. 57). Der Identifikation der in den jeweiligen Unternehmenseinheiten verorteten signifikanten Personalfunktionen kommt überaus große Bedeutung zu, da nach dem Grundprinzip des AOA: „assets and risks follow functions" die Zuordnung von Wirtschaftsgütern und Risiken innerhalb des internationalen Einheitsunternehmens anhand der wesentlichen Personalfunktionen erfolgen soll (vgl. OECD-Betriebsstättenbericht 2010, Teil 3, Tz. 80; *Kahle* FS Frotscher 290 f.). Diesem Prinzip folgend sind einer Betriebsstätte somit stets die Risiken zuzuordnen, für die das der Unternehmenseinheit zuzuordnende Personal die tatsächlichen Entscheidungen in Bezug auf die Übernahme und das Management der jeweiligen Risiken trifft (vgl. OECD-Betriebsstättenbericht 2010, Teil 1, Tzn. 22, 24, 68 ff.; *Kahle* FS Frotscher 290 f.; *Schön* TNI 2007, 1067; Löwenstein/Looks/Heinsen Betriebsstättenbesteuerung/*Looks/Maier* Rz. 715 ff.). Vor diesem Hintergrund ist eine Trennung zwischen der Wahrnehmung der wesentlichen Personalfunktion und der Zuordnung des Risikos nicht möglich (vgl. *Kroppen* FS Herzig 1088).

Für die Zuordnung von Wirtschaftsgütern stellt der OECD-Betriebsstät- 595
tenbericht 2010 auf das wirtschaftliche Eigentum als maßgebliches Zuordnungskriterium ab (vgl. OECD-Betriebsstättenbericht 2010, Teil 1 Tzn. 18 ff.). Bei materiellen Wirtschaftsgütern soll iS einer pragmatischen Lösung regelmäßig der Ort der Nutzung als ausschlaggebendes Kriterium für die Zuordnung des wirtschaftlichen Eigentums herangezogen werden (vgl. OECD-Betriebsstättenbericht 2010, Teil 1 Tz. 75). Bei immateriellen Wirtschaftsgütern differenziert die OECD wiederum zwischen selbst erstellten (vgl. OECD-Betriebsstättenbericht 2010, Teil I, Tz. 82 ff.), entgeltlich erworbenen (vgl. OECD-Betriebsstättenbericht 2010, Teil I, Tzn. 92 ff.) sowie marketingbezogenen immateriellen Wirtschaftsgütern (vgl. OECD-Betriebsstättenbericht 2010, Teil I, Tz. 96). Während für die Bestimmung des wirtschaftlichen Eigentums eines selbst erstellten immateriellen Wirtschaftsgutes darauf abzustellen ist, in welchem Unternehmensteil die aktive Entscheidung in Bezug auf die Übernahme und Kontrolle des mit der Entwicklung des Wirtschaftsgutes

verbundenen Risikos getroffen wird, ist es für die Zuordnung eines selbst erworbenen immateriellen Wirtschaftsgutes entscheidend, welcher Unternehmensteil die mit dem Erwerbsvorgang in Zusammenhang stehenden relevanten Entscheidungen vorgenommen hat (vgl. OECD-Betriebsstättenbericht 2010, Teil I, Tzn. 85, 94; *Kroppen* FS Herzig, 1077; *Heyd* Internationale Gewinnabgrenzung 52 f.). Für die Zuordnung marketingbezogener immaterieller Wirtschaftsgüter muss insbesondere untersucht werden, welcher Unternehmensteil die Entscheidungen über die Einführung und Steuerung von Marketingstrategien sowie Maßnahmen zum Markenschutz trifft (vgl. OECD-Betriebsstättenbericht 2010, Teil I, Tz. 97).

596 Um die von der Betriebsstätte wahrgenommenen Funktionen und Risiken sowie die ihr zugeordneten Wirtschaftsgüter angemessen finanzieren zu können, ist der Betriebsstätte in einem weiteren Schritt ein angemessenes Dotationskapital zuzuordnen (vgl. OECD-Betriebsstättenbericht 2010, Teil I, Tzn. 107, 146). Im Hinblick auf die Methode für die Ermittlung des Dotationskapitals legt sich die OECD nicht auf eine einzige Methode fest. Vielmehr werden verschiedene Methoden mit Ihren jeweiligen Vor- und Nachteilen beschrieben (vgl. OECD-Betriebsstättenbericht 2010, Teil I, Tzn. 121 ff.; *Kroppen* FS Herzig 1078). Im Einzelnen werden die folgenden Methoden dargestellt:
– Kapitalaufteilungsmethode (vgl. OECD-Betriebsstättenbericht 2010, Teil I, Tzn. 121 ff.),
– Wirtschaftliche Kapitalaufteilungsmethode (vgl. OECD-Betriebsstättenbericht 2010, Teil I, Tz. 128),
– Fremdvergleichsmethode (vgl. OECD-Betriebsstättenbericht 2010, Teil I, Tzn. 129 ff.),
– Mindestkapitalausstattungsmethode (vgl. OECD-Betriebsstättenbericht 2010, Teil I, Tzn. 135 ff.).

597 Als wesentliche Neuerung des AOA gilt die Anerkennung von unternehmensinternen Liefer- und Leistungsbeziehungen zwischen den jeweiligen Unternehmensteilen. Diese gilt es schließlich in einem letzten Schritt der ersten Stufe zu identifizieren (vgl. OECD-Betriebsstättenbericht 2010, Teil I, Tzn. 183 ff.). Da Innentransaktionen jedoch nicht so einfach zu identifizieren sind wie vergleichbare Transaktionen zwischen verbundenen Unternehmen, werden von der OECD erhöhte Dokumentationsanforderungen für die Anerkennung von Innentransaktionen gefordert (vgl. OECD-Betriebsstättenbericht 2010, Teil I, Tzn. 224 ff.). Darüber hinaus wird von der OECD hervorgehoben, dass die Anerkennung von Innentransaktionen im Einheitsunternehmen lediglich für Zwecke der Gewinnabgrenzung iSd Art. 7 OECD-MA 2010 gelten soll (vgl. OECD-Betriebsstättenbericht 2010, Teil I, Tz. 206; vgl. auch *Kroppen* FS Herzig 1081). Rechtliche und steuerliche Konsequenzen wie bspw. ein Quellenbesteuerungsrecht für Lizenzgebühren sollen damit nicht verbunden sein (vgl. *Kroppen* FS Herzig 1081). Wie *Hemmelrath* richtig herausstellt, widerspricht dieses Vorgehen den Interessen typischer Betriebsstättenstaaten, die hierdurch auf der einen Seite interne Zahlungen fremdvergleichskonform zum Abzug zulassen müssen, auf der anderen Seite jedoch anfallende Quellensteuern, bspw. für Zinsen oder Lizenzzahlungen, nicht erheben können (vgl. *Vogel/Lehner/Hemmelrath* Art. 7 Rz. 196; kritisch auch *Nouel* BIT 2011, 12).

cc) **Zweite Stufe: Erfolgsabgrenzung der Höhe nach.** Die auf der 598 ersten Stufe identifizierten unternehmensinternen Liefer- und Leistungsbeziehungen sind auf der zweiten Stufe fremdvergleichskonform zu vergüten (vgl. OECD-Betriebsstättenbericht 2010, Teil I, Tzn. 185 ff.). Ausnahmen hiervon gibt es nur noch in sehr beschränktem Umfang, wie etwa für die interne Verrechnung von Zins- und Garantiezahlungen oder in bestimmten Fällen, in denen auch zwischen unabhängigen Unternehmen eine bloße Kostenverteilung anzunehmen wäre (vgl. OECD-Betriebsstättenbericht 2010, Teil I, Tzn. 101 ff., 211 ff.; *Roth* in Baumhoff/Schönfeld Doppelbesteuerungsabkommen – Nationale und internationale Entwicklungen 99).

Zur Bestimmung einer fremdvergleichskonformen Vergütung sind zunächst 599 die Bedingungen aus der fiktiven Transaktion zwischen Stammhaus und Betriebsstätte mit den Bedingungen aus einem fremdüblichen Geschäft zwischen voneinander unabhängigen Unternehmen zu vergleichen (*Heyd* Internationale Gewinnabgrenzung 60). Durch die weitgehende Gleichsetzung der unternehmensinternen Liefer- und Leistungsbeziehungen mit Markttransaktionen ist eine analoge Anwendung der OECD-Leitlinien zur Durchführung der Vergleichbarkeitsanalyse vorgesehen (vgl. OECD-Betriebsstättenbericht 2010, Teil I, Tz. 189). Im Rahmen einer solchen Vergleichbarkeitsanalyse sind insbesondere die Art und Charakteristika der zugrunde liegenden Dienstleistungen oder Wirtschaftsgüter, die Funktionsanalyse, die Vertragsbedingungen, die wirtschaftlichen Verhältnisse sowie die Geschäftsstrategie zu berücksichtigen (vgl. OECD-Betriebsstättenbericht 2010, Teil I, Tz. 190; OECD-Leitlinien 2017, Tzn. 1.37 ff.). Sollte der Steuerpflichtige im Rahmen der Vergleichbarkeitsanalyse zu der Erkenntnis kommen, dass die unternehmensinterne Lieferung und Leistungsbeziehung unter Bedingungen erfolgte, die zwischen unabhängigen Unternehmen gegen Entgelt erfolgt wäre, so ist entsprechend auch im Einheitsunternehmen von einer entgeltlichen Geschäftsbeziehung auszugehen (vgl. *Heyd* Internationale Gewinnabgrenzung 60 f.). Zur konkreten Bepreisung der unternehmensinternen Liefer- und Leistungsbeziehungen kann auf die OECD-Leitlinien zurückgegriffen werden (vgl. OECD-Betriebsstättenbericht 2010, Teil I, Tzn. 217 ff.). Hiernach kommen sowohl die geschäftsvorfallbezogenen Standardmethoden (Preisvergleichsmethode, Wiederverkaufspreismethode, Kostenaufschlagsmethode) als auch die geschäftsvorfallbezogenen Gewinnmethoden (geschäftsvorfallbezogene Gewinnaufteilungsmethode, geschäftsvorfallbezogene Nettomargenmethode) in Betracht (vgl. OECD-Leitlinien, Tzn. 2.13 ff.).

c) **Würdigung**

Mit der Implementierung des AOA in Art. 7 OECD-MA 2010 und der 600 damit verbundenen Behandlung der Betriebsstätte als fiktives selbstständiges Unternehmen für Zwecke der Gewinnermittlung kommt es auf Abkommensebene zu einer weitgehenden Gleichstellung von Tochtergesellschaft und Betriebsstätte. Dies ermöglicht die Anwendung des Fremdvergleichsgrundsatzes im Gleichklang zu Art. 9 OECD-MA und damit auch eine weitgehende Anwendung der OECD-Verrechnungspreisleitlinien für internationale Betriebsstättenkonstellationen (vgl. *Kroppen* FS Herzig 1086). Insoweit wird der auf OECD-Ebene vollzogene Übergang zum Konzept des „Functionally Separate

Entity Approach" als ein bedeutender Schritt in die richtige Richtung beurteilt (vgl. *Kroppen* FS Herzig 1086; *Heyd* Internationale Gewinnabgrenzung 263; *Kußmaul/Ruiner/Delarber* Ubg 2011, 845).

601 Der AOA ist jedoch nicht frei von Widersprüchen. Wie *Wassermeyer* betont, baut der AOA gerade nicht auf dem Fremdvergleichsgrundsatz auf, sondern auf Fiktionen und Unterstellungen, „die mit den wirtschaftlichen Realitäten und Risikoverteilungen nichts zu tun haben" (*Wassermeyer* IStR 2012, 282; kritisch auch Haase/*Niehaves* Art. 7 OECD-MA, Rz. 173; *Kahle* FS Frotscher 298 f.; Vogel/Lehner/*Hemmelrath* Art. 7 Rz. 202; *Kroppen* FS Herzig 1086 ff.). Dieser Befund verdient eine nähere Betrachtung. Während zwischen verbundenen Unternehmen die Risikoübernahme im Wesentlichen durch vertragliche Regelungen herbeigeführt wird, ist die Risikoübernahme im Einheitsunternehmen streng an die Wahrnehmung der damit zusammenhängenden wesentlichen Personalfunktion gebunden (vgl. OECD-Betriebsstättenbericht 2010, Teil 1, Tz. 68; *Kroppen* FS Herzig 1086 ff.; *Kahle* FS Frotscher 298). Eine Trennung der Risikoübernahme von der Wahrnehmung der damit zusammenhängenden Funktion ist somit im Einheitsunternehmen nach OECD-Auffassung nicht möglich (vgl. OECD-Betriebsstättenbericht 2010, Teil 1, Tzn. 22, 24, 68 ff.; *Kroppen* FS Herzig 1086 ff.). Problematisch an dieser Sichtweise ist jedoch, dass aus der reinen Funktionsausübung nicht zwingend auf die Übernahme des damit verbundenen Risikos geschlossen werden kann, da eine Funktion bspw. auch als Dienstleistung ohne jedwede Übernahme eines Risikos erbracht werden kann (vgl. *Kroppen* FS Herzig 1089; *Heyd* Internationale Gewinnabgrenzung 62). Vor diesem Hintergrund kommt *Kroppen* zu der conclusio, dass die Anerkennung von (rechtlich nicht bindenden) Pro-Forma-Verträgen zwischen Stammhaus und Betriebsstätte es erlauben würde, dem in Art. 7 Abs. 2 OECD-MA verorteten Fremdvergleichsgrundsatz auch im Betriebsstättenkontext besser Rechnung zu tragen als eine strenge Regel, nach der Risiko und Funktion nicht getrennt werden können (vgl. *Kroppen* FS Herzig 1088; *Kroppen* IWB 2005 Fach 10 Gr. 2, 1878; *Kroppen* DB 2014, 2134 f.). Ein solches Vorgehen vermag indessen nur bedingt zu überzeugen, da dem Steuerpflichtigen durch eine solch „freie" Risikozuordnung zugleich ein erheblicher Manipulationsspielraum eingeräumt werden würde (vgl. *Ditz* ISR 2012, 53; *Heyd* Internationale Gewinnabgrenzung S. 62).

602 *Hemmelrath* bemängelt darüber hinaus, dass eine Gleichstellung des Einheitsunternehmens mit einem rechtlich selbstständigen Unternehmen auf Basis des OECD-Ansatzes nicht gewährleistet werden kann, da von Seiten der OECD eine solche Gleichstellung in wesentlichen Belangen versagt wird (vgl. Vogel/Lehner/*Hemmelrath* Art. 7 Rz. 202 f.). Der Umstand, dass die OECD für Zwecke der Betriebsstättengewinnermittlung eine einheitliche Kreditwürdigkeit von Stammhaus und Betriebsstätte unterstellt, eine freie Zuordnung von Dotationskapital zu der Betriebsstätte nicht anerkennt und ein Quellensteuereinbehalt, bspw. für Lizenzgebühren, nicht geltend gemacht werden kann, belegt, dass die OECD gerade nicht von einer absoluten (hypothetischen) Selbstständigkeit der Betriebsstätte ausgeht, sondern vielmehr lediglich eine weitreichende Selbstständigkeit der Betriebsstätte unterstellt (vgl. Vogel/Lehner/*Hemmelrath* Art. 7 Rz. 202, 203). Insofern ist in diesen Punkten nach wie vor eine unterschiedliche Auslegung durch die jeweiligen Vertragsstaaten zu befürchten (so auch Wassermeyer/*Kaeser* Art. 7 OECD-MA 2010 Rz. 374).

Die Tatsache, dass einige Staaten (Neuseeland, Chile, Griechenland, Mexiko, Tschechien, die Türkei und Portugal) bereits zum Ausdruck gebracht haben, dass sie dem OECD-MA 2010 nicht folgen wollen (vgl. OECD-MK 2010, Tzn. 95 ff.) und dass der AOA von den Vereinten Nationen im UN-Musterabkommen 2011 abgelehnt wurde, belegt den Dissens, der im Zusammenhang mit der Anwendung des AOA besteht (vgl. *Wassermeyer* IStR 2012, 282; Vogel/Lehner/*Hemmelrath* Art. 7 Rz. 202). Vor diesem Hintergrund forderte *Wassermeyer* den Gesetzgeber dazu auf, „noch einmal gründlich darüber nachdenken, ob es wirklich angebracht ist, das deutsche innerstaatliche Recht an den AOA anzupassen" (*Wassermeyer* IStR 2012, 282; ähnlich auch *Andresen* DB 2012, 884 f.; *Kahle* FS Frotscher 298). Wie die nachfolgenden Ausführungen jedoch zeigen werden, hat sich der Gesetzgeber durch die kritischen Stimmen im Schrifttum nicht davon abbringen lassen, den AOA im innerstaatlichen Recht zu implementieren.

einstweilen frei **604–609**

II. Implementierung des AOA in § 1

1. Regelungsbedürfnis

Nach der Rechtsprechung des BFH (vgl. BFH v. 12.3.1980, I R 186/76, BStBl. II 1980, 531; BFH v. 9.11.1988, I R 335/83, BStBl. II 1989, 510) und der hM im Schrifttum (*Jacobs* Internationale Unternehmensbesteuerung 774 f.; *Schaumburg* Internationales Steuerrecht Rz. 21.39; Löwenstein/Looks/Heinsen Betriebsstättenbesteuerung/*Looks* Rz. 834; *Mödinger* Internationale Erfolgs- und Vermögensabgrenzung 38; *Wassermeyer* FS Loukota 661; *Kroppen* IWB 2005 Fach 10 Gr. 2, 1872) kommt der Vorschrift des Art. 7 Abs. 2 OECD-MA keine „Self Executing"-Wirkung zu. Bei Abkommensnormen handelt es sich lediglich um Erlaubnis- bzw. Schrankenregelungen (vgl. *Debatin* Beihefter zu DStR 23 1992, 2; Wassermeyer/*Kaeser* Art. 7 OECD-MA 2010 Rz. 690). Demnach kann die Regelung zur Betriebsstättengewinnzurechnung des Art. 7 OECD-MA 2010 nur innerstaatliches Steuerrecht beschränken, nicht jedoch begründen (*Kessler/Huck* StuW 2005, 203). Damit von dem zugewiesenen Besteuerungsanspruch Gebrauch gemacht werden kann, bedarf es somit der Umsetzung in nationalstaatliches Recht. In Ermangelung eines steuerbegründenden Tatbestandes in Bezug auf unternehmensinterne Liefer- und Leistungsbeziehungen zwischen Stammhaus und Betriebsstätte bestand somit das Bedürfnis, das nationale Recht auf Art. 7 Abs. 2 OECD-MA abzustimmen und den hierauf beruhenden deutschen Besteuerungsanspruch voll auszuschöpfen (vgl. *Heyd* Internationale Gewinnabgrenzung 69; *Mödinger* Internationale Erfolgs- und Vermögensabgrenzung 39).

2. Nationale Rechtsentwicklung

a) Entwicklung bis Veranlagungszeitraum 2005

Bis zur Einführung des SEStEG (Gesetz über steuerliche Begleitmaßnahmen zur Einführung der europäischen Gesellschaft und zur Änderung weiterer steuerrechtlicher Vorschriften v. 7.12.2006, BGBl. 2006 I 2782) im Jahre 2006 mangelte es dem deutschen Steuerrecht an einer entsprechenden gesetzlichen Grundlage für die Gewinnabgrenzung zwischen Stammhaus und Betriebsstätte (vgl. *Roth* in Baumhoff/Schönfeld Doppelbesteuerungsabkommen – Nationale und internationale Entwicklungen 102; *Schnitger* IStR 2012, 634; *Tipke/ Lang* Steuerrecht § 9 Rz. 451; *Wassermeyer/Kaeser* Art. 7 OECD-MA 2010 Rz. 693). Unabhängig hiervon bediente sich der BFH in seiner früheren Rechtsprechung (BFH v. 16.7.1969, I 266/65, BStBl. II 1970, 175; BFH v. 28.4.1971, I R 55/66, BStBl. II 1971, 630; BFH v. 30.5.1972, VIII R 111/69, BStBl. II 1972, 760; BFH v. 16.12.1975, VIII R 3/74, BStBl. II 1976, 246; BFH v. 24.11.1982, I R 123/78, BStBl. II 1983, 113) für Fälle, in denen ein Anlagegut vom inländischen Stammhaus in eine in einem DBA-Staat belegene ausländische Betriebsstätte überführt wurde, einer Behelfslösung. So wurde für vorgenannte Konstellation der Tatbestand der Entnahme nach § 4 Abs. 1 S. 2 EStG entsprechend weit ausgelegt, so dass dieser als Ersatzrealisierungstatbestand genutzt werden konnte, sofern Deutschland die in der ausländischen Betriebsstätte erzielten Einkünfte abkommensrechtlich freizustellen hatte (Theorie der „finalen Entnahme"; vgl. hierzu *Knobbe-Keuk* Bilanz- und Unternehmensteuerrecht 272 ff.; *Vogel* StuW 1974, 195 ff.; *Richter/Heyd* Ubg 2011, 172 f.). Nach der Theorie der finalen Entnahme war beim übertragenden Unternehmensteil zum Zeitpunkt der Übertragung ein Entnahmegewinn in Höhe der Differenz zwischen dem Buchwert und dem Teilwert (§ 6 Abs. 1 Nr. 4 S. 1 EStG) der übertragenen Wirtschaftsgüter auszuweisen und zu versteuern. Bestand hingegen kein Doppelbesteuerungsabkommen (DBA) mit dem Betriebsstättenstaat, urteilte der BFH, dass eine Übertragung steuerneutral erfolgen kann, da die Veräußerungswinne auch nach der Übertragung der inländischen Besteuerung unterliegen würden (vgl. BFH v. 16.7.1969, I 266/65, BStBl. II 1970, 176; BFH v. 30.5.1972, VIII R 111/69, BStBl. II 1972, 760; BFH v. 16.12.1975, VIII R 3/74, BStBl. II 1976, 246; BFH v. 18.5.1983, I R 5/82, BStBl. II 1983, 771; BFH v. 14.6.1988, VIII R 387/83, BStBl. II 1989, 187). Dem Tatbestand der Entnahme lag damit die Vorstellung von einem allgemeinen Entstrickungsgrundsatz zugrunde, wonach der Entnahmebegriff stets zweckorientiert danach auszulegen war, ob stille Reserven der deutschen Besteuerung verloren gehen würden (vgl. *Kempka* Gewinnrealisierung 24 ff.; Grotherr Steuerplanung/*Roth* 78). Auch die Finanzverwaltung hatte sich in den BS-VWG der vom BFH entwickelten finalen Entnahmetheorie angeschlossen (vgl. BMF v. 24.12.1999, IV B 4 – S 1360 – 111/99, BStBl. I 1999, 1076).

612 Im Schrifttum stieß die Auffassung des BFH hingegen auf breite Ablehnung (vgl. *Wassermeyer/Wassermeyer* Art. 7 OECD-MA 2010 Rz. 246; *Wassermeyer/Andresen/Ditz/Wassermeyer* Rz. 3.11; *Schaumburg* Internationales Steuerrecht Rz. 6.382; *Kroppen* StBJb 1999/2000, 159 f.; *Hemmelrath* Die Ermittlung des Betriebsstättengewinns 223; *Bellstedt* Die Besteuerung international verflochtener Gesellschaften 219 ff.; *Kaminski* DStR 1996, 1796 mwN). Insbesondere wurde moniert, dass der BFH von einem unzutreffenden Verständnis hinsichtlich der Auslegung des Entnahmetatbestandes ausgeht (vgl. *Knobbe-Keuk* Bilanz- und Unternehmensteuerrecht 272 ff.). Eine teleologische Erweiterung des § 4 Abs. 1 S. 2 EStG auf Verbringungsfälle ist gerade nicht möglich, da die gesetzlichen Voraussetzungen für eine Entnahme, nämlich die Entnahme zu betriebsfremden Zwecken, nicht erfüllt seien (vgl. Grotherr Steuerplanung/*Roth* 78).

b) Entwicklung ab Veranlagungszeitraum 2006

Die unklare Rechtslage und die im Schrifttum vorgetragene Kritik veranlass- **613** ten den Gesetzgeber im Rahmen des SEStEG eine normative Grundlage zur Absicherung der bis zu diesem Zeitpunkt ergangenen BFH-Rechtsprechung schaffen zu wollen. Hierzu erweiterte der Gesetzgeber die §§ 4 Abs. 1, 6 Abs. 1 Nr. 4 EStG und § 12 Abs. 1 KStG um spezielle Entstrickungsvorschriften (vgl. *Roth* in Grotherr Steuerplanung, 79). Gemäß § 4 Abs. 1 S. 3 EStG wird nunmehr eine (fiktive) Entnahme zum gemeinen Wert (§ 6 Abs. 1 Nr. 4 S. 1 2. Hs. EStG) fingiert, wenn das Besteuerungsrecht Deutschlands hinsichtlich des Gewinns aus der Veräußerung oder der Nutzung eines Wirtschaftsgutes ausgeschlossen oder beschränkt wird. Entsprechend wird nach § 12 KStG bei unbeschränkt steuerpflichtigen Kapitalgesellschaften eine Veräußerung bzw. Nutzungsüberlassung zum gemeinen Wert fingiert. Soweit es hiernach zu einer Gewinnrealisierung von Wirtschaftsgütern des Anlagevermögens kommt, kann unter bestimmten Voraussetzungen (vgl. hierzu § 4g Abs. 1 S. 1 EStG) gemäß § 4g EStG ein Ausgleichsposten mit der Maßgabe gebildet werden, dass dieser im Wirtschaftsjahr der Bildung und in den vier folgenden Wirtschaftsjahren zu jeweils einem Fünftel gewinnerhöhend aufzulösen ist.

Mit dem am 17.7.2008 ergangenen Urteil (BFH v. 17.7.2008, I R 77/06, **614** BStBl. II 2009, 464), dessen Grundsätze nach Auffassung der Finanzverwaltung nicht über den entschiedenen Einzelfall hinaus anzuwenden sind (vgl. BMF v. 20.5.2009, IV C6 – S 2134/07/10005, BStBl. I 2009, 671), hat der BFH entschieden, die von ihm bislang vertretene finale Entnahmetheorie und damit die fiktive Erweiterung des § 4 Abs. 1 S. 2 EStG explizit aufzugeben (vgl. HHR/*Roth* § 49 EStG Rz. 240; *Richter/Heyd* Ubg 2011, 174 ausführlich auch *Ditz* IStR 2009, 115 ff.; *Kahle/Franke* IStR 2009, 407; *Körner* IStR 2009, 743 f.; *Prinz* DB 2009, 807 ff.; *Roser* DStR 2008, 2389 ff.). Ursächlich für diese generelle Abkehr von der früheren Rechtsprechung des BFH ist vor allem das veränderte Verständnis zum Abkommensrecht (vgl. *Richter/Heyd* Ubg 2011, 174). So erkennt der BFH nunmehr an, dass die im Inland entstandenen stillen Reserven aufgrund ihrer abkommensrechtlichen Freistellung gerade nicht der späteren deutschen Besteuerung entzogen werden. Das in Art. 7 Abs. 2 OECD-MA verortete „dealing-at-arm's-length-principle" ermögliche vielmehr die verursachungsgerechte Aufteilung des künftigen Veräußerungsgewinns zwischen Stammhaus und Betriebsstätte (vgl. *Richter/Heyd* Ubg 2011, 174). Konsequenterweise hielt der BFH auch in seinen Folgeurteilen an der Theorie der finalen Entnahme nicht mehr fest (vgl. BFH v. 28.10.2009, I R 99/08, BStBl. II 2011, 1019; BFH v. 28.10.2009, I R 28/08, BFH/NV 2010, 432).

Jene Urteilsgrundsätze sind nach hM (*Ditz* IStR 2009, 120; *Gosch* BFH-PR **615** 2008, 499; *Kahle/Franke* IStR 209, 409; *Köhler* IStR 2010, 341; *Körner* IStR 2009, 744 f.; *Prinz* DB 2009, 810 f.; *Roser* DStR 2008, 2393 f.) uneingeschränkt auf das geltende Recht übertragbar, mit der Folge, dass die in § 4 Abs. 1 S. 3 EStG und § 12 Abs. 1 1. Hs. KStG verorteten Entstrickungsregeln weitgehend ins Leere laufen (vgl. *Richter/Heyd* Ubg 2011, 174). Denn ausweislich der neuen BFH-Rechtsprechung tritt weder bei der Überführung von Wirtschaftsgütern noch bei der Verlegung ganzer Teilbetriebe ins Ausland eine Beschränkung oder ein Ausschluss des deutschen Besteuerungsrechts auf (vgl. *Richter/Heyd* Ubg 2011, 174).

616 Anlässlich der offenkundigen unklaren Rechtsgrundlage und der zunehmenden Kritik im Schrifttum, schaffte der Steuergesetzgeber im Rahmen des Jahressteuergesetzes 2010 (v. 8.12.2010, BGBl. 2010 I 1768) Klarheit (vgl. Grotherr Steuerplanung/*Roth* 78; *Richter/Heyd* Ubg 2011, 174). So wurde die Theorie der finalen Entnahme rückwirkend für Wirtschaftsjahre, die vor dem 1.1.2006 enden, in § 52 Abs. 8b S. 2 und 3 EStG normiert, wodurch die frühere Rechtsprechung des BFH ex post bekräftigt wurde (*Richter/Heyd* Ubg 2011, 174). Zudem wurden die Entstrickungstatbestände jeweils um im Regelbeispiel erweitert, die nun klarstellend den Hauptanwendungsfall der Entstrickungstatbestände erläutern (vgl. § 4 Abs. 1 S. 4 EStG; § 12 Abs. 1 S. 2 KStG). Danach liegt ein Ausschluss oder eine Beschränkung des deutschen Besteuerungsrechts insbesondere dann vor, wenn ein bisher einer inländischen Betriebsstätte des Steuerpflichtigen zuzuordnendes Wirtschaftsgut nunmehr einer ausländischen Betriebsstätte zuzuordnen ist (vgl. § 4 Abs. 1 S. 4 EStG; § 12 Abs. 1 S. 2 KStG). Zusätzlich wurden die Grundsätze der Theorie der finalen Betriebsaufgabe im Rahmen des Jahressteuergesetzes 2010 auch in § 16 Abs. 3a EStG umgesetzt, wonach der Ausschluss bzw. die Beschränkung des Besteuerungsrechts Deutschlands hinsichtlich des Gewinns aus der Veräußerung oder Nutzung sämtlicher Wirtschaftsgüter des Betriebs oder Teilbetriebs einer Betriebsaufgabe gleichgestellt ist.

617 Auch die Finanzverwaltung hat die BS-VWG durch das am 25.8.2009 veröffentlichte BMF-Schreiben (BMF v. 25.8.2009, IV B 5, BStBl. I 2009, 888) an die neuen Entstrickungsregelungen angepasst (vgl. ausführlich: *Ditz/ Schneider* DStR 2010, 81). Im gleichen Zuge wurde der Hinweis in Tz. 2.2 Abs. 3 BS-VWG aF (BMF v. 24.12.1999, BStBl. I 1999, 1076) gestrichen, wonach Gewinne aus Innentransaktionen bei der Gewinnabgrenzung zwischen Stammhaus und Betriebsstätte idR keine Berücksichtigung finden dürfen. Vor dem Hintergrund der Bekenntnis der OECD zum „Functionally Separate Entity Approach" wurde die vorgenommene Änderung in der Literatur dahingehend interpretiert, dass die Finanzverwaltung den Fremdvergleichsgrundsatz bei der Betriebsstättengewinnabgrenzung künftig uneingeschränkt anwenden wissen wolle (vgl. *Ditz/Schneider* DStR 2010, 82). Soweit die Finanzverwaltung aufgrund der vorgenommenen Änderungen in den BS-VWG jedoch davon ausging, dass hierdurch bei sämtlichen Innentransaktionen zwischen Stammhaus und Betriebsstätte eine Gewinnrealisierung zu erfolgen hatte (so bspw. auch bei der Erbringung von Dienstleistungen zwischen den einzelnen betrieblichen Einheiten eines internationalen Einheitsunternehmens), stand diese Ansicht auf recht tönernen Füßen (vgl. *Ditz* DStR 2010, 82). Denn neben den gesetzlichen Entstrickungsregelungen in §§ 4 Abs. 1 S. 3, 4; 16 Abs. 3a EStG und § 12 Abs. 1 KStG mangelte es dem deutschen Steuerrecht an einer steuerbegründenden Regelung im Zusammenhang mit Innentransaktionen. Im Hinblick auf die Gewinnabgrenzung zwischen Stammhaus und Betriebsstätte führte dies zu einer Rechtslage, die sich als

G. § 1 Abs. 5　　　　　　　　　　　　　　　　　　**618, 619**　§ 1

„lückenhaft und unbefriedigend" darstellt (vgl. *Roth* in Baumhoff/Schönfeld Doppelbesteuerungsabkommen – Nationale und internationale Entwicklungen 106).

c) Entwicklung ab Veranlagungszeitraum 2013
aa) Systematische Verortung des AOA.

Um die von der OECD entwickelten Grundsätze zur Anwendung des Fremdvergleichsgrundsatzes bei der Betriebsstättengewinnabgrenzung vollumfänglich anwenden zu können, bedurfte es einer klaren innerstaatlichen Rechtsgrundlage. Dazu sollte § 1 zunächst im Rahmen des Jahressteuergesetzes 2013 (BT-Drs. 17/10000 v. 19.6. 2012) eine entsprechende Änderung erfahren (vgl. hierzu *Andresen* DB 2012, 879 ff.; *Schnitger* IStR 2012, 633 ff.; *Hemmelrath/Kepper* IStR 2013, 37 ff.; *Baldamus* IStR 2012, 317; *von Goldacker* BB 2013, 87 ff.; *Seeleitner/Krinninger/ Grimm* IStR 2013, 220 ff.). Da es sich bei dem Jahressteuergesetz 2013 jedoch um ein Auffanggesetz für diverse steuerliche Änderungen (Einzelheiten zu den Änderungen vgl. *Höreth/Stelzer* DStZ 2013, 217 ff.) handelte, konnten Bundesrat und Bundestag bzgl. einzelner Umgestaltungen, die sich jedoch ausnahmslos nicht auf die Einführung des AOA bezogen, keinen Kompromiss finden (vgl. *Kußmaul/Delarber/Müller* IStR 2014, 467). Nachdem der Entwurf des Jahressteuergesetzes (BR-Drs. 33/13 v. 17.1.2013) am 1.2.2013 als endgültig gescheitert galt, inkorporierte der Gesetzgeber die vorgesehenen Änderungen in § 1 schließlich mit dem am 29.6.2013 verkündeten Amtshilferichtlinie-Umsetzungsgesetz (BGBl. 2013 I 1809). So wurde speziell Abs. 5 neu eingefügt und Abs. 4 (Abs. 5 aF), darauf abgestimmt. Anzuwenden sind die neuen Regelungen erstmals für Wirtschaftsjahre, die nach dem 31.12.2012 beginnen (§ 21 Abs. 20 S. 3). Darüber hinaus wurde der bisherigen in § 1 Abs. 3 S. 13 verorteten Rechtsverordnungsermächtigung ein umfassender und angepasster Abs. 6 gewidmet. **618**

Die „Verordnung zur Anwendung des Fremdvergleichsgrundsatzes auf Betriebstätten nach § 1 Abs. 5 des Außensteuergesetzes (Betriebsstättengewinnaufteilungsverordnung – BsGaV)" wurde am 10.10.2014 in ihrer finalen Fassung durch den Bundesrat verabschiedet und am 17.10.2014 im Bundesgesetzblatt (BGBl. 2014 I 1603; Verordnungsbegründung: BR-Drs. 401/14 v. 28.8.2014) veröffentlicht. Die BsGaV ist für alle nach dem 31.12.2014 beginnende Wirtschaftsjahre anzuwenden (§ 40 BsGaV). Das dazugehörige BMF-Schreiben: „Grundsätze für die Anwendung des Fremdvergleichsgrundsatzes auf die Aufteilung der Einkünfte zwischen einem inländischen Unternehmen und seiner ausländischen Betriebsstätte und auf die Ermittlung der Einkünfte der inländischen Betriebsstätte eines ausländischen Unternehmens nach § 1 Abs. 5 des Außensteuergesetzes und der Betriebsstättengewinnaufteilungsverordnung (Verwaltungsgrundsätze Betriebsstättengewinnaufteilung – VWG BsGa)" wurde am 22.12.2016 von der Finanzverwaltung veröffentlicht (BMF v. 22.12.2016, BStBl. I 2017, 182). Damit sind die Betriebsstätten-Verwaltungsgrundsätze (BMF v. 24.12.1999, BStBl. I 1999, 1076) nicht mehr anzuwenden, soweit sie von § 1 Abs. 5, den Regelungen der BsGaV, den VWG BsGa sowie den Regelungen der DBA überlagert werden (vgl. BMF v. 22.12.2016, BStBl. I 2017, 182, Rz. 460). In Fällen, in denen weder § 1 Abs. 6 noch die Regelungen der BsGaV anzuwenden sind, sind die Betriebs- **619** stätten-Verwaltungsgrundsätze weiterhin anzuwenden, da sie – nach Aussage der Finanzverwaltung – die bis zur Neuregelung geltende, vor allem auch auf der Rechtsprechung beruhende Auffassung der Finanzverwaltung darstellen (vgl. BMF v. 22.12.2016, BStBl. I 2017, 182, Rz. 461).

620 Darüber hinaus sind die Betriebsstätten-Verwaltungsgrundsätze weiterhin auch nach Inkrafttreten des § 1 Abs. 5 und vor Inkrafttreten der BsGaV anzuwenden, soweit eine Anwendung der Betriebsstätten-Verwaltungsgrundsätze nicht im Widerspruch zu § 1 Abs. 5 steht (vgl. BMF v. 22.12.2016, BStBl. I 2017, 182, Rz. 462). Auch in Bezug auf die Frage, wann nach deutschem Rechtsverständnis eine Betriebsstätte vorliegt, gelten die Betriebsstätten-Verwaltungsgrundsätze weiter (vgl. BMF v. 22.12.2016, BStBl. I 2017, 182, Rz. 463).

621 **bb) Würdigung.** Bereits frühzeitig wurde die systematische Einordnung der Regelungen in § 1 im Schrifttum moniert (vgl. *Wassermeyer* IStR 2012, 277f.; *Gosch* IWB 2012, 785; *Schnitger* IStR 2012, 633; *Baldamus* IStR 2012, 318; *Ditz* ISR 2013, 262f.; *Schaumburg* ISR 2013, 198f.; HHR/*Roth* § 49 EStG Rz. 240; *Kußmaul/Ruiner* BB 2012, 2029). Zu Recht wurde vorgetragen, dass der AOA grundsätzliche Regelungen zur Ermittlung und Aufteilung von Einkünften vorgibt, wodurch eine Umsetzung aus systematischen Gründen im Umfeld der Einkünfteermittlungsvorschriften sachgerecht wäre (vgl. *Wassermeyer* IStR 2012, 277f.; *Kußmaul/Ruiner* BB 2012, 2027; *Ditz* ISR 2013, 262). Bei § 1 handelt es sich hingegen um eine Einkünfteberichtigungsvorschrift, die nur dann greift, wenn die deutsche Finanzverwaltung einkünfteerhöhende Korrekturen vornehmen möchte (vgl. *Ditz* ISR 2013, 262f.). Durch die Verortung des AOA in § 1 wird somit nicht die Betriebsstättengewinnermittlung als solche geregelt; vielmehr wird nur ein auf die Innentransaktionen bezogener Einkünftekorrekturmaßstab vorgegeben (vgl. *Wassermeyer/Kaeser* Art. 7 OECD-MA 2010 Rz. 701), der einseitig zugunsten der deutschen Finanzverwaltung und somit zuungunsten des Steuerpflichtigen wirkt (vgl. *Schnitger* IStR 2012, 634f.; *Wassermeyer* IStR 2012, 278ff.; HHR/*Roth* § 49 EStG Rz. 240). Ausfluss dieser Asymmetrie ist insbesondere die fehlende Anerkennung eines Betriebsausgabenabzugs für fiktive Leistungsentgelte (Lizenz-, Miet- oder Dienstleistungsentgelte) bei in Deutschland beschränkt steuerpflichtigen Betriebsstätten wie das folgende Beispiel zeigt.

Beispiel:

622 Ein im Ausland ansässiges Stammhaus ist rechtlicher Inhaber einer eingetragenen Marke. Nach den Grundsätzen des § 1 Abs. 5 S. 3 ist die Marke ausschließlich dem ausländischen Stammhaus zuzuordnen. Produktion und Vertrieb der Produkte für den deutschen Markt erfolgt über eine deutsche Betriebsstätte. Da die Marke auch für die deutsche Betriebsstätte eine absatzfördernde Wirkung entfaltet, verrechnet das ausländische Stammhaus eine fiktive fremdübliche Lizenzgebühr iHv 150 GE (Kosten: 100 GE) an die inländische Betriebsstätte.

Lösung:

Im vorliegenden Beispiel kann auf Grundlage des § 1 Abs. 5 nicht gewährleistet werden, dass die vom ausländischen Stammhaus verrechnete Lizenzgebühr im Rahmen der beschränkten Steuerpflicht der inländischen Betriebsstätte abgezogen werden kann. Während für den Abzug der tatsächlich entstandenen Kosten insoweit noch das in § 50 Abs. 1 Nr. 1 EStG verortete Veranlassungsprinzip in Frage kommt (vgl. BFH v.

20.7.1988, I R 49/84, BStBl. II 1989, 140), ist ein Abzug der vollen fiktiven Lizenzgebühren iHv 150 GE nach nationalem Recht nicht möglich (so auch: *Schnorberger/ Sassmann/Shekhovtsova* IStR 2014, 86; *Ditz* ISR 2013, 263). Abhilfe kann in diesem Zusammenhang jedoch ein DBA schaffen, falls ein solches zwischen Deutschland und dem ausländischem Staat vereinbart wurde. Sollten die AOA-Grundsätze insofern bereits im Abkommen enthalten sein, entfaltet das DBA eine Schrankenwirkung (so auch: *Schnitger* IStR 2012, 634; *Schnorberger/Sassmann/Shekhovtsova* IStR 2014, 86; *Ditz* ISR 2013, 263). Denn gemäß Art. 7 Abs. 2 OECD-MA besitzt Deutschland ein Besteuerungsrecht auf den Unternehmensgewinn nur insofern, wie er durch ein im Inland belegenes Stammhaus oder eine im Inland belegene Betriebsstätte als selbstständiges und unabhängiges Unternehmen erwirtschaftet worden wäre (vgl. Schönfeld/Ditz/*Ditz* Art. 7 OECD-MA 2008, Rz. 171; *ders.* ISR 2013, 263). Als selbstständiges und unabhängiges Unternehmen wäre der inländischen Betriebsstätte jedoch ein entsprechender Aufwand durch die Lizenzgebühr entstanden und hätte insofern den in Deutschland steuerpflichtigen Gewinn gemindert (vgl. *Ditz* ISR 2013, 263). Auch wenn sich der entsprechende Aufwandsabzug eigentlich aus innerstaatlichem Recht ergeben sollte, kann im Beispielfall der Gewinn der inländischen, beschränkt steuerpflichtigen Betriebsstätte nur auf Grundlage der Schrankenwirkung des DBA um die fremdvergleichskonforme Lizenzbelastung gemindert werden (vgl. *Ditz* ISR 2013, 263; *Schnorenberger/ Sassmann/Shekhovtsova* IStR 2014, 86). Enthält das DBA hingegen keine dem Art. 7 OECD-MA 2010 entsprechende Regelung oder besteht überhaupt kein DBA, kann sich der Steuerpflichtige denklogisch auch nicht auf die Schrankenwirkung berufen. Daraus resultierende Doppelbesteuerungen könnten allenfalls durch zeitaufwändige und kostenintensive Verständigungsverfahren beseitigt werden (vgl. *Schnorenberger/Sassmann/ Shekhovtsova* IStR 2014, 86).

einstweilen frei

3. Tatbestandsvoraussetzungen

a) Geschäftsbeziehung iSd § 1 Abs. 4 S. 1 Nr. 2

§ 1 Abs. 5 S. 1 setzt für eine Anwendung der Regelungen des § 1 Abs. 5 zunächst voraus, dass eine Geschäftsbeziehung iSd § 1 Abs. 4 S. 1 Nr. 2 vorliegt. Die Vorschrift des § 1 Abs. 4 S. 1 Nr. 2 bildet hierbei einen wichtigen Baustein zur Umsetzung des AOA ins deutsche Steuerrecht, da nunmehr auch Geschäftsvorfälle zwischen einem Unternehmen eines Steuerpflichtigen und seiner in einem anderen Staat belegenen Betriebsstätte unter den Begriff der Geschäftsbeziehung fallen. Per Klammerzusatz werden diese als „anzunehmende schuldrechtliche Beziehungen" bezeichnet und sind mit der im AOA verwandten Begrifflichkeit der „dealings" bzw. Innentransaktionen gleichzusetzen (vgl. Wassermeyer/*Kaeser* Art. 7 OECD-MA 2010 Rz. 701).

Der Begriff „Unternehmen" umfasst unabhängig von der Rechtsform sowohl gewerbliche als auch selbstständig tätige inländische und ausländische Unternehmen (vgl. BT-Drs. 17/10000, 64). Um von einer einheitlichen Begrifflichkeit auszugehen, bestimmt § 2 Abs. 1 BsGaV, dass ein Unternehmen dann inländisch ist, wenn sich der Ort der tatsächlichen Geschäftsleitung im Inland befindet bzw. nach § 2 Abs. 2 BsGaV ausländisch ist, wenn sich der Ort der tatsächlichen Geschäftsleitung im Ausland befindet. Damit wird für das innerstaatliche Recht quasi die Wirkung der sog. „tie-breaker rule" des Art. 4 Abs. 3 OECD-MA vorweggenommen, wonach eine in zwei Staaten ansässige Gesellschaft für Zwecke der Zuordnung des Besteuerungsrechts dort als ansässig gilt, wo sich der Ort der tatsächlichen Geschäftsleitung befindet.

632 Auch sind die Regelungen des § 1 Abs. 5 auf Geschäftsbeziehungen einer Personengesellschaft oder einer Mitunternehmerschaft iSd § 1 Abs. 1 S. 2 zu ihren Betriebsstätten in anderen Staaten anwendbar (vgl. BT-Drs. 17/10000, 64). Die Regelung ist jedoch nicht auf Personen anzuwenden, die zwar eigenstehende Rechtsträger sind, jedoch Einkünfte nach § 21 EStG erzielen, da eine solche Personengesellschaft nicht über eine Betriebsstätte verfügen kann – und zwar auch dann nicht, wenn die sachlichen Voraussetzungen für eine feste Einrichtung erfüllt sind (vgl. BT-Drs. 17/10000, 64). Wie aus § 1 Abs. 5 S. 7 hervorgeht, ist § 1 Abs. 5 S. 1–4 auch nicht auf Geschäftsbeziehungen zwischen einem Gesellschafter und seiner Personengesellschaft oder zwischen einem Mitunternehmer und seiner Mitunternehmerschaft anzuwenden. Für solche Geschäftsbeziehungen bestehen regelmäßig vertragliche Regelungen. Daher ist eine eventuell vorzunehmende Einkünftekorrektur in diesem Fall nach § 1 Abs. 1 zu prüfen.

633 Ferner ist zu klären, welche Maßstäbe bei der Auslegung des Betriebsstättenbegriffes anzuwenden sind. In Betracht kommt sowohl die Betriebsstättendefinition des § 12 AO als auch der im jeweiligen DBA vereinbarte Betriebsstättenbegriff. Um zu gewährleisten, dass auch in Fällen, in denen kein DBA zwischen Deutschland und dem Betriebsstättenstaat besteht, von einer eindeutigen Begrifflichkeit ausgegangen werden kann, stellt § 1 Abs. 1 BsGaV treffend auf die Betriebsstättendefinition des § 12 AO ab (ablehnend *Kußmaul/Ruiner* BB 2012, 2027). Es ist jedoch zu beachten, dass in Fällen, in denen ein DBA zwischen Deutschland und einem Abkommensstaat besteht, das DBA Schrankenwirkung entfaltet. Eine Einkünftekorrektur nach § 1 Abs. 5 ist somit ausgeschlossen, falls eine inländische Betriebsstätte eines ausländischen Unternehmens lediglich eine Betriebsstätte iSv § 12 AO begründet, nicht hingegen nach einem anzuwendenden DBA, da in diesen Fällen das DBA die Besteuerung der Gewinne der inländischen Betriebsstätte grundsätzlich ausschließt (vgl. BR-Drs. 401/14, 43).

634 *einstweilen frei*

b) Vom Fremdvergleichsgrundsatz abweichende Bedingungen

635 § 1 Abs. 5 S. 1 stellt darauf ab, ob die Bedingungen, insbesondere die Verrechnungspreise, die im Rahmen einer Geschäftsbeziehung iSd § 1 Abs. 4 S. 1 Nr. 2 vereinbart wurden, dem Fremdvergleichsgrundsatz entsprechen. Der Begriff der „Bedingungen" beinhaltet in diesem Zusammenhang alle Faktoren, welche die Aufteilung der Einkünfte (bei inländischen Unternehmen mit ihrer ausländischen Betriebsstätte) bzw. die Ermittlung der Einkünfte (bei ausländischen Unternehmen mit ihrer inländischen Betriebsstätte) beeinflusst (vgl. BT-Drs. 17/10000, 64). Die Rechtsfolge des § 1 Abs. 5 kann in diesem Zusammenhang nur dann greifen, wenn die vereinbarten Bedingungen vom Fremdvergleichsgrundsatz abweichen. Auch wenn § 1 Abs. 5 S. 1 nur einen Rechtsfolgeverweis auf § 1 Abs. 1 enthält, kann vor dem Hintergrund der Einheit der Rechtsordnung davon ausgegangen werden, dass die Legaldefinition des Fremdvergleichsgrundsatzes in § 1 Abs. 1 S. 1 auch für Zwecke des § 1 Abs. 5 anzuwenden sein wird (so auch: Wassermeyer/*Kaeser* Art. 7 OECD-MA 2010 Rz. 703). Hiernach sind die im Rahmen der Geschäftsbeziehung vereinbarten Bedingungen mit denen zu vergleichen, welche zwei voneinander unabhängige Dritte unter gleichen oder vergleichbaren Bedingungen vereinbart hätten. Die in § 1 Abs. 1 S. 3 verortete „Hellseherregel" hingegen, wonach für die Anwendung des Fremdvergleichsgrundsatzes fiktiv davon auszugehen ist, dass voneinander unabhängige Dritte alle wesentlichen Umstände der Geschäftsbeziehung kennen und nach den Grundsätzen ordentlicher und gewissenhafter Geschäftsleiter handeln, ist indes nicht auf den Fremdvergleichsgrundsatz iSd § 1 Abs. 5 anzuwenden (vgl. Wassermeyer/ *Kaeser* Art. 7 OECD-MA 2010 Rz. 703).

Hierfür hätte es einer entsprechenden Rechtsgrundverweisung auf den Tatbestand des Fremdvergleichsgrundsatzes in § 1 Abs. 1 bedurft (vgl. Wassermeyer/*Kaeser* Art. 7 OECD-MA 2010 Rz. 703). Sollte die Finanzverwaltung der hier vertretenen Auffassung nicht folgen und die „Hellseherregel" auch für Zwecke des § 1 Abs. 5 anwenden wollen, besteht die Gefahr der Doppelbesteuerung. Grund hierfür ist der Umstand, dass die OECD bei der Auslegung des internationalen Fremdvergleichsgrundsatz, wie er in Art. 9 OECD-MA niedergelegt ist und durch den AOA vollständig auf die Gewinnabgrenzung zwischen Stammhaus und Betriebsstätte iSd Art. 7 Abs. 2 OECD-MA übertragen wurde, eine solche Fiktion nicht kennt (vgl. OECD-Betriebsstättenbericht 2010, Tzn. 51 ff.). Vielmehr steht die Fiktion des allwissenden Geschäftsführers der OECD Auffassung diametral gegenüber (vgl. Kroppen, Internationale Verrechnungspreise/*Schreiber* Rz. 31.1). **636**

c) Minderung der Einkünfte

Damit die Rechtsfolge des § 1 Abs. 5 eintreten kann, wird auf sachlicher Tatbestandsebene gefordert, dass es durch die Vereinbarung nicht fremdvergleichskonformer Bedingungen im Rahmen der Einkünfteermittlung bzw. Einkünfteaufteilung entweder zu einer Minderung der inländischen Einkünfte eines beschränkt Steuerpflichtigen oder zu einer Erhöhung der ausländischen Einkünfte eines unbeschränkt Steuerpflichtigen kommt (so auch BMF v. 22.12.2016, BStBl. I 2017, 182, Rz. 10). Beide Konstellationen wirken sich negativ für den deutschen Fiskus aus und sollen dementsprechend von der Rechtsfolge des § 1 Abs. 5 erfasst werden (vgl. Wassermeyer/*Kaeser* Art. 7 OECD-MA 2010 Rz. 707). **637**

Für beschränkt Steuerpflichtige ergeben sich die negativen Auswirkungen aus § 1 Abs. 4 EStG iVm § 49 EStG, da hiernach die inländischen Betriebsstätteneinkünfte der deutschen Besteuerung unterliegen. Folglich führt eine Minderung dieser zum Verlust deutschen Steuersubstrats. Bei unbeschränkt Steuerpflichtigen ist wiederum zwischen DBA und Nicht-DBA Staaten zu unterscheiden. Besteht ein Abkommen zwischen der Bundesrepublik Deutschland und dem ausländischen Staat, sind die überhöhten ausländischen Betriebsstätteneinkünfte in Deutschland entweder freizustellen (Art. 23 A OECD-MA) oder es erfolgt eine Anrechnung der auf den ausländischen Betriebsstättengewinn entfallenden ausländischen Steuern in Deutschland (Art. 23 B OECD-MA) (vgl. BT-Drs. 17/10000, 64). **638**

Besteht kein DBA mit dem ausländischen Staat ist gem. § 34c EStG iVm § 34d EStG die ausländische Steuer unter bestimmten Voraussetzungen auf die deutsche Einkommensteuer anzurechnen bzw. hiervon abzuziehen (vgl. Wassermeyer/*Kaeser* Art. 7 OECD-MA 2010 Rz. 707). Die Vorschrift lässt sich **639**

§ 1 640–650   Berichtigung von Einkünften

somit nur zuungunsten des inländischen Steuerpflichtigen anwenden (vgl. auch *Schnitger* IStR 2012, 634 f.; *Wassermeyer* IStR 2012, 278 ff.; HHR/*Roth* § 49 EStG Rz. 240; *Ditz* ISR 2013, 262 f.). Für die Gegenkorrektur einer im Ausland erfolgten Berichtigung einer bislang zugunsten Deutschlands gegen den Fremdvergleichsgrundsatz verstoßenden Gewinnermittlung bzw. Gewinnaufteilung eignet sich die Vorschrift hingegen nicht (vgl. Wassermeyer/*Kaeser* Art. 7 OECD-MA 2010 Rz. 707).

640–644 *einstweilen frei*

4. Rechtsfolgen

645   Als Rechtsfolge ordnet § 1 Abs. 5 S. 1 die entsprechende Anwendung von § 1 Abs. 1, 3 und 4 an, sodass für anzunehmende schuldrechtliche Beziehungen iSd § 1 Abs. 4 Nr. 2 zukünftig die gleichen Grundsätze wie bei verbundenen Unternehmen zu beachten sind. Dadurch sind insbesondere die Bewertungsvorschriften und Grundsätze des § 1 Abs. 3 S. 1–8 zur Bestimmung des angemessenen Verrechnungspreises auch bei grenzüberschreitenden Innentransaktionen zwischen Stammhaus und Betriebsstätte anzuwenden. Zudem gelangen durch den Verweis auf § 1 Abs. 3 auch die Regelungen zur Funktionsverlagerung des § 1 Abs. 3 S. 9 ff. im Verhältnis zwischen Stammhaus und Betriebsstätte zur Anwendung (so auch: *Schnitger* IStR 2012, 638; *Richter/Heyd* Ubg 2013, 420; vgl. ausführlich zum Thema Funktionsverlagerung: *Hentschel* Deutsche Regelungen zur internationalen Funktionsverlagerung 29 ff.). Obgleich die Finanzverwaltung die Anwendung der Regelungen bereits vor der entsprechenden Implementierung des AOA im nationalen Recht vorsah (vgl. BMF v 13.10.2010, IV B5 – S 13/41/08/10003, BStBl. I 2010, 774, Rz 3.9), wurde dies im Schrifttum zurecht überwiegend abgelehnt, da es einem internationalen Einheitsunternehmen an einer schuldrechtlichen Beziehung sowie an dem Vorhandensein von mindestens zwei nahestehenden Personen mangelt (vgl. *Richter/Heyd* Ubg 2013, 420; *Kaminski/Strunck* DB 2008, 2502 f.; *Köhler* FS Schaumburg S. 823 f.). Darüber hinaus verlangt § 1 Abs. 2 FVerlV, dass es bei einer Funktionsverlagerung zu einer Übertragung von Wirtschaftsgütern, sonstigen Vorteilen und den damit verbundenen Chancen und Risiken zwischen verbundenen Unternehmen kommt. Zwischen Stammhaus und Betriebsstätte erfolgt eine Übertragung hingegen innerhalb eines Unternehmens. Durch die nunmehr gesetzlich verankerte entsprechende Anwendbarkeit der Regelungen sollte § 1 Abs. 2 FVerlV der Anwendbarkeit nicht im Wege stehen (vgl. *Schnitger* IStR 2012, 638; Wassermeyer/*Kaeser* Art. 7 OECD-MA 2010 Rz. 700).

646–649 *einstweilen frei*

III. Umsetzung des Fremdvergleichsgrundsatzes

1. Selbstständigkeitsfiktion der Betriebsstätte

650   Zur konsequenten Umsetzung des Fremdvergleichsgrundsatzes heißt es in § 1 Abs. 5 S. 2, dass „eine Betriebsstätte wie ein eigenständiges und unabhängiges Unternehmen zu behandeln ist, es sei denn, die Zugehörigkeit der Betriebsstätte zum Unternehmen erfordert eine andere Behandlung". In Übereinstimmung mit dem „Functionally Separate Entity Approach" der OECD (vgl. OECD, Betriebsstättenbericht 2010, Teil I, Tz. 50) erhält die Selbstständigkeitsfiktion der Betriebsstätte damit erstmals eine gesetzliche Grundlage im deutschen Steuerrecht. Folglich ist die – rechtlich unselbstständige – Betriebsstätte für die Ermittlung und Aufteilung der Einkünfte wie ein selbstständiger Rechtsträger zu behandeln, dh wie ein unabhängiges Unternehmen im Verhältnis zu dem Unternehmen, dessen Betriebsstätte sie ist (vgl. BT-Drs. 17/10000, 64). Trotz der Selbstständigkeitsfiktion verbleiben nach dem internationalen Verständnis der OECD jedoch Unterschiede die darauf beruhen, dass eine Betriebsstätte in zivilrechtlicher Hinsicht ein untrennbarer Teil des Unternehmens ist, zu dem sie gehört (vgl. BR-Drs. 401/14, 43). Daher sind für die Umsetzung des Fremdvergleichsgrundsatzes in Situationen, in denen „die Zugehörigkeit der Betriebsstätte zum Unternehmen eine andere Behandlung erfordert" (§ 1 Abs. 5 S. 2 2. Hs.) gewisse Einschränkungen der Selbstständigkeitsfiktion einer Betriebsstätte vorgesehen. Ausweislich der Gesetzesbegründung ist bspw. davon auszugehen, dass eine Betriebsstätte stets ein gleiche Kreditrating besitzt wie das Unternehmen, dessen Betriebsstätte sie ist (vgl. BT-Drs. 17/10000, 64; so auch OECD-Betriebsstättenbericht 2010, Teil I, Tzn. 33, 99 ff.). Auch wird ein Darlehensverhältnis zwischen dem Unternehmen und seiner Betriebsstätte nur mit Einschränkungen als innerbetriebliche Transaktion anerkannt (vgl. BT-Drs. 17/10000, 64).

einstweilen frei 651

2. Implementierung einer zweistufigen Erfolgsermittlung

a) Allgemeine Zuordnungsmethodik

Um die Betriebsstätte wie ein eigenständiges und unabhängiges Unternehmen zu behandeln, wurde das von der OECD entwickelte zweistufige Verfahren der Betriebsstättengewinnabgrenzung in § 1 Abs. 5 S. 3 und 4 umgesetzt. Die gesetzlichen Regelungen werden durch die am 17.10.2014 veröffentlichte finale Fassung der BsGaV (BGBl. 2014 I 1603) um Detailregelungen konkretisiert. Die Verwaltungsgrundsätze Betriebsstättengewinnaufteilung (VWG BsGa) wurden final am 22.12.2016 verabschiedet und im Folgejahr im Bundessteuerblatt veröffentlicht und vervollständigt dadurch den Dreiklang von Gesetz, ergänzender Rechtsverordnung und erläuterndem BMF-Schreiben. 652

Gemäß § 1 Abs. 5 S. 3 iVm § 1 Abs. 1 S. 1 BsGaV ist in einem ersten Schritt zunächst eine Funktions- und Risikoanalyse der Geschäftätigkeit der Betriebsstätte als Teil der Geschäftätigkeit des Unternehmens durchzuführen, um aufbauend eine Vergleichsanalyse anzuschließen. Auf Grundlage dieser Analyse sind nach § 1 Abs. 2 BsGaV die einzelnen Personalfunktionen festzustellen, die entweder der Betriebsstätte oder dem übrigen Unternehmen zuzuordnen sind (vgl. § 1 Abs. 2 Nr. 1 BsGaV). Da im Einheitsunternehmen eine Zuordnung von Chancen und Risiken sowie von Wirtschaftsgütern auf der Grundlage vertraglicher Beziehungen nicht möglich ist, ist deren Zuordnung ausgehend von den identifizierten maßgeblichen Personalfunktionen vorzunehmen (Nr. 2). Folglich wird unterstellt, dass ausschließlich das Personal die wirtschaftliche Ursache für Funktionen ist und durch dieses auch der Erfolg des Unternehmens bestimmt wird (vgl. *Greinert/Metzner* Ubg 2014, 309; 653

kritisch zu der Personalfunktion als Zuordnungskriterium *Kroppen* DB 2014, 2134). Anschließend ist der Betriebsstätte ein angemessenes Dotationskapital (Nr. 3), übrige Passiva (Nr. 4) und Geschäftsvorfälle des Unternehmens mit unabhängigen Dritten und mit nahe stehenden Personen iSd § 1 Abs. 2 (Nr. 5) zuzuordnen. Zudem sind die anzunehmenden schuldrechtlichen Beziehungen iSd § 1 Abs. 4 S. 1 Nr. 2 zu bestimmen, die die Betriebsstätte zum übrigen Unternehmen unterhält (Nr. 6). Die Ergebnisse aus der Funktions- und Risikoanalyse sowie aus den entsprechenden Zuordnungen (Nr. 1–6) sind im Rahmen einer Betriebsstättenbilanz (sog. Hilfs- und Nebenrechnungen iSd § 3 BsGaV) zu erfassen (vgl. *Strothenke/Holtrichter* StuB 2013, 730). Nach Auffassung des Gesetzgebers ist es nur auf diese Weise möglich, für eine rechtlich unselbstständige Betriebsstätte eine steuerliche Nebenrechnung zu erstellen, die für die Gewinnermittlung in Betriebsstättenfällen inhaltlich der Bilanz eines eigenständigen Unternehmens entspricht (vgl. BT-Drs. 17/10000, 65).

654 Aufbauend auf der nach § 1 Abs. 2 BsGaV vorgenommenen Zuordnung ist in einem zweiten Schritt eine Vergleichbarkeitsanalyse der Geschäftstätigkeit der Betriebsstätte durchzuführen, um für die Geschäftsbeziehungen der Betriebsstätte mit dem übrigen Unternehmen iSd § 1 Abs. 4 Verrechnungspreise zu bestimmen, die dem Fremdvergleichsgrundsatz entsprechen (vgl. § 1 Abs. 1 S. 3 BsGaV, OECD-Betriebsstättenbericht 2010, Teil I Tz. 39–43).

b) Erste Stufe: Erfolgsabgrenzung dem Grunde nach

655 **aa) Zuordnung von Personalfunktionen. (1) Zum Begriff der Personalfunktion.** Ausgangspunkt der Funktions- und Risikoanalyse ist die Identifikation der von der Betriebsstätte ausgeübten Funktionen. Nach dem Wortlaut des Gesetzgebers sind hierbei insbesondere die Funktionen zu identifizieren, „die durch ihr Personal ausgeübt werden" (§ 1 Abs. 5 S. 3 Nr. 1). Per Klammerzusatz werden diese als „Personalfunktionen" bezeichnet. Eine nähere Präzisierung des Begriffs der Personalfunktion beinhaltet § 2 Abs. 3 BsGaV. Hiernach wird eine Personalfunktion als eine Geschäftstätigkeit definiert, die vom eigenen Personal des Unternehmens für das Unternehmen ausgeübt wird. Diese Definition ist insoweit jedoch unglücklich, da der unbestimmte Rechtsbegriff der „Personalfunktion" durch einen anderen unbestimmten Begriff der „Geschäftstätigkeit" erläutert wird (vgl. *Ditz/Luckhaupt* ISR 2015, 3). Beispielhaft werden folgende Geschäftstätigkeiten aufgezählt: die Nutzung, die Anschaffung, die Herstellung, die Verwaltung, die Veräußerung, die Weiterentwicklung, der Schutz, die Risikosteuerung sowie die Entscheidung, Änderungen hinsichtlich von Chancen und Risiken vorzunehmen (vgl. § 2 Abs. 3 S. 2 Nr. 1–9 BsGaV). Diese Auflistung ist lediglich beispielhaft und somit nicht abschließend. Bloße Unterstützungsleistungen oder Tätigkeiten, welche die allgemeine Geschäftspolitik betreffen, stellen im Gegensatz dazu keine für die Zuordnung maßgebliche Personalfunktion dar.

656 Zum eigenen Personal gehören gemäß § 2 Abs. 4 BsGaV in erster Linie natürliche Personen, die aufgrund einer gesellschafts- oder arbeitsvertraglichen Vereinbarung mit dem Unternehmen für das Unternehmen tätig werden. Eigenes Personal sind grundsätzlich aber auch natürliche Personen, die ohne arbeitsvertragliche Vereinbarung für das Unternehmen tätig werden, sofern sie (1) Unternehmer oder Gesellschafter des Unternehmens sind oder (2) dem

Unternehmen oder den Gesellschaftern des Unternehmens iSd § 1 Abs. 2 nahestehen. § 2 Abs. 4 S. 3 BsGaV stellt klar, dass eine natürliche Person auch dann zum eigenen Personal des Unternehmens gehört, wenn ein anderes Unternehmen sich vertraglich verpflichtet hat, die natürliche Person dem Unternehmen als Personal zu überlassen und sich die Verpflichtung auf die Überlassung beschränkt. Insofern hat der Verordnungsgeber begrüßenswerterweise auf die im Schrifttum vorgetragene Kritik reagiert (Stellungnahme der Wirtschaftsverbände v. 11.10.2013, 2f.), wonach der bisherige Wortlaut des § 2 Abs. 3 BsGaV-E Funktionen des Unternehmens, die durch Drittpersonal im Dienstleistungswege wahrgenommen wurden (Dienst- oder Werkvertrag), für die Besteuerungsaufteilung völlig ausschloss.

(2) **Zuordnungsparadigma.** Für eine sachgerechte Zuordnung der identifizierten Personalfunktionen zu den einzelnen stellen die arbeitsvertraglichen Vereinbarungen keine Basis dar (vgl. *Kroppen* DB 2014, 2134). Eine Person hat stets einen Arbeitsvertrag mit dem Gesamtunternehmen und nicht mit seinen einzelnen Teilen. Daher muss ein anderes Abgrenzungskriterium für eine sachgerechte Zuordnung gefunden werden. Wie der Verordnungsgeber unmissverständlich zum Ausdruck bringt, ist eine Personalfunktion stets der Betriebsstätte zuzuordnen, in der sie ausgeübt wird (§ 4 Abs. 1 BsGaV). Folglich wird auf ein örtliches Anknüpfungskriterium abgestellt, dh eine Personalfunktion ist stets dem Unternehmensteil zuzuordnen, in dem das Personal tätig wird. Um mögliche Schwierigkeiten und Konflikte bei der Zuordnung von Personalfunktionen zu vermeiden, legt § 4 Abs. 1 S. 2 BsGaV fest, dass eine Personalfunktion, welche zwar in einer Betriebsstätte ausgeübt wird, aber keinen sachlichen Bezug zu der Geschäftstätigkeit der Betriebsstätte aufweist, nicht zu dieser Betriebsstätte gehört, wenn diese dort nur kurzfristig (an weniger als 30 Tagen im Wirtschaftsjahr) ausgeübt wird (BR-Drs. 401/14, 56). Im Umkehrschluss ist eine in einer Betriebsstätte ausgeübte Personalfunktion dieser dann zuzuordnen, wenn die Personalfunktion einen sachlichen Bezug zu deren Geschäftstätigkeit aufweist (Vermutungsregelung) oder die Dauer der Ausübung die 30 Tage-Grenze im Wirtschaftsjahr überschreitet (vgl. *Höreth/Zimmermann* DStZ 2014, 745). Dabei ist zu beachten, dass stets die Personalfunktionen und nicht das Personal selber der Betriebsstätte zugeordnet werden. Eine Personalfunktionen, die durch eine bestimmte Person ausgeführt wird kann nicht gleichzeitig mehreren Betriebsstätten zugeordnet werden (vgl. BMF v. 22.12.2016, BStBl. I 2017, 182, Rz. 35f.).

Im Hinblick auf die dominierende Bedeutung des örtlichen Anknüpfungskriteriums für die Zuordnung von Personalfunktionen, können Organigramme der zu untersuchenden Unternehmen in der Praxis eine erste Möglichkeit der Zuordnung bieten. So kann die Verortung des Personals und folglich auch die Verortung der Personalfunktionen in der Organisationsstruktur Anhaltspunkte für den Ort der Tätigkeit und somit für die Zuordnung zu Stammhaus oder Betriebsstätte liefern (vgl. *Kraft/Dombrowski* FR 2014, 1108). Probleme können sich jedoch ergeben, wenn Personalfunktionen nicht klar bestimmten Orten zugeordnet werden können. Beispielhaft seien hier Außendienstmitarbeiter, Mitarbeiter, die in mehreren Betriebsstätten tätig sind oder Mitarbeiter auf Entsendung angesprochen (vgl. *Kraft/Dombrowski* FR 2014, 1108). Auch Vorstände und vergleichbare Entscheidungsgremien bestehen vielfach aus Personen, die in unterschiedlichen Ländern ansässig sind und Entscheidungen per Videokonferenz oder andere moderne Kommunikationsmittel treffen (vgl. *Kroppen* DB 2014, 2134). Eine Lokalisierung solcher Personalfunktionen ist problematisch. Fehlt es an örtlichen Anknüpfungspunkten bzw. an einem sachlichen Bezug zur Geschäftstätigkeit der Betriebsstätte für die Zuordnungsentscheidung oder greift § 4 Abs. 1 S. 2 BsGaV, ist die Personalfunktion dem Unternehmensteil zuzuordnen, zu der die Personalfunktion sachlich den engsten Bezug aufweist (vgl. § 4 Abs. 2 BsGaV).

659 Kann eine Personalfunktion nicht eindeutig zugeordnet werden, räumt § 4 Abs. 3 BsGaV dem Unternehmen einen Beurteilungsspielraum für die Zuordnung der Personalfunktion ein. Die Zuordnung ist jedoch in einer Weise vorzunehmen, die den Kriterien der „Ausübung" und des „engen Bezugs zur Tätigkeit" nicht widerspricht (vgl. § 4 Abs. 3 BsGaV; vgl. auch *Oestreicher/van der Ham/Andresen* IStR-Beihefter 2014, 7). Diese Regelung dient quasi als Auffangvorschrift, die – wie *Strothenke/Holtrichter* zutreffend feststellen – ein faktisches Wahlrecht für den Steuerpflichtigen darstellt, auf das dieser sich zwecks Rechtfertigung der Personalfunktionszuordnung berufen kann (vgl. *Strothenke/Holtrichter* StuB 2013, 731, Fn. 13; vgl. auch *Kußmaul/Delarber/Müller* IStR 2014, 470). Zu bedenken ist, dass der durch § 4 Abs. 3 BsGaV eingeräumte Beurteilungsspielraum dem Steuerpflichtigen einen gewissen Raum für Gestaltungen eröffnet. Dadurch ist es grundsätzlich möglich, dass sich der Steuerpflichtige das internationale Steuergefälle zu Nutze macht und im Zweifel die Personalfunktionen auf Betriebsstätten zuordnet, die in Ländern mit vergleichsweise niedrigeren Steuern liegen (vgl. *Kußmaul/Delarber/Müller* IStR 2014, 470). Insofern kann dem Steuerpflichtigen nur geraten werden, seine Zuordnungsentscheidungen spätestens zur Erstellung der Hilfs- und Nebenrechnung so genau und nachvollziehbar wie nur möglich zu dokumentieren und zu begründen, damit keine Schätzungen nach § 162 AO notwendig werden und die Finanzverwaltung in späteren Prüfungen über möglichst wenig Interpretationsspielraum verfügt. Aufgrund der nachgelagerten und häufig langwierigen Prüfungsverfahren seitens der Finanzverwaltung drohen dem Steuerpflichtigen bei unterschiedlicher Beurteilung zusätzlich zu den nachzuzahlenden Steuern hohe Zinszahlungen.

660 **(3) Vereinbarkeit mit den OECD Grundsätzen.** Zudem ist der Frage nachzugehen, inwieweit die Zuordnungsvorschrift von Personalfunktionen mit den Grundsätzen des AOA seitens der OECD vereinbar ist. Zunächst ist festzustellen, dass auch die Zuordnungssystematik des AOA auf dem Begriff der Personalfunktion (sog. „people function") aufbaut. Die OECD unterteilt die „people functions" nach Ihrem Beitrag zum Unternehmenserfolg in „significant functions" und „support or ancillary functions" (vgl. OECD-Betriebsstättenbericht 2010, Teil I, Tz. 62). Nach Auffassung der OECD bildet die „significant people function" (zu Deutsch die wesentliche Personalfunktion) die Grundlage der Zuordnung von Wirtschaftsgütern und Risiken zu den unternehmerischen Teileinheiten (vgl. OECD-Betriebsstättenbericht 2010, Teil I, Tzn. 68, 72). § 1 Abs. 5 S. 3 spricht hingegen lediglich von „Personalfunktionen". Der Verordnungsgeber stellt in § 2 Abs. 5 BsGaV klar, dass für Zwecke des § 1 Abs. 5 S. 3 zwischen maßgeblichen und nicht maßgeblichen Personalfunktionen zu unterscheiden ist. Maßgeblich ist eine Personalfunktion nach Auffassung des Verordnungsgebers dann, wenn der Ausübung dieser Personalfunktion im üblichen Geschäftsbetrieb im Verhältnis zu den Personalfunktionen, die an anderen Betriebsstätten des Unternehmens ausgeübt werden, die größte (wirtschaftliche) Bedeutung für den jeweiligen Zuordnungsgegenstand zukommt (vgl. § 2 Abs. 5 BsGaV). Als nicht maßgeblich werden lediglich unterstützende bzw. Strategiefunktionen erachtet.

Durch Verwendung der Terminologie der „maßgeblichen Personalfunktion" weicht die deutsche Finanzverwaltung somit ohne ersichtlichen Grund von dem international gebräuchlichen Begriffsverständnis der „wesentlichen Personalfunktion" *(significant people function)* ab. Wie *Kahle/Mödinger* zurecht herausstellen, kann eine zwischen den jeweiligen Finanzverwaltungen abweichende Begriffsauffassung zu Unterschieden bei der Abgrenzung von Besteuerungsrechten führen, die dann letztlich in Doppelbesteuerungskonflikten münden könnten (vgl. *Kahle/Mödinger* DStZ 2012, 807; vgl. auch: *Richter/Heyd* Ubg 2013, 420). Anwendungsprobleme scheinen insofern bereits vorprogrammiert. 661

(4) Sonderproblem: Personenlose Betriebsstätte. In dem Urteil vom 30.10.1996 hat der BFH entschieden, dass eine vom Ausland aus betriebene inländische Pipeline auch dann als eine inländische Betriebsstätte anzusehen ist, wenn im Inland kein Personal (Unternehmer, Arbeitnehmer, fremdes weisungsabhängiges Personal, Subunternehmer) des Unternehmens tätig wird (BFH v. 30.10.1996, II R 12/92, BStBl. II 1997, 12). Vielmehr reicht insbesondere bei vollautomatisch arbeitenden Einrichtungen das Tätigwerden des Unternehmens mit der Geschäftseinrichtung aus. Vor dem Hintergrund der Zuordnungsmethodik des § 1 BsGaV iVm § 4 BsGaV ist zu erwarten, dass Betriebsstätten, die über kein eigenes Personal verfügen, zukünftig in weitaus geringerem Maße Erfolgsbestandteile zugewiesen werden können, als dies bisher der Fall war (vgl. *Kraft/Dombrowski* FR 2014, 1109; HHR/*Roth* § 49 EStG Rz. 259). 662

Im Entwurf der VWG BsGa erzeugte die Finanzverwaltung mit ihrer Aussage zum analogen Beispiel einer Pipeline-Betriebsstätte, dass einer solchen „kein oder allenfalls ein geringer Gewinn" (VWG BsGa-E, vom 18.3.2016, Tz. 49) zuzuordnen sei, zusätzlich unnötige Rechtsunsicherheit, indem sie lediglich die OECD-Auffassung („„little or no profit would be attributed to such a PE") wiedergab (OECD-Betriebsstättenbericht 2010, Teil 1 Rn. 66). In der finalen Version der VWG BsGa ist dieser Hinweis nun entfallen, wodurch die Finanzverwaltungen auf Kosten der Rechtssicherheit des Steuerpflichtigen zusätzlichen Freiraum bei der Beurteilung von personenlosen Betriebsstätten erhalten. Eine Grundlage, um die Zuweisung höherer Beträge als bisher zu solchen Betriebsstätten zu legitimieren, bietet die finale Version der VWG BsGa folglich nicht. 663

Obwohl seit Einführung des AOA, bedingt durch das Abstellen auf die Personalfunktionen, Zweifel an dessen Übertragbarkeit auf personenlose, voll automatisiert arbeitende Betriebsstätten geäußert wurden, haben bisher sowohl die OECD als auch der deutsche Gesetz- und Verordnungsgeber keine zufriedenstellenden Antworten für diese speziellen Sachverhalte geliefert (vgl. *Kahle/Baschnagel/Kindich* FR 2016, 193 (203); *Kraft/Hentschel/Apler* Ubg 2017, 318). In diesem Zusammenhang käme beispielsweise die Öffnungsklausel des 664

§ 1 Abs. 5 S. 2 Hs. 2 in Frage, wonach die Betriebsstätte nicht wie ein eigenständiges und unabhängiges Unternehmen zu behandeln ist (vgl. *Kraft/ Hentschel/Apler* Ubg 2017, 318 (325 f.); detaillierte Ausführungen zur Escape-Klausel iSd § 1 Abs. 5 S. 2 Hs. 2 vgl. *Melhem/Dombrowski* IStR 2015, 912). Demzufolge ist ein Abweichen von den AOA-Regeln möglich, soweit die Zugehörigkeit der Betriebsstätte zum Unternehmen eine andere Behandlung erfordert. Eine Server-Betriebsstätte bspw. ist in der Tat „anders" – genau genommen personenlos – und könnte somit eine andere Behandlung iSd § 1 Abs. 5 S. 2 Hs. 2 verlangen. Ausgehend vom reinen Wortlaut der Öffnungsklausel könnte diese unter Umständen dazu genutzt werden, eine vom AOA abweichende Gewinnabgrenzung zu begründen (vgl. Lübbehüsen/Kahle Erfolgs- und Vermögensabgrenzung/*Kahle/Kindich* Rz. 4.122; *Froitzheim* Ubg 2015, 357; *Melhem/Dombrowski* IStR 2015, 913; *Kahle/Baschnagel/Kindich* FR 2016, 201). Offizielle Ausführungen zur Reichweite der Öffnungsklausel sucht man in den VWG BsGa vergeblich.

665 bb) Zuordnung von Vermögenswerten. (1) Grundsätzliche Zuordnungsmethodik. Ausgehend von der maßgeblichen Personalfunktion sind der Betriebsstätte die Vermögenswerte des Unternehmens zuzuordnen, die sie zur Ausübung der ihr zugeordneten Funktionen benötigt (vgl. § 1 Abs. 5 S. 3 Nr. 2). Insofern ergibt sich bereits aus dem Gesetzeswortlaut eine Unstimmigkeit zum Ansatz der OECD. Im AOA wird bezüglich der Zuordnung von Wirtschaftsgütern vielmehr danach gefragt, welche Funktion für das betreffende Wirtschaftsgut relevant ist und nicht, welches Wirtschaftsgut für eine bestimmte Funktion Relevanz hat (vgl. Wassermeyer/*Kaeser* Art. 7 OECD-MA 2010 Rz. 705; *Strothenke/Holtrichter* StuB 2013, 732). Folglich stellt die OECD darauf ab, wo die für das zuzuordnende Wirtschaftsgut relevante wesentliche Personalfunktion verortet ist. Die deutsche Finanzverwaltung orientiert sich in der BsGaV hingegen an der grundlegenden Zuordnungssystematik der OECD. Insofern sollte die sehr allgemein formulierte Zuordnungsregelung in § 1 Abs. 5 S. 3 Nr. 2 nicht automatisch bereits durch ihren Wortlaut zu Abweichungen in der Anwendung führen.

666 § 2 Abs. 6 BsGaV enthält eine Definition, was unter den zuzuordnenden Vermögenswerten grundsätzlich zu verstehen ist. Hiernach werden Vermögenswerte sehr weitgehend als Wirtschaftsgüter und Vorteile definiert, wobei es in diesem Zusammenhang nicht auf ihre Bilanzierbarkeit ankommt (vgl. *Busch* DB 2014, 2491). In einer nicht abschließenden Aufzählung führt die Norm die folgenden Wirtschaftsgüter und Vorteile an, die „insbesondere" als Vermögenswerte qualifizieren: materielle Wirtschaftsgüter (§ 5 BsGaV); immaterielle Werte einschließlich immaterieller Wirtschaftsgüter (§ 6 BsGaV); Beteiligungen sowie Finanzanlagen (§ 7 BsGaV). Methodisch enthält die BsGaV für jede Kategorie an Vermögenswerten eigene Zuordnungsregelungen, wobei im Grundsatz eine Zuordnung zu derjenigen Personalfunktion vorgesehen ist, die der Verordnungsgeber für gewöhnlich als am bedeutendsten ansieht. Wie auch schon das BMF v. 24.12.1999 (IV B 4 – S 1300-111/ 99, BStBl. I 1999, 1076, Rz. 2.4) geht die BsGaV davon aus, dass ein Wirtschaftsgut nur einheitlich einer Betriebsstätte zuzuordnen ist. Ausnahmen hiervon sind nur für immaterielle Wirtschaftsgüter und für Verbindlichkeiten vorgesehen (vgl. HHR/*Roth* § 49 EStG Rz. 260).

(2) Zuordnung von materiellen Wirtschaftsgütern. Die Zuordnung 667 materieller Wirtschaftsgüter erfolgt in Übereinstimmung mit den Grundsätzen der OECD nutzungsbezogen (vgl. OECD-Betriebsstättenbericht 2010, Teil I, Tz. 75), dh materielle Wirtschaftsgüter sind idR der Betriebsstätte zuzuordnen für deren Personalfunktionen sie genutzt werden (vgl. § 5 Abs. 1 BsGaV). Wird bspw. eine Maschine von einer Personalfunktion der Betriebsstätte X genutzt, so ist diese entsprechend auch der Betriebsstätte X zuzuordnen. Grundsätzlich ist das Zuordnungskriterium der „Nutzung" zu begrüßen, da, wie die Finanzverwaltung in der Verordnungsbegründung zutreffend schildert, die Nutzung für materielle Wirtschaftsgüter einen besonders engen Zusammenhang zur Betriebsstätte begründet und daher im Regelfall eine eindeutige Zuordnung erlaubt (vgl. BR-Drs. 401/14, 57).

Probleme treten hingegen dann auf, wenn die Nutzung eines materiellen 668 Wirtschaftsgutes zwischenzeitlich von einer Betriebsstätte zu einer anderen wechselt. Dies hat die Finanzverwaltung wohl erkannt und adressiert die Frage in § 5 Abs. 1 BsGaV. Zunächst ist zu unterscheiden, ob die Nutzung des materiellen Wirtschaftsgutes häufig zwischen den verschiedenen Betriebsstätten wechselt oder ob es sich um eine dauerhafte (nicht nur vorübergehende) Nutzungsänderung handelt. Bei häufiger Nutzungsänderung ist das materielle Wirtschaftsgut der Betriebsstätte zuzuordnen, für deren Geschäftstätigkeit sie überwiegend genutzt wird (vgl. § 5 Abs. 1 S. 3 BsGaV). In diesen Fällen wird davon ausgegangen, dass zwischen der Betriebsstätte, der das materielle Wirtschaftsgut zuzuordnen ist und den Betriebsstätten, die es nutzen, eine fiktive Nutzungsüberlassung iSd § 16 Abs. 1 Nr. 2 Buchst. a BsGaV (zB Vermietung) vorliegt (vgl. BR-Drs. 401/14, 58, BMF v. 22.12.2016, BStBl. I 2017, 182, Rn. 78). Auf diese Weise wird verhindert, dass zu den jeweiligen Zeitpunkten der Nutzungsänderung von einer korrespondierenden Zuordnungsänderung auszugehen ist, bei der dann ggf. die vorhandenen stillen Reserven festgestellt und versteuert werden müssten (vgl. BR-Drs. 401/14, 58). Wie die VGW BsGa darlegen, liegt eine häufige Änderung der Nutzung vor, soweit die Nutzung mehr als zweimal im Kalenderjahr wechselt (vgl. BMF v. 22.12.2016, BStBl. I 2017, 182, Rn. 79). Wird ein ursprünglich der Betriebsstätte zugeordnetes Wirtschaftsgut hingegen auf Dauer für die Personalfunktion einer anderen Betriebsstätte genutzt, ist das Wirtschaftsgut ab dem Zeitpunkt der Nutzungsänderung der anderen Betriebsstätte zuzuordnen. Es ist insofern von einer Veräußerung auszugehen, die dazu führt, dass die vorhandenen stillen Reserven festgestellt und versteuert werden müssen (vgl. BR-Drs. 401/14, 58).

Wenngleich man diese Rechtsfolge aus Gründen der Praktikabilität bei ma- 669 teriellen Wirtschaftsgütern des Umlaufvermögens akzeptieren kann, erscheint die zwingende Annahme einer Zuordnungsänderung und die damit verbundene Veräußerung bei materiellen Wirtschaftsgütern des Anlagevermögens als willkürlich und nicht mit dem Fremdvergleichsgrundsatz vereinbar (vgl. Stellungnahme BStBK v. 16.10.2013, S. 3). Durch die vom Gesetzgeber in § 1 Abs. 5 S. 2 unterstellte Fiktion der Betriebsstätte als unabhängiges und eigenständiges Unternehmen, sollte diese denklogisch auch frei darüber entscheiden können, ein bestimmtes materielles Wirtschaftsgut (dauerhaft) zu mieten, zu leasen oder zu kaufen. Mit der willkürlich unterstellten Veräußerungsfiktion seitens der Finanzverwaltung schießt diese über die in § 1 Abs. 6 eingeräumte Ermächtigungsgrundlage hinaus (vgl. Stellungnahme BStBK v. 16.10.2013, 3; Stellungnahme IDW v. 17.10.2013, 7). Auch dem AOA ist eine solche Veräußerungsfiktion unbekannt. Internationale Besteuerungskonflikte scheinen insofern bereits vorprogrammiert, wobei die unionsrechtliche Wertung an dieser Stelle noch nicht vollständig abgeschlossen ist (vgl. *Oestreicher/van der Ham/Andresen* IStR-Beihefter 2014, 9, Fn. 22; ausführlich Rz. E. III.2.). Um entsprechende spätere Anpassungen durch die Finanzverwaltung zu umgehen, ist auf eine gut nachvollziehbare Zuordnungsentscheidung durch den Steuerpflichtigen zu achten.

670 Eine Ausnahme von dem maßgeblichen Zuordnungskriterium der „Nutzung" bei materiellen Wirtschaftsgütern ist in § 5 Abs. 2 BsGaV verortet. Hiernach ist ein materielles Wirtschaftsgut nicht der Betriebsstätte zuzuordnen, für deren Personalfunktion es genutzt wird, wenn die Bedeutung einer anderen Personalfunktion (bspw. Anschaffung, Herstellung, Verwaltung oder Veräußerung des betreffenden materiellen Wirtschaftsgutes), die in einer anderen Betriebsstätte ausgeübt wird, eindeutig überwiegt. In diesen Fällen liegt zwischen der Betriebsstätte, die das materielle Wirtschaftsgut nutzt und der Betriebsstätte, in der die maßgebliche Personalfunktion ausgeübt wird, eine „fiktive Nutzungsüberlassung" vor (vgl. BR-Drs. 401/14, 58). Durch die nicht näher konkretisierten Rechtsbegriffe „Bedeutung [...] einer Personalfunktion" sowie „eindeutig [...] überwiegt" wird dem Steuerpflichtigen erneut ein hohes Maß an Flexibilität eingeräumt.

671 Keine Flexibilität besteht hingegen bei der Zuordnung von unbeweglichem Vermögen. Durch die Regelung, dass dieses stets der Betriebsstätte zuzuordnen ist, in der die Geschäftstätigkeit der Betriebsstätte ausgeübt wird (§ 5 Abs. 2 S. 3 BsGaV), verschafft die Finanzverwaltung nach eigener Aussage einer Grundsatzentscheidung im internationalen Steuerrecht Geltung, wonach das Besteuerungsrecht für unbewegliches Vermögen dem Staat zusteht, in dem die Betriebsstätte liegt (vgl. BR-Drs. 401/14, 59; siehe auch Art. 6 OECD-MA). Dadurch soll vermieden werden, dass fiktiver Mietaufwand auf der Grundlage einer anzunehmenden schuldrechtlichen Beziehung („Mietvertrag") bei einer im Inland belegenen Betriebsstätte abzugsfähig wird, ohne dass der damit korrespondierende fiktive Mietertrag des übrigen Unternehmens in Deutschland besteuert werden könnte (vgl. BR-Drs. 401/14, 59).

672 Analog zu der Zuordnungsregelung für Personalfunktionen (§ 4 Abs. 3 BsGaV) existiert auch bei materiellen Wirtschaftsgütern ein Wahlrecht in Fällen, in denen eine eindeutige Zuordnung des materiellen Wirtschaftsgutes zu einem Unternehmensteil nicht möglich ist. In diesen Fällen legt die Finanzverwaltung die Zuordnungsentscheidung in das Ermessen des Steuerpflichtigen (vgl. § 5 Abs. 4 BsGaV), wobei sich die Zuordnung soweit wie möglich an den Grundsätzen des § 5 Abs. 1–3 BsGaV zu orientieren hat. Eine anteilige Zuordnung eines materiellen Wirtschaftsgutes auf die unterschiedlichen Unternehmensteile ist nicht vorgesehen (vgl. BMF v. 22.12.2016, BStBl. I 2017, 182, Rn. 84). Damit ist eine Inkonsistenz gegenüber dem OECD-Betriebsstättenbericht 2010 festzustellen, der eine anteilige Zuordnung von materiellen Wirtschaftsgütern – gerade in Bezug auf Kostenumlagevereinbarungen – hervorhebt (vgl. OECD-Betriebsstättenbericht 2010, Teil I, Tzn. 72, 197; *Kuß-*

maul/Delarber/Müller IStR 2014, 466; Stellungnahme BStBK v. 16.10.2013, 4). Sollte die ausländische Finanzverwaltung den Grundsätzen der OECD folgen und eine entsprechende Aufteilung materieller Wirtschaftsgüter zulassen, droht dem Steuerpflichtigen insofern das Risiko einer Doppelbesteuerung. Auf die Inkonsistenz zur Auffassung der OECD wurde bereits in den einschlägigen Stellungnahmen zum Entwurf der BsGaV-E hingewiesen (vgl. Stellungnahme BStBK v. 16.10.2013, 4; Stellungnahme IDW v. 17.10.2013, 7). Dass die vorgetragene Kritik in der finalen Fassung der BsGaV keine Berücksichtigung gefunden hat, ist nicht nachvollziehbar, da insofern Doppelbesteuerungen vorprogrammiert erscheinen. Die Zuordnung der Wirtschaftsgüter muss spätestens mit der Erstellung der Hilfs- und Nebenrechnung erfolgen, im anderen Staat der Besteuerung zugrunde gelegt werden und anhand eindeutiger Aufzeichnungen nach § 90 Abs. 3 AO begründet werden können (vgl. BMF v. 22.12.2016, BStBl. I 2017, 182, Rn. 84).

(3) Zuordnung von immateriellen Werten. Für die Zuordnung von immateriellen Werten (zB Patent, Marke, Know-how oder Geschäftswert) spielt das Kriterium der Nutzung nur eine untergeordnete Rolle, da immaterielle Werte – anders als materielle Wirtschaftsgüter – gleichzeitig in verschiedenen Betriebsstätten genutzt werden können (vgl. BR-Drs. 401/14, 60; *Oestreicher/van der Ham/Andresen* IStR-Beihefter 2014, 7). Vielmehr erfolgt die Zuordnung risiko- bzw. entscheidungsbezogen, dh ein immaterielles Wirtschaftsgut ist grundsätzlich der Betriebsstätte zuzuordnen, in welcher dieses aufgrund einer Personalfunktion geschaffen (erste Vermutungsregelung) oder erworben (zweite Vermutungsregelung) wurde (vgl. § 6 Abs. 1 BsGaV; BMF v. 22.12.2016, BStBl. I 2017, 182, Rn. 85; *Strothenke/Holrichter* StuB 2013, 732; BMF v. 22.12.2016, BStBl. I 2017, 182, Rn. 85). Konkretisierungen hinsichtlich der Begriffe „Schaffung" und „Erwerb" sind in den VWG BsGa enthalten (BMF v. 22.12.2016, BStBl. I 2017, 182, Rn. 86f.). Sind an der Schaffung oder dem Erwerb mehrere Betriebsstätten beteiligt, so ist der immaterielle Wert der Betriebsstätte zuzuordnen, deren Personalfunktion die größte Bedeutung (nach qualitativen Kriterien) für den immateriellen Wert zukommt (vgl. § 6 Abs. 1 S. 2 BsGaV). Soweit die qualitativen Kriterien gleichwertig ausgeübt werden ist ausnahmsweise auf quantitative Kriterien abzustellen (vgl. BMF v. 22.12.2016, BStBl. I 2017, 182, Rn. 90). Wie der Verordnungsbegründung zu entnehmen ist, ist bei selbsterstellten immateriellen Werten jedoch nicht nur die Forschungs- bzw. Entwicklungstätigkeit an sich als „erstellend" zu charakterisieren. Auch andere begleitende und unterstützende Tätigkeiten wie bspw. die Gestaltung der Prüfungsanordnung und des Prüfverfahrens, die den Rahmen für die konkrete Forschungs- und Entwicklungstätigkeit bilden, oder die Bestimmung von Entwicklungsphasen für das jeweilige Projekt, sind entsprechend für die Zuordnungsentscheidung bei selbsterstellten materiellen Wirtschaftsgütern zu berücksichtigen (vgl. BR-Drs. 401/14, 61; *Kraft/Dombrowski* FR 2014, 1110). Aus der beispielhaften Aufzählung der Finanzverwaltung geht allerdings nicht hervor, auf welcher Skala die Bedeutung dieser einzelnen unterstützenden Tätigkeiten zu messen ist (vgl. Stellungnahme BStBK v. 16.10.2013, 4). Bei mehreren infrage kommenden Betriebsstätten ist in der Praxis ohnehin davon auszugehen, dass begleitende und unterstützende Tätigkeiten die tatsächliche Forschungs- und Entwicklungstätigkeit nur in Ausnahmefällen an Bedeutung übertreffen werden (vgl. *Kraft/ Dombrowski* FR 2014, 1110).

674 Eine von § 6 Abs. 1 BsGaV abweichende Zuordnung kommt hingegen dann in Betracht, wenn die Bedeutung einer anderen Personalfunktion, die in einer anderen Betriebsstätte ausgeübt wird, qualitativ eindeutig überwiegt (vgl. § 6 Abs. 2 S. 1 BsGaV). Andere Personalfunktionen sind nach § 6 Abs. 2 S. 2 BsGaV bspw. solche, die mit der Nutzung, der Verwaltung, der Weiterentwicklung, dem Schutz oder der Veräußerung des immateriellen Werts in Zusammenhang stehen.

Beispiel:

675 Die Tablet AG entwickelt im Jahre 01 in der in Halle (Saale) belegenen Betriebsstätte A ein für die Produktion von Tablet PCs bedeutsames Patent X. Der ausschließlich in der inländischen Betriebsstätte A ablaufende Forschungs- und Entwicklungsprozess für das Patent X wird Ende des Jahres 01 abgeschlossen. Eine Weiterentwicklung des Patentes X im Inland ist nicht vorgesehen. Um der besonders hohen Nachfrage Rechnung zu tragen, entschließt sich die Tablet AG, eine Betriebsstätte B im Ausland zu gründen. Ab dem Jahr 02 wird das Patent X ausschließlich von der im Ausland belegenen Betriebsstätte B genutzt.

Lösung:

Ausgangspunkt für die Zuordnung des Patents ist § 6 Abs. 1 BsGaV. Hiernach ist das Patent im Jahre 01 der im Inland belegenen Betriebsstätte A zuzuordnen, da die mit der Patenterstellung verbundene Forschungs- und Entwicklungstätigkeit auch im Inland erbracht wurde. Ab dem Jahr 02 soll das Patent laut Sachverhalt jedoch ausschließlich von Betriebsstätte B genutzt werden. Nach Auffassung der Finanzverwaltung ist das Patent mit Beginn der Nutzung (Jahr 02) der nutzenden Betriebsstätte B zuzuordnen und von einer anzunehmenden schuldrechtlichen Beziehung („Veräußerung") zwischen Betriebsstätte A, die das Patent geschaffen hat und Betriebsstätte B, die das Patent ausschließlich nutzt, auszugehen. Dies hat zur Folge, dass stille Reserven, die ggf. in dem „veräußerten" Patent ruhen, anlässlich der Nutzungsänderung aufzudecken und zu versteuern sind (vgl. *Oestreicher/van der Ham/Andresen* IStR-Beihefter 2014, 9).

676 Die von der Finanzverwaltung unterstellte Fiktion, dass bei immateriellen Werten von einer Veräußerung auszugehen ist, wenn diese „ausschließlich" an anderer Stelle genutzt werden, entspricht jedoch weder dem Grundsatz des Fremdvergleichs noch wird diese Konsequenz aus dem AOA gemäß OECD-Betriebsstättenbericht 2010 gezogen. Doppelbesteuerungen erscheinen insofern bereits vorprogrammiert (vgl. *Oestreicher/van der Ham/Andresen* IStR-Beihefter 2014, 9).

677 Zu begrüßen ist indes, dass in Fällen, in denen eine Zuordnung immaterieller Werte nicht eindeutig vorgenommen werden kann, eine anteilige Zuordnung von der Finanzverwaltung für zulässig erachtet wird (vgl. § 6 Abs. 4 BsGaV, Stellungnahme BStBK v. 16.10.2013, 4; *Kußmaul/Delarber/Müller* IStR 2014, 470; kritisch hierzu: Stellungnahme der Wirtschaftsverbände v. 11.10. 2013, 5). Insofern gibt die Finanzverwaltung ihre bisher vertretene Auffassung, wonach Wirtschaftsgüter entweder der Betriebsstätte oder dem Stammhaus zuzuordnen sind, zumindest in Bezug auf immaterielle Wirtschaftsgüter auf (vgl. BMF v. 24.12.1999, IV B 4 – S 1300-111/99, BStBl. I 1999, 1076, Rz. 2.4; *Ditz/Luckhaupt* ISR 2015, 6). Die Auffangregelung des § 6 Abs. 4 BsGaV wird vor allem dann eine wichtige Rolle spielen, wenn immaterielle

Werte aus der Zusammenarbeit mehrerer Unternehmensteile im Rahmen eines Poolvertrags resultieren (vgl. Stellungnahme BStBK v. 16.10.2013, 4).

Beispiel:

Die in Deutschland ansässige Computer AG unterhält aus Kostengründen eine Forschungsbetriebsstätte in Taiwan. Um die Lebensdauer seiner in Computern verbauten Batterien zu verlängern, soll auf der Basis von Lithium-Ionen-Technologie ein neues Verfahren entwickelt werden. Die Entwicklung des Verfahrens soll weitgehend selbstständig durch ein Forschungsteam in Taiwan erfolgen. Geführt werden soll das Forschungsteam durch einen erfahrenen Forschungsleiter vor Ort. Die Gesamtverantwortung für die Forschungstätigkeit liegt bei der deutschen Geschäftsführung der Computer AG. Das Patent für die neue Lithium-Ionen-Technologie soll nach Fertigstellung sowohl im deutschen Stammhaus als auch von der taiwanesischen Betriebsstätte genutzt werden und darüber hinaus auch an Dritte lizensiert werden. **678**

Lösung:

Im vorliegenden Sachverhalt könnte die Auffangregel des § 6 Abs. 4 BsGaV eine wichtige Rolle spielen, da die Entwicklung der neuen Lithium-Ionen-Technologie durch die Zusammenarbeit mehrerer Unternehmensteile erfolgt. Es könnte insofern davon ausgegangen werden, dass Stammhaus und Betriebsstätte durch die Zusammenarbeit einen fiktiven Forschungspool bilden und somit eine anteilige Zuordnung iSd § 6 Abs. 4 BsGaV sachgerecht ist (vgl. *Ditz* ISR 2015, 6; Stellungnahme BStBK v. 16.10.2013, 4). In diesem Fall müssten die Erträge aus der Lizensierung an Dritte auf das Stammhaus und die Betriebsstätte aufgeteilt werden (kritisch hierzu *Ditz* ISR 2015, 6).

Die im Schrifttum vorgetragene Kritik, nach welcher mit einer solche Vorgehensweise Doppelbesteuerungsrisiken verbunden sind, da nicht erwartet werden kann, „dass auch die ausländischen Staaten der Möglichkeit der Aufteilung von immateriellen Werten folgen, geschweige denn diese in gleicher Weise vornehmen werden" (Stellungnahme der Wirtschaftsverbände v. 11.10.2013, 5), ist nicht von der Hand zu weisen. Vor dem Hintergrund, dass die OECD eine anteilige Zuordnung grundsätzlich bei allen Vermögenswerten für möglich hält (vgl. OECD-Betriebsstättenbericht 2010, Teil I, Tz. 72), erscheint das Risiko einer Doppelbesteuerung bei Versagen der Aufteilungsmöglichkeit für immaterielle Werte indes sehr viel höher. Insofern ist die mit den Grundsätzen der OECD im Einklang stehende Auffassung der deutschen Finanzverwaltung grundsätzlich zu begrüßen. Sollte es dennoch zu Doppelbesteuerungen kommen, ist zu hoffen, dass sich die Finanzverwaltungen im Rahmen von Verständigungs- und/oder Schiedsverfahren einvernehmlich auf die Beseitigung dieser einigen können. **679**

Auch die Zuordnung der immateriellen Werte muss spätestens zum Zeitpunkt der Erstellung der Hilfs- und Nebenrechnung nachvollziehbar erfolgt sein und durch eine eindeutige Begründung gemäß § 90 Abs. 3 AO aufgezeichnet werden (vgl. BMF v. 22.12.2016, BStBl. I 2017, 182, Rn. 98). **680**

(4) Zuordnung von Beteiligungen, Finanzanlagen und ähnlichen Vermögenswerten. Die Zuordnung von Beteiligungen, Finanzanlagen und ähnlichen Vermögenswerten wird vom Verordnungsgeber in § 7 BsGaV separat behandelt. Vor dem Hintergrund, dass auf OECD-Ebene solche Vermögenswerte bei den immateriellen Wirtschaftsgütern eingeordnet werden und daher hinsichtlich der Zuordnung auf eine Entscheidungsbezogenheit abgestellt wird, erscheint die gesonderte Behandlung der deutschen Finanzverwal- **681**

tung zunächst redundant (vgl. *Strothenke/Holrichter* StuB 2013, 732; *Kußmaul/Delarber/Müller* IStR 2014, 471). Wie aus § 7 Abs. 1 BsGaV hervorgeht, ergibt sich die maßgebliche Personalfunktion für deren Zuordnung hingegen aus der Nutzung des jeweiligen Vermögenswertes und steht damit im Widerspruch zu der von der OECD verfolgten chancen- und risikoorientierten Zuordnung. Nach § 7 Abs. 1 S. 2 BsGaV bestimmt sich die Nutzung für Beteiligungen, Finanzanlagen und ähnliche Vermögenswerte aus dem funktionalen Zusammenhang zur Geschäftstätigkeit der Betriebsstätte (so auch BMF v. 22.12.2016, BStBl. I 2017, 182, Rn. 103). Die Verordnung enthält jedoch keine Aussagen darüber, ob eine Beurteilung des funktionalen Zusammenhangs rein anhand qualitativer Merkmale vorzunehmen ist oder aber ob ggf. auch qualitative Aspekte mit einzubeziehen sind (vgl. *Nientimp/Ludwig* IWB 2013, 644). Eine weitere Präzisierung ist jedoch in den VWG BsGa zu finden, nach welchen sich der funktionale Zusammenhang bei Funktionsaufteilungen im Regelfall vorrangig nach qualitative Gesichtspunkte bestimmt (BMF v. 22.12.2016, BStBl. I 2017, 182, Rn. 104).

682 Eine von § 7 Abs. 1 BsGaV abweichende Zuordnung von Beteiligungen, Finanzanlagen und ähnlichen Vermögenswerten anhand einer Personalfunktion, die bspw. mit dem Erwerb, der Verwaltung, der Risikosteuerung oder der Veräußerung eines solchen Wirtschaftsguts im Zusammenhang stehen, ist grundsätzlich möglich. Dafür muss diese Personalfunktion gegenüber der Personalfunktion, die den Vermögenswert lediglich nutzt, eindeutig überwiegen (vgl. § 7 Abs. 2 S. 1 BsGaV). Solche anderen Personalfunktionen sind insbesondere solche, die im Zusammenhang mit der Anschaffung, Risikosteuerung, Verwaltung oder Veräußerung des Wirtschaftsgutes stehen (BMF v. 22.12.2016, BStBl. I 2017, 182, Rn. 105). Sollten diese anderen Personalfunktionen gleichzeitig in verschiedenen Betriebsstätten ausgeübt werden, so sieht § 7 Abs. 3 BsGaV eine Zuordnung zu der Betriebsstätte vor, deren andere Personalfunktionen die größte Bedeutung zukommt. Die Entscheidung der Zuordnung muss dabei nach § 3 Abs. 3 BsGaV spätestens mit der Erstellung der Hilfs- und Nebenrechnung erfolgen, dem anderen Staat zur Besteuerung unterliegen und ausreichend aufgezeichnet werden (§ 90 Abs. 3 AO). Eine anteilige Zuordnung – wie bei den immateriellen Werten – ist dabei nicht möglich (vgl. BMF v. 22.12.2016, BStBl. I 2017, 182, Rn. 107).

683 **(5) Zuordnung von sonstigen Vermögenswerten.** Vermögenswerte, die nicht von den Regelungen der §§ 5–7 BsGaV erfasst werden, sind idR der Betriebsstätte zuzuordnen, aufgrund deren Personalfunktion diese angeschafft wurden oder entstanden sind (vgl. § 8 Abs. 1 S. 1 BsGaV; *Kußmaul/Delarber/Müller* IStR 2014, 471). Wie der Begründung der BsGaV zu entnehmen ist, hält die Finanzverwaltung eine solche Auffangregelung für notwendig, da die §§ 5–7 BsGaV speziell definierte Vermögenswerte ansprechen (BR-Drs. 401/14, 67). Aber auch sonstige Vermögenswerte können für die Bestimmung von Verrechnungspreisen bedeutungsvoll sein (vgl. BR-Drs. 401/14, 67).

684 Eine beispielhafte Aufzählung, was die Finanzverwaltung unter „sonstigen Vermögenswerten" versteht, kann weder der VWG BsGa, der finalen Fassung der Verordnung selbst noch aus deren Begründung entnommen werden. Im Entwurf der BsGaV wurden als sonstige Vermögenswerte beispielhaft Forderungen und der Geschäftswert angeführt (vgl. Begründung zu § 8 Abs. 1 S. 1

G. § 1 Abs. 5   685–688 § 1

BsGaV-E, 45). Da sich hierdurch jedoch Unsicherheiten für den in dem Bilanzgliederungsschema des § 266 Abs. 2 HGB als immateriellen Vermögensgegenstand aufgeführten Geschäfts- oder Firmenwert ergaben, wurden die per Klammerzusatz eingefügten Beispiele in der finalen Fassung der BsGaV gänzlich gestrichen. Auch wenn somit Klarheit darüber geschaffen wurde, dass der Geschäfts- oder Firmenwert somit den Zuordnungsregeln von immateriellen Wirtschaftsgütern folgt, bleibt unklar, welche „sonstigen Vermögenswerte" die Finanzverwaltung hier genau zu erfassen versucht. Die VWG BsGa enthalten lediglich die Aussage, dass es sich um eine Auffangregelung handelt. (vgl. BMF v. 22.12.2016, BStBl. I 2017, 182, Rn. 108).

Eine abweichende Zuordnung erfolgt nach § 8 Abs. 2 BsGaV, soweit eine **685** andere Personalfunktion – Nutzung, Verwaltung oder Risikosteuerung – eine größere Bedeutung für die Zuordnung des Vermögenswertes hat. Werden andere Personalfunktionen gleichzeitig in verschiedenen Betriebsstätten ausgeübt, so ist der sonstige Vermögenswert nach § 8 Abs. 3 BsGaV der Betriebsstätte zuzuordnen, deren andere Personalfunktion die größte Bedeutung für diesen sonstigen Vermögenswert zukommt. Kann ein sonstiger Vermögenswert nicht eindeutig zugeordnet werden, so ist die Zuordnung nach § 8 Abs. 4 BsGaV so vorzunehmen, dass diese den Absätzen 1–3 nicht widerspricht.

Das Ergebnis der Zuordnung muss auch hierbei ausreichend und zeitge- **686** recht dokumentiert werden (§ 3 Abs. 3 BsGaV iVm § 90 Abs. 3 AO). Die anteilige Zuordnung sonstiger Vermögenswerte wird dabei nicht anerkannt (vgl. BMF v. 22.12.2016, BStBl. I 2017, 182, Rn. 111).

(6) Zuordnung von Geschäftsvorfällen. Für die Zuordnung einens Ge- **687** schäftsvorfalls, den das Unternehmen mit fremden Dritten und mit nahe stehenden Personen abgeschlossen hat (einschließlich der damit zusammenhängenden Betriebseinnahmen und Betriebsausgaben) stellt die Personalfunktion, auf der das Zustandekommen des Geschäftsvorfalls beruht, nach § 9 Abs. 1 BsGaV die maßgebliche Personalfunktion dar (Vermutungsregelung). Lediglich Indizwirkung haben die Rechnungsstellung und die Bezeichnung der Vertragspartner, die beispielhaft in Rn. 112 der VWG BsGa genannt werden. Werden Personalfunktionen gleichzeitig in verschiedenen Betriebsstätten des Unternehmens ausgeübt, kommt es für die Zuordnung eines Geschäftsvorfalls darauf an, in welcher Betriebsstätte die Personalfunktion ausgeübt wird, welche die größte Bedeutung für den Geschäftsvorfall hat. Eine abweichende Zuordnung ist zulässig soweit einer anderen Personalfunktion eine größere Bedeutung für die Zuordnung zukommt (§ 9 Abs. 2 BsGaV). Werden solche anderen Personalfunktionen gleichzeitig in verschiedenen Betriebsstätten ausgeübt, so ist der Geschäftsvorfall nach § 9 Abs. 3 BsGaV der Betriebsstätte zuzuordnen, deren anderer Personalfunktion die größte Bedeutung für den Geschäftsvorfall zukommt. Eine anteilige Zuordnung zu Unternehmensteilen ist auch für die Zuordnung von Geschäftsvorfällen unzulässig (vgl. BMF v. 22.12.2016, BStBl. I 2017, 182, Rn. 116).

cc) Zuordnung von Chancen und Risiken. Wie § 1 Abs. 5 S. 3 Nr. 3 **688** zu entnehmen ist, sind der Betriebsstätte darüber hinaus auch die Chancen und Risiken des Unternehmens zuzuordnen, „die sie auf Grund der ausgeübten Funktionen und zugeordneten Vermögenswerte übernimmt". Konkretisierungen diesbezüglich sind dem § 10 BsGaV zu entnehmen. Demnach sind unmittelbar mit einem Vermögenswert oder Geschäftsvorfall in Verbindung stehende Chancen und Risiken (bspw. Risiko des Untergangs eines Vermögenswerts) im Grundsatz der Betriebsstätte zuzuordnen, der auch der Vermögenswert bzw. der Geschäftsvorfall zugeordnet wird (vgl. BR-Drs. 401/14, 71). Chancen und Risiken teilen somit im Grundsatz das Zuordnungsschicksal der Vermögenswerte, mit denen sie in unmittelbarem Zusammenhang stehen. Insofern orientiert sich die Finanzverwaltung an einer Grundregel der international anerkannten Betriebsstättenbesteuerung, wonach der Betriebsstätte neben dem (fiktiven) „Eigentum" an einem Vermögenswert bzw. der Zuordnung eines Geschäftsvorfalls gleichermaßen auch die mit dem „Eigentum" bzw. dem Geschäftsvorfall in Verbindung stehenden Chancen und Risiken zuzuordnen sind (vgl. BR-Drs. 401/14, 71).

689 Weitere Chancen und Risiken, die mit der Geschäftstätigkeit des Unternehmens in Verbindung stehen (bspw. allgemeine Marktrisiken) und somit keinen unmittelbaren Zusammenhang mit einem Vermögenswert oder mit einem Geschäftsvorfall aufweisen, sind gemäß § 10 Abs. 2 BsGaV der Betriebsstätte zuzuordnen, in welcher die maßgeblichen Personalfunktionen ausgeführt werden, die zur Realisierung der Chancen und Risiken durch das Unternehmen führen (vgl. *Kußmaul/Delarber/Müller* IStR 2014, 471; *Strothenke/Holrichter* StuB 2013, 733).

690 Gemäß § 10 Abs. 3 BsGaV sind Chancen und Risiken lediglich dann einer anderen Betriebsstätte zuzuordnen als derjenigen, auf deren Personalfunktion die Chancen und Risiken beruhen, wenn die Bedeutung einer in dieser anderen Betriebsstätte ausgeübten anderen Personalfunktion (dies sind insbesondere solche, die im Zusammenhang stehen mit der Verwaltung, der Risikosteuerung oder der Realisation von Chancen und Risiken oder mit der Entscheidung, Änderungen hinsichtlich von Chancen und Risiken vorzunehmen), eindeutig gegenüber der Bedeutung der in § 10 Abs. 2 BsGaV genannten Personalfunktion überwiegt. Werden diese anderen Personalfunktionen gleichzeitig in verschiedenen Betriebsstätten des Unternehmens ausgeübt, so sind die betreffenden Chancen und Risiken der Betriebsstätte zuzuordnen, deren anderer Personalfunktion die größte Bedeutung für die Chancen und Risiken zukommt (§ 10 Abs. 4 BsGaV). Können Chancen und Risiken nach § 10 Abs. 1–4 BsGaV mangels klarer Kriterien nicht eindeutig zugeordnet werden, so wird dem Unternehmen von § 10 Abs. 5 BsGaV ein Beurteilungsspielraum eingeräumt. Jedoch muss sich die Zuordnung auch hierbei so weit wie möglich an den Grundsätzen des § 10 Abs. 1–4 BsGaV orientieren (vgl. BMF v. 22.12.2016, BStBl. I 2017, 182, Rn. 122).

691 Die zeitgerechte Dokumentation erfolgt anhand der Regelungen der § 3 Abs. 3 BsGaV iVm § 90 Abs. 3 AO (vgl. BMF v. 22.12.2016, BStBl. I 2017, 182, Rn. 122).

692 **dd) Zuordnung von Sicherungsgeschäften.** Gemäß § 11 BsGaV ist bei der Zuordnung von Sicherungsgeschäften zwischen einem unmittelbaren und mittelbaren Sicherungszusammenhang zu unterscheiden. Soweit ein unmittelbarer Sicherungszusammenhang nach Abs. 1 besteht erfolgt die Zuordnung des Sicherungsgeschäfts anhand der Zuordnung des zu sichernden Zuordnungsgegenstandes (vgl. BMF v. 22.12.2016, BStBl. I 2017, 182, Rn. 123).

Hinsichtlich mittelbarer Sicherungszusammenhänge, bei denen eine direkte Zurechnung der Sicherungsgeschäfte zu einzelnen Betriebsstätten nicht möglich ist, erfolgt die Zuordnung anteilig nach einem sachgerechten Aufteilungsschlüssel. Eine abweichende Zuordnung von diesen Regelungen ist nur zulässig, soweit diese zu einem besseren, dem Fremdvergleichsgrundsatz entsprechenden Ergebnis führt (vgl. BMF v. 22.12.2016, BStBl. I 2017, 182, Rn. 126). Sollte keine Sicherungsabsicht bestehen, erfolgt die Zuordnung der entsprechenden Geschäftsvorfälle nach den Zuordnungsgrundsätzen der §§ 5–8 BsGaV.

ee) Zuordnung von Dotationskapital. (1) Grundsätzliche Zuordnungsmethodik. Auf Grundlage der zugeordneten Personalfunktionen, Vermögenswerte sowie Chancen und Risiken ist der Betriebsstätte eine angemessene Beteiligung am Eigenkapital des Unternehmens als sog. Dotationskapital zuzurechnen. Wie die Finanzverwaltung zum Ausdruck bringt, ist eine solche Zurechnung notwendig, um die der Betriebsstätte zugerechneten Vermögenswerte sowie Chancen und Risiken angemessen zu besichern (vgl. BR-Drs. 401/14, 75; vgl. auch OECD-Betriebsstättenbericht 2010, Teil I, Tzn. 28, 107 und 121 ff.). Insoweit folgt die BsGaV dem Grundgedanken der OECD, dass ein höheres Risiko auch ein entsprechend höheres Eigenkapital bedingt, um das Risiko ggf. auch tragen zu können (vgl. OECD-Betriebsstättenbericht 2010, Teil I, Tz. 26). Die Allokation des Dotationskapitals entfaltet darüber hinaus auch Bedeutung für die laufende Besteuerung der Betriebsstätte, da es für die Abgrenzung des Eigenkapitals vom Fremdkapital und insofern für die einer Betriebsstätte zuordenbaren Finanzierungsaufwendungen ausschlaggebend ist. Denn anders als bei der Aufstellung einer Bilanz ermittelt sich das Dotationskapital nicht als Residualgröße aus Vermögensgegenständen und Schulden. Vielmehr ist der Betriebsstätte zunächst das Eigenkapital zuzurechnen, bevor im Anschluss die zugehörigen Passiva als Residualgröße zu bestimmen sind (vgl. BR-Drs. 401/14, 83; kritisch hierzu HHR/*Roth* § 49 EStG Rz. 282).

Hinsichtlich der Ermittlung des Dotationskapitals unterscheidet die Finanzverwaltung zwischen inländischen Betriebsstätten ausländischer Unternehmen (Inbound-Fall) sowie ausländischen Betriebsstätten inländischer Unternehmen (Outbound-Fall). Auffällig ist, dass für den Inbound- und für den Outbound-Fall eine jeweils andere Methode als Regelmethode zur Bestimmung des Dotationskapitals festgelegt wird (vgl. §§ 12, 13 BsGaV).

(2) Inbound Fall. Für die Ermittlung des Dotationskapitals inländischer Betriebsstätten ausländischer Unternehmen sieht die Finanzverwaltung die Anwendung der funktions- und risikobezogenen **Kapitalaufteilungsmethode** vor (vgl. § 12 BsGaV). Hiernach wird einer Betriebsstätte der Anteil am Eigenkapital des Unternehmens (Stammhaus einschließlich aller Betriebsstätten) zugerechnet, der ihrem Anteil an den Vermögenswerten sowie den Chancen und Risiken im Verhältnis zum übrigen Unternehmen entspricht (vgl. § 12 Abs. 1 BsGaV). Die Bestimmung des Eigenkapitals des ausländischen Unternehmens ist grundsätzlich nach deutschem Steuerrecht durchzuführen (vgl. BR-Drs. 401/14, 76 f.). Da eine solche Handhabung jedoch gerade bei großen multinationalen Unternehmen erhebliche Probleme verursachen kann, konzediert die Finanzverwaltung aus Vereinfachungsgründen, dass auch das nach ausländischem Recht ermittelte Eigenkapital zugrunde gelegt werden kann, sofern der Steuerpflichtige nachweist, dass es dadurch nicht zu erheblichen Abweichungen kommt bzw. auftretende Abweichungen durch entsprechende Anpassungen ausgeglichen werden können (vgl. BR-Drs. 401/14, 77; HHR/*Roth* § 49 EStGRz. 280). Solche Anpassungen beinhalten Hinzurechnungen für Positionen, die nach deutschem Steuerrecht einen Eigenkapitalcharakter aufweisen und Kürzungen solcher Positionen, die diese Eigenart nicht vorweisen können (vgl. BMF v. 22.12.2016, BStBl. I 2017, 182, Rn. 133). Unbeachtlich ist hierbei, nach welchen Rechnungslegungsstandards die ausländische Bilanz aufgestellt wurde. In dem Fall, dass mehrere Bilanzen verfügbar sind, ist die Bilanz zu verwenden, die einer deutschen Steuerbilanz am ehesten entspricht (vgl. BMF v. 22.12.2016, BStBl. I 2017, 182, Rn. 133). Zur Anwendung der Vereinfachungsregelung fordert die Finanzverwaltung detaillierte Plausibilisierungs- bzw. Überleitungsrechnungen des Eigenkapitals vom Steuerpflichtigen (vgl. BMF v. 22.12.2016, BStBl. I 2017, 182, Rn. 134).

696 Im Gegensatz zu der bisher von der Finanzverwaltung angewandten Kapitalspiegelmethode – die im Grundsatz von einer einheitlichen Kapitalquote sämtlicher Unternehmensteile ausging – nimmt die Kapitalaufteilungsmethode für die Ermittlung des Dotationskapitals eine risikogewichtete Berücksichtigung der Vermögenswerte vor (vgl. BR-Drs. 401/14, 75f.; *Oestreicher/van der Ham/Andresen* IStR-Beihefter 2014, 16). Für den hierzu benötigten Kapitalaufteilungsmaßstab (Kapitalquote) sind die Vermögenswerte grundsätzlich mit Werten anzusetzen, die dem Fremdvergleichsmaßstab entsprechen und die wesentlichen Chancen und Risiken berücksichtigen (vgl. § 12 Abs. 3 BsGaV). Alternativ können auch Buchwerte des ausländischen Unternehmens angesetzt werden, wenn der Steuerpflichtige glaubhaft macht, dass die Bewertung nach Buchwerten nicht zu einer Kapitalquote führt, die erheblich von der abweicht, die sich nach der Bewertung auf der Grundlage des Fremdvergleichsgrundsatzes ergeben würde (Abweichung unter 10%) bzw. die Abweichungen durch Anpassungen weitgehend ausgeglichen werden können (vgl. BR-Drs. 401/14, 78; BMF v. 22.12.2016, BStBl. I 2017, 182, Rn. 139). Unabhängig davon, dass der Steuerpflichtige für den Nachweis zumindest näherungsweise die Kapitalquote nach Ansatz von Fremdvergleichswerten bestimmen müsste und insofern nicht wirklich von einer Vereinfachung gesprochen werden kann, ist davon auszugehen, dass die Öffnungsklausel des § 12 Abs. 3 S. 2 BsGaV regelmäßig ins Leere laufen wird, wenn die Betriebsstätte über bisher nicht bilanzierte selbst geschaffene immaterielle Wirtschaftsgüter verfügt (vgl. *Oestreicher/van der Ham/Andresen* IStR-Beihefter 2014, 17). Denn dann würde der Ansatz von Buchwerten nicht nur zu einer unterschiedlichen Bewertung der Vermögenswerte führen, sondern auch zu einer geringeren Anzahl zu berücksichtigender Vermögenswerte, da nicht bilanzierte Wirtschaftsgüter beim Buchwertansatz gerade nicht mit erfasst werden (vgl. Stellungnahme IDW v. 17.10.2013, 11). Folglich ist zu erwarten, dass die Öffnungsklausel größtenteils wirkungslos ist und nur in seltenen Fällen zu Erleichterungen für den Steuerpflichtigen führen wird.

697 Darüber hinaus ist gemäß § 12 Abs. 4 S. 1 BsGaV zu prüfen, ob die Anwendung der Kapitalaufteilungsmethode bei konzernzugehörigen Unternehmensteilen zu Ergebnissen führt, die ein ordentlicher und gewissenhafter Gesellschafter akzeptieren würde. Dies ist bspw. der Fall, wenn auf Basis der Kapitalaufteilungsmethode einer Betriebsstätte so hohe Darlehen zugeordnet werden, dass dadurch dauerhafte Verluste oder unangemessen niedrige Gewinne (Unterkapitalisierung) entstehen (vgl. BR-Drs. 401/14, 78). Vor dem Hintergrund, dass mit § 4h EStG bereits eine Vorschrift zum Zinsabzug in vergleichbaren Fällen zur Verfügung steht und ohne weiteres auf inländische Betriebsstätten angewandt werden kann, ist die Regelung des § 12 Abs. 4 BsGaV überflüssig (vgl. HHR/*Roth* § 49 EStG Rz. 282).

Liegt eine Unterkapitalisierung vor, sind nach dem Willen des Verordnungsgebers zwei Schrankenregelungen zu beachten (vgl. *Kraft/Dombrowski* FR 2014, 1111). Zum einen ist bei einer zu einem ausländischen Konzernunternehmen zugehörigen Betriebsstätte bei der anteiligen Zurechnung des Dotationskapitals auf das konsolidierte Eigenkapital des Konzernunternehmens abzustellen (vgl. BR-Drs. 401/14, 78 f.). Der hierdurch auftretende Verstoß gegen das Prinzip der Individualbesteuerung wurde bereits in der Literatur kritisiert (vgl. Stellungnahme der Wirtschaftsverbände v. 11.10.2013, 7). Auch ist eine solche Regelung nicht von dem OECD-Betriebsstättenbericht 2010 gedeckt und kann somit in der Praxis Besteuerungskonflikte auslösen. Zum anderen stellt nach § 12 Abs. 5 BsGaV das einmal im Rahmen der Selbstständigkeitsfiktion zugeordnete Dotationskapital zu einer Betriebsstätte eine dauerhafte Untergrenze für diese dar. Eine solche Beschränkung steht indes ebenfalls nicht im Einklang mit dem OECD-Betriebsstättenbericht 2010 und kann entsprechend zu Besteuerungskonflikten führen (vgl. Stellungnahme IDW v. 17.10.2013, 12).

In zeitlicher Hinsicht hat die Bestimmung des Dotationskapitals jeweils zum Beginn eines Wirtschaftsjahres zu erfolgen (vgl. § 12 Abs. 1 BsGaV). Eine Änderung des Dotationskapitals kann sich insofern selbst bei unveränderten Personalfunktionen sowie Chancen und Risiken dadurch ergeben, dass sich bspw. Währungsparitäten ändern (vgl. HHR/*Roth* § 49 EStG Rz. 280). Eine unterjährige Anpassung des Dotationskapitals ist in den Fällen notwendig, in denen unterjährige Zuordnungsänderungen von Funktionen, Vermögenswerten oder Chancen und Risiken zu einer erheblichen Abweichung des zugeordneten Dotationskapitals führen (vgl. § 12 Abs. 6 BsGaV). Eine erhebliche Abweichung liegt nach Auffassung der Finanzverwaltung vor, soweit das Dotationskapital des Folgejahres um mehr als 30 % von dem Dotationskapital zu Beginn des Wirtschaftsjahres abweicht, aber nur dann, wenn diese Abweichung kumulativ mehr als 2 Millionen Euro beträgt (vgl. BMF v. 22.12.2016, BStBl. I 2017, 182, Rn. 143). Eine Verringerung des Dotationskapitals wird dabei nur anerkannt, wenn das Unternehmen einen Nachweis erbringen kann, dass im Ausland entsprechende steuerliche Konsequenzen gezogen wurden (vgl. BMF v. 22.12.2016, BStBl. I 2017, 182, Rn. 143). Der mit einer solchen Zuordnungsänderungsregelung verbundene erhebliche bürokratische Mehraufwand dürfte dazu führen, dass die Zuordnung von Dotationskapital auf eine inländische Betriebsstätte sowohl in Betriebsprüfungen als auch im Verhältnis zu anderen Staaten enorm streitanfällig sein wird (vgl. Stellungnahme der Wirtschaftsverbände v. 11.10.2013, 7). Konflikte zwischen Finanzverwaltung und Steuerpflichtigen scheinen insofern bereits vorprogrammiert.

700 **(3) Outbound Fall.** Das Dotationskapital ausländischer Betriebsstätten inländischer Unternehmen ist im Gegensatz zum Inboundfall grundsätzlich nach der **Mindestkapitalausstattungsmethode** zu bestimmen (vgl. § 13 Abs. 1 BsGaV). Demnach ist einer ausländischen Betriebsstätte nur dann überhaupt ein Dotationskapital zuzuordnen, wenn das Unternehmen glaubhaft macht, dass ein solches aus betriebswirtschaftlichen Gründen erforderlich ist. Die OECD vertritt hingegen die Auffassung, dass alle Geschäftsaktivitäten ein gewisses Risiko beinhalten (vgl. OECD-Betriebsstättenbericht 2010, Teil I, Tz. 71), wodurch einer Betriebsstätte immer ein – wenn auch nur ein geringes – Dotationskapital zugewiesen werden muss (so auch Stellungnahme IDW v. 17.10.2013, 13). Dass die deutsche Regelung indes fiskalisch motiviert ist, wird in der Begründung zur BsGaV offen ausgesprochen. So heißt es, dass ein überhöhtes Dotationskapital zur Folge hätte, dass die ausländischen Betriebsstätten zu geringe Verbindlichkeiten ausweisen würden und deshalb der Zinsaufwand nicht bei der Einkünfteermittlung der ausländischen Betriebsstätte, sondern im übrigen Unternehmen abgezogen werden würde (vgl BR-Drs. 401/14, 80). Insofern möchte der Verordnungsgeber eine Verschiebung des Finanzierungsaufwands ins Inland verhindern, die wiederum zu einer Minderung des deutschen Steuersubstrats führen würde.

701 Der Steuerpflichtige kann jedoch der ausländischen Betriebsstätte über die in § 13 Abs. 2 S. 1 BsGaV verorteten Öffnungsklausel auch ein höheres Eigenkapital zuordnen, sofern dieser glaubhaft begründen kann, dass eine solche Zuordnung zu einem Ergebnis führt, das dem Fremdvergleichsgrundsatz besser entspricht und dies bspw. anhand von betriebswirtschaftlichen Kennziffern nachweisen kann (vgl. BMF v. 22.12.2016, BStBl. I 2017, 182, Rn. 146). Sollte ein solcher Nachweis gelingen, darf die Dotationskapitalzuordnung gemäß § 13 Abs. 2 BsGaV jedoch nicht über dem Betrag liegen, der sich bei entsprechender Anwendung der Kapitalaufteilungsmethode nach § 12 Abs. 1 bis 3 BsGaV auf die ausländische Betriebsstätte ergeben würde. Wurde der Betriebsstätte ein höherer Betrag zugewiesen, wird eine sog. „Überdotierung" unterstellt, die nur dann zulässig ist, wenn zwingende lokale, nichtsteuerliche Vorschriften (zB Mindestkapitalausstattung für Banken und Versicherungen) des Belegenheitsstaates dies erfordern (vgl. § 13 Abs. 3 BsGaV).

702 Darüber hinaus normiert § 13 Abs. 4 und 5 BsGaV analog zu § 12 Abs. 5 und 6 BsGaV, dass das tatsächlich zugeordnete Kapital einer Betriebsstätte die dauerhafte Höchstgrenze des ihr zuzuordnenden Dotationskapitals darstellt bzw. das unterjährige Änderungen hinsichtlich der Zuordnung von Funktionen, Vermögenswerten oder von Chancen und Risiken, die zu einer erheblichen Änderung des Dotationskapitals führen, auch eine korrespondierende unterjährige Anpassung des Dotationskapitals nach sich zieht. Eine sich ergebende Änderung des Dotationskapitals einer inländischen Betriebsstätte wird von der Finanzverwaltung als erheblich eingestuft, wenn das wegen der geänderten Zuordnung von Personalfunktionen, von Vermögenswerten oder von Chancen und Risiken zugeordnete Dotationskapital zu Beginn des folgenden Wirtschaftsjahres um mehr als 30 % vom Dotationskapital zu Beginn des Wirtschaftsjahres abweicht, jedoch nur in Fällen in welchen die Abweichung mindestens 2 Mio. Euro beträgt (vgl. BMF v. 22.12.2016, BStBl. I 2017, 182, Rn. 151).

(4) Würdigung. Die fiskalisch motivierte Ungleichbehandlung in- und ausländischer Betriebsstätten bei der für ausländische Betriebsstätten inländischer Unternehmen eine Mindestzuordnung und für inländische Betriebsstätten ausländischer Unternehmen eine Maximalzuordnung von Dotationskapital vorgesehen ist, stellt einen methodischen Bruch dar (vgl. *Kraft/Dombrowski* FR 2014, 1112). Da ausländischen Betriebsstätten durch diese Vorgehensweise ein unangemessen hoher Anteil an Finanzierungsaufwendungen (vgl. hierfür § 15 BsGaV) zuzuordnen ist, führen die Regelungen des Verordnungsgebers zu einer Benachteiligung ausländischer Betriebsstätten gegenüber inländischen Betriebsstätten (kritisch auch *Kraft/Dombrowski* FR 2014, 1112; *Busch* DB 2014, 2493; *Oestreicher/van der Ham/Andresen* IStR-Beihefter 2014, 18 f.; *Kußmaul/Delarber/Müller* IStR 2014, 473; *Nientimp/Ludwig/Stein* IWB 2014, 823 f.; *Strothenke/Holtrichter* IWB 2013, 734). Eine solche Vorgehensweise steht der Zielsetzung des AOA hinsichtlich einer einheitlichen Behandlung in- und ausländischer Betriebsstätten entgegen, mit der Folge, dass in vielen Fällen ein erhebliches Risiko einer Doppelbesteuerung besteht. Insbesondere wird die Mindestkapitalausstattungsmethode, die in der BsGaV für die Zuordnung von Dotationskapital für ausländische Betriebsstätten inländischer Unternehmen vorrangig zur Anwendung kommen soll, von der OECD nicht als eine Standardmethode, sondern nur als eine Art Hilfsmethode angesehen (vgl. OECD-Betriebsstättenbericht 2010, Teil I, Tz. 135). Falls der Belegenheitsstaat eine andere – OECD-konforme – Methode zur Bestimmung des Dotationskapitals für eine in seinem Staat belegene Betriebsstätte anwendet, erscheinen entsprechende Doppelbesteuerungsrisiken bereits vorprogrammiert. Daher sollte die Anwendung der Kapitalaufteilungsmethode bei der Dotationskapitalzuordnung im Outbound-Fall nicht nur auf Einzelfälle beschränkt sein (vgl. *Oestreicher/van der Ham/Andresen* IStR-Beihefter 2014, 18). Es bleibt ohnehin abzuwarten, inwiefern die asymmetrischen Regelungen der Dotationskapitalzuordnung einer gerichtlichen Prüfung in Bezug auf Unionsrechts- und Verfassungsrechtskonformität standhalten (vgl. *Kraft/Dombrowski* FR 2014, 1112). Für die Anpassung des Dotationskapitals innerhalb des Jahres stellt die Fixgrenze von 2 Millionen Euro in Rn. 143 und Rn. 151 der VWG BsGa eine unflexible Größe vor allem für große internationale Konzerne dar, da eine solche absolute Größe Betriebsstätten mit hohem Dotationskapital unverhältnismäßig benachteiligt (vgl. Stellungnahme Gesamtverband der Deutschen Versicherungswirtschaft v. 13.5.2016, 5). Empfehlenswert wäre es, die Abweichung lediglich von einer relativen Bezugsgröße abhängig zu machen (vgl. Stellungnahme Bundessteuerberaterkammer v. 13.5.2016, 9). Die Reduktion der relativen Bezugsgröße von 50 % gemäß der Entwurfsversion auf 30 % in der finalen Fassung der VWG BsGa wird vermehrte Dotationskapitalanpassungen zur Folge haben.

ff) Zuordnung von übrigen Passiva. Für die Zuordnung der übrigen Passiva stellt die BsGaV auf ein zweistufiges Verfahren ab. So sind einer Betriebsstätte nach § 14 Abs. 1 BsGaV in einem ersten Schritt die übrigen Passivposten zuzuordnen, die mit den der Betriebsstätte zugeordneten Vermögenswerten sowie Chancen und Risiken in unmittelbarem Zusammenhang stehen (direkte Zuordnung). Allerdings können einer Betriebsstätte nur dann übrige Passiva zugeordnet werden, wenn nach Zuordnung der Vermögenswerte, der Risiken und des Dotationskapitals ein Fehlbetrag verbleibt (kritisch hierzu HHR/*Roth* § 49 EStG Rz. 274; *Kraft/Dombrowski* FR 2014, 1112). Dieser Fehlbetrag stellt den zulässigen Zuordnungsrahmen dar (vgl. *Oestreicher/ van der Ham/Andresen* IStR-Beihefter 2014, 18). Sollte der Wert der direkt zuordenbaren übrigen Passiva den Zuordnungsrahmen übersteigen, sind diese nach § 14 Abs. 2 BsGaV anteilig zu kürzen. In diesem Zusammenhang ergeben sich jedoch zwei Probleme. Zum einen bleibt unklar, wie eine solche anteilige Zuordnung überhaupt zu erfolgen hat. Weder die BsGaV noch die Begründung zu dieser geben hier Anhaltspunkte. Da die im ersten Schritt erfassten übrigen Passiva jedoch allesamt direkt zuordenbar sind, erscheint hier eine lineare Kürzung die Streitanfälligkeit der vorgenommenen Zuordnung zu reduzieren. Auch die Finanzverwaltung scheint sich dieser Auffassung in den VWG BsGa anzuschließen, da in den angeführten Fallbeispielen eine lineare Kürzung vorgenommen wird (vgl. BMF v. 22.12.2016, BStBl. I 2017, 182, Rn. 153). Zum anderen kann eine anteilige Kürzung dem wirtschaftlichen Charakter bestimmter Bilanzpositionen zuwider laufen. Pensionsrückstellungen bspw. können den Wert der einer Betriebsstätte nach § 5 ff. BsGaV zugeordneten Wirtschaftsgüter in bestimmten Fällen übersteigen. Anstatt in diesem Fall eine anteilige Kürzung vorzunehmen, wäre vielmehr eine höhere Zuordnung von Wirtschaftsgütern (insbesondere Finanzmitteln) sachgerechter, um die Verbindlichkeiten entsprechend abzudecken und ein ausreichendes Eigenkapital zu gewährleisten (vgl. Stellungnahme der Wirtschaftsverbände v. 11.10.2013, 8 f.). Eine anteilige Kürzung eindeutig der Betriebsstätte zurechenbaren Passiva ist demnach als verfehlt einzustufen (vgl. Stellungnahme der Wirtschaftsverbände v. 11.10.2013, 8 f.; *Kraft/Dombrowski* FR 2014, 1112).

705 Es ist jedoch auch möglich, dass nach der direkten Zuordnung der Zuordnungsrahmen nicht vollständig ausgeschöpft wurde. In diesem Fall sind nach § 14 Abs. 3 BsGaV in einem zweiten Schritt die übrigen, nicht direkt zuordenbaren Passiva auf die Betriebsstätte zuzuschlüsseln (indirekte Zuordnung).

706 **gg) Zuordnung von Finanzierungsaufwendungen.** Die Zuordnung von abzugsfähigen Finanzierungsaufwendungen folgt der Zuordnungssystematik der übrigen Passiva und ist entsprechend anhand einer zweistufigen Vorgehensweise durchzuführen. So sind Finanzierungsaufwendungen, die mit direkt zuordenbaren, übrigen Passiva im Zusammenhang stehen, der Betriebsstätte direkt zuzuordnen (vgl. § 15 Abs. 1 BsGaV). Sollte dadurch die Passivseite die Aktivseite übersteigen, sind die Finanzierungsaufwendungen, die mit den direkt zuordenbaren übrigen Passiva im Zusammenhang stehen, entsprechend anteilig zu kürzen (vgl. § 15 Abs. 2 BsGaV).

707 Ist eine direkte Allokation von Finanzierungsaufwendungen nicht möglich oder nur mit unverhältnismäßigem Aufwand durchführbar, so sind nach § 15 Abs. 3 BsGaV die Finanzierungsaufwendungen unter analoger Anwendung von § 14 BsGaV der Betriebsstätte indirekt zuzuordnen. In diesem Fall bestimmt sich der Anteil der Finanzierungsaufwendungen aus dem sich zu Beginn eines Wirtschaftsjahres ermitteltem Verhältnis der übrigen Passiva, die der Betriebsstätte indirekt zuzuordnen sind, zu den übrigen Passivposten des Unternehmens (vgl. § 15 Abs. 3 S. 2 BsGaV). Eine von § 15 Abs. 3 S. 1 und 2 BsGaV abweichende Zuordnung ist nach der in § 15 Abs. 3 S. 3 BsGaV verorteten Öffnungsklausel möglich, wenn eine solche im Einzelfall zu einem

Ergebnis der Betriebsstätte führt, das dem Fremdvergleichsgrundsatz besser entspricht. Da sich die Öffnungsklausel jedoch lediglich auf die indirekt zugeordneten Finanzierungsaufwendungen bezieht, droht eine Benachteiligung von Betriebsstätten, die über eine transparente Finanzierungsstruktur verfügen und somit nicht unter die Öffnungsklausel des § 15 Abs. 3 S. 4 BsGaV fallen (vgl. *Kraft/Dombrowski* FR 2014, 1111).

708 Problematisch ist darüber hinaus die in § 15 Abs. 4 und 5 BsGaV verortete Regelung, nach der inländische Betriebsstätten nichtbuchführungspflichtiger ausländischer Unternehmen besser gestellt werden als ausländische Betriebsstätten nichtbuchführungspflichtiger inländischer Unternehmen. Während es bei der Zuordnung von Finanzierungsaufwendungen zu einer inländischen Betriebsstätten erforderlich ist, dass nach deren Erfassung ein dem Fremdvergleichsgrundsatz entsprechender Gewinn bei der Betriebsstätte verbleibt, ist ausländischen Betriebsstätten mindestens ein ihrem anteiligen Außenumsatz entsprechender Teil des Finanzierungsaufwands zuzurechnen (vgl. *Nientimp/Ludwig/Stein* IWB 2014, 815).

709–719 *einstweilen frei*

c) Zweite Stufe: Erfolgsabgrenzung der Höhe nach

720 **aa) Anzunehmende schuldrechtliche Beziehungen.** Im zweiten Schritt der Gewinnermittlung sind auf Basis der nach § 1 Abs. 5 S. 3 iVm §§ 4–15 BsGaV vorgenommenen Zuordnung die Art der Geschäftsbeziehungen zwischen dem Unternehmen und seiner Betriebsstätte zu bestimmen (§ 1 Abs. 5 S. 4). Während der AOA insofern von „dealings" spricht, werden Geschäftsbeziehungen bzw. Geschäftsvorfälle zwischen Stammhaus und Betriebsstätte in § 1 Abs. 4 S. 1 Nr. 2 als „anzunehmende schuldrechtliche Beziehungen" bezeichnet. Diese sind unmittelbarer Ausfluss der Selbstständigkeits- und Unabhängigkeitsfiktion der Betriebsstätte und fingieren die nach der Funktions- und Risikoanalyse vorliegenden anzunehmenden schuldrechtlichen Beziehungen. Derartige Beziehungen liegen insbesondere dann vor, wenn wirtschaftliche Vorgänge festgestellt werden, die entweder eine Änderung der Zuordnung von Wirtschaftsgütern iSd §§ 5–11 BsGaV erforderlich machen oder einen Vorgang begründen, der von unabhängigen Unternehmen schuldrechtlich geregelt worden wäre oder zur Geltendmachung von Rechtspositionen führen würde (vgl. § 16 Abs. 1 Nr. 1 und 2 BsGaV). Demnach muss ein identifizierbares und tatsächliches Ereignis vorliegen, um von einer anzunehmenden schuldrechtlichen Beziehung ausgehen zu können (vgl. BMF v. 22.12.2016, BStBl. I 2017, 182, Rn. 165). In den VWG BsGa werden von der Finanzverwaltung in einer nicht abschließenden Aufzählung Beispiele genannt, die zu einer anzunehmenden schuldrechtlichen Beziehung führen (vgl. BMF v. 22.12.2016, BStBl. I 2017, 182, Rn. 166). Hiernach liegt eine anzunehmende schuldrechtliche Beziehung insbesondere vor,
– wenn sich Personalfunktionen im Hinblick auf Vermögenswerte verändern (fiktiver Verkauf oder fiktive Nutzungsüberlassung), dazu gehören auch die wirtschaftlichen Vorgänge bei Beginn und Beendigung einer Betriebsstätte (siehe § 3 Abs. 4 BsGaV),
– wenn eine unterstützende Personalfunktion für eine andere Betriebsstätte erbracht wird (fiktive Dienstleistung), zB wenn eine Personalfunktion im

Hinblick auf Risiken (zB Überwachung, Management) von einer Betriebsstätte ausgeübt wird, die nicht die maßgebliche Personalfunktion für die betreffenden Zuordnungsgegenstände ist (§§ 5 bis 11 BsGaV),
– wenn voneinander unabhängige Dritte Rechtspositionen geltend machen würden.

721 Die Art und die Gründe für das Vorliegen einer anzunehmenden schuldrechtlichen Beziehung sind aufzuzeichnen und bilden die Grundlage für deren Charakterisierung. Die Aufzeichnung selber hat keine gleichwertige Bedeutung zu rechtlichen Verträgen, da die Zuordnung zu den Betriebsstätten anhand der Personalfunktionen erfolgt und der unternehmerischen Dispositionsfreiheit somit nur eine eingeschränkte Bedeutung zukommt (vgl. BMF v. 22.12.2016, BStBl. I 2017, 182, Rn. 167).

722 Die Nutzung finanzieller Mittel des übrigen Unternehmens durch eine Betriebsstätte (fiktives Darlehen) begründet im Regelfall keine anzunehmende schuldrechtliche Beziehung iSd § 1 Abs. 4 S. 1 Nr. 2 (vgl. § 16 Abs. 3 BsGaV). Eine solche Sichtweise wird nach Ansicht der Finanzverwaltung als sachgerecht erachtet, da die Nutzung von Finanzmitteln durch die Betriebsstätte zu Vermögenswerten führt, die der Betriebsstätte nach den Regelungen der §§ 5 ff. BsGaV zuzuordnen sind (vgl. BR-Drs. 401/14, 89; BMF v. 22.12.2016, BStBl. I 2017, 182, Rn. 174). Die Anerkennung hätte zur Folge, dass gleichzeitig auch die Zuordnung der jeweiligen Passivposten, einschließlich des Dotationskapitals, zu überprüfen und ggf. anzupassen wäre, was jedoch zu einer erheblichen Verkomplizierung der Besteuerung führen würde (vgl. BR-Drs. 401/14, 89). Ohnehin wären die Effekte derartiger schuldrechtlicher Beziehungen aufgrund des von der OECD unterstellten einheitlichen, für das ganze Unternehmen geltenden Kreditratings nach Auffassung der Finanzverwaltung begrenzt (vgl. OECD-Betriebsstättenbericht 2010, Tzn. 33, 99; BR-Drs. 401/14, 89). Ausgenommen von der Nichtberücksichtigung anzunehmender schuldrechtlicher Darlehensbeziehungen sind Finanzierungsbetriebsstätten iSd § 17 BsGaV, die im Regelfall als fiktive Dienstleistung anzusehen sind, sowie Fallkonstellationen bei der im laufenden Wirtschaftsjahr finanzielle Mittel bei der Betriebsstätte aufgrund deren Geschäftstätigkeit entstehen, die nachweislich für bestimmte Zwecke im übrigen Unternehmen genutzt werden, wobei von einer fiktiven kurzfristigen Darlehensbeziehung auszugehen ist (BMF v. 22.12.2016, BStBl. I 2017, 182, Rn. 175). Solche kurzfristigen fiktiven Darlehensbeziehungen enden spätestens mit dem Ende des laufenden Wirtschaftsjahrs oder zu dem Zeitpunkt, zu dem das Dotationskapital der Betriebsstätte nach § 12 Abs. 6 oder § 13 Abs 5 BsGaV anzupassen ist (vgl. BMF v. 22.12.2016, BStBl. I 2017, 182, Rn. 176).

723 *einstweilen frei*

724 Inwiefern Kostenumlagevereinbarungen zwischen Stammhaus und Betriebsstätte als anzunehmende schuldrechtliche Beziehung anzuerkennen sind, wird in der BsGaV nicht erläutert (vgl. *Kußmaul/Delarber/Müller* IStR 2014, 471). Da die OECD solche Vereinbarungen zwischen verschiedenen Teilen des Unternehmens anerkennt (vgl. OECD-Betriebsstättenbericht 2010, Tz. 197), sollte eine entsprechende Akzeptanz ebenso für die deutschen Regelungen der Betriebsstättengewinnaufteilung gelten. Im BMF-Schreiben vom 22.12.2016 wird erläutert, dass alle Arten von Vertragbeziehungen als anzu-

G. § 1 Abs. 5   725–727   § 1

nehmende schuldrechtliche Beziehungen fingiert werden können, wonach auch Verrechnungssysteme, die auf Kostenumlagegrundsätzen beruhen, erfasst werden wenn in der Sache die Voraussetzungen dafür vorliegen (vgl. BMF v. 22.12.2016, BStBl. I 2017, 182, Rn. 5).

Ferner bringt § 16 Abs. 2 BsGaV zum Ausdruck, dass der Ansatz von Verrechnungspreisen für die anzunehmenden schuldrechtlichen Beziehungen zu fiktiven Betriebseinnahmen und fiktiven Betriebsausgaben führt, die in der Hilfs- und Nebenrechnung angesetzt werden müssen (vgl. § 16 Abs. 2 S. 2 BsGaV). Unklar ist hierbei, ob die Annahme fiktiver Betriebseinnahmen und fiktiver Betriebsausgaben sich auch auf die Rechtsfolgeseite durchschlägt (vgl. Stellungnahme IDW v. 17.10.2013, 14; Stellungnahme BStBK v. 16.10.2013, 6). So könnte die Annahme fiktiver Betriebsausgaben bei Vermietungsleistungen zwischen Stammhaus und Betriebsstätte gewerbesteuerlich eine Hinzurechnung nach § 8 Nr. 1 Buchst. d) oder e) GewStG zur Folge haben (vgl. IDW v. 17.10.2013, 14; Stellungnahme BStBK v. 16.10.2013, 6). Eine solche Hinzurechnung wäre indes nicht sachgerecht (so auch Stellungnahme IDW v. 17.10.2013, 14). 725

bb) Bestimmung fremdvergleichskonformer Verrechnungspreise. Für die identifizierten anzunehmenden schuldrechtlichen Beziehungen zwischen dem Unternehmen und seiner Betriebsstätte sind gemäß § 1 Abs. 5 S. 4 Verrechnungspreise anzusetzen, die dem Fremdvergleichsgrundsatz entsprechen. In diesem Zusammenhang ist zu beachten, dass sich die Bestimmung fremdvergleichskonformer Verrechnungspreise exklusiv auf die identifizierten anzunehmenden schuldrechtlichen Beziehungen bezieht. Für die der Betriebsstätte zugeordneten Außenbeziehungen lässt sich ein Gewinn unmittelbar aus dem entsprechenden Geschäftsvorgang ableiten. Der Fremdvergleichsgrundsatz kommt folglich bezüglich der Bepreisung allein im Innenverhältnis zum Tragen (vgl. im Zusammenhang mit der zweiten Stufe des AOA: *Wassermeyer/Kaeser* Art. 7 OECD-MA 2010 Rz. 401). 726

Um eine sachgerechte Bepreisung der identifizierten anzunehmenden schuldrechtlichen Beziehungen durchführen zu können sind alle Verrechnungspreismethoden anwendbar, welche auch zwischen nahe stehenden Personen angewendet werden (vgl. BMF v. 22.12.2016, BStBl. I 2017, 182, Rz. 172). Explizit werden die in § 1 Abs. 3 S. 1–8 verorteten Verrechnungspreismethoden vorgesehen (vgl. § 1 Abs. 5 S. 1; ausführlich zu den Methoden vgl. *Hentschel* Deutsche Regelungen zur internationalen Funktionsverlagerung 18 ff.). Demnach ist vom Steuerpflichtigen vorrangig die Preisvergleichs-, die Wiederverkaufspreis- und die Kostenaufschlagsmethode zu nutzen, soweit uneingeschränkt vergleichbare Fremdvergleichswerte vorliegen (vgl. § 1 Abs. 3 S. 1). Können auch nach Vornahme sachgerechter Anpassungen keine uneingeschränkt vergleichbaren Fremdvergleichswerte ermittelt werden, sind der Verrechnungspreisermittlung gemäß § 1 Abs. 3 S. 2 eingeschränkt vergleichbare Fremdvergleichswerte zugrunde zu legen. Sollte ein tatsächlicher Fremdvergleich nicht möglich sein, da auch keine eingeschränkt vergleichbaren Fremdvergleichswerte vorliegen, ist nach § 1 Abs. 3 S. 5 ein hypothetischer Fremdvergleich durchzuführen (zur Begrifflichkeit vgl. *Hentschel* Deutsche Regelungen zur internationalen Funktionsverlagerung 25 ff.). Insofern halten die vielen Unabwägbarkeiten im Zusammenhang mit der Bestimmung fremd- 727

Kraft 159

vergleichskonformer Verrechnungspreise nun auch im Betriebsstättenkontext Einzug (vgl. *Richter/Heyd* Ubg 2013, 420).

d) Erstellung von Hilfs- und Nebenrechnungen

728 aa) Grundsätzliches Vorgehen. Um die Umsetzung der Selbstständigkeitsfiktion einer Betriebsstätte zu gewährleisten, kommt den Dokumentations- und Aufstellungspflichten eine besondere Bedeutung zu. Zentrales Element ist die in § 3 Abs. 1 BsGaV verortete obligatorische Verpflichtung zu Beginn eines Wirtschaftsjahres eine Hilfs- und Nebenrechnung entsprechend den §§ 5–17 BsGaV aufzustellen, während des Wirtschaftsjahres fortzuschreiben sowie zum Ende des Jahres abzuschließen. Die Erstellung muss gemäß § 3 Abs. 1 Satz 3 BSGaV spätestens zum Zeitpunkt der Abgabe der Steuererklärung erfolgen. Der Abschluss der Hilfs- und Nebenrechnung beinhaltet das steuerliche Ergebnis der Betriebsstätte (vgl. *Ban/Pestl* DB Sonderausgabe 01/2017, 3). Mit anderen Worten hat der Steuerpflichtige für die Betriebsstätte eine „fiktive Steuerbilanz" sowie eine „fiktive Gewinn- und Verlustrechnung" aufzustellen. Diese hat in Analogie zu der OECD-Auffassung alle Bestandteile zu beinhalten, die der Betriebsstätte aufgrund ihrer Personalfunktion zuzuordnen sind, dh Vermögenswerte, Dotationskapital, übrige Passiva, Betriebseinnahmen und Betriebsausgaben sowie fiktive Betriebseinnahmen und Betriebsausgaben, die aufgrund anzunehmender schuldrechtlicher Beziehungen entstehen (vgl. § 3 Abs. 2 BsGaV, OECD-Betriebsstättenbericht 2010, Tzn. 72 ff., 224 ff.). Es sind jedoch nur solche Vermögenswerte zu erfassen, die auch bilanzierungsfähig sind (vgl. BR-Drs. 401/14, 52). Nicht bilanzierungsfähige selbst geschaffene immaterielle Wirtschaftsgüter sind folglich nur bei der Ermittlung der fiktiven Betriebseinnahmen und Betriebsausgaben zu berücksichtigen wie bspw. im Rahmen von Lizenz-Dealings, da der korrespondierende Entwicklungsaufwand voll abzugsfähige Betriebsausgaben gemäß § 5 Abs. 2 EStG darstellt (vgl. BR-Drs. 401/14, 52; *Busch* DB 2014, 2496). Anderes gilt nur bei einer Zuordnungsänderung. In diesem Fall sind die nicht bilanzierungsfähigen immateriellen Wirtschaftsgüter auch im Rahmen der Hilfs- und Nebenrechnung mit Ihrem jeweiligen Übertragungswert anzusetzen (vgl. *Busch* DB 2014, 2496).

729 Abweichend von der Entwurfsfassung stellt der Verordnungsgeber in dem neu eingefügten § 3 Abs. 3 BsGaV erfreulicherweise klar, dass die Gründe für die jeweilige Zuordnungsentscheidung sowie für das Vorliegen einer anzunehmenden schuldrechtlichen Beziehung nicht mehr Gegenstand der Hilfs- und Nebenrechnung, sondern nunmehr erst im Rahmen der regulären Verrechnungspreisdokumentation iSd § 90 Abs. 3 AO zu integrieren sind (vgl. *Nientimp/Ludwig/Stein* IWB 2014, 818; *Busch* DB 2014, 2496 f.). Auch wenn diese im Regelfall erst binnen einer Frist von 60 Tagen (30 Tage bei außergewöhnlichen dealings) nach Anforderung durch die Betriebsprüfung vorgelegt werden müssen, ist eine zeitnahe Dokumentation der Gründe für die jeweilige Zuordnungsentscheidung ratsam, um Konsistenz der eingereichten Steuererklärung mit der später zu erstellenden Verrechnungspreisdokumentation sicherzustellen (vgl. *Busch* DB 2014, 2497). Sofern diese Aufzeichnungen nicht fristgerecht eingereicht werden oder nicht verwertbar sind, können Schätzungen und Zuschlägen iSd § 162 Abs. 3 und 4 AO als notwendige Konsequenz resultieren (vgl. BMF v. 22.12.2016, BStBl. I 2017, 182, Rn. 63).

§ 3 Abs. 5 BsGaV stellt klar, dass eine Hilfs- und Nebenrechnung auch für Betriebsstätten eines Unternehmens zu erstellen ist, das weder nach inländischem noch nach ausländischem Recht buchführungspflichtig ist und das auch tatsächlich keine Bücher führt (zB Freiberufler). In diesem Fall ist jedoch auf die Grundsätze der Einnahmenüberschussrechnung nach § 4 Abs. 3 EStG abzustellen. 730

Die Hilfs- und Nebenrechnungen sind grundsätzlich für jede Betriebsstätte separat zu erstellen, wobei den Unternehmen die Möglichkeit geboten wird eine zusammengefasste Hilfs- und Nebenrechnung für alle Betriebsstätten eines Staates anzufertigen (vgl. BMF v. 22.12.2016, BStBl. I 2017, 182, Rn. 56). 731

bb) Würdigung. Die Notwendigkeit zur Aufstellung einer Hilfs- und Nebenrechnung wird von der Finanzverwaltung mit dem generellen Ziel der Systematisierung und Vereinheitlichung der Einkünfteermittlung sowie der Gleichmäßigkeit der Besteuerung begründet (vgl. BR-Drs. 401/14, 52). Da die Hilfs- und Nebenrechnung somit als Grundlage für die Ermittlung des steuerlichen Ergebnisses der Betriebsstätte dient, ist diese mit der Bilanz eines rechtlich selbstständigen Unternehmens vergleichbar. Das Prinzip des Bilanzzusammenhangs gemäß § 252 Abs. 1 Nr. 1 HGB kann indes für die Hilfs- und Nebenrechnung nicht gelten, da die Dotationskapitalzuordnung zu einer Betriebsstätte in jedem Jahr neu zu erfolgen hat (vgl. *Busch* DB 2014, 2496). 732

Für eine so verstandene Hilfs- und Nebenrechnung, die stark auf eine Betriebsstättengewinnermittlung hinausläuft, fehlt es jedoch an einer entsprechenden Rechtsgrundlage. Gemäß dem eindeutigen Wortlaut des § 1 Abs. 6 wird das Bundesministerium der Finanzen lediglich dazu ermächtigt, Einzelheiten in Bezug auf den Fremdvergleichsgrundsatz und dessen einheitlicher Anwendung iSd § 1 zu regeln. Der Verordnungsgeber ist folglich nur dazu ermächtigt, Einzelheiten in Bezug auf die Einkünftekorrektur, nicht hingegen Einzelheiten in Bezug auf eine eigenständige Einkünfteermittlung zu regeln. So zeigt sich an dieser Stelle einmal mehr, dass die Umsetzung des AOA in § 1 verfehlt ist. Diese hätte vielmehr innerhalb der Gewinnermittlungsvorschriften des Einkommensteuergesetzes erfolgen sollen (vgl. hierzu ausführlich → Rz. 20, 22; vgl. auch *Wassermeyer* IStR 2012, 277 f.; *Gosch* IWB 2012, 785; *Schnitger* IStR 2012, 633; *Baldamus* IStR 2012, 318; *Ditz* ISR 2013, 262 f.; *Schaumburg* ISR 2013, 198 f.; HHR/*Roth* § 49 EStG Rz. 240; *Kußmaul/Delarber/Müller* IStR 2014, 473; *Kußmaul/Ruiner* BB 2012, 2029). 733

einstweilen frei 734–739

IV. Spezielle Problembereiche

1. Verhältnis zu den Entstrickungsregeln

Durch die Neuregelung des § 1 Abs. 4 und 5 bezweckt der Gesetzgeber die von der OECD entwickelten Grundsätze zur Anwendung des Fremdvergleichsgrundsatzes im Rahmen der Betriebsstättengewinnermittlung vollumfänglich einer klaren innerstaatlichen Rechtsgrundlage zuzuführen (vgl. BT-Drs. 17/10000, 36). Partiell geschah dies bisher bereits durch die in § 4 Abs. 1 740

S. 3 und 4 EStG, § 12 Abs. 1 KStG und § 16 Abs. 3a EStG verorteten allgemeinen Entstrickungsregeln (vgl. → Rz. 613, 615f.). Daher stellt sich die Frage, in welchem Verhältnis § 1 Abs. 5 zu den allgemeinen Entstrickungsregeln steht. Als Einkünftekorrekturnorm gewährt § 1 den Entstrickungsregeln – als Gewinnermittlungsnormen – Anwendungsvorrang (so auch: *Ditz/Luckhaupt* ISR 2015, 7; *Richter/Heyd* Ubg 2013, 423; *Hemmelrath/Kepper* IStR 2013, 41; *Ditz/Quilitzsch* DStR 2013, 1919). Dies ergibt sich aus § 1 Abs. 1 S. 1, wonach die in § 1 enthaltenen Korrekturen „unbeschadet anderer Vorschriften" durchzuführen sind. Kommt es demnach zur Überführung eines Wirtschaftsgutes von einem inländischen Stammhaus in eine ausländische Betriebsstätte, bilden zunächst die allgemeinen Entstrickungsregeln die Rechtsgrundlage für eine Entstrickung der stillen Reserven. Während sich die Entstrickungsbesteuerung nach § 4 Abs. 1 S. 3 und 4 EStG, § 12 Abs. 1 KStG und § 16 Abs. 3a EStG in steuersystematischer Hinsicht auf die erste Stufe der Unterschiedsbetragsermittlung auswirkt, kommen zusätzliche Korrekturen nach § 1 Abs. 5 nur außerbilanziell auf einer der Einkünfteermittlung nachgelagerten Stufe in Betracht und auch nur dann, wenn diese zu einem höheren deutschen Steueranspruch führen. Ein solcher Befund lässt sich auch implizit aus § 1 Abs. 5 S. 6 ableiten, wonach die Möglichkeit zur Bildung eines Ausgleichspostens nach § 4g EStG nicht entfallen soll (vgl. *Richter/Heyd* Ubg 2013, 423; *Baldamus* IStR 2012, 319). In den VWG BsGa wird ausdrücklich darauf hingewiesen, dass eine Einkünftekorrektur nach § 1 auch in Fällen in denen kein DBA anzuwenden ist nur zugunsten des deutschen Steueraufkommens durchzuführen ist (vgl. BMF v. 22.12.2016, BStBl. I 2017, 182, Rn. 20).

741 Außerbilanzielle Korrekturen nach § 1 Abs. 5 können notwendig werden, da die Regelungen auf unterschiedliche Wertmaßstäbe abstellen. Während die Entstrickungsvorschriften nach § 4 Abs. 1 S. 3 und 4 EStG, § 12 Abs. 1 KStG und § 16 Abs. 3a EStG auf den gemeinen Wert abstellen (§§ 6 Abs. 1 Nr. 4 S. 1 2. Hs. EStG, 12 Abs. 1 S. 1 KStG), knüpft § 1 an den Fremdvergleichspreis an. Wenn auch nur in Ausnahmefällen (vgl. hierzu *Wassermeyer* IStR 2008, 178; *Roth* in Grotherr Steuerplanung S. 84f.), wäre demnach eine Korrektur zunächst nach den Entstrickungsregeln iHd Differenz zwischen dem steuerlichen Buchwert und dem gemeinen Wert und anschließend eine weitere außerbilanzielle Korrektur nach § 1 iHd Differenz zwischen dem gemeinen Wert und dem Fremdvergleichswert möglich (vgl. *Baldamus* IStR 2012, 319). Denkbar wäre eine solche Korrektur bspw. bei Funktionsverlagerungen, die iSd Besteuerung eines Transferpakets von den Entstrickungsregeln nicht erfasst werden (*Ditz/Luckhaupt* ISR 2015, 8; *Ditz* ISR 2013, 263).

742 Es verbleibt zu diskutieren, ob sich die Kriterien für eine Zuordnung von Wirtschaftsgütern zu einer Betriebsstätte auf der Basis von § 1 Abs. 5 iVm §§ 5–8 BsGaV sowie § 4 Abs. 1 S. 3, 4 EStG und § 12 Abs. 1 KStG unterscheiden können. *Ditz* kommt hierbei zu der Erkenntnis, dass ein Unterschied hinsichtlich der Zuordnungskriterien festzustellen ist (vgl. *Ditz* ISR 2013, 263; *Ditz/Luckhaupt* ISR 2015, 8). Zur Begründung seiner Einschätzung führt *Ditz* an, dass die Vorschrift des § 1 Abs. 5 für eine Zuordnung von Wirtschaftsgütern auf Personalfunktionen abstellt (vgl. *Ditz* ISR 2013, 263; *Ditz/Luckhaupt* ISR 2015, 8). Die Entstrickungsregeln im EStG und KStG kennen ein solches Zuordnungskriterium jedoch nicht. Vielmehr wird hier nach hM eine Zuordnung anhand des Kriteriums der „funktionalen Zugehörigkeit" vorgenommen (detailliert Schönfeld/Ditz/*Ditz* Art. 7 OECD-MA 2008, Rz. 126 ff.). Als Konsequenz wäre es möglich, dass die stillen Reserven bei Verbringung eines Wirtschaftsgutes in eine ausländische Betriebsstätte zunächst nach den allgemeinen Entstrickungsregeln und zu einem späteren Zeitpunkt nach § 1 Abs. 5 aufzudecken sind (vgl. *Ditz* ISR 2013, 263). In dem am 26.9.2014 veröffentlichten BMF-Schreiben vertritt die Finanzverwaltung jedoch die Auffassung, dass die Vorschriften des § 1 Abs. 5 iVm §§ 5–8 BsGaV in den Grundzügen mit einer Zuordnung nach dem funktionalen Zusammenhang übereinstimmen (vgl. BMF v. 26.9.2014, I V B 5 – S 1300/09/10003, BStBl. I 2014, 1258, Rz. 2.2.4.1; *Ditz/Luckhaupt* ISR 2015, 8). Aus Sicht der Finanzverwaltung sollte somit das den Entstrickungsregeln zugrundeliegende Veranlassungsprinzip und das den Regelungen des § 1 Abs. 5 iVm §§ 5–8 BsGaV zugrundeliegende Prinzip der Zuordnung anhand der maßgeblichen Personalfunktionen nicht zu unterschiedlichen Zuordnungsentscheidungen führen (vgl. BMF v. 26.9.2014, IV B 5 – S 1300/09/10003, BStBl. I 2014, 1258, Rz. 2.2.4.1; *Ditz/Luckhaupt* ISR 2015, 8).

einstweilen frei **743, 744**

2. Vermeidung internationaler Besteuerungskonflikte

a) Überblick über die verschiedenen Abkommenstypen

Auch wenn Art. 7 der deutschen Verhandlungsgrundlage für DBA auf der uneingeschränkten Selbstständigkeitsfiktion für Zwecke der Betriebsstättengewinnabgrenzung aufbaut (vgl. BMF v. 22.8.2013, IV B2 – S 1301/13/10009, 11), basiert ein Großteil der von der Bundesrepublik Deutschland auf dem Gebiet der Steuern vom Einkommen und vom Vermögen abgeschlossenen DBA mit anderen Staaten gerade nicht auf der Version des Art. 7 OECD-MA idF vom 22.7.2010. Genau genommen enthalten lediglich vier der 96 zum 1.1.2018 abgeschlossenen und ratifizierten DBA – namentlich das DBA mit Liechtenstein, Luxemburg, Japan und den Niederlanden – die Version des Art. 7 OECD-MA 2010 (*Hentschel/Kraft/Moser* ET 2018, 73 (74 f.)). Darüber hinaus ist der AOA auch in den Änderungsprotokollen zu den DBA mit Norwegen, Großbritannien und Irland enthalten. Auch das bereits am 1.6.2006 abgeschlossene DBA mit den Vereinigten Staaten basiert in weiten Teilen auf dem neuen Ansatz (vgl. Protokoll zu Art. 7 DBA-USA).

Grundsätzlich sind DBA, die nach dem 22.7.2010 abgeschlossen wurden und dem Wortlaut des Art. 7 OECD-MA 2010 folgen, nach Maßgabe des OECD-Betriebsstättenberichts 2010 und des OECD-MK 2010 auszulegen (vgl. *Hentschel/Kraft/Moser* Ubg 2016, 145; *Andresen* ISR 2013, 326; zur Rechtsentwicklung Schönfeld/Ditz/*Ditz* Art. 7 OECD-MA 2010 Rz. 5 ff.). Fraglich ist hingegen, wie mit DBA umzugehen ist, die vor dem 22.7.2010 abgeschlossen wurden. In Anbetracht der Tatsache, dass der OECD-MK 2008 bereits auf den „two-step-approach" verweist, können die darin getroffenen Vereinbarungen als Auslegungshilfe für die ab diesem Zeitpunkt verhandelten DBA dienen (vgl. Vögele Verrechnungspreise/*Brüninghaus* Rz. L 76). Einführungen und Änderungen in den OECD-MK können nach Auffassung des

Commitee of Fiscal Affairs der OECD auch bei der Anwendung und Auslegung früherer DBA herangezogen werden, weil sie den kongruenten Willen der Mitgliedstaaten der OECD in Bezug auf die angemessene Auslegung bestehender Regelungen darstellen (vgl. OECD-MA 2010, Einl., Tzn. 35 f.; *Förster* IStR 2007, 398; *Brüninghaus* in Vögele Verrechnungspreise Rz. L 75). Die Folge ist eine dynamische Auslegung der jeweiligen DBA anhand der aktuellsten Musterkommentierung (vgl. Vögele Verrechnungspreise/*Brüninghaus* Rz. L 75). Der BFH hat einer solchen Ansicht jedoch eine klare Absage erteilt (vgl. BFH v. 25.5.2011, I R 95/10, BStBl. II 2014, 760; BFH v. 9.2.2011, I R 54/10, BStBl. II 2012, 106; BFH v. 8.9.2010, I R 6/09, BStBl. II 2014, 788). Vielmehr kann nach Ansicht des BFH eine Änderung des Musterkommentars nicht automatisch rückwirkend für ältere Abkommen Verbindlichkeit entfalten. Da die Auslegung der DBA jeweils den vertragsschließenden Staaten obliegt, ist der Versuch, den AOA auch für Abkommen, die vor dem 17.7.2008 abgeschlossen wurden und den alten Wortlaut des OECD-MA 2008 enthalten (DBA mit eingeschränkter Selbstständigkeitsfiktion) in Teilen zur Anwendung zu bringen, vergebens. Für diese sog. „Alt-DBA" gelten entsprechend die jeweils zum Vertragsabschluss gültigen Musterkommentierungen, in welchen der AOA noch nicht enthalten war. Einzig bei Abkommen, die zwischen dem 17.7.2008 und dem 22.7.2010 abgeschlossen wurden (DBA mit erweiterter Selbstständigkeitsfiktion), kann davon ausgegangen werden, dass sich die Staaten bei Vertragsschluss über die Änderung der Musterkommentierung im Klaren waren und diese bewusst zur Grundlage ihrer Verhandlungen gemacht haben (vgl. *Hemmelrath/Kepper* IStR 2013, 40; Vogel/Lehner/*Lehner* Grundlagen Rz. 128). Ohne den Anspruch auf Vollständigkeit bestehen derzeit DBA mit erweiterter Selbstständigkeitsfiktion nur zwischen Deutschland und den folgenden Staaten: Albanien, Bulgarien, Malaysia, Syrien, Ungarn und Vereinigte Arabische Emirate (vgl. BMF v. 17.1.2017, IV B 2 – S 1301/07/10017-09; *Hentschel/Kraft/Moser* ET 2018, 73 (76)). Auch die nach dem 22.7.2010 abgeschlossenen DBA mit China, Costa Rica, Mauritius und den Philippinen basieren auf dem alten Wortlaut des Art. 7 OECD-MA 2008 und sind somit als DBA mit erweiterter Selbstständigkeitsfiktion einzustufen (vgl. *Hentschel/Kraft/Moser* ET 2018, 73 (76)).

747 Nachfolgende Abbildung gruppiert die zwischen Deutschland und den jeweiligen Vertragsstaaten vereinbarten DBA nach dem darin enthaltenen Grad der Selbstständigkeitsfiktion und gibt an, welche Version des OECD-MK und des OECD-Betriebsstättenberichts für eine Auslegung dieser zugänglich ist.

Abb. 2: Auslegung der jeweiligen DBA

Doppelbesteuerungsabkommen	Auslegung
DBA mit eingeschränkter Selbständigkeitsfiktion • alter Wortlaut des Art. 7 • vor dem 17.7.2008 abgeschlossen	• OECD-MK 2008 und OECD-Betriebsstättenbericht 2008 für Auslegung nicht zugänglich • Auslegung anhand der jeweiligen zum DBA-Abschlussdatum gültigen OECD-MK

G. § 1 Abs. 5

Doppelbesteuerungsabkommen	Auslegung
DBA mit erweiterter Selbständigkeitsfiktion • alter Wortlaut des Art. 7 • nach dem 17.7.2008 abgeschlossen	• OECD-MK 2008 und OECD-Betriebsstättenbericht 2008 für Auslegung zugänglich
DBA mit uneingeschränkter Selbstständigkeitsfiktion • neuer Wortlaut des Art. 7 nach OECD-MA 2010 • nach dem 22.7.2010 abgeschlossen	• OECD-MK 2010 und OECD-Betriebsstättenbericht 2010 für Auslegung zugänglich

Quelle: *Hentschel/Kraft/Moser* Ubg 2016, 146.

b) Die Escape-Klausel des § 1 Abs. 5 S. 8

aa) Notwendigkeit. Der Gesetzgeber differenzierte bei der Umsetzung 748 des AOA in das deutsche Recht nicht zwischen der Vielzahl der aufgezeigten divergierenden Abkommenstypen. Vielmehr sind die Regelungen des § 1 Abs. 5 S. 1–7 grundsätzlich für alle DBA – sowie Nicht-DBA Konstellationen – anzuwenden. Die damit verbundene akute Gefahr internationaler Besteuerungskonflikte ist im folgenden Beispiel dargestellt.

Beispiel (in Anlehnung an *Hentschel/Kraft/Moser* Ubg 2016, 147):

Die in Hamburg ansässige S-GmbH produziert und vertreibt weltweit Halbleiter für 749 Photovoltaikanlagen. Zur flexiblen Befriedigung der Kundenwünsche beschließt die S-GmbH die Produktion und den Vertrieb für die Märkte in Indien, Spanien, Liechtenstein und der Volksrepublik China durch Zweigniederlassungen in den jeweiligen Ländern durchzuführen. Das Stammhaus in Hamburg übernimmt weiterhin einzelne Dienstleistungen wie EDV, Forschung & Entwicklung sowie die Marketingaktivitäten für das Gesamtunternehmen.

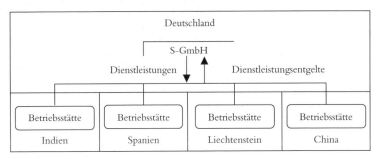

Lösung (in Anlehnung an *Hentschel/Kraft/Moser* Ubg 2016, 147):

Zwischen dem inländischen Stammhaus (S-GmbH) und den ausländischen Betriebsstätten bestehen anzunehmende schuldrechtliche Beziehungen iSd § 1 Abs. 4 S. 1 Nr. 2 iVm § 16 BsGaV. Unabhängig von den zwischen Deutschland und den anderen Staaten bestehenden Doppelbesteuerungsabkommen ist das deutsche Stammhaus dazu verpflichtet, die gegenüber der Betriebsstätte erbrachten Dienstleistungen gemäß § 1 Abs. 5 fremdvergleichskonform zu vergüten. Zur Vermeidung von Doppelbesteuerung müssten die in Deutschland als fiktive Betriebseinnahmen abgerechneten Dienstleistungsentgelte entsprechend in gleicher Höhe als fiktive Betriebsausgaben im Ausland abzugsfähig sein Ein solcher korrespondierender Abzug der fiktiven Dienstleistungsentgelte ist, insoweit der AOA nicht Teil des Abkommensverständnisses des anderen Staates ist, äußerst zweifelhaft. Im Beispielfall basiert nach derzeitigem Rechtstand lediglich das am 17.11.2011 abgeschlossene DBA mit Liechtenstein auf der Version des Art. 7 OECD-MA idF vom 22.7.2010 und somit auf der uneingeschränkten Selbstständigkeitsfiktion der Betriebsstätte. Die übrigen DBA mit Indien, Spanien und der Volksrepublik China folgen hingegen nicht dem Wortlaut des Art. 7 OECD-MA 2010. Inwiefern in diesen und weiteren DBA-Konstellationen eine drohende Doppelbesteuerung durch Anwendung des in § 1 Abs. 5 S. 8 verorteten Escape-Klausel vermieden werden kann, soll im Folgenden untersucht werden.

750 **bb) Voraussetzungen zur Anwendung der Escape-Klausel. (1) Überblick.** Das aufgrund einer divergierenden Abkommensanwendung von Art. 7 OECD-MA auftretende Doppelbesteuerungsrisiko hat der Gesetzgeber wohl erkannt und folglich in § 1 Abs. 5 S. 8 einen – nach § 2 AO eigentlich selbstverständlichen – Vorrang des Abkommensrechts gegenüber den Regelungen des § 1 Abs. 5 S. 1–7 eingeräumt (vgl. *Hentschel/Kraft/Moser* Ubg 2016, 144; *Kraft/Dombrowski* IWB 2015, 91; *Ditz* ISR 2013, 265; Wassermeyer/*Kaeser* Art. 7 OECD-MA 2010 Rz. 709 ff.; *Gebhard* BB 2012, 2353 ff.). Ein solcher Vorrang ist jedoch nur dann zu gewähren, falls der Steuerpflichtige
– geltend macht, dass die Regelungen des anzuwendenden DBA's dem § 1 Abs. 5 S. 1–7 widersprechen und
– nachweist, dass der andere Staat sein Besteuerungsrecht entsprechend diesem Abkommen ausübt und
– es aufgrund des Anwendung des § 1 Abs. 5 S. 1–7 zu einer Doppelbesteuerung kommt.

751 Zunächst überrascht in diesem Zusammenhang die Notwendigkeit der Geltendmachung durch den Steuerpflichtigen. Aus § 88 AO ergibt sich, dass die Finanzverwaltung im Rahmen des Untersuchungsgrundsatzes dazu verpflichtet ist, DBA als unmittelbar anwendbare Normen zu beachten (vgl. *Schnitger* IStR 2012, 641). Dass es trotz dieser Verpflichtung im Bereich des § 1 Abs. 5 nur dann zu einem Vorrang des anzuwendenden DBAs kommen soll, wenn sich der Steuerpflichtige darauf beruft, stellt eine besondere Form des Treaty Override dar (vgl. *Hemmelrath/Keppler* IStR 2013, 41; *Brunsbach/Endres/Lüdicke/ Schnitger* Dt. Abkommenspolitik, IFSt-Schrift Nr. 480 2012, 64; Vögele Verrechnungspreise/*Brüninghaus* Rz. L 81; differenziert *Gebhardt* BB 2012, 2353 f. Mit Beschluss vom 15.12.2015 hat das BVerfG (Az.: 2 BvL 1/12) nunmehr entschieden, dass der Gesetzgeber nicht an einseitigen Vertragsüberschreibungen gehindert ist und teilt damit nicht die vom BFH (Entscheidung v. 10.1.2012, I R 66/09, BFHE 236, 304) hervorgebrachten Zweifel an der verfassungsrechtlichen Zulässigkeit eines Treaty override). In diesem Zusammenhang wurde auch der Begriff des „Reverse Treaty Override" geprägt (vgl. *Andresen* DB 2012, 884). Denn im Gegensatz zur klassischen Derogation eines DBA durch nationales Recht bedarf es in § 1 Abs. 5 S. 8 gerade des Nachweises der Besteuerung gemäß eines Abkommens (vgl. *Kraft/Dombrowski* IWB 2015, 91 f.).

752 **(2) Geltendmachung des Widerspruchs.** Um die Escape-Klausel in Anspruch nehmen zu können, stellt sich für den Steuerpflichtigen zunächst

die Frage, wann ein Widerspruch von § 1 Abs. 5 S. 1–7 zu dem jeweils anwendbaren DBA vorliegt. Weder im Gesetzestext noch in der BsGaV erfolgt eine Konkretisierung diesbezüglich. In den VWG BsGa werden von der Finanzverwaltung drei Konstellationen vorgestellt anhand deren aufgezeigt wird, ob und mit welcher Wirkung § 1 Abs. 5 S. 8 zur Vermeidung internationaler Besteuerungskonflikte herangezogen werden kann (vgl. BMF v. 22.12.2016, BStBl. I 2017, 182, Rn. 424 ff.; *Henstschel/Kraft/Moser*, ET 2018, 73 (78)). Folgende Konstellationen werden unterschieden:
– DBA, die eine Regelung enthalten, die Art. 7 OECD-MA entspricht,
– DBA mit OECD-Mitgliedstaaten, die eine Regelung enthalten, die Art. 7 OECD-MA 2008 entspricht (alte Abkommen) sowie
– DBA mit Nicht-Mitgliedstaaten der OECD, die eine Regelung enthalten, die Art. 7 OECD-MA 2008 bzw. Art. 7 UN-MA entspricht.

Für DBA, die eine Regelung enthalten, die Art. 7 OECD-MA 2010 entspricht (DBA mit uneingeschränkter Selbstständigkeitsfiktion) sowie für DBA in denen der andere Staat erkennen lässt, dass er die Grundsätze des AOA in seinen DBA mit Deutschland für anwendbar hält, werden die Regelungen des anzuwendenden DBA's dem § 1 Abs. 5 S. 1–7 im Regelfall nicht widersprechen (vgl. BMF v. 22.12.2016, BStBl. I 2017, 182, Rn. 425). Für diese Abkommenstypen können Besteuerungskonflikte jedoch aufgrund einer unterschiedlichen Auslegung des jeweils geltenden DBA durch Deutschland und den anderen Vertragsstaat entstehen (vgl. *Hentschel/Kraft/Moser* Ubg 2016, 148). Wie das nachfolgende Beispiel zeigt, kann es zu Auslegungsschwierigkeiten der jeweiligen DBA insbesondere dadurch kommen, dass die nationale Gesetzgebungshoheit den ihr durch das DBA vorgegebenen Zuordnungsrahmen und die von der OECD vorgegebenen Zuordnungsmethodiken profiskalisch in die nationalen Gesetze implementiert hat.

Beispiel (In Anlehnung an *Hentschel/Kraft/Moser* Ubg 2016, 148):
Die in Hamburg ansässige S-GmbH hat für ihre in Liechtenstein belegene Betriebsstätte die Gewinnermittlung gemäß § 1 Abs. 5 durchzuführen. Nachdem die Zuordnung aller Aktiva erfolgte steht die S-GmbH vor der Aufgabe die Höhe des der Betriebsstätte zuzuordnenden Dotationskapitals zu bestimmen.

Lösung:
Gemäß § 1 Abs. 5 S. 3 Nr. 4 iVm § 13 Abs. 1 BsGaV hat die S-GmbH für die Zuordnung des Dotationskapitals zu einer ausländischen Betriebsstätte die Mindestkapitalausstattungsmethode anzuwenden. Hiernach ist der in Liechtenstein belegenen Betriebsstätte nur dann ein Dotationskapital zuzuordnen, wenn das Unternehmen glaubhaft macht, dass ein solches notwendig ist. Im vorliegenden Fall sei unterstellt, dass die Notwendigkeit eines Dotationskapitals nicht glaubhaft gemacht werden kann und der Betriebsstätte entsprechend ein Dotationskapital von 0 € zuzuordnen ist. Vor dem Hintergrund, dass die OECD die Mindestkapitalausstattungsmethode als eine nicht geeignete Methode für Dotationskapitalzuordnung ansieht, wäre es nicht verwunderlich, wenn die Finanzverwaltung in Liechtenstein der deutschen Sichtweise nicht folgen und eine andere OECD konforme Methode (zB Kapitalaufteilungsmethode) für die Bestimmung des Dotationskapitals der Betriebsstätte zu Grunde legen würde. Eine damit einhergehende unterschiedliche Zuordnung von Finanzierungsaufwendungen würde entsprechend eine Doppelbesteuerung zur Folge haben.

In dem aufgezeigten Beispiel liegt die Ursache für den Besteuerungskonflikt jedoch nicht in der unterschiedlichen Rechtslage zwischen der nationalen

Regelung des § 1 Abs. 5 S. 1–7 und dem jeweiligen DBA, sondern in der divergierenden nationalen Implementierung des AOA. Folglich kann der Besteuerungskonflikt auch nicht über § 1 Abs. 5 S. 8, sondern allenfalls im Rahmen eines Verständigungsverfahrens auf der Grundlage des OECD-Betriebsstättenberichts beseitigt werden (so auch BMF v. 22.12.2016, BStBl. I 2017, 182, Rn. 426).

756 Als zweite Konstellation werden von der Finanzverwaltung DBA mit OECD-Mitgliedstaaten angeführt, die eine Regelung enthalten, die Art. 7 OECD-MA 2008 entspricht. Für diese Abkommenstypen wird pauschal unterstellt, dass der andere OECD-Mitgliedstaat der Handhabung nach § 1 Abs. 5 und der BsGaV folgt und folglich ein Widerspruch zum DBA nicht auftritt (vgl. BMF v. 22.12.2016, BStBl. I 2017, 182, Rn. 427). Sollte es dennoch zu Unstimmigkeiten kommen, verweist die Finanzverwaltung den Steuerpflichtigen unmittelbar auf das Verständigungsverfahren und lässt den Steuerpflichtigen damit direkt in Doppelbesteuerungssituationen laufen (vgl. BMF v. 22.12.2016, BStBl. I 2017, 182, Rn. 428, so auch *Sennewald/Geberth* DB 2017, 33). Lediglich im Falle von fiktiven Nutzungsüberlassungen wird von der Finanzverwaltung ein Widerspruch anerkannt (vgl. BMF v. 22.12.2016, BStBl. I 2017, 182, Rn. 429).

757 Eine solche Auffassung kann nur verwundern, da sich ein Widerspruch für DBA mit eingeschränkter Selbstständigkeitsfiktion – unabhängig davon ob diese mit OECD-Mitgliedstaaten oder Nicht-OECD-Mitgliedstaaten abgeschlossen wurden – zu § 1 Abs. 5 S. 1–7 bereits dadurch ergibt, dass der OECD-MK 2008 und die hierin enthaltene Grundidee des AOA keine auslegungsinduzierende Wirkung für die DBA entfalten, da sie zum Zeitpunkt des DBA-Abschlusses noch nicht existierten (BFH v. 25.5.2011, I R 95/10, BStBl. II 2014, 760; BFH v. 9.2.2011, I R 54/10, BStBl. II 2012, 106; BFH v. 8.9.2010, I R 6/09, BStBl. II 2014, 788). Für DBA mit erweiterter Selbstständigkeitsfiktion stellt sich die Frage, ob ein Widerspruch zu § 1 Abs. 5 S. 1–7 vorhanden ist, komplexer dar. So sind der OECD-MK 2008 und die darin enthaltenen zentralen Elemente des AOA, wie bspw. die zweistufige Gewinnermittlungsmethode und die Anerkennung von Liefer- und Leistungsbeziehungen innerhalb des Einheitsunternehmens, für die Auslegung der entsprechenden DBA zugänglich. Insoweit ist ein direkter Widerspruch zu § 1 Abs. 5 S. 1–7 nicht zu konstatieren. Bei Abkommen, die zwischen dem 17.7.2008 und dem 22.7.2010 abgeschlossen wurden bzw. bei solchen, die nach dem 22.7.2010 abgeschlossen wurden, sich allerdings bei der Auslegung und Anwendung des Art. 7 auf die OECD-MK 2008 beziehen (bspw. DBA Deutschland-China), ergibt sich der Widerspruch zu § 1 Abs. 5 S. 1–7 jedoch aus der Tatsache, dass diese nach der OECD-MK 2008 auszulegen sind.

758 Als dritte Konstellation werden in den VWG BsGa DBA mit Nicht-Mitgliedstaaten der OECD, die eine Regelung enthalten, die Art. 7 OECD-MA 2008 bzw. Art. 7 UN-MA entspricht, angeführt. Für diese Abkommen wird ein Widerspruch zu § 1 Abs. 5 S. 1–7 und der BsGaV anerkannt uns folglich auch die Anwendbarkeit der Escape Klausel. Eine Veranlagung erfolgt in diesen Fällen nach dem damaligen Abkommensverständnis, wodurch ein Verständigungsverfahren idR nicht notwendig ist (vgl. hierfür BMF v. 22.12.2016, BStBl. I 2017, 182, Rn. 432).

G. § 1 Abs. 5

(3) Nachweis der abkommenskonformen Ausübung. Ist ein Widerspruch zwischen dem anzuwendenden DBA und § 1 Abs. 5 S. 1–7 festzustellen und macht der Steuerpflichtige dies geltend, ist zur Inanspruchnahme der Escape-Klausel in einem zweiten Schritt der Nachweis zu erbringen, dass der andere Staat sein Besteuerungsrecht entsprechend diesem Abkommen ausübt. Aus der Regierungsbegründung zu dem Gesetzesentwurf ist zu entnehmen, dass der Nachweis der Besteuerung „im Regelfall durch Vorlage des entsprechenden ausländischen Steuerbescheids und ergänzender Unterlagen geführt werden kann". Welche ergänzenden Unterlagen konkret gefordert werden, ist den VWG BsGa zu entnehmen. Hiernach sind neben der in Deutschland und im Ausland abgegebenen Steuererklärung zusätzlich der Steuerbescheid des anderen Staates vorzulegen, soweit dieser vorliegt (vgl. BMF v. 22.12.2016, BStBl. I 2017, 182, Rn. 430). Liegt die ausländische Steuererklärung oder der ausländische Steuerbescheid nicht vor, so sind diese Unterlagen unverzüglich nachzureichen (vgl. BMF v. 22.12.2016, BStBl. I 2017, 182, Rn. 430). 759

In diesem Zusammenhang steht der Steuerpflichtige vor zwei Unabwägbarkeiten. Zum einen ist fraglich inwiefern der im Regelfall in einer anderen Sprache verfasste Steuerbescheid von der Finanzverwaltung akzeptiert werden wird oder ob insoweit aufwendige Übersetzungen notwendig werden. Hier ist zu befürchten, dass sich die Finanzverwaltung auf § 87 Abs. 1, 2 AO beruft und entsprechend einen Nachweis in deutscher Sprache fordert (vgl. Lübbehüsen/Kahle Brennpunkte der Besteuerung von Betriebsstätten/*Kahle/Kindich* Rz. 4.428; *Hentschel/Kraft/Moser* Ubg 2016, 149). 760

Zum anderen können zwischen Einreichung der Steuererklärung im Abkommensstaat und Erhalt des Steuerbescheides Jahre vergehen. Zudem kann die ausländische Betriebsprüfung – die zT erst Jahre nach Ausstellung des Steuerbescheides erfolgt – den Sachverhalt völlig anders einschätzen und den Steuerbescheid entsprechend anpassen. Es stellt sich somit die Frage, wann das Besteuerungsrecht in zeitlicher Hinsicht als ausgeübt gilt. Dies sollte nicht erst dann der Fall sein, wenn eine endgültige Steuerfestsetzung durch einen Steuerbescheid erfolgt ist, sondern bereits dann, wenn es bspw. aufgrund bereits in vorangegangenen Jahren erlassener Steuerbescheide erkennbar ist, dass der andere Staat sein Besteuerungsrecht auch zukünftig in Anspruch nehmen wird (vgl. *Hentschel/Kraft/Moser* Ubg 2016, 149). Die Finanzverwaltung scheint dem Steuerpflichtigen in dieser Hinsicht entgegenzukommen. So heißt es in den VWG BsGa, dass das zuständige Finanzamt klärt, ob der andere Staat ebenfalls eine Besteuerung nach dem OECD-Betriebsstättenbericht 2010 vorsieht (offizielle öffentliche Äußerung), oder das Finanzamt stellt eine entsprechende Anfrage an das für Verständigungsverfahren zuständige Referat des Bundeszentralamtes für Steuern (vgl. BMF v. 22.12.2016, BStBl. I 2017, 182, Rn. 431). 761

Eine Besonderheit bezüglich der Nachweiserbringung ergibt sich für Staaten mit sog. „Alt-DBA" (Abkommen mit eingeschränkter bzw. erweiterter Selbstständigkeitsfiktion), welche die Betriebsstättengewinnabgrenzung jedoch bereits nach den Grundsätzen des AOA vornehmen. Da bis auf Neuseeland alle OECD-Staaten dem OECD-Betriebsstättenbericht 2010 zugestimmt haben und somit den AOA als zutreffende Auslegung von Art. 7 OECD-MA anerkennen, ist diese Konstellation von besonderer praktischer Relevanz. In 762 diesen Fällen ist die tatsächliche Auslegung des Abkommens eine andere als die ursprüngliche Grundidee bei Abschluss des Abkommens zu dessen Zeitpunkt der AOA noch nicht existierte. Als Beispiel sei an dieser Stelle das DBA Deutschland-Österreich (v. 24.8.2000, BGBl. 2002 II 734) angeführt. Bei diesem am 24.8.2002 abgeschlossenen DBA handelt es sich um ein Abkommen mit eingeschränkter Selbstständigkeitsfiktion. Der OECD-MK 2008 sowie der OECD-Betriebsstättenbericht 2008 sind für eine Auslegung des entsprechenden DBA im Grundsatz nicht zugänglich, da sie zum Zeitpunkt des DBA-Abschlusses noch nicht existierten. Wie den österreichischen Verrechnungspreisrichtlinien jedoch zu entnehmen ist, soll der AOA für die Betriebsstättengewinnabgrenzung bereits rechtliche Relevanz entfalten, jedoch nur, soweit wie er zu dem OECD-MK 2008 zu Art. 7 OECD-MA nicht in Widerspruch steht. Bei enger Auslegung des Wortlautes von § 1 Abs. 5 S. 8 wäre ein Nachweis über die abkommenskonforme Ausübung des Besteuerungsrechts trotz vorhandener Widersprüche zwischen dem OECD-MK 2008 und dem OECD-MK 2010 nicht möglich – die Anwendung der Escape-Klausel wäre somit ausgeschlossen. Ein Blick auf die Gesetzesbegründung, nach der die Escape-Klausel ua auch dann zur Anwendung kommen soll, wenn „der andere Staat beispielsweise das jeweils geltende DBA entsprechend der Kommentierung der OECD zu Art. 7 OECD-MA 2008" (BT-Drs. 17/10000 v. 19.6.2012, 65) anwendet, legt jedoch nahe dass eine enge Auslegung des Wortlautes von § 1 Abs. 5 S. 8 abzulehnen ist. Folglich sollte auch im DBA Deutschland-Österreich der Nachweis der abkommenskonformen Ausübung des Besteuerungsrechts möglich sein (vgl. *Hentschel/Kraft/Moser* Ubg 2016, 150). Verbleibende Doppelbesteuerungsrisiken, die sich aus den Einschränkungen bzw. Unterschieden zwischen dem OECD-MK 2008 und dem OECD-MK 2010 ergeben, sollten hiernach – sofern der Nachweis der Doppelbesteuerung gelingt – demnach in den Anwendungsbereich der Escape-Klausel fallen. Wie den VWG BsGa zu entnehmen ist, ist nach Auffassung der Finanzverwaltung für diese Konstellationen die Anwendung der Escape-Klausel nicht vorgesehen. Vielmehr sind auftretende Besteuerungskonflikte im Rahmen aufwendiger Verständigungsverfahren zu lösen.

763 **(4) Nachweis der Doppelbesteuerung.** Was den Nachweis der Doppelbesteuerung anbelangt, die dadurch bedingt ist, dass der andere Staat sein Besteuerungsrecht entsprechend des Abkommens ausübt, stellt sich die Frage, welche Art von Dokumentation die drohende Doppelbesteuerung belegen soll. Um das Prinzip der Verhältnismäßigkeit zu bewahren und den Steuerpflichtigen nicht durch administrative Hürden von dem Anwendungsbereich der Escape-Klausel auszuschließen, sollten die Anforderungen an die Nachweiserfordernisse seitens der Finanzverwaltung so gering wie möglich gehalten werden (So auch *Hentschel/Kraft/Moser* Ubg 2016, 150 f.; Vögele Verrechnungspreise/*Brüninghaus* Rz. L 81; zustimmend auch Lübbehüsen/Kahle, Brennpunkte der Besteuerung von Betriebsstätten/*Kahle/Kindich* Rz. 4.429).

764 In der praktischen Anwendung wird der Steuerpflichtige im ausländischen Staat – falls dieser dem AOA nicht folgt – seine Einkünfte zunächst nach dem jeweiligen damaligen Abkommensverständnis erklären (vgl. BMF v. 22.12.2016, BStBl. I 2017, 182, Rn. 429 f.). Im Inland wird eine hinzu korrespondierende Steuererklärung nach damaligem Abkommensverständnis abzugeben sein mit dem Verweis, dass der AOA entsprechend nicht angewendet werden kann. Zudem wird die Finanzverwaltung eine entsprechende Vergleichsrechnung erwarten, aus der ersichtlich wird, wie die einzelnen Geschäftsvorfälle zwischen dem Stammhaus und seiner Betriebsstätte nach AOA Verständnis zu erfassen wären (vgl. *Hentschel/Kraft/Moser* Ubg 2016, 151). Die Höhe der Abweichung ist entsprechend zu quantifizieren (vgl. BMF v. 22.12.2016, BStBl. I 2017, 182, Rn. 429f.). In diesem Zusammenhang wird es nicht ausreichend sein die Prüfung einer möglichen Doppelbesteuerung isoliert für einzelne Innentransaktionen durchzuführen. Vielmehr ist stets auf die Gesamtheit aller Vorgänge abzustellen (vgl. Wassermeyer/*Kaeser* Art. 7 OECD-MA 2010 Rz. 711). Auf diese Weise kann festgestellt werden, inwiefern der einer Betriebsstätte zugerechnete Gewinn auf der Grundlage der abkommensrechtlichen Vorgaben der Art. 7 OECD-MA nachgebildeten DBA-Norm des anderen Vertragsstaates von dem Gewinn abweicht, der sich auf der Grundlage von § 1 Abs. 5 S. 1–7 ergibt (so auch Wassermeyer/*Kaeser* Art. 7 OECD-MA 2010 Rz. 712). Abweichungen, die sich aus dem lokalen Recht des anderen Vertragsstaates ergeben sind hierbei entsprechend herauszurechnen (vgl. Wassermeyer/*Kaeser* Art. 7 OECD-MA 2010 Rz. 712). Auf Anfrage hat der Steuerpflichtige darüber hinaus zu erläutern, nach welchen Grundsätzen die Besteuerung der Einkünfte im anderen Staat erfolgt ist (vgl. BMF v. 22.12.2016, BStBl. I 2017, 182, Rn. 433). Insbesondere kommt der gemäß § 3 BsGaV zu erstellenden Hilfs- und Nebenrechnung sowie der gemäß § 90 Abs. 3 AO zu erstellenden Verrechnungspreisdokumentation hierbei eine besondere Bedeutung zu.

Sollte sich bei späterer Vorlage des ausländischen Steuerbescheides herausstellen, dass das ausländische Finanzamt einzelne Vorgänge anders beurteilt hat als in der ihr vorgelegten Steuererklärung vorgesehen, ist zu prüfen ob ein Ereignis gemäß § 175 AO vorliegt bzw. welche weiteren Änderungsmöglichkeiten von der Finanzverwaltung durchgeführt werden können (vgl. *Hentschel/Kraft/Moser* Ubg 2016, 151).

c) Anwendbarkeit der Escape-Klausel im Nicht-DBA Fall

Für Betriebsstätten oder Unternehmen mit Ort der Geschäftsleitung in einem Staat, mit dem Deutschland kein DBA abgeschlossen hat, kommt eine Anwendung der Escape-Klausel nicht in Betracht. Da jedoch auch hier eine grundsätzliche Anwendung von § 1 Abs. 5 vorgesehen ist, treffen die Wechselwirkungen der jeweiligen nationalen Steuerregime unmittelbar und vollumfänglich den Steuerpflichtigen (vgl. *Kraft/Dombrowski* IWB 2015, 93). Für diese Fälle werden dem Steuerpflichtigen keine Anwendungshinweise in den VWG BsGa gegeben (vgl. BMF v. 22.12.2016, BStBl. I 2017, 182, Rn. 424 ff.). Drohende Doppelbesteuerungen können lediglich im Rahmen der Anrechnungs- bzw. Abzugsmethode abgemildert werden. Bei einer Outbound-Betriebsstätte ergeben sich die Möglichkeiten von Steueranrechnung und Steuerabzug aus den Regelungen des § 26 KStG iVm § 34c Abs. 1–3 iVm § 34d EStG (vgl. hierzu detailliert *Kraft/Dombrowski* IWB 2015, 93 f.).

einstweilen frei

3. Vereinbarkeit mit höherrangigem Recht
a) Verfassungsrecht

770 **aa) Leistungsfähigkeitsprinzip, Realisationsprinzip.** Die innerstaatliche Implementierung des AOA in § 1 Abs. 4 und 5 wirft Bedenken hinsichtlich der Verfassungsmäßigkeit der Regelungen auf.

771 Gemäß dem in Art. 3 Abs. 1 GG verorteten Gleichheitssatz wird das Leistungsfähigkeitsprinzip als zentrale Determinante des deutschen Steuerrechts abgeleitet (hierzu *Tipke* Die Steuerrechtsordnung Bd. 1 S. 323; *Tipke* StuW 1988, 262; *Kirchhof* StuW 2011, 365; *Kirchhof* StuW 1985, 319; *Kirchhof* StuW 1984, 297; *Birk* StuW 1983, 293; *Birk* StuW 2000, 328; *Lang* StuW 1990, 331; *Schneider* StuW 1984, 356; *Bierganz/Wasmer* FR 1985, 57; *Franz* StuW 1988, 17). Die Leistungsfähigkeit eines Steuerpflichtigen wird wiederum als die Fähigkeit verstanden, durch wirtschaftliche Handlungen Reinvermögensmehrungen zu erzielen (vgl. *Biergans/Wasmer* FR 1985, 62). Steuerliche Leistungsfähigkeit setzt dabei stets Liquidität für die Steuerzahlung voraus (vgl. *Tipke* Die Steuerrechtsordnung Bd. 1 S. 479ff.; *Tipke/Lang* Steuerrecht § 3 Rz. 64). Durch das Fundamentalprinzip der Besteuerung nach der Leistungsfähigkeit, erfährt das in § 252 Abs. 1 Nr. 4 letzter Hs. HGB verortete Realisationsprinzip somit eine spezifische steuerrechtliche Legitimation (vgl. *Schaumburg* ISR 2013, 199; *Tipke* Die Steuerrechtsordnung Bd. 1 S. 504). Gemäß dem Realisationsprinzip dürfen Gewinne erst dann ausgewiesen werden, wenn sie am Abschlussstichtag als realisiert gelten. Nach diesem in § 5 Abs. 1 S. 1 EStG auch für das Steuerrecht geltenden Realisationsprinzip kann es jedoch erst dann zu einer Gewinnrealisierung kommen, wenn Einkünfte iSd § 2 Abs. 1 S. 1 EStG am Markt erzielt wurden (sog. Markteinkommenstheorie, vgl. *Tipke/Lang* Steuerrecht § 3 Rz. 68) und insofern eine Außentransaktion stattgefunden hat. Mit anderen Worten ist somit zur Gewinnrealisierung bspw. eine Lieferung oder eine Dienstleistung von einem Unternehmer gegenüber einem Dritten erforderlich (vgl. *Schaumburg* ISR 2013, 199; so auch *Ditz* IStR 2005, 42; *Döller* BB 1981, 27; *Wassermeyer/Wassermeyer* Art. 7 OECD-MA (2000) Rz. 317).

772 Vor diesem Hintergrund ist es wenig verwunderlich, dass Innentransaktionen zwischen Stammhaus und Betriebstätte nicht zur Erzielung von Einkünften führen können. Die Einkünftekorrekturvorschrift des § 1 Abs. 5 sieht jedoch genau das vor – eine Besteuerung von Gewinnen, auch wenn die Innentransaktion selbst nie zu einer externen Gewinnrealisierung führen und somit die Leistungsfähigkeit des Steuerpflichtigen auch tatsächlich nie erhöhen wird (vgl. Wassermeyer/*Kaeser* Art. 7 OECD-MA 2010 Rz. 694). In der Literatur wird daher auch von einer dem Erwerbssteuerrecht fremden „Sollgewinnbesteuerung" gesprochen (vgl. *Andresen* DB 2012, 883; *Hemmelrath/Kepper* IStR 2013, 41). Insofern erscheint die Besteuerung reiner Innentransaktionen ohne einen Bezug zu späteren Einnahmen als verfassungsrechtlich problematisch (so auch *Schaumburg* ISR 2013, 200; *Andresen* DB 2012, 883; Wassermeyer/*Kaeser* Art. 7 OECD-MA 2010 Rz. 694; *Hemmelrath/Kepper* IStR 2013, 37).

773 **bb) Bestimmtheitsgebot.** Das aus dem Rechtsstaatsprinzip des Art. 20 Abs. 3 GG abgeleitete Gebot der Bestimmtheit ist ein wichtiger Bestandteil

der Gesetzmäßigkeit der Besteuerung (vgl. *Tipke/Lang* Steuerrecht § 3 Rz. 243). Es soll sicherstellen, dass Gesetzesnormen so klar formuliert sein müssen, dass die Finanzverwaltung die Grenzen ihrer Befugnisse erkennt und somit in ihrem Verhalten bzgl. Zweck, Ausmaß und Inhalt hinreichend beschränkt wird (vgl. *Tipke/Lang* Steuerrecht § 3 Rz. 243). Ob die Regelungen des § 1 Abs. 4 und 5 angesichts der gehäuften Verwendung unbestimmter Rechtsbegriffe wie etwa „Geschäftsvorfälle" „Bedingungen", „Personalfunktionen", „Vermögenswerte" „eigenständiges und unabhängiges Unternehmen" „Chancen und Risiken" dem Bestimmtheitsgebot genügen, darf bezweifelt werden (so auch *Wassermeyer* IStR 2012, 282; *Wassermeyer/Kaeser* Art. 7 OECD-MA 2010 Rz. 69).

Angesichts dieser relativen Unbestimmtheit der gesetzlichen Regelung **774** kommt § 1 Abs. 6 eine besondere Bedeutung zu. Hierin wird das BMF ermächtigt, durch eine Rechtsverordnung Einzelheiten zur Anwendung des Fremdvergleichsgrundsatzes iSd § 1 Abs. 1, 3 und 5 und Einzelheiten zu dessen einheitlicher Anwendung sowie Grundsätze zur Bestimmung des Dotationskapitals festzulegen. Die Verordnung wurde mit Datum vom 17.10.2014 im Bundesgesetzblatt (BGBl. 2014 I 1603) veröffentlicht und ist erstmals für Wirtschaftsjahre anzuwenden, die nach dem 31.12.2014 beginnen. Auch wenn durch die insgesamt 41 Paragraphen umfassende BsGaV einige der unbestimmten Rechtsbegriffe („Vermögenswerte", „Personalfunktion") konkretisiert werden, schafft die BsGaV weitere unbestimmte Begrifflichkeiten (bspw. „fiktive Betriebseinnahmen" bzw. „fiktive Betriebsausgaben), die zwangsläufig auch neue Rechtsunsicherheiten hervorbringen. Für den Übergangszeitraum, in welchem die BsGaV noch nicht für den Steuerpflichtigen zugänglich war, kann es verwaltungsseitig nicht beanstandet werden, wenn der Steuerpflichtige den Vorgaben des OECD-Betriebsstättenberichts 2010 gefolgt ist (vgl. *Wassermeyer/Kaeser* Art. 7 OECD-MA 2010, Rz. 695). Dieser stellt als inhaltliche Konkretisierung des in Art. 7 OECD-MA verorteten AOA eine Auslegungshilfe dar und kann insofern auch herangezogen werden, um die unbestimmten Rechtsbegriffe in § 1 Abs. 4 und 5 inhaltlich aufzufüllen (vgl. *Wassermeyer/Kaeser* Art. 7 OECD-MA 2010 Rz. 695).

b) Unionsrecht

aa) Einschlägige Grundfreiheit. Ertragssteuerliche Vorschriften müssen **775** sich nicht nur an den Rahmenbedingungen des nationalen Verfassungsrechts, sondern auch an den Vorgaben des Unionsrechts messen lassen (vgl. *Englisch* StuW 2003, 88 ff.; *Englisch* StuW 2009 3 ff.; *Rehm/Nagler* Europäisches Steuerrecht S. 14; *Cloer/Lavrelashvili* Einführung in das Europäische Steuerrecht S. 31; *Tipke/Lang* Steuerrecht § 5 Rz. 21 ff.). Für die *de lege lata* bestehenden Vorschriften der Betriebsstättengewinnabgrenzung sind dabei die Niederlassungsfreiheit des Art. 49 AEUV und die Kapitalverkehrsfreiheit des Art. 63 AEUV von besonderer Bedeutung. Während die frühere Rechtsprechung des EuGH von einer kumulativen Anwendung der beiden Grundfreiheiten ausgegangen ist (vgl. EuGH v. 13.4.2000, Rs. C-251/98, Slg. 2000, I-2787 Rz. 42 – *Baars;* EuGH v. 21.11.2002, Rs. C-356/00, Slg. 2002, I-10797 Rz. 72 f. – *X und Y*), ist die jüngere Rspr. des EuGH (vgl. EuGH v. 24.11.2016, Rs. C-464/14, ABl. 2017 C 30, 5–7 – *SECIL;* EuGH v. 10.5.2007, Rs. C-492/04,

Slg. 2007, I-3775 Rz. 25 – *Lasertec;* EuGH v. 10.5.2007, Rs. C-492/04, Slg. 2007, I-3775 Rz. 25 ff. – *A und B;* EuGH v. 12.9.2006, Rs. C-196/04, Slg. 2006, I-7995 Rz. 33 – *Cadbury Schweppes,*) von einem Exklusivitätsverhältnis geprägt. Um zu bestimmen, welcher der Grundfreiheiten in diesem Zusammenhang der Vorrang einzuräumen ist, ist auf die relevante nationale Regelung abzustellen.

776 Nach der ständigen Rechtsprechung des EuGH (vgl. EuGH v. 24.11.2016, Rs. C-464/14, ABl. 2017 C 30, 5–7 – *SECIL;* EuGH v. 17.9.2009, Rs. C-182/08, Slg. 2009, I-8591 Rz. 36 ff. – *Glaxo Welcome;* EuGH v. 21.11.2002, Rs. C-356/00, Slg. 2002, I-10797 Rz. 66 ff. – *X und Y*) berührt eine nationale Regelung vorrangig die Ausübung der Niederlassungsfreiheit, wenn der Unionsangehörige auf die Niederlassung einen maßgeblichen unternehmerischen Einfluss ausüben kann. Vor diesem Hintergrund unterliegen Betriebsstätten als Teil des Einheitsunternehmens, die zur selbstständigen wirtschaftlichen Betätigung in einem Mitgliedsstaat errichtet und vom Steuerpflichtigen vollständig beherrscht werden, der Niederlassungsfreiheit (vgl. EuGH v. 15.5.2008, Rs. C-414/06, Slg. 2008, I-3601 Rz. 15 f. – *Lidl Belgium;* EuGH v. 3.10.2006, Rs. C-452/04, Slg. 2006, I-9521 Rz. 34 – *Fidium Finanz;* EuGH v. 6.12.2007, Rs. 300/06, Slg. 2007, I-10451 Rz. 29 – *Columbus Container Service;* EuGH v. 17.9.2009, Rs. C-182/08, Slg. 2009, I-8591 Rz. 36 – *Glaxo Welcome*). Die Kapitalverkehrsfreiheit wird insoweit verdrängt (vgl. EuGH v. 3.10.2006, Rs. C-452/04, Slg. 2006, I-9521 Rz. 48 f.; – *Fidium Finanz* EuGH v. 18.7.2007, Rs. C-231/05, Slg. 2007, I-6373 Rz. 24 – *Oy AA*).

777 **bb) Niederlassungsfreiheit.** Aus der Judikatur des EuGH lässt sich ableiten, dass alle Maßnahmen, die eine Ausübung der freien Wahl der Niederlassung im Grundsatz unterbinden, behindern oder weniger attraktiv machen, als Beschränkungen dieser Grundfreiheit einzustufen sind (vgl. EuGH v. 5.10.2004, Rs. C-442/02, Slg. 2004, I-8961, Rz. 11– *Caixa Bank France;* EuGH v. 6.12.2007, Rs. C-298/05, Slg. 2007, I-10451, Rz. 34 – *Columbia Container Services;* EuGH v. 15.4.2010, Rs. C-96/08, Slg. 2010, I-2911 Rz. 19 – *CIBA;* EuGH v. 29.11.2011, Rs. C-371/10 – *National Grid Indus,* m. Anm. *Musil* IStR 2012, 27, Rz. 11). Wenn der deutsche Gesetzgeber in § 1 Abs. 4 und 5 insoweit Regelungen trifft, nach denen grenzüberschreitende Innentransaktionen zwischen Stammhaus und Betriebsstätte die Realisation stiller Reserven zur Folge haben, während im Inlandsfall vergleichbare Vorgänge steuerlich überhaupt nicht erfasst werden, ist eine Benachteiligung für den grenzüberschreitenden Sachverhalt und somit ein Verstoß gegen die Niederlassungsfreiheit zu konstatieren (so auch Wassermeyer/*Kaeser* Art. 7 OECD-MA 2010 Rz. 694; *Schaumburg* ISR 2013, 201). Konkret ist die Benachteiligung darin zu sehen, dass im grenzüberschreitenden Fall eine vorgezogene Besteuerung stattfindet und somit ein Liquiditätsnachteil für den Steuerpflichtigen entsteht (vgl. *Schaumburg* ISR 2013, 201).

778 Für Zwecke der Rechtfertigung des dargestellten Verstoßes ist insbesondere auf das Urteil des EuGH in der Rechtssache *National Grid Indus* (EuGH v. 29.11.2011, Rs. C-371/10 – *National Grid Indus,* m. Anm. *Musil* IStR 2012, 27) hinzuweisen. Dem Streitfall lag zwar die Frage zugrunde, inwiefern die anlässlich einer Sitzverlegung einer niederländischen Kapitalgesellschaft nach Großbritannien auferlegte Steuer mit der Niederlassungsfreiheit vereinbar ist.

G. § 1 Abs. 5   779–781   § 1

Gleichwohl können die dortigen Ausführungen zur Unionsrechtskonformität einer wegzugsbedingten Entstrickung ebenso auf die überführungsbedingte Entstrickung übertragen werden (so auch *Schaumburg* ISR 2013, 201). Analog kann das Verdikt des EuGH auch für Fälle herangezogen werden, in denen nicht die Entstrickungsregeln des § 4 Abs. 1 S. 3, 4 EStG, sondern § 1 Abs. 5 zur Anwendung kommt, da auch hier ein Verstoß gegen die Niederlassungsfreiheit zu konstatieren ist (vgl. *Schaumburg* ISR 2013, 201; EuGH v. 21.1. 2010, Rs. C-311/08, IStR 2010, 144, Rz. 55 – *SGI* zum entsprechenden belgischen Recht).

Nach Ansicht des EuGH kann die infolge der sofortigen Entstrickungs- **779** besteuerung auftretende Beschränkung der Niederlassungsfreiheit zunächst grundsätzlich vor dem Hintergrund der Wahrung einer ausgewogenen Aufteilung der Besteuerungsbefugnisse zwischen den Mitgliedstaaten gerechtfertigt werden (vgl. EuGH v. 29.11.2011, Rs. C-371/10 – *National Grid Indus,* m. Anm. *Musil* IStR 2012, 27, Rz. 48). Ferner hat der EuGH erläutert, dass ein Mitgliedstaat das Recht hat, den auf seinem Hoheitsgebiet durch einen latenten Wertzuwachs erzielten wirtschaftlichen Wert zu besteuern, auch wenn der betreffende Wertzuwachs dort noch nicht tatsächlich realisiert wurde (vgl. EuGH v. 29.11.2011, Rs. C-371/10 – *National Grid Indus,* m. Anm. *Musil* IStR 2012, 27, Rz. 49). Insofern ist die unmittelbare Festsetzung einer Steuer im Entstrickungszeitpunkt als verhältnismäßig anzusehen (vgl. EuGH v. 29.11.2011, Rs. C-371/10 – *National Grid Indus,* m. Anm. *Musil* IStR 2012, 27, Rz. 50 f.; *Girlich/Philipp* Ubg 2012, Fn. 118).

Trotz dieser weitreichenden Zugeständnisse wurde die sofortige Einziehung **780** der Steuer bei der Überführung von Wirtschaftsgütern in einen anderen Mitgliedstaat im Gegensatz zur unmittelbaren Steuerfestsetzung vom Gericht als unverhältnismäßig eingestuft (vgl. EuGH v. 29.11.2011, Rs. C-371/10 – *National Grid Indus,* m. Anm. *Musil* IStR 2012, 27, Rz. 50 f.). Nach Ansicht des EuGH ist eine nationale Regelung dann als unionsrechtlich unbedenklich einzustufen, wenn dem Steuerpflichtigen die Wahl zwischen der sofortigen Zahlung des Steuerbetrags und der Stundung bis zur endgültigen Realisierung der stillen Reserven zugestanden wird (vgl. EuGH v. 29.11.2011, Rs. C-371/10 – *National Grid Indus,* m. Anm. *Musil* IStR 2012, 27, Rz. 73). Entscheidet sich der Steuerpflichtige für die Stundungslösung, kann dem hieraus resultierenden Risiko durch das Einfordern von Sicherheitsleistungen (bspw. Stellung einer Bankgarantie) und angemessene Zinszahlungen begegnet werden (vgl. EuGH v. 29.11.2011, Rs. C-371/10 *National Grid Indus,* m. Anm. *Musil* IStR 2012, 27, Rz. 74).

Vor diesem Hintergrund ist die in § 1 Abs. 5 S. 6 zugestandene Möglich- **781** keit, einen Ausgleichsposten nach § 4g EStG zu bilden, als unzureichend einzustufen. Dies liegt darin begründet, dass die sukzessive Auflösung des Ausgleichspostens innerhalb von fünf Jahren in Widerspruch zu den Grundsätzen des EuGH steht. Das Urteil des EuGH in der Rs. *DMC* (vgl. EuGH v. 23.1.2014, Rs. C-164/12 – *DMC,* m. Anm. *Mitschke,* IStR 2014, 106), das zu der Stundungsregelung in §§ 20, 21 UmwStG 1995 ergangen ist, hat frischen Wind in die Diskussion über die Unionsrechtskonformität des Ausgleichspostens nach 4g EStG gebracht. Nach der Auffassung von *Mitschke* gilt die Einschätzung des EuGH zur Unionsrechtskonformität der Zahlungsstreckungsmethode im Zusammenhang mit der Anwendung des § 20 Abs. 3 UmwStG 1995 in gleicher Weise auch für die inhaltsgleiche gesetzliche Möglichkeit der antragsgebundenen Zahlungsstreckung über fünf Jahre nach § 4g EStG (vgl. EuGH v. 23.1.2014, Rs. C-164/12 – *DMC*, m. Anm. *Mitschke* IStR 2014, 106, Rz. 113). Demnach wäre die Stundungsmöglichkeit des § 4g EStG als unionsrechtskonform einzuschätzen. Abschließend ist die unionsrechtliche Wertung des § 4g EStG jedoch noch nicht geklärt (so auch *Oestreicher/van der Ham/Andresen* IStR-Beihefter 2014, 9; Vogel/Lehner/*Hemmelrath* Art. 7 Rz. 126b). Nichtsdestotrotz beschränkt sich die Anwendung von § 4g EStG ohnehin nur auf materielle und immaterielle Wirtschaftsgüter des Anlagevermögens. Eine Sofortbesteuerung von Dienstleistungen zwischen Stammhaus und Betriebsstätte und der Überführung von Wirtschaftsgütern des Umlaufvermögens lässt sich insofern nicht vermeiden. Demnach ist zu konstatieren, dass die in § 1 Abs. 4 und 5 verorteten Regelungen gegen die unionsrechtlich verbürgte Niederlassungsfreiheit des Art. 49 AEUV verstoßen (so auch: *Schaumburg* ISR 2013, 201; *Ditz* ISR 2013, 265 f.; *Andresen/Busch* Ubg 2012, 454; Wassermeyer/*Kaeser* Art. 7 OECD-MA 2010 Rz. 694; *Hemmelrath/ Kepper* IStR 2013, 40).

782–789 *einstweilen frei*

H. Dokumentations- und Mitwirkungspflichten bei Auslandssachverhalten

I. Vorbemerkung

790 Die Dokumentations- und Mitwirkungspflichten des Steuerpflichtigen bei Auslandssachverhalten wurden auf internationaler und nationaler Ebene nachgeschärft. In diesem Zusammenhang hat die OECD im Rahmen des BEPS-Projekts (Base Erosion and Profit Shifting, auf Deutsch: Gewinnverkürzungen und Gewinnverlagerungen) Informationsasymmetrien zwischen Finanzverwaltungen und multinationalen Unternehmen als ein Kernproblem bei der Überprüfung der Angemessenheit von Verrechnungspreisen identifiziert (OECD BEPS-Aktionsplan 2014, S. 22 f.). Die OECD beabsichtigt, die Steuertransparenz zu erhöhen, was im Bereich der Verrechnungspreise durch einen standardisierten, dreistufigen Dokumentationsansatz erreicht werden soll (OECD-Leitlinien 2017 Tzn. 5.16 f.).

791 Der nationale Gesetzgeber hat diese Vorgaben mit dem „Gesetz zur Umsetzung der Änderungen der EU-Amtshilferichtlinie und von weiteren Maßnahmen gegen Gewinnverkürzungen und -verlagerungen" (gemeinhin kurz als „Anti-BEPS-Umsetzungsgesetz" bezeichnet, BGBl. 2016 I 3000) ins Werk gesetzt. In einer landesspezifischen, unternehmensbezogenen Dokumentation (sog. Local File) haben Konzerngesellschaften Art, Inhalt und Umfang ihrer grenzüberschreitenden Geschäftsbeziehungen mit nahestehenden Personen und Betriebsstätten zu dokumentieren (§ 90 Abs. 3 S. 1 f. AO). Darüber hinaus haben große multinationale Unternehmen zukünftig eine Stammdokumentation (sog. Master File) zu erstellen, in der sie den involvierten Finanzverwaltungen einen groben Überblick über ihre globalen Geschäftstätigkeiten und ihre Verrechnungspreispolitik vermitteln sollen (§ 90 Abs. 3 S. 3 AO). Die länderbezogene Berichterstattung (sog. Country-by-Country Reporting = CbCR) ist im Rahmen des Anti-BEPS-Umsetzungsgesetzes in einem neuen § 138a AO „Mitteilungspflichten multinationaler Unternehmen" und die korrespondierenden Sanktionsvorschriften in § 379 Abs. 2 Nr. 1 Buchst. c) AO „Steuergefährdung" kodifiziert worden.

einstweilen frei

II. Mitwirkungspflichten der Beteiligten (§ 90 Abs. 3 AO)

1. Rechtsentwicklung und Ziel der Vorschrift

Mit dem StVergAbG vom 16.5.2003 hat der Gesetzgeber dem § 90 AO, der die Mitwirkungspflichten des Steuerpflichtigen regelt, einen Abs. 3 angefügt (Art. 9 StVergAbG, BGBl. 2003 I 664). Dieser sieht für grenzüberschreitende Geschäftsbeziehungen mit nahe stehenden Personen sowie für Einkunftsabgrenzungen bei Betriebsstätten spezielle Dokumentationspflichten vor. Er ist als Reaktion des Gesetzgebers auf das BFH-Urt. v. 17.10.2001 zu werten (BFH v. 17.10.2001, I R 103/00, BFHE 197, 68), das bestätigte, dass im deutschen Steuerrecht bis dato keine explizten Dokumentationspflichten im Zusammenhang mit Verrechnungspreisen existierten. Durch das Anti-BEPS-Umsetzungsgesetz (BGBl. 2016 I 3000) wurden die Dokumentationspflichten des Steuerpflichtigen insbesondere dahingehend ausgeweitet, dass große multinationale Unternehmen neben einer konzerneinheitsbezogenen Dokumentation auf Landesebene zusätzlich eine Stammdokumentation zu erstellen haben. In dieser sollen sie den betreffenden Finanzverwaltungen einen groben Überblick über ihre globalen Geschäftätigkeiten und die Verrechnungspreispolitik der gesamten Unternehmensgruppe geben. Die „Verordnung zu Art, Inhalt und Umfang von Aufzeichnungen iSd § 90 Abs. 3 der Abgabenordnung (Gewinnabgrenzungsaufzeichnungsverordnung – GAufzV)" konkretisiert diese Regelung. Vor dem Hintergrund der Anpassungen des § 90 Abs. 3 AO durch das Anti-BEPS-Umsetzungsgesetz wurde die Verordnung neugefasst: GAufzV vom 12.7.2017 (BGBl. 2017 I 2367).

Das Ziel dieser Vorschrift besteht darin, bei Transaktionen mit Auslandsbezug, bei denen zwischen den Vertragspartnern ein natürlicher Interessensgegensatz fehlt, darzulegen, inwieweit bei der Preisfestlegung der Fremdvergleichsgrundsatz befolgt wurde (vgl. → Rz. 83 ff.). Anders formuliert soll mithilfe dieser Regelung eine (vermeintliche) Verlagerung des Steuersubstrats in das Steuerausland vermieden werden, die zwischen fremden Dritten nicht erfolgt wäre. Daher ist der § 90 Abs. 3 AO in einem engen Zusammenhang mit § 1 zu betrachten, auf den er sich auch bezüglich des persönlichen sowie sachlichen Anwendungsbereichs bezieht (vgl. → Rz. 675, 681).

einstweilen frei

2. Landesspezifische, unternehmensbezogene Dokumentation

a) Allgemeines

§ 90 Abs. 3 AO regelt spezielle Dokumentationspflichten bei grenzüberschreitenden Geschäftsbeziehungen mit nahe stehenden Personen sowie bei

Einkunftsabgrenzungen von Betriebsstätten. Danach hat der Steuerpflichtige aufzuzeichnen, inwieweit er bei Preisvereinbarungen den Fremdvergleich beachtet hat. Die Aufzeichnungen müssen idR nur im Rahmen einer Außenprüfung auf rechtzeitige Anforderung innerhalb einer Frist von 60 Tagen vorgelegt werden (§ 90 Abs. 3 S. 5 f. AO). Dagegen ist die Dokumentation außergewöhnlicher Geschäftsvorfälle zeitnah zu erstellen und deshalb bereits nach 30 Tagen vorzulegen (§ 90 Abs. 3 S. 8 AO). Fraglich ist allerdings, inwieweit die separate Vorlage solcher außergewöhnlichen Geschäftsvorfälle bei einer Betriebsprüfung sinnvoll ist (*Baumhoff/Ditz/Greinert* DStR 2007, 1467). Erstmalige Anwendung findet der neugefasste § 90 Abs. 3 AO idF des Anti-BEPS-Umsetzungsgesetztes (BGBl. 2016 I 3000) für Wirtschaftsjahre, die nach dem 31.12.2016 beginnen (Art. 97 § 22 S. 4 EGAO).

801 Zusätzlich hat das BMF entsprechend § 90 Abs. 3 S. 11 AO idF des Anti-BEPS-Umsetzungsgesetzes eine die Dokumentationspflichten konkretisierende „Verordnung zu Art, Inhalt und Umfang von Aufzeichnungen iSd § 90 Abs. 3 der Abgabenordnung (Gewinnabgrenzungsaufzeichnungsverordnung – GAufzV)" (v. 12.7.2017, BGBl. 2017 I 2367) erlassen, die mit Verkündung am 20.7.2017 in Kraft trat (§ 8 GAufzV). Für den Zeitraum zwischen dem 30.6.2003 und dem 19.7.2017 bleibt die GAufzV v. 13.11.2003 (idF des StVergAbG, BGBl. 2003 I 2296) anwendbar. In Bezug auf davor liegende Veranlagungszeiträume hat die Finanzverwaltung mit einem Nichtanwendungserlass auf das BFH-Urt. v. 17.10.2001 reagiert (BMF v. 26.2.2004, BStBl. I 2004, 270).

802 Die Trias-Lösung des Gesetzgebers und der Verwaltung wird durch ein BMF-Schreiben vom 12.4.2005 zu den „Grundsätzen für die Prüfung der Einkunftsabgrenzung zwischen nahe stehenden Personen mit grenzüberschreitenden Geschäftsbeziehungen in Bezug auf Ermittlungs- und Mitwirkungspflichten, Berichtigungen sowie auf Verständigungs- und EU-Schiedsverfahren (VWG-Verfahren)" ergänzt, welches unbestimmte Rechtsbegriffe einheitlich auslegen sollte. Stattdessen wurden jedoch, teilweise ohne gesetzliche Grundlage, auch die Dokumentationspflichten zu Lasten des Steuerpflichtigen ausgeweitet. Die entsprechenden Rechtsgrundlagen hat der Gesetzgeber erst im Rahmen der Unternehmensteuerreform 2008 geschaffen, sodass die VWG-Verfahren in einigen Teilen bis zum Veranlagungszeitraum 2007 lediglich für die Finanzverwaltung unmittelbare Bindung entfalten (*Baumhoff/Ditz/Greinert* DStR 2007, 1461).

803, 804 *einstweilen frei*

b) Persönlicher Anwendungsbereich

805 Anwendung findet die Neuregelung nicht bei allen Auslandtransaktionen eines jeden Steuerpflichtigen, sondern nur bei Geschäftsbeziehungen iSd § 1 Abs. 4 (vgl. → Rz. 630) mit einer ihm nahe stehenden Person iSd § 1 Abs. 2 (vgl. → Rz. 167 ff.). Als nahe stehende Person gelten neben natürlichen und juristischen Personen, die nach deutschem Steuerrecht auch Steuerpflichtige sein können (Lademann/*Kaligin* § 1 AStG Rz. 29), auch Personengesellschaften (VGr 1983 Tz. 1.3.2.2 sowie *WSG* § 1/VG Rz. 200 f.; vgl. → Rz. 163). Durch den Verweis auf den Begriff der Geschäftsbeziehung iSd § 1 Abs. 4 werden auch anzunehmende schuldrechtliche Beziehungen

H. Dokumentations- und Mitwirkungspflichten 806–811 § 1

mit Betriebsstätten von der Dokumentationspflicht erfasst (§ 1 Abs. 4 S. 1 Nr. 2).

Die Definition einer Betriebsstätte findet sich im § 12 AO. Demnach handelt es sich um eine feste Geschäftseinrichtung oder um eine Anlage, die der Unternehmenstätigkeit dient. Sie muss auf eine gewisse Dauer angelegt sein, was regelmäßig bei mehr als sechs Monaten gegeben ist (BFH v. 19. 5.1993, I R 80/92, BStBl. II 1993, 655). Auch Bauausführungen und Montagen gelten bei Übersteigen dieser Zeitspanne als Betriebsstätte. Zwar kann der Begriff der Betriebsstätte in den verschiedenen DBA anders und va auch enger definiert sein. Entscheidend ist in diesem Zusammenhang aber, abweichend vom grundsätzlichen Vorrang völkerrechtlicher Vereinbarungen, die nationale Definition nach § 12 AO. **806**

Die Einkünfte der Betriebsstätte unterliegen idR der Besteuerung des dortigen Staates (Art. 7 OECD-MA). Daher ist bei international tätigen Unternehmen eine sachgerechte Aufteilung der Einkünfte von großer Bedeutung. Diesbezügliche Regelungen enthalten die „Betriebsstättengewinnaufteilungsverordnung (BsGaV)" (BGBl. 2014 I 1603, zuletzt geändert durch Art. 5 der Verordnung vom 12.7.2017, BGBl. 2017 I 2360) sowie die dazu ergangenen „Grundsätze für die Anwendung des Fremdvergleichsgrundsatzes auf die Aufteilung der Einkünfte zwischen einem inländischen Unternehmen und seiner ausländischen Betriebsstätte und auf die Ermittlung der Einkünfte der inländischen Betriebsstätte eines ausländischen Unternehmens nach § 1 Abs. 5 des Außensteuergesetzes und der Betriebsstättengewinnaufteilungsverordnung (Betriebsstätten-Verwaltungsgrundsätze – VWG BsGa)" (BMF v. 22.12.2016, BStBl. I 2017, 182), die ebenfalls die erweiterten Mitwirkungspflichten des § 90 Abs. 2 AO vorsehen. **807**

Von den in § 90 Abs. 3 AO erfassten Auslandssachverhalten abzugrenzen sind die sog. Direktgeschäfte. Als Direktgeschäft bezeichnet man den grenzüberschreitenden Leistungsaustausch ohne festen Stützpunkt im Abnehmerland. Dieser umfasst neben Warenlieferungen und Dienstleistungen auch Nutzungsüberlassungen oder Kapitalexporte. Im Outbound-Fall ist die wirtschaftliche Bindung zum Ausland daher für das inländische Unternehmen eher gering (entsprechend umgekehrt ist der Inbound-Fall zu bewerten) (*Jacobs* Internationale Unternehmensbesteuerung 245). Für Direktgeschäfte gelten lediglich die allgemeinen Anforderungen des § 90 Abs. 2 AO. **808**

einstweilen frei **809, 810**

c) Sachlicher Anwendungsbereich

Nach § 1 Abs. 1 S. 1 GAufzV bezieht sich § 90 Abs. 3 AO bezüglich des Begriffs der Geschäftsbeziehung auf § 1 Abs. 4 (vgl. → Rz. 630). Allerdings wird über § 1 Abs. 1 S. 3 GAufzV der Anwendungsbereich des § 90 Abs. 3 AO auf Geschäftsvorfälle, die keinen Leistungsaustausch zum Gegenstand haben, wie zB Verträge über Arbeitnehmerentsendungen, ausgedehnt. Details regeln die entsprechenden Verlautbarungen der Finanzverwaltung (bspw. VWG-AN, BStBl. I 2001, 796). Gleichwohl wird ein Großteil ihrer Anforderungen durch die GAufzV abgedeckt. Zugleich kann die Verordnung aber in bestimmten Fällen auch eine Ausweitung der Aufzeichnungspflichten zur Folge haben, bspw. bezüglich der allgemeinen Informationen über Geschäftsbe- **811** trieb, Organisationsaufbau und Beteiligungsverhältnisse zu nahe stehenden Personen.

812 Obwohl nur die GAufzV normativen Charakter hat und die mit ihr verbundenen Dokumentationsanforderungen somit verbindlich sind, werden auch die evtl. weitergehenden Vorschriften der „Grundsätze für die Prüfung der Einkunftsabgrenzung bei international verbundenen Unternehmen (VGr 1983)" (BMF v. 23.2.1983, BStBl. I 1983, 218) grundsätzlich einzuhalten sein, da es sich bei ersteren schließlich nur um Mindestanforderungen handelt und die Finanzverwaltung von ihren weitergehenden Positionen nicht abrücken wird. Eine Missachtung der BMF-Schreiben dürfte demnach zeit- und kostenintensive Diskussionen mit dem Finanzamt zur Folge haben.

813, 814 *einstweilen frei*

d) Anforderungen an die Aufzeichnungen

815 **aa) Grundsätze der Aufzeichnungspflicht.** Nach § 1 GAufzV ist der zu dokumentierende Sachverhalt mitsamt der wirtschaftlichen und rechtlichen Rahmenbedingungen darzustellen. Darüber hinaus hat der Steuerpflichtige zu belegen, inwieweit er den Fremdvergleichsgrundsatz befolgt hat. In der Literatur spricht man daher auch von einer „Sachverhalts- und Angemessenheitsdokumentation" (ua *Baumhoff/Ditz/Greinert* IStR 2004, 158). Dazu ist eine Darstellung der zugrunde gelegten Markt- und Wettbewerbsverhältnisse ebenso erforderlich wie Aufzeichnungen über vorhandene oder zugängliche Vergleichsdaten sowie innerbetriebliche Daten zwecks einer Plausibilitätskontrolle. Diese Konkretisierung der Aufzeichnungspflichten wurde durch die Neufassung des § 90 Abs. 3 AO idF des Anti-BEPS-Umsetzungsgesetzes (BGBl. 2016 I 3000) gesetzlich fundiert. Denn § 90 Abs. 3 S. 2 AO sieht nunmehr ausdrücklich eine Untergliederung des Local File in eine Sachverhalts- und Angemessenheitsdokumentation vor.

816 Die Sachverhaltsdokumentation beinhaltet Aufzeichnungen über Art, Inhalt und Umfang der Geschäftsvorfälle des Steuerpflichtigen zu nahestehenden Personen und dessen Betriebsstätten (§ 90 Abs. 3 S. 2 AO, siehe auch *Ditz/Bärsch/Engelen* IStR 2016, 792).

817 Im Rahmen der Angemessenheitsdokumentation hat der Steuerpflichtige die rechtlichen Grundlagen für eine den Fremdvergleichsgrundsatz beachtende Vereinbarung von Bedingungen aufzuzeigen. Dies umfasst insbesondere Vereinbarungen zu Verrechnungspreisen und zu der zugrunde liegenden Verrechnungspreismethode. In diesem Zusammenhang hat die Dokumentation auch die bei der Verrechnungspreisbestimmung verwendeten Fremdvergleichsdaten zu umfassen (BT-Drs. 18/9536, 34f.). Darüber hinaus sieht § 90 Abs. 3 S. 2 AO iVm § 4 Abs. 1 Nr. 4 Buchst. a GAufzV vor, dass nunmehr Informationen zum Zeitpunkt der Verrechnungspreisbestimmung Bestandteil der Angemessenheitsdokumentation sind. Diese Informationen waren weder nach § 90 Abs. 3 AO idF des StVergAbG vom 16.5.2005 noch nach der GAufzV aF erforderlich und gehen aus den Verrechnungspreisleitlinien 2017 (OECD-Leitlinien 2017, Kapitel V) nicht hervor. Zwar präferiert die deutsche Finanzverwaltung die Verrechnungspreisbestimmung im Vorfeld eines Geschäftsvorfalls und damit den sog. ex-ante Ansatz. Gleichwohl steht es im Ermessen des Steuerpflichtigen zu welchem Zeitpunkt (ex-ante bzw. price setting-Ansatz oder ex-post bzw. outcome testing-Ansatz) die Verrechnungspreise festlegt werden (*Ditz/Bärsch/Engelen* IStR 2016, 792).

Eingeschränkt werden die Dokumentationspflichten allerdings durch den **818** Grundsatz der Verhältnismäßigkeit. So genügt es, wenn das „ernsthafte Bemühen" des Steuerpflichtigen bei der Beachtung des Fremdvergleichs erkennbar wird (§ 2 Abs. 1 S. 2 GAufzV). Außerdem kann der Steuerpflichtige sich auf die Darstellung der einen angewendeten Standardmethode beschränken und muss keinen unzumutbaren Aufwand bei der externen Datenbeschaffung betreiben (§ 1 Abs. 3 S. 1 GAufzV). Lediglich bei außergewöhnlichen Geschäftsvorfällen ist eine zeitnahe Dokumentation, dh innerhalb von sechs Monaten nach Ablauf des Wirtschaftsjahres, erforderlich (§ 3 GAufzV). Grundsätzlich ist auch hier ein angemessenes Kosten-Nutzen-Verhältnis zu wahren (*Eigelshoven/Kratzer* IStR 2004, 32 vgl. auch die Begründung zu § 1 Abs. 3 GAufzV aF, der durch die Neufassung lediglich redaktionelle Änderungen erfahren hat, BR-Drs. 583/03, 8 und BR-Drs. 404/17, 15.

einstweilen frei **819**

bb) Art, Inhalt und Umfang der Aufzeichnungen. Die formalen An- **820** forderungen an die Aufzeichnungen lassen dem Steuerpflichtigen einen relativ großen Spielraum. So kann er sowohl über die Art, dh schriftlich oder elektronisch, als auch über die Strukturierung selbst entscheiden. § 2 Abs. 1 GAufzV schreibt lediglich eine ordnungsmäßige Führung vor, die einem sachverständigen Dritten ein Urteil in angemessener Zeit ermöglicht. Gegebenenfalls kann die Dokumentation auf Antrag in einer anderen als der deutschen Sprache erfolgen (§ 1 Abs. 5 S. 2 GAufzV). Die Beurteilung eines solchen Antrags kann jedoch stark von dem zuständigen Finanzamt und seinen Erfahrungen in grenzüberschreitenden Sachverhalten abhängen.

Darüber hinaus ergeben sich die Aufzeichnungspflichten aus der vom **821** Steuerpflichtigen zur Ermittlung der Verrechnungspreise gewählten Methode (§ 4 Abs. 1 Nr. 4 Buchst. d GAufzV). Der Verzicht auf Aufzeichnungen für andere Methoden folgt dem Verhältnismäßigkeitsgrundsatz.

Das BMF fordert in § 2 Abs. 3 GAufzV im Regelfall eine transaktionsbezo- **822** gene Dokumentation, lässt unter bestimmten Bedingungen allerdings auch eine Gruppenbildung zu. Voraussetzung hierfür sind vorher klar festgelegte und nachvollziehbare Regeln zur Zusammenfassung sowie gleichartige und gleichwertige Geschäftsvorfälle, die auch von fremden Dritten üblicherweise zusammengefasst worden wären. Hinsichtlich der praktischen Umsetzung kann man allerdings aufgrund der Vielzahl von Transaktionen davon ausgehen, dass die Zusammenfassung gleicher oder ähnlicher Vorfälle der Normalfall sein wird (*Baumhoff/Ditz/Greinert* DStR 2004, 159). Als besonders praktikabel dürfte sich dabei innerhalb eines Konzerns eine gem. § 2 Abs. 3 S. 4 GAufzV explizit erwähnte innerbetriebliche Verrechnungspreis-Richtlinie erweisen (*Niemann/Kiera-Nöllen* DStR 2004, 483).

Bei Dauersachverhalten sind Änderungen von Umständen mit wesentli- **823** chem Einfluss auf die Angemessenheit von Preisen gesondert darzustellen. Dies gilt insbesondere, wenn sich als Konsequenz daraus steuerliche Verluste ergeben (§ 2 Abs. 4 S. 2 GAufzV). Für die Finanzverwaltung muss feststellbar sein, ob und ab wann fremde Dritte eine Preiskorrektur vorgenommen hätten.

einstweilen frei **824, 825**

826 **cc) Allgemein erforderliche Aufzeichnungen.** Welche Aufzeichnungen grundsätzlich erforderlich sind, regelt § 4 Abs. 1 GAufzV. Dabei werden vier Fälle unterschieden. Zuerst ist eine *allgemeine Beschreibung der Gesellschaft* nötig. Diese hat die unmittelbaren und mittelbaren Beteiligungsverhältnisse und ihre Veränderungen zu nahe stehenden Personen darzustellen sowie Informationen über den Geschäftsbetrieb und den Organisationsaufbau zu enthalten. Darüber hinaus ist seit der Neufassung der GAufzV nun auch eine Beschreibung der Managementstruktur, die Aufschluss über die strategische und operative Führung sowie das System der Arbeitsstrukturen des Unternehmens geben soll (BR-Drs. 404/17, 15) bereitzustellen (§ 4 Abs. 1 Nr. 1 Buchst. d GAufzV; siehe auch *Engelen* DStR 2018, 370 (371)).

827 Außerdem sind Art, Umfang und vertragliche Grundlagen (mitsamt ihren Änderungen) von *Geschäftsbeziehungen zu nahe stehenden Personen* aufzuzeichnen. Insbesondere sind genutzte und zur Nutzung überlassene wesentliche immaterielle Wirtschaftsgüter aufzulisten.

828 Besondere Berücksichtigung in der Dokumentation findet die *Funktions- und Risikoanalyse* (vgl. → Rz. 260). Neben den Veränderungen bezüglich der ausgeübten Funktionen und übernommenen Risiken ist über eingesetzte Wirtschaftsgüter, Vertragsbedingungen, Geschäftsstrategien und Markt- und Wettbewerbsverhältnisse zu berichten. Des Weiteren wird eine Darstellung der Wertschöpfungskette und des Beitrags hierzu verlangt.

829 Schließlich ist eine *Verrechnungspreisanalyse* zu erstellen, welche die gewählte Methode darstellt und begründet sowie Unterlagen über die Berechnung bzw. spätere Anpassungen und Vergleichsdaten enthält. Nicht wenige Autoren beurteilen dies als eine verfassungsrechtlich unzulässige Überwälzung der objektiven Beweislast von der Finanzbehörde auf den Steuerpflichtigen (vgl. ua *Eigelshoven/Kratzer* IStR 2004, 31; *Wassermeyer* DB 2003, 1538). Die vom Gesetzgeber in § 90 Abs. 3 S. 2 AO allgemein gehaltene Formulierung der aufzuzeichnenden „wirtschaftlichen und rechtlichen Grundlagen" wird vom Verordnungsgeber zu einer Verpflichtung zur umfassenden Dokumentation ausgeweitet.

830, 831 *einstweilen frei*

832 **dd) Weitere Aufzeichnungen in besonderen Fällen.** Beruhen die vereinbarten Geschäftsbeziehungen oder deren Fremdüblichkeit auf besonderen Verhältnissen des Einzelfalls oder beruft sich der Steuerpflichtige auf eben solche, so sind diese gem. § 4 Abs. 2 GAufzV ebenfalls darzustellen. § 4 Abs. 2 zählt beispielhaft sechs Sachverhalte auf, die als besondere Umstände zu gelten haben. Demnach gehören *Informationen über Sonderumstände* wie Maßnahmen zum Vorteilsaustausch ebenso dazu wie *Vereinbarungen über Umlageverträge* mitsamt Anhängen, Anlagen und anderen Unterlagen. Ein Nachweis ist auch über *Vereinbarungen mit ausländischen Steuerverwaltungen* sowie Verständigungs- oder Schiedsstellenverfahren mit anderen Staaten zu führen. Außerdem sind *Preisanpassungen* zu dokumentieren, insbesondere wenn sie auf ausländischen Korrekturen oder Vorwegauskünften basieren. Erleidet der Steuerpflichtige *Verluste* in mehr als drei aufeinander folgenden Wirtschaftsjahren, sind deren Ursachen und vorgenommene Gegenmaßnahmen aufzuzeichnen. Schließlich sind bei Funktions- und Risikoänderungen seit der steuerlichen Erfassung von

Funktionsverlagerungen auch *Forschungsvorhaben und laufende Forschungstätigkeiten* der vorangegangenen drei Jahre zu dokumentieren, sofern der Steuerpflichtige regelmäßig Forschung und Entwicklung betreibt. Auch wenn die Erstellung der letztgenannten Aufzeichnungen nicht originär erfolgen muss, sondern nur bei bereits vorliegenden betriebsinternen Unterlagen erforderlich ist, verursacht eine solche Dokumentation einen erheblichen organisatorischen Aufwand (*Baumhoff/Ditz/Greinert* DStR 2007, 1467). Zum einen wird der Steuerpflichtige seine vorhandenen Aufzeichnungen für die steuerliche Dokumentation zusammenfassen, neu strukturieren oder ggf. ergänzen müssen (im Ergebnis ebenso *Kaminski* RIW 2007, 601 f.). Zum anderen wird eine solche Erstellung der Unterlagen regelmäßig erst im Nachhinein erfolgen können, da Funktionsverlagerungen nur in wenigen Fällen bereits drei Jahre im Voraus geplant werden (*Baumhoff/Ditz/Greinert* DStR 2007, 1467). Im Übrigen hat der Steuerpflichtige nach § 4 Abs. 3 GAufzV, der im Zuge der Neufassung der Verordnung ergänzt wurde, die verwendeten Suchkriterien, das Suchergebnis und den Suchprozess umfassend offen zu legen und nachvollziehbar zu machen, sodass die Datenbankstudie zum Zeitpunkt der Außenprüfung reproduzierbar ist. Gleichwohl wurde dieses Dokumentationserfordernis weitestgehend bereits durch die VWG-Verfahren gefordert (VWG-Verfahren Tz. 3.4.12.5; siehe hierzu auch *Engelen* DStR 2018, 370 (372 f.)).

einstweilen frei **833, 834**

ee) Aufzeichnungen bei außergewöhnlichen Geschäftsvorfällen. Von **835** den in § 4 Abs. 2 GAufzV beschriebenen besonderen Fällen sind die außergewöhnlichen Geschäftsvorfälle des § 3 GAufzV zu unterscheiden. Beiden gemeinsam ist allerdings eine fehlende Definition, was die Abgrenzung erschwert (*Kaminski* RIW 2007, 601 f.). In § 3 Abs. 2 GAufzV erfolgt eine Konkretisierung der außergewöhnlichen Geschäftsvorfälle lediglich in Form folgender, wohl nicht abschließender, beispielhafter Aufzählung:
– Abschluss und Änderung langfristiger Verträge von besonderem Gewicht
– Vermögensübertragungen im Zuge von Umstrukturierungen
– Übertragung und Überlassung von Wirtschaftsgütern und Vorteilen im Zusammenhang mit wesentlichen Funktions- und Risikoänderungen im Unternehmen
– Geschäftsvorfälle im Zusammenhang mit einer für die Verrechnungspreisbildung erheblichen Änderung der Geschäftsstrategie
– Abschluss von Umlageverträgen

Bei Klassifizierung eines Sachverhalts als außergewöhnlicher Geschäftsvorfall **836** hat die Dokumentation, unabhängig von der Durchführung einer Außenprüfung, zeitnah zu erfolgen. Obwohl der Verordnungsgeber die Möglichkeit einräumt, diese Aufzeichnungen innerhalb von sechs Monaten nach Ablauf des Wirtschaftsjahres zu erstellen, in dem sich der außergewöhnliche Geschäftsvorfall ereignet hat (vgl. § 3 Abs. 1 S. 2 GAufzV), sollte aus praktischen Gründen mit der Erstellung nicht so lange gewartet werden, zumal für solche Geschäftsvorfälle eine verkürzte Vorlagefrist von nur 30 Tagen gilt (§ 90 Abs. 3 S. 8 AO).

einstweilen frei **837**

838 ff) Ausnahmen. Erleichterungen bestehen gemäß § 6 GAufzV für kleine Unternehmen sowie für Steuerpflichtige, die durch Transaktionen mit nahe stehenden Personen andere als Gewinneinkünfte erzielen. In diesem Fall haben die Betroffenen keine speziellen Aufzeichnungen zu erstellen, sondern lediglich die bereits existierenden auf Anforderung vorzulegen. Demnach ergibt sich keine Änderung gegenüber den bisherigen Regelungen der §§ 90 Abs. 2, 97 Abs. 1 und 200 Abs. 1 AO (*Baumhoff/Ditz/Greinert* DStR 2004, 162). Als kleine Unternehmen gelten nach § 6 Abs. 2 GAufzV nF nun solche, deren Entgelte weder 6 Millionen Euro aus Lieferungen noch 600.000 Euro aus anderen Leistungen an nahe stehende Personen übersteigen. Die Anhebung dieser Grenzen um 20 % ist aus Sicht des Rechtsanwenders begrüßenswert.

839 *einstweilen frei*

3. Stammdokumentation (Master File)

a) Allgemeines

840 Grundlegende Neuerung durch die Neufassung des § 90 Abs. 3 AO im Rahmen des Anti-BEPS-Umsetzungsgesetzes stellt die Stammdokumentation (Master File) in Satz 3 dar. Die Zielsetzung der Stammdokumentation ist es, den involvierten Finanzverwaltungen einen groben Überblick über die Art der weltweiten Geschäftstätigkeiten eines multinationalen Unternehmens sowie dessen Verrechnungspreispolitik in ihrem wirtschaftlichen, rechtlichen, finanziellen und steuerlichen Zusammenhang zu vermitteln (BT-Drs. 18/9536, 35).

b) Persönlicher Anwendungsbereich

841 Satz 3 des § 90 Abs. 3 AO idF des Anti-BEPS-Umsetzungsgesetzes (BGBl. 2016 I 3000) setzt das von der OECD vorgeschlagene Master File in innerstaatliches Recht um. Nach § 90 Abs. 3 S. 3 AO hat ein Steuerpflichtiger, der der Aufzeichnungspflicht nach Satz 1 unterliegt und Teil einer multinationalen Unternehmensgruppe ist, auch einen Überblick über die Art der weltweiten Geschäftstätigkeit der Unternehmensgruppe und über die von ihr angewandte Systematik der Verrechnungspreisbestimmung zu erstellen. Etwas anderes gilt nur, soweit der Umsatz des Unternehmens im vorangegangenen Wirtschaftsjahr weniger als 100 Mio. Euro betragen hat. Was dabei unter dem Unternehmen zu verstehen ist, geht weder aus dem Wortlaut noch aus der Gesetzesbegründung eindeutig hervor. Hierbei dürfte insbesondere der Gewerbebetrieb eines Steuerpflichtigen gemeint sein, so dass zB eine Kapitalgesellschaft oder eine gewerblich geprägte KG als Unternehmen iSd § 90 Abs. 3 S. 3 AO qualifiziert (*Ditz/Bärsch/Engelen* IStR 2016, 793). Eine multinationale Unternehmensgruppe wird in § 90 Abs. 3 S. 4 AO definiert und besteht aus mindestens zwei in verschiedenen Staaten ansässigen, iSd § 1 Abs. 2 einander nahestehenden Unternehmen oder aus mindestens einem Unternehmen mit mindestens einer Betriebsstätte in einem anderen Staat. Angesichts der vielen Zweifelsfragen in Zusammenhang mit der Begründung von Betriebsstätten, ist es grundsätzlich kritisch zu sehen, dass bereits eine einzige, im Ausland belegene Betriebsstätte dafür ausreicht, um die erweiterte Aufzeichnungspflicht auszulösen (*Ditz/Bärsch/Engelen* IStR 2016, 793).

H. Dokumentations- und Mitwirkungspflichten 842–845 § 1

Im Übrigen bedeutet ein Unterschreiten der Umsatzgrenze nicht zwingend, dass die Unternehmensgruppe kein Master File zu erstellen hat. Denn im Ausland können niedrigere Umsatzgrenzen bestehen, so dass eine Aufzeichnungspflicht grundsätzlich in jedem Steuerhoheitsgebiet durch den Rechtsanwender geprüft werden sollte, in dem Konzerneinheiten der Unternehmensgruppe ansässig bzw. belegen sind (*Ditz/Bärsch/Engelen* IStR 2016, 793). **842**

Weiterhin knüpft die Pflicht zur Erstellung einer Stammdokumentation daran an, ob eine landesspezifische, unternehmensbezogenen Dokumentation iSd § 90 Abs. 3 S. 1 AO zu erstellen ist. Das Master File stellt folglich eine Erweiterung des Local File dar. Insofern gelten die vorstehenden Ausführungen zum persönlichen Anwendungsbereich im Zusammenhang mit dem Local File entsprechend. **843**

c) Sachlicher Anwendungsbereich

§ 90 Abs. 3 S. 3 AO sieht vor, dass die Stammdokumentation einen Überblick über die Art der weltweiten Geschäftstätigkeit sowie die Systematik der Verrechnungspreisbestimmung zu umfassen hat. Hinsichtlich des Aufzeichnungsinhalts verweist die Gesetzesbegründung (BT-Drs. 18/9536, 35) auf Anhang I des Abschlussberichts zu Maßnahme 13 des OECD-BEPS Projekts (OECD Aktionspunkt 13 2015, Anhang I) und führt aus, dass insbesondere **844**
– eine grafische Darstellung des Organisationsaufbaus (Rechts- und Eigentumsstruktur) und der geografischen Verteilung der zugehörigen Gesellschaften und Betriebsstätten,
– eine kurzgefasste Darstellung der Geschäftstätigkeit,
– eine allgemeine Darstellung der Gesamtstrategie für die Nutzung von immateriellen Werten in der Wertschöpfungskette, insbesondere hinsichtlich der Entwicklung, des Eigentums und der Verwertung sowie
– eine allgemeine Beschreibung der Art und Weise der Finanzierung
im Rahmen der Stammdokumentation aufzunehmen ist.

d) Anforderungen an die Aufzeichnungen

Unter Bezugnahme auf Anhang I des Abschlussberichts zu Maßnahme 13 des OECD-BEPS Projekts (OECD Aktionspunkt 13 2015, Anhang I) wären zusätzlich zu den vorstehenden folgende Punkte im Rahmen der Stammdokumentation zu berücksichtigen. Im Einzelnen: **845**
– Wesentliche Treiber des Unternehmensgewinns,
– eine Auflistung und kurze Beschreibung der wesentlichen unternehmensinternen Dienstleistungsvereinbarungen, eine Beschreibung der Wertschöpfungskette und Absatzmärkte der fünf umsatzstärksten Produkt- bzw. Dienstleistungsgruppen sowie all jene Produkt- bzw. Dienstleistungsgruppen, die mindestens fünf Prozent des Gesamtumsatzes der Unternehmensgruppe ausmachen (zB in grafischer oder tabellarischer Form),
– eine kurze Funktions- und Risikoanalyse der wesentlichen Wertschöpfungsbeiträge der einzelnen Konzernunternehmen,
– eine Beschreibung der wesentlichen Umstrukturierungen, Akquisitionen und Veräußerungen im Dokumentationszeitraum,

- eine allgemeine Beschreibung der Gesamtstrategie für die Entwicklung, die Nutzung und die Eigentumsverhältnisse von immateriellen Werten, einschließlich der Standorte der wesentlichen Forschungs- und Entwicklungseinrichtungen sowie des Forschungs- und Entwicklungsmanagements,
- eine Auflistung der für Verrechnungspreiszwecke relevanten immateriellen Werte der Unternehmensgruppe, einschließlich der Konzernunternehmen, welche die rechtlichen Eigentümer sind,
- eine Auflistung wesentlicher konzerninterner Vereinbarungen in Bezug auf immaterieller Werte, einschließlich etwaiger Kostenumlagevereinbarungen, Forschungs- und Entwicklungsvereinbarungen sowie Lizenzverträge,
- eine allgemeine Beschreibung der Verrechnungspreispolitik in Bezug auf die Forschungs- und Entwicklungstätigkeit der Unternehmensgruppe sowie deren immaterieller Werte,
- eine allgemeine Beschreiung etwaiger Anteilsübertragungen an immateriellen Werten zwischen verbundenen Unternehmen, wobei insbesondere die betroffenen Gesellschaften, Ansässigkeitsstaaten und die Höhe der Vergütung der Übertragung zu benennen sind,
- eine allgemeine Beschreibung der Art und Weise der Finanzierung der Unternehmensgruppe, einschließlich wesentlicher Finanzierungsvereinbarungen mit gruppenexternen Kreditgebern,
- eine allgemeine Beschreibung der Verrechnungspreispolitik in Bezug auf Finanzierungsvereinbarungen zwischen verbundenen Unternehmen,
- ein konsolidierter Abschluss der Unternehmensgruppe für den betreffenden Dokumentationszeitraum sowie
- eine Auflistung und Beschreibung bestehender Vorabverständigungen (APA) und verbindlicher Auskünfte mit Bezug zur Verrechnungspreisgestaltung der Unternehmensgruppe sowie anderer Vorabentscheidungen im Zusammenhang mit der Aufteilung von Erträgen zwischen den verschiedenen Staaten.

846 Eine inhaltlich weitgehend übereinstimmende Auflistung zur Konkretisierung des Aufzeichnungsinhalts der Stammdokumentation umfasst jetzt die Anlage zu § 5 GAufzV idF vom 12.7.2017 (BGBl. 2017 I 2367). Der Steuerpflichtige sollte unbestimmte Rechtsbegriffe international einheitlich auslegen, da das Master File Finanzverwaltungen in allen Staaten zur Verfügung zu stellen ist, in denen Konzerneinheiten ansässig bzw. belegen sind. Etwas anderes gilt nur, sofern in dem jeweiligen Steuerhoheitsgebiet keine gesetzliche Pflicht zur Abgabe eines Master Files besteht.

847–849 *einstweilen frei*

4. Rechtsfolgen bei Verletzung des § 90 Abs. 3 AO

a) Schätzung und Ausnutzung der Bandbreiten zu Ungunsten des Steuerpflichtigen

850 Zusätzlich zum § 90 Abs. 3 AO wurde im Rahmen des Anti-BEPS-Umsetzungsgesetzes der § 162 Abs. 3 und 4 AO angepasst (Art. 1 Anti-BEPS-Umsetzungsgesetz, BGBl. 2016 I 3002), welche die Sanktionen bei Verletzung der Dokumentationspflichten regeln. Werden Aufzeichnungen über einen Geschäftsvorfall gar nicht oder nur im Wesentlichen unverwertbar vorgelegt

H. Dokumentations- und Mitwirkungspflichten 851–853 § 1

oder wurden verwertbare Aufzeichnungen nicht zeitnah erstellt, so wird die Finanzbehörde widerlegbar höhere Einkünfte als die angegebenen vermuten (§ 162 Abs. 3 S. 1 AO). Die Gesetzesbegründung stellt klar, dass die Rechtsfolgen des § 162 Abs. 3 AO nur dann Anwendung finden, wenn sich die Verletzung von Mitwirkungspflichten auf die Aufzeichnungen über einzelne Geschäftsvorfälle bezieht (BT-Drs. 18/9536, 43). Anders ausgedrückt: Unverwertbare Aufzeichnungen über einzelne Geschäftsvorfälle sollen sanktioniert werden können, auch wenn die übrige Dokumentation im Wesentlichen verwertbar ist. In diesen Fällen kehrt sich die Beweislast zu Ungunsten des Steuerpflichtigen um (*Baumhoff/Ditz/Greinert* DStR 2004, 157; *Moebus* spricht generell von einer Umkehr der Beweislast; vgl. *Moebus* BB 2003, 1413). Die Sanktionierung der übrigen im Wesentlichen verwertbaren Dokumentation soll hingegen nicht erfolgen (*Ditz/Bärsch/Engelen* IStR 2016, 796). Im Übrigen führt die geschäftsvorfallbezogene Betrachtungsweise des § 162 Abs. 3 und 4 AO dazu, dass Aufzeichnungen, die nicht auf einem Geschäftsvorfall basieren, auch nicht über diese Norm sanktioniert werden können. Insofern kann über § 162 Abs. 3 und 4 AO eine Verletzung der Dokumentationspflichten in Zusammenhang mit dem Master File faktisch nicht geahndet werden. Denn das Master File stellt gerade keine auf den Geschäftsvorfall bezogene Dokumentation dar. Vielmehr soll den Finanzbehörden lediglich ein grober Überblick über die Art der weltweiten Geschäftätigkeit der multinationalen Unternehmensgruppe sowie der Systematik der Verrechnungspreisbestimmung gegeben werden (*Ditz/Bärsch/Engelen* DStR 2016, 796, aA wohl *Schreiber* DB 2016, 1461).

Entsprechendes gilt seit dem Veranlagungszeitraum 2008 nach § 162 Abs. 3 **851** S. 3 AO auch, wenn „eine ausländische, nahe stehende Person ihre Mitwirkungspflichten nach § 90 Abs. 2 oder ihre Auskunftspflichten nach § 93 Abs. 1 nicht erfüllt" und trotz Vorlage verwertbarer Unterlagen Zweifel an der Richtigkeit der Einkünfte bestehen. Da der ausländische Geschäftspartner als Exterritorialer aber weder im Inland auskunftspflichtig (vgl. Tipke/Kruse/*Seer* § 93 AO Rz. 10) noch mitwirkungspflichtiger Beteiligter iSd § 78 AO ist, findet diese Vorschrift letztendlich keinen Anwendungsbereich (*Kroppen/Rasch/Eigelshoven* IWB Fach 3 Gr. 1, 2228; *Baumhoff/Ditz/Greinert* DStR 2007, 1467).

Kann der Steuerpflichtige die Vermutung der erhöhten Einkünfte nicht wi- **852** derlegen, so erfolgt eine Schätzung, die eine gegebene Bandbreite möglicher Verrechnungspreise zu Lasten des Steuerpflichtigen voll ausnutzen kann (§ 162 Abs. 3 S. 2 AO). Bei einer Warenlieferung des inländischen Unternehmens an eine nahe stehende Person im Ausland wird dies der obere Rand der Spannbreite sein, bei einer umgekehrten Lieferrichtung dementsprechend der untere Rand.

Grundsätzlich sind Sanktionen, welcher Art auch immer, legitim, wenn der **853** Steuerpflichtige seinen steuerlichen Pflichten, in diesem Fall seinen Dokumentationspflichten, nicht nachkommt. Daher ist es vertretbar, bei der Ermittlung einer Bandbreite angemessener Preise im Rahmen einer Schätzung einen sog. (Un-)Sicherheitsabschlag zu Lasten des Steuerpflichtigen vorzunehmen (Tipke/Kruse/*Seer* § 162 AO Rz. 45). Ansonsten bestünde die Gefahr, dass er bei Vernachlässigung seiner Aufzeichnungspflichten dafür auch noch in Form einer vorteilhaften Schätzung belohnt werden könnte (*Seer* FR 2002, 382).

854 Allerdings steht diese Vorgehensweise im Gegensatz zur bisherigen Rechtsprechung, der zufolge der Punkt einer Bandbreite für die Schätzung maßgeblich war, der für den Steuerpflichtigen am günstigsten war. Der BFH begründete seine Überlegung damit, dass es im deutschen Steuerrecht keine Straf- oder Verdachtsschätzung gebe und somit die Rechtsgrundlage für eine nachteilige Schätzung fehle (BFH v. 17.10.2001, I R 103/00, BFHE 197, 68 sowie mwN Tipke/Kruse/*Seer* § 162 AO Rz. 13). Tatsächlich ist diese nunmehr durch § 162 Abs. 3 AO gegeben, so dass man analog zum „Nichtanwendungserlass" in diesem Fall von einem „Nichtanwendungsgesetz" sprechen kann. Inwieweit eine solche Regelung mit dem Grundsatz, dass eine Schätzung lediglich der möglichst realitätsnahen Ermittlung der Besteuerungsgrundlagen (Tipke/Kruse/*Seer* § 162 AO Rz. 29) und nicht einer Sanktionierung von Verstößen dienen soll, vereinbar ist, bleibt das Geheimnis des Gesetzgebers. Insbesondere bei großen Bandbreiten kann eine reine Verdachtsschätzung erhebliche Ausmaße annehmen und somit eine schwere Sanktion darstellen. Es ist daher höchst fraglich, inwiefern das Prinzip der Verhältnismäßigkeit gewahrt wird.

855 Aufgrund des konkreten Auslandsbezugs dieses Absatzes kann man die Frage nach der Vereinbarkeit mit EU-Recht (*Moebus* BB 2003, 1414), insbesondere mit der Niederlassungsfreiheit stellen (*Vögele/Brem* IStR 2004, 52). Festzuhalten bleibt, dass eine solche nachteilige Schätzung lediglich Sachverhalte betrifft, bei denen Unternehmen Auslandsbeziehungen zu nahe stehenden Personen unterhalten. Bei Geschäftsbeziehungen allein zwischen inländischen verbundenen Unternehmen besteht die Gefahr einer derartigen Strafschätzung dagegen nicht. In der Konsequenz stellt sich die Frage, ob demzufolge nicht grundsätzlich gleiche Sachverhalte ungleich bewertet werden. Unter Berücksichtigung der mangelnden Überprüfbarkeit fiskalischer Sachverhalte im Ausland wird dies zT verneint (*Hahn/Suhrbier-Hahn* IStR 2003, 86; anders dagegen *Joecks/Kaminski*, die auf die EG-Amtshilferichtlinie zur Missbrauchsvermeidung verweisen; vgl. *Joecks/Kaminski* IStR 2004, 69). Das staatliche Recht zur Sicherstellung der Besteuerung könnte als zwingender Grund des Allgemeininteresses zu einer Rechtfertigung der Einschränkung der Grundfreiheiten führen (*Hruschka* IStR 2002, 757). Allerdings müsste dabei der Grundsatz der Verhältnismäßigkeit gewahrt bleiben. Dies ist aber nicht der Fall, da auch eine realistische Schätzung die Besteuerung sicherstellen würde und eine Strafschätzung daher nicht erforderlich ist.

856–859 *einstweilen frei*

b) Festsetzung von Strafzuschlägen

860 § 162 Abs. 4 S. 1 AO zufolge ist ein Zuschlag festzulegen, falls Aufzeichnungen iSd § 90 Abs. 3 AO nicht vorliegen oder im Wesentlichen unverwertbar sind; dagegen wird der Fall einer nicht zeitnahen Erstellung von § 162 Abs. 4 AO nicht erfasst. Der Zuschlag bemisst sich nach einem Prozentsatz (5–10%) an der Höhe der ermittelten Mehreinkünfte (§ 162 Abs. 4 S. 3 AO) und beträgt nach Satz 1 mindestens 5.000 Euro, dh es besteht ein unmittelbarer Zusammenhang zwischen der Schätzung nach § 162 Abs. 3 AO und dem Zuschlag nach § 162 Abs. 4 AO.

861 Bei verspäteter Vorlage verwertbarer Aufzeichnungen ist ebenfalls ein Zuschlag zu erheben. Dieser beträgt mindestens 100 Euro pro Tag, insgesamt

H. Dokumentations- und Mitwirkungspflichten 862–866 § 1

jedoch maximal 1 Mio. Euro (§ 162 Abs. 4 S. 3 AO). Aufgrund seiner ausschließlichen Funktion als Generalprävention kommt ihm daher Strafcharakter zu (*Hahn/Ziegler* IStR 2004, 81). Damit wird erstmals im deutschen Steuerrecht die klare Trennung zwischen (Steuer-)Verwaltungs- und Strafrecht aufgehoben (*Hahn/Ziegler* IStR 2004, 79).

Vergleichbare Regelungen sind auch in anderen Ländern durchaus üblich. **862** Dort basieren sie allerdings auf der mehr erzielten Steuer (*Lüdicke* IStR 2003, 436). Durch die Orientierung an den durch die (Straf-)Schätzung ermittelten Mehreinkünften erfolgt in Deutschland dagegen eine faktische Doppelbestrafung desselben Tatbestands. Der Zuschlag entsteht somit selbst dann, wenn aufgrund von Verlusten keine (zusätzlichen) Steuern anfallen (*Vögele/Vögele* IStR 2003, 468).

Auch im Vergleich zu anderen steuerlichen Nebenleistungen, deren Bemes- **863** sungsgrundlage sich idR nach der festgesetzten Steuer richtet, ist die Höhe des Zuschlags kritisch zu beurteilen (vgl. *Endres/Oestreicher* IStR 2003, Beihefter zu Heft 15, 5*). Bei einer Kapitalgesellschaft, deren Gesamtsteuerbelastung seit dem Veranlagungszeitraum 2008 knapp 30% beträgt, ist der Zuschlag nach § 162 Abs. 4 AO im Vergleich zum Verspätungszuschlag nach § 152 AO bei gleichem angewendeten Prozentsatz (zB 10%) demnach mehr als dreimal so hoch. Außerdem darf weder der Verspätungszuschlag noch ein Zwangsgeld nach § 329 AO den Betrag von 25.000 Euro übersteigen. Demgegenüber ist der Höchstbetrag nach § 162 Abs. 4 S. 3 AO iHv 1 Mio. Euro unangemessen.

Zwar soll bei entschuldbarer Pflichtverletzung oder nur geringfügigem Ver- **864** schulden der Zuschlag nicht festgesetzt werden (§ 162 Abs. 4 S. 5 AO). Nicht vorgesehen ist die Nichtfestsetzung dagegen, wenn die wirtschaftliche Bedeutung vernachlässigbar ist (*Lüdicke* IStR 2003, 436). In diesem Fall werden die Mindestbeträge iHv 5.000 Euro (Satz 1) bzw. 100 Euro pro Tag (Satz 3) als Zuschlag erhoben, sofern sie nicht nach § 227 AO erlassen werden.

Problematisch ist zudem, dass der Zuschlag nach § 162 Abs. 4 S. 7 AO be- **865** reits nach Abschluss der Außenprüfung festzusetzen ist. Dies führt insbesondere zu Problemen, wenn die endgültige Steuerfestsetzung aufgrund eines Rechtsbehelfs- oder Finanzgerichtsverfahrens erst später erfolgt (*Schnorberger* DB 2003, 1246), da eben die der Steuer zugrunde liegenden ermittelten Mehreinkünfte auch die Bemessungsgrundlage für den Zuschlag bilden. Zu den Problemen, die sich beim Antrag auf AdV und bei nachträglichen Änderungen der Schätzung ergeben, vgl. *Lüdicke* IStR 2003, 437.

Ein weiterer zu berücksichtigender Aspekt ist die potenzielle Europarechts- **866** widrigkeit der Zuschläge. Da diese nur bei grenzüberschreitenden Transaktionen verhängt werden können, liegt uU ein Verstoß gegen das Diskriminierungsverbot vor. Aufgrund der alleinigen Anwendung bei Sachverhalten mit ausländischen nahe stehenden Personen iSd § 1 scheint daher die uneingeschränkte Gewährleistung der Niederlassungsfreiheit fraglich (*Vögele/Brem* IStR 2004, 52). Ein Rechtfertigungsversuch aufgrund der Sachverhaltsüberprüfbarkeit und der sich daraus ergebenden staatlichen Sicherstellung der Besteuerung, wie im Rahmen der Schätzung angedacht (vgl. → Rz. 725), ist aufgrund der Klassifizierung als Strafzuschlag jedenfalls nicht möglich (*Hahn/Suhrbier-Hahn* IStR 2003, 86). Vor dem Hintergrund eines fehlenden übergeordneten Allgemeininteresses erscheint der Zuschlag demnach als unionsrechtswidrig.

867 Darüber hinaus ist der Zuschlag auch aus verfassungsrechtlicher Sicht umstritten. Begründet wird dies mit seiner Unverhältnismäßigkeit, insbesondere im Verhältnis zu dem auf 25.000 Euro beschränkten Verspätungszuschlag (§ 152 Abs. 2 S. 1 AO), und dem Verstoß gegen das Übermaßverbot (*Joecks/Kaminski* IStR 2004, 71).

868, 869 *einstweilen frei*

III. Länderbezogene Berichterstattung (Country-by-Country Reporting, § 138a AO)

1. Allgemeines

870 Die länderbezogene Berichterstattung (sog. Country-by-Country Reporting = CbCR) stellt neben der landesspezifischen, unternehmensbezogenen Dokumentation sowie der Stammdokumentation die dritte Säule der Dokumentations- und Mitwirkungspflichten bei Auslandssachverhalten dar. Im Gegensatz zu den vorgenannten Bestandteilen der Verrechnungspreisdokumentation (Local File und Master File) ist diese Dokumentationspflicht nicht in § 90 Abs. 3 AO, sondern in einem neuen § 138a AO aufgenommen worden. Die Verortung in dem Unterabschnitt „Anzeigepflichten" der Abgabenordnung erscheint sachgerecht. Denn allein auf Basis des länderbezogenen Berichts ist keine Einkünftekorrektur möglich (*Schreiber/Greil* DB 2017, 13), weil die Zielsetzung des CbCR darin besteht, Finanzverwaltungen eine erste Einschätzung steuerlicher Verrechnungspreisrisiken und anderer steuerlicher Risiken hinsichtlich Gewinnverlagerungen und -verkürzungen zu ermöglichen. Die Informationen sind ausdrücklich nicht dazu geeignet, die Unangemessenheit von Verrechnungspreisen zu belegen. Im Übrigen betonen sowohl die OECD (OECD-Leitlinien 2017, Tz. 5.25) als auch der deutsche Gesetzgeber (BT-Drs. 18/9536, 37), dass das CbCR nicht für eine globale, formelhafte Gewinnaufteilung verwendet werden darf (*Kraft/Heider* DStR 2017, 1353 (1354)).

2. Persönlicher Anwendungsbereich

871 § 138a Abs. 1 AO definiert, welche Unternehmen in Deutschland einen länderbezogenen Bericht aufzustellen haben. Als Unternehmen gilt dabei jedes selbstständige gewerbliche oder berufliche Tätigwerden, das mit Gewinnerzielungsabsicht betrieben wird (BT-Drs. 18/9536, 37). Nach Abs. 1 hat ein Unternehmen mit Sitz (§ 11 AO) oder Ort der Geschäftsleitung (§ 12 AO) im Inland ein CbCR zu erstellen und an das BZSt zu übermitteln, wenn
– es einen Konzernabschluss aufzustellen hat (sog. inländische Konzernobergesellschaft bzw. „Ultimate Parent Entity"), in den es mindestens eine ihr nachgelagerte, ausländische Kapitalgesellschaft, Personengesellschaft oder Betriebsstätte einbezieht (§ 138a Abs. 1 S. 1 Nr. 1 AO) und
– die konsolidierten Umsatzerlöse im vorangegangenen Wirtschaftsjahr mindestens 750 Mio. Euro betragen haben (§ 138a Abs. 1 S. 1 Nr. 2 AO).

872 Die Umsatzschwelle iHv 750 Mio. Euro soll dazu führen, dass lediglich große multinationale Unternehmen von der neuen Berichtspflicht betroffen sind. Sie entspricht den Empfehlungen der OECD (soft law) (OECD-Leitlinien 2017,

H. Dokumentations- und Mitwirkungspflichten 873–876 § 1

Tz. 5.52) und den Vorgaben der EU (hard law) (EUAHiRL zum CbCR, Anhang III, Abschnitt I, Nr. 4, ABl. EU 2016 L 146, 8). Wie die Umsatzerlöse definiert werden geht weder aus der Norm noch aus der Gesetzesbegründung hervor. Von daher sollte hier das Begriffsverständnis des § 277 Abs. 1 HGB sowie des IAS 18 für deutsche multinationale Unternehmen zulässig sein, wenngleich sich durch die unterschiedlichen Rechnungslegungsstandards ein uneinheitlicher Kreis der berichtspflichtigen Unternehmen ergeben kann (*Kraft/ Heider* DStR 2017, 1353 (1354)). Befreit von der CbCR-Aufstellungspflicht sind inländische Konzernobergesellschaften, die bereits in den Konzernabschluss eines anderen Unternehmens einbezogen werden (§ 138a Abs. 1 S. 2 AO).

Es besteht nach § 138a Abs. 3 AO die Möglichkeit, dass eine ausländische **873** Konzernobergesellschaft – unterstellt, sie hätte ihren Sitz oder den Ort der Geschäftsleitung im Inland und wäre nach § 138a Abs. 1 AO im Inland berichtspflichtig – inländische Konzerneinheiten mit der Abgabe und Übermittlung der CbCR beauftragen kann (sog. beauftragte Gesellschaft bzw. „Surrogate Parent Entity"). Nach der Gesetzesbegründung (BT-Drs. 18/9536, 37) muss die beauftragte Gesellschaft faktisch dazu „in der Lage sein", den länderbezogenen Bericht zu erstellen und an das Bundeszentralamt für Steuern (BZSt) zu übermitteln. Wie weit dieses „in der Lage sein" auszulegen ist, dh in welchen Fällen eine beauftragte Gesellschaft hierzu nicht in der Lage ist, wird hingegen nicht ersichtlich (*Ditz/Bärsch/Engelen* IStR 2016, 842).

Jede inländische Konzerngesellschaft oder Betriebsstätte ist sekundär gem. **874** § 138a Abs. 4 S. 1 und 5 AO zur fristgerechten Übermittlung des CbCR verpflichtet, sofern das BZSt keinen länderbezogenen Bericht erhalten hat und die ausländische Konzernobergesellschaft im Inland zur Übermittlung eines solchen verpflichtet gewesen wäre. Diese Berichtspflicht entfällt, sobald ein länderbezogener Bericht an das BZSt übermittelt worden ist (§ 138a Abs. 4 S. 2 AO). In diesem Zusammenhang sieht der Gesetzeswortlaut des § 138a Abs. 1 S. 1 AO vor, dass die Befreiung von der Berichtspflicht nur erfolgt, sofern eine „einbezogene inländische Konzerngesellschaft" die Übermittlung vornimmt. Dies sollte auch dann gelten, wenn dem BZSt das CbCR von einer ausländischen Gesellschaft oder im Rahmen des Informationsaustauschs von einer ausländischen zuständigen Behörde übermittelt wird (*Kraft/Heider* DStR 2017, 1353 (1355)).

Vermag eine sekundär berichtspflichtige Konzerneinheit den länderbezoge- **875** nen Bericht nicht vollumfänglich zu erstellen, so hat sie dies dem BZSt fristgerecht mitzuteilen und ihr alle möglichen Angaben zu tätigen (§ 138a Abs. 4 S. 3 AO). Nach Auffassung von Vertretern der Finanzverwaltung sind hier zumindest Angaben zu den ihr nachgelagerten Konzerngesellschaften und Betriebsstätten aufzunehmen (*Schreiber/Greil* DB 2017, 15), um der sekundären Berichtspflicht so weit wie möglich zu entsprechen.

Grundsätzlich ist der länderbezogene Bericht erstmalig für Wirtschaftsjahre **876** nach dem 31.12.2015 zu erstellen (Art. 97 § 31 S. 1 EGAO). Demgegenüber haben sekundär berichtspflichtige Unternehmen das CbCR erst für Wirtschaftsjahre nach dem 31.12.2016 zu erstellen (Art. 97 § 31 S. 2 EGAO). Die Übermittlung des länderbezogenen Berichts an das BZSt hat spätestens ein Jahr nach Ablauf des Berichtsjahres zu erfolgen (§ 138a Abs. 6 S. 1 AO). Erlangt eine einbezogene, inländische Konzerngesellschaft verspätete Kenntnis darüber, dass das BZSt keinen länderbezogenen Bericht der Unternehmensgruppe erhalten hat, ist ihr nach § 138a Abs. 4 S. 4 AO eine Frist von einem Monat zur Übermittlung einzuräumen. Das BZSt übermittelt die länderbezogenen Berichte gem. § 138a Abs. 7 S. 2 AO an die zuständigen Behörden anderer Steuerhoheitsgebiete, in denen die betreffenden Konzerneinheiten ansässig bzw. belegen sind und soweit eine völkerrechtliche Rechtsgrundlage für den automatischen Informationsaustausch besteht (vgl. hierzu ausführlich *Kraft/Ditz/Heider* DB 2017, 2243 (2250 ff.)).

3. Sachlicher Anwendungsbereich

877 Der länderbezogene Bericht gliedert sich nach § 138a Abs. 2 Nr. 1–3 AO in drei Abschnitte. Übersicht 1 umfasst die Aufteilung von Umsätzen, Gewinnen, Steuern und Wertschöpfungsindikatoren der multinationalen Unternehmensgruppe auf Steuerhoheitsgebiete, Übersicht 2 beinhaltet die Auflistung der wichtigsten Geschäftstätigkeiten, die von den Konzerneinheiten der multinationalen Unternehmensgruppe in den Steuerhoheitsgebieten ausgeübt werden, und Übersicht 3 dient dem Zweck, weitergehenden Informationen, die das Verständnis des länderbezogenen Berichts verbessern, Raum zu bieten.

878 Nach dem Gesetzeswortlaut sind wohl alle Steuerhoheitsgebiete („Tax Jurisdictions") zu erfassen, in denen Konzerneinheiten, die für Zwecke der Rechnungslegung tatsächlich in den Konzernabschluss einbezogen werden, ansässig bzw. belegen sind. Vor diesem Hintergrund sind einer Konzernobergesellschaft nachgelagerte Kapital- und Personengesellschaften sowie Betriebsstätten in den länderbezogenen Bericht einzubeziehen (*Grotherr* IStR 2016, 994). Hierauf aufbauend leitet sich der Kreis der Konzerneinheiten, die in das CbCR einzubeziehen sind, aus §§ 11 Abs. 1 und 13 Abs. 2 PublG iVm § 294 Abs. 1 HGB ab. Danach sind in den Konzernabschluss alle Konzerneinheiten einzubeziehen, auf die das Mutterunternehmen unmittelbar oder mittelbar einen beherrschenden Einfluss ausüben kann (*Kraft/Heider* DStR 2017, 1353 (1356)).

879 Da der länderbezogene Bericht gem. § 138a Abs. 2 Nr. 1 AO „ausgehend vom Konzernabschluss des Konzerns" zu erstellen ist, kann davon ausgegangen werden, dass Konzernunternehmen, die im Wege der Voll- oder Quotenkonsolidierung in den Konzernabschluss einbezogen werden auch im CbCR zu erfassen sind. Somit sind Konzernunternehmen, die zB nach § 296 Abs. 2 HGB aus Wesentlichkeitsgründen nicht in den Konzernabschluss einbezogen werden, auch nicht in dem länderbezogenen Bericht zu erfassen. Gemeinschaftsunternehmen, die nicht anteilig in dem Konzernabschluss konsolidiert, sondern die jeweiligen Beteiligungsbuchwerte „at-equity" in dem Konzernabschluss bilanziert werden, sind dementsprechend ebenfalls nicht im CbCR aufzuführen (*Kraft/Heider* DStR 2017, 1353 (1356 f.); Tipke/Kruse/*Drüen* § 133a AO Rz. 13 f.).

880 Völlig offen ist nach dem Gesetzeswortlaut die Einbeziehung von Betriebsstätten und Personengesellschaften. Letztere sind nämlich – soweit konsolidierungspflichtig – in den Konzernabschluss einzubeziehen, jedoch gelten sie aufgrund des Transparenzprinzips steuerlich als in keinem Staat ansässig (Schönfeld/Ditz/*Dremel* Art. 1 OECD-MA 2010 Rz. 50 ff.). Nach Auffassung der OECD sind Betriebsstätten nach dem Belegenheitsprinzip in dem Steuer-

H. Dokumentations- und Mitwirkungspflichten 881–886 § 1

hoheitsgebiet auszuweisen, in dem sie belegen sind. Personengesellschaften sind entsprechend der Belegenheit ihre Betriebsstätten auszuweisen. Hat eine transparent besteuerte Personengesellschaft keine Betriebsstätte, sind die Angaben einer gesonderten Zeile des länderbezogenen Berichts für sog. staatenlose Konzerneinheiten zuzuordnen. Darüber hinaus sollen die jeweiligen übergeordneten Konzerneinheiten der betroffenen Personengesellschaft den auf sie entfallenden Mitunternehmeranteil in ihrem Steuerhoheitsgebiet ausweisen (OECD, Guidance on the Implementation of Country-by-Country Reporting: BEPS Action 13, 8.2.2018, 14). Diese parallele Erfassung, zum einen in der Zeile des Ansässigkeitsstaates des jeweiligen Mitunternehmers, zum anderen in der Zeile für staatenlose Unternehmen, birgt die Gefahr von Fehlinterpretationen, die nur durch Erläuterungen in Übersicht 3 minimiert werden können (*Grotherr* IStR 2016, 996).

einstweilen frei 881–884

4. Anforderungen an die Aufzeichnungen

Nach § 138a Abs. 2 Nr. 1 AO hat der länderbezogene Bericht ausgehend 885 vom Konzernabschluss die nachfolgenden Informationen zu umfassen:
– Die Umsatzerlöse und sonstigen Erträge aus Geschäftsvorfällen mit nahestehenden Unternehmen,
– die Umsatzerlöse und sonstigen Erträge aus Geschäftsvorfällen mit fremden Unternehmen,
– die Summe aus den Umsatzerlösen und sonstigen Erträgen aus Geschäftsvorfällen mit nahestehenden und fremden Unternehmen,
– die im Wirtschaftsjahr gezahlten Ertragsteuern,
– die im Wirtschaftsjahr für dieses Wirtschaftsjahr gezahlten und zurückgestellten Ertragsteuern,
– das Jahresergebnis vor Ertragsteuern,
– das Eigenkapital,
– der einbehaltene Gewinn,
– die Zahl der Beschäftigten sowie
– die materiellen Vermögenswerte (für eine ausführliche Analyse der einzelnen Positionen vgl. Grotherr IStR 2016, 998 ff. sowie *Kraft/Heider* DStR 2017, 1353 (1357 ff.); Tipke/Kruse/*Drüen* § 138a AO Rz. 18 ff.).

Übersicht 2 des länderbezogenen Berichts besteht gem. § 138a Abs. 2 886 Nr. 2 AO aus einer nach Steuerhoheitsgebieten gegliederten Auflistung aller Konzernunternehmen und Betriebsstätten, unter Angabe der jeweiligen wichtigsten Geschäftstätigkeiten. In diesem Zusammenhang werden in der Gesetzesbegründung Forschung und Entwicklung, Besitz oder Verwaltung von geistigem Eigentum, Einkauf oder Beschaffung, Verarbeitung oder Produktion, Verkauf, Marketing oder Vertrieb, Verwaltungs-, Management- oder Supportleistungen, Erbringung von Dienstleistungen für unverbundene Dritte, konzerninterne Finanzierung, Besitz von Aktien oder anderen Wertpapieren mit Beteiligungscharakter sowie eine ruhende Tätigkeit genannt (BT-Drs. 18/9536, S. 38 f.). Diese Angaben sollten auf Local File und Master File der jeweiligen Konzerneinheiten abgestimmt sein, um das Risiko von Fehlinterpretationen zu reduzieren (*Ditz/Bärsch/Engelen* IStR 2016, 846).

Kraft 193

887 Übersicht 3 bietet dem berichtspflichten Unternehmen die Möglichkeit, zusätzliche Informationen, die zum Verständnis des länderbezogenen Berichts beitragen, gem. § 138a Abs. 2 Nr. 3 AO zu tätigen. In diesem Zusammenhang scheinen Angaben zu den jeweiligen Datengrundlagen der CbCR-Position sinnvoll. Im Übrigen empfiehlt die OECD Angaben zu der Einbeziehung etwaiger Personengesellschaften vorzunehmen. Dem berichtspflichtigen Unternehmen ist grundsätzlich zu raten, an dieser Stelle umfangreiche Angaben zu tätigen um das Risiko von Fehlinterpretationen zu verringern (*Kraft/Heider* DStR 2017, 1353).

888, 889 *einstweilen frei*

5. Rechtsfolgen bei Verletzung des § 138a AO

890 Die Sanktionierung bei Verstößen gegen § 138a AO wird in den Bußgeldvorschriften der Abgabenordnung geregelt. Nach § 379 Abs. 2 Nr. 1c AO handelt ein berichtspflichtiges Unternehmen ordnungswidrig, wenn es vorsätzlich oder leichtfertig seiner Mitteilungspflicht iSd § 138a AO nicht, nicht vollständig oder nicht rechtzeitig nachkommt. Eine solche Ordnungswidrigkeit kann bei Vorsatz mit einer Geldbuße von bis zu 10.000 Euro, bei Leichtfertigkeit mit bis zu 5000 Euro geahndet werden (§ 379 Abs. 4 AO, § 377 Abs. 2 AO iVm § 17 Abs. 2 OWiG). Liegt hingegen eine leichtfertige Steuerverkürzung vor, sollen gem. § 379 Abs. 4 Hs. 2 AO in diesem Fall die Regelungen des § 378 AO greifen, die nach Abs. 2 ein Bußgeld von bis zu 50.000 Euro vorsehen. Gleichwohl ist es nicht ersichtlich, wie im Zusammenhang mit der Abgabe des CbCR überhaupt eine leichtfertige Steuerverkürzung vorliegen kann. Denn eine leichtfertige Steuerverkürzung liegt erst dann vor, wenn der Steuerpflichtige leichtfertig die Tatbestände der Steuerhinterziehung iSd § 370 Abs. 1 AO erfüllt, also zB über steuerlich erhebliche Tatsachen unrichtige oder unvollständige Angaben macht oder die Finanzbehörden pflichtwidrig über steuerlich erhebliche Tatsachen in Unkenntnis lässt. Da das CbCR ausschließlich dem Zweck dient, den zuständigen Finanzbehörden eine erste Einschätzung steuerlicher Verrechnungspreisrisiken und anderer steuerlicher Risiken hinsichtlich Gewinnverlagerungen und -verkürzungen zu ermöglichen und die Informationen ausdrücklich nicht dazu geeignet sind die Unangemessenheit von Verrechnungspreisen zu belegen, können sie auch nicht für eine Steuerfestsetzung verwendet werden. Im Ergebnis scheidet die Anwendung des § 378 AO auf den länderbezogenen Bericht aus (*Kraft/Heider* DStR 2017, 1353 (1361)).

891 Auch wenn die Nichtabgabe des länderbezogenen Berichts vor dem Hintergrund des hohen Erfüllungsaufwandes prima vista eine ökonomisch begründbare Strategie darstellen könnte, bleibt gleichwohl zu bedenken, dass im Ausland deutlich höhere Sanktionsvorschriften für die dort ansässigen bzw. belegenen Konzerneinheiten vorgesehen sein können. Des Weiteren könnte man zu dem Ergebnis kommen, dass die Sanktionsvorschriften im Falle der nicht Übermittlung durch eine ausländische Konzerngesellschaft an die zuständige Behörde und dem anschließenden Informationsaustausch mit dem BZSt über die sekundäre Berichtspflicht auf alle inländischen Konzerneinheiten Anwendung finden. Gleichwohl würde diese weit reichende Schlussfolgerung dem Telos des § 138a AO widersprechen. Denn eine primär oder sekundär berichtspflichtige Konzerneinheit hat einen länderbezogenen Bericht an das BZSt zu übermitteln. Insofern befreit die Übermittlung eines länderbezogenen Berichts durch eine Konzerngesellschaft auch die übrigen Konzerngesellschaften von ihrer (sekundären) Berichtspflicht. Aus diesem Grund sollten die Sanktionsvorschriften des § 379 Abs. 2 Nr. 1c AO auch nur auf eine inländische Konzerngesellschaft anwendbar sein (*Kraft/Heider* DStR 2017, 1353 (1362)).

einstweilen frei **892–894**

IV. Übrige Mitwirkungs- und Dokumentationspflichten

1. Erweiterte Mitwirkungs- und Aufbewahrungspflichten (§ 90 Abs. 2 AO)

Die Finanzverwaltung darf, abgesehen von ausdrücklichen völkerrechtlichen Vereinbarungen, außerhalb ihres Hoheitsgebiets nicht tätig werden (HHS/*Sohn* § 90 AO Rz. 136). Daher bestanden auch schon vor Einführung des § 90 Abs. 3 AO durch das StVergAbG vom 16.5.2003 (Art. 9 StVergAbG, BGBl. 2003 I 664) zur Durchsetzung des materiellen Rechts in Fällen mit Auslandssachverhalten für den Steuerpflichtigen erweiterte Mitwirkungspflichten nach § 90 Abs. 2 AO (Tipke/Kruse/*Seer* § 90 AO Rz. 19). Diese Mitwirkungs- und Aufbewahrungspflichten ergänzen auch weiterhin die Dokumentationspflichten des § 90 Abs. 3 AO idF des Anti-BEPS-Umsetzungsgesetzes (BGBl. 2016 I 3000). Dazu gehört neben der Aufklärung des Sachverhalts auch die Beschaffung der erforderlichen Beweismittel unter Nutzung aller rechtlichen und tatsächlichen Möglichkeiten (Tipke/Kruse/*Seer* § 90 AO Rz. 22). Das Versäumnis einer Nachweisvorsorge, zB durch entsprechende vertragliche Regelungen, ist dem Steuerpflichtigen anzulasten (FG Köln v. 6.8.1981, V 225/79 E, EFG 1982, 252). **895**

Ebenfalls zu beachten ist, dass Bücher und sonstige Aufzeichnungen nach § 146 Abs. 2 AO in Deutschland zu führen und aufzubewahren sind. Dadurch soll ein jederzeit möglicher Zugriff der Finanzverwaltung sichergestellt werden (ua HHS/*Görke* § 146 Rz. 48; Tipke/Kruse/*Drüen* § 146 AO Rz. 31). Eine Ausnahme besteht lediglich für ausländische Betriebsstätten, soweit die Buchführungspflicht im Ausland erfüllt wird. Dadurch wird eine Pflichtenkollision mit dem zwingenden ausländischem Recht vermieden (Tipke/Kruse/*Drüen* § 146 AO Rz. 33). In diesem Fall genügt es, die ausländische Buchführung unter Anpassung an die deutschen steuerlichen Vorschriften in die inländische Buchführung zu übernehmen. Entgegen dem Gesetzeswortlaut sollte deshalb auch für inländische Betriebsstätten ausländischer Gesellschaften die inländische Aufbewahrung nicht verpflichtend sein, sofern die Bücher auf Anforderung vorgelegt werden (ua Klein/*Rätke* § 146 AO Rz. 38; anders dagegen Tipke/Kruse/*Drüen* § 146 AO Rz. 38). Die Aufbewahrungsfrist nach § 147 Abs. 3 AO ist abhängig von der Art der Unterlagen und beträgt zehn bzw. sechs Jahre. **896**

einstweilen frei **897–899**

2. Verwaltungsgrundsätze zur Einkunftsabgrenzung

900 Eine Konkretisierung der gesetzlichen Mitwirkungs- und Nachweispflichten hat die Finanzverwaltung in mehreren BMF-Schreiben vorgenommen. So hat sie ihre „Grundsätze für die Prüfung der Einkunftsabgrenzung bei international verbundenen Unternehmen (VGr 1983)" (BMF v. 23.2.1983, BStBl. I 1983, 218) in einem Schreiben zusammen gefasst. Zur Mitwirkungspflicht des Steuerpflichtigen wird darin auf den § 90 Abs. 2 AO verwiesen (VGr 1983 Tzn. 9.1.1 ff.). Soweit Unterlagen zur Ermittlung von Verrechnungspreisen erstellt worden sind – wovon man idR zumindest in einem Mindestmaße ausgehen kann – sind diese bei einer Prüfung auch vorzulegen (VGr 1983 Tzn. 9.2.1 f.). Allerdings äußern sich die VGr 1983 nicht ausdrücklich zur Dokumentationspflicht.

3. Umlageverträge

901 Ein weiteres BMF-Schreiben regelt die „Grundsätze für die Prüfung der Einkunftsabgrenzung durch Umlageverträge zwischen international verbundenen Unternehmen (VWG-Umlage)" (BMF v. 30.12.1999, BStBl. I 1999, 1122). Dieses sieht umfangreichen Aufzeichnungspflichten vor, die für die steuerliche Anerkennung notwendig sind.

902 Ein Umlagevertrag muss zwecks steuerlicher Anerkennung schriftlich abgeschlossen sein und bestimmte Mindeststandards erfüllen (VWG-Umlage Tz. 5.1.1). Insbesondere hat zur Nachprüfbarkeit eine Dokumentation über die erbrachten Leistungen, die damit im Zusammenhang stehenden Aufwendungen sowie den zu erwartenden Nutzen zu erfolgen (VWG-Umlage Tzn. 5.1.2 f.). Zusätzlich hat jeder Leistungsempfänger des Pools eine gesonderte Aufzeichnung zu erstellen (VWG-Umlage Tz. 5.1.4).

903 Anhand der Dokumentation muss nachgewiesen werden können, dass der Aufwand (ohne einen Gewinnaufschlag) dem Fremdvergleich entsprechend nach anteiliger Nutzung auf alle Poolmitglieder umgelegt wurde. Gelingt dies nicht, so droht eine Schätzung, bei schwerwiegenden Mängeln des Umlagevertrags sogar eine Versagung des Betriebsausgabenabzugs (VWG-Umlage Tz. 6). Die strengen Dokumentationsanforderungen gehen damit weit über die Regeln der OECD-Leitlinien hinaus, die dem Grundsatz der Verhältnismäßigkeit und Zumutbarkeit wesentlich besser gerecht werden.

4. Arbeitnehmerentsendung

904 Auch für den Sachverhalt der Arbeitnehmerentsendung hat das BMF gesonderte „Grundsätze für die Prüfung der Einkunftsabgrenzung zwischen international verbundenen Unternehmen in Fällen der Arbeitnehmerentsendung (VWG-AN)" (BMF v. 9.11.2001, BStBl. I 2001, 796) festgelegt, die ua in Tz. 5 ausführliche Dokumentationspflichten vorsehen. Diese VWG-AN, die die VGr 1983 nach Tz. 7 ergänzen, „gelten sinngemäß bei Prüfung der Aufteilung der Einkünfte bei Betriebsstätten international tätiger Unternehmen" (VWG-AN Tz. 6). Unter Umständen wird sogar gerade durch die Arbeitnehmerentsendung (ungewollt) eine Betriebsstätte begründet, die zusätzliche Formalitäten zur Folge hat (*Jacobs* Internationale Unternehmensbesteuerung 1348).

5. Rechtsfolgen bei Pflichtverletzungen

Kommt es in diesem Rahmen zu einer Pflichtverletzung durch den Steuerpflichtigen, so lassen sich zwei Fälle unterscheiden: Kann eine Tatbestandsvoraussetzung nicht geklärt werden, so verringert sich das Beweismaß der Finanzverwaltung, dh es genügt eine gewisse Wahrscheinlichkeit zur nachteiligen Auslegung eines Sachverhalts. Bezieht sich die Pflichtverletzung auf eine steuerliche Rechtsfolge, ist bei der notwendigen Schätzung der Besteuerungsgrundlage ein geringerer Grad an Wahrscheinlichkeit zulässig (Klein/*Rätke* § 90 AO Rz. 31).

einstweilen frei

V. Gefahr der wirtschaftlichen Doppelbesteuerung

Aufgrund der Komplexität der Sachverhalte bei der Ermittlung von Verrechnungspreisen kann es vorkommen, dass bei Beteiligung mehrerer Finanzbehörden diese verschiedene Standpunkte zur Angemessenheit vertreten, zB bezüglich der Preisfestsetzung auf einer gewissen Bandbreite. Werden deshalb dieselben Einkünfte bei verschiedenen Steuerpflichtigen in die Bemessungsgrundlage einbezogen, kommt es zu einer sog. wirtschaftlichen Doppelbesteuerung. Eine rechtliche Doppelbesteuerung entsteht bei mehrmaliger Berücksichtigung derselben Einkünfte bei einem Rechtsträger, zB aufgrund einer ausländischen Betriebsstätte (OECD-Leitlinien 2017 Tz. 4.2).

Die durch das Anti-BEPS-Umsetzungsgesetz (BGBl. 2016 I 3000) im Allgemeinen und die länderbezogene Berichterstattung im Besonderen gesteigerte Steuertransparenz erhöht die Gefahr einer solchen wirtschaftlichen Doppelbesteuerung. Finanzverwaltungen sollen nämlich ua auf Grundlage der länderbezogenen Berichterstattung einschätzen, ob die ausgewiesenen Gewinne eines multinationalen Unternehmens mit den Wertschöpfungsbeiträgen in den jeweiligen Steuerhoheitsgebieten korrespondieren, um künstliche Verrechnungspreisgestaltungen zum Zwecke von Gewinnverkürzung und -verlagerung schneller identifizieren zu können. Durch den Austausch der länderbezogenen Berichte werden Finanzverwaltungen Finanz- und Steuerinformationen zur Verfügung gestellt, ohne dass möglicherweise eine fundierte Funktion- und Risikoanalyse der in dem jeweiligen Staat ansässigen bzw. belegenen Konzerneinheiten durchgeführt wird. Dies birgt das Risiko, dass Finanzverwaltungen vorschnell Rückschlüsse auf die (Un-)Angemessenheit von Verrechnungspreisen ziehen und unilaterale Einkünftekorrekturen durchführen, die nicht im Einklang mit dem Fremdvergleichsgrundsatz stehen. Somit laufen Unternehmen Gefahr einem überschießenden Besteuerungszugriff verschiedener Staaten ausgesetzt zu sein, der eine wirtschaftliche Doppelbesteuerung zu Folge haben kann (*Ditz/Quilitzsch* DStR 2017, 284 f.).

Um den internationalen Handel nicht einzuschränken, wird eine Doppelbesteuerung z.T. unilateral, z.T. auch bilateral, dh mit Hilfe von DBA, vermieden. Systembedingt müsste demnach eine Ergebniskorrektur im Rahmen einer Außenprüfung in einem Staat auch zu einer späteren Gegenberichtigung im anderen Vertragsstaat führen (vgl. Art. 9 Abs. 2 OECD-MA). Dass dieser aufgrund der daraus für ihn resultierenden Steuerausfälle und seiner steuerlichen Souveränität dazu jedoch nicht verpflichtet werden kann, ist einleuchtend (vgl. OECD-Leitlinien 2017 Tz. 4.35).

913 Zur Beilegung der hieraus entstehenden Streitfälle ist regelmäßig ein Verständigungsverfahren vorgesehen (vgl. Art. 25 OECD-MA). Es verpflichtet die jeweiligen Behörden allerdings nur zum Bemühen um eine Einigung. Zwingend vorgeschrieben ist letztere mit Rücksicht auf evtl. gegensätzliches innerstaatliches Recht nicht (vgl. OECD-Leitlinien 2017 Tz. 4.31). Führt auch ein Schiedsverfahren nicht zu einer Lösung des steuerlichen Streitfalls, kommt es zu einer wirtschaftlichen Doppelbesteuerung, im schlimmsten Fall bis zur gesamten Höhe der korrigierten Einkünfte. Im EU-Fall schafft hier ggf. die Schiedsverfahrenskonvention Abhilfe (vgl. dazu *Endres/Oestreicher* IStR 2003, Beihefter zu Heft 15, 16*).

Zweiter Teil. Wohnsitzwechsel in niedrig besteuernde Gebiete

§ 2 Einkommensteuer

(1) ¹Eine natürliche Person, die in den letzten zehn Jahren vor dem Ende ihrer unbeschränkten Steuerpflicht nach § 1 Abs. 1 Satz 1 des Einkommensteuergesetzes als Deutscher insgesamt mindestens fünf Jahre unbeschränkt einkommensteuerpflichtig war und

1. in einem ausländischen Gebiet ansässig ist, in dem sie mit ihrem Einkommen nur einer niedrigen Besteuerung unterliegt, oder in keinem ausländischen Gebiet ansässig ist und
2. wesentliche wirtschaftliche Interessen im Geltungsbereich dieses Gesetzes hat,

ist bis zum Ablauf von zehn Jahren nach Ende des Jahres, in dem ihre unbeschränkte Steuerpflicht geendet hat, über die beschränkte Steuerpflicht im Sinne des Einkommensteuergesetzes hinaus beschränkt einkommensteuerpflichtig mit allen Einkünften im Sinne des § 2 Abs. 1 Satz 1 erster Halbsatz des Einkommensteuergesetzes, die bei unbeschränkter Einkommensteuerpflicht nicht ausländische Einkünfte im Sinne des § 34d des Einkommensteuergesetzes sind. ²Für Einkünfte der natürlichen Person, die weder durch deren ausländische Betriebsstätte noch durch deren in einem ausländischen Staat tätigen ständigen Vertreter erzielt werden, ist für die Anwendung dieser Vorschrift das Bestehen einer inländischen Geschäftsleitungsbetriebsstätte der natürlichen Person anzunehmen, der solche Einkünfte zuzuordnen sind. ³Satz 1 findet nur Anwendung für Veranlagungszeiträume, in denen die hiernach insgesamt beschränkt steuerpflichtigen Einkünfte mehr als 16.500 Euro betragen.

(2) Eine niedrige Besteuerung im Sinne des Absatzes 1 Nr. 1 liegt vor, wenn

1. die Belastung durch die in dem ausländischen Gebiet erhobene Einkommensteuer – nach dem Tarif unter Einbeziehung von tariflichen Freibeträgen – bei einer in diesem Gebiet ansässigen unverheirateten natürlichen Person, die ein steuerpflichtiges Einkommen von 77.000 Euro bezieht, um mehr als ein Drittel geringer ist als die Belastung einer im Geltungsbereich dieses Gesetzes ansässigen natürlichen Person durch die deutsche Einkommensteuer unter sonst gleichen Bedingungen, es sei denn, die Person weist nach, daß die von ihrem Einkommen insgesamt zu entrichtenden Steuern mindestens zwei Drittel der Einkommensteuer betragen, die sie bei unbeschränkter Steuerpflicht nach § 1 Abs. 1 des Einkommensteuergesetzes zu entrichten hätte, oder
2. die Belastung der Person durch die in dem ausländischen Gebiet erhobene Einkommensteuer auf Grund einer gegenüber der allgemeinen

Besteuerung eingeräumten Vorzugsbesteuerung erheblich gemindert sein kann, es sei denn, die Person weist nach, daß die von ihrem Einkommen insgesamt zu entrichtenden Steuern mindestens zwei Drittel der Einkommensteuer betragen, die sie bei unbeschränkter Steuerpflicht nach § 1 Abs. 1 des Einkommensteuergesetzes zu entrichten hätte.

(3) Eine Person hat im Sinne des Absatzes 1 Nr. 2 wesentliche wirtschaftliche Interessen im Geltungsbereich dieses Gesetzes, wenn

1. sie zu Beginn des Veranlagungszeitraums Unternehmer oder Mitunternehmer eines im Geltungsbereich dieses Gesetzes belegenen Gewerbebetriebs ist oder, sofern sie Kommanditist ist, mehr als 25 Prozent der Einkünfte im Sinne des § 15 Abs. 1 Satz 1 Nr. 2 des Einkommensteuergesetzes aus der Gesellschaft auf sie entfallen oder ihr eine Beteiligung im Sinne des § 17 Abs. 1 des Einkommensteuergesetzes an einer inländischen Kapitalgesellschaft gehört oder
2. ihre Einkünfte, die bei unbeschränkter Einkommensteuerpflicht nicht ausländische Einkünfte im Sinne des § 34d des Einkommensteuergesetzes sind, im Veranlagungszeitraum mehr als 30 Prozent ihrer sämtlichen Einkünfte betragen oder 62.000 Euro übersteigen oder
3. zu Beginn des Veranlagungszeitraums ihr Vermögen, dessen Erträge bei unbeschränkter Einkommensteuerpflicht nicht ausländische Einkünfte im Sinne des § 34d des Einkommensteuergesetzes wären, mehr als 30 Prozent ihres Gesamtvermögens beträgt oder 154.000 Euro übersteigt.

(4) Bei der Anwendung der Absätze 1 und 3 sind bei einer Person Gewerbebetriebe, Beteiligungen, Einkünfte und Vermögen einer ausländischen Gesellschaft im Sinne des § 5, an der die Person unter den dort genannten Voraussetzungen beteiligt ist, entsprechend ihrer Beteiligung zu berücksichtigen.

(5) [1]Ist Absatz 1 anzuwenden, kommt der Steuersatz zur Anwendung, der sich für sämtliche Einkünfte der Person ergibt; für die Ermittlung des Steuersatzes bleiben Einkünfte aus Kapitalvermögen außer Betracht, die dem gesonderten Steuersatz nach § 32d Absatz 1 des Einkommensteuergesetzes unterliegen. [2]Auf Einkünfte, die dem Steuerabzug auf Grund des § 50a des Einkommensteuergesetzes unterliegen, ist § 50 Absatz 2 des Einkommensteuergesetzes nicht anzuwenden. [3]§ 43 Absatz 5 des Einkommensteuergesetzes bleibt unberührt.

(6) Weist die Person nach, daß die auf Grund der Absätze 1 und 5 zusätzlich zu entrichtende Steuer insgesamt zu einer höheren inländischen Steuer führt, als sie sie bei unbeschränkter Steuerpflicht und Wohnsitz ausschließlich im Geltungsbereich dieses Gesetzes zu entrichten hätte, so wird der übersteigende Betrag insoweit nicht erhoben, als er die Steuer überschreitet, die sich ohne Anwendung der Absätze 1 und 5 ergäbe.

Inhaltsübersicht

	Rz.
A. Überblick über die Vorschrift	1–29
I. Allgemeiner Regelungsinhalt	1–5
II. Verankerung in der konzeptionellen Unterscheidung zwischen unbeschränkter und beschränkter Steuerpflicht	6–9
III. Verhältnis zu Doppelbesteuerungsabkommen	10–14
IV. Verfassungsrechtliche Problematik	15–19
V. Unionsrechtliche Problematik	20–23
VI. Rechtsentwicklung	24–29
B. Tatbestandsvoraussetzungen der Norm	30–109
I. Persönliche Voraussetzungen der erweiterten beschränkten Einkommensteuerpflicht	30–44
1. Ansässigkeitsbedingungen vor dem Ende der unbeschränkten Einkommensteuerpflicht	30–34
2. Ansässigkeitsbedingungen nach dem Ende der unbeschränkten Einkommensteuerpflicht	35–39
3. Beschränkung auf deutsche Staatsangehörige	40–44
II. Floating-Income-Regelung (Abs. 1 Satz 2)	45–54
III. Freigrenzenregelung (Abs. 1 Satz 3)	55–59
IV. Niedrige Besteuerung im Zuzugsstaat (Abs. 2)	60–79
1. Überblick	60
2. Abstrakter Steuerbelastungsvergleich	61–65
3. Vorzugsbesteuerung; konkreter Steuerbelastungsvergleich	66–69
4. Schattenveranlagung	70–79
V. Wesentliche wirtschaftliche Interessen im Inland (Abs. 3)	80–109
1. Grundlegender Regelungsgehalt	80–82
2. Wesentliche wirtschaftliche Interessen im Inland aufgrund gewerblicher Betätigung bzw. Beteiligung an gewerblichen Unternehmen im Inland	83–94
a) Einzelunternehmer, Mitunternehmer	85, 86
b) Kommanditist	87–89
c) Beteiligung an einer inländischen Kapitalgesellschaft	90–94
3. Wesentliche wirtschaftliche Interessen im Inland aufgrund bestimmter inländischer Mindesteinkünfte	95–99
4. Wesentliche wirtschaftliche Interessen im Inland aufgrund bestimmter Zusammensetzung des inländischen Vermögens	100–109
C. Rechtsfolgen	110–164
I. Zeitliche Streckung der beschränkten Steuerpflicht	110–114
II. Erweiterung der Bemessungsgrundlage im Vergleich zur regulären beschränkten Steuerpflicht	115–159
III. Durch Zwischenschaltung von Kapitalgesellschaften begründete mittelbare wirtschaftliche Interessen im Inland (Abs. 4)	160–164

	Rz.
D. Steuertarif; Veranlagung (Abs. 5)	165–199
I. Progressionsvorbehalt (S. 1)	165–170
II. Ausschluss des abgeltenden Steuerabzugs (S. 2)	171–199
E. Nachweisgebundene Deckelung der maximalen Belastung der erweitert beschränkten Einkommensteuerpflicht (Abs. 6)	200–210
I. Regelungsziel: Vermeidung eines Strafsteuereffekts	200–204
II. Erfordernis einer Vergleichsrechnung	205–209
III. Beweislastverteilung	210

A. Überblick über die Vorschrift

I. Allgemeiner Regelungsinhalt

1 Grundsätzlich endet mit der Verlegung des Wohnsitzes durch eine natürliche Person ins Ausland ihre bis dahin bestehende unbeschränkte Steuerpflicht. Nach den Grundregeln der Einkommensbesteuerung wäre die betreffende Person im Anschluss an die Wohnsitzverlegung möglicherweise noch beschränkt steuerpflichtig iSd § 49 EStG. Voraussetzung dafür ist, dass die natürliche Person inländische Einkünfte nach dieser Vorschrift erzielt. Es liegt somit im Konstruktionsprinzip der Unterscheidung zwischen unbeschränkter und beschränkter Steuerpflicht, dass eine bislang steuerpflichtige natürliche Person durch die ökonomische Wahlhandlung „Wegzug ins Ausland" der unbeschränkten Steuerpflicht entkommen kann. Diese Wahlhandlung hat der Gesetzgeber dadurch erschwert, dass er für bestimmte einen Umzug erwägende natürliche Personen versucht, den Wegzug steuerlich unattraktiv zu machen. Damit ist die Bestimmung des § 2 angesprochen. Nach dieser Vorschrift ist eine natürliche Person, die in den letzten 10 Jahren vor dem Ende ihrer unbeschränkten Steuerpflicht nach § 1 Abs. 1 Satz 1 EStG als Deutscher insgesamt mindestens fünf Jahre unbeschränkt einkommensteuerpflichtig war, unter bestimmten weiteren Voraussetzungen bis zum Ablauf von 10 Jahren nach dem Ende des Jahres, in dem ihre unbeschränkte Steuerpflicht geendet hat, über die beschränkte Steuerpflicht iSd Einkommensteuergesetzes hinaus einer Sonderkonstruktion der persönlichen Steuerpflicht unterworfen. Diese bezeichnet man im fachlichen Sprachgebrauch als erweiterte beschränkte Einkommensteuerpflicht, weil sie alle Einkünfte iSd § 2 Abs. 1 Satz 1 1. HS EStG umfasst, die bei unbeschränkter Einkommensteuerpflicht nicht ausländische Einkünfte iSd § 34d des Einkommensteuergesetzes sind.

2 Bereits in § 2 Abs. 1 sind alle wesentlichen Voraussetzungen der erweiterten beschränkten Einkommensteuerpflicht genannt (*Kußmaul/Cloß* StuB 2010, 264). Die Abs. 2 und 3 lassen sich als Definitionsnormen verstehen. Sie enthalten die Tatbestandsmerkmale der „niedrigen Besteuerung" sowie der „wesentlichen wirtschaftlichen Interessen". Abs. 4 ergänzt den Grundtatbestand des Abs. 1, Abs. 5 klärt Tarif- und Veranlagungsfragen. Abs. 6 schließlich enthält eine Einschränkung der Wirkung der erweiterten beschränkten Steuerpflicht für bestimmte näher qualifizierte Fallkonstellationen. Die ergänzend in

A. Überblick über die Vorschrift
3–6 § 2

Abs. 1 hinzutretenden weiteren Voraussetzungen der erweiterten beschränkten Einkommensteuerpflicht bestehen darin, dass die die unbeschränkte Steuerpflicht verlassende natürliche Person in einem ausländischen Gebiet ansässig wird, in dem sie mit ihrem Einkommen nur einer niedrigen Besteuerung unterliegt. Entsprechend wird die natürliche Person behandelt, wenn sie – zB durch Anpassung der Lebenssituation an die steuerlichen Regelungen zur Ansässigkeit – in keinem ausländischen Gebiet ansässig wird. Hinzu tritt, dass die natürliche Person auch nach Aufgabe ihrer unbeschränkten Steuerpflicht noch vom Gesetz als solche bezeichnete wesentliche wirtschaftliche Interessen im Inland hat. Das System der so genannten erweiterten beschränkten Einkommensteuerpflicht für deutsche Staatsangehörige gelangt mithin dann zur Anwendung, wenn eine natürliche Person innerhalb der letzten 10 Jahre mindestens 5 Jahre unbeschränkt einkommensteuerpflichtig war, nunmehr in einem ausländischen Gebiet mit niedriger Besteuerung ansässig ist und gleichwohl wesentliche wirtschaftliche Interessen innerhalb Deutschlands unterhält sowie beschränkt steuerpflichtige Einkünfte iHv mindestens € 16.500 erzielt. Der Umfang der Besteuerung, also die sachliche Steuerpflicht, umfasst dann alle Einkünfte, die nicht ausländische Einkünfte iSv § 34d EStG darstellen. Wer als unbeschränkt Steuerpflichtiger seinen Wohnsitz in niedrig besteuernde Länder verlegt, aber wesentliche Wirtschaftsinteressen im Inland beibehält, soll somit nach der Vorstellung des Gesetzgebers auch nach der Wohnsitzverlagerung mit seinem deutschen Einkommen zur Besteuerung herangezogen werden. Durch § 2 wird die beschränkte Steuerpflicht insbesondere dahingehend erweitert, dass nicht nur die in § 49 Abs. 1 EStG enumerativ aufgeführten Inlandseinkünfte erfasst werden, sondern auch alle nichtausländischen Einkünfte, die sich als sogenannte erweiterte Inlandseinkünfte umschreiben lassen (erweiterte beschränkte Steuerpflicht).

Die Rechtsfolge stellt sich im Überblick so dar, dass die Erfassung deutscher **3** Staatsangehöriger als erweitert beschränkt Einkommensteuerpflichtige sich auf einen Zeitraum bis maximal 11 Jahren erstreckt. Hinzu kommt, dass der Umfang der sachlichen Steuerpflicht im Vergleich mit dem „normal" beschränkt Einkommsteuerpflichtigen wesentlich erweitert ist. Zudem ergibt sich nach Abs. 5 für die Berechnung des Steuersatzes ein eigener Progressionsvorbehalt. Dieser besteht darin, dass der Steuersatz angewendet werden muss, der sich bei Besteuerung aller Welteinkünfte ergeben würde. Dies gilt unabhängig davon, ob die Einkünfte wie bei Freistellung nach Doppelbesteuerungsabkommen in Deutschland besteuert würden oder nicht.

einstweilen frei **4, 5**

II. Verankerung in der konzeptionellen Unterscheidung zwischen unbeschränkter und beschränkter Steuerpflicht

Konzeptionell bedient sich die erweiterte beschränkte Steuerpflicht Ele- **6** menten sowohl der unbeschränkten als auch der beschränkten Steuerpflicht. Sie wird daher ab und an als Mischform (SKK/*Zimmermann/Könemann* § 2 Rz. 18) der persönlichen Steuerpflicht charakterisiert. Zwar schließen sich die unbeschränkte Steuerpflicht nach § 1 Abs. 1 EStG und die erweiterte beschränkte Steuerpflicht nach § 2 gegenseitig aus. Denn § 2 (ebenso wie die §§ 4 und 5) erweitern die beschränkte Steuerpflicht für Personen, die ihren Wohnsitz in niedrig besteuernde Gebiete verlegt haben und nicht mehr unbeschränkt steuerpflichtig sind. Indessen nimmt die erweiterte beschränkte Steuerpflicht Anleihen bei der unbeschränkten Steuerpflicht, indem sie auf typische Elemente dieser Konzeption zurückgreift. Zu nennen sind neben der Erfassung des Welteinkommens in Bezug auf den eigenen Progressionsvorbehalt im Rahmen des § 2 Abs. 5 die für fast alle Einkunftsarten und in deren Rahmen für nahezu alle Einkunftstypen zur Anwendung gelangende Veranlagung zur Einkommensteuer, also nicht – wie im Rahmen der beschränkten Steuerpflicht – durch abgeltenden Steuerabzug. Dennoch enthält die erweiterte beschränkte Steuerpflicht in einem Maße Elemente der klassischen beschränkten Steuerpflicht, dass sie – partiell durchaus zutreffend – als Spezialfall der regulären beschränkten Steuerpflicht aufgefasst werden kann. Dogmatisch bestehen kaum Zweifel daran, dass die erweiterte beschränkte Steuerpflicht zur regulären beschränkten Steuerpflicht im Verhältnis der Spezialität steht, da sie zu der regulären beschränkten Steuerpflicht hinzutretende Tatbestandsmerkmale formuliert, um dann – in Teilbereichen – abweichende und belastendere Rechtsfolgen anzuordnen.

7–9 *einstweilen frei*

III. Verhältnis zu Doppelbesteuerungsabkommen

10 Regelmäßig hat Deutschland mit Niedrigsteuerstaaten keine Doppelbesteuerungsabkommen abgeschlossen. Daher steht aus dieser Blickrichtung der ungehinderten Anwendung des § 2 nichts im Wege. Praktische Bedeutung entfaltet die Norm in Bezug auf Doppelbesteuerungsabkommen vor allem in zwei Konstellationen, so hinsichtlich des DBA Schweiz und des DBA Italien.

11 **DBA Schweiz:** Das DBA Schweiz kennt mit Art. 4 Abs. 4 eine vom eingebürgerten System der Doppelbesteuerungsabkommen stark abweichende Bestimmung. Nach dieser Vorschrift gilt für eine in der Schweiz ansässige natürliche Person, die nicht die schweizerische Staatsangehörigkeit besitzt und die in der Bundesrepublik Deutschland insgesamt mindestens fünf Jahre unbeschränkt steuerpflichtig war, eine Sonderform der Besteuerung. Die Bundesrepublik Deutschland kann nämlich in dem Jahr, in dem die unbeschränkte Steuerpflicht zuletzt geendet hat, und in den folgenden fünf Jahren die aus der Bundesrepublik Deutschland stammenden Einkünfte ungeachtet anderer Bestimmungen des Abkommens besteuern. Die nach diesem Abkommen zulässige Besteuerung dieser Einkünfte in der Schweiz bleibt unberührt. Diesbzgl. ist von Bedeutung, dass die Beschränkungen des Abkommens für das Jahr des Wegzugs und für die folgenden fünf Jahre nicht eingreifen. Allerdings gilt dies nicht bei Schweizer Staatsangehörigen und Personen, die iSd Art. 4 Abs. 4 letzter Satz des Abkommens ein Arbeitsverhältnis in der Schweiz unterhalten oder als Grenzgänger (Art. 15a DBA) wegen Heirat mit einem oder einer Schweizer Staatsangehörigen in die Schweiz gezogen sind (Verständigungsregelung mit der Schweiz; vgl. BMF-Schreiben vom 19.9.1994, Tz. 41, BStBl. I 1994, 683). Während des vorgenannten Zeitraums ist eine in der Schweiz er-

A. Überblick über die Vorschrift

hobene Steuer nach Maßgabe des Art. 4 Abs. 4 des Abkommens auf die Steuer anzurechnen, die über die Steuer hinaus erhoben wird, die ohne Anwendung des Art. 4 Abs. 4 festzusetzen gewesen wäre. Hinzuweisen ist darauf, dass die Bundesrepublik Deutschland jedoch in entsprechender Anwendung der Vorschriften des deutschen Rechts die in Übereinstimmung mit dem Abkommen von den entsprechenden Einkünften erhobene schweizerische Steuer anrechnet. Für vormals in Deutschland tätige Arbeitnehmer, die ohne gesellschaftsrechtliche Einflussmöglichkeit auf ihren Arbeitgeber in der Schweiz tätig werden, gelten diese Bestimmungen nicht.

Von Bedeutung ist in diesem Zusammenhang auch die Bestimmung des Art. 4 Abs. 6 des DBA Schweiz. Danach ist eine natürliche Person so zu behandeln, als sei sie nicht in der Schweiz ansässig, obwohl sie eigentlich, dh nach anderen Bestimmungen des Abkommens, in der Schweiz ansässig wäre, wenn sie unter eine bestimmte Kategorie von Steuerpflichtigen fällt. Der betroffene Personenkreis besteht aus solchen natürlichen Personen, die in der Schweiz nicht mit allen nach dem Steuerrecht der Schweiz allgemein steuerpflichtigen Einkünften aus der Bundesrepublik Deutschland den allgemein erhobenen Steuern unterliegen, die also in den Genuss einer so genannten „Vorzugsbesteuerung" kommen. Das Abkommen ist auf solche Personen nicht anzuwenden.

DBA Italien: In Bezug auf das DBA Italien 1989 gilt, dass bei deutschen Staatsangehörigen, die der erweiterten beschränkten Steuerpflicht nach § 2 unterliegen, inländische Einkünfte unabhängig vom DBA nach den Vorschriften des deutschen Steuerrechts besteuert werden können (vgl. Nr. 17 des Protokolls zu Art. 24 und 6 bis 22 des DBA Italien 1989). Hier besteht die Besonderheit, dass eine zeitliche Begrenzung – abweichend von der vergleichbaren Regelung des DBA Schweiz – nicht besteht. Eine in Italien auf diese Einkünfte erhobene Steuer ist in entsprechender Anwendung der Vorschriften des deutschen Steuerrechts über die Anrechnung ausländischer Steuern auf die deutsche Steuer anzurechnen. Die Anrechnung erfolgt jedoch insoweit nicht, als die deutsche Steuer nach den allgemeinen Regeln des DBA erhoben werden könnte.

einstweilen frei

IV. Verfassungsrechtliche Problematik

Die tatbestandliche Voraussetzung, wonach die ihren Wohnsitz verlegende Person „Deutscher" iSd Staatsangehörigkeitsrecht sein muss, ist aus mehreren Gründen problematisch. Zunächst wird die Regelung unter dem Aspekt des allgemeinen Gleichheitssatzes nach Art. 3 Abs. 1 GG als problematisch erachtet, da ein ausländischer Staatsangehöriger der erweiterten beschränkten Steuerpflicht nicht unterfällt. Gleichwohl hat das BVerfG im Jahre 1986 in der Vorschrift keinen Verfassungsverstoß gesehen (BStBl. II 1986, 628). Allerdings muss man dabei bedenken, dass zu diesem Zeitpunkt und erst recht nicht zum Zeitpunkt des Entstehens und Inkrafttreten des Gesetzes Anfang der Siebziger Jahre weder eine Mobilität von Menschen im heute gekannten Ausmaß noch eine Heterogenität in Bezug auf ethnische Wurzeln der in Deutschland lebenden Gesellschaft auszumachen war. Daher lässt sich vertreten, dass die verfassungsrechtliche Problematik im Lichte mittlerweile eingetretener faktischer Entwicklungen in Bezug auf die diskriminierende Wirkung für deutsche Staatsangehörige durchaus anders gesehen werden könnte.

16 Ein weiterer gleichheitsrechtlicher Ansatzpunkt kann sicherlich darin gesehen werden, dass lediglich gewerbliche Einkünfte inkriminiert sind. Die Rechtfertigung dürfte angesichts jüngerer Tendenzen der Gesetzgebung, die Einkunftsarten möglichst gleich(artig) zu besteuern (vgl. etwa die dem § 35 EStG zugrundeliegende Regelungsidee einer annähernden Gleichbehandlung von gewerblichen und nicht-gewerblichen Einkünften), durchaus nicht von vorneherein als unter Gleichheitsaspekten völlig unproblematisch erachtet werden.

17–19 *einstweilen frei*

V. Unionsrechtliche Problematik

20 Neben der verfassungsrechtlichen wohnt der Bestimmung auch eine unionsrechtliche Problematik inne. Zunehmend wird argumentiert, die Norm verletze neben der Arbeitnehmerfreizügigkeit (Art. 45–48 AEUV, Ex-Art. 39–42 EGV) auch das aus Art. 49–55 AEUV, Ex-Art. 43–48 EGV wurzelnde Grundrecht der Niederlassungsfreiheit. Ebenso werden Verstöße gegen das unionsrechtlich verbürgte Recht auf Freizügigkeit gerügt (*Kußmaul/Cloß* StuB 2010, 264 (266) mwN).

21 So hat *Wassermeyer* darauf hingewiesen, dass § 2 die Niederlassungsfreiheit beeinträchtigt (IStR 2001, 113). Er belegt dies mit dem plastischen Beispiel, dass es nicht sein könne, dass das Land Bayern eine Steuer von einer natürlichen Person erhebe, die nach Hessen gezogen sei. Folglich sieht er „gewissermaßen die Totenglocke" des § 2 eingeläutet.

22 In eine ähnliche Richtung argumentiert *Saß* (FR 1998, 8). Er hebt in den Vordergrund, dass es entscheidend darauf ankomme, ob eine Maßnahme eines Mitgliedstaates im Einzelfall noch vom Allgemeininteresse her gerechtfertigt ist und die Maßnahme nicht über das Ziel hinausschießt. Im Kontext des § 2 bringen dies einzelne Elemente der Steuerflucht konkret zum Ausdruck. Anzuzweifeln ist, ob zB das Steuerniveau bereits dann als „niedrig" eingestuft werden kann, wenn es nur um ¹/₃ niedriger ist als die deutsche Steuerbelastung. Hieran zeigt sich, wie problematisch der Typisierungsansatz der Norm gegen die Steuerflucht unter dem Blickwinkel der EU-Grundfreiheiten ist.

23 Zu ergänzen ist, dass die dem Gesetz zugrunde liegende Wertung nicht eindeutig ist. Es kann durchaus der Fall sein, dass die Voraussetzungen des § 2 erfüllt sind, wenn jemand sich in einem anderen Mitgliedstaat niederlässt, um dort eine gewerbliche Tätigkeit aufzunehmen. Dies kann etwa durch Gründung einer weiteren Niederlassung im Ausland erfolgen. Wenn in einer solchen Konstellation das ausländische Steuerniveau niedriger ist als das inländische, kann von einer Steuerflucht wohl kaum die Rede sein. Gleichwohl kann hier selbstverständlich eine Beeinträchtigung der Niederlassungsfreiheit vorliegen. Aus diesem Grunde zeigt sich am § 2 deutlich, wie wenig die Bestim-

B. Tatbestandsvoraussetzungen der Norm 24–30 § 2

mung im Einzelnen den Erfordernissen eines Binnenmarktes aus heutiger Sicht Rechnung trägt.

VI. Rechtsentwicklung

Seit ihrer erstmaligen Einführung im Jahre 1972 blieb die Vorschrift – bis 24 auf marginale Anpassungen – zunächst bis einschließlich VZ 2008 weitgehend unverändert, vgl. dazu § 21 Abs. 10, wo es um die Regelung der nach der Währungsreform geglätteten Euro-Beträge in der Vorschrift geht.

Durch das Jahressteuergesetz 2009 v. 19.12.2008 (BGBl. 2008 I 2794 = 25 BStBl. I 2009, 74) wurde in § 2 Abs. 1 ein Satz 2 eingefügt. Dies stellt eine Reaktion auf die Entscheidung des BFH v. 19.12.2007, I R 19/06 dar. Der BFH hat darin erkannt, dass es keine betriebsstättenlosen gewerblichen Einkünfte – mit anderen Worten kein „floating income" – gibt. Dies bedeutet für die Norm, dass für Einkünfte einer natürlichen Person, die weder durch deren ausländische Betriebsstätte noch durch deren in einem ausländischen Staat tätigen ständigen Vertreter erzielt werden, ohne die Regelung des § 2 Abs. 1 S. 1 mangels einer inländischen Geschäftsleitungsbetriebsstätte der Person keine Einkünfte zugeordnet werden können (BGBl. 2008 I 2826). Durch das rechtsprechungsbrechende Gesetz wurde mithin eine – fragwürdige – Grundlage geschaffen.

Zudem sah sich der Gesetzgeber durch die Entscheidung des EuGH in der 26 Rechtssache *Gerritse* (EuGH v. 12.6.2003, C-234/01, BStBl. II 2003, 859) veranlasst, die in § 50 Abs. 3 S. 2 EStG enthaltene Regelung eines Mindeststeuersatzes für beschränkt Steuerpflichtige abzuschaffen (BT-Drs. 16/10189, 59). Demgemäß wurde der frühere § 2 Abs. 5 S. 3, der sich auf § 50 Abs. 3 S. 2 EStG bezog, aufgehoben (BGBl. 2008 I 2826).

Durch das Amtshilferichtlinie-Umsetzungsgesetz v. 26.6.2013 (BGBl. 2013 27 I 1809 = BStBl. I 2013, 802, wurde § 2 Abs. 5 neu gefasst, vgl. dazu *Ditz/Quilitzsch* DStR 2013, 1917). Das ZollkodexAnpG v. 22.12.2014 (BGBl. 2014 I 2417 = BStBl. I 2015, 58) änderte in Abs. 3 Nr. 2 und 3 den Verweis auf „§ 34c Abs. 1" in „§ 34d" ab.

einstweilen frei 28, 29

B. Tatbestandsvoraussetzungen der Norm

I. Persönliche Voraussetzungen der erweiterten beschränkten Einkommensteuerpflicht

1. Ansässigkeitsbedingungen vor dem Ende der unbeschränkten Einkommensteuerpflicht

Vor dem Ende seiner unbeschränkten Einkommensteuerpflicht muss der 30 Auswanderer innerhalb eines Zehnjahreszeitraums insgesamt mindestens fünf Jahre unbeschränkt steuerpflichtig gewesen sein. Doppel- oder Mehrfachstaatsangehörige sind von der Norm nicht ausgeschlossen, wenn sie auch die deutsche Staatsangehörigkeit besitzen. Fraglich ist, ob sich Steuerpflichtige durch Aufgabe der deutschen Staatsangehörigkeit der Anwendung der erweiterten beschränkten Steuerpflicht entziehen können. Nach wohl zutreffender Auffassung (zB *WSG* § 2 Rz. 3) ist dies nicht der Fall. Dies bedeutet, dass allein auf den objektiven Fünfjahreszeitraum abgestellt wird.

31 Die notwendige Tatbestandsvoraussetzung der unbeschränkten Steuerpflicht orientiert sich zunächst daran, ob die natürliche Person im Inland einen Wohnsitz und/oder einen gewöhnlichen Aufenthalt hatte. Wie es dem System der unbeschränkten Steuerpflicht innewohnt, kommt es nicht darauf an, ob der Auswanderer in dem fraglichen Fünfjahreszeitraum überhaupt steuerpflichtige Einkünfte erzielt hat. Unbeschränkt steuerpflichtig ist eine natürliche Person auch dann, wenn sie keine Einkünfte hat. Dies – hier nur am Rande bemerkt – steht im Gegensatz zur Konzeption der beschränkten Steuerpflicht, bei der eine wesentliche Voraussetzung das Erzielen von Einkünften nach § 49 EStG ist. Zwar mag es kein besonders häufiger Fall sein, aber es kann vorkommen, dass ein ehemals unbeschränkt Steuerpflichtiger erstmals innerhalb des sich anschließenden Zehnjahreszeitraum wesentliche wirtschaftliche Interessen im Inland erwirbt, etwa durch entgeltlichen oder unentgeltlichen Erwerb eines Gewerbebetriebs oder einer von der Vorschrift erfassten Beteiligung.

32 Die Beschränkung auf unbeschränkt Steuerpflichtige nach § 1 Abs. 1 S. 1 EStG schließt aus, dass nach § 1 Abs. 3 EStG auf Antrag bzw. nach § 1a EStG fiktiv unbeschränkt Steuerpflichtige erweitert beschränkt steuerpflichtig werden. Bei dieser Gruppe von Steuerpflichtigen fehlt regelmäßig das Tatbestandsmerkmal der Auswanderung, denn diese sind ja bereits in der Zeit ihrer Antrags gebundenen bzw. fiktiven Steuerpflicht nicht im Inland ansässig.

33, 34 *einstweilen frei*

2. Ansässigkeitsbedingungen nach dem Ende der unbeschränkten Einkommensteuerpflicht

35 Die Ansässigkeit des ehemals unbeschränkt Steuerpflichtigen im Ausland ist nach § 2 Abs. 1 auf zwei Fallgruppen konzentriert. Zum einen sind die Voraussetzungen der Vorschrift erfüllt, wenn der Auswanderer in einem ausländischen Gebiet ansässig geworden ist, in dem er mit seinem Einkommen einer niedrigen Besteuerung unterliegt. Zum anderen erstreckt sich der Anwendungsbereich auf solche Auswanderer, die in keinem ausländischen Gebiet ansässig geworden sind.

36 Nach zutreffender Auffassung der Finanzverwaltung (Anwendungsschreiben zum Außensteuergesetz (BMF IV B 4-S 1340-11/04 vom 14.5.2004, BStBl. I Sondernummer 1/2004, Tz. 2.2.1. im Folgenden AEAStG) ist ein Steuerpflichtiger dann in einem niedrig besteuernden Gebiet ansässig, wenn er aufgrund eines Wohnsitzes, eines gewöhnlichen Aufenthalts oder eines anderen ähnlichen Merkmals nach dortigem Recht in einem der unbeschränkten Steuerpflicht ähnelnden Umfang steuerpflichtig ist. Der Begriff der Ansässigkeit stellt eine Übersetzung des englischsprachigen Begriffs „residence" dar. Dieser Begriff hat sich sowohl im nationalen Recht vieler Staaten wie im Abkommensrecht als Umschreibung dessen eingebürgert, was nach deutschen Vorstellungen der unbeschränkten Steuerpflicht entspricht.

B. Tatbestandsvoraussetzungen der Norm 37–40 § 2

Der Steuerpflichtige muss nach seiner Auswanderung nicht unmittelbar in **37** ein niedrig besteuerndes Gebiet ausgewandert sein. Zur Anwendung der Norm genügt es, dass er irgendwann dort angekommen ist. Dies kann auch nach einer oder mehreren Zwischenstationen in Nicht-Niedrigsteuerländern erfolgt sein. Diese Auslegung ist deshalb sachgerecht, weil sich der Ausländer nicht durch Zwischenaufenthalte der Anwendung der Vorschrift entziehen können soll.

Eine besondere Kategorie stellen so genannte Doppelwohnsitzfälle dar. Un- **38** problematisch zunächst ist der Fall des Doppelwohnsitzes im In- und (niedrig besteuernden) Ausland. Hier geht unzweifelhaft die unbeschränkte Einkommensteuerpflicht vor (*FWBS* § 2 AStG Rz. 61). Im Grunde genommen kann hier auch keine Auswanderung – ggf. gar mit dem Motiv der Steuerflucht – erfolgt sein. Wird der Steuerpflichtige in einem Nicht-Niedrigsteuergebiet und einem Niedrigsteuergebiet gleichzeitig ansässig, so wird in der Literatur (*FWBS* § 2 AStG Rz. 61) die Auffassung vertreten, die erweiterte beschränkte Steuerpflicht solle zur Anwendung gelangen. Blümich/*Elicker* § 2 AStG Rz. 17, vertritt die Ansicht, bei Ansässigkeit in mehreren Staaten sei auf die für den Steuerpflichtigen belastendere abzustellen. *FWBS* begründen ihre Einschätzung mit einer fehlenden Rechtsgrundlage für eine andere Sichtweise, verweisen allerdings darauf, dass eine restriktive Handhabung des § 2 zu begrüßen sei. Festzuhalten ist, dass vordergründig betrachtet der Wortlaut für eine solche Sichtweise zu sprechen scheint. Gemessen am telos des § 2 – Verhinderung der Steuerflucht – ist indessen davon auszugehen, dass ein Steuerpflichtiger, der in einem Niedrigsteuerland und (auch) in einem Hochsteuerland ansässig wird, nicht der Steuerflucht verdächtig ist. Aus diesem Grunde führt die (Teil-)Ansässigkeit bei gleichzeitiger Ansässigkeit in einem Nicht-Niedrigsteuerland nach der hier vertretenen Auffassung nicht zur Anwendung des § 2.

Die zweite Gruppe von Auswanderern, die in keinem ausländischen Gebiet **39** ansässig wird, muss – um die Voraussetzungen des § 2 zu erfüllen – nicht niedrig besteuert sein. Bei diesen Steuerpflichtigen greift nach dem Wortlaut in jedem Fall die unbeschränkte Steuerpflicht. In Einzelfällen mag dies zu einer Übermaßbesteuerung führen. Einer solchen wäre von Verfassungs wegen im Rahmen des § 163 AO zu begegnen. Leitlinie wäre dann, dass die Besteuerung insgesamt nicht schärfer ausfallen darf als bei unbeschränkter Steuerpflicht. Für die Tatsache, dass ein ausgewanderter Deutscher in keinem ausländischen Gebiet ansässig wird, trägt die Finanzverwaltung die vollständige Beweislast. Mit anderen Worten trifft den Auswanderer keinerlei Verpflichtung zur Beweisvorsorge dahingehend, dass er doch irgendwo ansässig ist.

3. Beschränkung auf deutsche Staatsangehörige

Wer als Deutscher iSd Norm gilt, ist im Anwendungsschreiben zum Au- **40** ßensteuergesetz (AEAStG Rz. 2.1.1.) erschöpfend geregelt. Danach ist Deutscher, wer die deutsche Staatsangehörigkeit besitzt oder zu den in Art. 116 Abs. 1 GG genannten Flüchtlingen, Vertriebenen und deren Angehörigen zählt. Die erweiterte beschränkte Steuerpflicht wird nicht dadurch ausgeschlossen, dass der Steuerpflichtige gleichzeitig die Staatsangehörigkeit eines anderen Staates besaß. Es ist unerheblich, dass er die deutsche Staatsangehörigkeit aufgegeben hat, nachdem er während des maßgeblichen Zehn-Jahres-Zeitraums als Deutscher fünf Jahre unbeschränkt steuerpflichtig war.

41–44 *einstweilen frei*

II. Floating-Income-Regelung (§ 2 Abs. 1 Satz 2)

45 Satz 2 wurde durch Art. 9 des JStG 2009 (Gesetz v. 19.12.2008, BGBl. 2008 I 2794.) eingefügt. Semantisch wie methodisch verständlich wird der Regelungshintergrund der Bestimmung erst angesichts des Kontexts der Rechtsprechung des BFH, denn sein Entstehen versteht sich als Reaktion des Gesetzgebers auf das Urteil des BFH v. 19.12.2007, I R 19/06, BStBl. II 2010, 398. In dieser Entscheidung bestätigte der BFH die in einem früheren Urteil bereits angedeutete (BFH v. 28.7.1993, I R 15/93, BStBl. II 1994, 148) Auffassung, dass jeder Gewerbebetrieb zumindest eine Betriebsstätte habe. Mithin, so der BFH unter Bezugnahme auf die in der Literatur vertretene Meinung, könne es keine „betriebsstättenlosen" gewerblichen Einkünfte geben (vgl. bereits *Wassermeyer* IStR 2004, 676; *Schauhoff* IStR 1995, 108 (110f.)). Diese Einschätzung der höchstrichterlichen Finanzrechtsprechung wurde durch spätere Judikate bestätigt, vgl. die Urteile des BFH v. 16.12.2008, I R 23/07, nv., BFH v. 19.1.2017, IV R 50/14, BStBl. II, 456). In letzterer Entscheidung hat der BFH nochmals betont, dass es prinzipiell keine „betriebsstättenlosen" gewerblichen Einkünfte gibt, mit anderen Worten kein sogenanntes „floating income".

47 Die Finanzverwaltung ging und geht demgegenüber davon aus, dass es gewerbliche Einkünfte gebe, die weder der inländischen noch der ausländischen Betriebsstätte eines Gewerbebetriebs zuzurechnen seien (BMF v. 14.5.2004, IV B 4 – 11/04, BStBl. I 2004, Sondernummer 1/2004 – Tz. 2.5.0.1 Nr. 1a). Zu denken ist vor allem an ausländische Gewerbetreibende, deren Betrieb nahezu ohne sachliche Betriebsmittel unterhalten werden kann. Mit anderen Worten steht nahezu ausschließlich die Tätigkeit einer natürlichen Person im Vordergrund. Beispielhaft genannt werden können Handelsvertreter, Fotomodelle oder die Persönlichkeitsvermarktung von Prominenten.

48 Der Gesetzgeber hält die Auffassung des BFH für unzutreffend und die der Finanzverwaltung für zutreffend. Vor diesem Hintergrund erklärt sich die Regelungsdiktion der Bestimmung. Durch die Vorschrift wird für Einkünfte einer natürlichen Person das Bestehen einer inländischen Geschäftsleitungsbetriebsstätte der natürlichen Person fingiert, wenn die Einkünfte weder durch deren ausländische Betriebsstätte noch durch deren in einem ausländischen Staat tätigen ständigen Vertreter erzielt werden.

49 Nach dem Willen des Gesetzgebers würde jede andere Sichtweise im Bereich der gewerblichen Einkünfte § 2 weitgehend seine Wirkung nehmen (Bericht des Finanzausschusses des Deutschen Bundestags, BT-Drs. 16/11108, 43f.). Denn die durch § 2 angeordnete Erweiterung des Kreises der steuerpflichtigen Einkünfte würde ins Leere gehen, wenn allein der Umstand, dass der Steuerpflichtige mit seinem Wohnsitz auch die Geschäftsleitungsbetriebsstätte seines Gewerbebetriebes in das Ausland verlagert, gewerbliche Einkünfte

B. Tatbestandsvoraussetzungen der Norm 50–59 § 2

zu ausländischen Einkünften macht, die vor dem Wegzug noch nichtausländische Einkünfte waren (*FWBS* § 2 Rz. 142).

Zutreffend wird darauf hingewiesen, dass die Annahme einer fiktiven Betriebsstätte nur für die Anwendung des § 2 gilt. Dies ist durchaus aus der Perspektive der Besteuerungspraxis positiv hervorzuheben (*FWBS* § 2 Rz. 143). Daraus ist zu schlussfolgern, dass die in der Vorschrift enthaltene Fiktion auf andere Regelungsbereiche, wie etwa im Bereich von Entstrickungen, keinen Einfluss hat. 50

Zwar ist die Reichweite der Regelung nicht völlig zweifelsfrei umschrieben. Für den Befund indessen, dass die Fiktion der inländischen Geschäftsleitungsbetriebsstätte sich auf die Rechtsfolgenseite der beschränkten Steuerpflicht beschränkt, spricht auch der historische Entstehungszusammenhang der Bestimmung. Denn Kernanliegen des Gesetzgebers des Abs. 1 S. 2 war, die Fiktion der inländischen Geschäftsleitungsbetriebsstätte auf die Rechtsfolgenseite der (erweiterten) beschränkten Steuerpflicht zu beschränken. 51

Im Umkehrschluss führt diese Überlegung dazu, dass die Fiktion der inländischen Geschäftsleitungsbetriebsstätte insbesondere für die Prüfung des Tatbestandsmerkmals der wesentlichen Inlandsinteressen nach § 2 Abs. 3 unbeachtlich bleibt. Der Steuerpflichtige wird aufgrund einer fiktiven Geschäftsleitungsbetriebsstätte nicht zum Unternehmer eines im Geltungsbereich des Gesetzes belegenen Gewerbebetriebs. Ebenso wenig sind dieser Betriebsstätte zuzuordnende Einkünfte zu den nicht-ausländischen Einkünften gemäß Abs. 3 Nr. 2 zu rechnen. 52

einstweilen frei 53, 54

III. Freigrenzenregelung (§ 2 Abs. 1 Satz 3)

Nach der Freigrenzenregelung des S. 3 findet S. 1 nur Anwendung für Veranlagungszeiträume, in denen die hiernach insgesamt beschränkt steuerpflichtigen Einkünfte mehr als 16.500 € betragen. Die Vorschrift bewirkt, dass in solchen Fällen, in denen die Einkünfte 16.500 € oder weniger betragen, § 2 für diesen Veranlagungszeitraum insgesamt keine Anwendung findet. Wenn die Schwelle indessen nur um einen einzigen Euro überschritten wird, unterliegt der volle Betrag der erweiterten beschränkten Steuerpflicht. Es kommt mithin – wie bei jedweder Freigrenzenregelung – zu einem Fallbeileffekt (*FWBS* § 2 Rz. 151; Blümich/*Elicker* AStG § 2 Rz. 37; Haase/*Weggenmann*/ *Kaiser* § 2 AStG Rz. 108). Dieser setzt ab einem Betrag von 16.501 € und beschränkt sich nicht – wie dies bei einer Freibetragsregelung der Fall wäre – auf den die Schwelle von 16.500 € überschreitenden Teilbetrag. 55

Da der Zweck der Freigrenze darin zu sehen ist, dass die im Einzelfall reichlich komplizierte Prüfung der Voraussetzungen der erweiterten beschränkten Steuerpflicht bei „Bagatellfällen" vermieden werden soll, wäre eine betragsmäßige Anpassung der seit Inkrafttreten des AStG unveränderten Schwelle seit langem überfällig (*FWBS* § 2 Rz. 151; Haase/*Weggenmann*/ *Kaiser* § 2 AStG Rz. 108). 56

einstweilen frei 57–59

IV. Niedrige Besteuerung im Zuzugsstaat (Abs. 2)

1. Überblick

60 Die Abwanderung aus der unbeschränkten Steuerpflicht ist vom Gesetz ua nur dann von den Rechtsfolgen bedroht, wenn Zielstaat ein „Niedrigsteuerland" ist. Das Tatbestandsmerkmal der niedrigen Besteuerung wird in § 2 Abs. 2 legal definiert. Konzeptionell lassen sich zwei Maßstäbe ausmachen, entweder in der Form eines abstrakten Steuerbelastungsvergleichs oder in der Form eines konkreten Steuerbelastungsvergleichs.

2. Abstrakter Steuerbelastungsvergleich

61 Nach dem abstrakten Steuerbelastungsvergleich des § 2 Abs. 1 S. 1 Nr. 1 wird eine niedrige Besteuerung vermutet, wenn die Belastung durch die in dem ausländischen Gebiet erhobene Einkommensteuer bei einer in diesem Gebiet ansässigen unverheirateten natürlichen Person, die ein steuerpflichtiges Einkommen von 77.000 € bezieht, um mehr als ein Drittel geringer ist als die Belastung einer in Deutschland ansässigen natürlichen Person durch die deutsche Einkommensteuer. Dem Steuerpflichtigen steht die Möglichkeit der Widerlegung dieser Vermutung zu. Weist die natürliche Person nach, dass die von ihrem Einkommen insgesamt zu entrichtenden Steuern mindestens zwei Drittel der Einkommensteuer betragen, die sie bei unbeschränkter Steuerpflicht nach § 1 Abs. 1 des EStG zu entrichten hätte, liegt keine niedrige Besteuerung vor.

62 Was das Gesetz mit einer Einkommensteuer meint, ist nicht explizit definiert. Jedoch wird darunter eine – ggf. aus mehreren Komponenten zusammengesetzte – Ertragsteuer zu verstehen sein, die der deutschen Einkommensteuer in Bezug auf die Definition des vollständigen Steuertatbestandes mit Steuersubjekt, Steuerobjekt, Steuerbemessungsgrundlage und Steuertarif zumindest vergleichbar ist. Zentrales Kriterium dabei dürfte sein, dass die Bemessungsgrundlage sich auf ein nach ökonomischen Kriterien zu bestimmendes Einkommen bezieht, auf welches der Tarif anzuwenden ist. Der Begriff der (ausländischen) Einkommensteuer bleibt jedoch nicht auf die Steuern des ausländischen Staats beschränkt. Auch solche Steuern, die von den politischen Untergliederungen des ausländischen Staats erhoben werden, sind als Steuern vom Einkommen zu berücksichtigen. Beispielsweise hat der BFH entschieden, dass bei der Feststellung, ob eine in der Schweiz ansässige natürliche Person einer niedrigen Besteuerung iSd § 2 Abs. 2 unterliegt, neben der schweizerischen Bundessteuer auch die Staatssteuern der Kantone und die Gemeindezuschläge zur Staatssteuer als „in dem ausländischen Gebiet erhobene Einkommensteuer" zu berücksichtigen sind. Dies kann damit begründet werden, dass der Gesetzgeber mit dem Sammelbegriff „der in dem ausländischen Gebiet erhobenen Einkommensteuer" zumindest die in dem ausländischen Gebiet von Gebietskörperschaften auf der Grundlage des Einkommens erhobenen Steuern in den Belastungsvergleich einbeziehen wollte (BFH v. 30.11.1988, I R 84/85, BStBl. II 1989, 365). Eine genaue Bezeichnung der in den einzelnen Staaten erhobenen Einkommensteuern konnte dem Gesetzgeber bei der Vielzahl der in Betracht kommenden Staaten nicht möglich sein. Das gilt ins-

B. Tatbestandsvoraussetzungen der Norm 63–66 § 2

besondere für föderativ gegliederte Staaten, in denen in aller Regel mehrere Gebietskörperschaften steuerberechtigt sind. Ist das Einkommen Bemessungsgrundlage der betreffenden Steuern, so sind die betreffenden Steuern in ihrer Gesamtheit die „in dem ausländischen Gebiet erhobene Einkommensteuer". Dabei ist ohne Bedeutung, dass sich – wie im Fall der Schweiz – die Bemessungsgrundlagen der einzelnen Steuern nicht decken. Auch Steuerzuschläge, beispielsweise durchaus in der Art des deutschen Solidaritätszuschlags, würden somit begrifflich unter die ausländische Einkommensteuer fallen. Dies mag deshalb überraschen, weil der BFH im o a Urteil es abgelehnt hat, als „deutsche Einkommensteuer" die Ergänzungsabgabe nach dem Gesetz vom 21.12. 1967 (BGBl.1967 I 1254) zu qualifizieren. In seiner Begründung hebt er insbesondere darauf ab, dass – wenn bei der Auslegung eines Gesetzes nach seinem Wortlaut Unsicherheiten insbesondere über den Gesetzeszweck bleiben – dem Wortlaut des Gesetzes – nicht zuletzt wegen des Grundsatzes der Gesetzesbindung von Verwaltung und Rechtsprechung (Art. 20 Abs. 3 GG) – entscheidende Bedeutung beigemessen werden müsse.

Diese Einschätzung hat Rückwirkungen auf die Umgrenzung des Begriffs **63** der deutschen Einkommensteuer, die ja im Rahmen des abstrakten Steuerbelastungsvergleichs ebenfalls eine erhebliche Rolle spielt. „Deutsche Einkommensteuer" iSd § 2 Abs. 2 Nr. 1 ist demnach alleine die Einkommensteuer nach dem EStG, der Solidaritätszuschlag bleibt mithin beim abstrakten Steuerbelastungsvergleich unberücksichtigt. Es erschien dem BFH offenbar nicht möglich, weitere vom Ertrag abhängige Steuern – über den Wortlaut des § 2 Abs. 2 Nr. 1 hinaus – im Wege der teleologischen Auslegung einzubeziehen.

Im Kontext der deutschen Einkommensteuer stellen das zu versteuernde **64** Einkommen und die tarifliche Einkommensteuer die Größen dar, anhand derer die „Belastung" iSd Vorschrift berechnet werden. Dadurch wird die Bezugsgröße gleichsam mit jeder Steuertarifänderung dynamisiert. Es kann also durchaus sein, dass – in Abhängigkeit vom Tarif – bei sonst gleichen Konstellation ein Staat in einem Veranlagungszeitraum als Niedrigsteuerland iSd abstrakten Steuerbelastungsvergleichs zu charakterisieren ist, während dies – wohlgemerkt bei gleichen Konstellationen – in einem anderen Veranlagungszeitraum nicht der Fall ist.

Die notwendig werdende Umrechnung der in ausländischer Währung de- **65** nominierten ausländischen Steuerbeträge in EURO-Beträge ist nach Ansicht der Finanzverwaltung in Tz. 2.2.2. AEAStG der amtliche Umrechnungskurs am Ende des Veranlagungszeitraums maßgebend. Auf Antrag lässt die Finanzverwaltung auch den Jahresdurchschnittskurs für die Umrechnung gelten, wenn der Steuerpflichtige nachweist, dass dies zu günstigeren Ergebnissen führt.

3. Vorzugsbesteuerung; konkreter Steuerbelastungsvergleich

Der abstrakte wird vom konkreten Steuerbelastungsvergleich des § 2 Abs. 1 **66** S. 1 Nr. 2 ergänzt. Er erklärt sich daraus, dass bestimmte Staaten zuzugswilligen vermögenden natürlichen Personen häufig steuerliche Sonderkonditionen anbieten. Daher stellt die Vorschrift darauf ab, dass die Belastung einer natürlichen Person durch die in dem ausländischen Gebiet erhobene Einkommensteuer aufgrund einer gegenüber der allgemeinen Besteuerung eingeräumten

Vorzugsbesteuerung erheblich gemindert sein kann. Der Gesetzgeber hat es versäumt zu umschreiben, was unter einer erheblichen Minderung zu verstehen sein soll. Dies begegnet – aufgrund des Bestimmtheitsgebots (Art. 20 Abs. 3 GG) – verfassungsrechtlichen Bedenken, die die Finanzverwaltung indessen schlichtweg ignoriert (*Kußmaul/Cloß* StuB 2010, 501 (504)). Im AEAStG Tz. 2.2.2. exemplifiziert sie lediglich, dass eine Vorzugsbesteuerung zB gegeben sein kann, wenn – für wesentliche Teile des Einkommens – in einem ausländischen Gebiet

- aus dem Ausland zuziehende Personen einkommensteuerfrei sind;
- Steuervergünstigungen (zB Besteuerung aufgrund ihres Verbrauchs, begünstigende Steuerverträge, Erlasse oder Steuerstundungen ohne Rücksicht auf die steuerliche Leistungsfähigkeit) erlangt werden können;
- die Einkünfte aus den im Inland verbliebenen Wirtschaftsinteressen gegenüber anderen Einkünften bevorzugt besteuert werden.

67 Ferner soll eine Vorzugsbesteuerung nach den Wertungen der Finanzverwaltung auch vorliegen, wenn der ausländische Staat, in dem die natürliche Person ansässig ist, nach seinem Rechtssystem gegenüber der allgemeinen Besteuerung eine Vorzugsbesteuerung einräumt. Unerheblich soll dabei nach Ansicht der Finanzverwaltung bleiben, ob der jeweils betroffenen Person diese Vorzugsbesteuerung auch tatsächlich gewährt wird oder von Rechts wegen gewährt werden kann. Zur speziellen Problematik des Wohnsitzwechsels nach Österreich hat die Finanzverwaltung im BMF-Schreiben vom 15.3.1996 (BStBl. I, 161) Stellung bezogen.

68 Unterliegen nach dem Steuerrecht eines ausländischen Staates bei allen in seinem Gebiet ansässigen Personen die aus dem Ausland stammenden Einkünfte nach den Grundsätzen des Territorialitätsprinzip nicht der Besteuerung, so ist hierin indessen keine gegenüber der allgemeinen Besteuerung eingeräumte Vorzugsbesteuerung zu sehen. Das Gleiche kann gelten, wenn aus dem Ausland stammende Einkünfte allgemein, ohne weitere an die Ansässigkeit anknüpfende Voraussetzungen, nur besteuert werden, soweit sie in den Staat der Ansässigkeit überwiesen werden (Besteuerung auf der sog. Remittance-Basis). Dagegen kann auch in Staaten, die die Besteuerung nach dem Territorialitätsprinzip bzw. nach der sog. Remittance-Basis durchführen, eine gegenüber der allgemeinen Besteuerung eingeräumte Vorzugsbesteuerung nicht ausgeschlossen werden. In Bezug auf die Rechtslage im Vereinigten Königreich vgl. dazu OFD Münster, Inf. v. 21.5.2002 – S 1301-1 – St 13–34 (abgedruckt bei *WSG*, 465).

69 Der Person steht ein entlastender Nachweis tatsächlicher Besteuerung zu. Weist die Person nämlich nach, dass die von ihrem Einkommen insgesamt zu entrichtenden Steuern mindestens zwei Drittel der Einkommensteuer betragen, die sie bei unbeschränkter Steuerpflicht nach § 1 Abs. 1 des Einkommensteuergesetzes zu entrichten hätte, ist auch beim konkreten Steuerbelastungsvergleich die Vermutung der niedrigen Besteuerung widerlegt. Notwendig dazu ist die Durchführung einer so genannten Schattenveranlagung.

4. Schattenveranlagung

70 Im Rahmen der Schattenveranlagung sind persönliche Umstände dergestalt im Inland zu berücksichtigen, wie sie beim Steuerpflichtigen im Ausland ge-

B. Tatbestandsvoraussetzungen der Norm　　　　　　　　　　　71–81　§ 2

geben sind. Ziel dieser („auf dem Papier"; *FWBS* § 2 AStG Rz. 73) Schattenveranlagung ist es, die betroffene natürliche Person fiktiv so zu stellen, als wenn sie im Inland unbeschränkt einkommensteuerpflichtig wäre. Der Vergleich ist dabei entsprechend den tatsächlich im Ausland bestehenden Verhältnissen vorzunehmen. Dies bedeutet, dass im Falle der abstrakt gegebenen Möglichkeit der Zusammenveranlagung im Ausland die schattenveranlagungsbedingte „Berechnung auf dem Papier" unter Berücksichtigung sämtlicher an die Ehe und die Existenz von Kindern anknüpfender Umstände (Splittingtarif, Kinderfreibeträge etc.) zu berücksichtigen hat. Mit anderen Worten sind die im Ausland gegebenen persönlichen Verhältnisse des Steuerpflichtigen als fiktiv auch im Inland gegeben zu behandeln. Dies hat zur Folge, dass neben dem bereits erwähnten Splittingtarif und der Kinderfreibeträge der Sonderausgabenabzug, der Abzug außergewöhnlicher Belastungen, entsprechende Tarifbegünstigungen und Freibeträge sowie die Anrechnung ausländischer Steuern zu berücksichtigen sind. Dies bedingt allerdings auch, dass Hinzurechnungsbeträge aufgrund einer Beteiligung des Steuerpflichtigen an einer Zwischengesellschaft iSd §§ 7 ff. in die Schattenveranlagung einzubeziehen sind, ggf. unter Anrechnung der ausländischen Steuern der Gesellschaft nach § 12 (aA *FWBS* § 2 AStG Rz. 76 f.).

einstweilen frei　　　　　　　　　　　　　　　　　　　　　　　　　　　71–79

V. Wesentliche wirtschaftliche Interessen im Inland (Abs. 3)

1. Grundlegender Regelungsgehalt

Zentrale Voraussetzung der erweiterten beschränkten Steuerpflicht ist, dass **80** eine Person nach § 2 Abs. 1 S. 1 Nr. 2 wesentliche wirtschaftliche Interessen im Inland hat. Das Gesetz enthält dazu mehrere Kategorien, wie die nachfolgenden Übersichten zu illustrieren versuchen. Die erste Kategorie wesentlicher wirtschaftlicher Interessen ist umschrieben in § 2 Abs. 3 S. 1 Nr. 1 und stellt auf die Eigenschaft als Unternehmer, Mitunternehmer oder Gesellschafter inländischer Unternehmen ab. Daneben statuiert das Gesetz die Existenz wesentlicher wirtschaftlicher Interessen im Inland aufgrund bestimmter inländischer Mindesteinkünfte (§ 2 Abs. 3 S. 1 Nr. 2) sowie als Konsequenz der entsprechenden Zusammensetzung des inländischen Vermögens (§ 2 Abs. 3 S. 1 Nr. 3).

Ob wesentliche wirtschaftliche Inlandsinteressen iSd § 2 Abs. 3 bestehen, ist **81** nach deutschem Steuerrecht zu beurteilen AEAStG, Tz. 2.3.1.). Dabei sind bei der Prüfung, ob die Einkunftsgrenze des § 2 Abs. 3 Nr. 2 überschritten ist, die Grundsätze des deutschen Steuerrechts über die Ermittlung der Einkünfte anzuwenden. Ebenso gelangen deutsche steuerrechtliche Bestimmungen, nämlich die des Bewertungsgesetzes, bei der Prüfung, ob die Vermögensgrenze des § 2 Abs. 3 Nr. 3 überschritten ist, zur Anwendung. In diesen beiden Fällen, nämlich der wesentlichen Inlandsinteressen aufgrund inländischer Mindesteinkünfte bzw. aufgrund der Zusammensetzung des inländischen Vermögens verlangt das Gesetz jeweils die Ermittlung einer absoluten und einer relativen Grenze. Wird eine dieser Grenzen überschritten, besteht die unwiderlegbare Vermutung des Bestehens wesentlicher wirtschaftlicher Interessen in Deutschland.

82 Bei den Tatbeständen des § 2 Abs. 3 S. 1 Nr. 1 (Betätigung bzw. Beteiligung) sowie des § 2 Abs. 3 Nr. 3 (Vermögensgrenze) kommt es auf die Verhältnisse zu Beginn des Veranlagungszeitraums an. Werden die Tatbestandsmerkmale der wesentlichen wirtschaftlichen Interessen im Inland durch den Weggezogenen daher erst im Laufe des Veranlagungszeitraums erfüllt, so treten die Rechtsfolgen der erweiterten beschränkten Einkommensteuerpflicht erst für das Folgejahr ein.

2. Wesentliche wirtschaftliche Interessen im Inland aufgrund gewerblicher Betätigung bzw. Beteiligung an gewerblichen Unternehmen im Inland

83 Nach § 2 Abs. 3 S. 1 Nr. 1 werden vom Gesetz wesentliche wirtschaftliche Interessen im Inland unterstellt, wenn die aus der unbeschränkten Steuerpflicht abgewanderte natürliche Person
– (Einzel-)Unternehmer eines im Geltungsbereich dieses Gesetzes belegenen (inländischen) Gewerbebetriebs ist;
– unbeschränkt haftender Mitunternehmer eines inländischen Gewerbebetriebs ist;
– Kommanditist und damit Mitunternehmer eines inländischen Gewerbebetriebs ist, wobei mehr als 25 vom Hundert der Einkünfte iSd § 15 Abs. 1 S. 2 EStG aus der Gesellschaft auf die natürliche Person entfallen;
– Inhaberin einer Beteiligung iSd § 17 Abs. 1 EStG an einer inländischen Kapitalgesellschaft ist.

84 Das Gesetz schweigt dazu, unter welchen Umständen ein Gewerbebetrieb im Inland „belegen" ist. „Belegen" ist in jedem Fall von „betrieben" zu unterscheiden, weshalb davon auszugehen ist, dass die gewerbliche Betätigung im Inland eine im Inland „belegene" Betriebsstätte voraussetzt. Deren Existenz ist grds. nach den Kriterien des § 12 AO zu bestimmen. Falls die einschlägige Betriebsstättendefinition eines DBA enger ist, bestimmt sich die Belegenheit des Gewerbebetriebs nach dem DBA. Folglich gilt die Formel, dass ohne inländische Betriebsstätte keine wesentlichen wirtschaftlichen Interessen im Inland als Unternehmer, Mitunternehmer oder Kommanditist gegeben sein können.

a) Einzelunternehmer, Mitunternehmer

85 Als Unternehmer qualifizieren neben Einzelkaufleuten sämtliche natürliche Personen, die im Rahmen von § 15 Abs. 1 S. 1 Nr. 1 EStG mit Einkünften aus Gewerbebetrieb steuerpflichtig sein können. Der Begriff des Unternehmers als des Inhabers eines Unternehmens in diesem Sinne ist als ein wirtschaftlicher Begriff zu verstehen. Unternehmer kann demnach auch iSd erweiterten beschränkten Einkommensteuerpflicht ein Pächter oder Nießbraucher eines Gewerbebetriebs sein. Als Unternehmer ist danach derjenige zu bezeichnen, auf dessen Rechnung und Gefahr der Betrieb geführt wird. Diese natürliche Person entfaltet eine gewerbliche Tätigkeit. Im Vordergrund stehen dabei weniger bürgerlich-rechtliche Vereinbarungen als vielmehr die

B. Tatbestandsvoraussetzungen der Norm 86, 87 § 2

tatsächliche Gestaltung. Maßgeblich ist, wer das Risiko des Unternehmens trägt, dh wer die Erfolge, Misserfolge und Lasten des Gewerbebetriebs zu tragen hat und wer Unternehmerinitiative entfalten kann. Das Gesetz nimmt in Kauf, dass sämtlichen Kriterien der Unternehmereigenschaft, die im Rahmen des § 15 EStG von Bedeutung sind, auch im Kontext des § 2 Abs. 3 Relevanz zukommt. Somit kann ein Ausgewanderter auch dann Unternehmereigenschaft innehaben, wenn er sich die mit der Führung des Unternehmens verbundenen Entscheidungen teilweise oder ganz von seinen leitenden Angestellten abnehmen lässt. Ebensowenig kommt es darauf an, ob die Person, deren Unternehmereigenschaft im Rahmen des § 2 Abs. 3 zu beurteilen ansteht, voll oder nur beschränkt geschäftsfähig oder gar geschäftsunfähig ist. Nach der Rechtsprechung (BFH v. 27.9.1988, VIII R 193/83, BStBl. II 1989, 414) kann auch ein minderjähriges Kind Unternehmer sein, zumindest dann, wenn es Inhaber des Unternehmens ist und die Eltern in seinem Namen das Unternehmen führen. Indessen sind derartige Fälle idR eher theoretischer Natur. Schließlich ist darauf hinzuweisen, dass auch die Eröffnung des Insolvenzverfahrens die Unternehmereigenschaft des Ausgewanderten iSd Vorschrift nicht hindert. Vermögensverwaltende Tätigkeiten unterfallen auch dann nicht dem Unternehmerbegriff des § 2 Abs. 3 Nr. 1, wenn sie in größerem Umfang durchgeführt werden (BFH v. 20.12.2000, X R 1/97, BStBl. II 2001, 706). Letztlich ist insoweit auf die Kriterien des § 15 Abs. 2 EStG abzustellen.

Als Mitunternehmer kommen persönlich haftende Gesellschafter von in- und ausländischen Personengesellschaften in Betracht. Das Abstellen auf die persönliche Haftung ergibt sich zwar nicht direkt aus dem Gesetzeswortlaut, erschließt sich indessen dadurch, dass der Kommanditist als Prototyp des haftungsbeschränkten Mitunternehmers separat genannt wird. Wie in anderen steuerlichen Zusammenhängen, kommt es auf die Jurisdiktion, in der eine Personengesellschaft gegründet wurde, nicht an (vgl. Schreiben betr. Grundsätze der Verwaltung für die Prüfung der Aufteilung der Einkünfte bei Betriebsstätten international tätiger Unternehmen (Betriebsstätten-Verwaltungsgrundsätze) vom 24.12.1999, BStBl. I 1999, 1076, Tz. 1.1.5.1.).

b) Kommanditist

Sonderregelungen bestehen für die Kommanditisten einer KG, auch wenn sie im Rahmen des § 15 EStG als Mitunternehmer anzusehen wären. Der Gesetzgeber dürfte hier wohl zunächst nur das nach deutschem Recht gegründete KG im Blick gehabt haben. Indessen würde bei einer solchen Sichtweise das Tatbestandsmerkmal der wesentlichen wirtschaftlichen Inlandsinteressen durch geeignete Gestaltung, nämlich der Beteiligung als beschränkt haftender Gesellschafter (Kommanditist) an einer nach ausländischem Recht gegründeten Personengesellschafter, einfach umgangen werden können. Aus diesem Grund und weil weder das Gesetz (vgl. zB § 6 Abs. 1) noch die Verwaltungsmeinung (vgl. Betriebsstätten-Verwaltungsgrundsätze, vom 24.12.1999, BStBl. I 1999, 1076, Tz. 1.1.5.1.) zwischen in- und ausländischen Personen- (und Kapital-)gesellschaften unterscheiden, kann auch die einer Kommandistenstellung vergleichbare Beteiligung an einer nicht nach deutschem Recht gegründeten Personengesellschaft wesentliche wirtschaftlichen Interessen im Inland begründen. Folglich führt auch die einem inländischen Kommanditisten vergleichbare Beteiligung an einer nach ausländischem Recht gegründeten Personengesellschaft nur dann zu wesentlichen wirtschaftlichen Interessen im Inland, wenn die anteiligen Einkünfte aus der Personengesellschaft 25% übersteigt.

88 Zu beachten ist, dass das Gesetz die 25%-Quote nicht auf die gesellschaftsrechtliche Beteiligung bezieht, sondern darauf, dass mehr als 25% der Einkünfte aus der Kommanditgesellschaft auf die ausgewanderte Person entfallen. Diese Wortlautfassung vermag zu erheblichen praktischen Schwierigkeiten zu führen (*FWBS* § 2 AStG Tz. 93). Dies liegt darin begründet, dass das Gesetz auf die Einkünfte iSd § 15 Abs. 1 S. 1 Nr. 2 EStG abstellt, weshalb sämtliche Vorabvergütungen wie beispielsweise Geschäftsführergehälter, Zinsen, Beratungshonorare, Mietzahlungen u. dgl. bei der Anteilsberechnung mit berücksichtigt werden müssen (*FWBS* § 2 AStG Rz. 93). Der Gesetzgeber verlangt durch das Abstellen auf den Beginn des Veranlagungszeitraums vom Steuerpflichtigen etwas Unmögliches. Er vermag noch nicht abzusehen, ob der zu diesem Zeitpunkt die 25%-Grenze überschreiten wird. Vielmehr hängt dies von der Erfolgssituation der KG im laufenden Wirtschaftsjahr ab. Im Regelfall lässt sich der exakte Anteil erst im Nachhinein berechnen. Daher steht normalerweise erst am Jahresende fest, ob mit einer Kommanditbeteiligung wesentliche Interessen im Inland verbunden sind. Aus diesem Grunde wird dafür plädiert, die Vorschrift so zu interpretieren, dass nur Kommanditisten betroffen sind, deren Einkünfteanteil im gesamten VZ die 25-Prozent-Grenze überschreiten und die bereits zum Jahresbeginn an der Gesellschaft beteiligt waren (SKK/*Zimmermann/Könemann* § 2 AStG Rz. 133).

89 Im Schrifttum wird zudem vertreten, wegen der beschränkten Haftung sollte die für Kommanditisten geltende Beteiligungsgrenze von 25% auf atypisch stille Gesellschafter analog angewandt werden (*FWBS* § 2 AStG Rz. 92; SKK/*Zimmermann/Könemann* § 2 AStG Rz. 131; GHS/*Rundshagen* 326f.). Allerdings findet diese Sichtweise keine Stütze im Gesetzeswortlaut. Gleichwohl erscheint es sachgerecht, atypisch stille Beteiligungen sowie vergleichbare andere haftungsbeschränkte Personengesellschaftsbeteiligungen aufgrund ihrer Nähe zu Kommanditbeteiligungen erst ab der 25%-Schwelle als Ausdruck wesentlicher wirtschaftlicher Interessen im Inland zu bewerten.

c) Beteiligung an einer inländischen Kapitalgesellschaft

90 Nach dem Wortlaut der Norm bewirken Beteiligungen an inländischen Kapitalgesellschaften iSd § 17 Abs. 1 EStG wesentliche wirtschaftliche Inlandsinteressen. Waren dies zum Zeitpunkt des Inkrafttretens des Gesetzes noch immerhin 25% Beteiligungsquote, reicht mittlerweile eine Beteiligung an einer inländischen Kapitalgesellschaft iHv 1% aus. Die Verweisung auf § 17 EStG ist ihrer Natur nach dynamisch. Dies bedeutet, dass jede Änderung dieser Vorschrift auch auf die wesentlichen wirtschaftlichen Inlandsinteressen zurückwirkt. Auch wenn im Kontext des § 17 EStG nicht mehr von einer wesentlichen Beteiligung gesprochen wird, ist vor dem Hintergrund des Gesetzeszwecks die unreflektierte Übernahme der in den letzten Jahren kontinuierlich abgesenkten Beteiligungsgrenzen (früher 25% bzw. 10%) rechtspolitisch höchst fragwürdig (SKK/*Zimmermann/Könemann* § 2 AStG Rz. 131). Insbesondere erschließt sich nicht, warum eine Beteiligung von gerade 1% zur

B. Tatbestandsvoraussetzungen der Norm 91–98 § 2

Begründung oder Beibehaltung „wesentlicher wirtschaftlicher Interessen" im Inland führen können soll.

Das Gesetz enthält keine Definition einer inländischen Kapitalgesellschaft. 91 Entgegen *FWBS* (§ 2 Rz. 86) kommt es hier nicht nur auf satzungsmäßigen Sitz an, sondern auch der Ort der Geschäftsleitung kann eine inländische Kapitalgesellschaft konstituieren. Dies ergibt sich schon daraus, dass § 1 Abs. 1 KStG alternativ den Satzungssitz bzw. den Ort der Geschäftsleitung als Anknüpfungsmerkmal der unbeschränkten Steuerpflicht nennt. Demzufolge liegen wesentliche wirtschaftliche Inlandsinteressen bei einer Beteiligung an einer Kapitalgesellschaft iSd § 17 EStG vor, die ihren Sitz und/oder ihren Ort der Geschäftsleitung im Inland hat.

einstweilen frei 92–94

3. Wesentliche wirtschaftliche Interessen im Inland aufgrund bestimmter inländischer Mindesteinkünfte

Wesentliche wirtschaftliche Interessen im Inland liegen des Weiteren vor, 95 wenn die Einkünfte eines Ausgewanderten, die bei unbeschränkter Einkommensteuerpflicht nicht ausländische Einkünfte iSd § 34d EStG sind, im VZ mehr als 30% seiner sämtlichen Einkünfte betragen (relative Grenze) oder 62.000 € (absolute Grenze) übersteigen. Wird eine dieser beiden Grenzen überschritten, reicht dies zur Annahme wesentlicher wirtschaftlicher Inlandsinteressen aus.

Die Höhe der Einkünfte ist nach den Grundsätzen des deutschen Einkom- 96 mensteuerrechts zu ermitteln. Nach Verwaltungsansicht (AEAStG Tz. 2.3.2.) ist der hier zu berücksichtigende Einkünftekatalog der erweiterten Inlandseinkünfte identisch mit den erweiterten Inlandseinkünften iSd Abs. 1.

Im Falle Zusammenveranlagter ist jeder Ehegatte gesondert zu betrachten. 97 Dies ist sachgerecht, weil ja durchaus einer der beiden Ehegatten ggf. nicht die persönlichen Voraussetzungen (zB deutsche Staatsangehörigkeit) erfüllt.

Beispiel:
Der deutsche Staatsangehörige X wohnte von 1989 bis 2000 im Ausland. Im Juli 2000 hat er die australische Staatsangehörige Y geheiratet. Von 2001 bis 2005 lebte das zusammen veranlagte Paar in Deutschland. Am 1.1.2006 sind X und Y in ein Nicht-DBA-Land (Z-Land) ausgewandert, welches keine Einkommensteuer für natürliche Personen erhebt.

Der Wohnsitzwechsel der Eheleute beendigt deren unbeschränkte Steuerpflicht. Bei Y kommt eine erweiterte beschränkte Steuerpflicht mangels deutscher Staatsangehörigkeit nicht in Betracht. X war als Deutscher innerhalb der letzten 10 Jahre vor seinem Wohnsitzwechsel mehr als 5 Jahre unbeschränkt steuerpflichtig. Hat er darüber hinaus wesentliche wirtschaftliche Interessen im Inland und ist in einem Gebiet mit niedrigerer oder keiner Besteuerung ansässig geworden, ist bei X die Prüfung der Voraussetzungen der erweiterten beschränkten Steuerpflicht angezeigt, während sie bei Y von vornherein ausscheidet.

Das Abstellen auf die Ermittlung nach deutschem Steuerrecht bedingt, dass 98 – soweit dies nach den allg. Vorschriften zulässig ist – positive und negative Einkünfte miteinander verrechnet werden können. Insbesondere ist dem Gesetz keine Beschränkung auf positive Einkünfte zu entnehmen. Indessen wird die Sinnhaftigkeit dieser Konsequenz bezweifelt. So wird argumentiert, dass die wirtschaftlichen Interessen eines Steuerpflichtigen in einem Land aufgrund erwirtschafteter Gewinne nicht dadurch verloren gingen, dass er in demselben Land gleichzeitig Verluste erwirtschafte (SKK/*Zimmermann*/*Könemann* AStG § 2 Rz. 139).

99 *einstweilen frei*

4. Wesentliche wirtschaftliche Interessen im Inland aufgrund bestimmter Zusammensetzung des inländischen Vermögens

100 Wesentliche wirtschaftliche Interessen im Inland sind schließlich gegeben, wenn die aus der unbeschränkten Steuerpflicht abgewanderte natürliche Person
– zu Beginn des Veranlagungszeitraums Vermögen hat, dessen Erträge bei unbeschränkter Einkommensteuerpflicht nicht ausländische Einkünfte iSd § 34d EStG wären und das iS einer relativen Größe 30 % ihres Gesamtvermögens übersteigt; oder
– zu Beginn des Veranlagungszeitraums Vermögen hat, dessen Erträge bei unbeschränkter Einkommensteuerpflicht nicht ausländische Einkünfte iSd § 34d EStG wären und das iS einer absoluten Größe 154.000 € übersteigt.

101 Wesentliche wirtschaftliche Interessen werden demzufolge dadurch begründet, dass zu Beginn des Veranlagungszeitraums das Vermögen des Steuerpflichtigen, dessen Erträge bei unbeschränkter Einkommensteuerpflicht nicht ausländische Einkünfte iSd § 34d EStG wären, mehr als 30 % des Gesamtvermögens beträgt oder 154.000 € übersteigt. Unerheblich bleibt hierbei, ob das Vermögen tatsächlich ausländische Erträge generiert hat.

102 Nach der hM (*FWBS* § 2 AStG Rz. 104; SKK/*Zimmermann*/*Könemann* § 2 AStG Rz. 141) bleiben Gegenstände, mit denen nach ihrer konkreten Verwendung keine laufenden Erträge erwirtschaftet werden, bei der Feststellung des relevanten Vermögens außen vor. Genannt werden exemplarisch Kunstgegenstände oder Schmuck im Privatvermögen. Insbesondere soll die Möglichkeit, im Rahmen von privaten Veräußerungsgeschäften Einkünfte zu erzielen, nicht ausreichen, um insoweit von „Erträgen" sprechen zu können. Hinzu tritt, dass solche Vermögensgegenstände regelmäßig keine wirtschaftlichen, sondern allenfalls persönliche Interessen im Inland begründen. Demzufolge spricht auch der Zweck der Regelung gegen eine Einbeziehung ertragsloser Gegenstände.

103 Der Umfang des schädlichen „erweiterten Inlandsvermögens" ermittelt sich nach den Vorschriften des BewG, ist indessen nicht identisch mit dem Inlandsvermögen iSd § 121 BewG (*FWBS* § 2 AStG Rz. 102; SKK/*Zimmermann*/ *Könemann* § 2 AStG Rz. 142; vgl. auch AEAStG Tz. 2.3.1.). Somit sind für Grundvermögen, land- und forstwirtschaftliches Vermögen und Betriebsvermögen die Einheitswerte gem. den §§ 19 ff. BewG zu berechnen. Auch gelten die allgemeinen Vorschriften des BewG. Daher greift etwa § 11 BewG zur Ermittlung des Wertes von Anteilen an Kapitalgesellschaften ein, bei nicht börsennotierten Gesellschaften kommt demnach das „Stuttgarter Verfahren" zur Anwendung. Im Rahmen der erweiterten beschränkten Einkommensteuerpflicht gelten jedoch die §§ 138 ff. BewG zur Bewertung des Grundbesitzes nicht.

104–109 *einstweilen frei*

C. Rechtsfolgen

I. Zeitliche Streckung der beschränkten Steuerpflicht

Nach der Rechtsfolgeanordnung des § 2 Abs. 1 S. 1 ist der Auswanderer bis zum Ablauf von 10 Jahren nach Ende des Jahres, in dem seine unbeschränkte Steuerpflicht geendet hat, über die beschränkte Steuerpflicht hinaus erweitert beschränkt steuerpflichtig. Diese Zehnjahresfrist beginnt nach dem Wortlaut des § 2 Abs. 1 S. 1 mit dem 1. Januar des Jahres, das dem Jahr folgt, in dem die unbeschränkte Steuerpflicht geendet hat. Sie bemisst sich mithin nach einkommensteuerlichen Veranlagungszeiträumen. Da die zeitliche Frist indessen erst mit Ablauf des Jahres zu laufen beginnt, in dem die unbeschränkte Steuerpflicht geendet hat, die erweiterte beschränkte Steuerpflicht aber bereits in dem Jahr einsetzen kann, kann es Fälle geben, in denen sich die Frist auf nahezu 11 Jahre erstrecken kann. Wandert beispielsweise ein Deutscher am 1. Januar des Jahres 2001 aus, endet die Frist für die erweiterte beschränkte Steuerpflicht erst mit Ablauf des 31. Dezember 2012. Dies hat zur Folge, dass der erweitert beschränkt steuerpflichtige Deutsche nicht nur mit den materiellen Aspekten der Vorschrift konfrontiert ist, sondern auch die administrativen Verzweigungen der Bestimmung für eine nachlaufende Frist von maximal 11 Jahren beachten muss. Die Frist wird nur dann abgekürzt, wenn der Steuerpflichtige in seiner Person die Tatbestandsvoraussetzungen der Vorschrift nicht mehr erfüllt. Dies wird ua dann gegeben sein, wenn

– der Steuerpflichtige seinen Wohnsitz aus dem Niedrigsteuerland in ein Nicht-Niedrigsteuerland verlegt,
– der Steuerpflichtige zurück in der Bundesrepublik Deutschland wieder ansässig wird,
– der nirgends ansässige Steuerpflichtige einen Wohnsitz in einem Nicht-Niedrigsteuerland begründet,
– durch gegebenenfalls geänderte Rahmenbedingungen der Besteuerung der Tatbestand der Niedrigbesteuerung im Ansässigkeitsstaat nicht mehr erfüllt ist,
– die Tatbestandsvoraussetzungen wesentlicher wirtschaftlicher Interessen im Inland nicht mehr erfüllt sind, etwa durch Aufgabe oder Veräußerung des inländischen Engagements oder durch Unterschreiten der relevanten Größenmerkmale.

Bei wiederholter Aus- und Einwanderung beginnt jedes Mal eine neue Zehnjahresfrist zu laufen, ohne dass die ursprüngliche Zehnjahresfrist ihre Bedeutung verlöre. Wandert also ein Steuerpflichtiger am 31.12.2001 aus und kehrt am 1.1.2004 nach Deutschland zurück, um am 1.1.2006 wieder auszuwandern – wobei die Auswanderung jeweils in ein Niedrigsteuerland erfolgt – so ist er innerhalb des ersten Zehnjahreszeitraums überlappend auch vom zweiten Zehnjahreszeitraum betroffen. Selbstverständlich können die Rechtsfolgen der erweiterten beschränkten Steuerpflicht nur einmal eintreten.

einstweilen frei

II. Erweiterung der Bemessungsgrundlage im Vergleich zur regulären beschränkten Steuerpflicht

115 Für die reguläre beschränkte Steuerpflicht des § 1 Abs. 4 EStG ist aufgrund der Enumeration des § 49 EStG der Umfang der erfassten Einkünfte klargestellt. Nach § 49 EStG orientieren sich die beschränkt steuerpflichtige Einkünfte am Einkunftsartenkatalog des § 2 Abs. 2 EStG und über den Verweis in den Tatbeständen des § 49 Abs. 1 EStG an den §§ 13–24 EStG. Hinzu tritt im Kontext der beschränkten Steuerpflicht jeweils ein inländisches Anknüpfungsmerkmal bei jedem Tatbestand innerhalb der jeweiligen Einkunftsart, so dass der Katalog der auch für die erweiterte beschränkte Steuerpflicht relevanten Tatbestände inländischer Einkünfte iS der beschränkten Einkommensteuerpflicht wie folgt umschreiben lässt. Danach unterliegt der erweitert beschränkt Steuerpflichtige zunächst mit folgenden Einkünften der inländischen Steuerpflicht. Im Auge zu behalten ist stets, dass auf diese inländischen Einkünfte ggf. der Progressionsvorbehalt Anwendung finden kann.

116 – Einkünfte aus einer im Inland betriebenen Land- und Forstwirtschaft.

117 – Einkünfte aus Gewerbebetrieb, für den im Inland eine Betriebsstätte unterhalten wird oder ein ständiger Vertreter bestellt ist.

118 – Einkünfte aus Gewerbebetrieb, die durch den Betrieb eigener oder gecharterter Seeschiffe oder Luftfahrzeuge aus Beförderungen zwischen inländischen und von inländischen zu ausländischen Häfen erzielt werden, einschließlich der Einkünfte aus anderen mit solchen Beförderungen zusammenhängenden, sich auf das Inland erstreckenden Beförderungsleistungen.

119 – Einkünfte aus Gewerbebetrieb, die von einem Unternehmen im Rahmen einer internationalen Betriebsgemeinschaft oder eines Pool-Abkommens, bei denen ein Unternehmen mit Sitz oder Geschäftsleitung im Inland die Beförderung durchführt, aus Beförderungen und Beförderungsleistungen nach Buchstabe b erzielt werden.

120 – Einkünfte aus Gewerbebetrieb, die, soweit sie nicht zu den Einkünften aus selbständiger Arbeit oder nichtselbständiger Arbeit iSd beschränkten Einkommensteuerpflicht gehören, durch im Inland ausgeübte oder verwertete künstlerische, sportliche, artistische oder ähnliche Darbietungen erzielt werden, einschließlich der Einkünfte aus anderen mit diesen Leistungen zusammenhängenden Leistungen, unabhängig davon, wem die Einnahmen zufließen.

121 – Einkünfte aus Gewerbebetrieb, die unter den Voraussetzungen des § 17 EStG erzielt werden, wenn es sich um Anteile an einer Kapitalgesellschaft handelt, die ihren Sitz oder ihre Geschäftsleitung im Inland hat. Insoweit wird die Bestimmung eine gewisse Bedeutung entfalten, als der erweitert beschränkt Steuerpflichtige in einem Niedrigsteuerstaat ohne Schutz durch ein Doppelbesteuerungsabkommen Domizil genommen hat und deshalb mit seinen Beteiligungsveräußerungsgewinnen potenziell der inländischen beschränkten Steuerpflicht unterliegt.

122 – Einkünfte aus Gewerbebetrieb, die unter den Voraussetzungen des § 17 EStG erzielt werden, wenn es sich um Anteile an einer Kapitalgesellschaft handelt, bei deren Erwerb auf Grund eines Antrags nach § 13 Abs. 2 oder

C. Rechtsfolgen

§ 21 Abs. 2 S. 3 Nr. 2 des UmwStG nicht der gemeine Wert der eingebrachten Anteile angesetzt worden ist oder auf die § 17 Abs. 5 S. 2 anzuwenden war. Hier dürften sich nicht unerhebliche Praktikabilitätsprobleme sowohl im Rahmen der regulären als auch der erweitert beschränkten Steuerpflicht ergeben. Letztlich geht es um eine Veräußerung von Anteilen an Kapitalgesellschaften ohne Ort der Geschäftsleitung und ohne Sitz im Inland durch einen im Inland nicht ansässigen, ggf. erweitert beschränkt oder regulär beschränkt Steuerpflichtigen. Es steht außer Frage, dass die Überwachung derartiger Steuerfälle an die Grenzen des tatsächlich und rechtlich Möglichen stößt.

– Einkünfte aus Gewerbebetrieb, die nicht durch eine inländische Betriebsstätte oder einen ständigen Vertreter im Inland realisiert werden, wenn diese Einkünfte durch Veräußerung von inländischem unbeweglichen Vermögen, von Sachinbegriffen oder Rechten, die im Inland belegen oder in ein inländisches öffentliches Buch oder Register eingetragen sind oder deren Verwertung in einer inländischen Betriebsstätte oder anderen Einrichtung erfolgt, erzielt werden. Voraussetzung ist insoweit, dass das inländischen unbewegliche Vermögen, die Sachinbegriffe oder Rechte, die im Inland belegen oder in ein inländisches öffentliches Buch oder Register eingetragen sind oder deren Verwertung in einer inländischen Betriebsstätte oder anderen Einrichtung erfolgt, zu einem ausländischen Betriebsvermögen des erweitert beschränkt Steuerpflichtigen gehören. **123**

– Einkünfte aus Gewerbebetrieb, die als Einkünfte aus Tätigkeiten wie der Veräußerung von inländischem unbeweglichen Vermögen, von Sachinbegriffen oder Rechten, die im Inland belegen oder in ein inländisches öffentliches Buch oder Register eingetragen sind oder deren Verwertung in einer inländischen Betriebsstätte oder anderen Einrichtung erfolgt, erzielt werden, wenn Veräußerer eine Körperschaft iSd § 2 Nr. 1 KStG ist, die mit einer Kapitalgesellschaft oder sonstigen juristischen Person iSd § 1 Abs. 1 Nr. 1 bis 3 KStG vergleichbar ist. **124**

– Einkünfte aus selbständiger Arbeit, die im Inland ausgeübt oder verwertet wird oder worden ist, oder für die im Inland eine feste Einrichtung oder eine Betriebsstätte unterhalten wird. **125**

– Einkünfte aus nichtselbständiger Arbeit, die im Inland ausgeübt oder verwertet wird oder worden ist. **126**

– Einkünfte aus nichtselbständiger Arbeit aus inländischen öffentlichen Kassen einschließlich der Kassen des Bundeseisenbahnvermögens und der Deutschen Bundesbank mit Rücksicht auf ein gegenwärtiges oder früheres Dienstverhältnis gewährt werden, ohne dass ein Zahlungsanspruch gegenüber der inländischen öffentlichen Kasse bestehen muss. **127**

– Einkünfte aus nichtselbständiger Arbeit als Vergütung für eine Tätigkeit als Geschäftsführer, Prokurist oder Vorstandsmitglied einer Gesellschaft mit Geschäftsleitung im Inland bezogen werden. Dieser Tatbestand erscheint bei erweitert beschränkt Steuerpflichtigen als nicht von vornherein unrealistisch. Insbesondere dann, wenn ein ausgewanderter miittelständischer Unternehmer noch in Leitungsfunktionen in inländischen Kapitalgesellschaften tätig ist, dürfte dieser Tatbestand gerade im Rahmen der Besteuerung erweitert beschränkt Steuerpflichtiger von Bedeutung sein. Leitungsfunktio- **128** nen bei im Inland tätigen bzw. gegründeten Personengesellschaften dürften nicht unter die Bestimmung fallen.

129 – Einkünfte aus nichtselbständiger Arbeit als Entschädigung iSd § 24 Nr. 1 EStG. Dies gilt, soweit sie für die Auflösung eines Dienstverhältnisses gezahlt wurden, aber auch nur soweit die für die zuvor ausgeübte Tätigkeit bezogenen Einkünfte der inländischen Besteuerung unterlegen haben.

130 – Einkünfte aus nichtselbständiger Arbeit, die an Bord eines im internationalen Luftverkehr eingesetzten Luftfahrzeugs ausgeübt wird, das von einem Unternehmen mit Geschäftsleitung im Inland betrieben wird.

131 – Einkünfte aus Kapitalvermögen iSd § 20 Abs. 1 Nr. 1 EStG mit Ausnahme der Erträge aus Investmentanteilen iSd § 2 InvStG, Nr. 2, 4, 6 und 9, wenn der Schuldner Wohnsitz, Geschäftsleitung oder Sitz im Inland hat oder wenn es sich um Fälle des § 44 Abs. 1 Satz 4 Nr. 1 Buchst. a Doppelbuchst. bb EStG handelt; dies gilt auch für Erträge aus Wandelanleihen und Gewinnobligationen.

132 – Einkünfte aus Kapitalvermögen iSd § 20 Abs. 1 Nr. 1 EStG in Verbindung mit den §§ 2 und 7 InvStG bei Erträgen iSd § 7 Abs. 3 des Investmentsteuergesetzes.

133 – Einkünfte aus Kapitalvermögen iSd § 20 Abs. 1 Nr. 1 EStG in Verbindung mit den §§ 2 und 7 InvStG bei Erträgen iSd § 7 Abs. 1, 2 und 4 InvStG, wenn es sich um Fälle des § 44 Abs. 1 S. 4 Nr. 1 Buchst. a Doppelbuchst. bb EStG handelt.

134 – Einkünfte aus Kapitalvermögen iSd § 20 Abs. 1 Nr. 5 und 7 EStG, wenn das Kapitalvermögen durch inländischen Grundbesitz, durch inländische Rechte, die den Vorschriften des bürgerlichen Rechts über Grundstücke unterliegen, oder durch Schiffe, die in ein inländisches Schiffsregister eingetragen sind, unmittelbar oder mittelbar gesichert ist. Ausgenommen sind Zinsen aus Anleihen und Forderungen, die in ein öffentliches Schuldbuch eingetragen oder über die Sammelurkunden iSd § 9a DepotG oder Teilschuldverschreibungen ausgegeben sind.

135 – Einkünfte aus Kapitalvermögen iSd § 20 Abs. 1 Nr. 5 und 7 EStG, wenn das Kapitalvermögen aus Genussrechten besteht, die nicht in § 20 Abs. 1 Nr. 1 EStG genannt sind.

136 – Einkünfte aus Kapitalvermögen iSd § 20 Abs. 1 Nr. 5 und 7 EStG, wenn Kapitalerträge iSd § 43 Abs. 1 S. 1 Nr. 7 Buchst. a und Nr. 8 sowie S. 2 EStG von einem Schuldner oder von einem inländischen Kreditinstitut oder einem inländischen Finanzdienstleistungsinstitut iSd § 43 Abs. 1 S. 1 Nr. 7 Buchst. b EStG gegen Aushändigung der Zinsscheine einem anderen als einem ausländischen Kreditinstitut oder einem ausländischen Finanzdienstleistungsinstitut ausgezahlt oder gutgeschrieben werden und die Teilschuldverschreibungen nicht von dem Schuldner, dem inländischen Kreditinstitut oder dem inländischen Finanzdienstleistungsinstitut verwahrt werden. Diese VZ gilt bis zum Veranlagungszeitraum 2008 einschließlich.

137 – Einkünfte aus Kapitalvermögen iSd § 20 Abs. 1 Nr. 5 und 7 EStG, wenn Kapitalerträge iSd § 43 Abs. 1 S. 1 Nr. 7 Buchst. a und Nr. 8 bis 12 sowie S. 2 EStG, wenn sie von einem Schuldner oder von einem inländischen Kreditinstitut oder einem inländischen Finanzdienstleistungsinstitut iSd § 43

C. Rechtsfolgen 138–144 § 2

Abs. 1 S. 1 Nr. 7 Buchst. b gegen Aushändigung der Zinsscheine einem anderen als einem ausländischen Kreditinstitut oder einem ausländischen Finanzdienstleistungsinstitut ausgezahlt oder gutgeschrieben werden und die Teilschuldverschreibungen nicht von dem Schuldner, dem inländischen Kreditinstitut oder dem inländischen Finanzdienstleistungsinstitut verwahrt werden. Diese Regelung gilt ab VZ 2009.

– Einkünfte aus Vermietung und Verpachtung iSd § 21 EStG, wenn das unbewegliche Vermögen, die Sachinbegriffe oder Rechte im Inland belegen oder in ein inländisches öffentliches Buch oder Register eingetragen sind oder in einer inländischen Betriebsstätte oder in einer anderen Einrichtung verwertet werden. **138**

– Sonstige Einkünfte iSd § 22 Nr. 1 S. 3 Buchst. a EStG, die von den inländischen gesetzlichen Rentenversicherungsträgern, den inländischen landwirtschaftlichen Alterskassen, den inländischen berufsständischen Versorgungseinrichtungen, den inländischen Versicherungsunternehmen oder sonstigen inländischen Zahlstellen gewährt werden. **139**

– Sonstige Einkünfte iSd § 22 Nr. 2 EStG, soweit es sich um private Veräußerungsgeschäfte handelt, mit inländischen Grundstücken. **140**

– Sonstige Einkünfte iSd § 22 Nr. 2 EStG, soweit es sich um private Veräußerungsgeschäfte handelt, mit inländischen Rechten, die den Vorschriften des bürgerlichen Rechts über Grundstücke unterliegen. **141**

– Sonstige Einkünfte iSd § 22 Nr. 4 EStG. **142**

– Sonstige Einkünfte iSd § 22 Nr. 3 EStG, auch wenn sie bei Anwendung dieser Vorschrift einer anderen Einkunftsart zuzurechnen wären, soweit es sich um Einkünfte aus der Nutzung beweglicher Sachen im Inland oder aus der Überlassung der Nutzung oder des Rechts auf Nutzung von gewerblichen, technischen, wissenschaftlichen und ähnlichen Erfahrungen, Kenntnissen und Fertigkeiten, zB Plänen, Mustern und Verfahren, handelt, die im Inland genutzt werden oder worden sind; dies gilt nicht, soweit es sich um steuerpflichtige Einkünfte iSd Nr. 1 bis 8 des § 49 Abs. 1 EStG handelt. **143**

Im Rahmen der erweiterten beschränkten Einkommensteuerpflicht gehen die Einkünfte über die umfangmäßige Erfassung im Kontext der regulären beschränkten Steuerpflicht hinaus. Denn § 2 erweitert den Besteuerungsgegenstand merklich, klammert jedoch so genannte Auslandseinkünfte iSd § 34d EStG aus. Aus diesem komplizierten Zusammenspiel der verschiedenen Normen, die letztlich zu den so genannten „erweiterten inländischen Einkünften" führen, ergibt sich nach der Vorschrift des § 2 der im folgenden skizzierte Anwendungsbereich. Da sich die erweiterte beschränkte Einkommensteuerpflicht über die in § 49 EStG genannten Einkünfte hinaus auf alle anderen Einkünfte erstreckt, die nicht ausländische Einkünfte nach § 34d EStG sind, werden zusätzlich die unten aufgelisteten Einkunftstypen erfasst. Im Anwendungsschreiben zum Außensteuergesetz (AEAStG S. 3) bezeichnet die Finanzverwaltung diese als „erweiterte Inlandseinkünfte". Soweit sie nicht bereits im Rahmen des § 49 Abs. 1 EStG erfasst sind, handelt es sich dabei um die folgende Aufzählung. **144**

– Einkünfte aus Gewerbebetrieb, die weder einer inländischen noch ausländischen Betriebsstätte zuzurechnen sind.

Kraft

Beispiel:

145 Der erweitert beschränkt Steuerpflichtige X erzielt aus einem Gewerbebetrieb in Z-Land im Jahr 2008 einen Gewinn iHv € 50.000. Dieser Gewerbebetrieb unterhält ein Warenlager in Stuttgart, welchem keine Betriebsstättenqualität zukommt. X veräußert das Warenlager für € 18.000. Die Anschaffungskosten der Waren betrugen € 10.000. Die Einkünfte aus der Veräußerung des Warenlagers iHv € 8000 unterliegen der erweiterten beschränkten Steuerpflicht. Die unstrittig im Rahmen der Einkunftsart „Einkünfte aus Gewerbebetrieb" angefallenen gewerblichen Einkünfte sind weder einer inländischen noch einer ausländischen Betriebsstätte zuzurechnen.

146 – Einkünfte aus Gewerbebetrieb, die aus Bürgschafts- und Avalprovisionen erzielt werden, deren Schuldner unbeschränkt steuerpflichtig ist.

147 – Einkünfte aus der Veräußerung von Wirtschaftsgütern, die zum Anlagevermögen eines ausländischen Betriebes gehören und im Inland belegen sind. Hierzu gehört auch ein nicht schon unter § 17 EStG fallender Gewinn aus der Veräußerung von Anteilen an einer Kapitalgesellschaft, die ihre Geschäftsleitung oder ihren Sitz im Inland hat.

Beispiel:

148 Der erweitert beschränkt Steuerpflichtige X hatte früher ein Bauunternehmen. Bei dessen Auflösung hat er unter anderem einen Bagger und einen Baukran ins Privatvermögen überführt. Bagger und einen Baukran verpachtet er für € 5000 an die inländische Bau-GmbH in Berlin. Die Einkünfte aus der Verpachtung des Baukrans und des Baggers (€ 5000) stellen so genannte erweiterte Inlandseinkünfte dar. Sie unterliegen folglich ebenso der erweiterten beschränkten Steuerpflicht des X.

149 – Einkünfte aus Kapitalvermögen iSd § 20 EStG, wenn der Schuldner unbeschränkt steuerpflichtig ist und es sich nicht um ausländische Einkünfte iSd § 34d Nr. 6 EStG handelt. Hierunter fallen zB Zinsen, die von Inländern auf Schuldscheindarlehen an erweitert beschränkt Steuerpflichtige gezahlt werden, wenn diese Darlehen nicht durch ausländischen Grundbesitz gesichert sind.

Beispiel:

Der erweitert beschränkt Steuerpflichtige X erzielt aus einem Konto bei der D-Bank im Inland € 5000 Zinsen aus einem Sparguthaben. Diese Zinsen unterfallen zwar nicht der regulären beschränkten Einkommensteuerpflicht nach § 49 Abs. 1 Nr. 5 EStG, da keine inländische dingliche Besicherung gegeben ist. Indessen sind zusätzlich die Voraussetzungen der erweiterten beschränkten Steuerpflicht nach § 2 zu prüfen. Danach ergibt sich eine Steuerpflicht im Inland. Zu den erweiterten Inlandseinkünften zählen nämlich Einkünfte aus Kapitalvermögen iSd § 20 EStG, wenn der Schuldner unbeschränkt steuerpflichtig ist und es sich nicht um ausländische Einkünfte iSd § 34d Nr. 6 EStG handelt.

150 – Einkünfte aus der Vermietung und Verpachtung von beweglichem Vermögen im Inland, sofern dieses nicht zu einem im Ausland belegenen Sachinbegriff gehört.

Beispiel:

Ein unter die erweiterte beschränkte Einkommensteuerpflicht fallender Bestsellerautor unterhält bei seiner im Inland lebenden Schwester eine umfangreiche Privatbibliothek. Aus Anlass seines achtzigsten Geburtstages veranstaltet seine Heimatstadt eine Ausstellung in der lokalen Stadtbibliothek. Zu diesem Zweck überlässt der Autor die Bände

C. Rechtsfolgen

seiner Privatbibliothek der lokalen Stadtbibliothek entgeltlich. Im Rahmen der entgeltlichen Überlassung von Sachinbegriffen stellt sich auch im Rahmen der erweiterten beschränkten Steuerpflicht die Frage nach der Qualifizierung der daraus erzielten Einkünfte. Ein Tatbestand der erweiterten beschränkten Steuerpflicht ist ua dann erfüllt, wenn Einkünfte aus der Vermietung und Verpachtung von beweglichem Vermögen im Inland erzielt werden, sofern dieses nicht zu einem im Ausland belegenen Sachinbegriff gehört. Zunächst ist hierbei der Begriff des „Sachinbegriffs" zu klären. Die gesetzlichen Vorschriften des Steuerrechts selbst tragen zur Klärung dieses Begriffs nicht bei. Von einem Sachinbegriff kann ausgegangen werden bei einer Vielheit von Sachen, die durch ihre Zweckbestimmung zu einer wirtschaftlichen Einheit werden. Dabei reicht die bloße Zusammenfassung von einzelnen beweglichen Gegenständen zum Zwecke der Vermietung nicht aus, um einen Sachinbegriff entstehen zu lassen. Erforderlich ist es vielmehr, dass die vermieteten Wirtschaftsgüter funktionell und technisch so aufeinander abgestimmt sind, dass sie aus der Sicht des Vermieters die wesentlichen Grundlagen für einen selbständigen Gewerbebetrieb bilden können. Im Sinne dieser definitorischen Umschreibungen sind danach Sachinbegriffe zB die Geschäftseinrichtung, eine Bibliothek oder die Praxiseinrichtung eines Arztes. Da sowohl die Voraussetzung des Vorliegens eines Sachinbegriffs vorliegend erfüllt ist, die Einkünfte aus der Vermietung und Verpachtung von beweglichem Vermögen im Inland erzielt werden und dieses bewegliche Vermögen auch nicht zu einem im Ausland belegenen Sachinbegriff gehört, ist ein Tatbestand der erweiterten beschränkten Einkommensteuerpflicht erfüllt.

– Einkünfte aus wiederkehrenden Bezügen iSd § 22 Nr. 1 EStG, wenn der Verpflichtete unbeschränkt steuerpflichtig ist oder seinen Sitz im Inland hat.
– Einkünfte aus privaten Veräußerungsgeschäften iSd § 22 Nr. 2 EStG, wenn die veräußerten Wirtschaftsgüter nicht im Ausland belegen sind.

Beispiel:
Ein unter die erweiterte beschränkte Einkommensteuerpflicht fallendes Topmodell deutscher Staatsangehörigkeit erwirbt beim Stadtbummel anlässlich eines Kurzaufenthalts im Inland ein Collier, welches sie zwei Tage später im Inland an eine Kollegin mit einem Gewinnaufschlag von € 10.000 veräußert. Im Rahmen der regulären beschränkten Einkommensteuerpflicht wäre dies im Inland nicht steuerpflichtig, wohingegen der Tatbestand im Rahmen der erweiterten beschränkten Einkommensteuerpflicht vorliegend erfüllt ist.

– Einkünfte aus Leistungen, wenn der zur Vergütung der Leistung Verpflichtete unbeschränkt steuerpflichtig ist oder seinen Sitz im Inland hat.
– Andere Einkünfte, die das deutsche Steuerrecht (§§ 34d, 49 EStG) weder dem Inland noch dem Ausland zurechnet, unterliegen ebenfalls der erweiterten beschränkten Einkommensteuerpflicht. Dazu zählen zB Erträge aus beweglichen Sachen, die nicht zum Anlagevermögen eines ausländischen Betriebes gehören.

Beispiel:
Ein erweitert beschränkt Steuerpflichtiger vermietet ein im Ausland zugelassenes, in seinem Privatvermögen befindliches Wohnmobil, im Ausland an einen Steuerausländer. Während es im Rahmen der regulären beschränkten Einkommensteuerpflicht bei der grenzüberschreitenden Vermietung von Einzelgegenständen nach der BFH-Rechtsprechung ua darauf ankommt, dass die Einzelgegenstände vom Ausland ins Inland vermietet werden (BFH v. 12.11.1997, BStBl. II 1998, 774 zur Vermietung eines Wohnmobils), ist es im Kontext der erweiterten beschränkten Einkommensteuerpflicht unerheblich, wo die entgeltliche Gebrauchsüberlassung stattfindet.

155 – Einkünfte, die dem Steuerpflichtigen nach § 5 zuzurechnen sind.
156 – Einkünfte, die dem Steuerpflichtigen nach § 15 zuzurechnen sind.

Beispiel

Ein erweitert beschränkt Steuerpflichtiger ist Begünstigter einer ausländischen Familienstiftung. Er erhält nach den einschlägigen Regeln im Veranlagungszeitraum umgerechnet € 30.000 „Zuschuss" zum Lebensunterhalt. Im Rahmen der regulären beschränkten Einkommensteuerpflicht wäre insoweit kein Tatbestand verwirklicht, jedoch erstreckt sich der Anwendungsbereich des § 15 auch auf die erweiterte beschränkte Einkommensteuerpflicht.

157 Nach § 2 Abs. 1 S. 1 unterliegen der erweitert beschränkten Steuerpflicht alle Einkünfte, die bei unbeschränkter Einkommensteuerpflicht nicht ausländische Einkünfte iSd § 34d Einkommensteuergesetz sind. Mit der Einfügung des S. 2 durch das JStG 2009 wird nunmehr in Fällen, in denen Einkünfte eines erweitert beschränkt Steuerpflichtigen funktional keiner konkreten ausländischen Betriebsstätte bzw. keinem im Ausland tätigen ständigen Vertreter zugerechnet werden können, die Existenz einer Geschäftsleitungsbetriebsstätte in Deutschland fingiert.

158 Dieser fingierten deutschen Geschäftsleitungsbetriebsstätte sind diese Einkünfte dann zuzurechnen. Das vom Gesetzgeber damit verfolgte Ziel besteht darin, gewerbliche Einkünfte, die mangels Zurechenbarkeit zu einer ausländischen Betriebsstätte bzw. einem im Ausland tätigen ständigen Vertreter keine ausländischen Einkünfte iSd § 34d Nr. 2 Buchst. a EStG darstellen, in Deutschland zu besteuern. Dies gilt aufgrund der Fiktion auch dann, wenn eine tatsächliche Betriebsstätte nicht besteht bzw. ein im Inland tätiger ständiger Vertreter nicht tätig wird. Der Gesetzgeber ließ sich dabei offensichtlich von der Überlegung leiten, dass nur auf diese Weise der mit § 2 für nicht ausländische Einkünfte verfolgte Gleichklang der Besteuerung mit einem unbeschränkt Steuerpflichtigen gewahrt werden kann. Die Regelung gilt ab 1. Januar 2009.

159 Obgleich der Gesetzeswortlaut nicht eindeutig die Beschränkung auf gewerbliche Einkünfte indiziert, ist davon auszugehen, dass mit der Ergänzung des § 2 Abs. 1 durch den eingefügten S. 2 lediglich gewerbliche Einkünfte erfasst werden sollen. X Dies leitet sich daraus ab, dass die alternative Verwendung der Begriffe „Betriebsstätte/ständiger Vertreter" lediglich im Rahmen der beschränkt steuerpflichtigen gewerblichen Einkünfte iSd § 49 Abs. 1 Nr. 2a EStG bzw. der ausländischen Einkünfte iSd § 34d Nr. 2a EStG verwendet werden. Daran ändert auch der Umstand nichts, dass der Betriebsstättenbegriff auch im Kontext der land- und forstwirtschaftlichen bzw. der selbstständigen Einkünfte von Bedeutung sein kann (zB im Rahmen des § 2a Nr. 1 bzw. des § 49 Abs. 1 Nr. 3 EStG).

III. Durch Zwischenschaltung von Kapitalgesellschaften begründete mittelbare wirtschaftliche Interessen im Inland (Abs. 4)

160 Ohne entsprechende Verhinderungsvorschriften könnte sich ein Auswanderer der erweiterten beschränkten Steuerpflicht dadurch entziehen, dass er seine Inlandsengagements in eine ausländische Kapitalgesellschaft einbringt. Die ausländische Kapitalgesellschaft wäre dann nach positiver Rechtslage lediglich im Rahmen der regulären beschränkten Steuerpflicht im Inland steuerpflichtig. Aus dieser Gefährdungslage heraus ist es konsequent, dass die in einer Gesellschaft iSd § 5 gehaltenen wesentlichen wirtschaftlichen Interessen im Inland quotal angerechnet werden. Der häufigste Fall, den der Gesetzgeber im Auge gehabt haben mag, dürfte darin bestehen, dass ein Auswanderer seine wirtschaftlichen Inlandsinteressen nicht direkt, sondern unter Zwischenschaltung von im Ausland gegründeten Kapitalgesellschaften hält. Unter Verweis auf § 5 sind die dort näher spezifizierten Tatbestandsvoraussetzungen der zwischengeschalteten Gesellschaft auch für die Anwendung des § 2 von Bedeutung. Wegen des Begriffs der ausländischen Gesellschaft iSd § 5 kann daher auf die Erläuterungen zu dieser Vorschrift verwiesen werden.

einstweilen frei **161–164**

D. Steuertarif; Veranlagung (Abs. 5)

I. Progressionsvorbehalt (S. 1)

Rechtstechnisch enthält § 2 Abs. 5 S. 1 eine Ergänzung der Rechtsfolgeanordnung. Ist nämlich § 2 Abs. 1 anzuwenden, so kommt der Steuersatz zur Anwendung, der sich für sämtliche Einkünfte der Person ergibt. Somit gelangt für der erweiterten beschränkten Einkommensteuerpflicht unterliegende Einkünfte der Steuersatz zur Anwendung, der sich für sämtliche Einkünfte des Steuerpflichtigen ergibt. Dieser Gesetzesbefehl versteht sich vor dem Hintergrund der zentralen Anliegens der erweiterten beschränkten Steuerpflicht (*Kußmaul/Cloß* StuB 2010, 937). Durch diesen Progressionsvorbehalt soll nämlich sichergestellt werden, dass die in Deutschland zu zahlende Steuer der Steuerbelastung entspricht, die sich bei unbeschränkter Steuerpflicht anteilig auf die erweiterten Inlandseinkünfte ergeben hätte. Der Progressionsvorbehalt kann sich sowohl in positiver als auch in negativer Hinsicht auswirken; der relevante durchschnittliche Steuersatz ist der, der sich nach § 32a EStG bei einer Anwendung des Tarifs auf das Welteinkommen ergibt.

> **Beispiel:**
> Eine unverheiratete, der erweiterten beschränkten Steuerpflicht unterliegende natürliche Person ist im Staat X ansässig. Ihre erweitert beschränkt steuerpflichtigen Einkünfte belaufen sich im Veranlagungszeitraum 1 auf € 100.000. Aus dem Staat Y bezieht die Person im Veranlagungszeitraum 1 € 80.000, die nach § 34d EStG als ausländische Einkünfte zu qualifizieren sind. Der auf die erweiterten Inlandseinkünfte (Bemessungsgrundlage) iHv € 100.000 anwendbare Steuersatz ist anhand des gesamten Betrags von € 100.000 und € 80.000 = € 180.000 zu ermitteln.

einstweilen frei **166–170**

II. Ausschluss des abgeltenden Steuerabzugs (S. 2)

171 Personen, die im Inland weder einen Wohnsitz noch ihren gewöhnlichen Aufenthalt haben, sind „regulär" beschränkt einkommensteuerpflichtig (§ 1 Abs. 2 EStG); der „regulären" beschränkten Steuerpflicht unterliegen nur die in § 49 Abs. 1 EStG abschließend aufgezählten inländischen Einkünfte. Bei „regulär" beschränkt Steuerpflichtigen wird die Einkommensteuer in zahlreichen Fällen im Wege des Steuerabzugs erhoben (vgl. zB §§ 43, 50a EStG). Anders als bei unbeschränkt Steuerpflichtigen gilt bei ihnen die Einkommensteuer für die dem Steuerabzug unterliegenden Einkünfte durch den Steuerabzug als abgegolten (§ 50 Abs. 5 S. 1 EStG); kommt es zu einer Veranlagung, so werden die abzugspflichtigen Einkünfte nicht in die Bemessungsgrundlage der Einkommensteuer einbezogen.

172 Eine weitere Besonderheit der „regulären" beschränkten Steuerpflicht besteht darin, dass der Verlustausgleich (vgl. § 2 Abs. 2 EStG) eingeschränkt ist: Gemäß § 50 Abs. 2 EStG ist bei Einkünften, die dem Steuerabzug unterliegen, und bei Einkünften iSd § 20 Abs. 1 Nr. 3 und 4 EStG für „regulär" beschränkt Steuerpflichtige ein Ausgleich mit Verlusten aus anderen Einkunftsarten nicht zulässig.

173 **Beispiel:**
Ein beschränkt Steuerpflichtiger, ansässig in einem Nicht-DBA-Staat, erwirtschaftet Verluste aus Gewerbebetrieb durch eine im Inland belegene Betriebsstätte iHv € 100.000. Daneben erzielt er Aufsichtsratsvergütungen iHv brutto von € 50.000. Die beaufsichtigte Gesellschaft hält zutreffend 30 % (€ 15.000) Aufsichtsratssteuer für die Rechnung des beschränkt Steuerpflichtigen ein. Außerdem hat der beschränkt Steuerpflichtige Dividendenerträge aus dem Inland iHv € 50.000, für die eine KapSt iHv 25 % (€ 12.500) einbehalten wird. Obwohl der Gesamtbetrag seiner inländischen Einkünfte 0 beträgt, beläuft sich wegen § 50 Abs. 2 S. 5 EStG die inländische Steuerbelastung auf € 25.000.

174 Von diesen Grundregeln bei regulärer beschränkter Steuerpflicht verfügt § 2 Abs. 5 Satz 3 eine Ausnahme, indem diese Norm anordnet, dass auf Einkünfte, die dem Steuerabzug vom Kapitalertrag oder dem Steuerabzug auf Grund des § 50a EStG unterliegen, § 50 Abs. 5 EStG nicht anzuwenden ist. Während für „regulär" beschränkt Steuerpflichtige die Abgeltungswirkung bei bestimmten im Wege des Abzugs erhobenen Steuern eintreten würde, ist dies unter vorliegend geschilderten Umständen bei erweitert beschränkt Steuerpflichtigen nicht der Fall.

175 Demnach können im Rahmen der erweiterten beschränkten Einkommensteuerpflicht
– negative Einkünfte iSd § 49 Abs. 1 EStG mit positiven Einkünften iSd § 49 Abs. 1 EStG ausgeglichen werden
– negative Einkünfte iSd § 49 Abs. 1 EStG mit positiven erweitert beschränkt steuerpflichtigen Einkünften ausgeglichen werden
– negative erweitert beschränkt steuerpflichtige Einkünfte mit positiven erweitert beschränkt steuerpflichtigen Einkünften ausgeglichen werden
– negative erweitert beschränkt steuerpflichtige Einkünfte mit positiven Einkünften iSd § 49 Abs. 1 EStG (reguläre beschränkte Steuerpflicht) ausgeglichen werden.

Hinzu kommt, dass ein Verlustabzug nach § 10d EStG sowohl gegenüber **176**
positiven erweitert beschränkt steuerpflichtigen Einkünften als auch gegenüber
Einkünften iSv § 49 Abs. 1 EStG zulässig ist. Allerdings müssen insoweit die
Voraussetzungen des § 50 Abs. 1 S. 2 EStG erfüllt sein. Somit gilt im Rahmen
der erweiterten beschränkten Steuerpflicht das Verlustausgleichsverbot nach
§ 50 Abs. 2 EStG weder für Einkünfte, die dem Steuerabzug unterliegen,
noch für Einkünfte iSd § 20 Abs. 1 Nr. 5 und 7 EStG (Beschluss des BFH v.
3.11.1982, BStBl. II 1983, 259).

Ob diese Regelung für den erweitert beschränkt Steuerpflichtigen im Ver- **177**
gleich zum regulär beschränkt Steuerpflichtigen günstiger ist, hängt von den
Umständen des Einzelfalls ab. Insbesondere ist diesbzgl. im Auge zu behalten,
dass bei Verlustberücksichtigung die Mindeststeuer nach § 2 Abs. 5 S. 3 nicht
unterschritten werden darf.

Beispiel: **178**
Ein erweitert beschränkt Steuerpflichtiger, ansässig in einem Nicht-DBA-Staat, erwirtschaftet Verluste aus Gewerbebetrieb durch eine im Inland belegene Betriebsstätte
iHv € 100.000. Daneben erzielt er Aufsichtsratsvergütungen iHv brutto von € 50.000.
Die beaufsichtigte Gesellschaft hält zutreffend 30 % (€ 15.000) Aufsichtsratsteuer für die
Rechnung des beschränkt Steuerpflichtigen ein. Außerdem hat der beschränkt Steuerpflichtige Dividendenerträge aus dem Inland iHv € 50.000, für die eine KapSt iHv 25 %
(€ 12.500) einbehalten wird. Zwar kommt hier § 2 Abs. 5 S. 2 EStG zur Anwendung.
Indessen nutzt diese Regelung – Ausschluss des abgeltenden Steuerabzugs – hier dem
erweitert beschränkt Steuerpflichtigen nicht. Nach Auffassung der Finanzverwaltung
(AEAStG Tz. 2.5.1.2.) gilt hier, dass bei Verlustberücksichtigung die Mindeststeuer nach
§ 2 Abs. 5 Satz 3 nicht unterschritten werden darf. Die Mindeststeuer beläuft sich im
vorliegenden Beispiel auf die Höhe der Steuerabzugsbeträge.

Gleichwohl ist es prinzipiell – auch nach Ansicht der Finanzverwaltung – **179**
nicht ausgeschlossen, dass sich bei der erweiterten beschränkten Steuerpflicht
eine niedrigere Steuer ergibt als bei „regulärer" beschränkter Steuerpflicht. Allerdings – und das sei hier nochmals ins Licht gehoben – hängt dies von den
konkreten Umständen ab.

Beispiel: **180**
Ein erweitert beschränkt Einkommensteuerpflichtiger erzielt aus einer inländischen
Betriebsstätte einen Gewinn von € 50.000. Daneben ist er als Aufsichtsrat einer inländischen AG tätig. Dafür erhält er eine Vergütung iHv € 50.000. Die AG hält bei Zahlung
der Aufsichtsratsvergütungen für Rechnung des erweitert beschränkt Steuerpflichtigen
nach § 50a Abs. 2 EStG 30 % Aufsichtsratsteuer ein. Bei einem „regulär" beschränkt
Steuerpflichtigen würde aufgrund § 50 Abs. 5 EStG die Abgeltungswirkung eintreten.
Der erweitert beschränkt Steuerpflichtige hat seine Aufsichtsratsvergütungen in die Veranlagung einzubeziehen. Die Anrechnung der im Wege des Steuerabzugs einbehaltenen
Aufsichtsratsteuer ist nach § 36 Abs. 2 Nr. 2 EStG auf die endgültige Steuerschuld anzurechnen (AEStG Tz. 2.5.3.3.).

Durch das **JStG 2009** wurde § 2 Abs. 5 dahin gehend geändert, dass in **181**
Satz 2 die Angabe „§ 50 Abs. 5 des Einkommensteuergesetzes" durch die Angabe „§ 50 Abs. 2 des Einkommensteuergesetzes" ersetzt wurde. Zudem wurde S. 3 gestrichen.
Diese Gesetzesänderung versteht sich als Reflexwirkung der europarechtlichen Bedenken des Gesetzgebers gegenüber § 50 EStG, dem abgeltenden
Steuerabzug bei beschränkter Steuerpflicht sowie dem Mindeststeuersatz bei

beschränkter Steuerpflicht. Die Gesetzesbegründung enthält lediglich den Passus, dass § 2 Abs. 5 damit an die Änderungen des § 50 EStG angepasst wird (vgl. Regierungsentwurf zum Jahressteuergesetz 2009).
Zur Rechtslage bis VZ 2008 – Bedeutung des Verweises auf die Mindeststeuersatzregelung des § 50 Abs. 3 S. 2 EStG (§ 2 Abs. 5 S. 3) – siehe Vorauflage § 2 Rz. 190 ff.

182–199 *einstweilen frei*

E. Nachweisgebundene Deckelung der maximalen Belastung der erweitert beschränkten Einkommensteuerpflicht (Abs. 6)

I. Regelungsziel: Vermeidung eines Strafsteuereffekts

200 Für den Fall, dass die erweiterte beschränkte Einkommensteuerpflicht zu einer höheren inländischen Steuer als die unbeschränkte Steuerpflicht führt, sieht Abs. 6 unter bestimmten Voraussetzungen eine Deckelung der Höchstbelastung der aus der erweiterten beschränkten Einkommensteuerpflicht resultierenden Steuer vor. Die Deckelung beschränkt den Betrag der Einkommensteuer auf die Summe, die sich bei unbeschränkter Steuerpflicht und ausschließlichem Wohnsitz im Inland ergeben würde. Somit will § 2 Abs. 6 das Ziel erreichen, dass ein Steuerpflichtiger nach dem Wegzug nicht stärker besteuert wird als vorher. Zutreffend wird in der Literatur darauf hingewiesen, dass die erweiterte beschränkte Einkommensteuerpflicht in Einzelfällen zur „Strafsteuer" werden könnte (SKK/*Zimmermann/Könemann* § 2 AStG Rz. 160). Aus diesen Erwägungen begrenzt der Gesetzgeber die Steuerbelastung bei erweiterter beschränkter Steuerpflicht durch die Einkommensteuer, die sich bei unbeschränkter Steuerpflicht ergeben würde.

201–204 *einstweilen frei*

II. Erfordernis einer Vergleichsrechnung

205 Notwendig ist somit eine Vergleichsrechnung, anhand derer der Steuerpflichtige aufzeigt, dass die Konzeption der erweiterten beschränkten Steuerpflicht zu schärferen Rechtsfolgen führt als die der unbeschränkten Steuerpflicht. Formelmäßig lässt sich dies so umschreiben, dass die Steuer nach § 2 sich als kleinerer Betrag der Vergleichsgrößen des Steuerbetrags bei erweiterter beschränkter Steuerpflicht sowie des Steuerbetrags bei unbeschränkter Steuerpflicht und ausschließlichem Wohnsitz im Inland ergibt.

206 Die Vergleichsrechnung macht es erforderlich, sämtliche Tarifvergünstigungen und Bemessungsgrundlagenprivilegien zu berücksichtigen, die einschlägig wären, unterläge die natürliche Person der unbeschränkten Steuerpflicht. Im Rahmen dieser „Schattenveranlagung" kommen mithin beispielsweise das Splittingverfahren, die Ermäßigung nach § 34c EStG, Anrechnungs- und Freistellungsmöglichkeiten nach DBA oder auch der negative Progressionsvorbehalt zur Anwendung. Allerdings kann es auch dazu führen, dass im Rahmen der „Schattenveranlagung" an die unbeschränkte Steuerpflicht anknüpfende Vorschriften mit ungünstiger Rechtsfolge berücksichtigt werden müssen. Beispielsweise zu nennen wäre, dass dann die Deutschbeherrschungsvoraussetzungen der Hinzurechnungsbesteuerung anders – nämlich ungünstiger für den erweitert beschränkt Steuerpflichtigen – zu beurteilen wären als im Rahmen der erweiterten beschränkten Steuerpflicht. Auch die Einkommenszurechnung aus § 15 an der unbeschränkten Steuerpflicht unterliegende Anfalls- oder Bezugsberechtigte wäre im Einzelfall zu berücksichtigen. Ehegatten können im Kontext der Schattenveranlagung das Splittingverfahren wählen. Keine Regelung hat die Aufteilung des Splittingvorteils zwischen den Ehegatten erfahren. Für die in der Besteuerungswirklichkeit mutmaßlich nur höchst selten auftretenden Fälle wäre eine Aufteilung des Splittingvorteils nach anteiligen Einkünften sachgerecht.

Nach Auffassung der Finanzverwaltung (AEAStG Tz. 2.6.1.) darf allerdings **207** die bei (regulärer) beschränkter Steuerpflicht – dh die ohne Anwendung des § 2 entstehende Steuer – nicht unterschritten werden. Nach Einschätzung von *FWBS* (§ 2 AStG Rz. 130) ergibt sich dies aus dem Verhältnis von erweiterter zu regulärer beschränkter Steuerpflicht und ist nicht der Bestimmung des Abs. 6 zu entnehmen. Unabhängig von der dogmatischen Sichtweise bedeutet dies, dass die Einkommensteuer nur insofern reduziert wird, als der bei beschränkter Steuerpflicht geschuldete Betrag nicht unterschritten wird. Somit ergeben sich zwei Beträge, einer, der sich bei unbeschränkter Einkommensteuerpflicht und einer, der sich bei beschränkter Einkommensteuerpflicht errechnet. Der höhere der beiden Beträge bildet die Untergrenze. Allerdings gilt dies nur für die Fälle, in denen die unbeschränkte Steuerpflicht hinter der erweiterten beschränkten Steuerpflicht zurückbleibt (SKK/*Zimmermann*/*Könemann* § 2 AStG Rz. 163). In anders gelagerten Fällen ist es durchaus vorstellbar, dass die erweitert beschränkte Steuerpflicht zu einer geringeren Steuerbelastung als die reguläre beschränkte Steuerpflicht führt. Dies kann eintreten, wenn negative Zusatzeinkünfte einzubeziehen sind.

einstweilen frei **208, 209**

III. Beweislastverteilung

Weist die Person nach, dass die aufgrund der Absätze 1 und 5 zusätzlich zu **210** entrichtende Steuer insgesamt zu einer höheren inländischen Steuer führt, als sie sie bei unbeschränkter Steuerpflicht und Wohnsitz ausschließlich im Geltungsbereich dieses Gesetzes zu entrichten hätte, so wird der übersteigende Betrag insoweit nicht erhoben, als er die Steuer überschreitet, die sich ohne Anwendung der Absätze 1 bis 5 ergäbe. Die insoweit eindeutige Formulierung indiziert, dass der Steuerpflichtige die Beweislast trägt. Die Anwendung des § 2 Abs. 6 ist nicht Antrags gebunden, vielmehr ist die Norm von Amts wegen zu berücksichtigen. Ebensowenig ist der Untersuchungsgrundsatz außer Kraft gesetzt. Verbleibende Unklarheiten bei nicht vollständiger Sachverhaltsaufklärung wirken sich zu Lasten des Stpfl. aus.

§ 3 *(aufgehoben)*

§ 4 Erbschaftsteuer

(1) War bei einem Erblasser oder Schenker zur Zeit der Entstehung der Steuerschuld § 2 Abs. 1 Satz 1 anzuwenden, so tritt bei Erbschaftsteuerpflicht nach § 2 Abs. 1 Nr. 3 des Erbschaftsteuergesetzes die Steuerpflicht über den dort bezeichneten Umfang hinaus für alle Teile des Erwerbs ein, deren Erträge bei unbeschränkter Einkommensteuerpflicht nicht ausländische Einkünfte im Sinne des § 34d des Einkommensteuergesetzes wären.

(2) Absatz 1 findet keine Anwendung, wenn nachgewiesen wird, daß für die Teile des Erwerbs, die nach dieser Vorschrift über § 2 Abs. 1 Nr. 3 des Erbschaftsteuergesetzes hinaus steuerpflichtig wären, im Ausland eine der deutschen Erbschaftsteuer entsprechende Steuer zu entrichten ist, die mindestens 30 Prozent der deutschen Erbschaftsteuer beträgt, die bei Anwendung des Absatzes 1 auf diese Teile des Erwerbs entfallen würde.

Inhaltsübersicht

	Rz.
A. Überblick über die Vorschrift	1–59
I. Struktur der Erbschaft- und Schenkungsbesteuerung	1–19
II. Erweiterung der Erbschaft- und Schenkungsbesteuerung	20–24
III. Bedeutung der Vorschrift	25–34
IV. Unionsrechtliche Problematik	35–39
V. Verhältnis zum Recht der Doppelbesteuerungsabkommen	40–50
1. Allgemeines	40–42
2. ErbSt-DBA Schweiz	43–50
VI. Rechtsentwicklung	51–59
B. Struktur der erweiterten beschränkten Erbschaft- und Schenkungsteuerpflicht (Abs. 1)	60–99
I. Tatbestandsvoraussetzungen	60–79
1. Anknüpfung an die erweiterte beschränkte Einkommensteuerpflicht	60–64
2. Umfang der der erweiterten beschränkten Erbschaft- und Schenkungsteuerpflicht unterliegenden Einkünfte	65–79
II. Rechtsfolgen	80–99
1. Reichweite der Erweiterung	80, 81
2. Behandlung von Schulden; Negatives Vermögen	82, 83
3. Steuerermittlung	84–99
C. Nachweisgebundene Nichtanwendung des Abs. 1 bei Mindestbesteuerung im Ausland (Abs. 2)	100–113
I. Gegenbeweis; Rechtsfolge	100–109
II. Vergleichsberechnung	110–113

A. Überblick über die Vorschrift

I. Struktur der Erbschaft- und Schenkungsbesteuerung

Die in Deutschland als Erbanfallsteuer konzipierte Erbschaft- und Schenkungsteuer erfasst „Erwerbe" von Todes wegen oder unter Lebenden, wenn solche Erwerbe von einem Erblasser einerseits oder Schenker andererseits an einen Erwerber gelangen. Der Erwerber ist regelmäßig entweder Erbe oder Beschenkter. Als Personensteuer unterscheidet die Erbschaft- und Schenkungsteuer – international eingeübten Strukturprinzipien folgend – zwischen unbeschränkter und beschränkter Steuerpflicht. Im Rahmen der unbeschränkten Erbschaft- und Schenkungsteuer wird der gesamte, im In- und Ausland belegene Vermögensanfall besteuert. Demgegenüber erfasst die beschränkte Erbschaft- und Schenkungsteuerpflicht den Vermögensanfall begrenzt auf das Inlandsvermögen iSd § 121 Abs. 2 BewG. Allerdings ergibt sich eine auf das Inlandsvermögen beschränkte Steuerpflicht lediglich dann, wenn weder der Erblasser oder Schenker einerseits noch der Erwerber andererseits der unbeschränkten Steuerpflicht unterliegt. 1

Auf diesem Hintergrund ist die Regelungsidee des § 4 zu verstehen. Diese Vorschrift erweitert für solche Fälle die beschränkte Erbschaft- und Schenkungsteuerpflicht nach dem Muster des § 2 für den Erblasser bzw. den Schenker, nicht jedoch für den Erwerber. Hierbei ist zu beachten, dass sich nach § 2 Abs. 1 Nr. 1 Buchstabe b ErbStG die unbeschränkte Erbschaftsteuerpflicht auch auf deutsche Staatsangehörige erstreckt, wenn diese sich zur Zeit der Ausführung der Zuwendung noch nicht länger als fünf Jahre dauernd im Ausland aufgehalten haben, ohne im Inland einen Wohnsitz zu haben (sog. erweiterte unbeschränkte Steuerpflicht). Diese erweiterte unbeschränkte Steuerpflicht ist vorrangig vor § 4 anzuwenden. Eine erweiterte beschränkte Erbschaftsteuerpflicht kann daher erst dann eintreten, wenn der Zeitraum, in dem die erweiterte unbeschränkte Erbschaftsteuerpflicht eintreten kann, abgelaufen ist. 2

§ 4 erweitert lediglich bei weggezogenen Erblassern bzw. Schenkern die reguläre beschränkte Erbschaft- und Schenkungsteuerpflicht auf den in § 121 Abs. 2 BewG nicht genannten Vermögensanfall mit Inlandsbezug, das sogenannte erweitert beschränkt steuerpflichtige Vermögen. § 4 gelangt mithin nur für Erblasser bzw. Schenker zur Anwendung. Für Ausgewanderte, die als Empfänger erben oder beschenkt werden, wird die reguläre beschränkte Erbschaft- und Schenkungsteuerpflicht nicht erweitert. Auch sieht § 4 – trotz des im Grundsatz progressiven Erbschaftsteuertarifs – keine Vollprogression vor. 3

Aus diesem Zusammenspiel zwischen erbschaftsteuerlichen und außensteuerlichen Vorschriften ergibt sich eine schwierig zu überschauende Gemengelage. Unter der Voraussetzung, dass der Erblasser bzw. der Schenker der deutschen Staatsangehörigkeit unterliegt, lassen sich die verschiedenen Konstellationen wie folgt aufzählen: 4

– Die Steuerpflicht erstreckt sich von der Entstehung der Steuerschuld bei einem unbeschränkt steuerpflichtigen Erwerber bis zu fünf Jahre nach Wegzug auf den gesamten Erwerb (§ 2 Abs. 1 Nr. 1 Buchst. b ErbStG) 5

6 – Die Steuerpflicht erstreckt sich von der Entstehung der Steuerschuld bei einem beschränkt steuerpflichtigen Erwerber bis zu fünf Jahre nach Wegzug auf den gesamten Erwerb (§ 2 Abs. 1 Nr. 1 Buchst. b ErbStG)

7 – Die Steuerpflicht erstreckt sich von der Entstehung der Steuerschuld über fünf bis 10 Jahre nach Wegzug bei einem unbeschränkt steuerpflichtigen Erwerber auf den gesamten Erwerb (§ 2 Abs. 1 Nr. 1 Buchst. b ErbStG)

8 – Die Steuerpflicht erstreckt sich von der Entstehung der Steuerschuld über fünf bis 10 Jahre nach Wegzug bei einem beschränkt steuerpflichtigen Erwerber auf den erweitert beschränkt steuerpflichtigen Erwerb (§ 2 Abs. 1 Nr. 3 ErbStG iVm § 4 Abs. 1)

9 – Die Steuerpflicht erstreckt sich von der Entstehung der Steuerschuld über 10 Jahre nach Wegzug bei einem unbeschränkt steuerpflichtigen Erwerber auf den gesamten Erwerb (§ 2 Abs. 1 Nr. 1 Buchst. b ErbStG)

10 – Die Steuerpflicht erstreckt sich von der Entstehung der Steuerschuld über 10 Jahre nach Wegzug bei einem beschränkt steuerpflichtigen Erwerber auf den beschränkt steuerpflichtigen Erwerb (§ 2 Abs. 1 Nr. 3 ErbStG)

11–19 *einstweilen frei*

II. Erweiterung der Erbschaft- und Schenkungsbesteuerung

20 Das gesetzgeberische Anliegen im Kontext der Bestimmung des § 4 besteht darin, die Erbschaftsteuer- und die Schenkungsteuerpflicht auf das so genannte erweiterte Inlandsvermögen auszudehnen. Tatbestandlich knüpft die Vorschrift daran an, dass der Erblasser oder der Schenker bei Entstehen der Steuerpflicht erweitert beschränkt einkommensteuerpflichtig ist. Mithin bedient sich der Gesetzgeber eines Verweises auf § 2 Abs. 1 S. 1. Umständlich ist der (erweiterte) Besteuerungsumfang im Kontext der erweiterten beschränkten Erbschaftsteuer- und Schenkungsteuerpflicht formuliert. Das Gesetz stellt auf alle Teile des Erwerbs ab, deren Erträge bei unbeschränkter Einkommensteuerpflicht nicht ausländische Einkünfte iSd § 34d EStG wären.

21 Aus der Verweisung auf § 2 ergibt sich auch, dass die erweiterte beschränkte Steuerpflicht nach § 4 nur dann eintritt, wenn die Steuerschuld bis zum Ablauf von zehn Jahren nach Ende des Jahres, in dem die unbeschränkte Einkommensteuerpflicht des Erblassers oder Schenkers geendet hat, entstanden ist. Parallel müssen die (restlichen) Voraussetzungen des § 2 Abs. 1 Satz 1 zum Zeitpunkt der Entstehung der Steuerschuld vorgelegen haben.

22–24 *einstweilen frei*

III. Bedeutung der Vorschrift

25 Gemeinhin wird argumentiert, dass der im Hinblick auf § 4 vom Gesetzgeber beabsichtigte Lenkungszweck der Verhinderung von Steuerflucht verfehlt wurde (*Zimmermann/Klinkertz* in SKK § 4 AStG Rz. 4). Es ist weitgehend unbestritten, dass zahlreiche Gestaltungsmöglichkeiten existieren, mit denen die erweitert beschränkte Erbschaftsteuerpflicht im Umfang beschränkt oder ganz vermieden werden kann. So konstatiert *Wassermeyer* (IStR 2001, 113),

A. Überblick über die Vorschrift

dass ua § 4 nie prophylaktische Wirkung hatte und dass auch nach dem In-Kraft-Treten der Norm zahlreiche Deutsche ausgewandert seien. Bei guter Beratung hätten diese Steuerpflichtigen die Besteuerung nach § 4 vermieden. Ähnlich liest sich die Einschätzung (SKK/*Zimmermann/Klinkertz* § 4 AStG Rz. 4), wonach Steuerpflichtige, die einen Wegzug in niedrig besteuerte Länder erwägen, sich nicht aufgrund von § 4 gehindert sehen.

Dafür, dass die Vorschrift in erster Linie deshalb noch in der Welt ist, weil Papier sprichwörtlich geduldig ist, spricht die Auffassung, dass das Außer-Kraft-Treten der Bestimmung „kein Beinbruch" wäre, sondern eine erhebliche Vereinfachung des deutschen Steuerrechts (*Wassermeyer* IStR 2001, 113). Steuerausfälle seien dadurch kaum zu befürchten, weil die tatsächlich erhobenen Steuern die Verwaltungskosten nicht abdeckten. Dies wird untermauert durch den Befund, dass exakte Zahlen über das auf die erweiterte beschränkte Erbschaftsteuerpflicht entfallende Steueraufkommen fehlen. Jedenfalls sollen aktuelle Anfragen beim BMF über die Aufkommenswirkung der Vorschrift keinen Aufschluss ergeben haben (SKK/*Zimmermann/Klinkertz* § 4 AStG Rz. 5). **26**

Es dürfte der Realität entsprechen, dass die Bestimmung nur eine verschwindend geringe Anzahl von Fällen einer erweiterten beschränkten Erbschaftsteuerpflicht umfasst. Daher dürfte die Einschätzung berechtigt sein, dass die Einnahmen aus § 4 tatsächlich im Haushalt keine signifikante Größe darstellen und gegebenenfalls in keinem Verhältnis zum zu erwartenden Aufkommen stehen. Hinzu tritt, dass die erweiterte beschränkte Erbschaftsteuerpflicht einen besonders hohen Verwaltungsaufwand erfordert. Dies liegt ua darin, dass die Beteiligten sich nicht im Inland aufhalten. **27**

Schließlich erscheint der Lenkungszweck der Vorschrift zweifelhaft. Auch ohne statistisches Material belegen die wenigen in der Tagespresse bekannt gewordenen „Auswanderungsfälle" von Inhabern erheblicher Vermögen, dass die von § 4 intendierte Anreizwirkung – Verhinderung der Erbschaftsteuerflucht – ihr Ziel verfehlt hat. **28**

einstweilen frei **29–34**

IV. Unionsrechtliche Problematik

Die Vorschrift soll den Wegzug deutscher Staatsangehöriger ins Ausland erschweren. Denn bei einem Wegzug in ein sog. Niedrigsteuerland unterliegen deutsche Staatsangehörige für die Dauer von zehn Jahren einer erweiterten beschränkten Steuerpflicht, für Bürger aus anderen Mitgliedsstaaten findet ein entsprechendes Wegzugshemmnis keine Anwendung. Eine solche Beschränkung der erweiterten beschränkten ErbSt-Pflicht auf deutsche Staatsangehörige kann als unzulässige Inländerdiskriminierung gewürdigt werden. Zwar hat der EuGH in seiner Entscheidung (EuGH v. 23.2.2006, Rs. C-513/03, EWS 2006, 128 – *van Hilten*) zur entsprechenden niederländischen Vorschrift jedenfalls dann keinen Verstoß gegen Europarecht gesehen, wenn die Betroffenen für die ErbSt-Erhebung noch 10 Jahre nach dem Wegzug in das EU-Ausland wie Inländer behandelt werden. Gleichwohl sind damit die unionsrechtlichen Bedenken gegen die Norm nicht in vollem Umfang ausgeräumt. Wegzugs- **35** hindernisse jedweder Art sind solange aus unionsrechtlicher Perspektive als nicht völlig geklärt anzusehen, wie Rechtsfolgediskrepanzen in Bezug auf sachlich vergleichbare Gruppen von Steuerpflichtigen fortbestehen.

36 Unionsrechtliche Bedenken ergeben sich aufgrund mehrerer Ansatzpunkte. Als insoweit betroffene Grundfreiheiten lassen sich neben dem allgemeinen Freizügigkeitsrecht noch die Arbeitnehmerfreizügigkeit, die Niederlassungsfreiheit sowie die Kapitalverkehrsfreiheit nennen.

37 Systeme der mitgliedsstaatlichen Erbschaftbesteuerung sowie Einzelaspekte des ErbStG standen mittlerweile bereits mehrfach auf dem europarechtlichen Prüfstand. Der EuGH hat demgemäß mehrfach – auch zur deutschen ErbSt – judiziert, bislang jedoch soweit ersichtlich noch nicht zu einem Vorschriftenkomplex, der der erweiterten beschränkten ErbSt deutscher Prägung geähnelt hätte. Die bisher ergangenen diesbezüglichen Leitentscheidungen des EuGH
– EuGH v. 30.6.2016, C-123/15 – *Feilen*
– EuGH v. 8.6.2016, C-479/14 – *Hünnebeck*
– EuGH v. 3.9.2014, C-127/12 – *Kommision/Spanien*
– EuGH v. 17.10.2013, C-181/12 – *Welte*
– EuGH v. 22.4.2010, C-510/08 – *Mattner*
– EuGH v. 11.9.2008, C-11/07 – *Eckelkamp*
– EuGH v. 17.1.2008, – C-256/06 – *Jäger*
– EuGH v. 23.2.2006, – C-513/03 – *van Hilten-van der Heijden*
haben als relevante zu prüfende Grundfreiheit allesamt die Kapitalverkehrsfreiheit des Art. 63 AEUV zum Gegenstand. Dessen besondere Brisanz besteht darin, dass auch im Drittstaatenfall sich ergebende Beschränkungen aufgrund der erweiterten beschränkten Erbschaftsteuerpflicht Bedeutung erlangen könnten, da die Kapitalverkehrsfreiheit im Gegensatz zu sämtlichen anderen Grundfreiheiten auch in Drittstaatssituationen prinzipiell zur Anwendung gelangen kann. Diese Grundfreiheit beansprucht auch insoweit Geltung (vgl. Art. 63 ff. AEUV). Hinzuweisen ist darauf, dass in einem solchen Fall auch noch die Klippe des Art. 64 AEUV, der sogenannten Standstill-Klausel, überwunden werden müsste. Nach Art. 64 Abs. 1 AEUV berührt Art. 63 AEUV nicht die Anwendung derjenigen Beschränkungen auf dritte Länder, die am 31. Dezember 1993 aufgrund einzelstaatlicher Rechtsvorschriften oder aufgrund von Rechtsvorschriften der Union für den Kapitalverkehr mit Drittstaaten im Zusammenhang mit Direktinvestitionen, einschließlich Anlagen in Immobilien, mit der Niederlassung, der Erbringung von Finanzdienstleistungen oder der Zulassung von Wertpapieren zu den Kapitalmärkten, bestehen.

38 Im konkreten Fall müsste der Steuerpflichtige somit darlegen, inwieweit sich die Rechtslage im Kontext der erweiterten beschränkten Erbschaftsteuerpflicht seit 31. Dezember 1993 in ihren Grundgedanken so geändert hat, dass kein Standstill eingetreten ist. Ansatzpunkte dafür liefern sicherlich die seit diesem fraglichen Zeitpunkt mehrfach geänderten Regelungskonzeptionen des ErbStG. Denn der EuGH geht in seiner ständigen Rechtsprechung davon aus, dass unter die Ausnahmeregelung Vorschriften fallen, die im Wesentlichen mit einer früheren Regelung übereinstimmen oder nur ein Hindernis, das nach der früheren Regelung der Ausübung der gemeinschaftlichen Rechte und Freiheiten entgegenstand, abmildern oder beseitigen. Nicht hingegen fallen unter die Ausnahmeregelung solche Vorschriften, die auf einem anderen

A. Überblick über die Vorschrift   39–42 § 4

Grundgedanken als das frühere Recht beruhen und neue Verfahren einführen (ständige Rechtsprechung, vgl. EuGH v. 24.11.2016, C-464/14 – *SECIL* mwN). Somit wäre in konkreten Fragestellungen zu untersuchen, ob das zu einem fraglichen Zeitpunkt gültige ErbStRecht auf einem anderen Grundgedanken als das frühere Recht beruht oder ob ggf. neue Verfahren eingeführt wurden.
einstweilen frei   39

V. Verhältnis zum Recht der Doppelbesteuerungsabkommen

1. Allgemeines

Am 1.1.2018 hatte Deutschland lediglich mit sechs Staaten DBA auf dem 40 Gebiet der Erbschaft- und Schenkungsteuern geschlossen. Es handelt sich um Dänemark, Frankreich, Griechenland, Schweden, USA und die Schweiz (Vgl. Stand der Doppelbesteuerungsabkommen und anderer Abkommen im Steuerbereich sowie der Abkommensverhandlungen am 1. Januar 2018, BStBl. I 2018, 239). Vorschriften eines Doppelbesteuerungsabkommens sind vorrangig zu beachten, weshalb die erweiterte beschränkte Erbschaftsteuerpflicht voraussetzt, dass ein Doppelbesteuerungsabkommen das Besteuerungsrecht nicht einschränkt. Dies liegt darin begründet, dass bei der Besteuerung von Erbschaften die erweiterte beschränkte Erbschaftsteuerpflicht im Verhältnis zu einem Staat mit Erbschaftsteuerabkommen deswegen nicht zur Anwendung gelangt, weil das Besteuerungsrecht an den Vermögensgegenständen, die der erweiterten Erbschaftsteuerpflicht unterliegen, dem Wohnsitzstaat des Erblassers zustehen. Exemplarisch stehen dafür etwa Art. 5 ErbSt-DBA Österreich sowie Art. 24 DBA Schweden. Nach Art. 5 ErbSt-DBA Österreich gilt für Nachlassvermögen, das weder unbewegliches noch gewerbliches Nachlassvermögen ist, dass dieses Nachlassvermögen nur in dem Staat besteuert wird, in dem der Erblasser zur Zeit seines Todes seinen Wohnsitz hatte.

Das DBA Schweden regelt im Abschnitt III die Besteuerung von Nach- 41 lässen, Erbschaften und Schenkungen. Art. 24 enthält die Besteuerungsregeln, ua in Bezug auf die Berechtigung zur Besteuerung von Vermögensteilen. Danach gilt, dass unbewegliches Vermögen, das Teil des Nachlasses oder einer Schenkung einer in einem Vertragsstaat ansässigen Person ist und im anderen Vertragsstaat liegt, im anderen Vertragsstaat besteuert werden kann. Bewegliches Vermögen eines Unternehmens, das Teil des Nachlasses oder einer Schenkung einer in einem Vertragsstaat ansässigen Person ist und Betriebsvermögen einer im anderen Vertragsstaat belegenen Betriebsstätte darstellt, oder der Ausübung eines freien Berufs oder einer sonstigen selbstständigen Tätigkeit dient und das zu einer im anderen Vertragsstaat belegenen festen Einrichtung gehört, kann im Belegenheitsstaat besteuert werden. Alles andere Vermögen, das Teil des Nachlasses oder einer Schenkung einer in einem Vertragsstaat ansässigen Person ist, kann ohne Rücksicht auf seine Belegenheit nur im Ansässigkeitsstaat besteuert werden. Demzufolge ist für die Vermögensteile, die § 4 unterfallen, das deutsche Besteuerungsrecht ausgeschlossen.

Andererseits ist die praktische Relevanz einer Einschränkung der erweiter- 42 ten beschränkten Erbschaftsteuerpflicht durch ein ErbSt-DBA deshalb sehr gering, weil Deutschland mit den meisten niedrig besteuernden Staaten auf dem Gebiet der Erbschaftsteuer kein DBA abgeschlossen hat.

2. ErbSt-DBA Schweiz

43 Nach aktueller Rechtslage kommt als mögliches Niedrigsteuerland insoweit lediglich die Schweiz in Frage, da nur im Verhältnis zur Schweiz ein entsprechendes Doppelbesteuerungsabkommen abgeschlossen wurde. Dieses gilt grds. nur für Erbschaften. Aus diesen Gründen stellt sich die Frage einer Konkurrenz von DBA und erweiterter beschränkter Erbschaftsteuerpflicht gegenwärtig praktisch nur im Verhältnis zur Schweiz.

44 Im Ausgangspunkt ist § 4 bei Schenkungen unter Lebenden bei in der Schweiz ansässigen Steuerpflichtigen uneingeschränkt anwendbar. Bei Erbschaften hingegen wirkt das ErbSt-DBA Schweiz regelmäßig nur teilweise einschränkend im Verhältnis zu § 4. Dies liegt darin begründet, dass Art. 4 Abs. 4 ErbSt-DBA Schweiz Deutschland das Besteuerungsrecht in Erbschaftsfällen dann zuerkennt, wenn kumulativ bestimmte Voraussetzungen vorliegen. Ua muss der Erblasser in den letzten zehn Jahren vor der Aufgabe seiner letzten Wohnstätte in der Bundesrepublik Deutschland mindestens fünf Jahre über eine solche Wohnstätte verfügt haben und sein Tod muss in dem Jahr, in dem er zuletzt über eine solche Wohnstätte verfügt hatte, oder in den folgenden fünf Jahren eingetreten sein. Demzufolge ist der nach § 4 zehn Jahre währende Zeitraum, in dem es nach einem Wegzug noch zu einer erweiterten beschränkten Erbschaftsteuerpflicht kommen kann, bei in der Schweiz ansässigen Erblassern auf das Todesjahr und die dem Todesjahr vorhergehenden fünf Jahre, mithin auf maximal sechs Jahre begrenzt.

45–50 *einstweilen frei*

VI. Rechtsentwicklung

51 Die ursprüngliche Version der Norm trat am 8.9.1972 in Kraft (BGBl. 1972 I 1713) und wurde seitdem wenig geändert. Änderungen erfuhr die Bestimmung durch das Gesetz zur Reform des Erbschaftsteuer- und Schenkungssteuerrechts vom 17.4.1974 (BGBl. 1994 I 933). Damals wurde eine Ergänzung in Bezug auf den Verweis auf § 2 Abs. 1 eingeführt. Materiell bewirkte diese Änderung, dass § 4 auch dann zur Anwendung gelangt, wenn die in § 2 Abs. 1 S. 2 vorgesehene Freigrenze für die Veranlagung zur erweiterten beschränkten Einkommensteuerpflicht iHv 16.500 € unterschritten wird.

Das ZollkodexAnpG v. 22.12.2014 (BStBl. I 2014, 2417 = BStBl. I 2015, 58) änderte in Abs. 1 den Verweis auf „§ 34c Abs. 1" in „§ 34d" ab.

52–59 *einstweilen frei*

B. Struktur der erweiterten beschränkten Erbschaft- und Schenkungsteuerpflicht (Abs. 1)

I. Tatbestandsvoraussetzungen

1. Anknüpfung an die erweiterte beschränkte Einkommensteuerpflicht

In § 4 wird vorausgesetzt, dass zum Zeitpunkt der Entstehung der Steuerschuld, also zum Todeszeitpunkt oder zum Zeitpunkt der Ausführung der Schenkung, die tatbestandlichen Voraussetzungen des § 2 vorliegen. Das sind zum einen die persönlichen Voraussetzungen. Allerdings sind für die Frage, ob die Voraussetzungen des § 2 Abs. 1 S. 1 vorliegen, die im Rahmen der Einkommensteuerveranlagung getroffenen Feststellungen nicht bindend. Vielmehr müssen diese vom für die Erbschaftsteuer zuständigen FA separat geprüft werden (vgl. *FWBS* § 4 AStG Rz. 6a; SKK/*Zimmermann/Klinkertz* § 4 AStG Rz. 25). 60

Daneben müssen die Voraussetzungen der niedrigen Einkommensteuer im Land der Ansässigkeit gegeben sein. Alternativ kommt das vollständige Fehlen der Ansässigkeit in Betracht. Schließlich müssen die wesentlichen inländischen Wirtschaftsinteressen verwirklicht sein. Alle diese Voraussetzungen müssen im Jahr des Wegzugs bzw. bis zum Ablauf von zehn Jahren nach dem Ende des Jahres vorgelegen haben, in dem die unbeschränkte Steuerpflicht kraft Wegzugs endete. 61

Da die erweiterte beschränkte Erbschaftsteuerpflicht somit voraussetzt, dass im Zeitpunkt der Entstehung der Erbschaftsteuerschuld die Voraussetzungen des § 2 Abs. 1 S. 1 vorliegen, kommt es aus der Perspektive der Steuerplanung – Stichwort ist hier die Vermeidung der Tatbestandsvoraussetzungen der erweiterten beschränkten Einkommensteuerpflicht – darauf an, den Tatbestand des § 2 nicht zu verwirklichen. 62

Schließlich verdient Erwähnung, dass auch im Rahmen des § 4 der Zurechnung wesentlicher wirtschaftlicher Inlandsinteressen iSd § 2 Abs. 4 Bedeutung zukommt. Mithin sind Anteile, Einkünfte und Vermögen einer Zwischengesellschaft iSd § 5 quotal im Ausmaß der Beteiligung an der Zwischengesellschaft auch zu berücksichtigen, wenn für Zwecke der erweiterten beschränkten Erbschaftsteuerpflicht zu prüfen ist, ob der Erblasser bzw. der Schenker über wesentliche wirtschaftliche Inlandsinteressen iSd § 2 Abs. 3 verfügt (vgl. *FWBS* § 4 AStG Rz. 12; SKK/*Zimmermann/Klinkertz* § 4 AStG Rz. 24). 63

§ 4 findet keine Anwendung, wenn der Erblasser bzw. der Schenker zunächst in ein Land mit niedriger Besteuerung ausgewandert ist, um im Anschluss daran in ein Land mit hoher Besteuerung zu verziehen. Ebenso wenig greifen die Regelungen der Norm, wenn der Erblasser bzw. der Schenker nach seinem Wegzug die zunächst noch weiter bestehenden Wirtschaftsinteressen zum Inland aufgegeben hat. Es ist indessen unerheblich, ob in dem zum Zeitpunkt des Todes bzw. zum Zeitpunkt der Ausführung der Schenkung laufenden Veranlagungszeitraum eine Einkommensteuerpflicht besteht und ob 64 überhaupt auf Grund des § 2 eine Mehrsteuer anfällt. § 4 ist deshalb auch in solchen Fällen anzuwenden, wenn in dem betreffenden Veranlagungszeitraum die Freigrenze des § 2 beansprucht werden konnte. Auch für die Fälle, in denen die Einkommensteuer nach § 2 Abs. 6 entfiel, kann die Vorschrift – theoretisch zumindest – Anwendung finden.

2. Umfang der der erweiterten beschränkten Erbschaft- und Schenkungsteuerpflicht unterliegenden Einkünfte

65 Zentrale mit der Norm verfolgte gesetzgeberische Diktion ist die Erweiterung des Umfangs des Besteuerungsgegenstandes. Im Kontext der regulären beschränkten Erbschaft- und Schenkungsteuerpflicht bestimmt sich der Besteuerungsumfang nach § 2 Abs. 1 Nr. 3 ErbStG iVm § 121 BewG, auch als sog. Inlandsvermögen bezeichnet. Dieses Tatbestandselement des Anfalls von Inlandsvermögen ist von nicht zu unterschätzender Bedeutung. Es ist in diesem Zusammenhang nämlich möglich, dass zwar wesentliche wirtschaftliche Interessen im Inland bestehen, es gleichwohl am Tatbestand des Anfalls von Inlandsvermögen fehlt. In solchen Fällen kommen die Vorschriften zur erweiterten beschränkten Erbschaft- und Schenkungsteuerpflicht nicht zur Anwendung:

Beispiel:

66 Der deutsche Staatsangehörige X wanderte im Jahr 2005 in ein Niedrigsteuerland iSd § 2 aus. X erzielt Erträge aus beweglichen Sachen, die nicht zum Anlagevermögen eines ausländischen Betriebes gehören, wobei die beweglichen Sachen auch nicht unter den Inlandsvermögensbegriff des § 121 BewG fallen sollen. Damit hat X Einkünfte, die das deutsche Steuerrecht (§§ 34d, 49 EStG) weder dem Inland noch dem Ausland zurechnet. Betragen diese Einkünfte mehr als € 62.000, hat er wesentliche wirtschaftliche Interessen im Inland, weil er Einkünfte erzielt, die bei unbeschränkter Einkommensteuerpflicht nicht ausländische Einkünfte iSd § 34d EStG wären. Indessen verfügt er nicht über Inlandsvermögen iSd § 121 BewG. Obwohl die Voraussetzungen des § 2 Abs. 1 S. 1 vorliegen, scheidet im vorliegenden Fall eine erweiterte beschränkte Erbschaftsteuerpflicht aus, da X über kein inländisches Vermögen iSd § 121 BewG verfügt.

67 Über das Inlandsvermögen hinaus erstreckt sich die erweiterte beschränkte Erbschaft- und Schenkungsteuerpflicht auf die folgenden Vermögensteile:
1. Kapitalforderungen gegen Schuldner im Inland;
2. Spareinlagen und Bankguthaben bei Geldinstituten im Inland;
3. Aktien und Anteile an Kapitalgesellschaften, Investmentfonds und offenen Immobilienfonds sowie Geschäftsguthaben bei Genossenschaften im Inland;
4. Ansprüche auf Renten und andere wiederkehrende Leistungen gegen Schuldner im Inland sowie
Nießbrauchs- und Nutzungsrechte an Vermögensgegenständen im Inland;
5. Erfindungen und Urheberrechte, die im Inland verwertet werden;
6. Versicherungsansprüche gegen Versicherungsunternehmen im Inland;
7. bewegliche Wirtschaftsgüter, die sich im Inland befinden;
8. Vermögen, dessen Erträge nach § 5 der erweiterten beschränkten Steuerpflicht unterliegen;
9. Vermögen, das nach § 15 dem erweitert beschränkt Steuerpflichtigen zuzurechnen ist.

Ein Abzug von Schulden und Lasten kommt bei Erwerben im Rahmen der 68 erweiterten beschränkten Steuerpflicht nur unter eingeschränkten Voraussetzungen in Betracht. Notwendig ist, dass diese – entsprechend § 10 Abs. 6 ErbStG – in einer wirtschaftlichen Beziehung zu diesen Erwerben stehen.

Der Abzug von Schulden kann selbstverständlich dazu führen, dass sich ein 69 negatives erweitertes Inlandsvermögen ergibt. Für die Berücksichtigung eines solchen negativen Vermögens gilt, dass dieses mit dem positiven Inlandsvermögen (§ 121 BewG) verrechnet werden kann. Auch der umgekehrte Fall – negatives (reguläres) Inlandsvermögen und positives erweitertes Inlandsvermögen – kann eintreten. Hier ist ebenso eine Verrechnungsmöglichkeit gegeben.

einstweilen frei 70–79

II. Rechtsfolgen

1. Reichweite der Erweiterung

Zusätzlich zum regulären Besteuerungsumfang im Rahmen der beschränk- 80 ten Erbschaft- und Schenkungsteuerpflicht (§ 2 Abs. 1 Nr. 3 ErbStG) werden die Wirtschaftsgüter der Besteuerung unterworfen, deren Erträge durch § 2 in die erweiterte beschränkte Einkommensteuerpflicht einbezogen werden. Darunter fallen alle Teile des Erwerbs, deren Erträge bei unbeschränkter Einkommensteuerpflicht „nicht ausländische Einkünfte" iSd § 34d EStG wären. Somit wird nach § 4 Abs. 1 über das Inlandsvermögen iSd § 121 BewG hinaus der Umfang des steuerpflichtigen Vermögens erweitert. Die Reichweite der Erweiterung erfolgt – wie ausgeführt – um das Vermögen, dessen Erträge bei unbeschränkter Einkommensteuerpflicht nicht ausländische Einkünfte iSd § 34d EStG wären. Vgl. insoweit die Erläuterungen zu → § 2 Rz. 115 ff.

In der Literatur (SKK/*Zimmermann/Klinkertz* § 4 AStG Rz. 35) werden 81 Steuerplanungsüberlegungen dahingehend angestellt, inwieweit der Umfang der erweiterten beschränkten Erbschaftsteuerpflicht beschränkt werden kann. Neben dem rechtzeitigen Verkauf der beweglichen Wirtschaftsgüter außerhalb der Spekulationsfrist dürfte der Umschichtung von Bankguthaben bei inländischen Kreditinstituten auf ausländische Kreditinstitute praktische Bedeutung zukommen.

2. Behandlung von Schulden; Negatives Vermögen

In der Besteuerungspraxis kann die Frage von Bedeutung sein, wie mit dem 82 steuerpflichtigen Erwerb in Zusammenhang stehende Schulden und Lasten zu behandeln sind. Nach § 10 Abs. 6 S. 2 ErbStG sind diese dann abzugsfähig, wenn die Voraussetzung eines wirtschaftlichen Zusammenhang zwischen den Schulden und Lasten einerseits und der Anschaffung, Herstellung oder Instandhaltung eines Gegenstandes des erweiterten Inlandsvermögens andererseits gegeben ist (vgl. TGJG/*Jülicher* § 10 ErbStG Rz. 255; SKK/*Zimmermann/ Klinkertz* § 4 AStG Rz. 35).

Es ist durchaus denkbar, dass aufgrund des Abzugs von Schulden und Lasten 83 negatives erweitertes Inlandsvermögen entsteht. Fraglich ist, ob dieses mit positivem Inlandsvermögen iSd § 121 BewG verrechnet werden kann. Die wohl hM in der Literatur (vgl. *Schaumburg* Internationales Steuerrecht Rz. 7.68; SKK/*Zimmermann/Klinkertz* § 4 AStG Rz. 35; aa *FWBS* § 4 AStG Rz. 11 Buchst. b – allerdings in einer Kommentierung, die die geänderte Auffassung der Finanzverwaltung noch nicht berücksichtigt) und – mittlerweile – auch die Finanzverwaltung bejahen diese, nachdem die Finanzverwaltung ihre frühere gegenteilige Auffassung aufgegeben hat (AEAStG, Tz. 4.1.2. Satz 2); frühere ablehnende Auffassung in BdF v. 11.7.1974, IV C 1 – S 1340-32/74, BStBl. I 1974, 442, Tz. 3.2.5.). Schon immer ist es indessen unstreitig gewesen, dass positives erweitertes Inlandsvermögen iSd § 4 mit negativen Inlandsvermögen iSd § 121 BewG verrechnet werden kann.

3. Steuerermittlung

84 Die Bewertung des erweiterten Inlandsvermögens iSd § 4 Abs. 1 orientiert sich an § 12 ErbStG sowie an den einschlägigen Bestimmungen des BewG. Sämtliche Steuerbefreiungen der §§ 5 und 13 ErbStG sind bei der Berechnung des erweiterten Inlandsvermögens zu berücksichtigen. Es gelten die allgemeinen Steuerklassen (§ 15 ErbStG) und Steuersätze (§ 19 ErbStG). Da § 19 Abs. 2 ErbStG nur bei unbeschränkter Erbschaftsteuerpflicht gilt, ist erweitertes Inlandsvermögen, das der Besteuerung auf Grund eines DBA entzogen ist, auch nicht im Rahmen eines Progressionsvorbehalts zu berücksichtigen.

85 § 21 ErbStG gelangt lediglich bei unbeschränkter Erbschaftsteuerpflicht zur Anwendung. Daher ist die Anrechnung ausländischer Erbschaftsteuer im Falle der erweiterten beschränkten Erbschaftsteuerpflicht nicht möglich. Die Folge ist, dass es in derartigen Konstellationen zu Doppelbesteuerungen des Inlandsvermögens kommen kann.

86–99 *einstweilen frei*

C. Nachweisgebundene Nichtanwendung des Abs. 1 bei Mindestbesteuerung im Ausland (Abs. 2)

I. Gegenbeweis; Rechtsfolge

100 Nach Abs. 2 entfällt unter bestimmten Voraussetzungen die erweiterte beschränkte Erbschaftsteuerpflicht vollumfänglich. Dazu ist der Nachweis notwendig, dass für das erweiterte Inlandsvermögen im Ausland eine der deutschen Erbschaftsteuer entsprechende Steuer zu entrichten ist. Die Beweislast für dieses Entsprechen trägt der Steuerpflichtige, obwohl der Wortlaut auch andere Formen und Personen als Träger der Beweisbötigkeit zulassen würde; zentral ist dabei weder die Bezeichnung der Steuer noch die Erhebungsform. Allerdings muss die Steuer, um der Entsprechensvoraussetzung zu genügen, an einen unentgeltlichen Erwerb anknüpfen. Zudem muss die ausländische Steuer mindestens 30 v.H. der deutschen Erbschaftsteuer auf die Vermögensteile, die das erweiterte Inlandsvermögen ausmachen, betragen.

Seiner Natur nach stellt der durch die Vorschrift ermöglichte Gegenbeweis 101
eine objektive Beweislastregelung dar. Der Gegenbeweis vermag die gesetzgeberische Vermutung zu widerlegen, wonach der Erwerb durch Erbanfall bzw. Schenkung im Niedrig(-ertrag-)steuerland keiner bzw. nur einer niedrigen Erbschaftsteuer unterworfen ist. Eine derartige Vermutung hatte sich die Regierungsbegründung zu eigen gemacht, wenn sie davon ausging, dass in Ländern mit geringer Ertragsbesteuerung eine erweiterte beschränkte Erbschaftsteuerpflicht deshalb grds. gerechtfertigt sei, weil diese Länder oftmals auch niedrige Erbschaftsteuern erheben (Regierungsbegründung, BT-Drs. VI/2883 v. 2.12.1971, Rz. 68).

Die materielle Bedeutung des erfolgreichen Gegenbeweises liegt darin, dass 102
gemäß § 4 Abs. 2 die erweiterte beschränkte Erbschaftsteuerpflicht unter der Bedingung des Nachweises entfällt, dass eine ausländische der deutschen Erbschaftsteuer entsprechende Steuer zu entrichten ist. Diese muss mindestens 30 % der hypothetischen Erbschaftsteuer betragen.

Umfangmäßig erstreckt sich der Gegenbeweis auf das gesamte „erweiterte" 103
Inlandsvermögen. Es ist nicht möglich, eine Vergleichsrechnung nur auf einzelne Wirtschaftsgüter des erweiterten Inlandsvermögens zu beziehen. Bei der Vergleichsrechnung wird das Inlandsvermögen nach § 121 BewG nicht berücksichtigt.

Die grds. Rechtsfolge besteht darin, dass Abs. 1 keine Anwendung findet. 104
Dies bedeutet, dass es bei der Normalbesteuerung im Rahmen der regulären Erbschaftsteuerpflicht bleibt, dass also für den Fall eines erfolgreichen derartigen Nachweises die im Rahmen der regulären beschränkten Erbschaftsteuerpflicht anfallende Steuer nach § 2 Abs. 1 Nr. 3 ErbStG erhoben wird.

einstweilen frei 105–109

II. Vergleichsberechnung

Die im Rahmen von Abs. 2 notwendige Vergleichsberechnung erfordert 110
zunächst eine Gegenüberstellung der auf das erweiterte Inlandsvermögen entfallenden Teils der deutschen Steuer und sämtlichen darauf lastenden ausländischen Erbschaftsteuern. Dabei sind für die Ermittlung der ausländischen Erbschaftsteuer im Rahmen der Vergleichsberechnung die im Ausland maßgeblichen Werte anzusetzen. Da der Gesetzeswortlaut auf die im Ausland zu entrichtende Steuer abstellt, sind nicht nur die Steuern im Wohnsitzstaat, sondern sämtliche im Ausland erhobene Erbschaftsteuern zu berücksichtigen. Diese können sich somit durchaus aus in mehreren Staaten verwirklichten Steuertatbeständen ergeben. Die in mehreren ausländischen Staaten erhobenen Erbschaftsteuern sind in solchen Fällen zusammenzurechnen.

Bei der Vergleichsberechnung sind sämtliche ausländische Steuern zu be- 111
rücksichtigen. Voraussetzung ist lediglich, dass diese der deutschen Erbschaft- und Schenkungsteuer entsprechen. In diesem Zusammenhang stellt sich die Frage, unter welchen Umständen eine ausländische Steuer der deutschen Erbschaftsteuer entspricht. Dies ist dann der Fall, wenn sie unmittelbar durch den Tod einer Person ausgelöst wird und den Nachlass dieser Person beim Übergang betrifft (vgl. TGJG/*Jülicher* § 21 ErbStG Rz. 18; SKK/*Zimmermann*/

Klinkertz § 4 AStG Rz. 45). Dies gilt nach gefestigter Auffassung unabhängig von der Bezeichnung der Steuer. Mithin liegt eine entsprechende ausländische Schenkungsteuer vor, wenn sie an einen unentgeltlichen und freigebigen Vermögensübergang anknüpft (vgl. TGJG/*Jülicher* § 21 ErbStG Rz. 18; SKK/ *Zimmermann/Klinkertz* § 4 AStG Rz. 45).

112 Dies gilt auch, soweit entsprechende Steuern in anderen Staaten als dem ausländischen Wohnsitzstaat des Erblassers bzw. Schenkers zu entrichten sind. Zu denken ist insoweit etwa an lokale Steuern, die von Kantonen und Gemeinden erhoben werden. Die auf den Teil des nach § 4 zusätzlich steuerpflichtigen Erwerbs jeweils im Inland und im Ausland entfallenden Steuern sind in sinngemäßer Anwendung des § 21 Abs. 1 S. 2 ErbStG zu ermitteln, mit anderen Worten ist auch in dem hier interessierenden Zusammenhang eine Schattenrechnung durchzuführen.

113 Aus der Anknüpfung an § 2 folgt, dass § 4 Abs. 2 gegenstandslos ist, wenn sich nach § 2 keine Steuerpflicht für den Erblasser oder Schenker ergibt. Hinzuweisen ist darauf, dass bei der Berechnung der deutschen Steuer frühere Erwerbe entsprechend § 14 ErbStG angerechnet werden.

§ 5 Zwischengeschaltete Gesellschaften

(1) ¹Sind natürliche Personen, die in den letzten zehn Jahren vor dem Ende ihrer unbeschränkten Steuerpflicht nach § 1 Abs. 1 Satz 1 des Einkommensteuergesetzes als Deutscher insgesamt mindestens fünf Jahre unbeschränkt einkommensteuerpflichtig waren und die Voraussetzungen des § 2 Abs. 1 Satz 1 Nr. 1 erfüllen (Person im Sinne des § 2), allein oder zusammen mit unbeschränkt Steuerpflichtigen an einer ausländischen Gesellschaft im Sinne des § 7 beteiligt, so sind Einkünfte, mit denen diese Personen bei unbeschränkter Steuerpflicht nach den §§ 7, 8 und 14 steuerpflichtig wären und die nicht ausländische Einkünfte im Sinne des § 34d des Einkommensteuergesetzes sind, diesen Personen zuzurechnen. ²Liegen die Voraussetzungen des Satzes 1 vor, so sind die Vermögenswerte der ausländischen Gesellschaft, deren Erträge bei unbeschränkter Steuerpflicht nicht ausländische Einkünfte im Sinne des § 34d des Einkommensteuergesetzes wären, im Fall des § 4 dem Erwerb entsprechend der Beteiligung zuzurechnen.

(2) Das Vermögen, das den nach Absatz 1 einer Person zuzurechnenden Einkünften zugrunde liegt, haftet für die von dieser Person für diese Einkünfte geschuldeten Steuern.

(3) § 18 findet entsprechende Anwendung.

Inhaltsübersicht

	Rz.
A. Struktur der Vorschrift	1–39
I. Überblick über den Regelungsgehalt	1–14
II. Verhältnis zu anderen Bestimmungen	15–23
III. Entwicklung der Vorschrift	24–39
B. Ausdehnung der erweiterten beschränkten Steuerpflicht bei Zwischenschaltung bestimmter Gesellschaften im Ausland (Abs. 1)	40–79
I. Tatbestand des Abs. 1 S. 1	40–64
1. Weggezogene natürliche Person iSd § 2	40, 41
2. Beteiligungsvoraussetzungen	42
3. Niedrigbesteuerung der weggezogenen Person	43, 44
4. Gesellschaft iSd § 7	45–49
5. Charakteristik der Einkünfte der ausländischen Gesellschaft	50–64
II. Rechtsfolge des Abs. 1 S. 1	65–72
1. Einkünftezurechnung	65–67
2. Wirtschaftliche Doppelbelastung und Steueranrechnung	68–72
III. Anwendung in Fällen der erweiterten beschränkten ErbStPflicht (Abs. 1 S. 2)	73
IV. Visualisierung von Tatbestands- und Rechtsfolgestruktur der Vorschrift	74
V. Anwendungsfälle	75–79

	Rz.
C. Haftung bestimmter Vermögensteile der ausländischen Gesellschaft (Abs. 2)	80–89
D. Entsprechende Anwendung des § 18 (Abs. 3)	90

A. Struktur der Vorschrift

I. Überblick über den Regelungsgehalt

1   Die §§ 2–4 erfassen tatbestandlich nur natürliche Personen. Gesellschaften iSd Körperschaftsteuergesetzes werden von diesen Vorschriften nicht erreicht. Aus diesem Grunde wäre es für eine ausgewanderte natürliche Person vergleichsweise einfach, eine ihm oder ihr gehörende ausländische Kapitalgesellschaft einzuschalten, auf die die wesentlichen wirtschaftlichen Interessen überragen werden. Die natürliche Person selbst hätte dann formal und nach dem Wortlaut der §§ 2–4 keine wesentlichen wirtschaftlichen Interessen im Inland mehr. Folglich würden insoweit die Vorschriften nicht angewendet werden können. Aus diesem Grunde kann die Bestimmung des § 5 als eine notwendige Ergänzung der §§ 2–4 verstanden werden. Im Kern sieht § 5 vor, dass die in einer ausländischen Gesellschaft konzentrierten nicht ausländischen Einkünfte fiktiv wie Einkünfte eines erweitert beschränkten steuerpflichtigen Anteilseigners behandelt werden. Auch werden sie bei diesem besteuert.

2   Demzufolge soll mit § 5 verhindert werden, dass sich natürliche Personen, die aus Deutschland in ein niedrig besteuerndes Ausland wegziehen, der erweitert beschränkten Steuerpflicht nach § 2 entziehen. Dies wäre dadurch möglich, dass sie vor Verlassen des Inlands ihr nicht ausländisches Vermögen auf eine – von ihnen alleine oder zusammen mit anderen unbeschränkt oder erweitert beschränkt steuerpflichtigen Personen kontrollierte – ausländische Kapitalgesellschaft steuerneutral transferieren. Aus diesem Blickwinkel ergänzt die Norm die §§ 2 und 4. Inhaltlich ordnet sie gleichsam eine Hinzurechnungsbesteuerung eigener Art für beschränkt Steuerpflichtige an.

3   Dabei handelt sich um eine Zurechnung eigener Art. Strukturell weist sie wohl bestimmte Parallelen zum Treuhandgedanken des § 39 AO auf. Indessen darf sie nicht mit einer Treuhandschaft gleichgesetzt werden. Anliegen der Vorschrift ist es nämlich, dass die Person iSd § 2 Abs. 1 Nr. 1 mit ihren nicht ausländischen Einkünften ohne Rücksicht darauf besteuert werden soll, ob sie diese direkt oder vermittels einer zwischengeschalteten Kapitalgesellschaft erzielt.

4   § 5 Abs. 1 legt den Personenkreis fest, bei dem eine Zurechnung von Einkünften und Vermögen in Frage kommt. Die Vorschrift stellt nicht – wie in § 4 – auf Personen iSd § 2 Abs. 1 S. 1 ab, sondern lediglich auf Personen, die unter § 2 Abs. 1 S. 1 Nr. 1 fallen. Dies bedeutet, dass Personen, die die Voraussetzungen des § 2 Abs. 1 Nr. 1 abstrakt (!) erfüllen, als Subjekte der Zurechnung von Einkünften und Vermögen nach § 5 in Betracht kommen. Daher ist es nicht erforderlich, dass diese Subjekte tatsächlich wesentliche wirtschaftliche Interessen im Inland haben. Anders ausgedrückt ist es unerheb-

A. Struktur der Vorschrift

lich, ob sie vor der Zurechnung nach § 5 konkret und tatsächlich der Besteuerung im Rahmen der erweiterten beschränkten Steuerpflicht unterlagen.

Bei den dem beschränkt Steuerpflichtigen nach § 5 zurechenbaren Einkünften muss es sich um nicht ausländische Einkünfte § 34d EStG handeln, die Einkünfte müssen nach § 8 Abs. 1 als passiv zu qualifizieren sein und die Einkünfte müssen einer niedrigen Besteuerung auf Ebene der Gesellschaft unterliegen, deren Einkünfte nach der Vorschrift zugerechnet werden sollen. Nur dann, wenn diese Voraussetzungen kumulativ erfüllt sind, kommt eine Zurechnung nach § 5 in Betracht. Dies führt dazu, dass der Norm nur ein enger Anwendungsbereich zuerkannt wird (SKK/*Rundshagen* § 5 AStG Rz. 4; *FWBS* § 5 AStG Rz. 42).

In der Praxis dürfte sich die Zurechnung von Einkünften nach § 5 in wenigen Fallgruppen erschöpfen. In der Literatur genannt werden Lizenzeinkünfte, Einkünfte aus Kapitalvermögen, Einkünfte aus der Vermietung beweglicher Sachen sowie die Vergütungen für bestimmte kaufmännische Dienstleistungen (SKK/*Rundshagen* § 5 AStG Rz. 5).

§ 5 stellt keinen eigenständigen Steuertatbestand neben der erweitert beschränkten oder der beschränkten Steuerpflicht dar. Vielmehr ergänzt er die einschlägigen Bestimmungen durch eine Ausweitung der in die Besteuerung einzubeziehenden Einkünfte und Vermögensbestandteile. Insoweit ähnelt er – was die strukturelle Einbettung in das Normgefüge anbelangt – dem § 15 im Kontext der unbeschränkten Steuerpflicht. Somit erfolgt die Besteuerung der Person regelmäßig im Rahmen der §§ 2 und 4. Es ist darauf hinzuweisen, dass insoweit zusätzliche Voraussetzungen erfüllt sein müssen. Zu nennen ist beispielsweise, dass der Steuerpflichtige in dem maßgeblichen Veranlagungszeitraum nach § 2 Abs. 3 wesentliche wirtschaftliche Interessen im Inland hat. Darüber hinaus kann die Zurechnung von Einkünften aber auch im Rahmen der beschränkten Einkommensteuerpflicht zum Tragen kommen. Dies kann dann von Bedeutung sein, wenn die zusätzlichen Voraussetzungen des § 2 gerade nicht vorliegen.

Die dem beschränkt Steuerpflichtigen zugerechneten Einkünfte werden nach Maßgabe des deutschen Steuerrechts ermittelt. Dabei findet für jede Einkunftsart die für sie geltende Bestimmung Anwendung. Weder findet eine Abfärbung von einer Einkunftsart auf eine andere statt noch gelten die Einkünfte der Gesellschaft beim Steuerpflichtigen fiktiv als solche aus Kapitalvermögen.

einstweilen frei

II. Verhältnis zu anderen Bestimmungen

Zum systematischen Verständnis der Vorschrift ist es erforderlich, dass das Verhältnis der Bestimmung zu anderen Normen näher untersucht wird. In Bezug auf die Bestimmungen des EStG ist festzuhalten, dass die Anwendung der Bestimmung nur bei beschränkt Steuerpflichtigen in Betracht kommt (SKK/*Rundshagen* § 5 AStG Rz. 8). In diesem Zusammenhang kommt es nicht darauf an, dass diese Personen tatsächlich mit bestimmten Einkünften nach § 49 Abs. 1 EStG gegenständlich der beschränkten Steuerpflicht unterliegen. Dieses Verständnis erklärt sich vor dem Hintergrund, dass § 5 gerade auch Fälle erfassen soll, in denen alle unmittelbaren wirtschaftlichen Beziehungen der Person zum Inland beendet bzw. auf die Zwischengesellschaft übertragen worden sind.

16 § 2 wird von § 5 in zweifacher Hinsicht ergänzt. Einerseits verhindert § 5, dass Personen durch Übertragung von nicht ausländischem Vermögen die Anwendung von § 2 dadurch umgehen, dass sie dieses auf eine Kapitalgesellschaft übertragen, an der sie beteiligt sind. Andererseits gewährleistet § 5 die Besteuerung nach § 2 von passiven Einkünften erweitert beschränkt Steuerpflichtiger, die an zwischengeschalteten Gesellschaften beteiligt sind.

17 Die Bestimmung des § 5 suspendiert die steuerliche Abschirmwirkung von ausländischen Kapitalgesellschaften. Sie ermöglicht die Besteuerung dieser Einkünfte im Rahmen der §§ 2 und 4. Allerdings müssen dazu weitere Voraussetzungen erfüllt sein. Eine Besteuerung unterbleibt danach einerseits, wenn die natürliche Person nach § 2 Abs. 3 keine wesentlichen wirtschaftlichen Interessen im Inland hat. Andererseits unterbleibt eine Besteuerung, wenn die Freigrenzen des § 2 Abs. 1 S. 2 nicht überschritten werden (SKK/ *Rundshagen* § 5 AStG Rz. 8).

18 In einem solchen Fall kann eine Steuerpflicht für bestimmte Einkunftsteile nur noch im Rahmen der beschränkten Steuerpflicht entstehen. Um festzustellen, ob der Steuerpflichtige, dem Einkünfte nach § 5 Abs. 1 S. 1 zugerechnet werden, über wesentliche wirtschaftliche Interessen im Inland iSd § 2 Abs. 3 verfügt, müssen die nicht ausländischen Einkunftsquellen und das ausländische Vermögen der zwischengeschalteten Kapitalgesellschaft mit dem Anteil, zu dem der Steuerpflichtige an ihr beteiligt ist, einbezogen werden.

19 Was das **Verhältnis der Vorschrift zu § 4** anbelangt, ergänzt § 5 Abs. 1 S. 2 die Anwendung des § 4 für Vermögen, das der Erblasser, der Schenker oder ein Begünstigter nicht direkt, sondern über ausländische Gesellschaften halten. § 5 bezweckt, dass eine Schenkung oder eine Übertragung im Rahmen der Erbfolge im Hinblick auf nicht ausländisches Vermögen besteuert werden kann, wenn zwar nicht das nicht ausländische Vermögen selbst Gegenstand der Bereicherung ist, aber die Anteile an der zwischengeschalteten ausländischen Gesellschaft nach § 5 auf den Begünstigten übergehen. Bedeutung kommt der Vorschrift dann zu, wenn weder der Schenker oder Erblasser noch der Begünstigte mit der Übertragung von Anteilen an der zwischengeschalteten Kapitalgesellschaft der Besteuerung im Inland unterliegen.

20 **Verhältnis zu § 6:** § 5 und § 6 stehen in einem alternativen Verhältnis der Anwendbarkeit zueinander. Nach § 6 werden im Grundfall stille Reserven bei Wegzug steuerpflichtig aufgelöst, während § 5 nur die laufenden Einkünfte erfasst, die als nicht ausländische Einkünfte zu qualifizieren sind. Die Rechtsfolgen beider Normen sind völlig unterschiedlich ausgestaltet. Ein gemeinsamer Überschneidungsbereich – verbunden mit der Notwendigkeit der Abgrenzung beider Bestimmungen – dürfte sich so gut wie nie ergeben. Zwar mag es denkbar sein, dass auf einen Steuerpflichtigen beide Normen Anwendung finden. Dies erfolgt aber allenfalls im zeitlichen Nacheinander, also nicht zu ein- und demselben Zeitpunkt.

21 **Verhältnis zu §§ 7 ff.:** § 5 Abs. 1 Satz 1 verweist in seinem Tatbestand hinsichtlich der Definition einer Zwischengesellschaft und der zuzurechnen-

A. Struktur der Vorschrift **22–39 § 5**

den Einkünfte auf die §§ 7, 8 und 14. Dieser abschließende Verweis hat zur Folge, dass andere im Kontext der Hinzurechnungsbesteuerung angesiedelte Vorschriften, wie beispielsweise die Vorschrift über Freigrenzen (§ 9) und die Einkünfteermittlung (§ 10) im Rahmen von § 5 nicht anwendbar sind. Daher ist es möglich, dass erweitert beschränkt und unbeschränkt Steuerpflichtige an einer ausländischen Zwischengesellschaft derart beteiligt sind, dass auf die Einkünfte einer Zwischengesellschaft gleichzeitig § 5 und §§ 7 bis 14 für die unterschiedlichen Gesellschaftergruppen Anwendung finden. Ansonsten finden die Regelungen der Hinzurechnungsbesteuerung in §§ 7 bis 14 nur Anwendung auf unbeschränkt steuerpflichtige Personen. Folglich ist eine Überschneidung mit der Anwendung von § 5 daher ausgeschlossen. Trotz des Verweises auf einzelne Bestimmungen der Hinzurechnungsbesteuerung verbleiben materiell erhebliche Unterschiede zwischen den beiden Regelungsbereichen. So stellen §§ 7 bis 14 einem unbeschränkt Steuerpflichtigen zugerechnete Einkünfte grds. Einkünfte aus Kapitalvermögen dar (vgl. § 10 Abs. 2 S. 1). Dagegen findet im Zusammenhang mit § 5 keine Umqualifizierung statt, es bleibt bei den (maximal sieben) Einkunftsarten, wie sie durch die Zwischengesellschaft verwirklicht werden. Schließlich werden im diametralen Gegensatz zur Hinzurechnungsbesteuerung nach § 5 auch negative Einkünfte zugerechnet.

Verhältnis zu § 15: Mit Blick auf § 15 besteht regelmäßig ein Verhältnis 22 der Alternativität. Einerseits gelangt § 15 nur bei unbeschränkt Steuerpflichtigen zur Anwendung und stellt insofern eine ergänzende Regelung zu den §§ 7 bis 14 dar. Andererseits gilt § 5 hinsichtlich des Zurechnungsgegenstands für Gesellschaften, während § 15 ausländische Stiftungen und rechtlich verselbstständigte Vermögensmassen erfassen soll, an denen zivilrechtlich keine Mitgliedschaftsrechte bestehen können.

Durch den Verweis auf § 8 dürfte die unionsrechtliche Problemlage ent- 23 schärft zu sehen sein, da in § 8 Abs. 2 nunmehr zumindest der gesetzgeberische Versuch einer unionsrechttauglichen Ausgestaltung der Hinzurechnungsbesteuerung unternommen wurde.

III. Entwicklung der Vorschrift

Die Norm in der heutigen Fassung geht zurück auf eine schon kurz nach 24 Inkrafttreten des AStG vorgenommene grundlegende Neufassung durch das ErbschaftStReformG v. 17.4.1974 (BGBl. 1974 I 933). Seinerzeit wurde die Zurechnung für Zwecke der ErbSt eingeführt (Blümich/*Elicker* AStG § 5 Rz. 2). Die vermögensteuerlichen Regelungen wurden aufgrund des Wegfalls der Vermögensteuer zum 1.1.1997 aufgehoben. Eine mittelbare Änderung des § 5 ergibt sich als Reflex aufgrund der dynamischen Verweisung auf wesentliche Bestimmungen der §§ 7 ff. (Blümich/*Elicker* AStG § 5 Rz. 2). Durch das ZollkodexAnpG v. 22.12.2014 (BGBl. 2014 I 2417 = BStBl. I 2015, 58) wurde in Abs. 1 Sätze 1 und 2 der Verweis auf § 34d geändert.

einstweilen frei **25–39**

B. Ausdehnung der erweiterten beschränkten Steuerpflicht bei Zwischenschaltung bestimmter Gesellschaften im Ausland (Abs. 1)

I. Tatbestand des Abs. 1 S. 1

1. Weggezogene natürliche Person im Sinne des § 2

40 Die Anwendung des § 5 verlangt das Vorliegen kumulativ erfüllter Voraussetzungen. Zunächst muss eine Person iSd § 2 – so die Terminologie des Gesetzes – vorliegen. Was diesen Personenkreis ausmacht, versucht Abs. 1 S. 1 zu umschreiben. Von dieser Norm sind natürliche Personen angesprochen, die in den letzten zehn Jahren vor dem Ende ihrer unbeschränkten Steuerpflicht insgesamt mindestens fünf Jahre unbeschränkt steuerpflichtig waren. Ebenso wie § 2 gilt die Vorschrift lediglich für deutsche Staatsangehörige.

41 Die Formulierung „Person iSd § 2" bedingt, dass der Anteilseigner eine natürliche Person ist, die in einem ausländischen Gebiet ansässig wurde, in dem das Einkommen der Person nur einer niedrigen Besteuerung gemäß § 2 Abs. 2 unterliegt (vgl. Anmerkungen zu → § 2 Rz. 60 ff.). Aufgrund der Formulierungen „sind natürliche Personen" sowie „Personen im Sinne des § 2" werden von der Norm auch Konstellationen betroffen, bei denen Auswanderer allein oder zusammen mit anderen Ausgewanderten mehrheitlich an einer zwischengeschalteten Gesellschaft beteiligt sind. Mit anderen Worten ist eine Zusammenrechnung der Beteiligungen auch bei mehreren ausgewanderten Beteiligten möglich.

2. Beteiligungsvoraussetzungen

42 Weitere Tatbestandsvoraussetzung der Vorschrift ist, dass solche Personen (Personen iSd § 2) alleine oder zusammen mit unbeschränkt Steuerpflichtigen an einer ausländischen Gesellschaft iSd § 7 beteiligt sind. Dies bedeutet, dass die Beteiligung der angesprochenen Personen zusammengerechnet mehr als 50 % betragen muss (so genannte Deutschbeherrschung iSd § 7). Der Verweis auf diese Vorschrift hat zur Folge, dass die Beherrschung entweder durch die Anteilsmehrheit oder die Stimmrechtsmehrheit vermittelt werden kann. Ausschlaggebend insoweit sind die Beteiligungsverhältnisse am Ende des Wirtschaftsjahres der ausländischen Gesellschaft. Mittelbare Beteiligungen werden dabei wie unmittelbare Beteiligungen behandelt, wegen der Zwischenschaltung von Personengesellschaften ist die Vorschrift des § 7 Abs. 3 zu beachten.

3. Niedrigbesteuerung der weggezogenen Person

43 Eine Besteuerung iSv § 5 tritt nur dann ein, wenn der weggezogene Steuerpflichtige an seinem neuen Wohnsitz einer niedrigen Besteuerung gemäß § 2 Abs. 2 unterliegt. Nicht zwingend erforderlich ist es indessen, dass die erweitert beschränkte Steuerpflicht nach § 2 auch ohne Anwendung von § 5 gegeben ist. Die paradigmatische Situation, die den Gesetzgeber zum Erlass des § 5 bewogen hat, dürfte darin bestehen, dass der Steuerpflichtige selbst ge-

B. Ausdehnung der erweiterten beschr. Stpfl. (Abs. 1)   44–47 § 5

rade keine wesentlichen Einkunftsquellen oder Vermögensteile im Inland hat. Diese dem Steuerpflichtige zugerechneten Einkunftsquellen oder Vermögensteile hält die ausländische Kapitalgesellschaft mittelbar. Von der Niedrigbesteuerung der weggezogenen Person abgetrennt zu sehen ist die Niedrigbesteuerung der Kapitalgesellschaft (vgl. → Rz. 63 ff.).

Es bedarf in diesem Zusammenhang des Hinweises, dass den Steuerpflichtigen gemäß § 90 Abs. 2 AO gleich in zweierlei Hinsicht eine gesteigerte Mitwirkungspflicht tritt. Diese hat er sowohl in Bezug auf seine eigene Steuerbelastung als auch hinsichtlich der der zwischengeschalteten Gesellschaft zu erfüllen, damit er ggf. belegen kann, dass jeweils keine niedrige Besteuerung vorliegt. Bei Beteiligungsquoten, die keine gesellschaftsrechtliche Einsichtnahme in die Bücher und Schriften der Gesellschaft gestatten, stößt diese naturgemäß an die Grenzen des rechtlich und tatsächlich Zumutbaren. Zwar ist die Finanzverwaltung im Besteuerungsverfahren gehalten, den Grundsatz der Zumutbarkeit auch im Rahmen des § 90 Abs. 2 AO zu beachten. Andererseits ist dem Steuerpflichtigen nach gefestigter Rechtsprechung ebenfalls zuzumuten, entsprechende Beweisvorsorge zu treffen und sich ggf. vertraglich entsprechende Rechte zur Einsichtnahme zu sichern.   44

4. Gesellschaft im Sinne des § 7

Was konkret unter einer Gesellschaft iSd § 7 verstanden werden soll, ist dem Gesetz nicht zu entnehmen. Nach verständiger Auslegung des § 5 ist davon auszugehen, dass die Bezugnahme sich auf sämtliche in § 7 enthaltenen Regeln bezieht. Wenn sich die Bestimmung lediglich als Beschreibung der ausländischen Gesellschaft verstehen ließe, könnte ein Steuerpflichtiger ohne weiteres die erweiterte beschränkte Steuerpflicht verhindern. Dieses Verständnis des Normgehalts hat zur Folge, dass die ausländische Gesellschaft Zwischeneinkünfte iSd § 7 erzielt, dass es sich also handelt um sowohl passive Einkünfte als auch niedrig besteuerte Einkünfte und diese Einkünfte bei unbeschränkter Steuerpflicht nicht ausländische Einkünfte iSd § 34d EStG wären. Bei der Beurteilung, ob das ausländische Rechtsgebilde eine Kapitalgesellschaft darstellt, ist ebenso wie im Rahmen der §§ 6 und 7 ff. auf den Typenvergleich nach deutschem Recht abzustellen.   45

Die in § 5 gemeinte zwischengeschaltete Kapitalgesellschaft darf weder ihren Sitz noch ihren Ort der Geschäftsleitung im Inland haben. Sie darf also unter keinen Umständen der unbeschränkten Körperschaftsteuerpflicht unterliegen, sondern nur beschränkt steuerpflichtig sein. Dies wird von § 7 Abs. 1 nämlich gerade vorausgesetzt.   46

Man mag sich fragen, unter welchen Bedingungen eine von erweitert beschränkt Einkommensteuerpflichtigen (ggf. zusammen mit unbeschränkt Steuerpflichtigen) beherrschte Kapitalgesellschaft Einkünfte aus passivem Erwerb erzielt, die aus der Perspektive der erweiterten beschränkten Steuerpflicht „nicht ausländische Einkünfte iSd § 34d EStG" sind. Es entzünden sich durchaus nicht unberechtigte Zweifel daran, ob reale Lebenssituationen entsprechende Beispielsfälle zu Tage fördern könnten. Dies liegt ua daran, dass bei der Feststellung der Niedrigbesteuerung die Besteuerungslast im Ansässigkeitsstaat der ausländischen Gesellschaft, etwaige Besteuerungslasten in Drittstaaten sowie selbstverständlich auch die inländische Besteuerungslast zusam-   47 mengerechnet werden müssen. Ob sich dann eine „Niedrigbesteuerung" iSd § 8 Abs. 3 ergeben kann, erscheint doch fraglich. Das folgende Beispiel mag für eine möglicherweise nicht völlig realitätsferne Anwendung des § 5 dienen:

Beispiel:

48 Der deutsche Staatsangehörige X hatte seinen Wohnsitz und gewöhnlichen Aufenthalt immer im Inland. Mit Wirkung vom 1.1.2009 ist er in ein Niedrigsteuerland ausgewandert. Er hält 100% der Anteile an der X-Inc., die im Niedrigsteuerland aktive Einkünfte aus einer dort belegenen Betriebsstätte bezieht. Die X-Inc. plant die Gründung einer inländischen Betriebsstätte. Sie lässt indessen von dem Vorhaben ab, nachdem sie sich gegenüber einem inländischen Wettbewerber gegen Zahlung eines hohen Betrags für die Dauer von 5 Jahren verpflichtet hat, im Inland nicht aktiv zu werden und somit von der Betriebsstättengründung abzusehen.

Geht man – nach den Betriebsstättenverwaltungsgrundsätzen wohl zutreffend – davon aus, dass der Erlös aus der Zahlung durch den Wettbewerber nicht durch die Existenz der ausländischen Betriebsstätte verursacht wurde, liegen Einkünfte vor, die – mangels Existenz – weder einer inländischen Betriebsstätte noch einer ausländischen Betriebsstätte zugerechnet werden können. Dadurch entsteht zwar keine Steuerpflicht der ausländischen Zwischengesellschaft im Inland, da kein Anknüpfungstatbestand des § 49 Abs. 1 EStG verwirklicht wird. Indessen wird der Anteilseigner im Rahmen seiner erweiterten beschränkten Steuerpflicht nach §§ 2, 5 steuerpflichtig sein. In seine danach zu ermittelnde inländische Bemessungsgrundlage ist der vom Wettbewerber gezahlte Betrag einzubeziehen.

49 *einstweilen frei*

5. Charakteristik der Einkünfte der ausländischen Gesellschaft

50 Typologisch lassen sich die Einkünfte der ausländischen Gesellschaft dahingehend zusammenfassen, dass es sich um „nicht ausländische", „passive" und „niedrig besteuerte" Einkünfte handeln muss.

51 **Nicht ausländische Einkünfte:** Während im Kontext der Hinzurechnungsbesteuerung nach §§ 7 bis 14 sämtliche Zwischeneinkünfte erfasst werden, rechnet die Norm des § 5 nur „nicht ausländische Einkünfte" nach § 34c EStG iVm § 34d EStG zu. Dies findet seine Erklärung darin, dass das Zurechnungssubjekt, also die Person, die in subjektiver Hinsicht von der Zurechnung betroffen ist, nicht mehr unbeschränkt, sondern nur noch beschränkt, unter Umständen nach § 2 erweitert beschränkt steuerpflichtig ist. Demzufolge werden der steuerpflichtigen natürlichen Person zunächst alle nach § 49 EStG der beschränkten Steuerpflicht unterliegenden Einkünfte der Zwischengesellschaft nach § 5 unter dessen weiteren Voraussetzungen zugerechnet. Des Weiteren sind alle nicht ausländischen Einkünfte (Einkünfte mit Inlandsbezug) von der Zurechnung erfasst. Die Abgrenzung zwischen ausländischen und nicht ausländischen Einkünften unterscheidet sich nicht von der Abgrenzung im Rahmen des § 2.

52 **Passive Einkünfte:** § 5 Abs. 1 S. 1 verweist auf § 8. Folglich werden nur passive nicht ausländische Einkünfte zugerechnet. Im Umkehrschluss folgt daraus, dass aktive Einkünfte grds. nicht Gegenstand der Besteuerung bei dem unmittelbaren bzw. mittelbaren Gesellschafter nach § 5 sein können. Somit ist die Besteuerung nach § 5 im Verhältnis zu § 2 in ihrer Grundstruktur unterschiedlich geregelt, da im Kontext der allgemeinen erweiterten beschränkten

Steuerpflicht nach § 2 auch aktive Einkünfte der Besteuerung unterliegen. Der Umfang der Besteuerung bei § 5 ist daher verglichen sowohl mit der Hinzurechnungsbesteuerung nach §§ 7 bis 14 als auch mit der erweitert beschränkten Steuerpflicht nach § 2 bzgl. der dem Steuerpflichtigen unmittelbar zuzuordnenden Einkünfte deutlich eingeschränkt.

Niedrige Besteuerung: Die nicht ausländischen passiven Einkünfte der 53 zwischengeschalteten Kapitalgesellschaft müssen niedrig besteuert sein. Damit ist die Niedrigbesteuerung im Kontext des § 5 auf zwei Ebenen vorausgesetzt. Einerseits wird sie verlangt auf der Ebene der natürlichen Person, der die Einkünfte zugerechnet werden. Andererseits besteht die Voraussetzung der Niedrigbesteuerung auf der Ebene der Kapitalgesellschaft, deren Einkünfte Gegenstand der Zurechnung sind.

Es bleibt zu klären, unter welchen Bedingungen Einkünfte der zwischenge- 54 schalteten Kapitalgesellschaft als niedrig besteuert zu beurteilen sind. Dies richtet sich auf Grund des Verweises in § 5 Abs. 1 S. 1 nach § 8 Abs. 1 iVm Abs. 3 danach, ob die Einkünfte bei der Zwischengesellschaft einer Steuerlast von mindestens 25% unterliegen. Dabei ist auf deutsche Gewinnermittlungsgrundsätze abzustellen. Für die Ermittlung der tatsächlichen Belastung der Einkünfte sind nicht nur die Steuern in dem Land des Sitzes/Ortes der Geschäftsleitung oder des Gründungs- bzw. Verwaltungssitzes der zwischengeschalteten Gesellschaft heranzuziehen, sondern auch in Deutschland und Drittstaaten gezahlte Steuern.

Eine deutsche Quellenbesteuerung im Rahmen der beschränkten Steuer- 55 pflicht nach § 50a EStG schließt eine Qualifikation als „niedrig besteuert" nicht aus. Es gelten insoweit mithin die gleichen Grundsätze wie im Rahmen der Hinzurechnungsbesteuerung. Für unbeschränkt steuerpflichtige Kapitalgesellschaften muss somit untersucht werden, ob insgesamt die Mindeststeuerbelastung von 25% für diese Einkünfte erreicht wird.

Der Verweis auf § 7 impliziert, dass auch erweitert beschränkt steuer- 56 pflichtige Anteilsinhaber von Gesellschaften, die Zwischeneinkünfte mit Kapitalanlagecharakter erzielen, von der Vorschrift betroffen sein können.

einstweilen frei 57–64

II. Rechtsfolge des Abs. 1 S. 1

1. Einkünftezurechnung

Die Rechtsfolge des Abs. 1 besteht zunächst darin, dass der ausgewanderten 65 natürlichen Person im Rahmen ihrer erweiterten beschränkten Steuerpflicht die Einkünfte der zwischengeschalteten Gesellschaft zuzurechnen sind. Die Besteuerung bei der nach § 5 steuerpflichtigen Person erfolgt dann im Rahmen des § 2. Damit ist auch klar, dass diese Vorschrift im Hinblick auf ihre gesamte Rechtsfolge anwendbar ist. Dies hat weit reichende Konsequenzen. So tritt die Beseitigung der Abgeltungswirkung inländischer Kapitalertrag- und Quellensteuern ein. Auch greift der Progressionsvorbehalt für die nicht der Besteuerung nach § 5 unterliegenden ausländischen Einkünfte bei der Ermittlung des individuellen Steuersatzes. Dies folgt in entsprechender Anwendung von § 2 Abs. 5. Nicht zugerechnet werden dürften dem erweitert beschränkt Steuerpflichtigen selbstverständlich die ausländischen Einkünfte der zwischengeschalteten Kapitalgesellschaft.

66 Es entspricht der hM, dass die Einkünfte, die dem Steuerpflichtigen nach § 5 zuzurechnen sind, nach deutschen Gewinnermittlungsgrundsätzen zu ermitteln sind. Für die Besteuerung nach § 5 ist es unerheblich, nach welchen Gewinnermittlungsvorschriften die zwischengeschaltete Gesellschaft ihren Gewinn nach dem Recht des maßgeblichen Staates ermittelt. Die Einkunftsermittlung nach deutschen Gewinnermittlungsgrundsätzen kann dazu führen, dass selbst bei nominal nicht niedrigen Steuersätzen eine effektive Niedrigbesteuerung resultieren kann.

67 In zeitlicher Hinsicht gilt, dass die Einkünfte dem weggezogenen Steuerpflichtigen mit Ablauf des Wirtschaftsjahres der Gesellschaft als zugeflossen gelten, in dem sie auf Ebene der zwischengeschalteten Gesellschaft entstanden sind. Sie unterliegen beim erweitert beschränkt Steuerpflichtigen der Einkommensteuer sowie dem Solidaritätszuschlag. Aufgrund der tatbestandlichen Struktur der unter die erweiterte beschränkte Steuerpflicht fallenden Einkünfte sind so gut wie keine praktischen Fälle denkbar, in denen es zur zusätzlichen Gewerbesteuerbelastung kommen kann.

2. Wirtschaftliche Doppelbelastung und Steueranrechnung

68 Es ist aufgrund der Struktur des Vorschriftengefüges denkbar, dass die Gesellschaft als solche mit ihren Einkünften sowohl in Deutschland als auch im Ausland, ggf. aber auch entweder in Deutschland oder in einem ausländischen Staat der Besteuerung unterliegt. Tritt zusätzlich eine Besteuerung des erweitert beschränkt steuerpflichtigen Anteilseigners aufgrund des § 5 ein, ergibt sich daraus eine wirtschaftliche Doppelbelastung. Selbstredend wird die Situation verschärft, wenn der nach § 5 Steuerpflichtige mit den Dividenden aus der Zwischengesellschaft im Ausland steuerpflichtig ist.

69 Soweit die Gesellschaft im Ausland steuerpflichtig ist, dürfte eine Doppelbelastung regelmäßig definitiv werden. Es scheint ausgeschlossen, dass der Staat, in dem der Wegzügler steuerpflichtig ist, die (Körperschaft-)Steuer der Gesellschaft als beim Anteilseigner anrechnungsfähig erachtet. Wird die Gesellschaft hingegen im Inland steuerpflichtig und tritt gleichzeitig die erweiterte beschränkte Steuerpflicht des Anteilseigner (Wegzüglers) nach §§ 2 und 5 ein, so gewährt die Finanzverwaltung nach Tz. 5.1.1.3. des AEAStG (2004) – gleichsam praeter legem – die Anrechnung deutscher Körperschaftsteuer auf die individuelle Einkommensteuerschuld des X im Rahmen seiner erweiterten beschränkten Steuerpflicht. In Tz. 5.1.1.3. des AEAStG (2004) wird angeordnet: „Eine auf Einkünfte der Gesellschaft einbehaltene oder festgesetzte und gezahlte deutsche Steuer wird nach § 36 Abs. 2 EStG auf die nach den §§ 2 und 5 zu entrichtende Einkommensteuer angerechnet." Zwar geht die Finanzverwaltung damit über die Grenze des möglichen Wortsinns im Rahmen der Auslegung hinaus. Denn § 36 Abs. 2 EStG gewährt lediglich die Anrechnung vorausgezahlter Einkommensteuer und im Abzugswege einbehaltener Einkommensteuer ein- und desselben Steuersubjekts. Die Norm setzt mithin Subjektidentität voraus. Gleichwohl wird man im Ergebnis der Auffassung der

B. Ausdehnung der erweiterten beschr. Stpfl. (Abs. 1)   70–74 § 5

Finanzverwaltung zustimmen müssen, denn es dürfte sich um einen Fall behördlich geregelter Ermessensausübung handeln.

Beispiel:
Der deutsche Staatsangehörige X hatte seinen Wohnsitz und gewöhnlichen Aufenthalt immer im Inland. Mit Wirkung vom 1.1.2009 ist er in ein Niedrigsteuerland ausgewandert. Er hält 100% der Anteile an der X-Inc. Diese erzielt aus der Vermietung eines inländischen Grundstücks Einkünfte. Im Sitz- bzw. Geschäftsleitungsstaat unterliegt die X-Inc. keiner Besteuerung.
Die X-Inc. unterliegt mit ihren inländischen Einkünften der beschränkten Steuerpflicht nach § 49 Abs. 1 Nr. 6 EStG iVm § 2 Nr. 1 KStG. Sie ist nach § 5 iVm §§ 7, 8 als Zwischengesellschaft zu behandeln, da die inländischen Grundstückserträge nicht als aktiv iSv § 8 Abs. 1 Nr. 6 qualifizieren und die Niedrigsteuerschwelle von 25% nach § 8 Abs. 3 unterschritten wird.

einstweilen frei   71, 72

III. Anwendung in Fällen der erweiterten beschränkten ErbStPflicht (Abs. 1 S. 2)

Greift die Bestimmung des § 4, kommen also mit anderen Worten die Vorschriften zur erweiterten Erbschaft- und Schenkungsteuerpflicht zur Anwendung, so sind solche Vermögensgegenstände der zwischengeschalteten Gesellschaft zu erfassen, die bei unbeschränkter Steuerpflicht des Anteilseigners keine ausländischen Erträge abwerfen würden.

IV. Visualisierung von Tatbestands- und Rechtsfolgestruktur der Vorschrift

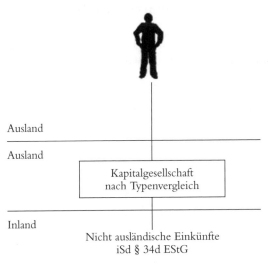

Ebene der natürlichen Person

Tatbestand
- Person iSd § 2 Abs. 1 AStG, dh deutsche Staatsangehörigkeit, Erfüllung der Zehn- bzw der Fünfjahresfrist
- ansässig in Niedrigsteuerland
- Beteiligung nach § 7 Abs. 1 bzw Abs. 6
- nicht relevant: wesentliche wirtschaftliche Interessen der Person im Inland

Rechtsfolge:
- Erfassung der Einkünfte der Kapitalgesellschaft auf der Ebene der natürlichen Person im Rahmen der inländischen Ertragsbesteuerung
- Erklärungspflicht der natürlichen Person nach § 18 Abs. 3

Ebene der Kapitalgesellschaft

- Gesellschaft iSd § 7, dh niedrig besteuerte, passive Einkünfte, die als „nicht ausländische" Einkünfte iSd § 34d EStG qualifizieren
- Freigrenzen unbeachtlich
- Anwendbarkeit der funktionalen Betrachtungsweise

Beispiele für Einkünfteerzielung im Inland:

- Immobilienerträge
- Lizenzerträge
- Kapitaleinkünfte
- Einkünfte aus Vermietung beweglicher Wirtschaftsgüter
- Anteilsveräußerungen, wobei der Gewinn auf Zwischeneinkünfte mit Kapitalanlagecharakter entfällt (passiv)
- Buchgewinne aus Umwandlungen im Inland, wobei der Umwandlungsgewinn auf Zwischeneinkünfte mit Kapitalanlagecharakter entfällt (passiv)

V. Anwendungsfälle

75 Wie erwähnt, erschöpft sich in der Praxis die Bedeutung des § 5 auf wenige Fallgruppen. Die nachfolgenden beispielhaften Anwendungsfälle vermitteln einen Eindruck über diese begrenzte Relevanz.

76 **Beispiel 1:** Inländische Immobilienerträge der zwischengeschalteten Gesellschaft

Sachverhalt: Auswanderer A ist an einer zwischengeschalteten Gesellschaft A-Inc. im Sinne der §§ 7, 8 beteiligt. Diese vermietet unter Vermeidung originärer Gewerblichkeit im Inland belegenen Grundbesitz. Die Beteiligungsvoraussetzungen des § 5 Abs. 1 iVm § 7 sollen erfüllt sein. Weder der Ansässigkeitsstaat des A noch der der A-Inc. erheben Steuern vom Ertrag.

Stellungnahme: Zunächst besteht kein Zweifel daran, dass die A-Inc. mit ihren Einkünften aus der Vermietung inländischen Grundbesitzes der beschränkten Körperschaftsteuerpflicht unterliegt. Die Steuerbelastung beläuft sich auf 15,825 % (Körperschaftsteuer, Solidaritätszuschlag). Gewerbesteuer fällt mangels inländischer Betriebstätte nicht an, vgl. § 2 Abs. 1 S. 1 und 3 GewStG.

A werden nach § 5 anteilig die Immobilienerträge der A-Inc. zugerechnet, die er im Rahmen seiner erweiterten beschränkten Einkommensteuerpflicht zu versteuern hat. Mangels Verweis auf § 9 in § 5 kommt es ebenso wenig auf die de-minimis-Regel wie auf die Freigrenzen an, noch wird die Anrechnungsmöglichkeit des § 12 eröffnet.

B. Ausdehnung der erweiterten beschr. Stpfl. (Abs. 1) 77 § 5

Beispiel 2: Zwischeneinkünfte mit Kapitalanlagecharakter der zwischengeschalteten 77
Gesellschaft – inländische Betriebsstätte existiert nicht

Sachverhalt: Auswanderer A ist zu 0,1 % an einer zwischengeschalteten, nicht börsennotierten Kapitalgesellschaft A-Inc. beteiligt. Weder der Ansässigkeitsstaat des A noch der der A-Inc. erheben Steuern vom Ertrag.

Die A-Inc. erzielt ausschließlich Zinserträge aus Darlehnsbeziehungen mit im Inland ansässigen Vertragspartnern und andere Kapitalerträge aus Derivategeschäften (Glattstellungszahlungen, Optionsprämien, Stillhaltervergütungen) mit inländischen Vertragspartnern. Eine inländische Besicherung der Zinserträge ist nicht gegeben. Die Refinanzierung der ausgereichten Darlehn ist bei inländischen Gläubigern erfolgt.

Die A-Inc. verfügt nicht über eine im Inland belegene Betriebsstätte.

Stellungnahme: Mangels inländischer Betriebsstätte kommt eine Besteuerung der A-Inc. nach § 49 Abs. 1 Nr. 2 Buchst. a EStG nicht in Betracht.

Die Kapitalerträge der A-Inc. unterliegen nicht der beschränkten Körperschaftsteuerpflicht, da die Zinserträge nicht durch inländischen Grundbesitz im Sinne des § 49 Abs. 1 Nr. 5 Buchst. c EStG besichert sind und deshalb tatbestandlich nicht als inländische Einkünfte im Sinne der beschränkten Steuerpflicht qualifizieren. Sie stellen aber auch keine ausländischen Einkünfte iSd § 34d Nr. 6 EStG dar, weil keines der dort genannten ausländischen Anknüpfungsmerkmale erfüllt ist.

Ebenso verhält es sich bei den Erträgen aus den Derivategeschäften. Tatbestandlich sind sie nicht von § 49 Abs. 1 Nr. 5 EStG erfasst. Somit stellen sie keine inländischen Einkünfte iSd beschränkten Steuerpflicht dar. Sie qualifizieren auch nicht als ausländische Einkünfte iSd § 34d Nr. 6 EStG, weil keines der dort genannten ausländischen Anknüpfungsmerkmale erfüllt ist.

Als Zwischenergebnis lässt sich festhalten, dass die Kapitalerträge der A-Inc. weder im Inland noch im Ausland der Ertragsbesteuerung unterliegen. Mithin sind sie iSd § 8 Abs. 3 niedrig besteuert. Auch stellen sie – wie gezeigt – keine ausländischen Einkünfte iSd § 34d EStG dar.

Demgemäß bleibt zu prüfen, ob die Kapitalerträge der A-Inc. als passive Erträge iSd § 8 zur Zurechnung an A im Rahmen seiner erweiterten beschränkten Steuerpflicht führen. Da vorliegend die Voraussetzungen des § 8 Abs. 1 Nr. 7 weder in Bezug auf die Zinsen noch in Bezug auf die sonstigen Erträge erfüllt sind, stammen die jeweilige Kapitalerträge nicht aus aktivem Erwerb. Vielmehr handelt es sich dabei gemäß § 8 Abs. 1 um passive Einkünfte. Da A lediglich mit einem Prozentsatz von 0,1 % an der A-Inc. beteiligt ist, ist zudem zu prüfen, ob die A-Inc. ausschließlich oder fast ausschließlich Zwischeneinkünfte mit Kapitalanlagecharakter iSd § 7 Abs. 6a erzielt.

Diese Voraussetzung ist laut Sachverhalt erfüllt, da sowohl die Zinserträge als auch die Derivateerträge aus dem Halten, der Verwaltung, Werterhaltung oder Werterhöhung von Zahlungsmitteln, Forderungen, Wertpapieren, Beteiligungen (mit Ausnahme der in § 8 Abs. 1 Nr. 8 und 9 genannten Einkünfte) oder ähnlichen Vermögenswerten stammen. Damit liegen Zwischeneinkünfte mit Kapitalanlagecharakter vor.

Daneben sind alle weiteren Voraussetzungen der Vorschrift des § 5 erfüllt. Denn es muss sich um „nicht ausländische Einkünfte iSv § 34d EStG" handeln, die Einkünfte müssen nach § 8 Abs. 1 als „passiv" zu qualifizieren sein und die Einkünfte müssen einer „niedrigen Besteuerung" auf Ebene der Gesellschaft unterliegen, deren Einkünfte nach der Vorschrift zugerechnet werden sollen. Da diese Voraussetzungen im vorliegenden Falle kumulativ erfüllt sind, kommt eine Zurechnung nach § 5 in Betracht. Der Umstand, dass keine Mehrheitsbeteiligung iSd § 7 Abs. 1 besteht, hindert dieses Ergebnis deshalb nicht, weil § 7 Abs. 6 S. 3 vorliegend bereits ab einer Minimalbeteiligung zur Anwendung kommt.

Kraft 259

§ 5   78, 79   Zwischengeschaltete Gesellschaften

78   **Beispiel 3:** Zwischeneinkünfte mit Kapitalanlagecharakter der zwischengeschalteten Gesellschaft – inländische Betriebsstätte existiert.

Sachverhalt: Auswanderer A ist zu 0,1 % an einer zwischengeschalteten, nicht börsennotierten Kapitalgesellschaft A-Inc. beteiligt. Weder der Ansässigkeitsstaat des A noch der der A-Inc. erheben Steuern vom Ertrag.

Die A-Inc. erzielt ausschließlich Zinserträge aus Darlehnsbeziehungen mit im Inland ansässigen Vertragspartnern und andere Kapitalerträge aus Derivategeschäften (Glattstellungszahlungen, Optionsprämien, Stillhaltervergütungen) mit inländischen Vertragspartnern. Eine inländische Besicherung der Zinserträge ist nicht gegeben. Die Refinanzierung der ausgereichten Darlehn ist bei inländischen Gläubigern erfolgt.

Die A-Inc. wird in Bezug auf die skizzierten Geschäfte über eine im Inland belegene Betriebsstätte tätig. Der anzuwendende Gewerbesteuerhebesatz beträgt 250 %.

Stellungnahme: Die der inländischen Betriebsstätte zurechenbaren Geschäfte beurteilen sich im Rahmen der beschränkten Körperschaftsteuerpflicht der A-Inc. nach § 49 Abs. 1 Nr. 2 Buchst. a EStG. Die Erträge unterliegen der inländischen Körperschaftbesteuerung. Sie qualifizieren zwar als gewerblich, gleichwohl stellen sie passive Einkünfte iSd § 8 dar. Denn die Kapitalerträge der A-Inc. erfüllen nicht die Voraussetzungen des § 8 Abs. 1 Nr. 7. Es handelt sich somit gemäß § 8 Abs. 1 um passive Einkünfte. Da sowohl die Zinserträge als auch die Derivateerträge aus dem Halten, der Verwaltung, Werterhaltung oder Werterhöhung von Zahlungsmitteln, Forderungen, Wertpapieren, Beteiligungen (mit Ausnahme der in § 8 Abs. 1 Nr. 8 und 9 genannten Einkünfte) oder ähnlichen Vermögenswerten stammen, liegen zudem Zwischeneinkünfte mit Kapitalanlagecharakter vor.

Da sie im Ausland laut Sachverhalt keiner Ertragsbesteuerung unterliegen, ist zu prüfen, ob die inländische Besteuerung ggf. zur Niedrigbesteuerung iSd § 8 Abs. 3 AStG führt. Das ist vorliegend der Fall, da bei einem Gewerbesteuerhebesatz von 250 % die kombinierte Steuerbelastungsquote 15,825 % + 3,5 % × 250 %, mithin 24,575 %, beträgt. Der Umstand, dass die „Niedrigbesteuerung" im Inland verwirklicht wird, hindert die Zurechnung nach § 5 iVm §§ 7, 8 nicht.

Daneben sind alle weiteren Voraussetzungen des § 5 erfüllt. Denn es muss sich um „nicht ausländische Einkünfte iSv § 34d EStG" handeln, die Einkünfte müssen nach § 8 Abs. 1 als „passiv" zu qualifizieren sein und die Einkünfte müssen einer „niedrigen Besteuerung" auf Ebene der Gesellschaft unterliegen, deren Einkünfte nach der Vorschrift zugerechnet werden sollen. Da diese Voraussetzungen im vorliegenden Falle kumulativ erfüllt sind, kommt eine Zurechnung nach § 5 in Betracht. Der Umstand, dass keine Mehrheitsbeteiligung iSd § 7 Abs. 1 besteht, hindert dieses Ergebnis deshalb nicht, weil § 7 Abs. 6 S. 3 vorliegend bereits ab einer Minimalbeteiligung zur Anwendung kommt.

79   **Beispiel 4:** Lizenzerträge der zwischengeschalteten Gesellschaft – inländische Betriebsstätte existiert nicht

Sachverhalt: Auswanderer A ist gemäß § 5 an einer zwischengeschalteten Gesellschaft A-Inc. beteiligt. Weder der Ansässigkeitsstaat des A noch der der A-Inc. erheben Steuern vom Ertrag. Die A-Inc. erzielt Einkünfte aus bestimmten Immaterialgüterrechten. Dabei handelt es sich um erzielte Einkünfte aus solchen Rechten, die in ein inländisches öffentliches Buch oder Register eingetragen sind oder deren Verwertung in einer inländischen Betriebsstätte oder anderen Einrichtung erfolgt. Diese Einkünfte rühren her aus Vergütungen für die Überlassung der Nutzung oder des Rechts auf Nutzung von Rechten, insbesondere von Urheberrechten und gewerblichen Schutzrechten, von gewerblichen, technischen, wissenschaftlichen und ähnlichen Erfahrungen, Kenntnissen und Fertigkeiten, zum Beispiel Plänen, Mustern und Verfahren. Ein Nachweis, dass mit den Einkünften, die die ausländische Gesellschaft A-Inc. aus der Überlassung der Nutzung von Rechten, Plänen, Mustern, Verfahren, Erfahrungen und Kenntnissen erzielt, die Ergebnisse eigener Forschungs- oder Entwicklungsarbeit ausgewertet werden, gelingt nicht.

Stellungnahme: Die A-Inc. unterliegt der beschränkten Körperschaftsteuerpflicht im Sinne des § 2 Nr. 1 KStG iVm § 49 Abs. 1 Nr. 2 Buchst. f) aa) EStG. Die Steuererhebung erfolgt im Wege des abgeltenden Steuerabzugs nach § 50a Abs. 1 Nr. 3 EStG und beträgt nach § 50a Abs. 2 EStG 15 % des Bruttobetrags.

Damit liegt niedrige Besteuerung im Sinne des § 8 Abs. 3 vor. Zur Ermittlung, ob die Zurechnung nach § 5 erfolgt, ist noch zu prüfen, ob die Einkünfte der A-Inc. als passiv qualifizieren. Da laut Sachverhalt der Nachweis nicht gelingt, dass mit den von der A-Inc. erzielten Einkünften aus der Überlassung der Nutzung von Rechten, Plänen, Mustern, Verfahren, Erfahrungen und Kenntnissen die Ergebnisse eigener Forschungs- oder Entwicklungsarbeit ausgewertet werden, sind die Aktivitätsvoraussetzungen des § 8 Abs. 1 Nr. 6 Buchst. a nicht erfüllt. Die von der A-Inc. erzielten Einkünfte qualifizieren somit als passiv.

Damit sind die Tatbestandsvoraussetzungen des § 5 kumulativ erfüllt. Die niedrig besteuerten passiven Erträge aus der Rechteüberlassung etc. der A-Inc. führen aufgrund der Bestimmung des § 5 bei A zur Zurechnung.

C. Haftung bestimmter Vermögensteile der ausländischen Gesellschaft (Abs. 2)

Die Bestimmung statuiert nach in der Literatur geäußerter Auffassung eine sogenannte Sachhaftung (*FWBS* § 5 AStG Rz 91). Allerdings ist diese Meinung im Schrifttum nicht unbestritten (SKK/*Rundshagen* § 5 AStG Rz. 82). Für diese Auffassung spricht, dass der Haftungsumfang materiell rechtlich einer Sachhaftung im Verfahrensrecht sehr ähnlich ist. Allerdings wird zu bedenken gegeben, dass die Sachhaftung nach § 76 AO nach dem Gesetzeswortlaut eindeutig auf Verbrauchssteuern und Zölle beschränkt sei und nicht für die Einkommensteuer gelte (SKK/*Rundshagen* § 5 AStG Rz. 83).

Nach aA soll die Haftung der Zwischengesellschaft im Verfahren nach § 191 AO durch einen Haftungsbescheid geltend zu machen sein (Blümich/ *Elicker* § 5 AStG Rz. 13). Dies hätte zur Folge, dass der Zwischengesellschaft ein Haftungsbescheid zu erteilen wäre. Hier ist indessen darauf hinzuweisen, dass die Zwischengesellschaft im Inland regelmäßig nicht präsent sein dürfte. Schwierigkeiten ergeben sich auch in Bezug auf die Identifizierung haftender Vermögensteile. Ebenso wird mangels inländischer Präsenz die Zustellung eines Haftungsbescheides erschwert. All diese Ungereimtheiten können exemplarisch für die These angeführt werden, dass die Vorschrift konzeptionell wenig durchdacht ist (*FWBS* § 5 AStG passim). Da die Norm in der Anwendungspraxis indessen eher ein Schattendasein fristet, dürfte dem Streit, welche Rechtsnatur die Haftung nach Abs. 2 einnimmt, allenfalls akademische Bedeutung zukommen.

Nahe liegt indessen, dass die Grundlage der Haftung das haftende Vermögen der ausländischen Zwischengesellschaft bildet (so – allerdings ohne Begründung – Blümich/*Elicker* § 5 AStG Rz. 13), obwohl dies im Wortlaut der Vorschrift nicht klar zum Ausdruck kommt (*FWBS* § 5 AStG Rz. 92). Der zentrale Sinn der (Sach-)Haftung nach Abs. 2 besteht darin, die Realisierung der sich aufgrund von Abs. 1 ergebenden Steuerschulden sicherzustellen. Die

Vollstreckung ist damit auf das im Inland belegene Vermögen ermöglicht. Nach den allgemeinen Grundsätzen der objektiven Darlegungs- und Beweislastverteilung obliegt der Finanzbehörde der Nachweis dafür, dass die Zwischengesellschaft mit einem bestimmten Vermögensgegenstand haftet. Dies schließt auch die Feststellung ein, dass und weshalb ein bestimmter Vermögensgegenstand der Haftung unterliegt.

83 Nach dem Wortlaut erstreckt sich die Haftung lediglich auf die für die Einkünfte geschuldeten Steuern. Folglich erstreckt und beschränkt sich der Haftungsumfang auf die anteiligen auf § 5 beruhenden (Einkommen-)Steuerschulden des Ausgewanderten. Weshalb die Haftung sich nicht auf die Erbschaft- und Schenkungsteuer erstrecken soll, erscheint unklar, ergibt sich aber aus dem insoweit eindeutigen Wortlaut.

84–89 *einstweilen frei*

D. Entsprechende Anwendung des § 18 (Abs. 3)

90 Die entsprechende Anwendung des § 18 bedeutet, dass die nach Abs. 1 S. 1 zuzurechnenden Einkünfte gesondert festzustellen sind. Gleiches gilt für die Vermögenswerte, die Erträge abwerfen und nach Abs. 1 S. 2 im Rahmen der erweiterten beschränkten ErbStPflicht zu erfassen sind. Sind mehrere Beteiligte an der zwischengeschalteten Gesellschaft beteiligt, so hat die gesonderte Feststellung einheitlich für alle an der Zwischengesellschaft beteiligten unbeschränkt und erweitert beschränkt Steuerpflichtigen zu erfolgen.

Dritter Teil. Behandlung einer Beteiligung im Sinne des § 17 des Einkommensteuergesetzes bei Wohnsitzwechsel ins Ausland

§ 6 Besteuerung des Vermögenszuwachses

(1) ¹Bei einer natürlichen Person, die insgesamt mindestens zehn Jahre nach § 1 Abs. 1 des Einkommensteuergesetzes unbeschränkt steuerpflichtig war und deren unbeschränkte Steuerpflicht durch Aufgabe des Wohnsitzes oder gewöhnlichen Aufenthalts endet, ist auf Anteile im Sinne des § 17 Abs. 1 Satz 1 des Einkommensteuergesetzes im Zeitpunkt der Beendigung der unbeschränkten Steuerpflicht § 17 des Einkommensteuergesetzes auch ohne Veräußerung anzuwenden, wenn im Übrigen für die Anteile zu diesem Zeitpunkt die Voraussetzungen dieser Vorschrift erfüllt sind. ²Der Beendigung der unbeschränkten Steuerpflicht im Sinne des Satzes 1 stehen gleich

1. die Übertragung der Anteile durch ganz oder teilweise unentgeltliches Rechtsgeschäft unter Lebenden oder durch Erwerb von Todes wegen auf nicht unbeschränkt steuerpflichtige Personen oder
2. die Begründung eines Wohnsitzes oder gewöhnlichen Aufenthalts oder die Erfüllung eines anderen ähnlichen Merkmals in einem ausländischen Staat, wenn der Steuerpflichtige auf Grund dessen nach einem Abkommen zur Vermeidung der Doppelbesteuerung als in diesem Staat ansässig anzusehen ist, oder
3. die Einlage der Anteile in einen Betrieb oder eine Betriebsstätte des Steuerpflichtigen in einem ausländischen Staat oder
4. der Ausschluss oder die Beschränkung des Besteuerungsrechts der Bundesrepublik Deutschland hinsichtlich des Gewinns aus der Veräußerung der Anteile auf Grund anderer als der in Satz 1 oder der in den Nummern 1 bis 3 genannten Ereignisse.

³§ 17 Abs. 5 des Einkommensteuergesetzes und die Vorschriften des Umwandlungssteuergesetzes bleiben unberührt. ⁴An Stelle des Veräußerungspreises (§ 17 Abs. 2 des Einkommensteuergesetzes) tritt der gemeine Wert der Anteile in dem nach Satz 1 oder 2 maßgebenden Zeitpunkt. ⁵Die §§ 17 und 49 Abs. 1 Nr. 2 Buchstabe e des Einkommensteuergesetzes bleiben mit der Maßgabe unberührt, dass der nach diesen Vorschriften anzusetzende Gewinn aus der Veräußerung dieser Anteile um den nach den vorstehenden Vorschriften besteuerten Vermögenszuwachs zu kürzen ist.

(2) ¹Hat der unbeschränkt Steuerpflichtige die Anteile durch ganz oder teilweise unentgeltliches Rechtsgeschäft erworben, so sind für die Errechnung der nach Absatz 1 maßgebenden Dauer der unbeschränkten Steuerpflicht auch Zeiträume einzubeziehen, in denen der Rechtsvorgänger bis zur Übertragung der Anteile unbeschränkt steuerpflichtig war.

² Sind die Anteile mehrmals nacheinander in dieser Weise übertragen worden, so gilt Satz 1 für jeden der Rechtsvorgänger entsprechend. ³ Zeiträume, in denen der Steuerpflichtige oder ein oder mehrere Rechtsvorgänger gleichzeitig unbeschränkt steuerpflichtig waren, werden dabei nur einmal angesetzt.

(3) ¹ Beruht die Beendigung der unbeschränkten Steuerpflicht auf vorübergehender Abwesenheit und wird der Steuerpflichtige innerhalb von fünf Jahren seit Beendigung der unbeschränkten Steuerpflicht wieder unbeschränkt steuerpflichtig, so entfällt der Steueranspruch nach Absatz 1, soweit die Anteile in der Zwischenzeit nicht veräußert und die Tatbestände des Absatzes 1 Satz 2 Nr. 1 oder 3 nicht erfüllt worden sind und der Steuerpflichtige im Zeitpunkt der Begründung der unbeschränkten Steuerpflicht nicht nach einem Abkommen zur Vermeidung der Doppelbesteuerung als in einem ausländischen Staat ansässig gilt. ² Das Finanzamt, das in dem nach Absatz 1 Satz 1 oder 2 maßgebenden Zeitpunkt nach § 19 der Abgabenordnung zuständig ist, kann diese Frist um höchstens fünf Jahre verlängern, wenn der Steuerpflichtige glaubhaft macht, dass berufliche Gründe für seine Abwesenheit maßgebend sind und seine Absicht zur Rückkehr unverändert fortbesteht. ³ Wird im Fall des Erwerbs von Todes wegen nach Absatz 1 Satz 2 Nr. 1 der Rechtsnachfolger des Steuerpflichtigen innerhalb von fünf Jahren seit Entstehung des Steueranspruchs nach Absatz 1 unbeschränkt steuerpflichtig, gilt Satz 1 entsprechend. ⁴ Ist der Steueranspruch nach Absatz 5 gestundet, gilt Satz 1 ohne die darin genannte zeitliche Begrenzung entsprechend, wenn

1. der Steuerpflichtige oder im Fall des Absatzes 1 Satz 2 Nr. 1 sein Rechtsnachfolger unbeschränkt steuerpflichtig werden oder
2. das Besteuerungsrecht der Bundesrepublik Deutschland hinsichtlich des Gewinns aus der Veräußerung der Anteile auf Grund eines anderen Ereignisses wieder begründet wird oder nicht mehr beschränkt ist.

(4) ¹ Vorbehaltlich des Absatzes 5 ist die nach Absatz 1 geschuldete Einkommensteuer auf Antrag in regelmäßigen Teilbeträgen für einen Zeitraum von höchstens fünf Jahren seit Eintritt der ersten Fälligkeit gegen Sicherheitsleistung zu stunden, wenn ihre alsbaldige Einziehung mit erheblichen Härten für den Steuerpflichtigen verbunden wäre. ² Die Stundung ist zu widerrufen, soweit die Anteile während des Stundungszeitraums veräußert werden oder verdeckt in eine Gesellschaft im Sinne des § 17 Abs. 1 Satz 1 des Einkommensteuergesetzes eingelegt werden oder einer der Tatbestände des § 17 Abs. 4 des Einkommensteuergesetzes verwirklicht wird. ³ In Fällen des Absatzes 3 Satz 1 und 2 richtet sich der Stundungszeitraum nach der auf Grund dieser Vorschrift eingeräumten Frist; die Erhebung von Teilbeträgen entfällt; von der Sicherheitsleistung kann nur abgesehen werden, wenn der Steueranspruch nicht gefährdet erscheint.

(5) ¹ Ist der Steuerpflichtige im Fall des Absatzes 1 Satz 1 Staatsangehöriger eines Mitgliedstaates der Europäischen Union oder eines anderen Staates, auf den das Abkommen über den Europäischen Wirt-

schaftsraum vom 3. Januar 1994 (ABl. EG Nr. L 1 S. 3), zuletzt geändert durch den Beschluss des gemeinsamen EWR-Ausschusses Nr. 91/2007 vom 6. Juli 2007 (ABl. EU Nr. L 328 S. 40), in der jeweils geltenden Fassung anwendbar ist (Vertragsstaat des EWR-Abkommens), und unterliegt er nach der Beendigung der unbeschränkten Steuerpflicht in einem dieser Staaten (Zuzugsstaat) einer der deutschen unbeschränkten Einkommensteuerpflicht vergleichbaren Steuerpflicht, so ist die nach Absatz 1 geschuldete Steuer zinslos und ohne Sicherheitsleistung zu stunden. ²Voraussetzung ist, dass die Amtshilfe und die gegenseitige Unterstützung bei der Beitreibung der geschuldeten Steuer zwischen der Bundesrepublik Deutschland und diesem Staat gewährleistet sind. ³Die Sätze 1 und 2 gelten entsprechend, wenn

1. im Fall des Absatzes 1 Satz 2 Nr. 1 der Rechtsnachfolger des Steuerpflichtigen einer der deutschen unbeschränkten Einkommensteuerpflicht vergleichbaren Steuerpflicht in einem Mitgliedstaat der Europäischen Union oder einem Vertragsstaat des EWR-Abkommens unterliegt oder
2. im Fall des Absatzes 1 Satz 2 Nr. 2 der Steuerpflichtige einer der deutschen unbeschränkten Einkommensteuerpflicht vergleichbaren Steuerpflicht in einem Mitgliedstaat der Europäischen Union oder einem Vertragsstaat des EWR-Abkommens unterliegt und Staatsangehöriger eines dieser Staaten ist oder
3. im Fall des Absatzes 1 Satz 2 Nr. 3 der Steuerpflichtige die Anteile in einen Betrieb oder eine Betriebsstätte in einem anderen Mitgliedstaat der Europäischen Union oder einem anderen Vertragsstaat des EWR-Abkommens einlegt oder
4. im Fall des Absatzes 1 Satz 2 Nummer 4 der Steuerpflichtige Anteile an einer in einem Mitgliedstaat der Europäischen Union oder in einem Vertragsstaat des EWR-Abkommens ansässigen Gesellschaft hält.

⁴Die Stundung ist zu widerrufen,

1. soweit der Steuerpflichtige oder sein Rechtsnachfolger im Sinne des Satzes 3 Nr. 1 Anteile veräußert oder verdeckt in eine Gesellschaft im Sinne des § 17 Abs. 1 Satz 1 des Einkommensteuergesetzes einlegt oder einer der Tatbestände des § 17 Abs. 4 des Einkommensteuergesetzes erfüllt wird;
2. soweit Anteile auf eine nicht unbeschränkt steuerpflichtige Person übergehen, die nicht in einem Mitgliedstaat der Europäischen Union oder einem Vertragsstaat des EWR-Abkommens einer der deutschen unbeschränkten Einkommensteuerpflicht vergleichbaren Steuerpflicht unterliegt;
3. soweit in Bezug auf die Anteile eine Entnahme oder ein anderer Vorgang verwirklicht wird, der nach inländischem Recht zum Ansatz des Teilwerts oder des gemeinen Werts führt;
4. wenn für den Steuerpflichtigen oder seinen Rechtsnachfolger im Sinne des Satzes 3 Nr. 1 durch Aufgabe des Wohnsitzes oder gewöhnlichen Aufenthalts keine Steuerpflicht nach Satz 1 mehr besteht.

§ 6 Besteuerung des Vermögenszuwachses

⁵Ein Umwandlungsvorgang, auf den die §§ 11, 15 oder 21 des Umwandlungssteuergesetzes vom 7. Dezember 2006 (BGBl. I S. 2782, 2791) in der jeweils geltenden Fassung anzuwenden sind, gilt auf Antrag nicht als Veräußerung im Sinne des Satzes 4 Nr. 1, wenn die erhaltenen Anteile bei einem unbeschränkt steuerpflichtigen Anteilseigner, der die Anteile nicht in einem Betriebsvermögen hält, nach § 13 Abs. 2, § 21 Abs. 2 des Umwandlungssteuergesetzes mit den Anschaffungskosten der bisherigen Anteile angesetzt werden könnten; für Zwecke der Anwendung des Satzes 4 und der Absätze 3, 6 und 7 treten insoweit die erhaltenen Anteile an die Stelle der Anteile im Sinne des Absatzes 1. ⁶Ist im Fall des Satzes 1 oder Satzes 3 der Gesamtbetrag der Einkünfte ohne Einbeziehung des Vermögenszuwachses nach Absatz 1 negativ, ist dieser Vermögenszuwachs bei Anwendung des § 10d des Einkommensteuergesetzes nicht zu berücksichtigen. ⁷Soweit ein Ereignis im Sinne des Satzes 4 eintritt, ist der Vermögenszuwachs rückwirkend bei der Anwendung des § 10d des Einkommensteuergesetzes zu berücksichtigen und in Anwendung des Satzes 6 ergangene oder geänderte Feststellungsbescheide oder Steuerbescheide sind aufzuheben oder zu ändern; § 175 Abs. 1 Satz 2 der Abgabenordnung gilt entsprechend.

(6) ¹Ist im Fall des Absatzes 5 Satz 4 Nr. 1 der Veräußerungsgewinn im Sinne des § 17 Abs. 2 des Einkommensteuergesetzes im Zeitpunkt der Beendigung der Stundung niedriger als der Vermögenszuwachs nach Absatz 1 und wird die Wertminderung bei der Einkommensbesteuerung durch den Zuzugsstaat nicht berücksichtigt, so ist der Steuerbescheid insoweit aufzuheben oder zu ändern; § 175 Abs. 1 Satz 2 der Abgabenordnung gilt entsprechend. ²Dies gilt nur, soweit der Steuerpflichtige nachweist, dass die Wertminderung betrieblich veranlasst ist und nicht auf eine gesellschaftsrechtliche Maßnahme, insbesondere eine Gewinnausschüttung, zurückzuführen ist. ³Die Wertminderung ist höchstens im Umfang des Vermögenszuwachses nach Absatz 1 zu berücksichtigen. ⁴Ist die Wertminderung auf eine Gewinnausschüttung zurückzuführen und wird sie bei der Einkommensbesteuerung nicht berücksichtigt, ist die auf diese Gewinnausschüttung erhobene und keinem Ermäßigungsanspruch mehr unterliegende inländische Kapitalertragsteuer auf die nach Absatz 1 geschuldete Steuer anzurechnen.

(7) ¹Der Steuerpflichtige oder sein Gesamtrechtsnachfolger hat dem Finanzamt, das in dem in Absatz 1 genannten Zeitpunkt nach § 19 der Abgabenordnung zuständig ist, nach amtlich vorgeschriebenem Vordruck die Verwirklichung eines der Tatbestände des Absatzes 5 Satz 4 mitzuteilen. ²Die Mitteilung ist innerhalb eines Monats nach dem meldepflichtigen Ereignis zu erstatten; sie ist vom Steuerpflichtigen eigenhändig zu unterschreiben. ³In den Fällen des Absatzes 5 Satz 4 Nr. 1 und 2 ist der Mitteilung ein schriftlicher Nachweis über das Rechtsgeschäft beizufügen. ⁴Der Steuerpflichtige hat dem nach Satz 1 zuständigen Finanzamt jährlich bis zum Ablauf des 31. Januar schriftlich seine am 31. Dezember des vorangegangenen Kalenderjahres geltende Anschrift mitzuteilen und zu bestätigen, dass die Anteile ihm oder im Fall der unentgeltlichen

Rechtsnachfolge unter Lebenden seinem Rechtsnachfolger weiterhin zuzurechnen sind. [5] Die Stundung nach Absatz 5 Satz 1 kann widerrufen werden, wenn der Steuerpflichtige seine Mitwirkungspflicht nach Satz 4 nicht erfüllt.

Inhaltsübersicht

	Rz.
A. Allgemeines	1–79
I. Entstehung und Rechtsentwicklung	1–14
II. Überblick über den Regelungsgehalt der Wegzugsbesteuerung	15–34
III. Verfassungsrechtliche Bedenken	35–44
IV. Verhältnis zu anderen Vorschriften (außer Europäisches Primärrecht)	45–79
1. Beschränkte Steuerpflicht	45
2. DBA	46–59
3. Verhältnis zu § 50i EStG	60–79
B. Unionsrechtliche Problematik	80–229
I. Vorbemerkung	80–89
II. Unionsrechtliche Prüfungsmaßstäbe	90–129
1. Vorbemerkung	90
2. Freizügigkeit der Arbeitnehmer	91–99
3. Niederlassungsfreiheit	100–104
4. Kapitalverkehrsfreiheit	105–129
III. Rechtsprechung des EuGH	130–179
1. EuGH-Urteil v. 11.3.2004, Rs. C-9/02, Lasteyrie du Saillant	130–137
2. EuGH-Urteil v. 23.2.2006, C-513/03, van Hilten	138
3. EuGH-Urteil v. 7.9.2006, C-470/04, N gegen Inspecteur van de Belastingsdienst Oost/kantoor Almelo	139–144
4. EuGH-Urteil v. 29.11.2011, C-371/10, National Grid Indus BV	145–148
5. EuGH-Urteil v. 12.7.2012, C-269/09, Kommission/Spanien	149–151
6. EuGH-Urteil v. 21.12.2016, C-503/14, Europäische Kommission/Portugiesische Republik	152–179
7. EuGH-Urteil v. 15.3.2018, C-355/16, Picart	163
8. EuGH-Urteil v. 22.3.2018, C-327/16 und C-421/16, Jacob/Lassus	164–166
IV. Rechtsprechung des BFH	180–189
V. Mitteilung der Kommission „Wegzugsbesteuerung und die Notwendigkeit einer Koordinierung der Steuerpolitiken der Mitgliedstaaten" v. 19.12.2006, KOM(2006) 825	190–199
VI. Fortbestehende unionsrechtliche Problembereiche	200–229
1. Vorbemerkung	200–202
2. Ansässigkeitsregelung in EU-/EWR-Staaten	203, 204
3. Stundung bei Wegzug iVm nachfolgender Veräußerung der Anteile mit Verlust	205, 206

§ 6   Besteuerung des Vermögenszuwachses

Rz.

    4. Wertminderung bei ausländischer Kapitalgesellschaft 207–209
    5. Übertragung von Anteilen auf gemeinnützige EU-/EWR-Organisation 210–229

C. Grundtatbestand des § 6 Abs. 1 230–339
    I. Persönliche Voraussetzungen 230–269
        1. Natürliche Personen 230–239
        2. Zehnjahresfrist 240–244
        3. Einbezug sämtlicher Fälle des Wegzugs 245–249
        4. Steuerliche Behandlung im Zuzugsstaat 250–254
        5. Doppelwohnsitzfälle im Kontext des Abs. 1 S. 1 ... 255–259
        6. Vorrangige Anwendung des § 17 Abs. 5 EStG sowie der Vorschriften des Umwandlungssteuergesetzes 260–269
    II. Sachliche Voraussetzungen 270–289
        1. Beteiligung im Privatvermögen 270–279
        2. Anteile an nach ausländischem Recht gegründeten Kapitalgesellschaften 280–289
    III. Rechtsfolgen des Grundtatbestandes 290–319
        1. Beschränkung auf positive fiktive Beträge 290–299
        2. Bewertungsmaßstab: gemeiner Wert 300–309
        3. Anwendung des Teileinkünfteverfahrens 310–319
    IV. Kürzung des Veräußerungsgewinns bei tatsächlicher Veräußerung 320–339

D. Ersatztatbestände des § 6 Abs. 1 S. 2 340–399
    I. Ersatztatbestand des § 6 Abs. 1 S. 2 Nr. 1: Übertragung der Anteile durch ganz oder teilweise unentgeltliches Rechtsgeschäft auf nicht unbeschränkt steuerpflichtige Personen 341–359
    II. Ersatztatbestand des § 6 Abs. 1 S. 2 Nr. 2: Begründung eines weiteren Wohnsitzes im DBA-Ausland 360–369
    III. Ersatztatbestand des § 6 Abs. 1 S. 2 Nr. 3: Einlage der Anteile in einen Betrieb oder eine Betriebstätte im Ausland 370–379
    IV. Ersatztatbestand des § 6 Abs. 1 S. 2 Nr. 4: Ausschluss oder Beschränkung des deutschen Besteuerungsrechts für einen künftigen Veräußerungsgewinn 380–399

E. Dauer der unbeschränkten Steuerpflicht bei unentgeltlichem Erwerb der Anteile (§ 6 Abs. 2) ... 400–429

F. Entfallen des Steueranspruchs bei nur vorübergehender Abwesenheit (§ 6 Abs. 3) 430–469
    I. Vorübergehende Abwesenheit 435–449
    II. Rechtsfolgen 450–469

G. Stundung (§ 6 Abs. 4 und 5) 470–549
    I. Struktur der Stundungsregelung – Überblick 470–474
    II. Stundung in Drittlands-Fällen (§ 6 Abs. 4) 475–489

	Rz.
III. Stundung in EU-/EWR-Fällen (§ 6 Abs. 5)	490–519
1. Grundtatbestand der Stundung in EU-/EWR-Fällen (Abs. 5 S. 1)	490–499
2. Entsprechende Geltung der Stundungsregelung bei Ersatztatbeständen	500–519
IV. Widerruf der Stundung (Abs. 5 S. 4)	520–539
V. Antragsgebundener Verzicht auf die Realisierung in Umwandlungsfällen (Abs. 5 S. 5)	540–549
H. Wertminderung nach Wegzug (§ 6 Abs. 6)	550–614
I. Regelungsidee im Überblick	550–564
II. Struktur des Tatbestands	565–579
1. Verweis auf Abs. 5 S. 4 Nr. 1	565–569
2. Kumulative Voraussetzungen	570–579
III. Rechtsfolge	580–584
1. Aufhebung des Steuerbescheids	580, 581
2. Entsprechende Geltung des § 175 Abs. 1 S. 2 AO	582–584
IV. Nachweiserfordernis durch den Steuerpflichtigen	585–599
V. Höchstmaß der Berücksichtigung der Wertminderung: Umfang des Vermögenszuwachses nach Absatz 1 (Abs. 6 S. 3)	600–609
VI. Voraussetzungen der Anrechnung inländischer Kapitalertragsteuer	610–614
I. Mitteilungspflichten (§ 6 Abs. 7)	615–619
J. Zeitlicher Anwendungsbereich für die Neuregelungen	620

A. Allgemeines

I. Entstehung und Rechtsentwicklung

§ 6 regelt die Rechtsfolgen der Wohnsitzverlagerung einer natürlichen Person ins Ausland, soweit diese an einer Kapitalgesellschaft im Inland zu mindestens einem Prozent beteiligt ist. Wesentlicher Anstoß für die Einführung der Wegzugsbesteuerung mit dem Außensteuergesetz im Jahre 1972 war ein Auswanderungsfall aus dem Jahre 1968 (BFH v. 26.1.1977, VIII R 109/75, BStBl. II 1977, 283), der der Vorschrift die Bezeichnung „lex Horten" eingebracht hat (zweifelnd an der Berechtigung dieser Terminologie *FWBS* § 6 Rz. 1). Ziel war es von Beginn an, die in den Beteiligungen enthaltenen stillen Reserven bei Wegzug ins Ausland der deutschen Besteuerung zu unterwerfen und so die bestehenden Doppelbesteuerungsabkommen zu unterlaufen (Leitsätze der Bundesregierung vom 17.12.1970 in *FWBS* § 6 AStG S. 5 und Regierungsbegründung in *FWBS* § 6 AStG S. 9). **1**

Der Gesetzgeber hat zu diesem Zweck einen Entstrickungstatbestand geschaffen, der auf einer Veräußerungsfiktion aufbaut. Vordergründig soll einer Verlagerung von Steuersubstrat entgegengewirkt werden, die es dem Steuerpflichtigen unter Ausnutzung des internationalen Steuergefälles ermöglicht, ungerechtfertigte Steuervorteile zu erlangen. Denn aufgrund bestehender **2**

DBA läuft § 49 Abs. 1 Nr. 2e EStG ins Leere, da das Besteuerungsrecht idR dem Wohnsitzstaat zugewiesen ist (Art. 13 Abs. 5 OECD-MA). § 6 schließt die nach Ansicht des Gesetzgebers bestehende Regelungslücke durch eine abschließende Besteuerung der stillen Reserven im Rahmen der unbeschränkten Steuerpflicht (so Tz. 6.1.3.1 AEAStG). Die Rechtsfolgen des § 17 EStG sollen somit ohne Veräußerung eintreten. Die bestehende Regelung schießt aber weit über das Ziel einer Sanktionierung ungerechtfertigter Steuervorteile hinaus, da auch bei Wegzug in ein Land mit höherem Steuerniveau die Besteuerung greift.

3   Die Grundkonzeption der Vorschrift, der schon der erste Referentenentwurf vom 23.12.1970 zugrunde lag, wurde im Wesentlichen beibehalten. Im weiteren Gesetzgebungsverfahren vorgenommene Änderungen betrafen weitgehend die Verfeinerung der getroffenen Regelungen. Während zunächst alle wesentlichen Beteiligungen von der Wegzugsbesteuerung erfasst werden sollten, beschränkte man sich im dritten Referentenentwurf vom 20.4.1971 auf Anteile an inländischen Kapitalgesellschaften. Dies erschien insoweit unverständlich, da das Besteuerungsrecht an ausländischen Beteiligungen gerade nicht durch § 49 EStG gesichert war.

4   Durch das Steuerbereinigungsgesetz 1986 vom 19.12.1985 (BGBl. 1985 I 2436; BStBl. I 1985, 735) wurde § 49 Abs. 1 Nr. 2c EStG in § 49 Abs. 1 Nr. 2e geändert. Die notwendige Folgeänderung des § 6 wurde erst im Steueränderungsgesetz 1992 (BGBl. 1992 I 297; BStBl. I 1992, 146) berücksichtigt.

5   Gegen die Vorläuferbestimmung wurden erhebliche Bedenken aus unionsrechtlicher Sicht erhoben (vgl. → Rz. 60 ff.). Der EuGH bestätigte die Zweifel an der Europarechtskonformität der in § 6 aF geregelten deutschen Wegzugsbesteuerung indirekt mit Urteil vom 11.3.2004 (Rs. C-9/02, *Lasteyrie du Saillant*). Als Reaktion darauf wurde die Bestimmung durch das Gesetz über steuerliche Begleitmaßnahmen zur Einführung der Europäischen Gesellschaft und zur Änderung weiterer steuerrechtlicher Vorschriften (SEStEG) vom 7.12.2006 (BGBl. 2006 I 2782) völlig neu gefasst. Neben zahlreichen Änderungen wurde mit diesem Gesetz auch die tatbestandliche Ausweitung auf Anteile an ausländischen Kapitalgesellschaften eingeführt.

6   Die zunächst im Wesentlichen beibehaltene Grundkonzeption der Vorschrift wurde indessen durch Änderungen der Verweisnorm, nämlich des § 17 EStG, später fundamental geändert. Zunächst wurde durch Art. 1 des Steueränderungsgesetzes 1992 (StÄndG 1992 v. 25.2.1992, BGBl. 1992 I 297) die Einlage von Anteilen an einer Kapitalgesellschaft in das Vermögen einer anderen Kapitalgesellschaft in § 17 Abs. 1 S. 2 EStG der Anteilsveräußerung gleichgestellt. Sodann erfolgte die Streichung der Bagatellgrenze von 1 vH in § 17 Abs. 1 S. 1 EStG durch das Jahressteuergesetz 1996 (BGBl. 1995 I 1250). Dieser Änderung folgte die gestaffelte Absenkung der Wesentlichkeitsgrenze von 25 vH auf zunächst 10 vH (Steuerentlastungsgesetz 1999/2000/2002 v. 24.3.1999, BGBl. 1995 I 1250) und nachfolgend auf 1 vH (Steuersenkungsgesetz v. 23.10.2000, BGBl. 2000 I 1433). Mit diesem Gesetz zur Senkung der Steuersätze und zur Reform der Unternehmensbesteuerung (Steuersenkungsgesetz – StSenkG) wurde auch das Halbeinkünfteverfahren eingeführt, wodurch eine prinzipielle Neujustierung der Anteilsveräußerungsgewinnbesteuerung ins Werk gesetzt wurde. Ergänzt wurden diese wesensmäßigen Än-

A. Allgemeines   7–16 § 6

derungen der Wegzugsbesteuerung durch die Einführung zunächst des Halbeinkünfteverfahrens und später der Überführung des Halbeinkünfteverfahrens in das Teileinkünfteverfahren durch das Unternehmensteuerreformgesetz 2008 v. 14.8.2007 (BGBl. 2007 I 1912). Diese Fundamentaländerungen in den Bezugsvorschriften (§ 3 Nr. 40, § 17 EStG) dokumentieren, dass sich der Wesensgehalt des § 6 erheblich geändert hat und belegen die Rückwirkungen auf die Wegzugsregelung.

Durch das Gesetz zur Anpassung der Abgabenordnung an den Zollkodex **7** der Union und zur Änderung weiterer steuerlicher Vorschriften (Zollkodex-AnpG v. 22.12.2014, BGBl. 2014 I 2417) wurde § 6 Abs. 5 S. 3 ergänzt, indem § 6 Abs. 5 S. 3 Nr. 4 angefügt wurde. Nach der durch das gleiche Gesetz angefügten zeitlichen Anwendungsregelung des § 21 Abs. 23 ist § 6 Abs. 5 S. 3 in der am 31. Dezember 2014 geltenden Fassung in allen Fällen anzuwenden, in denen die geschuldete Steuer noch nicht entrichtet ist. Materiell erfolgte dadurch eine Ausdehnung der Stundungsregelung im Fall des § 6 Abs. 1 S. 2 Nr. 4. Diese Vorschrift umfasst die Fälle, in denen das Recht der Bundesrepublik Deutschland, stille Reserven in Anteilen des § 17 EStG zu besteuern, auf Grund anderer als in § 6 Abs. 1 S. 1 und 2 Nrn. 1–3 genannter Ereignisse ausgeschlossen oder beschränkt wird. Der Lückenschluss zu Gunsten des Steuerpflichtigen beseitigte insoweit einen vorher gegebenen offensichtlichen unionsrechtswidrigen Zustand.

einstweilen frei   **8–14**

II. Überblick über den Regelungsgehalt der Wegzugsbesteuerung

§ 6 stellt die Besteuerung stiller Reserven in Beteiligungen an inländischen **15** und ausländischen Kapitalgesellschaften iSd § 17 EStG sicher, wenn eine natürliche Person ihren Wohnsitz ins Ausland verlegt. Die Wohnsitzverlegung wird der Veräußerung einer Beteiligung gleichgestellt und fingiert einen sachlichen Anknüpfungspunkt für die Besteuerung. § 6 begründet damit einen Besteuerungstatbestand, der an nicht realisierte Vermögensmehrungen im Privatvermögen anknüpft. Nach der Intention des Gesetzgebers sollte eine Regelungslücke in der Besteuerung von Wertzuwächsen in Beteiligungen geschlossen werden. Denn grundsätzlich kennt das deutsche Steuerrecht – trotz legislativer Entwicklungen der jüngeren Vergangenheit, wie etwa § 4 Abs. 1 S. 3 EStG – keinen allgemeinen Entstrickungstatbestand, der die Realisierung stiller Reserven bei Ausscheiden eines Steuerpflichtigen aus der unbeschränkten Steuerpflicht konstituiert (*FWBS* § 6 AStG Rz. 5a). Insbesondere hat die Rechtsprechung vor Inkrafttreten des § 4 Abs. 1 S. 3 EStG eine Analogie zum Entnahmetatbestand des § 4 Abs. 1 S. 1 EStG abgelehnt (BFH v. 26.1.1977, VIII R 109/75, BStBl. II 1977, 283, BFHE 121, 63).

Im Grundsatz ist § 6 nicht als typische Missbrauchsvorschrift ausgestaltet. **16** Sie greift unabhängig davon, ob und in welcher Höhe die Wertsteigerung in den Anteilen künftig der Besteuerung unterliegt. Gleichwohl hatte der Gesetzgeber – wie sich auch aus der Entstehungsgeschichte ergibt – mit der Vorschrift zunächst den Wegzug ins niedrig besteuerte Ausland im Blick. Hingewiesen wird in den Leitsätzen der Bundesregierung vom 17.12.1970 (in *FWBS* § 6 AStG S. 5) auf den Wegzug ins Ausland und die anschließende Veräußerung der Beteiligung. Indessen geht der Regelungsgehalt der Vorschrift über derartige Fälle hinaus und erfasst auch die unrealisierten Vermögenszuwächse bei Wegzug ins hochbesteuerte Ausland. In diesen Fällen kann nicht von ungerechtfertigten Steuervorteilen gesprochen werden; es handelt sich vielmehr um eine Sicherung von Steuersubstrat für den deutschen Fiskus – und das unabhängig von der künftigen Besteuerung der Veräußerungsgewinne im Ansässigkeitsstaat des Steuerpflichtigen. Im Ergebnis wurden durch die Vorschrift **zwei** Zielsetzungen verwirklicht:

17 (1) Verlegt der Steuerpflichtige seinen Wohnsitz in einen Staat, mit dem ein Doppelbesteuerungsabkommen abgeschlossen ist, weist dieses das Besteuerungsrecht hinsichtlich der Beteiligung dem künftigen Wohnsitzstaat zu. Als Folge gehen dem deutschen Fiskus die in den Anteilen enthaltenen stillen Reserven verloren. § 49 Abs. 1 Nr. 2e EStG läuft insoweit ins Leere. Durch § 6 wird ein Anknüpfungspunkt für die Besteuerung im Inland geschaffen, der im Zeitpunkt des Verlassens der Bundesrepublik als letzten Akt innerhalb der unbeschränkten Steuerpflicht ansetzt. Damit greift die Besteuerung bereits, bevor der Steuerpflichtige sich auf den Schutz des künftig anzuwendenden Doppelbesteuerungsabkommens berufen kann. Im Ergebnis werden durch diese Regelung Doppelbesteuerungsabkommen unterlaufen. Erfolgt eine Besteuerung eines künftigen Veräußerungsgewinns im Ausland, werden zur Ermittlung des Veräußerungsgewinns die ursprünglichen Anschaffungskosten zugrunde gelegt. Die Gefahr der teilweisen Doppelbesteuerung als Folge der Wegzugsbesteuerung hat der Gesetzgeber zu Lasten des Steuerpflichtigen in Kauf genommen. Die Vorschrift verfolgt anscheinend auch den Zweck einer Strafsteuer. Der Verweis auf des Verständigungsverfahren nach Art. 25 Abs. 1 OECD-MA vermag da wenig zu befriedigen.

18 Bei Wohnsitzverlagerungen ins Nicht-DBA-Ausland bleiben die stillen Reserven in den Beteiligungen aufgrund des § 49 Abs. 1 Nr. 2e EStG innerhalb der beschränkten oder erweitert beschränkten Steuerpflicht steuerverhaftet. Insoweit bewirkt § 6 eine zeitliche Vorverlagerung des Veräußerungstatbestandes. Denn in Einzelfällen besteht durchaus die Gefahr, dass das Besteuerungsrecht der Bundesrepublik künftig nicht durchsetzbar ist. Aus diesem Grund greift die Besteuerung der bis zu diesem Zeitpunkt entstanden stillen Reserven auch ohne Veräußerungstatbestand.

19 (2) In persönlicher Hinsicht erfasst die Wegzugsbesteuerung natürliche Personen, die mindestens zehn Jahre nach § 1 Abs. 1 EStG unbeschränkt einkommensteuerpflichtig waren, deren unbeschränkte Steuerpflicht durch Aufgabe des Wohnsitzes und gewöhnlichen Aufenthaltes im Inland endet und die iSd § 17 EStG zu mindestens einem Prozent an einer Kapitalgesellschaft beteiligt sind. Es verdient Erwähnung, dass es sich dabei um eine Kapitalgesellschaft mit Sitz und/oder Ort der Geschäftsleitung im Inland oder im Ausland handeln kann. Die frühere Beschränkung auf inländische Kapitalgesellschaften besteht nicht mehr. Im Zeitpunkt des Wegzugs ist ein entsprechend § 17 Abs. 2 EStG ermittelter fiktiver Veräußerungsgewinn zu versteuern. An die Stelle des Veräußerungspreises tritt der gemeine Wert im Besteuerungszeitpunkt. Für den Fall der späteren Erfassung eines tatsächlich realisierten Veräußerungsge-

A. Allgemeines **20–24 § 6**

winns im Rahmen der beschränkten Steuerpflicht, ist der Veräußerungsgewinn um den nach § 6 Abs. 1 S. 1 besteuerten Vermögenszuwachs zu kürzen.

Daneben enthält § 6 Abs. 1 S. 2 eine Reihe von Tatbeständen, die zur **20** Vermeidung von Umgehungen den Grundtatbestand des Abs. 1 S. 1 ergänzen. Dies liegt darin begründet, dass der Grundtatbestand des § 6 Abs. 1 S. 1 nF nicht alle denkbaren Fallkonstellationen zu erfassen vermag, in denen Deutschland Gefahr läuft, das Besteuerungsrecht an einem bisher erfolgten Wertzuwachs von Anteilen iSd § 17 EStG zu verlieren. Um dieser Gefahr zu begegnen, hat der Gesetzgeber entsprechende Ersatztatbestände geschaffen. Diese Ersatztatbestände gehen über die Anwendungsfälle des Grundtatbestandes hinaus und führen zu einer Erweiterung des Anwendungsbereichs. Überblicksartig lässt sich deren Regelungsgehalt wie folgt zusammenfassen:

– § 6 Abs. 1 S. 2 Nr. 1: Nach dieser Norm steht der Beendigung der unbe- **21** schränkten Steuerpflicht iSd S. 1 die Übertragung der Anteile durch ganz oder teilweise unentgeltliches Rechtsgeschäft unter Lebenden oder durch Erwerb von Todes wegen auf nicht unbeschränkt steuerpflichtige Personen gleich. Im Vergleich zum bisherigen Recht fällt auf, dass S. 2 Nr. 1 über den Fall der vorweggenommenen Erbfolge (Schenkung) hinaus auch den Fall der Übertragung der Anteile im Wege der Erbfolge regelt. Demzufolge kann dahingestellt bleiben, ob ein solcher Vorgang möglicherweise unter § 4 fällt. Eine Ermäßigung oder ein Erlass der aufgrund § 6 auf die Schenkung entrichteten Steuer, wenn bei der Übertragung der Anteile darüber hinaus Erbschaftsteuer erhoben wird, ist vom Gesetz nicht mehr vorgesehen.

– § 6 Abs. 1 S. 2 Nr. 2: Nach dieser Bestimmung steht der Beendigung der **22** unbeschränkten Steuerpflicht die Begründung eines Wohnsitzes oder gewöhnlichen Aufenthaltes oder die Erfüllung eines anderen ähnlichen Merkmals in einem ausländischen Staat gleich, wenn der Steuerpflichtige aufgrund dessen nach einem Abkommen zur Vermeidung der Doppelbesteuerung als in diesem Staat ansässig anzusehen ist.

– § 6 Abs. 1 S. 2 Nr. 3: Im Fall der Einlage der Anteile an einer Kapitalgesell- **23** schaft in einen Betrieb oder eine Betriebsstätte des Steuerpflichtigen in einem ausländischen Staat werden die Rechtsfolgen des § 6 wie im bisherigen Recht ausgelöst. Im Gegensatz zur bisherigen Rechtslage ist indessen nicht mehr die Einschränkung des deutschen Besteuerungsrechts durch ein bestehendes DBA zur Voraussetzung gemacht. Da sämtliche deutschen DBA dem Betriebsstättenstaat das Besteuerungsrecht zuweisen und Deutschland somit im Regelfall ohnehin das Besteuerungsrecht verliert, dürfte der Wegfall dieser Voraussetzung keine große praktischer Bedeutung entfalten.

– § 6 Abs. 1 S. 2 Nr. 4: Dieser Ersatztatbestand stellt sich als Neuerfindung **24** des Gesetzgebers dar. Danach ergibt sich die Rechtsfolge des § 6 auch dann, wenn das deutsche Besteuerungsrecht am Gewinn aus der Veräußerung der Anteile ausgeschlossen oder beschränkt wird. Es erschließt sich nicht unmittelbar, welche Fallkonstellationen der Gesetzgeber dabei im Blick gehabt haben mag. Nach dem Bericht des Finanzausschusses sollen hierdurch alle sonstigen Fälle erfasst werden, in denen Deutschland nach einem DBA den Veräußerungsgewinn freistellen oder die ausländische Steuer anrechnen muss.

25 Zur Vermeidung von Härtefällen regelt Abs. 3 die Rechtsfolgen bei vorübergehender Abwesenheit in Gestalt eines rückwirkenden Wegfalls der Steuerpflicht, während die Absätze 4 und 5 komplizierte Stundungsregelungen enthalten. Abs. 6 behandelt den für die Praxis wichtigen Aspekt der Wertminderung nach Wegzug, Abs. 7 erlegt den von einer Stundung Begünstigten besondere Mitteilungspflichten auf.

26–34 *einstweilen frei*

III. Verfassungsrechtliche Bedenken

35 Gegen die Verfassungsmäßigkeit des § 6 wurden in der Literatur (*Schaumburg* Internationales Steuerrecht Rz. 5.397) schwerwiegende Bedenken angemeldet. Diese beruhten in der Vergangenheit im Wesentlichen auf der ausschließlichen Erfassung der stillen Reserven in Anteilen an inländischen Kapitalgesellschaften. Insbesondere vor dem Hintergrund des lückenhaften § 49 Abs. 1 EStG erschien es wenig plausibel, warum die stillen Reserven in anderen, insbesondere von der erwähnten Vorschrift nicht erfassten Wirtschaftsgütern einer Besteuerung nicht unterworfen werden (*Schaumburg* Internationales Steuerrecht Rz. 5.396). Insoweit vermochte auch die Argumentation des BFH (Beschl. v. 17.12.1997, I B 108/97, BStBl. II 1998, 558) nicht zu überzeugen, der lediglich von einer Vorverlagerung der Besteuerung inländischer Einkünfte iSd § 49 Abs. 1 Nr. 2e EStG sprach. Diese Problematik hat sich mit der nunmehr geltenden Neufassung erledigt, da sich die Vorschrift tatbestandlich nunmehr auf sämtliche Anteile iSd § 17 Abs. 1 S. 1 EStG erstreckt. Es steht völlig außer Frage, dass diese Norm auch Anteile an Kapitalgesellschaften erfasst, die weder Sitz noch Ort der Geschäftsleitung im Inland haben.

36 Aus verfassungsrechtlicher Perspektive weiterhin problematisch ist das Anknüpfungsmerkmal, dessen der Gesetzgeber sich hier bedient. Insbesondere aus steuersystematischer Sicht erweist sich die tatbestandliche Anknüpfung als zweifelhaft. Der Gesetzgeber wählt nämlich eine nicht leistungsfähigkeitssteigernde ökonomische Wahlhandlung, den Wegzug des Steuerpflichtigen, um einen Steuertatbestand zu schaffen, der eine Besteuerung im Zeitpunkt des Wegzugs ermöglichen soll. Im Ergebnis wird damit lediglich eine Schlussbesteuerung unrealisierter Wertzuwächse vor dem Eingreifen eines DBA eingeschoben, dessen Rechtfertigung im Hinblick auf das Leistungsfähigkeitsprinzip besonders deshalb äußerst fragwürdig erscheint, weil mit dem Wegzug keinerlei Zufluss liquider Mittel einhergeht. Aus der verfassungsrechtlich gebotenen Perspektive der Folgerichtigkeit und der Systemkonformität der Besteuerung begegnet die Norm daher bemerkenswerten verfassungsrechtlichen Bedenken.

37 Zudem ist nicht ersichtlich, weshalb andere Wirtschaftsgüter – gerade vor dem Hintergrund der Nichterfassung durch § 49 Abs. 1 EStG – ausgenommen bleiben sollten. Denn wenn eine derartige Wegzugsbesteuerung für von § 49 Abs. 1 EStG erfasste Einkünfte noch während der unbeschränkten Steuerpflicht gilt, muss dies erst recht für – wohlgemerkt während der unbeschränkten Einkommensteuerpflicht entstandene – Wertzuwächse in anderen Wirtschaftsgütern gelten, soweit hierfür eine Besteuerung vorgesehen ist. Lediglich hinsichtlich des Wegzugs in einen Nicht-DBA-Staat kann von einer Vorverlagerung der Besteuerung gesprochen werden. Insoweit ist aber nicht ersichtlich, worin die erhöhte Leistungsfähigkeit des Steuerpflichtigen erblickt werden soll. Im Wegzug ins Ausland ist keinesfalls ein solcher Umstand zu sehen. Gleichzeitig werden nur Beteiligungen im Privatvermögen erfasst (dazu → Rz. 270 ff.), im Betriebsvermögen gehaltene Beteiligungen werden nicht der zeitlich vorgezogenen Wegzugsbesteuerung unterworfen. Eine Besteuerung könnte allenfalls dann in Frage kommen, wenn durch den Wegzug die Durchsetzung des Steueranspruchs gefährdet erscheint und kein milderes Mittel zur Sicherstellung dieses Anspruchs existiert. Diese Fälle dürften sich allerdings auf einen Bruchteil der von § 6 erfassten Sachverhalte beschränken. Somit liegen sowohl eine nicht gerechtfertigte Ungleichbehandlung iSd Art. 3 Abs. 1 GG hinsichtlich der erfassten stillen Reserven, als auch hinsichtlich der Besteuerung unrealisierter Wertzuwächse vor.

einstweilen frei **38–44**

IV. Verhältnis zu anderen Vorschriften (außer Europäisches Primärrecht)

1. Beschränkte Steuerpflicht

Die Wegzugsbesteuerung greift ungeachtet des Fortbestehens einer beschränkten Einkommensteuerpflicht gem. § 1 Abs. 4 iVm § 49 Abs. 1 Nr. 2e EStG. Es ist unerheblich, ob der Bundesrepublik das Besteuerungsrecht weiterhin zusteht oder ob es durch DBA auf den künftigen Ansässigkeitsstaat übertragen wird. Eine Vermeidung der Doppelbesteuerung auf nationaler Ebene findet durch Anrechnung des besteuerten Vermögenszuwachses auf den anzusetzenden Gewinn (vgl. → Rz. 320 ff.) statt (§ 6 Abs. 1 S. 5). **45**

2. DBA

Umstritten ist das Verhältnis des § 6 zu den Doppelbesteuerungsabkommen. In den DBA wird das Besteuerungsrecht im Regelfall dem Ansässigkeitsstaat des Steuerpflichtigen zugewiesen (vgl. Art. 13 Abs. 5 OECD-MA). Der zu versteuernde Veräußerungsgewinn ergibt sich dann regelmäßig aus der Differenz des Veräußerungspreises und der Anschaffungskosten ggf. vermindert um Veräußerungskosten. Die Berechnung des Veräußerungsgewinns im Ansässigkeitsstaat erfolgt nach den dort geltenden steuerlichen Vorschriften ohne Berücksichtigung der Besteuerung eines Wertzuwachses bei Wegzug des Steuerpflichtigen. De facto kommt es daher zu einer zumindest teilweisen Doppelbesteuerung des Veräußerungsgewinns. Die Frage ist, ob durch die Regelung des § 6 ein Besteuerungstatbestand geschaffen wurde, der vor Eingreifen des Doppelbesteuerungsabkommens greift oder ob die Regelung ob die Wegzugsbesteuerung als „treaty overriding" angelegt ist. **46**

Formal betrachtet greift der Schutz des Doppelbesteuerungsabkommens erst dann ein, wenn der Steuerpflichtige seinen Wohnsitz in den künftigen Ansässigkeitsstaat verlegt. Die Wegzugsbesteuerung des § 6 greift in der logischen Sekunde vor Begründung des Wohnsitzes im Ausland noch innerhalb der unbeschränkten Steuerpflicht im Inland. Folglich kann sich der Betroffene noch **47** nicht auf das Doppelbesteuerungsabkommen berufen, dem er künftig unterfällt (so auch die Finanzverwaltung in Tz. 6.14.1 des AEAStG). Daher kann die Regelung des § 6 auch nicht abkommenswidrig sein.

48 Nach aA (*Flick* BB 1971, 250; *Vogel* BB 1971, 1185 (1188); *ders.* DB 1972, 1402 (1405); *Telkamp* StuW 1972, 107 f.) ist ein Verstoß gegen den Sinn der Doppelbesteuerungsabkommen durch die doppelte Besteuerung der in der Beteiligung enthaltenen stillen Reserven festzustellen. Aus diesem Grund liegt nach Auffassung von *Schaumburg* (Internationales Steuerrecht Rz. 5.399) ein treaty overriding vor. Dieser Ansicht ist zuzustimmen, soweit das DBA auch die bereits von der Wegzugsbesteuerung erfassten stillen Reserven dem künftigen Ansässigkeitsstaat zuordnet. Ein Verweis auf ein Verständigungsverfahren (*FWBS* § 6 AStG Rz. 8c) kann insoweit nicht befriedigen. Lediglich die Aufnahme einer Aufteilungsregel (wie zB Art. 13 Abs. 5 DBA-Schweiz, Art. 13 Abs. 5 DBA-Schweden) oder einer Möglichkeit der Anrechnung der Steuer bei tatsächlicher Veräußerung (zB Art. 23 DBA-Kanada) kann einen Verstoß des § 6 gegen Abkommensrecht verhindern.

49 Durch diese Vermögenszuwachsbesteuerung wird der Ansässigkeitsstaat des späteren Veräußerers in seinem Besteuerungsrecht nach Art. 13 Abs. 5 OECD-MA beschränkt. Fraglich ist, ob in dieser Vorverlagerung der Besteuerung durch Anknüpfung an einen fiktiven Veräußerungstatbestand ein Treaty Override liegt. Dies könnte mit der Begründung verneint werden, die Wegzugsbesteuerung greife im letzten Moment der unbeschränkten Steuerpflicht – gewissermaßen in der letzten juristischen Sekunde vor dem Wegzug – ein. Zu diesem Zeitpunkt ist es noch nicht zur Aufgabe des Wohnsitzes oder gewöhnlichen Aufenthalts in Deutschland gekommen. Neben der im Rahmen des § 6 virulent werdenden Problematik sind auch andere Normbereiche betroffen, etwa der in § 20 Abs. 2 vorgesehene Wechsel von der Freistellung zur Anrechnung.

50 Dem argumentativen Ansatz des Treaty Override sollte im Rahmen des § 6 wie im Rahmen sämtlicher „Exit"-Besteuerungsfragen keine allzu hohe Bedeutung mehr beizumessen sein. Zwar war die traditionelle Perspektive, nach der Treaty Override steuerrechtlich für zulässig gehalten wurde, seit dem sog. *Görgülü*-Beschluss des BVerfG (BVerfG v. 14.10.2004, 2 BvR 1481, BVerfGE 111, 307 ff.; BFH v. 13.7.1994 I R 120/93, BStBl. II 1995, 130; vgl. zum Ganzen *Wassermeyer* OECD-MA Art. 1 MA Rz. 78) ins Wanken geraten. Das BVerfG (BVerfG v. 14.10.2004, 2 BvR 1481, NJW 2004, 3407) hatte nämlich in nicht-steuerlichem Zusammenhang in der viel zitierten *Görgülü*-Entscheidung darauf hingewiesen, dass „der Gesetzgeber von Verfassung wegen gehalten ist, Völkerrecht zu beachten, wenn nicht ausnahmsweise die Voraussetzungen vorliegen, von denen das BVerfG die Zulässigkeit der Abweichungen vom Völkervertragsrecht abhängig macht." Des Weiteren sei es die Verpflichtung aller Staatsorgane, „die Bundesrepublik bindenden Völkerrechtsnormen zu befolgen und Verletzungen nach Möglichkeit zu unterlassen".

51 Dieser Duktus mag den I. Senat des BFH bewegt haben, sich näher mit der bis dato auch von ihm vertretenen Position auseinanderzusetzen. Dies mündete letztlich in mehreren Vorlagebeschlüssen, in denen der BFH (BFH v. 20.8.2014, I R 86/13, BFH/NV 2014, 1985 betreffend § 50d Abs. 9 EStG, BFH v. 11.12.2013, I R 4/13, BFH/NV 2014, 614 betreffend § 50d Abs. 10 EStG,

A. Allgemeines

52–55 § 6

BFH v. 10.1.2012, I R 66/09, BFH/NV 2012, 1056 betreffend § 50d Abs. 8 EStG) mehrfach die Verfassungsmäßigkeit von Treaty Overrides bezweifelt hat.

Mit seinem Beschluss v. 15.12.2015, 2 BvL 1/12 zu § 50d Abs. 8 EStG hat **52** das BVerfG eine der wichtigsten und zugleich umstrittensten Fragen zum Verhältnis zwischen DBA und innerstaatlichem Recht abweichend von der Auffassung des vorlegenden I. Senats des BFH beantwortet. Die Entscheidung hat vor allem deshalb besondere Bedeutung, weil abkommenswidrige Gesetzgebung kein Einzelfall ist. Für die Besteuerungspraxis sind damit die Möglichkeiten signifikant gesunken, die Verfassungswidrigkeit einer steuerrechtlichen Norm mit der Argumentation eines Treaty Override zu begründen.

Modifiziert stellt sich insofern die Besteuerung der stillen Reserven im **53** Zeitpunkt der tatsächlichen Veräußerung dar. Denn dann wird dem Wegzugsstaat die Besteuerungsbefugnis für einen Zeitpunkt eingeräumt, für welchen dem Ansässigkeitsstaat das Besteuerungsrecht abkommensrechtlich zusteht. Nach Auffassung des BFH ist der Ansässigkeitsstaat des Veräußerers, also der Zuzugsstaat gehalten, im Fall einer späteren Veräußerung dafür Sorge zu tragen, dass eine doppelte Erfassung der bis zum Wegzug entstandenen stillen Reserven vermieden wird. Konsequenterweise enthalten einige DBA bereits entsprechende Sonderregelungen. Danach ist die Besteuerung der im Inland aufgelaufenen stillen Reserven im Wegzugsstaat im Zeitpunkt des Wegzugs zulässig. Dementsprechend findet im Zuzugsstaat eine Aufstockung der Buchwerte der Anteile auf den Verkehrswert im Zuzugszeitpunkt statt. Die einschlägigen Normen werden auch als Step-up-Klauseln bezeichnet. Für den Zuzugsfall hat Deutschland mit der Einführung von § 17 Abs. 2 S. 3 EStG im innerstaatlichen Steuerrecht ebenfalls eine Step-up-Klausel für die Ermittlung des Gewinns aus der Veräußerung von im Privatvermögen gehaltenen Kapitalgesellschaftsanteilen geschaffen.

Nach Art. 13 Abs. 6 DBA USA gilt eine Sonderregel. Wird eine natürliche **54** Person nach ihrem Wegzug aus einem der Vertragsstaaten nach den Steuergesetzen dieses Staates so behandelt, als habe sie Vermögen veräußert, und wird sie in diesem Staat aufgrund dessen besteuert, so ist diese Person berechtigt, für Besteuerungszwecke im anderen Vertragsstaat so behandelt zu werden, als hätte sie unmittelbar vor ihrem Wegzug aus dem erstgenannten Staat das Vermögen zu einem Betrag veräußert und rückerworben, der dem seinerzeitigen üblichen Marktpreis entspricht. Diese Sonderregel zur Wegzugsbesteuerung hat im Kontext des § 6 folgende Bedeutung: Bei Besteuerung einer Beteiligung im Wegzugsstaat muss der Zuzugsstaat auf Antrag als Anschaffungskosten den Verkehrswert zum Zeitpunkt des Zuzugs ansetzen. Demzufolge kann es zu keiner Doppelbesteuerung kommen.

Im – durch das Zusatzabkommen v. 31.3.2015 (BGBl. 2015 II 1335) neu **55** eingeführten – Art. 7 Abs. 6 DBA Frankreich wurde ebenfalls eine Regelung für Wegzugsfälle getroffen. Nach Art. 7 Abs. 5 DBA Frankreich können der Regelung im OECD-Musterabkommen folgend Gewinne aus der Veräußerung des in den vorangegangenen Absätzen 1, 2, 3 und 4 nicht genannten Vermögens nur in dem Vertragsstaat besteuert werden, in dem der Veräußerer ansässig ist. Anteilsveräußerungsgewinne sind in diesen in Bezuggenommenen Absätzen nicht adressiert, sodass diese – eigentlich – nur im Ansässigkeitsstaat des Veräußerers besteuert werden dürften. Vor diesem Hintergrund ist die Regelung des Art. 7 Abs. 6 DBA Frankreich zu verstehen. Nach dieser Vorschrift wird bei einer natürlichen Person, die in einem Vertragsstaat während mindestens fünf Jahren ansässig war und im anderen Vertragsstaat ansässig geworden ist, das Recht des bisherigen Ansässigkeitsstaates nicht berührt, die stillen Reserven in solchen Anteilen zu besteuern, die nach seinen innerstaatlichen Rechtsvorschriften bei der Person einen Vermögenszuwachs bis zu ihrem Wohnsitzwechsel besteuert werden hätten können. Als Korollar findet sich die Regelung, dass dann, wenn der Wegzugsstaat den Vermögenszuwachs besteuert, bei späterer Besteuerung der tatsächlichen Veräußerung der Anteile im Zuzugsstaat der daraus erzielte Gewinn bei der Ermittlung des Veräußerungsgewinns so ermittelt wird, dass als Anschaffungskosten der Wert der Anteile im Zeitpunkt des Wegzugs zugrunde zu legen sind. Verringert sich der Wert der Anteile nach dem Wegzug, ist für die Berechnung der Veräußerungsgewinne durch den Wegzugsstaat der Veräußerungspreis zu berücksichtigen.

Beispiel:

56 Die im Inland unbeschränkt steuerpflichtige natürliche Person X erfüllt tatbestandlich sowohl die Voraussetzungen des § 6 als auch die des Art. 7 DBA Frankreich. X hält 100% der Anteile an der X-GmbH mit Sitz und Ort der Geschäftsleitung im Inland. Die historischen Anschaffungskosten der Anteile an der X-GmbH betrugen 100, im Wegzugszeitpunkt liegt der dem gemeinen Wert entsprechende Verkehrswert bei 500. X veräußert die Anteile zwei Jahre nach Wegzug nach Frankreich für 1000.
Die Verknüpfung der Regelungen des § 6 mit Art. 7 DBA Frankreich bewirkt, dass Deutschland die im Wegzugszeitpunkt entstandenen stillen Reserven iHv 400 (= 500 minus 100) besteuern darf. Frankreich legt seiner Veräußerungsgewinnbesteuerung Anschaffungskosten von 500 zugrunde, sodass im Zeitpunkt der tatsächlichen Veräußerung stille Reserven iHv 500 (= 1000 minus 500) besteuert werden dürfen.
Kann X die Anteile lediglich für 300 veräußern, gelangt die Bestimmung des Art. 7 Abs. 6 S. 3 DBA Frankreich zur Anwendung. Deutschland darf dann bei seiner Veräußerungsgewinnbesteuerung lediglich die Besteuerung von stillen Reserven iHv 200 (= 300 minus 100) besteuern. Durch die Stundungsregelung des § 6 Abs. 5 ist sichergestellt, dass diese materielle Rechtslage auch verfahrensrechtlich noch berücksichtigt werden kann.

57 Art. 6 Abs. 6 S. 1 DBA Frankreich stellt ab auf Anteile an Gesellschaften, die im „erstgenannten Vertragsstaat" ansässig sind. Mit der Formulierung des „erstgenannten Vertragsstaats" ist regelmäßig der Wegzugsstaat gemeint. Ist demgemäß die Gesellschaft, an der die Anteile gehalten werden, hingegen nicht im Wegzugsstaat abkommensrechtlich ansässig, so greifen die Abkommensregeln nach dem Wortlaut nicht.

Beispiel:

58 Die im Inland unbeschränkt steuerpflichtige natürliche Person X erfüllt tatbestandlich sowohl die Voraussetzungen des § 6 als auch die des Art. 7 DBA Frankreich. X hält 100% der Anteile an der X-S.a.r.l. Dieses Akronym steht für „Société à responsabilité limitée" und entspricht nach dem hier anzuwenden Rechtstypenvergleich der Rechtsform einer Kapitalgesellschaft. Die X-S.a.r.l. hat Sitz und Ort der Geschäftsleitung in Frankreich. Sie ist somit abkommensrechtlich in Frankreich ansässig (vgl. Art. 2 Abs. 1 Nr. 4 Buchst. a DBA Frankreich). Die historischen Anschaffungskosten der Anteile betrugen 100, im Wegzugszeitpunkt liegt der dem gemeinen Wert entsprechende Verkehrswert bei 500. X veräußert die Anteile zwei Jahre nach Wegzug nach Frankreich für 1000.

Nunmehr gelangt die Regelung des Art. 6 Abs. 6 S. 1 DBA Frankreich nicht zur Anwendung, da die X-S. a. r. l. abkommensrechtlich nicht im Wegzugsstaat, also Deutschland, ansässig ist. Es droht demzufolge eine Doppelbesteuerung im Ausmaß der stillen Reserven von 400.

Eine derartige Doppelbesteuerung ist unter unionsrechtlichen Gesichtspunkten äußerst problematisch. Ein Verweis auf ein abkommensrechtliches Verständigungsverfahren vermag die schwerwiegenden unionsrechtlichen Bedenken nicht zu beseitigen. Für den Fall, dass der Zuzugsstaat (im Beispiel Frankreich) in Sachverhalten der vorliegend exemplifizierten Art die im Wegzugsstaat (im Beispiel Deutschland) angewachsenen stillen Reserven besteuert, kommen als verletzte Grundfreiheiten neben der Niederlassungsfreiheit auch die Kapitalverkehrsfreiheit in Betracht. 59

3. Verhältnis zu § 50i EStG

In der Vergangenheit hatte sich ein Gestaltungsmodell etabliert, welches die Vermeidung der Aufdeckung stiller Reserven nach § 6 bei einem Wegzug ins Ausland ermöglichte. So wurde versucht, die Wegzugsbesteuerung (§ 6 AStG) durch verdeckte Einlagen (nach § 6 Abs. 1 Nr. 5b EStG erfolgsneutral) von Kapitalgesellschaftsanteilen vor dem Wegzug in eine gewerblich geprägte Personengesellschaft zu vermeiden. Die Personengesellschaft sollte abkommensrechtliche Betriebsstätten vermitteln, denen die Kapitalgesellschaftsbeteiligungen zuzuordnen waren. Somit sollte das Besteuerungsrecht hinsichtlich der Anteile trotz des Wegzugs des Gesellschafters im Inland verbleiben. Auf eine unmittelbare Entstrickungsbesteuerung konnte demgemäß verzichtet werden. 60

Die Finanzverwaltung beschied entsprechende Wegzugsvarianten auch mit verbindlichen Auskünften. Vereinfacht dargestellt bestanden die entsprechenden Wegzugsmodelle und die entsprechenden verbindlichen Auskünfte inhaltlich somit darin, dass im Privatvermögen gehaltene Anteile an Kapitalgesellschaften vor Wegzug auf eine gewerblich geprägte Personengesellschaft (typischerweise auf eine GmbH & Co. KG) iSd § 15 Abs. 3 Nr. 2 EStG übertragen wurden (BR-Drs. 139/13, 141; *Prinz* DB 2013, 1378; *Pohl* IStR 2013, 699). Die damit eigentlich von § 6 betroffenen Anteile waren damit der Wegzugsbesteuerung entzogen. 61

Die Wegzugsbesteuerung des § 6 AStG konnte somit in der Vergangenheit durch nach § 6 Abs. 1 Nr. 5b EStG erfolgsneutrale verdeckte Einlagen von Kapitalgesellschaftsanteilen in eine gewerblich geprägte Personengesellschaft vor dem Wegzug vermieden werden. Dies war auf der Vorstellung – auch der Finanzverwaltung – gegründet, die – gewerblich geprägte – Personengesellschaft vermittle abkommensrechtliche Betriebsstätten, denen die Kapitalgesellschaftsbeteiligungen zuzuordnen sind. Folglich wäre das Besteuerungsrecht hinsichtlich der Anteile trotz des Wegzugs des Gesellschafters im Inland verblieben mit der Konsequenz, dass auf eine unmittelbare Entstrickungsbesteuerung verzichtet werden konnte. 62

Nach dem damaligen Rechtsverständnis der Finanzverwaltung waren auf die Einkünfte gewerblich geprägter Personengesellschaften die Abkommens- 63 normen über die Unternehmensgewinne (Art. 7 OECD-MA bzw. Art. 13 Abs. 2 OECD-MA) anzuwenden. Verfügte demgemäß die gewerblich geprägte Personengesellschaft über eine inländische Betriebsstätte und waren die Anteile dieser Betriebsstätte (abkommensrechtlich) zuzurechnen, so konnten nach der Vorstellung der Finanzverwaltung im Fall ihrer späteren Veräußerung die stillen Reserven noch uneingeschränkt gemäß Art. 13 Abs. 2 OECD-MA in Deutschland besteuert werden. Eine Besteuerung im Zeitpunkt des Wegzugs unterblieb daher, im Regelfall abgesichert durch eine verbindliche Auskunft.

64 Dieser Sichtweise hatte der BFH mit Urteil vom 28.4.2010 den Boden entzogen, indem er entschied, dass § 15 Abs. 3 Nr. 2 EStG für die abkommensrechtliche Einordnung von Einkünften keine Bedeutung hat (BFH v. 28.4.2010, I R 81/09, BStBl. II 2014, 754). Nach gewandelter BFH-Rechtsprechung begründen nationale Gewerblichkeitsfiktionen indessen keine abkommensrechtlichen Betriebsstätten. So liegen die Verhältnisse bei der gewerblichen Prägung einer Personengesellschaft. Folglich steht das Besteuerungsrecht nach dem Wegzug regelmäßig dem (neuen) Ansässigkeitsstaat des Gesellschafters zu. In Fällen, in denen der Wegzug bereits erfolgt ist, bevor die Finanzverwaltung die vom BFH festgestellte Rechtslage realisiert hat, wäre dem deutschen Fiskus somit das Besteuerungsrecht entzogen gewesen.

65 Der Gesetzgeber reagierte mit einem Nichtanwendungsgesetz. Nachdem der BFH in der zitierten Entscheidung abkommensrechtlich eine Betriebsstätte im Fall von gewerblich geprägten Personengesellschaften verneint hatte, wurde § 50i EStG mit dem AmtshilfeRLUmsG eingeführt (Gesetz zur Umsetzung der Amtshilferichtlinie sowie zur Änderung steuerlicher Vorschriften v. 26.6.2013, BGBl. 2013 I 1809). In der Sache wurde damit ein – nach Auffassung des BVerfG (Beschluss v. 15.12.2015, 2 BvL 1/12) wohl zulässiges – Treaty Override in Form des § 50i EStG eingeführt. Dessen Anwendungsbereich wurde mit dem StändAnpGKroatien erweitert. Ziel war es, auch Fälle zu erfassen, in denen eine gewerblich tätige Personengesellschaft ihren Betrieb nach § 20 UmwStG in eine (Tochter-)Kapitalgesellschaft eingebracht hat und als gewerblich geprägte Personengesellschaft fortbestand. Ebenso wurden vorher bereits erfasste Betriebsaufspaltungskonstellationen auf Einzelunternehmen ausgedehnt. Ein Leerlaufen des § 50i EStG wollte der Gesetzgeber schließlich mit dem Abs. 2 im Fall von Umwandlungen bzw. Einbringungen („Veräußerungen" zum Buchwert) vermeiden.

66 Mittlerweile hat § 50i EStG ein Eigenleben erfasst, welches sich weit von der Regelungsdiktion des § 6 entfernt hat. Die Bestimmungen stehen – soweit genuine Wegzugsfälle betroffen sind – isoliert nebeneinander in dem Sinne, dass entweder § 6 AStG oder § 50i EStG anzuwenden ist. Eine Konkurrenzlage zwischen § 50i EStG und § 6 AStG ist deswegen schwer vorstellbar, weil § 6 AStG Kapitalgesellschaftsanteile im Privatvermögen voraussetzt. Anders ausgedrückt schließen sich § 50i EStG und § 6 hinsichtlich ihres Anwendungsbereichs gegenseitig aus. Denn – um es zu betonen – § 6 trifft Regelungen für Anteile iSd § 17 EStG (Privatvermögen). Demgegenüber enthält § 50i EStG Regelungen für eine (ggf. fingierte) Realisation von stillen Reserven im Betriebsvermögen.

67–79 *einstweilen frei*

B. Unionsrechtliche Problematik

I. Vorbemerkung

Zur damals noch so bezeichneten „Europarechtlichen Problematik" s. ausführlich Vorauflage, § 6 Rz. 60 ff., dort insbesondere zur Entwicklung der diesbzgl. Rechtsprechungsentwicklungen von EuGH und BFH sowie der in Betracht kommenden Grundfreiheitenverletzungen. Mit dem Inkrafttreten des Vertrags von Lissabon am 1. Dezember 2009 hat die Europäische Union Rechtspersönlichkeit erlangt und die zuvor der Europäischen Gemeinschaft eingeräumten Zuständigkeiten übernommen. Das Gemeinschaftsrecht ist daher zum Unionsrecht geworden, das auch alle Bestimmungen umfasst, die in der Vergangenheit aufgrund des Vertrags über die Europäische Union in seiner Fassung vor dem Vertrag von Lissabon ergangen sind. 80

Obwohl nach Erwägungsgrund 10 der „Anti Tax Avoidance Directive" (ATAD; Richtlinie 2016/1164 des Rates mit Vorschriften zur Bekämpfung von Steuervermeidungspraktiken mit unmittelbaren Auswirkungen auf das Funktionieren des Binnenmarkts v. 12.7.2016, ABl. 2016 L 193, 1) die Wegzugsbesteuerung sicherstellen soll, dass der Staat eines Wegzüglers die in seinem Hoheitsgebiet entstandene Wertsteigerung besteuern können soll, findet die Richtlinie keine Anwendung auf den Themenbereich des § 6. Denn die ATAD bestimmt in Artikel 1 „Anwendungsbereich" den persönlichen Geltungsbereich. Danach gilt die Richtlinie für alle Steuerpflichtigen, die in einem oder mehreren Mitgliedstaaten körperschaftsteuerpflichtig sind. Für einkommensteuerpflichtige (natürliche) Personen findet sie mithin keine Anwendung. 81

Ob der Einschätzung, die Wegzugsbesteuerung sei im Wesentlichen mit den europarechtlich (in heutiger Terminologie: unionsrechtlich) verbürgten Grundfreiheiten vereinbar (*Schaumburg* Internationales Steuerrecht 3. Auflage 2011, 5.360 mwN), gefolgt werden kann, begegnet insbesondere aufgrund jüngerer Entwicklungen im Bereich des Konkurrenzverhältnisses von Niederlassungsfreiheit und Kapitalverkehrsfreiheit Zweifeln (vgl. zB *Kraft/Schmidt* RIW 2011, 758). 82

Basierend auf seiner Grundsatzentscheidung in der Rs. C-9/02 *Lasteyrie du Saillant* vom 11.3.2004 hat der EuGH den Mitgliedstaaten die Eckpunkte einer unionsrechtskonformen Wegzugsbesteuerung vorgegeben. Im Anschluss an dieses Judikat hat der deutsche Gesetzgeber durch das Gesetz über steuerliche Begleitmaßnahmen zur Einführung der Europäischen Gesellschaft und zur Änderung weiterer steuerrechtlicher Vorschriften (SEStEG v. 7.12.2006, BGBl. 2006 I 2782) den Versuch unternommen, für die deutsche Rechtslage eine unionsrechtskompatible Regelung der Wegzugsbesteuerung herbeizuführen. 83

einstweilen frei 84–89

II. Unionsrechtliche Prüfungsmaßstäbe

1. Vorbemerkung

Die Prüfungsmaßstäbe ergeben sich aus der Frage der Vereinbarkeit des § 6 mit den unionsrechtlichen Vorgaben. Dies sind im Wesentlichen die im AEUV garantierten Grundfreiheiten. Mit besonderer Relevanz für die Weg- 90 zugsbesteuerung haben sich die Niederlassungsfreiheit, die Arbeitnehmerfreizügigkeit sowie die Kapitalverkehrsfreiheit als unionsrechtliche Grundfreiheiten etabliert. Aufgrund fehlender grenzüberschreitender Tätigkeit sind Warenverkehrs- und Dienstleistungsfreiheit im Kontext der Wegzugsbesteuerung nicht betroffen.

2. Freizügigkeit der Arbeitnehmer

91 Art. 45 AEUV (ex-Artikel 39 EGV) gewährleistet innerhalb der Union die Freizügigkeit der Arbeitnehmer. Vom Anwendungsbereich der Norm werden Arbeitnehmer mit der Staatsangehörigkeit eines der Mitgliedsstaaten erfasst. Als Arbeitnehmer gelten dabei Personen, die eine „Tätigkeit im Lohn- oder Gehaltsverhältnis" (Art. 1 Abs. 1 VO (EWG) Nr. 1612/68) ausüben. Merkmal des unselbständigen Arbeitsverhältnisses ist die Erbringung von Leistung für einen anderen nach dessen Weisungen während einer bestimmten Zeit, für die der Arbeitnehmer als Gegenleistung eine Vergütung erhält.

92 Art. 45 Abs. 2 AEUV verbietet zunächst jede auf der Staatsangehörigkeit beruhende unterschiedliche Behandlung von Arbeitnehmern der Mitgliedsstaaten in Bezug auf Beschäftigung, Entlohnung und sonstige Arbeitsbedingungen. Unterscheiden Vorschriften ausdrücklich zwischen Inländern und EU-Ausländern, verstoßen sie gegen das Diskriminierungsverbot aus Gründen der Staatsangehörigkeit. Dieses absolute Differenzierungsverbot lässt keine Rechtfertigung zu und wird nur durch primäres Unionsrecht eingeschränkt. Neben den genannten unmittelbaren Diskriminierungen verbietet das Gleichbehandlungsgebot auch jede Form der mittelbaren Diskriminierung. Eine solche mittelbare Diskriminierung ist dann gegeben, wenn eine Norm an einem anderen Merkmal als die Staatsangehörigkeit anknüpft, dieser Anknüpfungspunkt aber geeignet ist, eine Benachteiligung von EU-Arbeitnehmern gegenüber Inländern hervorzurufen. Mittelbare Diskriminierungen sind dann zulässig, wenn zwingende Gründe des Allgemeininteresses vorliegen, die entsprechenden entgegenstehenden Normen verhältnismäßig, erforderlich und geeignet sind. Daneben schützen Diskriminierungsverbote auch Inländer vor ungerechtfertigten Benachteiligungen durch ihren Herkunftsstaat, wenn sie sich in einer Lage befinden, die mit derjenigen aller anderen Personen, die in den Genuss der durch den Vertrag garantierten Rechte und Freiheiten kommen, vergleichbar sind (EuGH v. 7.3.1979, 115/78, Slg. 1979, 399 – *Knoors;* EuGH v. 31.3.1993, C-19 I-92 Slg. 1993 I-1663 – *Kraus;* EuGH v. 23.2. 1994, C-419/92 Slg. 1994 I-505 – *Scholz*).

93 Darüber hinaus leitete der EuGH (EuGH v. 15.12.1995, C-415/93, Slg. 1995 I-4921 Rz. 94 ff. – *Bosman;* EuGH v. 27.1.2000, C-190/98, Slg. 2000, I-493 Rz. 18 – *Graf*) aus Art. 39 Abs. 2 EGV (nunmehr Art. 45 AEUV) ein unabhängig von der Staatsangehörigkeit geltendes Beschränkungsverbot ab. Betroffen davon sind alle Maßnahmen, die einen Unionsbürger daran hindern, sein Herkunftsland zu verlassen und sich zur Ausübung einer unselbständigen wirtschaftlichen Tätigkeit ins Ausland zu begeben und sich dort aufzuhalten. Als Annexgewährleistung umfasst das Freizügigkeitsrecht der Arbeitnehmer, wie sich aus dem Recht des Aufenthaltes bereits ergibt, das Recht auf Begründung eines Wohnsitzes. Auch in diesem Bereich sind zwingende Gründe des Allgemeininteresses neben ausdrücklichen Bestimmungen geeignet, Beschränkungen zu

B. Unionsrechtliche Problematik 94–96 § 6

rechtfertigen. Voraussetzung ist aber stets, dass die Maßnahmen in nicht diskriminierender Weise angewandt werden sowie zur Erreichung des Zweckes geeignet und erforderlich sind (EuGH v. 30.11.1995, C-55/94, Slg. 1995 I-4165 Rz. 37 – *Gebhard*). Als solche unionsrechtlich anerkannten Belange dürften die Kohärenz des Steuersystems, die Verhinderung der Einnahmenverringerung und die Gefahr der Steuerumgehung in Betracht kommen.

In Fällen, in denen ein Arbeitnehmer aus Gründen der Aufnahme einer unselbständigen Tätigkeit seinen Wohnsitz in das Gebiet eines anderen Mitgliedsstaates verlegt, mag der Schutzbereich des Art. 39 EGV aufgrund der Rechtsfolgeanordnungen des § 6 im Einzelfall durchaus gegeben sein. Betroffen können Fallkonstellationen sein, in denen eine Person, die die Voraussetzungen der Wegzugsbesteuerung erfüllt, eine Tätigkeit als Arbeitnehmer aufnimmt und zu diesem Zwecke ihren Wohnsitz verlegt. Nicht betroffen sind dagegen Fälle, in denen die Wohnsitzverlegung aus rein privaten Gründen erfolgt. Dann handelt es sich im Hinblick auf Art. 45 AEUV (Ex-Art. 39 EGV) wie bei dem vom EuGH entschiedenen Fall *Werner* (EuGH v. 26.1.1993, C-112/91 – *Werner*, EuGHE 1993, I-429, 476, IStR 1993, 72) um reine Inlandssachverhalte, für die ggf. Art. 18 EGV zu beachten ist.   94

§ 6 vermag nach wie vor die Wohnsitzverlegung in einen anderen Mitgliedstaat zu behindern, wenn in einer Beteiligung iSd § 17 EStG ruhende stille Reserven der Besteuerung unterworfen werden müssen, ohne dass entsprechende Stundungsregelungen greifen bzw. die Besteuerungsfolgen schärfer ausgestaltet sind als im Falle einer rein inländischen Wohnsitzverlegung. Eine derartige Beeinträchtigung lässt sich auch nicht mit zwingenden Gründen des Allgemeininteresses rechtfertigen. Das Kohärenzprinzip (vgl. dazu EuGH v. 28.1.1992, C-204/90, Slg. 1992 I-249 – *Bachmann*) greift in Fällen des § 6 nicht ein. Es setzt voraus, dass ein zwingender unmittelbarer Zusammenhang zwischen Steuervorteil und der Besteuerung bei demselben Steuerpflichtigen besteht. Ein solcher Zusammenhang könnte lediglich in der Nichterfassung eines tatsächlichen Veräußerungsgewinns durch den deutschen Fiskus zu sehen sein. Dies scheint in Fällen der Wegzugsbesteuerung nicht gegeben. Die Nichtberücksichtigung des tatsächlichen Veräußerungsgewinns stellt keine Maßnahme dar, die dem Steuersystem immanent ist, sondern beruht auf den von der Bundesrepublik abgeschlossenen DBA. Damit hat der Gesetzgeber auf sein Besteuerungsrecht hinsichtlich der Veräußerungsgewinne verzichtet. Eine zumindest teilweise Rückgängigmachung dieses Verzichts auf dem Wege der Wegzugsbesteuerung kann bei einer Beeinträchtigung der Grundfreiheiten des EGV nicht durch die Kohärenz des Steuersystems gerechtfertigt werden. Zudem hat der EuGH in der Entscheidung *Wielockx* (EuGH v. 11.8.1995, C-80/94, Slg. 1995 I-2493, IStR 1995, 431) die Kohärenz des Steuersystems nicht als Rechtfertigungsgrund angesehen, wenn der bisherige Ansässigkeitsstaat das Besteuerungsrecht durch ein DBA aufgegeben hat.   95

Hinsichtlich der Gefahr der Steuerumgehung müssen nach der Rechtsprechung des EuGH (v. 16.7.1998, C-264/96 (ICI), Slg. 1998 I-4695 Rz. 26) die in Rede stehenden Rechtsvorschriften speziell bezwecken, rein künstliche Konstruktionen, die auf eine Umgehung des Steuerrechts des betreffenden Mitgliedstaates gerichtet sind, zu erfassen. Dieses Ziel kann nicht isoliert von den übrigen Bestimmungen des Steuerrechts gesehen werden. Grundsätzlich   96 sieht § 49 Abs. 1 Nr. 2e EStG die Erfassung der Veräußerungsgewinne von Anteilen an einer inländischen Kapitalgesellschaft unter den Voraussetzungen des § 17 EStG auch bei nicht im Inland ansässigen Personen vor. Dieses Besteuerungsrecht gibt Deutschland durch den Abschluss von DBA auf, in denen idR dem künftigen Ansässigkeitsstaat dieses Besteuerungsrecht bei Veräußerung der Beteiligung zugewiesen wird. Dh der deutsche Gesetzgeber hat selbst die Möglichkeit geschaffen, dem deutschen Fiskus das Steuersubstrat durch eine Wohnsitzverlegung ins Ausland vorzuenthalten. Eine Rückgängigmachung der vom deutschen Gesetzgeber als unbefriedigend empfundenen Rechtsfolge durch eine Wegzugsbesteuerung stellt keinen Rechtfertigungsgrund für Beschränkungen dar. Vielmehr muss darauf verwiesen werden, dass der Gesetzgeber die Bestimmungen in den DBA selbst anzupassen hat. Darüber hinaus werden von § 6 nicht ausschließlich Missbrauchsfälle erfasst. So greift die Norm auch dann, wenn ein Steuerpflichtiger seinen Wohnsitz in ein Land mit höherem Steuerniveau verlegt. Es wird im Ergebnis jede Situation der Wohnsitzverlegung erfasst, ohne dass eine Prüfung auf eine missbräuchliche Gestaltung im Einzelfall stattfindet.

97 Dagegen stellt das Interesse der Erzielung von Steuereinnahmen keinen zwingenden Grund des Allgemeininteresses dar (EuGH v. 16.7.1998, C-264/96 (ICI), Slg. 1998 I-4695 Rz. 28). Insoweit ist eine Einschränkung der Grundfreiheiten nicht gerechtfertigt. Stellt man darauf ab, dass der deutsche Gesetzgeber § 6 geschaffen hat, um eine Besteuerung des im Inland erzielten Wertzuwachses in den Beteiligungen an inländischen Kapitalgesellschaften zu sichern, rechtfertigt dies keine Beeinträchtigung der Freizügigkeit der Arbeitnehmer.

98 Das Urteil des EuGH v. 11.3.2004, Rs. C-9/02, – *Lasteyrie du Saillant* dokumentiert eindrucksvoll, dass im Bereich der Wegzugsbesteuerung die Arbeitnehmerfreizügigkeit Relevanz entfalten kann. Denn in solchen Fällen, in denen ein Arbeitnehmer aus Gründen der Aufnahme einer unselbständigen Tätigkeit seinen Wohnsitz in das Gebiet eines anderen Mitgliedsstaates verlegt und der Arbeitnehmer an einer Kapitalgesellschaft beteiligt ist, mag der Schutzbereich des Art. 45 AEUV aufgrund der Rechtsfolgeanordnungen des § 6 im Einzelfall durchaus gegeben sein. Betroffen können Fallkonstellationen sein, in denen eine Person, die die Voraussetzungen der Wegzugsbesteuerung erfüllt, eine Tätigkeit als Arbeitnehmer aufnimmt und zu diesem Zwecke ihren Wohnsitz verlegt. Nicht betroffen sind dagegen Fälle, in denen die Wohnsitzverlegung aus rein privaten Gründen erfolgt.

99 *einstweilen frei*

3. Niederlassungsfreiheit

100 Die in Art. 49 AEUV (ex-Artikel 43 EGV) garantierte Niederlassungsfreiheit verbietet Beschränkungen der freien Niederlassung von Staatsangehörigen eines Mitgliedstaats im Hoheitsgebiet eines anderen Mitgliedstaats. Das Gleiche gilt für Beschränkungen der Gründung von Agenturen, Zweigniederlassungen oder Tochtergesellschaften durch Angehörige eines Mitgliedstaats, die im Hoheitsgebiet eines Mitgliedstaats ansässig sind.

101 Damit wird durch Art. 49 AEUV das Recht auf Niederlassung in einem anderen Mitgliedstaat zum Zwecke der Aufnahme und Ausübung selbständiger Erwerbstätigkeiten und der Gründung und Leitung von Unternehmen normiert. In Abgrenzung zur Arbeitnehmerfreizügigkeit des Art. 45 AEUV unterfallen nur eigenverantwortliche und weisungsungebundene Tätigkeiten dem Schutzbereich des Art. 49 AEUV. Davon umfasst werden neben gewerblichen auch freiberufliche Betätigungen. Sachlich erfordert der Begriff der Niederlassung die tatsächliche Ausübung einer wirtschaftlichen Tätigkeit mittels einer festen Geschäftseinrichtung in einem anderen Mitgliedsstaat auf unbestimmte Zeit. § 6 kann – auch nach der durch das SEStEG eingeführten Formulierung – in Einzelfällen durchaus den Schutzbereich des Art. 49 AEUV in den Fällen tangieren, in denen der Steuerpflichtige zur Aufnahme einer selbständigen Erwerbstätigkeit seinen Wohnsitz ins Ausland verlegt. Die betreffende Erwerbstätigkeit kann dabei sowohl der Betrieb eines Einzelunternehmens, einer Zweigniederlassung eines im Inland bestehenden Einzelunternehmens oder einer Gesellschaft als auch die Beteiligung an Gesellschaften im EU-Ausland sein, wobei die Beteiligung dem Inländer einen wesentlichen unternehmerischen Einfluss garantieren muss. Liegt eine solche Beteiligung an der im Ausland betriebenen Gesellschaft nicht vor, bleibt der Anwendungsbereich des Art. 49 AEUV verschlossen. Gleichwohl können in diesem Fall Art. 45 AEUV oder – in seltenen Fällen – Art. 21 AEUV (ex-Artikel 18 EGV) einschlägig sein. Die Grundfreiheit des Art. 21 AEUV, das allgemeine Freizügigkeitsrecht, gewährleistet jedem Unionsbürger das Recht, sich im Hoheitsgebiet der Mitgliedstaaten vorbehaltlich der in den Verträgen und in den Durchführungsvorschriften vorgesehenen Beschränkungen und Bedingungen frei zu bewegen und aufzuhalten.

Ähnlich wie im Bereich der Freizügigkeit der Arbeitnehmer hat der EuGH die Niederlassungsfreiheit vom Diskriminierungsverbot zu einem umfassenden Verbot jeglicher Beschränkung entwickelt. Folglich sind auch Maßnahmen unzulässig, die das Recht der Niederlassungsfreiheit unterschiedslos beschränken. Hinsichtlich der Rechtfertigung von Einschränkungen sind nur nichtdiskriminierende Regelungen, die aus zwingenden Gründen des Allgemeininteresses gerechtfertigt sind, zulässig, soweit sie zur Erreichung des legitimen Zweckes geeignet und erforderlich sind (EuGH v. 30.11.1995, Slg. 1995, 4165, Rz. 37 – *Gebhard*). Die aus steuerlicher Sicht relevanten Rechtfertigungsgründe Kohärenz des Steuersystems, Verhinderung der Einnahmenverringerung und Gefahr der Steuerumgehung sind auch im Bereich der Niederlassungsfreiheit nicht einschlägig.

Da es nicht erforderlich ist, dass die Beteiligung iSd § 6 zum Betriebsvermögen gehört und mit dem Recht der Niederlassungsfreiheit stets das Wegzugsrecht korrespondiert, darf dieses Wegzugsrecht grundsätzlich nicht durch Steuerschranken behindert werden. Eine solche Beschränkung vermag aber durch § 6 nach wie vor – wohlgemerkt in Einzelfällen – einschlägig sein. Die Vorschrift behindert dann zwar nicht unmittelbar die Aufnahme einer selbständigen Erwerbstätigkeit im Ausland, das damit verbundene Wegzugsrecht wird durch die Besteuerung unrealisierter Wertzuwächse beeinträchtigt. Es liegt eine steuerliche Sonderbelastung vor, die ggf. die Veräußerung der Anteile erfordert. Durch diese Zwangsrealisierung wird das Recht der Niederlassungsfreiheit eingeschränkt.

einstweilen frei

4. Kapitalverkehrsfreiheit

105 Art. 63 AEUV (ex-Artikel 56 EGV) verbietet alle Beschränkungen des Kapitalverkehrs zwischen den Mitgliedstaaten sowie zwischen den Mitgliedsstaaten und dritten Ländern. Die Kapitalverkehrsfreiheit und ihre Anwendbarkeit im Kontext der Wegzugsbesteuerung sind bis heute noch nicht in sämtlichen Verästelungen geklärt. Es dürfte indessen nicht verfehlt sein, der Kapitalverkehrsfreiheit im Bereich der Wegzugsbesteuerung einen erheblich gestiegenen Bedeutungsinhalt zu konzedieren. Zum Stellenwert der Kapitalverkehrsfreiheit in Bezug auf die Wegzugsbesteuerung nach früherer Sichtweise vgl. Vorauflage § 6 Rz. 95 ff.

106 Der AEUV enthält keine allgemeine Definition des freien Kapitalverkehrs. Das steuerpraktisch zentrale Momentum – auch und gerade im Bereich der Wegzugsbesteuerung – liegt darin, dass die Kapitalverkehrsfreiheit alle Beschränkungen des Kapital- und Zahlungsverkehrs zwischen den Mitgliedstaaten sowie zwischen Mitgliedsstaaten und Drittstaaten verbietet. Dabei wird unter Kapitalverkehr jede Übertragung von Geld- oder Sachkapital über die Grenzen eines Mitgliedsstaates hinaus zu verstehen sein, die primär zu Anlagezwecken erfolgt (Calliess/Ruffert/*Bröhmer* Art. 63 AEUV Rz. 8). Zur Ermittlung der unter die Kapitalverkehrsfreiheit fallenden Handlungen kann sowohl auf das Primärrecht in Form von Art. 57 EGV als auch auf das Sekundärrecht zurückgegriffen werden (Calliess/Ruffert/*Bröhmer* Art. 63 AEUV Rz. 9 ff.). Dabei ist die Kapitalverkehrsrichtlinie (4. Richtlinie Nr. 88/361 des Rates zur Liberalisierung des Kapitalverkehrs vom 24.6.1988, ABl. (EG) 1988 Nr. L 178, 5) von erheblicher Bedeutung, wenngleich die dort genannten Kapitalverkehrsvorgänge aufgrund der primärrechtlichen Verankerung der Kapitalverkehrsfreiheit keine abschließende Nomenklatur darstellen.

107 Unter Kapitalverkehr sind im Regelfall Verkehrsgeschäfte zwischen Beteiligten in verschiedenen Mitgliedstaaten zu verstehen. Dazu gehört insbesondere der Erwerb und das Halten von Beteiligungen an neuen und bereits bestehenden Unternehmen und der Bezug von Dividenden hieraus (EuGH v. 6.6.2000, C-35/98, Slg. 2000 I – 4071, Rz. 28, 30 – *Verkooijen*). Erforderlich ist im Gegensatz zu Art. 43 EGV nicht das Vorliegen einer Beteiligung, die die Möglichkeit der Mitverwaltung oder eine wie auch immer geartete Kontrollmöglichkeit bietet. Daher fallen auch Portfolio- oder Streubesitzbeteiligungen, wie sie durch die Beteiligungsschwelle von einem Prozent im § 17 EStG gegeben sind, grundsätzlich unter den Schutzbereich des Art. 56 EGV. Darüber hinaus werden grenzüberschreitende Kapitalbewegungen, die durch eine einzige Person getätigt werden, durch Art. 56 EGV geschützt. Dazu zählt neben anderen auch der Vermögenstransfer von Auswanderern. Transaktionen von Geld- und Sachkapital sollen ohne einschränkende nationale Regelungen gewährleistet werden.

108 Unter Beschränkungen iSd Art. 56 EGV sind alle innerstaatlichen Regelungen zu verstehen, die den Zufluss, Abfluss und Durchfluss von Kapital auf Dauer oder zeitweise behindern, begrenzen oder untersagen. Darunter fallen neben direkten Eingriffen in kapitalverkehrsrelevante Transaktionen auch sonstige Hindernisse des Kapitalverkehrs, wie sie durch steuerliche Vorschriften geschaffen werden können.

B. Unionsrechtliche Problematik 109–112 § 6

Von erheblicher Bedeutung für die Beurteilung des kapitalverkehrsrechtlichen Gehalts der Wegzugsbesteuerung in der Besteuerungspraxis ist der Schutzbereich, auf den sich die Grundfreiheit der Kapitalverkehrsfreiheit erstreckt. Diese schützt unmittelbar den grenzüberschreitenden Transfer von Geld- und Sachkapital sowie mittelbar die aus diesen Kapitalverkehrsvorgängen resultierenden Folgen (*Jacobs* Int. Unternehmensbesteuerung 202 ff.). Der Schutzbereich der Kapitalverkehrsfreiheit ist entsprechend der Zielsetzung sehr weit gezogen (*Schaumburg* Internationales Steuerrecht 4.38; EuGH v. 17.9. 2009, Rs. C-182/08, IStR 2009, 691 – *Glaxo Welcome*). Neben der Aufnahme einer unternehmerischen Tätigkeit in Form einer Betriebsstätte oder Tochtergesellschaft (Direktinvestition), dem Erwerb von Aktien, anderen Beteiligungstiteln oder Wertpapieren, der Vergabe von Darlehen sowie dem Abschluss von Versicherungsverträgen zeichnet sich die Kapitalverkehrsfreiheit somit auch durch die Nutzung des Kapitals in Form der Erzielung von Gewinnen, Dividenden oder Zinserträgen aus. 109

Unter Bezugnahme auf die EuGH-Judikatur in der Entscheidung *van Hilten-van der Heijden* (EuGH v. 23.2.2006, Rs. C-513/03, IStR 2006, 309) wurde im Schrifttum lange Zeit kontrovers diskutiert, ob die bloße Verlegung des Wohnsitzes, also der Wegzug des Steuerpflichtigen, unter „Mitnahme" der Beteiligung der Kapitalverkehrsfreiheit unterliege. Nach heutigem Stand der Entwicklung des Unionsrechts ist diese Problematik unter modifizierten Aspekten zu beurteilen. Zutreffend wird darauf hingewiesen (Schaumburg/Englisch Europäisches Steuerrecht/*Oellerich* 8.83), dass es nach dem derzeitigen Stand der EuGH-Rechtsprechung feststehen dürfte, dass der Wegzug ins Ausland in den Schutzbereich der Kapitalverkehrsfreiheit fällt. Deshalb greift die Stundungsregelung des § 6 Abs. 5 AStG, die auf Anteile an Kapitalgesellschaften in EU- und EWR-Staaten begrenzt ist, zu kurz (Schaumburg/Englisch Europäisches Steuerrecht/*Oellerich* 8.83 unter Verweis auf *Bron* IStR 2006, 296; *Köhler/Eicker* DStR 2006, 1871). Die in der Vorauflage diesbezüglich noch als „unausgeleuchtet" identifizierten Bereiche des Schutzbereichs der Kapitalverkehrsfreiheit sind somit angesichts der Entwicklungen in der Judikatur des EuGH in einem modifizierten Licht zu beurteilen. Zu diesem Ergebnis muss man jedenfalls zwangsläufig kommen, wenn man mit der zutreffenden Rechtsprechung des EuGH eine Ungleichbehandlung zu Lasten der Beteiligung an einer ausländischen Kapitalgesellschaft iiHv 1 % in den Fällen des § 17 EStG unter die Kapitalverkehrsfreiheit fasst (EuGH v. 18.12.2007 – Rs. C-436/06, Slg. 2007, I-12357 – *Grønfeldt*). Diese ist auch, da die Kapitalverkehrsfreiheit als einzige Grundfreiheit Drittstaatenbezug aufweist, auf Drittstaatssachverhalte anwendbar. 110

Fraglich ist somit allein, ob eine unionsrechtswidrige Diskriminierung gleichwohl deshalb ausscheiden soll, weil durch den Wegzug kein Kapital bewegt wird. Insoweit, so wird unter Bezugnahme auf die Entscheidung des EuGH v. 23.2.2006 (Rs. C-513/03, Slg. 2006, I-1957 Rz. 49 – *van Hilten-van der Heijden*) argumentiert, erfolge keine finanzielle Transaktion, keine Übertragung von Eigentum und auch keine anderweitige Bewegung von Kapital (*FWBS* § 6 AStG Rz. 27; *Hahn* DStZ 2000, 14 (17 f.); *Lausterer* BB-Spezial 8, BB 2006, 83). 111

Die letztgenannte Sichtweise, wonach beim Wegzug kein Kapital bewegt werden soll, keine finanzielle Transaktion, keine Übertragung von Eigentum 112 und auch keine anderweitige Bewegung von Kapital erfolgen soll, ist angesichts jüngerer Entwicklungen indessen als überholt zu qualifizieren. Denn der Europäische Gesetzgeber selbst hat in der „Anti Tax Avoidance Directive" (ATAD; Richtlinie 2016/1164 des Rates mit Vorschriften zur Bekämpfung von Steuervermeidungspraktiken mit unmittelbaren Auswirkungen auf das Funktionieren des Binnenmarkts v. 12.7.2016, ABl. 2016 L 193, 1) den Begriff der „Übertragung von Vermögenswerten" präzisiert. Art. 2 Abs. 6 ATAD definiert die Übertragung von Vermögenswerten als „den Vorgang, bei dem ein Mitgliedstaat das Besteuerungsrecht für die übertragenen Vermögenswerte verliert, wobei die Vermögenswerte im rechtlichen oder wirtschaftlichen Eigentum desselben Steuerpflichtigen verbleiben." Und Art. 2 Abs. 1 Buchst. c ATAD bestimmt, unter welchen Bedingungen der Steuerpflichtige in Höhe eines Betrags besteuert wird, der dem Marktwert der Vermögenswerte zum Zeitpunkt der Übertragung oder des Wegzugs abzüglich ihres steuerlichen Werts entspricht. Dies ist nach Buchst. c dann der Fall, wenn der Steuerpflichtige seinen Steuersitz in einen anderen Mitgliedstaat oder in ein Drittland verlegt, mit Ausnahme jener Vermögenswerte, die tatsächlich weiterhin einer Betriebsstätte im vorigen Mitgliedstaat zuzurechnen sind.

113 Da diese Umschreibungen der Übertragung von Vermögenswerten dem Regelungsanliegen des § 6 entsprechen, wird sich die Meinung, die den Wegzug nach § 6 unter die Kapitalverkehrsfreiheit fasst, somit definitorisch auf Europäisches Sekundärrecht berufen können. Dass die ATAD sich persönlich nur an Körperschaftsteuerpflichtige wendet, schränkt die prinzipielle Definition nicht ein.

114 Sollte im Übrigen die Sichtweise zutreffend sein, wonach beim Wegzug kein Kapital bewegt werden soll, keine finanzielle Transaktion, keine Übertragung von Eigentum und auch keine anderweitige Bewegung von Kapital erfolgen soll, wäre auch der Wegzug in einen anderen Mitgliedsstaat unionsrechtlich als unproblematisch einzustufen. Dass dem nicht so ist, entspricht allgemeiner Meinung und manifestiert sich in den Rettungsbemühungen des Gesetzgebers bezüglich der in § 6 Abs. 5 entwickelten Stundungsregeln. Das zutreffende Vergleichspaar besteht nämlich im Umzug innerhalb eines Mitgliedsstaats einerseits mit dem Wegzug entweder in einen Mitgliedstaat oder in einen Drittstaat andererseits. Somit unterfällt der Kapitalverkehrsfreiheit jede Art von privaten Vermögenstransfers (*Bron* IStR 2006, 296). Es sind angesichts der Vergleichspaarbildung keine überzeugenden Gründe dafür ersichtlich, warum die tatbestandliche Anknüpfung der Besteuerung an einen Wohnsitzwechsel im Lichte der unterschiedlichen Behandlung des Inlandsfalls einerseits und des Auslandsfalls (Mitgliedstaatenwegzug, Drittstaatswegzug) andererseits nicht an grundfreiheitlichen Kriterien zu messen sein soll. Denn die damit eintretende steuersystematisch bedingte Änderung der Besteuerungszuständigkeit, vor Wegzug durch lediglich eine Jurisdiktion, nach Wegzug mindestens eine weitere Jurisdiktion, trägt materiell zweifelsfrei Charakteristika eines Vermögenstransfers.

115 Anders wäre es auch nicht erklärlich, dass im – besteuerungsrelevanten – Nicht-Bezug von Dividenden etwa im Kontext der erweiterten Hinzurechnungsbesteuerung für Zwischeneinkünfte mit Kapitalanlagecharakter eine unionsrechtliche Problematik zu sehen ist. Bestätigt wurde diese Sichtweise durch den Vorlagebeschluss des BFH v. 12.10.2016, I R 80/14.

B. Unionsrechtliche Problematik 116–119 § 6

Daher lässt sich zusammenfassen, dass das Halten von Kapitalgesellschaftsbe- **116** teiligungen prinzipiell vom Schutzbereich der Kapitalverkehrsfreiheit erfasst wird (*Kraft/Gräfe* IWB 2016, 384). Ist demnach die Anwendbarkeit der Kapitalverkehrsfreiheit im Kontext der Wegzugsbesteuerung insgesamt zu bejahen, erscheint die Differenzierung im Rahmen der Stundungsregelung zwischen EU-/EWR- und Drittstaatsfällen überaus problematisch.

Fraglich ist, ob im Kontext der Wegzugsbesteuerung die im Bereich der **117** Kapitalverkehrsfreiheit relevante Klausel des Art. 64 AEUV zum Tragen kommt. Deren Prüfung ist im Zusammenhang mit der Kapitalverkehrsfreiheit stets vonnöten. Danach ist zu untersuchen, ob Deutschland in Bezug auf die diskriminierend wirkende Besteuerungsfolgen beim Wegzug natürlicher Personen in Drittstaaten sich auf die Ausnahme des Art. 64 Abs. 1 AEUV berufen kann. Nach dieser als „Standstill-Klausel" bezeichneten Vorschrift berührt die Kapitalverkehrsfreiheit nicht die Anwendung derjenigen Beschränkungen auf Drittländer, die am 31.12.1993 aufgrund einzelstaatlicher Rechtsvorschriften der Union für den Kapitalverkehr mit dritten Ländern im Zusammenhang mit Direktinvestitionen einschließlich Anlagen in Immobilien, mit der Niederlassung, der Erbringung von Finanzdienstleistungen oder der Zulassung von Wertpapieren zu den Kapitalmärkten bestehen. Insoweit ist es gesicherte Erkenntnis und entspricht der ständigen Rechtsprechung des Gerichtshofs, dass die Voraussetzungen des Art. 64 Abs. 1 AEUV dann nicht erfüllt sind, wenn die nach diesem Zeitpunkt erlassenen Bestimmungen auf einem anderen Grundgedanken als das frühere Recht beruhen und neue Verfahren einführen (vgl. EuGH v. 24.11.2016, C-464/14, BeckRS 2016, 82800, Rz. 88 f. – *SECIL;* EuGH v. 24.5.2007, Rs. C-157/05, ECLI:EU:C:2007:297, EuGHE I 2007, 4051, Rz. 41 – *Holböck;* EuGH v. 11.2.2010, Rs. C-541/08, ECLI:EU: C:2010:74, EuGHE I 2010, 1025, Rz. 42 – *Fokus Invest*).

Wie der nachfolgende Blick auf die Entwicklungsgeschichte des § 6 zeigt, **118** kommt dem Standstill-Argument in dessen Rahmen keine Überzeugungskraft zu. So erstreckte sich die ursprüngliche Fassung des § 6 nur auf Beteiligung an einer „inländischen" Kapitalgesellschaft. Auch wenn es die „inländische Kapitalgesellschaft" steuerlich eigentlich gar nicht gibt – gemeint ist regelmäßig eine unbeschränkt steuerpflichtige Kapitalgesellschaft – zeigt die spätere Ausdehnung auf „ausländische Kapitalgesellschaft" eine Änderung des Grundgedankens der Regelung des § 6. Denn mit dem SEStEG v. 7.12.2006 (BGBl. 2006 I 2782) wurde die Vorschrift völlig neu gefasst, wobei neben zahlreichen Änderungen mit diesem Gesetz die tatbestandliche Ausweitung auf Anteile an „ausländischen" Kapitalgesellschaften eingeführt wurde. Diese Ausdehnung der Vorschrift auf nicht-deutsche Kapitalgesellschaftsbeteiligungen belegt, dass der Gesetzgeber internationale Beteiligungsstrukturen in den Blick genommen hat und damit auch den grenzüberschreitenden Kapitalverkehr von der Vorschrift des § 6 erfasst wissen möchte. Schon aus diesem Grund bleibt aufgrund der Gesetzesänderung im Jahre 2006 kein Raum für die Annahme eines zementierenden Standstill.

Daneben belegen Entwicklungen im Bereich der Bezugsnorm, § 17 EStG, **119** dass einem Standstill keinerlei Bedeutung zukommen kann. Die Entwicklung der Referenzbeteiligungsquote von 25% über 10% auf 1% zeigt, dass der Erstreckungsbereich der Vorschrift deutlich ausgeweitet wurde. Mit anderen Worten fallen aufgrund des 1%-igen Beteiligungsquorums quantitativ deutlich mehr Fälle und qualitativ vollkommen andere Beteiligungsstrukturen unter die Vorschrift des § 6. Während die frühere Referenzschwelle im § 17 EStG, nämlich 25%, mit einer unternehmerischen Einflussnahmemöglichkeit assoziiert wurde, sind heute auch Geringbeteiligungen ohne unternehmerische Beherrschungsmöglichkeit vom tatbestandlichen Anwendungsbereich des § 6 erfasst. Selbstredend ist damit die von der Norm erfasste schiere Fallzahl erheblich gestiegen, was mit einem veränderten Grundgedanken der Bestimmung zu verbinden ist.

120 Als Zwischenergebnis lässt sich festhalten, dass § 6 lediglich vom Schutzbereich der Niederlassungsfreiheit erfasst war, solange die relevante Beteiligungsquote des § 17 EStG bei 25% lag. Durch die Absenkung von 25% auf 10% bzw. 1% unterfällt § 6 mittlerweile auch dem Schutzbereich der Kapitalverkehrsfreiheit. Denn aufgrund der Absenkung auf 1% gibt der Gesetzgeber zu erkennen, dass er im Bereich des § 17 EStG und damit qua Verweis auch im Rahmen des § 6 AStG auch Kleinstbeteiligungen erfasst wissen möchte. Fraglos gewährt diese Referenzschwelle keinen „sicheren" Einfluss iSd Abgrenzungsrechtsprechung des EuGH zwischen Kapitalverkehrsfreiheit und Niederlassungsfreiheit.

121 Demzufolge steht Art. 64 Abs. 1 AEUV der Anwendung der Kapitalverkehrsfreiheit im Kontext der Wegzugsbesteuerung des § 6 nicht entgegen. Die Regelungskonzeption der Wegzugsbesteuerung, die als solche am 31. Dezember 1993 bestand, ist eine völlig andere als die heutige. Sie wird – iSd Judikatur des EuGH – von einem veränderten Grundgedanken getragen. Daher sind die von § 6 ausgehenden Beschränkungen iSv Art. 64 Abs. 1 AEUV auch nicht erlaubt.

122 Aufgrund des – in weiten Bereichen – überlappenden Schutzbereiches hat sich ein erhebliches Abgrenzungsbedürfnis zwischen der Niederlassungsfreiheit und der Kapitalverkehrsfreiheit ergeben. Dass § 6 die Kapitalverkehrsfreiheit im Drittstaatenfall verletzt, ist dem Umstand geschuldet, dass die bei Beteiligungen an Kapitalgesellschaften eigentlich anwendbare Grundfreiheit der Niederlassungsfreiheit nach Maßgabe der von der EuGH-Rechtsprechung entwickelten Abgrenzungskriterien nicht die Kapitalverkehrsfreiheit verdrängt. Bekanntlich sind Beteiligungen an Kapitalgesellschaften unionsrechtlich sowohl von der Niederlassungsfreiheit als auch von der Kapitalverkehrsfreiheit geschützt. Verkürzt, vereinfacht und formelhaft lässt sich die Abgrenzung dieser beiden Grundfreiheiten wie folgt umschreiben: „Ausübung eines sicheren Einflusses auf die Entscheidungen einer Gesellschaft", dann Niederlassungsfreiheit, „Absicht der Geldanlage", dann Kapitalverkehrsfreiheit. Auch wenn die Abgrenzung der Anwendbarkeit der Niederlassungsfreiheit von der Kapitalverkehrsfreiheit weder im Rahmen der Rechtsprechung des EuGH noch der des BFH immer gradlinig verlief, spielt dieses Problem im Rahmen des § 6 keine Rolle. Denn auch, wenn aktuell der Rechtsprechung des EuGH kein eindeutiges Beteiligungsquorum, ab dem ein „sicherer Einfluss" vorliegt, entnommen werden kann, steht fest, dass bei einer relevanten Beteiligungsschwelle wie im Rahmen des § 6 von 1% kein „sicherer Einfluss" vorliegen kann (vgl. dazu EuGH v. 3.10.2013, Rs. C-282/12 ECLI:EU:C:2013:629, IStR 2013, 871 – *Itelcar*, sowie EuGH v. 11.9.2014, Rs. C-47/12, ECLI:EU: C:2014:2200, IStR 2014, 724 – *Kronos*). Zu betonen und zu wiederholen ist,

B. Unionsrechtliche Problematik

dass es dabei nicht auf die tatsächliche Beteiligung ankommt, sondern auf die im Design einer fraglichen Vorschrift angelegte Beteiligungsquote. Es ist vielmehr auf den Gegenstand der fraglichen Norm abzustellen. So hat der EuGH beispielsweise Fallkonstellationen, in denen eine tatsächliche Beteiligung iHv 98,72% bestand, am Maßstab der Kapitalverkehrsfreiheit beurteilt (EuGH v. 24.11.2016, C-464/14 – *SECIL*). Den Grund hatte der EuGH darin gesehen, dass das Design der fraglichen zugrunde liegenden Vorschrift nicht auf einen sicheren Einfluss abstellte. Aus diesen Erwägungen ist zu folgern, dass die Kapitalverkehrsfreiheit im Bereich der Wegzugsbesteuerung aufgrund der Referenzschwelle iHv 1% keinen sicheren Einfluss auf die Gesellschaft gewährt und demzufolge nicht von der Niederlassungsfreiheit gesperrt ist.

einstweilen frei 123–129

III. Rechtsprechung des EuGH

1. EuGH-Urteil vom 11.3.2004, C-9/02 – *Lasteyrie du Saillant*

Die Wegzugsbesteuerung beschäftigte den EuGH bereits mehrfach. Den Ausgangspunkt bildet das EuGH-Urteil vom 11.3.2004 (Rs. C-9/02, IStR 2004, 236 – *Lasteyrie du Saillant*. Spätestens mit dieser Entscheidung wurde der Meinungsstreit zur Europarechtsverträglichkeit des § 6 aF beendet. Der EuGH war in seiner diesbzgl. Entscheidung zu dem Ergebnis gelangt, dass die entsprechende Vorschriftengruppe des französischen Steuerrechts nicht mit der Niederlassungsfreiheit zu vereinbaren war. Bei der französischen handelte es sich um eine mildere, dh den Steuerpflichtigen weniger belastende Regelung. Daraus wurde allgemein abgeleitet, dass das Ende des § 6 aF absehbar war (statt vieler *Kraft/Müller* RIW 2004, S. 366). Der Detailvergleich der französischen mit der deutschen Wegzugsteuer hatte nämlich zutage gefördert, dass zwar zwischen beiden Vorschriften etliche Gemeinsamkeiten bestanden, dass aber dort, wo Unterschiede auszumachen waren, die für den Steuerpflichtigen belastenderen Regelungen zumeist in Deutschland existierten.

In der Rs. *Lasteyrie du Saillant* hat der EuGH entschieden, dass die französische Wegzugsbesteuerung, die in ihrer verfahrensmäßigen Ausgestaltung der deutschen Regelung über die Wegzugsbesteuerung des § 6 aF ähnelte, aufgrund der Festsetzung und sofortigen Erhebung der Steuer auf den Wertzuwachs der Anteile im Zeitpunkt des Wegzuges gegen den in Art. 43 EGV enthaltenen Grundsatz der Niederlassungsfreiheit verstößt. Dabei war das Gericht – in der Sache wenig überraschend – den Schlussanträgen des Generalanwalts *Mischo* vom 13.3.2003 gefolgt. Bemerkenswert daran war, dass der EuGH mit seinem Rechtsspruch der bis dahin vom BFH vertretenen Position eine klare Absage erteilt hatte. Da EuGH-Entscheidungen von der Dimension des Saillant-Judikats nicht nur den betroffenen (hier: französischen) Gesetzgeber zum Handeln zwingen, sondern auch sämtliche anderen Mitgliedstaaten (hier: Deutschland) unter Druck setzen, ihre vergleichbaren Vorschriften an die unionsrechtlichen Erfordernisse anzupassen, war eine weitgehende Neukonzeption des § 6 angezeigt.

Um die später zu erörternde Neukonzeption anhand der Vorgaben des EuGH einordnen zu können, sind die Grundstrukturen der als unionsrechtinkonform erkannten Bestimmung der früheren französischen Wegzugsbesteuerung kurz zu referieren. Nach der in Art. 167bis CGI (CGI steht für „Code général des impôts". Der CGI enthält die Vorschriften zum materiellen Steuerrecht) geregelten französischen Wegzugsbesteuerung wurden Steuerpflichtige, die ihren steuerlichen Wohnsitz während der letzten zehn Jahre mindestens sechs Jahre in Frankreich hatten, zu dem Zeitpunkt, zu dem sie ihren Wohnsitz ins Ausland verlegten, mit unrealisierten Wertsteigerungen von Gesellschaftsrechten besteuert. Betroffen waren Anteile, die dem Steuerpflichtigen zusammen mit seinen Familienangehörigen unmittelbar oder mittelbar zu irgendeinem in den letzten fünf Jahren vor der Wohnsitzverlegung liegenden Zeitpunkt Rechte an den Gesamtgewinnen der Gesellschaft iHv mehr als 25 % vermittelt hatten. Die zu besteuernde Wertsteigerung ergab sich aus dem Wert der Gesellschaftsrechte im Zeitpunkt der Wohnsitzverlegung ins Ausland und dem vom Steuerpflichtigen entrichteten Anschaffungspreis. Dies hatte zur Folge, dass im Wegzugszeitpunkt Wertsteigerungen besteuert wurden, die noch nicht realisiert worden waren.

133 Die im Wegzugszeitpunkt zu entrichtende Steuer konnte jedoch auch bis zum Zeitpunkt der Übertragung, des Rückkaufs, der Einlösung oder der Kraftloserklärung der betreffenden Gesellschaftsrechte gestundet werden. Hierzu mussten folgende Voraussetzungen vom Steuerpflichtigen erfüllt werden:
– Antragstellung auf Zahlungsaufschub,
– jährliche Abgabe einer Erklärung über die Höhe der Wertsteigerung sowie einer Aufstellung, aus der sich der Betrag der Steuern für die betreffenden Wertpapiere ergibt, für die der Zahlungsaufschub noch nicht abgelaufen ist, sowie gegebenenfalls die Art und der Zeitpunkt der den Zahlungsaufschub beendenden Ereignisse,
– Benennung eines in Frankreich ansässigen Bevollmächtigten in Steuerangelegenheiten sowie
– Leistung von Sicherheiten, die geeignet sind, die Einziehung der Steuerforderung der Finanzverwaltung zu gewährleisten.

134 Nach R.227-1 LPF (LPF steht für „Livre des procédures fiscales", funktional in etwa der AO entsprechend), dem französischen „Steuerverfahrensbuch", konnten die erforderlichen Sicherheiten durch Barzahlung auf ein Interimskonto der Finanzverwaltung, durch Schuldverschreibungen auf die Finanzverwaltung, durch die Begebung einer Bürgschaft, durch Wertpapiere, durch in staatlich anerkannten Lagern hinterlegte Waren, über die ein auf die Finanzverwaltung indossierter Lagerpfandschein ausgestellt war, durch Bestellung einer Hypothek sowie durch Verpfändung eines Fonds de commerce geleistet werden.

135 Wurde die Steuer im Wegzugszeitpunkt gestundet und endete die Stundung durch Veräußerung der Anteile, wurde eine Steuer maximal auf die im Veräußerungszeitpunkt aufgelösten stillen Reserven erhoben. Im Unterschied zum Fall der sofortigen Zahlung der Steuer war es daher nicht möglich, dass aufgrund stiller Reserven im Wegzugszeitpunkt eine Steuerschuld entstand, obwohl im späteren Zeitpunkt der Veräußerung der Anteile ein Veräußerungsverlust erzielt wurde.

136 Über die Stundungsmöglichkeiten hinaus sah das französische Steuerrecht nach Ablauf einer Frist von fünf Jahren ab dem Zeitpunkt des Wegzugs Er-

B. Unionsrechtliche Problematik

lassmöglichkeiten vor. Diese Regelung verdeutlichte nach Ansicht der französischen Regierung, dass mit der französischen Wegzugsteuer nur dem Verhalten bestimmter Steuerpflichtiger entgegengewirkt werden sollte, die vor der Veräußerung von Wertpapieren ihren steuerlichen Wohnsitz allein deshalb vorübergehend ins Ausland verlegen, um die Zahlung der in Frankreich auf die Wertsteigerungen zu entrichtenden Steuer zu umgehen.

Wurden die Anteile im Anschluss an die Wohnsitzverlegung veräußert, war **137** die vom Steuerpflichtigen im Ausland auf die dort tatsächlich realisierte Wertsteigerung gezahlte Steuer auf die in Frankreich festgesetzte Einkommensteuer anzurechnen, sofern sie mit dieser vergleichbar war. Dies konnte zur Folge haben, dass dem französischen Staat den steuerlichen Zugriff auf die unter seiner Steuerhoheit entstandenen stillen Reserven vollständig entging.

2. EuGH-Urteil vom 23.2.2006, C-513/03 – *van Hilten*

Der Kern der EuGH-Entscheidung „van Hilten" (IStR 2006, 309, Slg. **138** 2006, I-1957) besteht darin, dass diese Rechtsprechung den Anwendungsbereich der Kapitalverkehrsfreiheit einschränkt, ihn aber keineswegs völlig beseitigt (*Lang/Lüdicke/Reich* IStR 2008, 709). Die seinerzeitige Bewertung des Verhältnisses von Wegzugsbesteuerung und Kapitalverkehrsfreiheit dürfte aufgrund der mittlerweile eingetretenen Entwicklungen in der Judikatur des EuGH heute differenzierter zu sehen sein.

3. EuGH-Urteil vom 7.9.2006, C-470/04 – *N gegen Inspecteur van de Belastingsdienst Oost/kantoor Almelo*

Nur wenige Monate nach der Entscheidung „van Hilten" hat der EuGH in **139** N die Anwendung der Niederlassungsfreiheit in einem Wegzugsfall bejaht (EuGH v. 7.9.2006, C-470/04, IStR 2006, 702, Slg. 2006, I-7409 – N). Dem Ausgangsverfahren lag der Fall eines Unionsbürgers zugrunde, der seit der Verlegung seines Wohnsitzes in einem Mitgliedstaat wohnte und sämtliche Anteile an Gesellschaften mit Sitz in einem anderen Mitgliedstaat hielt. Bemerkenswert daran war, dass der EuGH die Niederlassungsfreiheit herangezogen hatte, obwohl die Steuerpflicht erst durch den die Anwendung dieser Grundfreiheit begründenden Umzug ausgelöst worden war.

Im Urteil „N" stellt der EuGH in Fortführung der „*Lasteyrie*"-Doktrin fest, **140** dass die Bindung eines möglichen Zahlungsaufschubs beim innergemeinschaftlichen Wegzug natürlicher Personen an Voraussetzungen wie zB die Hinterlegung von Sicherheiten eine beschränkende Wirkung hat. Die Begründung ist darin zu sehen, dass sie den Steuerpflichtigen an der Nutzung der als Sicherheit geleisteten Vermögenswerte hindern kann. Auch darf der Zahlungsaufschub nicht an die Bedingung geknüpft sein, dass im Ursprungsland ein Vertreter benannt wird. Nach Einschätzung des EuGH müssen die Maßnahmen zur Sicherstellung des Besteuerungsrechts im Verhältnis zu diesem Ziel stehen und dürfen nicht mit unverhältnismäßigen Kosten für den Steuerpflichtigen verbunden sein.

Die Bedeutung des Urteils „N" liegt ua darin, dass der EuGH in diesem **141** Verfahren bestätigt, dass im Fall einer Wohnsitzverlegung einer Person von einem Mitgliedstaat in einen anderen Mitgliedstaat das EU-Recht den bisherigen Wohnsitzmitgliedstaat nicht daran hindert, den Einkommensbetrag festzulegen, auf den er sein Besteuerungsrecht wahren möchte. Dieses Recht ist lediglich an die Voraussetzung geknüpft, dass die Steuer nicht sofort erhoben wird und der Steueraufschub nicht durch weitere Bedingungen erschwert wird.

142 Zum einen weist der EuGH darauf hin, dass die Aufteilung der Besteuerungsbefugnis zwischen den Mitgliedstaaten ein vom Gerichtshof anerkanntes legitimes Ziel ist. Zum anderen argumentiert er, die Mitgliedstaaten leiteten nach Art. 293 EGV, soweit erforderlich, untereinander Verhandlungen ein, um zugunsten ihrer Staatsangehörigen die Beseitigung der Doppelbesteuerung innerhalb der Gemeinschaft sicherzustellen. Allerdings stellt er weiter fest, dass abgesehen vom Übereinkommen 90/436/EWG über die Beseitigung der Doppelbesteuerung im Falle von Gewinnberichtigungen zwischen verbundenen Unternehmen (ABl. EG 1990, Nr. L 225, 10) jedoch bisher auf Gemeinschaftsebene keine Vereinheitlichungs- oder Harmonisierungsmaßnahme zur Beseitigung der Doppelbesteuerung erlassen worden ist. Auch hätten die Mitgliedstaaten kein multilaterales Übereinkommen nach Art. 293 EGV mit diesem Ziel geschlossen.

143 So konzediert der Gerichtshof unter Verweis auf vorangegangene Entscheidungen den Mitgliedstaaten die Befugnis, dass in Ermangelung gemeinschaftsrechtlicher Vereinheitlichungs- oder Harmonisierungsmaßnahmen die Mitgliedstaaten befugt bleiben, insbesondere zur Beseitigung der Doppelbesteuerung die Kriterien für die Aufteilung ihrer Steuerhoheit vertraglich oder einseitig festzulegen.

144 Explizit unterstützt der EuGH die Verteilungswertung des Art. 13 Abs. 5 des OECD-Musterabkommens auf dem Gebiet der Steuern vom Einkommen und Vermögen insbesondere in seiner Fassung von 2005. In nachfolgenden Versionen des OECD-Musterabkommens hat sich indessen daran materiell nichts geändert. Danach unterliegen Gewinne aus der Veräußerung von Vermögensgegenständen in dem Staat der Steuer, in dem der Veräußerer ansässig ist. Diese Grundwertung – verbunden mit einem zeitlichen Element –, nämlich dem Aufenthalt im Inland während der Entstehung des steuerpflichtigen Gewinns, sieht der EuGH als taugliches Kernelement einer Wegzugsbesteuerung an. Eine entsprechende Besteuerungsregel entspricht nach Auffassung des EuGH dem Grundsatz der steuerlichen Territorialität. Die zeitliche Komponente bezieht sich auf den Zeitraum der Gebietsansässigkeit, in dem der steuerpflichtige Gewinn erzielt werde, genauer, in dem die steuerpflichtigen stillen Reserven entstanden sind. Zwar stellt auch die Notwendigkeit der Vorlage einer Steuererklärung anlässlich der Verlegung des Wohnsitzes durchaus eine Formalität dar, die geeignet ist, die Ausübung der Grundfreiheiten durch den betroffenen Steuerpflichtigen zu behindern oder weniger attraktiv zu machen. Gleichwohl sei dies für die Ermittlung des Einkommens erforderlich und könne insofern als verhältnismäßig betrachtet werden, als mit ihr das legitime Ziel der Aufteilung der Besteuerungsrechte zwischen den Mitgliedstaaten verfolgt wird, um insbesondere eine Doppelbesteuerung zu beseitigen.

B. Unionsrechtliche Problematik 145–147 § 6

4. EuGH-Urteil vom 29.11.2011, C-371/10 – *National Grid Indus BV*

Im – vereinfacht dargestellten – Sachverhalt des Verfahren *National Grid In-* **145** *dus* (Slg. 2011, I-12273, IStR 2012, 27) hatte die niederländische National Grid Indus B. V. ihren Verwaltungssitz aus den Niederlanden (NL) nach Großbritannien (GB) verlegt (vgl dazu *Kraft/Gebhardt* FR 2012, 403 mwN). Konsequenterweise war sie nunmehr nach Art. 4 Abs. 3 DBA NL-GB in GB ansässig. Die niederländische Finanzverwaltung knüpfte an den Wechsel der steuerlichen Ansässigkeit eine sog. Schlussrechnungssteuer. Diese Schlussrechnungssteuer wurde erhoben auf einen (latenten) Kursgewinn einer auf britische Pfund Sterling lautenden Forderung, die die weggezogene Gesellschaft in ihrem Betriebsvermögen hielt. Außer dieser Forderung verfügte die B. V. über keinerlei weiteres Betriebsvermögen. Die National Grid Indus B. V. machte geltend, dass diese Schlussrechnungssteuer eine Beschränkungswirkung entfalte und sie hierdurch an der Ausübung ihrer Grundfreiheiten gehindert wäre, da bei der Verlegung des Verwaltungssitzes innerhalb der Niederlande keine solche Schlussrechnungssteuer vorgesehen war. Der Gerichtshof Amsterdam fragte im Wesentlichen beim EuGH an, ob National Grid Indus B. V. sich auf die Niederlassungsfreiheit (Art. 49 AEUV) berufen könne und ob eine Schlussrechnungssteuer, die ohne Aufschub und ohne Berücksichtigung späterer Wertverluste eingreift, gegen diese Grundfreiheit verstoße. Ein Seitenaspekt bestand darin, dass das Währungsproblem der auf Pfund Sterling lautenden Forderung nach der Sitzverlegung faktisch nicht mehr zum Ausdruck kommen konnte, da im Zuzugstaat eben diese Währung Gültigkeit hatte.

Zunächst ist festzustellen, dass der EuGH seine gefestigte Rechtsprechung **146** hinsichtlich der Frage der gesellschaftsrechtlichen Zulässigkeit grenzüberschreitender Sitzverlegungen fortführt. Aus der Sicht der deutschen Anwendungspraxis von zentralem Interesse ist die sich aus der Entscheidung ergebende Frage nach der Rechtfertigung des durch die deutschen Entstrickungsvorschriften regelmäßig ausgelösten Eingriffs in Art. 49 AEUV. Ausgangspunkt der diesbzgl. Überlegungen des EuGH ist insoweit, dass er als möglichen Rechtfertigungsgrund anführt, dass eine dem Rechtsstreit zugrunde liegende Vorschrift der ausgewogenen Aufteilung der Besteuerungsbefugnis Vorschub leisten könne (EuGH v. 29.11.2011, Rs. C-371/10, Rz. 43 – *National Grid Indus BV*). Verbunden mit einer zeitlichen Komponente kann dadurch sichergestellt werden, dass nur die Wertzuwächse besteuert werden, die im Zeitraum der Ansässigkeit im betreffenden Staat entstanden sind.

Die zentrale Aussage des EuGH (EuGH v. 29.11.2011, Rs. C-371/10, **147** Rz. 51 – *National Grid Indus BV*) hinsichtlich der Frage der unionsrechtlichen Zulässigkeit einer Entstrickungsbesteuerung ist darin zu sehen, dass zwischen Festsetzung und Einziehung der Steuer eine Unterscheidung geboten ist. Eine Festsetzung auf den Zeitpunkt der Sitzverlegung ist zulässig, wohingegen ein sofortiger Einzug der Steuer unverhältnismäßig wäre. Die zweite zentrale Forderung des EuGH bezüglich der Ausgestaltung von Systemen der Wegzugsbzw. Entstrickungsbesteuerung besteht darin, dass dem Steuerpflichtigen zur Wahrung der Verhältnismäßigkeit ein Wahlrecht zwischen einer sofortigen Zahlung der Wegzugssteuer und einer Nachversteuerung der grundsätzlich zu entstrickenden Vermögensgegenstände einzuräumen ist (EuGH v. 29.11.2011, Rs. C-371/10, Rz. 73 – *National Grid Indus BV*).

148 Im Ergebnis hat der Gerichtshof im Urteil *National Grid Indus* zwei zentrale Punkte der „Exit Taxation" bzw. Wegzugsbesteuerung in Bezug auf Gesellschaften damit anders entschieden als vorher, in *Lasteyrie* und *N* in Bezug auf natürliche Personen. In diesen beiden Entscheidungen war der EuGH davon ausgegangen, dass eine Sicherheitsleistung nicht zulässig sei (vgl. EuGH v. 11.3.2004, Rs. C-9/02, ECLI:EU:C:2004:138, Tz. 47 u. 57 – *de Lasteyrie du Saillant* sowie EuGH v. 7.9.2006, Rs. C-470/04, ECLI:EU:C:2006:525, Tz. 51 – *N*). Dies hat er in *National Grid Indus* – im kapitalgesellschaftlichen Wegzugskontext – anders beurteilt. Somit hält der EuGH die Leistung einer Sicherheit für unionsrechtlich frei von Bedenken. Andererseits ist die Frage angesprochen, ob die steuerliche Berücksichtigung etwaiger Wertminderungen der betroffenen Wirtschaftsgüter, die sich nach dem Wegzug des Steuerpflichtigen einstellen, zu Lasten des Wegzugsstaats gehen soll. Auch insoweit hat der EuGH die Rechtsprechung weiter entwickelt. Der EuGH hat nämlich in *National Grid Indus* erkannt, dass einer Rechtfertigung aus Gründen der Wahrung einer ausgewogenen Aufteilung der Besteuerungsbefugnis nicht entgegensteht, dass Wertminderungen nach dem Wegzug im Aufnahmemitgliedstaat möglicherweise nicht berücksichtigt werden. Der Herkunftsmitgliedstaat sei in diesem Fall nicht verpflichtet, die beim Wegzug festgesetzte Steuer entsprechend anzupassen (EuGH v. 29.11.2011, Rs. C-371/10, ECLI: EU:C:2011:785, Tz. 61 – *National Grid Indus*). Zur Interpretation dieser EuGH-Entscheidung im Hinblick auf die deutsche Rechtslage vgl. auch die Kontroverse zwischen *Körner* IStR 2012, 1 ff. und *Mitschke* IStR 2012, 6 ff.

5. EuGH-Urteil vom 12.7.2012, C-269/09 – *Kommission/Spanien*

149 Die diesem Verfahren zugrunde liegende Klage wurde von der Kommission betrieben und hatte zum Gegenstand, ob Spanien dadurch gegen grundfreiheitlich garantierte Mobilitätsrechte der Unionsbürger verstoßen hatte, dass es Bestimmungen erlassen und beibehalten hatte, die beim Wegzug natürlicher Personen zur sofortigen Schlussbesteuerung führten. Die inhaltliche Nähe zur Wegzugsbesteuerung ist insoweit unbestreitbar. Konkret ging es um Art. 14 der Ley 35/2006 del Impuesto sobre la Renta de las Personas Físicas y de modificación parcial de la leyes de los Impuestos sobre Sociedades, sobre la Renta de no Residentes y sobre el Patrimonio, mithin um Rechtsnormen des spanischen Einkommensteuergesetzes. Nach der fraglichen Bestimmung waren Steuerpflichtige, die ihren Wohnsitz ins Ausland verlegen, dazu verpflichtet, sämtliche nicht verrechneten Einkünfte in die Besteuerungsgrundlage ihres letzten Veranlagungszeitraums als gebietsansässige Steuerpflichtige einzubeziehen.

150 Der EuGH bejahte das Vorliegen von Beschränkungen der fraglichen Grundfreiheiten, indem er festhielt, dass ein Verstoß gegen Art. 21, 45, 49 AEUV vorliege, wenn die Anwendung einer steuerlichen Regelung dazu führt, dass Personen, die aus einem Mitgliedstaat wegziehen, ihre Steuern früher bezahlen müssen als Personen, die im Inland wohnhaft bleiben. Ebenso bestätigt der EuGH seine ständige Rechtsprechung, wonach Bestimmungen,

B. Unionsrechtliche Problematik 151–156 § 6

die einen Staatsangehörigen eines Mitgliedstaats daran hindern oder davon abhalten, seinen Herkunftsstaat zu verlassen, um von seinem Recht auf Freizügigkeit Gebrauch zu machen, Beeinträchtigungen dieser Freiheit darstellen.

Die Entscheidung enthält keine substantiellen Neuerungen oder Weiterentwicklungen bezüglich des unionsrechtlichen Rahmengerüsts der Wegzugsbesteuerung. Ihre Bedeutung im Bereich der Wegzugsbesteuerung besteht darin, dass der EuGH die Sichtweise bestätigt, dass steuerliche Regelungen, die dazu führen, dass Personen, die aus einem Mitgliedstaat wegziehen, ihre Steuern früher bezahlen müssen als Personen, die im Inland wohnhaft bleiben, gegen die Art. 21, 45, 49 AEUV verstoßen. Bemerkenswert an dieser Entscheidung ist im Übrigen, dass der EuGH auch geringfügige oder unbedeutende Beschränkungen der Freizügigkeit als verboten ansieht. Auch damit liegt er auf der Linie früherer Judikate. **151**

6. EuGH-Urteil vom 21.12.2016, C-503/14 – *Europäische Kommission/Portugiesische Republik*

Das Kernproblem des Vertragsverletzungsverfahrens gegen Portugal bestand darin, dass die Grundsatzfrage aufgeworfen wurde, ob die Vorgaben für die Wegzugsbesteuerung von Kapitalgesellschaften, die der EuGH im Urteil *National Grid Indus* (EuGH v. 29.11.2011, Rs. C-371/10, ECLI:EU:C:2011:785 = FR 2012, 25) aufgestellt hatte, auch für natürliche Personen Geltung beanspruchen könne. Da das Verfahren von der Kommission initiiert worden war, war kein konkreter Sachverhalt zu beurteilen. **152**

Materiell ging es um portugiesische Regelungen zur Entstrickungsbesteuerung beim Wegzug natürlicher Personen. Die fraglichen Bestimmungen sind normativ in Art. 10 und 38 des Código do Imposto sobre o Rendimento das Pessoas Singulares (üblicherweise abgekürzt mit CIRS) verortet. Dem CIRS kommt die Funktion des portugiesischen Einkommensteuergesetzes zu. Der Vorwurf der Kommission ging dahin gegangen, dass die Portugiesische Republik durch die Einführung und Beibehaltung dieser Rechtsnormen, Art. 10 und 38 CIRS gegen ihre Verpflichtungen aus den Art. 21, 45 und 49 AEUV sowie den Art. 28 und 31 des EWR-Abkommens verstoßen hatte. Hierzu konnten zwei prinzipielle Fälle unterschieden werden. **153**

Im Fall 1 muss ein Steuerpflichtiger, der Gesellschaftsanteile tauscht und seinen Wohnsitz in einen anderen Staat als die Portugiesische Republik verlegt, sämtliche nicht verrechneten Einkünfte in die Bemessungsgrundlage des letzten Veranlagungszeitraums einbeziehen, in dem er noch als gebietsansässiger Steuerpflichtiger galt. **154**

Fall 2 ist davon gekennzeichnet, dass ein Steuerpflichtiger sämtliche nicht verrechneten Einkünfte in die Bemessungsgrundlage des letzten Veranlagungszeitraums einbeziehen muss, in dem er noch als gebietsansässiger Steuerpflichtiger galt, wenn er Aktiva und Passiva aus einer persönlich ausgeübten Tätigkeit im Tausch gegen Gesellschaftsanteile eines gebietsfremden Unternehmens überträgt und seinen Wohnsitz in einen anderen Staat als die Portugiesische Republik verlegt. Die Möglichkeit eines Besteuerungsaufschubs war in einem solchen Fall nicht vorgesehen. **155**

Die Frage der Vereinbarkeit der sofortigen Besteuerung von Wertzuwächsen mit dem Recht auf Freizügigkeit nach Art. 21 AEUV, 45 AEUV und 49 **156**

AEUV und Art. 28 und 31 des EWR-Abkommens stellte sich somit konkret im Fall des Tausches von Gesellschaftsanteilen (Art. 10 CIRS). Damit ist eine inhaltliche Nähe zum Regelungskonzept der Wegzugsbesteuerung des § 6 nicht zu leugnen. In Bezug auf diese Problematik stellt der EuGH fest, dass diese Vorschrift die Arbeitnehmerfreizügigkeit und Niederlassungsfreiheit beschränkt, indem sie wegziehende Steuerpflichtige ungünstiger behandelt als im Inland verbleibende Steuerpflichtige. Bereits der Liquiditätsnachteil im Vergleich zum Inlandsfall genügt dem EuGH insoweit, einen Grundfreiheitenverstoß auszumachen. Für diesen vermag der EuGH auch keine Rechtfertigung zu erkennen.

157 Daneben ging es in diesem Verfahren um die bislang noch offengebliebene Frage, ob bei der Wegzugsbesteuerung zwischen natürlichen Personen einerseits (siehe die EuGH v. 11.3.2004, C-9/02 – *de Lasteyrie du Saillant* und EuGH v. 7.9.2006, C-470/04 – *N*) und Kapitalgesellschaften andererseits (siehe insbesondere EuGH v. 29.11.2011, C-371/10 – *National Grid Indus*) zu differenzieren ist. Die EU-Kommission hatte geltend gemacht, dass sich Portugal nicht auf das Urteil des EuGH v. 29.11.2011 – *National Grid Indus* stützen könne. Darin war eine Rechtfertigung einer Grundfreiheitenbeschränkung in der Notwendigkeit gesehen worden, eine ausgewogene Aufteilung der Besteuerungsbefugnis der Mitgliedstaaten sicherzustellen. Die Kommission begründete die aus ihrer Sicht gegebene Nichtübertragbarkeit damit, dass sich dieses Urteil nur auf die Besteuerung der latenten Wertzuwächse bei Unternehmen beziehe und nicht auf die Besteuerung dieser Wertzuwächse bei natürlichen Personen. Vielmehr ging davon sie aus, dass in solchen kontextuellen Zusammenhang die EuGH-Urteile v. 11.3.2004 de *Lasteyrie du Saillant* und v. 7.9.2006 *N* einschlägig sein sollten.

158 Der EuGH überträgt demgegenüber die Grundsätze des Urteils *National Grid Indus* zu Kapitalgesellschaften auch auf die Besteuerung von nicht realisierten Wertzuwächsen bei natürlichen Personen. Insoweit stellt er ausdrücklich fest, dass sein Urteil *National Grid Indus* zwar im Kontext der Besteuerung von Wertzuwächsen bei Unternehmen erging. Gleichwohl habe er die in diesem Urteil aufgestellten Grundsätze in der Folgezeit aber auch auf die Besteuerung von Wertzuwächsen bei natürlichen Personen übertragen (Hinweis auf EuGH-Urteile v. 12.7.2012 – C-269/09, *Kommission/Spanien,* BeckRS 2012, 81443 und v. 16.4.2015 – C-591/13, *Kommission/Deutschland*). Diese Entscheidungen waren zu Steuervorschriften ergangen, die (auch) für natürliche Personen galten. Einer Rechtfertigung aus Gründen der Wahrung einer ausgewogenen Aufteilung der Besteuerungsbefugnis steht aus Sicht des Gerichtshofs auch nicht entgegen, dass Wertminderungen nach dem Wegzug im Aufnahmemitgliedstaat möglicherweise nicht berücksichtigt werden. Der Herkunftsmitgliedstaat sei in diesem Fall nicht verpflichtet, die beim Wegzug festgesetzte Steuer entsprechend anzupassen (s. dazu bereits EuGH v. 29.11.2011, Rs. C-371/10, ECLI:EU:C:2011:785, Tz. 61 – *National Grid Indus*).

159 Die Quintessenz der Entscheidung dürfte somit darin liegen, dass – auch unter Anlegung der Maßstäbe der National Grid Indus-Doktrin – eine Beschränkung nicht gerechtfertigt ist, wenn eine Regelung (wie konkret Art. 10 CIRS) über das hinausgeht, was zur Wahrung der Aufteilung der Besteuerungsbefugnis erforderlich ist. Das entscheidende Momentum lag für den

B. Unionsrechtliche Problematik

EuGH darin, dass die fragliche portugiesische Rechtsnorm dem Steuerpflichtigen beim Wegzug nicht die Wahl zwischen der sofortigen Besteuerung und einer Festsetzung und Stundung der Steuerschuld ließ. Diese Wahlmöglichkeit ergibt sich aus der National Grid Indus-Doktrin. Ob der EuGH sie nunmehr auch auf den Privatbereich von Investitionen natürlicher Personen in Kapitalgesellschaftsanteile für anwendbar hält, lässt sich aus der Entscheidung nicht mit letzter Sicherheit schlussfolgern (in diese Richtung *Mitschke* Anm. zu EuGH, Urteil vom 21.12.2016 – Rs. C-503/14 – *Europäische Kommission/Portugal*, IStR 2017, 75 (77). Zu konzedieren dürfte indessen sein dass nach Auffassung des Gerichtshofs der Fiskus im Fall der Stundung Zinsen erheben darf. In Fällen, in denen das Risiko der Nicht-Einbringlichkeit der Steuerschuld besteht, kann er wohl auch die Stellung einer Sicherheit verlangen, zB in Form einer Bankgarantie.

Der Entscheidung des EuGH kommt im Hinblick auf die Konstruktion der Problembereiche Entstrickungs- und Wegzugsbesteuerung Präzedenzcharakter zu. Denn in Bezug auf natürliche Personen als Wegzügler hatte die Kommission die Ansicht vertreten, dass der Wegzugsstaat die Steuer bei natürlichen Personen – anders als gegenüber Gesellschaften – im Wegzugszeitpunkt nicht definitiv festsetzen und nur die Erhebung der Steuer aufschieben dürfe. Wäre der EuGH der Kommission gefolgt, hätte dies ggf. Änderungsbedarf bei der Stundungskonzeption des § 6 Abs. 5 evoziert. Indessen schloss sich der EuGH den SA des GA an, der vorgeschlagen hatte, die in Rede stehenden Wegzugsbestimmungen der Portugiesischen Republik als unionsrechtswidrig einzustufen. Gleichwohl übertrug der EuGH die National-Grid-Indus-Rechtsprechung des EuGH zur Wegzugsbesteuerung auch auf natürliche Personen. Die Bedeutung dieser Entscheidung ist darin zu sehen, dass dem Steuerpflichtigen aus Unionsrechtsgründen ein Wahlrecht zwischen Sofortbesteuerung oder Besteuerungsaufschub zu gewähren sei. Dabei scheint der EuGH die Verzinsung gestundeter Steueransprüche und die Stellung von Sicherheiten aus unionsrechtlicher Perspektive für unbedenklich zu halten.

Die Quintessenz dieses durchaus als Grundsatzentscheidung zur Wegzugsbesteuerung einzustufenden Judikats liegt ferner in der vom EuGH bemühten Vergleichspaarbildung. Kontrastiert werden Steuerpflichtige, die aus einem Mitgliedstaat (hier Portugal) wegziehen, mit Steuerpflichtigen, die in einem Mitgliedstaat (hier Portugal) wohnen bleiben. Nach der angefochtenen portugiesischen Regelung waren erstere aufgrund dieses Wegzugs verpflichtet, eine Steuer auf die Wertzuwächse aus dem Tausch von Gesellschaftsanteilen sofort zu entrichten. Demgegenüber kamen Steuerpflichtige, die im Mitgliedstaat wohnen blieben, in den Genuss eines Aufschubs der Besteuerung der Wertzuwächse aus diesem Tausch bis zur späteren Veräußerung der beim Tausch erhaltenen Gesellschaftsanteile. Darin erblickte der EuGH eine – nicht zu rechtfertigende – Ungleichbehandlung. Das entscheidende vom EuGH gerügte unionsrechtlich problematische Momentum lag im Liquiditätsnachteil für den Steuerpflichtigen, der aus dem Mitgliedstaat wegzog im Vergleich mit einem Steuerpflichtigen, der dort wohnen bleibt. Der Wegzügler wurde allein wegen eines solchen Wegzugs für einen noch nicht realisierten Wertzuwachs steuerpflichtig. Der Nicht-Wegzügler musste die geschuldete Steuer nur entrichten, wenn und soweit die Wertzuwächse tatsächlich realisiert worden sind.

162 Ein weiterer entscheidender Topos bestand darin, dass im Rahmen der Rechtfertigungsprüfung, die sich zentral auf das Ziel der Sicherstellung einer ausgewogenen Aufteilung der Besteuerungsbefugnis zwischen den Mitgliedstaaten stützte, kein objektiver Grund ersichtlich war, bei der Wegzugsbesteuerung für latente Wertzuwächse zwischen natürlichen Personen und juristischen Personen zu unterscheiden.

7. EuGH-Urteil v. 15.3.2018, C-355/16 – *Picart*

163 In der Entscheidung „Picart" hatte sich der EuGH mit einem Randbereich der steuerlichen „Exit"-Regeln auseinanderzusetzen, nämlich mit deren Geltung im Verhältnis zur Schweiz. Da das Freizügigkeitsabkommen EU/CH Rechte enthält, die zumindest teilweise mit den Grundfreiheiten des AEUV vergleichbar sind, kommt dieser Problematik in Wegzugsfällen in die Schweiz immer wieder Bedeutung zu (vgl. Abkommen zwischen der Europäischen Gemeinschaft und ihren Mitgliedstaaten einerseits und der Schweizerischen Eidgenossenschaft andererseits über die Freizügigkeit v. 21.6.1999, ABl. EU 2002 L 114, 6). In der Rechtssache C-355/16 – *Picart* wurden französische Bestimmungen auf den unionsrechtlichen bzw. den freizügigkeitsrechtlichen Prüfstand gehoben, die zur Besteuerung der Wertsteigerungen der Anteile eines beherrschenden Anteilseigners an einer französischen Gesellschaft bei seinem Wegzug in die Schweiz führten. Der Umzug erfolgte aus privaten Gründen. Daher war fraglich, ob die wirtschaftlichen Freiheiten einschlägig sind. Dies hatte der EuGH im Urteil *N* in einer ähnlichen Situation für die Niederlassungsfreiheit schon einmal bejaht (vgl. EuGH v. 7.9.2006, C-470/04 – *N*, EU:C:2006:525, IStR 2006, 702, Rz. 24 bis 30). In den Schlussanträgen des Generalanwalts wurde der Anwendungsbereich der Rechte des Freizügigkeitsabkommens EU/CH jedoch enger interpretiert. Verneint wurde nämlich ein Verstoß der französischen „Exit"-Besteuerung gegen dieses Abkommen (Schlussanträge v. 26.7.2017, C-355/16 – *Picart*, EU:C:2017:610, BeckRS 2017, 118645). In der „Picart-Entscheidung" hat sich der Gerichtshof der Sichtweise des Generalanwalts angeschlossen. Fraglich ist somit, ob der Ausgang der vorgenannten Rechtssache vorentscheidend für das Vorabentscheidungsersuchen des FG Baden-Württemberg in der anhängigen Rechtssache C-581/17 (*Wächtler*) sein wird (vgl. FG Baden-Württemberg, Außensenate Freiburg, Vorlagebeschluss v. 14.6.2017 – 2 K 2413/15, IStR 2018, 68, anhängig beim EuGH unter Az. C-581/17 „Wächtler"). In dieser ist Gegenstand der Besteuerung einer Anteilswertsteigerung nach Wegzug in die Schweiz, basierend auf der Rechtsgrundlage des § 6. Das FG sieht den Schutzbereich der Kapitalverkehrsfreiheit durch den bloßen Wegzug in die Schweiz nicht eröffnet. Allerdings geht es von einer Übertragbarkeit der EuGH-Rechtsprechung zu den Grundfreiheiten des AEUV auf das Freizügigkeitsabkommen EU/CH aus.

8. EuGH-Urteil v. 22.3.2018, C-327/16 und C-421/16 – *Jacob/Lassus*

164 Bei den verbundenen französischen Rechtssachen C-327/16 und C-421/16 – *Jacob/Lassus* ging es vor dem Hintergrund der früheren Fusions-Richtlinie in ihrer ursprünglichen Fassung (Richtlinie 90/434/EWG des Rates v.

B. Unionsrechtliche Problematik 165, 166 § 6

23.7.1990 über das gemeinsame Steuersystem für Fusionen, Spaltungen, die Einbringung von Unternehmensteilen und den Austausch von Anteilen, die Gesellschaften verschiedener Mitgliedstaaten betreffen, ABl. EG 1990 L 225, 1) im Fall des Steuerpflichtigen Jacob um eine sogenannte „Exit"-Situation. Umstritten war vor dem vorlegenden Conseil d'État, ob eingedenk der die in bestimmten Umwandlungsfällen steuerneutralen Zuteilung von neuen Anteilen nach Art. 8 Abs. 1 der früheren Fusions-Richtlinie dessen Abs. 2 UAbs. 2 dem betreffenden Mitgliedstaat eine Besteuerung mit sofortiger Stundung der Steuerschuld erlaubte oder der Vorgang gar nicht als steuerbar behandelt werden durfte. Diese Fragestellung kann dann von erheblicher Bedeutung sein, wenn der Anteilseigner seine Anteile erst nach Wegzug in einen anderen Staat veräußert und jenem Staat aufgrund des Umzugs das Besteuerungsrecht zusteht. Eine derartige Situation war Gegenstand des Ausgangsverfahrens. Generalanwalt Wathelet sah in diesem Fall den Ursprungsmitgliedstaat zwar weiter im Besteuerungsrecht, verlangte jedoch eine Berücksichtigung von Wertveränderungen der Beteiligung bis zum Zeitpunkt ihrer Veräußerung (Schlussanträge v. 15.11.2017, C-327/16 und C-421/16, *Jacob ua*, EU:C:2017:865, BeckRS 2017, 131295). In seiner Entscheidung vom 22. März 2018 hat sich die Erste Kammer des EuGH der Sichtweise des Generalanwalts angeschlossen und dessen Argumentation in der Jacob/Lassus-Entscheidung nunmehr explizit bestätigt (vgl. EuGH v. 22.3.2018, C-327/16 und C-421/16 – *Jacob/Lassus*, ECLI:EU:C:2018:210, IStR 2018, 316 Rz. 82). So stellt der Gerichtshof sehr deutlich klar, dass der im Ausgangsverfahren dieser Entscheidung in Rede stehende Sachverhalt sich von den Konstellationen unterscheidet, zu denen die Rechtsprechung des Gerichtshofs zur Wegzugsbesteuerung von Wertsteigerungen ergangen ist (vgl. etwa das Urteil des EuGH v. 29.11.2011, C-371/10 – *National Grid Indus*, IStR 2012, 27, EU:C:2011:785).

Daneben betont der Gerichtshof, dass Art. 49 AEUV Rechtsvorschriften **165** eines Mitgliedstaats entgegen steht, nach denen in dem Fall, dass die spätere Veräußerung der im Austausch erhaltenen Anteile nicht unter die Steuerhoheit dieses Mitgliedstaats fällt, die Besteuerung der unter Besteuerungsaufschub stehenden Wertsteigerung zum Zeitpunkt dieser Veräußerung erfolgt, ohne eine etwaige, bei dieser Veräußerung realisierte Wertminderung zu berücksichtigen, während eine solche Wertminderung berücksichtigt wird, wenn der steuerpflichtige Anteilsinhaber zu ihrem Zeitpunkt seinen steuerlichen Wohnsitz in diesem Mitgliedstaat hat (vgl. EuGH v. 22.3.2018, C-327/16 und C-421/16 – *Jacob/Lassus*, ECLI:EU:C:2018:210, IStR 2018, 316 Rz. 84, 86). Es ist nach der EuGH-Judikatur Sache der Mitgliedstaaten, unter Beachtung des Unionsrechts, im vorliegenden Fall insbesondere der Niederlassungsfreiheit, Modalitäten zur Anrechnung und Berechnung dieser Wertminderung vorzusehen.

Da der deutsche Gesetzgeber insoweit mit § 6 Abs. 6 eine taugliche Rege- **166** lung eingeführt hat, muss er – entgegen von im Schrifttum geäußerten Vermutungen – nicht tätig werden (vgl. *Mitschke* IStR 2017, 77; *Wacker* IStR 2017, 926 (927)). So erweist sich insbesondere die Interpretation der National Grid-Entscheidung, wonach der Herkunftsstaat (Wegzugsstaat) nicht verpflichtet sei, einen späteren Wertverlust im Aufnahmemitgliedstaat zu berücksichtigen, und zwar selbst dann, wenn dieser nachträgliche Verlust im Zuzugsstaat nicht geltend gemacht werden könne, als von den Grundsätzen der Jacob/Lassus-Entscheidung nicht gedeckt (so aber *Wacker* IStR 2017, 926 (927)).

167–179 *einstweilen frei*

IV. Rechtsprechung des BFH

180 Den Bedenken im Schrifttum hatte sich der BFH in seinem viel kritisiertem Beschluss vom 17.12.1997 (BFH v. 17.12.1997, I B 108/97, BFHE 185, 30, BStBl. II 1998, 558) zunächst nicht angeschlossen. In dem betreffenden Fall ist ein Steuerpflichtiger aus privaten Gründen nach Belgien verzogen, ohne dort eine Erwerbstätigkeit aufzunehmen. Der BFH führte in seiner Begründung mit Hinweis auf das EuGH-Urteil im Fall Werner (EuGH v. 26.1.1993, C 112/91, EuGHE 1993, I-429, 476, IStR 1993, 72 – *Werner*) aus, der Steuerpflichtige könne sich als Deutscher nicht gegenüber Deutschland auf die Verletzung der Niederlassungsfreiheit (Art. 43 EGV, ex-Art. 52 EGV, nunmehr Art. 49 AEUV) berufen, da die einzige Auslandsberührung aus dem Wohnsitz in einem anderen EU-Mitgliedsstaat bestehe. Zur kritischen Rezeption des BFH-Beschlusses im Schrifttum vgl. Vorauflage § 6 Rz. 66 ff.

181 Im Nachgang zu diesem Beschluss hatte der BFH noch mehrfach Gelegenheit, sich zur Norm des § 6 zu äußern. So erkannte er im Beschluss vom 23.9.2008, I B 92/08, IStR 2008, 884, es sei nicht ernstlich zweifelhaft, dass die Wegzugsteuer nach § 6 Abs. 1 idF bis zur Änderung durch das SEStEG weder gegen Gemeinschaftsrecht noch gegen Verfassungsrecht verstoße. Im zugrunde liegenden Verfahren des Veranlagungszeitraums 2004 hatte der Steuerpflichtige seinen bisherigen Wohnsitz von Deutschland nach Portugal verlegt. Zu diesem Zeitpunkt war er zu über 50 vH an zwei inländischen Gesellschaften mit beschränkter Haftung (GmbH) beteiligt. Im April 2005 wurden die Geschäftsanteile veräußert. Das Finanzamt setzte daraufhin die Steuer aufgrund der Differenz zwischen Verkehrswert der Anteile im Wegzugszeitpunkt und historischen Anschaffungskosten nach Maßgabe von § 6 Abs. 1 fest. Dabei ging das Finanzamt davon aus, dass dieser Verkehrswert dem späteren tatsächlichen Veräußerungspreis entsprach.

182 Der BFH betont zunächst, dass es den Mitgliedstaaten prinzipiell vorbehalten bleibt, eine Wegzugsteuer zu erheben und die stillen Reserven im Zusammenhang mit dem Wegzug zu erfassen. Nach der Einschätzung der Vorinstanz ist dies jedoch unionsrechtlich nur dann unbedenklich, wenn sichergestellt ist, dass es dadurch zu keiner Doppelbesteuerung komme. Das ist jedenfalls dann nicht der Fall, wenn in dem konkret anzuwendenden Doppelbesteuerungsabkommen kein entsprechender Vorbehalt zugunsten des Wegzugsstaates enthalten ist. Denn dann findet uneingeschränkt Art. 13 Abs. 5 des OECD-MA Anwendung, wonach Gewinne aus der Veräußerung des in den Absätzen 1, 2 und 3 nicht genannten Vermögens – und damit auch von Anteilen iSv § 17 EStG – nur in dem Staat besteuert werden können, in dem der Veräußerer ansässig ist. Im konkret einschlägigen Art. 13 Abs. 4 DBA Portugal, der Art. 13 Abs. 5 OECD-MA nachgebildet ist, ist kein entsprechender Vorbehalt zur steuerlichen Erfassung vorhandener stiller Reserven in Deutschland im Weg-

B. Unionsrechtliche Problematik

zugszeitpunkt vereinbart worden. Diese Regelungslage kann in der Konsequenz eine tatsächliche (juristische) Doppelbesteuerung nach sich ziehen, wenn nach Begründung der unbeschränkten Steuerpflicht der Zuzugsstaat im (späteren) Realisationsfall Anspruch auf jene Wertzuwächse erhebt, die noch im Wegzugsstaat aufgelaufen sind. Dies konzediert auch der BFH, indessen bedingt diese Doppelbesteuerung keinen abermaligen Unionsrechtsverstoß. Die Doppelbesteuerung könne nämlich bilateral beseitigt werden. Geschieht dies wie im Falle zwischen Deutschland und Portugal nicht oder allenfalls über die Möglichkeit eines zwischenstaatlichen Verständigungsverfahrens, so ist es nach Ansicht des BFH letzten Endes Sache des Zuzugsstaates, eine drohende Doppelbesteuerung mittels einer Anrechnung der im Wegzugsstaat erhobenen Wegzugsteuer zu vermeiden. Dieses Verständnis legt nach Einschätzung des BFH auch der EuGH zugrunde (EuGH v. 7.9.2006, C-470/04, IStR 2006, 702).

Diese Linie bestätigte der BFH mit Urteil v. 25.8.2009, I R 88, 89/07, **183** IStR 2009, 895. Im Verfahren I R 27/15 hat sich der BFH zur Fragestellung geäußert, ob fingierte Veräußerungsgewinne mit fingierten Veräußerungsverlusten zu saldieren sind. Auch in seiner Entscheidung v. 26.4.2017 – I R 27/15 (BStBl. II 2017, 1194) bestätigt der BFH im Kern seine bisherige Rechtsprechung zur Nichtberücksichtigung fiktiver Veräußerungsverluste iRd § 6 Abs. 1 AStG. Der BFH begründet seine Entscheidung zum einen mit der Überschrift des § 6 „Besteuerung des Vermögenszuwachses". Zum anderen verweist er auf § 6 Abs. 1 Satz 5, der keine Regelung enthalte, nach der der anzusetzende Gewinn um eine nach § 6 Abs. 1 Satz 1 erfasste Vermögensminderung zu erhöhen wäre.

einstweilen frei **184–189**

V. Mitteilung der Kommission „Wegzugsbesteuerung und die Notwendigkeit einer Koordinierung der Steuerpolitiken der Mitgliedstaaten" v. 19.12.2006, KOM(2006) 825

Die Europäische Kommission hat am 19.12.2006 in einer Mitteilung „Weg- **190** zugsbesteuerung und die Notwendigkeit einer Koordinierung der Steuerpolitiken der Mitgliedstaaten", KOM(2006)825, die unterschiedlichen nationalen Regelungen bei Verlagerungen des Wohnorts bzw. des Sitzes von Privatpersonen und Unternehmen untersucht. Ausgehend von der Judikatur des Europäischem Gerichtshofes (EuGH) im Fall Hughes de Lasteyrie du Saillant vom 11.3.2004 (C-9/02) sowie im Fall der Rechtssache C-470/04 N gegen Inspecteur van de Belastingsdienst Oost/kantoor Almelo, 7.9.2006 skizziert sie Alternativen, wie die Vorschriften der Mitgliedstaaten mit den Erfordernissen des Gemeinschaftsrechts in Einklang gebracht werden und besser aufeinander abgestimmt werden können. Dabei soll einerseits das Besteuerungsrecht der Mitgliedstaaten gewährleistet bleiben, andererseits aber Doppelbesteuerungen oder unbeabsichtigte Nichtbesteuerungen vermieden und Missbrauchssituationen bzw. Steuererosionen verhindert werden.

Die Kommission weist darauf hin, dass die bloße Beseitigung der Diskri- **191** minierung iSd oben dargestellten Rechtsprechung jedoch nicht genügt, um in dem Bereich der Wegzugsbesteuerung zu einer kohärenten Lösung im Binnenmarkt zu kommen (*Kischel* IWB Fach 11 Europäische Union Gr. 2, 797). Der bedingungslose Steueraufschub könne zwar die unmittelbare Ungleichbehandlung von Steuerpflichtigen, die ihren Wohnsitz in einen anderen Mitgliedstaat verlegen, und solchen, die im selben Mitgliedstaat wohnhaft bleiben, beheben. Er biete jedoch nicht notwendigerweise eine Lösung für die bestehenden Diskrepanzen zwischen den Besteuerungsvorschriften einzelner Mitgliedstaaten. Gemäß der allgemeinen Regel von Art. 13 OECD-MA auf dem Gebiet der Steuern vom Einkommen und vom Vermögen hat bei einer Veräußerung von Anteilen der Wohnsitzstaat das alleinige Besteuerungsrecht.

192 Diskrepanzen könnten sich ergeben, wenn der Wegzugs- und der Zuzugsstaat die stillen Reserven unterschiedlich ermitteln. Eine ungerechtfertigte Beschränkung kann eintreten, wenn der Wegzugsstaat die Bemessungsgrundlage zum Zeitpunkt der fiktiven Veräußerung ermittelt und die Steuer dann anlässlich der tatsächlichen Veräußerung erhebt, während gleichzeitig der neue Wohnsitzstaat die zwischen Anschaffung und tatsächlicher Veräußerung erzielte Wertsteigerung berücksichtigt. Dies hat eine Doppelbesteuerung der zwischen Erwerb und fiktiver Veräußerung erzielten Wertsteigerung zur Folge, wenn der neue Wohnsitzstaat das alleinige Recht auf die Besteuerung des Veräußerungsgewinns beansprucht und keiner der beiden Mitgliedstaaten eine Anrechnung der im jeweils anderen Staat erhobenen Steuern zulässt. Nach Auffassung der Kommission müssen zwei Mitgliedstaaten, die ihre Besteuerungsrechte auf dasselbe Einkommen wahrnehmen wollen, dafür sorgen, dass dies nicht zu einer Doppelbesteuerung führt. Diese Auffassung vertritt der EuGH implizit auch in seinem Urteil in der Rs. N (s. dort → Rz. 139 ff.).

193 Die Kommission sieht mehrere Möglichkeiten, wie die Mitgliedstaaten diese Diskrepanzen beseitigen können:
– In der Praxis gibt es bereits in einer Reihe von Mitgliedstaaten, die von einer fiktiven Veräußerung vor dem Wegzug ausgehen oder eine erweiterte Steuerpflicht anwenden – einen Mechanismus zur Anrechnung der vom neuen Wohnsitzstaat auf dieselben Wertsteigerungen erhobenen Steuern.
– Die Mitgliedstaaten könnten sich auch darauf einigen, die Rechte auf die Besteuerung von Wertsteigerungen aufzuteilen, indem sie beispielsweise die Besteuerungsrechte entsprechend dem Zeitraum teilen, in dem der Steuerpflichtige seinen Wohnsitz im jeweiligen Mitgliedstaat hatte. Dies könne Änderungen geltender DBA erforderlich machen. Wie der EuGH im Urteil „N" bestätigt habe (→ Rz. 139 ff.), müssten bei jeder Lösung mögliche Wertminderungen der Anteile entweder vom Aufnahmemitgliedstaat oder vom Herkunftsmitgliedstaat berücksichtigt werden.

194 Unabhängig davon, mit welchen Mitteln die Mitgliedstaaten die Diskrepanzen zwischen ihren Besteuerungsvorschriften beseitigen, ist eine wirksame Verwaltungszusammenarbeit der Schlüssel zum Erfolg solcher Maßnahmen. Der Wegzugsstaat kann seine Besteuerungsrechte nur dann zum Zeitpunkt der Veräußerung wahrnehmen, wenn ihm bekannt ist, dass eine solche Veräußerung stattfindet. Er ist in gleicher Weise darauf angewiesen, dass der neue Wohnsitzstaat Steuern in seinem Namen beitreibt, wenn der weggezogene Steuerpflichtige seiner Steuerpflicht nicht nachkommen will. Deswegen sollten die Mitgliedstaaten die Möglichkeiten der Amtshilfe-Richtlinie und der Beitreibungs-

B. Unionsrechtliche Problematik 195–202 § 6

Richtlinie vollständig ausschöpfen (Richtlinie 77/799/EWG des Rates v. 19.12.1977 und Richtlinie 76/308/EWG des Rates v. 15.3.1976, in der durch die Richtlinie 2001/44/EG des Rates v. 15.6.2001 geänderten Fassung).
Die folgenden Schlussfolgerungen der Kommission verdienen Erwähnung. Nach Auffassung der Kommission kann ein koordiniertes Vorgehen den Mitgliedstaaten helfen, ihre Bestimmungen über die Wegzugsbesteuerung mit dem EU-Recht in Einklang zu bringen und zugleich ihre Besteuerungsrechte zu sichern. Die Kommission beabsichtigt daher, in enger Zusammenarbeit mit den Mitgliedstaaten ausführlichere Leitlinien zu den vorstehend behandelten Aspekten zu erarbeiten. **195**

Die Initiative der Kommission lässt die folgende Bewertung zu. Die Urteile „de Lasteyrie" und „N" haben den unionsrechtlichen Rahmen für die Wegzugsbesteuerung abgesteckt. Gleichwohl bleibt eine Reihe von Fragen offen (vgl. *Zuijdendorp* EC Tax Review 2007, 5 ff.). Insbesondere die aus Sicht der Mitgliedstaaten maßgebliche Frage, welcher der beteiligten Mitgliedstaaten die stillen Reserven letztendlich in welcher Höhe besteuern darf, ist noch ungeklärt. Sie sollte nicht durch die Gerichte entschieden werden. Hier kann vielmehr nur der von der Kommission aufgezeigte koordinierte Ansatz helfen, der ein abgestimmtes Nebeneinander der nationalen Steuerrechtsregelungen erlaubt. Nur so kann eine Doppelbesteuerung, aber auch eine unbeabsichtigte Nichtbesteuerung vermieden werden. **196**

einstweilen frei **197–199**

VI. Fortbestehende unionsrechtliche Problembereiche

1. Vorbemerkung

Auch nach Einführung der Stundungsregelung des § 6 Abs. 5 verbleiben Regelungsbereiche, die schwerwiegenden unionsrechtlichen Bedenken ausgesetzt sind. Im Einzelnen bestehen unionsrechtliche Bedenken gegen Nachweis- und Mitteilungspflichten des § 6 Abs. 7, die es im reinen Inlandsfall in dieser Schärfe nicht gibt (*Kraft/Schmidt* RIW 2011, 758). Eine Rechtfertigung der Nachweis- und Mitteilungspflichten dürfte angesichts des Umstands, dass auch weniger belastende Nachweismöglichkeiten existieren, nicht einfach fallen. Unionsrechtlich begründete Bedenken gegen die Nichtberücksichtigung kompensatorischer Verluste in Anteilen hat der BFH in seiner Entscheidung v. 26.4.2017 – I R 27/15 (BStBl. II 2017, 1194) nicht. Vielmehr bestätigte er die Vorinstanz (FG München v. 25.3.2015, 1 K 495/13, IStR 2015, 484) und zog auch keine Vorlage an den EuGH in Erwägung. **200**

Die differenzierte Behandlung des Wegzugs in Drittstaaten und in EU-Staaten wurde bereits im Rahmen der Ausführungen zur Kapitalverkehrsfreiheit illustriert. Die Bedenken gegen die angeordneten Rechtsfolgen anlässlich des Wegzugs in einen Drittstaat (Nicht-Stundung) dürfte angesichts der Rechtsentwicklungen, die die Kapitalverkehrsfreiheit genommen hat, problematisch sein. **201**

Gleichwohl ist zur Unionsrechtskonformität der Wegzugsbesteuerung das letzte Wort noch nicht gesprochen. Mit Vorlagebeschluss v. 14.6.2017 – 2 K 2413/15 (BeckRS 2017, 129635) hat das FG Baden-Württemberg dem **202**

EuGH ein Vorabentscheidungsersuchen (C-581/17 „Wächter") vorgelegt und darin ernsthafte Zweifel an der Unionsrechtskompatibilität der Wegzugsbesteuerung geäußert. Über diese wird der EuGH im Wege der Vorabentscheidung nach Art. 267 AEUV zu entscheiden haben. Entsprechende Verfahren sind daher unbedingt offen zu halten.

2. Ansässigkeitsregelung in EU-/EWR-Staaten

203 Im Rahmen der Stundungsregelung des § 6 Abs. 5 S. 1 ist als weitere Voraussetzung formuliert, dass der Steuerpflichtige nach der Beendigung der unbeschränkten Steuerpflicht im Inland im Zuzugsstaat, also im Ausland „einer der deutschen unbeschränkten Einkommensteuerpflicht vergleichbaren Steuerpflicht unterliegt". Wie bereits erwähnt, ist unklar, welchen Zweck diese Voraussetzung verfolgt. Die Gesetzesbegründung schweigt dazu (*Lausterer* BB-Special 8, BB 2006, 83). Dies wirft unionsrechtliche Probleme auf. Es ist nämlich durchaus denkbar, dass ein Steuerpflichtiger nach dem Wegzug aus Deutschland in mehreren EU-Mitgliedsstaaten jeweils innerhalb von Zeiträumen oder sonstigen Aufenthaltskonstellationen domiziliert, die nirgendwo zu einer Steuerpflicht führen, die der deutschen unbeschränkten Steuerpflicht vergleichbar ist. In derartigen Konstellationen wäre nach dem eindeutigen Wortlaut die Stundung zu versagen. Gleichwohl läge unbestreitbar eine Behinderung der EU-weit geschützten Niederlassungsfreiheit vor. Die Norm ist damit für nicht völlig abwegige Fälle aus unionsrechtlicher Perspektive nicht frei von Bedenken.

Beispiel:

204 Der deutsche Staatsangehörige D hält im Privatvermögen 100% der Anteile an der D-GmbH mit Sitz und Ort der Geschäftsleitung im Inland. Er zieht mit Wirkung vom 1.1.2017 aus Deutschland weg. Die Anschaffungskosten seiner Anteile betrugen am 1.1.2012 € 100.000, der gemeine Wert beträgt am 1.1.2017 € 1.000.000. Fortan hält D sich für vier Monate in Schweden, für vier Monate in Österreich und für vier Monate eines Kalenderjahres in Spanien auf. In keinem der Staaten dürfte eine der deutschen unbeschränkten Einkommensteuerpflicht vergleichbare Steuerpflicht eintreten, da die übliche Ansässigkeitsschwelle zur jeweiligen unbeschränkten Steuerpflicht nicht überschritten wird. Aufgrund des eindeutigen Wortlauts des § 6 Abs. 5 S. 1 kann somit keine Stundung gewährt werden. Dies erscheint unionsrechtlich höchst bedenklich, da D durch jeweilige Wohnsitznahme in EU-Mitgliedstaaten von seinem Grundrecht auf Niederlassungsfreiheit Gebrauch macht. Die Stundungsregelung dürfte insoweit vor dem EuGH keinen Bestand haben.

3. Stundung bei Wegzug iVm nachfolgender Veräußerung der Anteile mit Verlust

205 § 6 Abs. 6 S. 1 enthält eine Regelung für die Fälle, in denen der tatsächliche Veräußerungsgewinn im späteren Veräußerungszeitpunkt niedriger ist als der fiktive Veräußerungsgewinn im Wegzugszeitpunkt. Bei letzterem handelt es sich um den Veräußerungsgewinn, der der Steuerfestsetzung und der Stundung zugrunde gelegt wurde. Für derartige Konstellationen ordnet diese Bestimmung an, dass der ursprüngliche Steuerbescheid entsprechend aufzuheben oder zu ändern ist. Keine Regelung enthält die Norm indessen für Fälle, in den später ein tatsächlicher Veräußerungsverlust realisiert wird. Da im vergleichbaren Inlandsfall der tatsächliche Veräußerungsverlust berücksichtigt werden könnte, erscheint die Regelungskonzeption des § 6 Abs. 6 S. 1 aus unionsrechtlicher Sicht nicht frei von Bedenken.

Beispiel:

Dem deutschen Staatsangehörigen D, der im Privatvermögen 100% der Anteile an der D-GmbH mit Sitz und Ort der Geschäftsleitung im Inland hielt, wurde anlässlich seines Wegzugs ins EU-Ausland mit Wirkung vom 1.1.2017 die Stundung gewährt. Die Anschaffungskosten seiner Anteile betrugen am 1.1.2012 € 600.000, der gemeine Wert beträgt am 1.1.2017 € 1.000.000. Mit Wirkung vom 1.1.2018 veräußert D die Anteile zu dem unstrittigen Verkehrswert iHv € 300.000 an einen fremden Dritten. Das Ausland besteuert weder Anteilsveräußerungsgewinne noch lässt es Veräußerungsverluste zum Abzug zu. Nach § 6 Abs. 5 S. 4 Nr. 1 ist die Stundung im vorliegenden Falle zu widerrufen, da der Steuerpflichtige die Anteile veräußert hat. Die ursprünglich ermittelte Einkommensteuer wird auf Null festgesetzt, da der Steuerpflichtige hier einen Veräußerungsverlust iHv € 300.000 realisiert, der im Rahmen der deutschen Besteuerung nicht berücksichtigt werden kann (vgl. § 6 Abs. 6 S. 2). Diese Ungleichbehandlung positiver und negativer Veräußerungserfolge ist aus verfassungs- und unionsrechtlicher Sicht äußerst problematisch.

4. Wertminderung bei ausländischer Kapitalgesellschaft

Auch die nachträglich eintretende Wertminderung bei einer ausländischen Kapitalgesellschaft vermag schließlich zu unionsrechtlichen Angriffsflächen führen, da die diskriminierende Wirkung im vergleichbaren Inlandsfall nicht eintreten würde. Zur Problematik eingehend *Kraft* IStR 2018, 289.

Beispiel:

Der deutsche Staatsangehörige S verlegt seinen Wohnsitz nach Frankreich. S ist zu 25 vH an einer österreichischen Ges. m. b. H. beteiligt. Aufgrund einer Ausschüttung von Gewinnrücklagen, die bereits im Zeitpunkt der Aufgabe der inländischen unbeschränkten Steuerpflicht vorhanden waren, sind die Anteile im Wert gesunken. S verkauft diese wertgeminderten Anteile. Nach Art. 13 Abs. 3a) DBA Österreich-Frankreich besteuert Österreich den Veräußerungserlös. Die Möglichkeiten des § 6 Abs. 6 kann S nicht in Anspruch nehmen. Die Wertminderung wird nicht berücksichtigt, da sie auf einer gesellschaftsrechtlichen Maßnahme beruht. Eine Entlastungsmöglichkeit nach § 6 Abs. 1 S. 4 besteht nur, wenn eine inländische (= deutsche) Kapitalertragsteuer auf die Ausschüttung der österreichischen Gesellschaft erhoben worden ist. Damit werden Anteile an deutschen Gesellschaften und Anteile an – aus deutscher Sicht – ausländischen Kapitalgesellschaften ungleich behandelt.

einstweilen frei

5. Übertragung von Anteilen auf gemeinnützige EU-/EWR-Organisation

Unklar ist die Rechtslage, wenn Anteile nach Wegzug und Stundung auf im EU-/EWR-Raum ansässige gemeinnützige Organisationen übertragen werden.

Beispiel:

Dem deutschen Staatsangehörigen D, der im Privatvermögen 100% der Anteile an der D-GmbH mit Sitz und Ort der Geschäftsleitung im Inland hielt, wurde anlässlich seines Wegzugs nach Italien mit Wirkung vom 1.1.2017 die Stundung gewährt. Die Anschaffungskosten seiner Anteile betrugen am 1.1.2012 € 100.000, der gemeine Wert beträgt am 1.1.2017 € 1.000.000. Mit Wirkung vom 1.1.2018 überträgt D die Anteile unentgeltlich auf eine in Paris ansässige gemeinnützige Stiftung zur Förderung der Französischen Literatur. Die gewährte Stundung kann nach § 6 Abs. 5 S. 4 widerrufen werden. Da die Anteile auf eine nicht steuerpflichtige gemeinnützige Stiftung übergehen, die zwar im EU-Raum ansässig ist, die aber nicht einer der unbeschränkten Einkommensteuerpflicht vergleichbaren Steuerpflicht unterliegt, sind die Voraussetzungen des § 6 Abs. 5 S. 4 Nr. 2 nicht erfüllt. Nach der Stauffer-Doktrin (EuGH v. 14.9.2006, Rs. C-386/04, *Stauffer* DStR 2006, 1736) des EuGH dürfte ein solches Ergebnis aus unionsrechtlichen Erwägungen kaum zu halten sein.

212–229 *einstweilen frei*

C. Grundtatbestand des § 6 Abs. 1

I. Persönliche Voraussetzungen

1. Natürliche Personen

230 Der Grundtatbestand der Wegzugsbesteuerung setzt voraus, dass eine natürliche Person, die mindestens 10 Jahre unbeschränkt einkommensteuerpflichtig war, durch Aufgabe des Wohnsitzes oder gewöhnlichen Aufenthaltes aus der unbeschränkten Einkommensteuerpflicht ausscheidet. Der Grundtatbestand des § 6 Abs. 1 S. 1 hat sich im Vergleich zu § 6 aF nicht fundamental geändert. Demgemäß ist in § 6 Abs. 1 S. 1 geregelt, dass eine Besteuerung der Anteile an einer Kapitalgesellschaft iSd § 17 EStG zu erfolgen hat, wenn eine natürliche Person, die insgesamt mindestens zehn Jahre nach § 1 Abs. 1 EStG unbeschränkt steuerpflichtig war, durch Aufgabe des Wohnsitzes oder gewöhnlichen Aufenthaltes aus der unbeschränkten Steuerpflicht ausscheidet. Gleichzeitig müssen die Voraussetzungen des § 17 EStG zu diesem Zeitpunkt erfüllt sein. Demzufolge findet § 17 EStG – im Grundsatz wie bisher – trotz mangelnder Veräußerung Anwendung.

231 Die Wegzugsbesteuerung des § 6 erfasst wie das bisherige Recht nur die Fälle, in denen der jeweilige Steuerpflichtige endgültig aus der unbeschränkten Steuerpflicht ausscheidet. Konsequenterweise bestimmt § 6 Abs. 3, dass die nach § 6 entstandene Steuer entfällt, wenn die natürliche Person innerhalb von fünf Jahren seit Beendigung der unbeschränkten Steuerpflicht erneut unbeschränkt steuerpflichtig wird. Allerdings ist hier zu beachten, dass es sich um ein rückwirkendes Ereignis iSd § 175 AO handelt. Die Steuerpflicht entfällt daher nicht bereits im Zeitpunkt des Wegzuges, wenn die Absicht der Rückkehr innerhalb von fünf Jahren besteht. Dabei wird auch weiterhin für die Erfüllung des Tatbestandes nur auf das Merkmal der unbeschränkten Steuerpflicht abgestellt, nicht auf die jeweilige Staatsbürgerschaft.

232 Vom Tatbestand sind alle natürlichen Personen iSv § 1 BGB unabhängig von ihrer Geschäftsfähigkeit erfasst. Dabei ist es zunächst unerheblich ob der Steuerpflichtige Inländer oder Ausländer ist. Es spielt gleichfalls keine Rolle, ob der Betroffene die deutsche Staatsangehörigkeit zeitweilig besaß. Allerdings ist an dieser Stelle darauf hinzuweisen, dass nach den Abs. 4, 5 die Staatsange-

C. Grundtatbestand des § 6 Abs. 1   233–240   § 6

hörigkeit doch eine große Rolle zu spielen vermag, nämlich bei der ua an die Staatsangehörigkeit anknüpfenden Stundungsregelung.

Bei der Sitzverlegung von Kapitalgesellschaften greift ggf. § 12 KStG ein, der die Wegzugsbesteuerung für juristische Personen auf dem Wege der Liquidationsbesteuerung regelt. In der Verlagerung einer Mitunternehmerschaft ins Ausland ist ein Fall des § 16 EStG zu sehen, der eine Steuerentstrickung durch Betriebsaufgabe nach sich zieht. Der Entstrickungsgedanke kommt zB nach § 4 Abs. 1 S. 3 EStG auch zur Anwendung, wenn ein Vermögensgegenstand des Betriebsvermögens in ein Betriebsvermögen im Ausland verlagert wird und eine Besteuerung der darin enthaltenen stillen Reserven im Inland durch ein entgegenstehendes Doppelbesteuerungsabkommen nicht mehr gewährleistet ist. Es ist aber zu bedenken, dass die genannten Problembereiche die Steuerentstrickung im Betriebsvermögen zum Gegenstand haben, § 6 hingegen die Besteuerung unrealisierter Wertzuwächse im Privatvermögen anordnet.   **233**

Wie bisher kommt es beim Grundtatbestand der Wegzugsbesteuerung nicht darauf an, ob der Steuerpflichtige in ein Hochsteuerland oder in ein Niedrigsteuerland verzieht. Ebenso ist unerheblich, ob das deutsche Besteuerungsrecht aus der Veräußerung der Anteile anlässlich des Wegzugs tatsächlich ausgeschlossen oder beschränkt wird. Bei Wegzug in einen Staat, mit dem kein Doppelbesteuerungsabkommen besteht, würde die Steuerverstrickung der stillen Reserven in Anteilen an einer inländischen Kapitalgesellschaft weiterhin nach § 49 Abs. 1 Nr. 2 Buchst. e EStG bestehen bleiben. Das deutsche Besteuerungsrecht würde weder ausgeschlossen noch beschränkt. Gleichwohl ordnet die Norm auch in einem derartigen Fall eine Besteuerung des Vermögenszuwachses in Form der nicht realisierten stillen Reserven in den Anteilen an einer Kapitalgesellschaft an (BR-Drs. 542/1/06 v. 11.9.2006, 10f.).   **234**

einstweilen frei   **235–239**

2. Zehnjahresfrist

Die Vermögenszuwächse sollen nur besteuert werden, wenn die natürliche Person oder bei ganz oder teilweise unentgeltlichem Erwerb der Rechtsvorgänger (vgl. → Rz. 400) insgesamt mindestens zehn Jahre unbeschränkt einkommensteuerpflichtig waren. Der Vorschrift liegt der Gedanke zugrunde, dass eine Besteuerung nach § 6 vom Grundsatz her nur greifen soll, wenn die Vermögensmehrungen aus einer nachhaltigen, persönlichen und wirtschaftlichen Eingliederung des Steuerpflichtigen in die deutsche Volkswirtschaft stammen (*FWBS* § 6 AStG Rz. 10). Die Zehn-Jahres-Frist ist als Kalenderfrist nicht nach Veranlagungszeiträumen zu bemessen, für die Berechnung kommt vielmehr § 108 AO iVm §§ 187ff. BGB zur Anwendung. Es ist nach dem Wortlaut nicht erforderlich, dass die unbeschränkte Steuerpflicht zehn Jahre ununterbrochen bestanden hat. Der Zeitraum der zehnjährigen unbeschränkten Steuerpflicht kann sich somit aus mehreren Teilabschnitten zusammensetzen. Dabei ist der Zeitraum, in den die Teilabschnitte fallen, unbegrenzt. Lediglich Zeiten der unbeschränkten Steuerpflicht, die vor dem 21.6.1948 endeten, sind aus Billigkeitsgründen nicht zu erfassen (Tz. 6.1.1.2. AEAStG). Der unbeschränkten Steuerpflicht der Bundesrepublik Deutschland ist die un-   **240** beschränkte Steuerpflicht nach § 1 Abs. 1 EStG der Deutschen Demokratischen Republik gleichgestellt (§ 21 Abs. 6 S. 1).

241 Da Unterbrechungen der unbeschränkten Steuerpflicht keine Berücksichtigung finden, kann es zur Besteuerung von Vermögensmehrungen kommen, die auf die Zeit entfallen, in der der Betroffene im Inland nicht unbeschränkt steuerpflichtig war. Vom Grundsatz her erscheint dies vor dem Hintergrund der Erfassung der Einkünfte vom § 49 Abs. 1 Nr. 2e EStG unproblematisch. Die Regelung schießt aber insoweit über das Ziel hinaus, im Inland entstandene Vermögensmehrungen der Besteuerung unterwerfen zu wollen. Insbesondere bei langjährigen Auslandsaufenthalten können Wertzuwächse in den Beteiligungen zu verzeichnen sein, die abgesehen von der Erfassung im Rahmen der beschränkten Steuerpflicht keinen den § 6 betreffenden Inlandsbezug aufweisen und auch nichts mit der Wohnsitzverlegung aus steuerlichen Gründen zu tun haben. Insoweit ist der auf dem Sinn und Zweck der Vorschrift beruhenden Auffassung von *Wassermeyer* (*FWBS* § 6 AStG Rz. 11) zuzustimmen, dass spätestens nach zehn Jahren eine vollständige Ausgliederung aus der deutschen Volkswirtschaft anzunehmen ist. Dem Wortlaut des Gesetzes lässt sich dies aber nicht entnehmen. Vor dem Hintergrund der vom Gesetzgeber bedachten Rückkehr in die unbeschränkte Steuerpflicht im Abs. 3 scheinen daher unabhängig von der Zeit, die der Betroffene nicht unbeschränkt steuerpflichtig war, die Wertzuwächse nach einer Rückkehr ins Inland von der Regelung erfasst zu sein.

242–244 *einstweilen frei*

3. Einbezug sämtlicher Fälle des Wegzugs

245 Der Haupttatbestand des § 6 knüpft an den Wegfall der unbeschränkten Steuerpflicht durch Aufgabe des Wohnsitzes und des gewöhnlichen Aufenthaltes im Inland an. Er erfasst damit alle denkbaren Fälle des Wegzugs und der Auswanderung. Es ist völlig unerheblich, ob der Betroffene im Ausland einen Wohnsitz begründet, in welchem Land er künftig ansässig sein wird und ob mit diesem Land ein DBA existiert. Dh die Entstrickung knüpft ausschließlich an einen Statuswechsel an und erfolgt unabhängig von einem möglichen Ausscheiden aus der deutschen Besteuerungshoheit aufgrund anzuwendender DBA.

Beispiel:

246 Der deutsche Staatsangehörige D hält im Privatvermögen 100 % der Anteile an der D-GmbH, die Sitz und Ort der Geschäftsleitung im Inland hat. D hatte seinen Wohnsitz und seinen gewöhnlichen Aufenthalt immer in Deutschland. Er verzieht am 1.1.2017 ohne Rückkehrabsicht nach Singapur. Die Anschaffungskosten seiner Anteile betrugen am 1.1.2012 € 100.000, der gemeine Wert beträgt am 1.1.2017 € 1.000.000.

Die in den GmbH-Anteilen ruhenden stillen Reserven sind nach § 6 Abs. 1 S. 1 im Wegzugszeitpunkt zu versteuern. Da D permanent nach Singapur verzieht, kann der Steueranspruch nicht nach Abs. 3 entfallen. Die Einkommensteuer ist nach § 3 Nr. 40 Buchst. c) EStG auf die Bemessungsgrundlage von € 900.000 nach dem Halbeinkünfteverfahren (bis 2008) bzw. nach dem Teileinkünfteverfahren (ab 2009, vgl. §§ 17 Abs. 2, 3 Nr. 40c EStG) zu berechnen. Dass D in einen DBA-Staat verzieht, vermag die Besteuerung des fiktiven Anteilsveräußerungsgewinns nicht zu verhindern. Allerdings kommt vorliegend eine Stundung nach Abs. 4 in Betracht, wenn der Steuerpflichtige

C. Grundtatbestand des § 6 Abs. 1   247–255 § 6

einen entsprechenden Antrag stellt. Durch das Finanzamt wäre zu prüfen, ob die Einziehung mit erheblichen Härten für den Steuerpflichtigen verbunden wäre. Grundsätzlich ist die Stundung daran geknüpft, dass Sicherheiten geleistet werden, Abs. 4 S. 1. Darauf kann nach S. 4 HS. 2 verzichtet werden, wenn der Steueranspruch nicht gefährdet erscheint.

einstweilen frei   247–249

4. Steuerliche Behandlung im Zuzugsstaat

Gleichfalls spielt es keine Rolle ob und in welcher Höhe etwaige Veräuße- 250
rungsgewinne für die von § 6 erfassten Anteile im künftigen Ansässigkeitsstaat einer Besteuerung unterliegen. Damit nimmt der Gesetzgeber offensichtlich Doppelbesteuerungen in Kauf, die im DBA-Fall nur durch Beantragung eines Verständigungsverfahrens nach Art. 25 OECD-MA beseitigt werden können (siehe auch Tz. 6.1.5.2. AEAStG). Lediglich neuere DBA beinhalten die Berücksichtigung der Wegzugsbesteuerung durch Ansatz des für Zwecke des Wegzugsbesteuerung angesetzten fiktiven Erlöses als Anschaffungskosten der Beteiligung (zB Art. 13 Abs. 7 Buchst. b) DBA-Kanada; vgl. zu den Regelungen der DBA *Vogel/Lehner* DBA Art. 13 Rz. 100 ff.). Im Ergebnis wird dadurch der Wertzuwachs während der Ansässigkeit im jeweiligen Staat besteuert. In einigen Fällen (zB Art. 23 Abs. 2 Buchst. b) DBA-Schweden) ist die Anrechnung der auf die Wegzugsbesteuerung entfallenden deutsche Steuer vorgesehen.

einstweilen frei   251–254

5. Doppelwohnsitzfälle im Kontext des Abs. 1 S. 1

Begründet der Steuerpflichtige im Ausland einen Wohnsitz, ohne seinen 255
inländischen Wohnsitz aufzugeben, führt dies nicht zu einem Ausscheiden aus der unbeschränkten Steuerpflicht. Die Begründung der unbeschränkten Steuerpflicht im Ausland führt allein nicht zur Besteuerung nach § 6, jedoch ist bei Doppelansässigkeit im DBA-Fall der Ergänzungstatbestand des Abs. 1 S. 2 Nr. 2 zu beachten. Umstritten ist die Behandlung in Fällen, in denen die unbeschränkte Steuerpflicht trotz des Wegzugs durch einen Antrag gem. § 1 Abs. 3 EStG erhalten bleibt. *Schaumburg* (Internationales Steuerrecht Rz. 5.401) vertritt die Auffassung, dass sowohl bei Wegzug als auch bei Verzicht auf den Antrag eine Besteuerung nicht eintritt, im Ergebnis § 6 ins Leere laufe, da die unbeschränkte Steuerpflicht nicht durch Wegzug ende. Dahingegen will Blümich/*Pohl* § 6 AStG Rz. 44 die Wegzugsbesteuerung eingreifen lassen, wenn der Betroffene den Antrag nicht mehr stellt. Dieser Auffassung ist sowohl aus systematischer Sicht als auch aufgrund des Wortlautes der Vorschrift zuzustimmen. Zum einen wäre eine Umgehung der Wegzugsbesteuerung in einer Reihe von Fällen leicht möglich. Zum anderen verlangt der Wortlaut einen Wegfall der unbeschränkten Steuerpflicht durch Wegzug. Ein zeitlicher Zusammenhang zwischen dem Wegzug und dem Wegfall der unbeschränkten Steuerpflicht ist daher nicht erforderlich. Auch geht aus dem Gesetz nicht hervor, dass der Wegzug der einzige Grund für die Beendigung der unbeschränkten Steuerpflicht sein muss, er muss lediglich mit ursächlich für die Beendigung der unbeschränkten Steuerpflicht sein. Folglich greift die Wegzugsbesteuerung dann, wenn die zweite Voraussetzung in Form des Weg-

falls der unbeschränkten Steuerpflicht zeitlich später als die Aufgabe des Wohnsitzes erfüllt ist. Insoweit besteht eine Besteuerungslücke (so *Schaumburg* Internationales Steuerrecht Rz. 5.401) nicht. Umgekehrt kann die Wegzugsbesteuerung, wie sich aus Abs. 1 S. 1 auch ergibt, nicht zur Anwendung kommen, wenn die unbeschränkte Steuerpflicht niemals aufgrund eines Wohnsitzes oder gewöhnlichen Aufenthaltes, sondern ausschließlich durch den Antrag nach § 1 Abs. 3 EStG bestanden hat.

256–259 *einstweilen frei*

6. Vorrangige Anwendung des § 17 Abs. 5 EStG sowie der Vorschriften des Umwandlungssteuergesetzes

260 § 6 Abs. 1 S. 3 bestimmt, dass § 17 Abs. 5 EStG sowie der Vorschriften des Umwandlungssteuergesetzes unberührt bleiben. Mithin gelten sie auch ungeachtet der Bestimmungen des § 6 fort. Letztere Bestimmung gelangt nur dann zur Anwendung, wenn sich aus den Vorschriften des § 17 Abs. 5 EStG sowie den Vorschriften des Umwandlungssteuergesetzes keine spezielleren Rechtsfolgen ergeben.

261 Nach § 17 Abs. 5 S. 1 EStG stehen die Beschränkung oder der Ausschluss des Besteuerungsrechts der Bundesrepublik Deutschland hinsichtlich des Gewinns aus der Veräußerung der Anteile an einer Kapitalgesellschaft im Fall der Verlegung des Sitzes oder des Orts der Geschäftsleitung der Kapitalgesellschaft in einen anderen Staat der Veräußerung der Anteile zum gemeinen Wert gleich. Dies gilt indessen nicht in den Fällen der Sitzverlegung einer Europäischen Gesellschaft nach Art. 8 der Verordnung (EG) Nr. 2157/2001 und der Sitzverlegung einer anderen Kapitalgesellschaft in einen anderen Mitgliedstaat der Europäischen Union. Zieht mithin eine Kapitalgesellschaft in einen anderen EU-Mitgliedstaat um, so ist für solche Konstellationen der Gewinn aus einer späteren Veräußerung der Anteile ungeachtet der Bestimmungen eines Abkommens zur Vermeidung der Doppelbesteuerung zu besteuern. Die Besteuerung hat in der gleichen Art und Weise zu erfolgen, wie die Veräußerung dieser Anteile zu besteuern gewesen wäre, wenn keine Sitzverlegung stattgefunden hätte.

262 Für den Fall der vorrangigen Anwendung der Normen des Umwandlungssteuergesetzes gilt, dass im Rahmen der dort behandelten Möglichkeiten der Übertragung von Anteilen an Kapitalgesellschaften die umwandlungssteuerrechtlichen Bestimmungen lex specialis-Charakter gegenüber § 6 zukommt. So sind beispielsweise die steuerlichen Rechtsfolgen für die Anteilseigner im Rahmen einer Verschmelzung auch dann nach § 13 UmwStG zu beurteilen, wenn § 6 tatbestandlich einschlägig sein sollte.

263–269 *einstweilen frei*

II. Sachliche Voraussetzungen

1. Beteiligung im Privatvermögen

270 In sachlicher Hinsicht erfasst § 6 Abs. 1 Anteile iSd § 17 Abs. 1 EStG. Dabei handelt es sich stets um Anteile an Kapitalgesellschaften, mit anderen Wor-

C. Grundtatbestand des § 6 Abs. 1   271–274 § 6

ten stellt § 6 also die Besteuerung stiller Reserven in Beteiligungen an inländischen und ausländischen Kapitalgesellschaften isd § 17 EStG sicher. Die tatbestandliche Beschränkung auf Anteile an inländischen Kapitalgesellschaften ist mit der Reform der Bestimmung durch das SEStEG entfallen. Ist noch vergleichsweise unproblematisch zu bestimmen, wann Anteile an (inländischen) Kapitalgesellschaften vorliegen, bedarf es dazu in Bezug auf solche Rechtsträger, die nach ausländischem Recht gegründet wurden, der Überlegungen des sog. Typenvergleichs (vgl. → Rz. 280 ff.).

§ 6 Abs. 1 erfasst nur Anteile an Kapitalgesellschaften. Wie bereits ausge- **271** führt, ist die Beschränkung auf inländische Kapitalgesellschaften aufgehoben worden. Unter Kapitalgesellschaften sind die unter § 1 Abs. 1 Nr. 1 KStG erwähnten (Aktiengesellschaft, Kommanditgesellschaft auf Aktien, Gesellschaft mit beschränkter Haftung) zu verstehen. Zu den Anteilen zählen gem. § 17 Abs. 1 S. 3 EStG Aktien, Anteile an einer GmbH, Genussscheine und „ähnliche Beteiligungen" sowie „Anwartschaften auf solche Beteiligungen" (vgl. dazu im Einzelnen Schmidt/*Weber-Grellet* § 17 EStG Rz. 20 ff.). Nicht einzubeziehen sind Anteile an VVG, Anteile eines persönlich haftenden Gesellschafters einer KGaA und stille Beteiligungen (Blümich/*Ebeling* § 17 EStG, Rz. 75). Da als Anteile iSd § 17 Abs. 1 S. 1 EStG nach § 17 Abs. 7 EStG auch Anteile an einer Genossenschaft einschließlich der Europäischen Genossenschaft gelten (Blümich/*Ebeling* § 17 Rz. 80), fallen derartige Anteile nunmehr auch unter § 6. Hinzu treten nach den unten skizzierten Kriterien die Kapitalgesellschaften, die nach den Wertungen des Typenvergleichs als ausländische Kapitalgesellschaften qualifizieren.

Die Beteiligung an der Kapitalgesellschaft muss sich im Privatvermögen des **272** Steuerpflichtigen befinden. Für im Betriebsvermögen gehaltene Beteiligungen ist die Besteuerung auch im DBA-Fall über den Betriebsstättenvorbehalt des Art. 13 Abs. 2 OECD-MA gesichert, so dass für diese Beteiligungen eine Wegzugsbesteuerung nicht erforderlich ist. Gerade bei Wegzug des Steuerpflichtigen in einen Staat, mit dem kein DBA besteht, ist die Diskriminierung von Privatvermögen gegenüber Betriebsvermögen offensichtlich, wurde aber vom Gesetzgeber in Kauf genommen (vgl. zu den verfassungsrechtlichen Bedenken → Rz. 35 ff.).

Der Steuerpflichtige muss innerhalb der letzten fünf Jahre zu mindestens 1 **273** vom Hundert am Kapital der Gesellschaft unmittelbar oder mittelbar beteiligt sein, § 17 Abs. 1 S. 1 EStG. Maßgeblich ist dabei der nominelle Anteil am Grund- oder Stammkapital. Hält die Kapitalgesellschaft eigene Anteile, ist deren Nennwert oder deren Anteil am Nennkapital abzuziehen. Bei unentgeltlichen Erwerb der Anteile reicht es aus, wenn der Rechtsvorgänger innerhalb der letzten fünf Jahre zu mindestens 1 vom Hundert beteiligt war, § 17 Abs. 1 S. 4 EStG.

Der sachliche Anwendungsbereich des § 6 hat sich somit im Rahmen der **274** jüngeren steuerlichen Reformansätze erheblich erweitert. Neben der Ausweitung auf nicht-inländische Kapitalgesellschaften betrifft dies auch die Beteiligungsschwelle. Dies hängt mit der dynamischen Ankoppelung an § 17 EStG zusammen. Die Beteiligungsquoten dieser Vorschriften wurden in den zurückliegenden Jahren mehrfach abgesenkt, von 25% auf 10%, dann auf 1%. War – nach nunmehr aktueller Rechtslage – der unbeschränkt Steuerpflichtige in den letzten fünf Jahren vor dem Wegzug unmittelbar oder mittelbar zu mindestens 1% an dem Kapital einer in- oder ausländischen Kapitalgesellschaft beteiligt, so ist die Vermögenszuwachsbesteuerung anwendbar. Dies gilt sogar auch in den Fällen, in denen im Wegzugszeitpunkt nur noch eine geringere Beteiligungsquote besteht (vgl. auch Tz. 6.1.2.1 AEAStG).

275–279 *einstweilen frei*

2. Anteile an nach ausländischem Recht gegründeten Kapitalgesellschaften

280 Die Besteuerungspraxis wendet seit der Venezuela-Entscheidung des Reichsfinanzhofs (RFH-Urteil vom 12.2.1930, VI A 899/27, RStBl. 1930, 444) den sogenannten Typenvergleich an, wenn es um die Beurteilung der Struktur einer ausländischen Gesellschaft für Zwecke des deutschen internationalen Steuerrechts geht. Die Typenvergleichsdoktrin des RFH hat bis heute Gültigkeit und wird auch von der jüngsten BFH-Rechtsprechung angewandt. Sie stellt darauf ab, ob das ausländische Rechtsgebilde nach den wirtschaftlichen Strukturmerkmalen einer deutschen Kapitalgesellschaft bzw. einer deutschen Personengesellschaft vergleichbar ist und behandelt es für Besteuerungszwecke entsprechend. Der Rechtstypenvergleich soll ergeben, ob eine nach ausländischem Recht errichtete Rechtsperson einer inländischen gleicht und wegen des rechtlichen Aufbaus und der wirtschaftlichen Stellung einem vergleichbaren deutschen Rechtstyp entspricht. Die Durchführung geschieht in zwei Stufen. Auf der ersten Stufe wird die jeweilige ausländische Privatrechtsform nach ausländischem Recht auf ihre Vergleichbarkeit mit den Organisationsformen des inländischen Privatrechts hin überprüft. Mit anderen Worten wird insoweit der Grad der Übereinstimmung zwischen den jeweiligen ausländischen Rechtsformen und denen des deutschen Rechts festgestellt. Die zweite Stufe hat die Zuordnung der steuerrechtlichen Organisationstypen des Auslands zu den entsprechenden Körperschaften oder Personenunternehmen des inländischen Rechts zum Gegenstand. Diese erfolgt nach Maßgabe des rechtlichen Aufbaus sowie der wirtschaftlichen Struktur des Auslandsengagements.

281 Eine ausländische Rechtsperson ist danach dann als Kapitalgesellschaft zu qualifizieren, wenn sich aus der Gesamtwürdigung der maßgebenden Bestimmungen über die Organisation und die Struktur des Gebildes ergibt, dass dieses rechtlich und wirtschaftlich einer inländischen Körperschaft oder einer sonstigen juristischen Person gleicht. Die Anwendung und nahezu gewohnheitsrechtlich verfestigte Geltung der Typenvergleichslehre ist nach heutigem Stand in Dogmatik und Praxis unbestritten.

282 Nachweise aus der Finanzverwaltung:
– Hinweis 2 KStH
– BMF-Schreiben v. 19.3.2004, BStBl. I 2004, 411 (US-LLC)
– Betriebsstätten-Verwaltungsgrundsätze (BMF v. 24.12.1999, BStBl. I 1999, 10, Tz. 1.1.5.2. sowie Tabellen 1 und 2 mit Listen ausländischer Rechtsformen, die inländischen Kapitalgesellschaften entsprechen
– Entwurf BMF-Schreiben „Anwendung der Doppelbesteuerungsabkommen (DBA) auf Personengesellschaften"
– OECD-partnership report, Annex III;

C. Grundtatbestand des § 6 Abs. 1

Nachweise aus der Rechtsprechung
- RFH v. 12.2.1930, VI A 899/27, RStBl. 1930, 444
- BFH v 3.2.1988, I R 134/84, BStBl. II 1988, 588
- BFH v. 27.2.1991, I R 15/89, BStBl. II 1991, 444
- BFH v. 23.6.1992, IX R 182/87, BStBl. II 1992, 972
- BFH v. 23.6.1993, I R 31/92, BFH/NV 1994, 661
- BFH v. 16.12.1998, I R 138/97, BStBl. II 1999, 437).

Als Merkmale für Kapitalgesellschaften kommen ua in Betracht die klare Trennung zwischen Gesellschafts- und Gesellschaftersphäre, die Haftungsbeschränkung, die Fungibilität der Anteile, die Fremdorganschaft, das Fortbestehen der Gesellschaft bei Ausscheiden eines Gesellschafters. Entspricht eine ausländische Rechtsperson dagegen nach Organisation und Struktur eher einer deutschen Personengesellschaft, so ist sie dieser Gruppe von Rechtssubjekten zuzuordnen. **283**

Als Merkmale für Personengesellschaften lassen sich ua die unbeschränkte Haftung mindestens eines Gesellschafters, die personalistische Struktur (dh Gesellschafter führen die Geschäfte, sog. Selbstorganschaft), die Übertragung von Anteilen an der Gesellschaft nur mit Zustimmung der Gesellschafter, das Fehlen einer Mindesteinlagenverpflichtung bei der Kapitalaufbringung sowie die Teilrechtsfähigkeit aufzählen. **284**

Beispiel:
Der brasilianische Staatsangehörige B hält im Privatvermögen 100% der Anteile an der B-SA, die Sitz und Ort der Geschäftsleitung in Brasilien hat. B hatte seinen Wohnsitz und seinen gewöhnlichen Aufenthalt immer in Deutschland. Er verzieht am 1.1.2017 permanent nach Brasilien. Die Anwendung der Kriterien des Typenvergleichs soll ergeben, dass die B-SA einer Kapitalgesellschaft entspricht. Die Anschaffungskosten der Anteile betrugen am 1.1.2012 € 100.000, der gemeine Wert beträgt am 1.1. 2017 € 1.000.000. **285**

Die in den SA-Anteilen ruhenden stillen Reserven sind nach § 6 Abs. 1 S. 1 im Wegzugszeitpunkt zu versteuern, da nach der Neuregelung – im Gegensatz zum bisherigen Recht – auch Anteile an ausländischen Kapitalgesellschaften erfasst werden. Da B permanent nach Brasilien verzieht, kann der Steueranspruch nicht nach Abs. 3 entfallen. Die Einkommensteuer ist nach § 3 Nr. 40 Buchst. c) EStG auf die Bemessungsgrundlage von € 900.000 nach dem Halbeinkünfteverfahren (bis 2008) bzw. nach dem Teileinkünfteverfahren (ab 2009, vgl. §§ 17 Abs. 2, 3 Nr. 40c EStG) zu berechnen. Unerheblich ist nach nunmehr gültiger Rechtslage, dass B in einen Nicht-DBA-Staat verzieht. Allerdings kommt vorliegend eine Stundung nach Abs. 4 in Betracht, wenn der Steuerpflichtige einen entsprechenden Antrag stellt. Das Finanzamt hätte auf Antrag des Steuerpflichtigen zu prüfen, ob die Einziehung mit erheblichen Härten für den Steuerpflichtigen verbunden wäre. Grundsätzlich ist die Stundung daran geknüpft, dass Sicherheiten geleistet werden, Abs. 4 S. 1. Davon kann nach S. 4 Hs. 2 abgesehen werden, wenn der Steueranspruch nicht gefährdet erscheint.

einstweilen frei **286–289**

III. Rechtsfolgen des Grundtatbestandes

1. Beschränkung auf positive fiktive Beträge

Die Rechtsfolge des § 6 Abs. 1 entspricht im Wesentlichen der bisherigen Fassung der Norm. Dies bedeutet, dass § 17 EStG auch ohne Veräußerung **290** von Anteilen anzuwenden ist. Die Rechtsfolgeanordnung bewegt sich dabei in zwei Dimensionen, sie enthält einerseits eine Rechtsgrundverweisung, andererseits eine Rechtsfolgeverweisung auf § 17 EStG (*FWBS* § 6 AStG Rz. 19). Der Anwendungsbereich des § 17 EStG wird damit erweitert. Die Tatbestandsvoraussetzungen des § 17 EStG müssen daher unabhängig von den zusätzlichen Voraussetzungen des § 6 vorliegen. Die Rechtsgrundverweisung auf § 17 EStG besteht darin, dass sämtliche übrigen Tatbestandsvoraussetzungen dieser Norm erfüllt sein müssen – selbstverständlich mit Ausnahme der Anteilsveräußerung. Die Rechtsfolgeverweisung auf § 17 EStG ist darin zu sehen, dass ein Veräußerungsgewinn im Sinne dieser Bestimmung als verwirklicht gilt. Dieser – fiktive – Veräußerungsgewinn muss mangels tatsächlicher Veräußerung und eines aufgrund einer Markttransaktion zustande gekommenen Veräußerungspreises der Anteile auf Ersatzgrößen zurückgreifen. Diese wird durch § 6 Abs. 1 S. 4 dadurch konkretisiert, dass im Grundfall an die Stelle des Veräußerungspreises der gemeine Wert der Anteile im Veräußerungszeitpunkt tritt. Im Rahmen der Ersatztatbestände der § 6 Abs. 1 S. 2 Nr. 1–4 wird auf Zeitpunkte abgestellt, zu denen die Ersatztatbestände verwirklicht sind.

291 Da § 6 als Rechtsfolge die Anwendung des § 17 EStG auch ohne Veräußerung der Anteile vorsieht, wird im Ergebnis also im Zeitpunkt des Wegzugs ein fiktiver Veräußerungsgewinn ohne tatsächliche Gewinnrealisierung der Besteuerung unterworfen. Streitig war zunächst, ob auch Verluste im Rahmen des § 6 Berücksichtigung finden sollten. Während in Literatur (*FWBS* § 6 AStG Rz. 27; *WSG* § 6 S. 74/3) und Rechtsprechung (FG Rheinland-Pfalz v. 6.2.1986, 3 K 80/85, EFG 1986, 272) zunächst von einer Anwendung auf Verluste ausgegangen wurde, verwarf der BFH diese Ansicht mit überzeugender Begründung (BFH v. 28.2.1990, I R 43/86, BStBl. II 1990, 615, BFHE 160, 180. Dieser Auffassung hat sich auch die Finanzverwaltung angeschlossen (Tz. 6.1.3.3. AEAStG). Folglich ist ein Ausgleich fiktiver Verluste mit anderen Einkünften nicht zulässig.

Beispiel:

292 Der deutsche Staatsangehörige D hält im Privatvermögen 100% der Anteile an der D-GmbH, die Sitz und Ort der Geschäftsleitung im Inland hat. D hatte seinen Wohnsitz und seinen gewöhnlichen Aufenthalt immer in Deutschland. Er verzieht am 1.1.2017 permanent nach Singapur. Die Anschaffungskosten seiner Anteile betrugen am 1.1.2012 € 1.000.000, der gemeine Wert beträgt am 1.1.2017 € 100.000.

§ 6 ist in seiner Diktion von der Stoßrichtung geleitet, den Export stiller Reserven dadurch zu verhindern, dass ein fiktiver Veräußerungsgewinn steuerlich erfasst wird. Der vorliegend sich aufgrund der Datenkonstellation ergebende fiktive Veräußerungsverlust nutzt dem D hinsichtlich seiner Bemessungsgrundlagen nichts. Auch nach § 17 EStG bleibt der – fiktive – Veräußerungsverlust folgenlos.

293 Ebenso scheidet ein Ausgleich fiktiver Gewinne und Verluste innerhalb des § 6 aus, da die Vorschrift nach der Sichtweise der höchstrichterlichen Rechtsprechung auf den Vermögenszuwachs in der einzelnen Beteiligung abstellt. Dies hat der BFH in seiner Entscheidung v. 26.4.2017 – I R 27/15, BStBl. II 2017, 1194, klargestellt (vgl. zur Entscheidung der Vorinstanz FG München v. 25.3.2015, 1 K 495/13, IStR 2015, 484, *Kraft/Gräfe* IWB 2016, 384). Allerdings kann es bei zeitlich gestaffelten Anteilserwerbern wirtschaftlich zu einer Verlustkompensation kommen (*Kraft* IStR 2018, 289 (291)).

C. Grundtatbestand des § 6 Abs. 1

Im Sachverhalt des vom FG München am 25.3.2015 im Verfahren Az. 1 K 495/13 entschiedenen Rechtsstreits gab eine vormals unbeschränkt steuerpflichtige natürliche Person ihre unbeschränkte Steuerpflicht in Deutschland auf (steuerlicher Wegzug). Zum Zeitpunkt des steuerlichen Wegzugs verfügte die natürliche Person über mehrere Beteiligungen iSv § 17 Abs. 1 S. 1 EStG. Für einige der Beteiligungen war bis zum Wegzugszeitpunkt ein Vermögenszuwachs eingetreten, die übrigen Beteiligungen verzeichneten zu diesem Zeitpunkt eine Wertminderung. In Konstellationen dieser Art ist fraglich, ob der unrealisierte (fiktive) Wertverlust bei der Berechnung des unrealisierten (fiktiven) Wertzuwachses kompensatorisch zu berücksichtigen ist.

Im Ergebnis sah das Finanzgericht den primären Gesetzeszweck des § 6 darin, die steuerliche Erfassung solcher stiller Reserven sicherzustellen, die mit Bezug zum Inland bis zum Wegzug angewachsen sind. Diese Einschätzung stellte für den erkennenden Senat die Rechtfertigung dar, auch angesichts in der Fachliteratur geäußerter Kritik die nicht realisierten Wertverluste nicht kompensatorisch bei der Berechnung der „Wegzugssteuer" zu berücksichtigen. Immerhin ist zu konzedieren, dass das erkennende Finanzgericht damit im Grunde auf der Linie einer vorangegangen, allerdings vom FG nicht in Bezug genommenen BFH-Entscheidung liegt. Denn in seinem Urteil vom 28.2.1990, I R 43/86, BStBl. II 1990, 615, BFHE 160, 180, verwarf der BFH die Auffassung, ein Ausgleich fiktiver Beteiligungswertverluste mit fiktiven Beteiligungswertzuwächsen sei zulässig. Allerdings ging es in diesem Verfahren um einen Steuerpflichtigen, der bei einer einzigen Beteiligung einen im Wege der verdeckten Einlage realisierten fiktiven Veräußerungsverlust geltend gemacht hatte. Mithin unterschied sich dieser Fall von dem des FG München. Der Auffassung des BFH hat sich auch die Finanzverwaltung in der Tz. 6.1.3.3. des sogenannten Anwendungsschreibens zum AStG (AEAStG) angeschlossen.

Die Begründung in der Entscheidung des FG München vermag nicht in vollem Umfang zu überzeugen. Denn durchaus überzeugende Gründe sprechen dafür, im Rahmen des § 6 auch fiktive Veräußerungsverluste steuerrechtlich zu berücksichtigen (vgl. *Häck* IStR 2015, 486 mwN). Angesichts der mehr als 25 Jahre alten Rechtsprechung ist es gleichwohl als offen zu bezeichnen, ob sich der BFH den im Schrifttum vorgebrachten Argumenten öffnen wird und die Frage der Berücksichtigung von Wertminderungen im Anwendungsbereich des § 6 unter modifizierter Perspektive beurteilt. Da der BFH die zentralen Erwägungen des FG München bestätigt hat, sind Steuerpflichtige zu Gestaltungen genötigt, um die steuerliche Berücksichtigung von Wertminderungen vor dem Wegzugszeitpunkt im Wegzugsjahr rechtzeitig herbeizuführen.

Um eine – im übrigen – leistungsfähigkeitsadäquate Besteuerung herbeizuführen, bietet sich einerseits der verlustrealisierende Verkauf der Anteile einer Gesellschaft an, deren Vermögen im Wert gesunken ist. Anderseits ist an eine – jeweils verlustrealisierende – Verschmelzung oder auch Anteilseinbringung zu denken. Da der BFH dem FG München v. 25.3.2015, 1 K 495/13 folgte, sind im Vorfeld eines Wegzugs Gestaltungen (dazu ausführlich *Kraft/Gräfe* IWB 2016, 384) zu erwägen, um die Verlustrealisierung vor dem Wegzug einer natürlichen Person ins Werk zu setzen. In Betracht kommen insoweit ua:

- Verlustrealisierung durch Verkauf von Kapitalgesellschaftsanteilen
- Verlustrealisierung durch Einbringung von Kapitalgesellschaftsanteilen im Wege der Kapitalerhöhung
- Verlustrealisierung durch verdeckte Einlage von Kapitalgesellschaftsanteilen
- Verlustrealisierung durch Anteilseinbringung in eine Holding-Struktur
- Verlustrealisierung durch Verschmelzung

Zu den Details der einzelnen Strategien vgl. ausführlich *Kraft/Gräfe* IWB 2016, 384 sowie *Kraft* IStR 2018, 289 (291).

298, 299 *einstweilen frei*

2. Bewertungsmaßstab: gemeiner Wert

300 In Ermangelung eines Veräußerungspreises sind für die Berechnung des fiktiven Veräußerungsgewinns der gemeine Wert der Anteile im Zeitpunkt des Wegzugs und die Anschaffungskosten der Anteile gegenüberzustellen, § 6 Abs. 1 S. 4. Der gemeine Wert ergibt sich nach § 9 Abs. 2 BewG aus dem Preis, der im gewöhnlichen Geschäftsverkehr bei der Veräußerung zu erzielen wäre. Dieser wird regelmäßig dem Verkehrswert entsprechen. Im Falle eines Kurswertes an einer Börse ist dieser ggf. erhöht um einen Paketzuschlag anzusetzen. Für nicht notierte Anteile darf das Stuttgarter Verfahren gemäß § 11 Abs. 2 S. 3. BewG für ertragsteuerliche Zwecke nicht mehr zur Anwendung kommen. Daher ist im Rahmen des § 6 ein Unternehmensbewertungsverfahren anzuwenden, welches anerkannten betriebswirtschaftlichen Grundsätzen genügt. Ohne nähere Regelung durch den Gesetzgeber darf sich der Steuerpflichtige insoweit durchaus auf das für ihn günstigste Verfahren berufen.

301 Die Anschaffungskosten der Anteile sind alles, was der Erwerber aufwendet, um die Anteile zu erlangen und zu erhalten (vgl. § 255 Abs. 1 HGB). Dazu gehören neben den Anschaffungspreis auch Anschaffungsnebenkosten (zB Beurkundungs- und Beratungskosten, Provisionen, Maklerkosten) sowie nachträgliche Aufwendungen auf die Beteiligung, die durch das Gesellschaftsverhältnis veranlasst sind und nicht zu den Werbungskosten bei den Einkünften aus Kapitalvermögen gehören (zB verdeckte Einlagen). Ggf. erfolgte Kapitalrückzahlungen sind als negative Anschaffungskosten zu berücksichtigen. Bei einem unentgeltlichen Erwerb der Anteile sind gem. § 17 Abs. 2 S. 3 EStG die Anschaffungskosten des Rechtsvorgängers anzusetzen, der den Anteil als letzter entgeltlich erworben hat. Zu den anzusetzenden Anschaffungskosten für Kapitalgesellschaften in der ehemaligen DDR vgl. § 11 iVm § 52 Abs. 2 DMBilG; für vor der Währungsreform 1948 erworbene Anteile vgl. § 53 EStDV.

302 Gehörten die Anteile bereits vor der erstmaligen Begründung der unbeschränkten Steuerpflicht dem Betroffenen, so sind als Anschaffungskosten der gemeine Wert der Anteile im Zeitpunkt der Begründung der unbeschränkten Steuerpflicht anzusetzen. Durch diese Regelung wird verhindert, dass Vermögensmehrungen, die vor der Begründung der unbeschränkten Steuerpflicht entstanden sind, in den Anwendungsbereich des § 6 einbezogen werden. Das ist systemgerecht. Eine vor diesem Zeitpunkt liegende Vermögensmehrung ist unter keinen denkbaren Rechtfertigungserwägungen in den Anwendungsbereich des § 6 einzubeziehen. Die Einschränkung auf die erstmalige Begründung der unbeschränkten Steuerpflicht führt aber dann zu willkürlichen Ergebnissen, wenn der Steuerpflichtige zeitweise nicht unbeschränkt steuer-

C. Grundtatbestand des § 6 Abs. 1   303–309 § 6

pflichtig war. In diesen Fällen werden Vermögensmehrungen erfasst, die nicht auf die Zeit entfallen, in der der Betroffene seinen Wohnsitz oder gewöhnlichen Aufenthalt nicht im Inland hatte. An der in der Gesetzesbegründung aufgeführten Rechtfertigung für eine Wegzugsbesteuerung fehlt es in derartigen Fällen vollständig. Gleiches gilt, wenn der Steuerpflichtige Anteile an inländischen Kapitalgesellschaften nach dem Wegfall der unbeschränkten Steuerpflicht im Inland erworben hat und nach einem längeren Zeitraum wieder einen Wohnsitz oder gewöhnlichen Aufenthalt im Inland begründet.

Ungeachtet der damit verbundenen systematischen Probleme kommt § 6 Abs. 1 S. 2 nach dem eindeutigen Wortlaut nur im Zeitpunkt des erstmaligen Beginns der unbeschränkten Steuerpflicht zur Anwendung. Ggf. ist der Zeitpunkt der Geburt maßgebend. Unklar ist hingegen, ob mit Abs. 1 S. 2 eine unbeschränkte Steuerpflicht aufgrund eines Wohnsitzes oder gewöhnlichen Aufenthaltes gemeint ist, oder ob eine unbeschränkte Steuerpflicht auf Antrag gem. § 1 Abs. 3 EStG ausreicht. Verlegt nämlich ein nach § 1 Abs. 3 EStG unbeschränkt Steuerpflichtiger seinen Wohnsitz ins Inland, kommt dem Zeitpunkt der erstmaligen Begründung der unbeschränkten Steuerpflicht für Zwecke des Ansatzes des gemeinen Wertes erhebliche Bedeutung zu. Sowohl im Hinblick auf Abs. 1 S. 1, der auf die unbeschränkte Steuerpflicht nach § 1 Abs. 1 EStG abstellt, als auch auf Sinn und Zweck der Regelung (vgl. Leitsätze der Bundesregierung vom 17.12.1970 in *FWBS* § 6 S. 5) scheint der Gesetzgeber vom Zeitpunkt des Zuzugs ausgegangen zu sein. Insoweit hat der Gesetzgeber die klarstellende Folgeänderung, die sich aus der Änderung des § 1 Abs. 3 EStG durch das Jahressteuergesetz 1996 ergab, nicht durchgeführt. **303**

Für die Problematik der Ermittlung der zugrunde zu legenden Anschaffungskosten ist auch unerheblich, ob die Beteiligung im Zeitpunkt der erstmaligen Begründung der unbeschränkten Steuerpflicht dem Steuerpflichtigen gehört (wie hier *FWBS* § 6 AStG Rz. 29d). Gegenteilige Auffassungen (vgl. hierzu *FWBS* § 6 AStG Rz. 29e), nach denen erstmalige Begründung der unbeschränkten Steuerpflicht und Innehaben der Beteiligung gleichzeitig vorliegen müssen, sind aus systematischer Sicht zwar vertretbar. Der Gesetzgeber hat durch den eindeutigen Wortlaut der Vorschrift keinen Auslegungsspielraum gelassen. Es wird daher zur Besteuerung des gesamten Wertzuwachses kommen, auch wenn er auf Zeiten der Ansässigkeit im Ausland fällt. **304**

Als Anschaffungskosten ist der gemeine Wert im Zeitpunkt des Zuzugs anzusetzen. (Zum Problem des gemeinen Werts vgl. → Rz. 300). Dabei obliegt der Nachweis dem Steuerpflichtigen. Es handelt sich um eine Regelung der objektiven Beweislast. Der Betroffene trägt somit die Feststellungslast, dass der Nachweis gelingt. Aufgrund der Beweislastverteilung wirkt sich § 6 Abs. 1 S. 2 nur zugunsten des Steuerpflichtigen aus. Liegt der gemeine Wert im Zeitpunkt des Zuzugs unter den historischen Anschaffungskosten wird der Steuerpflichtige auf die Beweisführung verzichten, so dass der für ihn günstigere Wertansatz zum Tragen kommt. Der Nachweis beinhaltet die Inhaberschaft an den Anteilen durch den Steuerpflichtigen. Dabei ist auf die allgemeinen Grundsätze des Steuerrechts, insbesondere die wirtschaftliche Betrachtungsweise des § 39 AO abzustellen. **305**

einstweilen frei **306–309**

3. Anwendung des Teileinkünfteverfahrens

310 Der ermittelte fiktive Veräußerungsgewinn unterlag bis einschließlich Veranlagungszeitraum 2008 dem Halbeinkünfteverfahren, danach (ab Veranlagungszeitraum 2009) dem Teileinkünfteverfahren; § 3 Nr. 40c, § 3c Abs. 2 EStG (Blümich/*Pohl* § 6 AStG Rz. 68; *Kaminski/Strunk* RIW 2001, 810 (811); aA *Dötsch/Pung* DB 2000 Beil. 10, 9). Eine andere Auffassung widerspräche dem Sinn des § 6. Ansonsten wäre die fiktive Veräußerung gegenüber der tatsächlichen Veräußerung neben dem fehlenden Liquiditätszufluss zusätzlich benachteiligt. Des Weiteren ergibt sich diese Auffassung auch aus der Rechtsnatur des § 6 Abs. 1 S. 1 als Rechtsgrund- und Rechtsfolgeverweisung auf § 17 EStG, der seinerseits die Folgen des § 3 Nr. 40c EStG auslöst. Einer von *Kaminski/Strunk* (RIW 2001, 810 (816)) geforderten Klarstellung durch den Gesetzgeber bedarf es insoweit nicht. Ebenso wenig ist eine explizite Nennung des § 6 in § 3 Nr. 40 EStG nicht erforderlich.

311–319 *einstweilen frei*

IV. Kürzung des Veräußerungsgewinns bei tatsächlicher Veräußerung

320 § 6 Abs. 1 S. 5 regelt die Konkurrenz der Wegzugsbesteuerung zur Besteuerung eines tatsächlich erzielten Veräußerungsgewinns. Dabei wird deutlich, dass Wegzugsbesteuerung und spätere Besteuerung des Veräußerungsgewinns nebeneinander anwendbar sind. Der Veräußerungsgewinn wird lediglich um die bereits besteuerten stillen Reserven gekürzt. Dabei sind jedoch die Bestimmungen bestehender DBA zu berücksichtigen, die idR das Besteuerungsrecht für die Veräußerung der Anteile dem Wohnsitzstaat zuweisen (Art. 13 Abs. 5 OECD-MA). Diese Schrankenwirkung bleibt von § 6 Abs. 1 S. 5 unberührt, eine Besteuerung des Veräußerungsgewinns im Inland kann nicht erfolgen.

321 § 6 Abs. 1 S. 5 ist als Anrechnungsvorschrift ausgestaltet, die in die Bemessungsgrundlage eingreift. Sie kommt immer dann zur Anwendung, wenn einem Vorgang iSd § 17 EStG eine Besteuerung unrealisierter Wertzuwächse vorangegangen ist. Der bei Wegzug besteuerte Vermögenszuwachs wird von einem tatsächlich erzielten Veräußerungsgewinn abgezogen. Dabei kann es sich um eine von der beschränkten Steuerpflicht erfassten Veräußerung gem. § 49 Abs. 1 Nr. 2e EStG handeln, die wohl der Hauptanwendungsfall sein dürfte. Verlegt der Steuerpflichtige seinen Wohnsitz wieder ins Inland, können – vorbehaltlich des § 6 Abs. 3 – aber auch § 17 EStG oder – bei nochmaligem Wegzug – § 6 zur Anwendung kommen. Auch hier ist eine Anrechnung vorzunehmen. Einer ausdrücklichen Erwähnung des § 6 bedurfte es insoweit nicht, da § 6 Abs. 1 S. 1 auf die Rechtsfolgen des § 17 EStG verweist, so dass die Bezugnahme im Satz 5 den Anwendungsfall des § 6 mit einschließt. Bei unentgeltlicher Übertragung des Anteils durch den Weggezogenen und anschließender Veräußerung durch den Rechtsnachfolger, steht diesem die Anrechnungsmöglichkeit zu (*FWBS* § 6 AStG Rz. 39a).

322 Die Anrechnung des besteuerten Vermögenszuwachses erfolgt unabhängig davon, ob die Veräußerung tatsächlich zu einem Gewinn geführt hat. Dies hat

C. Grundtatbestand des § 6 Abs. 1

zur Folge, dass ein Veräußerungsverlust um den anzurechnenden Betrag erhöht wird. Ebenso kann durch die Anrechnung ein Veräußerungsverlust entstehen, der dann entsprechend den allgemeinen Regeln bei der Besteuerung des Betroffenen zu berücksichtigen ist. Der Veräußerungsverlust wirkt sich bei beschränkter Steuerpflicht allerdings nur dann aus, wenn andere ausgleichsfähige inländische Einkünfte vorhanden sind.

Durch die Einführung des Halbeinkünfteverfahrens (bis 2008) bzw. dessen Ablösung durch das Teileinkünfteverfahren (ab 2009) unterliegt im Ergebnis nur die Hälfte bzw. $3/5$ des fiktiven Veräußerungsgewinns der Besteuerung. Entsprechend dem Wortlaut der Vorschrift, nach dem der besteuerte Vermögenszuwachs zur Kürzung des Veräußerungsgewinns führt, ist auch nur der steuerpflichtige Teil zu berücksichtigen. Probleme können auftreten, wenn die Wegzugsbesteuerung vor Einführung des Halbeinkünfteverfahrens erfolgt ist, die tatsächliche Veräußerung aber unter § 3 Nr. 40c EStG fällt. Nach dem Wortlaut der Norm ist nicht eindeutig, ob der versteuerte Vermögenszuwachs auf den steuerpflichtigen Teil des Veräußerungsgewinns oder auf den gesamten Veräußerungsgewinn anzurechnen ist.

§ 6 Abs. 1 S. 5 erfordert zunächst die Ermittlung des nach §§ 17, 49 EStG anzusetzenden Gewinns aus der Veräußerung der Beteiligung. Zu diesem Zwecke sind nach § 3 Nr. 40c EStG die Hälfte (bzw. ab 2009: $2/5$) des gemeinen Wertes der Anteile und gem. § 3c Abs. 2 EStG die Hälfte (bzw. ab 2009: 40%) der Anschaffungskosten nicht zu berücksichtigen. Dementsprechend ist der besteuerte Wertzuwachs auf den steuerpflichtigen Teil des Veräußerungsgewinns anzurechnen.

Etwas anderes kann sich auch nicht aus § 3c Abs. 2 EStG ergeben, da der anzurechnende Wertzuwachs keine Betriebsausgaben oder Werbungskosten darstellt. Zugleich scheint der telos des § 6 auf dieses Ergebnis hinzudeuten. In Fällen der späteren Erfassung des Veräußerungsgewinns durch die inländische Besteuerung stellt die Wegzugsbesteuerung lediglich eine Vorwegnahme der künftigen tatsächlichen Veräußerung dar. Entsprechend darf im Ergebnis nur eine Besteuerung nach der im Zeitpunkt der Veräußerung geltenden Rechtslage eintreten, mithin die Hälfte des Veräußerungsgewinns zum Ansatz gelangen. Folglich wäre ein Abzug des gesamten besteuerten Vermögenszuwachses zulässig.

Allerdings ergeben sich Bedenken, wenn man sich die tariflichen Folgen der tatsächlichen oder fiktiven Veräußerungsvorgänge vor Augen führt. Vor Einführung des Halbeinkünfteverfahrens unterlagen Veräußerungsgewinne iSd § 17 EStG als außerordentliche Einkünfte dem ermäßigten Steuersatz nach § 34 EStG, der auch im Rahmen des § 6 Anwendung fand. Dabei sind je nach damaliger Rechtslage der halbe durchschnittliche Steuersatz oder die Fünftelregelung anzuwenden. Die Begünstigung erfolgt also nicht auf der Ebene der Ermittlung des steuerpflichtigen Veräußerungsgewinns, sondern durch Berücksichtigung des auf die außerordentlichen Einkünfte anzuwendenden Steuersatzes. Aus diesem Grund scheint auch eine Anrechnung des besteuerten Vermögenszuwachses auf den tatsächlichen Veräußerungsgewinn vertretbar.

einstweilen frei

D. Ersatztatbestände des § 6 Abs. 1 S. 2

340 Es dürfte unmittelbar einsichtig sein, dass der Grundtatbestand des § 6 Abs. 1 S. 1 nicht sämtliche Fallkonstellationen zu erfassen vermag, die der Gesetzgeber mit dem konzeptionellen Ansatz der Wegzugsbesteuerung treffen möchte. Aus diesem Grund statuiert das Gesetz Ersatztatbestände für Situationen, in denen Deutschland Gefahr läuft, das Besteuerungsrecht an einem bisher erfolgten Wertzuwachs von Anteilen iSd § 17 EStG zu verlieren. Die entsprechenden Ersatztatbestände des Abs. 1 S. 2 Nr. 1–4 erweitern den Anwendungsbereich des Grundtatbestandes der Wegzugsbesteuerung über die Aufgabe des Wohnsitzes oder des gewöhnlichen Aufenthaltes hinaus wesentlich. Ziel ist die Vermeidung von Umgehungen des Grundtatbestandes des Abs. 1 S. 1. Die Vorschrift unterscheidet dabei vier Alternativen:
– Übertragung der Anteile durch ganz oder teilweise unentgeltliches Rechtsgeschäft auf nicht unbeschränkt steuerpflichtige Personen (§ 6 Abs. 1 S. 2 Nr. 1)
– Begründung eines weiteren Wohnsitzes im DBA-Ausland (§ 6 Abs. 1 S. 2 Nr. 2)
– Einlage der Anteile in einen Betrieb oder eine Betriebstätte im Ausland (§ 6 Abs. 1 S. 2 Nr. 3)
– Ausschluss oder Beschränkung des deutschen Besteuerungsrechts für einen künftigen Veräußerungsgewinn (§ 6 Abs. 1 S. 2 Nr. 4).

I. Ersatztatbestand des § 6 Abs. 1 S. 2 Nr. 1: Übertragung der Anteile durch ganz oder teilweise unentgeltliches Rechtsgeschäft auf nicht unbeschränkt steuerpflichtige Personen

341 In der Einführung des Ersatztatbestandes des § 6 Abs. 1 S. 2 Nr. 1 liegt gegenüber der bisherigen Rechtslage eine wesentliche Neuerung. Diese ist materiell von erheblicher Bedeutung. Abweichend vom bisherigen Recht wird nämlich auch der Erbfall erfasst, weil – so die Gesetzesbegründung – in dieser Situation wie auch bei der Schenkung das deutsche Besteuerungsrecht verloren gehen kann. Damit werden Schenkungen, gemischte Schenkungen sowie Erbschaften an Personen der Besteuerung unterworfen, die selbst nicht unbeschränkt steuerpflichtig sind und aus diesem Grund der Wegzugsbesteuerung nicht unterliegen. Der Tatbestand ist streng vom § 6 Abs. 2 zu unterscheiden, der von einer ganz oder teilweise unentgeltlichen Übertragung der Anteile auf unbeschränkt Steuerpflichtige ausgeht; als Rechtsfolge ergibt sich dann eine Zurechnung der Dauer der unbeschränkten Steuerpflicht. Abs. 1 S. 2 Nr. 1 sieht als Rechtsfolge bei Übertragung der Anteile an einen nicht unbeschränkt Steuerpflichtigen hingegen die sofortige Besteuerung der in den Anteilen enthaltenen stillen Reserven durch Verweis auf die Rechtsfolgen des Abs. 1 vor.

D. Ersatztatbestände des § 6 Abs. 1 S. 2

Beispiel:
Der deutsche Staatsangehörige D ist als Aktionär mit 1,5 % am Grundkapital der 342 börsennotierten D-AG mit Sitz und Ort der Geschäftsleitung im Inland beteiligt. D hatte seinen Wohnsitz und seinen gewöhnlichen Aufenthalt immer in Deutschland. Er überträgt am 1.1.2017 seine Anteile unentgeltlich auf seine in den USA lebende Tochter, die ebenfalls deutsche Staatsangehörige ist. Seine historischen Anschaffungskosten betrugen € 100.000, zum Übertragungszeitpunkt beträgt der gemeine Wert der Anteile € 1.000.000.

Nach § 6 Abs. 1 S. 2 Nr. 1 ist der Ersatztatbestand der unentgeltlichen Übertragung der Anteile unter Lebenden gegeben, weil die Tochter in Deutschland nicht unbeschränkt steuerpflichtig ist. Dies hat zur Folge, dass grundsätzlich die Differenz zwischen gemeinen Wert und historischen Anschaffungskosten der Einkommensbesteuerung zu unterwerfen ist. Der Gesetzgeber nimmt es in Kauf, dass daneben auch noch ein Schenkungsteuertatbestand erfüllt sein kann, soweit die Freibeträge des ErbStG überschritten sind (§ 7 iVm § 16 ErbStG). Eine Stundung nach Abs. 5 kommt deshalb nicht in Betracht, weil nach dessen S. 3 Nr. 1 die Tochter nicht in einem EU-/EWR-Mitgliedstaat einer der deutschen unbeschränkten Einkommensteuerpflicht vergleichbaren Steuerpflicht unterliegt. Insoweit ist die Unionsbürgerschaft der Tochter nach dem Wortlaut des Gesetzes unerheblich. Allerdings könnte eine Stundung nach Abs. 4 bei Vorliegen der Voraussetzungen erfolgversprechend sein.

Die Neuregelung hat eine Erweiterung der entstrickungsbegründenden Ersatztatbestände um den Erwerb der Anteile an einer Kapitalgesellschaft von 343 Todes wegen zum Gegenstand. So steht nach § 6 Abs. 1 S. 2 Nr. 1 der Beendigung der unbeschränkten Steuerpflicht iSd § 6 Abs. 1 S. 1 die Übertragung der Anteile durch ganz oder teilweise unentgeltliches Rechtsgeschäft unter Lebenden oder durch Erwerb von Todes wegen auf nicht unbeschränkt steuerpflichtige Personen gleich. Beim Vergleich mit dem bisherigen Recht zeigt sich, dass § 6 Abs. 1 S. 2 Nr. 1 über den Fall der vorweggenommenen Erbfolge (Schenkung) hinaus auch den Fall der Übertragung der Anteile im Wege der Erbfolge erfasst. Demzufolge ist es nunmehr dahingestellt, ob ein derartiger Vorgang von § 4 erfasst wird.

Bereits nach früherer Rechtslage zählte die Übertragung von Kapitalgesellschaftsanteilen durch ganz oder teilweise unentgeltliches Rechtsgeschäft unter 344 Lebenden, also einer Schenkung, auf nicht unbeschränkt steuerpflichtige Personen zu diesen entstrickungsbegründenden Ersatztatbeständen. Dies lag darin begründet, dass Deutschland andernfalls in Bezug auf die Anteile, die übertragen werden, bei einer späteren Veräußerung der Anteile durch den Steuerausländer ggf. keinen steuerlichen Zugriff mehr auf einen realisierten Veräußerungsgewinn gehabt hätte. Der Gesetzgeber erweitert mit sofortiger Wirkung die Vermögenszuwachsbesteuerung für die stillen Reserven in den Anteilen an inländischen oder ausländischen Kapitalgesellschaften auf Konstellationen, in denen diese Anteile im Wege des Erwerbs von Todes wegen, also im Wesentlichen durch Erbanfall, auf eine nicht unbeschränkt steuerpflichtige Person übertragen werden. Dabei genügt der hypothetische Verlust des deutschen Besteuerungsrechts am Gewinn aus der Veräußerung der Anteile. Es kommt, anders gewendet, nicht darauf an, ob das deutsche Besteuerungsrecht aufgrund der Regelungssystematik der Doppelbesteuerungsabkommen auch verloren geht.

Indessen scheint die Regelung vom Gesetzgeber nicht bis zum Ende 345 durchdacht zu sein. Die Realisierung des Steueranspruchs ist nämlich in solchen Fällen nicht unproblematisch, in denen die Anteile an einer ausländischen Kapitalgesellschaft im Wege der Erbschaft auf eine nicht in Deutschland ansässige Person übertragen werden. Hier kann der Steuerpflichtige als Erblasser nicht in Betracht kommen. Erst der Erbe kann Steuerpflichtiger sein. Dieser hat jedoch keinen Bezugspunkt zum Inland (vgl. auch *Grotherr* IWB, Fach 3, Gruppe 1, 2153 (2155)). Vergleichbar gelagert ist die Konstellation, in der der Erbe in einem DBA-Staat ansässig ist. Hier geht der neu normierte Steueranspruch idR aufgrund der DBA-rechtlichen Zuteilungsnormen verloren, weil nur der Ansässigkeitsstaat des Erben den Gewinn aus der Veräußerung der Anteile besteuern darf (vgl. dazu *Wassermeyer* DB 2006, 1390; *Lausterer* BB 2006, BB-Special 8 zu Heft 44, 81).

346 Nicht mehr vorgesehen ist dagegen eine Ermäßigung oder ein Erlass der aufgrund § 6 auf die Schenkung entrichteten Steuer, wenn bei der Übertragung der Anteile darüber hinaus Erbschaftsteuer erhoben wird. Diese Kumulationswirkung von Erbschaft-/Schenkungsteuer einerseits sowie Einkommensteuer andrerseits kann dramatische, im Einzelfall existenzgefährdende Auswirkungen haben. Dies gilt in besonderem Maße, wenn – wie im nachfolgenden Beispiel – Anteile von Todes wegen übergehen und sich die Bemessungsgrundlagen für die Erbschaft- bzw. Schenkungsteuer bei börsennotierten Werten an den Kurswerten zum Zeitpunkt der Anteilsübertragung orientieren.

Beispiel:

347 Der deutsche Staatsangehörige D ist als Aktionär mit 50,1 % am Grundkapital der börsennotierten D-AG mit Sitz und Ort der Geschäftsleitung im Inland beteiligt, außerdem ist er Vorsitzender des Vorstandes und wird im Markt als entscheidender unternehmerischer Ideengeber mit der positiven Geschäftsentwicklung der AG assoziiert. D hatte seinen Wohnsitz und seinen gewöhnlichen Aufenthalt immer in Deutschland. Er stürzt am 1.1.2017 beim Eisklettern „free solo" ab und überlebt den Sturz nicht. Sein Sohn S, Juniorprofessor am Medical Center in Johannesburg/Südafrika, erbt die Anteile. Die Anschaffungskosten der Anteile betrugen bei D € 50.100. Der Kurswert der Anteile zum letzten Börsentag des Jahres 2016 betrug € 10.000.000. Am 2.1.2017 fällt der Kurs der D-AG auf € 5.000.000. Nach § 6 Abs. 1 S. 2 Nr. 1 ist der Ersatztatbestand der unentgeltlichen Übertragung der Anteile von Todes wegen gegeben, weil der Sohn in Deutschland nicht unbeschränkt steuerpflichtig ist. Der vorliegende Sachverhalt fördert die Problematik der Kumulation von Erbschaftsteuer und Einkommensteuer deutlich zu Tage, da auch nach noch geltendem Erbschaftsteuerrecht die Freibeträge deutlich überschritten sind, im Verhältnis zum Kurswert die Anschaffungskosten vernachlässigbar sind und aufgrund des Todes der Unternehmerpersönlichkeit der Kurs drastisch gefallen ist. Eine Stundung nach Abs. 5, zinslos, ohne Sicherheiten und zeitlich unbegrenzt, kommt vorliegend nicht in Betracht, da der Sohn nicht in einem EU-/EWR-Mitgliedstaat einer der deutschen unbeschränkten Einkommensteuerpflicht vergleichbaren Steuerpflicht unterliegt. Über die Stundung nach Abs. 4 hinaus dürfte im vorliegenden Fall vieles dafür sprechen, eine abweichende Festsetzung aus Billigkeitsgründen nach § 163 AO zu gewähren.

348 Nach der früheren Rechtslage erfasste die Vorläufervorschrift des Abs. 1 S. 2 Nr. 1 nur Rechtsgeschäfte unter Lebenden. Dies wurde mit dem seinerzeit als tragend empfundenen Grundgedanken rechtfertigt, wonach die Bestimmung im Wesentlichen Umgehungen verhindern sollte. Da es bei Übertragungen von Todes wegen von vorneherein an einer Umgehungsabsicht

D. Ersatztatbestände des § 6 Abs. 1 S. 2

fehlte, wurde die Beschränkung auf Rechtsgeschäfte unter Lebenden als konsequent angesehen. Diese Erwägungen scheinen den Gesetzgeber nicht mehr zu überzeugen, da die Vorschrift nunmehr explizit auch Erwerbe von Todes wegen in die Wegzugsbesteuerung einbezieht.

Abs. 1 S. 2 Nr. 1 stellt ausschließlich auf die Person des Erwerbers der Anteile ab. Dieser darf im Inland nicht unbeschränkt einkommensteuerpflichtig sein. Davon werden aber die Fälle nicht erfasst, in denen der Erwerber unbeschränkt steuerpflichtig ist, aber aufgrund eines Doppelwohnsitzes den möglichen Veräußerungsgewinn aufgrund eines DBA (zB Art. 4 Abs. 2 OECD-MA) im Inland nicht versteuern muss. Dieser Vorgang unterliegt auch nicht Abs. 3 Nr. 2. Insoweit fällt die Belastung mit der Wegzugsbesteuerung weg. In engen Grenzen ist den Steuerpflichtigen Gestaltungsspielraum zur Umgehung gegeben. 349

Der Status des Überträgers der Anteile ist nicht gesondert erwähnt. Mit Recht weist *Wassermeyer* (*FWBS* § 6 AStG Rz. 56a) darauf hin, dass vom Sinn der Wegzugsbesteuerung her sowohl unbeschränkt als auch nicht unbeschränkt steuerpflichtige Überträger von der Regelung erfasst sind. Die Einbeziehung nicht unbeschränkt Steuerpflichtiger lässt sich mit dem Wortlaut des § 6 aber nur schwer vereinbaren. Zunächst spricht Abs. 1 S. 1 nur von unbeschränkt Steuerpflichtigen, die ihren Wohnsitz oder gewöhnlichen Aufenthalt im Inland aufgeben, mithin bis zum Wegzug unbeschränkt steuerpflichtig waren. Abs. 1 S. 2 stellt bestimmte Tatbestände der Beendigung der unbeschränkten Steuerpflicht gleich. Folglich ist der Gesetzgeber offensichtlich von einer unbeschränkten Steuerpflicht des Überträgers in Abs. 1 S. 2 Nr. 1 ausgegangen. Anderenfalls sollte eine Gleichstellung mit der Beendigung der unbeschränkten Steuerpflicht nicht erforderlich sein. Schließlich verweist die Überschrift zum Dritten Teil des AStG auf die Behandlung wesentlicher Beteiligungen bei Wohnsitzwechsel ins Ausland. Die ist begrifflich schon nicht möglich, wenn der Überträger der Anteile keinen Wohnsitz im Inland hat. Insoweit fehlt es auch an der möglichen Umgehung des § 6 Abs. 1. 350

Erfolgt eine teilentgeltliche Übertragung, ist diese nach den allgemeinen Regeln in einen entgeltlichen und einen unentgeltlichen Teil aufzuteilen. Auf den entgeltlichen Teil findet § 17 EStG unmittelbar Anwendung, der unentgeltliche Teil wird nach § 6 besteuert. Dies gilt auch dann, wenn der unentgeltliche Anteil für sich weniger als ein Prozent des Nennkapitals der Gesellschaft ausmacht. 351

einstweilen frei 352–359

II. Ersatztatbestand des § 6 Abs. 1 S. 2 Nr. 2: Begründung eines weiteren Wohnsitzes im DBA-Ausland

Nach § 6 Abs. 1 S. 2 Nr. 2 steht der Beendigung der unbeschränkten Steuerpflicht die Begründung eines Wohnsitzes oder gewöhnlichen Aufenthaltes oder die Erfüllung eines anderen ähnlichen Merkmals in einem ausländischen Staat gleich. Zusätzliche Voraussetzung ist, dass der Steuerpflichtige nach einem Abkommen zur Vermeidung der Doppelbesteuerung als in diesem Staat ansässig anzusehen ist. 360

Beispiel:

361 Der deutsche Staatsangehörige D hält im Privatvermögen 100 % der Anteile an der D-GmbH, die Sitz und Ort der Geschäftsleitung im Inland hat. D hatte seinen Wohnsitz und seinen gewöhnlichen Aufenthalt immer in Deutschland. Er begründet am 1.1.2017 einen zusätzlichen Wohnsitz im Senegal, behält seinen inländischen Wohnsitz indessen bei. Die Anschaffungskosten seiner Anteile betrugen am 1.1.2012 € 100.000, der gemeine Wert beträgt am 1.1.2017 € 1.000.000. Gegebenenfalls vermag die Begründung eines Wohnsitzes oder gewöhnlichen Aufenthalts oder die Erfüllung eines anderen ähnlichen Merkmals in einem ausländischen Staat den Ersatztatbestand des § 6 Abs. 1 S. 2 Nr. 2 zu bewirken. Allerdings ist hierfür Voraussetzung, dass der Steuerpflichtige auf Grund der Wohnsitznahme, des gewöhnlichen Aufenthalts oder der Erfüllung eines anderen ähnlichen Merkmals nach einem Abkommen zur Vermeidung der Doppelbesteuerung als in diesem Staat ansässig anzusehen ist. Im vorliegenden Zusammenhang ist diese Norm jedoch nicht einschlägig, da mit dem Senegal kein Doppelbesteuerungsabkommen besteht. Aus diesem Grund bleibt die zusätzliche Wohnsitznahme im Senegal folgenlos.

362 Der Ersatztatbestand des Abs. 1 S. 2 Nr. 2 dient der Schließung einer Gesetzeslücke, die durch Begründung der unbeschränkten Steuerpflicht im Ausland ohne gleichzeitige Beendigung der unbeschränkten Steuerpflicht im Inland entsteht, wenn der Betreffende nach einem DBA als im Ausland ansässig zu behandeln ist. Für den Eintritt der Wegzugsbesteuerung ist es also zunächst erforderlich, dass der Steuerpflichtige nach dem DBA als im Ausland ansässig gilt. In diesen Fällen würde Deutschland das Besteuerungsrecht hinsichtlich der Beteiligung verlieren, ohne dass eine Aufgabe der unbeschränkten Steuerpflicht im Inland stattfindet. Einer späteren Besteuerung bei Aufgabe des Wohnsitzes im Inland würde dann das DBA entgegenstehen. Abs. 1 S. 2 Nr. 2 verlagert aus diesem Grund die Wegzugsbesteuerung bereits auf einen Zeitpunkt vor, in dem der Steuerpflichtige noch der unbeschränkten Steuerpflicht im Inland unterliegt, er sich aber noch nicht auf den Schutz eines DBA berufen kann.

Beispiel:

363 Der US-amerikanische Staatsangehörige U hält im Privatvermögen 100 % der Anteile an der D-GmbH, die Sitz und Ort der Geschäftsleitung im Inland hat. U hatte seinen Wohnsitz und seinen gewöhnlichen Aufenthalt immer in Deutschland. Er begründet am 1.1.2017 einen zusätzlichen Wohnsitz in den USA, behält seinen inländischen Wohnsitz indessen bei. Den Mittelpunkt seiner Lebensinteressen hat er aber hinfort in den USA. Die Anschaffungskosten seiner Anteile betrugen am 1.1.2012 € 100.000, der gemeine Wert beträgt am 1.1.2017 € 1.000.000. Im vorliegenden Fall ist der Ersatztatbestand des § 6 Abs. 1 S. 2 Nr. 2 erfüllt. U gilt nach Art. 4 Abs. 2 Buchst. a) des Doppelbesteuerungsabkommens mit den USA als dort ansässig, da er seinen Mittelpunkt der Lebensinteressen in den USA hat. Demzufolge bewirkt die Begründung des zusätzlichen Wohnsitzes vorliegend, dass die stillen Reserven in den Anteilen aufzudecken sind.

364 Die bloße (fiktive) Ansässigkeit im DBA-Staat, das Gesetz spricht davon, dass der Steuerpflichtige als ansässig „gilt", reicht – wie bisher – aus. Folglich ist es unerheblich, ob dem entsprechenden DBA-Staat auch tatsächlich das Besteuerungsrecht zusteht. Wie bisher sind daher Konstellationen denkbar, in denen Deutschland das Besteuerungsrecht bei Doppelansässigkeit auch dann zusteht, wenn der Steuerpflichtige seinen Lebensmittelpunkt im Ausland hat und daher auch als dort ansässig gilt (zB Art. 4 Abs. 2 und 3 DBA-Schweiz).

365–369 *einstweilen frei*

III. Ersatztatbestand des § 6 Abs. 1 S. 2 Nr. 3: Einlage der Anteile in einen Betrieb oder eine Betriebstätte im Ausland

Im Regelfall geht dem deutschen Fiskus das Besteuerungsrecht aufgrund des Betriebsstättenvorbehalts nach Art. 7 iVm Art. 13 Abs. 2 OECD-MA verloren, wenn der Steuerpflichtige Anteile an einer Kapitalgesellschaft in das Betriebsvermögen eines im DBA-Ausland ansässigen Betriebs oder einer Betriebstätte einlegt. Aus diesem Grund bezieht Abs. 1 S. 2 Nr. 3 derartige Vorgänge in die Wegzugsbesteuerung ein, falls das Besteuerungsrecht durch die Einlage endet. Anders als Nr. 2 stellt die Vorschrift also ausdrücklich auf den Ausschluss des deutschen Besteuerungsrechts ab. Der Steuertatbestand im Fall der Einlage der Anteile an einer Kapitalgesellschaft in einen Betrieb oder eine Betriebstätte des Steuerpflichtigen in einem ausländischen Staat wurde durch das SEStEG erweitert. Im Verhältnis zur bisherigen Rechtslage kommt es nämlich hinfort nicht mehr auf die Einschränkung des deutschen Besteuerungsrechts durch ein bestehendes DBA an. Die nunmehr in § 6 Abs. 1 S. 2 Nr. 3 verortete Nachfolgeregelung des § 6 Abs. 3 Nr. 3 aF hebt nicht mehr darauf ab, ob im Falle der Einlage der Anteile an einer inländischen oder ausländischen Kapitalgesellschaft in einen ausländischen Betrieb oder eine ausländische Betriebstätte hinsichtlich des deutschen Besteuerungsrechts für einen nach der Einlage realisierten Veräußerungsgewinn ausgeschlossen sein wird oder nicht. **370**

Beispiel:
Der deutsche Staatsangehörige D hält im Privatvermögen 100 % der Anteile an der D-GmbH, die Sitz und Ort der Geschäftsleitung in Deutschland hat. D hatte seinen Wohnsitz und seinen gewöhnlichen Aufenthalt immer in Deutschland. D legt am 1.1.2017 seine Anteile in seine im Rahmen seines Einzelunternehmens gegründete Betriebstätte in Frankreich ein. Die Anschaffungskosten seiner Anteile betrugen am 1.1.2012 € 100.000, der gemeine Wert beträgt am 1.1.2017 € 1.000.000. Im vorliegenden Fall ist grundsätzlich der Ersatztatbestand des § 6 Abs. 1 S. 2 Nr. 3 erfüllt. Zusätzlich ist die Stundungsregelung zu prüfen. **371**

Die Vorschrift greift dagegen nicht, wenn das deutsche Besteuerungsrecht durch die Einlage der Anteile nicht beschnitten wird (zB Art. 7 iVm Art. 13 Abs. 4 DBA-Schweiz). Anders als der Grundtatbestand und die anderen Ergänzungstatbestände handelt es sich nicht um einen Wegzugstatbestand. Die Besteuerung greift auch dann, wenn der Anteilseigner weiter im Inland unbeschränkt steuerpflichtig bleibt. Gleichwohl ist zur Vermeidung von Umgehungen der Wegzugsbesteuerung die Aufnahme in den Katalog der Ergänzungstatbestände erforderlich. **372**

Abs. 1 S. 2 Nr. 3 erfordert die Einlage in einen Betrieb oder eine Betriebstätte. Als Einlage ist dabei die Zuführung der Anteile zu betrieblichen Zwecken aus der Privatsphäre zu verstehen. Nicht darunter fällt folglich die Überführung der Anteile aus einem inländischen in einen ausländischen Betrieb. Derartige Vermögensübergänge werden nach dem Betriebsstättenerlass bereits von der inländischen Besteuerung nach § 15 EStG erfasst. Nicht erforderlich ist, dass bereits vor der Einlage im Ausland ein Betrieb oder eine Betriebstätte **373** bestanden haben muss. Es reicht vielmehr aus, dass der Betrieb durch die Einlage selbst begründet wird. Der Begriff des Betriebs bzw. der Betriebsstätte bestimmt sich hierbei nach § 12 AO. Mögliche abweichende Vorschriften in DBA kommen nicht zur Anwendung (*FWBS* § 6 AStG Rz. 69). Die Einlage der Anteile in eine Kapitalgesellschaft wird aus diesem Grunde nicht von Abs. 1 S. 2 Nr. 3 erfasst. Aufgrund der Sicherstellung der Besteuerung durch § 17 Abs. 1 S. 3 EStG ist dies auch nicht erforderlich.

374–379 *einstweilen frei*

IV. Ersatztatbestand des § 6 Abs. 1 S. 2 Nr. 4: Ausschluss oder Beschränkung des deutschen Besteuerungsrechts für einen künftigen Veräußerungsgewinn

380 Neuland wird mit dem Ersatztatbestand des § 6 Abs. 1 S. 2 Nr. 4 betreten. Hierin kann die Einführung eines entstrickungsbegründenden Auffangtatbestandes bei Ausschluss oder Beschränkung des deutschen Besteuerungsrechts für einen künftigen Veräußerungsgewinn gesehen werden. Nach der Bestimmung des § 6 Abs. 1 S. 2 Nr. 4 soll die Rechtsfolge des § 6 auch dann ausgelöst werden, wenn das deutsche Besteuerungsrecht am Gewinn aus der Veräußerung der Anteile ausgeschlossen oder beschränkt wird. Die Regelung lässt sich demzufolge als Auffangtatbestand verstehen. Hierdurch sollen alle sonstigen Fälle erfasst werden, in denen Deutschland nach einem DBA nicht besteuern darf oder die ausländische Steuer anrechnen muss (so die Begründung in der BR-Drs. 542/1/06 v. 11.9.2006, 11; ebenso in BT-Drs. 16/3369 v. 9.11.2006, 34). Denkbar wäre beispielsweise – im Gegensatz zum bisherigen Recht – der Fall einer Revision des Doppelbesteuerungsabkommens, wenn und insoweit die Bundesrepublik Deutschland das Besteuerungsrecht für die Gewinne aus der Veräußerung der Anteile an der Kapitalgesellschaft verliert. In Betracht kommen könnte beispielsweise ein Steuerpflichtiger mit Doppelwohnsitz und Lebensmittelpunkt im Inland. Voraussetzung wäre, dass das bislang geltende Doppelbesteuerungsabkommen dem abkommensrechtlichen Ansässigkeitsstaat des Anteilseigners das Besteuerungsrecht für die Gewinne aus der Veräußerung der Anteile einräumte, nach der Abkommensrevision jedoch das Besteuerungsrecht dem ausländischen Staat der Ansässigkeit der (ausländischen) Kapitalgesellschaft das Besteuerungsrecht zuweist. Ebenso könnte die Verlegung des Sitzes oder der Geschäftsleitung einer Kapitalgesellschaft über die Grenze den Auffangtatbestand auslösen. Bedingung wäre dann, dass damit das deutsche Besteuerungsrecht für Gewinne aus der Veräußerung der Anteile an der Kapitalgesellschaft ausgeschlossen oder beschränkt würde. Und schließlich käme eine Anwendung der Norm dann in Betracht, wenn ein unbeschränkt Steuerpflichtiger einen weiteren Wohnsitz in einem Nicht-DBA-Staat begründet und Anteile an einer im selben Nicht-DBA-Staat ansässigen Kapitalgesellschaft innehat, sofern der Nicht-DBA-Staat im Rahmen der beschränkten Steuerpflicht realisierte Anteilsveräußerungsgewinne nicht besteuert. Eine solche Konstellation würde den Grundtatbestand des § 6 Abs. 1 S. 1 nicht auslösen, da ja weiterhin unbeschränkte Steuerpflicht im Inland besteht. Indessen müsste Deutschland im Falle einer Veräußerung der Anteile an der

D. Ersatztatbestände des § 6 Abs. 1 S. 2   381–383   § 6

ausländischen Kapitalgesellschaft die im Nicht-DBA-Staat gezahlte Einkommensteuer nach § 34c EStG anrechnen. Somit läge insoweit eine Beschränkung des deutschen Besteuerungsrechts hinsichtlich des Gewinns aus der Veräußerung der Anteile infolge der Begründung eines weiteren Wohnsitzes in einem Nicht-DBA-Staat vor.

Beispiel:

Der in Deutschland unbeschränkt steuerpflichtige S hält im Privatvermögen 100%   **381** der Anteile an der X-Inc., die Sitz und Ort der Geschäftsleitung in einem Nicht-DBA-Staat hat. Die Anschaffungskosten seiner Anteile betrugen am 1.1.2012 € 100.000, der gemeine Wert beträgt am 1.1.2017 € 1.000.000. S begründet einen weiteren Wohnsitz in diesem Nicht-DBA-Staat. Der Nicht-DBA-Staat besteuert Anteilsveräußerungsgewinne von Ansässigen, nicht jedoch solche Anteilsveräußerungsgewinne, die im Rahmen der beschränkten Steuerpflicht von Nicht-Ansässigen erzielt werden. Die Begründung eines zusätzlichen Wohnsitzes durch S im Nicht-DBA-Staat erfüllt sämtliche Tatbestandsvoraussetzungen des § 6 Abs. 1 S. 2 Nr. 4. Da Deutschland im Falle der Veräußerung der Anteile durch S die dortige Einkommensteuer nach § 34c Abs. 1 EStG auf die inländische Steuerschuld des S anrechnen müsste, wird das Besteuerungsrecht Deutschlands hinsichtlich des Gewinns aus der Veräußerung der Anteile eingeschränkt. Dies gilt zumindest dann, wenn man mit der hM davon ausgeht, dass in der Anrechnungsverpflichtung eine Beschränkung des deutschen Besteuerungsrechts zu sehen ist. Die zusätzliche Wohnsitznahme führt daher zur Zwangsrealisierung der Anteile in den stillen Reserven.

Das Inkrafttreten eines DBA mit einem Staat, in den der Steuerpflichtige   **382** nach diesem DBA als ansässig gilt, löste der früher geltenden Rechtslage zufolge die Besteuerung nach § 6 nicht aus. Die damalige Konzeption der Wegzugsbesteuerung war an das Handeln eines Steuerpflichtigen geknüpft, nicht dagegen an das Inkrafttreten eines DBA (zu diesem Ansatzpunkt siehe auch BFH v. 16.12.1975, VIII R 3/74, BStBl. II 1976, 246). Nach der nunmehr geltenden Rechtslage kann auch das Inkrafttreten eines Doppelbesteuerungsabkommens die Rechtsfolgen des § 6 Abs. 1 S. 2 Nr. 4 auslösen.

Beispiel:

Der sowohl in Deutschland als auch in dem Nicht-DBA-Staat N ansässige G hält im   **383** Privatvermögen 100% der Anteile an der B-GmbH, die Sitz und Ort der Geschäftsleitung in Deutschland hat und deren Vermögen lediglich aus beweglichen Wirtschaftsgütern besteht. Seinen Mittelpunkt der Lebensinteressen hat G in N. Die Anschaffungskosten seiner Anteile betrugen am 1.1.2012 € 100.000, der gemeine Wert beträgt am 1.1.2017 € 1.000.000. Deutschland tritt in Abkommensverhandlungen mit dem Staat N ein. Das verhandelte DBA weist das Besteuerungsrecht für Anteilsveräußerungsgewinne analog Art. 13 Abs. 5 OECD-MA 2005 dem Ansässigkeitsstaat des Veräußerers zu. Solange der Austausch der Ratifikationsurkunden noch nicht erfolgt ist, ergeben sich keine Folgen unter dem § 6 Abs. 1 S. 2 Nr. 4. Durch den Austausch der Ratifikationsurkunden und dem daraus resultierenden Inkrafttreten des DBA gilt der unbeschränkt steuerpflichtige G nach Art. 4 Abs. 2 Buchst. a) des DBA mit dem Staat N abkommensrechtlich als in N ansässig, da er in diesem Staat sein Mittelpunkt der Lebensinteressen hat. Da er unbeschränkt einkommensteuerpflichtig war, sind die persönlichen Voraussetzungen des § 6 Abs. 1 S. 1 erfüllt. Dies schlägt auch auf § 6 Abs. 1 S. 2 Nr. 4 durch. Da Deutschland das Besteuerungsrecht für Gewinne aus der Veräußerung der Anteile mit Inkrafttreten des Abkommens verliert, sind sämtliche Tatbestandsvoraussetzungen des § 6 Abs. 1 S. 2 Nr. 4 erfüllt. Das Inkrafttreten des DBA löst damit Steuerpflicht nach § 6 Abs. 1 S. 2 Nr. 4 aus.

384 Inwieweit die neu eingeführte Bestimmung tatsächlich nennenswerte praktische Bedeutung zu entfalten imstande ist, kann aus heutiger Sicht noch nicht abschließend beurteilt werden.

385–399 *einstweilen frei*

E. Dauer der unbeschränkten Steuerpflicht bei unentgeltlichem Erwerb der Anteile (§ 6 Abs. 2)

400 § 6 Abs. 2 erweitert das Merkmal der unbeschränkten Steuerpflicht des Abs. 1 für Fälle, in denen Anteile an Kapitalgesellschaften unentgeltlich übertragen werden. Danach sind die Zeiten der unbeschränkten Steuerpflicht des Rechtsvorgängers dem neuen Anteilseigner zuzurechnen. Folglich wird die Anwendung des § 6 möglich, obwohl der Anteilseigner die persönliche Voraussetzung der zehnjährigen unbeschränkten Steuerpflicht aufgrund eines Wohnsitzes oder gewöhnlichen Aufenthaltes im Inland nicht selbst erfüllt. Die Vorschrift ist streng von § 17 Abs. 1 S. 4 EStG zu unterscheiden, bei dem es um das Kriterium der einprozentigen Beteiligung selbst geht; liegt seitens des Rechtsvorgängers eine solche Beteiligung vor, greift § 17 beim Rechtsnachfolger unabhängig von der tatsächlichen Höhe der Beteiligung in den zeitlichen Grenzen des § 17 Abs. 1 S. 1 EStG. Die Regelung des § 6 Abs. 2 will vielmehr Umgehungen der Wegzugsbesteuerung durch Verlagerung der Anteile auf Personen verhindern, die zwar unbeschränkt einkommensteuerpflichtig sind, bei denen die zehnjährige Frist des Abs. 1 aber noch nicht vorliegt. Abzugrenzen ist Abs. 2 ebenso von Abs. 3, der ergänzende Tatbestände der Wegzugsbesteuerung regelt, bei deren Vorliegen die Wegzugsbesteuerung unmittelbar greift. In Fällen des Abs. 2 ist für die Besteuerung weiterhin erforderlich, dass der Anteilseigner auswandert oder einen der Ergänzungstatbestände des Abs. 3 erfüllt.

401 Erforderlich ist der unentgeltliche oder teilweise unentgeltliche Erwerb der Anteile durch Rechtsgeschäft. Es muss sich dabei um Anteile an Kapitalgesellschaften handeln, die einer Besteuerung nach § 17 EStG unterliegen. Mit Blick auf § 17 Abs. 1 S. 4 EStG ist aber nicht zwingend der Erwerb eines einprozentigen Anteils erforderlich (aA anscheinend *FWBS* § 6 AStG Rz. 41b).

402 Als Rechtsgeschäft iSd § 6 Abs. 2 gelten alle auf Willenserklärungen beruhenden Verfügungen über den Anteil. Im Bereich der unentgeltlichen Übertragungen sind dies insbesondere die Schenkung, der Erbvertrag, die letztwillige Verfügung und das Vermächtnis, nicht dagegen die gesetzliche Erbfolge (so auch Tz. 6.2.1 AEAStG), da die gesetzliche Erbfolge nicht auf einer Willenserklärung beruht (*FWBS* § 6 AStG Rz. 42a; *WSG* § 6 S. 74/5). Mit Recht wird in der Literatur (*FWBS* § 6 AStG Rz. 42a) darauf hingewiesen, dass eine derartige Auslegung des § 6 Abs. 2 über den Sinn und Zweck der Vorschrift hinausgeht. Ziel ist die Verhinderung der Umgehung der Wegzugsbesteuerung durch Übertragung der Anteile auf Personen, die die Voraussetzungen des Abs. 1 in persönlicher Hinsicht noch nicht erfüllen. Von einer solchen Umgehung kann aber dann nicht gesprochen werden, wenn eine Anteilsübertragung von Todes wegen erfolgt. Dabei sollte es letztlich keine

E. Dauer der unbeschränkten Steuerpflicht (Abs. 2)

Rolle spielen, ob der Erblasser den Übergang des Vermögens in sachlicher Hinsicht konkretisiert oder ob er die Vermögensaufteilung den Erben nach Eintritt der gesetzlichen Erbfolge selbst überlässt. Der Wortlaut der Vorschrift nimmt aber mit Rücksicht auf unerwünschte Gestaltungen rechtsgeschäftliche Übertragungen, die auf dem Tod des bisherigen Anteilsinhabers beruhen, nicht von Abs. 2 aus. Derartige Gestaltungen werden im Wesentlichen darauf beruhen, dass Übertragungen von Anteilen an Kapitalgesellschaften iSd § 17 EStG aus steuerlichen Gründen bevorzugt auf Erben erfolgen könnten, die die Voraussetzungen des Abs. 1 noch nicht erfüllen. Bei späteren Verlagerungen des Wohnsitzes wird der Zugriff des deutschen Fiskus nur bei fehlenden DBA möglich sein, eine Wegzugsbesteuerung nach § 6 könnte nur greifen, wenn der Rechtsnachfolger in seiner Person die Voraussetzungen des Abs. 1 erfüllt. Die Einbeziehung rechtsgeschäftlicher Übertragungen von Todes wegen ist insoweit vertretbar, als Abs. 2 lediglich den Anwendungsbereich des Abs. 1 in personeller Hinsicht erweitert und die Übertragung der Anteile nicht unmittelbar die Steuerfolgen des § 6 auslöst.

§ 6 Abs. 2 findet auf unentgeltlich und teilweise unentgeltlich erworbene Anteile Anwendung. Mit anderen Worten ist die Dauer der unbeschränkten Steuerpflicht des Rechtsvorgängers auch bei teilentgeltlichen Rechtsgeschäften dem Rechtsnachfolger zuzurechnen. Auch hier ist es erforderlich, zwischen den Rechtsfolgen des § 6 Abs. 2 und des Abs. 1 zu unterscheiden. Abs. 2 beinhaltet lediglich die Ausweitung des Zeitraums der unbeschränkten Steuerpflicht des Betroffenen, trifft aber keine Entscheidung über die Höhe der anzusetzenden Anschaffungskosten der betreffenden Anteile. Der Anwendung der Wegzugsbesteuerung sowohl auf den entgeltlich als auch auf den unentgeltlich erworbenen Anteil steht der Wortlaut des § 6 Abs. 2 daher nicht entgegen. Vielmehr ist die Aufnahme der teilentgeltlichen Übertragung erforderlich, um Umgehungen des Abs. 2 selbst zu verhindern. Anderenfalls wäre es möglich, durch symbolische Gegenleistungen einer voll unentgeltlichen Übertragung zu entgehen.

Die Anwendung des § 6 Abs. 2 kann in derartigen Fällen aber zu völlig unangemessenen Ergebnissen führen, die nichts mit dem Sinn der Zehn-Jahres-Frist in Abs. 1 gemein haben.

Beispiel:

A, seit 5 Jahren unbeschränkt steuerpflichtig, erwirbt von seinem Onkel einen 10%igen Anteil an einer GmbH zum Preis von 100, Teilwert des Anteils 200. Aufgrund des teilentgeltlichen Erwerbs ist für den gesamten Anteil die Zeitspanne der unbeschränkten Steuerpflicht des Onkels dem A zuzurechnen. Dabei wird aber nicht berücksichtigt, dass A durch das teilentgeltliche Rechtsgeschäft den Anteil zur Hälfte entgeltlich (Anschaffungskosten 100), ansonsten unentgeltlich erworben hat. Wenn A in den folgenden fünf Jahren ins Ausland verzieht, unterliegen die Wertsteigerungen in beiden Teilen der Wegzugsbesteuerung, obwohl für den entgeltlich erworbenen Anteil eine derartige Verstrickung mit der deutschen Volkswirtschaft, wie sie mit der Frist in Abs. 1 vorgesehen ist, seitens des A nicht existiert hat.

Aus diesem Grund ist Abs. 2 dahingehend auszulegen, dass für Zwecke der Wegzugsbesteuerung bei teilentgeltlichem Erwerb der Anteile zwischen dem unentgeltlich und dem entgeltlich erworbenen Teil zu unterscheiden ist. Für den entgeltlich erworbenen Anteil kommt eine Zusammenrechnung der Zeiträume der unbeschränkten Steuerpflicht nicht in Betracht. § 6 greift daher nur, wenn die persönlichen Voraussetzungen in der Person des Auswanderers selbst vorliegen. Dabei sind nach den allgemeinen Regeln die tatsächlichen Anschaffungskosten des Betroffenen maßgebend. Soweit Anteile unentgeltlich erworben wurden, treten die Rechtsfolgen des § 6 Abs. 2 ein. Für Zwecke der Ermittlung des fiktiven Veräußerungsgewinns ist der Rechtsnachfolger an die Anschaffungskosten des Rechtsvorgängers gebunden.

407 Im Ergebnis kann § 6 Abs. 2 dazu führen, dass für eine Beteiligung iSd § 17 EStG die Wegzugsbesteuerung nur teilweise greift. Dies wirft zusätzlich die Frage auf, ob die Vorschrift Anwendung finden soll, wenn ein noch nicht zehn Jahre unbeschränkt Steuerpflichtiger einen mindestens einprozentigen Anteil hält, auf den aber teilweise § 6 Abs. 2 keine Anwendung finden soll.

Beispiel:

408 A, seit fünf Jahren unbeschränkt einkommensteuerpflichtig, erwirbt von seinem Onkel einen 1,5%igen Anteil an einer GmbH zum Preis von 100 GE, gemeiner Wert 200 GE. In sachlicher Hinsicht liegen die Voraussetzungen des § 17 EStG vor. Nach den bisherigen Ausführungen soll die Zusammenrechnung der Zeitdauer der unbeschränkten Steuerpflicht nur für den 0,75%igen unentgeltlich erworbenen Anteil gelten, so dass nur dieser der Wegzugsbesteuerung unterliegen würde.

409 In derartigen Konstellationen greift u. E. § 6 aufgrund des Vorliegens der sachlichen Voraussetzungen des § 17 EStG ein. Der Wegzugsbesteuerung unterliegt aber nur der unentgeltlich erworbene Anteil (ebenso *FWBS* § 6 AStG Rz. 48).

410 Für die Dauer der zuzurechnenden unbeschränkten Steuerpflicht ist weder die Dauer der Beteiligung an der Kapitalgesellschaft maßgeblich, noch ist Voraussetzung, dass der betreffende Rechtsvorgänger in seiner Person mindestens zehn Jahre unbeschränkt einkommensteuerpflichtig war. Ebenso ist nicht erforderlich, dass der Rechtsvorgänger im Zeitpunkt der Übertragung der Anteile unbeschränkt einkommensteuerpflichtig ist. Auch dies kann zu willkürlichen Ergebnissen führen, die an sich mit dem Gedanken der Wegzugsbesteuerung nichts gemein haben.

Beispiel:

411 V lebte seit 1948 in Deutschland und übersiedelte 1968 in die USA. 1970 erwarb er einen 20%igen Anteil an einer GmbH in Deutschland. Sein Sohn S zog 2002 nach Deutschland. 2003 verstarb V, Erbe des Anteils ist aufgrund eines Erbvertrages S. S übersiedelt noch im gleichen Jahr in die USA. Aufgrund des § 6 Abs. 2 ist die Dauer der unbeschränkten Steuerpflicht des V den S zuzurechnen, so dass die Wegzugsbesteuerung auf den Anteil des S Anwendung findet.

412 Ebenso kann durch die unentgeltliche Übertragung die Zurechnung von Vorbesitzzeiten erfolgen, obwohl der Rechtsvorgänger bei einem Wegzug der Besteuerung nach § 6 unterlegen hat.

Beispiel:

413 A, seit seiner Geburt im Jahre 01 unbeschränkt einkommensteuerpflichtig, übersiedelt aufgrund einer Heirat im Jahre 31 in die USA. Eine Beteiligung an einer inländischen GmbH von 30% unterliegt der Besteuerung nach § 6. Im Jahre 51 überträgt er den Anteil auf seinen seit dem Jahr 50 in Deutschland ansässigen Sohn S. Aufgrund persönlicher Gründe wandert S im Jahre 54 nach Südafrika aus. Trotz der Besteuerung nach § 6 bei Auswanderung des A unterliegt der Wegzug des S ebenfalls der Wegzugsbesteuerung.

Der Rechtsnachfolger kann in derartigen Fällen die Kürzungsmöglichkeiten nach § 6 Abs. 1 S. 5 in Anspruch nehmen. **414**

Bei mehrmaliger unentgeltlicher Übertragung der Anteile wird die Dauer der unbeschränkten Steuerpflicht aller Rechtsvorgänger zugerechnet, § 6 Abs. 2 S. 2. Auch in diesen Fällen ist die Dauer der Steuerpflicht nicht auf den Zeitraum des Innehabens der Anteile beschränkt. Um Kumulationen zu vermeiden, werden Zeiträume, in denen mehrere Rechtsvorgänger unbeschränkt steuerpflichtig waren, nur einmal berücksichtigt (§ 6 Abs. 2 S. 3). **415**

einstweilen frei **416–429**

F. Entfallen des Steueranspruchs bei nur vorübergehender Abwesenheit (§ 6 Abs. 3)

Als Rechtsfolge bei nur vorübergehender Abwesenheit sieht Abs. 3 ein Entfallen des Steueranspruchs vor, wenn der Steuerpflichtige innerhalb von fünf Jahren wieder unbeschränkt steuerpflichtig wird und die Anteile während der Abwesenheit nicht veräußert wurden bzw. einer der unter Abs. 1 S. 2 Nr. 1 oder 3 fallenden Tatbestände verwirklicht wurde. Die Begründung liegt darin, dass die Wegzugsbesteuerung wie im bisherigen Recht nur die Fälle erfassen soll, in denen der jeweilige Steuerpflichtige endgültig aus der unbeschränkten Steuerpflicht ausscheidet. Aus diesem Grund bestimmt Abs. 3 der neu gefassten Bestimmung konsequenterweise, dass die entstandene Steuer entfällt, wenn die natürliche Person innerhalb von fünf Jahren seit Beendigung der unbeschränkten Steuerpflicht erneut unbeschränkt steuerpflichtig wird. **430**

Beispiel:
Der Arbeitnehmer B hat am 1.1.2012 eine GmbH als Alleingesellschafter gegründet. Die Anschaffungskosten betragen € 100.000. Mit Wirkung vom 1.1.2017 wird er für drei Jahre zu einer Tochtergesellschaft seines Arbeitgebers entsandt. Der gemeine Wert der GmbH-Anteile beträgt zu diesem Zeitpunkt € 1.000.000. Nach Ablauf des dreijährigen „Entsendezeitraums" kehrt B zu seinem deutschen Arbeitgeber zurück. Da die Wegzugsbesteuerung – wie oben erwähnt – nur solche Fälle erfassen soll, in denen der jeweilige Steuerpflichtige endgültig aus der unbeschränkten Steuerpflicht ausscheidet, bestimmt § 6 Abs. 3 S. 1, dass die entstandene Steuer entfällt, wenn die natürliche Person innerhalb von fünf Jahren seit Beendigung der unbeschränkten Steuerpflicht erneut unbeschränkt steuerpflichtig wird. Die Beendigung der unbeschränkten Steuerpflicht des B beruhte auf vorübergehender Abwesenheit. B wird innerhalb von fünf Jahren seit Beendigung der unbeschränkten Steuerpflicht wieder unbeschränkt steuerpflichtig. Demzufolge entfällt der nach dem Grundtatbestand des § 6 Abs. 1 S. 1 sich eigentlich ergebende Steuertatbestand. **431**

Das Finanzamt kann nach § 6 Abs. 3 S. 2 diese Frist von fünf Jahren um höchstens fünf weitere Jahre verlängern, wenn der Steuerpflichtige glaubhaft macht, dass berufliche Gründe für seine Abwesenheit maßgebend sind und seine Absicht zur Rückkehr unverändert fortbesteht. Somit ist eine Verlängerung der Frist um weitere fünf Jahre im Falle einer beruflich bedingten Abwesenheit prinzipiell möglich. **432**

Beispiel:

433 Der ausländische Sportler S steht seit dem 1.1.2012 bei einem deutschen Profiklub unter Vertrag. Er gründet unter dem gleichen Datum eine GmbH als Alleingesellschafter mit Anschaffungskosten von € 100.000. Mit Wirkung vom 1.1.2017 wird S für drei Jahre an einen englischen Klub ausgeliehen. Der gemeine Wert der GmbH-Anteile beträgt zu diesem Zeitpunkt 1.000.000. Nach Ablauf der dreijährigen „Leihfrist" erhält B einen fürstlich dotierten 4-Jahresvertrag in England mit der Option, nach seiner aktiven Karriere bei diesem Klub als sportlicher Berater zu arbeiten. B wird im vorliegenden Kontext nicht innerhalb von fünf Jahren wieder unbeschränkt steuerpflichtig. Da zudem sämtliche äußeren Anzeichen nicht dafür sprechen, dass B Rückkehrabsicht hatte, dürfte auch eine Verlängerung der Fünfjahresfrist um bis zu weiteren fünf Jahren nicht in Betracht kommen. Sind auch wohl unzweifelhaft berufliche Gründe für seine Abwesenheit maßgebend, dürfte B gleichwohl nicht in der Lage sein, glaubhaft zu machen, seine Absicht zur Rückkehr unverändert fortbesteht, vgl. § 6 Abs. 3 S. 2.

434 *einstweilen frei*

I. Vorübergehende Abwesenheit

435 Der Begriff der vorübergehenden Abwesenheit hat sich an der objektiven Theorie zu orientieren (ebenso *FWBS* § 6 AStG Rz. 74). Danach ist entscheidend, ob der Steuerpflichtige innerhalb der entsprechenden Frist wieder unbeschränkt steuerpflichtig wird. Dagegen fordern die Verfechter der subjektiven Theorie (*Hellwig* DStZ A 1976, 4; *Littmann/Bitz/Meincke/Hellwig* § 6 AStG Rz. 8; *Lademann/Söffing/Brockhoff/Krabbe* § 6 AStG Rz. 42) den Rückkehrwillen des Steuerpflichtigen zum Zeitpunkt der Beendigung der unbeschränkten Steuerpflicht. Dieser Auffassung hat sich auch die Finanzverwaltung in Tz. 6.4.1. AEAStG angeschlossen. Dies entspricht wohl am ehesten dem Wortlaut der Regelung, da nicht nur auf eine Rückkehr in die unbeschränkte Steuerpflicht abgestellt wird, sondern auch auf eine nur vorübergehende Abwesenheit als subjektive Voraussetzung.

436 Die Beurteilung des subjektiven Kriteriums der Absicht der Rückkehr in die unbeschränkte Einkommensteuerpflicht wirft aber praktische Probleme auf. Grundsätzlich sind solche inneren Tatsachen nur nach darauf beruhenden äußeren Anhaltspunkten zu beurteilen. Dabei sind die Gesamtumstände des Einzelfalles heranzuziehen. In Fällen, in denen der Steuerpflichtige bereits Vorkehrungen für seine Rückkehr ins Inland trifft, dürfte der Nachweis einer Rückkehrabsicht unproblematisch sein. Nun nennt die Vorschrift aber eine Frist von fünf bzw. zehn Jahren für die Rückkehr des Steuerpflichtigen. Aus der Länge dieser Frist ergibt sich bereits, dass es seitens des Steuerpflichtigen kaum möglich sein wird, bei einem geplanten fünf- oder zehnjährigen Auslandsaufenthalt Vorkehrungen für die Rückkehr nachzuweisen. Über eine bloße Absichtserklärung, die die Finanzverwaltung nach Tz. 6.4.1. AEAStG nicht als ausreichend ansieht, wird der Nachweis kaum hinausgehen können. Als Folge würde sich ergeben, dass die Vorschrift weitgehend ins Leere liefe oder der Steuerpflichtige auf das Wohlwollen der Finanzverwaltung angewiesen wäre. Eine entsprechende Regelung wäre mit rechtsstaatlichen Grundsätzen nicht vereinbar. Lediglich wenn der Steuerpflichtige von Beginn an eine Rückkehr ausschließt, ist Abs. 3 nicht anzuwenden.

F. Entfallen des Steueranspruchs (Abs. 3)

Eine Einschränkung der objektiven Theorie kommt lediglich für die Frage **437** einer Fristverlängerung bei Abwesenheit aus beruflichen Gründen in Betracht. Erforderlich ist die Glaubhaftmachung der Rückkehrabsicht. Wie dies geschehen soll, lässt der Gesetzgeber offen. Auch hier wird man davon auszugehen haben, dass Absichtserklärungen von der Finanzverwaltung als nicht ausreichend anerkannt werden. In Frage dürften aber objektive Tatsachen kommen, die auf eine Rückkehr hindeuten, zB Beendigung der beruflichen Tätigkeiten aus Altersgründen, Auslaufen einer Entsendung durch einen inländischen Arbeitgeber oder Befristung des Arbeitsverhältnisses.

Auch im Bereich des Abs. 3 hat der Gesetzgeber die Änderung des § 1 **438** Abs. 3 EStG nicht nachvollzogen. Nach dem Wortlaut der Norm genügt es, wenn der Steuerpflichtige innerhalb der Frist unbeschränkt einkommensteuerpflichtig gem. § 1 Abs. 3 EStG wird. Der Steueranspruch entfällt dann. Aufgrund des eindeutigen Wortlauts der Vorschrift dürfte ein Abstellen auf Sinn und Zweck der Vorschrift, mit der Folge, dass eine unbeschränkte Einkommensteuerpflicht iSd § 1 Abs. 1 EStG erforderlich ist, kaum möglich sein. Stellt der Steuerpflichtige den Antrag nach § 1 Abs. 3 EStG nicht mehr, greift die Wegzugsbesteuerung jedoch ein.

Unter Abs. 3 fällt auch die Begründung eines Doppelwohnsitzes nach **439** Abs. 1 S. 2 Nr. 2 (ebenso *WSG* § 6 S. 74/9). Der Steuerpflichtige, der ins Ausland unter Beibehaltung seines deutschen Wohnsitzes auswandert, kann nicht ungünstiger behandelt werden, als ein Steuerpflichtiger, der seinen Wohnsitz im Inland aufgibt. Aus diesem Grunde wird auch die Nichterwähnung des Abs. 1 S. 2 Nr. 2 als Tatbestand für die Aufhebung der Folgen des Abs. 3 verständlich. Anderenfalls ergäbe sich ein nicht zu lösender Zirkelschluss. Aufgrund der Tatsache, dass der Steuerpflichtige während des gesamten Zeitraums im Inland unbeschränkt steuerpflichtig ist, wird ein Entfallen des Steueranspruches wegen vorübergehender Abwesenheit dann anzunehmen sein, wenn der Steuerpflichtige seinen Wohnsitz im DBA-Staat aufgibt und ausschließlich der Bundesrepublik das Besteuerungsrecht hinsichtlich der Anteile an der Kapitalgesellschaft zusteht. Entsprechend ist erforderlich, dass der Betroffene innerhalb der von Abs. 3 genannten Frist die Absicht hat, den zweiten Wohnsitz im Ausland aufzugeben und entsprechend handelt.

Die vorgesehenen Fristen sind gem. § 108 AO iVm §§ 186 ff. BGB zu be- **440** rechnen. Dabei ist die tatsächliche Abwesenheit entscheidend. Die Veranlagungszeiträume sind unbeachtlich.

einstweilen frei **441–449**

II. Rechtsfolgen

Als Rechtsfolge sieht Abs. 3 ein Entfallen des Steueranspruchs vor, wenn **450** der Steuerpflichtige innerhalb der Frist wieder unbeschränkt steuerpflichtig wird. Verfahrenstechnisch wird das Entfallen des Steueranspruchs durch die Aufhebung eines endgültig ergangenen Steuerbescheides nach § 175 Abs. 1 Nr. 2 AO oder durch Änderung eines vorläufigen Bescheides gem. § 165 Abs. 2 AO berücksichtigt (Tz. 6.4.2. AEAStG). Veräußert der Steuerpflichtige die Anteile während seiner vorübergehenden Abwesenheit, kommt ein Entfallen des Steueranspruchs nicht mehr in Betracht. Vorläufige Bescheide sind demnach für endgültig zu erklären (§ 165 Abs. 2 S. 2 AO). Der Veräußerung stehen die Ergänzungstatbestände des Abs. 1 S. 2 Nr. 1 und 3 gleich.

451 Ausdrücklich nicht erwähnt ist der Ergänzungstatbestand der Begründung eines Wohnsitzes im DBA-Ausland unter den Voraussetzungen des Abs. 1 S. 2 Nr. 2. *Wassermeyer* (*FWBS* § 6 AStG Rz. 78a) leitet daraus ab, dass durch Begründung eines Zweitwohnsitzes in Deutschland mit der Folge des Eintretens einer unbeschränkten Steuerpflicht ein Entfallen des Steueranspruchs ausgelöst werden kann. Gleichzeitig würde ein bestehendes DBA dem jeweiligen Vertragsstaat das Besteuerungsrecht zuordnen. Es bestehe somit eine Gesetzeslücke. Dem kann nicht gefolgt werden. Zwar ist richtig, dass durch die Begründung des Wohnsitzes in Deutschland der Steueranspruch nach dem Wortlaut des § 6 Abs. 3 entfällt. Diese Auffassung stellt aber auf eine isolierte Betrachtung der Norm ab und führt zu einem Wertungswiderspruch, da § 6 Abs. 1 S. 2 Nr. 2 einerseits Ergänzungstatbestand sein soll und andererseits eine wirtschaftlich gleich gelagerte Fallgestaltung zum Entfallen des Steueranspruches führt. Eine dem Sinn und Zweck der Regelung entsprechende Auslegung lässt sich aus einer Analyse beider in Frage stehender Rechtssätze gewinnen. § 6 Abs. 3 verlangt für das Entfallen des Steueranspruchs, dass der Steuerpflichtige wieder unbeschränkt einkommensteuerpflichtig wird. Die Erfüllung des Tatbestandes des Abs. 1 S. 2 Nr. 2 fingiert aber für Zwecke des § 6 wiederum die Beendigung der unbeschränkten Steuerpflicht. Folglich wird derjenige, der lediglich durch Begründung eines Zweitwohnsitzes im Inland unter den Umständen des Abs. 1 S. 2 Nr. 2 unbeschränkt einkommensteuerpflichtig wird, für Zwecke des § 6 als nicht unbeschränkt einkommensteuerpflichtig zu behandeln sein. Als Folge kann ein Entfallen des Steueranspruchs erst bei Aufgabe des Wohnsitzes im DBA-Ausland in Betracht kommen.

452–469 *einstweilen frei*

G. Stundung (§ 6 Abs. 4 und 5)

I. Struktur der Stundungsregelung – Überblick

470 Um eine unionsrechtliche Verträglichkeit der Wegzugsbesteuerung zu gewährleisten, ordnet die Vorschrift eine zweigliedrig konzipierte Struktur der Stundung von Steuern an. Dabei wird zwischen sog. Drittlands-Fällen und EU-/EWR-Fällen unterschieden. Während die Regelung in Bezug auf die Drittlands-Fälle im Wesentlichen der bisherigen Regel entsprechen, können die Bestimmungen zu den EU-/EWR-Fällen als Kernbestandteil der neu gestalteten Wegzugsbesteuerung verstanden werden. Das Grundprinzip der Stundung in diesem Kontext ist unbefristet, ohne Sicherheiten und zinslos.

471 Wird die Anwendbarkeit der Kapitalverkehrsfreiheit auf die Wegzugsbesteuerung insgesamt bejaht, erscheint die Differenzierung zwischen EU/EWR- und Drittstaatsfällen hinsichtlich der Stundungsregelung überaus problematisch (vgl. Rz. 105 ff.)

472–474 *einstweilen frei*

II. Stundung in Drittlands-Fällen (§ 6 Abs. 4)

Die Stundung bei Wegzug in Staaten, die weder Mitgliedstaaten der EU noch des EWR sind, erfolgt auch nach Inkrafttreten des die gesamte Wegzugsbesteuerung reformierenden SEStEG entsprechend der bisherigen Regelung. In Erweiterung zu § 222 AO enthält § 6 Abs. 4 eine Stundungsregel für die auf den fiktiven Veräußerungsgewinn geschuldete Einkommensteuer. Stellt die Einziehung des Steueranspruchs eine erhebliche Härte dar, ist die geschuldete Einkommensteuer über einen Zeitraum von fünf Jahren zu stunden. Voraussetzung der Stundung sind nach Abs. 4 S. 1 Sicherheitsleistung und Ratenzahlung. In Fällen vorübergehender Abwesenheit (Abs. 4 S. 2) ist Ratenzahlung nicht erforderlich, die Sicherheitsleistung ist entbehrlich, wenn der Steueranspruch nicht gefährdet erscheint. Zudem wird die Dauer der Stundung der Frist des Abs. 3 angepasst und kann bei berufsbedingter vorübergehender Abwesenheit bis zu zehn Jahre betragen. 475

Als geforderte Sicherheitsleistung kommen die in § 241 AO genannten Vermögenswerte in Betracht. Die Auswahl der dort aufgeführten Vermögensgegenstände obliegt dem Steuerpflichtigen. Liegt ein endgültiger Wegzug ins Ausland vor, ist die Stundung nur gegen Ratenzahlungen möglich. Die Bemessung des Zeitpunkts und der Höhe der Zahlungen sind dabei in das Ermessen des Finanzamts gestellt. Dabei wird auf die Verhältnisse beim Steuerpflichtigen abzustellen sein; die Vermeidung erheblicher Härten für den Steuerpflichtigen wird dabei ebenfalls Beachtung finden müssen. Im Regelfall sollten die Raten in gleichmäßigen Beträgen auf die Dauer der Stundung verteilt werden. Ggf. gewährte Sicherheitsleistungen sind entsprechend der Tilgung durch die Ratenzahlung freizugeben, da insoweit das Bedürfnis einer Sicherheitsgestellung fehlt. 476

Im Gegensatz zu § 222 AO stellt die Stundung nach § 6 Abs. 4 keine Ermessensentscheidung dar. Bei Vorliegen der Voraussetzungen besteht ein Rechtsanspruch des Steuerpflichtigen auf Stundung, der ggf. im vollen Umfang gerichtlich durchgesetzt werden kann. Der Steueranspruch kann bis zu einer Dauer von fünf Jahren gestundet werden. 477

Demzufolge wird die auf den fiktiven Veräußerungsgewinn geschuldete Steuer für einen Zeitraum von höchstens fünf Jahren seit Eintritt der ersten Fälligkeit gegen Sicherheitsleistung gestundet. Allerdings knüpft das Gesetz die Stundung an Voraussetzungen. Notwendigerweise bedarf es eines hierfür eines entsprechenden Antrags durch den Steuerpflichtigen. Weitere Voraussetzung ist, dass die alsbaldige Einziehung mit erheblichen Härten für den Steuerpflichtigen verbunden wäre. 478

Beispiel:

Der brasilianische Staatsangehörige B hält im Privatvermögen 100% der Anteile an der B-SA, die Sitz und Ort der Geschäftsleitung in Brasilien hat. B hatte seinen Wohnsitz und seinen gewöhnlichen Aufenthalt immer in Deutschland. Er verzieht am 1.1.08 permanent nach Brasilien. Die Anschaffungskosten seiner Anteile betrugen am 1.1.03 € 100.000, der gemeine Wert beträgt am 1.1.08 € 1.000.000. Die in den SA-Anteilen ruhenden stillen Reserven sind nach § 6 Abs. 1 S. 1 im Wegzugszeitpunkt zu versteuern, da nach der Neuregelung – im Gegensatz zum bisherigen Recht – auch Anteile an 479 ausländischen Kapitalgesellschaften erfasst werden. Da B permanent nach Brasilien verzieht, kann der Steueranspruch nicht nach Abs. 3 entfallen. Die Einkommensteuer ist nach § 3 Nr. 40 Buchst. c) EStG auf die Bemessungsgrundlage von € 900.000 nach dem Halbeinkünfteverfahren bzw. nach dem Teileinkünfteverfahren zu berechnen. Unerheblich ist nach nunmehr gültiger Rechtslage, dass B in einen Nicht-DBA-Staat verzieht. Allerdings kommt vorliegend eine Stundung nach Abs. 4 in Betracht, wenn der Steuerpflichtige einen entsprechenden Antrag stellt. Stellt der Steuerpflichtige diesen Antrag, hat das Finanzamt zu prüfen, ob die Einziehung mit erheblichen Härten für den Steuerpflichtigen verbunden wäre. Grundsätzlich ist die Stundung daran geknüpft, dass Sicherheiten geleistet werden, Abs. 4 S. 1. Davon kann nach S. 4 HS. 2 abgesehen werden, wenn der Steueranspruch nicht gefährdet erscheint.

480 Aus der Stundungsmöglichkeit für fünf Jahre lässt sich aber kein Anspruch auf fünfjährige Stundung ableiten (aA *FWBS* § 6 AStG Rz. 90). Erforderlich ist lediglich die Einräumung dergestalt, dass auch die erforderlichen Zahlungen nicht zu einer Härte für den Steuerpflichtigen führen. Dabei sind ggf. die persönlichen Verhältnisse des Steuerpflichtigen zu berücksichtigen. Abgesehen von Abs. 4 S. 3 ist eine Ausdehnung der Stundungsdauer gestützt auf § 222 AO nur in engen Grenzen möglich. Für die Dauer der Stundung ist der gestundete Betrag zu verzinsen (BFH v. 16.10.1991, I R 145/90, BStBl. II 1992, 321).

481 Veräußert der Steuerpflichtige seine Beteiligung während des Stundungszeitraums, fehlt es der für die Stundung erforderlichen erheblichen Härte für den Steuerpflichtigen. Daher ordnet Abs. 4 S. 2 den Widerruf der Stundung zu diesem Zeitpunkt an, der verfahrenstechnisch auf § 131 Abs. 2 Nr. 1 AO iVm § 6 Abs. 4 S. 2 zu stützen ist.

482 Als Besonderheit erlaubt Satz 3 bei vorübergehender Abwesenheit nach Abs. 3 eine Stundung ohne Sicherheitsleistung, wenn der Steueranspruch nicht gefährdet erscheint. Als Ausnahme vom Grundsatz der Stundung mit Sicherheitsleistung wird dem Steuerpflichtigen damit ein Rechtsanspruch auf Stundung ohne Sicherheitsleistung gewährt, wenn eine Gefährdung des Steueranspruchs des inländischen Fiskus ausgeschlossen ist. Dies dürfte dann der Fall sein, wenn durch im Inland belegenes Vermögen ausreichend Möglichkeit der zwangsweisen Befriedigung des Steueranspruchs besteht.

483–489 *einstweilen frei*

III. Stundung in EU-/EWR-Fällen (§ 6 Abs. 5)

1. Grundtatbestand der Stundung in EU-/EWR-Fällen (Abs. 5 S. 1)

490 Ist der Steuerpflichtige Staatsangehöriger eines Mitgliedsstaates der EU bzw. des EWR-Abkommens und endet die unbeschränkte Steuerpflicht dadurch, dass er in einen dieser Staaten verzieht, so ist die geschuldete Steuer zinslos und ohne Sicherheitsleistung bis zu einer endgültigen Veräußerung der Anteile zu stunden. Eine weitere Voraussetzung besteht darin, dass der Steuerpflichtige nach der Beendigung der unbeschränkten Steuerpflicht im Inland im Zuzugsstaat, also im Ausland, „einer der deutschen unbeschränkten Einkommensteuerpflicht vergleichbaren Steuerpflicht unterliegt".

G. Stundung (Abs. 4 und 5)

Beispiel:
Der deutsche Staatsangehörige D hält im Privatvermögen 100% der Anteile an der D-GmbH, die Sitz und Ort der Geschäftsleitung im Inland hat. D hatte seinen Wohnsitz und seinen gewöhnlichen Aufenthalt immer in Deutschland. Er verzieht am 1.1.2017 ohne Rückkehrabsicht nach Italien, wo er nach Articolo 2 Abs. 2 des Testo Unico Delle Imposte Sui Redditi (TUIR), dem italienischen Einkommensteuergesetz, unbeschränkt einkommensteuerpflichtig ist. Die Anschaffungskosten seiner Anteile betrugen am 1.1.2012 € 100.000, der gemeine Wert beträgt am 1.1.2017 € 1.000.000. Die in den GmbH-Anteilen ruhenden stillen Reserven sind prinzipiell nach § 6 Abs. 1 S. 1 im Wegzugszeitpunkt zu versteuern, allerdings verzieht D im hier interessierenden Fall ins EU-Ausland, nämlich nach Italien. Dort unterliegt er einer der deutschen unbeschränkten Einkommensteuerpflicht vergleichbaren Steuerpflicht(Näher Tesauro, Francesco, Istituzioni Di Diritto Tributario, Vol. 2 Parte speciale, Torino 1999, S. 39–40: „tassazione del reddito mondiale", also Besteuerung mit dem Welteinkommen). Aufgrund des Vorliegens der einschlägigen Voraussetzungen ist die Steuer zinslos und ohne Sicherheitsleistung von Amts wegen zu stunden. Eine Antragstellung durch den Steuerpflichtigen ist nicht erforderlich. Die Voraussetzung des Abs. 5 S. 2, Amtshilfe und Unterstützung bei der Beitreibung durch den Aufnahmestaat, ist in Bezug auf Italien erfüllt.

Welchen Zweck diese Voraussetzung „einer der deutschen unbeschränkten Einkommensteuerpflicht vergleichbaren Steuerpflicht unterliegt" verfolgt, ist unklar. Die Gesetzesbegründung schweigt dazu (*Lausterer* BB-Special 8, BB 2006, 83). Es ist durchaus denkbar, dass ein Steuerpflichtiger nach dem Wegzug aus Deutschland in mehreren EU-Mitgliedsstaaten jeweils innerhalb von Zeiträumen oder sonstigen Aufenthaltskonstellationen domiziliert, die nirgendwo zu einer Steuerpflicht führen, die der deutschen unbeschränkten Steuerpflicht vergleichbar ist. In derartigen Konstellationen wäre nach dem eindeutigen Wortlaut die Stundung zu versagen. Gleichwohl läge unbestreitbar eine Behinderung der EU-weit geschützten Niederlassungsfreiheit vor. Die Norm ist damit für nicht völlig abwegige Fälle aus unionsrechtlicher Perspektive nicht frei von Bedenken (vgl. → Rz. 203 ff.).

Ferner ist die Stundung an die Voraussetzung geknüpft, dass die Amtshilfe und die gegenseitige Unterstützung bei der Beitreibung der geschuldeten Vermögenszuwachssteuer zwischen Deutschland und dem jeweils tangierten EU-/EWR-Mitgliedstaat gewährleistet sind. Die Gesetzesbegründung weist darauf hin, dass die Erfüllung dieser Bedingung im Verhältnis zu den EU-Mitgliedstaaten aufgrund der geltenden EG-Amtshilferichtlinie vom 19.12. 1977 und der EG-Beitreibungsrichtlinie vom 15.3.1976 anzunehmen ist (vgl. BR-Drs. 542/06 v. 11.8.2006, S. 87, jetzt EU-RL 2010/24 und EU-RL 2011/16). Modifiziert stellt sich die Situation in Bezug auf die EWR-Mitgliedstaaten Norwegen, Island und Liechtenstein dar. Insoweit kommen diese Richtlinien nicht zur Anwendung. Allerdings besteht in Bezug auf Norwegen die Möglichkeit zur Amtshilfe (Art. 26) und zur Beitreibung der geschuldeten Steuer (Art. 27) aus dem DBA. Das DBA mit Island enthält eine sog. kleine Auskunftsklausel (Art. 26). Bis zum Inkrafttreten des „Tax Information Exchange Agreement" (TIEA) Deutschland-Liechtenstein, welches den Austausch von steuerlich relevanten Informationen zwischen den Behörden ab 1.1.2010 regelt, fiel Liechtenstein, obschon EWR-Mitgliedstaat, nicht unter die Vorschrift. Nach nunmehr geltender Rechtslage indessen fällt Liechtenstein unter die begünstigten Staaten. Hinzutritt der Umstand, dass nach

§ 6 494–500 Besteuerung des Vermögenszuwachses

Art. 26 DBA-Liechtenstein (DBA Deutschland-Liechtenstein v. 17.11.2011, BGBl. 2012 II 1463) eine Klausel zum Informationsaustausch vereinbart ist.

494 Nach Art. 26 Abs. 1 DBA-Liechtenstein tauschen die zuständigen Behörden der Vertragsstaaten die Informationen aus, die zur Durchführung dieses Abkommens oder zur Verwaltung oder Anwendung des innerstaatlichen Rechts voraussichtlich erheblich. Der Informationsaustausch nach dem DBA regelt sich gemäß der Nr. 9 des Protokolls zum DBA nach dem TIEA Deutschland-Liechtenstein, welches einen weitergehenden Austausch von Informationen nicht ausschließen soll.

495 Fraglich ist, ob die Stundungsregelung des § 6 Abs. 5 beim Wegzug in die Schweiz zur Anwendung gelangt. Die Schweiz ist zunächst weder EU- noch EWR-Staat. Indessen könnten sich in Bezug auf die Schweiz aus dem Freizügigkeitsabkommen mit der EG und der Schweiz (Freizügigkeitsabkommen zwischen der Schweizerischen Eidgenossenschaft und der EG vom 21.6.1999, in Kraft getreten am 1.6.2002, ABl. EG 2002 Nr. L 114/6) Ansatzpunkte dafür ergeben, den Wegzug in die Schweiz vom üblichen EU-/EWR- versus Drittstaatenschema differenziert zu beurteilen. Das Freizügigkeitsabkommen enthält Bestimmungen, die die allgemeine Freizügigkeit, die Niederlassungsfreiheit sowie die Arbeitnehmerfreizügigkeit garantierten (vgl. *FWBS* § 6 AStG Rz. 27.7). Zentraler Ansatzpunkt im Kontext des § 6 dürfte die Niederlassungsfreiheit sein. Nach dem Wortlaut des Art. 49 Abs. 1 AEUV (ex-Art. 43 Abs. 1 EGV) gilt die Niederlassungsfreiheit nur für Sachverhalte innerhalb der EU, allerdings soll durch das Freizügigkeitsabkommen vom 21.6.1999 nach und nach der freie Personenverkehr zwischen den EU-Staaten und der Schweiz eingeführt werden. Art. 16 Abs. 1 Freizügigkeitsabkommens ordnet an , dass bezüglich der Beziehungen der Vertragsparteien untereinander gleichwertige Rechte und Pflichten gelten. Folglich ist in Bezug auf die Schweiz das Konzept der Niederlassungsfreiheit ebenso zu beachten (*Weigel* IStR 2006, 193). Daraus wird im Schrifttum abgeleitet, steuerliche Vorschriften, die im Verhältnis zwischen EU-Staaten aufgrund der Niederlassungsfreiheit als diskriminierend betrachtet werden, entsprechend auch auf die Schweiz anzuwenden (vgl. *Weigel* IStR 2006, 195; *Walter* IWB Fach 5 Schweiz Gr. 2, S. 633). Folgt man dieser Argumentation, so wäre aus völkerrechtlichen Gründen die Anwendung der Stundungsregelung des § 6 Abs. 5 im Verhältnis zur Schweiz geboten.

496 Aufschluss wird von der Entscheidung des EuGH (C-581/17 „Wächtler") aufgrund der Vorabentscheidungsersuchens des FG Baden-Württemberg, Beschluss vom 14.6.2017 – 2 K 2413/15 (BeckRS 2017, 129635), zu erwarten sein. Dort werden ernsthafte Zweifel an der Unionsrechtskompatibilität der Wegzugsbesteuerung geäußert. Entsprechende Verfahren sind daher unbedingt offen zu halten.

497–499 *einstweilen frei*

2. Entsprechende Geltung der Stundungsregelung bei Ersatztatbeständen

500 Nach Abs. 5 S. 3 Nr. 1 gilt die Stundung auch für den Fall, dass der Rechtsnachfolger eines Steuerpflichtigen, dessen Anteile nach Abs. 1 S. 2

G. Stundung (Abs. 4 und 5) **501–504 § 6**

Nr. 1 steuerverhaftet waren, einer der deutschen unbeschränkten Einkommensteuerpflicht vergleichbaren Steuerpflicht in einem Mitgliedstaat der Europäischen Union oder einem Vertragsstaat des EWR-Abkommens unterliegt. Auch in diesem Zusammenhang gelten die Beitreibungs-, die Amtshilfe- sowie die Staatsangehörigkeitsbedingung.

Beispiel:

Der polnische Staatsangehörige P ist als Aktionär mit 1,5 % am Grundkapital der börsennotierten P-AG mit Sitz und Ort der Geschäftsleitung im Inland beteiligt. P unterliegt seit mehr als zehn Jahren der unbeschränkten Einkommensteuerpflicht in Deutschland. Er überträgt am 1.1.2017 seine Anteile unentgeltlich auf seine in Frankreich lebende Tochter, die ebenfalls polnische Staatsangehörige ist. In Frankreich unterliegt sie nach Article 4 B Code général des impôts einer der deutschen unbeschränkten Einkommensteuerpflicht vergleichbaren Steuerpflicht). Seine historischen Anschaffungskosten betrugen € 100.000, zum Übertragungszeitpunkt beträgt der gemeine Wert der Anteile € 1.000.000. Nach § 6 Abs. 1 S. 2 Nr. 1 ist der Ersatztatbestand der unentgeltlichen Übertragung der Anteile unter Lebenden gegeben, weil die Tochter in Deutschland nicht unbeschränkt steuerpflichtig ist. Dies hat zur Folge, dass grundsätzlich die Differenz zwischen gemeinem Wert und historischen Anschaffungskosten der Einkommensbesteuerung zu unterwerfen ist. Der Gesetzgeber nimmt es in Kauf, dass daneben auch noch ein Schenkungsteuertatbestand erfüllt sein kann, soweit die Freibeträge des ErbStG überschritten sind. Vorliegend ist indessen nach Abs. 5 von Amts wegen Stundung zu gewähren, weil die Tochter in Frankreich als einem EU-/EWR-Mitgliedstaat einer der deutschen unbeschränkten Einkommensteuerpflicht vergleichbaren Steuerpflicht unterliegt. Auf den Umstand, dass die Türkei das subjektive Tatbestandsmerkmal der Staatsangehörigkeit eines EU-/EWR-Mitgliedstaats erfüllt, kommt es nicht an. **501**

Begründet der Steuerpflichtige iSv Abs. 1 S. 2 Nr. 2 einen Wohnsitz oder einen gewöhnlichen Aufenthalt in einem ausländischen Staat und ist er dadurch auf Grund eines DBA in diesem Staat abkommensrechtlich als ansässig anzusehen, so ordnet Abs. 5 S. 3 Nr. 2 die Stundungsregelung auch für diese Fälle an. Entsprechend ist die Steuer zu stunden, wenn sich die abkommensrechtliche Ansässigkeit aufgrund eines anderen Merkmals ergibt. Zu der abkommensrechtlichen Ansässigkeit tritt die Voraussetzung hinzu, dass der Steuerpflichtige einer der deutschen unbeschränkten Einkommensteuerpflicht vergleichbaren Steuerpflicht in einem Mitgliedstaat der Europäischen Union oder einem Vertragsstaat des EWR-Abkommens unterliegt. **502**

Grundsätzlich führt die Einlage der Anteile an der Kapitalgesellschaft in einen Betrieb oder eine Betriebsstätte des Steuerpflichtigen in einem ausländischen Staat nach Abs. 1 S. 2 Nr. 3 zur Zwangsrealisierung der stillen Reserven. Die auf diese Zwangsrealisierung anfallende Steuer ist von Amts wegen zu stunden, wenn die Einlage der Anteile in einen Betrieb oder eine Betriebsstätte des Steuerpflichtigen in einem anderen Mitgliedstaat der Europäischen Union oder einem anderen Vertragsstaat des EWR-Abkommens erfolgt. **503**

Beispiel:

Der deutsche Staatsangehörige D hält im Privatvermögen 100 % der Anteile an der D-SA, die Sitz und Ort der Geschäftsleitung außerhalb der EU hat. D hatte seinen Wohnsitz und seinen gewöhnlichen Aufenthalt immer in Deutschland. D legt am 1.1.2017 seine Anteile in seine im Rahmen seines Einzelunternehmens gegründete Betriebsstätte in Frankreich ein. Die Anschaffungskosten seiner Anteile betrugen am 1.1.2012 € 100.000, der gemeine Wert beträgt am 1.1.2017 € 1.000.000. Im vorliegen- **504**

Kraft 341

den Fall ist zwar grundsätzlich der Ersatztatbestand des § 6 Abs. 1 S. 2 Nr. 3 erfüllt. Da die Betriebsstätte im EU-Mitgliedstaat Frankreich belegen ist, gelangt hier die erweiterte Stundungsregelung des § 6 Abs. 5 S. 3 Nr. 3 zur Anwendung. Unerheblich ist der Umstand, dass Anteile an einer Nicht-EU-/EWR-Kapitalgesellschaft eingelegt werden.

505 Durch das Gesetz zur Anpassung der Abgabenordnung an den Zollkodex der Union und zur Änderung weiterer steuerlicher Vorschriften (Zollkodex-AnpG v. 22.12.2014, BGBl. 2014 I 2417) wurde § 6 Abs. 5 S. 3 ergänzt, indem § 6 Abs. 5 S. 3 Nr. 4 angefügt wurde. Diese Ergänzung ist vor dem Hintergrund zu verstehen, dass es – nach den Vorstellungen des Gesetzgebers – zunächst für die von Abs. 1 S. 2 Nr. 4 betroffenen Anteile wohl keiner entsprechenden Stundungsregelung bedurfte. Dies war möglicherweise darin begründet, dass mit sämtlichen EU-Staaten bereits Doppelbesteuerungsabkommen bestanden, die Vorschrift jedoch – zumindest was den zentralen Anwendungsbereich anbelangt – den Abschluss eines Doppelbesteuerungsabkommens voraussetzt. Somit hätte gemutmaßt werden können, aus der Perspektive des Gesetzgebers habe sich die Notwendigkeit erübrigt, für die vom Anwendungsbereich der Vorschrift des Abs. 1 S. 2 Nr. 4 erfassten Fälle eine entsprechende Stundungsregelung zu formulieren.

506 § 6 Abs. 5 wurde mit dem Gesetz über steuerliche Begleitmaßnahmen zur Einführung der Europäischen Gesellschaft und zur Änderung weiterer steuerrechtlicher Vorschriften (SEStEG) vom 7. Dezember 2006 (BGBl. 2006 I 2782) zur unionsrechtskonformen Ausgestaltung der Besteuerungstatbestände des § 6 Abs. 1 in das Gesetz aufgenommen. Die zu diesem Zweck für EU/EWR-Sachverhalte vorgesehene zinslose Stundung der Steuer bis zum Eintritt eines Realisationstatbestandes war jedoch zunächst nicht auf den sonstigen Ersatztatbestand des § 6 Abs. 1 S. 2 Nr. 4 anzuwenden.

507 Offenbar befielen den Gesetzgeber angesichts dieser Rechtslage dann doch noch unionsrechtliche Zweifel. Denn die Ausdehnung der Stundungsregelung im Fall des § 6 Abs. 1 S. 2 Nr. 4 beseitigte Lückenschluss zu Gunsten des Steuerpflichtigen insoweit einen vorher gegebenen offensichtlichen unionsrechtswidrigen Zustand.

508 Der Hintergrund ist in der unionsrechtskonformen Ausgestaltung des sonstigen Entstrickungstatbestands des § 6 Abs. 1 S. 2 Nr. 4 zu sehen. Aus diesem Grund ist die Vorschrift in allen Fällen anzuwenden, bei denen die geschuldete Steuer noch nicht entrichtet ist (vgl. § 21 Abs. 23).

509 Mit der Anfügung von § 6 Abs. 5 S. 3 Nr. 4 hat der Gesetzgeber sich – im Gegensatz zur früheren Rechtslage – nunmehr doch entschieden, die Fälle, in denen Deutschland nach einem Doppelbesteuerungsabkommen (DBA) den Gewinn aus der Veräußerung eines Anteils iSd § 17 EStG freistellen oder die ausländische Steuer anrechnen muss, explizit in den Kanon der Stundungsregelungen einzubeziehen. Die für EU/EWR-Sachverhalte vorgesehene zinslose Stundung der Steuer bis zum Eintritt eines Realisationstatbestandes war nämlich bisher nicht auf den sonstigen Ersatztatbestand des § 6 Abs. 1 S. 2 Nr. 4 anzuwenden.

510 Inhaltlich dehnt die Anfügung der Nr. 4 die zinslose Stundungsregelung des § 6 Abs. 5 für bestimmte Steuertatbestände, die zu einer Besteuerung stiller Reserven von Wirtschaftsgütern ohne einen Realisationstatbestand führen, auf die Fälle des § 6 Abs. 1 S. 2 Nr. 4 aus. § 6 Abs. 5 wurde mit dem Gesetz über steuer-

G. Stundung (Abs. 4 und 5) 511–520 § 6

liche Begleitmaßnahmen zur Einführung der Europäischen Gesellschaft und zur Änderung weiterer steuerrechtlicher Vorschriften (SEStEG) vom 7. Dezember 2006 (BGBl. 2006 I 2782) zur unionsrechtskonformen Ausgestaltung der Besteuerungstatbestände des § 6 Abs. 1 in das Gesetz aufgenommen.

Die Vorschrift umfasst die Fälle, in denen das Recht Bundesrepublik **511** Deutschland, stille Reserven in Anteilen des § 17 EStG zu besteuern, auf Grund anderer als in § 6 Abs. 1 Sätze 1 und 2 Nr. 1–3 genannter Ereignisse ausgeschlossen oder beschränkt wird. Damit wird durch die Anfügung der Nr. 4 die zinslose Stundungsregelung des § 6 Abs. 5 für bestimmte Steuertatbestände ausgedehnt. Es handelt sich um Konstellationen, die zu einer Besteuerung stiller Reserven von Wirtschaftsgütern ohne einen Realisationstatbestand führen, auf die Fälle des § 6 Abs. 1 S. 2 Nr. 4 anzuwenden sind.

Im Gegensatz zu den vor allem bei der Verlagerung des Wohnsitzes oder **512** von Wirtschaftsgütern ins Ausland anzuwendenden Nrn. 1 bis 3 dieser Vorschrift erfasst die Bestimmung der Nr. 4 die sonstigen Fälle, in denen Deutschland nach einem DBA den Gewinn aus der Veräußerung eines Anteils iSd § 17 EStG freistellen oder die ausländische Steuer anrechnen muss. Beispielhaft zu denken ist an Fälle, in denen das geltende DBA dem ausländischen Staat der Ansässigkeit der Kapitalgesellschaft kein Besteuerungsrecht zuweist. Das könnte dann zu einer Besteuerung der stillen Reserven der von einem unbeschränkt Steuerpflichtigen gehaltenen Anteile an einer Kapitalgesellschaft führen, wenn die Beschränkung oder der Ausschluss des deutschen Besteuerungsrechts auf Grund der Änderung eines DBA eintritt. Voraussetzung wäre, dass erstmals dem Quellenstaat in Übereinstimmung mit Art. 13 Abs. 4 OECD-Musterabkommen ein Besteuerungsrecht hinsichtlich der Veräußerung der Anteile einer Kapitalgesellschaft zugewiesen würde, deren Wert überwiegend auf im Quellenstaat belegenem Grundbesitz beruht.

Nach der Gesetzesbegründung ist in entsprechenden Fällen die EuGH- **513** Rechtsprechung zu verschiedenen mitgliedstaatlichen Wegzugssteuerregelungen zu berücksichtigen (BT-Drs. 18/3017, 66 f.). Diese verstand das EuGH-Urteil vom 23. Januar 2014 in der Rechtssache C-164/12 so, dass eine sofortige Einziehung der geschuldeten Steuer nicht mit den europäischen Grundfreiheiten zu vereinbaren sei. Aus derartigen Erwägungen heraus wurde deshalb die für die übrigen Besteuerungstatbestände des § 6 Abs. 1 bestehende Stundungsregelung auf die Fallvariante des Abs. 1 Nr. 4 ausgedehnt.

einstweilen frei **514–519**

IV. Widerruf der Stundung (Abs. 5 S. 4)

Nach § 6 Abs. Abs. 5 S. 4 ist die Stundung unter bestimmten Bedingungen **520** zwingend zu widerrufen. Der zwingend angeordnete Widerruf hat zur Folge, dass der Finanzverwaltung insoweit kein Ermessensspielraum zusteht. Die Stundung ist zu widerrufen,
– soweit der Steuerpflichtige oder sein Rechtsnachfolger iSd S. 3 Nr. 1 Anteile veräußert oder verdeckt in eine Gesellschaft iSd § 17 Abs. 1 S. 1 des EStG einlegt oder einer der Tatbestände des § 17 Abs. 4 EStG erfüllt wird **(Fallgruppe 1);**

– soweit Anteile auf eine nicht unbeschränkt steuerpflichtige Person übergehen, die nicht in einem Mitgliedstaat der Europäischen Union oder einem Vertragsstaat des EWR-Abkommens einer der deutschen unbeschränkten Einkommensteuerpflicht vergleichbaren Steuerpflicht unterliegt **(Fallgruppe 2)**;
– soweit in Bezug auf die Anteile eine Entnahme oder ein anderer Vorgang verwirklicht wird, der nach inländischem Recht zum Ansatz des Teilwerts oder des gemeinen Werts führt **(Fallgruppe 3)**;
– wenn für den Steuerpflichtigen oder seinen Rechtsnachfolger iSd S. 3 Nr. 1 durch Aufgabe des Wohnsitzes oder gewöhnlichen Aufenthalts keine Steuerpflicht nach S. 1 mehr besteht **(Fallgruppe 4)**.

521 **Fallgruppe 1** (Veräußerung der Anteile, verdeckte Einlage der Anteile in eine Gesellschaft iSd § 17 Abs. 1 S. 1 EStG, Vorliegen eines der Tatbestände des § 17 Abs. 4 EStG wie Auflösung der Kapitalgesellschaft, Herabsetzung des Kapitals und Rückzahlung des Kapitals, Ausschüttung oder Rückzahlung von Beiträgen aus dem steuerlichen Einlagekonto gemäß § 27 KStG): Mit der Veräußerung der Anteile entfällt die Rechtfertigung, die Wertzuwachsbesteuerung temporär auszusetzen. Im vergleichbaren Inlandsfall wäre bei der Veräußerung ebenfalls eine Besteuerung eingetreten, weshalb auch aus dem Blickwinkel des Unionsrechts keine Notwendigkeit für die Stundung mehr besteht. Hinzu kommt, dass aufgrund des durch die Veräußerung bedingten Liquiditätszuflusses auch die Steuerzahlungen geleistet werden können. Neben der Veräußerung stellt die Norm auf die verdeckte Einlage sowie auf einen der Tatbestände des § 17 Abs. 4 EStG ab. Darunter fallen die Auflösung einer Kapitalgesellschaft, die Kapitalherabsetzung und -zurückzahlung, die Ausschüttung oder Zurückzahlung von Beträgen aus dem steuerlichen Einlagenkonto iSd § 27 KStG. Auch in diesen Fällen wäre keine Benachteiligung im Vergleich mit dem Inlandsfall gegeben, weshalb der Stundungswiderruf gerechtfertigt erscheint.

Beispiel:

522 Dem deutschen Staatsangehörigen D, der im Privatvermögen 100% der Anteile an der D-GmbH mit Sitz und Ort der Geschäftsleitung im Inland hielt, wurde anlässlich seines Wegzugs nach Italien mit Wirkung vom 1.1.2017 die Stundung gewährt. Die Anschaffungskosten seiner Anteile betrugen am 1.1.2012 € 100.000, der gemeine Wert beträgt am 1.1.2017 € 1.000.000. Mit Wirkung vom 1.1.2018 veräußert D die Anteile zu € 2.000.000 an den Erwerber E. Die gewährte Stundung ist nach § 6 Abs. 5 S. 4 Nr. 1 zu widerrufen. Dies ist auch sachgerecht, da im vergleichbaren Inlandsfall auch ein Realisierungstatbestand eingetreten wäre.

523 **Fallgruppe 2** (Übertragung der Anteile auf eine nicht in einem EU- oder EWR-Staat ansässige Person): Der entgeltliche Veräußerungsfall ist von der Fallgruppe 1 (Abs. 5 S. 4 Nr. 1) erfasst, daher bedarf es einer Regelung für den un- und den teilentgeltlichen Fall des Übergangs von Anteilen auf Angehörige eines bestimmten Personenkreises, der von der Regelungsdiktion der Vorschrift nicht privilegiert behandelt wird. Dieser Personenkreis umfasst nicht unbeschränkt steuerpflichtige Personen, die nicht in einem Mitgliedstaat der Europäischen Union oder einem Vertragsstaat des EWR-Abkommens einer der deutschen unbeschränkten Einkommensteuerpflicht vergleichbaren Steuerpflicht unterliegen.

G. Stundung (Abs. 4 und 5)

Beispiel:

Dem deutschen Staatsangehörigen D, der im Privatvermögen 100 % der Anteile an 524
der D-GmbH mit Sitz und Ort der Geschäftsleitung im Inland hielt, wurde anlässlich
seines Wegzugs nach Italien mit Wirkung vom 1.1.2017 die Stundung gewährt. Die Anschaffungskosten seiner Anteile betrugen am 1.1.2012 € 100.000, der gemeine Wert beträgt am 1.1.2018 € 1.000.000. Mit Wirkung vom 1.1.2018 überträgt D die Anteile unentgeltlich an seinen in Südafrika lebenden Enkel E. Die gewährte Stundung ist nach
§ 6 Abs. 5 S. 4 Nr. 2 zu widerrufen. Dies ist auch sachgerecht, da im vergleichbaren Inlandsfall auch ein Realisierungstatbestand eingetreten wäre (vgl. § 6 Abs. 1 S. 2 Nr. 1).

Fallgruppe 3 (Vorliegen eines Tatbestandes, der in Deutschland zum steu- 525
erlichen Ansatz des Teilwertes oder des gemeinen Wertes führt): Hintergrund
dieser Bestimmung ist, dass nach Abs. 1 S. 2 Nr. 3 bei einer Einlage der Anteile in einen Betrieb oder eine Betriebsstätte unter bestimmten Voraussetzungen
die deutsche Wertzuwachssteuer gestundet wird. Diesbezügliche Voraussetzung ist, dass der Betrieb oder die Betriebsstätte in einem EU-/EWR-Mitgliedstaat belegen sind. Werden die Anteile wieder entnommen oder wird ein
anderer Vorgang verwirklicht, der nach deutschem Steuerrecht zum Ansatz
des Teilwertes oder des gemeinen Wertes führen würde, liegt ein Realisationstatbestand vor. Der Widerruf der Steuerstundung in derartigen Fällen ist zu
rechtfertigen, da der vergleichbare reine Inlandssachverhalt ebenfalls zur Realisierung der stillen Reserven führen würde. Besteht der fragliche Vorgang in
einem vom Wortlaut her prinzipiell in Betracht zu ziehenden Umwandlungsvorgang, ist die Sonderregelung des S. 5 zu prüfen.

Beispiel:

Der deutsche Staatsangehörige hält im Privatvermögen 100 % der Anteile an der D- 526
GmbH mit Sitz und Ort der Geschäftsleitung im Inland. D legt die Anteile mit Wirkung vom 1.1.2017 in die französische Betriebsstätte seines Einzelunternehmens ein.
Die Anschaffungskosten seiner Anteile betrugen am 1.1.2012 € 100.000, der gemeine
Wert beträgt am 1.1.2017 € 1.000.000. Dem D wird die Stundung gewährt. Am
1.1.2018 löst D sein Einzelunternehmen auf und überführt die Anteile an der D-GmbH
ins Privatvermögen. Die gewährte Stundung ist nach § 6 Abs. 5 S. 4 Nr. 3 zu widerrufen. Dies ist auch sachgerecht, da im vergleichbaren Inlandsfall auch ein Realisierungstatbestand eingetreten wäre.

Fallgruppe 4 (Verlegung des Wohnsitzes – unter Aufgabe der unbe- 527
schränkten Steuerpflicht – in einen anderen als einen EU- oder EWR-Staat):
Unterliegt der weggezogene Steuerpflichtige bzw. sein Rechtsnachfolger iSd
Abs. 5 S. 3 Nr. 1 nicht mehr einer der deutschen unbeschränkten Steuerpflicht vergleichbaren Steuerpflicht, weil er seinen Wohnsitz oder seinen gewöhnlichen Aufenthalt aufgegeben hat, so ist die Stundung zu widerrufen.
Von dieser Regelung erfasst wird im Wesentlichen der Weiterzug in sog.
Drittstaaten.

Beispiel:

Der deutsche Staatsangehörige hält im Privatvermögen 100 % der Anteile an der D- 528
GmbH mit Sitz und Ort der Geschäftsleitung im Inland. D zieht am 1.1.2017 nach
Frankreich, am 1.1.2018 nach Quebec/Kanada. In Frankreich ist D unbeschränkt steuerpflichtig iSv § 6 Abs. 5 S. 1. Die Anschaffungskosten seiner Anteile betrugen am
1.1.2012 € 100.000, der gemeine Wert beträgt am 1.1.2017 € 1.000.000 am 1.1.2018

€ 1.500.000. Dem D wurde am 1.1.2017 die Stundung gewährt. Ab 1.1.2018 besteht keine Steuerpflicht mehr iSd § 6 Abs. 5 S. 1. Daher ist die gewährte Stundung nach § 6 Abs. 5 S. 4 Nr. 4 zu widerrufen.

529 Der Weiterzug in einen anderen Mitgliedstaat hingegen ist unschädlich, da es nach S. 1 des Abs. 5 lediglich darauf ankommt, dass der Steuerpflichtige in einem dieser EU/EWR-Staaten einer der deutschen unbeschränkten Einkommensteuerpflicht vergleichbaren Steuer unterliegt.

Beispiel:

530 Dem deutschen Staatsangehörigen D, der im Privatvermögen 100 % der Anteile an der D-GmbH mit Sitz und Ort der Geschäftsleitung im Inland hielt, wurde anlässlich seines Wegzugs nach Italien mit Wirkung vom 1.1.2017 die Stundung gewährt. Die Anschaffungskosten seiner Anteile betrugen am 1.1.2012 € 100.000, der gemeine Wert beträgt am 1.1.2017 € 1.000.000. Am 1.1.2018 verzieht D permanent nach Frankreich. D unterliegt sowohl in Italien als auch in Frankreich „einer der deutschen unbeschränkten Einkommensteuerpflicht vergleichbaren Steuerpflicht". Nach dem Wortlaut des § 6 Abs. 5 S. 1 genügt die Wohnsitznahme in einem EU-/EWR-Mitgliedstaat im Rahmen „einer der deutschen unbeschränkten Einkommensteuerpflicht vergleichbaren Steuerpflicht". Diese Voraussetzung umfasst auch die Fälle des Weiterzugs, soweit eben diese Voraussetzung erfüllt ist. Damit bleibt die Stundung bestehen.

531–539 *einstweilen frei*

V. Antragsgebundener Verzicht auf die Realisierung in Umwandlungsfällen (Abs. 5 S. 5)

540 Veräußerung bedeutet Übertragung des wirtschaftlichen Eigentums gegen Entgelt. Daher wären nach der höchstrichterlichen Rechtsprechung Umwandlungen prinzipiell als Veräußerungen anzusehen (zB BFH v. 15.10.1997, I R 22/96, BStBl. II 1998, 168). Ohne einschränkend wirkende Vorschrift wären daher Umwandlungsvorgänge, die nach dem Wegzug erfolgen, als Veräußerungen iSd S. 4 Nr. 1 zu werten und würden zum Widerruf der Stundung führen. Um umwandlungssteuerrechtliche Grundgedanken im Kontext der Wegzugsbesteuerung sicherzustellen, gewährt S. 5 auf Antrag das Wahlrecht, den Besteuerungsaufschub des Umwandlungssteuerrechts auch im Rahmen der Wegzugsbesteuerung zu ermöglichen. Dies wird dadurch gewährleistet, dass die bei den einzelnen Umwandlungsformen der Verschmelzung, der Spaltung sowie der Einbringung von Anteilen in Kapitalgesellschaften optional mögliche Buchwertfortführung auch bei der Veräußerung der Anteile durch den Wegziehenden gewährt wird.

541 Die durch den Umwandlungsvorgang neu geschaffenen Anteile ersetzen gleichsam die untergehenden bzw. die hingegebenen Anteile für die weitere Anwendung des § 6. Dies bedeutet ua, dass sich die Stundung hinfort auf die nunmehr erworbenen Anteile bezieht. Ebenso knüpfen die Voraussetzungen des Widerrufs der Stundung an diese Anteile an.

542–549 *einstweilen frei*

H. Wertminderung nach Wegzug (§ 6 Abs. 6)

I. Regelungsidee im Überblick

Vom Ausgangspunkt soll die Norm eine ansonsten drohende Überbesteuerung vermeiden. Wird nämlich der im Zeitpunkt des Wegzuges angesetzte (fiktive) Wert der Anteile (gemeiner Wert) bei einer späteren tatsächlichen Veräußerung der Anteile nicht erreicht, wäre aufgrund der Bestimmung in Abs. 1 gleichwohl der zum Wegzugszeitpunkt ermittelte Beteiligungswert der Besteuerung zugrunde zu legen. Demzufolge intendiert die Norm des Abs. 6, die Wegzugsbesteuerung an den tatsächlich realisierten Anteilswert anzupassen. Besteuert wird dennoch weiterhin der „Wegzug". 550

Da es international nicht unüblich ist, Anteilsveräußerungsgewinne zu besteuern, wird der Zuzugsstaat die tatsächliche Veräußerung häufig besteuern, weshalb die Vorschrift nicht als zur Vermeidung der Doppelbesteuerung geschaffen verstanden werden kann. Eine Anrechnung ausländischer Steuer, die der dann (ggf. erweitert) beschränkt Steuerpflichtige Veräußerer der Anteile im Ausland tragen muss, ist von § 6 Abs. 6 nicht vorgesehen. Indessen sind die praktischen Anwendungsfälle eines solchen Gefahrenszenarios gering. Die Anwendung der Vorschrift setzt voraus, dass die Abwanderung in einen EU-Mitgliedstaat erfolgt. Die mit diesen Staaten abgeschlossenen Doppelbesteuerungsabkommen weisen nahezu sämtlich dem Sitzstaat des Veräußerers das Besteuerungsrecht zu (Ausnahme: DBA Slowakei DBA Tschechien). Daher kann es zu diesbezüglichen Doppelbesteuerungssituationen eher nicht kommen. Eine Anrechnung inländischer Kapitalertragsteuern sieht § 6 Abs. 6 S. 4 indessen vor. 551

einstweilen frei 552–564

II. Struktur des Tatbestands

1. Verweis auf Abs. 5 Satz 4 Nr. 1

Durch den Verweis auf Abs. 5 S. 4 Nr. 1 setzt S. 1 inzidenter voraus, dass einem in einen EU-/EWR-Staat weggezogenen Steuerpflichtigen die Stundung nach Abs. 5 gewährt wurde. Hinzu tritt, dass aufgrund verschiedener Umstände die Gründe für einen Stundungswiderruf vorliegen. Dies kann sich ergeben aufgrund folgender Ursachen: 565

- Stundungswiderruf bei Veräußerung der Anteile (§ 6 Abs. 5 S. 4 Nr. 1 1. Alt.)
- Stundungswiderruf aufgrund der verdeckten Einlage der Anteile in eine Gesellschaft iSd § 17 Abs. 1 S. 1 EStG (§ 6 Abs. 5 S. 4 Nr. 1 2. Alt.)
- Stundungswiderruf aufgrund der Auflösung der Kapitalgesellschaft (§ 6 Abs. 5 S. 4 Nr. 1 2. Alt. iVm § 17 Abs. 4 EStG)
- Stundungswiderruf aufgrund einer Kapitalherabsetzung, wenn das Kapital zurückgezahlt wird (§ 6 Abs. 5 S. 4 Nr. 1 2. Alt. iVm § 17 Abs. 4 EStG)
- Stundungswiderruf aufgrund einer Ausschüttung von Beträgen aus dem steuerlichen Einlagenkonto iSd § 27 KStG (§ 6 Abs. 5 S. 4 Nr. 1 2. Alt. iVm § 17 Abs. 4 EStG)

– Stundungswiderruf aufgrund einer Zurückzahlung von Beträgen aus dem steuerlichen Einlagenkonto iSd § 27 KStG (§ 6 Abs. 5 S. 4 Nr. 1 2. Alt. iVm § 17 Abs. 4 EStG).

566 Indessen kommt ein Stundungswiderruf dann nicht in Betracht, soweit die Bezüge aufgrund der Auflösung, der Kapitalherabsetzung, der Ausschüttung oder der Zurückzahlung von Beträgen nach § 20 Abs. 1 Nr. 1 oder Nr. 2 zu den Einnahmen aus Kapitalvermögen gehören. Die Ausschüttung von Beträgen aus dem steuerlichen Einlagenkonto iSd § 27 des Körperschaftsteuergesetzes sowie die Zurückzahlung von Beträgen aus dem steuerlichen Einlagenkonto iSd § 27 KStG können selbstverständlich nur bei unbeschränkt körperschaftsteuerpflichtigen Kapitalgesellschaften in Betracht kommen. Für nicht der unbeschränkten Körperschaftsteuer unterliegenden Kapitalgesellschaften wird kein steuerliches Einlagenkonto geführt (vgl. § 27 Abs. 1 KStG).

567–569 *einstweilen frei*

2. Kumulative Voraussetzungen

570 § 6 Abs. 6 setzt eine Verhältnisrechnung voraus, die den Vermögenszuwachs nach Abs. 1 (und damit gleichsam fiktiven Veräußerungsgewinn) zu dem zeitlich später eingetretenen tatsächlichen Veräußerungsgewinn in Beziehung setzt. Nur für den Fall, dass der erstgenannte Betrag mindestens so groß oder größer ist wie der letztgenannte Betrag, kommt der Vorschrift Bedeutung zu. Kumulativ tritt dazu die Bedingung, dass im Zuzugsstaat keine Berücksichtigung der im zeitlichen Ablauf zwischen Wegzug und tatsächlicher Veräußerung eingetretenen Wertminderung der Anteile erfolgt.

Beispiel:

571 Ein Steuerpflichtiger D mit Anteilen an einer im Inland unbeschränkt steuerpflichtigen D-GmbH im Privatvermögen (100%) verzieht am 1.1.2011 ins EU-/EWR-Ausland. Anlässlich seines Wegzugs wird ihm Stundung nach Abs. 5 gewährt. Die historischen Anschaffungskosten seiner Anteile betrugen € 1.000.000, der gemeine Wert im Wegzugszeitpunkt beläuft sich am 1.1.2011 auf € 10.000.000. Mit Wirkung vom 1.1.2012 veräußert D die Anteile an der D-GmbH zum Preis von € 5.000.000 auf einen fremden Dritten. Der Zuzugsstaat erfasst Beteiligungsveräußerungsgewinne von natürlichen Personen steuerlich generell nicht. Die anzustellende Vergleichsrechnung ergibt, dass die tatbestandlichen Voraussetzungen des Abs. 6 erfüllt sind, weil der tatsächliche Veräußerungsgewinn im Zeitpunkt der Veräußerung und damit der Beendigung der Stundung niedriger als der fiktive Vermögenszuwachs nach Abs. 1 ist. Das zuständige Finanzamt hat den ursprünglich auf den Wegzugszeitpunkt erlassenen Steuerbescheid insoweit, dh unter Herabsetzung der steuerlichen Bemessungsgrundlage von € 9.000.000 auf € 4.000.000, zu ändern.

572 Hatte sich im Wegzugszeitpunkt ein fiktiver Veräußerungsverlust ergeben, so sind die Voraussetzungen der Bestimmung nicht erfüllt. Wie bereits ausgeführt, findet die gesamte Bestimmung des § 6 nach der Rechtsprechung des BFH v. 28.2.1990, I R 43/86, BStBl. II 1990, 615, BFHE 160, 180, keine Anwendung für Fälle, in denen sich im Wegzugszeitpunkt ein nicht realisierter Verlust in den Anteilen an der Kapitalgesellschaft ergibt.

Beispiel:

573 Ein Steuerpflichtiger E mit Anteilen an einer im Inland unbeschränkt steuerpflichtigen E-GmbH im Privatvermögen (100%) verzieht am 1.1.2011 ins EU-/EWR-

H. Wertminderung nach Wegzug (Abs. 6)

Ausland. Die historischen Anschaffungskosten seiner Anteile betrugen € 2.000.000, der gemeine Wert im Wegzugszeitpunkt beläuft sich am 1.1.2011 auf € 1.000.000. Mit Wirkung vom 1.1.2012 veräußert E die Anteile an der E-GmbH zum Preis von € 500.000 auf einen fremden Dritten. Mithin lag bereits im Wegzugszeitpunkt kein fiktiver Veräußerungsgewinn, sondern ein nicht realisierter Verlust vor. Daher war kein Bedürfnis für eine Stundung gegeben, die Voraussetzungen des Abs. 6 mithin nicht erfüllt. Demzufolge ist auch keine Vergleichsrechnung anzustellen zwischen dem tatsächlichen Veräußerungsverlust oder -gewinn im Zeitpunkt der Veräußerung (hier ein Veräußerungsverlust von € 1.500.000) und dem nicht realisierten Verlustbetrag nach Abs. 1 (€ 1.000.000).

Zusätzlich muss die Voraussetzung erfüllt sein, dass der Zuzugsstaat die eingetretene Wertminderung in den Anteilen nicht berücksichtigt. Den Begriff der Wertminderung definiert der Gesetzgeber zwar nicht. Eine Wertminderung idS liegt indessen vor, wenn der auf den Zeitpunkt der Beendigung der Stundung anzusetzende Veräußerungsgewinn niedriger als der Vermögenszuwachs nach § 6 Abs. 1 ist (*FWBS* § 6 AStG Rz. 277). Da der Gesetzeswortlaut auf die Wertminderung im Zusammenhang mit der Berücksichtigung durch den ausländischen Zuzugsstaat abstellt, kann eigentlich nur der im Ausland nach ausländischen Vorschriften ermittelte Veräußerungsgewinn gemeint sein, wenn es darum geht, die eingetretene Wertminderung zu quantifizieren. Dies ist unproblematisch, wenn die Veräußerungsgewinne nach ausländischem und deutschem Steuerrecht nach identischen Gewinnermittlungskonventionen berechnet werden.

Erhebliche Verwerfungen sind indessen zu erwarten, wenn entweder die Veräußerungsgewinnermittlungskonventionen nach deutschen und ausländischen Vorschriften unterschiedlich sind und/oder der Wegzugszeitpunkt aus deutscher Sicht nicht mit dem Zuzugszeitpunkt aus der Perspektive des Zuzugsstaates zusammenfällt und zwischenzeitlich Wertveränderungen an den Anteilen eingetreten sind.

einstweilen frei

III. Rechtsfolge

1. Aufhebung des Steuerbescheids

Als Rechtsfolge ordnet die Vorschrift an, dass der Steuerbescheid insoweit aufzuheben oder zu ändern ist. Der in der Vorschrift gemeinte Steuerbescheid ist derjenige, in dem die Steuer auf den Vermögenszuwachs iSd Abs. 1 auf den Wegzugszeitpunkt festgesetzt wurde. Sämtliche Regeln des Verfahrensrechts greifen insoweit, es kann sich mithin um einen Erstbescheid oder um einen Änderungsbescheid handeln (*FWBS* § 6 AStG Rz. 280); ebenso kann der Bescheid unter Vorbehalt der Nachprüfung ergangen oder vorläufig gestellt sein.

Das Gesetz verlangt eine Aufhebung oder Änderung „insoweit". Ob die Korrektur als Oberbegriff in der Form einer Aufhebung oder einer Änderung zur Anwendung gelangt, hängt von den Umständen des Einzelfalles ab. Die Aufhebung dürfte auf die (seltenen) Fälle beschränkt sein, in denen der Steuerpflichtige keine weiteren einkommensteuerlich relevanten Tatbestände außer dem des Wegzugs bei gleichzeitiger Erfüllung der weiteren Voraussetzungen des § 6 erfüllt. Hat der Steuerpflichtige weitere einkommensteuerlich relevante Tatbestände verwirklicht, kommt die Korrektur des ursprünglichen bzw. des geänderten Bescheids in Betracht.

581 „Insoweit" heißt, dass der aufgehobene oder geänderte Bescheid die verminderte Bemessungsgrundlage anlässlich der tatsächlichen Veräußerung bzw. verdeckten Einlage oder eines sonstigen Ersatztatbestands berücksichtigt. Die Aufhebung oder Änderung stellt einen Anwendungsfall des § 172 Abs. 1 Nr. 2d AO dar. Nach dieser Bestimmung kommt eine Aufhebung oder Änderung dann in Betracht, soweit dies gesetzlich zugelassen ist.

2. Entsprechende Geltung des § 175 Abs. 1 S. 2 AO

582 Die entsprechende Geltung des § 175 Abs. 1 S. 2 AO bezieht sich auf den dort geregelten Beginn der Festsetzungsfrist. Der Gesetzgeber lässt sich von der Vorstellung leiten, dass die tatsächliche Anteilsveräußerung als rückwirkendes Ereignis zu interpretieren ist. Dieses rückwirkende Ereignis ermöglicht die Änderung des Bescheides, in dem die ursprüngliche Besteuerung des Vermögenszuwachses in den Kapitalgesellschaftsanteilen (nebst Stundung) enthalten war. Die Festsetzungsfrist nach § 169 Abs. 1 AO beginnt mit Ablauf des Kalenderjahres, in dem die Anteilsveräußerung erfolgt. Werden Anteilspakete gestaffelt in verschiedenen Kalenderjahren veräußert, beginnen entsprechend verschiedene Festsetzungsfristen zu laufen.

583, 584 *einstweilen frei*

IV. Nachweiserfordernis durch den Steuerpflichtigen

585 Die Aufhebung oder Änderung des Steuerbescheides, in dem die Steuer auf den Vermögenszuwachs iSd Abs. 1 auf den Wegzugszeitpunkt festgesetzt wurde, ist an weitere Nachweiserfordernisse durch den Steuerpflichtigen geknüpft. Kumulativ müssen mehrere Voraussetzungen erfüllt sein. Einerseits darf es sich nicht um eine betrieblich veranlasste Wertminderung handeln, andererseits darf die Wertminderung nicht auf eine gesellschaftsrechtliche Maßnahme zurückzuführen sein. Exemplarisch für eine gesellschaftsrechtliche Maßnahme, die zur Wertminderung führt, nennt das Gesetz die Gewinnausschüttung.

586 Unter welchen Umständen eine betriebliche Veranlassung der Wertminderung anzunehmen ist, wird im Gesetz nicht thematisiert. Bei vernünftiger Auslegung kann es sich nur um Gründe handeln, die in der betrieblichen Sphäre der Kapitalgesellschaft, an der die Beteiligung besteht, vorliegen. Auf der Ebene des Anteilseigners ist keine betriebliche Sphäre denkbar, denn Voraussetzung des § 6 iVm § 17 EStG ist, dass die Anteile im Privatvermögen gehalten werden (kritisch zur Gesetzesformulierung *FWBS* § 6 AStG Rz. 288). Der Gesetzgeber scheint von einem sehr engen, teilweise nahezu monokausalen Zusammenhang, zwischen Anteilswert und Betriebssphäre auszugehen. Nach gefestigten Erkenntnissen der modernen Finanzierungstheorie kommen indessen im Wert der Anteile insbesondere die auf einen bestimmten Bewertungszeitpunkt diskontierten in der Zukunft aus der Beteiligung erwarteten Zahlungsströme (cash flows) zum Ausdruck. Diese können sowohl betrieblich als auch nicht betrieblich veranlasst sein. Insbesondere beeinflussen

H. Wertminderung nach Wegzug (Abs. 6)

Entwicklungen am Markt für Unternehmensanteile deren Werteinschätzungen durch die Marktakteure. Dies gilt ebenso für organisierte Eigenkapitalmärkte (Börsen) wie für Märkte für Unternehmensanteile, deren Organisationsgrad weitaus geringer ist. Mit einem geringeren Organisationsgrad ist zu erwarten, dass die Unternehmensanteile weniger fungibel sind. Daher drücken sich Erwartungen der Marktakteure häufig nicht direkt in ablesbaren Wertveränderungen solcher Unternehmensanteile aus.

Praktisch bedeutsam dürfte die Vorschrift ohnehin in erster Linie für solche **587** Kapitalgesellschaften sein, deren Anteile nicht an organisierten Eigenkapitalmärkten gehandelt werden. In diesen Fällen ist es nicht einsichtig, wieso Steuerpflichtige mit Beteiligungen an Kapitalgesellschafen, deren Anteilswerte aufgrund (inner-)betrieblicher Maßnahmen gesunken sind, steuerlich gegenüber Anteilsinhabern privilegiert werden sollen, deren Kapitalgesellschaftsanteile von Markteinschätzungen und -erwartungen gesunken sind. Jedenfalls ist keine Rechtfertigung dafür ersichtlich, dass lediglich vom Gesetzgeber als solche bezeichnete betrieblichen Gründe zur für den Steuerpflichtigen günstigen Aufhebung oder Änderung des auf den Wegzugszeitpunkt bezogenen Steuerbescheids führen können sollen.

Hinzutritt die Voraussetzung, dass die Wertminderung nicht auf eine gesell- **588** schaftsrechtliche Maßnahme zurückzuführen sein darf. Der Gesetzgeber drückt durch die Verwendung des Begriffs „insbesondere" aus, dass für eine gesellschaftsrechtliche Maßnahme, die zur Wertminderung führt, die Gewinnausschüttung exemplarisch ist. Demzufolge muss es logischer Weise noch weitere Maßnahmen gesellschaftsrechtlicher Art geben, die zu einer Wertminderung führen können. An welche die Gesetzesverfasser gedacht haben mögen, bleibt unklar. Prinzipiell vermag jede gesellschaftsrechtliche Maßnahme den Wert von Unternehmensanteilen zu beeinflussen (einengend auf gesellschaftsrechtliche Maßnahmen, die zu einem Vermögensabfluss führen *FWBS* § 6 AStG Rz. 289). Im Regelfall ist indessen eher unmöglich, den Einfluss gegenständlich zu identifizieren.

Der Begriff der „gesellschaftsrechtlichen Maßnahme" hat – soweit ersicht- **589** lich – keine Legaldefinition erfahren. In der Rechtsprechung wird er zwar verwendet, aber ebensowenig definiert (BVerfG 1 BvR 1613/94 v. 27.4.1999). Aus der Nähe zur Gewinnausschüttung wird man den Begriff so verstehen können, dass damit sämtliche Rechtsgeschäfte und Realakte in Betracht kommen, die die Sphäre der Gesellschaft und – notwendigerweise – auch die Sphäre (aktueller wie künftiger) Gesellschafter betreffen. Ein einfacher Kaufvertrag zwischen Gesellschaft und Gesellschafter beispielsweise betrifft nicht notwendigerweise die Sphäre sowohl der Gesellschaft als auch des Gesellschafters. Bedient man sich eines solchen weiten Begriffsverständnisses, kommen idS als gesellschaftsrechtliche Maßnahmen folgende – nicht als abschließend zu verstehenden – Maßnahmen in Betracht:
– Abschluss, Aufhebung, Kündigung, Änderung von Unternehmensverträgen;
– Kapitalmaßnahmen wie Kapitalerhöhungen, Kapitalherabsetzungen; auch den Erwerb eigener Anteile (share buy-back) wird man als gesellschaftsrechtliche Maßnahme verstehen können;
– Änderungen im Gesellschafterbestand, insbesondere Aufnahme oder Ausscheiden von Gesellschaftern mit erheblichem Einfluss;

Kraft

– Übernahme bzw. Kündigung von Bürgschaften oder ähnlichen Sicherheitenbestellung des Gesellschafters für die Gesellschaft bzw. der Gesellschaft für die Gesellschafter;
– Maßnahmen der Unternehmensumstrukturierung auf gesellschaftsrechtlicher Basis, etwa als Umwandlung, Spaltung, Verschmelzung etc.

590 Alle diese Maßnahmen sind zweifelsfrei gesellschaftsrechtlich bedingt und vermögen den Wert von Kapitalgesellschaftsanteilen zu beeinflussen. Ob die Finanzverwaltung indessen das Gesetz insbesondere in Konstellationen, in denen sich eine entsprechende darauf gestützte Argumentation zu Gunsten des Steuerpflichtigen auswirkt, so auslegt, scheint offen.

591 Als Paradigma einer gesellschaftsrechtlichen Maßnahme, die zu einer Wertminderung führt, nennt das Gesetz den klassischen Fall einer Gewinnausschüttung. Der Wortlaut umfasst ohne weiteres nicht nur die offene, sondern auch die verdeckte Gewinnausschüttung.

592–599 *einstweilen frei*

V. Höchstmaß der Berücksichtigung der Wertminderung: Umfang des Vermögenszuwachses nach Abs. 1 (Abs. 6 S. 3)

600 Mit Abs. 6 S. 3 verfolgt der Gesetzgeber das Ziel, auf den Zeitpunkt des Wegzugs erlassene Steuerbescheide nur insoweit zu ändern, als die eingetretene Wertminderung in den Anteilen den ursprünglichen und besteuerten Wertzuwachs in den Anteilen nicht übersteigt. Mithin beläuft sich der Höchstbetrag der Berücksichtigung der Wertminderung auf den Umfang des Vermögenszuwachses nach Abs. 1, weshalb die Vorschrift auch als Höchstbetragsgrenze zu verstehen ist. Diese Beschränkung ergibt sich aus der Konzeption der Vorschrift, lediglich eingetretene Vermögenszuwächse in Kapitalgesellschaftsanteilen im Wegzugszeitpunkt steuerlich zu erfassen, nicht hingegen auch unrealisierte Vermögensminderungen, eine Sichtweise, die sich letztlich auf die höchstrichterliche Judikatur stützt (BFH v. 28.2.1990, I R 43/86, BStBl. II 1990, 615, BFHE 160, 180).

Beispiel:

601 Ein Steuerpflichtiger F mit Anteilen an einer im Inland unbeschränkt steuerpflichtigen F-GmbH im Privatvermögen (100%) verzieht am 1.1.2011 ins EU-/EWR-Ausland. Die historischen Anschaffungskosten seiner Anteile betrugen € 2.000.000, der gemeine Wert im Wegzugszeitpunkt beläuft sich am 1.1.2011 auf € 5.000.000. Mit Wirkung vom 1.1.2012 veräußert E die Anteile an der E-GmbH zum Preis von € 1.000.000 auf einen fremden Dritten. Auch wenn der tatsächlich realisierte Wertverlust anlässlich der Anteilsveräußerung € 4.000.000 beträgt, lässt die Bestimmung des § 6 Abs. 6 S. 3 lediglich eine Änderung des auf den Wegzugszeitpunkt erlassenen Steuerbescheids bis zur Neutralisierung des ursprünglichen Vermögenszuwachses von € 3.000.000 zu.

602 Ob eine derartige Sichtweise tatsächlich überholt ist, wie *Wassermeyer* (*FWBS* § 6 AStG Rz. 291, 50, 51, 55) argumentiert, erscheint fraglich. Immerhin spricht für sie, dass der Gesetzgeber – im Übrigen vor dem Hintergrund der zitierten Rechtsprechung – mit Bedacht die Formulierung Besteuerung des Vermögenszuwachses sowohl in der Überschrift als auch im Abs. 6

H. Wertminderung nach Wegzug (Abs. 6)

selbst gewählt hat. Darin kommt die klare Intention des Gesetzes zum Ausdruck, lediglich Vermögenszuwächse steuerlich im Wegzugszeitpunkt zu erfassen und gegebenenfalls anschließend – begrenzt auf den Umfang des ursprünglichen Vermögenszuwachs – zu korrigieren. Daran ändert auch der mehrfache Verweis auf § 17 EStG nichts, der nicht nur Vermögenszuwächse, sondern auch Vermögensminderungen steuerlich erfasst. Der Wortlaut des § 6 ist insoweit eindeutig.

Eine weitergehende Sichtweise würde auch dazu führen, dass Deutschland **603** Wertminderungen in Anteilen erfassen müsste, die überhaupt nicht mehr in Zeiten der steuerlichen Verhaftung des fraglichen Vermögens in der deutschen Steuerhoheit entstanden sind. Dies ist auch mit europäischen Grundwertungen nur schwer in Einklang zu bringen, da nach Einschätzung der EU-Kommission jeder Mitgliedstaat ein prinzipielles Recht zur Besteuerung der stillen Reserven hat, die während der territorial bezogenen Steuerpflicht in seinem Hoheitsgebiet entstanden sind.

einstweilen frei **604–609**

VI. Voraussetzungen der Anrechnung inländischer Kapitalertragsteuer

S. 4 gewährt unter bestimmten Voraussetzung die Möglichkeit der Anrech- **610** nung inländischer Kapitalertragsteuer auf die vormals gestundete, nach Veräußerung der Anteile fällig gewordene Einkommensteuer. Kann demnach die Wertminderung in den Anteilen auf eine Gewinnausschüttung zurückgeführt werden und erfolgt keine Berücksichtigung der Wertminderung bei der Einkommensbesteuerung, so erfolgt die Anrechnung der auf diese Gewinnausschüttung erhobene und keinem Ermäßigungsanspruch mehr unterliegende inländischen Kapitalertragsteuer auf die nach Abs. 1 geschuldete Steuer. Die Beweislast dafür, dass die Gewinnausschüttungen ursächlich für Wertminderungen der Anteile sind, trägt nach den allgemeinen Grundsätzen der objektiven Feststellungslast der Steuerpflichtige. Die Vorschrift setzt damit dreierlei voraus:
- Stundung wurde nach Wegzug in EU-/EWR-Staat gewährt.
- Im Zeitraum zwischen Wegzug und endgültiger Veräußerung der Anteile (auch Teile von Anteilen) hat die Gesellschaft mit inländischer Kapitalertragsteuer belastete Gewinnausschüttungen vorgenommen.
- Diese Gewinnausschüttungen sind ursächlich für Wertminderungen der Anteile bei Veräußerung im Vergleich zum Wertansatz im Wegzugszeitpunkt.

Beispiel:

Ein Steuerpflichtiger G mit Anteilen an einer im Inland unbeschränkt steuerpflichti- **611** gen G-GmbH im Privatvermögen (100%) ist mit Wirkung vom 1.1.2011 in einen EU-Mitgliedstaat verzogen. Seine historischen Anschaffungskosten betrugen € 1.000.000. Der gemeine Wert im Wegzugszeitpunkt beläuft sich auf € 5.000.000. Am 1.1.2014 veräußert G die Anteile für € 3.000.000. Die Gesellschaft hat zwischen dem 1.1.2011 (Wegzugszeitpunkt) und dem 1.1.2014 (Veräußerungszeitpunkt) mehrfach Gewinnausschüttungen iHv € 2.000.000 vorgenommen. Diese sind nach dem relevanten DBA mit 15% insgesamt inländische Kapitalertragsteuer, also € 300.000, belastet. Diese inländische Kapitalertragsteuer kann auf die anlässlich der Veräußerung der Anteile nunmehr fällig gewordene Wegzugssteuer angerechnet werden.

612 Die Möglichkeit der Anrechnung erstreckt sich lediglich auf die inländische im Wege des abgeltenden Kapitalertragsteuerabzugs einbehaltene Steuer, eine Anrechnung ausländischer Steuer kommt nach dieser Vorschrift nicht in Betracht. Die Anrechnung erfolgt von Amts wegen, auch stellt sie keine Ermessensvorschrift dar. Die Vorschrift scheint schon deshalb nicht bis zum Ende durchdacht zu sein, weil sie keinerlei zeitliche Befristung enthält. Denn zwischen dem Wegzugszeitpunkt und der endgültigen Veräußerung können Jahrzehnte liegen, in denen zwischenzeitliche Gewinnausschüttungen erfolgen. Da die ursprünglich gestundete Steuerfestsetzung bis zur endgültigen Veräußerung der Anteile nicht bestandskräftig werden kann, dürften sich erhebliche Praktikabilitätsprobleme identifizieren lassen.

613, 614 *einstweilen frei*

I. Mitteilungspflichten (§ 6 Abs. 7)

615 § 6 Abs. 7 ordnet gleichsam als Konkretisierung der allgemein erweiterten Mitwirkungspflicht bei Auslandsfällen nach § 90 Abs. 2 AO im Rahmen der Stundung in EU-/EWR-Fällen umfassende Mitteilungspflichten an. Der Hintergrund dafür ist in der Sicherung des deutschen Besteuerungsanspruchs speziell in diesen Fällen zu sehen. Die Nichterfüllung dieser Mitteilungspflichten kann den Widerruf der Stundung zur Folge haben. Die Mitteilungspflichten des betroffenen Steuerpflichtigen, regelmäßig des Anteilsinhabers der infrage kommenden Kapitalgesellschaften, sind mehrgliedrig.

616 Zum einen hat der Steuerpflichtige nach § 6 Abs. 7 S. 4 dem zuständigen Finanzamt jährlich bis zum 31. Januar des Folgejahres schriftlich seine am 31. Dezember des Vorjahres geltende Anschrift mitzuteilen. Ferner hat er zu bestätigen, dass er weiterhin Inhaber der Anteile ist. Die Inhaberschaft bestimmt sich dabei nach den üblichen Zurechnungskriterien des allgemeinen Steuerrechts, vgl. § 39 AO. Auch trifft ihn die Pflicht zur Bestätigung, dass seinem Rechtsnachfolger im Falle der unentgeltlichen Rechtsnachfolge unter Lebenden die Anteile noch zuzurechnen sind. Auch hier ist nach der Diktion des Gesetzes – Sicherung des inländischen Steueranspruchs – auf die Zurechnungskriterien des deutschen Steuerrechts abzustellen. Dies gilt selbst dann, wenn sowohl Schenker als auch Beschenkter nicht im Inland ansässig sind. Dem Beschenkten selbst erlegt das Gesetz keine Mitteilungspflichten auf. In den naheliegenden Fällen, in denen der Beschenkte nicht der deutschen Steuerhoheit unterliegt, würde dies auch an völkerrechtliche Grenzen stoßen.

617 Neben der jährlichen Anschriftsmitteilungspflicht sind weitere Mitteilungspflichten vorgesehen. So statuiert Abs. 7 S. 1 eine Mitteilungspflicht für die Fälle, in denen einer der Tatbestände des Abs. 5 S. 4 erfüllt ist. Träger der Anzeigepflicht ist der Steuerpflichtige selbst bzw. sein Rechtsnachfolger. Diese Mitteilungspflicht umfasst somit zunächst die Veräußerung der Anteile durch den Steuerpflichtigen selbst oder seinen Rechtsnachfolger iSd Abs. 5 S. 3 Nr. 1. Ebenso ist die verdeckte Einlage der Anteile durch den Steuerpflichtige selbst oder seinen Rechtsnachfolger in eine Kapitalgesellschaft anzuzeigen. Al-

J. Zeitlicher Anwendungsbereich **618–620 § 6**

ternativ dazu kommt eine Anzeigepflicht in Betracht, wenn die Kapitalgesellschaft aufgelöst wird, eine Kapitalherabsetzung stattgefunden hat, das Kapital zurückgezahlt wurde oder eine Ausschüttung oder Zurückzahlung von Beträgen aus dem steuerlichen Einlagenkonto iSd § 27 KStG erfolgt ist (vgl. Verweis auf § 17 Abs. 4 EStG im Abs. 5 S. 4 Nr. 1).

Mitzuteilen ist schließlich der Übergang von Anteilen auf eine nicht unbeschränkt steuerpflichtige Person, wenn diese nicht unbeschränkt steuerpflichtige Person nicht in einem Mitgliedstaat der Europäischen Union oder einem Vertragsstaat des EWR-Abkommens einer der deutschen unbeschränkten Einkommensteuerpflicht vergleichbaren Steuerpflicht unterliegt. Der Mitteilungspflicht unterliegt schließlich die Verwirklichung einer Entnahme oder eines anderen Vorgangs, der nach inländischem Recht zum Ansatz des Teilwerts oder des gemeinen Werts führt (vgl. Abs. 5 S. 4 Nr. 3). Ebenso ist mitzuteilen, wenn für den Steuerpflichtigen oder seinen Rechtsnachfolger iSd Abs. 5 S. 3 Nr. 1 durch Aufgabe des Wohnsitzes oder gewöhnlichen Aufenthalts keine Steuerpflicht nach Abs. 5 S. 1 mehr besteht. **618**

einstweilen frei **619**

J. Zeitlicher Anwendungsbereich für die Neuregelungen

Die Neuerungen beim Grundtatbestand des § 6 Abs. 1 S. 1 sowie bei den Ersatztatbeständen der § 6 Abs. 1 S. 2 Nr. 1 bis 3 und beim neu eingeführten Auffangtatbestand des § 6 Abs. 1 S. 2 Nr. 4 sind nach § 21 Abs. 13 S. 1 erstmals für den Veranlagungszeitraum 2007 anzuwenden. Sämtliche anderen Neuerungen in den § 6 Abs. 2 bis 7 sind in allen Fällen anzuwenden, in denen die Einkommensteuer in der Form einer Vermögenszuwachssteuer noch nicht bestandskräftig festgesetzt ist, vgl. dazu § 21 Abs. 13 S. 2. Soweit die Neuregelungen steuerverschärfend wirken, sieht sich eine rückwirkende Anwendung auf verfassungsrechtliche Argumente gestützte rechtlichen Bedenken ausgesetzt. **620**

Vierter Teil. Beteiligung an ausländischen Zwischengesellschaften

Vorbemerkungen zu §§ 7–14 AStG

Inhaltsübersicht

	Rz.
A. Wesen der Hinzurechnungsbesteuerung	1–19
I. Grundkonzeption, Konstruktionsprinzipien und Fundamentalkritik der Hinzurechnungsbesteuerung	1–4
II. Verbreitung von Hinzurechnungssteuersystemen in anderen Staaten	5–9
III. Aktuelle Entwicklungen mit Blick auf die Grundkonzeption der Hinzurechnungsbesteuerung	10–14
IV. Finanzverwaltung: Untätigkeit des BMF im Hinblick auf ein reformiertes Anwendungsschreiben, Detailaktivitäten nachgeordneter Behörden	15–19
B. Verhältnis zu anderen Vorschriften(gruppen)	20–49
I. Allgemeine Missbrauchsnorm (§ 42 AO)	20–24
1. Ausgangslage	20
2. Frühere Sichtweise – höchstrichterliche Finanzrechtsprechung der 1990er Jahre	21
3. Modifizierte Rechtsauffassung des BFH	22
4. Bedeutung für die Gestaltungspraxis	23, 24
II. Abkommensrecht	25–39
III. Unionsrecht	40
IV. Verfassungsrecht	41–44
V. Gewerbesteuer	45–49
C. Entwicklungen in der Judikatur bezüglich der Unionsrechtskompatibilität der Hinzurechnungsbesteuerung	50–89
I. BFH-Beschluss vom 12.10.2016, I R 80/14 = C-135/17 (Vorlage an den EuGH zur Unionsrechtskompatibilität der Hinzurechnungsbesteuerung von Zwischeneinkünften mit Kapitalanlagecharakter)	50–53
1. Sachverhalt und Kernproblematik	50–51
2. Analyse der Entscheidung und Praxishinweise	52, 53
II. FG Münster vom 30.10.2014, 2 K 618/11 F, Az. BFH: I R 78/14 (Unionsrechtskompatibilität der Hinzurechnungsbesteuerung)	54, 55
1. Sachverhalt und Kernproblematik	54
2. Analyse der Entscheidung und Praxishinweise	55

	Rz.
III. FG München vom 27.4.2015, 7 K 2819/12 – Nichtzulassungsbeschwerde eingelegt, Az. BFH: I B 65/15	56–59
1. Sachverhalt und Kernproblematik	56, 57
2. Analyse der Entscheidung und Praxishinweise	58, 59
IV. FG Baden-Württemberg Beschluss vom 12.8.2015, 3 V 4193/13 (Hinzurechnungsbesteuerung im Drittstaatenkontext)	60–62
1. Sachverhalt und Kernproblematik	60, 61
2. Analyse der Entscheidung und Praxishinweise	62
V. FG Münster vom 20.11.2015, 10 K 1410/12 F (Cadbury Doktrin)	63–65
1. Sachverhalt und Kernproblematik	63, 64
2. Analyse der Entscheidung und Praxishinweise	65
VI. FG Rheinland-Pfalz vom 16.3.2016, 1 K 1345/13, Az. BFH: I R 47/16 (Verhältnis Hinzurechnungsbescheid und Körperschaftsteuerbescheid)	66–71
1. Sachverhalt und Kernproblematik	66, 67
2. Analyse der Entscheidung und Praxishinweise	68–71
VII. Destillat aus den Rechtsprechungsentwicklungen	72–89
D. BEPS Action 3: Strengthening CFC Rules	**90–124**
I. Hintergrund	90, 91
II. Überblick	92
III. Anwendungsbereich von CFC-Regeln	93–99
IV. Beherrschungskonzeption	100–104
V. Referenzschwelle der „Niedrigbesteuerung"	105–109
VI. Aktivitätskatalog	110–115
VII. Technik der Ermittlung der hinzurechnungssteuerpflichtigen Einkünfte	116
VIII. Vermeidung der Doppelbesteuerung	117–124
E. EU-Richtlinie gegen Steuervermeidung (Anti Tax Avoidance Directive – ATAD)	**125–241**
I. Hintergrund	125–134
II. Anwendungsbereich von CFC-Regeln	135–144
1. Regelungsgehalt der ATAD	135–139
2. Änderungsbedarf aufgrund der ATAD	140–144
III. Beherrschungskonzeption	145–154
1. Regelungsgehalt der ATAD	145–147
2. Änderungsbedarf aufgrund der ATAD	148–154
IV. Referenzschwelle der „Niedrigbesteuerung"	155–159
1. Regelungsgehalt der ATAD	155
2. Änderungsbedarf aufgrund der ATAD	156–159
V. Aktivitätskatalog	160–174
1. Regelungsgehalt der ATAD	160, 161
2. Änderungsbedarf aufgrund der ATAD	162–174
VI. Technik der Ermittlung der hinzurechnungssteuerpflichtigen Einkünfte	175–179
1. Regelungsgehalt der ATAD	175
2. Änderungsbedarf aufgrund der ATAD	176–179

Inhaltsübersicht **Vor § 7**

Rz.

VII. Vermeidung der Doppelbesteuerung	180–184
1. Regelungsgehalt der ATAD	180, 181
2. Änderungsbedarf aufgrund der ATAD	182–184
VIII. Dividenden und Veräußerungsgewinne	185–189
1. Regelungsgehalt der ATAD	185, 186
2. Änderungsbedarf aufgrund der ATAD	187–189
IX. Einkünfte aus Finanzierungsleasing	190–194
1. Regelungsgehalt der ATAD	190
2. Änderungsbedarf aufgrund der ATAD	191–194
X. Einkünfte von Versicherungen und Banken sowie aus anderen finanziellen Tätigkeiten	195–199
1. Regelungsgehalt der ATAD	195
2. Änderungsbedarf aufgrund der ATAD	196–199
XI. Einkünfte aus Abrechnungsunternehmen	200–204
1. Regelungsgehalt der ATAD	200, 201
2. Änderungsbedarf aufgrund der ATAD	202–204
XII. Aktivitätstest gemäß Art. 7 Abs. 2 S. 2 ATAD	205–209
1. Regelungsgehalt der ATAD	205
2. Änderungsbedarf aufgrund der ATAD	206–209
XIII. Essential-Purpose-Test	210–214
1. Regelungsgehalt der ATAD	210
2. Änderungsbedarf aufgrund der ATAD	211–214
XIV. Berechnung und Zurechnung der passiven Einkünfte – Art. 8 Abs. 1–4 ATAD	215–219
1. Regelungsgehalt der ATAD	215
2. Änderungsbedarf aufgrund der ATAD	216–219
XV. Zurechnung anhand der Beteiligungsquote gemäß Art. 8 Abs. 3 ATAD	220–224
1. Regelungsgehalt der ATAD	220
2. Änderungsbedarf aufgrund der ATAD	221–224
XVI. Zurechnungszeitpunkt gemäß Art. 8 Abs. 4 ATAD	225–229
1. Regelungsgehalt der ATAD	225
2. Änderungsbedarf aufgrund der ATAD	226–229
XVII. Ausschüttungen und Veräußerungen – Art. 8 Abs. 5 und 6 ATAD	230–234
1. Regelungsgehalt der ATAD	230, 231
2. Änderungsbedarf aufgrund der ATAD	232–234
XVIII. Exkulpationsmöglichkeit/Substanzanforderungen für wirtschaftlich begründete Einkünfte	235–239
1. Regelungsgehalt der ATAD	235
2. Änderungsbedarf aufgrund der ATAD	236–239
XIX. Mehrstufige Unternehmensstrukturen	240, 241
1. Regelungsgehalt der ATAD	240
2. Änderungsbedarf aufgrund der ATAD	241
F. Fazit	242–245

A. Wesen der Hinzurechnungsbesteuerung

I. Grundkonzeption, Konstruktionsprinzipien und Fundamentalkritik der Hinzurechnungsbesteuerung

1 CFC-Systeme in der Form einer sog. Hinzurechnungsbesteuerung können als integrale Bestandteile ausdifferenzierter moderner Steuersysteme entwickelter Industriestaaten angesehen werden. „CFC" steht dabei als Akronym für „Controlled Foreign Corporation" und bezeichnet das Phänomen, dass unter bestimmten Voraussetzungen Erträge einer im Ausland ansässigen Kapitalgesellschaft dem im Inland ansässigen Anteilseigner auch ohne Ausschüttung von Dividenden hinzugerechnet werden. Die Konstruktionsprinzipien von CFC-Systemen ähneln sich sowohl in der Struktur als auch hinsichtlich der Detailregelungen teilweise sehr weitgehend. Dies gilt für die „Mutter" aller Hinzurechnungssteuersysteme, die US-amerikanische Subpart-F-legislation ebenso wie für die deutsche Hinzurechnungsbesteuerung (zum Vergleich zwischen deutscher und US-amerikanischer Hinzurechnungsbesteuerung eingehend *Kraft/Beck* IWB 2012, 629 (Teil 1) und IWB 2012, 682 (Teil 2); *Kraft/Trennheuser* Ubg 2012, 691; *dies.* Tax Notes International 2013, 965; *Trennheuser* US-amerikanische Subpart F-legislation und deutsche Hinzurechnungsbesteuerung, 2014, 183 ff. und passim). Bekanntlich verankerten die USA bereits im Jahre 1962 als erster Staat ein System der Hinzurechnungsbesteuerung in den Sections 951–965 im Subpart F des „Part III – Income from Sources without the United States" des US-Internal Revenue Code (IRC). Die einschlägigen durch sog. Regulations ergänzten Normen nahmen für viele Staaten – so auch für Deutschland im Jahr 1972 – eine Vorbildfunktion ein. Konzeptionell und strukturell der Subpart-F-legislation wie der deutschen Hinzurechnungsbesteuerung ähnlich bzw. nachgebildet lassen sich im Rahmen von BEPS Action 3 (Strengthening CFC Rules) sowie im Kontext der EU-Richtlinie gegen Steuervermeidung (Anti Tax Avoidance Directive) bestimmte Schwerpunktthemen und Kernproblembereiche identifizieren. Im Vergleich – dies kann vorweggenommen werden – weisen die verschiedenen Systeme robuste Grundzusammenhänge, gleichzeitig aber auch höchst komplexe Einzelzusammenhänge auf.

2 Hinzurechnungssteuersysteme basieren regelmäßig auf einer Trilogie tatbestandlicher Voraussetzungen, die sich wie folgt umreißen lässt:
– Beherrschung einer inkorporierten (juristischen) Person (typischerweise Kapitalgesellschaft) durch Steuerinländer mit dem Ziel, die Abschirm- und Aufschubwirkung thesaurierter Gewinne der inlandsbeherrschten, im Ausland ansässigen Kapitalgesellschaft steuerplanerisch zu nutzen („deferral")
– Erwirtschaftung sog. passiver Einkünfte durch die inlandsbeherrschte, im Ausland ansässige Kapitalgesellschaft
– Niedrigbesteuerung dieser passiven Einkünfte anhand absoluter oder relativer Niedrigsteuerschwellen

3 Flankierend sind zusätzlich weitere Regelungsnotwendigkeiten auszumachen, die sich – beispielhaft – beziehen auf Regelungen

A. Wesen der Hinzurechnungsbesteuerung

- zur Technik der Ermittlung der hinzurechnungssteuerpflichtigen Einkünfte,
- zur Vermeidung der Doppelbesteuerung, insbesondere anlässlich von Ausschüttungen solcher Dividenden, die wirtschaftlich bereits im Wege der Hinzurechnungsbesteuerung erfasst wurden.

Auf der Rechtsfolgeseite sind sodann Bestimmungen erforderlich, die den Umfang der hinzurechnungssteuerpflichtigen Einkünfte sowie die steuerliche Erfassung auf der Ebene des inländischen Anteilsinhabers präzisieren.

Die deutsche Hinzurechnungsbesteuerung steht – gewissermaßen seit ihrer Einführung im Jahre 1972 – in der konzeptionellen Dauerkritik. Gerügt werden – ohne Anspruch auf Vollständigkeit – ihre überschießende Wirkung, ihre unionsrechtliche Inkompatibilität, verfassungsrechtliche Probleme, ökonomische Verzerrungen sowie ihr unklarer Telos.

II. Verbreitung von Hinzurechnungssteuersystemen in anderen Staaten

Seit der erstmaligen Implementierung sog. CFC-Regeln im Jahre 1962 durch die Kennedy-Administration in den Vereinigten Staaten von Amerika hat eine wachsende Zahl von Staaten entsprechende Besteuerungssysteme eingeführt (vgl. *OECD* Designing Effective Controlled Foreign Company Rules, Action 3 – 2015 Final Report, OECD/G20 Base Erosion and Profit Shifting Project, OECD Publishing, 2015, Executive Summary, 9). Derzeit haben immerhin 30 der am BEPS-Projekt beteiligten OECD/G20-Staaten Regeln zur Hinzurechnungsbesteuerung (*Radmanesh* IStR 2015, 895; *OECD* 9). Unter den Staaten, die über entwickelte Hinzurechnungsbesteuerungssysteme verfügen, finden sich nahezu sämtliche industrialisierte sog. Hochsteuerländer, neben den USA, Japan, Deutschland, Frankreich, Großbritannien, Italien auch Staaten wie Südkorea, Polen oder Brasilien.

Die OECD räumt allerdings ein, dass bestehende CFC-Regeln oftmals nicht mit den Veränderungen im internationalen Wirtschaftsumfeld Schritt halten konnten. Im Gegenteil – die strukturellen Charakteristika etlicher CFC-Systeme sind davon gekennzeichnet, dass die dem Phänomen „Base Erosion and Profit Shifting" gerade nicht wirkungsvoll zu begegnen vermögen.

einstweilen frei 6–9

III. Aktuelle Entwicklungen mit Blick auf die Grundkonzeption der Hinzurechnungsbesteuerung

Aus aktueller Sicht lassen sich zwei völlig voneinander unabhängige Entwicklungsstränge identifizieren, die maßgeblichen Einfluss auf das künftige Design der deutschen Hinzurechnungsbesteuerung haben werden. Zu verweisen ist insoweit einerseits auf Entwicklungen auf internationaler Ebene, andererseits ist zu erwarten, dass der Ausgang mehrerer anhängiger Verfahren vor dem EuGH bzw. dem BFH erhebliche Auswirkungen auf die künftige Konzeption der Hinzurechnungsbesteuerung haben werden.

11 Mit Bezug zur internationalen Perspektive sind aktuell sowohl aus der Richtung der OECD als auch der Europäischen Union Initiativen zu verzeichnen, die innerhalb eines überschaubaren Zeitraums sowohl die Konzeption als auch die Systematik der deutschen Hinzurechnungsbesteuerung nachhaltig beeinflussen dürften. Zu nennen ist insoweit der am 5.10.2015 veröffentlichte Aktionsplan 3 (action point 3) „Designing Effective Controlled Foreign Company Rules (CFC)" der BEPS-Initiative der OECD. Diesem Instrument kommt die Qualität von „soft law" zu. Daneben ist auf die am 12.7.2016 formal verabschiedete EU-Richtlinie gegen Steuervermeidung („Anti Tax Avoidance Directive" – „ATAD") zu verweisen. Diese Richtlinie des Rates mit Vorschriften zur Bekämpfung von Steuervermeidungspraktiken mit unmittelbaren Auswirkungen auf das Funktionieren des Binnenmarkts vom 5.7.2016 (abrufbar unter http://data.consilium.europa.eu/doc/document/ST-10539-2016-REV-2/de/pdf) nimmt aufgrund ihrer Veröffentlichung im Amtsblatt als RL (EU) 2016/1164 am 19.7.2016 (ABl. Nr. L 193/1) den Rang europäischen Sekundärrechts ein (*Oppel* IStR 2016, 797).

12 Aus der finanzgerichtlichen Judikatur der jüngeren Zeit ist auf mehrere Entwicklungslinien zu verweisen, die ihren Weg sowohl zum EuGH gefunden haben als auch beim BFH anhängig sind. Auch von diesen Entwicklungen in der Rechtsprechung sind Auswirkungen auf das künftige konzeptionelle Design der Hinzurechnungsbesteuerung zu erwarten.

13 Vor dem Hintergrund dieser Erwägungen wird nachfolgend eine Analyse nötig, die die jeweiligen Entwicklungsstränge aufzeigt und an geeigneter Stelle entsprechende Praxishinweise gibt.

14 *einstweilen frei*

IV. Finanzverwaltung: Untätigkeit des BMF im Hinblick auf ein reformiertes Anwendungsschreiben, Detailaktivitäten nachgeordneter Behörden

15 Eine derart komplexe Regelungsmaterie wie die der Hinzurechnungsbesteuerung kommt regelmäßig nicht ohne erläuternde Stellungnahme der vollziehenden Gewalt aus. Die letzte diesbezügliche umfangreiche Stellungnahme des Bundesfinanzministeriums – der sog. AEAStG (AEAStG als Akronym für „Anwendungsschreiben zum AStG", (vgl. BMF v. 14.5.2004) – stammt aus dem Jahre 2004, Vorläuferstellungnahmen datierten aus 1974 sowie aus 1994. Das aktuelle BMF-Schreiben ist aus mehreren Gründen überholt. So bezieht es keine Stellung zum sog. Unions-Escape, da die diesbezügliche legislatorische Entwicklung erst mit der Cadbury Schweppes-Entscheidung des EuGH im Jahre 2006 initiiert wurde. Ferner finden sich keine Kommentierungen seitens der Finanzverwaltung zu den § 8 Abs. 1 Nr. 8–10. In diesen Vorschriften werden immens praxisrelevante Regelungsmaterien behandelt, wie etwa Gewinnausschüttungen in Beteiligungsketten, Anteilsveräußerungen sowie Reorganisationen im Ausland. Sämtliche dieser unternehmensstrategischen Maßnahmen können erhebliche hinzurechnungssteuerliche Konsequenzen entfalten, weshalb eingehende Positionierungen der Finanzverwaltung dringend geboten wären. Ebenso finden sich redaktionell überholte Verweise, wie

B. Verhältnis zu anderen Vorschriften(gruppen)

etwa in den Tzn. 7.6.4, 8.1.3.3 sowie 10.6.3, wo auf die seit langem nicht mehr existente Vorschrift des § 1 Abs. 1 Nr. 6 KWG Bezug genommen wird. Die Besteuerungspraxis ist dringend auf aktualisierte Positionierungen des BMF angewiesen. Gleichwohl dürften diesbezüglich bis zum Abschluss des Umsetzungsverfahrens bzgl. der ATAD keine Aktivitäten zu erwarten sein.

Dies bedeutet indessen nicht, dass die Finanzverwaltung im Hinblick auf die Hinzurechnungsbesteuerung untätig bliebe. Im Gegenteil – wesentlich aktiver als das BMF gerieren sich nachgeordnete Behörden in Bezug auf die Hinzurechnungsbesteuerung. So überrascht der SenFin Berlin v. 6.1.2016 – III A – S 2745a – 3/2013 mit einem Runderlass, dessen Kernaussage in der Feststellung besteht, dass § 8c KStG auf Ebene einer ausländischen Zwischengesellschaft „bei der Ermittlung des Hinzurechnungsbetrages nach dem AStG sowohl auf einen laufenden Verlust als auch auf einen festgestellten Verlustvortrag iSd § 10 Abs. 3 S. 5 AStG anzuwenden ist." Dies hätte zur Folge, dass beim Wechsel des Gesellschafterkreises einer ausländischen Zwischengesellschaft ein anteiliger (§ 8c Abs. 1 S. 1 KStG) oder ein vollständiger (§ 8c Abs. 1 S. 2 KStG) Untergang der auf Ebene der Zwischengesellschaft festgestellten bzw. im laufenden Jahr angefallenen Verluste möglich wäre (*Kraft* IStR 2016, 909; *Moser* IStR 2016, 462).

Ebenso ist darauf hinzuweisen, dass die Obersten Finanzbehörden der Länder (Oberste Finanzbehörden der Länder v. 14.12.2015, BStBl. I 2015, 1090; dazu eingehend *Kraft* FR 2016, 257) das Urteil des BFH zur Gewerbesteuerfreiheit des Hinzurechnungsbetrags mit einem Nichtanwendungserlass belegt hatten (BFH v. 11.3.2015, I R 10/14, DStR 2015, 995). Nach Auffassung der Finanzverwaltung soll der Hinzurechnungsbetrag zu den Einkünften zählen, die der Hinzurechnungsverpflichtete in seiner inländischen Betriebsstätte erzielt. Demzufolge soll eine gewerbesteuerliche Kürzung – entgegen der Meinung des BFH – nicht möglich sein (vgl. *Benz/Böhmer* DB 2016, 1531). Mittlerweile ist der Gesetzgeber aktiv geworden und hat die Vorschrift des § 7 GewStG durch die Sätze 7 ff. ergänzt. Die neu eingeführte Bestimmung des § 7 S. 7 GewStG ordnet an, dass Hinzurechnungsbeträge iSd § 10 Abs. 1 Einkünfte sind, die in einer inländischen Betriebsstätte anfallen. Damit ist hinsichtlich der dogmatisch vormals unterschiedlich beurteilten Frage eine Klarstellung erfolgt, ob der Hinzurechnungsbetrag der Gewerbesteuer unterliegt.

einstweilen frei

B. Verhältnis zu anderen Vorschriften(gruppen)

I. Allgemeine Missbrauchsnorm (§ 42 AO)

1. Ausgangslage

Das ungeklärte Verhältnis der Hinzurechnungsbesteuerung der §§ 7 ff. zur allgemeinen Missbrauchsnorm des § 42 AO belastete die internationale Steuergestaltungsberatung seit ihrem Inkrafttreten gut zwei Jahrzehnte. Auch wenn gemeinhin der Zweck der Hinzurechnungsbesteuerung als diffus und ungeklärt umschrieben wird (*Kraft* IStR 2010, 377), besteht gleichwohl kein Zweifel daran, dass dieser Normkomplex immer Charakteristika spezieller

Missbrauchsnormen in sich trug. Im Schrifttum war das skizzierte Verhältnis bis zur erstmaligen Befassung des BFH (BFH v. 23.10.1991, I R 40/89, BStBl. II 1992, 1026; BFH v. 10.6.1992, I R 105/89, BStBl. II 1992, 1029) mit dieser Problematik hoch umstritten.

2. Frühere Sichtweise – höchstrichterliche Finanzrechtsprechung der 1990er Jahre

21 In zwei Entscheidungen vom 23.10.1991 (I R 40/89) und vom 10.6.1992 (I R 105/89) entwickelte der I. Senat die Formel, dass die „Anwendung des § 42 AO (...) aus logischen Gründen vorrangig vor der der §§ 7 ff. AStG" sei (Besprechung bei *Kraft* IStR 1993, 148 ff. und *Luttermann* IStR 1993, 153 ff.). Die Gestaltungspraxis konnte mit dieser Formel im Gros der praxisrelevanten Fälle leben. Sie wurde dahin interpretiert, dass Raum für die Anwendung des § 42 AO im Bereich inlandsbeherrschter, im Ausland domizilierter niedrig besteuerter Gesellschaften nur dann verbliebe, soweit reine „Briefkastengesellschaften" ohne eigene Geschäftsräume und ohne eigenes Personal betroffen seien (*Kraft* IStR 1993, 148 (153)). Die Finanzverwaltung (vgl. auch BMF v. 14.5.2004, BStBl. I Sondernummer 1, 3, Tz. 7.0.2) schloss sich der Sichtweise des BFH an.

3. Modifizierte Rechtsauffassung des BFH

22 Die tradierte Position des BFH vom „logischen Vorrang" des § 42 AO gegenüber den §§ 7 ff. wurde in späteren Judikaten relativiert. Aus der neueren Rechtsprechung lässt sich nämlich eine durchaus robuste Tendenz des Vorrangs der §§ 7–14 gegenüber § 42 AO ableiten. So darf die Einschätzung des BFH (BFH v. 29.1.2008 – I R 26/06, BStBl. II 2008, 978) bereits im ersten Leitsatz einer Entscheidung aus dem Jahre 2008 als Beleg für eine Trendwende dienen. Danach wird § 42 AO durch eine spezielle Vorschrift zur Vermeidung von Missbräuchen abschließend verdrängt. Dieser Leitsatz erweist sich als verallgemeinerungsfähig. Hinzu tritt, dass der BFH in weiteren Judikaten (BFH v. 22.12.2010 – I R 84/09, BStBl. II 2014, 361; – hier wird ganz klar ausgedrückt, dass den §§ 7 ff. sowohl nach ihrem Tatbestand als auch nach ihrer Rechtsfolge spezialgesetzlicher Vorrang zukommt!) diese dogmatische Linie ausgebaut hat. Zwar wurde diese Rechtsprechungsentwicklung – immerhin unter ausdrücklicher Aufgabe seiner früheren Rechtsprechung – als vom „Fachschrifttum aber offenbar eher unbemerkt" charakterisiert. Als Quintessenz festhalten lässt sich die zutreffende Bewertung, wonach allein die Spezialnorm den Maßstab für die Beurteilung von Gestaltungsmissbräuchen setzt (Vgl. *Gosch* DStJG 2013, 201 (213)).

4. Bedeutung für die Gestaltungspraxis

23 Zusammenfassend kann festgehalten werden, dass in Bezug auf die Hinzurechnungsbesteuerung die allgemeine Missbrauchsbestimmung des § 42 AO ihre Bedeutung nahezu vollkommen verloren hat. Die klare und robuste Linie der Judikatur des I. Senat des BFH lässt den Schluss zu, dass niedrig besteuerte im Ausland domizilierte Gesellschaften lediglich an den Kriterien der Hinzurechnungsbesteuerung zu messen sind. Dies gilt umso mehr, als das Kriterium

B. Verhältnis zu anderen Vorschriften(gruppen)   24–28 **Vor § 7**

der Beherrschung durch Steuerinländer aufgrund von § 7 Abs. 6 erheblich an Relevanz verloren hat.

einstweilen frei **24**

II. Abkommensrecht

§ 20 Abs. 1 bestimmt, dass die DBA die §§ 7 bis 18 und die Abs. 2 und 3 **25** „nicht berühren". Sinn dieser Regelung ist es, dass damit Bedenken gegen die Vereinbarkeit der Hinzurechnungsbesteuerung mit den DBA bei der innerstaatlichen Rechtsanwendung ausgeräumt werden sollen (vgl. *FWBS* § 20 Rz. 21; Blümich/*Vogt* AStG § 20 Rz. 1).

Denn nach Auffassung des Gesetzgebers hat § 20 Abs. 1 1. Hs. nur deklara- **26** torischen Charakter (BT-Drucks. 12/1506, 163, 181). Begründet wird dies damit, dass die §§ 7–14 als Einkünftezurechnungsvorschriften verstanden werden, die auf einer der DBA-Anwendung vorgelagerten Stufe zu verorten sind und folglich nicht mit Abkommensrecht konfligieren können (*Musil* Deutsches Treaty Overriding und seine Vereinbarkeit mit europäischem Gemeinschaftsrecht, 82; Blümich/*Vogt* § 20 AStG Rz. 15). An dieser Begründung ist richtig, dass DBA keine ausdrücklichen Regelungen über die Zuordnung von Einkünften enthalten, vielmehr ist dies den nationalen Steuerrechten der Vertragsstaaten überlassen (*Rust* Die Hinzurechnungsbesteuerung, Notwendigkeit und Umsetzbarkeit einer Reform, 2007, 67). Aus der Perspektive des DBA liegen zwei verschiedene Steuersubjekte vor. Die Entscheidung darüber, welchem Steuersubjekt Einkünfte zugerechnet werden, trifft der innerstaatliche Gesetzgeber. Die DBA knüpfen an diese Zurechnungsentscheidung an.

Diese Sichtweise des Gesetzgebers hat Einfluss auf die abkommensrechtliche **27** Einordnung des Hinzurechnungsbetrags. Der Begriff des „Hinzurechnungsbetrags" ist in § 10 Abs. 1 S. 1 legaldefiniert. Er knüpft an die nach § 7 Abs. 1 steuerpflichtigen Einkünfte an. Diese sind in § 8 enumeriert. Der Hinzurechnungsbetrag iSv § 10 Abs. 1 S. 1 lässt sich somit umschreiben als die Summe der nach § 7 Abs. 1 steuerpflichtigen und in § 8 definierten Einkünfte einer Zwischengesellschaft, vermindert um die zu Lasten der Zwischengesellschaft von diesen Einkünften sowie von dem diesen Einkünften zugrunde liegenden Vermögen erhobenen Steuern. Aus systematischer Perspektive setzt der so umschriebene Hinzurechnungsbetrag aus logischen Gründen die vorherige Ermittlung der sog. Zwischeneinkünfte voraus. Einzelfragen zur Ermittlung der Zwischeneinkünfte haben in § 10 Abs. 3 und 4 normativen Niederschlag gefunden, ergänzt um Rechtsprechung (BFH v. 21.1.1998, I R 3/96, BStBl. II 1998, 468).

Der Hinzurechnungsbetrag bildet damit gewissermaßen das technische Bin- **28** deglied zwischen den auf der Ebene der ausländischen Zwischengesellschaft ermittelten passiven Einkünften und der einkunftserhöhenden Berücksichtigung beim inländischen Anteilseigner der ausländischen Zwischengesellschaft. Trotz Hinzurechnungsbesteuerung handelt es sich um originäre Einkünfte der ausländischen Zwischengesellschaft, die dem inländischen Anteilseigner zugerechnet werden.

29 In Bezug auf Wesen und Rechtsnatur stellt der Hinzurechnungsbetrag damit nach dem Verständnis der höchstrichterlichen Rechtsprechung einen „Einkünfteerhöhungsbetrag eigener Art" dar (BFH v. 21.1.98, I R 3/96, BStBl. II 1998, 468). Den nach § 10 Abs. 1 S. 1 zu ermittelnden Hinzurechnungsbetrag weist § 10 Abs. 2 S. 1 „den Einkünften aus Kapitalvermögen im Sinne des § 20 Abs. 1 Nr. 1 des Einkommensteuergesetzes" zu („gehört zu ..."). Die höchstrichterliche Finanzrechtsprechung interpretiert ihn als Quasi-Ausschüttung (BFH v. 11.2.2009, I R 40/08, BStBl. II 2009, 594; BFH v. 7.9.2005, I R 118/04, BStBl. II 2006, 537). Nach der Regelungskonzeption der Hinzurechnungsbesteuerung wird er fiktiv entsprechenden Rechtsfolgen unterworfen. Die Fiktion manifestiert sich dadurch, dass der Hinzurechnungsbetrag aus „rechtstechnischer" Sicht nicht unmittelbar in die Ermittlung der Einkünfte aus Kapitalvermögen nach § 20 Abs. 1 Nr. 1 EStG eingeht. Vielmehr umschreibt der BFH ihn als „Einkünfteerhöhungsbetrag eigener Art", der die Einkünfte aus Kapitalvermögen außerhalb der Überschussrechnung iSd § 2 Abs. 2 Nr. 2 in Verbindung mit Abs. 1 Nr. 5 EStG erhöht.

30 Aus diesen Vorüberlegungen lassen sich Perspektiven für die Einordnung des Hinzurechnungsbetrags in den abkommensrechtlichen Kontext ableiten. Dem Regelungsgefüge der §§ 7–14 folgend sind die inländischen Anteilseigner – vermittels fiktiver Gewinnausschüttung – mit in der ausländischen Zwischengesellschaft erzielten Gewinnen steuerpflichtig (*FWBS* Vor §§ 7–14 AStG Rz. 3: „Auswechselung des Besteuerungssubjekts"). Diese Auswechselung des Besteuerungssubjektes führt faktisch zu einer Zurechnungsdivergenz, die letztlich in einer doppelten Erfassung der Gewinne mündet, da der ausländische Staat die Gewinne des Rechtsträgers zwar niedrig, aber im Regelfall ebenfalls besteuern wird. Darin mag ein Konflikt mit Art. 7 OECD-MA gesehen werden, da nach dessen Verteilungswertung ausschließlich der Domizilstaat des ausländischen Rechtsträgers dessen „Unternehmensgewinne" besteuern darf. Der Domizilstaat der Zwischengesellschaft sieht das abkommensrechtliche Unternehmen iSd Art. 7 OECD-MA in seinem Territorium verwurzelt. Demgegenüber sieht Deutschland auf Basis der fiktiven Gewinnzurechnung ein abkommensrechtliches Unternehmen im Inland verwirklicht.

31 In der Literatur wurde noch ein weiterer Ansatz entwickelt (Nachweise bei *FWBS* Vor §§ 7–14 AStG Rz. 104). Danach ist Art. 10 OECD-MA (Dividenden) als die im vorliegenden Kontext zentrale Vorschrift anzusehen. Berechtigung kommt einer solchen Sichtweise durchaus zu, wenn der Hinzurechnungsbetrag in Form einer fiktiven Dividende der ausländischen Zwischengesellschaft an ihre inländischen Anteilseigner als „ausgeschüttet" aufgefasst wird. Zumindest für den Fall, dass beide Partnerstaaten diesem Ansatz folgen, ist eine Aufteilung der Dividendenbesteuerung die Konsequenz (*FWBS* § 20 AStG Rz. 25). Die Argumentationslinie dieses Ansatzes basiert auf der Überlegung, dass der Domizilstaat der ausländischen Zwischengesellschaft auf die fiktiven Dividenden nur einen gemäß Art. 10 Abs. 2 OECD-MA abkommensrechtlich begrenzten Quellensteuersatz anwenden darf. Der Ansässigkeitsstaat des Anteilseigners, im vorliegenden Kontext Deutschland, besteuert die fiktive Dividende unter Anrechnung der ausländischen Quellensteuer. Dieser Ansatz vermag nur insofern zu überzeugen, als Art. 10

B. Verhältnis zu anderen Vorschriften(gruppen)   32–34 **Vor § 7**

OECD-MA auf eine fiktive Dividende für anwendbar gehalten wird. Tatsächlich geht Art. 10 Abs. 3 OECD-MA von einer Zahlung der Dividende aus. Sowohl juristisch als auch ökonomisch lassen sich zwischen fiktiver und tatsächlicher Dividende Wesensunterschiede ausmachen. Ob den Beteiligungseinkünften eine faktische Zahlung zugrunde liegen muss, kann indessen dahingestellt bleiben. Zwar versteht der deutsche Gesetzgeber nach § 10 Abs. 2 S. 1 den Hinzurechnungsbetrag als fiktive Dividende. Diesem Verständnis hängt auch das Musterabkommen an, weswegen mitunter argumentiert wird, Deutschland habe als Sitzstaat des Anteilseigners grundsätzlich das Besteuerungsrecht für die fiktive Dividende in Gestalt des Hinzurechnungsbetrags. Selbst wenn dieser Auffassung gefolgt wird, lässt sich damit das Problem der Schachtelprivilegien in den DBA nicht lösen. In solchen Fällen ist nämlich eine Kollision der Regelungen zur Hinzurechnungsbesteuerung und des DBA insoweit möglich, wenn entsprechende Schachtelprivilegien nicht mit Aktivitätsvorbehalten kombiniert sind oder sich die Definition der aktiven Einkünfte als weiter erweist als diejenige des nationalen Aktivitätskatalogs in § 8 Abs. 1.

Schließlich könnte auch Art. 21 OECD-MA auf den Hinzurechnungsbetrag anwendbar sein (*FWBS* Vor §§ 7–14 AStG Rz. 105). Sonstige Einkünfte einer Person sind nur in ihrem Ansässigkeitsstaat zu besteuern, es sei denn, diese Einkünfte sind einer Betriebsstätte im Nichtansässigkeitsstaat zuzurechnen. Entscheidend ist wiederum die Frage, wem der Hinzurechnungsbetrag aus der Perspektive des DBA zugerechnet wird – der ausländischen Gesellschaft oder dem inländischen Anteilseigner. Wird die ausländische Gesellschaft als die relevante Person angesehen, hat das Ausland das Besteuerungsrecht (*Thiele* Hinzurechnungsbesteuerung und Unionsrecht, 2011, S. 46). Dieses Ergebnis ergibt sich jedoch auch, wenn dem inländischen Anteilseigner die Einkünfte zugerechnet werden. Da die Einkünfte wohl regelmäßig in der ausländischen Betriebsstätte erwirtschaftet wurden, sind sie dieser zuzuordnen. Das Ausland erhält damit wiederum das Besteuerungsrecht. Unabhängig von der Entscheidung der Sachfrage ergibt sich somit auch in diesem Fall ein erhebliches Konfliktpotential (*Thiele* Hinzurechnungsbesteuerung und Unionsrecht, 2011, S. 46). 32

Letztendlich kann es somit dahinstehen, unter welche Verteilungsnorm der Hinzurechnungsbetrag subsumiert wird. Zu Normenkollisionen kann es unter jedweder Variante kommen (*FWBS* § 20 AStG, Rz. 27). 33

Zu klären bleibt die Frage, welche Schlussfolgerungen daraus für einzelne Abkommen sowie für die DE-VG abzuleiten sind. Vereinzelt enthalten die zwischen Deutschland und den jeweiligen Vertragsstaaten geschlossenen Abkommen eigenständige Vorschriften, die die Anwendbarkeit der Hinzurechnungsbesteuerung auch bei Geltung eines DBA sicherstellen sollen. Die einschlägigen Vorschriften sind regelmäßig so formuliert, dass die Abkommensberechtigung einer Person die Anwendbarkeit der deutschen Hinzurechnungsbesteuerung gemäß §§ 7 ff. nicht beeinträchtigt. Ohne den Anspruch auf Vollständigkeit lassen sich exemplarisch die folgenden Bestimmungen anführen: Belarus Protokoll Nr. 8 (Anwendung des Abkommens in bestimmten Fällen), Dänemark 45 Abs. 2 Buchst. b, Georgien Protokoll Nr. 6 zu Art. 28 (kein direkter AStG-Bezug), Italien Protokoll Nr. 17 Buchst. b zu Art. 24 und 6 bis 22, Kanada 29 Abs. 2 Buchst. b, Kasachstan Protokoll Nr. 8 zu Art. 28, 34

Kraft 367

Kirgisistan Protokoll Nr. 3 Buchst. a Doppelbuchstabe b zu Art. 6 bis 23, Korea 27 Abs. 1 Buchst. b, Liechtenstein 31 Abs. 4 Buchst. c, Mazedonien 28 Abs. 1 Buchst. b, Polen 30 Abs. 1 Buchst. b, Rumänien 28 Abs. 1 iVm Protokoll Nr. 4 zu Art. 28, Slowenien 28 Abs. 1 Buchst. b, Spanien 28 Abs. 1 Buchst. b, Südafrika 26 Abs. 1 Buchst. b, Vereinigte Arabische Emirate Protokoll Nr. 3 zu Art. 10, USA 1 Abs. 6.

35 Schließlich enthält Art. 28 DE-VG Regelungen zum Verhältnis des Abkommens zu gewissen innerstaatlichen Vorschriften. So behält sich Deutschland gemäß Art. 28 Abs. 1 Buchst. b DE-VG ausdrücklich die Anwendung des Vierten, Fünften und Siebten Teils des AStG vor. Da die Hinzurechnungsbesteuerung entsprechend im Vierten Teil verortet ist, werden durch einen solchen Vorbehalt Diskussionen vermieden, inwiefern die Anwendung dieser Vorschriften einen treaty override darstellt und ob und inwieweit ein solcher gegebenenfalls zulässig ist (*Lüdicke* IStR-Beihefter 2013, 26 (43)). Eine solche Öffnung für die Vorschriften der Hinzurechnungsbesteuerung dürfte sich als Leitlinie der künftigen deutschen Abkommenspolitik empfehlen.

36–39 *einstweilen frei*

III. Unionsrecht

40 Die Frage nach der Vereinbarkeit der Regelungen der Hinzurechnungsbesteuerung mit dem Unionsrechtlich hat durch jüngere Impulse enormen Aufwind erhalten. Dies ist – zum Teil – dadurch bedingt, dass Finanzgerichte einschlägige Vorarbeiten aus dem Schrifttum rezipiert und auf konkrete Fragestellungen angewendet haben. Vgl. dazu Rz. 50 ff.

IV. Verfassungsrecht

41 Verfassungsrechtliche Kritik an der Hinzurechnungsbesteuerung im Allgemeinen (*Haarmann* IStR 2011, 56) verstummt ebenso wenig wie der Vorwurf, im Speziellen vermöge die Hinzurechnungsbesteuerung zu exorbitanten verfassungsrechtlich nicht mehr zu rechtfertigenden Belastungswirkungen zu führen (*Moser* Die Hinzurechnungsbesteuerung nach den §§ 7–14 AStG und die Besteuerung ausländischer Familienstiftungen nach § 15 AStG, 2015, 134 ff.).

42 Nach der hier vertretenen Einschätzung ist es wenig erfolgversprechend, verfassungsrechtliche Argumentationslinien gegen die Hinzurechnungsbesteuerung zu bemühen. Das BVerfG gewährt dem Gesetzgeber einen weiten Gestaltungsspielraum, von dem die prinzipielle Berechtigung zur Implementierung entsprechender Systeme der Durchgriffs-, Zugriffs- oder Hinzurechnungsbesteuerung zweifelsfrei erfasst sind. Hinzu tritt der Befund, dass sich Finanzgerichte aufgrund verschiedener Entwicklungen im Zusammenhang mit konkreten Normenkontrollverfahren der letzten Jahre nicht unbedingt ermutigt sehen werden, dem BVerfG den Vorschriftenkomplex der Hinzurechnungsbesteuerung zur Verwerfung vorzulegen.

43 Verfassungsrechtliche Ansatzpunkte überschießender Wirkungen der Hinzurechnungsbesteuerung in Einzelfällen lassen sich gleichwohl nicht leugnen. Dies wurde im Schrifttum insbesondere zur Analyse von Ausschüttungen nach

C. Entwicklungen in der Judikatur   **44–50 Vor § 7**

Ablauf der Präklusionsfrist des § 3 Nr. 41 EStG bereits ausführlich nachgewiesen (vgl. mit Berechnungsbeispielen *Kraft* Ubg 2014, 596). Derartigen Verwerfungen sind im Einzelfall mit dem Instrumentarium des Verfahrensrechts zu begegnen. Zu denken dürfte insoweit primär an die §§ 163, 227 AO sein.
einstweilen frei   **44**

V. Gewerbesteuer

Aktuelle legislatorische Aktivitäten im Bereich der Hinzurechnungsbesteue- **45** rung sind im Wesentlichen von Bemühungen getragen, aus der Sicht der Finanzverwaltung missliebige Judikate des Bundesfinanzhofs zu unterminieren. An prominenter Stelle steht insoweit die gesetzgeberische Intention, den Auswirkungen der BFH-Entscheidung zur Gewerbesteuerfreiheit des Hinzurechnungsbetrags entgegenzusteuern. Mit Urteil v. 11.3.2015 hatte der BFH (BFH v. 11.3.2015, I R 10/14, DStR 2015, 995, m. Anm. *Schütz* SteuK 2015, 258) nämlich entschieden, dass der Hinzurechnungsbetrag iSv § 10 nicht auf eine inländische Betriebsstätte entfalle und deshalb nach § 9 Nr. 3 S. 1 GewStG gewerbesteuerlich zu kürzen sei. Diese Auslegung widerspricht nach den Vorstellungen der Finanzverwaltung dem gesetzgeberischen Willen. Demzufolge wurde in § 7 GewStG durch die Einfügung der Sätze 7 ff. geregelt, dass durch Zwischengesellschaften erzielte Einkünfte iSv § 10 Abs. 1 Einkünfte sind, die in einer inländischen Betriebsstätte anfallen. Betriebsstätteneinkünfte iSv § 20 Abs. 2 S. 1 unterfallen ebenfalls der GewSt. Diese Maßnahme stellt einen weiteren Schritt in Richtung Abkehr vom Inlandsprinzip der Gewerbesteuer dar und hat zum Ziel, der systematisch an dieser konzeptionellen Grundlage orientierten Rechtsprechung des BFH den Boden zu entziehen (vgl. *Benz/ Böhmer* DB 2016, 1531 (1533); *Wassermeyer* IStR 2016, 517 ff., *Oppel* SteuK 2016, 421).

Aufgrund der legislatorischen Entwicklung ist der Streit darüber beendet, **46** ob der Hinzurechnungsbetrag der Gewerbesteuer unterliegt. Konzeptionell ist daran sicherlich Kritik gerechtfertigt, für die Anwendungspraxis dürfte die Rechtslage zwar unbefriedigend, gleichwohl klarer geworden sein.
einstweilen frei   **47–49**

C. Entwicklungen in der Judikatur bezüglich der Unionsrechtskompatibilität der Hinzurechnungsbesteuerung

I. BFH-Beschluss vom 12.10.2016, I R 80/14 = C-135/17 (Vorlage an den EuGH zur Unionsrechtskompatibilität der Hinzurechnungsbesteuerung von Zwischeneinkünften mit Kapitalanlagecharakter)

1. Sachverhalt und Kernproblematik

Der Beschluss des BFH vom 12.10.2016 (BeckRS 2017, 94358 m. Anm. **50** *Kraft* IStR 2017, 316), das Verfahren I R 80/14 auszusetzen und dem EuGH

Vor § 7   51, 52

einen hochspeziellen und gleichzeitig überaus komplizierten Themenkomplex der deutschen Hinzurechnungsbesteuerung zur Vorabentscheidung vorzulegen, wird ohne Frage nicht ohne Rückwirkungen auf das konzeptionelle Design dieser Regelungsmaterie bleiben. Materiell geht es darum, ob die Regelungsmaterie der sog. Zwischeneinkünfte mit Kapitalanlagecharakter im Drittstaatenfall mit der in Art. 64 AEUV garantierten Kapitalverkehrsfreiheit in Konflikt steht. Die in den Streitzeiträumen noch durch die Vorläuferbestimmung des Art. 64 AEUV (Art. 57 des EG-Vertrags) geregelte Kapitalverkehrsfreiheit enthält bekanntlich als einzige Grundfreiheit einen Drittstaatenbezug dergestalt, dass die tatbestandliche Beschränkung des Kapitalverkehrs zwischen den Mitgliedstaaten und dritten Ländern verboten ist (vgl. dazu *Kraft* NWB 2017, 910; *Märtens,* DB 2017 vom 17.4.2017, DB1236897).

51   Im Ausgangssachverhalt erzielte eine zu 30% von einer steuerinländischen GmbH im Drittstaat (Schweiz) gehaltene Kapitalgesellschaft sog. – in § 7 Abs. 6a legaldefinierte – Zwischeneinkünfte mit Kapitalanlagecharakter. Die zentrale Rechtsfrage bestand darin, ob die Hinzurechnungsbesteuerung von Zwischeneinkünften mit Kapitalanlagecharakter in Drittstaatensachverhalten vollständig mit dem Unionsrecht vereinbar ist (vgl. dazu *Märtens* DB 2017 vom 17.4.2017, DB1236897). Der BFH hat daran erhebliche Zweifel.

2. Analyse der Entscheidung und Praxishinweise

52   Im Schrifttum (*Märtens* DB 2017 vom 17.4.2017, DB1236897) wurde bereits darauf hingewiesen, dass der Vorlagebeschluss „nur" die Hinzurechnungsbesteuerung von Zwischeneinkünften mit Kapitalanlagecharakter (§ 7 Abs. 6 und 6a) betrifft. Allerdings kann die nunmehr vom EuGH zu klärende Streitfrage allgemein für Beteiligungen an Gesellschaften mit Sitz außerhalb der EU und des EWR von Bedeutung sein. Denn die Erwägungen des Vorlagebeschlusses dürften sich mit einigen Modifikationen auf die „allgemeine" Hinzurechnungsbesteuerung nach § 7 Abs. 1 in Drittstaatensachverhalten übertragen lassen. Das gilt einerseits für das Verhältnis der Kapitalverkehrsfreiheit zur Niederlassungsfreiheit, andererseits auch im Hinblick auf die Standstill-Klausel des Art. 64 AEUV. So dürfte – unter Zugrundelegung bisheriger EuGH-Judikatur (EuGH v. 3.10.2013, Rs. C-282/12, ECLI:EU:C:2013:629 – *Itelcar;* EuGH v. 11.9.2014, Rs. C-47/12, ECLI:EU:C:2014:2200 – *Kronos;* EuGH v. 13.11.2012, Rs. C-35/11 – *Test Claimants in the FII Group Litigation;* EuGH v. 10.4.2014, Rs. C-190/12, ECLI:EU:C:2014:249 – *Emerging Markets Series of DFA Investment Trust Company*) weder die Kapitalverkehrsfreiheit nicht durch die Niederlassungsfreiheit gesperrt sein noch sollte die Standstill-Klausel Art. 64 Abs. 1 AEUV anzuwenden sein. Denn die im Streitzeitraum (wie nach heutiger Rechtslage ebenfalls) anwendbaren Hinzurechnungsbesteuerungsregeln stimmen – das ist nicht nur Auffassung des I. Senats des BFH – im Wesentlichen nicht mit denjenigen überein, die am 31.12.1993 galten. In diesem Verfahren C-135/17 wurde am 5.3.2018 vor der Großen Kammer des EuGH mündlich verhandelt, die Schlussanträge des Generalanwalts Mengozzi wurden am 5.6.2018 veröffentlicht (vgl. Schlussanträge des GA Mengozzi vom 5.6.2018, C-135/17 X-GmbH). Nach Ansicht des Generalanwalts steht außer Zweifel, dass die im Ausgangsverfahren in Rede stehende deutsche Regelung, also die Hinzurechnungsbesteuerung, für „Beteiligungen an ausländischen

Zwischengesellschaften" eine Beschränkung im Sinne von Art. 56 Abs. 1 EG (nunmehr Art. 63 AEUV) darstellt (vgl. Schlussanträge des GA Mengozzi vom 5.6.2018, C-135/17 X-GmbH, Tz. 15). Er gelangt zu dem Zwischenergebnis, dass eine „Bestimmung wie § 7 AStG eine Beschränkung des Kapitalverkehrs zwischen den Mitgliedstaaten und Drittstaaten" darstellt, die nach Art. 56 EG grundsätzlich verboten ist. Daraus folgt, dass eine unionsrechtswidrige Beschränkung durch die Hinzurechnungsbesteuerung auch niederlassungsrechtlich völlig außer Zweifel steht! Denn gilt diese Einschätzung bereits im Drittstaatenkontext der Freiheit des Kapitalverkehrs, muss sie erst recht im Kontext der lediglich im Mitgliedstaatenrahmen anwendbaren Niederlassungsfreiheit einschlägig sein.

Allerdings wird nach GA Mengozzi die unzweifelhaft zu konstatierende Beschränkung des Kapitalverkehrs zwischen den Mitgliedstaaten und Drittstaaten durch die Anwendung der Standstill-Klausel in Art. 57 Abs. 1 EG (nunmehr Art. 64 D) neutralisiert. So weisen die Schlussanträge darauf hin, dass die im Ausgangsverfahren in Rede stehende Regelung des § 7 Abs. 6, 6a den in Art. 57 EG (nunmehr Art. 64 D) aufgestellten zeitlichen und inhaltlichen Kriterien genügt (vgl. Schlussanträge des GA Mengozzi vom 5.6.2018, C-135/17 X-GmbH, Tz. 15). Sollte sich der Gerichtshof den Schlussanträgen anschließen, wird der Gesetzgeber die konstatierte Beschränkung berücksichtigen müssen, wenngleich im konkreten Einzelfall die Standstill-Klausel des Art. 64 AEUV ihn gegebenenfalls nicht zu einer Änderung der Regelung über die Zwischeneinkünfte mit Kapitalanlagecharakter zwingen wird.

Jeder Steuerpraktiker sollte die ihm überantworteten Beteiligungsstrukturen, ggf. auch im tiefer gestaffelten Konzernaufbau, dezidiert untersuchen. Sogenannte auf § 18 Abs. 3 gestützte Hinzurechnungsteuerbescheide sollten unbedingt offen gehalten werden. Dieser für die Besteuerungspraxis zwingende Imperativ ergab sich schon aus dem anhängigen Revisionsverfahren I R 78/14 beim BFH im Anschluss an das Urteil des FG Münster v. 30.10.2014, 2 K 618/11 F, sowie aufgrund eines Beschlusses des FG Baden-Württemberg (Beschluss vom 12.8.2015, 3 V 4193/13). Anträgen auf Aussetzung der Vollziehung mit Begründung der Unionsrechtswidrigkeit ist – ohne Ermessensspielraum – stattzugeben. Dass die Stellung eines AdV-Antrags indessen ein finanz- und liquiditätsplanerisches Entscheidungskalkül verlangt, dürfte angesichts einer gesetzlichen Verzinsung von 6% p.a. evident sein. **53**

II. FG Münster vom 30.10.2014, 2 K 618/11 F, Az. BFH: I R 78/14 (Unionsrechtskompatibilität der Hinzurechnungsbesteuerung)

1. Sachverhalt und Kernproblematik

In der Entscheidung des FG Münster vom 30.10.2014, 2 K 618/11 F, EFG, **54** 2015, 351, wurde zu Detailfragen und insbesondere der Vereinbarkeit der Hinzurechnungsbesteuerung mit Unionsrecht Stellung bezogen. Das Verfahren ist unter dem Az. I R 78/14 beim BFH anhängig. Das Verfahren I R 78/14 wurde durch Beschluss des BFH vom 11.4.2017 bis zur Entscheidung des EuGH im Verfahren C-135/17 ausgesetzt. Im Sachverhalt dieses Urteils

ging es um den Fall eines (fraglichen) gewerblichen Grundstückshandels einer schweizerischen Gesellschaft, die einen in Deutschland wohnhaften Anteilseigner hatte. Dies hatte in den relevanten Streitjahren (2005 bis 2007) zu Hinzurechnungen in der Größenordnung von 10.000 € jährlich geführt. Das FG Münster hat dort die Unionsrechtskonformität der Hinzurechnungsbesteuerung im Wesentlichen mit folgenden Erwägungen bejaht:
– Die Hinzurechnungsbesteuerung gem. §§ 7 ff. stelle eine Beschränkung der unionsrechtlichen Kapitalverkehrsfreiheit dar, die auch im Verhältnis zu Drittstaaten und damit zur Schweiz gelte.
– Diese sei jedoch durch die „Standstill-Klausel" in Art. 64 Abs. 1 AEUV möglich. Danach blieben solche Beschränkungen gegenüber Drittländern im Zusammenhang mit Direktinvestitionen einschließlich Anlagen in Immobilien unberührt, die schon am 31.12.1993 bestanden haben und danach nicht wesentlich verändert worden sind.
– Darüber hinaus sei eine Beschränkung der Kapitalverkehrsfreiheit nach der Rechtsprechung des EuGH im Verhältnis zu Drittstaaten dann gerechtfertigt, wenn es mit dem betreffenden Staat kein Abkommen über einen entsprechenden steuerlichen Auskunftsaustausch gebe. Dies sei konkret im Falle der Schweiz erst für Jahre ab 2011 gegeben.

2. Analyse der Entscheidung und Praxishinweise

55   Auch wenn das FG Münster im konkreten Fall die Unionsrechtskompatibilität und insbesondere den Standstill des Art. 64 AEUV bejaht hat, rechtfertigte bereits der Umstand, dass die Revision zugelassen wurde, das Ruhenlassen vergleichbarer Fälle. Mittlerweile ist die Rechtsentwicklung derart fortgeschritten, dass es mehr als fraglich geworden ist, ob sich der zweite Leitsatz des FG Münster noch halten lässt. Das FG hatte darin erkannt: „Die Hinzurechnungsbesteuerung nach §§ 7 ff. AStG verstößt im Verhältnis zur Schweiz nicht gegen europarechtliche Vorgaben." Insbesondere aufgrund des Vorlagebeschlusses des BFH, der zwar „nur" die Hinzurechnungsbesteuerung von Zwischeneinkünften mit Kapitalanlagecharakter (§ 7 Abs. 6 und 6a) betrifft, dürften sich kaum Zweifel daran entzünden, dass die leitsatzartige Einschätzung des 2. Senats des FG Münster in seiner Allgemeinheit so nicht mehr haltbar sein kann. Denn wie bereits weiter oben ausgeführt, wurde im Schrifttum (*Märtens* DB 2017 vom 17.4.2017, DB 1236897) zutreffend darauf hingewiesen, die Erwägungen des Vorlagebeschlusses könnten mit einigen Modifikationen auf die „allgemeine" Hinzurechnungsbesteuerung nach § 7 Abs. 1 in Drittstaatensachverhalten übertragen werden.

III. FG München vom 27.4.2015, 7 K 2819/12 – Nichtzulassungsbeschwerde eingelegt, Az. BFH: I B 65/15

1. Sachverhalt und Kernproblematik

56   Im Sachverhalt des Urteils des FG München v. 27.4.2015, 7 K 2819/12 (EFG 2015, 1344) werden die Anteile an einer in Ungarn ansässigen GmbH nach ungarischem Recht (korlatolt felelössegü tarsasag – Kft) zu 100% von im Inland ansässigen Kapitalgesellschaften eines Konzerns gehalten. Die Kft hielt

Beteiligungen an dreizehn in Ungarn operativ tätigen Märkten jeweils in der Rechtsform einer Kft. Verbunden mit dem Halten der Beteiligungen war auch die Betreuung und Erbringung von zentralen Dienstleistungen gegenüber den ungarischen Tochtergesellschaften, die ua in Hilfeleistungen bei der Eröffnung und Expansion des ungarischen Unternehmens, Einkaufs- und Vertriebsberatung, Buchhaltung und Marketing bestanden.

Das FG München hatte sich mit der Einordnung, der dogmatischen Stellung sowie der Reichweite der sog. funktionalen Betrachtungsweise im Rahmen der Hinzurechnungsbesteuerung zu befassen. Daneben spielen Randaspekte eine Rolle, etwa Bezüge zum Unionsrecht sowie die Charakteristik der Hinzurechnungsbetrags im Kontext der Doppelbesteuerungsabkommen und – damit verknüpft – die Frage, ob und ggf. inwieweit die Konzeption der Hinzurechnungsbesteuerung geeignet ist, einen treaty override zu bewirken.

2. Analyse der Entscheidung und Praxishinweise

Aufgrund der mittlerweile eingetretenen Rechtsentwicklungen haben sich die in der Entscheidung noch relevanten Themenbereiche sowohl des treaty override als auch der unionsrechtlichen Randbereiche überholt. Zum treaty override hat das BVerfG judiziert (BVerfG v. 15.12.2015, 2 BvL 1/12, HFR 2016, 405). Die unionsrechtliche Problematik ist aufgrund der BFH-Vorlage I R 80/14 unter einer vollkommen modifizierten Perspektive zu beurteilen.

Somit liegt die Zentralproblematik der Entscheidung des Finanzgerichts München in den Aussagen zur „funktionalen Betrachtungsweise". Diese ist zwar im System der Hinzurechnungsbesteuerung nicht explizit normiert. Sie wird indessen sowohl von der Finanzverwaltung, der höchstrichterlichen Finanzrechtsprechung sowie der hM im Schrifttum im Grundsatz anerkannt. Im Kern führt diese zu einer einheitlichen außensteuerlichen Einkünftequalifikation von wirtschaftlich zusammengehörigen Tätigkeiten. Sie erfordert eine Subsumtion von Vor-, Neben- und Folgeerträgen unter die eigentliche Haupttätigkeit. Diesen Ausgangsbefund stellt das FG nicht infrage. Allerdings begegnet die konkrete Anwendung der funktionalen Betrachtungsweise auf den zur Entscheidung anstehenden Fall doch einigen Bedenken. Aus diesem Grunde ist es bemerkenswert, dass das FG die Revision nicht zugelassen hatte. Allerdings wurde Nichtzulassungsbeschwerde eingelegt (Az. des BFH: I B 65/15), deren prozessuales Schicksal in einschlägigen Fällen verfolgt werden sollte (vgl. dazu im Einzelnen Anmerkung *Kraft* IStR 2016, 43).

IV. FG Baden-Württemberg Beschluss vom 12.8.2015, 3 V 4193/13 (Hinzurechnungsbesteuerung im Drittstaatenkontext)

1. Sachverhalt und Kernproblematik

Im Sachverhalt des Aussetzungsverfahrens des FG Baden-Württemberg (Beschluss v. 12.8.2015, 3 V 4193/13 – rkr., EFG 2016, 17) erwirtschaftete eine in der Schweiz ansässige Kapitalgesellschaft passive Erträge iSd § 8 Abs. 1. Die Anteile an dieser Kapitalgesellschaft wurden zu 100 % von einer im Inland unbeschränkt steuerpflichtigen Kapitalgesellschaft gehalten. Fraglich war, ob der Hinzurechnungsbetrag bei der inländischen Muttergesellschaft besteuert werden durfte. Die Finanzverwaltung hat das Aussetzungsverfahren rechtskräftig werden lassen. Der vom FG formulierte Leitsatz lautet: „Die Hinzurechnungsbesteuerung (§§ 7 bis 14 AStG) ist – auch im Verhältnis zur Schweiz – unionsrechtlich zweifelhaft."

61 Die im Verfahren des vorläufigen Rechtsschutzes ergangene Entscheidung des FG Baden-Württemberg gewährte Aussetzung der Vollziehung. Das FG betonte, dass es die Hinzurechnungsbesteuerung aus unionsrechtlichen Gründen auch im Drittstaatenkontext für zweifelhaft hält, wobei es sich auf weitere Gründe stützt. So sei ungeklärt, ob die Cadbury Schweppes-Entscheidung (EuGH. v. 12.9.2006, C-196/04, HFR 2006, 1164 – *Cadbury Schweppes*) des EuGH mit dem in § 8 Abs. 2 eingeführten Motivtest ausreichend umgesetzt worden sei. Daneben befürwortet das FG Baden-Württemberg eine Vorlage an den EuGH. Denn es steht nach seiner Einschätzung nicht mit der erforderlichen Gewissheit fest, dass die Regelungen zur Hinzurechnungsbesteuerung gem. §§ 7 ff. im Verhältnis zu Drittstaaten unionsrechtlich nicht zu beanstanden seien.

2. Analyse der Entscheidung und Praxishinweise

62 Bereits aufgrund des anhängigen Revisionsverfahren I R 78/14 im Anschluss an das Urteil des FG Münster, erst recht aus der Entscheidung des FG Baden-Württemberg ergibt sich für die Beratungspraxis, dass Feststellungsbescheide gem. § 18 über den Hinzurechnungsbetrag gem. § 10 in der Hauptsache offenzuhalten sind. Im Schrifttum (*Weinschütz* EFG 2016, 20) wird aus dem Umstand, dass die Finanzverwaltung die zugelassene Beschwerde gerade nicht eingelegt hat, gefolgert, dass AdV-Anträge bei der Hinzurechnungsbesteuerung eine recht hohe Erfolgsaussicht haben. Formularmäßige Beantragung von AdV bei jeder Einspruchseinlegung dürfte – gegebenenfalls anders als früher – nicht mehr geboten sein (*Weinschütz* EFG 2016, 20).

V. FG Münster vom 20.11.2015, 10 K 1410/12 F (Cadbury Doktrin)

1. Sachverhalt und Kernproblematik

63 Im Kontext der Entscheidung des FG Münster (EFG 2016, 453) geht es um die Frage, welche Anforderungen unter Berücksichtigung der Rspr. des EuGH in der Entscheidung vom 12.9.2006, Rs. C-196/04 – *Cadbury Schweppes* (EuGHE I 2006, 7795) an Art, Umfang und Substanz der wirtschaftlichen Tätigkeit einer in einem Niedrigsteuerland der EU ansässigen Tochtergesellschaft zu stellen sind, damit die Erzielung von Lizenzeinnahmen keine Hinzurechnungsbesteuerung im Inland auslöst. Nach der mündlichen Verhandlung beim I. Senat am 16.5.2018 dürften noch einige Monate bis zur Veröffentlichung des Urteils ins Land gehen.

64 Im Sachverhalt des Rechtsstreits hatte die eine unbeschränkt steuerpflichtige Kapitalgesellschaft mittelbar über den Erwerb der Anteile an einer in den Niederlanden ansässigen Gesellschaft eine Beteiligung an einer auf Zypern ansässigen Limited erworben. Das Geschäftsmodell der zypriotischen Limited

C. Entwicklungen in der Judikatur 65 Vor § 7

war davon gekennzeichnet, Buchlizenzen an Urheberrechten einzuholen, um an diesen Unterlizenzen zu Gunsten dreier, in Russland bzw. der Ukraine ansässigen Konzerngesellschaften der unbeschränkt steuerpflichtigen Kapitalgesellschaft zu bestellen, die die Bücher auf dem russischsprachigen Markt vertrieben. Die zypriotische Limited hatte auf Zypern Büroräume angemietet und beschäftigte eine Geschäftsführerin.

Hinsichtlich erzielter Lizenzeinnahmen der Limited gab die unbeschränkt steuerpflichtige Kapitalgesellschaft Feststellungserklärungen nach § 18 AStG ab. Dabei gab sie an, dass sie der Auffassung sei, dass im Hinblick auf die EuGH-Entscheidung Cadbury Schweppes keine Hinzurechnungsbesteuerung erfolgen dürfe. Dieser Auffassung folgte die Finanzbehörde nicht und erließ entsprechende Feststellungsbescheide.

2. Analyse der Entscheidung und Praxishinweise

Die diesbezüglich in der Datenbank des BFH hinterlegten Rechtsfragen 65 zum Verfahren I R 94/15 lauten wie folgt:

„1. Ist § 8 Abs. 1 Nr. 6 Buchst. a AStG dahingehend einschränkend auszulegen, dass die Vorschrift keine Anwendung findet, wenn keine Lizenzen von inländischen Anteilseignern oder deren Konzernunternehmen erworben werden?
2. Setzt eine von der Niederlassungsfreiheit geschützte Verflechtung mit dem Markt des Ansässigkeitsstaates voraus, dass dort gezielt bestimmte Ressourcen, zB besonders günstige oder entsprechend der Tätigkeit besonders ausgestattete Räumlichkeiten, Maschinen, gut ausgebildetes Personal oder besondere Produktionsbedingungen, genutzt werden?
3. Erfordert eine wirkliche wirtschaftliche Tätigkeit iSd EuGH-Urteils Cadbury Schweppes (C-196/04, EU:C:2006:544), dass die wirtschaftliche Kernfunktion vom Ansässigkeitsstaat aus selbst ausgeübt und das Personal beschäftigt wird, das erforderlich ist, um das Kerngeschäft selbständig zu betreiben?"

Da nicht absehbar ist, ob der BFH den Erwägungen des FG Münster folgen wird, besteht bis zur Entscheidung des BFH erhebliche Rechtsunsicherheit in Bezug auf die Substanzproblematik. Denn immerhin hatte der BFH in früheren Entscheidungen weniger strenge Maßstäbe im Fall des Outsourcings von Unternehmensfunktionen angelegt als diese nunmehr das FG Münster vertreten hat (vgl. etwa BFH v. 19.1.2000 I R 94/97, BFHE 191, 257, BStBl. II 2001, 222 zum „Outsourcing" bei einer irischen „Dublin-Dock-Gesellschaft"). Hinzu kommt, dass der BFH es in einer Entscheidung jüngeren Datums (vgl. BFH v. 3.10.2010 I R 61/09, BStBl. II 2011, 249) sogar genügen ließ, dass eine (deutschbeherrschte) ausländische Tochtergesellschaft durch einen Betriebsführungsvertrag ein anderes Unternehmen mit der Ausführung ihres Kerngeschäfts betraut hat. Davon abweichende Judikatur jüngeren Datums ist nicht ersichtlich. Aus diesem Grunde ist zu betonen, dass sich das FG Münster weit von gefestigten höchstrichterlichen Rechtsprechungsgrundsätzen des BFH entfernt hat. Dies kommt auch darin zum Ausdruck, dass in der Urteilsanmerkung (vgl. *Peters* Anm zu FG Münster v. 20.11.2015 10 K 1410/12 F, EFG 2016, 453, (462)) der mutmaßlichen Berichterstatterin des

FG-Verfahrens die Frage aufgeworfen wird, es bleibe „abzuwarten, ob sich der BFH im Revisionsverfahren an seiner früheren Rspr. orientieren oder aber strengere Anforderungen an die Annahme einer wirklichen wirtschaftlichen Tätigkeit im Aufnahmemitgliedstaat stellen" werde.

VI. FG Rheinland-Pfalz vom 16.3.2016, 1 K 1345/13, Az. BFH: I R 47/16 (Verhältnis Hinzurechnungsbescheid und Körperschaftsteuerbescheid)

1. Sachverhalt und Kernproblematik

66 Um das überaus komplizierte Zusammenspiel von nationalem Verfahrens- und materiellem Unionsrecht geht es im beim BFH unter Az. I R 47/16 anhängigen Verfahren. Das klagende Unternehmen hatte zwar den KSt-Bescheid angefochten, mit dem ihm gemäß § 10 Abs. 1 S. 1 Einkünfte einer ausländischen Tochtergesellschaft hinzugerechnet worden waren, nicht jedoch den wenige Tage zuvor gemäß § 18 Abs. 1 S. 1 ergangenen Feststellungsbescheid, in dem die Einkünfte als steuerpflichtig festgestellt worden waren. Nach der Cadbury Schweppes-Entscheidung des EuGH war evident, dass die Einbeziehung der Gewinne einer in einem Mitgliedstaat ansässigen Gesellschaft in die Steuerbemessungsgrundlage einer in einem anderen Mitgliedstaat ansässigen beherrschenden Gesellschaft eine Verletzung der Niederlassungsfreiheit bedeutete. Folglich argumentierte das Unternehmen, dass der KSt-Bescheid unionsrechtswidrig sei. Der Feststellungsbescheid stehe einer Änderung des KSt-Bescheids nicht entgegen. Denn über die Frage der Unionsrechtswidrigkeit sei darin nicht entschieden worden.

67 Die Vorinstanz, das FG Rheinland-Pfalz (Urteil vom 16.3.2016, 1 K 1345/13, Az. BFH I R 47/16) hatte zu Lasten des Steuerpflichtigen entschieden. Der BFH umschreibt die von ihm als Kern identifizierte Rechtsfrage wie folgt: „Verstößt die Anwendung der §§ 182 Abs. 1 S. 1, 175 Abs. 1 S. 1 Nr. 1 AO nach Maßgabe des sog. Grundsatzes der Verfahrensautonomie der Mitgliedstaaten insoweit gegen Gemeinschaftsrecht, als der Feststellungsbescheid nach § 18 Abs. 1 S. 1 gemeinschaftsrechtswidrige Feststellungen enthält?"

2. Analyse der Entscheidung und Praxishinweise

68 In diesem Verfahren treffen Verfahrensrecht und materielles Ertragsteuerrecht im Kontext des Unionsrechts aufeinander. Dies lässt die Materie besonders komplex erscheinen. Vordergründig geht es um das Verhältnis von Grundlagen- und Folgebescheid, eine Problematik, die immer wieder Gegenstand finanzgerichtlicher Entscheidungen ist. Seine besondere Note und Komplexität bezieht der vorliegende Fall daraus, dass ihm eine Fallgestaltung aus dem Bereich der Hinzurechnungsbesteuerung zugrunde lag.

69 Der BFH wird sich im Revisionsverfahren auf schwierigem Terrain bewegen müssen, denn die Vorgaben des EuGH erweisen sich selten als „passgenau" für den zu entscheidenden Fall. Zuzugeben ist ferner, dass die Rechtsprechung des EuGH nicht immer als konsistent beurteilt werden kann (*Gebel* EFG 2016, 1324 unter Hinweis auf das Urteil des EuGH v. 11.11.2015, Rs. C-505/14, DVBl. 2016, 42 – *Klausner Holz Niedersachsen*). Zwar mögen sich

aus einigen „leading cases" Einschätzungen dergestalt ableiten lassen, dass das Unionsrecht keine allgemeine Verpflichtung zum Wiederaufgreifen von unionsrechtswidrigen, aber nach nationalem Verfahrensrecht bestandskräftig gewordenen Verwaltungsakten begründet. Allerdings kann die Berechtigung des Grundsatzes nicht geleugnet werden, dass bei der Prüfung der nach nationalem Recht bestehenden Korrekturmöglichkeiten die Vorgaben des Unionsrechts – Äquivalenzprinzip und Effektivitätsprinzip – zu beachten sind (EuGH v. 19.9.2006 – verb. Rs. C-392/04 u. C-422/04 – i-21, EuZW 2006, 696 = NVwZ 2006, 1277 – *Germany GmbH und Arcor AG & Co. KG/Bundesrepublik Deutschland*).

Eine der besonders schwierigen Fragestellungen dieses Verfahrens ist darin zu sehen, ob die Anwendung der Verfahrensvorschriften über die Bindungswirkung von Grundlagenbescheiden (§ 182 Abs. 1 S. 1, § 175 Abs. 1 Nr. 1 AO) gegen Unionsrecht verstößt. Hier wird es im Revisionsverfahren von erheblicher Bedeutung sein, welchen Stellenwert der BFH dem letztlich unionsrechtlich fundierten sog. Grundsatz der Verfahrensautonomie zumisst. In Betracht kommt durchaus, dass der BFH diese Fragestellung nicht als geklärt und von daher die Notwendigkeit sieht, eine Vorabentscheidung des EuGH einzuholen. **70**

Denn angesichts der für möglich gehaltenen Unionsrechtswidrigkeit der Verfahrensvorschriften über die Bindungswirkung von Grundlagenbescheiden (*Gebel* EFG 2016, 1324) kann wohl kaum davon ausgegangen werden, dass der BFH eine sogenannte Acte Clair-Situation annehmen wird und selbst entscheidet. Die nicht zur Vorlage an den EuGH führende Acte Clair-Situation würde eine *CILFIT*-Lage (EuGH v. 6.10.1982, C-283/81) voraussetzen. Dazu bedürfte es einer EuGH-Entscheidung – ggf. auch zu einem Sachverhalt eines anderen Mitgliedsstaates – mit Präzedenzcharakter. Ob davon in Bezug auf die Bindungswirkung von Grundlagenbescheiden im Bereich der Hinzurechnungsbesteuerung ausgegangen werden kann, erscheint überaus zweifelhaft. **71**

VII. Destillat aus den Rechtsprechungsentwicklungen

Das künftige Schicksal der deutschen Hinzurechnungsbesteuerung ist durch einige teilweise überaus differenziert begründete Entscheidungen des BFH und der Finanzgerichte zwar nicht im Hinblick auf ihre grundsätzliche Existenz, gleichwohl hinsichtlich ihrer Ausprägungen in den Details fragwürdig geworden. Dem mit dieser Materie betrauten steuerpraktisch Tätigen kann daher nur die sorgsame Beobachtung der sich abzeichnenden Entwicklungen geraten werden. Bereits jetzt dürfte außer Frage stehen, dass neben den Entwicklungen in der Judikatur auch die internationalen Entwicklungen – zum Teil gegenläufige – höchsten politischen Druck und damit Reaktionen des Gesetzgebers evozieren dürften. Dieser Befund ist ursächlich dafür, dass es sich bei der bereits mehrfach totgesagten Hinzurechnungsbesteuerung um eine der vitalsten Bereiche auf der internationalen Steuerbühne handelt. **72**

einstweilen frei **73–89**

D. BEPS Action 3: Strengthening CFC Rules

I. Hintergrund

90 Der insgesamt 15 Aktionspunkte umfassende Aktionsplan der OECD wurde in Form von finalen Reports am 5.10.2015 veröffentlicht. Vorausgegangen war ein am 3.4.2015 veröffentlichtes Diskussionspapier (*OECD* Public Discussion Draft BEPS Action 3: Strengthening CFC Rules, v. 3.4.2015, 5) zu „BEPS Action 3: Strengthening CFC Rules" der OECD Working Party 11. Dieses enthielt unverbindliche Vorschläge für die Ausgestaltung einer Hinzurechnungsbesteuerung. Im Rahmen des Aktionsplans 3 (action point 3) „Designing Effective Controlled Foreign Company Rules (CFC)" nimmt sich die OECD des Themas der CFC-legislation/Hinzurechnungsbesteuerung in der Form einer verbindlichen Empfehlung an und unterbreitet eine Vielzahl von Vorschlägen zur Ausgestaltung bzw. Verbesserung der nationalen Hinzurechnungsbesteuerungssysteme. Im Verhältnis zum Diskussionspapier bestehen keine signifikanten Unterschiede. Aktionsplan 3 zielt einerseits auf die (erstmalige) Einführung einer wirksamen Hinzurechnungsbesteuerung ab, andererseits – im Falle eines bereits bestehenden Regelungsinstituts – auf ihre Verschärfung.

Der OECD-Bericht zu Aktionsplan 3 gliedert die Maßnahmen für eine effektive Hinzurechnungsregelung in 6 wesentliche Bestandteile. Diese werden als „building blocks" bezeichnet und jeweils in einem eigenen Kapitel behandelt. Nach einem einführenden Kapitel 1, in welchem steuerpolitische Erwägungen und Ziele („Policy considerations and objectives") abgehandelt werden, finden sich die inhaltlichen „building blocks" in den Kapiteln 2 bis 7:

1. Kapitel 2 – Definition der Zwischengesellschaft („Rules for defining a controlled foreign company"),
2. Kapitel 3 – Allgemeine Anwendungsgrenzen bzw. Ausnahmen von der Hinzurechnungsbesteuerung („CFC exemptions and threshold requirements"),
3. Kapitel 4 – Definition der Zwischeneinkünfte („Definition of CFC income"),
4. Kapitel 5 – Vorschriften für die Berechnung der Einkünfte („Rules for computing income"),
5. Kapitel 6 – Vorschriften für die Zurechnung der Einkünfte („Rules for attributing income"),
6. Kapitel 7 – Vermeidung der Doppelbesteuerung („Rules to prevent or eliminate double taxation").

91 Bereits an dieser Stelle kann vermerkt werden, dass die Vorschläge eine bemerkenswerte strukturelle Ähnlichkeit zur deutschen Regelungslage in §§ 7 ff. aufweisen. Teilweise bleiben sie sogar hinter dieser zurück.

II. Überblick

92 Die nachfolgenden Überlegungen greifen die aktuelle positive Rechtslage im System der Hinzurechnungsbesteuerung sowie der zu erwartenden Neuerungen aufgrund von BEPS auf und unterziehen insbesondere die nachfolgenden Kriterien einer kritischen Würdigung:

- Anwendungsbereich von CFC-Regeln
- Beherrschungskonzeption
- Niedrigsteuerschwelle
- Aktivitätskatalog
- Einkünfteermittlung
- Vermeidung der Doppelbesteuerung

Dabei ist stets im Auge zu behalten, dass es sich beim Abschlussbericht der OECD um Empfehlungen (soft law) handelt.

III. Anwendungsbereich von CFC-Regeln

Zur Ebene der Anteilsinhaber einer CFC bezieht der Abschlussbericht der OECD keine explizite Stellung. Mehrfach spricht er von „parent company" oder „parent jurisdiction" (vgl. OECD Action 3 – 2015 Final Report, Executive Summary, S. 9–10) und scheint damit zu suggerieren, dass er primär Körperschaftsteuersubjekte im Auge hat. Allerdings weist er darauf hin, dass Bestimmungen zu konrollierten Auslandsgesellschaften (CFC rules) aufgrund ihrer Definition nicht auf Situationen beschränkt sind, in denen CFCs von (Kapital-)Gesellschaften kontrolliert werden. Vielmehr sollten die vom BEPS-Abschlussbericht angesprochenen Jurisdiktionen in Erwägung ziehen, Hinzurechnungssteuersysteme zu entwerfen, in denen auch Individuen im Sinne natürlicher Personen die Kontrolle über beherrschte Auslandsgesellschaften mit niedriger Besteuerung und passiven Einkünften ausüben. Vgl. OECD Action 3 – 2015 Final Report, Executive Summary, 12 (Note 1): „CFC rules are not by definition limited to situations where CFCs are controlled by companies, and jurisdictions should consider designing CFC rules to apply in situations where individuals control foreign entities." Ähnlich Tz. 25: „A CFC should be treated as controlled where residents (including corporate entities, individuals, or others) hold, at a minimum, more than 50 % control, although countries that want to achieve broader policy goals or prevent circumvention of CFC rules may set their control threshold at a lower level."

Die Qualität einer CFC – controlled foreign corporation – kann nach den Vorstellungen der OECD nicht nur ausländischen Kapitalgesellschaften zukommen. Auch steuerlich transparente Rechtsgebilde (Personengesellschaften, Betriebsstätten und Trusts) können als CFC qualifizieren.

Angesichts der Ausgangslage dürfte kaum zu erwarten sein, dass nach deutscher Rechtslage Einkommensteuersubjekte künftig vom Anwendungsbereich der Hinzurechnungsbesteuerung ausgenommen werden. Mit anderen Worten ist im Hinblick auf den Anwendungsbereich der deutschen Hinzurechnungsbesteuerung unter Berücksichtigung der Empfehlungen der OECD weder eine Verschärfung noch eine Milderung zu erwarten.

einstweilen frei

IV. Beherrschungskonzeption

Die Überlegungen der OECD betreffend Beherrschung basieren auf der Arbeitshypothese, dass die Kontrolle von Steuerinländern über die ausländische Zwischengesellschaft ein (starkes) Indiz für deren Charakter als bloßes Instrument des Steueraufschubs und der Steuervermeidung ist (vgl. *Eilers/ Henning* ISR 2015, 422 (425)). Dabei kommen im Rahmen der Prüfung, ob Kontrolle gegeben ist oder nicht, zwei Fragenkreisen besondere Bedeutung zu. Einerseits geht es um die Anforderungen an die Art der Kontrolle, andererseits um den erforderlichen Umfang der Kontrolle.

101 Im Kontext der verschiedenen Arten, wie ein Unternehmen kontrolliert werden kann, diskutiert die OECD (vgl. *OECD Action 3 – 2015 Final Report*, Rz. 34 ff.; *Eilers/Henning* ISR 2015, 422 (425)) die rechtliche, wirtschaftliche, faktische und konsolidierte Kontrolle und erläutert, welche in Kombination am praktikabelsten sind. Sie empfiehlt eine Beteiligungsschwelle von mehr als 50 Prozent, betont indessen, dass Regelungen, die niedrigere Beteiligungsquoten ausreichen lassen, zulässig seien.

102 Zum Zweck der Prüfung, ob Minderheitengesellschafter gemeinsam Kontrolle innehaben, schlägt die OECD drei alternative Varianten vor (vgl. *OECD Action 3 – 2015 Final Report*, Rz. 25, 37 f.), nämlich ein abgestimmtes Verhalten (acting-in-concert-Test), das Vorliegen von nahestehenden Personen (related-party-Test) oder eine Zusammenrechnung von inländischen Mindestbeteiligungen (indirect-control-Test).

103 Beim verwaltungsintensiven und daher selten verwendeten *acting-in-concert-Test* besteht das Ziel darin, gemeinsame Interessen, welche den Gesellschaftern faktische Kontrolle über die Zwischengesellschaft verschaffen könnten, zu identifizieren (vgl. *OECD Action 3 – 2015 Final Report*, Rz. 39 f.). Im Rahmen des *related-party-Test* erfolgt eine Zusammenrechnung der Anteile nur, wenn diese durch nahestehende Personen gehalten werden (vgl. *OECD Action 3 – 2015 Final Report*, Rz. 41 f.).

104 Einen anderen Weg geht der *indirect-control-Test,* wobei die Anteile von Minderheitsgesellschaftern erst beim Überschreiten einer definierten Beteiligungsquote zusammengerechnet werden. Als Beispiel führt der Bericht die 10 %-Quote der USA auf; die Quote kann aus Sicht der OECD auch geringer angesetzt werden. Obwohl bei Anwendung dieses Ansatzes keine weiteren Vorschriften für die Zusammenrechnung von Minderheitsanteilen benötigt werden, besteht die Gefahr, dass pauschal von einem Beherrschungsverhältnis ausgegangen wird, obwohl faktisch keine Einflussnahme vorliegt (vgl. *OECD Action 3 – 2015 Final Report*, Rz. 41 f.).

V. Referenzschwelle der „Niedrigbesteuerung"

105 Die OECD empfiehlt für die Anwendung von CFC-Regelungen die Einführung einer zu überschreitenden Niedrigsteuerschwelle. Diese soll „signifikant" unter der Steuerbelastung des regelnden Landes liegen. Ihre Berechnung soll sich nach der tatsächlichen Steuerbelastung im konkreten Fall ergeben, mithin unter Berücksichtigung von Steuersatz und Bemessungsgrundlage. Zwar werden keine konkreten Vorgaben gemacht, allerdings findet sich der Hinweis, dass die Systeme zahlreicher Länder die Schwelle bei 75 % der inländischen Steuerbelastung verorten (*OECD Action 3 – 2015 Final Report*, Rz. 64 ff.; im Schrifttum wird eine Referenzschwelle von 15 % vorgeschlagen, vgl. *Kraft* IStR 2010, 377, 378).

D. BEPS Action 3: Strengthening CFC Rules 106–113 **Vor § 7**

Daneben werden übliche Themenfelder diskutiert (vgl. *OECD* Action 3 – **106**
2015 Final Report, 51 f.), wie etwa Bagatellgrenzen oder sog. schwarze bzw.
weiße Listen für Niedrig- bzw. Hochsteuerländer. Im Rahmen von Bagatellgrenzen in Form von relativen bzw. absoluten Geringfügigkeitsschwellen findet sich der Hinweis, dass diese einerseits den Verwaltungsaufwand senken können, andererseits wiederum Gestaltungsmöglichkeiten eröffnen, die Antimissbrauchsregelungen erforderlich machen (vgl. *OECD* Action 3 – 2015 Final Report, Rz. 53 ff.). Hierzu analysiert der Abschlussbericht die Regelungen des in den USA angewandten de minimis-Tests und die in Deutschland angewendete gesellschafterbezogene Freigrenze.

einstweilen frei **107–109**

VI. Aktivitätskatalog

Die OECD erläutert drei verschiedene Ansätze für die Definition von Zwi- **110**
scheneinkünften. Diese können je nach Kombination und Ausgestaltung der einzelnen Regelungen zu sehr detaillierten und verwaltungsintensiven oder aber ungenauen und unbürokratischen Abgrenzungen der Einkünfte führen (vgl. *OECD* Action 3 – 2015 Final Report, Rz. 83, 87).

Als erste Möglichkeit wird dabei ein Katalogansatz erläutert, welcher wie- **111**
derum nach drei unterschiedlichen Kriterien aufgestellt werden kann. Neben der Möglichkeit einen solchen Katalog nach den Einkünften mit verbundenen Unternehmen oder Einkünften verschiedener Zwischengesellschaften in unterschiedlichen Ländern zu formulieren, erläutert die OECD ausführlich die BEPS verursachenden Einkunftsarten (vgl. *OECD* Action 3 – 2015 Final Report, Rz. 77 ff.).

Der Abschlussbericht sieht vor, dass sämtliche Einkünfte aus Dividenden, **112**
Zinsen, Lizenzgebühren, Versicherungen, sowie Einkünfte, welche im Zusammenhang mit IP stehen, als passive Einkünfte zu katalogisieren sind. Für die Einkünfte aus Dividenden, Zinsen und Versicherungen soll dabei eine Reihe von Ausnahmetatbeständen gelten. Die Einkünfte aus Lizenzgebühren und IP sind hingegen nur dann nicht als schädliches Zwischeneinkommen zu qualifizieren, wenn die Zwischengesellschaft an der Entwicklung direkt beteiligt war. Im Vergleich zu den beschriebenen Einkunftsarten sieht die OECD die Einkünfte aus Handel und Dienstleistungen generell als aktive Einkünfte an. Lediglich im Zusammenhang mit Abrechnungsgesellschaften und IP-Einkünften erblickt die OECD ein gesteigertes BEPS-Potential, wenn die Zwischengesellschaft zu keinem bzw. einem sehr kleinen Mehrwert der Waren und Dienstleistungen beiträgt (vgl. *OECD* Action 3 – 2015 Final Report, Rz. 78).

Eine weitere Möglichkeit zur Bestimmung von Zwischeneinkünften sieht **113**
die OECD im Substanztest, welcher neben dem Einkünftekatalog in vielen EU-Staaten als Ergänzung und zum Ausschluss echter wirtschaftlicher Tätigkeiten verwendet wird. Im Abschlussbericht werden vier Optionen zur Ausgestaltung des Substanztestes erläutert, wobei die Frage, ob eine Zwischengesellschaft in der Lage ist, das erzielte Einkommen selber zu verdienen, im Mittelpunkt steht (vgl. *OECD* Action 3 – 2015 Final Report, Rz. 81).

114 Eine erörterte Möglichkeit der Ausgestaltung besteht in der Analyse der durch Mitarbeiter bedingten Wertschöpfungsstruktur. Leisten lokale Mitarbeiter einen wesentlichen Anteil an der Erzielung der Einkünfte der Zwischengesellschaft, soll dies keine Hinzurechnungsbesteuerung auslösen. Eine zweite Option besteht in der Prüfung von wesentlichen Unternehmensfunktionen, welche in der Zwischengesellschaft ausgeübt werden. Stehen diese Funktionen nicht im Verhältnis mit dem Vermögen und den übernommenen Risiken der Gesellschaft, kann dies ein Indiz für BEPS sein. Die dritte Option erörtert die Überprüfung der Geschäftsräume und -ausstattung sowie die Anzahl und Fähigkeiten der Mitarbeiter. Option zwei und drei könnte dabei sowohl als Schwellen- oder Verhältnistest implementiert werden. Option vier ist als eine Abwandlung von Option drei anzusehen und ermöglicht mit Hilfe des in Maßnahme 5 des BEPS-Aktionsplanes entwickelten *Nexus-Approaches* einen Substanztest für immaterielles Vermögen. Werden dabei die Kriterien des *Nexus-Approaches* erfüllt, liegt keine Hinzurechnungsbesteuerung vor (vgl. *OECD* Action 3 – 2015 Final Report, Rz. 84; *Eilers/Henning* ISR 2015, 422 (426)).

115 Als dritten Ansatz der Definition der Zwischeneinkünfte eignet sich nach Auffassung der OECD die Gewinnüberschussanalyse. Hierbei werden sämtliche Einkünfte der Hinzurechnungsbesteuerung unterworfen, welche die marktübliche Rendite einer Investition übersteigen (vgl. *OECD* Action 3 – 2015 Final Report, Rz. 87 ff.; *Radmanesh* IStR 2015, 895 (899)).

VII. Technik der Ermittlung der hinzurechnungssteuerpflichtigen Einkünfte

116 Die Einkünfteermittlung der Zwischengesellschaft bestimmt sich nach den Überlegungen der OECD anhand der Vorschriften des Ansässigkeitsstaats der Muttergesellschaft. Der Ausgleich von Verlusten der Zwischengesellschaft soll nur mit Gewinnen derselben Gesellschaft oder anderen Zwischengesellschaften desselben Ansässigkeitsstaats ermöglicht werden können (vgl. *OECD* Action 3 – 2015 Final Report, Rz. 99 ff.).

VIII. Vermeidung der Doppelbesteuerung

117 Die OECD empfiehlt im Kontext der Hinzurechnungsbesteuerung Regeln zur Vermeidung der Doppelbesteuerung (vgl. *OECD* Action 3 – 2015 Final Report, Rz. 11, 121).

118 Diese Empfehlung ist von der Überlegung getragen, dass ohne die Vermeidung von Doppelbesteuerung die Hinzurechnungsbesteuerung zu einer Strafbesteuerung für im Ausland ausgeübte Tätigkeiten werden könne.

119 Erläutert werden drei verschiedene Szenarien, durch welche Doppelbesteuerungen entstehen können. Zu nennen ist die Situation, in welcher das hinzugerechnete Einkommen auch im Sitzstaat der Zwischengesellschaft steuerlich erfasst wird. Doppelbesteuerung entsteht auch dann, wenn ein anderer Staat aufgrund von dessen Hinzurechnungsregelungen auf das Einkommen der Zwischengesellschaft zugreift. Als dritte Variante sieht die OECD die Fälle an, in welchen bereits der Hinzurechnungsbesteuerung unterzogene Einkünfte in den Sitzstaat der Muttergesellschaft repatriiert werden und dann dort erneut der Besteuerung unterliegen.

Als Lösung der Doppelbesteuerungsproblematik empfiehlt die OECD für die ersten beiden Situationen die Steueranrechnung der bereits in einem anderen Staat gezahlten Steuern, welche im Zusammenhang mit dem Zwischeneinkommen stehen (vgl. *OECD* Action 3 – 2015 Final Report, Rz. 123). Weiterhin macht sie darauf aufmerksam, dass es durch die Umsetzung der Empfehlungen des dritten Aktionspunktes zukünftig zu mehr Fällen kommen wird, bei welchen mehrere Staaten dieselben Einkünfte besteuern möchten. Hierzu empfiehlt der Abschlussbericht eine Anwendungshierarchie, wobei immer dem Staat, welcher der Zwischengesellschaft am nächsten steht, ein vorrangiges Besteuerungsrecht eingeräumt werden soll (vgl. *OECD* Action 3 – 2015 Final Report, Rz. 126 ff.).

Für die Fälle, in welchen die ausgeschütteten Dividenden einer Doppelbesteuerung unterliegen, sieht die OECD die Steuerfreistellung als geeignete Maßnahme zur Vermeidung von Doppelbesteuerung an (vgl. *OECD* Action 3 – 2015 Final Report, Rz. 123).

einstweilen frei

E. EU-Richtlinie gegen Steuervermeidung (Anti Tax Avoidance Directive – ATAD)

I. Hintergrund

Am 12.7.2016 wurde die EU-Richtlinie gegen Steuervermeidung (Richtlinie des Rates mit Vorschriften zur Bekämpfung von Steuervermeidungspraktiken mit unmittelbaren Auswirkungen auf das Funktionieren des Binnenmarkts vom 5.7.2016 (im Folgenden: ATAD), abrufbar unter http://data.consilium.europa.eu/doc/document/ST-10539-2016-REV-2/de/pdf) durch den Europäischen Rat formal verabschiedet. Sie qualifiziert aufgrund ihrer Veröffentlichung im Amtsblatt als RL (EU) 2016/1164 am 19.7.2016 (ABl. EU Nr. L 193/1) als europäisches Sekundärrecht (*Oppel* IStR 2016, 797). Damit stehen die beschlossenen Regelungen nun in den Mitgliedstaaten der EU zur Umsetzung an.

Die die Hinzurechnungsbesteuerung betreffenden Vorgaben der ATAD sind grundsätzlich nach Art. 288 AEUV als sekundäres Unionsrecht mit Ablauf zum 31.12.2018 umzusetzen und ab dem 1.1.2019 anzuwenden (Art. 11 ATAD).

Im Falle der Nichtumsetzung bzw. der verspäteten Umsetzung der ATAD droht den Mitgliedstaaten, so auch Deutschland, ein Vertragsverletzungsverfahren gemäß Art. 258 AEUV. Die Finanzverwaltung hingegen würde sich nicht zulasten des Steuerpflichtigen auf strengere Vorgaben der Richtlinie berufen können (vgl. zur unmittelbaren Anwendbarkeit von den Steuerpflichtigen begünstigender Richtlinien zB EuGH v. 17.10.1996, C-283/94, C-291/94, C-292/94, DStRE 1997, 22 Rn. 37 ff. – *Denkavit; Schnitger/Nitzschke/Gebhardt* IStR 2016, 960).

128 In der Literatur werden Zweifel geäußert, inwieweit die ATAD als belastende Richtlinie tatsächlich von der Ermächtigungsgrundlage gemäß Art. 115 AEUV erfasst wird (*Schnitger/Nitzschke/Gebhardt* IStR 2016, 960; *Desens* IStR 2014, 825 (827 f.); *Lüdicke/Oppel* DB 2016, 549 (550)). Diesem Aspekt kommt dann herausgehobene Bedeutung zu, wenn im Hinblick möglicher punktueller Verschärfungen der deutschen Rechtslage die Bedrohung eines Vertragsverletzungsverfahrens an Bedeutung verliert bzw. von einer weiteren Anpassung durch den deutschen Gesetzgeber abgesehen werden kann.

129 Die ATAD ist in den größeren Rahmen des BEPS-Projekts eingebettet. Mit dem BEPS-Projekt („Base Erosion and Profit Shifting") hat die OECD ein umfangreiches Maßnahmenpaket angestoßen, das Gestaltungen zur Gewinnverlagerung und Modelle zur Steuervermeidung weitgehend unterbinden soll. Ziel der ATAD ist es, eine rasche, koordinierte, aber auch flexible Umsetzung der OECD Anti-BEPS Maßnahmen auf EU-Ebene herbeizuführen. Da sich die hierfür eingeführten Regelungen in 28 (bald möglicherweise 27) verschiedene Systeme der Unternehmensbesteuerung einfügen müssen, soll die Richtlinie eher allgemeine Bestimmungen enthalten und die Implementierung in Form eines einheitlichen Mindestschutzniveaus den Mitgliedstaaten überlassen bleiben. Darüber hinaus enthält die ATAD eine allgemeine Missbrauchsklausel.

130 Die nachfolgenden Überlegungen greifen die aktuelle positive Rechtslage im System der Hinzurechnungsbesteuerung sowie der zu erwartenden Neuerungen aufgrund der ATAD auf und unterziehen insbesondere die nachfolgenden Kriterien einer kritischen Würdigung:
- Anwendungsbereich von CFC-Regeln
- Beherrschungskonzeption
- Niedrigsteuerschwelle
- Aktivitätskatalog
- Einkünfteermittlung
- Vermeidung der Doppelbesteuerung
- Dividenden und Veräußerungsgewinne
- Einkünfte aus Finanzierungsleasing
- Einkünfte von Versicherungen und Banken sowie aus anderen finanziellen Tätigkeiten
- Einkünfte aus Abrechnungsunternehmen
- Aktivitätstest gemäß Art. 7 Abs. 2 S. 2 ATAD
- Essential-Purpose-Test
- Berechnung und Zurechnung der passiven Einkünfte – Art. 8 Abs. 1–4 ATAD
- Zurechnung anhand der Beteiligungsquote gemäß Art. 8 Abs. 3 ATAD
- Zurechnungszeitpunkt gemäß Art. 8 Abs. 4 ATAD
- Ausschüttungen und Veräußerungen – Art. 8 Abs. 5 und 6 ATAD
- Exkulpationsmöglichkeit/Substanzanforderungen für wirtschaftlich begründete Einkünfte
- Mehrstufige Unternehmensstrukturen

131 Dabei ist stets im Auge zu behalten, dass die ATAD (zwingend) umzusetzendes Sekundärrecht der Europäischen Union darstellt (hard law).

132–134 *einstweilen frei*

II. Anwendungsbereich von CFC-Regeln

1. Regelungsgehalt der ATAD

Nach Art. 1 ATAD findet diese Anwendung für alle Steuerpflichtigen, die in einem oder mehreren Mitgliedstaaten körperschaftsteuerpflichtig sind, einschließlich der in einem oder mehreren Mitgliedstaaten belegenen Betriebsstätten von Unternehmen, die steuerlich in einem Drittland ansässig sind. Steuerlich transparente Unternehmen, insbesondere Personengesellschaften, sind wohl nicht Gegenstand der Richtlinie. Gleichwohl dürfte es nach Umsetzung der ATAD in deutsches Recht dem deutschen Verständnis entsprechen, durch die Personengesellschaft hindurchzusehen und auf die Anteilseignerebene der Personengesellschaft abzustellen. Ist eine körperschaftsteuerpflichtige Person demnach an einer Personengesellschaft beteiligt, dürfte der Anwendungsbereich der ATAD insoweit wohl eröffnet sein. 135

Aufgrund des in Art. 1 ATAD enthaltenen Grundsatz, dass die Richtlinie (und damit auch Art. 7 und 8 ATAD) für alle Steuerpflichtige gilt, die in einem oder mehreren Mitgliedstaaten körperschaftsteuerpflichtig sind, ist klargestellt, dass für natürliche Personen als Anteilseigner keine Regelungen zur Hinzurechnungsbesteuerung vorgesehen werden müssen. Im Hinblick auf transparente Personengesellschaften dürften die Regelungen nur insoweit von Bedeutung sein, als an diesen Körperschaftsteuerpflichtige beteiligt sind. 136

Nicht völlig klar geregelt ist indessen, welche Form der Steuerpflicht eine Körperschaft erfüllen muss, um unter die ATAD zu fallen. Nach bisherigem Verständnis fallen generell nur ansässige Steuerpflichtige, mithin unbeschränkt steuerpflichtige Personen, in den Anwendungsbereich von Hinzurechnungssteuersystemen. Insbesondere nach – bisherigem – deutschem Rechtsverständnis stellt die unbeschränkte Steuerpflicht eine grundlegende Voraussetzung für die Hinzurechnungsbesteuerung dar. Andernfalls fehlt der ausreichende „*genuine link*" zum Inland. Dies erklärt sich auch daraus, dass sich für beschränkt steuerpflichtige Körperschaften kein Steuervorteil aus der „Zwischenschaltung" einer ausländischen Kapitalgesellschaft ergibt; ohne diese Kapitalgesellschaft wäre nämlich eine ausländische Einkunftsquelle in keinem Fall im Rahmen der beschränkten Steuerpflicht zu erfassen (vgl. auch weiterführend zum Erfordernis der unbeschränkten Steuerpflicht und der Besteuerung nach dem Welteinkommen *Schönfeld* Hinzurechnungsbesteuerung und Europäisches Gemeinschaftsrecht, 2005, 99f.). 137

Ob dies auch nach den Verfassern der ATAD der Fall sein soll, ist unklar. Denn Art. 7 Abs. 1 ATAD spricht nur von dem „Mitgliedstaat eines Steuerpflichtigen", der Regelungen für beherrschte Unternehmen vorsehen soll. Abs. 4 S. 1 und 2 der Erwägungsgründe ergänzt zwar, dass die Vorschriften der ATAD „für alle Steuerpflichtigen" und insbesondere auch „für Betriebsstätten" gelten. Und in Abs. 4 S. 4 der Erwägungsgründe werden die Vorschriften der ATAD sogar für „Betriebsstätten von Unternehmen, die in einem Drittstaat steuerlich ansässig sind" für anwendbar erklärt. Für Regelungen wie die Begrenzungen der Abzugsfähigkeit von Zinszahlungen gemäß Art. 4 ATAD leuchtet es sogar ein, dass Betriebsstätten von Körperschaftsteuerpflichtigen 138 wie Kapitalgesellschaften behandelt werden sollen. Gegen den Einbezug beschränkt Steuerpflichtiger in den persönlichen Adressatenkreis der Hinzurechnungsbesteuerung lassen sich gewichtige Gründe geltend machen. So spricht dagegen, dass die Richtlinie kein Zuordnungserfordernis der Beteiligung an der ausländischen Gesellschaft zu einer inländischen Betriebsstätte vorsieht. Eines solchen Erfordernisses bedürfte es aber in jedem Fall, da eine Verpflichtung für eine „extraterritoriale" Hinzurechnungsbesteuerung wohl kaum den Vorgaben der ATAD entnommen werden kann.

139 In Bezug auf die erfassten Vehikel, mithin bei der Qualifizierung der CFC-Eigenschaft eines Vehikels, werden Kapitalgesellschaften und Betriebsstätten von Kapitalgesellschaften explizit, Personengesellschaften hingegen nicht explizit erfasst.

2. Änderungsbedarf aufgrund der ATAD

140 Wie bereits angedeutet dürfte angesichts der skizzierten Ausgangslage kaum zu erwarten sein, dass nach deutscher Rechtslage Einkommensteuersubjekte künftig vom Anwendungsbereich der Hinzurechnungsbesteuerung ausgenommen werden. Mit anderen Worten ist im Hinblick auf den Anwendungsbereich der deutschen Hinzurechnungsbesteuerung nach Umsetzung der ATAD sowie unter Berücksichtigung der Empfehlungen der OECD weder eine Verschärfung noch eine Milderung zu erwarten. Hinzuwiesen ist darauf, dass die Beschränkung auf Körperschaftsteuersubjekte in der ATAD ggf. Ausweichhandlungen einiger Mitgliedsstaaten erwarten lässt. Dass diese Ausweichhandlungen dem „level-the-playing-field"-Ansatz zuwiderlaufen, dürfte außer Frage stehen.

141–144 *einstweilen frei*

III. Beherrschungskonzeption

1. Regelungsgehalt der ATAD

145 Der Anwendungsbereich der Hinzurechnungsbesteuerung nach der ATAD ist eröffnet, wenn die inländische Muttergesellschaft ein ausländisches Unternehmen beherrscht. Ein beherrschtes Unternehmen wird in Art. 7 Abs. 1 Buchst. a ATAD dabei wie folgend definiert:

146 Der inländische Steuerpflichtige hält allein oder gemeinsam mit verbundenen Unternehmen
 (i) unmittelbar oder mittelbar mehr als 50% der Stimmrechte oder
 (ii) unmittelbar oder mittelbar mehr als 50% des Kapitals oder
 (iii) hat Anspruch auf mehr als 50% der Gewinne des ausländischen Unternehmens.

Auch Betriebsstätten, welche im Mitgliedstaat des Steuerpflichtigen der Steuerfreistellung unterliegen oder nicht besteuert werden, gelten als beherrschtes ausländisches Unternehmen.

147 Zu beachten ist, dass die Richtlinie den Mitgliedstaaten erlaubt, die Schwelle für die Beherrschung auch niedriger anzusetzen, als dies aktuell in der Richtlinie mit den mehr als 50% vorgesehen ist.

2. Änderungsbedarf aufgrund der ATAD

Der Vergleich der Kontrollkonzeption der ATAD mit § 7 fördert zutage, **148** dass sich kein wesentlicher Änderungsbedarf aus der ATAD-Definition ergeben sollte. Dabei wird es als unklar erachtet, ob der Begriff der mittelbaren Beteiligung dazu führt, dass auch nachgeschaltete ausländische Unternehmen mit ihren Einkünften unter die Hinzurechnungsbesteuerung fallen sollen oder ob deren Zweck lediglich darin zu sehen ist, unmittelbare und mittelbare Beteiligungen für die Ermittlung des Überschreitens der 50%-Grenze zusammenzurechnen (*Rautenstrauch/Suttner* BB 2016, 2391 (2392): „Dem Vernehmen nach soll die Rechtsfolge der Hinzurechnungsbesteuerung – die Zurechnung der Einkünfte des ausländischen Unternehmens zu dem inländischen Steuerpflichtigen – nur auf Basis und in Höhe der unmittelbaren Beteiligung erfolgen.").

Angesichts des Befunds, dass die Richtlinie ein Mindestschutzniveau beab- **149** sichtigt, sollten die strengeren Beteiligungsvoraussetzungen bei Vorhandensein von Zwischeneinkünften mit Kapitalanlagecharakter (vgl. § 7 Abs. 6) der Richtlinie nicht entgegenstehen.

Demzufolge ergeben sich weder aus der BEPS-Inititave zu Aktionsplan 3 **150** noch aus der ATAD unmittelbar Notwendigkeiten, die aktuell geltenden Beherrschungsregeln der deutschen Hinzurechnungsbesteuerung zu verschärfen. Die von beiden Instrumenten im Sinne eines „Mindestschutzniveaus" intendierten Beherrschungsquoten sind nach geltender deutscher Rechtslage bei weitem erfüllt.

Daher könnten sowohl die BEPS-Initiative zu Aktionsplan 3 als auch die **151** ATAD zum Anlass genommen werden, die positiv-rechtlich geregelte deutsche Beherrschungskonzeption grundlegend zu überdenken. Dies bietet sich in Bezug auf die Beteiligung einzelner Investoren an ausländischen Zwischengesellschaften an. Mehrere Staaten haben aus Vereinfachungserwägungen heraus positive Erfahrungen damit gemacht, die Einbeziehung einzelner Investoren – selbst bei Inlandsbeherrschung insgesamt – erst ab einer individuellen Mindestbeteiligungsquote zu normieren. Als tragfähig könnte sich insoweit ein Quorum von 10% erweisen.

Ferner gilt dies in besonderem Maße für die „Beherrschungsregelung" bei **152** Zwischeneinkünften mit Kapitalanlagecharakter. In der Kritik stehen diesbezüglich die sowohl in Bezug auf Mitwirkungspflichten der Steuerpflichtigen als auch den Verwaltungsvollzug völlig unpraktikable „Minibeteiligungen", die tatbestandlich die sog. erweiterte bzw. verschärfte Hinzurechnungsbesteuerung auszulösen imstande sind. Hier ist dringender Reformbedarf zu identifizieren, zumal sich die einschlägigen Bestimmungen der § 7 Abs. 6a iVm den Erklärungspflichten nach § 18 Abs. 3 im Bereich struktureller Vollzugsdefizite bewegen (vgl. hierzu *Kraft* IStR 2011, 897; *Eilers/Henning* ISR 2015, 422 (428): „Dem deutschen Gesetzgeber wäre daher zu empfehlen, § 7 Abs. 6, 8 in ihrer derzeitigen Form zu streichen.").

einstweilen frei **153, 154**

IV. Referenzschwelle der „Niedrigbesteuerung"

1. Regelungsgehalt der ATAD

155 Niedrigbesteuerung liegt nach der Richtlinie dann vor, wenn die Belastung des ausländischen Unternehmens oder der Betriebsstätte mit der tatsächlich entrichteten Körperschaftsteuer auf ihre Gewinne weniger als die Hälfte der Körperschaftsteuer beträgt, welche nach der geltenden Körperschaftsteuerregelung im Mitgliedstaat des Steuerpflichtigen erhoben worden wäre (vgl. Art. 7 Abs. 1 Buchst. b ATAD). Ferner ist es den Mitgliedstaaten auf Basis bestimmter in der ATAD genannter Kriterien eröffnet, weiße, graue oder schwarze Drittstaatslisten zu erstellen. Das wesentliche Kriterium bildet insoweit explizit das Körperschaftsteuerniveau des ausländischen Staates. Ebenso sind weiße Mitgliedstaatslisten denkbar (vgl. ATAD, Recital 12; *Rautenstrauch/ Suttner* BB 2016, S. 2391 (2392)).

2. Änderungsbedarf aufgrund der ATAD

156 Es entspricht der fast unbestrittenen Meinung in der Literatur, dass die Niedrigsteuerschwelle, gemessen am deutschen Ertragssteuerniveau, zu hoch und völlig willkürlich bemessen ist (für die ganz hM *Kraft* IStR 2010, 377; *Wassermeyer/Schönfeld* IStR 2008, 496; *Haas* IStR 2011, 354 (360); *Roser* IStR 2000, 78 (80); *Richter/Heyd* BFuP 2011, 524 (540); *Flick* RIW/AWD-BB 1973, 501 (501); *Quilitzsch* Die Hinzurechnungsbesteuerung: Eine rechtsökonomische Analyse der Regelungen in Deutschland und Japan, 2013, 336 ff.; kritisch bereits zum AStG-Entwurf *Telkamp* StuW 1972, 97 (110); *Kraft/ Moser/Hentschel* Intertax 2014, 334; *Wassermeyer:* Erfahrungen mit dem Außensteuergesetz von 1972, in: Hansmeyer (Hrsg.): Verhandlungen auf der Jahrestagung der Gesellschaft für Wirtschafts- und Sozialwissenschaften, Verein für Socialpolitik in Köln vom 13.–15. September 1982, 1982, 35 (41); *Vogel* BB 1971, 1185 (1190)). Die Körperschaftsteuer beträgt in Deutschland gem. § 23 Abs. 1 KStG 15 %. Ohne Berücksichtigung der Gewerbesteuer würde sich für eine unbeschränkt steuerpflichtige Kapitalgesellschaft eine kumulierte Ertragsteuerbelastung auf thesaurierte Gewinne von deutlich unter 25 % ergeben. Demnach wäre, gemessen an der Niedrigsteuerschwelle des § 8 Abs. 3, Deutschland im Einzelfall selbst ein Niedrigsteuerland (*Wassermeyer/Schönfeld* IStR 2008, 396 (397 ff.); *Wassermeyer* IStR 2000, 114 (115)). Auch ist die Einbeziehung der Gewerbesteuer in den Vergleichsmaßstab steuersystematisch nicht unproblematisch und jedenfalls vom ursprünglichen Gesetzgeber nicht intendiert (*Cortez* Neuausrichtung der deutschen Hinzurechnungsbesteuerung – Kritische Würdigung und Reformansatz der zentralen Norm des § 8 AStG, 2013, 269 f.). Die Belastung einer inländischen Körperschaft mit Gewerbesteuer ist nicht zwingend, man denke etwa an einen Verein, eine Stiftung, welche Vermögensverwaltung betreibt oder eine Immobiliengesellschaft, welche in den Genuss des § 9 Nr. 1 S. 2 GewStG kommt.

157 Insgesamt bleibt die gewählte Niedrigsteuerschwelle von 25 % daher problematisch und folgt keinem steuersystematisch nachvollziehbaren Prinzip. Auch muss darauf hingewiesen werden, dass sich bei ausländischen Steuersätzen zwischen 15 % und 25 % aufgrund der Nichtanrechenbarkeit ausländi-

E. EU-Richtlinie gegen Steuervermeidung (ATAD)   158–162   **Vor § 7**

scher Steuern auf die deutsche Gewerbesteuer erhebliche Anrechnungsüberhänge für den Steuerpflichtigen ergeben (vgl. *Wassermeyer/Schönfeld* IStR 2008, 496 (498 ff.)). Daher erscheint eine Orientierung am tatsächlichen deutschen Körperschaftsteuersatz von 15 % sachgerechter (vgl. *Kraft* IStR 210, 377 (377 f.)).

Die konzeptionelle Fragwürdigkeit der aktuell geltenden Niedrigsteuerreferenzschwelle zeigt sich im Übrigen auch im Rahmen von Widersprüchlichkeiten, die sich etwa beim Vermietungstatbestand des § 8 Abs. 1 Nr. 6 ausmachen lassen. Eine Hinzurechnungsbesteuerung des inländischen Gesellschafters einer im DBA-Staat ansässigen ausländischen Zwischengesellschaft ist dann möglich, wenn diese inländischen Grundbesitz vermietet. Dieser führt zu Einkünften aus passivem Erwerb und ist bei Vermeidung der Gewerbesteuerpflicht aufgrund des inländischen (!) Körperschaftsteuersatzes von 15 % zzgl. Solidaritätszuschlag auch niedrig besteuert. Demzufolge kommt es zur Hinzurechnungsbesteuerung (vgl. *Wassermeyer/Schönfeld* IStR 2008, 496; *Kraft* IStR 2010, 377). Um es ganz plastisch zu formulieren: Deutschland bezichtigt sich selbst, ein Niedrigsteuerstaat zu sein! 158

einstweilen frei   159

V. Aktivitätskatalog

1. Regelungsgehalt der ATAD

Als hinzuzurechnende Einkünfte werden nach Art. 7 Abs. 2 Buchst. a ATAD nicht ausgeschüttete Einkünfte aus folgenden Einkunftskategorien definiert: 160
– Zinsen oder sonstige Einkünfte aus Finanzanlagevermögen
– Lizenzgebühren oder sonstige Einkünfte aus geistigem Eigentum
– Dividenden und Einkünfte aus der Veräußerung von Anteilen
– Einkünfte aus Finanzierungsleasing
– Einkünfte aus Tätigkeiten von Versicherungen und Banken und aus anderen finanziellen Tätigkeiten
– Einkünfte aus Abrechnungsunternehmen, die Einkünfte aus dem Verkauf von Waren und der Erbringung von Dienstleistungen erzielen, die von verbundenen Unternehmen erworben oder an diese verkauft werden, und keinen oder nur geringen wirtschaftlichen Mehrwert bringen.

Art. 7 Abs. 2 Buchst. b ATAD unterwirft daneben noch solche nicht ausgeschütteten Einkünfte der Hinzurechnungsbesteuerung, die aus „unangemessenen" Gestaltungen resultieren, deren wesentlicher Zweck in der Erlangung eines steuerlichen Vorteils besteht. In der Literatur wird gemutmaßt, dass diese Regelung aufgrund der bereits vorhandenen britischen CFC-Regelungen aufgenommen wurde. Unangemessene Gestaltungen sind definiert in Art. 7 Abs. 2 Buchst. b zweiter Absatz ATAD (vgl. hierzu auch *Linn* IStR 2016, 645; *Rautenstrauch/Suttner* BB 2016, 2391 (2392)). 161

2. Änderungsbedarf aufgrund der ATAD

Der Aktivitätskatalog der deutschen Hinzurechnungsbesteuerung stellt sich als vergleichsweise unsystematische Gemengelage dar. Basierend auf kritischen Analysen zum Aktivitätskatalog erscheint es unabdingbar, den Einkünfteka- 162 log einer grundlegenden und kritischen Überprüfung zu unterziehen. Denn im Hinblick auf eine modernen Ansprüchen genügende Regelung im Kontext stets voranschreitender Internationalisierung der Wirtschaftstätigkeit erscheint der gesamte Einkünftekatalog reformbedürftig.

163 Bislang ist seitens des deutschen Gesetzgebers indessen wenig Reformbereitschaft zu identifizieren. Diese fehlende Reformbereitschaft führt dazu, dass Veränderungen globaler Unternehmenstätigkeit unzureichend in den Einkünftekatalog Eingang gefunden haben. Fehlende Regelungen sind zu identifizieren für den gesamten Bereich des sog. e-commerce bzw. e-business. Darüber sind einige Widersprüchlichkeiten auszumachen, etwa beim Vermietungstatbestand des § 8 Abs. 1 Nr. 6. Hier ist es dringend geboten, **inländische** Mieteinkünfte aus dem Passivkatalog herauszunehmen (vgl. *Wassermeyer/Schönfeld* IStR 2008, 496 mit Beispiel).

164 Weitere Kritikpunkte am bestehenden Einkunftskatalog lassen sich kursorisch belegen. Der Handelstatbestand (§ 8 Abs. 1 Nr. 4) ebenso wie der Dienstleistungstatbestand (§ 8 Abs. 1 Nr. 5) leiden an nicht zu überbietender Kompliziertheit (*Kraft* IStR 2010, 377 (379 f.)). Dies ist der Regelungstechnik geschuldet, die sich eines „Regel-Ausnahme-Rückausnahme-Ausnahme von der Rückausnahme"-Systems bedient. Im Sinne einer nachvollziehbaren Rechtsanwendung sollten hier die Strukturen entrümpelt werden.

165 Ferner leidet der Finanzierungstatbestand (§ 8 Abs. 1 Nr. 7) an der Voraussetzung, dass zur Darlegung des aktiven Charakters bestimmter Finanzierungstransaktionen ein Nachweis notwendig ist. Dieser besteht darin, dass darlehensweise vergebenes Kapital ausschließlich auf ausländischen Kapitalmärkten aufgenommen sein darf und im Ausland gelegenen Betrieben oder Betriebsstätten zugeführt wird. Es ist aus der Finanzierungstheorie hinreichend bekannt, dass eine gegenständliche Zuordnung von Kapital unmöglich ist. Plakativ findet sich auch der Begriff vom „angestrichenen Geld". Nicht nur, aber auch aus diesem Grund sollte der Finanzierungstatbestand von Grund auf überdacht werden. Im Interesse einer first-best-Lösung bietet sich eine Integration der Zwischeneinkünfte mit Kapitalanlagecharakter innerhalb eines einheitlichen Finanzierungstatbestands an.

166 In der praktischen Anwendung überaus problematisch ist, dass Veräußerungsgewinne im Einkunftskatalog des § 8 Abs. 1 nicht thematisiert sind. Zwar hat die Literatur – gleichsam praeter legem – den Grundsatz entwickelt, dass der Veräußerungsgewinn der Kategorie von Tätigkeiten im Rahmen des Katalogs des § 8 Abs. 1 zugerechnet wird, die zuvor mit dem Wirtschaftsgut ausgeübt wurde (*FWBS* § 8 AStG Rz. 17 mwN, *Haase* Internationales und Europäisches Steuerrecht, 2. Aufl. 2009, Rz. 543, *Schmidtmann* IStR 2009, 295 (298), schlägt einen drei- bis fünfjährigen Betrachtungszeitraum vor. Zur Problematik in anderem Kontext auch *Haase* IStR 2009, 24 (25)). Abgesehen davon, dass der zeitliche Bezug unzureichend geklärt ist, erhebt sich das Problem, wie der Veräußerungsgewinn aus einem Wirtschaftsgut zu behandeln ist, der sich keiner, also weder einer aktiven noch einer passiven Einkunftsquelle zuordnen lässt.

167 Ein weiterer Aspekt bei der Umsetzung von BEPS- bzw. ATAD-Gedankengut in inländisches Hinzurechnungssteuerrecht ist zu bedenken. Die deutsche Regelung zur hinzurechnungssteuerlichen Behandlung von Dividendenausschüttungen innerhalb deutschbeherrschter Beteiligungsketten basiert auf der Regelungskonzeption nachgeschalteter Zwischengesellschaften. Sie ist von der Überlegung getragen, dass auf der untersten ausländischen Beteiligungsstufe erwirtschaftete Erträge aus aktivem Erwerb diesen Charakter auch nicht durch Dividendenausschüttungen in der Beteiligungskette nach oben verlieren. Korrespondierend dazu werden auf unteren Beteiligungsstufen generierte Erträge aus passivem Erwerb durch die Beteiligungskette nach oben „zu"- und von der ersten ausländischen Beteiligungsstufe zum inländischen Anteilseigner „hin"zugerechnet. Die Grundsystematik der übertragenden Hinzurechnung nach § 14 ist dabei zweistufig: Zunächst werden die von der Untergesellschaft erzielten Zwischeneinkünfte der ausländischen Obergesellschaft zugerechnet. In einem zweiten Schritt erfolgt die Hinzurechnung zum unbeschränkt steuerpflichtigen Gesellschafter als fiktive Dividende (vgl. Haase/*Uterhark* § 14 AStG Rz. 4). Konsequenterweise qualifizieren Dividendenausschüttungen innerhalb der im Ausland domizilierten, deutschbeherrschten Beteiligungskette nach oben als aktiv, vgl. § 8 Abs. 1 Nr. 8.

168 Zu beachten ist dabei, dass die ausländische Gesellschaft (Untergesellschaft) iSd § 14 Abs. 1 S. 1 nicht zwingend eine Zwischengesellschaft sein muss (vgl. *FWBS* § 14 AStG, Rz. 39; Haase/*Uterhark* § 14 AStG Rz. 17). Die Zwischenschaltung einer Gesellschaft mit aktivem Gesamtcharakter innerhalb der ausländischen mehrstufigen Beteiligungskette unterbricht die übertragende Hinzurechnung gem. § 14 (vgl. SKK/*Hauswirth* § 14 AStG, Rz. 58; → § 14 Rz. 73f.). Zugerechnet werden grundsätzlich alle niedrig besteuerten Einkünfte nachgeschalteter Untergesellschaften.

169 Gem. § 14 Abs. 3 ist § 14 Abs. 1 entsprechend anzuwenden, wenn der Untergesellschaft weitere ausländische Gesellschaften nachgeschaltet sind (zu mehrstufigen Strukturen BFH v. 18.7.2001, I R 62/00, BStBl. II 2002, 644). So soll vermieden werden, dass durch eine bloße Verlängerung der Beteiligungskette im Ausland die übertragende Hinzurechnung nach § 14 Abs. 1 umgangen wird (vgl. SKK/*Hauswirth* § 14 AStG Rz. 77 ff.).

170 In diesem Kontext ist „Verschlimmbesserungspotenzial" einer reformierten Hinzurechnungsbesteuerung aufgrund von BEPS und ATAD zu besorgen. Denn sowohl BEPS Aktionsplan 3 als auch die ATAD qualifizieren Dividenden prinzipiell als passiv. Dividenden als passiv zu behandeln, ohne korrespondierende Regelung betreffend nachgeschaltete Zwischengesellschaft zu implementieren, grenzt allerdings an „konzeptionellen Unfug". Denn genuin aktive Erträge auf unterer Beteiligungsebene in passive Erträge qua Dividendenausschüttung in der Beteiligungskette umzuqualifizieren, entbehrt jeglicher systematischer Rechtfertigung. Überdies ginge eine solche Sachbehandlung – angesichts des empirischen Befunds regelmäßig tief gestufter Beteiligungsstrukturen – an der Realität vorbei.

171 Da die Problematik der hinzurechnungssteuerlichen Behandlung nachgeschalteter Zwischengesellschaften demzufolge konzeptionell eng mit der Behandlung von Dividendenausschüttungen in im Ausland domizilierten Beteiligungsketten zusammenhängt, ist insoweit dringend anzumahnen, eine systematisch abgestimmte gesetzgeberische Lösung zu entwickeln und Dividendentransfers nicht pauschal mit dem Unwerturteil passiver Einkünfte zu belegen.

einstweilen frei **172–174**

VI. Technik der Ermittlung der hinzurechnungssteuerpflichtigen Einkünfte

1. Regelungsgehalt der ATAD

175 Die Gewinne des ausländischen Unternehmens sollen nach dem Recht des Ansässigkeitsstaates des Steuerpflichtigen berechnet werden, vgl. Art. 8 Abs. 1 ATAD. Dem in seinem Ansässigkeitsstaat steuerpflichtigen Anteilsinhaber einer beherrschten Gesellschaft sollen Verluste der Gesellschaft nicht zugerechnet, sondern vorgetragen werden (Art. 8 Abs. 1 ATAD). Die Gewinnzurechnung soll entsprechend der Beteiligung erfolgen (Art. 8 Abs. 3 ATAD) und bereits in dem Steuerjahr berücksichtigt werden, in dem das Steuerjahr der ausländischen Gesellschaft endet (Art. 8 Abs. 4 ATAD).

2. Änderungsbedarf aufgrund der ATAD

176 Da die Gewinne den Steuerpflichtigen entsprechend ihrer Beteiligung zugerechnet (Art. 8 Abs. 3 ATAD) und in dem Steuerjahr berücksichtigt werden sollen, in dem das Steuerjahr der ausländischen Gesellschaft endet (Art. 8 Abs. 4 ATAD), dürfte eine Anpassung des § 10 Abs. 2 S. 1 wahrscheinlich werden. Diese Vorschrift regelt bisher den Zufluss des Hinzurechnungsbetrags nach Ablauf des maßgebenden Wirtschaftsjahres.

177 Hinsichtlich der Verlustbehandlung (vgl. dazu *Kraft* IStR 2016, 909) sind keine signifikanten Änderungen zu erwarten. Somit dürfte auch nach angepasster Rechtslage das hinzurechnungssteuerliche „Cherry-picking" aufrechterhalten werden. Passive, niedrig besteuerte Erträge werden demnach auch künftig dem inländischen Anteilsinhaber hinzugerechnet, wohingegen passive Verluste von der Berücksichtigung im Ansässigkeitsstaat ausgeschlossen bleiben.

178, 179 *einstweilen frei*

VII. Vermeidung der Doppelbesteuerung

1. Regelungsgehalt der ATAD

180 Hinzugerechnete Beträge sollen im Falle einer steuerpflichtigen Gewinnausschüttung der ausländischen Gesellschaft zur Vermeidung von Doppelbesteuerungen von der Bemessungsgrundlage abgezogen werden (Art. 8 Abs. 5 ATAD). Für Anteilsveräußerungsgewinne aus der Veräußerung von Anteilen an der beherrschten Gesellschaft gilt nach Art. 8 Abs. 6 ATAD eine entsprechende Regelung.

181 Von der (Zwischen-)Gesellschaft gezahlte Steuern sollen auf die Steuer des beteiligten Steuerpflichtigen angerechnet werden können, vgl. Art. 8 Abs. 7 ATAD. Erwähnung verdient, dass die Richtlinie die Anrechnung als „Abzug von der Steuerschuld" formuliert. Dieser Bezug dürfte so zu verstehen sein, dass die ausländische Steuer auf die gesamte Steuerschuld angerechnet werden muss, da die Richtlinie sonst durchgängig ausdrücklich von Körperschaftsteuer spricht. In der Literatur wird vertreten, dass aufgrund der ATAD auch eine Anrechnung auf die Gewerbesteuer zwingend werden könnte (so *Linn* IStR 2016, 645 (648)).

2. Änderungsbedarf aufgrund der ATAD

Angesichts der Freistellung tatsächlicher Dividenden bzw. Veräußerungsgewinne nach § 3 Nr. 41 EStG bzw. § 8b Abs. 1, 2 KStG hat Deutschland bereits eine zeitlich limitierte Regelung. Erfolgt die Ausschüttung an die inländische Beteiligungsgesellschaft außerhalb der Präklusionsfrist des § 3 Nr. 41 EStG, können sich dramatische Belastungswirkungen ergeben (vgl. zur Analyse von Ausschüttungen nach Ablauf der Präklusionsfrist mit Berechnungsbeispielen *Kraft* Ubg 2014, 596). Aus diesem Grunde ist eine Abschaffung der Achtjahresfrist des § 3 Nr. 41 EStG angezeigt. **182**

Die Anrechnungsmöglichkeit der von der (Zwischen-)Gesellschaft gezahlten Steuern auf die Steuer des inländischen Anteilsinhabers nach Art. 8 Abs. 7 ATAD entspricht im Grundsatz der jetzigen deutschen Regelungslage, sofern das Wahlrecht nach § 12 Abs. 1 ausgeübt wird. Insoweit dürfte kein Anpassungsbedarf bestehen. **183**

einstweilen frei **184**

VIII. Dividenden und Veräußerungsgewinne

1. Regelungsgehalt der ATAD

Der in Art. 7 Abs. 2 Buchst. a iii) ATAD enthaltene Grundsatz, wonach „Dividenden und Einkünfte aus der Veräußerung von Anteilen" als passive Einkünfte qualifizieren, vermag aus der Perspektive der deutschen Hinzurechnungsbesteuerung große Überraschung auszulösen. Denn nach deutschen Grundsätzen sind Dividenden gemäß § 8 Abs. 1 Nr. 8 immer sowie Veräußerungsgewinne grundsätzlich aus gutem Grund aktiv. Allenfalls soweit Anteile an nachgeschalteten Gesellschaften veräußert werden, die Einkünfte mit Kapitalanlagecharakter erzielen, können (partiell) passive Einkünfte gemäß § 8 Abs. 1 Nr. 9 vorliegen. **185**

Die Überraschung erklärt sich vor dem Hintergrund, dass nach der Regelungsdiktion im Kontext der deutschen Hinzurechnungsbesteuerung bei nachgeschalteten Zwischengesellschaften eine Erfassung passiver Einkünfte im Wege der übertragenden Zurechnung gemäß §§ 7, 14 erfolgt. **186**

2. Änderungsbedarf aufgrund der ATAD

Sollten Dividenden und Veräußerungsgewinne nicht mehr aktive Einkünfte darstellen, droht im Rahmen der Hinzurechnungsbesteuerung eine Doppelbesteuerung. Sollte sich der deutsche Gesetzgeber gleichwohl für eine Umsetzung des Art. 7 Abs. 2 Buchst. a iii) ATAD und eine Aufgabe des § 8 Abs. 1 Nr. 8 entscheiden, müsste ein Korrektiv zur Verhinderung einer Doppelbesteuerung vorgesehen werden. Im Schrifttum wird eine zwingende Anpassung des § 10 Abs. 3 S. 1 iVm § 8 Abs. 3 S. 1 KStG für erforderlich gehalten (*Linn* IStR 2016, 645). Gleichwohl bleibt im Dunkeln, wo der Vorteil einer von der ATAD intendierten Regelung gegenüber dem aktuellen Regelungskonzept der nachgeschalteten Zwischengesellschaften liegen könnte. Denn ohne einen fundamentalen Systemwechsel ließen sich die Vorgaben der ATAD kaum mit der Hinzurechnungsbesteuerung in Einklang bringen. **187**

188 Der deutsche Gesetzgeber sollte daher von der in der ATAD vorgesehenen Qualifikation von Veräußerungsgewinnen als passive Einkünfte Abstand nehmen. Denn auch hier verstärkt sich das Problem der Doppelbesteuerung, welches bereits derzeit in Folge des engen Anwendungsbereichs des § 8 Abs. 1 Nr. 9 bei nachgeschalteten Zwischengesellschaften mit Kapitalanlagecharakter besteht.

189 *einstweilen frei*

IX. Einkünfte aus Finanzierungsleasing

1. Regelungsgehalt der ATAD

190 Die ATAD charakterisiert in Art. 7 Abs. 2 Buchst. a iv) autonom Einkünfte aus Finanzierungsleasing als passiv. Aufgrund eines naheliegenden Umkehrschlusses sollten Einkünfte aus einem Operating Lease mithin als aktive Einkünfte qualifizieren. Legt man bisherige Maßstäbe der Hinzurechnungsbesteuerung an, wären unter Einkünfte aus Finanzierungsleasing nicht nur die die laufenden Einkünfte aus dem Leasing zu fassen, sondern auch der Gewinn aus dem Verkauf des Leasinggegenstandes.

2. Änderungsbedarf aufgrund der ATAD

191 Nach bisherigen deutschen Grundsätzen wird Finanzierungsleasing weniger streng behandelt. Einkünfte aus Finanzierungsleasing können – je nach Lage der Dinge im Einzelfall – durchaus nach § 8 Abs. 1 Nr. 3 aktiver Natur sein, wenn ein in kaufmännischer Weise eingerichteter Betrieb unterhalten wird und die Geschäfte nicht überwiegend mit dem inländischen Gesellschafter bzw. diesem nahestehenden (inländischen) Personen iSd § 1 Abs. 2 betrieben werden.

192 Demgegenüber ist im Falle des Operating Leasing die deutsche Rechtslage restriktiver. Denn für die Annahme aktiver Einkünfte gemäß § 8 Abs. 1 Nr. 6 Buchst. c müsste ein Geschäftsbetrieb zur gewerbsmäßigen Vermietung und Verpachtung unter Teilnahme am wirtschaftlichen Geschäftsverkehr unterhalten werden. Zudem müsste die Tätigkeit ohne Mitwirkung eines inländischen Gesellschafters bzw. diesem nahestehende (inländische) Personen iSd § 1 Abs. 2 ausgeführt werden.

193 Ob und inwieweit der Gesetzgeber sich zu einer (klarstellenden) ATAD-bedingten Neukonzeption des Leasing im Kontext der Hinzurechnungsbesteuerung veranlasst sehen könnte, ist derzeit nicht absehbar. Mit einiger Sorge ist indessen zu konstatieren, dass von einer Anpassung an die konzeptionell durchaus nicht vollumfänglich durchdachten Leasing-Regeln der ATAD erhebliche Verwerfungen entstehen würden.

194 *einstweilen frei*

X. Einkünfte von Versicherungen und Banken sowie aus anderen finanziellen Tätigkeiten

1. Regelungsgehalt der ATAD

195 Die Gründe für den Einbezug von Einkünften von Versicherungen und Banken gemäß Art. 7 Abs. 2 Buchst. a v) ATAD in die grundsätzliche Passivität ist dem von der deutschen Hinzurechnungsbesteuerung geprägten Rechtsanwender nahezu nicht nachvollziehbar. Allenfalls im Zusammenhang mit der Ausnahme der Hinzurechnungsbesteuerung für einen eingerichteten Geschäftsbetrieb gemäß Art. 7 Abs. 2 S. 2 ATAD könnte sich diese Vorgabe mit den deutschen Regelungen in Einklang und einen sinnvollen Kontext bringen lassen. Denn nach dem Gesetzeswortlaut des bisherigen deutschen Rechts erfordert eine aktive Tätigkeit gemäß § 8 Abs. 1 Nr. 3 im Rahmen des Betriebs eines Kreditinstituts oder eines Versicherungsunternehmens sowie einen in kaufmännischer Weise eingerichteten Geschäftsbetrieb. Zu weit gehend erscheint die Forderung von *Schnitger/Nitzschke/Gebhardt* (IStR 2016, 960) wonach zusätzlich ein Kreditinstituts oder eines Versicherungsunternehmens im aufsichtsrechtlichen Sinn vorliegen muss. Denn eine derartige Tatbestandsvoraussetzung wird weder von der Finanzverwaltung noch von der Rechtsprechung gefordert. So hat das FG Baden-Württemberg entschieden (FG BaWü v. 27.7.1995, 6 K 216/88, EFG 1996, 350), dass eine Banklizenz nach dem Aufsichtsrecht des Sitzstaats nicht erforderlich ist. Ähnlich stellt sich die Sichtweise der Finanzverwaltung dar. Nach Tz. 8.1.3.1. AEAStG sind Kreditinstitute gewerbliche Unternehmen, die Geschäfte iSd § 1 Abs. 1 KWG und andere, nach der Verkehrsauffassung der Kreditwirtschaft zuzurechnende Geschäfte in kreditwirtschaftlicher Weise betreiben. Eine Banklizenz im aufsichtsrechtlichen Sinne ist danach nicht erforderlich. Die Finanzverwaltung stellt damit – aus guten Gründen – gerade nicht auf eine aufgrund aufsichtsrechtlicher Bestimmungen erteilte Genehmigung zum Betrieb eines Kreditinstituts nach lokalen Bestimmungen ab. Denn sonst hätte ein – potenzieller – „Niedrigsteuerstaat es eigenmächtig in der Hand, durch die großzügige Erteilung von Kreditinstitutslizenzen die scharfen hinzurechnungssteuerlichen Vorschriften typischer „Hochsteuerländer", so auch § 8 Abs. 1 Nr. 3, zu unterminieren.

2. Änderungsbedarf aufgrund der ATAD

Ein Gleichklang zwischen den Vorgaben der ATAD und dem deutschen AStG läge dann vor, wenn der Betrieb eines Kreditinstituts oder eines Versicherungsunternehmens die Kriterien des Aktivitätstests gemäß Art. 7 Abs. 2 S. 2 ATAD erfüllen würde. Insoweit steht der Gesetzgeber vor der Aufgabe, die auf den ersten Blick kruden Vorgaben der ATAD passgenau in deutsches Recht einzufügen.

Eine vergleichbare Problematik wird sich dem die ATAD umsetzenden deutschen Gesetzgeber bei der Implementierung der von Art. 7 Abs. 2 Buchst. a v) ATAD erfassten Einkünfte aus anderen finanziellen Tätigkeiten stellen. Zutreffend wird im Schrifttum (*Schnitger/Nitzschke/Gebhardt* IStR 2016, 960) darauf hingewiesen, dass sich dem Rechtsanwender der Sinngehalt dieses unbestimmten Rechtsbegriffs nur schwerlich erschließt. Daher wird vermutet, die Bestimmung sei in Abgrenzung zu den Banken und Versicherungen insbesondere auf unregulierte Unternehmen der Finanzbranche gerichtet, deren Tätigkeiten über den Begriff der reinen Vermögensverwaltung gemäß Art. 7 Abs. 2 Buchst. a i) ATAD hinausgehen. Auch für derartige Unternehmen wird die Führung des Aktivitätstests gemäß Art. 7 Abs. 2 S. 2

ATAD hohe Bedeutung haben, um zu bestimmen, ob deren Einkünfte zukünftig nach den Vorgaben der Richtlinie einzubeziehen sind.

198, 199 *einstweilen frei*

XI. Einkünfte aus Abrechnungsunternehmen

1. Regelungsgehalt der ATAD

200 Terminologisches Neuland hält schließlich Art. 7 Abs. 2 Buchst. a vi) ATAD insoweit bereit, als dort die Einkünfte eines „Abrechnungsunternehmen" als passiv qualifiziert werden. Diese bislang ungewöhnliche begriffliche Diktion mag in der „untechnischen" Übersetzung des englischsprachigen Begriffs der „invoicing companies" wurzeln. Er wird sowohl den Rechtsanwender als auch die Wirtschaftspraxis vor erhebliche Probleme stellen. Denn diese neuartige Kategorie von passiven Einkünften (aus Abrechnungsunternehmen) werden definiert als Einkünfte aus dem Verkauf von Waren und der Erbringung von Dienstleistungen, die von verbundenen Unternehmen erworben oder an diese verkauft werden, und keinen oder nur geringen wirtschaftlichen Mehrwert bringen.

201 Diese Formulierung wird mit einiger Wahrscheinlichkeit erhebliche negative Auswirkungen auf in der Praxis bestehende Strukturen eingeübter Geschäftsmodelle haben. Zu denken ist insbesondere an die im Vertrieb deutscher Outbound-Unternehmen nicht unverbreiteten „Limited Risk Distributors" bzw. „Low Risk Distributors" (LRDs).

2. Änderungsbedarf aufgrund der ATAD

202 Was gemeint ist, wenn Art. 7 Abs. 2 Buchst. a vi) ATAD davon spricht, dass das Abrechnungsunternehmen keinen oder nur einen geringen Mehrwert erbringt, erschließt sich dem ATAD-Leser nicht und wird den deutschen Umsetzungsgeber vor mehr als nur semantische Probleme stellen. Sollten damit solche Fälle gemeint sein, bei denen das Abrechnungsunternehmen nur ein wenig bedeutsames Funktions- und Risikoprofil aufweist, sind negative Konsequenzen der auf oben geschilderte Vertriebsstrukturen zu besorgen.

203 Selbst wenn der Vergleich mit der aus dem deutschen Rechtskreis bekannten Figur des erforderlichen eingerichteten wirtschaftlichen Geschäftsbetriebs gemäß § 8 Abs. 1 Nr. 4 und 5 halten sollte, ergeben sich Verwerfungen. Die deutsche Rechtslage stellt sich insoweit einerseits strenger dar als die Richtlinie. Denn auch im Falle eines eingerichteten wirtschaftlichen Geschäftsbetriebs gemäß § 8 Abs. 1 Nr. 4 und 5 können im Falle einer Mitwirkung des inländischen Gesellschafters bzw. einer (inländischen) nahestehenden Person passive Einkünfte entstehen. Andererseits droht eine gesetzliche Verschärfung nach Umsetzung der ATAD im Vergleich zum deutschen Regelungskonzept. Denn § 8 Abs. 1 Nr. 4 und 5 gehen von einer aktiven Tätigkeit aus, wenn eine Verschaffung der Verfügungsmacht zwischen ausländischen verbundenen Unternehmen erfolgt.

204 *einstweilen frei*

XII. Aktivitätstest gemäß Art. 7 Abs. 2 S. 2 ATAD

1. Regelungsgehalt der ATAD

Art. 7 Abs. 2 S. 2 ATAD normiert eine Ausnahme von der Hinzurechnungsbesteuerung, wenn das ausländische Unternehmen „eine wesentliche wirtschaftliche Tätigkeit" ausübt. Im Verhältnis zu EU/EWR-Staaten ist diese als verpflichtende, gegenüber Drittstaaten nach S. 3 als wahlweise Ausnahme von der Hinzurechnungsbesteuerung vorgesehen. Der Drittstaatenfall hat insoweit erhöhte Aufmerksamkeit des Richtliniengebers erlangt. Denn einerseits sieht Art. 7 Abs. 2 S. 3 ATAD die Option vor, dass in Drittstaaten ansässige ausländische Unternehmen nicht der Hinzurechnungsbesteuerung unterliegen, wenn eine wirtschaftliche Tätigkeit im Ausland unterhalten wird. Zudem spricht Abs. 12 S. 13 der Erwägungsgründe die Möglichkeit an, dass Mitgliedstaaten weiße, graue und schwarze Drittländerlisten führen. **205**

2. Änderungsbedarf aufgrund der ATAD

Da sowohl im Rahmen der ATAD als auch im Fall der §§ 7 Abs. 6, 6a auch Kleinstbeteiligungen der Hinzurechnungsbesteuerung unterliegen können, wenn nur verbundene Unternehmen im ausreichenden Umfang an der ausländischen Gesellschaft beteiligt sind, muss die in Art. 7 Abs. 2 S. 3 enthaltene Option primärrechtskonform im Sinne einer Pflicht zur Ausnahme von der Hinzurechnungsbesteuerung vor dem Hintergrund der Schutzwirkung der Kapitalverkehrsfreiheit im Verhältnis zu Drittstaaten gelesen – und umgesetzt – werden. Entsprechende Erwägungen dürften im Hinblick auf § 8 Abs. 2 S. 3 und 4 Geltung beanspruchen. Selbst wenn diese im Einklang mit Art. 7 Abs. 2 S. 3 ATAD stehen sollten, dürfte in zahlreichen Fällen ein Konflikt mit der Kapitalverkehrsfreiheit vorliegen. **206**

Die sicherlich gut gemeinte Aktivitätstest-Ausnahme, die sich auch als Exkulpationsregel verstehen lässt, dürfte im Rahmen der Umsetzung in deutsches Recht durchaus erhebliche Probleme aufwerfen. Denn zunächst ist unklar, was unter einer „wesentlichen wirtschaftlichen Tätigkeit" zu verstehen ist. Eine Auslegung anhand der zum Primärrecht entwickelten Grundsätzen bietet sich an, denn offensichtlich bildeten diese die Grundlage für die Einführung des Art. 7 Abs. 2 S. 2 ATAD. Zudem enthält Art. 7 Abs. 2 S. 2 ATAD selbst ein Indiz, welche sachlichen Gegebenheiten insoweit vorliegen müssen, wenn darauf abgestellt wird, dass die wirtschaftliche Tätigkeit auf „Personal, Ausstattung, Vermögenswerte und Räumlichkeiten" gestützt sein muss. Da zudem das Bestehen einer wirtschaftlichen Tätigkeit durch „relevante Fakten und Umstände" nachgewiesen werden muss, wird diese anhand objektiver Gegebenheiten ohne Ansehung der inneren Willensbildung zu bestimmen sein. **207**

einstweilen frei **208, 209**

XIII. Essential-Purpose-Test

1. Regelungsgehalt der ATAD

Die ATAD sieht für die Mitgliedstaaten in Art. 7 Abs. 2 Buchst. b S. 1 die Möglichkeit vor, die Anwendung der Hinzurechnungsbesteuerung von einem **210** sog. „Essential-Purpose-Test" abhängig zu machen. Danach gelangt die Hinzurechnungsbesteuerung zur Anwendung, wenn Einkünfte des Unternehmens oder der Betriebsstätte aus einer unangemessenen Gestaltung stammen, deren wesentlicher Zweck darin besteht, einen steuerlichen Vorteil zu erlangen. Die „unangemessene Gestaltung" ist hierbei gemäß Art. 7 Abs. 2 Buchst. b S. 2 ATAD gegeben, wenn ein Unternehmen oder eine Betriebsstätte nicht selbst Eigentümer der Vermögenswerte wäre oder die Risiken, aus denen seine gesamten Einkünfte oder Teile davon erzielt werden, nicht eingegangen wäre, wenn es nicht von einer Gesellschaft beherrscht würde, deren Entscheidungsträger die für diese Vermögenswerte und Risiken relevanten Aufgaben ausführen (sog. „significant people functions"), die für die Erzielung der Einkünfte des beherrschten Unternehmens ausschlaggebend sind.

2. Änderungsbedarf aufgrund der ATAD

211 Die Unangemessenheit einer Gestaltung nach der Sprachführung der ATAD dürfte sich nicht nur dem Leser schwer erschließen, auch der Gesetzgeber dürfte anlässlich der Umsetzung erhebliche Probleme damit haben. Art. 7 Abs. 2 Buchst. b S. 2 ATAD geht im Rahmen einer fiktiven Prüfung nämlich davon aus, dass eine Unangemessenheit vorliegt, wenn das Unternehmen bzw. die Betriebsstätte nicht Eigentümer der Vermögenswerte geworden wäre, ohne dass eine Einflussnahme des beherrschenden Gesellschafters vorgelegen hätte. Dieser Test wird – dem reinen Wortlaut nach – kaum durchführbar sein, soweit ausländischen Gesellschaften in Niedrigsteuerländern Vermögenswerte durch das Gesellschaftsverhältnis veranlasst als Einlage zugewendet werden, um eine Steuersatzdifferenz zu nutzen. Denn in diesem Fall wäre wohl jedes Unternehmen regelmäßig Eigentümer der Vermögensgegenstände geworden bzw. hätte die Risiken übernommen, um die Gewinnchance zu erlangen.

212 Man könnte in die Konzeption hineinlesen, dass die Richtlinie erfordert, dass die für die Vermögenswerte und Risiken einer ausländischen Gesellschaft und Betriebsstätte „significant people functions" von dieser selbst und nicht dem beherrschenden Gesellschafter ausgeführt werden müssen, um *nicht* der Hinzurechnungsbesteuerung zu unterfallen. Folglich sollte auch mit Umsetzung der ATAD eine Gesellschaft oder Betriebsstätte, in der „significant people functions" ausgeführt werden, primärrechtlich vor einer Hinzurechnungsbesteuerung geschützt sein.

213, 214 *einstweilen frei*

XIV. Berechnung und Zurechnung der passiven Einkünfte – Art. 8 Abs. 1–4 ATAD

1. Regelungsgehalt der ATAD

215 In die Steuerbemessungsgrundlage nach Art. 7 Abs. 2 Buchst. a S. 1 ATAD einzubeziehende Einkünfte werden nach den Körperschaftsteuervorschriften des Mitgliedstaates berechnet, in dem der Steuerpflichtige ansässig oder belegen ist. Das Äquivalent im derzeitigen deutschen Recht für diese sog. „einzubeziehenden Einkünfte" sind die Zwischeneinkünfte. Analog der Prüfung einer Niedrigbesteuerung gemäß Art. 7 Abs. 1 Buchst. b ATAD hat die Ermittlung der einzubeziehenden Einkünfte nach den Vorschriften des Rechts des Mitgliedstaats des jeweiligen Steuerpflichtigen zu erfolgen. Eine Kürzung der Erträge um damit in Zusammenhang stehende Betriebsausgaben dürfte außer Frage stehen.

2. Änderungsbedarf aufgrund der ATAD

Hinsichtlich der Details der Ermittlung der „einzubeziehenden Einkünfte" enthält die ATAD keine präzisen Handreichungen. Dies könnte Quell unterschiedlicher Umsetzungen in den Mitgliedstaaten sein. Gleichwohl entspricht im Grundsatz die Regelung § 10 Abs. 3 S. 5. Danach führen negative Zwischeneinkünfte nicht zu einem negativen Hinzurechnungsbetrag. Sie können mit positiven Zwischeneinkünften derselben Gesellschaft in entsprechender Anwendung des § 10d EStG ausgeglichen werden. **216**

Die Möglichkeit eines Rücktrags negativer Zwischeneinkünfte iSv § 10 Abs. 3 S. 5 ist nach der Bestimmung des Art. 8 Abs. 1 S. 2 ATAD nicht vorgesehen. Unklarheit besteht ferner in Bezug darauf, ob die Einkünfte aus den in Art. 7 Abs. 2 Buchst. a ATAD genannten Kategorien separat zu ermitteln sind oder ob insgesamt eine Einkünfteermittlung zu erfolgen hat. Dieser Fragestellung kommt Bedeutung zu bei der Berücksichtigung von Verlusten: Sollten die Einkünfte insgesamt zu ermitteln sein, bleibt ein intratemporaler Ausgleich von Gewinnen und Verlusten aus den Einkünftekategorien möglich. Demgemäß kennt § 10 Abs. 1 für den inländischen Gesellschafter einer Zwischengesellschaft nur einen Hinzurechnungsbetrag. In diesen fließen sämtliche niedrig besteuerten passiven Einkünfte der ausländischen Gesellschaft ein. Folglich kommt es zu einer Verrechnung positiver und negativer Zwischeneinkünfte und nur ein positiver Saldobetrag führt zu einer Hinzurechnung. Ob diese Behandlung in Zukunft nach Umsetzung der ATAD so beibehalten würde, ist aus dem Text der ATAD nicht eindeutig ableitbar. **217**

einstweilen frei **218, 219**

XV. Zurechnung anhand der Beteiligungsquote gemäß Art. 8 Abs. 3 ATAD

1. Regelungsgehalt der ATAD

Nach Art. 8 Abs. 3 ATAD orientieren sich die in die Steuerbemessungsgrundlage einzubeziehenden Einkünfte an der vom Steuerpflichtigen an dem Unternehmen gehaltenen Beteiligungsquote. Mit anderen Worten erhöht der nach Art. 8 Abs. 1 oder 2 ATAD ermittelte Betrag die Steuerbemessungsgrundlage des Steuerpflichtigen nur in Höhe seiner quotalen Beteiligung an der beherrschten Gesellschaft. **220**

2. Änderungsbedarf aufgrund der ATAD

Die Umsetzung der Vorschrift in das deutsche System der Hinzurechnungsbesteuerung wird mit hoher Wahrscheinlichkeit Schwierigkeiten bereiten, nennt sie doch – ohne den Begriff Beteiligung zu verwenden – drei verschie- **221** dene Formen der „Beteiligung", die zu einer Beherrschung führen können. So kann sich die Beteiligung an den Stimmrechten, an der Beteiligung am Kapital und an der Beteiligung am Gewinn der Gesellschaft orientieren. Art. 8 Abs. 3 ATAD spezifiziert nicht, auf welche dieser Beteiligungen abzustellen ist. Nach wohl zutreffender Einschätzung im Schrifttum ist auf den Sinn und Zweck der Art. 7 f. ATAD abzustellen. Diese sollen der Einkünfteverlagerung auf niedrig besteuerte Gesellschaften entgegenwirken. Aus diesem Grunde dürfte auf die Beteiligung am Gewinn und bei mittelbaren Beteiligungen auf die entsprechend durchgerechnete Beteiligung abzustellen sein. Gleichwohl ist zu betonen, dass der Wortlaut der Richtlinie in dieser Hinsicht als offen zu beurteilen ist und Raum für andere Auslegung lässt.

222–224 *einstweilen frei*

XVI. Zurechnungszeitpunkt gemäß Art. 8 Abs. 4 ATAD

1. Regelungsgehalt der ATAD

225 Nach Art. 8 Abs. 4 ATAD sind die Einkünfte in dem Steuerzeitraum des Steuerpflichtigen einzubeziehen, in dem das Steuerjahr des ausländischen Unternehmens endet. Diese Formulierung lässt den Mitgliedstaaten erheblichen Gestaltungsspielraum bei der Umsetzung der Richtlinienvorgaben. Steuerjahr des Unternehmens könnte nämlich sowohl dessen Wirtschaftsjahr sein als auch der Zeitraum, für den die Steuer erhoben wird (Veranlagungszeitraum). Steuerzeitraum des Steuerpflichtigen kann ebenfalls das Wirtschaftsjahr, das Kalenderjahr oder der Veranlagungszeitraum sein, vgl. Art. 2 Abs. 3 ATAD.

2. Änderungsbedarf aufgrund der ATAD

226 Gemäß aktueller Rechtslage gilt der Hinzurechnungsbetrag nach § 10 Abs. 2 S. 1 unmittelbar nach Ablauf des maßgebenden Wirtschaftsjahres der ausländischen Gesellschaft als zugeflossen. Dies bedeutet, dass in Fällen, in denen das Wirtschaftsjahr der Zwischengesellschaft und der inländischen beherrschenden Gesellschaft am selben Tag enden, die Hinzurechnung im nachfolgenden Wirtschaftsjahr der beherrschenden Gesellschaft erfolgt. Anders gewendet erfolgt eine Einbeziehung daher grundsätzlich zeitversetzt. Diese aktuell geltende Regelung des deutschen Rechts dürfte künftig nicht mit der Richtlinie im Einklang stehen. Demzufolge dürfte insoweit eine Anpassung des § 10 Abs. 2 S. 1 zu erwarten sein.

227–229 *einstweilen frei*

XVII. Ausschüttungen und Veräußerungen – Art. 8 Abs. 5 und 6 ATAD

1. Regelungsgehalt der ATAD

230 Für ausgeschüttete Gewinne findet sich in Art. 8 Abs. 5 ATAD eine Sonderregelung. Gehen Dividenden in die Bemessungsgrundlage des Steuerpflichtigen in Folge von Ausschüttungen ein, so ist ein zuvor einbezogener Betrag der Einkünfte des beherrschten Unternehmens von der Bemessungsgrundlage abzuziehen.

Im Falle der Veräußerung der Beteiligung oder der Betriebsstätte sieht **231** Art. 8 Abs. 6 ATAD vor, dass der Teil der Erlöse aus der Veräußerung, der zuvor in die Steuerbemessungsgrundlage des Steuerpflichtigen einbezogen wurde, von der Bemessungsgrundlage abzuziehen ist.

2. Änderungsbedarf aufgrund der ATAD

Die skizzierte Vorschrift enthält somit eine Regelung, die § 3 Nr. 41 EStG **232** vergleichbar ist. Nach dieser Bestimmung bleiben Gewinnausschüttungen außer Ansatz, soweit für das Kalenderjahr oder Wirtschaftsjahr, in dem sie bezogen werden oder für die vorangegangenen sieben Kalender- oder Wirtschaftsjahre Hinzurechnungsbeträge aus der ausschüttenden Gesellschaft der Besteuerung unterlegen haben. Auch wenn der Ansatz auf den ersten Blick identisch zu sein scheint, enthält Art. 8 Abs. 5 ATAD eine andere Regelungstechnik. Denn die zuvor hinzugerechneten Beträge werden abgezogen. Die nach Art. 7 ATAD hinzugerechneten Beträge mindern die Bemessungsgrundlage, allerdings – so jedenfalls nach dem Wortlaut – ohne auf die Höhe der Dividende beschränkt zu sein und ohne Berücksichtigung, dass eine Steueranrechnung nach Art. 8 Abs. 7 ATAD möglich ist. Die Anpassungsnotwendigkeiten dürften sich somit auf redaktionelle Fragestellungen reduzieren.

Die Regelung für die Veräußerung von Beteiligungen, Art. 8 Abs. 6 ATAD, **233** ist an § 3 Nr. 41 Buchst. b EStG angelehnt. Danach werden Veräußerungsgewinne von der Besteuerung ausgenommen, soweit im Jahr der Veräußerung oder den vorangegangenen sieben Jahren Einkünfte der Gesellschaft der Hinzurechnungsbesteuerung unterlegen haben. Die einschlägige Rechtsgrundlage der ATAD, Art. 8 Abs. 6 ATAD, leidet diesbezüglich an einer sprachlichen Unzulänglichkeit. Denn Erlöse aus der Veräußerung der Beteiligung durch den Steuerpflichtigen können nicht zuvor der Besteuerung nach Art. 7 ATAD beim Steuerpflichtigen unterlegen haben. Damit wäre nach dem reinen Wortlaut der Vorschrift niemals ein Abzug einbezogener Einkünfte vom Veräußerungsgewinn möglich. Es kann davon ausgegangen werden, dass eine andere Regelungsintention beabsichtigt war und es bleibt zu hoffen, dass der Umsetzungsgesetzgeber der ATAD dies im Blick haben wird. Denn gewollt war wohl, dass Einkünfte, die zuvor nach Art. 7 ATAD erfasst wurden, den Veräußerungserlös mindern, soweit diese Einkünfte zu einer Erhöhung des Veräußerungserlöses führen. Diese Intention kommt im Wortlaut – wenn überhaupt – allenfalls andeutungsweise zum Ausdruck.

einstweilen frei **234**

XVIII. Exkulpationsmöglichkeit/Substanzanforderungen für wirtschaftlich begründete Einkünfte

1. Regelungsgehalt der ATAD

Sowohl für die Umsetzung der ATAD als auch für die zukünftig gebotene **235** richtlinienkonforme Auslegung der nationalen Hinzurechnungsbesteuerung wird von zentraler Bedeutung sein, welche inhaltlichen Anforderungen an das Vorliegen einer substanziellen Tätigkeit im Ausland zu stellen sind. Die wirtschaftliche Tätigkeit des ausländischen Unternehmens ist nach Art. 7 Abs. 2

Buchst. a Unterabs. 2 ATAD entscheidend anhand der Merkmale des Personals, der Ausstattung, der Vermögenswerte und Räumlichkeiten festzustellen. Art. 7 Abs. 2 Buchst. b BEPS-RL nennt explizit die Bewertung anhand der vom ausländischen Unternehmen zu tragenden Risiken sowie dessen Vermögenswerte.

2. Änderungsbedarf aufgrund der ATAD

236 Die umzusetzende Regelung atmet den Geist der *Cadbury Schweppes-Doktrin,* wie er im Verständnis des EuGH zum Missbrauch der Grundfreiheiten zum Ausdruck kommt. In der *Cadbury Schweppes*-Entscheidung (EuGH v. 12.9.2006, C-196/04, Slg. 2006, I-7995 – *Cadbury Schweppes,* = IStR 2006, 670 m. Anm. *Körner*) erkannte der EuGH, dass der Schutz durch die Niederlassungsfreiheit seinem Telos nach „*die tatsächliche Ausübung einer wirtschaftlichen Tätigkeit mittels einer festen Einrichtung in diesem Staat auf unbestimmte Zeit*" erfordere. Diese setze „*eine tatsächliche Ansiedlung der betreffenden Gesellschaft im Aufnahmemitgliedstaat und die Ausübung einer wirklichen wirtschaftlichen Tätigkeit in diesem Staat voraus.* Über die reine Verhinderung bloßer Mantelgesellschaften verlangte der EuGH auch bislang schon eine dem sog. *business purpose test* angenäherte kommerzielle Rechtfertigung einer Gestaltung in dem Sinne, dass diese den Bedingungen freien Wettbewerbs entspricht.

237 Es erscheint fraglich, ob und inwieweit Exkulpationsregeln der Hinzurechnungsbesteuerung aufgrund der ATAD einer Anpassung bedürfen. Möglicherweise ergeben sich aus diesbezüglichen anhängigen Verfahren beim EuGH noch Hinweise für die nationalen Gesetzgeber.

238, 239 *einstweilen frei*

XIX. Mehrstufige Unternehmensstrukturen

1. Regelungsgehalt der ATAD

240 Die Hinzurechnungsbesteuerung nach Art. 7 Abs. 1 Buchst. a ATAD setzt nicht zwingend eine unmittelbare Beteiligung an dem ausländischen Unternehmen voraus. Vielmehr genügt auch eine mittelbare Beteiligung. Insoweit droht die Gefahr der Doppelbesteuerung, führt man sich vor Augen, dass künftig von einer flächendeckenden Einführung von Hinzurechnungsbesteuerungsregimen auszugehen ist.

2. Änderungsbedarf aufgrund der ATAD

241 Zu hoffen ist daher, dass der Umsetzungsgesetzgeber der ATAD die Gefahr der Doppelbesteuerung im multilateralen Kontext erkennt. Ob die als Remedur vorgegebene Methode der Steueranrechnung die Problematik vollumfänglich zu lösen imstande sein wird, erscheint zweifelhaft. Denn die deutsche Hinzurechnungsbesteuerung folgt insoweit einem dogmatisch abweichenden Ansatz, als im Gegensatz zu den Vorgaben der ATAD nicht unmittelbar auf Einkünfte aus der mittelbaren Beteiligung zugegriffen wird, sondern im System der nachgeschalteten Zwischengesellschaften (§ 14) eine übertragende Zurechnung der Einkünfte aus mittelbarer Beteiligung (Untergesellschaft) auf die ausländische Obergesellschaft stattfindet. Der Hinzurechnungsbetrag stellt demzufolge Einkünfte der ausländischen Obergesellschaft dar. Mithin ist bei einer (Hinzurechnungs-)Steuer auf den Hinzurechnungsbetrag diese entsprechend als Steuer der ausländischen Obergesellschaft anzusehen. Da die deutsche Finanzverwaltung eine derartige Sichtweise anwendet, könnte sich insoweit eine Doppelbesteuerungsgefahr bei mehrstufigen Strukturen relativieren. Allerdings erscheint fraglich, ob ein solches Regelungsverständnis von der ATAD getragen wird oder eine Normenverschärfung droht.

F. Fazit

Die vorstehenden Ausführungen lassen deutlich werden, dass BEPS Action 3: Strengthening CFC Rules zahlreiche Problembeschreibungen enthält. Allerdings finden sich wenig konkrete Vorgaben, die über das hinausgehen, was nach dem deutschen System der Hinzurechnungsbesteuerung nicht bereits geltendes Recht wäre. Die ATAD als Sekundärrechtsinstrument der Europäischen Union ist unter Anlegung von Maßstäben der deutschen Hinzurechnungsbesteuerung im wesentlichen von Aktivismus und Symbolik gekennzeichnet. Die in ihr angesprochenen Themenbereiche „atmen" den „hinzurechnungssteuerlichen Geist der 70er Jahre", den gleichen Vorwurf trifft auch den BEPS-Abschlussbericht. Es geht in beiden Instrumenten weitgehend um relativ altbekannte Standardthemen, die nicht im Entferntesten an das sophistische Niveau komplexer und ausdifferenzierter moderner Hinzurechnungssteuersysteme heranreichen.

Aufgrund der vorstehenden Analyse erscheint die Schlussfolgerung nicht unbegründet, dass aus der Sicht der deutschen Hinzurechnungsbesteuerung die zentrale Problematik nicht darin besteht, was in BEPS vorgeschlagen und in ATAD geregelt wird. Vielmehr werden die entscheidenden Probleme in den von BEPS und ATAD nicht behandelten Regelungsbereichen zu erwarten sein. Zu nennen sind insoweit – ohne Anspruch auf Vollständigkeit die folgenden Themenbereiche:

– Hinzurechnungsbesteuerung bei Reorganisationen im Ausland
– Gruppenbesteuerungssysteme in der Hinzurechnungsbesteuerung
– Entstrickungsprobleme in der Hinzurechnungsbesteuerung
– Verhältnis von hinzurechnungssteuerlichen und investmentsteuerlichen Vorschriften
– Mitwirkungs- und Steuererklärungspflichten („Compliance)
– Zwischeneinkünfte mit Kapitalanlagecharakter
– Verhältnis der Hinzurechnungsbesteuerung zu Doppelbesteuerungsabkommen
– Hinzurechnungssteuerliche Behandlung thesaurierter Gewinne aus aktivem Erwerb
– Funktionale Betrachtungsweise
– Gesamtrechtsnachfolge der ausländischen Zwischengesellschaft

Als Fazit lässt sich daher festhalten, dass die in weiten Bereichen von Aktivismus und Symbolik charakterisierten BEPS- bzw. ATAD-Überlegungen für die deutsche hinzurechnungssteuerliche Rechtslage in Randbereichen zum Teil durchaus erhebliche Anpassungsnotwendigkeiten erwarten lässt. Zu hoffen bleibt, dass der Gefahr der „Verschlimmbesserung" wirksam entgegengetreten werden kann. Zu nennen sind insoweit exemplarisch die Dividendenregelung ohne korrespondierende Behandlung nachgeschalteter Zwischengesellschaften oder die vorgesehene pauschale Passivität nicht ausgeschütteter Erträge von Kreditinstituten.

245 Zusammenfassend lässt sich insgesamt konstatieren, dass die Zukunft der Hinzurechnungsbesteuerung grundsätzlich außer Frage steht. In Einzelbereichen durchaus erhebliche Modifikationen in der Zukunft dürften indessen auch nicht völlig unrealistisch sein. Nur schwer abzuschätzen ist aus aktueller Perspektive, inwieweit die teilweise gegenläufig wirkenden Entwicklungen in Normsetzung und Judikatur schlussendlich zu einer von einer Systematik getragenen Grundkonzeption konvergieren. Aus diesem Grunde ist die Beobachtung der Entwicklung für jeden der mit dieser Materie Befassten schon aus Gründen professioneller Sorgfalt angezeigt.

§ 7 Steuerpflicht inländischer Gesellschafter

(1) Sind unbeschränkt Steuerpflichtige an einer Körperschaft, Personenvereinigung oder Vermögensmasse im Sinne des Körperschaftsteuergesetzes, die weder Geschäftsleitung noch Sitz im Geltungsbereich dieses Gesetzes hat und die nicht gemäß § 3 Abs. 1 des Körperschaftsteuergesetzes von der Körperschaftsteuerpflicht ausgenommen ist (ausländische Gesellschaft), zu mehr als der Hälfte beteiligt, so sind die Einkünfte, für die diese Gesellschaft Zwischengesellschaft ist, bei jedem von ihnen mit dem Teil steuerpflichtig, der auf die ihm zuzurechnende Beteiligung am Nennkapital der Gesellschaft entfällt.

(2) ¹Unbeschränkt Steuerpflichtige sind im Sinne des Absatzes 1 an einer ausländischen Gesellschaft zu mehr als der Hälfte beteiligt, wenn ihnen allein oder zusammen mit Personen im Sinne des § 2 am Ende des Wirtschaftsjahres der Gesellschaft, in dem sie die Einkünfte nach Absatz 1 bezogen hat (maßgebendes Wirtschaftsjahr), mehr als 50 Prozent der Anteile oder der Stimmrechte an der ausländischen Gesellschaft zuzurechnen sind. ²Bei der Anwendung des vorstehenden Satzes sind auch Anteile oder Stimmrechte zu berücksichtigen, die durch eine andere Gesellschaft vermittelt werden, und zwar in dem Verhältnis, das den Anteilen oder Stimmrechten an der vermittelnden Gesellschaft zu den gesamten Anteilen oder Stimmrechten an dieser Gesellschaft entspricht; dies gilt entsprechend bei der Vermittlung von Anteilen oder Stimmrechten durch mehrere Gesellschaften. ³Ist ein Gesellschaftskapital nicht vorhanden und bestehen auch keine Stimmrechte, so kommt es auf das Verhältnis der Beteiligungen am Vermögen der Gesellschaft an.

(3) Sind unbeschränkt Steuerpflichtige unmittelbar oder über Personengesellschaften an einer Personengesellschaft beteiligt, die ihrerseits an einer ausländischen Gesellschaft im Sinne des Absatzes 1 beteiligt ist, so gelten sie als an der ausländischen Gesellschaft beteiligt.

(4) ¹Einem unbeschränkt Steuerpflichtigen sind für die Anwendung der §§ 7 bis 14 auch Anteile oder Stimmrechte zuzurechnen, die eine Person hält, die seinen Weisungen so zu folgen hat oder so folgt, daß ihr kein eigener wesentlicher Entscheidungsspielraum bleibt. ²Diese Voraussetzung ist nicht schon allein dadurch erfüllt, daß der unbeschränkt Steuerpflichtige an der Person beteiligt ist.

(5) Ist für die Gewinnverteilung der ausländischen Gesellschaft nicht die Beteiligung am Nennkapital maßgebend oder hat die Gesellschaft kein Nennkapital, so ist der Aufteilung der Einkünfte nach Absatz 1 der Maßstab für die Gewinnverteilung zugrunde zu legen.

(6) ¹Ist eine ausländische Gesellschaft Zwischengesellschaft für Zwischeneinkünfte mit Kapitalanlagecharakter im Sinne des Absatz 6a und ist ein unbeschränkt Steuerpflichtiger an der Gesellschaft zu mindestens 1 Prozent beteiligt, sind diese Zwischeneinkünfte bei diesem Steuerpflichtigen in dem in Absatz 1 bestimmten Umfang steuerpflichtig, auch wenn die Voraussetzungen des Absatzes 1 im Übrigen nicht erfüllt sind.

² Satz 1 ist nicht anzuwenden, wenn die den Zwischeneinkünften mit Kapitalanlagecharakter zugrunde liegenden Bruttoerträge nicht mehr als 10 Prozent der den gesamten Zwischeneinkünften zugrunde liegenden Bruttoerträge der ausländischen Zwischengesellschaft betragen und die bei einer Zwischengesellschaft oder bei einem Steuerpflichtigen hiernach außer Ansatz zu lassenden Beträge insgesamt 80 000 Euro nicht übersteigen. ³ Satz 1 ist auch anzuwenden bei einer Beteiligung von weniger als 1 Prozent, wenn die ausländische Gesellschaft ausschließlich oder fast ausschließlich Bruttoerträge erzielt, die Zwischeneinkünften mit Kapitalanlagecharakter zugrunde liegen, es sei denn, dass mit der Hauptgattung der Aktien der ausländischen Gesellschaft ein wesentlicher und regelmäßiger Handel an einer anerkannten Börse stattfindet.

(6a) Zwischeneinkünfte mit Kapitalanlagecharakter sind Einkünfte der ausländischen Zwischengesellschaft (§ 8), die aus dem Halten, der Verwaltung, Werterhaltung oder Werterhöhung von Zahlungsmitteln, Forderungen, Wertpapieren, Beteiligungen (mit Ausnahme der in § 8 Abs. 1 Nr. 8 und 9 genannten Einkünfte) oder ähnlichen Vermögenswerten stammen, es sei denn, der Steuerpflichtige weist nach, dass sie aus einer Tätigkeit stammen, die einer unter § 8 Abs. 1 Nr. 1 bis 6 fallenden eigenen Tätigkeit der ausländischen Gesellschaft dient, ausgenommen Tätigkeiten im Sinne des § 1 Abs. 1 Nr. 6 des Kreditwesengesetzes in der Fassung der Bekanntmachung vom 9. September 1998 (BGBl. I S. 2776), das zuletzt durch Artikel 3 Abs. 3 des Gesetzes vom 22. August 2002 (BGBl. I S. 3387) geändert worden ist, in der jeweils geltenden Fassung.

[Fassung bis 31.12.2017] (7) Die Absätze 1 bis 6a sind nicht anzuwenden, wenn auf die Einkünfte, für die die ausländische Gesellschaft Zwischengesellschaft ist, die Vorschriften des Investmentsteuergesetzes in der jeweils geltenden Fassung anzuwenden sind, es sei denn, Ausschüttungen oder ausschüttungsgleiche Erträge wären nach einem Abkommen zur Vermeidung der Doppelbesteuerung von der inländischen Bemessungsgrundlage auszunehmen.

[Fassung ab 1.1.2018] (7) Die Absätze 1 bis 6a sind nicht anzuwenden, wenn auf die Einkünfte, für die die ausländische Gesellschaft Zwischengesellschaft ist, die Vorschriften des Investmentsteuergesetzes in der jeweils geltenden Fassung anzuwenden sind.

(8) Sind unbeschränkt Steuerpflichtige an einer ausländischen Gesellschaft beteiligt und ist diese an einer Gesellschaft im Sinne des § 16 des REIT-Gesetzes vom 28. Mai 2007 (BGBl. I S. 914) in der jeweils geltenden Fassung beteiligt, gilt Absatz 1 unbeschadet des Umfangs der jeweiligen Beteiligung an der ausländischen Gesellschaft, es sei denn, dass mit der Hauptgattung der Aktien der ausländischen Gesellschaft ein wesentlicher und regelmäßiger Handel an einer anerkannten Börse stattfindet.

Inhaltsübersicht

	Rz.
I. Allgemeines	1–29
1. Entstehung und Rechtsentwicklung der Hinzurechnungsbesteuerung	1–5
2. Überblick über den Regelungsgehalt des § 7	6–29
II. Vorrang allgemeiner Vorschriften	30–69
1. Unbeschränkte und beschränkte Steuerpflicht der ausländischen Gesellschaft	30–39
a) „Geschäftsleitung im Inland" (§ 10 AO)	30–34
b) Beschränkte Steuerpflicht der ausländischen Gesellschaft	35–39
2. Basisgesellschaften und § 39 AO	40–44
3. Gründung der ausländischen Gesellschaft als Scheingeschäft (§ 41 AO)	45–49
4. Verhältnis des § 1 zur Hinzurechnungsbesteuerung	50–69
III. Allgemeine Hinzurechnungsbesteuerung	70–169
1. Tatbestand der Hinzurechnungsbesteuerung	72–130
a) § 7 Abs. 1 (Steuerpflicht inländischer Gesellschafter)	74–89
aa) Hinzurechnungssubjekt	75–78
bb) Ausländische Gesellschaft	79–83
cc) „Beteiligtsein zu mehr als der Hälfte"	84
dd) Zeitpunkt	85–89
b) § 7 Abs. 2 (Mindestbeteiligung)	90–109
aa) Abs. 2 S. 1	91–98
(1) Allgemeiner Beteiligungsbegriff	91–94
(2) „Personen i. S. des § 2"	95, 96
(3) „Zurechnung von Anteilen oder Stimmrechten"	97, 98
bb) „zu mehr als der Hälfte"	99, 100
cc) § 7 Abs. 2 S. 2	101–105
dd) § 7 Abs. 2 S. 3	106–109
c) § 7 Abs. 3 (Zwischenschaltung von Personengesellschaften)	110–119
d) § 7 Abs. 4 (Weisungsgebundenheit)	120–130
2. Rechtsfolge der Hinzurechnungsbesteuerung	131–169
a) Allgemeines zur Rechtsfolge	132–137
aa) Kapitalgesellschaft als inländische Anteilseignerin	133–135
bb) Natürliche Person als inländische Anteilseignerin	136, 137
b) § 7 Abs. 1 („Beteiligung am Nennkapital")	138–149
aa) Hinzurechnungsfolge bei Personengesellschaften	140–145
(1) „Zuzurechnende Beteiligung am Nennkapital"	142
(2) Zuordnung der Einkünfte	143–145
bb) Zeitpunkt der Hinzurechnung	146–149

	Rz.
c) § 7 Abs. 5 (anderer Gewinnverteilungsmaßstab)	150–153
aa) „Anderer Maßstab für die Gewinnverteilung maßgebend"	151, 152
bb) „Kein Nennkapital vorhanden"	153
d) Begrenzung der Rechtsfolge durch den Tatbestand der Hinzurechnungsbesteuerung (§ 7 Abs. 1: „bei jedem von ihnen")	154–169

IV. Verschärfte Hinzurechnungsbesteuerung (§ 7 Abs. 6 und 6a) ... 170–279

1. Tatbestand der „verschärften Hinzurechnungsbesteuerung"	180–249
a) § 7 Abs. 6 S. 1 (Grundtatbestand), Beteiligung iHv mindestens 1%	181–219
aa) Hinzurechnungssubjekt	182–185
bb) Ausländische Gesellschaft	186
cc) Zwischeneinkünfte mit Kapitalanlagecharakter (§ 7 Abs. 6a)	187–208
(1) Negative Definition	190–194
(2) Positive Definition	195–199
(3) Ausnahme	200–208
dd) Beteiligung iHv mindestens 1%	209, 210
ee) „Voraussetzungen des Absatzes 1 im Übrigen nicht erfüllt"	211
ff) Zeitpunkt	212, 213
gg) Anwendbarkeit der sog. Börsenklausel (§ 7 Abs. 6 S. 3, letzter Hs.) im Rahmen des § 7 Abs. 6 S. 1?	214–219
b) § 7 Abs. 6 S. 2 (Ausnahmetatbestand)	220–228
aa) Relative Freigrenze	222
bb) Absolute Freigrenze(n)	223–226
cc) Anwendbarkeit der Freigrenze des § 9 im Rahmen des § 7 Abs. 6	227, 228
c) § 7 Abs. 6 S. 3 (Hinzurechnung ohne Mindestbeteiligungsquote)	229–249
aa) Tatbestand des § 7 Abs. 6 S. 3	230, 231
bb) Erste Ausnahme: Vorliegen der sog. „Börsenklausel"	232–240
(1) Tatbestand der „Börsenklausel"	233–238
(2) Reichweite der „Börsenklausel"	239, 240
cc) Zweite Ausnahme: (Keine) Anwendung der Freigrenzen des § 7 Abs. 6 S. 2, 2. HS auf § 7 Abs. 6 S. 3	241–249
2. Rechtsfolge der „verschärften Hinzurechnungsbesteuerung"	250–259
3. Verhältnis zur „Allgemeinen Hinzurechnungsbesteuerung"	260–264
4. Anwendung des § 7 Abs. 6 bei mehreren Beteiligungsstufen	265–279

Inhaltsübersicht § 7

Rz.

V. **Investmentsteuerliche Besonderheiten bei der Hinzurechnungsbesteuerung (§ 7 Abs. 7) – Rechtslage nach dem Investmentmodernisierungsgesetz vom 15. Dezember 2003** 280–359
1. Bedeutung der Norm 280, 281
2. Konkurrenzen 282–299
3. Tatbestandsvoraussetzungen und Rechtsfolgen des § 7 Abs. 7 300–359
   a) Zweistufige Beteiligungsstrukturen 301–320
      aa) Tatbestandsvoraussetzungen des Abs. 7 301–317
         (1) Auslandsfonds des Gesellschaftstyps 301–307
            (a) Auslandsfonds iSd InvStG 302–305
            (b) Fonds des Gesellschaftstyps 306, 307
         (2) Einkünfte der Zwischengesellschaft 308–310
         (3) Anwendbarkeit des InvStG 311, 312
         (4) Keine Befreiung durch Doppelbesteuerungsabkommen 313–317
            (a) Teleologische Reduktion 314–316
            (b) Qualifikation ausschüttungsgleicher Erträge als Dividenden iSd § 20 Abs. 1 Nr. 1 EStG 317
      bb) Rechtsfolge der Unanwendbarkeit der Hinzurechnungsvorschriften 318–320
   b) Mehrstufige Beteiligungsstrukturen 321–359
      aa) Beteiligungsstrukturen in der Investmentpraxis 322
      bb) Tatbestandsvoraussetzungen bei Mehrstufigkeit 323–359
         (1) Investmentkette ausschließlich aus Fondskapitalgesellschaften 325–330
         (2) Investmentkette aus Fondskapitalgesellschaften, Zwischengesellschaften und operativen Gesellschaften 331–359
            (a) Oberste Gesellschaft in der Kette ist Zwischengesellschaft 332–336
            (b) Obergesellschaft in der Kette ist Fonds 337–341
            (c) Oberste Gesellschaft in der Kette ist operative Gesellschaft 342–359

VI. **Investmentsteuerliche Besonderheiten bei der Hinzurechnungsbesteuerung (§ 7 Abs. 7) – Rechtslage nach dem AIFM-Steuer-Anpassungsgesetz vom 18. Dezember 2013** 360–369
1. Vorbemerkung 360
2. Überschneidung und Abgrenzung der Anwendungsbereiche von Außen- und Investmentsteuerrecht 361–369
   a) Investmentfonds 364
   b) Kapital-Investitionsgesellschaften 365–369

Protzen

§ 7 1, 2 Steuerpflicht inländischer Gesellschafter

Rz.

VII. Investmentsteuerliche Besonderheiten bei der Hinzurechnungsbesteuerung (§ 7 Abs. 7) – Rechtslage nach dem Investmentsteuerreformgesetz vom 19. Juli 2016 370–399
  1. Vorbemerkung 370–379
  2. Besteuerung nach dem InvStRefG 380–389
    a) Qualifikation als Ausländischer Investmentfonds 380, 381
    b) Überlappungsbereich von InvStRefG und AStG 382, 383
    c) Besteuerung des Ausländischen Investmentfonds und der Anleger 384–389
  3. Abgrenzung zum AStG 390–399

VIII. Sonderregelung bei Beteiligung inländischer Steuerpflichtiger an einer inländischen REIT-Aktiengesellschaft über eine ausländische Gesellschaft (§ 7 Abs. 8) 400–426
  1. Tatbestand des § 7 Abs. 8 405–419
    a) Unbeschränkt Steuerpflichtige, Ausländische Gesellschaft 406
    b) Beteiligt 407
    c) Gesellschaft iSd § 16 des REIT-Gesetzes vom 28. Mai 2007 [...] in der jeweils geltenden Fassung 408–411
    d) Beteiligung der ausländischen Gesellschaft an der inländischen REIT-Gesellschaft 412–419
  2. Rechtsfolge des § 7 Abs. 8 420–426
    a) Tatbestandsverweisung 421–423
    b) Ausnahme: Börsenklausel 424, 425
    c) Rechtsfolgenverweisung auf § 7 Abs. 1 426

I. Allgemeines

1. Entstehung und Rechtsentwicklung der Hinzurechnungsbesteuerung

1 § 7 ist die **zentrale Norm der Hinzurechnungsbesteuerung,** weil sie sowohl den Tatbestand als auch die Rechtsfolge der Hinzurechnung enthält. Aus diesem Grund werden an dieser Stelle die Entstehung und Rechtsentwicklung der Hinzurechnungsbesteuerung beleuchtet:

2 **Steuerinländer,** dh natürliche Personen, die ihren Wohnsitz oder ihren gewöhnlichen Aufenthalt im Inland haben, oder Körperschaftsteuersubjekte, deren Geschäftsleitung oder Sitz im Inland liegt, genießen keinen Vorteil aus dem internationalen Steuergefälle. Denn sie müssen ihr gesamtes Einkommen, auch das aus dem Ausland stammende, im Inland versteuern (§ 1 EStG, § 1 KStG). Durch diese Besteuerung des „Welteinkommens" wird ausgeschlossen, dass Inländer durch bloße Anlage von Vermögen in niedrig besteuerten Staaten die steuerliche Belastung der aus dem Vermögen fließenden Einkünfte mildern können. Werden Vermögenswerte hingegen auf ausländische Gesellschaften übertragen, sind sie nicht mehr Eigentum des dahinterstehenden In-

länders und scheiden mithin aus der unbeschränkten Steuerpflicht aus (zum Vorstehenden BMF v. 23.6.1964, IV B/5 – S 1301-83/64, BT-Drs. IV/2412, Bericht der Bundesregierung an den Deutschen Bundestag über die Wettbewerbsverfälschungen, die sich aus Sitzverlegungen und aus dem zwischenstaatlichen Steuergefälle ergeben können, sog. „**Steueroasenbericht**"). Ausländische Einkünfte werden in der ausländischen Gesellschaft aufgefangen, ohne dass angesichts der steuerlichen Begünstigung der Basisgesellschaft eine ausgleichende Auslandsbesteuerung in Kauf genommen werden muss, und erst bei ihrer Ausschüttung als Dividende von der deutschen Besteuerung erfasst. Zwar enthielt das vor der Einführung der §§ 7–14 bestehende allgemeine Steuerrecht Regelungen, ungerechtfertigten Steuervorteilen im internationalen Bereich Grenzen zu setzen. Insbesondere § 6 StAnpG (heute: § 42 AO) reichte jedoch nicht aus, sämtliche als ungerechtfertigt angesehene Vorteile aus dem internationalen Steuergefälle einzudämmen, weil diese Steuervorteile nicht allein aus Gestaltungen, die sich als Rechtsmissbrauch qualifizieren, entstehen konnten (BT-Drs. VI/2883, 16, Rz. 13, 14). Gegen diese Steuervorteile, die sich Steuerinländer durch den Einsatz ausländischer „Basisgesellschaften" verschaffen können, richten sich die §§ 7–14. Um diese „**Abschirmwirkung**" der Basisgesellschaft zu beseitigen, werden Einkünfte, die typischerweise in derartigen Gesellschaften erzielt werden – das Gesetz bezeichnet sie als „Einkünfte, für die die Gesellschaft Zwischengesellschaft ist" – und welche einer niedrigen Besteuerung unterliegen, den hinter ihr stehenden Steuerinländern steuerlich zugerechnet (BT-Drs. VI/2883, 27, Rz. 83, 84). Gleichwohl blieben auch nach Inkrafttreten des AStG Möglichkeiten, das Steuergefälle zu anderen, insbesondere europäischen, Staaten zu nutzen. Anknüpfungspunkt für diese Gestaltungen war die Überlegung des Gesetzgebers, dass der anzusetzende Hinzurechnungsbetrag in Angleichung an die Steuerfolgen bei tatsächlicher Gewinnausschüttung von den Vorteilen der Doppelbesteuerungsabkommen nicht ausgeschlossen werden soll (die fiktive Dividende soll nicht schlechter behandelt werden als die tatsächliche Dividende); deshalb legte § 10 Abs. 5 AStG aF (inzwischen aufgehoben) fest, dass auf den Hinzurechnungsbetrag die Bestimmungen der Doppelbesteuerungsabkommen so anzuwenden sind, als wäre der Hinzurechnungsbetrag tatsächlich an den Steuerinländer ausgeschüttet worden. Durch diese Rechtslage bestand zunächst die Möglichkeit, durch Gründung einer Basisgesellschaft im niedrig besteuernden Ausland, mit welchem Deutschland ein Doppelbesteuerungsabkommen abgeschlossen hatte, das eine Dividenden-Schachtelbefreiung *ohne* sog. Aktivitätsvorbehalt (vgl. BMF-Schr. 1994, Tz. 10.5.2. S 2) enthielt, Einkünfte jeder Art (also insbesondere auch Zinsen) von der ausländischen Gesellschaft erwirtschaften zu lassen und diese dann als Dividende nach Deutschland – wegen des DBA-Schachtelprivilegs wiederum steuerfrei – ausschütten zu lassen; die effektive steuerliche Belastung entstand ausschließlich entsprechend dem ausländischen Körperschaftsteuersatz. Diese Steuerplanung wurde häufig in die Tat umgesetzt, insbesondere durch sog. Dublin-Dock-Gesellschaften (**IFSC**-International Finance and Service Center) in Irland. Um den entsprechenden Gestaltungen entgegenzuwirken, beseitigte der Gesetzgeber die Berufung auf Doppelbesteuerungsabkommen für „Zwischeneinkünfte mit Kapitalanlagecharakter" (insbesondere Zinsen und Dividenden) durch die Schaffung des damaligen § 10 Abs. 6 (**Steueränderungsgesetz 1992** v. 25.2.1992, BGBl. 1992 I 297; nochmals verschärft durch das **Missbrauchsbekämpfungs- und Steuerbereinigungsgesetz** v. 21.12.1993, BGBl. 1993 I 2310). Die Hinzurechnungsbesteuerung sollte durch das **Steuersenkungsgesetz** 2001 (Gesetz zur Senkung der Steuersätze und zur Reform der Unternehmensbesteuerung v. 23.10.2000, BGBl. 2000 I 1433) mit Wirkung vom 1.1.2001 einen grundsätzlichen Systemwechsel erfahren (vgl. *FWBS* Art. 12 StSenkG; *Rättig/ Protzen* IStR 2000, 394), durch welchen insbesondere tiefgestaffelte Holdingstrukturen erheblich benachteiligt werden sollten (vgl. *Rättig/Protzen* IStR 2000, 548 und IStR 2000, 743). Die im Steuersenkungsgesetz 2001 enthaltenen Regelungen werden nicht zur Anwendung gelangen, weil die im **Gesetz zur Fortentwicklung des Unternehmenssteuerrechts 2001** (G v. 20.12. 2001, BGBl. 2001 I 3858 – UntStFG 2001) enthaltenen Änderungen des AStG rückwirkend für Zwischeneinkünfte, die die ausländische Gesellschaft ab dem 1.1.2001 erzielt hat, anwendbar sind (näher vgl. *Rättig/Protzen* DStR 2002, 241).

3   Das **UntStFG 2001** bringt ua die §§ 7–14, 20 weitestgehend in die derzeit geltende Fassung. Es überträgt die bereits durch das Steuersenkungsgesetz 2001 eingeführten Änderungen der Unternehmensbesteuerung (insbesondere § 8b Abs. 1 und 2 KStG, § 3 Nr. 40 EStG, sog. „Halbeinkünfteverfahren") – mehr oder weniger konsequent (zur Kritik vgl. *Rättig/Protzen* IStR 2001, 601) – auf die Hinzurechnungsbesteuerung. Insbesondere ausländische Holdinggesellschaften werden begünstigt, indem Gewinnausschüttungen und (grds.) auch Beteiligungsveräußerungsgewinne nicht mehr hinzugerechnet werden. Die Konzernfinanzierung wird auch dann begünstigt, wenn sie über eine ausländische Betriebsstätte betrieben wird. Allerdings wird als Verschärfung der Rechtslage die erforderliche Mindestbeteiligung an Kapitalgesellschaften ab 2002 auf 1% abgesenkt; in besonderen Gestaltungen soll eine Mindestbeteiligung überhaupt nicht mehr erforderlich sein.

4   Änderungen erfuhren die §§ 7ff. durch die Gesetze vom 28.5.2007 (BGBl. 2007 I 914, **„REIT-Gesetz"**) und vom 20.12.2007 (BGBl. 2007 I, 3150, „JStG 2008". Das REIT-Gesetz führt hier insbesondere Verschärfungen durch die Schaffung des § 7 Abs. 8 und § 14 Abs. 2 ein. Das JStG 2008 setzt die Vorgaben der europarechtlichen Judikatur („Cadbury Schweppes") im Rahmen der Neuschaffung des § 8 Abs. 2 um. Ob dies freilich gelungen ist, mag bezweifelt werden (vgl. ausführlich → § 8 Rz. 730ff.).

5   *einstweilen frei*

2. Überblick über den Regelungsgehalt des § 7

6   § 7 enthält sowohl **Tatbestand** als auch **Rechtsfolge** der Hinzurechnung. Die §§ 7–14 erstrecken die unbeschränkte Steuerpflicht auf bestimmte Einkünfte ausländischer Gesellschaften; diese werden technisch als fiktive Gewinnausschüttung beim inländischen Anteilseigner erfasst (§ 7 Abs. 1 und § 10 Abs. 2: Rechtsfolge). Die Hinzurechnungsbesteuerung setzt voraus, dass an der ausländischen Gesellschaft unbeschränkt Steuerpflichtige zu mehr als der Hälfte beteiligt sind und dass die ausländische Gesellschaft für die Einkünfte Zwischengesellschaft anzusehen ist. Als Zwischengesellschaft gilt die ausländische Gesellschaft hinsichtlich der Einkünfte, die nicht aus den in § 8 Abs. 1

I. Allgemeines

aufgeführten sog. aktiven Tätigkeiten stammen und außerdem einer niedrigen Besteuerung (§ 8 Abs. 3) unterliegen. (Nur) diese Einkünfte der ausländischen Gesellschaft werden dabei dem einzelnen Steuerpflichtigen mit dem Teil hinzugerechnet, der auf die ihm zuzurechnende Beteiligung am Nennkapital der ausländischen Gesellschaft entfällt (§ 7 Abs. 1: Rechtsfolge). Die Ermittlung und Erfassung des Hinzurechnungsbetrages ist in § 10 geregelt. § 10 Abs. 5 in seiner damals geltenden Fassung sah vor, dass auf den Hinzurechnungsbetrag diejenigen Bestimmungen der Abkommen zur Vermeidung der Doppelbesteuerung entsprechend anzuwenden waren, die anzuwenden wären, wenn der Hinzurechnungsbetrag an den Steuerpflichtigen ausgeschüttet worden wäre. Der Hinzurechnungsbetrag war deshalb insbesondere dann steuerbefreit, wenn Deutschland mit dem Sitzstaat der Zwischengesellschaft ein Doppelbesteuerungsabkommen *ohne* Aktivitätsvorbehalt abgeschlossen hat und wenn eventuelle weitere Bedingungen des DBA (insb. die Mindestbeteiligungsquote) erfüllt waren (vgl. zum Vorstehenden allgemein: BFH v. 26.10.1983, I R 200/78, BStBl. II 1984, 258 [259]). *Zusammenfassend* lassen sich Tatbestand und Rechtsfolge überblickartig wie folgt darstellen:

- **Tatbestand**
  - Unbeschränkt Steuerpflichtige sind zu mehr als der Hälfte an einer ausländischen Gesellschaft beteiligt. Entscheidend ist das Halten der Beteiligung an der ausländischen Gesellschaft zum Ende von deren Wirtschaftsjahr (BFH v. 12.7.1989, I R 46/85, BStBl. II 1990, 113 [116]).
  - Erzielen passiver Einkünfte durch die ausländische Gesellschaft, also Einkünften, die nicht unter den Katalog des § 8 Abs. 1 fallen **und** (kumulativ)
  - niedrigbesteuert (§ 8 Abs. 3) sind.
- **Rechtsfolge**
  - *Steuerpflicht* der passiven und niedrigbesteuerten (Zwischen-)Einkünfte zu dem Teil, der auf die dem Steuerinländer zuzurechnende Beteiligung am Nennkapital der ausländischen Gesellschaft entfällt (§ 7 Abs. 1 aE).
  - Erfassung der Zwischeneinkünfte als Einkünfte aus Kapitalvermögen (§ 20 Abs. 1 Ziff. 1 EStG) bzw. als gewerblicher Gewinn (= fiktive Gewinnausschüttung des Hinzurechnungsbetrages, § 10 Abs. 2).
  - Zeitliche Erfassung beim Steuerinländer: Unmittelbar nach Ablauf des Wirtschaftsjahres der ausländischen Gesellschaft.

Wegen der vielfachen Änderungen der §§ 7–14 muss für jeden Veranlagungszeitraum ermittelt werden, **welche Fassung** des AStG **Anwendung** findet. Hierzu wird auf die Kommentierung zu § 21 verwiesen.

Der **Sinn und Zweck der Hinzurechnungsbesteuerung** hat sich seit dem Inkrafttreten des UntStFG 2001, dh ab dem 1.1.2001, geändert. Ursprünglich bezweckte die Hinzurechnungsbesteuerung zu verhindern, dass Gewinne bei niedrigbesteuerten ausländischen Gesellschaften angesammelt und so auf unbestimmte Zeit der deutschen Besteuerung entzogen wurden (BFH v. 19.5.1998, I R 86–97 BStBl. II 1998, 715 [717]; BT-Drs. VI/2883, Rz. 84). Die §§ 7–14 wollten die Besteuerung des inländischen Anteilseigners der ausländischen Gesellschaft nach den Steuerfolgen ausrichten, die sich ergeben würden, wenn der Anteilseigner den Gewinn an sich selbst hätte ausschütten lassen, wodurch letztlich einer sachlich als nicht gerechtfertigt angesehenen Steuer*stundung* entgegengewirkt werden sollte (vgl. FG Baden-Württemberg v. 14.12.1993, 11 K 68/86 [Vorinstanz zu BFH v. 5.4.1995, I R 81/94, BStBl. II 1995, 629], Dok.nr. 0 127 404 – *Danus*; eingehend *Rättig/Protzen* IStR 2000, 394 [395]). Über die Einebnung ungerechtfertigter Steuervorteile hinaus sollte es jedoch zu keiner Steuererschwernis kommen (BFH v. 19.5.1998, I R 86–97, BStBl. II 1998, 715 [717]; BT-Drs. VI/2883, Rz. 27 ff.). Eine Ausnahme begründete die definitive Besteuerung von sog. „Zwischeneinkünften mit Kapitalanlagecharakter", welche durch das StÄndG 1992 (G v. 25.2.1992, BGBl. 1992 I 297) eingeführt wurde (zur Definitivbesteuerung vgl. *Rättig/Protzen* IStR 2000, 394 [395 f.]). Diese Besteuerungssystematik sollte verhindern, dass durch Zwischenschaltung der ausländischen Gesellschaft zB Zinserträge in DBA-schachtelprivilegierte Dividenden umqualifiziert würden und auf Grund der bestehenden DBA-Schachtelbefreiung sowohl hinzurechnungssteuerfrei waren (§ 10 Abs. 5 AStG aF) als auch bei ihrer Ausschüttung im Inland steuerfrei vereinnahmt werden konnten. Der Gesetzgeber wollte mit dieser Regelung insbesondere den sog. „Dublin-Docks-Gesellschaften" (IFS C) ihre steuergünstige Wirkung nehmen, welche aus dem niedrigen Steuersatz von 10 % und dem mit Deutschland abgeschlossenen DBA mit Schachtelbefreiung ohne Aktivitätsvorbehalt resultierte (vgl. → Rz. 4). Bereits durch das **Steuersenkungsgesetz 2001** sollte die Hinzurechnungsbesteuerung einen „Systemwechsel" erfahren. Ihr sollte der Zweck beigelegt werden, die für das Halbeinkünfteverfahren systematisch vorausgesetzte steuerliche Vorbelastung von niedrigbesteuerten ausländischen Gewinnen herzustellen (BT-Drs. 14/2683, S. 132; *Rättig/Protzen* IStR 2000, 548 [550 f.]). Die im Steuersenkungsgesetz enthaltenen Änderungen der Hinzurechnungsbesteuerung sind allerdings nie wirksam geworden (vgl. § 21 Abs. 7 S. 4). Das **UntStFG 2001** (G v. 20.12.2001, BGBl. 2001 I 3858) führt zu einem System der Hinzurechnungsbesteuerung, das sowohl von dem der ursprünglichen Fassung des AStG als auch von dem vom Steuersenkungsgesetz 2001 avisierten Ziel abweicht, einem **„Dritten System"** (vgl. *Rättig/Protzen* IStR 2001, 601 [604]): Zwar enthält § 10 Abs. 2 weiterhin eine Ausschüttungsfiktion. Da die tatsächliche Ausschüttung des Gewinns der ausländischen Gesellschaft an den inländischen Anteilseigner jedoch ohne weitere Voraussetzungen für Kapitalgesellschaften steuerfrei ist (§ 8b Abs. 1 KStG), kann das gesetzliche Ziel der §§ 7–14 nicht (mehr) in der Verhinderung einer ungerechtfertigten Steuerstundung sein; die Thesaurierung der Gewinne ist für den Anteilseigner steuerlich nicht mehr vorteilhaft. Die Herstellung einer ausreichenden Vorbelastung der ausgeschütteten Gewinne scheint deshalb nicht mehr bezweckt zu sein, weil für natürliche Personen als Anteilseigner die Zwischeneinkünfte nach deren persönlichem Steuersatz besteuert werden; das neu eingeführte Halbeinkünfteverfahren setzt demgegenüber eine Vorbelastung mit genau 25 % voraus. *De facto* werden nunmehr sämtliche Zwischeneinkünfte so besteuert wie vor Inkrafttreten des UntStFG 2001 die Zwischeneinkünfte mit Kapitalanlagecharakter; sie unterliegen einer definitiven – also ohne Möglichkeit der Kürzung durch spätere tatsächliche Ausschüttung – Hinzurechnungsbesteuerung. Weder der Begründung des Gesetzentwurfes der Bundesregierung (BR-Drs. 638/01 v. 17.8.2001) noch dem Bericht der Bundesregierung zur Fortentwicklung des Unternehmenssteuerrechts (v. 18.4.2001, Beilage zu FR 11/2001) ist eine

II. Vorrang allgemeiner Vorschriften 9–30 § 7

genaue Zweckbestimmung zu entnehmen. Bezeichnenderweise spricht der Bericht der Bundesregierung von einer „Zusatzsteuer".

einstweilen frei 9–29

II. Vorrang allgemeiner Vorschriften

1. Unbeschränkte und beschränkte Steuerpflicht der ausländischen Gesellschaft

a) „Geschäftsleitung im Inland" (§ 10 AO)

Gemäß § 7 Abs. 1 muss die Beteiligung bestehen an einer Körperschaft, Personenvereinigung oder Vermögensmasse iSd KStG, „die weder Geschäftsleitung noch Sitz im Geltungsbereich dieses Gesetzes hat". Damit umschreibt das Gesetz selbst das Verhältnis zur unbeschränkten Steuerpflicht, welche nach § 1 Abs. 1 KStG für Körperschaften, Personenvereinigungen und Vermögensmassen, die ihre Geschäftsleitung *oder* ihren Sitz im Inland haben, gegeben ist: Die §§ 7–14 lassen eine eigene unbeschränkte Steuerpflicht der ausländischen Gesellschaft unberührt (ebenso BMF 1994, Tz. 7.0.1. Ziff. 1). Wegen der spiegelverkehrten Formulierungen kann es zu keinen Überschneidungen führen; eine „doppelte" Steuerpflicht nach § 1 KStG und § 7 Abs. 1 ist ausgeschlossen. Da der Sitz der ausländischen Gesellschaft (§ 11 AO) sich immer im Ausland befinden wird, kommt es maßgebend auf den **Ort der Geschäftsleitung** an. Geschäftsleitung ist der Mittelpunkt der geschäftlichen Oberleitung (§ 10 AO), der sich dort befindet, wo der für die laufende Geschäftsleitung maßgebende Wille gebildet wird, dh wo nach den tatsächlichen Verhältnissen des Einzelfalls dauernd die für die Geschäftsführung notwendigen Maßnahmen von einiger Bedeutung getroffen bzw. angeordnet werden (BFH v. 21.10.1997, VIII R 65–96, BStBl. II 1998, 437 [438]; BStBl. II 1995, 175 [178]; BStBl. II 1991, 554 [555]). Zur laufenden Geschäftsführung zählen die tatsächlichen und rechtsgeschäftlichen Handlungen des gewöhnlichen Betriebs des Handelsgeschäfts sowie die zur gewöhnlichen Verwaltung gehörenden organisatorischen Maßnahmen, kurz: das sog. **„Tagesgeschäft"** (vgl. BFH v. 7.12.1994, I K 1/93, BStBl. II 1995, 175; BFH v. 15.10.1997, I R 76/95; BFH/NV 1998, 434 [435]). Hier kann auf die umfangreiche Kommentarliteratur zu § 10 AO verwiesen werden. Gerade im Zusammenhang mit der Prüfung des § 10 AO im Bereich der Basisgesellschaften ist wichtig, dass zur laufenden Geschäftsführung *nicht* die Festlegung der Grundsätze der Unternehmenspolitik und die Mitwirkung der Gesellschafter an ungewöhnlichen Maßnahmen von besonderer wirtschaftlicher Bedeutung gehören (BFH v. 7.12.1994, I K 1/93, BStBl. II 1995, 175 [178]). Unbeachtlich ist auch, wo angeordnete Maßnahmen ausgeführt werden (*Tipke/Kruse* § 10 AO Rz. 2). Bei einer ausländischen **Kapitalanlagegesellschaft** ist es daher für die Begründung der laufenden Geschäftsführung ausreichend, wenn die „eigentliche Entscheidung darüber, in welcher Weise das Kapital anzulegen" ist, im Ausland (also im Sitz-Staat) getroffen wird; die *Ausführung* der einzelnen Anlagegeschäfte darf hingegen anderen Personen überlassen werden (vgl. BFH v. 19.1.2000, I R 94–97, BStBl. II 2001, 222 [224], wo die Frage des Ortes der Geschäftsleitung nicht ausdrücklich problematisiert und geprüft wird;

30

das Gericht geht aber vom Sitz der IFS C-Gesellschaft in Irland aus, weil eine Freistellung der Einkünfte nach § 7 Abs. 1 iVm § 10 Abs. 5 iVm DBA Irland untersucht wird. Das BMF sah in diesem Sachverhalt die Frage des Ortes der Geschäftsleitung als „nicht hinreichend geklärt" an [BMF v. 19.3.2001, BStBl. I 2001, 243]).

31 Bei Basisgesellschaften ist jeweils zu prüfen, ob die Geschäftsleitung der im Ausland sitzenden Gesellschaft nicht **durch die inländischen Gesellschafter** ausgeübt wird, was zur Begründung einer Steuerpflicht nach § 1 KStG führen kann. Um eine Verlagerung der Geschäftsleitung ins Inland zu begründen, genügt freilich nicht, dass die Anteilseigner ihren gesellschaftlichen Einfluss auf die im Ausland befindlichen Geschäftsführer ausüben; vielmehr setzt die Annahme einer Geschäftsleitung iSd Mittelpunkts der geschäftlichen Oberleitung (§ 10 AO) im Inland voraus, dass die Gesellschafter im Inland die tatsächliche **Geschäftsleitung dadurch völlig an sich ziehen,**
- dass sie den laufenden Geschäftsgang nicht nur beobachten, kontrollieren und *fallweise beeinflussen,*
- sondern *ständig* in die Tagespolitik der Gesellschaft eingreifen und
- *dauernd* die im gewöhnlichen Geschäftsverkehr erforderlichen Entscheidungen von *einigem Gewicht* selbst treffen

(BFH v. 17.7.1968, I 121/64, BStBl. II 1968, 695 [697] mwN aus der höchstrichterlichen Rechtsprechung; BStBl. II 1976, 401 [403]). Durch die Zusätze des „ständigen" Eingreifens in die Tagespolitik und dauernder Entscheidungen „von einigem Gewicht" hat die Rechtsprechung *strenge Anforderungen* an die Begründung einer geschäftlichen Oberleitung bei den (beherrschenden) Gesellschaftern aufgestellt. Diese müssten sich durch geeignete Planung, insbesondere durch gesellschaftsvertragliche Regelungen, vermeiden lassen.

32 Als **Rechtsfolge** der Verlegung der Geschäftsleitung (bzw. gesellschaftsrechtlich ausgedrückt: des tatsächlichen Verwaltungssitzes) ins Inland herrscht derzeit eine Zweispurigkeit des deutschen Gesellschaftsrechts: Im Verhältnis zu Drittstaaten gilt nach wie vor die Sitztheorie, weshalb die im Ausland gegründete Kapitalgesellschaft **ihre Rechtsfähigkeit** verliert (herrschende Sitztheorie vgl. BGHZ 53, 181; 97, 269). Eine inländische Steuerpflicht nach § 1 Abs. 1 Nr. 1 KStG scheidet daher aus. Im Verhältnis zu Mitgliedstaaten ist insbesondere EuGH v. 5.11.2002, Rs. C-208/00, IWB 2002, 1213 – *Überseering* zu beachten; nach dieser Entscheidung darf die Sitztheorie nicht dazu führen, dass einer in einem anderen EU-Mitgliedstaat errichteten Gesellschaft ihre Rechts- und damit Parteifähigkeit im Inland verliert, wenn sie ihren tatsächlichen Verwaltungssitz dorthin verlegt (EuGH, v. 5.11.2002, Rs. C-208, IWB 2002, 1213, Rz. 94). Der Anwendungsvorrang des Unionsrechts führt in diesen Fällen im Ergebnis zur Geltung der Gründungstheorie, freilich nur dann, wenn der Sitzstaat, nicht auch der Sitz-, sondern der Gründungstheorie folgt; verliert die Gesellschaft durch die Verlegung ihres Verwaltungssitzes also auch nach ausländischem Gesellschaftsrecht ihre Rechtsfähigkeit, so kann aus dem EGV nicht hergeleitet werden, dass die nicht mehr bestehende Rechtsfähigkeit im Inland anzuerkennen ist (nunmehr AEUV). Für das nationale **Steuerrecht** ist diese Zweispurigkeit des deutschen internationalen **Gesellschaftsrechts** in den allermeisten Fällen ohne praktische Bedeutung. Denn der BFH hat entschieden, dass eine im Ausland gegründete Gesellschaft, die wie eine deutsche Kapitalgesellschaft strukturiert ist (maßgebend ist der sog. *Rechtstypenvergleich,* grundlegend RFH RStBl. 1930, 444), dann der unbeschränkten Körperschaftsteuerpflicht nach § 1 Abs. 1 **Nr. 5,** § 3 Abs. 1 KStG unterliegen kann, wenn sie ihre Geschäftsleitung im Inland hat und nur deshalb nach deutschem internationalen Privatrecht nicht rechtsfähig ist (grundlegend BFH v. 23.6.1992, IX R 182/87, BStBl. II 1992, 972 [974]).

Für die **Konkurrenz zwischen § 42 AO und § 10 AO** gilt Folgendes (vgl. hierzu BFH v. 19.3.2002, I R 15/01, IStR 2002, 707): Beides sind voneinander unabhängige und nebeneinander bestehende Regelungen (BFH v. 1.12.1982, I R 43/79, BStBl. II 1985, 2 [3]). § 42 AO setzt jedoch tatbestandlich voraus, dass die missbräuchliche Gestaltung zu einer Steuerminderung führt; ob dies der Fall ist, kann regelmäßig erst beurteilt werden, wenn die Berechnungsgrundlage – also der Umfang der Steuerpflicht – bestimmt ist (BFH v. 1.12.1982, I R 43/79, BStBl. II 1985, 2). § 10 AO setzt tatbestandlich einen eigenen eigentlichen Geschäftsbetrieb voraus, sodass bei „reinen Briefkastengesellschaften", die überhaupt keinen Geschäftsbetrieb besitzen, lediglich § 42 AO zur Anwendung kommt (Brezing ua/*Mössner* Vor §§ 7–14 AStG, Rz. 9). Diese Auffassung lässt sich zumindest mittelbar BFH v. 16.1.1976, III R 92/74, BStBl. II 1976, 401 (403) entnehmen: Dort ist Voraussetzung für die Prüfung, ob sich die Geschäftsleitung im Inland befindet, dass die ausländische Gesellschaft „eine eigene geschäftliche Tätigkeit entfaltet". Anders hingegen ausdrücklich BFH v. 17.7.1968, I 121/64, BStBl. II 1968, 695 (697), wonach ausdrücklich bei Vorliegen einer „Briefkastenfirma" zu prüfen sei, ob sich die „Geschäftsleitung" im Inland befinde. Es empfiehlt sich folgende **Prüfungsreihenfolge:**
– Liegt eine sog. „Domizil- oder Briefkastengesellschaft" vor? Da diese keinen eigenen Geschäftsbetrieb hat, kann sie auch keinen Ort der Geschäftsleitung haben. Allein § 42 AO ist anwendbar und tatbestandlich einschlägig.
– Bei jeder *anderen Gesellschaft* mit Sitz im Ausland: Zunächst ist zu prüfen, ob sich der Ort der Geschäftsleitung im Inland oder im Ausland befindet (der I. Senat des BFH ist offenbar der Auffassung, dass ein Unternehmen auch mehrere Orte der Geschäftsführung haben könne, BFH v. 21.10.1997, VIII R 65–96, BStBl. II 1998, 437 [439]); aA FG Schleswig-Holstein v. 27.3.2002, V 424/99, EFG 2002, 932 [933]; vgl. neuerdings auch die Ansicht des VIII. Senats: BFH v. 25.8.1999, VIII R 76/95, BFH/NV 2000, 300 [301]). Befindet er sich im Ausland, ist allein § 42 AO anwendbar. Befindet sich der Ort der Geschäftsleitung im Inland *und* liegen zusätzlich die Voraussetzungen des Gestaltungsmissbrauchs (§ 42 AO) vor, ist das Vorliegen der Tatbestandsvoraussetzungen des § 42 AO davon abhängig, dass die missbräuchliche Gestaltung zu einer Steuerminderung führt; anders ausgedrückt, ist dann für die Anwendung des § 42 AO kein Raum mehr, wenn die unbeschränkte Steuerpflicht zu einer höheren Steuerbelastung führt, als dies bei einer angemessenen Gestaltung der Fall wäre (BFH v. 1.12.1982, I R 43/79, BStBl. II 1985, 2 [3]).

b) Beschränkte Steuerpflicht der ausländischen Gesellschaft

Mangels gegenteiliger gesetzlicher Regelung lassen die §§ 7–14 eine beschränkte Steuerpflicht der ausländischen Gesellschaft hinsichtlich ihrer Inlandseinkünfte und ihres Inlandsvermögens **unberührt**. Die danach erhobene deutsche Steuer wird nach § 10 Abs. 1 vom Hinzurechnungsbetrag abgezogen oder nach § 12 Abs. 1 auf Antrag auf die deutschen Steuern vom Hinzurechnungsbetrag angerechnet (vgl. BMF-Schr. 1994, Tz. 7.0.4., 10.1.2.1. Satz 3, Tz. 12.1.2.). *Tatbestandlich* setzt die beschränkte Steuerpflicht nach § 2 Nr. 1 KStG voraus, dass die Körperschaft, Personenvereinigung oder Vermögensmasse (= Organisationsformen der „ausländischen Gesellschaft" nach § 7 Abs. 1) weder ihre Geschäftsleitung noch ihren Sitz im Inland hat. Diese Voraussetzungen sind in allen Fällen des § 7 erfüllt. *Rechtsfolge* der beschränkten Steuerpflicht ist die Erfassung nur der inländischen Einkünfte iSd § 49 EStG (§ 8 Abs. 1 KStG). In der Praxis **besonders relevant** dürften die Fälle des § 49 Abs. 1 Nr. 2a) EStG (Einkünfte aus Gewerbebetrieb aus inländischer Betriebsstätte oder bei inländischem Vertreter), Nr. 5a) EStG (Einkünfte aus Kapitalvermögen iSd § 20 Abs. 1 Nr. 1 EStG) und Nr. 6 EStG (Einkünfte aus Vermietung und Verpachtung von im Inland belegenem unbeweglichen Vermögen) sein. Durch die Neufassung des Tatbestandes der Niedrigbesteuerung gem. § 8 Abs. 3 idF des UntStFG ist mit Wirkung ab 1.1.2001 (wenn Wirtschaftsjahr = Kalenderjahr) eine **Verbesserung der Rechtslage** eingetreten. Nunmehr sind auch Steuern von sog. Drittstaaten – Steuern anderer Staaten als denen des Sitzes oder der Geschäftsleitung der ausländischen Gesellschaft, also auch der Bundesrepublik Deutschland – bei der Bestimmung der für die Hinzurechnungsbesteuerung erforderlichen Niedrigbesteuerung zu berücksichtigen (vgl. BR-Drs. 638/01, S. 70; *Rättig/Protzen* DStR 2002, 241 [242 f.]). Voraussetzung ist allein, dass die im Inland nach § 49 EStG erhobenen Steuern Ertragsteuern sind, mit denen die Einkünfte der ausländischen Gesellschaft *bei dieser* belastet sind (BR-Drs. 638/01, 70). Das kann bei den inländischen Einkünften iSd § 49 EStG der Fall sein. Deshalb können die (aus dem Inland stammenden) betreffenden passiven Einkünfte nicht niedrigbesteuert (§ 23 Abs. 1 KStG: 25%) und folglich nicht hinzurechnen sein.

36–39 *einstweilen frei*

2. Basisgesellschaften und § 39 AO

40 Bei der Anwendung des § 39 AO im Bereich der Basisgesellschaften sind zwei verschiedene Wirkungen der Vorschrift zu unterscheiden. *Zunächst* könnten die von der ausländischen Gesellschaft erworbenen oder gehaltenen Vermögensgegenstände unmittelbar dem inländischen Gesellschafter als Treugeber zuzurechnen sein; in diesen Fällen könnte auch eine direkte Zurechnung der aus dem Vermögen erwirtschafteten Einkünfte zum inländischen Anteilseigner in Betracht kommen. Die „Treuhandlösung", die der BFH ursprünglich einmal vertreten hatte (BFH v. 21.5.1971, III R 125–127/70, BStBl. II 1971, 721), hat er später zumindest im Ergebnis überwiegend *wieder aufgegeben* (BFH 29.1.1975, I R 135/70, BStBl. II 1975, 553 [555]) und seitdem – soweit ersichtlich – sämtliche Fälle durch die Basisrechtsprechung über § 42 AO gelöst. Insoweit dürfte eine Zurechnung des Vermögens der Basisgesellschaft nur noch in Ausnahmefällen angenommen werden. Der *zweite Fall* einer möglichen Anwendung des § 39 AO betrifft die Zurechnung des Anteils *an der* ausländischen Gesellschaft, welche sich grundsätzlich nach der zivilrechtlichen Eigentumslage, hilfsweise nach § 39 AO – auch im Anwendungs-

II. Vorrang allgemeiner Vorschriften

bereich des §§ 7 ff. – richtet (vgl. BMF-Schr. 1994, Tz. 7.4.1.). Neben § 39 AO stellt das AStG in § 7 Abs. 4 eine Sondervorschrift für die Zurechnung der Anteile an der ausländischen Gesellschaft zur Verfügung. Auf diese Kommentierung wird verwiesen.

einstweilen frei **41–44**

3. Gründung der ausländischen Gesellschaft als Scheingeschäft (§ 41 AO)

Mangels abweichender Regelungen erstreckt sich die Hinzurechnungsbesteuerung nicht auf Einkünfte, die beim inländischen Anteilseigner infolge anderer Vorschriften, zB § 41 AO, zu erfassen sind (BMF-Schr. 1994, Tz. 7.0.2., Satz 1, Ziff. 2). Ein Scheingeschäft iSd § 117 Abs. 1 BGB, das nach § 41 Abs. 2 AO für die Besteuerung unerheblich ist, liegt vor, wenn sich die Vertragsbeteiligten über den Scheincharakter des Rechtsgeschäfts einig sind. Ein solches Scheingeschäft kann bei der Errichtung von Kapitalgesellschaften als sog. Basisgesellschaften im Ausland *zumeist schwerlich angenommen werden,* weil es den Gründern idR auf eine zivil- und gesellschaftsrechtlich gültige Gestaltung ankommt, weil sie die Gesellschaft – und sei es auch nur zu steuerlichen Zwecken – in ihre Geschäftsbeziehungen einschalten wollen; daher haben die Inländer den ernstlichen Willen, die ausländische Gesellschaft wirksam zu gründen (BFH v. 17.7.1968, I 121/64, BStBl. II 1968, 695 [696 f.]; v. 29.7.1976, VIII R 142/173, BStBl. II 1977, 263 [264]). Das ist die Situation eines – ggf. nach § 42 AO zu beurteilenden – Umgehungsgeschäfts (§ 42 AO), bei welchem die Beteiligten den Eintritt der mit den Erklärungen verbundenen Rechtsfolgen wollen. Ein Konkurrenzverhältnis zwischen § 41 Abs. 2 AO und § 42 AO ist demnach ausgeschlossen: Wird eine als gewollt bezeichnete Rechtswirkung wirklich gewollt, so sind unwahre Angaben im Zusammenhang mit dem Abschluss des Rechtsgeschäfts – zB über den Geschäftszweck oder die eigenwirtschaftliche Funktion oder die personelle Ausstattung – nicht geeignet, dieses zum Scheingeschäft zu machen (BFH v. 21.10.88, III R 194/84, BStBl. II 1989, 216 [218]).

einstweilen frei **46–49**

4. Verhältnis des § 1 zur Hinzurechnungsbesteuerung

Durch Zusammenwirken von § 1 und §§ 7 ff. kann eine **effektive Überbesteuerung** eintreten. Gibt *beispielsweise* die deutsche Muttergesellschaft ihrer Tochtergesellschaft, die Zwischengesellschaft iSd Hinzurechnungsbesteuerung ist, ein unverzinsliches Darlehen, so wird dieser Zinsvorteil bei der Mutter steuererhöhend erfasst (denn bei marktgerechtem Zinssatz hätte sich der Zinsaufwand auf der Ebene der Tochtergesellschaft erhöht und der bei der Muttergesellschaft anzusetzende Hinzurechnungsbetrag vermindert), während er zugleich bei der Mutter als Darlehensgläubigerin ebenfalls steuererhöhend nach § 1 korrigiert wird. Diese *doppelte* steuerliche Verlagerung von im Ausland erzielten Einkünften widerspricht sowohl dem Zweck der §§ 7 ff. – sie sollen zu keiner über die Einebnung ungerechtfertigter Steuervorteile hinausgehenden Steuererschwernis führen (BT-Drs. VI/2883, Rz. 32) – als auch dem des § 1, welcher den Gewinn für den Zweck der Besteuerung unter Zugrundelegung der Bedingungen berichtigen soll, die zwischen unabhängigen Dritten vereinbart worden wären (BT-Drs. VI/2883, Rz. 48). Nach Auffassung des BMF ist § 1 gleichwohl uneingeschränkt auf Geschäftsbeziehungen eines Steuerpflichtigen zu Zwischengesellschaften anzuwenden (BMF v. 23.2.1983, IV C 5 – S 1341 – 4/83, BStBl. I 1983, 218, Tz. 1.5.2. in Folgenden: VGr 1983). Der Gefahr einer Überbesteuerung soll in der Weise begegnet werden, dass bei der Ermittlung der hinzurechnungspflichtigen Zwischeneinkünfte eine Gegenberichtigung vorgenommen wird. Der BFH hat sich in seinem Urteil vom 19.3.2002 (I R 4/01, BStBl. II 2002, 644) der Ansicht des BMF jedenfalls für den Fall angeschlossen, dass eine deutsche Gesellschaft ihrer ausländischen Enkelgesellschaft ein Darlehen zu einem unüblich niedrigen Zins gewährt und die Einkünfte der Enkelgesellschaft bei der deutschen Muttergesellschaft (= Tochter der leistenden Gesellschaft) gemäß §§ 7 ff. hinzugerechnet werden. Maßgebliches Argument des BFH gegen ein Zurücktreten oder tatbestandliches Nichtvorliegen des § 1 Abs. 1 ist, dass bei der „Minderung der Einkünfte" nur auf das einzelne Steuersubjekt abgestellt werden könne. Im entschiedenen Fall waren Adressat der Hinzurechnungsbesteuerung und die leistende Gesellschaft, bei welcher die Berichtigung nach § 1 vorzunehmen war, unterschiedliche Personen. **Nicht entschieden** hat der BFH den Fall, dass die Einkünftekorrektur nach § 1 und die Hinzurechnung gegenüber *einem* Steuersubjekt wirken (*Bsp.:* Muttergesellschaft gibt ihrer ausländischen Tochtergesellschaft, die Zwischengesellschaft iSd §§ 7 ff. ist, ein unverzinsliches Darlehen). Für eine Übertragung der Grundsätze des Urteils vom 19.3.2002 auf diesen Fall spricht das Postulat einer einheitlichen und einfachen Rechtsanwendung („*KB*" IStR 2002, 670, Anm. zu BFH I R 4/01). Gegen eine Übertragung spricht, dass der BFH in seiner Begründung maßgeblich auf das Auseinanderfallen der Rechtssubjekte abstellt. Insoweit käme hier ein *tatbestandlicher Ausschluss des § 1 Abs. 1* (keine „Minderung der Einkünfte", vgl. in diesem Sinne FG Münster v. 7.8.1997, 15 K 144/96 F, EFG 1997, 1289) bzw. eine *teleologische Reduktion desselben* (vgl. *FWBS* § 1 AStG Rz. 186, 189) in Betracht.

51 Mittlerweile wurde auch auf internationaler Ebene (*OECD* Designing Effective Controlled Foreign Company Rules, Action 3 – 2015 Final Report, zitiert als *OECD* Action 3 – 2015 Final Report, 1.1.2.) erkannt, dass hinzurechnungssteuerliche Bestimmungen und Verrechnungspreisvorschriften interagieren und sich gegenseitig ergänzen. Insbesondere ist es allgemein akzeptierte OECD-Position, dass Verrechnungspreisvorschriften keinesfalls die Notwendigkeit von Hinzurechnungssteuerbestimmungen entbehrlich werden lassen. Angesichts dieses Umstandes ist eine praktikable Sicht auf das Verhältnis von § 1 zu §§ 7 ff. angezeigt. Insoweit ist im Auge zu behalten, dass es dann zu Doppelerfassungen der ausländischen Einkünfte kommen könnte, wenn ein Hinzurechnungsverpflichteter selbst mit der ausländischen Gesellschaft Geschäftsbeziehungen unterhält. Die dogmatische Ursache liegt darin, dass § 1 gleichrangig neben den Regeln der Hinzurechnungsbesteuerung steht. Mit der von der Finanzverwaltung präferierten Lösung kann die Besteuerungspraxis leben. Sie vermeidet mögliche Doppelerfassungen, indem die passiven Einkünfte entsprechend zu berichtigen sind, soweit aus Geschäftsbeziehungen zwischen dem Inlandsbeteiligten und der ausländischen Zwischengesellschaft bei diesem eine Einkunftsberichtigung nach § 1 erfolgt (BFH v. 19.3.2002,

I R 4/01, BStBl. II 2002, 644; Tz. 10.1.1.1. AEAStG; s. auch → § 10 Rz. 54 und 574 f.). Der BFH sieht die Rechtsgrundlage der Vermeidung der Überbesteuerung nicht in einem Verzicht auf § 1 beim Zusammentreffen der Vorschrift mit der Hinzurechnungsbesteuerung, sondern primär in den Billigkeitsregeln des §§ 163, 227 AO (BFH v. 19.3.2002, I R 4/01, BStBl. II 2002, 644). Beide Positionen führen zum identischen Ergebnis.

einstweilen frei 52–69

III. Allgemeine Hinzurechnungsbesteuerung

Gewinne ausländischer Gesellschaften würden in den Händen ihrer im Inland ansässigen Anteilseigner erst besteuert werden, wenn die Gewinne als Dividende ausgeschüttet werden. § 7 Abs. 1 bestimmt demgegenüber, dass unbeschränkt Steuerpflichtige mit Einkünften, für die die ausländische Gesellschaft Zwischengesellschaft ist, entsprechend ihrem Anteil steuerpflichtig sind, auch wenn eine tatsächliche Ausschüttung (noch) nicht erfolgt ist bzw. eine solche nie erfolgen wird.

§ 7 enthält Regelungen, die einerseits den Tatbestand (Abs. 1 bis 4) und andererseits die Rechtsfolge (Abs. 1 und 5) der Hinzurechnungsbesteuerung betreffen.

1. Tatbestand der Hinzurechnungsbesteuerung

Der Tatbestand der Hinzurechnungsbesteuerung wird von § 7 Abs. 1 bis 4 geregelt. Diese Regelungen decken allerdings nur eine der drei Voraussetzungen der Steuerpflicht ab: Die Definition der passiven Einkünfte findet sich in § 8 Abs. 1, die der Niedrigbesteuerung in § 8 Abs. 3.

Die Voraussetzungen (außer die Definition der passiven Einkünfte und die der Niedrigbesteuerung) sind sämtlich bereits in Abs. 1 genannt: Das Hinzurechnungssubjekt, die ausländische Gesellschaft und das „Beteiligtsein zu mehr als der Hälfte". Die letztgenannte Voraussetzung wird in den Absätzen 2 bis 4 teils definiert und teilweise erweitert.

a) § 7 Abs. 1 (Steuerpflicht inländischer Gesellschafter)

§ 7 Abs. 1 ist seit dem Inkrafttreten des AStG im Jahre 1972 nicht geändert worden.

aa) Hinzurechnungssubjekt: Hinzurechnungssubjekt ist laut Abs. 1 der unbeschränkt Steuerpflichtige. Unbeschränkt steuerpflichtig sind natürliche (§ 1 EStG) und juristische Personen (§ 1 iVm § 3 KStG); folglich werden die Zwischeneinkünfte der Einkommen- bzw. Körperschaftsteuer unterworfen. Gehört die Beteiligung an der ausländischen Gesellschaft zu einem Betriebsvermögen, erhöhen die Zwischeneinkünfte auch die Bemessungsgrundlage der Gewerbesteuer; das folgt aus der Qualifikation der hinzuzurechnenden Einkünfte als Beteiligungsertrag (§ 10 Abs. 2) und wird bestätigt durch § 21 Abs. 7 S. 3 Nr. 2 und S. 4 Nr. 2.

Auch von der Körperschaftsteuer nach § 5 KStG befreite juristische Personen und Personen mit Doppelwohnsitz im In- und Ausland können steuerpflichtig nach § 7 Abs. 1 sein (Tz. 7.2.1 Nr. 1 BMF 2004). Auf beschränkt

§ 7 77, 78   Steuerpflicht inländischer Gesellschafter

Steuerpflichtige (§ 49 EStG) finden die §§ 7 ff. keine Anwendung. Die Sondervorschrift des § 5 ist zu beachten.

77   § 7 nennt als Steuersubjekt „unbeschränkt Steuerpflichtige", also die Mehrzahl (vgl. auch § 7 Abs. 1 aE „bei jedem von ihnen"). Als problematisch wurde in der Vergangenheit diskutiert, ob §§ 7–14 auch dann anwendbar sind, wenn nur ein einziger unbeschränkt Steuerpflichtiger (zu mehr als der Hälfte) an der ausländischen Gesellschaft beteiligt ist. Die hM (*FWBS* § 7 AStG Rz. 9.2 mwN) bejaht dies, in der Vorauflage wurde es verneint. Auch wenn der Gesetzgeber insoweit unsauber gearbeitet haben mag, und auch wenn man Zweifel zieht, ob es zutrifft oder nicht, dass die Mehrzahl „regelmäßig die Einzahl" umfasst, muss gesehen werden, dass die Finanzrechtsprechung diese Problematik noch niemals thematisiert hat. Es lassen sich zahlreiche Sachverhaltskonstellationen der Finanzgerichtsbarkeit anführen, in denen lediglich ein Inlandsbeteiligter im Sachverhalt gegeben ist und in denen sich nicht die geringsten Zweifel daran entzünden, dass die Hinzurechnungsbesteuerung dem Grunde nach – trotz nur eines einzigen Inlandsbeteiligten – einschlägig ist (vgl. zB BFH v. 12.10.2016, I R/16, IStR 2017 mit Anm. *Kraft;* FG Münster v. 30.10.2014, 2 K 618/11 F, EFG 2015, 351, Az. BFH I R 78/14; FG München v. 27.4.2015, 7 K 2819/12, – NZB, Az. BFH I B 65/15; FG BaWÜ v. 12.8.2015, Az. 3 V 4193/13). Da in den referierten Fällen die Anteile an einer im Ausland domizilierten Kapitalgesellschaft entweder zu 100 % oder zu einem geringeren Beteiligungsquote von einer – einzigen – im Inland unbeschränkt steuerpflichtigen Person (Kapitalgesellschaft) gehalten wurden, lässt die Rechtsprechung mit anderen Worten einen einzigen Inlandsbeteiligten genügen. Sie stört sich nicht an der unpräzisen Verwendung des Plurals.

78   **Personengesellschaften** sind nicht unbeschränkt steuerpflichtig und können demgemäß den Tatbestand des § 7 Abs. 1 nicht erfüllen. Den Fall, dass eine Personengesellschaft die Beteiligung an der ausländischen Gesellschaft hält, regelt § 7 Abs. 3. Hiernach gelten die Gesellschafter der Personengesellschaft als an der ausländischen Gesellschaft beteiligt. Diese Regelung gilt nach der Auffassung des BFH nur zur Bestimmung der Beteiligung, „zu mehr als der Hälfte", wie sie in Abs. 1 angesprochen ist (BFH v. 30.8.1995, I R 77/94, BStBl. II 1996, 122 (124)). Für den hier ausschließlich zu besprechenden Tatbestand der Hinzurechnungsbesteuerung ergibt sich daraus, dass im Falle der Zwischenschaltung sowohl inländischer als auch ausländischer (maßgeblich ist, ob aus deutscher steuerlicher Sicht die ausländische Gesellschaft transparent ist, auch wenn diese nach ausländischem Gesellschaftsrecht als juristische Person zu qualifizieren ist) Personengesellschaften (Abs. 3 regelt auch den Fall mehrerer zwischengeschalteter Personengesellschaften) die Voraussetzung „zu mehr als der Hälfte beteiligt" in der Person des unbeschränkt steuerpflichtigen Gesellschafters der Personengesellschaft gegeben sein muss. § 7 Abs. 3 findet nur Anwendung auf unbeschränkt Steuerpflichtige, nicht aber auf Personen iSd § 2 (aA *FWBS* § 7 AStG Rz. 87.2). Das folgt aus dem eindeutigen Wortlaut der Norm, der die Personen iSd § 2 nicht in Bezug nimmt. Auch enthält die Ausweitung des Beteiligtenbegriffs in Abs. 2 nicht etwa eine (neue) Legaldefinition des „unbeschränkt Steuerpflichtigen" iSd § 7 Abs. 1. Dass sich § 7 Abs. 3 „generell auch auf § 7 Abs. 2" erstrecke (*Wassermeyer, FWBS* § 7 AStG Rz. 85) ist – obwohl dies vielleicht gesetzessystematisch konsequent gewesen

III. Allgemeine Hinzurechnungsbesteuerung

wäre – dem Gesetz nicht zu entnehmen. Freilich bleibt hier § 39 Abs. 2 Nr. 2 AO zu beachten. Wenn es richtig sein sollte, diesen auch im Rahmen von § 7 Abs. 1 trotz der Spezialnorm des § 7 Abs. 3 anzuwenden (so *FWBS* § 7 AStG Rz. 46, 85; das BMF-Anwendungsschreiben 1994 enthielt keinen Verweis auf § 39 Abs. 2 Nr. 2 AO, vielmehr lediglich einen globalen Hinweis auf die allgemeinen Regeln der §§ 39, 41, 42 AO, vgl. Tz. 7.2.1 Nr. 1, aus dem keine Klärung eines eventuellen Vorrangverhältnisses des Abs. 3 hervorgeht), verbliebe für § 7 Abs. 3 ohnehin ein nur geringer Anwendungsbereich. *Wassermeyer* (*FWBS* § 7 AStG Rz. 84) nennt hier als Beispiel spanische Personengesellschaften, die nach spanischem Zivilrecht als juristische Personen, nach deutschem Steuerrecht jedoch als Mitunternehmerschaften zu behandeln sind. In diesem Fall ist aber § 39 Abs. 2 Nr. 2 AO ebenfalls anzuwenden, weil auch für diese Vorschrift ausschließlich die Qualifikation des ausländischen Rechtsgebildes aus deutscher steuerlicher Sicht nach dem sog. Rechtstypenvergleich entscheidend ist. M. a. W. scheidet eine Zurechnung der Beteiligung bei zwischengeschalteten ausländischen Gesellschaften nach § 39 Abs. 2 Nr. 2 AO nur aus, wenn der Rechtstypenvergleich die rechtliche Vergleichbarkeit mit einer Kapitalgesellschaft ergibt. In diesem Fall muss die „zwischengeschaltete" Gesellschaft aber selbst als „ausländische Gesellschaft" iSd § 7 Abs. 1 qualifiziert werden. Dieser Gedankengang legt das Verständnis des § 7 Abs. 3 als eine die generelle Norm des § 39 Abs. 2 Nr. 2 AO ausschließende Spezialnorm nahe.

bb) Ausländische Gesellschaft: Die Hinzurechnungsbesteuerung setzt die Beteiligung an einer ausländischen Gesellschaft voraus. Abs. 1 definiert diese legal als „Körperschaft, Personenvereinigung oder Vermögensmasse iSd KStG, die weder Geschäftsleitung noch Sitz im Geltungsbereich dieses Gesetzes hat und die nicht gem. § 3 Abs. 1 KStG von der Körperschaftsteuerpflicht ausgenommen ist". Von vornherein aus dem Anwendungsbereich der §§ 7 ff. scheiden im Ausland gegründete Gesellschaften aus, die der unbeschränkten Steuerpflicht unterliegen, weil sie ihre Geschäftsleitung im Inland haben (trotz fehlender Rechtsfähigkeit für Begründung der unbeschränkten Steuerpflicht: BFH v. 23.6.1992, IX R 182/87, BStBl. II 1992, 972 (974f.)). Soweit §§ 1 und 3 KStG an die Rechtsformen des bürgerlichen Rechts und des Handelsrechts anknüpfen, bestimmt sich nach deutschem bürgerlichen Recht bzw. Handelsrecht, ob ein rechtsfähiges Gebilde nach den genannten Vorschriften vorliegt. Für die Beurteilung der Rechtsfähigkeit ausländischer Gesellschaften greifen die Grundsätze des internationalen Privatrechts ein. Ausschließlich deutsches Steuerrecht ist hingegen maßgeblich für die Beantwortung der Frage, ob eine rechtsfähige oder nicht rechtsfähige ausländische Gesellschaft der deutschen Körperschaftsteuer oder Einkommensteuer unterliegt (allg. M., vgl. BFH v. 17.7.1968, I 121/64, BStBl. II 1968, 695 (696)). Nach dem sog. **Rechtstypenvergleich** kommt es für die steuerliche Behandlung darauf an, ob die ausländische Gesellschaft nach ihrem im Ausland geregelten rechtlichen Aufbau und ihrer wirtschaftlichen Stellung einer deutschen Gesellschaft entspricht; hierbei ist insbesondere zu beachten, dass es auf die Rechtsfähigkeit nicht entscheidend ankommt, da nach deutschem Körperschaftsteuerrecht auch nichtsrechtsfähige Personenvereinigungen, Anstalten, Stiftungen und andere Zweckvermögen körperschaftsteuerpflichtig sind, wenn ihr Einkommen weder nach dem KStG noch nach dem EStG unmittelbar bei einem anderen Steuerpflichtigen zu besteuern ist (BFH v. 17.7.1968, I 121/64, BStBl. II 1968, 695 (696)).

80 Dieser Verweis auf den Rechtstypenvergleich ist dem Gesetzeswortlaut zwar nicht ausdrücklich zu entnehmen. Die nicht wörtliche Inbezugnahme des KStG durch die Wörter „im Sinne" und die Systematik der §§ 7ff. legen diesen aber nahe. UE kann nicht davon ausgegangen werden, dass das AStG einen vom sonstigen internationalen Steuerrecht abweichenden Lösungsweg beschreiten wollte; ein solcher wäre aber die entsprechende Anwendung des § 1 KStG auf Auslandssachverhalte. Dafür spricht auch der Zweck der Hinzurechnungsbesteuerung, Steuervorteile, die aus der „Abschirmwirkung" ausländischer Basisgesellschaften resultieren, zu vermeiden. Hierzu äußert sich die Gesetzesbegründung etwas unscharf, wenn sie auf eine „rechtlich selbständige ausländische Gesellschaft" Bezug nimmt (BT-Drs. VI/2883, Rz. 27). Entscheidend ist nämlich vielmehr, dass aufgrund der körperschaftlichen Verfassung des ausländischen Rechtsgebildes die deutsche Steuerpflicht der Anteilseigner entfällt.

81 Aus systematischen Gründen muss die Definition noch insoweit erweitert werden, als an der ausländischen Einheit entweder eine „Beteiligung am Nennkapital" oder ein „Anspruch auf Beteiligung an der Verteilung des Gewinns" bestehen können muss. Denn diese Merkmale sind Voraussetzungen für die Rechtsfolge der Hinzurechnung (nach Abs. 1 bzw. Abs. 5).

82 (1) Für uns ergibt sich nach allem folgende **Definition:** „Ausländische Gesellschaft" iSd § 7 Abs. 1 ist jedes ausländische Rechtsgebilde, das aufgrund des hergebrachten „Rechtstypenvergleichs" als Körperschaft, Personenvereinigung oder Vermögensmasse zu qualifizieren ist, weder Geschäftsleitung noch Sitz im Geltungsbereich des AStG hat und dessen Gewinne nicht bei den inländischen Anteilsinhabern besteuert werden; dies gilt unabhängig davon, ob das Rechtsgebilde nach ausländischem Zivilrecht rechtsfähig ist oder nach ausländischem Steuerrecht als Steuersubjekt anerkannt wird; das (ausländische) Gesellschaftsrecht muss dem Steuerinländer entweder eine Beteiligung am Nennkapital oder einen Anspruch auf Beteiligung an der Verteilung des Gewinns gewähren. Sämtliche nicht unter diese Definition fallenden Personenzusammenschlüsse, bei denen die inländischen Gesellschafter folgerichtig gem. § 15 Abs. 1 Nr. 2 EStG besteuert werden, fallen nicht in den Anwendungsbereich der §§ 7–14. Hier kann aber § 20 Abs. 2 einschlägig sein.

83 (2) Die **hM** definiert demgegenüber die ausländische Gesellschaft als jede Person, die weder Geschäftsleitung noch Sitz im Inland hat und die körperschaftsteuerpflichtig wäre, wenn sie Geschäftsleitung oder Sitz im Inland hätte (grundlegend *Bellstedt* FR 1972, 242; *FWBS* § 7 AStG Rz. 11, 15; Brezing ua/*Mössner* § 7 AStG Rz. 10; Blümich/*Menck* § 7 AStG Rz. 14; ähnlich auch BFH v. 16.5.1990, I R 16/88, BStBl. II 1990, 1049 (1050); beiläufig auch BFH v. 21.1.1998, BStBl. 1998 II 468 (469)). – Gegen diese Definition ist im praktischen Ergebnis nichts einzuwenden (außer vielleicht, dass eine „Person", also Rechtssubjektivität, gerade nicht Voraussetzung der Definition der ausländischen Gesellschaft ist). Nur führt sie in kritischen Fällen gerade nicht weiter. Denn § 1 Abs. 1 Nr. 1 KStG dürfte in Fällen des § 7 Abs. 1 schwerlich anwendbar sein, weil er eine nach deutschem Zivilrecht gegründete Gesell-

III. Allgemeine Hinzurechnungsbesteuerung 84–93 § 7

schaft voraussetzt; wenn doch, wäre § 3 Abs. 1 KStG nicht anwendbar. Bei der Anwendung von § 1 Abs. 1 Nr. 4 KStG stellt sich hingegen die Frage, ob der Rechtstypenvergleich die Ähnlichkeit in der kapitalistischen Verfassung erweisen soll.

cc) „Beteiligtsein zu mehr als der Hälfte": Dieses Tatbestandsmerkmal 84 wird in Abs. 2 legal definiert und dort kommentiert.

dd) Zeitpunkt: Entscheidender Zeitpunkt für das Vorliegen der unter aa) 85 bis cc) genannten Voraussetzungen ist das Ende des maßgebenden Wirtschaftsjahres der ausländischen Gesellschaft. Das ergibt sich eindeutig aus dem Gesetz, § 7 Abs. 2 S. 1 (vgl. Tz. 7.1.1. Satz 2 BMF; *FWBS* § 7 AStG Rz. 21.2; Blümich/*Menck* § 7 AStG Rz. 20).

einstweilen frei 86–89

b) § 7 Abs. 2 (Mindestbeteiligung)

§ 7 Abs. 2 ist seit Inkrafttreten des AStG nicht geändert worden. Abs. 2 90 enthält eine Legaldefinition des „Beteiligtsein zu mehr als der Hälfte" iSd § 7 Abs. 1. Abs. 2 bezieht sich hingegen nicht auf die (ebenfalls in Abs. 1 genannte) „Beteiligung am Nennkapital", welche für die Rechtsfolge der Hinzurechnung von Bedeutung ist (BFH v. 26.10.1983, I 200/78, BStBl. II 1984, 258 (260)). Dies ergibt sich aus dem eindeutigen Wortlaut des Eingangssatzes der Legaldefinition in § 7 Abs. 2 S. 1, welcher nicht allgemein die „Beteiligung", sondern die „Beteiligung zu mehr als der Hälfte" in Bezug nimmt (idS auch BT-Drs. VI/2883 Rz. 86, Sätze 1 u. 2).

aa) Abs. 2 S. 1. (1) Allgemeiner Beteiligungsbegriff. § 7 erwähnt den 91 Begriff der Beteiligung in dreifacher Weise: Als Tatbestandsvoraussetzung der Hinzurechnung (§ 7 Abs. 1), als „Zählregel" (Beteiligung „zu mehr als der Hälfte", § 7 Abs. 2 und 4) und als Bezugspunkt der Rechtsfolge der Hinzurechnung, also der Steuerpflicht (§ 7 Abs. 1 aE, Abs. 5).

Tatbestandsvoraussetzung, § 7 Abs. 1: „zur Hälfte *beteiligt*": Die 92 Beteiligung idS ist – in Abwesenheit einer gesetzlichen Definition – als gesellschaftsrechtliche am Nennkapital der ausländischen Gesellschaft zu verstehen (Tz. 7.1.1. Satz 1 BMF; *FWBS* § 7 AStG Rz. 12, 18, 39; Brezing ua/*Mössner* § 7 AStG Rz. 17; Blümich/*Menck* § 7 AStG Rz. 21). Maßgeblich ist das Recht des Ansässigkeitsstaates der ausländischen Gesellschaft. Bei lediglich schuldrechtlicher Beteiligung fehlt es an dieser Voraussetzung. Ein Genussrecht stellt auch dann keine gesellschaftsrechtliche Beteiligung dar, wenn die Erträge aus diesem steuerrechtlich wie Dividenden behandelt werden (vgl. § 8 Abs. 3 S. 2 KStG; § 20 Abs. 1 Nr. 1 S. 1 EStG); denn zivilrechtlich stellt ein Genussrecht keine eine gesellschaftsrechtliche Beteiligung dar. Falls das ausländische Gesellschaftsrecht keine Beteiligung am Nennkapital kennt, kommt als Spezialregel § 7 Abs. 2 S. 3 (auf Tatbestandsseite) bzw. § 7 Abs. 5 (auf Rechtsfolgenseite) zur Anwendung; auf die entsprechende Kommentierung wird verwiesen.

Zählregel, § 7 Abs. 2: Beteiligung „zu mehr als der Hälfte": Wie 93 schon erläutert, beschränkt sich nach der Rechtsprechung des BFH § 7 Abs. 2 darauf zu regeln, in welchen Fällen von einer Beteiligung „von mehr als der Hälfte" auszugehen ist (BFH v. 26.10.1983, I 200/78, BStBl. II 1984, 258 (260)). Wenn also keine „Beteiligung" iSd Tatbestandsvoraussetzung (§ 7

Abs. 1) gegeben ist, kann der Tatbestand der Hinzurechnungsbesteuerung nicht durch das bloße Vorliegen der Voraussetzungen des Abs. 2 erfüllt werden. Mit anderen Worten ist auch bei Vorliegen eines Tatbestandsmerkmals des Abs. 2 – die Erweiterung iSd „Zählregel" betrifft mittelbare Beteiligungen sowie bloße Stimmrechtsinnehabung – erforderlich, dass überhaupt eine „Beteiligung" iSv Abs. 1 gegeben ist.

94 **Rechtsfolge, § 7 Abs. 1 aE, Abs. 5:** Die Rechtsfolge der Hinzurechnung setzt ebenfalls eine Beteiligung am Nennkapital voraus (= Wortlaut); nicht jeder in Abs. 2 Genannte gehört zu den Beziehern des Hinzurechnungsbetrages, sondern nur derjenige, dem eine Beteiligung am Nennkapital zuzurechnen ist (BFH v. 26.10.1983, I R 200/78, BStBl. II 1984, 258 (260): „Fehlt eine Beteiligung am Nennkapital, können die Einkünfte [...] nicht steuerpflichtig sein."; *FWBS* § 7 AStG Rz. 18.1). Auch aus § 7 Abs. 5 folgt nichts anderes. Abs. 5 ergänzt Abs. 1 bezüglich der Rechtsfolgenregelung dahingehend, dass auch die bloße Beteiligung am Gewinn die Hinzurechnungsfolge auslöst. Abs. 5 stellt das Pendant zur tatbestandlichen Regelung des Abs. 2 S. 3 auf der Rechtsfolgenseite dar und ist eine Sonderregelung. Im Einzelnen wird auf die Kommentierung zur Rechtsfolgenseite der Hinzurechnung verwiesen (→ Rz. 231 ff.).

95 **(2) „Personen i. S. des § 2":** In Satz 1 wird die Beteiligung unbeschränkt Steuerpflichtiger für Zwecke der „Zählregel" der Beteiligung einer Person iSd § 2 gleichgestellt. Die Legaldefinition der „Person i. S. des § 2" enthält § 5 Abs. 1 S. 1. Danach sind „Personen i. S. des § 2" (i) natürliche Personen, (ii) die in den letzten zehn Jahren vor dem Ende ihrer unbeschränkten Steuerpflicht nach § 1 Abs. 1 Satz 1 EStG als Deutscher insgesamt mindestens 5 Jahre unbeschränkt steuerpflichtig waren (iii) und die Voraussetzungen des § 2 Abs. 1 S. 1 Nr. 1 erfüllen; durch diesen Verweis ist Voraussetzung, dass die Person in einem ausländischen Gebiet ansässig ist, in dem sie mit ihrem Einkommen nur einer niedrigen Besteuerung unterliegt oder in keinem ausländischen Gebiet ansässig ist. Durch den in § 5 allein enthaltenen Verweis auf § 2 Abs. 1 *S. 1 Nr. 1* ist gesetzlich klargestellt, dass (i) die natürliche Person keine wesentlichen wirtschaftlichen Interessen im Geltungsbereich dieses Gesetzes zu haben braucht (§ 2 Abs. 1 S. 1 Nr. 2) und (ii) dass die 16.500 Euro-Grenze des § 2 Abs. 1 S. 2 keine Anwendung findet. Zudem (iii) fehlt der Definition in § 5 die zehnjährige Begrenzung des § 2 S. 1. Zwar verweist § 5 auf den Satz 1; er tut dies allerdings nur im Hinblick auf die persönlichen Voraussetzungen des erweitert beschränkt Steuerpflichtigen, nicht aber auf die von ihm zu besteuernden Einkünfte (= Rechtsfolge der Vorschrift). Hätte der Gesetzgeber dies gewollt, hätte er in § 7 Abs. 2 S. 1 formulieren müssen „... zusammen mit Personen im Sinne des § 2, *solange sie der dortigen Steuerpflicht unterliegen*, ...", umso der zeitlichen Komponente Ausdruck zu verleihen. Insoweit ist es – vom Wortlaut des Gesetzes her – möglich, dass Personen ohne jeglichen Inlandsbezug (als Rechengröße) auf der Tatbestandsseite der Hinzurechnungsbesteuerung berücksichtigt werden.

96 Allerdings ist zu beachten, dass die Finanzverwaltung den gegen diese Regelung erhobenen Bedenken (vgl. grundlegend *Bellstedt* DStZ/A 1979, 283; ihm folgend *FWBS* § 7 AStG Rz. 44, 44.1 und Brezing ua/*Mössner* § 7 AStG Rz. 36) nunmehr seit 1994 durch Aufnahme des Hinweises auf die zeitliche

Begrenzung durch die Frist für die erweiterte beschränkte Steuerpflicht (Tz. 7.2.1. Nr. 2, letzter Halbsatz AEAStG) Rechnung getragen hat. M. a. W. darf die Beteiligung einer § 2-Person nur während der zehn Jahre für die Zusammenrechnung verwendet werden, in denen der Auswanderer in seiner Person der erweiterten beschränkten Steuerpflicht unterliegt; ob *tatsächlich* steuerpflichtige Einkünfte erzielt werden, ist demgegenüber weiterhin unbedeutend.

(3) „Zurechnung von Anteilen oder Stimmrechten". Mit „Anteilen" sind Beteiligungen am Nennkapital gemeint (Brezing ua/*Mössner* § 7 AStG Rz. 40; offenbar inzidenter auch *FWBS* § 7 AStG Rz. 55 und Blümich/ *Menck* § 7 AStG Rz. 21; auch Tz. 7.2.1 BMF 1994 gibt zu keiner anderen Auslegung Anlass). Auf die diesbezüglichen – wenig aufschlussreichen – Ausführungen des BFH wird hingewiesen (BFH v. 26.10.1983, I R 200/78, BStBl. II 1984, 258 (261)).

Abs. 2 S. 1 erweitert den Begriff der Beteiligung über die Beteiligung am Nennkapital hinaus auf „Stimmrechte". Stimmrecht ist als gesellschaftsrechtliches Mitwirkungsrecht zu verstehen (vgl. den gleichen Wortlaut von § 12 Abs. 1 S. 1 AktG, im Ergebnis ebenso *FWBS* § 7 AStG Rz. 55). IdR werden die Beteiligung am Nennkapital und die Stimmrechte quotal übereinstimmen; Bedeutung hat die Erweiterung daher nur, wenn das ausländische Gesellschaftsrecht oder der Gesellschaftsvertrag eine Nichtübereinstimmung vorsehen. Ein Auseinanderfallen von Beteiligung am Nennkapital und Stimmrecht kann auch aus der gesonderten Übertragung eines Stimmrechts resultieren. Demjenigen ist das Stimmrecht zuzurechnen, der es – kraft Verantwortlichkeit für die Willensbildung – ausüben kann (Brezing ua/*Mössner* § 7 AStG Rz. 42). § 39 AO ist zu beachten. Daher ist bei einer Treuhandvereinbarung das Stimmrecht dem Treugeber *zuzurechnen,* bei einer Sicherungsvereinbarung dem Sicherungsgeber. Falls sich mehrere Gesellschafter gegenseitig verpflichten, ihr Stimmrecht einheitlich auszuüben (Bindung durch Konsortialvertrag), erfolgt keine Zurechnung der Stimmrechte (*FWBS* § 7 AStG Rz. 63; Brezing ua/*Mössner* § 7AStG Rz. 43), gleiches gilt bei gemeinschaftlicher Beteiligung mehrerer zur gesamten Hand. Freilich ist hier die Sonderregel des § 7 Abs. 4 zu beachten, dessen Voraussetzungen gesondert zu prüfen sind.

bb) „zu mehr als der Hälfte": Es ist notwendig, die Beteiligung am Nennkapital bzw. die Stimmrechte in einer zahlenmäßigen Quote darzustellen. Die schädliche Quote liegt bei über 50%. Unerheblich ist, wie hoch die Beteiligung des einzelnen unbeschränkt Steuerpflichtigen ist; er unterfällt vom Tatbestand her der Hinzurechnungsbesteuerung, wenn insgesamt über 50% der Anteile oder Stimmrechte von Steuerinländern gehalten werden unabhängig von der Quote des einzelnen. Werden Anteile von der Gesellschaft selbst gehalten, werden sie zur Bestimmung der maßgebenden Quote wie nicht angegebene Anteile behandelt (Tz. 7.2.2, S 2 AEAStG).

Eine **„Beherrschung"** der ausländischen Gesellschaft iSd Handels- bzw. Steuerrechts ist dagegen nicht erforderlich (Blümich/*Menck* § 7 AStG Rz. 27). Bereits der Wortlaut des Abs. 2 nennt diese Voraussetzung nicht. Vielmehr geht die gesetzliche Regelung erkennbar von einer Typisierung aus. Denn die alternative Gegenüberstellung von mindestens hälftiger Beteiligung am Nennkapital bzw. Stimmrechten veranschaulicht wegen der Möglichkeit beispielsweise stimmrechtsloser Aktien, dass eine Mehrheitsbeteiligung auch ohne (rechtlichen oder tatsächlichen) beherrschenden Einfluss vorliegen kann. Diese Typisierung ist verfassungsrechtlich wohl nicht zu beanstanden (so auch FG München v. 28.2.2002, 7 K 5551/98, BeckRS 2002, 21 011 997).

101 cc) § 7 Abs. 2 S. 2: Nach dieser Vorschrift sind den Steuerinländern (= unbeschränkt Steuerpflichtige und Personen iSd § 2) auch mittelbar über ein oder mehrere (§ 7 Abs. 2 Satz 3, 2. Hs.) andere Gesellschaften gehaltene Anteile oder Stimmrechte zuzurechnen; das Gesetz spricht insoweit von „durch eine andere Gesellschaft vermitteln", womit aber eine mittelbare Beteiligung gemeint ist (vgl. idS BT-Drs. VI/2883, Rz. 86, Satz 4).

102 Das Tatbestandsmerkmal **„andere Gesellschaft"** ist gesetzlich nicht definiert. Sie muss aber eine *ausländische* sein. Dies ergibt sich zunächst systematisch daraus, dass sich Abs. 2 S. 2 auf den S. 1 bezieht („Bei der Anwendung des vorstehenden Satzes ..."), welcher unter Gesellschaft nur die ausländische versteht; „andere" Gesellschaft ist demnach eine „andere ausländische" Gesellschaft. Schließlich wäre die Regelung für zwischengeschaltete inländische Gesellschaften überflüssig, weil diese selbst als „unbeschränkt Steuerpflichtige" Hinzurechnungssubjekt sind (dieses Ergebnis wird bestätigt durch den Bericht des Finanzausschusses zu BT-Drs. VI/3537, zu § 7, Satz 2, wo von vermittelnden *Auslands*gesellschaften gesprochen wird). Die vermittelnde ausländische Gesellschaft muss **nicht „deutschbeherrscht"** iSd § 7 Abs. 1 sein (ebenso *FWBS* § 7 AStG Rz. 74; Brezing ua/*Mössner* § 7 AStG Rz. 48; WSG/*Wöhrle* § 7 AStG Rz. 54; Blümich/*Menck* § 7 AStG Rz. 29). Der Wortlaut gibt hierfür keinen Anhalt. Auch der *telos* der §§ 7 ff. gebietet keine derartige Auslegung (wegen des insoweit klaren Gesetzeswortlauts wäre es wohl eher eine teleologische Reduktion). Denn die „Deutschbeherrschung" erfordert als Prinzip der Hinzurechnungsbesteuerung nicht die tatsächliche oder rechtliche Beherrschung der ausländischen Gesellschaft, auf deren Ebene hinzurechnungspflichtige Einkünfte erzielt werden, insoweit, als dass das Ausschüttungsverfahren maßgebend von Inländern bestimmt werden können muss. Dass dieses Konzept zwar hinter den gesetzlichen Bestimmungen steht, ist – zumindest unter dem Blickwinkel des Zwecks der §§ 7 ff. in ihrer ursprünglichen Fassung, der Verhinderung des Erzielens unberechtigter Steuervorteile durch Ausnutzen der „Abschirmwirkung" ausländischer Kapitalgesellschaften – offensichtlich. Es ist aber nirgends in Form eines Tatbestandsmerkmals formuliert, weshalb aus diesem Prinzip uE nach kein Auslegungsergebnis gewonnen werden darf, das dem eindeutigen Gesetzeswortlaut widerspricht. Dieses Ergebnis wird im Übrigen durch die Entstehungsgeschichte der §§ 7 ff. bestätigt. Sowohl der Zweite (Mitte März 1971) als auch der Dritte Referentenentwurf (20.4.1971) sowie der Kabinettsentwurf vom 30.6.1971 (abgedruckt bei *FWBS* S. 14 f.) enthielten (jeweils in ihrem Abs. 2) eine ausdrückliche Bestimmung, nach welcher die vermittelnde Gesellschaft von sogar nur einem unbeschränkt Steuerpflichtigen beherrschend gehalten werden muss; diese Formulierung hat das geltende Gesetz allerdings nicht übernommen.

103 Ist die vermittelnde Gesellschaft mithin notwendigerweise „deutschbeherrscht", ist damit noch nicht entschieden, ob ihr als Rechtsfolge Einkünfte **zu**gerechnet werden. Hier sind die Voraussetzungen des § 14 Abs. 1 zu

III. Allgemeine Hinzurechnungsbesteuerung   104–109 § 7

prüfen, weil die ausländische Gesellschaft dann „Untergesellschaft" i. S. dieser Vorschrift sein kann.

Für die Berechnung der maßgebenden Quote im Verhältnis Steuerinländer/vermittelnde Gesellschaft bzw. vermittelnde Gesellschaft/ausländische Gesellschaft isd § 7 Abs. 2 S. 2 bzw. – bei Zwischenschaltung mehrerer Gesellschaften (Abs. 2 S. 2, letzter Hs.) – darf jeweils nur (exklusiv) entweder auf die Beteiligung am Nennkapital oder auf die Stimmrechte abgestellt werden; maW ist eine „Kombination" der Beteiligungsalternativen des Abs. 2 S. 1 zwischen den Beteiligungsstufen unzulässig (wie hier *FWBS* § 7 AStG Rz. 75; Brezing ua/*Mössner* § 7 AStG Rz. 51; WSG/*Wöhrle* § 7 AStG Rz. 58; aA – ohne Argumentation – Blümich/*Menck* § 7 AStG Rz. 29). Das folgt aus dem Wortlaut der Vorschrift. Der 2. Teil des 2. Satzes („und zwar in dem Verhältnis …") nimmt Bezug auf die „gesamten Anteile und Stimmrechte an dieser Gesellschaft" (mit „dieser Gesellschaft" ist die „ausländische Gesellschaft" isd § 7 Abs. 1 gemeint). Sprachlich beziehen sich Anteile auf Anteile und Stimmrechte auf Stimmrechte. Das folgt auch aus der Verwendung des Wortes „Verhältnis" im Singular. Wäre es nämlich auch zulässig, die Stimmrechtsquote mit der Anteilsquote zu multiplizieren, würden sich mindestens vier Verhältnisse ergeben.   104

Schließlich müssen die Einkünfte der vermittelnden Gesellschaft *weder passiv noch niedrigbesteuert* sein. Das folgt aus dem Wortlaut der Vorschrift, der keine derartige Voraussetzung kennt.   105

dd) § 7 Abs. 2 S. 3: Diese Vorschrift enthält für die Tatbestandsseite der Hinzurechnungsbesteuerung eine Sonderregelung für den Fall, dass weder Gesellschaftskapital noch Stimmrechte vorhanden sind; in diesem Fall soll es „auf das Verhältnis der Beteiligungen am Vermögen der Gesellschaft ankommen". Wesensmerkmal der deutschen juristischen Person ist allerdings, dass ihr Vermögen vom Vermögen der an ihr beteiligten Anteilseigner zu trennen ist. Es ist mithin schwer vorstellbar, wie die „ausländische Gesellschaft" zwar einerseits nach dem „Rechtstypenvergleich" einer inländischen juristischen Person ähnlich sein soll, andererseits aber weder über Gesellschaftskapital verfügen soll noch dem Prinzip der Trennung von Gesellschafts- und Gesellschaftervermögen gehorcht. Vor diesem Hintergrund sind auch die wenig weiterführenden Äußerungen in der Kommentarliteratur zu verstehen (vgl. Brezing ua/*Mössner* § 7 AStG Rz. 54; *FWBS* § 7 AStG Rz. 80).   106

Eindeutig ist nur, dass auch im Falle des Abs. 2 S. 3 die Gesellschaft als eine „ausländische Gesellschaft" i. S. der oben aufgestellten Definition zu qualifizieren sein muss, weil die gesamte Abs. 2 lediglich eine nähere Ausformung der in Abs. 1 enthaltenen „Zählregel" „zu mehr als der Hälfte" beinhaltet. Eindeutig ist ebenfalls, dass Satz 3 voraussetzt, dass die ausländische Gesellschaft über gar kein Gesellschaftskapital und überhaupt keine Stimmrechte verfügt; nicht ausreichend ist, dass dies auf den betreffenden unbeschränkt Steuerpflichtigen oder auch sämtliche unbeschränkt Steuerpflichtigen zutrifft. Maßgebend ist das ausländische Gesellschaftsrecht.   107

einstweilen frei   108, 109

c) § 7 Abs. 3 (Zwischenschaltung von Personengesellschaften)

110 Die Vorschrift ist seit Inkrafttreten des AStG nicht geändert worden. Ist an der ausländischen Gesellschaft eine Personengesellschaft unmittelbar gesellschaftsrechtlich beteiligt, gelten nach Abs. 3 die Gesellschafter der Personengesellschaft als an der ausländischen Gesellschaft beteiligt. Die Regelung gilt nach Ansicht des BFH nur zur Bestimmung der Beteiligung von unbeschränkt Steuerpflichtigen an der ausländischen Gesellschaft „zu mehr als der Hälfte", wie sie in Abs. 1 angesprochen und in Abs. 2 näher definiert ist; § 7 Abs. 3 beinhaltet demgegenüber keine Regelung der Rechtsfolge der Hinzurechnungsbesteuerung (grundlegend idS BFH v. 30.8.1995, I R 77/94, BStBl. II 1996, 122 (123 f.)).

111 Die Vorschrift gilt (nach dem nicht nach dem Sitz der Gesellschaft differenzierenden Wortlaut) sowohl für in- als auch für ausländische Personengesellschaften (Tz. 7.2.1, Nr. 4 AEAStG; ebenso nunmehr auch *FWBS* § 7 AStG Rz. 83; Blümich/*Menck* § 7 AStG Rz. 40; Brezing ua/*Mössner* § 7 AStG Rz. 57 ff.). Damit die Personengesellschaft ihrerseits an der ausländischen Gesellschaft (= legal definiert in Abs. 1) „beteiligt" sein kann, muss sie rechtlich partiell verselbständigt sein, entsprechend der Regelung in § 124 Abs. 1 HGB; ist dies nicht der Fall, sind die Gesellschafter der Personengesellschaft bereits unmittelbar Gesellschafter der ausländischen Gesellschaft – im Ergebnis ohne Änderung der Rechtslage, das Beteiligungskriterium ist, dann ohne Anwendung des Abs. 3, ebenfalls erfüllt.

112 Selbst wenn eine ausländische Gesellschaft nach deutschem Steuerrecht als Personengesellschaft, nach ausländischem Gesellschaftsrecht hingegen als juristische Person qualifiziert wird, ist § 7 Abs. 3 anwendbar. Ohnehin würden sich die Wirkungen – auf der hier interessierenden Tatbestandsseite – des § 7 Abs. 3 aus § 39 Abs. 2 Nr. 2 AO ergeben, weshalb Abs. 3 in großen Teilen nur deklaratorische Bedeutung hat. Es wäre rein akademisch, wollte man das Verhältnis der Vorschriften abschließend klären.

113 Nicht ausdrücklich geregelt ist, zu welcher Quote die Gesellschafter der Personengesellschaft als an der ausländischen Gesellschaft beteiligt gelten. Hier wird man die Höhe des Kapitalanteils (entsprechend § 121 Abs. 1 HGB) des Gesellschafters als maßgebende Quote heranziehen können. Maßgebend ist nach der Fiktion des Abs. 3, dass die Summe der anteiligen Beteiligungen der unbeschränkt Steuerpflichtigen über 50% liegt; deshalb genügt nicht, dass die Personengesellschaft selbst über einen mehr als 50%igen Anteil an der ausländischen Gesellschaft hält (ebenso Tz. 7.2.1. Nr. 4 AEAStG; Blümich/*Menck* § 7 AStG Rz. 40).

114–119 *einstweilen frei*

d) § 7 Abs. 4 (Weisungsgebundenheit)

120 Auch diese Vorschrift ist seit Inkrafttreten des AStG nicht geändert worden. Sie bezieht sich – ebenso wie Abs. 2 und 3 – lediglich auf die Beteiligung „zu mehr als der Hälfte" (= Tatbestand) und regelt nicht die Hinzurechnungsfolge (BFH v. 26.10.1983, I R 200/78, BStBl. II 1984, 258 (260); bestätigt von BFH v. 30.8.1995, I R 77/94, BStBl. II 1996, 122 (124); ebenso nunmehr

III. Allgemeine Hinzurechnungsbesteuerung

auch Tz. 7.4.3, letzter Satz AEAStG; *FWBS* § 7 AStG Rz. 90; Brezing ua/ *Mössner* § 7 AStG Rz. 68; aA WSG/*Wöhrle* § 7 AStG Rz. 92).

Nur unbeschränkt Steuerpflichtigen – nicht auch Personen iSd § 2 – sind **121** gem. Abs. 4 Anteile oder Stimmrechte zuzurechnen. Dies folgt aus dem Wortlaut der Vorschrift (glA Brezing ua/*Mössner* § 7 AStG Rz. 77).

Die „Person", die die Anteile oder Stimmrechte hält, kann sowohl Steuer- **122** inländer als auch Steuerausländer sein. Der Wortlaut lässt eine bloße Geltung für Steuerausländer nicht zu (aA: *FWBS* § 7 AStG Rz. 91.2; Brezing ua/ *Mössner* § 7 AStG Rz. 71, die den Anwendungsbereich auf Steuerausländer beschränken, weil bei Steuerinländern bereits eine Beteiligung gem. § 7 Abs. 1 gegeben sei).

Die Weisungsbindung muss sich auf die Beteiligung bzw. auf das Stimm- **123** recht selbst beziehen (in diesem Sinne auch Tz. 7.4.3 S. 2 AEAStG); nicht genügend ist die Weisungsbindung beispielsweise in der Geschäftsführung.

Abs. 4 nennt alternativ die vertragliche und die faktische Weisungsgebun- **124** denheit. Fraglich und nicht abschließend geklärt ist, in welchen Fällen der Person noch ein „wesentlicher eigener Entscheidungsspielraum" verbleibt. Das Merkmal ist eindeutig nicht gegeben und Abs. 4 deshalb anwendbar, wenn die Person überhaupt keine eigenen Entscheidungen treffen kann. Auf der anderen Seite bedeutet die bei der Person verbleibende Geschäftsführung nicht, dass keine Weisungsgebundenheit vorliegt (so auch Brezing ua/*Mössner* § 7 AStG Rz. 75). UE wird man – so unbefriedigend dies scheint – auf den Einzelfall abstellen müssen und den Bereich der eigenen und der gebundenen Entscheidungen inhaltlich und zahlenmäßig zu gewichten haben. Letztlich bleibt es dem Geschick des Beraters überlassen, einen Bereich ohne Weisungsgebundenheit darzustellen und dies auch in geeigneter Form der Finanzverwaltung gegenüber zu dokumentieren.

Besondere Beachtung verdient das **Verhältnis von § 7 Abs. 4 zu dem** – **125** auch in diesem Bereich anwendbaren (vgl. Tz. 7.4.1. S. 2 AEAStG) – **§ 39 Abs. 2 Nr. 1 S. 2 AO,** nach welchem bei Treuhandverhältnissen die Wirtschaftsgüter abweichend von der zivilrechtlichen Eigentumslage dem Treugeber zuzurechnen sind. Ob § 39 AO oder § 7 Abs. 4 zur Zurechnung der Anteile führt, hat erhebliche Auswirkungen, da § 39 AO in seiner Rechtsfolge auch die Steuerpflicht berührt, so dass im Ergebnis dem Treugeber auch den Hinzurechnungsfolgen des § 7 Abs. 1 träfen. § 39 Abs. 2 Nr. 1 S. 2 AO weist für die Zurechnung des Anteils die **engeren Voraussetzungen** auf als § 7 Abs. 4 (aA: *FWBS* § 7 AStG Rz. 90.2). Für die Zurechnung nach § 39 AO wesentliche inhaltliche Kriterien sind die Weisungsgebundenheit des Treuhänders (vgl. BFH v. 15.7.1997, VIII R 56/93, BStBl. II 1998, 152 (157): „strikte Weisungsgebundenheit") *und* dessen Verpflichtung zur jederzeitigen Rückgabe des Treuguts (BFH, BStBl. II 1998, 152 (157) mwN aus der Rspr. des BFH). Das Treuhandverhältnis muss auf ernstgemeinten und klar nachweisbaren Vereinbarungen zwischen Treugeber und Treuhänder beruhen *und* tatsächlich durchgeführt werden. Schließlich muss das Handeln des Treuhänders im fremden Interesse *eindeutig erkennbar sein* (BFH, BStBl. II 1998, 152 (157)). – Die Zurechnung nach § 7 Abs. 4 setzt hingegen weder die Rückgabeverpflichtung noch die kumulative rechtliche und faktische Weisungsgebundenheit noch die Erkennbarkeit voraus. Der Tatbestand des § 7 Abs. 4 kann demgemäß auch erfüllt sein, wenn die Gegebenheiten nicht ausreichen, ein Treuhandverhältnis zu begründen (idS bereits Tz. 7.4.2. Satz 1 BMF 1974).

126 Die bloße gesellschaftsrechtliche Beteiligung genügt für die Weisungsgebundenheit nicht (§ 7 **Abs. 4 S. 2**). Denn diese Beteiligungskette führt nur zur quotalen Zurechnung der Anteile nach § 7 Abs. 2 S. 2. Gleichwohl ist die Anwendung des Abs. 4 auf Tochtergesellschaften nicht generell ausgeschlossen, wie der Satzteil „nicht schon allein dadurch erfüllt" zeigt. Es ist demgemäß möglich, eine – von der gesellschaftsrechtlich möglichen bzw. auch wahrgenommenen – Einflussnahme des unbeschränkt steuerpflichtigen Anteilseigners und damit auch die Weisungsgebundenheit der Tochtergesellschaft zu begründen. Diese Fälle dürften allerdings auf extreme Einzelfälle beschränkt bleiben, da ja auch die 100%ige Beteiligung für sich genommen keine Weisungsgebundenheit begründet.

127–130 *einstweilen frei*

2. Rechtsfolge der Hinzurechnungsbesteuerung

131 Die Rechtsfolge besteht nach § 7 Abs. 1 („so sind die Einkünfte, für die diese Gesellschaft Zwischengesellschaft ist, bei jedem von ihnen mit dem Teil steuerpflichtig, der auf die ihm zuzurechnende Beteiligung am Nennkapital der Gesellschaft entfällt") darin, die Steuerpflicht unbeschränkt Steuerpflichtiger auf Einkünfte zu erstrecken, die durch passiven Erwerb ausländischer Gesellschaften anfallen und einer niedrigen Besteuerung unterliegen (vgl. Tz. 7.0.1. AEAStG).

a) Allgemeines zur Rechtsfolge

132 Hinzurechnungsbeträge werden als Einkünfte aus Kapitalvermögen oder Einkünfte aus Gewerbebetrieb in die steuerlichen Einkünfte des inländischen Anteilseigners einbezogen (§ 10 Abs. 2), und zwar zu dem Teil, der auf die ihm zuzurechnende Beteiligung am Nennkapital der ausländischen Gesellschaft entfällt (§ 7 Abs. 1 aE). Dadurch kann der Hinzurechnungsbetrag mit inländischen Verlusten ausgeglichen werden. Der Hinzurechnungsbetrag wird *zeitlich* nach Ablauf des Wirtschaftsjahres der Zwischengesellschaft beim inländischen Anteilseigner erfasst (§ 10 Abs. 2 S. 1). Auf den Hinzurechnungsbetrag selbst (in seiner technischen Ausgestaltung als Dividende) ist weder § 8b Abs. 1 KStG noch § 3 Nr. 40 EStG anzuwenden (§ 10 Abs. 2 S. 3); mit anderen Worten wird der Hinzurechnungsbetrag – obwohl er rechtstechnisch weiterhin als Dividende zu qualifizieren ist (§ 10 Abs. 2 S. 1) – weder zu 100% (§ 8b Abs. 1 KStG) noch zu 50% (§ 3 Nr. 40 EStG) steuerbefreit, sondern vollständig in die Einkünfte des Anteilseigners einbezogen (deshalb dürfte der hergebrachte Ausdruck „fiktive Dividende" in Bezug auf die jetzt geltende Gesetzesfassung wenig geglückt sein).

133 **aa) Kapitalgesellschaft als inländische Anteilseignerin.** Wird die Beteiligung an der Zwischengesellschaft in einem gewerblichen Betriebsvermögen gehalten (vgl. § 8 Abs. 2 KStG), gehört der Hinzurechnungsbetrag zu den Einkünften aus Gewerbebetrieb (§ 10 Abs. 2 S. 2). Im Falle insgesamt positiver Einkünfte entfallen auf ihn Körperschaftsteuer zzgl. Solidaritätszuschlag und Gewerbesteuer (§ 21 Abs. 7 S. 3 Nr. 2).

III. Allgemeine Hinzurechnungsbesteuerung 134–138 § 7

Die **tatsächliche Ausschüttung** an die inländische Kapitalgesellschaft ist 134
steuerfrei (§ 8b Abs. 1 KStG). Jedoch gelten 5% der empfangenen Bruttodividende als nichtabzugsfähige Betriebsausgaben (§ 8b Abs. 5 KStG), weshalb die Dividende im Ergebnis nur zu 95% steuerbefreit ist (gegen die Anwendbarkeit von § 8b Abs. 5 KStG im Falle hinzugerechneter Einkünfte: *Rättig/Protzen* IStR 2001, 601 (606)). Auf die tatsächlichen Betriebsausgaben findet § 3c EStG daneben keine Anwendung (vgl. BMF-Schr. v. 10.1.2000, BStBl. I 2000, 71 (zur Anwendung des – insoweit wortgleichen – § 8b Abs. 7 KStG idF des G. v. 22.12.1999, vgl. nunmehr ab VZ 2009 den Wortlaut des § 8b Abs. 5 Satz 2 KStG).

Weil auf die Dividende im Inland keine Steuer erhoben wird, ist die An- 135
rechnung im Staat der Zwischengesellschaft eventuell einbehaltener Quellensteuer nach § 26 Abs. 1 KStG nicht möglich. Denn § 12 Abs. 3 bezieht sich nur nach § 3 Nr. 41 EStG steuerfreien Dividenden an natürliche Personen als Anteilseigner. Obwohl die von der Körperschaft als Anteilseigner vereinnahmte Dividende (technisch) zu 100% steuerbefreit ist, könnte man erwägen, ob eine Anrechnung der Quellensteuer zumindest auf die besteuerten 5% der Dividende zugelassen werden kann. Dafür spricht, dass de facto eine Besteuerung erfolgt (vgl. auch den Wortlaut des BMF-Schr.: „5% [werden] der Besteuerung unterworfen."). Dieser Ansicht folgt nunmehr auch das BMF (vgl. Tz. 12.2.4. AEAStG).

bb) Natürliche Person als inländische Anteilseignerin. Der Hinzu- 136
rechnungsbetrag wird mit dem vollen individuellen Steuersatz des Anteilseigners besteuert. Er gehört zu den Einkünften aus Kapitalvermögen (§ 10 Abs. 2 S. 1) bzw. zu den Einkünften aus Gewerbebetrieb, falls die Anteile an der ausländischen Gesellschaft in einem gewerblichen Betriebsvermögen gehalten werden (§ 10 Abs. 2 S. 2). Solidaritätszuschlag und Gewerbesteuer (im Falle gewerblicher Einkünfte) werden erhoben.

Die **tatsächliche Ausschüttung** ist gem. § 3 Nr. 41 Buchst. a) EStG in- 137
soweit steuerfrei, als der Steuerpflichtige nachweist, dass Zwischeneinkünfte in den letzten sieben Jahren hinzugerechnet wurden. U.E. darf § 3c Abs. 1 EStG (Ausgaben-Abzugsverbot) nicht angewendet werden (zur Begründung vgl. *Rättig/Protzen* IStR 2001, 601 (609, unter 5.6., vgl. nunmehr ab VZ 2009 – § 52a Abs. 4 EStG – den Wortlaut des § 3 Nr. 41a aE iVm § 3c Abs. 2 EStG). Quellensteuer, die eventuell von der steuerfreien Ausschüttung einbehalten wird, kann auf Antrag auf die auf den Hinzurechnungsbetrag gezahlte Steuer angerechnet werden (§ 12 Abs. 3) (diese Änderung geht auf die Initiative des Finanzausschusses (BR-Drs. 638/1/01) zurück).

b) § 7 Abs. 1 („Beteiligung am Nennkapital")

Ebenso wie die vom Tatbestand geforderte Beteiligung (§ 7 Abs. 1 „zur 138
Hälfte *beteiligt*") ist die „Beteiligung am Nennkapital" auf Rechtsfolgenseite als eine gesellschaftsrechtliche Beteiligung an der ausländischen Gesellschaft zu verstehen (*FWBS* § 7 AStG Rz. 18; Brezing ua/*Mössner* § 7 AStG Rz. 17). Die Beteiligung muss eine *unmittelbare* sein. Das folgt zum einen daraus, dass das deutsche Steuerrecht unter Beteiligung (ohne weiteren Zusatz von „mittelbar") grundsätzlich nur die unmittelbare versteht (vgl. zB § 17 Abs. 1

Protzen 433

EStG), zum anderen aus der Erweiterung des Begriffs der Beteiligung auf der Tatbestandsseite der Hinzurechnungsbesteuerung, welche das Gesetz auf Rechtsfolgenseite (bewusst) nicht vorgenommen hat (*argumentum e contrario;* vgl. in diesem Sinne Tz. 7.1.2. S. 1 AEAStG). Jede bloß schuldrechtliche Beteiligung an der ausländischen Gesellschaft, wie zB durch partiarisches Darlehen oder Genussrecht, genügt dieser Voraussetzung nicht; das gilt auch dann, wenn das hingegebene Kapital steuerrechtlich wie Eigenkapital behandelt wird. Der Hinzurechnungsfolge unterliegen auch unbeschränkt Steuerpflichtige, denen die Beteiligung am Nennkapital zB aufgrund des § 39 AO steuerlich zuzurechnen ist (Tz. 7.1.1. S. 1 AEAStG); die Zurechnung von Anteilen aufgrund der Weisungsbefugnis nach § 7 Abs. 4 hat die Hinzurechnung dagegen nicht zur Folge (BFH v. 26.10.1983, I R 200/78, BStBl. II 1984, 258 (260f.); Tz. 7.4.3. S. 3 AEAStG), weil Abs. 4 aufgrund seiner systematischen Stellung nur die tatbestandliche „Beteiligung zu mehr als der Hälfte" ausgestaltet.

139 Zu beachten ist, dass auf Rechtsfolgenseite im Rahmen des Abs. 1 *keine Mindestbeteiligungsquote* vorausgesetzt ist. Bei einer „Deutschbeherrschung" der ausländischen Gesellschaft, wenn also über 50% der Anteile von unbeschränkt Steuerpflichtigen gehalten werden, findet eine Hinzurechnungsbesteuerung auch bei dem Kleinstbeteiligten statt (der Fachausschuss des IDW schlägt eine Mindestbeteiligungsquote von 1% vor, Schr. v. 5.10.2001, WPg 2001, 1258 (1267); sowohl der Erste, Zweite und Dritte Referentenentwurf als auch der Kabinettsentwurf zum ursprünglichen AStG enthielten noch eine Mindestbeteiligungsquote von 10% auf Rechtsfolgenseite, die vom schriftlichen Bericht des Finanzausschusses mit dem Hinweis auf mögliche Umgehungen gestrichen wurde).

140 **aa) Hinzurechnungsfolge bei Personengesellschaften.** Hält der unbeschränkt Steuerpflichtige die Beteiligung an der ausländischen Gesellschaft nicht direkt, sondern über eine (oder mehrere) in- oder/und ausländische Personengesellschaften, so ist auf Tatbestandsseite der Hinzurechnungsbesteuerung § 7 Abs. 3 anzuwenden.

141 Schwieriger zu beantworten ist, wen die rechtlichen Folgen des § 7 Abs. 1 treffen. Hier ist streng zwischen zwei rechtlichen Fragestellungen zu unterscheiden. *Erster Komplex:* Wem ist die „Beteiligung am Nennkapital zuzurechnen" (§ 7 Abs. 1 aE)? *Zweiter Komplex:* Erzielt jeder Gesellschafter der zwischengeschalteten Personengesellschaft für sich einen anzusetzenden Hinzurechnungsbetrag oder erzielt diese Personengesellschaft einen einzigen anzusetzenden Hinzurechnungsbetrag, der den unbeschränkt Steuerpflichtigen über ihren Gewinnanteil an der Personengesellschaft steuerlich zuzurechnen ist?

142 **(1) „Zuzurechnende Beteiligung am Nennkapital".** Den unbeschränkt steuerpflichtigen Gesellschafter der zwischengeschalteten Personengesellschaft(en) treffen die steuerlichen Folgen der Hinzurechnungsbesteuerung. Ihm wird der Hinzurechnungsbetrag einer der Personengesellschaft nachgeschalteten ausländischen Gesellschaft unmittelbar hinzugerechnet. Das ist im Ergebnis unstreitig (BFH v. 30.8.1995, I R 77/94, BStBl. II 1996, 122 (123, unter III. 1. a), 2. Satz; *FWBS* § 7 AStG Rz. 87.4; Blümich/*Menck* § 7 AStG Rz. 41; Brezing ua/*Mössner* § 7 AStG Rz. 64; *Baumgärtel/Perlet* Hinzurechnungsbesteuerung bei Auslandsbeteiligungen, 1996, 10) und ergibt sich

III. Allgemeine Hinzurechnungsbesteuerung   **143** § 7

aus folgenden Überlegungen: Ausgangspunkt ist die Formulierung der Rechtsfolge in § 7 Abs. 1 aE („ihm zuzurechnende Beteiligung am Nennkapital"). Wenn als Beteiligte am Nennkapital die zwischengeschaltete Personengesellschaft selbst gemeint sein sollte (entsprechend der zivilrechtlichen Rechtslage), liefe die Hinzurechnungsbesteuerung in Leere, weil unbeschränkt steuerpflichtig (Tatbestandsseite des § 7 Abs. 1) keine Personengesellschaft sein kann und die Rechtsfolge des § 7 Abs. 1 nur Personen erfasst, welche auch die tatbestandlichen Voraussetzungen erfüllen (§ 7 Abs. 1: „bei jedem von ihnen"). Dieses Verständnis würde der Wortlaut nur nahe legen, wenn eine „unmittelbare" Beteiligung in Bezug genommen würde. Da „unmittelbar" dann nur die Personengesellschaft an der ausländischen Gesellschaft beteiligt wäre (vgl. die Ausführungen des BFH in der oben zitierten Entscheidung I R 77/94; das folgt auch aus § 7 Abs. 3: die „unmittelbare" Beteiligung besteht dann nur an der Personengesellschaft), würde es an einer solchen unmittelbaren Beteiligung des unbeschränkt Steuerpflichtigen fehlen. § 7 Abs. 1 hat den – noch im Zweiten und Dritten Referentenentwurf für die Rechtsfolgenseite enthaltenen – Zusatz „unmittelbar" aber nicht übernommen und lässt die „zuzurechnende" Beteiligung am Nennkapital genügen. Diese Zurechnung erfolgt den Gesellschaftern gegenüber nach § 39 Abs. 2 Nr. 2 AO (so nunmehr auch *FWBS* § 7 AStG Rz. 9.1, anders noch in der Vorauflage unter Behauptung einer Gesetzeslücke und Nichtnennung von § 39 AO; von der Anwendbarkeit des § 39 AO auf der Rechtsfolgenseite des § 7 Abs. 1 geht auch Tz. 7.1.1. AEAStG aus). Zum selben Ergebnis gelangen Brezing ua/*Mössner* § 7 AStG Rz. 64 und Blümich/*Menck* § 7 AStG Rz. 41, die § 7 Abs. 3 die unmittelbare Zurechnung der Anteile auch für die Rechtsfolgenseite entnehmen wollen. Auch wir neigen dieser Ansicht zu (aA der BFH v. 30.8.1995, I R 77/94, BStBl. II 1996, 122); die Frage nach der Reichweite des Abs. 3 bedarf hier aber keiner Klärung.

(2) Zuordnung der Einkünfte. Nach Auffassung des BFH werden die **143** Hinzurechnungsbeträge bei den unbeschränkt Steuerpflichtigen als Gesellschaftern der zwischengeschalteten Personengesellschaft als anteilige Einkünfte aus der Personengesellschaft behandelt; der Hinzurechnungsbetrag wird über die Gewinnverteilung den an der Personengesellschaft beteiligten unbeschränkt steuerpflichtigen Gesellschaftern nach § 15 Abs. 1 S. 1 Nr. 2 EStG zugerechnet. Gemäß § 180 Abs. 1 Nr. 2 Buchst. a und Abs. 5 Nr. 1 AO muss der anzusetzende Hinzurechnungsbetrag in die gesonderte Feststellung der steuerpflichtigen oder steuerfreien Einkünfte der in- oder ausländischen Personengesellschaft einbezogen werden. Die Personengesellschaft ist Empfängerin des Hinzurechnungsbetrages. Im Feststellungsbescheid muss nicht entschieden werden, zu welcher Art von Einkünften der Personengesellschaft der anzusetzende Hinzurechnungsbetrag gehört. Diese Rechtslage hat Auswirkungen auf die Berücksichtigungsfähigkeit von Aufwendungen (vgl. § 2a EStG), die in einer ausländischen Personengesellschaft auf die Beteiligung an einer ausländischen Gesellschaft iSd § 7 Abs. 1 anfallen (grundlegend zum vorhergehenden BFH v. 30.8.1995, I R 77/94, BStBl. II 1996, 122 (123) zu einer zwischengeschalteten ausländischen Personengesellschaft; die Urteilsbegründung gilt aber auch für inländische Personengesellschaften; ebenso *FWBS* § 7 AStG Rz. 82, 87.4.

144 Mithin ist in den Fällen des Abs. 3 die nach § 18 festgestellte Hinzurechnungsgrundlage nach allg. Grundsätzen der Personengesellschaft zuzuordnen (vgl. BFH v. 30.8.1995, I R 77/94, BStBl. II 1996, 122). Zwar sind die Inhaltsadressaten des Hinzurechnungsbescheides die hinter der Personengesellschaft stehenden Steuerinländer (BFH v. 24.7.2013, I R 57/11). Den Verhältnissen der Personengesellschaft ist zu entnehmen, wie die Zwischeneinkünfte nach § 10 Abs. 2 zeitlich zu erfassen sind.

145 Zwar regelt Abs. 3 nicht, wie die Beteiligung durchzurechnen ist. Es erscheint indessen sachgerecht, bei Gesamthandsvermögen eine quotale Durchrechnung, bei Sonderbetriebsvermögen eine Zurechnung auf den jeweiligen Gesellschafter vorzunehmen (SKK/*Köhler* § 7 AStG Rz. 125; Blümich/*Vogt* § 7 AStG Rz. 42).

146 bb) Zeitpunkt der Hinzurechnung. § 7 Abs. 1 spricht von der Steuerpflichtigkeit der Einkünfte. Nach § 10 Abs. 2 sind die Hinzurechnungsbeträge als Einkünfte aus Kapitalvermögen oder Einkünfte aus Gewerbebetrieb in die steuerliche Bemessungsgrundlage des inländischen Anteilseigners einzubeziehen, und zwar zu dem Teil, der auf die ihm zuzurechnende Beteiligung am Nennkapital *nach Ablauf des Wirtschaftsjahres* der ausländischen Gesellschaft als zugeflossen. Hier wird auf die Kommentierung zu § 10 Abs. 2 verwiesen.

147–149 *einstweilen frei*

c) § 7 Abs. 5 (anderer Gewinnverteilungsmaßstab)

150 Die Vorschrift ist seit Inkrafttreten des AStG nicht geändert worden.

Abs. 5 bezieht sich auf die Aufteilung der hinzuzurechnenden Einkünfte, für die nach Abs. 1 grundsätzlich die Beteiligung am Nennkapital maßgebend ist. Abs. 5 beinhaltet ausschließlich eine Regelung bezüglich der Rechtsfolge der Hinzurechnungsbesteuerung (vgl. BGH v. 26.10.1983, I R 200/78, BStBl. II 1984, 258 (261)). Abs. 5 unterscheidet die beiden Fälle, ob eine andere Gewinnverteilung als die entsprechend der Beteiligung am Nennkapital maßgebend ist bzw. ob die Gesellschaft kein Nennkapital hat. Streng genommen formt der Abs. 5 lediglich und ausschließlich die Worte „mit dem Teil steuerpflichtig" (Abs. 1 aE) aus. Denn Rechtsfolge des Abs. 5 ist lediglich eine andere „Aufteilung", nicht aber der (grundsätzliche) Wechsel des Adressaten der Hinzurechnungsbesteuerung als eines Beteiligten am Nennkapital der ausländischen Gesellschaft.

151 aa) „Anderer Maßstab für die Gewinnverteilung maßgebend." Eine solche abweichende Gewinnverteilung ist beispielsweise aufgrund der Ausgabe von Vorzugsaktien oder besonderer Absprachen über die Gewinnverteilung bzw. über den Ausschluss einzelner Mitglieder von der Gewinnverteilung denkbar (vgl. *FWBS* § 7 AStG Rz. 12.3; Brezing ua/*Mössner* § 7 AStG Rz. 80). Dass sich der „Maßstab" aus dem Gesellschaftsvertrag ergeben muss, ist dem Gesetz nicht zu entnehmen. Aus dem Begriff „Maßstab" geht jedoch hervor, dass entweder eine rechtliche Vorgabe (dann: *rechtlicher* Maßstab) oder aber eine Übung von gewisser Dauer und Beständigkeit (dann: *tatsächlicher* Maßstab) gegeben sein muss. Daraus folgt, dass eine gesellschaftsvertragliche Regelung jedenfalls bei ihrer tatsächlichen Befolgung ein „Maßstab"

III. Allgemeine Hinzurechnungsbesteuerung 152–169 § 7

iSv Abs. 5 ist, aber auch zB regelmäßig vorkommende vGA (vgl. ebenso Blümich/*Menck* § 7 AStG Rz. 36).

Jedenfalls ist zu beachten, dass mit „Gewinnverteilung" ausschließlich die 152 Verteilung an *am Nennkapital Beteiligte* gemeint ist. Abs. 5 erfasst damit insbesondere nicht Fälle, in denen mit Nicht-Beteiligten aufgrund schuldrechtlicher Vereinbarungen, wie zB partiarischen Darlehen oder Genussrechten, eine Gewinnbeteiligung vereinbart wird (deutlich *FWBS* § 7 Rz. 12.3; Blümich/ *Menck* Rz. 37).

bb) „Kein Nennkapital vorhanden." Die zweite Alternative betrifft den 153 Fall, dass die ausländische Gesellschaft über kein Nennkapital verfügt. § 7 Abs. 5, 2. Alt. stellt die dem § 7 Abs. 2 S. 3 entsprechende Regelung auf der Rechtsfolgenseite der Hinzurechnungsbesteuerung dar. Das ist der einzige Fall, in welchem ohne Beteiligung am Nennkapital eine Hinzurechnungsbesteuerung sowohl auf Tatbestands- als auch auf Rechtsfolgenseite in Betracht kommt. Insoweit wird auf die in der Kommentierung zu Abs. 2 S. 3 erläuterten Schwierigkeiten hingewiesen. Abs. 5 gelangt mithin dann nicht zur Anwendung, wenn überhaupt eine kapitalmäßige Beteiligung – auch bloß die eines Ausländers, für den iE ein Eingreifen der §§ 7 ff. nicht in Betracht kommt – an der ausländischen Gesellschaft besteht. In der Praxis dürfte der Regelung keine große Bedeutung zukommen.

d) Begrenzung der Rechtsfolge durch den Tatbestand der Hinzurechnungsbesteuerung (§ 7 Abs. 1: „bei jedem von ihnen")

Aus der Wendung „so sind die Einkünfte … bei jedem von ihnen … steu- 154 erpflichtig" folgt, dass der Personenkreis, für den die Rechtsfolge des Abs. 1 eintritt, nur eine Teilmenge des Personenkreises ist, für welchen der Tatbestand des § 7 Abs. 1 iVm den Erweiterungen der Absätze 2 und 4 erfüllt ist. Aus diesem Grund kann die Steuerpflicht nur unbeschränkt Steuerpflichtige (nicht auch Personen iSd § 2), die an der ausländischen Gesellschaft nach Abs. 2–4 beteiligt sind, treffen. Daraus folgt: Abs. 5 vermag daher nicht, den Kreis der Hinzurechnungsverpflichteten über den Personenkreis des Tatbestandes auszuweiten.

Hieraus ist zu folgern, dass eine Hinzurechnung für einen Genussrechtsin- 155 haber oder den Gläubiger eines partiarischen Darlehens allein im Falle des Abs. 2 S. 3 in Betracht kommt, wenn die Gesellschaft also überhaupt nicht über Nennkapital verfügt. Das gilt selbstverständlich auch dann, wenn das Genussrecht beteiligungsähnlich (vgl. § 8 Abs. 3 Satz 2 KStG) ausgestaltet ist. Maßgebend ist allein, dass ein Genussrecht zivilrechtlich niemals eine gesellschaftsrechtliche Beteiligung darstellt (BGH v. 5.10.1992, II ZR 172/91, NJW 1993, 57 (58)), welche aber für die von § 7 Abs. 1 vorausgesetzte Beteiligung am Nennkapital entscheidend ist (gl. Ansicht im Ergebnis *FWBS* § 7 AStG Rz. 93).

einstweilen frei **156–169**

IV. Verschärfte Hinzurechnungsbesteuerung (§ 7 Abs. 6 und 6a)

170 § 7 Abs. 6 enthält eine Sonderregelung für ausländische Gesellschaften, die sog. „Zwischeneinkünfte mit Kapitalanlagecharakter" (im Folgenden: ZmK) erzielen. § 7 Abs. 6a definiert den Begriff der ZmK (Hauptanwendungsfall: **Zinsen**) legal. **Dividenden** fallen nach der neuen Fassung der §§ 7 ff. **nicht** mehr in den Anwendungsbereich des § 7 Abs. 6. § 7 Abs. 6 regelt sowohl die Tatbestandsvoraussetzungen als auch die Rechtsfolgen der sog. „verschärften Hinzurechnungsbesteuerung".

171 Der Tatbestand der Hinzurechnungsbesteuerung ist grundsätzlich nur erfüllt, wenn Steuerinländer zu mehr als der Hälfte an der ausländischen Gesellschaft beteiligt sind (§ 7 Abs. 1). Erzielt die ausländische Gesellschaft jedoch ZmK und betragen die diesen Einkünften zu Grunde liegenden Bruttoerträge mehr als 10% der den gesamten Zwischeneinkünften zugrunde liegenden Bruttoerträge oder übersteigen die ZmK absolut € 62.000,- (ab VZ 2009: € 80.000,00, vgl. § 7 Abs. 6 S. 2 und § 21 Abs. 15 Satz 2 idF des G. v. 20.12.2007, BGBl. 2007 I 3150 – Jahressteuergesetz 2008 –), werden diese Einkünfte hinzugerechnet, falls ein Inländer zu mindestens 1% an der Gesellschaft beteiligt ist (§ 7 Abs. 6 S, 2). Eine Mindestbeteiligung entfällt, falls die Gesellschaft zu mindestens 90% Bruttoerträge erzielt, die ZmK zugrunde liegen, es sei denn, die Zwischengesellschaft ist börsennotiert (§ 7 Abs. 6 S. 3, 2. HS). **Hierin erschöpft** sich die strengere rechtliche Behandlung der ZmK erzielenden ausländischen Gesellschaften gegenüber Gesellschaften, die lediglich „regulär passive" Einkünfte erzielen (Ausnahme: § 8 Abs. 1 Nr. 9 und § 11). Die bislang von der „allgemeinen Hinzurechnungsbesteuerung" abweichenden Rechtsfolgen, Suspendierung des § 10 Abs. 5 aF (Berufung auf Doppelbesteuerungsabkommen zugunsten des Hinzurechnungsbetrages) und Durchbrechung des Betriebsstättenprinzips in § 20 Abs. 2 aF, existieren in der gegenwärtig geltenden Fassung des Gesetzes nicht mehr.

172 § 7 Abs. 6 wurde durch das Steueränderungsgesetz 1992 (G. v. 25.2.1992, BGBl. 1992 I 297) eingefügt und ist seitdem mehrfach geändert worden, zuletzt durch das Jahressteuergesetz 2008 (BGBl. 2007 I 3150). Die derzeitige und vorliegend allein kommentierte Fassung der Vorschrift (Art. 5 des G. v. 20.12.2001, BGBl. 2001 I 3858), war erstmals anzuwenden für den Veranlagungszeitraum (Einkommensteuer, Körperschaftsteuer) bzw. für den Erhebungszeitraum (Gewerbesteuer), für den Zwischeneinkünfte hinzuzurechnen sind, die in einem Wirtschaftsjahr der Zwischengesellschaft entstanden sind, das nach dem 15.8.2001 beginnt (§ 21 Abs. 7 S. 3). Ist das Wirtschaftsjahr der ausländischen Gesellschaft mit dem Kalenderjahr identisch, gilt § 7 Abs. 6 idF des UntStFG für ZmK, die die Gesellschaft ab dem 1.1.2002 erzielt und die dem Steuerinländer gem. § 10 Abs. 2 S. 1 im Jahr 2003 als zugeflossen gelten.

173 Der **ursprüngliche Zweck** des § 7 Abs. 6 war es, ungerechtfertigten Steuervorteilen durch den Einsatz ausländischer Rechtsträger mit Kapitalanlagefunktion entgegen zu treten. Zentraler Gedanke der Einführung der verschärfenden Rechtslage war, eine Berufung auf DBA für ZmK zu beseitigen. § 7 Abs. 6 war Teil dieser Regelung. Dieser sollte Umgehungen durch inter-

IV. Verschärfte Hinzurechnungsbesteuerung   174–183 § 7

nationale Beteiligungsstreuung verhindern (vgl. BT-Drs. 12/1506, 181). Diese hätten dadurch erreicht werden können, dass die Befreiung der Dividenden aufgrund eines DBA-Schachtelprivilegs bereits bei Beteiligungen unter 50%, nämlich nach damaliger Rechtslage (§ 8b Abs. 5 KStG aF) unilateral bei 10% griff. Folglich hätte ohne die Schaffung der niedrigen Beteiligungsquote ein mit zwischen 10% und 50% beteiligter Inländer keiner Hinzurechnungsbesteuerung unterlegen (vorausgesetzt, die Gesellschaft war nicht „deutschbeherrscht" iSd § 7 Abs. 1). Die nunmehrige Absenkung der Beteiligungsquote auf 1% wird als „Folge der Unternehmenssteuerreform (Steuerbefreiung aller zwischengesellschaftlicher Dividenden bzw. künftige Besteuerung bei natürlichen Personen)" begründet (BR-Drs. 638/01, 69). Der Wegfall jeglicher Beteiligungsgrenzen in § 7 Abs. 6 S. 3 sei erforderlich, um „marktgängige Sammelgestaltungen zum Zweck von Kapitalanlagen in Niedrigsteuerländern" zu verhindern (BR-Drs. 638/01, 69). – Ob dieser „neue Zweck" sich in das System der hergebrachten „erweiterten Hinzurechnungsbesteuerung" einfügt, mag bezweifelt werden (vgl. *Rättig/Protzen* IStR 2002, 123 (124); *FWBS* § 7 AStG Rz. 103). Dem muss an dieser Stelle allerdings nicht nachgegangen werden, weil sich aus der eventuellen Systemwidrigkeit keine praktischen Folgen ergeben würden (zutreffend WSG/*Reiser* § 7 AStG Rz. 116).

einstweilen frei   174–179

1. Tatbestand der „verschärften Hinzurechnungsbesteuerung"

Der Tatbestand kann in zwei Alternativen erfüllt sein: Im Falle einer Betei- **180** ligung des Steuerpflichtigen iHv mindestens 1% ist § 7 Abs. 6 Satz 1 *(a)* und das Vorliegen der Ausnahmeregelung des § 7 Abs. 6 Satz 2 *(b)* zu prüfen.; bei Beteiligungen unter 1% ist § 7 Abs. 6 Satz 3 potenziell einschlägig *(c)*.

a) § 7 Abs. 6 S. 1 (Grundtatbestand), Beteiligung in Höhe von mindestens 1%

Der Tatbestand der erweiterten Hinzurechnungsbesteuerung ist in § 7 **181** Abs. 6 S. 1 geregelt. Sämtliche Voraussetzungen der nachfolgenden Punkte aa) bis ff) müssen erfüllt sein; zusätzlich ist das Nichtvorliegen der Ausnahmeregelung in S. 2 (unten *b*) zu prüfen.

aa) Hinzurechnungssubjekt. S. 1 nennt als Steuersubjekt den **unbe-** **182** **schränkt Steuerpflichtigen.** Unbeschränkt steuerpflichtig sind natürliche (§ 1 EStG) und juristische Personen (§ 1 EStG iVm § 3 KStG). Auf beschränkt Steuerpflichtige (§ 49 EStG) ist § 7 Abs. 6 ebenso wie Abs. 1 nicht anwendbar.

Abs. 6 nennt als Steuersubjekt einen unbeschränkt Steuerpflichtigen, also **183** (nur) die **Einzahl.** Hier stellt sich das auf der Ebene des Abs. 1 besprochene Problem gleichsam in der entgegengesetzten Richtung. Das Problem ist – soweit ersichtlich – in der Literatur bislang nicht ausdrücklich erörtert worden. Anders als in Abs. 1 ist u E der Wortlaut einer „erst-recht"Betrachtung offen, weil Abs. 6 auch – gleichsam separat – auf jeden einzelnen (von mehreren) unbeschränkt Steuerpflichtigen anzuwenden sein kann. Freilich wäre in diesem Fall die Formulierung „mindestens ein unbeschränkt Steuerpflichtiger" klarer gewesen (hineingelesen von *FWBS* § 7 AStG Rz. 109). Dieses Ergebnis wird bestätigt sowohl vom Sinn und Zweck, Systematik als auch von der Entstehungsgeschichte. Es kann nicht sein, dass der einzelne Steuerpflichtige besser behandelt wird, wenn andere Steuerpflichtige ebenfalls an der Kapitalanlagegesellschaft beteiligt sind. Auch S. 2 enthält einen Anhalt, dass das Gesetz von mehreren Beteiligten ausgeht („oder bei einem Steuerpflichtigen"). Schließlich gibt sowohl die ursprüngliche Gesetzesbegründung (BT-Drs. 12/1506, 181, unter 4.) als auch die Begründung zum UntStFG (BT-Drs. 14/6882) darüber Auskunft, dass insbesondere an die Beteiligung mehrerer unbeschränkt Steuerpflichtiger an der Kapitalanlagegesellschaft gedacht wurde.

184 **Personengesellschaften** sind nicht unbeschränkt steuerpflichtig und können demgemäß den Tatbestand des Abs. 6 nicht erfüllen. § 7 Abs. 3 ist u E – trotz seiner systematischen Stellung *vor* Abs. 6 – unmittelbar anwendbar, weil er eine Definition der Beteiligung an sich und nicht eine solche der Beteiligung „im Sinne des Absatzes 1" (so wie § 7 Abs. 2) enthält. Dies entspricht der Verwaltungsmeinung (vgl. Tz. 7.6.1. Satz 5 Tz. 7.6.1, Satz 2 iVm Tz. 7.2.1. Nr. 4 AEAStG).

185 Entgegen der offenbar von der Finanzverwaltung vertretenen Auffassung (Tz. 7.6.1. S. 2 iVm Tz. 7.2.1 Nr. 2 AEAStG) fallen nach dem insoweit eindeutigen Wortlaut **erweitert beschränkt steuerpflichtige Personen** nicht unter den Anwendungsbereich des Abs. 6 (ebenso *Schaumburg* Internationales Steuerrecht Rz. 10.298). Denn § 7 Abs. 2 S. 1 bezieht sich seinem eindeutigen Wortlaut nach nur auf eine Definition der Beteiligung „im Sinne des Absatzes 1".

186 bb) **Ausländische Gesellschaft.** Abs. 6 setzt eine **„ausländische Gesellschaft"** voraus. Maßgeblich ist die Legaldefinition des § 7 Abs. 1. Auf diese dortige Kommentierung wird Bezug genommen. Die ausländische Gesellschaft muss **„Zwischengesellschaft** für Zwischeneinkünfte" (mit Kapitalanlagecharakter) sein. Hier wird auf die Kommentierung im folgenden Gliederungspunkt *cc)* verwiesen.

187 cc) **Zwischeneinkünfte mit Kapitalanlagecharakter (§ 7 Abs. 6a).** Nach dem Wortlaut des § 7 Abs. 6 muss die ausländische Gesellschaft Zwischengesellschaft für ZmK iSd Abs. 6a sein. Nach der **Legaldefinition** in Abs. 6a sind „Zwischeneinkünfte mit Kapitalanlagecharakter Einkünfte der ausländischen Zwischengesellschaft (§ 8), die aus dem Halten, der Verwaltung, Werterhaltung oder Werterhöhung von Zahlungsmitteln, Forderungen, Wertpapieren, Beteiligungen (mit Ausnahme der in § 8 Abs. 1 Nr. 8 und 9 genannten Einkünfte) oder ähnlichen Vermögenswerten stammen, es sei denn, der Steuerpflichtige weist nach, dass sie aus einer Tätigkeit stammen, die einer unter § 8 Abs. 1 Nr. 1 bis 6 fallenden eigenen Tätigkeit der ausländischen Gesellschaft dient, ausgenommen Tätigkeiten im Sinne des § 1 Abs. 1 Nr. 6 des Kreditwesengesetzes in der Fassung der Bekanntmachung vom 9.9.1998 (BGBl. 1998 I 2776), das zuletzt durch Artikel 3 Abs. 3 des Gesetzes vom 22.8.2002 (BGBl. 2002 I 3387) geändert worden ist, in der jeweils geltenden Fassung." Der Verweis auf „§ 1 Abs. 1 Nr. 6 des Kreditwesengesetzes in der Fassung der Bekanntmachung vom 9. September 1998 (BGBl. 1998 I 2776), das zuletzt durch Artikel 3 Abs. 3 des Gesetzes vom 22. August 2002 (BGBl. 2002 I 3387) geändert worden ist, in der jeweils geltenden Fassung" ist hand-

IV. Verschärfte Hinzurechnungsbesteuerung 188–192 § 7

werklich und inhaltlich mangelhaft. Denn durch das Gesetz zur Änderung des Investmentgesetzes und zur Anpassung anderer Vorschriften (Investmentänderungsgesetz) vom 21. Dezember 2007, BGBl. 2007 I 3089 wurde § 1 Abs. 1 S. 2 Nr. 6 aufgehoben. Da die Vorschrift des – früheren – § 1 Abs. 1 Nr. 6 KWG somit längst aufgehoben wurde, ergibt der Verweis keinen Sinn!

Früher war die Legaldefinition der ZmK in § 10 Abs. 6 S. 2 aF enthalten; **188** dieser Standort war systematisch dadurch bedingt, dass im Falle von Kapitalanlagegesellschaften § 10 Abs. 6 eine Ausnahme des entsprechenden DBA-Schutzes nach dem damals geltenden § 10 Abs. 5 normierte. Nachdem § 10 Abs. 5 bis 7 aufgehoben wurden, ist die Legaldefinition nunmehr in den § 7 integriert worden. Inhaltlich hat sich die Definition in dreierlei Hinsicht geändert: Der Klammerzusatz zum Tatbestandsmerkmal „Beteiligungen" (mit Ausnahme der in § 8 Abs. 1 Nr. 8 und 9 genannten Einkünfte) musste eingefügt werden, weil diese Einkünfte aktiv sind und dementsprechend schon keine Zwischeneinkünfte darstellen können. Aus diesem Grund konnte auch das sog. „Holdingprivileg" des alten § 10 Abs. 6 S. 2 Nr. 2 aF entfallen. Schließlich entfällt das Privileg für konzerninterne Dienstleistungen (§ 10 Abs. 6 S. 2 Nr. 3 aF).

Die Legaldefinition erhellt, dass ZmK eine **Teilmenge** der (regulär passi- **189** ven) Zwischeneinkünfte sind. Aus der Wendung des Eingangs-Satzes des § 8 Abs. 1 folgt, dass die ausländische Gesellschaft nie *(in toto)* Zwischengesellschaft ist, sondern nur *für* bestimmte Einkünfte. Hierauf nimmt die Definition Bezug; nach ihrer neuen Fassung im Abs. 6a wird auf (den gesamten) § 8 (also sowohl Abs. 1 als auch dessen Abs. 3) verwiesen. Die Definition der ZmK besteht demgemäß gleichsam aus einem negativen und einem positiven Teil:

(1) Negative Definition: Nach § 7 Abs. 6a handelt es sich bei den Zwi- **190** scheneinkünften mit Kapitalanlagecharakter um niedrig besteuerte Einkünfte aus passivem Erwerb. Liegen schon keine Zwischeneinkünfte vor, können erst recht keine ZmK gegeben sein (vgl. ausdrücklich Tz. 7.6.4. S. 1 AEAStG). Bereits aus dieser Wendung folgt somit, dass sowohl hochbesteuerte Einkünfte als auch Einkünfte, die unter den Katalog des § 8 Abs. 1 fallen, nicht von § 7 Abs. 6 erfasst werden. Auf den diesbezüglichen Streit aufgrund der etwas unklaren Formulierung im (nunmehr) aufgehobenen § 10 Abs. 6 Satz 2 aF kommt es nicht mehr an (vgl. hierzu *FWBS* § 10 AStG Rz. 208).

Auch bei ZmK gilt die sog. **„funktionale Betrachtungsweise"** der **191** Tz. 8.0.2 AEAStG. Bei einer ausländischen Gesellschaft, die aktiver Tätigkeit nachgeht, können Einkünfte anfallen, die – für sich betrachtet – Einkünfte aus passivem Erwerb (bezogen auf den hiesigen Anwendungsbereich: ZmK) sind. Wirtschaftlich zusammengehörende Tätigkeiten sind dann einheitlich zu subsumieren, sind maW nicht passiv, oder ZmK, sondern dem aktiven Bereich zuzuordnen. Das ist die ausdrückliche Auffassung der Finanzverwaltung (Tz. 7.6.4, letzter Satz AEAStG). Letztlich folgt dies aus dem Wortlaut des Abs. 6a („dient") und war deshalb auch nach altem Recht – aufgrund des insoweit selben Wortlauts – allg. Auffassung (vgl. nur *FWBS* § 10 AStG Rz. 226).

Ob die funktionale Betrachtungsweise im vorliegenden Zusammenhang so **192** weit reicht, ZmK dem Bereich (regulär) passiver Tätigkeit zuzuordnen (idS *von Waldthausen* Steuerlastgestaltung, 42) und damit die – begrifflich für sich genommen vorliegenden – ZmK aus dem Anwendungsbereich des § 7 Abs. 6 herauszunehmen, mag angesichts sowohl des Wortlauts der Tz. 8.0.2 AEAStG als auch den Entscheidungsgründen des zitierten BFH-Urteils (BFH v. 16.5.1990, BStBl. II 1990, 1049 (1051) nicht mit völliger Klarheit entschieden werden. Für die dem Steuerpflichtigen weite Auslegung des Begriffs der funktionalen Betrachtungsweise spricht indes die letztlich tragende Überlegung, dass „wirtschaftlich zusammengehörende Tätigkeiten einheitlich zu subsumieren" seien (BFH, BStBl. II 1990, 1049 (1051)). Hier mag eine Differenzierung zwischen einer aktiven bzw. passiven Haupttätigkeit nicht einleuchten.

193 Der BFH hat entschieden, dass im Falle einer Gesellschaft, die nur **Vermögensverwaltung** betreibt und deren Anteile im Privatvermögen gehalten werden, die Zwischeneinkünfte nach § 2 Abs. 2 Satz 1 Nr. 2 EStG zu ermitteln seien. Unter diesen Voraussetzungen löse der Gewinn aus einer Grundstücksveräußerung keine Zwischeneinkünfte aus (vgl. BFH v. 21.1.1998, BStBl. II 1998, 468). Dieser Auffassung hat sich die Finanzverwaltung – zumindest grundsätzlich – angeschlossen (Tz. 10.1.1.2 AEAStG, vgl. aber *Rättig/Protzen* IStR 2004, 625 (631)). Im Rahmen dieser Rechtsprechung bleiben damit Wertsteigerungen außerhalb der Spekulationsfristen auch für den Anwendungsbereich des § 7 Abs. 6 außer Betracht.

194 Schließlich sei noch auf ein Sonderproblem hingewiesen: Nach § 8 Abs. 1 Nr. 9 sind Einkünfte aus der **Veräußerung eines Anteils** an einer anderen Gesellschaft sowie aus deren Auflösung oder der Herabsetzung ihres Kapitals aktiv und damit unschädlich, soweit der Steuerpflichtige nachweist, dass der Veräußerungsgewinn auf Wirtschaftsgüter der anderen Gesellschaft entfällt, die anderen als den in § 7 Abs. 6a bezeichneten Tätigkeiten dienen. Gelingt dem Steuerpflichtigen der verlangte Nachweis nicht, ist zu prüfen, welche Qualität die Einkünfte aus der Veräußerung des Anteils haben. U. E. sind diese (regulär) passiv und mithin nicht als ZmK zu qualifizieren, weil § 7 Abs. 6a anderenfalls nur deklaratorischen Charakter hätte (vgl. näher *Rättig/Protzen* IStR 2002, 123 (127)). Die praktischen Folgen sind – auch nach Aufhebung des § 10 Abs. 5 – erheblich: Eine Kapitalanlagegesellschaft, welche Investments zum überwiegenden Fall als Unternehmensbeteiligungen tätigt (vgl. den von den Gesetzesmaterialien verwendeten Begriff „marktgängige Sammelgestaltungen zum Zweck von Kapitalanlagen in Niedrigsteuerländern", BT-Drs. 14/6882, Art. 5, II., Zu Nr. 1 (§ 7)), wird mit Ihren Veräußerungsgewinnen allenfalls dann in den Anwendungsbereich der Hinzurechnungsbesteuerung gelangen können, wenn eine „Deutschbeherrschung" vorliegt – und eben nicht schon im Rahmen der Minibeteiligungen des § 7 Abs. 6. In diesem Zusammenhang ist ferner anzumerken, dass sich der Klammerzusatz „mit Ausnahme der in § 8 Abs. 1 Nr. 8 und 9 genannten Einkünfte" selbstverständlich nicht nur auf die unmittelbar vor der Klammer stehenden „Beteiligungen" bezieht, sondern vielmehr auch auf die „Forderungen" und „Wertpapiere". Denn es stellte einen unlösbaren Wertungswiderspruch dar, zB Aktien im Rahmen des § 8 Abs. 1 Nr. 9 zu begünstigen (Aktien sind „Anteile an einer anderen Gesellschaft"), innerhalb der Definition des § 7 Abs. 6a aber zu benachteiligen (Aktien keine „Beteiligungen", sondern „Wertpapiere"). Dass sich der Klammerzusatz auf sämtliche Arten von Anlagen i. S. von Abs. 6a, die die Voraussetzungen von § 8 Abs. 1 Nrn. 8 und 9 erfüllen, beziehen *muss,* erhellt der Fall,

IV. Verschärfte Hinzurechnungsbesteuerung 195–198 § 7

dass dem Steuerpflichtigen, dessen von ihm gehaltene ausländische Gesellschaft einen in einer Aktien verbrieften Anteil hält, der Nachweis des § 8 Abs. 1 Nr. 9 gelingt: In diesem Fall wäre der Beteiligungsveräußerungsgewinn aktiv, würde aber gleichwohl die Definition der ZmK in ihrem „hinteren Teil" erfüllen. Dieses Ergebnis ist definitorisch ausgeschlossen, weil ZmK immer passive Einkünfte voraussetzen.

(2) Positive Definition: Nach § 7 Abs. 6a handelt es sich bei ZmK um **195** niedrig besteuerte Einkünfte aus passivem Erwerb einer ausländischen Gesellschaft, die aus dem **Halten**, der **Verwaltung, Werterhaltung** oder **Werterhöhung** von **Zahlungsmitteln, Forderungen, Wertpapieren, Beteiligungen** (mit Ausnahme der in § 8 Abs. 1 Nr. 8 und 9 genannten Einkünfte) oder **ähnlichen Vermögenswerten** stammen, es sei denn, der Steuerpflichtige weist das Vorliegen der Ausnahme in § 7 Abs. 6a 2. Hs. nach.

Die Anwendungsbereiche der einzelnen **genannten Wirtschaftsgüter,** **196** aus denen die Einkünfte generiert werden, überschneiden sich. Unter Zahlungsmitteln und Forderungen sind zB Banknoten, Münzen, Wechsel und Schecks, Bankguthaben, Darlehen, abgetretene Forderungen und Rechte sowohl aus einem partiarischen Darlehen als auch aus einer stillen Beteiligung (vgl. Blümich/*Menck* § 10 AStG Rz. 91) zu verstehen. Unter den Begriff der Wertpapiere fallen im zivilrechtlichen Sinne Urkunden, ohne die das in diesen verbriefte Recht nicht geltend gemacht werden kann, also insbesondere Aktien, Inhaberschuldverschreibungen, Anteilsscheine an Kapitalanlagegesellschaften und öffentliche Anleihen. Beteiligungen sind die in § 20 Abs. 1 Nr. 1 bis 4 EStG genannten Rechte (*FWBS* § 10 AStG Rz. 219; *Menck,* aaO). Die Beteiligung an einer Personengesellschaft fällt nicht unter diesen Beteiligungsbegriff; für diesen Fall ist das BFH-Urteil vom 16.5.1990 (I R 16/88, BStBl. II 1990, 1049 (1051); dem folgt die Finanzverwaltung in Tz. 8.0.4 AEAStG) zu beachten, nach welchem für die Zwecke des § 8 die aus dem Beteiligungsverhältnis an der Personengesellschaft fließenden Einkünfte so zu behandeln sind, als habe die ausländische Gesellschaft die Tätigkeiten selbst ausgeübt, aus denen der maßgebliche Gewinn der Personengesellschaft stammt. Für AStG-Zwecke wird demnach gleichsam die Tätigkeit (nicht: die Einkünfte) der Personengesellschaft dem Gesellschafter zugerechnet; daraus folgt allerdings wiederum, dass in dem Fall, in dem die Personengesellschaft ihrerseits eine Beteiligung an einer Kapitalgesellschaft hält, das „Beteiligungskriterium" auf der Ebene des Gesellschafters der Personengesellschaft erfüllt ist.

Das Tatbestandsmerkmal „ähnliche Vermögenswerte" umfasst – als Auf- **197** fangbegriff – solche Wirtschaftsgüter, die Einkünfte aus Kapitalvermögen iSd § 20 EStG generieren können. Hierbei ist freilich ohne Belang, ob diese im Privat- oder Betriebsvermögen der ausländischen Gesellschaft gehalten werden. Daher ist allgemeine Meinung, dass die Erträge aus dem Erwerb, dem Halten und der Veräußerung vom Immobilien nicht unter die Vorschrift fallen (vgl. nur SKK/*Köhler* § 7 AStG Rz. 198).

Die Aufzählung der **die Einkünfte generierenden Tätigkeiten** – Halten, **198** Verwaltung, Werterhaltung oder Werterhöhung – ist nicht wirklich gesetzgebungstechnisch gelungen. Im Ergebnis ist klar, dass sämtliche Einkünfte aus den genannten Wirtschaftsgütern erfasst werden. Dafür spricht sehr deutlich Tz. 7.6.4, S. 2 AEAStG („Dies sind Einkünfte iSd § 20 EStG."). Diese Anweisung macht auch deutlich, dass (laufende) Einkünfte, die nicht unter § 20 EStG fallen, niemals als ZmK zu qualifizieren sein können. Nach Tz. 7.6.4, S. 4 AEAStG gehören zu den ZmK auch die entsprechenden Veräußerungsgewinne *und* -verluste (bei letzteren könnte man aufgrund des gesetzlichen Wortlauts – „Werterhöhung" – Zweifel haben; nunmehr ist die Frage aber i. S. der dem Steuerpflichtigen günstigen Ansicht geregelt).

199 Zu den ZmK gehören ferner die den ZmK funktional zuzuordnenden Nebenerträge, zB aus Sicherungsgeschäften (Tz. 7.6.4. S. 4 AEAStG), wobei die „funktionale Betrachtungsweise" sich hierbei zulasten des Steuerpflichtigen auswirkt. Zu den ZmK zählen nach der Auffassung der Finanzverwaltung ua- auch Einkünfte aus Finanzierungsleasing (Hinweis auf Tz. 8.1.6.4. AEAStG), soweit es sich nicht um eine Vermietungstätigkeit handelt, Factoring, Finanzinnovationen und Termingeschäften, es sei denn, der Steuerpflichtige weist das Vorliegen der Ausnahme in § 7 Abs. 6a, 2. Hs. nach (Tz. 7.6.4. S. 3 AEAStG). Gemäß Tz. 8.1.6.4. AEAStG ist Finanzierungs-Leasing keine Vermietung und Verpachtung, sondern ein Kreditgeschäft, soweit der Leasing-Gegenstand nach den bestehenden Grundsätzen dem Leasing-Nehmer zuzurechnen ist.

200 **(3) Ausnahme:** Weist der Steuerpflichtige das Vorliegen der Ausnahme in § 7 Abs. 6a 2. Hs. nach, liegen keine ZmK vor; im Falle eines dort beschriebenen funktionalen Zusammenhangs zu einer aktiven Tätigkeit liegen allerdings bereits keine Zwischeneinkünfte vor, sodass erst recht keine ZmK vorliegen können.

201 Trotz dieser klaren Gesetzeslage – die im Übrigen vom insoweit klar und ausdrücklich geäußerten Willen des Gesetzgebers („Bei der Abgrenzung im einzelnen ist die für §§ 7 bis 14 AStG allgemeingültige ‚funktionale Betrachtungsweise' heranzuziehen.", BT-Drs. 12/1506, 181, li. Sp., unter 2., am Ende) bestätigt wird – verdient diese Regelung wegen ihres missglückten Wortlauts genauerer Betrachtung. Genau genommen birgt der 2. Hs. zwei Problembereiche:

202 Bei isoliertem Lesen des 2. Hs. kann der Eindruck erweckt werden, als seien aktive Tätigkeiten iSd § 8 Abs. 1 Nr. 7 vom Funktionsnachweis – also als (auch die Qualifikation der Nebenerträge bestimmende) „Haupttätigkeit" – völlig ausgenommen, weil der 2. Hs. lediglich auf eigene Tätigkeiten der Gesellschaft iSd § 8 Abs. 1 Nr. 1 bis 6 (also nicht: Nr. 7 und auch nicht Nrn. 8 und 9) rekurriert. Diese Leseweise widerspräche aber
– dem *Wortlaut* des § 7 Abs. 6a – ZmK setzen zunächst Zwischeneinkünfte voraus –,
– der *Systematik* der §§ 7 ff. – Zwischeneinkünfte werden in § 8 definiert, § 7 Abs. 6a definiert lediglich die ZmK als einen Ausschnitt der Zwischeneinkünfte und will die Definition der Zwischeneinkünfte (deren integraler Bestandteil die „funktionale Betrachtungsweise" ist) nicht erweitern und schließlich auch
– dem mittels der Gesetzesmaterialien ermittelten *Willen des Gesetzgebers,* nach welchem erstens durch die Fassung der Definition (damals noch in § 10 Abs. 6 enthalten) der ZmK eine Teilmenge der Zwischeneinkünfte beschrieben werden sollte (BT-Drs. 12/1506, 181, li. Sp. Unter 2.) und zweitens die funktionale Betrachtungsweise auch bei der Qualifizierung von ZmK generell anwendbar sein soll (BT-Drs. 12/1506, 181, li. Sp. Unter 2., am Ende).

IV. Verschärfte Hinzurechnungsbesteuerung 203–210 § 7

Damit läuft die Regelung im Ergebnis leer (vgl. nur *Wassermeyer,* aaO, § 10, Rz. 226; *Schaumburg* Internationales Steuerrecht Rz. 10.306). **203**

Hieraus ergeben sich zwei **praktisch sehr relevante Folgen:** (i) Den Steuerpflichtigen trifft nicht die Beweislast für das Vorliegen funktionaler Nebeneinkünfte, wie es die Finanzverwaltung in Tz. 7.6.4. S. 3 („es sei denn, der Steuerpflichtige weist das Vorliegen der Ausnahme in § 7 Abs. 6a 2. Halbsatz nach".) vorsehen möchte. Es bleibt bei der generell im Bereich der funktionalen Betrachtungsweise gegebenen Darlegungspflicht des Steuerpflichtigen nach § 90 Abs. 2 AO (vgl. Tz. 8.0.2. S. 5 AEAStG), die aber keine Umkehr der Beweislast darstellt. Letztlich muss sich die Finanzverwaltung hier den Widerspruch ihrer Anweisungen in Tz. 7.6.4. S. 3 und S. 6 AEAStG vorhalten lassen; denn zu den „Grundsätzen der funktionalen Betrachtungsweise" gehört eben auch, dass eine Umkehr der Beweislast nicht erfolgt. (ii) Auch Einkünfte, die bei separater Qualifikation als ZmK zu qualifizieren wären, aber im funktionalen Zusammenhang mit Einkünften iSd § 8 Abs. 1 Nr. 8 und 9 stehen, stellen – abweichend vom Wortlaut des Abs. 6a 2. Hs. bei isolierter Leseweise – aktive Einkünfte dar. Interessanterweise zieht keiner der sonstigen Kommentierungen des § 7 diesen Schluss ausdrücklich. **204**

Der in der Norm enthaltene Verweis auf „§ 1 Abs. 1 Nr. 6 des Kreditwesengesetzes in der Fassung der Bekanntmachung vom 9. September 1998 (BGBl. 1998 I 2776), das zuletzt durch Artikel 3 Abs. 3 des Gesetzes vom 22. August 2002 (BGBl. 2002 I 3387) geändert worden ist, in der jeweils geltenden Fassung" ist handwerklich und inhaltlich mangelhaft. Denn durch das Gesetz zur Änderung des Investmentgesetzes und zur Anpassung anderer Vorschriften (Investmentänderungsgesetz) vom 21. Dezember 2007, BGBl. 2007 I 3089 wurde § 1 Abs. 1 S. 2 Nr. 6 aufgehoben. Da mithin die Vorschrift, auf die verwiesen wird, der frühere § 1 Abs. 1 Nr. 6 KWG, längst aufgehoben wurde, ergibt der Verweis keinen Sinn! **205**

einstweilen frei **206–208**

dd) Beteiligung in Höhe von mindestens 1%. Die Beteiligungsgrenze des § 7 Abs. 6 S. 1 von 1% wird immer dann relevant, wenn die ausländische Gesellschaft nicht ausschließlich oder fast ausschließlich Bruttoerträge erzielt, die ZmK zugrunde liegen (in diesen Fällen ist die verschärfte Hinzurechnungsbesteuerung ohne Mindestbeteiligung nach § 7 Abs. 6 S. 3 anwendbar). Diese nach § 7 Abs. 6 S. 1 vorausgesetzte Beteiligung entspricht dem Beteiligungsbegriff des § 7 Abs. 1 und muss eine **unmittelbare gesellschaftsrechtliche Beteiligung am Nennkapital** der Gesellschaft sein. Nicht ausreichend ist insbesondere die durch andere Gesellschaften vermittelte (mittelbare) Beteiligung (ebenso *FWBS* § 7 AStG Rz. 110; *Schaumburg* Internationales Steuerrecht Rz. 10.298; wohl auch WSG/*Reiser* § 7 AStG Rz. 118; aA: SKK/*Köhler* § 7 AStG Rz. 160). § 7 Abs. 2 ist für den Beteiligungsbegriff des § 7 Abs. 6 nicht anwendbar (aA: Tz. 7.6.1. S. 2 AEAStG). **209**

Auszugehen hat die Auslegung vom Wortlaut. § 7 Abs. 6 S. 1 nennt den Begriff der „Beteiligung" ohne nähere Definition. Eine Ausformung des Beteiligungsbegriffs, so wie ihn § 7 Abs. 2 für den Beteiligungsbegriff in § 7 Abs. 1 enthält, existiert für § 7 Abs. 6 nicht. Auch ist Abs. 2 *nicht unmittelbar* auf Abs. 6 anwendbar, weil sich Abs. 2 von seinem eindeutigen Wortlaut her ausschließlich auf eine Definition des Tatbestandmerkmals „zu mehr als der **210**

Hälfte beteiligt" in Abs. 1 bezieht; dieses Tatbestandsmerkmal kennt aber Abs. 6 gerade nicht, weil dieser die Beteiligungsquote auf mindestens 1 % herabsetzt. Abs. 6 nimmt den Abs. 2 auch nicht in Bezug, so dass diese Vorschrift *entsprechend* anwendbar wäre. Eine (über den Wortlaut des Abs. 6 hinausgehende) „sinngemäße Anwendung" des Abs. 2 auf den Beteiligungsbegriff des Abs. 6 (so die Auffassung der Finanzverwaltung: Tz. 7.6.1. S. 2 AEAStG) wäre dem Steuerpflichtigen nachteilig – es würden insbesondere auch Stimmrechte bei der Berechnung berücksichtigt werden – und kann daher nur durch eine Gesetzesänderung herbeigeführt werden. Insofern ist der Begriff der „Beteiligung" ebenso wie der allgemeine Beteiligungsbegriff iSd „Tatbestandsvoraussetzung" in Abs. 1, also als unmittelbare Beteiligung am Nennkapital der ausländischen Gesellschaft zu verstehen. Rein schuldrechtliche Gewinnbezugrechte wie Genussrechte und partiarische Darlehen können das Tatbestandsmerkmal mithin nicht erfüllen.

211 **ee) „Voraussetzungen des Absatzes 1 im Übrigen nicht erfüllt."** Diese Tatbestandvoraussetzung hat keine eigenständige Bedeutung, da lediglich die notwendige Beteiligung im Vergleich zu § 7 Abs. 1 abgeändert ist.

212 **ff) Zeitpunkt.** Entscheidender Zeitpunkt für das Vorliegen der soeben aufgezählten Voraussetzungen ist das **Ende des maßgebenden Wirtschaftsjahres der ausländischen Gesellschaft** – ebenso wie im Anwendungsbereich der allgemeinen Hinzurechnungsbesteuerung nach § 7 Abs. 1 (ebenso – ohne Begründung – Lademann/Söffing/Brockhoff/*Tulloch* § 7 AStG Rz. 41).

213 Dies ergibt sich – anders als für die allg. Hinzurechnungsbesteuerung – nicht unmittelbar aus dem Gesetz, weil § 7 Abs. 2 S. 1 im Rahmen des Abs. 6 nicht unmittelbar anwendbar ist. Man könnte daher auch daran denken, dass eine (zeitanteilige) Hinzurechnung von ZmK zum Inlandsbeteiligten bereits dann erfolgt, wenn die Voraussetzungen nur zu irgendeinem Zeitpunkt des Wirtschaftsjahres vorgelegen haben. Dieser Gedanke muss aber im Hinblick auf die Auffassung der Finanzverwaltung (Tz. 7.6.1. S. 2 AEAStG) nicht weiter verfolgt werden. In diesem Bereich ist die „sinngemäße" Anwendung des § 7 Abs. 2 dem Steuerpflichtigen ausschließlich vorteilhaft und begegnet dementsprechend keinen Bedenken.

214 **gg) Anwendbarkeit der sog. Börsenklausel (§ 7 Abs. 6 S. 3, letzter Hs.) im Rahmen des § 7 Abs. 6 S. 1?** Das Berufen auf die sog. Börsenklausel schließt die Hinzurechung von ZmK nach dem Wortlaut des Gesetzes dann aus, wenn die ausländische Gesellschaft ausschließlich oder fast ausschließlich Bruttoerträge erzielt, die Zwischeneinkünften mit Kapitalanlagecharakter zugrunde liegen (im Fall der verschärften Hinzurechnungsbesteuerung ohne Mindestbeteiligung nach § 7 Abs. 6 S. 3). UE muss dies aber gleichsam „erst-recht" auch im Anwendungsbereich oberhalb der 1 %-Grenze gelten (vgl. *Rättig/Protzen* DStR 2002, 241 [242]). Letztlich müsste die „Börsenklausel auch im Anwendungsbereich der „Allgemeinen Hinzurechnungsbesteuerung" nach § 7 Abs. 1 die Hinzurechnung ausschließen.

215–219 *einstweilen frei*

b) § 7 Abs. 6 S. 2 (Ausnahmetatbestand)

220 Unter den Voraussetzungen des § 7 Abs. 6 S. 2 ist die Hinzurechnung nach § 7 Abs. 6 S. 1 nicht anzuwenden (= Rechtsfolge). Anders ausgedrückt setzt

IV. Verschärfte Hinzurechnungsbesteuerung

die Hinzurechnung von ZmK nach § 7 Abs. 6 S. 1 – erstens – voraus, dass der Tatbestand des § 7 Abs. 6 S. 1 gegeben ist und – zweitens – die Ausnahme des § 7 Abs. 6 S. 2 nicht vorliegt. Der Tatbestand des § 7 Abs. 6 S. 2 sieht relative und absolute Freigrenzen vor und ist § 9 nachgebildet, unterscheidet sich von dieser Vorschrift aber wesentlich. Lediglich die Ermittlung der für die relative Freigrenze erforderlichen Bruttoerträge ist nach den für § 9 geltenden Maßstäben vorzunehmen (Tz. 7.6.1. S. 6 in Verbindung mit Tz. 9.0.1. AEAStG).

Die relative Freigrenze und die beiden absoluten Freigrenzen auf der anderen Seite sind kumulativ zu prüfen. Die relative *und* eine der beiden absoluten Freigrenzen dürfen nicht überschritten werden, um den Tatbestand des Satzes 2 zu erfüllen und damit die Hinzurechnungswirkung des Satzes 1 zu suspendieren.

aa) Relative Freigrenze. Die relative Freigrenze beträgt 10%, dh die den ZmK zugrundeliegenden Bruttoerträge dürfen 10% der den gesamten Zwischeneinkünften zugrundeliegenden Bruttoerträge der ausländischen Gesellschaft nicht übersteigen. Beträgt die Quote genau 10% oder weniger, so ist Satz 1 in jedem Falle unanwendbar, unabhängig von der Unterschreitung der absoluten Freigrenzen. Das Gesetz stellt nicht auf die „gesamten Bruttoerträge der ausländischen Gesellschaft" ab. Die Quote kann mithin nicht mit aktiven Erträgen wie zB mit Dividendenerträgen „verwässert werden".

bb) Absolute Freigrenze(n). Satz 2 beinhaltet zwei absolute Freigrenzen, die im Verhältnis der *Alternativität* zueinander stehen. Die Bagatellgrenze bei diesen absoluten Freigrenzen ist bereits dann gewahrt, wenn eine der Freigrenzen nicht überschritten wird; dann ist – sofern die relative Freigrenze nicht überschritten ist – der Tatbestand des Satzes 2 erfüllt und damit Satz 1 nicht anwendbar.

Die *gesellschaftsbezogene absolute Freigrenze* ist überschritten, wenn die Hinzurechnungsbeträge nach § 7 Abs. 6 S. 1 für sämtliche Inlandsbeteiligten den Betrag von € 80.00000 (vor VZ 2008: € 62.000,00) übersteigen. Aufgrund des *insoweit* übereinstimmenden Wortlauts des § 9 ist hier Tz. 9.0.2.2. Nr. 1 AEAStG entsprechend anzuwenden. Somit entfallen bei der Berechnung anteilige ZmK, die Steuerausländern zuzurechnen sind, ebenso wie ZmK, die Steuerinländern unterhalb der 1% Grenze zuzurechnen sind.

Die *gesellschafterbezogene absolute Freigrenze* ist überschritten, wenn die Hinzurechnungsbeträge nach § 7 Abs. 6 S. 1 (nicht mitzuzählen sind die Hinzurechnungsbeträge nach § 7 Abs. 1) für *sämtliche* ausländischen Gesellschaften, an denen der betreffende Gesellschafter beteiligt ist, den Betrag von € 62.000,00 übersteigen (Tz. 9.0.2.2. Nr. 2 AEAStG in entsprechender Anwendung; in diesem Sinne ebenso *FWBS* § 7 AStG Rz. 137; Blümich/*Vogt* Rz. 58; *Schaumburg* Internationales Steuerrecht Rz. 10.302). Diese Grenze wird durch das Jahressteuergesetz 2008 (BGBl. 2007 I 3150) auf € 80.000,00 angehoben. Die Änderung tritt in Kraft für den Veranlagungszeitraum, für den Zwischeneinkünfte hinzunehmen sind, die in einem Wirtschaftsjahr der Zwischengesellschaft entstanden sind, das nach dem 31.12.2007 beginnt (§ 21 Abs. 17 S. 1).

Wird die gesellschafterbezogene absolute Freigrenze in der Person eines Inlandsbeteiligten nicht überschritten (und damit die Tatbestandsvoraussetzungen des § 7 Abs. 6 S. 2 *für ihn* erfüllt), so stellt sich die Frage, ob die Rechtsfolge des Satzes 2 *für sämtliche Inlandbeteiligten* wirkt und folglich die Hinzurechnung des § 7 Abs. 6 S. 1 gesperrt ist. In der Literatur wird diese Frage teils bejaht (*FWBS* § 7 AStG Rz. 132), teils verneint (Blümich/*Vogt* § 7 AStG Rz. 58). Der Wortlaut ist nicht eindeutig, weist aber eine Tendenz zu der von *Wassermeyer* vertretenen, dem Steuerpflichtigen günstigen Rechtsauffassung auf. Denn Tatbestand („bei *einem* Steuerpflichtigen hiernach außer Ansatz zu lassenden Beträge insgesamt € 66.000 [resp. € 80.000,00 nach § 7 Abs. 6 S. 2 nF] nicht übersteigen.") und Rechtsfolge („Satz 1 ist nicht anzuwenden") des Satzes 2 sind nicht in dem Sinne aufeinander abgestimmt, dass sie dieselben Inlandsbeteiligten betreffen müssen. Einen solchen personellen Wechselbezug zwischen Tatbestand und Rechtsfolge beinhalten hingegen die die Steuerpflicht begründenden Normen § 7 Abs. 1 („bei jedem *von ihnen* ... steuerpflichtig") und § 7 Abs. 6 („sind diese Zwischeneinkünfte *bei diesem* Steuerpflichtigen ... steuerpflichtig"). Wenn der Gesetzgeber die Rechtsfolge für jeden Steuerpflichtigen separat hätte eintreten lassen wollen, hätte er formulieren müssen, dass Satz 1 *für denjenigen Steuerpflichtigen,* für den die absolute gesellschafterbezogene Freigrenze nicht überschritten ist, *nicht anzuwenden ist.* Das hat er aber nicht getan. Ein Bewusstsein der mit dieser unscharfen Formulierung verbundenen Rechtsfolgen darf man sicher in Frage stellen. Die von *Wassermeyer* vertretene und von uns favorisierte Auslegung würde allerdings die Vermeidung der verschärften Hinzurechnung durch Steuergestaltung ermöglichen, wenn nämlich an der Kapitalanlagegesellschaft jeweils ein Steuerpflichtiger mit einer Mini-Beteiligung beteiligt wird. Das scheint vom Ergebnis her wenig vertretbar. Man darf hier auf die Rechtsentwicklung gespannt sein.

227 **cc) Anwendbarkeit der Freigrenze des § 9 im Rahmen des § 7 Abs. 6.** § 9 normiert eine Freigrenze *bei gemischten Einkünften* für Gesellschaften, die die Beteiligungsvoraussetzungen des § 7 Abs. 1 erfüllen und neben passiven niedrigbesteuerten auch aktive Einkünfte beziehen.

228 Nach der Auffassung der Finanzverwaltung (Tz. 7.6.1. S. 7 AEAStG) bleibt die „Freigrenze des § 9 bei gemischten Einkünften unberührt". Die Freigrenze in § 7 Abs. 6 S. 2 ist der in § 9 nachgebildet und findet Anwendung, wenn keine Personen iSd § 7 Abs. 1 an der Gesellschaft beteiligt sind. Dementsprechend gilt § 9 von seinem Wortlaut her (nur) „für die Anwendung von § 7 Abs. 1" – und nicht für die des § 7 Abs. 6 (vgl. nur *FWBS* § 9 AStG Rz. 11). Dass die Tz. diese gesetzliche Lage *zu Gunsten* des Steuerpflichtigen ausdehnt, ist rechtlich unbedenklich. Freilich sind in diesem Fall als Bezugsgröße „die gesamten Bruttoerträge der Gesellschaft" und nicht mehr – wie die relative Freigrenze § 7 Abs. 6 S 2 (bewusst) statuiert – die „den gesamten Zwischeneinkünften zugrundeliegenden Bruttoerträge" heranzuziehen. Dies dürfte dem erkennbaren Sinn und Zweck des § 7 Abs. 6 S. 2 zuwiderlaufen und die (analoge) Anwendung des § 9 (rechtlich) kaum rechtfertigen (in diesem Sinne ebenfalls *Haun/Reiser* GmbHR 2004, 841 (845, Fn. 33)). Der dadurch entstehende Raum für Gestaltungen ist allerdings aufgrund der geringen absoluten Freigrenzen des § 9 wenig praxisrelevant.

c) § 7 Abs. 6 S. 3 (Hinzurechnung ohne Mindestbeteiligungsquote)

229 Die verschärfte Hinzurechnungsbesteuerung greift auch bei einer Beteiligung des Steuerinländers von **weniger als 1 %,** wenn die ausländische Gesell-

IV. Verschärfte Hinzurechnungsbesteuerung

schaft ausschließlich oder fast ausschließlich Bruttoerträge erzielt, die ZmK zugrunde liegen, es sei denn, dass mit der Hauptgattung der Aktien der ausländischen Gesellschaft ein wesentlicher und regelmäßiger Handel an einer anerkannten Börse stattfindet (sog. „Börsenklausel"). Diese **besondere Verschärfung** der Hinzurechnungsbesteuerung soll marktgängige Sammelgestaltungen zum Zweck von Kapitalanlagen in Niedrigsteuerländern verhindern (BR-Drs. 638/01, 69; BT-Drs. 14/7344, 12: „Verhinderung von Kapitalanlagemodellen").

aa) Tatbestand des § 7 Abs. 6 S. 3. Die maßgebliche „Beteiligung" ist ebenso wie in Satz 1 als unmittelbare gesellschaftsrechtliche Beteiligung am Nennkapital der Gesellschaft zu verstehen. Jede *noch so geringe Beteiligung* erfüllt den Tatbestand (kritisch zur praktischen Durchführbarkeit der Besteuerung *Rättig/Protzen* StR 2001, 601 (606)).

Anders als in Satz 2 stellt Satz 3 nicht auf das Verhältnis der den ZmK zugrundeliegenden Bruttoerträgen zu den Bruttoerträgen ab, die den gesamten Zwischeneinkünften zugrunde liegen, sondern wählt als Vergleichsgröße die gesamten Bruttoerträge der ausländischen Gesellschaft. Zu beachten ist auch hier, dass es nicht auf das ausschließliche Erzielen von ZmK ankommt, um die Hinzurechnung auszulösen, sondern dass maßgeblich die zugrunde liegenden Bruttoerträge sind.

Das Tatbestandsmerkmal „fast ausschließlich" ist erfüllt, wenn die Bruttoerträge, die den ZmK zugrunde liegen, 90 v. H. der gesamten Bruttoerträge übersteigen (vgl. BFH v. 30.8.1995, BStBl. II 1996, 122; Tz. 7.6.1. S. 7 AEAStG). Die Finanzverwaltung lässt hierbei zumindest vom Wortlaut der Tz. her keine Toleranz zu; mit anderen Worten würde auch beim geringfügigsten Überschreiten der 90 %-Grenze der Tatbestand erfüllt sein. Hier neigen wir ebenfalls der von *Köhler* (SKK § 7 AStG Rz. 165) geäußerten Kritik zu. Der Gesetzgeber formuliert an etlichen Stellen des AStG zahlenmäßige Grenzen ausdrücklich. Dass dies im Rahmen des § 7 Abs. 6 S. 3 nicht der Fall ist, sollte die Rechtsanwendung beachten.

bb) Erste Ausnahme: Vorliegen der sog. „Börsenklausel". Gemäß § 7 Abs. 6 S. 3, letzter Hs., werden Steuerpflichtige, die an bestimmten börsengängigen Gesellschaften (die Gesetzesbegründung spricht von „ausländischen Publikumsgesellschaften"; BT-Drs. 14/7344, 12) beteiligt sind, von der Hinzurechnungsbesteuerung ohne Mindestbeteiligung ausgenommen (sog. **„Börsenklausel").** Das setzt voraus, dass mit der Hauptgattung der Aktien der ausländischen Gesellschaft ein wesentlicher und regelmäßiger Handel an einer anerkannten Börse stattfindet. Die Begrifflichkeit ist Art. 28 Abs. 1 Buchst. d DBA USA („Schranken für die Abkommensvergünstigungen"; Abkommen zwischen der Bundesrepublik Deutschland und den Vereinigten Staaten von Amerika zur Vermeidung der Doppelbesteuerung und zur Verhinderung der Steuerverkürzung auf dem Gebiet der Steuern von Einkommen und vom Vermögen und einiger anderer Steuern v. 29.8.1989, BGBl. 1991 II 355) entlehnt. Nach der Auffassung des Gesetzgebers kommt im Falle der Beteiligung an derartigen Gesellschaften dem Gesichtspunkt der „Beteiligung an Kapitalanlagemodellen im niedrig besteuernden Ausland für Zwecke der Einkünfteverlagerung" keine Bedeutung zu, weshalb für die Hinzurechnung der Erträge keine Notwendigkeit gesehen wird (BT-Drs. 14/7344, 12).

Diese gesetzgeberische Intention ist bei der Auslegung der einzelnen Tatbestandmerkmale zu beachten.

233 **(1) Tatbestand der „Börsenklausel":** Die einzelnen Tatbestandsmerkmale erfahren keine Legaldefinition. Es ist zu erwarten, dass die einzelnen Fragen einer gerichtlichen Klärung zugeführt werden müssen. Die entsprechenden Regelungen im BMF-Anwendungsschreiben (Tz. 7.6.2. AEAStG) helfen nur wenig. Im Einzelnen:

234 Damit eine Hauptgattung der „Aktien der ausländischen Gesellschaft" gegeben sein kann, muss die „ausländische Gesellschaft" von einem engen Wortlautverständnis eine „Aktiengesellschaft" sein. Maßgebend ist hier, dass die ausländische Gesellschaft einer deutschen Aktiengesellschaft vergleichbar ist. Letztlich sollte die Anwendung der Börsenklausel aber nicht an einem zu engen Rechtstypenvergleich scheitern. Wenn und soweit die Anteile an einer (anerkannten) Börse gehandelt werden, sollte die Rechtsform nicht erheblich sein. Entsprechendes gilt zur Auslegung des Begriffs „Aktie". Entscheidend muss unseres Erachtens nach darauf abgestellt werden, dass ein verbrieftes Recht vorliegt, das den Anteil an der betreffenden Gesellschaft repräsentiert und tatsächlich an einer Börse gehandelt wird (mit ähnlich weitem Verständnis SKK/*Köhler* § 7 AStG Rz. 169).

235 § 7 Abs. 6 S. 3 verlangt einen Handel mit der „Hauptgattung" der Aktien. Nach Satz 3 der Tz. 7.6.2. AEAStG sind unter der „Hauptgattung" der Aktien solche Aktien zu verstehen, die das Aktienkapital repräsentieren und *in der Regel* auch Stimmrechte verleihen. Diese Auffassung der Finanzverwaltung ist zu begrüßen. Im Falle stimmrechtsloser, aber börsenmäßig gehandelter Aktien dürfte der Schutzweck des § 7 Abs. 6 S. 3 ebenfalls erfüllt sein, mit der Folge, dass eine Hinzurechnungsbesteuerung entfallen muss. Daher sollte generell auf das Gesellschaftsrecht des betreffenden Staates und das Gesellschaftsstatut der jeweiligen ausländischen Gesellschaft Bezug genommen werden. Dies ist nunmehr durch den Zusatz „in der Regel", welcher im Arbeitsentwurf noch nicht enthalten war, geschehen (ebenso die Forderung der IDW – Stellungnahme v. 28.10.2003 zu Tz. 7.6.2. FN – IDW Nr. 12/2003). Satz 4 der Tz. enthält gegenüber der gesetzlichen Regelung zwei Erleichterungen: Nicht mit der gesamten Hauptgattung, sondern nur mit einem „nicht unbedeutenden Teil" dieser Aktien muss ein Handel nicht (tatsächlich) „stattfinden" (so der Wortlaut des § 7 Abs. 6 S. 3), sondern „ohne weiteres möglich" sein. Zu beachten ist ferner, dass die Beteiligung des Steuerinländers nicht in der angesprochenen Hauptgattung der Aktien bestehen muss.

236 Die Attribute „wesentlich und regelmäßig" zum „Handel" definiert die Tz. nicht (vgl. hierzu *FWBS* § 7 AStG Rz. 141). *Wassermeyer* möchte den Begriff „regelmäßig" mit „nachhaltig" (iSd § 15 Abs. 2 EStG) gleichsetzen. Diese Auslegung lässt aber die Frage offen, weshalb der Gesetzgeber diesen ihm bekannten Begriff nicht tatsächlich verwendet hat. Nach dem Wortsinn bedeutet „regelmäßig" einer „bestimmten festen Ordnung entsprechend, die durch zeitlich stets gleiche Wiederkehr, gleichmäßige Aufeinanderfolge gekennzeichnet ist" (*Duden* Das große Wörterbuch der deutschen Sprache, Bd. 6). „Wesentlich" wird gemeinhin definiert als „den Kern einer Sache ausmachend und daher besonders wichtig" (*Duden* aaO). Es spricht wohl einiges dafür, dass nicht der Handel „wesentlich" sein kann, sondern eher das Ob-

IV. Verschärfte Hinzurechnungsbesteuerung

jekt des Handels unter dieses Attribut zu subsumieren sein muss. Dann fragt sich aber, ob dem Tatbestandmerkmal überhaupt eine eigenständige Funktion zukommen kann, weil ja ohnehin nur der Handel mit der „Hauptgattung" der Aktien angesprochen ist.

Nach S. 5 der Tz. ist die Börse im Sinne § 7 Abs. 6 S. 3 „anerkannt", wenn **237** sie die Genehmigung der zuständigen Aufsichtsbehörde hat (vgl. die Legaldefinition in Art. 28 Abs. 3 DBA USA, die nicht übertragbar ist, weil sie auf Deutschland und die USA bezogen ist.).

UE muss die Börsenklausel mit Blick auf ihren Sinn und Zweck – „Verhin- **238** derung von Kapitalanlagemodellen" – ausgelegt werden. Die einzelnen Merkmale des § 7 Abs. 6 S. 3 sollten als **Indizien** dafür stehen, ob die betreffende Gesellschaft vom Kapitalmarkt als Anlage gesehen wird oder ob mit der Beteiligung an der ausländischen Gesellschaft eher bezweckt wird, Erträge aus dem Inland ins niedrig besteuernde Ausland zu verlagern und unter Ausnutzen der Abschirmwirkung der ausländischen Kapitalgesellschaft den Steuervorteil zu repatriieren. Zwar gehen Zweifel nach dem Wortlaut des Gesetzes zulasten des Steuerpflichtigen, den die Nachweispflicht für das Vorliegen einer börsennotierten Gesellschaft trifft (§ 90 Abs. 2 AO). Aufgrund der besonderen Verschärfung der Hinzurechnung und des Eingreifens der Besteuerung auch bei Splitterbeteiligungen sollte uE der Steuertatbestand des § 7 Abs. 6 S. 3 seinerseits als Ausnahmeregelung gesehen werden. Daraus muss folgen, dass entgegen dem Wortlaut der Vorschrift Zweifel am Vorliegen einer börsennotierten Gesellschaft bzw. der anderen Tatbestandsvoraussetzungen zugunsten des Steuerpflichtigen die Steuerpflicht ausschließen.

(2) Reichweite der „Börsenklausel": Vom Wortlaut her stellt die Bör- **239** senklausel lediglich eine Ausnahme der Hinzurechnungsbesteuerung nach § 7 Abs. 6 S. 3 dar. Fraglich ist, ob das Vorliegen der Voraussetzungen der Börsenklausel auch die Hinzurechnung nach § 7 Abs. 6 S. 1 (in diesem Sinne *Rättig/Protzen* DStR 2002, 241 (242)) und die allgemeine Hinzurechnung nach § 7 Abs. 1 (andeutungsweise *Lieber* FR 2002, 139 (148)) ausschließt.

Diese analoge Anwendung ist u. E. in beiden Fallgruppen zu bejahen. Für **240** den Anwendungsbereich des § 7 Abs. 6 S. 1 folgt dies bereits daraus, dass der Anteil der „besonders schlechten" Zwischeneinkünfte (mit Kapitalanlagecharakter) weniger hoch ist als im Anwendungsbereich des § 7 Abs. 6 S. 3. Die Ausnahme muss daher „erst-recht" gelten. Auch im Falle des Erfüllens der Tatbestandsvoraussetzungen des § 7 Abs. 1 ist die Börsenklausel analog anzuwenden. Denn der einzige Unterschied liegt darin, dass neben dem Steuerpflichtigen, dessen Steuerpflicht § 7 Abs. 1 begründet, weitere Steuerpflichtige an der (börsennotierten) ausländischen Gesellschaft beteiligt sind, so dass sich insgesamt eine deutsche „Beherrschung" der Gesellschaft ergibt. Auch diese Gestaltung wird selbstverständlich vom Sinn und Zweck der Börsenklausel – „Verhinderung von Kapitalanlagemodellen" – erfasst. Denn dieser Sinn stellt ausschließlich auf die Verhältnisse der Gesellschaft ab. Im Übrigen wäre das Ergebnis, dass die Beteiligung an einer börsennotierten ausländischen Gesellschaft, die lediglich (einfach) passive, niedrigbesteuerte Einkünfte erzielt, zur Hinzurechnung führt, nur weil sie „deutschbeherrscht" ist, wohingegen die Beteiligung an einer (reinen) (börsennotierten) Kapitalanlagegesellschaft ohne Steuerpflicht bleibt, schlicht unvertragbar.

241 **cc) Zweite Ausnahme: (Keine) Anwendung der Freigrenzen des § 7 Abs. 6 S. 2, 2. Hs. auf § 7 Abs. 6 S. 3.** Vom Wortlaut her würde es nahe liegen, die Freigrenzen des § 7 Abs. 6 S. 2, 2. Hs. auch für die Hinzurechnung nach § 7 Abs. 6 S. 3 anzuwenden. Denn die Rechtsfolge des Satzes 3 ist die Anwendung des Satzes 1, also das Eintreten der Steuerpflicht nach Satz 1; die Rechtsfolge des Satzes 2 ist die Nichtanwendung des Satzes 1, also das Nicht-Eingreifen von dessen Rechtsfolge – und zwar unabhängig davon, ob Satz direkt anzuwenden ist oder über die Verweisung von Satz 3.

242 Die Anwendung der Freigrenze für die Hinzurechnung nach § 7 Abs. 6 S. 3 ist indessen aus logischen Gründen ausgeschlossen. Denn wie oben dargestellt verlangt der Tatbestand der Ausnahmevorschrift des Satzes 2, dass die relative Freigrenze nicht überschritten ist. Hierbei sind ins Verhältnis zu setzen die Bruttoerträge, die den ZmK zugrunde liegen und die den gesamten Zwischeneinkünften zugrundeliegenden Bruttoerträge. Die Quote darf 10% nicht überschreiten. Der Tatbestand des Satzes 3 setzt ein Verhältnis der Bruttoerträge, die den ZmK zugrunde liegen, zu den gesamten Bruttoerträgen (also auch den Bruttoerträgen, die den Einkünften aus aktiver oder hochbesteuerter Tätigkeit zugrunde liegen) voraus. Die Quote muss 90% übersteigen. Da die Bruttoerträge, die Zwischeneinkünften zugrunde liegen, eine Teilmenge der gesamten Bruttoerträge sind, ist zwingend, dass das Überschreiten der relativen Grenze in Satz 3 in jedem Fall das Überschreiten der relativen Freigrenze des Satzes 2 nach sich zieht (aA offenbar *FWBS* § 7 AStG Rz. 139).

243–249 *einstweilen frei*

2. Rechtsfolge der „verschärften Hinzurechnungsbesteuerung"

250 Die Rechtsfolge des § 7 Abs. 6 S. 1 („sind diese Zwischeneinkünfte bei diesem Steuerpflichtigen in dem in Absatz 1 bestimmten Umfang steuerpflichtig") modifiziert die Rechtsfolge des § 7 Abs. 1 in **zweifacher Weise.** Zunächst unterliegen nur die ZmK – also nicht die regulär passiven Einkünfte – der Hinzurechnung. Außerdem sind Hinzurechnungssubjekte ausschließlich die Steuerpflichtigen, die zu mindestens 1% an der ausländischen Gesellschaft beteiligt sind; § 7 Abs. 1 kennt auf der Rechtsfolgenseite nach wie vor keine Mindestbeteiligungsquote, sodass – wenn nur tatbestandlich die „Deutschbeherrschung" gegeben ist – die Hinzurechnung auch gegenüber dem Kleinstbeteiligten erfolgt.

251 Die Rechtsfolge des § 7 Abs. 6 S. 3 besteht in der Anwendung des Satzes 1 auch im Falle der Beteiligung des Steuerpflichtigen von unter 1%. Mithin unterliegen ebenfalls nur die ZmK der Hinzurechnung. Da allerdings im Anwendungsbereich des Satzes 3 auf Tatbestandseite keine Mindestbeteiligungsquote existiert, werden die ZmK sämtlichen an der ausländischen Kapitalanlagegesellschaft beteiligten hinzugerechnet.

252 § 10 ist von seinem Wortlaut her („Die nach § 7 Abs. 1 steuerpflichtigen Einkünfte …") über die Verweisung in § 7 Abs. 6 auch bei der verschärften Hinzurechnungsbesteuerung anwendbar (so auch die Auffassung der Finanzverwaltung: Tz. 7.6.3 AEAStG). Insoweit darf auf die Kommentierung zur Rechtsfolge des § 7 Abs. 1 verwiesen werden (vgl. → Rz. 231 ff.).

253 Da § 7 Abs. 6 sowohl in seinem Satz 1 als auch in seinem Satz 3 eine unmittelbare Beteiligung am Nennkapital der ausländischen Gesellschaft vor-

V. Investmentsteuerliche Besonderheiten (Abs. 7) 254–281 § 7

aussetzt und die Rechtsfolge der verschärften Hinzurechnungsbesteuerung ausschließlich die den Tatbestand erfüllenden Inlandsbeteiligten erfasst, unterliegen nur diese der Steuerpflicht. § 7 Abs. 5 ist vom eindeutigen Wortlaut der Vorschriften her nicht im Rahmen des § 7 Abs. 6 anwendbar (**aA:** SKK/ *Köhler* § 7 AStG Rz. 177; *von Waldthausen* 32). Denn § 7 Abs. 6 S. 1 verweist lediglich auf § 7 *Abs. 1,* nicht jedoch auf dessen Abs. 5. Selbst wenn man den Abs. 5 wie einen zweiten Satz des § 7 Abs. 1 lesen wollte (vgl. SKK/*Köhler* § 7 AStG Rz. 143), würde sich am Ergebnis nichts ändern. Denn es würde auf der Tatbestandsseite des § 7 Abs. 6 S. 1 an den entsprechenden, nicht am Nennkapital der Gesellschaft beteiligten Steuerpflichtigen fehlen, weil § 7 Abs. 2 S. 3 – als tatbestandliches Äquivalent zur Rechtsfolge des Abs. 5 – im Rahmen des § 7 Abs. 6 S. 1 nicht anwendbar ist.

einstweilen frei 254–259

3. Verhältnis zur „Allgemeinen Hinzurechnungsbesteuerung"

Die Rechtsfolge des § 7 Abs. 1 ist weiter als die des § 7 Abs. 6; dies gilt so- 260 wohl bezüglich der hinzurechnenden Einkünfte als auch bezüglich des Kreises der Inlandsbeteiligten. Aus diesem Grunde ist bei einer „Deutschbeherrschung" der Gesellschaft iSd § 7 Abs. 1 (iVm den Absätzen 2 bis 4) zunächst nur diese Vorschrift anzuwenden. In diesem Fall hat die Rechtsfolge des § 7 Abs. 6 keine selbständige Bedeutung mehr.

einstweilen frei 261–264

4. Anwendung des § 7 Abs. 6 bei mehreren Beteiligungsstufen

§ 7 Abs. 6 ist nach zutreffender Ansicht im mehrstufigen Beteiligungsaufbau 265 im Rahmen des § 14 unanwendbar (*FWBS* § 7 AStG Rz. 111; *Rättig/Protzen* IStR 2002, 123 (124 f.)). Hier wird auf die Kommentierung zu → § 14 Rz. 59 ff.

einstweilen frei 266–279

V. Investmentsteuerliche Besonderheiten bei der Hinzurechnungsbesteuerung (§ 7 Abs. 7) – Rechtslage nach dem Gesetz zur Modernisierung des Investmentwesens und zur Besteuerung von Investmentvermögen (Investmentmodernisierungsgesetz) vom 15. Dezember 2003

1. Bedeutung der Norm

§ 7 Abs. 7 dient der Abgrenzung der Rechtsregime für inländische Investo- 280 ren in ausländische Fonds. Danach ist grundsätzlich von einem Vorrang der Investmentbesteuerung auszugehen.

Nach der Einengung des Fondsbegriffs durch das am 28.12.2007 in Kraft 281 getretene Investmentänderungsgesetz erhöht sich die Bedeutung des AStG, da tendenziell weniger Sachverhalte durch das InvStG erfasst werden. An dessen Stelle tritt die Hinzurechnungsbesteuerung (welche allerdings bei Beteiligungsketten mittelbar auch wieder zum InvStG führen kann). Die Hinzurechnungsbesteuerung weist erhebliche Abweichungen gegenüber dem InvStG auf, die sich – je nach den Umständen des Einzelfalls – als günstig oder ungünstig erweisen können. Nachteilig ist eine Besteuerung nach dem InvStG gegenüber einer Besteuerung nach dem AStG, wenn es sich um einen sog. „schwarzen" oder „intransparenten" Fonds nach § 6 InvStG handelt, der beim Anleger zu einer – häufig pönalisierenden – Pauschalbesteuerung führt. Bei der Anwendung des AStG würde es dagegen nur zu einer Besteuerung auf Basis der durch den Fonds tatsächlich erzielten Erträge kommen. Auch wenn natürlichen Personen die Abgeltungssteuer versagt wird, bleibt dies günstiger als eine pauschale Bemessungsgrundlage. Ein gegenteiliges Bild ergibt sich im Falle eines „weißen" oder „transparenten" Fonds, der dem Anleger gewisse Steuerprivilegien (unter dem Regime der Abgeltungssteuer immerhin Thesaurierungsmöglichkeiten) gewährt, die das AStG nicht kennt.

2. Konkurrenzen

282 Die Norm des § 7 Abs. 7 regelt das Konkurrenzverhältnis zwischen Hinzurechnungsbesteuerung und Investmentsteuerrecht. Ihre Intention ist bei Investments in (als Kapitalgesellschaft ausgestaltete) Auslandsfonds die Vermeidung einer steuerlichen Doppelbelastung durch InvStG und AStG für die Investoren. Der potentielle Überschneidungsbereich zwischen Hinzurechnungs- und Investmentbesteuerung kann dabei Beispiel 1 der Gesetzesbegründung zum InvModG (Referentenentwurf, website des Bundestags, S. 328) entnommen werden:

„Inländer sind an einem ausländischen **Investmentvermögen** beteiligt, das **in der Form einer Kapitalgesellschaft** geführt wird. Die Beteiligungsvoraussetzungen des § 7 Abs. 1 sowie die weiteren Voraussetzungen der Hinzurechnungsbesteuerung liegen vor. Das Investmentvermögen erzielt nur Zinsen. Die Zinsen sind als ausgeschüttete oder ausschüttungsgleiche Erträge steuerpflichtig (§ 2 Abs. 1 InvStG). Die §§ 3 Nr. 40 EStG bzw. 8b Abs. 1 KStG sind nicht anwendbar (§ 2 Abs. 2 InvStG). Da die Erträge nach dem InvStG steuerpflichtig sind, entfällt die Hinzurechnungsbesteuerung."

283 Unterliegen die Einkünfte dem InvStG, schließt § 7 Abs. 7 konsequenterweise als Rechtsfolge die in Abs. 1–6 angeordnete Hinzurechnungsbesteuerung insgesamt aus, so dass sich die Besteuerung ausschließlich nach dem InvStG richtet. Dies gilt auch dann, wenn es hierdurch zu einer Steuerfreiheit kommt.

284 Ist der **Auslandsfonds als ausländische Betriebstätte ausgestaltet,** ergibt sich ein Konkurrenzverhältnis zwischen dem InvStG und § 20 Abs. 2. Die Konkurrenz wird über die Rechtsgrundverweisung des § 20 Abs. 2 gelöst, welche implizit auch die entsprechende Anwendung des § 7 Abs. 7 anordnet. Bei der Prüfung der Tatbestandsvoraussetzungen des § 20 Abs. 2 ist zu fingieren, dass die Betriebstätte als Gesellschaft iSd § 7 verfasst ist. Sodann ist eine fiktive Subsumtion unter die §§ 7ff. vorzunehmen, was dann die in § 7 Abs. 7 angeordnete Nachrangigkeit gegenüber dem InvStG einschließt, es sei denn, das anwendbare Doppelbesteuerungsabkommen enthält eine Steuerfreistellung.

285 Die Norm enthält keine Regelung für Fälle, in welchen der **Auslandsfonds weder körperschaftlich verfasst ist noch Betriebstättenqualität**

V. Investmentsteuerliche Besonderheiten (Abs. 7)

aufweist. Nicht als Kapitalgesellschaften verfasste Fonds findet man in der Investmentpraxis beispielsweise in Gestalt des Fonds Commun de Placement (FCP) in Luxemburg und Frankreich, welcher doppelbesteuerungsrechtlich als Personengesellschaft qualifiziert und bei Parallelwertung nach nationalem Recht einem inländischen Sondervermögen vergleichbar ist und – wie deutsche Fonds – einer investmentrechtlichen Kontrolle durch eine Finanzaufsichtsbehörde unterliegt. Geht man davon aus, dass auf Vermögensmassen ohne Anteils- bzw. Stimmrechte die Hinzurechnungsbesteuerung keine Anwendung findet, werden auch als unit trusts des anglo-amerikanischen Rechtskreises ausgestaltete Fonds nur ausnahmsweise unter die Hinzurechnungsbesteuerung fallen können (nur bei irrevocable trusts denkbar). Das Konkurrenzverhältnis für nicht körperschaftlich verfasste Fonds wird durch das InvStG, § 15 AStG und ggf. § 39 AO bestimmt, wobei fingierte Einkünfte mit Zurechnungsvorschriften kollidieren und ebenfalls eine Doppelbesteuerung auslösen könnten. Der Wertung des § 7 Abs. 7 kann insofern im Wege der Gesetzesanalogie entnommen werden, dass eine solche Doppelbesteuerung zu vermeiden ist. Wegen der spezifischen Regelungen für (Auslands)-fonds ist davon auszugehen, dass das InvStG insoweit lex specialis ist und eine unmittelbare Zurechnung der vom Fonds generierten Erträge an die Inhaber über § 15 AStG oder § 39 AO sperrt. Wenn also ein Auslandsfonds nicht als Kapitalgesellschaft errichtet ist, ist auf den inländischen Anteilinhaber ausschließlich das InvStG anwendbar unter Ausschluss von § 15 AStG und § 39 AO (so zum Konkurrenzverhältnis zwischen dem früheren AIG und § 39 AO *Bünning* FR 2002, 982 und *Wassermeyer* IStR 2001, 193; aA *Pfaar/Welke* IWB, Gruppe 3, 1317).

Im Rahmen der Abgrenzung des § 7 Abs. 7 gegenüber **§ 10 Abs. 3 S. 1** betrifft die erstgenannte Norm eine zweistufige Struktur aus Inländer und Auslandsfonds und die letztgenannte Norm Fallgestaltungen, bei welchen eine ausländische Zwischengesellschaft (die ihrerseits nicht selbst als Auslandsfonds iSd InvStG qualifiziert) im Rahmen ihrer passiven Einkunftsquellen eine Beteiligung an einem Auslandsfonds hält. § 10 Abs. 3 S. 1 regelt demzufolge mehrstufige Investmentstrukturen, bei welchen der Inländer keine unmittelbare Beteiligung an einem Auslandsfonds hält, sondern an diesem über (mindestens) eine Zwischengesellschaft beteiligt ist. Dann ordnet die Norm an, dass der Zwischengesellschaft die Fondserträge – unter entsprechender Anwendung des InvStG – der ihr nachgeordneten Fondsgesellschaft zugerechnet und von dort aus dem Inländer hinzugerechnet werden. Das InvStG (einschließlich pönalisierender Pauschalbesteuerung) gelangt hierdurch indirekt zur Anwendung und § 7 Abs. 7 ist nicht einschlägig. Diese Regelungstechnik hat zur Folge, dass in maximal zweistufigen Strukturen eine pönalisierende Pauschalbesteuerung nach § 6 InvStG ausscheidet, bei drei- und mehrstufigen Beteiligungsstrukturen dagegen möglich ist.

§ 7 Abs. 7 ist iVm **§ 14 Abs. 1** in den Fällen anzuwenden, in welchen ein Inländer über eine ausländische Zwischengesellschaft (die ihrerseits selbst als Auslandsfonds iSd InvStG qualifiziert) an einem als Kapitalgesellschaft errichteten Auslandsfonds beteiligt ist. Hier ist die übertragende Zurechnung nach AStG vom untersten Fonds auf den Fonds über ihm in der Kette gesperrt. Innerhalb der Kette findet ausschließlich das InvStG Anwendung.

288 § 7 Abs. 7 kann die Wertung entnommen werden, dass das **InvStG hinter Doppelbesteuerungsabkommen** zurücktritt und mithin keinen treaty override enthält. Wäre von einem treaty override auszugehen, so würde sich keine Regelungsnotwendigkeit (in Gestalt der Anwendung der Hinzurechnungsbesteuerung) in einem Szenario ergeben, in welchem Steuerpflicht nach dem InvStG, aber zugleich Steuerfreiheit nach einem Doppelbesteuerungsabkommen besteht. Letztere würde gleich durch das InvStG beseitigt. Die Anordnung der Anwendung der Hinzurechnungsbesteuerung zeigt, dass dem nicht so ist, sondern das InvStG hinter die Doppelbesteuerungsabkommen zurücktritt.

289 § 7 Abs. 7 enthält keine Regelung der Konstellation, in welcher der Inländer an einem Auslandsfonds beteiligt ist, keine Steuerbefreiung durch ein Doppelbesteuerungsabkommen besteht und der Fonds seinerseits an einer Zwischengesellschaft iSd AStG beteiligt ist. Diese Konstellation wird allein durch das InvStG geregelt ohne dass es einer Konkurrenzregel bedürfte. Eine Hinzurechnungsbesteuerung auf Anlegerebene scheidet dabei wegen der Vorrangigkeit des InvStG aus. Zu den auf der Fondseingangsseite unter dem InvStG zu erfassenden Erträgen gehört der Hinzurechnungsbetrag nicht, weil es bei ausländischen Rechtsträgern begrifflich nur eine Zurechnung, aber keine Hinzurechnung geben kann. Eine etwaige Zurechnung zum Auslandsfonds bliebe folgenlos, weil es an der Hinzurechnung beim Inländer wegen Unanwendbarkeit des AStG fehlt (dazu ausführlich → Rz. 337 ff.). § 7 Abs. 7 regelt aber den Sachverhalt, dass sich ein inländischer Fonds (Dachfonds) an einem ausländischen Fonds (Zielfonds) beteiligt, der zugleich Zwischengesellschaft ist. Hier ist das InvStG vorrangig, wenn es nicht durch ein Doppelbesteuerungsabkommen verdrängt wird.

290–299 *einstweilen frei*

3. Tatbestandsvoraussetzungen und Rechtsfolgen des § 7 Abs. 7

300 Der unmittelbare Regelungsbereich des § 7 Abs. 7 liegt in der Konstellation, dass Inländer eine Beteiligung an einem ausländischen Fonds halten (zweistufige Struktur), der sowohl unter das AStG wie auch das InvStG fällt. Praxisrelevanter als zweistufige sind allerdings mehrstufige Strukturen, bei welchen der Fonds (Dachfonds) seinerseits Beteiligungen an Fonds (Zielfonds) hält. Da es sich bei einem Zielfonds seinerseits erneut um einen Dachfonds handeln kann, können kaskadenartige Beteiligungsketten entstehen. Die Hintergründe für die Mehrstufigkeit sind vielfältig und können von der Risikodiversifikation bis hin zur Abschottung des Fonds vor einer direkten Einblicknahme der unmittelbaren Anteilinhaber reichen. In der Praxis besonders häufig ist eine dreistufige Struktur aus Anteilinhaber, Dachfonds und Zielfonds. Längere Fondsbeteiligungsketten sind insbesondere bei Master-Feeder-Strukturen (in welchen der Feederfonds die einzige Aufgabe des Investments in den Masterfonds verfolgt) zu beobachten. Hier ist § 7 Abs. 7 ggf. in Zusammenhang mit § 14 Abs. 1 anzuwenden.

a) Zweistufige Beteiligungsstrukturen

301 **aa) Tatbestandsvoraussetzungen des Abs. 7. (1) Auslandsfonds des Gesellschaftstyps.** § 7 Abs. 7 regelt den Sachverhalt, dass ein Inländer unmittelbar an einer ausländischen Gesellschaft beteiligt ist, die gleichzeitig die

V. Investmentsteuerliche Besonderheiten (Abs. 7)

tatbestandlichen Voraussetzungen einer Zwischengesellschaft iSd §§ 7–14 und eines Fonds iSd § 1 Abs. 1 InvStG erfüllt. Das ist der Fall bei **Auslandsfonds in einer körperschaftlich verfassten Rechtsform.**

(a) Auslandsfonds iSd InvStG. Durch das Tatbestandsmerkmal der Anwendbarkeit des InvStG referenziert § 7 Abs. 7 implizit auf die Legaldefinition des § 1 Abs. 1 Nr. 2 InvStG für ausländische Investmentvermögen (eine Referenz auf inländische Investmentvermögen nach § 1 Abs. 2 Nr. 1 InvStG ist dagegen ausgeschlossen, weil ein inländisches Investmentvermögen keine ausländische (Zwischen-)Gesellschaft sein kann). Diese Norm enthält ihrerseits eine Weiterverweisung auf § 2 Abs. 8 und 9 InvG mit der zusätzlichen Anordnung in § 1 Abs. 2 S. 1 InvStG, dass auch die Begriffsbestimmungen in § 1 S. 2 und § 2 InvG maßgeblich sind. Eine solch umfassende Verweisung kann nur dahingehend verstanden werden, dass eine **vollständige Deckungsgleichheit des Fondsbegriffs im AStG, InvStG und InvG** vorliegt. Maßgeblich allein sind dabei die aufsichtsrechtlichen Wertungen des InvG einschließlich der Auslegungsgrundsätze für Normen des Eingriffsverwaltungsrechts. Eine eigenständige steuerliche Betrachtungsweise ist insoweit ausgeschlossen.

Der Fondsbegriff iSd InvG ist für Auslandsfonds allerdings kaum zu fassen. Durch das Investmentänderungsgesetz (BGBl. 2007 I 3089) wurde deshalb in § 2 Abs. 8 und 9 InvG ein sog. formeller Fondsbegriff mit dem Ziel implementiert, Rechtssicherheit bei der Einordnung einer ausländischen Zuordnungseinheit als Fonds oder Nichtfonds zu schaffen. Dieses Ziel ist bislang nicht erreicht worden, wobei aber mit einer für die Praxis Klarheit schaffenden Verwaltungsregelung durch die BaFin gerechnet werden kann (vgl. Konsultationsverfahren auf der Website der BaFin), welche dann auch für das Steuerrecht bindend ist. Eine Konkretisierung des Auslandsfondsbegriffs iSd InvG – und früher des AIG – ist bis dahin allerdings mit Rechtsunsicherheit behaftet, was auf § 7 Abs. 7 in vollem Umfang durchschlägt. Dem Wortlaut nach handelt es sich bei einem Auslandsfonds um ein ausländischem Recht unterstehendes Vermögen aus den in § 2 Abs. 4 InvG enumerativ aufgezählten Gegenständen, das direkt oder ggf. indirekt nach dem Grundsatz der Risikomischung angelegt ist. Zudem ist die Rücknahme der Investmentanteile erforderlich bzw. eine Aufsicht für gemeinschaftliche Kapitalanlage im Sitzstaat des Vermögens.

Schwierigkeiten ergeben sich insbesondere bei der Frage, ab welchem Verhältnis ein Vermögen, das teilweise aus fondsqualifizierenden Gegenständen iSd § 2 Abs. 4 InvG (zB Wertpapieren) und teilweise aus anderen Vermögensgegenständen (zB Kunstgegenständen) besteht. Nach der hier vertretenen Auffassung kann ein Vermögen nur dann unter das InvG fallen, wenn es – bezogen auf den Nettoinventarwert – überwiegend aus Gegenständen nach § 2 Abs. 4 InvG besteht. Ein ausländischer Rechtsträger mit 51 % Gemälden und 49 % Aktien würde somit nicht als Fonds iSd InvG qualifizieren. Die aufsichtsrechtliche und steuerliche Finanzverwaltung hat sich für Quoten von mehr als 10 % fondsqualifizierenden Gegenständen nicht festgelegt. Noch schwieriger ist die Fragestellung für Vermögensgegenstände, für die das InvG eine Höchstgrenze vorsieht, zB erlaubt § 112 InvG für Hedgefonds Unternehmensbeteiligungen (Private Equity) bis zu 30 %. Nach der hier vertretenen Auffassung müssen deshalb quotenübersteigende Gegenstände als nichtqualifizierend gewertet werden. Beispielsweise fällt ein ausländisches Vermögen nicht unter das InvG, wenn es zu 40% aus GmbH-Beteiligungen, zu 40% aus Gemälden und zu 20% aus Wertpapieren besteht. 10% der GmbH-Beteiligungen qualifizieren neben den 40% Gemälden nicht als fondstaugliche Vermögensgegenstände, sodass das Vermögen nicht überwiegend aus Gegenständen iSd § 2 Abs. 4 InvG besteht. Des weiteren ist offen die Frage nach der Quantifizierung der Risikodiversifikation. Aufgrund einer früheren BaKred-Auffassung geht die Praxis davon aus, dass ein Vermögen aus vier Grundstücken oder aus drei Wertpapieren risikodiversifiziert ist. Die Ziffer ‚vier' dürfte auf einer Besonderheit bei Grundstücken beruhen und im Übrigen die Ziffer ‚drei' gelten. Im Konsultationsverfahren geht die BaFin einheitlich von vier Gegenständen als Untergrenze der Diversifikation aus. Beim Zählvorgang sind alle Gegenstände nach § 2 Abs. 4 InvG gleichwertig, sodass ein Vermögen bestehend aus einem Bankguthaben, einem Wertpapier und einem Derivat risikodiversifiziert ist ungeachtet der quotalen Anteile der einzelnen Vermögensgegenstände am Nettoinventarwert. Völlig ungelöst ist die Bestimmung einer indirekten Risikodiversifikation. Nach der hier vertretenen Auffassung kann eine indirekte Diversifikation nur vorliegen, wenn auch die unmittelbar tiefere Stufe als Fonds qualifiziert. Deshalb liegt mE kein Fonds vor, wenn ein Auslandsvermögen über eine Auslandspersonengesellschaft ein Wertpapierportfolio hält (unter der Annahme, die Personengesellschaft nimmt keine Anteile zurück und unterliegt keiner Investmentaufsicht). Ein zu 100% gehaltener Limited Partnership-Anteil qualifiziert nicht als Fondsgegenstand und sperrt deshalb den Zurechnungszusammenhang zum Wertpapierportfolio. Die Aussagen im Konsultationsverfahren sind bislang widersprüchlich.

305 Die vorstehend angesprochenen und weitestgehend ungelösten Probleme sollten durch die Einführung zusätzlicher Tatbestandsmerkmale entschärft werden. Ein ausländisches Vermögen soll jedenfalls dann keinen Fonds darstellen, wenn es weder Anteile zurücknimmt noch einer Aufsicht für gemeinschaftliche Kapitalanlage untersteht. Durch die negativen Tatbestandsmerkmale ist zunächst nichts für die Frage gewonnen, ob beispielsweise eine Risikodiversifikation vorliegt. Ein nicht risikodiversifiziertes Auslandsvermögen wird auch dadurch nicht zum Fonds, dass es Anteile zurücknimmt und ggf. sogar einer Investmentaufsicht unterliegt. Aber auch bei der negativen Abgrenzung erreichen die Tatbestandsmerkmale nicht die notwendige Trennschärfe. So bleibt es unklar, in welchem Zyklus eine Anteilsrücknahme den Anwendungsbereich des InvG eröffnet und welche Rolle Sperrperioden, Rücknahmeabschläge, Verkaufsoptionen und gesellschaftsrechtliche Vorgänge spielen. Nach der hier vertretenen Auffassung kommt es ausschließlich auf eine bewertungstägliche Rücknahme des Fondsanteils an. Wenn etwa ein (unbeaufsichtigtes) Auslandsvermögen Anteile erst nach einer Sperrfrist von 5 Jahren zurücknimmt, liegt in diesem Zeitraum deshalb kein Fonds vor. Im Konsultationsverfahren wird ein Anteilsrückgabemindestzyklus alle zwei Jahre als fondsqualifizierend angesehen. Wann eine Aufsicht für gemeinschaftliche Kapitalanlage vorliegt, ist ebenfalls ungeklärt. Regelungen über zulässige oder unzulässige Vermögensgegenstände oder Mischungs- bzw. Streuungsvorschriften könnten darunter fallen. Dies sollte aber nicht dazu führen, luxemburgische oder irische Verbriefungsvehikel als beaufsichtigt anzusehen. Zwar unterliegen diese einer Streuungsregelung dahingehend, dass sie nicht als Holdinggesellschaften eingesetzt werden und demzufolge nicht 100 % der Aktien einer Aktiengesellschaft halten dürfen. Dies stellt aber keine anlegerschützende Aufsicht für gemeinschaftliche Kapitalanlage dar, sondern beruht auf dem EU-rechtlichen Aspekt, dass steuerbefreite Holdinggesellschaften als unzulässige Beihilfen angesehen werden könnten. Auch das luxemburgische SICAR-Regime sollte nicht als Investmentaufsicht behandelt werden, weil die Aufsicht einer Registeraufsicht ähnlich ist und keine anlegerschützende Dimension aufweist.

(b) Fonds des Gesellschaftstyps. Diese Tatbestandsvoraussetzung ergibt 306 sich aus dem Umstand, dass auf die Einkünfte, für die die ausländische Gesellschaft Zwischengesellschaft ist, die Vorschriften des InvStG Anwendung finden müssen. Als ausländische Gesellschaft kommt nach der Legaldefinition in § 7 Abs. 1 nur eine Körperschaft, Personenvereinigung oder Vermögensmasse iSd KStG in Betracht. Die ausländische Gesellschaft kann des Weiteren nur Zwischengesellschaft für (passive und niedrig besteuerte) Einkünfte sein, welche sie selbst erzielt. Schließlich ist das InvStG nur auf Fonds (Investmentvermögen) iSd § 1 InvG anwendbar, sodass sämtliche dort genannten Tatbestandsmerkmale erfüllt sein müssen. Nimmt man die drei Voraussetzungen zusammen, muss demnach die ausländische Gesellschaft körperschaftlich verfasst und mit dem Fonds identisch sein. Geregelt ist demzufolge die Konstellation eines Fonds des sog. Gesellschaftstyps, bei welchem das Gesellschaftsvermögen zugleich das Fondsvermögen darstellt und die Gesellschafter gleichzeitig die Investoren sind. Berücksichtigt man des Weiteren, dass die Hinzurechnungsbesteuerung nicht alle körperschaftlich verfassten Gebilde erfasst, sondern nur solche, an welchen Anteile oder Stimmrechte bestehen (argumentum e § 7 Abs. 2), so konzentriert sich der Anwendungsbereich des § 7 Abs. 7 auf die Fälle, in welchen der Auslandsfonds als Kapitalgesellschaft (bei Parallelwertung nach deutschem Recht) organisiert ist.

Häufige Anwendungsfälle in der Investmentpraxis sind die luxemburgische 307 Société d'Investissement à Capital Variable (SICAV) sowie irische Aktiengesellschaften (plc) mit der Zusatzqualifikation als qualified investors' fund. Praxisrelevant sind auch zB Protected Cell Companies (vergleichbar einer deutschen Investment-AG mit mehreren Teil-Gesellschaftsvermögen), welche etwa auf den Channel Islands und Cayman Islands vorzufinden sind.

(2) Einkünfte der Zwischengesellschaft. Die Konkurrenzregelung be- 308 trifft diejenigen Einkünfte, für welche die ausländische Gesellschaft Zwischengesellschaft ist. Gemäß § 8 Abs. 1 ist eine ausländische Gesellschaft Zwischengesellschaft für Einkünfte (typischerweise als passive Einkünfte bezeichnet), die einer niedrigen Besteuerung unterliegen und nicht aus den in dieser Vorschrift enumerativ aufgezählten Tätigkeiten stammen. Eine besondere Teilmenge der passiven Einkünfte sind die Zwischeneinkünfte mit Kapitalanlagecharakter nach § 7 Abs. 6a.

Im Investmentbereich findet man sowohl passive wie auch aktive Einkünfte. 309 Passive Einkünfte – meist zugleich Zwischeneinkünfte mit Kapitalanlagecharakter nach § 7 Abs. 6a – werden durch Fonds mit Renten- und Geldmarktorientierung generiert, während Aktienfonds Dividenden und Gewinne aus der Veräußerung aktiv tätiger Aktiengesellschaften erzielen, was zu aktiven

Einkünften iSd § 8 Abs. 1 Nr. 8 und 9 führt. Bei sich – zwischen Geldmarkt- und Beteiligungsorientierung – im mezzaninen Sektor bewegenden Fonds wird man zeitgleich aktive und passive Einkünfte antreffen (beispielsweise Erträge aus eigenkapitalähnlichen Genussscheinen einerseits und stillen Gesellschaften oder partiarischen Darlehen andererseits). Bei Wertpapierfonds mit Investments im Renten- und Aktienbereich sind die aktiven und passiven Einkünfte je nach Anlagepolitik gemischt.

310 Fällt ein Auslandsfonds unter das InvStG, gelangt dieses aber im Einzelfall aufgrund der Freistellungsmethode durch ein Doppelbesteuerungsabkommen nicht zur Anwendung, so sind lediglich die passiven Einkünfte des Fonds herauszugreifen und diese dem inländischen Investor hinzuzurechnen. Die Bemessungsgrundlage für den Hinzurechnungsbetrag bestimmt sich dabei ausschließlich nach § 10 und nicht nach InvStG (bzw. letzteres nur indirekt, wenn und soweit in einer mehrstufigen Beteiligungskette sich auf einer unteren Stufe noch Fonds befinden und § 10 Abs. 3 S. 1 die entsprechende Anwendung des InvStG anordnet). Bei einem Wertpapierfonds mit starker Aktien- und schwacher Rentenorientierung würden dem Inländer so nur die Rentenerträge zugerechnet und hinsichtlich der Aktienerträge verbliebe es bei den Regelungen des InvStG.

311 **(3) Anwendbarkeit des InvStG.** Tatbestandsvoraussetzung für die Anwendung des § 7 Abs. 7 – und damit für die Unanwendbarkeit der Hinzurechnungsbesteuerung – ist, dass auf die (passiven) „Einkünfte ... die Vorschriften des Investmentsteuergesetzes ... anzuwenden sind, es sei denn dass die Ausschüttungen oder ausschüttungsgleichen Erträge ... nach einem Doppelbesteuerungsabkommen von der inländischen Bemessungsgrundlage auszunehmen" wären. Der Formulierung des Ausnahmetatbestands ist zu entnehmen, dass es sich bei den Einkünften, auf welche das InvStG anzuwenden sein muss, um die **Fondsausgangsseite (und also nicht die Fondseingangsseite)** handelt, denn nur hierauf kann ein (deutsches) Doppelbesteuerungsabkommen mit Begünstigungsfolge für den Inländer angewandt werden.

312 Ob das InvStG auf der Fondseingangsseite Anwendung findet, spielt konsequenterweise keine Rolle. Wenn also auf den Anteilinhaber das InvStG anzuwenden ist, bleibt die Hinzurechnungsbesteuerung demzufolge unabhängig davon unanwendbar, ob der Auslandsfonds auf seiner Eingangsseite das InvStG anzuwenden hat. Unerheblich ist des weiteren, ob das InvStG beim Anteilinhaber zu einer konkreten Steuerlast führt. Die Anwendbarkeit des InvStG reicht auch dann für die Unanwendbarkeit der Hinzurechnungsbesteuerung aus, wenn nach dem InvStG Steuerfreiheit besteht. Eine Steuerfreiheit gewährt das InvStG (auch nach dem Inkrafttreten der Abgeltungssteuer) für bestimmte außerordentliche Erträge während der Thesaurierungsphase. Würde man eine konkrete Steuerbelastung fordern, hätte dies eine europarechtswidrige Diskriminierung zur Folge, wie folgendes **Beispiel** zeigt: Eine luxemburgische SICAV realisiert Kursgewinne aus der Veräußerung festverzinslicher Anleihen. Im Thesaurierungsfall besteht für den inländischen Anleger Steuerfreiheit, weil die Kursgewinne nicht als ausschüttungsgleiche Erträge nach § 1 Abs. 3 S. 3 InvStG qualifizieren. Würde man im Falle eines Anlegers mit Anspruch auf eine Dividendenfreistellung nach dem luxemburgischen Doppelbesteuerungsabkommen (etwa eine GmbH mit einer Beteiligung von

V. Investmentsteuerliche Besonderheiten (Abs. 7)

mindestens 25%) die Hinzurechnungsbesteuerung wegen Fehlens einer konkreten Steuerbelastung nach dem InvStG anwenden, würde evident ein europarechtswidriger Diskriminierungsfall vorliegen, weil bei der Beteiligung an einem vergleichbaren Inlandsfonds keine nachteilige Steuerkonsequenz für den Investor gezogen, sondern die Thesaurierung anerkannt würde. Eine solche Diskriminierung wird vermieden, wenn man es als ausreichend betrachtet, dass sich das Rechtsverhältnis zwischen der Zwischengesellschaft und dem Anleger nach dem InvStG richtet. Da im Beispielsfall die SICAV – die Zwischengesellschaft – als Fonds iSd § 1 InvStG qualifiziert, scheidet die Anwendung der Hinzurechnungsbesteuerung nach § 7 Abs. 7 aus und es verbleibt für den Anleger bei den durch das InvStG gewährten Steuerfreiheit. Damit wird dasselbe Ergebnis wie bei Beteiligung des Anlegers an einem Inlandsfonds erzielt, dessen Wertpapierveräußerungsgewinne der Anleger während deren Thesaurierung ebenfalls nicht zu versteuern hat. Vor diesem Hintergrund ist eine konkret-individuelle Steuerlast aufgrund des InvStG auf Anteilinhaberebene irrelevant. Dieses Ergebnis wird auch durch die Gesetzesgeschichte gestützt. Nach der vorhergehenden Fassung der Norm wurde auf eine konkretindividuelle Steuerlast abgestellt, weswegen der Gesetzgeber jetzt zu der dieser vorangehenden Fassung zurückgekehrt ist, bei welcher keine konkretindividuelle Steuerlast gefordert war. Die bloße Anwendbarkeit des InvStG reicht somit.

(4) Keine Befreiung durch Doppelbesteuerungsabkommen. Negatives Kriterium für den Ausschluss der Hinzurechnungsbesteuerung ist neben der Anwendbarkeit des InvStG die Voraussetzung, dass kein Doppelbesteuerungsabkommen Ausschüttungen oder ausschüttungsgleiche Erträge aus der inländischen Bemessungsgrundlage ausnimmt. Der Gesetzgeber will hiermit eine Gleichstellung mit Inlandsfonds gewährleisten, denn wenn ein Anleger im Falle des Haltens von Inlandsfondsanteilen besteuert würde, so soll bei Halten vergleichbarer Auslandsfondsanteile und Eingreifen einer doppelbesteuerungsrechtlichen Freistellung die Besteuerung durch das AStG gesichert werden.

(a) Teleologische Reduktion. Eine doppelbesteuerungsrechtliche Steuerbefreiung auf Ausschüttungen und ausschüttungsgleiche Erträge ist schädlich und führt zur Anwendbarkeit der Hinzurechnungsbesteuerung. Nach dem Gesetzeswortlaut kommt es für die Rückausnahme, welche zur Anwendung der Hinzurechnungsbesteuerung führt, ausschließlich darauf an, ob Ausschüttungen oder ausschüttungsgleiche Erträge nach einem Doppelbesteuerungsabkommen begünstigt sind. Das würde dazu führen, dass eine Begünstigung nicht nur durch das InvStG, sondern darüber hinaus zusätzlich durch ein DBA die Hinzurechnungsbesteuerung auslösen würde. Das ist unangemessen und rechtfertigt eine **teleologische Reduktion** der Gegenausnahme dahingehend, dass eine doppelbesteuerungsrechtliche Freistellung nur dann schädlich ist, wenn nicht gleichzeitig eine (zusätzliche) Freistellung durch das InvStG vorliegt.

Eine andere Auslegung des § 7 Abs. 7 würde auch gegen das **europarechtliche Diskriminierungsverbot** verstoßen, da Inhaber von Auslandsfondsanteilen in Situationen besteuert würden, in welchen Inhaber von Inlandsfondsanteilen steuerfrei blieben. Hierzu würde es etwa kommen, wenn ein EWR-Auslandsfonds in der Rechtsform einer Kapitalgesellschaft Gewinne aus der

Veräußerung stimmrechtsloser Vorzugsaktien passiver Kapitalgesellschaften an seine zu mindestens 25 % beteiligte inländische Mutterkapitalgesellschaft (Investorin) ausschüttet. Die aus Veräußerungsgewinnen gespeiste Dividende wäre steuerbegünstigt nach § 2 Abs. 3 InvStG iVm § 8b Abs. 2 KStG sowie nach Art. 10 OECD-MA. Würde man § 7 Abs. 7 nicht teleologisch reduzieren und das AStG anwenden, käme es zum Ansatz eines Hinzurechnungsbetrags, denn die von der Fondskapitalgesellschaft generierten Erträge stammen aus der Veräußerung von Aktien passiver Gesellschaften und fallen unter § 7 Abs. 6a, da sie die Voraussetzungen des § 8 Abs. 1 Nr. 9 nicht erfüllen. Würde dagegen dieselbe Investorin Dividenden einer inländischen Investment-AG beziehen, welche aus der Veräußerung von Aktien passiver Gesellschaften gespeist wären, würde die Investorin gleichwohl die Steuerfreiheit nach § 2 Abs. 3 InvStG iVm § 8b Abs. 2 KStG beanspruchen können. Eine Hinzurechnungsbesteuerung würde nicht eintreten, weil ein von einem Inländer durch Veräußerung von Aktien passiver Auslandsgesellschaften erzielter Gewinn nicht dem AStG unterfällt. Die teleologische Reduktion ist demzufolge auch europarechtlich bedingt.

316 Da die Nichtanwendung der Hinzurechnungsbesteuerung auf Gleichbehandlungsgrundsätzen beruht, muss sie umgekehrt auch die **Belastungen** im Vergleichsfall beinhalten. Insoweit kann § 7 Abs. 7 zu Lasten des Steuerpflichtigen auch keine Sperrwirkung entfalten, als es um nichtabziehbare Betriebsausgaben nach § 8b Abs. 3 und 5 KStG geht.

317 **(b) Qualifikation ausschüttungsgleicher Erträge als Dividenden iSd § 20 Abs. 1 Nr. 1 EStG.** Der Formulierung des § 7 Abs. 7, wonach die Hinzurechnungsbesteuerung eingreift, wenn ausschüttungsgleiche Erträge durch ein Doppelbesteuerungsabkommen befreit werden, ist implizit zu entnehmen, dass das Gesetz ausschüttungsgleiche Erträge einer ausländischen Fondskapitalgesellschaft als Dividenden im abkommensrechtlichen Sinne qualifiziert (so auch schon BMF vom 21.5.1999 [IV D3-S 1300-34/99] FR 1999, 1084 zur doppelbesteuerungsrechtlichen Qualifikation der ausschüttungsgleichen Beträge iSd früheren § 17 Abs. 1 AIG und der als ausgeschüttet zu behandelnden Erträge iSd früheren § 18 Abs. 1 AIG). Das beruht auf dem Umstand, dass das InvStG Ausschüttungen und ausschüttungsgleiche Erträge als Erträge iSd § 20 Abs. 1 Nr. 1 EStG qualifiziert und in Ermangelung abkommensrechtlicher Definitionen die nationale Qualifikation der Einkunftsarten auch auf die Doppelbesteuerungsabkommen durchschlägt. Die Folge dieser Rechtssystematik ist zum einen, dass ausschüttungsgleiche Erträge als Dividenden durch Doppelbesteuerungsabkommen begünstigt sein können, andrerseits aber genau aus diesem Grund gleichzeitig dann auch die Anwendbarkeit des AStG auslösen.

318 **bb) Rechtsfolge der Unanwendbarkeit der Hinzurechnungsvorschriften.** Ist ein Inländer an einem als Kapitalgesellschaft errichteten Auslandsfonds beteiligt und liegt entweder keine Begünstigung durch ein Doppelbesteuerungsabkommen vor oder besteht bei Vorliegen einer solchen – nach dem obigen Überlegungen – eine weitere Rechtsgrundlage für die Steuerbegünstigung, so sind die Vorschriften der Hinzurechnungsbesteuerung insgesamt unanwendbar. Zwar sieht der Wortlaut des § 7 Abs. 7 explizit die Unanwendbarkeit der Abs. 1 bis 6a des § 7 vor, jedoch sind dies die zentralen

V. Investmentsteuerliche Besonderheiten (Abs. 7)

Vorschriften und ohne sie bleiben die übrigen Vorschriften begriffsnotwendig gegenstandslos.

Für die Rechtsfolge kommt es nicht darauf an, ob der Auslandsfonds aktive 319 oder passive Einkünfte erzielt, weil das InvStG teilweise Begünstigungen für iSdiSd AStG passive Einkünfte vorsieht und diese Begünstigungen nicht durch das AStG konterkariert werden dürfen.

Die sich dann für den Inländer ergebende Rechtslage hängt ausschließlich 320 vom InvStG und ggf. weiteren ertragsteuerlichen Gesetzen ab. Vorteilhaft ist das insbesondere, soweit der Fonds Wertpapiergewinne thesauriert. Andererseits schließt die Anwendbarkeit des Investmentsteuerrechts auch die Möglichkeit einer pönalisierenden Pauschalbesteuerung nach § 6 InvStG ein, was eine erheblich ungünstigere Besteuerung als die Hinzurechnungsbesteuerung nach sich zieht. So führt ein Aktienfonds, der seine steuerlichen Bekanntmachungspflichten nicht erfüllt, beim Inländer zur Strafbesteuerung nach § 6 InvStG, obwohl der Fonds ausschließlich aktive Einkünfte iSd AStG erzielt, so dass keine Hinzurechnungsbesteuerung erfolgen würde.

b) Mehrstufige Beteiligungsstrukturen

Die vorstehenden Ausführungen für zweistufige Strukturen gelten im 321 Grundsatz für mehrstufige Strukturen entsprechend. Das gilt insbesondere für die Definition des Fonds iSd InvStG.

aa) Beteiligungsstrukturen in der Investmentpraxis. In der Praxis sind 322 drei- und mehrstufige Investmentverhältnisse häufig anzutreffen, etwa bei Dachfonds und Master-Feeder-Strukturen. Zu der Konstellation eines als Kapitalgesellschaft errichteten Fonds kann es somit nicht nur dadurch kommen, dass die Zwischengesellschaft selbst eine Investmenttätigkeit durchführt. Die Zwischengesellschaft kann vielmehr auch dadurch zum Fonds werden, dass sie sich an einem oder mehreren Fonds in einem Umfang beteiligt, der sie selbst zu einem mittelbaren Fonds (Dachfonds) macht. Auch bei gemischten Tätigkeiten der Zwischengesellschaft kann es zu einer Qualifikation der Zwischengesellschaft als Fonds kommen, wobei die investmentrechtliche Frage, unter welchen Voraussetzungen eine ausländische Einheit zum Fonds wird, auch nach dem Inkrafttreten des Investmentänderungsgesetzes und dem sog. formellen Fondsbegriff ungeklärt ist. In drei- und mehrstufigen Investmentverhältnissen gestaltet sich das Konkurrenzverhältnis zwischen der Hinzurechnungsbesteuerung und dem InvStG komplexer, weil nunmehr auch eine Konkurrenz der außensteuerlichen und investmentsteuerlichen Zurechnungsregeln auf jeder Stufe der Investmentkette besteht.

bb) Tatbestandsvoraussetzungen bei Mehrstufigkeit. Für die **Zu-** 323 **rechnung der Einkünfte innerhalb der Investmentkette** von unten nach oben kommen sowohl die Vorschriften des InvStG als auch die der übertragenden Zurechnung nach § 7 Abs. 7 iVm § 14 in Betracht. Welches Steuerregime im einzelnen die Zurechnung bestimmt, hat erheblichen Einfluss auf das materiellrechtliche Ergebnis beim Anteilinhaber: Bei einer Zurechnung nach den Fondsvorschriften kann er einerseits Steuerfreiheit für zB Aktiengewinne erlangen, aber andererseits auch der Strafbesteuerung unterfallen.

Eine explizite Konkurrenzregel für mehrstufige Investmentverhältnisse ent- 324 hält weder das InvStG noch das AStG. Allerdings sind über § 14 Abs. 1 und 4 die §§ 7–13 – und damit auch § 7 Abs. 7 – auf den nachgeschalteten Stufen anwendbar. Damit bestimmt § 7 Abs. 7 auch das Konkurrenzverhältnis auf nachgelagerten Stufen und regelt somit, wie sich die Zurechnung in der Investmentkette vollzieht: Eine Zurechnung nach § 14 auf die nächsthöhere Stufe findet nicht statt, wenn die Hinzurechnungsvorschriften durch § 7 Abs. 7 verdrängt sind.

325 **(1) Investmentkette ausschließlich aus Fondskapitalgesellschaften.** Stellt man sich auf die unterste Stufe einer – ausschließlich aus Kapitalgesellschaften bestehenden – Fondsgesellschaftskette, hängt die anwendbare Zurechnungsnorm zur nächsthöheren Stufe – wie bei der Beurteilung zweistufiger Investmentverhältnisse – von der Bedeutung ab, welche dem Tatbestandsmerkmal „Anwendung des InvStG auf die Einkünfte" zukommt.

326 Im zweistufigen Verhältnis kommt es – wie oben ausgeführt – darauf an, dass das InvStG auf der Ebene des Anteilinhabers, also der Fondsausgangsseite, anzuwenden ist. Da § 7 Abs. 7 über § 14 rekursiv auf jeder Investmentstufe anzuwenden ist, muss es auch innerhalb einer Investmentkette für die Konkurrenzfrage darauf ankommen, ob das InvStG auf der Eingangsseite der (nächst)höheren Ebene Anwendung findet, was der Fall ist, wenn die tiefere Ebene die Tatbestandsvoraussetzungen eines Fonds iSd InvStG iVm InvG erfüllt. Die bei zweistufigen Investmentverhältnissen genannten Argumente gelten hier gleichfalls und sprechen dafür, dass die Zurechnung nach §§ 7, 14 zugunsten derjenigen nach dem InvStG ausgeschlossen ist. Insbesondere greift auch hier die europarechtliche Betrachtung Platz, dass ein Investor in einer dreistufigen Kette europäischer Fondskapitalgesellschaften nicht schlechter gestellt sein darf als ein Investor in einen vergleichbar kaskadierten Inlandsfonds (was seit dem Investmentänderungsgesetz für inländische Spezialfonds zulässig ist).

327 Die Ausschlussklausel, wonach die Hinzurechnungsbesteuerung wieder auflebt, wenn die Ausschüttungen oder ausschüttungsgleichen Erträge nach einem Doppelbesteuerungsabkommen von der inländischen Bemessungsgrundlage auszunehmen sind, kann nicht eingreifen, weil bei einer ausländischen Fondskapitalgesellschaftskette ein zwischen Drittstaaten geschlossenes Doppelbesteuerungsabkommen nicht die Rechtsmacht hätte, Einkünfte aus der inländischen Bemessungsgrundlage auszunehmen. Damit ist die übertragende Zurechnung nach §§ 7 Abs. 7 und 14 schon dann ausgeschlossen, wenn die (jeweils) tiefere Ebene als Fonds qualifiziert.

328 Die Eröffnung des Anwendungsbereichs des § 7 Abs. 7 bedeutet die Unanwendbarkeit einer Zurechnung nach § 14 in der Investmentkette. Zwar schließt § 7 Abs. 7 seinem Wortlaut nach nur die Absätze 1 bis 6 und nicht § 14 selbst aus, jedoch verweist § 14 seinerseits als Anwendungsgrundlage rekursiv auf die §§ 7 bis 12 und damit auch auf § 7 Abs. 7. § 14 statuiert insofern lediglich besondere Modalitäten der Anwendung der §§ 7 bis 12, wenn diese auf der Ebene nachgeschalteter Zwischengesellschaften angewandt werden, ordnet indessen nicht die Unwirksamkeit des § 7 Abs. 7 an, sodass dessen Regelungsgehalt unangetastet bleibt. Da § 7 Abs. 7 die Anwendung der Absätze 1 bis 6a und mithin die Hinzurechnung sperrt, wird einer Zurechnung nach § 14 auf die Ebene der nächst höheren Fondskapitalgesellschaft die Rechtsgrundlage entzogen.

V. Investmentsteuerliche Besonderheiten (Abs. 7) 329–333 § 7

Aus den vorstehenden Überlegungen ergibt sich für eine Investmentkette 329
aus Fondskapitalgesellschaften folgendes Ergebnis: Steht man auf der untersten
Stufe einer Investmentkette (Zielfonds), können der nächsthöheren Ebene
(Dachfonds erster Stufe) die Einkünfte des (untersten) Zielfonds nicht über
§§ 7, 14 zugerechnet werden, weil auf die Einkünfte des Dachfonds erster
Stufe die Vorschriften des InvStG anzuwenden sind. Die Einkünfte des Zielfonds sind dem Dachfonds erster Stufe vielmehr nach den Vorschriften des
InvStG zuzurechnen. Dieser Vorgang wiederholt sich auf allen Stufen zwischen dem Dachfonds unterer und oberer Stufe. Beim Inländer werden dann
die Ausschüttungen und ausschüttungsgleichen Erträge der obersten Stufe
(oberster Dachfonds) gemäß § 2 Abs. 1 InvStG als Einkünfte iSd § 20 Abs. 1
Nr. 1 EStG angesetzt und in dem in §§ 2, 4 InvStG festgelegten Umfang steuerbefreit bzw. bei Nichteinhaltung der steuerlichen Bekanntmachungspflichten
mit der in § 6 InvStG vorgesehenen pönalen Pauschalbemessungsgrundlage
belegt.

Aus § 10 Abs. 3 S. 1 ergibt sich nichts Gegenteiliges: Die Norm regelt den 330
Fall, dass eine ausländische Zwischengesellschaft eine Beteiligung an einem
Auslandsfonds hält. Das betrifft aber nicht den vorliegenden Sachverhalt, weil
§ 10 zusammen mit den übrigen Vorschriften der Hinzurechnungsbesteuerung
durch § 7 Abs. 7 insgesamt verdrängt ist. Ein solches Gesetzesverständnis
macht § 10 Abs. 3 S. 1 auch nicht obsolet, sondern belässt der Norm einen
sinnvollen Anwendungsbereich in zweierlei Hinsicht. Zum einen ist die
Norm anwendbar, wenn die in der Kette höher stehende Gesellschaft nur
Zwischengesellschaft ist, jedoch keine Fondsqualität aufweist. Zum anderen
bleibt die Norm anwendbar, wenn der in der Kette tiefer stehende Fonds
nicht die Rechtsform einer Kapitalgesellschaft aufweist. Es ließe sich hier
etwa an eine ausländische Vermögensverwaltungsgesellschaft denken, welche
keine Anteile zurücknimmt, keiner Investmentaufsicht untersteht (mithin nach
dem formellen Fondsbegriff nicht als Fonds iSd InvStG qualifiziert) und die
ihr Vermögen zu einem verhältnismäßig geringen Anteil in einen FCP investiert.

(2) Investmentkette aus Fondskapitalgesellschaften, Zwischengesell- 331
schaften und operativen Gesellschaften. Bei nicht nur aus Fonds bestehenden Investmentketten sind verschiedene Konstellationen möglich, die dadurch gekennzeichnet sind, dass jedes Kettenglied der drei- oder uU
mehrgliedrigen Investmentkette eine operative Gesellschaft, eine Zwischengesellschaft und/oder ein Fonds sein kann.

(a) Oberste Gesellschaft in der Kette ist Zwischengesellschaft. Für 332
die Konstellation einer Zwischengesellschaft auf der jeweils oberen Ebene (zu
einer Zwischengesellschaft ohne Fondscharakter wird es vorzugsweise kommen, wenn diese Gesellschaft keine Anteile zurücknimmt und keiner Investmentaufsicht untersteht, da sie dann nach dem formellen Fondsbegriff nicht als
Fonds qualifiziert) und eines Fonds auf der jeweils unteren Ebene ist nach der
Rechtsform des Fonds zu differenzieren.

Soweit auf der Unterebene der Fonds als Personengesellschaft ausgestaltet 333
ist, besteht auf der Fondsebene selbst keine Konkurrenz. Vielmehr liegt ein
Fall des § 10 Abs. 3 S. 1 vor, bei welchem die (obere) Zwischengesellschaft an
einer (unteren) Fondsgesellschaft beteiligt ist. Die Zwischengesellschaft ist An-

teilinhaberin des Fonds, so dass Fondserträge bei ihr in entsprechender Anwendung des InvStG anzusetzen sind.

334 Handelt es sich bei dem Fonds um eine Kapitalgesellschaft, kommt es bereits auf der (unteren) Fondsebene zu einer Gesetzeskonkurrenz. Die Zurechnung zur Zwischengesellschaft nach §§ 7, 14 tritt hinter die Zurechnung nach dem InvStG zurück. Eine übertragende Zurechnung nach dem AStG entfällt, wodurch sichergestellt wird, dass die investmentsteuerlichen Privilegierungen nicht verlorengehen. Bei der Zwischengesellschaft sind für Zwecke der Hinzurechnungsbesteuerung im Ergebnis die Fondseinkünfte nach InvStG festzustellen.

Beispiel:

335 Die Fondskapitalgesellschaft befindet sich auf der unteren, die Zwischengesellschaft (welche hier kein Dachfonds sein soll) befindet sich auf der mittleren Ebene und ihre Anteile werden wiederum von einer deutschen Kapitalgesellschaft auf der oberen Ebene gehalten. Die Fondsgesellschaft generiert und thesauriert Kursgewinne aus der Veräußerung festverzinslicher Wertpapiere.

336 Nach § 1 Abs. 3 S. 3 InvStG fallen Gewinne aus Wertpapierveräußerungsgeschäften nicht unter die ausschüttungsgleichen Erträge. Solange ein Fonds solche Gewinne thesauriert, werden sie einem – unmittelbar beteiligten – deutschen Anteilinhaber nicht vor der tatsächlichen Ausschüttung zugerechnet. Eine Besteuerung erfolgt bei einem Anteilinhaber, der die Anteile im Betriebsvermögen hält, frühestens mit Ausschüttung. Der Vorteil des Aufschubs der Besteuerung würde dem Anteilinhaber, der die Anteile im Betriebsvermögen hält, genommen, wenn die Zurechnung von der Fondsgesellschaft zur Zwischengesellschaft über das AStG und nicht über das InvStG erfolgen würde. Dann wäre ein Anleger, der über eine Zwischengesellschaft in einen Fonds investiert, schlechter gestellt als ein Anleger, der die Fondsanteile direkt oder über eine inländische (passive) Gesellschaft hält. Eine solche Schlechterstellung wäre mit dem europarechtlichen Diskriminierungsverbot unvereinbar. Die Schlechterstellung wird vermieden, wenn die Vorschriften des InvStG auf die Einkünfte der Zwischengesellschaft angewendet werden und die übertragende Zurechnung ausgeschlossen wird. Im vorliegenden Fall sind daher bei der Zwischengesellschaft – solange der Fonds die Veräußerungsgewinne thesauriert – insoweit keine Einkünfte anzusetzen, welche in die Ermittlung des Hinzurechnungsbetrages eingehen würden.

337 **(b) Obergesellschaft in der Kette ist Fonds.** Diese Kombination betrifft das Szenario eines **Fonds in Kapitalgesellschaftsform auf der jeweils oberen** und einer (nicht als Fonds qualifizierenden) zinsgenerierenden **Zwischengesellschaft auf der jeweils unteren Stufe.** Hierzu kann es kommen, wenn die Obergesellschaft neben dem Investment in die Zwischengesellschaft weitere (fondsqualifizierende) Vermögensgegenstände hält und einer Regulierung unterliegt bzw. Anteile zurücknimmt.

338 Auf der unteren Stufe befindet sich dann kein Fonds iSd InvStG, so dass bei der oberen Fondsgesellschaft auf deren Eingangsseite keine ausschüttungsgleichen Erträge angesetzt werden können, weil dies eine Qualifikation der Untergesellschaft als Fonds voraussetzen würde. Die untere Gesellschaft unterliegt ausschließlich dem AStG, da sie in nicht risikodiversifizierter Weise Zwischeneinkünfte mit Kapitalanlagecharakter generiert und thesauriert.

339 Solange keine Ausschüttung durch die Zwischengesellschaft erfolgt, können somit beim Fonds keine Erträge angesetzt werden, wodurch auch eine steuerliche Erfassung beim Anteilinhaber ausscheidet. Beim Anteilinhaber sind

V. Investmentsteuerliche Besonderheiten (Abs. 7) 340–343 § 7

steuerpflichtige Ausschüttungen oder ausschüttungsgleiche Erträge nur anzusetzen, wenn und soweit der Fonds auf seiner Eingangsseite zB Zinsen, Dividenden oder sonstige Erträge erzielt. Die Aufzählung in § 2 Abs. 1 InvStG ist enumerativ abschließend, wenngleich durch die Tatbestandsalternative „sonstige Erträge" annähernd jede Situation erfasst ist. Anderseits verdeutlicht die Formulierung aber auch, dass nicht jedwede Verbesserung der Vermögenssituation des Fonds zu einer Besteuerung beim Anleger führt, sondern Erträge vorausgesetzt werden. Hieran fehlt es. Als Dividende oder sonstiger Ertrag könnte lediglich an den Hinzurechnungsbetrag als fiktive Dividende gedacht werden, wobei ein solcher aber nur beim Inländer angesetzt werden kann. Für eine übertragende Zurechnung innerhalb der Kette fehlt es an einer Hinzurechnung auf der obersten Stufe. Aus dem AStG lässt sich deshalb kein Ertrag auf der Fondseingangsseite ableiten.

Obwohl es vorliegend somit nicht zu einer Besteuerung des Anteilsinhabers 340 nach dem InvStG kommt, kommt eine Hinzurechnungsbesteuerung gleichwohl nicht in Betracht. Nach § 7 Abs. 7 ist die Hinzurechnungsbesteuerung bereits dann verdrängt, wenn auf die Einkünfte, für welche die ausländische Gesellschaft Zwischengesellschaft ist, die Vorschriften des InvStG anzuwenden sind. Wie oben dargelegt, ist dies genau dann erfüllt, wenn es sich bei dem Rechtsgebilde um einen Fonds handelt, gleichviel ob das InvStG eine Steuerpflicht anordnet oder nicht. Dann kann es keine Rolle spielen, ob das InvStG Steuerfreiheit auf der Rechtsfolgenseite anordnet oder bestimmte werthaltige Positionen auf der Fondseingangsseite von vornherein nicht erfasst werden und auf diesem Wege eine Besteuerung beim Anleger ausscheidet.

Im Ergebnis kommt es in der Konstellation, in welcher ein Fonds eine pas- 341 sive Gesellschaft hält, welche Zwischeneinkünfte mit Kapitalanlagecharakter in einer nicht unter das InvStG fallenden Weise generiert, erst bei Ausschüttung aus der Zwischengesellschaft an den Fonds zu einer Erfassung der Dividenden beim Anleger. Die Begünstigungen der § 8b KStG und § 3 Nr. 40 EStG sind hierauf anwendbar. Entsprechendes gilt bei der Veräußerung der Kapitalgesellschaftsanteile durch den Fonds.

(c) Oberste Gesellschaft in der Kette ist operative Gesellschaft. 342 Handelt es sich bei der obersten Auslandsgesellschaft um eine operative Kapitalgesellschaft, so können ihr in der Praxis direkt oder – über andere operative Gesellschaften oder Zwischengesellschaften – indirekt Fondsbeteiligungen nachgeordnet sein.

Ist die operative Auslandsgesellschaft direkt an einem Auslandsfonds in Ka- 343 pitalgesellschaftsform beteiligt, ist die Hinzurechnungsbesteuerung nach § 7 Abs. 7 verdrängt, denn auf der Eingangsseite der operativen Gesellschaft bzw. Ausgangsseite des Fonds finden die Vorschriften des InvStG Anwendung. Nicht erforderlich ist, dass es im Inland zu einer Besteuerung kommt. Somit unterliegt dieser Sachverhalt lediglich der Besteuerung im Sitzstaat der operativen Auslandsgesellschaft. Das gilt auch dann, wenn die Fondsbeteiligung nicht zum aktiven Bereich der operativen Auslandsgesellschaft gehören sollte, was ggf. durch § 14 Abs. 1 unwiderleglich vermutet wird, denn auch hier verbleibt es bei der Sperrwirkung des § 7 Abs. 7. Damit scheidet eine übertragende Zurechnung von der Fondskapitalgesellschaft auf die operative Kapitalgesellschaft und von dort aus eine Hinzurechnung beim Inländer aus.

344 Stellt man sich in einem mehrstufigen Szenario einer indirekten Fondsbeteiligung auf die (unterste) Stufe der Fondskapitalgesellschaft, so erfolgt von ihr die Zuweisung ihres Ergebnisses auf die nächsthöhere Stufe nach den Vorschriften des InvStG und nicht über die Zurechnung nach § 14. Wie oben dargelegt, sind – iSd § 7 Abs. 7 – auf die Einkünfte für die die ausländische Gesellschaft Zwischengesellschaft *(hier: die Fondsgesellschaft)* ist, die Vorschriften des Investmentsteuergesetzes anzuwenden, sodass die Hinzurechnungsbesteuerung verdrängt ist. Vielmehr sind bei der nächsthöheren Ebene gemäß § 2 Abs. 1 InvStG Einkünfte aus Kapitalvermögen iSd § 20 Abs. 1 Nr. 1 EStG anzusetzen.

345 Soweit die nächsthöhere Ebene eine operative Gesellschaft ist, hat es mit dem Ansatz der (durch das InvStG fingierten) Dividenden sein Bewenden. Handelt es sich dagegen um eine Zwischengesellschaft, so qualifizieren die Gewinnausschüttungen der darunter befindlichen Fondskapitalgesellschaft nach § 8 Abs. 1 Nr. 8 als aktive Einkünfte. Wenn der darunter befindliche Fonds indes nicht als Kapitalgesellschaft, sondern als andere Rechtsform ausgestaltet ist, greift über § 10 Abs. 3 S. 1 das InvStG in entsprechender Weise ein, was häufig die pönalisierende Pauschalbesteuerung nach sich ziehen wird.

346–359 *einstweilen frei*

VI. Investmentsteuerliche Besonderheiten bei der Hinzurechnungsbesteuerung (§ 7 Abs. 7) – Rechtslage nach dem Gesetz zur Anpassung des Investmentsteuergesetzes und anderer Gesetze an das AIFM-Umsetzungsgesetz (AIFM-Steuer-Anpassungsgesetz – AIFM-StAnpG) vom 18. Dezember 2013

1. Vorbemerkung

360 Mit dem AIFM-StAnpG (v. 18.12.2013, BGBl. I 4318) wurden die §§ 18 (Personen-Investitionsgesellschaften) und 19 (Kapital-Investitionsgesellschaften) InvStG eingefügt. In § 19 Abs. 4 InvStG findet sich eine von § 7 Abs. 7 abweichende Sonderregel betreffend das Verhältnis von InvStG und AStG. Die Vorschrift lautet: „Abweichend von § 7 Absatz 7 des Außensteuergesetzes bleiben die §§ 7 bis 14 des Außensteuergesetzes anwendbar. Soweit Hinzurechnungsbeträge nach § 10 Absatz 1 Satz 1 des Außensteuergesetzes angesetzt worden sind, ist auf Ausschüttungen und Veräußerungsgewinne § 3 Nr. 41 des Einkommensteuergesetzes anzuwenden. Im Übrigen unterliegen die Ausschüttungen und Veräußerungsgewinne der Besteuerung nach den vorstehenden Absätzen."

2. Überschneidung und Abgrenzung der Anwendungsbereiche von Außen- und Investmentsteuerrecht

361 Qualifiziert ein im Ausland ansässiger Investmentfonds oder eine dort ansässige Investitionsgesellschaft zugleich als ausländische Gesellschaft iSd § 7 Abs. 1, können sich die Anwendungsbereiche von InvStG und AStG überschneiden. Nach § 1 Abs. 2 S. 5 InvStG sind ausländische Investmentfonds und ausländische Investitionsgesellschaften EU-Investmentfonds oder EU-Investitionsgesellschaften oder AIF, die dem Recht eines Drittstaates unterliegen.

Damit es zu einer Überschneidung der Anwendungsbereiche kommt, müssen ferner die Voraussetzungen der Niedrigbesteuerung und mehrheitlichen „Inländerbeherrschung" vorliegen. Werden allerdings nahezu ausschließlich Einkünfte mit Kapitalanlagecharakter vereinnahmt, entfällt das Kriterium der „Inländerbeherrschung". Beobachten lässt sich dies etwa bei einem Anleihe- oder Rentenfonds (*Haug* IStR 2016, 597). 362

Die bis Ende 2017 gültige Rechtslage löst diesen Konflikt abhängig vom Typ des jeweiligen Anlagevehikels. Demnach geht für im Ausland ansässige Investmentfonds (sog. Ausländische Investmentfonds) die Besteuerung nach dem InvStG grundsätzlich als „lex specialis" vor (§ 7 Abs. 7). Dies beruht auf der Überlegung, dass die Anleger die Einkünfte bereits iRd sog. „(semi-) transparenten" Besteuerung als „ausschüttungsgleiche Erträge" versteuern müssen. Ohne entsprechende Sonderregelung würde die außensteuerliche Hinzurechnung zu einer (partiellen) Doppelbelastung führen. 363

a) Investmentfonds

Fällt ein im Ausland ansässiger Investmentfonds unter beide Regelwerke – mithin AStG und InvStG –, ordnet § 7 Abs. 7 die gegenüber dem AStG vorrangige Besteuerung nach dem InvStG an. Der Gesetzeszweck besteht darin, zu vermeiden, dass die von den Anlegern zu versteuernden „ausschüttungsgleichen Erträge" zusätzlich mit der Hinzurechnungsbesteuerung und damit doppelt belastet werden. Ausreichend ist die Anwendung des InvStG dem Grunde nach, da die außensteuerliche Hinzurechnung auch nicht die investmentsteuerlichen Befreiungen beseitigen soll. Allerdings finden sich Rückausnahmen. Diese bestehen für die nach einem DBA von der inländischen Bemessungsgrundlage auszunehmenden Ausschüttungen oder „ausschüttungsgleichen Erträge" (§ 7 Abs. 7 Hs. 2). 364

b) Kapital-Investitionsgesellschaften

Für Kapital-Investitionsgesellschaften hebt die folgerichtige und vom Gesetzgeber beabsichtigte und in § 19 Abs. 4 S. 1 InvStG verortete Ausnahme den Vorrang des InvStG wieder auf. Denn für die Besteuerung von Kapital-Investitionsgesellschaften und deren Anleger gelten die allgemeinen Besteuerungsregeln. Diese basieren auf dem Trennungsprinzip. Das Konzept der „ausschüttungsgleichen Erträge" findet insoweit keine Anwendung. Die uneingeschränkte Anwendung von § 7 Abs. 7 würde dementsprechend ungewollte Thesaurierungsmöglichkeiten und Gestaltungsspielräume eröffnen. 365

Die Bezugnahme des § 19 Abs. 4 S. 1 InvStG auf die § 7 stellt einen Rechtsgrundverweis dar. Aus diesem Grund kommt eine Hinzurechnungsbesteuerung (nur) dann in Betracht, wenn auch die übrigen Voraussetzungen der §§ 7–14 erfüllt sind. Dies bewirkt, dass damit gleichzeitig auch die „Escape-Klausel" in § 8 Abs. 2 Anwendung findet. An einer in der EU/EWR ansässigen Kapital-Investitionsgesellschaft beteiligte unbeschränkt steuerpflichtige Anleger können folglich durch Nachweis einer tatsächlichen wirtschaftlichen Tätigkeit der in Frage stehenden Gesellschaften die Hinzurechnung ausschließen. 366

367 Die in § 19 Abs. 4 S. 1 InvStG enthaltene Ausnahme unterstreicht damit den Grundsatz, dass die außensteuerliche Hinzurechnung immer nur dann unterbleiben soll, wenn die Voraussetzungen für die (semi-)transparente Besteuerung nach den Vorschriften des InvStG vorliegen und zumindest teilweise eine jährliche Besteuerung der Erträge auf Anlegerebene sichergestellt ist.

368, 369 *einstweilen frei*

VII. Investmentsteuerliche Besonderheiten bei der Hinzurechnungsbesteuerung (§ 7 Abs. 7) – Rechtslage nach dem Gesetz zur Reform der Investmentbesteuerung (Investmentsteuerreformgesetz – InvStRefG) vom 19. Juli 2016

1. Vorbemerkung

370 Mit Wirkung zum 1.1.2018 kam es erneut zu einer gesetzgeberischen Neufassung der gesamten Materie, vgl. dazu das Gesetz zur Reform der Investmentbesteuerung (Investmentsteuerreformgesetz – InvStRefG) vom 19. Juli 2016 (BGBl. I, 1730). Aufgrund dieses Gesetzes wird § 7 Abs. 7 wie folgt gefasst: „Die Absätze 1 bis 6a sind nicht anzuwenden, wenn auf die Einkünfte, für die die ausländische Gesellschaft Zwischengesellschaft ist, die Vorschriften des Investmentsteuergesetzes in der jeweils geltenden Fassung anzuwenden sind." Ebenfalls wurde dem § 21 ein Absatz 24 angefügt, welcher bestimmt „Die §§ 7 und 10 in der am 1. Januar 2018 geltenden Fassung sind ab dem 1. Januar 2018 anzuwenden."

371 Die letzten gravierenden vorherigen Änderungen erfolgten durch das AIFM-StAnpG. Mit dem InvStRefG wurde ein Paradigmenwechsel hin zur steuerlichen Intransparenz im Bereich der Publikums-Investmentfonds vollzogen. Jetzt unterscheidet das Investmentsteuergesetz zwischen zwei voneinander unabhängigen Besteuerungssystemen. Die Basis soll ein einfaches, leicht administrierbares und gestaltungssicheres „intransparentes" Besteuerungssystem für Investmentfonds bilden, das wie bei anderen Körperschaften auf der getrennten Besteuerung von Investmentfonds und Anleger basiert. Mit Ausnahme von Personengesellschaften unterfallen diesem System zunächst alle Kapitalanlagevehikel unabhängig von ihrer rechtlichen Ausgestaltung oder ihrem Anlegerkreis.

372 Für Spezial-Investmentfonds wird unter den gleichen Voraussetzungen wie bisher das semi-transparente Besteuerungsverfahren fortgeführt. Der Begriff „Semi-Transparenz" bringt zum Ausdruck, dass bei Spezial-Investmentfonds – anders als bei Personengesellschaften – nicht alle Einkünfte dem Anleger zugerechnet werden. Vielmehr bedarf es für die Zurechnung einer ausdrücklichen gesetzlichen Anordnung. Aufgrund dieser Semi-Transparenz ist das Investmentsteuerrecht günstiger für die Anleger als die Direktanlage, da bestimmte Erträge (im Wesentlichen Gewinne aus der Veräußerung von Wertpapieren und aus Termingeschäften) steuerfrei thesauriert werden können (sog. Thesaurierungsprivileg).

373 Das mit dem AIFM-Steuer-Anpassungsgesetz eingeführte Besteuerungsregime für Investitionsgesellschaften wird in die vorgenannten Systeme integriert. Damit sollte auch die in der Praxis mitunter schwierige Abgrenzung zwischen Investmentfonds und Investitionsgesellschaften entfallen.

Insgesamt bleibt das Reformpaket nicht ohne Rückwirkungen auf das Verhältnis von AStG und InvStG.

einstweilen frei 375–379

2. Besteuerung nach dem InvStRefG

a) Qualifikation als Ausländischer Investmentfonds

Durch das InvStRefG wird die bisherige Unterscheidung in OGAW und AIF aufgehoben. Als Investmentfonds gelten vielmehr sämtliche Investmentvermögen iSd § 1 Abs. 1 KAGB. Steuerlich umfasst der aufgrund des Verweises auf das KAGB auch nach dem InvStRefG aufsichtsrechtlich auszulegende Begriff des Investmentvermögens damit weiterhin jeden Organismus für gemeinsame Anlagen, der von einer Vielzahl von Anlegern Kapital einsammelt, um es gemäß einer festgelegten Anlagestrategie zum Nutzen der Anleger zu investieren, und der kein operatives Unternehmen außerhalb des Finanzsektors ist. Für die Qualifikation als Investmentfonds wird vor dem Hintergrund der angestrebten Vereinfachung jedoch weder die Einhaltung bestimmter Anlagebedingungen noch die Veröffentlichung der Besteuerungsgrundlagen verlangt. Darin liegt ein Unterschied im Verhältnis zum bisherigen Recht. Nunmehr liegt ein ausländischer Investmentfonds vor, wenn der Investmentfonds dem Recht eines ausländischen Staates unterliegt. Dabei ist das auf die Anlagebedingungen oder sonstige konstituierende Dokumente anwendbare Recht maßgebend.

Eine Erweiterung enthält das InvStRefG hinsichtlich des Anwendungsbereichs auf sog. Ein-Anleger-Fonds. Bezweckt werden soll damit, dass durch bloße Änderung der Satzung der investmentsteuerliche Anwendungsbereich nicht verlassen wird. Ferner sollen erstmals nicht unternehmerisch tätige und keiner Ertragsbesteuerung unterliegende Kapitalgesellschaften als Investmentfonds gelten. Damit ist das Ziel verknüpft, bislang nicht erfasste Anlagevehikel wie die Luxemburger Verwaltungsgesellschaft für Familienvermögen (société de gestion patrimoine) dem Investmentsteuerrecht zu unterwerfen. Personengesellschaften hingegen sind nicht erfasst. Ebensowenig sind solche Vehikel erfasst, die nach Maßgabe von § 2 Abs. 1 KAGB und § 2 Abs. 2 KAGB „reine" Holdinggesellschaften sind. Gleiches gilt für eine Reihe anderer Zusammenschlüsse, Einrichtungen und Gesellschaften, die bereits nach bisherigem Recht ausgeschlossenen Unternehmens- und mittelständische Beteiligungsgesellschaften sowie dem REIT-Gesetz unterfallende Vehikel.

b) Überlappungsbereich von InvStRefG und AStG

Bezüglich von Überschneidungen zwischen InvStRefG und AStG würden ausländische Vehikel immer dann von beiden Regelwerken erfasst, wenn diese als Zwischengesellschaft iSd §§ 7 ff. qualifizieren und die genannten Voraussetzungen eines ausländischen Investmentfonds iSd Satz 1 und 2 des § 1 Abs. 2 InvStRefG erfüllen. Mit anderen Worten dann, wenn sie als Investmentvermögen gemäß § 1 Abs. 1 KAGB gelten oder wenn Ein-Anleger-Fonds oder für nicht operative und keiner Ertragsbesteuerung unterliegende Kapitalgesellschaften dem erweiterten Anwendungsbereich unterfallen und sich deren Geschäftsleitung bzw. Sitz im Ausland befindet.

383 In Fällen, in denen ein Vehikel nach dem für AStG-Zwecke im ersten Schritt nach deutschen steuerlichen Maßstäben durchzuführenden Rechtstypenvergleich als ausländische Gesellschaft qualifiziert und gleichzeitig die Voraussetzungen eines ausländischen Investmentfonds iSd Satz 1 und 2 des § 1 Abs. 2 InvStRefG erfüllt sind, dürfte die Regelung Bedeutung haben. In einem solchen Fall läge zugleich ein sog. Ausländischer Investmentfonds vor, der als Vermögensmasse iSd § 2 Abs. 1 KStG gilt (*Haug* IStR 2016, 597). Praktische Relevanz wird diese Rechtslage nun insbesondere für im Ausland ansässige, bislang als Kapital-Investitionsgesellschaften iSv § 19 InvStG qualifizierende Vehikel haben. Davon betroffen sind beispielsweise geschlossene Fonds des Gesellschaftstyps, welche mit einer inländischen GmbH, einer AG oder einer Investmentaktiengesellschaft mit fixem Kapital vergleichbar sind. In der Besteuerungspraxis handelt es sich dabei um Private-Equity-Fonds oder in alternative Anlagegegenstände investierende Vehikel in Kapitalgesellschaftsform mit Sitz im Ausland handeln. Auch ausländische Investmentvermögen in Satzungsform sollten erfasst sein. In Betracht kommen beispielsweise die weitverbreitete luxemburgische SICAV.

c) Besteuerung des Ausländischen Investmentfonds und der Anleger

384 Betreffend die Fonds-Ebene unterliegen Ausländische Investmentfonds mit aus inländischen Quellen stammenden Beteiligungseinnahmen (insbes. Dividenden), Immobilienerträgen (Vermietungseinkünfte und Veräußerungsgewinne) sowie sonstigen inländischen Einkünfte gemäß § 49 Abs. 1 EStG mit Ausnahme von Gewinnen aus der Veräußerungen wesentlicher Beteiligungen gemäß § 49 Abs. 1 Nr. 2 Buchst. e iVm § 17 EStG der Besteuerung.

385 Soweit keine Freistellung bzw. eine Anrechnung nach einem DBA eingreift, unterliegen die auf Fondsebene zu versteuernden Einkünfte grundsätzlich auch der außensteuerlichen Hinzurechnung. Denkbar wäre dies etwa bei Einkünften, die aus der Finanzierung inländischer Unternehmen oder stammen aus der Vermietung im Inland belegener Immobilien resultieren.

386 In Bezug auf die Anleger-Ebene haben die im Inland unbeschränkt steuerpflichtige Anleger eines Ausländischen Investmentfonds Ausschüttungen des Investmentfonds sowie die Gewinne aus der Veräußerung der Fondsanteile zu versteuern. Darüber sind sie auf Grundlage der nun an die Stelle der ausschüttungsgleichen Erträge tretenden Vorabpauschalen steuerpflichtig. Als Vorabpauschale gilt der Betrag, um den die Ausschüttungen eines Investmentfonds innerhalb eines Kalenderjahres den Basisertrag für dieses Kalenderjahr unterschreiten. Der Basisertrag wird durch Multiplikation des Rücknahmepreises des Investmentanteils zu Beginn des Kalenderjahres mit 70% des Basiszinses nach § 203 Abs. 2 BewG ermittelt. Die Vorabpauschale ist auf den Mehrbetrag begrenzt, der sich zwischen dem ersten und dem letzten im Kalenderjahr festgesetzten Rücknahmepreis zuzüglich der Ausschüttungen innerhalb des Kalenderjahres ergibt.

387 Auf der Anlegerebene qualifizieren derartige Einkünfte nach § 20 Nr. 3 EStG neuer Lesart als Investmenterträge. Sie sind Bestandteil der Kapitaleinkünfte. Im Fall des Haltens der Beteiligung im Privatvermögen, unterliegen sie der Abgeltungsteuer iHv 25%. Greift die Zuordnung der Fondsbeteiligung zum Betriebsvermögen sind die Einkünfte als Betriebseinnahmen zu erfassen. Allerdings gelten weder die Befreiungen des Teileinkünfteverfahrens (§ 3 Nr. 40 EStG) noch die des § 8b KStG.

Investiert der Ausländische Investmentfonds gemäß seinen Anlagebedingungen als sog. „Aktienfonds" mehr als 51% seines Wertes in Aktien oder als sog. „Immobilienfonds" mehr als 51% seines Werts in Immobilien und Immobilien-Gesellschaften, werden bei „Aktienfonds" grundsätzlich 30% der Erträge und bei „Immobilienfonds" mehr als 60% der Erträge von der Besteuerung freigestellt. Für natürliche Personen, welche die Anteile im Betriebsvermögen halten, gilt bei Aktienfonds zudem eine Freistellung iHv 60% und für Körperschaften grundsätzlich iHv 80%. **388**

einstweilen frei **389**

3. Abgrenzung zum AStG

Gemäß § 7 Abs. 7 ist hinsichtlich der Abgrenzung zum Außensteuerrecht für Investmentfonds (und auch für Spezial-Investmentfonds) und deren Anleger die Besteuerung nach dem InvStG vorrangig. Eine Rückausnahme (wie § 19 Abs. 4 S. 1 InvStG) oder eine vergleichbare Vorschrift ist nicht vorgesehen. Es genügt somit die grundsätzliche Anwendbarkeit des InvStRefG, wobei Ausnahmen für von einem DBA von der inländischen Besteuerung ausgenommene Erträge bestehen. **390**

Zum ausschließlichen Vorrang des InvStG findet sich in den Gesetzesmaterialien keine direkte Stellungnahme. Allerdings werden im Schrifttum die Hintergründe aus den Erwägungen zu der an Stelle der ausschüttungsgleichen Erträge eingeführten Vorabpauschale abgeleitet (*Haug* IStR 2016, 597 (603)). Die Vorabpauschale wird demnach als eines der Instrumente verstanden, um gegenüber dem derzeit für Investmentfonds geltenden transparenten Besteuerungsregime und den damit einhergehenden Veröffentlichungspflichten Verwaltungsaufwand und Kosten zu reduzieren und zu einer verbesserten Überprüfung der Besteuerungsgrundlagen beizutragen. Die Vorabpauschale soll einer befürchteten Zunahme der Thesaurierungstendenz der Fonds beggnen und mit der Abschirmwirkung einhergehende Nachteile aus – gegebenenfalls sogar generationsübergreifenden – Steuerstundungen wird die Besteuerung auf Grundlage der Vorabpauschale zur Lösung des Konflikts zwischen einer unverhältnismäßigen Thesaurierungsbegünstigung einerseits und Vereinfachungsbestrebungen andererseits als probates Mittel betrachtet. **391**

einstweilen frei **392–399**

VIII. Sonderregelung bei Beteiligung inländischer Steuerpflichtiger an einer inländischen REIT-Aktiengesellschaft über eine ausländische Gesellschaft (§ 7 Abs. 8)

Durch Art. 3 REIT-Gesetz [Gesetz zur Schaffung deutscher Immobilien-Aktiengesellschaften mit börsennotierten Anteilen (Real Estate Investment **400**

Trusts) mit Nebenbestimmungen vom 28.5.2007, BGBl. 2007 I 914 sind § 7 Abs. 8 und § 14 Abs. 2 eingefügt sowie § 8 Abs. 1 Nr. 9 (Aktivität von Beteiligungsveräußerungsgewinnen) inhaltlich geändert worden. § 7 Abs. 8 enthält eine Sonderregelung für ausländische Gesellschaften, die an inländischen Gesellschaften iSd § 16 des REIT-Gesetzes beteiligt sind. Hier wird auf eine Deutschbeherrschung der ausländischen Gesellschaft für Zwecke der *Hinzurechnungsbesteuerung* verzichtet. Des Weiteren wird durch § 14 Abs. 2 der Anwendungsbereich der *Zu*rechnung auf „inländische" Gesellschaften iSd § 16 REIT-Gesetz ausgedehnt. Schließlich wird durch eine Änderung in § 8 Abs. 1 Nr. 9 festgelegt, dass Gewinne der ausländischen Gesellschaft ua aus der Veräußerung eines Anteils an einer Gesellschaft iSd § 16 REIT-Gesetz nicht zu den aktiven Einkünften zählen.

401 **Sinn und Zweck** der Neuregelungen ist die Befürchtung des Gesetzgebers, dass sich „unbeschränkt Steuerpflichtige ungerechtfertigte Vorteile verschaffen [könnten], indem sie sich über ausländische Gesellschaften an inländischen REIT-Gesellschaften beteiligen." (BR-Drs. 779/06, zu Art. 3 (AStG), Allgemeines).

402 Diese Befürchtung des Gesetzgebers ist vor dem folgenden Hintergrund zu sehen: Würde sich eine inländische Kapitalgesellschaft an einer inländischen REIT-Gesellschaft beteiligen, wären – bei Körperschaft- (§ 16 Abs. 1 S. 1 REIT-G) und Gewerbesteuerfreiheit (§ 16 Abs. 1 S. 2 REIT-G) der Gewinne auf der Ebene der REIT-G – die Ausschüttungen voll auf der Ebene der Anteilseignergesellschaft zu besteuern. Die Steuerbefreiungsvorschrift des § 8b Abs. 1 KStG ist nicht anzuwenden (§ 19 Abs. 3 REIT-G). Die Ausschüttung unterliegt ebenfalls der Gewerbesteuer, da § 9 Nr. 2a GewStG nicht anwendbar ist. Würde sich die inländische Gesellschaft demgegenüber über eine ausländische Gesellschaft an dem inländischen REIT beteiligen, wäre die Gesamtsteuerbelastung – ohne die gesetzlichen Neuregelungen im AStG – im folgenden Rahmen günstiger: Zunächst würden 25% Kapitalertragsteuer auf die Dividende der REIT-Gesellschaft (§ 20 Abs. 2 S. 1 REIT-G) – bzw. ermäßigt 15% im DBA-Fall – erhoben. Weiter soll von der Steuerbefreiung der Dividende auf Ebene der empfangenen ausländischen Gesellschaft auszugehen sein (internationales Schachtelprivileg). Eine *Hinzurechnung* der Dividende scheitert an § 8 Abs. 1 Nr. 8 (auch anwendbar auf Ausschüttungen inländischer Kapitalgesellschaften). Die Ausschüttung an die inländische Muttergesellschaft ist zu 95% steuerfrei (§ 8b Abs. 1 und 5 KStG). Eine *Zu*rechnung der Gewinne der REIT-Gesellschaft zur ausländischen Gesellschaft mit nachfolgender *Hinzu*rechnung zum inländischen Anteilseigner scheiterte (ohne Anwendung des neu eingefügten § 14 Abs. 2) daran, dass § 14 Abs. 1 nur auf *ausländische* Gesellschaften der zweiten Stufe anwendbar ist.

403 Die **Regelungstechnik** des § 7 Abs. 8 ist kompliziert. Die Vorschrift regelt Tatbestand und Rechtsfolge der Hinzurechnung, jeweils mit Rechtsgrundverweisungen auf den Abs. 1 des § 7. Folge der Einschlägigkeit von § 7 Abs. 8 ist die *Hinzu*rechnungsbesteuerung unabhängig von der Höhe der Beteiligung an der ausländischen Gesellschaft. *Insoweit* ähnelt § 7 Abs. 8 dem Abs. 6. Liegen die Voraussetzungen des Abs. 8 nicht vor, können die Voraussetzungen der „allgemeinen Hinzurechnungsbesteuerung" des § 7 Abs. 1 gleichwohl gegeben sein und müssen im Einzelfall abgeprüft werden.

VIII. Sonderregelung REIT-Aktiengesellschaft (Abs. 8)

Erstmals anwendbar ist Abs. 8 für Wirtschaftsjahre der ausländischen Gesellschaft, die nach dem 31.12.2006 beginnen (§ 21 Abs. 13). Stimmt das Wirtschaftsjahr der ausländischen Gesellschaft mit dem Kalenderjahr überein, erhöht der Hinzurechnungsbetrag des Wirtschaftsjahres 2007 den Gewinn des Steuerinländers im Wirtschaftsjahr 2008. **404**

1. Tatbestand des § 7 Abs. 8

Der Tatbestand des Abs. 8 wird gebildet von seinem ersten Halbsatz: („Sind unbeschränkt Steuerpflichtige an einer ausländischen Gesellschaft beteiligt und ist diese an einer Gesellschaft im Sinne des § 16 des REIT-Gesetzes vom 28.5.2007 (BGBl. 2007 I 914) in der jeweils geltenden Fassung beteiligt"). **405**

a) Unbeschränkt Steuerpflichtige, Ausländische Gesellschaft

Bzgl. dieser Tatbestandsmerkmale wird auf die obige Kommentierung verwiesen (→ Rz. 75 ff. und → Rz. 79 ff.). **406**

b) Beteiligt

Die „Beteiligung" der unbeschränkt Steuerpflichtigen an der ausländischen Obergesellschaft muss eine unmitteilbare Beteiligung am Nennkapital sein. Das folgt aus dem Wortlaut der Vorschrift. Denn die §§ 7 ff. meinen mit „Beteiligung" jeweils nur eine unmittelbare Beteiligung. Auf die Argumentation bei der Parallelproblematik bei § 8 Abs. 1 Nr. 9, 2. Hs. (*Protzen/Rättig* IStR 2002, 123 (126)) bzw. bei § 7 Abs. 6 (→ Rz. 209 f.) wird verwiesen. Wird zwischen Steuerinländer und ausländischer Gesellschaft eine weitere ausländische Gesellschaft geschaltet, ist § 7 Abs. 8 insoweit unanwendbar. Aus dem Wortlaut der Vorschrift folgt auch, dass jede Form einer bloß schuldrechtlichen Beteiligung an der ausländischen Gesellschaft (zB auch durch ein beteiligungsähnlich ausgestaltetes Genussrecht) den Tatbestand des Abs. 8 nicht erfüllen kann. **407**

c) Gesellschaft iSd § 16 des REIT-Gesetzes vom 28. Mai 2007 [...] in der jeweils geltenden Fassung

Erfasst werden jedenfalls nur REIT-Aktiengesellschaften (Legaldefinition in § 1 Abs. 1 REIT-G), die Sitz *und* Geschäftsleitung im Inland haben (§ 9 REIT-G), (dadurch wohl zwingend) unbeschränkt steuerpflichtig sind und nicht im Sinne eines DBAs als in dem anderen Vertragsstaat ansässig gelten (§ 16 Abs. 1 S. 1 REIT-G). **408**

Fraglich ist allerdings, ob die REIT-Gesellschaft die §§ 8–15 REIT-G erfüllen muss, um vom Anwendungsbereich des § 7 Abs. 8 erfasst zu werden, oder ob es genügt, wenn der REIT nach dem System der §§ 16, 18 REIT-G vom Grundsatz her eine Gesellschaft ist, die steuerbefreit sein kann. Diese zwei Lesarten würden zu unterschiedlichen Ergebnissen führen: Die in § 16 Abs. 1 REIT-G angeordnete Steuerbefreiung der REIT-AG setzt nämlich *nicht* voraus, dass in jedem Jahr die §§ 8–15 REIT-G in vollem Umfang erfüllt sein müssen. Dies gilt insbesondere bei Verstößen gegen die Höchstbeteiligungsgrenze, die Vermögens- und Ertragsanforderung sowie den Verstoß gegen die Ausschüttungsverpflichtung; hier legen die § 16 Abs. 3 bis 6 und § 18 Abs. 1 **409**

bis 5 REIT-G ein differenziertes Sanktionssystem fest, das Verstöße nicht zwingend mit dem Verlust der Steuerbefreiung ahndet. Ist also zB ein Anleger zu 15% direkt an der REIT-G beteiligt (= Verstoß gegen § 11 Abs. 4 S. 1 REIT-G), erfüllt die REIT-G zwar nicht die Voraussetzungen des § 16 Abs. 1 REIT-G. Sie ist jedoch vom Grundsatz her eine Gesellschaft, die steuerbefreit sein *kann,* wenn für das betreffende Wirtschaftsjahr die Voraussetzungen des § 16 Abs. 3 i. V. mit § 18 Abs. 3 REIT-G erfüllt sind. Nach der oben genannten engen ersten Ansicht, wäre der Tatbestand des § 7 Abs. 8 nicht erfüllt, nach der zweitgenannten weiteren Lesart hingegen schon.

410 Der **Wortlaut** des § 7 Abs. 8 spricht eher für die weite Auslegung, denn er verweist nicht auf „§ 16 Abs. 1", sondern nimmt den gesamten § 16 in Bezug. Diese Auslegung hätte zur Folge, dass auch REIT-Gesellschaften in Wirtschaftsjahren in den Anwendungsbereich des § 7 Abs. 8 geraten könnten, in denen eine Steuerbefreiung nicht gegeben ist. Beispielsweise endet die Steuerbefreiung mit Ablauf des dritten Wirtschaftsjahres, wenn während dreier aufeinander folgender Wirtschaftsjahre gegen die Vorschrift über die Höchstbeteiligung nach § 11 Abs. 4 REIT-G verstoßen wird (§ 18 Abs. 3 S. 2 REIT-G). Die REIT-Gesellschaft bliebe aber gleichwohl eine „Gesellschaft iSd § 16 des REIT-G" (eben iSd § 16 Abs. 2 REIT-G). Diese weite Auslegung kann dann eine doppelte steuerliche Erfassung der Gewinne zur Folge haben, die eindeutig über den *Gesetzeszweck,* so wie er sich aus der Begründung ergibt, hinausginge. Denn diese sah gerade die Veranlassung für die Verschärfung des AStG darin, dass sich unbeschränkt Steuerpflichtige ungerechtfertigte Vorteile verschaffen, indem sie sich mittelbar an *steuerbefreiten* REIT-Gesellschaften beteiligen (BR-Drs. 779/06, zu Art. 3 (AStG), Allgemeines).

411 Die zwingend notwendige **teleologische Reduktion des § 7 Abs. 8** könnte – erstens – dadurch erfolgen, dass man jeweils eine tatsächliche Steuerbefreiung der inländischen REIT-Gesellschaft im betreffenden Wirtschaftsjahr nach §§ 16–18 REIT-G voraussetzt oder – zweitens – dadurch, dass in den Verweis in § 7 Abs. 8 auf § 16 REIT-G dessen „Abs. 1" „hineingelesen" wird. Uns erscheint die zweite – im Ergebnis engere – Variante vorzugswürdig. Denn es liegt näher, dass der Gesetzgeber übersehen hat, die Inbezugnahme des § 16 auf dessen Abs. 1 zu beschränken als dass er die komplette Inbezugnahme des § 18 REIT-G übersehen hat. Freilich wird nicht übersehen, dass diese Auslegung Raum für Gestaltungen lässt. Als Ausnahmevorschrift ist § 7 Abs. 8 aber eng anzulegen. Der Gesetzgeber wird um eine Klarstellung nicht herumkommen.

d) Beteiligung der ausländischen Gesellschaft an der inländischen REIT-Gesellschaft

412 Das Beteiligtsein der ausländischen Gesellschaft an der REIT-AG wird vom Gesetzeswortlaut nicht weiter qualifiziert. Eine bestimmte Beteiligungs*quote* ist daher nicht erforderlich. Die Beteiligung muss nach dem Wortlautverständnis und dem systematischen Zusammenhang des § 7 eine unmittelbare gesellschaftsrechtliche am Nennkapital der inländischen REIT-Gesellschaft sein. Wird dementsprechend zwischen ausländischer Gesellschaft und inländischer REIT *eine* in- oder ausländische Kapitalgesellschaft geschaltet, kommt § 7 Abs. 8 nicht zur Anwendung. Dann kann der Beteiligungsveräußerungsge-

VIII. Sonderregelung REIT-Aktiengesellschaft (Abs. 8)

winn theoretisch nach den allgemeinen Voraussetzungen des § 7 Abs. 1 der Hinzurechnung unterfallen. Werden zwischen ausländischer Gesellschaft und inländischer REIT-G *zwei* ausländische Gesellschaften geschaltet, kann der Veräußerungsgewinn auf Ebene der ausländischen Gesellschaft (erster Stufe = Obergesellschaft) auch nach der Erweiterung des § 8 Abs. 1 Nr. 9 *niemals* passiv sein (vgl. *Rättig/Protzen* IStR 2002, 123 (126); SKK/*Lehfeldt* § 8 AStG Rz. 181).

einstweilen frei 413–419

2. Rechtsfolge des § 7 Abs. 8

Die Rechtsfolge des § 7 Abs. 8 wird durch den 2. Hs. beschrieben („[…], 420 gilt Absatz 1 unbeschadet des Umfangs der jeweiligen Beteiligung an der ausländischen Gesellschaft, es sei denn, dass mit der Hauptgattung der Aktien der ausländischen Gesellschaft ein wesentlicher und regelmäßiger Handel an einer anerkannten Börse stattfindet.") und stellt durch die Inbezugnahme des § 7 Abs. 1 eine partielle Rechtsgrundverweisung im Hinblick sowohl auf die Tatbestands- als auch auf die Rechtsfolgenseite der Hinzurechnungsbesteuerung dar.

a) Tatbestandsverweisung

Sowohl die systematische Stellung des Abs. 8 als auch der Sinn und Zweck 421 der Vorschrift erhellen, dass lediglich die qualifizierte Beteiligung („Deutschbeherrschung") an der ausländischen Obergesellschaft in bestimmten Fällen entbehrlich sein soll, nicht aber auf die übrigen Voraussetzungen der Hinzurechnungsbesteuerung, nämlich das Vorliegen niedrigbesteuerter passiver Einkünfte, verzichtet werden soll.

Die ausländische Gesellschaft erzielt aus ihrer Beteiligung an der REIT-AG 422 zweierlei Arten von Einkünften: *Gewinnausschüttungen* – diese werden als grundsätzlich aktive Einkünfte generell nicht hinzugerechnet (§ 8 Abs. 1 Nr. 8) – und *Veräußerungs- bzw. Liquidationsgewinne*. Bei letzteren kann es sich gemäß der Neuregelung des § 8 Abs. 1 Nr. 9 um passive Einkünfte handeln. Nur insoweit ist zu prüfen, ob eine Niedrigbesteuerung vorliegt.

Von seinem – zu weit geratenen Wortlaut her – würde § 7 Abs. 8 auch die 423 Hinzurechnung anderer passiver niedrigbesteuerter Einkünfte der ausländischen Gesellschaft, die überhaupt nicht in Zusammenhang mit der Beteiligung am inländischen REIT stehen, *unabhängig* von einer „Deutschbeherrschung" vorsehen. Denn es fehlt an einer ausdrücklichen Beschränkung der Tatbestandsverweisung auf solche passiven Einkünfte die aus der Beteiligung an der inländischen REIT-Gesellschaft resultieren. Insoweit muss § 7 Abs. 8 abermals *teleologisch reduziert* werden. Die fehlende Begrenzung ist ein schlichtes Redaktionsversehen des Gesetzgebers.

b) Ausnahme: Börsenklausel

Erfüllt die ausländische Gesellschaft die „Börsenklausel", ist § 7 Abs. 8 nicht 424 anwendbar. Es gelten die allgemeinen Beteiligungsvoraussetzungen des § 7 Abs. 1 und 2. Eine Hinzurechnung kann also nur bei „Deutschbeherrschung" der ausländischen Gesellschaft erfolgen. § 7 Abs. 6 ist in diesen Fällen nicht anwendbar (§ 7 Abs. 6 S. 3).

425 Nach der hier vertretenen Ansicht muss in analoger Anwendung des § 7 Abs. 6 S. 3 auch die „allgemeine Hinzurechnungsbesteuerung" iSd § 7 Abs. 1 entfallen. Für Einzelheiten der „Börsenklausel" wird auf die Kommentierung zu § 7 Abs. 6 S. 3 verwiesen.

c) Rechtsfolgenverweisung auf § 7 Abs. 1

426 Rechtsfolge ist die Steuerpflicht der Einkünfte der ausländischen Gesellschaft bei jedem unbeschränkt steuerpflichtigen Gesellschafter mit dem Teil, der auf seine ihm zuzurechnende Beteiligung am Nennkapital entfällt. Verwiesen wird nur auf die Rechtsfolge des § 7 Abs. 1, nicht auf § 7 Abs. 5. Bei Kleinstbeteiligungen dürften sich extreme Nachweisproblematiken ergeben (vgl. *Wassermeyer* IStR 2008, 197 (198 f.)).

§ 8 Einkünfte von Zwischengesellschaften

(1) Eine ausländische Gesellschaft ist Zwischengesellschaft für Einkünfte, die einer niedrigen Besteuerung unterliegen und nicht stammen aus:
1. der Land- und Forstwirtschaft,
2. der Herstellung, Bearbeitung, Verarbeitung oder Montage von Sachen, der Erzeugung von Energie sowie dem Aufsuchen und der Gewinnung von Bodenschätzen,
3. dem Betrieb von Kreditinstituten oder Versicherungsunternehmen, die für ihre Geschäfte einen in kaufmännischer Weise eingerichteten Betrieb unterhalten, es sei denn, die Geschäfte werden überwiegend mit unbeschränkt Steuerpflichtigen, die nach § 7 an der ausländischen Gesellschaft beteiligt sind, oder solchen Steuerpflichtigen im Sinne des § 1 Abs. 2 nahestehenden Personen betrieben,
4. dem Handel, soweit nicht
    a) ein unbeschränkt Steuerpflichtiger, der gemäß § 7 an der ausländischen Gesellschaft beteiligt ist, oder eine einem solchen Steuerpflichtigen im Sinne des § 1 Abs. 2 nahe stehende Person, die mit ihren Einkünften hieraus im Geltungsbereich dieses Gesetzes steuerpflichtig ist, der ausländischen Gesellschaft die Verfügungsmacht an den gehandelten Gütern oder Waren verschafft, oder
    b) die ausländische Gesellschaft einem solchen Steuerpflichtigen oder einer solchen nahe stehenden Person die Verfügungsmacht an den Gütern oder Waren verschafft,

    es sei denn, der Steuerpflichtige weist nach, dass die ausländische Gesellschaft einen für derartige Handelsgeschäfte in kaufmännischer Weise eingerichteten Geschäftsbetrieb unter Teilnahme am allgemeinen wirtschaftlichen Verkehr unterhält und die zur Vorbereitung, dem Abschluss und der Ausführung der Geschäfte gehörenden Tätigkeiten ohne Mitwirkung eines solchen Steuerpflichtigen oder einer solchen nahe stehenden Person ausübt,
5. Dienstleistungen, soweit nicht
    a) die ausländische Gesellschaft für die Dienstleistung sich eines unbeschränkt Steuerpflichtigen, der gemäß § 7 an ihr beteiligt ist, oder einer einem solchen Steuerpflichtigen im Sinne des § 1 Abs. 2 nahestehenden Person bedient, die mit ihren Einkünften aus der von ihr beigetragenen Leistung im Geltungsbereich dieses Gesetzes steuerpflichtig ist, oder
    b) die ausländische Gesellschaft die Dienstleistung einem solchen Steuerpflichtigen oder einer solchen nahestehenden Person erbringt, es sei denn, der Steuerpflichtige weist nach, daß die ausländische Gesellschaft einen für das Bewirken derartiger Dienstleistungen eingerichteten Geschäftsbetrieb unter Teilnahme am allgemeinen wirtschaftlichen Verkehr unterhält und die zu der Dienstleistung gehörenden Tätigkeiten ohne Mitwirkung eines

solchen Steuerpflichtigen oder einer solchen nahestehenden Person ausübt,
6. der Vermietung und Verpachtung, ausgenommen
   a) die Überlassung der Nutzung von Rechten, Plänen, Mustern, Verfahren, Erfahrungen und Kenntnissen, es sei denn, der Steuerpflichtige weist nach, daß die ausländische Gesellschaft die Ergebnisse eigener Forschungs- oder Entwicklungsarbeit auswertet, die ohne Mitwirkung eines Steuerpflichtigen, der gemäß § 7 an der Gesellschaft beteiligt ist, oder einer einem solchen Steuerpflichtigen im Sinne des § 1 Abs. 2 nahestehenden Person unternommen worden ist,
   b) die Vermietung oder Verpachtung von Grundstücken, es sei denn, der Steuerpflichtige weist nach, daß die Einkünfte daraus nach einem Abkommen zur Vermeidung der Doppelbesteuerung steuerbefreit wären, wenn sie von den unbeschränkt Steuerpflichtigen, die gemäß § 7 an der ausländischen Gesellschaft beteiligt sind, unmittelbar bezogen worden wären, und
   c) die Vermietung oder Verpachtung von beweglichen Sachen, es sei denn, der Steuerpflichtige weist nach, daß die ausländische Gesellschaft einen Geschäftsbetrieb gewerbsmäßiger Vermietung oder Verpachtung unter Teilnahme am allgemeinen wirtschaftlichen Verkehr unterhält und alle zu einer solchen gewerbsmäßigen Vermietung oder Verpachtung gehörenden Tätigkeiten ohne Mitwirkung eines unbeschränkt Steuerpflichtigen, der gemäß § 7 an ihr beteiligt ist, oder einer einem solchen Steuerpflichtigen im Sinne des § 1 Abs. 2 nahestehenden Person ausübt,
7. der Aufnahme und darlehensweisen Vergabe von Kapital, für das der Steuerpflichtige nachweist, daß es ausschließlich auf ausländischen Kapitalmärkten und nicht bei einer ihm oder der ausländischen Gesellschaft nahestehenden Person im Sinne des § 1 Abs. 2 aufgenommen und außerhalb des Geltungsbereichs dieses Gesetzes gelegenen Betrieben oder Betriebsstätten, die ihre Bruttoerträge ausschließlich oder fast ausschließlich aus unter die Nummern 1 bis 6 fallenden Tätigkeiten beziehen, oder innerhalb des Geltungsbereichs dieses Gesetzes gelegenen Betrieben oder Betriebsstätten zugeführt wird,
8. Gewinnausschüttungen von Kapitalgesellschaften,
9. der Veräußerung eines Anteils an einer anderen Gesellschaft sowie aus deren Auflösung oder der Herabsetzung ihres Kapitals, soweit der Steuerpflichtige nachweist, dass der Veräußerungsgewinn auf Wirtschaftsgüter der anderen Gesellschaft entfällt, die anderen als den in Nummer 6 Buchstabe b, soweit es sich um Einkünfte einer Gesellschaft im Sinne des § 16 des REIT-Gesetzes handelt, oder § 7 Abs. 6a bezeichneten Tätigkeiten dienen; dies gilt entsprechend, soweit der Gewinn auf solche Wirtschaftsgüter einer Gesellschaft entfällt, an der die andere Gesellschaft beteiligt ist; Verluste aus der Veräußerung von Anteilen an der anderen Gesellschaft sowie aus deren Auflösung oder der Herabsetzung ihres Kapitals sind nur insoweit zu berücksichtigen, als der Steuerpflichtige nachweist, dass sie auf Wirtschaftsgüter zu-

rückzuführen sind, die Tätigkeiten im Sinne der Nummer 6 Buchstabe b, soweit es sich um Einkünfte einer Gesellschaft im Sinne des § 16 des REIT-Gesetzes handelt, oder im Sinne des § 7 Abs. 6a dienen,
10. Umwandlungen, die ungeachtet des § 1 Abs. 2 und 4 des Umwandlungssteuergesetzes zu Buchwerten erfolgen könnten; das gilt nicht, soweit eine Umwandlung den Anteil an einer Kapitalgesellschaft erfasst, dessen Veräußerung nicht die Voraussetzungen der Nummer 9 erfüllen würde.

(2) [1]Ungeachtet des Absatzes 1 ist eine Gesellschaft, die ihren Sitz oder ihre Geschäftsleitung in einem Mitgliedstaat der Europäischen Union oder einem Vertragsstaat des EWR-Abkommens hat, nicht Zwischengesellschaft für Einkünfte, für die unbeschränkt Steuerpflichtige, die im Sinne des § 7 Absatz 2 oder Absatz 6 an der Gesellschaft beteiligt sind, nachweisen, dass die Gesellschaft insoweit einer tatsächlichen wirtschaftlichen Tätigkeit in diesem Staat nachgeht. [2]Weitere Voraussetzung ist, dass zwischen der Bundesrepublik Deutschland und diesem Staat auf Grund der Amtshilferichtlinie gemäß § 2 Absatz 2 des EU-Amtshilfegesetzes oder einer vergleichbaren zwei- oder mehrseitigen Vereinbarung, Auskünfte erteilt werden, die erforderlich sind, um die Besteuerung durchzuführen. [3]Satz 1 gilt nicht für die der Gesellschaft nach § 14 zuzurechnenden Einkünfte einer Untergesellschaft, die weder Sitz noch Geschäftsleitung in einem Mitgliedstaat der Europäischen Union oder einem Vertragsstaat des EWR-Abkommens hat. [4]Das gilt auch für Zwischeneinkünfte, die einer Betriebsstätte der Gesellschaft außerhalb der Europäischen Union oder der Vertragsstaaten des EWR-Abkommens zuzurechnen sind. [5]Der tatsächlichen wirtschaftlichen Tätigkeit der Gesellschaft sind nur Einkünfte der Gesellschaft zuzuordnen, die durch diese Tätigkeit erzielt werden und dies nur insoweit, als der Fremdvergleichsgrundsatz (§ 1) beachtet worden ist.

(3) [1]Eine niedrige Besteuerung im Sinne des Absatzes 1 liegt vor, wenn die Einkünfte der ausländischen Gesellschaft einer Belastung durch Ertragsteuern von weniger als 25 Prozent unterliegen, ohne dass dies auf einem Ausgleich mit Einkünften aus anderen Quellen beruht. [2]In die Belastungsberechnung sind Ansprüche einzubeziehen, die der Staat oder das Gebiet der ausländischen Gesellschaft im Fall einer Gewinnausschüttung der ausländischen Gesellschaft dem unbeschränkt Steuerpflichtigen oder einer anderen Gesellschaft, an der der Steuerpflichtige direkt oder indirekt beteiligt ist, gewährt. [3]Eine niedrige Besteuerung im Sinne des Absatzes 1 liegt auch dann vor, wenn Ertragsteuern von mindestens 25 Prozent zwar rechtlich geschuldet, jedoch nicht tatsächlich erhoben werden.

§ 8 Einkünfte von Zwischengesellschaften

Inhaltsübersicht

	Rz.
A. Vorbemerkung	1–69
I. Grundkonzeption der Einkünftequalifikation anhand des Tatbestandskatalogs des § 8	15–29
II. Einkünftequalifikation unter Berücksichtigung der funktionalen Betrachtungsweise	30–69
1. Prinzip der funktionalen Betrachtungsweise	30–39
2. Praktische Bedeutung der funktionalen Betrachtungsweise	40–69
a) Produktionsunternehmen	51, 52
b) Banken und Versicherungsunternehmen	53
c) Holdinggesellschaften	54–69
B. Einkünfte von Zwischengesellschaften (Abs. 1)	70–729
I. Einkünfte aus land- und forstwirtschaftlicher Tätigkeit (Nr. 1)	73–84
II. Einkünfte aus industrieller Tätigkeit (Nr. 2)	85–119
1. Produktion von Sachen	86–99
a) Der Sachbegriff des § 8 Abs. 1 Nr. 2	89–91
b) Arten der Produktion	92–99
2. Energieerzeugung	100–104
3. Aufsuchen und Gewinnung von Bodenschätzen	105–119
III. Einkünfte aus Bank- und Versicherungstätigkeit (Nr. 3)	120–219
1. Voraussetzung für das Vorliegen von Einkünften aus aktiver Tätigkeit	122–189
a) Betrieb eines Kreditinstituts	122–169
aa) Der Kreditinstitutsbegriff des AStG	122–133
bb) Bankgeschäfte im Einzelnen	134–169
(1) Einlagengeschäft	135–138
(2) Pfandbriefgeschäft	138a, 138b
(3) Kreditgeschäft	139–147
(4) Diskontgeschäft	148
(5) Finanzkommissionsgeschäft	149–154
(6) Depotgeschäft	155
(7) Investmentgeschäft	156, 157
(8) Revolvinggeschäft	158, 159
(9) Garantiegeschäft	160
(10) Girogeschäft	161
(11) Emissionsgeschäft	162–164
(12) E-Geld-Geschäft	165
(13) Kontrahentengeschäft	166–169
b) Betrieb eines Versicherungsunternehmens	170–179
c) Unterhalt eines in kaufmännischer Weise eingerichteten Betriebs	180–189
2. Einkünfte aus passivem Erwerb im Rahmen konzerneigener Bank- und Versicherungsgeschäfte	190–219
a) Geschäfte mit unbeschränkt steuerpflichtigen Anteilseignern und ihnen nahestehenden Personen	192–199
b) Überwiegen der Konzerngeschäfte	200–219

Inhaltsübersicht § 8

	Rz.
IV. Einkünfte aus Handelstätigkeit (Nr. 4)	220–279
1. Handelstätigkeit als grundsätzlich aktive Tätigkeit	222–229
2. Ausnahmeregelungen bei Handelstätigkeiten innerhalb eines Konzerns	230–279
a) Einkünfte aus passivem Erwerb aufgrund Inlandsbezug unter Beteiligung einer schädlichen Person	230–238
aa) Beteiligung einer schädlichen Person	233–235
bb) Verschaffung der Verfügungsmacht	236–238
b) Widerlegung der Passivitätsunterstellung durch Aktivitätsnachweis	239–279
aa) Unterhalt eines in kaufmännischer Weise eingerichteten Geschäftsbetriebs	241, 242
bb) Teilnahme am allgemeinen wirtschaftlichen Verkehr	243–247
cc) Keine Mitwirkung schädlicher Personen bei der Vorbereitung, dem Abschluss und der Ausführung der Geschäfte	248–279
(1) Schädliche Tätigkeiten	250–253
(2) Mitwirkung iSd Nr. 4	254–279
V. Einkünfte aus Dienstleistung (Nr. 5)	280–339
1. Dienstleistung als grundsätzlich aktive Tätigkeit	282–299
a) Gewerbliche Dienstleistungen	284
b) Technische Dienstleistungen	285
c) Dienstleistungen des Finanzwesens	286
d) Dienstleistungen im kulturellen Bereich	287
e) Freiberufliche Dienstleistungen	288
f) Dienstleistungen des täglichen Lebens	289–299
2. Ausnahmeregelungen für konzerninterne Dienstleistung	300–339
a) Einkünfte aus passivem Erwerb aufgrund Erfüllung des Bedienenstatbestandes (Nr. 5a)	304–314
b) Einkünfte aus passivem Erwerb aufgrund des Erbringenstatbestandes (Nr. 5b)	315–339
aa) Erbringung einer Dienstleistung durch die ausländische Gesellschaft	316–318
bb) Widerlegung der Passivitätsunterstellung durch Aktivitätsnachweis	319–339
(1) Unterhalt eines für das Bewirken derartiger Dienstleistungen eingerichteten Geschäftsbetriebes	321
(2) Teilnahme am allg. wirtschaftlichen Verkehr	322
(3) Keine Mitwirkung schädlicher Personen bei zu der Dienstleistung gehörenden Tätigkeiten	323–339
VI. Einkünfte aus Vermietung und Verpachtung (Nr. 6)	340–419
1. Vermietung und Verpachtung als grundsätzlich aktive Tätigkeit	342–349

§ 8 Einkünfte von Zwischengesellschaften

	Rz.
2. Ausnahmeregelungen	350–419
a) Patentverwertungsgesellschaft (Nr. 6a)	353–369
aa) Nutzungsüberlassung immaterieller Wirtschaftsgüter als grundsätzlich passive Tätigkeit	353–357
bb) Widerlegung der Passivität durch Aktivitätsnachweis	358–369
b) Grundstücksvermietungsgesellschaft (Nr. 6b) ...	370–384
aa) Vermietung und Verpachtung von Grundstücken als grundsätzlich passive Tätigkeit	370, 371
bb) DBA-Freistellung bei Direktbezug der Einkünfte durch den Anteilseigner als Voraussetzung aktiver Tätigkeit	372–384
c) Leasinggesellschaft (Nr. 6c)	385–419
aa) Vermietung und Verpachtung beweglicher Sachen als grundsätzlich passive Tätigkeit	385–387
bb) Widerlegung der Passivität durch Aktivitätsnachweis	388–419
(1) Unterhalt eines Geschäftsbetriebs gewerbsmäßiger Vermietung und Verpachtung	390–392
(2) Teilnahme am allgemeinen wirtschaftlichen Verkehr	393
(3) Keine Mitwirkung schädlicher Personen bei allen zu einer solchen gewerblichen Vermietung und Verpachtung gehörenden Tätigkeiten	394–419
VII. Einkünfte aus Finanzierungstätigkeit (Nr. 7) ...	420–489
1. Finanzierung als grundsätzlich passive Tätigkeit	421
2. Aktive Finanzierung iSd § 8 Abs. 1 Nr. 7	422–489
a) Aktivitätsvoraussetzungen auf der Kapitalbeschaffungsseite	425–449
b) Aktivitätsvoraussetzungen auf der Kapitalvergabeseite	450–489
aa) Nämlichkeit der aufgenommenen und der vergebenen Mittel	452–454
bb) Darlehensweise Vergabe des betreffenden Kapitals	455–469
(1) Einlagen stiller Gesellschafter	460
(2) Factoring/Forfaitierung	461–463
(3) Leasing	464–469
cc) Betriebe oder Betriebsstätten als Mittelempfänger	470–489
VIII. Einkünfte aus Gewinnausschüttungen von Kapitalgesellschaften (Nr. 8)	490–539
1. Gewinnausschüttung iSd Nr. 8	492–514
a) Einkommensteuerlicher Begriff der Gewinnausschüttung	497–500
b) Außensteuerlicher Begriff der Gewinnausschüttung	501–514

Inhaltsübersicht § 8

	Rz.
2. Kapitalgesellschaften	515–524
3. Umfang der Steuerfreiheit von Gewinnausschüttungen	525–539

IX. Einkünfte aus Realisationstatbeständen (Nr. 9) ... 540–659
 1. Einkünfte aus Realisationstatbeständen als grundsätzlich aktive Einkünfte ... 542–574
  a) Einkünfte aus der Veräußerung eines Anteils an einer anderen Gesellschaft ... 546–556
   aa) Veräußerungsbegriff iSd § 8 Abs. 1 Nr. 9 .. 546–550
   bb) Ermittlung der Einkünfte aus der Veräußerung ... 551–553
   cc) Anteil an einer anderen Gesellschaft ... 554–556
  b) Einkünfte aus der Auflösung einer anderen Gesellschaft ... 557–560
  c) Einkünfte aus der Herabsetzung des Kapitals einer anderen Gesellschaft ... 561–574
 2. Ausnahmeregelungen für den Teil des Veräußerungsgewinns, der auf „passive" Wirtschaftsgüter entfällt ... 575–659
  a) Veräußerungsgewinn, der auf Wirtschaftsgüter entfällt, die anderen als den in Nr. 6 Buchst. b bezeichneten Tätigkeiten dienen ... 578–584
  b) Veräußerungsgewinn, der auf Wirtschaftsgüter entfällt, die anderen als den in § 7 Abs. 6a bezeichneten Tätigkeiten dienen (§ 8 Abs. 1 Nr. 9 Hs. 1) ... 585–594
  c) Zuordnung des Anteilsveräußerungsgewinns zu den Wirtschaftsgütern ... 595–604
  d) Beweislast des unbeschränkt steuerpflichtigen Anteilseigners ... 605–624
  e) Anwendbarkeit der Ausnahmeregelung nur bei der Veräußerung nachgeschalteter Zwischengesellschaften iSd § 14? ... 625–629
  f) Entsprechende Geltung der Ausnahmeregelung bei Wirtschaftsgütern von nachgeordneten Beteiligungsgesellschaften (§ 8 Abs. 1 Nr. 9 Hs. 2) ... 630–639
  g) Steuerliche Berücksichtigung von Verlusten iZm Realisationstatbeständen (§ 8 Abs. 1 Nr. 9 Hs. 3) ... 640–659

X. Einkünfte aus Umwandlungen (Nr. 10) ... 660–729
 1. „Maßgeblichkeit" des ausländischen Gesellschaftsrechts für die inländische Besteuerung ... 660–664
 2. Umwandlungen in Wirtschaftsjahren beginnend vor dem 1.1.2001 ... 665–674
 3. Umwandlungen in Wirtschaftsjahren beginnend nach dem 31.12.2000 und vor dem 1.1.2006 ... 675–689
 4. Umwandlungen in Wirtschaftsjahren beginnend ab dem 1.1.2006 ... 690–729
  a) Einkünfte aus Umwandlungen, die ungeachtet des § 1 Abs. 2 und 4 UmwStG zu Buchwerten erfolgen könnten ... 690–708

	Rz.
aa) Außensteuerlicher Begriff der Umwandlung	690–693
bb) Unbeachtlichkeit des § 1 Abs. 2 und 4 UmwStG	694–696
cc) Möglichkeit der Buchwertfortführung	697–708
b) Ausnahmeregelung für die Umwandlung von Kapitalgesellschaften, die die Aktivitätserfordernisse der Nr. 9 nicht erfüllen	709–729
C. Unionsrechtlicher Rettungsansatz durch den Gesetzgeber (Abs. 2)	730–869
I. Allgemeines; Kerngehalt der Vorschrift	730–789
1. Entstehung, Rechtsentwicklung und Bedeutung der Vorschrift	730–739
2. Exkulpationsklausel (S. 1)	740–759
3. Amtshilfebedingung (S. 2)	760–769
4. Keine Exkulpation bei Zwischengesellschaften und Betriebsstätten im Nicht-EU-/Nicht-EWR-Raum (S. 3, 4)	770–779
5. Gegenständliche Einkünftezuordnung; Drittvergleichsklausel (S. 5)	780–789
II. Verbleibende unionsrechtliche Bedenken	790–809
1. Zwischeneinkünfte mit Kapitalanlagecharakter	790–793
2. Beachtung des Fremdvergleichsgrundsatzes als Vorbedingung des erfolgreichen Motivtests	794
3. Ausschluss nachgeschalteter Zwischengesellschaften in Drittstaaten	795, 796
4. Unionsrechtliche Problematik der Nachweispflichten; Beweislastverteilung	797–809
III. Praxisproblembereiche, insbesondere mehrstufige Beteiligungsstrukturen	810–869
1. Einstufiger Beteiligungsaufbau im Ausland	810–839
a) Kapitalgesellschaftsbeteiligung im EU-/EWR-Staat, eine Betriebsstätte im gleichen EU-/EWR-Staat	811–813
b) Kapitalgesellschaftsbeteiligung im EU-/EWR-Staat, mehrere Betriebsstätten im gleichen EU-/EWR-Staat	814–816
c) Kapitalgesellschaftsbeteiligung im EU-/EWR-Staat, Betriebsstätten in verschiedenen EU-/EWR-Staaten	817–819
d) Kapitalgesellschaftsbeteiligung im EU-/EWR-Staat, Betriebsstätte im Drittstaat (§ 8 Abs. 2 S. 4 AStG)	820–822
e) Kapitalgesellschaftsbeteiligung im Drittstaat, Betriebsstätte im EU-/EWR-Staat	823–826
f) Kapitalgesellschaftsbeteiligung im EU-/EWR-Staat, Betriebsstätte im Drittstaat	827–829
g) Kapitalgesellschaftsbeteiligung im Drittstaat, Betriebsstätte im Drittstaat	830–839
2. Zweistufiger Beteiligungsaufbau im Ausland (Konzernstrukturen)	840–859
a) Tochtergesellschaft im EU-/EWR-Staat, Enkelgesellschaft im EU-/EWR-Staat	840–842

Inhaltsübersicht § 8

Rz.

    b) Tochtergesellschaft im EU-/EWR-Staat,
Enkelgesellschaft im Drittstaat 843–845
    c) Tochtergesellschaft im Drittstaat, Enkelgesellschaft im EU-/EWR-Staat 846–859
  3. Mehrstufiger Beteiligungsaufbau im Ausland: Tochtergesellschaft, Enkelgesellschaft und Urenkelgesellschaft im EU-/EWR-Staat 860–869

D. Niedrige Besteuerung (Abs. 3) 870–1104
  I. Allgemeines; Kerngehalt der Vorschrift 870–889
    1. Rechtsentwicklung; Aktualisierungsnotwendigkeit der Niedrigsteuerschwelle 870–879
    2. Überblick über die Vorschrift 880–882
    3. Unionsrechtliche Problematik 883
    4. Verfassungsrechtliche Dimension 884–889

  II. Definition der Niedrigbesteuerung (S. 1) 890–1009
    1. Inhalt; Bedeutung der Definition 890–892
    2. Belastungsrechnung 893–898
    3. Einkünfteermittlung 899, 900
    4. Formel zur Belastungsrechnung 901, 902
    5. Ausgleichsregelung 903–1003
    6. Ungereimtheiten und Widersprüche der Vorschrift. 1004–1009

  III. Illustration praxisrelevanter Niedrigsteuerkonstellationen anhand von Fallgruppen 1010–1079
    1. Identische Bemessungsgrundlagenermittlung im Aus- und Inland 1010–1029
      a) Vorüberlegungen 1010
      b) Gemischt-tätige Gesellschaften – Problem der Gemeinkostenallokation 1011–1015
      c) Entitätsqualifikation im In- und Ausland unterschiedlich 1016–1019
      d) Progressive Tarifstrukturen 1020, 1021
      e) Tarifabsenkung im Ausland unter die Referenzschwelle der Niedrigbesteuerung 1022–1029
    2. Abweichende Bemessungsgrundlagen im Aus- und Inland im Bereich der Gewinnermittlung für laufende Einkünfte 1030–1049
      a) Vorbemerkung 1030
      b) Pauschalierte Erfolgsermittlung im Ausland 1031–1033
      c) Gemeinkostenallokation bei gemischt-tätigen Gesellschaften mit aktiven Einkünften, regulär passiven Einkünften und Zwischeneinkünften mit Kapitalanlagecharakter 1034–1039
      d) Temporäre Differenzen im Rahmen der Gewinnermittlung nach ausländischem Steuerrecht sowie in der Hinzurechnungsbilanz 1040–1049
    3. Abweichende Bemessungsgrundlagen im Aus- und Inland aufgrund spezieller Anreizsysteme 1050–1059
      a) Finanzierungsgesellschaften; Notional Interest Deduction 1052, 1053
      b) Steuergutschriften für Forschungs- und Entwicklungsaktivitäten im Ausland 1054–1059

	Rz.
4. Buchwertneutrale Reorganisationen im Ausland als Ursache von Niedrigbesteuerungssituationen	1060–1079
a) Buchwertübertragungen im Ausland	1060, 1061
b) Umwandlungen	1062, 1063
c) Tausch von Wirtschaftsgütern durch ausländische Gesellschaft	1064–1079
IV. Besonderheiten der Belastungsrechnung bei Gewährung von Erstattungsansprüchen (S. 2)	1080–1099
1. Hintergrund: Malta-Gestaltungen	1080–1082
2. Auslegungsprobleme der Vorschrift	1083–1099
a) Regelungsidee	1083, 1084
b) Begriff „Belastungsberechnung"	1085, 1086
c) Begriff „Anspruch"	1087, 1088
d) Einbeziehen von Ansprüchen	1089
e) Ausländische Gesellschaft	1090
f) Gewährung von Ansprüchen	1091–1099
V. Erhebungsdefizite im Ausland trotz rechtlich geschuldeter Steuer (S. 3)	1100–1104
1. Inhalt; Hintergrund der Bestimmung	1100–1102
2. Praktische Anwendungsbereiche	1103, 1104

A. Vorbemerkung

1 In Ergänzung zu den in § 7 aufgeführten, an der Person des Steuerinländers anknüpfenden Voraussetzungen für die Hinzurechnungsbesteuerung, regelt § 8 die sachlichen Tatbestandsvoraussetzungen der Hinzurechnungsbesteuerung.

2 § 8 Abs. 1 definiert für welche Einkünfte eine ausländische (Kapital-) Gesellschaft Zwischengesellschaft ist und regelt somit letztendlich welche Einkünfte der Hinzurechnungsbesteuerung zu unterwerfen sind. Solche Zwischeneinkünfte, auch schädliche Einkünfte, Einkünfte aus passivem Erwerb oder verkürzt passive Einkünfte genannt, liegen immer dann vor, wenn sie (a) **nicht** unter den Einkünftekatalog des § 8 Abs. 1 subsumiert werden können **und** (b) einer niedrigen Besteuerung, dh einer Ertragsteuerbelastung von weniger als 25 % unterliegen.

3 Entgegen dem ersten Eindruck qualifiziert das Außensteuergesetz eine ausländische Gesellschaft, die sowohl die sachlichen als auch persönlichen Tatbestandsvoraussetzungen erfüllt, nicht per se als Zwischengesellschaft, sondern beschränkt diesen Status auf die passiven Einkünfte. Erzielt eine ausländische Gesellschaft sowohl Einkünfte, die der Hinzurechnungsbesteuerung unterliegen, als auch sonstige Einkünfte – sog. gemischte Gesellschaft –, so liegt eine partielle Zwischengesellschaft vor und die Hinzurechnungsbesteuerung ist auf die passiven Einkünfte zu beschränken (*FWBS* § 8 AStG Rz. 12).

4 Die in § 8 Abs. 1 aufgeführten Katalogeinkünfte werden in der Literatur als aktive Einkünfte bezeichnet. Diese Einkünfte unterliegen – auch wenn sie im Ausland niedrig besteuert sind – grundsätzlich nicht der Hinzurechnungsbesteuerung, da die o g sachlichen Tatbestandsvoraussetzungen kumulativ vorliegen müssen.

A. I. Grundkonzeption der Einkünftequalifikation   5–15   § 8

Die folgende abschließende Aufzählung sämtlicher Katalogeinkünfte orientiert sich hinsichtlich der Gliederung an den von Haas (*Haas* DStR 1973, 529) verwendeten Unterscheidungskriterien: (a) **Uneingeschränkt aktive Einkünfte** (aa) Land- und Forstwirtschaftliche Tätigkeit (Nr. 1) (bb) Industrielle Tätigkeit (Nr. 2) (cc) Gewinnausschüttungen (Nr. 8) (b) **Bedingt aktive Einkünfte** (aa) Bank- und Versicherungstätigkeit (Nr. 3) (bb) Handelstätigkeit (Nr. 4) (cc) Dienstleistung (Nr. 5) (dd) Vermietung und Verpachtung (Nr. 6) (ee) Finanzierungstätigkeit (Nr. 7) (ff) Realisationstatbestände (Nr. 9) (gg) Umwandlungen (Nr. 10). 5

Dem Wortlaut nach erfasst § 8 sowohl ausländische als auch inländische Einkünfte der ausländischen Kapitalgesellschaft, sodass in Deutschland beschränkt steuerpflichtige Einkünfte grundsätzlich auch der Hinzurechnungsbesteuerung unterliegen können. Durch die Ausweitung der zu berücksichtigenden Steuern bei der Ermittlung der Ertragsteuerbelastung in § 8 Abs. 3 durch das UntStFG (Gesetz zur Fortentwicklung des Unternehmenssteuerrechts v. 20.12.2001, BStBl. I 2002, 35 ff.), dürfte bei dem derzeitigen deutschen Steuerniveau im Regelfall keine Niedrigbesteuerung der beschränkt steuerpflichtigen Einkünfte gegeben sein, sodass die Hinzurechnungsbesteuerung nicht mehr zur Anwendung kommt. 6

Während die Vorschriften der § 8 Abs. 1 und Abs. 2 in der Vergangenheit Grundlage für diverse andere nationale steuerliche Vorschriften waren (§ 26 Abs. 2, Abs. 4 Nr. 1 und Abs. 5 Nr. 1 KStG, § 8b Abs. 2 KStG aF, § 102 BewG, § 9 Nr. 7 GewStG, § 12 Abs. 3 GewStG), verweist in der derzeitigen Gesetzesfassung nunmehr § 9 Nr. 7 GewStG auf § 8 Abs. 1 Nr. 1–6. Die gewerbesteuerliche Freistellung von Dividenden ausländischer Tochtergesellschaften hängt somit maßgeblich von der Qualifikation ihrer Einkünfte iSd AStG ab. Des Weiteren wird in einigen von Deutschland abgeschlossenen Doppelbesteuerungsabkommen (zB Art. 24 Abs. 1 Nr. 1b DBA Schweiz, DBA Estland, DBA Lettland, DBA Litauen, DBA Russland, DBA Kasachstan, DBA Ukraine) für Zwecke der Gewährung des Schachtelprivilegs auf § 8 Abs. 1 Bezug genommen, wie zB in Art. 24 Abs. 1 Nr. 1b DBA Deutschland-Schweiz (*SKK* § 8 AStG Rz. 7). 7

Durch Art. 7 des Jahressteuergesetzes 2010 (JStG 2010) vom 8. Dezember 2010, BGBl. 2010 I 1768, wurden mehrere Änderungen des Außensteuergesetzes vorgenommen. So wurde nach § 8 Abs. 3 S. 1 folgender Satz eingefügt: „In die Belastungsberechnung sind Ansprüche einzubeziehen, die der Staat oder das Gebiet der ausländischen Gesellschaft im Fall einer Gewinnausschüttung der ausländischen Gesellschaft dem unbeschränkt Steuerpflichtigen oder einer anderen Gesellschaft, an der der Steuerpflichtige direkt oder indirekt beteiligt ist, gewährt." 8

einstweilen frei   9–14

I. Grundkonzeption der Einkünftequalifikation anhand des Tatbestandskatalogs des § 8

§ 8 Abs. 1 enthält eine abschließende Aufzählung aller Tatbestände, die zu sog. aktiven Einkünften führen. Die bereits bei Einführung des Außensteuergesetzes in das Gesetz als § 8 Abs. 1 Nr. 1–7 aufgenommenen Tatbestände sind 15 bis heute großteils unverändert geblieben. Lediglich im Bereich der Finanzierungstätigkeiten (§ 8 Abs. 1 Nr. 7) ergaben sich durch das StandOG (Gesetz zur Verbesserung der steuerlichen Bedingungen zur Sicherung des Wirtschaftsstandorts Deutschland im Europäischen Binnenmarkt v. 13.9.1993, BStBl. I 1993, 774 ff.) sowie durch das StMBG (Gesetz zur Bekämpfung des Missbrauchs und zur Bereinigung des Steuerrechts v. 21.12.1993, BStBl. I 1994, 50 ff.) Änderungen. Die Tatbestände der Nrn. 1 bis 7 knüpfen ausnahmslos an Tätigkeiten der ausländischen Gesellschaft an, daher auch der Begriff „Tätigkeits-" oder „Positivkatalog". Mit dem UntStFG (Gesetz zur Fortentwicklung des Unternehmenssteuerrechts v. 20.12.2001, BStBl. I 2002, 35, 51 f.) wurde der Katalog aktiver Einkünfte um die Einkünfte aus Gewinnausschüttungen (§ 8 Abs. 1 Nr. 8) und die Einkünfte aus Realisationstatbeständen (§ 8 Abs. 1 Nr. 9) erweitert. Hintergrund der Einführung des uneingeschränkten Holdingprivilegs für Dividenden bzw. der eingeschränkten Aktivitätsregelung für Einkünfte aus Realisationstatbeständen im Außensteuergesetz war der Systemwechsel vom körperschaftsteuerlichen Anrechnungsverfahren zum Halbeinkünfte-/Teileinkünfteverfahren und das damit einhergehende nationale Dividendenprivileg (§ 8b Abs. 1 KStG) bzw. die Steuerfreiheit von Veräußerungsgewinnen (§ 8b Abs. 2 KStG) im Körperschaftsteuergesetz idF des StSenkG (Gesetz zur Senkung der Steuersätze und zur Reform der Unternehmensbesteuerung v. 23.10.2000, BStBl. I 2000, 1433 ff.). Durch die Einführung der Nr. 8 und 9 wurde die ursprüngliche Systematik der Katalogeinkünfte dahingehend durchbrochen, dass der Einkünftekatalog nunmehr nicht mehr ausschließlich an Tätigkeiten der ausländischen Gesellschaft anknüpft (*Rättig/Protzen* IStR 2001, 603). Eine weitere Durchbrechung der Systematik erfolgte durch das SEStEG (Gesetz über steuerliche Begleitmaßnahmen zur Einführung der Europäischen Gesellschaft und zur Änderung weiterer steuerrechtlicher Vorschriften v. 7.12.2006, BStBl. I 2007, 4 ff.), in dem die Regelung zur Aktivität von Einkünften aus Umwandlungen eingeführt wurde. Sämtliche Einkünfte, die der ausländischen Gesellschaft aus anderen, in § 8 Abs. 1 nicht als aktiv aufgeführten Tatbeständen erwachsen, unterliegen grundsätzlich der Hinzurechnungsbesteuerung wodurch offensichtlich eine lückenlose Erfassung der vom Gesetzgeber nicht explizit als aktiv definierten Einkünfte, sichergestellt werden sollte.

16 Gerade dieser Punkt wurde in der Vergangenheit wiederholt kritisiert, da der Gesetzgeber naturgemäß nicht sämtliche zum damaligen Zeitpunkt denkbaren Tätigkeiten dahingehend überprüfen konnte, ob sie der Hinzurechnungsbesteuerung unterworfen werden sollen (*FWBS* § 8 AStG Rz. 15; *Baumgärtel/Perlet* Hinzurechnungsbesteuerung bei Auslandsbeteiligungen (1996), 16). Demzufolge berücksichtigt die Positivliste des § 8 typische, jedoch keinesfalls sämtliche von Auslandsgesellschaften ausgeübten Tätigkeiten. Insbesondere die Subsumtion neuerer Finanzdienstleistungen wie zB Leasing, Swapgeschäfte, Assed Backed Securities oder auch der Bereich des sog. e-commerce bzw. e-business unter die Tatbestände des § 8 Abs. 1 führt in der Praxis zu erheblichen Schwierigkeiten (*Kraft* IStR 2010, 377). Auch die bereits in 2001 angekündigte Modernisierung des Aktiv-/Passivkatalogs (Bericht der Bundesregierung zur Fortentwicklung des Unternehmenssteuerrechts vom 18.4.2001, Beilage zu FR 11/2001, 33) wurde bisher nicht umgesetzt.

A. I. Grundkonzeption der Einkünftequalifikation 17–19 § 8

Die teilweise identische Begrifflichkeit des Einkommensteuer- und des Außensteuergesetzes im Rahmen der Einkünftequalifikation (Einkünfte aus Land- und Forstwirtschaft und Einkünfte aus Vermietung und Verpachtung gehören zu den Einkunftsarten des § 2 Abs. 1 EStG und werden auch im Tatbestandskatalog des § 8 Abs. 1 aufgeführt) spricht dafür, dass der Tatbestandskatalog an die Einkunftsarten des Einkommensteuergesetzes angelehnt ist. Für die Einkünftequalifikation für Zwecke der Hinzurechnungsbesteuerung ist es jedoch ohne Bedeutung, zu welcher Einkunftsart iSd § 2 Abs. 1 EStG die Einkünfte gehören (Schreiben betr. Grundsätze zur Anwendung des Außensteuergesetzes v. 14.5.2004, IV B4-S 1340-11/04, BStBl. I 2004, Sondernummer 1 (im Folgenden: AEAStG) Tz. 8.0.1.). Vor dem Hintergrund, dass in den Einkunftsarten des Einkommensteuergesetzes jeweils bestimmte Tätigkeiten oder Rechtsverhältnisse zu einer gemeinsamen Einkunftsquelle zusammengefasst werden (*FWBS* § 8 AStG Rz. 11), das Außensteuergesetz hingegen nur einzelne Tätigkeiten der ausländischen Gesellschaft und gerade nicht die gesamte Einkunftsart, zB Einkünfte aus Gewerbebetrieb, diskriminieren wollte, erscheint dies auch systematisch. 17

Obwohl sich die einzelnen Tatbestände des § 8 Abs. 1 teilweise überschneiden, enthält das Gesetz keine Aussage zu einer Abgrenzung der Tatbestände zueinander, insbesondere kennt das Außensteuergesetz keine subsidiären Tatbestände. Gilt ein Tatbestand aufgrund einer Regelung des § 8 Abs. 1 als aktiv, so unterliegen die aus diesem Tatbestand resultierenden Einkünfte, auch wenn sie aufgrund einer anderen Regelung derselben Vorschrift als passive Einkünfte qualifizieren, nicht der Hinzurechnungsbesteuerung (Blümich/*Vogt* § 8 AStG Rz. 10; Brezing ua/*Mössner* § 8 AStG Rz. 91). 18

Nach wie vor strittig ist die Frage, ob ausländische Einkünfte, die nicht unter den Einkünftekatalog des § 2 Abs. 1 EStG zu subsumieren sind, aber aufgrund der Positivliste des § 8 Abs. 1 als Einkünfte aus passivem Erwerb qualifizieren, der Hinzurechnungsbesteuerung zu unterwerfen sind. Praktische Relevanz hat diese Frage insbesondere für Sachverhalte, in denen es sich bei dem inländischen Anteilseigner der Zwischengesellschaft um eine natürliche Person handelt, da nur für diesen Personenkreis die Einkünftequalifikation anhand der Einkunftsarten des EStG zu erfolgen hat, während sämtliche Einkünfte einer inländischen Kapitalgesellschaft gemäß § 8 Abs. 2 KStG ohnehin als Einkünfte aus Gewerbebetrieb zu behandeln sind. Der Wortlaut des § 10 Abs. 3, der im Rahmen der Ermittlung der Einkünfte aus passivem Erwerb eine Gewinnermittlung nach § 4 Abs. 1, § 4 Abs. 3 oder § 5 EStG voraussetzt, spricht dafür, dass die ausländische Gesellschaft sämtliche Einkünfte kraft Rechtsform erzielt und diese Einkünfte kraft Rechtsform gewerbliche Einkünfte darstellen. Durch diese Argumentation würden in Deutschland generell nicht steuerbare Einkünfte, allein aufgrund der Tatsache, dass sie im Ausland anfallen, in steuerbare, gewerbliche Einkünfte umqualifiziert, die dann aufgrund der Hinzurechnungsbesteuerung in Deutschland steuerpflichtig wären. Die Zielsetzung des Außensteuergesetzes, die Erlangung von ungerechtfertigten Steuervorteilen durch Verlagerung von schädlichen Einkünften auf deutschbeherrschte Basisgesellschaften zu verhindern (BT-Drs. VI/2883, Tz. 27 ff. und Tz. 83), spricht mE gegen eine solche Auslegung des § 8 Abs. 1 (Gl. A. *Schaumburg* Internationales Steuerrecht Rz. 10.71, S. 445; *FWBS* § 8 AStG 19

Rz. 46 in Abkehr von seiner früheren Auffassung, dass die ausländische Gesellschaft sämtliche Einkünfte kraft Rechtsform erzielt und diese Einkünfte kraft Rechtsform gewerbliche Einkünfte darstellen.). Dies wurde auch explizit durch den BFH bestätigt (BFH v. 21.1.1998, I R 3/96, BStBl. II 1998, 470).

20–29 *einstweilen frei*

II. Einkünftequalifikation unter Berücksichtigung der funktionalen Betrachtungsweise

1. Prinzip der funktionalen Betrachtungsweise

30 § 8 fordert, dass die Einkünfte aus einem in Abs. 1 aufgeführten Tatbestand „stammen". Auch im Zusammenhang mit den Einkünften mit Kapitalanlagecharakter in § 7 Abs. 6a sowie im Rahmen der nachgeschalteten Zwischengesellschaften in § 14 Abs. 1 spricht das Gesetz von „stammen", ohne dass dieser Begriff im Außensteuergesetz näher definiert wird.

Soweit überhaupt Gegenstand einer Diskussion, stützt sich die Literatur (Lademann/Söffing/Brockhoff/Gropp § 8 AStG Rz. 79) bei der Auslegung des Begriffs „stammen" weitgehend auf die Definition von Wassermeyer, nach der Einkünfte aus einer bestimmten Tätigkeit stammen, wenn die ihnen zugrundeliegenden Betriebseinnahmen und Betriebsausgaben mit der Tätigkeit in einem wirtschaftlichen Veranlassungszusammenhang stehen (*FWBS* § 8 AStG Rz. 25). Ein derartiger Zusammenhang besteht immer dann, wenn die Tätigkeiten Ausfluss einer einheitlichen wirtschaftlichen Funktionsausübung sind (*SKK* § 8 AStG Rz. 15). Als Tätigkeit ist jedes aktive oder passive Verhalten anzusehen, das darauf gerichtet ist, Ertrag abzuwerfen (*FWBS* § 14 AStG Rz. 139).

31 Erfüllt die ausländische Gesellschaft nur einen einzigen Tatbestand iSd § 8 Abs. 1 dürfte die Auslegung des Begriffs „stammen" aufgrund des direkten kausalen Zusammenhangs zwischen diesem Tatbestand und den betreffenden Einkünften unproblematisch sein, zumindest soweit es sich um laufende Erträge handelt. Erzielt eine ausländische Gesellschaft sowohl aktive Einkünfte als auch Einkünfte die passiven Charakter haben, stellt sich die grundsätzliche Frage nach der Abgrenzung der aktiven von den passiven Einkünften.

32 Angesichts des Gesetzeswortlauts, der darauf abstellt, woher die Einkünfte „stammen", ist jeder Tätigkeitsbereich der ausländischen Gesellschaft, der für sich gesehen „Stamm" von Einkünften sein kann, hinsichtlich der Einkünftequalifikation grundsätzlich gesondert zu betrachten (*Menck* DStZ 1975 Ausgabe A, 253). Dies setzt jedoch voraus, dass die ausländische Gesellschaft beide Tatbestände im Gleichordnungsverhältnis ausübt, dh es müssen selbständige, weitgehend voneinander unabhängige Tätigkeiten sein.

33 Handelt es sich bei den Tätigkeitsbereichen um wirtschaftlich zusammenhängende Tätigkeiten, wird dieses Prinzip durch den Grundsatz der funktionalen Betrachtungsweise durchbrochen, der eine einheitliche Subsumtion wirtschaftlich zusammenhängender Tätigkeiten gebietet. Die von der ausländischen Gesellschaft ausgeübten Tätigkeiten sind demnach nicht isoliert für sich zu betrachten, sondern in ihrem wirtschaftlichen Zusammenhang zu erfassen. Dementsprechend ist eine einheitliche steuerliche Einkunftsqualifikation geboten, wobei die Tätigkeit der ausländischen Gesellschaft maßgebend ist, auf

A. II. Funktionale Betrachtungsweise 34–40 § 8

der nach allgemeiner Verkehrsauffassung das wirtschaftliche Schwergewicht liegt (BFH v. 16.5.1990, I R 16/88, BStBl. II 1990, 1051).

Die funktionale Betrachtungsweise ist im Außensteuergesetz nicht explizit 34 geregelt, sie wird jedoch sowohl von der Finanzverwaltung (Tz. 8.0.2. AEAStG) als auch von der hM (*Schaumburg* Internationales Steuerrecht Rz. 10.72, S. 445 f.; *Baumgärtel/Perlet* Hinzurechnungsbesteuerung bei Auslandsbeteiligungen (1996), S. 16 f.; Blümich/*Vogt* § 8 AStG Rz. 9; Brezing ua/ *Mössner* § 8 AStG Rz. 91; *FWBS* § 8 AStG Rz. 31 ff.; *SKK* § 8 AStG Rz. 14) im Grundsatz anerkannt. Offensichtlich will die Finanzverwaltung die Anwendbarkeit der funktionalen Betrachtungsweise für Einkünfte aus Kapitalanlagecharakter in Zukunft jedoch einschränkten und eine Umqualifikation dieser Einkünfte in „normale" passive Einkünfte nicht mehr zulassen (Tz. 8.0.2. AEAStG in dem der Satz „Ebenso können Einkünfte mit Kapitalanlagecharakter bei funktionaler Betrachtungsweise Nebenerträge aus sonstigem passivem Erwerb sein." ersatzlos gestrichen wurde.). Die Anwendung der funktionalen Betrachtungsweise im Einzelnen führt in der Praxis aufgrund einer fehlenden gesetzlichen Definition des Begriffs des „wirtschaftlichen Zusammenhangs" häufig zu Schwierigkeiten. Ein wirtschaftlicher Zusammenhang wird als gegeben angesehen, wenn die Erträge nach Entstehung und Zweckbestimmung durch eine einheitliche wirtschaftliche Betätigung veranlasst sind (*FWBS* § 8 AStG Rz. 35). Von einem wirtschaftlichen Zusammenhang kann insbesondere dann ausgegangen werden, wenn die Tätigkeiten aufeinander abgestimmt sind, sich wirtschaftlich ergänzen (*FWBS* § 8 AStG Rz. 32) oder in einem Über-Unterordnungs-Verhältnis zueinander stehen. Im Rahmen einer einheitlichen Begriffsdefinition erscheint ein Rückgriff auf die Kommentierung zu § 3c Abs. 2 EStG zur Auslegung geboten. Vor dem Hintergrund, dass jede objektive, kausale oder finale Verknüpfung einen wirtschaftlichen Zusammenhang für Zwecke des § 3c EStG begründet (Schmidt/*Levedag* § 3c EStG Rz. 11 ff.), sollte somit auch der außensteuerliche Begriff bei Zweifelsfragen tendenziell weit ausgelegt werden. Insbesondere ist die Notwendigkeit eines unmittelbaren wirtschaftlichen Zusammenhangs abzulehnen (*FWBS* § 8 AStG Rz. 35; Lademann/Söffing/Brockhoff/*Tulloch* § 8 AStG Rz. 10). Auch die Finanzverwaltung ist von dem, noch im Anwendungsschreiben 1974 (Schreiben betr. Grundsätze zur Anwendung des Außensteuergesetzes v. 11.7.1974, IV C7-S 1340-32/74, BStBl. I 1974, Tz. 8.0.2.) geforderten, unmittelbaren Zusammenhang der Nebenerträge mit der aktiven Tätigkeit der Gesellschaft abgerückt und spricht in den Anwendungsschreiben 1994 (Schreiben betr. Grundsätze zur Anwendung des Außensteuergesetzes v. 2.12.1994, IV C7-S 1340-20/94, BStBl. I 1995, Sondernummer 1, Tz. 8.0.2.) bzw. 2004 (Schreiben betr. Grundsätze zur Anwendung des Außensteuergesetzes v. 14.5.2004, IV B4-S 1340-11/04, BStBl. I 2004, Sondernummer 1 (AEAStG), Tz. 8.0.2.) nur noch von „wirtschaftlich zusammengehörigen Tätigkeiten".

einstweilen frei 35–39

2. Praktische Bedeutung der funktionalen Betrachtungsweise

Bestimmendes Thema bei der Anwendung der funktionalen Betrachtungs- 40 weise ist die Abgrenzung, welche Tätigkeiten der ausländischen Gesellschaft einer einheitlichen Funktion zuzuordnen sind und wo eine neue selbständige Funktion beginnt (*Flick/Wassermeyer* BB 1973, 859). Praktische Bedeutung gewinnt dabei insbesondere die Frage, ob bestimmte Einkünfte der ausländischen Gesellschaft Vor-, Neben- oder Folgeerträge der eigentlichen Haupttätigkeit darstellen, die, obwohl sie für sich betrachtet passiven Charakter haben, aufgrund des wirtschaftlichen Zusammenhangs für Zwecke der Hinzurechnungsbesteuerung das Schicksal einer aktiven Haupttätigkeit teilen. Bei Einkünften aus für die aktive Tätigkeit notwendigen Finanzmitteln, Einkünften aus der Vermietung von Werkswohnungen und Einkünften aus der Verpachtung von Vorratsgelände, sieht die Finanzverwaltung einen wirtschaftlichen Zusammenhang mit den Einkünften aus einer begünstigten Tätigkeit grundsätzlich als gegeben an und befürwortet eine einheitliche steuerliche Einkünftequalifikation (Tz. 8.0.2. AEAStG). Da sich diese Aufzählung ausschließlich auf einige typische Nebenerträge beschränkt, bedarf sie zum besseren Verständnis der Systematisierung und Ergänzung.

41 Unter Vorerträgen sind Einkünfte zu verstehen, die im Rahmen vorbereitender Tätigkeiten anfallen. Nebenerträge basieren auf Tätigkeiten, die den unmittelbaren Haupttätigkeiten wirtschaftlich gesehen untergeordnet sind (sog. Hilfstätigkeiten), aber durch diese mitverursacht werden und Folgeerträge haben ihren Ursprung in der eigentlichen Haupttätigkeit, entstehen aber nachfolgend, dh logisch oder zeitlich im Anschluss an die Erträge aus der Haupttätigkeit. Da Vor-, Neben- und Folgeerträge ohne die andere (beherrschende) Haupttätigkeit nicht erzielt worden wären, stammen sie aus einer sog. unselbständigen Einkunftsquelle. Die Erträge gehören – sofern die Haupttätigkeit als aktiv qualifiziert – ebenfalls zu den begünstigten Tätigkeiten, da sie wirtschaftlich gesehen untrennbar mit der Haupttätigkeit verbunden sind. Dem Grundsatz nach sind für jede Tätigkeit bzw. jeden Tatbestand des § 8 Abs. 1 sowohl Vor- und Neben- als auch Folgeerträge denkbar.

42 Im Bereich der Nebenerträge können als Beispiele Einnahmen aus der Auflösung von Rückstellungen, Zinserträge aus Forderungsstundungen, Zinsen aus der Anlage der betriebsnotwendigen Liquidität (*SKK* § 8 AStG Rz. 15), insbesondere des Jahresgewinns bis zur Ausschüttung genannt werden (Bejahend: *Menck* DStZ 1975 Ausgabe A, 2543; kritisch: *Schelle* Praxis des Außensteuerrechts (1997), S. 118 hinsichtlich Erträgen aus Wertpapieren, die als Liquiditätsreserve gehalten werden sowie bzgl. Zinsen, die aus der Anlage des Jahresgewinns stammen; s.a.: BFH v. 30.8.1995, I R 77/94, BStBl. II 1996, 126). Auch investment income (Erträge aus Finanzanlagen) aus der sicheren Anlage der erzielten Versicherungsprämien eines ausländischen Rückversicherers steht in einem funktionalen Zusammenhang mit dem Rückversicherungsgeschäft (BFH v. 13.10.2010, I R 61/09, BStBl. II 2011, 249).

43 Als Folgeerträge sind insbesondere die Gewinne oder Verluste aus der Veräußerung des Betriebsvermögens anzuführen. Nach Auffassung der Finanzverwaltung (Tz. 8.1.1. AEAStG) ist ein Gewinn oder Verlust aus der Veräußerung des für eine aktive land- und forstwirtschaftliche Tätigkeit eingesetzten Vermögens für Zwecke der Hinzurechnungsbesteuerung wie die land- und forstwirtschaftliche Tätigkeit selber, als aktiv anzusehen. Es ist kein Grund erkennbar, warum der Grundsatz, dass ein Veräußerungsgewinn hinsichtlich seiner Aktivität oder Passivität ebenso zu behandeln ist, wie die mit diesem Wirtschaftsgut ausgeübte Tätigkeit auf eine bestimmte Tätigkeit beschränkt sein sollte. Vielmehr muss dieser Grundsatz für alle Nrn. 1 bis 7 des § 8 Abs. 1 Anwendung finden, da – unabhängig von der Art der Tätigkeit – die Veräußerung den letzten Akt der Tätigkeit darstellt und damit unmittelbare Folge der Tätigkeit ist.

Wurde das veräußerte Wirtschaftsgut während eines Zeitraums für aktive **44** Tätigkeiten verwendet und während eines anderen Zeitraums für passive Tätigkeiten genutzt, so wird in Zusammenhang mit der Aufteilung der Einkünfte auf aktive und passive Tätigkeiten in der Literatur strittig diskutiert, ob auf die Nutzung des Wirtschaftsguts zum Zeitpunkt der Veräußerung abgestellt werden kann (Lademann/Söffing/Brockhoff/*Gropp* § 8 AStG Rz. 75) oder die gesamte Zeit der Nutzung durch die ausländische Gesellschaft ausschlaggebend ist (*FWBS* § 8 AStG Rz. 17, wobei seiner Ansicht nach aus Vereinfachungsgründen für die Beurteilung nur der Zeitraum der letzten 3–5 Jahre herangezogen werden sollte; ebenso: *SKK* § 8 AStG Rz. 20). Da ein Abstellen auf den Veräußerungszeitpunkt einerseits Missbrauchsmöglichkeiten eröffnet, andererseits aber für den Steuerpflichtigen auch zu unbilligen Härten führen kann, ist es mE notwendig, den Nutzungszeitraum zu betrachten. Wurde das Wirtschaftsgut teilweise für passive Tatbestände verwendet, muss der Gewinn oder Verlust aus der Veräußerung aufgeteilt werden und der Anteil, der auf die passive Nutzung entfällt, ist der Hinzurechnungsbesteuerung zu unterwerfen. Auch bei der Veräußerung gemischt genutzter Wirtschaftsgüter, dh Wirtschaftsgüter die gleichzeitig sowohl für die Erzielung aktiver als auch passiver Einkünfte eingesetzt wurden, gehört ein Veräußerungserlös zu den Zwischeneinkünften, wenn und soweit das veräußerte Wirtschaftsgut dem passiven Erwerb zu dienen bestimmt war. Es ist daher notwendig den Gewinn oder Verlust aus der Veräußerung hinsichtlich der Nutzung des zu veräußernden Wirtschaftsgutes in der Vergangenheit aufzuteilen.

Die Schwierigkeit dürfte darin bestehen, einen sinnvollen, aussagefähigen **45** Aufteilungsmaßstab zu wählen. So wäre es denkbar im Falle der Veräußerung einer für aktive Dienstleistungen und passive Handelstätigkeiten genutzten Immobilie durch die ausländische Gesellschaft als Aufteilungsmaßstab die für die jeweiligen Tätigkeiten genutzten Flächen heranzuziehen, es bietet sich aber ebenfalls an, eine Aufteilung nach Umsätzen oder Erträgen durchzuführen.

Exkurs:

Der in der Literatur weitgehend als verfassungswidrig angesehene, neueingeführte § 8 **46** Abs. 1 Nr. 9, der den Gewinn einer ausländischen Gesellschaft aus der Veräußerung einer Beteiligung als aktiven Tatbestand qualifiziert, soweit der Gewinn auf Wirtschaftsgüter der veräußerten Gesellschaft entfällt, die anderen als die in § 7 Abs. 6a bezeichneten Tätigkeiten dienen, widerspricht der oben dargestellten Systematik. Die Befreiung von der Hinzurechnungsbesteuerung gilt grundsätzlich für Veräußerungsgewinne, die auf Wirtschaftsgüter der veräußerten Gesellschaft entfallen, welche nicht der Erzielung von Zwischeneinkünften mit Kapitalanlagecharakter dienen – unabhängig davon, ob die veräußerte Gesellschaft Einkünfte aus passivem Erwerb erzielte. Erzielt eine ausländische Gesellschaft zB Einkünfte aus Vermietung und Verpachtung einer Immobilie, die gemäß § 8 Abs. 1 Nr. 6b nicht als aktiv zu qualifizieren sind, so unterliegt ein späterer Veräußerungsgewinn der Hinzurechnungsbesteuerung. Entscheidet sich dieselbe ausländische Gesellschaft die Vermietungstätigkeit durch eine Tochtergesellschaft ausüben zu lassen und veräußert die ausländische Gesellschaft ihre Beteiligung, so entfällt der Gewinn ausschließlich auf die Immobilie, die nicht der Erzielung von Einkünften mit Kapitalanlagecharakter diente und der Veräußerungsgewinn ist nicht der Hinzurechnungsbesteuerung zu unterwerfen. Darüber hinaus sieht § 8 Abs. 1 Nr. 9 auch keine Aufteilung des Veräußerungsgewinns in aktive und passive Einkünfte vor, insoweit der Veräußerungsgewinn auf ein Wirtschaftsgut entfällt, das sowohl der Erzielung aktiver Einkünfte als auch – wenn auch nur zu einem sehr geringen Teil – der Erzielung von Einkünften mit Kapitalanlagecharakter diente.

47 Ein weiterer Fall der Folgeerträge sind Gewinne, die im Zusammenhang mit einer Betriebsaufgabe erzielt werden, da die Betriebsaufgabe als letzter Geschäftsvorfall der Gesellschaft anzusehen ist, bei dem es zu einer Veräußerung/Übertragung sämtlicher Wirtschaftsgüter in zeitlich konzentrierter Form kommt. Wird eine Kapitalgesellschaft liquidiert, so ist der ausgekehrte Liquidationsgewinn auf Ebene des Gesellschafters gem. § 8 Abs. 1 Nr. 9 begünstigt. Die Beurteilung der Gewinnrealisation auf Ebene der liquidierten Gesellschaft hat hingegen nach den allgemeinen Grundsätzen zur funktionalen Betrachtungsweise in Übereinstimmung mit der Qualifikation der laufenden Erträge zu erfolgen.

48 Fraglich dürfte hingegen sein, ob die Einkünfte aus der Verpachtung eines (land- und forstwirtschaftlichen oder gewerblichen) Betriebs im Ganzen ebenfalls Folgeerträge der mit diesem Betrieb erzielten Erträge darstellen, oder ob es sich um eigenständige Einkünfte aus Vermietung und Verpachtung iSd Nr. 6 handelt. Bejaht man das Vorliegen von Einkünften aus Vermietung und Verpachtung, so bereitet in diesem Zusammenhang insbesondere die Zuordnung der Einkünfte zu den einzelnen Vermietungstatbeständen Schwierigkeiten, da bei der Verpachtung eines gesamten Betriebs im Regelfall sowohl Rechte, Verfahren und Know-how, Grundstücke aber auch bewegliche Wirtschaftsgüter überlassen werden. Es wäre somit grundsätzlich denkbar, die Einkünfte auf die unterschiedlichen Vermietungstatbestände aufzuteilen. Ein derartiger Ansatz verkennt jedoch dass es sich um die Verpachtung einer Sachgesamtheit handelt. Selbst wenn man das Vorliegen unterschiedlicher Tätigkeiten – Überlassung der Nutzung von Rechten, Verpachtung von Grundbesitz und Verpachtung der beweglichen Wirtschaftsgüter – bejaht, handelt es sich um Tätigkeiten, die auf eine gemeinsame Veranlassung zurückzuführen sind und folglich einheitlich unter den Katalog des § 8 subsumiert werden müssen. Hierbei ist auf das wirtschaftliche Schwergewicht der Tätigkeit abzustellen. In der Praxis dürfte die Einschätzung welche der überlassenen Wirtschaftsgüter die Wesentlichen sind, bei jedem Einzelfall anders ausfallen, sodass ein derartig subjektives Kriterium als Anknüpfung für die Hinzurechnungsbesteuerung abzulehnen ist. Vielmehr sind die Einkünfte aus der Verpachtung des Betriebs für Zwecke des AStG einheitlich mit den laufenden Einkünften des Betriebs zu beurteilen, da die Verpachtung ihren Ursprung in der eigentlichen Tätigkeit des Betriebs hat und ohne diese nicht denkbar ist. Auch die ständige Rechtsprechung des BFH (BFH v. 13.11.1963, GrS 1/63 S, BStBl. III 1964, 126), aufgrund derer die Verpachtung eines Gewerbebetriebs für den Verpächter grundsätzlich die Fortführung des Gewerbebetriebs in anderer Form, ohne Änderung der einkommensteuerlichen Einkunftsart bedeutet, spricht für eine derartige einheitliche Beurteilung der laufenden Einkünfte des Betriebes und Verpachtungseinkünften. Im Zuge der Verpachtung stellt der Verpächter gerade nicht sämtliche Tätigkeiten ein, sondern begründet ein andauerndes Vertragsverhältnis, auf dem ständige betriebliche Handlungen, wie zB die Vereinnahmung der laufenden Pachtzinsen und die regelmäßige Kontrolle der verpachteten Vermögensanlagen beruhen (BFH v. 30.8.1960, I B 148/59 U, BStBl. III 1960, 469).

Zusätzlich zu den grundsätzlich unselbständigen Einkünften gibt es Vor-, **49** Neben- und Folgeerträge die zwar nicht untrennbar mit der Haupttätigkeit verbunden sind, aber dennoch in einer inneren Beziehung zu dieser stehen. Die Qualifikation dieser Erträge als aktive oder passive Einkünfte hängt maßgeblich von dem Tätigkeitsbereich der ausländischen Gesellschaft ab.

Abschließend zur Verdeutlichung noch einige Beispiele, die im Rahmen **50** verschiedener Unternehmenstypen anfallen:

a) Produktionsunternehmen

Die produzierende Tätigkeit im Rahmen von § 8 Abs. 1 Nr. 2 umfasst den bei **51** der anschließenden Veräußerung der hergestellten Produkte erzielten Ertrag als Folgeertrag der Produktionstätigkeit (*Schaumburg* Internationales Steuerrecht Rz. 10.81, S. 406; *FWBS* § 8 AStG Rz. 78; *Reiser/Cortez* Ubg 2011, 851).

Als typische, aktive Nebenerträge zur Produktion gelten zB (*Menck* DStZ **52** 1975 Ausgabe A, 254f.) Einnahmen aus Werbezuschüssen anderer Unternehmer, der Auflösung von Rückstellungen und Wertberichtigungen, zur Kapazitätsauslastung hereingenommenen Dienstleistungen (zB Transportgeschäfte) und der Erbringung von Dienstleistungen im wirtschaftlichen Rahmen der Produktion (zB Gewährleistung und Reparatur für die eigene Produktion) sowie Einkünfte aus der Finanzierung von Abnehmern (*Reiser/Cortez* Ubg 2011, 853).

b) Banken und Versicherungsunternehmen

Banken und Versicherungsunternehmen sind verpflichtet einen erheblichen **53** Teil ihrer Einlagen bzw. Versicherungsprämien nach den Grundsätzen der Risikostreuung in Grundstücken, Beteiligungen oder ähnlichen Vermögenswerten anzulegen. Die Einkünfte aus diesen Kapitalanlagen sind Ausfluss des originären Bankgeschäfts und daher als aktive Nebenerträge zu qualifizieren (Tz. 8.1.3.4 AEAStG; Lademann/Söffing/Brockhoff/*Tulloch* § 8 AStG Rz. 9; *SKK* § 8 AStG Rz. 59). Würde ein Unternehmen einer anderen Branche hingegen seine Gewinne in gleicher Art und Weise anlegen, wäre dies branchenunüblich und ein wirtschaftlicher Zusammenhang mit der Haupttätigkeit sicherlich fragwürdig. Im Fall der Aufgabe eines Bank- und Versicherungsunternehmens unterliegt die ausländische Gesellschaft bis zur Rückgabe der Bank- oder Versicherungslizenz regelmäßig den ausländischen rechtlichen Bestimmungen (zB aufsichtsrechtliche Regelungen und Kapitalrückführungsbeschränkungen). Auch wenn in der Abwicklungszeit der Kapitalstock der ausländischen Gesellschaft wirtschaftlich nicht mehr erforderlich sein sollte, qualifizieren die Anlageerträge bei mangelnder Entscheidungsfreiheit der Gesellschaft als Folgeerträge des originären Bank- oder Versicherungsgeschäfts und begründen keine neuen eigenständig zu beurteilenden Einkünfte zB aus der darlehensweisen Vergabe von Kapital.

c) Holdinggesellschaften

Trotz der Abschaffung des Holdingprivilegs in § 8 Abs. 2 aF dürften zumin- **54** dest die Einkünfte einer Beteiligungsholding aufgrund des uneingeschränkten

Holdingprivilegs für Dividendenerträge (§ 8 Abs. 1 Nr. 8) nach wie vor weitgehend nicht der Hinzurechnungsbesteuerung zu unterwerfen sein. Kapitalerträge, die mittels Anlage der vereinnahmten Dividenden erzielt werden, stehen in wirtschaftlichem Zusammenhang mit den Dividendenerträgen und begründen keinen eigenen Tätigkeitsbereich (AA offensichtlich die Finanzverwaltung, wie sich aus der Streichung des Satzes „Ebenso können Einkünfte mit Kapitalanlagecharakter bei funktionaler Betrachtungsweise Nebenerträge aus sonstigem passiven Erwerb sein." in dem Schreiben betr. Grundsätze zur Anwendung des Außensteuergesetzes v. 14.5.2004, IV B4-S 1340-11/04, BStBl. I 2004, Sondernummer 1 (AEAStG), Tz. 8.0.2 ergibt). Als Folgeerträge sind sie einheitlich mit den Dividendenerträgen als aktiv zu behandeln. Typischerweise erzielen Holdinggesellschaften zusätzlich zu den Dividendenerträgen beträchtliche Finanzierungserträge aus der Anlage von Kapital, welches von der Gesellschaft zum Ausbau der strategischen Position der Unternehmensgruppe vorgehalten wird. Zur Erfüllung dieses Unternehmenszwecks ist es notwendig, gezielt Mittel im Hinblick auf zukünftige Kapitalerhöhungen bei Tochtergesellschaften oder auf beabsichtigte Akquisitionen anzusammeln (*Ziegler/Baumgärtl* FS Karl Beusch,1993, 970). Ob es sich bei den Kapitalerträgen um Nebenerträge oder Vorerträge zu den in späteren Perioden erzielten Dividendenerträgen handelt, ist ohne praktische Bedeutung, da in beiden Fällen mE ein wirtschaftlicher Zusammenhang zu bejahen ist.

55–69 *einstweilen frei*

B. Einkünfte von Zwischengesellschaften (Abs. 1)

70 Nachfolgend werden die in § 8 Abs. 1 aufgeführten Katalogeinkünfte im Einzelnen kommentiert. Alle Einkünfte, die nicht ausdrücklich in diesem Katalog genannt sind, qualifizieren als Einkünfte aus passivem Erwerb.

71 Unter den Einkünften des § 8 Abs. 1 ist der Saldo aus den Einnahmen und den Ausgaben zu verstehen (sog. **Nettoprinzip**), wobei gem. § 10 Abs. 4 bei der Ermittlung des Hinzurechnungsbetrages nur Betriebsausgaben, die mit den Einnahmen in wirtschaftlichem Zusammenhang stehen, zu berücksichtigen sind.

72 Vor dem Hintergrund, dass die einzelnen Einkünfte sowohl positiv als auch negativ sein können, kommt es im Rahmen der Hinzurechnungsbesteuerung u U zu einer Art vertikalem Verlustausgleich. Dieser ist jedoch auf die jeweilige Zwischengesellschaft beschränkt, ein Verlustausgleich zwischen Einkünften verschiedener Zwischengesellschaften findet nicht statt.

I. Einkünfte aus land- und forstwirtschaftlicher Tätigkeit (Nr. 1)

73 Bei der Land- und Forstwirtschaft handelt es sich um eine Tätigkeit, die ohne jegliche Einschränkung als aktiv zu qualifizieren ist. Für die Auslegung des Begriffs Land- und Forstwirtschaft und seiner Abgrenzung von anderen Tätigkeiten kann auf die Regelungen der §§ 13–14a EStG zurückgegriffen werden. Als Folge erfasst § 8 Abs. 1 Nr. 1 nicht nur die Einkünfte aus Land-

B. I. Einkünfte aus land- und forstwirtschaftl. Tätigkeit (Nr. 1)   74–76   § 8

und Forstwirtschaft i e S, dh die Einkünfte aus der planmäßigen Nutzung der natürlichen Kräfte des Bodens zur Erzeugung von Pflanzen und Tieren sowie die Verwertung der dadurch selbstgewonnenen Erzeugnisse (EStR 15.5 Abs. 1), sondern auch die Einkünfte aus dem Weinbau, dem Gartenbau und aus allen Betrieben, die Pflanzen und Pflanzenteile mit Hilfe der Naturkräfte gewinnen. Zu den Einkünften aus Land- und Forstwirtschaft gehören ferner grundsätzlich auch die Einkünfte aus Tierzucht und Tierhaltung, aus der Jagd und aus land- und forstwirtschaftlichen Nebenbetrieben sowie die Einkünfte aus sonstiger land- und forstwirtschaftlicher Nutzung iSd § 62 BewG. Letztere umfassen insbesondere die Binnenfischerei und die Teichwirtschaft nebst zugehöriger Fischzucht, die Imkerei, die Wanderschäferei und die Saatzucht.

Eine uneingeschränkte Anwendung der einkommensteuerlichen Regelungen ist jedoch abzulehnen, da § 8 Abs. 1 Nr. 1 einen Tätigkeitsbereich umschreibt und gerade nicht Einkünfte einer Einkunftsart zuordnet (aA *FWBS* § 8 AStG Rz. 52). Dies zeigt sich ua an dem Beispiel der Einkünfte aus Küsten- und Hochseefischerei, die einkommensteuerlich zu den gewerblichen Einkünften zählen, während Einkünfte aus Binnenfischerei land- und forstwirtschaftliche Einkünfte darstellen (Schmidt/*Kulosa* § 13 EStG Rz. 36). Verneint man für Zwecke der Hinzurechnungsbesteuerung eine Erfassung der Küsten- und Hochseefischerei als land- und forstwirtschaftliche Tätigkeit, werden ausnahmslos Einkünfte aus passivem Erwerb generiert, da der Gesetzeswortlaut einer Subsumtion der Fischerei unter die § 8 Abs. 1 Nrn. 2–9 entgegensteht. Bezug nehmend auf den Willen des Gesetzgebers wird in der Literatur die Qualifikation der Küsten- und Hochseefischerei als aktive Tätigkeit und die Erfassung der Einkünfte im Rahmen des § 8 Abs. 1 Nr. 2 mittels teleologischen Reduktion befürwortet (Blümich/*Vogt* § 8 AStG Rz. 19). ME ist ein Rückgriff auf das Hilfsmittel der teleologischen Reduktion nicht nötig, da die Subsumtion der Einkünfte aus der Küsten- und Hochseefischerei unter die Einkünfte aus Land- und Forstwirtschaft bereits aufgrund der tätigkeitsorientierten Betrachtungsweise des § 8 geboten ist. Ähnlich ist für die Qualifikation von Einkünften aus Tierzucht – anders als im Einkommensteuerrecht (Schmidt/*Kulosa* § 13 EStG Rz. 18) – nicht darauf abzustellen, welche Art von Tieren gezüchtet werden.

74

Auch die Tatsache, dass in der Literatur die Anwendung der Detailregelungen zB in Bezug auf den Viehbesatz nur insoweit befürwortet wird als diese auf die besonderen Verhältnisse im ausländischen Belegenheitsort übertragen werden können, spricht gegen eine uneingeschränkte Anwendung der Regelungen der §§ 13–14a EStG im Rahmen des AStG.

75

Die Frage der Einkünftequalifikation im Rahmen des Zukaufs fremder Erzeugnisse wird in der Literatur gegensätzlich diskutiert. Bei Vorliegen eines einkommensteuerlich schädlichen Zukaufs ist auch bei einer einheitlich ausgeübten Tätigkeit gedanklich zwischen dem sog. Erzeugerbetrieb, der die selbstgewonnenen land- und forstwirtschaftlichen Erzeugnisse absetzt und dem Handelsgeschäft, welches die zugekauften fremden Erzeugnisse veräußert, zu unterscheiden. Die tätigkeitsorientierte Betrachtungsweise des Außensteuergesetzes gebietet eine Zuordnung der jeweiligen Einkünfte zu § 8 Abs. 1 Nr. 1 (Land- und Forstwirtschaft) einerseits und zu § 8 Abs. 1 Nr. 4 (Handel) an-

76

dererseits (Mössner/Fuhrmann/*Geurts* § 8 AStG Rz. 55; *FWBS* § 8 AStG Rz. 55, wo eine einheitliche Behandlung als Handelstätigkeit befürwortet wird, sofern der Anteil der Zukäufe am verkauften Gemüse mehr als 30 % beträgt).

77 Im Bereich des Gartenbaus kann als Beispiel für eine von der einkommensteuerlichen Auslegung des Begriffs Land- und Forstwirtschaft für Zwecke des AStG abweichende Auslegung die Züchtung neuer Pflanzensorten und die Überlassung von Lizenzen angeführt werden. Während die Lizenzeinnahmen aus der Züchtung neuer Pflanzensorten einkommensteuerlich als Einkünfte aus Land- und Forstwirtschaft zu qualifizieren sind (BFH v. 6.5.1954, IV 221/53 U, BStBl. III 1954, 198), liegen für Zwecke der Hinzurechnungsbesteuerung Einkünfte aus Vermietung und Verpachtung iSv § 8 Abs. 1 Nr. 6a vor. Zur Einkünftequalifikation von Lizenzeinnahmen, die sich auf landwirtschaftliche Produkte beziehen, s. Mössner/Fuhrmann/*Geurts* § 8 AStG Rz. 54.

78 Gewinne aus der Veräußerung des für die land- und forstwirtschaftliche Tätigkeit eingesetzten Vermögens qualifizieren unstrittig als Einkünfte iSv § 8 Abs. 1 Nr. 1 (Tz. 8.1.1. AEAStG). Die steuerliche Behandlung von Einkünften aus der Verpachtung eines land- und forstwirtschaftlichen Betriebs für Zwecke der Hinzurechnungsbesteuerung wird hingegen kontrovers diskutiert. Die von *Wassermeyer* (*FWBS* § 8 AStG Rz. 57) vertretene Qualifikation der Verpachtungseinkünfte als Einkünfte aus land- und forstwirtschaftlicher Tätigkeit in Anlehnung an die einkommensteuerliche Behandlung wird von der Literatur unter Hinweis auf die tätigkeitsorientierte Betrachtungsweise des Außensteuergesetzes tendenziell eher abgelehnt (Blümich/*Vogt* § 8 AStG Rz. 19). Aber die als Alternative vorgeschlagene Subsumtion der Einkünfte aus der Verpachtung von oder dem Nießbrauch an land- und forstwirtschaftlichen Betrieben unter § 8 Abs. 1 Nr. 6 vermag nur zu überzeugen, sofern es sich bei den Einkünften aus der Verpachtung eines land- und forstwirtschaftlichen Betriebs nicht um typische Folgeerträge (im Einzelnen → Rz. 48) der ursprünglich durch den Verpächter aufgrund seiner originär ausgeübten land- und forstwirtschaftlichen Tätigkeit erzielten Einkünfte aus Land- und Forstwirtschaft handelt. Als Folgeerträge qualifizieren somit auch die Einkünfte aus Verpachtung als aktive Einkünfte iSd Nr. 1.

79–84 *einstweilen frei*

II. Einkünfte aus industrieller Tätigkeit (Nr. 2)

85 Die industrielle Tätigkeit steht als aktive Tätigkeit grundsätzlich außerhalb der Hinzurechnungsbesteuerung. Sie beinhaltet drei Bereiche, die eigentliche Produktion von Sachen, die Energieerzeugung und das Aufsuchen und Gewinnen von Bodenschätzen.

1. Produktion von Sachen

86 Das Gesetz begünstigt in § 8 Abs. 1 Nr. 2 die „Herstellung, Bearbeitung, Verarbeitung und Montage von Sachen" und entlastet damit im Wesentlichen den gesamten Sektor der industriellen Urproduktion von der Hinzurechnungsbesteuerung. Auch die handwerkliche Produktion qualifiziert im Regelfall als industrielle Tätigkeit, da entscheidendes Kriterium die – allen Produktionsformen gemeinsame – Wertschöpfung ist.

Die spätere Verwendung der Sache (Herstellung zum Weiterverkauf, Nutzung im eigenen Betrieb oder Produktion im Rahmen eines Werk-, Werklieferungs- oder Dienstvertrags) ist ebenfalls nicht maßgebend für die Qualifikation der Tätigkeit als aktive Produktion (Blümich/*Vogt* § 8 AStG Rz. 20). 87

Wesentliche Voraussetzung für das Vorliegen von industrieller Tätigkeit ist jedoch, dass die ausländische Gesellschaft die betreffende Tätigkeit selbst erbringt. Im Rahmen einer arbeitsteiligen Wirtschaft kann nicht gefordert werden, dass sämtliche im Zusammenhang mit der Herstellung verbundenen Geschäftsprozesse eigenständig durchgeführt werden. Verliert die Tätigkeit der ausländischen Gesellschaft durch die Auslagerung von wesentlichen Geschäftsprozessen jedoch das Gepräge der Herstellung, qualifizieren ihre Einkünfte nicht als aktiv iSd § 8 Abs. 1 Nr. 2 (Mössner/Fuhrmann/*Geurts* § 8 AStG Rz. 61; aA *SKK* § 8 AStG Rz. 46 und *Reiser/Cortez* Die funktionale Betrachtungsweise der deutschen Hinzurechnungsbesteuerung im Anwendungsbereich der Produktionstätigkeit, Ubg 2011, 850, die nicht auf die Erbringung der Tätigkeit, sondern primär auf die Übernahme des Herstellungsrisikos abstellen). Hierfür benötigt die ausländische Gesellschaft zumindest in einem gewissen Umfang eigene Produktionsstätten und eigenes Personal. Eine Betriebsverpachtung führt daher nicht zu originären Einkünften aus industrieller Tätigkeit iSd Nr. 2. Wie auch bei der Verpachtung eines land- und forstwirtschaftlichen Betriebs (im Einzelnen → Rz. 77), ist auch bei der Verpachtung eines Produktionsbetriebs die Annahme von Einkünften aus Vermietung und Verpachtung iSd Nr. 6 in den Fällen abzulehnen, in denen die Verpachtung eine typische Folgetätigkeit der vorher ausgeübten Produktionstätigkeit darstellt (im Einzelnen → Rz. 48). Die im Rahmen der Verpachtung erzielten Einkünfte qualifizieren in diesen Fällen als aktive Einkünfte iSd Nr. 2. 88

a) Der Sachbegriff des § 8 Abs. 1 Nr. 2

Auch wenn für Zwecke des Steuerrechts der Sachbegriff eigenständig aus dem steuerrechtlichen Normzweck bestimmt werden muss, kann für die Auslegung grundsätzlich auf die Legaldefinition des bürgerlichen Rechts zurückgegriffen werden. § 90 BGB definiert „Sachen" als körperliche (materielle) Gegenstände. Darunter fallen sowohl bewegliche Sachen als auch Grundstücke. Auch Tätigkeiten im Zusammenhang mit der Herstellung, dem Ausbau, dem Umbau und der Erweiterung von Gebäuden werden daher im Regelfall von § 8 Abs. 1 Nr. 2 erfasst (*FWBS* § 8 AStG Rz. 68; *SKK* § 8 AStG Rz. 47). Von den körperlichen Gegenständen abzugrenzen sind unkörperliche (immaterielle) Gegenstände wie Immaterialgüterrechte, zB in Form von Patenten und Lizenzen, sowie sonstige Vermögensrechte, insbesondere Forderungen, die nicht dem Sachbegriff des BGB unterliegen (*Säcker/Holch* § 90 BGB Rz. 4 ff.). 89

Seit Einführung des § 90a BGB gehören (lebende) Tiere zivilrechtlich nicht mehr zu den Sachen. Auch wenn gem. § 90a S. 3 BGB auf Tiere, die für Sachen geltenden Vorschriften entsprechend anzuwenden sind, führt dies mE nicht dazu, Tiere als Sachen iSd Nr. 2 anzusehen. Selbst wenn die Tierzucht 90 eine der Produktion ähnliche Tätigkeit darstellt, besteht keine Notwendigkeit die Einkünfte hieraus unter Nr. 2 zu fassen, da bereits eine Befreiung von der Hinzurechnung nach Nr. 1 erfolgt (im Einzelnen, siehe § 8 Rz. 73f.). Die Herstellung, Be- und Verarbeitung von Fleischwaren hingegen fällt ohnehin unter Nr. 2, da Tierleichen eine Sache iSd § 90 BGB darstellen.

91 Auslegungsunterschiede zwischen dem Zivil- und dem Steuerrecht können sich zB bei der Beurteilung von Film- und Softwareproduktionen ergeben. Zivilrechtlich ist es nach wie vor strittig, ob Computerprogramme, die auf Datenträgern, also auf Sachen verkörpert sind, selber zu Sachen iSd § 90 BGB werden, oder ob trotz der Verkörperung auf einem Datenträger ein immaterielles Gut vorliegt (*Säcker/Holch* § 90 BGB Rz. 27 mwN). Steuerrechtlich ist darauf abzustellen, ob der geistige Gehalt der Produktion im Vordergrund steht, dh die überragende wirtschaftliche Bedeutung dem Inhalt zukommt oder das sachenrechtliche Eigentum an dem Film- oder Datenträger im primären Interesse steht. Vor dem Hintergrund, dass ein Anwender den Kaufpreis für ein Computerprogramm in erster Linie als Gegenleistung für das Nutzungsrecht bezahlt und der Datenträger an sich nur als Eingabe- und Speichermedium dient, hat der BFH entschieden (BFH v. 3.7.1987, III R 7/86, BStBl. II 1987, 731f.; BFH v. 28.7.1994, III R 47/92, BStBl. II 1994, 874f.), dass sowohl Individual- als auch Standardprogramme immaterielle Wirtschaftsgüter darstellen. Eine ähnliche Argumentation wählte der BFH auch in seinen Urteilen zu der Herstellung von Filmen (BFH v. 20.11.1970, VI R 44/69, BStBl. II 1971, 187; BFH v. 14.6.1985, V R 11/78, BFH/NV 1985, 58), in denen er als das bei einer Filmproduktion entstehende wesentliche Wirtschaftsgut die an dem Film erwachsenden Rechte ansah, denen gegenüber der Wert des Filmstreifens als körperlicher Gegenstand nur von untergeordneter Bedeutung ist. Die Software- und Filmproduktion fällt deshalb nur in Ausnahmefällen (zB bei Herstellung von Trivial-Computerprogrammen – EStR 5.5 Abs. 1) unter § 8 Abs. 1 Nr. 2 (Hierzu kritisch: *SKK* § 8 AStG Rz. 48f.), im Regelfall handelt es sich jedoch um Vermietung und Verpachtung (Nr. 6) oder Dienstleistung (Nr. 5).

b) Arten der Produktion

92 Das Gesetz begünstigt explizit drei Arten der Produktion von Sachen, die Herstellung, die Be- und Verarbeitung sowie die Montage. Allen drei Produktionsarten ist gemein, dass vor der Veräußerung der Sache eine Wertschöpfung am Produkt stattfindet, während beim Handel iSd Nr. 5 Sachen angeschafft und weiterveräußert werden, ohne dass sie in ihrer Substanz eine Veränderung erfahren.

93 **Herstellung:** Das wesentliche Merkmal der Herstellung ist die Schaffung einer zuvor nicht vorhandenen Sache.

94 **Bearbeiten und Verarbeiten:** Unter Bearbeitung versteht die Verkehrsauffassung die stoffliche Änderung oder Verbesserung einer bereits vorher bestehenden Sache, wobei die Sache an sich erhalten bleibt. Bei der **Verarbeitung** hingegen entsteht eine neue Sache durch Umgestaltung einer vorhandenen Sache, dh die ursprüngliche Sache geht in einer anderen auf.

95 Die **Produktion** einer Sache iSd Nr. 2 setzt voraus, dass durch die Be- oder Verarbeitung ein Gegenstand anderer Marktgängigkeit entstanden ist und die Ware nicht nur geringfügig behandelt worden ist. Das Kennzeichnen, Umpacken, Umfüllen, Sortieren, das Zusammenstellen von erworbenen Gegenständen zu Sachgesamtheiten sowie das Anbringen von Steuerzeichen gelten daher nach Auffassung der Finanzverwaltung nicht als Be- oder Verarbeitung iSd Nr. 2 (Tz. 8.1.2.2. AEAStG).

Montage: Montage ist das Zusammenfügen einzelner vorgefertigter Teile oder Baugruppen zu einem Enderzeugnis. Dabei kann es sich sowohl um das Aufstellen von Stahlbauten wie zB Brücken oder Gerüsten als auch um den Zusammenbau von Produktionseinheiten handeln. Die Montage kann in der Werkstatt des ausländischen Unternehmens erfolgen, sie wird üblicherweise jedoch am Verwendungsort durchgeführt. **96**

Eine Montagetätigkeit iSd Nr. 2 liegt nur vor, wenn sich die Tätigkeit der ausländischen Gesellschaft auf diese Tätigkeit beschränkt bzw. wenn andere Tätigkeiten in ihrer Bedeutung hinter der Montage zurücktreten (*FWBS* § 8 AStG Rz. 75). Handelt es sich bei der Montagetätigkeit um eine Neben- oder Hilfstätigkeit zu einer anderen Tätigkeit, zB einer Handelstätigkeit, so sind auch die Einkünfte aus der Montagetätigkeit im Rahmen der funktionalen Betrachtungsweise zusammen mit den Einkünften aus der Haupttätigkeit, zB im Rahmen der Nr. 4 (Handel), zu erfassen. Eine Aufspaltung der Einkünfte in industrielle Tätigkeit und in Handel ist nicht vorzunehmen (Tz. 8.1.2.2. AEAStG). **97**

einstweilen frei **98, 99**

2. Energieerzeugung

Vor dem Hintergrund, dass Energie von der Rechtsordnung nicht als Sache qualifiziert wird (*Säcker/Holch* § 90 BGB Rz. 5; 25), war es notwendig eine eigenständige Befreiungsvorschrift für die Produktion von Energie in das AStG aufzunehmen. **100**

Unter Erzeugung von Energie ist die Umsetzung von herkömmlichen Energieträgern, zB der fossilen Brennstoffe Kohle, Erdöl, Erdgas, Wasser, aber auch der Kernbrennstoffe in Energie zu verstehen. Der Begriff schließt daneben auch die Umwandlung in Energie anderer Formen sowie erzeugertypische Transportleistungen ein (*FWBS* § 8 AStG Rz. 76; *Blümich/Vogt* § 8 AStG Rz. 24). Erzielt die ausländische Gesellschaft im Rahmen der verbrauchsgerichteten Weiterleitung der von ihr erzeugten Energie Einkünfte für die Zurverfügungstellung des elektrischen Leitungsnetzes oder des Rohrleitungsnetzes bei Fernwärme, so sind diese Einkünfte unter die Einkünfte aus Energieerzeugung zu subsumieren. **101**

Typischerweise ist daher die Tätigkeit ausländischer Kernkraft-, Elektrizitäts-, Gas- und Wasserwerke von der Hinzurechnungsbesteuerung befreit. **102**

einstweilen frei **103, 104**

3. Aufsuchen und Gewinnung von Bodenschätzen

Das Aufsuchen und die Gewinnung von Bodenschätzen umfasst neben der eigentlichen Förderung, dh dem physischen Vorgang der Gewinnung auch die Exploration und den Aufschluss von Feldern (*FWBS* § 8 AStG Rz. 77). Da **105** der Gesetzeswortlaut das Aufsuchen der Bodenschätze in Nr. 2 explizit aufführt, ist es für die Qualifikation der Einkünfte unerheblich, ob es sich bei der Exploration und dem Aufschluss der Felder um eine Vorbereitungshandlung für die eigene Förderung handelt, oder ob es sich um ein reines Explorationsunternehmen handelt.

106 Zu den Bodenschätzen zählen insbesondere mineralische Rohstoffe, in festem oder flüssigem Zustand und Gase, die in natürlichen Ablagerungen und Ansammlungen in oder auf der Erde, auf dem Meeresgrund, im Meeresuntergrund oder im Meerwasser vorkommen (§ 3 BBergG). Bedeutende Bodenschätze sind Rohstoffe wie Gold, Aluminium, Blei, Eisen, Erdöl, Kohle, Sand, Kies, Lehm, Erze, Salze, Kohlenwasserstoff, Erdwärme ua m.

107 Von dem Aufsuchen und der Gewinnung von Bodenschätzen zu unterscheiden ist die Berechtigung zur Ausbeutung mittels Ausbeute- oder Abbauvertrag. Nach ständiger Rechtsprechung des BFH (Beschl. v. 9.10.1979, VIII S 6/76, Datev-DokNr. 55375 mwN) handelt es sich bei Ausbeuteverträgen um „Verträge über die entgeltliche und zeitlich begrenzte Überlassung von Grundstücken zur Aneignung von Bodenschätzen", die im Regelfall sowohl zivilrechtlich als auch steuerrechtlich als Pachtverträge qualifizieren. Einkünfte aus einem Ausbeutevertrag sind daher unter Nr. 6b (Vermietung und Verpachtung von Grundstücken) zu erfassen.

108–119 *einstweilen frei*

III. Einkünfte aus Bank- und Versicherungstätigkeit (Nr. 3)

120 Die von einer in einem Niedrigsteuerland ansässigen ausländischen Gesellschaft erzielten Einkünfte aus dem Betrieb eines Kreditinstitutes oder eines Versicherungsunternehmens mit einem in kaufmännischer Weise eingerichteten Geschäftsbetrieb unterliegen gem. § 8 Abs. 1 Nr. 3 grundsätzlich nicht der Hinzurechnungsbesteuerung.

121 Betreibt die ausländische Gesellschaft die Bank- oder Versicherungsgeschäfte jedoch überwiegend mit Steuerinländern, die – allein oder zusammen mit anderen Steuerinländern – mehrheitlich an der ausländischen Gesellschaft beteiligt sind, so qualifizieren die Einkünfte als passive Einkünfte.

1. Voraussetzung für das Vorliegen von Einkünften aus aktiver Tätigkeit

a) Betrieb eines Kreditinstituts

122 **aa) Der Kreditinstitutsbegriff des AStG.** In Anbetracht einer fehlenden eigenständigen Definition des Begriffs „Kreditinstitut" im Außensteuerrecht stellt sich die grundsätzliche Frage der Begriffsauslegung. Im Rahmen der systematischen Auslegung bietet sich ein Rückgriff auf das KWG an, weil die grammatische Auslegung kaum Einschränkungen erkennen lässt.

123 § 1 Abs. 1 KWG definiert Kreditinstitute anhand folgender gesetzlichen Kriterien: (a) Es muss sich um ein Unternehmen handeln, (b) das Unternehmen muss Bankgeschäfte betreiben und (c) der Betrieb dieser Bankgeschäfte muss (aa) gewerbsmäßig oder (bb) in einem Umfang erfolgen, der einen in kaufmännischer Weise eingerichteten Geschäftsbetrieb erfordert.

B. III. Einkünfte aus Bank- u. Versicherungstätigkeit (Nr. 3) **124–128 § 8**

Was unter Bankgeschäften im Einzelnen zu verstehen ist, wird in § 1 Abs. 1 **124** KWG abschließend geregelt.

Sowohl die Tatsache, dass sich das AStG der Begriffssprache des KWG be- **125** dient als auch die gesetzesübergreifende Geltung des § 1 Abs. 1 KWG für das deutsche Recht (*Szagunn/Haug/Ergenzinger* § 1 KWG Rz. 2; *Boos/Schäfer* § 1 KWG Rz. 5; *Reischauer/Kleinhans* § 1 KWG Rz. 1) sprechen auf den ersten Blick dafür, dass § 8 Abs. 1 Nr. 3 ausschließlich auf Kreditinstitute iSd § 1 Abs. 1 KWG Anwendung finden soll. Als Indiz für diese Auffassung konnte auch der Wortlaut des Anwendungsschreiben 1974 herangezogen werden, demzufolge Kreditinstitute gewerbliche Unternehmen sind, die der Art nach Bankgeschäfte iSd § 1 Abs. 1 KWG betreiben (Schreiben betr. Grundsätze zur Anwendung des Außensteuergesetzes v. 11.7.1974, IV C7-S 1340-32/74, BStBl. I 1974, Tz. 8.13.1.).

Dieser Auffassung ist entgegenzuhalten, dass entsprechend der Regelungen **126** des § 1 KWG ein der Aufsichtspflicht unterliegendes Kreditinstitut bereits dann vorliegt, wenn nur eines der aufgeführten Bankgeschäfte, sei es als alleiniger Geschäftszweig oder in Zusammenhang mit bankfremden anderen Geschäftsarten betrieben wird (*Reischauer/Kleinhans* § 1 KWG Rz. 12; *Beck/ Samm/Kokemoor* § 1 KWG Rz. 53 f.). Bei analoger Sichtweise im Rahmen der Auslegung des AStG würden sämtliche, insbesondere passive Tätigkeiten eines Unternehmens unter das Betreiben eines Kreditinstitutes fallen, wenn nur eine kreditwirtschaftliche Tätigkeit ausgeübt wird.

Bei genauer Betrachtung stellt man fest, dass § 1 Abs. 1 KWG nur die **127** „klassischen" Geschäfte einer inländischen Geschäftsbank, die sowohl Aktivals auch Passivgeschäft betreibt, darlegt. Insbesondere aber vor dem Hintergrund des steten Wandels der modernen Finanzmärkte kann die Aufzählung in § 1 Abs. 1 KWG für Zwecke des AStG nicht als abschließend betrachtet werden. Vielmehr stellt sie eine Art „Untermenge" des Bankgeschäfts dar, nämlich den Normalfall eines Kreditinstituts herkömmlicher Prägung (*FWBS* § 8 AStG Rz. 89 f.; *Strunk/Kaminski/Köhler* § 8 AStG Rz. 55; aA Lademann/ Söffing/Brockhoff/Tulloch § 8 AStG Rz. 42). Für das Zurückgreifen auf einen solchen Typusbegriff bei der Definition des Begriffs Kreditinstitut für Zwecke des AStG spricht auch, dass der Geltungsbereich des KWG auf das Inland beschränkt ist und § 1 Abs. 1 KWG somit auf ausländische Gesellschaften keine direkte Anwendung finden kann (FG BaWü v. 27.7.1995, 6 K 216/88, EFG 1996, 352). Der Typusbegriff des deutschen Kreditinstituts ist gegebenenfalls länderspezifisch um andere Geschäftsformen, die nach den örtlichen Verhältnissen zum normalen Geschäftsbild einer Bank gehören, zu erweitern (FG BaWü v. 27.7.1995, 6 K 216/88, EFG 1996, 352), so dass auch örtliche Sonderformen des Bankgeschäfts wie die Geldhingabe und die Gewinnbeteiligung nach islamischen Recht als Betrieb eines Kreditinstituts anzuerkennen sind.

Auch die Unterhaltung eines in kaufmännischer Weise eingerichteten Ge- **128** schäftsbetriebs als selbständige Voraussetzung der Aktivität im Rahmen des § 8 Abs. 1 Nr. 3 spricht gegen den Gleichlauf der Begriffe im AStG und im KWG da das Erfordernis eines kaufmännischen Geschäftsbetriebs bereits ein eigenständiges Wesensmerkmal eines Kreditinstituts darstellt. Entscheidend für Zwecke des AStG ist jedoch der Betrieb, der „unterhalten" werden muss, während ihn das KWG nur „erfordert" (*Haas* DStR 1973, 529).

129 Für den Status als Kreditinstitut ist es aufgrund des Vorrangs materieller Kriterien unerheblich, ob einem Unternehmen, das die Merkmale nach § 1 Abs. 1 KWG erfüllt, im Ausland eine Banklizenz gewährt wurde und es somit formell als Kreditinstitut anerkannt ist (FG BaWü v. 27.7.1995, 6 K 216/88, EFG 1996, 352; s.a.: *FWBS* § 8 AStG Rz. 96). Insbesondere da auch bei inländischen Unternehmen der aufsichtsrechtliche Status als Kreditinstitut unabhängig von dem Vorliegen einer Erlaubnis für das Betreiben von Bankgeschäften ist (*Reischauer/Kleinhans* § 1 KWG Rz. 7), kann die Qualifikation bei ausländischen Unternehmen nicht von dem Vorliegen einer Banklizenz abhängig gemacht werden.

130 Auch die Finanzverwaltung definiert in den Anwendungsschreiben 1994 (Schreiben betr. Grundsätze zur Anwendung des Außensteuergesetzes v. 2.12.1994, IV C7-S 1340-20/94, BStBl. I 1995, Sondernummer 1, Tz. 8.1.3.1.) und 2004 (Schreiben betr. Grundsätze zur Anwendung des Außensteuergesetzes v. 14.5.2004, IV B4-S 1340-11/04, BStBl. I 2004, Sondernummer 1 (= AEAStG), Tz. 8.1.3.1.) den Begriff des Kreditinstituts umfassend als „gewerbliche Unternehmen, die Geschäfte iSd § 1 Abs. 1 KWG und andere nach der Verkehrsauffassung der Kreditwirtschaft zuzurechnende Geschäfte in kreditwirtschaftlicher Weise betreiben". Vor dem Hintergrund, dass sich im maßgeblichen Zeitverlauf weder der betreffende Wortlaut des § 8 Abs. 1 Nr. 3 noch der des § 1 Abs. 1 KWG geändert hat, ist dies wohl als Anerkennung der Begriffsdefinition mittels Typusbegriff durch die Finanzverwaltung zu werten. Bei ihrer Forderung, dass die ausländische Gesellschaft ihre Bankgeschäfte „in kreditwirtschaftlicher Weise" betreiben muss, stellt die Finanzverwaltung auf den Grundsatz der Risikostreuung ab, dem die Banken typischerweise durch die Verbindung verschiedener Geschäfts- und Kundenrisiken sowohl im Rahmen des Aktiv- als auch des Passivgeschäfts Rechnung tragen (Tz. 8.1.3.3 und 8.1.3.4 AEAStG).

131 Die im KWG getroffene Unterscheidung zwischen Kreditinstituten iSd § 1 Abs. 1 KWG, Finanzdienstleistungsunternehmen (§ 1 Abs. 1a KWG) und Finanzunternehmen (§ 1 Abs. 3 KWG) ist von aufsichtsrechtlichen Gesichtspunkten geprägt, während das AStG in seiner Zielsetzung die Erlangung von ungerechtfertigten Steuervorteilen durch Verlagerung von Einkünften im Interesse der Gleichmäßigkeit der Besteuerung und der Wettbewerbsneutralität verhindern will. Das KWG stellt materiellrechtlich gesehen Bundespolizeirecht dar, welches die Sicherheit des Finanzsektors gewährleisten soll. Als Eingriffsrecht stellt es dabei die als sensibel anzusehenden Teilbereiche des Finanzwesens unter Aufsicht und greift nahezu notwendigerweise in Art. 12 GG ein. Dessen Verhältnismäßigkeitsgrundsatz gebietet indes, die Eingriffe nicht weiter als erforderlich auszudehnen. Aus einer fehlenden Regelung im KWG kann deshalb nur auf die Ungefährlichkeit einer Tätigkeit, nicht aber auf ihre Qualifikation als aktiv oder passiv geschlossen werden. Vor diesem Hintergrund erscheint es als wenig sachgerecht, die aus Sicht des AStG nahezu willkürliche Abgrenzung des KWG für Zwecke der Einkünftequalifikation zu übernehmen. Dies gilt umso mehr, als der Katalog des § 1 KWG einem steten Wandel unterliegt und es immer wieder zu „Verschiebungen" von Aktivitäten zwischen Kredit-, Finanzdienstleistungs- und Zahlungsinstituten kommt (siehe insbesondere Girogeschäft und E-Geld-Geschäft). Eine pauschale Aussage hin-

B. III. Einkünfte aus Bank- u. Versicherungstätigkeit (Nr. 3) 132–136 § 8

sichtlich der Qualifikation der Einkünfte als aktiv oder passiv kann nicht getroffen werden (Blümich/*Vogt* § 8 AStG Rz. 29; Mössner/Fuhrmann/ *Geurts* § 8 AStG Rz. 77; *SKK* § 8 AStG Rz. 55, wonach sowohl Tätigkeiten von Finanzdienstleistungsinstituten iSd § 1 Abs. 1a KWG als auch von Finanzunternehmen iSd § 1 Abs. 3 KWG als aktive Einkünfte aus dem Betrieb von Kreditinstituten qualifizieren können). Eine pauschale Aussage hinsichtlich der Qualifikation der Einkünfte als aktiv oder passiv kann nicht getroffen werden (Blümich/*Vogt* § 8 AStG Rz. 29; Mössner/Fuhrmann/*Geurts* § 8 AStG Rz. 77; *SKK* § 8 AStG Rz. 55, wonach sowohl Tätigkeiten von Finanzdienstleistungsinstituten iSd § 1 Abs. 1a KWG als auch von Finanzunternehmen iSd § 1 Abs. 3 KWG als aktive Einkünfte aus dem Betrieb von Kreditinstituten qualifizieren können). Vielmehr ist das Vorliegen der Tatbestandsvoraussetzungen für die entsprechenden Geschäftstypen anhand der im Einzelfall ausgeübten Tätigkeit zu prüfen, wobei der aufsichtsrechtlichen Nennung des jeweiligen Geschäftstypus im KWG allenfalls positive, aber dem Fehlen keine negative indizielle Auswirkung auf die außensteuerrechtliche Qualifikation der Einkünfte zukommt.

Hieraus wird der ordnungsrechtliche Charakter des KWG ersichtlich. Das Bedürfnis einer staatlichen Aufsicht kann nicht die Aktivität oder Passivität einer oder mehrerer Tätigkeiten begründen. Dies zeigt, dass es im Rahmen einer teleologischen Auslegung unter Berücksichtigung der historischen Intention des Gesetzgebers erforderlich ist, den Kreditinstitutsbegriff aus dem steuerrechtlichen Bedeutungszusammenhang, aus dem Zweck und der Funktion des AStG abzuleiten.

Das AStG wurde mit der Zielsetzung geschaffen, die Erlangung von ungerechtfertigten Steuervorteilen durch Verlagerung von Einkünften im Interesse der Gleichmäßigkeit der Besteuerung und der Wettbewerbsneutralität zu verhindern (BT-Drs. VI/2883, 14 ff.). Eine Diskriminierung betriebs- oder volkswirtschaftlich sinnvoller oder gar notwendiger Tätigkeiten lag nicht in der Absicht des Gesetzgebers. Gerade im Rahmen ihrer Allokations- und Risikotransformationsfunktion kommt den Kreditinstituten eine maßgebliche finanzwirtschaftliche Bedeutung zu, die keinen Raum für die Hinzurechnungsbesteuerung lässt.

bb) Bankgeschäfte im Einzelnen. Nachfolgend wird davon ausgegangen, dass das KWG einen Positivkatalog enthält, die Nichtnennung der Tätigkeit aber keinen Schluss auf ihre Nichtzugehörigkeit zum Bankbereich zulässt. Im Einzelnen umfasst der Betrieb von Kreditinstituten iSd § 8 Abs. 1 Nr. 3 somit mindestens folgende Bankgeschäfte und andere nach der Verkehrsauffassung der Kreditwirtschaft zuzurechnende Geschäfte, sofern diese in kreditwirtschaftlicher Weise betrieben werden:

(1) Einlagengeschäft. Neben der Finanzierung auf gesellschaftlicher Ebene durch Eigenkapital erfolgt die Ansammlung und Bereithaltung von Kapital bei Kreditinstituten normalerweise mittels Schuldverschreibungen und durch Einlagen.

Unter Einlagengeschäft versteht das KWG die Annahme fremder Gelder als Einlagen oder anderer rückzahlbarer Gelder des Publikums, sofern der Rückzahlungsanspruch nicht in Inhaber- oder Orderschuldverschreibungen verbrieft wird. Dieser Wertung kann auch für das AStG gefolgt werden.

137 Entscheidende Indizien für den Betrieb eines Einlagengeschäftes sind insbesondere: (a) die laufende Annahme von Geldern, (b) von einer Vielzahl von Geldgebern, (c) ohne banktübliche Besicherung, (d) aufgrund typisierter Verträge, (e) mit Rückzahlungsverpflichtung.

138 Obwohl das Einlagengeschäft idR mit der Zahlung von Zinsen einhergeht, ist es für die Tätigkeit an sich unerheblich, ob für die Überlassung des Geldes Zinsen vergütet werden (*Boos/Schäfer* § 1 KWG Rz. 36).

138a **(2) Pfandbriefgeschäft.** Das mit Gesetz zur Neuordnung des Pfandbriefrechts v. 22.5.2005 (BGBl. 2005 I 1373) mit Wirkung v. 19.7.2005 in das KWG eingefügte Pfandbriefgeschäft umfasst die Ausgabe gedeckter Schuldverschreibungen auf Grund (a) erworbener Hypotheken unter der Bezeichnung Pfandbriefe oder Hypothekenpfandbriefe (b) erworbener Forderungen gegen staatliche Stellen unter der Bezeichnung Kommunalschuldverschreibungen, Kommunalobligationen oder öffentlicher Pfandbriefe (c) erworbener Schiffshypotheken (d) erworbener Registerpfandrechte nach § 1 des Gesetzes über Rechte an Luftfahrzeugen oder ausländischer Flugzeughypotheken (§ 1 Abs. 1 PfandBG).

138b Vielmehr ist das Vorliegen der Tatbestandsvoraussetzungen für die entsprechenden Geschäftstypen anhand der im Einzelfall ausgeübten Tätigkeit zu prüfen, wobei der aufsichtsrechtlichen Nennung des jeweiligen Geschäftstypus im KWG allenfalls positive, aber dem Fehlen keine negative indizielle Auswirkung auf die außensteuerrechtliche Qualifikation der Einkünfte zukommt.

139 **(3) Kreditgeschäft.** Auch beim Kreditgeschäft kann man sich an das KWG anlehnen. Das Kreditgeschäft ist definiert als die Gewährung von Gelddarlehen und Akzeptkrediten. Ob und in welcher Höhe die gewährten Darlehen verzinst werden, ist nicht ausschlaggebend dafür, ob ein Gelddarlehen vorliegt. Daher qualifiziert auch die Gewährung partiarischer Darlehen als Kreditgeschäft (*Boos/Schäfer* § 1 KWG Rz. 47, 51).

Sonderformen des Kreditgeschäfts:

140 Unter **Factoring** wird der gewerbsmäßige Ankauf von Forderungen gegen sofortige Wertstellung oder Kreditierung mit der Übernahme von Dienstleistungspflichten (zB Inkasso, Debitoren-Buchhaltung) verstanden. Übernimmt der Factor das Risiko der Uneinbringlichkeit der Forderung, so spricht man von echtem Factoring, während bei dem sog. unechten Factoring das Ausfallrisiko beim Forderungsverkäufer verbleibt. Vor dem Hintergrund, dass rechtlich gesehen beim Factoring – unabhängig davon, ob es sich um echtes oder unechtes Factoring handelt – ein Kaufvertrag vorliegt, qualifiziert Factoring aufsichtsrechtlich nicht als Kreditgeschäft iSd § 1 Abs. 1 Nr. 2 KWG (*Boos/Schäfer* § 1 KWG Rz. 51). Dennoch stellt sich für Zwecke des AStG die Frage, ob Factoring nach der Verkehrsauffassung einer der Kreditwirtschaft zuzurechnendes Geschäft darstellt und als Folge unter § 8 Abs. 1 Nr. 3 gefasst werden kann.

141 Obwohl das Factoring mehrere Funktionen umfasst, nämlich eine Finanzierungsfunktion, eine Dienstleistungsfunktion und – bei echtem Factoring – die Funktion der Ausfallhaftung, ist die Factoringleistung im Rahmen der funktionalen Betrachtungsweise einheitlich unter Nr. 3 zu subsumieren. Eine Aufteilung der Einkünfte in Finanzierungsentgelt und in Dienstleistungsentgelt

B. III. Einkünfte aus Bank- u. Versicherungstätigkeit (Nr. 3) 142–144 § 8

für die Verwaltung, das Inkasso und die Debitoren-Buchhaltung ist nicht sachgerecht, da letztere wohl Nebenerträge darstellen, die nach Entstehung und Zweckbestimmung durch denselben Ertrag veranlasst sind (*Schnorberger* RIW 1993, 912 f.; *Lickteig* StBP 2001, 270; aA *Gundel* IStR 1993, 53; *Menck* StBP 1997, 200).

142 Bei wirtschaftlicher Betrachtungsweise steht beim **unechten Factoring** die Gewährung eines Kredites an den Anschlusskunden im Vordergrund. Die Abtretung der Kundenforderung dient dabei der Sicherung der Ansprüche des Factors aus dem Geschäft. Die zusätzliche Übernahme von Dienstleistungen (zB Inkasso, Debitoren-Buchhaltung etc.) ist die Voraussetzung dafür, die Tilgung des gewährten Kredits durch Einziehung der Kundenforderung und Verrechnung der Valuta auf die Schuld des Anschlusskunden zu ermöglichen (BGH v. 3.5.1972, VIII ZR 170/71, BGHZ 58, 367 f.). Wirtschaftlich gesehen kann das unechte Factoring auch mit dem unstrittig als Kreditgeschäft anerkannten Wechseldiskont verglichen werden. Durch die Haftung des Indossanten für die Zahlung durch den Bezogenen erhält die Bank quasi ein Rückgriffsrecht, ähnlich dem des Factors. Das unechte Factoring gehört somit zu den typischerweise von der klassischen Kreditwirtschaft wahrgenommenen Geschäften und ist daher als aktive Tätigkeit iSv § 8 Abs. 1 Nr. 3 anzuerkennen.

143 Schwieriger scheint die Einordnung des **echten Factoring**. Ein Teil der Literatur vertritt die Meinung, dass die wirtschaftliche Hauptkomponente des echten Factoring die mit der Veräußerung der Forderung einhergehende Übernahme des Ausfallrisikos durch den Factor ist (*Lickteig* StBP 2001, 229). Nach Auffassung des BGH (BGH v. 23.1.1980, VIII ZR 91/79, BGHZ 76, 126) ist der wirtschaftlich entscheidende Vorteil des echten Factoring jedoch in der Vorfinanzierung durch Bevorschussung der Forderung des Unternehmers zu sehen, auch wenn die Vorfinanzierung rechtlich betrachtet nur ein kreditorisches Nebengeschäft darstellt. Auch der Wortlaut des Anwendungsschreibens deutet auf eine einheitliche Beurteilung des echten und des unechten Factoring hin, da grundsätzlich nur von Factoring gesprochen wird, welches „… dann nicht als Betrieb eines Kreditinstituts zu werten ist, wenn der Forderungserwerb ausschließlich oder überwiegend von verbundenen Unternehmen erfolgt, …" (Tz. 8.1.3.3. AEAStG). Sofern die ausländische Gesellschaft diese Voraussetzung erfüllt und einen in kaufmännischer Weise eingerichteten Geschäftsbetrieb unterhält, ist ihre Tätigkeit somit als Betrieb eines Kreditinstitutes iSd § 8 Abs. 1 Nr. 3 einzuordnen (*Schnorberger* RIW 1993, 911; *FWBS* § 8 AStG Rz. 93). Besonders muss dies gelten, wenn das ausländische Unternehmen durch ein Kreditderivat das Risiko glattstellt, sodass wirtschaftlich wieder ein Kreditgeschäft vorliegt.

144 Die oben dargestellten Grundsätze gelten gleichermaßen sowohl für die **Forfaitierung von Forderungen,** deren wesentlicher Unterschied zum Factoring darin besteht, dass nicht eine Vielzahl von Forderungen erworben werden, sondern nur signifikante Einzelforderungen zB aus Exportgeschäften als auch für den Forderungsankauf durch ausländische Zweckgesellschaften im Rahmen von asset backed securities-Transaktionen (*Gummert/Trapp* IWB Deutschland, Gruppe 1, 1607; *Häuselmann/Hechler* IStR 1999, 35; *Willburger* Asset backed securities im Zivil- und Steuerrecht (1997), S. 93 ff.; *Witzani* BB 2000, 2130; aA *Becker/Lickteig* StBP 2000, 329).

145 Die Problematik der Einordnung des **Leasinggeschäfts** zu den Einkunftsarten des AStG ähnelt der beim Factoring, wobei zwischen Finanzierungsleasing und Operate-Leasing zu unterscheiden ist. Im Falle des Finanzierungsleasing wird das Leasinggut dem Leasingnehmer für eine längere feste, unkündbare Laufzeit zur Verfügung gestellt, welche kürzer als die betriebsgewöhnliche Nutzungsdauer des überlassenen Wirtschaftsgutes ist. Wirtschaftlicher Zweck des Finanzierungsleasing ist daher die Wahrnehmung der Finanzierungsfunktion durch den Leasinggeber. Operate-Leasing hingegen stellt aufgrund der fehlenden oder relativ kurzen Kündigungsfristen wirtschaftlich eine Vermietung oder Verpachtung von Wirtschaftsgütern dar und ist vornehmlich darauf gerichtet, die Nutzungsmöglichkeiten an einem Investitionsgut temporär zu eröffnen.

146 **Leasingvertrag** iSd § 1 Abs. 3 KWG ist jede Form des sog. Finanzierungsleasing, bei dem insbesondere eine längere feste Grundmietzeit vereinbart wird und die Leasingraten die Anschaffungs- und Herstellungskosten des Leasinggebers decken. Die Sonderform des „sale and lease-back"-Geschäftes ist entsprechend der dabei typischen Ausgestaltung dem Finanzierungsleasing zuzuordnen. Nicht als Leasing iSd § 1 Abs. 3 KWG qualifiziert hingegen das sog. Operating Leasing, da es sich idR um kurzfristige und von beiden Vertragspartnern jederzeit kündbare Mietverträge handelt (*Reischauer/Kleinhans* § 1 KWG Rz. 268).

147 Die Finanzverwaltung stellt für die außensteuerliche Behandlung des Finanzierungsleasings auf die bilanzielle Zurechnung des Wirtschaftsgutes ab. Soweit der Leasinggegenstand nach den bestehenden Grundsätzen dem Leasingnehmer zuzurechnen ist, handelt es sich um ein Kreditgeschäft, andernfalls um Vermietung und Verpachtung (Tz. 8.1.6.4. AEAStG). Mag diese Unterscheidung auf den ersten Blick auch schlüssig sein, so lässt eine derartig isolierte Betrachtung dennoch die wirtschaftliche Realität außer Acht (*Baumgärtel/Perlet* Die Hinzurechnungsbesteuerung bei Auslandsbeteiligungen (1996), S. 23, welche die Anwendbarkeit der Leasingerlasse im Rahmen des AStG als fraglich beurteilen.). Auch wenn das Wirtschaftsgut bilanziell dem ausländischen Unternehmen zuzurechnen ist, kommt es entscheidend darauf an, ob dieses originäre Leasinggeschäft durch ein weiteres Geschäft kompensiert wird. Insbesondere sind alle die Formen des Finanzierungsleasings als kreditwirtschaftlich anzusehen, bei denen sich das ausländische Unternehmen mittels Kreditderivaten im Ergebnis so positioniert, dass es ein Kredit- oder Arbitragegeschäft betreibt. Eine solche Verhaltensweise entspricht der Gepflogenheit international tätiger Banken und muss deshalb auch deutschbeherrschten Unternehmen offen stehen.

148 **(4) Diskontgeschäft.** Diskontgeschäft ist der Ankauf von Wechseln und Schecks. Das Diskontgeschäft ist insbesondere abzugrenzen von dem reinen Wechsel- oder Scheckinkasso, dh dem Einzug des Wechsels oder der Schecksumme für den Kunden, welches eine Dienstleistung iSd § 8 Abs. 1 Nr. 5 darstellt.

149 **(5) Finanzkommissionsgeschäft.** Als Finanzkommissionsgeschäft definiert § 1 Abs. 1 Nr. 4 KWG die Anschaffung und die Veräußerung von Finanzinstrumenten im eigenen Namen für fremde Rechnung. Der Rückgriff

B. III. Einkünfte aus Bank- u. Versicherungstätigkeit (Nr. 3)

auf das KWG steht in diesem Fall im Einklang mit dem AStG, wobei allerdings Einschränkungen geboten sind.

Vor dem Hintergrund der wirtschaftlichen Betrachtungsweise können auch andere Formen des Handels mit Wertpapieren als Betrieb eines Kreditinstituts iSd § 8 Abs. 1 Nr. 3 qualifizieren, sofern sie in kreditwirtschaftlicher Weise durchgeführt werden.

Insbesondere unterscheidet das KWG folgende Handelsformen:

Handel	im eigenen Namen	im fremden Namen
für eigene Rechnung	*mit Auftrag* Eigenhandel (für andere) (§ 1 Abs. 1a Nr. 4 KWG)	(–)
	ohne Auftrag Handel mit Finanzinstrumenten auf eigene Rechnung (§ 1 Abs. 3 Nr. 5 KWG)	(–)
für fremde Rechnung	Finanzkommissionsgeschäft (§ 1 Abs. 1 Nr. 4 KWG)	Abschlussvermittlung (§ 1 Abs. 1a Nr. 2 KWG)

(in Anlehnung an: *Reischauer/Kleinhans* § 1 KWG Rz. 197)

Die Unterscheidung in die o. g. unterschiedlichen Handelsformen erscheint für Zwecke des AStG bedingt zweckmäßig. Wirtschaftlich gesehen unterscheidet sich der Eigenhandel nicht von dem Finanzkommissionsgeschäft, sodass eine einheitliche Qualifikation der Einkünfte als Einkünfte iSd § 8 Abs. 1 Nr. 3 geboten erscheint.

Der Geschäftsbetrieb einer ausländischen Gesellschaft, die Handel mit Finanzinstrumenten auf eigene Rechnung betreibt, ist dagegen nicht darauf ausgerichtet, durch die Verknüpfung bankbetrieblicher Produktionsfaktoren, geldbezogene Dienstleistungen zu erbringen. Vielmehr steht die Erzielung von eigenen Handelserfolgen, dh die bloße Verwaltung eigenen Vermögens im Vordergrund. Hierdurch erzielte Erträge qualifizieren nur insoweit als aktive Einkünfte iSd § 8 Abs. 1 Nr. 3 als es sich um Nebenerträge handelt.

Bei der Abschlussvermittlung handelt es sich um ein reines Vermittlungsgeschäft das typischerweise von an den Börsen zugelassenen und freien Maklern betrieben und für Zwecke des AStG eine Dienstleistung iSd § 8 Abs. 1 Nr. 5 darstellt.

(6) Depotgeschäft. Die Verwahrung und die Verwaltung von Wertpapieren für andere wird in § 1 Abs. 1 Nr. 5 KWG als Depotgeschäft und somit als Bankgeschäft bezeichnet. Bei der Verwahrung ist entscheidend, dass der Verwahrer Zugang zu den Werten haben muss und das Eigentum des Hinterlegers erkennbar ist (*Boos/Schäfer* § 1 KWG Rz. 64).

(7) Investmentgeschäft. Unter Investmentgeschäft sind die in § 1 des Gesetzes über Kapitalanlagegesellschaften bezeichneten Geschäfte zu verstehen. Der Zweck einer Kapitalanlagegesellschaft besteht darin, durch die Ausgabe von Investmentanteilen Mittel zu beschaffen, die im eigenen Namen für gemeinschaftliche Rechnung der Einleger (Anteilsinhaber) nach dem Grundsatz der Risikomischung getrennt vom eigenen Vermögen angelegt werden (*Boos/Schäfer* § 1 KWG Rz. 70). Durch das Investmentsparen soll Kleinanlegern, denen die eigene Anlage und Verwaltung von börsengängigen Wertpapieren, Grundstücken oder Erbbaurechten zu kompliziert und risikobehaftet ist, der Zugang zu diesen Anlageformen dadurch ermöglicht werden, dass sich besondere Gesellschaften diesen Aufgaben widmen (*Reischauer/Kleinhans* § 1 KWG Rz. 102). Seit dem Investmentänderungsgesetz v. 21.12.2007 (Gesetz zur Änderung des Investmentgesetzes und zur Anpassung anderer Vorschriften, BGBl. 2007 I 3089) stellt das Investmentgeschäft kein Bankgeschäft mehr dar.

157 Nach Auffassung der Finanzverwaltung gehört das Investmentgeschäft nicht zu den aktiven Tätigkeiten im Rahmen des Betriebs eines Kreditinstituts (Tz. 8.1.3.3. AEAStG). Gerade im Hinblick auf die besondere volkswirtschaftliche Funktion dieser Spezialkreditinstitute war diese – zumindest bis zu der Änderung des § 1 KWG aufgrund des Investmentänderungsgesetzes – vom Gesetzeswortlaut nicht gedeckte Auffassung der Finanzverwaltung abzulehnen. Auch die Zielsetzung des AStG, die Erlangung von ungerechtfertigten Steuervorteilen durch Verlagerung von Einkünften im Interesse der Gleichmäßigkeit der Besteuerung und der Wettbewerbsneutralität zu verhindern, rechtfertigt keine generelle Qualifikation des Investmentgeschäftes als passive Tätigkeit. Letzteres gilt zumindest, wenn die ausländische Gesellschaft dem Leitbild einer deutschen Kapitalanlagegesellschaft entspricht, ähnliche aufsichtsrechtliche Anforderungen (zB Treuhänderstellung der KAG, getrennte Vermögensanlage, ausreichendes Personal für front- und back-office etc.) zu erfüllen hat und die Anteilscheine von einer unbegrenzten Anzahl von Personen erworben werden können. MaW muss die ausländische Gesellschaft dem Leitbild einer KAG ähneln, die Publikums- und/oder Spezialfonds verwaltet. Ein Ausschluss von Investmenttätigkeiten aus dem Aktivitätskatalog dürfte hingegen nur dort gerechtfertigt sein, wo das ausländische Unternehmen sein Vermögen für sich selbst anlegt und nicht Dienstleister für einen Fond ist.

158 **(8) Revolvinggeschäft.** Die Eingehung der Verpflichtung, Darlehensforderungen vor Fälligkeit zu erwerben – im allgemeinen Sprachgebrauch auch als Revolvinggeschäft bezeichnet – ist Bankgeschäft iSd § 1 Abs. 1 Nr. 7 KWG.

159 Im Rahmen eines solchen Revolvinggeschäfts veräußert das Kreditinstitut eine langfristige Darlehensforderung an einen Geldgeber und verpflichtet sich gleichzeitig, die Forderung nach kurzer Zeit wieder zurückzukaufen, um sie dann sofort in gleicher Weise an andere Geldgeber zu veräußern. Ziel dieser Transaktionen ist die Refinanzierung langfristiger Aktivgeschäfte mittels kurzfristiger mit einer Vielzahl von Geldgebern abgeschlossenen Passivgeschäfte.

160 **(9) Garantiegeschäft.** Als Garantiegeschäft bezeichnet § 1 Abs. 1 Nr. 8 KWG die Übernahme von Bürgschaften, Garantien und sonstiger Gewährleistungen für andere. Als Garantiegeschäft gelten auch sog. harte Patronatserklärungen, nach denen sich der Patron verpflichtet, in der Weise auf eine Gesellschaft Einfluss zu nehmen und sie finanziell so auszustatten, dass sie stets in der Lage sein wird, ihren Verbindlichkeiten gegenüber einer bestimmten Person nachzukommen. Patronatserklärungen gegenüber Konzernunternehmen begründen kein Garantiegeschäft, da es an der Gewährleistung für Andere fehlt (*Reischauer/Kleinhans* § 1 KWG Rz. 133, 138).

B. III. Einkünfte aus Bank- u. Versicherungstätigkeit (Nr. 3) **161–166** § 8

(10) Girogeschäft. Seit dem 1.11.2009 umfasst das sog. Girogeschäft nur 161
noch den bargeldlosen Scheck- und Wechseleinzug sowie die Ausgabe von
Reiseschecks. Die ursprünglich enthaltene Durchführung des bargeldlosen
Zahlungsverkehrs und des Abrechnungsverkehrs wurde durch das Gesetz zur
Umsetzung der aufsichtsrechtlichen Vorschriften der Zahlungsdiensterichtlinie
(BGBl. 2009 I 1506) als Bankdienstleistung abgeschafft und qualifiziert nunmehr nur noch als erlaubnispflichtige Finanzdienstleistung (*Boos/Fülbier* § 1
KWG Rz. 91 ff.). Für außensteuerliche Zwecke fallen nach wie vor sowohl
die Durchführung des bargeldlosen Zahlungsverkehrs, der bargeldlose Scheck-
und Wechseleinzug aber auch die Ausgabe von Reiseschecks unter § 8 Abs. 1
Nr. 3. Hiervon abzugrenzen sind Tätigkeiten der Rechenzentren, die nur den
technischen Teil von Buchungen durchführen. Diese sind als Dienstleistung
iSd § 8 Abs. 1 Nr. 5 einzuordnen.

(11) Emissionsgeschäft. Das Emissionsgeschäft ist die Übernahme von 162
Finanzinstrumenten für eigenes Risiko zur Platzierung oder die Übernahme
gleichwertiger Garantien.

Bei dem Emissionsgeschäft stellen sich ähnliche Abgrenzungsfragen wie im 163
Rahmen des Finanzkommissionsgeschäfts. Aus Sicht des KWG fällt nur das
Emissionsgeschäft in Form eines Übernahmekonsortiums (Verkauf in eigenem
Namen für eigene Rechnung) unter § 1 Abs. 1 Nr. 10 KWG, während die
Platzierung durch ein Begebungskonsortium (Platzierung im eigenen Namen
für Rechnung des Emittenten) als Finanzkommissionsgeschäft iSd § 1 Abs. 1
Nr. 4 KWG qualifiziert. Da es sich jedoch in beiden Fällen um Bankgeschäfte
iSd § 1 Abs. 1 KWG handelt, hat diese Abgrenzung keine Auswirkung für die
Beurteilung für Zwecke des AStG. In beiden Fällen ist der Betrieb eines Kreditinstituts iSd § 8 Abs. 1 Nr. 3 zu bejahen.

Die Platzierung mittels Geschäftsbesorgungs- oder Vermittlungskonsortium 164
(in Namen und auf Rechnung des Emittenten) liegt aus Sicht des KWG eine
Abschlussvermittlung iSd § 1 Abs. 1a Nr. 2 KWG vor. Die Einkünfte aus einer solchen reinen Vermittlungstätigkeit qualifizieren für Zwecke des AStG als
Dienstleistung iSd § 8 Abs. 1 Nr. 5.

(12) E-Geld-Geschäft. Das mit Gesetz vom 8.8.2002 eingeführte E- 165
Geld-Geschäft umfasst die Ausgabe und die Verwaltung von elektronischem
Geld. Durch die Umsetzung der Zweiten E-Geld Richtlinie in nationales
Recht (Gesetz zur Umsetzung der Zweiten E-Geld-Richtlinie v. 1.3.2011,
BGBl. 2011 I 288) wurden E-Geld-Institute mit Wirkung vom 31.4.2011 aus
der Aufsicht nach dem KWG entlassen und in die Aufsicht nach dem Zahlungsdiensteaufsichtsgesetz überführt; zugleich verloren sie ihren Status als
Kreditinstitute. Als Folge wurde § 1 Abs. 1 Nr. 11 aus dem Katalog der Bankgeschäfte gestrichen.

(13) Kontrahentengeschäft (eingeführt durch das Gesetz zur Umsetzung 166
der neu gefassten Bankenrichtlinie und der neu gefassten Kapitaladäquanzrichtlinie v. 17.11.2006, BGBl. 2006 I 2606). Das Kontrahentengeschäft wird
durch den zentralen Kontrahenten (auch zentrale Gegenpartei. englisch:
„Central Counterparty") ausgeübt. Der zentrale Kontrahent ist ein Unternehmen, das bei Börsentransaktionen zwischen den Käufer und den Verkäufer
tritt und als Vertragspartner für beide Parteien dient. Der zentrale Kontrahent

übernimmt das sog. Settlement Netting, dh die interne Aufrechnung der Verpflichtungen gegenüber den Käufern und Verkäufern, wobei die Liefer- und Zahlungsverpflichtungen aus den Transaktionen auf ihn übergehen.

167–169 *einstweilen frei*

b) Betrieb eines Versicherungsunternehmens

170 In Anbetracht einer fehlenden eigenständigen Definition des Begriffs „Versicherungsunternehmen" im Außensteuerrecht stellt sich – ähnlich wie bei dem Betrieb von Kreditinstituten – auch hier die grundsätzliche Frage der Begriffsauslegung. Die zu dem Kreditinstitutsbegriff des AStG gemachten Ausführungen (im Einzelnen → Rz. 122 ff.) gelten vom Grundsatz her auch für die Auslegung des Versicherungsunternehmensbegriffs für Zwecke des AStG.

171 § 1 Abs. 1 VAG definiert Versicherungsunternehmen als „Unternehmen, die den Betrieb von Versicherungsgeschäften zum Gegenstand haben und nicht Träger der Sozialversicherung sind". Diese Definition wurde durch das VersRiLiG (Gesetz zur Durchführung der Richtlinie des Rates der Europäischen Gemeinschaften über den Jahresabschluss und den konsolidierten Abschluss von Versicherungsunternehmen v. 24.6.1994, BGBl. 1994 I 1377, 1378) in § 341 Abs. 1 HGB wörtlich übernommen. In ständiger Rechtsprechung hat das BVerwG diesen Versicherungsbegriff weitergehend präzisiert (BVerwG v. 11.11.1986, 1 A 45/83, VersR 1987, 274; BVerwG v. 25.11.1986, 1 C 54/81, VersR 1987, 298; BVerwG v. 24.2.1987, 1 A 49/83, VersR 1987, 454; BVerwG v. 19.5.1987, 1 A 88/83, VersR 1987, 703).

172 Nach allgemeinem Verständnis handelt es sich demnach bei einem Unternehmen um ein Versicherungsunternehmen iSd § 1 Abs. 1 VAG, wenn es (a) gegen Entgelt, (b) für den Fall eines unbestimmten Ereignisses, (c) bestimmte Leistungen übernimmt (Garantieversprechen) (d) wobei das Risiko auf eine Vielzahl, durch die gleiche Gefahr bedrohter Personen verteilt wird und (e) der Risikoübernahme eine auf dem Gesetz der großen Zahl beruhenden Kalkulation zugrunde liegt.

173 Ähnlich wie dem Kreditinstitutsbegriff des KWG ist auch dem Versicherungsunternehmensbegriff des VAG der Schutzgedanke als Merkmal der aufsichtsrechtlichen Prägung immanent. Einem solchen Schutzgedanken kommt im Rahmen des AStG keine Bedeutung zu, sodass auch die Dreiteilung in Versicherungsunternehmen (§ 1 Abs. 1 VAG), Rückversicherungsunternehmen und Versorgungskassen als eingeschränkt aufsichtspflichtige Unternehmen (§ 1 Abs. 2 VAG) sowie aufsichtsfreie Unternehmen in der Form von Unterstützungs-, Innungs- und IHK-Kassen und Versorgungswerken keine Auslegungshilfe für Zwecke des AStG bietet (siehe auch → Rz. 131). Vielmehr wurde das AStG geschaffen, um die Erlangung von ungerechtfertigten Steuervorteilen durch Verlagerung von Einkünften im Interesse der Gleichmäßigkeit der Besteuerung und der Wettbewerbsneutralität zu verhindern (BT-Drs. VI/2883, Tz. 1, S. 14). Volkswirtschaftlich erwünschte und versicherungswirtschaftlich notwendige Tätigkeiten sollen von der Hinzurechnungsbesteuerung nicht erfasst werden.

174 Von dem Versicherungsunternehmensbegriff werden sowohl die sog. Erstversicherer (unabhängig von der Art des versicherten Risikos, zB Lebens-, Haftpflicht-, Unfall-, Kasko- oder Sachversicherung), die in einem direkten

Vertragsverhältnis zum Versicherungsnehmer stehen als auch die Rückversicherer, die sich an den vom Erstversicherer übernommenen Risiken beteiligen, erfasst. Typischerweise erbringt der Rückversicherer im Rahmen des Versicherungsvertrages spezielle Dienstleistungen, zB das Prüfen und Einschätzen von Sonderrisiken, die Beratung in der Schadensverhütung, das Übernehmen von versicherungsmathematischen Aufgaben etc. Aufgrund der funktionalen Betrachtungsweise sind Einkünfte aus diesen Dienstleistungen einheitlich mit den Einkünften aus dem Versicherungsgeschäft zu qualifizieren und außensteuerlich zu privilegieren. Auch der Versicherungsverein auf Gegenseitigkeit qualifiziert als Versicherungsunternehmen iSd Nr. 3 (*FWBS* § 8 AStG Rz. 97).

Die vorstehend aufgeführten, von der Rechtsprechung entwickelten, traditionellen Kriterien für das Vorliegen eines Versicherungsunternehmens können jedoch nur als Ausgangspunkt für die Beurteilung der Frage dienen, ob eine Tätigkeit iSd Nr. 3 vorliegt. Der steile Anstieg der privatwirtschaftlichen und industriellen Wertekonzentration sowie stetig anwachsende Schäden aus Naturkatastrophen führen zu erheblichen Kapazitätsengpässen auf dem Erst- und Rückversicherungsmarkt. Die Versicherungswirtschaft ist daher gezwungen ihr traditionelles Versicherungsgeschäft durch neue Produkte sowohl auf dem Endkunden- als auch auf dem Refinanzierungsmarkt zu erweitern. Diesem versicherungswirtschaftlichen Wandel muss auch das AStG Rechung tragen.

In jüngerer Vergangenheit gehen Versicherungsunternehmen verstärkt dazu über, Möglichkeiten des alternativen Risikotransfers zu nutzen, wobei sich insbesondere der Kapitalmarkt als effektiver und funktionierender Risikoträger herauskristallisiert hat. Versicherungsunternehmen übernehmen in diesem Zusammenhang immer öfter die Rolle des Emittenten von Wertpapierformen, die an Katastrophenrisiken gebunden sind (insurance linked securities). Von besonderer Bedeutung sind insbesondere die sog. CAT-Bonds (Catastrophe-Bonds), bei denen der Erstversicherer eine Rückdeckungsversicherung kauft, der Rückversicherer das Risiko mittels Retrozession auf eine Zweckgesellschaft überträgt, die sich über die Emission von Bonds an Investoren refinanziert. Der CAT-Bond ist im Regelfall an das Portfolio einer bestimmten Versicherung geknüpft, er kann aber auch von einem bestimmten Schadensereignis abhängen. Durch die Einschaltung der Zweckgesellschaft kommt es zu einer Ausweitung der Deckungskapazität durch Fremdkapitalbereitstellung. Des Weiteren wird durch Risikodiversifikation maximale Sicherheit für die Versicherten und ein minimales Kreditrisiko für den Investor geschaffen. Aufgrund der direkten Verknüpfung des Bonds mit dem Portfolio einer bestimmten Versicherung bzw. einem bestimmten Schadensereignis betreiben nicht nur der Erst- und der Rückversicherer, sondern auch die Zweckgesellschaft ein Versicherungsunternehmen iSd § 1 Abs. 1 Nr. 3. Ob die Emission von Optionen, die an dem Katastrophenindex der PCS (Property Claim Services, eine Institution der US-amerikanischen Versicherungsbranche) anknüpfen noch als Versicherungsgeschäft oder schon als Bankgeschäft anzusehen ist, kann dahingestellt bleiben, da in beiden Fällen eine Hinzurechnungsbesteuerung nicht greift.

einstweilen frei **177–179**

c) Unterhalt eines in kaufmännischer Weise eingerichteten Betriebs

180 Eine aktive Tätigkeit setzt zusätzlich zu dem Betrieb eines Kreditinstituts oder Versicherungsunternehmens das Unterhalten eines in kaufmännischer Weise eingerichteten Betriebes voraus. Damit geht das AStG über das im KWG maßgebliche Erfordernis eines solchen Geschäftsbetriebs hinaus. Diese Abweichung trägt den unterschiedlichen Rechtsfolgen der Gesetze Rechnung. Während das KWG Unternehmen, die als Kreditinstitute qualifizieren mit restriktiven Regelungen belegt, die in Zweifelsfällen möglichst frühzeitig zur Anwendung kommen sollen, werden Kreditinstitute im Rahmen des AStG begünstigt. Das reine Erfordernis eines in kaufmännischer Weise eingerichteten Geschäftsbetriebes rechtfertigt für sich gesehen eben gerade keine aktive Tätigkeit, eine solche setzt vielmehr die tatsächliche Existenz eines solchen Betriebs voraus, wobei der im AStG benutzte Begriff „Betrieb" keinen sachlichen Unterschied zum sonst gebrauchten Wort „Geschäftsbetrieb" bewirkt (*WSG* § 8 AStG Rz. 45).

181 Von einem in kaufmännischer Weise eingerichteten Betrieb ist auszugehen, wenn das ausländische Unternehmen die ausländischen Handelsgewohnheiten beachtet, die der Erzielung von Ordnung und Übersicht innerhalb eines Betriebs dienen. Insbesondere ist dabei auf die den §§ 238 ff. und §§ 242 ff. HGB vergleichbaren, ausländischen Normen abzustellen (*FWBS* § 8 AStG Rz. 101).

182 Die Finanzverwaltung fordert darüber hinaus, dass die ausländische Gesellschaft sachlich und personell so ausgestattet ist, dass sie mit Fremden Bank- oder Versicherungsgeschäfte in einem ein Kreditinstitut oder Versicherungsunternehmen begründenden Umfang abschließen und ausführen kann (Tz. 8.1.3.5. AEAStG). Gemäß BFH reicht es jedoch aus, wenn die ausländische Gesellschaft eine andere Gesellschaft mit der Ausführung des Versicherungsgeschäfts betraut hat, sie jedoch selber aus den Verträgen unmittelbar selbst berechtigt und verpflichtet ist und ihr somit nach allgemeinen ertragsteuerlichen Grundsätzen die Tätigkeiten zuzurechnen sind (BFH v. 13.10. 2010, I R 61/09, BStBl. II 2011, 249 f.).

183 Die Forderung des § 8 Abs. 1 Nr. 3 nach dem Unterhalt eines in kaufmännischer Weise eingerichteten Betriebs betrifft ausschließlich die innere Organisation der ausländischen Gesellschaft, nicht jedoch deren Auftreten nach außen durch Teilnahme am allg. wirtschaftlichen Verkehr. Es ist daher für den Betrieb eines Kreditinstituts oder Versicherungsunternehmens nicht zwingend notwendig, sich am wirtschaftlichen Verkehr zu beteiligen (*FWBS* § 8 AStG Rz. 102). In der Praxis dürfte ein Überwiegen der Fremdgeschäfte ohne eine Teilnahme der ausländischen Gesellschaft am allgemeinen wirtschaftlichen Verkehr jedoch nur schwer vorstellbar sein.

184–189 *einstweilen frei*

2. Einkünfte aus passivem Erwerb im Rahmen konzerneigener Bank- und Versicherungsgeschäfte

190 Ausländische Gesellschaften werden – auch wenn sie grundsätzlich als Bank- oder Versicherungsunternehmen qualifizieren – von der Hinzurechnungsbesteuerung erfasst, wenn sie ihre Geschäfte überwiegend mit unbeschränkt steuerpflichtigen Anteilseignern und ihren nahestehenden Personen betreiben. Beim Überwiegen der konzerninternen Geschäfte wird für die gesamte Tätigkeit des Unternehmens die Hinzurechnungsbesteuerung ausgelöst, sodass sämtliche Einkünfte aus dem Bank- und Versicherungsgeschäft als passiv qualifiziert werden.

Diese Ausnahmeregelung wurde nachträglich als Antwort auf den verstärkten Einsatz ausländischer, konzerneigener Versicherungsgesellschaften, sog. captives, in das AStG aufgenommen (Gesetz zur Änderung des Einkommensteuergesetzes, des Körperschaftsteuergesetzes und anderer Gesetze v. 20.8. 1980, BStBl. I 1980, 589 (596)), ohne jedoch auf diesen Anwendungsfall begrenzt zu sein. Aufgrund dieser Ausnahmeregelungen werden vielmehr sämtliche ausländischen Gesellschaften mit überwiegend, aber nicht ausschließlich, konzerninternen Bank- und Versicherungsgeschäften der Hinzurechnungsbesteuerung unterworfen (Kritisch hierzu: *SKK* § 8 AStG Rz. 65 mit Verweis auf die Niederlassungsfreiheit.).

a) Geschäfte mit unbeschränkt steuerpflichtigen Anteilseignern und ihnen nahestehenden Personen

Schädliche Geschäfte iSd § 8 Abs. 1 Nr. 3 2. Hs. liegen vor, wenn Sie mit (a) unbeschränkt Steuerpflichtigen, die nach § 7 an der ausländischen Gesellschaft beteiligt sind oder (b) solchen Steuerpflichtigen iSd § 1 Abs. 2 nahestehenden Personen betrieben werden.

Eine Beteiligung nach § 7 AStG ist gegeben, wenn unbeschränkt Steuerpflichtige an der ausländischen Gesellschaft zu mehr als der Hälfte beteiligt sind oder ihnen mehr als 50% der Stimmrechte zuzurechnen sind (sog. Deutschbeherrschung). Ist ein unbeschränkt Steuerpflichtiger mittelbar über eine Personengesellschaft beteiligt, so qualifizieren Geschäfte mit der Personengesellschaft aufgrund § 7 Abs. 3 AStG ebenfalls als schädliche Geschäfte iSd Nr. 3. Erzielt die ausländische Gesellschaft Einkünfte aus Kapitalanlagecharakter, was gerade bei Bank- und Versicherungsgeschäften der Regelfall sein dürfte, erfüllt ein unbeschränkt steuerpflichtiger Anteilseigner bereits bei einer Beteiligung von mindestens 1% die Voraussetzung einer Beteiligung iSd § 7 (aA *FWBS* § 8 AStG Rz. 107). Die Stimmrechtszurechnung ist im Rahmen der erweiterten Hinzurechnungsbesteuerung kein maßgebliches Kriterium. Schädlich sind auch Geschäfte mit nahestehenden Personen der unbeschränkt steuerpflichtigen Anteilseigner der ausländischen Gesellschaft, sofern die o g Kriterien erfüllt sind. Der Wortlaut des Gesetzes stellt nicht auf die steuerliche Situation der nahestehenden Personen ab, so dass vom Grundsatz her auch nahestehende Personen, die im Inland überhaupt nicht steuerpflichtig sind, die Hinzurechnungsbesteuerung auslösen könnten. Solch eine Konstellation führt steuerlich dazu, dass die von der im Ausland steuerpflichtigen nahestehenden Person gezahlten Bankgebühren und Versicherungsprämien zwar die ausländische, nicht aber die inländische steuerliche Bemessungsgrundlage mindern. Da es sich dabei aber gerade nicht um einen vom Sinn und Zweck durch das AStG zu erfassenden Fall der Einkünfteverlagerung vom Inland in das Ausland handelt, entfällt die Rechtfertigung für die Hinzurechnungsbesteuerung. Daher ist – auch nach Auffassung der Finanzverwaltung (Tz. 8.1.3.5. AEAStG) – bei der Prüfung inwieweit schädliche Geschäfte betrieben werden, nur auf unbeschränkt oder beschränkt steuerpflichtige Personen, die dem unbeschränkt Steuerpflichtigen nahe stehen abzustellen (AA *FWBS* § 8 AStG Rz. 108).

194 Das Betreiben von Geschäften mit erweitert beschränkt Steuerpflichtigen (§ 2) oder ihnen nahestehenden Personen löst grundsätzlich keine Hinzurechnungsbesteuerung aus.

195–199 *einstweilen frei*

b) Überwiegen der Konzerngeschäfte

200 Die sprachlich unscharfe und von der Konzeption nicht schlüssige Ausnahmeregelung in § 8 Abs. 1 Nr. 3 2. Hs. führt in der Fachliteratur zu erheblichen Kontroversen hinsichtlich der Auslegung der Vorschrift.

201 Einerseits stellt sich die Frage, was der Gesetzgeber mit „betreiben" meint, andererseits, welche Art der Geschäfte bei der Prüfung der 50%-Grenze herangezogen werden müssen.

202 Soweit sich die Literatur mit der Frage überhaupt beschäftigt, besteht Einigkeit darüber, dass es sich bei dem „Betreiben von Geschäften" nicht um eine besondere Form der Mitwirkung handelt, sondern es vielmehr darauf ankommt, ob die Konzernangehörigen Vertragspartner der ausländischen Gesellschaft bei den entsprechenden Geschäften sind (Brezing ua/*Mössner* § 8 AStG Rz. 26; *FWBS* § 8 AStG Rz. 106). Darüber hinaus wird in der Literatur gefordert, dass die ausländische Gesellschaft Unternehmerinitiative ergreift, wobei es als zweifelhaft angesehen wird, ob die bloße Kommanditistenstellung und die Wahrnehmung von Kontrollfunktionen als ausreichend angesehen werden kann (Mössner/Fuhrmann/*Geurts* § 8 AStG Rz. 92).

203 Offen ist, ob ausschließlich auf die Bank- und Versicherungsgeschäfte der ausländischen Gesellschaft abzustellen ist, oder ob auch andere Geschäfte der ausländischen Gesellschaft bei der Prüfung einzubeziehen sind. Handelt es sich bei den Geschäften um aktive Nebenerträge spricht mE die funktionale Betrachtungsweise gegen eine isolierte Heranziehung der originären Bank- und Versicherungsgeschäfte (Implizit wohl auch: *FWBS* § 8 AStG Rz. 110, da er bei der Heranziehung des Umsatzes als Abgrenzungsmerkmal auch Beteiligungserträge aufführt. Von praktischer Relevanz dürften in diesem Zusammenhang insbesondere Kapitalanlagegeschäfte sein, die Banken und Versicherungsunternehmen, aufgrund ihrer gesetzlichen Verpflichtung, einen erheblichen Teil ihrer Einlagen bzw. Versicherungsprämien nach den Grundsätzen der Risikostreuung in Grundstücken, Beteiligungen oder ähnlichen Vermögenswerten anzulegen, durchführen (siehe auch → Rz. 53). Anders ist die Sachlage, wenn die ausländische Gesellschaft eine weitere Haupttätigkeit erbringt, die nicht in Zusammenhang mit ihrem Bank- oder Versicherungsgeschäft steht. Diese wären bei Prüfung der Schädlichkeitsgrenze nicht zu berücksichtigen.

204 Die von der Finanzverwaltung geforderte Trennung nach Aktiv- und Passivgeschäft (Tz. 8.1.3.6. AEAStG) ist abzulehnen, da insbesondere im Banken- und Versicherungsbereich das Aktiv- und Passivgeschäft eine Einheit bilden. Erschwerend kommt hinzu, dass bei zahlreichen Aktivitäten der modernen

Finanzwirtschaft eine Zuordnung zu Aktiv- oder Passivgeschäft kaum möglich ist (*Kraft/Nitzschke* IStR 2003, 431; Mössner/Fuhrmann/*Geurts* § 8 AStG Rz. 90).

Für den Rechtsanwender insbesondere problematisch ist das Abstellen des **205** Gesetzgebers auf das Überwiegen der „Geschäfte" und nicht der daraus erzielten „Einkünfte", „Umsätze" oder „Gewinne". Auch wenn der Gesetzeswortlaut eine rein quantitative Betrachtung der Anzahl der abgeschlossenen Verträge zulässt, ist dies insbesondere bei Geschäften unterschiedlicher Größenordnung kaum sinnvoll, da äußerst missbrauchsanfällig. Vielmehr bietet sich eine Beurteilung unter Heranziehung mehrerer Kennziffern an, wobei eine Gewichtung der Kennziffern vorzunehmen ist. Wie diese Gewichtung konkret vorzunehmen ist, wird in der Literatur kontrovers diskutiert. *Geurts* (Mössner/Fuhrmann/*Geurts* § 8 AStG Rz. 95) erscheint eine Mischformel angebracht, die zumindest Umsatz, Gewinn und Anzahl zu den jeweiligen Gesamtgrößen erfasst und eine durchschnittliche Prozentzahl ermittelt. Auch *Wassermeyer* (in *FWBS* § 8 AStG Rz. 110) tritt dafür ein, verschiedene Bezugsgrößen, wie zB Zahl der abgeschlossenen Geschäfte, Gewinn, Umsatz, Anteil des Einzelgeschäftes am Bilanzvolumen etc., nebeneinanderzustellen und zu versuchen ein Überwiegen zumindest für zwei Bezugsgrößen festzustellen. Nach Auffassung der Finanzverwaltung (Tz. 8.1.3.6. AEAStG) hat die Gewichtung nach wirtschaftlichen Gesichtspunkten zu erfolgen, wobei auf die mit den Geschäften zusammenhängenden Wirtschaftsgüter in der Bilanz zurückgegriffen werden kann.

In diesem Bereich dürfte es eine allgemeingültige Lösung nicht geben. **206** Vom Grundsatz her ist daher der spärlichen Rechtsprechung (FG BaWü v. 27.7.1995, 6 K 216/88, EFG 1996, 353) zu folgen, die Kreditsummen als sachgerechtes Kriterium anerkennt. Dort wird betont, dass das Abstellen auf die Anzahl der Geschäfte nicht als sachgerecht zu erachten ist.

Das AStG enthält keinen Hinweis welcher Zeitraum bei der Beurteilung, **207** ob die schädlichen Geschäfte überwiegen, maßgebend ist. Entsprechend der Ausgestaltung der Einkommen- bzw. Körperschaftsteuer als Jahressteuer ist für die Beurteilung das Wirtschaftsjahr der ausländischen Gesellschaft heranzuziehen. Das Vorliegen der Tatbestandsmerkmale ist für jedes Wirtschaftsjahr gesondert zu prüfen (*Kraft/Nitzschke* IStR 2003, 432; Mössner/Fuhrmann/ *Geurts* § 8 AStG Rz. 96).

einstweilen frei **208–219**

IV. Einkünfte aus Handelstätigkeit (Nr. 4)

Einkünfte, die aus Handelstätigkeiten stammen, unterliegen nur insoweit **220** der Hinzurechnungsbesteuerung, als es sich um Geschäfte mit unbeschränkt steuerpflichtigen Anteilseignern (oder ihnen nahestehende Personen) handelt, die einen Inlandsbezug aufweisen.

Selbst wenn es sich um ein Geschäft mit schädlichen Personen und Inlands- **221** bezug handelt, kann das betreffende Geschäft gleichwohl aktiv sein, wenn der Steuerpflichtige die Aktivität der ausländischen Gesellschaft anhand der im Gesetz geforderten Kriterien nachweist.

1. Handelstätigkeit als grundsätzlich aktive Tätigkeit

222 Für die Auslegung des Begriffs Handel kann nicht auf den Begriff des Handelsgewerbes iSd § 1 Abs. 2 HGB zurückgegriffen werden, wonach jeder Gewerbebetrieb, der einen nach Art und Umfang in kaufmännischer Weise eingerichteten Geschäftsbetrieb erfordert, ein Handelsgewerbe darstellt. Auch die Definition der Handelstätigkeit iSd § 343 HGB geht weit über den Handel iSd § 8 Abs. 1 Nr. 4 hinaus (*FWBS* § 8 AStG Rz. 116). Vielmehr ist für die Interpretation des gesetzlich nicht geregelten Begriffs des Handels auf den allgemeinen Sprachgebrauch abzustellen, der unter Handel die Anschaffung und Weiterveräußerung von Handelsgütern ohne wesentliche Ver- oder Bearbeitung versteht. Diese Grundfunktion des Handels wird durch diverse Einzelfunktionen, wie zB Abschluss-, Quantitäts-, Sortimentsfunktion etc., charakterisiert (im Einzelnen: *Pannenbecker* StBP 1974, S. 34 ff.). Abzugrenzen ist der Handel insbesondere von der Produktion, die dadurch gekennzeichnet ist, dass vor der Veräußerung der Güter eine Wertschöpfung am Produkt stattfindet, während beim Handel die Güter keine Veränderung in ihrer Substanz erfahren.

223 Es ist umstritten, welche Güter Gegenstand des Handels sein können. Nach hM umfasst § 8 Abs. 1 Nr. 4 sowohl den Handel mit – beweglichen und unbeweglichen – Sachen als auch mit immateriellen Gegenständen, wie zB Forderungen und Rechten (*FWBS* § 8 AStG Rz. 118 mwN; *SKK* § 8 AStG Rz. 75). Das Factoring qualifiziert im Regelfall dennoch nicht als Handel, da meist nur ein Forderungsankauf, nicht aber ein Forderungsverkauf stattfindet. Beim Factoring wird daher entweder Nr. 3 (Bank- und Versicherungsgeschäft) oder Nr. 7 (Finanzierungstätigkeit) zur Anwendung kommen.

224 Voraussetzung für den Handel ist, dass es sich bei den gehandelten Gütern und Waren um Wirtschaftsgüter handelt, deren Zweck in der Weiterveräußerung liegt, sog. Umlaufvermögen der ausländischen Gesellschaft. Einkünfte aus der Veräußerung von Wirtschaftsgütern, die dem Betrieb dauernd zu dienen bestimmt waren (Anlagevermögen), sind sachlich im Rahmen der Tätigkeitsart zu beurteilen, in deren Rahmen das Anlagevermögen eingesetzt wurde.

225 Das Ausüben einer Handelstätigkeit setzt grundsätzlich den Eigentumserwerb eines anderen voraus. Geschäfte wie Miete, Leihe, Nießbrauch etc. sind daher kein Handel iSd Nr. 4. Ein weiteres wesentliches Abgrenzungskriterium – auch nach Auffassung der Finanzverwaltung (Tz. 8.1.4.1.3.1. AEAStG) – ist die Übernahme des typischen Handelsrisikos durch die ausländische Gesellschaft. Davon ist insbesondere dann auszugehen, wenn die ausländische Gesellschaft auf eigenen Namen und auf eigene Rechnung als Eigenhändler – auch im Rahmen eines Franchise-Vertrages – tätig wird. Aber auch als Kommanditist oder atypisch stiller Beteiligter einer Handel betreibenden Personengesellschaft partizipiert die ausländische Gesellschaft an dem Handelsrisiko und übt somit eine Handelstätigkeit aus (*FWBS* § 8 AStG Rz. 117). Obwohl das Handelsrisiko im Rahmen von Kommissionärsstrukturen typischerweise bei dem Kommittenten verbleibt, qualifiziert auch die Tätigkeit des Kommissionärs aufgrund der besonderen Beziehung zu dem Kommittent, die ua durch die Möglichkeit des Selbsteintritts deutlich wird, als Handel (8.1.4.1.2.

B. IV. Einkünfte aus Handelstätigkeit (Nr. 4)

AEAStG). Je nach Ausgestaltung der Kommissionärstätigkeit und Gegenstand des Kommissionsgeschäftes kann es sich auch um Bankgeschäft iSd Nr. 3 (siehe Finanzkommissionsgeschäft Rz. 149 ff.) oder Dienstleistung (Nr. 5) handeln. Übernimmt jemand im Rahmen des Handelsgeschäftes ausschließlich untergeordnete Teilfunktionen der Handelstätigkeiten, wie zB Transport-, Lagerhaltungs-, Markterschließungs- oder andere Beraterfunktionen, so handelt es sich bei diesen Tätigkeiten nicht um Handelstätigkeit. Spediteure, Frachtführer, Lagerhalter etc. betreiben daher regelmäßig keinen Handel. Gleiches gilt für Makler und Handelsvertreter, die reine Vermittlungsfunktionen übernehmen und somit Dienstleistungen iSd Nr. 5 erbringen (Tz. 8.1.4.1.2. AEAStG; Lademann/Söffing/Brockhoff/*Gropp* § 8 AStG Rz. 44).

einstweilen frei 226–229

2. Ausnahmeregelungen bei Handelstätigkeiten innerhalb eines Konzerns

a) Einkünfte aus passivem Erwerb aufgrund Inlandsbezug unter Beteiligung einer schädlichen Person

Durch die Ausnahmeregelungen für den inlandsgebundenen Handel soll die Einkünfteverlagerung in das Ausland durch die Einschaltung ausländischer **Vertriebsgesellschaften** (Nr. 4a) verhindert werden, indem die Einkünfte der Hinzurechnungsbesteuerung unterworfen werden, wenn ein unbeschränkt Steuerpflichtiger, der gem. § 7 an der ausländischen Gesellschaft beteiligt ist oder eine solchen Steuerpflichtigen iSd § 1 Abs. 2 nahestehende Person, die mit ihren Einkünften hieraus im Geltungsbereich dieses Gesetzes steuerpflichtig ist, der ausländischen Gesellschaft die Verfügungsmacht an den gehandelten Gütern und Waren verschafft.

Auch die Einkünfte einer ausländischen **Einkaufsgesellschaft** (Nr. 4b) unterliegen grundsätzlich der Hinzurechnungsbesteuerung, wenn einem solchen Steuerpflichtigen oder einer solchen nahe stehenden Personen, durch die ausländische Gesellschaft die Verfügungsmacht verschafft wird.

Entscheidend in beiden Alternativen ist somit die Verschaffung der Verfügungsmacht als Ausfluss einer Handelsbeziehung zwischen der ausländischen Gesellschaft und einer schädlichen Person.

aa) Beteiligung einer schädlichen Person. Hinsichtlich Abgrenzungsfragen zum Begriff der schädlichen Person wird auf die Ausführungen im Rahmen der „Einkünfte aus Bank- und Versicherungstätigkeit" verwiesen (im Einzelnen, siehe → Rz. 192 ff.).

Im Rahmen der Nr. 4 qualifiziert die nahe stehende Person nur dann als schädlich, wenn sie mit den Einkünften, die sie aufgrund der Verschaffung der Verfügungsmacht erzielt, im Geltungsbereich des AStG steuerpflichtig ist (explizit klargestellt durch Gesetz zur Umsetzung der Protokollerklärung der Bundesregierung zur Vermittlungsempfehlung zum Steuervergünstigungsabbaugesetz v. 22.12.2003, BStBl. I 2004, 14, 18; Empfehlung der Ausschüsse des Bundesrats v. 16.9.2003, BR-Drs. 560/1/03, 11), dh die Einkünfte in Deutschland der unbeschränkten, beschränkten oder erweitert beschränkten Steuerpflicht unterliegen. Wenn Deutschland aufgrund eines Doppelbesteuerungsabkommens kein Besteuerungsrecht für diese Einkünfte hat, ist eine

Hinzurechnungsbesteuerung gem. § 8 Abs. 1 Nr. 4 – ähnlich wie bei den Einkünften aus passivem Erwerb aufgrund Erfüllung des Bedienenstatbestands (Nr. 5a) (siehe auch → Rz. 304 ff.) – abzulehnen, da es aus deutscher Sicht nicht zu einer Einkünfteverlagerung kommt (Blümich/*Vogt* § 8 AStG Rz. 39; Mössner/Fuhrmann/*Geurts* § 8 AStG Rz. 120; *SKK* § 8 AStG Rz. 81) Durch das Abstellen auf die Steuerpflicht der Einkünfte wird sichergestellt, dass nicht sämtliche Handelstätigkeiten zwischen ausländischen Gesellschaften und/oder ausländischen Betriebsstätten eines deutschen Konzerns der deutschen Hinzurechnungsbesteuerung unterliegen, sondern dass es durch die Übertragung der Verfügungsmacht an den Gütern und Waren zu einer Verlagerung des Besteuerungsrecht kommen muss.

Beispiel:

235 Eine deutsche GmbH besitzt sämtliche Anteile einer französischen und einer niedrigbesteuerten, schweizerischen Kapitalgesellschaft. Zusätzlich wird eine Betriebsstätte in Spanien unterhalten.

Lieferungen der schweizerischen Tochtergesellschaft an die französische Tochergesellschaft: Bei der schweizerischen Konzerngesellschaft handelt es sich um eine nahe stehende Person der in Deutschland unbeschränkt steuerpflichtigen GmbH. Diese nahe stehende Person verschafft der französischen Tochtergesellschaft die Verfügungsmacht an den gehandelten Waren. Da die Einkünfte der schweizerischen Gesellschaft aus der Lieferung nicht in Deutschland steuerpflichtig sind, unterliegen die Einkünfte aus der Handelstätigkeit der schweizerischen Tochtergesellschaft nicht der deutschen Hinzurechnungsbesteuerung.

Lieferungen der spanischen Betriebsstätte an die schweizerische Tochtergesellschaft: Die spanische Betriebsstätte verschafft der schweizerischen Tochtergesellschaft die Verfügungsmacht an den gehandelten Waren. In Anbetracht dessen, dass eine Betriebsstätte nicht mit einer rechtlichen Selbstständigkeit ausgestattet ist, sondern vielmehr einen – mehr oder weniger – unselbstständigen Betriebteil der deutschen GmbH darstellt, ist von einer Verschaffung der Verfügungsmacht durch die deutsche GmbH, dh durch einen unbeschränkt Steuerpflichtigen, auszugehen. Nach dem Wortlaut des Gesetzes kommt es bei der Verschaffung der Verfügungsmacht durch einen unbeschränkt Steuerpflichtigen nicht darauf an, ob dieser überhaupt Einkünfte hieraus erzielt, oder ob erzielte Einkünfte in Deutschland zu besteuern sind. Da für die von der spanischen Betriebsstätte erzielten Handelseinkünfte aufgrund DBA keine Steuerpflicht in Deutschland besteht, qualifizieren diese Einkünfte somit nicht als passive Einkünfte iSd § 8 Abs. 1 Nr. 4.

236 **bb) Verschaffung der Verfügungsmacht.** Nach der früheren Gesetzesfassung war maßgebliches Kriterium für die Entstehung schädlicher Einkünfte, dass die gehandelten Güter und Waren aus dem bzw. in den Geltungsbereich geliefert wurden. Der mit Wirkung für nach dem 31.12.2002 beginnende Wirtschaftsjahre ausländischer Zwischengesellschaften durch das StVergAbG (Gesetz zum Abbau von Steuervergünstigungen und Ausnahmeregelungen v. 16.5.2003, BStBl. I 2003, 321, 327) eingeführte neue Wortlaut stellt nicht mehr auf die Lieferung der gehandelten Güter, sondern auf die Verschaffung der Verfügungsmacht an diesen Gütern ab.

237 Nach Auffassung des Gesetzgebers hat diese Änderung eine ausschließlich klarstellende Wirkung dahin gehend, dass „... die Güter und Waren nicht physisch vom Ausland ins Inland oder vom Inland ins Ausland verbracht werden müssen, um den Tatbestand der Einkünfte aus passivem Erwerb zu erfüllen" (BT-Drs. 15/119, 54).

B. IV. Einkünfte aus Handelstätigkeit (Nr. 4)   238–243   § 8

Dies ist insoweit richtig, als die hM (*FWBS* § 8 AStG Rz. 125 mwN) in **238** der Vergangenheit eine physische Verbringung der Ware über die Grenze nicht als erforderlich angesehen hat. Während es nach früherer Rechtslage jedoch entscheidend war, dass die Verfügungsmacht grenzüberschreitend übertragen wurde, reicht es nach neuer Rechtslage aus, dass die Verfügungsmacht wo auch immer verschafft wird (*FWBS* § 8 AStG Rz. 164; *SKK* § 8 AStG Rz. 73). Somit wurden beispielsweise Gewinne einer ausländischen Gesellschaft im Rahmen von Dreiecksgeschäften, bei denen die Ware nur im Inland oder nur im Ausland bewegt wurde, nicht erfasst. Da die Neufassung der Nr. 4 keine grenzüberschreitende Warenbewegung mehr voraussetzt, qualifizieren Einkünfte aus dieser Art von Geschäften nunmehr als passive Einkünfte (*Lüdicke* IStR 2003, 438; *HHR* Jahresband 2004, § 8 AStG, Rz. J 03–3).

b) Widerlegung der Passivitätsunterstellung durch Aktivitätsnachweis

Liegen Einkünfte aus inlandsbezogener Handelstätigkeit unter Beteiligung **239** schädlicher Personen vor, so unterstellt das Gesetz schädliche Einkünfte, sofern der Steuerpflichtige nicht den Nachweis führt, dass die ausländische Gesellschaft tatsächlich die entscheidenden Handelsfunktionen ausübt. Als maßglich hierfür sieht das Gesetz die nachfolgend diskutierten Kriterien: (a) Unterhalt eines in kaufmännischer Weise eingerichteten Geschäftsbetriebs, (b) Teilnahme der ausländischen Gesellschaft am allgemeinen wirtschaftlichen Verkehr sowie (c) Mitwirkung schädlicher Personen bei der Handelstätigkeit an, wobei alle drei Kriterien kumulativ erfüllt sein müssen.

Den Steuerpflichtigen trifft die objektive Beweislast für das Vorliegen un- **240** schädlicher Einkünfte. Für die Beurteilung, ob der Nachweis erbracht ist, sind die allgemeinen Beweisgrundsätze des § 90 AO, insbesondere die der Verhältnismäßigkeit und der Zumutbarkeit heranzuziehen (Blümich/*Vogt* § 8 AStG Rz. 35; *FWBS* § 8 AStG Rz. 140).

aa) Unterhalt eines in kaufmännischer Weise eingerichteten Ge- **241** **schäftsbetriebs.** Der in Nr. 4 im Rahmen des Aktivitätsnachweises geforderte in kaufmännischer Weise eingerichtete „Geschäftsbetrieb" entspricht inhaltlich vollumfänglich dem Erfordernis in Nr. 3, auch wenn dort nur von „Betrieb" die Rede ist (Brezing ua/*Mössner* § 8 AStG Rz. 43; *FWBS* § 8 AStG Rz. 141; Lademann/Söffing/Brockhoff/*Gropp* § 8 AStG Rz. 51). Auf die Ausführungen zu den Einkünften aus Bank- und Versicherungstätigkeit wird daher verwiesen (im Einzelnen → Rz. 180 ff.).

Im Rahmen der Nr. 4 muss der Geschäftsbetrieb allerdings ferner seiner Art **242** nach dazu bestimmt und geeignet sein, Handelsgeschäfte zu tätigen. Nach Auffassung der Finanzverwaltung (Tz. 8.1.4.2.1. AEAStG) liegt ein solcher Geschäftsbetrieb vor, wenn die ausländische Gesellschaft „sachlich und personell so ausgestattet ist, dass sie … die in Betracht stehenden Handelsgeschäfte vorbereiten, abschließen und ausführen kann".

bb) Teilnahme am allgemeinen wirtschaftlichen Verkehr. Eine Vor- **243** aussetzung für die Widerlegung der Passivitätsunterstellung bei Einkünften iSd Nr. 4 ist – anders als in Nr. 3 – explizit eine Teilnahme der ausländischen Gesellschaft am allgemeinen wirtschaftlichen Verkehr. Die Teilnahme am wirtschaftlichen Verkehr muss von dem Geschäftsbetrieb der ausländischen Gesellschaft selbst ausgehen (BFH v. 29.8.1984, I R 68/18, BStBl. II 1985, 124), eine mittelbare Teilnahme am Wirtschaftsverkehr über andere Konzerngesellschaften analog der Rechtsprechung der geschäftsleitenden Holding, genügt nicht (Lademann/Söffing/Brockhoff/*Gropp* § 8 AStG Rz. 52; s.a.: Tz. 8.1.4.2.1. AEAStG).

244 Da die außensteuerliche Begrifflichkeit bewusst unter dem Gesichtspunkt der Angleichung an die Begriffsbildungen des Einkommen- und Gewerbesteuerrechts gewählt wurde (BT-Drs. v. 15.6.1972, VI/3537, 10), kann bei Auslegungsfragen auf die Rechtsprechung und Kommentierung zu § 15 Abs. 2 EStG Bezug genommen werden (Brezing ua/*Mössner* § 8 AStG Rz. 44; *FWBS* § 8 AStG Rz. 142; s.a.: EStH 15.4).

245 Eine Beteiligung am allgemeinen wirtschaftlichen Verkehr liegt demnach vor, wenn Leistungen gegen Entgelt an den Markt gebracht und für Dritte äußerlich erkennbar angeboten werden (BFH v. 9.7.1986, I R 85/83, BStBl. II 1986, 851 mwN; BFH v. 2.9.1988, III R 58/85, BStBl. II 1989, 26 mwN). Der am allgemeinen wirtschaftlichen Verkehr Teilnehmende muss mit Gewinnerzielungsabsicht nachhaltig am Leistungs- und Güteraustausch teilnehmen, sich an eine – wenn auch begrenzte – Allgemeinheit wenden und dadurch für Dritte zu erkennen geben, ein Gewerbe zu betreiben. Hierbei ist es ausreichend, wenn sich die ausländische Gesellschaft entweder beim Verkauf oder beim Einkauf der Ware an eine unbestimmte Zahl von Personen wendet, die Waren aber ausschließlich von einem ihr nahestehenden Unternehmen bezieht oder an ein solches Unternehmen liefert (Tz. 8.1.4.2.2. AEAStG).

246 Betreibt die ausländische Gesellschaft ihre Geschäfte nur mit einigen wenigen oder sogar nur einem Handelspartner, so liegt dennoch eine Teilnahme am allgemeinen wirtschaftlichen Verkehr vor, wenn prinzipiell jeder als Handelspartner der ausländischen Gesellschaft in Frage kommt und sich die Begrenzung auf einen engen Personenkreis aus dem Gegenstand der Geschäftstätigkeit an sich ergibt (zB Ersatzteilhandel für ein Spezialprodukt). Auch die Begrenzung der Handelstätigkeit auf eine Konzerngesellschaft kann in der Natur der Sache begründet sein (*FWBS* § 8 AStG Rz. 143; Mössner/Fuhrmann/*Geurts* § 8 AStG Rz. 124; aA *SKK* § 8 AStG Rz. 87, die eine Teilnahme am allgemeinen wirtschaftlichen Verkehr unabhängig von der Natur der Sache verneinen, wenn sowohl auf Beschaffungs- als auch auf Absatzseite ausschließlich Konzerngesellschaften Geschäftspartner der ausländischen Gesellschaft sind). Ist der Kreis der potentiellen Handelspartner hingegen grundsätzlich auf Konzerngesellschaften beschränkt, ist eine Teilnahme am allgemeinen wirtschaftlichen Verkehr zu verneinen (Mössner/Fuhrmann/*Geurts* § 8 AStG Rz. 124).

247 Eine äußerlich erkennbare Organisation, zB in Form eines Geschäftslokales ist für die Teilnahme am allg. wirtschaftlichen Verkehr nicht zwingend erforderlich (*FWBS* § 8 AStG Rz. 142 mwN).

248 **cc) Keine Mitwirkung schädlicher Personen bei der Vorbereitung, dem Abschluss und der Ausführung der Geschäfte.** Eine zentrale Rolle im Bereich des Aktivitätsnachweises gebührt der Frage nach der schädlichen Mitwirkung unbeschränkt Steuerpflichtiger oder ihnen nahe stehender Personen bei Handelstätigkeiten der ausländischen Gesellschaft.

B. IV. Einkünfte aus Handelstätigkeit (Nr. 4) 249–254 § 8

Bei der Prüfung, ob eine schädliche Mitwirkung vorliegt, sind zwei Tatbe- **249** standsvoraussetzungen zu berücksichtigen: (a) Ausübung einer dem Grunde nach schädlichen Tätigkeit durch den inländischen Anteilseigner und (b) Qualifikation der erbrachten Tätigkeit als Mitwirkung iSd Nr. 4.

(1) Schädliche Tätigkeiten. Das Gesetz sanktioniert eine Mitwirkung **250** schädlicher Personen nur bei Tätigkeiten, „… die zur Vorbereitung, dem Abschluss und der Ausführung der Geschäfte …" gehören. Aufgrund des verwendeten Wortes „der" ist erkennbar, dass mit „Geschäfte" auf die Handelsgeschäfte iSd Nr. 4a und 4b Bezug genommen wird. Da es sich bei der Vorbereitung, dem Abschluss und der Ausführung faktisch um alle Tätigkeiten handelt, die inhaltlich dem Handel zugerechnet werden können, ist eine schädliche Mitwirkung im Rahmen aller Handelsfunktionen denkbar.

Durch die Mitwirkung des Steuerpflichtigen oder einer ihm nahe stehen- **251** den Person bei andersartigen Tätigkeiten, die nicht Ausfluss der Handelstätigkeit sind, kann die Entstehung passiver Einkünfte grundsätzlich nicht begründet werden. Eine Mitwirkung des Anteilseigners im Rahmen seiner Stellung als Gesellschafter, zB bei Tätigkeiten, die auf die anfängliche Einrichtung des Geschäftsbetriebes abstellen, ist daher nach hM ebenso wie die Ausübung einer kontrollierender Tätigkeit als aufsichtsführender Verwaltungsrat niemals schädlich (*FWBS* § 8 AStG Rz. 150 mwN; s.a.: RFH v. 11.7.1940, III 135/39, RStBl. 1940, 707). Auch wenn sich der Inländer im Rahmen allgemeiner Kontrollbefugnisse die Genehmigung bestimmter Geschäfte vorbehalten hat, liegt keine schädliche Tätigkeit vor. Gleiches gilt für die mittelbare Mitwirkung des Inländers im Verwaltungs- und organisatorischen Bereich mittels Konzernrichtlinien (*Flick* FR 1976, 7). Die Übernahme einer Tätigkeit als Mitglied der Geschäftsführung der ausländischen Gesellschaft hingegen, ist Teil der Handelsfunktion und verhindert den Aktivitätsnachweis (*FWBS* § 8 AStG Rz. 147, Beispiel 3 und Rz. 150).

Auch Produzenten-, Lieferanten-, oder Abnehmerfunktionen sind keine **252** Teilfunktionen des Handels. Die Herstellung der Ware durch einen unbeschränkt steuerpflichtigen Anteilseigner oder eine ihm nahestehende Person spricht somit nicht gegen einen Aktivitätsnachweis. Die Erbringung von Versendungs- und kundenunabhängigen Marketingleistungen sowie Nebenleistungen, die nach Verkehrsauffassung zur sachgerechten Lieferung notwendig sind, ist ebenfalls nicht schädlich (Tz. 8.1.4.3.2. Nr. 1–3 AEAStG). Stellt zB das deutsche Produktionsunternehmen der Handelstochtergesellschaft handelsüblicherweise Anwendungstechniker oder Spezialisten für den Verkauf von Problemprodukten oder führt produktspezifische Vertreterschulungen bei der Tochtergesellschaft durch, so stellt dies keine Mitwirkung bei der Handelstätigkeit der Tochter dar, sondern ist vielmehr Ausfluss der Produzentenstellung der inländischen Muttergesellschaft (*Flick* FR 1976, 7).

Gleiches gilt, wenn der inländische Anteilseigner eine Stellung als Lieferant **253** oder Abnehmer der Ware innehat (*Debatin* DStZ Ausgabe A 1972, 273).

(2) Mitwirkung iSd Nr. 4. Auch wenn der inländische Anteilseigner **254** oder eine ihm nahestehende Person Handelstätigkeiten ausübt, so ist in einem zweiten Schritt zu prüfen, ob die Tätigkeit die Annahme einer schädlichen Mitwirkung iSd Nr. 4 rechtfertigt. Dies ist dann der Fall, wenn die ausländische Gesellschaft faktisch nicht mehr als eigenständige Handelsgesellschaft angesehen werden kann.

255 Eine schädliche Mitwirkung liegt grundsätzlich nicht vor, wenn die Mitwirkung nur bei einzelnen Geschäften von untergeordneter Bedeutung erfolgt (Tz. 8.1.4.3.1. AEAStG). Welche Kriterien zur Bestimmung dieser untergeordneten Bedeutung heranzuziehen sind, bleibt sowohl im Erlass als auch in der Literatur offen. Eine analoge Anwendung der mehrfach im AStG genannten 10% Bagatellgrenze (§ 8 Abs. 6 und § 9) erscheint jedoch im Hinblick auf die Systematik des AStG nicht als unangemessen.

256 Bezüglich der Fälle, in denen die o. g. Bagatellregelung keine Anwendung finden soll, bestehen zwischen der Auffassung der Finanzverwaltung und der hM systematische Auslegungsunterschiede.

257 Die Vorstellung des Gesetzgebers ist offenbar, dass gewisse Kernhandelsfunktionen existieren, die üblicherweise von einer Handelsgesellschaft selbst wahrgenommen werden. Im Rahmen dieser typisierenden Betrachtungsweise wird eine Abweichung von der Branchenüblichkeit oder dem vermeintlich außenwirtschaftlich Angemessenen insbesondere durch die (teilweise) Erbringung der Kernhandelsfunktionen durch den inländischen Steuerpflichtigen oder eine ihm nahe stehende Person als unüblich und somit als Indiz dafür gesehen, dass die Handelstätigkeit wirtschaftlich von dem inländischen Steuerpflichtigen erbracht wird. Es wird daher unterstellt, dass die ausländische Gesellschaft vorrangig aus Gründen der Einkunftsverlagerung eingeschaltet wurde. Als Kernhandelsfunktionen sieht die Finanzverwaltung (Tz. 8.1.4.3.1. AEAStG) insbesondere die Übernahme des Vertriebs, die Leitung des Vertretereinsatzes, die Übernahme von Finanzierungsaufgaben und das Tragen von Handelsrisiken.

258 Diese Sichtweise verkennt, dass es keinen objektiv feststehenden, allgemeingültigen Rahmen von Handelsfunktionen gibt, sondern dass es im Wandel der Zeit zu Strukturänderungen und als Folge davon zu Funktionsverlagerungen, zB im Bereich der Lagerfunktion, gekommen ist (*Gross/Schelle* FS Luik, 1991, 337 mit Beispielen.). Des Weiteren hat jede einzelne Handelsstufe und jede Branche die ihr eigentümliche Kombination von Einzelfunktionen und ist darüber hinaus noch durch besondere örtliche Gepflogenheiten geprägt. Die hM (*Merkert* DB 1975, 1864f.; *FWBS* § 8 AStG Rz. 147; *SKK* § 8 AStG Rz. 89; *Pannenbecker* StBP 1974, 36; Blümich/*Vogt* § 8 AStG Rz. 42ff.) lehnt daher die typisierende Betrachtungsweise zugunsten einer individualisierenden Betrachtungsweise ab und fordert ein Abstellen auf die geschäftsindividuelle Funktion, die den konkreten Vereinbarungen über die ausgeübten Tätigkeiten zu entnehmen ist.

259 Als Ausfluss der individualisierenden Betrachtungsweise ist die Übernahme bestimmter Handelsfunktionen durch den unbeschränkt steuerpflichtigen Anteilseigner für den Aktivitätsnachweis unschädlich, sofern es sich um eine im vornherein vereinbarte und klar abgegrenzte Tätigkeit handelt, für die der Anteilseigners ein angemessenes Entgelt erhält (*FWBS* § 8 AStG Rz. 147). Die von der Finanzverwaltung vertretene Auffassung (Tz. 8.1.4.3.1. AEAStG), dass auch dann eine schädliche Tätigkeit vorliegt, wenn für die Leistungen ein Entgelt wie unter unabhängigen Dritten bemessen worden ist, ist abzulehnen.

B. V. Einkünfte aus Dienstleistung (Nr. 5)

Für Fragestellungen bzgl. der Beurteilung einzelner Handelstätigkeiten wird auf *Wassermeyer* (*FWBS* § 8 AStG Rz. 153–163) verwiesen, der für eine Vielzahl markanter zwischen den Spitzenverbänden der Wirtschaft und der Finanzverwaltung diskutierten Szenarien zum Mitwirkungstatbestand beim Handel alternative Lösungsvorschläge zu den Lösungsvorschlägen der Finanzverwaltung (FM NRW v. 29.12.1978, S 1352-5 – VB 2, Praktiker Handbuch 2003 Außensteuerrecht (2003), S. 971 ff.) erarbeitet hat. **260**

einstweilen frei **261–279**

V. Einkünfte aus Dienstleistung (Nr. 5)

Grundsätzlich sind Einkünfte aus der Erbringung von Dienstleistungen aktiv, wobei das Gesetz zwei Ausnahmen von diesem Grundsatz kennt. Erbringt die ausländische Gesellschaft die Dienstleistung nicht selbst, sondern bedient sie sich dazu eines inländischen Anteilseigners (oder einer ihm nahestehenden Person) so gilt der sog. „Bedienenstatbestand" als erfüllt mit der Folge, dass die von der ausländischen Gesellschaft erzielten Einkünfte stets als passive Einkünfte qualifiziert werden. Bei Erfüllung des sog. „Erbringenstatbestandes", bei dem die ausländische Gesellschaft eine Dienstleistung ggü. dem inländischen Anteilseigner (oder einer ihm nahe stehenden Person) erbringt, werden ebenfalls passive Einkünfte angenommen, das Gesetz sieht für diesen Fall jedoch zumindest die Möglichkeit eines Aktivitätsnachweises vor. **280**

Die Passivität der Einkünfte aus Dienstleistungen beschränkt sich auf die Einkünfte, bei denen die Voraussetzungen der Nr. 5a und b tatsächlich erfüllt sind. Dies ergibt sich aus dem Gesetzeswortlaut, der durch Verwendung des Wortes „soweit" klarstellt, dass eine Abfärbung der Passivität auf aktive Dienstleistungen nicht eintritt. **281**

1. Dienstleistung als grundsätzlich aktive Tätigkeit

Das deutsche Steuerrecht enthält keine Definition des Begriffes Dienstleistung. Nach allgemeinem Verständnis liegt eine Dienstleistung immer dann vor, wenn die ausländische Gesellschaft gegen Entgelt persönliche Leistungen ggü. Dritten erbringt. Erfolgt die Erbringung der einzelnen Dienstleistungen im Rahmen vorbereitender Tätigkeiten, werden sie durch andere Tätigkeiten, denen sie wirtschaftlich gesehen untergeordnet sind, verursacht oder haben sie ihren Ursprung in der eigentlichen Haupttätigkeit, so sind die Dienstleistungstätigkeiten aufgrund der funktionalen Betrachtungsweise entsprechend der sie beherrschenden Tätigkeit zu subsumieren. Eine gesonderte Beurteilung der Dienstleistung unter Nr. 5 erfolgt nur, wenn die Dienstleistungstätigkeit eine eigenständige Funktion darstellt (im Einzelnen → Rz. 32 ff.). **282**

Die nachfolgende Einteilung der Dienstleistungen basiert auf der Übersicht von Blümich/*Vogt* § 8 AStG Rz. 51), die in unterschiedlich modifizierter Form in wesentlichen Teilen der Literatur angeführt wird: **283**

a) Gewerbliche Dienstleistungen. Bau- und Transportwesen, Instandhaltung, Bewachung, Nachrichtenverkehr, Handelsvertreter, Makler, Spediteure, Lagerhalter, Frachtführer u. ä. **284**

b) Technische Dienstleistungen. Forschung, Entwicklung, statistische Berechnungen, Planung u. ä. **285**

286 **c) Dienstleistungen des Finanzwesens.** Finanzierungsvermittlung, Anlageberatung, Liquiditäts- und Währungsmanagement, Versicherungsvertreter, Treuhänder u. ä.

287 **d) Dienstleistungen im kulturellen Bereich.** Theater, Literatur, Film, Rundfunk und Fernsehen, Verlags- und Pressewesen u. ä.

288 **e) Freiberufliche Dienstleistungen.** Architekten, Ärzte, Rechtsanwälte, Wirtschaftsprüfer, Notare, Journalisten – wobei die in § 18 EStG aufgeführten Kriterien als Anhaltspunkte herangezogen werden können, aber nicht als abschließend anzusehen sind.

289 **f) Dienstleistungen des täglichen Lebens.** Gaststätten- und Beherbergungsgewerbe, Friseur, Gesundheitswesen, Wäscherei und Reinigung u. ä.

290 Umstritten ist, ob das Wort „Dienstleistungen" neben den Dienstvertragsauch Werkvertragsleistungen und Mischformen daraus erfasst (Bejahend: *Bellstedt* FR 1972, 244; verneinend: Mössner/Fuhrmann/*Geurts* § 8 AStG Rz. 132; *Schwarz* IStR 2012, 861 mwN). Da bei einem Werkvertrag der Erfolg und nicht die Dienstleistung geschuldet wird, erscheint eine Erfassung im Rahmen der Nr. 2 (Einkünfte aus industrieller Tätigkeit) zutreffend.

291 Die Verwaltung eigenen Vermögens stellt keine Dienstleistung dar, da sie nicht gegenüber einem Dritten, sondern im Eigeninteresse erfolgt (Blümich/*Vogt* § 8 AStG Rz. 52; *FWBS* § 8 AStG Rz. 172; *SKK* § 8 AStG Rz. 96). Die außensteuerliche Beurteilung der Einkünfte aus der Verwaltung eigenen Vermögens sind von der Art des Vermögens abhängig. Grundstücks- und Patentverwaltung wird in Regelfall unter Nr. 6 (Vermietung und Verpachtung) zu erfassen sein, während Dividendeneinkünfte aus dem Halten von Beteiligungen im Regelfall zu den Gewinnausschüttungen iSd Nr. 8 gehören.

292 Insbesondere die Abgrenzung der Dienstleistungen von konzernleitenden Maßnahmen stellt sich in der Praxis als problematisch dar. Erbringt eine ausländische Gesellschaft gegenüber ihren ebenfalls ausländischen Tochtergesellschafen Beratungsleistungen im Bereich der Organisation und führt die Innenrevision bei diesen Gesellschaften durch, so ist entscheidend, ob diese Tätigkeiten im Interesse der Tochtergesellschaften oder im Interesse der ausländischen Gesellschaft bzw. der deutschen Konzernmutter erbracht werden. Ist letzteres der Fall, so stellt das an die ausländische Gesellschaft gezahlte Entgelt eine verdeckte Gewinnausschüttung der ausländischen Tochtergesellschaft dar. Die Einkommenserhöhung auf Ebene der Tochtergesellschaft führt zu Einkünften aus passivem Erwerb, sofern die laufenden Einkünfte der Tochtergesellschaft als passiv qualifizieren (funktionale Betrachtungsweise) (im Einzelnen → Rz. 494 f.). Die Dividendeneinkünfte auf Ebene der ausländischen Obergesellschaft sind gem. Nr. 8 grundsätzlich aktiv. Liegt die Beratung hingegen im wesentlichen Interesse der Tochtergesellschaft, so handelt es sich um eine Dienstleistung iSd Nr. 5 (BFH v. 29.8.1984, I R 68/81, BStBl. II 1985, 122).

293 Nach Auffassung der Finanzverwaltung (Tz. 8.1.5.1.1. AEAStG) führen **Finanzdienstleistungen** innerhalb eines Konzerns grundsätzlich zu passiven Einkünften, es sei denn, sie fallen unter § 8 Abs. 1 Nr. 3 oder Nr. 7. Blümich/*Vogt* § 8 AStG Rz. 54, vertritt eine differenzierende Betrachtungsweise dahin gehend, dass ein Auftreten der ausländischen Gesellschaft im

Fremdauftrag bei Finanzierungsvermittlung, Ausgleich von Währungsschwankungen, Marktbeobachtungen etc. unter Weiterleitung vereinnahmter Vermögensserträge eine Dienstleistung darstellen kann, der Dienstleistungsbegriff jedoch nicht die im Rahmen der Nr. 7 geregelten Finanzdienstleistungen beinhaltet. Beide Auffassungen stellen eine faktische Einschränkung des Begriffs der Dienstleistungen dar, die vom Gesetzeswortlaut nicht gedeckt und daher abzulehnen ist (*Baumgärtel/Perlet* Die Hinzurechnungsbesteuerung bei Auslandsbeteiligungen (1996), S. 23). Vielmehr sind auch die Einkünfte aus Finanzdienstleistungen als grundsätzlich aktive Einkünfte iSd Nr. 5 anzusehen (Siehe auch: *SKK* § 8 AStG Rz. 97). ME wäre es jedoch zu weitgehend, die darlehensweise Vergabe von Kapital unter den Begriff der Dienstleistung zu fassen, da hierbei die Überlassung von Kapital im Vordergrund steht, während der Dienstleistungscharakter nur von untergeordneter Bedeutung ist. Im Ergebnis ist somit *Vogt* dahin gehend zuzustimmen, dass Einkünfte aus der darlehensweisen Vergabe von Kapital nicht unter den Begriff der Dienstleistung iSd Nr. 5 subsumiert werden können, sondern im Rahmen der Nr. 7 zu erfassen sind.

einstweilen frei 294–299

2. Ausnahmeregelungen für konzerninterne Dienstleistung

Für Dienstleistungen innerhalb eines Konzerns enthält das Gesetz zwei **300** Ausnahmeregelungen, die verhindern sollen, dass die an sich aktive Dienstleistungstätigkeit dazu missbraucht wird, Gewinne im Ausland entstehen zu lassen, während die Kosten zu Lasten des Inlandes gehen.

Die Ausnahmeregelungen betreffen (a) **Bedienenstatbestand:** Bei der **301** Erbringung einer Dienstleistung bedient sich die ausländische Gesellschaft eines Konzernunternehmens und (b) **Erbringenstatbestand:** Die ausländische Gesellschaft erbringt die Dienstleistung ggü. einem Konzernunternehmen.

Während bei Erfüllung des Bedienenstatbestandes die ausländische Gesell- **302** schaft ohne Ausnahme passive Einkünfte erzielt, sieht das Gesetz im Rahmen des Erbringenstatbestandes die Möglichkeit eines Aktivitätsnachweises vor.

Erbringt die ausländische Gesellschaft sowohl aktive als auch passive Dienst- **303** leistungen, so wird die Hinzurechnungsbesteuerung durch die Verwendung der Formulierung „soweit" auf letztere beschränkt.

a) Einkünfte aus passivem Erwerb aufgrund Erfüllung des Bedienenstatbestandes (Nr. 5a)

Gem. § 8 Abs. 1 Nr. 5a liegen grundsätzlich passive Einkünfte vor, wenn **304** sich die ausländische Gesellschaft für die Dienstleistung eines unbeschränkt Steuerpflichtigen, der gem. § 7 an ihr beteiligt ist oder einer einem solchen Steuerpflichtigen iSd § 1 Abs. 2 nahe stehenden Person, die mit ihren Einkünften aus der von ihr beigetragenen Leistung im Geltungsbereich des AStG steuerpflichtig ist, bedient.

Hinsichtlich Auslegungsfragen zum Begriff des unbeschränkt Steuerpflichti- **305** gen wird auf die Ausführungen zu den Einkünften aus Bank- und Versicherungstätigkeit verwiesen (im Einzelnen → Rz. 193 f.).

Wie bei den Einkünften aus Bank- und Versicherungstätigkeit bzw. Han- **306** delstätigkeit werden auch im Rahmen der Dienstleistungstätigkeit Geschäftsbeziehungen mit nahe stehenden Personen iSd § 1 Abs. 2 sanktioniert. Besonderes Merkmal des Mitwirkungstatbestandes der Nr. 5a ist das Erfordernis der unbeschränkten oder hinsichtlich der erbrachten Leistungen beschränkten Steuerpflicht der nahe stehenden Person, wobei auch die erweitert beschränkte Steuerpflicht der nahe stehenden Person nach dem Wortlaut des Gesetzes eine Steuerpflicht iSd Nr. 5a darstellt (*FWBS* § 8 AStG Rz. 188; Lademann/Söffing/Brockhoff/*Gropp* § 8 AStG Rz. 63; *SKK* § 8 AStG Rz. 103; Tz. 8.1.5.2.2. AEAStG). Sofern der erweitert beschränkt Steuerpflichtige seine Leistungen nicht in Deutschland ausübt, ist in der Praxis jedoch kaum ein Anwendungsfall denkbar, bei dem ein erweitert beschränkt Steuerpflichtiger für die von ihm beigetragenen Leistungen Einkünfte erzielt, die im Rahmen der erweitert beschränkten Steuerpflicht zu erfassen sind. Im Regelfall handelt es sich vielmehr um ausländische Einkünfte iSd § 34d EStG, die nicht durch die erweiterte beschränkte Steuerpflicht erfasst werden (§ 5 Abs. 1).

307 Aus dem Abstellen des Gesetzeswortlauts auf die Einkünfte der nahe stehenden Person kann geschlossen werden, dass es sich bei der Leistungsbeziehung zwischen der ausländischen Gesellschaft und der nahestehenden Person um eine entgeltliche handeln muss. Das Entgelt wird im Regelfall das vereinbarte Dienstleistungshonorar sein, es kann aber auch aus einem laufenden Gehalt bestehen, dessen Höhe sich nicht unmittelbar an der im Einzelnen erbrachten Dienstleistung orientiert (*FWBS* § 8 AStG Rz. 186). Handelt es sich um die Erbringung einer unentgeltlichen Leistung, ist eine Mitwirkung grundsätzlich unschädlich, in diesen Fällen kann sich eine Entgeltlichkeit jedoch aus der Annahme einer verdeckten Gewinnausschüttung oder durch eine Einkunftsberichtigung gem. § 1 ergeben (*SKK* § 8 AStG Rz. 103 differenzierend zwischen unentgeltlicher Leistung und unentgeltlichem Tätigwerden aufgrund gesellschaftsrechtlicher Stellung; kritisch hinsichtlich dieser Unterscheidung Mössner/Fuhrmann/*Geurts* § 8 AStG Rz. 140, 682 Fn. 2 da mit dieser Unterscheidung bereits das Vorliegen einer Dienstleistung ausgeschlossen wird).

308 In der Literatur weitgehend verneint (*FWBS* § 8 AStG Rz. 187; *SKK* § 8 AStG Rz. 103) wird eine Steuerpflicht iSd Nr. 5a, wenn die Einkünfte der nahe stehenden Person durch ein DBA freigestellt sind, wobei die zugrunde liegenden Anwendungsfälle nicht transparent werden. Ein denkbares Szenario wäre zB eine inländische Muttergesellschaft mit einer niedrigbesteuerten, ausländischen Tochtergesellschaft und einer inländischen GmbH, die eine Betriebsstätte in Frankreich unterhält. Bedient sich die ausländische Tochtergesellschaft zur Erbringung einer Dienstleistung der französischen Betriebsstätte der inländischen GmbH, so sind die von der Betriebsstätte erzielten Einkünfte grundsätzlich in Deutschland steuerpflichtig, aber aufgrund des Betriebsstättenprinzips des entsprechenden DBA von der inländischen Besteuerung freigestellt. Eine Erfassung dieser Einkünfte durch die Hinzurechnungsbesteuerung ist abzulehnen, da die mit der Dienstleistung in Zusammenhang stehenden Aufwendungen nicht die deutsche Steuerbemessungsgrundlage kürzen und eine Einkünfteverlagerung allenfalls aus französischer Sicht vorliegt.

309 Während das Gesetz die Passivität von Einkünften aus Handelstätigkeit bei „Mitwirkung" einer schädlichen Person unterstellt, wird die Hinzurechnungsbesteuerung im Rahmen der Dienstleistungstätigkeiten dadurch ausgelöst, dass sich die ausländische Gesellschaft einer schädlichen Person „bedient". Bedienen setzt voraus, dass die ausländische Gesellschaft die zu erbringende Leistung dem Leistungsempfänger gegenüber schuldet und sich bewusst der schädlichen Person zur Erbringung ihrer eigenen Leistung bedient. Dies kann durch Beauftragung der nahe stehenden Person mittels Anstellungs- oder Subunternehmervertrages (*FWBS* § 8 AStG Rz. 182) aber auch durch eigenmächtige Einschaltung des Inlandsbeteiligten (Blümich/*Vogt* § 8 AStG Rz. 57) geschehen. Entscheidend in diesem Zusammenhang ist, dass die Dienstleistung im Namen der ausländischen Gesellschaft an den Dienstleistungsempfänger erbracht wird, letztendlich aber die schädliche Person der eigentliche Leistungserbringer ist. Ein Indiz hierfür kann sein, dass die schädliche Person selbst unmittelbar mit dem Dienstleistungsempfänger Einzelheiten wie zB den Umfang der Dienstleistung bespricht (Blümich/*Vogt* § 8 AStG Rz. 59).

Der Bedienenstatbestand ist nicht erfüllt, wenn die ausländische Gesellschaft **310** die Dienstleistungstätigkeit nur vermittelt, selber aber nicht Schuldner der Dienstleistung wird (*FWBS* § 8 AStG Rz. 182). Die reine Vermittlungsleistung stellt eine Dienstleistung der ausländischen Gesellschaft ggü. der schädlichen Person dar und unterliegt den Regelungen der Nr. 5b (Blümich/*Vogt* § 8 AStG Rz. 59).

einstweilen frei **311–314**

b) Einkünfte aus passivem Erwerb aufgrund des Erbringenstatbestandes (Nr. 5b)

Gem. § 8 Abs. 1 Nr. 5b liegen passive Einkünfte vor, wenn die ausländische **315** Gesellschaft die Dienstleistung (a) einem solchen Steuerpflichtigen oder einer solchen nahe stehenden Person erbringt, es sei denn (b) der Steuerpflichtige weist nach, dass die ausländische Gesellschaft (aa) einen für das Bewirken derartiger Dienstleistungen eingerichteten Geschäftsbetrieb (bb) unter Teilnahme am allgemeinen wirtschaftlichen Verkehr unterhält und (cc) die zu der Dienstleistung gehörenden Tätigkeiten ohne Mitwirkung eines solchen Steuerpflichtigen oder einer solchen nahe stehenden Person ausübt.

aa) Erbringung einer Dienstleistung durch die ausländische Gesell- **316** **schaft.** Die Verwendung des Begriffs „solche" stellt einen Verweis auf Nr. 5a dar. In Bezug auf die Steuerpflichtigen wird daraus deutlich, dass der als Dienstleistungsempfänger auftretende Anteilseigner unbeschränkt steuerpflichtig sein muss. Im Zusammenhang mit den nahe stehenden Personen ist die Verwendung des Begriffs „solche" sprachlich misslungen, da der Bedienenstatbestandes der Nr. 5a erfüllt ist, wenn die nahe stehende Person eine Leistung erbringt und mit den auf diese Leistungen entfallenden Einkünften in Deutschland steuerpflichtig ist, die nahe stehende Person im Rahmen des Erbringenstatbestandes aber gerade keine Leistung erbringt sondern vielmehr Dienstleistungsempfänger ist. Der BFH hat entschieden (BFH v. 29.8.1984, I R 68/81, BStBl. II 1985, 123), dass unter einer solchen nahestehenden Person eine Person zu verstehen ist, die im Geltungsbereich des AStG steuerpflichtig ist. In Anbetracht dessen, dass das AStG eine Einkunftsverlagerung in das niedrig besteuerte Ausland verhindern soll, kann der Verweis kann jedoch nur dahin gehend verstanden werden, dass die nahe stehende Person die betreffende Dienstleistung im Rahmen einer im Inland steuerpflichtigen Einkunftsart empfangen muss (*FWBS* § 8 AStG Rz. 192; *SKK* § 8 AStG Rz. 107).

317 Wie auch beim Bedienenstatbestand übt die ausländische Gesellschaft im Rahmen des Erbringenstatbestandes eine Dienstleistung aus, wenn sie – aufgrund Rechtsverhältnis oder faktisch – Schuldner dieser Dienstleistung ist. Dabei ist es unerheblich, ob sich die ausländische Gesellschaft zur Erbringung der Dienstleistung eines Erfüllungsgehilfen bedient, wobei im Falle der Einschaltung von Konzerngesellschaften uU Nr. 5a zur Anwendung kommt. Ebenfalls belanglos ist, ob die Dienstleistung im In- oder Ausland erbracht wird.

318 Erbringt die ausländische Gesellschaft hingegen eine reine Vermittlungsleistung mit der Folge, dass zwischen dem inländischen Anteilseigner (oder einer nahe stehenden Person) und dem Dienstleistungsempfänger eine unmittelbare Rechtsbeziehung entsteht, so liegt in Bezug auf diese Dienstleistung kein Anwendungsfall der Nr. 5b vor. Die Vermittlungsleistung an sich erfüllt jedoch grundsätzlich den Erbringenstatbestand iSd Nr. 5b und kann Gegenstand der Hinzurechnungsbesteuerung sein.

319 **bb) Widerlegung der Passivitätsunterstellung durch Aktivitätsnachweis.** Liegen Einkünfte aus Dienstleistungstätigkeit unter Beteiligung schädlicher Personen vor, so unterstellt das Gesetz schädliche Einkünfte, sofern der Steuerpflichtige nicht den Nachweis führt, dass es sich bei der ausländischen Gesellschaft um eine aktive Gesellschaft iSd Nr. 5b handelt.

320 Wegen der Nachweispflicht des Steuerpflichtigen wird auf die Ausführungen zur Widerlegung der Passivitätsunterstellung durch Aktivitätsnachweis bei den Einkünften aus Handelstätigkeit verwiesen (im Einzelnen → Rz. 239 ff.).

321 **(1) Unterhalt eines für das Bewirken derartiger Dienstleistungen eingerichteten Geschäftsbetriebes.** Im Gegensatz zu den Nr. 3 und 4 fordert Nr. 5b im Rahmen des Aktivitätsnachweises nur einen eingerichteten, nicht aber einen in kaufmännischer Weise eingerichteten Geschäftsbetrieb. Auch wenn keine sachlichen Gründe für die unterschiedlichen Anforderungen bei dem Aktivitätsnachweis erkennbar sind, zwingt der andere Gesetzeswortlaut dennoch zur Beachtung der bestehenden Unterschiede (aA *SKK* § 8 AStG Rz. 110) und eröffnet damit auch ausländischen Gesellschaften ohne kaufmännische Buchführung, Vertretung nach kaufmännischen Grundsätzen und kaufmännischer Organisation, die Möglichkeit eines Aktivitätsnachweises für passive Dienstleistungseinkünfte iSd Nr. 5b (wohl auch: *Lademann/Gropp* § 8 AStG Rz. 68, der nicht auf die kaufmännische Organisation abstellt, sondern darauf, dass die Gesellschaft einen Geschäftsbetrieb unterhält, der faktisch imstande ist, die betreffende Dienstleistung selbst zu bewirken).

322 **(2) Teilnahme am allgemeinen wirtschaftlichen Verkehr.** Zur Teilnahme der ausländischen Gesellschaft am allgemeinen wirtschaftlichen Verkehr wird auf die Ausführungen zu den Einkünften aus Handelstätigkeit verwiesen (im Einzelnen → Rz. 243 ff.).

323 **(3) Keine Mitwirkung schädlicher Personen bei zu der Dienstleistung gehörenden Tätigkeiten.** Bezüglich der allgemeinen Ausführungen zur schädlichen Mitwirkung gelten die Ausführungen zu den Einkünften aus Handelstätigkeit sinnentsprechend (im Einzelnen → Rz. 248 ff.).

B. V. Einkünfte aus Dienstleistung (Nr. 5) 324–326 § 8

Bei näherer Betrachtung der Dienstleistungstätigkeiten wird deutlich, dass 324 es angesichts der Vielfalt der in der Wirtschaft vorkommenden Erscheinungsformen der Dienstleistung – noch weniger als beim Handel – eine typische Dienstleistungsgesellschaft mit unternehmens- und branchenimmanenten Funktionen gibt (*Merkert* DB 1975, 1863; Lademann/Gropp § 8 AStG Rz. 71; *SKK* § 8 AStG Rz. 112;). Vielmehr ist auf die konkret vereinbarte Funktionsverteilung zwischen der ausländischen Gesellschaft und der schädlichen Person abzustellen. Wird ein angemessenes Entgelt für die tatsächliche Durchführung der vereinbarten Funktionsvereinbarung gezahlt, so ist eine schädliche Mitwirkung generell zu verneinen (*FWBS* § 8 AStG Rz. 196–207 mit konkreten Lösungsvorschlägen zu Musterfällen, die von den Spitzenverbänden der deutschen Wirtschaft und der Finanzverwaltung erarbeitet wurden).

Zahlt die ausländische Tochtergesellschaft kein Entgelt für die von der 325 schädlichen Person übernommenen Funktionen, ist weitere Voraussetzung für eine schädliche Mitwirkung, dass zwischen der Erbringung einer Leistung oder der Überlassung eines Wirtschaftsgutes (materiell oder immateriell) durch die schädliche Person und der durch die ausländische Gesellschaft zu erbringenden Dienstleistung ein direkter wirtschaftlicher Zusammenhang besteht. Gestattet die deutsche Muttergesellschaft der ausländischen Tochtergesellschaft zB die Führung des Konzernnamens (*FWBS* § 8 AStG Rz. 200) oder konzipiert die Muttergesellschaft die Werbung für den Konzern und damit auch für die ausländischen Tochtergesellschaft, so ist aufgrund des fehlenden direkten wirtschaftlichen Zusammenhangs keine Mitwirkung gegeben. Gleiches gilt für die Überlassung von Grundlagenforschungsergebnissen (*FWBS* § 8 AStG Rz. 203) ohne konkreten Zusammenhang mit der zu erbringenden Dienstleistung der Tochtergesellschaft. Ein direkter wirtschaftlicher Zusammenhang ist anzunehmen, wenn die schädliche Person bei den Vertragsverhandlungen für die konkrete Dienstleistung unterstützend tätig wird, indem sie den Vertragstext formuliert und verhandelt oder spezifizierte Angebote für die von der ausländischen Tochtergesellschaft zu erbringende Dienstleistungen ausarbeitet (aA *FWBS* § 8 AStG Rz. 207 und 200).

Nach Auffassung der Finanzverwaltung liegt eine Mitwirkung an den zur 326 Dienstleistung gehörenden Tätigkeiten bereits vor, wenn sich eine schädliche Person durch das Zurverfügungstellen von Personal oder Einrichtungen an der Leistung beteiligt oder indem sie die Planung der Leistung ganz oder zu einem nicht nur unwesentlichen Teil übernimmt. Dies gilt auch dann, wenn das Entgelt für diese Leistung wie unter unabhängigen Dritten bemessen worden ist (Tz. 8.1.5.3.2. AEAStG). Gemeint sein kann in diesem Zusammenhang nur eine miet- oder leihweise Überlassung von Personal und Einrichtungen, da ansonsten auch der käufliche Erwerb von Wirtschaftsgütern der Muttergesellschaft durch die ausländische Tochtergesellschaft bzw. die Übertragung solcher Wirtschaftsgüter durch Sacheinlage eine schädliche Mitwirkung darstellen würde (*Merkert* DB 1975, 1863). Unabhängig davon sind keine Gründe dafür ersichtlich, warum der Bezug der in Frage stehenden Leistung von einer inländischen Konzerngesellschaft im Vergleich zu dem Einkauf von einem konzernfremden Wettbewerber steuerlich benachteiligt wird. Insbesondere steht dies einer Verbesserung der Wettbewerbslage der deutschen Außenwirtschaft entgegen (*DIHT/BDI* Reform der Hinzurechnungsbesteuerung, Vorschläge der Wirtschaft Ergebnisse des DIHT/BDI-Planspiels (1987), S. 22). Nach hM ist die typisierende Betrachtungsweise der Finanzverwaltung daher abzulehnen (*Wassermeyer* StbJb 1973/1974, 489). Vielmehr ist auf eine angemessene Vergütung des überlassenen Personals bzw. der Anlagen abzustellen. Nur dann, wenn der ausländischen Gesellschaft Funktionen vergütet werden, die sie nicht oder nicht in vollem Umfang erbracht hat, ist eine schädliche Mitwirkung anzunehmen (*Merkert* DB 1975, 1864).

327 Bei Dienstleistungstätigkeiten liegt – wie auch bei den Handelstätigkeiten – grundsätzlich keine schädliche Mitwirkung vor, wenn im Rahmen einer aktiven Tätigkeit einzelne Geschäfte von untergeordneter Bedeutung, an denen ein Inlandsbeteiligter oder eine nahe stehende Person mitwirkt, anfallen (Tz. 8.1.5.3.2. AEAStG). Welche Kriterien zur Bestimmung dieser untergeordneten Bedeutung heranzuziehen sind, bleibt sowohl im Erlass als auch in der Literatur offen. Eine analoge Anwendung der mehrfach im AStG genannten 10 % Bagatellgrenze (§ 8 Abs. 6 und § 9) erscheint im Hinblick auf die Systematik des AStG nicht als unangemessen.

328–339 *einstweilen frei*

VI. Einkünfte aus Vermietung und Verpachtung (Nr. 6)

340 Einkünfte aus Vermietung und Verpachtung gelten grundsätzlich als aus aktiver Geschäftstätigkeit stammend, doch bestehen hiervon weitreichende Ausnahmen.

341 So werden (a) Einkünfte aus der Nutzungsüberlassung von Patenten, Urheberrechten und anderen immateriellen Rechten, (b) Einkünfte aus der Vermietung und Verpachtung von Grundbesitz und (c) Einkünfte aus der Vermietung und Verpachtung von beweglichen Sachen als Einkünfte aus passivem Erwerb in die Hinzurechnungsbesteuerung einbezogen, sofern nicht nachgewiesen wird, dass die vom Gesetz geforderten Voraussetzungen für den Aktivitätsnachweis erfüllt sind.

1. Vermietung und Verpachtung als grundsätzlich aktive Tätigkeit

342 Bei dem Begriff der Vermietung und Verpachtung iSd Nr. 6 handelt es sich um einen eigenständigen Begriff des AStG, der nicht deckungsgleich mit dem des § 21 EStG ist, sondern vielmehr deutlich über ihn hinausgeht (Blümich/*Vogt* § 8 AStG Rz. 66; Mössner/Fuhrmann/*Fuhrmann* § 8 AStG Rz. 152; *FWBS* § 8 AStG Rz. 217).

343 Dies zeigt sich insbesondere daran, dass der Anwendungsbereich des § 21 EStG auf die zeitlich begrenzte Überlassung von unbeweglichem Vermögen, Sachinbegriffen und Rechten sowie die Veräußerung von Miet- und Pachtzinsforderungen limitiert ist. Die einkommensteuerlich in § 22 Nr. 3 EStG erfasste gelegentliche Vermietung beweglicher Gegenstände ist jedoch eindeutig Gegenstand der außensteuerlichen Vermietung und Verpachtung (Nr. 6c).

344 Die Subsidiaritätsklausel des § 21 Abs. 3 EStG, wonach Vermietungs- und Verpachtungseinkünfte, die im Rahmen einer anderen Einkunftsart angefallen

B. VI. Einkünfte aus Vermietung und Verpachtung (Nr. 6)

sind, auch dieser zuzurechnen sind, gilt im Rahmen der Nr. 6 ebenfalls nicht, weshalb gewerbliche Vermietungen und Verpachtungen unter Nr. 6 fallen.

Eine Einschränkung erfährt diese Sichtweise jedoch durch die funktionale Betrachtungsweise, die bei Vermietung und Verpachtung in funktionalem Zusammenhang mit einer anderen Tätigkeit iSd Nr. 1–9, eine einheitliche Subsumtion der Tätigkeiten gebietet (siehe auch → Rz. 30).

Der Anwendungsbereich der Nr. 6 umfasst daher sowohl die gewerbliche als auch die gelegentliche Vermietung und Verpachtung von beweglichen und unbeweglichen Wirtschaftsgütern.

Ebenfalls unter die Nr. 6 fällt das sog. Operate-Leasing, dass aufgrund der fehlenden oder relativ kurzen Kündigungsfristen wirtschaftlich eine Vermietung oder Verpachtung von Wirtschaftsgütern darstellt, während das sog. Finanzierungsleasing, zumindest soweit der Leasinggegenstand nach den bestehenden Grundsätzen dem Leasingnehmer zuzurechnen ist, die wesentlichen Kriterien eines Kreditgeschäftes erfüllt (Tz. 8.1.6.4. AEAStG). Ist das Mietverhältnis nach wirtschaftlicher Betrachtungsweise wie ein Ratenkauf zu werten, können bei der ausländischen Gesellschaft – mangels Zurechnung der Wirtschaftsgüter nach den allgemeinen Grundsätzen – keine Einkünfte iSd Nr. 6 vorliegen.

Die Qualifikation von Gewinnen aus der Veräußerung der vormals vermieteten oder verpachteten Wirtschaftsgüter hat aufgrund der oftmals hohen stillen Reserven im Bereich der Rechte und Grundstücke im Vergleich zu anderen Tätigkeiten im Rahmen der Nr. 6 eine besondere praktische Bedeutung. Entstehende Veräußerungsgewinne bzw. -verluste sind hinsichtlich ihrer Aktivität oder Passivität entsprechend der vorher mit den jeweiligen Wirtschaftsgütern erzielten Einkünften zu behandeln (Brezing ua/*Mössner* § 8 AStG Rz. 66; *FWBS* § 8 AStG Rz. 218; Lademann/Gropp § 8 AStG Rz. 75; einschränkend: Blümich/*Vogt* § 8 AStG Rz. 66). Erzielt eine vermögensverwaltende Zwischengesellschaft einen Gewinn aus der Veräußerung eines Grundstücks, so löst dieser Gewinn zumindest bei einem unbeschränkt Steuerpflichtigen, der die Beteiligung an der Zwischengesellschaft im Privatvermögen hält keine steuerbaren Zwischeneinkünfte aus (BHF v. 21.1.1998, I R 3/96, BStBl. II 1998, 468).

einstweilen frei

2. Ausnahmeregelungen

Obwohl es sich bei den Einkünften aus Vermietung und Verpachtung grundsätzlich um aktive Einkünfte handelt, führen die umfassenden Ausnahmeregelungen der Nr. a–c in der Praxis dazu, dass eine generell aktive Tätigkeit im Bereich der Vermietung und Verpachtung kaum denkbar ist (Blümich/*Vogt* § 8 AStG Rz. 66; Mössner/Fuhrmann/*Fuhrmann* § 8 AStG Rz. 151; Lademann/Gropp § 8 AStG, Rz. 73; *SKK* § 8 AStG Rz. 113; aABrezing ua/*Mössner* § 8 AStG Rz. 64, der die Vermietung und Verpachtung von Schiffen und grundstücksgleichen Rechten als unbeschränkt aktiv ansieht; *FWBS* § 8 AStG Rz. 196 vertritt hingegen die Meinung, bei der Vercharterung von Schiffen handele es sich um eine Dienstleistung und nicht um Vermietung und Verpachtung.). Vielmehr muss für eine unschädliche Vermietungs- und Verpachtungstätigkeit nahezu immer der Aktivitätsnachweis seitens des Steuerpflichtigen erbracht werden.

351 Wegen der Nachweispflicht des Steuerpflichtigen wird auf die Ausführungen zur Widerlegung der Passivitätsunterstellung durch Aktivitätsnachweis bei den Einkünften aus Handelstätigkeit verwiesen (im Einzelnen → Rz. 239 ff.).

352 In der nachfolgenden Übersicht werden die einzelnen Ausnahmeregelungen nebst den Erfordernissen für den Aktivitätsnachweis unter den Schlagworten Patentverwertungsgesellschaft, Grundstücksvermietungsgesellschaft und Leasinggesellschaft zusammengefasst:

	Patentverwertungsgesellschaft (Nr. 6a)	**Grundstücksvermietungsgesellschaft (Nr. 6b)**	**Leasinggesellschaft (Nr. 6c)**
Tätigkeitsbereich	Überlassung der Nutzung von Rechten (Patente, Warenzeichen, Gebrauchsmuster, Urheberrechte etc.), Plänen, Mustern, Verfahren, Erfahrungen und Kenntnissen (Know-how)	Vermietung und Verpachtung von Grundstücken (und Gebäuden)	Vermietung und Verpachtung von beweglichen Sachen
Entlastungsnachweis	Auswertung eigener Forschungs- und Entwicklungstätigkeit, die ohne Mitwirkung schädlicher Personen unternommen worden ist	Steuerfreiheit der Einkünfte aus V+V aufgrund DBA Deutschland – Belegenheitsstaat	Unterhalt eines Geschäftsbetriebs gewerbsmäßiger Vermietung und Verpachtung unter Teilnahme am allgemeinen wirtschaftlichen Verkehr Ausübung aller zu einer solchen gewerbsmäßigen Vermietung und Verpachtung gehörenden Tätigkeiten ohne Mitwirkung schädlicher Personen

a) Patentverwertungsgesellschaft (Nr. 6a)

353 **aa) Nutzungsüberlassung immaterieller Wirtschaftsgüter als grundsätzlich passive Tätigkeit.** Auch wenn der Begriff Nutzungsüberlassung noch keine Aussage dahin gehend beinhaltet, ob sowohl die zeitlich begrenzte als auch endgültige Nutzungsüberlassung angesprochen ist, bedeutet Nutzungsüberlassung iSd Nr. 6a die zeitlich begrenzte oder begrenzbare Nutzungsüberlassung (*FWBS* § 8 AStG Rz. 220). Dies erschließt sich einerseits aus der Systematik der funktionalen Betrachtungsweise, wonach es sich bei Veräußerungsgewinnen um Folgeerträge handelt, die einheitlich mit der Haupttätigkeit zu erfassen sind, andererseits aber auch durch Rückgriff auf die Nr. 6b und 6c, die ebenfalls nur die zeitlich begrenzte Vermietung und Verpachtung erfassen. Liegt eine **unbegrenzte Nutzungsüberlassung** vor, so liegt nach wirtschaftlicher Betrachtung eine Veräußerung des Rechts vor (glA *SKK* § 8 AStG Rz. 114; 116). Gleiches muss bei einer Nutzungsüberlassung gelten, die auf die gesetzliche Schutzdauer des jeweiligen Rechtes begrenzt ist. Im Falle der Veräußerung eines Rechtes durch die ausländische Gesellschaft kommt ggf. § 8 Abs. 1 Nr. 2 oder Nr. 4 AStG zur Anwendung (*SKK* § 8 AStG Rz. 116). Alternativ teilt der erzielte Veräußerungsgewinn aufgrund der funktionalen Betrachtungsweise außensteuerlich das Schicksal der mit diesem Recht erzielten Einkünfte. Handelt es sich bei der veräußernden Gesellschaft um eine nicht gewerblich tätige, rein vermögensverwaltende Gesellschaft, ist der erzielte Veräußerungsgewinn nach deutschem Steuerrecht nur im Ausnahmefall steuerbar (*FWBS* § 8 AStG Rz. 218, Blümich/*Vogt* § 8 AStG Rz. 66 mwN).

Für die Begriffsbestimmung der in Nr. 6a aufgezählten immateriellen Wirtschaftgüter Rechte, Pläne, Muster, Verfahren, Erfahrungen und Kenntnisse kann auf die Kommentierungen des § 50a Abs. 1 Nr. 3 EStG sowie des § 21 Abs. 3 EStG verwiesen werden (Mössner/Fuhrmann/*Fuhrmann* § 8 AStG Rz. 156; *FWBS* § 8 AStG Rz. 220 mit Verweis auf die entsprechende in 2002 gültige Rechtslage des EStG).

Der **Begriff der Rechte** umfasst in Anlehnung an § 73a Abs. 2 und 3 EStDV Rechte, die nach Maßgabe des Urheberrechtsgesetz (Urheberrechtsgesetz v. 9.9.1965, BGBl. 1965 I 1273), des Designgesetz (Designgesetz idF v. 24.2.2014, BGBl. 2014 I 122, früher: Geschmacksmustergesetzes (Geschmacksmustergesetz idF v. 12.3.2004, BGBl. 2004 I 390), des Patentgesetzes (Patentgesetz idF v. 16.12.1980, BGBl. 1981 I 1), des Gebrauchsmustergesetzes (Gebrauchsmustergesetz idF v. 28.8.1986, BGBl. 1986 I 1455) und des Markengesetzes (Markengesetz v. 25.10.1994, BGBl. 1994 I 3082) geschützt sind. Im Einzelnen handelt es sich bei den Rechten insbesondere um literarische, wissenschaftliche und künstlerische Urheberrechte, wie zB Vervielfältigungs-, Verbreitungs-, Ausstellungs-, Aufführungs-, Vorführungs-, Sende-, Verfilmungs- und Nachbildungsrechte von Autoren, Komponisten, Malern, Künstlern, Regisseuren, Entwicklern von Computerprogrammen etc., an denen die ausländische Gesellschaft ein Nutzungsrecht eingeräumt bekommt sowie um gewerbliche Muster, Modelle, Patente, Gebrauchsmuster, Marken und sonstige Kennzeichen. Da der Geltungsbereich der og Gesetze territorial auf Deutschland begrenzt ist, muss in Fällen, in denen der og ausländische Gesellschaft ausländische Rechte innehat, bei der Prüfung hinsichtlich der Voraussetzungen der Nr. 6a im Rahmen eines Typenvergleichs auf den ausländischen Rechtebegriff abgestellt werden.

Um sowohl die Nutzungsüberlassung von gesetzlich geschützten als auch von nicht rechtlich geschützten immateriellen Wirtschaftsgütern sicherzustellen, zählt Nr. 6a neben den Rechten auch Pläne, Muster, Verfahren, Erfahrungen und Kenntnisse auf. Unter diese Begriffe fallen ua alle nicht geschützten gewerblichen Erfindungen, Verfahren, und Systeme, wobei es unerheblich ist, ob es sich um nicht schützbare oder nicht geschützte immaterielle Wirtschaftsgüter handelt. Auch bei der im Rahmen eines Franchisevertrages typischen Überlassung der Marke, des Marketingkonzeptes sowie speziellen Know-hows durch den Franchisegeber, handelt es sich um einen Anwendungsfall der Nr. 6a (Brezing ua/*Mössner* § 8 AStG Rz. 68; Mössner/Fuhrmann/*Fuhrmann* § 8 AStG Rz. 156).

357 Die Aufzählung Nr. 6a lässt praktisch keinen Platz für eine grundsätzlich als aktiv zu qualifizierende Nutzungsüberlassung von immateriellen Wirtschaftsgütern. Insbesondere die Frage, ob der Firmenwert begrifflich unter Nr. 6a gefasst werden kann (*Lademann/Gropp* § 8 AStG, Rz. 78 verneinend mit der Konsequenz aktiver Einkünfte), erscheint eher theoretischer Natur. Bei einem Firmenwert handelt es sich um den Differenzbetrag zwischen dem Teilwert eines Unternehmens und dem Substanzwert der Wirtschaftsgüter abzgl. Schulden, der durch die Gewinnaussichten des Unternehmens bestimmt ist. Eine vom Unternehmen losgelöste Nutzungsüberlassung dieses rechnerischen Wertes ist schlechterdings nicht denkbar.

358 **bb) Widerlegung der Passivität durch Aktivitätsnachweis.** Vor dem Hintergrund, dass der Gesetzgeber die Einkünfte aus der Nutzungsüberlassung von immateriellen Wirtschaftsgütern nur dann der Hinzurechnungsbesteuerung unterwerfen wollte, wenn die geistige Leistung im Wesentlichen im Inland erbracht wurde und die Kosten steuerlich in Deutschland geltend gemacht wurden, eröffnet die Nr. 6a den Nachweis, dass keine derartige Konstellation gegeben ist und die ausländische Gesellschaft als Folge aktive Einkünfte bezieht.

359 Voraussetzung für den Nachweis ist, dass (a) die ausländische Gesellschaft die Ergebnisse eigener Forschungs- und Entwicklungsarbeit auswertet und (b) die Forschungs- und Entwicklungsarbeit ohne Mitwirkung eines Steuerpflichtigen, der gem. § 7 an der Gesellschaft beteiligt ist (oder einer einem solchen Steuerpflichtigen nahe stehenden Person) unternommen wurde.

360 In Anlehnung an § 51 Abs. 1 Nr. 2 Buchst. u) S. 4 EStG umfasst der Begriff Forschungs- und Entwicklungsarbeit nach allgemeiner Auffassung sowohl die Grundlagenforschung als auch die angewandte Forschung zur Neu- und Weiterentwicklung von Erzeugnissen oder Herstellungsverfahren (Mössner/Fuhrmann/*Fuhrmann* § 8 AStG Rz. 157; Blümich/*Vogt* § 8 AStG Rz. 67; *FWBS* § 8 AStG Rz. 223; zur Entwicklungstätigkeit im Bereich der Software siehe insbesondere: *SKK* § 8 AStG Rz. 119).

361 Unter Auswertung einer Forschungs- und Entwicklungsarbeit wird im allgemeinen Sprachgebrauch die Nutzbarmachung von Ergebnissen oder Erkenntnissen wissenschaftlicher Tätigkeiten verstanden. Die Ergebnisse oder Erkenntnisse können entweder für eigene Zwecke der ausländischen Gesellschaft durch Veräußerung oder durch Nutzungsüberlassung verwertet werden. Nur die letzte Alternative, die reine Nutzungsüberlassung fällt unter Nr. 6a. Eine Nutzung für eigene Zwecke, die insbesondere im Rahmen einer Produktionstätigkeit der ausländischen Gesellschaft denkbar ist, stellt bereits aufgrund fehlender Einkünfte keinen Anwendungsfall des § 8 Abs. 1 Nr. 6 dar. Die Einkünfte aus der Produktionstätigkeit gehören vielmehr zu den Einkünften iSd Nr. 2.

362 Im Fall der Veräußerung der Forschungsergebnisse oder -erkenntnisse unmittelbar nach der Auswertung sind die Voraussetzungen der zeitlich begrenzten Nutzungsüberlassung iSd Nr. 6a ebenfalls nicht erfüllt. Wirtschaftlich betrachtet ist dieser Fall vergleichbar mit dem der Herstellung iSd Nr. 2, der aber aufgrund der Tatsache, dass immaterielle Wirtschaftsgüter keine Sachen iSv § 90 BGB darstellen, bei wortgetreuer Gesetzesauslegung nicht zur Anwendung kommt. Die Forschungs- und Entwicklungstätigkeit der ausländischen Gesellschaft wäre somit – mangels anderer Vorschrift – grundsätzlich passiv (Lademann/Gropp § 8 AStG Rz. 80). In Anbetracht dessen, dass es hierdurch nicht zu einer Einkünfteverlagerung vom Inland in das Ausland kommt, erscheint jedoch eine Erfassung der Einkünfte im Rahmen des § 8 Abs. 1 Nr. 2 mittels teleologischer Reduktion geboten.

Zur Widerlegung der Passivität muss der Steuerpflichtige nachweisen, dass **363** es sich um eigene Forschungs- und Entwicklungsarbeit der ausländischen Gesellschaft handelt. Diese Formulierung stellt sicher, dass jegliche Art der Übertragung oder Überlassung von immateriellen Wirtschaftsgütern, zB durch Einlage, Veräußerung oder Nutzungsüberlassung, durch jedwede Person an die ausländische Gesellschaft schädlich ist, sofern diese immateriellen Wirtschaftsgüter durch die ausländische Gesellschaft weiterüberlassen werden. Damit geht das Gesetz weit über die Gesetzesintention hinaus und erscheint auch völkerrechtlich bedenklich (*Bellstedt* FR 1972, 244; *Mössner/Fuhrmann/Fuhrmann* § 8 AStG Rz. 159; *FWBS* § 8 AStG Rz. 224). Insbesondere der entgeltliche Erwerb immaterieller Wirtschaftsgüter von fremden Dritten, aber auch die Einlage solcher Wirtschaftsgüter durch ausländische Anteilseigner, die nicht nahe stehende Person des Steuerpflichtigen sind, bietet keinen Ansatzpunkt für eine Hinzurechnungsbesteuerung, so dass auf das Hilfsmittel der teleologischen Reduktion zurückgegriffen werden muss.

Wie auch bei den Nr. 3, 4 und 5 sanktioniert das Gesetz in Nr. 6a die **364** Mitwirkung schädlicher Personen. Bezüglich der allgemeinen Ausführungen zur schädlichen Mitwirkung wird daher auf die Ausführungen zu den Einkünften aus Handelstätigkeit verwiesen (im Einzelnen → Rz. 248 ff.). Es fällt jedoch auf, dass sich die Mitwirkung im Rahmen der Nr. 6a nicht wie in den anderen Fällen auf einen „unbeschränkt Steuerpflichtigen der an der Gesellschaft gemäß § 7 beteiligt ist" bezieht, sondern dass schlechthin nur von einem „Steuerpflichtigen der an der Gesellschaft gemäß § 7 beteiligt ist" die Rede ist. Dieser weitergehende Wortlaut spricht auf den ersten Blick dafür, dass auch beschränkt oder erweitert beschränkt Steuerpflichtige den schädlichen Mitwirkungstatbestand erfüllen können. Da § 7 AStG jedoch nur die Beteiligung unbeschränkt Steuerpflichtiger an der ausländischen Gesellschaft regelt, ergeben sich materiellrechtlich keine Abweichungen zu den Mitwirkungstatbeständen der anderen Tätigkeiten (*Mössner/Fuhrmann/Fuhrmann* § 8 AStG Rz. 160 mit Hinweis auf die Entstehungsgeschichte des Mitwirkungstatbestands im Jahr 1971; Lademann/Gropp § 8 AStG Rz. 81; *SKK* § 8 AStG Rz. 123; aA*FWBS* § 8 AStG Rz. 224).

einstweilen frei **365–369**

b) Grundstücksvermietungsgesellschaft (Nr. 6b)

aa) Vermietung und Verpachtung von Grundstücken als grundsätz- 370 lich passive Tätigkeit. Bezüglich des Begriffs Vermietung und Verpachtung wird auf die Ausführungen zu der Vermietung und Verpachtung als grundsätzlich aktive Tätigkeit verwiesen (im Einzelnen → Rz. 342 ff.).

Wie bei dem Begriff der Vermietung und Verpachtung iSd Nr. 6 handelt es **371** sich auch bei dem Grundstücksbegriff um einen eigenständigen Begriff des

AStG, der nicht mit dem in § 21 Abs. 1 EStG aufgeführten deckungsgleich ist. Nach hM umfasst der Grundstücksbegriff iSd Nr. 6b neben dem eigentlichen Grundstück auch Gebäude und Gebäudeteile (Mössner/Fuhrmann/*Fuhrmann* § 8 AStG Rz. 16372; *Lademann/Gropp* § 8 AStG Rz. 83; *SKK* § 8 AStG Rz. 124; kritisch: *FWBS* § 8 AStG Rz. 226). Die Tatsache, dass grundstücksgleiche Rechte zivilrechtlich materiell und formell wie Grundstücke behandelt werden (*Palandt* Überbl v § 873, Rz. 3), spricht dafür sie ebenfalls unter den Grundstücksbegriff der Nr. 6b zu fassen. Auch wirtschaftlich gesehen ist kein Grund für eine unterschiedliche Behandlung von Grundstücken und Gebäuden einerseits und grundstücksgleichen Rechten andererseits erkennbar (Mössner/Fuhrmann/*Fuhrmann* § 8 AStG Rz. 163; aA Brezing ua/*Mössner* § 8 AStG Rz. 64, der grundstücksgleiche Rechte als Fall uneingeschränkt aktiver Vermietung und Verpachtung ansieht; einschränkend dahin gehend, dass Nr. 6b nur anwendbar ist, wenn das Entgelt für das grundstücksgleiche Recht als ein solches für die Grundstücksüberlassung verstanden werden kann, *FWBS* § 8 AStG Rz. 226).

372 **bb) DBA-Freistellung bei Direktbezug der Einkünfte durch den Anteilseigner als Voraussetzung aktiver Tätigkeit.** Ausnahmsweise handelt es sich bei den Einkünften aus Vermietung und Verpachtung von Grundstücken um aktive Einkünfte, wenn der Steuerpflichtige nachweist, dass die Einkünfte daraus nach einem DBA steuerbefreit wären, wenn sie von den unbeschränkt Steuerpflichtigen, die gem. § 7 an der ausländischen Gesellschaft beteiligt sind, unmittelbar bezogen worden wären.

373 Es ist somit zu überprüfen, ob die Einkünfte aus der Vermietung des Grundstücks nach einem DBA steuerfrei wären, wenn sich das Grundstück direkt im Besitz des inländischen Anteilseigners befände.

374 Dies ist der Fall, wenn das DBA zwischen Deutschland und dem Belegenheitsstaat das ausschließliche Besteuerungsrecht dem Belegenheitsstaat zuweist und Deutschland die Einkünfte von der Besteuerung freistellt. Ob ein DBA zwischen Deutschland und dem Sitzstaat der ausländischen Gesellschaft existiert ist in diesem Zusammenhang unerheblich.

375 Praktische Bedeutung hat diese Regelung insbesondere für Einkünfte aus schweizerischem Grundbesitz einer ausländischen Gesellschaft. Gem. Art. 24 Abs. 1 Nr. 2 DBA Deutschland–Schweiz hat eine in Deutschland unbeschränkt steuerpflichtige (natürliche oder juristische) Person ihre Einkünfte aus der Vermietung des in der Schweiz belegenen Grundbesitzes in Deutschland unter Anrechnung der in der Schweiz gezahlten Steuern zu versteuern. Durch Einlage des Grundstücks in eine schweizerische Kapitalgesellschaft wären die Einkünfte nicht mehr als Einkünfte aus Vermietung, sondern als Dividendeneinkünfte zu qualifizieren, die aufgrund des Schachtelprivilegs von der Besteuerung freizustellen sind (Art. 24 Abs. 1 Nr. 1b) DBA Deutschland–Schweiz). Da es sich bei diesen Einkünften jedoch um passive Einkünfte iSd AStG handelt, greift die Aktivitätsklausel des DBA und die Einkünfte aus Vermietung unterliegen trotz Zwischenschaltung der schweizerischen Kapitalgesellschaft in Deutschland der Besteuerung unter Anrechnung der ausländischen Steuern (*FWBS* § 8 AStG Rz. 227f. und Mössner/Fuhrmann/*Fuhrmann* § 8 AStG Rz. 166 mit einer Auflistung deutscher DBAs, die bei der Vermietung und Verpachtung von Grundbesitz die Anrechnung vorsehen).

B. VI. Einkünfte aus Vermietung und Verpachtung (Nr. 6) 376–386 § 8

Weist im Falle einer Doppelansässigkeit des inländischen Anteilseigners das **376** DBA (entsprechend Art. 4 Abs. 2 OECD-MA) dem anderen Staat, zB aufgrund des Mittelpunkts der Lebensinteressen das ausschließliche Besteuerungsrecht für die Einkünfte aus Drittstaaten – zB für Einkünfte aus der Vermietung einer in einem Drittstaat belegenen Grundstücks – zu, so ist ebenfalls eine Steuerbefreiung iSd Nr. 6b gegeben (Mössner/Fuhrmann/*Fuhrmann* § 8 AStG Rz. 168; *FWBS* § 8 AStG Rz. 230 mit Beispiel; Lademann/*Gropp* § 8 AStG Rz. 85).

Nr. 6b findet grundsätzlich auch bei Grundstücken im Inland Anwendung **377** mit der Folge, dass die Einkünfte – da keine Freistellung mittels DBA erreicht werden kann – stets passiv sind (*FWBS* § 8 AStG Rz. 232; Lademann/*Tulloch* § 8 AStG Rz. 87). Durch die Absenkung des Körperschaftsteuersatzes im Rahmen des Jahressteuergesetzes 2008 (G. v. 20.12.2007, BGBl. 2007 I 3150) auf 15% kann der Tatbestand der Niedrigbesteuerung iSd § 8 AStG zumindest in Fällen, in denen auf die Einkünfte keine Gewerbesteuer anfällt, durchaus erfüllt sein. Eine Erfassung der Einkünfte im Rahmen des § 8 Abs. 1 Nr. 6b ist zumindest in den Fällen abzulehnen, in denen die Einkünfte aus Vermietung und Verpachtung in Deutschland der beschränkten Steuerpflicht unterliegen und es somit nicht zu einer Einkünfteverlagerung vom Inland in das Ausland kommt.

Die Qualifizierung von Einkünften aus inländischen Grundstücken als pas- **378** siv iSd § 8 Abs. 1 Nr. 6b hat auch Bedeutung für die Beteiligung einer Zwischengesellschaft an einer inländischen REIT AG. Einkünfte der inländischen REIT AG aus der Vermietung und Verpachtung von inländischen Grundstücken werden von der Hinzurechnungsbesteuerung gem. § 14 Abs. 2 AStG iVm § 7 Abs. 8 AStG regelmäßig erfasst. Auch hier kann keine DBA-Freistellung erzielt werden. Zudem handelt es sich bei diesen Einkünfte aufgrund der Steuerbefreiung der REIT gem. § 16 Abs. 1 REITG grundsätzlich um niedrig besteuerte Einkünfte iSd § 8 Abs. 3. Dies hat zur Folge, dass die inländischen Grundstückseinkünfte einer als nachgeschalteten Zwischengesellschaft qualifizierenden REIT AG bei dem im Inland unbeschränkt oder erweitert beschränkt steuerpflichtigen Anteilseigner in Rahmen der Hinzurechnungsbesteuerung besteuert werden. Da im Fall eines Direktbeteiligung des inländischen Steuerpflichtigen Ausschüttungen der REIT AG auf Ebene des inländischen Anteilseigners ungemildert besteuert werden, stellt die Hinzurechnungsbesteuerung eine mit den Inlandsfall vergleichbare Besteuerung sicher (*SKK* § 8 AStG Rz. 127.1; Mössner/Fuhrmann/*Fuhrmann* § 8 AStG Rz. 169; *Kollruss* Vermeidung der AStG-Hinzurechnungsbesteuerung bei Beteiligung an einer G-REIT AG, RIW 2010, 311)

einstweilen frei **379–384**

c) Leasinggesellschaft (Nr. 6c)

aa) Vermietung und Verpachtung beweglicher Sachen als grund- **385** **sätzlich passive Tätigkeit.** Bezüglich des Begriffs Vermietung und Verpachtung wird auf die Ausführungen zu der Vermietung und Verpachtung als grundsätzlich aktive Tätigkeit verwiesen (im Einzelnen → Rz. 342 ff.).

§ 90 BGB definiert „Sachen" als körperliche (materielle) Gegenstände von **386** denen insbesondere die immateriellen Rechte abzugrenzen sind (Zur Überlassung von Standardsoftware als Sache siehe *SKK* § 8 AStG Rz. 129). Bewegliche Sachen sind alle sonstigen Sachen, die nicht Grundstücke, den Grundstücken gleichgestellt oder Grundstücksbestandteile sind (*Säcker/Holch* § 90 BGB Rz. 1 ff.).

387 In der Literatur ist umstritten, ob die Vermietung von Schiffen und Luftfahrzeugen unter Nr. 6c fällt. *Mössner* (Brezing ua/*Mössner* § 8 AStG Rz. 64) ist der Ansicht, dass Schiffe unbewegliche Wirtschaftsgüter darstellen und die Vermietung und Verpachtung von Schiffen uneingeschränkt aktiv ist, da sie nicht unter a.–c. subsumiert werden kann (aA Mössner/Fuhrmann/*Fuhrmann* § 8 AStG Rz. 170). Wassermeyer (*FWBS* § 8 AStG Rz. 196) hingegen vertritt die Meinung, bei der Vercharterung von Schiffen handele es sich generell um eine Dienstleistung und nicht um Vermietung und Verpachtung.

388 **bb) Widerlegung der Passivität durch Aktivitätsnachweis.** Für Einkünfte aus Vermietung und Verpachtung beweglicher Sachen unterstellt das Gesetz grundsätzlich Passivität, es sei denn der Steuerpflichtige führt anhand der in Nr. 6c aufgezählten, nachfolgend im Einzelnen erläuterten Kriterien den Nachweis, dass es sich bei der ausländischen Gesellschaft um eine aktive Gesellschaft handelt.

389 Wegen der Nachweispflicht des Steuerpflichtigen wird auf die Ausführungen zur Widerlegung der Passivitätsunterstellung durch Aktivitätsnachweis bei den Einkünften aus Handelstätigkeit verwiesen (im Einzelnen → Rz. 239 ff.).

390 **(1) Unterhalt eines Geschäftsbetriebs gewerbsmäßiger Vermietung und Verpachtung.** Das Gesetz fordert – anders als in Nr. 4 und 5b – keinen kaufmännisch eingerichteten oder eingerichteten Geschäftsbetrieb. Entscheidend ist vielmehr, dass die Tätigkeit der Vermietung und Verpachtung gewerbsmäßig ausgeübt wird und dafür ein entsprechender Geschäftsbetrieb unterhalten wird. Eine gewerbsmäßige Betätigung setzt eine selbständige, nachhaltige Betätigung voraus, die mit der Absicht der Gewinnerzielung und unter Beteiligung am allgemeinen wirtschaftlichen Verkehr ausgeübt wird (ausführlich: *FWBS* § 8 AStG Rz. 236).

391 Materiellrechtlich ergeben sich aus den unterschiedlichen Formulierungen keine wesentlichen Unterschiede, allenfalls erfordert der Geschäftsbetrieb eines Leasingunternehmers keine umfangreichen „Einrichtungen" (Mössner/Fuhrmann/*Fuhrmann,* § 8 AStG Rz. 1737; *SKK* § 8 AStG Rz. 131), wobei dennoch eine „gewisse Mindesteinrichtung" aufzuweisen ist (*FWBS* § 8 AStG Rz. 236).

392 Darüber hinaus gelten die Ausführungen zu dem Unterhalt eines in kaufmännischer Weise eingerichteten Geschäftsbetriebs bei den Einkünften aus Handelstätigkeit sinnentsprechend (im Einzelnen → Rz. 241 f.).

393 **(2) Teilnahme am allgemeinen wirtschaftlichen Verkehr.** Zur Teilnahme der ausländischen Gesellschaft am allgemeinen wirtschaftlichen Verkehr wird auf die Ausführungen zu Einkünfte aus Handelstätigkeit verwiesen (im Einzelnen → Rz. 243 ff.).

394 **(3) Keine Mitwirkung schädlicher Personen bei allen zu einer solchen gewerblichen Vermietung und Verpachtung gehörenden Tätigkeiten.** Bezüglich der allgemeinen Ausführungen zur Mitwirkung schädlicher Personen gelten die Ausführungen zu den Einkünften aus Handelstätigkeit sinnentsprechend (im Einzelnen → Rz. 248 ff.).

B. VII. Einkünfte aus Finanzierungstätigkeit (Nr. 7) 395–421 § 8

Die Verwendung des Wortes „alle" in Nr. 6c lässt jedoch – anders als bei 395
Nr. 4 oder 5b – keinen Raum für eine Bagatellregelung für eine geringfügige
Mitwirkung. Dennoch ist auch im Rahmen der Vermietung und Verpachtung
von beweglichen Sachen eine vertraglich vereinbarte, tatsächlich durchgeführte und bei der Preisstellung beachtete Funktionsteilung anzuerkennen.

Nach Auffassung der Finanzverwaltung ist eine schädliche Mitwirkung ge- 396
geben, wenn eine schädliche Person für die ausländische Gesellschaft deren
Bestandhaltung und Finanzierungsaufgaben übernimmt oder den Abschluss
der Miet- und Pachtverträge vermittelt (Tz. 8.1.6.3. AEAStG). Unabhängig
davon, ob die inländische Muttergesellschaft Produzent der Wirtschaftsgüter
ist, welche die ausländische Tochtergesellschaft vermietet, ist kein Grund ersichtlich, warum eine branchenübliche Finanzierung durch die Muttergesellschaft eine schädliche Mitwirkung darstellen soll. Werden die beweglichen Sachen von der Muttergesellschaft produziert, übt die Muttergesellschaft die
Finanzierungsfunktion als Ausfluss ihrer Produktionsfunktion aus, ansonsten
stellt sie eine reine Bankfunktion dar. Eine unternehmerische Tätigkeit des
Darlehensgebers ist jedoch allenfalls bei branchenunüblichen Bedingungen anzunehmen (*Wassermeyer* StbJb 1973/1974, 491).

einstweilen frei 397–419

VII. Einkünfte aus Finanzierungstätigkeit (Nr. 7)

Insbesondere die Tatsache, dass einige Staaten, wie zB Irland, Niederlande, 420
und Luxemburg spezielle steuerliche Privilegien für Finanzierungsgesellschaften gewähren, führte bereits frühzeitig zu der Vermutung, dass deutsche Konzerne inländische Einkünfte mittels ausländischer Finanzierungsgesellschaften
in das niedrigbesteuernde Ausland verlagern. Obwohl sich der Gesetzgeber
dafür entschieden hat, die Tätigkeit ausländischer Finanzierungsgesellschaften
inländischer Konzerne unter bestimmten Voraussetzungen als aktive Tätigkeit
anzuerkennen, verweigert er den aktiven Einkünften aus Finanzierungstätigkeit die qualitative Gleichstellung mit den aktiven Einkünften der Nr. 1–6, indem Aktivitätsvorbehalte sowohl in der Nr. 7 selbst, als auch in diversen anderen steuerlichen Vorschriften (§ 9 Nr. 7 GewStG, § 7 Abs. 6a), ausdrücklich
nur auf die Nr. 1–6 verweisen.

1. Finanzierung als grundsätzlich passive Tätigkeit

Entgegen der Systematik der Nr. 3–6 eine bestimmte Tätigkeit als grund- 421
sätzlich aktiv anzusehen, diese Aktivität jedoch durch Ausnahmen und Rückausnahmen einzuschränken, werden in Nr. 7 nur die unschädlichen Finanzierungstätigkeiten definiert. Im Ergebnis kann aus der restriktiven Definition der
Nr. 7 gefolgert werden, dass alle Einkünfte aus Darlehensgewährung – sofern
sie nicht funktional einer anderen Tätigkeit zuzuordnen sind – erst einmal
grundsätzlich als passiv anzusehen sind. Nur wenn die Voraussetzungen der
Nr. 7 erfüllt sind, kommt es zu einer Umqualifikation der vormals passiven in
aktive Einkünfte.

2. Aktive Finanzierung iSd § 8 Abs. 1 Nr. 7

422 Gem. § 8 Abs. 1 Nr. 7 sind Einkünfte aus der Aufnahme und darlehensweisen Vergabe von Kapital immer dann aktiv, wenn (a) das Kapital ausschließlich auf ausländischen Kapitalmärkten aufgenommen wurde und (b) inländischen oder aktiven ausländischen Betrieben oder Betriebsstätten zugeführt wird.

423 Offenkundig wollte der deutsche Gesetzgeber mit der Regelung der Nr. 7 der betriebswirtschaftlichen Notwendigkeit von internationalen Finanzierungsgesellschaften Rechnung tragen und deutschen, international tätigen Konzernen die Möglichkeit eröffnen, sich Kapitalmärkte mit günstigen Finanzierungskonditionen zu erschließen. Gleichzeitig sollten aber künstliche grenzüberschreitende Einkünfteverlagerungen verhindert werden, indem die Nr. 7 weder das im Ausland eingesetzte Inlandskapital noch das im Inland eingesetzte Auslandskapital erfasste (*Kley/Schüßler* DB 1978, 2335). Um inländischen Betrieben und Betriebsstätten den wirtschaftspolitisch erwünschten Zugang zu ausländischen Kapitalmärkten zu erleichtern, wurde im Rahmen des StandOG (Gesetz zur Verbesserung der steuerlichen Bedingungen zur Sicherung des Wirtschaftsstandorts Deutschland im Europäischen Binnenmarkt v. 13.9.1993, BStBl. I 1993, 1569, 1585; BT-Drs. 12/4487, 45) die Notwendigkeit des Auslandsbezugs der Kapitalverwendung abgeschafft. In der derzeitigen Gesetzesfassung wird daher nur noch die darlehensweise Vergabe von Inlandskapital in das Ausland der Hinzurechnungsbesteuerung unterworfen, während der Einsatz von ausländischem Kapital im Inland außensteuerlich ohne Folgen bleibt. Der Einsatz von ausländischem Kapital im Ausland ist nur unter der Voraussetzung von der Hinzurechnungsbesteuerung ausgenommen, dass das Kapital aktiven ausländischen Betrieben oder Betriebsstätten zugeführt wird.

424 Insbesondere im letzten Fall stellt sich die Frage nach der Begründung für eine Hinzurechnungsbesteuerung. Ein Zugriff auf ausländische Gewinne erscheint gerade im reinen Auslandsfall nur dann als gerechtfertigt, wenn es sich bei dem Darlehensgeschäft wirtschaftlich in Wahrheit um ein Inlandsgeschäft handelt, welches nur formal über die ausländische Gesellschaft abgewickelt wird (Mössner/Fuhrmann/*Geurts* § 8 AStG Rz. 193; *FWBS* § 8 AStG Rz. 243 mit weiteren Kritikpunkten).

a) Aktivitätsvoraussetzungen auf der Kapitalbeschaffungsseite

425 Auf der Kapitalbeschaffungsseite setzt § 8 Abs. 1 Nr. 7 für das Vorliegen aktiver Einkünfte (a) die Aufnahme von Kapital voraus, (b) für das der Steuerpflichtige nachweist, dass es (aa) ausschließlich auf ausländischen Kapitalmärkten und nicht (bb) bei einer ihm oder der ausländischen Gesellschaft nahe stehenden Person iSd § 1 Abs. 2 aufgenommen ist.

426 Wegen der Nachweispflicht des Steuerpflichtigen wird auf die Ausführungen zu den Einkünften aus Handelstätigkeit verwiesen (im Einzelnen → Rz. 240).

427 Bereits bei der Auslegung des Terminus „**Aufnahme von Kapital**" zeigt sich die Unzulänglichkeit des Wortlautes der Nr. 7. Die Verwendung des Begriffs „Kapital" spricht auf den ersten Blick dafür, dass der Gesetzgeber sowohl die Finanzierung der ausländischen Gesellschaft mittels Eigen- als auch mittels Fremdkapital begünstigen wollte. Als Argument für diese Auffassung kann auch herangezogen werden, dass der Kapitalmarkt begrifflich sowohl den Rentenmarkt als auch den Aktienmarkt umfasst. Andererseits wird im Allgemeinen nur im Rahmen der Fremdkapitalfinanzierung von Kapitalaufnahme gesprochen, während dies im Rahmen der Eigenkapitalfinanzierung nicht dem allgemeinen Sprachgebrauch entspricht. Hätte der Gesetzgeber beide Finanzierungsarten einbeziehen wollen, so wäre wohl der Begriff „Beschaffung" der passende gewesen.

Im Ergebnis setzt die Aufnahme von Kapital somit eine Kapitalbeschaffung **428** voraus, die aus Sicht der ausländischen Gesellschaft zur Entstehung einer Rückzahlungsverpflichtung, dh zu Verbindlichkeiten führt (Gl A Blümich/ *Vogt* § 8 AStG Rz. 74; Lademann/*Gropp* § 8 AStG Rz. 108; Mössner/Fuhrmann/*Geurts* § 8 AStG Rz. 185; *FWBS* § 8 AStG Rz. 249; *SKK* § 8 AStG Rz. 140). Dies ist insbesondere der Fall, wenn das Kapital aus der Emission von festverzinslichen Wertpapieren, wie zB Anleihen, Schuldverschreibungen und Obligationen stammt oder durch die Aufnahme von Darlehen beschafft ist. Auch neue Finanzierungsformen, wie zB Commercial paper, promissory notes etc. können die Voraussetzung der Aufnahme von Kapital erfüllen (Lademann/*Gropp* § 8 AStG Rz. 101).

Weiteres Erfordernis für die Aktivität der Einkünfte iSd Nr. 7 ist die **Auf-** **429** **nahme des Kapitals auf ausländischen Kapitalmärkten.** Bei dem Begriff des Kapitalmarkts handelt es sich um einen rechtlich nicht definierten Begriff, für den sich auch in der wirtschaftswissenschaftlichen Literatur keine einheitliche Definition findet. Vielmehr wird zwischen dem Kapitalmarkt ieS, definiert als Markt für langfristige (Laufzeit von mehr als vier Jahren), durch Wertpapiere verbriefte Finanzartikel (Aktien und festverzinsliche Wertpapiere) und dem Kapitalmarkt iwS, dh dem Markt für alle langfristigen Kredite und Geldanlagen, unterschieden. Der Kapitalmarkt wird des Weiteren im wirtschaftswissenschaftlichen Sprachgebrauch von dem Geldmarkt abgegrenzt, auf dem alle kurzfristigen Kredite und Geldanlagen gehandelt werden. Vor dem Hintergrund der wirtschaftlichen Betrachtungsweise der Hinzurechnungsbesteuerung ist der hM zuzustimmen, die bei der Auslegung des Begriffs „Kapitalmarkt" für Zwecke des AStG die Definition des Kapitalmarkts iwS zugrunde legt (*FWBS* § 8 AStG Rz. 249; Lademann/*Gropp* § 8 AStG Rz. 101; Brezing ua/*Mössner* § 8 AStG Rz. 81; *SKK* § 8 AStG Rz. 143) und auch den Geldmarkt als eingeschlossen sieht. Insbesondere ist die Unterscheidung in Kapital- und Geldmarkt im Hinblick auf den Sinn und Zweck der Hinzurechnungsbesteuerung belanglos. Auch die Frage nach der Verbriefung des Darlehens erscheint im Hinblick auf die Einkünftequalifikation nicht relevant. Vielmehr käme es durch die zusätzlichen Kosten der Verbriefung zu einer Verteuerung der günstigen Finanzierungskonditionen, was insbesondere zu Nachteilen für mittelständische Konzerne mit moderatem Finanzierungsbedarf führen dürfte.

In Zusammenhang mit dem in Nr. 7 geforderten Nachweis des Steuer- **430** pflichtigen, dass es sich bei den Kapitalmärkten um ausländische Kapitalmärkte handeln muss, ist gem. hM auf den ökonomischen Ort an dem Angebot und Nachfrage aufeinandertreffen, abzustellen (*Jacobs,* Internationale Unternehmensbesteuerung, S. 1134; Mössner/Fuhrmann/*Geurts* § 8 AStG Rz. 194; *SKK* § 8 AStG Rz. 144). Die Aufnahme inländischen Kapitals unter Zuhilfenahme des ausländischen Kapitalmarkts ist daher für Zwecke der Nr. 7 unschädlich, wobei sich in der Praxis erhebliche Nachweisprobleme ergeben können. Die Refinanzierung des Kapitalgebers hat grundsätzlich keinen Einfluss auf die Frage, ob das Kapital ausschließlich auf dem ausländischen Kapitalmarkt aufgenommen ist (*Ammelung/Kuich* IStR 2000, 643; *FWBS* § 8 AStG Rz. 253). Auch die Übernahme einer Bürgschaft oder Garantie für das auf dem ausländischen Kapitalmarkt aufgenommene Kapital durch einen inländischen Anteilseigner oder eine nahe stehende Person begründen keine Kapitalaufnahme im Inland (*FWBS* § 8 AStG Rz. 258; *SKK* § 8 AStG Rz. 150, die die Übernahme von Bürgschaften und Garantien generell als unschädlich ansehen, da kein Kapital zur Verfügung gestellt wird. AAbei back-to-back-Finanzierungen, Blümich/*Vogt* § 8 AStG Rz. 76).

431 Ausländischer Kapitalmarkt i Z m der Emission von Wertpapieren: Unzweifelhaft ist in der Emission von Anleihen auf einem ausländischen Kapitalmarkt eine unschädliche Kapitalaufnahme zu sehen (*Ammelung/Kuich,* IStR 2000, 642; *FWBS* § 8 AStG Rz. 254; Schreiben betr. Grundsätze zur Anwendung des Außensteuergesetzes v. 2.12.1994, IV C7-S 1340-20/94, BStBl. I 1995, Sondernummer I, Tz. 8.1.7.2.). Fraglich ist jedoch, anhand welcher Kriterien eine Inanspruchnahme des ausländischen Kapitalmarktes festzustellen ist.

432 Es wäre grundsätzlich denkbar, auf den Sitz des Investors abzustellen, mit der Folge, dass es sich bei den Käufern der Wertpapiere um Ausländer handeln muss. *Ammelung/Kuich* (*Ammelung/Kuich* IStR 2000, 643f.) sehen die Übernahme des Absatzrisikos für die Wertpapiere als entscheidend an und kommen so zu dem Ergebnis, dass bei Übernahme des Absatzrisikos durch ein Bankenkonsortium eine Kapitalaufnahme auf dem ausländischen Kapitalmarkt nur dann gegeben ist, wenn ausschließlich ausländische Banken das Konsortium stellen. Besteht das Konsortium sowohl aus inländischen als auch ausländischen Mitgliedern, sind die Einkünfte aus der Finanzierungstätigkeit als passiv zu qualifizieren. Verbleibt das Absatzrisiko beim Emittenten, müssen sämtliche Wertpapiere bei ausländischen Investoren untergebracht werden. Letztendlich ist somit auch bei *Ammelung/Kuich* das entscheidende Kriterium die Herkunft der Mittel. Ein generelles Abstellen auf die Herkunft der Mittel wird von der Rechtsprechung jedoch unter dem Hinweis abgelehnt (FG Hessen v. 30.3. 1987, 2 K 454/80, EFG 1987, 602), dass für eine so weitreichende Auffassung die gesetzliche Grundlage fehle.

433 Auch die Auffassung von *Mössner* (Brezing ua/*Mössner* § 8 AStG Rz. 82), wonach die Aufnahme auf einem ausländischen Kapitalmarkt immer dann als gegeben anzusehen ist, wenn die ausländische Gesellschaft eine dem ausländischen Recht unterworfene Anleihe emittiert, erscheint nicht zweckmäßig, da sie vor dem Hintergrund, dass das Recht unter dem emittiert wird, frei wählbar ist, sehr missbrauchsanfällig ist.

434 Der Missbrauchsgedanke dürfte auch gegen ein Abstellen auf die Anleihebedingungen sprechen, aus denen sich zugegebenermaßen ergibt, für welchen Kapitalmarkt die Anleihe bestimmt ist (aA *SKK* § 8 AStG Rz. 145).

435 Da – wie bereits dargestellt – eine Kapitalaufnahme auf einem ausländischen Kapitalmarkt immer dann gegeben ist, wenn der ökonomische Ort, an dem Angebot und Nachfrage aufeinandertreffen, im Ausland liegt, ist m E für die steuerliche Beurteilung auf die Handelsplattform der Wertpapiere abzustellen.

Werden die Wertpapiere über eine ausländische **Börse** abgesetzt – sowohl im Wege der Selbst- als auch der Fremdemission –, so wird das Kapital eindeutig auf dem ausländischen Kapitalmarkt aufgenommen. Werden die Wertpapiere sowohl an inländischen als auch an ausländischen Börsenplätzen untergebracht, liegen schädliche Einkünfte vor, da das Kapital nicht ausschließlich auf ausländischen Kapitalmärkten aufgenommen wurde. Auf den Sitz des Käufers ist nicht abzustellen, er ist der ausländischen Gesellschaft in der Praxis im Regelfall auch nicht bekannt.

Erfolgt die Kapitalaufnahme nicht über eine Börse (zB **Privatplatzierung, freihändiger Verkauf**), so ist dennoch der Ort des Zusammentreffens von Angebot und Nachfrage entscheidend dafür, ob das Kapital auf dem ausländischen Kapitalmarkt aufgenommen wurde. Im Rahmen von Fremdemissionen übernehmen im Regelfall die konsortialführenden Banken des Konsortiums die Aufgabe der Börse und arrangieren das Zusammentreffen von Angebot und Nachfrage und wickeln die Emission ab. Handelt es sich bei sämtlichen konsortialführenden Banken ausschließlich um ausländische Banken ist folglich eine Aufnahme auf dem ausländischen Kapitalmarkt gegeben. Sofern aber auch nur eine konsortialführende Bank inländisch ist, ist zu überprüfen, ob die tatsächliche Kontaktaufnahme zwischen den Konsortialführern und dem Emittenten tatsächlich im Inland lag, mit der Konsequenz schädlicher Einkünfte. Selbst in diesem Fall ist eine ausschließlich banktypische Mitwirkung der inländischen Bank jedoch nach Auffassung der Finanzverwaltung unschädlich (Tz. 8.1.7.2. AEAStG). Bei Selbstemissionen ist auf den Ort der Kontaktaufnahme als „Ersatzhandelsplattform" abzustellen. Erfolgen Kontaktaufnahme und Verhandlungen im Ausland, wird der ausländische Kapitalmarkt in Anspruch genommen, erfolgt der Vertrieb hingegen zumindest teilweise im Inland, wird das Kapital nicht ausschließlich auf dem ausländischen Kapitalmarkt aufgenommen (aA Mössner/Fuhrmann/*Geurts* § 8 AStG Rz. 194). In diesem Zusammenhang können zB dem Sitz des Käufers und dem Absatzrisiko eine indizielle Bedeutung zukommen.

In der Literatur wird die Auffassung vertreten, dass die Beschaffung von **Euro-Marktgeldern** grundsätzlich als unschädlich zu behandeln ist (*Hollatz/Moebus* DB 1978, 606; *FWBS* § 8 AStG Rz. 252; *Strunk/Kaminski/Köhler* § 8 AStG Rz. 146). Diese Auslegung erscheint vor dem Hintergrund der kreditwirtschaftlichen Begrifflichkeiten zwar verständlich, da es sich per Definition um einen internationalen Finanzmarkt handelt, der weltweit organisiert ist. Eine Aussage darüber, ob es sich bei den gehandelten Krediten um inländisches oder ausländisches Kapital handelt, wird mit der Zuordnung jedoch nicht getroffen. Vielmehr wird auch ein Darlehen von einem inländischen Kreditgeber an einen inländischen Kreditnehmer als Eurokredit bezeichnet, wenn der Kredit in einer internationalen Währung gewährt wird. Da eine solche Sichtweise erhebliche Missbrauchsmöglichkeiten eröffnet und auch keine erkennbaren Gründe gegen die o.g. Grundsätze sprechen, erscheint es für Zwecke des AStG zielführender auch bei der Emission von Wertpapieren auf dem Euro-Bondmarkt auf die jeweilige Handelsplattform abzustellen.

Ausländischer Kapitalmarkt i Z m Darlehensgewährung: Auch bei der Prüfung, ob ein Darlehen auf dem ausländischen Kapitalmarkt aufgenommen wurde, ist auf den Handelsplatz des Darlehens abzustellen. Die Aufnahme von Darlehen bei ausländischen Kreditsammelstellen ist für Zwecke der Nr. 7 daher unschädlich (Tz. 8.1.7.2. AEAStG). Bei nicht auf dem organisierten Markt aufgenommenen Darlehen ist – ähnlich wie bei den Emissionen – auf die „Ersatzhandelsplattform", dh auf den Ort des Zusammentreffens von Angebot und Nachfrage abzustellen.

439 Die Mittelherkunft hat keinen Einfluss auf die Beurteilung der Frage, ob der ausländische Kapitalmarkt in Anspruch genommen wurde (FG Hessen v. 30.3.1987, 2 K 454/80, EFG 1987, 602; Mössner/Fuhrmann/*Geurts* § 8 AStG Rz. 193; *Hollatz/Moebus* DB 1978, 606). Das FG Hessen hatte entschieden, dass Zinseinkünfte, denen Kreditaufnahmen auf ausländischen Kapitalmärkten iSd § 8 Abs. 1 Nr. 7 AStG zugrunde liegen, auch dann nicht zu den hinzurechnungspflichtigen Einkünften gehören, wenn das Kapital von Personen zur Verfügung gestellt wird, die der ausländischen Gesellschaft nahestehen. Gleiches gilt mE für die Ansässigkeit des Darlehensgebers und damit letztendlich auch für die Übernahme des Ausfallrisikos (aA *Hollatz/Moebus* DB 1978, 606, die grundsätzlich auf den Sitz des Darlehensgebers abstellen). Aus Praktikabilitätsgründen ist jedoch eine indizielle Wirkung der Ansässigkeit des Darlehensgebers nach den Regeln über den Beweis des ersten Anscheins zu bejahen (*FWBS* § 8 AStG Rz. 253).

440 Sowohl im Rahmen der Darlehensgewährung als auch bei der Emission von Wertpapieren führt eine mittelbare Kreditaufnahme auf dem inländischen Kapitalmarkt nach Auffassung der Finanzverwaltung zur Annahme einer schädlichen Tätigkeit (Tz. 8.1.7.2. AEAStG). Nach hM ist eine mittelbare Kreditaufnahme nur in Missbrauchsfällen, oder wenn es sich wirtschaftlich um ein Inlandsgeschäft handelt, dass unter formaler Einschaltung ausländischer Darlehensgeber abgewickelt wird, anzunehmen (*Hollatz/Moebus* DB 1978, 606; *FWBS* § 8 AStG Rz. 255; Lademann/*Gropp* § 8 AStG Rz. 104). Dies dürfte insbesondere dann der Fall sein, wenn der im Ausland ansässige Kreditgeber für Rechnung eines Inländers (zB als Beauftragter oder verdeckter Treuhänder) tätig wird und das Darlehen daher bei dem Ausländer nur einen durchlaufenden Posten darstellt (*Hollatz/Moebus* DB 1978, 606). Ein generelles Abstellen auf die Herkunft der Mittel ist vom Gesetzeswortlaut hingegen nicht gedeckt und daher abzulehnen (FG v. 30.3.1987, 2 K 454/80, EFG 1987, 602).

441 Mit StMBG (Gesetz zur Bekämpfung des Missbrauchs und zur Bereinigung des Steuerrechts v. 21.12.1993, BStBl. I 1994, 50, 72) wurde für Wirtschaftsjahre ausländischer Gesellschaften, die nach dem 31. Dezember 1991 beginnen, in das Gesetz aufgenommen, dass die **Kapitalaufnahme bei dem Steuerpflichtigen oder der ausländischen Gesellschaft nahe stehenden Personen** grundsätzlich schädlich ist, auch wenn sie auf dem ausländischen Kapitalmarkt erfolgt. Diese Restriktion ist vor dem Hintergrund zu sehen, dass ein wesentlicher Grund für den Einsatz ausländischer Finanzierungsgesellschaften die Erschließung ausländischer Kapitalmärkte ist, die Möglichkeit zur Kapitalbeschaffung durch eine nahe stehende Person im Konzern jedoch ohnehin gegeben ist und somit gerade keine betriebswirtschaftliche Notwendigkeit für den Einsatz einer ausländischen Finanzierungsgesellschaft besteht (Lademann/*Gropp* § 8 AStG Rz. 106).

B. VII. Einkünfte aus Finanzierungstätigkeit (Nr. 7)

Hinsichtlich der Auslegungsfragen zur Definition der nahe stehenden Person isd § 1 Abs. 2 gelten die Ausführungen zu den Einkünften aus Bank- und Versicherungstätigkeit sinnentsprechend (siehe Rz. 192 ff.). **442**

Die darlehensweise Kapitalaufnahme bei dem unbeschränkt Steuerpflichtigen selbst ist hingegen unschädlich (*FWBS* § 8 AStG Rz. 260). Auch wenn dies zunächst wenig einleuchtend erscheint, wird dies in Anbetracht der Zielsetzung des AStG, die künstliche Einkünfteverlagerung in Niedrigsteuerländer zu verhindern, verständlich. Nimmt eine ausländische, niedrigbesteuerte Kapitalgesellschaft ein Darlehen bei ihrem unbeschränkt steuerpflichtigen Anteilseigner auf, so erzielt Letzterer hochbesteuerte Zinseinkünfte. Selbst wenn die ausländische Tochtergesellschaft das Kapital darlehensweise an eine ebenfalls niedrig besteuerte nahe stehende Person weitergibt, geht dem deutschen Fiskus hierdurch kein Besteuerungsrecht verloren. **443**

einstweilen frei **444–449**

b) Aktivitätsvoraussetzungen auf der Kapitalvergabeseite

Auf der Kapitalvergabeseite setzt § 8 Abs. 1 Nr. 7 für das Vorliegen aktiver Einkünfte (a) die darlehensweise Vergabe des auf ausländischen Kapitalmärkten aufgenommenen Kapitals voraus, (b) für das der Steuerpflichtige nachweist, dass (c) es ausländischen Betrieben oder Betriebsstätten, oder die ihre Bruttoerträge (fast) ausschließlich aus aktiver Tätigkeit beziehen oder (d) inländischen Betrieben oder Betriebsstätten zugeführt wird. **450**

Wegen der generellen Nachweispflicht des Steuerpflichtigen wird auf die Ausführungen zu den Einkünften aus Handelstätigkeit verwiesen (→ Rz. 240). **451**

aa) Nämlichkeit der aufgenommenen und der vergebenen Mittel. Durch die Verknüpfung der Aufnahme und der darlehensweisen Vergabe von Kapital fordert Nr. 7 den Nachweis bzgl. der Nämlichkeit der aufgenommenen und der vergebenen Mittel (*Lademann/Gropp* § 8 AStG Rz. 109). Dies wird in der Literatur heftig kritisiert, da ein entsprechender Nachweis durch den Steuerpflichtigen in der Praxis oftmals nicht möglich ist (*FWBS* § 8 AStG Rz. 242; *Blümich/Vogt* § 8 AStG Rz. 78; *Mössner/Fuhrmann/Geurts* § 8 AStG Rz. 207 ff.). Nur in wenigen Fällen (zB bei reinen Emissionsgesellschaften oder Anleihekonsortien, Weitergabe von Darlehen zu kongruenten Bedingungen) dürfte ein unmittelbarer wirtschaftlicher Zusammenhang zwischen der Aufnahme- und Vergabeseite nachweisbar sein. Da die ausländische Gesellschaft in der Regel sowohl Eigenkapital besitzt als auch Fremdkapital im In- und Ausland aufnimmt und sich die Zusammensetzung der Mittel im Laufe der Zeit verändert, dürfte eine direkte Zuordnung dieser Mittel zu den vergebenen Darlehen nur schwer nachvollziehbar sein. **452**

Die Finanzverwaltung trägt diesem Umstand Rechnung, indem sie eine indirekte Aufteilung der Gesamtsumme der nicht zuzuordnenden Darlehen im Verhältnis von Eigenkapital zu Fremdkapital zulässt und den dem Fremdkapital entsprechenden Anteil der begünstigten Kapitalvergabe zuordnet (Tz. 8.1.7.3. AEAStG). **453**

Beispiel: **454**

Die ausländische Gesellschaft hat ein EK von 20 und nimmt Kapital auf dem ausländischen Kapitalmarkt in Höhe von 100 auf. Insgesamt vergibt sie Darlehen von 80, wobei nur in Höhe von 40 der Nachweis der Nämlichkeit geführt werden kann.

– *Die Gesamtsumme der nicht zuordenbaren Darlehen ist 40, das Verhältnis EK : FK beträgt 1 : 5. Somit wären Darlehen in Höhe von 6,6 schädlich, während 33,3 eine begünstigte Kreditvergabe iSd Nr. 7 darstellen.*

Obwohl die Tatsache, dass die ausgeliehenen Beträge geringer sind als das aufgenommene Fremdkapital grundsätzlich eine Nämlichkeit der Mittel vermuten lässt, liegt nach Auffassung der Finanzverwaltung eine schädliche Kapitalvergabe in Höhe von 6,6 vor.

455 bb) Darlehensweise Vergabe des betreffenden Kapitals. Das von der ausländischen Gesellschaft aufgenommene Kapital muss in Form eines Darlehens weitergegeben werden. In der Literatur ist umstritten, wie der Darlehensbegriff iSd AStG zu verstehen ist. *Gropp* (in Lademann § 8 AStG Rz. 100) vertritt eine zivilrechtskonforme Auslegung und sieht – unter Heranziehung des § 488 BGB – die zeitlich begrenzte Überlassung mit Rückzahlungsverpflichtung als kennzeichnend für eine darlehensweise Vergabe von Kapital an. Die hM (*FWBS* § 8 AStG Rz. 261; *Fuhrmann/Geurts* § 8 AStG Rz. 186; *SKK* § 8 AStG Rz. 150) spricht sich hingegen für eine wirtschaftliche, an der Finanzierungsfunktion der ausländischen Gesellschaft anknüpfende Betrachtungsweise aus.

456 Vor dem Hintergrund, dass die Art der Verzinsung (fest, variabel, gewinnabhängig etc.) keine Aussagekraft für das Vorliegen einer darlehensweisen Vergabe von Kapital hat (Lademann/*Gropp* § 8 AStG Rz. 108; Mössner/Fuhrmann/ *Geurts* § 8 AStG Rz. 186: *SKK* § 8 AStG Rz. 140), führt mE nur die wirtschaftliche Betrachtungsweise zu befriedigenden Ergebnissen. Nur bei Anwendung der wirtschaftlichen Betrachtungsweise kann sichergestellt werden, dass wirtschaftlich gleichwertige Finanzierungsinstrumente auch außensteuerlich eine einheitliche Behandlungsweise erfahren. Insbesondere ist kein Grund erkennbar, warum Einkünfte einer ausländischen Gesellschaft aus der Gewährung eines partiarischen Darlehens aktiv und Einkünfte aus einer typisch stillen Beteiligung als passiv anzusehen sein sollten. Der Hintergrund der wirtschaftlichen Gleichwertigkeit beider Finanzierungsinstrumente – dem auch einkommensteuerlich zB im § 20 Abs. 1 Nr. 4 EStG Rechnung getragen wird – in Zusammenhang mit dem volkswirtschaftlichen Maßstab der Sinnhaftigkeit gebietet m E eine außensteuerliche Gleichbehandlung beider Finanzierungsinstrumente. Auch der Gesetzeswortlaut legt nicht zwingend eine unterschiedliche Behandlung nahe. Vielmehr erscheint es wahrscheinlich, dass der Gesetzgeber durch die Verwendung des Wortes darlehensweise nicht nur Darlehen iSv § 607 BGB im Rahmen der Nr. 7 begünstigen, sondern ganz allgemein die Fremdkapitalfinanzierung von der Eigenkapitalfinanzierung abgrenzen wollte.

457 Die **Vergabe von Mitteln als Eigenkapital** qualifiziert weder bei zivilrechtskonformer noch bei wirtschaftlicher Betrachtung als darlehensweise Vergabe von Kapital. Insbesondere ist keine darlehensweise Vergabe von Kapital gegeben, wenn das Kapital von der ausländischen Gesellschaft zum Erwerb von Beteiligungen oder diesen gleichstehenden Rechten oder für Einlagen verwendet wird (Schreiben betr. Grundsätze zur Anwendung des Außensteuergesetzes v. 2.12.1994, IV C7-S 1340-20/94, BStBl. I 1995, Sondernummer I, Tz. 8.1.7.3.). Gleiches gilt für die Rückzahlung bestehender Verbindlichkeiten durch die ausländische Gesellschaft sowie die treuhänderische Überlassung von Kapital (Blümich/*Vogt* § 8 AStG Rz. 77; kritisch: *SKK* § 8 AStG Rz. 141 und Fuhrmann/*Geurts* § 8 AStG Rz. 188).

B. VII. Einkünfte aus Finanzierungstätigkeit (Nr. 7) 458–462 § 8

Die **darlehensweise Vergabe von Eigenmitteln** (Eigenkapital, thesaurierte Gewinne, überschüssige Liquidität zB aus Rückstellungen oder AfA) ist grundsätzlich nicht durch Nr. 7 begünstigt, da es an dem Kriterium der Kapitalaufnahme auf dem ausländischen Kapitalmarkt fehlt (Lademann/Gropp § 8 AStG Rz. 05; Blümich/Vogt § 8 AStG Rz. 74). Dies gilt unabhängig davon, ob die Eigenmittel aus aktiven oder passiven Tätigkeiten erwirtschaftet wurden (*FWBS* § 8 AStG Rz. 248; aA *SKK* § 8 AStG Rz. 139, die Zinserträge, die aus Finanzierungen unter Verwendung des gesetzlichen Mindestkapitals, thesaurierter Gewinne oder überschüssiger Liquidität unter funktionalen Gesichtspunkten einer aktiven Finanzierungstätigkeit zuordnen.). In der Literatur strittig diskutiert wird die Frage, ob nicht zumindest die Wiederausleihung von Zinsen, die durch eine aktive Finanzierungstätigkeit iSd Nr. 7 erwirtschaftet wurden, aufgrund der funktionalen Betrachtungsweise zu Einkünften aus aktivem Erwerb führen (*Hollatz/Moebus* DB 1978, 606 f.; *FWBS* § 8 AStG Rz. 248; Lademann/Gropp § 8 AStG Rz. 105). 458

Nachfolgend einige, in der Praxis besonders wichtige Finanzierungsinstrumente im Überblick: 459

(1) Einlagen stiller Gesellschafter. Bei der Beurteilung der steuerlichen Behandlung von Einkünften aus stillen Gesellschaften ist grundsätzlich zwischen typischen und atypischen stillen Beteiligungen zu unterscheiden. Leistet die ausländische Gesellschaft eine Einlage als typisch stiller Gesellschafter, so qualifiziert das – wie bereits dargestellt (→ Rz. 456) – bei wirtschaftlicher Betrachtungsweise als darlehensweise Vergabe von Kapital an den Geschäftsinhaber iSd Nr. 7 (aA *Fu* Die stille Gesellschaft im internationalen Steuerrecht aus deutscher Sicht (1997), S. 142). Bei einer Beteiligung der ausländischen Gesellschaft im Rahmen einer atypisch stillen Gesellschaft erzielt diese nach der Wertung des deutschen Steuerrechts Einkünfte als Mitunternehmer nach § 15 Abs. 1 S. 1 Nr. 2 EStG. Nach einhelliger Meinung sind Gewinnanteile aus der Beteiligung an einer solchen Mitunternehmerschaft für Zwecke des AStG so zu behandeln, als habe der Gesellschafter die Tätigkeiten, aus denen der maßgebliche Gewinn der Mitunternehmerschaft stammt, selbst ausgeübt (BFH v. 16.5.1990, I R 16/88, BStBl. II 1990, 1051; Tz. 8.0.4. AEAStG; *FWBS* § 8 AStG Rz. 42 ff.; *Haase* IStR 2008, 315; *Kollruss*BB 2013, 1756 ff.). Die Beteiligung der ausländischen Gesellschaft als atypisch stiller Gesellschafter kann daher grundsätzlich nicht als darlehensweise Vergabe von Kapital angesehen werden. 460

(2) Factoring/Forfaitierung. Vor dem Hintergrund, dass der Factor beim unechten Factoring die Forderungen vorfinanziert, die Rückzahlung des Kapitals jedoch durch den Verbleib des Ausfallrisikos beim Verkäufer kennzeichnendes Merkmal ist, bejaht die mehrheitliche Meinung beim unechten Factoring eine darlehensweise Vergabe von Kapital iSd Nr. 7 durch den Factor (*Lickteig* StBP 2001, 272 f.; *Schnorberger* RIW 1993, 911). 461

Strittig diskutiert wird das Vorliegen einer darlehensweisen Vergabe von Kapital im Rahmen des echten Factorings. Nach Auffassung eines Teils der Literatur überwiegt beim echten Factoring die kaufvertragliche Komponente gegenüber der Finanzierungsfunktion mit dem Ergebnis, dass die im Rahmen des echten Factoring erwirtschafteten Erträge nicht unter den Aktivitätskatalog des § 8 Abs. 1 AStG fallen und daher in vollem Umfang passive Einkünfte 462 darstellen (*Lickteig* StBP 2001, 272 f.). Hierbei wird verkannt, dass auch beim echten Factoring der wirtschaftlich entscheidende Vorteil in der Vorfinanzierung durch Bevorschussung der Forderung des Unternehmers liegt (BGH v. 23.1.1980, VIII ZR 91/79, BGHZ 58, 119). Hierauf aufbauend geht *Wassermeyer* auch beim echten Factoring von einer Darlehensvergabe des Factors iSd Nr. 7 aus (*FWBS* § 8 AStG Rz. 261). Für diese Auffassung spricht weiterhin, dass – auch wenn der Factor beim echten Factoring das Ausfallrisiko übernimmt und somit eine Rückzahlung des „Darlehens" durch den Verkäufer der Forderung nicht mehr gegeben ist – die Kapitalrückzahlungserwartung wirtschaftlich gesehen einen unverzichtbaren Bestandteil auch des echten Factoringgeschäfts darstellt (*Schnorberger* RIW 1993, 911).

463 Die oben dargestellten Grundsätze gelten gleichermaßen für die Forfaitierung von Forderungen.

464 **(3) Leasing.** Das Finanzierungsleasing zeichnet sich insbesondere durch ein fehlendes eigenständiges, über das Sicherungsinteresse hinausgehendes, unternehmerisches Sachinteresse des Leasinggebers aus. Dieses wird vielmehr durch die Vereinbarung einer längeren, festen, unkündbaren Grundmietzeit auf den Leasingnehmer übertragen, der aufgrund dessen auch die investitionswirtschaftlichen Risiken trägt. Maßgeblicher wirtschaftlicher Zweck des Finanzierungsleasing ist – anders als beim Operate-Leasing – nicht die Investitionsfunktion, sondern die Finanzierungsfunktion des Leasinggebers. Unter Heranziehung einer wirtschaftlichen Betrachtungsweise ist im Rahmen des Finanzierungsleasing eine darlehensweise Vergabe von Kapital iSd Nr. 7 zu bejahen, da es sich beim Finanzierungsleasing um eine Finanzierungsalternative zu anderen Finanzierungsformen handelt (Gl.A. *FWBS* § 8 AStG Rz. 94, 261).

465 Operate-Leasing hingegen stellt aufgrund der fehlenden oder relativ kurzen Kündigungsfristen wirtschaftlich eine Vermietung oder Verpachtung von Wirtschaftsgütern dar und ist vornehmlich darauf gerichtet, die Nutzungsmöglichkeiten an einem Investitionsgut temporär zu eröffnen. Entsprechend kommt dem Operate-Leasing primär eine Investitionsfunktion zu, während die Finanzierungsfunktion – wenn überhaupt – eine untergeordnete Rolle spielt. Einkünfte eines ausländischen Leasinggebers aus Operate-Leasing qualifizieren daher nicht als Einkünfte iSd Nr. 7. In diesen Fällen kann die Aktivität der Einkünfte jedoch uU durch die Anwendung der Ausnahmeregelung der Nr. 6c begründet werden.

466–469 *einstweilen frei*

470 **cc) Betriebe oder Betriebsstätten als Mittelempfänger.** § 8 Nr. 7 fordert, dass das Kapital (a) ausländischen Betrieben oder Betriebsstätten, die ihre Bruttoerträge (fast) ausschließlich aus unter die Nr. 1–6 fallenden Tätigkeiten beziehen oder (b) inländischen Betrieben oder Betriebsstätten zugeführt wird.

471 In Anlehnung an den einkommensteuerlichen Betriebsbegriff und den abgabenrechtlichen Betriebsstättenbegriff ist eine Zuführung nur dann unschädlich, wenn das Kapital dazu genutzt wird, land- und forstwirtschaftliche, gewerbliche oder selbständige Tätigkeiten zu finanzieren (GlA *FWBS* § 8 AStG Rz. 263; *SKK* § 8 AStG Rz. 151). Die Vergabe des Kapitals an Privatpersonen (zB in Form von Mitarbeiter- oder Personalkrediten) ist daher ebenso wie die

B. VII. Einkünfte aus Finanzierungstätigkeit (Nr. 7) 472–489 § 8

Verwendung des Kapitals zu privaten Zwecken (zB Bau eines Privathauses) iRd Nr. 7 ausgeschlossen (*FWBS* § 8 AStG Rz. 263; Fuhrmann/*Geurts* § 8 AStG Rz. 200).

Ist der Betrieb oder die Betriebsstätte im Ausland belegen, müssen deren **472** erwirtschaftete Bruttoerträge ausschließlich oder fast ausschließlich aus aktiven Tätigkeiten iSd Nr. 1–6 stammen. Die Tätigkeiten der Nr. 7–9 werden nicht begünstigt, sodass die Kapitalvergabe an ausländische Finanzierungs- oder Holdinggesellschaften im Regelfall in Einkünften aus passivem Erwerb resultiert. Eine Darlehensvergabe an eine inländische Holding mit der Rechtsform der Kapitalgesellschaft ist hingegen unschädlich, da diese kraft Rechtsform Einkünfte aus Gewerbebetrieb erzielt und somit die einkommensteuerlichen Voraussetzungen für das Vorliegen eines Betriebs erfüllt sind (AA Lademann/ *Gropp* § 8 AStG Rz. 111).

Unklar ist das Gesetz dahin gehend, ob die bei der Darlehensvergabe an **473** ausländische Betriebe oder Betriebsstätten erforderlichen Voraussetzungen während der gesamten Laufzeit der Finanzierung oder nur zum Zeitpunkt der Kapitalvergabe erfüllt sein müssen. Das Abstellen des Gesetzeswortlautes auf die Zuführung des Kapitals spricht mE für eine auf den Zeitpunkt der Kreditvergabe bezogene Betrachtungsweise. Nach Auffassung der Finanzverwaltung (Tz. 8.1.7.3. AEAStG) ist hingegen auf die Verhältnisse des Wirtschaftsjahres abzustellen, in dem die ausländische Gesellschaft als Darlehensgeber die entsprechenden Einkünfte aus der Darlehenshingabe erzielt, wodurch es zu einer jährlich wechselnden Beurteilung der Einkünfte kommen kann (zustimmend: Mössner/Fuhrmann/*Geurts* § 8 AStG Rz. 205).

Für die Auslegung des Wesentlichkeitskriteriums „fast ausschließlich" ist auf **474** die mehrfach im AStG genannten 10% Bagatellgrenze (§ 8 Abs. 6 und § 9 AStG) im Hinblick auf die Systematik des AStG zurückzugreifen (Lademann/*Gropp* § 8 AStG Rz. 112; Mössner/Fuhrmann/*Geurts* § 8 AStG Rz. 206; *SKK* § 8 AStG Rz. 154).

In der Praxis ergeben sich regelmäßig erhebliche Probleme im Rahmen der **475** Nachweispflicht des Steuerpflichtigen. In Anbetracht dessen, dass der Darlehensgeber oftmals keine Informationen über die letztendliche Verwendung des Darlehens erhält, wird es in der Literatur (*FWBS* § 8 AStG Rz. 263) als ausreichend angesehen, wenn sich die ausländische Gesellschaft von dem Darlehensnehmer eine Verwendung des Darlehens im Rahmen des Betriebs oder der Betriebsstätte vertraglich zusichern lässt. Bei der Vergabe von Kapital an ausländische Betriebe oder Betriebsstätten sollte die ausländische Gesellschaft im Zeitpunkt des Vertragsabschlusses zusätzlich die Aktivität der Einkünfte des Darlehensnehmers überprüfen und sich diese vertraglich ausbedingen (*FWBS* § 8 AStG Rz. 262). Weitergehende Anforderungen an die Nachweispflichten können nach hM zumindest bei Fremdgeschäften nicht gestellt werden (*FWBS* § 8 AStG Rz. 262, 268; Lademann/*Gropp* § 8 AStG Rz. 98, 114; *SKK* § 8 AStG Rz. 152).

einstweilen frei **476–489**

VIII. Einkünfte aus Gewinnausschüttungen von Kapitalgesellschaften (Nr. 8)

490 Durch die Umstellung des Körperschaftsteuersystems vom Anrechnungsverfahren auf das Halbeinkünfteverfahren im Rahmen des StSenkG (Gesetz zur Senkung der Steuersätze und zur Reform der Unternehmensbesteuerung v. 23.10.2000, BStBl. I 2000, 1428 (1464)) kam es für inländische Körperschaften zur Einführung einer generellen körperschaft- und gewerbesteuerlichen Freistellung von Dividendenerträgen. Da eine entsprechende Abbildung dieser Systemänderung im Außensteuergesetz unterblieb, qualifizierten Dividendenerträge, die von einer ausländischen Kapitalgesellschaft erzielt wurden, nach wie vor grundsätzlich als passive Einkünfte. Als Folge hiervon unterlagen Dividendenerträge ausländischer Holdinggesellschaften – sofern diese nicht als Landes- oder Funktionsholding qualifizierten – auch ohne Ausschüttung in das Inland nach wie vor der deutschen Hinzurechnungsbesteuerung. Die Vereinbarkeit dieser steuerlichen Ungleichbehandlung mit Unionsrecht war mehr als zweifelhaft, da sie gegen den allgemeinen Grundsatz verstieß, dass im Rahmen des AStG keine Sachverhalte besteuert werden sollen, die bei Verwirklichung im Inland steuerfrei wären (*Werra* IStR 2001, 438; *Linklaters Oppenhoff & Rädler* DB Beilage 1/2002, 59 mwN; *Wassermeyer* IStR 2001, 114). Hinzu kam, dass selbst bei Vorliegen einer Landes- oder Funktionsholding die Beteiligungserträge nur innerhalb eines dreistufigen Konzernaufbaus (inländischer Anteilseigner, ausländische Tochtergesellschaft, ausländische Enkelgesellschaft) begünstigt und infolgedessen von der Hinzurechnungsbesteuerung ausgenommen waren, was eine Benachteiligung der in der Praxis vorherrschenden tiefgegliederten Konzernstrukturen bedeutete.

491 Im Rahmen des UntStFG (Gesetz zur Fortentwicklung des Unternehmenssteuerrechts v. 20.12.2001, BStBl. I 2002, 35 (51)) kam es daher zur Erweiterung des außensteuerlichen Aktivitätskataloges um Gewinnausschüttungen wobei darauf hinzuweisen ist, dass es sich hierbei – anders als bei den Nr. 1 bis 7 – nicht um eine tätigkeitsbezogene Qualifikation der Einkünfte handelt. Gemäß § 8 Abs. 1 Nr. 8 AStG qualifizieren nunmehr sämtliche Gewinnausschüttungen von Kapitalgesellschaften unabhängig von (a) der steuerlichen Vorbelastung der Einkünfte (niedrig- oder hochbesteuert), (b) der Art der Tätigkeit der ausschüttenden Kapitalgesellschaft (aktiv oder passiv), (c) der Beteiligungsquote an der ausschüttenden Kapitalgesellschaft (Streubesitz- oder Mehrheitsbeteiligung), (d) der Dauer der Beteiligung (kurz- oder langfristige Beteiligung), (e) dem Ansässigkeitsstaat der ausschüttenden Kapitalgesellschaft (Inland, DBA-Staat oder Nicht-DBA-Staat), (f) als aktive Einkünfte. Selbst Ausschüttungen von Kapitalgesellschaften, die ausschließlich Einkünfte aus Kapitalanlagecharakter erzielen, lösen keine Hinzurechnungsbesteuerung mehr aus. Dies bedeutet allerdings nicht, dass die Hinzurechnungsbesteuerung durch Ausschüttungen vermieden werden kann. Auch wenn Einkünfte aus Gewinnausschüttungen von Kapitalgesellschaften nicht mehr als Zwischeneinkünfte qualifizieren, kommt es durch die Zurechnung der passiven Einkünfte nachgeschalteter Zwischengesellschaften zu der jeweils vorgeschalteten Gesellschaft gem. § 14 AStG zu einer Erfassung der passiven Einkünfte im Rahmen

1. Gewinnausschüttung iSd Nr. 8

Gem. § 8 Abs. 1 Nr. 8 qualifizieren Einkünfte aus Gewinnausschüttungen **492** immer dann als aktiv, wenn sie von Kapitalgesellschaften stammen.

In Anbetracht einer fehlenden gesetzlichen Definition des Begriffs „Gewinnausschüttung" stellt sich die grundsätzliche Frage, welche Art von Einkünften noch bzw. nicht mehr unter diesen Begriff subsumiert werden können. **493**

Nach allgemeiner Auffassung versteht man unter Gewinnausschüttung die **494** gesellschaftsrechtlich veranlasste, offene oder verdeckte Verteilung des Gewinns einer Kapitalgesellschaft, der im Rahmen des Geschäftszwecks der Gesellschaft erwirtschaftet worden ist, an ihre Gesellschafter (*Kirchhoff/von Beckerath* § 20 EStG Rz. 61; BR-Drs. 638/01, 54). Hiernach fallen unstrittig Einkünfte aus offenen Ausschüttungen laufender Gewinne sowie gesetzlicher Rücklagen unter die Nr. 8. Auch verdeckte Gewinnausschüttungen gehören ausweislich der Gesetzesbegründung zu den durch die Nr. 8 begünstigten Gewinnausschüttungen (BT-Drs. 14/6882, 42). Bei der Beurteilung verdeckter Gewinnausschüttungen sind – auch für Zwecke der Hinzurechnungsbesteuerung – grundsätzlich zwei Effekte zu unterscheiden: Die Einkommenserhöhung bei der ausschüttenden Gesellschaft einerseits und die Erzielung von Betriebseinnahmen in Form von Beteiligungserträgen bei dem die vGA empfangenden Gesellschafter andererseits. ME umfasst die Steuerbefreiung des § 8 Abs. 1 Nr. 8 nur den dem Gesellschafter gewährten Vorteil iSd § 20 Abs. 1 Nr. 1 EStG, der anstelle einer Dividende zufließt. Hierfür spricht eindeutig der Wortlaut des § 8 Abs. 1 Nr. 8, der durch die Verwendung des Ausdrucks „Einkünfte aus Gewinnausschüttungen von Kapitalgesellschaften" klarstellt, dass es sich um verteilte Gewinne einer Kapitalgesellschaft handeln muss, die bei der Zwischengesellschaft, dh bei einem anderen Rechtsträger zu Einkünften führen. Die Qualifikation der durch die vGA auf Ebene der ausschüttenden Gesellschaft erzielten Einkünfte hingegen hat anhand der Tätigkeit zu erfolgen, die der vGA zugrunde liegt (gl A *Mössner/Fuhrmann/Fuhrmann* § 8 AStG Rz. 223; *FWBS*). Wird zB ein Wirtschaftsgut, das für eine aktive Tätigkeit verwendet wurde, verbilligt an die Muttergesellschaft veräußert, sind auch die Einkünfte aus der vGA als aktiv zu qualifizieren. Beruht die verdeckte Gewinnausschüttung auf der Auskehrung des Anteils an einer anderen Kapitalgesellschaft, so ist das anzusetzende Entgelt steuerlich wie der Veräußerungspreis zu behandeln (*FWBS* § 11 AStG Rz. 35). Die Qualifikation der Einkommenserhöhung auf Ebene der ausschüttenden Gesellschaft hat somit anhand von § 8 Abs. 1 Nr. 9 AStG zu erfolgen.

Zu den Gewinnausschüttungen iSd Nr. 8 gehören auch Vorabausschüttungen, da diese als Vorauszahlungen auf den erwarteten Gewinn letztendlich entweder offene oder verdeckte Gewinnausschüttungen darstellen (Schmidt/ *Weber-Grellet* § 20 EStG Rz. 33). **495**

Strittig diskutiert wird in der Literatur, inwieweit darüber hinausgehend **496** auch weitere Zuwendungen unter den Begriff der Gewinnausschüttung gefasst werden können. In Anbetracht dessen, dass die generelle körperschaft- und gewerbesteuerliche Freistellung von Dividendenerträgen für inländische Kapitalgesellschaften in § 8b Abs. 1 KStG ein wesentlicher Grund für die Einführung des uneingeschränkten Holdingprivilegs in der Nr. 8 war, erscheint es nahe liegend, den Begriff der Gewinnausschüttung iSd Nr. 8 als deckungsgleich mit den Bezügen iSd § 8b Abs. 1 KStG auszulegen (*SKK* § 8 AStG Rz. 162). Die Folge wäre, dass sämtliche Bezüge iSd § 20 Abs. 1, 2, 9 und 10a EStG für Zwecke der Hinzurechnungsbesteuerung aktive Einkünfte darstellen würden.

a) Einkommensteuerlicher Begriff der Gewinnausschüttung

497 Im Rahmen einer systematischen Auslegung des Begriffs der Gewinnausschüttung iSd § 20 EStG spricht der Zusammenhang zwischen den Nr. 1 und 9 des Absatzes 1 dafür, dass der Begriff der außensteuerlichen Gewinnausschüttung auch bei wortgetreuer Auslegung mit den Bezügen iSd § 20 Abs. 1 EStG gleichzusetzen ist. § 20 Abs. 1 Nr. 9 EStG behandelt ausschließlich Leistungen von steuerpflichtigen Körperschaften, bei denen es zwar zu Vermögensübertragungen auf ihre Mitglieder kommen kann, die aber grundsätzlich keine Ausschüttungen vornehmen können. Durch das UntStFG (Gesetz zur Fortentwicklung des Unternehmenssteuerrechts v. 20.12.2001, BStBl. I 2002, 35 (38)) wurde in § 20 Abs. 1 Nr. 9 EStG mittels Einfügung des Passus „Einnahmen …, die Gewinnausschüttungen im Sinne der Nr. 1 wirtschaftlich vergleichbar sind, …" sichergestellt, dass die offene oder verdeckte Weitergabe von Gewinnen beim Anteilseigner auch ohne Ausschüttung iSv § 20 Abs. 1 Nr. 1 EStG wie eine solche besteuert wird (Schmidt/*Weber-Grellet* § 20 EStG Rz. 111). Die Tatsache, dass § 20 Abs. 1 Nr. 1 EStG eine Aufzählung von Erträgen aus unterschiedlichen Formen der Nutzungsüberlassung von Kapital (u a Gewinnanteile, sonstigen Bezügen aus Aktien und Genussrechten, mit denen das Recht am Gewinn und Liquidationserlös einer Kapitalgesellschaft verbunden ist) enthält, spricht dafür, den Begriff der Gewinnausschüttung iSd § 20 Abs. 1 Nr. 9 EStG als Oberbegriff für sämtliche Bezüge iSd § 20 Abs. 1 Nr. 1 EStG zu verstehen (*Rättig/Protzen* IStR 2001, 605, Fn. 60).

498 Im Hinblick auf die Frage, ob die Bezüge iSd § 20 Abs. 1 Nr. 2 EStG ebenfalls unter den Begriff der Gewinnausschüttungen fallen, kann der Verweis des § 28 Abs. 2 Satz 2 KStG als Anknüpfungspunkt dienen. Demnach gilt die Rückzahlung von Nennkapital soweit der Sonderausweis zu mindern ist als Gewinnausschüttung, die beim Anteilseigner zu Bezügen iSd § 20 Abs. 1 Nr. 2 EStG führt. Implizit bedeutet diese Fiktion, dass es sich bei Bezügen iSd § 20 Abs. 1 Nr. 2 EStG grundsätzlich um Bezüge aus Gewinnausschüttungen handeln muss. Gestützt wird diese Sichtweise dadurch, dass § 20 Abs. 1 Nr. 2 EStG als Sondervorschrift zu § 20 Abs. 1 Nr. 1 EStG angesehen werden kann. Auch unter Berücksichtigung des Inhalts der Vorschrift erscheint diese Auslegung als geboten. § 20 Abs. 1 Nr. 2 EStG regelt die Besteuerung von Einkünften aus der Kapitalherabsetzung und der Liquidation von unbeschränkt steuerpflichtigen Körperschaften soweit es sich nicht um die Rückzahlung von Nennkapital handelt. Wirtschaftlich gesehen handelt es sich sowohl bei den Liquidationsraten als auch bei den Bezügen aufgrund einer Kapitalherabsetzung um im Rahmen des Geschäftszwecks der Gesellschaft erwirtschaftete Gewinne, die aufgrund einer außerhalb des gewöhnlichen Ge-

B. VIII. Einkünfte aus Gewinnausschüttungen (Nr. 8) 499–503 § 8

schäftsgangs begründeten Maßnahme an ihre Gesellschafter ausgeschüttet werden.

Wie aus § 20 Abs. 1 Nr. 9 und 10a EStG eindeutig hervorgeht, fallen Leistungen von Versicherungsvereinen auf Gegenseitigkeit, sonstigen juristischen Personen des privaten Rechts, nichtrechtsfähigen Vereinen, Anstalten, Stiftungen und anderen Zweckvermögen des privaten Rechts sowie Leistungen von Betrieben gewerblicher Art von juristischen Personen des öffentlichen Rechts nicht unter den Begriff der Gewinnausschüttung. Leistungen, die sich als Gewinnverwendung, dh als Übertragung eines erwirtschafteten Ertrags darstellen, sind jedoch wirtschaftlich mit Gewinnausschüttungen vergleichbar und unterliegen daher einer identischen Besteuerung beim Empfänger. 499

Im Ergebnis umfasst der einkommensteuerliche Begriff der Gewinnausschüttung somit mE sämtliche Bezüge iSd § 20 Abs. 1 Nr. 1 und 2 EStG. 500

b) Außensteuerlicher Begriff der Gewinnausschüttung

Die Tatsache, dass sich das AStG der Begriffssprache des EStG bedient, spricht dafür, den außensteuerlichen Begriff der Gewinnausschüttung inhaltsgleich mit dem des EStG auszulegen. Vom Grundsatz her fallen deshalb alle Bezüge iSd § 20 Abs. 1 Nr. 1 und 2 EStG unter den Ausdruck „Gewinnausschüttungen" iSd Nr. 8 (GlA *FWBS* § 8 AStG Rz. 283; Blümich/*Vogt* § 8 AStG Rz. 93). 501

Im Hinblick darauf, dass § 20 Abs. 1 Nr. 2 EStG bis einschließlich VZ 2006 unmittelbar nur für unbeschränkt steuerpflichtige Körperschaften galt, umfasste der außensteuerliche Begriff der Gewinnausschüttung Bezüge aufgrund einer Kapitalherabsetzung oder der Auflösung einer Gesellschaft mE nur insoweit, als sie von einer inländischen Kapitalgesellschaft stammten. Erzielte eine ausländische Zwischengesellschaft hingegen Bezüge aufgrund einer Kapitalherabsetzung oder der Auflösung einer ausländischen Gesellschaft ohne Sitz und Geschäftsleitung im Inland konnten die Tatbestandsvoraussetzungen des § 20 Abs. 1 Nr. 2 EStG nie gegeben sein, weshalb ihre Anwendung gem. § 10 Abs. 3 S. 1 objektiv ausgeschlossen war. In Anlehnung an die im Schrifttum mehrheitlich vertretene Meinung, dass Gewinne aus der Auflösung einer Auslandskörperschaft bei der inländischen Anteilseigner-Körperschaft nicht in Kapitalrückzahlung und Gewinnausschüttung aufzuteilen waren, sondern in voller Höhe von § 8b Abs. 2 KStG erfasst wurden (*DPM* § 8b KStG Rz. 28 mwN), handelt es sich nach meiner Auffassung für Zwecke des AStG bis zur Änderung des § 20 Abs. 1 Nr. 2 EStG im Rahmen des SEStEG (Gesetz über steuerliche Begleitmaßnahmen zur Einführung der Europäischen Gesellschaft und zur Änderung weiterer steuerrechtlicher Vorschriften v. 7.12.2006, BStBl. I 2007, 4) um Einkünfte iSd Nr. 9 (im Einzelnen siehe auch → Rz. 558 f.). Ab dem VZ 2007 sind die Bezüge aufgrund einer Kapitalherabsetzung oder der Auflösung einer ausländischen Gesellschaft in Kapitalrückzahlung und Gewinnausschüttung und somit auf die Einkünfte iSd Nr. 8 sowie Nr. 9 aufzuteilen. 502

Auch wenn Leistungen iSd § 20 Abs. 1 Nr. 9 und 10a EStG bei wortgetreuer Auslegung keine Gewinnausschüttungen iSd Nr. 8 darstellen, da das außensteuerliche Holdingprivileg nur für Gewinnausschüttungen von Kapitalgesellschaften gilt, während § 20 Abs. 1 Nr. 9 und 10a EStG ausschließlich Leistungen von 503

Körperschaften, Personenvereinigungen und Vermögensmassen umfassen, die keine Kapitalgesellschaften iSd § 1 Abs. 1 Nr. 1 KStG darstellen (Mössner/ Fuhrmann/*Fuhrmann* § 8 AStG Rz. 228), ist eine derartig restriktive Auslegung für Zwecke des AStG abzulehnen, da sie weder der Gesetzessystematik noch dem Gesetzeszweck gerecht wird. Berücksichtigt man, dass ausschlaggebendes Kriterium sowohl für die Hinzurechnung als auch für die Zurechnung gem. § 14 AStG gerade nicht die Beteiligung an einer Kapitalgesellschaft iSd § 1 Abs. 1 Nr. 1 KStG, sondern eine Beteiligung an einer Körperschaft, Personenvereinigung oder Vermögensmasse iSd KStG ist (§ 7 Abs. 1), ist es mE systemwidrig, Leistungen von einem Teil der ausländischen Gesellschaften, bei denen es zwar zu Vermögensübertragungen auf ihre Mitglieder kommen kann, die aber strukturbedingt keine Ausschüttungen vornehmen können, grundsätzlich in passive Einkünfte umzuqualifizieren. Selbst aktive Einkünfte solcher Körperschaften, Personenvereinigungen und Vermögensmassen würden im Falle einer „Ausschüttung" an eine ausländische Obergesellschaft der Hinzurechnungsbesteuerung unterworfen, was eine willkürliche Benachteiligung dieser Gesellschaften darstellt. Hinzu kommen europarechtliche Gründe (Kapital- und Niederlassungsfreiheit), die gegen eine derart restriktive Auslegung sprechen (*Linklaters Oppenhoff & Rädler* DB Beilage 1/2002, 60).

504 Im Ergebnis ist daher dem überwiegenden Teil der Literatur zuzustimmen, wonach sämtliche Bezüge iSd § 20 Abs. 1 Nr. 1, 2, 9 und 10a EStG für Zwecke des AStG unter den Begriff der Gewinnausschüttung iSd Nr. 8 zu subsumieren sind (*Rättig/Protzen* IStR 2001, 605; *Linklaters Oppenhoff & Rädler* DB Beilage 1/2002, 60; Mössner/Fuhrmann/*Fuhrmann* § 8 AStG Rz. 228; wohl auch: *Lieber* FR 2002, 144).

505 Vom Grundsatz her sind somit auch Ausschüttungen auf **Genussrechte**, mit denen das Recht am Gewinn und Liquidationserlös einer Kapitalgesellschaft verbunden ist als Gewinnausschüttungen iSd Nr. 8 anzusehen, da es sich um Bezüge iSd § 20 Abs. 1 Nr. 1 EStG handelt. Im Hinblick auf die Gesetzessystematik des AStG ist letztendlich jedoch der differenzierten Betrachtungsweise von *Wassermeyer* (*FWBS* § 8 AStG Rz. 283; sich anschließend: Mössner/Fuhrmann/*Fuhrmann* § 8 AStG Rz. 229ff.) zuzustimmen, der diese Frage in Abhängigkeit davon sieht, ob Genussrechte generell geeignet sind eine Hinzurechnungsbesteuerung auszulösen (mit ausführlicher Darstellung des Meinungsstands und differenzierender Stellungnahme, aber offenem Ergebnis: *Schnittger/Bildstein* IStR 2009, 633ff.; aA *Kraft/Richter/Moser* DB 2014, 85, die die Anwendbarkeit von § 8 Abs. 1 Nr. 8 generell bejahen).

506 Geht man mit der hM (*Kraft/Richter/Moser* DB 2014, 85; *Schnittger/Bildstein* IStR 2009, 631; Haase/*Reiche* § 8 AStG Rz. 81) davon aus, dass Genussrechte grundsätzlich keine Beteiligung iSd § 7 Abs. 2 vermitteln, so kann – wie folgendes Beispiel zeigt – eine Qualifikation der Ausschüttungen auf das Genussrecht als aktive Einkünfte iSd Nr. 8 zu einer Nichtbesteuerung passiver Einkünfte führen.

507 Beispiel 1:

Prämisse:
1) Genussrecht löst keine Hinzurechnungsbesteuerung aus
2) Ausschüttung auf das Genussrecht qualifiziert als Ausschüttung iSd Nr. 8

B. VIII. Einkünfte aus Gewinnausschüttungen (Nr. 8)

Eine inländische Kapitalgesellschaft (GmbH 1) ist zu 100% an einer ausländischen Tochtergesellschaft (TG 1) beteiligt, die wiederum mittels Genussrecht an einer weiteren ausländischen Gesellschaft (TG 2) beteiligt ist. TG 2 erzielt ausschließlich niedrigbesteuerte, passive Einkünfte. Die Ausschüttungen auf das Genussrecht sind auf Ebene der TG 1 ebenfalls niedrig besteuert.

Da § 14 Abs. 1 eine Beteiligung der TG 1 an TG 2 iSd § 7 erfordert, unterliegen die passiven Einkünfte der TG 2 nicht der übertragenden Hinzurechnung. Eine Erfassung dieser Einkünfte im Rahmen der Hinzurechnungsbesteuerung ist somit nur sichergestellt, wenn die Genussrechtsbezüge auf Ebene der TG 1 passive Einkünfte darstellen. Qualifiziert eine Ausschüttung auf Genussrechte als Ausschüttung iSd Nr. 8 ist dies gerade nicht der Fall.

Bejaht man dagegen die Möglichkeit einer Hinzurechnungsbesteuerung auch gegenüber Genussrechtsinhabern, so droht andererseits im Fall der Qualifikation der Ausschüttungen auf das Genussrecht als passive Einkünfte eine Doppelbesteuerung.

Beispiel 2: Sachverhalt siehe Beispiel 1

Prämisse:
1) Genussrecht löst Hinzurechnungsbesteuerung aus
2) Ausschüttung auf das Genussrecht qualifiziert nicht als Ausschüttung iSd Nr. 8

Da § 14 Abs. 1 darauf abstellt, ob TG 1 an TG 2 iSd § 7 beteiligt ist, unterliegen die passiven Einkünfte der TG 2 der übertragenden Zurechnung. Die Ausschüttung auf das Genussrecht stellt auf Ebene der TG 1 mangels Qualifikation als Ausschüttung originäre passive Einkünfte dar. Dem Inländer werden die passiven Einkünfte der TG 2 somit zweifach zugerechnet.

Unterstellt man, dass die Anteile an TG 2 zu 100% von einer weiteren inländischen Kapitalgesellschaft (GmbH 2) gehalten werden, so kommt es zu einer nochmaligen Hinzurechnung der passiven Einkünfte bei GmbH 2.

Die obigen Ausführungen betreffen nur Einnahmen aus Genussrechten, mit denen das Recht am Gewinn und Liquidationserlös einer Kapitalgesellschaft verbunden ist, da nur diese Bezüge iSd § 20 Abs. 1 Nr. 1 EStG darstellen, die für Zwecke des EStG wie Gewinnanteile behandelt werden. Bezüge aus Genussrechten, die Gläubigerrechte gewähren, beruhen auf der darlehensweisen Vergabe von Kapital und qualifizieren nur unter den Voraussetzungen der Nr. 7 als aktive Einkünfte.

einstweilen frei

2. Kapitalgesellschaften

Nach dem Wortlaut der Nr. 8 qualifizieren Einkünfte aus Gewinnausschüttungen immer dann als aktiv, wenn diese von Kapitalgesellschaften getätigt werden. Für Zwecke des deutschen Körperschaftsteuergesetzes ist der Begriff der Kapitalgesellschaft abschließend in § 1 Abs. 1 Nr. 1 KStG geregelt und umfasst ausschließlich die Rechtsformen der AG, der KGaA und der GmbH.

Ausländische Rechtsgebilde sind dann als Kapitalgesellschaft zu behandeln, wenn der sog. Typenvergleich ergibt, dass sie mit den in § 1 Abs. 1 Nr. 1 KStG aufgeführten Kapitalgesellschaften deutschen Rechts wirtschaftlich vergleichbar sind (Blümich/*Vogt* § 8 AStG Rz. 92; Mössner/Fuhrmann/*Fuhrmann* § 8 AStG Rz. 224). Im Rahmen einer wortgetreuen Auslegung der Nr. 8 qualifizieren Einkünfte aus Gewinnausschüttungen von Genossenschaften, Vereinen, sonstigen juristischen Personen des privaten Rechts, nichtrechtsfähigen Personenvereinigungen und Vermögensmassen iSd § 1 Abs. 1 Nr. 5 KStG und Betrieben gewerblicher Art von juristischen Personen des öffentlichen Rechts somit nicht als aktiv und sind folglich der Hinzurechnungsbesteuerung zu unterwerfen (Blümich/*Vogt* § 8 AStG Rz. 92; *FWBS* § 8 AStG Rz. 286).

517 In Ermangelung einer einleuchtenden Erklärung für diese Einschränkung (*FWBS* § 8 AStG Rz. 286) ist mE eine derartig restriktive Gesetzesauslegung abzulehnen. Innerhalb der EU erfordert bereits das Gebot der Kapital- und Niederlassungsfreiheit eine weitergehende Begriffsauslegung. Aber auch die Berücksichtigung der Gesetzessystematik gebietet eine extensive Auffassung des Begriffs der Kapitalgesellschaft dahin gehend, dass er sämtliche Körperschaften, Personenvereinigungen und Vermögensmassen iSd § 1 Abs. 1 KStG umfasst (siehe auch → Rz. 503).

518–524 *einstweilen frei*

3. Umfang der Steuerfreiheit von Gewinnausschüttungen

525 Vor dem Hintergrund, dass die dem Hinzurechnungsbetrag zugrunde liegenden Einkünfte in entsprechender Anwendung der Vorschriften des deutschen Steuerrechts zu ermitteln sind (§ 10 Abs. 3 Satz 1), stellt sich – ähnlich wie bei Ausschüttungen von der Zwischengesellschaft an deren deutsche Anteilseigner – auch im Rahmen der Nr. 8 die Frage der Anwendbarkeit des § 8b Abs. 5 KStG sowie des § 3c EStG. Beide Vorschriften sind für Zwecke des § 8 Abs. 1 Nr. 8 nicht anzuwenden, weil nicht steuerfreie bzw. außer Ansatz zu lassende Einnahmen zu ermitteln sind, sondern Einkünfte dem aktiven oder passiven Bereich zuzuordnen sind (Tz. 8.1.8. AEAStG; Blümich/*Vogt* § 8 AStG Rz. 95; *Mössner/Fuhrmann/Fuhrmann* § 8 AStG Rz. 225; *Linklaters Oppenhoff & Rädler* DB Beilage 1/2002, 63; *Rättig/Protzen* IStR 2001, 606), so dass der Bruttobetrag der Gewinnausschüttung in voller Höhe freizustellen ist.

526–539 *einstweilen frei*

IX. Einkünfte aus Realisationstatbeständen (Nr. 9)

540 Die Einführung einer nationalen Steuerfreistellung für Gewinne aus der Veräußerung von Beteiligungen an in- und ausländischen Kapitalgesellschaften (§ 8b Abs. 2 KStG) durch das StSenkG (Gesetz zur Senkung der Steuersätze und zur Reform der Unternehmensbesteuerung v. 23.10.2000, BStBl. I 2000, 1428 (1464)) erforderte sowohl aus steuersystematischen als auch aus europarechtlichen Gründen eine entsprechende außensteuerrechtliche Behandlung (*Linklaters Oppenhoff & Rädler* DB Beilage 1/2002, 59). Im Rahmen des UntStFG (Gesetz zur Fortentwicklung des Unternehmenssteuerrechts v. 20.12.2001, BStBl. I 2002, 35 (51 f.)) wurde zu diesem Zweck der Katalog aktiver Einkünfte um Veräußerungsgewinne erweitert. Bei der Steuerbefreiung der Nr. 9 handelt es sich – anders als bei der Dividendenfreistellung im Rahmen der Nr. 8 – nur um eine eingeschränkte Aktivitätsregelung, die Anteilsveräußerungen als aktive Einkünfte qualifiziert, den Teil des Gewinns, der auf die Veräußerung von Einkünften aus Kapitalanlagecharakter dienenden Wirtschaftsgütern entfällt, jedoch der Hinzurechnungsbesteuerung unterwirft.

B. IX. Einkünfte aus Realisationstatbeständen (Nr. 9) 541–545 § 8

§ 8 Abs. 1 Nr. 9 ist in engem Zusammenhang mit § 11 zu sehen, der eine 541
Doppelbesteuerung von Erträgen mit Kapitalanlagecharakter über die Zurechnung im Rahmen der laufenden Besteuerung gem. § 14 einerseits und über die Erfassung eines Veräußerungsgewinns, der auf diskriminierte Wirtschaftsgüter entfällt, andererseits mittels Herausnahme des Veräußerungsgewinns aus dem Hinzurechnungsbetrag verhindern soll.

1. Einkünfte aus Realisationstatbeständen als grundsätzlich aktive Einkünfte

Gem. § 8 Abs. 1 Nr. 9 sind Einkünfte aus der (a) Veräußerung eines Anteils an 542
einer anderen Gesellschaft (b) deren Auflösung oder (c) der Herabsetzung ihres Kapitals grundsätzlich aktiv, soweit (aa) der Veräußerungsgewinn auf Wirtschaftsgüter der anderen Gesellschaft entfällt, die anderen als die in § 7 Abs. 6a bezeichneten Tätigkeiten dienen und (bb) der Steuerpflichtige dies nachweist.

Vor dem Hintergrund, dass Veräußerungsgewinne wirtschaftlich gesehen 543
vorweggenommene Gewinnausschüttungen darstellen, stellt sich die Frage, warum Gewinnausschüttungen ohne jeden Vorbehalt als aktive Einkünfte qualifizieren, während Veräußerungsgewinne nur bei Vorliegen der o g Kriterien als aktiv anerkannt werden. Wie nachfolgendes Beispiel veranschaulicht, liegt der Grund für die unterschiedliche Behandlung in der übertragenden Zurechnung gem. § 14 Abs. 1, welche den Gewinnausschüttungen zugrunde liegende Einkünfte nachgeschalteter Zwischengesellschaften erfasst, während nicht realisierte stille Reserven auf Ebene der nachgeschalteten Zwischengesellschaften nicht Gegenstand der übertragenden Zurechnung sind und somit nicht der Hinzurechnungsbesteuerung unterliegen (*FWBS* § 8 AStG Rz. 292).

Beispiel: 544
Eine deutsche Kapitalgesellschaft hält sämtliche Anteile an einer ausländischen Kapitalgesellschaft (ausländische Obergesellschaft), die wiederum 100% der Anteile an einer weiteren ausländischen Gesellschaft (ausländische Untergesellschaft) besitzt. Die ausländische Untergesellschaft erzielt ausschließlich Einkünfte mit Kapitalanlagecharakter. Sie hat u a festverzinsliche Wertpapiere im Bestand. Die ausländische Untergesellschaft wird veräußert, der Veräußerungsgewinn beträgt 50 und entfällt in voller Höhe auf Wertsteigerungen der festverzinslichen Wertpapiere.
Die Einkünfte aus den festverzinslichen Wertpapieren werden gem. § 14 Abs. 1 jährlich der ausländischen Obergesellschaft zugerechnet und unterliegen somit bei dem inländischen Anteilseigner der Hinzurechnungsbesteuerung. Im Fall einer Gewinnausschüttung dieser Einkünfte an die ausländische Obergesellschaft ist somit trotz des uneingeschränkten Holdingprivilegs der Nr. 8 eine einmalige Besteuerung dieser Einkünfte mit Kapitalanlagecharakter sichergestellt. Eine uneingeschränkte Aktivitätsregelung für Einkünfte aus Realisationstatbeständen hingegen würde zu einer Steuerfreiheit des Veräußerungsgewinnes von 50 führen, obwohl dieser ebenfalls in direktem Zusammenhang mit dem Halten von Wertpapieren (§ 7 Abs. 6a) steht. Aus diesem Grund gewährleistet die eingeschränkte Aktivitätsregelung der Nr. 9 die Besteuerung des Veräußerungsgewinns als schädliche Einkünfte mit Kapitalanlagecharakter.

Durch die generelle Abschaffung des § 10 Abs. 5 im Rahmen des StVergAbG 545
(Gesetz zum Abbau von Steuervergünstigungen und Ausnahmeregelungen v. 16.5.2003, BStBl. I 2003, 321 (327)) stellt sich m E die Frage, ob die eingeschränkte Aktivitätsregelung für Veräußerungsgewinne noch systemgerecht ist. Nach früherer Gesetzeslage wurden „normal" passive Einkünfte einer nachge-

schalteten ausländischen Gesellschaft aufgrund der Abschirmwirkung des entsprechenden DBAs im Regelfall nicht der deutschen Hinzurechnungsbesteuerung unterworfen, während bei Zwischeneinkünften mit Kapitalanlagecharakter die Schutzwirkung des § 10 Abs. 5 mit der Folge durchbrochen wurde, dass diese Einkünfte der deutschen Besteuerung zu unterwerfen waren. Nach heutiger Rechtslage (Erstmalige Anwendung für Wirtschaftsjahre, die nach dem 31.12.2002 beginnen) kommt es in beiden Fällen zu einem Eingreifen der Hinzurechnungsbesteuerung. Durch die eingeschränkte Aktivitätsregelung der Nr. 9 werden stille Reserven, die von der veräußerten Gesellschaft gebildet wurden, nur im Falle von Zwischeneinkünften mit Kapitalanlagecharakter der Hinzurechnungsbesteuerung unterworfen. Stille Reserven, die im Rahmen von „normalen" passiven Einkünften gebildet wurden, können hingegen von der ausländischen Zwischengesellschaft hinzurechnungssteuerfrei als Teil des Veräußerungsgewinns vereinnahmt werden. Es ist zu befürchten, dass die – durch die Abschaffung des § 10 Abs. 5 und Einführung der eingeschränkten Aktivitätsregelung der Nr. 9 – entstandene Ungleichbehandlung von laufenden „normalen" passiven Einkünften und Veräußerungsgewinnen, die Entwicklung von Steuersparmodellen fördert, bei denen laufende Erträge in Veräußerungsgewinnkomponenten umqualifiziert werden.

a) Einkünfte aus der Veräußerung eines Anteils an einer anderen Gesellschaft

546 **aa) Veräußerungsbegriff iSd § 8 Abs. 1 Nr. 9.** Nach hMist der außensteuerliche Veräußerungsbegriff deckungsgleich mit dem ertragsteuerrechtlichen Begriff der „Veräußerung" (Blümich/*Vogt* § 8 AStG Rz. 102; *FWBS* § 8 AStG Rz. 293; *SKK* § 8 AStG Rz. 169). Für die Begriffsinterpretation kann daher vollumfänglich auf den § 16 bzw. § 17 EStG (Der Begriff der Veräußerung iSd § 17 EStG stimmt inhaltlich mit dem des § 16 EStG überein, siehe: BFH v. 21.12.1993, VIII R 69/88, BStBl. II 1994, 649 mwN; BFH v. 17.4.1997, VIII R 47/95, BStBl. II 1998, 104) sowie den § 8b Abs. 2 KStG verwiesen werden.

547 Veräußerung ist somit jedes vermögensrechtliche Geschäft, aufgrund dessen das bürgerlich-rechtliche und/oder wirtschaftliche Eigentum an einem Vermögensgegenstand (im Fall der Nr. 9 dem Anteil an einer Gesellschaft) auf einen anderen Rechtsträger gegen Entgelt übertragen wird (BFH v. 22.9. 1992, VIII R 7/90, BStBl. II 1993, 229). Die Entgeltlichkeit der Übertragung wird durch den Austausch von Leistung und Gegenleistung bewirkt, wobei die Art der Gegenleistung grundsätzlich ohne Bedeutung ist und daher auch in der Gewährung von Gesellschaftsrechten bestehen kann. Unentgeltliche Übertragungen, wie zB die **verdeckte Einlage** einer Beteiligung durch die ausländische Zwischengesellschaft, stellen daher keinen originären Veräußerungstatbestand dar (BFH v. 18.12.2001, VIII R 5/00, BFH/NV 2002, 641 mwN) und fallen folglich nicht unter die Aktivitätsregelung der Nr. 9 (Gl A Blümich/*Vogt* § 8 AStG Rz. 102; mE widersprüchlich: *FWBS* § 8 AStG Rz. 293, die aus § 17 Abs. 1 Satz 2 EStG folgern, dass „die Einlage eines Anteils in eine andere Gesellschaft nur dann Veräußerung ist, wenn sie sich gegen Gewährung von Gesellschaftsrechten oder anderer Entgelte vollzieht", gleichzeitig jedoch für Ersatzrealisationstatbestände eine entsprechende Anwendbarkeit der zu § 8b Abs. 2 KStG entwickelten Grundsätze bejahen). Eine

Erfassung der verdeckten Einlage als Veräußerung iSd Nr. 9 hätte mE eine den § 17 Abs. 1 Satz 2 EStG sowie § 8b Abs. 2 Satz 3 KStG entsprechende ausdrückliche gesetzliche Regelung vorausgesetzt. Dies gilt umso mehr, als § 8b Abs. 2 KStG bei der außensteuerlichen Einkünfteermittlung gem. § 10 Abs. 3 S. 4 unberücksichtigt bleibt.

Typische Veräußerungsvorgänge iSd Nr. 9 sind **Anteilsübertragungen aufgrund schuldrechtlichem Kauf- oder Tauschvertrag** (*FWBS* § 8 AStG Rz. 293). Eine Veräußerung kann bereits durch die Übertragung des wirtschaftlichen Eigentums ausgelöst werden. Voraussetzung für den Übergang des wirtschaftlichen Eigentums an einer Beteiligung ist, dass bei wirtschaftlicher Betrachtung alle mit der Beteiligung verbundenen Rechte, wie zB Gewinnbezugsrecht und Stimmrecht etc., übergehen (BFH v. 18.12.2001, VIII R 5/00, BFH/NV 2002, S. 642 mwN). Da durch die Einräumung einer Kauf- oder Verkaufoption gerade keine Informations- und Stimmrechte an der Gesellschaft begründet werden, kommt es hierdurch grundsätzlich nicht zur Übertragung des wirtschaftlichen Eigentums (*HHR* Steuerreform II § 8b KStG, Rz. R 32; *HHS* § 39 AO Rz. 56). Sowohl die Einräumung einer Kaufoption als auch der Erwerb einer Verkaufsoption, stellen daher keinen Realisationstatbestand dar. Ein hinzurechnungssteuerpflichtiger Tatbestand ist somit nur dann gegeben, wenn die Ausübung der Option bereits im Zeitpunkt der Einräumung zB aufgrund ergänzender Vereinbarung als sicher angenommen werden kann. Ist dies der Fall, unterliegt ein eventueller Veräußerungsgewinn der Regelung der Nr. 9. 548

Waren die veräußerten Anteile in der Vergangenheit Gegenstand einer steuerlich wirksamen **Teilwertabschreibung,** so ist ein erzielter Veräußerungsgewinn dennoch in voller Höhe von der Nr. 8 erfasst, da § 8b Abs. 2 KStG für Zwecke des AStG gem. § 10 Abs. 3 Satz 3 unberücksichtigt bleibt. Die iZm einer Teilwertabschreibung auf eine Beteiligung entstehenden Aufwendungen sind – anders als für Zwecke des KStG – bei der außensteuerlichen Einkünfteermittlung anzuerkennen, obwohl § 10 Abs. 3 S. 4 AStG, explizit nur § 8b Abs. 1 und 2 KStG als bei der außensteuerlichen Einkünfteermittlung nicht zu berücksichtigende Vorschriften aufzählt. Da es sich bei der Regelung des § 8b Abs. 3 KStG um eine Folge der Steuerbefreiung des § 8b Abs. 2 KStG handelt, widerspricht eine isolierte Anwendung von § 8b Abs. 3 KStG der gesetzlichen Systematik des AStG und ist folglich abzulehnen (*FWBS* § 11 AStG Rz. 32). In Anbetracht dessen, dass es bei einer Teilwertabschreibung nicht zu einer Übertragung des Eigentums an den Anteilen kommt, stellt die Teilwertabschreibung an sich jedoch keinen Veräußerungstatbestand iSd Nr. 9 dar (GlA *FWBS* § 8 AStG Rz. 293) mit der Folge, dass die Einkünftequalifikation anhand der funktionalen Betrachtungsweise zu erfolgen hat, wobei mE auf die Tätigkeit der Gesellschaft abzustellen ist, die Gegenstand der Teilwertabschreibung war. 549

Die **Sachausschüttung von Anteilen an einer Kapitalgesellschaft** durch eine Kapitalgesellschaft führt auf Ebene der ausschüttenden Kapitalgesellschaft zu einer Aufdeckung der in den Anteilen enthaltenen stillen Reserven. In Anbetracht dessen, dass es sich hierbei um einen tauschähnlichen Realisationsvorgang handelt, fällt ein entstehender Gewinn unter die Veräußerungsbefreiung nach § 8b Abs. 2 KStG (BMF-Schreiben v. 28.4.2003 zur 550

Anwendung des § 8b KStG 2002 und Auswirkungen auf die Gewerbesteuer, IV A 2 – S 2750a – 7/03, DB 2003, 1029, Rz. 22). Da sich der Veräußerungsbegriff des § 8 Abs. 1 Nr. 9 an dem des § 8b Abs. 2 KStG orientiert, qualifiziert der Gewinn aus der Aufdeckung stiller Reserven im Rahmen einer Ausschüttung von Anteilen an Kapitalgesellschaften als Gewinn aus der Veräußerung eines Anteils an einer anderen Gesellschaft iSd § 8 Abs. 1 Nr. 9.

551 **bb) Ermittlung der Einkünfte aus der Veräußerung.** Mit der Neuregelung des § 8b Abs. 3 KStG in dem Gesetz zur Umsetzung der Protokollerklärung der Bundesregierung zur Vermittlungsempfehlung zum StVergAbG (Gesetz zur Umsetzung der Protokollerklärung der Bundesregierung zur Vermittlungsempfehlung zum Steuervergünstigungsabbaugesetz v. 22.12.2003, BGBl. 2003 I 2840, 2842) hat der Gesetzgeber das in § 8b Abs. 5 KStG geregelte Betriebsausgabenverbot für Dividenden auf Veräußerungsgewinne ausgedehnt. Nunmehr gelten 5% der (Veräußerungs-)Gewinne iSd § 8b Abs. 2 KStG als nichtabzugsfähige Betriebsausgaben. Dies führt zu einer faktischen Steuerfreistellung der Veräußerungsgewinne aus Anteilen an Kapitalgesellschaften iHv nur 95%.

552 Vor dem Hintergrund, dass die dem Hinzurechnungsbetrag zugrunde liegenden Einkünfte in entsprechender Anwendung der Vorschriften des deutschen Steuerrechts zu ermitteln sind (§ 10 Abs. 3 Satz 1), stellt sich die generelle Frage der Anwendbarkeit des § 8b Abs. 3 KStG für Zwecke des AStG. Diese Frage ist insbesondere für die Qualifikation von Gewinnen aus der Veräußerung von Anteilen an „normal" passiven Kapitalgesellschaften von praktischer Bedeutung, da – wenn man die Anwendbarkeit des § 8b Abs. 3 KStG für Zwecke der außensteuerlichen Einkünfteermittlung bejaht – 5% des erzielten Veräußerungsgewinns nicht von der Aktivitätsregelung des § 8 Abs. 1 Nr. 9 erfasst werden und uU als passive Einkünfte der Hinzurechnungsbesteuerung zu unterwerfen sind.

553 Die Regelung des § 10 Abs. 3 S. 4, dass § 8b Abs. 1 und 2 KStG bei der Ermittlung der Einkünfte unberücksichtigt bleiben, spricht auf den ersten Blick für eine Anwendbarkeit des § 8b Abs. 3 KStG. Eine derartige Argumentation übersieht aber, dass die Regelung des § 8b Abs. 3 KStG auf § 8b Abs. 2 KStG verweist. Systematisch ist § 8b Abs. 3 KStG eine Folge der Steuerbefreiung des § 8b Abs. 2 KStG und kann deshalb nicht isoliert angewendet werden (*FWBS* § 11 AStG Rz. 32). Im Ergebnis ist daher festzustellen, dass die Einkünfte aus der Veräußerung eines Anteils an einer anderen Gesellschaft iSd § 8 Abs. 1 Nr. 9 den erzielten Gewinn in voller Höhe umfassen.

554 **cc) Anteil an einer anderen Gesellschaft.** Der Gesetzeswortlaut fordert, dass Gegenstand der Veräußerung der Anteil an einer anderen Gesellschaft ist.

555 Bei dem Begriff der „Gesellschaft" handelt es sich um einen rechtlich nicht definierten Begriff, für den sich auch in der rechtswissenschaftlichen Literatur keine einheitliche Definition findet. Sowohl der Begriff Gesellschaft i w S, unter dem alle Personenvereinigungen des Privatrechts verstanden werden, in denen sich die Mitglieder zur Erreichung eines bestimmten, gemeinsamen Zwecks durch Rechtsgeschäft zusammenschließen als auch die Definition der Gesellschaft ieS, als personalistisch strukturierte Vereinigungsform, umfassen Kapital- und Personengesellschaften. In der Literatur wird daher vertreten, dass sich die Aktivitätsregelung für Veräußerungsgewinne nicht nur auf Kapi-

talgesellschaften, sondern auch auf Personengesellschaften bezieht (*Schaumburg* Fortentwicklung des Unternehmenssteuerrechts, in: Arbeitsunterlage Kölner Konzernrechts-Tage 2001, 39). Dieser Auffassung steht entgegen, dass Veräußerungsgewinne wirtschaftlich gesehen vorweggenommene Gewinnausschüttungen darstellen und die Einführung der § 8 Abs. 1 Nr. 8 und 9 die grundsätzliche Freistellung sämtlicher Erträge aus Beteiligungen im Hinblick auf die Abschaffung der Diskriminierung mehrstufiger Konzernstrukturen sicherstellen sollte (Bericht der Bundesregierung zur Fortentwicklung des Unternehmenssteuerrechts v. 18.4.2001, Beilage zu FR 11/2001, 29). Vor diesem Hintergrund ist mE kein Argument erkennbar, warum das Holdingprivileg der Nr. 8 explizit nur bei Gewinnausschüttungen von Kapitalgesellschaften zur Anwendung kommt, die Aktivitätsregelung für Veräußerungsgewinne hingegen auch für Anteile an Personengesellschaften gelten sollte. Gegen die Erfassung eines Gewinns aus der Veräußerung eines Personengesellschaftsanteils im Rahmen der Nr. 9 spricht des Weiteren, dass die Beteiligung an einer Personengesellschaft steuerlich als eine Beteiligung an der von ihr ausgeübten Tätigkeit verstanden wird und die Veräußerung eines Anteils an einer Personengesellschaft folglich als die anteilige Veräußerung eines Betriebes zu behandeln ist, die unter § 8 Abs. 1 Nr. 1–7 AStG zu subsumieren ist (*FWBS* § 8 AStG Rz. 295; *SKK* § 8 AStG Rz. 172).

Im Hinblick auf den Gesetzeswortlaut, der explizit die Veräußerung eines **556** Anteils an einer anderen Gesellschaft fordert, unterliegt mE ein von einer ausländischen Zwischengesellschaft erzielter Gewinn aus der Veräußerung eigener Anteile der Hinzurechnungsbesteuerung (GlA Blümich/*Vogt* § 8 AStG Rz. 102; differenzierend: *FWBS* § 8 AStG Rz. 293; aA *SKK* § 8 AStG Rz. 172). In Anbetracht der gleichartig gelagerten Diskussion zu § 8b Abs. 2 Satz 1 KStG idF des StSenkG die den Gesetzgeber dazu veranlasste, den Wortlaut der Vorschrift im UntStFG (Gesetz zur Fortentwicklung des Unternehmenssteuerrechts v. 20.12.2001, BStBl. I 2002, 35 (40)) dahin gehend zu ändern, dass die Steuerfreistellung die Veräußerung eines Anteils an einer Körperschaft voraussetzt, erscheint es auch eher unwahrscheinlich, dass das Problem im Rahmen der Nr. 9 seitens des Gesetzgebers nicht erkannt wurde. Die im nationalen Recht strittig diskutierte Frage, ob die Weiterveräußerung von zur Einziehung erworbenen eigenen Anteilen als Veräußerungsvorgang oder als Kapitalerhöhung anzusehen ist (*DPM* § 8b KStG nF Rz. 72f.), hat auch für die außensteuerliche Behandlung signifikante Bedeutung. Bejaht man das Vorliegen einer Kapitalerhöhung, so handelt es sich um einen Vorgang auf gesellschaftsrechtlicher Ebene, bei dem sich die Frage der Einkünftequalifikation generell nicht stellt, da Einkünfte ein Verhalten der Zwischengesellschaft voraussetzen, welches darauf ausgerichtet ist, Ertrag abzuwerfen (*FWBS* § 8 AStG Rz. 25; siehe auch → Rz. 30).

b) Einkünfte aus der Auflösung einer anderen Gesellschaft

§ 8 Abs. 1 Nr. 9 stellt die Auflösung einer Gesellschaft der Veräußerung **557** ihrer Anteile gleich. Fließen einer ausländischen Tochtergesellschaft eines inländischen Anteilseigners Abwicklungserlöse aus der Auflösung einer Enkelkapitalgesellschaft zu, so sind diese grundsätzlich nicht der Hinzurechnungsbesteuerung zu unterwerfen.

558 Unter Heranziehung der Grundsätze des § 17 Abs. 4 EStG wird in der Literatur eine Aufteilung der Liquidationserlöse in Kapitalrückzahlung (Veräußerungserlös), die im Rahmen der Nr. 9 zu erfassen sei, und in Gewinnausschüttung (Kapitalertrag), die Gegenstand der Nr. 8 sei, gefordert (*FWBS* § 8 AStG Rz. 296). Im Hinblick auf § 10 Abs. 3 S. 1, der bei der Einkünfteermittlung eine entsprechende Anwendung der Vorschriften des deutschen Steuerrechts vorsieht, ist dieser Meinung zumindest bei der Auflösung inländischer Enkelgesellschaften und ab dem VZ 2007 auch bei der Auflösung ausländischer Enkelgesellschaften zu folgen.

559 Hinsichtlich der steuerlichen Qualifikation von Einkünften aus der Auflösung ausländischer Enkelgesellschaften erschien dies bis zur Änderung des § 20 Abs. 1 Nr. 2 EStG im Rahmen des SEStEG (Gesetz über steuerliche Begleitmaßnahmen zur Einführung der Europäischen Gesellschaft und zur Änderung weiterer steuerrechtlicher Vorschriften v. 7.12.2006, BStBl. I 2007, 4) mit Wirkung ab dem VZ 2007 jedoch fraglich. Erzielte eine inländische Körperschaft einen Gewinn aus der Liquidation einer ausländischen Gesellschaft ohne Sitz und Geschäftsleitung im Inland, so handelte es sich nach hM bei diesem Gewinn in voller Höhe um einen Veräußerungserlös iSd § 8b Abs. 2 KStG (*Dötsch/Pung* DB 2003, 1019; *HHR* Steuerreform II § 8b KStG, Rz. 22; *Neyer/Gürzenich-Schmidt* IStR 2000, 296; *Klingberg* Veräußerung und Umwandlung ausländischer Holdinggesellschaften in: Holdinggesellschaften im Internationalen Steuerrecht (2002) – Forum der Internationalen Besteuerung; Bd. 22, 205; implizit für § 8b KStG wohl auch: *Littmann/Bitz/Pust* § 17 EStG Rz. 332; aA *Piltz* DStR 1989, 136). Eine Aufteilung des Gewinns in Kapitalrückzahlung und Gewinnausschüttung wurde abgelehnt, da dies die Existenz eines steuerlichen Einlagekontos voraussetzt, welches von ausländischen Gesellschaften nicht zu führen ist. Überträgt man die Anwendung des nationalen Rechts bzgl. der Liquidation ausländischer Körperschaften nunmehr auf das AStG, so kommt für Zwecke der Subsumtion der bis einschließlich im VZ 2006 erzielten Liquidationserlöse unter den Aktivitätskatalog des § 8 ebenfalls nur eine einheitliche Beurteilung der Bezüge als Einkünfte iSd Nr. 9 in Betracht. Dies gilt umso mehr, als eine Übertragung der Aufteilungsgrundsätze auf die ausländische Gesellschaft erhebliche praktische Probleme aufwerfen würde, da ausländische Rechtsordnungen diese Unterscheidung oftmals nicht kennen und die ausländische Gesellschaft im Regelfall keine gesonderte Dokumentation über die Rücklagen vorhalten dürfte. Ab dem VZ 2007 erzielte Liquidationserlöse sind ertragsteuerlich hingegen in Kapitalrückzahlung und Gewinnausschüttung aufzuteilen. Außensteuerlich sind die Kapitalrückzahlungen als Veräußerungserlöse iSd Nr. 9 und die Gewinnausschüttungen als Einkünfte iSd Nr. 8 zu erfassen.

560 Die Gewinnrealisation auf Ebene der zu liquidierenden Gesellschaft wird hingegen nicht von § 8 Abs. 1 Nr. 9 erfasst, da nur Einkünfte aus der Auflösung einer anderen Gesellschaft begünstigt sind (*SKK* § 8 AStG Rz. 174; wohl auch: *FWBS* § 8 AStG Rz. 18 und 296). Die Qualifikation dieser Einkünfte hat daher unter Anwendung der allgemeinen Grundsätze zur funktionalen Betrachtungsweise zu erfolgen, nach denen Folgeerträge aufgrund des wirtschaftlichen Zusammenhangs für Zwecke der Hinzurechnungsbesteuerung das Schicksal der Haupttätigkeit teilen (im Einzelnen → Rz. 40 ff.). Qualifizierten die laufenden Einkünfte der liquidierten Kapitalgesellschaft als aktive Einkünfte, so unterliegt auch die Gewinnrealisation iZm der Liquidation als letzter Geschäftsvorfall nicht der Hinzurechnungsbesteuerung. Handelt es sich bei der zu liquidierenden Gesellschaft hingegen um eine passive Gesellschaft, so gilt dies auch für den Liquidationsgewinn.

c) Einkünfte aus der Herabsetzung des Kapitals einer anderen Gesellschaft

Ist die ausländische Zwischengesellschaft an einer Gesellschaft beteiligt, deren Kapital herabgesetzt wird, so werden die in den Anteilen enthaltenen stillen Reserven wie bei einer Anteilsveräußerung realisiert. Dieser Tatsache trägt die Regelung der Nr. 9 Rechnung, indem die Kapitalherabsetzung der Anteilsveräußerung gleichgestellt wird. **561**

Vergleicht man den Wortlaut der Nr. 9 mit den ertragsteuerlich einschlägigen Vorschriften, so fällt auf, dass § 8b Abs. 2 KStG explizit von der Herabsetzung des Nennkapitals spricht, während § 17 Abs. 4 EStG die Herabsetzung und Rückzahlung des Kapitals fordert. Der unterschiedliche Wortlaut der Regelungen hat keine materiellrechtliche Bedeutung. Letztendlich erfassen sämtliche dieser Vorschriften die ordentliche Kapitalherabsetzung des Nennkapitals einer Kapitalgesellschaft mit Rückzahlung (wozu auch die Kapitalherabsetzung durch Einziehung von Anteilen zählt). Die vereinfachte Kapitalherabsetzung ist hingegen gerade nicht Gegenstand der Vorschriften, da es hierbei nicht zu einer Auskehrung des Herabsetzungsbetrages an die Anteilseigner kommt. **562**

Wie bei den Einkünften aus der Auflösung von Gesellschaften ist für die außensteuerliche Qualifikation der Einkünfte aus der Kapitalherabsetzung Gesellschaften zwischen der eigentlichen Kapitalrückzahlung (sog Einlagenrückgewähr), die einen veräußerungsähnlichen Tatbestand darstellt, und der Auskehrung thesaurierter Gewinne, die als Gewinnausschüttung unter die Nr. 8 zu subsumieren sind, zu unterscheiden (im Einzelnen zur abweichenden außensteuerlichen Behandlung der Einkünfte aus der Kapitalherabsetzung ausländischer Gesellschaften bis einschließlich VZ 2006 → Rz. 558 f.). Praktische Bedeutung hat diese Frage nur, wenn die Gesellschaft deren Kapital herabgesetzt wird, Zwischeneinkünfte mit Kapitalanlagecharakter erzielt und man die Ausnahmeregelung für Gewinne aus Kapitalherabsetzung generell als anwendbar erklärt. In diesem Fall wären die Gewinne aus Kapitalherabsetzung bei der ausländischen Zwischengesellschaft – anders als die Einkünfte aus Gewinnausschüttung – als passiv anzusehen. **563**

Wurde das Nennkapital ausschließlich durch Einlagen der Anteilseigner erbracht, stellt die Kapitalherabsetzung aus Sicht der ausländischen Zwischengesellschaft eine Kapitalrückzahlung dar. Übersteigt die Kapitalrückzahlung den Buchwert der Anteile, erzielt die Zwischengesellschaft einen Gewinn, der aufgrund der Nr. 9 von der Hinzurechnungsbesteuerung ausgenommen ist. Ist das Nennkapital (zumindest teilweise) durch Kapitalerhöhungen aus Gesellschaftsmitteln entstanden, hängt die steuerliche Beurteilung von der Qualität der umgewandelten Rücklagen ab. Handelt es sich bei den Rücklagen zB um das Ausgabeaufgeld bei der Ausgabe von Gesellschaftsanteilen oder um Zuzahlungen von Gesellschaftern in das Eigenkapital, so ist die Rückzahlung im Fall der Kapitalherabsetzung ebenfalls als Kapitalrückzahlung zu behandeln. Die **564**

Umwandlung sonstiger Rücklagen ist hingegen als Gewinnausschüttung zu behandeln. Kommen bei der Kapitalherabsetzung beide Arten von Rücklagen zur Rückzahlung, so ist der Rückzahlungsbetrag nach deutschem Steuerrecht aufzuteilen und die jeweiligen Beträge getrennt zu deklarieren.

565 Im Rahmen von Kapitalherabsetzungen ist unabhängig von den obigen Ausführungen grundsätzlich zu prüfen, ob sich die Auskehrung nicht insgesamt als verdeckte Gewinnausschüttung darstellt und bei der Zwischengesellschaft somit Einkünfte iSd Nr. 8 vorliegen. Dies ist – sowohl bei der Herabsetzung des Kapitals einer inländischen als auch einer ausländischen Gesellschaft – insbesondere dann der Fall, wenn die Herabsetzung des gezeichneten Kapitals gesellschaftsrechtlich generell unzulässig ist (*FWBS* § 8 AStG Rz. 297). Eine verdeckte Gewinnausschüttung ist ebenfalls bei Auskehrung der Bezüge vor der Eintragung des Herabsetzungsbeschlusses in das Handelsregister anzunehmen, sofern die Beteiligten im Zahlungszeitpunkt noch nicht alles getan haben, was nötig ist, um die Wirksamkeit der Kapitalherabsetzung herbeizuführen (*HHR* § 20 EStG Rz. 324).

566–574 *einstweilen frei*

2. Ausnahmeregelungen für den Teil des Veräußerungsgewinns, der auf „passive" Wirtschaftsgüter entfällt

575 Der Gewinn aus der Veräußerung eines Anteils an einer anderen Gesellschaft ist aktiv iSd Nr. 9 soweit der Steuerpflichtige nachweist, dass er auf Wirtschaftsgüter entfällt, die – anderen als den in § 7 Abs. 6a und soweit es sich um inländische, steuerbefreite REITs handelt auch anderen als den in § 8 Abs. 1 Nr. 6b – bezeichneten Tätigkeiten dienen.

576 Es fällt auf, dass der Gesetzeswortlaut im Rahmen der Ausnahmeregelung nur die Gewinne aus der Veräußerung, nicht jedoch die Auflösungs- und Kapitalherabsetzungsgewinne anführt. Erzielt eine ausländische Zwischengesellschaft daher Gewinne aus der Auflösung einer Kapitalanlagegesellschaft oder der Kapitalherabsetzung bei einer Gesellschaft, die Einkünfte iSd § 7 Abs. 6a erzielt, so handelt es sich bei den Gewinnen um grundsätzlich aktive Einkünfte (*Rättig/Protzen* IStR 2002, 125; *HHR* Jahresband 2002, § 8 AStG Rz. J 01–6, 10). Auch wenn er, insbesondere im Hinblick auf die sämtliche Realisationsgewinne umfassende, sachliche Steuerbefreiung des § 11 Abs. 1 fragwürdig erscheint, ob eine generelle Freistellung dieser Einkünfte von der Hinzurechnungsbesteuerung tatsächlich den Willen des Gesetzgebers widerspiegelt, ist der Wortlaut eindeutig und erlaubt keine andere Auslegung. Dies gilt umso mehr, als der Gesetzgeber im Rahmen des StVergAbG (Gesetz zum Abbau von Steuervergünstigungen und Ausnahmeregelungen v. 16.5.2003, BStBl. I 2003, 321) die Möglichkeit zu einer gesetzlichen Nachbesserung gehabt hätte, die Vorschrift aber unverändert bestehen ließ.

577 Aber auch die Gesetzessystematik spricht für diese Auffassung, da in den Fällen der Auflösung der Untergesellschaft oder der Herabsetzung des Nennkapitals die stillen Reserven in den Wirtschaftsgütern der Untergesellschaft zuvor bei dieser realisiert und ggf. im Wege der übertragenden Zurechnung nach § 14 AStG im Rahmen der Hinzurechnungsbesteuerung erfasst werden (*SKK* § 8 AStG Rz. 176).

B. IX. Einkünfte aus Realisationstatbeständen (Nr. 9) 578–583 § 8

a) Veräußerungsgewinn, der auf Wirtschaftsgüter entfällt, die anderen als den in Nr. 6 Buchst. b bezeichneten Tätigkeiten dienen

Die erste Ausnahmeregelung betrifft die Veräußerung von Anteilen an Gesellschaften, die Tätigkeiten iSd § 8 Abs. 1 Nr. 6 Buchst. b erbringen, dh die Veräußerung sog. Grundstücksvermietungsgesellschaften. Grundstücksvermietungsgesellschaften erzielen Einkünfte aus der Vermietung und Verpachtung von Grundstücken, die im Regelfall als passive Einkünfte qualifizieren. Bezüglich weiterer Ausführungen zu den Tätigkeiten iSd § 8 Abs. 1 Nr. 6 Buchst. b wird auf die Ausführungen zu der Vermietung und Verpachtung von Grundstücken als grundsätzlich passive Tätigkeit verwiesen (im Einzelnen → Rz. 370ff.). 578

Die Ausnahmeregelung gilt jedoch nicht für alle Grundstücksvermietungsgesellschaften, sondern nur für Gesellschaften iSd § 16 des REIT-G (Gesetz zur Schaffung deutscher Immobilien-Aktiengesellschaften mit börsennotierten Anteilen v. 28.5.2007, BGBl. 2007 I 914ff.). Gemäß § 16 REIT-G sind unbeschränkt steuerpflichtige REIT-Aktiengesellschaften, die bestimmte Voraussetzungen bzgl. Eintragung ins Handelsregister, Börsenzulassung, Aktienstreuung, Vermögens- und Ertragsanforderungen, Eigenkapitalanforderungen, Ausschüttungsverpflichtungen erfüllen, von der Körperschaft- und Gewerbesteuer befreit. 579

Diese Steuerbefreiung würde es unbeschränkt Steuerpflichtigen ermöglichen, durch Zwischenschaltung einer niedrig besteuerten, ausländischen Gesellschaft, die steuerfrei gebildeten stillen Reserven mittels Veräußerung der REIT-Anteile durch die ausländische Gesellschaft weitgehend steuerfrei zu realisieren. Dies soll durch die Ausnahmeregelung verhindert werden. Fraglich in diesem Zusammenhang ist, ob die Veräußerung nur dann unter die Ausnahmeregelung fallen soll, wenn die veräußerte REIT-Aktiengesellschaft passive Einkünfte iSd § 8 Abs. 1 Nr. 6 Buchst. b erzielt oder ob es auf die Tätigkeit der Vermietung und Verpachtung von Grundstücken als solche ankommt, unabhängig davon, ob die Einkünfte hieraus aktiv oder passiv sind. 580

Der Gesetzeswortlaut des § 8 Abs. 1 Nr. 9 Einkünfte aus „der Veräußerung eines Anteils an einer anderen Gesellschaft ..., soweit der Steuerpflichtige nachweist, dass der Veräußerungsgewinn auf Wirtschaftsgüter der anderen Gesellschaft entfällt, die anderen als den in Nummer 6 Buchstabe b, soweit es sich um Einkünfte einer Gesellschaft im Sinne des § 16 des REIT-Gesetzes handelt ... bezeichneten Tätigkeiten dienen; ..." hilft bei der Auslegung nur begrenzt weiter. 581

Insbesondere ist unklar, was mit den Einkünften einer Gesellschaft iSd § 16 REIT-Gesetzes gemeint ist, da die Einkünfte aus der Veräußerung gerade nicht Einkünfte der REIT-Gesellschaft, sondern Einkünfte der veräußernden Muttergesellschaft sind. Gemeint sind wohl die Einkünfte, die die REIT-Gesellschaft aufgrund ihrer Vermietungs- und Verpachtungstätigkeit erzielt. 582

In Anbetracht dessen, dass durch die Ausnahmeregelung sichergestellt werden soll, dass der Hinzurechnungsbesteuerung kein Steuersubstrat verloren geht, sollen wohl Fälle getroffen werden, in denen der veräußernden Obergesellschaft die Wertsteigerungen steuerschädlicher Wirtschaftsgüter nach § 14 bei Aufdeckung übertragend zuzurechnen wären (Blümich/*Vogt* § 8 AStG Rz. 110). Dies wäre aber bei aktiven Einkünften aus Vermietung und Verpachtung gerade nicht der Fall. Eine anderslautende Auslegung des Gesetzes- 583 wortlauts würde auf eine Ausweitung der Hinzurechnungssteuertatbestände hinauslaufen, die durch den Gesetzeszweck nicht gedeckt ist (gl A *WSG* § 8 AStG, Rz. 147 mwN).

Sofern es sich bei den Einkünften aus Vermietung und Verpachtung von Grundstücken nicht ausnahmsweise um aktive Einkünfte handelt, weil der Steuerpflichtige nachweist, dass die Einkünfte daraus nach einem DBA steuerbefreit wären, wenn sie von den unbeschränkt Steuerpflichtigen, die gem. § 7 AStG an der ausländischen Gesellschaft beteiligt sind, unmittelbar bezogen worden wären, qualifiziert der Gewinn aus der Veräußerung der REIT-Anteile somit als passive Einkünfte.

584 Die Regelung wurde mit dem REIT-G eingeführt und ist erstmals auf Einkünfte für Wirtschaftsjahre der REIT-AG und der ausländischen Obergesellschaft anzuwenden, die nach dem 31.12.2006 beginnen.

b) Veräußerungsgewinn, der auf Wirtschaftsgüter entfällt, die anderen als den in § 7 Abs. 6a bezeichneten Tätigkeiten dienen (§ 8 Abs. 1 Nr. 9 Hs. 1)

585 § 7 Abs. 6a definiert den Begriff der Zwischeneinkünfte mit Kapitalanlagecharakter als Einkünfte aus dem Halten, der Verwaltung, Werterhaltung oder Werterhöhung von (a) Zahlungsmitteln, (b) Forderungen, (c) Wertpapieren, (d) Beteiligungen (mit Ausnahme der in § 8 Abs. 1 Nr. 8 und 9 genannten) und (e) ähnlichen Vermögenswerten, es sei denn, der Steuerpflichtige weist nach, dass sie aus einer aktiven Tätigkeit iSd § 8 Abs. 1 Nr. 1–6 stammen, ausgenommen Tätigkeiten iSd § 1 Abs. 1 Nr. 6 KWG.

586 Der Ausdruck „anderen als den in § 7 Abs. 6a bezeichneten Tätigkeiten" steht somit für alle Tätigkeiten, die nicht zu Zwischeneinkünften mit Kapitalanlagecharakter führen. Anders ausgedrückt sind die in § 7 Abs. 6a aufgezählten Tätigkeiten als schädlich iSd Nr. 9 anzusehen.

587 Entscheidende Voraussetzung für eine Aktivität des Veräußerungsgewinns iSd Nr. 9 ist, dass der Veräußerungsgewinn auf Wirtschaftsgüter entfällt, die keiner Tätigkeit iSd § 7 Abs. 6a dienen. Das Tatbestandsmerkmal „dienen" ist gesetzlich nicht definiert, wird jedoch bereits in § 14 Abs. 1 verwendet. Es dürfte unstrittig sein, dass der Begriff „dienen" einen bestimmten Bezug zwischen dem Wirtschaftsgut und der Tätigkeit erfordert. Unklar ist jedoch, ob es sich um einen unmittelbaren Zusammenhang handeln muss, oder ob bereits eine mittelbare Verbindung zwischen dem Wirtschaftsgut und der ausgeübten Tätigkeit schädlich ist. Geht man von der Notwendigkeit eines unmittelbaren Zusammenhangs aus, so erscheint die in der Literatur geäußerte Auffassung, dass generell nur die in § 7 Abs. 6a genannten Wirtschaftsgüter einer Tätigkeit im Sinne dieser Vorschrift dienen können, als vertretbar. Bei den Wirtschaftsgütern, die den aufgeführten Tätigkeiten dienen, kann es sich nach dieser restriktiven Auffassung nur um Zahlungsmittel, Forderungen, Wertpapiere, Beteiligungen (mit Ausnahme der in § 8 Abs. 1 Nr. 8 und 9 genannten) und ähnliche Vermögenswerte handeln (*HHR* Jahresband 2002, § 8 AStG Rz. J 01–6, 12; Blümich/*Vogt* § 8 AStG Rz. 106; wohl auch: *Grotherr* IWB Fach 3, Gruppe 1, 1886). In Anbetracht des Gesetzeswortlauts erscheint diese Auffassung fragwürdig. Grammatikalisch bezieht sich der Verweis auf § 7

Abs. 6a nur auf die Tätigkeiten, nicht aber auf die Wirtschaftsgüter, sodass m E der allgemeine Wirtschaftsgüterbegriff zur Anwendung kommt. Aber auch im Hinblick auf den Sinn der Vorschrift – die Sicherstellung der Besteuerung von stillen Reserven, die im Rahmen der Veräußerung von Anteilen an niedrig besteuerten Kapitalanlagegesellschaften realisiert werden – erscheint eine extensive Auslegung geboten. Insbesondere ist es nicht nachvollziehbar, warum bei der Veräußerung einer ausländischen Gesellschaft, die ausschließlich Zwischeneinkünfte mit Kapitalanlagecharakter erzielt nur der Teil des Veräußerungsgewinns der Hinzurechnungsbesteuerung unterworfen werden soll, der auf Zahlungsmittel, Forderungen, Wertpapiere, Beteiligungen und ähnlichen Vermögenswerte entfällt, während stille Reserven in immateriellen Wirtschaftsgütern und im Sachanlagevermögen nicht von der Hinzurechnungsbesteuerung erfasst werden. Besondere praktische Relevanz dürfte diese Auslegungsfrage bei Gebäuden im Eigentum von Kapitalanlagegesellschaften haben, die diese für die Verwaltung ihres Kapitalanlagevermögens nutzen. Das in diesem Zusammenhang von *Wassermeyer* (*FWBS* § 8 AStG Rz. 302) angeführte Argument der zu fordernden einheitlichen außensteuerlichen Behandlung von gemieteten und im Eigentum stehenden Wirtschaftsgütern überzeugt nur bedingt, da sich die Frage der Besteuerung stiller Reserven bei gemieteten Wirtschaftsgütern grundsätzlich auf der Ebene des Vermieters stellt.

Fraglich in Zusammenhang mit der Regelung ist des Weiteren, ob für die Beurteilung, inwieweit ein Wirtschaftsgut einer Tätigkeit iSd § 7 Abs. 6a dient, ausschließlich auf den Zeitpunkt der Veräußerung abzustellen ist, oder ob eine zeitraumbezogene Betrachtung vorzunehmen ist. Handelt es sich bei der veräußerten Gesellschaft von jeher um eine reine Kapitalanlagegesellschaft, so ist diese Frage von untergeordneter Bedeutung, da alle Wirtschaftsgüter – sowohl in der Vergangenheit als auch zum Zeitpunkt der Veräußerung – unstrittig den Tätigkeiten iSd § 7 Abs. 6a dienten. Von praktischer Relevanz ist diese Frage hingegen, wenn die veräußerte Gesellschaft sowohl Zwischeneinkünfte mit Kapitalanlagecharakter als auch „normal" passive Einkünfte erzielt oder sich die Tätigkeit der veräußerten Gesellschaft verändert hat. In beiden Fällen ist es denkbar, dass Wirtschaftsgüter zum Zeitpunkt der Veräußerung den Einkünften mit Kapitalanlagecharakter zuzuordnen sind, diese Zuordnung jedoch erst kurz vor der Beteiligungsveräußerung erfolgte. M E ist die zeitpunktbezogene Sichtweise zugunsten einer zeitraumbezogenen Betrachtungsweise abzulehnen, da Erstere in den angeführten Fällen unabhängig davon, ob die stillen Reserven tatsächlich auf eine Tätigkeit iSd § 7 Abs. 6a zurückzuführen sind, zu einer Versteuerung der stillen Reserven in voller Höhe führt. Durch ein Abstellen auf die tatsächlichen Nutzungsdauern im Rahmen der zeitraumbezogenen Betrachtungsweise wird sichergestellt, dass nur die während einer Nutzung für die in § 7 Abs. 6a bezeichneten Tätigkeiten eingetretenen Werterhöhungen der Hinzurechnungsbesteuerung unterworfen werden (Gl A *FWBS* § 8 AStG Rz. 302).

Entfällt ein Teil des Veräußerungsgewinns auf Wirtschaftsgüter, die sowohl passiven Tätigkeiten iSd § 7 Abs. 6a als auch „normal" passiven oder aktiven Tätigkeiten dienen, so ist – wie auch bei der Veräußerung gemischt genutzter Wirtschaftsgüter (im Einzelnen → Rz. 44 f.) – eine Aufteilung des Veräußerungsgewinns auf die verschiedenen Tätigkeiten vorzunehmen (Gl A *FWBS*

§ 8 AStG Rz. 302f.). Die Schwierigkeit dürfte auch hier insbesondere darin bestehen, einen sinnvollen, aussagefähigen Aufteilungsmaßstab zu wählen.

590–594 *einstweilen frei*

c) Zuordnung des Anteilsveräußerungsgewinns zu den Wirtschaftsgütern

595 Mit der Ausnahmeregelung führt der Gesetzgeber eine Unterscheidung in aktive und passive (schädliche) Wirtschaftsgüter ein. Aktive Wirtschaftsgüter werden zur Erzielung von „normalen" passiven und aktiven Einkünften eingesetzt, während passive Wirtschaftsgüter der Erzielung von Einkünften mit Kapitalanlagecharakter dienen.

596 Voraussetzung für die Anwendung der Ausnahmeregelung der Nr. 9 ist, dass die veräußerte Gesellschaft zumindest teilweise Einkünfte mit Kapitalanlagecharakter erzielt. Handelt es sich bei der veräußerten Gesellschaft um eine reine Kapitalanlagegesellschaft, die ausschließlich Einkünfte mit Kapitalanlagecharakter erzielte, ist mE davon auszugehen, dass der Veräußerungsgewinn in voller Höhe den passiven Wirtschaftsgütern zuzuordnen ist und der Anteilsveräußerungsgewinn somit in voller Höhe der Hinzurechnungsbesteuerung zu unterwerfen ist. Erzielt die veräußerte Gesellschaft sowohl Einkünfte mit Kapitalanlagecharakter als auch „normale" passive oder aktive Einkünfte, so ergibt sich durch die Verwendung des Wortes „soweit", dass der Anteilsveräußerungsgewinn in einen hinzurechnungssteuerpflichtigen und einen nicht der Hinzurechnungsbesteuerung zu unterwerfenden Teil aufzuteilen ist.

597 Aufteilungsmaßstab ist der anteilige Veräußerungsgewinn für die Wirtschaftsgüter, die den hinzurechnungspflichtigen bzw. nicht hinzurechnungssteuerpflichtigen Tätigkeiten dienen. Angesichts der Tatsache, dass die Kaufpreisfindung für Beteiligungen im Regelfall unter Verwendung eines Ertragswertverfahrens erfolgt, dürfte es in der Praxis nahezu unmöglich sein, eine sachgerechte Zuordnung zu den Wirtschaftsgütern der veräußerten Gesellschaft durchzuführen. Hierzu wäre es notwendig, eine separate Ermittlung der Teilwerte dieser Wirtschaftsgüter durchzuführen. Im Regelfall dürfte der Ertragswert einer Gesellschaft höher sein als die Summe der Teilwerte der bilanzierten Wirtschaftsgüter, die Differenz entfällt auf originär geschaffene immaterielle Wirtschaftsgüter und den sog. Geschäfts- oder Firmenwert, der bei einer gemischt tätigen Gesellschaft mE wiederum nach dem Verhältnis der Einkünfte zueinander aufzuteilen ist.

598 Werden im Veräußerungspreis offene Rücklagen (Kapitalrücklagen) oder thesaurierte Gewinne (Gewinnrücklagen) vergütet, so können diese aufgrund der Zurechnung gem. § 14 AStG bereits der Hinzurechnungsbesteuerung unterlegen haben (*FWBS* § 8 AStG Rz. 301, 303; *Grotherr* IWB Fach 3, Gruppe 1, 1887). § 11 verhindert unter bestimmten Voraussetzungen, dass diese Einkünfte als Teil des Veräußerungsgewinns erneut der Hinzurechnungsbesteuerung unterworfen werden (im Einzelnen, siehe Kommentierung → § 11 Rz. 1 ff.).

599–604 *einstweilen frei*

d) Beweislast des unbeschränkt steuerpflichtigen Anteilseigners

605 Im Rahmen der Veräußerungsgewinnbesteuerung unterstellt das Gesetz grundsätzlich schädliche Einkünfte, sofern der unbeschränkt steuerpflichtige

B. IX. Einkünfte aus Realisationstatbeständen (Nr. 9)

Anteilseigner nicht nachweist, dass der Veräußerungsgewinn auf Wirtschaftsgüter entfällt, die anderen als den in § 7 Abs. 6a bezeichneten Tätigkeiten dienen. Aufgrund dieser Regelung werden auch Gewinne aus der Veräußerung von Gesellschaften mit ausschließlich aktiven oder „normal" passiven Einkünften der Hinzurechnungsbesteuerung unterworfen, sofern dem Steuerpflichtigen ein entsprechender Nachweis nicht gelingt.

606 Das Gesetz erlegt dem Steuerpflichtigen sowohl eine Nachweispflicht dem Grunde nach (hinsichtlich der Tätigkeiten, denen die Wirtschaftsgüter der veräußerten Gesellschaft dienen) als auch eine Nachweispflicht der Höhe nach (Allokation des Veräußerungsgewinns auf die Wirtschaftsgüter der veräußerten Gesellschaft) auf. Um eine Steuerfreiheit des Veräußerungsgewinns zu gewährleisten müssen beide Nachweispflichten kumulativ erfüllt sein.

607 Für die Beurteilung, ob der Nachweis erbracht ist, sind die allgemeinen Beweisgrundsätze des § 90 AO, insbesondere die der Verhältnismäßigkeit und der Zumutbarkeit heranzuziehen (*FWBS* § 8 AStG Rz. 299; *Linklaters Oppenhoff & Rädler* DB Beilage 1/2002, 61; weitgehend wortgleich: *HHR* Jahresband 2002, § 8 AStG Rz. J 01–6, 11). Im Hinblick darauf, dass sich die Nachweispflicht nicht nur auf Tatsachen erstreckt, die in der Sphäre der ausländischen Zwischengesellschaft liegen, sondern auch die Ebene der veräußerten Tochtergesellschaft und eventuell nachfolgender Gesellschaften betrifft, dürfte der Nachweis durch den Steuerpflichtigen in der Praxis insbesondere bei Minderheitsbeteiligungen oftmals objektiv unmöglich sein. Handelt es sich um Minderheitsbeteiligungen an europäischen Gesellschaften scheint eine solche, den Mehrheitsgesellschafter begünstigende Regelung, EGV-rechtlich bedenklich, weil der Minderheitsgesellschafter sich auch die Kapitalverkehrsfreiheit seiner Kapitalanlage berufen kann (*FWBS* § 8 AStG Rz. 299).

608 Wie folgendes Beispiel zeigt, führt die gesetzliche Beweislastregelung auch im Hinblick auf im Veräußerungspreis vergütete offene Rücklagen der veräußerten Gesellschaft grundsätzlich zu unlösbaren praktischen Problemen.

Beispiel:

Eine deutsche GmbH ist zu 100% an einer luxemburgischen Holdinggesellschaft (Lux 1) beteiligt, die wiederum sämtliche Anteile an einer weiteren luxemburgischen Kapitalgesellschaft (Lux 2) hält. Neben einer Beteiligung an einer niederländischen, aktiven Kapitalgesellschaft (B. V.), weist Lux 2 auf der Aktivseite ihrer Bilanz Grundstücke, Forderungen und Kasse aus.

Deutschland	GmbH						
	100 %			Lux 1			
				BW	TW	VG	
Luxemburg	Lux 1	Beteiligung an Lux 2	50	750	700	Kapital	50
	100 %						
				Lux 2			
	Lux 2			BW	TW	VG	
	100 %	Beteiligung an B. V.	50	400	350	Kapital	50
		Grundstücke	10	100	90	Gewinnvortrag	260
		Forderungen	50	50	–		
Niederlande	B. V. (aktiv)	Kasse	200	200	–		
			310	750	440		310

Lux 1 veräußert ihre Beteiligung an Lux 2. Eine Verteilung der realisierten stillen Reserven auf die einzelnen Wirtschaftsgüter ergibt folgendes Bild:

Veräußerungspreis	750	Beteiligung an Lux 2	Beteiligung an B. V.	Grundstücke
./. Anschaffungskosten	50			
Veräußerungsgewinn	700 ⟶	700		
			⟶ 350	90

609 Wie man anhand dieses Beispiels erkennen kann, ist es objektiv unmöglich nachzuweisen, auf welches Wirtschaftsgut der anteilige Veräußerungsgewinn von 260 entfällt, da der Gewinnvortrag nicht als Wirtschaftsgut qualifiziert und auch keiner bestimmten Tätigkeit dient. Kann für den restlichen Veräußerungsgewinn wie in diesem Beispiel nachgewiesen werden, dass er ausschließlich auf Wirtschaftsgüter entfällt, die aktiven Tätigkeiten dienen, so sollte im Wege einer Billigkeitsregelung zugunsten des Steuerpflichtigen unterstellt werden, dass der Veräußerungsgewinn in voller Höhe als aktiv qualifiziert.

610 Dies erscheint auch sachgerecht, da es sich bei den offenen Reserven um bereits realisierte Gewinne der Lux 2 handelt, die im Wege der übertragenden Zurechnung bereits nach § 14 der Hinzurechnungsbesteuerung unterliegen (siehe auch kritische Stellungnahme: *SKK* § 8 AStG Rz. 180).

611 Kann der Steuerpflichtige den Nachweis nicht erbringen, verhindert uU § 11 die Vermeidung einer Doppelbesteuerung der Einkünfte im Rahmen der Hinzurechnungsbesteuerung. Danach ist der Veräußerungsgewinn, für den die ausländische Gesellschaft Zwischengesellschaft ist, von dem Hinzurechnungsbetrag auszunehmen, soweit die Einkünfte der Gesellschaft, deren Anteile veräußert werden (oder einer dieser Gesellschaft nachgeordneten Gesellschaft), aus Tätigkeiten iSd § 7 Abs. 6a stammen, mittels Zurechnung gem. § 14 bereits der Hinzurechnungsbesteuerung unterlegen haben und keine Ausschüttung dieser Einkünfte erfolgte (im Einzelnen, siehe Kommentierung → § 11 Rz. 16 ff.).

612–624 *einstweilen frei*

e) Anwendbarkeit der Ausnahmeregelung nur bei der Veräußerung nachgeschalteter Zwischengesellschaften iSd § 14?

625 Sinn und Zweck der Ausnahmeregelung der Nr. 9 ist es Wertsteigerungen, die bei der veräußerten Gesellschaft entstanden sind und die bei Realisation durch die veräußerte Gesellschaft aufgrund der Zurechnung gem. § 14 bei der ausländischen Zwischengesellschaft der Hinzurechnungsbesteuerung zu unterwerfen gewesen wären, auch im Rahmen der Veräußerung der Beteiligung zu erfassen (Blümich/*Vogt* § 8 AStG Rz. 105).

626 Es verwundert daher, dass die Ausnahmeregelung für passive Wirtschaftsgüter nach dem Wortlaut der Nr. 9 nicht nur dann zur Anwendung kommt, wenn die veräußerte Gesellschaft die Voraussetzungen einer nachgeschaltete Zwischengesellschaft iSd § 14 erfüllt. Vielmehr wird im Rahmen der Ausnahmeregelung der Nr. 9 gerade nicht darauf abgestellt, ob die Kapitalanlageeinkünfte der veräußerten Gesellschaft iSd § 8 Abs. 3 niedrig besteuert waren. Berücksichtigt man jedoch, dass der in § 7 Abs. 6a verwendete Begriff der Zwischeneinkünfte grundsätzlich eine Niedrigbesteuerung voraussetzt, ist im Einklang mit der hM (*Kneip/Rieke* IStR 2001, 667; Blümich/*Vogt* § 8 AStG Rz. 108; *FWBS* § 8 AStG Rz. 304; *Linklaters Oppenhoff & Rädler* DB Beilage

B. IX. Einkünfte aus Realisationstatbeständen (Nr. 9)   627–632   § 8

1/2002, 60) nur dann von einem Anwendungsfall der Ausnahmeregelung der Nr. 9 auszugehen, wenn die veräußerte Gesellschaft niedrig besteuerte Zwischeneinkünfte mit Kapitalanlagecharakter erzielte.

Die Frage, ob zusätzlich zu der Niedrigbesteuerung auch eine Beteiligung **627** iSd § 7 gegeben sein muss, wird strittig diskutiert (bejahend: Blümich/*Vogt* § 8 AStG, Rz. 108, 110; *Linklaters Oppenhoff & Rädler* DB Beilage 1/2002, 60; verneinend: *Kneip/Rieke* IStR 2001, 667; *Rättig/Protzen* IStR 2001, 607). Im Hinblick auf eine einheitliche Besteuerung stiller Reserven im Rahmen der Nr. 9 und laufender Einkünfte im Rahmen des § 14 ist mE eine teleologisch reduzierte Auslegung der Vorschrift dahin gehend zu fordern, dass die Beteiligungsquoten des § 7 erfüllt sein müssen und die Ausnahmeregelung der Nr. 9 somit nur im Rahmen der Veräußerung einer nachgeschalteten Zwischengesellschaft iSd § 14 Anwendung findet.

einstweilen frei   **628, 629**

f) Entsprechende Geltung der Ausnahmeregelung bei Wirtschaftsgütern von nachgeordneten Beteiligungsgesellschaften (§ 8 Abs. 1 Nr. 9 Hs. 2)

Gem. Nr. 9 Hs. 2 gilt die Ausnahmeregelung für passive Veräußerungsge- **630** winne entsprechend, „… soweit der Gewinn auf solche Wirtschaftsgüter einer Gesellschaft entfällt, an der die andere Gesellschaft beteiligt ist; …".

Mit anderen Worten treten die Rechtsfolgen der Nr. 9 Hs. 1 bei mehrstufi- **631** gen Beteiligungsverhältnissen auch dann ein, soweit der Veräußerungsgewinn auf Wirtschaftsgüter einer nachgeordneten Gesellschaft entfällt, die Tätigkeiten iSd § 7 Abs. 6a dienen.

Von besonderer Bedeutung ist diese Vorschrift aufgrund der Wechselwir- **632** kung zwischen § 8 Abs. 1 Nr. 9, der Veräußerungsgewinne nur insoweit als aktiv qualifiziert als er nicht auf Wirtschaftsgüter entfällt, die den in § 7 Abs. 6a bezeichneten Tätigkeiten dienen, und § 7 Abs. 6a, der Zwischeneinkünfte mit Kapitalanlagecharakter als „Einkünfte der ausländischen Zwischengesellschaft, die aus … Beteiligungen (mit Ausnahme der in § 8 Abs. 1 Nr. 8 und 9 genannten Einkünfte) … stammen …", definiert. Zu den in § 7 Abs. 6a aufgeführten Tätigkeiten zählen u a das Halten und die Verwaltung von Beteiligungen. Der Teil eines Veräußerungsgewinns, der auf Wirtschaftsgüter entfällt, die diesen typischen Holdingtätigkeiten dienen, qualifiziert somit grundsätzlich als passiver Veräußerungsgewinn. Da es sich insbesondere bei einer Beteiligung an einer Zwischenholding um ein Wirtschaftsgut handelt, welches dem Halten und der Verwaltung von (nachgeordneten) Beteiligungen dient, qualifizieren Einkünfte aus der Veräußerung einer Zwischenholding auf den ersten Blick als ausnahmslos passive Einkünfte (in Anlehnung an: *Schmidt/Hageböke* IStR 2001, 702). Durch den für Zwecke der Veräußerungsgewinnqualifikation in der Nr. 9Hs. 2 angeordneten Durchgriff auf die Wirtschaftsgüter nachgeordneter Gesellschaften, wird letztendlich jedoch insoweit eine Besteuerung des Veräußerungsgewinns im Rahmen der Hinzurechnung verhindert als dieser auf Wirtschaftsgüter entfällt, die aktiven oder „normal" passiven Einkünften dienen.

633 Unklar ist in diesem Zusammenhang, ob eine Hinzurechnungsbesteuerung nur durch eine unmittelbare Beteiligung der veräußerten Gesellschaft an einer anderen Gesellschaft, die Einkünfte mit Kapitalanlagecharakter erzielt, ausgelöst werden kann, oder ob bereits eine mittelbare Beteiligung der veräußerten Gesellschaft an einer auf nachgeordneten Stufen angesiedelten Kapitalanlagegesellschaft zur Anwendung der Ausnahmeregelung führt. Geht man von dem Erfordernis einer unmittelbaren Beteiligung aus, bedeutet dies im Ergebnis, dass Veräußerungsgewinne, die auf Wirtschaftsgüter von Kapitalanlagegesellschaften ab der fünften Konzernstufe (inländischer Anteilseigner, ausländische Zwischengesellschaft, 3 nachgeordnete Gesellschaften) entfallen, grundsätzlich nicht mehr in die Hinzurechnungsbesteuerung einbezogen werden (*Schaumburg* Fortentwicklung des Unternehmenssteuerrechts in: Arbeitsunterlage Kölner Konzernrechts-Tage 2001, 40; *FWBS* § 8 AStG Rz. 305, 307 f.; *Kneip/Rieke* IStR 2001, 667). Die sich aus einer solchen Auslegung ergebende Begünstigung von Kapitalanlagegesellschaften in mehrstufigen Konzernen geht deutlich über die vom Gesetzgeber gewollte Abschaffung der Diskriminierung mehrstufiger Konzernstrukturen hinaus. Auch die Möglichkeit zur Steuerumgehung durch die Zwischenschaltung entsprechend vieler Konzernebenen spricht dafür, mittelbare Beteiligungen der Ausnahmeregelung der Nr. 9 zu unterwerfen, mit der Folge, dass auch fünf- und mehrstufige Konzernstrukturen von dem Aufteilungsgebot erfasst werden (Gl A *Lieber* FR 2002, 145, FN 31).

634 Ferner führt eine Beschränkung der Ausnahmeregelung auf einen vierstufigen Auslandskonzern auch in dem Fall, dass der Veräußerungsgewinn auf Wirtschaftsgüter einer ausländischen Gesellschaft ab der fünften Konzernstufe entfällt, deren Anteile von vier hintereinandergeschalteten Zwischenholdings gehalten werden zu dem nicht sachgerechten Ergebnis, dass der Veräußerungsgewinn bis zur vierten Ebene ausschließlich auf Beteiligungen an Holdinggesellschaften entfällt und es sich bei diesen um Wirtschaftsgüter handelt, die dem Halten und der Verwaltung von Beteiligungen, dh einer Tätigkeit iSd § 7 Abs. 6a dienen, so dass es im Ergebnis trotz der aktiven Tätigkeit zu einer Hinzurechnungsbesteuerung des Veräußerungsgewinns kommt.

635 Fairerweise ist zuzugeben, dass bei einer Anwendung der Ausnahmeregelung im Fall mittelbarer Beteiligungen bei wortgetreuer Auslegung des § 11 Abs. 1 AStG eine Doppelbesteuerung thesaurierter Gewinne von Kapitalanlagegesellschaften ab der fünften Konzernebene droht (*FWBS* § 8 AStG Rz. 305). Legt man den Begriff der „nachgeordneten Gesellschaft" im Rahmen des § 11 jedoch ebenfalls dahingehend aus, dass sowohl unmittelbar als auch mittelbar nachgeordnete Gesellschaften erfasst werden, so wird die drohende steuerliche Doppelbelastung vermieden (im Einzelnen, siehe Kommentierung → § 11 Rz. 31 ff.).

636–639 *einstweilen frei*

g) Steuerliche Berücksichtigung von Verlusten iZm Realisationstatbeständen (§ 8 Abs. 1 Nr. 9 Hs. 3 AStG)

640 Korrespondierend zu der Behandlung von Veräußerungsgewinnen können aufgrund der Regelung des § 8 Abs. 1 Nr. 9 Hs. 3 Verluste aus der Veräußerung von Anteilen an einer anderen Gesellschaft, sowie aus deren Auflösung oder der Herabsetzung ihres Kapitals nur insoweit im Rahmen der Hinzurechnungsbesteuerung geltend gemacht werden, als sie auf Wirtschaftsgüter zurückzuführen sind, die Tätigkeiten im Sinne des § 7 Abs. 6a dienen.

Verluste die auf Realisationstatbestände iZm Anteilen an aktiven oder „normal" passiven Gesellschaften zurückzuführen sind, können aufgrund dieser Regelung grundsätzlich nicht mit anderen Zwischeneinkünften verrechnet werden (*Kneip/Rieke* IStR 2001, 668; *SKK* § 8 AStG Rz. 182). **641**

Hinsichtlich weiterer Auslegungs- und Rechtsfragen wird auf die Ausführungen zu IX. 2a–f verwiesen, die spiegelbildlich für den Verlustfall gelten. **642**

einstweilen frei **643–659**

X. Einkünfte aus Umwandlungen (Nr. 10)

1. „Maßgeblichkeit" des ausländischen Gesellschaftsrechts für die inländische Besteuerung

Ausgangspunkt für die außensteuerliche Behandlung sog. ausländischer Umwandlungen, dh Umwandlungen ausländischer Rechtsträger ohne Sitz und Geschäftsleitung im Inland, ist die Frage, ob der nach ausländischem Recht vollzogene Rechtsformwechsel bzw. der nach ausländischem Recht vollzogene Vermögensübergang durch Gesamtrechtsnachfolge steuerrechtlich anzuerkennen ist (*Wassermeyer* FS Siegfried Widmann, 2000, 622). In Ermangelung spezieller Vorschriften des deutschen Steuerrechts ist zur Beantwortung dieser Frage auf die Regeln des (deutschen) Internationalen Privatrechts zurückzugreifen. Bei Umwandlungsvorgängen steht regelmäßig die Orientierung am internationalen Gesellschaftsrecht im Vordergrund, während das internationale Sachenrecht nur ausnahmsweise Bedeutung erlangt (*Herzig* Internationale Umwandlungen in: Fortentwicklung der Internationalen Unternehmensbesteuerung (2002) – Forum der Internationalen Besteuerung; Bd. 23, 119 f.; *Wassermeyer* FS Siegfried Widmann, 2000, 623). Nach hM (*Wassermeyer* FS Siegfried Widmann, 2000, 622; *Jacobs* Internationale Unternehmensbesteuerung 1207 f.; zur Spaltung: *Momen* Steuerneutralität grenzüberschreitender Spaltungen von Kapitalgesellschaften im deutschen Ertragsteuerrecht, 1997, 111, Fn. 133) ist somit eine Beurteilung der Umwandlung mittels des Gesellschaftsrechts des Staates, dem das Gesellschaftsstatut der umgewandelten Gesellschaft zuzuordnen ist, geboten. Die inländische Besteuerung hat sich daher grundsätzlich an der gesellschaftsrechtlichen Qualifikation der Umwandlung im Ausland zu orientieren. In diesem Zusammenhang ist insbesondere von Interesse, ob sich der Umwandlungsvorgang nach ausländischem Recht als identitätswahrende Umwandlung ohne Vermögensübertragung (ähnlich dem innerdeutschen Formwechsel) oder als übertragende Umwandlung darstellt. Die Gesamtwürdigung der ausländischen Umwandlung für das deutsche Steuerrecht hat letztendlich unter Zugrundelegung deutscher Einordnungskriterien zu erfolgen, indem der ausländische Rechtsvorgang im Rahmen eines „Typenvergleichs" unter eine deutsche Steuernorm subsumiert wird (*Herzig* Internationale Umwandlungen in: Fortentwicklung der Internationalen Unternehmensbesteuerung (2002) – Forum der Internationalen Besteuerung; Bd. 23, 119 f.). Hierbei ist neben der zivilrechtlichen Wirksamkeit der ausländischen Umwandlung zu prüfen, ob die wesentlichen Strukturmerkmale einer inländischen Umwandlungsart erfüllt sind. Die Finanzverwaltung hat **660** sich im UmwSt-Erlass 2011 (BMF v. 11.11.2011, IV C2-S1978-b/08/1001, BStBl. I . 2011, 1314 Rz. 01.29 ff.) sehr ausführlich zur Vergleichbarkeit ausländischer Umwandlungsvorgänge geäußert

661–664 *einstweilen frei*

2. Umwandlungen in Wirtschaftsjahren beginnend vor dem 1.1.2001

665 Die außensteuerlichen Auswirkungen ausländischer Umwandlungen führten in der Vergangenheit oftmals zu erheblichen praktischen Problemen.

666 Hintergrund dieser Probleme ist, dass Umwandlungen nach ausländischem Recht im Regelfall als ertragsneutral behandelt werden, woraus sich eine Niedrigbesteuerung iSd § 8 Abs. 3 ergibt. Die Einkünfte der Zwischengesellschaft sind jedoch in entsprechender Anwendung der Vorschriften des deutschen Steuerrechts zu ermitteln, wobei steuerliche Vergünstigungen, die an die unbeschränkte Steuerpflicht oder an das Bestehen eines inländischen Betriebs oder Betriebsteils anknüpfen, unberücksichtigt bleiben (§ 10 Abs. 3). Bejaht man wie die Finanzverwaltung (Koordinierter Ländererlass v. 20.11. 1975, S 1354-5-33 2, BB 1975, 1563) den Steuervergünstigungscharakter der Regelungen des UmwStG (aA*Baumgärtel/Perlet* Hinzurechnungsbesteuerung bei Auslandsbeteiligungen 45, die darauf hinweisen, dass die Vorschriften des UmwStG im Wesentlichen darauf gerichtet sind, dass bei den einzelnen Umwandlungsformen eine mehrfache Belastung ausgeschlossen wird), so verhindert die Tatsache, dass das UmwStG lediglich Umwandlungen von Rechtsträgern mit Sitz im Inland regelt (§ 1 Abs. 1 UmwStG 1995 iVm § 1 UmwG 1995) eine Anwendung dieser Vorschriften (*WSG* § 10 AStG Rz. 17; Brezing ua/*Mössner* § 10 AStG Rz. 57).

667 Dies trifft jedoch nicht auf die Regelungen des § 23 Abs. 2 bzw. Abs. 4 UmwStG über die steuerneutrale Einbringung von inländischen Betriebsstätten bzw. von Anteilen an EU-Kapitalgesellschaften zu, da diese gerade nicht an die unbeschränkte Steuerpflicht anknüpfen. In der Literatur wird daher mehrheitlich die Anwendbarkeit des § 23 Abs. 2 bzw. Abs. 4 UmwStG für Zwecke der Einkünfteermittlung im Rahmen der Hinzurechnungsbesteuerung gefordert (*Baumgärtel/Perlet* Hinzurechnungsbesteuerung bei Auslandsbeteiligungen 44 f.; *Lorenz* IStR 2001, S. 395). Darüber hinaus erscheint es zumindest diskussionswürdig, ob nicht auch § 24 UmwStG für Zwecke des AStG Anwendung finden sollte. Während die Anwendbarkeit der §§ 3–19 UmwStG – über den Verweis in § 1 Abs. 1 UmwStG auf § 1 UmwG – auf Umwandlungen von Rechtsträgern mit Sitz im Inland beschränkt ist und § 20 Abs. 1 UmwStG eine steuerbegünstigte Einbringung nur in eine unbeschränkt körperschaftsteuerliche Kapitalgesellschaft zulässt, enthält § 24 UmwStG keine entsprechenden Einschränkungen. In Anbetracht dessen, dass der Gesetzeswortlaut des § 24 UmwStG nur von der Einbringung eines Betriebs, Teilbetriebs oder Mitunternehmeranteils in eine Personengesellschaft spricht, ist § 24 UmwStG auch anwendbar, wenn ausländische Personengesellschaften verschmolzen werden (*Klingberg/Lishaut* IStR 1999, 1227 mwN). Die in der Literatur teilweise vertretende Auffassung (*Schmitt/Hörtnagel/Stratz* § 24 UmwStG, Rz. 110; *Haritz/Benkert* § 24 UmwStG Rz. 45), dass eine ausländische Personengesellschaft ohne inländische Betriebsstätte nicht aufnehmende Personengesellschaft iSd § 24 UmwStG sein kann, ist vor dem

Hintergrund zu sehen, dass eine Anwendung von § 24 UmwStG bei ausländischen Personengesellschaften für Ertragsteuerzwecke überhaupt nur dann relevant ist, soweit deutsches Besteuerungsrecht, zB aufgrund einer inländischen Betriebsstätte, besteht (*Widmann/Mayer* § 24 UmwStG Rz. 87). Bei der Frage der Anwendbarkeit des § 24 UmwStG für Zwecke des AStG ist dieser Gedankengang hingegen nicht zielführend. Während sich für Ertragsteuerzwecke die steuerlichen Folgen einer Umwandlung ausländischer Personengesellschaft ohne Inlandsbezug ausschließlich nach Maßgabe des ausländischen Steuerrechts bestimmen und es mangels inländischer Steuerpflicht grundsätzlich nicht zu einer inländischen Ertragsbesteuerung kommt, können sich aufgrund der Hinzurechnungsbesteuerung durchaus inländische Steuerfolgen ergeben. Eine über den Wortlaut hinausgehende restriktive Auslegung des § 24 UmwStG – ähnlich der für Ertragsteuerzwecke – für Zwecke der Einkünfteermittlung im Rahmen des AStG würde für die inländischen Anteilseigner somit eine erhebliche Steuerverschärfung gegenüber dem Inlandsfall darstellen und ist daher mE abzulehnen. In Anbetracht dessen, dass das Anwendungsschreiben zum AStG (Schreiben betr. Grundsätze zur Anwendung des Außensteuerrechts v. 2.12.1994, IV C7-S 1340-20/94, BStBl. I 1995 Sondernummer 1) zu dieser Thematik keine Stellung nimmt, kann man über die Auffassung der Finanzverwaltung zu der Anwendbarkeit des § 23 Abs. 2 und Abs. 4 UmwStG sowie des § 24 UmwStG nur spekulieren.

668 Aufgrund der generellen Nichtanwendbarkeit der umwandlungssteuerlichen Regelungen sind somit – mit Ausnahme der Anwendungsbereiche des § 23 Abs. 2 und Abs. 4 UmwStG sowie § 24 UmwStG – bei der außensteuerlichen Beurteilung ausländischer Umwandlungsvorgänge die gleichen Überlegungen anzustellen, die für inländische Umwandlungen gelten würden, wenn es das UmwStG nicht gäbe. Greift man für die Beurteilung der ausländischen Umwandlungen auf allgemeine steuerliche Vorschriften zurück, so stellen sich diese im Regelfall als Realisationstatbestände dar, die mit einer Aufdeckung stiller Reserven auf Gesellschafts- aber auch auf Gesellschafterebene einhergehen. In Anbetracht dessen, dass Realisationsgewinne nicht unmittelbar den in § 8 Abs. 1 Nr. 1–7 aufgeführten Tätigkeiten zugeordnet werden können, kommt eine Qualifikation als aktive Einkünfte nach alter Rechtslage (AStG bis einschließlich idF des StSenkG) nur dann in Betracht, wenn die Realisationsgewinne in einem kausalen oder funktionalen Zusammenhang mit einer aktiven Tätigkeit iSd § 8 Abs. 1 Nr. 1–7 stehen und folglich auf eine solche aktive Tätigkeit zurückzuführen sind.

669 Sofern es sich bei der umzuwandelnden Gesellschaft um eine sog. Zwischengesellschaft handelt oder die Beteiligung an der umzuwandelnden Gesellschaft in einem Betriebsvermögen gehalten wird, das seinerseits passiven Zwecken dient, führte dies nach alter Rechtslage zu einer Besteuerung der Realisationsgewinne im Rahmen der Hinzurechnungsbesteuerung. In den Fällen, in denen Gewinnrealisationen gleichermaßen auf Gesellschafts- als auch Gesellschafterebene auftreten, kam es zu einer Doppelbesteuerung von stillen Reserven im Rahmen der Hinzurechnungsbesteuerung (*Wassermeyer* FS Siegfried Widmann, 2000, 634).

einstweilen frei **670–674**

3. Umwandlungen in Wirtschaftsjahren beginnend nach dem 31.12.2000 und vor dem 1.1.2006

675 Die Grundproblematik bei Umwandlungen in Wirtschaftsjahren beginnend vor dem 1.1.2006 ist mit der bei Umwandlungen in Wirtschaftsjahren beginnend nach dem 31.12.2000, aber vor dem 1.1.2001 identisch. Umwandlungen werden im ausländischem Recht im Regelfall als ertragsneutral behandelt, woraus sich eine Niedrigbesteuerung isd § 8 Abs. 3 ergibt. Die Einkünfte der Zwischengesellschaft sind jedoch in entsprechender Anwendung der Vorschriften des deutschen Steuerrechts zu ermitteln, wobei steuerliche Vergünstigungen, wie zB das UmwStG 1995, die an die unbeschränkte Steuerpflicht oder an das Bestehen eines inländischen Betriebs oder Betriebsteils anknüpfen, unberücksichtigt bleiben (§ 10 Abs. 3).

676 Aufgrund der Erweiterung des außensteuerlichen Aktivitätskatalogs im Rahmen des UntStFG (Gesetz zur Fortentwicklung des Unternehmenssteuerrechts v. 20.12.2001, BStBl. I 2002, 35, 51) um Gewinnausschüttungen und Einkünfte aus Realisationsgewinnen kann es nach neuer Rechtslage jedoch zu einer abweichenden Beurteilung der steuerlichen Folgen kommen.

677 Zu einer Hinzurechnungsbesteuerung iZm ausländischen Reorganisationen kommt es immer dann, wenn die ausländische Umwandlung eine gewinnrealisierende Vermögensübertragung darstellt und die hierbei entstehenden Einkünfte nicht als aktive Einkünfte qualifizieren. Eine Aktivität der Einkünfte kann sich wie bisher auch aus der funktionalen Betrachtungsweise ergeben. Im Gegensatz zur bisherigen Rechtslage handelt es sich nach neuer Rechtslage bei Gewinnrealisationen iZm Umwandlungen, die in Wirtschaftsjahren beginnend nach dem 31.12.2001 und vor dem 1.1.2006 stattfanden jedoch um aktive Einkünfte, insoweit diese als Dividendeneinkünfte isd § 8 Abs. 1 Nr. 8 oder als unschädliche Veräußerungs-, Liquidations- oder Tauschgewinne isd § 8 Abs. 1 Nr. 9 qualifiziert werden können (*FWBS* § 8 AStG Rz. 293 f.; *Grotherr* IWB Fach 3, Gruppe 1, 1887 mwN). Dies führt bei aktiven ausländischen Gesellschaften im Regelfall dazu, dass Gewinnrealisationen iZm Umwandlungen nicht der Hinzurechnungsbesteuerung zu unterwerfen sind. Auch die Tatsache, dass durch das UntStFG eingefügten § 8 Abs. 1 Nr. 8 und 9 grundsätzlich nur Einkünfte auf Ebene der Anteilseigner begünstigen, nicht aber auf Gewinnrealisationen auf Ebene der übertragenden Rechtsträger anwendbar sind, ist unproblematisch, soweit der übertragende Rechtsträger eine aktive Gesellschaft ist.

678 Wie die detaillierte Analyse der einzelnen Reorganisationsmaßnahmen zeigt (*Rödel* Ausländische Umwandlungen und Hinzurechnungsbesteuerung, 151–267), führen hingegen sowohl die Verschmelzung, die Spaltung als auch der Formwechsel passiver ausländischer Gesellschaften auch nach der Einführung des § 8 Abs. 1 Nr. 8 und 9 in der Mehrzahl der Fälle bei ihren (mittelbaren oder unmittelbaren) inländischen Anteilseignern zu hinzurechnungssteuerpflichtigen Einkünften.

679 Die **Verschmelzung einer ausländischen, passiven Kapitalgesellschaft** stellt einen liquidationsähnlichen Vorgang dar, der auf Ebene der übertragenden Kapitalgesellschaft mit einer Gewinnrealisation einhergeht. Die iZm der Gewinnrealisation erzielten Einkünfte, qualifizieren aufgrund der funktionalen Betrachtungsweise als passive Einkünfte, sodass die in den Wirtschaftsgütern der übertragenden Kapitalgesellschaft verkörperten stillen Reserven der Hinzurechnungsbesteuerung unterliegen. Die Rechtsform der übernehmenden ausländischen Gesellschaft ist für die außensteuerliche Behandlung eines derartigen Verschmelzungsvorgangs nicht von Bedeutung.

Auch die **Verschmelzung einer ausländischen passiven Personengesellschaft auf eine ausländische Kapitalgesellschaft** führt in den Fällen des side stream oder des down stream merger regelmäßig zu einer Einmalbesteuerung der in den Wirtschaftsgütern der Personengesellschaft verkörperten, stillen Reserven im Rahmen der Hinzurechnungsbesteuerung. Lediglich der up stream merger einer ausländischen Personengesellschaft auf ihre ausländische, zu 100% kapitalmäßig beteiligte Mutterkapitalgesellschaft stellt keinen Anwendungsfall der Hinzurechnungsbesteuerung dar, da eine ausländische Personengesellschaft weder Zwischengesellschaft noch nachgeschaltete Zwischengesellschaft sein kann und als Folge hiervon für Zwecke der Hinzurechnungsbesteuerung ohnehin eine unmittelbare Zurechnung der Tätigkeiten und der Erträge der ausländischen Personengesellschaft zu deren Mitunternehmern stattfindet. Die Wirtschaftsgüter der übertragenden Personengesellschaft werden somit steuerlich bereits vor der Verschmelzung den Mitunternehmern zugerechnet, sodass es durch die Verschmelzung nicht mehr zu einer Vermögensübertragung mit Gewinnrealisation kommen kann.

Aus diesem Grund löst auch die **Verschmelzung einer passiven ausländischen Personengesellschaft auf eine andere ausländische Personengesellschaft** mit identischer Anteilseignerstruktur keine Hinzurechnungsbesteuerung aus. Anders ist dies zu beurteilen, wenn es im Rahmen der Verschmelzung zu einer Übertragung von Wirtschaftsgütern auf andere Mitunternehmer (durch kapitalmäßige Verschiebungen oder Neueintritt von Mitunternehmern) kommt. Dies ist steuerlich grundsätzlich als anteilige Veräußerung eines Mitunternehmeranteils und damit aus außensteuerlicher Sicht als Veräußerung eines passiven Teilbetriebs zu behandeln. Als Folge hiervon sind die stillen Reserven in den anteilig übergehenden Wirtschaftsgütern aufzudecken und der Hinzurechnungsbesteuerung zu unterwerfen. In diesem Zusammenhang ist jedoch darauf hinzuweisen, dass § 24 UmwStG bei der Einkünfteermittlung für Zwecke der Hinzurechnungsbesteuerung mE Anwendung findet (→ Rz. 667) und somit sämtliche Verschmelzungen zweier Personengesellschaften, welche die Voraussetzungen des § 24 UmwStG erfüllen, von der Hinzurechnungsbesteuerung nicht erfasst werden.

Auch die **Spaltung einer passiven, ausländischen Gesellschaft** löst in der überwiegenden Anzahl der Fälle eine Einmalbesteuerung der in den mittels der Spaltung übertragenen Wirtschaftsgütern enthaltenen stillen Reserven im Rahmen der Hinzurechnungsbesteuerung aus. Lediglich die Ausgliederung eines Teilbetriebs durch eine passive, ausländische Kapitalgesellschaft auf eine ausländische Personengesellschaft, sowie sämtliche Formen der Spaltung einer passiven, ausländischen Personengesellschaft auf eine andere ausländische Personengesellschaft führen, sofern die Voraussetzungen des § 24 UmwStG erfüllt sind, nach den Vorschriften des deutschen Steuerrechts nicht zu einer Gewinnrealisation für Zwecke des AStG und folglich auch nicht zu einer Hinzurechnungsbesteuerung.

Hinsichtlich des **Formwechsels einer passiv tätigen, ausländischen Gesellschaft** kann keine allgemeingültige Aussage über die außensteuerliche Behandlung getroffen werden. Vielmehr ist dahin gehend zu unterscheiden, ob das ausländische Recht einen übertragenden Formwechsel oder einen identitätswahrenden Formwechsel vorsieht. Der **übertragende Formwechsel** qualifiziert als Auflösung des Rechtsträgers alter Rechtsform und Übertragung des Vermögens auf den Rechtsträger neuer Rechtsform. Die Übertragungsvorgänge im Rahmen eines derartigen Formwechsels sind somit mit denen bei einer Verschmelzung identisch. Im Ergebnis führt somit der Formwechsel einer passiven Kapitalgesellschaft in eine Kapitalgesellschaft oder eine Personengesellschaft sowie der Formwechsel einer passiven Personengesellschaft in eine Kapitalgesellschaft im Regelfall zu einer Besteuerung der stillen Reserven im Rahmen der Hinzurechnungsbesteuerung. Lediglich der Formwechsel einer passiven Personengesellschaft in eine Personengesellschaft wird nicht von der Hinzurechnungsbesteuerung erfasst (*Klingberg/Lishaut* IStR 1999, 1219).

684 Im Gegensatz zu dem übertragenden Formwechsel führt der **identitätswahrende Formwechsel** zumindest in den Fällen, in denen der Formwechsel unter Wahrung der Rechtsform der Kapitalgesellschaft bzw. der Personengesellschaft erfolgt, nicht zu einer Hinzurechnungsbesteuerung. Lediglich bei sog. rechtsformübergreifenden Formwechseln droht eine Hinzurechnungsbesteuerung. Was in diesem Zusammenhang überrascht, ist, dass der Formwechsel einer passiven Personengesellschaft in eine Kapitalgesellschaft aufgrund der funktionalen Betrachtungsweise zur Hinzurechnungsbesteuerung der stillen Reserven führt, während der Formwechsel einer Kapitalgesellschaft in eine Personengesellschaft nur insoweit zu hinzurechnungssteuerpflichtigen Einkünften führt als der iZm dem Formwechsel entstehende Realisationsgewinn auf Wirtschaftsgüter der Kapitalgesellschaft entfällt, die der Erzielung von Einkünften aus Kapitalanlagecharakter dienen.

685–689 *einstweilen frei*

4. Umwandlungen in Wirtschaftsjahren beginnend ab dem 1.1.2006

a) Einkünfte aus Umwandlungen, die ungeachtet des § 1 Abs. 2 und 4 UmwStG zu Buchwerten erfolgen könnten

690 **aa) Außensteuerlicher Begriff der Umwandlung.** Bei dem Begriff der Umwandlung handelt es sich nicht um einen steuerlichen Begriff, sondern um einen Ausdruck, der im UmwG verwendet wird. Dieses regelt die zivilrechtlichen Grundlagen für Verschmelzungen, Spaltungen, Vermögensübertragungen und den Formwechsel.

691 Außer den Umwandlungen nach dem UmwG können Umstrukturierungen durch umwandlungsähnliche Vorgänge, wie zB Einbringungsvorgänge, Kapitalerhöhungen gegen Sacheinlage, Realteilung oder Anwachsung erfolgen. Diese haben ihre Rechtsgrundlage im BGB und im Gesellschaftsrecht.

692 Das UmwStG knüpft in § 1 Abs. 1 und 3 für die Definition des sachlichen Anwendungsbereichs an das UmwG an. Zusätzlich regelt das UmwStG die steuerliche Behandlung bestimmter Fälle der Unternehmenseinbringung im Rahmen der Einzelrechtsnachfolge sowie den Anteilstausch. Nicht in den Anwendungsbereich des UmwStG fallen die Einbringung von Einzelwirtschaftsgütern sowie die Trennung von Einzelwirtschaftsgütern in bzw. bei Per-

B. X. Einkünfte aus Umwandlungen (Nr. 10) 693–698 § 8

sonengesellschaften im Wege der Realteilung (*Schnittger* IStR 2010, 267). In diesen Fällen kann sich die Aktivität der entstehenden Einkünfte ggf. aus § 8 Abs. 1 Nr. 9 ergeben.

Aus dem Verweis auf die Unbeachtlichkeit des § 1 Abs. 2 und 4 UmwStG **693** ergibt sich, dass der außensteuerliche Begriff der Umwandlung den gesamten sachlichen Anwendungsbereich des UmwStG umfasst und nicht dem engeren Begriff der Umwandlung iSd UmwG entspricht (siehe auch: *Grotherr* IWB Fach 3, Gruppe 1, 2175, 2181). Diese Auffassung spiegelt sich auch in dem Bericht des Finanzausschusses vom 9.11.2006 (BT-Drs. 16/3369, 15) wider, der klarstellt, dass eine ausländische Gesellschaft keine Zwischengesellschaft ist für Einkünfte aus einer Umwandlung, vorausgesetzt, „… dass es sich um eine Umwandlung handelt, die nach den Vorschriften des UmwStG zu Buchwerten vollzogen werden könnte".

bb) Unbeachtlichkeit des § 1 Abs. 2 und 4 UmwStG. § 1 UmwG **694** legt fest, dass nur Rechtsträger mit Sitz im Inland gemäß Umwandlungsgesetz umgewandelt werden können. Diese Regelung hat auf die Zulässigkeit von grenzüberschreitenden und ausländischen Umwandlungen keinen Einfluss. Vielmehr trifft § 1 UmwG keine Aussage hierüber. Die Regelung ist aber wohl dahingehend auszulegen, dass das Umwandlungsgesetz bei grenzüberschreitenden Umwandlungen nur auf Rechtsträger mit Sitz im Inland anzuwenden ist, während sich die Voraussetzungen und Rechtsfolgen für die ausländischen Rechtsträger nach deren Rechtsordnung richtet (*Schmitt/Hörtnagl/Stratz* § 1 UmwG Rz. 23).

Durch den Verweis des § 1 UmwStG auf § 1 UmwG erfasst das Um- **695** wandlungssteuergesetz somit neben inländischen, auch grenzüberschreitende und ausländische Umwandlungsvorgänge. Durch die in § 1 Abs. 2 und 4 UmwStG an die am Umwandlungsvorgang beteiligten Rechtsträger gestellten Anforderungen bzgl. Ansässigkeit, ist die Anwendbarkeit des UmwStG auf Umwandlungen innerhalb der EU oder des EWR-Raums eingeschränkt (sog. persönlicher Anwendungsbereich des UmwStG). Des Weiteren setzen die § 1 Abs. 2 und 4 UmwStG voraus, dass es sich bei dem an dem Umwandlungsvorgang beteiligten übertragenden und übernehmenden Rechtsträger um Gesellschaften oder natürliche Personen handelt.

Für Zwecke des Außensteuergesetzes gelten diese Einschränkung aufgrund **696** der Unbeachtlichkeit des § 1 Abs. 2 und 4 UmwStG nicht, sodass Einkünfte aus Umwandlungen unabhängig von der Gesellschaftsform der beteiligten Rechtsträger und unabhängig davon, ob die beteiligten Rechtsträger in einem EU-, EWR- oder Drittstaat ansässig sind, grundsätzlich als aktive Einkünfte qualifizieren (*FWBS* § 8 AStG Rz. 319; *SKK* § 8 AStG Rz. 182.6; Blümich/*Vogt* § 8 AStG Rz. 125).

cc) Möglichkeit der Buchwertfortführung. Für die Qualifikation der **697** Einkünfte aus Umwandlungen als aktive Einkünfte sieht § 8 Abs. 1 Nr. 10 eine Prüfung vor, ob die ausländische Umwandlung zu Buchwerten erfolgen könnte, wenn die beteiligten Rechtsträger die Voraussetzungen betreffend Gesellschaftsform und Ansässigkeit erfüllen würden.

Auch wenn der Gesetzeswortlaut nur von Umwandlung und nicht von **698** Umwandlung iSd UmwStG spricht, verweist die Gesetzesbegründung darauf, dass Voraussetzung für den Verzicht auf die Hinzurechnungsbesteuerung ist, dass die Umwandlung „… nach den Vorschriften des UmwStG zu Buchwerten vollzogen werden könnte" (BT-Drs. 16/3369, 36 f.).

699 Es ist somit zu prüfen, ob ein ausländischer Umwandlungsvorgang, wenn er denn unter Beteiligung von inländischen Rechtsträgern erfolgt wäre, nach den Vorschriften den UmwStG zu Buchwerten vollzogen werden könnte. Durch die Verwendung des Konjunktivs stellt der Gesetzeswortlaut klar, dass die Aktivität der Einkünfte unabhängig davon ist, ob die Umwandlung nach ausländischem Steuerrecht tatsächlich zu Buchwerten erfolgt oder ob Verkehrswerte angesetzt werden (*Grotherr* IWB Fach 3, Gruppe 1, 2175, 2183; Blümich/*Vogt* § 8 AStG Rz. 128; *SKK* § 8 AStG Rz. 182.9). Es kommt auch nicht darauf an, welchen Wertansatz der Steuerpflichtige im Rahmen der Hinzurechnungsbilanz wählt (*Schmidtmann* IStR 2007, 229, 231).

700 Die Systematik des deutschen UmwStG sieht für alle Umwandlungsvorgänge vor, dass die Umwandlung grundsätzlich zum gemeinen Wert zu erfolgen hat. Es besteht jedoch ein Antragsrecht, demzufolge ein Ansatz zum Buchwert oder zum gemeinen Wert gewählt werden kann (im Einzelnen: § 3 Abs. 2 UmwStG, § 11 Abs. 2 UmwStG; § 15 Abs. 1 UmwStG; § 20 Abs. 2 UmwStG; § 21 Abs. 2 UmwStG; § 24 Abs. 2 UmwStG). Die Voraussetzungen für den Buchwertansatz variieren je nach Umwandlungsvorgang. Gemeinsam ist allen Regelungen, dass eine Buchwertfortführung nur insoweit möglich ist, als (i) die übertragenen Wirtschaftsgüter Betriebsvermögen der übernehmenden Gesellschaft werden und der späteren Besteuerung unterliegen und (ii) das Recht der Bundesrepublik Deutschland hinsichtlich der Besteuerung des Gewinns aus der Veräußerung der übertragenen Wirtschaftsgüter nicht ausgeschlossen oder beschränkt werden darf. Beim Vermögensübergang auf eine PersG oder auf eine natürliche Person, dem Formwechsel einer KapG in eine PersG, der Verschmelzung bzw. Vermögensübertragung auf eine andere KapG und der Auf- oder Abspaltung sowie der Teilübertragung auf andere Körperschaften oder eine PersG kommt hinzu, dass keine Gegenleistung für die Umwandlung gewährt werden darf oder die Gegenleistung in Gesellschaftsrechten besteht.

701 Die Prüfung, ob der ausländische Umwandlungsvorgang zu Buchwerten erfolgen kann, führt bei der Umsetzung zu erheblichen Schwierigkeiten. Insbesondere stellt sich die Frage, wie die Fiktion im Hinblick auf die Voraussetzung, dass das Recht der Bundesrepublik Deutschland hinsichtlich der Besteuerung des Gewinns aus der Veräußerung der übertragenen Wirtschaftsgüter nicht ausgeschlossen oder beschränkt werden darf, auszulegen ist.

702 Für die Prüfung der Steuerverhaftungsbedingung sind vier Fallgruppen zu unterscheiden (aA *FWBS* § 8 AStG Rz. 319.1, der die sog. Inlandsthese vertritt, wonach man der Prüfung die Fiktion zugrundelegen muss, dass sich der gesamte Umwandlungsvorgang im Inland vollzieht):

Fall	vor Umwandlung	nach Umwandlung	Steuerverhaftungsbedingung
1	Kein Besteuerungsrecht	Kein Besteuerungsrecht	Erfüllt
2	Besteuerungsrecht	Kein Besteuerungsrecht	Nicht erfüllt
3	Besteuerungsrecht	Besteuerungsrecht	Erfüllt
4	Kein Besteuerungsrecht	Besteuerungsrecht	Erfüllt

Siehe: *Schmidtmann* IStR 2007, 229, 230 mit Fallbeispielen.

Fallgruppe 1:

Geht man von einer ausländischen Umwandlung aus, bei der alle beteiligten Rechtsträger im Ausland ansässig sind, stellt sich die Frage nach dem Ausschluss oder der Beschränkung des Besteuerungsrechts der Bundesrepublik Deutschland grundsätzlich nicht, da Deutschland in diesen Fällen regelmäßig weder vor noch nach der Umwandlung ein Besteuerungsrecht bezüglich der Veräußerungsgewinne der übertragenen Wirtschaftsgüter hat. **703**

Ein Besteuerungsrecht könnte sich lediglich aus den Regelungen der Hinzurechnungsbesteuerung ableiten (*SKK* § 8 AStG Rz. 182.7). Werden durch die Umwandlung stille Reserven aus dem Zugriff der Hinzurechnungsbesteuerung herausgelöst, weil der übernehmende Rechtsträger in seiner Art und Struktur keine Hinzurechnungsbesteuerung auslösen kann, da er zB nicht von Inländern beherrscht ist, käme es zu einer Aufdeckung der stillen Reserven in den übertragenen bzw. eingebrachten Wirtschaftsgütern, die im Rahmen der deutschen Hinzurechnungsbesteuerung zu besteuern wären. Die Literatur verneint jedoch weitgehend, dass der Verlust sekundärer Besteuerungsrechte, wie zB die Hinzurechnungsbesteuerung den Ausschluss oder die Beschränkung des Besteuerungsrechts der Bundesrepublik darstellen (Blümich/*Vogt* § 8 AStG Rz. 127 mit weiteren Nachweisen). Dies gilt umso mehr für den Fall, dass der übernehmende Rechtsträger grundsätzlich aufgrund seiner Art und Struktur der Hinzurechnungsbesteuerung unterliegt, aber die sachlichen Voraussetzungen (zB Niedrigbesteuerung oder Ausübung passiver Tätigkeit) nach der Umwandlung nicht mehr gegeben sind (*SKK* § 8 AStG Rz. 182.7; *Grotherr* IWB Fach 3, Gruppe 1, 2175, 2187). **704**

Fallgruppe 2:

Bestand vor der Umwandlung ein deutsches Besteuerungsrecht, welches aufgrund der Umwandlung eingeschränkt oder ausgeschlossen wird, so hat die Umwandlung für Zwecke der Hinzurechnungsbesteuerung unter Ansatz des gemeinen Werts zu erfolgen. Die sich hieraus ergebenden Einkünfte qualifizieren nicht als aktive Einkünfte iSd § 8 Abs. 1 Nr. 10. **705**

Da innerhalb des Aktivitätskatalogs des § 8 Abs. 1 der Grundsatz gilt, dass die in den § 8 Abs. 1 Nr. 1 bis 10 genannten Tätigkeiten und Vorgänge grundsätzlich selbständig und gleichberechtigt nebeneinander stehen und die Qualifikation der Einkünfte nach einer der Ziffern ausreicht, um die Hinzurechnungsbesteuerung auszuschließen (*SKK* § 8 AStG Rz. 182.4), wäre in der Fallgruppe 2 insbesondere zu prüfen, ob sich eine Aktivität der Einkünfte aufgrund § 8 Abs. 1 Nr. 9 ergibt (im Einzelnen → Rz. 678 ff.). **706**

Fallgruppe 3:

Besteht sowohl vor als auch nach der Umwandlung ein Besteuerungsrecht Deutschlands, so qualifizieren sämtliche aufgrund der Umwandlung anzusetzende Einkünfte als aktiv. Der Steuerpflichtige kann in diesem Fall sowohl den Buchwert als auch den gemeinen Wert im Rahmen der Hinzurechnungsbilanzen ansetzen, ohne dass sich hieraus eine steuerliche Belastung aufgrund der Hinzurechnungsbesteuerung ergibt. **707**

Fallgruppe 4:

708 Wird durch die Umwandlung erstmalig ein deutsches Besteuerungsrecht begründet, qualifizieren bei der ausländischen Gesellschaft potenziell anfallende Einkünfte aus der Umwandlung als aktiv iSd § 8 Abs. 1 Nr. 10.

b) Ausnahmeregelung für die Umwandlung von Kapitalgesellschaften, die die Aktivitätserfordernisse der Nr. 9 nicht erfüllen

709 Die grundsätzliche Aktivität der Umwandlungseinkünfte wird durchbrochen „… soweit eine Umwandlung den Anteil an einer Kapitalgesellschaft erfasst, dessen Veräußerung nicht die Voraussetzungen der Nummer 9 erfüllen würde". Positiv ausgedrückt bedeutet dies, dass soweit eine Umwandlung einen Anteil an einer Kapitalgesellschaft erfasst, dessen Veräußerung zu passiven Einkünften iSd § 8 Abs. 1 Nr. 9 führen würde, die im Rahmen der Umwandlung entstehenden Einkünfte ebenfalls als passiv qualifizieren.

710 Die Ausnahmeregelung in § 8 Abs. 1 Nr. 10 Hs. 2 soll verhindern, dass gem. § 8 Abs. 1 Nr. 9 passive Einkünfte aus Beteiligungsveräußerung, Kapitalherabsetzung oder Liquidation mittels entsprechender Umwandlungsvorgänge umgangen werden.

711 Strittig diskutiert wird, ob die Ausnahmeregelung nur bei Umwandlungen zur Anwendung kommt, bei denen ein „schädlicher" Anteil an einer Kapitalgesellschaft im Rahmen der Umwandlung mittel- oder unmittelbar übertragen wird, dh wenn sich dieser im Betriebsvermögen des übertragenden oder einzubringenden Rechtsträgers oder im Betriebsvermögen einer nachgeordneten Gesellschaft befindet oder ob es bereits ausreicht, wenn einer der direkt an der Umwandlung beteiligten Rechtsträger selber eine Kapitalgesellschaft ist und deren Anteile im Rahmen der Umwandlung erfasst werden, zB indem diese Anteile durch Verschmelzung untergehen. In Anbetracht dessen, dass es sich bei § 8 Abs. 1 Nr. 9 auch in den Fällen der Kapitalherabsetzung und der Liquidation um eine Regelung für den Anteilseigner handelt, erscheint es sachgerecht auch bei der Ausnahmeregelung des § 8 Abs. 1 Nr. 10 Hs. 2 nur auf den Rechtsträger abzustellen, der im Rahmen einer Umwandlung einen Anteil an einer Kapitalgesellschaft überträgt (GlA *SKK* § 8 AStG Rz. 182.11; Blümich/*Vogt* § 8 AStG Rz. 130 mit weiteren Nachweisen; siehe auch *FWBS* § 8 AStG Rz. 319.10, der anhand zweier Fallbeispiele aufzeigt, dass eine andere Sichtweise zu einer Doppelbesteuerung führen kann).

712 Auch wenn die Regelung des § 8 Abs. 1 Nr. 10 Hs. 2 – anders als die Regelung des § 8 Abs. 1 Nr. 9 – keine Nachweispflicht bzgl. der Aktivität des Gewinns enthält, wird man diese Nachweispflicht aufgrund Verweis auf § 8 Abs. 1 Nr. 9, aber auch aufgrund der erweiterten Mitwirkungspflichten bei Auslandssachverhalten (§ 90 Abs. 3 AO) auch bei Umwandlungen einfordern müssen (*FWBS* § 8 AStG Rz. 319.13; *SKK* § 8 AStG Rz. 182.12; *Grotherr* IWB Fach 3, Gruppe 1, 2175, 2190; Blümich/*Vogt* § 8 AStG Rz. 133).

713–729 *einstweilen frei*

C. Unionsrechtlicher Rettungsansatz durch den Gesetzgeber (Abs. 2)

I. Allgemeines; Kerngehalt der Vorschrift

1. Entstehung, Rechtsentwicklung und Bedeutung der Vorschrift

Mit Urteil vom 12.9.2006 hat der EuGH das britische Gegenstück der **730** deutschen Hinzurechnungsbesteuerung, die Regeln über die „controlled foreign corporations" (CFC-taxation), an den Maßstäben der Grundfreiheiten des EGV geprüft (EuGH v. 12.9.2006, C-196/04, Slg. 2006, I-7995 − *Cadbury Schweppes*). Er gelangt zu dem Ergebnis, dass das britische Besteuerungsregime der CFC-taxation mit den Vorschriften über die Niederlassungsfreiheit konfligiert, wenn in die Steuerbemessungsgrundlage einer in einem Mitgliedstaat ansässigen Gesellschaft die von einer beherrschten ausländischen Gesellschaft in einem anderen Mitgliedstaat erzielten niedrigbesteuerten Gewinne einbezogen werden. Allerdings hat der EuGH zugunsten der Mitgliedstaaten eine Ausnahme aufgezeigt. Rein künstliche Gestaltungen, die dazu bestimmt sind, der normalerweise geschuldeten nationalen Steuer zu entgehen, können gleichwohl auch unter Verletzung der Niederlassungsfreiheit von den Mitgliedstaaten bekämpft werden. Eine rein künstliche Gestaltung liegt nach den vom EuGH entwickelten Kriterien nicht vor, wenn sich auf der Grundlage objektiver und von dritter Seite nachprüfbarer Anhaltspunkte ergibt, dass die beherrschte ausländische Gesellschaft tatsächlich im Aufnahmemitgliedstaat angesiedelt ist und dort einer wirklichen wirtschaftlichen Tätigkeit nachgeht.

Die Ähnlichkeit der deutschen mit der britischen Hinzurechnungsbesteue- **731** rung war ausschlaggebend dafür, dass damit den früheren Regelungen in den §§ 7 bis 14 zumindest für EU-/EWR-ansässige Zwischengesellschaften die Gemeinschaftskonformität entzogen war (vgl. dazu *Kraft/Bron* IStR 2006, 614 ff.). Das BMF reagierte vergleichsweise zügig auf die Entscheidung des EuGH. Bereits mit BMF-Schreiben v. 8.1.2007, BStBl. I 2007, 99 formulierte die Finanzverwaltung ihre Schlussfolgerungen für die Besteuerungspraxis. Die zusammengefasste Kernaussage des BMF-Schreibens lässt sich dahin charakterisieren, dass Zwischeneinkünfte ohne Kapitalanlagecharakter von EU-/EWR-ansässigen Zwischengesellschaften unter bestimmten Bedingungen von der deutschen Hinzurechnungsbesteuerung auszunehmen waren.

Da es eingeübter Judikatur des EuGH entspricht, dass die Unvereinbarkeit **732** einer nationalen Steuerrechtsvorschrift mit Bestimmungen des EG-Vertrages nicht durch einen Verwaltungserlass behoben werden kann (vgl. EuGH v. 26.10.1995, Rs. C-151/94, − *Biehl II,* RIW 1995, 1046; FG München, Beschl. v. 3.8.2006, 11 V 500/06, IStR 2006, 746), musste der Gesetzgeber tätig werden. Dieser hat im JStG 2008 (G v. 20.12.2007, BGBl. 2007 I 3150) die bereits im og BMF-Schreiben vorgezeichneten neuen Hinzurechnungsbesteuerungsgrundsätze kodifiziert. Damit wurde im Anschluss an die Finanzverwaltung durch die Einfügung des neuen § 8 Abs. 2 der Versuch unternommen, das System der Hinzurechnungsbesteuerung an die gemeinschaftsrechtlichen Vorgaben des EuGH anzupassen und damit die Gemeinschaftsrechtskonformität der Hinzurechnungsbesteuerung sicher zu stellen.

733 Der Gesetzgeber beabsichtigte damit, der EuGH-Entscheidung in der Rs. *Cadbury Schweppes* Rechnung tragen. Bislang war die Hinzurechnungsbesteuerung typisierend anhand einzelner Tatbestandsmerkmale (Inländerbeherrschung; keine Einkünfte der ausländischen Gesellschaft aus aktivem Erwerb; niedrige Besteuerung der ausländischen Zwischeneinkünfte; Überschreiten einer Freigrenze) als Missbrauchsbekämpfungsvorschrift geregelt, ohne dass der inländische Steuerpflichtige die Möglichkeit hatte, mittels eines Gegenbeweises zu belegen, dass die Zwischenschaltung der ausländischen Gesellschaft aus wirtschaftlichen oder sonst beachtlichen Gründen erfolgt und nicht nur rein steuerlich motiviert ist. Die Möglichkeit des Gegenbeweises sollte mit der Einführung eines Unions-Escape oder Motivtests unter bestimmten Bedingungen eröffnet werden. Im Sprachgebrauch der Besteuerungspraxis haben sich für § 8 Abs. 2 mithin die Bezeichnungen Unions-Escape, EU-Motivtest, unionsrechtlicher Rettungsanker oder unionsrechtlicher Motivtest und ähnliche Umschreibungen eingebürgert.

734 Im Rahmen des AmtshilfeRLUmsG (BGBl. 2013 I 1809) wurde in § 8 Abs. 2 S. 1 eine Ergänzung um Beteiligungen iSv § 7 Abs. 6 eingefügt. Dadurch wird klargestellt, dass auch die Fälle der Zwischeneinkünfte mit Kapitalanlagecharakter erfasst sind. Der Motivtest nach § 8 Abs. 2 wird damit auch für ausländische Kapitalgesellschaften zugelassen, die nicht inländisch beherrscht werden, aber Einkünfte mit Kapitalanlagecharakter erzielen. Ausweislich der Gesetzesbegründung (vgl. BT-Drs. 17/10000, 66) sollen durch die Änderungen unionsrechtliche Vorgaben aus der Rechtsprechung des EuGH (vgl. hierzu insbesondere EuGH v. 12.9.2006, C-196/04) umgesetzt werden.

735 Umstritten ist die Anwendung des Unions-Escape im Rahmen des § 20 Abs. 2. Diese Norm enthält eine Umschaltklausel, nach der Doppelbesteuerung bei Einkünften aus einer in einem DBA-Staat belegenen Betriebsstätte ungeachtet der Regelungen des einschlägigen DBA nicht durch Freistellung, sondern durch Anrechnung der auf diese Einkünfte erhobenen ausländischen Steuern vermieden, wenn die Einkünfte als sog. Zwischeneinkünfte steuerpflichtig wären, falls die ausländische Betriebsstätte eine ausländische Gesellschaft iSd KStG wäre. Nach Auffassung der Finanzverwaltung (OFD Rheinland Kurzinformation v. 22.10.2010, DStR 2011, 175) ist der Ausschluss des unionsrechtlichen Motivtests unproblematisch. Sie geht davon aus, dass der Passus im § 20 Abs. 2 „ungeachtet des § 8 Abs. 2" den in § 8 Abs. 2 geregelten „Motivtest" bei Anwendung der Umschaltklausel auf Einkünfte aus ausländischen Betriebsstätten ausdrücklich ausschließt. Die obersten Finanzbehörden des Bundes und der Länder gehen unter Hinweis auf das dem o a BFH-Urteil vorangegangene EuGH-Urteil vom 6.12.2007, C-298/05, DStR 2007, 2308 – *Columbus Container Services,* davon aus, dass diese gesetzliche Regelung mit dem Unionsrecht vereinbar ist.

736 Die Bedeutung des unionsrechtlichen Motivtests des § 8 Abs. 2 ist in der Praxis überaus hoch. Sowohl in der Gestaltungsberatung als auch in der Abwehrberatung spielt die Bestimmung schon deshalb eine überragende Rolle, weil Investitions- und Beteiligungsstrukturen, die sich einer im EU-Ausland inkorporierten juristischen Person bedienen, häufig vom Missbrauchsverdikt der Hinzurechnungsbesteuerung befreit sind. Durch die Ergänzung in § 8 Abs. 2 S. 1 durch das AmtshilfeRLUmsG (BGBl. 2013 I 1809) gilt dies auch bei in der Praxis äußerst problematischen Kleinanteilen im Kontext von Zwischeneinkünften mit Kapitalanlagecharakter.

Gleichwohl entbindet die materielle Regelung den Rechtsanwender nicht von mühsamen Erklärungspflichten. Denn nach § 18 Abs. 3 hat jeder der an der ausländischen Gesellschaft beteiligten unbeschränkt Steuerpflichtigen und erweitert beschränkt Steuerpflichtigen eine Erklärung zur gesonderten Feststellung selbst dann abzugeben, wenn im Nachhinein aus materiellen Gründen – zB eines anwendbaren Unions-Escape – die Hinzurechnung nach § 8 Abs. 2 unterbleibt. Entsprechendes gilt, wenn im Besteuerungsverfahren der Steuerpflichtige geltend macht, die Hinzurechnung habe nach § 8 Abs. 2 zu unterbleiben. Das Gesetz verpflichtet ihn gleichwohl zur Abgabe einer Hinzurechnungserklärung und entsprechenden Mitwirkungshandlungen. Ob dies mit Unionsrecht im Einklang steht, erscheint noch nicht abschließend geklärt.

Hinzuweisen ist schließlich darauf, dass der Ausgang des Verfahrens, welches der BFH mit Beschluss vom 12.10.2016, I R 80/14, IStR 2017, 316 dem EuGH vorgelegt hat, nicht ohne Rückwirkung auf den Unions-Escape im Drittstaatenkontext bleiben wird. Bejaht der EuGH die Unionsrechtswidrigkeit der Hinzurechnungsbesteuerung von Zwischeneinkünften mit Kapitalanlagecharakter im Drittstaatenfall, wird in absehbarer Zeit eine völlige Neukonzeption des Motivtests unausweichlich werden (zur Problematik vgl. *Kraft* Anmerkung, IStR 2017, 316).

einstweilen frei

2. Exkulpationsklausel (S. 1)

Das Kernstück des gesetzgeberischen Anliegens, mit § 8 Abs. 2 eine unionsrechtskonforme Hinzurechnungsbesteuerung zu implementieren, besteht in der Einführung einer „Exkulpationsklausel". Diese ermöglicht dem inländischen Anteilseigner einer EU- oder EWR-Kapitalgesellschaft den Nachweis, dass letztere einer „tatsächlichen wirtschaftlichen Tätigkeit" in ihrem Ansässigkeitsstaat nachgeht. Die Rechtsfolgeanordnung besteht bei erfolgreichem Nachweis darin, dass die Gesellschaft nicht als Zwischengesellschaft qualifiziert und demzufolge nicht unter die Bestimmungen der deutschen Hinzurechnungsbesteuerung fällt. Der Gesetzgeber hat es versäumt bzw. nicht für erforderlich gehalten, die Anforderungen an eine „tatsächliche wirtschaftliche Tätigkeit" zu definieren. Auch in der Gesetzesbegründung finden sich allenfalls marginale Auslegungshilfen. Sie führt nämlich aus, dass „eine tatsächliche Ansiedlung auf unbestimmte Zeit sowie eine stabile und kontinuierliche Teilnahme am Wirtschaftsleben des Niederlassungsstaates erforderlich ist" (vgl. BR-Drs. 544/07, 123). Es fehlt danach an einer stabilen und kontinuierlichen Teilnahme am Wirtschaftsleben eines anderen EU- oder EWR-Mitgliedstaates, wenn die Kernfunktion der Zwischengesellschaft nicht von der Gesellschaft selbst ausgeübt wird (zur Kritik → Rz. 750). Erschöpft sich die Funktion der Gesellschaft in der gelegentlichen Kapitalanlage oder in der Verwaltung von Beteiligungen ohne gleichzeitige Ausübung geschäftsleitender Funktionen, liegt nach den Ausführungen der Gesetzesbegründung keine tatsächliche Ansiedlung auf unbestimmte Zeit und keine stabile und kontinuierliche Teilnahme am Wirtschaftsleben des Niederlassungsstaates vor. Aktivitäten gegenüber verbundenen Unternehmen hingegen schließen eine stabile und kontinuierliche Teilnahme am Wirtschaftsleben im Niederlassungsstaat nicht aus. Dennoch wird die Frage der Anwendbarkeit der Exkulpationsklausel stets eine Frage des Einzelfalls sein. In bestimmten Branchen, beispielsweise im Kreditgewerbe, sind Gesellschaftskonstruktionen denkbar und auch verbreitet, die eine Art „Autopilot-Funktion" einnehmen und nach Erfüllung ihres Geschäftszwecks bzw. nach Zeitablauf liquidiert werden. Teilweise kommt derartigen Gesellschaften der Charakter von „Special-Purpose-Vehicles (SPVs)" zu, also (Kapital-)Gesellschaften, deren primärer Zweck sich in der Erfüllung einer oder weniger Aufgaben erschöpft. Häufig sind solche Gesellschaften ohne nennenswerte Personalkapazitäten ausgestattet. In derartigen Konstellationen wird man nicht per se die Anwendbarkeit des Unions-Escape negieren können. Vielmehr ist eine am Geschäftszweck des Konzerns orientierte wirtschaftliche Betrachtungsweise schon aus unionsrechtlichen Gründen angezeigt. Der isolierte Blick im Kontext der Beurteilung der Anwendung des Unions-Escape auf die einzelne Gesellschaft ist insoweit nicht zielführend, als die meisten der SPVs oder ähnlicher Strukturen damit aus dem Schutzbereich der Exkulpationsklausel herausfallen würden.

741 Das zentrale Kriterium einer „tatsächlichen wirtschaftlichen Tätigkeit" der ausländischen Gesellschaft bedarf weiterer Klärung. In der Literatur (*Hammerschmitt/Rehfeld* IWB Fach 3 Deutschland Gr. 1, 2293) wird insoweit eine Orientierung am BMF-Schreiben v. 8.1.2007 vorgeschlagen, das – wie erwähnt – zur Rechtslage nach Feststellung der Unionsrechtswidrigkeit der britischen Hinzurechnungsbesteuerung und vor Inkrafttreten des § 8 Abs. 2 erging. Nach dieser Verwaltungsanweisung oblag es dem Steuerpflichtigen nachzuweisen, dass

742 a) die Gesellschaft in dem Mitgliedstaat, in dem sie ihren Sitz oder ihre Geschäftsleitung hat, am dortigen Marktgeschehen im Rahmen ihrer gewöhnlichen Geschäftstätigkeit aktiv, ständig und nachhaltig teilnimmt,

743 b) die Gesellschaft dort für die Ausübung ihrer Tätigkeit ständig sowohl geschäftsleitendes als auch anderes Personal beschäftigt,

744 c) das Personal der Gesellschaft über die Qualifikation verfügt, um die der Gesellschaft übertragenen Aufgaben eigenverantwortlich und selbstständig zu erfüllen,

745 d) die Einkünfte der Gesellschaft ursächlich aufgrund der eigenen Aktivitäten der Gesellschaft erzielt werden,

746 e) den Leistungen der Gesellschaft, sofern sie ihre Geschäfte überwiegend mit nahe stehenden Personen iSd § 1 Abs. 2 betreibt, für die Leistungsempfänger wertschöpfende Bedeutung zukommt und die Ausstattung mit Kapital zu der erbrachten Wertschöpfung in einem angemessenem Verhältnis steht.

747 Daraus haben *Hammerschmitt/Rehfeld* (IWB Fach 3 Deutschland Gr. 1, 2293) die Überlegung entwickelt, das Vorliegen einer „tatsächlichen wirtschaftlichen Tätigkeit" der ausländischen Gesellschaft im Wege eines Fremdvergleichs zu bestimmen. Dabei müsse die Tätigkeit der ausländischen Gesellschaft inhaltlich so genau bestimmt sein, dass sich objektiv eine kausale Einkunftserzielung dem Grunde nach iSv § 8 Abs. 2 S. 5 Alt. 1 und subjektiv eine nachhaltige Teilnahme am Weltmarktgeschehen ergäbe. Demnach könne dann von einer

C. Unionsrechtlicher Rettungsansatz (Abs. 2)

tatsächlichen wirtschaftlichen Tätigkeit ausgegangen werden, wenn zunächst die Tätigkeit der ausländischen Gesellschaft gegenüber Tätigkeiten sonstiger verbundener Unternehmen iSv § 1 Abs. 2 sachlich abgrenzbar ist und autonom wie unter fremden Dritten durchgeführt wird. Als weitere Bedingungen wird abgeleitet, dass die Tätigkeit der ausländischen Gesellschaft durch eine am Fremdvergleich orientierte, funktionsgerechte Kapital- und Sachausstattung bzw. Infrastruktur ausgeführt wird. Entsprechend den Ausführungen im vorbezeichneten BMF-Schreiben sollen Geschäftsleitung und Personal der Gesellschaft zur Ausführung der Tätigkeit fachlich geeignet sein und für ihre Tätigkeit eine fremdvergleichskonforme Vergütung bekommen. Schließlich wird das Kriterium der sog. „Subjektiven Nachhaltigkeit" entwickelt, welches bedeuten soll, dass die Niederlassung aus der Sicht der Anteilseigner zu einer Einkunftserzielung von gewisser Dauer bestimmt sein muss. Abschließend soll eine Teilnahme am Weltmarktgeschehen bei der Übernahme einer konzerninternen Funktion vorliegen, wenn diese nach den vorstehend geschilderten Grundsätzen und in der vorgefundenen Ausgestaltung auch von einem unabhängigen Dritten übernommen werden könnte.

Es ist indessen beileibe nicht zwingend, dass sich die im BMF-Schreiben v. 8.1.2007 niedergelegte Auffassung der Finanzverwaltung zur Hinzurechnungsbesteuerung von Einkünften aus EU-/EWR-Gesellschaften weiterhin als Auslegungshilfe für die neue gesetzliche Regelung eignet. *Goebel/Palm* IStR 2007, 722 f., scheinen davon auszugehen (ablehnend *Grotherr* IWB, Fach 3 Deutschland Gr. 1, 2259 mit dem überzeugenden Hinweis darauf, dass die dort angesprochenen „Aktivitätsvoraussetzungen" über den Gesetzeswortlaut des § 8 Abs. 2 und über den Tenor der Cadbury-Schweppes-Entscheidung des EuGH deutlich hinausgingen).

Zwar mag sich das Verständnis einer steuerlichen Rechtsnorm durchaus an vorangegangenen Stellungnahmen der Finanzverwaltung orientieren. Indessen ist eine Auslegung, die sich am telos der Norm orientiert vorzuziehen. Da es dem primären Zweck der Bestimmung entspricht, die Cadbury-Schweppes-Doktrin zur Unionsrechtstauglichkeit von Systemen der Hinzurechnungsbesteuerung im deutschen internationalen Steuerrecht zu gewährleisten, empfiehlt sich eine entsprechende Interpretation. Insoweit ist im Auge zu behalten, dass die Formulierung der „tatsächlichen wirtschaftlichen Tätigkeit" Bezug auf die Cadbury-Schweppes-Entscheidung nimmt. Diese bemüht in Tz. 75 den topos der „wirklichen wirtschaftlichen Tätigkeiten". Die Gesetzesbegründung (BR-Drs. 544/07, 123) verweist zur Auslegung des Tatbestandsmerkmals der „tatsächlichen wirtschaftlichen Tätigkeit" auf die Niederlassungsfreiheit. Diese impliziere eine „tatsächliche Ausübung einer wirtschaftlichen Tätigkeit mittels einer festen Einrichtung in diesem Staat auf unbestimmte Zeit" (Tz. 54). Nach der Vorstellung der Gesetzesbegründung hat die Verifizierung dieses Merkmals „auf objektiven, von dritter Seite nachprüfbaren Anhaltspunkten zu beruhen. Derartige Anhaltspunkte sollen sich auf das Ausmaß des greifbaren Vorhandenseins der beherrschten ausländischen Gesellschaft in Form von Geschäftsräumen, Personal und Ausrüstungsgegenständen beziehen" (EuGH, Tz. 67; gleich lautende die Gesetzesbegründung, BR-Drs. 544/07, 123). Damit sind in erster Linie die im Steuerrecht bei der Beurteilung funktionsschwacher Gesellschaften im Ausland hinlänglich vertrauten „Mindestsubstanzerfordernisse" bei der Zwischengesellschaft angesprochen.

750 Kritisch ist es zu sehen, wenn die Gesetzesbegründung ausführt (123), dass es an einer stabilen und kontinuierlichen Teilnahme am Wirtschaftsleben im Niederlassungsstaat fehlt, wenn die Kernfunktionen, die die Gesellschaft hat, nicht von ihr selbst ausgeübt werden. Die Kritik entzündet sich zum einen daran, dass sich die Ausführungen in der Gesetzesbegründung damit von der Cadbury-Schweppes-Entscheidung entfernen. Ferner soll eine stabile und kontinuierliche Teilnahme am Wirtschaftsleben im Niederlassungsstaat nicht gegeben sein, wenn sich die Funktionen der Zwischengesellschaft in gelegentlicher Kapitalanlage oder in der Verwaltung von Beteiligungen ohne gleichzeitige Ausübung geschäftsleitender Funktionen erschöpfen. Damit tritt die gesetzgeberische Absicht offen zu Tage, das vom BFH gut geheißene „Outsourcing" bei Auslandsgesellschaften zu sanktionieren. Der BFH hatte im Rahmen von drei Entscheidungen (BFH v. 19.1.2000, I R 94/97, BStBl. II 2001, 222 = IWB 2000, F. 3a Gr. 1 S. 901, mit Anmerkung von *Höppner* BFH v. 19.1.2000, I R 117/97, BFH/NV 2000, 824; BFH v. 25.2.2004, I R 42/02, BStBl. II 2005, 14 = IWB 2004, F. 3a Gr. 1 S. 1055, mit Anmerkung von *Lieber*) im Zusammenhang mit der inländischen steuerlichen Anerkennung von niedrig besteuerten, in den Dublin Docks domizilierten Kapitalgesellschaften die Unschädlichkeit der Übertragung des Kapitalanlagegeschäfts durch die irischen Zwischengesellschaften auf entsprechend spezialisierte Managementgesellschaften bestätigt. Andererseits scheint es nach der Gesetzesbegründung zu genügen, wenn die Ausübung einer feststellbaren Geschäftstätigkeit gegenüber nur einem Auftraggeber erfolgt. Dies soll selbst dann gelten, wenn es sich bei diesem Auftraggeber um ein verbundenes Unternehmen handelt.

751 Aus der Formulierung des Verweises – lediglich auf § 7 Abs. 2 und nicht auf § 7 Abs. 2 – konnte für die frühere Rechtslage geschlossen werden, die Möglichkeit des Ausschlusses von der deutschen Hinzurechnungsbesteuerung bestehe lediglich für Zwischeneinkünfte ohne Kapitalanlagecharakter (s. Vorauflage, § 8 Rz. 751). Im zur Cadbury-Schweppes-Entscheidung ergangenen BMF-Schreiben v. 8.1.2007 – IV B 4 – S 1351-1/07 (IStR 2007, 151) war dieser Ausschluss explizit in Tz. 3 angeordnet. Die frühere Gesetzesformulierung war Anlass von Verunsicherung der Besteuerungspraxis. Mittlerweile hat der Gesetzgeber das – unionsrechtlich fundierte – Regelungsbedürfnis erkannt und mit dem AmtshilfeRLUmsG (BGBl. 2013 I 1809) den persönlichen Anwendungsbereich der Gegenbeweismöglichkeit in § 8 Abs. 2 erweitert. Die Erweiterung des persönlichen Anwendungsbereichs in S. 1 der Vorschrift erstreckt sich nunmehr auch auf Beteiligungen iSv § 7 Abs. 6. Der Motivtest steht somit künftig auch Steuerpflichtigen offen, die der – bekanntlich ohne das Tatbestandsmerkmal der Inlandsbeherrschung auskommenden – verschärften bzw. erweiterten Hinzurechnungsbesteuerung für Zwischeneinkünfte mit Kapitalanlagecharakter (§ 7 Abs. 6a) unterfallen. Diese kann bereits dann zur Anwendung gelangen, wenn sich ein unbeschränkt Steuerpflichtiger zu mindestens 1% oder im Einzelfall zu sogar weniger als 1% an der die Zwischeneinkünfte mit Kapitalanlagecharakter erzielenden Gesellschaft beteiligt.

752–759 *einstweilen frei*

C. Unionsrechtlicher Rettungsansatz (Abs. 2)

3. Amtshilfebedingung (S. 2)

Satz 2 formuliert als weitere Voraussetzung der Exkulpationsmöglichkeit, **760** dass zwischen der Bundesrepublik Deutschland und dem betreffenden EU-/ EWR-Staat Auskünfte erteilt werden. Diese zu erteilenden Auskünfte müssen erforderlich sein, um die Besteuerung durchzuführen. Die rechtliche Grundlage für den Auskunftsaustausch innerhalb der EU findet sich unionsweit in der „Richtlinie 2011/16/EU des Rates vom 15. Februar 2011 über die Zusammenarbeit der Verwaltungsbehörden im Bereich der Besteuerung und zur Aufhebung der Richtlinie 77/799/EWG" (Amtshilferichtlinie). Als Sekundärrechtsinstrument ist diese in allen Mitgliedsstaaten umzusetzen.

Mit dem EU-Amtshilfegesetz (EUAHiG) wurde die Richtlinie 2011/16/ **761** EU in deutsches Recht umgesetzt. Die Amtshilferichtlinie ersetzt die Richtlinie 77/799/EWG des Rates vom 19. Dezember 1977 über die gegenseitige Amtshilfe zwischen den zuständigen Behörden der Mitgliedsstaaten im Bereich der direkten Steuern (EG-Amtshilfe-Richtlinie). Gleichzeitig tritt das damit überholte EG-Amtshilfe-Gesetz (EGAHiG) außer Kraft.

§ 1 EUAHiG bestimmt: „Dieses Gesetz regelt den Austausch von voraus- **762** sichtlich erheblichen Informationen in Steuersachen zwischen Deutschland und den anderen Mitgliedstaaten der Europäischen Union (Mitgliedstaaten). Es ist anzuwenden für jede Art von Steuern, die von einem oder für einen Mitgliedstaat oder dessen Gebiets- oder Verwaltungseinheiten einschließlich der örtlichen Behörden erhoben werden." Bei dem Austausch von voraussichtlich erheblichen Informationen in Steuersachen sollen Informationen über einzelne Fälle ausgetauscht werden, wenn von einem anderen Mitgliedstaat darum ersucht wird. Damit ist eine Grundlage dafür geschaffen, den Verfahrensanforderungen des § 8 Abs. 2 gerecht zu werden.

Mit dem „Gesetz zur Umsetzung der Änderungen der EU-Amtshilfe-richt- **763** linie und von weiteren Maßnahmen gegen Gewinnverkürzung und -verlagerung" (BEPS-Umsetzungsgesetz v. 20.12.2016, BGBl. 2016 I 3000) wurde das EUAHiG geändert. Insbesondere wurde damit die innerstaatliche Umsetzung einiger OECD-Empfehlungen ins Werk gesetzt.

In Nicht-EU-Fällen kommen als rechtliche Grundlage für die Auskunfts- **764** erteilung sowohl die Anwendung der Doppelbesteuerungsabkommen als auch die Anwendung der Abkommen über den steuerlichen Informationsaustausch (Tax Information Exchange Agreement – TIEA) in Betracht. Die von Deutschland geschlossenen Abkommen über den steuerlichen Informationsaustausch (Tax Information Exchange Agreement – TIEA) bieten die Möglichkeit, behördliche Unterstützung durch Informationsaustausch auf Ersuchen im Einzelfall für Zwecke des Besteuerungsverfahrens oder des Steuerstraf- und Bußgeldverfahrens in Anspruch zu nehmen. Ein spontaner oder automatischer Informationsaustausch ist in diesen Abkommen nicht vorgesehen. Der Inhalt und Aufbau der Abkommen entsprechen weitgehend dem OECD-Musterabkommen für Informationsaustausch in Steuersachen aus dem Jahr 2002 (BMF-Schreiben v. 10.11.2015 – IV B 6 – S 1301/11/10002, BStBl. I 2016, 138).

Differenziert ist die Sachlage in den EWR-Mitgliedstaaten Norwegen, **765** Island und Liechtenstein zu sehen. Der räumliche Anwendungsbereich der EU-Amtshilferichtlinie erstreckt sich nicht auf diese Staaten. Für diese Fälle kommt der Auskunftserteilung auf Grund einer vergleichbaren zwei- oder mehrseitigen Vereinbarung besondere Relevanz zu. Die Auskunftserteilung auf der Basis vergleichbarer bilateraler oder multilateraler Vereinbarungen zur Durchführung der deutschen Besteuerung ergibt sich für die EWR-Mitgliedstaaten aus den – ggf. abgeschlossenen – Doppelbesteuerungsabkommen. Im Verhältnis zu Norwegen leitet sich die Möglichkeit zur Amtshilfe aus Art. 26 des DBA Norwegen ab. Mit Bezug zu Island ist zu betonen, dass das einschlägige DBA zumindest eine sog. kleine Auskunftsklausel enthält (vgl. Art. 26 DBA Island).

766 Die früher problematische Rechtslage mit Blick auf Liechtenstein ist nunmehr in einem anderen Licht zu würdigen. Bis zum Inkrafttreten des „Tax Information Exchange Agreement" (TIEA) Deutschland-Liechtenstein, welches den Austausch von steuerlich relevanten Informationen zwischen den Behörden ab 1.1.2010 regelt, fiel Liechtenstein, obschon EWR-Mitgliedstaat, nicht unter die Vorschrift (zur Problematik *Kraft* IStR 2010, 440). Nach nunmehr geltender Rechtslage indessen fällt Liechtenstein unter die begünstigten Staaten. Hinzutritt der Umstand, dass nach Art. 26 DBA-Liechtenstein (DBA Deutschland-Liechtenstein v. 17.11.2011, BGBl. 2012 II 1463) eine Klausel zum Informationsaustausch vereinbart ist. Nach Art. 26 Abs. 1 DBA-Liechtenstein tauschen die zuständigen Behörden der Vertragsstaaten die Informationen aus, die zur Durchführung dieses Abkommens oder zur Verwaltung oder Anwendung des innerstaatlichen Rechts voraussichtlich erheblich. Der Informationsaustausch nach dem DBA regelt sich gemäß der Nr. 9 des Protokolls zum DBA nach dem TIEA Deutschland-Liechtenstein, welches einen weitergehenden Austausch von Informationen nicht ausschließen soll. Somit erweist sich auch in Bezug auf Investitionsstrukturen, die sich Liechtensteins als Standort bedienen, der Motivtest als anwendbar.

767–769 *einstweilen frei*

4. Keine Exkulpation bei Zwischengesellschaften und Betriebsstätten im Nicht-EU-/Nicht-EWR-Raum (S. 3, 4)

770 Nach Satz 3 ist die Exkulpationsklausel des Satz 1 nicht auf die der Gesellschaft nach § 14 zuzurechnenden Einkünfte einer Untergesellschaft anzuwenden, die weder Sitz noch Geschäftsleitung in einem Mitgliedstaat der Europäischen Union oder einem Vertragsstaat des EWR-Abkommens hat. Danach sind von der Hinzurechnungsbesteuerung solche Zwischeneinkünfte aus Drittstaaten nicht ausgenommen, die der EU-/EWR-Gesellschaft im Rahmen der übertragenden Zurechnung (§ 14) zuzurechnen sind.

771 Entsprechendes gilt für eine in einem Drittstaat belegene Betriebsstätte der EU-/EWR-Gesellschaft. Auch für diese Fälle versagt der Gesetzgeber die Exkulpation bei Zuordnung von Zwischeneinkünften zu Betriebsstätten im Nicht-EU-/Nicht-EWR-Raum. Begünstigt dürften jedoch die Einkünfte aus einer EU-/EWR-Gesellschaft sein, deren Beteiligung über eine in einem Drittstaat ansässige Personengesellschaft gehalten wird.

772–779 *einstweilen frei*

5. Gegenständliche Einkünftezuordnung; Drittvergleichsklausel (S. 5)

Satz 5 bestimmt schließlich zum einen, dass der tatsächlichen wirtschaftlichen Tätigkeit der Gesellschaft nur solche Einkünfte der Gesellschaft zuzuordnen sind, die durch diese (tatsächliche wirtschaftliche) Tätigkeit erzielt werden. Daneben sind der tatsächlichen wirtschaftlichen Tätigkeit der Gesellschaft Einkünfte der Gesellschaft nur insoweit zuzuordnen, als der Fremdvergleichsgrundsatz (§ 1) bei Geschäftsbeziehungen mit nahe stehenden Personen beachtet worden ist. Über diesen Anforderungskatalog, der sich mitnichten aus der einschlägigen EuGH-Judikatur herausgeheimnissen lässt, mag nur spekuliert werden. Im Schrifttum (vgl. *Grotherr* IWB, Fach 3 Deutschland Gr. 1, 2259) wird gemutmaßt, dass der der Gesetzgeber damit wohl vor allem konzernbezogenen Gestaltungsmodellen begegnen wolle, bei denen in einem europäischen Niedrigsteuerland eine Konzernuntergesellschaft mit einem Minimum an sächlicher Ausstattung (Personal, Räume) vergleichsweise unbedeutenden Dienstleistungsfunktionen nachgehe, daneben jedoch in erheblich größerem Umfang eine konzerninterne Finanzierungstätigkeit unter Beteiligung von inländischen Konzerngesellschaften ausübe. Dabei wird die Gefahr gesehen, dass bedeutende Finanzierungserträge erzielt werden, die dann der deutschen Hinzurechnungsbesteuerung entgehen würden.

Die Norm erfordert somit eine gegenständliche Zuordnung von Einkünften der Gesellschaft zu einer wie auch immer gearteten tatsächlichen wirtschaftlichen Tätigkeit der Gesellschaft. Diese Anforderung dürfte in der Praxis an Praktikabilitätsgrenzen stoßen. Zum einen lassen sich allenfalls bei unrealistisch einfach angenommenen Produktions-, Vertriebs-, Beschaffungs- und Finanzierungsstrukturen entsprechende Ursache-Wirkungszusammenhänge zwischen unternehmerischen Tätigkeiten bzw. Tätigkeitsbereichen und erzielten Einkünften andererseits identifizieren. IdR lassen sich eben keine monokausalen Ursache-Wirkungszusammenhänge dergestalt ausmachen, dass bestimmte – vom Gesetz als tatsächliche wirtschaftliche bezeichnete – Tätigkeiten zu bestimmten und identifizierbaren Einkünften führen. Unternehmerischer Erfolg oder Misserfolg mag sich regional, nach Geschäftsbereichen, nach rechtlichen Entitäten oder nach anderen Kriterien aufspalten lassen. Eine diesbezüglich notwendige Zuordnung wird sich umso mehr mit dem Problem konfrontiert sehen, dass sich kein unmittelbarer und direkter Zusammenhang zwischen Tätigkeiten und Einkünften bestimmen lässt.

Worin der tiefere Sinn liegen soll, dass nur solche Einkünfte der Gesellschaft anerkannt werden, die sich auf der Basis eines Fremdvergleichstauglichen Abrechnungsgebarens im Konzern ergeben, bleibt ebenfalls im Dunkeln. Da entsprechende Korrekturvorschriften zur steuerlichen Behandlung unangemessener Verrechnungspreise im Konzern bereits existieren, ist diese Anforderung im Kontext der Exkulpationsmöglichkeit im Rahmen der Hinzurechnungsbesteuerung weder systematisch geboten noch gerechtfertigt. Dies zeigt sich ganz evident an dem Beispiel, dass die Verrechnungspreisgestaltung nicht zu Lasten, sondern zu Gunsten des deutschen Steueraufkommens erfolgt ist. Warum in solchen – zweifelsfrei vom Fremdvergleichsgebot abweichenden – Fällen nicht nur eine Verrechnungspreiskorrektur erfolgen soll, sondern auch der unionsrechtlich gebotene Schutz der Grundfreiheiten ausgehöhlt werden soll, bleibt schleierhaft.

783 In der Gesetzesbegründung wird das Beispiel angeführt, in dem eine reine Darlehnsvergabe durch eine Tochtergesellschaft im Ausland, die im Übrigen eine eigene wirtschaftliche Tätigkeit ausübt, einen gesondert zu beurteilenden Tätigkeitsbereich darstellen soll. Hier ist nach der Diktion des Gesetzgebers zu unterscheiden zwischen einer eigenen wirtschaftlichen Tätigkeit einerseits und der Vereinnahmung von Zinsen andererseits. Nur der erste Teil soll nicht der Hinzurechnungsbesteuerung unterliegen. Dies ergibt sich bereits daraus, dass nur insoweit keine Zwischeneinkünfte vorliegen. Für den zweiten Teil der Aktivität indessen, der Vereinnahmung von Zinsen, nimmt der Gesetzgeber eine rein künstliche Gestaltung an, die er der Hinzurechnungsbesteuerung unterwerfen möchte. Das Beispiel zeigt, dass der gesetzgeberische Versuch einer gegenständlichen Zuordnung eher zur Verwirrung als zur Klärung beizutragen vermag. Vorzuziehen wäre es gewesen, wenn das Gesetz die eingeübte funktionale Betrachtungsweise im Rahmen des § 8 Abs. 2 kodifiziert hätte. Danach wären die funktional mit der wirklichen wirtschaftlichen Tätigkeit verknüpften Nebenerträge, die im Zusammenhang mit den weit zu verstehenden geschäftlichen Aktivitäten der ausländischen Gesellschaft entstehen, von der Hinzurechnungsbesteuerung auszunehmen. Im Beispiel könnten dies, je nach Sachlage im Einzelfall, die Zinsen aus der Darlehnsvergabe sein. Eine funktionale Betrachtungsweise wäre in jedem Fall dem Versuch der gegenständlichen Zuordnung vorzuziehen.

784–789 *einstweilen frei*

II. Verbleibende unionsrechtliche Bedenken

1. Zwischeneinkünfte mit Kapitalanlagecharakter

790 Die früher umstrittene Frage, ob im Rahmen von Zwischeneinkünften mit Kapitalanlagecharakter der Motivtest anwendbar war, ist durch den Gesetzgeber geklärt. Denn im Rahmen des AmtshilfeRLUmsG (BGBl. 2013 I 1809) wurde in § 8 Abs. 2 S. 1 eine Ergänzung um Beteiligungen iSv § 7 Abs. 6 eingefügt. Dadurch wird klargestellt, dass auch die Fälle der Zwischeneinkünfte mit Kapitalanlagecharakter erfasst sind. Der Motivtest nach § 8 Abs. 2 wird damit auch für ausländische Kapitalgesellschaften zugelassen, die nicht inländisch beherrscht werden, aber Einkünfte mit Kapitalanlagecharakter erzielen. Ausweislich der Gesetzesbegründung (vgl. BT-Drs. 17/10000, 66) sollen durch die Änderungen unionsrechtlicher Vorgaben aus der Rechtsprechung des EuGH (vgl. hierzu insbesondere EuGH, 12.9.2006, C-196/04) umgesetzt werden.

791–793 *einstweilen frei*

2. Beachtung des Fremdvergleichsgrundsatzes als Vorbedingung des erfolgreichen Motivtests

794 Vorbedingung des erfolgreichen Motivtests nach § 8 Abs. 2 ist die Beachtung des Fremdvergleichsgrundsatzes bei der Gestaltung der Verrechnungs-

C. Unionsrechtlicher Rettungsansatz (Abs. 2)

preise im Konzern, soweit eine niedrig besteuerte EU-/EWR-Konzernkapitalgesellschaft betroffen ist (§ 8 Abs. 2 S. 5). An dieser Zusatzbedingung des Gesetzgebers entzünden sich erhebliche unionsrechtliche Zweifel, da sie von den durch den EuGH im Rahmen der Cadbury-Schweppes-Entscheidung aufgezeigten Möglichkeiten des Gegenbeweises nicht gedeckt ist. Ein solcher – in der Literatur (vgl. *Grotherr* IWB, Fach 3 Deutschland Gr. 1, 2259 (2263)) als „Separierungstheorie" des deutschen Gesetzgebers bezeichneter – Import des Fremdvergleichsgrundsatzes dürfte mit der Niederlassungsfreiheit nicht in Einklang zu bringen sein.

3. Ausschluss nachgeschalteter Zwischengesellschaften in Drittstaaten

In § 8 Abs. 2 S. 3 und S. 4 ist der Ausschluss von Einkünften der EU-/ EWR-Tochtergesellschaft aus Gesellschaften oder Betriebsstätten in Drittstaaten geregelt. Es sind indessen Fälle denkbar, in denen eine niedrige Besteuerung von Einkünften daraus resultiert, dass nationale Bestimmungen eines anderen Mitgliedstaats mit einem Drittstaat zu einem niedrigen Besteuerungsniveau führen. Entwirft man für diese Situation ein geeignetes Vergleichspaar dergestalt, dass bei einer Direktinvestition aus Deutschland in den Drittstaat entspreche Regelungen nicht gelten und eine niedrige Besteuerung mit der Folge der Hinzurechnungsbesteuerung deshalb nicht vorliegt, so vermag möglicherweise bereits dieser Befund für sich genommen eine Verletzung der Niederlassungsfreiheit zu bewirken. Denn in diesen Fällen würde eine Investition in einem anderen Mitgliedstaat eine nachteilige steuerliche Behandlung des inländischen Steuerpflichtigen bewirken. In der Terminologie des EuGH könnte der inländischen Steuerpflichtigen mithin aufgrund der Wirkungen der Vorschrift des § 8 Abs. 2 S. 3 und S. 4 davon abgehalten werden, in den entsprechenden Mitgliedstaat zu investieren. 795

Eine gewisse diesbezügliche Klärung ist vom Ausgang des Verfahrens, welches der BFH mit Beschluss vom 12.10.2016, I R 80/14, IStR 2017, 316 dem EuGH vorgelegt hat, zu erwarten (vgl. *Kraft* Anmerkung, IStR 2017, 316). Der EuGH wird sich in diesem Verfahren dazu äußern müssen, ob hinzurechnungssteuerliche Vorschriften am Maßstab der Kapitalverkehrsfreiheit zu messen sind. Sollte der EuGH die Unionsrechtswidrigkeit der Hinzurechnungsbesteuerung von Zwischeneinkünften mit Kapitalanlagecharakter im Drittstaatenfall bejahen, wird der Gesetzgeber den Motivtest hinsichtlich des Ausschlusses von Drittstaatenkonstellationen in der derzeitigen Form nicht beibehalten können. 796

4. Unionsrechtliche Problematik der Nachweispflichten; Beweislastverteilung

Aus unionsrechtlicher Perspektive sind neben den auf die tatbestandliche Ausgestaltung zurückzuführenden Auslegungsprobleme des § 8 Abs. 2 noch sowohl die systematische als auch die verfahrensrechtliche Konzeption problematisch. Systematisch handelt es sich bei § 8 Abs. 2 um eine Rückausnahme. Bei Vorliegen der Voraussetzungen für eine Hinzurechnungsbesteuerung greift diese ein. Damit liegt die Beweislast für das Vorliegen der Voraussetzungen des 797

§ 8 Abs. 2 beim inländischen Steuerpflichtigen. Der Finanzbehörde obliegt indessen die Ermittlung der steuertatbestandlichen Voraussetzungen für eine Hinzurechnungsbesteuerung. Die Inanspruchnahme der Ausnahmeregelung in § 8 Abs. 2 durch den Steuerpflichtigen verlangt ihm den Nachweis ab, dass die ausländische Zwischengesellschaft einer tatsächlichen wirtschaftlichen Tätigkeit in ihrem Ansässigkeitsstaat nachgeht. Diese Rangfolge erscheint aus der Perspektive der unionsrechtlich verbürgten Grundfreiheiten nicht frei von Bedenken.

798 Zum einen hat die Bezugnahme auf § 8 Abs. 1 und die damit verbundene Typisierung der Steuerumgehung am Maßstab einer passiven Einkunftserzielung der ausländischen Kapitalgesellschaft nach wie vor eine beschränkende Wirkung auf die Ausübung der Niederlassungsfreiheit durch den inländischen Anteilseigner. Der Grund liegt darin, dass hiermit eine selektive Abschirmung des inländischen Marktes für eine nicht vom „Aktivkatalog" des § 8 Abs. 1 erfasste Einkunftserzielung aufgrund des mit einer Heraufschleusung des ausländischen Steuerniveaus verbundenen Verlustes an Rentabilität einer vergleichbaren Einkunftserzielung in einem anderen EU-Mitgliedstaat verbunden ist.

799 Hinzu tritt die Einschätzung, dass die Typisierung des § 8 Abs. 1 nicht geeignet zu sein scheint, rein künstliche Konstruktionen exakt von unschädlichen „nicht rein künstlichen" Konstruktionen abzugrenzen. Es fehlt mit anderen Worten an einer widerspruchsfreien Negativabgrenzung (vgl. Schmidt/ *Schwind* IWB, Fach 2, 9715).

800 Auch aus der Perspektive des Verfahrensrechts sieht sich die Neuregelung der Kritik ausgesetzt. Die Beweislastverteilung geht über die allgemeine Mitwirkungspflicht des inländischen Anteilseigners hinaus (§ 17 sowie § 90 Abs. 2 AO). Dies zeigt sich darin, dass dem Steuerpflichtigen ein erhöhter Beitrag zur Amtsermittlungspflicht der Finanzbehörden zugemutet wird. Seine Mitwirkungspflichten liegen folglich deutlich über denen des vergleichbaren Inlandssachverhalts. In der Qualifizierung des § 8 Abs. 2 gleichsam als Rückausnahme zur typisierenden Hinzurechnungsbesteuerung ist es nämlich angelegt, dass der Steuerpflichtige die Voraussetzungen des § 8 Abs. 2 darzulegen und zu beweisen hat. Ihm ist damit das alleinige Risiko für die Nichterweislichkeit von Tatsachen aufgebürdet. Es sind berechtigte Zweifel daran geäußert worden (vgl. *Schmidt/Schwind* IWB, Fach 2, 9715), ob diese Beweislastverteilung der Rechtsprechung des EuGH in der Rs. C-196/04 *(Cadbury Schweppes)* entspricht.

801 Zwar ist zuzugeben, dass sich in der Rechtsprechung des EuGH zu den direkten Steuern die isolierte Anerkennung eines gesteigerten Informationsinteresses der Finanzverwaltung bei grenzüberschreitenden Sachverhalten als wichtiges Kriterium des Allgemeininteresses herausgebildet hat. Dies hat der EuGH insbesondere in seinem Urteil v. 12.9.2006 in der Rs. C-196/04 (Cadbury Schweppes) nochmals betont. Allerdings lässt sich daraus mitnichten die Berechtigung zur vollständigen Überwälzung der Beweislast auf den betroffenen Steuerpflichtigen ableiten. In Betracht kommt allenfalls eine – auch von der EuGH-Judikatur gedeckte – erweiterte Mitwirkungspflicht bei Auslandssachverhalten im Einzelfall, wenn Anzeichen für einen Missbrauchsvorwurf gegeben sind. Aus dieser Blickrichtung geht auch der Verweis des Gesetzgebers auf die Rechtsprechung des EuGH in der Rs. C-196/04 *(Cadbury*

C. Unionsrechtlicher Rettungsansatz (Abs. 2)

Schweppes) nicht vollständig ins Leere. Der Gesetzgeber leitet aus der Rechtsprechung des EuGH ab, dass dem Steuerpflichtigen durchaus die Beweislast für eine tatsächliche wirtschaftliche Tätigkeit einer ausländischen Gesellschaft auferlegt werden kann. Allerdings ist dies an die Bedingung geknüpft, dass Indizien für eine künstliche Gestaltung gegeben sind. Indessen setzt eine vollständige Überwälzung der Beweislast jedoch voraus, dass sich derartige Indizien für eine künstliche Gestaltung klar und eindeutig ausmachen lassen. Damit ist das Abstellen auf den Einzelfall vorgezeichnet. Diese Überlegungen werden auch davon getragen, dass dem Aktivitätskatalog des § 8 Abs. 1 keine entsprechende negative Indizwirkung zukommt, also dass sämtliche dort aufgelisteten Tatbestände einem Anfangsverdacht einer „rein künstlichen" Konstruktion ausgesetzt wären. Anders gewendet indizieren die Tatbestände des § 8 Abs. 1 nicht a priori die Vermutung rein künstlicher Gestaltung. Folglich geht es auch aus diesem Blickwinkel nicht an, dem inländischen Steuerpflichtigen die Beweislast für eine tatsächliche wirtschaftliche Tätigkeit einer ausländischen Gesellschaft aufzuerlegen. Demzufolge wird man auch aus diesen Erwägungen ableiten dürfen, dass der Gesetzgeber mit § 8 Abs. 2 zu kurz greift. Eine konzeptionell stimmige Lösung müsste – um im völligen Einklang mit den Vorgaben der EuGH-Judikatur zu stehen – zuvörderst den Aktivitätskatalog des § 8 Abs. 1 durchforsten, diesen entrümpeln und dürfte nur noch an den Maßstäben des EuGH messbare, klar identifizierbare Missbrauchstatbestände enthalten.

einstweilen frei

III. Praxisproblembereiche, insbesondere mehrstufige Beteiligungsstrukturen

1. Einstufiger Beteiligungsaufbau im Ausland

Wird eine hinzurechnungssteuerlich zu beurteilende Kapitalgesellschaft mit Sitz und Ort der Geschäftsleitung im Ausland unmittelbar vom inländischen Anteilseigner gehalten, so sind in der normativen Konzeption des Motivtests ansässigkeitsabhängig unterschiedliche Rechtsfolgeverzweigungen in Abhängigkeit von der Belegenheit der von der Kapitalgesellschaft betriebenen Betriebsstätte angelegt.

a) Kapitalgesellschaftsbeteiligung im EU-/EWR-Staat, eine Betriebsstätte im gleichen EU-/EWR-Staat

Der unproblematische Ausgangsfall des Motivtests lässt sich dahin beschreiben, dass eine im EU-/EWR-Ausland ansässige niedrigbesteuerte Kapitalgesellschaft der Sache nach Zwischeneinkünfte erzielt. Geht diese Kapitalgesellschaft indessen unstrittig einer tatsächlichen wirtschaftlichen Tätigkeit nach, so ist sie nicht als von der Hinzurechnungsbesteuerung betroffene Zwischengesellschaft zu qualifizieren. Dies gilt unabhängig von der Natur der erwirtschafteten passiven Einkünfte, seien es regulär passive Einkünfte oder sog. Zwischeneinkünfte mit Kapitalanlagecharakter nach § 7 Abs. 6a. Bei der ersten Kategorie von im Ausland ansässigen Gesellschaften ist die Deutschbeherrschung konstitutiv zur Annahme einer Zwischengesellschaft. Dieses Kriterium entfällt bekanntlich, wenn die Gesellschaft sog. Zwischeneinkünfte mit Kapitalanlagecharakter erwirtschaftet.

812 Hinzuweisen ist darauf, dass der Gesetzgeber nach § 18 Abs. 3 S. 2 Hs. 2 den Inlandsbeteiligten an der im Ausland ansässigen Gesellschaft auch dann verpflichtet, eine Feststellungserklärung abzugeben, wenn geltend gemacht werden kann, dass die Hinzurechnung aufgrund des unionsrechtlichen Motivtests unterbleibt.

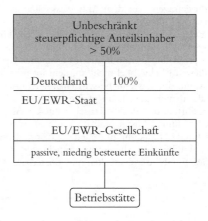

813 Fraglich ist, wenn eine EU/EWR-Gesellschaft – etwa in ihrer einzigen Betriebsstätte – sowohl Zwischeneinkünfte erzielt, bezüglich derer der Motivtest bestanden wird als auch solche Zwischeneinkünfte, die die Voraussetzungen des Motivtests nicht erfüllen. Dann ist eine tätigkeitsbezogene Betrachtung anzuwenden, die segmentiert bezüglich verschiedener Einkünfte generierender Tätigkeiten das Vorliegen bzw. Nichtvorliegen der Voraussetzungen des Motivtests untersucht.

b) Kapitalgesellschaftsbeteiligung im EU-/EWR-Staat, mehrere Betriebsstätten im gleichen EU-/EWR-Staat

814 Es dürfte der Realität entsprechen, dass nicht nur eine Betriebsstätte einer Kapitalgesellschaft existiert, sondern mehrere. Hier könnte sich die Frage stellen, ob jede Betriebsstätte im Hinblick auf die zu erfüllenden Voraussetzungen isoliert zu betrachten ist oder ob die Kapitalgesellschaft in toto zu beurteilen ist. Dies lässt sich anhand folgender Problemstellung illustrieren.

815 **Sachverhalt:** Eine im EU-/EWR-Staat ansässige Kapitalgesellschaft verfügt über mehrere Betriebsstätten im gleichen Staat. Betriebsstätte 1 übernimmt Geschäftsleitungsfunktion und geht aufgrund ihres Geschäftsmodells unstrittig einer tatsächlichen wirtschaftlichen Tätigkeit nach. Betriebsstätte 2 agiert lediglich konzernintern, beispielsweise als Finanzdrehscheibe, cash pool oder „Captive". Das Merkmal des „Nachgehens einer tatsächlichen wirtschaftlichen Tätigkeit" soll nicht erfüllt sein.

C. Unionsrechtlicher Rettungsansatz (Abs. 2)

Auch insoweit steht außer Frage, dass eine atomisierte Betrachtung Anwendung findet. Dies hat zur Folge, dass in Bezug auf die Einkünfte aus der Betriebsstätte 1 (SKK/*Lehfeldt* § 8 Anm. 182.30) die Gesellschaft nicht als Zwischengesellschaft qualifiziert, sehr wohl jedoch in Bezug auf die Einkünfte aus der Betriebsstätte 2. Durch die Verwendung des Begriffs „insoweit" findet eine segmentierte, isolierte Betrachtung beider Betriebsstätten im Hinblick auf den Motivtest statt. Dass diese Sichtweise in der Praxis auf erhebliche Schwierigkeiten stößt, ist gewissermaßen vorprogrammiert. Denn erforderlich für die Erbringung des Nachweises sind detaillierte Kenntnisse der inländischen Steuerpflichtigen über die interne Organisation der ausländischen Gesellschaft.

c) Kapitalgesellschaftsbeteiligung im EU-/EWR-Staat, Betriebsstätten in verschiedenen EU-/EWR-Staaten

Strukturell vergleichbar verläuft die Beurteilung, wenn eine im EU-/EWR-Staat ansässige Kapitalgesellschaft mehrere Betriebsstätten in verschiedenen EU-/EWR-Staaten betreibt.

Sachverhalt: Eine EU/EWR-Gesellschaft betreibt eine Betriebsstätte1 im gleichen Staat, hier soll der Motivtest unstrittig erfüllt sein. Die in einem anderen EU/EWR-Gesellschaft belegene Betriebsstätte erfüllt das Merkmal des „Nachgehens einer tatsächlichen wirtschaftlichen Tätigkeit" nicht.

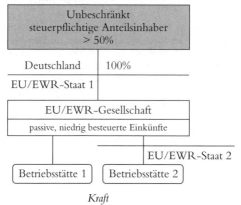

819 Auch auf diese Frage findet sich im Gesetz im Grunde eine eindeutige Antwort, die auf eine atomisierte Betrachtung hinausläuft. Mithin wird der Motivtest in Bezug auf Betriebsstätte 1 bestanden, im Hinblick auf Betriebsstätte 2 hingegen nicht. Sowohl durch die Begrifflichkeit „insoweit" als auch durch die staatenbezogene Betrachtungsweise sind die von der Betriebsstätte2 erwirtschafteten Einkünfte Zwischeneinkünfte. Der Motivtest wird mithin nicht bestanden.

d) Kapitalgesellschaftsbeteiligung im EU-/EWR-Staat, Betriebsstätte im Drittstaat (§ 8 Abs. 2 S. 4 AStG)

820 Der nunmehr zu untersuchende Fall wird vom Gesetz explizit angesprochen. Unabhängig von einer tatsächlichen wirtschaftlichen Tätigkeit ermöglicht das Gesetz sog. Drittstaatsbetriebsstätten die Exkulpation nicht.

821 **Fall:** EU/EWR-Gesellschaft betreibt Betriebsstätte1 im EU-/EWR-Staat und Betriebsstätte2 im Drittstaat. Beide Betriebsstätten erfüllen die Voraussetzungen des Motivtests.

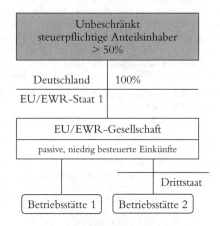

822 Unstrittig gelingt in Bezug auf Betriebsstätte1 der unionsrechtliche Entlastungsbeweis, ebenso unstrittig ist er in Bezug auf Betriebsstätte2 zu versagen. Denn dieser Fall wird explizit von § 8 Abs. 2 S. 4 erfasst, zumindest nach dessen Wortlaut kann der Motivtest bezüglich der Drittstaateneinkünfte nicht gewährt werden. Eine andere Sichtweise könnte indessen aus unionsrechtlichen Erwägungen vertreten werden. Allerdings müsste dann die Betriebsstätte in den sich auf Drittstaaten erstreckenden Schutz der Kapitalverkehrsfreiheit einbezogen werden. Abwegig erscheint dies nicht, allerdings dürfte bezüglich dieser Thematik die Entwicklung der EuGH-Judikatur noch nicht am Endpunkt angelangt sein.

C. Unionsrechtlicher Rettungsansatz (Abs. 2)

e) Kapitalgesellschaftsbeteiligung im Drittstaat, Betriebsstätte im EU-/EWR-Staat

Keine explizite Lösung bietet der Gesetzgeber für die Problemstruktur an, in der eine Kapitalgesellschaftsbeteiligung im Drittstaat gehalten wird, die betreffende Gesellschaft ihrerseits wiederum eine für den Motivtest der Sache nach qualifizierende Betriebsstätte in einem EU-/EWR-Staat hält.

Fall: Nachfolgend soll die Drittstaats-Gesellschaft Zwischeneinkünfte sowohl aus ihrem Ansässigkeitsstaat als auch aus einer im EU-/EWR-Staat belegenen Betriebsstätte generieren.

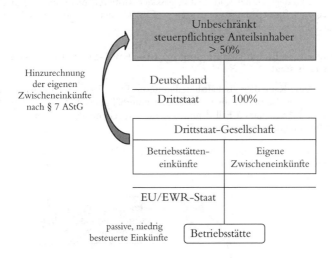

Unstrittig kommt es zu einer Hinzurechnung der im Ansässigkeits-Drittstaat erwirtschafteten Zwischeneinkünfte der Drittstaats-Gesellschaft. Diese ist insoweit Zwischengesellschaft für ihre eigenen Einkünfte ohne Exkulpationsmöglichkeit. Fraglich ist indessen, ob bezüglich der Betriebsstätteneinkünfte deshalb der unionsrechtliche Motivtest anwendbar ist, weil diese im EU-/EWR-Staat belegen ist. Eine explizite Regelung hat dieser Fall nicht erfahren, allerdings scheint § 8 Abs. 2 S. 1 eher dafür zu sprechen, dass auch in Bezug auf die – eigentlich unionsgenerierten – Zwischeneinkünfte der Betriebsstätte der Motivtest zu versagen ist. Denn immerhin ist zu konzedieren (*Köhler/Haun* Ubg 2008, 73 (76)), dass diese Norm entweder an den Sitz und/oder an den Ort der Gesellschaft anknüpft. Diese Voraussetzung ist vorliegend unstrittig nicht erfüllt.

Indessen ist zweifelhaft, ob eine solche Rechtsfolge unionsrechtlich haltbar wäre. Denn es dürften sich kaum Zweifel daran entzünden, dass es in Bezug auf die von der Betriebsstätte generierten Einkünfte zu einer unionsrechtlichen diskriminierenden Hinzurechnung käme. Hinzu tritt die Überlegung, dass der Gesetzgeber in § 8 Abs. 2 S. 4 den umgekehrt gelagerten Fall der Anbindung einer (im Drittstaat belegenen) Betriebsstätte an eine EU-EWR-Kapitalgesellschaft explizit als regelungsbedürftig erachtet hat. Daraus lässt sich im Wege des Umkehrschlusses ableiten, dass der hier besprochene Fall aufgrund seiner Eindeutigkeit nicht als regelungsbedürftig erachtet wurde. Schließlich spricht ein weiterer Gesichtspunkt für die hier entwickelte Sichtweise. Nähert man – mit der jüngeren Gesetzgebungsentwicklung – die Betriebsstätte der rechtlich selbständigen Kapitalgesellschaft an, so lassen sich valide Gründe dafür finden, dass Betriebsstätten im EU-/EWR-Ausland in den Genuss des Motivtests kommen sollten. Dies würde einen Gleichlauf mit der Behandlung nachgeschalteter Zwischengesellschaften bewirken, die ebenfalls Motivtest-geschützt sind. Dafür, dass der Motivtest nicht auf eine „nachgeschaltete" Betriebsstätte übertragen werden können soll, finden sich kaum taugliche Argumentationstopoi.

f) Kapitalgesellschaftsbeteiligung im EU-/EWR-Staat, Betriebsstätte im Drittstaat

827 Wird eine Kapitalgesellschaftsbeteiligung im EU-/EWR-Staat gehalten, die ihrerseits eine Betriebsstätte im Drittstaat unterhält, regelt das Gesetz in § 8 Abs. 2 S. 4 AStG diesen Fall dahin, dass die Zwischeneinkünfte der Betriebsstätte hinzurechnungspflichtig sind.

828 **Fall:** Nachfolgend generieren soll die EU-/EWR-Staat-Gesellschaft Zwischeneinkünfte sowohl aus ihrem Ansässigkeitsstaat als auch aus einer im Drittstaat-Staat belegenen Betriebsstätte.

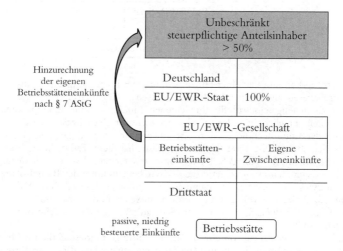

829 In dieser Sachverhaltsstruktur ist die EU-/EWR-Gesellschaft keine Zwischengesellschaft für ihre eigenen (passiven und niedrig besteuerten) Einkünfte (§ 8 Abs. 2 S. 1, 2). Allerdings erfolgt die Hinzurechnung der von der Dritt-

C. Unionsrechtlicher Rettungsansatz (Abs. 2)

staatsbetriebsstätte zugerechneten Zwischeneinkünfte nach dem insoweit eindeutigen Gesetzesbefehl des § 8 Abs. 2 S. 4.

g) Kapitalgesellschaftsbeteiligung im Drittstaat, Betriebsstätte im Drittstaat

Befinden sich sowohl die Kapitalgesellschaftsbeteiligung als auch die Betriebsstätte im Drittstaat, so sieht der Gesetzgeber keine Veranlassung für einen Unions-Escape.

Fall: Die im Drittstaat domizilierte deutschbeherrschte Gesellschaft unterhält eine Betriebsstätte in einem (weiteren) Drittstaat. Sowohl ihre eigenen als auch die von der Betriebsstätte generierten Zwischeneinkünfte unterfallen nicht dem Unions-Escape.

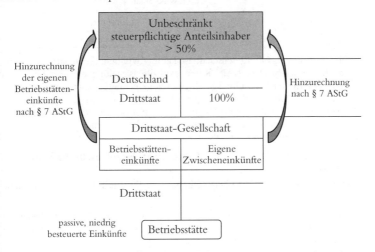

Diese Konstellation unterfällt weder nach dem Wortlaut des § 8 Abs. 2 AStG noch nach dessen telos dem Schutzbereich des Motivtests.
einstweilen frei

2. Zweistufiger Beteiligungsaufbau im Ausland (Konzernstrukturen)

a) Tochtergesellschaft im EU-/EWR-Staat, Enkelgesellschaft im EU-/EWR-Staat

Nicht geregelt ist der Fall nachgeschalteter EU-Enkel-Gesellschaften von EU-Tochtergesellschaften, da der Gesetzgeber regelungstechnisch lediglich den zweistufigen Konzernaufbau in den Blick nimmt.

Fall: Eine im EU-/EWR-Ausland ansässige niedrigbesteuerte (Tochter-) Kapitalgesellschaft beherrscht eine nachgeschaltete im EU-/EWR-Ausland ansässige niedrigbesteuerte (Enkel-)Kapitalgesellschaft.

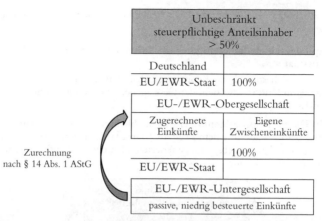

842 Die EU-/EWR-Obergesellschaft ist keine Zwischengesellschaft für eigene Einkünfte (§ 8 Abs. 2 S. 1, 2). Keine explizite Regelung existiert bezüglich der von der EU-/EWR-Untergesellschaft zugerechneten Zwischeneinkünfte, aber der wohl Umkehrschluss aus § 8 Abs. 2 S. 3 dürfte wohl angezeigt sein. Die vertretbare conclusio führt daher zu dem Ergebnis, dass für keine der niedrig besteuerten passiven Einkünfte eine Hinzurechnung beim unbeschränkt steuerpflichtigen Anteilsinhaber eintritt.

b) Tochtergesellschaft im EU-/EWR-Staat, Enkelgesellschaft im Drittstaat

843 Die Konstellation mit Enkelgesellschaft im Drittstaat hat eine gesetzliche Regelung erfahren.

844 **Fall:** Eine im EU-/EWR-Ausland ansässige niedrigbesteuerte (Tochter-)Kapitalgesellschaft beherrscht eine nachgeschaltete im Drittstaat ansässige niedrigbesteuerte (Enkel-)Kapitalgesellschaft.

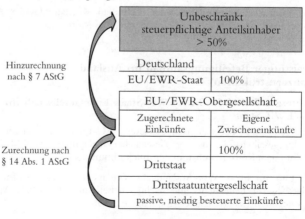

C. Unionsrechtlicher Rettungsansatz (Abs. 2)

Die EU-/EWR-Tochter-Gesellschaft ist keine Zwischengesellschaft für eigene Einkünfte (§ 8 Abs. 2 S. 1, 2). Allerdings tritt die Hinzurechnung der von der Drittstaatsuntergesellschaft zugerechneten Zwischeneinkünfte nach § 8 Abs. 2 S. 3 ein.

c) Tochtergesellschaft im Drittstaat, Enkelgesellschaft im EU-/EWR-Staat

Ist die Tochtergesellschaft im Drittstaat ansässig, die Enkelgesellschaft hingegen im EU-/EWR-Staat, hat der Gesetzgeber eine explizite Regelung versäumt bzw. auf sie verzichtet.

Fall: Eine im Drittstaat ansässige niedrigbesteuerte (Tochter-)Kapitalgesellschaft beherrscht eine nachgeschaltete im ansässige niedrigbesteuerte (Enkel-)Kapitalgesellschaft, die im EU-/EWR-Ausland ansässig ist.

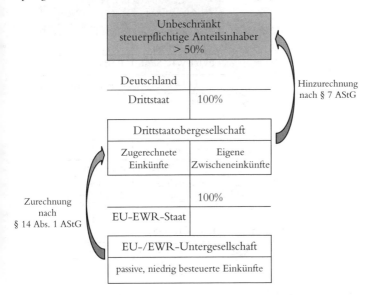

Es tritt die Hinzurechnung der passiven Einkünfte der Drittstaatsobergesellschaft nach § 7 Abs. 1 ohne Exkulpation nach § 8 Abs. 2 ein. Bezüglich der von der EU-/EWR-Untergesellschaft zugerechneten Zwischeneinkünfte findet sich keine explizite Regelung. Allerdings gebietet der telos des § 8 Abs. 2 S. 1, 2, dass die vertretbare conclusio darin besteht, dass keine Hinzurechnung der passiven Einkünfte der EU-/EWR-Untergesellschaft eintritt.

einstweilen frei

3. Mehrstufiger Beteiligungsaufbau im Ausland: Tochtergesellschaft, Enkelgesellschaft und Urenkelgesellschaft im EU-/EWR-Staat

860 Bei – in der Besteuerungs- und Konzernrealität – regelmäßig anzutreffenden mehrstufigen Beteiligungsketten hat der Gesetzgeber keine Regelung getroffen. Gleichwohl wird man – in Anlehnung an den zweistufigen Konzernaufbau – argumentieren müssen, dass eine Drittstaatsgesellschaft die EU-Exkulpation suspendiert. Daher verbleibt alleine der mehrstufige EU-/EWR-Konzernstruktur als ungeregelte Konzernstruktur.

861 **Fall:** Drei- bzw. mehrstufiger Konzernaufbau durchgängig im EU-/EWR-Raum.

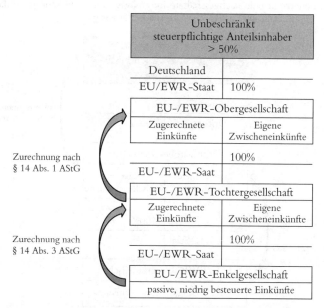

862 Die EU-/EWR-Obergesellschaft ist fraglos keine Zwischengesellschaft für eigene Einkünfte (§ 8 Abs. 2 S. 1, 2). Eine explizite Regelung bezüglich der von der EU-/EWR-Tochtergesellschaft sowie der von der EU-/EWR-Enkelgesellschaft zugerechneten Zwischeneinkünfte ist nicht getroffen. Indessen, spricht aber wohl auch in einer solchen Situation der Umkehrschluss aus § 8 Abs. 2 S. 3 – gewissermaßen eine argumentum e contrario – dafür, dass keine Hinzurechnung der passiven niedrig besteuerten Einkünfte der Tochter- bzw. der Enkelgesellschaft eintritt.

863–869 *einstweilen frei*

D. Niedrige Besteuerung (Abs. 3)

I. Allgemeines; Kerngehalt der Vorschrift

1. Rechtsentwicklung; Aktualisierungsnotwendigkeit der Niedrigsteuerschwelle

Bei der Einführung des AStG im Jahre 1972 sah der Gesetzgeber einen ausländischen Steuersatz iHv 30% als geeignet an, die Niedrigsteuerschwelle iSd § 8 Abs. 3 festzulegen. Der ursprüngliche Referenzpunkt wurde in der Hälfte der damaligen körperschaftsteuerlichen Belastung thesaurierter Gewinne von Kapitalgesellschaften gesehen (*FWBS* § 8 AStG Rz. 389). Die Gewerbesteuerbelastung blieb bei derartigen Belastungsüberlegungen seinerzeit regelmäßig außer Betracht. Der aktuell gültige Steuersatz iHv 25% zur Annahme einer niedrigen Besteuerung wurde durch das Unternehmenssteuerfortentwicklungsgesetz (Gesetz v. 20.12.2001, BGBl. 2001 I 3858) eingeführt. Die zentrale Neuerung bestand darin, den zur Beurteilung einer niedrigen Besteuerung kritischen Steuersatz im Ausland auf 25% zu senken. Das Jahressteuergesetz 2008 (Gesetz v. 20.12.2001 BGBl. 2001 I 3150) änderte den damaligen Satz 2 (nunmehr Satz 3) der Vorschrift als Reaktion auf die BFH-Rechtsprechung (BFH v. 9.7.2003, I R 82/02, BStBl. II 2004, 4), gewissermaßen in der Form eines „Nichtanwendungsgesetzes". **870**

Angesichts eines heute geltenden 15%-igen Körperschaftsteuersatzes bzw. einer durchschnittlichen Gesamtbelastung körperschaftsteuerlicher Gewinn unter Berücksichtigung von Solidaritätszuschlag und Gewerbesteuer von ca. 30% hat diese ursprüngliche Überlegung ihre Rechtfertigungskraft verloren. *Wassermeyer/Schönfeld* IStR 2008, 496 stellen daher zu Recht lakonisch fest, dass von der Orientierung an der Hälfte des deutschen Thesaurierungssatzes keine Rede mehr ist. Geht man angesichts eines Körperschaftsteuersatz iHv 15% nach heutiger Rechtslage von einer durchschnittlichen Gesamtbelastung körperschaftsteuerlicher Gewinn unter Berücksichtigung von Solidaritätszuschlag und Gewerbesteuer von ca. 30% aus, so ist der Gesetzgeber daher aufzufordern, die Niedrigsteuerschwelle auf ein realistisches Niveau herabzusetzen, welches begrifflich angesichts geänderter Umstände auch die Bezeichnung „niedrige Besteuerung" verdient. Zu denken wäre etwa an einen Referenzsteuersatz iHv 15% (*Kraft* IStR 2010, 378; *Kraft/Seydewitz* BB 2015, 1494; *Schön* IStR-Beihefter 2013, 3). Diese mit dem Körperschaftsteuersatz identische Prozentzahl bewegt sich typisiert in der Nähe der hälftigen Gesamtbelastung einer Kapitalgesellschaft inklusive Gewerbesteuer und Solidaritätszuschlag. **871**

Mit der Einfügung des Satz 2 durch das JStG 2010 (BGBl. 2010 I 1768) beabsichtigte der Gesetzgeber, sog. mehrstöckige „Malta-Gestaltungen" zu unterbinden. Korrespondierend ergab sich die Notwendigkeit, den bisherigen Satz 2 als neuen Satz 3 zu fassen. **872**

Mittlerweile sind Entwicklungen auf der internationalen Bühne eingetreten, die die derzeit geltende Niedrigsteuerschwelle vehement in Frage stellen. Art. 7 Abs. 1 Buchst. b ATAD definiert die Niedrigsteuerschwelle nämlich wie folgt: „Die von dem Unternehmen oder der Betriebsstätte tatsächlich ent- **873** richtete Körperschaftsteuer auf seine bzw. ihre Gewinne ist niedriger als die Differenz zwischen der Körperschaftsteuer, die nach der geltenden Körperschaftsteuerregelung im Mitgliedstaat des Steuerpflichtigen für das Unternehmen oder die Betriebsstätte erhoben worden wäre, und der von dem Unternehmen oder der Betriebsstätte tatsächlich entrichteten Körperschaftsteuer auf seine bzw. ihre Gewinne."

874 Um diese Formulierung zu verstehen, bedarf es zunächst einer arithmetischen Umformung der Vorschrift in eine mathematische Formel. Bezeichnet x die tatsächlich entrichtete Körperschaftsteuer auf passive Gewinne und setzt sich die im Ansässigkeitsstaat des Anteilsinhabers zu entrichtende Körperschaftsteuer aus dem Produkt aus Steuersatz s und Bemessungsgrundlage BMG zusammen, so ergibt sich nach der komplizierten Ausdrucksweise und schwer verständlichen Neuformulierung (*Linn* IStR 2016, 645) der einschlägigen Niedrigsteuerdefinition die folgende Referenzformel der Niedrigbesteuerung:

Die tatsächlich entrichtete Körperschaftsteuer auf passive Gewinne (x) muss kleiner sein als die Differenz aus der Körperschaftsteuer (s × BMG) auf die passiven Gewinne im Ansässigkeitsstaat und der tatsächlich entrichteten Körperschaftsteuer (x) im Mitgliedsstaat.

Formelhaft ausgedrückt führt dies zu:

$$x < s \times BMG - x$$

Die Auflösung dieser Gleichung nach x ergibt somit:

$$x < \tfrac{1}{2} \times s \times BMG$$

875 Somit würde nach der ATAD eine Niedrigbesteuerung als maßgeblich gesehen, bei der ein auf 7,5 % (50 % von 15 %) abgesenkter Niedrigsteuersatz zum Tragen käme (*Rautenstrauch/Suttner*, BB 2016, 2391). Ob dies legislatorisch für realistisch gehalten werden kann oder ob sich der deutsche Gesetzgeber auf die Mindestschutzniveau-Klausel des Art. 3 ATAD berufen könnte und bei der hohen Referenzschwelle von 25 % bleiben würde, ist derzeit nicht absehbar. Dies lässt auch die Problematik der Anrechenbarkeit der ausländischen Steuer auf die den Hinzurechnungsbetrag nach § 7 GewStG belastende deutsche Gewerbesteuer virulent werden.

876 Im Auge zu behalten ist, dass die Bemessungsgrundlagenermittlung der passiven Einkünfte für Zwecke der Hinzurechnungsbesteuerung auch nach der ATAD nach dem Recht des Ansässigkeitsstaats zu erfolgen hat (vgl. Art. 87 Abs. 1 ATAD).

877–879 *einstweilen frei*

2. Überblick über die Vorschrift

880 Nach Satz 1 liegt eine niedrige Besteuerung iSd § 8 Abs. 1 vor, wenn die Einkünfte der ausländischen Gesellschaft einer Belastung durch Ertragsteuern von weniger als 25 % unterliegen. Dabei darf diese Belastung durch Ertragsteuern nicht auf einem Ausgleich mit Einkünften aus anderen Quellen beruhen. Es geht dabei – wie regelmäßig im Steuerrecht – auch auf dieser Ebene um nichts anderes als um die Anwendung eines gesetzlich vorgesehen Tarifs auf eine gesetzlich definierte Bemessungsgrundlage.

D. Niedrige Besteuerung (Abs. 3)   881–884 § 8

Satz 2 enthält Detailregelungen zur Belastungsberechnung. Er bestimmt, dass bestimmte Ansprüche in die Belastungsberechnung einzubeziehen sind. Es handelt sich um solche Ansprüche, die entweder dem unbeschränkt steuerpflichtigen Beteiligten und/oder einer anderen Gesellschaft, an der der unbeschränkt Steuerpflichtige direkt oder indirekt beteiligt ist, im Fall der Gewinnausschüttung der ausländischen Gesellschaft gewährt werden. Die aus sich heraus ohne Hintergrundkenntnis kaum verständliche Formulierung bezweckt, die Steuerentlastung auf der Gesellschafterebene in die Beurteilung der Niedrigbesteuerung auf der Ebene der im Ausland ansässigen Kapitalgesellschaft einzubeziehen. Der spezifische Hintergrund der Vorschrift ist in der (früheren) besonderen Situation auf Malta zu sehen. 881

Satz 3 bestimmt, dass eine niedrige Besteuerung iSd § 8 Abs. 1 auch dann vorliegt, wenn Ertragsteuern von mindestens 25 % zwar rechtlich geschuldet, jedoch nicht tatsächlich erhoben werden. Demzufolge ist die Frage, worauf konkret der Gesetzgeber den prozentualen Steuertarif angewendet wissen möchte (*Kraft/Nitzschke* IStR 2003, 820), aufgrund der nunmehr erfolgten gesetzlichen Regelung dahin zu verstehen, dass es auf die konkret geschuldete Steuer ankommt. 882

3. Unionsrechtliche Problematik

In der Literatur wird vorgebracht, die Niedrigsteuerschwelle verstoße gegen Unionsrecht (*Kraft* IStR 2010, 378; *Schön* IStR-Beihefter 2013, 3; *Vogt* DStR 2005, 1347). Angesichts des Umstandes, dass § 8 Abs. 3 die Schwelle der Niedrigbesteuerung höher ansiedelt als etwa den deutschen Körperschaftsteuersatz, dürfte sich in der Tat nur sehr schwer eine Rechtfertigung für die gesetzgeberische Wahl der Niedrigsteuerschwelle finden lassen. Dies zeigt sich auch darin, dass ein Missbrauchsmotiv, dh ein rein steuerliches Motiv, voraussetzt, dass die Einkünfte bei der ausländischen Gesellschaft erheblich niedriger besteuert werden als beim Inländer selbst. Dies ist aber gerade nicht der Fall. Vielmehr ist es durchaus möglich, dass aufgrund des Zusammenwirkens verschiedener Ertragsteuern im Inland eine Besteuerung von 22,83 % möglich ist (*Wassermeyer/Schönfeld* IStR 2008, 499). Damit ist der unionsrechtliche Problemgehalt evident: ausländische Investitionen werden ggf. schlechter behandelt als inländische, weswegen ein Unionsrechtsverstoß nur schwerlich zu verneinen sein dürfte. 883

4. Verfassungsrechtliche Dimension

Gegen die Niedrigsteuerschwelle werden daneben auch verfassungsrechtliche Bedenken angemeldet, und zwar unter verschiedenen verfassungsrechtlichen Grundsätzen. Konzediert wird insoweit, dass der Gesetzgeber – verfassungsrechtlich akzeptabel – Auslandsinvestitionen mit einem Steuersatz belegen könne, der einer Besteuerung im Inland entspricht. Allerdings wird angemahnt, der Gesetzgeber solle aus Gründen der Sachgesetzlichkeit den niedrigsten denkbaren Satz aus der kombinierten Körperschaftsteuer einschließlich Solidaritätszuschlag zzgl. Gewerbesteuer als Niedrigsteuersatz des § 8 Abs. 3 S. 1 aufrufen. Ein solcher Niedrigsteuersatz beliefe sich dann auf 22,825 % bei einem Minimalhebesatz von 200 %. Ein Verstoß gegen den Gleichheitssatz im Hinblick auf die Gewerbesteuerfreiheit von Betrieben au- 884 ßerhalb Deutschlands ließe sich jedenfalls in einer Konstellation begründen, in der der Steuersatz der Auslandsgesellschaft zwischen 22,85% und 25% liege. Es fehle dann an der Sachgesetzlichkeit, Investitionen im Ausland zu sanktionieren, obwohl im Inland dieselben Konditionen angeboten und nicht sanktioniert werden. Aus diesen Erwägungen bestünden Bedenken gegen die Verfassungsmäßigkeit der Niedrigsteuergrenze von 25%, unter der die Hinzurechnungsbesteuerung ausgelöst werde (*Haarmann* IStR 2011, 565).

885–889 *einstweilen frei*

II. Definition der Niedrigbesteuerung (S. 1)

1. Inhalt; Bedeutung der Definition

890 Die Grundkonzeption der Hinzurechnungsbesteuerung orientiert sich daran, dass neben dem persönlichen Tatbestandsmerkmal der Inlandsbeherrschung die beiden sachlichen Tatbestandsmerkmale einerseits des Erzielens von Einkünften aus passivem Erwerb sowie andererseits der niedrigen Besteuerung der ausländischen Zwischengesellschaft erfüllt sein müssen. Während das persönliche Tatbestandsmerkmal der Inlandsbeherrschung im Wesentlichen in § 7 Abs. 1 angesiedelt ist und sich die passiven Einkünfte im Umkehrschluss aus dem Aktivitätskatalog des § 8 Abs. 1 ableiten, ist das Tatbestandskriterium der niedrigen Besteuerung normativ in § 8 Abs. 3 verortet. Neben dem Erzielen von Einkünften aus passivem Erwerb stellt die Belastung von weniger als 25% als Verkörperung der Niedrigbesteuerung das zentrale Wesenselement des Vorliegens einer Zwischengesellschaft dar. Der Begriff der Zwischengesellschaft – und damit auch die Frage nach einer niedrigen Besteuerung – spielt nicht nur im Kontext der konventionellen Hinzurechnungsbesteuerung eine Rolle. Auch im Bereich der erweiterten (verschärften) Hinzurechnungsbesteuerung (vgl. § 7 Abs. 6, 6a) sowie im Bereich der Betriebsstättenbesteuerung nach § 20 Abs. 2 kommt der inhaltlichen Charakterisierung der Niedrigbesteuerung zentrale Bedeutung zu (zu Letzterem *Maack/Stöbener* IStR 2008, 461).

891 *Lenz/Heinsen* IStR 2003, 793 haben zutreffender Weise darauf hingewiesen, dass die Bestimmung einer Niedrigbesteuerung gesetzlich nicht näher konkretisiert wird und dass insofern erheblicher Auslegungsspielraum besteht. Auch der AEAStG hilft nur bedingt weiter. Zwar enthält er Hinweise, wie die Finanzverwaltung die Ertragsteuerbelastung ermitteln möchte, lässt jedoch Detailfragen offen.

892 Die niedrige Besteuerung iSd § 8 Abs. 1 aufgrund einer Belastung durch Ertragsteuern von weniger als 25% bedingt, dass zwei Ebenen scharf voneinander zu trennen sind. Die Errechnung der Belastung durch Ertragsteuern auf der einen Seite ist von der Ermittlung der fraglichen Einkünfte getrennt zu sehen. Während der erste Aspekt durch eine Belastungsrechnung bewerkstelligt werden kann, kommt es im Rahmen des zweiten Aspekts darauf an, die Frage der Einkünfte der ausländischen Gesellschaft sowie der Technik der Einkünfteermittlung zu klären.

D. Niedrige Besteuerung (Abs. 3) 893–895 § 8

2. Belastungsrechnung

Bei der im Rahmen des § 8 Abs. 3 anzustellenden Belastungsrechnung sind 893 die Aspekte der Bestimmung der einzubeziehenden Steuerarten, die Ermittlung der Bemessungsgrundlage sowie die Bestimmung der Ertragsteuerbelastung von zentraler Bedeutung. Der BFH (BFH v. 9.7.2003, I R 82/02, BStBl. II 2004, 4) entschied unter Verweis auf die im Schrifttum vertretene Ansicht (*Schaumburg* Internationales Steuerrecht, Rz. 10.122; Brezing ua/*Mössner* § 8 AStG Rz. 116), dass im Rahmen der nach § 8 Abs. 3 anzustellenden Belastungsberechnung grundsätzlich nicht auf die tatsächlich gezahlte, sondern auf die nach dem maßgeblichen ausländischen Recht geschuldete Steuer abzustellen sei. Dieser Sichtweise ist der Gesetzgeber entgegen getreten. Zwar hat der Gesetzgeber den vom BFH ausgelegten Satz 1 insoweit unangetastet gelassen, indessen mit der Ergänzung in Satz 2 angeordnet, dass es letztlich nicht – wie vom BFH für zutreffend gehalten – auf die rechtlich geschuldete Steuer, sondern auf die tatsächlich erhobene Steuer ankommt. Der Grund dafür liegt darin, dass sich beim Abstellen auf die abstrakte Ertragsteuerbelastung Umgehungsmöglichkeiten ergeben hätten. Bei der abstrakten Ertragsteuerbelastung wäre dem ausländischen Steuergesetzgeber die Möglichkeit eröffnet, die Steuersätze so anzupassen, dass sie einer niedrigen Besteuerung unverdächtig sind. Gleichwohl hätte er jedoch durch entsprechende Vereinbarungen im Einzelfall auf die Steuererhebung verzichten können. Eine Niedrigbesteuerung hätte dann nicht vorgelegen (dazu *Kraft*/*Nitzschke* IStR 2003, 820, 821; *Vogt* DStR 2005, 1347, 1350).

Der Begriff „Ertragsteuern" ist gesetzlich nicht definiert. Nach Auffassung 894 der Finanzverwaltung (Tz. 8.3.1.1. AEAStG) gehören zur Ertragsteuerbelastung alle zu Lasten der ausländischen Gesellschaft im Staat ihres Sitzes, ihrer Geschäftsleitung oder einem Drittstaat (zB Steuern einer Betriebsstätte) erhobenen Ertragsteuern. Der Wortlaut schließt indessen inländische Steuern auch nicht aus. Dies hat zur Folge, dass in geeigneten Fällen auch das deutsche Steuerniveau (etwa die lediglich 15%-ige Körperschaftsteuerbelastung einer inlandsbeherrschten ausländischen Kapitalgesellschaft mit inländischen Einkünften aus Vermietung von inländischem Grundbesitz) zur Niedrigbesteuerung führen kann. Ob ein solches Ergebnis von der Konzeption der Hinzurechnungsbesteuerung getragen wird, erscheint höchst fraglich.

Unter Berufung auf den BFH (vgl. BFH v. 20.4.1988, I R 197/84, BStBl. 895 II 1988, 986) weist der AEAStG (Tz. 8.3.1.1.) beispielhaft darauf hin, dass sich eine niedrige Besteuerung dadurch ergeben kann, dass die ausländische Gesellschaft in einem hoch besteuernden Land für passive Einkünfte gezielte Steuervergünstigungen in Anspruch nimmt. In der Tat führt der BFH in dieser Entscheidung zutreffend aus, dass auch Hochsteuerländer gezielt Steuervergünstigungen einsetzen, um einen Anreiz zur Verlagerung bestimmter Einkunftsquellen zu schaffen. Die Finanzverwaltung versteht unter Ertragsteuern iSd Satz 1 alle Steuern vom Gesamteinkommen oder von Teilen des Einkommens, einschließlich der Steuern vom Gewinn aus der Veräußerung beweglichen oder unbeweglichen Vermögens sowie der Steuern vom Vermögenszuwachs. Darunter fallen auch Provinz- und Kantonalsteuern sowie Steuern anderer Gebietskörperschaften einschließlich regionaler oder kommunaler

Steuern auf das Einkommen (State Taxes, Local Taxes, Zuschlagsteuern auf Einkommen- oder Körperschaftsteuern, Steuern auf Veräußerungsgewinne in der Form sog. capital gains taxes sowie gewerbesteuergleiche oder -ähnliche Abgaben vom Ertrag. Nicht einzubeziehen sind Kapitalsteuern (FG Hamburg v. 29.10.1993, EFG 1994, 335) sowie Steuern, die bei der ausländischen Gesellschaft zu Lasten Dritter einbehalten werden, etwa in der Form von Kapitalertragsteuern auf Gewinnausschüttungen (Tz. 8.3.1.2. AEAStG).

896 Die Finanzverwaltung (Tz. 8.3.2.1. AEAStG) möchte die Ertragsteuerbelastung durch die Gegenüberstellung der nach deutschem Steuerrecht ermittelten Zwischeneinkünfte und den von der ausländischen Gesellschaft entrichteten Steuern ermitteln, wobei freiwillige Steuerzahlungen nicht zu berücksichtigen sein sollen. Die Ertragsteuerbelastung entspricht – nach Einschätzung der Finanzverwaltung – idR dem Satz der Ertragsteuer des Sitzstaats, wobei nicht nur der allgemeine Tarif, sondern auch in Betracht kommende Vorzugssätze und Befreiungen für Einkünfte aus passivem Erwerb oder für Gesellschaften ohne aktive Tätigkeit zu berücksichtigen sein sollen.

897 Beispiel:
Der ausländische Ertragsteuersatz beträgt 30%. Die ausländische Zwischengesellschaft hat 30 ausländische Steuer gezahlt. Die Bemessungsgrundlage nach ausländischem Recht beträgt 100. Die nach deutschem Recht ermittelten Zwischeneinkünfte betragen 200, weil das ausländische Recht – im Gegensatz zum deutschen Recht – bestimmte Zuführungen zu Rückstellungen zum Abzug zulässt. Die Gegenüberstellung der von der ausländischen Gesellschaft entrichteten Steuern (30) und der nach deutschem Steuerrecht ermittelten Zwischeneinkünfte (200) führt zur Niedrigbesteuerung iSd S. 1 (15%).

898 Es ist zu betonen, dass sich die Niedrigsteuergrenze nur auf Einkünfte aus passivem Erwerb bezieht. Einkünfte aus aktivem Erwerb können niedrig oder gar nicht besteuert sein, für diese gilt die Niedrigsteuerquote von 25% nicht.

3. Einkünfteermittlung

899 Allgemein erfolgt im Steuerrecht eine Anwendung eines gesetzlich vorgesehen Tarifs auf eine gesetzlich definierte Bemessungsgrundlage. Daher stellt sich die Frage, worauf konkret der Gesetzgeber den prozentualen Steuertarif angewendet wissen möchte. Der Wortlaut des Satz 1 lässt dabei verschiedene Spielarten offen, wonach verschiedene Kategorien von Bemessungsgrundlagen in Betracht kommen. Naheliegend wäre, die im Ausland tatsächlich im Rahmen eines Besteuerungsverfahrens nach den Regeln des ausländischen Steuerrechts ermittelte Steuerbasis in Bezug zu nehmen (erste Variante). Ebenso könnte die abstrakt nach ausländischen Steuerrechtsregeln sich ergebende Größe gemeint sein (zweite Variante). Und schließlich lässt der Wortlaut durch die Verwendung des aus dem Einkommensteuerrecht vorbesetzten Begriffs der „Einkünfte" durchaus auch eine Auslegung zu, die auf eine im Rahmen einer Hinzurechnungsbilanz ermittelte Bemessungsgrundlage nach den Regeln des deutschen (Bilanz-)Steuerrechts abstellt (dritte Variante). Dass ein solcher Ansatz sich durchaus im System der Hinzurechnungsbesteuerung rechtfertigen ließe, zeigt die Bestimmung des § 10 Abs. 3. Diese Norm stellt explizit für die

Quantifizierung der dem Hinzurechnungsbetrag zu Grunde liegenden „Einkünfte" auf die entsprechende Anwendung deutschen Steuerrechts ab.

Nach Ansicht der Finanzverwaltung hat die der Ermittlung der Steuerbelastung zu Grunde zu legende Bemessungsgrundlage, dh die Ermittlung der passiven Einkünfte, nach Vorschriften des deutschen Steuerrechts zu erfolgen. Dies erfolgt bereinigt um Sonderfaktoren (Tz. 8.3. AEAStG). Für die Einkünfteermittlung sind die Vorschriften gemäß § 2 Abs. 2 und § 4 Abs. 1 und 3 EStG anzuwenden. Nach Auffassung der Finanzverwaltung ist zudem § 10 Abs. 3 AStG anzuwenden, obwohl dieser eigentlich erst auf der Rechtsfolgenseite greift. § 10 Abs. 3 bestimmt, dass die dem Hinzurechnungsbetrag zugrunde liegenden Einkünfte in entsprechender Anwendung der Vorschriften des deutschen Steuerrechts zu ermitteln sind. Diese Regelung schlägt iVm § 2 Abs. 2 EStG daher auch auf die Einkünfteermittlung auf der Ebene der ausländischen Zwischengesellschaft für Zwecke der Ermittlung der Niedrigbesteuerung durch. Der Vollständigkeit halber soll betont werden, dass dies ebenso für nachgeschaltete Zwischengesellschaften iSd § 14 wie für Betriebsstätten iSd § 20 Abs. 2 gilt. Konsequenz aus der in entsprechender Anwendung der Vorschriften des deutschen Steuerrechts zu ermittelnden Einkünfte der ausländischen Zwischengesellschaft ist zunächst, dass diese auch im Kontext der Feststellung einer niedrigen Besteuerung entweder als Gewinn durch Betriebsvermögensvergleich oder als Überschuss der Einnahmen über die Betriebsausgaben erfolgt.

4. Formel zur Belastungsrechnung

Nach den vorstehenden Überlegungen lässt sich die Belastungsrechnung anhand folgender Formel durchführen. Danach ist zur Feststellung einer niedrigen Besteuerung zu untersuchen, ob der folgende Quotient 25% unterschreitet:

Belastungsprozentsatz

$$= \frac{\text{Tatsächliche im Ansässigkeitsstaat, in Drittstaaten sowie ggf. in Deutschland entrichtete Ertragsteuern der ausländischen Gesellschaft}}{\text{Nach deutschem Ermittlungsregeln errechnete Einkünfte}}$$

Im Übrigen belegt die Diskussion um die zueinander in Bezug zu setzenden Größen, nämlich Steuerbetrag und Einkünfte, wie dringend geboten auch im Bereich der Hinzurechnungsbesteuerung, also der „CFC-legislation", die Einführung einer mindestens unionsweiten harmonisierten Gewinnermittlungskonvention ist. Die Zähigkeit indessen, mit der das Projekt der gemeinsamen körperschaftsteuerlichen konsolidierten Bemessungsgrundlage (GKKB) vorangetrieben wird, gibt wenig Anlass zu Optimismus.

5. Ausgleichsregelung

Nach Satz 1 muss sich die niedrige Besteuerung der passiven Einkünfte bei isolierter Betrachtung ergeben. Die Formulierung am Ende von Satz 1 „ohne dass die niedrige Besteuerung auf einem Ausgleich mit Einkünften aus anderen Quellen beruht" ordnet mithin ein Ausgleichsverbot an. *Schönfeld* IStR 2009, 301 hat Überlegungen zum telos der Norm angestellt. Zutreffend weist er darauf hin, dass der Regelungszweck des mit „ohne" eingeleiteten zweiten Halbsatzes darin besteht, eine Niedrigbesteuerung in den Fällen zu vermeiden, in denen die ausländische Gesellschaft aus unterschiedlichen Einkunftsquellen sowohl positive als auch negative Einkünfte erzielt und lediglich dadurch aufgrund einer konkreten Belastungsrechnung unter eine Ertragsteuerbelastung von weniger als 25% rutscht. In solchen Fällen wäre die Annahme einer Niedrigbesteuerung im Grundsatz nicht sachgerecht, weil die Einkünfte ohne den Verlustausgleich einer Besteuerung von mehr als 25% unterworfen worden wären.

904 Allerdings sind vom Regelungszweck der Bestimmung auch Konstellationen erfasst, in denen unterschiedlich besteuerte (konkret: teils niedrig, teils hoch besteuerte) Einkunftsquellen vorliegen, die im Durchschnitt zu einer niedrigen Besteuerung passiver Einkünfte führen könnten. In der Literatur hat die Verlustausgleichsregelung nur spärlich Berücksichtigung gefunden. Ebenso hat der Gesetzgeber sie offenbar als für weitgehend unproblematisch erachtet. Immerhin hat er es nicht für nötig befunden hat, diesen Regelungsbereich zu begründen (*Schönfeld* IStR 2009, 301).

905 Aus der Formulierung im Gesetz ergibt sich damit gleichsam bei der Ermittlung der Niedrigsteuerschwelle jeweiliger passiver Einkünfte ein „Ausgleichsverbot". Das Gesetz spricht bewusst nicht von anderen „Einkunftsarten", sondern von Quellen. Der Begriff der Einkunftsquelle ist der weitere Begriff. Daher unterfallen dem Ausgleichsverbot auch Einkünfte, die im Rahmen anderer Aktivitäten oder anderer Einkunftsarten ein- und desselben Rechtsträgers anfallen und selbst solche Einkünfte, die bei einem anderen Rechtsträger anfallen, die der ausländischen Gesellschaft indessen zuzurechnen sind.

906 Das – auf den ersten Blick unscheinbare – Ausgleichsverbot ist in der Besteuerungspraxis unabdingbar, da sonst bei Verlusten ausländischer Tochtergesellschaften auch und gerade in Hochsteuerländern häufig eine Niedrigsteuersituation eintreten könnte. Bei der Anwendung der Norm sind sowohl der Begriff der Quelle als auch der des Ausgleichs weit auszulegen.

907 Die Ausgleichsregelung findet zunächst Anwendung im Rahmen niedriger Besteuerung bei gemischten Einkünften. Bei ausländischen Gesellschaften mit gemischten Einkünften sind für eine Belastungsberechnung die Steuern der ausländischen Staaten zu ermitteln, die auf die Einkünfte aus passivem Erwerb entfallen.

Beispiel:

908 Eine durch Steuerinländer beherrschte ausländische Gesellschaft erzielt positive Einkünfte aus passivem Erwerb (beispielsweise Zinseinkünfte aus Forderungen) iHv 100, die eigentlich mit 30% ausländischer Ertragsteuer belastet wären. Daneben erwirtschaftet die ausländische Gesellschaft Verluste aus aktivem Erwerb iHv 100. Nach den Verlustverrechnungsregeln des ausländischen Steuerrechts tritt keine Steuerlast auf die passiven Erträge ein, weil diese mit den aktiven Verlusten verrechnet werden. Ohne das Ausgleichsverbot müssten die nicht besteuerten – und somit niedrig iSd § 8 Abs. 1 besteuerten passiven Zinserträge der ausländischen Gesellschaft im Wege der Hinzurechnungsbesteuerung im Inland bei den Anteilseignern erfasst werden.

909 In Fällen, in denen Einkünfte aus unterschiedlichen Quellen unterschiedlich besteuert werden, kann das Ausgleichsverbot ebenfalls zu sachgerechten

D. Niedrige Besteuerung (Abs. 3)

Ergebnissen führen. Dies ist insbesondere denkbar bei schedulenartigen Steuersystemen.

Beispiel:
Eine durch Steuerinländer beherrschte ausländische Gesellschaft erzielt positive Einkünfte aus passivem Erwerb (beispielsweise Zinseinkünfte aus Forderungen) iHv 100, die eigentlich mit 30 % ausländischen Ertragsteuern belastet wären. Daneben erwirtschaftet die ausländische Gesellschaft positive Einkünfte aus aktivem Erwerb iHv 100, die mit 10 % ausländischen Ertragsteuern belastet sind. Die durchschnittliche Belastung sowohl der aktiven als auch der passiven Einkünfte beträgt 20 % und unterschreitet damit die Niedrigsteuerschwelle. Es soll angenommen werden, dass der Steuerbescheid im Ausland lediglich die gemittelte Steuerforderung ausweist. Ohne das Ausgleichsverbot müssten die niedrig iSd § 8 Abs. 1 besteuerten passiven Zinserträge der ausländischen Gesellschaft im Wege der Hinzurechnungsbesteuerung im Inland bei den Anteilseignern erfasst werden. Die Vorschrift ist hinsichtlich ihrer Reichweite nicht auf die ausländische Gesellschaft beschränkt. Sie kann – etwa im Rahmen einer Gruppenbesteuerung – Bedeutung erlangen.

Beispiel:
Eine durch Steuerinländer beherrschte ausländische Gesellschaft erzielt positive Einkünfte aus passivem Erwerb (beispielsweise Zinseinkünfte aus Forderungen) iHv 100, die eigentlich mit 30 % ausländischen Ertragsteuern belastet wären. Daneben werden der ausländischen Gesellschaft Verluste einer Tochtergesellschaft iHv 100 nach organschaftsähnlichen bzw. Gruppenbesteuerungsregeln zugerechnet. Nach den Verlustverrechnungsregeln des ausländischen Steuerrechts tritt keine Steuerlast auf die passiven Erträge der Obergesellschaft ein, weil diese mit den ihr zugerechneten Verlusten der Tochtergesellschaft verrechnet werden. Ohne das Ausgleichsverbot müssten die un- und somit niedrig iSd § 8 Abs. 1 besteuerten passiven Zinserträge der ausländischen Gesellschaft im Wege der Hinzurechnungsbesteuerung im Inland bei den Anteilseignern erfasst werden.

Ebenso wird nach zutreffender Auffassung der Finanzverwaltung (Tz. 8.2. AEAStG) für den parallel gelagerten Fall eine ausländische Gesellschaft, die Zwischeneinkünfte erzielt, nicht deshalb niedrig besteuert, weil ihre Einkünfte im Rahmen einer Gruppenbesteuerung (zB Organschaft, Konsolidierung) bei einer anderen Gesellschaft besteuert werden. Erzielt eine ausländische Gesellschaft, die einem Konsolidierungskreis angehört, Zwischeneinkünfte, ist die auf die Zwischeneinkünfte entfallende anteilige Ertragsteuerbelastung für diese Gesellschaft gesondert zu ermitteln.

Schließlich ist darauf hinzuweisen, dass die Regelung nach Auffassung der Finanzverwaltung (Tz. 8.3.2.6. AEAStG) nicht nur für den unterjährigen Verlustausgleich, sondern auch für den intertemporalen Verlustabzug gilt. Es kann – wie von *Schönfeld* IStR 2009, 301 zutreffend begründet – nämlich keinen Unterschied machen, ob die Verluste im Jahr ihrer Entstehung aufgrund eines Verlustausgleiches zu einer (konkreten) Niedrigbesteuerung führen, oder ob diese Rechtsfolge aufgrund unzureichender positiver Einkünfte im Verlustentstehungsjahr in einem späteren Jahr eintritt, in welches die Verluste nach ausländischem Recht vorgetragen werden dürfen. Daher darf dann im Falle eines nach ausländischem Recht zulässigen Verlustrücktrages nichts anderes gelten.

einstweilen frei 914–1003

6. Ungereimtheiten und Widersprüche der Vorschrift

Aus dem Umstand, dass sich der Gesetzgeber bei der Festlegung des Schwellenprozentsatzes für die Niedrigbesteuerung nicht mehr an körperschaftsteuerlichen Vorgaben orientiert, ergeben sich teilweise arabesk anmutende Konsequenzen. Im Schrifttum (*Wassermeyer/Schönfeld* IStR 2008, 496) wurde ein Beispiel vorgestellt, welches die partielle Absurdität nicht nur der Niedrigsteuerschwelle des § 8 Abs. 3, sondern der Gesamtkonzeption der Hinzurechnungsbesteuerung insgesamt unter Beweis zu stellen vermag.

Beispiel: (nach *Wassermeyer/Schönfeld* IStR 2008, 496):

Eine in einem DBA-Staat ansässige ausländische Kapitalgesellschaft soll Eigentümerin von im Inland belegenen bebauten Grundstücken sein. Diese sind vermietet. Die Kapitalgesellschaft unterliegt mit den Mieteinkünften im Inland der beschränkten Körperschaftsteuerpflicht. Folglich ergibt sich eine Körperschaftsteuerbelastung iHv 15%, Gewerbesteuer fällt mangels inländischer Betriebsstätte der Kapitalgesellschaft nicht an. Angenommen, die Gesellschafter der ausländischen Kapitalgesellschaft seien ausschließlich Steuerinländer. Nach den üblichen Verteilungswertungen des einschlägigen DBA sollen die Mieteinkünfte im Sitzstaat der ausländischen Kapitalgesellschaft steuerfrei sein, vgl. auch Art. 6 OECD-MA. Bei wortgetreuer Anwendung des § 8 Abs. 3 und unter Außerachtlassung des SolZ wären die Mieteinkünfte mit 15%, obwohl die Höhe der Steuerbelastung auf einer Entscheidung allein des deutschen Gesetzgebers beruht. Damit ergibt sich die doch merkwürdig anmutende Konsequenz, dass der deutsche Gesetzgeber Deutschland zum Niedrigsteuerstaat erklärt. Mieteinkünfte sind passiver Natur, weil nach § 8 Abs. 1 Nr. 6 Buchst. b inländische Mieteinkünfte aus dem Passivkatalog nicht ausgenommen sind. Als Folge wäre dann eine „Nachsteuer" zu erheben.

1006–1009 *einstweilen frei*

III. Illustration praxisrelevanter Niedrigsteuerkonstellationen anhand von Fallgruppen

1. Identische Bemessungsgrundlagenermittlung im Aus- und Inland

a) Vorüberlegungen

Vollkommen identische Konventionen der steuerlichen Bemessungsgrundlagenermittlung im Aus- und Inland stellen ein theoretisches Ideal dar. In der Besteuerungswirklichkeit ist eine derartige Situation kaum anzutreffen. Der historische Gesetzgeber mag diesen Fall zwar vor Augen gehabt haben, um mit einfachen Methoden bei angenommener Identität der Bemessungsgrundlagenermittlung im Aus- und Inland das Unterschreiten der Referenzschwelle des Niedrigsteuersatzes zu ermitteln. Allerdings stehen aufgrund der 25%-Referenzschwelle des Gesetzes auch solche Staaten im Fokus des Niedrigsteuervorwurfs, die nicht als klassische Steueroasen verdächtigt werden können. Denn immerhin haben mittlerweile Staaten wie das Vereinigte Königreich oder die Niederlande Körperschaftsteuersätze unterhalb der Referenzschwelle der deutschen Niedrigbesteuerung von 25% verabschiedet (vgl. *Korten* IWB 2015, 471; *Schnitger* IStR 2011, 328; *PwC* Worldwide Tax Summaries Corporate Taxes 2015/16, 2156). Dringender Handlungsbedarf des Gesetzgebers ist angezeigt. So wurde im Schrifttum der Vorschlag unterbreiten, die Niedrigsteuerschwelle auf 15% abzusenken (*Kraft* IStR 2010, 378). Hinzu kommt der scharf kritisierte Befund, dass Deutschland sich selbst als Niedrigsteuerstaat ge-

D. Niedrige Besteuerung (Abs. 3)

riert. Dies kann der Fall sein, wenn vermögensverwaltende auslandsdomizilierte Kapitalgesellschaften in inländische Immobilien unter Vermeidung einer inländischen Gewerbesteuerbelastung investieren (*Wassermeyer/Schönfeld* IStR 2008, 496 (497); *Kraft* IStR 2010, 378).

b) Gemischt-tätige Gesellschaften – Problem der Gemeinkostenallokation

Auch bei unterstellter identischer Ermittlung der Bemessungsgrundlagenermittlung nach lokalem und nach inländischem (hinzurechnungssteuerlich relevantem, vgl. § 10 Abs. 3 AStG) Steuerrecht können sich bemerkenswerte Niedrigsteuereffekte einstellen. Dazu der nachfolgende Sachverhalt.

Beispiel (vgl. *Kraft* IStR 2016, 129 (132)):

Eine deutschbeherrschte im Ausland domizilierte Gesellschaft erzielt Erträge von 100 und führt Aufwendungen von 90 herbei. Die Erträge setzen sich zu gleichen Teilen aus solchen aus aktivem (50) und aus passivem Erwerb (50) zusammen. Der Nominalsteuersatz im Ausland beträgt 30%, die Gewinnermittlungskonventionen gleichen den inländischen.

Je nach Allokation der Aufwendungen zu den Erträgen ergeben sich im Hinblick auf die Niedrigsteuerschwelle überaus unterschiedliche Rechtsfolgen, wie die nachfolgenden schematisierten Beispielsrechnungen zutage fördern.

Variante 1: Aufwandsallokation im Verhältnis der aktiven und passiven Erträge

	aktive	passive	Gesamt
Erträge	50	50	100
zuordenbarer Aufwand	45	45	90
Ergebnis	5	5	10
Steuer			3
Belastungsrechnung für Niedrigsteuerzwecke		30%	

Wird davon ausgegangen, dass die gezahlte Steuer anteilig auf die aktiven wie auf die passiven Einkünfte verteilt wird, ergeben sich in diesem Ausgangsfall keine hinzurechnungssteuerlichen Konsequenzen. Die passiven Einkünfte sind hochbesteuert.

Je nach betriebswirtschaftlich fundierter „overhead"-Allokation kann sich ein vollkommen verschiedenes Ergebnis einstellen, welches dann völlig unterschiedliche hinzurechnungssteuerliche Rechtsfolgen bei ansonsten identischen Größenordnungen bewirken kann. Dies verdeutlicht die nachfolgende Variationsberechnung.

Variante 2: Vollständige Aufwandsallokation zu den aktiven Erträgen

	aktive	passive	Gesamt
Erträge	50	50	100
zuordenbarer Aufwand	90	0	90
Ergebnis	– 40	50	10
Steuer			3
Belastungsrechnung für Niedrigsteuerzwecke		6%	

Unterstellt man ökonomisch naheliegend, dass für die negativen aktiven Einkünfte keine Steuerzahlung anfällt, wäre die gezahlte ausländische Steuer auf die nach inländischem Steuerrecht ermittelte Bemessungsgrundlage von 50 zu beziehen. Dies führt zu einer Belastung von 6%. Die abweichende Aufwandsallokation führt daher zur Niedrigbesteuerung der passiven Erträge mit der Rechtsfolge der Hinzurechnungsbesteuerung.

Variante 3: Vollständige Aufwandsallokation zu den passiven Erträgen

Schließlich ist die Situation der vollumfänglichen Allokation der Aufwendungen zu den passiven Erträgen zu beleuchten.

§ 8 1016, 1017 Einkünfte von Zwischengesellschaften

	aktive	passive	Gesamt
Erträge	50	50	100
zuordenbarer Aufwand	0	90	90
Ergebnis	50	−40	10
Steuer			3
Belastungsrechnung für Niedrigsteuerzwecke		0%	

Kommt es zu einem Verlust bei den passiven Einkünften, so ist die Norm des § 10 Abs. 1 S. 4 zu beachten. Ergibt sich danach nämlich ein negativer Betrag, so entfällt die Hinzurechnung. Demnach ist die Hinzurechnung negativer Zwischeneinkünfte zum inländischen Anteilsinhaber ausgeschlossen. Lediglich auf der Ebene der ausländischen Gesellschaft ist für Zwecke der Ermittlung des Hinzurechnungsbetrags eine Verrechnung nach § 10d EStG zugelassen (§ 10 Abs. 3 S. 5). Diese ist indessen auf den Bereich der Zwischeneinkünfte beschränkt.

c) Entitätsqualifikation im In- und Ausland unterschiedlich

1016 Trotz formaler Hochbesteuerung kann es selbst bei identischer Bemessungsgrundlagenermittlung im In- und Ausland zu Situationen kommen, in denen aufgrund der Konzeption der Hinzurechnungsbesteuerung eine niedrige Besteuerung – jedenfalls formal – eintreten kann. Denkbar ist diese in Situationen wie dem nachfolgend illustrierten Sachverhalt, bei dem eine Entität nach ausländischen Kriterien als Personengesellschaft, nach inländischen Kriterien als Kapitalgesellschaft beurteilt wird.

Beispiel (vgl. *Kraft* IStR 2016, 129 (133)):

1017 Die im Inland unbeschränkt körperschaftsteuerpflichtige D-AG ist als Alleingesellschafter neben einer Haftungsfunktion übernehmenden sog. „dummy-corp.", die hier nicht näher interessiert, an einem im Ausland domizilierenden Rechtsgebilde beteiligt, bei dem es sich nach den Wertungen des Typenvergleichs aus der Sicht des deutschen Steuerrechts um eine Kapitalgesellschaft handelt. Aus der Perspektive des ausländischen Steuerrechts wird das Rechtsgebilde als Personengesellschaft angesehen, die im Ausland nach dem Transparenzprinzip behandelt wird. Als Konsequenz ergibt sich, dass die D-AG im Ausland mit ihrer ausländischen Betriebsstätte der dortigen beschränkten Körperschaftsteuerpflicht unterliegt. Der ausländische Körperschaftsteuerbescheid ist an die D-AG gerichtet. Unter der Annahme, dass das hybride Rechtsgebilde ausschließlich passive Einkünfte erzielt, allerdings materiell im Ausland nicht niedrig besteuert ist, stellt sich die Frage nach der hinzurechnungssteuerlichen Beurteilung.

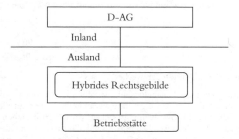

Abb.: Beteiligung an hybridem ausländischem Rechtsgebilde durch Steuerinländer

Es liegen passive Einkünfte vor und die Beherrschung durch Steuerinländer ist gegeben. Nach der Konzeption der Hinzurechnungsbesteuerung ist zu besorgen, dass formal

D. Niedrige Besteuerung (Abs. 3)

niedrige Besteuerung (0%) vorliegt, da das nach deutscher Wertung als Kapitalgesellschaft qualifizierte hybride Rechtsgebilde nicht der Besteuerung unterliegt.

Die gesetzliche Konzeption hat diesen Problemfall nicht im Blick gehabt. **1018**
Auch der AEAStG (BMF v. 14.5.2004 – IV B 4 – S 1340 – 11/04) behandelt ihn nicht. Allerdings wird man aus dem in der Tz. 8.3.1.2. (zweiter Absatz) geäußerten Rechtsgedanken ableiten können, dass es vorliegend nicht zu einer Hinzurechnungsbesteuerung kommen soll. Nach Tz. 8.3.1.2. wird eine ausländische Gesellschaft, die Zwischeneinkünfte erzielt, nicht deshalb niedrig besteuert, weil ihre Einkünfte im Rahmen einer Gruppenbesteuerung (zB Organschaft, Konsolidierung) bei einer anderen Gesellschaft besteuert werden. Zwar ist die Problemstruktur vorliegend nicht vollumfänglich identisch, denn es liegt keine – wie im Ausgangspunkt der zitierten Tz. gefordert – Gruppenbesteuerung im Ausland vor. Gleichwohl ist der Umstand wesensmäßig verwandt. Die Einkünfte der beherrschten Kapitalgesellschaft werden bei einem „anderen" besteuert, hier der im Ausland beschränkt steuerpflichtigen Muttergesellschaft, und zwar nicht niedrig. Dass der Rechtsgrund für die Besteuerung bei einem anderen Rechtsträger zum einen in einem Gruppenbesteuerungsregime, zum anderen in einer unterschiedlichen „Entitätsqualifikation" liegt, tut der systematischen Vergleichbarkeit keinen Abbruch. Aus diesen Erwägungen sollte die Hochbesteuerungssituation deswegen nicht sanktioniert werden, weil die Zwischeneinkünfte faktisch bei einer „anderen Gesellschaft" besteuert werden.

Ein solches Ergebnis wäre normativ begründbar, ggf. mit einem Anwen- **1019**
dungsfall der abweichenden Festsetzung aus Billigkeitsgründen nach § 163 AO, weil vorliegend die Besteuerung nach dem Gesetz zu einem vom Gesetzgeber („offensichtlich") nicht gewollten Ergebnis führt (*Kraft* IStR 2016, 129 (133); *Klein* § 163 AO Rz. 31 unter Verweis auf BFH v. 24.9.1976, I R 41/75, BStBl. II 1977, 127). Hätte der Gesetzgeber nämlich den Fall vor Augen gehabt, hätte er die vorliegend zu entscheidende Frage unter Verzicht auf eine ungerechtfertigte doppelte Belastung im Inland geregelt.

d) Progressive Tarifstrukturen

Problembereiche der Niedrigsteuerschwelle bei progressiv gestalteten Tarif- **1020**
strukturen im Ausland können sich ergeben, wenn der Tarif sowohl unter als auch über der Niedrigsteuerschwelle bewegt.

Beispiel (vgl. *Kraft* IStR 2016, 129 (134)):

Eine im Inland unbeschränkt einkommensteuerpflichtige natürliche Person betreibt **1021**
ein Handelsunternehmen mit einer Stammhausbetriebsstätte im Inland und einer Handelsbetriebsstätte in einem DBA-Freistellungsstaat. Von der inländischen Betriebsstätte werden der ausländischen Betriebsstätte dabei die am ausländischen Markt abgesetzten Waren übertragen.

Mit seiner Betriebsstätte als Anknüpfungsmerkmal unterliegt die natürliche Person im Ausland einem der beschränkten Steuerpflicht (§§ 1 Abs. 4, 49 EStG) vergleichbaren Besteuerungsregime. Annahmegemäß sollen die Einkünfte aus dem Einzelunternehmen im Ausland mit einem progressiven Einkommensteuertarif besteuert werden. Einkünfte bis einschließlich 250.000 € werden mit Tarifen unter 25%, Einkünfte über 250.000 € mit Tarifen über 25% belastet.

Normativer Ansatzpunkt ist im vorliegenden Kontext die Bestimmung des § 20 Abs. 2 AStG. Wäre die im Ausland belegene Betriebsstätte eine eigenständige Gesellschaft, wäre davon auszugehen, dass ihr vom inländischen Steuerpflichtigen die Verfügungsmacht an den Waren iSd § 8 Abs. 1 Nr. 4 Buchst. a verschafft würden. Damit lägen passive Einkünfte vor. Die merkwürdig anmutende Konsequenz passiver Einkünfte liegt dann darin, dass für die ersten 250.000 € (vgl. § 8 Abs. 3) eine niedrige Besteuerung für diese Einkunftsteile vorläge. Die Rechtsfolge bestünde darin, dass insoweit nicht die abkommensrechtliche Freistellung der Betriebsstätteneinkünfte, sondern die Besteuerung im Inland mit Anrechnung der ausländischen Steuer eintreten würde. Diese Rechtsfolge gilt uneingedenk des Umstandes, dass es sich bei dem ausländischen Staat keinesfalls um ein klassisches Niedrigsteuerland handeln muss.

e) Tarifabsenkung im Ausland unter die Referenzschwelle der Niedrigbesteuerung

1022 Besteht ein Nexus zwischen ursprünglich passiven hochbesteuerten Einkünften und später passiven niedrigbesteuerten Einkünften, vermag eine entsprechende Tarifabsenkung besondere Brisanz zu entfalten. Denn wie der nachfolgende Sachverhalt demonstriert, qualifiziert bei unterstellter identischer Bemessungsgrundlagenermittlung die simple Absenkung des Körperschaftsteuertarifs im Ausland ein vormaliges „Hochsteuerland" in ein „Niedrigsteuerland" um.

Beispiel (vgl. *Kraft* IStR 2016, 129 (134)):

1023 Die X-Inc., eine deutschbeherrschte Kapitalgesellschaft mit Sitz und Ort der Geschäftsleitung im Ausland, erwirtschaftet im Veranlagungszeitraum 01 Einkünfte aus passivem Erwerb iHv 100. Der Körperschaftsteuersatz im Ausland beträgt 26 %. Die X-Inc. nimmt eine sowohl nach deutschen als auch nach ausländischen steuerlichen Gewinnermittlungskonventionen zulässige Teilwertabschreibung auf eine Forderung aufgrund voraussichtlich dauernder Wertminderung vor. Da die Kriterien mangels Niedrigbesteuerung nicht vorliegen, ist keine Hinzurechnungsbilanz nach § 10 Abs. 3 und keine Feststellungserklärung nach § 18 Abs. 3 abzugeben.

Im Veranlagungszeitraum 03 erfolgt eine Tarifabsenkung des Körperschaftsteuertarifs im Ausland auf 23 %. In diesem Veranlagungszeitraum treten Gründe für eine Wertaufholung der Forderung ein. Diese bewirken sowohl nach deutschen als auch nach ausländischen steuerlichen Gewinnermittlungskonventionen eine Verpflichtung zur Zuschreibung des Forderungsbuchwerts. In diesem Zusammenhang stellt sich die Frage, ob der passive, niedrig besteuerte Zuschreibungsgewinn hinzurechnungssteuerlich zu erfassen ist.

1024 Die formale veranlagungszeitraumbezogene Betrachtung suggeriert, dass im vorliegenden Fall niedrig besteuerte Zuschreibungsgewinne vorliegen und in die Hinzurechnungsbesteuerung einzubeziehen wären. Ein derartiges Ergebnis wird ggf. sogar getragen von § 21 Abs. 3. Diese Bestimmung enthält eine Bewertungsvorschrift für solche Wirtschaftsgüter, die zum Zweck der Anwendung des § 10 Abs. 3 erstmals zu bewerten sind. Nach dem Gesetzesbefehl der Bewertungsvorschrift sind die Wirtschaftsgüter mit den Werten anzusetzen, die sich ergeben würden, wenn seit ihrer Übernahme durch die ausländische Gesellschaft die Vorschriften des deutschen Steuerrechts angewendet worden wären. Somit müssten auch in hinzurechnungssteuerlich nicht erfasste Zeiträume gelegte stille Reserven im Falle ihrer Realisierung in hinzurechnungssteuerlich relevanten Zeiträumen der Besteuerung im Inland unterworfen werden (vgl. für den strukturell ähnlich gelagerten Fall eines passiven Einkünf-

D. Niedrige Besteuerung (Abs. 3)   1025–1032 § 8

ten zuzuordnenden Verlustvortrags aus „Hochsteuerveranlagungszeiträumen" *Korten* IWB 2015, 471).

Allerdings blendet eine solche Sichtweise das Telos der Hinzurechnungsbesteuerung aus. Im vorliegenden Fall liegen nämlich keine Anzeichen für eine zu missbilligende Verlagerung von inländischen Einkünften in das niedrig besteuerte Ausland vor. Vielmehr ereignet sich die Tarifabsenkung unter die „Niedrigsteuergrenze" von 25 % vollkommen außerhalb der Sphäre des Einflusses des im Inland ansässigen und damit der Hinzurechnungsbesteuerung unterworfenen Anteilsinhabers an der ausländischen Gesellschafters. Das aus formalen Überlegungen und durchaus auch von einer strengen Wortlautauslegung getragene Ergebnis ist demzufolge teleologisch dahin zu reduzieren und zu modifizieren, dass mangels Steuervermeidungsabsicht keine Hinzurechnungsbesteuerung des Zuschreibungsgewinns eintritt. **1025**

einstweilen frei **1026–1029**

2. Abweichende Bemessungsgrundlagen im Aus- und Inland im Bereich der Gewinnermittlung für laufende Einkünfte

a) Vorbemerkung

Der ausländische Körperschaftsteuersatz stellt regelmäßig die Referenzgröße zur Bestimmung einer „niedrigen Besteuerung" iSd § 8 Abs. 3 dar. Ein solcher vergröbernder Ansatz stößt dann an seine konzeptionellen Grenzen, wenn im In- und Ausland unterschiedliche Konventionen der Bemessungsgrundlagenermittlung angetroffen werden. Denn höhere Steuersätze im Ausland als der „Niedrigsteuersatz" von 25 % können gleichwohl zur Niedrigbesteuerung führen, wenn die Bemessungsgrundlagenermittlung im Ausland zu einer schmaleren ausländischen Steuerbemessungsgrundlage als der inländischen führt. Umgekehrt führen Nominalsteuersätze im Ausland unter der hinzurechnungssteuerlichen Referenzschwelle von 25 % nicht zwangsläufig zum Niedrigsteuervorwurf. **1030**

b) Pauschalierte Erfolgsermittlung im Ausland

Niedrigsteuersituationen können sich daraus ergeben, dass zwar formal ein Steuersatz über 25 % Anwendung findet. Dieser gäbe vordergründig keinen Anlass zum Niedrigsteuervorwurf. Ermittelt sich indessen beispielsweise aufgrund einer vereinfachenden Pauschalbesteuerung eine Belastung geringer als der Niedrigsteuerreferenzsatz, so ist gleichwohl eine Niedrigsteuersituation gegeben. **1031**

Beispiel (vgl. *Kraft* IStR 2016, 276):

Eine deutschbeherrschte Kapitalgesellschaft mit Sitz und Ort der Geschäftsleitung im Ausland erwirtschaftet Einkünfte aus regulär passivem Erwerb. Sie wird nach lokalen Bestimmungen einem Steuersatz von 30 % unterworfen. Aufgrund einer pauschalen Aufwandszuordnung durch die lokale Finanzverwaltung ergibt sich indessen ein Quotient aus ausländischer Steuerbelastung und nach inländischen Gewinnermittlungsregeln ermittelter Bemessungsgrundlage, der den Referenzprozentsatz der Niedrigbesteuerung unterschreitet. **1032**

1033 Eine solche Situation dürfte einen der häufigsten unerkannten Niedrigsteuersituationen darstellen. Da aufgrund des formal nicht niedrigen Steuersatzes im Ausland kein „Anfangsverdacht" einer niedrigen Besteuerung im Ausland besteht, kann sich diese alleine aus der Ergebnisermittlung im Ausland ergeben. Die Motive der pauschalen Aufwandszuordnung im Ausland, sei es gezielte Anreizsetzung, seien es Vereinfachungsüberlegungen, spielen für die hinzurechnungssteuerliche Beurteilung keine Rolle.

c) Gemeinkostenallokation bei gemischt-tätigen Gesellschaften mit aktiven Einkünften, regulär passiven Einkünften und Zwischeneinkünften mit Kapitalanlagecharakter

1034 In der Besteuerungsrealität stellen sich Belastungsrechnungen der oben angestellten Art um vieles komplizierter dar. So ist beim gleichzeitigen Erwirtschaften aktiver Einkünfte, regulär passiver Einkünfte sowie von Zwischeneinkünften mit Kapitalanlagecharakter die Aufwandsallokation erheblich komplexer. In einer solchen Fallkonstellation können sich auch Rückwirkungen auf die Beteiligungsstrukturen von Steuerinländern ergeben, da dann die Beteiligungsquote vom Quorum der Inländerbeherrschung auf 1% abgesenkt ist und in Fällen ausschließlicher oder fast ausschließlicher Erwirtschaftung von Zwischeneinkünften mit Kapitalanlagecharakter durch die ausländische Gesellschaft vollkommen irrelevant wird.

Beispiel (vgl. *Kraft* IStR 2016, 276 (277)):

1035 Untersucht werden soll eine im Ausland ansässige Kapitalgesellschaft, die aktive Einkünfte, regulär passive Einkünfte sowie Zwischeneinkünfte mit Kapitalanlagecharakter erwirtschaftet. Der Körperschaftsteuersatz im Ausland soll einheitlich für sämtliche Einkunftstypen 30% betragen. Die nachfolgende Tabelle gibt Aufschluss über die den jeweiligen Einkünften zugrunde liegenden Bruttoerträge sowie über direkt zuordenbare Einzelkosten und im Wege einer Schlüsselung zuzurechnende Gemeinkosten. Die mit den Bruttoerträgen im Zusammenhang stehenden, nach lokalen Gewinnermittlungskonventionen bei der Bemessungsgrundlagenermittlung abzugsfähigen Aufwendungen sind nach deutschem Steuerrecht zum Teil als nicht abzugsfähige Betriebsausgaben zu beurteilen. Abzugsfähige wie nicht abzugsfähige Betriebsausgaben lassen sich teilweise direkt gewissermaßen als Einzelkosten den Bruttoerträgen zuordnen, teilweise sind sie im Wege der Schlüsselung zuzurechnen. Die folgenden Tabellen führen vor Augen, dass der angewandte Schlüssel hierbei über niedrige oder hohe Besteuerung zu entscheiden vermag. Dabei wird davon ausgegangen, dass die im Ausland anfallende Steuer anteilig auf die unterschiedlichen Einkunftstypen entfällt, es mithin keine Vorzugsbesteuerung für bestimmte Einkünfte gibt. Freigrenzen und Freibeträge bleiben aus Vereinfachungsgründen außer Betracht. Denn nach Tz. 8.3.2.1. S. 4 AEAStG ist bei der Feststellung der Ertragsteuerbelastung nicht nur der allgemeine Tarif zu berücksichtigen, sondern auch in Betracht kommende Vorzugssätze und Befreiungen für Einkünfte aus passivem Erwerb.

Die unten angestellten Berechnungen geben Aufschluss darüber, dass zum einen das Verhältnis von nicht abziehbaren zu abziehbaren Betriebsausgaben nach lokalen Gewinnermittlungskriterien und in der Hinzurechnungsbilanz eine entscheidende Determinante der Niedrigbesteuerung darstellt. Zum anderen entscheidet der gewählte Schlüssel der Gemeinkosten darüber, ob sich regulär passive Einkünfte oder Zwischeneinkünfte mit Kapitalanlagecharakter dem Vorwurf der Niedrigbesteuerung ausgesetzt sehen. Zunächst werden bei sonst gleichen Datenkonstellationen die zu schlüsselnden Gemeinkosten sowie die nach inländischen Regeln des Bilanzsteuerrechts nicht abziehbaren Be-

D. Niedrige Besteuerung (Abs. 3)

triebsausgaben nach dem Verhältnis der Bruttoerträge geschlüsselt. In der Variante erfolgt die Schlüsselung nach dem Verhältnis der direkt zuordenbaren Einzelkosten. Dabei stehen die Abkürzungen BMG für Bemessungsgrundlage, ZmK für Zwischeneinkünfte mit Kapitalanlagecharakter und HZB für Hinzurechnungsbilanz.

Variante 1: Gemeinkostenschlüsselung nach Bruttoerträgen

	Bruttoerträge	Aufwendungen lokal abziehbar HZB abziehbar direkt zuordenbar	Aufwendungen lokal abziehbar HZB abziehbar geschlüsselt	Aufwendungen lokal abziehbar HZB nicht abziehbar geschlüsselt	BMG lokal	Ausländische Steuer	BMG HZB	Belastungsrechnung
Gesamte Bruttoerträge	200,000	130,000	23,000	7,000	40,000	12,000	47,000	25,53 %
aktiv	105,000	75,000	12,075	3,675	14,250	4,275	17,925	23,85 %
passiv regulär	60,000	30,000	6,900	2,100	21,000	6,300	23,100	27,27 %
passiv ZmK	35,000	25,000	4,025	1,225	4,750	1,425	5,975	23,85 %

In der Datenkonstellation der Berechnung ergibt sich für die regulär passiven Einkünfte keine Niedrigbesteuerung, während die Zwischeneinkünfte mit Kapitalanlagecharakter niedrig besteuert sind. Mit Blick auf die Besteuerungspraxis ist insoweit darauf hinzuweisen, dass dieser Umstand Rückwirkungen auf die relevante Beteiligungsquote nach § 7 Abs. 6, 6a AStG haben kann.

Variante 2: Gemeinkostenschlüsselung nach Bruttoerträgen/abweichende Zuordnung der Einzelkosten

	Bruttoerträge	Aufwendungen lokal abziehbar HZB abziehbar direkt zuordenbar	Aufwendungen lokal abziehbar HZB abziehbar geschlüsselt	Aufwendungen lokal abziehbar HZB nicht abziehbar geschlüsselt	BMG lokal	Ausländische Steuer	BMG HZB	Belastungsrechnung
Gesamte Bruttoerträge	200,000	130,000	23,000	7,000	40,000	12,000	47,000	25,53 %
aktiv	105,000	70,000	12,075	3,675	19,250	5,775	22,925	25,19 %
passiv regulär	60,000	45,000	6,900	2,100	6,000	1,800	8,100	22,22 %
passiv ZmK	35,000	15,000	4,025	1,225	14,750	4,425	15,975	27,70 %

In der Variante der beispielhaften abweichenden direkten Zuordnung von Einzelkosten zu den relevanten Bruttoertragskategorien ergibt sich nunmehr für die regulär passiven Einkünfte eine Niedrigbesteuerung, während die Zwischeneinkünfte mit Kapitalanlagecharakter nicht niedrig besteuert sind.

Variante 3: Gemeinkostenschlüsselung nach direkt zuordenbaren Einzelkosten

	Bruttoerträge	Aufwendungen lokal abziehbar HZB abziehbar direkt zuordenbar	Aufwendungen lokal abziehbar HZB abziehbar geschlüsselt	Aufwendungen lokal abziehbar HZB nicht abziehbar geschlüsselt	BMG lokal	Ausländische Steuer	BMG HZB	Belastungsrechnung
Gesamte Bruttoerträge	200,000	130,000	23,000	7,000	40,000	12,000	47,000	25,53 %
aktiv	105,000	75,000	13,269	4,038	12,692	3,808	16,731	22,76 %
passiv regulär	60,000	30,000	5,308	1,615	23,077	6,923	24,692	28,04 %
passiv ZmK	35,000	25,000	4,423	1,346	4,231	1,269	5,577	22,76 %

Diese Variante basiert auf den gleichen Zuordnungskriterien der Einzelkosten wie Variante 1, allerdings sind die nicht direkt zuordenbaren Gemeinkosten nach dem be-

§ 8 1036–1040 Einkünfte von Zwischengesellschaften

triebswirtschaftlichen Schlüssel der Einzelkosten aufgeschlüsselt. Dies führt wiederum zur niedrigen Besteuerung der Zwischeneinkünfte mit Kapitalanlagecharakter, wohingegen die regulär passiven Einkünfte nicht niedrig besteuert sind.

Variante 4: Gemeinkostenschlüsselung nach direkt zuordenbaren Einzelkosten/abweichende Zuordnung der Einzelkosten

	Bruttoerträge	Aufwendungen lokal abziehbar HZB abziehbar direkt zuordenbar	Aufwendungen lokal abziehbar HZB abziehbar geschlüsselt	Aufwendungen lokal abziehbar HZB nicht abziehbar geschlüsselt	BMG lokal	Ausländische Steuer	BMG HZB	Belastungsrechnung
Gesamte Bruttoerträge	200,000	130,000	23,000		7,000	40,000	12,000	47,000	25,53 %
aktiv	105,000	70,000	12,385		3,769	18,846	5,654	22,615	25,00 %
passiv regulär	60,000	45,000	7,962		2,423	4,615	1,385	7,038	19,67 %
passiv ZmK	35,000	15,000	2,654		0,808	16,538	4,962	17,346	28,60 %

Variante 4 schließlich weist die regulär passiven Einkünfte als niedrig, die Zwischeneinkünfte mit Kapitalanlagecharakter als nicht niedrig besteuert aus.

Über das „number crunching" hinaus sollte ins Bewusstsein dringen, dass die gesamten Einkünfte auf der Ebene der ausländischen Gesellschaft mit 25,53 % in sämtlichen Varianten als hoch besteuert iSd Belastungsrechnung gelten. Hinzutritt, dass der nominale Steuersatz vom Ausgang her nicht den Verdacht eines Niedrigsteuerlandes evoziert. Gleichwohl lassen die numerischen Varianten evident werden, dass es – unabhängig von einer Beherrschung durch Steuerinländer – erforderlich ist, bei Auslandsbeteiligungen den Charakter erzielter Erträge auf der Ebene einer Beteiligungsgesellschaft selbst dann zu untersuchen, wenn keine Beherrschung durch Steuerinländer besteht.

1036–1039 *einstweilen frei*

d) Temporäre Differenzen im Rahmen der Gewinnermittlung nach ausländischem Steuerrecht sowie in der Hinzurechnungsbilanz

1040 Die Finanzverwaltung (BMF v. 14.5.2004 – IV B 4 – S 1340 – 11/04) geht davon aus, dass bloße zeitliche Verlagerungen der Steuerpflicht durch im Ausland allgemein übliche Abschreibungssätze oder ähnliche Regelungen, die sich in überschaubarer Zeit ausgleichen, bei der Beurteilung einer Niedrigsteuersituation iSd § 8 Abs. 3 außer Ansatz bleiben können. Allerdings bleibt offen, was unter einem Ausgleich in „überschaubarer Zeit" zu verstehen ist. Es bedarf keiner Betonung, dass der Begriff „überschaubare Zeit" aufgrund seiner Subjektivität eigentlich kein geeignetes Abgrenzungskriterium darstellt. Mit *Lenz/Heinsen* IStR 2003, 793 könnte unter Verweis auf IAS 12.15 und FAS 109.13 eine vorzugswürdige Abgrenzung in der im Rahmen der internationalen Rechnungslegung gebräuchlichen Abgrenzung zwischen temporären und permanenten Differenzen bei der Erfassung von latenten Steuern im Jahresabschluss zu sehen sein. Ob sich daraus indessen die Forderung begründen lässt, temporäre Differenzen generell bei der Ermittlung der Ertragsteuerbelastung außer Ansatz zu lassen, erscheint doch fraglich. Denn zutreffend wird darauf hingewiesen (*Jochimsen/Bildstein* UBg 2012, 26), dass sich über eine Gesamtperiode ausgleichende Einkünfte zum einen nicht manipulativ auf die Ertragsteuerbelastung auswirken und zum

D. Niedrige Besteuerung (Abs. 3) 1041–1043 § 8

anderen bei phasenverschobenen Einkünften idR keine endgültigen Steuervorteile resultieren.

Es sprechen daher valide Gründe dafür, sich in überschaubarer Zeit ausgleichende temporäre Differenzen in der Bemessungsgrundlagenermittlung nach aus- und inländischem Steuerrecht als nicht geeignet anzusehen, eine Niedrigbesteuerung zu begründen. Legt man Maßstäbe aus anderen Steuerrechtsbereichen an – zB aus der Dreiobjekt-Rechtsprechung (Blümich/*Bode* § 15 EStG Rz. 178), so ließe sich die Auffassung begründen, von einer „Überschaubarkeit" bei einem Zeitraum von drei bis fünf Jahren auszugehen, in Einzelfällen auch länger. Ein Prognosezeitraum von 30 Jahren wie bei der Überschussprognose (BFH v. 28.11.2007, IX R 9/06, BStBl. II 2008, 515) erscheint indessen als deutlich zu lang. **1041**

Beispiel (vgl. *Kraft* IStR 2016, 276 (279)):

Eine 100%-ige und damit unstrittig inlandsbeherrschte Tochterkapitalgesellschaft (T-Inc.) einer im Inland ansässigen Muttergesellschaft (M-GmbH) mit Sitz und Ort der Geschäftsleitung im Ausland lizenziert an konzernangehörige und an konzernfremde Lizenznehmer für eine Laufzeit zugrundeliegender Patente von 5 Jahren fertigungstechnisches Verfahrenswissen. Nach den Modalitäten der Vergütungsabrede wird für die Lizenzierung vom Lizenznehmer eine Einmalzahlung (sog. Upfront-Payment) an die T-Inc. für den gesamten Nutzungszeitraum geleistet. **1042**

Nach den Gewinnermittlungsregeln des ausländischen Steuerrechts wird die Einmalzahlung im Zeitraum der Vereinnahmung vollumfänglich mit einem Steuersatz von 26% versteuert. Hingegen wird davon ausgegangen, dass die vereinnahmte Zahlung nach den Vorschriften der deutschen steuerlichen Gewinnermittlungsregeln passiv abzugrenzen und in den einzelnen Veranlagungszeiträumen des gesamten fünfjährigen Lizenzierungszeitraums ertragsteuerlich zu erfassen wäre. Das ausländische Steuerrecht kennt keine intertemporale Verlustverrechnung.

Unabhängig von der Prüfung, ob es sich bei den Lizenzeinnahmen der T-Inc. um Einkünfte aus passivem Erwerb iSd § 8 Abs. 1 handelt, interessiert vorliegend die Frage einer niedrigen Besteuerung im fünfjährigen Lizenzierungszeitraum.

Steuersatz im Ausland	26%				
Periode	1	2	3	4	5
Lizenzerträge	30	30	30	30	30
Lizenzaufwendungen nach lokalem Steuerrecht	100	0	0	0	0
Lizenzaufwendungen nach inländischem Steuerrecht	20	20	20	20	20
Bemessungsgrundlage nach lokalem Steuerrecht	–70	30	30	30	30
ausländische Steuer	0	7,8	7,8	7,8	7,8
Bemessungsgrundlage nach inländischem Steuerrecht	10	10	10	10	10
Belastungsrechnung	0,00%	78,00%	78,00%	78,00%	78,00%

Im vorliegenden Fall sind die Voraussetzungen der Tz. 8.3.2.3. Nr. 2 AEAStG erfüllt. Die Einkünfte sind im ausländischen Staat deshalb mit einem höheren Betrag in die – ausländische – Bemessungsgrundlage einbezogen, weil – aufgrund der ausländischen steuerlichen Gewinnermittlungsregeln – die vereinnahmten Zahlungen mangels passiver Rechnungsabgrenzung im betrachteten Zeitraum in vollem Umfang der ausländischen Ertragsbesteuerung unterliegen. Für Zwecke der auf den GoB beruhenden Gewinnermittlung nach deutschem Bilanzsteuerrecht wären die in Betracht kommenden Einkünfte aufgrund der passiven Rechnungsabgrenzung lediglich mit einem pro-rata-Betrag anzusetzen. **1043**

1044 Für die Belastungsberechnung ergibt sich daraus, dass aufgrund der Verhältnisse des betrachteten Jahres dann keine Niedrigbesteuerung vorliegt, wenn die tatsächlich gezahlten Steuern im Ausland aufgrund der Vollvereinnahmung der Lizenzen in Bezug auf die nach inländischem Steuerrecht ermittelten Einkünfte die 25%-Schwelle übersteigen. Die Ursache dafür liegt in den abgrenzungsbedingten Bemessungsgrundlagendifferenzen nach inländischem Bilanzsteuerrecht und ausländischen steuerlichen Gewinnermittlungsregeln für Zwecke der nach § 8 Abs. 3 anzustellenden Belastungsrechnung. Im Nenner des für die Belastungsrechnung relevanten Quotienten stehen die nach deutschem Steuerrecht zu ermittelnden Einkünfte. Im Zähler der Belastungsrechnung ist die im Ausland tatsächlich gezahlte Steuer anzusetzen. Der Ausgleich erfolgt innerhalb eines überschaubaren Zeitraums.

1045 Die in Tz. 8.3.2.6. AEAStG niedergelegte Auffassung der Finanzverwaltung steht dieser Sichtweise nicht entgegen. Danach ist es für Zwecke der Belastungsberechnung nicht zu beanstanden, wenn Wirtschaftsgüter nach Vorschriften des ausländischen Steuerrechts bewertet worden sind, die den allgemeinen deutschen Gewinnermittlungsvorschriften entsprechen und im Ausland allgemein der dortigen Besteuerung zugrunde gelegt werden. Bei den angesprochenen Wirtschaftsgütern handelt es sich um solche, die einem von der ausländischen Gesellschaft unter Teilnahme am allgemeinen wirtschaftlichen Verkehr unterhaltenen „qualifizierten Geschäftsbetrieb" des Handels, der Dienstleistungserbringung oder der Vermietung oder Verpachtung von beweglichen Sachen dienen. Allerdings darf dies nicht zu einem offensichtlich unzutreffenden Ergebnis bei der Belastungsberechnung führen.

1046 Tz. 8.3.2.6. AEAStG findet bei strengem (Wortlaut-)Verständnis schon deshalb im vorliegenden Sachverhalt keine Anwendung, weil Rechnungsabgrenzungsposten keine „Wirtschaftsgüter" darstellen. Außerdem sind die dort genannten Voraussetzungen nicht erfüllt, da im Sachverhalt die Bewertung nach Vorschriften des ausländischen Steuerrechts erfolgt, die den allgemeinen deutschen Gewinnermittlungsvorschriften gerade nicht entsprechen. Die Tz. 8.3.2.6. ist weiter als Billigkeitsmaßnahme der Verwaltung zugunsten des Steuerpflichtigen zu verstehen. Dies ergibt sich aus der Formulierung „ist nicht zu beanstanden". Die Billigkeitsmaßnahme soll offenbar bewirken, dass der inländische Steuerpflichtige nicht bewertungsbedingt in die Niedrigbesteuerung gerät. Schließlich würde auch kein „offensichtlich unzutreffendes Ergebnis" vorliegen, da sich in künftigen Veranlagungszeiträumen aufgrund der sog. „Zweischneidigkeit" der Bilanz die Verhältnisse umkehren und mangels ausländischer Steuerbelastung eine niedrige Besteuerung iSd § 8 Abs. 3 gegeben wäre.

1047–1049 *einstweilen frei*

3. Abweichende Bemessungsgrundlagen im Aus- und Inland aufgrund spezieller Anreizsysteme

1050 Eine niedrige Besteuerung kann sich schließlich dadurch ergeben, dass die ausländische Gesellschaft in einem hoch besteuernden Land für passive Einkünfte gezielte Steuervergünstigungen in Anspruch nimmt. Diese Meinung wird sowohl von der gefestigten BFH-Rechtsprechung (BFH v. 20.4.1988,

D. Niedrige Besteuerung (Abs. 3) 1051–1053 § 8

I R 197/84, BStBl. II 1988, 986) als auch von der Finanzverwaltung in Tz. 8.3.1.1. des AEAStG geteilt.

Da nicht wenige – dem Vorwurf einer Steueroase fernliegende – Staaten für 1051 bestimmte Wirtschaftsbereiche gezielte Steuervergünstigungen gewähren, sind Niedrigsteuersituationen mithin auch in sog. Hochsteuerjurisdiktionen vorstellbar. Als aktuelle Belege lassen sich neben Finanzierungsgesellschaften die durch die BEPS-Debatte ins Rampenlicht gekommenen IP-Boxes nennen. Neben diesen prominentesten Spezies gezielter Steuervergünstigungen ließen sich noch weitere identifizieren. Das zu illustrierende Grundproblem stellt sich indessen bei sämtlichen ausländischen Besteuerungssystemen, die Merkmale einer Schedulensteuer aufweisen.

a) Finanzierungsgesellschaften; Notional Interest Deduction

Etliche ausländische Steuerrechtssysteme gewähren insbesondere Kapitalge- 1052 sellschaften, die im Bereich der Unternehmensfinanzierung tätig sind, bestimmte steuerliche Anreize. Mitunter finden sich Regime, die mit einer sog. „Notional Interest Deduction" einen fiktiven Zinsabzug auch auf Vergütungen für die Überlassung von Eigenkapital gewähren oder vergleichbare Konzeptionen einer Vorzugsbesteuerung einräumen. Exemplarisch kann der folgende Fall als Muster verstanden werden.

Beispiel (vgl. *Kraft* IStR 2016, 276 (280)):

Die im Inland unbeschränkt steuerpflichtige X-AG ist Alleingesellschafterin der im 1053 EU-Ausland ansässigen X-SA, die ihrerseits sämtliche Anteile an der in einem Drittstaat ansässigen X-Inc. hält. Die X-SA erzielt ausschließlich Einkünfte aus aktivem Erwerb. Die X-Inc. fungiert als Konzernfinanzierungsgesellschaft. In dieser Funktion ist sie mit dem konzerninternen cash-pooling betraut und steuert sowohl die Konzerninternen Zahlungsströme als auch die Zahlungsströme mit externen Kreditoren und Debitoren. Sie verfügt über eigene Geschäftsräume sowie über angemessene personelle und sachliche Infrastruktur. Der einheitliche Körperschaftsteuersatz im Ansässigkeitsstaat der X-Inc. beträgt 30%. Die steuerlichen Gewinnermittlungsregeln dieses Staates sehen vor, dass Unternehmen, die überwiegend Finanzierungserträge erwirtschaften, unabhängig von der Kapitalstruktur, mithin unabhängig von der Refinanzierung mit Eigen-, Fremd- oder Hybridkapital eine sog. „Notional Interest Deduction" bei der Ermittlung der steuerlichen Bemessungsgrundlage zum Abzug bringen dürfen. Die X-Inc. fällt nach einschlägigen Vorschriften in diese Kategorie von Unternehmen. Diese „Notional Interest Deduction" beträgt 80% der gesamten Zinserträge, wobei auch zinsähnliche Erträge und sonstige Zinssurrogate eingeschlossen sind. Tatsächlich angefallener Finanzierungsaufwand ist indessen nicht abzugsfähig. Mit Ausnahme der Behandlung der Finanzierungsaufwendungen entsprechen sich die Bemessungsgrundlagenermittlungen im Aus- und Inland.

Hier ist zu problematisieren, ob der Sachverhalt Anlass zur Besorgnis einer niedrigen Besteuerung der X-Inc. geben könnte. Dabei soll von der nachfolgend skizzierten vereinfachten steuerlichen Bilanz der X-Inc. ausgegangen werden, die auf den Beginn des Gewinnermittlungszeitraums aufgestellt wurde. Es soll unterstellt werden, dass sich die aktivierten Finanzinstrumente sowie die passivierten Verbindlichkeiten durchschnittlich zu den nachfolgenden Sätzen verzinsen:
– Habenzinssatz auf Finanzinstrumente: 4,5%
– Sollzinssatz auf Verbindlichkeiten: 6,0%

Neben den Zinserträgen aus bilanzierten Finanzinstrumenten hat die X-Inc. Finanzierungserträge aus nicht bilanzwirksamen Geschäften iHv 12.000.000 € erwirtschaftet. Die Gemeinkosten („overhead") betragen 3.000.000 €.

§ 8 1054 — Einkünfte von Zwischengesellschaften

Eröffnungsbilanz X-Inc. 01.01.01

Finanzinstrumente	1.000.000.000,00	Eigenkapital	300.000.000,00
		Verbindlichkeiten	700.000.000,00
	1.000.000.000,00		1.000.000.000,00

Zur Bearbeitung des Problems ist zunächst die Bemessungsgrundlage nach deutschen Gewinnermittlungsregeln, sodann die Steuerbelastung unter Berücksichtigung lokaler Gewinnermittlungsregeln zu ermitteln.

Bemessungsgrundlage nach deutschen Gewinnermittlungsregeln

Zinsertrag	45.000.000,00
(sonstige) Finanzierungserträge	12.000.000,00
Zinsaufwand	− 42.000.000,00
sonstiger „overhead"	− 3.000.000,00
Bemessungsgrundlage	12.000.000,00

Die Bemessungsgrundlage nach deutschen Gewinnermittlungsregeln unterscheidet sich von der nach lokalen Bestimmungen.

Steuerbelastung nach lokalen Gewinnermittlungsregeln

Zinsertrag	45.000.000,00
(sonstige) Finanzierungserträge	12.000.000,00
Notional Interest Deduction	− 45.000.000,00
sonstiger „overhead"	− 3.000.000,00
Bemessungsgrundlage	8.400.000,00
Steuerbelastung lokal	2.520.000,00

Aus diesen Gegebenheiten errechnet sich sodann eine effektive Steuerbelastung nach § 8 Abs. 3 AStG bzw. Tz. 8.3.2.1. AEAStG durch Gegenüberstellung der nach deutschem Steuerrecht ermittelten Zwischeneinkünfte und den von der ausländischen Gesellschaft gemäß obiger Formel entrichteten Steuern. Nach § 10 Abs. 3 S. 4 bleibt die Zinsschrankenregelung des § 4h EStG bei der Feststellung der Niedrigsteuerbelastung unberücksichtigt. Die Niedrigsteuerbelastung errechnet sich durch Division der lokalen Steuerbelastung durch die nach deutschen Gewinnermittlungsregeln ermittelte Bemessungsgrundlage als Effektivbelastung von 21 %.

$$\frac{2.520.000}{12.000.000} \times 100 = 21\,\%$$

Diese Ertragsteuerbelastung ist „niedrig" iSv § 8 Abs. 3 und setzt die Hinzurechnung der Finanzierungseinkünfte beim inländischen Anteilsinhaber ins Werk. Der Umstand, dass es sich bei der Finanzierungsgesellschaft nicht um eine vom inländischen Anteilsinhaber direkt gehaltene, sondern um eine nach § 14 nachgeschaltete Zwischengesellschaft handelt, ändert an der Beurteilung nichts. Von der X-Inc. werden der X-SA die Finanzierungseinkünfte zeitgleich „zu"gerechnet, von dort der X-AG nach § 10 Abs. 2 um ein Wirtschaftsjahr zeitversetzt „hinzu"gerechnet.

b) Steuergutschriften für Forschungs- und Entwicklungsaktivitäten im Ausland

1054 Die Situation bei einigen sog. IP-Box-Regimen unterscheidet sich von der geschilderten Anreizmechanik bei Finanzierungsgesellschaften. Mitunter erfolgt der steuerliche Anreiz nämlich nicht durch anreizkompatible Ausgestaltung der Bemessungsgrundlage durch den Gesetzgeber, sondern durch direkte

D. Niedrige Besteuerung (Abs. 3)

Transferzahlung für bestimmte Forschungs- und Entwicklungsaktivitäten. In der Sache wirken diese gleichwohl auf die nach deutschem Steuerrecht zu erstellende Hinzurechnungsbilanz und erhöhen somit die Bemessungsgrundlage. Dies birgt prinzipiell die Gefahr, dass je nach Lage der Verhältnisse im Einzelfall die gemäß § 8 Abs. 3 zu errechnende Effektivbelastung unter die Niedrigsteuerschwelle absinkt.

einstweilen frei 1055–1059

4. Buchwertneutrale Reorganisationen im Ausland als Ursache von Niedrigbesteuerungssituationen

a) Buchwertübertragungen im Ausland

Ähnlich wie im Rahmen einer Organschaft im Inland sind in ausländischen Jurisdiktionen häufig konzerninterne Buchwertübertragungen statthaft, weil das Besteuerungssubstrat gesichert ist und für eine unmittelbare Besteuerung schwerlich eine Rechtfertigung bei konzerninternen Übertragungen gefunden werden kann. Der nachfolgende Fall verdeutlicht die sich daraus ergebende hinzurechnungssteuerliche Problematik.

Beispiel (vgl. *Kraft* IStR 2016, 276 (281)):
Die im Inland unbeschränkt körperschaftsteuerpflichtige X-Bank-AG hält sämtliche Anteile an der X-Sub-Inc., die ihrerseits wiederum die Anteile an zwei hundertprozentigen Tochterkapitalgesellschaften hält, die nachfolgend als OpCo1 und OpCo2 bezeichnet werden. Die drei Gesellschaften sind im gleichen Staat ansässig und bilden zusammen eine „Tax Group" nach dem Steuerrecht dieses Staats. Sie betreiben sowohl nach aufsichtsrechtlichen lokalen als auch nach hinzurechnungssteuerlichen Kriterien Bankgeschäfte und verfügen über eine lokale Banklizenz, qualifizieren allerdings nicht nach § 8 Abs. 1 Nr. 3 als Kreditinstitute.
Die OpCo1 überträgt zu lokalen Buchwerten Wirtschaftsgüter (zB Swaps) mit erheblichen stillen Reserven sowohl auf ihre Schwestergesellschaft OpCo2 als auch auf ihre Muttergesellschaft Sub-Inc. Die Übertragung erfolgt nach lokalem Steuerrecht aufgrund eines Tax Group-Regimes ohne Gewinnrealisierung. Noch im Veranlagungszeitraum der Übertragung der Wirtschaftsgüter erfolgt die tatsächliche Realisierung der in diesen ruhenden stillen Reserven durch Weiterveräußerung am Markt durch OpCo2 bzw. durch Sub-Inc.
Aus diesem Problemaufriss lassen sich zwei Fragestellungen formulieren, nämlich ob auf der Ebene der OpCo1 eine Niedrigbesteuerung gemäß § 8 Abs. 3 vorliegt und ob sich die X-Bank AG auf Tz. 8.3.1.2 AEAStG berufen darf.
Laut Sachverhalt liegen passive Einkünfte einer deutschbeherrschten Kapitalgesellschaftsgruppe vor, da annahmegemäß die ausländischen Entitäten nicht als Kreditinstitute iSd § 8 Abs. 1 Nr. 3 qualifizieren und kein anderer Tatbestand des Aktivitätskatalogs einschlägig ist. Aus diesem Grunde folgen auch Veräußerungs- und Realisierungserfolge dem Schicksal der zugrunde liegenden Wirtschaftsgüter, denn nach hM in der Literatur ist von der Gültigkeit des Grundsatzes auszugehen, wonach im System der Hinzurechnungsbesteuerung Gewinne aus der Veräußerung von Wirtschaftsgütern hinzurechnungssteuerlich dem Schicksal der Tätigkeitsbereichs folgen, dem die veräußerten Wirtschaftsgüter zugeordnet sind (vgl. *Kraft/Zielinski* RIW 2012, 596 (599); *FWBS* § 8 AStG Rz. 36 und 78). Generieren diese Wirtschaftsgüter passive Einkünfte, qualifizieren auch die Veräußerungs- und Realisierungserfolge entsprechend als passiv. Auch wenn der Sachverhalt nicht vollumfänglich dem in der Tz. 8.3.1.2 AEAStG geschilderten entspricht, wird sich die Lösung des Falls an dem dort niedergelegten Rechtsgedanken zu orientieren haben. Demnach sollen buchwertneutrale Rechtsträgerwechsel innerhalb ei-

ner vom ausländischen Steuerrecht anerkannten Besteuerungsgruppe keine für den inländischen Anteilsinhaber negativen hinzurechnungssteuerlichen Konsequenzen entfalten. Das deutsche System der Hinzurechnungsbesteuerung akzeptiert mithin die Prärogative des im Ausland existenten Gruppenbesteuerungsregimes. Erst bei Veräußerung am Markt ist gegebenenfalls eine hinzurechnungssteuerlich relevante Realisierungsbesteuerung tatbestandlich gegeben.

b) Umwandlungen

1062 Auch ausländische Umwandlungen vermögen hinzurechnungssteuerliche Probleme zu bereiten, wenn sie im Ausland unter Besteuerungsaufschub, damit nicht und somit nach § 8 Abs. 3 niedrig besteuert vollzogen werden.

Beispiel (vgl. *Kraft* IStR 2016, 276 (281)):

1063 Eine innerhalb einer letztlich deutschbeherrschten Beteiligungskette im Ausland ansässige Kapitalgesellschaft hält sämtliche Anteile an einer Tochterkapitalgesellschaft. Diese wird unter Leistung eines Spitzenausgleichs in Form einer baren Zuzahlung nach ausländischem Steuerrecht steuerneutral auf eine andere ausländische Kapitalgesellschaft verschmolzen. Es stellt sich die Frage, wie die Verschmelzung aus der Perspektive des inländischen Steuerrechts zu beurteilen ist.

Ansatzpunkt ist die Vorschrift des § 8 Abs. 1 Nr. 10. Nach dieser Bestimmung qualifizieren Umwandlungen, die ungeachtet des § 1 Abs. 2 und 4 des Umwandlungssteuergesetzes zu Buchwerten erfolgen könnten, als aktiv. Dies gilt nicht für solche Auslandsumwandlungen, bei denen im Falle einer Veräußerung die Voraussetzungen der Nr. 9 nicht erfüllt wären.

Durch den Verweis des § 8 Abs. 1 Nr. 10 auf das UmwStG – unter Aussparung der EU-Ansässigkeitsvoraussetzung nach § 1 Abs. 2 bzw. Abs. 4 UmwStG – erlangen die umwandlungssteuerlichen Vorstellungen der Finanzverwaltung (vgl. BMF-Schreiben vom 11.11.2011, IV C 2 – S 1978 – b/08/10001, BStBl. I 2011, 1314 – sog. UmwStEE) außensteuerrechtliche Bedeutung. Es ist in derartigen Konstellationen zu prüfen, ob ein ausländischer Umwandlungsvorgang, wenn er denn unter Beteiligung von inländischen Rechtsträgern erfolgt wäre, nach den Vorschriften des UmwStG zu Buchwerten vollzogen werden könnte. Erfolgt mithin im Ausland im Rahmen einer inlandsbeherrschten Beteiligungskette eine – nach ausländischem Steuerrecht – steuerneutrale Umwandlung, die den Vergleichbarkeitsanforderungen des deutschen UmwStG nicht genügt, qualifiziert die nach ausländischem Gesellschaftsstatut vorgenommene Reorganisationsmaßnahme nicht als aktiv iSd § 8 Abs. 1 Nr. 10 . Die bare Zuzahlung wäre nach § 3 Abs. 2 UmwStG für die Steuerneutralität im Rahmen einer inländischen Verschmelzung schädlich. Aus diesem Grunde vermag die im Ausland durchgeführte Verschmelzung nach § 8 Abs. 1 Nr. 10 nicht als aktiv zu qualifizieren.

c) Tausch von Wirtschaftsgütern durch ausländische Gesellschaft

1064 Nicht wenige Staaten kennen Steueraufschubbestimmungen, nach denen unter bestimmten Voraussetzungen selbst bei der Veräußerung eine unmittelbare Besteuerung aufgeschoben wird. Vergleichbar sind solche Vorschriften etwa der Bestimmung des § 6b EStG. Nehmen inlandsbeherrschte Auslandsgesellschaften solche Regeln in Anspruch, erhebt sich das Problem, ob hinzurechnungssteuerlich negative Auswirkungen zu besorgen sind.

Beispiel (vgl. *Kraft* IStR 2016, 276 (282); *Kraft/Zielinski* RIW 2012 S. 596–601; *Kraft/Moser* StStud 2014, 39 (40–43)):

1065 Das Vermögen der zu 100% deutschbeherrschten X-Inc. setzt sich zusammen aus 10.000 ha im Staat A belegenen Ländereien. Von diesen werden 3000 ha land- und

D. Niedrige Besteuerung (Abs. 3)

forstwirtschaftlich genutzt. 7000 ha werden zu rein investiv-spekulativen Zwecken gehalten. Die X-Inc. tauscht ihr gesamtes Vermögen gegen ein in einer anderen Region in Staat A belegenes Weingut im selben Wert. Der Tausch qualifiziert als sog. like-kind-exchange und bewirkt, dass nach lokalen Steuerrechtsvorschriften keine stillen Reserven in den getauschten Vermögensgegenständen aufgedeckt werden. Daher bleibt der Tausch lokal unbesteuert. Staat A ist bezüglich Tarifstruktur und Bemessungsgrundlagenermittlung dem Inland vergleichbar. Es stellt sich die Frage, ob im Inland hinzurechnungssteuerliche Konsequenzen zu besorgen sind.

Stellungnahme: Während der Tauschvorgang im Ausland steuerneutral bewerkstelligt werden kann, sind gleichwohl für Zwecke der Hinzurechnungsbesteuerung die §§ 7 bis 14 näher zu beleuchten. Diese stellen den Tausch einer Veräußerung gleich. Insoweit würde es hinzurechnungssteuerlich zu einer Aufdeckung der stillen Reserven kommen. Das steuerliche Ergebnis würde insoweit dem der entgeltlichen Veräußerung entsprechen. Soweit das Weingut als Entgelt für die „passiven" Nutzflächen erhalten wurde, liegen passive, niedrig besteuerte und damit hinzurechnungspflichtige Einkünfte vor. Da laut Sachverhalt beim like-kind-exchange in Land A keine Steuern erhoben wurden, liegt mithin niedrige Besteuerung vor.

einstweilen frei 1066–1079

IV. Besonderheiten der Belastungsrechnung bei Gewährung von Erstattungsansprüchen (S. 2)

1. Hintergrund: Malta-Gestaltungen

§ 8 Abs. 3 S. 2 wurde im Rahmen des JStG 2010 (BGBl. 2010 I 1768) eingefügt. Die gesetzgeberische Motivation bestand primär darin, sog. mehrstöckige *„Malta-Gestaltungen"* zu unterbinden (Haase/*Reiche* § 8 AStG Rz. 185; SKK/*Lehfeldt* § 8 Anm. 14; *FWBS* § 8 AStG Rz. 749). Nach der vorherigen Rechtslage führten die verbreiteten doppelstöckigen „Malta-Strukturen" nämlich nicht zu einer Niedrigbesteuerung. Im Rahmen derartiger gesellschaftsrechtlicher Gestaltungen hielten unbeschränkt steuerpflichtige Gesellschafter Beteiligungen an einer auf Malta ansässigen, passive Einkünfte erwirtschaftenden Gesellschaft (Untergesellschaft) über eine ebenfalls auf Malta ansässige Holdinggesellschaft (Obergesellschaft). Aufgrund des seinerzeit gültigen Besteuerungsregimes auf Malta unterlag die Untergesellschaft nicht einer niedrigen Besteuerung. Allerdings stand der Holdinggesellschaft ein Steuervergütungsanspruch der von der operativ tätigen Gesellschaft gezahlten Körperschaftsteuer zu. Wirtschaftlich führten solche Konzeptionen gleichwohl zu einer niedrigen Besteuerung, da im Falle der Ausschüttung Steuererstattungen an den Anteilseigner bzw. Dividendenempfänger vorgesehen waren. Im Ergebnis belief sich die Steuerbelastung auf Malta aufgrund des Erstattungsmechanismus bei der Ausschüttung auf ca. 4%.

Hinzurechnungssteuerlich konnte das Modell mit dem seinerzeitigen Instrumentarium nicht wirksam bekämpft werden. Denn um beide Gesellschaften – Untergesellschaft wie Obergesellschaft – hinzurechnungssteuerlich als Einheit zu beurteilen und eine niedrige Besteuerung zu statuieren, fehlte eine Rechtsgrundlage im deutschen Steuerrecht. Vielmehr unterlag die Obergesellschaft deshalb nicht der Hinzurechnungsbesteuerung, weil sie ausschließlich Dividenden und damit gemäß § 8 Abs. 1 Nr. 8 aktive Einkünfte erzielte. Der Ansatz des Gesetzgebers, derartige Vergünstigungen anlässlich von Ausschüttungen auf tiefer liegenden gesellschaftlichen Beteiligungsebenen zu berücksichtigen, hat punktuell die skizzierten Malta-Strukturen im Blick. Dabei darf nicht übersehen werden, dass bei gesetzgeberischen Regelungsanliegen unerwünschter Einzelfälle stets die Tendenz überschießender Wirkung besteht.

1082 Neben der – fragwürdigen – Regelungsdiktion des Satz 2 illustriert die Entwicklung des sog. Malta-Modells in beeindruckender Weise, dass zum einen ausländische Staaten auf die deutsche Hinzurechnungsbesteuerung reagieren. Zum anderen wird evident, wie und in welcher Weise ausländische Staaten bereit sind, in Deutschland unbeschränkt steuerpflichtigen Investoren zu helfen, tatbestandlich die Hinzurechnungsbesteuerung auf der inländischen Besteuerungsebene zu umgehen.

2. Auslegungsprobleme der Vorschrift

a) Regelungsidee

1083 § 8 Abs. 3 S. 2 normiert, dass in die Belastungsberechnung Ansprüche einzubeziehen sind, die der Staat oder das Gebiet der ausländischen Gesellschaft im Fall einer Gewinnausschüttung der ausländischen Gesellschaft dem unbeschränkt Steuerpflichtigen oder einer anderen Gesellschaft, an der der Steuerpflichtige direkt oder indirekt beteiligt ist, gewährt. Der von den Verfassern der Norm beabsichtigte Regelungszweck dürfte in erster Linie darin bestanden haben, das sog. „Malta-Modell" unattraktiv zu machen (*SKK* § 8 Rz. 183). Der Wortlaut der Vorschrift sieht sich indessen erheblicher Kritik ausgesetzt. Ihr werden überschießende Wirkung, Folgerichtigkeitsmängel, erhebliche Komplizierung, Unklarheit, nichtssagende Begrifflichkeit sowie Undurchführbarkeit zur Last gelegt (*FWBS* § 8 AStG Rz. 749 ff.). Diese nicht unberechtigten Vorwürfe dürften ihre Ursache im Wesentlichen darin haben, dass mit der Bestimmung ein punktuell gelagertes Einzelproblem behoben werden sollte, dabei aber nicht gesehen wurde, dass der gewählte Normtext weit über die intendierte Regelungsdiktion hinausgehen würde.

1084 Anwendungsprobleme verursacht die Vorschrift zunächst dadurch, dass sie sich unklarer Begrifflichkeiten bedient. So führt sie – erstmals – den Rechtsbegriff der „Belastungsberechnung" ein. Ferner knüpft sie Rechtsfolgen an von einem Staat einer ausländischen Gesellschaft oder von einem Gebiet einer ausländischen Gesellschaft gewährte Ansprüche. Derartige Ansprüche sind nach der Konzeption der Vorschrift dann im Kontext der Feststellung einer „niedrigen Besteuerung" bei der „Belastungsberechnung" zu berücksichtigen, wenn sie einem unbeschränkt Steuerpflichtigen oder einer anderen Gesellschaft, an der der Steuerpflichtige direkt oder indirekt beteiligt ist, gewährt werden. Zu Beteiligungs- oder gar Beherrschungsquoten im Rahmen der Beteiligung schweigt die Vorschrift.

b) Begriff „Belastungsberechnung"

1085 § 8 Abs. 3 S. 2 verlangt, bei der Ermittlung der nach S. 1 zu ermittelnden Niedrigbesteuerung in die Belastungsberechnung bestimmte Ansprüche einzubeziehen. Damit bedient sich der Gesetzeswortlaut des AStG insgesamt zum ersten Mal des Terminus „Belastungsberechnung". Im Schrifttum findet sich der Begriff der Belastungsrechnung, um die in → Rz. 901 entwickelte Formel zur Feststellung einer niedrigen Besteuerung zu umschreiben. Der Gesetzgeber hat es nicht für nötig erachtet, den – bislang unbekannten – Begriff der Belastungsberechnung näher zu umschreiben. Ein sinnvolles, sowohl vom Wortlaut als auch von der Konzeption gedecktes Verständnis wird den Begriff im Sinne eines Belastungsvergleichs verstehen müssen. Denn dieser ist notwendig, um eine Niedrigbesteuerung zu berechnen. Dabei ist für unterschiedliche passive Einkünfte der Belastungsvergleich bzw. die Belastungsberechnung getrennt durchzuführen, um zu ermitteln, ob es sich dabei jeweils um Zwischeneinkünfte handelt. Denn immerhin ist – nicht nur theoretisch – denkbar, dass nicht sämtliche der Natur nach passiven Einkünfte, sondern lediglich die auf eine Teilmenge von Zwischeneinkünften entfallende ausländische Steuer mit einem (Erstattungs-)Anspruch verknüpft ist. In einer derartigen Situation wirkt sich der Anspruch auf Erstattung nur auf die Niedrigbesteuerung der Zwischeneinkünfte aus, für die Steuern erstattet werden (*FWBS* § 8 AStG Rz. 750). Dies ist eine Frage des ausländischen Steuerrechts, mithin im Bereich der Tatsachenermittlung angesiedelt.

Inzidenter kommt in der Verwendung des Begriffs der „Belastungsberechnung" zum Ausdruck, dass der Gesetzgeber davon ausgeht, eigentlich mit einander nicht in einem inneren Zusammenhang stehende Größen aufeinander zu beziehen. Denn bezogen aufeinander werden die tatsächliche Ertragsteuerbelastung passiver Einkünfte auf die nach inländischen Gewinnermittlungsgrundsätzen berechnete Bemessungsgrundlage der passiven Einkünfte. Relevanz entfaltet die Regelung dann, wenn ein Steuererstattungsanspruch betreffend die passiven Einkünfte besteht.

c) Begriff „Anspruch"

Näheres zur Natur des Begriffs des „Anspruchs" hat der Gesetzgeber nicht verlauten lassen. Anspruch ist kein genuin steuerrechtlicher Begriff. Unter einem „Anspruch" versteht die Zivilrechtslehre im Sinne der Legaldefinition des § 194 Abs. 1 BGB das Recht, von einem anderen ein Tun oder Unterlassen zu verlangen. Ein Anspruch idS entsteht, wenn alle Voraussetzungen vorliegen, an die das Gesetz den Anspruch knüpft. Der Begriff der in der Norm verwendeten „Ansprüche" geht damit weit über offensichtlich gemeinte Steuererstattungsansprüche hinaus. Dass primär Steuererstattungsansprüche im Fokus der Regelung stehen suggerieren sowohl die Gesetzgebungshistorie als auch der materielle Anlass der Bekämpfung des Malta-Modells.

Es darf nicht bei der Anwendung der Vorschrift nicht aus den Augen verloren werden, dass die Entstehung des Anspruchs nach ausländischem Recht zu bestimmen ist. Damit ist sie revisionsrichterlich als Tatsache zu qualifizieren, da die Feststellung und Würdigung ausländischen Rechts nach ständiger hochsprachlicher Rechtsprechung zu den Tatsachenfeststellungen iSd § 118 Abs. 2 FGO gehört (BFH v. 19.12.2007, I R 46/07 (NV)). Neben der zu Recht kritisierten (*FWBS* § 8 AStG Rz. 749) erheblichen Komplizierung bewirkt dies, dass der inländische Rechtsanwender zum Zweck der Ableitung lediglich inländischer Besteuerungsfolgen ausländisches Recht anzuwenden hat. Dass dem Steuerrechtsanwender damit im Einzelfall eine überaus intrikate Aufgabe gestellt sein kann, zeigt der Umstand, dass die rechtliche Entstehung von Ansprüchen nach ausländischem Recht und der tatsächliche daraus resultierende Zahlungsvorgang zeitlich mitunter erheblich auseinanderfallen können. Fallen Anspruchsentstehung nach ausländischem Recht und tatsächlicher Zahlungsvorgang etwa im Rahmen der Erstattung ausländischer Körperschaftsteuer auseinander, kann dies sehr komplexe Rückwirkungen auf die Berechnung einer etwaigen Berechnung der Niedrigbesteuerung zeitigen. Der Gesetzeswortlaut vermag dem Rechtsanwender nur eine wenig hilfreiche Anleitung zu sein.

d) Einbeziehen von Ansprüchen

1089 Die „Ansprüche" sind nach der Formulierung in § 8 Abs. 3 S. 2 einzubeziehen. Auch insoweit ist das Gesetz unklar formuliert. Denn nichts ist darüber ausgesagt, wie die Einbeziehung vorzunehmen ist. Eine sinnvolle Auslegung wird darauf hinauslaufen, dass einzubeziehende Ansprüche die Belastung der von der ausländischen Gesellschaft erzielten Einkünfte mit Ertragsteuern mindern. Eine klärende Stellungnahme durch die deutsche Finanzverwaltung zur Anwendung der Rechtsfolge des § 8 Abs. 3 S. 2 ist somit auch diesbezüglich dringend anzumahnen.

e) Ausländische Gesellschaft

1090 Die von § 8 Abs. 3 S. 2 vorausgesetzte „ausländische Gesellschaft" könnte vordergründig iSd Legaldefinition des § 7 Abs. 1 verstanden werden. Nach der Interpretation des dort anzutreffenden Klammerzusatzes als Legaldefinition würde jedes inkorporierte und nicht von der Körperschaftsteuerpflicht befreite Körperschaftsteuersubjekt ohne Geschäftsleitung und Sitz im Inland als „ausländische Gesellschaft" zu lesen sein. Allerdings fallen unter den Normzweck der Bestimmung des § 8 Abs. 3 S. 2 nicht sämtliche Körperschaften, Personenvereinigungen oder Vermögensmassen iSd KStG, die weder Geschäftsleitung noch Sitz im Inland haben und an der unbeschränkt Steuerpflichtige und/oder Personen iSd § 2 zu mehr als der Hälfte beteiligt sind. Vielmehr ist der Begriff der ausländischen Gesellschaft normspezifisch einzuengen. Folglich ist die „ausländische Gesellschaft" iSd § 18 entweder selbst Zwischengesellschaft oder sie ist zwar selbst keine Zwischengesellschaft, aber ihr werden die Einkünfte (aus passivem Erwerb) nachgeschalteter (Zwischen-)Gesellschaften innerhalb einer Beteiligungskette „nach oben" zugerechnet und von dort aus hinzugerechnet (*Kraft* IStR 2011, 897 ff.; s. auch → § 18 Rz. 80).

f) Gewährung von Ansprüchen

1091 Schließlich müssen die Ansprüche vom Staat oder dem Gebiet der ausländischen Gesellschaft gewährt sein.. Auch insoweit ist dem Vorwurf handwerklicher Unzulänglichkeit der Umsetzung zuzustimmen, wenn der Sinn der Regelung auch klar sein dürfte (*FWBS* § 8 AStG Rz. 749) Danach sollen lediglich solche Ansprüche zu berücksichtigen sein, die der Staat bzw. das „Gebiet" gewährt, in dem die ausländische Gesellschaft ansässig ist. Ansässigkeit ist insoweit mit einem der unbeschränkten Steuerpflicht vergleichbaren Umfang gleichzusetzen. Diese Feststellung vermag im Einzelfall weitreichende Folgen zu haben. Denn damit fallen sämtliche Ansprüche aus dem Anwendungsbereich des § 8 Abs. 3 S. 2 heraus, die der Ansässigkeitsstaat eines Gesellschafters, der nicht zugleich Ansässigkeitsstaat der ausländischen Gesellschaft ist, diesem und/oder der ausländischen Zwischengesellschaft gewährt. Zu

D. Niedrige Besteuerung (Abs. 3)

denken könnte insoweit sein an bestimmte Formen der Quellensteueranrechnung auf Dividenden oder auch einer grenzüberschreitenden Anrechnung von Körperschaftsteuer in der Art eines in angelsächsischen Jurisdiktionen immer noch anzutreffenden „indirect tax credit".

Schließlich betrifft die Vorschrift des § 8 Abs. 3 S. 2 nur solche Ansprüche, die anlässlich einer Gewinnausschüttung der ausländischen Gesellschaft gewährt werden. Anders gewendet muss die Gewinnausschüttung zwingend der Anlass für die Entstehung des Anspruchs sein. Die Art der Gewinnausschüttung – offen oder verdeckt – ist unerheblich. Da die Vorschrift allerdings darauf abzielt, Erstattungsansprüche anlässlich von offenen Gewinnausschüttungen zu erfassen, kann im Einzelfall durchaus fraglich sein, ob der ausländische Staat bzw. das Gebiet entsprechende (Erstattungs-)Ansprüche auch bei verdeckten Gewinnausschüttungen gewährt. **1092**

Aus dem konzeptionellen Gefüge der Vorschrift ergibt sich schließlich, dass nach § 8 Abs. 3 S. 2 nur Ansprüche relevant sind, die dem unbeschränkt Steuerpflichtigen gewährt werden. Zu diesem Zweck muss der unbeschränkt Steuerpflichtige an der ausschüttenden Gesellschaft iSd § 7 Abs. 1 beteiligt und Empfänger der Gewinnausschüttung sein. Der Gesetzeswortlaut umfasst damit keine Ansprüche, die einer einem unbeschränkt Steuerpflichtigen nahestehenden Person gewährt werden. Ebenso wenig umfasst der Anwendungsbereich des § 8 Abs. 3 S. 2 Ansprüche, die aus Anlass von Gewinnausschüttungen an beteiligte Personen iSd § 2 entstehen. Der Befund, dass Ansprüche, die einer einem unbeschränkt Steuerpflichtigen nahestehenden Person gewährt werden, nicht erfasst werden, bietet – selbstredend – Gestaltungsoptionen. **1093**

Zu betonen ist, dass die ausländische Gesellschaft weder Einkünfte aus passivem Erwerb erwirtschaften noch selbst niedrig besteuerte Einkünfte erzielen muss. Ob der Gesetzgeber eine Beteiligungsquote an der die Ausschüttung empfangenden ausländischen Gesellschaft nicht für erforderlich gehalten hat oder es sich dabei um ein redaktionelles Versehen handelt, kann nicht geklärt werden. Damit indessen die Konzeption der Vorschrift überhaupt praktikabel ist, können nur von Steuerinländern majorisierte Gesellschaften im Ausland erfasst sein. **1094**

Schließlich ist die – fehlende – Regelung zu den Beteiligungsquoten geeignet, für praktische Verwirrung zu stiften, sie vermag damit zu schwerwiegenden Folgerichtigkeitsmängeln zu führen (näher *FWBS* § 8 AStG Rz. 757). **1095**

Innerhalb von § 20 Abs. 2 scheitert die Anwendung von § 8 Abs. 3 S. 2 (*FWBS* § 8 AStG Rz. 759). **1096**

einstweilen frei **1097–1099**

V. Erhebungsdefizite im Ausland trotz rechtlich geschuldeter Steuer (S. 3)

1. Inhalt; Hintergrund der Bestimmung

Satz 3 enthält den Gesetzesbefehl – es handelt sich um mehr als nur um eine Klarstellung –, dass eine niedrige Besteuerung iSd § 8 Abs. 1 auch dann vorliegt, wenn Ertragsteuern von mindestens 25% zwar rechtlich geschuldet, jedoch nicht tatsächlich erhoben werden. **1100**

Kraft

1101 Diese Bestimmung ist eine Reaktion auf die BFH-Rechtsprechung (BFH v. 9.7.2003, I R 82/02, BStBl. II 2004, 4), wonach von einer niedrigen Besteuerung auszugehen ist, wenn die Einkünfte der ausländischen Gesellschaft durch Ertragsteuern von weniger als 25% unterliegen. Der BFH hatte die Vorschrift so ausgelegt, dass es für die Feststellung der ausländischen Steuerbelastung auf die rechtlich geschuldete Steuer ankomme. In einer weiteren Entscheidung hatte der BFH entschieden (BFH v. 3.5.2006, I R 124/04, DStR 2006, 1451), dass dann, wenn die nach dem maßgeblichen ausländischen Recht geschuldete Steuer dem in § 8 Abs. 3 angeführten Schwellenwert der Steuerbelastung entspricht, auch dann keine „niedrige Besteuerung" vorliege, wenn der ausländischen Steuerfestsetzung ein behördliches Verfahren vorausgegangen ist, in dem auf gesetzlicher Grundlage und unter Mitwirkung des Steuerpflichtigen der Umfang einer Steuerermäßigung festgelegt wurde. In diesem Verfahren ging es um eine gesetzlich eingeräumte Möglichkeit einer anpassenden Erhöhung der Steuerbelastung durch sec. 41 subsec. 9 des irischen Finance Act 1980/1992 für irische Tochtergesellschaften im International Financial Services Centre in Dublin.

1102 Der Gesetzgeber ließ sich von der Befürchtung leiten, dass die Hinzurechnungsbesteuerung hätte vermieden werden können, wenn die rechtlich geschuldete ausländische Steuer zwar die Belastungsgrenze des § 8 Abs. 3 überstiegen hätte, aber, aus welchen Gründen auch immer, so nicht erhoben wurde. Vielmehr war es nach Ansicht des Gesetzgebers Sinn und Zweck der Regelung, auf die tatsächlich geschuldete Steuer abzustellen. Deshalb wurde die Norm entsprechend angepasst (BT-Drs. 16/6290, 134).

2. Praktische Anwendungsbereiche

1103 Die Gründe für die Nichterhebung sind insoweit unerheblich. In Betracht kommen Erhebungsdefizite aufgrund von Organisationsmängeln in der Finanzverwaltung des Ansässigkeitsstaates der ausländischen Gesellschaft ebenso wie der bewusste Verzicht auf eine der positiven Rechtslage entsprechende Besteuerung im Verwaltungsverfahren. Denkbar sind insoweit stillschweigende wie explizite Steuervereinbarungen, dem Wortlaut unterfällt auch der einseitig von der ausländischen Vollzugsbehörde der ausländischen Gesellschaft gewährte oder gar „aufgedrängte" teilweise oder vollständige Verzicht auf die nach dem Gesetz geschuldete Steuer.

1104 Probleme können sich bei Billigkeitsmaßnahmen durch den ausländischen Fiskus ergeben. Erfolgt beispielsweise eine abweichende Festsetzung der geschuldeten Steuer im Ansässigkeitsstaat einer inlandsbeherrschten, ausländischen Tochtergesellschaft mit passiven Einkünften aus Billigkeitsgründen, so würde eine ggf. eingreifende Hinzurechnungsbesteuerung im Inland die Billigkeitsmaßnahme im Ausland unterminieren. Aus diesem Grunde kann jedenfalls in Fällen, in denen die Gründe für die jeweilige Billigkeitsmaßnahme auf Erwägungen basiert, die dem steuerlichen Billigkeitsrecht der BFH-Rechtsprechung vergleichbar sind, für die Hinzurechnungsbesteuerung kein Raum sein.

§ 9 Freigrenze bei gemischten Einkünften

Für die Anwendung des § 7 Abs. 1 sind Einkünfte, für die eine ausländische Gesellschaft Zwischengesellschaft ist, außer Ansatz zu lassen, wenn die ihnen zugrunde liegenden Bruttoerträge nicht mehr als 10 Prozent der gesamten Bruttoerträge der Gesellschaft betragen, vorausgesetzt, dass die bei einer Gesellschaft oder bei einem Steuerpflichtigen hiernach außer Ansatz zu lassenden Beträge insgesamt 80.000 Euro nicht übersteigen.

Inhaltsübersicht

	Rz.
A. Entstehungsgeschichte	1–14
B. Überblick über die Vorschrift	15–24
C. Tatbestandsvoraussetzungen im Einzelnen	25–101
I. Grundtatbestand und erweiterte Hinzurechnungsbesteuerung	25–34
II. Gemischte Gesellschaften	35–49
III. Absolute Freigrenze der Gesellschaft	50–69
IV. Relative Freigrenze der Gesellschaft	70–89
V. Absolute Freigrenze des Gesellschafters	90–99
VI. Begünstigende Rechtsfolge	100, 101

A. Entstehungsgeschichte

Regelmäßig erzielen aktiv tätige Auslandstöchter auch passive Einkünfte zB Zinsen aus der Wiederanlage von liquiden Mitteln, Lizenzeinnahmen aus der Überlassung von Rechten und Erträge aus der Vermietung und Verpachtung von Grundstücken. **1**

Diese passiven Einkünfte unterliegen grundsätzlich der Hinzurechnungsbesteuerung auch dann, wenn deren Umfang vergleichsweise gering ist, denn der Einkünftekatalog des § 8 Abs. 1 stellt lediglich auf die einzelnen Tätigkeiten und nicht auf das Gesamtbild der ausländischen Tochtergesellschaften ab. Daher hat der Gesetzgeber bereits in der ursprünglichen Fassung des Gesetzes vom 8.9.1972 eine Freigrenzenregelung vorgesehen, die gemischt tätige ausländische Gesellschaften von der Hinzurechnungsbesteuerung ausnimmt (Gesetz über die Besteuerung von Auslandsbeziehungen (Außensteuergesetz – AStG) v. 8.8.1972, BGBl. 1972 I 1713, BStBl. I 1972, 450). **2**

Zu Beginn des Gesetzgebungsverfahrens in 1971 wurde die Freigrenzenregelung lediglich als relative Freigrenze der ausländischen Gesellschaft formuliert. So sollte nach dem dritten Referentenentwurf vom 20.4.1971 (*FWBS* § 12 AStG Gesetzesmaterialien) eine Hinzurechnungsbesteuerung als Ganzes unterbleiben, wenn die den passiven Einkünften zugrunde liegenden Bruttoerträgen nicht mehr als 10 vH der Gesamtbruttoerträge der ausländischen Gesellschaft betragen. Damit wären ausländische Produktions-, Handels- und **3**

Dienstleistungsgesellschaften mit geringen Nebeneinkünften von der Hinzurechnungsbesteuerung ausgenommen gewesen.

4   Allerdings wurde diese relative Freigrenze der ausländischen Gesellschaft im Rahmen des Kabinettsentwurf vom 30.6.1971 (*FWBS* § 12 AStG Gesetzesmaterialien; Begr. in BR-Drs. 394/71, 28) um eine absolute Freigrenze der ausländischen Gesellschaft ergänzt. Danach ist die relative Freigrenze der ausländischen Gesellschaft dann unbeachtlich, wenn diese Zwischeneinkünfte von mehr als DM 120.000 erwirtschaftet. Damit beschränkt die absolute Freigrenze der ausländischen Gesellschaft die zunächst geplante großzügige Wirkung der relativen Freigrenze der ausländischen Gesellschaft.

5   Um Gestaltungen entgegenzuwirken, die die an die ausländische Gesellschaft anknüpfende relative und absolute Freigrenze unterlaufen könnten, wurde in den Beratungen des Finanzausschusses der inländische Steuerpflichtige noch mit einer absoluten Freigrenze von DM 120.000 bedacht (schriftlicher Bericht des Finanzausschusses, BT-Drs. VI/3537).

6   Da die drei Freigrenzen kumulativ erfüllt werden müssen, hat § 9 im Ergebnis keine praktische Relevanz im Wirtschaftsleben. Internationale deutsche Konzerne werden nie völlig ausschließen können, dass eine Auslandstochter mit ihren passiven Einkünften die absolute Freigrenze überschreitet. Die Beurteilung einer gemischten Tätigkeit der ausländischen Gesellschaft zusätzlich anhand der absoluten Freigrenze der ausländischen Gesellschaft und der relativen Freigrenze des Gesellschafters benachteiligt Konzerne mit beachtlichen und gewinnträchtigen Aktivitäten im Ausland. Die geringe praktische Bedeutung der Vorschrift wird schließlich daran erkennbar, dass § 9 AStG bislang noch nicht Gegenstand eines gerichtlichen Verfahrens war.

7   § 9 wurde seit der Einführung mit Gesetz vom 8.9.1972 sachlich nie mehr geändert. Mit dem StSenkG vom 23.10.2000 (BGBl. 2000 I 1428) wurde die Vorschrift an die Neuregelungen des § 8 Abs. 1 Nr. 8, 9 AStG sowie die Aufhebung des § 13 AStG aF angepasst und daher die Bezugnahme auf § 13 gestrichen. Mit dem StEuglG vom 19.12.2000 (BGBl. 2000 I 1790) wurde die absolute Freigrenze iHv DM 120.000 auf Euro 62.000 umgestellt. Mit dem JStG 2008 (G. v. 20.12.2007, BGBl. 2007 I 3150) wurde die absolute Freigrenze auf Euro 80.000 erhöht. Diese Änderung gilt für Zwischeneinkünfte, die in einem Wirtschaftsjahr entstanden sind, das nach dem 31.12.2007 beginnt, § 21 Abs. 17.

8–14   *einstweilen frei*

B. Überblick über die Vorschrift

15   Nach § 9 bleiben passive Einkünfte einer ausländischen Zwischengesellschaften für die Anwendung des § 7 Abs. 1 außer Ansatz, wenn
– die ausländische Zwischengesellschaft neben passiven Einkünften auch aktive Einkünfte bezieht (gemischte Einkünfte),
– die außer Ansatz zu lassenden passiven Einkünfte der Gesellschaft Euro 80.000 nicht übersteigen (absolute Freigrenze der Gesellschaft), (Tz. 9.0.2.2. Nr. 1. AEAStG),

– die den passiven Einkünften zugrunde liegenden Bruttoerträgen nicht mehr als 10 vH der gesamten Bruttoerträge der Gesellschaft betragen (relative Freigrenze der Gesellschaft) und
– die außer Ansatz zu lassenden passiven Einkünfte eines Steuerpflichtigen Euro 80.000 nicht übersteigen (absolute Freigrenze des Steuerpflichtigen), (Tz. 9.0.2.2. Nr. 2. AEAStG).

Die Begünstigung des § 9 wird nur dann gewährt, wenn diese Voraussetzungen kumulativ erfüllt werden. Sofern eine der Freigrenzen überschritten wird, unterliegen die passiven Einkünfte insgesamt der Rechtsfolge des § 7 Abs. 1 (Kabinettsentwurf v. 30.6.1971, Rn. 99; Brezing ua/*Mössner* § 9 AStG Rz. 1). **16**

In der Literatur ist umstritten, ob die Prüfung der relativen und absoluten Freigrenze der ausländischen Gesellschaft lediglich bei der ausländischen Obergesellschaft oder bei jeder nachgeschalteten Gesellschaft stattfindet. Wortlaut und Gesetzesbegründung könnten eine Prüfung auf jeder Stufe nahelegen (*Mattern/Mohr/Schütz/Waldens/etc.*, 360° AStG eKommentar, § 9 AStG Rz. 23). Dagegen könnte die systematische Auslegung der Vorschrift eine Beurteilung der Freigrenzen lediglich auf Ebene der ausländischen Obergesellschaft begründen, da §§ 7–10 die Besteuerung von auf Inlandsbeteiligte entfallende passive Einkünfte dieser Gesellschaft regeln (so *FWBS* § 9 AStG Rz. 13; WSG/*Franz* § 9 AStG Rz. 5; SKK/*Luckey* § 9 AStG Rz. 21; siehe unten → Rz. 50). **17**

einstweilen frei **18–24**

C. Tatbestandsvoraussetzungen im Einzelnen

I. Grundtatbestand und erweiterte Hinzurechnungsbesteuerung

Da § 9 zunächst auf § 7 Abs. 1 verweist, müssen für die Anwendung der Vorschrift die persönlichen und sachlichen Voraussetzungen des Grundtatbestands der Hinzurechnungsbesteuerung vorliegen. Demgemäß muss die ausländische Gesellschaft aktive Einkünfte und daneben niedrig besteuerte Einkünfte aus passivem Erwerb beziehen und ein unbeschränkt Steuerpflichtiger allein oder zusammen mit anderen Steuerpflichtigen iSv § 2 zu mehr als der Hälfte an dieser beteiligt sein. **25**

Grundsätzlich kann § 9 für die erweiterte Hinzurechnungsbesteuerung Bedeutung haben, da § 7 Abs. 6 den Grundtatbestand der Hinzurechnungsbesteuerung ergänzt und in der Rechtsfolge auf § 7 Abs. 1 verweist. Nach § 7 Abs. 6 S. 1 greift die erweiterte Hinzurechnungsbesteuerung ein, wenn ein einzelner unbeschränkt Steuerpflichtiger zu mindestens 1 vH an der ausländischen Gesellschaft beteiligt ist und diese Zwischeneinkünfte mit Kapitalanlagecharakter bezieht, auch wenn die Voraussetzungen des Absatzes 1 im Übrigen nicht erfüllt sind. Da nach dem Wortlaut der § 9 ausschließlich für § 7 Abs. 1 gilt, kommt die Vorschrift nicht zur Anwendung, wenn eine Inlandsbeherrschung nach § 7 Abs. 1 nicht gegeben ist (SKK/*Luckey* § 9 AStG **26**

Rz. 8). Zu einer doppelten Begünstigung nach § 7 Abs. 6 und § 9 kann es somit nicht kommen (Blümich/*Vogt* § 9 AStG Rz. 4).

Beispiel:

27 An der CH AG sind der Steuerinländer A (2 vH) und der in der Schweiz ansässige Steuerausländer B (98 vH) beteiligt. CH AG bezieht aktive Einkünfte und Zwischeneinkünfte mit Kapitalanlagecharakter. Die Einkünfte sind niedrig besteuert. Die auf den Steuerinländer A anteilig entfallenden Einkünfte mit Kapitalanlagecharakter betragen Euro 90.000.
Da der Steuerausländer A zu mindestens 1 vH an der CH AG beteiligt ist und diese neben den aktiven Einkünften ausschließlich Zwischeneinkünfte mit Kapitalanlagecharakter bezieht, sind die Tatbestandsvoraussetzungen der erweiterten Hinzurechnungsbesteuerung (§ 7 Abs. 6 S. 1, 2) erfüllt. Die Begünstigung nach § 9 kann von dem Steuerinländer A nicht beansprucht werden, da eine Inlandsbeherrschung nicht gegeben ist. Im Übrigen ist die absolute Freigrenze des Gesellschafters überschritten.

28 Der Rechtsfolgeverweis des Satzes 1 im § 7 Abs. 6 auf § 7 Abs. 1 steht allerdings unter dem Vorbehalt des Satzes 2. Danach ist § 7 Abs. 6 S. 1 nicht anwendbar, wenn die den Zwischeneinkünften mit Kapitalanlagecharakter zugrundeliegenden Bruttoerträge nicht mehr als 10 vH der den gesamten Zwischeneinkünften zugrunde liegenden Bruttoerträgen der ausländischen Zwischengesellschaft betragen (relative Freigrenze der Gesellschaft) und die bei einer Zwischengesellschaft (absolute Freigrenze der Gesellschaft) oder bei einem Steuerpflichtigen (absolute Freigrenze des Steuerpflichtigen) außer Ansatz zu lassenden Beträge insgesamt Euro 80.000 nicht übersteigen.

29 Obwohl § 7 Abs. 6 S. 2 äußerlich unverkennbar der Vorschrift des § 9 nachgebildet ist, unterscheiden sich die Vorschriften auf der Rechtsfolgeseite. Während nach § 9 bei einem inländischen Steuerpflichtigen Zwischeneinkünfte außer Ansatz bleiben, schließt § 7 Abs. 6 S. 2 bei wortgetreuer Auslegung die Anwendung des Satzes 1 für alle beteiligten Steuerpflichtigen aus, wenn die Voraussetzungen des Satzes 2 lediglich bei einem Steuerpflichtigen nicht erfüllt sind.

Beispiel:

30 An der Jersey Ltd. sind die Steuerinländer A und B zu 8 vH bzw. (i) 12 vH und (ii) alternativ B zu 44 vH beteiligt. Jersey Ltd. bezieht aktive Einkünfte, normal passive Einkünfte iSv § 8 Abs. 1 und Einkünfte mit Kapitalanlagecharakter iSv § 7 Abs. 6a. Die Einkünfte sind niedrig besteuert. Die gesamten Bruttoerträge betragen Euro 100 Mio., die gesamten passiven Bruttoerträge belaufen sich auf Euro 10 Mio., wovon Euro 900.000 den Kapitalanlagecharaktereinkünften zugrunde liegen. Die Zwischeneinkünfte belaufen sich auf Euro 700.000, während die Kapitalanlagecharaktereinkünfte Euro 5 Mio. betragen.
i) Keine Inländerbeherrschung: Da A und B zu mindestens 1 vH an der Jersey Ltd. beteiligt sind und diese Gesellschaft niedrig besteuerte Einkünfte mit Kapitalanlagecharakter bezieht, greift vorbehaltlich des Satzes 2 die erweiterte Hinzurechnungsbesteuerung nach § 7 Abs. 6 S. 1 ein. Vorliegend ist die relative Freigrenze der Gesellschaft nicht überschritten, was das Verhältnis der Gesamtbruttoerträge zu den Bruttoerträgen, die den Zwischeneinkünften mit Kapitalanlagecharakter zugrunde liegen, 9 vH beträgt. Zudem ist die absolute Freigrenze der Gesellschaft überschritten, da die gesamten Kapitalanlagecharaktereinkünfte Euro 700.000 betragen. Allerdings ist die absolute Freigrenze des A nicht überschritten, da die anteiligen Kapitalanlagecharaktereinkünfte lediglich Euro 56.000 betragen. Mithin sind die Tatbestandsvoraussetzungen des § 7 Abs. 6 S. 2

C. Tatbestandsvoraussetzungen im Einzelnen 31–35 § 9

erfüllt, so dass § 7 Abs. 6 S. 1 auch in der Person des B keine Wirkung entfaltet (*FWBS* § 7 AStG Rz. 133).

ii) Inländerbeherrschung: Vorliegend ist aber bereits der Grundtatbestand der Hinzurechnungsbesteuerung erfüllt, da die Steuerinländer A und B zu mehr als der Hälfte an der Jersey Ltd. beteiligt sind (§ 7 Abs. 1, 2). Die Begünstigung des § 9 kommt nicht in Betracht, da die absolute Freigrenze der Gesellschaft (Euro 10 Mio.) und die absolute Freigrenze der Gesellschafter (Euro 400.000 und Euro 2,2 Mio.) überschritten ist.

	Euro	(i) § 7 Abs. 6 AStG	(ii) § 9 AStG
Gesamte Bruttoerträge	100.000.000		
Gesamte passive Bruttoerträge	10.000.000		
Bruttoerträge der Kapitalanlagecharaktereinkünfte	900.000		
Gesamte Zwischeneinkünfte	5.000.000		
Kapitalanlagecharaktereinkünfte	700.000		
Verhältnis der Bruttoerträge mit Kapitalanlagecharakter zu den gesamten passiven Bruttoerträgen		9%	
Auf A entfallende Kapitalanlagecharaktereinkünfte		56.000	
Auf B (12 vH) entfallende Kapitalanlagecharaktereinkünfte		84.000	
Verhältnis der gesamten passiven Bruttoerträgen zu den gesamten Bruttoerträgen			10%
Auf A entfallende Zwischeneinkünfte			400.000
Auf B (44 vH) entfallende Zwischeneinkünfte			2.200.000

Das Beispiel zeigt, dass § 7 Abs. 6 S. 2 und § 9 auf der Tatbestandsseite **31** nicht vergleichbar sind und sich daher unterschiedliche Rechtsfolgen ergeben. Während für die Anwendung des § 7 Abs. 6 S. 2 nur eine der absoluten Freigrenzen nicht überschritten werden darf, müssen bei § 9 alle Freigrenzen eingehalten werden. Dieses Ergebnis mag zwar überraschen, ist aber im Wortlaut begründet. Um eine übereinstimmende Rechtsfolge der Vorschriften zu erreichen, müsste der Gesetzgeber § 7 Abs. 6 S. 2 dahingehend verändern, dass die Rechtsfolge des § 7 Abs. 6 S. 2 AStG bei einem Steuerpflichtigen nur dann keine Anwendung finden soll, wenn bei ihm die absolute Freigrenze überschritten ist (*FWBS* § 7 AStG Rz. 133).

einstweilen frei **32–34**

II. Gemischte Gesellschaften

§ 9 ist weiter nur dann zu prüfen, wenn die ausländische Gesellschaft vor- **35** rangig Einkünfte aus aktivem Erwerb und daneben niedrig besteuerte Zwischeneinkünfte aus passivem Erwerb erzielt. Umgekehrt ist § 9 unbeachtlich, wenn die ausländische Gesellschaft ausschließlich oder überwiegend passive Einkünfte erwirtschaftet oder diese der funktionalen Betrachtungsweise

(Tz. 8.0.2, 8.0.3., 8.1.2.2. AEAStG; *Schaumburg* Internationales Steuerrecht, Rz. 10.72, 10.128) folgend als Nebenerträge einer aktiven Tätigkeit zugeordnet werden können.

36 Seit der Neufassung des AStG durch das UntStFG gelten Gewinnausschüttungen und Veräußerungsgewinne iSv § 8 Abs. 2 Nr. 8, 9 als aktive Einkünfte. Diese Einkünfte sind damit auch Teil der aktiven Bruttoerträge und wirken sich günstig auf die relative Freigrenze der Gesellschaft aus.

37 Bei der Prüfung des § 9 ist auf die aktiven und passiven Bruttoerträge der ausländischen Gesellschaft abzustellen. Nebenerträge sind deshalb den aktiven oder passiven Bruttoerträgen zuzuordnen, wobei Maßstab die in § 8 geltende funktionale Betrachtungsweise anzuwenden ist.

38 Andererseits darf § 9 nicht dahingehend verstanden werden, dass im Rahmen der Bagatellgrenze niedrig besteuerte passive Erträge ohne weitere Prüfung als Nebenerträge aktive Tätigkeiten einzuordnen sind. Das FG München ist noch nach dem in der Praxis teils anerkannten Grundsatz verfahren, wonach bei einer ausländischen gemischt tätigen Gesellschaft, die weniger als 10% passive Bruttoerträge erzielt, diese der aktiven Tätigkeit zugeordnet wurden (FG München v. 27.10.2003, 7 K 1385/00, EFG 2004, 317). Der BFH hat dies nun abgelehnt und festgestellt, dass es keine allgemeine Bagatellgrenze in der Hinzurechnungsbesteuerung gäbe und daher jede geringfügige Überschreitung einer Freigrenze beachtlich sei (BFH v. 15.9.2004, I R 102/03, BStBl. II 2005, 225; *Strunk/Kaminski* Stbg 2005, 125). Niedrig besteuerte passive Einkünfte können somit nur in den jeweiligen Grenzen des § 9 und des § 7 Abs. 6 S. 2 außer Ansatz bleiben.

39–49 *einstweilen frei*

III. Absolute Freigrenze der Gesellschaft

50 Die Begünstigung des § 9 setzt weiter voraus, dass die der Hinzurechnungsbesteuerung unterliegenden Zwischeneinkünfte bei der ausländische Gesellschaft für deren maßgebendes Wirtschaftsjahr Euro 80.000 nicht überschreiten (Tz. 9.0.2.1., 9.0.2.2. Nr. 1 AEAStG).

51 Hierbei ist umstritten, ob die Prüfung dieser Freigrenze nur auf der Ebene der jeweiligen ausländischen Obergesellschaft oder jeder einzelnen nachgeschalteten Untergesellschaft erfolgt (siehe oben Rz. 17). Da § 14 Abs. 1 bestimmt, dass für die Anwendung der §§ 7–12 die Zwischeneinkünfte der Untergesellschaften der ausländischen Obergesellschaft zuzurechnen sind, sollte die absolute Freigrenze der Gesellschaft nur auf die ausländische Obergesellschaft bezogen werden (*FWBS* § 9 AStG Rz. 30, 39; SKK/*Luckey* § 9 AStG Rz. 21, 24). Diese Auffassung entspricht der Erlassregelung (Tz. 9.0.2.1. AEAStG) zu § 9, wonach die Zwischeneinkünfte einer nachgeschalteten Zwischengesellschaft bei der ausländischen Obergesellschaft mit zu berücksichtigen sind.

52 Dagegen ist Tz. 14.1.3. AEAStG ohne Rechtsgrundlage. Zwar könnte die Prüfung der absoluten Freigrenze bei jeder Untergesellschaft auf den Gesetzeszweck des § 9 gestützt werden, wonach die jeweilige Zwischengesellschaft mit unerheblichen Zwischeneinkünfte aus Nebentätigkeiten aus der Hinzurech-

C. Tatbestandsvoraussetzungen im Einzelnen   53–57 § 9

nungsbesteuerung ausscheiden sollen jedoch steht dagegen die Zwecksetzung des § 14. Diese Vorschrift hebt die Abschirmwirkung von nachgeschalteten Zwischengesellschaften auf und rechnet deren Zwischeneinkünfte der ausländischen Obergesellschaft zu (Regierungsbegr. zum Kabinettsentwurf v. 30.6. 1971, Tz. 116, ebenso Begr. in BR-Drs. 394/71 v. 3.8.1971, Tz. 99, 116; siehe aber § 14 AStG Rz. 86 ff.; Blümich/*Vogt* § 9 AStG Rz. 1, 14).

Die absolute Freigrenze der Gesellschaft knüpft an die Zwischeneinkünfte **53** der jeweiligen ausländischen (Ober-)Gesellschaft an. Hierbei handelt es sich nicht um alle Zwischeneinkünfte der ausländischen Gesellschaft, denn der Wortlaut der Vorschrift prüft die gesellschaftsbezogene absolute Freigrenze an denjenigen Beträgen (Zwischeneinkünften), die ansonsten nach § 7 Abs. 1 bei unbeschränkt Steuerpflichtigen anzusetzen wären, wenn § 9 nicht anwendbar wäre. Somit sind nur die Zwischeneinkünfte zu berücksichtigen, die auf Personen entfallen, die der Hinzurechnungsbesteuerung nach § 7 Abs. 1 unterliegen *FWBS* § 9 AStG Rz. 30; WSG/*Franz* § 9 AStG Rz. 5; aA Blümich/*Vogt* § 9 AStG Rz. 9).

Beispiel:

An der Jersey Ltd. sind der Steuerinländer A (55 vH), der Steuerinländer B (12 vH) **54** sowie der Steuerausländer C (33 vH) beteiligt. Jersey Ltd. bezieht aktive Einkünfte und passive Einkünfte (Euro 100.000).
Jersey Ltd. ist inlandsbeherrscht, weil A und B zu mehr als der Hälfte an der Gesellschaft beteiligt sind. Die absolute Freigrenze der Gesellschaft ist nicht überschritten, da die auf A und B entfallenden Zwischeneinkünfte lediglich Euro 67.000 betragen.

Diesem Ergebnis schließt sich auch die Finanzverwaltung an, denn nach **55** Tz. 9.0.2.2. Nr. 1 AEAStG wird die absolute Freigrenze überschritten, wenn die Hinzurechnungsbeträge sämtlicher Inlandsbeteiligter den Betrag von Euro 80.000 überschreitet. Eine ausschließlich auf die Gesellschaft bezogene Prüfung unter Einbeziehung von nicht der Hinzurechnungsbesteuerung unterliegenden Personen lehnt die Finanzverwaltung ab.

Die Zwischeneinkünfte der ausländischen Gesellschaft sind gemäß § 10 **56** Abs. 3 S. 1 nach den Vorschriften des deutschen Steuerrechts zu ermitteln. Dabei werden gemäß § 10 Abs. 4 Betriebsausgaben zum Abzug zugelassen, die mit den Zwischeneinkünften in wirtschaftlichem Zusammenhang stehen. Nach § 10 Abs. 3 S. 5 AStG iVm § 10d EStG sind auch Verlustvorträge und -rückträge aus passivem Erwerb zu berücksichtigen. Dies gilt auch für Verluste, die in einem Vorjahr gemäß § 14 zugerechnet wurden und zu keinem Verlustausgleich führten. Allerdings können die nach § 10 Abs. 3 S. 5 verrechneten Verluste für die Hinzurechnungsbesteuerung nach § 7 Abs. 1 nicht mehr verwendet werden. Die so ermittelten Zwischeneinkünfte der ausländischen Gesellschaft sind gemäß § 7 Abs. 1 wie oben dargestellt auf die Inlandsbeteiligten aufzuteilen, zusammenzurechnen und mit der absoluten Freigrenze von Euro 80.000 zu vergleichen.

Die Finanzverwaltung stellt entgegen dem Wortlaut des § 9 nicht auf die **57** Zwischeneinkünfte, sondern auf die auf sämtliche Inlandsbeteiligte entfallenden Hinzurechnungsbeträge ab (Tz. 9.0.2.1. und 9.0.2.2. Nr. 1 AEAStG). Damit sind die nach obigem Schema ermittelten Zwischeneinkünfte weiter um die Steuern der ausländischen Gesellschaft zu mindern (§ 10 Abs. 1) und die Korrekturen der §§ 11, 12 vorzunehmen. Diese den Steuerpflichtigen begünstigende Erlassregelung geht über den Gesetzeswortlaut hinaus (*FWBS* § 9 AStG Rz. 40).

58–69 *einstweilen frei*

IV. Relative Freigrenze der Gesellschaft

70 Im Gegensatz zu der absoluten Freigrenze der Gesellschaft knüpft die relative Freigrenze nicht an die Zwischeneinkünfte, sondern an die gesamten Bruttoerträge der jeweiligen Obergesellschaft an, an der Steuerpflichtige nach § 7 Abs. 1 beteiligt sind. Sie wird überschritten, wenn die den gesamten passiven Einkünften zugrunde liegenden Bruttoerträge mehr als 10 vH der gesamten Bruttoerträge der Gesellschaft betragen (relative Freigrenze der Gesellschaft):

71 $$\frac{\text{Den passiven Einkünften zugrunde liegende Bruttoerträge}}{\text{Gesamte Bruttoerträge der ausländischen Gesellschaft}} > 10\,\%$$

Der Begriff der Bruttoerträge ist weder im Steuer- oder Handelsrecht definiert noch ist er im kaufmännischen Rechnungswesen bekannt, sodass der Begriffsinhalt gemäß den Wertungen des deutschen Steuerrechts zu ermitteln ist (ebenso § 8 Abs. 2 AStG aF, § 26 Abs. 2 KStG aF, §§ 9, 12 GewStG aF und § 102 BewG aF). Hierbei ist zu berücksichtigen, dass die Art der Gewinnermittlung – §§ 4 Abs. 1, 5 Abs. 1 EStG oder § 4 Abs. 3 EStG – das Auslegungsergebnis nicht beeinflussen darf. Bruttoerträge sind somit alle steuerlich relevanten Erhöhungen des Vermögens und Einnahmen der ausländischen Gesellschaft. Vermögensminderungen und Ausgaben können bei der Ermittlung der Bruttoerträge nicht berücksichtigt werden. Steuerlich zulässige Saldierungen und die Bildung von Bewertungseinheiten sind aber anzuerkennen.

72 Der Begriff der Bruttoerträge umfasst neben den Umsatzerlösen ausschließlich der Umsatzsteuer, aktivierten Eigenleistungen, Bestandserhöhungen, Zinserträge, außerordentliche Erträge (Buchgewinne) und Erträge aus der Auflösung von Rückstellungen sowie passiven Rechnungsabgrenzungsposten, Steuererstattungen, der Rückzahlungsverzicht von Verbindlichkeiten, Zuschreibungen, Währungs-, Sanierungs-, Umwandlungs- und Verschmelzungsgewinne, Zuschüsse, Zulagen und Schenkungen (*FWBS* § 8 AStG Rz. 345). Verdeckte Einlagen gelten nicht als Bruttoerträge, auch wenn diese das Betriebsvermögen der ausländischen Gesellschaft erhöhen (Tz. 9.0.1. AEAStG). Aufwendungen sind nicht zu berücksichtigen.

73 Bei der Gewinnermittlung durch Betriebsvermögensvergleich sind als Bruttoerträge die Solleinnahmen ohne durchlaufende Posten und ohne gesondert ausgewiesene Umsatzsteuer zu verstehen. Bei der Ermittlung des Gewinns nach § 4 Abs. 3 EStG sind die Isteinnahmen anzusetzen (Tz. 9.0.1. AEAStG).

74 Die passiven und aktiven Bruttoerträge sind nach den Regeln des deutschen Steuerrechts zu ermitteln und voneinander abzugrenzen. Hierbei ist zu berücksichtigen, dass seit der Neufassung des AStG durch das UntStFG Gewinnausschüttungen sowie Veräußerungsgewinne iSv § 8 Abs. 2 Nr. 8, 9 als aktive Einkünfte gelten und sich dadurch günstig auf die relative Freigrenze der Gesellschaft auswirken.

C. Tatbestandsvoraussetzungen im Einzelnen

Da nach § 9 die relative Freigrenze der ausländischen Gesellschaft an die gesamten und die passiven Bruttoerträge dieser Gesellschaft anknüpft, müsste im Fall von nachgeschalteten Zwischengesellschaften jede Untergesellschaft gesondert beurteilt werden. Eine Prüfung dieser Freigrenze lediglich auf Ebene der ausländischen Obergesellschaft ist gesetzlich nicht angeordnet. Unklar ist, ob bei Ermittlung der relativen Freigrenze auch die anteiligen Bruttoerträge der nachgeschalteten Gesellschaften einzubeziehen sind oder ob die Prüfung bei jeder ausländischen Gesellschaft erfolgt. § 14 Abs. 1 regelt nur die Zurechnung von Zwischeneinkünften der ausländischen Untergesellschaften und nicht von aktiven und passiven Bruttobeträgen. Die Finanzverwaltung schließt sich in Tz. 14.1.3. AEAStG der wortgetreuen Auslegung an. Damit würde die Begünstigung des § 9 bereits dann entfallen, wenn auf Ebene einer ausländischen Zwischengesellschaft die relative Freigrenze von 10 vH überschritten wird:

Beispiel:

An der Jersey Ltd. ist der Steuerinländer A beteiligt, die ihrerseits an der Cayman Ltd beteiligt ist. Die gesamten Bruttoerträge der Jersey Ltd. betragen Euro 100.000, die passiven Bruttoerträge belaufen sich auf Euro 11.000. Daneben bezieht Cayman Ltd. Bruttoerträge von insgesamt Euro 100.000, wobei die passiven Bruttoerträge Euro 5.000 betragen.

Das Verhältnis der passiven Bruttoerträge zu den gesamten Bruttoerträgen der Jersey Ltd. beträgt 11 vH Die relative Freigrenze der ausländischen Gesellschaft ist überschritten und die Begünstigung des § 9 wird somit nicht gewährt. Dagegen ist nicht entscheidend, dass auf Ebene der nachgeschalteten Zwischengesellschaft Cayman Ltd. diese Freigrenze unterschritten wird.

	Gesamte Bruttoerträge	Passive Bruttoerträge	Relation
Jersey Ltd.	100.000	11.000	11,0%
Cayman Ltd.	100.000	5.000	5,0%

Würde dagegen nach § 14 Abs. 1 neben den Zwischeneinkünften der Untergesellschaften auch die diesen Einkünften zugrundeliegenden passiven Bruttoerträge der ausländischen Obergesellschaft zugerechnet, könnte die Prüfung der relativen Freigrenze nur an die ausländische Obergesellschaft anknüpfen. Dadurch könnte eine nur aktive ausländische Obergesellschaft eine nachgeschaltete Zwischengesellschaft von der Hinzurechnungsbesteuerung abschirmen, vorausgesetzt die Zwischeneinkünfte übersteigen die absolute Freigrenze von Euro 80.000 nicht. Dieses Auslegungsergebnis kann jedoch auf die Zwecksetzung des § 14 gestützt werden. Nach § 14 Abs. 1 ist für die Anwendung der §§ 7 bis 12 zuzurechnen, so dass für die Anwendung des § 9 auf Ebene der nachgeschalteten Gesellschaften kein Raum bleibt. Die Zurechnung nach § 14 Abs. 1 hat zur Folge, dass die Einkünfte der Untergesellschaften so behandelt werden, als ob sie die Obergesellschaft erzielt hätte. Dies sollte nach der Zwecksetzung des § 14 auch für Bruttoerträge gelten, selbst wenn sie nicht Tatbestandsmerkmal sind (*FWBS* § 9 AStG Rz. 30, 31; aA *Blümich/Vogt* § 9 AStG Rz. 14; siehe § 14 AStG Rz. 86 ff.).

Beispiel:

An der Jersey Ltd. ist der Steuerinländer A beteiligt, die ihrerseits an der Cayman Ltd. beteiligt ist. Jersey Ltd. erzielt ausschließlich aktive Bruttoerträge iHv Euro 50.000. Da-

§ 9 79–99 Freigrenze bei gemischten Einkünften

neben bezieht Cayman Ltd. Bruttoerträge von insgesamt Euro 10.000, wobei die passiven Bruttoerträge Euro 5.000 betragen.

Das Verhältnis der passiven Bruttoerträge zu den gesamten Bruttoerträgen der Jersey Ltd. beträgt 10 vH Die relative Freigrenze der ausländischen Obergesellschaft ist damit nicht überschritten. Die Finanzverwaltung lehnt dieses Ergebnis wohl ab (Tz. 14.1.3. AEAStG) demnach entfiele die Begünstigung des § 9.

	Gesamte Bruttoerträge	Passive Bruttoerträge	Relation
Jersey Ltd.	50.000	0	0,0 %
Cayman Ltd.	10.000	5.000	50,0 %
Zurechnung der passiven Bruttoerträge	50.000	5.000	10,0 %

79–89 *einstweilen frei*

V. Absolute Freigrenze des Gesellschafters

90 Die Begünstigung nach § 9 entfällt weiter dann, wenn der an einer oder mehreren ausländischen Gesellschaften beteiligte inländische Steuerpflichtige Zwischeneinkünfte von mehr als Euro 80.000 in dem jeweiligen Veranlagungszeitraum erzielt. Dadurch soll verhindert werden, dass der nach § 7 Abs. 1 Hinzurechnungsverpflichtete die gesellschaftsbezogenen Freigrenzen vervielfältigt, indem die Zwischeneinkünfte auf mehrere gemischt tätige Zwischengesellschaften aufgeteilt werden (BT-Drs. VI/3537, Schriftlicher Bericht des Finanzausschusses).

91 Die gesellschaftsbezogene absolute Freigrenze knüpft an die Zwischeneinkünfte der ausländischen Obergesellschaften an (siehe → Rz. 50). Dabei geht die Finanzverwaltung entgegen dem Wortlaut von dem auf den inländischen Steuerpflichtigen entfallenden Hinzurechnungsbetrag aus, sodass die nach §§ 10 Abs. 3, 4 iVm 14 Abs. 1 ermittelten Zwischeneinkünfte gemäß den Regelungen der §§ 10 Abs. 1, 11, 12 anzupassen sind (Tz. 9.0.2.1. AEAStG). Dies hat aber zur Folge, dass positive und negative Hinzurechnungsbeträge aus verschiedenen Beteiligungen an ausländischen Obergesellschaften nicht ausgeglichen werden können. Dies ergibt sich aus § 10 Abs. 1 S. 3, wonach negative Hinzurechnungsbeträge nicht hinzugerechnet werden (*FWBS* § 9 AStG Rz. 52; aA Brezing ua/*Mössner* § 9 AStG Rz. 16). Die Zwischeneinkünfte der nachgelagerten Gesellschaften sind bei der jeweiligen Obergesellschaft zu erfassen (Tz. 9.0.2.1. AEAStG). Eine Saldierung von positiven und negativen Zwischeneinkünften im Zurechnungskreis hat daher zu erfolgen.

92 Die Prüfung der absoluten Freigrenze des Gesellschafters erfolgt für jeden Inlandsbeteiligten getrennt, denn diese Freigrenze richtet sich nach der Gesetzesbegründung an Steuerpflichtige, die Beteiligungen an mehreren ausländischen Obergesellschaften halten. Damit können unter Beachtung der übrigen Tatbestandsvoraussetzungen von der Begünstigung des § 9 nur diejenigen Inlandsbeteiligten iSv § 7 Abs. 1 profitieren, die in ihrer Person die absolute Freigrenze nicht überschreiten (*FWBS* § 9 AStG Rz. 46; Brezing ua/*Mössner* § 9 AStG Rz. 18).

93–99 *einstweilen frei*

VI. Begünstigende Rechtsfolge

Sind die Tatbestandsvoraussetzungen des § 9 kumulativ erfüllt, bleiben die auf einen inländischen Steuerpflichtigen entfallenden Zwischeneinkünfte außer Ansatz. Ein Hinzurechnungsbetrag wird somit nicht angesetzt. Die Begünstigung nach § 9 wird nicht gewährt, wenn die Freigrenzen auch nur geringfügig überschritten werden. Bei Überschreiten einer der gesellschaftsbezogenen Freigrenzen sind die Hinzurechnungsbeträge bei sämtlichen Inlandsbeteiligten anzusetzen. Dagegen kommt die Begünstigung des § 9 nur denjenigen Inlandsbeteiligten zugute, in deren Person (*FWBS* § 9 AStG Rz. 46) die gesellschafterbezogene Freigrenze nicht überschritten ist und im Übrigen die gesellschaftsbezogenen Freigrenzen ebenfalls unterschritten werden. **100**

Wurde bei der Prüfung der absoluten Freigrenze der ausländischen Gesellschaft und des Steuerpflichtigen ein Verlust nach § 10 Abs. 3 S. 5 abgezogen, kann dieser für weitere Verlustabzüge nicht mehr genutzt werden (siehe → § 10 AStG Rz. 755–758). **101**

§ 10 Hinzurechnungsbetrag

(1) [1]Die nach § 7 Abs. 1 steuerpflichtigen Einkünfte sind bei dem unbeschränkt Steuerpflichtigen mit dem Betrag, der sich nach Abzug der Steuern ergibt, die zu Lasten der ausländischen Gesellschaft von diesen Einkünften sowie von dem diesen Einkünften zugrunde liegenden Vermögen erhoben worden sind, anzusetzen (Hinzurechnungsbetrag). [2]Soweit die abzuziehenden Steuern zu dem Zeitpunkt, zu dem die Einkünfte nach Absatz 2 als zugeflossen gelten, noch nicht entrichtet sind, sind sie nur in den Jahren, in denen sie entrichtet werden, von den nach § 7 Abs. 1 steuerpflichtigen Einkünften abzusetzen. [3]In den Fällen des § 8 Absatz 3 Satz 2 sind die Steuern um die dort bezeichneten Ansprüche des unbeschränkt Steuerpflichtigen oder einer anderen Gesellschaft, an der der Steuerpflichtige direkt oder indirekt beteiligt ist, zu kürzen. [4]Ergibt sich ein negativer Betrag, so entfällt die Hinzurechnung.

(2) [1]Der Hinzurechnungsbetrag gehört zu den Einkünften im Sinne des § 20 Abs. 1 Nr. 1 des Einkommensteuergesetzes und gilt unmittelbar nach Ablauf des maßgebenden Wirtschaftsjahrs der ausländischen Gesellschaft als zugeflossen. [2]Gehören Anteile an der ausländischen Gesellschaft zu einem Betriebsvermögen, so gehört der Hinzurechnungsbetrag zu den Einkünften aus Gewerbebetrieb, aus Land- und Forstwirtschaft oder aus selbständiger Arbeit und erhöht den nach dem Einkommen- oder Körperschaftsteuergesetz ermittelten Gewinn des Betriebs für das Wirtschaftsjahr, das nach dem Ablauf des maßgebenden Wirtschaftsjahrs der ausländischen Gesellschaft endet. [3]Auf den Hinzurechnungsbetrag sind § 3 Nr. 40 Satz 1 Buchstabe d, § 32d des Einkommensteuergesetzes und § 8b Abs. 1 des Körperschaftsteuergesetzes nicht anzuwenden. [4]§ 3c Abs. 2 des Einkommensteuergesetzes gilt entsprechend.

(3) [1]Die dem Hinzurechnungsbetrag zugrunde liegenden Einkünfte sind in entsprechender Anwendung der Vorschriften des deutschen Steuerrechts zu ermitteln. [2]Eine Gewinnermittlung entsprechend den Grundsätzen des § 4 Abs. 3 des Einkommensteuergesetzes steht einer Gewinnermittlung nach § 4 Abs. 1 oder § 5 des Einkommensteuergesetzes gleich. [3]Bei mehreren Beteiligten kann das Wahlrecht für die Gesellschaft nur einheitlich ausgeübt werden. [4]Steuerliche Vergünstigungen, die an die unbeschränkte Steuerpflicht oder an das Bestehen eines inländischen Betriebs oder einer inländischen Betriebsstätte anknüpfen, und die §§ 4h, 4j des Einkommensteuergesetzes sowie die §§ 8a, 8b Absatz 1 und 2 des Körperschaftsteuergesetzes bleiben unberücksichtigt; dies gilt auch für die Vorschriften des Umwandlungssteuergesetzes, soweit Einkünfte aus einer Umwandlung nach § 8 Absatz 1 Nummer 10 hinzuzurechnen sind. [5]Verluste, die bei Einkünften entstanden sind, für die die ausländische Gesellschaft Zwischengesellschaft ist, können in entsprechender Anwendung des § 10d des Einkommensteuergesetzes, soweit sie die nach § 9 außer Ansatz zu lassenden Einkünfte übersteigen, abgezogen werden. [6]Soweit sich durch den Abzug der Steuern nach Absatz 1 ein negativer Betrag ergibt, erhöht sich der Verlust im Sinne des Satzes 5.

(4) **Bei der Ermittlung der Einkünfte, für die die ausländische Gesellschaft Zwischengesellschaft ist, dürfen nur solche Betriebsausgaben abgezogen werden, die mit diesen Einkünften in wirtschaftlichem Zusammenhang stehen.**

(5) **bis** (7) *(aufgehoben)*

Inhaltsübersicht

	Rz.
A. Allgemeines	1–99
I. Entstehungsgeschichte	1–29
II. Zeitliche Anwendungsregeln	30–39
III. Vereinbarkeit mit unionsrechtlichen Grundfreiheiten	40–49
IV. Überblick über die Vorschrift	50–99
B. Ansatz und Ermittlung des Hinzurechnungsbetrages (Abs. 1)	100–249
I. Allgemeines	100–109
II. Passive Einkünfte der Zwischengesellschaft	110–129
1. Zwischengesellschaft als Einkünfteerzielungssubjekt	112–115
2. Ansatz der Zwischeneinkünfte beim Zurechnungssubjekt	116–129
III. Minderung der Zwischeneinkünfte um die abziehbaren Steuern	130–220
1. Steuern iSd § 3 Abs. 1 AO	133–141
2. Steuererhebung zu Lasten der ausländischen Gesellschaft	142–159
a) Steuersubjekt	143–147
b) Besteuerung der Leistungsfähigkeit	148–150
c) Mehrstufiger Beteiligungsaufbau	151–159
3. Außerbetriebliche Steuern	160–171
a) Auf die Zwischeneinkünfte erhobene Steuern	164, 165
b) Auf das den Zwischeneinkünften zugrunde liegende Vermögen erhobene Steuern	166–171
4. Zuordnung der Steuern zu den passiven Einkünften	172–179
5. Zeitpunkt des Steuerabzugs	180–205
a) Steuerabzug im maßgebenden Wirtschaftsjahr	181–184
b) Erhebung und Entrichtung	185–196
c) Vorliegen der persönlichen und sachlichen Tatbestandsvoraussetzungen	197–205
6. Währungsumrechnung	206–220
IV. Negativer Hinzurechnungsbetrag	221–249
C. Anzusetzender Hinzurechnungsbetrag (Abs. 2)	250–449
I. Allgemeines	250–259
II. Einordnung des Hinzurechnungsbetrages	260–279
III. Beteiligung im Privatvermögen	280–329
1. Zuordnung zu den Einkünften aus Kapitalvermögen	280, 281
2. Beschränkung der Einkünfteumqualifikation	282–293
3. Abzug von Werbungskosten	294–298

	Rz.
a) Aufwendungen iZm dem Hinzurechnungsbetrag	295–297
b) Aufwendungen iZm der Gewinnausschüttung	298
4. Zuflusszeitpunkt im Privatvermögen	299–329
a) Begriff des maßgebenden Wirtschaftsjahres	300, 301
b) Wahl eines vom Kalenderjahr abweichenden Wirtschaftsjahres	302–307
c) Prinzip der zeitverschobenen Hinzurechnung	308–311
d) Änderung der Tatbestandsvoraussetzungen vor oder nach dem Zeitpunkt der Hinzurechnungsbesteuerung	312–329
IV. Beteiligung im Betriebsvermögen	330–369
1. Zuordnung zu den Gewinneinkünften	330–334
2. Gewinnzuschlag außerhalb der Steuerbilanz	335, 336
3. Einfluss auf die Einkunftsermittlungsmethode	337–341
4. Weitere Wirkungen aus der Zwecksetzung der Hinzurechnungsbesteuerung	342–345
5. Abzug von Betriebsausgaben	346–351
a) Aufwendungen iZm dem Hinzurechnungsbetrag	347–349
b) Aufwendungen iZm der Gewinnausschüttung	350, 351
6. Zuflusszeitpunkt im Betriebsvermögen	352, 353
7. Gewerbesteuerpflicht des Hinzurechnungsbetrages	354–369
V. Definitive Besteuerung des Hinzurechnungsbetrages	370–449
1. Einkommensteuerpflichtige Steuerinländer	375–390
a) Gewinnausschüttungen	376–385
b) Veräußerungsgewinne	386–390
2. Körperschaftsteuerpflichtige Steuerinländer	391, 392
3. Gewerbesteuerliche Folgewirkungen	393–449
D. Ermittlung der Einkünfte (Abs. 3 und 4)	**450–784**
I. Allgemeines	450–459
II. Einkünfteermittlung nach deutschem Steuerrecht	460–499
1. Ermittlungssubjekt	460–464
2. Entsprechende Anwendung der Vorschriften des deutschen Steuerrechts	465–468
3. Art der Einkunftsermittlung	469–477
4. Wahl der Gewinnermittlungsmethode	478–483
5. Währungsumrechnung	484
6. Kürzung um ausschüttungsbedingte Ansprüche (S. 2)	485–499
III. Anwendbare Vorschriften	500–589
IV. Einkünfteermittlung bei Anteilen an einem Investmentvermögen	590–639
1. Inländische und ausländische Investmentvermögen	593–596
2. Konkurrenzverhältnis zu § 7 Abs. 7	597–601
3. Ausländische Gesellschaft unterliegt der Hinzurechnungsbesteuerung	602–605
4. Einkünfteermittlung nach dem InvStG	606–639
a) Grundnorm des § 3 InvStG	607, 608
b) Anwendung von Steuerbegünstigungen nach §§ 2, 4 InvStG auf die Investmenterträge	609–615

	Rz.
c) Transparente Fonds	616–620
d) Semi-Transparente Fonds	621
e) Intransparente Fonds	622–639
V. Gewinnermittlungsmethoden	640–689
1. Wahlrecht zwischen den §§ 4 Abs. 1, 5 EStG und § 4 Abs. 3 EStG	641–643
2. Gewinnermittlung nach § 4 Abs. 3 EStG	644–648
3. Gewinnermittlung nach den §§ 4 Abs. 1, 5 EStG	649–656
4. Gewinnermittlung bei passiven und aktiven Einkünften	657–689
VI. Keine Gewährung von steuerlichen Vergünstigungen	690–739
1. Steuerliche Vergünstigungen mit Inlandsbezug	691–698
a) Begriff der steuerlichen Vergünstigungen	692–696
b) Inlandsbezug der steuerlichen Vergünstigungen	697, 698
2. Zinsschranke nach § 4h EStG, § 8a KStG	699
3. Beteiligungsprivilegien nach § 8b Abs. 1, 2 KStG	700–702
4. UmwStG	703–739
a) Umwandlungsvorgänge für nach dem 31.12.2005 beginnende Wirtschaftsjahre	705–707
b) Umwandlungsvorgänge für vor dem 31.12.2005 beginnende Wirtschaftsjahre	708–739
aa) Formwechsel nach ausländischem Recht	712–714
bb) Verschmelzung nach ausländischem Recht	715–720
cc) Ausgliederung	721–739
VII. Interperiodischer Verlustausgleich	740–779
1. Begriff der Verluste	743–750
2. Verrechnung der Verluste	751–754
3. Verhältnis zu § 9	755–758
4. Verluste von nachgelagerten Gesellschaften iSv § 14	759–779
VIII. Abzug von Werbungskosten und Betriebsausgaben (Abs. 4)	780–784
1. Geltung des Veranlassungsprinzips	780–782
2. Gemischte Gesellschaften	783, 784

A. Allgemeines

I. Entstehungsgeschichte

§ 10 ist die materielle Kernvorschrift der Hinzurechnungsbesteuerung. Die **1** Norm regelt die Ermittlung des Hinzurechnungsbetrages und ordnet diesen für den inländischen Hinzurechnungsverpflichteten in das deutsche Steuerrecht ein.

Die Grundkonzeption der Vorschrift stützt sich auf die Gesetzesleitsätze **2** vom 17. Dezember 1970 (7. Gesetzesleitsatz v. 17.12.1970, DB 1971, 16) und findet sich bis heute unverändert in den **Absätzen 1–4.** Nach dem 7. Gesetzesleitsatz soll der Hinzurechnungsbetrag in entsprechender Anwendung der Vorschriften des deutschen Steuerrechts ermittelt werden, weil der Steuerpflichtige so zu behandeln sei, als hätte er die Einkünfte der ausländischen

Zwischengesellschaft direkt vereinnahmt. Die auf den Einkünften lastenden Steuern seien bei der Ermittlung des Hinzurechnungsbetrages abzuziehen (der zweite Referentenwurf v. März 1971 enthielt einen umfassenden Bezug auf § 6b EStG. Im dritten Referentenentwurf v. 20.4.1971 ist dieser wieder entfallen). Im Rahmen des Gesetzgebungsverfahrens wurde kontrovers diskutiert, ob die entsprechende Anwendung der Vorschriften des deutschen Steuerrechts auch die Steuervergünstigungen umfassen sollte. Der Gesetzgeber hat sich dagegen entschieden und die Anwendung von Steuervergünstigungen, die an die unbeschränkte Steuerpflicht oder an das Bestehen eines inländischen Betriebes oder einer inländischen Betriebsstätte anknüpfen bei der Einkunftsermittlung ausgeschlossen (Kabinettsentwurf v. 30.6.1971, Begr. in BT-Drs. VI/2883 v. 2.12.1971, Rz. 104).

3 **Absatz 2** wurde seit der Verabschiedung des AStG am 8. September 1972 erstmals durch das StSenkG vom 23. Oktober 2000 (BStBl. I 2000, 1428; Begr. der Bundesregierung v. 15.2.2000, BT-Drs. 14/2683, 133; Beschlussempfehlung und Bericht v. 16.5.2000, BT-Drs. 14/3366; Vermittlungsausschuss v. 4.7.2000, 14/3760) und anschließend durch das UntStFG vom 20. Dezember 2001 geändert (BStBl. I 2002, 35; Begr. der Bundesregierung v. 10.9.2001, BT-Drs. 14/6882, 43).

4 Ursächlich für die Änderung des Abs. 2 ist die Abschaffung des körperschaftsteuerlichen Anrechnungssystems und die Einführung des Halbeinkünfteverfahren im EStG sowie der Beteiligungsertrags- und der Veräußerungsgewinnbefreiung im KStG im Jahre 2001.

5 Nach dem seither geltenden Grundsatz der Einmalbesteuerung werden im Inland erzielte Gewinne einer Kapitalgesellschaft mit 25 vH besteuert und Ausschüttungen innerhalb einer Beteiligungskette von der Besteuerung freigestellt. Lediglich bei natürlichen Person unterliegen die empfangenen Gewinnausschüttungen dem Halbeinkünfteverfahren. Um den inländischen Beteiligungsbesitz nicht zu benachteiligen, wird bei ausländischen Beteiligungen eine ausreichende Vorbelastung von mindestens 25 vH vorausgesetzt. Andernfalls greift bei passiver Tätigkeit die Hinzurechnungsbesteuerung ein. Der nach Abs. 2 zu ermittelnde Hinzurechnungsbetrag kann somit nicht als vorgezogene Gewinnausschüttung angesehen werden (zum Begriff der Ausschüttungstheorie Blümich/*Vogt* Vor §§ 7–14 AStG Rz. 13a; *Schaumburg* Internationales Steuerrecht, Rz. 10.3). Nach den Änderungen durch das StSenkG war der Hinzurechnungsbetrag Bemessungsgrundlage für eine definitive Besteuerung mit einem typisierten Steuersatz von 38 vH. Der Finanzausschuss setzte den typisierten Steuersatz auf 25 vH fest. Im Rahmen des Vermittlungsausschusses folgte dann die Erhöhung auf 38 vH (25 vH Körperschaftsteuer und 13 vH Gewerbesteuer), (Beschlussempfehlung und Bericht, BT-Drs. 14/3366; Vermittlungsausschuss v. 4.7.2000 14/3760). Der sich dabei ergebende Steuerbetrag wäre der tariflichen Einkommen- oder Körperschaftsteuer hinzuzurechnen gewesen. Ein Ausgleich mit inländischen Verlusten wäre nicht möglich gewesen. Die Ausschüttung der ausländischen Gesellschaft wäre vom Steuerinländer weitgehend steuerfrei vereinnahmt worden (§ 8b Abs. 1, 5 KStG) oder hätte dem Halbeinkünfteverfahren unterlegen.

6 Nach heftiger Kritik wurde durch das UntStFG der durch das StSenkG vorgesehene typisierte Steuersatz von 38 vH wieder abgeschafft. Der typisierte

A. Allgemeines 7, 8 § 10

Steuersatz kam somit niemals zur Anwendung. Vielmehr wird der Hinzurechnungsbetrag wie zuvor in das Einkünfteermittlungsschema integriert, so dass eine Verlustverrechnung mit inländischen Einkünften möglich ist. Falls die Beteiligung zu einem inländischen Gewerbebetrieb gehört, soll der Hinzurechnungsbetrag gemäß der Gesetzesbegründung der Gewerbesteuer unterliegen. Obwohl der Hinzurechnungsbetrag wieder den Einkünften aus Kapitalvermögen zugeordnet und damit scheinbar den Charakter einer Gewinnausschüttung hat, ist die Hinzurechnungsbesteuerung nunmehr definitiv. Die Hinzurechnungsbesteuerung kann nicht durch Gewinnausschüttungen der Gesellschaft rückgängig gemacht werden, da § 11 AStG aF aufgehoben wurde. Ungeachtet der Verweisung auf § 20 Abs. 1 Nr. 1 EStG durch § 10 Abs. 2 S. 1 sind weder die Steuerfreistellung nach § 8b Abs. 1 KStG noch das Halbeinkünfteverfahren nach § 3 Nr. 40 S. 1 Buchst. d EStG auf den Hinzurechnungsbetrag anwendbar (Änderung durch das StSenkG v. 23.10.2000, Begr. der Bundesregierung v. 15.2.2000, BT-Drs. 14/2683, 133).

Nach dem UntStFG ist die Zwecksetzung der Hinzurechnungsbesteuerung unklar, da weder die Ausschüttungsfiktion zur Geltung gelangt, noch eine ausreichende Vorbelastung hergestellt wird. Selbst der Bericht zur Fortentwicklung des Unternehmenssteuerrechts vom 19.4.2001 lässt eine einheitliche Grundkonzeption vermissen. Einerseits sollen niedrig besteuerte passive Einkünfte auf das inländische Belastungsniveau angehoben werden, andererseits sollen diese einer Zusatzsteuer unterworfen werden (*Grotherr* IWB, Fach 3 Gruppe 1, 1883, 1884; *Rättig/Protzen* IStR 2001, 604; *Lieber* FR 2002, 139, 140).

Im Rahmen des JStG 2008 v. 20.12.2007 wurde in Satz 3 die Anwendung 7 der Abgeltungsteuer (§ 32d EStG) auf den Hinzurechnungsbetrag ausgeschlossen, weil dieser dem steuerpflichtigen Einkommen hinzuzurechnen und dem jeweils anwendbaren Steuersatz zu unterwerfen ist. In Satz 4 wird klargestellt, dass für Aufwendungen, die im Zusammenhang mit der Hinzurechnung stehen, § 3c Abs. 2 EStG entsprechend gilt (JStG 2008 v. 20.12.2007, BGBl. 2007 I 3150; Begr. der Bundesregierung, RefE v. 14.6.2007, 141). Da die Hinzurechnungsbeträge in voller Höhe der Besteuerung unterliegen, die damit zusammenhängenden Aufwendungen aber zu 50% nach dem Halbeinkünfteverfahren bzw. zu 60% nach dem Teileinkünfteverfahren ab 2009 abziehbar sind, kommt es bei natürlichen Personen zur Überbesteuerung (Blümich/*Vogt* § 10 AStG Rz. 40; siehe → Rz. 348).

Absatz 3 regelt, dass der beim Steuerinländer anzusetzende Hinzurech- 8 nungsbetrag in entsprechender Anwendung der Vorschriften des deutschen Steuerrechts zu ermitteln ist. Da § 8b Abs. 1, 2 KStG auf unbeschränkt und beschränkt steuerpflichtige Körperschaften, Personenvereinigungen oder Vermögensmassen gleichermaßen anwendbar ist und von der hM (HHR/*Watermeyer* § 8b KStG Rz. 12; *Töben* FR 2002, 361; *Seitz* GmbHR 2004, 476; BFH v. 6.7.2000, I B 34/00, IStR 2000, 681 mit Zust. Anm. *FW*) als Gewinn- und Einkunftsermittlungsvorschrift angesehen wird, wäre die Holdingklausel des § 10 Abs. 6 S. 2 Nr. 2 idF des StSenkG trotz des Gebotes der ausreichenden Vorbelastung der Einkünfte der Zwischengesellschaft ins Leere gelaufen (*Kessler/Teufel* IStR 2000, 545; *Wassermeyer* IStR 2000, 114; *ders.* EuZW 2000, 513; *Grotherr* IWB, Fach 3 Gruppe 1, 1675, 1683). Der Gesetzgeber hat deshalb in Abs. 3 S. 4 idF des UntStFG die Anwendung des § 8b Abs. 1, 2 KStG auf die Ermittlung der Zwischeneinkünfte abgelehnt (BStBl. I 2002, 35; Begr. der Bundesregierung v. 10.9.2001, BT-Drs. 14/6882, 43). Die Folge daraus war eine Mehrfachbelastung der Zwischeneinkünfte bei einem mehr als zweistufigen Konzernaufbau (*Rättig/Protzen* IStR 2000, 548, 557; *Vögele/Edelmann* IStR 2000, 463).

9 Im Rahmen des InvestmentmodernisierungsG v. 15.12.2003 (v. 15.12.2003, BGBl. 2003 I 2676, 2731) wurde in **Absatz 3** die Bezugnahme auf das KAGG und das AuslInvestmG durch eine Bezugnahme auf das InvStG ersetzt (*Eimermann* NWB, Fach 3, 12721).

10 Mit dem SEStG v. 7.12.2007 wurde das Umwandlungssteuerrecht europäisiert, dh in seinem Anwendungsbereich auf grenzüberschreitende Vorgänge mit Beteiligung von Rechtsträgern aus Mitgliedstaaten der Europäischen Union und des Europäischen Wirtschaftsraums geöffnet. Aus diesem Grund darf das AStG keine Behinderung für Umwandlungen im Ausland darstellen. Infolge der Änderungen durch das SEStEG ist die Erweiterung des UmwStG auch in der Hinzurechnungsbesteuerung zu beachten. Allerdings hat der Gesetzgeber die steuerliche Begünstigung von ausländischen Umwandlungen nicht von der Ansässigkeit der beteiligten Rechtsträger in Europa bzw. in dem EWR abhängig gemacht. Im Rahmen der Ermittlung der Zwischeneinkünfte bleibt nach § 10 Abs. 3 S. 4 nunmehr das UmwStG unberücksichtigt, soweit ein Buchwertansatz nicht möglich ist und/oder soweit die Umwandlung Anteile an einer Kapitalgesellschaft erfasst, deren Veräußerung nicht die Voraussetzung des § 8 Abs. 1 Nr. 9 erfüllen würde (SEStEG v. 7.12.2006, BGBl. 2008 I 2782; *Werra/Teiche* DB 2006 1455).

11 Im Rahmen des JStG 2008 v. 20.12.2007 wurde die Anwendung der Zinsschranke (§ 4h EStG, 8a KStG) bei der Ermittlung der Zwischeneinkünfte in § 10 Abs. 3 S. 4 ausgeschlossen. Die Finanzverwaltung hatte in Abs. 3 die Regelung zur Gesellschafterfremdfinanzierung § 8a KStG aF schon bisher nicht angewendet (JStG 2008 v. 20.12.2007, BGBl. 2007 I 3150, Begr. der Bundesregierung, RefE v. 14.6.2007, 141). Durch Art. 7 des Jahressteuergesetzes 2010 (JStG 2010) vom 8. Dezember 2010, BGBl. 2010 I 1768, wurden mehrere Änderungen des Außensteuergesetzes vorgenommen. In § 10 Abs. 1 wurde nach Satz 2 folgender Satz eingefügt: „In den Fällen des § 8 Absatz 3 Satz 2 sind die Steuern um die dort bezeichneten Ansprüche des unbeschränkt Steuerpflichtigen oder einer anderen Gesellschaft, an der der Steuerpflichtige direkt oder indirekt beteiligt ist, zu kürzen." Diese Neuregelung soll sicherzustellen, dass nur die effektive ausländische Steuerlast abgezogen wird. Durch Artikel 5 des Gesetzes gegen schädliche Steuerpraktiken im Zusammenhang mit Rechteüberlassungen vom 27.6.2017 (BGBl. 2017 I 2074), wurde die Vorschrift des § 10 Abs. 3 Satz 4 neu gefasst. Die dadurch in § 10 Abs. 3 Satz 4 eingefügte Bezugnahme auf § 4j EStG bewirkt, dass diese Vorschrift bei der Ermittlung der Einkünfte, die dem Hinzurechnungsbetrag zugrunde zu legen sind, nicht anzuwenden ist. Der Hintergrund dieser Bezugnahme ist darin zu sehen, dass Doppelbesteuerungen vermieden werden sollen. Diese könnten sich einerseits durch die Anwendung des § 4j EStG selbst, andererseits dadurch ergeben, dass bei der Ermittlung des Hinzurechnungsbetrags ansonsten ein teilweises Abzugsverbot statuiert würde.

A. Allgemeines 12–16 § 10

Absatz 5 wurde durch das StVergAbG aufgehoben (StVergAbG v. 16.5. **12** 2003, BGBl. 2003 I 660; Begr. der Bundesregierung v. 31.10.2002, 38). Die ersatzlose Streichung der Vorschrift wurde bereits im Bericht zur Fortsetzung der Unternehmensbesteuerung angeregt, da Abs. 5 zu einer nach Ansicht der Finanzverwaltung ungerechtfertigten Steuerfreistellung des Hinzurechnungsbetrages führt, wenn das Doppelbesteuerungsabkommen zwischen Deutschland und dem Sitzstaat der Zwischengesellschaft Gewinnausschüttungen ohne Aktivitätsvorbehalt von der Besteuerung freistellt und im Übrigen die Mindestbeteiligungsquote sowie Mindestbesitzdauer erfüllt sind (BMF, Bericht zur Fortentwicklung des Unternehmenssteuerrechts vom 19.4.2001, 80 f., 121 f.; *Baumgärtel* in Lüdicke, Fortentwicklung der Internationalen Unternehmensbesteuerung, 77, 82; HHR/*Lieber* vor § 7 AStG, Rz. 6).

Da die dem § 10 angefügten **Absätze 6 und 7** die Rechtsfolge des Abs. 5 **13** beschränkten, wurden diese Regelungen im Zusammenhang mit der Aufhebung des Abs. 5 durch das StVergAbG ebenfalls gestrichen (StVergAbG v. 16.5.2003, BGBl. 2003 I 660; Begr. der Bundesregierung v. 31.10.2002, 38).

Mit dem StÄndG 1992 wurde mit **Absatz 6** die erweiterte Hinzurech- **14** nungsbesteuerung eingeführt, die die begünstigende Rechtsfolge des Abs. 5 ausschloss, wenn die Zwischengesellschaft überwiegend Zwischeneinkünfte mit Kapitalanlagecharakter erzielte (StÄndG v. 25.2.1992, BStBl. I 1992, 146). Diese Verschärfung griff jedoch nach S. 2 nicht ein, wenn die Zwischeneinkünfte mit Kapitalanlagecharakter

1. aus einer Tätigkeit stammen, die einer unter § 8 Abs. 1 Nr. 1–6 fallenden eigenen Tätigkeit der ausländischen Gesellschaft dient, mit Ausnahme der Tätigkeiten des § 1 Abs. 1 Nr. 6 KWG,
2. aus Gesellschaften stammen, an denen die ausländische Zwischengesellschaft zu mindestens 10 vH beteiligt ist (Holdingklausel),
3. aus der Finanzierung von ausländischer Betriebsstätten oder ausländischen Gesellschaften stammen, die zu demselben Konzern gehören wie die ausländische Zwischengesellschaft (Konzernfinanzierungsklausel),
4. einem nach dem Maßstab des § 1 angemessenen Teil der Einkünfte entsprechen, der auf die von der ausländischen Zwischengesellschaft erbrachten Dienstleistungen entfällt (Dienstleistungklausel).

Die generelle Begünstigung der Konzernfinanzierungseinkünfte im Rah- **15** men der erweiterten Hinzurechnungsbesteuerung (Abs. 6 S. 2 Nr. 3) wurde bereits durch das StMBG 1993 beendet und in S. 3 neu geregelt, so dass die Ausnahmeregelungen nur noch drei Nummern umfassten (StMBG v. 21.12.1993, BStBl. I 1994, 50). Fortan unterlagen 60 vH Einkünfte aus der Finanzierung aktiver (iSv § 8 Abs. 1 Nr. 1–6, 2) ausländischer Konzerngesellschaften oder -betriebsstätten der erweiterten Hinzurechnungsbesteuerung. Auf die verbleibenden 40 vH der Konzernfinanzierungseinkünfte war § 10 Abs. 5 anwendbar. Die Konzernfinanzierungseinkünfte iSv § 10 Abs. 6 S. 3 unterlagen nicht der Gewerbesteuer (§ 21 Abs. 7 S. 2 Nr. 2).

Mit dem StSenkG wurde Abs. 6 S. 3 dahingehend geändert, dass 80 vH der **16** Zwischeneinkünfte mit Konzernfinanzierungscharakter, der erweiterten Hinzurechnungsbesteuerung unterliegen sollten. Unter Berücksichtigung des typisierten Steuersatzes von 38 vH gemäß Abs. 2 sollte sich so eine effektive Belastung der Konzernfinanzierungseinkünfte von 30,4 vH ergeben.

17 Weiter wurde mit dem StSenkG die Dienstleistungsklausel des Abs. 6 Nr. 3 ersatzlos gestrichen, da diese Regelung weitgehend ins Leere ging (StSenkG v. 23.10.2000, BStBl. I 2000, 1428; Begr. der Bundesregierung v. 15.2.2000, BT-Drs. 14/2683, 133). Der Gesetzgeber folgt damit der in der Literatur geäußerten Kritik (*FWBS* § 10 AStG Rz. 240 ff.; WSG/*Haun* § 10 AStG Rz. 49). Diese Klausel war konzeptionell und sprachlich verunglückt, denn § 10 Abs. 6 bezog sich auf Zwischeneinkünfte, die aus dem Halten, der Verwaltung, Werterhaltung oder Werterhöhung von Zahlungsmitteln, Forderungen, Wertpapieren, Beteiligungen oder ähnlichen Vermögenswerten stammen. Hierunter können jedoch keine Einkünfte aus Dienstleistungen subsumiert werden (*Grotherr* IWB, Fach 3 Gruppe 1, 1675, 1682).

18 Mit dem UntStFG wurde für die Konzernfinanzierungsklausel des § 10 Abs. 6 S. 3 aus Gründen der Übersichtlichkeit ein neuer **Abs. 7** gebildet. Die Konzernfinanzierungseinkünfte sollten wiederum nur mit 60 vH in die erweiterte Hinzurechnungsbesteuerung eingehen. Allerdings entfällt die vor der Änderung durch das StSenkG geltende Befreiung von der Gewerbesteuer (UntStFG v. 20.12.2001, BStBl. I 2002, 35; Begr. der Bundesregierung v. 10.9.2001, BT-Drs. 14/6882, 43).

19–29 *einstweilen frei*

II. Zeitliche Anwendungsregeln

30 Die durch das **StSenkG** vom 23.10.2000 erfolgten Änderungen der Absätze 2 und 6 sollten erstmalig ab dem Veranlagungs- bzw. Erhebungszeitraum 2002 anwendbar sein. Allerdings traten diese Änderungen nicht in Kraft, da sie ebenfalls ab dem Veranlagungszeitraum bzw. Erhebungszeitraum 2002 anwendbaren Neuregelungen der Absätze 2, 3, 6 und 7 infolge des **UntStFG** vom 21. Dezember 2001 überlagert wurden.

31 Mit dem **StVergAbG** v. 16.5.2003 wurden die Absätze 5–7 für den Veranlagungs- bzw. Erhebungszeitraum aufgehoben, für die Zwischeneinkünfte hinzuzurechnen sind, die in einem Wirtschaftsjahr der Zwischengesellschaft anfallen, das nach dem 31.12.2002 beginnt (§ 21 Abs. 11).

32 Das **InvestmentmodernisierungsG** v. 15.12.2003 hat in Abs. 3 S. 1 die Bezugnahme auf das KAGG und das AuslInvestmG durch das InvStG ersetzt. Diese Änderung gilt für den Veranlagungs- bzw. Erhebungszeitraum für den Zwischeneinkünfte hinzuzurechnen sind, die in einem Wirtschaftsjahr der Zwischengesellschaft anfallen, das nach dem 31.12.2003 beginnt (§ 21 Abs. 13; *Eimermann*, NWB, Fach 3, 12721).

33 Mit dem **SEStEG** v. 7.12.2006 wurden die steuerlichen Vergünstigungen des UmwStG auch für Hinzurechnungsbesteuerung anerkannt. Die Änderungen in Abs. 3 S. 4 gelten für den Veranlagungs- bzw. Erhebungszeitraum für den Zwischeneinkünfte hinzuzurechnen sind, die in einem Wirtschaftsjahr der Zwischengesellschaft anfallen, das nach dem 31.12.2005 beginnt (§ 21 Abs. 13).

34 Durch das **JStG 2008** wurde in Abs. 2 S. 3 die Anwendung der Abgeltungssteuer ausgeschlossen und durch S. 4 das anteilige Abzugsverbot der Aufwendungen nach § 3c Abs. 2 EStG bestätigt. Außerdem wurde durch

Abs. 3 S. 4 die Anwendung der Zinsschranke ausgeschlossen. Diese Änderungen gelten für den Veranlagungs- bzw. Erhebungszeitraum für den Zwischeneinkünfte hinzuzurechnen sind, die in einem Wirtschaftsjahr der Zwischengesellschaft anfallen, das nach dem 31.12.2007 beginnt.

einstweilen frei 35–39

III. Vereinbarkeit mit unionsrechtlichen Grundfreiheiten

Die Hinzurechnungsbesteuerung verstößt gegen die Niederlassungs- und 40
Kapitalverkehrsfreiheit, soweit die Regelungen im Hinblick auf die Bemessungsgrundlage, den Steuersatz oder den Anrechnungsmöglichkeiten hinter der Steuerposition von Inlandsinvestitionen zurückbleibt (*Schön* DB 2001, 940). Im Hinblick auf § 10 gilt daher das Nachfolgende:

– Mit § 10 Abs. 2 S. 1 fingiert der Gesetzgeber, dass die ausländische Zwi- 41
schengesellschaft ihre niedrig besteuerten Zwischeneinkünfte zum frühestmöglichen Zeitpunkt an ihre Gesellschafter ausschüttet. Die Rechtsprechung des BFH betrachtet den Hinzurechnungsbetrag aufgrund der Regelungskonzeption des AStG als Quasi-Ausschüttung (BFH v. 7.9.2005, I R 118/04, BB 2005, 2668). Deshalb ist der Ausschluss des § 3 Nr. 40 S. 1 Buchst. d EStG und § 8b Abs. 1 KStG eine nicht zu rechtfertigende Ungleichbehandlung gegenüber inländischen Dividenden. Nach Ansicht des BFH dürfen Dividenden von ausländischen Gesellschaften nicht höher besteuert werden als von inländischen Kapitalgesellschaften (BFH v. 9.8.2006, I R 50/05, DStR 2007, 154 betreffend § 8b Abs. 5 KStG 1999/2002). Da durch § 3 Nr. 40 EStG und § 8b Abs. 1 KStG eine Minderbesteuerung 42
im Ausland erhalten bleibt, hebt die Hinzurechnungsbesteuerung die Gesamtbelastung auf das deutsche Steuerniveau an. Mithin hat die Hinzurechnungsbesteuerung die Funktion einer Vorbelastungsklausel. Dies ist im Hinblick auf die Grundfreiheiten nicht überzeugend, weil das Erfordernis der Vorbelastung allenfalls eine Besteuerung der ausländischen Zwischengesellschaft, jedoch nicht des Gesellschafters rechtfertigt. Der Vorbelastungsgedanke würde nur dann überzeugen, wenn auch niedrig besteuerte aktive Einkünfte einer ausländischen Gesellschaft auf das inländische Steuerniveau hoch geschleust würden. Dies hat der Gesetzgeber jedoch nicht umgesetzt, so dass die Versagung von § 8b Abs. 1 KStG und § 3 Nr. 40 S. 1 Buchst. d EStG mit Unionsrecht nicht vereinbar ist (*FWBS* § 10 AStG Rz. 42; Blümich/*Vogt* § 10 AStG Rz. 3).

– Die Steuern auf die Zwischeneinkünfte werden nach § 10 Abs. 1 S. 1 43
grundsätzlich bei Ermittlung des Hinzurechnungsbetrages abgezogen. Auf Antrag können diese Steuern nach § 12 Abs. 1 auf die deutsche Steuer angerechnet werden. Das Wahlrecht zur Anrechnungsmethode kann von jedem Steuerpflichtigen ausgeübt werden. Regelmäßig ist die Anrechnungsmethode steuerlich vorteilhafter als die Abzugsmethode, die eine Doppelbesteuerung im Allgemeinen nicht verhindern kann. Die aus der Abzugsmethode resultierende Überbelastung wäre mit Unionsrecht nicht vereinbar (*Schön* DB 2001, 940). Deshalb wäre es im Hinblick auf das Gemeinschaftsrecht angezeigt, das Wahlrecht umgekehrt einzuräumen, dh die

Anrechnungsmethode sollte die Regel und die Abzugsmethode die wahlweise Ausnahme sein (*FWBS* § 10 AStG Rz. 43; aA Blümich/*Vogt* § 10 AStG Rz. 3).

44 – § 10 Abs. 1 S. 3 versagt die Zurechnung von negativen Hinzurechnungsbeträgen. Dies ist dann begründbar, wenn der Hinzurechnungsbetrag als fingierte Ausschüttung nach § 10 Abs. 2 ausgestaltet ist. Dann ist aber die Versagung des § 3 Nr. 40 S. 1 Buchst d EStG und § 8b Abs. 1 KStG nicht hinnehmbar. Misst man dem Hinzurechnungsbetrag nur die Eigenschaft des Einkünftebetrags zu, dann drückt ein negativer Hinzurechnungsbetrag eine verminderte Leistungsfähigkeit des Steuerinländers aus, die bei diesem zu berücksichtigen wäre. Die Vorschrift ist somit nicht mit dem Grundsatz der Verhältnismäßigkeit vereinbar. Nach *Cadbury Schweppes* sind Auslandsverluste einer ausländischen Zwischengesellschaft zu berücksichtigen (EuGH v. 12.9.2006, RS. C-196/04 – *Cadbury Schweppes; Lieber/Rasch* GmbHR 2004, 1572; *Körner* IStR 2004, 697).

45–49 *einstweilen frei*

IV. Überblick über die Vorschrift

50 §§ 7–9 begründen für die inländischen Anteilseigner einer ausländischen Zwischengesellschaft die Steuerpflicht mit den anteilig auf sie entfallenden Zwischeneinkünften. Die hierfür notwendigen Besteuerungsgrundlagen werden nach den Regelungen des § 10 ermittelt. Diese Vorschrift bestimmt nicht nur den Ansatz und die Höhe der Zwischeneinkünfte der ausländischen Gesellschaft, sondern modifiziert – neben weiteren Modifikationen gemäß §§ 1, 10 Abs. 1 S. 1, 3 S. 5, 11 und 12 Abs. 1, 3 – diese und teilt das dann ermittelte Ergebnis als Hinzurechnungsbeträge auf die Steuerinländer auf.

51 Die von der ausländischen Gesellschaft erzielten ZwischeneinkünfteiSd §§ 7, 8 sind Ausgangspunkt und Teil der Bemessungsgrundlage des Hinzurechnungsbetrages nach § 10 Abs. 1 S. 1. Im Rahmen der Feststellungen nach § 18 Abs. 1 hat der Ansatz des Hinzurechnungsbetrags nur nachrichtlichen Charakter (BFH v. 15.3.1995, I R 14/94, BStBl. II 1995, 502). Die Zwischeneinkünfte sind für die Gesellschaft insgesamt zu ermitteln (gesellschaftsbezogene Betrachtungsweise) und sodann nach den Bestimmungen der §§ 1, 10 Abs. 1 S. 1, 3 S. 5, 11 und 12 Abs. 1, 3 zu korrigieren. Der danach verbleibende Betrag ist als Hinzurechnungsbetrag iSd § 10 Abs. 1 S. 1 auf die Steuerinländer aufzuteilen. Damit gibt es hinsichtlich einer ausländischen Gesellschaft so viele Hinzurechnungsbeträge wie Steuerinländer an ihr beteiligt sind (*FWBS* § 10 AStG Rz. 63; *Schaumburg* Internationales Steuerrecht, Rz. 10.133). Anstelle des Abzugs der auf die Zwischeneinkünfte und Ausschüttungen der ausländischen Gesellschaft erhobenen Steuern können diese auf Antrag angerechnet werden. Der anteilig auf die Steuerinländern entfallende Hinzurechnungsbetrag ist in diesen Fällen entsprechend zu erhöhen.

52 Das Schema zur Ermittlung des Hinzurechnungsbetrages und dessen Aufteilung auf die Steuerinländer stellt sich im Fall eines einstufigen Beteiligungsaufbaus wie folgt dar:

A. Allgemeines

	Gesamtbetrag der Einkünfte (vor Personensteuern)
−	Einkünfte aus aktiver Tätigkeit (§ 8 Abs. 1)
=	Einkünfte aus passivem Erwerb (§ 10 Abs. 3, 4)[1]
+/−	Korrektur nach Maßgabe des § 1
=	Gesamte Einkünfte aus passivem Erwerb
−	vom Hinzurechnungsbetrag auszunehmende Gewinne (§ 11)[1]
−	entrichtete Steuern vom Einkommen und Vermögen (§ 10 Abs. 1 S. 1)[1]
−	Verlustabzug (§ 10 Abs. 3 S. 5 AStG iVm § 10d EStG)[1]
=	Hinzurechnungsbetrag nach § 10 Abs. 1 S. 1[2]
	wenn negativ, Abzug nach Maßgabe des § 10 Abs. 3 S. 5[1]
	(ggf. Aufteilung des Hinzurechnungsbetrages auf die Steuerinländer nach § 7 Abs. 1, 5)[3]
=	Außer-Ansatz zu lassende Zwischeneinkünfte (§ 9)[1]
+	Aufstockung um anrechenbare Steuern bei Antrag nach § 12 Abs. 1[1]
+	Abzug oder Anrechnung der Steuern nach § 12 Abs. 3[1]
=	Anzusetzender Hinzurechnungsbetrag (§ 10 Abs. 2)[2]

Die von der ausländischen Gesellschaft erzielten Zwischeneinkünfte sind 53 gemäß § 10 Abs. 3 entsprechend den Vorschriften des deutschen Steuerrechts zu ermitteln. Abs. 4 ergänzt Abs. 3 und stellt klar, dass Betriebsausgaben nur insoweit abzugsfähig sind, als diese in wirtschaftlichem Zusammenhang mit den Einkünften der ausländischen Gesellschaft stehen.

Da § 1 gleichrangig neben den Regeln der Hinzurechnungsbesteuerung 54 steht, könnte es zu Doppelerfassungen der ausländischen Einkünfte kommen, wenn ein Hinzurechnungsverpflichteter selbst mit der ausländischen Gesellschaft Geschäftsbeziehungen unterhält. Die Finanzverwaltung vermeidet mögliche Doppelerfassungen, indem die passiven Einkünfte entsprechend zu berichtigen sind, soweit aus Geschäftsbeziehungen zwischen dem Inlandsbeteiligten und der ausländischen Zwischengesellschaft bei diesem eine Einkunftsberichtigung nach § 1 erfolgt (BFH v. 19.3.2002, I R 4/01, BStBl. II 2002, 644; Tz. 10.1.1.1. AEAStG).

Die so ermittelten passiven Einkünfte der ausländischen Gesellschaft werden 55 durch Hinzurechnungen und Kürzungen gemäß den §§ 10 Abs. 1, 3 und 11 modifiziert. Nach § 11 in der Fassung des UntStFG mindern die Veräußerungsgewinne der ausländischen (Ober-)Gesellschaft ihre passiven Einkünfte, soweit die Veräußerungsgewinne auf nach § 14 übertragene und hinzugerechnete, von der ausländischen Untergesellschaft aber thesaurierten Zwischeneinkünften mit Kapitalanlagecharakter beruhen. Diese Regelung soll gewährleisten, dass die nach § 8 Abs. 1 Nr. 9 passiven Veräußerungsgewinne der ausländischen Obergesellschaft mit den entsprechenden zugrundeliegenden thesaurierten Zwischeneinkünften mit Kapitalanlagecharakter von den passiven Einkünften auszunehmen sind. Im Ergebnis kann insoweit eine Doppelerfassung dieser Einkünfte vermieden werden (Blümich/*Vogt* § 11 AStG Rz. 12). Dies gelingt jedoch dann nicht, wenn die Hinzurechnung der auf

---

[1] Festzustellende Besteuerungsgrundlagen nach § 18 Abs. 1 AStG.
[2] Der Hinzurechnungsbetrag und der anzusetzende Hinzurechnungsbetrag sind nachrichtlich mitzuteilen, BFH v. 15.3.1995, I R 14/94, BStBl. II 1995, 502.
[3] Festzustellender Verlust nach § 10 Abs. 3 S. 5 AStG iVm § 10d Abs. 4 EStG.

Ebene der (Ober-)Gesellschaft thesaurierten Veräußerungsgewinne nicht für das gleiche oder nicht für die vorausgegangenen sieben Wirtschafts- oder Kalenderjahren vorgenommen wurde. § 11 AStG aF und § 11 in der Fassung des StSenkG vom 23.10.2000 stellten auf die inländischen Hinzurechnungsverpflichteten ab, so dass erst die auf die Inlandsbeteiligten aufgeteilten Hinzurechnungsbeträge korrigiert wurden; zur Differenzierung zwischen dem Hinzurechnungsbetrag nach § 10 Abs. 1 AStG aF und dem anzusetzenden Hinzurechnungsbetrag nach § 10 Abs. 2 AStG (*FWBS* § 10 AStG Rz. 61; WSG/*Haun* § 10 AStG Rz. 1).

56 Weiter sind nach § 10 Abs. 1 S. 1 die passiven Einkünfte um die zu Lasten der ausländischen Gesellschaft erhobenen Ertrag- und Vermögensteuern zu mindern. Ein bei der ausländischen Gesellschaft vorhandener Verlustvortrag verringert die passiven Einkünfte in entsprechender Anwendung des § 10d EStG (§ 10 Abs. 3 S. 5). Sofern die passiven Einkünfte negativ sind, unterbleibt die Hinzurechnung (§ 10 Abs. 1 S. 3). In diesem Fall wird der negative Betrag entsprechend § 10d EStG im Wege des Verlustrücktrages oder -vortrages berücksichtigt (§ 10 Abs. 3 S. 6).

57 Ein sich nach § 10 Abs. 1 S. 1 ergebender (positiver) Hinzurechnungsbetrag wird den Inlandsbeteiligten entsprechend ihrer Beteiligung am Nennkapital oder hilfsweise nach dem Gewinnverteilungsschlüssel zugerechnet (§ 7 Abs. 1, 5).

58 Die durch die Freigrenze des § 9 begünstigen Einkünfte des jeweiligen maßgebenden Wirtschaftsjahres der ausländischen Gesellschaft sind außer Ansatz zu lassen. Dies betrifft die Ebene des einzelnen Inlandsbeteiligten, bei dem zu prüfen ist, ob die absolute Freigrenze i. A. v. Euro 80.000 überschritten ist.

59 Der auf einen Inlandsbeteiligten anteilig entfallende Hinzurechnungsbetrag kann gemäß § 12 Abs. 1 auf Antrag um die nach § 10 Abs. 1 abziehbaren Steuern erhöht werden.

60 Die Ausschüttungen der ausländischen Gesellschaft können in deren Sitzstaat Steuern zu Lasten des Steuerinländers auslösen, die idR der deutschen Kapitalertragsteuer vergleichbar sind. Da diese Steuern weder von der ausländischen Gesellschaft noch von ihren Zwischeneinkünften erhoben werden, können sie nicht nach § 10 Abs. 1 S. 1 abgezogen oder nach § 12 Abs. 1, 2 angerechnet werden. Allerdings gewährt § 12 Abs. 3 einkommensteuerpflichtigen und körperschaftsteuerpflichtigen Steuerinländern die Anrechnung der ausschüttungsbedingten Steuern, wenn im Übrigen die Tatbestandsvoraussetzungen des § 3 Nr. 41 EStG erfüllt sind. Wird die Anrechnung der ausschüttungsbedingten Steuern nicht beantragt, besteht gleichwohl die Möglichkeit diese Steuern bei der Ermittlung des Hinzurechnungsbetrages abzuziehen. Da § 12 Abs. 3 nicht auf die ausländische Gesellschaft, sondern auf den jeweiligen Steuerinländer Bezug nimmt, ist der Abzug oder die Anrechnung der Steuern von dem Hinzurechnungsbetrag iSv § 10 Abs. 1 S. 1 vorzunehmen, der bereits auf die jeweiligen Steuerinländer aufgeteilt wurde. Wird die Anrechnung beantragt, kommt es im Gegensatz zu § 12 Abs. 1, 2 nicht zur Erhöhung des Hinzurechnungsbetrages iSv § 10 Abs. 1 S. 1, da die ausschüttungsbedingten Steuern die Zwischeneinkünfte nicht gemindert haben (*Lieber* FR 2002, 139, 143; HHR/*Seifert* § 12 AStG J 01–3; die Finanzverwaltung möchte dagegen die ausschüttungsbedingten Steuern bei der Ermittlung der Zwischeneinkünfte abziehen, AEAStG; Anlage 3).

61 Der danach ermittelte Betrag ist als anzusetzender Hinzurechnungsbetrag iSv § 10 Abs. 2 bei jedem Inlandsbeteiligten als Einkünfte aus Kapitalvermögen, Gewerbebetrieb, Land- und Forstwirtschaft oder aus selbständiger Arbeit der Besteuerung zu unterwerfen.

62 Das vorstehende Ermittlungsschema zeigt, dass der Hinzurechnungsbetrag iSd § 10 Abs. 1 S. 1 und der Hinzurechnungsbetrag nach § 10 Abs. 2 grundsätzlich nicht deckungsgleich sind (*FWBS* § 10 AStG Rz. 141, 142; aA WSG/*Haun* § 10 AStG Rz. 8). § 10 Abs. 2 bestimmt in welcher Höhe und in welcher Form − Einkünfte aus Kapitalvermögen oder Betriebseinnahme − der Hinzurechnungsbetrag beim Steuerinländer der Besteuerung unterliegt. Er wird deshalb auch als anzusetzender Hinzurechnungsbetrag bezeichnet (*FWBS* § 10 AStG Rz. 141, 142; *Schaumburg* Internationales Steuerrecht, Rz. 10.133).

63 Infolge der Änderungen des AStG durch das StSenkG und das UntStFG unterscheiden sich ab dem Veranlagungs- bzw. Erhebungszeitraum 2002 die Hinzurechnungsbeträge nach § 10 Abs. 1 S. 1 und § 10 Abs. 2 in betragsmäßiger Hinsicht nur dann, wenn die nach § 10 Abs. 1 von den Zwischeneinkünften abziehbaren Steuern auf Antrag angerechnet werden und daher den Hinzurechnungsbetrag erhöhen und wenn die ausschüttungsbedingten Steuern nicht nach § 12 Abs. 3 angerechnet, sondern abgezogen werden.

einstweilen frei **64–99**

B. Ansatz und Ermittlung des Hinzurechnungsbetrages (Abs. 1)

I. Allgemeines

100 Im Rahmen des § 10 ist Abs. 1 die grundlegende Vorschrift zur Ermittlung des Hinzurechnungsbetrages, der von den folgenden zwei wesentlichen Ausgangsgrößen bestimmt wird:
− Die **gesamten Einkünfte aus passivem Erwerb (§ 8),** die von der ausländischen Gesellschaft im **maßgebenden Wirtschaftsjahr** erzielt werden (Satz 1).
− Die passiven Einkünfte sind um die von der ausländischen Gesellschaft entrichteten Steuern zu mindern (Satz 1, 2).

101 Der nach § 10 Abs. 1 S. 1 ermittelte Hinzurechnungsbetrag ist Bindeglied zwischen den steuerpflichtigen Einkünften nach § 7 Abs. 1 und dem bei dem jeweiligen Steuerinländer entsprechend seiner Beteiligungsquote anzusetzenden Hinzurechnungsbetrag nach § 10 Abs. 2. Bei mehreren inländischen Steuerpflichtigen ist der Hinzurechnungsbetrag aufzuteilen.

102 Das Wesen und die Rechtsnatur des Hinzurechnungsbetrag hat der BFH als „Einkünfteerhöhungsbetrag eigener Art" umschrieben (BFH v. 11.2.2009, I R 40/08, BStBl. II 2009, 594; BFH v. 7.9.2005, I R 118/04, BStBl. II 2006, 537). Den nach § 10 Abs. 1 S. 1 zu ermittelnden Hinzurechnungsbetrag weist § 10 Abs. 2 S. 1 „den Einkünften aus Kapitalvermögen im Sinne des § 20 Abs. 1 Nr. 1 des Einkommensteuergesetzes" zu („gehört zu ..."). Die höchstrichterliche Finanzrechtsprechung interpretiert ihn als Quasi-Ausschüttung.

Nach der Regelungskonzeption der Hinzurechnungsbesteuerung wird er fiktiv entsprechenden Rechtsfolgen unterworfen. Die Fiktion manifestiert sich dadurch, dass der Hinzurechnungsbetrag aus „rechtstechnischer" Sicht nicht unmittelbar in die Ermittlung der Einkünfte aus Kapitalvermögen nach § 20 Abs. 1 Nr. 1 EStG eingeht. Vielmehr umschreibt der BFH ihn als „Einkünfteerhöhungsbetrag eigener Art", der die Einkünfte aus Kapitalvermögen außerhalb der Überschussrechnung iSd § 2 Abs. 2 Nr. 2 iVm Abs. 1 Nr. 5 EStG erhöht.

103–109 *einstweilen frei*

II. Passive Einkünfte der Zwischengesellschaft

110 Nach dem Wortlaut des § 10 Abs. 1 S. 1 sind die nach § 7 Abs. 1 steuerpflichtigen Einkünfte bei dem unbeschränkt Steuerpflichtigen mit dem Betrag anzusetzen, der sich nach Abzug der Steuern ergibt, die zu Lasten der ausländischen Gesellschaft von diesen Einkünften sowie von dem diesen Einkünften zugrunde liegenden Vermögen erhoben worden sind (Hinzurechnungsbetrag).

111 Mithin sind die nach § 7 Abs. 1 steuerpflichtigen Einkünfte Teil der Bemessungsgrundlage des Hinzurechnungsbetrages (§ 10 Abs. 1 S. 1), wobei die Zwischengesellschaft das Einkünfteerzielungssubjekt und der Steuerinländer das Zurechnungs- und Einkünfteermittlungssubjekt ist.

1. Zwischengesellschaft als Einkünfteerzielungssubjekt

112 Nach § 7 Abs. 1 ist die Steuerpflicht des Steuerinländers für die Zwischeneinkünfte auf seine quotale Beteiligung am Nennkapital der ausländischen Gesellschaft begrenzt. Falls für die Gewinnverteilung der ausländischen Gesellschaft nicht die Beteiligung am Nennkapital maßgebend ist oder die Gesellschaft kein Nennkapital hat, so erfolgt die Zurechnung der Zwischeneinkünfte nach dem Gewinnverteilungsschlüssel (§ 7 Abs. 5). Die subjektive Steuerpflicht des Steuerinländers für die Zwischeneinkünfte bedeutet aber nicht, dass dieser auch die Einkünfte erzielt. Das EStG und KStG verwenden den Begriff „Steuerpflicht" nur personenbezogen und nicht einkünftebezogen. Diesem Grundsatz folgt § 7 Abs. 1 nicht (*Hellwig*, DB 1987, 2379). Die passiven Einkünfte werden von der ausländischen Gesellschaft als eigenständigem Rechtsträger erzielt und dem Steuerinländer unter den Voraussetzungen des § 7 Abs. 1 hinzugerechnet. Damit ist die ausländische Gesellschaft das **Einkünfteerzielungssubjekt** und der Steuerinländer das **Zurechnungssubjekt** für die Zwischeneinkünfte (BFH v. 2.7.1997, I R 32/95, BStBl. II 1998, 176; Blümich/*Vogt* § 10 AStG Rz. 13; *FWBS* § 10 AStG Rz. 71, 73; *Schaumburg* Internationales Steuerrecht, Rz. 10.135; 10.137). Wäre dagegen der Steuerinländer das Einkünfteerzielungssubjekt, bliebe für die Hinzurechnung kein Raum mehr.

113 Bevor die Zwischeneinkünfte quotal den Steuerinländern hinzugerechnet werden können, müssen die von der ausländischen Gesellschaft erzielten Einkünfte ermittelt werden. Diese Verpflichtung trifft den Steuerinländer, der damit auch **Einkünfteermittlungssubjekt** ist (*FWBS* § 10 AStG Rz. 71, 73; Brezing ua/*Mössner* § 10 AStG Rz. 12, 13, 73; *Schaumburg* Internationales Steuerrecht, Rz. 10.135; 10.137). Die Einkünfte sind entsprechend den Regelungen des deutschen Steuerrechts (Absätze 3 und 4) durch den Steuerinländer (oder die Steuerinländer) zu ermitteln. (*FWBS* § 10 AStG Rz. 71). Dabei hat der Steuerinländer (oder die Steuerinländer) sämtliche Zwischeneinkünfte und nicht nur die anteilig auf ihn/sie entfallende Zwischeneinkünfte zu ermitteln (Tz. 10.1.1.1. AEAStG). Eine quotale Ermittlung von Vermögen, Ertrag und Aufwand bzw. Einnahmen und Werbungskosten aus passivem Erwerb ist aus praktischen Erwägungen nicht möglich, weil diese Ausgangsgrößen regelmäßig aus einer einheitlichen Bilanzierung und Gewinnermittlung abgeleitet werden. Entsprechend bezieht sich der Verlustvortrag und Verlustrücktrag auf alle Verluste der ausländischen Gesellschaft aus passivem Erwerb (§ 10 Abs. 3 S. 5) (*FWBS* § 8 AStG Rz. 13).

Obwohl der Steuerinländer Einkünfteermittlungssubjekt ist, kann die Bestimmung der maßgeblichen Einkünfteermittlungsvorschrift aus der Sicht der ausländischen Gesellschaft oder des Steuerinländers vorgenommen werden. Die ausländische Gesellschaft erzielt die in § 8 Abs. 1 genannten niedrig besteuerten Einkünfte aus passivem Erwerb (*FWBS* § 8 AStG Rz. 11). Die in § 8 Abs. 1 Nr. 1–10 genannten Einkunftsarten haben den allgemeinen Einkünftebegriff des § 2 Abs. 1, 2 EStG als Grundlage. Wird die Ermittlungsvorschrift aus Sicht der ausländischen Gesellschaft bestimmt, sind die Einkünfte der ausländischen Gesellschaft als Gewinn zu ermitteln, falls diese Einkünfte iSv § 2 Abs. 1 Nr. 1–3 EStG erzielt. Andernfalls sind die Einkünfte als Überschuss der Einnahmen über die Werbungskosten zu ermitteln (§ 2 Abs. 1 Nr. 5–7 EStG) (Schmidt/Seeger § 2 EStG Rz. 10). **114**

Hält demnach der Steuerinländer die Beteiligung an der ausländischen Gesellschaft im Privatvermögen und betreibt diese Vermögensverwaltung, sind nach der geänderten Rechtsprechung des BFH vom 21.1.1998 insoweit die Einkünfte als Überschuss der Einnahmen über die Werbungskosten zu ermitteln, wenn die dem Steuerinländer hinzuzurechnenden Einkünfte nach § 2 Abs. 2 Nr. 2 EStG zu ermitteln sind. Ein Veräußerungsgewinn wird dann nicht besteuert (BFH v. 21.1.1998, I R 3/96, BStBl. II 1998, 468; Änderung der früheren BFH-Rechtsprechung BFH v. 12.7.1989, I R 46/85, BStBl. II 1990, 113; Anwendungserlass 1994, Tz. 10.1.1.2.). **115**

2. Ansatz der Zwischeneinkünfte beim Zurechnungssubjekt

Nach § 10 Abs. 1 S. 1 sind die Zwischeneinkünfte bei dem Hinzurechnungsverpflichteten anzusetzen. Diese können nur gegenüber unbeschränkt oder erweitert beschränkt Steuerpflichtigen angesetzt werden, die am Nennkapital beteiligt sind oder deren Beteiligung sich hilfsweise nach der Gewinnverteilung bei der ausländischen Gesellschaft richtet (§ 7 Abs. 1, 2, 5 und § 5 Abs. 1). **116**

Ist eine inländische Organgesellschaft an einer ausländischen Zwischengesellschaft beteiligt, können die Zwischeneinkünfte nach § 18 Abs. 1 nur gegenüber der Organgesellschaft und nicht gegenüber der Organträgerin angesetzt werden, da diese nicht am Nennkapital der ausländischen Gesellschaft beteiligt ist (BFH v. 29.8.1984, I R 21/80, BStBl. II 1985, 119). **117**

Sind Steuerinländer über eine in- oder ausländische Personengesellschaft an einer ausländischen Gesellschaft beteiligt, sind die Besteuerungsgrundlagen (die Zwischeneinkünfte) nur gegenüber dieser Personengesellschaft festzustellen. Es gibt es nur **einen** Hinzurechnungsbetrag, der zu den Einkünften der **118**

Personengesellschaft gehört. Erst im Rahmen der einheitlichen und gesonderten Feststellung der Einkünfte (§§ 179 Abs. 2 S. 2, 180 Abs. 1 Nr. 2 Buchst. a AO) erfolgt die Aufteilung der Besteuerungsgrundlagen auf die Steuerinländer. Hierzu ist erforderlich, dass in dem gemäß § 18 Abs. 1 zu erlassenden Feststellungsbescheid ua festzustellen ist, welchen Personen die festzustellenden Besteuerungsgrundlagen hinzuzurechnen sind. (BFH v. 30.8.1995, I R 77/94, BStBl. II 1996, 122; Einzelheiten über die gesonderte Feststellung der Besteuerungsgrundlagen nach der Hinzurechnungsbesteuerung siehe Tz. 18.1.2: AEAStG). Würden die Besteuerungsgrundlagen bereits im Bescheid nach § 18 Abs. 1 auf die Steuerinländer aufgeteilt, würden diese nicht in den Gewerbeertrag der Personengesellschaft eingehen. Der Gesetzesbefehl des § 10 Abs. 2 S. 2, wonach die Zwischeneinkünfte zu den Einkünften aus Gewerbebetrieb gehören können, würde missachtet.

Beispiel:

119 Die inländische I-KG ist ein von US Inc. (91 vH) und D-GmbH (9 vH) errichtetes Joint Venture. I-KG hält 100 vH des Kapitals der NL BV (die NL BV wird für deutsche Steuerzwecke als GmbH qualifiziert, BMF IV B – S 1300 – 11/99, v. 24.12.1999, BStBl. I 1999, 1076, Tabelle 1 (Niederlande) die in ihrer Betriebsstätte in der Schweiz für den Gesamtkonzern das Factoringgeschäft betreibt. Die Betriebsstätteneinkünfte der NL-BV werden in der Schweiz niedrig besteuert (< 25 vH) und in den Niederlanden von der Besteuerung freigestellt.

NL-BV bezieht aus dem Factoringgeschäft ihrer Betriebsstätte in der Schweiz niedrigbesteuerte Zwischeneinkünfte mit Kapitalanlagecharakter iSd § 7 Abs. 6 (Tz. 8.1.3.3 und Tz. 7.6.4. AEAStG). D-GmbH ist nicht iSv § 7 Abs. 2, 3 an NL-BV beteiligt, so dass § 8 Abs. 2 nicht einschlägig ist.

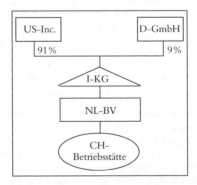

Da I-KG die Beteiligung an der NL-BV direkt hält, sind die Besteuerungsgrundlagen der Personengesellschaft hinzuzurechnen. Im Rahmen der einheitlichen und gesonderten Gewinnfeststellung nach §§ 179 Abs. 2 S. 2, 180 Abs. 1 Nr. 2 Buchst. a AO werden die Zwischeneinkünfte innerhalb der körperschaftsteuerpflichtigen Einkünfte auf US-Inc. und D-GmbH aufgeteilt. Da US-Inc. im Inland nur beschränkt körperschaftsteuerpflichtig ist, unterliegt US-Inc. nicht der Hinzurechnungsbesteuerung (§ 7 Abs. 2). Würde NL-BV durch eine NL-CV (Kommanditgesellschaft niederländischen Rechts) ersetzt, würde US-Inc. mit den ausländischen Einkünften nicht der Besteuerung im Inland unterliegen (BFH v. 24.2.1988, I R 95/84, BStBl. II 1988, 663).

120–129 *einstweilen frei*

III. Minderung der Zwischeneinkünfte um die abziehbaren Steuern

Nach § 10 Abs. 1 S. 1 sind die passiven Einkünfte um die Steuern zu mindern, die zu Lasten der ausländischen Gesellschaft von diesen Einkünften sowie von dem diesen Einkünften zugrunde liegenden Vermögen **erhoben** worden sind (Tz. 10.1.2. AEAStG). S. 2 der Vorschrift bestimmt den Abzugszeitpunkt. Danach sind die Steuern erst in den Jahren von den passiven Einkünften abzusetzen, in denen sie entrichtet worden sind.

Der Steuerabzug ist durch die folgenden Merkmale gekennzeichnet:
- Die – in- und ausländischen – Steuern sind Steuern iSd § 3 AO.
- Die Steuern werden zu Lasten der ausländischen Gesellschaft erhoben.
- Die Steuern sind nicht bereits bei der Ermittlung der Zwischeneinkünfte nach § 10 Abs. 3, 4 abziehbar, es handelt sich um außerbetriebliche Steuern.
- Die Steuern haben die passiven Einkünfte sowie das diesen zugrunde liegenden Vermögen als Bemessungsgrundlage. Die Steuern müssen den passiven Einkünften zugeordnet werden.
- Der Abzug der Steuern erfolgt im Zeitpunkt ihrer Entrichtung und nicht schon bei Erhebung, sofern in dem betreffenden Jahr passive Einkünfte hinzugerechnet werden.

Der Abzug erfolgt außerhalb der Hinzurechnungsbilanz, da diese nicht als Betriebsausgaben abzusetzen sind (*FWBS* § 10 AStG Rz. 80). Die abziehbaren Steuern werden gesondert nach § 18 Abs. 1 S. 1 festgestellt.

1. Steuern iSd § 3 Abs. 1 AO

Die zu Lasten der ausländischen Gesellschaft erhobenen Steuern müssen den Steuerbegriff des § 3 Abs. 1 S. 1 AO erfüllen. Nach dieser Vorschrift sind Steuern Geldleistungen, die nicht eine Gegenleistung für eine besondere Leistung darstellen und von einem öffentlich-rechtlichen Gemeinwesen zur Erzielung von Einnahmen allen auferlegt werden, bei denen der Tatbestand zutrifft, an den das Gesetz die Leistungspflicht knüpft. Die Erzielung von Einnahmen kann Nebenzweck sein.

Hieraus folgt zunächst, dass vertragliche und freiwillige Zahlungen an ein öffentlich-rechtliches Gemeinwesen keine Steuern sind (*Tipke/Lang* Steuerrecht § 3 Rz. 15; nach Tz. 10.1.2.1. AEAStG werden freiwillige Steuerzahlungen nicht berücksichtigt). Bei freiwillig entrichteten Steuerzahlungen fehlt es an einem unmittelbaren Veranlassungszusammenhang zu den hinzugerechneten Zwischeneinkünften, weil für deren Abführung und Bemessungsgrundlage keine Rechtsgrundlage vorliegt (*SKK/Luckey* § 10 AStG Rz. 23). Die Finanzverwaltung wiederholt diesen Grundsatz in Tz. 10.1.2.1 des Anwendungserlasses und stellt fest, dass freiwillige Steuerzahlungen die Zwischeneinkünfte gemäß § 10 Abs. 1 S. 1 nicht mindern dürfen. Fraglich ist, ob eine freiwillige Steuerzahlung insoweit vorliegt, als die ausländische Gesellschaft ein höheres Steuerniveau beantragen kann.

§ 10 135, 136   Hinzurechnungsbetrag

Beispiel:

135 Die inländische I-Bank hält eine Beteiligung an der irischen IFSC-Gesellschaft. Diese Gesellschaft erzielt im Zeitraum 1993–1996 passive Einkünfte, die nach dem Verwaltungshandeln des irischen Finanzministers mit 30 vH besteuert wurden. Der irische Finanzminister hat damit den Normaltarif nicht um wie damals üblich um 75 vH, sondern nur um 25 vH ermäßigt.

Ungeachtet der tatsächlichen Hochbesteuerung der Einkünfte der IFSC-Gesellschaft ging die deutsche Finanzverwaltung von einer niedrigen Besteuerung aus und betrachtet die den Vorzugssteuersatz von 10 vH übersteigenden irischen Steuern als freiwillige und damit nichtabziehbare Steuerzahlungen (BMF v. 19.3.2001, IV B 4 – S-1300-65/01, Tz. 4, BStBl. I 2001, 243; BMF v. 28.12.2004, IV B 4 – S 1300-362/04, BStBl. I 2005, 28). Die Finanzverwaltung begründete die Annahme der niedrigen Besteuerung damit, dass die IFSC-Gesellschaften durch entsprechende Erklärungen gegenüber der irischen Finanzverwaltung die Steueranhebung von 10 vH auf bis zu 30 vH vermeiden haben können und daher insoweit keine vom Willen der Betroffenen unabhängigen gesetzlichen Leistungspflicht vorliege (BMF IV B – S 1300 – 65/01 v. 19.3.2001, BStBl. I 2001, 243).

Die Auffassung der Finanzverwaltung ist jedoch in mehrfacher Hinsicht nicht überzeugend. Zunächst hing die Erhöhung des Steuersatzes auf bis zu 30 vH nicht vom Willen der IFSC-Gesellschaft ab. So sah der irische Finance Act 1992 vom 18.12.1992 vor, dass der Normaltarif von 40 vH bei bestimmten Einkünften und unter gewissen Voraussetzungen um 75 vH ermäßigt werden konnte (der Normaltarif für Körperschaften betrug bis zum 31.12.2002 40 vH). Die Minderung des Normaltarifs um 75 vH wurde jedoch begrenzt auf 25 vH, wenn (i) die Anteilseigner der IFSC-Gesellschaft ihren Sitz außerhalb Irlands haben, (ii) die IFSC-Gesellschaft eine geschäftliche Tätigkeit im Interesse der Weiterentwicklung des IFSC ausübt, (iii) die vorgesehene Reduzierung des Normaltarifs auf 10 vH zur Einstellung ihrer Tätigkeiten im IFSC führt, weil die Anteilseigner mit diesem Einkommen in ihrem Sitzstaat einer nachteiligen Besteuerung unterlag und (iv) die Reduzierung der Steuerermäßigung dazu führte, dass die IFSC-Gesellschaft auch künftig zur Weiterentwicklung des IFSC beiträgt.

Die Reduzierung der Steuersatzermäßigung steht im Ermessen der irischen Finanzverwaltung. Diese ist für jeden Einzelfall zu treffen, so dass die IFSC-Gesellschaft nicht verlangen konnte, dass sie einem Steuersatz von 30 vH oder 10 vH unterliegt. Jedenfalls hing die Bestimmung des Steuersatzes nicht von „entsprechenden Erklärungen" oder einer Willensentscheidung der IFSC ab, sondern allein von dem Verwaltungshandeln der irischen Finanzbehörde.

Schließlich wurden die irischen Steuern nicht aufgrund eines öffentlich-rechtlichen Vertrages der IFSC auferlegt, sondern durch Verwaltungsakt bzw. Steuerbescheid, also einem Hoheitsakt. Die Finanzverwaltung übersieht außerdem, dass das deutsche Steuerrecht zahlreiche Bestimmungen enthält, anhand derer der Steuerpflichtige seine Steuerschuld selbst beeinflussen kann (zB §§ 6b, 7, 34 EStG und § 9 UStG).

136 Der BFH hat die Auffassung der Finanzverwaltung abgelehnt und festgestellt, dass dann keine freiwilligen Steuerzahlungen vorliegen, wenn der ausländischen Steuerfestsetzung ein behördliches Verfahren vorausgegangen ist, in dem auf gesetzlicher Grundlage und unter Mitwirkung des Steuerpflichtigen der Umfang einer Steuerermäßigung festgelegt wurde. Der nach ausländischem Recht erlassene Steuerbescheid stellt den Rechtsgrund für die Steuerzahlung dar. Eine rechtsgrundlose Zahlung liegt somit nicht vor (BFH v. 3.5.2006, I R 124/04, BFH/NV 2006, 1729). Die Finanzverwaltung hält demgemäß nicht mehr an der im BMF-Schreiben vom 19.3.2001 geäußerten Auffassung fest und schließt sich der Rechtsprechung des BFH an (BMF v. 13.4.2007, IV B 4 – S-1300 – 07 – 0020, BStBl. I 2007, 440).

B. Ansatz und Ermittlung des Hinzurechnungsbetrages

Weiter sind Zahlungen an andere Institutionen als das Gemeinwesen – Bund, Land, Gemeinde, Kirche – keine Steuern und dürfen nicht von den Zwischeneinkünften abgezogen werden. Allerdings sind die Zahlungen bei der Ermittlung der Zwischeneinkünfte abziehbar, wenn sie mit den Zwischeneinkünften in wirtschaftlichem Zusammenhang stehen.

Gebühren sind zwar Geldleistungen, die zur Finanzbedarfsdeckung hoheitlich auferlegt werden, allerdings keine Steuern, weil sie Gegenleistung für eine besondere Leistung der Verwaltung oder für die Inanspruchnahme von öffentlichen Einrichtungen oder Anlagen sind.

Ebenso sind Beiträge keine Steuern, weil sie als hoheitlich auferlegte Aufwendungsersatzleistungen für die Herstellung, Anschaffung oder Erweiterungen öffentlicher Einrichtungen oder Anlagen und für die Verbesserung von Straßen und Wegen erhoben werden. Zwischen Aufwendungsersatz und der konkreten Gegenleistung gibt es eine kausale Verknüpfung (*Tipke/Lang* Steuerrecht § 3 Rz. 12–20).

Unerheblich ist, ob es sich um Steuern des Sitzstaates der ausländischen Gesellschaft oder eines Drittstaates – einschließlich Deutschland – handelt. Daher können auch die in einem Quellenstaat auf die passiven Einkünfte erhobenen Quellensteuern – auch deutsche Quellensteuern – abgezogen werden (Tz. 10.1.2. AEAStG).

Beispiel:

Die inländische D-GmbH hält sämtliche Anteile an einer Luxemburger SARL (Lux SARL), die eine Finanzierungsbetriebsstätte in der Schweiz errichtet hat. Die Betriebsstätteneinkünfte der Lux SARL werden in der Schweiz niedrig besteuert (< 25 vH) und in Luxemburg von der Besteuerung weitgehend freigestellt. In einigen Drittstaaten werden auf die Zinszahlungen Kapitalertragsteuer erhoben.

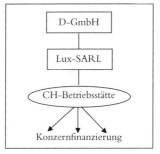

Lux SARL bezieht aus der Finanzierungstätigkeit ihrer Betriebsstätte in der Schweiz niedrigbesteuerte Zwischeneinkünfte mit Kapitalanlagecharakter iSd § 7 Abs. 6 (Tz. 7.6.4. AEAStG). Nach § 10 Abs. 1 S. 1 sind die von Luxemburg als Sitzstaat der Gesellschaft und von der Schweiz als Betriebsstättenstaat erhobenen Steuern abzugsfähig. Außerdem sind die von den Quellenstaaten auf die Zinszahlungen erhobenen Kapitalertragsteuern abzugsfähig.

2. Steuererhebung zu Lasten der ausländischen Gesellschaft

Nach § 10 Abs. 1 S. 1 müssen die Steuern zu Lasten der ausländischen Gesellschaft erhoben worden sein. Die ausländische Gesellschaft muss also Steuerschuldner sein. Diese Voraussetzung ist erfüllt, wenn die ausländische Gesellschaft nach den Regelungen des ausländischen Rechts das **Steuersubjekt** ist, dem das **Steuerobjekt** – Einkommen und das diesem zugrunde liegenden Vermögen – zugerechnet und nach deren **Leistungsfähigkeit** besteuert wird (*Tipke/Lang* Steuerrecht § 4 Rz. 81 ff.).

a) Steuersubjekt

143 Die ausländische Gesellschaft kann Steuersubjekt für die sog. Personensteuern – insbesondere Ertrag- und Vermögensteuern – sein. Die Personensteuern werden aufgrund der persönlichen Bindung des Einkommensbeziehers bzw. des Vermögensinhabers zum steuererhebenden Staat erhoben. Der Umfang der Steuerpflicht wird regelmäßig durch die unbeschränkte und beschränkte Steuerpflicht des Steuersubjekts beschrieben. Einige Staaten besteuern natürliche Personen aufgrund der Staatszugehörigkeit und juristische Personen aufgrund des Gründungsaktes. US-Staatsangehörige sind ungeachtet ihres Wohnsitzes oder ihres gewöhnlichen Aufenthaltes unbeschränkt steuerpflichtig in den USA. Bei juristischen Personen kommt es auf die Gründung nach US-Recht an (Sec. 11, 7701 IRC).

144 Damit kann die ausländische Gesellschaft Steuerschuldner (Personenidentität) für Personensteuern sein, die von dem Sitzstaat und einem Drittstaat – einschließlich Deutschland – erhoben werden. Im letzteren Fall kommen auch von Drittstaaten und Deutschland auf die an die ausländische Gesellschaft gezahlte Dividenden, Lizenzen und Zinsen erhobenen Abzugsteuern in Betracht (→ Rz. 151 ff.).

Beispiel:

145 Die ausländische Obergesellschaft O-SA ist alleinige Gesellschafterin der U Ltd., die in 01 niedrigbesteuerte Zwischeneinkünfte bezieht. In 02 schüttet U Ltd. die Gewinne unter Einbehaltung einer Quellensteuer von 35 vH an O-SA aus. O-SA erzielt nur Beteiligungserträge.

Nach den §§ 10 Abs. 1, 2 und 14 Abs. 1 setzt sich der Hinzurechnungsbetrag aus den zuzurechnenden Zwischeneinkünften der U Ltd. und den auf die Gewinnausschüttungen der U Ltd. erhobenen Quellensteuern zusammen. Die Zwischeneinkünfte der U Ltd. des Jahres 01 werden nach § 10 Abs. 2 im Jahr 02 der O-SA zugerechnet und können daher um die auf die Gewinnausschüttungen in 02 erhobenen Quellensteuern gemindert werden.

146 Die ausländische Gesellschaft ist nicht Steuerschuldner, sondern Steuerentrichtungsverpflichteter, wenn sie für Rechnung des Steuerschuldners die Steuern einbehalten muss. Dies ist zB der Fall, wenn die ausländische Gesellschaft Kapitalertragsteuern von ihren Gewinnausschüttungen, Lizenz- und Zinszahlungen einbehält und abführt (Tz. 10.1.2.1. und Tz. 8.3.1.2. AEAStG; *Tipke/Lang* Steuerrecht § 6 Rz. 8). Dasselbe gilt für Lohnsteuern auf die Arbeitslöhne und für die Aufsichtsratsteuer (*FWBS* § 10 AStG Rz. 83). Diese Steuern sind nicht nach § 10 Abs. 1 S. 1, 2 abziehbar.

147 Die ausländische Gesellschaft ist auch dann nicht Steuerschuldner, wenn sie als Haftende oder aufgrund eines ähnlichen Rechtsverhältnisses für die Steuerschuld eines Dritten in Anspruch genommen wird (so nach deutschem Steuerrecht, § 33 Abs. 1 AO). Zwar ist sie Steuersubjekt, jedoch nicht Steuerschuldner (der Begriff des Steuerpflichtigen ist weiter als der Begriff des

B. Ansatz und Ermittlung des Hinzurechnungsbetrages 148–151 § 10

Steuerschuldners. Ein Steuerpflichtiger muss nicht Steuerschuldner sein, *Tipke/Lang* Steuerrecht § 6 Rz. 4), weil die Besteuerung nicht an ihre Leistungsfähigkeit anknüpft. Die Steuern könnten allerdings bei der Ermittlung der Zwischeneinkünfte nach § 10 Abs. 3, 4 abgezogen werden, wenn die Inanspruchnahme der ausländischen Gesellschaft betriebliche Gründe hat. Liegen außerbetriebliche Gründe vor, könnten die gezahlten Steuern als verdeckte Gewinnausschüttungen bzw. nichtabziehbare Betriebsausgaben zu behandeln sein (*FWBS* § 8 Rz. 68).

b) Besteuerung der Leistungsfähigkeit

Die zu Lasten der ausländischen Gesellschaft erhobenen Steuern sind nur **148** dann abziehbar, wenn sie an die steuerliche Leistungsfähigkeit der ausländischen Gesellschaft anknüpfen. Nach hM ist dabei das Einkommen die geeignete Bemessungsgrundlage, um die individuelle Fähigkeit eines Steuersubjekts zu ermitteln, die Steuerleistungen zu erbringen. Die steuerliche Leistungsfähigkeit ist unbestimmt, aber es kann konkretisiert werden. Neben dem Einkommen drücken das Vermögen, der Vermögenserwerb und der Verbrauch von Gütern individuelle Leistungsfähigkeit aus (*Tipke/Lang* Steuerrecht § 4 Rz. 92 ff. mwN; *Crezelius,* Steuerrecht II – Die einzelnen Steuerarten, 2. Aufl., 1994, 21). Demnach müssen die passiven Einkünfte Bemessungsgrundlage für die Steuerschuldnerschaft der ausländischen Gesellschaft sein.

Die Einkünfte bzw. das Einkommen der ausländischen Gesellschaft kann **149** entweder nach der Quellen- oder der Reinvermögenszugangstheorie ermittelt werden. Danach umfasst das Einkommen die laufenden Einkünfte und die realisierten sowie unrealisierten Wertveränderungen, des den laufenden Einkünften zugrunde liegenden Stammvermögens (*Tipke/Lang* Steuerrecht § 8 Rz. 32 ff.). Entsprechend formuliert die Finanzverwaltung mit Tz. 8.3.1.2. des Anwendungserlasses, dass die Ertragsteuern das Gesamteinkommen oder Teile davon, einschließlich des Gewinns aus der Veräußerung und des Vermögenszuwachses, besteuern.

Es kommt nicht darauf an, ob die verschiedenen Einkünfte in ihrer Gesamtheit in einer Bemessungsgrundlage einheitlich (synthetische Gesamteinkommensteuer) oder nach den Einkunftsquellen getrennt in Schedulen (analytische Schedulensteuer) unterschiedlich besteuert werden (*Tipke/Lang* Steuerrecht § 9 Rz. 1 ff.). **150**

c) Mehrstufiger Beteiligungsaufbau

Nach dem Wortlaut des § 10 Abs. 1 S. 1 sind nur die Steuern abzugsfähig, **151** die von der betreffenden Zwischengesellschaft entrichtet wurden. Demnach können die Steuern der Untergesellschaft nicht bei der Obergesellschaft abgezogen werden. § 14 Abs. 1 bewirkt nur die Zurechnung der von der Untergesellschaft erzielten passiven Einkünfte der Obergesellschaft. Würde die Steuern der Untergesellschaft im Rahmen der Hinzurechnungsbesteuerung jedoch nicht berücksichtigt, käme es zu einer Doppelbesteuerung von Einkünften, welche weder mit dem verfassungsrechtlichen Gebot der Besteuerung nach der Leistungsfähigkeit noch – in Fällen von EU-Gesellschaften – mit den Grundfreiheiten des EG-Vertrags vereinbar wären.

152 Die Zurechnung nach § 14 soll Umgehungen der Hinzurechnungsbesteuerung verhindern, wenn Zwischeneinkünfte in einer Untergesellschaft anfallen, die der Obergesellschaft nachgeschaltet ist (Regierungsbegründung zu § 14, BT-Drs. VI/2883 v. 2.12.1971, Tz. 116). Deshalb schließt sich der Zurechnung der Zwischeneinkünfte zur Obergesellschaft auch die Berücksichtigung der darauf entrichteten Steuern an, um den Abzug oder die Anrechnung zu gewährleisten (SKK/*Hauswirt* § 14 AStG Rz. 59). Auf Ebene der Untergesellschaft müssen die Personenidentität und die sachliche Identität zu den Steuern erfüllt sein. Dass die Personenidentität im Verhältnis zur Obergesellschaft nicht gegeben ist, steht dem Steuerabzug oder der Steueranrechnung aufgrund der Zwecksetzung des § 14 nicht entgegen.

153 Die technische Umsetzung der Erfassung der abziehbaren Steuern auf Ebene der Obergesellschaft oder Untergesellschaft ist umstritten. Nach der überwiegenden Literaturansicht leitet sich von § 14 die Zurechnung der Steuern der Untergesellschaft zur Obergesellschaft ab (SKK/*Hauswirt* § 14 AStG Rz. 59; *FWBS* § 10 Rz. 109). Dh der Steuerabzug bzw. die Anrechnung ist auf Ebene der Obergesellschaft vorzunehmen. Die Finanzverwaltung nimmt dagegen den Steuerabzug bei der Untergesellschaft vor und rechnet den um die Steuern geminderten Zurechnungsbetrag der Obergesellschaft zu (Tz. 14.1.4. und 14.1.9. AEAStG). In materieller Hinsicht ergeben sich daraus keine unterschiedlichen Besteuerungswirkungen.

154 Gewinnausschüttungen einer Untergesellschaft an die ausländische Obergesellschaft sind nach § 8 Abs. 1 Nr. 8 aktive Einkünfte. Demzufolge können diese Steuern (Quellensteuern oder Veranlagungssteuern) nach dem Wortlaut des § 10 Abs. 1 S. 1 nicht iRd der Ermittlung des Hinzurechnungsbetrags von den Zwischeneinkünften abgezogen werden. Dieses Ergebnis ist unbefriedigend, weil die den Gewinnausschüttungen zugrunde liegenden passiven Einkünfte der Untergesellschaft nach § 14 Abs. 1 der ausländischen Obergesellschaft zugerechnet werden und zusammen mit den passiven Einkünften der Obergesellschaft den Hinzurechnungsbetrag ergeben.

155 Fraglich ist, ob nach der Regelung des § 12 Abs. 3 die Steuern auf die Ausschüttung der Untergesellschaft berücksichtigt werden könnten. Der Wortlaut der Norm steht dem entgegen, weil lediglich die auf die Gewinnausschüttungen der ausländischen Obergesellschaft erhobenen Steuern auf die Einkommen- oder Körperschaftsteuer des Inländers angerechnet oder abgezogen werden. Eine entsprechende Anwendung des § 12 Abs. 3 auf die Ausschüttungssteuern der Untergesellschaft kommt nach der Aufhebung des § 14 Abs. 4 S. 3 durch das StSenkG grundsätzlich nicht in Betracht. Hiergegen muss aber eingewendet werden, dass der Gesetzgeber mit der Aufhebung dieser Vorschrift die entstehenden Probleme durch § 12 Abs. 3 beseitigen wollte. Diese Auffassung stützt auch Tz. 12.1.2 des Anwendungserlasses, in der die Finanzverwaltung ausdrücklich erwähnt, dass die auf Gewinnausschüttungen einer deutschen Untergesellschaft erhobene deutsche Kapitalertragsteuer angerechnet werden kann (*FWBS* § 10 Rz. 110; Blümich/*Vogt* § 12 Rz. 20). Daher ist es sachgerecht, die Ausschüttungssteuern der Untergesellschaft entsprechend nach § 12 Abs. 3 zu berücksichtigen.

156–159 *einstweilen frei*

3. Außerbetriebliche Steuern

Nach § 10 Abs. 1 S. 1 sind diejenigen Steuern von den passiven Einkünften **160** abziehbar, die von den Zwischeneinkünften und von dem diesen Einkünften zugrunde liegenden Vermögen erhoben werden. Zwischen der Steuer und den zugrunde liegenden Zwischeneinkünften muss ein unmittelbarer Veranlassungszusammenhang bestehen (sachliche Identität).

Damit sind nur solche Steuern nach § 10 Abs. 1 S. 1 abziehbar, die nicht **161** bereits bei der Ermittlung der passiven Einkünfte abgezogen werden können (außerbetriebliche Steuern). Andernfalls handelt es sich um als Betriebsausgaben abzugsfähige Steuern (betriebliche Steuern).

Diese Differenzierung – betriebliche vs. außerbetriebliche Steuern – kann **162** auf § 10 Nr. 2 KStG gestützt werden, wonach Steuern vom Einkommen und sonstige Personensteuern nichtabziehbare Aufwendungen sind. Diese Vorschrift ist gemäß § 10 Abs. 3 S. 1 bei der Ermittlung der passiven Einkünfte analog anwendbar, weil die ausländische Zwischengesellschaft als eine im Inland unbeschränkt steuerpflichtige Kapitalgesellschaft § 10 Nr. 2 KStG bei der steuerlichen Gewinnermittlung beachten muss (BFH v. 14.3.1995, I R 3/96, BStBl. II 1995, 502).

Die Steuer der ausländischen Gesellschaft hat schließlich auch dann außer- **163** betrieblichen Charakter, wenn sie nach § 34c Abs. 1 EStG (siehe hierzu Verzeichnis ausländischer Steuern, die der deutschen Einkommen- und Körperschaftsteuer entsprechen, Nr. 1 Anlage 6 – zu § 34c EStG) oder § 11 VStG anrechenbar wäre. Der Umkehrschluss gilt allerdings nicht, weil die Voraussetzungen der Anrechenbarkeit nach diesen Normen sehr eng sind und daher nicht im Rahmen des § 10 Abs. 1 S. 1 beachtet werden (*FWBS* § 10 Rz. 82).

a) Auf die Zwischeneinkünfte erhobene Steuern

Im Ergebnis sind somit die Personensteuern wie die Einkommen- und **164** Körperschaftsteuer als außerbetriebliche Steuer im Rahmen des § 10 Abs. 1 S. 1 abzugsfähig. Hingegen sind Objektsteuern – Grundsteuer, Gewerbesteuer – sowie die Verkehrsteuern – Umsatzsteuer, Grunderwerbsteuer, Gesellschaftsteuer, Börsenumsatzsteuer – als Betriebsausgaben unmittelbar oder mittelbar als Abschreibung von Anschaffungs- und Herstellungskosten bei der Ermittlung der passiven Einkünfte abzugsfähig. Die Behandlung der Steuern nach ausländischem Steuerrecht im Sitzstaat der ausländischen Gesellschaft ist unbeachtlich (BFH v. 15.3.1995, I R 14/94, BStBl. II 1995, 502).

Da die Zwecksetzung des § 10 Abs. 1 S. 1 die Ermittlung des **fiktiven** **165** **Ausschüttungsvolumens** ist, sind die nicht als Betriebsausgaben absetzbare Personensteuern von den passiven Einkünften abzuziehen. Insoweit hat die Vorschrift die Funktion einer Auffangklausel. Dh jede zu Lasten der ausländischen Gesellschaft erhobene Steuer, die nicht schon als Betriebsausgabe abziehbar ist, muss gemäß § 10 Abs. 1S. 1 berücksichtigt werden (*FWBS* § 10 AStG Rz. 82).

b) Auf das den Zwischeneinkünften zugrunde liegende Vermögen erhobene Steuern

166 Nach § 10 Abs. 1 S. 1 sind nicht nur die Steuern abziehbar, die von den passiven Einkünften der ausländischen Gesellschaft erhoben worden sind, sondern auch solche auf das den Einkünften zugrunde liegenden Vermögen.

167 Zwischen den bezogenen passiven Einkünften und dem zugrunde liegenden Vermögen muss ein Kausalzusammenhang bestehen. Nur insoweit können die auf das Vermögen erhobenen Steuern im Rahmen des § 10 Abs. 1 S. 1 berücksichtigt werden.

168 Da entsprechend den Steuern auf die passiven Einkünfte die Steuern auf das Vermögen zu Lasten der ausländischen Gesellschaft erhoben werden müssen, ist es konsequent, wenn auch diese als Personensteuern ausgestaltet sein müssen. Die ausländische Gesellschaft ist damit Steuersubjekt für die die steuerliche Leistungsfähigkeit belastenden Steuern. In Betracht kommen also die Sollertragsteuern wie die infolge des Beschluss des BVerfG vom 22. Juni 1995 ausgesetzte deutsche Vermögensteuer (Beschlüsse des BVerfG v. 22.6.1995, BVerfGE 93, 121). Die Verkehrsteuern – Grunderwerbsteuer – und Substanzsteuern – Grundsteuer und Gewerbekapitalsteuer – sind als Betriebsausgaben oder als (nachträgliche) Anschaffungskosten zu berücksichtigen.

169 § 10 Abs. 1 S. 1 trifft keine Aussage zum Begriff des zugrunde liegenden Vermögens, so dass als Steuerobjekt das Gesamtvermögen der ausländischen Gesellschaft oder Teile davon, mithin auch einzelne Vermögensgegenstände, in Betracht kommen.

170 Die Finanzverwaltung möchte die zu Lasten der ausländischen Gesellschaft erhobenen Steuern auf das Vermögen nur dann zum Abzug zulassen, wenn diese der deutschen Vermögensteuer entsprechen (Tz. 10.1.2.1. Nr. 2 AEAStG). Diese enge Auffassung ist mit dem Wortlaut und der Zwecksetzung des § 10 Abs. 1 S. 1 nicht vereinbar. Im Gegensatz zu § 34c Abs. 1 EStG und § 11 VStG fordert § 10 Abs. 1 S. 1 nicht, dass die ausländischen Steuern mit der deutschen Einkommen-, Körperschaftsteuer oder Vermögensteuer vergleichbar sind. Im Übrigen hätte die Finanzverwaltung diese Tatbestandsvoraussetzung auch ausdrücklich für die Ertragsteuern einfordern müssen. Da dies nicht geschehen ist, kann es auf die Vergleichbarkeit mit der deutschen Vermögensteuer nicht ankommen.

171 Nach § 10 Abs. 1 S. 1 sind die auf das Vermögen erhobenen Steuern abziehbar, wenn dieses den passiven Einkünften zugrunde liegt. Nach dieser Formulierung wären die Steuern nicht abziehbar, wenn das Vermögen keine Einkünfte erwirtschaften würde. Dieses Verständnis ist dem deutschen Steuersystem jedoch fremd. Denn Vermögensteuern haben nach der bis 1997 geltenden Rechtslage auch dann das (zukünftige) Ausschüttungspotential gemindert, wenn die inländische Kapitalgesellschaft keine Einkünfte erzielt hat. Daher müssen die Steuern auf das Vermögen auch dann abziehbar sein, wenn die Einkünfte Null oder negativ sind. Das Abstellen auf die Einkünfte als Tatbestandsvoraussetzung ist somit ungeeignet. Lediglich die Steuern, die auf Vermögen erhoben werden, das während der Dauer der Hinzurechnungsbesteuerung keine Bruttoerträge generiert, können nicht berücksichtigt werden.

Damit ist der Betrachtungszeitraum nicht auf eine Besteuerungsperiode beschränkt.

4. Zuordnung der Steuern zu den passiven Einkünften

Nach § 10 Abs. 1 S. 1 sind nur die Steuern abziehbar, die von den Zwischeneinkünften erhoben wurden. Daher müssen bei gemischter Tätigkeit der ausländischen Gesellschaften die nach § 10 Abs. 1 S. 1 grundsätzlich abziehbaren Steuern auf die aktiven und die passiven Einkünften aufgeteilt werden. Hinsichtlich der Ertragsteuern wendet die Finanzverwaltung die in Tz. 8.3.3. des Anwendungserlasses beschriebene direkte Methode als vorrangigen Aufteilungsmaßstab an (Tz. 10.1.2.2. iVm Tz. 8.3.3. Nr. 1 AEAStG). Eine eindeutige Zuordnung zwischen passiven Einkünften und darauf erhobenen Steuern kann für die Quellensteuern festgestellt werden, die auf Lizenzen und Zinsen erhoben werden. Dies gilt auch dann, wenn der ausländische Staat die verschiedenen Einkunftsquellen getrennt nach Schedulen (analytische Schedulensteuer) unterschiedlich besteuert. 172

Werden hingegen die verschiedenen Einkünfte in ihrer Gesamtheit in einer Bemessungsgrundlage einheitlich besteuert (synthetische Gesamteinkommensteuer) ist der geeignete Aufteilungsmaßstab die indirekte Methode. Danach ist die insgesamt entrichtete Steuer im Verhältnis der aktiven und passiven Einkünfte aufzuteilen (Tz. 10.1.2.2. iVm Tz. 8.3.3. Nr. 2 AEAStG). Entsprechend sind auch den Einkünften nicht direkt zuordenbare Freibeträge, Sonderausgaben und Pauschbeträge nach dieser Methode aufzuteilen. Die Aufteilung nach der indirekten Methode nimmt keine Rücksicht auf den Tarifverlauf – progressiv oder gestaffelt – sowie auf Verluste oder Verlustvorträge aus der aktiven Tätigkeit. 173

Beispiel:
Die ausländische Gesellschaft erzielt passive Einkünfte von 100 und aus aktiven Tätigkeiten einen Verlust von 110. Da das zu versteuernde Einkommen der ausländischen ./. 10 beträgt wird keine Steuer erhoben. 174
Die Zwischeneinkünfte betragen 100. Eine Minderung durch die abziehbaren Steuern erfolgt nicht, da von der ausländischen Gesellschaft keine Steuern erhoben wurden.

Die Ermittlung der anteilig abziehbaren Steuern auf das Vermögen ist in § 10 Abs. 1 S. 1 nicht klar geregelt. Nach dem Wortlaut ist für den Abzug lediglich Voraussetzung, dass das besteuerte Vermögen den passiven Einkünften zugrunde liegt. Diese Formulierung lässt für den Steuerabzug einen qualitativkausalen Zusammenhang zwischen Vermögen und Einkünften genügen. Eine ausschließliche Verwendung des Vermögens zur Erzielung der passiven Einkünfte ist demnach ebenso wenig entscheidend, wie der Umfang der aus dem Vermögen fließenden passiven Einkünfte. 175

Da der Gesetzgeber einen quantitativ-kausalen Zusammenhang – zB durch „soweit" oder „insofern" – nicht fordert, bleibt es dem Steuerpflichtigen überlassen, anhand geeigneter Maßgrößen die Kausalität nachzuweisen. In Betracht kommen zB die Verhältnisse der Bruttoerträge, Flächen, Mitarbeiter, Löhne, eingesetztes Kapital. Die Finanzverwaltung hat diese Problematik nicht gelöst, sondern schlägt aus Vereinfachungsgründen vor, den bei den Ertragsteuern angewandten Aufteilungsmaßstab entsprechend anzuwenden. An die- 176 ser Billigkeitslösung kann der Steuerpflichtige festhalten, es sei denn, er weist anhand eines geeigneten Aufteilungsmaßstabs ein anderes Verhältnis der Steuer auf das Vermögen nach (Tz. 10.1.2.2. AEAStG; *FWBS* § 10 AStG Rz. 102).

177–179 *einstweilen frei*

5. Zeitpunkt des Steuerabzugs

180 Nach § 10 Abs. 1 erfolgt der Abzug der Steuern erst dann, wenn diese erhoben und entrichtet worden sind. Die Tatbestandsvoraussetzung der Erhebung folgt unmittelbar aus S. 1, während S. 2 den Steuerabzug dem Jahr zuordnet, in dem die Steuern von der ausländischen Gesellschaft entrichtet werden. Somit sind ungeachtet ihrer Erhebung die Steuern erst im Jahr der Entrichtung abziehbar.

a) Steuerabzug im maßgebenden Wirtschaftsjahr

181 Unklar ist, ob der Steuerabzug in dem Wirtschaftsjahr erfolgt, für das die ausländische Gesellschaft Zwischeneinkünfte bezogen hat, oder in dem Veranlagungszeitraum des Steuerinländers, für den die Hinzurechnung vorgenommen wird.

182 Der Wortlaut sowie der Sinn und Zweck der Vorschrift sprechen für das Wirtschaftsjahr der ausländischen Gesellschaft. S. 2 knüpft den Abzug der entrichteten Steuern an die nach § 7 Abs. 1 steuerpflichtigen Einkünften an. Daher muss der Zeitraum, für den die Steuern mindernd berücksichtigt werden können, mit dem Ermittlungszeitraum der Einkünfte identisch sein. Die passiven Einkünfte werden für ein Wirtschaftsjahr der ausländischen Gesellschaft ermittelt, so dass die abziehbaren Steuern jeweils nur diejenigen Zwischeneinkünfte mindern, die in dem Wirtschaftsjahr bezogen werden, in das die Steuerzahlung fällt (zum Begriff des maßgebenden Wirtschaftsjahres, → Rz. 299 ff.).

183 Nach der Ausschüttungstheorie ist es Zweck der Hinzurechnungsbesteuerung den Betrag zu ermitteln, den die ausländische Gesellschaft maximal hätte ausschütten können, die Zurechnungstheorie hat demgegenüber der Ausschüttungstheorie Vorrang (BFH v. 21.1.1998, I R 3/96, BStBl. II 1998, 468). Da die ausländische Gesellschaft immer nur für Wirtschaftsjahre ausschütten kann, kann der Ausschüttungsbetrag um diejenigen Steuerzahlungen gemindert werden, die in das Wirtschaftsjahr fallen, in dem die Zwischeneinkünfte bezogen werden. Somit ist der Veranlagungszeitraum des Steuerinländers für die zeitliche Zuordnung der abziehbaren Steuern nicht maßgebend (*FWBS* § 10 AStG Rz. 122).

Beispiel:

184 Das Wirtschaftsjahr der ausländische Gesellschaft A-Ltd. entspricht dem Kalenderjahr. In 01 erzielt A Ltd. niedrigbesteuerte passive Einkünfte von 100. Aufgrund eines Vorauszahlungsbescheides leistet A-Ltd. in 01 eine Ertragsteuerzahlung von 10. In 02 wird die Ertragsteuer für 01 auf 15 festgesetzt. Die Steuernachzahlung von 5 wird in 02 geleistet.

Die in 01 bezogenen Zwischeneinkünfte von 100 werden um die in 01 geleistete Vorauszahlung von 10 gemindert, so dass der Hinzurechnungsbetrag nach § 10 Abs. 1 90 beträgt. Die Steuernachzahlung von 5 kann erst in 02 berücksichtigt werden.

B. Ansatz und Ermittlung des Hinzurechnungsbetrages 185–191 § 10

b) Erhebung und Entrichtung

Nach § 10 Abs. 1 S. 1 und 2 wird der Steuerabzug nur dann gewährt, wenn die Steuer erhoben und entrichtet wurde. **185**

Mit der Terminologie der Erhebung und Entrichtung nimmt Abs. 1 Bezug auf §§ 218 ff. AO, die im ersten Abschnitt die Verwirklichung, die Fälligkeit und das Erlöschen von Steueransprüchen regeln. Die Verwirklichung von Steueransprüchen setzt eine durch Steuerbescheid rechtswirksame Festsetzung der Steuer voraus. Im Fall von Fälligkeitssteuern ist ein Festsetzungsverfahren nicht erforderlich. Wenn schon nach deutschem Verfahrensrecht die rechtswirksame Festsetzung der Steuern nicht zwingend erforderlich ist, muss der Begriff der Erhebung nicht nach formalen, sondern nach materiellen Kriterien überprüft werden. Ausreichend ist demnach, wenn die Steuer durch die zugrunde liegende Bemessungsgrundlage und den anzuwendenden Steuersatz bestimmt wird und die sich daraus ergebende Steuer durchsetzbar ist. Freiwillige Steuerzahlungen, die auf keinem durchsetzbaren Steueranspruch der Finanzbehörden des ausländischen Staates beruhen, können somit nach § 10 Abs. 1 nicht abgezogen werden (Tz. 10.1.2.1. AEAStG; *FWBS* § 10 AStG Rz. 86). **186**

Beispiel:

Da der Marktzinssatz unter der Verzinsung von Steuererstattungen liegt, leistet die ausländische Zwischengesellschaft freiwillig höhere Steuerzahlungen, die nach Ansicht der Finanzverwaltung nicht nach § 10 Abs. 1 bei der Ermittlung des Hinzurechnungsbetrages abgezogen werden können. **187**

Da die Finanzverwaltung den freiwilligen Steuerzahlungen den Charakter von abgabepflichtigen Ertrag- oder Vermögensteuern abspricht, sind sie bei der Ermittlung der Zwischeneinkünfte unter Beachtung der Grenzen des § 10 Abs. 4 als Betriebsausgaben oder Werbungskostenkosten abziehbar. § 10 Nr. 2 KStG steht dem Abzug nicht entgegen (RFH v. 20.6.1933, I A 148/33, RStBl. 1933, 1022; RFH v. 19.9.1933, I A 69/33, RStBl. 1938, 494; BFH v. 23.11.1988, I R 180/85, BStBl. 1989 II, 116). **188**

Freiwillige Steuerzahlungen liegen dann nicht vor, wenn der ausländischen Steuerfestsetzung ein behördliches Verfahren vorausgegangen ist, in dem auf gesetzlicher Grundlage und unter Mitwirkung des Steuerpflichtigen der Umfang einer Steuerermäßigung festgelegt wurde. Der nach ausländischem Recht erlassene Steuerbescheid stellt den Rechtsgrund für die Steuerzahlung dar. Eine rechtsgrundlose Zahlung liegt somit nicht vor (BFH v. 3.5.2006, I R 124/04, BFH/NV 2006, 1729; BMF IV B 4 – S-1300 – 07 – 0020 v. 13.4.2007, BStBl. I 2007, 440). **189**

Freiwillige Steuerzahlungen liegen auch dann nicht vor, wenn die ausländische Gesellschaft aufgrund ihrer Tätigkeit oder mit Teilen ihrer Einkünfte unterschiedlichen Steuertarifen unterliegt, da die ausländische Gesellschaft sich weder dem hohen noch dem niedrigen Steuertarif und dem sich daraus ergebenden Steueranspruch entziehen kann (siehe auch → Rz. 134 ff.). **190**

Beispiel:

In Irland unterliegen Kapitalgesellschaften dem Regelsteuersatz von 12,5 vH (Sec. 21 Tax Consolidation Act 1997). Erzielt die Gesellschaft dagegen passive Einkünfte, Ein- **191** künfte aus Landgeschäften oder Einkünfte aus der Exploration von Öl, Gas und Mineralien kommt der erhöhte Steuersatz von 25 vH (Sec. 21 A Tax Consolidation Act 1997) zur Anwendung. Der für passive Einkünfte geltende erhöhte Steuersatz von 25 vH knüpft an die Tätigkeit der irischen Kapitalgesellschaft und ist nicht vom Willen der Betroffenen abhängig. Damit sind die passiven Einkünfte mit 25 vH auseichend hochbesteuert. Freiwillige Steuerzahlungen können nicht angenommen werden.

192 Der Begriff der Entrichtung meint das Erlöschen der Steueransprüche durch Zahlung (§ 224 AO) und Aufrechnung (§ 226 AO). Da nach § 10 Abs. 1 S. 2 die Steuern erst im Wirtschaftsjahr ihrer Entrichtung abziehbar sind, ist die Bildung von Steuerrückstellungen unbeachtlich (BFH v. 12.7.1989, I R 46/85, RIW 1989, 1010, 1012; WSG/*Haun* § 10 AStG Rz. 5).

193 Die Differenzierung zwischen Erhebung und Entrichtung schließt nicht aus, dass es nach einer vorläufigen Steuerfestsetzung und der erfolgten Steuervorauszahlung zu einer geänderten Steuerfestsetzung mit einer Steuernachzahlung oder -erstattung kommt. Da S. 2 auf den Zahlungszeitpunkt abstellt, sind Nachzahlungen und Erstattungen jeweils in dem Wirtschaftsjahr des Ab- bzw. Zuflusses zu erfassen. Eine Steuernachzahlung erhöht also die abziehbaren Steuern des Wirtschaftsjahres, in dem die ausländische Steuer nachgezahlt wird.

194 Im umgekehrten Fall werden die ausländischen Steuern gemindert. Übersteigt die in einem Wirtschaftsjahr erstattete Steuer die entrichtete, erhöht der negative Differenzbetrag die Zwischeneinkünfte nicht, so dass sich durch die Verrechnung höchstens ein Steuerabzugsbetrag von nicht mehr als Euro 0 ergibt.

195 Eine Erhöhung der Zwischeneinkünfte durch den überschießenden Betrag ist ausgeschlossen, da die Steuererstattung weder eine Betriebseinnahme der Zwischengesellschaft ist, noch für eine außerbilanzielle Korrektur eine Rechtsgrundlage besteht. Dem steht schon § 10 Nr. 2 KStG entgegen, wonach Ertrag- und Vermögensteuern weder abziehbare Betriebsausgaben noch steuerpflichtige Betriebseinnahmen sind (RFH v. 20.6.1933, I A 148/33, RStBl. 1933, 1022; RFH v. 19.9.1933, I A 69/33, RStBl. 1938, 494; BFH v. 23.11.1988, I R 180/85, BStBl. 1989 II, 116). Zudem kommt eine Änderung des ursprünglichen Bescheides über die Feststellung von Hinzurechnungsbeträgen nicht in Betracht, da § 10 Abs. 1 S. 2 auf den Zahlungszeitpunkt der vorläufig festgesetzten Steuern und der Erstattungen und Nachzahlungen abstellt (*FWBS* § 10 AStG Rz. 95; aA WSG/*Haun* § 10 AStG Rz. 5).

Beispiel:

196 Die ausländische Zwischengesellschaft erwirtschaftet im Jahr 01 passive Einkünfte in Höhe von 100 worauf nach dem Vorauszahlungsbescheid Steuern in Höhe von 20 erhoben und in 01 entrichtet werden. In 02 erleidet die Gesellschaft einen Verlust in Höhe von ./. 100, so dass aufgrund des Verlustrücktrags nach 01 die ausländische Finanzbehörde Steuern in Höhe von 20 erstattet.
Die negativen Zwischeneinkünfte in Höhe von ./. 100 des Jahres 02 können nicht um die Steuererstattung in Höhe von 20 erhöht werden. Der Steuerabzugsbetrag ist Null.

B. Ansatz und Ermittlung des Hinzurechnungsbetrages 197–202 § 10

c) Vorliegen der persönlichen und sachlichen Tatbestandsvoraussetzungen

Regelmäßig werden die Erhebung der ausländischen Steuern und deren Entrichtung zeitlich auseinanderfallen. Deshalb könnte für die Frage des Steuerabzugs entscheidend sein, dass die persönlichen und sachlichen Tatbestandsmerkmale der Hinzurechnungsbesteuerung sowohl im Zeitpunkt der Erhebung als auch im Zeitpunkt der Entrichtung vorliegen. **197**

Hinsichtlich des Erhebungszeitpunkts setzt S. 1 voraus, dass die Steuern von den nach § 7 Abs. 1 steuerpflichtigen Einkünften erhoben werden. Daher müssen im Erhebungsjahr die Tatbestandsvoraussetzungen der Hinzurechnungsbesteuerung vorliegen. Dh, die ausländische Gesellschaft muss in dem Jahr, für das die Steuern erhoben werden, niedrigbesteuerte passive Einkünfte erzielen und die Steuerinländer müssen gemäß § 7 Abs. 1 bzw. 6 an der ausländischen Gesellschaft beteiligt sein. **198**

Nach S. 2 sind die zu entrichtenden Steuern nur in den Jahren, in denen sie gezahlt werden, von den nach § 7 Abs. 1 steuerpflichtigen Einkünften abzusetzen. Damit müssen auch im Entrichtungsjahr die Tatbestandsvoraussetzungen der Hinzurechnungsbesteuerung vorliegen. Mithin unterbleibt der Steuerabzug, wenn in dem Jahr, für das die Steuern erhoben werden, keine Hinzurechnung durchgeführt wurde. Weiter können Steuern nicht von den passiven Einkünften abgezogen werden, wenn im Jahr der Entrichtung keine Hinzurechnung erfolgt. **199**

Beispiel:
An der ausländischen Gesellschaft A-Ltd. sind die Steuerinländer A und B zu je 40 vH beteiligt. A-Ltd. erzielt in 01, 02 und 04 ausschließlich niedrigbesteuerte passive Einkünfte. In 03 erzielt A-Ltd. ausschließlich aktive Einkünfte. Die Steuern für 01 und 02 werden in 02 bzw. 03 entrichtet. In 04 veräußern A und B ihre Beteiligungen an A-Ltd. vor Ende des maßgebenden Wirtschaftsjahres an einen Steuerausländer. **200**

Die für 01 in 02 entrichtete Steuer wird mit den Zwischeneinkünften des Jahres 02 verrechnet. Da A-Ltd. in 03 keine passiven Einkünfte bezieht, können die für 02 in 03 entrichteten Steuern bei der Hinzurechnungsbesteuerung nicht berücksichtigt werden. Für 05 wird keine Hinzurechnung von Zwischeneinkünften vorgenommen, da A und B ihre Beteiligungen vor Ende des Jahres 05 veräußern und somit eine Inlandsbeherrschung am Ende des Wirtschaftsjahres nicht gegeben ist.

Beispiel:
Die ausländische Gesellschaft A-Ltd. erzielt ausschließlich niedrigbesteuerte passive Einkünfte. In 02 erwerben die Steuerinländer A und B jeweils 40 vH der Anteile von Steuerausländern. Die Steuern für 01 und 02 werden in 02 bzw. 03 entrichtet. **201**

Die von A-Ltd. in 01 bezogenen passiven Einkünfte unterliegen nicht der Hinzurechnungsbesteuerung, da am Ende des Wirtschaftsjahres 01 eine Inlandsbeherrschung nach § 7 Abs. 2 nicht gegeben ist. Die in 02 für 01 entrichteten Steuern mindern daher die Zwischeneinkünfte des Jahres 02 nicht. § 10 Abs. 1 setzt voraus, dass die Steuern für Zwischeneinkünfte eines betreffenden Jahres erhoben wurden. Dies ist für 02 nicht der Fall.

Da § 10 Abs. 1 S. 1 und 2 den Steuerabzug lediglich an die nach § 7 Abs. 1 steuerpflichtigen Einkünfte anknüpft, ist eine Beteiligungs- und Personenidentität bei Erhebung und Entrichtung der Steuern unbeachtlich. Sofern die Tatbestandsmerkmale der Hinzurechnungsbesteuerung jeweils vorliegen, hat **202** ein Gesellschafterwechsel auf den Steuerabzug grds. keine Auswirkungen (Entsprechend zu den Auswirkungen von Änderungen der Beteiligungsverhältnisse auf den Verlustabzug, FinMin NRW v. 7.3.1980, FR 1980, 243; *FWBS* § 10 AStG Rz. 122.

203 Sofern sich der Umfang der von den Steuerinländern gehaltenen Beteiligung an der ausländischen Gesellschaft im Zeitraum zwischen Erhebung und Entrichtung verändert, wird der Steuerabzug quotal auf die jeweils niedrigere Beteiligungsquote beschränkt. Damit können diejenigen Steuern nicht abgezogen werden, die auf Personen entfallen, die weder im Ausgangsjahr noch im Jahr der Entrichtung der Hinzurechnungsbesteuerung unterliegen (*FWBS* § 10 AStG Rz. 106).

Beispiel:

204 An der ausländischen Gesellschaft A-Ltd. sind im Wirtschaftsjahr 01 Steuerausländer in Höhe von 49 vH und der Steuerinländer I in Höhe von 51 vH beteiligt. In 02 erwirbt I sämtliche von den Steuerausländern gehaltenen Anteile. A-Ltd. bezieht ausschließlich niedrigbesteuerte passive Einkünfte. Die Steuern für 01 werden in 02 entrichtet.

Von den Zwischeneinkünften des Jahres 02 können die für 01 in 02 entrichteten Steuern quotal nur zu 51 vH abgezogen werden.

205 Der Steuerabzug setzt nicht voraus, dass zwischen den passiven Einkünften, die im Entrichtungsjahr erzielt werden, und den entrichteten Steuern ein wirtschaftlicher Zusammenhang besteht (*FWBS* § 10 AStG Rz. 121).

6. Währungsumrechnung

206 Die ausländische Gesellschaft begleicht ihre Steuern idR in ausländischer Währung bzw. bucht diese in ausländischer Währung ein. Das Gesetz enthält keine Regelung darüber, wie diese Fremdwährungsbeträge anzusetzen sind.

207 In Anlehnung an R 34c Abs. 1 EStR fordert die Finanzverwaltung eine Umrechnung der ausländischen Steuern nach dem Kurs, der sich auf der Grundlage der von der EZB täglich veröffentlichten Euro-Referenzkurse für den Tag der Zahlung der ausländischen Steuer ergibt. Maßgeblich ist der Briefkurs (Tz. 10.1.1.4. AEAStG; R 34c Abs. 1 EStR). Aus Vereinfachungsgründen kann auf die monatlichen Umsatzsteuer-Umrechnungskurse zurückgegriffen werden.

208 Wird die Höhe der einmal festgesetzten ausländischen Steuer geändert, so ist der Unterschiedsbetrag mit dem Kurs umzurechnen, der sich am Tag der Zahlung bzw. Erstattung ergibt (so im Rahmen des § 34c Abs. 1 EStR bzw. § 26 Abs. 1 KStG bejaht durch *DPM* § 26 KStG Rz. 146; aA Blümich/*Täske* § 26 KStG Rz. 47; *FWBS* § 26 KStG Rz. 66).

209–220 *einstweilen frei*

IV. Negativer Hinzurechnungsbetrag

221 Nach § 10 Abs. 1 S. 4 kann dem Steuerinländer ein negativer Hinzurechnungsbetrag nicht hinzugerechnet werden.

222 Diese Beschränkung kann damit begründet werden, dass der Gesetzgeber die ausländische Gesellschaft steuerlich anerkennt und in Anlehnung an die Ausschüttungstheorie negative Hinzurechnungsbeträge zu keinem ausschüttungsfähigen Gewinn führen (WSG/*Haun* § 10 AStG Rz. 7). Auf Grundlage der Regelungskonzeption des AStG betrachtet die Rechtsprechung den Hinzurechnungsbetrag als Quasi-Ausschüttung. Diese Konzeption findet sich auch im InvStG. Nach § 3 Abs. 4 InvStG ist die Zurechnung von negativen Erträgen des Investmentfonds zum Anteilsscheininhaber ausgeschlossen. Im Rahmen des JStG 2009 will der Gesetzgeber im Fall von ausländischen Familienstiftungen die Zurechnung von Verlusten untersagen, § 15 Abs. 7 (siehe Entwurf JStG 2009 v. 23.11.2008 BT-Drs. 16/10189 und 16/10494 mit den Beschlüssen des Finanzausschusses, 132).

223 Wendet man daher die entsprechenden Rechtsfolgen an, ist auch ein Ausgleich von negativen Hinzurechnungsbeträgen zwischen anderen ausländischen Gesellschaften, die nicht nachgeschaltet sind, nicht möglich. Der Hinzurechnungsbetrag ist im Verlustfall mit Euro 0 anzusetzen.

224 Ein negativer Hinzurechnungsbetrag kann verschiedene Ursachen haben. Zunächst können die steuerpflichtigen Einkünfte nach § 7 Abs. 1 negativ sein. Weiter kann ein negativer Hinzurechnungsbetrag durch den Steuerabzug nach § 10 Abs. 1 S. 1, 2 oder die Kürzungsmöglichkeit nach § 11 zustande kommen.

Beispiel:

225 Die ausländische Zwischengesellschaft erwirtschaftet im Jahr 01 passive Einkünfte in Höhe von 100 worauf Steuern in Höhe von 20 erhoben werden, die in 03 entrichtet werden. In 02 betragen die passiven Einkünfte 10, worauf Steuern in Höhe von 2 erhoben werden. Die Entrichtung erfolgt in 04.
Die passiven Einkünfte aus 01 ergeben für 02 einen positiven Hinzurechnungsbetrag in Höhe von 100. In 03 werden die passiven Einkünfte aus 02 in Höhe von 10 durch die Steuerentrichtung von 20 gemindert, so dass sich ein negativer Hinzurechnungsbetrag in Höhe von ./. 10 ergibt. Dieser kann nur im Rahmen des § 10 Abs. 3 S. 5 vor- oder zurückgetragen werden.

226 Außerdem kann ein negativer Hinzurechnungsbetrag auf der übertragenden Zurechnung von negativen Zurechnungsbeträgen nachgeschalteter Zwischengesellschaften nach § 14 Abs. 1 S. 1 beruhen.

227 Ein negativer Hinzurechnungsbetrag kann nach § 10 Abs. 3 S. 5 iVm § 10d EStG nur mit einem positiven Betrag des vorangegangenen Wirtschaftsjahres oder der künftigen Wirtschaftsjahre der ausländischen Gesellschaft verrechnet werden. Hierbei sind die Beschränkungen des § 10d Abs. 1 und 2 EStG zu beachten. Danach ist ein Rücktrag auf das vorausgegangene Wirtschaftsjahr nur in Höhe von Euro 511.500 möglich. Der verbleibende negative Hinzurechnungsbetrag kann bis zur Höhe von 1 Million unbegrenzt und darüber hinaus nur bis zu 60 vH des positiven Hinzurechnungsbetrages abgezogen werden.

einstweilen frei **228–249**

C. Anzusetzender Hinzurechnungsbetrag (Abs. 2)

I. Allgemeines

250 § 10 Abs. 2 ordnet den Hinzurechnungsbetrag sowohl in sachlicher als auch in zeitlicher Hinsicht in die Ertragsbesteuerung des Steuerinländers ein.

251 In sachlicher Hinsicht bestimmt § 10 Abs. 2 S. 1, 2, dass der Hinzurechnungsbetrag als Einkünfte aus Kapitalvermögen zu besteuern ist, wenn die Beteiligung an der ausländischen Gesellschaft im Privatvermögen gehalten wird. Gehört dagegen die Beteiligung an der ausländischen Gesellschaft zu einem Betriebsvermögen – Gewerbebetrieb, Land- und Forstwirtschaft, selbständige Arbeit – wird der Hinzurechnungsbetrag als Betriebseinnahme erfasst.

252 In zeitlicher Hinsicht bestimmt die Vorschrift, dass der Hinzurechnungsbetrag mit Ablauf des maßgebenden Wirtschaftsjahres der ausländischen Gesellschaft dem Steuerinländer zufließt.

253 Mit dem durch das StSenkG vom 23.10.2001 angefügten S. 3 hat der Gesetzgeber angeordnet, dass auf den Hinzurechnungsbetrag weder das Halb- bzw. Teileinkünfteverfahren (§ 3 Nr. 40 S. 1 Buchst. d EStG) noch die Beteiligungsertragsbefreiung nach § 8b Abs. 1 KStG anwendbar sind (BT-Drs. 14/2683, 133). Diese Ergänzung ist bei der Einkommen- und Körperschaftsteuer für den Veranlagungszeitraum erstmals anwendbar, für den Zwischeneinkünfte hinzuzurechnen sind, die in einem Wirtschaftsjahr der Zwischengesellschaft entstanden sind, das nach dem 31.12.2000 beginnt (§ 21 Abs. 7 S. 4). Die Versagung der Anwendung von § 3 Nr. 40 S. 1 Buchst. d EStG und § 8b Abs. 1 KStG gilt daher für Zwischeneinkünfte, die in einem nach dem 31.12.2000 beginnenden Wirtschaftsjahr erzielt werden.

254 Durch den Ausschluss einer Anwendung der Abgeltungsteuer für die Hinzurechnungsbeträge durch das JStG 2008 v. 20.12.2007, die ab 2009 gilt, wird sichergestellt, dass der Hinzurechnungsbetrag dem individuellen Steuersatz des Steuerinländers unterliegt. In S. 4 wird klargestellt, dass für Aufwendungen, die im Zusammenhang mit dem Hinzurechnungsbetrag steht, § 3c Abs. 2 EStG entsprechend gilt (JStG 2008 v. 20.12.2007, BGBl. 2007 I 3150; Begr. der Bundesregierung, RefE v. 14.6.2007, 141).

255–259 *einstweilen frei*

II. Einordnung des Hinzurechnungsbetrages

260 Der in § 10 Abs. 2 verwendete Begriff des Hinzurechnungsbetrages ist mit dem in Abs. 1 verwendeten Begriff nicht identisch (→ Rz. 62). Der sich nach § 10 Abs. 1 S. 1 ergebende (positive) Hinzurechnungsbetrag wird den Inlandsbeteiligten entsprechend ihrer Beteiligung am Nennkapital oder hilfsweise nach dem Gewinnverteilungsschlüssel zugerechnet (§ 7 Abs. 1, 5).

261 Dieser anteilige Betrag kann nach § 12 Abs. 1 auf Antrag um die § 10 Abs. 1 S. 1, 2 abziehbaren Steuern erhöht und um die ausschüttungsbedingten Steuern nach § 12 Abs. 3 gemindert werden. Der so ermittelte Betrag bildet den (anzusetzenden) Hinzurechnungsbetrag nach Abs. 2, der beim Steuerin-

C. Anzusetzender Hinzurechnungsbetrag (Abs. 2) 262–265 § 10

länder als Einkünfte aus Kapitalvermögen oder Gewinneinkünfte zu besteuern ist. Auch wenn nach dem UntStFG der Unterschied zwischen dem Hinzurechnungsbetrag nach § 10 Abs. 1 S. 1 und nach § 10 Abs. 2 betragsmäßig nur noch in der durch § 12 bedingten Differenz besteht, wird aus terminologischen Gründen an der Differenzierung zwischen Hinzurechnungsbetrag und anzusetzenden Hinzurechnungsbetrag festgehalten. Im Anwendungserlass vom 2.12.1994 wurde im Gegensatz zum gegenwärtigen Anwendungserlass noch zwischen dem anzusetzenden Hinzurechnungsbetrag und Hinzurechnungsbetrag unterschieden.

Die Einordnung des Hinzurechnungsbetrages in das System der Einkommen- bzw. Körperschaftsteuer ist in der Literatur umstritten. Als Erklärungsversuche für den Besteuerungsgegenstand der Hinzurechnungsbesteuerung wurden die Zurechnungs-, Ausschüttungs- und Repräsentationstheorie entwickelt. 262

Die Bedeutung des zugrunde liegenden Besteuerungsgegenstandes für die Besteuerung des Hinzurechnungsbetrages leitet sich aus den §§ 7, 8, 10 Abs. 1 ab. Besteuerungsgegenstand der Hinzurechnungsbesteuerung sind die Zwischeneinkünfte, die in den §§ 7, 8 definiert werden. Der Wortlaut des § 10 Abs. 1 nimmt auf diese Einkünfte Bezug. So ist nach § 7 Abs. 1 der Steuerinländer anteilig mit den Einkünften steuerpflichtig, für die die ausländische Gesellschaft Zwischengesellschaft ist. Diese Einkünfte werden in § 8 Abs. 1 in Abhängigkeit von der Tätigkeit der ausländischen Gesellschaft und einer niedrigen Besteuerung (§ 8 Abs. 3) definiert. Nach § 10 Abs. 1 S. 1 werden die nach § 7 Abs. 1 steuerpflichtigen Einkünfte – Zwischeneinkünfte – bei dem unbeschränkt Steuerpflichtigen angesetzt (*FWBS* § 10 AStG Rz. 153). Wenngleich der Hinzurechnungsbetrag in Einkünfte aus Kapitalvermögen umqualifiziert wird, sind die Zwischeneinkünfte unmittelbar der Besteuerungsgegenstand und werden beim Steuerinländer angesetzt, so dass die an diese Einkünfte anknüpfenden **sachlichen und persönlichen Steuerbegünstigungen** bei der Hinzurechnungsbesteuerung berücksichtigt werden müssen. 263

Für diese Ansicht spricht die Zurechnungstheorie. Nach dieser Theorie werden die von der ausländischen Gesellschaft erzielten Einkünfte dem Steuerinländer als Steuersubjekt zugerechnet, so dass die auf den parallelen Inlandssachverhalt anzuwendenden Regeln auf den zu beurteilenden Auslandssachverhalt entsprechend angewendet werden müssen. Der BFH hat mit Urteil vom 21. Januar 1998 (BFH v. 21.1.1998, I R 3/96, BStBl. II 1998, 468) der Zurechnungstheorie Vorrang vor der Ausschüttungs- und Repräsentationstheorie eingeräumt. Ebenso stützt der Gesetzgeber diese Feststellung. Denn mit den Änderungen der Hinzurechnungsbesteuerung durch das UntStFG hat der Gesetzgeber das bis 2000 geltende System der vorweggenommenen Dividendenbesteuerung durch die Definitivbesteuerung als tragenden Grundsatz des AStG ersetzt. Die Gewinnausschüttungen der ausländischen Gesellschaft machen die Rechtsfolge der Hinzurechnungsbesteuerung nicht mehr rückgängig. Die Vermeidung der Doppelbesteuerung findet bei den Gewinnausschüttungen statt (§ 3 Nr. 41 EStG). 264

Die früher von *Wöhrle* (WSG/*Wöhrle* Vor §§ 7–14 AStG, 108/4; § 10 AStG Rz. 8) und *Kluge* (*Kluge* RIW 1975, 525) vertretene Ausschüttungstheorie eignet sich grds. nicht, um die Besteuerung der Zwischeneinkünfte beim 265

Steuerinländer als Einkünfte aus Kapitalvermögen zu begründen, weil seit der Abschaffung der §§ 10 Abs. 5, 11 und 13 Abs. 2 AStG aF durch das UntStFG die Gleichsetzung des Hinzurechnungsbetrages mit dem Begriff der Gewinnausschüttung nicht mehr haltbar ist. Im Übrigen zeigt der Gesetzeswortlaut der §§ 7, 8, dass die Ausschüttungstheorie den Besteuerungsgegenstand der Hinzurechnungsbesteuerung nicht umfassend erklären kann, sondern vielmehr diesen mit dem Begriff der Einkünfte aus Kapitalvermögen iSv § 10 Abs. 2 vermengt. Schließlich macht § 8 Abs. 1 deutlich, dass es nicht um die Ermittlung eines ausschüttungsfähigen Gewinns geht, sondern um die inländische Besteuerung der von der ausländischen Gesellschaft erzielten Einkünften aus bestimmten, enumerativ aufgezählten passiven Tätigkeiten. Wäre die Ausschüttungstheorie maßgebend, würde entgegen § 10 Abs. 3 auf den nach ausländischem Handelsrecht ermittelten ausschüttbaren Gewinn abgestellt, da nur dieser ausgeschüttet werden kann (*FWBS* § 10 AStG Rz. 153). Nach der Rspr. des BFH kommt es für die Bestimmung des Hinzurechnungsbetrages nicht auf den ausschüttbaren Gewinn der ausländischen Gesellschaft an (BFH v. 21.1.1998, I R 3/96, BStBl. II 1998, 468).

266 Die Repräsentationstheorie eignet sich ebenfalls nicht, die Bedeutung des Besteuerungsgegenstandes für die Umqualifikation des Hinzurechnungsbetrages zu erklären, weil diese sich lediglich in der Feststellung erschöpft, dass der Anfall von Einkünften bei der ausländischen Gesellschaft eine Erhöhung der steuerlichen Leistungsfähigkeit beim Steuerinländer fingiere und diese Erhöhung durch den Hinzurechnungsbetrag repräsentiert wird (Blümich/*Vogt* Vor §§ 7–14 AStG Rz. 15). Die Repräsentationstheorie übersieht damit, dass zwischen dem Besteuerungsgegenstand der Hinzurechnungsbesteuerung (§§ 7, 8, 10 Abs. 1 AStG) und der Rechtsfolge (§ 10 Abs. 2 S. 1) zwingend zu unterscheiden ist (*FWBS* § 10 AStG Rz. 153).

267 Auch wenn die Ausschüttungstheorie die Besteuerung des Hinzurechnungsbetrags nicht erklären kann, ist festzustellen, dass die Rechtsprechung den Hinzurechnungsbetrag aufgrund der Regelungskonzeption des AStG als Quasi-Ausschüttung ansieht und fiktiv entsprechende Rechtsfolgen daraus zieht (BFH v. 7.9.2005, I R 118/04, BB 2005, 2668). Somit beschreiben die Ausschüttungs- und die Zurechnungstheorie unterschiedliche Aspekte der Hinzurechnungsbesteuerung (Blümich/*Vogt* § 10 AStG Rz. 34).

268–279 *einstweilen frei*

III. Beteiligung im Privatvermögen

1. Zuordnung zu den Einkünften aus Kapitalvermögen

280 Nach § 10 Abs. 2 S. 1 gehört der Hinzurechnungsbetrag zu den Einkünften aus Kapitalvermögen iSd § 20 Abs. 1 Nr. 1 EStG, wenn der Steuerinländer die Beteiligung an der ausländischen Gesellschaft im Privatvermögen hält.

281 Aufgrund der Regelungskonzeption des AStG wird der Hinzurechnungsbetrag als Quasi-Ausschüttung angesehen und fiktiv entsprechenden Rechtsfolgen unterworfen. Allerdings bedeutet die Zuordnung des Hinzurechnungsbetrages zu den Einkünften aus Kapitalvermögen iSd § 20 Abs. 1 Nr. 1 EStG nicht, dass der Hinzurechnungsbetrag als eine fiktive Einnahme in diese Vor-

C. Anzusetzender Hinzurechnungsbetrag (Abs. 2) 282–285 § 10

schrift einzuordnen wäre. Vielmehr ist er eine besondere Art von Einkünften aus Kapitalvermögen (*FWBS* § 10 AStG Rz. 143, 144; Blümich/*Vogt* § 10 AStG Rz. 36; *Köhler* RIW 1988, 979, 986). Da der Hinzurechnungsbetrag jedoch eine Saldogröße – Einkünfte – ist, kommt begrifflich eine Einnahme nicht in Betracht. Der Hinzurechnungsbetrag ist somit ein Einkünfteerhöhungsbetrag, welcher auf den Einkünften der Gesellschaft beruht, so dass eine Qualifikation als Dividende oder als eine sonstige in § 20 Abs. 1 Nr. 1 EStG genannte Einnahme ausscheidet. Diese Konzeption findet sich auch im InvStG (Brinkhaus/Scherer/*Brinkhaus* § 17 AuslInvestmG Rz. 15). Hinzugerechnet werden also Einkünfte bzw. das Ergebnis nach § 10 Abs. 3, 4, die die Einkünfte aus Kapitalvermögen außerhalb der Überschussrechnung iSd § 2 Abs. 2 Nr. 2 EStG erhöhen.

2. Beschränkung der Einkünfteumqualifikation

Die Umqualifikation des Hinzurechnungsbetrages in Einkünfte aus Kapitalvermögen nach § 10 Abs. 2 S. 1 unterliegt Beschränkungen, die sich aus dem zugrunde liegenden Besteuerungsgegenstand – den Zwischeneinkünften (§§ 7 Abs. 1, 8 Abs. 1, 3, 10 Abs. 1) – und der Zwecksetzung der Hinzurechnungsbesteuerung ergeben. **282**

So könnte die Besteuerung eines von der ausländischen Gesellschaft verwirklichten Sachverhalts gegen die Zwecksetzung der Hinzurechnungsbesteuerung verstoßen, wenn bei einem parallelen Inlandsachverhalt eine Besteuerung unterbliebe. Es ist also zu beurteilen, ob die auf einen Inlandssachverhalt anzuwendenden Besteuerungsregeln auf den von der Hinzurechnungsbesteuerung erfassten Auslandssachverhalt anzuwenden sind und welche Konsequenzen sich dabei für die von § 10 Abs. 1 S. 1 angeordnete Umqualifikation des Hinzurechnungsbetrages in Einkünfte aus Kapitalvermögen ergeben. Diese Fragen stellen sich insbesondere für die im nationalen Steuerrecht vorgesehene Vergünstigungen wie zB die Steuerfreiheit von Veräußerungsgewinnen nach § 23 EStG sowie die **persönlichen** und **sachlichen** Tarifbegünstigungen der §§ 16, 17, 18, 34, 34c EStG. **283**

Nach der Gesetzesbegründung ist es die Aufgabe der Hinzurechnungsbesteuerung, den eine ausländische Gesellschaft beherrschenden Steuerinländern die niedrig besteuerten passiven Einkünfte der ausländischen Gesellschaft zuzurechnen. Die Zurechnung darf nach der ausdrücklichen Feststellung des Gesetzgebers aber nicht dazu führen, dass dem Steuerinländer eine steuerliche Mehrbelastung mit Strafcharakter auferlegt wird (BT-Drs. VI/2883, Tz. 27 ff., 83 f.). Daher ist der Besteuerungsumfang der Hinzurechnungsbesteuerung einzuschränken, wenn sie im Vergleich zu einem Inlandsachverhalt zu einer steuerlichen Mehrbelastung führt. **284**

Diese Leitlinie hat sich der BFH mit Urteil vom 21. Januar 1998 (BFH v. 21.1.1998, I R 3/96, BStBl. II 1998, 468; HHR/*Trossen* Jahresband 2002–2004, § 3 Nr. 41, J 01–4; vormalige gegenteilige Rechtsprechung BFH v. 12.7.1989, I R 46/85, BStBl. II 1990, 113) zu Eigen gemacht und festgestellt, dass die Hinzurechnungsbesteuerung nur ungerechtfertigten Steuervorteilen entgegenwirken soll, die sich die Steuerinländer durch den Einsatz von Zwischengesellschaften verschaffen wollen (BT-Drs. IV/2412, 9 (Oasenbericht). Vormals konnte sich der Steuerinländer nicht auf § 42 AO berufen, um die **285** nachteiligen Steuerfolgen aufgrund der Zwischenschaltung einer ausländischen Gesellschaft zu beseitigen (Anwendungserlass 1994, Tz. 10.1.1.2.). Dagegen soll es dem Wesen der Hinzurechnungsbesteuerung entsprechen, diejenigen Einkünfte von den Einkünften aus Kapitalvermögen auszuklammern, die bei originärem Bezug des Steuerinländers nicht steuerbar wären. Der BFH begründet die Änderung seiner Rechtsprechung vom 12. Juli 1989 anhand von § 10 Abs. 3 S. 1. Nach dieser Vorschrift sind die dem Hinzurechnungsbetrag zugrunde liegenden Einkünfte in entsprechender Anwendung der Vorschriften des deutschen Steuerrechts zu ermitteln, dh die anzuwendende Ermittlungsvorschrift hängt von der Art der erzielten Einkünfte ab. Etwas anderes folgt auch nicht aus § 10 Abs. 3 S. 2. Die Vorschrift gilt nur, wenn die ausländische Gesellschaft Gewinn erzielt. Sie verwandelt keine Überschusseinkünfte in Gewinne. Der BFH allerdings ließ offen, ob die maßgeblichen Einkünfteermittlungsvorschriften aus Sicht des Steuerinländers oder aber aus Sicht der ausländischen Gesellschaft zu bestimmen sind. Stellt man auf den Steuerinländer ab, so sind die ihm zuzurechnenden Einkünfte als Überschuss der Einnahmen über die Werbungskosten zu ermitteln, wenn er die Beteiligung im Privatvermögen hält.

286 Stellt man auf die ausländische Gesellschaft ab, so ist ebenfalls § 2 Abs. 2 Nr. 2 EStG anzuwenden, wenn diese lediglich Vermögensverwaltung betreibt. Der BFH ließ offen, ob auf Ebene des Steuerinländers die Grundsätze der Zebrarechtsprechung entsprechend anzuwenden wären, wenn der Steuerinländer die Beteiligung im Betriebsvermögen hält (BFH v. 21.1.1998, I R 3/96, BStBl. II 1998, 468; Änderung der Rechtsprechung, BFH v. 12.7.1989, I R 46/85, BStBl. II 1990, 113; *FWBS* § 10 AStG Rz. 154, 155). Danach wären die Einkünfte auf Ebene der ausländischen Gesellschaft als Überschusseinkünfte zu ermitteln und im Anschluss daran auf Ebene des betrieblich beteiligten Steuerinländers der Höhe nach als Gewinneinkünfte zu bestimmen (BFH v. 11.4.2005, GrS 2/02, BStBl. II 2005, 679). Da aber der Steuerinländer Einkunftermittlungssubjet und Zurechnungssubjekt ist, und er sich daher so behandeln lassen muss, als hätte er die Einkünfte originär bezogen, sind die Ermittlungsvorschriften aus Sicht des Steuerinländers zu bestimmen. Demnach ist § 2 Abs. 2 Nr. 1 EStG einschlägig.

287 Die Finanzverwaltung hat sich der geänderten Rechtsprechung nur insoweit angeschlossen, als die Einkünfteermittlung aus Sicht des Steuerinländers zu beurteilen ist. Danach sind die Zwischeneinkünfte nur dann nach den Einnahme-Überschuss-Grundsätzen des § 2 Abs. 2 Nr. 2 EStG zu ermitteln, wenn die ausländische Gesellschaft Vermögensverwaltung betreibt und der Steuerinländer die Beteiligung im Privatvermögen hält (Tz. 10.1.1.2. AEAStG).

Beispiel:

288 Der Steuerinländer I hält die Beteiligung an der CH-AG mit Sitz und Geschäftsleitung in der Schweiz in seinem Privatvermögen. CH-AG betreibt nur Vermögensverwaltung. CH-AG ist Eigentümerin eines in der Schweiz belegenen Grundstücks. Der Gewinn aus der Veräußerung des Grundstücks wird iSv § 8 Abs. 3 niedrig besteuert.

Nach vorstehender Rechtsprechung können die Veräußerungsgewinne nicht als Einkünfte aus Kapitalvermögen qualifizieren. § 10 Abs. 3 S. 1 bewirkt somit, dass entgegen

C. Anzusetzender Hinzurechnungsbetrag (Abs. 2)

der Ausschüttungstheorie die Veräußerungsgewinne nicht als Dividenden ausgeschüttet werden können.

Beispiel:
Der Steuerinländer I hält seit 2006 die Beteiligung an der CH-AG mit Sitz und Geschäftsleitung in der Schweiz in seinem Privatvermögen. CH-AG hält Genussrechte, die nicht verbrieft sind und keine Beteiligung am Liquidationserlös vermitteln. CH-AG veräußert die Genußrechte vor Fälligkeit in 2008.
Die vorstehende Rechtsprechung ist auf diesen Sachverhalt entsprechend anzuwenden, so dass der in der Erträgnisansammlung repräsentierte Veräußerungsgewinn nach Ablauf der Veräußerungsfrist von einem Jahr iSd § 23 Abs. 1 S. 1 Nr. 2 EStG nicht der Hinzurechnungsbesteuerung unterliegt. Die Veräußerung von Genussrechten unterliegt nicht § 20 Abs. 2 EStG (2008), so dass die Hinzurechnungsbesteuerung nicht eingreift.

Verwirklicht hingegen die ausländische Gesellschaft den Tatbestand einer Gewinneinkunftsart der §§ 13, 15, 18 EStG oder hält der Steuerinländer die Beteiligung der nur vermögensverwaltend tätigen Gesellschaft im Betriebsvermögen wobei die Rechtsprechung es auch zulässt, die Zwischeneinkünfte zunächst als Überschuss der Einnahmen über die Werbungskosten zu ermitteln und sodann die Grundsätze der Zebrarechtsprechung sinngemäß Anwendung finden soll (BFH v. 21.1.1998, I R 3/96, BStBl. II 1998, 468; BFH v. 11.4.2005, GrS 2/02, BStBl. II 2005, 679; → Rz. 286), sind die dem Hinzurechnungsbetrag zugrunde liegenden Einkünfte nach § 2 Abs. 2 Nr. 1 EStG als Gewinn zu ermitteln. In diesem Fall kann ein Veräußerungsgewinn nach den §§ 14, 16, 17 oder 18 EStG von den sachlichen Freibetragsregelungen der §§ 16 Abs. 4, 17 Abs. 3 EStG begünstigt werden. Die sachliche Freibetragsregelung knüpft an den dem Hinzurechnungsbetrag zugrunde liegenden Besteuerungsgegenstand an (BFH v. 8.5.1991, I R 33/99, BStBl. II 1992, 437; BFH v. 18.6.1998, IV R 9/98, BStBl. II 1998, 623).

Der BFH hat mit Urteil vom 21. Januar 1998 iE festgestellt, dass der Zweck der Hinzurechnungsbesteuerung die Missbrauchsabwehr ist. Die Hinzurechnungsbesteuerung soll ungerechtfertigten Steuervorteilen entgegenwirken, die durch die Zwischenschaltung der ausländischen Gesellschaft begehrt werden. Einen Strafcharakter hat die Hinzurechnungsbesteuerung allerdings nicht. Daher sollte es dem Wesen der Zurechnung grundsätzlich entsprechen, wenn die von der ausländischen Gesellschaft erzielten Veräußerungsgewinne iSv §§ 14, 14a, 16, 18 EStG beim Steuerinländer gemäß § 34 Abs. 1, 3 EStG begünstigt würden. Denn nach der og Rechtsprechung des BFH soll die Hinzurechnungsbesteuerung ungerechtfertigte Steuer-vorteilen verhindern, die durch den Einsatz von Zwischengesellschaften begehrt werden (Begr. der Bundesregierung v. 2.12.1971, BT-Drs. VI/2883, 83f.; Oasenbericht, BT-Drs. IV/2412, 9). Der Grundsatz der Gleichmäßigkeit der Besteuerung (vgl. *Tipke/Lang* Steuerrecht § 4 Rz. 70ff.) verlangt dann aber auch, dass die einem parallelen Inlandsfall zu gewährenden Besteuerungsregeln auf den tatsächlichen Auslandssachverhalt entsprechend angewendet werden. Dies wäre eine konsequente Fortsetzung der Überlegungen des og Urteils sowie der Zwecksetzung der Hinzurechnungsbesteuerung.

Ein solches Verständnis des og Urteils und der Zurechnungstheorie würde aber bedeuten, dass die Umqualifizierung des Hinzurechnungsbetrages in Einkünfte aus Kapitalvermögen nach § 10 Abs. 2 S. 1 weitgehend bedeutungslos wäre (*FWBS* § 10 AStG Rz. 155). Die Finanzverwaltung hält daher bis auf weiteres an der Umqualifizierung des Hinzurechnungsbetrages in Einkünfte aus Kapitalvermögen fest, so dass die Begünstigung des § 34 EStG nicht beansprucht werden kann, da diese Vorschrift an die Einkünftequalifikation anknüpft und nicht an die durch § 10 Abs. 3 S. 1, 2 bestimmte Einkünfteermittlungsmethode.

293 Die Anwendung des § 34c EStG zur Anrechnung von Steuern der ausländischen Gesellschaft wurde bisher ebenfalls abgelehnt (*FWBS* § 10 AStG Rz. 155). Denn durch die Umqualifizierung des Hinzurechnungsbetrages in Einkünfte aus Kapitalvermögen wird dieser zwar in § 34d Nr. 6 EStG eingeordnet, allerdings steht der Anwendung des § 34c Abs. 1 EStG dann die fehlende Steuersubjektidentität entgegen. Die von der ausländischen Gesellschaft entrichteten Steuern sind nicht zu Lasten des Steuerinländers erhoben und entrichtet. Es ist daher folgerichtig, dass die zu Lasten der ausländischen Gesellschaft erhobenen Steuern nur wegen der Sondervorschrift des § 12 angerechnet werden.

3. Abzug von Werbungskosten

294 Die Abzugsfähigkeit von Werbungskosten beurteilt sich grundsätzlich danach, ob diese mit dem anzusetzenden Hinzurechnungsbetrag (§ 10 Abs. 2) oder den Gewinnausschüttungen (§ 3 Nr. 41 Buchst. a EStG) der ausländischen Gesellschaft im Zusammenhang stehen.

a) Aufwendungen iZm dem Hinzurechnungsbetrag

295 Aufwendungen des Steuerinländers, die durch den anzusetzenden Hinzurechnungsbetrag ausgelöst werden, können bei der Ermittlung der Zwischeneinkünfte nach der Gesetzessystematik nicht berücksichtigt werden. Die Ermittlung der Zwischeneinkünfte nach den Regelungen der §§ 7 Abs. 1, 10 Abs. 3, 4 bezieht sich auf die ausländische Gesellschaft und nicht auf den Steuerinländer (BFH v. 15.3.1995, I R 14/94, BStBl. 1995 II, 502). Da der Hinzurechnungsbetrag nicht als eine fiktive Einnahme anzusehen ist, wären auch die mit der Einkünfteermittlungsvorschrift des § 2 Abs. 2 Nr. 2 EStG verbundenen Regelungen der §§ 8, 9 EStG unbeachtlich, so dass vom Hinzurechnungsbetrag grundsätzlich keine Werbungskosten abzusetzen wären (BFH v. 7.9.2005, I R 118/04, BB 2005, 2668; FG Baden-Württemberg 3 K 142/06 v. 26.3.2008, Lexinform-Nr. 5 006 806).

296 Allerdings hat der Gesetzgeber mit dem JStG 2008 Satz 4 in Absatz 2 angefügt. Danach ist § 3c Absatz 2 EStG auf den Hinzurechnungsbetrag entsprechend anwendbar (JStG 2008 v. 20.12.2007, BGBl. 2007 I 3150; Begr. der Bundesregierung, RefE v. 14.6.2007, 141). Danach dürfen Aufwendungen (Aufwendungen, die zB aus dem Aufstellen der Hinzurechnungsbilanz oder der Fremdfinanzierung der Beteiligung resultieren), die in wirtschaftlichem Zusammenhang mit dem Hinzurechnungsbetrag stehen, nur zu 60 vH bei der Ermittlung der Einkünfte nach § 10 Abs. 2 abgezogen werden.

297 Die nach der Rechtsprechung sich ergebende generelle Versagung des Abzugs und die in § 10 Abs. 2 S. 4 neu eingeführte partielle Abzugsbeschränkung ist nicht gerechtfertigt, da der Hinzurechnungsbetrag der vollen Einkommensbesteuerung unterliegt und daher im Veranlagungszeitraum der

C. Anzusetzender Hinzurechnungsbetrag (Abs. 2)   298–300   § 10

Durchführung der Hinzurechnungsbesteuerung die Aufwendungen in voller Höhe abgezogen werden müssten. Die von § 3 Nr. 41 Buchst. a EStG angeordnete Steuerfreistellung der Gewinnausschüttungen, denen vormals steuerpflichtige Hinzurechnungsbeträge zugrunde liegen, ist lediglich eine Reflexwirkung der definitiven Hinzurechnungsbesteuerung (*Lieber* FR 2002, 139, 141), so dass für die Frage der Abziehbarkeit der Aufwendungen der steuerpflichtige Hinzurechnungsbetrag maßgebend sein muss. Der Gesetzgeber hat den Systemwechsel im AStG durch § 3 Nr. 41 Buchst. a EStG umgesetzt und durch die weiteren Änderungen des AStG den Vorrang der Zurechnungs- vor der Ausschüttungstheorie dokumentiert. Weiter hat der BFH mit Urteil vom 21. Januar 1998 betont, dass es mit der Zwecksetzung der Hinzurechnungsbesteuerung nicht vereinbar sei, die Besteuerungssituation gegenüber einem direkten Bezug der Einkünfte zu benachteiligen (BFH v. 21.1.1998, I R 3/96, BStBl. II 1998, 468). Bei direktem Bezug der Einkünfte und deren inländischer Steuerpflicht, wären die Aufwendungen des Steuerinländers aber in voller Höhe abzugsfähig. Lehnt man die Anwendung der partiellen Abzugsbeschränkung des § 3c Abs. 2 EStG auf die mit dem Hinzurechnungsbetrag in Zusammenhang stehenden Werbungskosten ab, dürfte dies nicht die Anwendung der allgemeinen Regel des § 3c Abs. 1 zur Folge haben, da die oben gegen § 3c Abs. 2 EStG angeführten Gründe gleichermaßen gegen § 3c Abs. 1 EStG sprechen (*Rättig/Protzen* IStR 2001, 123; aA *Grotherr* IWB, Fach 3 Gruppe 1, 1883, 1894).

b) Aufwendungen iZm der Gewinnausschüttung

Aufwendungen, die sich auf Gewinnausschüttungen der ausländischen Gesellschaft beziehen, die der Hinzurechnungsbesteuerung nachfolgen, sind vorbehaltlich der §§ 3 Nr. 41 Buchst. a, 3c Abs. 1, 2 EStG als Werbungskosten bei den Einkünften aus Kapitalvermögen zu berücksichtigen (Blümich/*Vogt* § 10 AStG Rz. 40). **298**

4. Zuflusszeitpunkt im Privatvermögen

§ 10 Abs. 2 S. 1 ordnet nicht nur die Einordnung des Hinzurechnungsbetrages als Einkünfte aus Kapitalvermögen an, sondern bestimmt auch, dass der Hinzurechnungsbetrag unmittelbar nach Ablauf des maßgebenden Wirtschaftsjahres als zugeflossen gilt. **299**

Der Begriff des maßgebenden Wirtschaftsjahres ist in mehrfacher Hinsicht umstritten. Zunächst ist unklar, ob es sich um das Wirtschaftsjahr der ausländischen Gesellschaft oder um ein davon losgelöstes Wirtschaftsjahr handelt, welches die Steuerinländer der Ermittlung der Zwischeneinkünfte zugrunde legen. Falls das Gesetz das nach deutschen Normen bestimmte Wirtschaftsjahr meint, ist weiter fraglich, ob die Steuerinländer das maßgebende Wirtschaftsjahr frei wählen und somit den Zeitpunkt des fiktiven Zuflusses beeinflussen können.

a) Begriff des maßgebenden Wirtschaftsjahres

Der Begriff des maßgebenden Wirtschaftsjahres ist in § 7 Abs. 2 definiert als das Jahr, in dem die ausländische Gesellschaft die Zwischeneinkünfte bezogen **300** hat. Damit verweist § 7 Abs. 2 implizit auf § 10 Abs. 3, wonach die Zwischeneinkünfte in entsprechender Anwendung der deutschen Vorschriften zu ermitteln sind (*FWBS* § 10 AStG Rz. 165). Die Einkünfteermittlung setzt denklogisch ein Wirtschaftsjahr voraus, welches nach § 10 Abs. 3 entsprechend den Regeln des deutschen Steuerrechts bestimmt werden muss.

301 Das Wirtschaftsjahr der ausländischen Gesellschaft kann schon deshalb für die Ermittlung der Zwischeneinkünfte nicht maßgebend sein, da die ausländische Gesellschaft im System der Hinzurechnungsbesteuerung lediglich als Einkünfteerzielungssubjekt fungiert. Der Steuerinländer ist das Einkünfteermittlungssubjekt, so dass infolge der Anwendung des § 10 Abs. 3 die Ermittlungsvorschriften einschließlich der Bestimmung des maßgebenden Wirtschaftsjahres sich ausschließlich nach deutschem Steuerrecht richten (*FWBS* § 10 AStG Rz. 165; *Schaumburg* Internationales Steuerrecht, Rz. 10.135; 10.137).

b) Wahl eines vom Kalenderjahr abweichenden Wirtschaftsjahres

302 Weiter stellt sich die Frage, ob die Steuerinländer bei der Bestimmung des maßgebenden Wirtschaftsjahres an das Kalenderjahr gebunden sind, oder ob sie ein davon abweichendes Wirtschaftsjahr der ausländischen Gesellschaft wählen können.

303 Nach § 4a Abs. 1 EStG können lediglich Gewerbetreibende, deren Firma im Handelsregister eingetragen ist, ein vom Kalenderjahr abweichendes Wirtschaftsjahr wählen, wenn dieses auch der handelsrechtlichen Gewinnermittlung zugrunde gelegt wird (§ 4a Abs. 1 S. 2 Nr. 2 EStG). Dem Steuerinländer steht dieses Wahlrecht nicht zu, da die ausländische Gesellschaft weder im Handelsregister eingetragen ist noch nach deutschem Recht Bücher führen muss. Der Wortlaut des § 4a Abs. 1 S. 2 Nr. 2, 3 EStG müsste daher gebieten, dass das für die Ermittlung der Zwischeneinkünfte maßgebende Wirtschaftsjahr stets mit dem Kalenderjahr übereinstimmen muss.

304 Allerdings darf bei dieser Beurteilung nicht außer Acht gelassen werden, dass die Zurechnungsfiktion nicht allein auf die Zurechnung der Besteuerungsgrundlagen der ausländischen Gesellschaft zum Steuerinländer beschränkt ist, sondern auch deren handels- und steuerrechtliche Attribute umfasst. Ob die ausländische Gesellschaft nach deutschem Recht Bücher führen müsste, wenn sie diesem unterworfen wäre, ist für Zwecke des § 10 Abs. 3 S. 1 nicht entscheidend (BFH v. 21.1.1998, I R 3/96, BStBl. II 1998, 468). Daher kann es bei der Frage der Zulässigkeit eines abweichenden Wirtschaftsjahres nicht auf die im Inlandsfall geltenden Merkmale der Handelsregistereintragung und Abschlusserstellung nach deutschem Recht ankommen (§ 4a Abs. 1 S. 2 Nr. 2 EStG). Relevant sind nur die Art der erzielten Einkünfte, die Einkunftermittlungsmethode und handelsrechtliche Abschlusserstellung im Ausland. Somit kann hinsichtlich der Möglichkeit eines abweichenden Wirtschaftsjahres folgendes festgestellt werden:

305 – Erzielt die ausländische Gesellschaft Einkünfte aus vermögensverwaltender Tätigkeit oder aus selbständiger Arbeit (§ 2 Abs. 2 S. 1 Nr. 3, 5–7 EStG), ist das maßgebende Wirtschaftsjahr das Kalenderjahr (§§ 10 Abs. 3 S. 1 iVm 4a Abs. 1 S. 2 Nr. 3 EStG analog). Ein Wahlrecht besteht nicht.

C. Anzusetzender Hinzurechnungsbetrag (Abs. 2)

– Erzielt die ausländische Gesellschaft Einkünfte aus Gewerbebetrieb (§ 2 **306**
Abs. 2 S. 1 Nr. 1 EStG), ist das maßgebende Wirtschaftsjahr das Kalenderjahr oder wahlweise das davon abweichende Wirtschaftsjahr der ausländischen Gesellschaft, wenn diese nach ausländischem Recht regelmäßig Abschlüsse erstellen muss oder tatsächlich erstellt (§§ 10 Abs. 3 S. 1 AStG iVm 4a Abs. 1 S. 2 Nr. 2 EStG analog). Dieses Wahlrecht wird gewährt, wenn die Zwischeneinkünfte durch Betriebsvermögensvergleich ermittelt werden. Bei der Einkünfteermittlung nach § 4 Abs. 3 EStG durch den Überschuss der Betriebseinnahmen über die Betriebsausgaben ist ein abweichendes Wirtschaftsjahr wegen § 4a Abs. 1 S. 2 Nr. 3 EStG ausgeschlossen (*FWBS* § 10 AStG Rz. 170).
Überschreitet das Wirtschaftsjahr der ausländischen Gesellschaft zwölf Monate, ist entweder das Kalenderjahr maßgebend oder ein zwölfmonatiges (Rumpf)Wirtschaftsjahr. Ist das Wirtschaftsjahr der ausländischen Gesellschaft kürzer als zwölf Monate, so kann dieser abgekürzte Zeitraum maßgebend sein, wenn auch nach deutschem Recht ein Rumpfwirtschaftsjahr gebildet werden könnte (*FWBS* § 10 AStG Rz. 168).

– Erzielt die ausländische Gesellschaft Einkünfte aus Gewerbebetrieb (§ 2 **307**
Abs. 2 S. 1 Nr. 1 EStG) und ist sie nicht zur Buchführung verpflichtet, ist das maßgebende Wirtschaftsjahr das Kalenderjahr (§§ 10 Abs. 3 S. 1 AStG iVm 4a Abs. 1 S. 2 Nr. 3 EStG analog).

c) Prinzip der zeitverschobenen Hinzurechnung

Nach § 10 Abs. 2 S. 1 gilt der Hinzurechnungsbetrag unmittelbar nach Ablauf des maßgebenden Wirtschaftsjahres der ausländischen Gesellschaft dem Steuerinländer als zugeflossen. Entspricht das maßgebende Wirtschaftsjahr dem Kalenderjahr, so tritt die Hinzurechnung zeitverschoben um ein Jahr nach der Feststellung des Vorliegens der Tatbestandsvoraussetzungen der Hinzurechnungsbesteuerung ein. **308**

Beispiel:
Der Steuerinländer I ist zu 55 vH an der ausländischen Gesellschaft beteiligt, die **309**
niedrig besteuerte passive Einkünfte bezieht. Das maßgebende Wirtschaftsjahr entspricht dem Kalenderjahr 01.
Der Hinzurechnungsbetrag des Wirtschaftsjahres 01 wird dem Steuerinländer I am 1.1.02 als Einkünfte aus Kapitalvermögen hinzugerechnet (§ 11 EStG). Der Steuerinländer muss diesen Betrag im Veranlagungszeitraum 02 versteuern.

Weicht das maßgebende Wirtschaftsjahr vom Kalenderjahr ab, weil die **310**
Steuerinländer die Ermittlung der Zwischeneinkünfte an das Wirtschaftsjahr der ausländischen Gesellschaft anlehnen, erfolgt die Hinzurechnung nach § 10 Abs. 2 S. 1 ebenfalls eine logische Sekunde nach Ablauf des maßgebenden Wirtschaftsjahres. Das Ende des maßgebenden Wirtschaftsjahres und die sich daran anschließende Hinzurechnung erfolgen in diesem Fall in demselben Veranlagungszeitraum.

Beispiel:
Die Steuerinländer wählen das Wirtschaftsjahr der ausländischen Gesellschaft (1.7.– **311**
30.6.) als maßgebendes Wirtschaftsjahr zur Ermittlung der Zwischeneinkünfte.

§ 10 312–318 Hinzurechnungsbetrag

Damit erfolgt die Hinzurechnung der im Wirtschaftsjahr 1.7.01–30.6.02 bezogenen Zwischeneinkünfte zum 1.7.02. Die Hinzurechnung erhöht die Einkünfte aus Kapitalvermögen des Veranlagungszeitraums 02.

d) Änderung der Tatbestandsvoraussetzungen vor oder nach dem Zeitpunkt der Hinzurechnungsbesteuerung

312 Nach § 10 Abs. 2 S. 1 gilt der Hinzurechnungsbetrag dem Steuerinländer unmittelbar nach Ablauf des maßgebenden Wirtschaftsjahres der ausländischen Gesellschaft als zugeflossen. Anders als die Rechtsfolge müssen die Tatbestandsvoraussetzungen – Beteiligung von Steuerinländern zu mehr als der Hälfte, Erzielung von niedrig besteuerten passiven Einkünften – am Ende des maßgebenden Wirtschaftsjahres der ausländischen Gesellschaft erfüllt sein.

313 Da die Prüfung der Tatbestandsvoraussetzungen und die Rechtsfolge zeitlich auseinanderfallen, können Änderungen der Beteiligungsverhältnisse am Ende des maßgebenden Wirtschaftsjahres Auswirkungen auf die Hinzurechnungsbesteuerung haben. Folgende Fälle sind denkbar:

Fall 1:

314 Der Steuerinländer kann zum Ende des maßgebenden Wirtschaftsjahres seine Beteiligung auf einen Steuerausländer übertragen, ohne dass dadurch das Erfordernis der Mehrheitsbeteiligung berührt wird.

Beispiel:

315 Die Steuerinländer A (51 vH) und B (9 vH) sind zu mehr als der Hälfte an der Zwischengesellschaft AB-Ltd. beteiligt. B überträgt seine Beteiligung auf den Steuerausländer I nach Ablauf des 31.12.01.

Da die Mehrheitsbeteiligung von Steuerinländern an der AB-Ltd. noch am Ende des Wirtschaftsjahres 01 besteht, erfolgt ihnen gegenüber die Hinzurechnung der Besteuerungsgrundlagen zum 1.1.02. Auf die Beteiligungsverhältnisse im Zeitpunkt der Hinzurechnung kommt es nicht an.

Dass es auf die Beteiligungsverhältnisse im Zeitpunkt des fiktiven Zuflusses nicht ankommt, ist ebenfalls ein weiterer Beweis dafür, dass die Ausschüttungstheorie im Rahmen der Hinzurechnungsbesteuerung nur geringe Bedeutung hat. Dagegen ist diese Rechtsfolge aus Sicht der Zurechnungstheorie konsequent.

Fall 2:

316 Die Übertragung von Anteilen von einem Steuerinländer auf einem Steuerausländer kann dazu führen, dass im Hinzurechnungszeitpunkt keine Mehrheitsbeteiligung von Steuerinländern mehr gegeben ist.

Beispiel:

317 Die Steuerinländer A (51 vH) und B (9 vH) sind zu mehr als der Hälfte an der Zwischengesellschaft AB-Ltd. beteiligt. A überträgt seine Beteiligung auf den Steuerausländer I nach Ablauf des 31.12.01.

Da die Mehrheitsbeteiligung von Steuerinländern an der AB-Ltd. noch am Ende des Wirtschaftsjahres 01 gegeben ist, erfolgt ihnen gegenüber die Hinzurechnung der Besteuerungsgrundlagen zum 1.1.02. Auf die Beteiligungsverhältnisse am 1.1.02 kommt es nicht an.

Fall 3:

318 Erwirbt ein Steuerinländer die Beteiligung an einer Zwischengesellschaft mit Ablauf des Wirtschaftsjahres, kann ihm gegenüber keine Hinzurechnungs-

C. Anzusetzender Hinzurechnungsbetrag (Abs. 2)

besteuerung vorgenommen werden, selbst wenn die ausländische Gesellschaft zum Ablauf des maßgebenden Wirtschaftsjahres von einer Mehrheit von Steuerinländern gehalten wurde.

Beispiel:
An der ausländischen Gesellschaft sind der Steuerinländer I zu 55 vH und der Steuerausländer A zu 45 vH beteiligt. A veräußert seine Anteile an I mit Ablauf des 31.12.01. Da I am 31.12.01 nur zu 55 vH an der ausländischen Gesellschaft beteiligt war, erfolgt die Hinzurechnung nur in dieser Höhe. Die Hinzurechnung erfolgt dem Grunde nach, weil mit Ablauf des 31.12.01 an der ausländischen Gesellschaft eine Mehrheit von Steuerinländern beteiligt war.

Fall 4:

Der Wechsel von der unbeschränkten in die beschränkte Steuerpflicht zum Ende des Wirtschaftsjahres berührt die Frage der Hinzurechnung nicht, da § 7 Abs. 1, 2 allein auf die unbeschränkte Steuerpflicht des Steuerinländers zum Ende des Wirtschaftsjahres abstellt. Ist also der Steuerinländer zum Ende des Wirtschaftsjahres noch unbeschränkt steuerpflichtig und wechselt er unmittelbar danach in die beschränkte Steuerpflicht, würde es nach dem Wortlaut des § 10 Abs. 2 zur Hinzurechnung kommen. Dieses Ergebnis ist mit der Systematik des Gesetzes nicht vereinbar, da nach § 7 Abs. 1 die Hinzurechnung nur gegenüber unbeschränkt Steuerpflichtigen erfolgen soll. Weiter ist zu bedenken, dass der beschränkt Steuerpflichtige mit dem Hinzurechnungsbetrag im Inland nicht steuerpflichtig ist, da er keine Beteiligung an einer im Inland ansässigen Kapitalgesellschaft hält (§§ 1 Abs. 4, 49 Abs. 1 Nr. 5 EStG). Die Besteuerung nach § 5 ist nicht einschlägig, da diese Vorschrift zum Ende des Vorjahres ansetzt, als jedoch noch eine unbeschränkte Steuerpflicht bestand (AEAStG Tz. 5.1.1.2.).

Beispiel:
Die inländische I-KG ist ein von dem Steuerinländer B (91 vH) und D-GmbH (9 vH) errichtetes Joint Venture. I-KG hält 100 vH des Kapitals der NL-BV, die für deutsche Steuerzwecke als GmbH qualifiziert wird. In ihrer Betriebsstätte in der Schweiz betreibt NL-BV für den Gesamtkonzern das Factoringgeschäft. Die Betriebsstätteneinkünfte der NL-BV werden in der Schweiz niedrig besteuert (< 25 vH) und in den Niederlanden von der Besteuerung freigestellt. Zum Ende des Wirtschaftsjahres gibt B seinen Wohnsitz in Deutschland auf und begründet mit Beginn des neuen Wirtschaftsjahres einen Wohnsitz in Großbritannien.

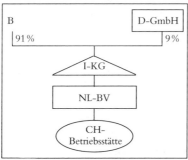

§ 10 322–334 Hinzurechnungsbetrag

NL-BV bezieht aus dem Factoringgeschäft ihrer Betriebsstätte in der Schweiz niedrigbesteuerte Zwischeneinkünfte mit Kapitalanlagecharakter iSd § 7 Abs. 6 (Tz. 8.1.3.3. und Tz. 7.6.4. AEAStG). Da I-KG die Beteiligung an der NL-BV direkt hält, sind die Besteuerungsgrundlagen der Personengesellschaft hinzuzurechnen. Die Hinzurechnung erfolgt nur zu 9 vH, da B mit Beginn des neuen Wirtschaftsjahres beschränkt steuerpflichtig ist und somit in Höhe von 91 vH eine Hinzurechnung unterbleibt.

322–329 *einstweilen frei*

IV. Beteiligung im Betriebsvermögen

1. Zuordnung zu den Gewinneinkünften

330 Nach § 10 Abs. 2 S. 2 erhöht der Hinzurechnungsbetrag den Gewinn im Rahmen der Gewinneinkunftsarten, wenn die Anteile an der ausländischen Gesellschaft zu einem Betriebsvermögen gehören. Betriebsvermögen existiert bei den in § 2 Abs. 2 S. 1 Nr. 1 EStG definierten Gewinneinkunftsarten – den Einkünften aus Gewerbebetrieb, den Einkünften aus Land- und Forstwirtschaft sowie den Einkünften aus selbständiger Arbeit. Die Zuordnung der Beteiligung an der ausländischen Gesellschaft zu einem Betriebsvermögen folgt den allgemeinen einkommen- und körperschaftsteuerrechtlichen Regeln (§§ 13, 15, 18 EStG; § 8 Abs. 1, 2 KStG).

331 Bei natürlichen Personen und Personengesellschaften kann die Beteiligung an der ausländischen Gesellschaft dem notwendigen oder dem gewillkürten Betriebsvermögen, dem Gesamthandsvermögen oder dem Sonderbetriebsvermögen der Gesellschafter zuzuordnen sein.

332 Bei juristischen Personen, die nach den Vorschriften des Handelsgesetzbuches zur Führung von Büchern verpflichtet sind, gehören die Anteile an der ausländischen Gesellschaft kraft Rechtsform zum Betriebsvermögen. Besteht diese Verpflichtung wie zB bei Vereinen nicht, wird kein Betriebsvermögen gebildet, so dass § 10 Abs. 2 S. 1 zur Anwendung kommt.

333 § 10 Abs. 2 S. 2 differenziert nicht danach, ob die Beteiligung an der ausländischen Gesellschaft in einem in- oder ausländischen Betriebsvermögen – zB in einer Betriebsstätte oder von einer Personengesellschaft – gehalten wird. Sofern die ausländische Gesellschaft Gewinne ausschüttet, ist diese Unterscheidung unbeachtlich, weil nach § 8 Abs. 1 Nr. 8 die bezogenen Gewinnausschüttungen nicht als Zwischeneinkünfte gelten. Diese Feststellung gilt allerdings dann nicht, wenn die zu einem ausländischen Betriebsvermögen zugehörigen Anteile veräußert werden und die ausländische Gesellschaft Zwischeneinkünfte mit Kapitalanlagecharakter bezieht (§ 8 Abs. 1 Nr. 9 iVm § 20 Abs. 2).

Beispiel:

334 Der Steuerinländer I ist zu mehr als 50 vH an der ausländischen X-OHG beteiligt, die sämtliche Anteile an der ausländischen X-GmbH hält. X-GmbH bezieht niedrig besteuerte Einkünfte mit Kapitalanlagecharakter. X-OHG veräußert die Beteiligung an der X-GmbH.

Soweit der Gewinn aus der Veräußerung der Anteile an der X-GmbH auf Wirtschaftsgüter entfällt, die der ausländischen Gesellschaft zur Erzielung von Einkünften mit Kapitalanlagecharakter dienen (zur Frage der Zuordnung von Beteiligungen an ausländischen Gesellschaften zu einem Betriebsvermögen einer Personengesellschaft bzw. Betriebsstätte in einem DBA-Land, OFD-Berlin v. 20.1.1989 St 541 – S 1351 – 1/88, DStR 1989, 320), bezieht der an der X-OHG beteiligte Steuerinländer Zwischeneinkünfte.

2. Gewinnzuschlag außerhalb der Steuerbilanz

Sind die Anteile einem Betriebsvermögen zuzuordnen, bestimmt § 10 Abs. 2 S. 2 weiter, dass der nach dem Einkommen- oder Körperschaftsteuergesetz ermittelte Gewinn des Betriebes zu erhöhen ist. Nach dem klaren Gesetzeswortlaut erfolgt der Gewinnzuschlag außerhalb der Steuerbilanz (WSG/*Haun* § 10 AStG Rz. 10). Diese Auslegung wird von der Regierungsbegründung zum AStG gestützt (Begr. der Bundesregierung v. 2.12.1971, BT-Drs. VI/2883, 29, Tz. 102). Zudem hat der BFH mit Urteil vom 7.9.2005 festgestellt, dass der Hinzurechnungsbetrag ein Einkünfteerhöhungsbetrag ist, der den Gewinn außerhalb der Gewinnermittlung nach § 2 Abs. 2 Nr. 1 EStG erhöht (BFH v. 7.9.2005, I R 118/04, BB 2005, 2668. Eine Erfassung des anzusetzenden Hinzurechnungsbetrages in der Steuerbilanz erfolgt daher nicht.

Die frühere Gegenmeinung ging hingegen von einer Gewinnerhöhung in der Steuerbilanz aus. Hierzu wäre in der Steuerbilanz ein Posten mit Forderungscharakter einzubuchen, der mit Ausschüttungen verrechnet und nicht abgeschrieben werden kann (*FWBS* § 10 AStG Rz. 183). Gegen diese Auffassung spricht, dass der Betriebsgewinn bei den Einkünften aus Gewerbebetrieb und den Einkünften aus Land- und Forstwirtschaft nicht nur durch den eine Steuerbilanz voraussetzenden Betriebsvermögensvergleich nach den §§ 4 Abs. 1, 5 Abs. 1 EStG, sondern nach § 4 Abs. 3 EStG auch durch Überschuss der Einnahmen über die Ausgaben ermittelt werden kann. Bei Einkünften aus selbständiger Tätigkeit ist die Gewinnermittlung nach § 4 Abs. 3 EStG zwingend. Besteht aber keine Buchführungspflicht nach Handels- oder Steuerrecht kann der Gewinn durch Gegenüberstellung der Betriebseinnahmen über die Betriebsausgaben ermittelt werden. Schließlich hat selbst der BFH in einer ähnlich gelagerten Rechtsfrage zu § 1 die Einkünftekorrektur innerhalb der Steuerbilanz abgelehnt. Nach Auffassung des BFH führt die Rechtsfolge des § 1 zu einem Ansatz fiktiver Einnahmen, so dass weder Einnahmen noch Forderungen oder der Beteiligungsansatz angepasst werden müssten (BFH v. 30.5.1990, I R 97/88, BStBl. II 1990, 875). Diese Rechtsauffassung hat zur Folge, dass die hinzugerechneten Beträge nicht mit späteren Gewinnausschüttungen der ausländischen Gesellschaft, Beteiligungsveräußerungen oder Liquidationsgewinnen verrechnet werden können.

3. Einfluss auf die Einkunftsermittlungsmethode

Der Hinzurechnungsbetrag ist nach § 10 Abs. 2 S. 2 in eine Betriebseinnahme umzuqualifizieren, wenn der Steuerinländer die Beteiligung an der ausländischen Gesellschaft im Betriebsvermögen hält.

Dieser Tatbestand beeinflusst zugleich die Bestimmung der anzuwendenden Einkünfteermittlungsmethode. Hält der Steuerinländer die Beteiligung an der ausländischen Gesellschaft in einem Betriebsvermögen, sind ungeachtet der Betätigung der Gesellschaft, die Zwischeneinkünfte als Gewinneinkünfte iSd § 2 Abs. 2 S. 1 Nr. 1 EStG zu ermitteln (Tz. 10.1.1.2. AEAStG; BFH v.

21.1.1998, I R 3/96, BStBl. II 1998, 468). Zwar könnte bei einer lediglich vermögensverwaltend tätigen ausländischen Gesellschaft argumentiert werden, dass die Zwischeneinkünfte zunächst nach § 2 Abs. 2 S. 1 Nr. 2 EStG als Überschuss der Einnahmen über die Werbungskosten ermittelt werden, doch ist die Tatsache ausschlaggebend, dass der Steuerinländer das Einkunftsermittlungssubjekt ist und sich somit so behandeln lassen muss als hätte er die Einkünfte originär bezogen (*FWBS* § 10 AStG Rz. 234; *Schaumburg* Internationales Steuerrecht, Rz. 10.135; 10.137). Für die Zebrarechtsprechung bleibt somit kein Raum.

339 Ist die ausländische Gesellschaft vermögensverwaltend tätig und halten Steuerinländer die Beteiligung im Betriebsvermögen, werden die Zwischeneinkünfte als Gewinn ermittelt. Der Hinzurechnungsbetrag wird als Betriebseinnahme erfasst.

340 Sind an der ausländischen Gesellschaft Steuerinländer beteiligt, von denen welche die Beteiligung im Betriebsvermögen und welche im Privatvermögen halten, sind die Einkünfte für den betrieblichen Steuerinländer als Gewinn und für den Steuerinländer, der die Beteiligung an der ausländischen Gesellschaft hält, als Überschuss der Einnahmen über die Werbungskosten zu ermitteln. Nach der Rechtsprechung ist damit die einheitliche Einkunftsermittlung durchbrochen (BFH v. 11.7.1996, IV R 103/94, BStBl. II 1997, 39; BFH v. 21.1.1998, I R 3/96, BStBl. II 1998, 468).

Beispiel:

341 An der ausländischen Gesellschaft CH-AG sind die im Inland ansässige X-GmbH (50 vH) und der Steuerinländer I (50 vH) beteiligt. CH-AG erzielt niedrig besteuerte passive Einkünfte aus vermögensverwaltender Tätigkeit.
Der auf X-GmbH entfallende Hinzurechnungsbetrag gehört zu den Einkünften aus Gewerbebetrieb (§ 10 Abs. 2 S. 2), wohingegen der auf I entfallende Anteil als Einkünfte aus Kapitalvermögen erfasst wird.
Der Einkunftsanteil der betrieblich beteiligten X-GmbH wäre im Rahmen der gesonderten und einheitlichen Ergebnisfeststellung nach § 18 Abs. 1 in gewerbliche Einkünfte umzuqualifizieren. Daneben werden die Einkünfte als Überschuss ermittelt. Somit findet i E eine doppelte Ergebnisermittlung statt (BFH v. 17.1.1985, IV R 106/81, BStBl. II 1985, 291; BFH v. 7.2.1985, IV R 31/83, BStBl. II 1985, 372; BFH v. 18.5.1995, IV R 125/92, BStBl. II 1996, 5; BFH v. 11.7.1996, IV R 103/94, BStBl. II 1997, 39; BFH v. 8.6.2000, IV R 37/99, BStBl. II 2001, 162; BFH v. 21.9.2001, IV R 77/99, DStR 2001, 21).

4. Weitere Wirkungen aus der Zwecksetzung der Hinzurechnungsbesteuerung

342 Nach der Gesetzesbegründung dient die Hinzurechnungsbesteuerung der Missbrauchsabwehr. Allerdings sollen dem Steuerinländer aus der Zwischenschaltung der ausländischen Gesellschaft keine steuerlichen Mehrbelastungen durch die Hinzurechnungsbesteuerung auferlegt werden (BT-Drs. VI/2883, Tz. 27 ff., 83 f.). Diese Leitlinie hat sich der BFH mit Urteil vom 21. Januar 1998 (BFH v. 21.1.1998, I R 3/96, BStBl. II 1998, 468; HHR/*Trossen* Jahresband 2002–2003, § 3 Nr. 41, J 01–4; vormalige gegenteilige Rechtsprechung BFH v. 12.7.1989, I R 46/85, BStBl. II 1990, 113) zu Eigen gemacht und festgestellt, dass die Hinzurechnungsbesteuerung nur ungerechtfertigten Steuervorteilen entgegenwirken soll, die sich ein Steuerinländer durch den Einsatz

C. Anzusetzender Hinzurechnungsbetrag (Abs. 2)   343–346 § 10

von Zwischengesellschaften verschaffen will (Oasenbericht v. 23.6.1964, BT-Drs. IV/2412, 9).

Verwirklicht die ausländische Gesellschaft den Tatbestand einer Gewinneinkunftsart der §§ 13, 15, 18 EStG oder hält der Steuerinländer die Beteiligung der nur vermögensverwaltend tätigen Gesellschaft im Betriebsvermögen, sind die dem Hinzurechnungsbetrag zugrunde liegenden Einkünfte nach § 2 Abs. 2 S. 1 Nr. 1 EStG als Gewinn zu ermitteln. In diesen Fällen kann ein erzielter Veräußerungsgewinn nach §§ 14, 16, 17 oder 18 EStG von den sachlichen Freibetragsregelungen der §§ 16 Abs. 4, 17 Abs. 3 EStG begünstigt werden. Die sachliche Freibetragsregelung knüpft an den dem Hinzurechnungsbetrag zugrunde liegenden Besteuerungsgegenstand an (BFH v. 8.5.1991, I R 33/99, BStBl. II 1992, 437; BFH v. 18.6.1998, IV R 9/98, BStBl. II 1998, 623). 343

Dem Wesen der Zurechnung würde es grundsätzlich auch entsprechen, wenn die von der ausländischen Gesellschaft erzielten Veräußerungsgewinne iSv §§ 14, 14a, 16, 18 EStG beim Steuerinländer gemäß § 34 Abs. 1, 3 EStG begünstigt würden. Denn nach der og Rechtsprechung des BFH soll die Hinzurechnungsbesteuerung ungerechtfertigte Steuervorteile verhindern, die durch den Einsatz von Zwischengesellschaften begehrt werden (Begr. der Bundesregierung v. 2.12.1971, BT-Drs. VI/2883, 83f.; Oasenbericht v. 23.6.1964, BT-Drs. IV/2412, 9; BFH v. 21.1.1998, I R 3/96, BStBl. II 1998, 468). Der Grundsatz der Gleichmäßigkeit der Besteuerung (*Tipke/Lang* Steuerrecht § 4 Rz. 70ff.) verlangt, dass die in einem parallelen Inlandsfall zu gewährenden Besteuerungsvergünstigungen auf den tatsächlichen Auslandssachverhalt entsprechend angewendet werden. Dies wäre eine konsequente Fortsetzung der Überlegungen des og Urteils und entspräche der Zwecksetzung der Hinzurechnungsbesteuerung. Zudem findet im Fall von Satz 2 keine für § 34 Abs. 1, 3 EStG schädliche Umqualifikation des Hinzurechnungsbetrages in Einkünfte aus Kapitalvermögen statt. Vielmehr wird der Hinzurechnungsbetrag den iSd Vorschrift begünstigten Einkünften aus Gewerbebetrieb, aus Land- und Forstwirtschaft oder aus selbständiger Tätigkeit zugeordnet. 344

Die Anwendung des § 34c EStG zur Anrechnung von Steuern der ausländischen Gesellschaft wurde bisher ebenfalls abgelehnt (*FWBS* § 10 AStG Rz. 155). Durch die Umqualifizierung des Hinzurechnungsbetrages in Einkünfte aus Kapitalvermögen wird dieser zwar in § 34d Nr. 6 EStG eingeordnet, allerdings steht der Anwendung des § 34c Abs. 1 EStG dann die fehlende Steuersubjektidentität entgegen. Die von der ausländischen Gesellschaft entrichteten Steuern sind nicht zu Lasten des Steuerinländers erhoben und entrichtet. Es ist daher folgerichtig, dass die zu Lasten der ausländischen Gesellschaft erhobenen Steuern nur über die Sondervorschrift des § 12 angerechnet werden können. 345

5. Abzug von Betriebsausgaben

Die Abzugsfähigkeit von Betriebsausgaben beurteilt sich grundsätzlich danach, ob diese mit dem anzusetzenden Hinzurechnungsbetrag (§ 10 Abs. 2) oder den Gewinnausschüttungen (§ 3 Nr. 41 Buchst. a EStG) der ausländischen Gesellschaft im Zusammenhang stehen. 346

a) Aufwendungen iZm dem Hinzurechnungsbetrag

347 Aufwendungen des Steuerinländers, die durch den anzusetzenden Hinzurechnungsbetrag ausgelöst werden, können bei der Ermittlung der Zwischeneinkünfte grundsätzlich nicht berücksichtigt werden. Denn die Ermittlung der Zwischeneinkünfte nach den Regelungen der §§ 7 Abs. 1, 10 Abs. 3, 4 bezieht sich auf die ausländische Gesellschaft und nicht auf den Steuerinländer (BFH v. 15.3.1995, I R 14/94, BStBl. 1995 II, 502). Deshalb wären vom Hinzurechnungsbetrag, der als Einkünfteerhöhungsbetrag anzusehen ist, grundsätzlich keine Betriebsausgaben abzusetzen (BFH v. 7.9.2005, I R 118/04, BB 2005, 2668; FG Baden-Württemberg v. 26.3.2008, 3 K 142/06, Lexinform-Nr. 5006806).

348 Allerdings hat der Gesetzgeber mit dem JStG 2008 Satz 4 in Abs. 2 angefügt. Danach ist § 3c Abs. 2 EStG auf den Hinzurechnungsbetrag entsprechend anwendbar (JStG 2008 v. 20.12.2007, BGBl. 2007 I 3150; Begr. der Bundesregierung, RefE v. 14.6.2007, 141). Demzufolge dürfen bei einkommensteuerpflichtigen Steuerinländern Aufwendungen, die in wirtschaftlichem Zusammenhang mit dem Hinzurechnungsbetrag stehen (zB aus dem Aufstellen der Hinzurechnungsbilanz), nur zu 60% bei der Ermittlung der Einkünfte nach § 10 Abs. 2 abgezogen werden (zur Kritik an der Überbesteuerung siehe → Rz. 7).

349 Bei körperschaftsteuerpflichtigen Steuerinländern sind Betriebsausgaben, die im Zusammenhang mit dem Hinzurechnungsbetrag stehen in vollem Umfang abzugsfähig. § 3c Abs. 2 EStG ist auf Körperschaften nicht anwendbar. § 3c Abs. 1 EStG ist wegen § 8b Abs. 5 S. 2 KStG suspendiert.

b) Aufwendungen iZm der Gewinnausschüttung

350 Aufwendungen, die in wirtschaftlichem Zusammenhang mit Gewinnausschüttungen der ausländischen Gesellschaft stehen, die der Hinzurechnungsbesteuerung nachfolgen, sind bei einkommensteuerpflichtigen Steuerinländern vorbehaltlich der §§ 3 Nr. 41 Buchst. a, 3c Abs. 1, 2 EStG als Betriebsausgaben bei den Gewinneinkünften zu berücksichtigen (Blümich/*Vogt* § 10 AStG Rz. 40).

351 Wird die Beteiligung an der ausländischen Gesellschaft von körperschaftsteuerpflichtigen Steuerinländern iSd § 8 Abs. 2 KStG gehalten, gilt die hälftige Abzugsbeschränkung nicht, da § 8b Abs. 3, 5 KStG gegenüber §§ 3c Abs. 1, 2 EStG lex specialis ist. § 8b Abs. 5 KStG ist auf der Hinzurechnungsbesteuerung nachfolgende Gewinnausschüttungen nicht anwendbar, weil § 3 Nr. 41 Buchst. a EStG gegenüber § 8b Abs. 1 KStG vorrangig ist. Dies hat jedoch keine Auswirkung auf die Abzugsfähigkeit der Betriebsausgaben (*FWBS* 10 AStG Rz. 150).

6. Zuflusszeitpunkt im Betriebsvermögen

352 Der nach § 10 Abs. 2 S. 2 bestimmte Hinzurechnungszeitpunkt stimmt mit dem des Satzes 1 überein. Nach Satz 1 gilt bei einer im Privatvermögen gehaltenen Beteiligung der Hinzurechnungsbetrag unmittelbar nach Ablauf des maßgebenden Wirtschaftsjahres der ausländischen Gesellschaft als zugeflossen. Werden die Anteile im Betriebsvermögen gehalten, bestimmt Satz 2, dass der

C. Anzusetzender Hinzurechnungsbetrag (Abs. 2)   353–355   § 10

Betriebsgewinn in dem Wirtschaftsjahr erhöht wird, das nach Ablauf des maßgebenden Wirtschaftsjahres der ausländischen Gesellschaft endet. Ein Unterschied in der zeitlichen Wirkung der Hinzurechnungsbesteuerung kann sich somit nur dann ergeben, wenn der Steuerinländer den Betriebsgewinn für ein von dem Kalenderjahr abweichendes Wirtschaftsjahr ermittelt (→ Rz. 302 ff.).

Beispiel:
An der ausländischen Gesellschaft sind die Steuerinländer P und B beteiligt. P hält die   353
Beteiligung im Privatvermögen und B im Betriebsvermögen. Das Wirtschaftsjahr der ausländischen Gesellschaft läuft vom 1.5 bis zum 30.4. Das Wirtschaftsjahr des Betriebes von B läuft vom 1.2. bis zum 31.1.
In beiden Fällen erfolgt die Hinzurechnung auf den 1.5. Bei P wirkt sich die Hinzurechnung im Kalenderjahr der Hinzurechnung aus, während sich bei B diese erst im folgenden Veranlagungszeitraum auswirkt.

7. Gewerbesteuerpflicht des Hinzurechnungsbetrages

Nach § 10 Abs. 2 S. 2 gehört der Hinzurechnungsbetrag zu den Einkünften   354
aus Gewerbebetrieb, wenn die Beteiligung an der ausländischen Gesellschaft einem Betriebsvermögen eines gewerblichen Unternehmens zuzuordnen ist. Der Hinzurechnungsbetrag geht damit in den Gewinn aus Gewerbebetrieb iSv § 7 S. 1 GewStG ein. Der Inlandscharakter der Gewerbesteuer spricht jedoch entscheidend gegen eine Besteuerung des Hinzurechnungsbetrages. Folglich war es lange zweifelhaft und überaus umstritten, ob der Hinzurechnungsbetrag im Falle der Umqualifizierung in gewerbliche Einkünfte nach Wortlaut und Systematik tatsächlich der Gewerbesteuer unterliegen sollte. In der Literatur wurde daher die Frage aufgeworfen, ob der Hinzurechnungsbetrag nach § 9 S. 1 Nr. 3 GewStG zu kürzen sei (*Kraft/Schreiber* IStR 2015, 149; Blümich/ *Gosch* § 9 GewStG Rz. 221a; *Gosch* Außensteuerliche Aspekte der GewSt, Grüne Hefte Nr. 177/2011, 19; *Rödder* IStR 2009, 873; *Rödder* Ubg 2013, 23; dagegen *Schnitger* IStR 2011, 328.). Die weit überwiegende Auffassung im Schrifttum bejahte die entsprechende Anwendung von § 9 Satz 1 Nr. 3 GewStG auf die Besteuerung des Hinzurechnungsbetrages innerhalb eines inländischen Betriebsvermögens (*FWBS* § 10 AStG Rz. 187.1; Blümich/*Gosch* § 9 GewStG Rz. 221a; WSG/*Haun/Reiser/Cortez* § 10 AStG Rz. 137; Mössner/ Fuhrmann/*Fuhrmann* § 10 AStG Rz. 105; *Sieker* IStR 2003, 78 (79)). In der Tat ließ sich aus systematischer Sicht die Rechtfertigung der Belastung des Hinzurechnungsbetrages insbesondere seit der Absenkung des inländischen Körperschaftsteuersatzes auf 15 % nicht mehr begründen (*Kraft/Schreiber* IStR 2015, 149).

Mit Urteil vom 11. März 2015 hatte der BFH entschieden (BFH v. 11.3.   355
2015, I R 10/14, BStBl. II 2015, 1049), dass es sich bei dem Hinzurechnungsbetrag nach § 10 um einen Teil des Gewerbeertrags eines inländischen Unternehmens handelte, der auf eine nicht im Inland belegene Betriebsstätte entfiel. Der Gewinn des inländischen Unternehmens sei deswegen um diesen Betrag nach § 9 Nr. 3 S. 1 GewStG zu kürzen. Die Entscheidung wurde getragen von der – zutreffenden – Argumentation, der Regelungswortlaut des § 9 Nr. 3 S. 1 GewStG stelle auf Einkünfte ab, die auf „eine" nicht im Inland belegene Betriebsstätte entfalle (*Kraft* FR 2016, 257; *Becker/Loose* UBg 2015, 399).

356 Die Finanzverwaltung hat dazu entschieden, das BFH-Urteil vom 11.3. 2015 zur Gewerbesteuerfreiheit des Hinzurechnungsbetrags nicht über den entschiedenen Einzelfall hinaus anzuwenden (Gleich lautende Erlasse der obersten Finanzbehörden der Länder zu Folgen aus dem BFH-Urteil vom 11. März 2015, I R 10/14). Die Begründung des Nichtanwendungserlasses wurde im Wesentlichen von drei Argumentationssträngen getragen. Es handele sich beim Hinzurechnungsbetrag um Einkünfte aus einer inländischen Betriebsstätte des zur Hinzurechnung verpflichteten Steuerpflichtigen, der zur Hinzurechnung Verpflichtete unterhalte keine ausländische Betriebsstätte und beim Hinzurechnungsbetrag handelt es sich um inländische Einkünfte (eingehende dazu kritisch *Kraft* FR 2016, 257).

357 Mit dem Gesetz zur Umsetzung der Änderungen der EU-Amtshilferichtlinie und von weiteren Maßnahmen gegen Gewinnkürzungen und -verlagerungen vom 20. Dezember 2016 (BGBl. 2016 I 3000) hat der Gesetzgeber die umstrittene Frage dadurch geklärt, dass er § 7 GewStG die folgenden Sätze angefügt hat: „Hinzurechnungsbeträge im Sinne des § 10 Absatz 1 des Außensteuergesetzes sind Einkünfte, die in einer inländischen Betriebsstätte anfallen. Einkünfte im Sinne des § 20 Absatz 2 Satz 1 des Außensteuergesetzes gelten als in einer inländischen Betriebsstätte erzielt; das gilt auch, wenn sie nicht von einem Abkommen zur Vermeidung der Doppelbesteuerung erfasst werden oder das Abkommen zur Vermeidung der Doppelbesteuerung selbst die Steueranrechnung anordnet. Satz 8 ist nicht anzuwenden, soweit auf die Einkünfte, würden sie in einer Zwischengesellschaft im Sinne des § 8 des Außensteuergesetzes erzielt, § 8 Absatz 2 des Außensteuergesetzes zur Anwendung käme."

358 Die gesetzgeberische Begründung gibt klar zu erkennen, dass es sich dabei um ein BFH-Nichtanwendungsgesetz handelt (BT-Drs. 18/9536, 58). Sie betont, dass die vom BFH im Urteil vom 11. März 2015 (BStBl. II 2015, 1049) vertretene Auffassung, dass der Hinzurechnungsbetrag, der insoweit auf eine nicht im Inland belegene Betriebsstätte entfalle, dem mit der Einführung der §§ 7 ff. verfolgten gesetzgeberischen Willen widerspreche. Die Auffassung des BFH stehe ferner mit der hierauf fußenden seither praktizierten Handhabung der Finanzverwaltung in Widerspruch. Andererseits verkenne das Urteil den Regelungsinhalt des § 9 Nr. 3 S. 1 GewStG. Beim Hinzurechnungsbetrag handele es sich nicht um ausländische Einkünfte, die im Inland einer Besteuerung unterworfen werden sollen. Dies habe der Gesetzgeber bereits in der Begründung zu § 10 in seiner ursprünglichen Fassung zum Ausdruck gebracht (vgl. BT-Drs. VI/2883, 19, Rz. 30 und 31). Mit der Hinzurechnung solle der Verlagerung passiver Einkunftsquellen in Niedrigsteuergebiete entgegen gewirkt werden. Aus diesem Grund unterwerfe das Sonderregime der §§ 7 ff. die hinzurechnungspflichtigen Einkünfte einer Besteuerung im Inland.

359 Deshalb zählt der Hinzurechnungsbetrag zu den Einkünften aus einer inländischen Betriebsstätte des zur Hinzurechnung verpflichteten Steuerpflichtigen. Der Regelungsbereich des § 9 Nr. 3 S. 1 GewStG ist damit schon im Ansatz nicht berührt. Im Übrigen unterhalte der zur Hinzurechnung Verpflichtete keine ausländische Betriebsstätte, sondern er ist nur an einer ausländischen Zwischengesellschaft beteiligt. Auch dieser Sachverhalt berührt den Regelungsbereich des § 9 Nr. 3 S. 1 GewStG nicht. Die neu eingeführte Regelung

C. Anzusetzender Hinzurechnungsbetrag (Abs. 2) 360–375 § 10

in § 7 S. 7 GewStG stellt dies klar (zur Problematik vgl. auch *Kahle/Willner* Ubg 2017, 21).
einstweilen frei 360–369

V. Definitive Besteuerung des Hinzurechnungsbetrages

Nach § 10 Abs. 2 S. 3 ist auf den Hinzurechnungsbetrag die Vorschrift des 370
§ 3 Nr. 40 S. 1 Buchst. d EStG – Halb- bzw. Teileinkünfteverfahren – und die des § 8b Abs. 1 KStG – Steuerfreistellung – nicht anzuwenden.

Damit unterliegt der Hinzurechnungsbetrag als Einkünfte aus Kapitalver- 371
mögen der tariflichen Einkommensteuer zzgl. Solidaritätszuschlag, wenn die Beteiligung an der ausländischen Gesellschaft im Privatvermögen gehalten wird. Andernfalls unterliegt der Hinzurechnungsbetrag als Betriebsgewinn der tariflichen Einkommensteuer bzw. Körperschaftsteuer zzgl. Solidaritätszuschlag, wenn die Beteiligung in einem Betriebsvermögen iSv § 2 Abs. 2 S. 1 Nr. 1 EStG gehalten wird. Seit der Anfügung der Sätze 7 bis 9 an § 7 S. 6 GewStG durch das Gesetz zur Umsetzung der Änderungen der EU-Amtshilferichtlinie und von weiteren Maßnahmen gegen Gewinnkürzungen und -verlagerungen vom 20. Dezember 2016 (BGBl. 2016 I 3000) ist eine normative Grundlage dafür geschaffen, dass Hinzurechnungsbeträge der Gewerbesteuer unterliegen, wenn sie in einem gewerblichen Betriebsvermögen anfallen.

Die Besteuerung des Hinzurechnungsbetrages ist definitiv, da die Gewinn- 372
ausschüttungen der ausländischen Gesellschaft den Hinzurechnungsbetrag aufgrund der internationalen Öffnung des Halbeinkünfteverfahrens (§ 3 Nr. 40 Buchst. d EStG) und der Beteiligungsertragsbefreiung (§ 8b Abs. 1 KStG) nicht mindern können. Damit hat die Hinzurechnungsbesteuerung Vorrang vor der Besteuerung der Gewinnausschüttungen. Dagegen galt bis zum StSenkG unter § 11 AStG aF der Vorrang der Besteuerung der Gewinnausschüttungen vor der Hinzurechnungsbesteuerung.

Seit dem StSenkG ist die Wechselwirkung zwischen Hinzurechnungsbe- 373
steuerung und Gewinnausschüttungen aufgrund der internationalen Öffnung des Halbeinkünfteverfahrens (§ 3 Nr. 40 Buchst. d EStG) und der Beteiligungsertragsbefreiung (§ 8b Abs. 1 KStG) nicht mehr ausschließlich im AStG geregelt, sondern in § 10 Abs. 2 S. 3 und in § 3 Nr. 41 Buchst. a, b EStG für einkommensteuerpflichtige bzw. in § 8b Abs. 1 KStG für körperschaftsteuerpflichtige Steuerinländer.

Zudem sind bei den einkommen- und körperschaftsteuerpflichtigen Steuer- 374
inländern hinsichtlich der dem Hinzurechnungsbetrag zugrunde liegenden Gewinnausschüttungen die gewerbesteuerlichen Folgewirkungen nach den §§ 8 Nr. 5 iVm 9 Nr. 7, 8 GewStG zu beachten.

1. Einkommensteuerpflichtige Steuerinländer

Bei einkommensteuerpflichtigen Steuerinländern sind nach § 3 Nr. 41 375
Buchst. a, b EStG die Gewinnausschüttungen der ausländischen Gesellschaft bzw. Gewinne aus der Veräußerung der Beteiligung steuerfrei, soweit diesen vom Steuerpflichtigen versteuerte Hinzurechnungsbeträge gegenüberstehen

(Blümich/*Vogt* § 10 AStG Rz. 44). Ausweislich der Gesetzesbegründung soll diese Regelung die Überbesteuerung von Hinzurechnungsbeträgen einer ausländischen Gesellschaft vermeiden, die diese durch die Besteuerung der Gewinnausschüttungen bzw. Veräußerungsgewinne nach dem Halbeinkünfteverfahren erfahren würden (Begr. der Bundesregierung v. 10.9.2001, BT-Drs. 14/6882, 31).

a) Gewinnausschüttungen

376 Nach § 3 Nr. 41 Buchst. a EStG sind die Gewinnausschüttungen der ausländischen Gesellschaft in voller Höhe steuerfrei, soweit für das Kalenderjahr oder Wirtschaftsjahr, in dem sie bezogen werden, oder für die vorangegangenen sieben Kalenderjahre oder Wirtschaftsjahre aus einer Beteiligung an derselben ausländischen Gesellschaft Hinzurechnungsbeträge der Einkommensteuer unterlegen haben, § 11 Abs. 1, 2 AStG aF nicht anwendbar war und der Steuerpflichtige dies nachweist.

377 Der Begriff der Gewinnausschüttungen sollte den gleichen Bedeutungsumfang haben wie der in § 11 AStG aF verwendete Begriff der Gewinnanteile, dh jede Form der geldwerten Vorteilszuwendung der ausländischen Gesellschaft an ihren Anteilseigner (BFH v. 14.10.1992, I R 1/91, BStBl. II 1993, 189). Insbesondere sind als Gewinnausschüttungen die offenen und verdeckten Gewinnausschüttungen, Vorweggewinnausschüttungen sowie auch anderweitige geldwerte Vorteile iSv § 20 Abs. 1 Nr. 1, 2 EStG wie Gratisaktien, Boni und Liquidationsgewinne anzusehen. Der Hinzurechnungsbetrag gehört nicht zu den Gewinnausschüttungen, da dessen Zuordnung zu § 20 Abs. 1 Nr. 1 EStG durch § 10 Abs. 2 S. 1 erfolgt und nicht ausdrücklich in § 20 Abs. 1 Nr. 1 EStG geregelt ist.

378 Die Freistellung nach § 3 Nr. 41 Buchst. a EStG ist nur insoweit zu gewähren, als die Hinzurechnungsbeträge (§ 10 Abs. 2) der Einkommensteuer unterlegen haben. Bei diesem Vergleich ist zu berücksichtigen, dass die Hinzurechnungsbeträge nach § 10 Abs. 1, 2 nicht um die ausländischen Steuern nach § 12 Abs. 1 zu erhöhen sind, da zur Ausschüttung nur der um diese Steuern gekürzte Betrag zur Verfügung steht.

379 Der Zeitraum zwischen Hinzurechnung und Gewinnausschüttung darf sieben Kalenderjahre oder Wirtschaftsjahre nicht übersteigen. Die zeitliche Beschränkung des § 3 Nr. 41 Buchst. a EStG bedeutet also, dass nur solche Gewinnausschüttungen steuerfrei sind, die entweder zeitgleich mit den Hinzurechnungsbeträgen der Einkommensteuer unterlegen haben oder bei denen der Zusammenhang mit dem Hinzurechnungsbetrag in den folgenden sieben Jahren hergestellt wird. Bei Ausschüttungen nach Ablauf des maßgebenden Wirtschaftsjahres können Hinzurechnungsbesteuerung und Steuerfreistellung der Ausschüttung in denselben Veranlagungszeitraum fallen. Hingegen wären nach dem Wortlaut verdeckte Gewinnausschüttungen, Vorwegausschüttungen sowie der phasengleich vereinnahmte Gewinnanspruchs nicht steuerfrei, da deren einkommensteuerliche Erfassung der Hinzurechnungsbesteuerung zeitlich vorausgeht. In diesem Fall sollte die Billigkeitsregel des Tz. 11.03 Anwendungserlass zu § 11 AStG aF greifen und § 3 Nr. 41 Buchst. a EStG zeitlich entsprechend ausgedehnt werden.

C. Anzusetzender Hinzurechnungsbetrag (Abs. 2)

380 Die Begünstigung des § 3 Nr. 41 Buchst. a EStG setzt keine ursächliche Beziehung zwischen Gewinnausschüttungen und Hinzurechnungsbeträgen voraus. Entsprechend der Erlasslage zu § 11 AStG aF müssen bei gemischt tätigen Gesellschaften die Ausschüttungen nicht in solche aus passivem und aktivem Erwerb aufgeteilt werden (Tz. 11.1.1. AEAStG zu § 11 AStG aF). Die Gewinnausschüttungen können weiter auch dann begünstigt sein, wenn in einem Wirtschaftsjahr nur Einkünfte aus aktivem Erwerb erzielt wurden, sofern in den vorausgegangenen sieben Jahren Zwischeneinkünfte hinzuzurechnen waren.

381 Weiterhin ist unerheblich, ob der Hinzurechnungsbetrag von der ausländischen Gesellschaft selbst oder von nachgeschalteten Gesellschaften iSv § 14 bezogen wurde. Der Hinzurechnungsbetrag ist von den Gewinnausschüttungen in voller Höhe abzusetzen, dh der Hinzurechnungsbetrag verbraucht sich dadurch auch in den Fällen, in denen der Steuerinländer aufgrund weiterer Einkünfte Verluste erleidet. Andererseits mindern die befreiten Gewinnausschüttungen einen Verlust nicht. Ein Wahlrecht für eine andere Verrechnung der Hinzurechnungsbeträge mit den Gewinnausschüttungen sieht das Gesetz nicht vor (Blümich/*Vogt* § 10 AStG Rz. 48).

382 Sofern die Gewinnausschüttungen eines Wirtschafts- oder Kalenderjahrs den Hinzurechnungsbetrag übersteigen, ist der Ausschüttungsüberschuss mit den Hinzurechnungsbeträgen der sieben vorangegangenen Zeiträume zu verrechnen und von der Besteuerung freizustellen. Der Gesetzeswortlaut ordnet eine zeitliche Reihenfolge der Verrechnung der Hinzurechnungsbeträge mit den Ausschüttungsüberschüssen nicht an. In Anlehnung an Tz. 11.2.4 des Anwendungserlasses (1994) wären die Beträge nach der zeitlichen Reihenfolge zu verrechnen:

Beispiel:

383

Jahr	01	02	03	04	05	06	07	08
Hinzurechnungsbetrag	300	500	500	400	500	500	500	300
Ausschüttung	0	1000	100	800	200	400	200	1900
Ausschüttungsüberschuss	0	500	0	400	0	0	0	1600
Verrechenbare Ausschüttung								
Rücktrag 02 auf 01	300							
Rücktrag 04 auf 03			400					
Rücktrag 08 auf 05					300			
Rücktrag 08 auf 06	0					100		
Rücktrag 08 auf 07							300	
Steuerpflichtige Gewinnausschüttung		200	0	0	0	0	0	900
Steuerfreie Gewinnausschüttung		800	100	800	200	400	200	1000

384 Die Gewinnausschüttungen sind nach § 3 Nr. 41 Buchst. a EStG nur dann steuerfrei, wenn der Steuerpflichtige nachweist, dass innerhalb des achtjährigen Betrachtungszeitraums Hinzurechnungsbeträge aus derselben ausländischen Beteiligung (**Beteiligungsidentität**) der Einkommensteuer unterlegen haben. Der Gesetzeswortlaut verlangt **keine Gesellschafteridentität** zwischen dem die Steuerfreiheit der Gewinnausschüttungen begehrenden Steuerpflichtigen und demjenigen, der die Hinzurechnungsbeträge besteuern musste (Erle/Sauter/*Balmes*/*Schützenberg* § 3 EStG Rz. 321; *Lieber* FR 2002, 139, 139, 142; *Grotherr* IWB, Fach 3 Gruppe 1, 1883, 1893; aA Blümich/*Vogt* § 10 AStG Rz. 48). Allerdings muss das Zusammenwirken zwischen den Buchst. a und b des § 3 Nr. 41 EStG bedacht werden. Der Nachweis der Beteiligungsidentität ist anhand der Bescheide über die gesonderte Feststellung nach § 18 zu führen (§ 3 Nr. 41 S. 2 EStG). Gelingt dieser Nachweis nicht, kommt es zu einer doppelten steuerlichen Erfassung der Hinzurechnungsbeträge. Zum einen werden die Hinzurechnungsbeträge mit der normalen tariflichen Einkommensteuer belastet. Zum anderen unterliegen die Gewinnausschüttungen dem Halb- bzw. Teileinkünfteverfahren oder der Abgeltungssteuer.

385 Die Begünstigung des § 3 Nr. 41 Buchst. a EStG setzt nicht voraus, dass im Ausschüttungszeitpunkt die Tatbestandsvoraussetzungen der Hinzurechnungsbesteuerung erfüllt sein müssen.

b) Veräußerungsgewinne

386 Buchstabe b ist eine sinngemäße Ergänzung des Buchstaben a des § 3 Nr. 41 EStG. Denn ein Gewinn aus der Veräußerung von Anteilen an einer Zwischengesellschaft würde ohne die Regelung des § 3 Nr. 41 Buchst. b EStG zu einer sachlich nicht gerechtfertigten Doppelbelastung der Hinzurechnungsbeträge führen (Begr. der Bundesregierung v. 10.9.2001, BT-Drs. 14/6882, 31).

387 Daher bestimmt Buchstabe b, dass Gewinne aus der Veräußerung eines Anteils an einer ausländischen Gesellschaft sowie aus deren Auflösung oder Herabsetzung ihres Kapitals steuerfrei sind, soweit für das Kalenderjahr oder Wirtschaftsjahr, in dem sie bezogen werden, oder für die vorangegangen sieben Kalenderjahre oder Wirtschaftsjahre aus einer Beteiligung an derselben ausländischen Gesellschaft Hinzurechnungsbeträge der Einkommensteuer unterlegen haben. Zusätzliche Voraussetzung ist, dass § 11 Abs. 1, 2 AStG aF nicht anwendbar war, der Steuerpflichtige dies nachweist und der Hinzurechnungsbetrag ihm nicht als Gewinnanteil zugeflossen ist.

388 Aus dem Gesetzeswortlaut folgt, dass nicht die Bruttoeinnahmen oder Erträge von der Besteuerung befreit sind, sondern der Gewinn als Nettoergebnis der Veräußerung, Auflösung oder Herabsetzung des Kapitals.

Beispiel:

389 Der Steuerinländer I ist an der ausländischen Gesellschaft A-CH beteiligt. In den Jahren 01–04 hat A-CH jeweils Zwischeneinkünfte iHv 1000 bezogen, die als Hinzurechnungsbeträge bei I in 02–05 jeweils versteuert werden. A-CH hat in 02–05 keine Gewinne ausgeschüttet.

In 05 veräußert I die Beteiligung an den Steuerinländer J. Der Buchwert der Beteiligung beträgt 10.000. Der Veräußerungspreis beträgt
a) 14.000 und somit der Veräußerungsgewinn 4000
b) 20.000 und somit der Veräußerungsgewinn 10.000
c) 11.000 und somit der Veräußerungsgewinn 1000
d) 9000 und somit der Veräußerungsverlust ./. 1000.

Im Fall a) ist der Veräußerungsgewinn iHv 4000 nach § 3 Nr. 41 Buchst. b EStG in voller Höhe steuerfrei, da der Veräußerungsgewinn und die in 02–05 angesetzten Hinzurechnungsbeträge sich der Höhe nach entsprechen. Die Hinzurechnungsbeträge wurden nicht durch Gewinnausschüttungen gemindert.

C. Anzusetzender Hinzurechnungsbetrag (Abs. 2)

Im Fall b) sind der Veräußerungsgewinn iHv 4000 steuerfrei und unterliegt iHv 6000 dem Teileinkünfteverfahren oder der Abgeltungssteuer.

Im Fall c) ist der Veräußerungsgewinn iHv 1000 steuerfrei. Die um 1000 auf 3000 geminderten Hinzurechnungsbeträge können vom Erwerber in den Grenzen des § 3 Nr. 41 Buchst. a, b EStG steuerfrei vereinnahmt werden.

Im Fall d) kommt § 3 Nr. 41 Buchst. b EStG nicht zur Anwendung, da nur Gewinne begünstigt werden. Der Erwerber J kann die Hinzurechnungsbeträge iHv 4000 in den Grenzen des § 3 Nr. 41 Buchst. a, b EStG steuerfrei vereinnahmen.

Die Befreiung der Gewinnausschüttungen und Veräußerungsgewinne nach § 3 Nr. 41 EStG ist vom Nachweis des Steuerpflichtigen abhängig, dass bis zu deren Höhe innerhalb des achtjährigen Betrachtungszeitraums die Hinzurechnungsbeträge der Einkommensteuer unterlegen haben. Dies entspricht der bereits bei Festsetzung des Hinzurechnungsbetrages getroffenen Feststellung, dass die ausgeschütteten Beträge gemäß § 7 Abs. 1 steuerpflichtig sind. § 3 Nr. 41 S. 2 EStG bestätigt lediglich die Bindungswirkung des vorangegangenen Feststellungsbescheides. Demgegenüber obliegt dem Veranlagungsfinanzamt die Feststellung, ob und in welcher Höhe Ausschüttungen vorliegen, inwieweit diese steuerpflichtig sind und inwieweit ein Hinzurechnungsbetrag schon verrechnet wurde. Der vom Steuerpflichtigen zu erbringende Nachweis wird sich idR auf die Darstellung dieser Vorgänge beschränken. Eine eigenständige Bedeutung kann das Feststellungsverfahren dagegen haben, wenn der Hinzurechnungsbetrag und Ausschüttung bei verschiedenen Steuerpflichtigen angefallen sind (zB Gesamtrechtsnachfolge). Insoweit sichert Absatz 2, dass im allgemeinen Besteuerungsverfahren auf die an anderer Stelle angefallene Hinzurechnungsbeträge die Entlastung nach § 3 Nr. 41 EStG ohne Vorlage entsprechender Feststellungsbescheide beantragt werden (Blümich/*Vogt* § 10 AStG Rz. 45).

2. Körperschaftsteuerpflichtige Steuerinländer

Bei körperschaftsteuerpflichtigen Steuerinländern ergibt sich die Steuerbefreiung der Gewinnausschüttungen und Veräußerungsgewinnen nicht aus § 8 Abs. 1 KStG iVm § 3 Nr. 41 Buchst. a, b EStG, sondern aus den Spezialregelungen des § 8b Abs. 1, 2 KStG (*Schmidt* § 3 EStG ABC (Hinzurechnungsbesteuerung); Kirchhof/Söhn/Mellinghoff/*v. Beckerath* EStG § 3 Nr. 41 Rz. B41/23; HHR/*Trossen* Jahresband 2002–2003, § 3 Nr. 41, J 01–4; *Grotherr* IWB, Fach 3 Gruppe 1, 1883, 1898; *Lieber* FR 2002, 139, 142).

Allerdings gelten nach § 8b Abs. 3, 5 KStG 5 vH der Gewinnausschüttungen und Veräußerungsgewinnen als Ausgaben, die nicht als Betriebsausgaben abgezogen werden dürfen (Kirchhof/Söhn/Mellinghoff/*v. Beckerath* EStG § 3 Nr. 41 Rz. B41/23). Um diese sich daraus ergebende Doppelbelastung zu vermeiden, ist der Betrag der Betriebsausgabe nach § 8b Abs. 3, 5 KStG mit dem Betrag der Hinzurechnung zu verrechnen. Dieses Auffassung wird auch von der Finanzverwaltung geteilt, denn in KStR 8.1 Abs. 1 Nr. 1 ordnet sie an, dass über § 8 Abs. 1 KStG auch § 3 Nr. 41 EStG anwendbar ist.

3. Gewerbesteuerliche Folgewirkungen

Da die allgemeine Steuerbefreiung für Gewinnausschüttungen nach § 8b Abs. 1 KStG oder die Begünstigung nach dem Teileinkünfteverfahren gemäß § 3 Nr. 40 EStG im Gewerbesteuergesetz grundsätzlich unbeachtlich ist, kommt es regelmäßig zur Doppelerfassung der Erträge der ausländischen Gesellschaft. Eine Kürzung der Gewinnausschüttungen der ausländischen Gesellschaft bei der Ermittlung des Gewerbeertrags nach §§ 8 Nr. 5 iVm 9 Nr. 7, 8 GewStG kommt insbesondere dann nicht in Betracht, wenn

- der Steuerinländer am Nennkapital der ausländischen Gesellschaft zu weniger als 10 vH bzw. ab 2008 15 vH beteiligt ist (§ 9 Nr. 7 1. Hs. GewStG) oder
- die ausländische Gesellschaft Bruttoerträge bezieht, die nicht ausschließlich oder fast ausschließlich von den unter § 8 Abs. 1 Nr. 1–6 genannten Tätigkeiten stammen (§ 9 Nr. 7 2. Hs. 1. Alt. GewStG) oder
- bei einem dreistufigen Konzernaufbau die Untergesellschaften nicht ausschließlich oder fast ausschließlich Bruttoerträge beziehen, die von den unter § 8 Abs. 1 Nr. 1–6 genannten Tätigkeiten stammen (§ 9 Nr. 7 2. Hs. 2. Alt. GewStG) oder
- es sich um einen mehr als dreistufigen Konzernaufbau handelt (§ 9 Nr. 7 2. Hs. 2. Alt. GewStG; vgl. dazu FG Münster, Vorlagebeschluss vom 20.9. 2016, 9 K 3911/13 F – Az. des EuGH: Rs. C-685/16, EFG 2017, 323; *Kraft/Hohage* DB 2017, 1612; *Kraft* FR 2017, 405; *Kraft/Hohage* IStR 2017, 381) oder
- es sich bei der ausländischen Gesellschaft nicht um eine Kapitalgesellschaft iSd Mutter-Tochter-Richtlinie handelt (§ 9 Nr. 7 3. Hs. GewStG) oder
- die DBA-Schachtelbefreiung für Dividenden nicht greift (§ 9 Nr. 8 GewStG).

394 Die Doppelerfassung der hinzuzurechnenden Erträge wird allerdings nach § 8 Nr. 5 S. 2 GewStG insoweit verhindert, als die Gewinnausschüttungen der ausländischen Gesellschaft gemäß § 3 Nr. 41 Buchst. a EStG freigestellt sind. Die einkommensteuerrechtliche Freistellung ist grundsätzlich nicht auf körperschaftsteuerpflichtige Steuerinländer anwendbar. Wegen des fehlenden Verweises in § 8 Nr. 5 S. 2 GewStG auf § 8b Abs. 1 KStG würde daher die gewerbesteuerliche Doppelerfassung bei körperschaftsteuerpflichtigen Steuerinländern nicht vermieden (*Lieber* FR 2002, 139, 142).

395 Das Schrifttum möchte diese offensichtliche Benachteiligung von Körperschaften dadurch beseitigen, dass bei körperschaftsteuerpflichtigen Steuerinländern die Steuerfreiheit von Gewinnausschüttungen auf § 8 Abs. 1 KStG iVm § 3 Nr. 41 Buchst. a EStG entsprechend anzuwenden sei (*Rättig/Protzen* IStR 2002, 123, 127; *Rödder/Schumacher* DStR 2002, 113; *Grotherr* IWB, Fach 3 Gruppe 1, 1883, 1889). Die Finanzverwaltung folgt im Ergebnis dem Schrifttum, denn in KStR 8.1 Abs. 1 Nr. 1 verweist § 8 Abs. 1 KStG auf § 3 Nr. 41 EStG. Ansonsten käme es zur verfassungsrechtlich nicht haltbaren Doppelbesteuerung von Hinzurechnungsbeträgen.

396–449 *einstweilen frei*

D. Ermittlung der Einkünfte (Abs. 3 und 4)

I. Allgemeines

Die Absätze 3 und 4 sind den Absätzen 1 und 2 vorrangig, denn § 10 **450** Abs. 3 und 4 regeln die Ermittlung des beim Steuerinländer anzusetzenden Hinzurechnungsbetrages. Abs. 3 ist die Ausgangsvorschrift für die Ermittlung des Hinzurechnungsbetrages, die durch Absatz 4 ergänzt wird. Die Absätze 3 und 4 finden auf die Ermittlung der Zwischeneinkünfte iSd § 7 Abs. 1, 6 Anwendung.

Nach § 10 Abs. 3, 4 ist der Besteuerungsgegenstand entsprechend den **451** deutschen materiellen steuerlichen Einkunftsermittlungsvorschriften zu bestimmen. Die Einkünfte können im Fall von Betriebsvermögen durch Betriebsvermögensvergleich (§§ 4 Abs. 1, 5 EStG) oder durch Überschussrechnung nach § 4 Abs. 3 EStG und im Fall von Privatvermögen durch Überschussrechnung nach § 2 Abs. 2 S. 1 Nr. 2 iVm §§ 8, 9 EStG ermittelt werden.

Einkunftsermittlungssubjekt der Hinzurechnungsbesteuerung ist der inlän- **452** dische Steuerpflichtige, der an der ausländischen Gesellschaft iS v § 7 Abs. 1, 2 bzw. § 7 Abs. 6 beteiligt ist.

Durch das SEStEG vom 7.12.2006 wurde in Abs. 3 S. 4 das UmwStG in- **453** soweit für anwendbar erklärt, als die Umwandlungen zu Buchwerten erfolgen könnten und soweit Anteile von Kapitalgesellschaften erfasst werden, den Einkünften keine Zwischeneinkünfte mit Kapitalanlagecharakter zugrunde liegen (SEStEG v. 7.12.2006, BGBl. 2007 I 2782; *Werra/Teiche* DB 2006, 1455). Im Rahmen des JStG 2008 v. 20.12.2007 wurde die Anwendung der Zinsschranke (§ 4h EStG, 8a KStG) bei der Ermittlung der Zwischeneinkünfte in § 10 Abs. 3 S. 4 ausgeschlossen (JStG 2008 v. 20.12.2008, BGBl. 2007 I 3150).

einstweilen frei **454–459**

II. Einkünfteermittlung nach deutschem Steuerrecht

1. Ermittlungssubjekt

Nach § 10 Abs. 3 S. 1 1. Hs. sind die dem Hinzurechnungsbetrag zugrunde **460** liegenden Einkünfte (Zwischeneinkünfte) in entsprechender Anwendung der Vorschriften des deutschen Steuerrechts zu ermitteln.

Das Gesetz trifft keine Aussage über das Ermittlungssubjekt. Die aus- **461** ländische Zwischengesellschaft selbst unterliegt nicht den materiellen und formellen Vorschriften des deutschen Steuerrechts. Daher kann sich die Ermittlungsvorschrift des § 10 Abs. 3 S. 1 1. Hs. nur an den unbeschränkt steuerpflichtigen Anteilseigner richten. Der inländische Steuerpflichtige ist Ermittlungssubjekt für jede Zwischengesellschaft, an der er beteiligt ist (*FWBS* § 10 AStG Rz. 212 ff.). Die Zwischengesellschaft ist lediglich Einkünfteerzielungssubjekt (*FWBS* § 10 AStG Rz. 234).

462 Sind mehrere Steuerinländer an der ausländischen Zwischengesellschaft beteiligt, sind alle Steuerinländer zur Einkünfteermittlung verpflichtet. Allerdings erfolgt nach § 18 Abs. 1 S. 2 gegenüber mehreren inländischen Beteiligten die einheitliche und gesonderte Feststellung der Besteuerungsgrundlagen. Ist neben den Steuerinländern iSv § 7 Abs. 1, 2 auch eine Person iSv § 2 (erweitert beschränkt Steuerpflichtiger) an der ausländischen Gesellschaft beteiligt, so ist diese Person nur zur Ermittlung derjenigen Einkünfte verpflichtet, die nicht ausländische Einkünfte isd § 34c EStG sind.

463 Sind Steuerinländer über eine inländische Kapitalgesellschaft an der ausländischen Zwischengesellschaft beteiligt, so ist lediglich die unmittelbar beteiligte inländische Kapitalgesellschaft das Einkünfteermittlungssubjekt. Wird die ausländische Gesellschaft über eine inländische Personengesellschaft gehalten, ist diese das Einkünfteermittlungssubjekt (Tz. 18.1.1.2. AEAStG; *FWBS* § 10 AStG, Rz. 212).

464 Der Steuerinländer muss die Zwischeneinkünfte nur dann ermitteln, wenn die Voraussetzungen des § 7 Abs. 1, 2 oder 6 erfüllt sind. Da die Verpflichtung zur Einkunftsermittlung an die Verwirklichung der Voraussetzungen der Hinzurechnungsbesteuerung anknüpft, wird denklogisch die Ermittlung der Einkünfte auch benötigt, um zB die Voraussetzungen der Niedrigbesteuerung nach § 8 Abs. 3 oder die Voraussetzungen des § 9 beurteilen zu können. Die dafür notwendige Mitwirkungspflicht des Steuerinländers ergibt sich aus § 17 Abs. 1 (*FWBS* § 10 AStG Rz. 214).

2. Entsprechende Anwendung der Vorschriften des deutschen Steuerrechts

465 Nach § 10 Abs. 3 S. 1 1. Hs. sind die Zwischeneinkünfte der ausländischen Gesellschaft in entsprechender Anwendung der Vorschriften des deutschen Steuerrechts zu ermitteln.

466 Die unmittelbare Anwendung der Vorschriften des deutschen Steuerrechts scheidet aus, weil die ausländische Zwischengesellschaft lediglich Einkunftserzielungssubjekt ist und im Inland weder steuer- noch einkünfteermittlungspflichtig ist. Durch die in § 10 Abs. 3 S. 1 1. Hs. vorgesehene entsprechende Anwendung der Vorschriften des deutschen Steuerrechts werden die dem Steuerinländer auferlegten Ermittlungspflichten auf Vorgänge ausgedehnt, die die ausländische Gesellschaft verwirklicht hat. Der Steuerinländer muss somit die steuerlichen Einkünfteermittlungsvorschriften so erfüllen, als hätte nicht die ausländische Gesellschaft, sondern er selber die Zwischeneinkünfte originär bezogen (*FWBS* § 10 AStG Rz. 217).

467 Da nach § 10 Abs. 3 S. 1 1. Hs. eine unmittelbare Anwendung der Vorschriften des deutschen Steuerrechts nicht in Betracht kommt, gelten die deutschen Einkünfteermittlungsvorschriften nur insoweit, als diese nicht an Tatbestände anknüpfen, die nur von der ausländischen Gesellschaft erfüllt werden können (Erlass des FinMin Bremen v. 10.12.1975, StEK, AStG § 10 Nr. 6, BB 1975, 1563). So sind die Gewinnermittlungsvorschriften des Steuerrechts deshalb nicht unmittelbar anwendbar, weil die ausländische Gesellschaft weder Sitz noch Geschäftsleitung im Inland hat und daher nicht unbeschränkt ist. Im Regelfall wird sie auch nicht der beschränkten Körperschaftsteuerpflicht unterliegen, da sie keine inländischen Einkünfte iSd § 49 Abs. 1 EStG erzielt. § 8 Abs. 2 KStG ist deshalb nicht anwendbar, weil diese Vorschrift nur bei unbeschränkt Steuerpflichtigen iSd § 1 Abs. 1 Nr. 1 bis 3 alle Einkünfte als Einkünfte aus Gewerbebetrieb zu behandelnde Einkünfte anordnet. Allerdings sind § 8 Abs. 1 KStG und durch dessen Rückverweisung die Vorschriften des EStG zu beachten. Demgemäß sind bei Anwendung der Einkünfteermittlungsvorschriften des deutschen Steuerrechts auch die Rechtsbeziehungen der Zwischengesellschaft zu den Steuerinländern zu beachten.

Da § 10 Abs. 3 S. 1 1. Hs. lediglich auf die Einkünfteermittlungsvorschriften des deutschen Steuerrechts verweist, kommen die Einkommensermittlungsvorschriften nicht direkt zur Anwendung. Eine Ausnahme enthält allerdings § 10 Abs. 3 S. 5, wonach die Regelung des Verlustabzugs des § 10d EStG anwendbar ist. Anderseits wird die entsprechende Anwendung der Einkünfteermittlungsvorschriften nach § 10 Abs. 3 S. 1 1. Hs. in § 10 Abs. 3 S. 4 eingeschränkt, wonach steuerliche Vergünstigungen bei der Einkunftsermittlung, die an die unbeschränkte Steuerpflicht oder an das Bestehen eines inländischen Betriebes oder einer inländischen Betriebsstätte anknüpfen, außer Betracht bleiben (*FWBS* § 10 AStG Rz. 341). **468**

3. Art der Einkunftsermittlung

Die entsprechende Anwendung der Vorschriften des deutschen Steuerrechts nach § 10 Abs. 3 S. 1 1. Hs. gilt auch für die Frage der Art der Einkünfteermittlung. **469**

Nach deutschen steuerrechtlichen Wertungen werden Einkünfte entweder als Gewinn (§ 2 Abs. 2 Nr. 1 EStG) oder als Überschuss der Einnahmen über die Werbungskosten (§ 2 Abs. 2 Nr. 2 EStG) ermittelt. Welche Ermittlungsvorschrift anzuwenden ist, hängt von der Art der zugrunde liegenden Einkünfte ab. Diese werden zunächst durch die Betätigung der ausländischen Gesellschaft bestimmt. Daneben kann die Zuordnung der Beteiligung zum Betriebsvermögen oder Privatvermögen der Steuerinländer ausschlaggebend sein. **470**

Nach Ansicht der Rechtsprechung kann die Art der Einkünfteermittlung aus Sicht der ausländischen Gesellschaft oder der Steuerinländer beurteilt werden (zur „Zebra-Rechtsprechung" siehe BFH v. 11.4.2005, GrS 2/02, BStBl. II 2005, 679; BFH v. 21.1.1998, I R 3/96, BStBl. II 1998, 468). Stellt man auf die Steuerinländer ab, so sind die Zwischeneinkünfte nach § 2 Abs. 2 S. 1 Nr. 2 EStG als Überschuss der Einnahmen über die Werbungskosten zu ermitteln, wenn die Zwischengesellschaft nur Vermögensverwaltung betreibt und die Steuerpflichtigen die Beteiligung an der ausländischen Gesellschaft im Privatvermögen halten. Stellt man dagegen auf die ausländische Gesellschaft ab, so sind die Zwischeneinkünfte ebenfalls nach § 2 Abs. 2 S. 1 Nr. 2 EStG als Überschuss der Einnahmen über die Werbungskosten zu ermitteln, wenn die ausländische Gesellschaft nur Vermögensverwaltung betreibt. Wird in diesem Fall die Beteiligung in einem Betriebsvermögen gehalten, könnten sinngemäß nach der sog. Zebrarechtsprechung die Überschusseinkünfte im Rahmen der gesonderten und einheitlichen Ergebnisfeststellung nach § 18 Abs. 1 in Gewinneinkünfte umqualifiziert werden. Der BFH hat dies jedoch offen gelassen (BFH v. 17.1.1985, IV R 106/81, BStBl. II 1985, 291; BFH v. **471**

7.2.1985, IV R 31/83, BStBl. II 1985, 372; BFH v. 18.5.1995, IV R 125/92, BStBl. II 1996, 5; BFH v. 11.7.1996, IV R 103/94, BStBl. II 1997, 39; BFH v. 8.6.2000, IV R 37/99, BStBl. II 2001, 162; BFH v. 21.9.2001, IV R 77/99, DStR 2001, 21; ablehnend *FWBS* § 10 AStG Rz. 218 mit Hinweis auf BFH v. 11.4.2005, GrS 2/02, BStBl. II 2005, 679). Gegen die entsprechende Anwendung der Zebrarechtsprechung spricht, dass der jeweilige Steuerinländer Einkunftserzielungssubjekt ist und daher die Einkünfteermittlung aus Sicht des Steuerinländers zu bestimmen ist (→ Rz. 285, 286).

472 Die Finanzverwaltung lehnt die entsprechende Anwendung der Zebrarechtsprechung ab, weil die Einkünfteermittlung aus Sicht des Steuerinländers zu beurteilen ist (Tz. 10.1.1.2. AEAStG; Blümich/*Vogt* § 10 AStG Rz. 81).

473 Betreibt die ausländische Gesellschaft eine gewerbliche Tätigkeit iSd § 15 Abs. 2 EStG, sind die Einkünfte als Gewinn nach § 2 Abs. 2 Nr. 1 EStG zu ermitteln. In diesem Fall haben die Steuerinländer nach § 10 Abs. 3 S. 2 allerdings die Wahl, ob sie die Zwischeneinkünfte nach den §§ 4 Abs. 1, 5 EStG oder nach § 4 Abs. 3 EStG ermitteln wollen (Tz. 10.3.1.1. AEAStG).

474 Vorbehaltlich des Haltens der Beteiligung an der ausländischen Gesellschaft im Privatvermögen und der Ausübung der Vermögensverwaltung durch die ausländische Gesellschaft geht die Finanzverwaltung weiterhin davon aus, dass die Einkünfte immer dann als Gewinn zu ermitteln sind, wenn die ausländische Gesellschaft nach Rechtsform und Betätigung den in § 8 Abs. 2 KStG genannten Steuerpflichtigen entspricht (Tz. 10.1.1.2. AEAStG).

475 Die Auffassung der Finanzverwaltung, dass die ausländische Gesellschaft gewerbliche Einkünfte erzielt, wenn sie den in § 8 Abs. 2 KStG genannten Steuerpflichtigen entspricht, findet im Gesetz keine Stütze. Die Vorschrift stellt auf die Verpflichtung zur Führung von Büchern nach den Vorschriften des deutschen Handelsgesetzbuches ab. Eine ausländische Kapitalgesellschaft ist jedoch, selbst wenn sie nach dem Typenvergleich einer deutschen Kapitalgesellschaft entspricht, nicht nach den §§ 238 ff. HGB zur Buchführung verpflichtet, es sei denn, sie würde im Inland eine gewerbliche Tätigkeit ausüben und hierfür eine in das Handelsregister eingetragene Zweigniederlassung anmelden. Ob die ausländische Kapitalgesellschaft nach ausländischem Handelsrecht Kaufmann ist, ist unbeachtlich, weil § 8 Abs. 2 KStG nicht auf eine nach ausländischem Recht bestehende Buchführungspflicht abstellt. Daher kann eine ausländische Kapitalgesellschaft keine Einkünfte aus Gewerbebetrieb (Gewinn) kraft Rechtsform erzielen. Entgegen der Auffassung der Finanzverwaltung kann auch nicht argumentiert werden, dass eine ausländische Gesellschaft nach deutschem Recht Bücher führen müsste, wenn sie diesem unterworfen wäre. Denn § 10 Abs. 3 S. 1 1. Hs. verlagert weder den Sitz noch die Geschäftsleitung der ausländischen Gesellschaft ins Inland (BFH v. 30.8.1989, I B 39/89, BFH/NV 1990, 161). Noch unterwirft diese Vorschrift die ausländische Gesellschaft Regelungen, deren Tatbestandsvoraussetzungen die Gesellschaft nicht erfüllt. § 10 Abs. 3 S. 1 1. Hs. normiert nur eine Einkünfteermittlungspflicht des Steuerinländers. Diese knüpft lediglich an den von der ausländischen Gesellschaft verwirklichten Sachverhalt an.

476 Insoweit enthält § 10 Abs. 3 S. 1 1. Hs. keine Fiktion dergestalt, dass die ausländische Gesellschaft § 5 Abs. 1 EStG unterworfen ist, sondern verpflichtet lediglich die Steuerinländer, die Zwischeneinkünfte nach den Vorschriften

D. Ermittlung der Einkünfte (Abs. 3 und 4)

des deutschen Steuerrechts zu ermitteln. Damit hängt die anzuwendende Ermittlungsvorschrift immer von der Art der zugrunde liegenden Einkünfte ab. Etwas anderes kann auch nicht aus § 10 Abs. 3 S. 2 abgeleitet werden. Diese Vorschrift setzt voraus, dass die ausländische Gesellschaft einen Gewinn erzielt. Sie verwandelt jedoch keine Überschusseinkünfte iSd § 2 Abs. 2 S. 1 Nr. 2 EStG in Gewinne iSd § 2 Abs. 2 S. 1 Nr. 1 EStG.

Sind die Einkünfte der ausländischen Gesellschaft als Überschuss der Einnahmen über die Werbungskosten nach § 2 Abs. 2 Nr. 2 EStG zu ermitteln, besteht kein Wahlrecht zugunsten einer Einkünfteermittlung nach § 2 Abs. 2 S. 1vNr. 1 EStG (Gewinn). Entsprechendes gilt, wenn die ausländische Gesellschaft Einkünfte sowohl aus gewerblicher Tätigkeit iSd § 15 Abs. 2 EStG als auch aus Vermögensverwaltung erzielt. Unter der Voraussetzung, dass die Beteiligung an der ausländischen Gesellschaft im Privatvermögen gehalten wird, sind die Einkünfte aus der Vermögensverwaltung nach § 2 Abs. 2 S. 1 Nr. 2 EStG und die aus gewerblicher Tätigkeit nach § 2 Abs. 2 S. 1 Nr. 1 EStG zu ermitteln.

4. Wahl der Gewinnermittlungsmethode

Sind die Zwischeneinkünfte als Gewinn nach § 2 Abs. 2 S. 1 Nr. 1 EStG zu ermitteln, räumt § 10 Abs. 3 S. 2 dem Steuerinländer hinsichtlich der Gewinnermittlungsmethode ein Wahlrecht ein. Der Gewinn kann nach den §§ 4 Abs. 1, 5 EStG (Betriebsvermögensvergleich) oder nach § 4 Abs. 3 EStG (Einnahme-Überschussrechnung) ermittelt werden. Bei mehreren Steuerinländern kann das Wahlrecht gemäß § 10 Abs. 3 S. 3 nur einheitlich ausgeübt werden.

Aus dem Gesetzeswortlaut ergibt sich nicht, wann die Gewinnermittlung nach § 4 Abs. 1 EStG oder nach § 5 EStG zu erfolgen hat.

Die Vorschrift des § 5 EStG ist vorrangig anwendbar, wenn die ausländische Gesellschaft nach deutschen Vorschriften Bücher führen muss oder dies freiwillig tut (Schmidt/*Weber-Grellet* § 5 EStG Rz. 6). Dies wäre zB der Fall, wenn die ausländische Gesellschaft im Inland einen Betrieb unterhält. Dh bei beschränkt steuerpflichtigen Personen gilt § 5 EStG nur für den inländischen Gewerbebetrieb (BFH v. 20.7.1988, I R 49/84, BStBl. II 1989, 140).

Demgegenüber ist § 4 Abs. 1 EStG vorrangig anwendbar, wenn die ausländische Gesellschaft nicht verpflichtet ist, nach deutschem Handels- oder Steuerrecht Bücher zu führen und regelmäßig Abschlüsse zu machen (BFH v. 13.9.1989, I R 117/87, BStBl. II 1990, 750; *FWBS* § 10 AStG Rz. 240). Zudem hat die Rechtsprechung zu § 10 Abs. 3 S. 1 1. Hs. festgestellt, dass diese Vorschrift nicht fingiert, dass die ausländische Gesellschaft § 5 Abs. 1 EStG unterworfen ist und eine andere Sichtweise auch nicht aus § 10 Abs. 3 S. 2 abgeleitet werden kann (BFH v. 21.1.1998, I R 3/96, BStBl. II 1998, 468).

Weiter ist § 5 EStG schon deshalb nicht vorrangig anwendbar, weil § 8 Abs. 2 KStG grundsätzlich nicht auf die ausländische Gesellschaft anwendbar ist. Die Vorschrift stellt auf unbeschränkt Steuerpflichtige iSd § 1 Abs. 1 Nr. 1 bis 3 KStG ab. Eine ausländische Kapitalgesellschaft, selbst wenn sie nach dem Typenvergleich einer deutschen Kapitalgesellschaft entspricht, fällt nicht darunter. Ob die ausländische Kapitalgesellschaft nach ausländischem Handelsrecht Kaufmann ist, ist unbeachtlich. Daher kann eine ausländische Kapitalgesellschaft keine Einkünfte aus Gewerbebetrieb (Gewinn) kraft Rechtsform erzielen (BFH v. 21.1.1998, I R 3/96, BStBl. II 1998, 468).

483 Der Steuerinländer kann anstelle der Gewinnermittlung nach den §§ 4 Abs. 1, 5 EStG die Zwischeneinkünfte auch nach den Vorschriften des § 4 Abs. 3 EStG bestimmen. Da nach § 10 Abs. 3 S. 2 die Gewinnermittlung nach § 4 Abs. 3 EStG gleichwertig zu denjenigen nach den §§ 4 Abs. 1, 5 EStG ist, ist die Ausübung des Wahlrechts an keine Bedingungen geknüpft. Daher ist insbesondere § 42 AO unbeachtlich. Die Finanzverwaltung versagt die Inanspruchnahme des Wahlrechts, wenn die Steuerinländer nicht einheitlich ausüben. In diesem Fall sind die – gesamten – Gewinne der ausländischen Gesellschaft nach den §§ 4 Abs. 1, 5 EStG zu ermitteln (Tz. 10.3.1.1. AEAStG).

5. Währungsumrechnung

484 Die Hinzurechnungsbilanz kann in Euro oder in ausländischer Währung geführt werden (Tz. 10.3.2.3. AEAStG). Wird die Bilanz in ausländischer Währung geführt, sind nach Ansicht der Finanzverwaltung die Einkünfte nach dem Kurs zu dem Zeitpunkt umzurechnen, zu dem sie zugeflossen sind. Falls ein Kurs nicht festgestellt werden kann, ist von der amtlichen Kursfeststellung für den Zeitpunkt auszugehen, der dem Ablauf des maßgebenden Wirtschaftsjahrs der ausländischen Gesellschaft am nächsten liegt. Die Finanzverwaltung erlaubt auch die Umrechnung zu Jahresdurchschnittskursen (Tz. 10.1.1.4. AEAStG).

6. Kürzung um ausschüttungsbedingte Ansprüche (Satz 3)

485 Die Anordnung des Satzes 3 ist im Zusammenhang mit § 8 Abs. 3 S. 2 zu sehen und erklärt sich nur vor diesem Hintergrund. Denn die Bestimmung regelt im Zusammenspiel mit § 8 Abs. 3 S. 2 die Behandlung der Fälle des sog. „Malta-Modells". Die Gesellschafter maltesischer Gesellschaften konnten im Rahmen von Gewinnausschüttungen gegenüber dem maltesischen Staat Ansprüche auf Erstattung eines wesentlichen Teils der durch die maltesische Gesellschaft entrichteten Ertragsteuern geltend machen. Die maltesischen Gesellschaften selbst waren zwar nicht niedrig besteuert, allerdings ergab sich eine effektive Steuerbelastung aufgrund der Erstattung, die deutlich unterhalb der Niedrigsteuerreferenzschwelle der deutschen Hinzurechnungsbesteuerung angesiedelt war. Diese Ausgangslage führte zu Gestaltungen, deren faktische Niedrigbesteuerung auf dem Erstattungsmechanismus anlässlich der Ausschüttung beruhte. In Gestaltungspraxis und Literatur werden derartige Gestaltungen als „Malta-Modell" bzw. als „Doppel-Malta-Modell" bezeichnet.

486 Mit den Änderungen in § 8 Abs. 3 S. 2 und § 10 Abs. 1 S. 3 sollte damit letztlich verhindert werden, dass die Anwendung der Hinzurechnungsbesteuerung durch eine formale „Normalbesteuerung" der passiven Einkünfte vermieden wird, gleichwohl durch eine Steuererstattung auf Gesellschafterebene wirtschaftlich betrachtet eine niedrige Besteuerung vorliegt (vgl. BT-Drs. 17/2249, 85). Diese Struktur beruhte auf Besonderheiten des maltesischen Steuerrechts. Ihre Bezeichnung als „Doppel-Malta-Modell" erklärt sich vor dem Hintergrund, dass bei formeller Hochbesteuerung – insbesondere unter Einsatz zweier hintereinander geschalteter maltesischer Gesellschaften – die Steuererstattung an den Gesellschafter zu einer effektiven Steuerbelastung (auch passiver) Einkünfte von 5% führen konnte. Durch die entsprechende Änderung der Definition der Niedrigbesteuerung in § 8 Abs. 3 sollte in diesen Fällen auf die Effektivbesteuerung abgestellt werden.

Seit der Neueinführung von § 8 Abs. 3 S. 2 sieht diese Vorschrift den Einbezug der Ansprüche auf Steuerentlastung in die Belastungsberechnung vor. Sie erfordert gleichzeitig korrespondierend die Einführung des § 10 Abs. 1 S. 3. Denn bestehen entsprechende Erstattungsansprüche des unbeschränkt Steuerpflichtigen selbst oder anderer ausländischer Gesellschaften, so sind die bei der Ermittlung des Hinzurechnungsbetrags abzugsfähigen Steuern in dieser Höhe zu vermindern. Somit bewirkt die Bestimmung, dass ein Anspruch auf Steuerabzug demnach nur noch in Höhe der Saldogröße zwischen Steuerzahlung und Steuererstattung besteht. Mit anderen Worten wird der Anspruch auf Steuerabzug begrenzt auf die Höhe der effektiven Steuerbelastung der beteiligten Gesellschaften.

einstweilen frei   **488–499**

III. Anwendbare Vorschriften

Die ausländische Gesellschaft ist lediglich Einkünfteerzielungssubjekt, während der Steuerinländer Ermittlungs- und Zurechnungssubjekt ist. Deshalb hat der Steuerinländer die Vorschriften des deutschen Steuerrechts bei der Ermittlung der Zwischeneinkünfte entsprechend anzuwenden. Grundsätzlich greifen alle Einkünfteermittlungsvorschriften des deutschen Steuerrechts, soweit diese nicht an Tatbestände anknüpfen, die nur von inländischen Kapitalgesellschaften erfüllt werden können (FinMin Niedersachsen v. 20.11.1975, BB 1975, 1563; *FWBS* § 10 AStG Rz. 237–322).

1. § 2 Abs. 1 EStG

§ 2 Abs. 1 EStG ist aufgrund der Verweisung des § 10 Abs. 3 S. 1 anwendbar. Nach dieser Vorschrift werden die Einkünfte der Person zugerechnet, die sie erzielt.

Die ausländische Gesellschaft ist für Zwecke der Hinzurechnungsbesteuerung das Einkünfteerzielungssubjekt, dh der ausländischen Gesellschaft sind die Einkünfte nur dann zuzurechnen, wenn sie den Tatbestand der Einkünfteerzielung verwirklicht. Dies ist auch bei den den Einkünften zugrunde liegenden Betriebseinnahmen/Einnahmen und Betriebsausgaben/Werbungskosten zu beachten (*Tipke/Lang* Steuerrecht § 7 Rz. 29, § 9 Rz. 150 ff.).

Nur anhand der im deutschen Steuerrecht geltenden Zurechnungsgrundsätze sind die Betriebseinnahmen/Einnahmen und Betriebsausgaben/Werbungskosten der ausländischen Gesellschaft zuzurechnen. Ob das ausländische Steuerrecht eine davon abweichende Zuordnung vornimmt, ist für die Einkünfteermittlung im Rahmen der §§ 7, 8, 10 nicht relevant. Dies gilt auch dann, wenn durch eine Finanzierung oder die Überlassung von Wirtschaftsgütern ein Qualifikationskonflikt entsteht. Die Tatsache, dass das ausländische Steuerrecht möglicherweise den Sachverhalt anders wertet als das deutsche

Steuerrecht, ist auch kein Anwendungsfall des § 42 AO. Diese Vorschrift wäre nur dann einschlägig, wenn ein Sachverhalt gekünstelt, kompliziert, unangemessen ist und keine wirtschaftlichen Gründe für die Sachverhaltsgestaltung vorgebracht werden können (*Tipke/Lang* Steuerrecht § 5 Rz. 95 ff. mwN).

2. § 2a EStG

504 § 2a EStG ist bei der Ermittlung der Zwischeneinkünfte nicht anwendbar, da diese Vorschrift eine der Hinzurechnungsbesteuerung vergleichbare Zwecksetzung hat.

505 § 2a EStG beschränkt partiell die Verrechnung von ausländischen Verlusten mit anderen positiven Einkünften, um unerwünschte Auslandsinvestitionen steuerlich zu verhindern.

506 Die Hinzurechnungsbesteuerung geht über diese Zwecksetzung hinaus, denn nach den §§ 7 ff. können negative Hinzurechnungsbeträge nur mit positiven Hinzurechnungsbeträgen verrechnet werden. Somit kann § 2a EStG nur die Verlustverrechnung von bestimmten Auslandinvestitionen einer im Inland unbeschränkt steuerpflichtigen Person beschränken.

507 Im Gegensatz zur Hinzurechnungsbesteuerung beschränkt § 2a EStG den Verlustausgleich unabhängig davon, ob es sich um Verluste aus aktiven Tätigkeiten oder passivem Erwerb handelt. Anders als § 10 Abs. 3 S. 5 ordnet § 2 EStG Verluste nur aus gewissen Tätigkeiten der Anwendung des § 10d EStG zu, so dass § 2a EStG innerhalb der Hinzurechnungsbesteuerung keine Anwendung finden kann (*FWBS* § 10 AStG Rz. 239).

3. § 4 Abs. 1 EStG

508 Diese Vorschrift ist aufgrund der Verweisung des § 10 Abs. 3 S. 1 auf die Einkünfteermittlungsvorschriften des deutschen Steuerrechts anwendbar.

509 § 5 Abs. 1 EStG findet in der Hinzurechnungsbesteuerung grundsätzlich keine Anwendung, da es sich bei dieser Norm im Gegensatz zu § 4 Abs. 1 EStG um eine aus dem deutschen Handelsrecht abgeleitete Gewinnermittlungsvorschrift handelt. § 5 Abs. 1 EStG hat nur für das deutsche Handelsrecht sowie die §§ 140 ff. AO Geltung. Da aber § 4 Abs. 1 EStG eine rein steuerliche Gewinnermittlungsvorschrift ist, kommt dem ausländischen Handels- und Steuerrecht keine Bedeutung zu.

4. § 4 Abs. 3 EStG

510 Nach § 10 Abs. 3 S. 2 haben die Steuerinländer die Wahl, anstelle der Gewinnermittlung nach §§ 4 Abs. 1, 5 EStG die Zwischeneinkünfte nach der Gewinnermittlungsvorschrift des § 4 Abs. 3 EStG zu ermitteln.

511 Da nach § 10 Abs. 3 S. 2 die Gewinnermittlung nach § 4 Abs. 3 EStG gleichwertig zu derjenigen nach den §§ 4 Abs. 1, 5 EStG ist, ist die Ausübung des Wahlrechts an keine Bedingungen geknüpft. Daher ist insbesondere § 42 AO unbeachtlich. Satz 3 bestimmt, dass bei mehreren Beteiligten das Wahlrecht des Satzes 2 nur einheitlich ausgeübt werden. Hierzu ergänzt die Finanzverwaltung, dass das Wahlrecht nicht beansprucht werden kann, wenn die Steuerinländer nicht oder nicht einheitlich ausüben. In diesem Fall sind die gesamten – Gewinne der ausländischen Gesellschaft nach den §§ 4 Abs. 1, 5 EStG zu ermitteln (Tz. 10.3.1.1. AEAStG).

5. § 4 Abs. 4 EStG

Das allgemein geltende Veranlassungsprinzip des § 4 Abs. 4 EStG ist auch bei der Ermittlung der Zwischeneinkünfte nach § 10 Abs. 3 S. 1, 2 zu beachten. Dieses Prinzip hat vor allem bei der Zuordnung von Aufwendungen der ausländischen Gesellschaft zu den passiven Erträgen Bedeutung. Darüber hinaus ist der Abzug von Betriebsausgaben und Werbungskosten in § 10 Abs. 4 gesondert und vorrangig geregelt.

6. § 4 Abs. 5, 6 EStG

Das Abzugsverbot für privat veranlasste Aufwendungen nach § 4 Abs. 5, 6 EStG ist durch die Verweisung des § 10 Abs. 3 S. 1 bei der Ermittlung der Zwischeneinkünfte zu beachten (*FWBS* § 10 AStG Rz. 248).

7. § 5 Abs. 1 EStG

§ 5 Abs. 1 EStG ist bei der Ermittlung der Zwischeneinkünfte nur dann ausnahmsweise anwendbar, wenn und soweit die ausländische Gesellschaft zur Führung von Büchern und zur Aufstellung von Abschlüssen nach deutschem Recht verpflichtet ist. IdR steht damit für die Gewinnermittlung durch Betriebsvermögensvergleich nur § 4 Abs. 1 EStG zur Verfügung (siehe → Rz. 640).

8. § 5 Abs. 2 EStG

Nach § 5 Abs. 2 EStG können immaterielle Wirtschaftsgüter des Anlagevermögens nur dann aktiviert werden, wenn sie entgeltlich erworben wurden. Diese zwingende Gewinnermittlungsvorschrift des deutschen Steuerrechts ist aufgrund der Verweisung in § 10 Abs. 3 S. 1 auf die Vorschriften des deutschen Steuerrechts anzuwenden. Die Begriffe des immateriellen Wirtschaftsgutes und des entgeltlichen Erwerbs richten sich nach den Vorschriften des EStG (EStR 5.5).

9. § 5 Abs. 5 EStG

Nach § 5 Abs. 5 EStG sind Rechnungsabgrenzungsposten anzusetzen, soweit Betriebsausgaben vor dem Bilanzstichtag Aufwand für eine bestimmte Zeit nach dem Bilanzstichtag und sowohl Betriebseinnahmen vor dem Bilanzstichtag Ertrag für eine bestimmte Zeit nach dem Bilanzstichtag darstellen. Diese Bestimmung ist bei der Gewinnermittlung der Zwischeneinkünfte beachtlich.

10. § 5 Abs. 6 EStG

Bei der Gewinnermittlung nach den §§ 4 Abs. 1, 5 Abs. 1 EStG sind die Vorschriften über die Entnahmen und Einlagen, die Zulässigkeit von Bilanzänderungen gemäß § 4 Abs. 2 EStG, die begrenzte Abziehbarkeit von Betriebsausgaben gemäß § 4 Abs. 4–7 EStG, über die Bewertung und über die Absetzung für Abnutzung oder Substanzverringerung gemäß § 7 EStG zu beachten.

Da die ausländische Gesellschaft, Körperschaft, Personenvereinigung oder Vermögensmasse iSv § 1 KStG sein muss, scheidet die Berücksichtigung von

Entnahmen und Einlagen aus. In diesem Fall sind § 6 Abs. 6 EStG und § 8 Abs. 3 S. 1 KStG vorrangig.

11. § 6 Abs. 1 EStG

519 § 6 Abs. 1 EStG ist als steuerliche Gewinnermittlungsvorschrift zu beachten. Daher sind in der Hinzurechnungsbilanz Wirtschaftsgüter des Anlagevermögens mit ihren Anschaffungs- oder Herstellungskosten anzusetzen. Wurden die Wirtschaftsgüter vor der erstmaligen Anwendung des AStG der ausländischen Gesellschaft zugeführt, so sind die ursprünglichen Anschaffungs- oder Herstellungskosten vermindert um die nach § 7 EStG zulässigen Absetzungen für Abnutzung oder Substanzverringerung maßgebend. Ist der Teilwert an dem maßgeblichen Stichtag voraussichtlich dauerhaft niedriger, so kann dieser angesetzt werden. Ein entsprechender Zwang zum Ansatz des niedrigeren Teilwerts kann sich bei einer Gewinnermittlung nach § 4 Abs. 1 oder § 5 Abs. 1 EStG nicht aus dem ausländischen Handels- oder Steuerrecht ergeben. Dies gilt auch dann, wenn das ausländische Recht eine dem § 252 Abs. 2 HGB entsprechende Vorschrift enthält. Der maßgebliche Tatbestand des § 5 Abs. 1 EStG verweist nicht auf das ausländische Handels- oder Steuerrecht. Anzuwenden sind deshalb nur § 6 Abs. 1 Nr. 1 S. 4 und Nr. 2 S. 2 EStG. Die Vorschrift räumt den Steuerinländern ein Wahlrecht ein, ob sie ein Wirtschaftsgut mit den Anschaffungs- oder Herstellungskosten oder mit seinen niedrigeren Teilwert bewerten. Eine Verpflichtung zur Teilwertabschreibung besteht nicht. Dies gilt im Rahmen der Eröffnungsbilanz selbst dann, wenn die Zwischengesellschaft ihrerseits in der Vergangenheit Teilwertabschreibungen vorgenommen hat. Da der Steuerinländer an Bewertungsentscheidungen der ausländischen Gesellschaft nicht gebunden ist, ist die Teilwertabschreibung auf Ebene der ausländischen Gesellschaft für Zwecke der Ermittlung der Zwischeneinkünfte nach deutschen steuerrechtlichen Regelungen irrelevant. Das vom § 6 Abs. 1 EStG eingeräumte Wahlrecht steht dem Steuerinländer und nicht der Zwischengesellschaft zu. Deshalb kann der Steuerpflichtige dieses erstmalig und frei bei der Aufstellung der Eröffnungsbilanz ausüben.

520 Die Finanzverwaltung hat in Tz. 10.3.3.2. des Anwendungserlasses im Einzelnen dargelegt, wie die Wirtschaftsgüter nach ihrer Auffassung in der Hinzurechnungsbilanz zu bewerten sind.

521 Die Begriffe Herstellungskosten und Anschaffungskosten sind solche des deutschen Steuerrechts und bestimmen sich deshalb nach dem EStG. EStR 6.2, 6.3 finden entsprechend Anwendung. Danach sind Herstellungskosten eines Wirtschaftsgutes die Aufwendungen, die für den Verbrauch von Gütern und die Inanspruchnahme von Diensten für die Herstellung eines Erzeugnisses entstehen. Die Abgrenzung zwischen Herstellungs- und Erhaltungsaufwand ist auf Grundlage des deutschen Steuerrechts vorzunehmen. Anschaffungskosten eines Wirtschaftsgutes sind die Aufwendungen, die die Gesellschaft für den Erwerb des Wirtschaftsgutes sowie dessen Versetzung in einen betriebsbereiten Zustand geleistet hat. EStH 6.6 findet Anwendung.

12. § 6 Abs. 2 EStG

522 Anstelle der Aktivierung und der anschließenden Aufwandsverteilung von abnutzbaren beweglichen Wirtschaftsgütern des Anlagevermögens sind gemäß

D. Ermittlung der Einkünfte (Abs. 3 und 4)

§ 6 Abs. 2 EStG die Anschaffungs- oder Herstellungskosten bereits im Jahr der Anschaffung oder Herstellung in vollem Umfang als Betriebsausgabe abzusetzen, sofern diese nicht mehr als € 250 betragen. Bei der Ermittlung dieser Höchstgrenze ist auf den Umrechnungskurs des Tages abzustellen, an dem das Wirtschaftsgut in das Vermögen der Zwischengesellschaft gelangt. Die im Ausland in Rechnung gestellte Umsatz- oder Verbrauchsteuer wird nicht berücksichtigt. § 6 Abs. 2a EStG ist entsprechend zu beachten.

13. § 6a EStG

Von der ausländischen Zwischengesellschaft eingegangene Pensionsverpflichtungen können bei der Ermittlung der Zwischeneinkünfte nur unter den Voraussetzungen des § 6a EStG berücksichtigt werden. EStR 6a, EStH 6a finden entsprechende Anwendung. Die Höhe der Pensionsverpflichtungen wird entsprechend nach § 6a Abs. 3 EStG ermittelt. Bei der Berechnung des Höchstbetrages der jährlichen Zuführung zu den Pensionsverpflichtungen ist ein Rechnungszinsfuß von 6 vH und die anerkannten Regeln der Versicherungsmathematik anzuwenden. Das handelsrechtliche Rückstellungsgebot ist im Rahmen der Hinzurechnungsbilanz unbeachtlich.

14. § 6b EStG

Nach Auffassung der Finanzverwaltung ist § 6b EStG bei der Ermittlung der Zwischeneinkünfte nicht zu berücksichtigen (FiM NRW v. 25.11.1975, BB 1975, 1563), denn nach § 10 Abs. 3 S. 4 werden Steuervergünstigungen nicht gewährt, die an das Bestehen eines inländischen Betriebes oder einer inländischen Betriebsstätte anknüpfen. Genau dieses fordert § 6b Abs. 4 S. 1 Nr. 2 EStG. Allerdings ist fraglich, ob § 6b EStG überhaupt eine Steuerbegünstigungsvorschrift und nicht vielmehr eine allgemeine Gewinnermittlungsvorschrift ist. Betrachtet man die systematische Stellung im Gesetz, ist § 6b EStG bei den Bewertungsvorschriften eingeordnet und gehört daher zu den Bewertungsnormen. Daher sollte entgegen der Auffassung der Finanzverwaltung § 6b EStG auch im Rahmen der Ermittlung der Zwischeneinkünfte angewendet werden.

15. § 7 EStG

Aus der entsprechenden Anwendung des § 6 EStG folgt, dass die Wirtschaftsgüter des Anlagevermögens in der Hinzurechnungsbilanz mit den Anschaffungs- oder Herstellungskosten vermindert um die Absetzungen für Abnutzung anzusetzen sind. Wie die Absetzungen für Abnutzung im Einzelnen zu ermitteln sind, bestimmt sich nach § 7 EStG.

Bewegliche Wirtschaftsgüter des Anlagevermögens können linear oder degressiv abgeschrieben werden. Die degressive Abschreibung nach Absatz 2 aF ist nur noch zulässig für vor dem 1. Januar 2008 durch die ausländische Gesellschaft angeschaffte oder hergestellte Wirtschaftsgüter des Anlagevermögens. § 7 EStG sieht für Gebäude die lineare oder die degressive Abschreibung nach § 7 Abs. 5 EStG vor. Sonderabschreibungen sind an die inländische Betriebsstätte oder an die Belegenheit im Inland gebunden, so dass eine Berücksichtigung bei der Ermittlung der Zwischeneinkünfte nicht in Betracht kommt.

16. §§ 8, 9, 9a, 11 EStG

527 Bezieht die ausländische Gesellschaft Überschusseinkünfte iSv § 2 Abs. 1 S. 1 Nr. 5 bis 7 EStG, sind diese Einkünfte gemäß § 2 Abs. 2 S. 1 Nr. 2 iVm §§ 8, 9, 9a und 11 EStG zu ermitteln.

528 § 8 Abs. 2 KStG ist bei der Frage, ob die Einkünfte der ausländischen Gesellschaft Überschuss- oder Gewinneinkünfte, sind, unbeachtlich. § 8 Abs. 2 KStG findet nur Anwendung, wenn eine Verpflichtung zur Führung von Büchern nach deutschem Recht tatsächlich besteht (→ Rz. 543).

17. § 10d EStG

529 § 10d EStG ist keine Einkünfteermittlungsvorschrift, so dass diese Norm nicht aufgrund der Verweisung des § 10 Abs. 3 S. 1 unmittelbar anwendbar ist. Allerdings bestimmt § 10 Abs. 3 S. 5 eine entsprechende Anwendung des § 10d EStG.

18. § 15 Abs. 4 EStG

530 § 15 Abs. 4 EStG ist bei der Ermittlung der Zwischeneinkünfte nicht anwendbar. Dies folgt aus dem Gesetzeszweck der Vorschrift, dem Wortlaut und aus § 10 Abs. 3 S. 5 AStG.

531 § 15 Abs. 4 EStG beschränkt die Verrechnung von Verlusten aus der gewerblichen Tierzucht, betrieblichen Termingeschäften und mitunternehmerischen Innengesellschaften zwischen Kapitalgesellschaften mit anderen positiven Einkünften und untersagt einen Verlustrücktrag bzw. -vortrag nach § 10d EStG auf andere positive Einkünfte.

532 Die Beschränkung des Ausgleichs und des Abzugs von Verlusten aus gewerblicher Tierzucht oder gewerblicher Tierhaltung mit anderen Einkünften ist darauf gerichtet, Wettbewerbsverzerrungen gegenüber der Landwirtschaft zu deren Ungunsten entgegenzuwirken. § 15 Abs. 4 S. 1 EStG soll damit die inländische Landwirtschaft schützen. Die Beschränkung der Verrechnung von Verlusten aus Termingeschäften entspricht dem Grundsatz nach der Regelung in § 23 Abs. 1 S. 1 Nr. 4 iVm Abs. 3 S. 8 EStG 2008 für den Bereich der privaten Veräußerungsgeschäfte. Diese Regelung soll sicherstellen, dass Verluste aus Differenzgeschäften im betrieblichen Bereich nur mit Gewinnen aus derartigen Geschäften verrechnet werden können. Weitere Motive hat der Gesetzgeber bei der Einführung der Vorschrift nicht erkennen lassen. Die Vorschrift könnte aber auch der Missbrauchsbekämpfung zur Verhinderung der missbräuchlichen Verlagerung privater Termingeschäfte im betrieblichen Bereich dienen. Die Beschränkung der Verrechnung von Verlusten aus mitunternehmerischen Innengesellschaften zwischen Kapitalgesellschaften durch § 15 Abs. 4 S. 6 EStG soll Ersatztransaktionen verhindern, die ähnliche Steuerwirkungen erzielen, wie die aufgehobene Mehrmütterorganschaft.

533 Dem § 15 Abs. 4 EStG liegen damit einerseits wirtschaftspolitische und andererseits gesetzessystematische Erwägungen zugrunde, die nicht die Zwecksetzung der Hinzurechnungsbesteuerung betreffen. Somit erfasst § 15 Abs. 4 EStG nur die Verluste einer im Inland unbeschränkt steuerpflichtigen Person. Dies bestätigt auch der Wortlaut der Vorschrift, die nur bestimmte Einkünfte erfasst und auf die Unterscheidung zwischen aktiven Tätigkeiten und passivem

D. Ermittlung der Einkünfte (Abs. 3 und 4)

Erwerb keine Rücksicht nimmt. Außerdem spricht auch der Wortlaut des § 10 Abs. 3 S. 5 EStG für diese Auffassung. Danach lösen Verluste bei den Zwischeneinkünften uneingeschränkt die Anwendung des § 10d EStG aus. Für § 15 Abs. 4 EStG bleibt damit kein Raum.

19. § 16 EStG

Im Falle der Auflösung der ausländischen Gesellschaft wird der Auflösungsgewinn nach den Grundsätzen des § 16 Abs. 2 EStG ermittelt. § 11 KStG ist nicht anwendbar, da diese Vorschrift nur unbeschränkt steuerpflichtige Körperschaften betrifft. **534**

Bei der Veräußerung des Betriebs oder eines Teilbetriebs der ausländischen Gesellschaft ist der Veräußerungsgewinn auf die aktiven und passiven Tätigkeiten aufzuteilen. Soweit der Veräußerungsgewinn dem passiven Bereich zuzuordnen ist, unterliegt dieser der Hinzurechnungsbesteuerung. **535**

§ 16 Abs. 3 EStG ist nicht analog anzuwenden, wenn die ausländische Gesellschaft den Unternehmensbereich des passiven Erwerbs einstellt. Dies könnte dadurch geschehen, dass die ausländische Gesellschaft die in dem passiven Unternehmensbereich eingesetzten Wirtschaftsgüter für aktive Tätigkeiten verwendet, zB wenn die ausländische Gesellschaft erstmals einen in kaufmännischer Weise eingerichteten Geschäftsbetrieb unterhält oder die schädliche Mitwirkung eines Steuerinländers entfällt. Weiter kann die ausländische Gesellschaft trotz Erzielung von passiven Einkünften aus der Niedrigbesteuerung in eine Hochbesteuerung wechseln. Schließlich kann der Unternehmensbereich des passiven Erwerbs auch dadurch aufgegeben werden, dass die Beteiligung von Steuerinländern zu mehr als der Hälfte entfällt, oder die Hinzurechnungsbesteuerung wegen § 9 unterbleibt. § 16 Abs. 3 EStG ist zudem deshalb nicht anwendbar, weil diese Vorschrift die Überführung von Wirtschaftsgütern des Betriebsvermögens in das Privatvermögen voraussetzt. Die ausländische Gesellschaft hat aber kein Privatvermögen. **536**

Allerdings könnte sich nach dem vorrangigen Zurechnungsmodell und dem BFH-Urteil (BFH v. 21.1.1998, I R 3/96, BStBl. II 1998, 468) vom 21. Januar 1998 eine andere Beurteilung ergeben. Es wurde anerkannt, dass Wertsteigerungen nicht der Hinzurechnungsbesteuerung unterliegen, wenn der Steuerinländer die Beteiligung im Privatvermögen hält und die ausländische Gesellschaft vermögensverwaltend tätig ist. Die Umkehrung des in diesem Urteil beschriebenen Sachverhalts könnte möglicherweise als „Entnahme" der Hinzurechnungsbesteuerung unterliegen, wenn die ausländische Gesellschaft bislang gewerblich tätig ist und nunmehr ihre Aktivitäten so sehr einschränkt, dass die Gesellschaft lediglich vermögensverwaltend tätig ist, und der Steuerinländer die Beteiligung im Privatvermögen hält. Denn in diesem Fall wären die Wertsteigerungen des zugrunde liegenden Vermögens vorbehaltlich des § 23 EStG 2008 nicht mehr steuerpflichtig. Zwar hat die auländische Gesellschaft kein Privatvermögen, jedoch bedingt das Zurechnungsmodell eine Überführung der Wirtschaftsgüter der ausländischen Gesellschaft in das Privatvermögen des Steuerinländers. **537**

Wechselt die ausländische Gesellschaft aus dem Unternehmensbereich des aktiven Erwerbs wiederum in den Unternehmensbereich des passiven Erwerbs **538** zurück, sind in der Zwischenzeit entstandene Verluste nach § 10 Abs. 3 S. 5 abzugsfähig.

539 § 16 Abs. 4 EStG ist eine persönliche Steuerbefreiungsvorschrift und ist daher bei der Ermittlung der zugrunde liegenden Einkünfte nicht zu berücksichtigen.

20. §§ 7, 8 KStG

540 § 10 Abs. 3 S. 1 verweist nur auf die einkommen- und körperschaftsteuerlichen Einkünfte, jedoch nicht auf die Einkommensermittlungsvorschriften.

541 Da die §§ 7, 8 KStG den körperschaftsteuerlichen Einkommensbegriff definieren, der auch den Einkünftebegriff umfasst, sind die Einkommensermittlungsvorschriften auszuscheiden. Hierzu gehören § 10d EStG, §§ 9 Abs. 1 Nr. 2, 24, 25 KStG.

542 Außerdem sind diejenigen Einkünfte der ausländischen Gesellschaft auszuscheiden, die nicht unter den Einkommensbegriff des § 8 KStG fallen und daher steuerfrei sind. Dies gilt vor allem für einmalige Vermögensanfälle wie Einlagen, Agiogewinne, Buchgewinne durch Kapitalherabsetzung.

21. § 8 Abs. 2 KStG

543 § 8 Abs. 2 KStG ist auf die ausländische Gesellschaft nur dann anwendbar, wenn diese im Inland eine Zweigniederlassung unterhält und daher zur Buchführungspflicht nach den deutschen Rechnungslegungsvorschriften verpflichtet ist (BFH v. 30.8.1989, I B 38/89, BFH/NV 1990, 161; BFH v. 21.1.1998, I R 3/96, BStBl. II 1998, 468). Im Regelfall haben ausländische Gesellschaften keine gewerblichen Einkünfte kraft Rechtsform. Deshalb können sie sowohl Einkünfte iSd § 2 Abs. 1 Nrn. 1–4 als auch 5–7 EStG erzielen.

22. § 8 Abs. 3 Satz 2 KStG

544 Die Rechtsprechung des BFH betrachtet § 8 Abs. 3 S. 2 KStG als eine Gewinn- bzw. Einkünfteermittlungsvorschrift, so dass die Norm für die Ermittlung der Zwischeneinkünfte Anwendung findet (BFH v. 29.6.1994, I R 137/93, BStBl. II 2002, 366; BFH v. 21.12.1994, I R 65/94, BB 1995, 1174).

545 Die verdeckte Gewinnausschüttung ist bei einkommensteuerpflichtigen Steuerinländern im Rahmen des § 3 Nr. 41 Buchst. a EStG und des § 12 Abs. 3 zu berücksichtigen. Bei körperschaftsteuerpflichtigen Steuerinländern hat das FG Bremen mit Urteil vom 15.10.2015 zutreffend entgegen der Auffassung der Finanzverwaltung entschieden, dass auf Gewinnausschüttungen, die zuvor der Hinzurechnungsbesteuerung nach §§ 7 bis 10 unterlegen haben, nicht das pauschale Betriebsausgabenabzugsverbot des § 8b Abs. 5 KStG anzuwenden ist (FG Bremen v. 15.10.2015, 1 K 4/15 (5)). Die Revision der Finanzverwaltung ist beim BFH unter Az. I R 84/15 anhängig, dessen Kurzbeschreibung des zentralen Rechtsproblems ausweislich wie folgt lautet: „Ist das pauschale Betriebsausgabenabzugsverbot nach § 8b Abs. 5 KStG auf Gewinnausschüttungen, die zuvor der Hinzurechnungsbesteuerung nach §§ 7–10 unterlegen haben, anzuwenden?"

546 Leistungs- und Lieferbeziehungen zwischen dem Steuerinländer und der ausländischen Gesellschaft sind steuerlich anzuerkennen. Die ausländische Gesellschaft ist ein selbständiges Steuersubjekt und erzielt die Zwischeneinkünfte

D. Ermittlung der Einkünfte (Abs. 3 und 4) 547–551 § 10

(BFH v. 2.7.1997, I R 32/95, BStBl. II 1998, 176; *Schaumburg* Internationales Steuerrecht, Rz. 10.135; 10.137). Nur wenn der Steuerinländer zugleich Einkünfteerzielungssubjekt wäre, müssten die Leistungsbeziehungen steuerlich negiert werden. Dann wäre aber für die Hinzurechnung der Zwischeneinkünfte kein Raum mehr.

Problematisch ist bei verdeckten Gewinnausschüttungen, dass diese beim Steuerinländer bereits im Jahr des Zuflusses (Jahr 01) nach § 3 Nr. 40 EStG und ein zweites Mal nach § 10 Abs. 2 im Jahr der Hinzurechnung (Jahr 02) zu besteuern sind. Damit würde die verdeckte Gewinnausschüttung planwidrig doppelt besteuert. Da das Gesetz nicht zu einer Steuerverschärfung führen darf, ist die Gesetzeslücke in der Weise zu schließen, dass § 3 Nr. 41 Buchst. a EStG bereits im Jahr des Zuflusses der verdeckten Gewinnausschüttung zu gewähren ist. Dies folgt aus dem systematischen Ineinandergreifen von Hinzurechnungsbesteuerung und Freistellung von Gewinnausschüttungen, denen Hinzurechnungsbeträge zugrunde liegen. In der bis 2001 geltenden Fassung des AStG wurden aufgrund des vorläufigen Charakters der Hinzurechnungsbesteuerung die im Hinzurechnungsbetrag enthaltenen und im Vorjahr zugeflossenen verdeckten Gewinnausschüttungen im Wege der teleologischen Extension des § 11 Abs. 1 AStG aF von dem Hinzurechnungsbetrag abgesetzt (BFH v. 2.7.1997, I R 32/95, BStBl. II 1998, 176; *Schaumburg* Internationales Steuerrecht, Rz. 10.135; 10.137). Da nunmehr die Hinzurechnungsbesteuerung definitiv ist, dh der Hinzurechnungsbetrag kann nicht mehr um Gewinnausschüttungen gemindert werden, bleibt systematisch zutreffend nur die Vornahme der Korrektur im Rahmen des § 3 Nr. 41 Buchst. a EStG. 547

23. § 8 Abs. 4 KStG aF

§ 8 Abs. 4 KStG aF ist auf die Ermittlung der Zwischeneinkünfte nicht anwendbar. Denn diese Vorschrift ergänzt § 10d EStG, die jedoch eine Einkommensermittlungsvorschrift ist, und nur aufgrund der ausdrücklichen Verweisung in § 10 Abs. 3 S. 5 angewendet wird, die jedoch bei § 8 Abs. 4 KStG aF nicht gegeben ist. 548

24. § 8 Abs. 5 KStG

Die Bestimmung findet von ihrem Sinngehalt her auch auf Personenvereinigungen entsprechende Anwendung, die in einem niedrig besteuerten ausländischen Gebiet ihren Sitz haben, im Übrigen jedoch die Voraussetzungen der Vorschrift erfüllen. 549

25. § 8a KStG aF

§ 8a KStG aF beschreibt einen Tatbestand, an den die Rechtsfolgen der vGA geknüpft sind. Nach § 8a Abs. 1 S. 1 KStG aF sind die schädlichen Vergütungen für das überlassene Fremdkapital vGA. Im Gegensatz dazu hat § 8a Abs. 1 S. 1 KStG idF für Wirtschaftsjahre, die vor dem 31.12.2003 beginnen, noch bestimmt, dass die schädlichen Zinsen lediglich als vGA gelten. 550

Durch diese Klarstellung des Gesetzgebers steht § 8a KStG aF dem § 8 Abs. 3 KStG nahe. Die Rechtsprechung sieht in § 8 Abs. 3 S. 2 KStG eine Gewinnermittlungs- bzw. Einkünfteermittlungsvorschrift und keine Einkom- 551 mensermittlungsvorschrift (BFH v. 29.6.1994, I R 137/93, BStBl. II 2002, 366; BFH v. 21.12.1994, I R 65/94, BB 1995, 1174).

552 Auch die hM begreift § 8a KStG aF als eine deutsche Einkünfteermittlungsvorschrift, die nach § 10 Abs. 3 S. 1 bei der Ermittlung der Zwischeneinkünfte beachtlich sein muss (*Benicke/Schnittger* IStR 2004, 44; *Rödder/Ritzer* DB 2004, 891; aA *Köhler* RIW 1989, 466; *Quack* BB 1975, 1198).

553 Der Gesetzgeber hat nach dem Wortlaut des § 8a KStG aF nach der Neuregelung durch Gesetz vom 22.12.2003 (BGBl. 2003 I 2840) eine weitgehende Gleichbehandlung von inländischen und ausländischen Kapitalgesellschaften als Fremdkapitalnehmer herbeigeführt. Im Ergebnis wäre daher § 8a KStG aF bei der Ermittlung der Zwischeneinkünfte der ausländischen Gesellschaft so anzuwenden, als wenn diese eine inländische Gesellschaft wäre.

554 Die Anwendung des § 8a KStG aF im Rahmen der §§ 7 ff. führt jedoch zu zweifelhaften Ergebnissen.

555 So könnten regelbesteuerte passive Einkünfte durch die Versagung der Anerkennung des Zinsabzugs zu niedrig besteuerten passiven Einkünften führen, so dass der Zinsabzug der Hinzurechnungsbesteuerung unterliegen würde. Weiter könnte durch die Anwendung des § 8a KStG im Rahmen der Hinzurechnungsbesteuerung der Zinsabzug in aktive Gewinnausschüttungen umqualifiziert werden, wenn eine aktive ausländische Enkelgesellschaft durch eine ausländische passive Tochtergesellschaft finanziert wird.

556 Aufgrund dieser zweifelhaften Ergebnisse muss die Anwendung des § 8a KStG im Rahmen der §§ 7 ff. durch teleologische Reduktion unterbleiben. Die Finanzverwaltung hat sich dieser Auffassung angeschlossen und die Anwendung des § 8a KStG für Zwecke der Hinzurechnungsbesteuerung ausgeschlossen (Tz. 10.1.1.1. AEAStG).

Beispiel:

557 NLBV ist Finanzierungsgesellschaft des D-Konzerns. NLBV nimmt Fremdkapital für den Konzern auf und leitet die Mittel dem deutschen und dem ausländischen Teilkonzern weiter. Die Rückzahlung der am Kapitalmarkt aufgenommenen Mittel und die Zahlung der Zinsen wird von den finanzierten Konzerngesellschaften garantiert.

558 Sofern der Gegenbeweis nach Tz. 20, 21 des Erlasses zu § 8a KStG aF vom 15. Juli 2004 nicht geführt werden kann, wäre die Minderung der ausländischen Bemessungsgrundlage um die im Ausland als Betriebsausgabe akzeptierten Zinsen gem. § 10 Abs. 3 S. 1 AStG iVm § 8a KStG aF wieder hinzuzurechnen. Damit dürfte es zur Niedrigbesteuerung der ausländischen Gesellschaft kommen, da die nach deutschem Steuerrecht ermittelten Zwischeneinkünfte nur gering besteuert werden.

26. § 8b KStG

559 Die nach § 8b Abs. 1, 2 KStG begünstigten Bezüge bleiben bei der Ermittlung des Einkommens außer Ansatz.

560 Da § 10 Abs. 3 S. 1 nur auf die Einkünfteermittlungsvorschriften des deutschen Steuerrechts verweist, wäre § 8b Abs. 1, 2 KStG als Einkommensermittlungsvorschrift bei der Ermittlung der Zwischeneinkünfte nicht anwendbar. Allerdings geht die hM davon aus, dass es sich bei § 8b Abs. 1, 2 KStG um eine Gewinn- und Einkünfteermittlungsvorschrift handelt. Die Steuerbefreiung aufgrund von § 8b KStG erfolgt durch Korrektur außerhalb der Handels- und Steuerbilanz, so dass die Betriebseinnahmen als Abzugsposten vom Gewinn aus Gewerbebetrieb abgesetzt werden müssen. Dh steuertechnisch erfolgt die Freistellung bei Ermittlung des Gewinns aus Gewerbebetrieb (HHR/ *Watermeyer* § 8b KStG Rz. 12; *Töben* FR 2002, 361; *Seitz* GmbHR 2004, 476; BFH v. 6.7.2000, I B 34/00, IStR 2000, 681 mit Zust. Anm. *FW*).

Ungeachtet dessen hat der Gesetzgeber in § 10 Abs. 3 S. 4 statuiert, dass § 8b Abs. 1, 2 KStG nicht anzuwenden sind. Da § 8b Abs. 5, 3 KStG an § 8b Abs. 1, 2 KStG anknüpfen, bleiben diese Vorschriften nach § 10 Abs. 3 S. 4 entsprechend unberücksichtigt. Stattdessen ist aber § 8 Abs. 1 Nr. 8 und 9 zu beachten, welche Dividenden und unter gewissen Voraussetzungen Veräußerungsgewinne als aktive Einkünfte qualifizieren.

27. § 8c KStG

§ 8c KStG ist auf die Ermittlung der Zwischeneinkünfte nicht anwendbar. Diese Vorschrift ergänzt wie § 8 Abs. 4 KStG aF die Vorschrift des § 10d EStG, die jedoch eine Einkommensermittlungsvorschrift ist und nur aufgrund der ausdrücklichen Verweisung in § 10 Abs. 3 S. 5 angewendet wird. Für § 8c KStG fehlt es jedoch an einem entsprechenden Verweis.

Die ganz hM im Schrifttum geht davon aus, dass § 8c KStG auf die Ermittlung der Zwischeneinkünfte nicht anwendbar ist (*Kraft* IStR 2016, 909; *Weiss* NWB 2016, 1360; *Moser* IStR 2016, 462; Mössner/Fuhrmann/*Fuhrmann* AStG, 2. Aufl. 2011, § 10 Rz. 173; *Moser* Die Hinzurechnungsbesteuerung nach den §§ 7–14 AStG und die Besteuerung ausländischer Familienstiftungen nach § 15 AStG – systematischer Vergleich, Gestaltungspotenzial und Reformüberlegungen, 2015, 264; wohl auch Lademann/*Gropp* § 10 AStG Rz. 39 und Haase/*Intemann* AStG Rz. 308.1). Ähnlich apodiktisch äußert sich die Finanzverwaltung im AEAStG. In Tz. 10.3.5.3 heißt es: „Ein Wechsel der Gesellschafter der ausländischen Gesellschaft berührt die Höhe des abzugsfähigen Verlustrücktrags bzw. -vortrags bei der Gesellschaft nicht."

Demgegenüber nimmt die (Berliner) Finanzverwaltung im Runderlass der FinSen Berlin v. 6.1.2016, III A – S 2745a – 3/2013, neuerdings eine konträre Position ein. Denn Kernaussage des Runderlasses der FinSen Berlin v. 6.1.2016 ist die Feststellung, dass § 8c KStG auf Ebene einer ausländischen Zwischengesellschaft „bei der Ermittlung des Hinzurechnungsbetrages nach dem AStG sowohl auf einen laufenden Verlust als auch auf einen festgestellten Verlustvortrag iSd § 10 Abs. 3 S. 5 AStG anzuwenden ist." Dies hätte zur Folge, dass beim Wechsel des Gesellschafterkreises einer ausländischen Zwischengesellschaft ein anteiliger (§ 8c Abs. 1 S. 1 KStG) oder ein vollständiger (§ 8c Abs. 1 S. 2 KStG) Untergang der auf Ebene der Zwischengesellschaft festgestellten bzw. im laufenden Jahr angefallenen Verluste möglich wäre.

Das Problem illustriert der folgende **Beispiel**sachverhalt:
Die im Inland unbeschränkt steuerpflichtige Verkaufs-AG hält 100% der Anteile an der im Ausland ansässigen T-Inc., die über „passive" Verlustvorträge verfügt. Die Verkaufs-AG veräußert ihre Anteile mit Wirkung vom 1.1.02 an die ebenfalls im Inland unbeschränkt steuerpflichtige Erwerbs-GmbH.
Stellungnahme: § 8c KStG soll nach Auffassung der Finanzverwaltung Berlin im Rahmen der Ermittlung des Hinzurechnungsbetrags sowohl auf einen laufenden Verlust

als auch auf einen festgestellten verbleibenden Verlustvortrag iSd § 10 Abs. 3 S. 5 anzuwenden sein. Die Konsequenz würde vorliegend im Untergang der Verlustvorträge anlässlich der Anteilsübertragung bestehen.

562d Diese Rechtsfolgeanordnung überrascht, führt der AEAStG in Tz. 10.3.5.3 (BMF-Schreiben v. 14.5.2004, BStBl. I 2004, Sondernr. 1, 3 = BeckVerw 051455) doch folgendes aus: „Ein Wechsel der Gesellschafter der ausländischen Gesellschaft berührt die Höhe des abzugsfähigen Verlustrücktrags bzw. -vortrags bei der Gesellschaft nicht."

562e Der Runderlass der FinSen Berlin v. 6.1.2016 – III A – S 2745a – 3/2013 indessen ist um eine frische Begründung nicht einmal verlegen. Er behauptet: „Der Begriff „Einkünfte" ist damit im Rahmen der Ermittlung des Hinzurechnungsbetrages nach § 10 anders zu verstehen als im Rahmen der inländischen Einkommensermittlung." Eine derart „steile These", die überdies vom Gesetzeswortlaut nicht gedeckt ist, wird mit Sicherheit in absehbarer Zeit den Weg in die Finanzgerichtsbarkeit finden (*Kraft* IStR 2016, 909; *Weiss* NWB 2016, 1360).

28. § 9 KStG

563 § 9 KStG hat die Aufgabe, den Betriebsausgabenabzug zu beschränken. Entsprechend sind Ausgaben iSv § 9 Nr. 3 KStG bei der Ermittlung der Zwischeneinkünfte nicht zu berücksichtigen. Dazu gehören nicht nur Aufwendungen zu Förderung mildtätiger, kirchlicher, religiöser, wissenschaftlicher und staatspolitischer Zwecke, sondern auch alle übrigen Aufwendungen, die nach § 10 EStG zum Sonderausgabenbereich zählen. Im Einzelnen handelt es sich zB um gezahlte Prozesszinsen, Stundungszinsen und Hinterziehungszinsen, Spenden und Verlustabzüge. Kosten der Ausgabe von Gesellschaftsanteilen der Zwischengesellschaft sind, soweit sie das Ausgabenaufgeld übersteigen, bei der Ermittlung der Zwischeneinkünfte zu berücksichtigen.

29. § 10 KStG

564 Die Ausführungen zu § 9 KStG gelten für die nichtabziehbaren Aufwendungen iSv § 10 KStG entsprechend. Dh Steuern iSv § 10 Nr. 2 KStG dürfen weder als Betriebsausgaben abgezogen noch in Form einer Rückstellung aufwandsmäßig berücksichtigt werden.

565 Aufwendungen für die Erfüllung von Zwecken der Zwischengesellschaft, die durch Stiftungsgeschäfte, Satzung oder sonstige Verfassung vorgeschrieben sind, sind gem. § 10 Nr. 1 KStG wie Aufwendungen zur Einkommensverwendung zu behandeln. Sie sind deshalb nichtabziehbare Betriebsausgaben, die auch die Bemessungsgrundlage für die Gewerbeertragsteuer nicht mindern. Entsprechendes gilt für Vergütungen an Aufsichtsrat, Verwaltungsrat und andere mit der Überwachung der Geschäftsführung beauftragte Personen (§ 10 Nr. 4 KStG). Diese Aufwendungen sind jedoch zur Hälfte bei der Ermittlung der Zwischeneinkünfte abziehbar.

D. Ermittlung der Einkünfte (Abs. 3 und 4) 566–571 § 10

30. § 11 KStG

§ 11 KStG gilt unmittelbar nur für unbeschränkt steuerpflichtige Körperschaften, so dass die Vorschrift nicht bei der Ermittlung der Zwischeneinkünfte zur Anwendung. 566

31. § 12 KStG

§ 12 KStG enthält einen allgemeinen Entstrickungstatbestand für Kapitalgesellschaften. Absatz 1 bestimmt, dass bei Verlust oder Beschränkung des deutschen Besteuerungsrechts hinsichtlich des Gewinns aus der Veräußerung oder der Nutzung eines Wirtschaftsguts, das zum Betriebsvermögen eines unbeschränkt oder beschränkt Körperschaftsteuerpflichtigen gehört, die Entstrickung zum gemeinen Wert erfolgt. Diese Vorschrift ist im Rahmen der Verweisung des § 10 Abs. 3 S. 1 zu beachten, sofern es sich um eine ausländische Kapitalgesellschaft handelt, die beschränkt steuerpflichtig ist, zB eine inländische Betriebsstätte unterhält. 567

Absatz 2 betrifft die Übertragung des gesamten Vermögens eines beschränkt Körperschaftsteuerpflichtigen auf einen anderen ausländischen Rechtsträger, auf die das UmwStG unanwendbar ist, da die Übertragung zwischen Kapitalgesellschaften in Drittstaaten vorgenommen wird. Die Übertragung ist, wenn sie zwischen Rechtsträgern desselben Drittstaats vorgenommen wird, der Übertragungsvorgang mit einer Verschmelzung iSd § 2 UmwG vergleichbar ist und das deutsche Besteuerungsrecht durch den Rechtsträgerwechsel nicht ausgeschlossen oder beschränkt wird, zum Buchwert vorzunehmen. Diese Vorschrift ist im Rahmen der Verweisung des § 10 Abs. 3 S. 1 zu beachten, da sie voraussetzt, dass die ausländische Kapitalgesellschaft im Inland beschränkt steuerpflichtig ist. Die Vorschrift ist in Zusammenhang mit § 10 Abs. 3 Abs. 4 zu sehen, wonach bei einer möglichen Buchwertfortführung aktive Einkünfte vorliegen. 568

Absatz 3 Satz 1 regelt die Besteuerung der Verlegung der Geschäftsleitung und/oder des Sitzes einer in- oder ausländischen Kapitalgesellschaft, die dazu führt, dass die Kapitalgesellschaft in keinem anderen EU-Mitgliedstaat und EWR-Staat, mehr unbeschränkt körperschaftsteuerpflichtig ist. Die Rechtsfolge dieser Verlegungen ist, dass die Kapitalgesellschaft als aufgelöst gilt und § 11 KStG entsprechend anzuwenden ist. Nach Satz 2 tritt dieselbe Rechtsfolge ein, wenn die Verlegung der Geschäftsleitung und/oder des Sitzes nach dem Ansässigkeitsartikel eines DBA dazu führt, dass die Kapitalgesellschaft nicht mehr als in einem EU-Staat oder einem EWR-Staat ansässig anzusehen ist. Da Absatz 3 nicht nur für unbeschränkt Körperschaftsteuerpflichtige gilt, ist die Vorschrift im Rahmen der Hinzurechnungsbesteuerung zu beachten. 569

32. §§ 14–19 KStG

§§ 14–19 KStG finden im Rahmen der Hinzurechnungsbesteuerung keine Anwendung, weil die Bestimmungen auf ein Organschaftsverhältnis zwischen zwei unbeschränkt steuerpflichtigen Personen abstellen. 570

Die Finanzverwaltung hat aber die Möglichkeit des Ausgleichs von Verlusten und Gewinnen im Rahmen einer Gruppenbesteuerung – Konsolidierung 571 und Organschaft – für Zwecke der Prüfung, ob eine Niedrigbesteuerung vorliegt, anerkannt (Tz. 8.3.1.2. AEAStG).

33. § 26 KStG

572 § 26 KStG findet nur auf unbeschränkt steuerpflichtige Körperschaften, Personenvereinigungen und Vermögensmassen Anwendung. Deshalb scheidet die Anwendung von § 26 Abs. 1, 6 KStG von vornherein aus. Allerdings verweist § 12 Abs. 2 auf § 26 Abs. 1, 6 KStG für den Fall, dass die ausländischen Steuern nicht nach § 10 Abs. 1 S. 1 abgezogen werden, sondern auf Antrag angerechnet werden.

34. §§ 27 ff. KStG

573 Die §§ 27 ff. KStG finden nur auf unbeschränkt steuerpflichtige Kapitalgesellschaften Anwendung und sind daher im Rahmen der Hinzurechnungsbesteuerung nicht zu beachten.

35. § 1 AStG

574 Nach § 1 können die Einkünfte eines Steuerpflichtigen aus grenzüberschreitenden Geschäftsbeziehungen mit nahestehenden Personen korrigiert werden, wenn diese dem Drittvergleich nicht standhalten. Als Einkünfteermittlungsvorschrift sollte § 1 über die Verweisung des § 10 Abs. 3 S. 1 bei der Ermittlung der Zwischeneinkünfte grundsätzlich anwendbar sein. Dem steht jedoch die Tatbestandsvoraussetzung der Geschäftsbeziehungen zum Ausland entgegen. Die ausländische Gesellschaft kann nur Geschäftsbeziehungen zum Inland oder im Ausland – Sitzstaat der ausländischen Gesellschaft oder Drittstaat – unterhalten.

575 Wenn auch § 1 bei der Ermittlung der Zwischeneinkünfte nicht anwendbar ist, steht dennoch diese Vorschrift gleichrangig neben den Regeln der Hinzurechnungsbesteuerung. Dies ist dann der Fall, wenn ein der Hinzurechnungsbesteuerung unterliegender Steuerinländer selbst mit der ausländischen Gesellschaft Geschäftsbeziehungen vereinbart, die nach § 1 zu korrigieren sind. Zur Vermeidung von Doppelerfassungen ist bei der Ermittlung der Zwischeneinkünfte eine Gegenberichtigung vorzunehmen (Tz. 10.1.1.1. AEAStG). Der BFH sieht jedoch die Rechtsgrundlage der Vermeidung der Überbesteuerung nicht in einem Verzicht auf § 1 beim Zusammentreffen der Vorschrift mit der Hinzurechnungsbesteuerung, sondern lediglich in den Billigkeitsregeln des §§ 163, 227 AO (BFH v. 19.3.2002, I R 4/01, BStBl. II 2002, 644).

36. §§ 1 ff. UmwStG

576 Umwandlungen nach ausländischem Recht – Verschmelzung, Spaltung, Formwechsel, Ausgliederung – werden von jeweiligen Sitzstaaten ähnlich dem deutschen Steuerrecht steuerneutral zugelassen, wenn nach dem dortigen Recht die Besteuerung der stillen Reserven sichergestellt ist. § 10 Abs. 3 S. 4 bestimmt, dass bei der Ermittlung der Zwischeneinkünfte das Umwandlungssteuergesetz insoweit nicht zu beachten ist, soweit die Einkünfte aus einer Umwandlung nach § 8 Abs. 1 Nr. 10 hinzuzurechnen sind (→ Rz. 703 ff.).

577–589 *einstweilen frei*

IV. Einkünfteermittlung bei Anteilen an einem Investmentvermögen

Nach § 10 Abs. 3 S. 1 2. Hs. sind für die Ermittlung der Einkünfte aus Anteilen an einem inländischen oder ausländischen Investmentvermögen die Vorschriften des Investmentsteuergesetzes sinngemäß anzuwenden, sofern dieses Gesetz auf das Investmentvermögen anwendbar ist.

Die Vorschrift führt auf der Tatbestandsseite die folgenden Merkmale auf:
- Die ausländische Gesellschaft unterliegt der Hinzurechnungsbesteuerung nach §§ 7 Abs. 1, 6. § 7 Abs. 7 ist auf die ausländische Gesellschaft nicht anwendbar.
- Die ausländische Gesellschaft hält Anteile an einem Investmentvermögen und bezieht daraus Einkünfte.
- Die Anteile an den Investmentvermögen sind dem passiven Bereich der ausländischen Gesellschaft zuzurechnen und die daraus fließenden Einkünfte werden niedrig besteuert.
- Das Investmentvermögen kann inländischem oder ausländischem Recht unterstehen.

Auf der Rechtsfolgeseite bestimmt die Vorschrift, dass innerhalb der Hinzurechnungsbesteuerung die Einkünfteermittlungsvorschriften des InvStG sinngemäß anwendbar sind.

1. Inländische und ausländische Investmentvermögen

Inländische Investmentvermögen sind nach § 1 Abs. 1 Nr. 1 InvStG der Investmentfonds, dh von einer Kapitalanlagegesellschaft verwaltete regulierte Publikums-Sondervermögen (Investmentvermögen, das der OGAW-Richtlinie unterliegt – Richtlinie zur Koordinierung der Rechts- und Verwaltungsvorschriften betreffend bestimmte Organismen für gemeinsame Anlagen in Wertpapieren – (85/611/EWG), nicht regulierte Publikums-Sondervermögen sowie Spezial-Sondervermögen und die Investment-Aktiengesellschaft. Im Fall der inländischen Investmentvermögen knüpft der Anwendungsbereich des InvStG an denjenigen des InvG an.

Mit dem InvÄndG (InvÄndG v. 21.12.2007, BGBl. 2007 I 3089) vom 21.12.2007 wurde für das ausländische Investmentvermögen der formelle Fondsbegriff kodifiziert (siehe auch BaFin v. 22.12.2008, R 5 14/2008 (WA), WA 41-Wp 2136-2008/0001). So bestimmt § 2 Abs. 9 InvG, dass ausländische Investmentanteile Anteile an ausländischen Investmentvermögen sind, die von einem Unternehmen mit Sitz im Ausland ausgegeben werden und bei denen der Anleger verlangen kann, dass ihm gegen Rückgabe des Anteils sein Anteil an dem ausländischen Investmentvermögen ausgezahlt wird, oder bei denen der Anleger kein Recht zur Rückgabe der Anteile hat, aber die ausländische Investmentgesellschaft in ihrem Sitzstaat einer Aufsicht über Vermögen zur gemeinschaftlichen Kapitalanlage unterstellt ist. Die Rechtsform des ausländischen Investmentvermögens ist unerheblich. Das Investmentvermögen kann als Gesellschaft, Vertrag oder Trust ausgestaltet sein. Das Investmentvermögen des Gesellschaftstyps ist eine juristische Person. Die Anleger werden durch Aktien oder Geschäftsanteile oder sonstigen Mitgliedschaftsrechten an dem Unternehmen beteiligt. Das Investmentvermögen legt die Einlagen der Anleger auf eigene Rechnung an. Häufig haben solche Investmentvermögen ein variables Kapital, um die Ausgabe und die Rückgabe der Anteilscheine zu erleichtern. Investmentvermögen des Gesellschaftstyps sind beispielsweise der französische und luxemburgische Société d'Investissement à Capital Fixe/Variable (SICAF/SICAV) sowie die Investment Corporations in den USA aber auch die Private Company Limited by Shares („Ltd.") oder die Public Limited Company nach dem Recht von Guernsey, Jersey, British Virgin Islands.

595 Bei einem ausländischen Investmentvermögen des Vertragstyps handelt es sich um ein von einer Verwaltungsgesellschaft („Management Company") für Rechnung der Anleger verwaltetes Vermögen der Anleger. Die Verwaltungsgesellschaft wird aufgrund von vertraglichen Vereinbarungen mit den Anlegern gegen Entgelt tätig. Das Investmentvermögen besitzt keine eigene Rechtspersönlichkeit. Das Vermögen der Anleger ist von dem Vermögen der Verwaltungsgesellschaft getrennt. Das Vermögen gehört der Gesamtheit der Anleger (Bruchteilsgemeinschaft) und wird als sog. Miteigentumslösung bezeichnet. Es ist auch möglich, dass die Verwaltungsgesellschaft als Treuhänderin das Vermögen für die Anleger hält – sog. Treuhandlösung. Das Investmentvermögen des Vertragstyps gibt es in Frankreich, Belgien und Luxemburg in Gestalt des Fonds Communs de Placement und in Österreich in Gestalt des Anlagefonds. Das im InvG geregelte Sondervermögen folgt dem Vertragstyp.

596 Beim Trusttyp, der insbesondere im angelsächsischen Rechtsraum vorzufinden ist, hält der Trustee/Trustee Corporation das Vermögen und verwaltet es zum Nutzen des Beneficiary. Der Trustee/Trustee Corporation hat die alleinige Verfügungsmacht über das Vermögen. Der Unit Trust ist die bekannteste Form des Trusttyps. Der Trustee/Trustee Corporation als rechtlicher Eigentümer des Vermögens ist über einen Trust Deed („Treuhandvertrag") mit der Verwaltungsgesellschaft („Management Company") verbunden. Diese übernimmt die Funktion der Gesellschaftsorgane für den Trustee/Trustee Corporation. Der Trustee/Trustee Corporation hat eine Funktion ähnlich der Depotbank.

2. Konkurrenzverhältnis zu § 7 Abs. 7

597 Um den Anwendungsbereich des § 10 Abs. 3 S. 1 2. Hs. zu bestimmen, ist zunächst das Konkurrenzverhältnis zu § 7 Abs. 7 zu beleuchten (siehe auch → § 7 Rz. 280 ff.).

598 § 7 Abs. 7 begründet den Vorrang des InvStG gegenüber der Hinzurechnungsbesteuerung nach den §§ 7–14, jedoch mit einer Rückausnahme zugunsten der Hinzurechnungsbesteuerung, wenn die Ausschüttungen oder die ausschüttungsgleichen Erträge der ausländischen Kapitalgesellschaft aufgrund eines Doppelbesteuerungsabkommens von der Besteuerung im Inland auszunehmen wären. Aufgrund dieser allgemeinen Vorrangregel muss die ausländische Kapitalgesellschaft selbst ein Investmentvermögen sein, deren Einkünfte dem InvStG unterliegen und dem Hinzurechnungsbetrag nicht zugrunde liegen können (*Wolf Wassermeyer* IStR 2001, 193, 197). Die Einkünfte des ausländischen Investmentvermögens sind demnach nach den Vorschriften des InvStG zuzurechnen, wobei dieses selbst eine Zwischengesellschaft sein muss.

D. Ermittlung der Einkünfte (Abs. 3 und 4)

Dagegen betrifft § 10 Abs. 3 S. 1 2. Hs. die Einkünfte, die eine ausländische **599** Gesellschaft aus Anteilen an einem in- oder ausländischen Investmentvermögen erzielt. § 10 Abs. 3 S. 1 2. Hs. unterstellt daher, dass die ausländische Gesellschaft Anteile an Investmentvermögen hält, selbst aber keinen Investmentfonds aufgesetzt hat oder als solcher qualifiziert, jedoch nach der Ausschlussregel des § 7 Abs. 7 des AStG vorrangig ist. Dies gilt auch für die Fälle, in denen eine ausländische Vermögensverwaltungsgesellschaft keine Anteile zurücknimmt oder nicht der Investmentaufsicht untersteht. Darüber hinaus ist § 10 Abs. 3 S. 1 2. Hs. eine Einkünfteermittlungsvorschrift. Die Vorschrift geht daher von einer mittelbaren Beteiligung des Steuerinländers an dem Investmentvermögen durch Zwischenschaltung der ausländischen Gesellschaft aus.

Diese Auflösung der Anwendungskonkurrenz entspricht auch der Historie **600** des § 10 Abs. 3 S. 1 2. Hs. Diese Vorschrift wurde eingeführt, weil durch die Einbringung von einem Steuerinländer direkt gehaltener Investmentanteile in eine ausländische Tochtergesellschaft der Anwendungsbereich des AuslInvestmG bzw. des KAGG mangels unmittelbarer Beteiligung eines Steuerinländers grundsätzlich nicht eröffnet war. Allerdings hat auch damals eine passive zwischengeschaltete ausländische Gesellschaft nicht zur Umgehung des AuslInvestmG nicht genügt, weil nach § 1 Abs. 1 S. 2 AuslInvestmG das eingebrachte Investmentvermögen – zweite Stufe – die ausländische Gesellschaft – erste Stufe – als Investmentvermögen qualifiziert. Deshalb war vor der Einfügung des § 10 Abs. 3 S. 1 2. Hs. das AuslInvestmG nur dann nicht anwendbar, wenn die Investmentanteile in operativ tätige (Konzern-)Tochtergesellschaften eingebracht wurden. § 10 Abs. 3 S. 1 2. Hs. vermeidet diese Umgehungsmaßnahme, indem die Vorschrift die ausländische Gesellschaft dem Steuerinländer gleichstellt. Daher ist es auch nicht erforderlich, das Investmentvermögen als Untergesellschaft nach § 14 zu qualifizieren und die vom Investmentvermögen erwirtschafteten Erträge zur ausländischen Gesellschaft nach § 14 zuzurechnen. Dieses Ergebnis wird durch § 10 Abs. 3 S. 1 2. Hs. selbst gestützt, da sie die Ermittlung des Hinzurechnungsbetrages unter Zugrundelegung der investmentsteuerlichen Regelungen anordnet. Es würde dem Regelungszweck dieser Norm entsprechen, wenn Investmenterträge stets nach den Regeln des InvStG ermittelt werden, unabhängig davon, ob ein Investmentvermögen nach § 7 Abs. 7 der Hinzurechnungsbesteuerung unterliegt oder ob eine ausländische Gesellschaft Investmentvermögen hält. Einen betragsmäßigen Unterschied zwischen dem Hinzurechnungsbetrag nach § 10 Abs. 3 S. 1 2. Hs. und investmentrechtlichem Ertrag sollte sich nicht ergeben.

§ 7 Abs. 7 verdrängt § 10 Abs. 3 S. 1 2. Hs., wenn die ausländische Gesell- **601** schaft an einem ausländischen Investmentvermögen beteiligt ist, welches in der Rechtsform einer Kapitalgesellschaft geführt wird. Die Erträge des Investmentvermögens werden nach den Regeln des InvStG ermittelt. Nach Ansicht der Literatur sind in diesem Fall die Gewinnausschüttungen der Kapitalgesellschaft nach § 8 Abs. 1 Nr. 8 aktiv. Mithin würde die Hinzurechnungsbesteuerung auf Ebene der ausländischen Gesellschaft ins Leere laufen (SKK/ *Köhler* § 7 AStG Rz. 212; *FWBS* § 10 AStG Rz. 326; Blümich/*Vogt* § 10 AStG Rz. 72). Unter den Begriff der Gewinnausschüttungen fallen nicht nur die ausgeschütteten Erträge, sondern auch die ausschüttungsgleichen Erträge, weil § 20 Abs. 1 Nr. 1 S. 2 EStG auch einen Beteiligungsertrag unter den Begriff der Gewinnausschüttung fasst (*FWBS* § 10 AStG Rz. 326; Blümich/*Vogt* § 10 AStG Rz. 72; BMF v. 21.5.1999, IV D 3 – S 1300 – 34/99; BMF v. 30.3.1998, BStBl. I 1998, 368). Falls § 8 Abs. 1 Nr. 8 auf Ebene der ausländischen Gesellschaft Vorrang hätte, müssten jedoch im zweiten Schritt die passiven Einkünfte der Untergesellschaft nach § 14 der ausländischen Gesellschaft zugerechnet werden (SKK/*Köhler* § 7 AStG Rz. 212). Nicht nur wegen des historischen Hintergrundes des § 10 Abs. 3 S. 1 2. Hs., sondern auch wegen der unterschiedlichen Behandlung der Investmenterträge der als Kapitalgesellschaften und als Vertragstyp ausgestalten Investmentvermögen, ist fraglich, ob dieser Lösungsansatz überzeugt (*Schnitger/Schachinger,* BB 2007, 801, 809). Entgegen dem Wortlaut versucht deshalb *Wassermeyer* nach der Zwecksetzung des § 7 Abs. 7 der Vorschrift des § 10 Abs. 3 S. 1 2. Hs. Vorrang vor §§ 8 Abs. 1 Nr. 8, 14 einräumen (*FWBS* § 7 AStG Rz. 231 (2004); *Fock* IStR 2006, 734). Die Investmenterträge sind demnach einheitlich nach den Regeln des InvStG und unabhängig von der Rechtsform des Investmentvermögens zu ermitteln.

3. Ausländische Gesellschaft unterliegt der Hinzurechnungsbesteuerung

602 Ist der Steuerinländer mittelbar über die ausländische Gesellschaft an einem in- oder ausländischen Investmentvermögen beteiligt, welches in der Vertragsform geführt wird, unterliegen die Einkünfte der ausländischen Gesellschaft aus den Investmentanteilen der Hinzurechnungsbesteuerung, wenn (i) der Steuerinländer unmittelbar oder mittelbar iSv § 7 Abs. 1, 2, 6 an der ausländischen Gesellschaft beteiligt ist, (ii) die ausländische Gesellschaft passive Einkünfte bezieht und (iii) die aus von der ausländischen Gesellschaft bezogenen Einkünfte (§ 10 Abs. 3 S. 1 2. Hs.) aus den Investmentanteilen niedrig besteuert sind.

603 Die von der ausländischen Gesellschaft bezogenen Einkünfte aus den Investmentanteilen sind passive Einkünfte mit Kapitalanlagecharakter iSv § 7 Abs. 6a. Die Einkünfte aus den Investmentanteilen können jedoch aus aktiver Tätigkeit stammen, wenn die ausländische Gesellschaft iSv § 8 Abs. 1 aktiv tätig ist und die Einkünfte aus den Anteilsscheinen gemäß der funktionalen Betrachtungsweise der aktiven Tätigkeit zugeordnet werden können (Tz. 8.0.2. AEAStG). Im Fall von ausländischen Tochtergesellschaften, die Bankgeschäfte oder Versicherungsgeschäfte betreiben, ist deren Anlage in Investmentvermögen nach der funktionalen Betrachtungsweise regelmäßig ihrer aktiven Tätigkeit zuzuordnen, da Banken und Versicherungsunternehmen bei der Anlage von Geldern schon aus aufsichtsrechtlichen Gründen den Grundsatz der Risikostreuung beachten müssen (Tz. 8.1.3.4. AEAStG).

604 Können die Einkünfte aus den Investmentanteilen nicht dem aktiven Bereich der ausländischen Gesellschaft zugeordnet werden, sind diese im ausländischen Staat niedrig besteuert, wenn dieser kein dem InvStG vergleichbares Besteuerungssystem kennt. Eine im Vergleich zur inländischen Besteuerung niedrige ausländische Besteuerung kann sich bei den nach dem InvStG zu ermittelnden ausschüttungsgleichen (thesaurierten) Fondserträgen und im Fall

D. Ermittlung der Einkünfte (Abs. 3 und 4)

von „intransparenten" Fonds ergeben. Handelt es sich bei dem Investmentvermögen um einen ausschüttenden Fonds, liegt keine niedrige Besteuerung vor, wenn bei der ausländischen Gesellschaft die Ausschüttungen ausreichend besteuert werden. Eine niedrige Besteuerung kann auch dann nicht angenommen werden, wenn die Gewinne aus der Veräußerung der Investmentanteile ausreichend belastet werden (*Wassermeyer* EuZW 2000, 513).

Würde das ausländische Investmentvermögen als Kapitalgesellschaft geführt und die Anwendung des § 10 Abs. 3 S. 1 2. Hs. auf Ebene der ausländischen Gesellschaft zugunsten des § 8 Abs. 1 Nr. 8 abgelehnt, kommt es nach § 14 zur Zurechnung der Investmenterträge. Problematisch daran ist, dass selbst aktive hoch besteuerte ausländische Gesellschaften mit den zugerechneten Erträgen der Hinzurechnungsbesteuerung unterliegen, weil das Tatbestandsmerkmal des „Dienens" nicht erfüllt wäre.

4. Einkünfteermittlung nach dem InvStG

Liegen die og Tatbestandsvoraussetzungen des § 10 Abs. 3 S. 1 2. Hs. vor, sind die von der ausländischen Gesellschaft bezogenen Einkünfte aus Anteilen an dem Investmentvermögen unter sinngemäßer Anwendung der Vorschriften des Investmentsteuergesetzes zu ermitteln. Die Einkünfteermittlung hat dabei aus der Sicht der ausländischen Gesellschaft zu erfolgen, da diese nach § 10 Abs. 3 S. 1 2. Hs. dem inländischen Steuerpflichtigen gleichgestellt wird.

a) Grundnorm des § 3 InvStG

Die Ermittlung der Erträge des Investmentvermögens erfolgt nach § 3 Abs. 1 InvStG entsprechend dem Transparenzprinizip durch die Einnahme-Überschussrechnung nach § 2 Abs. 2 S. 1 Nr. 2 EStG. § 3 Abs. 2 InvStG ordnet das Zu- und Abflussprinzip des § 11 EStG ausdrücklich an, allerdings mit weitreichenden Modifikationen bei Dividenden, Zinsen, Mieten und Werbungskosten:
– Dividenden fließen bereits am Tag des Dividendenabschlags zu (§ 3 Abs. 2 S. 1 Nr. 1 InvStG),
– Zinsen sind periodengerecht abzugrenzen, dh die nach §§ 10 Abs. 3 S. 1, 2 AStG iVm § 2 Abs. 2 S. 1 Nr. 2, § 11, § 4 Abs. 3 EStG eröffnete Möglichkeit, Zinsen erst bei Zufluss anzusetzen, gilt im InvStG nicht (§ 3 Abs. 2 S. 1 Nr. 2 InvStG),
– Mieten sind ebenfalls periodengerecht abzugrenzen (§ 3 Abs. 2 S. 1 Nr. 2 InvStG),
– Werbungskosten (AfA, AfS, Zinsen) sind periodengerecht abzugrenzen (§ 3 Abs. 2 S. 1 Nr. 3 InvStG). Satz 2 enthält umfangreiche Regelungen über die Abzugsfähigkeit von auf der Ebene des Investmentvermögens angefallenen Werbungskosten, die nicht direkt einzelnen Erträgen zugeordnet werden können.

Nach § 3 Abs. 4 InvStG können negative Erträge des Investmentvermögens nur mit positiven Erträgen des laufenden und der künftigen Ermittlungszeiträume verrechnet werden (§ 10 d EStG gilt insoweit nicht, LBP/*Ramakers* § 3 InvStG Rz. 40 f.). Deshalb wäre ein negativer Ertrag mit Null anzusetzen. Dies entspricht auch der Regelung des § 10 Abs. 1 S. 3. Aufgrund der Beschränkung des § 3 Abs. 4 InvStG ist eine Verrechnung mit positiven Zurechnungsbeträgen vor- oder nachgelagerter Zwischengesellschaften nicht möglich.

b) Anwendung von Steuerbegünstigungen nach §§ 2, 4 InvStG auf die Investmenterträge

609 Bei der Ermittlung der Erträge aus den Anteilen an den Investmentvermögen sind die Steuerbegünstigungen nach §§ 2, 4 InvStG zu berücksichtigen, soweit diese im Rahmen der Hinzurechnungsbesteuerung sinngemäß anwendbar sind.

610 §§ 2, 4 InvStG gewähren unter gewissen Voraussetzungen die Steuerbegünstigungen nach dem Halb- bzw. Teileinkünfteverfahren (§ 3 Nr. 40 EStG), dem Beteiligungs- und Veräußerungsgewinnprivileg (§ 8b KStG) sowie die für Privatanleger vorgesehene Steuerfreistellung für ausgeschüttete Erträge auf Investmentanteile, die aus bestimmten Veräußerungsgewinnen resultieren. § 2 Abs. 3 InvStG nimmt ausgeschüttete Erträge auf im Privatvermögen gehaltene Investmentanteilen, die aus bestimmten Veräußerungsgewinnen – Grundstücken und grundstücksgleichen Rechten – finanziert werden, von der Besteuerung aus. Außerdem kann nach § 4 Abs. 1 InvStG die abkommensrechtliche Steuerfreistellung gewährt werden, wenn bei einer Direktanlage die Bundesrepublik Deutschland nach einem Doppelbesteuerungsabkommen die entsprechenden Einkünfte freistellen würde. § 4 Abs. 1 InvStG überträgt die bei der Direktanlage eingreifenden Steuerfreistellung unter Progressionsvorbehalt auf die entsprechenden Teile von ausgeschütteten oder ausschüttungsgleichen Erträgen.

611 Bei der sinngemäßen Anwendung der Steuerbegünstigungen nach den §§ 2, 4 InvStG ist zu berücksichtigen, dass die Investmentanteile von der ausländischen Gesellschaft gehalten werden, die dem Steuerinländer gleichsteht.

612 Da die ausländische Gesellschaft nach dem Typenvergleich einer deutschen Körperschaft entsprechen sollte, ist auf die in den ausgeschütteten und ausschüttungsgleichen Erträgen enthaltenen Erträgen iSd § 43 Abs. 1 S. 1 Nr. 1 und S. 2 EStG das Beteiligungs- und Veräußerungsgewinnprivileg des § 8b KStG anzuwenden (es gilt § 8b Abs. 1–8 KStG). Die Begünstigung nach § 3 Nr. 40 EStG kommt nicht in Betracht, weil die ausländische Körperschaft die Investmentanteile hält und nicht der Steuerinländer, der möglicherweise eine natürliche Person ist.

613 Soweit natürliche Personen an der ausländischen Gesellschaft beteiligt sind, die die Investmentanteile im Privatvermögen halten und die ausländische Gesellschaft lediglich vermögensverwaltend tätig ist, sind die Steuerbegünstigungen für gewisse Veräußerungsgewinne nach § 2 Abs. 3 InvStG anwendbar. Zwar werden die Investmentanteile von der ausländischen Gesellschaft gehalten, dennoch ist in diesem Fall auf den Steuerinländer abzustellen, weil es nach dem Urteil des BFH vom 21. Januar 1998 nicht Sinn und Zweck der Hinzurechnungsbesteuerung ist, steuerfreie in steuerpflichtige Einkünfte umzuwandeln (BFH v. 21.1.1998, I R 3/96, BStBl. II 1998, 468).

614 Dieselbe Argumentation gilt für die nach § 4 Abs. 1 InvStG abkommensrechtliche Steuerfreistellung, die anwendbar ist, wenn bei einer Direktanlage

D. Ermittlung der Einkünfte (Abs. 3 und 4) 615–617 § 10

die Bundesrepublik Deutschland nach einem Doppelbesteuerungsabkommen auf die Ausübung des Besteuerungsrechts verzichten würde.

Die Inanspruchnahme der Steuerbegünstigungen nach den §§ 2, 4 InvStG **615** hängt allerdings davon, dass die in- und ausländischen Investmentvermögen die in § 5 Abs. 1 S. 1 InvStG geforderten Bekanntmachungs- und Nachweispflichten erbringen. Andernfalls sind die Erträge aus den Investmentanteilen nach den allgemeinen Regeln steuerpflichtig. Werden die Nachweis- und Veröffentlichungspflichten weitgehend nicht erfüllt, werden die Erträge nach § 6 InvStG pauschal ermittelt. Die pauschale Ermittlung wäre im Rahmen des § 10 Abs. 3 S. 1 2. Hs. nur dann nicht einschlägig, wenn § 6 InvStG keine Einkünfteermittlungsvorschrift, sondern wie § 18 Abs. 3 AIG als eine Strafvorschrift angesehen wird. Hiergegen spricht jedoch, dass für die nach § 6 InvStG als zugeflossen geltenden Erträge ein Ausgleichsposten gebildet werden kann, so dass eine Mehrfachbesteuerung im Veräußerungszeitpunkt verhindert wird. Die Anwendung von § 6 InvStG kann jedoch mit Hinweis auf die fehlende Inländerbeteiligung aus dem Auslandsfonds zumindest in Frage gestellt werden, weil auf Grundlage dieser Argumentation die Finanzverwaltung eine Bekanntmachungs- oder Veröffentlichungspflicht bei Dachfondsstrukturen für die Zielfonds nicht verlangt (BMF v. 2.6.2005, IV C–2 1980-1-87/05, BStBl. I, 728 Tz. 204; *Fock* IStR 2006, 734, 736). § 6 InvStG kann jedenfalls dann ausgeschlossen werden, wenn es sich bei dem Investmentfonds um einen Spezialfonds (§§ 15, 16 InvStG) handelt. Die Besteuerungsfolgen werden von § 5 InvStG danach unterschieden, ob es sich um transparente, semitransparente und intransparente Fonds handelt.

c) Transparente Fonds

§ 5 Abs. 1 S. 1 InvStG macht die Gewährung der in § 2 Abs. 2, 3 und § 4 **616** InvStG genannten Vergünstigungen von der Erfüllung gewisser Bekanntmachungspflichten und bei ausländischen Investmentvermögen zusätzlich noch von einem gegenüber dem BZSt auf Anforderung zu erbringenden Nachweis abhängig.

Bezogenen auf einen Investmentanteil und bei jeder Ausschüttung sind der **617** Betrag der Ausschüttung und der Betrag der ausgeschütteten Erträge der Vorjahre, getrennt nach einzelnen Geschäftsjahren anzugeben (§ 5 Abs. 1 S. 1 Nr. 1 Buchst. a und b InvStG). Darüber hinaus sind in den ausgeschütteten Erträgen die enthaltenen Teilbeträge anzugeben (§ 5 Abs. 1 S. 1 Nr. 1 Buchst. c InvStG) aufgeteilt nach:
– ausschüttungsgleichen Erträgen der Vorjahre (Buchst. c Doppelbuchst. aa),
– steuerfreien Veräußerungsgewinnen (beim Privatanleger: Gewinne aus Termingeschäften, aus Veräußerung von Wertpapieren und Bezugsrechten selbst bei einer einjährigen Behaltensfrist; ebenso für die betrieblichen Anleger),
– laufenden Erträgen und Veräußerungsgewinne iSd § 3 Nr. 40 EStG, dh Erträge für die bei einer natürlichen Person als Anleger über § 2 Abs. 2 InvStG die Vorschrift des § 3 Nr. 40 EStG anzuwenden ist,
– laufenden Erträgen und Veräußerungsgewinne iSd § 8b Abs. 1, 2 KStG, dh Erträge für die bei einem Körperschaftsteuersubjekt als Anleger über § 2 Abs. 2 InvStG die Vorschrift des § 8b Abs. 1, 2 KStG anzuwenden ist (§ 8b KStG ist ungeachtet § 10 Abs. 3 S. 4 beachtlich),

- Gewinnen aus der Veräußerung von Bezugsrechten auf Freianteile an Kapitalgesellschaften, soweit sie nicht Kapitalerträge isd § 20 EStG sind,
- Für Privatanleger steuerfreie Gewinne aus der Veräußerung von Immobilien,
- Befreiungen von ausgeschütteten und ausschüttungsgleichen Erträgen nach einem Doppelbesteuerungsabkommen gemäß § 4 Abs. 1 InvStG,
- Einkünften iSv § 4 Abs. 2 InvStG, also die Bruttoerträge einschließlich der ausländischen oder fiktiv ausländischen Steuer,
- Einkünften iSv § 4 Abs. 2 InvStG, die der fiktiven Quellensteuer zugrunde liegen.

618 Um die Anrechnung oder Erstattung der Kapitalertragsteuer zu ermöglichen, sind weiter noch die Beträge für die in der Ausschüttung enthaltenen Bemessungsgrundlagen für die Kapitalertragsteuer anzugeben (§ 5 Abs. 1 S. 1 Nr. 1 Buchst. d InvStG). Dies gilt ebenso für die ausländischen Steuern (§ 5 Abs. 1 S. 1 Nr. 1 Buchst. f InvStG). Schließlich sind noch die als Werbungskosten abgezogenen Absetzungen für Abnutzung oder Substanzverringerung und der in Anspruch genommene Körperschaftsteuerminderungsbetrag anzugeben (§ 5 Abs. 1 S. 1 Nr. 1 Buchst. g, h InvStG).

619 Handelt es sich bei dem Investmentvermögen um einen thesaurierenden Fonds oder wird nur ein Teil der Erträge ausgeschüttet, sind die og Angaben entsprechend zu machen (LBP/*Ramakers* § 5 InvStG Rz. 45 ff.).

620 Nur wenn die Anteile im Inland öffentlich vertrieben werden, müssen die og Angaben im elektronischen Bundesanzeiger veröffentlicht werden (§ 5 Abs. 1 Nr. 3 InvStG iVm §§ 45, 122 InvG). Da dies regelmäßig nicht der Fall sein dürfte, genügt auch jede andere Form der Unterrichtung der ausländischen Gesellschaft (dies ist schon deswegen zulässig, weil bei in- und ausländischen Spezial-Sondervermögen anstelle der Bekanntmachung im elektronischen Bundesanzeiger jede anderweitige Mitteilung der Anleger genügt, §§ 15, 16 InvStG).

d) Semi-Transparente Fonds

621 Werden die Nachweis- und Veröffentlichungspflichten gemäß § 5 Abs. 1 Nr. 1 Buchst. c, f InvStG nicht erfüllt, werden lediglich die Steuervergünstigungen nicht gewährt. Die Einkünfte unterliegen der Besteuerung nach den allgemeinen Regelungen.

e) Intransparente Fonds

622 Werden weitergehende Nachweis- und Veröffentlichungspflichten verletzt, kommt es gemäß § 6 InvStG zur Pauschalbesteuerung. Die Investmenterträge bemessen sich in diesem Fall nach der Ausschüttung und zusätzlich 70 vH des Kursanstiegs des Investmentanteils zwischen Kalenderjahresanfang und -ende, mindestens aber 6 vH des am Kalenderjahresende festgesetzten Rücknahmepreises. Dieser Mehrbetrag gilt mit Ablauf des jeweiligen Kalenderjahres als ausgeschüttet oder zugeflossen. Die pauschale Besteuerung gilt ausdrücklich nicht für Spezial-Sondervermögen iSd §§ 15, 16 InvStG (siehe auch → Rz. 615).

623–639 *einstweilen frei*

D. Ermittlung der Einkünfte (Abs. 3 und 4) 640–645 § 10

V. Gewinnermittlungsmethoden

§ 10 Abs. 3 S. 2, 3 bestimmt, dass eine Gewinnermittlung nach den Grundsätzen des § 4 Abs. 3 EStG einer Gewinnermittlung nach den §§ 4 Abs. 1, 5 EStG gleichsteht. **640**

1. Wahlrecht zwischen den §§ 4 Abs. 1, 5 EStG und § 4 Abs. 3 EStG

§ 10 Abs. 3 S. 2 räumt dem Steuerinländer das Wahlrecht ein, anstelle der Gewinnermittlung nach den §§ 4 Abs. 1, 5 EStG die Zwischeneinkünfte durch Einnahmeüberschussrechnung nach § 4 Abs. 3 EStG zu ermitteln. Das Wahlrecht besteht unabhängig von der tatsächlichen Methode der Gewinnermittlung durch die ausländische Gesellschaft, da es sich auf die zugrunde liegenden Zwischeneinkünfte bezieht. Falls die ausländische Gesellschaft Einkünfte iSv § 2 Abs. 2 S. 1 Nr. 1 und Nr. 2 EStG bezieht, besteht das Wahlrecht nur für die Gewinneinkünfte nach Nr. 1, wenn die Beteiligung im Privatvermögen gehalten wird (→ Rz. 469 ff.). Wird die Beteiligung im Betriebsvermögen gehalten, besteht nach Ansicht der Finanzverwaltung das Wahlrecht für die passiven Einkünfte insgesamt (Tz. 10.3.4.1. S. 2 AEAStG; aA *FWBS* § 10 AStG Rz. 328). **641**

Im Rahmen der Gewinneinkunftsarten kann das Wahlrecht für die Einkünfte aus Land- und Forstwirtschaft und aus Gewerbebetrieb unterschiedlich ausgeübt werden. Außerdem besteht das Wahlrecht für jede Einkunftsquelle im Rahmen der Gewinneinkunftsarten gesondert, dh selbst für verschiedene Gewerbebetriebe (*FWBS* § 10 AStG Rz. 328). Das Wahlrecht besteht auch für jede nachgeschaltete ausländische Gesellschaft (Tz. 10.3.4.1. S. 1 AEAStG). **642**

Da die Gewinnermittlungsarten nach dem Gesetzeswortlaut gleichwertig sind, ist die Ausübung des Wahlrechts an keine Bedingungen geknüpft. Daher ist insbesondere die Missbrauchsnorm des § 42 AO unbeachtlich. Satz 3 bestimmt, dass bei mehreren Beteiligten das Wahlrecht des Satzes 2 nur einheitlich ausgeübt werden kann. Hierzu ergänzt die Finanzverwaltung, dass das Wahlrecht nicht beansprucht werden kann, wenn die Steuerinländer nicht oder nicht einheitlich ausüben. In diesem Fall sind die – gesamten – Gewinne der ausländischen Gesellschaft nach §§ 4 Abs. 1, 5 EStG zu ermitteln (Tz. 10.3.1.1 AEAStG). **643**

2. Gewinnermittlung nach § 4 Abs. 3 EStG

Die Gewinnermittlung nach § 4 Abs. 3 EStG beruht auf dem Zu- und Abflussprinzip, dh die den Zwischeneinkünften zugrunde liegenden Einnahmen sind in dem Wirtschaftsjahr anzusetzen, in dem sie der ausländischen Gesellschaft zufließen. Entsprechend sind die Betriebsausgaben in dem Wirtschaftsjahr abzusetzen, in dem sie geleistet worden sind. **644**

Das Zuflussprinzip hat die Rechtsprechung (BFH v. 11.2.1965, IV 213/64 U, BStBl. III 1965, 407) und in der Folge die Finanzverwaltung in den Fällen eingeschränkt, in denen ein gewisses Näheverhältnis zwischen ausländischer Gesellschaft und dem Steuerinländer besteht. So ist der Zufluss an die ausländische Gesellschaft bereits dann anzunehmen ist, wenn ein Beteiligter – Steu- **645** erinländer oder eine diesem nahe stehende Person – oder im Interesse dieser Personen ein Dritter der Gesellschaft Beträge gutschreibt oder die Beträge in anderer Weise verfügbar sind (Tz. 10.3.1.3. AEAStG).

646 Eine weitere Durchbrechung des Zu- und Abflussprinzips sieht § 4 Abs. 3 EStG selbst vor. Nach § 4 Abs. 3 S. 3 EStG sind die Vorschriften über die Absetzung für Abnutzung und Substanzverringerung zu beachten. Dh, dass für die abnutzbaren Wirtschaftsgüter des Anlagevermögens Verzeichnisse zu führen sind. Anstelle der Hinzurechnungsbilanz sind insbesondere folgende Vermögensverzeichnisse zu führen:
– Bestandsverzeichnis der nicht abnutzbaren Wirtschaftsgüter des Anlagevermögens mit den historischen Anschaffungs- oder Herstellungskosten
– Bestandsverzeichnis der abnutzbaren Wirtschaftsgüter des Anlagevermögens mit den historischen Anschaffungs- oder Herstellungskosten sowie den aufgelaufenen Abschreibungen und den fortgeführten Anschaffungs- oder Herstellungskosten.

647 Weiter kann sich die Finanzverwaltung in den Grenzen des § 90 AO zu Kontrollzwecken die Bücher und Bilanzen der ausländischen Gesellschaft im Rahmen der erweiterten Mitwirkungspflicht des Steuerinländers nach § 90 Abs. 3 AO vorlegen lassen.

648 Bei der Gewinnermittlung nach 4 Abs. 3 EStG sind R 17 Abs. 1, 2 EStR sowie § 6 Abs. 2, 2a EStG zu beachten (Tz. 10.3.1.2. AEAStG). Bei einem Übergang der Gewinnermittlung nach § 4 Abs. 3 zur Gewinnermittlung nach den §§ 4 Abs. 1, 5 EStG bzw. umgekehrt sind die entsprechenden Hinzu- und Abrechnungen vorzunehmen.

3. Gewinnermittlung nach den §§ 4 Abs. 1, 5 EStG

649 Sind die Einkünfte der ausländischen Gesellschaft nach § 2 Abs. 2 S. 1 Nr. 1 EStG zu ermitteln und üben die Steuerinländer das Wahlrecht zur Gewinnermittlung nach den §§ 4 Abs. 1, 5 EStG aus, sind die Zwischeneinkünfte durch Hinzurechnungsbilanzen zu ermitteln (Tz. 10.3.2. AEAStG).

650 Nach Ansicht der Finanzverwaltung ist beim erstmaligen Vorliegen der Voraussetzungen der Hinzurechnungsbesteuerung die Hinzurechnungseröffnungsbilanz auf den Beginn des betreffenden Wirtschaftsjahres der ausländischen Gesellschaft aufzustellen (Tz. 10.3.3.1. AEAStG). Die Auffassung der Finanzverwaltung bedeutet, dass die im Zeitraum vom Beginn des Wirtschaftsjahres bis zum erstmaligen Vorliegen sämtlicher Tatbestandsvoraussetzungen der Hinzurechnungsbesteuerung erzielten Zwischeneinkünfte, ebenfalls der Hinzurechnungsbesteuerung unterliegen. Dies kann zu einer Übermaßbesteuerung führen. Die Finanzverwaltung sollte die insoweit ungerechtfertigte Zurechnung vorn Zwischeneinkünften im Wege der Billigkeitsregelung außer Acht lassen und nach den entsprechenden Vorschriften des deutschen Steuerrechts ein Rumpfwirtschaftsjahr bilden (SKK/*Luckey* § 10 AStG Rz. 92).

651 In der Eröffnungsbilanz sind die Wirtschaftsgüter nach § 21 Abs. 3 zu fortgeführten Anschaffungs- und Herstellungskosten anzusetzen (Tz. 10.3.3.1. AEAStG). Diese Bewertung hat zur Folge, dass stille Reserven der Hinzurechnungsbesteuerung unterliegen können, die vor dem erstmaligen kumulativen Vorliegen der Tatbestandsvoraussetzungen der Hinzurechnungsbesteuerung begründet worden sind. Der BFH hat jedoch festgestellt, dass selbst die

Erfassung der stillen Reserven, die vor dem Inkrafttreten des AStG in 1972 entstanden sind, verfassungsrechtlich unbedenklich ist (BFH v. 12.7.1989, I R 46/85, BStBl. II, 1990, 113; aa *FWBS* § 10 AStG Rz. 227). Deshalb bleibt nur der Aufruf an die Finanzverwaltung die in § 21 Abs. 3 begründeten Steuerfolgen im Wege der Billigkeitsregelung abzumildern (SKK/*Luckey* § 10 AStG Rz. 95).

Im Übrigen haben die Bilanz- und Bewertungsansätze dem deutschen Steuerrecht zu entsprechen (im Detail siehe Tz. 10.3.3. AEAStG). Problematisch ist, dass die Finanzverwaltung die Auffassung vertritt, dass hinsichtlich der Wirtschaftsgüter des Anlage- und Umlaufvermögens eine Pflicht zur Teilwertabschreibung besteht, obschon § 6 Abs. 1 EStG dem Steuerpflichtigen bei voraussichtlich dauerhafter Wertminderung ein Wahlrecht einräumt. **652**

Liegen am Ende eines Wirtschaftsjahres die Tatbestandsvoraussetzungen der Hinzurechnungsbesteuerung nicht kumulativ vor, entfällt die Hinzurechnungsbesteuerung für dieses Wirtschaftsjahr (§ 7 Abs. 1, 2 AStG). Da eine Hinzurechnungsabwicklungsbilanz nicht aufzustellen ist, unterliegen auch die in den passiven Wirtschaftsgütern enthaltenen stillen Reserven nicht der Hinzurechnungsbesteuerung. Die stillen Reserven werden nur bei Realisierung in einem Wirtschaftsjahr der ausländischen Gesellschaft erfasst, für das die Zwischeneinkünfte hinzuzurechnen sind (SKK/*Luckey* § 10 AStG Rz. 96). Die Tatbestandsvoraussetzungen für die Hinzurechnungsbesteuerung sind für jedes Ende eines Wirtschaftsjahres der ausländischen Gesellschaft zu prüfen. Die Tatbestandsvoraussetzungen können daher im Lauf der Jahre vorliegen und entfallen, so dass der Steuerinländer in einem Jahr der Hinzurechnungsbesteuerung nicht und im darauffolgenden Jahr wiederum unterliegt. Aufgrund § 21 Abs. 3 sind die dann erneut aufzustellenden Hinzurechnungseröffnungsbilanzen mit den fortgeführten Anschaffungs- und Herstellungskosten aufzustellen. Die stillen Reserven sind anlässlich der Unterbrechung der Hinzurechnungsbesteuerung nicht aufzulösen. **653**

Falls im Rahmen der Liquidation der ausländischen Gesellschaft der Betrieb veräußert oder aufgegeben wird, unterliegen die in den passiven Wirtschaftsgütern enthalten stillen Reserven der Hinzurechnungsbesteuerung. Entsprechendes gilt für die Teilbetriebsveräußerung (*FWBS* § 10 AStG Rz. 295, 296). Eine Betriebsaufgabe iSv § 16 Abs. 3 EStG unterliegt nicht der Hinzurechnungsbesteuerung (→ Rz. 536). **654**

Im Fall von ausländischen Umwandlungen bleiben nach § 10 Abs. 3 S. 4 die Vorschriften des UmwStG unberücksichtigt, soweit die Einkünfte daraus nach § 8 Abs. 1 Nr. 10 hinzuzurechnen sind. Ist das UmwStG daher nicht anwendbar, liegt bei übertragenden Umwandlungen (Verschmelzung, Spaltung, Einbringung, Anteilstausch) aus Sicht des deutschen Steuerrechts ein Tausch oder tauschähnlicher Vorgang vor, der in der Übertragungs- sowie in der Übernahme-Hinzurechnungsbilanz einen Ansatz der zu übertragenden Wirtschaftsgüter zum gemeinen Wert zur Folge hat. Ist dagegen das UmwStG anwendbar, weil eine Hinzurechnung der aktiven Einkünfte nach § 8 Abs. 1 Nr. 10 unterbleibt, sind nach dem deutschen UmwStG die zu übertragenden Wirtschaftsgüter grundsätzlich zum gemeinen Wert anzusetzen. Auf Antrag kann auch der niedrigere Buchwert oder Zwischenwert angesetzt werden. Durch dieses Wahlrecht ist es möglich, einen nach § 8 Abs. 1 Nr. 10 nicht der **655**

Hinzurechnungsbesteuerung unterliegenden Umwandlungsvorgang dazu zu nutzen, passiv genutzte Wirtschaftsgüter hinzurechnungssteuerfrei in der Hinzurechnungsbilanz der übernehmenden Gesellschaft aufzustocken (SKK/ *Luckey* § 10 AStG Rz. 105).

656 Bei ausländischen Umwandlungsvorgängen, die in Wirtschaftsjahren der ausländischen Gesellschaft erfolgten, die vor dem 31.12.2005 begannen, sind im Fall der übertragenden Umwandlung die passiven Wirtschaftsgüter in der Übertragungs-Hinzurechnungsbilanz zum Teilwert anzusetzen, da das UmwStG nicht anwendbar war (→ Rz. 708 ff.).

4. Gewinnermittlung bei passiven und aktiven Einkünften

657 Erzielt die ausländische Gesellschaft in einem Wirtschaftsjahr neben aktiven und hoch besteuerten passiven Einkünften auch niedrig besteuerte passive Einkünfte, einschließlich derjenigen mit Kapitalanlagecharakter, sind diese von den nicht der Hinzurechnungsbesteuerung unterliegenden Einkünfte abzugrenzen.

658 Das Gesetz gibt keine konkreten Methoden zur Abgrenzung der hinzurechnungspflichtigen Einkünfte vor. § 10 Abs. 3 ordnet an, dass die passiven Einkünfte entsprechend den deutschen Vorschriften zu ermitteln sind. Die Abgrenzung muss daher in einem vorhergehenden Schritt erfolgen. Die §§ 8 Abs. 1, 7 Abs. 6a bestimmen, dass die Zwischeneinkünfte aus passivem Erwerb bzw. aus vermögensverwaltenden Tätigkeiten stammen. Hieraus kann abgeleitet werden, dass die passiven Einkünfte in einem Verursachungszusammenhang mit den zugrunde liegenden Tätigkeiten stehen müssen. Die Abgrenzung folgt daher nach Maßgabe des wirtschaftlichen Verursachungszusammenhangs (Blümich/*Vogt* § 10 AStG Rz. 93).

659 Der wirtschaftliche Verursachungszusammenhang wird allgemein durch die direkte und indirekte Gewinnermittlungsmethode umgesetzt. Die direkte Methode ist dann möglich, wenn die Einnahmen, die Aufwendungen und das zugrunde liegende Vermögen sich der passiven Tätigkeit unmittelbar zuordnen lassen. Besteht dagegen eine Vermischung mit den nicht hinzurechnungspflichtigen Bereichen, kommt die indirekte Gewinnermittlungsmethode in Betracht. In diesem Fall ist die Wahl des verursachungsgerechten Aufteilungsschlüssels entscheidend.

660 Die Finanzverwaltung bevorzugt die direkte Gewinnermittlungsmethode, die durch die Gesamt- oder Sonderermittlung realisiert werden kann. Bei der Gesamtermittlung werden in einem ersten Schritt die gesamten Einkünfte der ausländischen Gesellschaft nach deutschem Steuerrecht ermittelt und in einem zweiten Schritt die nicht hinzurechnungspflichtigen Einkünfte abgesondert (Tz. 10.4.1. Nr. 1 AEAStG). Bei der Sonderermittlung werden die Zwischeneinkünfte durch eine Teilbilanz oder Teilüberschussrechnung ermittelt, wenn die Einkünfte aufgrund der Buchführung der ausländischen Gesellschaft leicht und eindeutig zu erfassen sind (Tz. 10.4.1. Nr. 2 AEAStG).

661 Die indirekte Methode soll nach Ansicht der Finanzverwaltung nur dann angewendet werden, wenn die aktive Tätigkeit und der passive Erwerb so eng miteinander verzahnt sind, dass die Einkünfte aus aktiver Tätigkeit nicht gesondert ausgewiesen werden können. Dieser nachrangige Einsatz der indirekten Methode ist nicht durch das Gesetz gedeckt. In der Praxis wird die leichte

D. Ermittlung der Einkünfte (Abs. 3 und 4)

und eindeutige Erfassung der Einkünfte aus der Buchführung der ausländischen Gesellschaft zudem nicht möglich sein. Demzufolge steht die indirekte Methode gleichwertig neben der direkten Methode. Entscheidend ist, dass der zugrunde liegende Aufteilungsschlüssel zu einem verursachungsgerechten Ergebnis führt. Die Finanzverwaltung schlägt hierbei eine Aufteilung nach dem Umsatz vor, sofern es keine geeignetere Schlüssel gibt (Tz. 10.4.2 AEAStG). Dieser Schlüssel kann aus den §§ 7 Abs. 6, 8 Abs. 1 Nr. 7, 9 gestützt werden, wonach die Bruttoerträge der ausländischen Zwischengesellschaft maßgebend sind. Führt dieser Aufteilungsmaßstab nicht zu zutreffenden Ergebnissen, sollte auch eine Aufteilung nach dem Material-, Lohn- oder Kapitaleinsatz zugelassen werden (*FWBS* § 10 AStG Rz. 228; SKK/*Luckey* § 10 AStG Rz. 104).

Nach § 17 bezieht sich die Sachverhaltsaufklärung nur auf die Zwischeneinkünfte. Allerdings werden auch die aktiven Einkünfte erfasst, soweit diese zur Ermittlung der passiven Einkünfte erforderlich sind. Der Steuerpflichtige ist in der Auswahl der Sonderermittlungsmethode und der indirekte Methode nur dann frei, wenn er sämtliche Nachweise erbringt, die zur vollen Erfassung und zur Abgrenzung der Einkünfte aus passivem Erwerb erforderlich sind (Tz. 10.4.3. AEAStG).

einstweilen frei

663–689

VI. Keine Gewährung von steuerlichen Vergünstigungen

Nach § 10 Abs. 3 S. 4 bleiben diejenigen steuerlichen Vergünstigungen bei der Einkunftsermittlung unberücksichtigt, die an die unbeschränkte Steuerpflicht oder an das Bestehen eines inländischen Betriebs oder einer inländischen Betriebsstätte sowie die Vorschriften des § 4h des Einkommensteuergesetzes und der §§ 8a, 8b Abs. 1 und 2 des Körperschaftsteuergesetzes. Entsprechendes gilt für die Vorschriften des Umwandlungssteuergesetzes, soweit die Einkünfte nach § 8 Abs. 1 Nr. 10 hinzuzurechnen sind.

1. Steuerliche Vergünstigungen mit Inlandsbezug

§ 10 Abs. 3 S. 4 schließt nicht sämtliche Steuervergünstigungen bei der Ermittlung der Zwischeneinkünfte aus, sondern nur solche mit einem Inlandsbezug.

a) Begriff der steuerlichen Vergünstigungen

Im Sprachgebrauch wird der Begriff der steuerlichen Vergünstigungen meist irreführend für alle die Bemessungsgrundlage oder Steuerschuld mindernden Normen mit Ausnahmecharakter verwendet. Tatsächlich sollte dieser Begriff auf solche Normen beschränkt werden, die den Steuerpflichtigen entgegen dem Prinzip der Besteuerung nach der Leistungsfähigkeit begünstigen. Daher sind Steuervergünstigungen insbesondere die aus sozialen, wirtschaftlichen und aus anderen Gemeinwohlgründen gewährten Steuervorteile (*Tipke/Lang* Steuerrecht § 19 Rz. 1 ff.).

Wirtschaftslenkende Steuervergünstigungen sind indirekte Steuersubventionen, die keine Finanzzwecknormen sind und die beim Steuersubjekt durch persönliche Befreiungen, beim Besteuerungsgegenstand durch sachliche Befreiungen oder bei der Bemessungsgrundlage anknüpfen (*FWBS* § 10 AStG Rz. 342).

694 Wirtschaftslenkende Steuervergünstigungen sind insbesondere die erhöhten Absetzungen und Sonderabschreibungen, die von den Normalregeln der §§ 6, 7 EStG abweichen. Erhöhte Abschreibungen sind zB in § 7a EStG und Sonderabschreibungen sind zB in § 7g EStG und §§ 81, 82f EStDV geregelt. Auch § 6 Abs. 2, 2a EStG weicht von der normalen Bewertungsregel des § 6 EStG ab.

695 Der Gesetzgeber betrachtet die §§ 6b, 6c EStG seit jeher als Steuervergünstigungen. So wurde mit dem StEntlG 1999/2000/2002 der Katalog der nach diesen Vorschriften begünstigten Anlagegüter erheblich reduziert, um mit diesem Abbau von Steuervergünstigungen die Bemessungsgrundlage zu verbreitern (EuGH C-156/98 v. 19.9.2000, EuGHE 2000, 6857, BStBl. II 2000, 47 erkennt in §§ 6b, 52 Abs. 8 EStG idF des JStG 1996 eine europarechtswidrige Steuervergünstigung).

696 Daneben gibt es zahlreiche Spezialnormen, die bestimmte Produktions- und Handelszweige sowie die Branchenstruktur fördern, wie zB für die
- Kreditwirtschaft: § 5 Abs. 1 Nr. 2, 2a KStG; § 3 Nr. 2, 3 GewStG,
- Landwirtschaft: §§ 13 Abs. 3, 13a, 14a EStG,
- Seeschiff- und Luftfahrt: §§ 82f, 84 Abs. 5 EStDV.

b) Inlandsbezug der steuerlichen Vergünstigungen

697 Die steuerlichen Vergünstigungen können bei der Ermittlung der Zwischeneinkünfte nur dann nicht berücksichtigt werden, wenn diese an die unbeschränkte Steuerpflicht oder an das Bestehen eines inländischen Betriebs oder einer inländischen Betriebsstätte anknüpfen.

698 Die §§ 6 Abs. 2, 2a, 13 Abs. 3, 13a, 14a EStG knüpfen nicht an die unbeschränkte oder beschränkte Steuerpflicht an und können daher bei der Ermittlung der Zwischeneinkünfte berücksichtigt werden. Hingegen ist für die übrigen og Vergünstigungen der Inlandsbezug eine notwendige Voraussetzung. Unterhält die ausländische Gesellschaft allerdings im Inland eine Betriebsstätte oder einen Betrieb im Inland, sind diese Vorschriften insofern anwendbar (*FWBS* § 10 AStG Rz. 344).

2. Zinsschranke nach § 4h EStG, § 8a KStG

699 Bei der Ermittlung der Zwischeneinkünfte nach § 7 Abs. 1 sind die Regelungen des § 4h EStG und des § 8a KStG nicht anwendbar. Der Gesetzgeber sieht darin die Gefahr von Doppelbesteuerungen, wenn die Fremdfinanzierungsregelungen auf ausländische Gesellschaften übertragen werden (Begr. der Bundesregierung v. 10.8.2007, BR-Drs. 544/07, 125). Die Finanzverwaltung hat § 10 Abs. 3 bereits bisher entsprechend ausgelegt und § 8a KStG aF von der Hinzurechnungsbesteuerung ausgeschlossen (Tz. 10.1.1.1. AEAStG).

3. Beteiligungsprivilegien nach § 8b Abs. 1, 2 KStG

700 Da nach der hM (HHR/*Watermeyer* § 8b KStG Rz. 12; *Töben* FR 2002, 361; *Seitz* GmbHR 2004, 476; BFH v. 6.7.2000, I B 34/00, IStR 2000, 681

D. Ermittlung der Einkünfte (Abs. 3 und 4)

mit Zust. Anm. FW) § 8b Abs. 1, 2 KStG eine Gewinn- und Einkünfteermittlungsvorschrift ist und damit bei der Ermittlung der Zwischeneinkünfte grundsätzlich anwendbar, wäre durch das StSenkG eingeführte Holdingklausel des § 10 Abs. 6 S. 2 Nr. 2 trotz des Gebots der ausreichenden Vorbelastung ins Leere gelaufen (*Kessler/Teufel* IStR 2000, 545; *Wassermeyer* IStR 2000, 114; *ders.* EuZW 2000, 513; *Grotherr* IWB, Fach 3 Gruppe 1, 1675, 1683). Um diesen Missstand zu vermeiden, hat der Gesetzgeber in Abs. 3 S. 4 idF des UntStFG (UntStFG v. 20.12.2001, BStBl. I 2002, 35; Begr. der Bundesregierung v. 10.9.2001, BT-Drs. 14/6882, 43) die Anwendung des § 8b Abs. 1, 2 KStG auf die Ermittlung der Zwischeneinkünfte abgelehnt. Da dies wiederum zu einer ungerechtfertigten Mehrfachbelastung von Zwischeneinkünften bei einem mehr als zweistufigen Konzernaufbau geführt hätte (*Rättig/Protzen* IStR 2000, 548, 557; *Vögele/Edelmann* IStR 2000, 463), wurde der Aktivitätskatalog des § 8 Abs. 1 durch das UntStFG um die Nrn. 8 und 9 erweitert.

Da nach § 8 Abs. 1 Nr. 8 Gewinnausschüttungen von Kapitalgesellschaften stets als aktive Einkünfte gelten, ist die Versagung der Anwendung des § 8b Abs. 1 KStG bei der Ermittlung der Zwischeneinkünfte bedeutungslos. Dies gilt ungeachtet dessen, dass der Wortlaut des § 8b Abs. 1 KStG iVm § 20 Abs. 1 Nr. 1 EStG umfassender ist als der des § 8 Abs. 1 Nr. 8 Der Begriff der Gewinnausschüttungen umfasst auch sonstige Zuwendungen der Kapitalgesellschaft insbesondere verdeckte Gewinnausschüttungen (Begr. der Bundesregierung v. 10.9.2001, BT-Drs. 14/6882, 67; Blümich/*Vogt* § 8 AStG Rz. 93; *Lieber* FR 2002, 139).

Die Gewinne aus der Veräußerung von Anteilen an Kapitalgesellschaften sind entgegen § 8b Abs. 2 KStG nach § 8 Abs. 1 Nr. 9 nur noch dann von der Hinzurechnungsbesteuerung ausgenommen, wenn der Steuerinländer nachweisen kann, dass die ihnen zugrunde liegenden Wirtschaftsgüter nicht der Erzielung von Zwischeneinkünften mit Kapitalanlagecharakter dienen.

4. UmwStG

Das UmwStG begünstigt die Umwandlungen von Unternehmen durch eine steuerneutrale Übertragung von stillen Reserven. Vor der Verabschiedung des SEStEG war das UmwStG auf inländische Rechtsträger beschränkt. Die Anwendung der steuerlichen Vergünstigungen des UmwStG i.R. der Hinzurechnungsbesteuerung nach § 10 Abs. 3 S. 4 wurde wegen des erforderlichen Inlandsbezugs abgelehnt. Ausländische Umwandlungsvorgänge unterlagen daher grundsätzlich der Hinzurechnungsbesteuerung. Diese Rechtslage galt für Wirtschaftsjahre der ausländischen Gesellschaft, die vor dem 31.12.2005 begannen.

Mit dem SEStEG (SEStEG v. 7.12.2006, BGBl. 2006 I 2782) wurde das UmwStG auf europäische Umwandlungen ausgedehnt, um dem Vorwurf der Gemeinschaftswidrigkeit zu begegnen (Begr. der Bundesregierung v. 8.11. 2006 BT-Drs. 16/3315 und v. 9.11.2006 BT-Drs. 16//3369). § 10 Abs. 3 S. 4 bestimmt nunmehr, dass die Vorschriften des UmwStG bei der Ermittlung der Zwischeneinkünfte nur insoweit nicht zu berücksichtigen sind, als die Einkünfte aus einer Umwandlung nach § 8 Abs. 1 Nr. 10 hinzuzurechnen sind.

Ausländische Umwandlungen sind von der Hinzurechnungsbesteuerung damit weitgehend ausgenommen. Diese Änderung gilt für Wirtschaftsjahre der ausländischen Gesellschaft, die nach dem 31.12.2005 beginnen (§ 21 Abs. 14).

a) Umwandlungsvorgänge für nach dem 31.12.2005 beginnende Wirtschaftsjahre

705 Nach § 10 Abs. 3 S. 4 unterliegen die niedrig besteuerten Zwischeneinkünfte aus ausländischen Umwandlungsvorgängen der Hinzurechnungsbesteuerung, soweit die Einkünfte nach § 8 Abs. 1 Nr. 10 hinzuzurechnen sind (zu den Auswirkungen auf den Wertansatz der zu übertragenden passiven Wirtschaftsgüter in der Hinzurechnungsbilanz → Rz. 655). Das gilt dann,
- wenn die Umwandlung ungeachtet der Beschränkungen des § 1 Abs. 2, 4 UmwStG nicht zu Buchwerten erfolgen könnte oder
- wenn die Umwandlung zwar zu Buchwerten erfolgen könnte, aber insoweit nicht als die Umwandlung einen Anteil an einer Kapitalgesellschaft erfasst, dessen Veräußerung die Voraussetzungen des § 8 Abs. 1 Nr. 9 nicht erfüllen würde.

706 Die Begünstigung des § 8 Abs. 1 Nr. 10 ist nicht davon abhängig, dass an der ausländischen Umwandlung in EU- bzw. EWR-Staaten ansässige Rechtsträger beteiligt sind. Die Buchwertfortführung wird nach dem Wortlaut nicht verlangt, vielmehr ist zu prüfen, ob nach deutschen UmwStG die Voraussetzungen für eine Buchwertfortführung gegeben sind. Dies ist nach den Vorschriften des UmwStG dann der Fall, wenn das Besteuerungsrecht für Gewinne aus der Veräußerung der übertragenen Wirtschaftsgüter nicht ausgeschlossen oder beschränkt wird. Bei dieser Prüfung ist daher zu untersuchen, ob es zu einer Entstrickung käme, wenn die ausländische Gesellschaft im Inland ansässig wäre (*Rödder/Schumacher* DStR 2007, 369; Blümich/*Vogt* § 8 AStG Rz. 120ff.; SKK/*Luckey* § 10 AStG Rz. 105).

707 Die Voraussetzungen des § 8 Abs. 1 Nr. 9 würde ein Anteil an einer Kapitalgesellschaft dann nicht erfüllen, wenn die umzuwandelnde ausländische Kapitalgesellschaft unmittelbar Zwischeneinkünfte mit Kapitalanlagecharakter erzielt iSd § 7 Abs. 6a erzielt. Von der Anteilsebene ist die Ebene der Kapitalgesellschaft zu unterscheiden, auf der ein möglicher Übertragungsgewinn aktiv ist, wenn die den Zwischeneinkünften mit Kapitalanlagecharakter zugrunde liegenden Wirtschaftsgüter zu Buchwerten angesetzt werden könnten (*Rödder/Schumacher* DStR 2007, 369; *Benecke/Schnitger* IStR 2007, 22; Blümich/*Vogt* § 8 AStG Rz. 120ff.; SKK/*Luckey* § 10 AStG Rz. 105).

b) Umwandlungsvorgänge für vor dem 31.12.2005 beginnende Wirtschaftsjahre

708 Nach bisherigem Recht scheiterte bei ausländischen Umwandlungen die Anwendung der Vorschriften des UmwStG auf die Ermittlung der Zwischeneinkünfte an dem von § 10 Abs. 3 S. 4 AStG-*UntStFG* geforderten Inlandsbezug der steuerlichen Vergünstigungen.

709 Ähnlich dem deutschen Steuerrecht werden Umwandlungen nach ausländischem Recht – Verschmelzung, Spaltung, Formwechsel, Ausgliederung – idR von den jeweiligen Sitzstaaten dann steuerneutral zugelassen, wenn die Be-

D. Ermittlung der Einkünfte (Abs. 3 und 4) 710–715 § 10

steuerung der stillen Reserven sichergestellt ist. Die steuerneutrale Umwandlung führt aber zur Niedrigbesteuerung, weil zumindest die in dem zweiten bis siebten Teil des UmwStG beschriebenen Umwandlungsvorgänge eine unbeschränkt steuerpflichtige Körperschaft voraussetzen (WSG/*Haun* § 10 AStG Rz. 17; kritisch *Baumgärtel/Perlet* Hinzurechnungsbesteuerung bei Auslandsbeteiligungen, 1996, 45). Die Umwandlungsvorgänge sind daher für Zwecke der Hinzurechnungsbesteuerung nach den allgemeinen Besteuerungsregeln zur Auflösung und Liquidation der ausländischen Gesellschaft zu beurteilen, mit der Folge der Realisierung der stillen Reserven.

Die Finanzverwaltung lehnt in dem koordinierten Ländererlass vom 10.12.1975 die entsprechende Anwendung des Umwandlungssteuergesetzes ab (FinMin Niedersachsen S 1354-5–33 2 v. 10.12.1975, BB 1975, 1563). Im Anwendungserlass nimmt die Finanzverwaltung keine Stellung zu dieser Problematik. Dieses Problem wurde im Bericht der Bundesregierung zur Fortsetzung der Reform des Unternehmenssteuerrechts angesprochen, aber einer weiteren Reform des AStG vorbehalten (FR Beilage zu Heft 11/2001, 33). **710**

Die ausländische Umwandlung unterliegt nur dann der Hinzurechnungsbesteuerung, wenn die Tatbestandsvoraussetzungen erfüllt sind. Dh die umzuwandelnde Gesellschaft muss eine sog. Zwischengesellschaft sein, die von einer ausländischen Gesellschaft gehalten wird, an der Steuerinländer iSv § 7 Abs. 1, 2, 6 beteiligt sind. Die Hinzurechnungsbesteuerung ist daher nicht anwendbar, wenn die umzuwandelnde Gesellschaft für die Dauer des abgekürzten Wirtschaftsjahres aktiv iSd § 8 Abs. 1 AStG-*UntStFG* ist. Problematisch wird es allerdings, wenn die aktive ausländische Gesellschaft unmittelbar nach Ablauf des Wirtschaftsjahres umgewandelt wird, da dann möglicherweise der Aktivitätsnachweis für diese kurze Zeit nicht gelingt. **711**

aa) Formwechsel nach ausländischem Recht. Wird eine ausländische Kapitalgesellschaft in eine Personengesellschaft umgewandelt, ist zunächst zu prüfen, ob nach ausländischem Gesellschaftsrecht Rechtsträgeridentität besteht und es daher an einer Übertragung des Vermögens mit der Annahme einer Veräußerung fehlt. Da auch nach deutschem Gesellschaftsrecht der Formwechsel Rechtsträgeridentität bedeutet, kommt es nicht zur entsprechenden Anwendung der Vorschriften des § 8 Abs. 1 KStG iVm §§ 15 Abs. 1 S. 1 Nr. 1, 16 EStG. **712**

Bei einem Formwechsel der ausländischen Kapitalgesellschaft in eine ausländische Personengesellschaft sind auch §§ 14, 3 bis 8 UmwStG-*UntStFG* nicht anwendbar, da die Verweisung nicht für den ausländischen Formwechsel gilt. **713**

Der Formwechsel nach ausländischem Recht wird somit weder von den einkommensteuerrechtlichen noch von den umwandlungssteuerrechtlichen Regelungen für Zwecke der Hinzurechnungsbesteuerung erfasst. Da es an der gesetzlich angeordneten Fiktion des Vermögensübergangs fehlt, besteht eine Gesetzeslücke, die nicht im Wege der Analogie geschlossen werden kann (*Wassermeyer* FS Widmann, 622, 636). **714**

bb) Verschmelzung nach ausländischem Recht. Wird eine ausländische Gesellschaft auf die ausländische Muttergesellschaft verschmolzen, werden die in der ausländischen Tochtergesellschaft gebildeten stillen Reserven nach **715**

den Liquidations- bzw. Betriebsaufgabegrundsätzen ermittelt (§ 8 Abs. 1 KStG iVm §§ 15 Abs. 1 S. 1 Nr. 1, 16 EStG).

716 Die stillen Reserven werden für Zwecke der Hinzurechnungsbesteuerung aufgedeckt, wenn die ausländische Gesellschaft iSv § 8 Abs. 1 Nr. 9, 3 AStG-*UntStFG* niedrigbesteuerte passive Einkünfte erzielt. Die realisierten stillen Reserven werden gem. § 14 Abs. 1 der ausländischen Muttergesellschaft zugerechnet.

717 Auf Ebene der übernehmenden Muttergesellschaft löst die Verschmelzung einen Anteilstausch aus, der nach § 8 Abs. 1 Nr. 9 AStG-*UntStFG* der Hinzurechnungsbesteuerung unterliegt, soweit dieser Gewinn auf Wirtschaftsgüter der Tochtergesellschaft entfällt, die der Erzielung von Zwischeneinkünften mit Kapitalanlagecharakter dienen.

718 Diese Doppelbesteuerung entspricht nicht dem Sinn und Zweck der Hinzurechnungsbesteuerung, weil die stillen Reserven letztlich nur einmal an den im Inland ansässigen Gesellschafter ausgekehrt werden können. Eine Doppelerfassung kann allerdings durch § 11 vermieden werden.

Beispiel:

719 Die inländische I-AG ist alleinige Gesellschafterin der in den Niederlanden ansässigen NL-BV, die selbst eine Tochtergesellschaft in den Niederlanden hält (NL-Sub). NL-Sub soll auf NL-BV verschmolzen werden. Dies ist nach niederländischem Recht steuerneutral möglich.

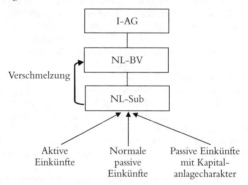

Bei der Verschmelzung der NL-Sub auf die NL-BV ist § 11 KStG nicht anwendbar, da diese Vorschrift nur auf unbeschränkt steuerpflichtige Körperschaften gilt. Anzuwenden ist deshalb § 16 EStG als lex generalis über die Liquidation von Körperschaften. Dabei wird ein Liquidationsgewinn ermittelt, der nach dem BFH-Urteil vom 5. August 1991 einem Aufgabegewinn gleichsteht (BFH v. 5.8.1991, I R 33/90, BStBl. II 1992, 437; die Finanzverwaltung wendet dieses Urteil ausdrücklich an, R 46 Abs. 3 KStR 2004).

Der Liquidationsgewinn erhöht insoweit die Zwischeneinkünfte der NL-Sub, als dieser auf Wirtschaftsgüter entfällt, die nicht der Erzielung von aktiven und normal passiven Einkünften dienen. Soweit der Liquidationsgewinn auf Wirtschaftsgüter entfällt, die der Erzielung von passiven Einkünften mit Kapitalanlagecharakter dienen, führt der in den Niederlanden steuerneutrale Up-Stream Merger zur Erhöhung der Zwischeneinkünfte, die im Wege der übertragenden Zurechnung nach § 14 Abs. 1 der NL-BV zugerechnet werden. Dies ergibt sich aus § 8 Abs. 1 Nr. 9 AStG-UntStFG. Nach dem Wortlaut des § 8 Abs. 1 Nr. 9 ist die Veräußerung, Liquidation und Kapitalherabsetzung bei der ausländischen Obergesellschaft nicht begünstigt. Demnach wäre ein Down-Stream Merger der ausländischen Obergesellschaft auf die Untergesellschaft nicht von der Regelung erfasst. Nach dieser Vorschrift sind die Einkünfte der ausländischen Gesellschaft aktiv, soweit sie aus der Veräußerung eines Anteils an einer anderen (Unter-)Gesellschaft sowie aus deren Auflösung oder der Herabsetzung ihres Kapitals stammen und der Steuerinländer nachweist, dass der Gewinn auf Wirtschaftsgüter der anderen (Unter-)Gesellschaft entfällt, die anderen als den in § 7 Abs. 6a bezeichneten Tätigkeiten dienen. Gleiches gilt nach § 8 Abs. 1 Nr. 9 2. Hs. AStG-UntStFG, wenn der Gewinn auf solche Wirtschaftsgüter einer Gesellschaft entfällt, an der die andere Gesellschaft beteiligt ist. Damit ist über die Beteiligungskette nach unten zu prüfen, ob auf der untersten Ebene die Wirtschaftsgüter der Erzielung von Einkünften mit Kapitalanlagecharakter dienen (*Schmidt/Hageböke* IStR 2001, 697; *Lorenz* IStR 2001, 393).

Auf Ebene der übernehmenden NL-BV kann der Up-Stream Merger als tauschähnlicher Vorgang interpretiert werden, bei dem das von der NL-Sub übernommene Vermögen an die Stelle des Beteiligungsbuchwertes an der NL-Sub tritt. Die Anwendung des § 8b Abs. 2 KStG auf einen Gewinn aus dem tauschähnlichen Vorgang hat der Gesetzgeber mit § 10 Abs. 3 S. 4 AStG-UntStFG ausdrücklich ausgeschlossen. Allerdings kommt wiederum die Freistellung nach § 8 Abs. 1 Nr. 9 AStG-UntStFG in Betracht, wenn nachgewiesen wird, dass die den Beteiligungen zugrunde liegenden Einkünfte nicht der Erzielung von Zwischeneinkünften mit Kapitalanlagecharakter iSv § 7 Abs. 6a dienen.

Soweit der Nachweis auf Ebene der NL-BV und auf Ebene der NL-Sub nicht gelingt, kommt es zur Doppelerfassung von Zwischeneinkünften mit Kapitalanlagecharakter. Einmal durch die Zurechnung des Liquidationsgewinns nach § 14 Abs. 1 von NL-Sub zu NL-BV. Und ein zweites Mal durch die Hinzurechnung des tauschähnlichen Veräußerungsgewinns auf Ebene der NL-BV. Die drohende Doppelerfassung wird durch § 11 verhindert. Danach sind Gewinne aus der Veräußerung sowie Gewinne aus den genannten veräußerungsähnlichen Tatbeständen – Liquidation, Kapitalherabsetzung, Anteilstausch einschließlich der Umwandlungsvorgänge – vom Hinzurechnungsbetrag auszunehmen, soweit die Einkünfte mit Kapitalanlagecharakter der Obergesellschaft und der nachgelagerten Gesellschaft für das Jahr der Veräußerung oder für die vorangegangenen sieben Jahre als Hinzurechnungsbetrag besteuert worden sind und keine Ausschüttung dieser Einkünfte erfolgte. Dies muss der Steuerinländer allerdings nachweisen.

Obwohl die Gesetzestechnik nachvollziehbar ist, ist die Anwendung der Regelung der §§ 7 Abs. 6a, 8 Abs. 1 Nr. 9, 11 AStG-*UntStFG* nicht praktikabel, so dass in der Praxis eine Mehrfachbelastung die Regel ist.

cc) Ausgliederung. Bringt die ausländische Gesellschaft Anteile an einer Tochtergesellschaft in eine zwischengeschaltete Gesellschaft gegen Gewährung von Gesellschaftsrechten ein, so ist dies als Tauschvorgang zu interpretieren, der nach § 6 Abs. 6 EStG zur Realisierung der stillen Reserven führt.

Zwar wird die Anwendung der Vorschriften des UmwStG auf die Ermittlung der Zwischeneinkünfte grundsätzlich abgelehnt, weil § 10 Abs. 3 S. 4 AStG-*UntStFG* die Inanspruchnahme der steuerlichen Vergünstigungen an die unbeschränkte Steuerpflicht anknüpft, allerdings ist diese für Einbringungen in der EU nach § 23 Abs. 4 UmwStG-*UntStFG* nicht erforderlich.

Eingewendet werden könnte noch, dass die Buchwertfortführung nach den §§ 23 Abs. 4 iVm 20 Abs. 3 UmwStG-*UntStFG* auch von einem Besteuerungsrecht der Bundesrepublik Deutschland hinsichtlich der neu ausgegebenen Anteile an der Zwischengesellschaft abhängt, die im Zeitpunkt der Sacheinlage vorliegen müssen. Allerdings ist insoweit § 23 Abs. 4 UmwStG-

UntStFG telelogisch zu reduzieren und die Anwendung auf die Ermittlung der Zwischeneinkünfte zuzulassen, da die Bundesrepublik Deutschland hinsichtlich der einzubringenden Anteile an der Untergesellschaft kein Besteuerungsrecht hatte (*Lorenz* IStR 2001, 393).

724–739 *einstweilen frei*

VII. Interperiodischer Verlustausgleich

740 Nach § 10 Abs. 3 S. 5 können Verluste, die bei Einkünften entstanden sind, für die die ausländische Gesellschaft Zwischengesellschaft ist, in entsprechender Anwendung des § 10d EStG abgezogen werden, soweit sie die nach § 9 außer Ansatz zu lassenden Einkünfte übersteigen.

741 Die Norm regelt den interperiodischen Ausgleich (Vor- und Rücktrag) von Verlusten mit positiven Zwischeneinkünften. Im Gegensatz dazu folgt der horizontale und vertikale Ausgleich von Verlusten mit Zwischeneinkünften aus derselben passiven Tätigkeit bzw. aus einer anderen passiven Tätigkeit aus § 2 Abs. 1 EStG iVm § 10 Abs. 3 S. 1. Ein Verlustausgleich zwischen mehreren ausländischen Gesellschaften ist nicht möglich (Tz. 10.1.1.3. AEAStG).

742 Für die Anwendung der Vorschrift sind folgende Punkte zu beachten:
– Begriff der Verluste,
– Verrechnung der Verluste mit positiven Zwischeneinkünften,
– Verluste von nachgelagerten Gesellschaften iSv § 14 AStG.

1. Begriff der Verluste

743 Verluste iSv § 10 Abs. 3 S. 5 können entweder (i) als negative Zwischeneinkünfte oder (ii) als negativer Hinzurechnungsbetrag verstanden werden.

744 Der Wortlaut des Satzes 5 spricht für die erstere Ansicht, denn es sind nur die Verluste abziehbar, die bei den Zwischeneinkünften entstanden sind. Die Folge wäre, dass sowohl die nach § 10 Abs. 1 S. 1 abziehbaren Steuern als auch die nach § 11 auszunehmenden Veräußerungsgewinne den Verlust nicht erhöhen würden, da sie erst nach Ermittlung der Zwischeneinkünfte berücksichtigt werden.

745 Der Gesetzgeber und die Finanzverwaltung haben sich für die zweite Ansicht entschieden, denn nach Satz 6 der Vorschrift, ist der Verlust zu erhöhen, soweit sich durch einen Abzug der Steuern iSv § 10 Abs. 1 S. 1 ein negativer Betrag bei der Ermittlung der Zwischeneinkünfte ergibt (Tz. 10.3.5.1. AEAStG). Entsprechend erhöhen die auszunehmenden Veräußerungsgewinne den Verlust nach Satz 5, da sie bereits hinzugerechnete aber thesaurierte Zwischeneinkünfte repräsentieren und wie Zwischeneinkünfte zu behandeln sind.

746 Die Ermittlung der Verluste stellt sich tabellarisch wie folgt dar:

	Einkünfte aus passivem Erwerb (§ 10 Abs. 3, 4)
+/–	Korrektur nach Maßgabe des § 1
–	vom Hinzurechnungsbetrag auszunehmende Gewinne (§ 11)
–	entrichtete Steuern vom Einkommen und Vermögen (§ 10 Abs. 1 S. 1)
	Verlust iSv § 10 Abs. 3 S. 5

D. Ermittlung der Einkünfte (Abs. 3 und 4) 747–752 § 10

Der Verlust muss im Entstehungsjahr nicht gesondert festgestellt werden 747
(BFH v. 5.11.1992, I R 38/92, BStBl. II 1993, 177).

Die Verluste müssen aus passiver Tätigkeit der ausländischen Gesellschaft 748
stammen. Dies ergibt sich aus dem Wortlaut der Norm, wonach ausgleichs- und abzugsfähig nur Verluste aus solchen Einkünften sind, für die die ausländische Gesellschaft Zwischengesellschaft ist. Dh die Verluste müssen aus „niedrigbesteuerten" passiven Einkünften resultieren.

Umstritten ist, ob neben der sachlichen Voraussetzung der Hinzurech- 749
nungsbesteuerung im Verlustentstehungsjahr auch die persönlichen Tatbestandsvoraussetzungen vorliegen müssen. Dh, ob zum Ende des Wirtschaftsjahres der Verlustentstehung eine Inländerbeherrschung nach § 7 Abs. 2 bzw. eine Beteiligung nach § 7 Abs. 6 vorgelegen haben muss. Die Finanzverwaltung teilt diese Auffassung (Tz. 10.3.5.1.; Blümich/*Vogt* § 10 AStG Rz. 98). Der Wortlaut der Norm stützt die gesellschafterbezogene Betrachtungsweise jedoch nicht. Denn dieser stellt allein auf die Einkunftsermittlung auf Ebene der Zwischengesellschaft ab. Wären die persönlichen Tatbestandsvoraussetzungen beachtlich, hätte ein Gesellschafterwechsel den quotalen Untergang der Verluste zur Folge. Entsprechend müssten die den Zwischeneinkünften zugrunde liegenden Wirtschaftsgüter den Steuerinländern nach ihrer Beteiligungsquote zugerechnet werden. Dies sieht das Gesetz jedoch nicht vor (*FWBS* § 10 AStG Rz. 370). Vielmehr sind die Zwischeneinkünfte losgelöst von der Gesellschafterebene zu ermitteln.

Demnach können die Verluste aus niedrigbesteuerten Einkünften interperi- 750
odisch ausgeglichen werden (*FWBS* § 10 AStG Rz. 369; aA Blümich/*Vogt* § 10 AStG Rz. 98; Tz. 10.3.5.1. AEAStG).

2. Verrechnung der Verluste

Die Verluste sind von den Zwischeneinkünften nach Maßgabe des § 10d 751
EStG in der jeweils geltenden Fassung abzuziehen. Damit können Verluste bis zur Höhe von Euro 1.000.000 ein Jahr zurückgetragen und bis zu 60 vH des Euro 1 Mio. übersteigenden Betrages der Zwischeneinkünfte zeitlich unbefristet vorgetragen werden. Die absoluten und relativen Beschränkungen des § 10d EStG bezieht sich auf die jeweilige Gesellschaft und ohne Berücksichtigung der Beteiligungsquoten der Steuerinländer.

Ausgehend vom Wortlaut der Norm müssen im Zeitpunkt der Verrech- 752
nung der Verluste die sachlichen Tatbestandsvoraussetzungen der Hinzurechnungsbesteuerung vorliegen. Dh die ausländische Gesellschaft muss niedrigbesteuerte Einkünfte aus passivem Erwerb beziehen. Auf die Beteiligung von Steuerinländern und der Inlandsbeherrschung kommt es demnach nicht an (*FWBS* § 10 AStG Rz. 367). Denn die ausländische Gesellschaft ist Einkünfteerzielungssubjekt und der Steuerinländer das Zurechnungssubjekt (BFH v. 2.7.1997, I R 32/95, BStBl. II 1998, 176; Blümich/*Vogt* § 10 AStG Rz. 99; *FWBS* § 10 AStG Rz. 71, 73; *Schaumburg,* Internationales Steuerrecht Rz. 10.135; 10.137). Aus dieser gesellschaftsbezogenen Betrachtungsweise folgt weiterhin, dass der Verbrauch der Verlustvorträge auf Ebene der ausländischen Gesellschaft auch dann vorzunehmen ist, wenn die persönlichen Voraussetzungen der Hinzurechnungsbesteuerung nach § 7 Abs. 2, 6 nicht vorliegen. Somit sind Veränderungen hinsichtlich der Beteiligungsverhältnisse zwischen

Entstehung der Verluste und deren Verrechnung als Vor- oder Rücktrag unbeachtlich (Tz. 10.3.5.3. AEAStG; FinMin NRW S 1354-10 – V B 5 v. 19.2.1980, FR 1980, 147; FinMin NDS S 1354 – 11 – 332 v. 7.3.1980, FR 1980, 243).

753 Im Übrigen sind die Beschränkungen des § 8 Abs. 4 KStG aF bzw. § 8c KStG nicht anwendbar, da diese Vorschrift § 10d EStG lediglich im Bereich des Sonderausgabenabzugs ergänzt und somit eine Einkommensteuerermittlungsvorschrift ist. Diese Ergänzung kann aber nicht auf die Einkünfteermittlung der Hinzurechnungsbesteuerung übertragen werden (→ Rz. 548). Die Verlustverrechnung wird somit auch dann gewährt, wenn Steuerinländer im Zeitpunkt der Entstehung der Verluste nicht an der ausländischen Gesellschaft beteiligt waren.

Beispiel:

754 Die Steuerinländer I (40 vH) und J (20 vH) sind an der ausländischen Gesellschaft beteiligt. Im Wirtschaftsjahr 01 betragen die negativen Zwischeneinkünfte ./. Euro 6 Mio. Mit Ablauf des Wirtschaftsjahres 02 übertragen I und J jeweils 10 vH ihrer Anteile auf den Steuerinländer K, der damit zu 20 vH an der ausländischen Gesellschaft beteiligt ist. J überträgt weitere 5 vH seines Anteils auf den Steuerausländer A. Im Wirtschaftsjahr 02 erzielt die ausländische Gesellschaft positive Zwischeneinkünfte iHv Euro 4 Mio.

Für das Wirtschaftsjahre 01 beträgt der Verlustvortrag der ausländischen Gesellschaft Euro 6 Mio. Im Wirtschaftsjahr 02 erzielt die ausländische Gesellschaft positive Zwischeneinkünften iHv Euro 4 Mio. Die Ermittlung des Hinzurechnungsbetrages stellt sich wie folgt dar:

WJ 01	Beteiligung der Steuerinländer	60 %		
	Zwischeneinkünfte der Gesellschaft			– 6.000.000
	Verlustvortrag 01			**6.000.000**
WJ 02	Beteiligung der Steuerinländer	55 %		
	Zwischeneinkünfte der Gesellschaft			4.000.000
	Verlustvortrag 01		6.000.000	
	Verbrauch 1 Mio.		– 1.000.000	– 1.000.000
				3.000.000
	Verbrauch 60 % der übersteigenden			
	Zwischeneinkünfte		– 1.800.000	– 1.800.000
	Verbleibender Verlustvortrag		3.200.000	
	Hinzurechnungsbetrag vor Aufteilung (§ 10 Abs. 1)			1.200.000
	Aufteilung auf			
	Steuerinländer I (30 vH)			**360.000**
	Steuerinländer J (5 vH)			**60.000**
	Steuerinländer K (20 vH)			**240.000**

3. Verhältnis zu § 9

755 Da die nach § 9 von der Hinzurechnungsbesteuerung auszunehmenden Zwischeneinkünfte ihren Charakter als passive Einkünfte nicht verlieren, ist § 9 bei der Verlustverrechnung unbeachtlich. Daher muss ein Verlust aus einem Jahr zunächst mit den positiven Zwischeneinkünften des vorhergehenden Jahres oder der nachfolgenden Jahre verrechnet werden, die bereits nach § 9 außer Ansatz zu lassen wären. Anders ausgedrückt meint diese Formulierung somit, dass bei einem Verlustvortrag oder -rücktrag die nach § 9 außer Ansatz zu lassenden Einkünfte den Verlust verringern und nur der geminderte Ver-

D. Ermittlung der Einkünfte (Abs. 3 u. 4) **§ 10**

lustbetrag zur weiteren Verrechnung mit den positiven Zwischeneinkünften zur Verfügung steht. Dh, § 10 Abs. 3 S. 5 wird bei einem Rück- oder Vortrag vor § 9 angewendet.

Beispiel:
An der ausländischen Gesellschaft ist der Steuerinländer I alleiniger Gesellschafter. Die **756** Gesellschaft erzielt im Wirtschaftsjahr passive Einkünfte iHv EUR 60.000. Die Voraussetzungen für die Freigrenze nach § 9 sind gegeben, weil die gesamten Bruttoerträge der Gesellschaft EUR 1 Mio. (aktive Bruttoerträge: EUR 900.000; passive Bruttoerträge: EUR 100.000) betragen. Im Wirtschaftsjahr 02 erleidet die Gesellschaft einen Verlust aus passivem Erwerb iHv EUR 130.000. Im Wirtschaftsjahr 03 erzielt die Gesellschaft wiederum positive Einkünfte aus passivem Erwerb iHv EUR 140.000. Die relative Freigrenze von 10% ist nicht überschritten, weil die gesamten Bruttoerträge EUR 2 Mio. betragen (aktive Bruttoerträge: EUR 1.800.000; passive Bruttoerträge: EUR 200.000). Nach § 10 Abs. 3 S. 5 ist der Verlustrücktrag vor Anwendung der Freigrenze nach § 9 vorzunehmen. Deshalb sind die Verluste um die nach dieser Vorschrift freizustellenden Einkünfte zu kürzen. Für 03 beträgt der Verlustvortrag EUR 70.000.

Der interperiodische Verlustausgleich kann dazu führen, dass der Anwen- **757** dungsbereich des § 9 durch das Unterschreiten der absoluten Freigrenzen von EUR 80.000 erst eröffnet wird.

Beispiel wie oben:
Isoliert betrachtet, unterschreitet die ausländische Gesellschaft die relative Freigrenze **758** in 03. Allerdings sind die absoluten Freigrenzen auf Ebene der Gesellschaft und des Gesellschafters I überschritten. Durch den Verlustvortrag aus 02 iHv EUR 70.000 verringern sich in 03 die Einkünfte von EUR 150.000 auf EUR 70.000. Die Voraussetzung für die Freigrenze nach § 9 AStG ist erfüllt.

4. Verluste von nachgelagerten Gesellschaften iSv § 14

Der Verlustabzug nach § 10 Abs. 3 S. 5 ist nur auf Ebene der ausländischen **759** Obergesellschaft vorzunehmen. Negative Zwischeneinkünfte von nachgelagerten ausländischen Untergesellschaften werden gemäß § 14 der ausländischen Obergesellschaft vorrangig zugerechnet. Die zugerechneten negativen Zwischeneinkünfte erhöhen demnach den Verlust der Obergesellschaft.

Die Zurechnung der – negativen oder positiven – Zwischeneinkünfte er- **760** folgt nach Abzug der Modifikationen der §§ 1, 11. Die nach § 10 Abs. 1 S. 1 abziehbaren Steuern werden gesondert zugerechnet und erst auf Ebene der ausländischen Obergesellschaft berücksichtigt (SKK/*Hauswirth* § 14 AStG Rz. 59; *FWBS* § 14 AStG Rz. 109; aA Anwendungserlass, Tz. 14.1.4 ohne materiellem Besteuerungsunterschied).

einstweilen frei **761–779**

VIII. Abzug von Werbungskosten und Betriebsausgaben (Abs. 4)

1. Geltung des Veranlassungsprinzips

Nach § 10 Abs. 4 dürfen bei der Ermittlung der Zwischeneinkünfte nur **780** solche Betriebsausgaben abgezogen werden, die mit diesen Einkünften in wirtschaftlichem Zusammenhang stehen.

781 Der Wortlaut dieser Norm verweist auf § 50 Abs. 1 EStG, so dass es für den Abzug von Betriebsausgaben bzw. Werbungskosten auf einen unmittelbaren Zusammenhang mit den Zwischeneinkünften nicht ankommt. Im Einzelnen gilt damit das in § 4 Abs. 4 EStG verankerte Veranlassungsprinzip, wonach Aufwendungen betrieblich veranlasst sind, wenn ein tatsächlicher oder wirtschaftlicher Zusammenhang mit dem Betrieb besteht (BFH v. 20.7.1988, I R 49/84, BStBl. II 1989, 140). Ein nur rechtlicher Zusammenhang genügt dagegen nicht. Da eine Kapitalgesellschaft keine Privatsphäre hat, sind die Aufwendungen immer Betriebsausgaben. Lediglich bei einer gesellschaftsrechtlichen Veranlassung kommen die Grundsätze der verdeckten Gewinnausschüttung zur Anwendung.

782 Nach dem Wortlaut kommt es anders als bei § 3c Abs. 1 EStG nicht auf einen unmittelbaren wirtschaftlichen Zusammenhang zwischen den Betriebsausgaben und den Einkünften an (BFH v. 20.7.1988, I R 49/84, BStBl. II 1989, 140). Betriebsausgaben sind bei der Ermittlung der Zwischeneinkünfte nur insoweit nicht abziehbar, soweit kein unmittelbarer oder mittelbarer wirtschaftlicher Zusammenhang zu den passiven Einkünften gegeben ist (BFH v. 20.7.1988, I R 49/84, BStBl. II 1989, 140).

2. Gemischte Gesellschaften

783 Da das Veranlassungsprinzip für den Abzug der Aufwendungen der entscheidende Maßstab ist, beschränkt sich die Funktion des § 10 Abs. 4 auf die Zuordnung von Aufwendungen bei gemischten Gesellschaften. Gemischte Gesellschaften sind Gesellschaften, die sowohl Einkünfte aus passiver als auch aktiver Tätigkeit erzielen.

784 Die Zuordnung der Aufwendungen, die sowohl mit aktiven als auch passiven Tätigkeiten in einem wirtschaftlichen Zusammenhang stehen, erfolgt nach dem Veranlassungsprinzip. Die bestehenden Zusammenhänge der Aufwendungen mit den aktiven bzw. passiven Einkünften sind zu gewichten.

§ 11 Veräußerungsgewinne

(1) Gewinne, die die ausländische Gesellschaft aus der Veräußerung der Anteile an einer anderen ausländischen Gesellschaft oder einer Gesellschaft im Sinne des § 16 des REIT-Gesetzes sowie aus deren Auflösung oder der Herabsetzung ihres Kapitals erzielt und für die die ausländische Gesellschaft Zwischengesellschaft ist, sind vom Hinzurechnungsbetrag auszunehmen, soweit die Einkünfte der anderen Gesellschaft oder einer dieser Gesellschaft nachgeordneten Gesellschaft aus Tätigkeiten im Sinne des § 7 Abs. 6a für das gleiche Kalenderjahr oder Wirtschaftsjahr oder für die vorangegangenen sieben Kalenderjahre oder Wirtschaftsjahre als Hinzurechnungsbetrag (§ 10 Abs. 2) der Einkommensteuer oder Körperschaftsteuer unterlegen haben, keine Ausschüttung dieser Einkünfte erfolgte und der Steuerpflichtige dies nachweist.

(2), (3) *(aufgehoben)*

Inhaltsübersicht

	Rz.
I. Systematische Stellung und wesentlicher Inhalt	1–15
II. Ausnahmeregelung für passive Veräußerungsgewinne	16–57
1. Gewinne aus Realisationstatbeständen iZm ausländischen Gesellschaften	18–29
2. Hinzugerechnete Einkünfte mit Kapitalanlagecharakter	30–49
a) Einkünfte der anderen Gesellschaft aus Tätigkeiten iSd § 7 Abs. 6a	31–33
b) Hinzurechnung der Einkünfte mit Kapitalanlagecharakter innerhalb eines 8-Jahres-Zeitraums	34–49
aa) Bestimmung des 8-Jahres-Zeitraums	36–44
bb) Kapitalanlageeinkünfte haben als Hinzurechnungsbetrag der ESt oder KSt unterlegen	45–49
3. Keine Ausschüttung der hinzugerechneten Einkünfte	50–54
4. Nachweispflicht des Steuerpflichtigen	55–57

I. Systematische Stellung und wesentlicher Inhalt

Soweit ein von einer ausländischen Zwischengesellschaft erzielter Anteilsveräußerungsgewinn nicht nach § 8 Abs. 1 Nr. 9 begünstigt ist, besteht die Möglichkeit einer steuerlichen Doppelbelastung von thesaurierten Einkünften mit Kapitalanlagecharakter. Diese beruht darauf, dass einerseits die laufenden Einkünfte der veräußerten ausländischen Untergesellschaft im Rahmen der übertragenden Zurechnung gem. § 14 der Hinzurechnungsbesteuerung unterworfen werden und andererseits diese Einkünfte – sofern sie nicht vor der Veräußerung an die veräußernde ausländische Zwischengesellschaft ausgeschüttet wurden – den nach § 8 Abs. 1 Nr. 9 steuerbaren Veräußerungsgewinn erhöhen. Zur Vermeidung einer solchen Doppelbesteuerung sieht § 11 Abs. 1 idF des UntStFG (Gesetz zur Fortentwicklung des Unternehmensteuerrechts

§ 11 2–4 Veräußerungsgewinne

v. 20.12.2001, BStBl. I 2002, 35, 53f.) unter bestimmten, nachfolgend im Einzelnen beschriebenen Voraussetzungen vor, dass Realisationsgewinne „... vom Hinzurechnungsbetrag auszunehmen ..."" sind.

2 Es fällt auf, dass der Gesetzgeber in dem neugefassten § 11 Abs. 1 mit dieser Wortwahl vollumfänglich auf die Begrifflichkeit des § 13 aF zurückgreift. Letzterer war hinsichtlich seiner rechtssystematischen Stellung zeitweilig heftig umstritten, da etwas ausnehmen sowohl bedeuten kann, dass es von Anfang an nicht dazugehört als auch, dass es zwar dazugehört, aber später herauszunehmen ist. Im ersten Fall liegt eine bei der Einkunftsermittlung ansetzende sachliche Steuerbefreiung vor, während die Regelung im zweiten Fall als Kürzungsvorschrift zu verstehen ist, die bei der Ermittlung des anzusetzenden Hinzurechnungsbetrages zu berücksichtigen ist. Durch die Rechtsprechung (FG Hamburg v. 19.5.1982, II 201/80, RIW/AWD 1983, 65 (66)) wurde letztendlich entschieden, dass es sich bei der Regelung des § 13 aF um eine sachliche Steuerbefreiungsvorschrift handelt, die logisch schon bei der Ermittlung der Zwischeneinkünfte ansetzt.

3 Die Identität der Wortwahl seitens des Gesetzgebers spricht dafür, auch die Regelung des § 11 Abs. 1 als sachliche Steuerbefreiungsvorschrift zu verstehen. Dies entspricht auch dem Kerngedanken der Vorschrift, die Besteuerung von nach § 8 Abs. 1 Nr. 9 als passiv qualifizierenden, aber nach § 11 Abs. 1 begünstigten Realisationsgewinnen der Besteuerung aktiver Realisationsgewinne gleichzustellen. Für das Verständnis einer objektiven Steuerbefreiung spricht des Weiteren, dass sich § 11 Abs. 1 auf die Ebene der ausländischen Gesellschaft als solche bezieht (*FWBS* § 10 Rz. 154b), was sich insbesondere dadurch ausdrückt, dass derjenige, bei dem der Anteilsveräußerungsgewinn gem. § 11 Abs. 1 vom Hinzurechnungsbetrag auszunehmen ist, und derjenige, bei dem die Zwischeneinkünfte mit Kapitalanlagecharakter im Zuge der übertragenden Zurechnung gem. § 14 als Hinzurechnungsbetrag der ESt oder KSt unterlegen haben, gerade nicht dieselbe Person sein muss (*Grotherr* IWB Fach 3, Gruppe 1, 1911; *FWBS* § 11 AStG Rz. 49). Im Ergebnis ist § 11 Abs. 1 daher als sachliche Steuerbefreiungsvorschrift anzusehen (GlA *HHR* Jahresband 2002, § 11 AStG, Rz. J 01–3, 3; *FWBS* § 11 AStG, Rz. 16, 45; *SKK* § 11 AStG, Rz. 45). Auch die Finanzverwaltung scheint diese Auffassung zu teilen, da gemäß dem Berechnungsschema der Anlage zur gesonderten – und einheitlichen – Feststellung nach § 18 des AStG [Analyse ASt 2, 3 B-1 (04)] zuerst die Kürzung gem. § 11 vorzunehmen ist, während die Kürzungsvorschriften der § 10 Abs. 1 bzw. § 10 Abs. 3 S. 5 erst im Anschluss Anwendung finden.

4 Von praktischer Bedeutung ist die rechtssystematische Stellung des § 11 Abs. 1 insbesondere im Hinblick auf die Abzugs- und Anrechnungsfähigkeit ausländischer Steuern nach § 10 Abs. 1 bzw. § 12 Abs. 1, den in § 10 Abs. 3 S. 5 geregelten Verlustabzug sowie den generellen Betriebsausgabenabzug des § 10 Abs. 4. Die von den Einkünften und dem diesen Einkünften zugrunde liegenden Vermögen der ausländischen Gesellschaft erhobenen Steuern sind gem. § 10 Abs. 1 von den nach § 7 Abs. 1 steuerpflichtigen Einkünften abzugsfähig. Erzielt die ausländische Zwischengesellschaft passive Veräußerungsgewinne, so ist der Abzug von ausländischen Steuern, die auf gem. § 11 Abs. 1 steuerbefreite Veräußerungsgewinne entfallen, ausgeschlossen, da diese

II. Ausnahmeregelung für passive Veräußerungsgewinne 5–17 § 11

gerade keine nach § 7 Abs. 1 steuerpflichtigen Einkünfte darstellen (in Anlehnung an: *FWBS* § 13 AStG aF Rz. 35. Auch eine Anrechnung dieser Steuern auf die ESt oder KSt des Steuerpflichtigen ist nicht möglich, da § 12 Abs. 1 auf nach § 10 Abs. 1 abziehbare Steuern abstellt.

Im Hinblick auf den Verlustabzug sind nach § 11 Abs. 1 steuerbefreite Veräußerungsgewinne hingegen zu berücksichtigen, da die Kürzung im Rahmen der Einkunftsermittlung zu erfolgen hat. 5

Beispiel:

Eine ausländische Zwischengesellschaft erzielt passive Einkünfte aus Vermietung und Verpachtung iHv − 500 sowie einen passiven Anteilsveräußerungsgewinn von 100. Die Zwischeneinkünfte belaufen sich somit auf − 400. Sofern der Veräußerungsgewinn nach § 11 Abs. 1 begünstigt ist, kommt es zu einer Steuerbefreiung im Rahmen der Einkunftsermittlung, so dass sich ein nach § 10 Abs. 3 S. 5 zu berücksichtigender Verlust von − 500 ergibt. 6

Der Betriebsausgabenabzug für in wirtschaftlichem Zusammenhang mit den nach § 11 Abs. 1 stehenden Veräußerungsgewinnen ist gem. § 10 Abs. 4 zulässig, da es sich bei den Veräußerungsgewinnen um Einkünfte handelt, für welche die ausländische Gesellschaft Zwischengesellschaft iSd § 8 Abs. 1 Nr. 9 ist. Der in § 11 Abs. 1 verwendete Gewinnbegriff ist daher als Nettobetrag zu verstehen (*FWBS* § 11 AStG Rz. 46). In diesem Zusammenhang ist jedoch die Anwendbarkeit des § 3c EStG iVm § 10 Abs. 3 S. 1 AStG zu berücksichtigen, der die steuerliche Abzugsfähigkeit von Ausgaben, soweit sie mit steuerfreien Einnahmen in unmittelbarem wirtschaftlichen Zusammenhang stehen, generell versagt (*HHR* Jahresband 2002, § 3c EStG, Rz. J 01–5. 7

einstweilen frei 8–15

II. Ausnahmeregelung für passive Veräußerungsgewinne

Gem. § 11 Abs. 1 sind Gewinne, welche die ausländische Gesellschaft aus der Veräußerung eines Anteils an einer anderen ausländischen Gesellschaft sowie aus deren Auflösung oder der Herabsetzung ihres Kapitals erzielt und für die die ausländische Gesellschaft Zwischengesellschaft ist, aus dem Hinzurechnungsbetrag auszunehmen, soweit (a) die Einkünfte der anderen Gesellschaft oder einer dieser Gesellschaft nachgeordneten Gesellschaft aus Tätigkeiten iSd § 7 Abs. 6a (aa) für das gleiche Kalenderjahr oder Wirtschaftsjahr oder für die vorangegangenen sieben Kalenderjahre oder Wirtschaftsjahre (bb) als Hinzurechnungsbetrag (§ 10 Abs. 2) der Einkommensteuer oder Körperschaftsteuer unterlegen haben, (b) keine Ausschüttung dieser Einkünfte erfolgte und (c) der Steuerpflichtige dies nachweist. 16

Durch die Verwendung des Wortes „soweit" stellt der Gesetzgeber klar, dass ein passiver Anteilsveräußerungsgewinn iSd § 8 Abs. 1 Nr. 9 in einen steuerpflichtigen und − sofern die Voraussetzungen des § 11 Abs. 1 erfüllt sind − in einen steuerfreien Teil aufzuteilen ist. 17

1. Gewinne aus Realisationstatbeständen iZm ausländischen Gesellschaften

18 § 11 Abs. 1 regelt – genau wie § 8 Abs. 1 Nr. 9 – die außensteuerliche Behandlung von Gewinnen aus der Veräußerung von Anteilen an einer anderen Gesellschaft sowie aus deren Auflösung oder der Herabsetzung ihres Kapitals. Für Fragen der Begriffsauslegung gelten die Ausführungen zu den Einkünften aus Realisationstatbeständen daher sinngemäß (im Einzelnen, siehe Kommentierung → § 8 Rz. 540 ff.).

19 Während die Steuerbefreiung des § 11 Abs. 1 sowohl für Gewinne aus der Veräußerung von Anteilen an einer anderen ausländischen Gesellschaft als auch aus deren Auflösung oder der Herabsetzung ihres Kapitals Anwendung findet, erfasst die Ausnahmeregelung des § 8 Abs. 1 Nr. 9 zumindest bei wortgetreuer Auslegung ausschließlich Anteilsveräußerungsgewinne (im Einzelnen, siehe Kommentierung → § 8 Rz. 576 ff.). In Anbetracht dessen, dass die Ausnahmeregelung des § 11 Abs. 1 voraussetzt, dass es sich bei den erzielten Einkünften um Zwischeneinkünfte der ausländischen Gesellschaft handelt, erhält die Steuerbefreiung für Gewinne aus der Auflösung der ausländischen Gesellschaft oder deren Kapitalherabsetzung nur dann regelnden Charakter, sofern die Finanzverwaltung im Rahmen einer extensiven Gesetzesauslegung die Ausnahmeregelung des § 8 Abs. 1 Nr. 9 auf sämtliche Gewinne aus Realisationstatbeständen anwendet.

20 In Anbetracht dessen, dass § 11 Abs. 1 nur von iZm den Realisationstatbeständen anfallenden Gewinnen spricht, stellt sich die Frage, ob in diesem Zusammenhang entstehende Verluste ebenfalls im Rahmen des § 11 Abs. 1 zu berücksichtigen sind. Dies ist nicht nur aufgrund des Wortlauts des § 11 Abs. 1, sondern auch im Hinblick auf die explizite Unterscheidung der steuerlichen Behandlung von Gewinnen und Verlusten im Rahmen des § 8 Abs. 1 Nr. 9 zu verneinen (*FWBS* § 11 AStG Rz. 32 zumindest für Anteilsveräußerungsverluste, da in Anm. 40 eine Berücksichtigung von Liquidationsverlusten bejaht wird). Aber auch die Systematik des § 11 Abs. 1 spricht gegen eine Berücksichtigung von derartigen Verlusten, da eine doppelte Verlustberücksichtigung trotz laufender Verluste einerseits und eines Realisationsverlustes andererseits dadurch verhindert wird, dass eine Hinzurechnung bei negativen Einkünften entfällt (§ 10 Abs. 3 S. 3), und dass § 11 Abs. 1 auf den Hinzurechnungsbetrag iSd § 10 Abs. 2 abstellt (siehe auch → Rz. 30).

21 Als weitere Abweichung zu § 8 Abs. 1 Nr. 9 fordert § 11 Abs. 1, dass es sich bei der anderen Gesellschaft um eine ausländische Gesellschaft handelt. Dies erscheint im Hinblick auf den Wortlaut des § 14 durchaus konsistent, da dieser nur die übertragende Zurechnung für ausländische Untergesellschaften regelt. Für den Begriff der ausländischen Gesellschaft iSd § 11 Abs. 1 ist die Legaldefinition des § 7 Abs. 1 maßgebend, dh es muss sich um eine Körperschaft, Personenvereinigung oder Vermögensmasse iSd KStG handeln, die weder Geschäftsleitung noch Sitz im Geltungsbereich des AStG hat und die nicht gem. § 3 Abs. 1 KStG von der Körperschaftsteuerpflicht ausgenommen ist. Inländische Gesellschaften werden von der übertragenden Zurechnung grundsätzlich nicht erfasst, da bei unbeschränkter Steuerpflicht die Besteuerung des Gewinns der Gesellschaft im Inland sichergestellt ist und es daher einer Hin-

II. Ausnahmeregelung für passive Veräußerungsgewinne

zurechnungsbesteuerung nicht bedarf (*FWBS* § 14 AStG Rz. 38). Erzielt eine ausländische Zwischengesellschaft einen Gewinn aus der Veräußerung einer inländischen Kapitalgesellschaft, haben die bei der inländischen Gesellschaft thesaurierten Gewinne als laufende Einkünfte somit nicht der Hinzurechnungsbesteuerung unterlegen. Es ergibt sich folglich auch kein Regelungsbedarf im Rahmen des § 11 Abs. 1.

Insbesondere bei mehrstufigen Beteiligungsverhältnissen mit sowohl in- als auch ausländischen Gesellschaften kann es trotz der Steuerbefreiung des § 11 Abs. 1 zu steuerlichen Doppelbelastungen von thesaurierten Einkünften kommen.   **22**

Beispiel:

Eine inländische Kapitalgesellschaft (A-GmbH) hält eine 100%-Beteiligung an einer ausländischen Zwischengesellschaft (LuxCo I), die wiederum alleinige Gesellschafterin einer anderen inländischen Gesellschaft (B-GmbH) ist. Auf der 4. Konzernebene befindet sich eine ausländische Kapitalgesellschaft (LuxCo II), die ausschließlich Einkünfte mit Kapitalanlagecharakter erzielt.   **23**

Veräußert nun LuxCo I ihre Beteiligung an der B-GmbH, so handelt es sich – soweit der Veräußerungsgewinn auf Wirtschaftsgüter der LuxCo II entfällt – um einen passiven Veräußerungsgewinn iSv § 8 Abs. 1 Nr. 9. Der Veräußerungsgewinn ist auch nicht nach § 11 Abs. 1 begünstigt, da es sich nicht um einen Gewinn aus der Veräußerung einer ausländischen Gesellschaft handelt. Obwohl die laufenden Einkünfte der LuxCo II nicht Gegenstand der übertragenden Zurechnung des § 14 waren, unterlagen sie dennoch der Hinzurechnungsbesteuerung auf Ebene der B-GmbH. Somit kommt es trotz § 11 Abs. 1 zu einer Doppelbesteuerung von thesaurierten Einkünften mit Kapitalanlagecharakter.

Als weitere Unterscheidung setzt § 11 Abs. 1 die „... Veräußerung der Anteile ..." voraus, während § 8 Abs. 1 Nr. 9 von der „... Veräußerung eines Anteils ..." spricht. Hieraus kann nicht geschlossen werden, dass die Steuerbefreiung nach § 11 Abs. 1 die Veräußerung einer gesamten Beteiligung voraussetzt (GlA *FWBS* § 11 AStG Rz. 34). Die systematische Verknüpfung des § 11 Abs. 1 mit § 8 Abs. 1 Nr. 9 gebietet vielmehr eine gleichartige Begriffsauslegung mit der Folge, dass auch ein passiver Gewinn aus der Veräußerung eines Anteils an einer ausländischen Gesellschaft Gegenstand der Steuerbefreiung sein kann.   **24**

einstweilen frei   **25–29**

2. Hinzugerechnete Einkünfte mit Kapitalanlagecharakter

Maßgebendes Kriterium für die Steuerbefreiung von Realisationsgewinnen im Rahmen des § 11 Abs. 1 ist, dass „... die Einkünfte der anderen Gesellschaft oder einer dieser Gesellschaft nachgeordneten Gesellschaft aus Tätigkeiten iSd § 7 Abs. 6a (a) für das gleiche Kalenderjahr oder Wirtschaftsjahr oder für die vorangegangenen sieben Kalenderjahre oder Wirtschaftsjahre (b) als Hinzurechnungsbetrag (§ 10 Abs. 2) der Einkommensteuer oder Körperschaftsteuer unterlegen haben".   **30**

a) Einkünfte der anderen Gesellschaft aus Tätigkeiten iSd § 7 Abs. 6a

Voraussetzung für die Anwendbarkeit des § 11 Abs. 1 ist die Erzielung von Einkünften aus Tätigkeiten iSd § 7 Abs. 6a durch die andere Gesellschaft oder einer dieser nachgeordneten Gesellschaft. Auch wenn das Gesetz in Zusam-   **31** menhang mit den Einkünften nur noch von „… der anderen Gesellschaft …" spricht, wird durch die Verwendung des Wortes „der" auf den 1. Halbsatz Bezug genommen, der explizit von „… einer anderen ausländischen Gesellschaft …" spricht. Bei der anderen Gesellschaft muss es sich somit um eine ausländische Gesellschaft handeln. Im Hinblick auf die anderen Gesellschaften nachgeordneten Gesellschaften greift dieses Kriterium hingegen nicht, es kann sich sowohl um in- als auch um ausländische Gesellschaften handeln. In Anbetracht dessen, dass inländische Gesellschaften grundsätzlich nicht von der übertragenden Zurechnung erfasst werden, ist kein Fall ersichtlich, in dem die Einkünfte einer inländischen nachgeordneten Gesellschaft Gegenstand der Hinzurechnungsbesteuerung waren. In der Praxis dürfte die Steuerbefreiung des § 11 Abs. 1 somit letztendlich auf nachgeordnete ausländische Gesellschaften beschränkt sein.

32 Unklar ist in Bezug auf den Begriff der nachfolgenden Gesellschaft des Weiteren, ob es sich bei dieser um eine der anderen Gesellschaft unmittelbar nachgeordnete Gesellschaft handeln muss, oder ob auch mittelbar nachgeordnete Gesellschaften von der Formulierung erfasst werden. Eine gesetzessystematische Beantwortung dieser Fragestellung kann nur unter Berücksichtigung der Ausnahmeregelung des § 8 Abs. 1 Nr. 9 erfolgen, welche einen Veräußerungsgewinn als passiv qualifiziert, soweit er auf Kapitalanlageeinkünften dienende Wirtschaftsgüter der anderen (dh der veräußerten) Gesellschaft oder einer Gesellschaft, an der die andere Gesellschaft beteiligt ist, entfällt (im Einzelnen, siehe Kommentierung → § 8 Rz. 585 ff.). Geht man mit der von mir vertretenen Auffassung davon aus, dass eine mittelbare Beteiligung der veräußerten Gesellschaft an einer Kapitalanlagegesellschaft für die Anwendung dieser Ausnahmeregelung ausreicht, so erfordert die Gesetzessystematik eine korrespondierende Steuerbefreiung dahin gehend, dass auch mittelbar nachgeordnete Gesellschaften im Rahmen des § 11 Abs. 1 zu berücksichtigen sind. Beschränkt man hingegen den Durchgriff im Rahmen der Ausnahmeregelung des § 8 Abs. 1 Nr. 9 auf einen vierstufigen Konzernaufbau im Ausland, so besteht keine Notwendigkeit die Steuerbefreiung des § 11 Abs. 1 auch auf mittelbar nachgeordnete Gesellschaften anzuwenden, da – selbst wenn der Veräußerungsgewinn auf Kapitalanlageeinkünften dienende Wirtschaftsgüter dieser mittelbar nachgeordneten Gesellschaft entfällt – hierdurch keine Passivität des Veräußerungsgewinns begründet wird (aA *SKK* § 11 AStG Rz. 52).

33 Hinsichtlich weiterer Fragen zu den Einkünften aus Tätigkeiten iSd § 7 Abs. 6a, wird auf die diesbezüglichen Ausführungen verwiesen (im Einzelnen, siehe Kommentierung → § 8 Rz. 585 ff.).

b) Hinzurechnung der Einkünfte mit Kapitalanlagecharakter innerhalb eines 8-Jahres-Zeitraums

34 § 11 Abs. 1 knüpft die Steuerfreiheit der Veräußerungsgewinne daran, dass „… die Einkünfte aus Tätigkeiten der anderen Gesellschaft iSd § 7 Abs. 6a (a) für das gleiche Kalenderjahr oder Wirtschaftsjahr oder für die vorangegangenen sieben Kalenderjahre oder Wirtschaftsjahre (b) als Hinzurechnungsbetrag (§ 10 Abs. 2) der Einkommensteuer oder Körperschaftsteuer unterlegen haben".

35 Nach dem Gesetzeswortlaut muss es sich bei demjenigen, bei dem der Anteilsveräußerungsgewinn gem. § 11 Abs. 1 vom Hinzurechnungsbetrag auszunehmen ist, und demjenigen, bei dem die Zwischeneinkünfte mit Kapitalan-

II. Ausnahmeregelung für passive Veräußerungsgewinne   36, 37   § 11

lagecharakter innerhalb der letzten 8 Jahre der Hinzurechnungsbesteuerung im Rahmen der ESt oder KSt unterlegen haben, nicht um dieselbe Person handeln (*Grotherr* IWB Fach 3, Gruppe 1, 1911; *FWBS* § 11 AStG Rz. 49; hierzu in anderem Zusammenhang: *Lieber* FR 2002, 142). Wurden daher die Anteile an der ausländischen Zwischengesellschaft innerhalb des 8-Jahres-Zeitraums übertragen, so kann der neue Anteilseigner im Fall, dass die ausländische Zwischengesellschaft die Anteile an einer nachgeordneten Gesellschaft veräußert und ihm ein passiver Veräußerungsgewinn hinzugerechnet wird, dennoch die Steuerbefreiung des § 11 Abs. 1 in Anspruch nehmen. Dies gilt mE unabhängig davon, ob es sich um eine entgeltliche oder unentgeltliche Anteilsübertragung handelte oder ob die Anteile im Wege der Gesamtrechtsnachfolge übertragen wurden (Zur unentgeltlichen Anteilsübertragung sowie zur Übertragung im Wege der Gesamtrechtsnachfolge *Grotherr* IWB Fach 3, Gruppe 1, 1911; hierzu in anderem Zusammenhang: *Lieber* FR 2002, 142). Ein Erwerb der Anteile von einem Steuerausländer verhindert hingegen die Inanspruchnahme der Steuerbefreiung des § 11 Abs. 1, da die Einkünfte bei dem Steuerausländer regelmäßig nicht der ESt oder KSt unterlegen haben dürften (*FWBS* § 11 AStG Rz. 53).

aa) Bestimmung des 8-Jahres-Zeitraums. Der Wortlaut dieser Regelung ist sprachlich verunglückt und auch bei mehrmaligem Lesen nur im Wege der Auslegung verständlich. Eindeutig ist, dass es nur dann zu einer Steuerbefreiung im Rahmen des § 11 Abs. 1 kommen kann, wenn die andere, dh die veräußerte Gesellschaft (oder eine ihr nachgeordnete) Gesellschaft, innerhalb eines bestimmten Zeitraums Einkünfte aus Kapitalanlagecharakter erzielt und diese als Hinzurechnungsbetrag der deutschen Besteuerung unterworfen wurden. Bei dem Versuch der Bestimmung des entsprechenden Zeitraums führen Unstimmigkeiten innerhalb des Wortlautes der Regelung zu erheblichen Anwendungsschwierigkeiten. Einerseits deutet die Verwendung der Formulierung „..., soweit Einkünfte ... für das gleiche Kalenderjahr oder Wirtschaftsjahr ..." darauf hin, dass bei der Bestimmung des 8-Jahreszeitraumes das Jahr entscheidend ist, in dem die Einkünfte erzielt wurden. Eine derartige Sichtweise stellt auf die Ebene der anderen (bzw. der nachgeordneten) Gesellschaft ab, was in Anbetracht der Unterscheidung in Kalenderjahr und Wirtschaftsjahr fragwürdig erscheint, da für die Einkünfteermittlung der ausländischen Gesellschaft gem. § 10 Abs. 3 ausschließlich deren Wirtschaftsjahr entscheidend ist. Die Unterscheidung in Wirtschafts- und Kalenderjahr spricht vielmehr dafür, dass es für die Bestimmung des 8-Jahreszeitraums auf die Ebene des Steuerpflichtigen ankommt, bei dem der Hinzurechnungsbetrag anzusetzen ist. Hält dieser die Beteiligung an der ausländischen Zwischengesellschaft in seinem Privatvermögen, so entspricht der Ermittlungszeitraum dem Kalenderjahr (*FWBS* § 11 AStG Rz. 88), hält er sie in seinem Betriebsvermögen, ist der Ermittlungszeitraum das Wirtschaftsjahr iSv § 4a Abs. 1 S. 2 EStG (*FWBS* § 11 AStG, Rz. 94).

Das Ende des 8-Jahres-Zeitraums ergibt sich aus der Formulierung „... für das gleiche Kalenderjahr oder Wirtschaftsjahr ...", wobei sich der Bezug auf das gleiche Wirtschafts- oder Kalenderjahr nur auf das Jahr beziehen kann, in dem der Realisationsgewinn als Hinzurechnungsbetrag der ESt oder KSt zu unterwerfen wäre, wenn er nicht nach § 11 Abs. 1 begünstigt wäre.

§ 11 38–43 Veräußerungsgewinne

38 Zusammenfassend wollte der Gesetzgeber wohl ausdrücken, dass Realisationsgewinne vom Hinzurechnungsbetrag auszunehmen sind, soweit die Kapitalanlageeinkünfte der anderen (oder einer ihr nachgeschalteten) Gesellschaft in dem gleichen Wirtschafts- oder Kalenderjahr, in dem auch der Realisationsgewinn bei dem Steuerpflichtigen als Hinzurechnungsbetrag anzusetzen ist, als Hinzurechnungsbetrag der ESt oder KSt unterlegen haben. Die Realisationsgewinne sind des Weiteren vom Hinzurechnungsbetrag auszunehmen, wenn die Kapitalanlageeinkünfte in den sieben der Hinzurechnung des Realisationsgewinns vorangegangenen Jahren als Hinzurechnungsbetrag der deutschen Besteuerung unterlegen haben.

39 Die Anwendung der Steuerbefreiungsvorschrift des § 11 Abs. 1 setzt somit folgende Schritte voraus:

40 1. **Feststellung des Kalender- oder Wirtschaftsjahres,** in welchem der passive Veräußerungsgewinn als Hinzurechnungsbetrag auf der Ebene des Steuerpflichtigen der ESt oder der KSt zu unterwerfen ist. Mit Ablauf dieses Kalender- oder Wirtschaftsjahres endet der 8-Jahres-Zeitraum.

41 2. **Ermittlung der Kapitalanlageeinkünfte** bei der anderen (oder einer ihr nachgeordneten) Gesellschaft. In diesem Zusammenhang ist darzulegen, ob und in welchem Kalender- oder Wirtschaftsjahr diese Einkünfte mit Kapitalanlagecharakter als Hinzurechnungsbetrag auf Ebene des Steuerpflichtigen der ESt oder KSt unterlegen haben.

42 Erfolgte die Hinzurechnung der Kapitalanlageeinkünfte maximal 7 Jahre vor der Hinzurechnung des passiven Veräußerungsgewinns, ist das Kriterium der 8-Jahres-Frist erfüllt.

Beispiel:

43 Die A-GmbH ist Alleingesellschafterin einer niederländischen Zwischengesellschaft (B-BV), die wiederum zu 100% an einer Kapitalanlagegesellschaft auf den niederländischen Antillen beteiligt ist. Das Wirtschaftsjahr sämtlicher Gesellschaften entspricht dem Kalenderjahr.

B-BV veräußert ihre Beteiligung an der Kapitalanlagegesellschaft am 1.6.08, der Veräußerungsgewinn iHv 250 entfällt in voller Höhe auf Wirtschaftsgüter, die Tätigkeiten iSd § 7 Abs. 6a dienen.

Die Kapitalanlagegesellschaft erzielte in den vergangenen Jahren folgende Einkünfte mit Kapitalanlagecharakter:

Wj.	Einkünfte	Zurechnung zur B-BV am		Hinzurechnung am
00:	170	31.12.00		1.1.01
01:	20	31.12.01		1.1.02
02:	50	31.12.02		1.1.03
03:	./.80	31.12.03		1.1.04
04:	10	31.12.04	**140**	1.1.05
05:	40	31.12.05		1.1.06
06:	20	31.12.06		1.1.07
07:	50	31.12.07		1.1.08
08:	30	31.12.08		1.1.09
09:	120	31.12.09		1.1.10

II. Ausnahmeregelung für passive Veräußerungsgewinne 44–47 § 11

Der Veräußerungsgewinn ist in dem per 31.12.2008 zu ermittelnden Hinzurechnungsbetrag enthalten. Dieser gilt als unmittelbar nach Ablauf des maßgebenden Wirtschaftsjahres der B-BV (dh 1.1.09) der A-GmbH zugeflossen. In Anbetracht dessen, dass der Verlust des Jahres 03 auf das Jahr 02 zurück- sowie auf das Jahr 04 vorgetragen werden konnte (§ 10 Abs. 3 S. 5 AStG iVm § 10d EStG) hat die A-GmbH innerhalb des entsprechenden 8-Jahreszeitraums von 01–08 Einkünfte mit Kapitalanlagecharakter iHv 140 (220 ./. 80) als Hinzurechnungsbetrag der KSt unterworfen.

Gem. § 11 Abs. 1 ist der passive Anteilsveräußerungsgewinn somit nur iHv 110 (250 ./. 140) als Hinzurechnungsbetrag anzusetzen.

Wie dieses Beispiel zeigt, kann es außerhalb der 8-Jahres-Frist zu einer Doppelbesteuerung von thesaurierten Kapitalanlageeinkünften kommen. Obwohl auf Ebene der A-GmbH Einkünfte mit Kapitalanlagecharakter von insgesamt 310 (170 + 140) als Hinzurechnungsbetrag der KSt unterworfen wurden, ist der Veräußerungsgewinn nur iHv 140 steuerbefreit, da die Einkünfte des Jahres 00 außerhalb des 8-Jahres-Zeitraums hinzugerechnet wurden.

Abschließend muss die Frage nach der generellen Sinnhaftigkeit der 8-Jahres-Frist erlaubt sein. Da dem Steuerpflichtigen ohne Nachweis der Besteuerung der Kapitalanlageeinkünfte im Rahmen der Hinzurechnungsbesteuerung die Steuerbefreiung des § 11 Abs. 1 grundsätzlich nicht gewährt wird, ist eine derartige einseitig zu Lasten des Steuerpflichtigen gehende Einschränkung nicht sachgerecht und führt uU zu einer möglicherweise verfassungs- und EG-rechtswidrigen Doppelbesteuerung thesaurierter Kapitalanlageeinkünfte (*Lieber* FR 2002, 142; Blümich/*Vogt* § 11 AStG Rz. 11; *SKK* § 11 AStG Rz. 43). 44

bb) Kapitalanlageeinkünfte haben als Hinzurechnungsbetrag der ESt oder KSt unterlegen. § 11 Abs. 1 knüpft die Steuerfreiheit daran, dass die Einkünfte mit Kapitalanlagecharakter als Hinzurechnungsbetrag (§ 10 Abs. 2) der ESt oder KSt unterworfen wurden. 45

Man könnte diese Voraussetzung als erfüllt ansehen, wenn die Kapitalanlageeinkünfte gem. § 14 übertragen zugerechnet und dadurch einem Steuerinländer hinzugerechnet wurden, unabhängig davon, ob aufgrund passiver Verluste der ausländischen Zwischengesellschaft tatsächlich eine Steuer angefallen ist. In Anbetracht der Verweisung auf § 10 Abs. 2 überzeugt eine solche Auffassung nicht, da nur der Hinzurechnungsbetrag iSd § 10 Abs. 2 für die Besteuerung im Inland maßgebend ist. Dieser sog. „anzusetzende Hinzurechnungsbetrag" führt beim steuerpflichtigen Anteilseigner zu Einkünften aus Kapitalvermögen iSd § 20 Abs. 1 Nr. 1 EStG bzw. er erhöht den nach einkommen- oder körperschaftsteuerlichen Vorschriften ermittelten Gewinn des Betriebs, zu dessen Betriebsvermögen die Anteile der Zwischengesellschaft gehören. Ist der anzusetzende Hinzurechnungsbetrag negativ, so entfällt eine Hinzurechnung (*FWBS* § 10 AStG Rz. 131). Kommt es auf Ebene der ausländischen Zwischengesellschaft daher zu einem Ausgleich der positiven, übertragend zugerechneten Kapitalanlageeinkünfte einer nachgeschalteten Zwischengesellschaft mit Verlusten der ausländischen Zwischengesellschaften, kommt es gerade nicht zu dem Ansatz eines Hinzurechnungsbetrag iSd § 10 Abs. 2 bei der ESt oder KSt (siehe auch: *FWBS* § 11 AStG Rz. 53; *SKK* § 11 AStG Rz. 45). 46

Nicht entscheidend ist hingegen, ob auf den im Rahmen der ESt oder KSt angesetzten Hinzurechnungsbetrag iSd § 10 Abs. 2 letztendlich Steuern ange- 47 fallen sind. Insbesondere kann eine Verrechnung des Hinzurechnungsbetrages mit inländischen Verlusten dazu führen, dass es – obwohl der anzusetzende Hinzurechnungsbetrag im Rahmen der ESt oder KSt bei den Einkünften bzw. dem Gewinn berücksichtigt wurde – letztendlich nicht zu dem Anfall von Steuern kommt (*SKK* § 11 AStG Rz. 45). Auch die Uneinbringlichkeit der Steuer oder eine eingetretene Zahlungsverjährung sind keine maßgeblichen Kriterien bei der Feststellung, ob der Hinzurechnungsbetrag der ESt oder KSt unterworfen wurde.

48, 49 *einstweilen frei*

3. Keine Ausschüttung der hinzugerechneten Einkünfte

50 Weitere Voraussetzung der Steuerbefreiung des § 11 Abs. 1 ist, dass „... keine Ausschüttung dieser Einkünfte erfolgte ...". Mit anderen Worten wird die Steuerbefreiung versagt, wenn die Einkünfte mit Kapitalanlagecharakter, die innerhalb des 8-Jahreszeitraums als Hinzurechnungsbetrag der deutschen Steuer unterworfen wurden, bis zum Zeitpunkt der Veräußerung ausgeschüttet wurden.

51 Da die Einkünfte aus Gewinnausschüttungen gem. § 8 Abs. 1 Nr. 9 uneingeschränkt als aktive Einkünfte qualifizieren und somit grundsätzlich nicht der Hinzurechnungsbesteuerung unterliegen, überrascht die Korrelation zwischen Steuerbefreiung und Ausschüttung. Hintergrund dieser Regelung ist jedoch, dass ausgeschüttete Gewinne nicht in den Veräußerungspreis einfließen und es damit nicht zu einer Doppelerfassung – einmal im Rahmen der laufenden Einkünfte mit Kapitalanlagecharakter und ein zweites Mal als Teil des Veräußerungsgewinns – kommen kann (*SKK* § 11 AStG Rz. 46).

52 In Anbetracht dessen, dass sich eine Ausschüttung grundsätzlich auf die Gewinne einer Gesellschaft und nicht auf deren Einkünfte bezieht, erfordert diese Regelung eine in der Praxis wohl unmögliche Zuordnung der Einkünfte zu den getätigten Gewinnausschüttungen. Insbesondere bei Gesellschaften, die sowohl aktive, „normal" passive als auch Einkünfte mit Kapitalanlagecharakter erzielen und nur Teile ihres Gewinns ausschütten, kann die Frage, welche Art von Einkünften ausgeschüttet wurde, zumindest für seit längerer Zeit bestehende Gesellschaften idR nicht beantwortet werden. Hier sollte zugunsten des Steuerpflichtigen unterstellt werden, dass vorrangig die aktiven und die „normal" passiven Einkünfte ausgeschüttet wurden (so auch: *FWBS* § 11 AStG Rz. 55; *SKK* § 11 AStG Rz. 48).

53 Problematisch erscheint der Gesetzeswortlaut insbesondere bei mehrstufigen Beteiligungsverhältnissen, da § 11 Abs. 1 auf die Ausschüttung der Einkünfte und somit auf die Ebene der ausschüttenden Gesellschaft abstellt. Für die Frage, ob die hinzugerechneten Einkünfte mit Kapitalanlagecharakter in den Veräußerungspreis einfließen, ist jedoch die Ebene der empfangenden Gesellschaft entscheidend. Erzielt eine nachgeordnete Gesellschaft Einkünfte mit Kapitalanlagecharakter und schüttet sie diese an die andere, dh die Gesellschaft, deren Anteile durch die Zwischengesellschaft veräußert werden, aus, so wird der auf Ebene der Zwischengesellschaft erzielte Veräußerungsgewinn diese Einkünfte trotz Ausschüttung abbilden. Ungeachtet der Ausschüttung kommt es somit zu einer steuerlichen Doppelbelastung der Kapitalanlageeinkünfte. Nur wenn die Einkünfte mit Kapitalanlagecharakter bis auf Ebene der veräußernden ausländischen Zwischengesellschaft ausgeschüttet werden, kommt es nicht zu einer Berücksichtigung dieser Einkünfte im Rahmen der Kaufpreisfindung, so dass eine Steuerbefreiung sachlich nicht mehr gerechtfertigt ist. Die Intention des Gesetzgebers, eine Doppelbelastung zu verhindern, gebietet daher eine einschränkende Gesetzesauslegung dahin gehend, dass die Steuerbefreiung des § 11 Abs. 1 nur dann versagt wird, wenn die Kapitalanlageeinkünfte bis auf die Ebene der veräußernden Gesellschaft ausgeschüttet wurden.

einstweilen frei **54**

4. Nachweispflicht des Steuerpflichtigen

Das Gesetz erlegt dem Steuerpflichtigen die Nachweispflicht für sämtliche Voraussetzungen des § 11 Abs. 1 auf. **55**

Der Nachweis inwieweit Einkünfte mit Kapitalanlagecharakter als Hinzurechnungsbetrag der ESt oder KSt unterlegen haben, kann mit Hilfe der gesonderten und einheitlichen Feststellung nach § 18 unproblematisch geführt werden. Selbst wenn es sich bei dem anzusetzenden Hinzurechnungsbetrag nicht um eine gesondert festzustellende Besteuerungsgrundlage handelt (Zum Stand der Diskussion, siehe *FWBS* § 18 AStG Rz. 17 ff.), ist er anhand anderer, gesondert festgestellter Besteuerungsgrundlagen rechnerisch zu ermitteln. Ergibt sich unter Zugrundelegung der festgestellten Besteuerungsgrundlagen ein positiver anzusetzender Hinzurechnungsbetrag, so ist der Nachweispflicht des Steuerpflichtigen hinsichtlich der Erfassung der Kapitalanlageeinkünfte im Rahmen der deutschen Besteuerung mE genüge getan. *Wassermeyer* (*FWBS* § 11 AStG Rz. 56) weist in diesem Zusammenhang zu Recht darauf hin, dass eine Vorlage der entsprechenden Steuerbescheide durch den Steuerpflichtigen nicht gefordert werden kann, da diese dem zuständigen Finanzamt idR vorliegen. Der Steuerpflichtige hat somit seiner Nachweispflicht genüge getan, wenn er das Finanzamt auf eine stattgefundene Hinzurechnungsbesteuerung hinweist. **56**

Der Nachweis, dass die bei dem Steuerpflichtigen hinzugerechneten Einkünfte mit Kapitalanlagecharakter nicht ausgeschüttet wurden, ist hingegen – insbesondere bei Gesellschaften, die gemischte Einkünfte erzielen – faktisch unmöglich, da grds. weder für den Steuerpflichtigen noch für die Finanzverwaltung erkennbar ist, aus welchen Einkünften sich eine Gewinnausschüttung speist (im Einzelnen, siehe → Rz. 52 f.; *Linklaters Oppenhoff & Rädler* DB Beilage 1/2002, 62). Es ist daher davon auszugehen, dass diese Beweislastregelung zu Lasten des Steuerpflichtigen sowohl gegen den übergesetzlichen Verhältnismäßigkeitsgrundsatz verstößt als auch die Zumutbarkeitsgrenze deutlich übersteigt und somit vom Grundsatz her keine Anwendung finden kann. Gelingt dem Steuerpflichtigen der Nachweis nicht, so wäre es grundsätzlich denkbar, das Verhältnis von Kapitalanlageeinkünften zu sonstigen Einkünften auch für die erfolgten Ausschüttungen zu unterstellen. In Anbetracht der Tatsache, dass die Ausschüttungen auch die Einkünfte mehrerer Jahre umfassen können, erscheint dies jedoch ebenfalls problematisch. Im Hinblick auf eine praxistaugliche Regelung sollte zugunsten des Steuerpflichtigen unterstellt werden, dass vorrangig die aktiven und die „normal" passiven Einkünfte ausgeschüttet wurden. **57**

§ 12 Steueranrechnung

(1) ¹Auf Antrag des Steuerpflichtigen werden auf seine Einkommen- oder Körperschaftsteuer, die auf den Hinzurechnungsbetrag entfällt, die Steuern angerechnet, die nach § 10 Abs. 1 abziehbar sind. ²In diesem Fall ist der Hinzurechnungsbetrag um diese Steuern zu erhöhen.

(2) Bei der Anrechnung sind die Vorschriften des § 34c Abs. 1 des Einkommensteuergesetzes und des § 26 Abs. 1 und 6 des Körperschaftsteuergesetzes entsprechend anzuwenden.

(3) ¹Steuern von den nach § 3 Nr. 41 des Einkommensteuergesetzes befreiten Gewinnausschüttungen werden auf Antrag im Veranlagungszeitraum des Anfalls der zugrunde liegenden Zwischeneinkünfte als Hinzurechnungsbetrag in entsprechender Anwendung des § 34c Abs. 1 und 2 des Einkommensteuergesetzes und des § 26 Abs. 1 und 6 des Körperschaftsteuergesetzes angerechnet oder abgezogen. ²Dies gilt auch dann, wenn der Steuerbescheid für diesen Veranlagungszeitraum bereits bestandskräftig ist.

Inhaltsübersicht

	Rz.
A. Entstehungsgeschichte	1–14
B. Zwecksetzung der Norm	15–29
C. Überblick über die Vorschrift	30–39
D. Steueranrechnung auf Antrag des Steuerpflichtigen (Abs. 1)	40–89
I. Allgemeines	40
II. Antrag des Steuerpflichtigen	41–49
III. Anzurechnende Steuern	50–54
IV. Anrechnungszeitpunkt	55–64
V. Anrechnung bei nachgeordneten Gesellschaften	65, 66
VI. Gemischte Gesellschaften	67–74
VII. Aufstockung des Hinzurechnungsbetrages	75–89
E. Anrechnung der Steuern (Abs. 2)	90–119
I. Allgemeines	90
II. Bedeutung der Verweisung	91–99
III. Minderung des Hinzurechnungsbetrages	100–119
1. Nicht besteuerte ausländische Einkünfte	102–104
2. Besonderheiten des Betriebsausgabenabzugs	105–119
F. Ausländische Steuern auf Gewinnausschüttungen der Zwischengesellschaft (Abs. 3)	120–140
I. Allgemeines	120, 121
II. Einkommensteuerpflichtige Inlandsbeteiligte	122–132
1. Verweisung auf § 3 Nr. 41 EStG	122–125
2. Abzug oder Anrechnung der Ausschüttungssteuer	126–129
3. Zeitpunkt der Berücksichtigung der Ausschüttungssteuer	130–132

A. Entstehungsgeschichte 1–5 § 12

	Rz.
III. Körperschaftsteuerpflichtige Inlandsbeteiligte	133
IV. Mehrstufige Beteiligungen	134, 135
V. Antrag	136–140

A. Entstehungsgeschichte

Um eine Doppelbesteuerung der Zwischeneinkünfte zu vermeiden, hatte die Bundesregierung in den Gesetzesleitsätzen vom 17. Dezember 1970 vorgeschlagen, dass dem Inländer ein Wahlrecht eingeräumt werden sollte, wonach anstelle des Abzugs der Steuern von den Zwischeneinkünften er diese Steuern auf seine deutschen Steuern anrechnen kann, die er auf den Hinzurechnungsbetrag zu entrichten hat (8. Gesetzesleitsatz vom 17.12.1970, DB 1971, 16; Kabinettsentwurf v. 30.6.1971, Rz. 110; Begr. in BR-Drs. 394/71 v. 3.8.1971, 29). **1**

Diese Empfehlung wurde in die nachfolgenden Gesetzesentwürfe übernommen. Die Anrechnung der Steuern sollte auf Antrag erfolgen und entsprechend der Hinzurechnungsbetrag um die anrechenbaren Steuern erhöht werden (§ 12 Abs. 1). Die Technik der Steueranrechnung wurde in Abs. 2 geregelt, wobei § 34c EStG bzw. § 19a KStG zu beachten ist. **2**

In der Vergangenheit wurde § 12 zunächst nur redaktionell geändert. So wurde mit der Einführung des körperschaftsteuerlichen Anrechnungssystems ab dem 1. Januar 1977 die Verweisung auf § 19a Abs. 1 KStG aF durch § 26 Abs. 1 und 6 KStG ersetzt. Damit wurde klargestellt, dass die Anrechnung der ausländischen Steuer immer nur auf die inländische Körperschaftsteuer zu erfolgen hat, die sich vor Anwendung der §§ 27 ff. KStG für den Hinzurechnungsbetrag ergibt (EGKStRG v. 6.9.1976, BGBl. 1976 I 2641). **3**

Mit dem StÄndG 1992 (BGBl. 1992 I 297) wurde § 12 als Folgeänderung zur Besteuerung von Zwischeneinkünften mit Kapitalanlagecharakter – §§ 7 Abs. 6, 11 Abs. 4 – um Abs. 3 ergänzt. Danach wurden die Steuern von den nach § 11 Abs. 4 S. 1 befreiten Gewinnanteilen auf Antrag im Veranlagungszeitraum des Anfalls der zugrundeliegenden Zwischeneinkünfte mit Kapitalanlagecharakter angerechnet oder abgezogen, auch wenn der Steuerbescheid schon bestandskräftig ist. **4**

Weiter wurde mit dem StÄndG 1992 in § 12 Abs. 2 zusätzlich die Verweisung auf § 26 Abs. 2a KStG aufgenommen, nachdem die Mutter-Tochter-Richtlinie (ABl. EG Nr. L 225 v. 20.8.1990, 6) in nationales Recht umgesetzt wurde. Danach können unbeschränkt steuerpflichtige Körperschaften, Personenvereinigungen und Vermögensmassen, die an einer in einem EU-Mitgliedstaat oder in einem Nicht-EU-Mitgliedstaat ansässigen Zwischengesellschaft beteiligt sind, die Steuern anrechnen, die eine nachgeschaltete und in einem EU-Mitgliedstaat ansässige EU-Kapitalgesellschaft auf den eigenen Gewinn entrichtet, wenn und soweit dieser Gewinn an die ausländische Zwischengesellschaft ausgeschüttet wird. Mit dem UntStFG 2001 (G. v. 20.12.2001, BGBl. 2001 I 3858, BStBl. I 2002, 35) wurde § 26 Abs. 2–5 KStG aufgehoben, so dass in § 12 Abs. 2 der Bezug auf § 26 Abs. 2a KStG wieder entfiel. **5**

6 Mit dem StSenkG 2000 (G v. 23.10.2000, BGBl. 2000 I 1433, BStBl. I 2000, 1428) war in § 10 Abs. 1 vorgesehen worden, den Hinzurechnungsbetrag nicht mehr in den ertragsteuerliche Bemessungsgrundlage für die Einkommen- bzw. Körperschaft- und Gewerbesteuer einzubeziehen, sondern als Einkünfteerhöhungsbetrag eigener Art mit dem proportionalen Ertragsteuersatz von 38 % zu besteuern. Damit wäre die Anrechnung auf die Einkommen- oder Körperschaftsteuer in § 12 Abs. 1 hinfällig geworden. Diese Änderung wurde jedoch nie umgesetzt, weil mit dem nachfolgendem UntStFG 2001 an der Anrechnung der ausländischen Steuer auf die Einkommen- bzw. Körperschaftsteuer festgehalten wurde.

7 Nach dem Wechsel zum klassischen Körperschaftsteuersystem durch das UntStFG 2001 erfolgte auch im Rahmen der Hinzurechnungsbesteuerung der Übergang von der aufgeschobenen zur definitiven Besteuerung (siehe → § 10 AStG Rz. 6). Die Hinzurechnungsbesteuerung kann nicht mehr wie vormals durch eine voll steuerpflichtige Gewinnausschüttung verhindert werden. Vielmehr wird die Doppelbesteuerung dadurch verhindert, dass Gewinnausschüttungen der Zwischengesellschaft entweder nach § 8b Abs. 1 KStG bzw. § 3 Nr. 41 EStG von der Besteuerung befreit sind. Auf diese Ausschüttungen möglicherweise erhobenen ausländischen Quellensteuern können bei unbeschränkt Einkommensteuerpflichtigen nach § 12 Abs. 3 auf den Hinzurechnungsbetrag angerechnet werden (→ Rz. 9). Dies ist auch rückwirkend möglich.

8 Die Steueranrechnung nach Absatz 3 ist erstmals anzuwenden, wenn Gewinnausschüttungen § 3 Nr. 41 EStG anwendbar ist (§ 21 Abs. 7 S. 5). Diese Vorschrift ist wiederum erstmals auf Gewinnausschüttungen einer ausländischen Kapitalgesellschaft anzuwenden, wenn auf die Ausschüttung § 3 Nr. 40 Satz 1 Buchst. d EStG anzuwenden wäre (§ 52 Abs. 4b EStG idF des UntStFG 2001). Damit ist die Steueranrechnung nach § 12 Abs. 3 erstmals für den Veranlagungszeitraum 2001 möglich.

9 Durch das JStG 2008 wurde § 12 Abs. 3 S. 1 redaktionell ergänzt. Der ergänzende Hinweis auf § 26 Abs. 1 und 6 KStG dient der Klarstellung; denn Steuern von den nach § 3 Nr. 41 EStG befreiten Einkünften können nicht nur auf die Einkommensteuer, sondern auch auf die Körperschaftsteuer angerechnet werden (Begr. der Bundesregierung v. 10.8.2007, BR-Drs. 544/07, 131). Die Finanzverwaltung ist bereits bisher entsprechend verfahren (Tz. 12.3.4. AEAStG).

10–14 *einstweilen frei*

B. Zwecksetzung der Norm

15 Nach den Vorstellungen des Gesetzgebers soll die Hinzurechnungsbesteuerung im Rahmen des Außensteuergesetzes die ungerechtfertigte Ausklammerung von Einkünften aus der deutschen Besteuerung durch Einschaltung von niedrig besteuerten ausländischen Zwischengesellschaften vermeiden. Die Hinzurechnung dieser Einkünfte in die inländische Besteuerung darf andererseits jedoch nicht dazu führen, dass dem dadurch betroffenen Steuerpflichtigen eine unzulässige Mehrbelastung erwächst (Begr. der Bundesregierung v.

B. Zwecksetzung der Norm 16–18 § 12

2.12.1971, BT-Drs. VI/2883, Tz. 30, 110). Deshalb kann der Steuerpflichtige wählen, die auf die hinzugerechneten erhobenen ausländischen Steuern entweder nach § 10 Abs. 1 von dem Hinzurechnungsbetrag abzuziehen oder auf die vom Hinzurechnungsbetrag erhobene inländischen Einkommen- und Körperschaftsteuer nach § 12 anzurechnen (Kabinettsentwurf v. 30.6.1971, Rz. 110; Kommentar zum OECD-Musterabkommen, Vorb. §§ 7–14 Rz. 25 Nr. 3).

Die Anrechnung der ausländischen Steuern nach § 12 durchbricht zwangs- 16 läufig das in § 10 Abs. 2 niedergelegte Konzept der vorweggenommenen Gewinnausschüttung, weil die Anrechnung von dem Konzept des Durchgriffs durch die ausländische Gesellschaft ausgeht und unterstellt, dass die ausländische Gesellschaft nicht eingeschaltet worden ist (*Schaumburg* Internationales Steuerrecht, Rz. 10.232). Trotz der Ausschüttungsfiktion sind die Einkünfte der Zwischengesellschaft für Zwecke der Anrechnung ausländische Einkünfte des Steuerinländers. § 12 führt somit zu einem Austausch des Steuersubjekts, weil unterstellt wird, es seien keine Steuern zu Lasten der Gesellschaft angefallen (*Günkel/Lieber,* IStR 2005, 460, Anmerkung zum Urteil des BFH v. 21.12.2005, I R 4/05 zu § 12 AStG aF, IStR 2005, 458). Da ausländische Einkünfte nach § 9 Nr. 3 GewStG nicht der Gewerbesteuer unterliegen, kann durchaus in Frage gestellt werden, ob der Aufstockungsbetrag von der Gewerbesteuer ausgenommen werden sollte.

Der BFH hat dies in der Entscheidung zu § 12 aF jedoch abgelehnt (BFH 17 v. 21.12.2005, I R 4/05, IStR 2005, 458 zu § 12 AStG aF). Da bei der Anrechnung der auf die hinzugerechneten Einkünfte erhobenen ausländischen Steuern der Hinzurechnungsbetrag um die nach § 10 Abs. 1 abziehbaren Steuern zu erhöhen ist, erhöht sich nicht nur die einkommen- bzw. körperschaftsteuerliche Bemessungsgrundlage, sondern insoweit auch der Gewerbeertrag. Die Aufstockung des Hinzurechnungsbetrages ist eine nach § 7 GewStG zu beachtende Gewinnerhöhung (BFH v. 21.12.2005, I R 4/05, IStR 2005, 458 zu § 12 AStG aF). Da § 12 Abs. 1 keine Steueranrechnung für die Gewerbesteuer normiert und das Gewerbesteuergesetz keine Vorschrift zu Anrechnung der ausländischen Steuern wie § 34c EStG bzw. § 26 Abs. 1, 6 KStG enthält, führt die Aufstockung des Hinzurechnungsbetrags um die ausländischen Steuern nach § 12 Abs. 1 stets zu einer gewerbesteuerlichen Mehrbelastung.

Schließlich ist festzustellen, dass § 12 die Doppelbesteuerung der Zwi- 18 scheneinkünfte nicht in jedem Fall beseitigt. So ist die auf die Zwischeneinkünfte erhobene Steuer definitiv, wenn zB aufgrund eines Verlustabzugs auf den Hinzurechnungsbetrag eine deutsche Steuer nicht erhoben wird. In diesem Fall kann die ausländische Steuer nicht auf andere Veranlagungszeiträume vorgetragen werden. Die Steuer kann dann nach § 10 Abs. 1 lediglich vom Hinzurechnungsbetrag abgezogen werden. Problematisch ist weiter, dass der Zeitpunkt der Steueranrechnung nach § 12 und der Ansatz des Hinzurechnungsbetrages zeitlich nicht aufeinander abgestimmt sind. Während nach § 10 Abs. 1 der Hinzurechnungsbetrag nach Ablauf des Wirtschaftsjahres der Zwischengesellschaft beim Inländer angesetzt wird, kann die Anrechnung der Steuer nur im Zeitpunkt der Entrichtung erfolgen. Leistet die ausländische Gesellschaft Vorauszahlungen, können möglicherweise die ausländischen Steuern beim Steuerinländer nicht angerechnet werden. In diesem Fall besteht nur die Möglichkeit des Billigkeitsantrags nach § 163 AO.

19–29 *einstweilen frei*

C. Überblick über die Vorschrift

30 **Absatz 1** bestimmt, dass der Steuerpflichtige anstelle des Abzugs der Steuern der ausländischen Gesellschaft bei der Ermittlung des Hinzurechnungsbetrags (§ 10 Abs. 1) diese auf Antrag auf die inländische Einkommen- und Körperschaftsteuer anrechnen. In diesem Fall ist der Hinzurechnungsbetrag um die abgesetzten Steuern zu erhöhen.

31 **Absatz 2** regelt, dass hinsichtlich der technischen Durchführung der Steueranrechnung die Vorschriften des § 34c Abs. 1 EStG und § 26 Abs. 1, 6 KStG entsprechend anzuwenden sind. Die Verweisung ist jedoch nicht umfassend, denn anstelle der im Einkommen- und Körperschaftsteuerrecht geltenden **per-country-limitation** wird die Höchstbetragsberechnung auf die Ebene der Zwischengesellschaft bezogen **(over-all-limitation)**.

32 Mit **Absatz 3** wird die Vorschrift des § 12 an das in 2001/2002 eingeführte Halbeinkünfteverfahren angepasst. Nach dem Systemwechsel wurde in der Hinzurechnungsbesteuerung von der aufgeschobenen zur definitiven Besteuerung übergegangen. Dh, die Hinzurechnungsbesteuerung wird nicht mehr durch eine voll steuerpflichtige Gewinnausschüttung der ausländischen Zwischengesellschaft verhindert, vielmehr wird nunmehr die Doppelbesteuerung der Zwischeneinkünfte dadurch verhindert, dass Gewinnausschüttungen der Zwischengesellschaft entweder nach § 8b Abs. 1 KStG bzw. § 3 Nr. 41 EStG von der Besteuerung befreit sind. Auf diese Ausschüttungen möglicherweise erhobenen ausländischen Quellensteuern können bei unbeschränkt Steuerpflichtigen nach § 12 Abs. 3 auf den Hinzurechnungsbetrag angerechnet werden. Dies ist auch rückwirkend möglich.

33–39 *einstweilen frei*

D. Steueranrechnung auf Antrag des Steuerpflichtigen (Abs. 1)

I. Allgemeines

40 Im Rahmen des § 12 ist Absatz 1 die grundlegende Vorschrift. Er bestimmt, dass die Anrechnung der Steuern der ausländischen Gesellschaft einen Antrag des Steuerpflichtigen voraussetzt. Dieser bezieht sich auf den anzusetzenden Hinzurechnungsbetrag nach § 10 Abs. 2.

II. Antrag des Steuerpflichtigen

41 Die Anrechnung setzt einen Antrag des Steuerpflichtigen voraus, weil der in § 10 Abs. 1 geregelte gesetzliche Normalfall vom Steuerabzug ausgeht.

D. Antrag des Stpfl. (Abs. 1) 42–54 § 12

Der Antrag auf Anrechnung kann im Rahmen der Erklärung nach § 18 **42** oder bei der Veranlagung der einzelnen Steuerpflichtigen gestellt, geändert oder zurückgenommen werden, dh also noch im Einspruchs- oder im Klageverfahren vor der finanzgerichtlichen Tatsacheninstanz (in der Praxis ist die Anrechnung der Regelfall. Die Finanzverwaltung geht in den Formblättern daher davon aus, dass ein Antrag gestellt wird). Für jeden Veranlagungszeitraum ist ein gesonderter Antrag erforderlich.

Sind an der ausländischen Gesellschaft mehrere Steuerpflichtige beteiligt, **43** fließen ihnen jeweils der anteilige Hinzurechnungsbetrag iSv § 10 Abs. 2 zu. Deshalb kann jeder von ihnen gesondert das Wahlrecht ausüben und den Antrag auf Anrechnung stellen.

Ist der Steuerpflichtige an mehreren ausländischen Gesellschaften beteiligt, **44** fließen ihm entsprechend viele Hinzurechnungsbeträge zu, für die er das Wahlrecht unterschiedlich ausüben kann, da die verschiedenen zufließenden Hinzurechnungsbeträge nicht zusammengerechnet werden.

Hält die ausländische Gesellschaft ihrerseits nachgeschaltete Zwischengesell- **45** schaften iSv § 14, gehen deren Zurechnungsbeträge in den Hinzurechnungsbetrag bei der Obergesellschaft ein. Lediglich für diesen zusammengefassten Betrag kann der Steuerpflichtige den Antrag stellen.

Der Antrag auf Anrechnung kann nicht auf einen Teil der Steuer nach § 10 **46** Abs. 1 beschränkt werden, weil nach § 12 Abs. 1 sich das Wahlrecht auf die Steuer bezieht, die auf den Hinzurechnungsbetrag entfällt und nicht auf einen Teil davon (Blümich/*Vogt* § 12 AStG Rz. 10; SKK/*Burkert* § 12 AStG Rz. 8; aA *FWBS* § 12 AStG Rz. 20b).

einstweilen frei **47–49**

III. Anzurechnende Steuern

Nach § 12 Abs. 1 sind die nach § 10 Abs. 1 abziehbaren Steuern, auf die **50** Einkommen- oder Körperschaftsteuer anzurechnen, die auf den Hinzurechnungsbetrag entfallen.

Damit meint § 12 Abs. 1 diese Steuern, die nach § 10 Abs. 1 zu Lasten der **51** Einkünfte und Vermögen der ausländischen Gesellschaft erhoben wurden. Das sind zunächst die Steuern des Sitzstaates der ausländischen Gesellschaft. Sodann die Steuern der Drittländer; also die Steuern der Herkunftsländer der Einkünfte und der Belegenheitsstaaten. Auch deutsche Steuer kann angerechnet werden, die im Rahmen der beschränkten Steuerpflicht der ausländischen Gesellschaft – Steuerabzug oder Veranlagung – erhoben wird (Tz. 12.1.2. AEAStG).

Betriebliche Steuern (zB Grundsteuern, Kfz-Steuern, Vermögensabgaben, **52** Grunderwerbsteuern) sind von den nach § 7 Abs. 1 steuerpflichtigen Einkünften und nicht vom Hinzurechnungsbetrag abziehbar; sie können somit nicht angerechnet werden (Tz. 12.1.1. AEAStG). Ist die ausländische Gesellschaft nicht Steuerschuldner, sondern behält sie die Steuern für Rechnung eines Dritten ein, entfällt ebenfalls die Anrechnungsmöglichkeit.

einstweilen frei **53, 54**

IV. Anrechnungszeitpunkt

55 Die Verweisung des § 12 Abs. 1 auf § 10 Abs. 1 hat nicht nur Bedeutung für die Frage, welche Steuern anzurechnen sind, sondern auch für den Anrechnungszeitpunkt. Dieser ist mit dem Abzugszeitpunkt identisch, denn nach § 10 Abs. 1 S. 2 können die Steuern erst in dem Jahr der ausländischen Gesellschaft abgezogen werden, in dem sie entrichtet worden sind. Nur diese Steuern können nach § 12 Abs. 1 angerechnet werden.

56 Aus § 10 Abs. 1 S. 2 ergibt sich weiter, dass der Zeitpunkt der Entrichtung der Steuer nicht mit dem Zufluss des Hinzurechnungsbetrages und dessen Eingang in die steuerliche Bemessungsgrundlage beim inländischen Steuerpflichtigen übereinstimmen muss. Der steuerpflichtige Zufluss des Hinzurechnungsbetrages wird durch § 10 Abs. 2 S. 1 bestimmt. Danach gilt der Hinzurechnungsbetrag unmittelbar nach Ablauf des maßgebenden Wirtschaftsjahres der ausländischen Gesellschaft als zugeflossen. Hierdurch können sich ungerechtfertigte Doppelbelastungen ergeben, sofern das Jahr der Steuerentrichtung nicht mit dem Jahr des Zuflusses des Hinzurechnungsbetrages übereinstimmt.

57 Aufgrund der zeitlichen Zuordnungsregel des § 10 Abs. 1 S. 2 werden die ausländischen Steuern in dem Wirtschaftsjahr berücksichtigt,
– die für dieses Jahr entstehen, soweit sie in diesem Wirtschaftsjahr entrichtet werden (zB Vorauszahlungen)
– und alle anderen Steuern, die in diesem Wirtschaftsjahr entrichtet werden, unabhängig davon, für welches Wirtschaftsjahr sie erhoben werden.

Beispiel:

58 Die ausländische Zwischengesellschaft erwirtschaftet im Wirtschaftsjahr 01 (= Kalenderjahr) passive Einkünfte iHv 100 worauf Steuern iHv 20 erhoben werden. Diese werden im Wirtschaftsjahr 02 entrichtet.
Die in 01 erzielten Zwischeneinkünfte (§ 7 Abs. 1) gelten zum 1.1.02 als zugeflossen. Der am 1.1.02 fiktiv zufließende anzusetzende Hinzurechnungsbetrag 01 beträgt somit 100 (100 + 0). Die zurechnende Steuer beträgt 0.

Beispiel:

59 Die ausländische Zwischengesellschaft erwirtschaftet im Wirtschaftsjahr 01 (= Kalenderjahr) passive Einkünfte iHv 100 worauf Steuern iHv 20 erhoben werden. Diese werden im Wirtschaftsjahr 01 als Vorauszahlungen entrichtet. Daneben zahlt die ausländische Gesellschaft Vorauszahlungen iHv 15 auf die Zwischeneinkünfte 02 in 02 und eine Abschlusszahlung iHv 10 für die Zwischeneinkünfte 00 in 01.
Der am 1.1.02 fiktiv zufließende anzusetzende Hinzurechnungsbetrag 01 beträgt somit 130 (100 + 20 + 10). Die anzurechnende Steuer beträgt 30.

60–64 *einstweilen frei*

V. Anrechnung bei nachgeordneten Gesellschaften

65 Die Anrechnung erstreckt sich auch auf die Steuern, die auf die Zwischeneinkünfte der nachgeordneten ausländischen Gesellschaften erhoben und der ausländischen Obergesellschaft zugerechnet werden.

D. Antrag des Stpfl. (Abs. 1)   66–71 § 12

Diese Steuern werden bei der Ermittlung der Einkünfte der ausländischen 66
Untergesellschaften) zunächst abgezogen und in der gesonderten Feststellung
dieser Einkünfte nachrichtlich mitgeteilt (§§ 10 Abs. 1 S. 3, 18). Diese
Steuern werden auf Antrag des inländischen Steuerpflichtigen angerechnet
und erhöhen dann den anzusetzenden Hinzurechnungsbetrag (§ 12 Abs. 1
S. 2). Bei der Höchstbetragsberechnung nach §§ 34c EStG, 26 Abs. 1, 6 KStG
werden somit sämtliche Steuern der Ober- und Untergesellschaften zusammengefasst.

VI. Gemischte Gesellschaften

Bei ausländischen Gesellschaften, die sowohl aktive als auch passive Ein- 67
künfte erzielen, sind die ausländischen Steuern für Zwecke des § 12 aufzuteilen, denn es ist nur der Teil der ausländischen Steuer anzurechnen, der
auf die der Hinzurechnungsbesteuerung unterliegenden Einkünfte entfällt
(Tz. 12.2.1. AEAStG).

Die Aufteilung der ausländischen Steuern folgt entsprechend dem in 68
Tz. 8.3.4. AEAStG vorgesehenen Verfahren:
1. Sind die nach § 7 Abs. 1 steuerpflichtigen Einkünfte freigestellt, begünstigt besteuert oder Abzugssteuern anzurechnen, ist dies bei der ausländischen Steuer zu berücksichtigen, die dem Hinzurechnungsbetrag zugrunde liegt (direkte Methode).
2. Die verbleibende ausländische Steuer ist im Verhältnis der passiven Einkünf- 69
te zu den aktiven Einkünften aufzuteilen (indirekte Methode).

Beispiel:
Die ausländische Zwischengesellschaft erwirtschaftet im Wirtschaftsjahr 01 (= Kalen- 70
derjahr) passive Einkünfte iHv 100, worauf Steuern iHv 20 erhoben werden. Diese
werden im Wirtschaftsjahr 01 entrichtet. Daneben erzielt die ausländische Gesellschaft
aktive Einkünfte iHv 50; auf diese werden gesondert 5 Steuern erhoben. Mithin ist die
in 01 für Zwecke des § 12 Abs. 1 anzurechnende ausländische Steuer 20.

Beispiel:
Die ausländische Zwischengesellschaft erwirtschaftet im Wirtschaftsjahr 01 (= Kalen- 71
derjahr) passive Einkünfte iHv 10, die im anderen ausländischen Staat einer Quellensteuer von 5 % unterlegen. Die ausländische Gesellschaft erzielt daneben und aktive
Einkünfte von 50. Der Sitzstaat der ausländischen Gesellschaft gewährt einen Steuerfreibetrag von 50. Der Steuersatz beträgt 20 %.

I. Steuerberechnung des ausländischen Staates

Passive Einkünfte		100,00
Aktive Einkünfte		50,00
Gesamte Einkünfte		150,00
Steuerfreibetrag		–50,00
Zu versteuerndes Einkommen		100,00
Steuersatz	20 %	20,00
Anrechnung der Quellensteuer		–5,00
Festgesetzte Steuer im Ausland		15,00

II. Steuerberechnung für Zwecke des § 12

Ausländische Steuer	20,00
Auf passive Einkünfte entfallen (²/₃)	13,33
Abzug der ausländischen Quellensteuer	−5,00
Anzurechnende Steuer nach § 12	8,33

Da § 10 Abs. 1 auf die tatsächlich im Ausland erhobene Steuer abstellt, entfällt der Abzug nach § 10 bzw. die Anrechnung nach § 12, wenn die ausländische Gesellschaft insgesamt einen Verlust erleidet und deshalb keine Steuer erhoben wird. Der Verlust kann auch aus aktiven Einkünften resultieren (SKK/*Burkert* § 12 Rz. 14).

72–74 *einstweilen frei*

VII. Aufstockung des Hinzurechnungsbetrages

75 Wird der Antrag auf Anrechnung der Steuern der ausländischen Gesellschaft gestellt, ist nach § 12 Abs. 1 S. 2 der Hinzurechnungsbetrag um diese Steuern zu erhöhen. Hierdurch werden die von der ausländischen Gesellschaft erzielten Einkünfte beim inländischen Steuerpflichtigen nach Ansicht der Rechtsprechung so besteuert werden, als hätte er sie direkt bezogen (BFH v. 21.12.2005, I R 4/05, BStBl. II 2006, 555; FG Baden-Württemberg v. 2.12.2004, 8 K 385/01, IStR 2005, 277).

76 Da der Hinzurechnungsbetrag iSv § 10 Abs. 2 um die anrechenbaren Steuern zu erhöhen ist, erhöhen sich entsprechend die Einkünfte aus Kapitalvermögen bzw. der Gewinn im Sinne einer Betriebseinnahme. Wegen der Verweisung des § 7 GewStG auf den einkommensteuerlichen bzw. körperschaftsteuerlichen Gewinn wirkt sich dies entsprechend auf die gewerbesteuerliche Bemessungsgrundlage aus, da es sich nach der Rechtsprechung um einen einheitlichen Hinzurechnungsbetrag handelt. Nach Ansicht der Rechtsprechung hat der Gesetzgeber es in Kauf genommen, den Vorteil der Anrechnung mit einer Verschlechterung bei der Gewerbesteuer zu erkaufen.

77 Bis zum VZ 2007 war die Gewerbesteuer als Betriebsausgabe abzugsfähig. Die Einbeziehung des Aufstockungsbetrages in die gewerbesteuerliche Bemessungsgrundlage wirkt sich deshalb erhöhend auf die Gewerbesteuer und mindernd auf die Körperschaftsteuer aus. Danach kann die maximal anrechenbare ausländische Steuer wie folgt berechnet werden:

$$\text{Maximal anrechenbare ausländische Steuer} = \frac{(1 - \text{effektiver})}{\text{Gewerbesteuersatz})} \times 26{,}375\,\%$$

Bei einem Hebesatz von 400 % darf also die ausländische Steuer 21,97 % nicht übersteigen.

Beispiel:

78 Die ausländische Zwischengesellschaft erwirtschaftet passive Einkünfte iHv 100. Die ausländische Steuer beträgt 23 %. Der Betrieb des Inländers ist in einer Gemeinde mit einem Hebesatz von 400 % ansässig. Demnach sind 1,02 %-Punkte nicht anrechenbar. Bei einem direkten Bezug würde die Inlandsbelastung 38,65 % betragen:

D. Antrag des Stpfl. (Abs. 1)

	2007
Zwischeneinkünfte (§ 7 Abs. 1)	100,00
Ausländische Steuer (23%)	−23,00
Hinzurechnungsbetrag (§ 10 Abs. 2)	77,00

Erhöhter Hinzurechnungsbetrag (§ 12 Abs. 1)	100,00	
Gewerbesteuer (Hebesatz 400%)	−16,67	−16,67
Gewinn nach Gewerbesteuer	83,33	
Körperschaftsteuer und SolZ (26,375%)	21,98	
Anrechnung der ausländischen Steuer	−23,00	0,00
Nicht anrechenbare ausländische Steuer	1,02	
Gewinn nach Steuern		60,33
Effektive Steuerbelastung		**39,67%**

Würde hingegen der Aufstockungsbetrag nicht der Gewerbesteuer unterworfen, wäre die ausländische Steuer vollständig anrechenbar:

	2007
Zwischeneinkünfte (§ 7 Abs. 1)	100,00
Ausländische Steuer (23%)	−23,00
Hinzurechnungsbetrag (§ 10 Abs. 2)	77,00

Hinzurechnungsbetrag (§ 12 Abs. 1)	77,00	
Gewerbesteuer (Hebesatz 400%)	−12,83	−12,83
Aufstockungsbetrag	23,00	
Gewinn nach Gewerbesteuer	87,17	
Körperschaftsteuer und SolZ (26,375%)	23,00	
Anrechnung der ausländischen Steuer	−23,00	0,00
Nicht anrechenbare ausländische Steuer	0,00	
Gewinn nach Steuern		64,17
Effektive Steuerbelastung		**35,83%**

Ab dem Veranlagungszeitraum 2008 ist die Gewerbesteuer nicht mehr als Betriebsausgabe abziehbar. Die ausländische Steuer ist nur noch auf die Körperschaftsteuer von 15% (zzgl. Solidaritätszuschlag) anrechenbar. Die Besteuerungssituation stellt sich somit wie folgt dar:

Beispiel:
Der Überhang der nicht anrechenbaren Auslandssteuer beträgt 7,18%-Punkte. Da nach Ansicht der Rechtsprechung zusätzlich noch Gewerbesteuer auf den Aufstockungsbetrag anfällt, beträgt die Gesamtbelastung 37%.

	2008
Zwischeneinkünfte (§ 7 Abs. 1)	100,00
Ausländische Steuer (23%)	−23,00
Hinzurechnungsbetrag (§ 10 Abs. 2)	77,00

Erhöhter Hinzurechnungsbetrag (§ 12 Abs. 1)	100,00	
Körperschaftsteuer und Solidaritätszuschlag (15,875%)	15,83	
Anrechnung der ausländischen Steuer (§ 12 Abs. 2)	−23,00	0,00
Nicht anrechenbare ausländische Steuer	7,18	
Gewerbesteuer (15%)	14,00	−14,00
Gewinn nach Steuern		63,00
Effektive Steuerbelastung		**37,00%**

Im Fall des Direktbezugs der ausländischen Einkünfte würde die Gesamtbelastung hingegen 30,83 % betragen.

Beispiel:

79 Würde der Aufstockungsbetrag dagegen nicht der Gewerbesteuer unterworfen, beträgt die Gesamtbelastung im Beispiel 33,78 %.

		2008
Zwischeneinkünfte (§ 7 Abs. 1)		100,00
Ausländische Steuer (23 %)		– 23,00
Hinzurechnungsbetrag (§ 10 Abs. 2)		77,00
Erhöhter Hinzurechnungsbetrag (§ 12 Abs. 1)	100,00	
Körperschaftsteuer und Solidaritätszuschlag (15,875 %)	15,83	
Anrechnung der ausländischen Steuer (§ 12 Abs. 2)	– 23,00	0,00
Nicht anrechenbare ausländische Steuer	7,18	
Gewerbesteuer (15 %)	10,78	– 10,78
Gewinn nach Steuern		66,22
Effektive Steuerbelastung		**33,78 %**

80 Der BFH stellt in seinem Urteil vom 21.12.2005 zwar in Frage, ob der Hinzurechnungsbetrag als ausländische Einkünfte nach § 9 Nr. 3 GewStG der Gewerbesteuer unterliegen soll, ohne jedoch daraus Konsequenzen zu ziehen. Da das Urteil einen Fall aus 1994 betrifft, lehnte der BFH einen möglichen Verstoß gegen die EU-Kapitalverkehrsfreiheit ab, weil er von der Fortbestandsgarantie des Art. 57 Abs. 1 EG-Vertrag ausgeht. Die Kapitalverkehrsfreiheit steht der Anwendung solcher Vorschriften nicht entgegen, die zum 31.12.1993 auf Grund einzelstaatlicher Rechtsvorschriften für den Kapitalverkehr bestanden haben. Hierunter fällt die „alte Hinzurechnungsbesteuerung" (§§ 7 bis 14 AStG aF) zumindest in zeitlicher Hinsicht. Dies dürften jedoch für die neue Hinzurechnungsbesteuerung ab 2001 nicht mehr gelten, da die Regelungen der §§ 7 bis 14 mit dem Systemwechsel grundlegend geändert wurden und damit als Neuregelung anzusehen sind (*FWBS* Vor §§ 7–14 AStG Rz. 82). Demnach dürfte der beim Steuerinländer anzusetzende Hinzurechnungsbetrag nicht der Gewerbesteuer unterliegen.

81–89 *einstweilen frei*

E. Anrechnung der Steuern (Abs. 2)

I. Allgemeines

90 Während Abs. 1 die Anrechnung der anrechenbaren Steuern auf die Einkommen- oder Körperschaftsteuer und die Erhöhung des anzusetzenden Hinzurechnungsbetrages regelt, betrifft Abs. 2 die Durchführung der Anrechnung insoweit, als für die Höchstbetragsberechnung die Vorschriften der §§ 34c Abs. 1 EStG, 26 Abs. 1, 6 KStG entsprechend anzuwenden sind.

E. Anrechnung der Steuern (Abs. 2)

II. Bedeutung der Verweisung

Da Abs. 2 den Begriff „bei der Anrechnung" verwendet und nicht regelt, **91** was anzurechnen ist, stattdessen nur auf die Höchstbetragsberechnung des § 34c Abs. 1 EStG Bezug nimmt, ergänzt Abs. 2 die Vorschrift des Abs. 1 im Rahmen der technischen Durchführung der Anrechnung.

Welche Steuern anzurechnen sind, ergibt sich nicht aus § 34c Abs. 1 EStG, **92** sondern aus § 10 Abs. 1. Die in § 12 Abs. 2 vorgenommene Verweisung ist lediglich eine Rechtsfolgen- und keine Rechtsgrundverweisung, so dass die Tatbestandsvoraussetzungen der §§ 34c Abs. 1 EStG, 26 Abs. 1, 6 KStG unbeachtlich sind, wie
– eine der Einkommen- oder Körperschaftsteuer entsprechende ausländische Steuer,
– das Vorliegen von ausländischen Einkünften iSv § 34d EStG,
– die Subjektidentität,
– die zeitliche Identität des Abgabengegenstandes.

Nach § 12 Abs. 1 sind alle Steuern anrechenbar, die nach § 10 Abs. 1 ab- **93** ziehbar sind; also alle Steuern, die den Charakter einer Ertragsteuer haben. Eine Entsprechung mit der deutschen Einkommen- oder Körperschaftsteuer ist nicht zwingend. Es muss sich nicht nur um ausländische Steuern handeln, es können auch deutsche Steuern angerechnet werden. Darüber hinaus können auch Drittstaatensteuern angerechnet werden; auf den Ursprungsstaat kommt es nicht an. Da nach § 10 Abs. 1 auch deutsche Steuern abziehbar sind, gilt die in § 34c Abs. 1 EStG geregelte Beschränkung auf Steuern auf ausländische Einkünfte nicht. Schließlich ist die Regelung des § 34c Abs. 1 S. 5 EStG, wonach die ausländischen Steuern nur insoweit anzurechnen sind, als sie auf die im Veranlagungszeitraum bezogenen Einkünfte entfallen, ist wegen der abweichenden Regelung des § 10 Abs. 1 S. 2 nicht beachtlich.

Somit bedeutet die Verweisung in § 12 Abs. 2 auf § 34c Abs. 1 EStG und **94** § 26 Abs. 1, 6 KStG lediglich, dass die Höchstbetragsberechnung entsprechend Anwendung finden soll. Demzufolge ist der Hinzurechnungsbetrag – auch die nach § 14 eingehenden Beträge – als ausländische Einkünfte iSd § 34c Abs. 1 EStG zu behandeln. Die auf den Hinzurechnungsbetrag entfallende deutsche Einkommen- bzw. Körperschaftsteuer ist in der Weise zu ermitteln, dass die sich bei der Veranlagung des zu versteuernden Einkommens ergebende deutsche Einkommen- bzw. Körperschaftsteuer im Verhältnis des Hinzurechnungsbetrages zur Summe der Einkünfte aufgeteilt wird.

Der Höchstbetrag ermittelt sich wie folgt:

$$\text{Anrechnungshöchstbetrag} = \text{Einkommen- bzw. Körperschaftsteuer} \times \frac{\text{Hinzurechnungsbetrag}}{\text{Summe der Einkünfte bzw. Einkommen}}$$

Übersteigt die ausländische Steuer den Anrechnungshöchstbetrag, ist ein **95** Vor- bzw. Rücktrag auf andere Jahre nicht möglich. Auch ein Abzug bei den Einkünften kommt nicht in Betracht.

einstweilen frei **96–99**

III. Minderung des Hinzurechnungsbetrages

100 Da § 12 Abs. 2 insgesamt auf die §§ 34c Abs. 1 EStG, 26 Abs. 1, 6 KStG verweist, könnten die ab dem VZ 2003 neu eingefügten Sätze 3 und 4 des § 34c Abs. 1 EStG beachtlich sein, so dass der Hinzurechnungsbetrag um steuerbefreite Einkünfte bzw. wirtschaftlich mit diesem zusammenhängende Aufwendungen zu vermindern wäre.

101 Für eine Minderung des Hinzurechnungsbetrages nach § 34c Abs. 1 S. 3, 4 EStG spricht das in § 12 zum Tragen kommende das Prinzip der Durchgriffsbesteuerung, wonach der Hinzurechnungsbetrag wie ausländische Einkünfte angesehen wird.

1. Nicht besteuerte ausländische Einkünfte

102 Nach § 34c Abs. 1 S. 3 und Abs. 6 S. 2 EStG sind bei der Ermittlung der ausländischen Einkünfte diejenigen ausländischen Einkünfte nicht zu berücksichtigen, die in dem Staat, aus dem sie stammen, nach dessen Recht oder nach einem mit diesem Staat bestehenden Doppelbesteuerungsabkommen nicht besteuert werden.

103 Sind in dem Hinzurechnungsbetrag ausländische Einkünfte enthalten, die in dem Staat aus dem sie stammen, nicht besteuert werden, ist der Hinzurechnungsbetrag für Zwecke der Ermittlung des Anrechnungshöchstbetrags entsprechend zu mindern. Die Befreiung kann jedoch nur nach nationalem Recht erfolgen. Eine Befreiung der Einkünfte nach einem Doppelbesteuerungsabkommen kann nicht in Betracht kommen, weil § 34c Abs. 6 EStG auf ein Abkommen zwischen Deutschland und einem ausländischen Staat abstellt, nicht jedoch auf ein Abkommen zwischen dem Ansässigkeitsstaat der Zwischengesellschaft und dem Quellenstaat der Einkünfte.

Beispiel:

104 Die inländische I-GmbH ist an der ausländischen Obergesellschaft beteiligt, die ihrerseits an der ausländischen Untergesellschaft beteiligt ist. Die Obergesellschaft erzielt Einkünfte iSv § 7 Abs. 1 iHv 340, die einem Steuersatz von 18 % unterliegen. Die Untergesellschaft erzielt vollständig steuerbefreite Einkünfte iHv 60. Die deutsche Körperschaftsteuer beträgt 100 (600 x 15 %).

Demzufolge sind von der ausländischen Steuer iHv 61,20 lediglich 56,67 anrechenbar.

Inländische Einkünfte	200,00
Einkünfte nach § 7 Abs. 1	400,00
– darin enthalten unbesteuerte	
Einkünfte nach nationalem Recht	60,00
Ausländische Steuer (18 % * 340)	61,20
Körperschaftsteuer und SolZ (15,875 %)	95,25
Hinzurechnungsbetrag	338,80
Erhöhter Hinzurechnungsbetrag	400,00
Geminderter Hinzurechnungsbetrag	340,00

$$\text{Anrechnungshöchstbetrag} = 100,00 \times \frac{340,00}{600,00} = 56,67$$

2. Besonderheiten des Betriebsausgabenabzugs

Nach § 34c Abs. 1 S. 4 EStG sind bei der Ermittlung der ausländischen **105** Einkünfte iSd § 34d Nr. 3, 4, 6, 7 und 8 Buchst. c genannten Art, die zum Gewinn eines inländischen Betriebes gehören, Betriebsausgaben und Betriebsvermögensminderungen abzuziehen, die mit den diesen Einkünften zugrunde liegenden Einnahmen in wirtschaftlichem Zusammenhang stehen.

Die entsprechende Anwendung des Satzes 4 läuft jedoch ins Leere. Ein **106** wirtschaftlicher Zusammenhang zwischen den dem Hinzurechnungsbetrag unterliegenden Einkünften und Aufwendungen auf Ebene des Steuerinländers ist schon deshalb nicht möglich, weil der Steuerinländer und die Zwischengesellschaft zwei verschiedene Rechtssubjekte sind. Im Übrigen können Aufwendungen mit der Beteiligung an der ausländischen Gesellschaft nur unter Beachtung des § 3c Abs. 2 EStG abgezogen werden. Aufwendungen auf Ebene der Zwischengesellschaft können nicht ein weiteres Mal bei der Berechnung des Anrechnungshöchstbetrags berücksichtigt werden, weil diese bei der Ermittlung der Einkünfte nach § 7 Abs. 1 bereits erfasst werden.

einstweilen frei **107–119**

F. Ausländische Steuern auf Gewinnausschüttungen der Zwischengesellschaft (Abs. 3)

I. Allgemeines

Das ausländische Steuerrecht kann uU vorsehen, dass der inländische Steu- **120** erpflichtige mit den Gewinnausschüttungen der ausländischen Besteuerung unterliegt; idR handelt es sich dabei um Quellensteuern. Da diese ausländischen Steuern nicht von den Zwischeneinkünften der ausländischen Gesellschaft erhoben werden, können sie weder nach § 10 Abs. 1 abgezogen noch nach § 12 Abs. 1 angerechnet werden. Diese Steuern können auch nicht nach den einkommen- bzw. körperschaftsteuerlichen Regeln angerechnet werden, weil die Gewinnausschüttungen gemäß § 3 Nr. 41 EStG bzw. § 8b Abs. 1 KStG von der Besteuerung ausgenommen werden.

Um eine Doppelbelastung dieser Einkünfte durch ausländische Steuern zu **121** vermeiden, sieht § 12 Abs. 3 daher vor, dass diese Steuern auf Antrag im Veranlagungszeitraum des Anfalls der zugrunde liegenden Einkünfte als Hinzurechnungsbetrag angerechnet oder abgezogen werden. Die Anrechnung oder der Abzug kann auch dann noch erreicht werden, wenn der Steuerbescheid des betreffenden Veranlagungszeitraums bereits bestandskräftig ist.

II. Einkommensteuerpflichtige Inlandsbeteiligte

1. Verweisung auf § 3 Nr. 41 EStG

Aufgrund der Verweisung des § 12 Abs. 3 auf § 3 Nr. 41 EStG gilt diese **122** Vorschrift zunächst für unbeschränkt einkommensteuerpflichtige natürliche

Personen, die direkt oder mittelbar über eine Personengesellschaft an einer ausländischen Zwischengesellschaft iSv § 7 Abs. 1 beteiligt sind.

123 Die auf die Gewinnausschüttung erhobenen ausländischen Steuern können entweder im Wege der Veranlagung oder des Abzugs erhoben werden. Auf eine Vergleichbarkeit der ausländischen Steuern mit der deutschen Einkommensteuer gemäß § 34c EStG kommt es nach dem Wortlaut der Norm nicht an. Faktisch ist das Erfordernis der Subjektidentität und der sachlichen Identität des Abgabengegenstandes aber gegeben, weil nach Abs. 3 die Steuern auf die den Inlandsbeteiligten zufließenden Gewinnausschüttungen zu erheben sind.

124 Die Ausschüttungen der Zwischengesellschaft müssen nach § 3 Nr. 41 Buchst. a EStG steuerfrei sein. Dies ist der Fall, soweit ihnen vom Steuerpflichtigen in diesem oder in den vorangegangenen sieben Jahren versteuerte Hinzurechnungsbeträge gegenüber stehen. Außerdem dürfen die Hinzurechnungsbeträge nicht nach § 11 AStG aF befreit gewesen sein (Tz. 18.1.5.1. AEAStG).

125 § 3 Nr. 41 Buchst. a EStG gilt für offene Ausschüttungen, verdeckte Gewinnausschüttungen und Vorweggewinnausschüttungen sowie sonstige unter § 20 Abs. 1 Nr. 1, 2 EStG fallende Bezüge. Zwar verweist § 12 Abs. 3 allgemein auf § 3 Nr. 41 EStG, aus der Verwendung des Begriffs „befreite Gewinnausschüttungen" ergibt sich, dass nur Buchstabe a und nicht auch Buchstabe b – Veräußerungen – gemeint ist (*Lieber* FR 2002, 139, 143).

2. Abzug oder Anrechnung der Ausschüttungssteuer

126 Als Rechtsfolge ordnet § 12 Abs. 3 an, dass die auf die Ausschüttung erhobene ausländische Steuer auf Antrag im Veranlagungszeitraum des Anfalls der zugrunde liegenden Einkünfte als Hinzurechnungsbetrag in entsprechender Anwendung des § 34c Abs. 1 und 2 EStG abzuziehen oder anzurechnen ist. Da die ausländischen Ausschüttungssteuern insoweit als Hinzurechnungsbetrag gelten, sind sie für Zwecke des Steuerabzugs im Rahmen des § 10 Abs. 1 und für Zwecke der Steueranrechnung im Rahmen des § 12 Abs. 1, 2 zu berücksichtigen.

127 Im Fall des Steuerabzugs hätte sich der Verweis auf § 34c Abs. 2 EStG erübrigt, da die Qualifikation als Hinzurechnungsbetrag genügt.

Beispiel:

128 Der Steuerinländer I ist an der Zwischengesellschaft Z beteiligt, die in 01 Einkünfte iSv § 7 Abs. 1 iHv 300 erzielt, die einem Steuersatz von 20% unterliegen. Die Steuer wird in 01 vollständig einbehalten. Z schüttet in 02 den Gewinn aus 01 iHv 240 an I aus. Z muss auf die Ausschüttung 24 (10%) einbehalten.
Der bei I für den VZ 02 anzusetzende Hinzurechnungsbetrag (§ 10 Abs. 2) beträgt 240. Nach § 3 Nr. 41 Buchst. a EStG ist die Gewinnausschüttung in 02 iHv 240 von der Besteuerung befreit, weil der Hinzurechnungsbetrag bei I der Besteuerung unterliegt. Der anzusetzende Hinzurechnungsbetrag ist um die Steuer auf die Ausschüttung zu mindern; mithin beträgt der Hinzurechnungsbetrag 216.

Im Fall des Steuerabzugs wird durch den Verweis auf § 34c Abs. 1 EStG hingegen klargestellt, dass die ausländische Ausschüttungssteuer auf die inländische Steuer anzurechnen ist, die auf die zugrunde liegenden Einkünfte ent-

F. Ausländische Steuern auf Gewinnausschüttungen

fällt. Das bedeutet, dass nicht nur die Steuern der Zwischengesellschaft, sondern auch die ausländische Ausschüttungsteuer auf die zugrunde liegenden Einkünfte nach § 7 Abs. 1 anzurechnen sind. Diese gesamten Steuern unterliegen der Höchstbetragsregelung des § 34c Abs. 1 EStG. Da die Ausschüttungssteuer den anzusetzenden Hinzurechnungsbetrag nicht gemindert hat, ist dieser nach § 12 Abs. 1 S. 2 nicht entsprechend zu erhöhen (Tz. 18.1.2.5. AEAStG).

Beispiel:

Anstelle des Abzugs beantragt I nun die Steueranrechnung nach § 12 Abs. 3.

Die Steuern der Zwischengesellschaft (60) und die ausländische Ausschüttungsteuer (24) sind anrechenbar, da der Anrechnungshöchstbetrag (94,95) nicht überschritten wird.

Inländische Einkünfte	100,00
Einkünfte nach § 7 Abs. 1	300,00
Ausländische Steuer (20 %)	60,00
Ausschüttung	240,00
Ausländische Ausschüttungsteuer (10 %)	24,00
Einkommensteuer und SolZ (31,65 %)	126,60
Hinzurechnungsbetrag	240,00
Erhöhter Hinzurechnungsbetrag	300,00

$$\text{Anrechnungshöchstbetrag} = 126,60 \times \frac{300,00}{400,00} = 94,95$$

3. Zeitpunkt der Berücksichtigung der Ausschüttungssteuer

Nach dem Wortlaut des § 12 Abs. 3 S. 1 sind die Ausschüttungssteuern im Veranlagungszeitraum des Anfalls der zugrunde liegenden Zwischeneinkünfte als Hinzurechnungsbetrag abzuziehen oder anzurechnen.

Diese Formulierung kann vom Gesetzgeber nicht so gewollt gewesen sein, weil die Zwischeneinkünfte nur bei der ausländischen Zwischengesellschaft anfallen und sie mit Ablauf des maßgebenden Wirtschaftsjahres dieser Gesellschaft dem Inlandsbeteiligten als zugeflossen gelten (§ 10 Abs. 2). Mit der Bezugnahme auf den Veranlagungszeitraum des Anfalls ist damit der Zeitpunkt gemeint, in dem die passiven Einkünfte als Hinzurechnungsbetrag als zugeflossen gelten. Die Ausschüttungssteuer ist auf den mit Ablauf des maßgebenden Wirtschaftsjahres als zugeflossen geltenden Hinzurechnungsbetrag anzurechnen oder von diesem abzuziehen, wobei die Ausschüttung des zugrunde liegenden Hinzurechnungsbetrags in diesem Jahr oder in den folgenden sieben Jahren erfolgen kann.

§ 3 Nr. 41 Buchst. a EStG enthält keine gesetzliche Reihenfolge zur Verrechnung der Ausschüttungen mit einem Hinzurechnungsbetrag, so dass der Steuerinländer, die für sich vorteilhafteste Verrechnung wählen kann. Die Finanzverwaltung unterstellt dagegen, dass eine Gewinnausschüttung zuerst aus dem Hinzurechnungsbetrag gespeist wird, der dem achten vorhergehenden Jahr iSd § 3 Nr. 41 Buchst. a EStG entstammt, danach aus dem siebten vorhergehenden bis zum gegenwärtigen Jahr (Tz. 12.3.2. AEAStG). Diese Vorgehensweise hat jedoch keine gesetzliche Grundlage (Blümich/*Vogt* § 12 AStG Rz. 21).

III. Körperschaftsteuerpflichtige Inlandsbeteiligte

133 Mit dem JStG 2008 wurde § 12 Abs. 3 S. 1 dahingehend klarstellend ergänzt, dass der Steuerabzug bzw. die Steueranrechnung auch entsprechend den Regeln des § 26 Abs. 1 und des Abs. 6 erfolgen kann. Damit können Steuern von den nach § 3 Nr. 41 EStG befreiten Gewinnausschüttungen von der Körperschaftsteuer abgezogen bzw. auf diese angerechnet werden (Begr. der Bundesregierung v. 10.8.2007, BR-Drs. 544/07, 131). Die Finanzverwaltung ist bereits bisher entsprechend verfahren.

IV. Mehrstufige Beteiligungen

134 Nach dem Wortlaut des § 12 Abs. 3 können lediglich die auf die Gewinnausschüttungen der ausländischen Obergesellschaft auf die Steuer des Inländers angerechnet werden. Dagegen werden Steuern auf die Ausschüttungen von Untergesellschaften nicht erfasst.

135 Eine entsprechende Anwendung auf die Ausschüttungssteuern der Untergesellschaft kommt nach der Aufhebung des § 14 Abs. 4 S. 3 durch das StSenkG grundsätzlich nicht in Betracht. Hiergegen muss aber eingewendet werden, dass der Gesetzgeber beabsichtigte mit der Aufhebung dieser Vorschrift die entstehenden Probleme durch § 12 Abs. 3 zu beseitigen. Diese Auffassung stützt auch Tz. 12.1.2. AEAStG, in der Finanzverwaltung ausdrücklich erwähnt, dass die auf Gewinnausschüttungen einer deutschen Untergesellschaft erhobene deutsche Kapitalertragsteuer angerechnet werden kann (*FWBS* § 10 AStG Rz. 110; Blümich/*Vogt* § 12 AStG Rz. 20).

V. Antrag

136 Die Anwendung des § 12 Abs. 3 setzt einen Antrag des Steuerpflichtigen voraus, in dem dieser sich für den Steuerabzug oder die Steueranrechnung entscheiden kann. Das Wahlrecht kann von jedem Inlandsbeteiligten unterschiedlich ausgeübt werden (Tz. 18.3.3. AEAStG).

137 Der Antrag ist im Rahmen der Abgabe der individuellen oder gemeinsamen Steuererklärung gemäß § 18 Abs. 3 zu stellen (Tz. 18.3. AEAStG). Die Steuererklärung muss Angaben zu den Einkünften nach § 7 Abs. 1, die nach § 10 Abs. 1 abziehbaren Steuern und nach § 12 Abs. 1 anrechenbaren Steuern, die nach § 12 Abs. 3 abziehbaren bzw. anrechenbaren Ausschüttungssteuern sowie die nach § 3 Nr. 41 EStG steuerfreien Beträge enthalten (Tz. 18.1.2.3.–Tz. 18.1.2.5. AEAStG).

138 Das Wahlrecht zur Steueranrechnung oder Abzug besteht auch dann, wenn die Hinzurechnungs- und Steuerbescheide bestandskräftig geworden sind. Die Berichtigung bestandskräftiger Bescheide folgt aus § 12 Abs. 3 S. 2.

139 Der Antrag nach Abs. 3 ist von dem nach Abs. 1 losgelöst, so dass die jeweiligen Wahlrechte unterschiedlich ausgeübt werden können.

F. Ausländische Steuern auf Gewinnausschüttungen §§ 12, 13

Beispiel:

I GmbH ist an der Zwischengesellschaft Z beteiligt, die in 01 Einkünfte iSv § 7 **140** Abs. 1 iHv 300 erzielt und einem Steuersatz von 10% unterliegt. Die Steuer wird in 01 vollständig einbehalten. Z schüttet in 02 den Gewinn aus 01 iHv 270 an I aus. Z muss auf die Ausschüttung 40,50 (15%) einbehalten.

Der bei I GmbH für den Veranlagungszeitraum 02 anzusetzende Hinzurechnungsbetrag (§ 10 Abs. 2) beträgt 270. Nach § 3 Nr. 41 Buchst. a EStG ist die Gewinnausschüttung in 02 iHv 270 von der Besteuerung befreit, weil der Hinzurechnungsbetrag bei I GmbH der Besteuerung (15,825%) unterliegt. Würde I GmbH die ausländische Steuer als auch die Ausschüttungssteuer anrechnen, ergäbe sich ein Anrechnungsüberhang von 23,03 (70,50–47,48). Daher entscheidet sich I GmbH, die ausländische Steuer nach § 10 Abs. 1 abzuziehen und die Ausschüttungssteuer anzurechnen. Die Ausschüttungssteuer ist voll anrechenbar.

Inländische Einkünfte	100,00
Einkünfte nach § 7 Abs. 1	300,00
Ausländische Steuer (10%)	30,00
Ausschüttung	270,00
Ausländische Ausschüttungssteuer (15%)	40,50
Einkommensteuer und SolZ (31,65%)	63,30
Hinzurechnungsbetrag	270,00
Erhöhter Hinzurechnungsbetrag	300,00

$$\text{Anrechnungshöchstbetrag} = 63,30 \times \frac{270,00}{370,00} = 46,19$$

§ 13 *(aufgehoben)*

§ 14 Nachgeschaltete Zwischengesellschaften

(1) ¹Ist eine ausländische Gesellschaft allein oder zusammen mit unbeschränkt Steuerpflichtigen gemäß § 7 an einer anderen ausländischen Gesellschaft (Untergesellschaft) beteiligt, so sind für die Anwendung der §§ 7 bis 12 die Einkünfte der Untergesellschaft, die einer niedrigen Besteuerung unterlegen haben, der ausländischen Gesellschaft zu dem Teil, der auf ihre Beteiligung am Nennkapital der Untergesellschaft entfällt, zuzurechnen, soweit nicht nachgewiesen wird, dass die Untergesellschaft diese Einkünfte aus unter § 8 Abs. 1 Nr. 1 bis 7 fallenden Tätigkeiten oder Gegenständen erzielt hat oder es sich um Einkünfte im Sinne des § 8 Abs. 1 Nr. 8 bis 10 handelt oder dass diese Einkünfte aus Tätigkeiten stammen, die einer unter § 8 Abs. 1 Nr. 1 bis 6 fallenden eigenen Tätigkeit der ausländischen Gesellschaft dienen. ²Tätigkeiten der Untergesellschaft dienen nur dann einer unter § 8 Abs. 1 Nr. 1 bis 6 fallenden eigenen Tätigkeit der ausländischen Gesellschaft, wenn sie in unmittelbarem Zusammenhang mit dieser Tätigkeit stehen und es sich bei den Einkünften nicht um solche im Sinne des § 7 Abs. 6a handelt.

(2) Ist eine ausländische Gesellschaft gemäß § 7 an einer Gesellschaft im Sinne des § 16 des REIT-Gesetzes (Untergesellschaft) beteiligt, gilt Absatz 1, auch bezogen auf § 8 Abs. 3, sinngemäß.

(3) Absatz 1 ist entsprechend anzuwenden, wenn der Untergesellschaft weitere ausländische Gesellschaften nachgeschaltet sind.

(4) *(aufgehoben)*

Inhaltsübersicht

	Rz.
Vorbemerkung	1
I. Allgemeines	2–19
1. Entstehungsgeschichte	2
2. Allgemeiner Anwendungsbereich	3
3. Vorrang anderer Vorschriften	4–8
4. Verfahrensrechtliche Besonderheiten	9–19
II. Besteuerung im Falle nachgeschalteter Untergesellschaften, Abs. 1 („dreistufiger Beteiligungsaufbau")	20–159
1. Tatbestand der Zurechnung	22–119
a) Ausländische Gesellschaft („Obergesellschaft")	22, 23
b) Andere ausländische Gesellschaft („Untergesellschaft")	24–26
c) Allein oder zusammen mit unbeschränkt Steuerpflichtigen gemäß § 7 […] beteiligt (Beteiligungsvoraussetzung)	27–70
aa) Unmittelbare Beteiligung am Nennkapital der Untergesellschaft erforderlich	29–33
bb) Beteiligung „an einer anderen" Gesellschaft – Bezugsobjekte des Beherrschungskriteriums	34–43

Inhaltsübersicht **§ 14**

	Rz.
cc) Beteiligung „zusammen mit unbeschränkt Steuerpflichtigen gemäß § 7"	44–49
dd) Beteiligung zusammen mit unbeschränkt Steuerpflichtigen „gemäß § 7"	50–54
ee) Beteiligung zusammen mit „unbeschränkt Steuerpflichtigen" gemäß § 7	55–58
ff) (Keine) Anwendbarkeit des § 7 Abs. 6 innerhalb des § 14	59–66
gg) Der für das Bestehen der Beteiligung maßgebliche Zeitpunkt	67–70
d) „Einkünfte der Untergesellschaft, die einer niedrigen Besteuerung unterlegen haben"	71, 72
e) Ausnahmetatbestand 1: Nachweis aktiver Tätigkeit	73–77
aa) Beweislastumkehr	73, 74
bb) Verfahrensmäßige Umsetzung	75–77
f) Ausnahmetatbestand 2: Das sog. Funktionsprivileg („Dienen") gemäß § 14 Abs. 1 letzter Satzteil und S. 2	78–85
aa) „Unmittelbarer Zusammenhang"	79–84
bb) Zurechnung von ZmK	85
g) Ausnahmetatbestand 3: Anwendung der gesellschaftsbezogenen Freigrenzen des § 9 auf der Ebene der Untergesellschaft	86–119
2. Rechtsfolgen der Zurechnung	120–159
a) Unterschiede zwischen der „Zurechnung" iSd § 14 und der „Hinzurechnung" iSd § 7 Abs. 1 iVm § 10	124–130
aa) Zurechnungsempfänger	125–127
bb) Zurechnungszeitpunkt	128
cc) Zurechnung negativer Einkünfte	129
dd) Keine Umqualifizierung der Einkünfte	130
b) Zuzurechnende Einkünfte	131, 132
c) Verlustausgleich und Verlustabzug (= Verlustvor- und -rücktrag nach § 10d EStG iVm § 10 Abs. 3 S. 5) im Rahmen der Zurechnung	133–159
aa) Verlustausgleich	134–136
bb) Kollision zwischen Verlustausgleich und Verlustabzug	137
d) Folgen für die Hinzurechnung	138–159
III. Besteuerung im Falle einer nachgeschalteten inländischen REIT-Gesellschaft, Abs. 2 („dreistufiger Beteiligungsaufbau")	160–199
1. Tatbestand des § 14 Abs. 2	163–179
a) Beteiligungen von Steuerinländern an der ausländischen Obergesellschaft	164
b) Gesellschaft iSd § 16 REIT-Gesetzes	165
c) Beteiligung der Obergesellschaft an der inländischen REIT-G: „gemäß § 7 […] beteiligt"	166–179
2. Rechtsfolge des § 14 Abs. 2	180–199
a) Rechtsgrundverweis auf den Tatbestand des § 14 Abs. 1	181–183
aa) Niedrig besteuerte Einkünfte der REIT-G	182
bb) Ausnahmetatbestände 1 bis 3	183
b) Verweis auf die Rechtsfolge des § 14 Abs. 1	184–199

§ 14 1, 2   Nachgeschaltete Zwischengesellschaften

Rz.

IV. Besteuerung im Falle weiter nachgeschalteter Untergesellschaften, Abs. 3 („vier- und mehrstufiger Beteiligungsaufbau") 200–214
1. Tatbestand des § 14 Abs. 3 201–209
   a) Beteiligung und Beteiligungsquoten 202–205
   b) Anwendung von § 14 Abs. 1 S. 1 letzter Hs. 206–209
2. Rechtsfolge des § 14 Abs. 3 210–214

Vorbemerkung

1 Die Vorschrift bezweckt, Umgehungen der Hinzurechnungsbesteuerung entgegenzuwirken, die in der Möglichkeit liegen, die passive, niedrigbesteuerte Einkünfte erzielende ausländische Gesellschaft einer anderen ausländischen Gesellschaft nachzuschalten (vgl. bereits BT-Drs. VI/2883, Tz. 116). Die Hinzurechnungsbesteuerung hätte ohne die Geltung des § 14 dadurch vermieden werden können, dass die Erträge auf der Gesellschaft erster Stufe (im Folgenden: „Obergesellschaft") nachgelagerten Stufen thesauriert wurden; in die Hinzurechnung wäre der Ertrag wirtschaftlich allenfalls erst mit Ausschüttung als Dividende auf der Ebene der Obergesellschaft gelangt. Nach Einführung des § 8 Abs. 1 Nr. 8 – Gewinnausschüttungen sind „gute", aktive Einkünfte – wäre ohne Geltung des § 14 zwar die Ausschüttung an die Obergesellschaft ohnehin nicht steuerbar; die Zwischeneinkünfte auf der Stufe der der Obergesellschaft nachgeschalteten Gesellschaften wären hinzurechnungssteuerlich nicht erfassbar, weil § 7 Abs. 1 auf Rechtsfolgenseite eine unmittelbare Beteiligung des Steuerinländers am Nennkapital der einkunftserzielenden Gesellschaft voraussetzt. § 14 ist somit eine notwendige Ergänzung des § 7 Abs. 1, um die Zwecke der Hinzurechnungsbesteuerung auch im tiefgestaffelten Beteiligungsnetz durchzusetzen.

I. Allgemeines

1. Entstehungsgeschichte

2 § 14 war bereits im ursprünglichen AStG enthalten (Außensteuerreformgesetz vom 8.9.1972, BGBl. 1972 I 1713). Er wurde in der Folgezeit durch das StÄndG 1980 vom 20.8.1980 (BGBl. 1980 I 1545), das StÄndG 1992 vom 25.2.1992 (BGBl. 1992 I 297) und das StSenkG vom 23.10.2000 (BGBl. 2000 I 1433) geändert. Die für die heutige Fassung wesentlichen Änderungen erfuhr die Vorschrift durch Art. 5 Nr. 8 Buchst. a UntStFG v. 20.12.2001 (BGBl. 2001 I 3858), durch Art. 12 Nr. 6 des Steuervergünstigungsabbaugesetzes v. 16.5.2003 (BGBl. 2003 I 660) und schließlich durch Art. 5 Nr. 2 des Gesetzes zur Umsetzung der Protokollerklärung der Bundesregierung vom 22.12.2003 (BGBl. 2003 I 2840). Die nunmehrige Fassung erhält § 14 durch eine mehr redaktionelle Änderung in § 14 Abs. 1 (Verweis auf Einkünfte des neu eingeführten § 8 Abs. 1 Nr. 10) durch das Jahressteuergesetz 2008 (BGBl. 2007 I 3150) und die komplette Neufassung des Abs. 2 (Anwendung des § 14 Abs. 1 auch auf der ausländischen Gesellschaft nachgeschalteter inländischer

Gesellschaften iSd REIT-Gesetzes) durch das Gesetz zur Schaffung deutscher Immobilien-Aktiengesellschaften mit börsennotierten Anteilen (BGBl. 2007 I 914).

2. Allgemeiner Anwendungsbereich

§ 14 Abs. 1 geht von einem **dreistufigen Beteiligungsaufbau** aus: Steuerinländer sind an einer ausländischen Gesellschaft (= Obergesellschaft) beteiligt, welche ihrerseits an einer weiteren ausländischen Gesellschaft (= Untergesellschaft) beteiligt ist. Diese erzielt niedrigbesteuerte, passive Einkünfte. Gesetzestechnisch werden diese Einkünfte durch „Zurechnung" (nicht: „Hinzurechnung") in die Hinzurechnungsbesteuerung auf der Ebene der Obergesellschaft miteinbezogen. Gesetzeslogisch geht die Zurechnung der Hinzurechnung voran (BFH v. 20.4.1988, I R 41/82, BStBl. II 1988, 868, 871). Nach der Auffassung des BFH behandelt § 14 die Untergesellschaft nach Art einer verselbständigten Betriebsstätte der Obergesellschaft (BFH v. 20.4.1988, I R 41/82, BStBl. II 1988, 868, 872). Konsequent erstreckt § 14 Abs. 3 die Zurechnung auf passive niedrigbesteuerte Einkünfte von weiter nachgeschalteten Gesellschaften; angesprochen ist hier demgemäß der **vier-, fünf- und mehrstufige Beteiligungsaufbau.** Mithin ist es nicht möglich, Zwischeneinkünfte der Hinzurechnungsbesteuerung durch „Verstecken" hinter mehreren zwischengeschalteten Gesellschaften zu entziehen. Die Steuertechnik des § 14 Abs. 1 iVm dessen Abs. 3 sieht gleichsam durch sämtliche zwischengeschalteten Gesellschaften hindurch. Allerdings wird die Untergesellschaft weiterhin als Einkünfteerzielungssubjekt anerkannt.

3. Vorrang anderer Vorschriften

Aufgrund des „logischen Vorrangs" (vgl. BFHv. 20.4.1988, I R 41/82, BStBl. II 1988, 868) der Zurechnung beginnt die Prüfung gleichsam an der untersten Stufe des Beteiligungsaufbaus.

Ist diese Gesellschaft eine *unbeschränkt steuerpflichtige Gesellschaft,* entfällt die Zurechnung, weshalb die Erträge dieses Steuersubjekts auch nie in den Anwendungsbereich der Hinzurechnung gelangen können (Ausnahme: die Gesellschaft ist eine inländische REIT-Gesellschaft, vgl. → Rz. 160 ff.).

Ist die unterste Einheit nach dem maßgebenden „Rechtstypenvergleich" einer inländischen *Personengesellschaft* vergleichbar, werden die Erträge außensteuerlich so behandelt, als habe die Personengesellschaft vorgeschaltete ausländische Gesellschaft die Tätigkeit aus der die betreffenden Erträge stammen, selbst ausgeübt (vgl. BGH v 16.5.1990, I R 16/88, BStBl. II 1990, 1049, 1051). § 14 Abs. 1 bzw. Abs. 3 kommt nur dann zur Anwendung, wenn der ausländischen Personengesellschaft mindestens zwei ausländische Gesellschaften vorgeschaltet sind. Hat der Steuerinländer lediglich eine ausländische Gesellschaft zwischen sich und die einkünfteerzielende Personengesellschaft geschaltet, fallen die Einkünfte der Personengesellschaft (eventuell) unmittelbar in den Anwendungsbereich des § 7 Abs. 1; § 14 Abs. 1 ist hier unanwendbar. Die Anwendung des § 20 Abs. 2 in diesen Fällen scheitert daran, dass die Einkünfte der Personengesellschaft aufgrund der „Abschirmwirkung" der zwischengeschalteten ausländischen Gesellschaft niemals aufgrund eines DBA mit der Bundesrepublik Deutschland von der Besteuerung freigestellt sein können (vgl. deutlich Tz. 20.2. S. 3 aE AEAStG).

7 Die Beteiligung ausländischer Familienstiftungen ist in § 15 Abs. 9 geregelt (vgl. → § 15 Rz. 450ff.).

8 § 14 ist auch dann nicht anzuwenden, wenn der Anteil an der Untergesellschaft – oder der weiter nachgeschalteten Untergesellschaft – dem Steuerinländer aufgrund der §§ 39, 41 oder § 42 AO *unmittelbar zuzurechnen* ist (Tz. 14.0.2. und 14.1.8. AEAStG). In diesem Fall ist § 7 unmittelbar anzuwenden. Dies kann im Einzelfall aufgrund des Auseinanderfallens der Rechtsfolgen des § 7 Abs. 1 und des § 14 Abs. 1 zu stärkeren Belastungen des Steuerinländers führen.

4. Verfahrensrechtliche Besonderheiten

9 Die materiellrechtliche Unterscheidung zwischen Hinzurechnung iSd § 10 Abs. 1 und der Zurechnung iSd § 14 Abs. 1 ist von Rechtsprechung und Finanzverwaltung verfahrensrechtlich umgesetzt worden (vgl. Tz. 18.1.2.2. Nr. 5 und Tz. 18.1.4.2. AEAStG, BFH v. 6.2.1985, I R 11/83, BStBl. II 1985, 410; BFH v. 18.7.2001, I R 62/00, BStBl. II 2002, 334). Danach sind die gemäß § 14 von einer nachgeschalteten Zwischengesellschaft der vorgeschalteten Obergesellschaft zuzurechnenden Besteuerungsgrundlagen gesondert festzustellen. Zurechnungsempfänger ist die jeweils vorgeschaltete Obergesellschaft. Der Zurechnungsbescheid ist Grundlagenbescheid für den Hinzurechnungsbescheid. Die in ihm getroffenen Feststellungen sind für den Hinzurechnungsbescheid bindend (§ 182 Abs. 1 AO). Für weitere Einzelheiten wird auf die Kommentierung des § 18 verwiesen.

10–19 *einstweilen frei*

II. Besteuerung im Falle nachgeschalteter Untergesellschaften, Abs. 1 („dreistufiger Beteiligungsaufbau")

20 Da die Hinzurechnung nach § 7 Abs. 1 eine unmittelbare Beteiligung des Steuerinländers an der ausländischen Gesellschaft voraussetzt, würden Erträge der nachgeschalteten Untergesellschaft aufgrund der steuerlichen Abschirmwirkung der vorgeschalteten ausländischen Gesellschaft außensteuerlich nicht erfasst. § 14 Abs. 1 bestimmt demgegenüber, dass niedrigbesteuerte Einkünfte der Untergesellschaft unter bestimmten Voraussetzungen der ausländischen Obergesellschaft zugerechnet werden. Von dort aus können sie in die Hinzurechnung zum Steuerinländer gelangen.

21 § 14 Abs. 1 enthält sowohl den **Tatbestand als auch die Rechtsfolge** der Zurechnung. Ob in den verschiedenen Bereichen des § 14 ein Rückgriff auf die allgemeinen, die Hinzurechnung betreffenden Regelungen der §§ 7 ff. genommen werden kann, ist jeweils im Einzelfall zu entscheiden.

II. Besteuerung nach Abs. 1

1. Tatbestand der Zurechnung

a) Ausländische Gesellschaft („Obergesellschaft")

§ 14 setzt voraus, dass eine „ausländische Gesellschaft" an einer anderen ausländischen Gesellschaft beteiligt ist. Maßgebend ist hier die Legaldefinition des § 7 Abs. 1 (SKK/*Hauswirth* § 14 Rz. 9, *FWBS* § 14 AStG Rz. 35). Auf die dortige Kommentierung wird verwiesen. Entspricht die ausländische Einheit „erster Stufe" nach dem einschlägigen „Rechtstypenvergleich" aus deutscher steuerlicher Sicht einer Personengesellschaft, so „gilt" der Inlandsbeteiligte nach § 7 Abs. 3 als an der „anderen ausländischen Gesellschaft" beteiligt, weshalb nicht § 14 Abs. 1, sondern § 7 Abs. 1 anwendbar ist. Dasselbe gilt bei „Zwischenschaltung" mehrerer als Personengesellschaft zu qualifizierender Gebilde; die niedrigbesteuerten passiven Einkünfte unterliegen direkt beim Inlandsbeteiligten der Steuerpflicht des § 7 Abs. 1.

Wichtig ist, dass die Obergesellschaft nicht „Zwischengesellschaft" für bestimmte Einkünfte gemäß § 8 Abs. 1 sein muss. Sie kann daher die Hinzurechnung von ihr nach § 14 Abs. 1 zugerechneter Zwischeneinkünfte auch dann „vermitteln", wenn sie ausschließlich aktive und/oder hochbesteuerte Einkünfte erzielt (Tz. 14.0.1. S. 2 AEAStG).

b) Andere ausländische Gesellschaft („Untergesellschaft")

Auch hier nimmt § 14 Abs. 1 Bezug auf die Legaldefinition des § 7 Abs. 1 (Brezing/*Mössner*ua § 14 AStG Rz. 16; *FWBS* § 14 AStG Rz. 37). Folglich ist der Tatbestand des § 14 Abs. 1 nicht erfüllt, wenn die „Untergesellschaft" sowohl im Inland als auch im Ausland steuerlich ansässig ist, etwa bei Auseinanderfallen von Sitz und Geschäftsleitung.

Im Fall der steuerlichen Ansässigkeit der Gesellschaft zweiter Stufe im Inland liegen die Voraussetzungen des § 14 Abs. 1 selbst dann nicht vor, wenn diese Einkünfte in einer niedrigbesteuerten Ausland gelegenen Betriebsstätte generiert und diese Einkünfte nach dem betreffenden DBA im Inland freigestellt sind; freilich ist in diesen Fällen § 20 Abs. 2 zu prüfen.

Andererseits ist § 14 Abs. 1 vom Grundsatz her anwendbar, wenn die im Ausland ansässige Untergesellschaft Einkünfte aus einer im Inland gelegenen Betriebsstätte erzielt. Freilich wird die Zurechnung dieser Betriebsstätteneinkünfte – auch im Falle ihrer Steuerfreistellung im Sitzstaat der Untergesellschaft nach dem betreffenden DBA – zumeist scheitern, weil diese aufgrund des Steuerniveaus im Inland nicht niedrigbesteuert sein werden (vgl. Tz. 8.3.1.1. S. 2 AEAStG; „Drittstaat" im Sinne dieser Regelung kann auch das Inland sein). Anderenfalls ist die doppelte steuerliche Belastung dieser Einkünfte durch Anwendung des § 10 Abs. 1 (Steuerabzug) bzw. § 12 Abs. 1 (Steueranrechnung) auszugleichen.

c) Allein oder zusammen mit unbeschränkt Steuerpflichtigen gemäß § 7 [...] beteiligt (Beteiligungsvoraussetzung)

Nach § 14 Abs. 1 S. 1 ist erforderlich, dass eine ausländische Gesellschaft „allein oder zusammen mit unbeschränkt Steuerpflichtigen gemäß § 7 an einer anderen ausländischen Gesellschaft (Untergesellschaft) beteiligt" ist. Damit ist die Beteiligungsvoraussetzung angesprochen, das wohl zentrale Kriterium der übertragenen Zurechnung.

28 Die Beteiligungsvoraussetzung im Tatbestand des § 7 bezieht sich ausschließlich auf das Verhältnis der Steuerinländer zur „ausländischen Gesellschaft" der ersten Stufe, der „Obergesellschaft". Aus diesem Grund musste in § 14 geregelt werden, von welchem Beteiligungskriterium die Zurechnung der Zwischeneinkünfte einer Gesellschaft abhängig ist, deren Beteiligung durch (mindestens eine weitere) ausländische Gesellschaft dem Steuerinländer vermittelt wird. Bildlich ausgedrückt rückt die Obergesellschaft (also die ausländische Gesellschaft „erster Stufe") gewissermaßen in die bei der „allgemeinen Hinzurechnungsbesteuerung" des § 7 Abs. 1 auf den Steuerinländer bezogene Stellung ein (so *Debatin* DB 1978, 1195 [1196]). Somit werden die Voraussetzungen der Hinzurechnungsbesteuerung quasi „eine Stufe" nach unten projiziert, um den Zweck des § 14 zu verwirklichen: Dieser liegt darin, die Hinzurechnungsbesteuerung auf nachgeschaltete Zwischengesellschaften auszudehnen (vgl. Schriftlicher Bericht des Finanzausschusses des Bundestags, BT-Drs. zu VI/3537, S. 5). Hieraus folgt, dass die Hinzurechnungsbesteuerung unabhängig davon eingreifen soll, auf welcher Stufe Einkünfte aus passivem Erwerb erzielt werden (BFH v. 20.4.1988, I R 41/82, BStBl. II 1988, 868).

29 aa) Unmittelbare Beteiligung am Nennkapital der Untergesellschaft erforderlich. Die ausländische Obergesellschaft muss nach allgemeiner und zutreffender Auffassung unmittelbar am Nenn- oder Stammkapital der ausländischen Untergesellschaft beteiligt sein (*FWBS* § 14 AStG Rz. 40, 41; SKK/*Hauswirth* § 14 Rz. 16, 17).

30 (1) Zwar enthält der Wortlaut des § 14 Abs. 1 S. 1 keine derartige Einschränkung, ebenso wenig wie der des § 7 Abs. 1. Aus der Rechtsfolge der Zurechnung („zu dem Teil, der auf ihre *Beteiligung am Nennkapital* der Untergesellschaft entfällt") folgt ebenso wie bei § 7 Abs. 1, dass eine gesellschaftsrechtliche Beteiligung am Nenn- oder Stammkapital der Untergesellschaft zwingende Voraussetzung der Zurechnung ist. Die Höhe der Beteiligung ist bei diesem ersten Schritt der Prüfung noch irrelevant. Eine (Gewinn-)Beteiligung über ein partiarisches Darlehen, eine stille Beteiligung oder ein – auch beteiligungsähnlich ausgestaltetes – Genussrecht genügt diesem Erfordernis nicht.

31 Aus dem Verweis „gemäß § 7" in § 14 Abs. 1 wird man folgern müssen, dass auch § 7 Abs. 2 S. 3 entsprechend anwendbar ist (*FWBS* § 14 AStG Rz. 58); wenn also weder ein Gesellschaftskapital noch Stimmrechte vorhanden sind, wäre auch im Rahmen des § 14 Abs. 1 AStG entsprechend § 7 Abs. 2 S. 3 AStG auf die Beteiligungsverhältnisse am Vermögen der jeweiligen Gesellschaft abzustellen. Diese Tatbestandsvoraussetzung läuft allerdings im Anwendungsbereich des § 14 ins Leere, da u E § 7 Abs. 5 (als Rechtsfolge für den Tatbestand des § 7 Abs. 2 S. 3 AStG) auf die „Zurechnungs-Rechtsfolge" nicht – auch nicht entsprechend – anwendbar ist (**aA** die hM: *FWBS* § 14 AStG Rz. 40, 111 mwN). Denn § 14 Abs. 1 statuiert eine Rechtsfolge eigener Art, *ohne* die Rechtsfolgensystematik des § 7 Abs. 1 und 5 in Bezug zu nehmen (vgl. näher → Rz. 126).

32 (2) Auch die Beschränkung auf die „unmittelbare" gesellschaftsrechtliche Beteiligung findet sich nicht ausdrücklich im Gesetz. Doch ergibt sich diese aus der Regelung des § 14 Abs. 3, der anderenfalls überflüssig wäre.

II. Besteuerung nach Abs. 1   33–37 § 14

(3) Im Falle von zwischen Ober- und Untergesellschaft geschalteten Perso- 33
nengesellschaften „gilt" die Obergesellschaft als an der Untergesellschaft unmittelbar beteiligt (§ 14 Abs. 1 iVm § 7 Abs. 3).

bb) Beteiligung „an einer anderen" Gesellschaft – Bezugsobjekte 34
des Beherrschungskriteriums. Die Zurechnung nach § 14 greift ein, wenn die ausländische Obergesellschaft an der Untergesellschaft beteiligt ist und *an beiden* Gesellschaften unbeschränkt Steuerpflichtige – nicht unbedingt dieselben – unmittelbar oder mittelbar zu mehr als der Hälfte beteiligt sind. Nicht ausreichend für die Zurechnung ist die Beteiligung der Obergesellschaft zu mehr als 50% an der Untergesellschaft, wenn diese nicht – unmittelbare und durchgerechnete Beteiligungen zusammengezählt – „deutschbeherrscht" ist. Das ist die Ansicht der Finanzverwaltung (Tz. 14.0.0.1. S. 1 AEAStG) und der hM (*FWBS* § 14 AStG Rz. 48, 49; SKK/*Hauswirth* § 14 AStG Rz. 20; Blümich/*Vogt* § 14 AStG Rz. 10; **aA:** *Debatin* DB 1978, 1195 (1196 f.)). Eine „Beherrschung" der Unter- durch die Obergesellschaft ist damit weder ausreichend noch erforderlich, um eine Zurechnung der Einkünfte der Untergesellschaft zu begründen. Maßgebend ist, dass die Untergesellschaft „deutschbeherrscht" iSd § 7 Abs. 2 ist und dass diese „Deutschbeherrschung" zumindest zum Teil durch die Obergesellschaft vermittelt wird.

Dieser Ansicht ist im Ergebnis in vollem Umfang zuzustimmen. 35

(1) Zunächst muss die **Untergesellschaft** zum Zurechnungszeitpunkt – der 36
letzten logischen Sekunde vor Ablauf ihres Wirtschaftsjahres – **„deutschbeherrscht"** sein:

Der Wortlaut ist – entgegen der soeben für die hM zitierten Stimmen – für die vertretene Auffassung offen, so dass es rechtstechnisch keiner „teleologischen Reduktion" (so aber SKK/*Hauswirth* § 14 AStG Rz. 20) bedarf. Denn der Wortlaut „Beteiligung der Obergesellschaft zusammen mit unbeschränkt Steuerpflichtigen *gemäß* § 7 an der Untergesellschaft" ist schlicht missglückt. § 7 regelt die Beteiligung von Steuerinländern an einer ausländischen Gesellschaft, so dass seine unmittelbare Anwendung aus der Perspektive der Obergesellschaft, wie sie der Wortlaut des § 14 Abs. 1 nahe legt („*gemäß* § 7") nicht möglich ist. Der Gesetzgeber hätte eindeutiger formulieren können, indem er die *entsprechende* Anwendung des § 7 statuiert hätte. In *diesem unterstellten* Fall wäre die Obergesellschaft gleichsam an die Stelle eines unbeschränkt Steuerpflichtigen getreten, dessen über 50%ige Beteiligung die Mindestbeteiligungsquote erfüllt *hätte*.

Der Zweck des § 14, Eingreifenlassen der Hinzurechnungsbesteuerung un- 37
abhängig davon, auf welcher Stufe Einkünfte aus passivem Erwerb erzielt werden (BFH v. 20.4.1988, I R 41/82, BStBl. II 1988, 868), weist eine Tendenz zur Auslegung iSd hM auf. Denn die Einkünfte aus passiven niedrigbesteuerten Erwerb unterliegen nicht *per se* der Hinzurechnung, sondern nur, wenn zugleich das Beteiligungskriterium erfüllt ist. Wäre aber im Falle der „Beherrschung" der Untergesellschaft durch die Obergesellschaft mit zB 51% an der Untergesellschaft ein unbeschränkt Steuerpflichtiger mit 10% unmittelbar beteiligt, würden ihm die Einkünfte nur dann zugerechnet werden, wenn die Obergesellschaft zu mindestens 78,5% von Inländern beherrscht würde (78,5% × 51% + 10% > 50%). Würde man aber bei enger Wortlautauslegung eine bloße Beherrschung der Unter- durch die Obergesellschaft genügen las-

sen, so würden dem Inlandbeteiligten, der an der Obergesellschaft mit einer Quote zwischen 50% und 78,5% beteiligt und damit an der die passiven Einkünfte erzielenden Untergesellschaft nur mittelbar beteiligt ist, die Einkünfte zugerechnet werden, dem unmittelbar an der Untergesellschaft beteiligten Steuerinländer aber nicht, weil aus seiner Sicht – gemäß § 7 in unmittelbarer Anwendung – die „Untergesellschaft" nicht „deutschbeherrscht" ist. Folge wäre eine Ausweitung der Hinzurechnungsbesteuerung durch das Dazwischenschalten einer ausländischen Gesellschaft. Das widerspräche dem o g Sinn und Zweck des § 14. Auf der anderen Seite lässt sich nicht von der Hand weisen, dass auch im Falle einer „Deutschbeherrschung" der Obergesellschaft mit einhergehender Beherrschung der Untergesellschaft durch die Obergesellschaft (zB: Inländer hält 51% an der Obergesellschaft, welche 51% an der Untergesellschaft hält) der Inländer (mittelbar) auf das Ausschüttungsverhalten der Untergesellschaft Einfluss nehmen kann.

38 Eine abschließende akademische Klärung der Frage ist aus unserer Sicht angesichts der von der Finanzverwaltung eindeutig vertretenen Auffassung, welche ausschließlich *zugunsten* des Steuerpflichtigen wirkt, entbehrlich.

39 (2) Auch die **Obergesellschaft** muss – sowohl zum Zeitpunkt der *Zu*rechnung als auch im Zeitpunkt der nachfolgenden *Hinzu*rechnung – **„deutschbeherrscht"** sein (ebenso *FWBS* § 14 AStG Rz. 46; SKK/*Hauswirth* § 14 AStG Rz. 21; Blümich/*Vogt* § 14 AStG Rz. 10, unter b):

40 § 14 Abs 1 scheint vom Wortlaut her eine Beteiligung gem. § 7 lediglich an der Untergesellschaft zu verlangen, stellt aber keine Anforderungen an die Beteiligungsverhältnisse bei der Obergesellschaft. Bei strengem Wortlautverständnis würde – für die *Zu*rechnung – jede noch so geringe Beteiligung eines Steuerinländers an der Obergesellschaft genügen. Hierbei würde allerdings der Zweck, zu welchem die Zurechnung der Einkünfte zur Obergesellschaft angeordnet wird, nämlich „für die Anwendung der §§ 7 bis 12", übersehen: Die *Zu*rechnung geht der *Hinzu*rechnung *logisch* – nicht unbedingt *zeitlich* (dazu sogleich im Beispiel) – voran. § 7 wird unmittelbar erst auf der Ebene der Obergesellschaft, dh nach durchgeführter Zurechnung und erst im Rahmen der Hinzurechnung angewendet (BFH v. 20.4.1988, I R 41/82, BStBl. II 1988, 868). Zu diesem Zeitpunkt der Hinzurechnung muss die „Deutschbeherrschung" der Obergesellschaft nach dem eindeutigen Gesetzeswortlaut gegeben sein. Das ist das Ende des Wirtschaftsjahres der Obergesellschaft (§ 7 Abs. 2 S. 1). Maßgebender Zeitpunkt für das Bestehen des Beteiligungsverhältnisses bei der Untergesellschaft für die Zurechnung ist die letzte logische Sekunde vor Ablauf des Wirtschaftsjahrs der Untergesellschaft (BFH v. 28.9.1988, BStBl. II 1989, 13). Laufen die Wirtschaftsjahre von Ober- und Untergesellschaft gleich, ergibt sich kein Problem, weil die Zeitpunkte zusammenfallen. Hier mag es akademisch sein, ob man wie die Finanzverwaltung und die oben zitierte hM bereits die Zurechnungsfolge ablehnt oder aber mit einer, § 14 Abs. 1 streng nach seinem Wortlaut auslegenden Ansicht, die Zurechnung bejaht und die logisch nachfolgende, aber für den selben Zeitpunkt zu prüfende Hinzurechnung „ins Leere gehen" lässt (*Debatin* DB 1978, 1195 (1196, letzter Satz)).

41 Erst bei unterschiedlichem Lauf der Wirtschaftsjahre von Ober- und Untergesellschaft wird die hier zu klärende Frage überhaupt *im Ergebnis* relevant,

II. Besteuerung nach Abs. 1

wenn sich die Beteiligungsverhältnisse an der Obergesellschaft unterjährig ändern. Denn dann kann der Fall auftreten, dass die Obergesellschaft zum Zeitpunkt der Zurechnung nicht deutschbeherrscht ist, zum Zeitpunkt der Hinzurechnung der zugerechneten Einkünfte aber wohl.

Beispiel:
Steuerinländer I ist an den ausländischen Gesellschaften OG1 (zu 50%) und OG2 (zu 100%) beteiligt, welche ihrerseits je 50% an der ausländischen Gesellschaft UG halten. Die anderen Anteile an OG1 und OG2 liegen in der Hand von Ausländern, die keine Personen iSd § 2 sind. Es soll über die Hinzurechnungsbesteuerung der Zwischeneinkünfte von UG aus dem Zeitraum 1.10.2003 bis 30.9.2004 entschieden werden. *Fall 1:* Die Wirtschaftsjahre sämtlicher Gesellschaften entsprechen dem Kalenderjahr. *Fall 2:* Das Wirtschaftsjahr von OG1 und OG2 entspricht dem Kalenderjahr, das von UG läuft vom 1.10. zum 30.9.

Lösung:
Im *Fall 1* ist für die Zurechnung auf den 31.12.2004 abzustellen. Zu diesem Zeitpunkt ist UG „deutschbeherrscht" (75% ihrer Anteile liegen in der Hand von Steuerinländern). Da OG2 zu diesem Zeitpunkt „deutschbeherrscht" ist, sind ihr 50% der Einkünfte zuzurechnen, welche I am 1.1.2005 hinzuzurechnen sind. Maßgebend für die Prüfung der Beteiligungshöhe an OG2 ist sowohl für die Zurechnung als auch für die Hinzurechnung der 31.12.2004. – OG1 ist am 31.12.2004 nicht „deutschbeherrscht". Nach hM entfällt bereits die Zurechnung, nach der Minderansicht von *Debatin* werden die Einkünfte zwar zu 50% OG1 zugerechnet, die zum 31.12.2004 fehlende „Deutschbeherrschung" lässt aber die Hinzurechnung zu I ins Leere laufen. Im *Fall 2* ist für die Zurechnung auf den 30.9.2004 abzustellen. Zu diesem Zeitpunkt ist UG „deutschbeherrscht". Da OG2 zu diesem Zeitpunkt „deutschbeherrscht" ist, sind ihr 50% der Einkünfte zuzurechnen; da OG2 auch am 31.12.2004 „deutschbeherrscht" ist, sind I diese Einkünfte wiederum am 1.1.2005 hinzuzurechnen. OG1 ist auch am 30.9.2004 nicht „deutschbeherrscht". Nach hM entfällt bereits die Zurechnung. Nach der Minderansicht von *Debatin* werden die Einkünfte zwar zu 50% OG1 am 30.9.2004 zugerechnet, die zum 31.12.2004 fehlende „Deutschbeherrschung" lässt aber die Hinzurechnung zu I ins Leere laufen. Hier zeigt sich der *praktische Unterschied* der Ansichten, wenn I zwischen dem 1.10.2004 und dem 31.12.2004 einen Anteil an OG1 hinzu erwirbt. Nach hM ist die Hinzurechnung ausgeschlossen, weil bereits die logisch – und in diesem Fall auch zeitlich – vorher zu prüfende Zurechnung scheiterte. Nach der Minderansicht von *Debatin* läuft die Hinzurechnung diesmal nicht „ins Leere" weil OG1 zum 31.12.2004 „deutschbeherrscht" ist und sich im Hinzurechnungsbetrag zugerechnete Einkünfte befinden.

Hier wird deutlich, dass der Unterschied der Ansichten im praktischen Ergebnis eher gering ist. Ob *Fall 2* in der Abwandlung besteuerungswürdig ist oder nicht, mag aufgrund der insoweit eindeutigen Haltung der Finanzverwaltung *zugunsten* des Steuerpflichtigen auf sich beruhen.

cc) Beteiligung „zusammen mit unbeschränkt Steuerpflichtigen gemäß § 7". Die Beteiligung der Ober- an der Untergesellschaft kann allein oder „zusammen mit unbeschränkt Steuerpflichtigen gemäß § 7" bestehen. Zu unterscheiden sind die Fälle *unmittelbarer* (unter 1) und *mittelbarer* Beteiligung von (weiteren) Steuerinländern (unter 2), welche durch den aufgrund des von § 14 Abs. 1 in Bezug genommenen § 7 Abs. 2 S. 2 ebenfalls die erforderliche Beteiligungsquote der Untergesellschaft herbeiführen kann.

(1) Die Obergesellschaft muss die geforderte Mehrheitsbeteiligung an der Untergesellschaft nicht allein halten. Es genügt, wenn diese Quote zusammen

§ 14 46, 47 Nachgeschaltete Zwischengesellschaften

mit einem an der Obergesellschaft beteiligten Steuerinländer oder/und mit anderen – nicht an der Obergesellschaft beteiligten – Steuerinländern, die an der Untergesellschaft *un*mittelbar beteiligt sind, erreicht wird. Ist der an der Obergesellschaft beteiligte Inländer neben anderen Steuerinländern an der Untergesellschaft beteiligt, so werden diese Beteiligungen zusammengerechnet. Dass sich der mittelbar über die Obergesellschaft beteiligte Steuerinländer die *un*mittelbare Beteiligung anderer Steuerinländer für Zwecke der Zurechnung nach § 14 Abs. 1 „zurechnen" lassen muss, hat zur Folge, dass auch im Falle einer „Minibeteiligung" der Ober- an der Untergesellschaft die Zwischeneinkünfte der Untergesellschaft der Obergesellschaft zugerechnet werden, wenn nur die unmittelbare Beteiligung des (anderen) Steuerinländers so hoch ist, dass die Untergesellschaft dadurch „deutschbeherrscht" ist.

46 Nachzutragen bleibt freilich, dass in den genannten Fällen eine Hinzurechnung der von der Untergesellschaft erzielten Zwischeneinkünfte nach § 7 Abs. 1 zum unmittelbar beteiligten Steuerinländer in Betracht kommt. Hinzurechnung und Zurechnung finden hier nebeneinander jeweils in den jeweiligen Rahmen der unmittelbaren gesellschaftsrechtlichen Beteiligungen Anwendung. Für den unmittelbar an der Untergesellschaft beteiligten Steuerinländer erhöht sich aufgrund der mittelbar von dem an der Obergesellschaft beteiligten Steuerinländer nach § 7 Abs. 2 S. 2 die Beteiligungsquote. Diese Rechtslage ergibt sich unmittelbar aus dem Gesetz (vgl. ausdrücklich auch Tz. 14.0.2. und Tz. 18.1.4.2. S. 3 letzter Hs. AEAStG). Zu beachten sind dementsprechend auch die unterschiedlichen Rechtsfolgen von Zu- und Hinzurechnung, welche auf die Einkünfte derselben ausländischen Gesellschaft anzuwenden sind: Beispielsweise sind negative Zwischeneinkünfte lediglich der Obergesellschaft *zu*zurechnen (Tz. 14.1.4. S. 2 Ziffer 3 AEAStG), eine *Hinzu*rechnung negativer Zwischeneinkünfte zu unmittelbar Beteiligten muss demgegenüber unterbleiben (§ 10 Abs. 1 S. 3).

Beispiele:

47 (a) Steuerinländer I-1 ist an der ausländischen Gesellschaft OG zu 100% beteiligt. OG hält 50% der Anteile an UG. Die Zurechnung der von UG erzielten Zwischeneinkünfte unterbleibt, da UG nicht „deutschbeherrscht" ist. Anders hingegen, wenn I-1 zusätzlich zu seiner mittelbaren Beteiligung an UG über OG eine unmittelbare Beteiligung an UG iHv 1% hält. *Rechtsfolge:* 50% der Zwischeneinkünfte werden OG zugerechnet (denn auch OG ist durch die unmittelbare Beteiligung von I-1 „deutschbeherrscht") und von dort aus dem I-1 hinzugerechnet. 1% der Zwischeneinkünfte von UG werden I-1 im Rahmen seiner unmittelbaren Beteiligung *hinzu*gerechnet, weil UG „deutschbeherrscht" (§ 7 Abs. 2 S. 2) ist.

(b) Steuerinländer I-1 ist wiederum an der ausländischen Gesellschaft OG zu 100% beteiligt. OG hält 50% der Anteile an UG. Statt I-1 hält I-2 zusätzlich zu I-1s mittelbarer Beteiligung eine unmittelbare Beteiligung an UG iHv 1%. *Rechtsfolge:* 50% der Zwischeneinkünfte werden wiederum OG zugerechnet. Es braucht sich bei beiden Gesellschaften nicht um dieselben Inlandsbeteiligten zu handeln (Tz. 14.0.1. S. 3 AEAStG). 1% der Zwischeneinkünfte von UG werden diesmal I-2 im Rahmen seiner unmittelbaren Beteiligung *hinzu*gerechnet, weil UG „deutschbeherrscht" (§ 7 Abs. 2 S. 2) ist.

(c) Steuerinländer I-1 ist wiederum an der ausländischen Gesellschaft OG zu 100% beteiligt. OG hält 50% der Anteile an UG. I-2 bis I-10 halten je eine unmittelbare Beteiligung an UG iHv 1%. *Rechtsfolge:* 50% der Zwischeneinkünfte werden wie gehabt

II. Besteuerung nach Abs. 1

OG zugerechnet. Je 1 % der Zwischeneinkünfte von UG werden den übrigen neun Inlandsbeteiligten *hinzu*gerechnet, weil UG – aus Ihrer Sicht „bloße" „ausländische Gesellschaft" i. S. des § 7 Abs. 1 – „deutschbeherrscht" (§ 7 Abs. 2 S. 2) ist.

(d) Steuerinländer I-1 ist an der ausländischen Gesellschaft OG zu 51 % beteiligt. OG hält 30 % (*alternativ:* 40 %) der Anteile an UG. I-2 hält eine unmittelbare Beteiligung an UG iHv 30 %. UG ist nicht „deutschbeherrscht" (51 % × 30 % + 30 % = 45,3 %). UGs Zwischeneinkünfte werden weder OG zugerechnet, noch I-2 hinzugerechnet. In der *Alternative* ist UG ist „deutschbeherrscht" (51 % × 40 % + 30 % = 50,4 %). UGs Zwischeneinkünfte werden OG zu 40 % zugerechnet, I-2 zu 30 % hinzugerechnet.

(e) Steuerinländer I-1 ist an der ausländischen Gesellschaft OG zu 50 % beteiligt. OG hält 50 % der Anteile an UG. I-2 hält eine unmittelbare Beteiligung an UG iHv 50 %. UG ist „deutschbeherrscht" (50 % × 50 % + 50 % = 75 %). UGs Zwischeneinkünfte werden OG nicht zugerechnet, weil OG nicht „deutschbeherrscht" ist. Gegenüber I-2 werden 50 % der Zwischeneinkünfte von UG hinzugerechnet; denn § 7 Abs. 2 Satz 2 ist für die Berechnung der Beteiligungsquote aus der Sicht von I-2 auf die mittelbare Beteiligung anwendbar, obwohl OG nicht „deutschbeherrscht" ist (hM; **aA** *Lempenau* DB 1973, 2013).

(f) Steuerinländer I-1 ist an der ausländischen Gesellschaft OG zu 51 % beteiligt. OG hält 1 % der Anteile an UG. I-2 hält eine unmittelbare Beteiligung an UG iHv 50 %. Trotz der bloßen „Minibeteiligung" von OG an UG ist UG „deutschbeherrscht" (51 % × 1 % + 50 % = 50,51 %). UGs Zwischeneinkünfte werden OG zu 1 % zugerechnet, weil OG „deutschbeherrscht" ist, und zwar selbst dann, wenn OG ausschließlich aktive und hochbesteuerte Einkünfte erzielt. Gegenüber I-2 werden 50 % der Zwischeneinkünfte von UG hinzugerechnet.

(2) Aufgrund des von § 14 Abs. 1 in Bezug genommenen § 7 Abs. 2 S. 2 wird auch der Fall von der Zurechnungsrechtsfolge erfasst, dass neben der unmittelbaren Beteiligung der Obergesellschaft keine Steuerinländer unmittelbar, sondern nur mittelbar über eine (oder mehrere) weitere ausländische (Ober-)Gesellschaft beteiligt sind. Hier sind für die Beteiligungsquote der Untergesellschaft sämtliche mittelbaren Beteiligungen „durchzurechnen". Die Zurechnungsrechtsfolge ist hier im Rahmen der jeweiligen unmittelbaren Beteiligung der jeweiligen Obergesellschaft anzuwenden.

Beispiele:

(a) Steuerinländer I-1 ist an der ausländischen Gesellschaft OG-1 zu 80 % beteiligt. OG-1 hält 20 % der Anteile an UG. Steuerinländer I-2 ist an der ausländischen Gesellschaft OG-2 zu 50 % beteiligt. OG-2 hält 80 % der Anteile an UG. UG ist „deutschbeherrscht" (80 % × 20 % + 50 % × 80 % = 56 %). 20 % der Zwischeneinkünfte werden OG-1 zugerechnet (denn auch OG ist durch die unmittelbare Beteiligung von I-1 iHv 80 % „deutschbeherrscht"). Die übrigen 80 % der Zwischeneinkünfte werden OG-2 nicht zugerechnet, weil OG-2 nicht „deutschbeherrscht" ist. Wäre stattdessen I-2 zu 80 % an OG-2 und OG-2 an UG zu 50 % beteiligt, würde sich an der „Deutschbeherrschung" von UG ebenso wenig etwas ändern wie an der Zurechnung zu OG-1. Allerdings würden nunmehr die 50 % OG-2 zugerechnet werden, da OG-2 (zu 80 %) „deutschbeherrscht" ist. Ob diese unterschiedliche Behandlung gerechtfertigt ist, mag fraglich sein.

(b) Steuerinländer I-1 und I-2 sind an den ausländischen Gesellschaften OG-1 und OG-2 zu je 51 % beteiligt. OG-1 hält 50 % der Anteile an UG. Steuerinländer I-2 ist an der ausländischen Gesellschaft OG-2 zu 50 % beteiligt. OG-1 und OG-2 halten an UG je 50 % der Anteile. UG ist „deutschbeherrscht" (51 % × 50 % + 51 % × 50 % = 51 %). Je 50 % der Zwischeneinkünfte werden OG-1 bzw. OG-2 zugerechnet (denn beide OGen sind durch ihre unmittelbaren Beteiligungen „deutschbeherrscht"). Würden im Beispielsfall die 50%igen mit den 51%igen Beteiligungen gewechselt, würde sich an der „Deutschbeherrschung" von UG nichts ändern. Die Zwischeneinkünfte von UG würden aber aufgrund der mangelnden „Deutschbeherrschung" von OG-1 und OG-2 nicht zugerechnet werden. Auch diese unterschiedliche Behandlung mag unter Gerechtigkeitsgesichtspunkten nicht sofort einleuchten.

50 dd) Beteiligung zusammen mit unbeschränkt Steuerpflichtigen „gemäß § 7". Durch die Verweisung in § 14 Abs. 1 auf den gesamten § 7 wird die nähere Ausformung der Beteiligung „zu mehr als der Hälfte" in § 7 Abs. 2 in Bezug genommen, ebenso wie § 7 Abs. 3 und 4. Damit sind diese „Beherrschungsalternativen" auf der Ebene der Untergesellschaft entsprechend zu prüfen.

51 Beim Auseinanderfallen von Nennkapital und Stimmrechten auf den verschiedenen Stufen des Beteiligungsgeflechts (§ 7 Abs. 2 S. 2 entsprechend) ist nach zutreffender hM die Beteiligung zu mehr als der Hälfte einheitlich auf jeder Stufe entweder streng nach den vermittelnden Stimmrechten oder streng nach der Beteiligung am Nennkapital zu prüfen (*FWBS* § 14 AStG Rz. 56; SKK/*Hauswirth* § 14 AStG Rz. 26).

52 Bereits oben ist erwähnt worden, dass aufgrund der Verweisung in § 14 auch für Zwecke der Zurechnung eine zwischen zwei ausländische Gesellschaften geschaltete Personengesellschaft analog § 7 Abs. 3 als nicht existent betrachtet wird.

53 Bei der entsprechenden Anwendung des § 7 Abs. 4 für Zwecke der Berechnung der Beteiligungsquote an der Untergesellschaft ist zu beachten, dass die Anordnung der Anwendung dieser Vorschrift sich auf den Anwendungsbereich des § 14 bezieht. Aus diesem Grund ist aber die Rechtsfolge des § 7 Abs. 4, die Zurechnung von Anteilen zu einem „unbeschränkt Steuerpflichtigen", nicht auf ausländische Gesellschaften im Beteiligungsnetz „hoch zu projizieren". Anders ausgedrückt muss die weisungsgebende Person auch im hier relevanten Anwendungsbereich *immer eine unbeschränkt steuerpflichtige Person sein* (so auch *FWBS* § 14 AStG Rz. 59; SKK/*Hauswirth* § 14 AStG Rz. 30).

54 Klarstellend ist zu erwähnen, dass auch in den hier besprochenen Fällen der Inländerbeherrschung der Untergesellschaft eine Zurechnung nur im Rahmen der jeweils bestehenden unmittelbaren Beteiligungen am Nennkapital erfolgen kann.

55 ee) Beteiligung zusammen mit „unbeschränkt Steuerpflichtigen" gemäß § 7. Umstritten ist die Einbeziehung erweitert beschränkt steuerpflichtiger Personen iSd § 2 bei der Berechnung der Beherrschungsquote des § 14 Abs. 1 an der Untergesellschaft. Für die Einbeziehung spricht sich die Finanzverwaltung (Tz. 14.0.1. S. 2 AEAStG) und die wohl hM aus (*FWBS* § 14 AStG Rz. 61, 62; SKK/*Hauswirth* § 14 AStG Rz. 29; *Schaumburg* Internationales Steuerrecht Rz. 10.260, Fn. 483). Argument ist der – angeblich – allgemeine Verweis des § 14 Abs. 1 auf § 7, in dessen Abs. 2 S. 1 die Gleichstellung mit den erweitert beschränkt steuerpflichtiger Personen vorgenommen wird.

56 Diese Ansicht ist unseres Erachtens unzutreffend. Erweitert beschränkt steuerpflichtiger Personen iSd § 2 sind für die Berechnung der Beteiligungsquote der Untergesellschaft nicht heranzuziehen (*Debatin* DB 1978, 1195 (1197 f.)).

57 Ausgangspunkt der Auslegung ist der Wortlaut des § 14 Abs. 1: In diesem sind als unmittelbar an der Untergesellschaft beteiligte Subjekte nur die Ober-

II. Besteuerung nach Abs. 1 58 § 14

gesellschaft und „unbeschränkt Steuerpflichtige" genannt. Eine andere Auslegung würde sich nur ergeben, wenn die Inbezugnahme des § 7 den subjektiven Bezug auf die erweitert beschränkt steuerpflichtigen Personen ausweiten würde. Das ist auf den ersten Blick betrachtet der Fall. Denn § 7 Abs. 2 S. 1 ordnet an, dass bei der Berechnung der Beteiligungshöhe der unbeschränkt Steuerpflichtigen die Beteiligung erweitert steuerpflichtiger Personen mit zu berücksichtigen ist. Insoweit könnte man zu dem Schluss verleitet werden, für die Berechnung der Beteiligungsquote der Untergesellschaft gelte dasselbe. Dieser Schluss erweist sich bei genauerer Analyse als vorschnell und im Ergebnis nicht tragfähig. Denn § 14 Abs. 1 grenzt den Kreis der an der Untergesellschaft Beteiligten subjektiv ein, indem er (ausschließlich) die unbeschränkt Steuerpflichtigen nennt. Die unbeschränkt Steuerpflichtigen sind selbst an der Untergesellschaft „beteiligt"; insoweit ist der Bezug des „gemäß § 7 [...] beteiligt" zutreffend. Erweitert beschränkt steuerpflichtiger Personen gelten durch die Regelung des § 7 Abs. 2 S. 2 aber nicht als „beteiligt" iSd § 7 Abs. 1, auf den sich der Abs. 2 bezieht, sondern deren Anteile werden lediglich für die Beteiligungs*höhe* der unbeschränkt Steuerpflichtigen „zu mehr als der Hälfte" *mitgerechnet*. Das erschließt sich schon daraus, dass nach dem Wortlaut des § 7 Abs. 2 S. 1 die Beteiligung(-quote) des § 7 Abs. 1 nie *alleine* durch die Beteiligung erweitert beschränkt steuerpflichtiger Personen erreicht werden kann („Unbeschränkt Steuerpflichtige sind [...], wenn Ihnen *allein oder zusammen* mit Personen iSd § 2 [...]."; Hervorhebung nur hier.). Diese Formulierung wird interessanterweise von § 14 Abs. 1 aufgenommen („[...] ausländische Gesellschaft *allein oder zusammen* mit unbeschränkt Steuerpflichtigen [...]."; Hervorhebung nur hier.). Insoweit „schafft" § 14 Abs. 1 einen eigenen „subjektiven Bezugskreis" (treffende Formulierung von *Debatin* DB 1978, 1195 (1198)).

Auch systematisch lässt sich dieses Ergebnis erklären: § 7 Abs. 1 verlangt für **58** die Erfüllung der Tatbestandsvoraussetzungen der Hinzurechnung die *un*mittelbare Beteiligung eines *unbeschränkt Steuerpflichtigen* an der ausländischen Gesellschaft der ersten Stufe, bzw. eine dem *unbeschränkt Steuerpflichtigen* zuzurechnende Beteiligung (§ 7 Abs. 3 und 4). In einer vergleichbaren Weise verlangt § 14 Abs. 1 für die *übertragene Zu*rechnung die unmittelbare Beteiligung einer *Obergesellschaft* (bzw. im Falle des § 14 Abs. 3 jedenfalls einer der nachgeschalteten Untergesellschaft vorgeschalteten ausländischen Gesellschaft). In den Anwendungsbereichen beider Vorschriften werden sämtliche andere Beteiligungen– seien sie unmittelbare oder mittelbare – lediglich zur Erfüllung der Beteiligungsquote *mit*gerechnet. Insoweit allein misslich ist, dass die beiden Regelungen, die in § 7 klar strukturiert auf Abs. 1 und 2 verteilt sind, sich in § 14 beide in Abs. 1 befinden. Gleichwohl erhellt, dass der Gesetzgeber für die Zurechnung die Regelung der Hinzurechnung gleichsam eine Stufe im Beteiligungsnetz „hoch projizieren" wollte. Vor diesem Hintergrund muss der ausschließlichen Nennung der „unbeschränkt Steuerpflichtigen" die Wirkung beigemessen werden, dass die Teilnahme der „Personen iSd § 2", die im Anwendungsbereich des § 7 *lediglich* eine Erhöhung der Beteiligungs*quote* bewirken können, ohne je selbst der Hinzurechnungsrechtsfolge zu unterfallen, diese Wirkung im Anwendungsbereich des § 14 nicht zeitigen können. In seinem Anwendungsbereich erhöhen – gleichsam um eine Stufe verschoben –

unbeschränkt Steuerpflichtige *lediglich* die Beteiligungs*quote* der Obergesellschaft an der Untergesellschaft, ohne je selbst der Zurechnungsrechtsfolge unterfallen zu können.

59 **ff) (Keine) Anwendbarkeit des § 7 Abs. 6 innerhalb des § 14.** § 14 Abs. 1 macht die Zurechnung von Zwischeneinkünften davon abhängig, dass die Obergesellschaft „allein oder zusammen mit unbeschränkt Steuerpflichtigen gemäß § 7 an der Untergesellschaft beteiligt ist". Seit der Einführung der sog. „verschärften Hinzurechnungsbesteuerung" durch das StÄndG 1992 vom 25.2.1992 (BGBl. 1992 I 297) ist eine Hinzurechnungsbesteuerung auch ohne „Deutschbeherrschung" einer ausländischen Gesellschaft möglich, wenn sog. Zwischeneinkünfte mit Kapitalanlagecharakter erzielt werden. Seit der Einführung dieser Regelung sind diese besonderen Vorschriften mehrmals geändert worden, bis durch das UntStFG vom 20.12.2001 (BGBl. 2001 I 3858) eine Hinzurechnung bei Erfüllung bestimmter Voraussetzungen auch bei einer Beteiligung von 1 % bzw. ganz ohne Mindestquote möglich wurde (§ 7 Abs. 6; auf die Kommentierung wird verwiesen).

60 Umstritten ist, ob diese geringeren Beteiligungsanforderungen des § 7 Abs. 6 auch im Rahmen der übertragenen Zurechnung nach § 14 Abs. 1 (und Abs. 3) Geltung haben.

61 (1) Sowohl die Finanzverwaltung (Tz. 14.0.4. Tz. 14.0.1 S. 1; Tz. 7.6.1 S. 2 AEAStG) als auch die (wohl) überwiegende Ansicht in der Literatur (SKK/ *Hauswirth* § 14 AStG Rz. 33; *Schaumburg* Internationales Steuerrecht Rz. 10.318; *Köhler* IStR 1993, 105 (108); *ders.* RIW 1994, 663 (668)); SKK/ *Köhler* § 7 AStG Rz. 161, nunmehr zurückhaltend [„spricht einiges dafür"]; *Gundel* IStR 1993, 49 (56)) bejaht diese Frage. Daraus soll folgen, dass die „mittelbare Beteiligung des inländischen Gesellschafters einer nachgeschalteten Kapitalanlagegesellschaft" iHv 1 % (ggf. ohne Mindestbeteiligung) genügt (in diesem Sinne wohl auch SKK/*Hauswirth* § 14 AStG Rz. 33, Beispiel am Ende). Daraus ist zu schließen, dass sich die mit unter 1 % an der Untergesellschaft mittelbar beteiligte Inländer die direkte Beteiligung eines anderen Inländers – oder seine eigene – an der Untergesellschaft nicht zurechnen lassen muss. Bei anderen Vertretern dieser Auffassung scheint der Anwendungsbereich des § 7 Abs. 6 iVm § 14 Abs. 1 weiter zu gehen. Sie sind der Auffassung, dass – ohne Einschränkung – „die geringere Beteiligung iSd § 7 Abs. 6 eine Beteiligung gem. § 7 AStG iSd § 14 AStG bedeutet" (SKK/*Köhler* § 7 AStG Rz. 161), bzw. – noch weiter – „für die Zurechnung […] eine Mindestbeteiligung i.H. von 10 v.H. [noch zur Beteiligungsquote der alten Rechtslage]" ausreiche (*Schaumburg* Internationales Steuerrecht Rz. 10.318). Nach dieser Auslegung müsste sich der mittelbar beteiligte Inländer sowohl die mittelbare als auch die unmittelbare Beteiligung anderer Steuerinländer zurechnen lassen.

Beispiele:

62 (a) Steuerinländer I-1 ist an der ausländischen Gesellschaft OG zu 1 %, Steuerinländer I-2 zu 2 % beteiligt. OG-1 hält 50 % der Anteile an UG. UG erzielt Zwischeneinkünfte mit Kapitalanlagecharakter; die Voraussetzungen des § 7 Abs. 6 S. 3 sind nicht erfüllt. *Hauswirth* würde – nur die Zwischeneinkünfte mit Kapitalanlagecharakter – gegenüber OG insoweit zurechnen, als sie auf die durchgerechnete Beteiligung von I-2 entfallen (1 %). I-1 ist mittelbar nur zu 0,5 % beteiligt, so dass eine Zurechnung zu OG insoweit

II. Besteuerung nach Abs. 1   63–65   § 14

nicht erfolgt. Sodann erfolgt eine Hinzurechnung gegenüber I-2. *Köhler* und *Schaumburg* würden die Zwischeneinkünfte mit Kapitalanlagecharakter zur vollen Quote von 1,5 % zurechnen und sowohl I-1 (zu 0,5 %) als auch I-2 (zu 1 %) hinzurechnen.

(b) Steuerinländer I-1 und I-2 sind an der ausländischen Gesellschaft OG zu je 1 % beteiligt. OG hält 60 % der Anteile an UG. Steuerinländer I-2 ist zusätzlich zu seiner mittelbaren Beteiligung zu 0,7 % direkt an UG beteiligt. UG erzielt Zwischeneinkünfte mit Kapitalanlagecharakter; die Voraussetzungen des § 7 Abs. 6 S. 3 sind nicht erfüllt. *Hauswirth* würde die Zurechnung weder gegenüber I-1 noch I-2 vornehmen. Denn I-1 ist „durchgerechnet" nur zu 0,6 % beteiligt, I-2 ebenso. Die (zusätzliche) unmittelbare Beteiligung wird (offenbar) nicht mitgerechnet. Das ist nicht einzusehen, da die unmittelbare Beteiligung doch „schädlicher" sein müsste als die mittelbare und I-2 bei einer direkten Beteiligung an OG iHv 1,7 % der Zu- und Hinzurechnung unterfallen würde. *Köhler* und *Schaumburg* würden die Zwischeneinkünfte mit Kapitalanlagecharakter zurechnen und anschließend hinzurechnen. Auch das ist fragwürdig. Das zeigt sich insbesondere dann, wenn man die (zusätzliche) 0,7 % Beteiligung an UG nicht I-2, sondern einen I-3 halten lässt. In diesem Fall müssten *Köhler* und *Schaumburg* zum selben Ergebnis gelangen. Unverständlich bliebe dann, weshalb die Beteiligung des I-3 für I-1 und I-2 schädlich sein soll, für ihn selbst aber nicht zur Hinzurechnung führen kann (§ 7 Abs. 6 nicht erfüllt).

Bereits die aufgezeigten Unstimmigkeiten müssen zur Ablehnung dieser **63** Ansicht führen. Die Inkonsistenz und damit letztlich die Unanwendbarkeit lässt sich insbesondere darauf zurückführen, dass die Vertreter dieser Ansicht die Verbindung der Besteuerungssystematiken von § 14 Abs. 1 und § 7 Abs. 6 nicht in Einklang zu bringen vermögen.

(2) Die Gegenansicht wendet § 7 Abs. 6 im Rahmen der Zurechnung nicht **64** an. Voraussetzung auch für die Zurechnung der von einer Untergesellschaft erzielten Zwischeneinkünften mit Kapitalanlagecharakter ist in jedem Fall die „Deutschbeherrschung" von Ober- und Untergesellschaft (*FWBS* § 14 AStG Rz. 71–77; § 7 Rz. 111; *Rättig/Protzen* IStR 2002, 123 (124 f.); *dies.* IStR 2004, 625 (626)). Diese Ansicht ist zutreffend. Nur sie ist mit dem Wortlaut sowohl des § 14 Abs. 1 als auch dem des § 7 Abs. 6 vereinbar und entspricht der neuen, durch das UntStFG geschaffenen Tatbestandsstruktur des § 14 Abs. 1.

Ausgangspunkt der Auslegung muss der Wortlaut des § 14 Abs. 1 sein. Dieser macht die Zurechnung von Zwischeneinkünften davon abhängig, dass die Obergesellschaft „allein oder zusammen mit unbeschränkt Steuerpflichtigen gemäß § 7 an der Untergesellschaft beteiligt ist". § 7 setzt für die Hinzurechnung grundsätzlich eine „Beteiligung zu mehr als der Hälfte" voraus. Die Legaldefinition der „Beteiligung zu mehr als der Hälfte" enthält § 7 Abs. 2. § 7 Abs. 6 hingegen enthält keine Definition der „Beteiligung", sondern begründet eine *besondere Art der Hinzurechnungsbesteuerung* ausschließlich für Zwischeneinkünfte mit Kapitalanlagecharakter. Nur für die Rechtsfolge der Hinzurechnung verweist § 7 Abs. 6 seinerseits auf § 7 Abs. 1 zurück. Aber auch dieser Verweis wird erheblich dadurch modifiziert, dass die Hinzurechnungsrechtsfolge nur die Beteiligten trifft, die selbst die Mindestbeteiligungsquote erfüllen, wohingegen § 7 Abs. 1 auf der *Rechtsfolgen*seite keine Mindestbeteiligung kennt.

Des Weiteren entscheidend gegen die Anwendung des § 7 Abs. 6 auf die **65** Zurechnung spricht, dass § 14 Abs. 1 dem Steuerpflichtigen keine gesetzliche

Handhabe (mehr) bietet nachzuweisen, dass die Untergesellschaft keine Zwischeneinkünfte mit Kapitalanlagecharakter erzielt hat. Denn seit der Änderung des § 14 Abs. 1 durch das UntStFG werden der Obergesellschaft sämtliche niedrigbesteuerten Einkünfte zugerechnet, soweit nicht nachgewiesen wird, dass die Untergesellschaft diese Einkünfte aus unter § 8 Abs. 1 Nr. 1 bis 7 fallenden Tätigkeiten oder Gegenständen erzielt hat oder es sich um Einkünfte iSd § 8 Abs. 1 Nr. 8 und 9 handelt. Gelingt dem Steuerpflichtigen dieser Aktivitätsnachweis nicht oder tritt er ihn erst gar nicht an, werden sämtliche niedrigbesteuerten Einkünfte der Obergesellschaft zugerechnet. Voraussetzung für die Zurechnung ist allerdings das Bestehen der erforderlichen Mindestbeteiligungsquote. Diese liegt nach der – hier geteilten – Auffassung der Finanzverwaltung bei einer „Deutschbeherrschung" sowohl der Unter- als auch der Obergesellschaft. Da die Zurechnungsrechtsfolge aber bereits bei Fehlschlagen des Nachweises eingreift, also *unabhängig* – und ohne gesonderte Prüfung – davon, ob bloße Zwischeneinkünfte oder Zwischeneinkünfte mit Kapitalanlagecharakter vorliegen, müsste konsequenterweise die Voraussetzung einer Mindestbeteiligungsquote sowohl an der Ober- als auch an der Untergesellschaft *zur Gänze entfallen,* da – bei unterstellter Richtigkeit von Tz. 14.0.4. AEAStG und der (wohl) überwiegenden Meinung – eine „durchgerechnete" Beteiligung von 1% bzw. gar keine Mindestbeteiligung (§ 7 Abs. 6 S. 3) genügen würde. MaW müsste bei konsequenter Anwendung dieser Ansicht in keinem Fall mehr geprüft werden, ob eine irgendwie geartete (mittelbare) Beteiligungs*höhe* an der Untergesellschaft besteht. Dann hätte aber die Verwaltungsanweisung Tz. 14.0.1. Satz 1 AEStG, die den Grundsatz der „Deutschbeherrschung" für Ober- und Untergesellschaft aufstellt, *überhaupt keinen Anwendungsfall* mehr.

66 Aus dieser hier dargestellten – auf den ersten Blick nicht erkennbaren – Inkonsistenz der Verwaltungsanweisung in Tz. 14 AEStG folgt ebenso zwingend die Ablehnung der oben zuerst zitierten Ansicht wie aus dem gesetzeshistorischen Argument, dass der Gesetzgeber bei der Änderung des § 14 durch das UntStFG eine derartig erhebliche Änderung der Rechtslage – wenn sie denn gewollt gewesen wäre – ausdrücklich gesetzlich normiert hätte.

67 **gg) Der für das Bestehen der Beteiligung maßgebliche Zeitpunkt.** Die Voraussetzungen für die übertragende Zurechnung nach § 14 sind für jede Untergesellschaft gesondert zu prüfen (Tz. 14.0.3. S. 1 AEAStG). Die notwendige Mehrheitsbeteiligung an der Untergesellschaft muss am *Ende des maßgebenden Wirtschaftsjahrs der jeweiligen Untergesellschaft* (Tz. 14.0.1. S. 1 AEAStG) vorliegen, was sich aus der Inbezugnahme des § 7 Abs. 2 S. 1 in § 14 ergibt (so auch *FWBS* § 14 AStG Rz. 64).

68 Die Zurechnung erfolgt im Zeitpunkt ihrer Entstehung, dh in der letzten logischen Sekunde vor Ablauf des Wirtschaftsjahrs der Untergesellschaft (Tz. 14.1.5. S. 2 AEAStG; BFH v. 28.9.1988, BStBl. II 1989, 13). Die notwendige „Deutschbeherrschung" für die logisch der Zurechnung nachfolgende *Hinzu*rechnung muss ebenfalls zum Ende des Wirtschaftsjahres der Obergesellschaft vorliegen (§ 7 Abs. 2 S. 1). Das gilt auch für die Hinzurechnung vorher zugerechneter Einkünfte (BFH v. 26.10.1983, BStBl. II 1984, 258 (262)). Der Hinzurechnungsbetrag auf der Ebene der Obergesellschaft – der dann auch die Einkünfte der nachgeschalteten Zwischengesellschaft enthält –

II. Besteuerung nach Abs. 1 69–72 § 14

gilt dem Steuerinländer als unmittelbar nach Ablauf des Wirtschaftsjahres der Obergesellschaft zugeflossen (§ 10 Abs. 2 S. 1).

Beispiele:

(1) Steuerinländer I-GmbH (Wj. = Kj.) ist zu 100% an OG (Wj. = Kj.) beteiligt, die ihrerseits 100% Anteile an UG (Wj. = Kj.) hält. Im Wj. 02 erzielt UG Zwischeneinkünfte. *Rechtsfolge:* Da UG zum 31.12.02 „deutschbeherrscht" ist, ebenso wie OG zum selben Zeitpunkt, werden die Zwischeneinkünfte OG mit Ablauf des 31.12.02 OG zugerechnet. Dort gehen sie in den Hinzurechnungsbetrag ein und fließen, da OG zum 31.12.02 ebenfalls „deutschbeherrscht" ist, der Inlandsbeteiligten I-GmbH am 1.1.03 zu. **69**

(2) Steuerinländer I-GmbH (Wj. = Kj.) ist zu 100% an OG (Wj. = Kj.) beteiligt, die ihrerseits 100% Anteile an UG (Wj.: 1.10. – 30.9) hält. Im Wj. 01/02 erzielt UG Zwischeneinkünfte. *Rechtsfolge:* Da UG zum 30.9.02 „deutschbeherrscht" ist, ebenso wie OG zum selben Zeitpunkt, werden die Zwischeneinkünfte OG mit Ablauf des 30.9.02 OG zugerechnet. Dort gehen sie in den Hinzurechnungsbetrag ein und fließen, da OG zum 31.12.02 „deutschbeherrscht" ist, der Inlandsbeteiligten I-GmbH am 1.1.03 zu.

(3) Steuerinländer I-GmbH (Wj.: 1.10.–30.9.) ist zu 100% an OG (Wj.: 30.9.–1.10.) beteiligt, die ihrerseits 100% Anteile an UG (Wj.: 1.10.–30.9.) hält. Im Wj. 01/02 erzielt UG Zwischeneinkünfte. *Rechtsfolge:* Da UG zum 30.9.02 „deutschbeherrscht" ist, ebenso wie OG zum selben Zeitpunkt, werden die Zwischeneinkünfte OG mit Ablauf des 30.9.02 OG zugerechnet. Dort gehen sie in den Hinzurechnungsbetrag ein und fließen, da OG zum 1.10.03 „deutschbeherrscht" ist, der Inlandsbeteiligten I-GmbH am 2.10.03 zu. Dort wirken sie sich im Veranlagungszeitraum 03/04 aus, denn das maßgebliche Wirtschaftsjahr der I-GmbH endet am 30.9.2004.

Auch im Falle der Veräußerung von Anteilen entweder an der Obergesellschaft oder an der Untergesellschaft durch die Obergesellschaft ist streng an dem aufgezeigten Prinzip des notwendigen Vorliegens der Beteiligungsvoraussetzung ausschließlich zum Ablauf des jeweiligen Wirtschaftsjahres festzuhalten. Veräußert die Obergesellschaft ihre Anteile an der Untergesellschaft unterjährig, ist allerdings an die Hinzurechnungssteuerbarkeit eines evtl. Veräußerungsgewinns nach § 8 Abs. 1 Nr. 9 zu denken. **70**

d) „Einkünfte der Untergesellschaft, die einer niedrigen Besteuerung unterlegen haben"

Gegenstand der Hinzurechnung nach § 7 Abs. 1 sind Zwischeneinkünfte, dh, Einkünfte, die aus passiver Tätigkeit stammen (§ 8 Abs. 1) *und* niedrigbesteuert (§ 8 Abs. 3) sind. Der durch das UntStFG geänderte Wortlaut des § 14 Abs. 1 verlangt nunmehr nur noch, dass die Einkünfte niedrigbesteuert sind. Freilich steht es dem Steuerpflichtigen offen, die Zurechnung durch den Aktivitätsnachweis zu verhindern (Beweislastumkehr, vgl. nachfolgend unter → Rz. 73). **71**

Die Ermittlungsvorschriften des § 10 Abs. 3 und 4 sind auch auf der Ebene der Untergesellschaft anzuwenden (Tz. 14.1.4.S. 1 AEAStG). Für jede Untergesellschaft ist eine eigene Gewinnermittlung durchzuführen. Hierfür sind eigene Zurechnungsbilanzen zu erstellen (Tz. 14.1.4. S. 2 Nr. 1 AEAStG). Eine Bindung an die Gewinnermittlungsart, die bei der Obergesellschaft angewendet wird, tritt nicht ein. § 10 Abs. 1 S. 3 findet auf die Zurechnung nach § 14 Abs. 1 keine Anwendung (Tz. 14.1.4. S. 2 Nr. 3 AEAStG). Ob die so ermittelten Einkünfte einer niedrigen Besteuerung gem. § 8 Abs. 3 unterliegen, **72** ist für jede Untergesellschaft gesondert zu prüfen (Tz. 14.1.3. S. 1 AEAStG). Zu berücksichtigen sind dementsprechend auch zulasten der Untergesellschaft einbehaltene Quellensteuern und Steuern auf Gewinne von in Drittländern gelegenen Betriebsstätten. Nicht zu berücksichtigen sind zulasten weiter nachgeschalteter Gesellschaften erhobene Steuern. Ebenfalls nicht zu berücksichtigen sind eventuell zulasten der Obergesellschaft auf die Einkünfte der Untergesellschaft erhobene Hinzurechnungssteuern (Tz. 14.1.5. S. 2 AEAStG).

e) Ausnahmetatbestand 1: Nachweis aktiver Tätigkeit

73 **aa) Beweislastumkehr.** Nach der Neufassung des § 14 Abs. 1 durch das UntStFG muss der Inlandsbeteiligte bei Vorliegen der Beteiligungsvoraussetzungen und niedriger Besteuerung nachweisen, dass die von der Untergesellschaft erzielten Einkünfte keine passiven Einkünfte iSd § 8 Abs. 1 sind, um der Zurechnung zu entgehen. Diese Nachweispflicht folgt aus dem Gesetzeswortlaut, der zunächst sämtliche „Einkünfte der Untergesellschaft" der Zurechnungs-Rechtsfolge unterstellt, „soweit nicht nachgewiesen wird", dass sie (ua) aktiv sind. Ab der zweiten Beteiligungsstufe genügen mithin die ohnehin geltenden erhöhten Mitwirkungspflichten gemäß §§ 16, 17 und § 90 Abs. 2 AO nicht.

74 Gelingt dem Steuerpflichtigen der Nachweis nicht − oder tritt er diesen erst gar nicht an − sind sämtliche niedrigbesteuerte Einkünfte der Untergesellschaft der Obergesellschaft zuzurechnen. Diese mit Wirkung für nach dem 31.12.2000 beginnende Wirtschaftsjahre der ausländischen Gesellschaft eingeführte Änderung stellt eine *erhebliche Verschärfung* der bisherigen Rechtslage dar. Dies gilt insbesondere für Steuerinländer, die Minderheitsbeteiligungen halten und insoweit keine Einwirkungsmöglichkeiten haben. Der Gesetzgeber sah sich zur Schaffung dieser Regelung durch den Wegfall der Erfassung von Beteiligungserträgen (durch Einführung der § 8 Abs. 1 Nr. 8 und 9) veranlasst (vgl. BT-Drs. 14/6882, zu Nr. 8 [§ 14], zu Buchstabe a [Absatz 1]). Die Umkehr der Beweislast nur aufgrund der Erzielung der Einkünfte auf zweiter bzw. tieferer Stufe des Konzernaufbaus dürfte gegen Art. 3 Abs. 1 GG verstoßen, weil eine sachliche Rechtfertigung der Vergleichbehandlung fehlt. Die Argumente, die nach früherer Rechtslage gegen die Diskriminierung des vier- und mehrstufigen gegenüber dem dreistufigen Konzernaufbaus vorgebracht wurden (vgl. *Rättig/Protzen* IStR 2000, 548 (555 ff.)) dürften hier entsprechende Anwendung finden.

75 **bb) Verfahrensmäßige Umsetzung.** Sehr zweifelhaft ist die verfahrensmäßige Umsetzung dieser neuen Rechtslage. Die gem. § 14 Abs. 1 von der nachgeschalteten Zwischengesellschaft der vorgeschalteten Obergesellschaft zuzurechnenden „Besteuerungsgrundlagen" (vgl. § 18 Abs. 1 S. 1) sind gesondert festzustellen. Damit muss in dem betreffenden Zurechnungsbescheid festgestellt werden, ob etwas zugerechnet wird, *was zugerechnet wird,* wem zugerechnet wird und wann zugerechnet wird (BFH v. 6.2.1985, I R 11/83, BStBl. II 1985, 410 (412)). Fraglich ist, ob in dem Zurechnungsbescheid Feststellungen darüber enthalten sein können, ob die niedrigbesteuerten Einkünfte *auch* solche aus passiver Tätigkeit sind. Dagegen spricht, dass die Frage, ob die Einkünfte aus passiver Tätigkeit stammen, nicht (mehr) Tatbestandsvoraus-

II. Besteuerung nach Abs. 1   76–79 § 14

setzung des § 14 Abs. 1 ist (so SKK/*Hauswirth* Rz. 73). *Wassermeyer* ist demgegenüber der Auffassung, dass das für die Feststellung der zuzurechnenden Einkünfte der Untergesellschaft zulässige Finanzamt „zum Ausdruck bringen [müsse], ob es niedrigbesteuerte Zwischeneinkünfte oder niedrigbesteuerte Einkünfte zurechnet" (*Wassermeyer* IStR 2003, 665 (666)).

Gesetzlicher Ausgangspunkt der Entscheidung dieser Frage muss § 18 **76** Abs. 1 S. 1 sein. Dieser ordnet die gesonderte Feststellung der „Besteuerungsgrundlagen für die Anwendung der §§ 7–14 und § 3 Nr. 41 EStG" an. Voraussetzung der *Hinzu*rechnung *zu*gerechneter Einkünfte ist jedoch nach der neuen Fassung § 14 Abs. 1 *nur noch,* dass der Tatbestand des § 14 Abs. 1 erfüllt ist. UE nicht zutreffend ist *Wassermeyers* Ansicht, dass nach § 7 Abs. 1 „nur (zugerechnete) Zwischeneinkünfte der Hinzurechnungsbesteuerung unterliegen" könnten (*Wassermeyer* IStR 2003, 665 f.). Denn § 7 Abs. 1 erweitert nicht den Tatbestand des § 14 Abs. 1. So ist auch obiges Zitat des BFH (festzustellen, „was zugerechnet ist") zu verstehen: „Was" zugerechnet wird, ergibt sich abschließend aus dem Tatbestand des § 14 Abs. 1. Folglich wird in dem Zurechnungsbescheid abschließend darüber entschieden, welche Einkünfte zugerechnet werden; eine Prüfung im Rahmen des weiteren Verfahrens über die Hinzurechnung, ob Einkünfte aus passiver Tätigkeit auf der Ebene der Untergesellschaft gegeben sind, findet nicht statt.

Die Finanzverwaltung ordnet in Tz. 18.1.4.1. AEAStG an, dass die Besteu- **77** erungsgrundlagen einer nachgeschalteten „Zwischengesellschaft" gesondert festzustellen seien. Die damit in Bezug genommene Begrifflichkeit des § 8 Abs. 1 und des § 14 Abs. 1 aF zeigt, dass das vorstehend erörterte Problem offenkundig gar nicht erkannt worden ist.

f) Ausnahmetatbestand 2: Das sog. Funktionsprivileg („Dienen") gemäß § 14 Abs. 1 letzter Satzteil und S. 2

Die übertragene Zurechnung von niedrigbesteuerten Einkünften der Un- **78** tergesellschaft entfällt, wenn der Steuerpflichtige nachweist, dass diese Einkünfte aus Tätigkeiten stammen, die einer unter § 8 Abs. 1 Nr. 1 bis 6 fallenden eigenen Tätigkeit der Obergesellschaft dienen. Satz 2 des § 14 Abs. 1 enthält eine durch das „Korb II-Gesetz" (G. v. 22.12.2003, BGBl. 2003 I 2840) eingefügte **Legaldefinition** des „Dienens". Nach dieser „dienen" Tätigkeiten der Untergesellschaft nur dann einer unter § 8 Abs. 1 Nr. 1 bis 6 fallenden eigenen Tätigkeit der Obergesellschaft, wenn sie in unmittelbarem Zusammenhang mit dieser Tätigkeit stehen **und** es sich bei den Einkünften nicht um solche iSd § 7 Abs. 6a handelt.

aa) „Unmittelbarer Zusammenhang". Der definitorisch vorausgesetzte **79** „unmittelbare Zusammenhang" mit der Tätigkeit der Obergesellschaft erfordert nach Ansicht der Finanzverwaltung, dass zwischen Ober- und Untergesellschaft ein „aufeinander abgestimmtes Geschäft" betrieben wird. (Tz. 14.1.2. S. 3 AEAStG). Diese Definition stimmt mit der Gesetzesbegründung überein (BT-Drs. 15/1518, 16). Der hiernach notwendige Zusammenhang wird auch als „direkter Bezug" der Tätigkeiten von Ober- und Untergesellschaft beschrieben; nicht ausreichend soll die (bloße) „Gleichartigkeit" der Tätigkeiten (BT-Drs. 15/1518, 16) sein.

80 In der vorherigen Fassung enthielt § 14 keine Definition des „Dienens". Nach dieser alten Rechtslage sollte das „Dienen" voraussetzen, dass sich die wirtschaftlichen Funktionen der Ober- und Untergesellschaft ergänzen bzw. bedingen (*FWBS* § 14 AStG Rz. 106). Teilweise (wohl) enger wurde eine „funktionale Unterordnung" der Untergesellschaft gefordert.

81 Die nunmehrige gesetzliche Definition („unmittelbarer Zusammenhang") soll (wohl) einengend wirken („unmittelbar" statt „mittelbar"). Ob dieser eventuell (vgl. beispielsweise die gegenüber der alten Gesetzesfassung nahezu unverändert gebliebene Kommentierung von Blümich/Vogt § 14 AStG Rz. 28) intendierte unterschiedlich strenge Maßstab der funktionalen Betrachtungsweise mit dem Sinn und Zweck des „Dienens"-Tatbestandes – durch die Ausgliederung von Tätigkeiten auf eine Untergesellschaft können dort passive Einkünfte entstehen, die (ohne Ausgliederung) auf der Ebene der Obergesellschaft kraft funktionaler Betrachtungsweise aktiv wären (vgl. *Baumgärtel/Perlet* Hinzurechnungsbesteuerung bei Auslandsbeteiligungen, 1996, 87) – vereinbar ist, darf bezweifelt werden.

82 Weiterhin wird Finanzierungstätigkeit iSd § 8 Abs. 1 Nr. 7 nicht zu den begünstigten aktiven Tätigkeiten der Obergesellschaft gerechnet. Dasselbe gilt für Beteiligungseinkünfte nach § 8 Abs. 1 Nr. 8 und 9 und Einkünften an dem neu eingeführten § 8 Abs. 1 Nr. 10.

83 Über diesen Zusammenhang hinaus setzt der erste Teil der Definition **keine weiteren Merkmale** voraus. Insbesondere ist unerheblich, ob die Obergesellschaft aktiven Gesamtcharakter hat oder ob die aktive Tätigkeit zu Gewinnen oder Verlusten führt (*FWBS* § 14 AStG Rz. 141). Weiterhin ist es für das Erfüllen des „Dienens-Tatbestandes" unerheblich, ob die Tätigkeit der Untergesellschaft der aktiven Tätigkeit der Obergesellschaft *ausschließlich* dient oder ob die Untergesellschaft außerdem einen direkten Bezug zu anderen Gesellschaften aufweist (*FWBS* § 14 AStG Rz. 137). Schließlich ist der „Dienens-Tatbestand" unabhängig davon erfüllt, *wie hoch* die Beteiligung der Obergesellschaft, die das „abgestimmte" aktive Geschäft betreibt, an der Untergesellschaft ist; das gilt auch dann, wenn im konkreten Fall mehrere Obergesellschaften die Beteiligung an der Untergesellschaft vermitteln, die Beteiligung der (zumindest auch) aktiven Obergesellschaft aber lediglich eine Minibeteiligung ist.

84 **Rechtsfolge** des Erfüllens des „Dienens-Tatbestandes" ist, dass die niedrigbesteuerten Einkünfte der Untergesellschaft nicht zugerechnet werden, mithin im Ausschluss der Rechtsfolge des § 14 Abs. 1. Sie verlieren nicht Ihren Charakter als niedrigbesteuert oder passiv. Ist somit ein Steuerinländer unmittelbar an der „Untergesellschaft" beteiligt, so werden ihm die Einkünfte hinzugerechnet. Diese steuerliche Folge kann er freilich dadurch vermeiden, indem er eine Zwischenholding „installiert" und sich so in den Anwendungsbereich des § 14 Abs. 1 „einkauft".

85 **bb) Zurechnung von ZmK.** Zwischeneinkünfte mit Kapitalanlagecharakter (§ 7 Abs. 6a) gelten nach § 14 Abs. 1 S. 2 AStG nicht als Einkünfte, die einer eigenen Tätigkeit der vorgeschalteten Gesellschaft dienen können. Begreift man § 14 Abs. 1 letzter Halbsatz als gesetzliche Ausprägung des „funktionalen Zusammenhangs", ist dieser generelle Ausschluss von ZmK vom Dienens-Privileg inkonsequent (vgl. Tz. 7.6.4. letzter Satz AEAStG). Der Ge-

II. Besteuerung nach Abs. 1 86–90 § 14

setzgeber rechtfertigt die Regelung mit einer notwendigen Missbrauchsabwehr; es lasse sich nur schwer feststellen, „ob die damit [mit den ZmK] zusammenhängende Tätigkeit der Obergesellschaft dient oder eine davon losgelöste eigenständige Tätigkeit darstellt" (BT-Drs. 15/1518, 16). Diese Begründung verwundert deshalb, weil die Beweislast nach der eindeutigen Gesetzesfassung (das „soweit nicht nachgewiesen wird" bezieht sich auf beide folgenden Alternativen, mithin auch auf den „Dienens-Tatbestand) ohnehin beim Steuerpflichtigen liegt. Der generelle Ausschluss der ZmK vom Funktionsprivileg ist damit unverhältnismäßig.

g) Ausnahmetatbestand 3: Anwendung der gesellschaftsbezogenen Freigrenzen des § 9 auf der Ebene der Untergesellschaft

§ 9 begünstigt ausländische Gesellschaften, die neben der Erzielung von **86** passiven und niedrigbesteuerten Einkünften auch aktiver Tätigkeit nachgehen, sogenannte „gemischte Gesellschaften". Die Vorschrift weist als Voraussetzung für das „außer Ansatz lassen" der Einkünfte drei Freigrenzen auf, die sämtlich erfüllt sein müssen: eine gesellschaftsbezogene relative Freigrenze, eine gesellschaftsbezogene absolute Freigrenze und schließlich eine gesellschafterbezogene absolute Freigrenze. Für Einzelheiten sei auf die Kommentierung des § 9 verwiesen.

(1) Sehr umstritten ist, ob die relative Freigrenze und die gesellschaftsbezo- **87** gene absolute Freigrenze *auf jede nachgeschaltete Gesellschaft gesondert* anzuwenden ist oder ob die auf der Ebene der nachgeschalteten Zwischengesellschaften erzielten Einkünfte in die auf der Ebene der jeweiligen Obergesellschaft vorzunehmende Prüfung der Freigrenzen *mit einzubeziehen* sind.

Die Finanzverwaltung vertritt innerhalb des AEAStG in Tz. 14.1.3 Satz 2 **88** die erstgenannte, in Tz. 9.0.2.1. Satz 1 die letztgenannte Ansicht. In Tz. 14.1.3. letzter Satz wird zudem die entsprechende Anwendung der Tz. 9 angeordnet. In der Literatur wird die Frage teils im ersten Sinne (Blümich/*Vogt* § 14 AStG Rz. 12), von der wohl überwiegenden Meinung in letzterem Sinne beantwortet (*FWBS* § 14 Rz. 114, 115, § 9 Rz. 30–36; SKK/*Luckey* § 9 AStG Rz. 21 und 24; *Schaumburg* Internationales Steuerrecht Rz. 10.265).

Der Unterschied in den Auffassungen ist praktisch relevant. Bezogen auf die **89** gesellschaftsbezogene absolute Freigrenze ist die erstgenannte Ansicht günstiger, da sie keine Addition der auf den verschiedenen Stufen des Beteiligungsnetzes erzielten Zwischeneinkünfte kennt. Bezogen auf die relative Freigrenze ist unter Umständen die zweitgenannte Ansicht steuerlich günstiger, wenn nämlich eine ausschließlich Zwischeneinkünfte erzielende Untergesellschaft einer ausschließlich aktiv tätigen Obergesellschaft nachgeschaltet wird; in diesem Fall wäre unter Zugrundelegung der erstgenannten Ansicht die relative Freigrenze auf der Ebene der Untergesellschaft nämlich niemals gewahrt, weshalb § 9 hier nie positive Wirkung entfalten könnte. Für steuerplanerische Zwecke halten sich die Auswirkungen der unterschiedlichen Ansichten angesichts der niedrigen absoluten Freigrenze von nunmehr € 80.000,00 (vormals: € 62.000,00) im eher bescheidenen Rahmen.

(2) Gegen beide vertretenen Ansichten bestehen durchgreifende dogmati- **90** sche Bedenken.

91 (a) Zunächst schließt der Wortlaut sowohl des § 14 Abs. 1 als auch des § 9 eine Anwendung der Freigrenzen *auf der Ebene der Untergesellschaft* aus. Die erstgenannte Ansicht ist daher nicht mit dem Wortlaut des Gesetzes vereinbar.

92 Nach § 14 Abs. 1 sind niedrigbesteuerte Einkünfte einer Untergesellschaft der Obergesellschaft zu dem Teil zuzurechnen, der auf ihre Beteiligung am Nennkapital der Untergesellschaft entfällt. Die Zwischeneinkünfte der Untergesellschaft werden der Obergesellschaft nach dem Wortlaut des § 14 Abs. 1 „für die Anwendung der §§ 7 bis 13" zugerechnet. Daraus folgt nach allgemeiner Ansicht, dass die Zurechnung der Hinzurechnung logisch vorangeht. Die §§ 7 bis 13 und damit auch § 9 werden unmittelbar erst auf der Ebene der Obergesellschaft, dh nach durchgeführter Zurechnung und erst im Rahmen der Hinzurechnung angewendet. Aus diesem Grunde ist § 9 schon seiner Stellung nach nicht auf die Zurechnung iSd § 14 übertragbar. Die von der Finanzverwaltung in Tz. 14.1.3. Satz 2 AEAStG vertretene Auffassung ist dementsprechend abzulehnen.

93 § 9 will „für die Anwendung des § 7" Einkünfte außer Ansatz lassen, also für Zwecke der *Hinzu*rechnung, nicht für solche der *Zu*rechnung. Eine Inbezugnahme des § 14 selbst fehlt. Dieser ist auch nicht im § 7 in Bezug genommen. Die Anwendung der Freigrenzen *auf der Ebene der Untergesellschaft* lässt sich dementsprechend auch nicht dem Wortlaut des § 9 entnehmen.

94 (b) Die von der zweitgenannten Auffassung für die Einbeziehung der von der Ebene der Untergesellschaft zugerechneten Einkünfte bei der Anwendung des § 9 *auf der Ebene der Obergesellschaft* vermögen nicht zu überzeugen.

95 Hauptargument der zweitgenannten Auffassung ist die Wirkung des § 14 Abs. 1, dass zugerechnete Zwischeneinkünfte nachgeschalteter Zwischengesellschaften steuerlich als eigene Einkünfte der Obergesellschaft anzusehen seien (*FWBS* § 9 Rz. 30). Aus diesem Grunde seien die zugerechneten Zwischeneinkünfte „Einkünfte, für die eine ausländische Gesellschaft Zwischengesellschaft ist" und § 9 mithin anwendbar. Für uns ist dieses Argument nicht zwingend.

96 Auf der Ebene der Obergesellschaft werden die zugerechneten Zwischeneinkünfte nicht schon bei der Ermittlung der Zwischeneinkünfte, sondern erst bei der Ermittlung des Hinzurechnungsbetrages erfasst (BMF 1994, Anlage 3, Schema III, A). Sie finden keinen Eingang in die Hinzurechnungsbilanz der Obergesellschaft. Da „Einkünfte" begrifflich keinen „Bruttoertrag" darstellen, entfällt als Rechtsfolge des § 14 die Zurechnung eines Bruttoertrages, der den Zwischeneinkünften zugrunde liegen könnte auf die Ebene der Obergesellschaft. Zutreffend ist zwar, dass der BFH entschieden hat, die Untergesellschaft nach Art einer verselbständigten Betriebsstätte der Obergesellschaft zu behandeln (BFH v. 20.4.1988, I R 41/82, BStBl. II 1988, 868 (872)). Das Gericht wählte diesen Vergleich aber in erster Linie, um die zeitliche Rechtsfolge der Zurechnung zu verdeutlichen. Für uns zeigt gerade die Notwendigkeit dieses Vergleichs, dass aufgrund der Struktur des § 14 die Erträge der Untergesellschaft gerade nicht als „originäre" der Obergesellschaft angesehen werden können. Das System der §§ 7 bis 14 geht vielmehr von der grundsätzlichen Anerkennung der rechtlichen Selbständigkeit ausländischer Kapitalgesellschaften aus. Folglich ist § 9 deshalb nicht anwendbar, weil das Tatbestandsmerkmal „die ihnen [den Zwischeneinkünften] zugrunde liegenden Bruttoerträge" für

II. Besteuerung nach Abs. 1

die zugerechneten Einkünfte niemals mit Leben gefüllt werden kann. Unsere Ansicht wird von der Entstehungsgeschichte bestätigt: Die Regierungsbegründung zum Kabinettsentwurf vom 30.6.1971 führte aus: „Nicht selten kommt es vor, dass bei ausländischen Gesellschaften, die im Hauptgewicht Einkünfte beziehen, die für die Hinzurechnung ausscheiden, nebenbei noch hinzuzurechnende Einkünfte anfallen. Da hierdurch das *Gesamtbild der gesellschaftlichen Tätigkeit* nicht berührt wird, sieht § 9 eine Freigrenze vor." [Hervorhebung nur hier]. Hier wird überdeutlich, dass wesentlicher Zweck des § 9 eine *gesellschaftsbezogene Betrachtung* der Besteuerungswürdigkeit ist. Das System des § 14 lässt den Gesellschaften des Beteiligungsstrangs aber gerade diese Selbständigkeit.

(3) Wir vertreten daher eine analoge Anwendung des § 9 auf der Ebene der jeweiligen nachgeschalteten Gesellschaft. **97**

Die Nichtanwendung des § 9 auf die Einkünfte einer nachgeschalteten Gesellschaft – also weder bei der Zurechnung noch bei der Hinzurechnung – wäre ein nicht zu rechtfertigender Nachteil für tiefgestaffelte Beteiligungsstrukturen, der sich insbesondere mit dem Zweck des § 9 nicht vereinbaren ließe. Aus diesem Grund möchten wir die unplanmäßige Lücke durch die analoge Anwendung des § 9 separat für jede Gesellschaft des Beteiligungsnetzes schließen. Falls die von der Finanzverwaltung in Tz. 9.0.2.1. S. 2 AEAStG vertretene gegenteilige Auffassung für den Steuerpflichtigen im einzelnen Fall eine günstigere Rechtslage herbeiführt, sollte sie aus Vertrauensgesichtspunkten gleichwohl angewandt werden. **98**

einstweilen frei **99–119**

2. Rechtsfolgen der Zurechnung

§ 14 Abs. 1 enthält – *insoweit* strukturell vergleichbar mit § 7 Abs. 1 – neben dem *Tatbestand* der Zurechnung auch deren *Rechtsfolge:* Nach dem Wortlaut des § 14 Abs. 1 sind der Obergesellschaft „für die Anwendung der §§ 7 bis 12 die Einkünfte der Untergesellschaft [...] zu dem Teil, der auf ihre Beteiligung am Nennkapital der Untergesellschaft entfällt, zuzurechnen". **120**

Das zentrale Merkmal ist damit das der „Zurechnung". Auf den begrifflichen Unterschied zur „Hinzurechnung" als Rechtsfolge des § 7 Abs. 1 stellt insbesondere die Rechtsprechung des BFH ab. Seit den beiden Urteilen vom 20.4.1988 (I R 41/82, BStBl. II 1988, 868) und vom 28.9.1988 (I R 91/87, BStBl. II 1989, 13) darf der Begriff der „Zurechnung" und die sich aus ihm ergebenden rechtlichen Folgen als im Wesentlichen geklärt angesehen werden. **121**

Die Zurechnung geht der Hinzurechnung logisch voran, wie sich unmittelbar aus dem Wortlaut des § 14 Abs. 1 („für die Anwendung der §§ 7 bis 12") erschließt. Das steuerliche Ergebnis der Untergesellschaft ist der Obergesellschaft also zunächst im Rahmen ihrer unmittelbaren gesellschaftsrechtlichen Beteiligung zuzurechnen und gelangt bei ihr unmittelbar in die Hinzurechnung nach den §§ 7 bis 12. Von der Ebene der Obergesellschaft, also der ausländischen Gesellschaft „erster Stufe" werden die Einkünfte dann dem unmittelbar gesellschaftsrechtlich beteiligten Steuerinländer hinzugerechnet, als fiktive Einkünfte aus Kapitalvermögen iSd § 20 Abs. 1 EStG (bzw. aus § 15 EStG) erfasst (§ 10 Abs. 2). **122**

123 Sowohl § 7 als auch § 14 Abs. 1 achten die Rechtspersönlichkeit der ausländischen, Einkünfte erzielenden Gesellschaft und greifen nicht durch diese – wie die Rechtsfolge des § 42 AO – hindurch. Einkünfteerzielungssubjekt bleibt die Untergesellschaft; ihre Einkünfte werden nur „für die Anwendung der §§ 7 bis 12" der Obergesellschaft zugerechnet, nicht aber generell und in jedem Fall. Das folgt für uns unmittelbar aus dem Gesetzeswortlaut des § 14 Abs. 1. Denn die Vorschrift geht davon aus, dass die Untergesellschaft selbst Einkünfte „erzielen" kann. Insoweit ist die Rechtslage eine andere als zB für die ausländische Gesellschaft, die an einer ausländischen Personengesellschaft beteiligt ist. Hier hat der BFH entschieden, dass der Personengesellschaft – neben der fehlenden Steuerrechtssubjektivität – auch die Fähigkeit fehlt, selbst eine „Tätigkeit" iSd § 8 auszuüben. Vielmehr wird in diesem Falle die Tätigkeit selbst dem Gesellschafter zugerechnet (BFH v. 16.5.1990, I R 16/88, BStBl. II 1990, 1049 (1051)). Gleichwohl ist zuzugeben, dass die Ausgestaltung der Rechtsfolge des § 14 insbesondere durch die Rechtsprechung des BFqH im Ergebnis dazu führt, dass von der Subjektivität der Untergesellschaft faktisch nicht viel verbleibt (vgl. im Einzelnen unter a)). Dies meint der BFH auch mit seiner treffenden schlagwortartigen Bezeichnung der Untergesellschaft als „verselbständigte Betriebsstätte der Obergesellschaft" (BFH v. 20.4.1988, I R 41/82, BStBl. II 1988, 868 (872)). Aus dieser Rechtslage kann ein *Argumentationstopos* hergeleitet werden. Denn der Gesetzgeber hätte für die Erfassung von Einkünften, die von der ausländischen Gesellschaft der ersten Stufe nachgeschalteten Gesellschaften erzielt werden auch regeln können, dass sämtliche Einkünfte eines Beteiligungsnetzes als Einkünfte der „Obergesellschaft" zu gelten haben. Das hat er aber nicht getan, sondern in § 14 Abs. 1 und Abs. 3 ein differenzierteres System der steuerlichen Erfassung dieser Einkünfte mit der Schaffung einer eigenen Rechtsfolge „besonderer Art" geregelt. Dies ist bei der Auslegung von sich im Rahmen des § 14 ergebender Rechtsfragen zu beachten und genügend zu würdigen.

a) Unterschiede zwischen der „Zurechnung" iSd § 14 und der „Hinzurechnung" iSd § 7 Abs. 1 iVm § 10

124 Die Zurechnung ist mit der Hinzurechnung nicht identisch, sie vollzieht sich logisch vor der Hinzurechnung. Die Rechtsfolgen von Zurechnung und Hinzurechnung sind nach Ansicht des BFH „wesentlich" voneinander verschieden (BFH v. 28.9.1988, I R 91/87, BStBl. II 1989, 13 (14)). Im Einzelnen bestehen folgende Unterschiede:

125 **aa) Zurechnungsempfänger:** Die *Zu*rechnung erfolgt gegenüber „der ausländischen Gesellschaft zu dem Teil, der auf ihre Beteiligung am Nennkapital der Untergesellschaft entfällt". Zurechnungsempfänger ist bei nachgeschalteten Zwischengesellschaften mithin die jeweils vorgeschaltete Zwischengesellschaft, wohingegen Adressaten des Zurechnungsbescheids die mittelbar beteiligten unbeschränkt Steuerpflichtigen sind (BFH v. 20.4.1988, I R 41/82, BStBl. II 1988, 868 (871)). Empfänger der *Hinzu*rechnung ist dagegen der Inlandbeteiligte direkt.

126 Maßgebend ist in jedem Fall – ausschließlich – die Quote der unmittelbaren Beteiligung am Nennkapital der nachgeschalteten Gesellschaft. Entgegen einer verbreiteten Ansicht (*FWBS* § 14 AStG Rz. 40, 111, aber Widerspruch zu seiner Kommentierung in Rz. 41) ist **§ 7 Abs. 5,** der für die Hinzurechnungsbesteuerung abweichend von § 7 Abs. 1 statt der Beteiligung am Nennkapital den „Maßstab für die Gewinnverteilung" als ausreichend genügen lässt, **im Rahmen der Zurechnung nicht anwendbar.** Soweit ersichtlich, wird diese Ansicht – zumindest in dieser Klarheit (SKK/*Hauswirth* § 14 AStG Rz. 53 iVm Rz. 16 und *Schaumburg* Internationales Steuerrecht Rz. 10.264 scheinen unsere Ansicht im Ergebnis ebenso zu vertreten) – bislang in der Literatur nicht vertreten. Das BMF-Schreiben 2004, sowie die bisherigen Anwendungsschreiben von 1994 und 1974, enthalten keinen Hinweis auf die mögliche Anwendung des § 7 Abs. 5; Standort einer diesbezüglichen Aussage wäre die Tz. 14.1.5. AEAStG. Die Rechtsprechung hat sich – soweit ersichtlich – zu diesem Anwendungsproblem bislang nicht geäußert.

Nach dem insoweit eindeutigen Wortlaut des § 14 Abs. 1 ist für die Zurechnung ausschließlich die Beteiligungsquote am Nennkapital der Untergesellschaft ausschlaggebend. § 14 Abs. 1 enthält auf Rechtsfolgenseite keinen Verweis auf die (entsprechende) Anwendung des § 7 Abs. 5. Die Wendung „für die Anwendung der §§ 7 bis 12" bezieht sich auf die Rechtsfolge *nach* erfolgter Zurechnung und nicht für die Zurechnung selbst. Auch aus der Wendung „gemäß § 7 […] beteiligt" kann die Anwendung des § 7 Abs. 5 nicht gefolgert werden. Denn dieser Verweis bezieht sich allein auf die Berechnung der erforderlichen Beteiligungsquote als Tatbestandsvoraussetzung der Zurechnung, nicht aber auf deren Rechtsfolge. Auf seine (direkte) Anwendung auf die Zurechnung enthält § 7 Abs. 5 ebenfalls keinen Hinweis.

bb) Zurechnungszeitpunkt: Die *Zu*rechnung erfolgt nach einhelliger Ansicht im Zeitpunkt ihrer Entstehung, dh in der letzten logischen Sekunde vor Ablauf des Wirtschaftsjahrs der Untergesellschaft (Tz. 14.1.5. S. 2 AEAStG; BFH v. 28.9.1988, BStBl. II 1989, 13). Der *Hinzu*rechnungsbetrag hingegen gilt gemäß § 10 Abs. 2 als unmittelbar nach Ablauf des Wirtschaftsjahres der ausländischen Gesellschaft als dem Steuerinländer zugeflossen.

cc) Zurechnung negativer Einkünfte: Der Obergesellschaft sind nicht nur positive, sondern auch negative Einkünfte der Untergesellschaft zuzurechnen; § 10 Abs. 1 S. 3 gilt für die übertragende Zurechnung nicht (Tz. 14.1.6. S. 1 AEAStG; BFH v. 20.4.1988, BStBl. II 1988, 868). Denn der Begriff „Einkünfte" im Ertragsteuerrecht umfasst sowohl positive (Gewinn oder Überschuss der Einnahmen über die Werbungskosten) als auch negative. Da die Rechtsfolge des § 10 Abs. 1 S. 3 ausdrücklich nur für die *Hinzu*rechnung negativer Beträge gilt, kann sie nicht auf die Zurechnung nach § 14 Abs. 1 übertragen werden.

dd) Keine Umqualifizierung der Einkünfte: Die zuzurechnenden Einkünfte werden anders als die hinzuzurechnenden Einkünfte durch § 10 Abs. 2 S. 1 nicht in Beteiligungserträge umqualifiziert. Durch die Zurechnung werden also aus Einkünften aus Erwerbs- oder Vermögensverwaltungstätigkeit keine Beteiligungserträge (BFH v. 28.9.1988, I R 91/87, BStBl. II 1989, 13 (14)).

b) Zuzurechnende Einkünfte

Der Obergesellschaft zugerechnet werden „die Einkünfte der Untergesellschaft, die einer niedrigen Besteuerung unterlegen haben". Für die Untergesellschaft ist grundsätzlich eine eigene Gewinnermittlung nach Maßgabe der Tz. 10.3.1.1. AEAStG vorzunehmen. Hierfür sind eigene Zurechnungsbilanzen der Untergesellschaft zu erstellen. Für Einzelheiten wird auf die Kommentierung oben unter 1. c verwiesen.

132 Dass die zu Lasten der Untergesellschaft erhobenen Steuern iSd § 10 Abs. 1 im Ergebnis zu berücksichtigen sind, dass die Steuern mithin im Ergebnis den dem Steuerinländer zufließenden Hinzurechnungsbetrag kürzen müssen, ist unstreitig. Über die rechtstechnische Umsetzung besteht Uneinigkeit: Die Finanzverwaltung möchte § 10 Abs. 1 auf die Zurechnung anwenden und die zulasten der Untergesellschaft erhobenen Steuern auf deren Ebene *durch Abzug* berücksichtigen (Tz. 14.1.4. S. 2 Nr. 2 AEAStG und Anlage 3 „Schema zur Ermittlung der Besteuerungsgrundlagen für die Anwendung der §§ 7 12 und § 14 AStG", Schema II, Zeile 8). Für Zwecke der *Anrechnung* nach § 12 Abs. 1 sollen die Steuern der Untergesellschaft hingegen wie eigene Steuern der Obergesellschaft zu behandeln sein, wie Tz. 14.1.9. AEAStG klarstellt. Die beiden Regelungen sind systematisch nicht in Einklang zu bringen (vgl. *FWBS* § 14 AStG Rz. 99). Sicher ist, dass weder § 10 Abs. 1 noch § 12 Abs. 1 von ihrem Wortlaut her auf die Zurechnung anwendbar sind. Denn weder § 14 Abs. 1 noch die Vorschriften selbst enthalten einen diesbezüglichen Hinweis. Aufgrund des Verständnisses der Zurechnung durch die Rechtsprechung des BFH, dass nämlich § 14 die „Obergesellschaft bei der Ermittlung des Hinzurechnungsbetrages so behandeln [soll], als ob sie selbst auch die Zwischeneinkünfte […] erzielt hätte" (BFH v. 28.9.1988, I R 91/87, BStBl. II 1989, 13 (15)), folgt jedenfalls die Notwendigkeit einer sinnentsprechenden Anwendung des *Abzugs* und der *Anrechnung* auf der Ebene der *Obergesellschaft*. Aus unserer Sicht unumgänglich ist allerdings die Anwendung von § 10 Abs. 1 und § 12 Abs. 1 auf der Ebene *ein- und derselben Gesellschaft* – systematisch korrekt der der Obergesellschaft –, um dem Steuerpflichtigen das ihm von § 12 Abs. 1 gewährte Wahlrecht zwischen Abzug und Anrechnung gewähren zu können.

c) Verlustausgleich und Verlustabzug (= Verlustvor- und -rücktrag nach § 10d EStG iVm § 10 Abs. 3 S. 5) im Rahmen der Zurechnung

133 Nach § 14 Abs. 1 sind sowohl positive als auch negative Einkünfte Gegenstand der Zurechnung.

134 **aa) Verlustausgleich:** Negative Zwischeneinkünfte einer nachgeschalteten Gesellschaft können im Zurechnungsfall positive Zwischeneinkünfte auf der Ebene der Obergesellschaft ausgleichen. Ebenso können negative Einkünfte der Obergesellschaft, die nicht nach § 10 Abs. 3 S. 5 von deren Gewinnen abzuziehen sind, mit positiven Einkünften der Untergesellschaft ausgeglichen werden (Tz. 14.1.6. S. 2 AEAStG). Ist eine Obergesellschaft an mehreren Untergesellschaften beteiligt, so werden der Obergesellschaft sämtliche positive wie negative Einkünfte aller Untergesellschaften zugerechnet, so dass ein Verlustausgleich auf der Ebene der Obergesellschaft erfolgt.

135 Der Verlustausgleich ist jeweils auf der Ebene des Zurechnungs-Adressaten herbeizuführen, so dass bei mehreren hintereinander geschalteten Untergesellschaften die auf einer Ebene nicht ausgeglichenen Verluste der jeweils vorhergehenden Stufe zugerechnet werden. Auf dieser Ebene ist entweder ein Ausgleich mit positiven Zwischeneinkünften vorzunehmen, oder aber, falls die vorgeschaltete Gesellschaft wiederum nur Verluste hat oder gar keine zurechenbaren Einkünfte generierte, eine weitere Zurechnung des Verlustes bis hin zur Obergesellschaft vorzunehmen.

Hier ist in jedem Falle der Grundsatz zu beachten, dass sich Verluste nur einmal auswirken dürfen (Tz. 14.1.7. S. 1 AEAStG). **136**

bb) Kollision zwischen Verlustausgleich und Verlustabzug: Durch die Anwendbarkeit des § 10 bei der Ermittlung der zurechenbaren Einkünfte auf der Ebene der Untergesellschaft (Tz. 14.1.4. AEAStG) besteht über die entsprechende Anwendung des § 10 Abs. 3 S. 5 auch auf der Ebene der Untergesellschaft die Möglichkeit eines Verlustabzugs nach § 10d EStG. **137**

d) Folgen für die Hinzurechnung

Die Zurechnung erfolgt „für die Anwendung der §§ 7 bis 12". Hieraus folgt zunächst, dass die §§ 7 bis 12 ausschließlich auf der Ebene der Obergesellschaft anzuwenden sind. Die zugerechneten Einkünfte münden gleichsam in die Hinzurechnung, werden zu steuerpflichtigen Einkünften. Die zugerechneten Zwischeneinkünfte werden nicht schon bei der Ermittlung der eigenen Zwischeneinkünfte der Obergesellschaft erfasst, sondern erst auf einer nachgelagerten Stufe bei der Ermittlung des Hinzurechnungsbetrages (vgl. AEAStG, Anlage 3, Schema III). Sie finden keinen Eingang in die Hinzurechnungsbilanz der Obergesellschaft (Tz. 14.1.4. Nr. 1 S. 2 AEAStG; *FWBS* § 14 AStG Rz. 105). Sie haben daher insbesondere keinen Einfluss auf die Niedrigbesteuerung der passiven Einkünfte der Obergesellschaft. **138**

einstweilen frei   **139–159**

III. Besteuerung im Falle einer nachgeschalteten inländischen REIT-Gesellschaft, Abs. 2 („dreistufiger Beteiligungsaufbau")

Sinn und Zweck der Einfügung des Abs. 2 in § 14 ist die Erstreckung der sog. „übertragenen Zurechnung" von Einkünften *ausländischer* Gesellschaften zweiter Stufe (= § 14 Abs. 1) auf *inländische* REIT-Gesellschaften. Anders als die verschärfte *Hinzu*rechnung gem. § 7 Abs. 8, durch welche die Einkünfte auf der Ebene der ausländischen Gesellschaft (erster Stufe) *aus* der inländischen REIT-G erfasst werden, werden über § 14 Abs. 2 *originäre* Einkünfte der inländischen REIT-G der ausländischen Obergesellschaft *zu*- und von dieser dem inländischen Anteilseigner *hinzu*gerechnet. **160**

§ 14 Abs. 2 enthält sowohl den Tatbestand als auch die Rechtsfolge der Erweiterung der „übertragenen Zurechnung". Seine Rechtsfolge beinhaltet eine (partielle) Rechtsgrundverweisung auf den Tatbestand des § 14 Abs. 1. **161**

Erstmals anwendbar ist § 14 Abs. 2 für Wirtschaftsjahre der ausländischen Gesellschaft, die nach dem 31.12.2006 beginnen (§ 21 Abs. 13). Stimmen die Wirtschaftsjahre der ausländischen Gesellschaft und der inländischen REIT-G mit dem Kalenderjahr überein, erhöht der Zurechnungsbetrag des Wirtschaftsjahres 2007 den Hinzurechnungsbetrag des Wirtschaftsjahres 2007 (die Zurechnung erfolgt in der letzten logischen Sekunde vor Ablauf des **162**

Wirtschaftsjahres der Untergesellschaft) und damit den Gewinn des Steuerinländers im Wirtschaftsjahr 2008.

1. Tatbestand des § 14 Abs. 2

163 Der Tatbestand des § 14 Abs. 2 wird beschrieben durch seinen ersten Halbsatz: „Ist eine ausländische Gesellschaft gemäß § 7 an einer Gesellschaft iSd § 16 des REIT-Gesetzes (Untergesellschaft) beteiligt, [...]."

a) Beteiligungen von Steuerinländern an der ausländischen Obergesellschaft

164 Zunächst muss eine ausländische Gesellschaft (Obergesellschaft) gegeben sein, die selbst nicht „Zwischengesellschaft" sein muss (vgl. Tz. 14.0.1. S. 2 AEAStG). Grundsätzlich muss die Obergesellschaft selbst „deutschbeherrscht" sein (vgl. Tz. 14.0.1. S. 1 AEAStG). Hier ist allerdings § 7 Abs. 8 zu beachten, der den notwendigen „Umfang der jeweiligen Beteiligung an der ausländischen Gesellschaft" abweichend von § 7 Abs. 1 und 2 regelt. Greift die Sondervorschrift des § 7 Abs. 8 nicht – zB weil die Obergesellschaft die „Börsenklausel" erfüllt –, ist eine qualifizierte „Deutschbeherrschung" erforderlich. Die Zurechnung nach § 14 Abs. 2 setzt dementsprechend *nicht* notwendig voraus, dass die Beteiligung an der Obergesellschaft durch § 7 Abs. 8 vermittelt wird.

b) Gesellschaft iSd § 16 REIT-Gesetzes

165 Bzgl. der hier notwendigen teleologischen Reduktion des insoweit zu weit gefassten Wortlautes kann auf die Kommentierung zu § 7 Abs. 8 (Rz. 468–471) verwiesen werden.

UE sollte die Inbezugnahme des § 16 REIT-G ebenso wie im Wortlaut des § 7 Abs. 8 als *dynamische* Verweisung gelesen werden. Das Auslassen der Worte „in der jeweils geltenden Fassung" im Gegensatz zu ihrer Nennung in § 7 Abs. 8 scheint ein Redaktionsversehen zu sein. Jedenfalls ist kein sachlicher Grund für eine unterschiedliche Regelung in § 7 Abs. 8 und § 14 Abs. 2 zu erkennen.

c) Beteiligung der Obergesellschaft an der inländischen REIT-G: „gemäß § 7 [...] beteiligt"

166 Die Obergesellschaft muss an der Untergesellschaft allein oder zusammen mit unbeschränkt Steuerpflichtigen beteiligt sein. Die Untergesellschaft muss „*deutschbeherrscht*" (§ 7 Abs. 2) sein, die Beteiligung der Ober- an der Untergesellschaft muss aber in Anwendung der allgemeinen Grundsätze zur Beteiligungshöhe (→ Rz. 45 ff.) nicht zwingend größer als 50 % sein.

167 § 7 Abs. 6 ist nach zutreffender Ansicht im Verhältnis zwischen Ober- und Untergesellschaft **nicht** anwendbar (vgl. → Rz. 59–67). Auch mit der von der Finanzverwaltung vertretenen hM (Tz. 14.0.4. AEAStG) gelangt man im Anwendungsbereich des § 14 Abs. 2 zum selben Ergebnis. Denn wegen der Börsennotierung der inländischen REIT-Untergesellschaft ist die Anwendbarkeit des § 7 Abs. 6 Satz 2 nach dessen Satz 3 ohnehin ausgeschlossen; aus diesem Grund ist auch die 1 %-Grenze des § 7 Abs. 6 Satz 1 unanwendbar.

III. Besteuerung nach Abs. 2   168–182   § 14

§ 7 Abs. 8 gilt im Verhältnis ausländischer Gesellschaft zur inländischen   **168**
REIT-G nach zutreffender Auffassung **nicht** (*Wassermeyer* IStR 2008, 197
(199); iE ebenso Helios/Wewel/Wiesbrock/*Jacob* REIT-Gesetz, AStG, Anh. 2
Rz. 34). Zwar könnte bei oberflächlichem Lesen der Neuregelung aus der
Wendung „gemäß § 7" geschlossen werden, dass neben § 7 Abs. 1 auch dessen
Abs. 8 auf die Ebene zwischen Ober- und Untergesellschaft quasi „transformiert" wird. Diese Ansicht ließe sich jedoch weder mit dem Wortlaut des
§ 14 Abs. 2 noch mit der Systematik des § 7 vereinbaren: Würde § 7 Abs. 8
auch für die Beteiligung an der inländischen REIT-G gelten, wären die Worte
„gemäß § 7 AStG" in § 14 Abs. 2 überflüssig, weil in diesem Fall jede Beteiligung für die Auslösung der Rechtsfolge ausreichend würde (zutreffend *Wassermeyer* IStR 2008, 197). Eine Gesetzesauslegung, die Bestandteile des gesetzlichen Tatbestands überflüssig macht, kann nicht richtig sein. Bestärkt wird
dieses Ergebnis durch die *Systematik des § 7*. § 7 Abs. 1 setzt grundsätzlich (für
die *Hinzu*rechnung) eine „Beteiligung zu mehr als der Hälfte" voraus. Die
Legaldefinition der „Beteiligung zu mehr als der Hälfte" enthält § 7 Abs. 2.
§ 7 Abs. 8 weitet diese Legaldefinition nicht aus, sondern begründet – als
Rechtsfolge (!) – einen Fall der (verschärften) Hinzurechnungsbesteuerung
„unbeschadet des Umfangs der Beteiligung". Die partielle Rechtsgrundverweisung des § 7 Abs. 8 auf den Tatbestand der „allgemeinen Hinzurechnungsbesteuerung" in § 7 Abs. 1 nimmt mithin die Qualifizierung der Beteiligung
gerade aus.
einstweilen frei   **169–179**

2. Rechtsfolge des § 14 Abs. 2

Die Rechtsfolge („[…], gilt Absatz 1, auch bezogen auf § 8 Abs. 3, sinnge-   **180**
mäß.") des § 14 Abs. 2 besteht sowohl in einer partiellen Rechtsgrundverweisung auf die Tatbestandvoraussetzungen der übertragenen Zurechnung in § 14
Abs. 1 als auch in der Verweisung auf die ebenfalls in § 14 Abs. 1 enthaltene
Rechtsfolge.

a) Rechtsgrundverweis auf den Tatbestand des § 14 Abs. 1

Bereits vom Wortlaut her verweist § 14 Abs. 2 auf den gesamten Abs. 1   **181**
(mit Ausnahme der Modifizierung der Definition der Untergesellschaft in
Abs. 2) also auch auf dessen Tatbestand. Dies wird bestätigt vom durch die
Gesetzesmaterialien (BR-Drs. 779/06, zu Art. 3 (AStG), zu § 14) ermittelten
Sinn und Zweck der Vorschrift, die übertragene Zurechnung *nur* insoweit zu
erweitern, als dass sie nunmehr auch Einkünfte *inländischer* (REIT)-Gesellschaften erfassen soll. Die Neuregelung wollte mithin nicht eine sachliche
Ausdehnung der Zurechnungsrechtsfolge bezwecken.

aa) Niedrig besteuerte Einkünfte der REIT-G. In den Anwendungs-   **182**
bereich des § 14 Abs. 1 gelangen in einem ersten Schritt sämtliche niedrigbesteuerten Einkünfte. § 8 Abs. 3 gilt durch die in § 14 Abs. 2 angeordnete
„sinngemäße" Anwendung auch für die *inländische* REIT-AG. Danach sind die
Einkünfte der REIT-AG niedrigbesteuert, wenn sie einer Belastung durch Ertragsteuern von weniger als 25% unterliegen. Aufgrund der persönlichen
Steuerbefreiung der REIT-AG (§ 16 Abs. 1 REIT-G) werden inländische Er-

tragssteuern auf Vermietungs- und Verpachtungseinkünfte der REIT-AG oder auf Veräußerungsgewinne aus unbeweglichem Vermögen nicht anfallen. Die persönliche Steuerbefreiung der REIT-AG bezieht sich allerdings nicht auf inländische Einkünfte, die dem Steuerabzug vollständig oder teilweise unterliegen (§ 5 Abs. 2 Nr. 1 KStG). Hinzuweisen bleibt in diesem Zusammenhang, dass die ertragsteuerliche Belastung nach zutreffender Auffassung für jeden „Einkunftsstrang" gesondert zu ermitteln ist (vgl. SKK/*Lehfeldt* § 8 AStG Rz. 190). Somit können die in jedem Fall eines inländischen REITs zum größten Teil steuerfreien Einkünfte die ggf. vorhandenen hochbesteuerten Einkünfte nicht „nivellieren".

183 bb) **Ausnahmetatbestände 1 bis 3.** Wegen der Einzelheiten kann auf → Rz. 73 ff. verwiesen werden.

b) Verweis auf die Rechtsfolge des § 14 Abs. 1

184 Nach § 14 Abs. 1, auf den Abs. 2 verweist, sind der Obergesellschaft „für die Anwendung der §§ 7 bis 12 die Einkünfte der Untergesellschaft [= hier: REIT-G] [...] zu dem Teil, der auf ihre Beteiligung am Nennkapital der Untergesellschaft entfällt, zuzurechnen." Die Zurechnungsfolge trifft allein die *un*mittelbar an der Untergesellschaft [= hier: REIT-G] beteiligte ausländische Gesellschaft. Ist zwischen Obergesellschaft und REIT-G eine in- oder ausländische Kapitalgesellschaft geschaltet, so scheidet die Rechtsfolge des § 14 Abs. 2 iVm § 14 Abs. 1 aus. Eine Zurechnung über § 14 Abs. 3 scheidet aus, weil dieser – wohl ungewollt – keine entsprechende Anwendbarkeit des Abs. 1 bei der Beteiligung der Obergesellschaft an einer inländischen REIT-G über eine oder weitere Untergesellschaften kennt (ebenso *Wassermeyer* IStR 2008, 197 (199)). Weiterhin ist zu beachten, dass § 14 Abs. 3 eine – von § 14 Abs. 2 abweichende – Legaldefinition der Untergesellschaft statuiert. Insofern ist eine Zurechnung über drei Stufen möglich, wenn die von der Obergesellschaft gehaltene inländische REIT-AG ihrerseits an einer weiteren ausländischen Gesellschaft beteiligt ist („vierstufiger Beteiligungsaufbau").

185–199 *einstweilen frei*

IV. Besteuerung im Falle weiter nachgeschalteter Untergesellschaften, Abs. 3 („vier- und mehrstufiger Beteiligungsaufbau")

200 Nach § 14 Abs. 3 ist Absatz 1 entsprechend anzuwenden, wenn der Untergesellschaft weitere ausländische Gesellschaften nachgeschaltet sind. Bis auf eine rein redaktionelle Anpassung durch das UntStFG 2001 (Wegfall des Verweises auf die entsprechende Anwendung des § 14 Abs. 2, weil dieser Absatz komplett aufgehoben wurde) ist die Vorschrift seit dem Inkrafttreten des AStG nicht geändert worden. Nach ihr gelten die für das Verhältnis zwischen Obergesellschaft und Untergesellschaft maßgeblichen Grundsätze auch für die weiter nachgeschalteten Gesellschaften. Die Regelung war zur steuerlichen Erfassung der Erträge der Gesellschaften ab dritter ausländischer Stufe notwendig, weil § 14 Abs. 1 lediglich die Zurechnung der Einkünfte der an der Obergesellschaft *un*mittelbar beteiligten Untergesellschaft regelt. Weder enthält die

IV. Besteuerung nach Abs. 3

Tatbestandsseite des Abs. 3 („nachgeschaltet") eine Legaldefinition noch erklärt die Vorschrift, wie auf der Rechtsfolgenseite die „entsprechende" Anwendung der Regelungen der Zurechnung vorzunehmen sein sollen. Der Sinngehalt des Abs. 3 ist dementsprechend nur durch Auslegung zu ermitteln:

1. Tatbestand des § 14 Abs. 3

Der Tatbestand des § 14 Abs. 3 knüpft ebenso wie der des § 14 Abs. 1 an die von einer „Untergesellschaft" erzielten Einkünfte an. Insoweit kann vollumfänglich auf die Kommentierung zu § 14 Abs. 1 verwiesen werden. Es müssen dieser Untergesellschaft „weitere ausländische Gesellschaften nachgeschaltet" sein. Der Begriff der „ausländischen Gesellschaft" ist in § 7 Abs. 1 legal definiert; auf die dortige Kommentierung wird bezug genommen. Nicht notwendig ist mithin, dass die vermittelnden Gesellschaften – ebenso wie die Obergesellschaft – passive oder niedrigbesteuerte Einkünfte erzielen. Diese ausländische(n) Gesellschafte(n) müssen zwischen Ober- und Untergesellschaft geschaltet sein. Aus der Sicht der Untergesellschaft sind sie mithin „vor"- nicht „nach"-geschaltet, ein folgenloses (bloß begriffliches) Redaktionsversehen des Gesetzgebers.

a) Beteiligung und Beteiligungsquoten

Welche Beteiligung die „Nachschaltung" meint, darüber schweigt § 14 Abs. 3. Aus der Überschrift zu § 14 folgt, dass auch die Beteiligung der Untergesellschaft der zweiten ausländischen Stufe im Sine des § 14 Abs. 1 bereits als „Nachschaltung" zu sehen ist. Daraus wiederum ist zu folgern, dass für die jeweils der Einkünfte erzielenden Untergesellschaft vorgeschalteten ausländischen Gesellschaft dieselben Beteiligungskriterien zu gelten haben wie im Rahmen des § 14 Abs. 1 für die Obergesellschaft. Die Beteiligungs-Voraussetzungen zwischen Ober- und Untergesellschaft werden mithin „nach oben" projiziert". Daher ist auch jeweils eine unmittelbare Beteiligung am Nennkapital der jeweils nachgeschalteten Gesellschaft notwendig.

Aufgrund der von Abs. 3 angeordneten entsprechenden Anwendung des § 14 Abs. 1 ist zu fordern, dass zunächst die Untergesellschaft und die Obergesellschaft – ebenso wie im Falle der „einfachen" Zurechnung – „deutschbeherrscht" sein müssen. Es genügt also insbesondere nicht, dass die Ober- die Untergesellschaft „beherrscht" (entsprechende Anwendung von Tz. 14.0.1. S. 1 AEAStG). Damit muss die ausländische Obergesellschaft an der Untergesellschaft mittelbar beteiligt sein, und zudem müssen *an beiden* Gesellschaften unbeschränkt Steuerpflichtige – unmittelbar oder mittelbar zu mehr als der Hälfte beteiligt sein.

Auch für die die mittelbare Beteiligung der Ober- an der Untergesellschaft vermittelnden Gesellschaften muss jeweils eine „Deutschbeherrschung" gegeben sein, um eine übertragene Zurechnung bewirken zu können (grundlegend *Debatin* DB 1978, 1195 (1198 bis 1200); ihm folgend: *FWBS* § 14 AStG Rz. 208; Blümich/*Vogt* § 14 AStG Rz. 11; SKK/*Hauswirth* § 14 AStG Rz. 82). *Scharf zu trennen* von diesem „Weg" der übertragenen Zurechnung, der nur über die jeweiligen unmittelbaren gesellschaftsrechtlichen Beteiligungen von Gesellschaften, die jeweils „deutschbeherrscht" sind, gehen kann, ist die Berechnung der jeweiligen Beteiligungsquote, bei deren Berechnung –

selbstverständlich – auch vermittelnde Gesellschaften zu berücksichtigen sind, die ihrerseits *nicht* deutschbeherrscht sind (§ 7 Abs. 2 S. 2 iVm § 14 Abs. 1 iVm mit § 14 Abs. 3).

205 **Beispiele** (in Anlehnung an *Debatin* DB 1978, 1195 (1198 bis 1200)): In sämtlichen folgenden Beispielen sollen Anteile, die nicht besonders erwähnt sind, von Steuerausländern gehalten werden.

(1) Steuerinländer I ist an der ausländischen Gesellschaft OG zu 100% beteiligt, diese zu 51% an UG-1, diese wiederum zu 51% an UG-2. Die Einkünfte von UG-2 werden nicht von der übertragenden Zurechnung erfasst, weil UG-2 mittelbar von I zu 26,01% gehalten wird, mithin nicht „deutschbeherrscht" ist. *Abwandlung:* Wie im Ausgangsfall, nur ist nun zusätzlich Steuerinländer I-2 an UG-2 zu 24% direkt beteiligt. Nunmehr ist UG-2 mit 50,01% „deutschbeherrscht"; da auch UG-1 „deutschbeherrscht" ist, werden 51% der Einkünfte an nach § 14 Abs. 3 zugerechnet, von dieser wiederum in Höhe von 51% an OG nach § 14 Abs. 3 zugerechnet und – da OG ebenfalls „deutschbeherrscht" ist – dem I hinzugerechnet (in Höhe von 26,01% der Einkünfte von UG-2). 24% der Einkünfte werden I-2 nach § 7 Abs. 1 hinzugerechnet, da UG-2 „deutschbeherrscht" ist, denn die mittelbare Beteiligung von I über OG und UG-1 erhöht die unmittelbare Beteiligung I-2's an UG-2 gemäß § 7 Abs. 2 S. 2, der hier unmittelbar Anwendung findet.

(2) Steuerinländer I-1 ist an der ausländischen Gesellschaft OG zu 100% beteiligt, diese zu 30% an UG-1, diese wiederum zu 30% an UG-2. An UG-1 direkt beteiligt ist I-2 zu 21%, ebenso wie I-3 an UG-2 ebenfalls zu 21%. Die Zwischeneinkünfte von UG-2 unterliegen weder der Zurechnung nach § 14 Abs. 3 noch der Hinzurechnung. Denn UG-2 wird mittelbar zu 15,3% (100% × 30% × 30% + 21% × 30%) und unmittelbar zu 21%, zusammen also zu 36,3% von Inländern gehalten. *Abwandlung 1:* I-3 hält statt der 21% eine unmittelbare 35%-Beteiligung an UG-2. Nunmehr ist UG-2 „deutschbeherrscht" (15,3% + 35% = 50,3%). Daher sind zunächst 35% der Einkünfte I-3 hinzuzurechnen (§ 7 Abs. 1). Die Zurechnung an UG-1 erfolgt, weil diese Gesellschaft mit 51% ebenfalls „deutschbeherrscht" ist. Für die letztlich an I-2 erfolgende Hinzurechnung ist die Zurechnung von UG-2 an UG-2 eine solche nach § 14 Abs. 1, weil UG-1 insoweit Obergesellschaft ist. Für Zwecke der Hinzurechnung an I-3 erfolgt die Zurechnung von UG-2 an UG-2 nach § 14 Abs. 3 und weiter an OG, weil auch OG „deutschbeherrscht" ist. Von OG werden schließlich 9% der Einkünfte von UG-2 an I-1 hinzugerechnet. *Abwandlung 2:* Wie Abwandlung 1, nur ist diesmal I-1 nur zu 21% an OG beteiligt, I-2 aber zu 70% an UG-1 und I-3 zu 50% an UG-2. OG hält wiederum 30% an UG-1 und UG-2 30% an UG-2. UG-2 ist wiederum „deutschbeherrscht" (21% × 30% × 30% + 50% = 51,89%). 50% der Einkünfte werden I-3 hinzugerechnet (§ 7 Abs. 1). Auch UG-1 ist „deutschbeherrscht" (21% × 30% + 70% = 76,3%), weshalb zunächst 21% der Einkünfte von UG-2 an UG-1 zur Hinzurechnung (70% × 30%) gemäß § 14 Abs. 1 zugerechnet werden. Die Zurechnung gemäß § 14 Abs. 3 von UG-2 an UG-1 für Zwecke der Hinzurechnung von OG an I-1 unterbleibt, da OG nicht deutschbeherrscht ist. Abwandlung 2 stellt mithin keinen Anwendungsfall von § 14 Abs. 3 dar.

(3) Steuerinländer I ist an der ausländischen Gesellschaft OG zu 100% beteiligt. OG hält Beteiligungen an zwei Untergesellschaften, nämlich 100% an UG-1 und 50% an UG-2. UG-1 ist an einer UG-3 zu 20% beteiligt, wobei die übrigen 80% von UG-2 gehalten werden. UG-3 ist „deutschbeherrscht" (100% × 100% × 20% + 100% × 50% × 80% = 60%), UG-1 ebenso, nicht aber UG-2. Folge: 20% der Einkünfte von UG-3 werden nach § 14 Abs. 3 an UG-1 zugerechnet, von dort aus nach § 14 Abs. 1 der „deutschbeherrschten" OG zugerechnet und unterfallen der Hinzurechnung nach § 7 Abs. 1 (zu 20%). Gegenüber UG-2 erfolgt keine Zurechnung nach § 14 Abs. 3; weil sie nicht „deutschbeherrscht" ist, wirkt sie gleichsam als „Zurechnungssperre". Würde I die von ihm mittelbar über OG und UG-2 gehaltene 40%-Beteiligung direkt

IV. Besteuerung nach Abs. 3

an UG-3 halten, würden ihm 40% der Einkünfte von UG-3 unmittelbar nach § 7 Abs. 1 *hinzu*gerechnet werden.

(4) Steuerinländer I ist an der ausländischen Gesellschaft OG zu 100% beteiligt, diese zu 40% an UG-1, und zu 20% an UG-2. UG-1 hält die übrigen 80% der Anteile an UG-2. UG-2 ist „deutschbeherrscht" (100% × 40% × 80% + 100% × 20% = 52%). Die Zurechnung nach § 14 Abs. 3 an UG-1 entfällt, weil UG-1 nicht „deutschbeherrscht" ist. Eine Zurechnung nach § 14 Abs. 1 zu OG – über UG-1 – entfällt aufgrund der nur mittelbaren Beteiligung von OG an UG-1. 20% der Einkünfte von UG-2 werden OG nach § 14 Abs. 1 zugerechnet, weil OG „deutschbeherrscht" ist. Hier wird deutlich, dass nur Gesellschaften den „Weg" für die Zurechnung ebnen können, deren eigenen Einkünfte nach § 14 Abs. 1 der Zurechnungsrechtsfolge von der Beteiligungsquote her unterfallen würden. Das Beispiel ist mithin kein Anwendungsfall des § 14 Abs. 3.

(5) I-1 ist an OG-1 zu 100%, I-2 an OG-2 zu 50% beteiligt. An der nachgeschalteten UG-1 sind OG-1 zu 20%, OG-2 zu 80% beteiligt. UG-1 hält 90% Anteile an UG-2. UG-2 ist „deutschbeherrscht" (100% × 20% × 90% + 50% × 80% × 90% = 54%). Die Zurechnung der Einkünfte von UG-2 an UG-1 nach § 14 Abs. 3 für Zwecke der Hinzurechnung an I-2 entfällt, weil UG-1 nicht „deutschbeherrscht" ist. Da sowohl OG-1 als auch UG-1 „deutschbeherrscht" sind, werden die Einkünfte von UG-2 an UG- 1 nach § 14 Abs. 3, von dort nach § 14 Abs. 1 an OG-1 zugerechnet und schließlich dem I-1 nach § 7 Abs. 1 hinzugerechnet. Obwohl I-2 mit mittelbar 36% (50% × 80% x 90%) doppelt so hoch mittelbar an UG-2 beteiligt ist wie I-1 (100% × 20% x 90% = 18%), entgeht er einer Besteuerung, während bei I-1 18% der Einkünfte von UG-2 der Hinzurechnung unterfallen. Würde I-2 seine über OG-2 und UG-1 mittelbar gehaltene 36%-Beteiligung allerdings direkt halten, würden ihm die Einkünfte von UG-2 direkt hinzugerechnet.

b) Anwendung von § 14 Abs. 1 S. 1 letzter Hs.

Die übertragende Zurechnung erstreckt sich gemäß § 14 Abs. 1 S. 1 letzter Hs. nicht auf die Einkünfte der Untergesellschaft, die aus Tätigkeiten stammen, die einer unter § 8 Abs. 1 Nr. 1 bis 6 fallenden eigenen Tätigkeit der ausländischen Gesellschaft dienen (sog. „Funktionsprivileg"). Mit „ausländischer Gesellschaft" ist hier die Obergesellschaft gemeint. Für den Anwendungsbereich des § 14 Abs. 3 ist zu entscheiden, ob sich das „Dienen" jeweils auf die der betreffenden Untergesellschaft vorgeschalteten Gesellschaft bezieht oder in jedem Fall auf aktive Tätigkeiten der Obergesellschaft, also der ausländischen Gesellschaft erster Stufe. Die Finanzverwaltung (Tz. 14.1.2. S. 1 AEAStG; die „ausländische Gesellschaft" im Gesetzestext in der Verwaltungsanweisung mit „vorgeschalteter Gesellschaft" wiedergibt) und die hM (*FWBS* § 14 AStG Rz. 211; SKK/*Hauswirth* § 14 AStG Rz. 83) vertreten die erstgenannte Ansicht. Die von der Finanzverwaltung und der hM vertretene Ansicht ist zutreffend. Denn die „entsprechende" Anwendung des § 14 Abs. 1, die von § 14 Abs. 3 angeordnet wird, führt – wie bereits mehrfach angesprochen – zu einer Hochprojizierung des Verhältnisses zwischen Ober- und Untergesellschaft. Sinn und Zweck des „Dienens-Privilegs" ist es, wirtschaftlich zusammengehörige Tätigkeiten auch dann einheitlich als aktiv und damit „unschädlich" zu beurteilen, wenn die für sich genommen passiven Tätigkeiten auf eine Beteiligungsgesellschaft ausgegliedert wurden. Eine derartige Ausgliederung wird aber nicht über mehrere Stufen des Beteiligungsnetzes erfolgen. Wenn dies aber – gleich aus welchen Gründen – der Fall sein sollte, wenn also die für sich genommen passiven Tätigkeiten der nachgeschalteten Untergesellschaft der Obergesellschaft „dienen" – und der Steuerpflichtigen dies nachweist – spricht für uns nichts dagegen, auch in diesem Fall die Zwischeneinkünfte der nachgeschalteten Untergesellschaft von der Zurechnung auszunehmen (teilweise Erweiterung der hM).

207–209 *einstweilen frei*

2. Rechtsfolge des § 14 Abs. 3

210 Nach dem Wortlaut des § 14 Abs. 1 sind der Obergesellschaft „für die Anwendung der §§ 7 bis 12 die Einkünfte der Untergesellschaft [...] zu dem Teil, der auf ihre Beteiligung am Nennkapital der Untergesellschaft entfällt, zuzurechnen". § 14 Abs. 3 ordnet die „entsprechende Anwendung" dieser Rechtsfolge für die weiter nachgeschaltete Untergesellschaft an. Insoweit erfolgt Zurechnung im Rahmen der unmittelbaren Beteiligung am Nennkapital. § 7 Abs. 5 ist nicht entsprechend anwendbar.

211 Unmittelbar am Nennkapital der weiter nachgeschalteten Untergesellschaft ist aber nicht die Obergesellschaft, sondern eine zwischen Obergesellschaft und Einkünfte erzielende Gesellschaft geschaltete Gesellschaft. Auf diese können aber niemals die §§ 7 bis 12 angewendet werden, so wie es § 14 Abs. 1 verlangt. Es bestehen für die „entsprechende Zurechnung" daher rechtstechnisch zwei Möglichkeiten: Einerseits Stufe um Stufe zur jeweils vorgeschalteten Gesellschaft und von dieser zur nächsten vorgeschalteten Gesellschaft bis hin zur Obergesellschaft, andererseits an der Beteiligungskette vorbei direkt von der betreffenden weiter nachgeschalteten Untergesellschaft zur Obergesellschaft.

212 Die Finanzverwaltung vertritt die letztgenannte Ansicht (Tz. 14.3. S. 1 AEAStG). Die Zurechnung vollzieht sich nach § 14 Abs. 1 und 3 mithin in der letzten logischen Sekunde des jeweiligen Wirtschaftsjahrs der untersten nachgeschalteten Untergesellschaft durch alle vorgeschalteten Untergesellschaften hindurch bis zur Obergesellschaft (so *Debatin* DB 1978, 1240; sog. **„Schachttheorie"**). Die hM vertritt demgegenüber die sog. **„Stufentheorie"**, also die Zurechnung Stufe für Stufe (*FWBS* § 14 AStG Rz. 204; SKK/*Hauswirth* § 14 AStG Rz. 80). Der BFH hat sich zu der Frage noch nicht eindeutig geäußert. In seinem Urteil vom 28.9.1988, I R 91/87, BStBl. II 1989, 13 (14), scheint er der „Stufentheorie" zuzuneigen, da er eine Zurechnung „durch alle vorgeschalteten Untergesellschaften hindurch bis zur Obergesellschaft" befürwortet, allerdings nur im Falle übereinstimmender Wirtschaftsjahre der nachgeschalteten Gesellschaften; in diesem Falle wirkt sich der Unterschied in den Theorien aber gerade nicht aus.

213 Dass die Ansicht der Finanzverwaltung im Gesetz keine Stütze findet, trifft nicht zu. Denn die §§ 7 bis 12 sind nun einmal ausschließlich auf der Ebene der Obergesellschaft anwendbar, was für eine Zurechnung außerhalb der Beteiligungskette unmittelbar zur Obergesellschaft spricht. Der Gesetzgeber hätte in § 14 Abs. 3 die Wendung „Absatz 1 ist entsprechend *für Zwecke der Zurechnung* anzuwenden ..." aufnehmen können; das hat er aber nicht getan. Gleichwohl neigen wir eher der von der hM vertretenen Stufentheorie zu. Denn die Zurechnung im Rahmen der unmittelbaren gesellschaftsrechtlichen Beteiligungen ist für uns wesentliches Prinzip sowohl der Zurechnung als auch der Hinzurechnung. Außerdem spricht der inzwischen aufgehobene § 14

IV. Besteuerung nach Abs. 3

Abs. 2 aF für diese Ansicht (zutreffend *FWBS* § 14 AStG Rz. 204). Unterschiedliche Rechtsfolgen ergeben sich ohnehin lediglich in der zeitlichen Komponente der Zurechnung und auch nur bei divergierenden Wirtschaftsjahren der Gesellschaften. Hier ist zu beachten, dass die Finanzverwaltung die Zurechnung von Stufe zu Stufe auch im Falle divergierender Wirtschaftsjahre zulässt, wenn dies „nicht zu schwerwiegenden zeitlichen Verschiebungen führt" (Tz. 14.3. S. 2 und 3 AEAStG). Aufgrund dieser Verwaltungsanweisung hat der Streit weitestgehend **akademische Bedeutung.** Denn „schwerwiegend" können die Verschiebungen nicht nur aufgrund des Prinzips der Zurechnung von Stufe zu Stufe jeweils in der letzten logischen Sekunde des Wirtschaftsjahres der betreffenden Gesellschaft sein. Das ist ja gerade der Unterschied der Theorien. Gemeint sein kann daher im Grunde genommen nur, dass die Wirtschaftsjahre der nachgeschalteten Gesellschaften bewusst so gewählt wurde, um eine maximale Verzögerung des deutschen Besteuerungszugriffs zu erreichen. Diese Fallgestaltung müsste dem Anwendungsbereich des § 42 AO nahe kommen.

Nachzutragen bleibt, dass maßgebendes Wirtschaftsjahr bei der *Hinzu*rechnung der Einkünfte nachgeschalteter Zwischengesellschaften in jedem Falle das Wirtschaftsjahr der Obergesellschaft (dem die hinzuzurechnenden Beträge zugerechnet werden) *und nicht* das Wirtschaftsjahr der Untergesellschaft ist, in dem die Einkünfte angefallen sind (BFH v 26.10.1983, I R 200/78, BStBl. II 1984, 258 (262)).

Fünfter Teil. Familienstiftungen

§ 15 Steuerpflicht von Stiftern, Bezugsberechtigten und Anfallsberechtigten

(1) ¹Vermögen und Einkünfte einer Familienstiftung, die Geschäftsleitung und Sitz außerhalb des Geltungsbereichs dieses Gesetzes hat (ausländische Familienstiftung), werden dem Stifter, wenn er unbeschränkt steuerpflichtig ist, sonst den unbeschränkt steuerpflichtigen Personen, die bezugsberechtigt oder anfallsberechtigt sind, entsprechend ihrem Anteil zugerechnet. ²Dies gilt nicht für die Erbschaftsteuer.

(2) Familienstiftungen sind Stiftungen, bei denen der Stifter, seine Angehörigen und deren Abkömmlinge zu mehr als der Hälfte bezugsberechtigt oder anfallsberechtigt sind.

(3) Hat ein Unternehmer im Rahmen seines Unternehmens oder als Mitunternehmer oder eine Körperschaft, eine Personenvereinigung oder eine Vermögensmasse eine Stiftung errichtet, die Geschäftsleitung und Sitz außerhalb des Geltungsbereichs dieses Gesetzes hat, so wird die Stiftung wie eine Familienstiftung behandelt, wenn der Stifter, seine Gesellschafter, von ihm abhängige Gesellschaften, Mitglieder, Vorstandsmitglieder, leitende Angestellte und Angehörige dieser Personen zu mehr als der Hälfte bezugsberechtigt oder anfallsberechtigt sind.

(4) Den Stiftungen stehen sonstige Zweckvermögen, Vermögensmassen und rechtsfähige oder nichtrechtsfähige Personenvereinigungen gleich.

(5) ¹§ 12 Absatz 1 und 2 ist entsprechend anzuwenden. ²Für Steuern auf die nach Absatz 11 befreiten Zuwendungen gilt § 12 Absatz 3 entsprechend.

(6) Hat eine Familienstiftung Geschäftsleitung oder Sitz in einem Mitgliedstaat der Europäischen Union oder einem Vertragsstaat des EWR-Abkommens, ist Absatz 1 nicht anzuwenden, wenn
1. nachgewiesen wird, dass das Stiftungsvermögen der Verfügungsmacht der in den Absätzen 2 und 3 genannten Personen rechtlich und tatsächlich entzogen ist und
2. zwischen der Bundesrepublik Deutschland und dem Staat, in dem die Familienstiftung Geschäftsleitung oder Sitz hat, auf Grund der Amtshilferichtlinie gemäß § 2 Absatz 2 des EU-Amtshilfegesetzes oder einer vergleichbaren zwei- oder mehrseitigen Vereinbarung, Auskünfte erteilt werden, die erforderlich sind, um die Besteuerung durchzuführen.

(7) ¹Die Einkünfte der Stiftung nach Absatz 1 werden in entsprechender Anwendung der Vorschriften des Körperschaftsteuergesetzes und des Einkommensteuergesetzes ermittelt. ²Bei der Ermittlung der Einkünfte gilt § 10 Absatz 3 entsprechend. ³Ergibt sich ein negativer Betrag, entfällt die Zurechnung.

§ 15 Steuerpflicht von Stiftern, Bezugsberechtigten u.a.

(8) ¹Die nach Absatz 1 dem Stifter oder der bezugs- oder anfallsberechtigten Person zuzurechnenden Einkünfte gehören bei Personen, die ihre Einkünfte nicht nach dem Körperschaftsteuergesetz ermitteln, zu den Einkünften im Sinne des § 20 Absatz 1 Nummer 9 des Einkommensteuergesetzes. ²§ 20 Absatz 8 des Einkommensteuergesetzes bleibt unberührt; § 3 Nummer 40 Satz 1 Buchstabe d und § 32d des Einkommensteuergesetzes sind nur insoweit anzuwenden, als diese Vorschriften bei unmittelbarem Bezug der zuzurechnenden Einkünfte durch die Personen im Sinne des Absatzes 1 anzuwenden wären. ³Soweit es sich beim Stifter oder der bezugs- oder anfallsberechtigten Person um Personen handelt, die ihre Einkünfte nach dem Körperschaftsteuergesetz ermitteln, bleibt § 8 Absatz 2 des Körperschaftsteuergesetzes unberührt; § 8b Absatz 1 und 2 des Körperschaftsteuergesetzes ist nur insoweit anzuwenden, als diese Vorschriften bei unmittelbarem Bezug der zuzurechnenden Einkünfte durch die Personen im Sinne des Absatzes 1 anzuwenden wäre.

(9) ¹Ist eine ausländische Familienstiftung oder eine andere ausländische Stiftung im Sinne des Absatzes 10 an einer Körperschaft, Personenvereinigung oder Vermögensmasse im Sinne des Körperschaftsteuergesetzes, die weder Geschäftsleitung noch Sitz im Geltungsbereich dieses Gesetzes hat und die nicht gemäß § 3 Absatz 1 des Körperschaftsteuergesetzes von der Körperschaftsteuerpflicht ausgenommen ist (ausländische Gesellschaft), beteiligt, so gehören die Einkünfte dieser Gesellschaft in entsprechender Anwendung der §§ 7 bis 14 mit dem Teil zu den Einkünften der Familienstiftung, der auf die Beteiligung der Stiftung am Nennkapital der Gesellschaft entfällt. ²Auf Gewinnausschüttungen der ausländischen Gesellschaft, denen nachweislich bereits nach Satz 1 zugerechnete Beträge zugrunde liegen, ist Absatz 1 nicht anzuwenden.

(10) ¹Einer ausländischen Familienstiftung werden Vermögen und Einkünfte einer anderen ausländischen Stiftung, die nicht die Voraussetzungen des Absatzes 6 Satz 1 erfüllt, entsprechend ihrem Anteil zugerechnet, wenn sie allein oder zusammen mit den in den Absätzen 2 und 3 genannten Personen zu mehr als der Hälfte unmittelbar oder mittelbar bezugsberechtigt oder anfallsberechtigt ist. ²Auf Zuwendungen der ausländischen Stiftung, denen nachweislich bereits nach Satz 1 zugerechnete Beträge zugrunde liegen, ist Absatz 1 nicht anzuwenden.

(11) Zuwendungen der ausländischen Familienstiftung unterliegen bei Personen im Sinne des Absatzes 1 nicht der Besteuerung, soweit die den Zuwendungen zugrunde liegenden Einkünfte nachweislich bereits nach Absatz 1 zugerechnet worden sind.

Inhaltsübersicht

	Rz.
A. Allgemeiner Überblick	1–89
I. Entstehungsgeschichte	1–19
II. Überblick über den Regelungsgehalt der Vorschrift	20–39
III. Sinn und Zweck der Vorschrift	40–59
IV. Bedeutung der Vorschrift	60–79
V. Tatbestands- und Rechtsfolgeschema	80–89

Inhaltsübersicht § 15

	Rz.
B. Verhältnis zu anderen Vorschriften	90–149
I. Verfassungsrecht; Treaty Override	90–99
II. Unionsrecht	100–109
III. Hinzurechnungsbesteuerung	110–119
IV. Allgemeine Missbrauchsnorm des § 42 AO	120–149
C. Zurechnung von Einkünften einer Familienstiftung (Abs. 1)	150–299
I. Allgemeines	150–159
II. Einkünftebegriff	160–179
III. Subjekte der Einkünftezurechnung	180–269
1. Subsidiaritätsverhältnis in der Person des Zurechnungssubjekts: Stifter – Bezugsberechtiger – Anfallsberechtiger	180–189
2. Stifter	190–209
a) Begriff und Bedeutung	190–193
b) Persönliche Voraussetzungen	194, 195
c) Unbeschränkte Steuerpflicht	196
d) Besonderheiten bei mehreren Stiftern und Zustiftern	197–209
3. Bezugsberechtigte	210–229
a) Begriff und Bedeutung	210, 211
b) Bezug	212, 213
c) Berechtigung; Rechtsanspruch	214–229
4. Anfallsberechtigte	230–239
a) Bedeutung	230, 231
b) Uneinheitliches Begriffsverständnis	232–234
c) Stellungnahme	235–239
5. Quantitative Voraussetzungen: Berechtigtsein zu mehr als der Hälfte	240–269
IV. Erbschaft- und Schenkungsteuer	270–279
V. Satzungsklauseln	280–299
D. Die Familienstiftung nach Abs. 2	300–329
I. Begriff	300, 301
II. Rechtstypenvergleich	302–309
III. Abgrenzungsschwierigkeiten	310
IV. Zurechnung von Einkünften und Vermögen	311–329
E. Die Unternehmensstiftung nach Abs. 3	330–349
F. Gleichgestellte Rechtsträger (Abs. 4)	350–379
I. Allgemeines	350–359
II. Praktisch bedeutsame Einzelfälle	360–379
G. Möglichkeit der Steueranrechnung nach Abs. 5	380–399
H. Unionsrechtliche Rettungsklausel (Abs. 6)	400–419
I. Regelungsgehalt	400–404
II. Beurteilung am Maßstab der Grundfreiheiten	405
III. Drittstaaten-Problematik	406–419

§ 15 1 Steuerpflicht von Stiftern, Bezugsberechtigten u.a.

Rz.

I. **Entsprechende Anwendung deutschen Steuerrechts bei der Einkünfteermittlung (Abs. 7)** 420–429
   I. Grundregel 420, 422
   II. Verlustbehandlung 423–429

J. **Verfahrensrechtliche Aspekte** 430–434
   I. Gesonderte Feststellung nach § 180 AO 430, 431
   II. Verpflichtung zur Mitwirkung 432–434

K. **Behandlung der zuzurechnenden Einkünfte beim Stifter/Destinatär (Abs. 8)** 435–449

L. **Nachgeschaltete Kapitalgesellschaften (Abs. 9)** 450–479
   I. Grundstruktur der Regelung 450–459
   II. Exemplifizierung der Wirkungsweise 460–479
     1. Nachgeschaltete ausländische Kapitalgesellschaft mit ausschließlich aktiven Einkünften 460–465
     2. Nachgeschaltete ausländische Kapitalgesellschaft mit ausschließlich passiven Einkünften 466–479

M. **Nachgeschaltete ausländische Stiftungen (Abs. 10)** .. 480–494
   I. Grundstruktur der Regelung 480–483
   II. Exemplifizierung der Wirkungsweise 484–494
     1. Zwischengeschaltete ausländische Kapitalgesellschaft 484–488
     2. Mehrstöckige Struktur mit nachgeschalteter Stiftung 489–494

N. **Tatsächliche Stiftungsauskehrungen (Abs. 11)** 495, 496

A. Allgemeiner Überblick

I. Entstehungsgeschichte

1 Vorgänger der Vorschrift war § 12 StAnpG vom 16.10.1934 (RGBl. 1934 I 924). § 15 ist dieser Norm nachgebildet und knüpft an deren Regelung an. § 12 StAnpG war seinerseits an der Verordnung über die steuerliche Erfassung bisher nicht versteuerter Werte und über Steueramnestie vom 23. August 1931 orientiert (StAmnVO, RGBl. 1931 I 600 und RStBl. 1931, 600). Sowohl § 12 StAnpG als auch § 15 haben damit Vorgänger in den §§ 2 und 3 der StAmnVO. Diese Bestimmungen ebenso wie § 12 StAnpG hatten nicht die Besteuerung der ausländischen Familienstiftung im Inland zum Gegenstand, sondern zielten auf eine Besteuerung der ihr nahestehenden und unbeschränkt steuerpflichtigen Personen. Damit entsprachen auch die Vorläuferbestimmungen strukturell dem von § 15 verfolgten Ansatz. Die Vorschriften der StAmnVO wurden flankiert von Durchführungsbestimmungen vom 24.8.1931 (RGBl. 1931 I 455 = RStBl. 1931, 603) sowie vom RdF-Erlass ebenfalls vom 24.8.1931 (RStBl. 1931, 597).

A. Allgemeiner Überblick 2–6 § 15

Bereits §§ 2, 3 StAmnVO rechneten das Einkommen und Vermögen der ausländischen Familienstiftung den Stiftern und den Bezugsberechtigten zu, um diese und nicht die Stiftung selbst zu besteuern. Dieses Konzept wurde in § 12 StAnpG 1934 und § 15 fortgeführt. 2

§ 12 StAnpG 1934 lautete: 3

(1) Vermögen und Einkommen einer Familienstiftung, die von einem unbeschränkt Steuerpflichtigen errichtet worden ist und ihre Geschäftsleitung und ihren Sitz im Ausland hat, werden dem Errichter der Familienstiftung, solange er unbeschränkt steuerpflichtig ist, sonst dem Bezugsberechtigten zugerechnet. Dabei ist es einerlei, ob die Familienstiftung ihr Einkommen ausgeschüttet oder behalten hat.

(2) Familienstiftungen sind solche Stiftungen, bei denen der Stifter, seine Angehörigen und deren Abkömmlinge zu mehr als der Hälfte bezugsberechtigt sind. Den Stiftungen stehen sonstige Zweckvermögen und rechtsfähige oder nicht rechtsfähige Personenvereinigungen gleich.

(3) Hat ein Unternehmen oder eine Körperschaft oder eine Personenvereinigung (z. B. eine Gesellschaft) eine Stiftung errichtet, die ihre Geschäftsleitung und ihren Sitz im Ausland hat, so wird die Stiftung wie eine Familienstiftung behandelt, wenn der Stifter, seine Gesellschafter, Mitglieder, leitenden Angestellten (insbesondere Vorstandsmitglieder und Prokuristen) und die Angehörigen dieser Personen zu mehr als der Hälfte bezugsberechtigt sind.

§ 12 StAnpG 1934 betraf ausländische Familienstiftungen, bei denen der Stifter, seine Angehörigen und deren Abkömmlinge zu mehr als der Hälfte bezugsberechtigt waren. Dagegen verlangte § 2 StAmnVO eine Berechtigung von mehr als 80%. 4

§ 15 Abs. 1–3 hat die Absätze 1–3 des § 12 StAnpG 1934 fast wörtlich übernommen. Der Errichter der Stiftung wurde durch den Begriff Stifter ersetzt. Anders als der Errichter kann ein Stifter nicht nur Errichter, sondern auch Zustifter sein. In zwei weiteren Punkten geht § 15 wesentlich über § 12 StAnpG 1934 hinaus. So kommt es bei § 12 Abs. 1 StAnpG 1934 darauf an, dass der Errichter im Zeitpunkt der Errichtung unbeschränkt steuerpflichtig war. § 15 Abs. 1 stellt dagegen darauf ab, dass der Stifter oder die Berechtigten im betreffenden Veranlagungszeitraum unbeschränkt bzw. erweitert beschränkt steuerpflichtig sind. Damit werden ggf. auch Familienstiftungen erfasst, bei denen der Stifter im Errichtungszeitpunkt im Ausland ansässig war. Diese Erweiterung dürfte – das sei bereits hier angemerkt – verfassungsrechtlich und im Hinblick auf die EU-Grundfreiheiten nicht frei von Bedenken sein. Anders als § 12 Abs. 1 StAnpG 1934 bezieht § 15 Abs. 1 auch den Anfallsberechtigten in die Besteuerung mit ein. Diese Erweiterung wird damit begründet, dass Stifter, Bezugsberechtigte und die Anfallsberechtigten in derselben Interessennähe zum Stiftungseinkommen stehen. Entsprechend wird in Absatz 2 die Familienstiftung weiter definiert. 5

Die Zurechnung nach dem Absatz 1 des § 12 StAnpG 1934 bzw. § 15 Abs. 1 umfasst sowohl das Einkommen (im Fall des § 15 Abs. 1 seit 2013 die Einkünfte) als auch das Vermögen der ausländischen Familienstiftung. Angesichts der Abschaffung der Vermögensbesteuerung ab dem 1. Januar 1997 infolge Verfassungswidrigkeit, wäre es angezeigt, § 15 Abs. 1 anzupassen und auf die Einkünftezurechnung zu beschränken (Schriftlicher Bericht des Finanzausschusses, BT-Drs. VI/3537). 6

Kraft 821

§ 15 7–19 Steuerpflicht von Stiftern, Bezugsberechtigten u.a.

7   § 12 Abs. 3 StAnpG 1934 und § 15 Abs. 3 stellen Familienstiftungen den Unternehmensstiftungen gleich. Um Umgehungen zu verhindern, erfasst § 15 Abs. 4 ergänzend ausländische Zweckvermögen, Vermögensmassen und Personenvereinigungen.

8   Mit dem JStG 2009 (BGBl. 2008 I 2794) wurde § 15 um zwei weitere Absätze ergänzt. Mit der Einfügung des Absatzes 6 sollen unionsrechtliche Bedenken berücksichtigt werden, die sich auf Grund der Entwicklung der Rechtsprechung des EuGH zur Kapitalverkehrsfreiheit (Art. 63 AEUV) ergeben haben. Eine Anpassung an diese Rechtsprechung forderte auch die EU-Kommission. Die Vorschrift des Abs. 6 ist daher im Wesentlichen als Reaktion auf ein – zwischenzeitlich eingestelltes – Vertragsverletzungsverfahren (Az. 2003/4610 EU-Kommission) bzgl. § 15 zu sehen. Absatz 6 schließt eine Zurechnung nach Absatz 1 aus, wenn die Stiftung ihren Sitz oder ihre Geschäftsleitung in einem EU-Mitgliedstaat bzw. einem Vertragsstaat des EWR-Abkommens hat, sofern die Personen, denen gegenüber die Zurechnung nach Absatz 1 grundsätzlich zu erfolgen hat, den Nachweis erbringen, dass ihnen selbst oder anderen Personen, die in den Absätzen 2 und 3 genannt sind, die Verfügungsmacht über das Stiftungsvermögen rechtlich und tatsächlich entzogen ist.

9   Mit Absatz 7 idF des JStG 2009 beabsichtigte der Gesetzgeber eine Klarstellung dahingehend, dass das zuzurechnende Einkommen in entsprechender Anwendung der Vorschriften des deutschen Steuerrechts zu ermitteln sei. Da bei der Hinzurechnungsbesteuerung nach §§ 7–14 ein negativer Hinzurechnungsbetrag dem Steuerinländer nicht hinzugerechnet werden kann, wurde dies auch bei ausländischen Familienstiftungen entsprechend ausgeschlossen. Auf Ebene der Stiftung wurde jedoch eine entsprechende Anwendung des § 10d EStG normiert.

10   Im Rahmen des AmtshilfeRLUmsG (BGBl. 2013 I 1809) wurde § 15 seiner bislang grundlegendsten Reform unterzogen. § 15 Abs. 1 sieht nun, ähnlich wie im Kontext der §§ 7–14, eine Einkünftezurechnung statt der bisherigen Einkommenszurechnung vor. § 15 Abs. 8 enthält nun explizite Regelungen für die Behandlung der gem. § 15 Abs. 1 zugerechneten Einkünfte beim Stifter oder Destinatär. Mit § 15 Abs. 9–10 wurden nunmehr Sonderregelungen für mehrstöckige Strukturen unter Einschluss nachgeschalteter Auslandsstiftungen oder ausländischer Kapitalgesellschaften eingefügt. Der ebenfalls neu eingefügte § 15 Abs. 11 führt zudem die Besteuerung tatsächlicher Stiftungsauskehrungen einer expliziten Lösung zu und vermeidet insoweit eine Doppelbesteuerung, wenn die entsprechenden Einkünfte vorher bereits gem. § 15 Abs. 1 zugerechnet worden sind.

11   In den Absätzen 5 und 7 wurden systematische Folgeanpassungen vorgenommen. Mit Blick auf den neuen Absatz 9 wurde in Absatz 5 die Suspension der §§ 7–14 im Rahmen des § 15 gestrichen. Auch der Verweis auf § 2 ist nunmehr – ohne erkennbaren Grund – entfallen. Absatz 7 enthält jetzt einen expliziten Verweis auf § 10 Absatz 3 und nähert damit die Systematik des § 15 weiter derjenigen der §§ 7–14 an.

12–19   *einstweilen frei*

II. Überblick über den Regelungsgehalt der Vorschrift

Abs. 1 zufolge sind Vermögen und Einkünfte einer Familienstiftung, die 20 Geschäftsleitung und Sitz außerhalb des Geltungsbereichs des AStG hat, dem Stifter zuzurechnen, wenn er unbeschränkt steuerpflichtig ist. Ist der Stifter nicht unbeschränkt steuerpflichtig, so sind Vermögen und Einkünfte der Familienstiftung solchen unbeschränkt steuerpflichtigen Personen zuzurechnen, die das Gesetz als bezugsberechtigt oder anfallsberechtigt umschreibt. Die Zurechnung hat entsprechend ihrem Anteil zu erfolgen. Damit bestimmt Abs. 1 die Reihenfolge der Zurechnung der Einkünfte und des Vermögens der ausländischen Stiftung, vorrangig zu dem unbeschränkt oder erweitert beschränkt steuerpflichtigen Stifter. Falls dieser nicht vorhanden ist, erfolgt die Zurechnung zu den unbeschränkt oder erweitert beschränkt steuerpflichtigen Bezugs- und Anfallsberechtigten.

Abs. 2 enthält den Versuch einer Begriffsbestimmung der Familienstiftung 21 und umschreibt die Familienstiftung als eine Stiftung, bei der der Stifter und seine Familienangehörigen zu mehr als der Hälfte an den laufenden Einkünften und dem Liquidationserlös beteiligt sind. Die ausländische Stiftung muss darüber hinaus in ihrer Funktion einer Stiftung nach deutschem Recht entsprechen.

Abs. 3 stellt sogenannte Unternehmensstiftungen hinsichtlich der Rechts- 22 folgen einer Familienstiftung gleich und dehnt mithin den Anwendungsbereich des § 15 über Familienstiftungen auf Unternehmensstiftungen aus. Dies gilt für Fälle, in denen der Errichter ein Unternehmer, Mitunternehmer, eine Körperschaft, Personenvereinigung oder Vermögensmasse ist.

Abs. 4 stellt ausländische Rechtssubjekte und verselbstständigte Zweck- 23 vermögen der Familienstiftung gleich, wenn sie eine ähnliche Struktur haben. Damit verdeutlicht Abs. 4 den aufgrund der beabsichtigten Stoßrichtung der Bestimmung naheliegenden Grundsatz, dass es nicht auf die Bezeichnung einer fraglichen Institution als „Stiftung" ankommen kann. Vielmehr ist auf die Rechtsträgerschaft einer entsprechend konzipierten Organisation abzustellen.

Abs. 5 enthält eine Verweisung auf § 12 Abs. 1 und 2 sowie – soweit gem. 24 § 15 Abs. 11 steuerbefreite Stiftungszuwendungen betroffen sind – auf § 12 Abs. 3. Durch die Verweisung auf § 12 ist gewährleistet, dass die auf die zugerechneten Einkünfte erhobenen Steuern beim Steuerinländer angerechnet werden.

Abs. 6 suspendiert die Anwendung des Abs. 1 für Familienstiftungen mit 25 Geschäftsleitung oder Sitz in einem Mitgliedstaat der EU bzw. einem Vertrag des EWR-Abkommens, wenn bestimmte Voraussetzungen erfüllt sind.

Abs. 7 regelt, dass die Ermittlung der Einkünfte der ausländischen Famili- 26 enstiftung in entsprechender Anwendung der Vorschriften des EStG und KStG zu erfolgen hat. Abs. 7 S. 2 bestimmt dabei eine entsprechende Anwendung der Regelungen des § 10 Abs. 3. Abs. 7 S. 3 sieht vor, dass keine Zurechnung negativer Beträge erfolgen kann.

Abs. 8 regelt die Behandlung der zugerechneten Einkünfte beim Zurech- 27 nungsempfänger. Abs. 8 S. 1 stellt klar, dass insoweit der Sache nach Einkünfte iSd § 20 Abs. 1 Nr. 9 EStG gegeben sind. Abs. 8 S. 2 1. Hs. bestimmt, dass hiervon § 20 Abs. 8 EStG unberührt bleibt. Abs. 8 S. 2 2. Hs. betrifft primär mehrstufige Strukturen und sieht vor, dass § 3 Nr. 40 S. 1 Buchst. d EStG und § 32d EStG auf Ebene des Zurechnungsempfängers nur dann anzuwenden sind, wenn dieser bei unmittelbarem Bezug der entsprechenden Einkünfte in den Genuss dieser Vorschriften gekommen wäre. Abs. 8 S. 3 trifft eine analoge Regelung für die Anwendung des § 8b Abs. 1 und 2 KStG bei körperschaftsteuerpflichtigen Zurechnungsempfängern. Zudem wird festgelegt, dass insoweit § 8 Abs. 2 KStG unberührt bleibt. Ist also zB eine deutsche Kapitalgesellschaft Stifterin oder Bezugsberechtigte einer ausländischen Familienstiftung, so gehören die zugerechneten Einkünfte zu den Einkünften aus Gewerbebetrieb.

28 **Abs. 9** regelt die Behandlung mehrstöckiger Strukturen, bei denen einer Stiftung eine Kapitalgesellschaft nachgeschaltet ist.

29 **Abs. 10** enthält eine entsprechende Regelung für solche mehrstöckige Strukturen, bei denen einer ausländischen Familienstiftung weitere Stiftungen nachgeschaltet sind.

30 **Abs. 11** enthält eine Regelung zur Vermeidung einer Doppelbesteuerung für den Fall, dass eine ausländische Familienstiftung iSd § 15 tatsächliche Auskehrungen tätigt. Damit soll eine Doppelbesteuerung entsprechender Einkünfte vermeiden werden.

31–39 *einstweilen frei*

III. Sinn und Zweck der Vorschrift

40 § 15 ist eine Missbrauchsnorm, die Steuerflucht und Steuervermeidung durch Errichtung von ausländischen (Familien-)Stiftungen und Trusts verhindern möchte (BFH v. 25.4.2001, II R 14/96, BFH/NV 2001, 1457). Die Vorschrift zielt darauf, die Verlagerung von Einkünften und Vermögen durch die Einschaltung von ausländischen Familienstiftungen, Zweckvermögen und Personenvereinigungen zu verhindern. Deshalb rechnet sie den Stiftern und Bezugs- sowie den Anfallsberechtigten die verlagerten Einkünfte entsprechend ihrem Anteil zu. Den genannten Personen werden somit die Einkünfte so zugerechnet, als hätte die Stiftung tatsächlich Bezüge gewährt. Die Vorschrift fingiert somit eine Ausschüttung der Gesamteinkünfte.

41 Die Besteuerungstatbestände werden von der Familienstiftung verwirklicht. Die Besteuerungsfolgen treffen die genannten Steuerpflichtigen unabhängig davon, ob diese über die von der Stiftung erwirtschafteten Einkünfte verfügen können. Somit durchbricht § 15 die Abschirmwirkung der ausländischen Stiftung bzw. Vermögensmassen.

42 Nach dem Wortlaut des § 15 Abs. 1, 2 erfolgt die Zurechnung der Bemessungsgrundlage unabhängig davon, ob der Stifter oder die Berechtigten bei Errichtung der Stiftung mit Umgehungsabsicht handelten (BFH v. 25.4.2001, II R 14/96, BFH/NV 2001, 1457; BFH v. 2.2.1994, I R 96/92, BStBl. II 1994, 727). Ungeachtet der bei Gründung verfolgten Absichten sind unter § 15 alle Stiftungen und Vermögensmassen zu erfassen, die die Tatbestandsvoraussetzungen der Norm erfüllen. Diese Typisierung ist im Hinblick auf die Verfassungsmäßigkeit der Norm sowie den Grundfreiheiten des AEUV bedenklich.

A. Allgemeiner Überblick 43–59 § 15

Gleichwohl hat der Gesetzgeber das Ziel der Verhinderung der Steuerflucht 43
und Steuervermeidung bei Verabschiedung der Norm verfolgt. Diese Zielsetzung berücksichtigt die Rechtsprechung insbesondere bei der Auslegung der Begriffe der Bezugs- und Anfallsberechtigten (BFH v. 25.4.2001, II R 14/96, BFH/NV 2001, 1457; *Habammer* DStR 2002, 425).

Nach der Konzeption des § 15 werden die von der Stiftung erzielten Einkünfte 44
dem unbeschränkt steuerpflichtigen Stifter bzw. den unbeschränkt steuerpflichtigen Begünstigten zugerechnet, und zwar unabhängig davon, ob sie im jeweiligen Zeitraum tatsächlich Zuwendungen von der Stiftung erhalten haben. Die Vorschrift bezweckt, der Verlagerung von Einkünften auf ausländische Stiftungen entgegenzuwirken, die vorwiegend in Gebieten errichtet werden, in denen auf das Vermögen und die Erträge der Stiftung keine oder nur geringfügige Steuern anfallen. Ein solches Besteuerungsregime im Zusammenhang mit ausländischen Familienstiftungen soll nach Ansicht des Gesetzgebers aus Gründen der Gleichmäßigkeit der Besteuerung umso mehr gerechtfertigt sein, als ausländische Stiftungen häufig Strukturen aufweisen, die mit inländischen Stiftungen nicht vergleichbar sind (dazu BFH v. 28.6.2007, II R 21/05, BStBl. II 2007, 669).

Nach der Bestimmung werden das Stiftungsvermögen sowie die erzielten 45
Stiftungseinkünfte ausländischer Stiftungen den unbeschränkt einkommensteuerpflichtigen Stiftern oder Bezugs-/Anfallsberechtigten zugerechnet. Die Norm greift auf die Einkünfte ausländischer Stiftungen und vergleichbarer Rechtsträger zu, soweit Bezugs- oder Anfallsberechtigte der unbeschränkt steuerpflichtige Stifter oder seine unbeschränkt steuerpflichtigen Angehörigen oder deren Abkömmlinge sind. Die Zurechnung der Einkünfte der Stiftung erfolgt entsprechend ihrem Anteil.

Entsprechendes gilt, wenn tatsächlich keine Zuwendungen aus der Stiftung 46
zufließen, sondern die erzielten Einkünfte thesauriert werden. Daraus ergibt sich nach Ansicht des deutschen Gesetzgebers der Sinn und Zweck des § 15. Er besteht – wie bereits erwähnt – darin, der Verlagerung von Einkünften auf ausländische Stiftungen entgegenzuwirken, die vorwiegend in Gebieten errichtet werden, in denen auf das Vermögen und die Erträge der Stiftung keine oder nur geringfügige Steuern anfallen. Dies ist vor dem Hintergrund zu sehen, dass Familienstiftungen oder vergleichbare Rechtsträger in einigen Staaten praktisch überhaupt nicht oder (im Vergleich zum Inland) äußerst begünstigt besteuert werden. Häufig geht mit der Nicht- bzw. Niedrigbesteuerung die Ablehnung zwischenstaatlicher Amtshilfe für inländische Besteuerungszwecke einher. Aus diesen Erwägungen heraus hält der Gesetzgeber es aus Gründen der Gleichmäßigkeit der Besteuerung für gerechtfertigt, den inländischen Stiftern oder Bezugs-/Anfallsberechtigten ausländischer Familienstiftungen das Stiftungsvermögen sowie die erzielten Stiftungseinkünfte zuzurechnen, um diese (jährlich) der inländischen Besteuerung zu unterwerfen. Um diesen Sinn und Zweck realisieren zu können, normiert § 20 Abs. 1 für § 15 einen sogenannten „treaty-override". Danach wird aufgrund eines anwendbaren DBA der Anwendungsbereich des § 15 weder eingeschränkt noch ausgeschlossen.

einstweilen frei 47–59

IV. Bedeutung der Vorschrift

60 Bis zum Jahr 2008 konnte allgemein vermutet werden, dass die empirische Bedeutung der Bestimmung gering sei. In einer in IStR 1993, 124 abgedruckten Urteilsanmerkung mutmaßt der Autor F. W., dass es sich beim Fall des Urteils BFH v. 5.11.1992, I R 39/92, BStBl. II 1993, 388 um den ersten Steuerfall innerhalb der letzten 20 Jahre handeln dürfte, in dem § 15 angewendet wurde. Die Einschätzung geringer Bedeutung spiegelt sich im – bis dahin – vergleichsweise spärlichen Fallmaterial aus der Finanzrechtsprechung wider (Nachweise vgl. Vorauflage, § 15 Rz. 60).

61 Breitenwirkung entfaltete die Thematik der Besteuerung ausländischer Familienstiftungen durch einen Steuerfall aus dem Jahre 2008, über den aufgrund der Prominenz des Beschuldigten in der Allgemeinpresse berichtet wurde. Allgemein dürfte jedoch insbesondere dem international agierenden Stiftungswesen in Zukunft eine deutlich höhere Bedeutung zukommen als in der Vergangenheit, was reflexartig auch auf die Relevanz des § 15 zurückwirken wird. Diese Tendenz zeichnet sich bereits in der Finanzrechtsprechung ab. In den vergangenen Jahren hat sich sowohl der BFH (BFH v. 22.12.2010, I R 84 – 87/09, BStBl. II 2014, 361, BeckRS 2011, 95256; BFH, Beschluss v. 13.5.2013, I R 39/11) als auch die Finanzgerichtsbarkeit (FG Düsseldorf v. 22.1.2015, 16 K 2858/13 F, EFG 2015, 629; FG Düsseldorf v. 21.4.2015, 13 K 4163/11 E, ZEV 2015, 552 deutlich häufiger mit ausländischen Familienstiftungen auseinandersetzen müssen. Schließlich hat die Thematik auch den EuGH (Fünfte Kammer des EuGH v. 17.9.2015, C-589/13, NZG 2015, 1440 – *F. E. Familienprivatstiftung Eisenstadt/Unabhängiger Finanzsenat, Außenstelle Wien*) erreicht.

62 In der Rechtswirklichkeit treten mit ausländischen Familienstiftungen zusammenhängende Probleme nicht selten im Rahmen von Steuerfahndungs- und Steuerstrafverfahren zutage. Dass in derartigen Verfahren eine detaillierte Kenntnis der materiellen Grundlagen unabdingbar ist, versteht sich von selbst. Dies umfasst insbesondere auch die unionsrechtliche und die verfassungsrechtliche Einschätzung der Besteuerung ausländischer Familienstiftungen in Rechtsprechung und Literatur. Empirische Evidenz unterstreicht die Vermutung, dass Fälle mit Bezügen zu ausländischen Familienstiftungen im Grenzbereich des Steuerstrafrechts häufig mit nicht seriöser steuerlicher Beratung einhergehen.

63–79 *einstweilen frei*

V. Tatbestands- und Rechtsfolgeschema

80 Zusammenfassend kann somit das folgende Schema als Überblick über Grundtatbestand und Rechtsfolge ausgemacht werden.

81 Tatbestand:
- Vorliegen einer Familienstiftung (Abs. 2) als
  - Stiftung, bei der
    - der Stifter und/oder
    - seine Angehörigen (§ 15 AO)

- zu mehr als der Hälfte bezugsberechtigt sind oder
- zu mehr als der Hälfte anfallsberechtigt sind
- unbeschränkte Steuerpflicht des Stifters
- unbeschränkte Steuerpflicht bezugsberechtigter Personen
- unbeschränkte Steuerpflicht anfallsberechtigter Personen.

Rechtsfolge: 82
- Zurechnung der Einkünfte der Familienstiftung zum unbeschränkt steuerpflichtigen Stifter
- subsidiäre anteilige Zurechnung der Einkünfte (und Vermögen) der Familienstiftung zum unbeschränkt steuerpflichtigen Bezugsberechtigten
- subsidiäre anteilige Zurechnung der Einkünfte (und Vermögen) der Familienstiftung zum unbeschränkt steuerpflichtigen Anfallsberechtigten.

einstweilen frei 83–89

B. Verhältnis zu anderen Vorschriften

I. Verfassungsrecht; Treaty Override

Die Bestimmung wird ähnlich wie ihre Vorläuferbestimmung, § 12 90
StAnpG, zumindest partiell für verfassungswidrig gehalten (*FWBS* § 15 AStG,
Rz. 24; *F.W.* IStR 1993, 124 konstatiert, dass die Vorschrift des § 15 „deutliche Zeichen der Verfassungswidrigkeit" auf der Stirn trage). In den zu § 15
bekannt gewordenen Entscheidungen vermochte die Rechtsprechung indessen jedenfalls in Bezug auf die jeweils konkreten Streitfälle einen Verfassungsverstoß der Norm nicht zu erkennen (BFH v. 25.4.2001, II R 14/96, BFH/
NV 2001, 1457; BFH v. 5.11.1992, I R 39/92, BStBl. II 1993, 388; BFH v.
2.2.1994, I R 66/92, BStBl. II 1994, 727). Die verfassungsrechtlichen Zweifel
entzünden sich insbesondere an der Vereinbarkeit mit Art. 3 GG, Art. 6 GG
sowie Art. 14 Abs. 1 GG. In der Literatur wurde – soweit ersichtlich – eine
Verletzung von Art. 9 (Vereinigungs- und Versammlungsfreiheit) noch nicht
gerügt.

Verfassungsrechtlich bedenklich erscheint insbesondere die der Bestimmung 91
innewohnende typisierte Missbrauchsvermutung. Diese Bedenken bleiben
auch nach der Fundamentalreform des § 15 im Rahmen des AmtshilfeR-
LUmsG uneingeschränkt bestehen, da diese die Tatbestandsvoraussetzungen
der Vorschrift weitgehend unberührt ließ (*Moser* Hinzurechnungsbesteuerung/Familienstiftungen, 189 ff.).

Da § 15 nach § 20 Abs. 1 durch die Doppelbesteuerungsabkommen „nicht 92
berührt" wird, mithin so zu verstehen ist, dass dessen Rechtsfolge auch eingedenk vereinbarter Doppelbesteuerungsabkommen fortgelten soll, konstituiert
die Vorschrift einen klaren „treaty override". Bekanntlich hat die Problematik
des „treaty override" im Steuerrecht mittlerweile das BVerfG erreicht. Ausgangspunkt war die in nicht-steuerlichem Zusammenhang erlassene *Görgülü*-
Entscheidung des BVerfG (BVerfG v. 14.10.2004, 2 BvR 1481, NJW 2004,
3407). Darin findet sich der Hinweis, dass „der Gesetzgeber von Verfassung
wegen gehalten ist, Völkerrecht zu beachten, wenn nicht ausnahmsweise die

Voraussetzungen vorliegen, von denen das BVerfG die Zulässigkeit der Abweichungen vom Völkervertragsrecht abhängig macht." Des Weiteren sei es die Verpflichtung aller Staatsorgane, „die Bundesrepublik bindenden Völkerrechtsnormen zu befolgen und Verletzungen nach Möglichkeit zu unterlassen" (BVerfG v. 26.10.2004, 2 BvR 955/00 und BVerfG v. 26.10.2004, 2 BvR 1038/01, JuS 2005, 552).

93 Dieser Duktus mündete in mehreren Vorlagebeschlüssen des I. Senat des BFH. In diesen wurde die Verfassungsmäßigkeit von Treaty Overrides bezweifelt. Vgl. BFH v. 20.8.2014, I R 86/13, BFH/NV 2014, 1985 betreffend § 50d Abs. 9 EStG; BFH v. 11.12.2013, I R 4/13, BFH/NV 2014, 614 betreffend § 50d Abs. 10 EStG; BFH v. 10.1.2012, I R 66/09, BFH/NV 2012, 1056.

94 Das BVerfG hat jedoch mit Beschluss vom 15.12.2015 (Az. 2 BvR 1/12) entschieden, dass der Gesetzgeber nicht an einer einseitigen Vertragsüberschreibung gehindert ist und teilt damit nicht die vom BFH (Vorlagebeschluss vom 10.1.2012, I R 66/09, BFHE 326, 304) hervorgebrachten Zweifel an der verfassungsrechtlichen Zulässigkeit eines Treaty override.

95–99 *einstweilen frei*

II. Unionsrecht

100 Die Zurechnungsbesteuerung nach § 15 steht – wie zahlreiche weitere Vorschriften des AStG (§§ 1 und 6 sowie §§ 7 bis 14) – auf dem ständigen Prüfstand der Unionsrechtskonformität. Das (mittlerweile eingestellte) Vertragsverletzungsverfahren der EU-Kommission gegen Deutschland zu § 15 hat die Relevanz dieser Problematik sehr klar unterstrichen (vgl. *FinSen Berlin,* Runderlass v. 1.2.2005, III A 3 – S 1361-3/2004, IStR 2005, 174 sowie DStR 2005, 625; Az. 2003/4610 EU-Kommission).

101 Vor Einführung der EU/EWR-Exkulpationsklausel des § 15 Abs. 6 ging eine Mindermeinung im Schrifttum von der Unionsrechtskonformität des § 15 aus (Nachweise bei *Kraft/Hause* DB 2006, 414), während die ganz überwiegende Literaturauffassung die Vorschrift für unionsrechtlich bedenklich hielt (vgl. *FWBS* § 15 AStG Rz. 170; *Moser* Hinzurechnungsbesteuerung/Familienstiftungen, 197 ff.; *Hey* IStR 2009, 181; *Kraft/Schulz* ZSt 2009, 122; *Lühn* Intertax 2008, 520; *Kraft/Schulz* ET 2010, 2015; *Kraft/Hause* DB 2006, 414; *Moser/Hentschel* TNI 2014, 749; *SKK/Rundshagen* § 15 AStG Rz. 30; Blümich/*Vogt* § 15 AStG Rz. 30 ff.).

102 Aber auch nach der Einführung der EU/EWR-Exkulpationsklausel des § 15 Abs. 6 und der Fundamentalreform des § 15 im Rahmen des AmtshilfeRLUmsG bleiben, wie im Folgenden gezeigt wird, erhebliche unionsrechtliche Kritikpunkte bestehen.

103 Die Zurechnungsbesteuerung nach § 15 stand immer und steht noch im Verdacht, gegen die Niederlassungsfreiheit nach Art. 49 AEUV sowie die in Art. 63 AEUV geregelte Kapitalverkehrsfreiheit zu verstoßen, zudem wird geltend gemacht, sie bewirke einen Verstoß gegen die allgemeine Freizügigkeit (vgl. dazu sowie zur Rechtfertigungslehre des EuGH ausführlich Vorauflage, § 15 Rz. 104 ff. sowie *FWBS* § 15 AStG Rz. 27 ff.).

B. Verhältnis zu anderen Vorschriften

Der Frage, ob ausländische Familienstiftungen am Maßstab der Niederlassungsfreiheit oder der Kapitalverkehrsfreiheit zu messen sind, kommt Bedeutung für die Reichweite der unionsrechtlichen Prüfung zu. Denn die Niederlassungsfreiheit wirkt nur innerhalb der Union, der Schutzbereich der Kapitalverkehrsfreiheit verbietet nach Art. 63 Abs. 1 AEUV alle Beschränkungen des Kapitalverkehrs zwischen den Mitgliedsstaaten sowie zwischen Mitgliedsstaaten und dritten Ländern. Dieses sogenannte „erga-omnes-Prinzip" dehnt den Schutzbereich somit auf den Kapitalverkehr mit Drittstaaten aus. Von der Kapitalverkehrsfreiheit begünstigt sind alle in einem Mitgliedsstaat oder EWR-Staat bzw. Drittstaat ansässigen natürlichen Personen (vgl. GKK/ *Kotzur* Art. 63 AEUV Rz. 7). In Betracht kommen mithin sowohl der Stifter als auch die Bezugs- oder Anfallsberechtigten einer EU-/EWR-ausländischen Familienstiftung. **104**

Nach höchstrichterlicher Finanzrechtsprechung sowohl des BFH (BFH v. 22.12.2010, I R 84/09, BStBl. II 2014, 361 – Vorinstanz: HessFG v. 18.8. 2009, 2 K 952/09, DStRE 2011, 180) als auch des EuGH (Fünfte Kammer, EuGH v. 17.9.2015, C-589/13 – *F. E. Familienprivatstiftung Eisenstadt/Unabhängiger Finanzsenat, Außenstelle Wien*) ist die Kapitalverkehrsfreiheit im Kontext ausländischer Familienstiftungen einschlägig. Nach der Diktion des BFH beschränkt § 15 Abs. 1 S. 1 den freien Kapitalverkehr, wobei die Beschränkung im Einzelfall indessen gerechtfertigt sein kann. Der EuGH hat in der zitierten Entscheidung den Schluss gezogen, dass Zuwendungen einer in einem Mitgliedsstaat gegründeten Privatstiftung an in anderen Mitgliedsstaaten ansässige Begünstigte unter den grenzüberschreitenden Kapitalverkehr fallen. Da die österreichische Privatstiftung konzeptionell als Familienstiftung zu verstehen ist, greift diese Einschätzung des EuGH auch im Rahmen der unionsrechtlichen Beurteilung des § 15. Demzufolge muss sich die Norm am Maßstab der Kapitalverkehrsfreiheit messen lassen, deren Schutzwirkung sich demzufolge auch auf nach dem Recht von Drittstaaten gegründeten Familienstiftungen mit von der Bestimmung erfassten Stiftern, Anfalls- oder Bezugsberechtigten erstreckt. **105**

Aufgrund der Ungleichbehandlung der Begünstigten bei inländischen und bei ausländischen Familienstiftungen bestehen keine Zweifel an der Unionsrechtswidrigkeit der Zurechnungsbesteuerung des § 15. Dessen Regelungsgehalt stellt in seiner gegenwärtigen Fassung auch nach der Einführung eines unionsrechtlichen „Escape" in Form der Exkulpationsklausel des § 15 Abs. 6 eine nicht zu rechtfertigende Beschränkung der Niederlassungs- und Kapitalverkehrsfreiheit dar. Dies gilt insbesondere vor dem Hintergrund der mit dem AStG verfolgten Zielsetzung der Vermeidung von Steuerumgehungen (vgl. *Kraft/Hause* DB 2006, 418; ebenso *Moser* Hinzurechnungsbesteuerung/Familienstiftungen, 197 ff.). **106**

einstweilen frei **107–109**

III. Hinzurechnungsbesteuerung

110 Der zentrale Unterschied zwischen Gesellschaften – relevant für die Anwendung der §§ 7 bis 14 – und Stiftungen – relevant für die Anwendung des § 15 – besteht darin, dass letztere keine Gesellschafts- oder Mitgliedschaftsrechte vermitteln. Demzufolge können Stiftungen wohl die sachlichen Tatbestandsvoraussetzungen der Hinzurechnungsbesteuerung (Erzielung passiver Einkünfte; niedrige Besteuerung), nicht aber die persönliche Tatbestandsvoraussetzung (Beteiligung zu mehr als der Hälfte im Sinne einer gesellschaftsrechtlichen Beherrschung durch Inländer als so genannte Inlands- oder Deutschbeherrschung) erfüllen (anders SKK/*Rundshagen* § 15 AStG Rz. 16). Die Vorschriften des § 15 und der §§ 7 bis 14 schließen sich wechselseitig aus. Ob sie tatsächlich – wie gelegentlich zu lesen ist (*FWBS* § 15 AStG Rz. 44; SKK/*Rundshagen* § 15 AStG Rz. 16) – im Verhältnis der Spezialität dergestalt stehen, dass § 15 lex specialis sein soll, mag dahingestellt bleiben. Spezialität bedeutet im dogmatischen Sinne, dass sämtliche Tatbestandsmerkmale der allgemeinen Norm sowie mindestens ein zusätzliches weiteres Merkmal in der speziellen Vorschrift enthalten sein müssen. Dies lässt sich beim Vergleich der beiden Vorschriftengruppen nicht unbedingt ausmachen. Allerdings besteht auch kein Bedürfnis, ein Verhältnis der Spezialität beziehungsweise der Generalität festzustellen. Sobald aufgrund des in beiden Vorschriftenkomplexen notwendigerweise anzuwendenden Typenvergleichs feststeht, dass ein ausländisches Rechtsgebilde Beteiligungs- und Mitgliedschaftsrechte vermittelt, kann § 15 aus logischen Gründen nicht einschlägig sein. Kann nicht vom Vorliegen von Beteiligungs- und Mitgliedschaftsrechten ausgegangen werden, sind die weiteren Vorschriften des § 15 zu prüfen.

111–119 *einstweilen frei*

IV. Allgemeine Missbrauchsnorm des § 42 AO

120 § 15 ist unstrittig als spezielle Missbrauchsnorm zu charakterisieren (vgl. → Rz. 40 ff.). Dies kommt darin zum Ausdruck, dass sie nach höchstrichterlicher Diktion die Steuerflucht und Steuervermeidung durch Errichtung von ausländischen (Familien-)Stiftungen und Trusts verhindern möchte (BFH v. 25.4.2001, II R 14/96, BFH/NV 2001, 1457). Zusammen mit der allgemeinen Missbrauchsbestimmung des § 42 AO geben sogenannte spezielle Missbrauchsklauseln den Rahmen vor, innerhalb dessen seriöse Steuerplanung betrieben werden kann. Für die praktische Steuerrechtsanwendung im Rahmen ausländischer Familienstiftungen erweist es sich daher klärungsbedürftig, in welchem Verhältnis die allgemeine Missbrauchsklausel des § 42 AO zur speziellen Missbrauchsklausel des § 15 steht.

121 Die Finanzverwaltung bezieht zum Verhältnis spezieller zu allgemeinen Missbrauchsnormen Position im AEAO zu § 42 AO (BMF v. 31.1.2014, BStBl. I 2014, 290). Dort wird ausgeführt, dass bei Anwendung des § 42 Abs. 1 S. 2 AO zunächst zu prüfen sei, ob das im Einzelfall anzuwendende Einzelsteuergesetz für den vorliegenden Sachverhalt eine Regelung enthalte,

B. Verhältnis zu anderen Vorschriften

die der Verhinderung von Steuerumgehungen dient. Liegt eine Regelung vor, die der Verhinderung von Steuerumgehungen dient und ist der Tatbestand der Regelung erfüllt, so bestimmen sich nach Ansicht der Finanzverwaltung die Rechtsfolgen allein nach dieser Vorschrift. In einem solchen Fall ist unerheblich, ob auch die Voraussetzungen des § 42 Abs. 2 AO vorliegen; § 42 Abs. 1 S. 3 iVm Abs. 2 AO ist dann gesperrt. Diese Einschätzung ergibt sich aus der dogmatischen Struktur des § 42 AO. Bemerkenswert ist allerdings die Meinung der Finanzverwaltung, wenn der Tatbestand einer speziellen (Missbrauchs-)Regelung dagegen nicht erfüllt ist. Dann soll in einem weiteren Schritt zu prüfen sein, ob ein Missbrauch iSd § 42 Abs. 2 AO vorliegt. Denn nach Auffassung der Verwaltung soll allein das Vorliegen einer einzelgesetzlichen Regelung, die der Verhinderung von Steuerumgehungen dient, die Anwendbarkeit des § 42 Abs. 1 S. 3 iVm Abs. 2 AO nicht ausschließen.

Somit könnte nach Meinung der Finanzverwaltung eine Gestaltung mit ausländischen Familienstiftungen, die tatbestandlich von § 15 nicht erfasst ist, durchaus noch am Maßstab des § 42 AO zu beurteilen sein. Diese Auffassung ist aufgrund einer Analyse der höchstrichterlichen Judikatur zu vergleichbaren bereits entschiedenen Regelungsbereichen abzulehnen. Zwar war das Verhältnis von § 42 AO zu § 15 AStG – soweit ersichtlich – noch nicht Gegenstand einer höchstrichterlichen Entscheidung. Gleichwohl lassen sich anhand von Grundlagenentscheidungen aus benachbarten Regelungsbereichen Tendenzen identifizieren, die bei der Bewertung des Verhältnisses von § 42 AO zu § 15 AStG fruchtbar sind (dazu eingehend *Kraft/Kraft* FS Endres, 187 ff. sowie mit Bezug zu Familienstiftungen *Kraft/Gräfe/Moser* ISR 2016, 219). So lassen sich Entscheidungen im Bereich

– der Hinzurechnungsbesteuerung nach §§ 7–14 (BFH v. 29.1.2008, I R 26/06, BStBl. II 2008, 978; BFH v. 22.12.2010, I R 84/09, BStBl. II 2014, 361),
– des Treaty-Shopping im Sinne des § 50d Abs. 3 EStG (BFH v. 31.5.2005, I R 74, 88/04, BStBl. II 2006, 118; BFH v. 29.1.2008, I R 26/06, IStR 2008, 364),
– der Missbrauchsklauseln in Doppelbesteuerungsabkommen (BFH v. 19.12.2007, I R 21/07, BStBl. II 2008, 619) sowie
– des Umwandlungssteuerrechts (BFH v. 18.12.2013, I R 25/12, BFH/NV 2014, 904 (NV))

heranziehen, um das Verhältnis des § 15 AStG zu § 42 AO auf einem von der Judikatur des BFH vorgezeichneten Fundament zu skizzieren. In diesen einschlägigen BFH-Entscheidungen geht es um missbrauchsanfällige Normbereiche, die der Gesetzgeber durch spezialgesetzliche Missbrauchsnormen gesichtet und geschlossen hat. Die gefestigte höchstrichterliche Judikatur in vergleichbaren Regelungsbereichen kann dahingehend zusammengefasst werden, dass die Anwendung des § 42 AO in den Regelungsbereichen der speziellen Missbrauchsnormen gesperrt sei. Aufgrund dieser robusten – durchaus auch als „ständig" zu bezeichnenden – Rechtsprechung ist der oben referierten Sichtweise der Finanzverwaltung der Boden entzogen. Sie sollte zeitnah aufgegeben werden.

Da es sich auch bei § 15 um eine spezielle Missbrauchsbestimmung handelt, lassen sich die Erwägungen der Judikatur ohne weiteres auf solche ausländische

Familienstiftungen übertragen. Dies bedeutet, dass nicht unter § 15 zu subsumierende Gestaltungen mit ausländischen Familienstiftungen nicht am Maßstab des § 42 AO zu prüfen sind (aA Lademann/*Schulz* § 15 AStG Rz. 9a, 79).

124 In Bezug auf das hier im Fokus stehende Themengebiet ausländischer Familienstiftungen lässt sich mithin die Schlussfolgerung formulieren, dass der Gesetzgeber mit § 15 gewissermaßen sein "claim" abgesteckt hat. Einer Prüfung des § 42 AO im Kontext von Gestaltungen mit ausländischen Familienstiftungen ist damit die Grundlage entzogen.

125–149 *einstweilen frei*

C. Zurechnung von Einkünften einer Familienstiftung (Abs. 1)

I. Allgemeines

150 Im Rahmen des § 15 ist Abs. 1 die grundlegende Vorschrift. Er bestimmt, dass die Einkünfte und das Vermögen der ausländischen Familienstiftung dem Stifter oder den Bezugs- bzw. den Anfallsberechtigten entsprechend ihrem Anteil zuzurechnen ist. Da ab dem 1. Januar 1997 keine Vermögensteuer mehr erhoben wird, geht die Norm insoweit ins Leere. Die Einkünftezurechnung erfolgt nur für die Einkommensteuer (Tz. 15.1.2. AEAStG).

151 Die Familienstiftung ist in Abs. 2 definiert als eine Stiftung, bei der der Stifter und seine Familienangehörigen zu mehr als der Hälfte an den laufenden Einkünften und dem Liquidationserlös beteiligt sind. Diese Einkünfte- und Vermögensbeteiligung beschreibt nach dem Willen des Gesetzgebers den Charakter der Familienstiftung.

152 Absatz 1 ist nur auf Familienstiftungen anwendbar, die Geschäftsleitung und Sitz im Ausland haben, also im Inland nicht unbeschränkt steuerpflichtig sind. Da unbeschränkt steuerpflichtige ausländische Familienstiftungen ihr weltweites Einkommen im Inland der Besteuerung unterwerfen müssten, wäre die Besteuerung aller Erträge in Deutschland grundsätzlich über § 1 ff. KStG gewährleistet.

153–159 *einstweilen frei*

II. Einkünftebegriff

160 Nach § 15 Abs. 1 werden den steuerpflichtigen Personen die Einkünfte der ausländischen Familienstiftung zugerechnet. Bis zur Fundamentalreform des § 15 im Rahmen des AmtshilfeRLUmsG 2013 war stattdessen eine Einkommenszurechnung vorgesehen, was in erheblichem Maße zu Unwägbarkeiten und Zweifelsfragen führte (im Einzelnen sei insoweit auf die Erstauflage dieser Kommentierung (§ 15 Rz. 170 ff.) verwiesen). Mit der Umstellung auf eine Einkünftezurechnung sind diese Problembereiche nunmehr ganz überwiegend entfallen. Zugerechnet werden nun Einkünfte iSd § 2 Abs. 1 EStG. Die Familienstiftung kann dabei nach § 15 alle Einkunftsarten des § 2 Abs. 1 EStG

C. Einkünfte einer Familienstiftung (Abs. 1)

verwirklichen. Eine Umqualifizierung der Einkünfte in gewerbliche Einkünfte nach § 8 Abs. 2 KStG ist ausgeschlossen (BFH v. 5.11.1992, I R 39/92, BStBl. II 1993, 388).
Ein Sonderausgabenabzug ist nun auf Ebene der Stiftung nicht mehr möglich.

einstweilen frei 161–179

III. Subjekte der Einkünftezurechnung

1. Subsidiaritätsverhältnis in der Person des Zurechnungssubjekts: Stifter – Bezugsberechtigter – Anfallsberechtiger

Nach dem Wortlaut des Abs. 1 erfolgt die Einkünftezurechung gegenüber **180** dem unbeschränkt steuerpflichtigen Stifter und nachrangig gegenüber den unbeschränkt steuerpflichtigen Bezugs- und Anfallsberechtigten. Die Einkünftezurechnung erfolgt somit vorrangig gegenüber dem Stifter, wenn dieser unbeschränkt steuerpflichtig ist (Abs. 1). Entfällt diese Steuerpflicht, erfolgt nach dem Wortlaut des § 15 Abs. 1 die Zurechnung zu den Bezugs- oder Anfallsberechtigten. Diese Rangfolge ergibt sich aus dem Wort „sonst".

Ist nur ein Stifter vorhanden, werden ihm die gesamten Einkünfte zuge- **181** rechnet (BFH v. 5.11.1992, I R 39/92, BStBl. II 1993, 388). Haben mehrere Stifter die Stiftung errichtet und sind diese unbeschränkt steuerpflichtig, erfolgt eine anteilige Zurechnung gegenüber allen Stiftern. Sind nur ein Teil der Stifter unbeschränkt steuerpflichtige Personen, so sind diesen Stiftern nur die auf sie entfallenden Einkünfte zuzurechnen. Dabei bestimmt sich der Anteil nach dem Verkehrswert des der Stiftung zugeführten Vermögens im Verhältnis zum Gesamtvermögen der Stiftung nach dem Vorgang der (Zu-)Stiftung (*FWBS* § 15 AStG Rz. 48). Soweit zurechnungspflichtige Stifter vorhanden sind, entfällt eine Zurechnung zu den Bezugs- und Anfallsberechtigten (BFH v. 5.11.1992, I R 39/92, BStBl. II 1993, 388).

Wenn Stifter noch vorhanden sind, aber nicht unbeschränkt steuerpflichtig **182** sind, werden die Erträge der Familienstiftung den unbeschränkt steuerpflichtigen Bezugsberechtigten zugerechnet (*FWBS* § 15 AStG Rz. 46 ff.; aA *Runge* DB 1977, 515). Die Aufteilung der zuzurechnenden Einkünfte erfolgt dabei nach den Einkünfteanteilen der Familienstiftung, wobei sich die Frage nach dem Maßstab stellt, wenn die Bezugsberechtigten keinen festen Anteil an den Erträgen erhalten, sondern dieser volatil ist. In diesem Fall wird man eine kalenderjahrbezogene Betrachtung anwenden müssen.

Den Anfallsberechtigten werden die Einkünfte der Familienstiftung zuge- **183** rechnet, wenn kein zurechnungspflichtiger Stifter vorhanden ist. Bei einer Aufteilung der Einkünfte der Familienstiftung unter mehreren Anfallsberechtigungen entscheidet die Höhe der Vermögensberechtigung über die Quoten.

Sind keine zurechnungspflichtigen Stifter vorhanden, jedoch gleichzeitig **184** Bezugs- und Anfallsberechtigte, erfolgt die Aufteilung auf beide Personengruppen, weil nach dem Wortlaut des Absatzes 1 diese gleichwertig nebeneinander stehen (FG München v. 25.11.1997, EFG 1998, 850 insoweit bestätigt durch BFH v. 25.4.2001, II R 14/98, BFH/NV 2001, 1457; Tz. 15.2.3.

AEAStG). Zwischen Berechtigung an den Erträgen und dem Vermögen besteht insbesondere bei thesaurierenden Stiftungen kein Unterschied.

185–189 *einstweilen frei*

2. Stifter

a) Begriff und Bedeutung

190 Stifter ist zunächst derjenige, der das Stiftungsgeschäft vornimmt, dh das Vermögen auf die Stiftung zur Erfüllung eines von ihm vorgegebenen Zwecks überträgt (§§ 80 Abs. 1, 81 Abs. 1 BGB). Stifter kann auch eine Person sein, die eine Zustiftung in eine bestehende Stiftung vornimmt. Nach der Rechtsprechung des BFH wird auch derjenige als Stifter angesehen, für dessen Rechnung das Vermögen auf die Stiftung übertragen wird (BFH v. 5.11.1992, I R 39/92, BStBl. II 1993, 388). Nach Ansicht der Finanzverwaltung qualifiziert als Stifter jede Person, der bei wirtschaftlicher Betrachtungsweise das Stiftungsgeschäft zuzurechnen ist (Tz. 15.2.1. AEAStG).

191 Der Begriff des Stifters hat Bedeutung sowohl im Bereich der Formulierung der tatbestandlichen Voraussetzungen in Abs. 1 als auch bei der Definition der Familienstiftung nach Abs. 2. Das Gesetz definiert den Begriff des Stifters nicht. Nach allgemeiner Ansicht im Schrifttum (bspw. Lademann/*Schulz* § 15 AStG Rz. 26; *FWBS* § 15 AStG Rz. 48), in der Rechtsprechung (BFH v. 25.4.2001, II R 14/96, BFH/NV 2001, 1457 mit entsprechenden Nachweisen, dazu *Maier* IStR 2001, 589) sowie der Finanzverwaltung (Tz. 15.2.1 AEAStG) ist unter dem Stifter die Person zu verstehen, für deren Rechnung das Stiftungsgeschäft abgeschlossen worden ist. Alternativ kann es auch die Person sein, die in der Art des Stifters Vermögen auf die Stiftung überträgt bzw. der das Stiftungsgeschäft bei wirtschaftlicher Betrachtung zuzurechnen ist. Ein lediglich formales Abstellen auf die Person, die die Stiftungsurkunde unterzeichnet hat, greift zu kurz. Eine solche Sichtweise würde relativ leicht Umgehungsmöglichkeiten eröffnen. Die Rechtsprechung sieht ferner die Gefahr, dass eine solche Auslegung des Begriffs des Stifters dem Sinn und Zweck des § 15, der Steuerflucht und der Steuervermeidung entgegenzuwirken, nicht Rechnung trägt (BFH v. 25.4.2001, II R 14/96, BFH/NV 2001, 1457).

192 Für die praktische Rechtsanwendung bedeutet dies konkret, dass bei der Beurteilung einer ausländischen Stiftung für Zwecke der Vorschrift zunächst die Person, die formal die entsprechenden Willenserklärungen in Bezug auf die Stiftung bzw. die Zustiftung abgibt, auf ihre Stiftereigenschaft im Sinne des Gesetzes hin zu untersuchen ist. Daneben ist aber auch noch nach Person(en) zu fragen, die zwar nicht offen in Erscheinung treten, für deren Rechnung aber das Stiftungsgeschäft bei der von der Rechtsprechung verlangten Anlegung wirtschaftlicher Maßstäbe abgeschlossen worden ist. Dies kann im Einzelfall an die Grenzen des tatsächlich und rechtlich Möglichen stoßen. Unter anderem wohl aufgrund dieser vermutlichen Unmöglichkeit stellt das Gesetz subsidiär auf die Bezugs- bzw. die Anfallsberechtigten ab.

193 Falls die ausländische Stiftung durch eine behördliche Genehmigung Rechtsfähigkeit erlangt, ist bei einer Stiftung von Todes wegen der „Erblasser" auch Stifter iSv § 15, wenn die behördliche Genehmigung auf den Zeitpunkt vor dessen Tod zurückwirkt (§ 84 BGB analog). Falls die Stiftung aufgrund letztwilliger Verfügung errichtet wird, ist der Erblasser und nicht die Erben als Stifter anzusehen. Dies folgt aufgrund der von der Finanzverwaltung vorgetragenen wirtschaftlichen Betrachtungsweise. Der Erblasser nimmt in Form eines Vermächtnisses die Zuwendung vor. Außerdem ist der Erbe nicht schon deshalb Stifter, weil er Gesamtrechtsnachfolger des Stifters ist (*FWBS* § 15 AStG Rz. 43 ff.).

b) Persönliche Voraussetzungen

Stifter können nur natürliche Personen sein. Dies gilt unabhängig von ihrer Staatsangehörigkeit. Entscheidend ist insoweit, dass eine rechtliche Verbindung des Stifters zu der Familienstiftung durch Ausstattung mit Vermögen oder umgekehrt mit laufenden Zuflüssen oder der Auskehrung des Vermögens besteht. Während es – wie bereits erwähnt – für die Anwendung der §§ 7 bis 14 bei ausländischen Zwischengesellschaften auf die gesellschaftsrechtliche Verbindung ankommt, sind im Rahmen des § 15 Merkmale stiftungsspezifischer Natur ausschlaggebend.

Der Wortlaut des § 15 scheint auf den ersten Blick den Anwendungsbereich der Norm nicht auf natürliche Personen zu beschränken (so jedenfalls das Verständnis von SKK/*Rundshagen* § 15 AStG Rz. 32). Indessen ist Abs. 1 in Verbindung mit Abs. 2 zu lesen, wo vorausgesetzt wird, dass der Stifter (oder die Stifterin) Angehörige und diese wiederum Abkömmlinge haben können. Angehörige sind definiert im § 15 der AO. Danach sind Angehörige der Verlobte, der Ehegatte, Verwandte und Verschwägerte gerader Linie, Geschwister, Kinder der Geschwister, Ehegatten der Geschwister und Geschwister der Ehegatten, Geschwister der Eltern sowie Personen, die durch ein auf längere Dauer angelegtes Pflegeverhältnis mit häuslicher Gemeinschaft wie Eltern und Kind miteinander verbunden sind (Pflegeeltern und Pflegekinder). Es besteht kein Grund, den Begriff des Angehörigen für Zwecke der Zurechnungsbesteuerung bei Familienstiftungen anders als nach der Legaldefinition des § 15 AO zu verstehen. Da lediglich natürliche Personen Angehörige haben können, kommen folglich juristische Personen als Stifter nicht in Betracht (aA SKK/*Rundshagen* § 15 AStG Rz. 32). Bei der Gründung unter Einschluss von nicht-natürlichen Personen werden im Regelfall unternehmerisch und damit gesellschaftsrechtlich veranlasste Vorgänge vorliegen. Derartige Situationen werden – wenn überhaupt – von Abs. 3 erfasst.

c) Unbeschränkte Steuerpflicht

Der Stifter muss unbeschränkt steuerpflichtig sein. Zum Zeitpunkt des Inkrafttretens des Gesetzes hatte der Gesetzgeber wohl in erster Linie die unbeschränkt Einkommensteuerpflichtigen (bzw. Vermögensteuerpflichtigen) nach § 1 Abs. 1 und 2 EStG im Blick. Ob das Gesetz tatsächlich auch die Personen erfassen möchte, die auf (eigenen) Antrag nach § 1 Abs. 3 EStG unbeschränkt steuerpflichtig sind bzw. die gemäß § 1a EStG fiktiv unbeschränkt steuerpflichtig sind, wovon *FWBS* (§ 15 AStG Rz. 44 ff.) ausgehen, erscheint nicht unbedingt zwangsläufig. Zwar werden die diesbezüglichen Fälle in der Realität äußerst selten sein. Indessen kann sich in dem entlegenen, aber nicht völlig undenkbaren Fall, in dem ein unbeschränkt Steuerpflichtiger auf Antrag nach § 1 Abs. 3 EStG bzw. ein fiktiv unbeschränkt Steuerpflichtiger nach § 1a

EStG eine ausländische Familienstiftung gegründet hat, nach dem Wortlaut durchaus eine Zurechnung nach § 15 als Rechtsfolge ergeben. Ob das der Gesetzgeber bei der Konzeption dieser beiden Spielarten der unbeschränkten Einkommensteuerpflicht gesehen hat, ist fraglich. Denn der Personenkreis, der davon betroffen ist, ist regelmäßig nicht dadurch zu charakterisieren, dass er durch Gründung einer ausländischen Familienstiftung das Ansinnen einer Flucht bzw. einer Vermeidung deutscher Steuerpflichten verfolgt. Wird daher die Vorschrift des § 15 auf den von § 1 Abs. 3 EStG bzw. § 1a EStG erfassten Personenkreis erstreckt, schießt sie über ihr eigentliches Ziel weit hinaus. Die Vorstellung vom unbeschränkt steuerpflichtigen Stifter ist daher teleologisch zu reduzieren auf die von § 1 Abs. 1, 2 EStG erfassten Personen.

d) Besonderheiten bei mehreren Stiftern und Zustiftern

197 Nimmt man den Wortlaut der Vorschrift ernst, so muss man schlussfolgern, dass das Gesetz offenbar von der Vorstellung geleitet ist, dass es nur einen Stifter für jeweils eine Stiftung geben kann. Das kann indessen nur eine sprachliche Nachlässigkeit des Gesetzgebers sein. Selbstverständlich können auch mehrere Personen eine Stiftung gründen, es kann vom Stifter abweichende Zustifter geben und weitere Konstellationen sind denkbar, nach denen nicht nur eine Person als Stifter im Sinne der Vorschrift in Betracht kommt. Für diese Fälle – obschon das Gesetz streng genommen entsprechende Situationen wegen der Bezugnahme auf einen singulären Stifter gar nicht regelt – ist auch eine anteilsadäquate Zurechnung vorzunehmen. Sind nicht alle Stifter unbeschränkt steuerpflichtig, so kommt lediglich eine Zurechnung entsprechend den Anteilsquoten der unbeschränkt steuerpflichtigen Stifter in Frage. Eine vollumfängliche Zurechnung an einen unbeschränkt steuerpflichtigen von mehreren Stiftern wäre vom Sinn und Zweck des Gesetzes ohne Zweifel nicht gedeckt, wenn auch der Wortlaut eine solch absurde Rechtsfolge anzuordnen scheint.

198–209 *einstweilen frei*

3. Bezugsberechtigte

a) Begriff und Bedeutung

210 Der Wortlaut des Abs. 1 suggeriert, dass eine Zurechnung von Einkommen zu „Bezugsberechtigten" bzw. „Anfallsberechtigten" lediglich subsidiär in Betracht zu ziehen ist. Vorrangig ist eine Zurechnung zum Stifter zu prüfen. Indessen kann eine Zurechnung zum Stifter aus mehreren Gründen aus tatsächlichen oder rechtlichen Gründen unmöglich sein oder aufgrund sonstiger Ursachen fehlschlagen.

211 Auch wenn der Begriff der bezugsberechtigten Person in § 15 Abs. 1 nicht definiert ist, bildet der Wortlaut gleichwohl den Ausgangspunkt des Verständnisses des Begriffs des Bezugsberechtigten. Die wörtliche Auslegung muss sich orientieren an den begrifflichen Bestandteilen, nämlich dem Begriff „Bezug" und dem Begriff „Berechtigung". *FWBS* (§ 15 AStG Rz. 54) gehen von den im einkommensteuerlichen Kontext verwendeten Begriff der „anderen Bezüge", der „Bezüge" sowie der „wiederkehrenden Bezüge" aus (vgl. § 19 Abs. 1, § 20 Abs. 1 Nr. 1 und Nr. 2, § 40 S. 1, § 22 Nr. 1 EStG). Bezug im

C. Einkünfte einer Familienstiftung (Abs. 1)

Sinne des § 8 Abs. 1 EStG bedeutet das Beziehen von Gütern in Geld oder Geldeswert. Das weite Begriffsverständnis kann auf die Auslegung des § 15 Abs. 1 übertragen werden.

b) Bezug

Ausgehend vom so verstandenen Wortsinn legt die hMden Begriffsteil „Bezug" als Leistung aus dem Vermögen der ausländischen Stiftung an die berechtigte Person aus, die in Form von Geld, Gütern oder Geldeswert bestehen kann (*FWBS* § 15 AStG Rz. 54; *SKK/Rundshagen* § 15 AStG Rz. 35).

Nach Wegfall der unbeschränkten oder erweitert beschränkten Steuerpflicht des Stifters bzw. der Stifter werden die Einkommensanteile, die auf den jeweiligen Stifter entfallen, subsidiär den unbeschränkt oder erweitert beschränkt steuerpflichtigen Bezugs- bzw. Anfallsberechtigten zugerechnet (Tz. 15.1.4. AEAStG). Eine Zurechnung entfällt bei dem nur beschränkt steuerpflichtigen Bezugs- oder Anfallsberechtigten.

c) Berechtigung; Rechtsanspruch

Die Berechtigung auf die Bezüge muss sich aus der Satzung oder den Beistatuten ergeben. Streitig ist jedoch, ob der Begriffsteil „Berechtigung" einen abgesicherten Rechtsanspruch voraussetzt oder ob eine Rechtsposition genügt, die Leistungen der Stiftungen erwarten lässt.

In der Literatur (*FWBS* § 15 AStG Rz. 54) wird überwiegend die Auffassung vertreten, dass der Begriffsteil „Berechtigung" zivilrechtlich zu verstehen sei und nur dann vorläge, wenn auf Leistungen der Stiftung ein rechtlich durchsetzbarer Anspruch oder eine Anwartschaft besteht. Ein Rechtsanspruch mit Wirkung für § 15 Abs. 1 wäre demnach anzuerkennen, wenn die Satzung bzw. Beistatuten die Person, Art und Höhe der Zuwendung genau bestimmen, ohne dass die Stiftungsorgane eine Auswahlmöglichkeit haben. Sind dagegen die Stiftungsorgane frei, Personen aus einem vorgegebenen Kreis auszuwählen, entsteht der Rechtsanspruch erst mit der Zuerkennung der Leistung an die bestimmte Person (BFH v. 25.8.1987, IX R 98/82, BStBl. II 1988, 344).

In Tz. 15.2.1. des Anwendungserlasses vertritt die Finanzverwaltung dagegen die Auffassung, dass die Bezugsberechtigung keinen Rechtsanspruch auf gegenwärtige oder zukünftige Vermögensvorteile aus der Stiftung voraussetzt. Ausreichend soll vielmehr sein, dass die Person nach der Satzung der Stiftung in der Gegenwart oder Zukunft Vermögensvorteile aus der Stiftung tatsächlich erhält oder erhalten wird bzw. nach der Satzung damit rechnen kann, Vermögensvorteile aus der Stiftung zu erhalten. Dies bedeutet, dass eine Person auch ohne einen formalen Rechtsanspruch bezugsberechtigt ist, wenn zB durch geeignete Maßnahmen gewährleistet ist, dass sie Zuwendungen von der Stiftung erhält. Geeignete Maßnahmen wäre demnach zB die vom Stifter bestimmte Auswahl und Zusammensetzung des Stiftungsrates oder die Besetzung des Stiftungsrates durch Familienmitglieder. Weiter liegt nach Ansicht der Finanzverwaltung die Bezugsberechtigung anders als nach § 158 BGB dann vor, wenn der Rechtsanspruch bedingt oder betagt ist. Eine Bezugsberechtigung soll auch dann vorliegen, wenn die Bezüge nicht laufend gezahlt, im Interesse der Person die Erträge zunächst thesauriert und erst zu einem späteren Zeitpunkt tatsächlich zugewendet werden. Erfolgen die Zuwendungen nicht fortlaufend an eine Person, sondern systematisch mit Unterbrechungen, ist ebenfalls von einer Bezugsberechtigung auszugehen. Die Ansicht der Finanzverwaltung birgt das Risiko, dass diese Auslegung dem Wortsinn der Bezugsberechtigung entgegenläuft und die Berechtigten nicht mehr bestimmbar sind.

217 Die Bezugsberechtigung setzt zwar keinen einklagbaren Rechtsanspruch gegenüber der Stiftung voraus, jedoch eine Rechtsposition oder Anwartschaft, die sich aus der Satzung und den Beistatuten ergeben kann und die nicht oder nur bei Eintreten ungewöhnlicher Umstände entzogen werden kann (Lademann/*Schulz* § 15 AStG Rz. 27). Enthält die Satzung oder die Beistatuten keine ausdrücklichen Rechtsposition zugunsten einer Person, können tatsächliche Zuwendungen für die Bestimmung eines Bezugsberechtigten nur dann Bedeutung haben, wenn von diesen auf Vereinbarungen geschlossen werden kann, die zum Bezug der Zuwendungen berechtigen (*FWBS* § 15 AStG Rz. 54). Das wäre zB dann der Fall, wenn in der Satzung oder Beistatuten Personen benannt sind, die bei sachgerechtem Auswahlermessen von den Organen bedacht werden können (Blümich/*Vogt* § 15 AStG Rz. 44).

218 Die Finanzverwaltung bestätigt in Tz. 15.2.1. des Anwendungserlasses, dass Zufallsdestinatäre keine Bezugsberichtigten sind, weil sie keine Möglichkeit haben auf die Stiftung oder die Vergabe der Zuwendung einzuwirken und sich somit keine Aussage über den Geschehensablauf der Zuwendungen machen lässt (Lademann/*Schulz* § 15 AStG Rz. 27a). Eine Prognose über das Eintreffen einer gewissen Wahrscheinlichkeit für die Zuwendungsgewährung lässt sich auch hinsichtlich genannter Personen nicht treffen, die wegen einer persönlichen Notlage Zuwendungen aus dem Vermögen der Familienstiftung erhalten. Dies sollte entsprechend gelten, wenn Kinder und Studenten, die Ausbildungszuwendungen erhalten, im Übrigen aber nicht an den Erträgen der Stiftung teilhaben.

219 Fraglich ist, ob der Wortteil „berechtigt" im Sinne eines Rechtsanspruchs oder doch zumindest im Sinne einer rechtlichen Anwartschaft auf Zuwendung von Bezügen zu verstehen ist. Dies wird in der Literatur mehrheitlich so gesehen. Demgegenüber hat der II. Senat des BFH in der Enscheidung v. 25.4.2001, II R 14/96, BFH/NV 2001, 1457 judiziert, dass die Bezugs- und Anfallsberechtigung nicht voraussetzt, dass ein Rechtsanspruch der bezugsberechtigten Person auf die Erträge des Stiftungsvermögens respektive das Stiftungsvermögen selbst bzw. ein Rechtsanspruch der anfallsberechtigten Person auf die Erträge des Stiftungsvermögens respektive das Stiftungsvermögen selbst bestehen muss. Der II. Senat hält entgegen *Wassermeyer* (*FWBS* § 15 AStG Rz. 56) und *Schaumburg* (Internationales Steuerrecht, 1. Aufl. 1998, 11.23) mit der Finanzverwaltung und *Runge* DB 1977, 515 eine Auslegung, wonach die Anfallsberechtigung im Sinne des § 15 Abs. 1 einen (einklagbaren) Rechtsanspruch voraussetzt, nicht für zutreffend. Dies wird begründet sowohl mit dem Wortsinn als auch mit dem Sinnzusammenhang, in dem § 15 steht. Darin sieht sich der II. Senat aufgrund einer historischen Auslegung in der Auffassung bestätigt, dass eine Bezugsberechtigung keinen Rechtsanspruch voraussetze. Diese Position des II. Senat des BFH entspricht im Wesentlichen auch der der Finanzverwaltung. Danach soll eine Bezugsberechtigung auch dann angenommen werden können, wenn etwa Bezüge nicht laufend gezahlt werden, weil die Stiftung sich in einer Verlustphase befindet oder weil die Bezugsberechtigten in größeren Zeitabständen Zuwendungen erhalten sollen. Dies ist zwar mit *FWBS* (§ 15 AStG Rz. 49f.) geeignet, den Anwendungsbereich der Bestimmung ins Uferlose ausgedehnt erscheinen zu lassen. Indessen ist darin weniger ein Problem in der Auslegung durch die Finanzverwaltung als vielmehr des unspezifischen Wortlauts des § 15 Abs. 1 zu erblicken. Für die Praxis festzuhalten bleibt mithin, dass zumindest für die Zurechnung von Vermögen aufgrund des weiten Begriffsverständnisses des II. Senats und einer sehr weiten, im Einzelfall wohl kaum spezifizierbaren begrifflichen Fassung der Bezugsberechtigung auszugehen ist. Ob dies für den materiell relevanteren und empirisch häufigeren Bereich der Zurechnung von Einkommen ebenso gesehen würde, erscheint durchaus fraglich. Für eine diesbezügliche Antwort wäre der I. Senat des Bundesfinanzhofs zuständig. Ob und wenn ja inwieweit dieser Spruchkörper den Ansichten des II. Senats im Hinblick auf den terminus technicus der Bezugsberechtigung folgt, kann nicht prognostiziert werden. Dies mündet in der praktisch unbefriedigenden Situation, dass die unklare Begriffsfassung weder durch autoritative Stellungnahmen der Finanzverwaltung noch durch entsprechende höchstrichterliche Entscheidungen auf in vollem Umfang gesichertem Fundament steht.

einstweilen frei

4. Anfallsberechtigte

a) Bedeutung

Anders als die bezugsberechtigten Personen erhalten die Anfallsberechtigten keine laufenden Einkünfte aus der Stiftung. Sie sind vielmehr nur am Vermögen der Stiftung beteiligt (Tz. 15.2.1. AEAStG).

Die Anfallsberechtigten können zunächst nach zivilrechtlichen Grundsätzen bestimmt werden. Ausgehend von §§ 45, 46 BGB handelt es sich dabei um Personen, die bei Beendigung der Stiftung laut Satzung oder auf Grund eines anderen wirksam begründeten Anspruchs an der Verteilung des Restvermögens beteiligt sind (*FWBS* § 15 AStG Rz. 60).

b) Uneinheitliches Begriffsverständnis

Die Finanzverwaltung sieht als anfallsberechtigt die Personen an, die die Übertragung des Stiftungsvermögens rechtlich verlangen oder tatsächlich bewirken können (Tz. 15.2.1. AEAStG). Ähnlich wird in der Literatur vertreten, als Anfallsberechtigte seien nicht nur diejenigen Personen anzusehen, die einen Rechtsanspruch darauf hätten, dass im Fall der Auflösung der Familienstiftung ihr Vermögen oder ein Teil des Vermögens auf sie übergehe. In Betracht kämen auch diejenigen Personen, bei denen durch geeignete Maßnahmen sichergestellt sei, dass sie das Vermögen oder Teile davon auf sich übergehen lassen könnten. Genannt wird als geeignete Maßnahme beispielhaft die Besetzung des Stiftungsrates durch Familienmitglieder. Es soll nach dieser Literaturmeinung reichen, wenn in diesen Fällen die Umstände dafür sprächen, dass bei typischem Geschehensablauf das Stiftungsvermögen diesen Personen zufallen werde. Diese Ansicht ist auf vehemente Kritik gestoßen. *FWBS*

(§ 15 AStG Rz. 60) sowie *Schaumburg* (Internationales Steuerrecht Rz. 11.23) wollen die Anfallsberechtigung auf Personen beschränken, die laut Satzung einen Rechtsanspruch auf Anfall des Stiftungsvermögens im Fall der Auflösung der Stiftung haben. Diese Ansicht wird im Ergebnis gestützt durch einen Hinweis auf die §§ 45, 46 sowie 1942 BGB. Im Kontext dieser Vorschriften gilt im Bereich des Zivilrechts, dass anfallsberechtigte Personen in den betreffenden Fällen einen Rechtsanspruch haben (müssen).

233 Der Bundesfinanzhof – jedenfalls der II. Senat im Rahmen seiner Entscheidung vom 25.4.2001, II R 14/96, BFH/NV 2001, 1457 – geht davon aus, dass der Gesetzgeber des AStG mit dem Begriff nicht an zivilrechtliche Terminologie anknüpfen wollte. Vielmehr leitet er aufgrund der von ihm gesehenen Sachnähe eine gesetzgeberisch gewollte Anknüpfung des Begriffs Anfallsberechtigung an die zeitlich vorhergehenden Bestimmungen der Steueramnestieverordnung und des StAnpG ab. Er begründet das mit der vom BVerfG geäußerten Diktion, das Steuerrecht sei ein Teilrechtsgebiet mit eigener Sachgesetzlichkeit und eigener Terminologie (Beschluss der 3. Kammer des Zweiten Senats des BVerfG v. 27.12.1991, 2 BR 72/90, BStBl. II 1992, 212). Würden Begriffe verwendet, die auch in anderen Rechtsgebieten Verwendung finden, so bestehe von vornherein weder eine Vermutung für ein identisches noch für ein abweichendes Begriffsverständnis. Daher sei der Gedanke der Einheit der Rechtsordnung nicht ausreichend, um inhaltliche Übereinstimmung zwischen dem bürgerlich-rechtlich geprägten und dem gleichlautenden im Kontext ausländischer Familienstiftungen verwendeten Begriff der Anfallsberechtigung annehmen zu können. Aus diesem Grunde muss die Rechtsprechung des II. BFH – Senats so verstanden werden, dass der zivilrechtlich Anfallsberechtigte einen Rechtsanspruch voraussetzt, der außensteuerrechtliche Anfallsberechtigte hingegen nicht.

234 Die gegenläufige Ansicht geht davon aus, es sei allein maßgeblich, ob die Satzung einem bestimmten Personenkreis einen Rechtsanspruch bzw. eine Rechtsanwartschaft einräume. Wenn dies nicht der Fall wäre, gebe es auch keine Anfallsberechtigten (*FWBS* § 15 AStG Rz. 60 f.; *Schaumburg* Internationales Steuerrecht Rz. 11.12). Aus den vorgenannten Erwägungen dürfte für die Praxis diese Ansicht zu eng sein. Als gemeinsamer kleinster Nenner verbleibt, dass nach übereinstimmender Auffassung sogenannte Zufallsdestinatäre nicht Anfallsberechtigte sein können. Dieser Personenkreis hat weder unmittelbar noch mittelbar die Möglichkeit, auf die Stiftung oder die Vergabe der Zuwendungen einzuwirken. Eine Aussage über den mutmaßlichen Geschehensablauf, womit wohl eine Prognose im Hinblick auf eine (Mindest-)Wahrscheinlichkeit des Anfalls gemeint sein dürfte, sei in Bezug auf diesen Personenkreis nicht möglich. Entsprechend sollen nicht als Anfallsberechtigte qualifizieren solche Personen, bei denen der Anfall von objektiv eingrenzbaren Voraussetzungen wie zB Notbedarf, außergewöhnlichen Belastungen, Krankheit, herausragenden Leistungen auf dem Gebiet der Kunst oder der Wissenschaft abhängt (*FWBS* § 15 AStG Rz. 61).

c) Stellungnahme

235 Diese Situation des in letzter Konsequenz ungeklärten Begriffs des Anfallsberechtigten ist nicht nur unbefriedigend, sondern auch für die konkrete Ge-

C. Einkünfte einer Familienstiftung (Abs. 1)

staltungsplanung überaus hinderlich. Weder Gesetzgeber noch Finanzverwaltung scheinen im Hinblick auf den Terminus des Anfallsberechtigten in der Lage zu sein, eine widerspruchsfreie und eindeutige begriffliche Inhaltsbestimmung zu liefern. Bedenken müssen daher gegen den pauschalen Verweis auf das Instrumentarium der abweichenden Festsetzung aus Billigkeitsgründen bzw. des Erlasses (§§ 163, 227 AO) bestehen.
einstweilen frei 236–239

5. Quantitative Voraussetzungen: Berechtigtsein zu mehr als der Hälfte

Eine Zurechnung erfolgt, wenn der Stifter, seine Angehörigen und deren 240 Abkömmlinge zu mehr als der Hälfte bezugs- oder anfallsberechtigt sind. Es genügt, wenn ein oder mehrere Abkömmlinge allein oder zusammen zu mehr als der Hälfte bezugs- oder anfallsberechtigt sind (Tz. 15.2.2. AEAStG). Der Begriff „zu mehr als der Hälfte" bezieht sich folglich auf die Bezugs- oder Anfallsberechtigung, nicht hingegen auf das – nach den Grundsätzen des deutschen Steuerrechts zu ermittelnden – Einkünfte der Stiftung. Er ist somit quotal aufzufassen, nicht etwa nach Köpfen oder nach – durchaus denkbaren – Entscheidungs- und Mitspracherechten. Zur Bestimmung der Bezugsberechtigung zu mehr als der Hälfte ist es logisch unabdingbar, zunächst die vollständige Bezugsberechtigung, also gleichsam die 100%-Basis zu ermitteln. Denn das Gesetz enthält keine nähere Anforderung darüber, ob die Bezugsberechtigung zu mehr als der Hälfte auf einen spezifizierten Zeitpunkt, innerhalb eines näher definierten Zeitraums oder über die gesamte Dauer der zeitlichen Existenz einer in Rede stehenden (Familien-)Stiftung zu berechnen ist. Hinzu tritt erschwerend, dass aufgrund von Änderungen der Satzung aber auch aufgrund von natürlichen oder rechtsgeschäftlich herbeigeführten Ereignissen wie Tod, Geburt, Heirat, Scheidung etc. der Kreis der Bezugs- oder Anfallsberechtigten im Zeitablauf erheblichen Änderungen unterliegen kann. Soweit solche Änderungen mit der quotalen Anfalls- oder Bezugsberechtigung einhergehen, kann sich folglich auch die Qualität einer im Ausland ansässigen Stiftung im Hinblick auf § 15 im Zeitablauf ändern. Aus diesem Grunde lassen sich mit Recht erhebliche Zweifel an der inhaltlichen Bestimmtheit der Vorschrift anmelden (*FWBS* § 15 AStG Rz. 89), die insoweit verfassungsrechtliche Bedenken zu nähren im Stande sind. Andererseits ergibt sich daraus auch erheblicher Gestaltungsspielraum, so dass in nicht wenigen Fällen durch entsprechender Formulierung der satzungsmäßigen Anfalls- oder Bezugsberechtigung den Rechtsfolgen des § 15 ausgewichen werden können sollte. Als praktikabel bietet sich eine Lösung an, die das eigentliche Besteuerungsziel verfolgt. Dieses liegt in einer Zurechnung von Einkommen an im Inland unbeschränkt Einkommensteuerpflichtige. Aus diesem Grund und unter der Berücksichtigung des Charakters sowohl von Einkommensteuer als auch Körperschaftsteuer als Jahressteuer ist die gesamte Bezugs- sowie Anfallsberechtigung für jedes Kalenderjahr gesondert zu ermitteln und zu berechnen, ob der relevante von der Bestimmung in den Blick genommene Personenkreis in einem entsprechenden Kalenderjahr „zu mehr als der Hälfte" berechtigt ist. Dass auch eine solche Vorgehensweise Raum für zufällig anmutende Ergebnisse birgt, liegt auf der Hand. Sie sind aber nicht Konsequenz einer hier vorgeschlagenen zweifelhaften Rechtsauslegung, sondern des in der konkreten Rechtsanwendung nur schwierig anzuwendenden Wortlauts der Vorschrift.

241–269 *einstweilen frei*

IV. Erbschaft- und Schenkungsteuer

270 Anders als die ausländische Familienstiftung wird die inländische Familienstiftung nach § 2 Abs. 1 Nr. 2 ErbStG alle dreißig Jahre seit dem Zeitpunkt des ersten Vermögensübergangs auf die Stiftung der Erbersatzsteuer unterworfen.

271 Fraglich ist, ob sich eine Schenkungsteuer auf die Auskehrung der Erträge ergeben kann. Entsprechend der Nichtabzugsfähigkeit der Stiftungsleistungen anlässlich der Stiftungsdotation (§ 10 Abs. 7 ErbStG) ist von einer Schenkungsteuerpflicht der Stiftungsleistungen bei den Berechtigten abgesehen worden (vgl. BT-Drs. 7/1333, 5; BVerfG v. 8.3.1983, 2 BvL 27/81, BStBl. II 1983, 779). Zudem werden nach hM satzungsmäßige Zuwendungen der Stiftung nicht freigebig erbracht, so dass sie schenkungsteuerfrei bleiben (vgl. *Meincke* § 7 ErbStG, 88; *Troll/Gebel/Jülicher* § 3 ErbStG Rz. 320; § 7 ErbStG Rz. 334; *Kapp/Ebeling* § 7 ErbStG Rz. 150; CGP/*Harnischfeger* § 7 ErbStG Rz. 95; *Wallenhorst/Halaczinsky* Die Besteuerung gemeinnütziger Vereine und Stiftungen, 2017, M Rz. 256). Hierbei ist zu berücksichtigen, dass bei der Stiftung als verselbständigtem Rechtsgebilde die Verpflichtung gemäß dem Stifterwillen und der Stiftungssatzung besteht, das Vermögen für satzungsmäßige Zwecke zu verwenden bzw. an den Anfallsberechtigten bei Auflösung auszukehren; § 7 Abs. 1 Nr. 9 ErbStG sieht ausdrücklich die Schenkungsteuerpflicht für Zuwendungen im Rahmen der Stiftungsaufhebung vor. Diese Satzungsbindung und die nur begrenzte Möglichkeit, eine Stiftungssatzung zu ändern, sprechen dafür, dass der Tatbestand der freigebigen Zuwendung iSd § 7 Abs. 1 Nr. 1 ErbStG nicht erfüllt ist. Demgegenüber können die Gesellschafter einer GmbH und die Mitglieder eines Vereins bis zur Beendigung der Liquidation jederzeit eine Satzungsänderung vornehmen (vgl. BFH v. 14.6.1995, II R 92/92, BStBl. II 1995, 609).

272 Insbesondere ist § 7 Abs. 1 Nr. 9 Satz 2 ErbStG nur für Zwischenberechtigte bei Vermögensmassen ausländischen Rechts, nicht aber für die mit Rechtspersönlichkeit ausgestattete ausländische Familienstiftung einschlägig (vgl. *Jülicher* in TGJG/*Jülicher* § 2 ErbStG Rz. 127; *ders.* PIStB 2001, 137, 141; *Kapp/Ebeling* § 7 ErbStG Rz. 150; *Meincke* § 7 ErbStG Rz. 113 ff., 115a stellt in Frage, ob auch in Zukunft an der Steuerfreiheit im Hinblick auf die Steuerpflicht von Zwischenerwerben von ausländischen Trusts festgehalten werden kann).

273 Was die Schenkungsteuer auf die Auskehrung von Vermögen aus einer Familienstiftung anbelangt, erachtet die h.M. außerordentliche Kapitalzuwendungen, wie Zuwendungen von Vermögensteilen, während des Bestehens einer Familienstiftung als schenkungsteuerpflichtig (vgl. *Jülicher* PIStB 2001, 137, 141; CGP/*Weinmann* § 15 ErbStG Rz. 44; *Meincke* § 7 ErbStG Rz. 112; TGJG/*Jülicher* § 15 ErbStG Rz. 124; *Götz* DStR 2014, 1047).

274–279 *einstweilen frei*

V. Satzungsklauseln

Da die Bezugs- und Anfallsberechtigung durch Rechtsprechung und Finanzverwaltung bislang nicht hinreichend konkretisiert wurden, sind auf Vermeidung des § 15 gerichtete Satzungsklauseln mit steuerlichen Risiken behaftet. Eine Regelung die bestimmen soll, dass mindestens die Hälfte des Einkommens der Stiftung zu thesaurieren ist (vgl. *Wassermeyer* SWI 1994, 279, 282), ist problematisch. Die Finanzverwaltung könnte in diesem Fall nicht auf das gesamte Einkommen der Familienstiftung, sondern nur auf das tatsächlich ausgeschüttete Einkommen abstellen (vgl. R E 1.2 ErbStR, H E 1.2. ErbstH). 280

Weiter ist nicht geklärt, ob eine Einkünftezurechnung nach § 15 unterbleiben kann, wenn sich eine Beteiligung zu mehr als der Hälfte nur auf der Ebene der Anfallsberechtigten ergibt (*FWBS* § 15 AStG Rz. 89). 281

Sofern die Satzung keine bestimmten Bezugs- und Anfallsberechtigten definiert bzw. der Stiftungsvorstand diesen Personenkreis nach Ermessen bestimmen kann, ist eine Zurechnung nach § 15 problematisch, da die Anzahl der bezugsberechtigten Familienmitglieder unbekannt ist (vgl. *Wassermeyer* SWI 1994, 279, 282). Ist in der Satzung die Berechtigungsquote nicht festgelegt oder kann der Stiftungsvorstand die Quoten bzw. die tatsächlichen Zuwendungen nach eigenem Ermessen festsetzen, wäre die Vollziehung des § 15 ebenfalls unmöglich (*Schaumburg* Internationales Steuerrecht Rz. 11.26.). Insoweit bestehen gegen § 15 verfassungsrechtliche Bedenken (so der BFH v. 2.2.1994, I R 66/92, BStBl. II 1994, 727, 729, wenn die Feststellung einer Bezugsberechtigung dem Grunde und/oder der Höhe nach schwierig ist; idS *Wassermeyer* SWI 1994, 279, 282; *FW* IStR 1993, 124). 282

Zu beachten ist allerdings, dass die begünstigten Personen aus den Stiftungsstatuten ggf. Rechtspositionen ableiten können, die für eine Bezugs- oder Anfallsberechtigung sprechen. Denn im Regelfall soll nach den Statuten mehrheitlich die Familie begünstigt sein. Anhand einer Prognoseentscheidung könnte auf Grundlage des mutmaßlichen Geschehensablaufs die Berechtigung laut Satzung als ausreichend bestimmbar angesehen werden. Möglicherweise können die Familienangehörigen durch geeignete Maßnahmen die Vergabe von Zuwendungen sowie den Vermögensanfall sicherstellen. Ferner lassen sich aus wiederkehrenden Zuwendungen Rückschlüsse auf die Bezugsberechtigung ableiten. 283

einstweilen frei 284–299

D. Die Familienstiftung nach Abs. 2

I. Begriff

§ 15 Abs. 2 enthält die Legaldefinition der ausländischen Familienstiftung. Danach ist diese eine Stiftung, bei der der Stifter, seine Familienangehörigen und deren Abkömmlinge zu mehr als der Hälfte bezugsberechtigt oder anfallsberechtigt sind. Die Zurechnungsvorschrift des § 15 erfasst lediglich ausländische Familienstiftungen. Eine erste Orientierung zum Verständnis dessen, welche Institutionen das Gesetz treffen möchte, bietet die Stiftung des privaten Rechts nach dem Vorbild des § 80 BGB. 300

301 Der Gesetzgeber geht davon aus, dass eine Stiftung im Sinne des § 15 nur dann vorliegt, wenn der betreffende Rechtsträger ohne die Vorschrift des § 15 gegenüber einem deutschen Steuerzugriff „Abschirmwirkung" entfaltet, anders ausgedrückt dann, wenn die Einkünfte nach deutschem Steuerrecht keiner anderen Person zuzurechnen sind. Eine solche „Abschirmwirkung" tritt ein, wenn die ausländische Stiftung einer inländischen Stiftung entspricht (BFH v. 25.4.2001, II R 14/98, BFH/NV 2001, 1458). In Bezug auf andere rechtsfähige oder nicht rechtsfähige Vermögensmassen und Zweckvermögen kommt es, ähnlich wie bei Stiftungen, darauf an, ob Vermögen tatsächlich unwiderruflich auf diese übertragen und dem Einfluss des Übertragenden entzogen worden ist (BFH v. 3.11.1992, I R 39/92, BStBl. II 1993, 388 und BFH v. 2.2.1994, I R 66/92, BStBl. II 1994, 727).

II. Rechtstypenvergleich

302 Die Beurteilung einer ausländischen Stiftung hängt davon ab, ob ein ausländisches Rechtsgebilde nach seiner inneren und äußeren rechtlichen Ausgestaltung mit einer Stiftung deutschen Rechts vergleichbar ist. Da es sich um Rechtsformen des ausländischen Rechts handelt, muss gedanklich auch bei der Auslegung des § 15 eine Art „Typenvergleich" durchgeführt werden. Nach dem BFH–Urteil vom 2.2.1994 – I R 66/92 (BStBl. II 1994, 727) kommt es auf eine Vergleichbarkeit mit einer nach deutschem Recht errichteten Familienstiftung nicht an. Daher wird sich der Typenvergleich auf die wesentlichen Strukturmerkmale einer Stiftung im herkömmlichen Sinn beschränken. Das sind neben der Existenz eines Stifters das Stiftungsvermögen und ein Stiftungszweck, möglicherweise, aber nicht notwendigerweise auch begünstigte natürliche Personen. Die Finanzverwaltung hat dabei bislang noch keine entsprechende Liste von Rechtsformen des ausländischen Rechts vorgelegt, die unter den Begriff der ausländischen Familienstiftung fallen. Eine solche Liste wäre für die Praxis indessen überaus hilfreich, wie die Erfahrungen mit den Tabellen 1 und 2 der sog. Betriebsstätten-Verwaltungsgrundsätze zeigen. In der Literatur besteht Übereinstimmung dahin, dass der Begriff der Familienstiftung nicht notwendigerweise, an der eigenen Rechtspersönlichkeit festzumachen ist. Auch nichtrechtsfähige Stiftungen können demnach dem Tatbestand des § 15 Abs. 2 zu subsumieren sein. Ebenso wenig kommt es auf die Bezeichnung „Stiftung" oder eine deutsche Übersetzung eines entsprechenden fremdsprachlichen Begriffs an.

303 Dies belegen auch Beispiele aus der Rechtsprechung. So sah das Urteil des BFH v. 25.4.2001, II R 14/96 (BFH/NV 2001, 1457) in einer nach liechtensteinischem Recht errichteten Stiftung, deren Zweck nach den Statuten die Verwaltung, Sicherung und Vermehrung des Stiftungsvermögens sowie die materielle Sicherung der Begünstigten war, eine Familienstiftung im Sinne des § 15. Ebenso hatte der BFH keine Bedenken (BFH v. 2.2.1994, I R 66/92, BStBl. II 1994, 727), einen „trust" im Sinne des US-amerikanischen Trustrechts, darunter einen Nachlasstrust, als Zweckvermögen im Sinne des Abs. 4 und damit in der Sache als Familienstiftung zu behandeln. Auch das Urteil des BFH- BFH v. 5.11.1992, I R 39/92 (BStBl. II 1993, 388) beurteilte einen auf

D. Die Familienstiftung nach Abs. 2

Jersey errichteten, nicht rechtsfähigen Trust als Familienstiftung im Sinne des Abs. 2.
einstweilen frei 304–309

III. Abgrenzungsschwierigkeiten

Abgrenzungsschwierigkeiten liegen vor, wenn die Rechtsform einer ausländischen Kapitalgesellschaft gewählt wird, indessen strukturell die wirtschaftlichen Konsequenzen – insbesondere zugunsten von Bezugs- oder Anfallsberechtigten – einer Familienstiftung herbei geführt werden. Für derartige Konstellationen erhebt sich das Problem, in welchem Verhältnis die Vorschriftengruppe der §§ 7–14 zur Bestimmung des § 15 steht. Mit *FWBS* (§ 15 AStG Rz. 87) ist davon auszugehen, dass sich beide Regelungskomplexe gegenseitig ausschließen. Das bedeutet: entweder liegt eine deutschbeherrschte, niedrig besteuerte Kapitalgesellschaft im Ausland vor, die passive Einkünfte generiert oder es ist eine ausländische Familienstiftung anzunehmen. Eine Gemengelage ist insoweit aus logischen Erwägungen undenkbar. Im Bereich der praktischen Rechtsanwendung stellt die Rechtsform des ausländischen Gebildes daher allenfalls einen ersten Anhaltspunkt dar. Notwendig ist ein Rechtsform- bzw. ein Rechtstypenvergleich, der letztlich darüber Aufschluss gibt, ob in Konkurrenzfällen die Rechtsfolgen der §§ 7–14 – dann Annahme einer Kapitalgesellschaft ohne Sitz und Ort der Geschäftsleitung im Ausland – oder die des § 15 – dann Vorliegen einer ausländischen Familienstiftung – zur Anwendung gelangen. **310**

IV. Zurechnung von Einkünften und Vermögen

Die Vorschrift sieht als Rechtsfolge eine Zurechnung vor. Zurechnung bedeutet steuerlich nach anerkannten Grundsätzen „Zuordnung in persönlicher Hinsicht". Gegenstand der Zurechnung sind Einkünfte und Vermögen. Die Zurechnung von Vermögen ist derzeit suspendiert, weil das BVerfG die Vermögensteuer als verfassungswidrig beurteilt hat und somit kein Bedürfnis für eine Vermögenszurechnung besteht. Unter Einkünften sind diejenigen zu verstehen, welche sich bei unterstellter unbeschränkter Steuerpflicht der Familienstiftung ergeben würden. Die Ermittlung der Einkünfte bestimmt sich nach den Grundsätzen des deutschen Steuerrechts, dazu gehört auch die Gewährung von Pausch- und Freibeträgen (vgl. BFH v. 5.11.1992, IR 39/92, BStBl. II 1993, 388 und BFH v. 2.2.1994, IR 66/92, BStBl. II 1994, 727). Zugerechnet werden also nicht Einkünfte aus den einzelnen Einkunftsarten, sondern in sachlicher Hinsicht eine andere Größe, nämlich die Einkünfte der ausländischen Familienstiftung. In zeitlicher Hinsicht sind dem unbeschränkt Steuerpflichtigen für die Zwecke der Einkommensteuer die Einkünfte zuzurechnen, die der Familienstiftung während des betreffenden Veranlagungszeitraums zugeflossen sind. **311**
einstweilen frei 312–329

E. Die Unternehmensstiftung nach Abs. 3

330 Hat ein Unternehmer im Rahmen seines Unternehmens eine Stiftung errichtet, die Geschäftsleitung und Sitz außerhalb des Geltungsbereichs dieses Gesetzes hat, so wird die Stiftung unter bestimmten weiteren Voraussetzungen wie eine Familienstiftung behandelt. Das gleiche gilt, wenn eine natürliche oder juristische Person als Mitunternehmer eine Stiftung errichtet hat. Die dritte Fallgruppe des Abs. 3 schließlich umfasst die Errichtung einer Stiftung ohne Geschäftsleitung und Sitz im Inland durch eine Körperschaft, eine Personenvereinigung oder eine Vermögensmasse. Voraussetzung ist, dass der Stifter, seine Gesellschafter, von ihm abhängige Gesellschaften, Mitglieder, Vorstandsmitglieder, leitende Angestellte und Angehörige dieser Personen zu mehr als der Hälfte bezugsberechtigt oder anfallsberechtigt sind.

331 Wenn auch die Wortlautfassung der Bestimmung zu erheblicher Kritik Anlass gibt (*Moser/Gebhardt* ISR 2013, 84, 85 f.), kommt ihr Grundanliegen gleichwohl hinreichend deutlich zum Ausdruck. Der Anwendungsbereich des Abs. 1 soll auf so genannten Unternehmensstiftungen ausgedehnt werden. Einige Tatbestandsmerkmale des Abs. 3 sind identisch mit denen des Abs. 1. Insoweit kann auf die Erläuterungen dort verwiesen werden. Es handelt sich insoweit um den Begriff „zu mehr als der Hälfte" sowie die Bezugs- bzw. Anfallsberechtigung. Entsprechend gilt insoweit, dass – ebenso wie die Familienstiftung des Abs. 1 – die Unternehmensstiftung des Abs. 3 nicht unbeschränkt steuerpflichtig sein darf.

332 Unklar ist indessen das Tatbestandsmerkmal, unter welchen Umständen ein (Mit-)Unternehmer eine Stiftung im Rahmen seines Unternehmens errichtet. *FWBS* (§ 15 AStG Rz. 102) tendieren dazu, der Formulierung „im Rahmen seines Unternehmens" gar keine Bedeutung zuzumessen, weil eine Familienstiftung eigentlich nie betrieblich veranlasst sein könne. Dem ist zu folgen, zumal die Regelungsidee des Abs. 3 doch wohl darin bestehen dürfte, die Rechtsfolgen über den Kreis der dem Stifter aus familiären Erwägungen nahe stehenden Personen auch auf aus unternehmerischen Motiven verbundenen Personen auszudehnen.

333 Bei einer Körperschaft, einer Personenvereinigung oder einer Vermögensmasse kommt es nicht darauf an, dass die Errichtung der Stiftung im Ausland im Rahmen des Unternehmens erfolgt. Dies steht im systematischen Einklang damit, dass nach der BFH-Rechtsprechung eine Kapitalgesellschaft keine Privatsphäre kennt. Selbstverständlich wird im Kontext der Errichtung einer ausländischen Unternehmensstiftung stets das Vorliegen einer verdeckten Gewinnausschüttung zu prüfen sein, wenn die Konstellation dafür Anlass gibt.

334 Der Wortlaut des Abs. 3 stellt nicht auf die unbeschränkte Steuerpflicht des als Stifter in Betracht kommenden Personenkreises ab. *FWBS* (§ 15 AStG Rz. 102) folgern aus dem Vergleich mit Abs. 1, dass es auf die unbeschränkte Steuerpflicht im Zeitpunkt der Errichtung nicht ankommen könne. Begründet wird dies damit, dass das Korrektiv einer uferlosen Zurechnung darin liege, dass nur gegenüber unbeschränkt steuerpflichtigen Bezugs- oder Anfallsberechtigten zugerechnet werden könne. Dieser Auffassung ist nicht zu folgen. Der Vergleich mit Abs. 1 hilft nur begrenzt weiter, weil der Personenkreis der

E. Die Unternehmensstiftung nach Abs. 3

Begünstigten in Abs. 1 und Abs. 3 unterschiedlich ist. Ua sind die Gesellschafter des Stifters, von ihm abhängige Gesellschaften, Mitglieder, Vorstandsmitglieder, leitende Angestellte und Angehörige dieser Personen – allesamt im Abs. 3 genannte Personen, im Abs. 1 nicht genannt. Daher kann Abs. 3 im Wege des Verweises auch keine Aussage zur unbeschränkten oder beschränkten Steuerpflicht dieser Personen treffen. Stellt man im Rahmen des Abs. 3 aber nicht auf die unbeschränkte Steuerpflicht des als Stifter in Betracht kommenden Personenkreises ab, könnte dies zur Folge haben, dass der deutsche Gesetzgeber einen Sachverhalt besteuern möchte, bei dem nicht unbeschränkt steuerpflichtige Stifter eine nicht unbeschränkt steuerpflichtige Stiftung mit nicht unbeschränkt steuerpflichtigen Anfalls- oder Bezugsberechtigten errichten. Hiergegen dürften mangels hinreichender inländischer Anknüpfungsmerkmale völkerrechtliche Bedenken zu erheben sein. Aus diesem Grunde muss in Abs. 3 das Tatbestandsmerkmal der unbeschränkten Steuerpflicht des als Stifter in Betracht kommenden Personenkreises im Errichtungszeitpunkt der ausländischen Familienstiftung hineingelesen werden.

Eine Unternehmensstiftung nach Abs. 3 ist – ebenso wie eine (ausländische) Familienstiftung nach Abs. 1 – dann errichtet, wenn nach den maßgeblichen Bestimmungen des im Ausland geltenden Rechts der Stiftungsgründung die Stiftung als rechtswirksam gegründet zu betrachten ist. Dies setzt mithin vom deutschen Rechtsanwender die Kenntnis und Fähigkeit zur Beurteilung der entsprechenden ausländischen Rechtsvorschriften voraus. **335**

In Bezug auf den begünstigten Personenkreis ist zunächst zu betonen, dass die kumulative Verknüpfung „und" als „oder" zu lesen ist. Dieser Personenkreis muss insgesamt zu mehr als der Hälfte bezugsberechtigt oder anfallsberechtigt sein. Fraglich ist, ob insbesondere Vorstandsmitglieder und leitende Angestellte nach deutschem Aktien- bzw. Arbeitsrecht zu beurteilen sind. Das materielle Interesse an dieser Fragestellung liegt darin, dass im Unternehmensverbund einflussreiche Personen ihren Einfluss nicht zwangsläufig aus entsprechenden Positionen bei im Inland unbeschränkt steuerpflichtigen Gesellschaften des Unternehmensverbunds ableiten müssen. Solche Personen würden – trotz unbeschränkter Steuerpflicht – aus der Besteuerung herausfallen, wenn lediglich auf inländische Rechtsvorschriften abgestellt wird. Wohl (auch) aus diesem Grund tritt *Wassermeyer* (*FWBS* § 15 AStG Rz. 101 ff.) für eine funktionelle Beurteilung ein. Dies bedeutet, dass die Funktion und nicht die Bezeichnung im Vordergrund stehen soll. Folglich können wohl auch Geschäftsführer, als „Board"-Mitglieder bezeichnete Personen oder auch (geschäftsleitende) Mitglieder eines Verwaltungsrates in Betracht kommen. Nicht erfasst werden sollen Mitglieder von Aufsichtsräten oder Beiräten. Zwar werden diese in der Tat nicht vom Katalog des Abs. 3 erfasst, indessen erschließt sich der Sinn des Ausschlusses dieser Personengruppe nicht ohne weiteres. **336**

Als Rechtsfolge ordnet Abs. 3 an, dass die Unternehmensstiftung wie eine Familienstiftung behandelt wird. Folglich wird die nach Abs. 1 statuierte Zurechnung der Einkünfte und des Vermögens auch im Zusammenhang mit den im Rahmen einer Unternehmensstiftung zu identifizierenden Begünstigten zur Anwendung zu kommen haben. **337**

einstweilen frei **338–349**

F. Gleichgestellte Rechtsträger (Abs. 4)

I. Allgemeines

350 Die Vorschrift zielt darauf ab, bestimmte Rechtsträger mit vom Gesetzgeber für unerwünscht gehaltenen ökonomischen Charakteristika zu treffen. Dies sind in erster Linie die sogenannten Familienstiftungen. Aber auch andere Organisationsformen, die aufgrund ihrer Konzeption und ihrer Funktionsweise zu diesem Typus strukturelle Ähnlichkeiten aufweisen, befinden sich im Visier der Vorschrift. Das alleinige Abstellen auf den Namen „Stiftung" würde in jedem Fall zu kurz greifen. Daher verfolgt Abs. 4 die Absicht, vergleichbare organisatorische Einheiten − genauer: die Personen, die sie ins Leben gerufen haben (den Stiftern äquivalent) bzw. die Personen, die eine den Bezugs- respektive Anfallsberechtigten adäquate Begünstigungsposition einnehmen − ebenfalls mit den Rechtsfolgen der Bestimmung zu bedrohen. Daher sollen auch sonstige Zweckvermögen, Vermögensmassen und rechtsfähige oder nichtrechtsfähige Personenvereinigungen bei „stiftungs-" ähnlichem Gebaren gleichfalls bei den relevanten vergleichbaren Personengruppen die Zurechnung als Rechtsfolge auslösen.

351 Im Grunde genommen ist es das Anliegen des Abs. 4, weder auf die Bezeichnung als „Stiftung" noch auf ihre Rechtspersönlichkeit abzustellen. Daher sind sämtliche Institutionen mit der Funktion einer Stiftung, die also insbesondere nach ihrem Satzungszweck Anfalls- oder Bezugsberechtigte zulassen oder tatsächlich einen Personenkreis mit Anfalls- oder Bezugsberechtigung definieren, unter Abs. 4 zu fassen. Als Faustregel gilt hierbei, dass diese Institutionen unter § 1 Abs. 1 KStG zu fassen wären, hätten sie ein entsprechendes inländisches Anknüpfungsmerkmal wie Sitz oder Ort der Geschäftsleitung. Abgrenzungskriterium insoweit ist indessen, dass nach den Merkmalen des Typenvergleichs keine Kapitalgesellschaft vorliegen darf, weil sich die §§ 7−14 einerseits und der § 15 andererseits gegenseitig ausschließen.

352–359 *einstweilen frei*

II. Praktisch bedeutsame Einzelfälle

360 Der aus dem anglo-amerikanischen Rechtskreis bekannte „trust" stellt nach gefestigter BFH-Rechtsprechung ein solches Zweckvermögen dar, welches durch § 15 Abs. 4 Stiftungen gleichgestellt ist. Voraussetzung dafür ist, dass die Verfügungs- und Einflussmacht des Gründers („settlor") eines solchen Trusts beschränkt ist (vgl. BFH v. 2.2.1994, I R 66/92, BStBl. II 1994, 727). Entscheidende Bedeutung nimmt insoweit die Ausgestaltung der Gründungsurkunde an.

361 In der Kautelarpraxis existieren Formen, die dem Gründer jede unmittelbare Einflussnahme auf das Trust-Vermögen entziehen. Solche in der Praxis offenbar durchaus verbreiteten „discretionary irrevocable trusts", wie sie auch Gegenstand der Entscheidung des BFH vom 5.11.1992 waren (vgl. BFH v.

5.11.1992, I R 39/92, BStBl. II 1993, 388; SKK/*Rundshagen* § 15 AStG Rz. 71), beschränken die Möglichkeit des Gründers, den Trust zu prägen, auf einen „letter of wishes". Diesen können die vertretungsbefugten Personen („trustee") befolgen, sind aber dazu nicht verpflichtet. Trusts, bei denen der „settlor" eine Verfügungs- oder Zugriffsmöglichkeit auf das Vermögen behält, qualifiziert die Rechtsprechung hingegen als Treuhänder (BFH v. 2.2.1994, I R 66/92, BStBl. II 1994, 727). Als Konsequenz ergibt sich daraus, dass ihr Einkommen dem Errichter des Trusts schon nach § 39 AO zuzurechnen ist. Zu einer Anwendung des § 15 vermag es von vorneherein nicht zu kommen. Ein weiterer Fall einer solchen Treuhandschaft liegt vor, wenn nach der Satzung des Trusts zwar der „settlor" keine Einflussmöglichkeiten auf die Verwendung des Vermögens hat, gleichzeitig aber zu einem der „trustees" bestellt ist (SKK/*Rundshagen* § 15 AStG Rz. 71).

Schließlich ordnet Abs. 4 an, dass § 15 sowohl auf rechtsfähige ausländische **362** Personenvereinigungen als auch auf nicht rechtsfähige ausländische Personenvereinigungen Anwendung findet.

einstweilen frei **363–379**

G. Möglichkeit zur Steueranrechnung nach Abs. 5

Abs. 5 enthielt in der bis einschließlich 2012 geltenden Fassung die Klar- **380** stellung, dass die Vorschriften des vierten Teils des AStG, also der Bestimmungen zur Hinzurechnungsbesteuerung, keine Anwendung finden. Diese explizite Regelung ist seit 2013, wohl mit Blick auf den neuen Abs. 9, welcher eine entsprechende Anwendung der §§ 7–14 bei mehrstöckigen Strukturen im Rahmen des § 15 explizit vorsieht, entfallen. Überschneidungen zwischen dem Anwendungsbereich des § 15 und der §§ 7–14 sind dennoch unwahrscheinlich, weil nach § 7 eine auf gesellschaftsrechtlicher Grundlage beruhende Beteiligung gegeben sein muss. Diese gibt es bei einer Stiftung gerade nicht. Grenzfälle könnten dann denkbar sein, wenn das ausländische Stiftungsrecht auch gesellschaftsrechtliche und vermögensmäßige Beteiligungen an der Stiftung zulässt (*FWBS* § 15 AStG Rz. 87).

Weiterhin enthielt der bis 2012 geltende Abs. 5 einen expliziten Verweis auf **381** die entsprechende Anwendung des § 5. Dieser Verweis auf § 5 erschloss sich, wenn man sich den Zweck dieser Bestimmung näher vergegenwärtigte. Die Vorschrift des § 5 soll verhindern, dass eine ausgewanderte Person die erweiterte beschränkte Steuerpflicht dadurch umgeht, dass sie zwischen sich und ihrer wirtschaftlichen Aktivitäten und Interessen im Inland eine Abschirmwirkung entfaltende ausländische Kapitalgesellschaft einschaltet. Folglich war die ausländische Gesellschaft nach § 5 durch die ausländische Stiftung zu ersetzen. Dies bewirkte, dass Einkommen und Vermögen einer Stiftung entsprechend der Wirkungsweise des § 5 den hinter der Stiftung stehenden Personen (Stifter, Anfallsberechtigte, Bezugsberechtigte) zuzurechnen waren, wenn die Voraussetzungen im Übrigen erfüllt waren. Bei letzteren ist etwa zu denken an die wesentlichen wirtschaftlichen Interessen im Inland. Mit dem AmtshilfeRL-UmsG ist diese Bestimmung entfallen. Ausweislich der Gesetzesbegründung des vorangegangenen, gescheiterten JStG 2013 (BR-Drs. 302/12, 110) war der Gesetzgeber der Auffassung, wegen der neuen Absätze 8 bis 10 bestünde nun für eine Anwendung des § 5 keine Notwendigkeit mehr. Diese Einschätzung ist fragwürdig (ebenso *Kirchhain* IStR 2012, 602, 607), da die Anwendung des § 5 im Kontext des § 15 und die Behandlung mehrstöckiger Strukturen über Abs. 9 und 10 vollständig unterschiedliche Sachverhaltskonstellationen erfassen. Im Ergebnis greift nun § 15 bei Personen iSd § 2, die Stifter oder Bezugsberechtigte einer ausländischen Familienstiftung sind, nicht mehr.

382 Die Möglichkeit der entsprechenden Anwendung des § 12 Abs. 1 und 2 eröffnet einem nach § 15 besteuerten Stifter, Anfalls- oder Bezugsberechtigten, nach Maßgabe dieser Vorschrift solche wirtschaftlich ihn belastende Steuern der im Ausland ansässigen Stiftung anzurechnen. Dies führt regelmäßig zu einer günstigeren Besteuerungssituation für den im Inland unbeschränkt oder erweitert beschränkt steuerpflichtigen Stifter, Anfalls- oder Bezugsberechtigten. Der Verweis auf § 12 Abs. 3 eröffnet eine solche Möglichkeit auch im Hinblick auf ausländische (Quellen-)Steuern auf tatsächliche Stiftungsauskehrungen. Für die Besonderheiten der Anrechnung sei auf die Kommentierung zu § 12 verwiesen.

383–399 *einstweilen frei*

H. Unionsrechtliche Rettungsklausel (Abs. 6)

I. Regelungsgehalt

400 Mit Abs. 6 beabsichtigt der deutsche Gesetzgeber, die Zurechnungsbesteuerung für Familienstiftungen unionsrechtskonform auszugestalten und damit dem Vorwurf der unionsrechtswidrigen Behandlung EU-/EWR-ausländischer Familienstiftungen durch die EU-Kommission zu entkräften. Wie an anderer Stelle ausgeführt, geht die EU-Kommission davon aus, dass die deutschen Steuervorschriften für ausländische Familienstiftungen (§ 15) zu ändern sind. Begründet wird dies damit, dass diese nicht mit den Grundsätzen des freien Kapital- und Personenverkehrs gemäß Art. 63 und 21 AEUV vereinbar seien (Az. 2003/4610). Hat nach Abs. 6 eine Familienstiftung Geschäftsleitung oder Sitz in einem Mitgliedstaat der Europäischen Union oder einem Vertragsstaat des EWR-Abkommens, ist Absatz 1 nicht anzuwenden, wenn nachgewiesen wird, dass das Stiftungsvermögen der Verfügungsmacht der in Absatz 2 und 3 genannten Personen rechtlich und tatsächlich entzogen ist und zwischen der Bundesrepublik Deutschland und dem Staat, in dem die Familienstiftung Geschäftsleitung oder Sitz hat, aufgrund der Amtshilfe-Richtlinie oder einer vergleichbaren zwei- oder mehrseitigen Vereinbarung, Auskünfte erteilt werden, die erforderlich sind, um die Besteuerung durchzuführen.

401 Nach Abs. 6 wird die Anwendung des Abs. 1 somit für Familienstiftungen mit Geschäftsleitung oder Sitz in einem Mitgliedstaat der EU bzw. einem Vertrag des EWR-Abkommens suspendiert, wenn die folgenden Voraussetzungen erfüllt sind:

– Es erfolgt der Nachweis, dass das Stiftungsvermögen den in § 15 Abs. 2 und 3 genannten Personen rechtlich und tatsächlich entzogen ist.

H. Unionsrechtliche Rettungsklausel (Abs. 6)

– Zwischen der Bundesrepublik Deutschland und dem Staat, in dem die Familienstiftung ihre Geschäftsleitung oder ihren Sitz hat, werden aufgrund der Amtshilferichtlinie gemäß § 2 Abs. 2 des EU-Amtshilfegesetzes oder einer vergleichbaren Vereinbarung für die Durchführung der Besteuerung erforderliche Auskünfte erteilt.

Ausweislich der Gesetzesbegründung wurden bei der Einfügung des Absatzes 6 unionsrechtliche Bedenken berücksichtigt, die sich auf Grund der Entwicklung der Rechtsprechung des EuGH zur Kapitalverkehrsfreiheit (Art. 63 AEUV) ergeben haben. Konzediert wird, dass eine Anpassung an die Rechtsprechung auch die EU-Kommission fordere. Damit reagierte der deutsche Gesetzgeber auf die oben nachgewiesene EU-Rechtswidrigkeit des § 15. Durch dessen Ergänzung um Abs. 6 wird die ausnahmslose Zurechnung der Einkünfte der Stiftung für eine Würdigung im Einzelfall geöffnet. Diese ermöglicht es dem Stifter bzw. Bezugs-/Anfallsberechtigten, der Zurechnung der Einkünfte zu entgehen. Allerdings ist dafür der Nachweis erforderlich, dass ihnen die Verfügungsmacht über das Stiftungsvermögen rechtlich und auch tatsächlich entzogen ist. Insoweit greift der Gesetzgeber die Rechtsprechung des II. Senats des BFH zum Schenkungsteuerrecht auf. In der BFH-Entscheidung vom 28.6.2007, II R 21/05, BStBl. II S. 669 wurde der Rechtsgrundsatz entwickelt, dass die Übertragung von Vermögen auf eine liechtensteinische Stiftung nicht der Schenkungsteuer unterliegt, wenn die Stiftung nach den getroffenen Vereinbarungen und Regelungen über das Vermögen im Verhältnis zum Stifter nicht tatsächlich und rechtlich frei verfügen kann. Diesen Gedanken macht sich der Gesetzgeber auch im Kontext des § 15 zu Eigen. Dem Stifter oder den Begünstigten ist es daher ermöglicht, der Zurechnung der Einkünfte zu entgehen, wenn sie nachweisen, dass ihnen die Verfügungsmacht über das Stiftungsvermögen rechtlich und auch tatsächlich entzogen ist.

Diese Nachweismöglichkeit ist an die Voraussetzung geknüpft, dass die deutsche Finanzbehörde eine Nachprüfungsmöglichkeit durch zwischenstaatliche Amtshilfe mittels Auskunftsaustausch hat.

Als weitere Voraussetzung nennt die Gesetzesbegründung, dass der jeweilige ausländische Staat Zugang zu diesen Informationen hat und entsprechende Auskünfte auch tatsächlich erteilt. Rechtsgrundlage für diesen Informationsaustausch stellen die sogenannten EU-Amtshilfe-Richtlinie (umgesetzt im EU-Amtshilfegesetz – EUAHiG) sowie entsprechende Auskunftsklauseln der DBA oder anderer Abkommen dar, letztere, sofern sie dem Auskunftsaustausch dienen. Träger der Nachweispflicht sind die Personen, denen das Einkommen der Stiftung nach Abs. 1 zuzurechnen ist.

II. Beurteilung am Maßstab der Grundfreiheiten

Es ist durchaus nicht zwangsläufig gewährleistet, dass durch Abs. 6 die unionsrechtliche Konformität des § 15 hergestellt wird. Denn auch in der Nachweismöglichkeit der ausgeschlossenen Verfügungsmacht kann ein Nachteil gegenüber inländischen Familienstiftungen erblickt werden (*Lühn* IWB Nr. 17 vom 10.9.2008 – 851 – Fach 3 Deutschland Gr. 1, 2361). Ob in der Interpretation des Abs. 6 durch die Finanzverwaltungdas im Normwortlaut nicht enthaltene Tatbestandsmerkmal der unwiderruflichen Übertragung des Stiftungsvermögens hineingeheimnist wird, scheint derzeit offen. Hier entsteht das Problem, ob das ausländische Recht, dem die ausländische Familienstiftung ja untersteht, die Verfügungsmacht über das Stiftungsvermögen sowie die erzielten (thesaurierten) Stiftungseinkünfte den Anforderungen des deutschen Gesetzgebers entsprechend überhaupt auszuschließen vermag. Fraglich ist ferner, ob nachträglich bei bereits bestehenden ausländischen Familienstiftungen die Verfügungsmacht ausgeschlossen werden kann. In der Literatur wurde zutreffend darauf hingewiesen, dass – sollte dies nicht der Fall sein – Stifter und Anfalls- sowie Bezugsberechtigte nicht von Abs. 6 begünstigt sein werden (*Lühn* IWB Nr. 17 vom 10.9.2008 – 851 – Fach 3 Deutschland Gr. 1, 2364). Eine weiter bestehende Unionsrechtswidrigkeit wäre in solchen Situationen demzufolge nicht auszuschließen.

III. Drittstaaten-Problematik

406 In einem sogenannten Aussetzungsverfahren hat das Finanzgericht Baden-Württemberg (FG Baden-Württemberg, Beschluss v. 12.8.2015 – 3 V 4193/13) in einem bemerkenswerten Beschluss ernsthafte Zweifel an der Unionsrechtskompatibilität der Hinzurechnungsbesteuerung in Drittstaatenfällen, also in Bezug auf deutschbeherrschte Gesellschaften mit Sitz und Ort der Geschäftsleitung außerhalb der Europäischen Union, geäußert. Da der wesentliche Sinn eines solchen Verfahrens darin besteht, bei ernstlichen Zweifel an der Rechtmäßigkeit eines angefochtenen Steuerbescheids dessen Vollzug auszusetzen bevor in der Hauptsache materiell darüber entschieden wird, dient ein Aussetzungsverfahren dem einstweiligen Rechtsschutz. Nach einer bewährten Formel der höchstrichterlichen Rechtsprechung bestehen ernstliche Zweifel an der Rechtmäßigkeit eines angefochtenen Steuerbescheids schon dann, wenn ernstlich mit einer Zulassung der Revision zu rechnen ist. Von dieser Ausgangslage ließ sich der beschließende Senat des Finanzgerichts leiten, denn offenbar scheint er gewillt, im Hauptsacheverfahren die Revision zuzulassen. Er betont unter ausführlicher Analyse des dazu veröffentlichten Schrifttums, dass nach derzeitigem Stand der Rechtsprechung zur Hinzurechnungsbesteuerung nach §§ 7 ff. im Fall von Drittstaaten ernstliche Zweifel an der Rechtmäßigkeit nicht zu verneinen seien. Das gelte schon allein wegen der nicht höchstrichterlich geklärten Vereinbarkeit mit den einschlägigen Grundfreiheiten des Unionsrechts. Insbesondere sei das Verhältnis von Niederlassungsfreiheit (Art. 49 AEUV) zur Kapitalverkehrsfreiheit (Art. 63 AEUV) betroffen. Es erscheine insoweit nicht zuverlässig vorhersehbar, wie der EuGH die Vereinbarkeit der AStG-Vorschriften zur Hinzurechnungsbesteuerung im Verhältnis zu Drittstaaten generell und insbesondere im Verhältnis zur Schweiz beurteilen werde.

407 Dieser gedankliche Ansatz lässt sich problemlos auf die Rechtslage im Rahmen des § 15 übertragen. Auch insoweit ergibt bereits eine kursorische Analyse des einschlägigen Schrifttums, dass nach derzeitigem Stand der Rechtsprechung zur Besteuerung ausländischer Familienstiftungen nach § 15 im Fall von Drittstaaten ernstliche Zweifel an dessen Rechtmäßigkeit nicht zu verneinen sind.

I. Anwendung des deutschen Steuerrechts (Abs. 7)

Dem Argument, aufgrund der sogenannten Stand-still-Klausel entfalte die **408** unionsrechtlich begründete Drittstaatenwirkung der Kapitalverkehrsfreiheit deswegen keine Wirkkraft, weil die Regelungen zur Besteuerung ausländischer Familienstiftungen bereits am 31. Dezember 1993 bestanden, dürfte im vorliegenden Zusammenhang keine Überzeugungskraft zukommen. Zwar ist im Verhältnis zu Drittstaaten die anwendbare Kapitalverkehrsfreiheit aufgrund der sogenannten Stillstandsklausel (im internationalen Sprachgebrauch als „stand-still-clause" bezeichnet) eingeschränkt. Die Stand-still-Klausel des Art. 64 Abs. 1 AEUV (früher Art. 57 Abs. 1 EGV) gilt für Regelungen, die am 31. Dezember 1993 bereits bestanden. Sie gilt auch für solche Regelungen, die nach dem 31. Dezember 1993 erlassen wurden, aber im Wesentlichen mit einer am 31. Dezember 1993 bestehenden Regelung übereinstimmen. In Bezug auf das bereits seit 1972 bestehende Normengefüge erfordert die Anwendung der „stand-still-clause" somit eine Entscheidung darüber, ob die hinsichtlich tragender Prinzipien mehrfach geänderte Hinzurechnungsbesteuerung in ihrem Wesenskern noch „im Wesentlichen" mit den am 31. Dezember 1993 bestehenden Regelungen übereinstimmt. Eine nähere Analyse dieses Problembereiches deutet auf valide Anhaltspunkte für die Argumentation hin, dass die Stillstandsklausel bezüglich der Besteuerung ausländischer Familienstiftungen nicht einschlägig ist, da sich der Wesensgehalt seit 1993 doch signifikant geändert hat. So wurde die Besteuerungskonzeption von der Erfassung des Einkommens auf die Zurechnung der Einkünfte umgestellt. Ferner bewirken die Regelung zu der ausländischen Familienstiftung nachgeschalteten weiteren ausländischen Familienstiftungen bzw. nachgeschalteten Zwischengesellschaften eine derart signifikante Modifikation der Textur der Regelung, dass die am 31.12.1993 existierende Regelung mit der heute in Rede stehenden Regelung zur Besteuerung ausländischer Familienstiftungen nur noch geringe Ähnlichkeiten aufweist. Gleichwohl erscheint der Hinweis angebracht, dass zur Reichweite der Stillstandsklausel im Kontext der Hinzurechnungsbesteuerung höchstrichterliche Entscheidungen noch ausstehen.

einstweilen frei **409–419**

I. Entsprechende Anwendung deutschen Steuerrechts bei der Einkünfteermittlung (Abs. 7)

I. Grundregel

Mit dem im Rahmen des AmtshilfRLUmsG neu gefassten Abs. 7 sollen **420** Unstimmigkeiten in der Literatur bezüglich der Ermittlung der Stiftungseinkünfte bereinigt werden.

Nach Abs. 7 S. 1 sind die nach Absatz 1 zuzurechnenden Einkünfte in ent- **421** sprechender Anwendung der Vorschriften des deutschen Einkommensteuer- und Körperschaftsteuerrechts zu ermitteln. Die einschlägigen Einkünfteermittlungsvorschriften ergeben sich aus der jeweiligen Einkunftsart der Stiftungseinkünfte gem. § 2 Abs. 1 EStG. § 8 Abs. 2 KStG greift auf Ebene der Stiftung nicht, dh diese kann alle sieben Einkunftsarten verwirklichen.

Abs. 7 S. 2 sieht eine entsprechende Anwendung des § 10 Abs. 3 vor. § 10 Abs. 3 S. 1 bestimmt hierbei, wie § 15 Abs. 7 S. 1, eine entsprechende Anwendung der Vorschriften des deutschen Steuerrechts. Insoweit ist der im Rahmen des AmtshilfeRLUmsG 2013 eingefügte Verweis des Abs. 7 S. 2 zumindest z. T. redundant. Der Sinn des Verweises auf § 10 Abs. 3 besteht jedoch primär darin, den Sonderregelungen bei der Ermittlung des Hinzurechnungsbetrages im Kontext der §§ 7–14 auch innerhalb des § 15 Geltung zu verschaffen. So ist auf Ebene der Stiftung nun gem. Abs. 7 S. 2 iVm § 10 Abs. 3 S. 2 bei Gewinneinkünften stets das Wahlrecht zwischen der Gewinnermittlung nach § 4 Abs. 1/§ 5 EStG und § 4 Abs. 3 EStG eröffnet. Es ist jedoch einheitliche Wahlrechtsausübung für alle Zurechnungsempfänger vorgeschrieben (Abs. 7 S. 2 iVm § 10 Abs. 3 S. 3). Gem. Abs. 7 S. 2 iVm § 10 Abs. 3 S. 4 sind steuerliche Vergünstigungen, welche an die unbeschränkte Steuerpflicht oder an das Bestehen eines inländischen Betriebs oder inländischen Betriebsstätte anknüpfen und die Vorschriften des § 4h EStG sowie der § 8a KStG und der §§ 8b Abs. 1 und 2 KStG nicht zu berücksichtigen.

422 Dies ist eine substanzielle Änderung zum bis einschließlich 2012 geltenden Rechtsstand. Im Rahmen der Einkommensermittlung einer ausländischen Familienstiftung kam bis 2012 § 8b KStG zur Anwendung. Durch Strukturen, bei denen einer ausländischen Familienstiftung Kapitalgesellschaften nachgeschaltet wurden, konnte eine Zurechnung nach § 15 bis 2012 relativ leicht vermieden werden, da Gewinnausschüttungen auf Ebene der Stiftung gem. § 8b Abs. 1 KStG steuerbefreit waren und § 15 AStG aF keinen direkten Zugriff auf die Einkünfte nachgeschalteter Vehikel vorsah, wie dies zB im Kontext der §§ 7 durch § 14 erfolgt. Die wichtigste materielle Auswirkung des neu eingefügten Abs. 7 S. 2 ist nunmehr, dass über den Verweis auf § 10 Abs. 3 S. 4 die Anwendung des § 8b KStG bei der Einkünfteermittlung der Stiftung suspendiert wird. Ob und inwieweit § 8b KStG auf Ebene des Stifters oder Destinatärs Anwendung findet, wird nun durch den ebenfalls im Rahmen des AmtshilfeRLUmsG eingefügten Abs. 8 geregelt.

II. Verlustbehandlung

423 Der bis einschließlich 2012 geltende § 15 AStG aF enthielt in Abs. 7 S. 3 einen expliziten Verweis auf § 10d EStG. Dieser ist nunmehr durch das AmtshilfeRLUmsG entfallen. Allerdings wird durch Abs. 7 S. 2 auch auf § 10 Abs. 3 S. 5 verwiesen, der wiederum eine entsprechende Anwendung des § 10d EStG vorsieht. Materiell ergeben sich daher durch die Änderungen im Rahmen des AmtshilfeRLUmsG keine substanziellen Veränderungen.

424 Nach Abs. 7 S. 3, sind keine negativen Beträge zuzurechnen. Unter Leistungsfähigkeitsaspekten dürfte diese Bestimmung durchaus nicht frei von Bedenken sein. Insoweit hilft auch die Feststellung der Gesetzesbegründung nicht weiter, § 15 sei konzeptionell mit den Vorschriften über die Hinzurechnungsbesteuerung der §§ 7–14 vergleichbar, wo die Feststellung eines negativen Hinzurechnungsbetrags ebenfalls ausdrücklich ausgeschlossen werde. Vor dem Hintergrund des Regelungszwecks des § 15 ergibt sich kein systematisch gebotener Automatismus, negative Beträge nicht in die inländische Bemessungsgrundlage einzubeziehen. Der gleichsam als Rettungsanker des Gesetzgebers angebotene Abs. 7 S. 2 iVm § 10 Abs. 3 S. 4, wonach bei der Ermittlung des Zurechnungsbetrags im Kontext des § 15 die Anwendung des § 10d EStG ermöglicht wird, vermag in Einzelfällen den Vorwurf systemwidriger Besteuerung nicht zu entkräften. Dies gilt insbesondere, wenn dem Steuerfluchtmotiv unverdächtige Vermögenswerte in einer Familienstiftung Verluste generieren, die aber vom Berücksichtigungsverbot des Abs. 7 S. 3 erfasst werden und für die lediglich ein intertemporärer Verlustausgleich zulässig ist. Denn nach Abs. 7 S. 2 iVm § 10 Abs. 3 S. 4 sind bei der Ermittlung der Einkünfte Verluste in entsprechender Anwendung des § 10d EStG lediglich abzuziehen. In steuersystematischer Hinsicht ist zudem zu bemängeln, das durch die Anwendung des § 10d EStG eine Einkommensermittlungsvorschrift in fragwürdiger Weise auf die Ebene der Einkünfteermittlung des ausländischen Familienstiftung vorverlagert wird. Auch stellt sich die Frage, ob Altverluste, welche im Rahmen der bis 2012 geltenden Einkommensermittlung gem. § 15 AStG aF festgestellt wurden, auch für Zwecke der Einkünftezurechnung gem. § 15 idF des AmtshilfeRLUmsG weiter genutzt werden können. Im Ergebnis sollte dies trotz des Fehlens einer Überleitungsvorschrift bereits aus Billigkeitsgründen zu bejahen sein (*Moser/Gebhardt* DStZ 2013, 753, 754 ff.).

einstweilen frei

J. Verfahrensrechtliche Aspekte

I. Gesonderte Feststellung nach § 180 AO

§ 18 Abs. 1 bis 3 enthalten Regelungen zur gesonderten Feststellung von Besteuerungsgrundlagen im Kontext der §§ 7–14. § 18 Abs. 4 idF des AmtshilfeRLUmsG erklärt § 18 Abs. 1 bis 3 nun auch im Kontext des § 15 für entsprechend anwendbar. Insoweit sei auf die Kommentierung zu § 18 Abs. 4 verwiesen.

einstweilen frei

II. Verpflichtung zur Mitwirkung

Die spezialgesetzlichen Mitwirkungspflichten aufgrund von § 17 gelten ausdrücklich auch für die nach § 15 zuzurechnenden Einkünfte. Darüber sind für die Besteuerung nach § 15 alle Regeln über das Besteuerungsverfahren für unbeschränkt steuerpflichtige Personen einschlägig, materiell wie verfahrensrechtlich. Eingeschlossen ist darin auch die Mitwirkungspflicht bei der Aufklärung von Auslandssachverhalten nach § 90 Abs. 2 AO (BFH v. 25.4.2001, II R 14/98, IStR 2001, 589), jedenfalls dann, wenn eine gewisse personelle oder inhaltliche Nähe zu der ausländischen Stiftung besteht (BFH v. 2.6.2004, II R 7/02 (NV), BFH/NV 2004, 1535; FG München v. 27.11.2001, 12 K 3051/01, EFG 2002, 568). Bei nicht ausreichender Mitwirkung hat die Finanzbehörde die Möglichkeit der Schätzung der Besteuerungsgrundlagen nach § 162 AO (Niedersächsisches FG v. 15.7.1999, XIV 347/93, EFG 2000, 742 (rkr.)). In der Literatur wird zu Recht darauf hingewiesen, dass bei der Beurteilung, ob ein Steuerpflichtiger in ausreichendem Maße seinen Mitwirkungspflichten nachgekommen ist, seine tatsächlichen Möglichkeiten richtig und angemessen berücksichtigt werden müssen (SKK/*Rundshagen* § 15 AStG Rz. 76).

433, 434 *einstweilen frei*

K. Behandlung der zuzurechnenden Einkünfte beim Stifter/Destinatär (Abs. 8)

435 Mit dem AmtshilfeRLUmsG wurde § 15 im Jahr 2013 um einen neuen Abs. 8 erweitert, welcher nunmehr die Behandlung der zuzurechnenden Einkünfte beim Zurechnungsempfänger explizit regeln soll. Die Vorschrift soll einerseits im Hinblick auf die Anwendung des § 15 die Rechtssicherheit erhöhen, erhält jedoch auch in ganz erheblichem Maße materielle Änderungen gegenüber dem bisherigen Rechtsstand.

436 Abs. 8 S. 1 bestimmt, dass die zugerechneten Einkünfte beim Zurechnungsempfänger grundsätzlich zu den Einkünften iSd § 20 Abs. 1 Nr. 9 EStG gehören. Dies entspricht der bisherigen Rechtspraxis, so dass die entsprechende Regelung lediglich klarstellend ist.

437 **Abs. 8** S. 2 1. Hs. legt fest, dass 20 Abs. 8 EStG unberührt bleibt. Dieser Regelung hätte es nicht bedurft, da nicht ersichtlich ist, warum § 20 Abs. 8 EStG im Kontext des § 15 suspendiert werden sollte. Davon unabhängig ist jedoch die Frage zu sehen, ob es faktisch möglich ist, eine Stifterstellung bzw. eine Begünstigtenstellung explizit einem Betriebsvermögen einer natürlichen Person zuzuordnen. Im Regelfall wird die Gründung einer Stiftung privat veranlasst sein, in jedem Fall dürfte sich ein solcher Nachweis schwierig gestalten.

438 Von erheblicher Bedeutung ist Abs. 8 S. 2 2. Hs., dieser regelt die Behandlung der zugerechneten Einkünfte beim Zurechnungsempfänger. Da die zugerechneten Einkünfte gem. Abs. 8 S. 1 als fiktive Stiftungsauskehrungen gem. § 20 Abs. 1 Nr. 9 EStG anzusehen sind, stellt sich die Frage, ob und inwieweit die für Gewinnausschüttungen geltenden Regelungen Anwendung finden. Abs. 8 S. 2 2. Hs. macht dabei die Anwendung des § 32d EStG und des § 3 Nr. 40 S. 1 Buchst. d EStG davon abhängig, ob diese Vorschriften bei direktem Bezug durch die Personen iSd Abs. 1 anzuwenden gewesen wären.

439 Dies betrifft insbesondere mehrstufige Strukturen, bei denen eine Stiftung ihrerseits an einer Kapitalgesellschaft beteiligt oder Stifterin einer ausländischen Familienstiftung ist. Für die Frage, ob § 32d EStG oder § 3 Nr. 40 S. 1 Buchst. d EStG greifen, wird durch die ausländische Stiftung gleichsam „hindurchgeblickt". Würde etwa eine der ausländischen Familienstiftung nachgeschaltete Kapitalgesellschaft bei einer Direktbeteiligung des Zurechnungsempfängers an ihr als Zwischengesellschaft iSd § 7 Abs. 1 qualifizieren, so wäre im Hinblick auf die hinzugerechneten Einkünfte die Anwendung von § 3 Nr. 40 S. 1 Buchst. d EStG und § 32d EStG wegen § 10 Abs. 2 S. 4 versperrt.

440 Entsprechend wäre für Einkünfte, welche originär auf eine solche nachgeschalteten Kapitalgesellschaft entfallen und die gem. Abs. 9 der Stiftung zugerechnet werden, wegen Absatz 8 S. 2 2. Hs. auch für Zwecke des § 15 die Anwendung der vorgenannten Vorschriften ausgeschlossen (*Kraft/Moser/Gebhardt* DStR 2012, 1773).

L. Nachgeschaltete Kapitalgesellschaften (Abs. 9)

Abs. 8 S. 3 1. Hs. bestimmt, dass bei Körperschaften als Zurechnungs- 441
empfänger § 8 Abs. 2 KStG unberührt bleibt. Auch diese Vorschrift ist redundant, da sich die Anwendung des § 8 Abs. 2 KStG bereits aus der allgemeinen ertragsteuerlichen Systematik ergibt. Zu beachten ist, dass Abs. 8 S. 3 den Anwendungsbereich des § 8 Abs. 2 KStG nicht erweitert. Dieser greift also nur im Fall einer qualifizierenden Körperschaft (im Regelfall einer unbeschränkt steuerpflichtigen Kapitalgesellschaft) als Destinatär. Materiell entfaltet die Vorschrift also keine eigenständige Wirkung. Abs. 8 S. 3 Hs. 2 ist analog zu Abs. 8 S. 2 Hs. 2 formuliert und sieht vor, dass § 8b Abs. 1 und 2 KStG nur dann Anwendung finden, wenn diese Vorschriften bei unmittelbarem Bezug der zuzurechnenden Einkünfte durch die Zurechnungsempfänger Anwendung gefunden hätten. Auch hier hat der Gesetzgeber primär mehrstufige Strukturen im Blick. Ist der Zurechnungsempfänger eine Körperschaft und würde eine der ausländischen Familienstiftung nachgeschaltete Kapitalgesellschaft im Fall einer Direktbeteiligung des Zurechnungsempfängers als Zwischengesellschaft qualifizieren, so greift wegen Abs. 8 S. 3 Hs. 2 beim Zurechnungsempfänger § 8b Abs. 1 und 2 KStG nicht. Dieser würde nämlich bei einer Direktbeteiligung an einer Zwischengesellschaft explizit durch § 10 Abs. 2 S 3 suspendiert (*Kraft/Moser/Gebhardt* DStR 2012, 1773).
einstweilen frei 442–449

L. Nachgeschaltete Kapitalgesellschaften (Abs. 9)

I. Grundstruktur der Regelung

Bis zur Fundamentalreform des § 15 im Rahmen des AmtshilfeRLUmsG 450
2013 bestand eine sehr einfache steuergestalterische Möglichkeit, die Zugriffssysteme des § 15 und der §§ 7–14 zu vermeiden, darin, eine mehrstufige Struktur aufzusetzen, bei welcher eine ausländische Familienstiftung an einer im niedrig besteuernden Ausland domizilierenden Kapitalgesellschaft beteiligt war, die ihrerseits passive Einkünfte iSd § 8 Abs. 1 erzielte. Diese Konstellation wurde bis 2012 weder von den §§ 7–14 (mangels gesellschaftsrechtlicher Beteiligung unbeschränkt Steuerpflichtiger an der Kapitalgesellschaft) noch von § 15 erfasst (im Thesaurierungsfall mangels Einkünftezufluss auf Ebene der ausländischen Stiftung, im Ausschüttungsfall durch Anwendung von § 8b KStG bei der Einkommensermittlung der Stiftung). Die von der Finanzverwaltung in Rz. 15.5.3 AEAStG vertretene Auffassung, die §§ 7–14 würden originär derartige Konstellationen erfassen, war offensichtlich unzutreffend (vgl. *Moser* Ubg 2013, 692).

Mit Abs. 9 hat der Gesetzgeber nun den Versuch unternommen, derartige 451
Konstellationen innerhalb der Systematik des § 15 anzusprechen. Während der bis einschließlich 2012 geltende § 15 Abs. 5 aF die Anwendung des vierten Teils des AStG im Kontext des § 15 explizit ausschloss, verfolgt der seit 2013 geltende Abs. 9 nun einen genau gegenläufigen Ansatz.

Abs. 9 will nunmehr, ähnlich wie § 14 im Rahmen der Hinzurechnungsbe- 452
steuerung nach §§ 7 ff., sicherstellen, dass auch nachgeschaltete Kapitalgesell-

schaften dem Zugriffssystem des § 15 unterliegen. Daher ordnet Abs. 9 S. 1 an, dass die Einkünfte einer solchen nachgeschalteten Körperschaft in entsprechender Anwendung des §§ 7–14 mit dem Teil zu den Einkünften der Familienstiftung gehören, der auf die Beteiligung der Stiftung am Nennkapital der Gesellschaft entfällt. § 15 idF des AmtshilfeRLUmsG behandelt mehrstufige Strukturen nun also in zwei Schritten. Zunächst werden die Einkünfte der nachgeschalteten Gesellschaft in entsprechender Anwendung der §§ 7–14 der ausländischen Stiftung zugerechnet. In einem zweiten Schritt erfolgt dann die Zurechnung dieser Einkünfte zum Zurechnungsempfänger, wobei sich die Behandlung dieser Einkünfte nach Abs. 8 richtet (*Kraft/Moser/Gebhardt* DStR 2012, 1773).

453 Die Zurechnung in entsprechender Anwendung der §§ 7–14 ist so zu verstehen, dass die ausländische Familienstiftung für Zwecke des § 7 Abs. 1 an die Stelle des bzw. der unbeschränkt steuerpflichtigen Anteilseigner tritt. Dh es erfolgt eine Hinzurechnung gem. §§ 7–14 so, als sei die Stiftung unbeschränkt steuerpflichtig. Im Übrigen wird vollumfänglich auf Tatbestand und Rechtsfolgen der §§ 7–14 verwiesen.

454 Die Anwendung des Abs. 9 wird jedoch durch einige handwerkliche Ungenauigkeiten des Gesetzgebers erschwert. So spricht Abs. 9 S. 1 lediglich von einem „beteiligt" sein der ausländischen Stiftung an der nachgeschalteten Kapitalgesellschaft. Dies könnte so zu verstehen sein, dass insoweit jede beliebige Beteiligungshöhe genügt. Andererseits verweist Abs. 9 S. 1 auch auf § 7 Abs. 2 und § 7 Abs. 6, wo eine Mehrheitsbeteiligung bzw. im Fall von Zwischeneinkünften mit Kapitalanlagecharakter im Regelfall eine Beteiligung von 1 % gefordert wird. Richtigerweise ist dieser Verweis so zu verstehen, dass eine Hinzurechnung nach Abs. 9 nur bei Bestehen einer solchen qualifizierenden Beteiligung erfolgt (*Kraft/Moser/Gebhardt* DStR 2012, 1773). Für diese Sichtweise spricht auch, dass die Zielsetzung der Vorschrift nicht erkennen lässt, warum bei derartigen mehrstufigen Strukturen eine gegenüber der originären Anwendung der §§ 7–14 nochmalige Verschärfung geboten sein sollte.

455 Problematisch ist auch, dass Abs. 9 S. 1 dem Wortlaut nach pauschal bestimmt, dass die „Einkünfte" der nachgeschalteten Gesellschaft der ausländischen Familienstiftung zugerechnet werden. Dies könnte isoliert betrachtet so gedeutet werden, dass sämtliche Einkünfte zuzurechnen sind. Durch den Verweis des Abs. 9 auf § 8 Abs. 1 und § 8 Abs. 3 folgt jedoch, dass nur passive, niedrig besteuerte Einkünfte hinzugerechnet werden (vgl. *Kraft/Moser/ Gebhardt* DStR 2012, 1773; *Kraft/Schulz* IStR 2012, 897). Im Übrigen kann für die Anwendung des Abs. 9 S. 1 auf die Kommentierung zu den §§ 7–14 verwiesen werden.

456 Abs. 9 S. 2 enthält eine Regelung für tatsächliche Gewinnausschüttungen nachgeschalteter Zwischengesellschaften. Soweit die entsprechenden Einkünfte bereits nach Abs. 9 S. 1 der ausländischen Stiftung und von dort aus dem Stifter zugerechnet werden, sind tatsächliche Gewinnausschüttungen explizit von den Rechtsfolgen des § 15 ausgenommen. Damit soll eine Doppelbesteuerung verhindert werden. Beachtung verdient darüber hinaus die Überlegung, ob durch Abs. 7 S. 1 auch auf § 3 Nr. 41 Buchst. a EStG verwiesen wird, der über § 8 Abs. 1 KStG auch auf Ebene der Stiftung Anwendung finden würde. Insoweit wären Ausschüttungen dann – zumindest innerhalb der 7jährigen Präklusionsfrist – ohnehin auf Ebene der ausländischen Familien-

L. Nachgeschaltete Kapitalgesellschaften (Abs. 9)

stiftung gem. § 3 Nr. 41 Buchst. a EStG steuerfrei und würden bereits deshalb nicht den Rechtsfolgen des § 15 unterliegen (*Kraft/Preil/Moser* IStR 2016, 96/99 f.).

Zuletzt ist darauf hinzuweisen, dass Abs. 9 nicht diejenigen Konstellationen erfasst, bei denen eine Stiftung einer inländerbeherrschten ausländischen Kapitalgesellschaft nachgeschaltet ist und passive, niedrig besteuerte Einkünfte erzielt. Auch die §§ 7 – 14 greifen hier nicht, soweit die ausländische Holding-Kapitalgesellschaft selbst keine originären Einkünfte erzielt, da die übertragende Hinzurechnung nach § 14 eine gesellschaftsrechtliche Beteiligung verlangt. Möglicherweise wurde diese spezielle Fallkonstellation vom Gesetzgeber im Rahmen des AmtshilfeRLUmsG einfach vergessen (zu den sich aus diesem Versäumnis ergebenden, ganz erheblichen steuerlichen Gestaltungsmöglichkeiten (vgl. *Moser* Hinzurechnungsbesteuerung/Familienstiftungen, 304 ff.).

einstweilen frei

II. Exemplifizierung der Wirkungsweise

1. Nachgeschaltete ausländische Kapitalgesellschaft mit ausschließlich aktiven Einkünften

Die nachfolgend skizzierte vereinfachte Problematik dient der Illustration der Wirkungsweise des § 15 Abs. 9. Die A-Stiftung mit Sitz und Ort der Geschäftsleitung im Nicht-DBA-Drittland A soll als ausländische Familienstiftung iSd § 15 Abs. 2 iVm § 15 Abs. 1 qualifizieren und alleinige Gesellschafterin der A-Ltd. sein. Die A-Ltd. ist eine nach ausländischem Recht gegründete Kapitalgesellschaft mit Sitz und Ort der Geschäftsleitung im Nicht DBA Drittland B, die ausschließlich Einkünfte aus ihrer Produktionsstätte generiert. Stifter und alleiniger Bezugsberechtigter ist der in Deutschland unbeschränkt Steuerpflichtige S. Der einzige Vermögensgegenstand der A-Stiftung besteht aus der Beteiligung an der A-Ltd., sie selbst erzielt keine originären Einkünfte. Es erfolgt lediglich eine jährliche Vollausschüttung der Gewinne der A-Ltd. an die A-Stiftung.

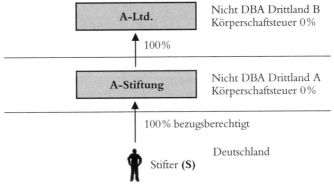

461 Da die Einkünfte der A-Ltd. gem. § 8 Abs. 1 Nr. 2 als „aktiv" qualifizieren, sind die tatbestandlichen Vorrausetzungen der Hinzurechnungsbesteuerung nach §§ 7–14 nicht erfüllt. Der A-Stiftung werden somit keine originären Einkünfte der A-Ltd. nach § 15 Abs. 9 zugerechnet. Eine Berücksichtigung dieser Einkünfte bei Einkünfteermittlung auf Ebene der A-Stiftung kann daher nur stattfinden, sofern eine tatsächliche Gewinnausschüttung erfolgt (*Kraft/Preil/Moser* IStR 2016, 96 (97 f.); *Kraft/Moser/Gebhardt* DStR 2012, 1773 (1775 f.); WSG/*Hennemann-Raschke* § 15 AStG Rz. 45).

462 Bei tatsächlicher Ausschüttung des Gewinns der A-Ltd. erzielt die A-Stiftung Einkünfte aus Kapitalvermögen gem. § 20 Abs. 1 Nr. 1 EStG. Die Steuerbefreiung nach § 8b Abs. 1 KStG ist aufgrund des Verweises in § 15 Abs. 7 S. 2 auf § 10 Abs. 3 S. 4 ausgeschlossen. Die Dividende ist somit in voller Höhe bei der Einkünfteermittlung auf Ebene der A-Stiftung einzubeziehen (*Kraft/Moser/Gebhardt* DStR 2012, 1773 (1776); *Kraft/Preil/Moser* IStR 2016, 96 (97)). Gemäß § 15 Abs. 1 iVm § 15 Abs. 8 werden die Einkünfte der A-Stiftung dem unbeschränkt steuerpflichtigen Stifter als Zurechnungsadressaten zugerechnet. Subsidiär würde die Zurechnung ggü. Anfalls- und Bezugsberechtigten erfolgen (Mössner/Fuhrmann/*Kirchhain* § 15 AStG, Rz. 132 f.). Zur Problematik im Zusammenhang mit der Bezugs- und Anfallsberechtigung vgl. *Schulz* Die Besteuerung ausländischer Familienstiftungen nach dem Außensteuergesetz, 2010, 77 ff. sowie *Kraft/Schulz* IStR 2012, 897 (901). Da bei unmittelbarem Bezug auf Ebene des S Einkünfte aus Kapitalvermögen vorlägen, ist der Zurechnungsbetrag dem begünstigten Steuertarif gem. § 32d EStG zu unterwerfen.

463 Die von der ausländischen Familienstiftung getragenen Steuern finden auf Antrag bei dem Zurechnungsadressaten Berücksichtigung, um eine ungerechtfertigte Doppelbesteuerung durch kumulative Besteuerung im Ausland und die Zurechnung im Inland zu vermeiden (vgl. *Kraft/Preil/Moser* IStR 2016, 96 (97); Lademann/*Schulz* § 15 AStG, Rz. 59; SKK/*Rundshagen* § 15 AStG, Rz. 18; WSG/*Hennemann-Raschke* § 15 AStG Rz. 47).

464 Die tatsächliche Auskehrung aus dem thesaurierten Stiftungsvermögen an den Begünstigten S unterliegt regelmäßig der Besteuerung nach § 20 Abs. 1 Nr. 9 EStG (BFH v. 21.7.2014, II B 40/14, BFH/NV 2014, 1554). Die ertragssteuerliche Doppelerfassung von bereits zugerechneten Einkünften wird durch § 15 Abs. 11 vermieden (vgl. BR-Drs. 302/12 zum JStG 2013, 112 und BT-Drs. 17/13033, 89). Die Nachweispflicht betreffend die Zurechnung als Voraussetzung für die Steuerbefreiung nach § 15 Abs. 11 AStG obliegt dem Steuerpflichtigen, auch wenn dies dem Gesetzeswortlaut nicht eindeutig zu entnehmen ist. Dies lässt sich damit begründen, dass dieser als Zurechnungsadressat in Betracht kommt und die Finanzbehörde regelmäßig nicht eigenständig feststellen kann, ob zugewendete Beträge bereits der Zurechnung nach § 15 Abs. 1 unterlagen (vgl. BR-Drs. 302/12 zum JStG 2013, 112 und BT-Drs. 17/13033, 89. Kritisch hierzu *Kraft/Schulz* IStR 2012, 897 (902); Lademann/*Schulz* § 15 AStG, Rz. 104). Zudem verlangt der Gesetzeswortlaut, dass die Begünstigten der Stiftungsauskehrungen unbeschränkt steuerpflichtige Stifter bzw. Bezugs- und Anfallsberechtigte iSd § 15 Abs. 1 sind. Im Umkehrschluss unterliegen Auskehrungen an Dritte, die nicht zu dem Personenkreis der unbeschränkt steuerpflichtigen Stifter, Bezugs- und Anfallsberechtigten

L. Nachgeschaltete Kapitalgesellschaften (Abs. 9)

gehören, der Besteuerung (vgl. *Kirchhain* IStR 2012, 602 (606)). Eine – ursprünglich von der Finanzverwaltung (BMF v. 14.5.2004, IV B 4 – S 1340 – 11/04, BStBl. I Sondernummer 1/2004, Tz. 15.1.5.) geforderte – Personenidentität zwischen dem Zurechnungsadressaten und dem Begünstigten tatsächlicher Auskehrungen ist nach hM nicht erforderlich (vgl. *Kraft/Schulz* IStR 2012, 897 (902); *Moser/Gebhardt* DStZ 2013, 753 (754); *Kirchhain* IStR 2012, 602 (606); Haase/*Wenz/Linn* § 15 AStG, Rz. 189).

Im Kontext des § 15 Abs. 11 ist zudem durch expliziten Verweis in § 15 Abs. 5 S. 2 die nachträgliche Anrechnung von Abzugssteuern möglich, die zulasten späterer, freigestellter Zuwendungen im Ansässigkeitsstaat der ausländischen Familienstiftung (Drittland A) einbehalten wurden. Mithin kann S grundsätzlich gem. § 12 Abs. 3 einen Antrag stellen, wonach etwaige einbehaltene Quellensteuern auf zuvor zugerechnete Einkünfte nachträglich durch Steueranrechnung zu berücksichtigen sind (vgl. *Kraft/Preil/Moser* IStR 2016, 96 (97)); Lademann/*Schulz* § 15 AStG Rz. 60a; *Kirchhain* IStR 2012, 602 (605 f.)).

2. Nachgeschaltete ausländische Kapitalgesellschaft mit ausschließlich passiven Einkünften

Der Sachverhalt entspricht dem vorstehenden mit der Modifikation, dass die B-Stiftung als ausländische Familienstiftung einzige Anteilseignerin der B-Ltd. ist, ausschließlich passive Einkünfte (zB aus festverzinslichen Wertpapieren) erzielt.

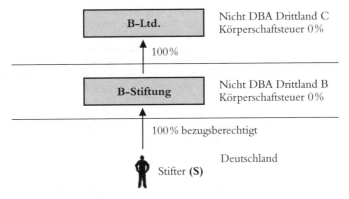

Der B-Stiftung wird gemäß § 15 Abs. 9 S. 1 aus den passiven, niedrig besteuerten Einkünften der nachgelagerten Zwischengesellschaft B-Ltd. ein Hinzurechnungsbetrag iSd § 10 Abs. 1 S. 1 hinzugerechnet (zu den sich hieraus für die Rechtspraxis ergebende Unsicherheiten vgl. im Einzelnen *Kraft/Schulz* IStR 2012, 897). Der Umfang des Hinzurechnungsbetrages richtet sich dabei nach der Beteiligungsquote der ausländischen Familienstiftung am Nennkapital der Zwischengesellschaft. Diese explizit enger gefasste Rechtsfolgeanordnung unterscheidet sich von den Regelungen der Hinzurechnungsbesteuerung der §§ 7–14, da nach § 7 Abs. 5 in bestimmten Fällen abweichend die Gewinnquote maßgebend ist. Eine analoge Anwendung des

§ 7 Abs. 5 kommt jedoch nicht in Betracht, da § 15 Abs. 9 S. 1 explizit auf die kapitalmäßige Beteiligungsquote abstellt (vgl. *Kraft/Preil/Moser* IStR 2016, 96 (99)); *Kraft/Moser/Gebhardt* DStR 2012, 1773 (1777 f.).

468 Im logischen Anschluss daran sind nach § 15 Abs. 1 iVm § 15 Abs. 8 die Einkünfte der B-Stiftung dem Zurechnungsadressaten S als Einkünfte aus Kapitalvermögen gem. § 15 Abs. 8 AStG iVm § 20 Abs. 1 Nr. 9 EStG zuzurechnen. Der gesonderte Steuertarif des § 32d EStG scheidet aus (§ 10 Abs. 2 S. 3), da dieser bei Direktbeteiligung an der Zwischengesellschaft ebenfalls nicht anwendbar gewesen wäre.

Zur Steueranrechnung vgl. dezidiert *Kraft/Preil/Moser* IStR 2016, 96 (99).

469–479 *einstweilen frei*

M. Nachgeschaltete ausländische Stiftungen (Abs. 10)

I. Grundstruktur der Regelung

480 Der im Rahmen des AmtshilfeRLUmsG neu eingeführte Abs. 10 soll mehrstufigen Strukturen entgegenwirken, bei denen eine ausländische Familienstiftung wiederum Begünstigte oder Anfallsberechtigte einer anderen ausländischen Stiftung ist. Auch dieser Konstellation wurde der bis 2012 geltende § 15 aF nicht gerecht.

481 Abs. 10 sieht nun in solchen Fällen eine Einkünftezurechnung von der nachgelagerten Stiftung zur vorgelagerten Stiftung „entsprechend ihrem Anteil" vor. Voraussetzung ist, dass eine mittelbare oder unmittelbare Bezugsberechtigung der vorgelagerten Stiftung (ggf. zusammen mit weiteren Vehikeln iSd Abs. 2 oder 3) an der nachgelagerten Stiftung besteht. S. 1 schränkt ein, dass eine Zurechnung nur für Einkünfte einer solchen Stiftung erfolgen soll, welche nicht die Voraussetzungen der unionsrechtlichen Exkulpationsklausel des Abs. 6 erfüllt.

482 Wie die Zurechnung erfolgen soll, ist im Wortlaut des Abs. 10 nicht weiter präzisiert. Es wurde insbesondere keine entsprechende Anwendung des § 15 Abs. 1 angeordnet. Dem Gesetzgeber schwebte wohl eine direkte Einkünftezurechnung dahingehend vor, dass die Einkünfte der nachgeschalteten Stiftungen der vorgelagerten Stiftung so zuzuordnen sind, als habe sie diese originär selbst erzielt (*Kraft/Moser/Gebhardt* DStR 2012, 1773 (1775)).

483 Abs. 10 S. 2 enthält, analog zu Abs. 9 S. 2, eine explizite Ausnahme der Zurechnung nach Abs. 1 für solche Stiftungszuwendungen vor, welche auf Einkünfte entfallen, die bereits nach Abs. 1 zugerechnet wurden. Auch in diesem Fall besteht der Hintergrund der Regelung darin, dass eine Doppelbesteuerung vermieden werden soll.

II. Exemplifizierung der Wirkungsweise

1. Zwischengeschaltete ausländische Kapitalgesellschaft

484 Die Zwischenschaltung von im Ausland ansässigen Kapitalgesellschaften zwischen einen im Inland unbeschränkt steuerpflichtigen Anteilseigner und eine

M. Nachgeschaltete ausländische Stiftungen (Abs. 10)

Stiftung wird nachfolgend diskutiert. Dazu dient das nachfolgend skizzierte Ausgangsbeispiel, in dem ein unbeschränkt Steuerpflichtiger A alleiniger Anteilsinhaber der C-Ltd. ist. Diese nach ausländischen Recht gegründete Kapitalgesellschaft mit Sitz und Ort der Geschäftsleitung im niedrig besteuerten Nicht-DBA-Drittland C ist ihrerseits Stifterin und 100% Bezugsberechtigte der im Nicht-DBA-Drittland D domizilierenden C-Stiftung, die ausschließlich Einkünfte aus der Überlassung der Nutzung von einem in ihrem Stiftungsvermögen befindlichem Patent erzielt. Die C-Ltd. erzielt – bis auf mögliche Bezüge durch Auskehrungen der C-Stiftung – keine weiteren Einkünfte.

Die vorliegende Struktur stellt den umgekehrten Fall einer durch eine ausländische Stiftung begünstigten ausländischen Gesellschaft dar. Fraglich ist hierbei, ob eine Zurechnung der Stiftungseinkünfte nach § 15 bzw. eine Hinzurechnung nach §§ 7–14 in Betracht zu ziehen ist (eingehend dazu Lademann/*Schulz* § 15 AStG, Rz. 79; *Moser* Hinzurechnungsbesteuerung/Familienstiftungen, 235).

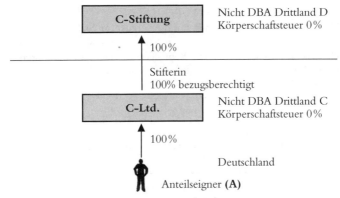

Die Zurechnungsbesteuerung nach § 15 findet vorliegend keine Anwendung (vgl. *Kraft/Preil/Moser* IStR 2016, 96 (101)); *Moser* Hinzurechnungsbesteuerung/Familienstiftungen, 235). Auch gelangt die Hinzurechnungsbesteuerung gem. §§ 7–14 nicht zur Anwendung. Werden die erzielten Einkünfte der C-Stiftung thesauriert, entfaltet sie gegenüber der deutschen Besteuerung somit eine vollständige Abschirmwirkung (vgl. *Moser* Hinzurechnungsbesteuerung/Familienstiftungen, 234).

Steuerliche Konsequenzen ergeben sich jedoch im Falle einer Zuwendung der C-Stiftung an die bezugsberechtigte C-Ltd. Auf Ebene der C-Ltd. sind die Einkünfte (in Form der Auskehrung durch die C-Stiftung) zu ermitteln. Dabei findet eine „Umqualifizierung" der originär passiven Einkünfte in aktive Einkünfte auch durch § 8 Abs. 1 Nr. 8 nicht statt, da nach eindeutigem Gesetzeswortlaut nur auf Gewinnausschüttungen speziell von Kapitalgesellschaften abgestellt wird (vgl. *Kraft/Preil/Moser* IStR 2016, 96 (101)); *Moser* Hinzurechnungsbesteuerung/Familienstiftungen, 233). Die C-Ltd. dürfte aus den Stiftungszuwendungen Einkünfte iSd § 20 Abs. 1 Nr. 9 EStG erzielten, die bei der C-Ltd. als Einkünfte aus Gewerbebetrieb gem. § 10 Abs. 3 S. 1

AStG iVm § 8 Abs. 2 KStG zu qualifizieren sein sollen, str. (befürwortend: *Moser* Ubg 2012, 804 (804 ff.); Mössner/Fuhrmann/*Fuhrmann* § 10 AStG, Rz. 137 f.; Haase/*Intemann* § 10 AStG, Rz. 72; ablehnend: *Wassermeyer* IStR 2012, 804 (806); Blümich/*Vogt* § 10 AStG, Rz. 81). Aufgrund des expliziten Ausschlusses in § 10 Abs. 3 S. 4 unterliegen diese nicht der Steuerfreistellung iSd § 8b Abs. 1 KStG. Somit stellen die originär passiven Einkünfte bei der C-Ltd. den Hinzurechnungsbetrag gem. § 10 Abs. 1 S. 1 dar.

488 Der Hinzurechnungsbetrag wird im logischen und zeitlichen Nachgang auf der nächsten Ebene gem. § 10 Abs. 2 S. 1 nach Ablauf des Wirtschaftsjahres der C-Ltd. dem unbeschränkt steuerpflichtigen A hinzugerechnet. Zur Behandlung einer tatsächlichen Dividendenausschüttung durch die C-Ltd. vgl. § 20 Abs. 1 Nr. 1 EStG sowie § 3 Nr. 41 Buchst. a EStG. Eine Doppelbesteuerung kann aufgrund der dort statuierten Präklusionsfrist nicht immer vermieden werden (vgl. HHR/*Intemann* § 3 Nr. 41 EStG, Rz. 3). Quellensteuern auf die Gewinnausschüttungen können gem. § 12 Abs. 3 auf Antrag angerechnet werden.

2. Mehrstöckige Struktur mit nachgeschalteter Stiftung

489 Doppelstiftungsstrukturen mit nachgeschalteten „Unterstiftungen" sind dadurch gekennzeichnet, dass nicht Kapitalgesellschaften, sondern Stiftungen Stifter sind bzw. umgekehrt Stiftungen nicht Kapitalgesellschaftsanteile halten. Im nachfolgend geschilderten Praxisfall ist der in Deutschland unbeschränkt steuerpflichtige B alleiniger Bezugsberechtigter der D-Stiftung im Nicht-DBA-Drittland D. Die D-Stiftung wiederum ist ihrerseits 100 % Bezugsberechtigte der E-Stiftung, die ihren Sitz und Ort der Geschäftsleitung im Nicht-DBA-Drittland E hat. Die Einkünfte der E-Stiftung resultieren aus der entgeltlichen Überlassung in ihrem Stiftungsvermögen gehaltener Lizenzen. Die D-Stiftung hingegen erzielt keine Einkünfte.

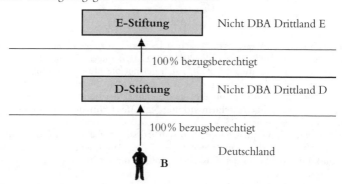

490 Auf derartige Fälle zielt § 15 Abs. 10, da vorliegend aufgrund des Fehlens einer gesellschaftsrechtlichen Stellung keine Zwischengesellschaft existiert (vgl. Haase/*Wenz*/*Linn* § 15 AStG, Rz. 165). § 15 Abs. 10 ist dadurch in eine gewisse systematische Nähe zu § 14 gerückt, der nachgeschaltete Vehikel im Rahmen der Hinzurechnungsbesteuerung nach den §§ 7–14 erfasst).

Die Zurechnung nach § 15 Abs. 10 entfällt vollumfänglich bei nachgeschalteten Stiftungen in EU/EWR-Mitgliedstaaten (ausführlich hierzu *Moser* Ubg 2013, 692), ansonsten besteht die Rechtsfolge des § 15 Abs. 10 in der anteiligen Zurechnung der Einkünfte und des Vermögens der nachgeschalteten ausländischen Stiftung zu der ausländischen Familienstiftung. Die Einkünfte der nachgeschalteten Stiftung sind bei der Familienstiftung so zu behandeln, als hätte sie diese originär selbst erzielt (vgl. insbesondere *Kraft/Preil/Moser* IStR 2016, 96 (102 f.); *Kraft/Moser/Gebhardt* DStR 2012, 1773 (1779); *Kirchhain* IStR 2012, 602 (605)).

einstweilen frei 492–494

N. Tatsächliche Stiftungsauskehrungen (Abs. 11)

Nach Ansicht des BFH können nach § 15 fiktiv zugerechnete Beträge nicht „noch einmal" bei tatsächlicher Auskehrung als Einkünfte iSd § 22 Nr. 1 EStG besteuert werden (vgl. BFH v. 2.2.1994, I R 66/92, BStBl. II 1994, 727, 731). Damit wird die Anwendung des § 22 EStG und des § 20 Abs. 1 Nr. 9 EStG bei einer Zurechnungsbesteuerung nach § 15 verdrängt (vgl. *Habammer* DStR 2002, 425, 432). Dies entspricht auch der Position der Finanzverwaltung (vgl. Tz. 15.1.5. AEAStG). Somit lässt sich als Grundsatz ein Verbot der Doppelerfassung durch § 15 und § 22 Nr. 1 EStG bei ein- und demselben Steuerpflichtigen (Personenidentität) formulieren. Diese Grundsätze galten bereits zum bis 2012 geltenden § 15 AStG aF. Allerdings bestand im Hinblick auf die Reichweite und die genauen tatbestandlichen Voraussetzungen der Freistellung zu der bis 2012 geltenden Fassung des § 15 erhebliche Rechtsunsicherheit (vgl. *Habammer* DStR 2002, 425, 425 ff.).

Mit dem AmtshilfeRLUmsG wurde nun die Behandlung tatsächlicher Stiftungsausschüttungen im Kontext des § 15 mit dem neu eingefügten Abs. 11 explizit geregelt. Demnach unterliegen Zuwendungen der ausländischen Familienstiftung beim Zurechnungsempfänger nicht der Besteuerung, soweit die den Zuwendungen zugrunde liegenden Einkünfte nachweislich bereits nach Abs. 1 zugerechnet wurden. Die ganz erheblichen Rechtsunsicherheiten, welche im Kontext des bis 2012 geltenden § 15 aF bestanden (vgl. *Habammer* DStR 2002, 425, 425 ff.), wurden damit im Wesentlichen beseitigt. Nachfolgende tatsächliche Auskehrungen sind nun explizit steuerfrei.

Es verbleibt jedoch die Frage, wie die Voraussetzung, dass Einkünfte „zugerechnet worden sind", zu verstehen ist. Konkret ist zu fragen, ob eine Personenidentität zwischen Zurechnungsempfänger und Bezieher der tatsächlichen Ausschüttung bestehen muss. Die hM (*Kraft/Schulz* IStR 2012, 897, *Moser/Gebhardt* DStZ 2013, 753, *Kirchhain* IStR 2012, 606; *Kraft/Preil/Moser* IStR 2016, 96 (98)) geht davon aus, dass dem Wortlaut des Abs. 11 eine solche Einschränkung nicht zu entnehmen ist. Sie ist auch teleologisch nicht geboten, da auch bei fehlender Personenidentität die Bestimmung des Abs. 11 eine zweifache Besteuerung derselben Einkünfte verhindert. Eine Personenidentität von Zurechnungsempfänger und Zuwendungsempfänger ist daher nicht erforderlich.

Sechster Teil. Ermittlung und Verfahren

§ 16 Mitwirkungspflicht des Steuerpflichtigen

(1) Beantragt ein Steuerpflichtiger unter Berufung auf Geschäftsbeziehungen mit einer ausländischen Gesellschaft oder einer im Ausland ansässigen Person oder Personengesellschaft, die mit ihren Einkünften, die in Zusammenhang mit den Geschäftsbeziehungen zu dem Steuerpflichtigen stehen, nicht oder nur unwesentlich besteuert wird, die Absetzung von Schulden oder anderen Lasten oder von Betriebsausgaben oder Werbungskosten, so ist im Sinne des § 160 der Abgabenordnung der Gläubiger oder Empfänger erst dann genau bezeichnet, wenn der Steuerpflichtige alle Beziehungen offenlegt, die unmittelbar oder mittelbar zwischen ihm und der Gesellschaft, Person oder Personengesellschaft bestehen und bestanden haben.

(2) Der Steuerpflichtige hat über die Richtigkeit und Vollständigkeit seiner Angaben und über die Behauptung, daß ihm Tatsachen nicht bekannt sind, auf Verlangen des Finanzamts gemäß § 95 der Abgabenordnung eine Versicherung an Eides Statt abzugeben.

Inhaltsübersicht

	Rz.
I. Allgemeines	1–14
1. Verhältnis der Regelung zu anderen Normen	1–3
2. Vorrang des Europarechts und Verhältnismäßigkeitsgrundsatz	4–6
3. Rechtscharakter der Mitwirkung	7–14
II. Mitwirkung des Steuerpflichtigen (Abs. 1)	15–69
1. Tatbestandsvoraussetzungen	16–39
2. Rechtsfolge	40–69
a) Betroffene Abzugspositionen	40, 41
b) Nichtberücksichtigung	42–69
III. Eidesstattliche Versicherung (Abs. 2)	70–79
1. Allgemeines	70, 71
2. Tatbestandsvoraussetzungen	72–74
3. Rechtsfolgen	75–79

I. Allgemeines

1. Verhältnis der Regelung zu anderen Normen

§ 16 Abs. 1 statuiert eine Verschärfung der allgemeinen steuerlichen Mitwirkung nach § 160 AO, wenn die Geschäftsbeziehung zu einem Geschäftspartner in einer niedrig besteuerten Jurisdiktion besteht, da der Gesetzgeber hier Potential für Manipulationsmöglichkeiten sieht. § 16 bewegt sich im Vorfeld von § 1, um Gewinnverlagerungen in einem vermuteten, aber nicht nachweisbaren Näheverhältnis präventiv entgegenzuwirken. Vor diesem Hintergrund ist § 16 als **Gefährdungshaftung** für potentielle inländische Steuerausfälle zu verstehen. Zur Sanktionierung sieht Abs. 2 eine eidesstattliche Versicherung vor, so dass als strafrechtliche Sanktion nicht nur ein Vergehens-, sondern ein Verbrechenstatbestand im Raume steht, um den Steuerpflichtigen zu wahrheitsgemäßen und vollständigen Angaben zu motivieren.

2 Das Steuerrecht statuiert an verschiedenen Stellen **Mitwirkungspflichten** des Steuerpflichtigen im Veranlagungsverfahren über die Erklärungspflicht hinaus. Insbesondere zu nennen sind § 90 Abs. 2 bezüglich der Beweisvorsorge bei Auslandsbeziehungen (Tz. 16.0. AEAStG) und Abs. 3 AO zusammen mit der hierzu ergangenen Verordnung zu Verrechnungspreisen. Einen engen sachlichen Zusammenhang gibt es zu § 17, der jedoch spezielle Offenlegungspflichten für Zwecke der § 5 und der Hinzurechnungsbesteuerung vorsieht und insoweit eine Beteiligung an der ausländischen Zwischengesellschaft voraussetzt, was bei § 16 nicht der Fall ist. Demgegenüber betrifft § 16 sämtliche Rechtsbeziehungen zu Niedrigsteuerjurisdiktionen als Vorfeld. In Abgrenzung zu § 17 verfolgt § 16 die Aufklärung eines Nahestehendenverhältnisses, welches § 17 als Tatbestandsmerkmal voraussetzt. Ein Konkurrenzverhältnis zwischen beiden Vorschriften besteht nicht, sodass beide Vorschriften nebeneinander anwendbar sind.

3 Auf Fälle der **Schätzung** ist § 16 nicht anwendbar (aA *FWBS* § 16 AStG Rz. 7), da es hier an einem Antrag des Steuerpflichtigen fehlt. Einer Schätzung von Amts wegen wohnt kein voluntatives Element des Steuerpflichtigen inne, sodass eine Anwendung der Norm auf Schätzungen über ihren Wortlaut hinausgehen würde. Gegen eine Anwendung im Wege verschärfender Analogie spricht, dass die Belastungen des Steuerpflichtigen durch verfahrensrechtliche Mitwirkungen tendenziell aufgrund des Verhältnismäßigkeitsgrundsatzes eher zu limitieren sind (siehe unten → 6). Damit bleibt die Finanzbehörde bei Schätzungen an die allgemeinen Grundsätze gebunden und kann nicht unter Berufung auf § 16 iVm § 160 AO die Steuerminderungspositionen im Rahmen der Schätzung unberücksichtigt lassen. Dem Fiskalbedürfnis wird hinreichend dadurch Rechnung getragen, dass in solchen Fällen schon nach allgemeinen Regeln eine Schätzung mit Zuschlägen zu Lasten des Steuerpflichtigen erfolgen darf. Eine weitere Verschärfung ist somit nicht geboten.

2. Vorrang des Europarechts und Verhältnismäßigkeitsgrundsatz

4 Soweit Geschäftsbeziehungen zu Geschäftspartnern innerhalb des EWR betroffen sind, scheitert § 16 (ebenso wie § 17) am **Anwendungsvorrang des europarechtlichen Diskriminierungsverbots.**

5 Steuerpflichtige werden durch § 16 von einer Zusammenarbeit mit (niedrig besteuerten) EWR-Geschäftspartnern abgehalten, weil sie administrativen Lasten unterworfen werden, die sie bei inländischen Geschäftspartnern nicht zu gewärtigen hätten. Der Umstand, dass nur Geschäftsbeziehungen mit niedrig besteuerten EWR-Ausländern betroffen sind, ist unbeachtlich, weil das Diskriminierungsverbot ausnahmslos sämtliche EWR-Ausländer schützt. Die Regelung lässt sich auch nicht durch den Kohärenzgedanken rechtfertigen. Innerhalb des EWR verfügt die Finanzverwaltung durch die gegenseitige

I. Allgemeines

Amtshilfe über ausreichende Aufklärungsmöglichkeiten, sodass eine Überwälzung von Verfahrenshandlungen auf den Steuerpflichtigen aus Gründen der Prävention und Steueraufsicht nicht geboten und damit unangemessen ist. Konsequenz der Unvereinbarkeit der Norm mit dem EWR-Recht ist, dass § 16 wegen des Anwendungsvorrangs des EWR-Rechts nicht auf Geschäftsbeziehungen von Steuerpflichtigen mit EWR-Ausländern angewandt werden darf. Der Anwendungsvorrang ist nicht nur von den Finanzgerichten, sondern bereits von der Finanzverwaltung während des Veranlagungsverfahrens als unmittelbar die Exekutive bindendes Recht zu beachten.

Für Rechtsbeziehungen mit Ausländern außerhalb des EWR bleibt die Vorschrift anwendbar. Die Diskriminierungsverbote der Doppelbesteuerungsabkommen dürften keine Unanwendbarkeit des § 16 begründen können, da sich nach – jedenfalls derzeit noch – hM Inländer gegenüber dem Gesetzgeber nicht auf den im treaty override liegenden Völkerrechtsbruch berufen können. Schranken für die Anwendung des § 16 greifen deshalb erst dort, wo die verfahrensrechtlichen Mitwirkungserfordernisse zur **Unmöglichkeit oder Unzumutbarkeit** führen. Die Grenze ist dort zu sehen, wo ein vollständiger Betriebsausgabenabzug nur noch von Steuerpflichtigen mit entsprechendem Verwaltungsapparat geltend gemacht werden kann. Die Finanzverwaltung bürdet dem Steuerpflichtigen allerdings hohe Lasten auf. Tz. 16.1.3. AEAStG verlangt unter anderem sogar die Schaffung von Beweismitteln und die Beschaffung von Informationen über die Gesellschafterebene des ausländischen Geschäftspartners. Das wird häufig in den Bereich der Unmöglichkeit führen, denn ausländische Geschäftspartner werden über den durch international anerkannte Geldwäschevorschriften gesetzten Rahmen hinaus keine Auskünfte erteilen. Mit Blick auf die administrative Belastung und die Sanktion der Nichtberücksichtigung von Steuerminderungspositionen erscheint es zudem eher angemessen, Normen zur Überwälzung von Verfahrenshandlungen generell einschränkend unter besonderer Beachtung des Verhältnismäßigkeitsgrundsatzes und – wo möglich – auch im Interesse des Steuerpflichtigen auszulegen.

3. Rechtscharakter der Mitwirkung

§ 16 Abs. 1 stellt – wohl auch nach Auffassung der Finanzverwaltung – keine Verpflichtung dar, weil ein Antrag vorausgesetzt wird. Tz. 16.1.1. AEAStG verwendet zwar den Terminus der Verpflichtung, beschränkt das aber auf die Fälle, in welchen Schulden und Aufwendungen steuerlich geltend gemacht werden. Aus der Antragsgebundenheit bzw. Notwendigkeit der Geltendmachung ergibt sich, dass die Norm keine Eingriffsermächtigung für die Finanzbehörde regelt, um die Mitwirkung rechtlich erzwingen zu können. Ggf. hat man die Nichtmitwirkung des Steuerpflichtigen deshalb als konkludente Antragsrücknahme auszulegen, die keinen formalen oder inhaltlichen Anforderungen unterliegt und jederzeit bis zum Eintritt der Unanfechtbarkeit möglich ist.

Mit Blick auf den Antragscharakter stellt das Verlangen der Behörde nach Mitwirkung **keinen isoliert anfechtbaren Verwaltungsakt** dar (Tz. 16.0. AEAStG), weil es an einem entsprechenden Regelungsgehalt fehlt, denn die Antragstellung bleibt allein dem Steuerpflichtigen überlassen.

einstweilen frei

II. Mitwirkung des Steuerpflichtigen (Abs. 1)

15 § 16 Abs. 1 weist eine besonders geartete Rechtsfolge auf. Wenn die Tatbestandsvoraussetzungen des Abs. 1 erfüllt sind, so ordnet die Norm selbst keine in sich abgeschlossene Rechtsfolge an, sondern modifiziert statt dessen die Tatbestandsseite des § 160 AO. An die Stelle des in § 160 AO genannten Tatbestandsmerkmals der Benennung des Gläubigers oder Empfängers nach Name und Adresse tritt dann eine Reihe weiterer Offenlegungen seitens des Steuerpflichtigen hinzu, um das Tatbestandsmerkmal der Benennung des Gläubigers oder Empfängers zu erfüllen. Damit tritt die eigentliche Sanktion des § 16 erst mittelbar durch § 160 AO ein, wenn die Finanzbehörde entscheidet, steuermindernde Umstände bei der Veranlagung nicht zu berücksichtigen.

1. Tatbestandsvoraussetzungen

16 Tatbestandsvoraussetzung des § 16 Abs. 1 ist zunächst ein **Antrag,** welchen der Steuerpflichtige auf Berücksichtigung von Steuerminderungspositionen stellt. Die Geltendmachung der Minderungsposition ist somit explizit in das Ermessen des Steuerpflichtigen gestellt. Damit gewährt die Norm ein **Wahlrecht** und durchbricht zugleich den Grundsatz, wonach die Steuerbemessungsgrundlage grundsätzlich der Disposition des Steuerpflichtigen insgesamt – also auch hinsichtlich einer Minderung – entzogen ist. Der Steuerpflichtige kann die Antragstellung und Offenlegung auch dann unterlassen, wenn er sämtliche Daten kennt (*FWBS* § 16 AStG Rz. 46.1).

17 Auf eine Antragstellung wird der Steuerpflichtige in verschiedenen Szenarien verzichten, insbesondere bei den sog. „nützlichen Aufwendungen", die nach § 4 Abs. 5 Nr. 10 EStG iVm den Wettbewerbsstraftaten nach §§ 298 ff. StGB sowieso keinen Betriebsausgabenabzug erlauben, sondern im Gegenteil noch die Einleitung eines Strafverfahrens nach sich ziehen. Ein Verzicht auf die Geltendmachung von Minderungspositionen wird aber auch dort sinnvoll sein, wo sich (ggf. für einen längeren Zeitraum) ein negatives steuerliches Ergebnis abzeichnet und die Offenlegung aller Beziehungen einen erheblichen Arbeits- oder Kostenaufwand mit sich bringen würde. Denkbar mögen auch besonders gelagerte Fälle sein, in welchen ein erhöhtes Einkommen andere positive steuerliche Effekte (ggf. in anderen Veranlagungszeiträumen) nach sich zieht.

18 Abs. 1 setzt die Antragstellung durch den **Steuerpflichtigen** voraus. Die Legaldefinition des Steuerpflichtigen ist in § 33 AO enthalten und bezeichnet neben dem Steuerschuldner ua auch Haftende und Aufzeichnungspflichtige. Insofern wird man § 16 als lex specialis gegenüber § 166 AO anzusehen haben und dem Haftenden – trotz der vom Steuerschuldner ggf. bewusst unterlassenen Antragstellung – ein eigenständiges Erfüllungsrecht hinsichtlich der Tatbestandsvoraussetzungen zur Geltendmachung der Minderungsposition zubilligen.

19 Die Norm setzt weiter voraus, dass die Antragstellung unter Berufung auf **Geschäftsbeziehungen** erfolgt. Die Finanzverwaltung greift in systematischer Auslegung auf die Legaldefinition in § 1 zurück, was dem Umstand zu entnehmen ist, dass Tz. 16.1.1. AEAStG für den Begriff vollinhaltlich auf die

II. Mitwirkung des Steuerpflichtigen (Abs. 1)

§ 1 betreffende Tz. 1.4. verweist. Es muss sich um geschäftliche im Gegensatz zu privaten oder sonstigen außergeschäftlichen Beziehungen handeln. Ein Gesellschaftsverhältnis ist keine geschäftliche Beziehung. Eine Geschäftsbeziehung kann nur zwischen Wirtschaftssubjekten mit unterschiedlichen Interessenlagen bestehen, nicht dagegen zwischen Stammhaus und Betriebsstätte. Mit einer Personengesellschaft, an welcher der Steuerpflichtige beteiligt ist, kann eine Geschäftsbeziehung bestehen (aA offenbar *FWBS* § 16 AStG Rz. 12). § 15 Abs. 1 Nr. 2 EStG führt nur mit Blick auf Sondervergütungen zu einer einheitlichen Betrachtung von Gesellschafter und Personengesellschaft, lässt aber deren Selbstständigkeit im Übrigen unberührt, zB bei Veräußerungsgeschäften, so dass ein Interessengegensatz bestehen kann.

Die Geschäftsbeziehungen müssen zu ausländischen Geschäftspartnern **bestimmter Rechtsformen** bestehen. In Betracht kommen eine ausländische Gesellschaft, eine im Ausland ansässige Person oder Personengesellschaft. Wegen Verwendung des Begriffspaares Gesellschaft und Personengesellschaft kann Gesellschaft nur iS einer Kapitalgesellschaft gemeint sein, da andernfalls eine überflüssige Doppelaufzählung vorliegen würde. Der Begriff Person deckt natürliche und juristische Personen ab, wobei im letzteren Fall Kapitalgesellschaften wieder auszunehmen sind, um die Doppelaufzählung zu vermeiden. Beispielsweise wäre eine Stiftung eine juristische Person, ohne gleichzeitig Kapitalgesellschaft zu sein.

Durch die enumerative Aufzählung Gesellschaft, Person oder Personengesellschaft sind annähernd alle relevanten Rechtsformen abgedeckt, was der Intention des Gesetzgebers mit Blick auf eine möglichst umfassende Präventivkontrolle entspricht. Andererseits sind enumerative Aufzählungen als negativ abschließend zu sehen. Nicht erfasst werden somit Geschäftsbeziehungen zu Sondervermögen und – abhängig von ihrer Ausgestaltung – Trusts, weil es sich hier weder um Gesellschaften noch um Personen handelt.

Bei dem Geschäftspartner muss es sich um einen **ausländischen** handeln. Das Tatbestandsmerkmal der Auslandseigenschaft ist vor dem Hintergrund des Sinns und Zwecks der Norm als Ermöglichung und Erleichterung der Präventivkontrolle zu sehen. Ob ein Geschäftspartner als ausländisch anzusehen ist, entscheidet sich demzufolge danach, ob die deutschen Steuerbehörden hinreichenden Zugriff auf den Geschäftspartner nehmen können, um den Sachverhalt vollumfänglich aufzuklären. Ein Rückgriff auf die Begrifflichkeiten der Doppelbesteuerungsabkommen erscheint entbehrlich (aA *FWBS* Rz. 18). Eine Kapitalgesellschaft ist somit als ausländisch anzusehen, wenn sie weder Sitz noch Geschäftsleitung im Inland hat. Andernfalls hat der Fiskus durch das inländische Anknüpfungsmerkmal in Gestalt unbeschränkter Steuerpflicht hinreichende Aufklärungsmöglichkeiten, so dass eine zusätzliche Verfahrensbelastung des Steuerpflichtigen nicht gerechtfertigt wäre. Dies gilt beispielsweise für doppelansässige Gesellschaften. Gleichermaßen ist eine natürliche Person im Ausland nur dann ansässig, wenn sie im Inland nicht (auch) unbeschränkt steuerpflichtig ist, da der Fiskus hier gleichfalls über hinreichende Aufklärungsmöglichkeiten verfügt. Bei einer Personengesellschaft entscheidet sich die Frage der Ansässigkeit nach der Sitztheorie. Soweit die Personengesellschaft hiernach einen inländischen Sitz aufweist, unterliegt sie in hinreichendem Umfang der Kontrolle und dem Zugriff der deutschen Steuerbehörden. Damit ist eine ausreichende Kontrolldichte gewährleistet, ohne dem Steuerpflichtigen zusätzliche Verfahrenshandlungen im Rahmen seiner Offenlegungsobliegenheit aufbürden zu müssen. Ob und welche Gesellschafter der inländischen Personengesellschaft ihrerseits im Ausland ansässig sind, spielt keine Rolle, weil die Personengesellschaft aufgrund ihres deutschen Sitzes sämtliche für die Besteuerung relevanten Unterlagen vorzuhalten hat.

23 Der ausländische Geschäftspartner muss mit den – mit der Steuerminderungsposition in Zusammenhang stehenden – Einkünften einer **unwesentlichen Besteuerung** unterliegen.

24 Maßgeblich ist somit nicht die generelle Steuerlast des Geschäftspartners, sondern nur diejenige in Bezug auf die mit der Geschäftsbeziehung in Zusammenhang stehenden Einkünfte. Das Gesetz fordert insoweit eine gegenständliche Betrachtung hinsichtlich bestimmter Einkünfte. Diese Vorgehensweise entspricht derjenigen bei § 8 Abs. 3 für die Feststellung der Niedrigsteuerung, welche dort ebenfalls nicht alle Einkünfte der Zwischengesellschaft, sondern nur deren passive Einkünfte erfasst. Auf die Dogmatik zu § 8 Abs. 3 kann deshalb zurückgegriffen werden. Vor dem Hintergrund, dass § 16 die Erosion der inländischen Steuerbemessungsgrundlage im Vorfeld verhindern will, kann ein Zusammenhang zwischen der Geschäftsbeziehung und den Einkünften nur bejaht werden, wenn und soweit die beim ausländischen Geschäftspartner nicht oder nur unwesentlich besteuerten Einkünfte im Inland als Steuerminderungspositionen geltend gemacht werden. Ob der ausländische Geschäftspartner weitere Einkünfte bezieht, aus welchen im Inland keine Minderung einer steuerlichen Bemessungsgrundlage hergeleitet wird, und ob diese unwesentlich besteuert sind, spielt aus inländischer fiskalischer Sicht keine Rolle und ist deswegen unbeachtlich. Insofern ist ein Zusammenhang zwischen den Einkünften des Ausländers und der Geschäftsbeziehung zum Inländer zu verneinen.

25 Die Frage der Wesentlichkeit der Steuerquote kann aus Gleichheitsgründen nur auf Basis einer (fiktiven) deutschen Bemessungsgrundlage entschieden werden und nicht auf der Basis einer Bemessungsgrundlage nach ausländischem Recht (aA *FWBS* § 16 AStG Rz. 25). Hierfür spricht des Weiteren, dass Abs. 1 nicht auf die Wesentlichkeit der Besteuerung des ausländischen

26 Geschäftspartners an sich abstellt, sondern auf die Wesentlichkeit der Besteuerung derjenigen Einkünfte, die im Zusammenhang mit den Geschäftsbeziehungen mit dem Inländer stehen. Für eine solchermaßen gegenständliche Betrachtungsweise beinhaltet keine ausländische Rechtsordnung Ermittlungsvorschriften. Auf Basis der deutschen Bemessungsgrundlage ist dann die Steuerquote zu ermitteln und als wesentlich oder unwesentlich zu beurteilen.

27 Bei der Unwesentlichkeit des Steuersatzes handelt es sich um einen unbestimmten Rechtsbegriff. Die Finanzverwaltung konkretisiert diesen in Tz. 16.1.2. AEAStG unter Rückgriff auf § 8 Abs. 3, wodurch ein **Steuersatz unter 25%** als unwesentlich gilt. Dem ist entgegenzuhalten, dass eine niedrige Besteuerung umgangssprachlich von einer unwesentlichen Besteuerung unterschieden wird. Unwesentlich ist eine Besteuerung erst, wenn sie eine Bagatellegrenze unterschreitet. Eine Steuerquote von beispielsweise 20% ist nach allgemeinem Verständnis keine Bagatelle mehr. Die Grenze dürfte eher bei 10% zu ziehen sein (*FWBS* § 16 AStG Rz. 25), weil der Gesetzgeber

II. Mitwirkung des Steuerpflichtigen (Abs. 1)

diesen Grenzwert selbst im AStG benutzt, um Unwesentliches von Wesentlichem zu unterscheiden. Auch umgangssprachlich ist eine 10% erreichende oder übersteigende Steuerquote zwar als gering, aber sehr wohl als spürbar und damit nicht mehr als unwesentlich anzusehen.

Ergibt sich eine fehlende oder unwesentliche Steuerbelastung, spielt deren Ursache nach dem Wortlaut keine Rolle. Allerdings ist m E eine wertende Einzelfallbetrachtung geboten. Insbesondere bei zwei Fallgestaltungen kann nicht von einer Unwesentlichkeit der Besteuerung ausgegangen werden: Im Fall einer **Gruppenbesteuerung,** bei welcher die auf die Gruppengesellschaft entfallende Steuer von der Gruppenobergesellschaft getragen wird, muss die dort bestehende Steuerlast anteilig auch dem Geschäftspartner zugerechnet werden. Eine fehlende oder unwesentliche Besteuerung kann auch dann nicht angenommen werden, wenn der ausländische Geschäftspartner in seiner Heimatjurisdiktion die **Steuern rechtswidrig verkürzt,** denn eine rechtswidrige Tat des Ausländers kann keine Auswirkungen auf den an der Tat unbeteiligten Inländer haben. **28**

Die **Darlegungs- und Feststellungslast** für die Unwesentlichkeit der Besteuerung trägt die Finanzverwaltung. Die Norm selbst enthält hierzu keine Regelungen. Damit gelten die allgemeinen Grundsätze, wonach die Finanzverwaltung für steuerbegründende, steuererhöhende und ihr sonst günstige Umstände darlegungs- und feststellungsbelastet ist. Bei § 16 handelt es sich um eine der Finanzverwaltung günstige Norm, weil den Steuerpflichtigen – im Vergleich zu § 160 AO – erweiterte Obliegenheiten treffen. Damit muss die Finanzverwaltung das Tatbestandsmerkmal der Unwesentlichkeit der Besteuerung darlegen und trägt hierfür die Feststellungslast (*FWBS* § 16 AStG Rz. 22). Vor dem Hintergrund des Verhältnismäßigkeitsgrundsatzes bei der Belastung des Steuerpflichtigen im Rahmen der verfahrensrechtlichen Mitwirkung kommt eine Umkehr bzw. kommen Erleichterungen für die Finanzverwaltung nicht in Betracht. Es fällt dem Steuerpflichtigen mindestens ebenso schwer wie der Finanzverwaltung, bei einem fremden Dritten die deutsche steuerliche Bemessungsgrundlage und die darauf tatsächlich vom ausländischen Fiskus erhobene Steuer festzustellen. Eine Umkehr der Darlegungs- und Feststellungslast kann vorliegend auch nicht mit dem Grundsatz der Beweisvorsorge begründet werden, denn zum einen bietet § 16 entgegen der Auffassung der Finanzverwaltung hierzu keine Grundlage und zum anderen wird in der Wirtschaftspraxis der Vertragspartner die Offenlegung seiner Gewinn- und Verlustrechnung schon deshalb vernünftigerweise ablehnen, weil er seine Gewinnmargen, Kalkulationsgrundlagen und Geschäftsgeheimnisse schützen muss (ähnlich *FWBS* § 16 AStG Rz. 29.1). Ein derartiges Ansinnen des Steuerpflichtigen an den Geschäftspartner wäre von vornherein aussichtslos. Wenn eine Aufgabe für den Steuerpflichtigen faktisch unlösbar ist, muss es bei der Darlegungs- und Beweisbelastung der Finanzverwaltung für ihr günstige Umstände verbleiben. **29**

Der Antrag des Steuerpflichtigen erfüllt nur dann die Tatbestandsvoraussetzungen des Abs. 1, wenn er auf die Absetzung von Schulden oder anderen Lasten oder von Betriebsausgaben oder Werbungskosten gerichtet ist. Der Begriff der Absetzung ist iS einer Minderung der jeweiligen steuerlichen Bemessungsgrundlage zu verstehen. **30**

einstweilen frei **31–39**

2. Rechtsfolge

a) Betroffene Abzugspositionen

40 Der bemessungsgrundlagenmindernden Berücksichtigung von **Schulden und anderen Lasten** kommt vor allem im Rahmen der Erbschaftsteuer Bedeutung zu, da Gewerbekapital- und Vermögensteuer irrelevant sind. Aus der Formulierung „Schulden oder andere Lasten" ergibt sich, dass der Schuldenbegriff eine Teilmenge des Lastenbegriffs darstellt. Eine Schuld stellt im Grundsatz eine einmalige Last dar.

41 In systematischer Auslegung heranzuziehen ist der Begriff der **Betriebsausgaben** nach § 4 Abs. 4 EStG und der Begriff der **Werbungskosten** nach § 9 Abs. 1 EStG, so dass die dortige Dogmatik jeweils auf § 16 Abs. 1 zu übertragen ist. Soweit EStG, KStG und GewStG Betriebsausgaben als nicht abzugsfähig qualifizieren, kann von vornherein keine Mitwirkungsobliegenheit ausgelöst werden. Gleiches gilt im Bereich der Werbungskosten, soweit diese als Kosten der privaten Lebensführung nach § 12 EStG nichtabziehbar sind. Der gesamte Bereich der Umsatzsteuer fällt – von Fällen des § 4 Abs. 3 EStG abgesehen – nicht unter den Begriff der Betriebsausgaben oder Werbungskosten und kann deshalb von der Sanktion des § 16 nicht erfasst werden. In zeitlicher Hinsicht tritt die Mitwirkungsobliegenheit zu dem Zeitpunkt ein, zu welchem der Steuerpflichtige die Absetzung der Steuerminderungspositionen beantragt. Antragszeitpunkte können sein der Zeitpunkt, zu welchem ein Antrag auf Anpassung der Vorauszahlungen abgegeben wird, oder die Jahressteuererklärung, in welcher die Steuerminderungspositionen abgesetzt sind. Auf den Zeitpunkt, zu welchem buchhalterisch Aufwand erfasst wird (so *FWBS* § 16 AStG Rz. 42 konsequent differenzierend für die Gewinnermittlung nach § 4 Abs. 1 und § 4 Abs. 3 EStG) oder zu welchem ein Abfluss erfolgt, kommt es nach dem Wortlaut der Norm nicht an. Hierfür spricht in praktischer Hinsicht auch, dass während der Rechnungsperiode keine Gewinn- und Verlustrechnungen für Steuerzwecke aufgestellt wird.

b) Nichtberücksichtigung

42 Abs. 1 statuiert als Rechtsfolge, die Erfüllung des Tatbestandsmerkmals der Bezeichnung des Gläubigers oder Empfängers nach § 160 AO zu erschweren. Es reicht dann nicht mehr die durch § 160 AO angeordnete Nennung von Name und Adresse aus, sondern es ist eine wesentlich erweiterte Offenlegung erforderlich. Hierin erschöpft sich allerdings der Regelungsgehalt der Vorschrift. § 16 betrifft keine anderen Normen, insbesondere enthält die Norm keine Modifikationen oder Feststellungslastregeln für § 42 Abs. 1 AO und § 50d Abs. 3 EStG (*FWBS* § 16 Rz. 4.1).

43 Erschwert wird durch § 16 die in § 160 AO geforderte Bezeichnung des **Gläubigers oder Empfängers.** Gläubiger ist der Forderungsberechtigte aus einem zivilrechtlichen Schuldverhältnis. Der Empfängerbegriff ist weit auszulegen. Es handelt sich nicht nur um den beispielsweise Zinsen generierenden Gläubiger einer Forderung, sondern um jeden, der eine Leistung erhält, welche der Leistende als Betriebsausgabe oder Werbungskosten geltend machen kann. Nach Auffassung der Finanzverwaltung (Tz. 16.1.3. AEAStG) und der

II. Mitwirkung des Steuerpflichtigen (Abs. 1)

Rechtsprechung ist der Empfängerbegriff (vgl. BFH Urt. v. 25.8.1986, IV B 76/86, BStBl. II 1987, 481) wirtschaftlich auszulegen, sodass die Benennung einer Domizilgesellschaft als Geschäftspartner und die Versicherung, hinter der Gesellschaft stehe ein fremder Dritter, nicht zur Bezeichnung des Gläubigers bzw. Empfängers ausreichend ist. Unter dem Aspekt der Zumutbarkeit wird man dem Steuerpflichtigen aber nur dann die Bezeichnung des wirtschaftlichen Empfängers abverlangen können, wenn ihm dieser bekannt ist oder bekannt sein muss. Wenn der Steuerpflichtige lediglich Kontakt zu der Domizilgesellschaft gehabt hat und deren Hintergründe und Umfeld nicht kennt, ist es unzumutbar, weitergehende Nachforschungen anzustellen, als die Geldwäschevorschriften dies gebieten, da internationale Geschäftspartner üblicherweise Geldwäschepräventionsprozeduren akzeptieren, darüber hinaus aber keine Auskünfte zu erteilen bereit sind.

44 Nach dem Wortlaut der Norm braucht keine Personalunion zwischen dem ausländischen Geschäftspartner und dem Gläubiger bzw. Empfänger zu bestehen. Eine dahingehende Einschränkung würde auch dem generalpräventiven Charakter der Norm zuwiderlaufen, weil dies Gestaltungen provozieren könnte, bei welcher bewusst ein Auseinanderfallen erzeugt wird, um den erweiterten Offenlegungsobliegenheiten zu entgehen.

45 Die Feststellungslast hinsichtlich der Person des Gläubigers bzw. Empfängers trägt der Steuerpflichtige (Tz. 16.1.3. AEAStG).

46 Die Bezeichnung des Gläubiges oder Empfängers wird erst erfüllt durch Offenlegung aller unmittelbaren oder mittelbaren gegenwärtigen oder vergangenen **Beziehungen** zum Geschäftspartner. Der Begriff der Beziehungen ist vom Gesetzgeber bewusst weit gewählt. Dies ergibt sich aus systematischer Auslegung aus dem ersten Halbsatz der Vorschrift, wo einschränkend von Geschäftsbeziehungen gesprochen wird. Eine weite Formulierung dient auch dem generalpräventiven Charakter, da sich die Gestaltungsmöglichkeiten im Vorhinein nicht fassen lassen. Hierfür spricht auch die Gesetzesformulierung, dass sowohl unmittelbare als auch mittelbare wie auch bestehende und früher bestehende Beziehungen offenzulegen sind. Somit sind – bis zur Grenze der Unmöglichkeit bzw. der Unzumutbarkeit – alle Umstände und mit hohem Detaillierungsgrad der Finanzbehörde offenzulegen.

47 Mit Blick auf die Verhältnismäßigkeit und Begrenzung bei der Überwälzung von Verfahrenshandlungen darf der Steuerpflichtige im Rahmen des § 16 Abs. 1 aber nicht mit unmöglichen oder unzumutbaren Dokumentationsaufgaben belastet werden. Die Finanzbehörde darf insbesondere keinen Ausforschungsbeweis ins Blaue hinein führen und sich beispielsweise die Gesamtheit der Unterlagen eines Jahres vorlegen lassen.

48 Beziehungen iSd Abs. 1 können von vornherein nur Vorgänge sein, die generell-abstrakt zur Vermögens- oder Gewinnverlagerung geeignet sind. Bei mittelbaren und vergangenen Beziehungen müssen weitere Eingrenzungen zur Vermeidung einer Uferlosigkeit vorgenommen werden. Mittelbare Beziehungen können mE nur erfasst sein, wenn der Steuerpflichtige nicht nur mit seinem ausländischen Geschäftspartner in Kontakt steht, sondern darüber hinaus in dessen Beziehungen zu Dritten eingebunden ist. Die Mitwirkung erstreckt sich auch nicht auf private Beziehungen der Beteiligten. Auch sind keine Umstände umfasst, welche bestimmungsgemäß nur einer Seite bekannt sind –

namentlich die Betriebsgeheimnisse und internen Kalkulationsgrundlagen des ausländischen Geschäftspartners. Unzumutbar ist einem Steuerpflichtigen die Offenlegung, wenn sie eine Anfrage an seinen ausländischen Geschäftspartner erfordert, welche die Geschäftsbeziehung schädigen würde. Schließlich können keine Angaben über die Verhältnisse Dritter gefordert werden, denn der Steuerpflichtige hat nur die Obliegenheit, eigene Beziehungen offenzulegen. Eine Beziehung einer juristischen Person, an welcher der Steuerpflichtige beteiligt ist, zu einem Geschäftspartner ist aus Sicht des Steuerpflichtigen eine fremde Beziehung, welche nicht unter die Offenlegungsobliegenheit fällt, denn die rechtlichen und tatsächlichen Verhältnisse einer juristischen Person sind wegen deren Selbstständigkeit von der Sphäre des Gesellschafters getrennt.

49 Der schwierig zu bestimmende Inhalt und Umfang der Offenlegung aller Beziehungen kann dazu führen, dass der Steuerpflichtige die Auffassung vertritt, sämtliche – generell-abstrakt zur Vermögens- oder Gewinnverlagerung geeignete – Umstände vollständig angegeben zu haben, während die Finanzbehörde dies mit Nichtwissen bestreitet und – basierend auf Unterstellungen – weitere Auskünfte für erforderlich hält. Insbesondere wird dies für fehlende Kenntnis des Steuerpflichtigen von Umständen gelten, welche die Finanzbehörde für bedeutsam erachtet. Hier hält § 16 Abs. 2 eine verfahrensrechtliche Lösung bereit, indem der Steuerpflichtige eine eidesstattliche Versicherung abgeben kann. Bei Abgabe dieser Versicherung muss die Finanzbehörde von der vollständigen Offenlegung ausgehen und kann die Rechtsfolge des Abs. 1 nicht mehr zur Anwendung bringen, es sei denn, sie weist die Falschheit der eidesstattlichen Versicherung positiv nach.

50 Eine **Offenlegung** durch den Steuerpflichtigen setzt voraus, dass dieser sämtliche ihn und seinen ausländischen Geschäftspartner betreffende Tatsachen mitteilt. Darüber hinaus verlangt der natürliche Sprachsinn des Offenlegens auch ein Element der Eigeninitiative, der Erläuterung sowie Erklärung der Hintergründe der relevanten Fakten. Deshalb wird der Steuerpflichtige die Erläuterungen nach Wahl der Finanzbehörde in mündlicher oder schriftlicher Form zu erteilen haben.

51 Die Finanzverwaltung vertritt in Tz. 16.1.3. AEAStG die Auffassung, dass der Steuerpflichtige im Rahmen des Abs. 1 einer **Beweisvorsorgepflicht** unterliegt, wonach er Beweismittel schaffen, beschaffen und sichern muss. Dem ist nicht zuzustimmen und der Wortlaut der Norm gibt keinen Anhaltspunkt für eine derartige Auslegung. Der Steuerpflichtige ist deshalb nicht mit Recherchen, Nachforschungen oder Informationsbeschaffung zu belasten. Nach dem Wortsinn ist für eine Offenlegung die Mitteilung vorhandenen Tatsachenwissens ausreichend. In Ermangelung solchen Tatsachenwissens entfällt die Offenlegung, wobei es keine Rolle spielt, warum entsprechendes Wissen fehlt. Selbst wenn das Fehlen des Wissens als grob fahrlässig zu werten sein sollte, vermag dies die Sanktion des § 16 Abs. 1 nicht auszulösen, weil die Norm keine Beweisvorsorge verlangt. Eine etwaig fehlende Beweisvorsorge kann lediglich im Rahmen des § 90 Abs. 2 AO zum Nachteil des Steuerpflichtigen berücksichtigt werden.

52 Des Weiteren ist es nicht Aufgabe des Steuerpflichtigen, Rechtsauffassungen, Meinungen, Wertungen und Schlussfolgerungen mitzuteilen. Eine Offenlegung erfordert auch nicht, die Finanzbehörde in eine ihr fachfremde Materie unterrichtend einzuführen, selbst wenn dies zwingend erforderlich sein sollte, um die relevanten Tatsachen verstehen zu können. Hierzu muss die Finanzbehörde im Bedarfsfall Sachverständige auf eigenen Kosten hinzuziehen. Gleiches gilt für die geeignete Aufbereitung und Verarbeitung von durch den Steuerpflichtigen offengelegten Informationen. Der Steuerpflichtige hat nur die Obliegenheit, der Behörde die Informationen zu beschaffen, nicht aber sie in einer benutzerfreundlichen Fassung aufzubereiten.

Vor dem Hintergrund des Zwecks des § 16 Abs. 1, Gewinnverlagerungen möglichst schon im Vorfeld zu begegnen, wird man dem Steuerpflichtigen die **Abwendungsbefugnis** zuzubilligen haben, die Offenlegung durch den Nachweis der Angemessenheit der Geschäftsbeziehungen mit dem ausländischen Geschäftspartner zu vermeiden (*FWBS* § 16 AStG Rz. 64). **53**

Bei Verletzung der Mitwirkungsobliegenheit durch den Steuerpflichtigen wird die Finanzbehörde die **Rechtsfolge des § 16 iVm § 160 AO** in Gestalt der Nichtberücksichtigung des Steuerminderungspotentials nicht sofort zur Anwendung bringen können, sondern erst ihre eigenen Sachverhaltsermittlungsmöglichkeiten im Rahmen des Amtsermittlungsprinzips auszuschöpfen haben (*FWBS* § 16 AStG Rz. 47.1). Mit Blick auf das Verhältnismäßigkeitsprinzip hängt der Umfang der Ermittlungspflicht freilich wesentlich davon ab, welche Anstrengungen der Steuerpflichtige unternommen hat, um seiner Mitwirkungsobliegenheit zu genügen. **54**

Soweit die Rechtsfolge des § 16 iVm § 160 AO eingreift, führt dies dazu, dass die Schulden, anderen Lasten, Betriebsausgaben und Werbungskosten ihren Rechtscharakter als solche behalten, ihre steuerbemessungsgrundlagenmindernde Wirkung jedoch durch eine korrespondierende (ggf. außerbilanzielle) Hinzurechnung kompensiert wird. **55**

einstweilen frei **56–69**

III. Eidesstattliche Versicherung (Abs. 2)

1. Allgemeines

Da die Vollständigkeit der Offenlegung nach Abs. 1 in tatsächlicher Hinsicht bisweilen schwer zu fassen ist, lässt Abs. 2 die Glaubhaftmachung durch eidesstattliche Versicherung zu. Hierdurch wird die Sanktion des Abs. 1 vermieden. **70**

§ 16 Abs. 2 ist lex specialis zu § 95 AO, da Gegenstand der eidesstattlichen Versicherung nach § 16 Abs. 2 nicht nur die Versicherung der Wahrheit, sondern darüber hinaus auch die Vollständigkeit der Angaben sowie die Nichtkenntnis bestimmter Tatsachen ist, was von § 95 AO inhaltlich nicht abgedeckt wird. **71**

2. Tatbestandsvoraussetzungen

Das Verfahren auf Abgabe einer eidesstattlichen Versicherung nach § 95 AO setzt zunächst ein **Verlangen** des Finanzamts voraus. **72**

Das Verlangen kann nur vom Finanzamt, nicht von einer Oberfinanzdirektion und auch nicht vom Finanzgericht ausgesprochen werden. Bei dem Verlangen handelt es sich um eine Ermessensentscheidung. Die Finanzbehörde **73** hat vor dem Verlangen zu prüfen, ob die vorhandenen Tatsachen und Beweismittel als Sachverhaltsaufklärung ausreichend sind und ob es im Rahmen seiner Amtsermittlungspflicht selbst weitere Nachforschungen anzustellen hat. Ggf. bietet sich auch die Vorlage weiterer Dokumente durch den Steuerpflichtigen an. Schließlich ist zu prüfen, ob eine eidesstattliche Versicherung die gewünschte Klarheit bringen wird, was allerdings regelmäßig zu bejahen ist (siehe unten → Rz. 78). Ein Verlangen nach einer eidesstattlichen Versicherung ohne diese vorhergehenden Prüfungen ist ermessensfehlerhaft. An eine Ermessensentscheidung auf Abgabe einer Versicherung an Eides statt, wird man aber keine hohen Anforderungen hinsichtlich der Ermessenserwägungen stellen dürfen, denn das AStG sieht gerade wegen der Ermittlungsschwierigkeiten bei grenzüberschreitenden Sachverhalten das Instrument der Glaubhaftmachung vor. Das Gebrauchmachen hiervon durch die Finanzbehörde entspricht demzufolge regelmäßig dem Willen des Gesetzgebers und liegt auch im Interesse des Steuerpflichtigen, weil ihm hierdurch weitere zeit- und personalaufwendige – und den Erlass des Steuerbescheides verzögernde – Verfahrensschritte erspart bleiben. Wenn er wahrheitsgemäße und vollständige Angaben im Rahmen der Offenlegungsobliegenheit gemacht hat, entspricht eine eidesstattliche Versicherung seinen Interessen sogar am besten.

74 Die **Initiative kann nur von der Finanzbehörde** ausgehen. Nach Tz. 16.2. AEAStG besteht kein Rechtsanspruch des Steuerpflichtigen zur Abgabe einer Versicherung an Eides statt. Dementsprechend sind ohne Verlangen der Behörde abgegebene Erklärungen kein zur Glaubhaftmachung geeignetes Mittel. Diese Auffassung ist bedenklich, denn sie belastet den Steuerpflichtigen mit der Unerweislichkeit einer Negativtatsache und besteuert ihn hierdurch über seine Leistungsfähigkeit hinaus. Deshalb liegt regelmäßig ein Fall der Ermessensreduktion auf null vor, so dass die Behörde im Falle eines Angebots durch den Steuerpflichtigen das Verlangen nach einer eidesstattlichen Versicherung auszusprechen hat (schwächer *FWBS* § 16 AStG Rz. 77, wo von einem gewissen Schutzcharakter des § 16 ausgegangen wird). Die Grenze muss allerdings dort verlaufen, wo konkrete Verdachtsmomente bestehen, der Steuerpflichtige werde eine unrichtige eidesstattliche Versicherung abgeben. Das wird insbesondere der Fall sein, wenn der Steuerpflichtige wegen wahrheitswidriger Angaben in der Vergangenheit auffällig geworden ist.

3. Rechtsfolgen

75 Als Rechtsfolge hat der Steuerpflichtige eine eidesstattliche Versicherung abzugeben. Steuerpflichtiger ist derjenige, welcher die Berücksichtigung der Steuerminderungsposition beantragt. Wegen des Antragscharakters des Abs. 1 kann die Finanzbehörde die Abgabe der eidesstattlichen Versicherung nicht erzwingen.

76 Der **Umfang** der eidesstattlichen Versicherung erfasst die Richtigkeit und Vollständigkeit der Angaben sowie die Behauptung, dass dem Steuerpflichtigen weitere Tatsachen nicht bekannt sind. Die eidesstattliche Versicherung nach § 16 Abs. 2 geht weiter als diejenige nach § 95 Abs. 3 S. 2 AO, wonach lediglich zu versichern ist, nach bestem Wissen die reine Wahrheit gesagt zu haben. Die eidesstattliche Versicherung besteht somit aus einer Positiv- und einer Negativaussage, wobei die Finanzbehörde im Wege einer Ermessensent-

III. Eidesstattliche Versicherung (Abs. 2)

scheidung festlegt, ob sie eines oder beides verlangt. Gegenstand der eidesstattlichen Versicherung können nur tatsächliche Angaben sein, nicht jedoch Meinungen, Wertungen und Rechtsauffassungen.

Das **Verfahren** auf Abnahme der Versicherung an Eides Statt richtet sich nach § 95 Abs. 2 AO. Deshalb sind die Tatsachen, deren Richtigkeit und Vollständigkeit zu versichern sind, spätestens eine Woche im Voraus schriftlich festzustellen und dem Steuerpflichtigen mitzuteilen, damit er sich darauf vorbereiten kann. Der Steuerpflichtige kann auf die Einhaltung der Frist verzichten, muss aber auch dann sorgfältig prüfen, ob die eidesstattliche Versicherung zutreffend sein wird. Diese Prüfung beschränkt sich auf die vorhandenen Information (beispielsweise das Lesen vorhandener Dokumente zur Gedächtnisauffrischung). Da § 16 Abs. 1 keine Ermittlungspflichten im Rahmen der Offenlegungsobliegenheit voraussetzt, kann dies auch nicht im Verfahren auf Abgabe der eidesstattlichen Versicherung gefordert werden.

Nach Abgabe der eidesstattlichen Versicherung hat die Finanzbehörde vor dem Hintergrund des Schutzcharakters des § 16 Abs. 2 von der Richtigkeit und Vollständigkeit des Vortrags des Steuerpflichtigen und damit von der vollständigen Bezeichnung des Gläubigers oder Empfängers iSd § 160 AO auszugehen. Die Finanzbehörde ist dann regelmäßig nicht mehr berechtigt, die Offenlegung als verletzt anzusehen. Auch kann die Finanzbehörde nicht mehr einwenden, der Steuerpflichtige habe seine Verpflichtung zur Beweisvorsorge nach § 90 Abs. 2 AO verletzt, denn in diesem Fall würde sich die Behörde in Widerspruch zu ihrem Vorverhalten setzen. Wenn die Finanzbehörde davon ausgeht, dass eine Verletzung der Beweisvorsorge vorliegt, dann ist das Verlangen nach einer eidesstattlichen Versicherung ersichtlich sinnentleert und damit ermessensfehlerhaft. In einem Verlangen der Behörde nach Abgabe einer Versicherung an Eides statt ist deshalb vom objektiven Empfängerhorizont eines Steuerpflichtigen aus gesehen konkludent die Aussage enthalten, dass die Behörde anschließend den Sachverhalt als hinreichend aufgeklärt ansieht und die Steuerminderungsposition anerkennt. An diesem von ihr gesetzten Vertrauenstatbestand muss sich die Behörde festhalten lassen. Lediglich neue Tatsachen oder ein konkreter Verdacht auf Unrichtigkeit der abgegebenen eidesstattlichen Versicherung können dann noch zur Versagung der Anerkennung der Steuerminderungsposition führen. Solche Fälle werden automatisch mit der Einleitung eines Strafverfahrens wegen Abgabe einer falschen eidesstattlichen Versicherung einhergehen. Sieht die Finanzbehörde keine hinreichend konkreten Anfangsverdachtsmomente, um den Fall der Staatsanwaltschaft zu übergeben oder stellt diese die Ermittlungen aus Mangel an Beweisen ein, so muss die Offenlegungsobliegenheit durch den Steuerpflichtigen weiterhin als erfüllt angesehen werden.

Bei **Verweigerung** der Abgabe einer eidesstattlichen Versicherung, welche im Belieben des Steuerpflichtigen steht, ist die Finanzbehörde dagegen generell berechtigt, eine Verletzung der Mitwirkungsobliegenheit anzunehmen und die Minderungsposition nach § 16 Abs. 1 iVm § 160 AO bei der Berechnung der Steuerbemessungsgrundlage unberücksichtigt zu lassen, ohne dass ihr weitergehendere Amtsermittlungspflichten entstehen würden (Tz. 16.1.3. AEA-StG). Ausnahmen sind nur denkbar, wenn durch neu bekannt werdende Tatsachen der Vortrag des Steuerpflichtigen nunmehr als glaubhaft erscheint.

§ 17 Sachverhaltsaufklärung

(1) ¹Zur Anwendung der Vorschriften der §§ 5 und 7 bis 15 haben Steuerpflichtige für sich selbst und im Zusammenwirken mit anderen die dafür notwendigen Auskünfte zu erteilen. ²Auf Verlangen sind insbesondere
1. die Geschäftsbeziehungen zu offenbaren, die zwischen der Gesellschaft und einem so beteiligten unbeschränkt Steuerpflichtigen oder einer einem solchen im Sinne des § 1 Abs. 2 nahestehenden Person bestehen,
2. die für die Anwendung der §§ 7 bis 14 sachdienlichen Unterlagen einschließlich der Bilanzen und der Erfolgsrechnungen vorzulegen. ²Auf Verlangen sind diese Unterlagen mit dem im Staat der Geschäftsleitung oder des Sitzes vorgeschriebenen oder üblichen Prüfungsvermerk einer behördlich anerkannten Wirtschaftsprüfungsstelle oder vergleichbaren Stelle vorzulegen.

(2) Ist für die Ermittlung der Einkünfte, für die eine ausländische Gesellschaft Zwischengesellschaft ist, eine Schätzung nach § 162 der Abgabenordnung vorzunehmen, so ist mangels anderer geeigneter Anhaltspunkte bei der Schätzung als Anhaltspunkt von mindestens 20 Prozent des gemeinen Werts der von den unbeschränkt Steuerpflichtigen gehaltenen Anteile auszugehen; Zinsen und Nutzungsentgelte, die die Gesellschaft für überlassene Wirtschaftsgüter an die unbeschränkt Steuerpflichtigen zahlt, sind abzuziehen.

Inhaltsübersicht

	Rz.
I. Allgemeines	1–9
1. Verhältnis der Regelung zu anderen Normen	1, 2
2. Vorrang des Unionsrechts und Verhältnismäßigkeitsgrundsatz	3–9
II. Auskunftserteilung (Abs. 1)	10–59
1. Rechtscharakter	10
2. Auskunftserteilung (Abs. 1 S. 1)	11–29
3. Offenbarungs- und Dokumentenvorlageverpflichtungen (Abs. 1 S. 2)	30–44
a) Offenbarungspflicht (Abs. 1 S. 2 Nr. 1)	32–35
b) Unterlagenvorlegungspflicht (Abs. 1 S. 2 Nr. 2)	36–44
4. Nichterfüllung der Mitwirkungspflichten nach Abs. 1	45–59
III. Schätzung der Einkünfte (Abs. 2)	60–73
1. Allgemeines und Systematik	60–63
2. Tatbestandsvoraussetzungen	64–67
3. Rechtsfolgen	68–73

I. Allgemeines

1. Verhältnis der Regelung zu anderen Normen

1 Besteht ein Näheverhältnis zwischen einem inländischen Steuerpflichtigen und bestimmten ausländischen Rechtsträgern, erlegt **§ 17 Abs. 1** dem Steuer-

I. Allgemeines

pflichtigen Mitwirkungsverpflichtungen im Veranlagungsverfahren auf. Die Verpflichtungen können mit Zwangsmitteln durchgesetzt werden. Der Regelungsbereich des § 17 Abs. 1 erfasst § 5 sowie §§ 7–15. Auf §§ 1–4 und 6 findet die Norm somit keine Anwendung. Dort verbleibt es vielmehr bei der Anwendung von § 16 und ggf. der §§ 90 ff. AO. § 17 Abs. 1 steht in einem engem Zusammenhang mit § 16. Letzterer erfasst sämtliche Beziehungen mit Geschäftspartnern in Niedrigsteuerjurisdiktionen, ohne dass ein Näheverhältnis zum Ausländer bestehen müsste (freilich steht die Vermutung eines solchen im Raume). § 17 setzt dagegen ein solches Näheverhältnis als Tatbestandsmerkmal voraus. Beide Normen stehen aber nicht in einem Spezialitätsverhältnis zueinander und können daher von der Finanzbehörde kumulativ zur Anwendung gebracht werden. Nach wohl hM (vgl. *FWBS* § 17 AStG Rz. 5 ff.) ist Abs. 1 mit den §§ 90 ff. AO inhaltlich weitgehend deckungsgleich, sodass eine rein deklaratorische Funktion der Norm erwogen und eine Auslegung der Norm unter Heranziehung der Dogmatik zu den §§ 90 ff. AO befürwortet wird. Auch Tz. 17.1.2 ff. AEAStG beziehen sich auf §§ 90 ff. AO, ohne ein Konkurrenzverhältnis zu § 17 Abs. 1 zu beschreiben. Dabei soll § 17 Abs. 1 Nr. 1 als Pendant zu §§ 92, 93 AO und § 17 Abs. 1 Nr. 2 als Pendant zu § 97 AO zu verstehen sein. Da aber eine Verdopplung von Vorschriften ohne eigenständigen Regelungscharakter aus dogmatischer Sicht nicht in Betracht kommt, muss die Norm wegen ihrer außensteuerlichen Spezialität als negativ abschließendes lex specialis gegenüber den inhaltsähnlichen Regelungen der AO verstanden werden.

§ 17 **Abs. 2** enthält keine Rechtsfolge der Verletzung der Mitwirkungspflicht nach Abs. 1, sondern stellt systematisch eine eigenständige Regelung mit eigenem Tatbestand und eigener Rechtsfolge dar. Wegen der Rechtsfolge der substanzverzehrenden Besteuerung dürfte § 17 Abs. 2 als verfassungswidrig anzusehen sein.

2. Vorrang des Unionrechts und Verhältnismäßigkeitsgrundsatz

Beide Absätze des § 17 scheitern – wie auch § 16 – am **Anwendungsvorrang des Unionsrechts für den Bereich des EWR**. Durch die extensive Mitwirkungs-, Offenbarungs- und Offenlegungspflichtigen des Abs. 1 können inländische Steuerpflichtige von Investments im EWR zugunsten von Beteiligungen an Inlandsgesellschaften abgehalten werden. Dies gilt ebenfalls und erst recht für die noch stärkere Sanktion des pönalisierenden Sollertrags des Abs. 2 von 20%. Beide Regelungen sind geeignet, Inländer dazu zu veranlassen, das Angebot einer EWR-Gesellschaft auf Beteiligung abzuweisen und lieber im Inland zu investieren. Das diskriminiert EWR-Gesellschaften bei der Einwerbung von Gesellschaftskapital gegenüber Inländern. Die Diskriminierung kann auch nicht mit dem Gedanken der Kohärenz gerechtfertigt werden, da aufgrund der Amtshilfe innerhalb des EWR die Finanzbehörde die erforderlichen Informationen selbst beschaffen kann. Innerhalb des EWR ist deshalb § 17 mit beiden Absätzen unanwendbar. Der Anwendungsvorrang ist nicht nur von den Finanzgerichten, sondern bereits von der Finanzverwaltung während des Veranlagungsverfahrens als unmittelbar die Exekutive bindendes Recht zu beachten.

4 Bezüglich drittausländischer Sachverhalte ist die Norm wirksam. Eine Grenze der Mitwirkung bei der Sachverhaltsaufklärung kann hier erst – wie bei § 16 – erst dort gezogen werden, wo Unmöglichkeit oder Unzumutbarkeit vorliegen. Die Anordnung eines Sollertrags von 20% in § 17 Abs. 2 enthält aber eine verfassungswidrige Substanzbesteuerung (vgl. → Rz. 73).

5–9 *einstweilen frei*

II. Auskunftserteilung (Abs. 1)

1. Rechtscharakter

10 Ein Aufklärungsverlangen der Finanzbehörde stellt infolge eines konkreten Regelungsbehalts **einen Verwaltungsakt** dar (Tz. 17.1.1. AEAStG). Somit ist bereits das Aufklärungsverlangen und nicht erst der auf einer dann erfolgenden Schätzung basierende Steuerbescheid mit Einspruch und Anfechtungsklage anfechtbar.

2. Auskunftserteilung (Abs. 1 S. 1)

11 Auskunftsverpflichtet sind die **Steuerpflichtigen.** Nach Tz. 17.1.2 AEAStG besteht die Aufklärungsverpflichtung für an der Zwischengesellschaft beteiligte unbeschränkt Steuerpflichtige sowie für erweitert beschränkt Steuerpflichtige. Damit ist die Auffassung der Finanzverwaltung enger als die Legaldefinition des Steuerpflichtigen in § 33 AO. Haftende und Aufzeichnungspflichtige sind nicht erfasst. Keine Steuerpflichtigen sind die zwischengeschaltete Gesellschaft, die Zwischengesellschaft und die Stiftung selbst, da sie sich im Ausland befinden und keinen Tatbestand der unbeschränkten oder beschränkten Steuerpflicht erfüllen.

12 Die Auskunftspflicht ist **für sich selbst und im Zusammenwirken mit anderen** zu erfüllen. Das Gesetz statuiert somit zwei Alternativen der Auskunftsverpflichtung. Zunächst muss der Steuerpflichtige die in seinem eigenen Wissen stehenden Auskünfte unabhängig von anderen erteilen. Darüber hinaus erlegt die Norm dem Steuerpflichtigen aber auch auf, mit anderen zum Zwecke der Auskunftserteilung zusammenzuwirken (Tz. 17.1.2. AEAStG). Der Wortlaut der Norm spezifiziert die anderen nicht. Es kann sich somit um jede beliebige Person handeln. Da allerdings nicht allen Personen die Pflichten des Abs. 1 S. 1 auferlegt sind, kommt ein Zusammenwirken bei der Auskunftserteilung nur in Betracht kommt, wenn und soweit Personen freiwillig zum Zusammenwirken mit dem Steuerpflichtigen bereit sind oder ihrerseits einer Pflicht zur Mitwirkung nach Abs. 1 S. 1 unterliegen. Fremde Dritte können dagegen nur unter den Voraussetzungen der §§ 93 ff., 200 AO als Auskunftspersonen herangezogen werden, ggf. unter Inanspruchnahme zwischenstaatlicher Amtshilfe nach § 117 AO, vgl. Tz. 17.1.4. AEAStG). Das Zusammenwirken kann rechtlicher oder tatsächlicher Natur sein. Auch insofern enthält das Gesetz keine Einschränkungen, vielmehr ist jedes Tun, Dulden oder Unterlassen gefordert, welches dem Zweck der Auskunftserteilung dient. Der Hauptfall wird die Fassung von mehrheitlichen Gesellschafterbeschlüssen zur Kooperation mit der deutschen Finanzverwaltung sein.

II. Auskunftserteilung (Abs. 1) 13–18 § 17

Der **Umfang der Auskunftserteilungspflicht** ergibt sich aus der Formulierung, dass die Verpflichtung nach S. 1 zur Anwendung der Vorschriften der §§ 5, 7–15 besteht und dass dafür die notwendigen Auskünfte zu erteilen sind. Inhaltlich richtet sich die Auskunftspflicht nur auf Tatsachen, nicht auf Wertungen, Meinungen und Rechtsauffassungen. Die Auskunftserteilungspflicht ist so weit zu ziehen, dass die Finanzbehörde auf Grundlage der erteilten Auskünfte selbständig eine Würdigung vornehmen kann. Es sind allerdings nur diejenigen Tatsachen auskunftspflichtig, welche für die Subsumtion relevant sind. Die Finanzbehörde muss ihr Auskunftsverlangen hinreichend bestimmt formulieren und die geforderten Auskünfte und vorzulegenden Dokumente genau bezeichnen. Für den Umfang der allgemeinen Nachweis- und Vorlagepflicht des S. 2 enthält S. 1 eine wichtige Konkretisierung in Gestalt der Nennung von **Regelbeispielen.** Zwar können die Verpflichtungen nach S. 1 durchaus von den Regelbeispielen abweichen und einen weiteren Umfang annehmen. Allerdings haben Regelbeispiele einen normierenden und limitierenden Charakter. Das Auskunftsverlangen der Finanzbehörde muss sich deshalb in einem Umfeld um die Regelbeispiele herum bewegen. 13

In zeitlicher Hinsicht besteht die Mitwirkungspflicht bis zur Unabänderbarkeit des Steuerbescheids nach den §§ 172 ff. AO. Nach Eintritt der formellen und materiellen Bestandskraft besteht seitens der Finanzbehörde kein Interesse mehr an einer (weiteren) Sachverhaltsaufklärung im Rahmen eines regulären Besteuerungsverfahrens. Zu einer Abänderung kann es nur noch aufgrund einer Steuerstraftat oder -ordnungswidrigkeit kommen, wobei der Steuerpflichtige sich hier auf sein Auskunftsverweigerungsrecht stützten kann und damit die Mitwirkungspflicht nach Abs. 1 hinfällig wird. 14

Die Grenzen der Auskunftspflicht sind in verschiedenen Richtungen zu ziehen: 15

Die Finanzbehörde muss im Rahmen des Amtsermittlungsprinzips zunächst die Ermittlungen anstellen, welche ihr selbst möglich sind, selbst wenn dies mit erheblichem Arbeitsaufwand verbunden sein sollte. So muss sie beispielsweise die Möglichkeiten von Auskunftsersuchen nach den Doppelbesteuerungsabkommen nutzen.

Der Finanzbehörde muss für ein Auskunftsverlangen eine konkrete Basis haben. Eine Ermittlung ins Blaue hinein ist der Behörde untersagt (*HHS* § 88 AO Rz. 50; unklar *FWBS* § 17 AStG Rz. 10). 16

Begrenzt wird die Auskunftspflicht im Wesentlichen durch den Grundsatz, dass dem Steuerpflichtigen keine **unmögliche oder unzumutbaren Pflichten** auferlegt werden dürfen. 17

Auf Unmöglichkeit kann sich der Steuerpflichtige dann berufen, wenn er keine Auskunft erteilen kann und auch bei gehöriger und zumutbarer Beweisvorsorge nicht würde erteilen können. Das wird bei **Minderheitsbeteiligungen** an einer Auslandsgesellschaft der Fall sein. Die ausländischen Mehrheitsgesellschafter werden sich einem Gesellschafterbeschluss des Inländers zur Auskunftserteilung widersetzen. Regelmäßig haben Mehrheitsgesellschafter kein Interesse an einer Auskunftserteilung gegenüber Minderheitsgesellschaftern, weil dies ihrer Machtstellung abträglich wäre und zudem zusätzliche Kosten verursachen würde, ohne dass ein Vorteil für sie aus einer solchen Situation entstehen könnte. Es wäre ersichtlich unzumutbar, deswegen vom 18

Kraft

Inländer zu verlangen, von einer Beteiligung an der Auslandsgesellschaft abzusehen. Gleiches gilt im Bereich von **Private Equity Fonds** (außerhalb des Anwendungsbereichs des InvStG). Da der Initiator des Fonds zum Schutz seiner Investmentstrategie und sonstigen Betriebsgeheimnisse Investoren nur beschränkt Informationen zur Verfügung stellt, kann der Investor in vielen Fällen die notwendigen Daten nicht erhalten. Da man dem Investor nicht aus Gründen der Beweisvorsorge eine Beteiligung am Private Equity Fonds untersagen kann, liegt später ein Fall der Unmöglichkeit der Auskunftserteilung vor.

19 Unzumutbarkeit kommt vor allem bei unangemessenen Kostenbelastungen in Betracht. So wäre etwa die Vorlage der gesamten Buchhaltung (*FWBS* § 17 AStG Rz. 23) oder ein besonders teures Wirtschaftsprüfertestat (*Becker* DStR 1972, 359, 367) unzumutbar. In solchen Fällen muss die Finanzbehörde die Kostennachteile für den Steuerpflichtigen mit dem Aufklärungsinteresse abwägen. Unzumutbarkeit ist ebenfalls gegeben, wenn der Inländer nur im Zusammenwirken mit anderen – nicht durch § 17, aber durch sonstiges ausländisches Recht verpflichteten Personen – die Auskünfte erteilen kann und diese anderen erst in einem Rechtsstreit hierzu zwingen müsste. Eine Klage zwischen den Gesellschaftern würde den Gesellschaftsfrieden nachhaltig stören und dem Steuerpflichtigen in der Zukunft schaden.

20 Gleichfalls kann dem Inländer keine Auskunftserteilung zugemutet werden, wenn dies für ihn eine **Pflichtverletzung** bedeuten würde. Die drohende Verletzung von Geschäftsgeheimnissen der ausländischen Gesellschaft reicht jedoch nicht aus, um Unzumutbarkeit zu begründen (BFH, Urt. v. 20.2.1979, VII R 16/78, BStBl. II 1979, 268), denn die Finanzbehörde ist aufgrund des Steuergeheimnisses zum Schweigen verpflichtet, sodass keine Gefahr der Verbreitung von Geschäftsgeheimnissen besteht. Unzumutbar wäre es aber, wenn sich der Inländer durch die Auskunftserteilung in dem ausländischen Staat nach dortigem Recht durch die Auskunft an eine deutsche Behörde einer Straftat schuldig machen müsste. Die Interessenlage ist hier einerseits vom deutschen Fiskalinteresse nach Sachverhaltsaufklärung geprägt, welches der ausländische Staat nicht durch den Erlass einseitiger Strafvorschriften soll torpedieren können, andrerseits durch das individuelle Interesse des Steuerpflichtigen, bei Reisen in den Auslandsstaat oder in mit diesem durch Rechtshilfeabkommen verbundene Staaten der Gefahr der Bestrafung und ggf. sogar Inhaftierung ausgesetzt zu werden. Zwar ist es legitim, dass Deutschland mit § 17 Abs. 1 insofern eine Abwehrgesetzgebung einführt und sich nicht von ausländischen Strafvorschriften bei der Veranlagung inländischer Steuerpflichtiger irritieren lässt, aber es geht nicht an, dies auf dem Rücken der Steuerpflichtigen auszutragen. In einem solchen Fall kann das Auskunftsverlangen deshalb zumindest nicht mit Zwangsmitteln durchgesetzt werden (*FWBS* § 17 AStG Rz. 25c). Gleichfalls kann die Finanzbehörde auch nicht nach § 17 Abs. 2 pauschal zum Nachteil des Steuerpflichtigen schätzen, sondern muss im Rahmen des § 162 AO eine angemessene Schätzung vornehmen.

21–29 *einstweilen frei*

3. Offenbarungs- und Dokumentenvorlageverpflichtungen (Abs. 1 S. 2)

§ 17 Abs. 1 S. 2 enthält Regelbeispiele und ist in seinem Anwendungsbereich enger als S. 1, weil S. 2 sowohl in der Nr. 2 (dort explizit) aber auch in der Nr. 1 lediglich Sachverhalte der Hinzurechnungsbesteuerung nach §§ 7–14 anspricht. Für die Nr. 1 ergibt sich dies aus dem Umstand, dass S. 1 als maximalen Anwendungsrahmen die §§ 5, 7–15 festlegt. Wenn sodann in Nr. 1 des S. 2 von der Gesellschaft gesprochen wird, werden hierdurch Fälle des § 15 ausgeschieden, denn eine Stiftung oder ein sonstiges Zweckvermögen sind keine Gesellschaften. Des weiteren sind Fälle des § 5 ausgeschlossen, weil es dort um erweitert beschränkt Steuerpflichtige geht, welche an einer zwischengeschalteten Gesellschaft beteiligt sind, Nr. 1 aber nur die Geschäftsbeziehungen zu unbeschränkt Steuerpflichtigen (bzw. diesen Nahestehenden) anspricht. Die in Abs. 1 S. 2 normierte Auskunftspflicht kann somit nicht auf §§ 5 und 15 erstreckt werden (*FWBS* § 17 AStG Rz. 46). 30

Hinsichtlich der Hinzurechnungsbesteuerung enthält S. 2 Regelbeispiele der Aufklärungspflicht des Steuerpflichtigen, wodurch der Rahmen der Aufklärungspflicht nach S. 1 zwar nicht abschließend definiert, aber zumindest im Groben umrissen wird. Wenn und soweit die Finanzbehörde Aufklärung in diesem Umfang verlangt, spricht deshalb eine Vermutung dafür, dass sie sich innerhalb ihrer Ermessensgrenzen bewegt, da der Gesetzgeber in diesen Fällen die Mitwirkung des Steuerpflichtigen für erforderlich und zumutbar hält. Die Grundsätze des S. 1 zur Beschränkung der Auskunftspflicht mit Blick auf die Amtsermittlungspflicht der Finanzbehörde sowie auf die Unmöglichkeit und Unzumutbarkeit gelten aber auch für den Bereich der Regelbeispiele. So bleibt etwa die Beibringung eines übermäßig teuren Wirtschaftsprüferattests unzumutbar (vgl. oben → Rz. 19). 31

a) Offenbarungspflicht (Abs. 1 S. 2 Nr. 1)

Gegenstand der Offenbarungspflicht nach Nr. 1 sind **Geschäftsbeziehungen**. Für den Begriff der Geschäftsbeziehung kann in systematischer Auslegung auf §§ 1 und 16 zurückgegriffen werden. Gesellschaftsverhältnisse und private Beziehungen fallen nicht unter den Begriff der Geschäftsbeziehungen. 32

Dabei sind nicht sämtliche, sondern nur diejenigen Geschäftsbeziehungen zu offenbaren, welche zwischen der Gesellschaft einerseits und andrerseits einem unbeschränkt Steuerpflichtigen oder diesem Nahestehenden bestehen. Wenn der die Geschäftsbeziehungen unterhaltende Steuerpflichtige und der auskunftsverpflichtete Steuerpflichtige nicht personenidentisch sind, ist zumindest erforderlich, dass beide an der Zwischengesellschaft nach § 7 beteiligt sind. Für den Begriff des Nahestehenden wird auf die Legaldefinition in § 1 Abs. 2 verwiesen. Die Offenbarungspflicht richtet sich in diesem Fall auf die Geschäftsbeziehungen zwischen der Gesellschaft und dem Nahestehenden, wobei auskunftspflichtig allein der Steuerpflichtige ist. Eine weitere Einschränkung ergibt sich aus dem Umstand, dass nur solche Geschäftsbeziehungen offenbarungspflichtig sein können, welche die ausländische Gesellschaft zu einer Zwischengesellschaft zu machen geeignet sind. 33

§ 17 34–40 Sachverhaltsaufklärung

34 Gegenstand der Offenbarungspflicht sind nach dem Wortlaut lediglich **bestehende** Geschäftsbeziehungen. Insofern unterscheidet sich der Wortlaut von § 16, wo über gegenwärtige und vergangene Geschäftsbeziehungen im Rahmen der Mitwirkungsobliegenheit Auskunft zu erteilen ist. Nach systematischer Auslegung muss deshalb der zeitliche Auskunftsrahmen des § 17 enger als derjenige des § 16 gesteckt sein. Der im Wortlaut verwandte Präsens ist dahingehend auszulegen, dass die Geschäftsbeziehung in demjenigen Veranlagungszeitraum besteht, welchen die Finanzbehörde gerade bearbeitet. Es wäre sinnlos, den Präsens dahingehend auszulegen, dass die Geschäftsbeziehung im Auskunftszeitpunkt besteht, weil dann durch den Ablauf eines Veranlagungszeitraums keine Information mehr hierüber eingeholt werden könnte. Andererseits ist wegen der generell restriktiven Auslegung von Normen zur Überwälzung von Verfahrenshandlungen keine weitere zeitliche Erstreckung zulässig. Die Offenbarungspflicht erfasst deshalb weder vergangene noch zukünftige (angebahnte) Geschäftsbeziehungen, sondern lediglich die im fraglichen Veranlagungszeitraum aktuell bestehenden.

35 Hinsichtlich der vorgenannten Geschäftsbeziehungen besteht eine **Offenbarungspflicht**. Der Begriff der Offenbarung dürfte als Synonym zur Offenlegung nach § 16 zu verstehen sein, wobei die Elemente Eigeninitiative, Erläuterung und Erklärung maßgeblich sind. Die Form der Offenbarungspflicht ist nicht bestimmt. Sie kann deshalb – nach Wahl der Finanzbehörde – mündlich, schriftlich oder durch Vorlage von Urkunden erfolgen. Im letztgenannten Fall besteht eine Rückgabepflicht der Finanzbehörde. Diese muss sie auf eigene Kosten vervielfältigen, wenn sie ein Duplikat zu den Akten nehmen möchte.

b) Unterlagenvorlegungspflicht (Abs. 1 S. 2 Nr. 2)

36 Gegenstand der Vorschrift der Nr. 2 ist die Hinzurechnungsbesteuerung. Demzufolge stellt Nr. 2 der Finanzbehörde keine erleichternden Regelbeispiele zur Verfügung, wenn sie Auskünfte für Zwecke der §§ 5 und 15 fordert.

37 Nr. 2 ordnet die Vorlage von sachdienlichen Unterlagen durch den **Steuerpflichtigen** an. Der Begriff des Steuerpflichtigen richtet sich nach § 33 AO. Eine Vorlagepflicht dritter Personen besteht nicht. Diese können nur nach § 93 AO auskunftsverpflichtet sein (vgl. Tz. 17.1.3. AEAStG).

38 **Vorlage** bedeutet ihrem Wortsinn nach, dass der Steuerpflichtige die Unterlagen am Sitz der Finanzbehörde für die Dauer der Prüfung zur Verfügung zu stellen hat. Anschließend sind sie ihm durch die Finanzbehörde zurückzugeben und verbleiben nicht bei den Steuerakten (aA offenbar *FWBS* § 17 AStG Rz. 6). Die Finanzbehörde muss die Unterlagen deshalb auf eigene Kosten duplizieren, wenn sie ein Duplikat zu den Akten nehmen möchte.

39 Gegenstand der Vorlagepflicht sind **sachdienliche Unterlagen** einschließlich Bilanzen und Erfolgsrechnungen. Unterlagen sind nach dem natürlichen Sprachsinn Schriftstücke, ggf. auch mit graphischem Inhalt. Neben Schriftstücken sind auch elektronisch gespeicherte Unterlagen erfasst, wenn sie anstelle von Schriftstücken verwandt werden. Sachdienlich sind die Unterlagen, wenn sie Erkenntnisse mit Blick auf die Anwendung der Hinzurechnungsbesteuerung erbringen.

40 Es besteht **keine Verpflichtung zur Anfertigung von Unterlagen**, um diese anschließend vorlegen zu können. Die Vorlagepflicht beschränkt sich auf

II. Auskunftserteilung (Abs. 1)   41, 42   § 17

bestehende Schriftstücke. Für in elektronischer Form gespeicherte Unterlagen bedeutet dies, dass sie nicht ausgedruckt oder in ein für die Finanzverwaltung leicht zu verarbeitendes Format gebracht zu werden brauchen. Die Vorlage des Datenträgers reicht aus. Entsprechend muss der Steuerpflichtige, wenn er Daten in elektronischer Form vorlegt, etwaig eingesetzte Kryptographiemechanismen mitteilen. Da aber die Vorschriften über die elektronische Betriebsprüfung, welcher der Finanzbehörde die Nutzung der Hardware des Steuerpflichtigen gestattet, nicht auf §§ 16 und 17 ausgedehnt worden sind, besteht keine Verpflichtung des Steuerpflichtigen, die Dekodierung selbst vorzunehmen oder der Finanzverwaltung Rechenkapazität auf der eigenen Computeranlage zur Verfügung zu stellen. Eine Offenbarung bzw. Offenlegung schließt begrifflich keine Handlungen ein, welche lediglich der Erleichterung und Kostenersparnis der Behörde dienen – zumal dann, wenn dies den Steuerpflichtigen umgekehrt mit Kosten belastet.

Aufgrund § 17 brauchen **keine Beweisvorsorgemaßnahmen** – etwa die Anfertigung laufender Aufzeichnungen – getroffen zu werden. Wenn kein Schriftstück existiert, entfällt die Vorlagepflicht – und zwar auch dann, wenn das Fehlen durch den Steuerpflichtigen verschuldet worden sein sollte. Da § 17 negativ abschließendes lex specialis gegenüber den entsprechenden Vorschriften der AO ist, kommt auch keine Sanktionierung nach § 90 Abs. 2 bei Verletzung der Beweisvorsorge in Betracht. Die Vorschrift fordert des Weiteren keine Übersetzung fremdsprachiger Unterlagen in die deutsche Sprache, denn eine Offenbarung bzw. Offenlegung behält ihren Charakter als solchen in jeder Sprache. Ein Rückgriff auf § 87 Abs. 2 AO, wonach eine deutsche Übersetzung gefordert werden kann, ist mit Blick auf den abschließenden Charakter des § 17 Abs. 1 unzulässig (aA *FWBS* § 17 AStG Rz. 55). Dies entspricht der Maxime einer restriktiven Auslegung von Vorschriften zur Überwälzung von Verfahrenshandlungen auf den Steuerpflichtigen. Die Überbürdung der Übersetzung auf die Finanzverwaltung ist auch angemessen, weil es – anders als bei § 87 Abs. 2 AO – vorliegend nicht nur um die Übersetzung einzelner Belege gehen wird, sondern vermutlich Text in erheblichem um kostenträchtigen Umfang zu übersetzen ist. Der Begriff der Offenbarung bzw. Offenlegung macht eine Hilfestellung durch den Steuerpflichtigen nur dann erforderlich, wenn sich die Finanzbehörde auch von Dritten keine Expertise beschaffen kann – etwa bei einer seltenen Sprache ohne am Markt verfügbare Dolmetscher.   **41**

§ 17 Abs. 1 S. 2 Nr. 2 S. 2 zählt als sachdienliche Unterlagen beispielhaft Bilanz und Erfolgsrechnung auf. Diese Regelbeispiele verdeutlichen, dass sich die Vorlagepflicht im Wesentlichen auf die Geschäftsführungsunterlagen erstreckt (zu den im Einzelnen in Betracht kommenden Unterlagen vgl. die Aufzählung bei *Ebling* StBP 1971, 218 und *FWBS* § 17 AStG Rz. 53). Eine Bilanz stellt eine Vermögensaufstellung auf einen Stichtag zum Zweck der Gewinnermittlung dar. Unter den Begriff der Erfolgsrechnung fallen Gewinn- und Verlustrechnungen sowie Einnahmeüberschussrechnungen. Nach dem Wortlaut wird nicht zwischen Handels- und Steuerbilanzen unterschieden, so dass beides vorzulegen ist, wenn der Sitzstaat dies kennt. Aus dem Umstand, dass die Bilanz und Erfolgsrechnung vorzulegen und ggf. mit dem Testat eines ausländischen Wirtschaftsprüfers zu versehen sind, ergibt sich, dass es sich um   **42** die Bilanz und Erfolgsrechnung nach ausländischem Recht handeln muss. Es besteht keine Verpflichtung zu einer Überleitungsrechnung auf andere Rechnungslegungsstandards.

43 Die sachdienlichen Unterlagen sind **auf Verlangen mit einem Prüfungsvermerk** vorzulegen. Der Gesetzeswortlaut lässt der Behörde Ermessensspielraum, die Unterlagen mit oder ohne Prüfungsvermerk einer behördlich anerkannten Wirtschaftsprüfungsstelle oder vergleichbaren Stelle vorzulegen. Der Umfang des Testats ist jedoch auf diejenigen Tatsachen beschränkt, worauf sich nach dem einschlägigen ausländischen Recht ein dortiges Testat bezieht. Maßgeblich ist das ausländische Gesellschaftsrecht des Staates der Geschäftsleitung oder des Sitzes. Die Finanzbehörde kann zwischen den beiden Staaten nur nach Maßgabe des ausländischen Rechts wählen. Die Maßgeblichkeit des ausländischen Rechts gilt auch mit Blick auf die behördlich anerkannte Wirtschaftsprüfungsstelle (zu einer Liste vgl. *FWBS* § 17 AStG Rz. 63). Ein Testat für weitere Sachverhalte oder Unterlagen kann nicht gefordert werden (*FWBS* § 17 AStG Rz. 63). Bei den Ermessenserwägungen zur Frage der Forderung nach einem Testat ist insbesondere zu berücksichtigen, ob der erhöhte Glaubwürdigkeitsgehalt eines Wirtschaftsprüfungstestats tatsächlich erforderlich ist oder ob die Unterlagen auch ohne Testat ausreichend sind, was in vielen Fällen zu bejahen sein wird. Ein zutreffender Ermessensgebrauch wird vor allem den Zugewinn an Glaubwürdigkeit gegen die Kostenbelastung des Steuerpflichtigen abzuwägen haben.

44 Begrenzt wird die Vorlagepflicht im Übrigen durch die generellen Grundsätze von **Unmöglichkeit und Unzumutbarkeit**. Unzumutbar wird es insbesondere sein, wenn die Finanzbehörde im Rahmen der Prüfung der Aktivitäten der Auslandsgesellschaft die Vorlegung der gesamten Buchhaltung in körperlicher Form fordert und dies Kosten in erheblicher Höhe verursacht bzw. die Unterlagen vor Ort benötigt werden oder gesetzlich vorgehalten werden müssen. In einem solchen Fall muss es bei der Vorlage von Kopien sein Bewenden haben. Ähnlich ist der Sachverhalt zu beurteilen, dass das Vorliegen von Zwischeneinkünften dem Grunde nach feststeht und die Behörde deren Höhe ermittelt.

4. Nichterfüllung der Mitwirkungspflichten nach Abs. 1

45 Rechtsfolge der Nichterfüllung der Mitwirkungspflichten nach Abs. 1 ist lediglich ein dem Steuerpflichtigen nachteiliges **Indiz** im Rahmen der Amtsermittlungen der Finanzbehörde. Soweit wegen der Nichterfüllung Zweifel zurückbleiben, gehen diese nunmehr zu Lasten des Steuerpflichtigen, wobei aber auch zu berücksichtigen ist, ob die Nichterfüllung vom Steuerpflichtigen verschuldet ist.

46 Da das Auskunftsverlangen als Verwaltungsakt zu qualifizieren ist, kann die Finanzbehörde die Mitwirkungspflicht durch Zwangsmaßnahmen vollstrecken. Ein Vollstreckungsverbot besteht jedoch, wenn sich der Steuerpflichtige durch die Befolgung des Auskunftsverlangens nach ausländischem Recht strafbar machen würde (vgl. oben → Rz. 20). Nach Tz. 17.1.5. AEAStG kann die Finanzbehörde gemäß §§ 94, 95 AO eine Versicherung an Eides statt bzw. eine Bekräftigung der Aussage durch Eid verlangen.

III. Schätzung der Einkünfte (Abs. 2)

Entgegen der systematischen Stellung ist **Abs. 2 nicht die Rechtsfolge** bei Missachtung des Abs. 1 durch den Steuerpflichtigen. Abs. 2 ist systematisch als eigenständige Regelung zu sehen, die nicht an die Erfüllung bzw. Nichterfüllung der Mitwirkungsverpflichtung nach Abs. 1, sondern im Rahmen eines Schätzungsprozesses an § 162 AO anknüpft.

einstweilen frei 48–59

III. Schätzung der Einkünfte (Abs. 2)

1. Allgemeines und Systematik

§ 17 Abs. 2 enthält eine materiellrechtliche Regelung über eine pauschale steuerliche Ersatzbemessungsgrundlage für die Fälle, in welchen die Sachverhaltsaufklärung hinsichtlich der nahestehenden ausländischen Einrichtung nicht erfolgreich war. Abs. 2 betrifft nach seinem Wortlaut nur die Fälle ausländischer Zwischengesellschaften und kann somit weder bei § 5 noch bei § 15 zum Tragen kommen. Auch im Rahmen des § 1 ist die Vorschrift unanwendbar.

Mit Blick auf das Konkurrenzverhältnis zu § 162 AO enthält § 17 Abs. 2 eine besondere Rechtsfolgenanordnung. Wenn die Voraussetzungen des § 17 Abs. 2 erfüllt sind und wenn des Weiteren die Voraussetzungen des § 162 AO erfüllt sind, wird die Rechtsfolgenseite des § 162 AO durch § 17 Abs. 2 dahingehend modifiziert, dass der dortige Schätzungsprozess durch eine Pauschalierung modifiziert wird. Es liegt somit eine Rechtsgrundverweisung auf § 162 AO vor mit gleichzeitiger Verschärfung von dessen Rechtsfolgenseite.

Die Schätzung hat keinen präjudizierenden Einfluss auf die durch **§ 10 Abs. 3 S. 2** zugelassenen Alternativen der Gewinnermittlung durch Vermögensvergleich (§§ 4 Abs. 1, 5 Abs. 1 EStG) oder Einnahmeüberschussrechnung (§ 4 Abs. 3 EStG). Der Steuerpflichtige behält – auch im Schätzungsfall – das Wahlrecht zwischen beiden Alternativen. Von Bedeutung kann dies zwar nicht für den zu schätzenden, wohl aber für folgende Veranlagungszeiträume sein. Wenn es allerdings zur Schätzung nach § 17 Abs. 2 kommt, wird sich der Steuerpflichtige rein tatsächlich häufig gar nicht geäußert und sein Wahlrecht nach § 10 Abs. 3 S. 2 nicht ausgeübt haben mit der dann eintretenden Folge, dass eine Gewinnermittlung durch Vermögensvergleich als gewählt gilt (Tz. 10.31.1. AEAStG).

einstweilen frei 63

2. Tatbestandsvoraussetzungen

Tatbestandsvoraussetzung für Abs. 2 ist zunächst, dass die Ermittlung von **Einkünften** in Frage steht. Andere steuerliche Kenngrößen außerhalb des Bereichs der Einkünfteermittlung können nicht nach Abs. 2, sondern nur nach § 162 AO geschätzt werden.

Des Weiteren muss es um die Ermittlung von Einkünften gehen, für die eine ausländische Gesellschaft **Zwischengesellschaft** ist. Mithin sind nur die passiven Einkünfte einer Zwischengesellschaft betroffen.

Schließlich müssen die **Tatbestandsvoraussetzungen des § 162 AO** in vollem Umfang erfüllt sein. § 17 Abs. 2 regelt nicht die Schätzungsvoraussetzungen, die sich vielmehr ausschließlich aus § 162 AO ergeben.

67 Für Zwecke der Schätzung dürfen keine **anderen geeigneten Anhaltspunkte** vorliegen. Die Finanzbehörde ist im Rahmen der Amtsermittlungspflicht gehalten, vor einer Schätzung im Rahmen der Möglichkeiten die tatsächliche Bemessungsgrundlage zu ermitteln. § 17 Abs. 2 enthält keine Abweichung vom Amtsermittlungsgrundsatz und lässt nur dann eine (pauschalierte) Schätzung zu, wenn keine besseren Erkenntnisquellen verfügbar sind. Auch wenn die Finanzverwaltung nur partielle Schätzungen oder Schätzungen von Teilgrößen vornehmen kann, hat dies Vorrang vor der generellen und vollständigen Pauschalierung des § 17 Abs. 2. Bevor es zur Schätzung nach § 17 Abs. 2 kommt, muss die Finanzbehörde versucht haben, den Sachverhalt aufzuklären und nach dessen Scheitern nach geeigneten Schätzgrundlagen zu suchen, was allerdings ebenfalls fehl ging. Geeignete Anhaltspunkte für eine präzisere Schätzung sind etwa – soweit bekannt – der Wareneinsatz, der Umsatz, die Rentabilität in früheren Jahren, Gewinnausschüttungen, Statistiken über die Profitabilität der Branche und ein Betriebsvergleich mit anderen Unternehmen dieser Größenordnung.

3. Rechtsfolgen

68 Liegen die Tatbestandsvoraussetzungen des § 162 AO und des § 17 Abs. 2 vor, so steuert die letztgenannte Norm den Schätzungsprozess des § 162 AO dahingehend, dass die Zwischeneinkünfte mit mindestens 20% des gemeinen Werts der von den unbeschränkt Steuerpflichtigen gehaltenen Anteile anzusetzen sind (dieser Wert ist verfassungswidrig, s.u. → Rz. 73). Dieser Schätzungsrahmen ist bei der Schätzung der Einkünfte einer Zwischengesellschaft zu beachten (Tz. 17.2. AEAStG).

69 § 17 Abs. 2 ist dabei **nicht auf nachgeschaltete Zwischengesellschaften** iSd § 14 anwendbar, weil die Tatbestandsvoraussetzung des Haltens der Anteile durch unbeschränkt Steuerpflichtige nicht erfüllt ist. Auch eine analoge Anwendung kommt nicht in Betracht, weil hierin keine offene oder verdeckte Regelungslücke gesehen werden kann, denn die Interessenlage bei nachgeschalteten Zwischengesellschaften unterscheidet sich grundlegend von derjenigen bei der Obergesellschaft. Bei der obersten Zwischengesellschaft (Brückenkopfgesellschaft) kann der unbeschränkt Steuerpflichtige seinen Einfluss als unmittelbarer Gesellschafter geltend machen. Bei Tochter- und Enkelgesellschaften der Brückenkopfgesellschaft ist ihm dies nicht möglich, so dass ihm die Informationsbeschaffung (nochmals) erheblich schwerer fällt. Auf nachgeschaltete Gesellschaften findet deshalb § 162 AO nur ohne die Modifikation durch § 17 Abs. 2 Anwendung.

70 Für den **Begriff des gemeinen Werts** ist auf § 9 Abs. 1 BewG zurückzugreifen. Dies gilt auch für das Verfahren und den Bewertungszeitpunkt. Bei Kapitalgesellschaften findet das sog. Stuttgarter Verfahren Anwendung.

71 Im Rahmen der Berechnung des Hinzurechnungsbetrags sind **Zinsen und Nutzungsentgelte** an die unbeschränkt Steuerpflichtigen von der Schätzbemessungsgrundlage von 20% abzuziehen. Hierdurch werden im Ansatz Doppelerfassungen vermieden. Allerdings bleibt widersprüchlich, wieso nicht sämtliche an den Anteilseigner gezahlte und dort steuerlich erfasste Vergütungen zum Abzug zugelassen werden. Zins ist die Vergütung für ein Darlehen. Man wird infolge der Ausdehnung der Erfassung von Kapitalnutzungsentgel-

III. Schätzung der Einkünfte (Abs. 2)

ten in § 20 EStG Zins hier weit auszulegen haben. Nutzungsentgelt ist jede Vergütung für die Überlassung von Wirtschaftsgütern. Zinsen und Nutzungsvergütungen sind nur dann abziehbar, wenn sie an den unbeschränkt steuerpflichtigen Anteilseigner für die Überlassung des Darlehens oder der sonstigen Wirtschaftsgüter gezahlt werden. Eine Zahlung setzt einen Zufluss beim Anteilseigner oder bei der von ihm bezeichneten Empfangsstelle voraus. Ob sie beim Anteilseigner der Besteuerung unterliegen, ist allerdings für Zwecke des § 17 Abs. 2 irrelevant. Die Zinsen und Nutzungsvergütungen sind von dem nach Abs. 2 Hs. 1 geschätzten Betrag abzuziehen. Damit mindern die Zinsen und Vergütungen unmittelbar den insgesamt festzustellenden Hinzurechnungsbetrag und mittelbar den jedem unbeschränkt Steuerpflichtigen zuzuweisenden Anteil am Hinzurechnungsbetrag unabhängig davon, ob die Zahlungen an ihn oder einen anderen unbeschränkt steuerpflichtigen Mitgesellschafter geleistet worden sind. Damit wird die entlastende Wirkung der Zahlung von Zinsen und Nutzungsvergütungen unter den unbeschränkt steuerpflichtigen Gesellschaftern sozialisiert.

Bezüglich der **Berechnungsmethode** ist § 17 Abs. 2 korrigierend auszulegen, um willkürliche Ergebnisse zu vermeiden, denn bei wortlautgetreuer Auslegung würde das Ergebnis von der Zufälligkeit abhängen, ob es sich bei den Mitgesellschaftern um Inländer oder Ausländer handelt. Der Hinzurechnungsbetrag sinkt, wenn neben dem Steuerpflichtigen Ausländer statt weitere Inländer an der Zwischengesellschaft beteiligt sind (*FWBS* § 17 AStG Rz. 73). Nimmt man beispielsweise an, dass an einer Zwischengesellschaft ein Inländer und zwei Ausländer zu gleichen Teilen beteiligt sind und der Verkehrswert des vom unbeschränkt Steuerpflichtigen gehaltenen Anteils 450 beträgt, so wären die Einkünfte der Zwischengesellschaft mit (mindestens) 20 % × 450 = 90 zu schätzen. Dem Inländer wäre nach § 7 Abs. 1 hiervon ein Drittel zuzurechnen, so dass der Hinzurechnungsbetrag für ihn (mindestens) 30 beträgt. Wären dagegen die Gesellschafter der Zwischengesellschaft alle Inländer, wären die Zwischeneinkünfte mit (mindestens) 20 % × (3 × 450) = 270 zu schätzen und somit ein Hinzurechnungsbetrag von (mindestens) 90 anzusetzen.

Die Unterstellung einer **Mindestrendite von 20 %** bezogen auf den Verkehrswert des eingesetzten Kapitals stellt eine Sollertragbesteuerung dar. Dabei sind die 20 % die untere Schätzungsgrenze und die Finanzbehörde ist zu einer höheren Schätzung berechtigt, wenn sie dafür entsprechende Anhaltspunkte hat. Da bereits die Untergrenze keine realistische Schätzung mehr darstellt, dürfte regelmäßig eine (signifikante) Substanzbesteuerung eintreten. Zwar darf der Gesetzgeber im Rahmen seines Ermessens grundsätzlich auch eine pauschalierende Sollertragsteuer erheben, jedoch darf dies nicht zu einer substanzverzehrenden Besteuerung führen. Die Unangemessenheit ist evident, da der Gesetzgeber im Investmentsteuergesetz die fiktive Rendite von intransparenten „schwarzen" Fonds selbst mit früher 10 % und jetzt 6 % ansetzt. Diese Fälle sind – insbesondere bei den als besonders schädlich angesehenen Zwischeneinkünften mit Kapitalanlagecharakter – völlig vergleichbar. Es ist deshalb von einer **verfassungswidrigen substanzverzehrenden Besteuerung** auszugehen, welche die Norm unanwendbar macht.

§ 18 Gesonderte Feststellung von Besteuerungsgrundlagen

(1) ¹Die Besteuerungsgrundlagen für die Anwendung der §§ 7 bis 14 und § 3 Nr. 41 des Einkommensteuergesetzes werden gesondert festgestellt. ²Sind an der ausländischen Gesellschaft mehrere unbeschränkt Steuerpflichtige beteiligt, so wird die gesonderte Feststellung ihnen gegenüber einheitlich vorgenommen; dabei ist auch festzustellen, wie sich die Besteuerungsgrundlagen auf die einzelnen Beteiligten verteilen. ³Die Vorschriften der Abgabenordnung, mit Ausnahme des § 180 Abs. 3, und der Finanzgerichtsordnung über die gesonderte Feststellung von Besteuerungsgrundlagen sind entsprechend anzuwenden.

(2) ¹Für die gesonderte Feststellung ist das Finanzamt zuständig, das bei dem unbeschränkt Steuerpflichtigen für die Ermittlung der aus der Beteiligung bezogenen Einkünfte örtlich zuständig ist. ²Ist die gesonderte Feststellung gegenüber mehreren Personen einheitlich vorzunehmen, so ist das Finanzamt zuständig, das nach Satz 1 für den Beteiligten zuständig ist, dem die höchste Beteiligung an der ausländischen Gesellschaft zuzurechnen ist. ³Läßt sich das zuständige Finanzamt nach den Sätzen 1 und 2 nicht feststellen, so ist das Finanzamt zuständig, das zuerst mit der Sache befaßt wird.

(3) ¹Jeder der an der ausländischen Gesellschaft beteiligten unbeschränkt Steuerpflichtigen und erweitert beschränkt Steuerpflichtigen hat eine Erklärung zur gesonderten Feststellung abzugeben; dies gilt auch, wenn nach § 8 Abs. 2 geltend gemacht wird, dass eine Hinzurechnung unterbleibt. ²Diese Verpflichtung kann durch die Abgabe einer gemeinsamen Erklärung erfüllt werden. ³Die Erklärung ist von dem Steuerpflichtigen oder von den in § 34 der Abgabenordnung bezeichneten Personen eigenhändig zu unterschreiben.

(4) Die Absätze 1 bis 3 gelten für Einkünfte und Vermögen im Sinne des § 15 entsprechend.

Inhaltsübersicht

	Rz.
I. Allgemeines	1
II. Gesonderte und ggf. einheitliche Feststellung (Abs. 1)	2–59
1. Anwendungsbereich	2, 3
2. Feststellungen bezüglich der Zwischengesellschaft (Obergesellschaft)	4–29
a) Gesonderte Feststellung (Abs. 1 S. 1)	5–18
b) Einheitliche Feststellung bei mehreren Beteiligten (Abs. 1 S. 2)	19–29
3. Feststellungen bei nachgeschalteten Zwischengesellschaften	30–49
4. Erweitert beschränkt Steuerpflichtige (§ 5 Abs. 3 iVm § 18 Abs. 1)	50–52
5. Wirkungen der gesonderten und ggf. einheitlichen Feststellung	53–59

II. Gesonderte und ggf. einheitliche Feststellung (Abs. 1)

	Rz.
III. Unionsrechtliche Problematik des hinzurechnungssteuerlichen Feststellungsverfahrens	60–79
IV. Finanzamtszuständigkeit (Abs. 2)	80–89
V. Steuererklärungspflicht (Abs. 3)	90–109
1. Gegenstand und Grenzen der Verpflichtung	91–94
2. Inhalt der Erklärungspflicht	95–103
3. Ausübung von Wahlrechten im Rahmen der Feststellung	104–109
VI. Entsprechende Geltung der Abs. 1 bis 3 für ausländische Familienstiftungen (Abs. 4)	110–137
1. Entwicklung der Vorschrift	110, 111
2. Bedeutung der Geltung des Abs. 1 für ausländische Familienstiftungen	112–129
a) Überblick	112, 113
b) Grundaussage des Verweises	114, 115
c) Gesonderte Feststellung von Besteuerungsgrundlagen für die Anwendung des § 15	116–129
3. Bedeutung der Geltung des Abs. 2 für ausländische Familienstiftungen	130
4. Bedeutung der Geltung des Abs. 3 für ausländische Familienstiftungen	131–137
a) Verpflichtung zur Abgabe von Feststellungserklärungen betreffend die ausländische Familienstiftung	131
b) Gegenstand der gesonderten Feststellung	132, 134
c) Erklärungspflicht bei EU-/EWR-Familienstiftungen?	135–137

I. Allgemeines

Die Schwierigkeiten bei der Sachverhaltsermittlung sowie die materiell-rechtliche Komplexität der außensteuerrechtlichen Regelungen bedingen die Notwendigkeit, relevante Sachverhalte in vereinheitlichter Form zu ermitteln, um sie sodann der Besteuerung aller Beteiligten zugrunde legen zu können. Abs. 1 ordnet zu diesem Zweck eine gesonderte, ggf. auch einheitliche Feststellung (§§ 179 ff. AO) an. Abs. 2 bestimmt das für die gesonderte Feststellung örtlich zuständige Finanzamt. Abs. 3 statuiert eine Steuererklärungspflicht für die außensteuerrechtlich relevanten Sachverhalte. Da die Thematik der vereinheitlichten Sachverhaltsermittlung nicht nur im Bereich der Hinzurechnungsbesteuerung besteht, erweitert Abs. 4 die einheitliche und gesonderte Feststellung auf Stiftungen und die sonstigen Fälle des § 15.

II. Gesonderte und ggf. einheitliche Feststellung (Abs. 1)

1. Anwendungsbereich

Abs. 1 verfolgt den Grundsatz, dass die für die Anwendung des AStG maßgebenden Grundlagen gesondert und bei mehreren inländischen Beteiligten zudem einheitlich festzustellen sind. Die Zentralisierung vermeidet sich widersprechende Entscheidungen unterschiedlicher Finanzämter.

3 Nach Tz. 18.1.1.1. AEAStG gilt § 18 für die §§ 7–12, 14 sowie darüber hinaus für § 3 Nr. 41 EStG. Des Weiteren gilt § 18 für die Fälle zwischengeschalteter Gesellschaften erweitert beschränkt steuerpflichtiger Personen (Tz. 18.1.1.1. S. 2 AEAStG). Im Übrigen ergibt sich aus der Formulierung, dass „für die Anwendung der §§ 7–14" eine gesonderte Feststellung erfolgt, eine solche für Fälle der §§ 1, 2, 4 und 6 demzufolge nicht in Betracht kommt. Mit Blick auf Stiftungen und den übrigen in § 15 geregelten Sachverhalten gilt § 18 im Falle mehrerer beteiligter Personen. Im Falle einer einzelnen beteiligten Person findet § 18 dagegen keine Anwendung.

2. Feststellungen bezüglich der Zwischengesellschaft (Obergesellschaft)

4 Die Regelungen des Abs. 1 beziehen sich ihrem Wortlaut nach nur auf den Fall, dass Inlandsbeteiligte unmittelbar Gesellschafter der Zwischengesellschaft sind. Bezüglich nachgeschalteter Zwischengesellschaften fehlt es an einer Regelung mit der Folge einer Lücke, welche durch entsprechende Anwendung der auf die Obergesellschaft anwendbaren Vorschriften geschlossen wird. Des Weiteren kann der Fall auftreten, dass Inlandsbeteiligte über eine in- oder ausländische Personengesellschaft an einer Zwischengesellschaft beteiligt sind. In diesem Fall ergeht der Feststellungsbescheid gegen diese, wobei er jedoch an die Inlandsbeteiligten zu richten ist (Tz. 18.1.1.2. AEAStG).

a) Gesonderte Feststellung (Abs. 1 S. 1)

5 Abs. 1 S. 1 ordnet an, dass die Besteuerungsgrundlagen **für die Anwendung der §§ 7 bis 14** gesondert festgestellt werden. Bei dem Begriff der gesondert festzustellenden Besteuerungsgrundlagen handelt es sich um einen unbestimmten Rechtsbegriff, der den Hinzurechnungsbetrag sowie – selektiv – weitere bedeutsame Tatsachen umfasst.

6 Gemäß Tz. 18.1.2.1. AEAStG sind alle Steuerbemessungsgrundlagen festzustellen, die für das Besteuerungsverfahren des Inlandsbeteiligten selbständig von Bedeutung sein können. Nach einer vom BFH (BFH v. 6.2.1985, I R 11/83, BStBl. II 1985, 410) entwickelten Formel ist in den Feststellungsbescheid aufzunehmen, ob, was, wem und wann hinzugerechnet wird. Tz. 18.1.2.8. AEAStG regelt dabei, dass über Fragen der Besteuerung der Inlandsbeteiligten nach EStG, KStG und GewStG nicht im Verfahren nach § 18 zu entscheiden ist. Namentlich betrifft dies (i) Fragen des Zuflusses von Gewinnanteilen, (ii) die Zuordnung der Anteile an der Zwischengesellschaft zum Betriebs- oder Privatvermögen, (iii) Abzugsfähigkeit von Betriebsausgaben bzw. Werbungskosten nach 3c Abs. 2 EStG sowie (iv) die Feststellung des Gewinnermittlungszeitraums, in den der festgestellte Hinzurechnungsbetrag fällt.

7 Die Auffassung der Finanzverwaltung vom Umfang der gesondert festzustellenden Besteuerungsgrundlagen hierzu ergibt sich aus Tz. 18.1.2.2ff. AEAStG. Die relevanten gesondert festzustellenden Besteuerungsgrundlagen sind danach folgende Themen: (i) ob eine Hinzurechnung vorzunehmen ist, (ii) welche Personen nach § 7 Abs. 1 hiervon betroffen sind, (iii) welches die zuzurechnenden Steuerbemessungsgrundlagen für die einzelnen Betroffenen

II. Gesonderte und ggf. einheitliche Feststellung (Abs. 1)   **8, 9   § 18**

sind, (iv) der Zeitpunkt der Hinzurechnung, (v) die Zurechnungsbeträge nachgeschalteter an vorgeschaltete Zwischengesellschaften bzw. ein negativer Zurechnungsbescheid, (vi) eine bereits erfolgte Besteuerung der Hinzurechnungsbeträge nach § 3 Nr. 41 EStG, (vii) die nach § 7 Abs. 1 oder 6 steuerpflichtigen Einkünfte, (viii) die nach § 10 Abs. 3 S. 1 abziehbaren oder nach § 12 Abs. 1 anrechenbaren Steuern, (ix) die nach § 3 Nr. 41 EStG steuerfreien Beträge nebst der Summe der verbleibenden Hinzurechnungsbeträge, (x) die nach § 12 Abs. 3 iVm § 34c Abs. 1 EStG anrechenbaren oder nach § 34c Abs. 2 EStG abziehbaren Steuern, (xi) die nach § 11 auszunehmenden Gewinne. Im amtlichen Vordruck ASt 2 B (02) (verfügbar im Internet) werden darüber hinaus als Gegenstand der Feststellung bezeichnet (i) bei Gesellschaften mit gemischten Einkünften die Bruttoerträge der Zwischengesellschaft aus passivem Erwerb einschließlich des Prozentsatzes der passiven Bruttoerträge relativ zu den gesamten Bruttoerträgen, (ii) bei Gesellschaften mit Zwischeneinkünften mit Kapitalanlagecharakter die Bruttoerträge aus Zwischeneinkünften mit Kapitalanlagecharakter einschließlich des Prozentsatzes der Zwischeneinkünfte mit Kapitalanlagecharakter an den Bruttoerträgen aus passivem Erwerb, (iii) die Einkünfte aus passivem Erwerb bzw. aus Zwischeneinkünften mit Kapitalanlagecharakter, die auf die Beteiligten einschließlich der ausländischen Obergesellschaft entfallen, (iv) Kürzungsbeträge nach § 11, (v) entrichtete Steuern nach § 10 Abs. 1, (vi) die auf die Beteiligten entfallenden Anteile an den passiven Einkünften bzw. den Kapitalanlageeinkünften hinsichtlich der Zurechnungsbeträge zur ausländischen Obergesellschaft, (vii) die Steuerbefreiungen nach § 3 Nr. 41 EStG sowie die verbleibenden Hinzurechnungsbeträge, (viii) für Zwecke der Steueranrechnung nach § 12 die Steuer von den nach § 3 Nr. 41 EStG befreiten Gewinnausschüttungen sowie (ix) der verbleibende Verlustabzug nach § 10d EStG iVm § 10 Abs. 3 (eigenständiges Verfahren gemäß Tz. 18.1.2.7. AEAStG).

Der Hinzurechnungsbetrag ist im Hinzurechnungsbescheid nur nachrichtlich **8** auszuweisen (Tz. 18.1.2.4. AEAStG). Eine Feststellung von Zwischeneinkünften als Hinzurechnungsbetrag führt nach dem rechtskräftigen Urteil des FG München (v. 6.9.1988 VII 194/86 F, EFG 1989, 155) zur inhaltlichen Unbestimmtheit des Feststellungsbescheids nach § 119 AO (aA *FWBS* § 18 AStG Rz. 9d). Solange der festgestellte Betrag jedoch hinreichend genau bezeichnet wird (als Hinzurechnungsbetrag oder als Zwischeneinkünfte), ist der Feststellungsbescheid uU rechtswidrig, aber nicht nichtig, sodass er formell und materiell bestandskräftig werden kann. Nach Auffassung des BFH v. 17.7.1985, I R 104/82, BStBl. II 1986, 129, ist es unschädlich, „wenn der Feststellungsbescheid auch den anzusetzenden Hinzurechnungsbetrag ausweist. Dem entsprechenden Ausweis kommt kein Regelungscharakter zu. Er ist für sich genommen weder Steuerbescheid noch Verwaltungsakt." In rein praktischer Hinsicht sollte der Inländer wegen der Rechtsunsicherheit bei der Reichweite der „Besteuerungsgrundlagen für die Anwendung der §§ 7–14" bei der Finanzbehörde auf eine explizite Festlegung dringen, welche Werte als festgestellt zu behandeln sind, um diese bei Bedarf inhaltlich anfechten zu können.

Für den **Feststellungszeitraum** bestimmt Tz. 18.1.3. AEAStG, dass die **9** gesonderte Feststellung für das Kalenderjahr gilt, in dem der Hinzurechnungsbetrag gemäß § 10 Abs. 1 als zugeflossen gilt. Sind Wirtschafts- und Kalenderjahr des Inlandsbeteiligten und der Zwischengesellschaft identisch, so sind die Zwischeneinkünfte der Zwischengesellschaft für deren Wirtschaftsjahr 01 in Jahr 02 (Feststellungsjahr) zu erklären und dem Inlandsbeteiligten im Jahr 02 hinzuzurechnen.

10 Mit Blick auf die **Gewerbesteuer** kann das Feststellungsfinanzamt nicht entscheiden, ob die Beteiligung zum Betriebs- oder Privatvermögen des Inlandsbeteiligten gehört, da dies nicht Gegenstand der gesonderten Feststellung ist, sodass die gewerbesteuerrelevanten Besteuerungsgrundlagen vorsorglich gesondert für den Fall festzustellen sind, dass die Beteiligung dem Betriebsvermögen zuzuordnen ist. Soll eine Bindungswirkung für Zwecke der Gewerbesteuer erzeugt werden, ist dies vom Feststellungsfinanzamt ausdrücklich festzustellen. Gemäß Tz. 18.1.2.1. AEAStG ist jedoch eine besondere Feststellung für Zwecke der Gewerbesteuer entbehrlich, soweit sich die Besteuerungsgrundlagen für diese Steuer aus anderweitig festgestellten Beträgen ergeben.

11 Wegen der ggf. unterschiedlichen Behandlung einzelner Inländer hinsichtlich ihrer Beteiligung an der Zwischengesellschaft (etwa hinsichtlich der Beteiligungsgrenze von 1% in § 7 Abs. 6a oder Freigrenzen nach § 9) muss auf Antrag des Steuerpflichtigen ggf. ein negativer Feststellungsbescheid ergehen, wenn ihm gegenüber die Hinzurechnungsvoraussetzungen nicht erfüllt sind. Die Finanzverwaltung kann sich hier nicht darauf beschränken, die eingereichte Feststellungserklärung lediglich abzulegen und nicht zu verbescheiden (*FWBS* § 18 AStG Rz. 27a). Im Falle gemischter Einkünfte der Zwischengesellschaft unterhalb der absoluten und relativen Freigrenze des § 9 kann bei einem Steuerinländer mit Beteiligung an mehreren Zwischengesellschaften gleichwohl die persönliche Freigrenze überschritten sein. Gemäß Tz. 18.1.2.6. AEAStG soll deshalb im Feststellungsbescheid die Anwendung des § 9 vorbehalten werden.

12 **Negative Zwischeneinkünfte** der Auslandsgesellschaft sind als Verluste gesondert festzustellen, wobei die Feststellung in einem separaten Verfahren nach § 18 erfolgt (Tz. 18.1.2.7. AEAStG).

13 Die Norm regelt nicht, gegenüber wem die Feststellung vorzunehmen ist. Der BFH hat entschieden (BFH v. 29.8.1984, I R 21/80, BStBl. II 1985, 119), dass die **Feststellung gegenüber dem inländischen Gesellschafter iSd § 7** erfolgt. Da Abs. 1 S. 2 den Fall regelt, dass mehrere unbeschränkt Steuerpflichtige an der Zwischengesellschaft beteiligt sind, folgt aus der Systematik, dass Abs. 1 S. 1 nur den Fall erfasst, in welchem ein unbeschränkt Steuerpflichtiger an der Zwischengesellschaft beteiligt ist.

14 Das impliziert im Fall einer Organgesellschaft mit einer Beteiligung an einer Zwischengesellschaft die Feststellung gegenüber der Organgesellschaft (Tz. 18.1.1.2. AEAStG). Da der Organträger infolge der organschaftlichen Zurechnung unmittelbar in seinen Rechten beeinträchtigt ist, ist es zwingend erforderlich, auch ihn zum Adressaten des Feststellungsbescheids zu machen. Da ein ertragsteuerliches Organschaftsverhältnis lediglich die finanzielle Eingliederung sowie einen Ergebnisabführungsvertrag, aber keine organisatorische Eingliederung voraussetzt, ist ohne Adressierung und Bekanntgabe an den Organträger nicht gewährleistet, dass der Organträger seine Rechte eigenständig geltend machen kann.

II. Gesonderte und ggf. einheitliche Feststellung (Abs. 1)   15–20   § 18

Keine Rolle spielt, ob neben dem unbeschränkt Steuerpflichtigen ein oder 15
mehrere erweitert beschränkt Steuerpflichtige nach § 2 beteiligt sind, da diese
wegen einer abweichenden steuerlichen Interessenlage nicht in die gesonderte
Feststellung für den Inländer aufgenommen werden können.

Ist eine **inländische oder ausländische Personengesellschaft Gesell-** 16
schafter der Zwischengesellschaft, so ist zunächst eine gesonderte Feststellung
bezüglich der Beteiligung der Personengesellschaft an der Zwischengesellschaft
und daran anschließend eine einheitliche und gesonderte Feststellung für die
Gesellschafter der Personengesellschaft erforderlich. Im Hinzurechnungsbescheid wird eine Hinzurechnung bei der Personengesellschaft vorgenommen
(Tz. 18.1.1.2. AEAStG). Bekanntgabeadressaten dieses Hinzurechnungsbescheids sind jedoch die Inlandsbeteiligten (BFH v. 30.8.1995, I R 77/94,
BStBl. II 1996, 122).

Wird die Beteiligung **im Sonderbetriebsvermögen** gehalten, richtet sich 17
der Bescheid nur gegen den betreffenden Gesellschafter als Adressaten. Ist eine
ausländische Personengesellschaft Gesellschafterin einer Zwischengesellschaft,
so ist der Hinzurechnungsbescheid nur an die inländischen Gesellschafter als
Adressaten zu richten.

Aufgrund der in § 7 Abs. 7 enthaltenen **Konkurrenzregelung zwischen** 18
AStG und InvStG, welche – von Fällen der Anwendbarkeit von Doppelbesteuerungsabkommen abgesehen – ein generelles Zurücktreten des AStG hinter dem InvStG anordnet, darf für eine ausländische Zwischengesellschaft, die
gleichzeitig die Tatbestandsvoraussetzungen des § 1 InvStG erfüllt, keine gesonderte bzw. einheitlich und gesonderte Feststellung ergehen, da der nach
dem AStG zu ermittelnde Hinzurechnungsbetrag von der nach dem InvStG
zu ermittelnden Bemessungsgrundlage (grundlegend) abweicht. Ein gleichwohl ergehender Feststellungsbescheid ist nach § 174 AO aufzuheben.

b) Einheitliche Feststellung bei mehreren Beteiligten (Abs. 1 S. 2)

Sind mehrere Personen beteiligt, so ordnet Abs. 1 S. 2 eine einheitliche und 19
gesonderte Feststellung an, was mit § 179 Abs. 2 S. 2 AO inhaltlich weitgehend deckungsgleich ist, diese Norm jedoch als lex specialis verdrängt.

Abs. 1 S. 2 setzt voraus, dass **mehrere unbeschränkt Steuerpflichtige** 20
beteiligt sind. Sind neben einem einzelnen Steuerinländer ansonsten nur
Steuerausländer beteiligt, hat eine gesonderte Feststellung nach Abs. 1 S. 1,
aber keine einheitliche Feststellung nach Abs. 1 S. 2 zu erfolgen. Das gilt auch
mit Blick auf erweitert beschränkt steuerpflichtige Personen nach § 2, die
wegen ihrer andersartigen Interessenlage und abweichenden Rechtsfolgen an
einer einheitlich und gesonderten Feststellung für unbeschränkt Steuerpflichtige grundsätzlich nicht beteiligt sein können (es kann lediglich eine gemeinsame Steuererklärung nach Abs. 3 S. 2 abgegeben werden). Stellt eine Zwischengesellschaft gleichzeitig eine zwischengeschaltete Gesellschaft dar, weil an
ihr auch erweitert beschränkt Steuerpflichtige beteiligt sind, so ist gemäß
Abs. 1 S. 2 eine einheitliche und gesonderte Feststellung nur gegenüber den
unbeschränkt Steuerpflichtigen vorzunehmen. Die Verweisung in § 5 Abs. 3
auf § 18 Abs. 1 ändert hieran nichts. § 18 Abs. 1 S. 1 ist nicht anwendbar, weil
mehrere Beteiligte vorliegen, und Abs. 1 S. 2 ist nicht auf die erweitert beschränkt Steuerpflichtigen anwendbar, weil er unbeschränkt Steuerpflichtige

voraussetzt. Somit kann der Verweis in § 5 Abs. 3 nur dazu führen, dass bezüglich der unbeschränkt Steuerpflichtigen eine einheitliche und gesonderte Feststellung vorgenommen wird.

21 Gemäß Tz. 18.1.1.3. AEAStG ist **ein gemeinsamer Empfangsbevollmächtigter** zu bestellen. Hierzu kann die Behörde nach § 183 Abs. 1 S. 3 AO auffordern. Dem ist nicht zuzustimmen (zweifelnd *FWBS* § 18 AStG Rz. 51). Zwar ordnet § 18 Abs. 1 S. 3 die entsprechende Anwendung ua der §§ 180 ff. AO an, jedoch betrifft § 183 Abs. 1 S. 1 AO bei systematischer Auslegung des Gesetzes nur Fälle von Personengesellschaften und vergleichbaren Personengemeinschaften. Die Gesellschafter einer ausländischen Kapitalgesellschaft befinden sich in einer abweichenden Interessenlage. Insbesondere fehlt es an gesellschaftsrechtlichen Möglichkeiten bei Uneinigkeit der Gesellschafter, einen gemeinsamen Empfangsbevollmächtigten auf gesellschaftsrechtlicher Grundlage auf Initiative eines Gesellschafters zwangsweise durchzusetzen.

22–29 *einstweilen frei*

3. Feststellungen bei nachgeschalteten Zwischengesellschaften

30 Der Wortlaut des § 18 Abs. 1 enthält keine Regelung der Verfahrensweise bei nachgeschalteten Zwischengesellschaften. Nach der Verwaltungsauffassung (Tz. 18.1.4.1. AEAStG) und Rechtsprechung (BFH v. 6.2.1985, I R 11/83, BStBl. II 1985, 410) besteht eine Regelungslücke, welche durch eine **entsprechende Anwendung** der Vorschriften über die einheitliche und gesonderte Feststellung bei Zwischengesellschaften zu füllen ist. Für jede Untergesellschaft ist eine gesonderte Feststellung durchzuführen (Tz. 18.1.4.2 AEAStG).

31 Nach der **Gesetzestechnik** des § 14 ist innerhalb einer dreigliedrigen Kette aus dem inländischen Gesellschafter, der ausländischen Zwischengesellschaft (vorgeschaltete Gesellschaft) und der ausländischen Untergesellschaft (nachgeschaltete Gesellschaft) eine (übertragende) Zurechnung von der nachgeschalteten zur vorgeschalteten Gesellschaft und von dort aus eine Hinzurechnung zum inländischen Gesellschafter vorzunehmen (Tz. 18.1.4.2. und 18.1.4.3. AEAStG). Technisch ist deshalb beim Hinzurechnungsbescheid derjenige, welchem hinzuzurechnen ist, und der Bescheidadressat personenidentisch. Der Zurechnungsbescheid ist gleichfalls an den (mittelbar) beteiligten Inländer als Bescheidadressat zu richten, während die Zurechnung gegenüber der in der Kette nächsthöheren (vorgeschalteten) Gesellschaft erfolgt.

32 Bei einer mehr als dreigliedrigen Kette mit mehr als zwei passiven ausländischen Gesellschaftsstufen muss für jede Stufe der Kette ein eigener Feststellungsbescheid über die Zurechnung erlassen werden. Zu richten ist der Bescheid dabei stets an die mittelbar beteiligten inländischen Gesellschafter. Handelt es sich in einer mehrgliedrigen Kette bei der jeweils vorgeschalteten Gesellschaft um keine Zwischengesellschaft, so ist im Zurechnungsbescheid durch diese und ggf. weitere vorgeschaltete Gesellschaften so lange „durchzugreifen", bis eine Zwischengesellschaft vorliegt oder es werden bei Fehlen von Zwischengesellschaften in der Kette zwischen der nachgeschalteten Zwischengesellschaft und der obersten ausländischen Gesellschaft (Brückenkopfgesellschaft) die Besteuerungsgrundlagen der Brückenkopfgesellschaft selbst zugeordnet. Scheidet aufgrund des konkreten Sachverhalts eine übertragende

II. Gesonderte und ggf. einheitliche Feststellung (Abs. 1)   33–38   § 18

Zurechnung aus – etwa weil die passive Tätigkeit der nachgeschalteten Gesellschaft der aktiven Tätigkeit der vorgeschalteten Gesellschaft dient – so hat die Finanzbehörde die Zurechnungsunmöglichkeit durch einen negativen Zurechnungsbescheid festzustellen.

Auch bei drei- und mehrstufigen Ketten ist zwischen einer **gesonderten** 33 **Feststellung** sowie einer **einheitlichen und gesonderten Feststellung** zu unterscheiden. Wird die ausländische Zwischengesellschaft E hälftig von der ausländischen Zwischengesellschaft T und ihrer inländischen Mutterkapitalgesellschaft M gehalten, so ergeht gegen M eine gesonderte Feststellung. Ist dagegen im vorangehenden Beispiel noch der Inländer I Gesellschafter der T, so ist eine einheitliche und gesonderte Feststellung erforderlich (vgl. *FWBS* § 18 AStG Rz. 40).

Sind an einer Auslandsgesellschaft Inländer gleichzeitig unmittelbar und 34 mittelbar beteiligt, so hat ein kombinierter Hinzurechnungs- und Zurechnungsbescheid zu ergehen mit der Folge, dass alle unmittelbaren und mittelbaren Gesellschafter an einem Einspruchs- und Klageverfahren zu beteiligen sind (*FWBS* § 18 AStG Rz. 50b). Im kombinierten Hinzurechnungs- und Zurechnungsbescheid ist festzulegen, welche Zwischeneinkünfte den unmittelbar beteiligten Inländern hinzuzurechnen sind.

Sind an einer Auslandsgesellschaft unbeschränkt Steuerpflichtige direkt und 35 andere unbeschränkt Steuerpflichtige indirekt beteiligt, so sieht der ausdrückliche Wortlaut des 18 Abs. 1 S. 2 für diesen Fall keine einheitliche Feststellung vor. Hierin liegt eine Regelungslücke, die durch Analogie zu schließen ist. Die einheitliche und gesonderte Feststellung richtet sich sowohl gegen die direkt als auch gegen die indirekt beteiligten unbeschränkt Steuerpflichtigen.

Der Zurechnungsbescheid ist an die mittelbar beteiligten unbeschränkt 36 Steuerpflichtigen als **Adressaten** zu richten. Sind an einer Zwischengesellschaft Inländer teilweise direkt und teilweise indirekt beteiligt, sind alle Inländer Bescheidadressaten. Die nachgeschaltete Zwischengesellschaft ist als ausländischer Rechtsträger ohne Inlandsbezug nicht Adressat des Feststellungsbescheids über die Zurechnung. Wird der Bescheid an sie gerichtet, bleibt er selbst dann wirkungslos, wenn er den unbeschränkt Steuerpflichtigen bekanntgegeben wird. Ein Feststellungsbescheid geht dann ins Leere. In einem solchen Fall bleibt aber zu prüfen, ob der Bescheid dahingehend auslegungsfähig ist, dass nicht die Zwischengesellschaft, sondern vielmehr der Inländer der wahre Bescheidadressat ist, was häufig der Fall sein wird, weil der Feststellungsbescheid alle Beteiligten bezeichnet.

Ist gegenüber einem mittelbar beteiligten Inländer kein Bescheid ergangen 37 – beispielsweise, weil die Beteiligung nicht bekannt war –, so ist ein **Ergänzungsbescheid** nach § 179 Abs. 3 zu erlassen.

Inhaltlich entsprechen die Feststellungen im **Zurechnungsbescheid** den- 38 jenigen des Hinzurechnungsbescheids. Für die Frage, welche Besteuerungsmerkmale festzustellen sind und welche nicht, gelten deshalb die Ausführungen für den Hinzurechnungsbescheid in gleicher Weise (kritisiert von *FWBS* § 18 AStG Rz. 31, weil hierdurch in Zurechnungsfällen Hinzurechnungsbeträge festgestellt werden). Hierdurch etwaig bedingte begriffliche Ungenauigkeiten bleiben folgenlos, solange der Wille der Behörde, eine Zurechnung bzw. Hinzurechnung vorzunehmen, klar hervortritt. Eine Nichtigkeit des

Kraft

Feststellungsbescheids tritt allenfalls dann ein, wenn der Zurechnungsbescheid an die ausländische Zwischengesellschaft anstatt an die inländischen (mittelbaren) Gesellschafter gerichtet wird.

39 In die gesonderte und einheitliche Feststellung sind im Falle einer Beteiligungskette bei der Obergesellschaft auch die auf sie entfallenden anteiligen Besteuerungsgrundlagen der nachgeschalteten Untergesellschaft aufzunehmen. Wird etwa die ausländische Enkelgesellschaft E von den ausländischen Tochtergesellschaften T1 und T2 je hälftig gehalten, so hat bezüglich E ein einheitlicher und gesonderter Feststellungsbescheid zu ergehen, in welchem die Besteuerungsgrundlagen der E hälftig T1 und T2 zugeordnet werden. Der T1 und T2 so zugeordnete Teil der Besteuerungsgrundlagen der E geht seinerseits wiederum in die einheitliche und gesonderte Feststellung bei T1 und T2 ein.

40 Über den **Zurechnungszeitpunkt** kann bei nachgeschalteten Gesellschaften nicht im Feststellungsbescheid entschieden werden, denn es wäre möglich, dass die Inländer an diesen über unterschiedliche Brückenkopfgesellschaften mit voneinander abweichenden Wirtschaftsjahren beteiligt sind. Dann entscheiden die Wirtschaftsjahre der Brückenkopfgesellschaften über den Hinzurechnungszeitpunkt, sodass Zurechnungsbescheide hierfür begriffsnotwendig nicht eingesetzt werden können. Hält ein Inländer eine passive Auslandsgesellschaft teilweise direkt und teilweise über eine Zwischengesellschaft, so kann dies bei abweichenden Wirtschaftsjahren (bezüglich der Zwischengesellschaft und des Inländers) dazu führen, dass ein Teil der passiven Einkünfte der Auslandsgesellschaft in einem Wirtschaftsjahr beim Inländer hinzugerechnet wird, während der andere Teil der passiven Einkünfte in diesem Wirtschaftsjahr zunächst der Zwischengesellschaft zugerechnet und erst nach Ablauf des Wirtschaftsjahres der Zwischengesellschaft dem Inländer hinzugerechnet wird. Ein einheitliches Feststellungsjahr für die nachgeschaltete Auslandsgesellschaft kann deshalb begrifflich nicht existieren.

41–49 *einstweilen frei*

4. Erweitert beschränkt Steuerpflichtige (§ 5 Abs. 3 iVm § 18 Abs. 1)

50 Im Falle eines Zurechnungsbescheids nach § 5 sind Adressaten des Bescheids diejenigen Personen iSd § 2, welche unmittelbar Gesellschafter der zwischengeschalteten Gesellschaft sind.

51 Sind mehrere erweitert beschränkt Steuerpflichtige an einer zwischengeschalteten Gesellschaft beteiligt, so ist für sie gemäß § 5 Abs. 3 iVm § 18 Abs. 1 S. 2 eine einheitliche und gesonderte Feststellung zu treffen. Sind gleichzeitig unbeschränkt Steuerpflichtige und erweitert beschränkt Steuerpflichtige an einer Auslandsgesellschaft beteiligt, so ist für beide Personengruppen jeweils eine eigene Feststellung zu treffen.

52 Gegenüber erweitert beschränkt Steuerpflichtigen erfolgt eine Zurechnung (im Gegensatz zu einer Hinzurechnung). Für Zurechnungszwecke sind hierbei gesondert festzustellen (*FWBS* § 18 AStG Rz. 39) (i) die nicht-ausländischen Zwischeneinkünfte der zwischengeschalteten Auslandsgesellschaft, (ii) die anteilig den beschränkt Steuerpflichtigen zuzurechnenden Zwischeneinkünfte, (iii) die anzurechnenden Steuern sowie (iv) der Zurechnungszeitpunkt.

5. Wirkungen der gesonderten und ggf. einheitlichen Feststellung

Die Rechtswirkungen des Feststellungsbescheids nach § 18 Abs. 1 sind identisch mit denjenigen eines Feststellungsbescheids nach §§ 179 ff. AO. Für Folgebescheide erzeugt der Feststellungsbescheid Bindungswirkung nach § 182 Abs. 1 AO. Ein Hinzurechnungsbescheid kann deshalb nicht mit der Begründung angefochten werden, die Feststellungen in einem zugrunde liegenden Zurechnungsbescheid seien fehlerhaft. Hierfür muss dieser selbst angegriffen werden. Entsprechend zieht die Änderung eines Zurechnungs- oder anderen Grundlagenbescheids die Änderung sämtlicher darauf aufbauender Folgebescheide in Gestalt von Zurechnungs- bzw. Hinzurechnungsbescheiden nach sich. **53**

Tz. 18.1.1.4. AEAStG bestätigt, dass jeder der beteiligten Steuerpflichtigen selbständig einen Rechtsbehelf einlegen darf, wobei im Falle von Personengesellschaften die Beschränkungen des § 352 Abs. 2 AO zu berücksichtigen sind. Gegen die einzelnen im Zurechnungsbescheid enthaltenen Feststellungen kann dabei isoliert vorgegangen werden. Es können sämtliche Details angegriffen werden, namentlich die fehlerhafte Feststellung der Besteuerungsgrundlagen oder die Allokation auf die Beteiligten. **54**

Im Falle eines Feststellungsbescheids gegen eine Organgesellschaft ist auch der Organträger rechtsbehelfsbefugt. **55**

einstweilen frei **56–59**

III. Unionsrechtliche Problematik des hinzurechnungssteuerlichen Feststellungsverfahrens

Bislang ungeklärt und höchstrichterlich (noch) nicht entschieden ist die Frage, ob die in einem Feststellungsbescheid nach § 18 Abs. 1 S. 1 enthaltene Feststellung, dass Einkünfte einer ausländischen Gesellschaft bei einem unbeschränkt steuerpflichtigen Gesellschafter gemäß § 7 Abs. 1 steuerpflichtig sind, für die Einkommen- oder Körperschaftsteuerfestsetzung des unbeschränkt steuerpflichtigen Gesellschafters bindend ist. Damit verknüpft ist die Problematik, ob im Rahmen der Einkommen- oder Körperschaftsteuerfestsetzung geprüft werden kann, ob die Hinzurechnung dieser Einkünfte unionsrechtliche Grundfreiheiten des Gesellschafters verletzt. Ebenso ist ungeklärt, ob die Anwendung der § 182 Abs. 1 S. 1 AO, § 175 Abs. 1 S. 1 Nr. 1 AO nach Maßgabe des sog. Grundsatzes der Verfahrensautonomie der Mitgliedstaaten insoweit gegen Unionsrecht verstößt, als der Feststellungsbescheid nach § 18 Abs. 1 S. 1 unionsrechtswidrige Feststellungen enthält. **60**

Diese durch ein beim BFH anhängiges Revisionsverfahren (I R 47/16) aufgeworfenen Fragestellungen werfen ein neues Licht auf die unionsrechtliche Dimension des Besteuerungsverfahrens im Rahmen der Hinzurechnungsbesteuerung. Konkret geht es um das Verhältnis eines bestandskräftigen Feststellungsbescheids nach § 18 zu einer unbestrittenen materiellen Unionsrechtswidrigkeit. **61**

Hintergrund des unionsrechtlichen Problems des Besteuerungsverfahrens im Rahmen der Hinzurechnungsbesteuerung ist ein Urteil des FG Rheinland-Pfalz v. 16.3.2016, 1 K 1345/13; Az. Rev I R 47/16, in dem das FG ent- **62** schieden hat, dass ein bestandskräftiger Feststellungsbescheid nach § 18 auch dann Bindungswirkung für die Veranlagung der inländischen Anteilseigner einer ausländischen Zwischengesellschaft entfaltet, wenn deren Steuerfestsetzung noch änderbar ist und die Erfassung von Hinzurechnungsbeträgen nach § 10 Abs. 1 S. 1 materiell unionsrechtswidrig ist.

63 Das Urteil betrifft damit die verfahrensrechtliche Umsetzung der Cadbury-Schweppes-Rechtsprechung des EuGH im Rahmen der deutschen Hinzurechnungsbesteuerung. Das klagende Unternehmen hatte zwar den KSt-Bescheid angefochten, mit dem ihm gem. § 10 Abs. 1 S. 1 Einkünfte einer belgischen Tochtergesellschaft hinzugerechnet worden waren, nicht jedoch den wenige Tage zuvor nach § 18 Abs. 1 Satz 1 ergangenen Feststellungsbescheid, in dem die Einkünfte als steuerpflichtig festgestellt worden waren. Dieser Feststellungsbescheid wurde bestandskräftig.

64 Nach der Cadbury Schweppes-Entscheidung des EuGH war evident, dass die Einbeziehung der Gewinne einer in einem Mitgliedstaat ansässigen Gesellschaft in die Steuerbemessungsgrundlage einer in einem anderen Mitgliedstaat ansässigen beherrschenden Gesellschaft eine Verletzung der Niederlassungsfreiheit bedeutete. Denn zwischen den Beteiligten des Verfahrens ist unstreitig, dass die belgische Gesellschaft im Streitjahr einer „tatsächlichen wirtschaftlichen Tätigkeit" nachging, also den unionsrechtlich gebotenen sog. „Motivtest" (der mit Wirkung ab VZ 2008 in § 8 Abs. 2 normiert ist) bestanden hätte. Folglich argumentierte das Unternehmen, dass der KSt-Bescheid materiell unionsrechtswidrig sei. Der Feststellungsbescheid stehe einer Änderung des KSt-Bescheids nicht entgegen. Denn über die Frage der Unionsrechtswidrigkeit sei darin nicht entschieden worden.

65 Streitig ist nun, ob die Bindungswirkung des materiell rechtswidrigen, aber bestandskräftigen Feststellungsbescheids das Finanzamt im Festsetzungsverfahren der Klägerin (trotzdem) zwingt, den Hinzurechnungsbetrag in das zu versteuernde Einkommen der Klägerin einzubeziehen. Das FG bejaht diese Frage unter Berufung darauf, dass der Feststellungsbescheid auch über das „Ob" der Hinzurechnungsbesteuerung verbindlich entscheide. Das FG folgte nicht der Auffassung der Klägerin, dass jedenfalls über die persönliche Berechtigung eines Anteilseigners aus der Niederlassungsfreiheit nicht verbindlich im Feststellungsverfahren, sondern erst im Festsetzungsverfahren des jeweiligen Anteilseigners entschieden werden könne. Aufgrund der Bindungswirkung des Feststellungsbescheids als Grundlagenbescheid gemäß § 182 Abs. 1 Satz 1 AO könne die Frage, „ob" die Hinzurechnungsbesteuerung materiell unionsrechtswidrig ist, im Festsetzungsverfahren nicht erneut geprüft werden. Die Klägerin hätte ihre (unionsrechtlichen) Rechte daher im Wege eines Einspruchs gegen den Feststellungsbescheid geltend machen müssen, was aber unterblieben war.

66 Die angesprochene Bindungswirkung des Feststellungsbescheids verstoße im Übrigen nicht gegen den unionsrechtlich fundierten Effektivitäts- oder Äquivalenzgrundsatz. Sie stelle damit eine unionsrechtskonforme Ausprägung der grundsätzlichen Verfahrensautonomie der Mitgliedstaaten.

67 Der BFH (I R 47/16) umschreibt die von ihm im anhängigen Revisionsverfahren als Kern identifizierte Rechtsfrage wie folgt: „Verstößt die Anwendung der §§ 182 Abs. 1 Satz 1, 175 Abs. 1 Satz 1 Nr. 1 AO nach Maßgabe des

III. Unionsrechtliche Problematik 68–70 § 18

sog. Grundsatzes der Verfahrensautonomie der Mitgliedstaaten insoweit gegen Gemeinschaftsrecht, als der Feststellungsbescheid nach § 18 Abs. 1 Satz 1 AStG gemeinschaftsrechtswidrige Feststellungen enthält?"

Ausgangspunkt einer Stellungnahme ist der im Schrifttum (Schaumburg/ **68** Englisch/*Oellerich* 22.15) gegebene Hinweis, dass die EuGH-Rechtsprechung die Regelungen über den Eintritt der (formellen) Bestandskraft im Hinblick auf den Effektivitätsgrundsatz im Grundsatz nicht beanstandet. In einem lange zurückliegenden Judikat hat der EuGH erkannt (EuGH v. 16.12.1976, Rs. 33/76, Slg. 1976, 1989 – *Rewe*), dass die Rechtssicherheit zu den im Unionsrecht anerkannten allgemeinen Rechtsgrundsätzen gehört. Allgemein hat der EuGH für zutreffend gehalten (EuGH v. 13.1.2004, Rs. C-453/00, Slg. 2004, I-837 – *Kühne & Heitz*), dass die Bestandskraft einer Verwaltungsentscheidung, die nach Ablauf angemessener Fristen oder Erschöpfung des Rechtsweges eintrete, zur Rechtssicherheit beitrage. Konkret für das Verhältnis von Grundlagen- und Folgebescheid wurde dies noch nicht entschieden. Ebenfalls wiederum allgemein verlangt das Unionsrecht nicht, dass eine mitgliedstaatliche Behörde grundsätzlich verpflichtet sein soll, eine bestandskräftige Verwaltungsentscheidung zurückzunehmen, auch wenn hierdurch eine Unionsrechtswidrigkeit nicht mehr beseitigt werden kann (EuGH v. 13.1.2004, Rs. C-453/00, Slg. 2004, I-837 Rz. 24 – *Kühne & Heitz;* EuGH v. 19.9.2006, Rs. C-392/04 und C-422/04, Slg. 2006, I-8559 Rz. 51 – *i 21 Germany GmbH und Arcor AG & Co. KG;* BFH v. 23.11.2006, V R 67/05, BStBl. II 2007, 436).

Allerdings lassen sich in der EuGH-Judikatur auch Hinweise darauf identifi- **69** zieren, dass verfahrensrechtliche Bestimmungen die Durchsetzung unionsrechtlich gewährter Rechte nicht unmöglich machen oder übermäßig erschweren dürfen (Schaumburg/Englisch/*Oellerich* 22.14). Insbesondere der Grundsatz der Effektivität gebiete dies (Schaumburg/Englisch/*Oellerich* 22.05; EuGH v. 7.1.2004, Rs. C-201/02, Slg. 2004, I-723 Rz. 67 – *Wells;* EuGH v. 19.9.2006, Rs. C-392/04 und C-422/04, Slg. 2006, I-8559 Rz. 57 – *i-24 Germany und Arcor;* EuGH v. 30.6.2011, Rs. C-262/09, Slg. 2011, I-5669 Rz. 55 – *Meilicke* = BFH/NV 2011, 1467 = GmbHR 2011, 875 m.Anm. *Rehm/Nagler*).

Angesichts dieser Situation verwundert es nicht, dass die für die vorliegende **70** Fragestellung grundlegende EuGH-Rechtsprechung als „nicht immer konsistent" beurteilt wurde (*Gebel* EFG 2016, 1324 unter Hinweis auf das Urteil des EuGH v. 11.11.2015, Rs. C-505/14 – *Klausner Holz Niedersachsen,* DVBl. 2016, 42). Daher ist eine der besonders schwierigen Fragestellungen des Revisionsverfahrens I R 47/16 darin zu sehen, ob die Anwendung der Verfahrensvorschriften über die Bindungswirkung von Grundlagenbescheiden (§ 182 Abs. 1 S. 1 AO, § 175 Abs. 1 Nr. 1 AO) gegen Unionsrecht verstößt. Hier wird es im Revisionsverfahren von erheblicher Bedeutung sein, welchen Stellenwert der BFH dem letztlich unionsrechtlich fundierten sog. Grundsatz der Verfahrensautonomie zumisst. Sieht der BFH diese Fragestellung nicht als geklärt an, dürfte er um die Aussetzung des Verfahrens und um ein Vorabentscheidungsersuchen an den EuGH kaum umhinkommen. Bis dahin ist mit Blick auf die Bindungswirkung des Feststellungsbescheids nach § 18 Abs. 1 die Rechtslage aus unionsrechtlichen Gründen als ungeklärt zu beurteilen.

71 Nach *Hendricks/Schönfeld/Engler* (in *FWBS* § 18 Rz. 106) erweist sich die skizzierte Meinung des FG Rheinland-Pfalz in verfahrensrechtlicher Hinsicht als zutreffend. Diese Auffassung erscheint indessen aus mehreren Erwägungen nicht vollkommen frei von Bedenken. Zunächst ist darauf zu verweisen, dass die diesbezügliche Rechtslage aus unionsrechtlichen Überlegungen nicht als vollumfänglich geklärt zu beurteilen ist. Daneben lässt sich der vom EuGH entwickelte Grundsatz anführen, wonach verfahrensrechtliche Bestimmungen des Mitgliedsstaats die Durchsetzung unionsrechtlich gewährter Rechte nicht unmöglich machen oder übermäßig erschweren dürfen. Eben dies ist im vorliegenden Kontext der Fall. Es sind nämlich Situationen denkbar, in denen im Feststellungsverfahren gar nicht über die Hinzurechnungspflicht von Zwischeneinkünften entschieden werden kann. Beispielsweise ist an Situationen zu denken, in denen aufgrund der Beteiligungsverhältnisse im Feststellungsverfahren noch gar nicht beurteilt werden kann, ob ein festgestellter Hinzurechnungsbetrag nicht ggf. aufgrund fehlender Inländerbeherrschung in die Bemessungsgrundlage einzubeziehen ist. Dies kann – je nach Lage der Dinge im konkreten Sachverhalt – erst im Veranlagungsverfahren möglich sein.

72 Zudem erscheint die vom FG Rheinland-Pfalz (FG Rheinland-Pfalz v. 16.3.2016, 1K 1345/13, Az. Rev. I R 47/16) entwickelte Position vor der durch den Binnenmarkt bedingten Notwendigkeit der Etablierung unionsweit gleicher Wettbewerbschancen nicht bedenkenfrei. Bettet etwa ein Staat – wie Deutschland – seine hinzurechnungssteuerlichen Regeln in ein mehrstufiges Verwaltungsverfahren ein, wohingegen ein anderer Staat seine entsprechenden materiellen Regeln ins reguläre Veranlagungsverfahren integriert, werden die Unternehmen und Unionsbürger des ersten Staats zwangsläufig aus verfahrensrechtlichen Gründen benachteiligt. Die unionsrechtlich gebotene und wettbewerbsrechtlich zu begründende Idee des „level-the-playing-field" wäre damit verfahrensrechtlich erschwert bzw. verunmöglicht.

73 Dies pauschal mit dem Grundsatz der mitgliedsstaatlichen Verfahrensautonomie rechtfertigen zu wollen, greift angesichts des Grundsatzes der Effektivität zu kurz. Denn dann besteht, wie das Revisionsverfahren I R 47/16 eindrucksvoll belegt, die Möglichkeit, dass Unternehmen in einem Mitgliedsstaat materieller Unionsrechtsschutz versagt wird, der Unternehmen im anderen Mitgliedsstaat ohne weiteres zu gewähren wäre. Schon aus diesem Grunde könnte der BFH zur Vorlage an den EuGH gehalten sein, besteht doch der Sinn der letztinstanzlichen Vorlageverpflichtung nach gefestigter Rechtsprechung des EuGH darin zu verhindern, dass sich in den Mitgliedstaaten eine Rechtsordnung herausbildet, die mit den Normen des Unionsrechts nicht in Einklang steht (EuGH v. 6.10.1982, Rs. 283/81, Slg. 1982, 3415 Rz. 7 – *C. I. L. F. I. T.;* EuGH v. 4.11.1997, Rs. C-337/95, Slg. 1997, I-6013 Rz. 25 – *Christian Dior;* Schaumburg/Englisch/ Oellerich 23.14).

74–79 *einstweilen frei*

IV. Finanzamtszuständigkeit (Abs. 2)

80 Die örtliche Zuständigkeit des Finanzamts wird in Abs. 2 geregelt. Praktische Bedeutung erlangt die Vorschrift aber nur dann, wenn das jeweilige Bun-

IV. Finanzamtszuständigkeit (Abs. 2)   81–89 § 18

desland kein zentral zuständiges Finanzamt bestimmt hat. Ist ein solches bestimmt, läuft Abs. 2 im Ergebnis leer, weil die Zuständigkeit des nach Abs. 2 ermittelten Finanzamts im unmittelbaren Anschluss auf das zentral zuständige Finanzamt übertragen wird.

Die Ermittlung des örtlich zuständigen Finanzamts folgt der in Abs. 1 ange- 81 legten Systematik, sodass zu unterscheiden ist zwischen dem für eine gesonderte Feststellung und dem für eine einheitliche und gesonderte Feststellung zuständigen Finanzamt. Im Zweifelsfall bestimmt sich die Zuständigkeit nach der Erstbefassung.

Im Falle einer **gesonderten Feststellung,** welche nicht einheitlich vorge- 82 nommen wird, richtet sich gemäß Abs. 2 S. 1 die Finanzamtszuständigkeit nach dem Wohnsitzfinanzamt (§ 19 Abs. 1 AO) bzw. im Falle der Zugehörigkeit der Beteiligung zu einem (Sonder-)Betriebsvermögen nach dem Betriebstättenfinanzamt (§ 18 AO). Gleiches gilt, wenn die Beteiligung an der Zwischengesellschaft von einer inländischen Personengesellschaft oder -gemeinschaft gehalten wird. In diesem Fall ist ebenfalls eine gesonderte, jedoch nicht einheitliche Feststellung nach § 18 Abs. 1 durchzuführen und im Anschluss hieran eine einheitliche und gesonderte Feststellung für die Personengesellschaft. Zuständig für die gesonderte Feststellung ist gemäß § 18 AO dann das Finanzamt der einheitlichen und gesonderten Feststellung der Personengesellschaft. Es handelt sich jedoch um zwei vollständig voneinander losgelöste Verfahren. Soweit allerdings ein landeseinheitliches Finanzamt für Zwecke des AStG bestimmt ist, fallen die Verfahren nach dem AStG und der Personengesellschaftsfeststellung örtlich auseinander (soweit das Zentralfinanzamt nicht rein zufällig mit dem für die Personengesellschaft zuständigen identisch ist).

Im Falle einer **einheitlichen und gesonderten Feststellung** regelt Abs. 2 83 S. 2 die Maßgeblichkeit des Finanzamts, welches für den unbeschränkt Steuerpflichtigen mit der höchsten Beteiligung an der ausländischen Gesellschaft zuständig ist. Für den Begriff der Beteiligung ist auf § 7 zurückzugreifen, sodass die Beteiligung am Nennkapital oder einer dort genannten Ersatzgröße maßgeblich ist. Handelt es sich bei dem unbeschränkt Steuerpflichtigen mit der höchsten Nennkapitalbeteiligung um eine natürliche Person, so ist dessen Wohnsitzfinanzamt zuständig. Bei einer im (Sonder-)Betriebsvermögen gehaltenen Beteiligung ist das Betriebstättenfinanzamt zuständig. Hält eine Personengesellschaft oder -gemeinschaft den höchsten Anteil und hält aber keiner der einzelnen Gesellschafter bzw. Gemeinschafter individuell gesehen den höchsten Anteil, so ist das für die Personengesellschaft zuständige Finanzamt auch für den Feststellungsbescheid nach § 18 zuständig (*FWBS* § 18 AStG Rz. 57),

Subsidiär regelt Abs. 2 S. 3 eine Ersatzzuständigkeit, wenn sich nach den 84 S. 1 und 2 keine eindeutige Zuständigkeit ergibt. Nach Tz. 18.2. AEAStG wird im Zweifelsfall das zuständige Finanzamt durch die zuständigen Landesbehörden in Zusammenarbeit mit dem Bundesamt für Finanzen bestimmt.

einstweilen frei   85–89

V. Steuererklärungspflicht (Abs. 3)

90 Gemäß § 18 Abs. 3 S. 1 hat jeder an der Auslandsgesellschaft beteiligte unbeschränkt Steuerpflichtige bzw. erweitert beschränkt Steuerpflichtige eine eigenständige Steuererklärungspflicht.

1. Gegenstand und Grenzen der Verpflichtung

91 Nach dem Wortlaut trifft die Verpflichtung zur Erklärungsabgabe jeden unbeschränkt und erweitert beschränkt Steuerpflichtigen.

92 Das **unionsrechtliche Diskriminierungsverbot** lässt eine bestehende Erklärungsverpflichtung nach dem ausdrücklichen Wortlaut des Abs. 3 S. 1 Hs. 2 hinsichtlich Beteiligungen an EWR-Gesellschaften nicht entfallen. Das benachteiligt nichtdeutsche EWR-Gesellschaften bei der Gewinnung inländischer Gesellschafter, weil Investoren wegen der administrativen Belastung im Zweifelsfall von einer Beteiligung absehen und lieber in inländische Gesellschaften investieren. Diese Diskriminierung führt zur Europarechtswidrigkeit der Vorschrift und zum Anwendungsvorrang europäischen Rechts. Die Abwehrklausel des Abs. 3 S. 1 Hs. 2 kann sich dabei als einfaches Gesetzesrecht nicht über den Anwendungsvorrang hinwegsetzen. Der Anwendungsvorrang ist nicht nur von den Finanzgerichten, sondern bereits von der Finanzverwaltung während des Veranlagungsverfahrens als unmittelbar die Exekutive bindendes Recht zu beachten.

93 Abgesehen vom europäischen Kontext wird es oftmals – insbesondere bei Minderheitsbeteiligungen – so sein, dass der Verpflichtete überhaupt nicht über die erforderlichen Daten verfügt, um eine (sinnvolle) Erklärung abgeben zu können (vgl. hierzu auch die Parallelproblematik bei § 17). In diesem Fall entfällt die Verpflichtung wegen Unmöglichkeit (ggf. wegen Unzumutbarkeit), weil das Gesetz kein Gebot erlassen kann, dessen Erfüllung dem Verpflichteten unmöglich oder in einer der Unmöglichkeit gleichkommenden Weise unzumutbar ist. Eine bloße Erklärung des Verpflichteten dahingehend, dass er an einer Auslandsgesellschaft beteiligt ist, bei der er keine Kenntnis über Zwischeneinkünfte hat, wäre sinnentleert und ist deshalb ebenfalls abzulehnen. In der Praxis wird eine Unkenntnis hinsichtlich passiver Einkünfte vor allem bei Beteiligungen deutscher Investoren an internationalen **Private Equity Fonds** relevant. Die als Personengesellschaften ausgestalteten Fonds (soweit nicht unter das InvStG fallend) bilden bzw. halten ein Geflecht von Unternehmen, welches auch Zwischengesellschaften beinhalten kann. Bei Venture Capital Fonds hält der Fonds an den Zielunternehmen (targets) typischerweise lediglich Minderheitsbeteiligungen und kann nicht ohne weiteres alle Daten erhalten.

94 Bei Dachfonds sind (mittelbare) Minderheitsbeteiligungen der Regelfall und der dazwischen liegende Zielfonds (target fund) wird die Daten zum Schutz seiner Betriebsgeheimnisse nicht oder nur selektiv zur Verfügung stellen. In den branchenüblichen Beitrittsvereinbarungen (subscription agreements) zu Fonds und den üblichen Nebenabreden (side letters) wird deutschen Investoren regelmäßig in einem für den Fonds angemessenem und zumutbaren Umfang Unterstützung bei der Zurverfügungstellung steuerlicher Daten zugestanden. Das gilt namentlich hinsichtlich der einheitlichen und gesonderten

V. Steuererklärungspflicht (Abs. 3) **95–101 § 18**

Feststellung für die Personengesellschaftsebene. Weitergehendere Auskunftsrechte werden dem Investor dagegen nachvollziehbarerweise nicht eingeräumt, denn der Fonds kann sich im Interesse der anderen Investoren nicht zu unangemessenen und/oder unzumutbaren Steuerdeklarationsleistungen speziell für deutsche Investoren verpflichten. In einem solchen Fall entfällt die Erklärungspflicht ohne weiteres.

2. Inhalt der Erklärungspflicht

Für den Begriff der **ausländischen Gesellschaft** ist auf § 7 Abs. 1 zurückzugreifen. Sie kann, braucht aber nicht notwendigerweise eine Zwischengesellschaft zu sein, da im Falle nachgeschalteter passiver Gesellschaften deren Einkünfte nach oben zugerechnet und von dort aus hinzugerechnet werden. 95

Für die Frage der **Beteiligung** an der Zwischengesellschaft ist auf die Beteiligung am Nennkapital abzustellen. Ein Rückgriff auf § 7 Abs. 2 und 5 scheidet wegen der andersartigen Interessenlage bzw. wegen des Wortlauts aus (*FWBS* § 18 AStG Rz. 64). 96

Unbeschränkt steuerpflichtig können nur natürliche Personen oder Körperschaftsteuersubjekte sein. Eine Personengesellschaft kann begrifflich auch für Gewerbesteuerzwecke nicht unbeschränkt steuerpflichtig sein. Soweit die Gewerbesteuer auf den Hinzurechnungsbetrag in Frage steht, ist deshalb durch die Personengesellschaft (ggf. auch mehrere bei Personengesellschaftsketten) hindurchzuschauen und sodann auf die dahinter stehenden Gesellschafter der Personengesellschaft in der Rechtsform der natürlichen oder juristischen Person abzustellen. Unterbeteiligte oder still Beteiligte haben keine eigenständige Steuererklärungspflicht. Diese trifft ausschließlich denjenigen, welcher die Unterbeteiligung bzw. stille Beteiligung eingeräumt hat. Nach Abs. 3 S. 2 (Tz. 18.3.1. AEAStG) kann die Verpflichtung jedoch durch Abgabe einer gemeinsamen Erklärung erfüllt werden. 97

Für **nachgeschaltete Zwischengesellschaften** ergibt sich die Steuererklärungspflicht aus § 149 Abs. 1 S. 2 AO iVm der öffentlichen Aufforderung zur Abgabe der Jahressteuererklärungen (Tz. 18.3.2. AEAStG). Gleichwohl wird das nur in Ausnahmefällen relevant, in welchen es neben den mittelbar Beteiligten noch zusätzlich einen oder mehrere unmittelbar Beteiligte gibt, da nur diese Verpflichtete sein können. 98

Eine Steuererklärungspflicht trifft auch **erweitert beschränkt Steuerpflichtige**. Allerdings ist der Erklärungsrahmen hier an die besondere Situation der erweiterten beschränkten Steuerpflicht anzupassen. Die Erklärungspflicht erstreckt sich hier lediglich auf diejenigen Zwischeneinkünfte, welche gleichzeitig nichtausländische Einkünfte sind, weil erweitert beschränkt Steuerpflichtige nur hiermit steuerpflichtig sind. Ausländische Zwischeneinkünfte der zwischengeschalteten Gesellschaft sind demzufolge nicht Gegenstand der Erklärungspflicht. 99

Form und Frist für die Abgabe der Steuererklärung ergeben sich aus §§ 149, 150 AO. Die Steuererklärung ist demzufolge innerhalb der regulären Frist von 5 Monaten abzugeben. Die Steuererklärungspflicht kann im Verwaltungszwangsverfahren nach §§ 328 ff. AO durchgesetzt werden. 100

Gemäß Abs. 3 S. 2 kann die Steuererklärungspflicht durch eine **gemeinsame Erklärung** erfüllt werden. Nach der Wortlautauslegung ist es nur mög- 101 lich, wenn sich sämtliche Erklärungspflichtige verständigen und jeder Einzelne von ihnen erklärt, sich die gemeinsame Erklärung in allen Punkten zueigen machen zu wollen. Darüber hinaus kann es aber aus praktischen Vereinfachungsgründen auch gemeinsame Erklärungen eines Teils der Erklärungspflichtigen geben, sonst könnte ein einzelner Erklärungspflichtiger die gemeinsame Erklärung unmöglich machen. Dies würde dem mit der Norm verfolgten Vereinfachungscharakter verfehlen.

102 Eine gemeinsame Erklärung unbeschränkt Steuerpflichtiger und erweitert beschränkt Steuerpflichtiger ist möglich. Es muss sichergestellt sein, dass die Erklärung dann sowohl die für unbeschränkt als auch für erweitert beschränkt Steuerpflichtige relevanten Daten enthalten sind. Durch die freiwillige Gemeinsamkeit der Erklärung ist es unschädlich, wenn erweitert beschränkt Steuerpflichtige Erklärungen über ausländische Zwischeneinkünfte abgeben.

103 Die Steuererklärung ist **eigenhändig zu unterschreiben**. Dies verlangt Eigenhändigkeit und Unterzeichnung mit dem eigenen Namenszug. Die in § 34 AO bezeichneten Personen haben zu unterschreiben, wenn es sich bei dem Steuerpflichtigen um einen Minderjährigen, Betreuten oder ein Körperschaftsteuersubjekt handelt.

3. Ausübung von Wahlrechten im Rahmen der Feststellung

104 Die Finanzverwaltung fordert, dass im Verfahren über die gesonderte Feststellung nach § 18 alle zur Feststellung der Besteuerungsgrundlagen erforderlichen Angaben gemacht werden einschließlich der Stellung erforderlicher Anträge (Tz. 18.3.3. AEAStG).

105 Das dürfte namentlich für das **Wahlrecht der Einkünfteermittlung** der Zwischengesellschaft nach § 4 Abs. 1 iVm § 5 EStG oder nach § 4 Abs. 3 EStG gelten, welches dann in der Steuererklärung auszuüben wäre. Demgegenüber sieht Tz. 10.3.1.1. AEAStG vor, das Wahlrecht bis zur Abgabe der Erklärung für die einheitliche und gesonderte Feststellung nach § 18 auszuüben. Eine vor der Erklärungsabgabe ausgeübte Wahl ist deshalb zulässig und auch ohne Wiederholung in der Erklärung wirksam. Alternativ ist eine in der Erklärung ausgeübte Wahl noch rechtzeitig.

106 Aus Praktikabilitätsüberlegungen wird sich ggf. in einem einheitlichen Anschreiben ein Hinweis empfehlen, dass die Wahlrechtsausübung vorweg durch die Finanzbehörde zur Kenntnis genommen werden soll. Geht der Erklärungspflichtige davon aus, dass keine Zwischengesellschaft vorliegt, bestehen diesbezüglich aber Zweifel, sollte das Wahlrecht vorsorglich in einer Erklärung gegenüber der nach Abs. 2 zuständigen Finanzbehörde ausgeübt werden, da nach Tz. 10.3.1.1. AEAStG ohne Wahlrechtsausübung automatisch Bilanzierungsgrundsätze anzuwenden sind. Durch die Wahlrechtsausübung dokumentiert der Erklärungspflichtige, dass er sich des Wahlrechts bewusst ist.

107 Eine **Rechtsgrundlage** für die zeitliche Beschränkung der Wahlrechtsausübung enthält § 18 entgegen der Auffassung der Finanzverwaltung nicht. Sollte die Ausübung unterblieben sein, kann das Wahlrecht deshalb auch noch später bis zum Zeitpunkt der Unanfechtbarkeit des Feststellungsbescheids ausgeübt bzw. im Bedarfsfall auch nachträglich geändert werden.

108, 109 *einstweilen frei*

VI. Entsprechende Geltung der Abs. 1 bis 3 für ausländische Familienstiftungen (Abs. 4)

1. Entwicklung der Vorschrift

Die Vorschrift wurde in ihrer ursprünglichen Form durch das JStG 2008 **110** angefügt. Vorher war unklar, ob die Besteuerungsgrundlagen für die Anwendung von § 15 gesondert – und ggf. einheitlich – in entsprechender Anwendung von § 18 Abs. 1–3 festzustellen waren. Rechtsprechung und Schrifttum hatten sich uneinheitlich positioniert (Nachweise bei *FWBS* § 18 Abs. 4 Rz. 500 ff.). § 18 Abs. 4 regelte zunächst, dass zumindest dann, wenn das Einkommen einer ausländischen Familienstiftung mehreren Personen nach § 15 Abs. 1 zuzurechnen ist, die Besteuerungsgrundlagen in entsprechender Anwendung von § 18 Abs. 1–3 einheitlich und gesondert festzustellen sein sollten.

Mit dem Gesetz zur Umsetzung der Amtshilferichtlinie sowie zur Änderung **111** steuerlicher Vorschriften (Amtshilferichtlinie-Umsetzungsgesetz – AmtshilfeRLUmsG) vom 26. Juni 2013 (BGBl. 2013 I 1809) wurde § 18 Abs. 4 neu gefasst. Seither bestimmt die Vorschrift, dass die Absätze 1 bis 3 für Einkünfte und Vermögen iSd § 15 entsprechend gelten.

2. Bedeutung der Geltung des Abs. 1 für ausländische Familienstiftungen

a) Überblick

Die entsprechende Geltung des Abs. 1 S. 1 für Einkünfte und Vermögen **112** iSd § 15 hat zunächst zur Folge, dass die Besteuerungsgrundlagen für die Anwendung des § 15 gesondert festgestellt werden. Der Verweis auf Abs. 1 S. 2 bewirkt, dass in Fällen, in denen von der ausländischen Familienstiftung mehrere unbeschränkt steuerpflichtige Stifter, mehrere unbeschränkt steuerpflichtige Anfallsberechtigte oder mehrere unbeschränkt steuerpflichtige Bezugsberechtigte begünstigt sind, die gesonderte Feststellung ihnen gegenüber einheitlich vorgenommen wird. Dabei ist auch festzustellen, wie sich die Besteuerungsgrundlagen auf die einzelnen Destinatäre verteilen.

Die Verweisung auf Abs. 1 S. 3 hat zum Gegenstand, dass die Vorschriften **113** der Abgabenordnung, mit Ausnahme des § 180 Abs. 3 AO, und der Finanzgerichtsordnung über die gesonderte Feststellung von Besteuerungsgrundlagen entsprechend anzuwenden sind.

b) Grundaussage des Verweises

Der Kerninhalt des Verweises der Vorschrift auf Abs. 1 bedeutet einerseits, **114** dass die Besteuerungsgrundlagen für die Anwendung des § 15 gesondert festgestellt werden. In der früheren Fassung kam gemäß § 18 Abs. 4 eine gesonderte Feststellung für Zwecke der Zurechnungsbesteuerung nur in Betracht, wenn das Stiftungseinkommen mehreren Personen zuzurechnen war. Nach der nunmehr nach § 21 Abs. 21 S. 4 ab dem Veranlagungszeitraum 2013 geltenden Fassung kommt es auch bei nur einem einzigen Zurechnungsadressaten zu einer gesonderten Feststellung. Sind von der ausländischen Familienstiftung mehrere unbeschränkt steuerpflichtige Stifter, mehrere unbeschränkt steuerpflichtige Anfallsberechtigte oder mehrere unbeschränkt steuerpflichtige Bezugsberechtigte begünstigt, so wird die gesonderte Feststellung ihnen gegenüber einheitlich vorgenommen. Entsprechend der Rechtslage bei Beteiligten an Zwischengesellschaften ist im Kontext der gesonderten Feststellung bei ausländischen Familienstiftungen dabei auch festzustellen, wie sich die Besteuerungsgrundlagen auf die einzelnen Beteiligten verteilen.

115 In Bezug auf die Vehikel, die für die gesonderte Feststellung nach Abs. 4 iVm Abs. 1 in Betracht kommen, kann auf die materielle einschlägige Bestimmung der § 15 Abs. 2–4 verwiesen werden. Dies hat zur Folge, dass die gesonderte Feststellung gegenüber den Adressaten, den unbeschränkt steuerpflichtigen Stiftern, den unbeschränkt steuerpflichtigen Anfallsberechtigten und/oder den unbeschränkt steuerpflichtigen Bezugsberechtigten solcher Körperschaften zu erfolgen hat, die nach ausländischem Recht gegründet wurden. Aus der Rechtsprechung anführen lassen sich beispielsweise liechtensteinische Anstalten, Trusts und vergleichbare orphanisierte Vehikel.

c) Gesonderte Feststellung von Besteuerungsgrundlagen für die Anwendung des § 15

116 Klärungsbedürftig ist, was das Gesetz unter „Besteuerungsgrundlagen" versteht. Die sinngemäße Übertragung auf Stiftungen der von der Finanzverwaltung in Tz. 18.1.2.2 AEAStG im Rahmen von Zwischengesellschaften vertretenen Auffassung legt nahe, dass im Bescheid über die gesonderte Feststellung (Zurechnungsbescheid) festzustellen ist,

117 aa) ob eine Zurechnung von Einkünften nach § 15 Abs. 1 vorzunehmen ist. Da die Zurechnung von Vermögen derzeit suspendiert ist, weil das BVerfG die Vermögensteuer als verfassungswidrig beurteilt hat und somit kein Bedürfnis für eine Vermögenszurechnung besteht, muss im Zurechnungsbescheid auch keine Aussage darüber enthalten sein, ob Vermögen zugerechnet werden muss.

118 bb) welchen Personen nach § 15 Abs. 1 (unbeschränkt steuerpflichtiger Stifter; unbeschränkt steuerpflichtige Anfallsberechtigte; unbeschränkt steuerpflichtige Bezugsberechtigte) zuzurechnen ist.

119 cc) welches die zuzurechnenden Steuerbemessungsgrundlagen für die einzelnen Steuerpflichtigen sind.

120 dd) für welchen Zeitpunkt die Zurechnung nach § 15 Abs. 1, Abs. 9 und Abs. 10 begründet ist.

121 ee) welchen vorgeschalteten ausländischen Familienstiftungen Zwischeneinkünfte nachgeschalteter Gesellschaften zuzurechnen sind (§ 15 Abs. 9). Ggf. ist ein negativer Zurechnungsbescheid zu erlassen.

122 ff) welchen vorgeschalteten ausländischen Familienstiftungen Einkünfte einer anderen (nachgeschalteten) ausländischen (Nicht-EU)-Stiftung zuzurechnen sind (§ 15 Abs. 10) bzw. ein negativer Zurechnungsbescheid. Ggf. ist ein negativer Zurechnungsbescheid zu erlassen. Da die Zurechnung von Vermögen derzeit suspendiert ist, weil das BVerfG die Vermögensteuer als verfassungswidrig beurteilt hat und somit kein Bedürfnis für eine Vermögenszurechnung besteht, muss im Zurechnungsbescheid auch keine Aussage darüber enthalten sein, ob Vermögen zugerechnet werden muss.

gg) ob Zurechnungsbeträge der Einkommensteuer bzw. der Körperschaftsteuer unterlegen haben (§ 15 Abs. 11).

hh) die nach § 15 steuerpflichtigen Einkünfte. Da die Zurechnung von Vermögen derzeit suspendiert ist, weil das BVerfG die Vermögensteuer als verfassungswidrig beurteilt hat und somit kein Bedürfnis für eine Vermögenszurechnung besteht, muss im Zurechnungsbescheid auch keine Vermögenszurechnung erfolgen.

ii) die nach § 10 Abs. 1 S. 1 abziehbaren Steuern/nach § 12 Abs. 1 anzurechnenden Steuern (vgl. § 15 Abs. 5 sowie Tz. 18.1.2.3 Buchst. b AEAStG).

jj) die nach § 15 Abs. 11 steuerfreien Beträge und die Summe der verbleibenden Zurechnungsbeträge.

kk) die nach § 12 Abs. 3 AStG iVm § 34c Abs. 1, 2 EStG bzw. § 26 Abs. 1 KStG anrechenbaren/abzuziehenden Steuern.

Inhaltlich umfasst die gesonderte Feststellung somit neben Gewinnausschüttungen ausländischer Zwischengesellschaften gem. § 15 Abs. 9 S. 2 AStG, Zuwendungen anderer ausländischer Stiftungen iSd § 15 Abs. 10 S. 2 AStG auch Zuwendungen der ausländischen Familienstiftung iSd § 15 Abs. 11 AStG (vgl. *Kirchhain* IStR 2012, 602; BR-Drs. 302/12, 112f. = BT-Drs. 17/10000, 83). Nachrichtlich ist in entsprechender Anwendung des BFH-Urteils vom 15. März 1995 (BFH v. 15.3.1995, I R 14/94, BStBl. II 1995, 502) sowie der Tz. 18.1.2.4 AEAStG im Zurechnungsbescheid der Zurechnungsbetrag auszuweisen.

einstweilen frei

3. Bedeutung der Geltung des Abs. 2 für ausländische Familienstiftungen

Gegenstand der Regelung ist die Finanzamtszuständigkeit im Rahmen der Feststellungserklärungspflicht ausländischer Familienstiftung. Demnach ist in entsprechender Anwendung des Abs. 2 für die gesonderte Feststellung das Finanzamt zuständig, das bei dem unbeschränkt Steuerpflichtigen für die Ermittlung der aus der Familienstiftung bezogenen Einkünfte örtlich zuständig ist. Diese Regelung ist unproblematisch, solange lediglich ein – unbeschränkt steuerpflichtiger – Stifter, Anfalls- oder Bezugsberechtigter der ausländischen Familienstiftung vorhanden ist. Sind mehrere Berechtigte an einer ausländischen Familienstiftung – beispielsweise Stifter, Anfalls- und Bezugsberechtigte – so ist zunächst zu betonen, dass es an einer Stiftung generell und an einer ausländischen Familienstiftung speziell keine gesellschaftsrechtliche „Beteiligung" iSv § 18 Abs. 2 S. 2 geben kann. Daher ist der Verweis des § 18 Abs. 4 auf die Regelung in § 18 Abs. 2 S. 2 modifiziert zu verstehen. Es gibt mithin keine „höchste Beteiligung", wohl aber ist eine „höchste Berechtigung" an der ausländischen Familienstiftung vorstellbar. Aus diesem Grund ist für den Fall, dass die gesonderte Feststellung gegenüber mehreren Personen einheitlich vorzunehmen, das Finanzamt zuständig, das für den Beteiligten zuständig ist, dem die „höchste Berechtigung" an der ausländischen Familienstiftung zuzurechnen ist. Dies erfordert in der Besteuerungspraxis regelmäßig die präzise Kenntnis der Berechtigungen von Stifter, Anfalls- und Bezugsberechtigten aus der Stiftung. Da diese Feststellung in schwierig gelagerten Fällen häufig von derart vielen Faktoren abhängig sein wird, dass die Zuständigkeit von vornherein nicht eindeutig zu ermitteln sein wird, wird in vielen Fällen daher die Verweisregel des Abs. 2 S. 3 eingreifen. Danach ist das Finanzamt zuständig, das zuerst mit der Sache befasst wird.

4. Bedeutung der Geltung des Abs. 3 für ausländische Familienstiftungen

a) Verpflichtung zur Abgabe von Feststellungserklärungen betreffend die ausländische Familienstiftung

131 Der Verweis auf Abs. 3 adressiert die persönliche Verpflichtung zur Abgabe einer Feststellungserklärung bezüglich der ausländischen Familienstiftung. Danach hat jeder der von der ausländischen Familienstiftung begünstigten unbeschränkt Steuerpflichtigen eine Erklärung zur gesonderten Feststellung abzugeben. Dies gilt auch, wenn – von einem oder mehreren der Begünstigten – nach § 15 Abs. 6 geltend gemacht wird, dass eine Zurechnung unterbleibt. Die Verpflichtung kann durch die Abgabe einer gemeinsamen Erklärung erfüllt werden. Dies wäre der Fall, wenn Stifter, Bezugsberechtigte und Anfallsberechtigte eine gemeinsame Erklärung abgeben. Die Erklärung ist eigenhändig von dem Steuerpflichtigen bzw. von den in § 34 AO bezeichneten Personen zu unterschreiben.

b) Gegenstand der gesonderten Feststellung

132 Um die Besteuerungsgrundlagen für die Anwendung des § 15 nach Abs. 1 gesondert feststellen zu können, ist logisch vorgelagert deren Ermittlung und Erklärung durch die dazu vom Gesetz Verpflichteten notwendig. Verpflichtet in persönlicher Hinsicht zur Abgabe einer Feststellungserklärung zum Zweck der Ermittlung der Besteuerungsgrundlagen der Familienstiftung ist jeder der von der ausländischen Familienstiftung begünstigten unbeschränkt Steuerpflichtigen. Dabei handelt es sich um den oder die unbeschränkt steuerpflichtigen Stifter, den oder die unbeschränkt steuerpflichtigen Bezugsberechtigten und/oder den oder die unbeschränkt steuerpflichtigen Anfallsberechtigten. Man könnte diese Feststellungserklärung auch als „Zurechnungserklärung" bezeichnen.

133 Sind in diesem Personenkreis auch erweitert beschränkt Steuerpflichtige, trifft diese keine Verpflichtung zur Abgabe einer Feststellungserklärung. Dies liegt darin begründet, dass die Einbeziehung erweitert beschränkt Steuerpflichtiger gemäß § 15 Abs. 5 S. 1 nicht mehr möglich ist. Möglicherweise entsprach diese Rechtsfolge nicht der gesetzgeberischen Intention, worauf die Gesetzesbegründung hinzudeuten scheint (BR-Drs. 302/12, 110 = BT-Drs. 17/10000, 82). Indessen ist der hM (*Kirchhain* IStR 2012, 602; *Moser* Hinzurechnungsbesteuerung/Familienstiftungen, 290 ff.) zuzustimmen, nach der sich der Wegfall der Zurechnungsbesteuerung bei erweitert beschränkter Steuerpflicht aus der gesetzlichen Verweistechnik ergibt. Unterfallen mithin erweitert beschränkt Steuerpflichtige nicht der Zurechnungsbesteuerung bei ausländischen Familienstiftungen, lässt sich für diesen Personenkreis auch keine Erklärungspflicht nach Abs. 4 iVm Abs. 3 konstruieren.

VI. Entspr. Geltung Abs. 1–3 für ausl. Familienstiftungen **134–137 § 18**

134 Zu ermitteln und zu erklären sind die Einkünfte und das Vermögen der ausländischen Familienstiftung.

c) Erklärungspflicht bei EU-/EWR-Familienstiftungen?

135 Der Verweis des Abs. 4 auf Abs. 3 wirft die Frage auf, ob auch dann eine Erklärungspflicht iSd Vorschrift besteht, wenn geltend gemacht wird, dass eine Familienstiftung gemäß § 15 Abs. 6 vorliegt. Nach dieser Bestimmung gelangen bei einer Familienstiftung mit Geschäftsleitung oder Sitz in einem Mitgliedstaat der Europäischen Union oder einem Vertragsstaat des EWR-Abkommens die Rechtsfolgen des Abs. 1 unter bestimmten kumulativ nachzuweisenden Voraussetzungen nicht zur Anwendung. Zum einen ist dafür erforderlich, dass das Stiftungsvermögen der Verfügungsmacht der in den Absätzen 2 und 3 genannten Personen rechtlich und tatsächlich entzogen ist. Zum anderen müssen zwischen der Bundesrepublik Deutschland und dem Staat, in dem die Familienstiftung Geschäftsleitung oder Sitz hat, auf Grund der Amtshilferichtlinie gemäß § 2 Abs. 2 des EU-Amtshilfegesetzes oder einer vergleichbaren zwei- oder mehrseitigen Vereinbarung Auskünfte erteilt werden, die erforderlich sind, um die Besteuerung durchzuführen.

136 Eine Parallele hat die Bestimmung in § 8 Abs. 2, dem sogenannten Motivtest oder dem EU-Escape im Rahmen der Hinzurechnungsbesteuerung. In verkürzter Darstellung verlangt diese Vorschrift neben dem Informationsaustauscherfordernis den Nachweis, dass die Gesellschaft einer tatsächlichen wirtschaftlichen Tätigkeit in ihrem Ansässigkeitsstaat nachgeht, um die Qualität einer Zwischengesellschaft zu entkräften. Strukturell liegt hier – bei ausländischen Familienstiftungen – wie dort – bei Zwischengesellschaften – jeweils die Möglichkeit vor, einen Entlastungsbeweis für EU-/EWR-Gesellschaften bzw. Familienstiftungen zu führen.

137 Aufgrund dieser Parallelität sind Destinatäre ausländischer Familienstiftungen, die den EU-/EWR-Entlastungsbeweis geltend machen, zur Abgabe einer Feststellungserklärung verpflichtet. Diese Einschätzung wird auch dadurch bestätigt, dass die Finanzverwaltung in die Lage versetzt werden muss, die Tatbestandsvoraussetzungen des § 15 Abs. 6 selbstständig zu prüfen und dann – ggf. auch von der Rechtsmeinung des Erklärungspflichtigen abweichende – Rechtsfolgen abzuleiten. Aufgrund dieser Erwägungen besteht die Steuererklärungspflicht nach Abs. 4 iVm Abs. 3 auch dann, wenn nach § 15 Abs. 6 geltend gemacht wird, dass eine Zurechnung unterbleibt.

Siebenter Teil. Schlußvorschriften

§ 19 *(aufgehoben)*

§ 20 Bestimmungen über die Anwendung von Abkommen zur Vermeidung der Doppelbesteuerung

(1) Die Vorschriften der §§ 7 bis 18 und der Absätze 2 und 3 werden durch die Abkommen zur Vermeidung der Doppelbesteuerung nicht berührt.

(2) ¹Fallen Einkünfte in der ausländischen Betriebsstätte eines unbeschränkt Steuerpflichtigen an und wären sie ungeachtet des § 8 Abs. 2 als Zwischeneinkünfte steuerpflichtig, falls diese Betriebsstätte eine ausländische Gesellschaft wäre, ist insoweit die Doppelbesteuerung nicht durch Freistellung, sondern durch Anrechnung der auf diese Einkünfte erhobenen ausländischen Steuern zu vermeiden. ²Das gilt nicht, soweit in der ausländischen Betriebsstätte Einkünfte anfallen, die nach § 8 Absatz 1 Nummer 5 Buchstabe a als Zwischeneinkünfte steuerpflichtig wären.

(3) *(aufgehoben)*

Inhaltsübersicht

	Rz.
A. Struktur der Vorschrift	1–19
I. Entstehung und Rechtsentwicklung	1–9
II. Überblick über den Regelungsgehalt	10–19
B. Vorrangklausel (Abs. 1)	20–39
I. Verweis auf §§ 7 bis 18 (Abs. 1 Hs. 1)	20–29
II. Verweis auf Abs. 2 und 3 (Abs. 1 Hs. 2)	30–39
C. Switch-over-Klausel (Umschaltklausel) für Zwischeneinkünfte einer DBA-Betriebsstätte (Abs. 2)	40–75
I. Funktionsweise der Switch-over-Klausel (Umschaltklausel)	40–49
1. Normative Konzeption der Switch-over-Klausel (Umschaltklausel)	40–45
2. Belastungswirkungen der Switch-over-Klausel (Umschaltklausel)	46–49
a) Natürliche Person als Träger der ausländischen Betriebsstätte	46, 47
b) Juristische Person als Träger der ausländischen Betriebsstätte	48, 49
3. Tabellarische Gegenüberstellung der Belastungswirkungen der Umschaltklausel	50–55
II. Tarifstrukturprobleme; Niedrigbesteuerung	56–64

	Rz.
III. Rechtsfolge des Abs. 2	65–69
1. Grundsatz: Anrechnung statt Freistellung (§ 20 Abs. 2 S. 1)	65
2. Dienstleistungsausnahme (§ 20 Abs. 2 S. 2)	66–69
IV. Bedeutung des Passus „ungeachtet des § 8 Abs. 2"	70–79
1. Ausgangslage und unionsrechtlicher Hintergrund. Problematik: EuGH Rs. C-298/06 *(Columbus Container Services)*	70
2. Die Entscheidung des Gerichtshofs	71
3. Praxisfolgen	72
4. Regelungsgehalt und mutmaßliche Diktion des Passus „ungeachtet des § 8 Abs. 2"	73, 74
5. Beurteilung des Passus „ungeachtet des § 8 Abs. 2"	75–79
V. Einbeziehung der Einkünfte iSd § 20 Abs. 2 S. 1 in die gewerbesteuerliche Besteuerungsgrundlage	80–89
D. Switch-over-Klausel (Umschaltklausel) bei Personengesellschaften als zivilrechtliche Träger von Betriebsstätten	**90–96**
I. Ausgangslage	90, 91
II. Position der Finanzverwaltung und vereinzelter Schrifttumsmeinungen: Verzicht auf Beherrschungserfordernis der Betriebsstätte	92
III. Entgegnungsschrifttum und Stellungnahme	93–96
1. Zutreffende Position der hM: Notwendigkeit eines Beherrschungserfordernisses der Betriebsstätte	93, 94
2. Bedeutung des umgesetzten AOA	95, 96

A. Struktur der Vorschrift

I. Entstehung und Rechtsentwicklung

1 § 20 wurde durch Art. 17 Nr. 9 StÄndG 1992 (G. v. 25.2.1992, BGBl. 1992 I 297) in das AStG eingeführt. Die Vorschrift ist gem. § 21 Abs. 7 erstmals für Veranlagungs- und Erhebungszeiträume anzuwenden, für die Zwischeneinkünfte mit Kapitalanlagecharakter zu berücksichtigen sind, die bei der Zwischengesellschaft oder Betriebsstätte in einem Geschäftsjahr entstanden sind, das nach dem 31.12.1993 beginnt. Während Abs. 1 der Vorschrift die Hinzurechnung von Einkünften mit Kapitalanlagecharakter ausländischer Zwischengesellschaften bestimmte, normierte Abs. 2 für Einkünfte mit Kapitalanlagecharakter einer ausländischen Betriebsstätte abweichend vom DBA die Anrechnungsmethode.

2 Bis zur Einführung der verschärften Hinzurechnungsbesteuerung hat der Gesetzgeber kein Bedürfnis gesehen, das Konkurrenzverhältnis zwischen den §§ 7 bis 14 und den DBA zu regeln. Der hM folgend werden die §§ 7 bis 14 nicht von den Vorschriften der DBA tangiert (Brezing ua/*Mössner* Vor §§ 7–14 AStG; Blümich/*Vogt* § 20 AStG Rz. 16; Lademann/Söffing/Brockhoff/*Krabbe* § 7 AStG Rz. 13 ff.). Darüber hinaus waren bis zu diesem Zeitpunkt gem. § 10 Abs. 5 die Vorschriften der DBA über die Ausschüttungen

A. Struktur der Vorschrift 3–9 § 20

auf den Hinzurechnungsbetrag ausdrücklich entsprechend anwendbar. Diese Vergünstigung galt aber nicht für die mit dem Steueränderungsgesetz 1992 eingeführte Hinzurechnungsbesteuerung für Zwischeneinkünfte mit Kapitalanlagecharakter. Ziel der Einführung war die Verhinderung der auf DBA gestützten Verlagerung von Einkünften, die durch gezielte steuerpolitische Maßnahmen in an sich hoch besteuerten Staaten hervorgerufen wurden (*Schaumburg* Internationales Steuerrecht Rz. 10 295 mwN). Aus diesem Grund fügte der Gesetzgeber klarstellend den § 20 Abs. 1 ein, um die Neuregelungen der §§ 7 Abs. 6, 10 Abs. 6 und 11 Abs. 4 entsprechend der Zielstellung gegen die Anwendung der DBA abzuschirmen (Blümich/*Vogt* § 20 AStG Rz. 1). Mit dem Wegfall der Vermögensteuer wurde Abs. 3 mit Wirkung vom 1.1.1997 ersatzlos gestrichen.

Durch das Unternehmensteuerfortentwicklungsgesetz vom 20.12.2001 **3** (BGBl. 2001 I 1858) fügte der Gesetzgeber Abs. 2 S. 2 ein. Dadurch wurde die bis zu diesem Zeitpunkt bestehende Diskriminierung in DBA-Staaten belegener Betriebsstätten iSd § 20 Abs. 2 S. 1, für die im Gegensatz zu Kapitalgesellschaften keine Beschränkung der Einkünftezurechnung auf 60% bestand (vgl. dazu den mittlerweile aufgehobenen § 10 Abs. 6 S. 3, später Abs. 7 S. 3) beseitigt. Ein sachlicher Grund für eine derartige Ungleichbehandlung war nicht ersichtlich (vgl. auch Begründung zum Regierungsentwurf, BT-Drs. 14/6882, 44), sodass die Änderung folgerichtig war.

Durch das Gesetz zum Abbau von Steuervergünstigungen und Ausnahme- **4** regelungen (Steuervergünstigungsabbaugesetz) vom 16.5.2003 (BGBl. 2003 I 660) wurden die Abs. 5 bis 7 des § 10 aufgehoben. Der Hinzurechnungsbesteuerung unterliegen daher ab dem Veranlagungs- und Erhebungszeitraum 2003 sämtliche Zwischeneinkünfte im vollen Umfang. Die Vorschriften der DBA über die Besteuerung der Ausschüttungen sind für die allgemeine Hinzurechnungsbesteuerung daher nicht mehr anwendbar; die auf 60% der Zwischeneinkünfte mit Kapitalanlagecharakter begrenzte Hinzurechnung in DBA-Staaten ist ebenfalls entfallen. Für eine Differenzierung zwischen allgemeiner und verschärfter Hinzurechnungsbesteuerung besteht hinsichtlich der Rechtsfolgen kein Anlass mehr. Der Regelungsgehalt der Vorschrift wird seither auf sämtliche Zwischeneinkünfte ausgedehnt.

Mit dem Jahressteuergesetz 2008 vom 20.12.2007 (BGBl. 2007 I 3150) **5** wurde die Vorschrift erneut geändert, indem im Abs. 2 der Passus „ungeachtet des § 8 Abs. 2" mit Wirkung vom 1.1.2008 eingefügt wurde.

Durch das Jahressteuergesetz 2010 vom 8.12.2010 (BGBl. 2010 I 1768 **6** = BStBl. I 2010, 1394) erfuhr § 20 die nächste Änderung. Angefügt wurde S. 2 in Abs. 2. Dieser regelt, dass die „switch-over-Klausel" bzw. die Umschaltklausel insoweit nicht gilt, als in der ausländischen Betriebsstätte Einkünfte anfallen, die nach § 8 Abs. 1 Nr. 5 Buchst. a als Zwischeneinkünfte steuerpflichtig wären. Die Wirkung dieser Regelung besteht darin, dass die Umschaltklausel des § 20 Abs. 2 bei der Erbringung von Dienstleistungen durch die ausländische Betriebsstätte eines unbeschränkt Steuerpflichtigen unter bestimmten Voraussetzungen nicht mehr zur Anwendung kommt.

einstweilen frei **7–9**

II. Überblick über den Regelungsgehalt

10 Nach § 20 Abs. 1 berühren die DBA die §§ 7 bis 18 nicht. Damit wollte der Gesetzgeber Bedenken hinsichtlich der Vereinbarkeit der Hinzurechnungsbesteuerung und der Zurechnung nach § 15 mit den DBA den Boden entziehen. Unklar ist aber, warum der Verweis auf die gesamten §§ 7 bis 18 erfolgte. Zum einen bestand nach der ursprünglichen Rechtslage kein Zusammenhang zu den Vorschriften der allgemeinen Hinzurechnungsbesteuerung; zum anderen waren die danach zuzurechnenden Einkünfte nach den bestehenden DBA bis zu seiner Aufhebung durch das Gesetz zum Abbau von Steuervergünstigungen und Ausnahmeregelungen vom 16.5.2003 (BGBl. 2003 I 660) aufgrund von § 10 Abs. 5 privilegiert. Daraus kann nur geschlossen werde, dass entgegen der hM in der Finanzverwaltung Zweifel an der Vereinbarkeit mit den DBA bestanden (*FWBS* § 20 AStG Rz. 10).

11 Des Weiteren war der Sinn des Verweises auf die §§ 16 bis 18 nicht erkennbar, da eine Kollision der Verfahrensvorschriften mit DBA-Regelungen nicht vorkommen kann, da diese keine verfahrensrechtlichen Normen enthalten.

12 Der Verweis auf § 15 fand seine Ursache in den starken Bedenken, die hinsichtlich der Vereinbarkeit der Vorschrift mit den DBA vorgebracht wurden (*FWBS* § 15 AStG Rz. 8 ff.; *WSG* § 15 AStG Rz. 11). Aufgrund der fehlenden Anwendungsvorschrift – § 21 Abs. 7 regelt nur die Anwendbarkeit des Abs. 2 – ging der Gesetzgeber auch hier scheinbar von einer deklaratorischen Bedeutung aus.

13 § 20 Abs. 2 enthält eine Regelung für Einkünfte einer ausländischen Betriebsstätte eines inländischen unbeschränkt Steuerpflichtigen. Die ursprüngliche Beschränkung auf Einkünfte mit Kapitalanlagecharakter wurde – wie oben erwähnt – durch das Gesetz zum Abbau von Steuervergünstigungen und Ausnahmeregelungen vom 16.5.2003 (BGBl. 2003 I 660) beseitigt. Seither sind die Einkünfte betroffen, die in einer ausländischen Betriebsstätte eines unbeschränkt Steuerpflichtigen anfallen und die der Hinzurechnungsbesteuerung unterliegen würden, wären sie von einer ausländischen Kapitalgesellschaft erzielt worden.

14 § 20 Abs. 2 S. 2 statuiert von dieser switch-over- oder Umschaltklausel eine Rückausnahme. Die Einführung des Satzes 2 basiert auf der Erkenntnis des Gesetzgebers, dass die uneingeschränkte Anknüpfung des § 20 Absatz 2 an die Vorschriften über die Hinzurechnungsbesteuerung („wäre sie – die Betriebsstätte – eine Gesellschaft") dazu führte, dass die Rechtsfolgen auch für Betriebsstätten selbständig freiberuflich oder gewerblich tätiger Personen eintraten. Wäre nämlich die Betriebsstätte eine Gesellschaft, käme es zur Hinzurechnungsbesteuerung auf Grund des sog. Mitwirkungstatbestands des § 8 Abs. 1 Nr. 5. Um den Eintritt dieser Rechtsfolge zu vermeiden, wurde mit der Anfügung des S. 2 beabsichtigt, dass auf Einkünfte, die in der Betriebsstätte einer unbeschränkt steuerpflichtigen Person in einem Staat mit Freistellungs-DBA anfallen, die Rechtsfolgen des S. 1 unter den in S. 2 genannten Voraussetzungen nicht eintreten. Diese Regelungsanordnung sollte dann zur Folge haben, dass es bei der Freistellung bleibt.

Die Vorschrift des § 20 Abs. 2 verliert zunehmend an Bedeutung, da die 15 DBA-rechtliche Freistellung für ausländische Betriebsstätteneinkünfte in Deutschland in neueren DBA vermehrt an ausschließlich oder fast ausschließlich aktive Einkünfte iSv § 8 Abs. 1 AStG geknüpft wird (vgl. *Kraft/Kempf* IStR 2016, 220). Switch-Over-Klauseln sind inzwischen zum festen Bestandteil der deutschen Abkommenspolitik geworden, soweit die DBA nicht ohnehin als Regelmethode die Anrechnungsmethode vorsehen (*Vogel/Lehner* Art. 1 Rz. 136 ff.).

Keine Zweifel bestehen daran, dass die von der Vorschrift angesprochenen 16 Betriebsstätten den Betriebsstättengewinnermittlungsregeln der einschlägigen Verwaltungsanweisungen unterliegen. Neben den Betriebsstätten-Verwaltungsgrundsätzen vom 24. Dezember 1999 (BStBl. I 1999, 1076) sind zu nennen die BsGaV vom 13. Oktober 2014 (BGBl. 2014 I 1603) sowie die VWG BsGa (BStBl. I 2017, 182). Die Einschlägigkeit der BsGaV sowie der VWG BsGa ist im Einzelfall zu prüfen, da § 1 Abs. 5 und die BsGaV Einkünftekorrekturvorschriften sind, die nach der Auffassung der Finanzverwaltung nur zu einer Erhöhung der inländischen Einkünfte eines beschränkt Steuerpflichtigen oder zur Minderung der ausländischen Einkünfte eines unbeschränkt Steuerpflichtigen führen können.

einstweilen frei 17–19

B. Vorrangklausel (Abs. 1)

I. Verweis auf §§ 7 bis 18 (Abs. 1 Hs. 1)

Abs. 1 verweist zunächst auf den Vorrang der §§ 7 bis 18 vor den Regelun- 20 gen in den Doppelbesteuerungsabkommen, indem er – sprachlich unglücklich – ausführt, dass die DBA die §§ 7 bis 18 nicht berühren. Berührt eine Vorschrift eine andere Vorschrift nicht, so bedeutet dies im gesetzlichen Sprachgebrauch im Normalfall, dass die nicht berührende Vorschrift die nicht berührte Vorschrift unangetastet lässt. Mit anderen Worten: Die nicht berührte Vorschrift gilt weiter. Übertragen auf den Wortlaut der hier in Rede stehenden Bestimmung hat das zur Folge, dass die Vorschriften der §§ 7 bis 18 weiter gelten, und zwar auch angesichts und eingedenk der DBA. Die Regelung ist damit vor dem Hintergrund des dogmatischen Streites über das Verhältnis zwischen der Hinzurechnungsbesteuerung und den Regelungen der DBA zu verstehen. Die überwiegende Auffassung bejaht einen Vorrang der Hinzurechnungsbesteuerung vor den DBA, wenn auch mit unterschiedlichen Begründungen. Nach Meinung von *Debatin* (DB 1972, 1939, 1983; DB 1992, 2159) und *Kluge* (AWD 1972, 411, 415) ist durch die DBA lediglich eine Doppelbesteuerung der Zwischengesellschaft unzulässig. Eine Zurechnung der Einkünfte zu einer anderen Person wird durch die DBA allerdings grundsätzlich nicht ausgeschlossen. Dabei stellt sich aber das Problem der Umgehung der bestehenden DBA durch die Zurechnung der von einer anderen Person erzielten Einkünfte.

Nach Ansicht von Brezing ua/*Mössner* vor §§ 7–14 AStG Rz. 36 stehen die 21 DBA unter einem Missbrauchsvorbehalt. Handelt es sich um im Bereich des völkerrechtlich zulässigen bewegende Vorschriften zur Missbrauchsabwehr, wie sie die §§ 7 bis 14 darstellen, kann in der widerspruchslosen Hinnahme durch den Vertragsstaat durchaus deren Anerkennung gesehen werden. Vor diesem Hintergrund wäre die Statuierung einer Steuerpflicht für den Gesellschafter der Zwischengesellschaft von völkerrechtlichen Grundsätzen gedeckt. Eine Umgehung der DBA läge in diesem Fall nicht vor, da ein stillschweigender Missbrauchsvorbehalt Maßnahmen dieser Art rechtfertigt.

22 Der BFH hat sich bisher nur zur Vereinbarkeit der Hinzurechnungsbesteuerung mit dem DBA Schweiz geäußert (BFH v. 9.11.1983, I R 120/79, BFHE 140, 493 = BStBl. II 1984, 468; BFH v. 29.8.1984, I R 68/81, BFHE 142, 234 = BStBl. II 1985, 120; BFH v. 12.7.1989, I R 46/85, BFHE 158, 224 = BStBl. II 1990, 113). Er leitete den Vorrang der §§ 7 bis 14 dabei aus dem Wortlaut des Art. 4 Abs. 11 DBA Schweiz ab, der den Abkommensschutz im anderen Vertragsstaat ansässiger Gesellschafter ausdrücklich verneint, wenn diesen Gesellschaftern Einkünfte zuzurechnen sind. Der Zurechnung von Einkünften durch die §§ 7 bis 14 steht damit das DBA Schweiz ausdrücklich nicht entgegen. Damit können sowohl die Schweiz als auch Deutschland ihr Steuerrecht ohne Beschränkung durch DBA anwenden. Auf eine generelle Stellungnahme zur Vereinbarkeit der Hinzurechnungsbesteuerung mit den DBA wird dagegen verzichtet. Da dies im vorliegenden Fall nicht entscheidungserheblich war, kann aber nicht gefolgert werden, dass ein entsprechender Vorbehalt im DBA zur Anwendung der §§ 7 bis 14 erforderlich ist.

23 In der Tat stehen der Anwendung der §§ 7 bis 14 die Regelungen der DBA nicht entgegen. Sowohl die Statuierung einer eigenständigen Steuerpflicht des Inländers für die von der ausländischen Zwischengesellschaft erzielten Einkünfte als auch der Ansatz des Hinzurechnungsbetrages als fiktive Dividende als Rechtsfolge der §§ 7 bis 14 berühren den Anwendungsbereich der DBA nicht. Daran ändert auch der (frühere) Hinweis auf die Anwendbarkeit der DBA auf die „allgemeine Hinzurechnungsbesteuerung" im § 10 Abs. 5 nichts. Vielmehr vermochte der frühere § 10 Abs. 5, den Anwendungsbereich der DBA einseitig auf den Hinzurechnungsbetrag auszudehnen. Darin kann aber kein allgemeiner Anwendungsvorrang der DBA gesehen werden.

24 Dieser Auffassung folgend hat der Hinweis im § 20 Abs. 1 auf die §§ 7 bis 14 nur deklaratorische Bedeutung. Dies wird auch durch die Anwendungsvorschrift des § 21 Abs. 7 bestätigt, die nur auf den Abs. 2 verweist. Dies ist folgerichtig, da der Gesetzgeber in der Begründung zum bereits geltenden Vorrang der Hinzurechnungsbesteuerung betont und den § 20 Abs. 1 als klarstellend bezeichnet.

25 § 20 Abs. 1 bestimmt, dass die DBA die §§ 7 bis 18 und die Abs. 2 und 3 „nicht berühren" sollen. Der Sinn dieser Regelung wird darin gesehen, dass damit Bedenken gegen die Vereinbarkeit der Hinzurechnungsbesteuerung mit den DBA bei der innerstaatlichen Rechtsanwendung ausgeräumt werden sollen (vgl *FWBS* § 20 Rz. 21; Blümich/*Vogt* AStG § 20 Rz. 1).

26 Der lange Zeit im Rahmen der Vorschrift diskutierten Problematik des Treaty Override dürfte aufgrund der Rechtsprechung des Bundesverfassungsgerichtes der Boden entzogen sein. Denn mit seinem Beschluss v. 15.12.2015 – 2 BvL 1/12 zu § 50d Abs. 8 EStG hat das BVerfG entschieden, dass – abweichend von der Auffassung des vorlegenden I. Senats des BFH – abkommenswidrige innerstaatliche Gesetzgebung verfassungskonform ist. Mit anderen Worten wird eine im Rahmen des § 20 geführte Treaty Override-Diskussion allenfalls von akademischen Interesse sei. Für die Besteuerungspraxis sind damit die Möglichkeiten signifikant gesunken, die Verfassungswidrigkeit einer steuerrechtlichen Norm mit der Argumentation eines Treaty Override zu begründen.

Ganz erhebliche Bedenken bestehen hinsichtlich der Vereinbarkeit des § 15 mit bestehenden DBA. Die grundsätzliche Konkurrenzfrage wird durch den Verweis in § 20 Abs. 1 zugunsten der Regelung des § 15 entschieden.

einstweilen frei   28, 29

II. Verweis auf Abs. 2 und 3 (Abs. 1 Hs. 2)

Abs. 1 Hs. 2 weist ebenfalls auf den Vorrang außensteuerrechtlicher Bestimmungen vor den Regelungen in den Doppelbesteuerungsabkommen hin. Hier geht es um den Vorrang des Abs. 2 und des – seit längerem aufgehobenen – Abs. 3. Auch hier wird – sprachlich holprig – ausgeführt, dass die DBA die Abs. 2 und 3 nicht berühren. Wie im Rahmen des Verweises auf §§ 7 bis 18 nach Hs. 1 gilt in dem hier interessierenden Zusammenhang allgemein, dass dann, wenn eine Vorschrift eine andere Vorschrift nicht berührt, die nicht berührende Vorschrift die nicht berührte Vorschrift weiter gelten lässt. Damit sind Doppelbesteuerungsabkommen – nach Auffassung des Gesetzgebers – ebenfalls gegenüber den Abs. 2 und 3 ebenfalls nachrangig. Abs. 2 betrifft Einkünfte, die der Hinzurechnungsbesteuerung unterlägen, wenn sie durch eine Kapitalgesellschaft erzielt worden wären. Demgegenüber ist der immer noch vorhandene Verweis auf den längst aufgehobenen Abs. 3 (Vermögensteuer!) nur als weitere handwerkliche, daher durchaus peinliche Unzulänglichkeit des Gesetzgebers zu verstehen.

Die Einführung des § 20 Abs. 2 fand ihre ursprüngliche Ursache in einer Umgehungsmöglichkeit der Hinzurechnungsbesteuerung. Diese konnte dadurch erreicht werden, dass im Inland unbeschränkt Steuerpflichtige ausländische Einkünfte nicht über eine ausländische Kapitalgesellschaft, sondern durch eine Betriebsstätte in einem DBA-Staat entstehen ließen. Die deutsche Abkommenspolitik ist so angelegt, dass Betriebsstätteneinkünfte im DBA-Fall idR von der Besteuerung in Deutschland freigestellt werden. Enthält das DBA keine Aktivitätsklausel, wären – ohne die Bestimmung des § 20 Abs. 2 – niedrig besteuerte passive Einkünfte der ausländischen Betriebsstätte der deutschen Besteuerung entzogen. Damit könnte die gleiche Abschirmwirkung wie bei Zwischenschaltung einer ausländischen Kapitalgesellschaft durch die Gewinnerzielung mittels einer ausländischen Betriebsstätte erreicht werden. Während eine Einbeziehung zunächst nur für Einkünfte mit Kapitalanlagecharakter vorgesehen war, wurden durch das Steuervergünstigungsabbaugesetz vom 16.5.2003 alle niedrig besteuerten passiven Einkünfte der Betriebsstätte der Regelung unterworfen. Diese Änderung war im Hinblick auf die Abschaffung des § 10 Abs. 5 bis 7 folgerichtig. Niedrig besteuerte Einkünfte mit Kapitalanlagecharakter und sonstige passive Einkünfte einer Zwischengesellschaft werden ohne den Schutz von Doppelbesteuerungsabkommen von der Hinzurechnungsbesteuerung erfasst. Zur Verhinderung der Umgehung der Regelung ist daher eine Ausweitung der nachfolgend synonym verwendeten switch-over-Klausel bzw. Umschaltklausel auf sämtliche niedrig besteuerte passive Einkünfte der Betriebsstätte erforderlich. Die Nichtanwendung der DBA führt bei den betroffenen Einkünften zur Anwendung der Anrechnungsmethode des § 34c Abs. 1 EStG mit der Folge, dass das inländische Steuerniveau zum Tragen kommt.

32–39 *einstweilen frei*

C. Switch-over-Klausel (Umschaltklausel) für Zwischeneinkünfte einer DBA-Betriebsstätte (Abs. 2)

I. Funktionsweise der Switch-over-Klausel (Umschaltklausel)

1. Normative Konzeption der Switch-over-Klausel (Umschaltklausel)

40 Durch die Streichung des § 10 Abs. 5 bis 7 und den dadurch bedingten Wegfall der gesonderten Regelung der Hinzurechnungsbesteuerung für Zwischeneinkünfte mit Kapitalanlagecharakter wurde der Anwendungsbereich des Abs. 2 auf alle Einkünfte einer Betriebsstätte ausgedehnt, die bei einer rechtlich selbstständigen Einheit als Zwischeneinkünfte zu erfassen wären. Voraussetzung der Anwendung des Abs. 2 ist eine Tätigkeit der Betriebsstätte, die nicht unter den Aktivitätskatalog des § 8 fällt, deren Einkünfte einer niedrigeren Besteuerung unterliegen und die durch ein DBA von der deutschen Besteuerung freigestellt sind. Die Regelung sollte daher im Ergebnis nur Bedeutung erlangen, wenn ein DBA ohne Aktivitätsklausel die deutsche Besteuerung der Betriebsstätte ausschließt. Dabei ist aber zu beachten, dass der Umfang der aktiven Tätigkeiten im konkreten DBA vom § 8 abweichen kann. Im Einzelfall wird eine divergierende Behandlung im Rahmen des DBA und des § 20 Abs. 2 auftreten können. Dies kann insbesondere dann zu Problemen führen, wenn die ausgeübte Tätigkeit vom DBA als aktiv anerkannt, im Aktivitätskatalog dagegen nicht aufgeführt wird (vgl. zu den Aktivitätsklauseln im deutschen Abkommensrecht *Wassermeyer* IStR 2000, 65 ff.; *Wassermeyer/Schieber/Wassermeyer* DBA Anl. 1 zu Art. 23 A/B). In solchen Fällen konnte die treaty overriding Klausel des Abs. 2 früher völkerrechtlich als bedenklich beurteilt werden. Aufgrund der Rechtsprechung des Bundesverfassungsgerichtes zum Treaty Override dürften sich diese Bedenken erledigt haben (BVerfG, Beschluss v. 15.12.2015 – 2 BvL 1/12 zu § 50d Abs. 8 EStG).

41 Der Begriff der Betriebsstätte bestimmt sich nach § 12 AO, nicht nach den Vorschriften der DBA. Der Betriebstättenbegriff bezieht sich dabei nicht nur auf gewerbliche Einkünfte. Erfasst werden vielmehr alle Einkünfte, die innerhalb der Gewinneinkunftsarten erzielt werden (*FWBS* § 20 AStG Rz. 51). Dies entspricht auch der Betriebsstättendefinition des § 12 AO, der darauf abstellt, dass die Geschäftseinrichtung oder Anlage der Tätigkeit eines Unternehmens dient. Damit sind Land- und Forstwirte und Freiberufler neben Gewerbebetrieben ebenfalls einbezogen (*Tipke/Kruse* § 12 AO Rz. 17). Die Zu-

C. Switch-over-Klausel (Abs. 2)

rechnung der ausländischen Betriebsstätte zum unbeschränkt Steuerpflichtigen erfolgt ebenfalls über § 12 AO. Es ist dabei unerheblich, ob es sich um eine unbeschränkt steuerpflichtige natürliche Person oder um eine Körperschaft, Personenvereinigung oder Vermögensmasse iSd § 1 Abs. 1 KStG handelt.

Bei Zurechnung der Betriebsstätte zu einer Personengesellschaft ist entscheidend, ob an dieser Personengesellschaft unbeschränkt steuerpflichtige Personen beteiligt sind. Dabei spielt es keine Rolle, ob es sich um eine nach inländischen oder ausländischen Rechtsvorschriften gegründete Personengesellschaft handelt. Das AStG unterscheidet hinsichtlich der betroffenen Personen nicht danach, wo sie ihre Einkünfte erzielen, sondern stellt ausschließlich auf deren unbeschränkte Steuerpflicht ab. Erforderlich ist aber eine ausländische Betriebsstätte; eine inländische Betriebsstätte der ausländischen Personengesellschaft fällt nicht unter § 20 Abs. 2.

Die Einkünfte müssen in der ausländischen Betriebsstätte anfallen. Es stellt sich dabei die Frage, ob die Vorschriften des innerstaatlichen Rechts oder die Regelungen in den DBA über die Zuordnung der Einkünfte zu den Betriebsstätten anzuwenden sind. Ausgehend von Sinn und Zweck der Regelung können ausschließlich die Zuordnungsregelungen des speziellen DBA zur Anwendung gelangen, um festzustellen, ob dem Belegenheitsstaat der Betriebsstätte das Besteuerungsrecht zusteht. Nur im Fall der Zuordnung der betreffenden Einkünfte zur ausländischen Betriebsstätte stellt sich das Problem der Freistellung der Einkünfte. Auf die so der Betriebsstätte zuzurechnenden Einkünfte ist dann die Regelung des § 20 Abs. 2 anzuwenden. Die Ermittlung der Einkünfte hat dabei nach den allgemeinen Gewinnrealisationsgrundsätzen zu erfolgen.

Die Einkünfte wären als Zwischeneinkünfte steuerpflichtig, wenn sie durch eine ausländische Gesellschaft erzielt würden. Der Gesetzgeber arbeitet hier mit der Fiktion, dass die Einkünfte durch eine Zwischengesellschaft erzielt werden. Die Einkünfte unterliegen nur dann – fiktiv – der Hinzurechnungsbesteuerung, wenn die Beteiligungsvoraussetzungen des § 7 Abs. 1 bzw. Abs. 6 erfüllt sind. Bei Betriebsstätten von Einzelunternehmen und Kapitalgesellschaften können insoweit keine Schwierigkeiten auftreten, da in diesen Fällen von einer fiktiven 100%-Beteiligung auszugehen ist. Anders liegt das Problem bei Betriebsstätten von Personengesellschaften, deren Gesellschafter als Mitunternehmer iSd § 15 Abs. 1 Nr. 2 EStG anzusehen sind und die nicht gleichermaßen die Voraussetzung der unbeschränkten Steuerpflicht des § 7 Abs. 1 erfüllen. Da eine Beteiligung am Nennkapital der Betriebsstätte nicht existiert, kann insoweit ist nur ein Rückgriff auf die Gewinnverteilung der Personengesellschaft erfolgen (*FWBS* § 20 AStG Rz. 60). Dies entspricht auch der gesetzlichen Wertung im § 7 Abs. 5, der bei vom Nennkapital abweichender Gewinnverteilung oder fehlendem Nennkapital von der Gewinnverteilung ausgeht.

Bei Vorliegen einer fiktiven Beteiligung von unbeschränkt Steuerpflichtigen an einer ausländischen Betriebsstätte zu mehr als der Hälfte erfolgt der Übergang von der Freistellung zur Anrechnung für alle fiktiv hinzurechnungspflichtigen Einkünfte. Liegt dagegen die Beteiligung zwischen 1 vH und 50 vH gilt der Methodenwechsel nur für Einkünfte mit Kapitalanlagecharakter iSd § 7 Abs. 6a. Insoweit kommt einer Differenzierung der niedrig besteuerten passiven Einkünfte gem. § 8 und den Einkünften mit Kapitalanlagecharakter erhebliche Bedeutung zu.

2. Belastungswirkungen der Switch-over-Klausel (Umschaltklausel)

a) Natürliche Person als Träger der ausländischen Betriebsstätte

46 Betreibt eine im Inland unbeschränkt steuerpflichtige natürliche Person ein Einzelunternehmen und wird dieses im DBA-Freistellungsausland durch eine dort belegene Betriebsstätte tätig, unterliegt die natürliche Person mit den durch die Betriebsstätte erwirtschafteten Erträgen einer niedrigen Besteuerung, stammen die Einkünfte aus passivem Erwerb und greift die Dienstleistungsausnahme des § 20 Abs. 2 S. 2 nicht, dann ergeben sich rechtsfolgeseitig die nachfolgend skizzierten Belastungswirkungen.

47 Beispiel (vgl. *Kraft/Kempf* IStR 2016, 220):

Eine im Inland unbeschränkt steuerpflichtige natürliche Person soll mit ihrer ausländischen Betriebsstätte im Ausland einer effektiven Besteuerung von 5% unterliegen. Die steuerlichen Gewinnermittlungskonventionen in diesem Staat sollen den inländischen Vorschriften entsprechen. Das anzuwendende DBA sieht für Betriebsstättenerfolge die Befreiungsmethode vor und enthält keine Aktivitätsklausel. Zur Vereinfachung der Berechnung wird angenommen, dass die natürliche Person im Inland einer effektiven Besteuerung von 45% (Einkommensteuer) unterliegt, wodurch gleichzeitig von Effekten des Progressionsvorbehalts abstrahiert werden kann. Der Solidaritätszuschlag bleibt aus Vereinfachungsgründen unberücksichtigt. Die Illustration des Sachverhalts kann der nachfolgenden Abbildung entnommen werden.

Grundsätzliche Wirkungsweise der Umschaltklausel des § 20 Abs. 2 S. 1 AStG (natürliche Person als Träger der ausländischen Betriebsstätte)

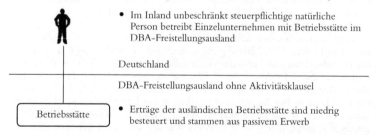

Im Ausland ergibt sich laut Sachverhalt eine Belastung mit 5 Prozentpunkten, die sich aus Art. 7 iVm Art. 23 OECD-MA ergebende DBA-rechtliche Freistellung im Inland würde somit zu einem Nachsteuerertrag von 95 Prozentpunkten führen. Ohne Anwendung der „Umschaltklausel" des § 20 Abs. 2 S. 1 würde dies die finale Belastungswirkung bedeuten. Annahmegemäß ist die Betriebsstätte jedoch niedrig besteuert und erwirtschaftet Einkünfte aus passivem Erwerb. Demzufolge sind die 100 Prozentpunkte in die steuerliche Bemessungsgrundlage der natürlichen Person einzubeziehen. Auf die resultierende Einkommensteuer können die ausländischen Steuern nach §§ 34c, 34d EStG angerechnet werden, sodass im Ergebnis ein Nachsteuerertrag von 55 Prozentpunkten

C. Switch-over-Klausel (Abs. 2) 48, 49 § 20

verbleibt. Mithin wird die Befreiungsmethode derogiert, es stellt sich ein Belastungseffekt wie bei einer inländischen Investition ein. Wegen § 9 Nr. 3 GewStG erfolgt keine Belastung mit Gewerbesteuer (*Kraft/Kempf* IStR 2016, 220; *Haase/Rupp* § 20 AStG, Rz. 138; *SKK/Prokopf* § 20 AStG Rz. 174 mwN; *Blümich/Vogt*, § 20 AStG Rz. 35; *Köhler* DStR 2003, 1156, 1159; *Rödder/Schumacher* DStR 2002, 105, 112 Fn. 41; *Rödder/Schumacher* DStR 2003, 805, 817; *Haase* IStR 2008, 312, 313; *Pyszka/Brauer* 2008, Rz. 58; *Hagemann* Ubg 2014, 706, 709, 711). Nach der hier vertretenen Ansicht muss für die Anwendung des § 20 Abs. 2 AStG als Tatbestandsvoraussetzung eine DBA-rechtliche Betriebsstätte vorliegen. Die – unzutreffende – Auffassung des FG Köln (FG Köln v. 7.5.2015, 10 K 73/13, IStR 2015, 794; vgl. dazu *Lüdicke* IStR 2015, 770; *Becker/Loose* Ubg 2015, 520; *Kraft/Kempf* IStR 2016, 220) konnte sich nicht durchsetzen und wurde vom BFH (BFH v. 20.7.2016, I R 50/15) richtig gestellt.

b) Juristische Person als Träger der ausländischen Betriebsstätte

Analoge Überlegungen sind anzustellen, wenn eine im Inland unbeschränkt **48** steuerpflichtige juristische Person im DBA-Freistellungsausland durch eine dort belegene Betriebsstätte tätig wird.

Beispiel (vgl. *Kraft/Kempf* IStR 2016, 220): **49**

Eine im Inland unbeschränkt steuerpflichtige juristische Person soll mit ihrer ausländischen Betriebsstätte im Ausland einer effektiven Besteuerung von 5% unterliegen. Die steuerlichen Gewinnermittlungskonventionen in diesem Staat sollen den inländischen Vorschriften entsprechen. Das anzuwendende DBA sieht für Betriebsstättenerfolge die Befreiungsmethode vor und enthält keine Aktivitätsklausel. Der Solidaritätszuschlag bleibt aus Vereinfachungsgründen unberücksichtigt. Die Illustration des Sachverhalts kann der nachfolgenden Abbildung entnommen werden.

Grundsätzliche Wirkungsweise der Umschaltklausel des § 20 Abs. 2 S. 1 AStG (juristische Person als Träger der ausländischen Betriebsstätte)

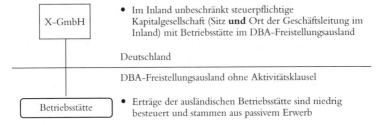

Auf der Ebene der juristischen Person ergibt sich eine Belastung mit dem inländischen Körperschaftsteuersatz nach § 23 KStG unter Anrechnung ausländischer Steuern nach §§ 26 KStG, 34c, 34d EStG. Demzufolge ist im Ergebnis inländische Körperschaftsteuer in Höhe von 10 festzusetzen, das Nachsteuerergebnis beträgt 85 Prozentpunkte. Da § 9 Nr. 3 GewStG nicht nach Rechtsformen differenziert, ergibt sich auch im vorliegenden Sachverhalt keine Belastung mit Gewerbesteuer (*Haase/Rupp* § 20 AStG, 2. Aufl. 2012, Rz. 138; *SKK/Prokopf* § 20 AStG Rz. 174 mwN; *Blümich/Vogt* § 20 AStG Rz. 35; *Köhler* DStR 2003, 1156, 1159; *Rödder/Schumacher* DStR 2002, 105, 112. Fn. 41; *Rödder/Schumacher* DStR 2003, 805, 817; *Haase* IStR 2008, 312, 313; *Pyszka/Brauer* 2008, Rz. 58; *Hagemann* Ubg 2014, 706, 709, 711).

3. Tabellarische Gegenüberstellung der Belastungswirkungen der Umschaltklausel

50

Rechtsträger	Natürliche Person		Juristische Person	
Belastungsrechnung	Ohne Umschaltklausel	Belastung unter Anwendung des § 20 Abs. 2 S. 1 AStG	Ohne Umschaltklausel	Belastung unter Anwendung des § 20 Abs. 2 S. 1 AStG
Betriebsstättenergebnis vor ausländischen Ertragsteuern	100	100	100	100
ausländische Ertragsteuerbelastung	– 5	– 5	– 5	– 5
Nachsteuerergebnis im Betriebsstättenstaat	95	95	95	95
Inländische Bemessungsgrundlage	0	100	0	100
Inländische Steuerbelastung unter Anrechnung ausländischer Steuern	0	– 40	0	– 10
Nachsteuerertrag	95	55	95	85

51–55 *einstweilen frei*

II. Tarifstrukturprobleme; Niedrigbesteuerung

56 Die von § 20 Abs. 2 angeordnete Erweiterung der Besteuerung von sog. Zwischeneinkünften insbesondere auf ausländische Betriebstätteneinkünfte verweist zur Definition einer Niedrigbesteuerung direkt auf den § 8 Abs. 3. Aus diesem Verweis auf eine Vorschrift, die ursprünglich nur auf ausländische Kapitalgesellschaften Anwendung fand, ergibt sich ein in der jüngeren Literatur (vgl. *Maack/Stöbener* IStR 2008, 461; *Wassermeyer/Schönfeld* IStR 2008, 496; *FWBS* § 20 AStG Rz. 120) verstärkt diskutiertes Problem. Führt man sich vor Augen, dass das klassische Leitbild der Hinzurechnungsbesteuerung in der Beteiligung unbeschränkt steuerpflichtiger natürlicher bzw. juristischer Personen an einer im Ausland domizilierten, niedrig besteuerten und von Inländern beherrschten Kapitalgesellschaft bestand, kann es durch die später erfolgte Ausdehnung auf im Ausland belegene Betriebsstätten zu besonderen Tarifstrukturproblemen kommen, wenn natürliche Personen entweder direkt eine Betriebsstätte im Ausland betreiben oder ihnen über eine in- oder ausländische Personengesellschaft die ausländische Betriebsstätte anteilig zugerechnet wird. Nach der Rechtsprechung und der Verwaltungsmeinung (Nachweise unter Tz. 1.1.5.1. der Betriebsstätten-Verwaltungsgrundsätze vom 24.12.1999, BStBl. I 1999, 1076) ist die mitunternehmerische Beteiligung an einer Personengesellschaft durch einen unbeschränkt Steuerpflichtigen an einer im Inland ansässigen (inländischen) Personengesellschaft, die eine Betriebsstätte unterhält, jeweils – anteilig – dem

C. Switch-over-Klausel (Abs. 2) 57–60 § 20

Gesellschafter zuzurechnen. Dies gilt sowohl für inländische als auch – wie im hier interessierenden Fall – für ausländische Betriebsstätten. Entsprechendes gilt für in Deutschland unbeschränkt steuerpflichtige natürliche Personen, die an einer ausländischen gewerblichen Personengesellschaft beteiligt sind. Solche ausländischen Mitunternehmeranteile gelten abkommensrechtlich als Betriebsstätten der beteiligten Personen, wenn die ausländische Mitunternehmerschaft tatsächlich eine Betriebsstätte betreibt.

Während nun nach dem ursprünglichen Leitbild ausländische Kapitalgesellschaften aufgrund der regelmäßig linearen Tarifstruktur zumindest bei der Feststellung des nominellen Niedrigsteuersatzes – selbstverständlich komplizierter im Allgemeinen die Berechnung der tatsächlichen Niedrigbesteuerung – den Rechtsanwender nicht vor unüberwindliche Probleme stellte, stellt sich die Problemlage bei progressiv gestalteten Tarifverläufen im Ausland für inländische natürliche Personen modifiziert dar. Dies kann – wie in der Literatur geschlussfolgert wird – zu nicht zutreffenden, wirtschaftlich unsinnigen Ergebnissen kommen (vgl. *Maack/Stöbener* IStR 2008, 461; *Wassermeyer/Schönfeld* IStR 2008, 496; *FWBS* § 20 AStG Rz. 120). 57

Im Nachgang zur BFH-Rechtsprechung (vgl. BFH v. 9.7.2003, I R 82/01, IStR 2003, 818 mit Anmerkung *KB* und *Kraft/Nitzschke*) und literarischen Positionen (*Vogt* DStR 2005, 1350) bietet sich eine Orientierung an der sog. abstrakten Ertragsteuerbelastung an. Was unter der abstrakten Ertragsteuerbelastung zu verstehen ist, dürfte als geklärt zu beurteilen sein. Hierzu sind die Einkünfte heranzuziehen, die abstrakt nach dem Recht des Ansässigkeitsstaates der deutschbeherrschten Auslandsgesellschaft einer niedrigen Besteuerung unterliegen. Unerheblich ist die tatsächliche Festsetzung oder Zahlung der Steuer. Damit wird letztlich auf den Steueranspruch des Ansässigkeitsstaates abgestellt (*Kraft/Nitzschke* IStR 2003, 820). Als Reaktion auf die angeführte BFH-Entscheidung hat der Gesetzgeber mittlerweile den § 8 Abs. 3 angepasst. Danach liegt eine niedrige Besteuerung auch dann vor, wenn Ertragsteuern von mindestens 25% zwar rechtlich geschuldet, jedoch nicht tatsächlich erhoben werden 58

Diese Anpassung löst indessen die im Rahmen von Kapitalgesellschaften geklärte Frage bei ausländischen Betriebsstätten von inländischen, unbeschränkt steuerpflichtigen natürlichen Personen mit progressiven Steuertarifen noch nicht. In einem solchen Zusammenhang stellt sich nämlich die Frage, was genau unter der „abstrakten Ertragsteuerbelastung" bzw. unter einer „konkreten Ertragsteuerbelastung" zu verstehen ist. 59

Maack/Stöbener (IStR 2008, 461) werfen die Frage auf, ob die Ertragsteuerbelastung für das jeweilige Spitzeneinkommen heranzuziehen (Höchststeuersatz) ist. Sie plädieren dafür, dass bei progressiven Tarifen nur dies zu einer stimmigen Lösung führen könne. Ein Staat könne nicht deshalb als Niedrigsteuerland iSd AStG qualifiziert werden, weil er geringere Einkommen auch geringer besteuere. In der Tat ist zu konzedieren, dass die Belastung geringerer Einkommen prozentual nicht in gleichem Maße wie höhere Einkommen, dem Leistungsfähigkeitsprinzip entspricht. Dieser Grundsatz wurde durch das BVerfG (BVerfG v. 24.6.1958, 2 BvF 1/57, BVerfGE 8, 51, 68 f., NJW 1958, 1131) bestätigt und hat mittlerweile nahezu gewohnheitsrechtliche Verfestigung erlangt. Es ist kein Grund ersichtlich, warum er in komplizierten Verästelungen des AStG keine Gültigkeit beanspruchen können sollte. 60

61 Auch *Wassermeyer/Schönfeld* (IStR 2008, 496) weisen darauf hin, dass die Niedrigbesteuerung auch im Rahmen des § 20 Abs. 2 Bedeutung zukommt und betonen, dass eine Besonderheit der Vorschrift darin besteht, dass sie auch ausländische Betriebsstätteneinkünfte natürlicher Personen betreffen kann. Die Besteuerung natürlicher Personen im Ausland nach einem progressiven Steuertarif wirft nach ihrer Einschätzung die Frage nach dem für die Belastung mit ausländischer Steuer maßgebenden Tarifsatz auf. Zutreffend erscheint der Hinweis, dass der maßgebende Tarifsatz auch durch nicht-ausländische Einkünfte beeinflusst sein kann. Ebenso ergeben sich aus dem selbstverständlichen Befund, dass die Betriebsstättenerfolgsermittlung nach aus- und nach inländischen Ermittlungsregeln im Regelfall differieren werden, weitere ungeklärte Fragestellungen. Auch in solchen Fällen stellt sich das Problem, ob für die Niedrigbesteuerung auf die tatsächlich im Ausland erhobene oder auf die ausländische Steuer abzustellen ist, die im Sinne einer Sollbesteuerung auf die nach deutschem Gewinnermittlungsrecht berechnete Bemessungsgrundlage entfallen würde. § 8 Abs. 3 S. 2 könnte durchaus dafür sprechen, auf die tatsächlich erhobene ausländische Steuer abzustellen. Letztlich mag hier in der Tat die Metapher des Vergleichs von Äpfeln mit Birnen zutreffend sein, der im Einzelfall zu willkürlichen Ergebnissen führen muss (*Wassermeyer/Schönfeld* IStR 2008, 496). Daher kommt dem Desiderat Berechtigung zu, dass es auch insoweit um einen „Vergleich mit Augenmaß" zwischen dem ausländischen und dem inländischen Steuerbelastungsrecht geht.

62 Steuerrecht ist auch auf dieser Ebene nichts anderes als die Anwendung eines gesetzlich vorgesehenen Tarifs auf eine gesetzlich definierte Bemessungsgrundlage (*Kraft/Nitzschke* IStR 2003, 820). Daran knüpft logisch die Frage an, worauf konkret der Gesetzgeber den prozentualen Steuertarif angewendet wissen möchte. Im Rahmen der Feststellung einer Niedrigbesteuerung bei im Ausland gegebenen progressiven Steuertarifen natürlicher Personen mit ausländischen Betriebsstätten muss die Rechtslage als ungeklärt eingeschätzt werden. Die in der Literatur unterbreiteten Lösungsansätze werden über kurz oder lang von der Rechtsprechung zur Kenntnis genommen werden. Es erscheint nicht ausgeschlossen, dass sich der Gesetzgeber – entsprechende Rechtsfindungen durch die höchstrichterliche Finanzrechtsprechung vorausgesetzt – sich dann nochmals zum Handeln veranlasst sieht.

63 Nicht von vorneherein von der Hand zu weisen dürfte daher, in Bezug auf in einer ausländischen DBA-geschützten Betriebsstätte entstandene passive Erträge, die einer progressiven Tarifstruktur unterliegen, den Durchschnittssteuersatz als Maßstab der Niedrigbesteuerung heranzuziehen. Der Durchschnittssteuersatz errechnet sich als Quotient, wenn die Steuerschuld durch die Bemessungsgrundlage dividiert wird. Bezogen auf die gesamten passiven Einkünfte, die in einer Betriebsstätte anfallen, kommt dem Durchschnittssteuersatz als Maßgröße der durchschnittlichen Steuerbelastung der passiven Einkünfte der Vorteil zu, dass er einfach zu handhaben und zu berechnen und damit intersubjektiv nachvollziehbar ist. Hinzu tritt, dass sich die Größe des Durchschnittssteuersatzes im Rahmen des möglichen Wortsinns der Vorschrift bewegt, insbesondere, wenn man die Bestimmung des § 20 Abs. 2 im systematischen Kontext der Verweisnorm des § 8 Abs. 3 interpretiert.

64 *einstweilen frei*

III. Rechtsfolge des Abs. 2

1. Grundsatz: Anrechnung statt Freistellung (§ 20 Abs. 2 S. 1)

Als Rechtsfolge sieht § 20 Abs. 2 den Übergang von der in den DBA fixierten Freistellungsmethode zur Anrechnungsmethode vor. Auf entgegenstehende Vereinbarungen in den DBA kann sich der Steuerpflichtige nach Abs. 1 nicht berufen. Dagegen ist die Vorschrift auf andere Freistellungen nicht anwendbar. Die Anrechnung ausländischer Steuern bestimmt sich nach § 34c Abs. 1 EStG bzw. § 26 Abs. 1 KStG i V m § 34c EStG. Wahlweise ist auch die Anwendung der Abzugsmethode nach § 34c Abs. 2 EStG möglich. Die von den Einkünften erhobenen Steuern des Betriebsstättenstaates können schon deshalb stets angerechnet werden, weil das Besteuerungsrecht des Betriebsstättenstaates nicht in Frage gestellt wird (Blümich/*Vogt* § 20 AStG Rz. 27). Daneben sind auch die Steuern von Drittstaaten anrechenbar, wenn aus solchen Drittstaaten entsprechend Einkünfte stammen. Teilweise reichen die Anrechnungsbestimmungen eines DBA weiter, etwa für den Fall, dass im DBA selbst die Anrechnung fiktiver Steuern bei Einkünften aus dem Betriebsstättenstaat vereinbart ist. Auch sich aus solchen Situationen ergebende Anrechnungsverpflichtungen sind zu gewähren.

2. Dienstleistungsausnahme (§ 20 Abs. 2 S. 2)

Die Einführung des Satzes 2 basiert auf der Regelungsintention des Gesetzgebers, wonach die uneingeschränkte Anknüpfung des § 20 Abs. 2 an die Vorschriften über die Hinzurechnungsbesteuerung ("wäre sie – die Betriebsstätte – eine Gesellschaft") dazu führt, dass die Rechtsfolgen auch für Betriebsstätten selbständig freiberuflich oder gewerblich tätiger Personen eintreten. Wäre nämlich die Betriebsstätte eine Gesellschaft, käme es zur Hinzurechnungsbesteuerung auf Grund des sog. Mitwirkungstatbestands des § 8 Abs. 1 Nr. 5. Denn es entspricht den Gegebenheiten der Realität, dass die betreffenden Personen regelmäßig mitarbeiten.

Historisch hatte der Gesetzgeber mit § 20 Abs. 2 jedenfalls nicht das Ziel verfolgt, unbeschränkt Steuerpflichtige, die ihre selbständig freiberufliche oder gewerbliche Tätigkeit (Dienstleistung) durch eine Betriebsstätte in einem Staat mit Freistellungs-DBA ausüben, von der im jeweiligen Abkommen vorgesehenen Freistellung auszunehmen und die Doppelbesteuerung stattdessen durch Anrechnung der in dem anderen Vertragsstaat gezahlten Steuer zu vermeiden. So hatte auch der Gesetzgeber erkannt, dass insofern die eintretenden Wirkungen des Gesetzes über den Willen des historischen Gesetzgebers hinausgingen.

Demzufolge wurde mit der Anfügung des Satzes 2 die Wirkung beabsichtigt, dass auf Einkünfte, die in der Betriebsstätte einer unbeschränkt steuerpflichtigen Person in einem Staat mit Freistellungs-DBA anfallen, die Rechtsfolgen des Satzes 1 unter den in Satz 2 genannten Voraussetzungen nicht eintreten. Diese Regelungsanordnung sollte dann zur Folge haben, dass es bei der Freistellung bleibt. Dies gilt auch für die Fälle, in denen die Einkünfte – wäre die Betriebsstätte eine Gesellschaft – wegen § 8 Abs. 1 Nr. 5 Buchst. a beim inländischen Gesellschafter der Hinzurechnungsbesteuerung unterlägen.

Somit konnte der Gesetzgeber davon ausgehen, dass der Gesetzeswortlaut nunmehr dem Willen des historischen Gesetzgebers entsprach.

69 *einstweilen frei*

IV. Bedeutung des Passus „ungeachtet des § 8 Abs. 2"

1. Ausgangslage und unionsrechtlicher Hintergrund. Problematik: EuGH Rs. C–298/06 *(Columbus Container Services)*

70 Wie erwähnt wurde mit dem Jahressteuergesetz 2008 vom 20.12.2007 (BGBl. 2007 I 3150) die Vorschrift um den Passus „ungeachtet des § 8 Abs. 2" ergänzt. Diese Maßnahme stellte eine Reaktion des Gesetzgebers auf die Entscheidung des EuGH in der Rs. C-298/06 *(Columbus Container Services)* dar (EuGH v. 6.12.2007, C-298/06, DStR 2007, 2308 – *Services BVBA & Co ./. Finanzamt Bielefeld-Innenstadt*). In der Rs. *Columbus Container Services* wurde der EuGH mit der Frage konfrontiert, ob eine Bestimmung, die die in einem DBA mit einem anderen Mitgliedstaat vorgesehene Freistellungsmethode durch die Anrechnungsmethode ersetzt (switch-over), im Einklang mit den Grundfreiheiten steht (eingehend hierzu *Bron* EWS 2008, 42). Während durch die Anwendung der Freistellungsmethode ausländische Einkünfte von der inländischen Steuerbemessungsgrundlage ausgenommen werden, kommt es bei der Anwendung der Anrechnungsmethode zwar zu einer Einbeziehung ausländischer Einkünfte in die inländische Bemessungsgrundlage, auf die tarifliche inländische Steuer kann jedoch die ausländische Steuer angerechnet werden. Konkret ging es einerseits um die deutsche Regelung des § 20 Abs. 2. Dieser war im Streitjahr noch auf Einkünfte mit Kapitalanlagecharakter beschränkt. Daneben war die – mittlerweile aufgehobene – Bestimmung des § 20 Abs. 3, die entsprechende Regelung für die Vermögensteuer, Gegenstand des Ausgangsrechtsstreits (EuGH v. 6.12.2007, C-298/05, DStR 2007, 2308, Rz. 25 – *Services BVBA & Co ./. Finanzamt Bielefeld-Innenstadt;* zum Ganzen *Bron* EWS 2008, 42 f.). *Columbus,* eine KG belgischen Rechts, ermittelte als Koordinationszentrum iSd Arrêté royal Nr. 187 ihren Gewinn für belgische Steuerzwecke pauschal mittels Kostenaufschlagsmethode (EuGH v. 6.12.2007, C-298/05, DStR 2007, 2308, Rz. 12 f. – *Services BVBA & Co ./. Finanzamt Bielefeld-Innenstadt*). Anteilseigner der KG waren mit einem Anteil von jeweils 10% acht natürliche Personen einer in Deutschland ansässigen Familie. Die übrigen 20% wurden ebenfalls von deutschen Gesellschaftern über eine deutsche Personengesellschaft gehalten (*Columbus Container,* Schlussanträge des Generalanwalts *Mengozzi* v. 29.3.2007, C-298/05, IStR 2007, 299, Rz. 14 bzw. Rz. 19). Weil die belgische KG aus der Perspektive des deutschen Steuerrechts als Betriebsstätte angesehen wird und aufgrund ihrer Aktivitäten sowie ihrer niedrigen Besteuerung als Zwischengesellschaft qualifizieren würde, sofern sie selbst (deutsches) Steuersubjekt wäre, berücksichtigte das Finanzamt § 20 bei den entsprechenden Bescheiden. Obwohl im DBA Deutschland-Belgien für diese Fälle die Freistellungsmethode vorgesehen ist, sollte also die Anrechnungsmethode zur Anwendung kommen. Das FG Münster (Beschl. v. 5.7.2005, 15 K 11114/99 F, EW, EFG 2005, 1512) wandte sich mit dem Vorabentscheidungsersuchen an den EuGH, weil es die

C. Switch-over-Klausel (Abs. 2)   **71 § 20**

Switch-over-Klausel(n) des § 20 für unionsrechtlich bedenklich hielt (*Columbus Container*, Schlussanträge des Generalanwalts *Mengozzi* v. 29.3.2007, C-298/05, IStR 2007, 299, Rz. 18 ff. bzw. Tz. 20 ff.).

2. Die Entscheidung des Gerichtshofs

Der EuGH hält § 20 jedoch sowohl mit der Niederlassungsfreiheit als auch mit der Kapitalverkehrsfreiheit für vereinbar (EuGH v. 6.12.2007, C-298/05, DStR 2007, 2308, Rz. 57 – *Services BVBA & Co./. Finanzamt Bielefeld-Innenstadt*). Vorrangig prüft der EuGH die Vorlagefrage anhand der Niederlassungsfreiheit. Er weist auf die ständige Rechtsprechung hin, wonach die Niederlassungsfreiheit heranzuziehen ist, wenn eine oder mehrere natürliche Personen auf die betroffene Gesellschaft einen sicheren Einfluss auf die Gesellschaft ausüben können. Obwohl keine Beteiligung eines Gesellschafters allein ausreichen würde, um einen sicheren Einfluss auf die Gesellschaft auszuüben (EuGH v. 6.12.2007, C-298/05, DStR 2007, 2308, Rz. 31 – *Services BVBA & Co./. Finanzamt Bielefeld-Innenstadt*), hält er die Niederlassungsfreiheit für einschlägig, weil die Gesellschafter derselben Familie angehörten, gleiche Interessen verfolgten und in der Gesellschafterversammlung durch denselben Vertreter Entscheidungen trafen (ausführlich hierzu *Bron* EWS 2008, 43). Weil die Anwendbarkeit von § 20 jedoch keine (Mindest-)Beteiligungshöhe voraussetzt, die einen sicheren Einfluss ermöglichen würde, wäre eine Beeinträchtigung der Kapitalverkehrsfreiheit nicht bloße Folge der Beeinträchtigung der Niederlassungsfreiheit. Konsequenterweise verneint der EuGH einen Verstoß gegen die Kapitalverkehrsfreiheit daher mit dem Hinweis auf die von ihm in Bezug auf die Niederlassungsfreiheit festgestellte fehlende Beeinträchtigung (EuGH v. 6.12.2007, C-298/05, DStR 2007, 2308, Rz. 56 iVm Rz. 54 – *Services BVBA & Co./. Finanzamt Bielefeld-Innenstadt*) und nicht mit der (fragwürdigen) Überlegung, dass eine Beeinträchtigung der Kapitalverkehrsfreiheit nicht geprüft zu werden brauche, wenn sie „unvermeidliche Konsequenz" einer Beeinträchtigung der Niederlassungsfreiheit ist (vgl. auch *Kraft/Bron* EWS 2007, 487, 489). In Fällen, in denen eine Rechtsfolge keinen sicheren Einfluss auf eine Subsidiarität erfordert, kann also nicht von einer Exklusivität der Niederlassungsfreiheit ausgegangen werden. Explizit erinnert der EuGH daran, dass sich die Grundfreiheiten sowohl im Aufnahmestaat als auch im Herkunftsstaat gegen Behinderungen richten, also gegen alle Maßnahmen, die die Ausübung der Freiheiten verbieten, behindern oder weniger attraktiv machen (EuGH v. 6.12.2007, C-298/05, DStR 2007, 2308, Rz. 34 – *Services BVBA & Co./. Finanzamt Bielefeld-Innenstadt*). Auch sieht der EuGH, dass die Anwendung von § 20 im Streitfall zu einer um 53 % höheren Steuerbelastung geführt hat (EuGH v. 6.12.2007, C-298/05, DStR 2007, 2308, Rz. 37 – *Services BVBA & Co./. Finanzamt Bielefeld-Innenstadt*). Dennoch kommt er zu dem Ergebnis, dass keine Behinderung vorliegt. Die Argumentation birgt dabei Schwächen, weil die Prüfung nicht konsequent auf die (mögliche) Behinderung abstellt, sondern auf für Diskriminierungen einschlägige Argumentationsmuster zurückgreift. Eine „Verteuerung" der Unternehmensaktivitäten stellt, so der EuGH, nicht zwangsläufig eine Beschränkung der Niederlassungsfreiheit dar. Gleichsam zur Begründung führt er aus, dass die Niederlassungsfreiheit jede Diskriminierung verbiete, die hier jedoch nicht vorliege, weil Columbus keiner höheren (inländischen) Steuerbelastung unterliegt als vergleichbare inländische Gesellschaften (EuGH v. 6.12.2007, C-298/05, DStR 2007, 2308, Rz. 38 ff. – *Services BVBA & Co ./. Finanzamt Bielefeld-Innenstadt*). Unter Bezugnahme auf die Rs. *Kerckhaert und Morres* (C-513/04) wird darauf abgehoben, dass die nachteiligen Folgen erst aus der parallelen Anwendung der Besteuerungssysteme zweier Mitgliedstaaten resultieren (EuGH v. 6.12.2007, C-298/05, DStR 2007, 2308, Rz. 43 – *Services BVBA & Co ./. Finanzamt Bielefeld-Innenstadt*). Die Mitgliedstaaten seien beim gegenwärtigen Harmonisierungsstand des gemeinschaftlichen Steuerrechts jedoch weder zur Anpassung ihres Steuerrechts noch zur Vermeidung von Doppelbesteuerung verpflichtet. Ein möglicher Bruch von DBA sei keine Frage, die in den Zuständigkeitsbereich des EuGH falle. Die „Steuerautonomie", die der EuGH den Mitgliedstaaten zugesteht, erlaube auch eine Besteuerung von im Ausland tätigen Gesellschaften, „soweit sie ihnen eine Behandlung gewähren, die gegenüber vergleichbaren inländischen Niederlassungen nicht diskriminierend ist" (DStR 2017, 2308, Rz. 53). Schließlich stellt der EuGH fest, dass, in Anbetracht seiner Ausführungen und des Grundsatzes der steuerlichen Gleichbehandlung, keine Beschränkung der Niederlassungsfreiheit vorliege, obwohl seine Darlegung – einschließlich des Grundsatzes der Gleichbehandlung – eher auf die Prüfung einer Diskriminierung und nicht (auch) einer Beschränkung abstellt (EuGH v. 6.12.2007, C-298/05, DStR 2007, 2308, Rz. 54 iVm Rz. 40 ff. – *Services BVBA & Co ./. Finanzamt Bielefeld-Innenstadt*).

3. Praxisfolgen

72 Die Entscheidung ist gleichwohl nicht überraschend. Denn bereits in der Rs. *Kerckhaert und Morres* stellte der EuGH faktisch fest, dass ein Treaty Override regelmäßig unionsrechtlich unbedenklich ist (vgl. dazu *Bron* IStR 2007, 431, 434 f.). Zuzugestehen ist dem EuGH, dass, wie bereits in der Rs. *Kerckhaert und Morres*, die „nachteiligen Folgen" erst aus dem Zusammenwirken zweier Rechtsordnungen resultieren (EuGH v. 6.12.2007, – C-298/05, DStR 2007, 2308, Rz. 43 – *Services BVBA & Co ./. Finanzamt Bielefeld-Innenstadt*) und dass sich die entsprechenden Ausführungen des EuGH offensichtlich auf Diskriminierungen und Beschränkungen gleichermaßen beziehen. Es handelt sich insofern um eine „unechte" bzw. Quasibeschränkung, deren „Konzept" jedoch nur bedingt zu überzeugen vermag (vgl. auch *Bron* BB 2007, 2444, 2445). Im Interesse eines Gemeinsamen Marktes kann es jedenfalls nicht liegen, wenn ein Staat die (steuerlichen) Vorteile einer Auslandsaktivität „abschöpfen" kann, während die zwangsläufig mit einer Auslandsaktivität verbundenen Mehraufwendungen oder anderweitigen Nachteile nicht kompensiert werden. Bemerkenswert ist zudem, dass der EuGH auf wesentliche Teile der Schlussanträge des Generalanwaltes *Mengozzi* nicht eingeht. Mit Bezug auf das Urteil in der Rs. *Cadbury Schweppes* (C-196/04, dazu *Kraft/Bron* IStR 2006, 614 ff.) hatte dieser nämlich ausgeführt, dass der Vergleichsmaßstab für die Prüfung des Unionsrechtsverstoßes nicht nur eine inländische KG, sondern auch eine ausländische, nicht niedrig besteuerte KG sein könne (*Columbus Container*, Schlussanträge des Generalanwalts *Mengozzi* v. 29.3.2007, C-298/

C. Switch-over-Klausel (Abs. 2) **73, 74 § 20**

05, IStR 2007, 299, Schlussanträge Rz. 67 ff., 108, 113 ff.). Unter Zugrundelegung dieses zweiten Vergleichsmaßstabes beruht eine Beeinträchtigung nämlich keineswegs nur aus der Koexistenz zweier Steuerrechtsordnungen, sondern (auch) auf der rein national entschiedenen Frage, ab welchem ausländischen Besteuerungsniveau § 20 Abs. 2 zur Anwendung kommt (*Columbus Container,* Schlussanträge des Generalanwalts *Mengozzi* v. 29.3.2007, C-298/05, IStR 2007, 299, Schlussanträge, Rz. 128). Aus dieser Perspektive wäre ein Eingriff in die Niederlassungsfreiheit erkennbar (*Columbus Container,* Schlussanträge des Generalanwalts *Mengozzi* v. 29.3.2007, C-298/05, IStR 2007, 299, Rz. 150). Der EuGH geht auf das Urteil in der Rs. *Cadburry Schweppes* nicht ein; in Bezug auf die darin zitierte *Eurowings-Entscheidung* (C-294/97), nach der steuerliche Vorteile im Ausland nicht durch eine weniger günstige Behandlung im Inland ausgeglichen werden dürfen, wird darauf hingewiesen, dass – aufgrund des ersten Vergleichsmaßstabes – durch § 20 kein Ausgleich in diesem Sinne erfolge (EuGH v. 6.12.2007 – C-298/05 *Services BVBA & Co ./. Finanzamt Bielefeld-Innenstadt,* DStR 2007, 2308, Rz. 48 f.). In Bezug auf den zweiten Vergleichsmaßstab stellt er nüchtern fest, dass die „Steuerautonomie" auch soweit gehe, dass die Besteuerungsbedingungen entsprechend (differenziert) festgelegt werden können (EuGH v. 6.12.2007 – C-298/05 *Services BVBA & Co ./. Finanzamt Bielefeld-Innenstadt,* DStR 2007, 2308, Rz. 53). In Anbetracht der Tatsache, dass der Generalanwalt in seinen über 200 Rdnrn. umfassenden Schlussanträgen einen Verstoß der Grundfreiheiten durch § 20 festgestellt hat, wäre es wünschenswert gewesen, wenn der EuGH sich ausführlicher zu diesen Ausführungen geäußert hätte (zutreffend *Bron* EWS 2008, 43).

4. Regelungsgehalt und mutmaßliche Diktion des Passus „ungeachtet des § 8 Abs. 2"

Die ursprüngliche Beschränkung der Regelung auf Einkünfte mit Kapital- **73** anlagecharakter wurde durch das Gesetz zum Abbau von Steuervergünstigungen und Ausnahmeregelungen vom 16.5.2003 (BGBl. 2003 I 660) beseitigt. Nunmehr enthält die Vorschrift Regeln für sämtliche passive Einkünfte einer ausländischen Betriebsstätte eines inländischen unbeschränkt Steuerpflichtigen. Nach der Gesetzesbegründung (BR-Drs. 544/07 v. 10.8.2007, S. 126) wird nach § 20 Abs. 2 bei Einkünften einer ausländischen Betriebsstätte die Doppelbesteuerung durch Steueranrechnung und nicht durch Freistellung der Einkünfte von der Besteuerung vermieden, wenn die Einkünfte der Betriebsstätte, wäre diese eine ausländische Gesellschaft, Zwischeneinkünfte iSd § 8 Abs. 1 wären. Die Ergänzung der Vorschrift soll ausschließen, dass die Grundsätze der EuGH-Entscheidung in der Rechtssache C-196/04 *(Cadbury Schweppes)* auf die Anwendung des § 20 Abs. 2 übertragen werden; denn die Entscheidung des EuGH berühre allein die Niederlassungsfreiheit, während § 20 Abs. 2 eine Methode zur Vermeidung der Doppelbesteuerung durch eine andere ersetze.

Mit der Einfügung des Passus „ungeachtet des § 8 Abs. 2" durch das Jahres- **74** steuergesetz 2008 beschritt der Gesetzgeber gleichsam den umgekehrten Weg wie im Rahmen der allgemeinen Hinzurechnungsbesteuerung. Die Vorschrift schließt nämlich die entsprechende Anwendung der „Exkulpationsmöglichkeit" des § 8 Abs. 2 auf Betriebsstätten im Unionsgebiet ausdrücklich aus. Die Begründung zum Gesetz führt aus, dass die Niederlassungsfreiheit auf den vorliegenden Fall nicht anwendbar sei. Es ginge bei § 20 Abs. 2 nur um das Auswechseln einer Abkommensmethode zur Vermeidung der Doppelbesteuerung ohne unionsrechtlichen Bezug. Auf den ersten Blick scheint diese Begründung in Übereinstimmung mit der Auffassung des EuGH in der Rs.C-298/06 *(Columbus Container Services)* zu sein. Indessen ist die Regelung unvollständig. Die Anwendung des § 20 Abs. 2 betrifft einen grenzüberschreitenden Niederlassungsvorgang. Folglich war der Gesetzgeber zu einer beschränkungsfreien Ausgestaltung der Vorschrift verpflichtet. Dieser Verpflichtung ist er indessen nicht nachgekommen.

5. Beurteilung des Passus „ungeachtet des § 8 Abs. 2"

§ 20 Abs. 2 enthält eine Regelung für Einkünfte einer ausländischen Betriebsstätte eines inländischen unbeschränkt Steuerpflichtigen. Die ursprüngliche Beschränkung auf Einkünfte mit Kapitalanlagecharakter wurde durch das Gesetz zum Abbau von Steuervergünstigungen und Ausnahmeregelungen vom 16.5.2003 (BGBl. 2003 I 660) beseitigt. Seither sind die Einkünfte betroffen, die in einer ausländischen Betriebsstätte eines unbeschränkt Steuerpflichtigen anfallen und die der Hinzurechnungsbesteuerung unterliegen würden, wären sie von einer ausländischen Kapitalgesellschaft erzielt worden. Entgegen den Vorschriften in den DBA wird die Doppelbesteuerung nicht durch Freistellung dieser Einkünfte, sondern durch Anrechnung der darauf entfallenden ausländischen Steuer vermieden (switch-over-Klausel). Gem. § 20 Abs. 1 finden auf diese Einkünfte die Bestimmungen der Doppelbesteuerungsabkommen ebenfalls keine Anwendung. Die Vorschrift enthält damit einen lupenreinen Treaty Override (*FWBS* § 20 AStG Rz. 12), die Regelungen der DBA hinsichtlich der Freistellung der Betriebsstätteneinkünfte werden insoweit suspendiert. Die Steuerbelastung niedrig besteuerter Einkünfte einer ausländischen Betriebsstätte wird auf diese Weise auf das höhere deutsche Steuerniveau hochgeschleust. Dadurch soll eine Umgehung der Vorschriften zur Hinzurechnungsbesteuerung durch den Einsatz ausländischer Betriebsstätten in Staaten verhindert werden, mit denen ein DBA ohne Aktivitätsklausel abgeschlossen wurde. Mag das legislatorische Ziel in Bezug auf Drittstaatenbetriebsstätten noch nachvollziehbar erscheinen, begegnet der Übergang von der Freistellung zur Steueranrechnung bei EU-/EWR-Betriebsstätten mit Zwischeneinkünften erheblichen unionsrechtlichen Bedenken. Denn nunmehr sieht die Vorschrift bei einer DBA-Betriebsstätte eines unbeschränkt Steuerpflichtigen, die niedrig besteuerte Zwischeneinkünfte aus passivem Erwerb erzielt, einen Übergang von der abkommensrechtlichen Freistellungs- zur Anrechnungsmethode vor. Bei einer EU-/EWR-Betriebsstätte stellt sich auf der Grundlage der Gegenbeweismöglichkeit im § 8 Abs. 2 reflexartig die Frage, ob bei einer tatsächlichen wirtschaftlichen Tätigkeit der Betriebsstätte von einem Übergang von der Freistellungs- zur Anrechnungsmethode abzusehen sein müsste. Dass diese Frage zu bejahen ist, erscheint naheliegend (vgl. *Kaminski/Strunk/Haase* IStR 2007, 726–728). Indessen zielt der Gesetzgeber darauf ab, eben diese Gegenbeweismöglichkeit durch die Ergänzung in § 20

C. Switch-over-Klausel (Abs. 2)   76–82 § 20

Abs. 2 zu verhindern (wohl a A *Schnitger* IStR 2007, 733). Dies ist geschehen, indem der Passus „ungeachtet des § 8 Abs. 2" im § 20 Abs. 2 eingefügt wurde. Nach der Gesetzesbegründung soll diese Ergänzung ausschließen, dass die Grundsätze der *Cadbury-Schweppes*-Entscheidung des EuGH auf die Anwendung des § 20 Abs. 2 übertragen werden. Die EuGH-Entscheidung berühre allein die Niederlassungsfreiheit. Hingegen gehe es bei § 20 Abs. 2 lediglich um den switch over von der abkommensrechtlichen Freistellungs- zur Anrechnungsmethode (vgl. BR-Drs. 544/07, 126). Es ist zu konzedieren, dass der deutsche Gesetzgeber sich insoweit nicht völlig abwegig aufgrund der Entscheidung des EuGH v. 6.12.2007 in der Rs. C-298/05, *Columbus Container Services* in unionsrechtlich unbedenklichem Terrain wähnen darf. Denn nach den dort aufgestellten Grundsätzen liegt bei einer Anwendung des § 20 Abs. 2 keine Beschränkung der Niederlassungsfreiheit iSd Art. 49 AEUV (ex-Art. 43 EGV) vor.

einstweilen frei   76–79

V. Einbeziehung der Einkünfte iSd § 20 Abs. 2 S. 1 in die gewerbesteuerliche Besteuerungsgrundlage

Die gewerbesteuerliche Behandlung passiver Betriebsstättenerträge nach § 20 Abs. 2 wurde mit dem „Gesetz zur Umsetzung der Änderungen der EU-Amtshilferichtlinie und von weiteren Maßnahmen gegen Gewinnverkürzung und -verlagerung" (BEPS-Umsetzungsgesetz v. 20.12.2016, BGBl. 2016 I 3000) auf eine neue gesetzliche Grundlage gestellt. Dieses Gesetz führt § 7 S. 8 und 9 GewStG neu ein und passte § 9 Nr. 2 S. 2, Nr. 3 S. 1 GewStG entsprechend an. Nach § 7 S. 8 GewStG gelten Einkünfte iSd § 20 Abs. 2 S. 1 des Außensteuergesetzes als in einer inländischen Betriebsstätte erzielt. Das gilt auch, wenn sie nicht von einem Abkommen zur Vermeidung der Doppelbesteuerung erfasst werden oder das Abkommen zur Vermeidung der Doppelbesteuerung selbst die Steueranrechnung anordnet. § 7 S. 9 GewStG bestimmt die Nichtanwendbarkeit des Satzes 8, soweit auf die Einkünfte, würden sie in einer Zwischengesellschaft iSd § 8 erzielt, § 8 Abs. 2 zur Anwendung käme. 80

Regelungsanliegen der Einfügung des § 7 S. 8 GewStG und der Änderung des § 9 Nr. 2 S. 2, Nr. 3 S. 1 GewStG ist es, Einkünfte iSd § 20 Abs. 2 S. 1 ebenfalls der Gewerbesteuer unterws.1 GewStG an, dass die Einkünfte iSd § 20 Abs. 2 S. 1 als in einer inländischen Betriebsstätte erzielt gelten. Nach § 7 S. 8 Hs. 2 GewStG gilt das auch, wenn für diese Einkünfte die Doppelbesteuerung durch Anrechnung vermieden wird, weil die Einkünfte nicht von einem DBA erfasst sind oder das DBA die Anrechnung ohnehin vorsieht. Das der Gewerbesteuer historisch innewohnende Territorialitätsprinzip wird damit partiell insoweit durchbrochen, als bestimmte ausländische Einkünfte der Gewerbesteuer unterworfen werden. 81

Werden Betriebsstätten im Ausland unterhalten oder besteht eine Beteiligung an einer Personengesellschaft, ergibt sich nach § 7 S. 8 Hs. 2 GewStG eine gewerbesteuerliche Belastung, wenn im Rahmen der Einkommensteuer oder Körperschaftsteuer die Doppelbesteuerung ohnehin durch Anrechnung 82 vermieden wird. Anders als bei Einkommen- und Körperschaftsteuer gewährt § 7 S. 9 GewStG einen eigenständigen „Motivtest" iSd § 8 Abs. 2. Diese vermag eine gewerbesteuerliche Erfassung der ausländischen Einkünfte zu verhindern.

83 Unterhält ein unbeschränkt Steuerpflichtiger, mithin entweder ein Einzelunternehmer oder eine Kapitalgesellschaft, ein Stammhaus im Inland und eine Betriebsstätte im Ausland, so unterliegen die Einkünfte iSd § 20 Abs. 2 S. 1 nach § 7 S. 8 GewStG der Gewerbesteuer. Eine Kürzung ist nach § 9 Nr. 3 GewStG ausdrücklich ausgeschlossen. Eine Anrechnung ausländischer Einkommen- oder Körperschaftsteuer auf die Gewerbesteuer ist nicht vorgesehen.

84 Ist ein unbeschränkt Steuerpflichtiger (natürliche Person oder Kapitalgesellschaft) an einer Personengesellschaft mit Betriebsstätte im Inland beteiligt, die auch eine Betriebsstätte im Ausland unterhält, sollten die Einkünfte iSd § 20 Abs. 2 S. 1 nach § 7 S. 8 GewStG bei der Personengesellschaft der Gewerbesteuer unterliegen. Eine Kürzung ist nach § 9 Nr. 3 GewStG ausdrücklich ausgeschlossen. Die Einbeziehung der Einkünfte der ausländischen Betriebsstätte in die Gewerbesteuer ist allerdings auf die Beteiligung unbeschränkt Steuerpflichtiger (vgl. § 20 Abs. 2 S. 1) an der Personengesellschaft beschränkt. Soweit beschränkt Steuerpflichtige beteiligt sind, unterliegen die Einkünfte der ausländischen Betriebsstätte bei der Personengesellschaft nicht der Gewerbesteuer. Die Voraussetzungen des § 20 Abs. 2 S. 1 sind insoweit nicht erfüllt.

85 Ein weiterer Fall der Anwendung des § 20 Abs. 2 kann darin bestehen, dass ein unbeschränkt Steuerpflichtiger ein Unternehmen im Ausland betreibt. Zu denken ist beispielsweise an einen Einzelunternehmer, der nur im Ausland tätig ist. Im Bereich der juristischen Personen käme eine doppelt ansässige Kapitalgesellschaft in Betracht, die im Inland ausschließlich ihren Satzungssitz hat. Schließlich kann ein unbeschränkt Steuerpflichtiger an einer Personengesellschaft beteiligt sein, die ausschließlich Betriebsstätten im Ausland unterhält. Auch hier kann der unbeschränkt Steuerpflichtige natürliche Person oder Kapitalgesellschaft sein. Die Beteiligungen können ggf. auch mittelbar über andere Personengesellschaften an einer Personengesellschaft bestehen, die keine inländische Betriebsstätte unterhält. Besteht in derartigen Fällen keine inländische Betriebsstätte, so ist nicht eindeutig, ob durch die Regelung im § 7 S. 8 GewStG das Vorliegen einer inländischen Betriebsstätte fingiert wird. Ebenso wäre denkbar, dass das Vorliegen einer inländischen Betriebsstätte nach § 2 Abs. 1 GewStG vorausgesetzt wird. Der Gesetzeswortlaut bietet Raum für eine weite Auslegung. Indessen erfordert die Regelungstechnik der Vorschriften die tatsächliche Existenz einer inländischen Betriebsstätte. Diese Einschätzung wird von der folgenden Überlegung getragen. Hält ein unbeschränkt Steuerpflichtiger seine Beteiligung an der Personengesellschaft in einem Betriebsvermögen, soll § 9 Nr. 2 S. 2 GewStG die gewerbesteuerliche Kürzung nach § 9 Nr. 2 GewStG begrenzen. Die gewerbesteuerliche Kürzung erfasst dann nicht die Einkünfte iSd § 20 Abs. 2 S. 1. Damit soll bei einer „ausländischen Personengesellschaft" die Erfassung der Einkünfte bei der Gewerbesteuer sichergestellt werden. Dem bedürfte es nicht, wenn für die „ausländische Personengesellschaft" über § 7 S. 8 GewStG eine Betriebsstätte fingiert würde.

84–89 *einstweilen frei*

D. Switch-over-Klausel (Umschaltklausel) bei Personengesellschaften als zivilrechtliche Träger von Betriebsstätten

I. Ausgangslage

Ist die Vorschrift des § 20 Abs. 2 dem Wortlaut nach vordergründig für direkt durch Steuerinländer im DBA-Ausland betriebene Betriebsstätten konzipiert, so hat sich in der Besteuerungspraxis gezeigt, dass – empirisch nachweisbar – Personengesellschaften als zivilrechtliche Träger von Betriebsstätten häufig im Fokus der Anwendung des § 20 Abs. 2 stehen. Sind Betriebsstätten nach in- oder ausländischem Recht gegründeten Personengesellschaften zuzurechnen und sind an diesen Personengesellschaften unbeschränkt steuerpflichtige Gesellschafter als Mitunternehmer beteiligt, so wird die praxisrelevante Frage, ob diese Betriebsstätten von Steuerinländern „beherrscht" werden müssen oder ob gegebenenfalls bereits eine über eine „Zwergbeteiligung" vermittelte Betriebsstätte zum switch-over führt, unterschiedlich beurteilt.

Nach ständiger Rechtsprechung (BFH v. 26.2.1992, BStBl. II 1992, 937) führt die mitunternehmerische Beteiligung an einer Personengesellschaft durch einen unbeschränkt Steuerpflichtigen an einer im Inland ansässigen (inländischen) Personengesellschaft, die eine ausländische Betriebsstätte unterhält, dazu, dass die Betriebsstätte jeweils – anteilig – dem Gesellschafter zuzurechnen ist. Entsprechendes gilt für eine nach ausländischem Recht gegründete Personengesellschaft, die eine ausländische Betriebsstätte unterhält (*Kraft/Jochimsen* NWB 2015, 123 (125)). Generell vermittelt unabhängig vom Bestehen oder Nichtbestehen eines DBA die Beteiligung an einer in- oder ausländischen Personengesellschaft dem inländischen Gesellschafter dann eine ausländische Betriebsstätte, wenn die jeweilige Personengesellschaft zivilrechtliche Trägerin einer solchen Betriebsstätte ist. Diese Sichtweise rezipiert auch die Finanzverwaltung (vgl. BMF v. 26.9.2014, Tz. 2.2.3.).

II. Position der Finanzverwaltung und vereinzelter Schrifttumsmeinungen: Verzicht auf Beherrschungserfordernis der Betriebsstätte

Die Finanzverwaltung (BMF-Schreiben vom 26.9.2014, Anwendung der Doppelbesteuerungsabkommen (DBA) auf Personengesellschaften, BStBl. I 2014, 1258, Tz. 4.1.1.2.2; AEAStG, Tz. 20.2) vertritt die Auffassung, von § 20 Abs. 2 würden auch Betriebsstätten einer inländischen Personengesellschaft oder Beteiligungen von Inländern an einer ausländischen Personengesellschaft erfasst, wobei die Rechtsfolge des § 20 Abs. 2 ungeachtet des Umfangs der Beteiligung eines inländischen Gesellschafters an einer Personengesellschaft, die über eine entsprechende ausländische Betriebsstätte verfügt, eintreten soll. § 20 Abs. 2 stelle ausländische Betriebsstätten und Personengesellschaften, die Zwischeneinkünfte erzielen, einer ausländischen Gesellschaft gleich. Insoweit werde eine Freistellung nach den DBA durch die Anrechnung ausländischer Steuern ersetzt. § 20 Abs. 2 sei danach anzuwenden, wenn die Betriebsstätte oder Personengesellschaft Einkünfte aus passivem Erwerb erziele, die Einkünfte einer Ertragsteuerbelastung von weniger als 25 vH unterlägen und diese aufgrund eines DBA in der Bundesrepublik Deutschland freigestellt seien. Für die Anrechnung werden die Vorschriften des § 34c EStG und § 26 Abs. 1 KStG als entsprechend anwendbar erklärt. (Haase/*Rupp* § 20 AStG, 2. Aufl. 2012, Rz. 92 f.; im Ergebnis ähnlich *Pyszka/Brauer* Ausländische Personengesellschaften im Unternehmensteuerrecht – Outbound-Gestaltungen, Umwandlungen, Hinzurechnungsbesteuerung, Rz. 57) stimmt der Auffassung der Finanzverwaltung vorbehaltlos zu. Es soll nach seiner Auffassung unmaßgeblich sein, ob in Deutschland unbeschränkt Steuerpflichtige zu mehr als der Hälfte an der betroffenen Personengesellschaft beteiligt sind. Für die Frage, ob die Einkünfte dieser „anteiligen Betriebsstätte" nach einem DBA steuerfrei seien oder ob nach § 20 Abs. 2 der switch-over zur Anrechnungsmethode greife, sei hinsichtlich der Beteiligungshöhe lediglich auf den jeweiligen Anteil an der Betriebsstätte abzustellen.

III. Entgegnungsschrifttum und Stellungnahme

1. Zutreffende Position der hM: Notwendigkeit eines Beherrschungserfordernis der Betriebsstätte

93 Die von Systematik und Wortlaut der Bestimmung getragene überwiegende Meinung im Schrifttum lehnt die vorstehend referierte Sichtweise ab, wonach unabhängig von einer fiktiven Beherrschung der Betriebsstätte die Umschaltklausel des § 20 Abs. 2 S. 1 Anwendung finden können soll. Zur Illustration der Konsequenzen dieser divergierenden Auffassungen bei Zugrundelegung praxisrelevanter Beteiligungs- und Beherrschungskonstellationen vgl. *Kraft/ Kempf* IStR 2016, 220 mwN. Flankiert wird diese Sichtweise, wonach die „Beherrschung" der ausländischen Betriebsstätte durch unbeschränkt Steuerpflichtige tatbestandliche Voraussetzung der Anwendung des § 20 Abs. 2 ist, von der Argumentation, § 20 Abs. 2 arbeite mit der Fiktion, dass die ausländische Betriebsstätte gedanklich einer ausländischen Gesellschaft iSd § 7 gleichzustellen sei (*Kraft/Kempf* IStR 2016, 220; *FWBS* § 20 AStG, Rz. 132). Somit müsse fiktiv geprüft werden, ob im Falle einer ausländischen Gesellschaft – wenn also gerade keine ausländische Betriebsstätte gegeben ist – eine Hinzurechnungsbesteuerung stattfände oder anders gewendet, ob die Betriebsstätteneinkünfte als Zwischeneinkünfte steuerpflichtig wären. Daraus ist die Schlussfolgerung zu ziehen, dass für den Fall des Unterhaltens einer Betriebsstätte durch eine in- oder ausländische Personengesellschaft wegen der fehlenden Steuersubjektqualität und wegen § 7 Abs. 3 auf die Beteiligung der Mitunternehmer an der Betriebsstätte abzustellen ist.

94 Im Passus „falls diese Betriebsstätte eine ausländische Gesellschaft wäre" kommt sprachlich der Fiktionscharakter der Bestimmung des § 20 Abs. 2 S. 1 zum Ausdruck (*Kraft/Kempf* IStR 2016, 220; *SKK/Prokopf* § 20 AStG Rz. 155). Die Fiktion des § 20 Abs. 2 S. 1 bedingt eine hypothetische Prüfung der Steuerpflicht der ausländischen Betriebsstätteneinkünfte als

Zwischeneinkünfte. Dabei wird für Zwecke dieser Prüfung die ausländische Betriebsstätte als ausländische Gesellschaft iSd § 7 Abs. 1 fingiert. Sind auch Detailfragen der Reichweite dieser Fiktion umstritten und teilweise ungeklärt (SKK/*Prokopf* § 20 AStG Rz. 136), so kommt im Wortlaut des § 20 Abs. 2 S. 1 klar zum Ausdruck, dass die real existierende Betriebsstätte durch eine gedanklich an ihre Stelle tretende Kapitalgesellschaft ersetzt werden muss. Dies bedeutet, dass neben der Passivitätsvoraussetzung und der Niedrigsteuervoraussetzung eben gerade auch die Beherrschungsvoraussetzung als drittes zentrales Momentum des Tatbestandskatalogs der Hinzurechnungsbesteuerung auf Ebene der Betriebsstätte erfüllt sein muss (*Kraft/Kempf* IStR 2016, 220).

2. Bedeutung des umgesetzten AOA

Da im hier diskutierten Kontext Fragen der Ergebnisabgrenzung von im Ausland belegenen Betriebsstätten von Belang sind, kommt dem im Zuge des Amtshilferichtlinie-Umsetzungsgesetzes vom 26. Juni 2013 in deutsches Recht umgesetzten „Authorized OECD Approach" (AOA) Bedeutung zu. Diese Besteuerungskonzeption für die Erfolgsabgrenzung zwischen einem in einem Staat existierenden Stammhaus und einer in einem anderen Staat belegenen Betriebsstätte bezeichnet die seitens der OECD konzeptionell präferierte Selbständigkeitsfiktion von Betriebsstätten zum Zweck der internationalen Gewinnabgrenzung. Neben der in § 1 Abs. 5 verorteten Selbstständigkeitsfiktion der Betriebsstätte bestimmt dessen Satz 7 AStG, dass Personengesellschaften für Zwecke der Einkünfteabgrenzung nicht als Betriebsstätten zu werten sind. Nach § 1 Abs. 1 S. 2 gilt eine Personengesellschaft als fiktiver Steuerpflichtiger, der nahestehende Person ist, wenn die Voraussetzungen des § 1 Abs. 1 S. 2 erfüllt sind. Anders gewendet gilt eine Personengesellschaft nur unter der Beherrschungsvoraussetzung als AStG nahestehende Person mit der Folge der evtl. Einkünfteberichtigung nach § 1.

Wird eine Betriebsstätte indes als quasi-selbständig vergleichbar einer rechtlich autonomen Kapitalgesellschaft betrachtet und wird eine Personengesellschaft als Steuerpflichtiger fingiert, wirkt dies auf das konzeptionelle Verständnis und auf die Auslegung des § 20 Abs. 2 zurück. Aufgrund des Umstandes, dass der Gesetzgeber sich gerade der Fiktion einer Betriebsstätte als Kapitalgesellschaft bedient, lässt sich diese Selbständigkeitsfiktion der Betriebsstätte nur so verstehen, dass auch eine im Ausland belegene Betriebsstätte tatbestandlich „beherrscht" werden muss, soll § 20 Abs. 2 AStG in einem sinnvollen Fiktionsgefüge anwendbar sein.

§ 21 Anwendungsvorschriften

(1) Die Vorschriften dieses Gesetzes sind, soweit in den folgenden Absätzen nichts anderes bestimmt ist, wie folgt anzuwenden:
1. für die Einkommensteuer und für die Körperschaftsteuer erstmals für den Veranlagungszeitraum 1972;
2. für die Gewerbesteuer erstmals für den Erhebungszeitraum 1972;
3. *(aufgehoben)*
4. für die Erbschaftsteuer auf Erwerbe, bei denen die Steuerschuld nach dem Inkrafttreten dieses Gesetzes entstanden ist.

(2) Die Anwendung der §§ 2 bis 5 wird nicht dadurch berührt, daß die unbeschränkte Steuerpflicht der natürlichen Person bereits vor dem 1. Januar 1972 geendet hat.

(3) Soweit in Anwendung des § 10 Abs. 3 Wirtschaftsgüter erstmals zu bewerten sind, sind sie mit den Werten anzusetzen, die sich ergeben würden, wenn seit Übernahme der Wirtschaftsgüter durch die ausländische Gesellschaft die Vorschriften des deutschen Steuerrechts angewendet worden wären.

(4) [1]§ 13 Abs. 2 Nr. 2 ist erstmals anzuwenden
1. für die Körperschaftsteuer für den Veranlagungszeitraum 1984;
2. für die Gewerbesteuer für den Erhebungszeitraum 1984.

[2]§ 1 Abs. 4, § 13 Abs. 1 Satz 1 Nr. 1 Buchstabe b und Satz 2 in der Fassung des Artikels 17 des Gesetzes vom 25. Februar 1992 (BGBl. I S. 297) sind erstmals anzuwenden:
1. für die Einkommensteuer und für die Körperschaftsteuer für den Veranlagungszeitraum 1992;
2. für die Gewerbesteuer für den Erhebungszeitraum 1992.

(5) § 18 Abs. 3 ist auch für Veranlagungszeiträume und Erhebungszeiträume vor 1985 anzuwenden, wenn die Erklärungen noch nicht abgegeben sind.

(6) [1]Bei der Anwendung der §§ 2 bis 6 für die Zeit nach dem 31. Dezember 1990 steht der unbeschränkten Steuerpflicht nach § 1 Abs. 1 Satz 1 des Einkommensteuergesetzes die unbeschränkte Steuerpflicht nach § 1 Abs. 1 des Einkommensteuergesetzes der Deutschen Demokratischen Republik in der Fassung vom 18. September 1970 (Sonderdruck Nr. 670 des Gesetzblattes) gleich. [2]Die Anwendung der §§ 2 bis 5 wird nicht dadurch berührt, daß die unbeschränkte Steuerpflicht der natürlichen Personen bereits vor dem 1. Januar 1991 geendet hat.

(7) [1]§ 7 Abs. 6, § 10 Abs. 6, § 11 Abs. 4 Satz 1, § 14 Abs. 4 Satz 5 und § 20 Abs. 2 in Verbindung mit § 10 Abs. 6 in der Fassung des Artikels 12 des Gesetzes vom 21. Dezember 1993 (BGBl. I S. 2310) sind erstmals anzuwenden
1. für die Einkommen- und Körperschaftsteuer für den Veranlagungszeitraum,

Anwendungsvorschriften **§ 21**

2. mit Ausnahme des § 20 Abs. 2 und 3 für die Gewerbesteuer, für die der Teil des Hinzurechnungsbetrags, dem Einkünfte mit Kapitalanlagecharakter im Sinne des § 10 Abs. 6 Satz 3 zugrunde liegen, außer Ansatz bleibt, für den Erhebungszeitraum,

für den Zwischeneinkünfte mit Kapitalanlagecharakter im Sinne des § 10 Abs. 6 Satz 2 und 3 hinzuzurechnen sind, die in einem Wirtschaftsjahr der Zwischengesellschaft oder der Betriebsstätte entstanden sind, das nach dem 31. Dezember 1993 beginnt. [2] § 6 Abs. 1 in der Fassung des Artikels 5 des Gesetzes vom 20. Dezember 2001 (BGBl. I S. 3858) ist erstmals anzuwenden, wenn im Zeitpunkt der Beendigung der unbeschränkten Steuerpflicht auf Veräußerungen im Sinne des § 17 des Einkommensteuergesetzes § 3 Nr. 40 Buchstabe c des Einkommensteuergesetzes anzuwenden wäre. [3] § 7 Abs. 6 in der Fassung des Artikels 5 des Gesetzes vom 20. Dezember 2001 (BGBl. I S. 3858) ist erstmals anzuwenden

1. für die Einkommen- und Körperschaftsteuer für den Veranlagungszeitraum,
2. für die Gewerbesteuer für den Erhebungszeitraum,

für den Zwischeneinkünfte hinzuzurechnen sind, die in einem Wirtschaftsjahr der Zwischengesellschaft entstanden sind, das nach dem 15. August 2001 beginnt. [4] § 12 Abs. 2 in der Fassung des Artikels 12 des Gesetzes vom 23. Oktober 2000 (BGBl. I S. 1433) sowie § 7 Abs. 7, § 8 Abs. 1 Nr. 8 und 9 und Abs. 3, § 9, § 10 Abs. 2, 3, 6, 7, § 11, § 12 Abs. 1, § 14 und § 20 Abs. 2 in der Fassung des Artikels 5 des Gesetzes vom 20. Dezember 2001 (BGBl. I S. 3858) sind erstmals anzuwenden

1. für die Einkommen- und Körperschaftsteuer für den Veranlagungszeitraum,
2. für die Gewerbesteuer für den Erhebungszeitraum,

für den Zwischeneinkünfte hinzuzurechnen sind, die in einem Wirtschaftsjahr der Zwischengesellschaft oder der Betriebsstätte entstanden sind, das nach dem 31. Dezember 2000 beginnt. [5] § 12 Abs. 3, § 18 Abs. 1 in der Fassung des Artikels 5 des Gesetzes vom 20. Dezember 2001 (BGBl. I S. 3858) sind erstmals anzuwenden, wenn auf Gewinnausschüttungen § 3 Nr. 41 des Einkommensteuergesetzes in der Fassung des Artikels 1 des Gesetzes vom 20. Dezember 2001 (BGBl. I S. 3858) anwendbar ist. [6] § 8 Abs. 2 in der Fassung des Artikels 6 des Gesetzes vom 6. September 1976 (BGBl. I S. 2641), § 13 in der Fassung des Artikels 17 des Gesetzes vom 25. Februar 1992 (BGBl. I S. 297) sind letztmals anzuwenden

1. für die Einkommen- und Körperschaftsteuer für den Veranlagungszeitraum,
2. für die Gewerbesteuer für den Erhebungszeitraum,

für den Zwischeneinkünfte hinzuzurechnen sind, die in einem Wirtschaftsjahr der Zwischengesellschaft entstanden sind, das vor dem 1. Januar 2001 beginnt. [7] § 11 in der Fassung des Artikels 12 des Gesetzes vom 21. Dezember 1993 (BGBl. I S. 2310) ist auf Gewinnausschüttungen der Zwischengesellschaft oder auf Gewinne aus der Veräußerung der Anteile an der Zwischengesellschaft nicht anzuwenden, wenn auf die Ausschüttungen oder auf die Gewinne aus der Veräußerung § 8b Abs. 1 oder 2 des Körperschaftsteuergesetzes in der Fassung des Artikels 3 des Gesetzes vom 23. Oktober 2000 (BGBl. I S. 1433) oder § 3 Nr. 41 des Einkommensteuergesetzes in der Fassung des Artikels 1 des Gesetzes vom 20. Dezember 2001 (BGBl. I S. 3858) anwendbar ist.

(8) § 6 Abs. 3 Nr. 4 in der Fassung des Gesetzes vom 21. Dezember 1993 (BGBl. I S. 2310) ist erstmals auf Einbringungen anzuwenden, die nach dem 31. Dezember 1991, und letztmals auf Einbringungen anzuwenden, die vor dem 1. Januar 1999 vorgenommen wurden.

(9) [1] § 8 Abs. 1 Nr. 7 und § 10 Abs. 3 Satz 6 in der Fassung des Artikels 7 des Gesetzes vom 13. September 1993 (BGBl. I S. 1569) sind erstmals anzuwenden

1. für die Einkommensteuer und Körperschaftsteuer für den Veranlagungszeitraum,
2. für die Gewerbesteuer für den Erhebungszeitraum,

für den Zwischeneinkünfte hinzuzurechnen sind, die in einem Wirtschaftsjahr der Zwischengesellschaft entstanden sind, das nach dem 31. Dezember 1991 beginnt. [2] § 10 Abs. 3 Satz 1 in der Fassung dieses Gesetzes ist erstmals anzuwenden

1. für die Einkommensteuer und Körperschaftsteuer für den Veranlagungszeitraum,
2. für die Gewerbesteuer für den Erhebungszeitraum,

für den Zwischeneinkünfte hinzuzurechnen sind, die in einem Wirtschaftsjahr der Zwischengesellschaft entstanden sind, das nach dem 31. Dezember 1993 beginnt.

(10) [1] § 2 Abs. 1 Satz 2, Abs. 2 Nr. 1 und Abs. 3 Nr. 2 und 3 sind in der Fassung des Artikels 9 des Gesetzes vom 19. Dezember 2000 (BGBl. I S. 1790) erstmals für den Veranlagungszeitraum 2002 anzuwenden. [2] § 7 Abs. 6 Satz 2, § 9 und § 10 Abs. 6 Satz 1 in der Fassung des Artikels 9 des Gesetzes vom 19. Dezember 2000 (BGBl. I S. 1790) erstmals anzuwenden

1. für die Einkommensteuer und die Körperschaftsteuer für den Veranlagungszeitraum,
2. für die Gewerbesteuer für den Erhebungszeitraum,

für den Zwischeneinkünfte hinzuzurechnen sind, die in einem Wirtschaftsjahr der Zwischengesellschaft entstanden sind, das nach dem 31. Dezember 2001 beginnt.

(11) [1] § 1 Abs. 4 in der Fassung des Artikels 11 des Gesetzes vom 16. Mai 2003 (BGBl. I S. 660) ist erstmals für den Veranlagungszeitraum 2003 anzuwenden. [2] § 7 Abs. 6 und 6a, § 8 Abs. 1 Nr. 9, §§ 10, 11, 14, 20 Abs. 2 in der Fassung des Artikels 11 des Gesetzes vom 16. Mai 2003 (BGBl. I S. 660), § 7 Abs. 7, § 8 Abs. 1 Nr. 4 und § 14 Abs. 1 in der Fassung des Artikels 5 des Gesetzes vom 22. Dezember 2003 (BGBl. I S. 2840) sind erstmals anzuwenden

1. für die Einkommen- und Körperschaftsteuer für den Veranlagungszeitraum,
2. für die Gewerbesteuer für den Erhebungszeitraum,

Anwendungsvorschriften § 21

für den Zwischeneinkünfte hinzuzurechnen oder in einer Betriebsstätte angefallen sind, die in einem Wirtschaftsjahr der Zwischengesellschaft oder der Betriebsstätte entstanden sind, das nach dem 31. Dezember 2002 beginnt.

(12) § 10 Abs. 3 in der am 1. Januar 2004 geltenden Fassung, § 7 Abs. 7 in der Fassung des Artikels 11 des Gesetzes vom 9. Dezember 2004 (BGBl. I S. 3310) sind erstmals anzuwenden

1. für die Einkommen- und Körperschaftsteuer für den Veranlagungszeitraum,
2. für die Gewerbesteuer für den Erhebungszeitraum,

für den Zwischeneinkünfte hinzuzurechnen oder in einer Betriebsstätte angefallen sind, die in einem Wirtschaftsjahr der Zwischengesellschaft oder der Betriebsstätte entstanden sind, das nach dem 31. Dezember 2003 beginnt.

(13) [1]§ 6 Abs. 1 in der Fassung des Artikels 7 des Gesetzes vom 7. Dezember 2006 (BGBl. I S. 2782) ist erstmals für den Veranlagungszeitraum 2007 anzuwenden. [2]§ 6 Abs. 2 bis 7 in der Fassung des Gesetzes vom 7. Dezember 2006 (BGBl. I S. 2782) ist in allen Fällen anzuwenden, in denen die Einkommensteuer noch nicht bestandskräftig festgesetzt ist.

(14) § 8 Abs. 1 Nr. 10 und § 10 Abs. 3 Satz 4 in der Fassung des Artikels 7 des Gesetzes vom 7. Dezember 2006 (BGBl. I S. 2782) ist erstmals anzuwenden

1. für die Einkommen- und Körperschaftsteuer für den Veranlagungszeitraum,
2. für die Gewerbesteuer für den Erhebungszeitraum,

für den Zwischeneinkünfte hinzuzurechnen oder in einer Betriebsstätte angefallen sind, die in einem Wirtschaftsjahr der Zwischengesellschaft oder der Betriebsstätte entstanden sind, das nach dem 31. Dezember 2005 beginnt.

(15) § 7 Abs. 8, § 8 Abs. 1 Nr. 9, § 11 Abs. 1 und § 14 Abs. 2 in der Fassung des Artikels 3 des Gesetzes vom 28. Mai 2007 (BGBl. I S. 914) sind erstmals anzuwenden für

1. die Einkommen- und Körperschaftsteuer für den Veranlagungszeitraum sowie
2. die Gewerbesteuer für den Erhebungszeitraum,

für den Zwischeneinkünfte hinzuzurechnen sind, die in einem Wirtschaftsjahr der Zwischengesellschaft oder der Betriebsstätte entstanden sind, das nach dem 31. Dezember 2006 beginnt.

(16) § 1 Absatz 1, 3 Satz 1 bis 8 und Satz 11 bis 13 und Absatz 4 in der Fassung des Artikels 7 des Gesetzes vom 14. August 2007 (BGBl. I S. 1912) und § 1 Absatz 3 Satz 9 und 10 in der Fassung des Artikels 11 des Gesetzes vom 8. April 2010 (BGBl. I S. 386) sind erstmals für den Veranlagungszeitraum 2008 anzuwenden.

(17) [1]§ 7 Abs. 6 Satz 2, § 8 Abs. 2 und 3, §§ 9, 10 Abs. 2 Satz 3, § 18 Abs. 3 Satz 1 und § 20 Abs. 2 in der Fassung des Artikels 24 des Gesetzes vom 20. Dezember 2007 (BGBl. I S. 3150) sind erstmals anzuwenden

§ 21

1. für die Einkommen- und Körperschaftsteuer für den Veranlagungszeitraum,
2. für die Gewerbesteuer für den Erhebungszeitraum,

für den Zwischeneinkünfte hinzuzurechnen sind, die in einem Wirtschaftsjahr der Zwischengesellschaft oder der Betriebsstätte entstanden sind, das nach dem 31. Dezember 2007 beginnt. [2] § 8 Abs. 1 Nr. 9 in der Fassung des Artikels 24 des Gesetzes vom 20. Dezember 2007 (BGBl. I S. 3150) ist erstmals anzuwenden

1. für die Einkommen- und Körperschaftsteuer für den Veranlagungszeitraum,
2. für die Gewerbesteuer für den Erhebungszeitraum,

für den Zwischeneinkünfte hinzuzurechnen sind, die in einem Wirtschaftsjahr der Zwischengesellschaft oder der Betriebsstätte entstanden sind, das nach dem 31. Dezember 2006 beginnt. [3] § 12 Abs. 3 Satz 1 in der Fassung des Artikels 24 des Gesetzes vom 20. Dezember 2007 (BGBl. I S. 3150) ist erstmals für Zeiträume anzuwenden, für die § 12 Abs. 3 in der am 25. Dezember 2001 geltenden Fassung erstmals anzuwenden ist. [4] § 14 Abs. 1 Satz 1 in der Fassung des Artikels 24 des Gesetzes vom 20. Dezember 2007 (BGBl. I S. 3150) ist erstmals anzuwenden

1. für die Einkommen- und Körperschaftsteuer für den Veranlagungszeitraum,
2. für die Gewerbesteuer für den Erhebungszeitraum,

für den Zwischeneinkünfte hinzuzurechnen sind, die in einem Wirtschaftsjahr der Zwischengesellschaft oder der Betriebsstätte entstanden sind, das nach dem 31. Dezember 2005 beginnt. [5] § 18 Abs. 4 in der am 29. Dezember 2007 geltenden Fassung ist für die Einkommen- und Körperschaftsteuer erstmals für den Veranlagungszeitraum 2008 anzuwenden.

(18) [1] § 2 Abs. 1 und 5 und § 15 Abs. 6 in der Fassung des Artikels 9 des Gesetzes vom 19. Dezember 2008 (BGBl. I S. 2794) sind für die Einkommen- und Körperschaftsteuer erstmals für den Veranlagungszeitraum 2009 anzuwenden. [2] § 15 Abs. 7 in der Fassung des Artikels 9 des Gesetzes vom 19. Dezember 2008 (BGBl. I S. 2794) ist in allen Fällen anzuwenden, in denen die Einkommen- und Körperschaftsteuer noch nicht bestandskräftig festgesetzt ist.

(19) [1] § 8 Absatz 3 und § 10 Absatz 1 Satz 3 in der Fassung des Artikels 7 des Gesetzes vom 8. Dezember 2010 (BGBl. I S. 1768) sind erstmals anzuwenden

1. für die Einkommen- und Körperschaftsteuer für den Veranlagungszeitraum,
2. für die Gewerbesteuern für den Erhebungszeitraum,

für den Zwischeneinkünfte hinzuzurechnen sind, die in einem Wirtschaftsjahr der Zwischengesellschaft oder der Betriebsstätte entstanden sind, das nach dem 31. Dezember 2010 beginnt. [2] § 20 Absatz 2 in der Fassung des Artikels 7 des Gesetzes vom 8. Dezember 2010 (BGBl. I S. 1768) ist in allen Fällen anzuwenden, in denen die Einkommensteuer noch nicht bestandskräftig festgesetzt ist.

Anwendungsvorschriften **§ 21**

(20) ¹ § 1 Absatz 1 Satz 2 erster Halbsatz und Absatz 3 und 6 in der Fassung des Artikels 6 des Gesetzes vom 26. Juni 2013 (BGBl. I S. 1809) ist erstmals für den Veranlagungszeitraum 2013 anzuwenden. ² § 1 Absatz 1 Satz 2 zweiter Halbsatz in der Fassung des Artikels 6 des Gesetzes vom 26. Juni 2013 (BGBl. I S. 1809) gilt für alle noch nicht bestandskräftigen Veranlagungen. ³ § 1 Absatz 4 und 5 in der Fassung des Artikels 6 des Gesetzes vom 26. Juni 2013 (BGBl. I S. 1809) ist erstmals für Wirtschaftsjahre anzuwenden, die nach dem 31. Dezember 2012 beginnen.

(21) ¹ § 2 Absatz 5 in der Fassung des Artikels 6 des Gesetzes vom 26. Juni 2013 (BGBl. I S. 1809) ist erstmals für den Veranlagungszeitraum 2013 anzuwenden. ² Auf Antrag ist § 2 Absatz 5 Satz 1 und 3 in der Fassung des Artikels 6 des Gesetzes vom 26. Juni 2013 (BGBl. I S. 1809) bereits für Veranlagungszeiträume vor 2013 anzuwenden, bereits ergangene Steuerfestsetzungen sind aufzuheben oder zu ändern. ³ § 8 Absatz 2 in der Fassung des Artikels 6 des Gesetzes vom 26. Juni 2013 (BGBl. I S. 1809) ist erstmals anzuwenden

1. für die Einkommen- und Körperschaftsteuer für den Veranlagungszeitraum,
2. für die Gewerbesteuer für den Erhebungszeitraum,

für den Zwischeneinkünfte hinzuzurechnen sind, die in einem Wirtschaftsjahr der Zwischengesellschaft oder der Betriebsstätte entstanden sind, das nach dem 31. Dezember 2012 beginnt. ⁴ § 15 Absatz 1, 5 bis 11 sowie § 18 Absatz 4 sind in der Fassung des Artikels 6 des Gesetzes vom 26. Juni 2013 (BGBl. I S. 1809) für die Einkommen- und Körperschaftsteuer erstmals anzuwenden für den Veranlagungszeitraum 2013.

(22) § 1 Absatz 4 in der am 31. Dezember 2014 geltenden Fassung ist erstmals für den Veranlagungszeitraum 2015 anzuwenden.

(23) § 6 Absatz 5 Satz 3 in der am 31. Dezember 2014 geltenden Fassung ist in allen Fällen anzuwenden, in denen die geschuldete Steuer noch nicht entrichtet ist.

(24) Die §§ 7 und 10 in der am 1. Januar 2018 geltenden Fassung sind ab dem 1. Januar 2018 anzuwenden.

Inhaltsübersicht

	Rz.
Systematische Stellung, Zweck und wesentlicher Inhalt	1
I. Zeitliche Anwendungsvorschriften	2–8
1. Erstmalige Anwendung des AStG (Abs. 1)	2, 3
2. Anwendung von Gesetzesänderungen (Abs. 4, 5, 7 bis 24)	4–6
3. Anwendung im Beitrittsgebiet (Abs. 6)	7, 8
II. Anwendungsvorschrift iZm erweitert beschränkter Steuerpflicht (Abs. 2)	9
III. Bewertungsvorschriften für die eröffnende Hinzurechnungsbilanz (Abs. 3)	10, 11

Systematische Stellung, Zweck und wesentlicher Inhalt

1 Die bis zum StÄndG 1992 (Gesetz zur Entlastung der Familien und zur Verbesserung der Rahmenbedingungen für Investitionen und Arbeitsplätze v. 25.2.1992, BStBl. I 1992, 146 ff.) in § 20 und nunmehr in § 21 geregelten Anwendungsvorschriften des AStG zeigen einen dreiteiligen Aufbau. Den größten Umfang nehmen die Regelungen bzgl. der zeitlichen Anwendbarkeit der jeweiligen Vorschriften ein. § 21 Abs. 2 enthält eine Norm zur Anwendbarkeit der §§ 2–5 bei erweitert beschränkter Steuerpflicht. Daneben regelt § 21 in Abs. 3 rein bewertungsrechtliche Fragen i Z m dem erstmaligen Eintritt in die Steuerpflicht nach §§ 7–14.

I. Zeitliche Anwendungsvorschriften

1. Erstmalige Anwendung des AStG (Abs. 1)

2 Das AStG trat am 13.9.1972 in Kraft und war für Zwecke der Einkommen-, Körperschaft- und Gewerbesteuer erstmalig im Veranlagungs- bzw. Erhebungszeitraum 1972 anwendbar.

3 Für Zwecke der Erbschaftsteuer sind die Regelungen des AStG auf Erwerbe anzuwenden, bei denen die Steuerschuld nach dem Inkrafttreten des AStG entstanden ist. In Anbetracht dessen, dass das AStG gem. § 22 am Tage nach seiner Verkündung in Kraft tritt und die Verkündigung am 12.9.1972 erfolgte, unterliegen Erwerbe vom 14.9.1972 an den außensteuerlichen Regelungen (*FWBS* § 21 AStG Rz. 18; Brezing ua/*Runge* § 20 AStG Rz. 2).

2. Anwendung von Gesetzesänderungen (Abs. 4, 5, 7 bis 24)

4 Seit der Einführung des AStG kam es zu vielfältigen Gesetzesänderungen, deren Anwendungsvorschriften in den Absätzen 4 und 5 sowie 7 bis 24 dokumentiert sind.

5 Im Einzelnen können die Gesetzesänderungen und ihr jeweiliger Anwendungszeitraum anhand folgender Übersicht verfolgt werden:

Übersicht über die Anwendungsvorschriften des § 21 Abs. 4, 5 und 7–24 AStG

Absatz	§§	in der Fassung des	Inhalt	Anwendungszeitraum
4	13 Abs. 2 Nr. 2	**StEntlG 1984** v. 22.12.1983 (BGBl. 1983 I 1583)	Anpassung der Beteiligungsgrenze für die Steuerfreistellung von Beteiligungen an inländischen Kapitalgesellschaften, die über eine ausländische Zwischengesellschaft gehalten werden von 25% auf 10%.	Ab VZ 1984
	1 Abs. 4		Einführung des Abs. 4 zur Klarstellung, dass finanzielle Beziehungen, die bei allen Beteiligten auf privater Ebene angesiedelt sind, nicht von der Berücksichtigungsmöglichkeit für Einkünfte nach § 1 AStG erfasst werden.	Ab VZ 1992 (Rückwirkend)
	13 Abs. 1 S. 1 Nr. 1b und S. 2	**StÄndG 1992** v. 25.2.1992 (BGBl. 1992 I 297)	Vermeidung von Doppelbegünstigungen von Dividendenausschüttungen, die sich durch das Zusammenwirken von § 26 Abs. 5 KStG sowie § 9 Nr. 7 S. 2 und 3 GewSt und § 13 Abs. 1 AStG ergeben konnten.	Ab VZ 1992
5	18 Abs. 3	**Steuerbereinigungsgesetz 1985** v. 14.12.1984 (BGBl. 1984 I 1493)	Erstmalige Regelung der Verpflichtung zur Abgabe der Erklärung zur gesonderten Feststellung von Besteuerungsgrundlagen bei der Zugriffsbesteuerung.	Ab 1.1.1985 (auch für VZ vor 1985)
7	7 Abs. 6		Einführung der relativen 10%-Freigrenze sowie einer absoluten Freigrenze von DM 120.000 für Zwischeneinkünfte mit Kapitalanlagecharakter	Zwischeneinkünfte mit Kapitalanlagecharakter, die in einem Wirtschaftsjahr entstanden sind, das nach dem 31.12.1993 beginnt. Entspricht das Wirtschaftsjahr dem Kalenderjahr,
	10 Abs. 6		Ausdehnung des Begriffs der Einkünfte mit Kapitalanlagecharakter auf Konzernfinanzierungseinkünfte. Einführung der 40.60-Regelung für Zwischeneinkünfte mit Kapitalanlagecharakter	

Absatz	§§	in der Fassung des	Inhalt	Anwendungszeitraum
7			aus aktiver Konzernfinanzierung. Diese besagt, dass auf 40 % des Teils der Hinzurechnungsbetrages der auf die aktive Konzernfinanzierung zurückgeht die Regelungen der allgemeinen Hinzurechnungsbesteuerung und damit ggf. das DBA-Schachtelprivileg Anwendung finden.	so ist die Regelung erstmals auf den Hinzurechnungsbetrag anzuwenden, der den Steuerinländern am **1.1.1995** hinzuzurechnen ist. Ausnahme: Gewerbesteuerbefreiung für den Teil des Hinzurechnungsbetrages dem Zwischeneinkünfte mit Konzernfinanzierungscharakter zugrunde liegen.
	11 Abs. 4 S. 1	**StMBG** v. 21.12.1993 (BGBl. 1993 I 2310)	Folgeänderungen aufgrund der Einführung der 40:60-Regelung für Zwischeneinkünfte mit Kapitalanlagecharakter aus aktiver Konzernfinanzierung in S. 3 des § 10 Abs. 6.	
	14 Abs. 4 S. 5		Folgeänderungen aufgrund der Einführung der 40:60-Regelung für Zwischeneinkünfte mit Kapitalanlagecharakter aus aktiver Konzernfinanzierung in S. 3 des § 10 Abs. 6.	
	20 Abs. 2 iVm § 10 Abs. 6	**StMBG** v. 21.12.1993 (BGBl. 1993 I 2310)	Folgeänderungen aufgrund der Einführung der 40 : 60-Regelung für Zwischeneinkünfte mit Kapitalanlagecharakter aus aktiver Konzernfinanzierung in S. 3 des § 10 Abs. 6.	Zwischeneinkünfte mit Kapitalanlagecharakter, die in einem Wirtschaftsjahr entstanden sind, das nach dem **31.12.1993** beginnt. Entspricht das Wirtschaftsjahr dem Kalenderjahr, so ist die Regelung erstmals auf den Hinzurechnungsbetrag anzuwenden, der den Steuerinländern am **1.1.1995** hinzuzurechnen ist. Ausnahme: Gewerbesteuerbefreiung für den Teil des Hinzurechnungsbetrages dem Zwischeneinkünfte mit Konzernfinanzierungscharakter zugrunde liegen.

Systematische Stellung, Zweck und wesentlicher Inhalt   5 § 21

Absatz	§§	in der Fassung des	Inhalt	Anwendungszeitraum
7	6 Abs. 1	**UntStFG** v. 20.12.2001 (BGBl. 2001 I 3858)	Aufhebung des § 6 Abs. 1 S. 4, der die entsprechende Anwendbarkeit des § 34 EStG und damit der Tarifbegünstigung für Veräußerungsgewinne im Rahmen der Wegzugsbesteuerung regelt.	Erstmalig anzuwenden, wenn im Zeitpunkt der Beendigung der unbeschränkten Steuerpflicht auf Veräußerung iSd § 17 EStG § 3 Nr. 40c EStG anzuwenden wäre. Dies ist bei Veräußerungen von Anteilen an ausländischen KapG, deren Wirtschaftsjahr mit dem Kalenderjahr übereinstimmt, ab dem 1. Januar 2001 der Fall.
	7 Abs. 6	**UntStFG** v. 20.12.2001 (BGBl. 2001 I 3858)	Absenkung der Beteiligungsgrenze von 10% auf 1%; Wegfall jeglicher Beteiligungsgrenze in den Fällen, in denen die ausländische Gesellschaft ausschließlich oder fast ausschließlich Einkünfte mit Kapitalanlagecharakter erzielt – Ausnahme: Börsennotierte ausländische Gesellschaft.	Zwischeneinkünfte, die in einem Wirtschaftsjahr entstanden sind, das nach dem **15.8.2001** beginnt. Entspricht das Wirtschaftsjahr dem Kalenderjahr, so ist die Regelung erstmals auf den Hinzurechnungsbetrag anzuwenden, der den Steuerinländern am **1.1.2003** hinzuzurechnen ist.
	12 Abs. 2	**StSenkG** v. 23.10.2000 (BGBl. 2000 I 1433)	*Folgeänderung aus der Abschaffung des § 26 Abs. 2a KStG* Die Abschaffung des § 26 Abs. 2–5 infolge der allgemeinen Steuerbefreiung für Beteiligungserträge gem. § 8b Abs. 1 KStG erfordert die Streichung des Verweises auf § 26 Abs. 2a KStG in § 12 AStG.	Zwischeneinkünfte, die in einem Wirtschaftsjahr entstanden sind, das nach dem **31.12.2000** beginnt. Entspricht das Wirtschaftsjahr dem Kalenderjahr, so ist die Regelung erstmals auf den Hinzurechnungsbetrag anzuwenden, der den Steuerinländern am **1.1.2002** hinzuzurechnen ist.
	7 Abs. 7	**UntStFG** v. 20.12.2001 (BGBl. 2001 I 3858)	Einführung der Vorrangigkeitsregelung, dass die steuerlichen Vorschriften des AuslInvestmG den Vorschriften über die Hinzurechnungsbesteuerung vorgehen, wenn gleichzeitig die Voraussetzungen für die Hinzurechnungsbesteuerung gegeben wären.	

Absatz	§§	in der Fassung des	Inhalt	Anwendungszeitraum
7	8 Abs. 1 Nr. 8	**UntStFG** v. 20.12.2001 (BGBl. 2001 I 3858)	Ergänzung des Aktivkatalogs um Gewinnausschüttungen.	
	8 Abs. 1 Nr. 9		Ergänzung des Aktivkatalogs um Einkünfte aus der Veräußerung eines Anteils an einer anderen Gesellschaft sowie aus deren Auflösung und Herabsetzung ihres Kapitals. Korrespondierende Regelung, dass Verluste aus der Veräußerung eines Anteils an einer anderen Gesellschaft sowie aus deren Auflösung und Herabsetzung ihres Kapitals für Zwecke der Hinzurechnungsbesteuerung nicht zu berücksichtigen sind. **Ausnahme:** Veräußerungsgewinn/-verlust entfällt auf Wirtschaftsgüter, der anderen Gesellschaft, die der Erzielung von Kapitalanlageeinkünften dienen.	Zwischeneinkünfte, die in einem Wirtschaftsjahr entstanden sind, das nach dem **31.12.2000** beginnt. Entspricht das Wirtschaftsjahr dem Kalenderjahr, so ist die Regelung erstmals auf den Hinzurechnungsbetrag anzuwenden, der den Steuerinländern am **1.1.2002** hinzuzurechnen ist.
	8 Abs. 3		Berücksichtigung sämtlicher Ertragsteuern bei der Bemessung der Niedrigbesteuerung von 25 % – unabhängig davon, in welchem Staat sie erhoben werden.	
	9	**UntStFG** v. 20.12.2001 (BGBl. 2001 I 3858)	*Folgeänderung aus der Abschaffung des § 13* Die Abschaffung des § 13 AStG (Schachteldividenden) infolge der Ergänzung des Aktivitätskatalogs um Gewinnausschüttungen erfordert die Streichung des Verweises auf § 13 in § 9.	
	10 Abs. 2		Abschaffung der 38%igen Pauschalsteuer auf den Hinzurechnungsbetrag und Rückkehr zur Einkünftezurechnung mittels Ausschüttungsfunktion; Klarstellung, dass die Hinzurechnungs-	Zwischeneinkünfte, die in einem Wirtschaftsjahr entstanden sind, das nach dem **31.12.2000** beginnt. Entspricht das Wirtschaftsjahr dem Kalenderjahr,

Systematische Stellung, Zweck und wesentlicher Inhalt

Absatz	§§	in der Fassung des	Inhalt	Anwendungszeitraum
7			betrag gewerbesteuerpflichtig ist, wenn die Beteiligung an der ausländischen Gesellschaft zu einem Gewerbebetrieb gehört.	so ist die Regelung erstmals auf den Hinzurechnungsbetrag anzuwenden, der den Steuerinländern am **1.1.2002** hinzuzurechnen ist.
	10 Abs. 3	**UntStFG** v. 20.12.2001 (BGBl. 2001 I 3858)	Nichtanwendbarkeit des § 8b Abs. 1 und 2 KStG für Zwecke der Ermittlung der Hinzurechnungsbetrag zugrundeliegender Einkünfte trotz entsprechender Anwendung der Vorschriften des deutschen Steuerrechts.	
	10 Abs. 6		Abschaffung des Holdingprivilegs (§ 10 Abs. 6 S. 2 Nr. 2 AStG), wonach Einkünfte aus Gesellschaften, an denen eine ausländische Zwischengesellschaft zu mindestens 10% beteiligt ist g und die einer Ertragsteuerbelastung von mindestens 25% unterliegen grundsätzlich nicht zu den Einkünften mit Kapitalanlagecharakter zählen. *Folgeänderung aus der Abschaffung des § 13* Die Abschaffung des § 13 AStG (Schachteldividenden) infolge der Ergänzung des Aktivitätskatalogs um Gewinnausschüttungen erfordert die Streichung des Verweises auf § 13 Abs. 1 in § 10 Abs. 6 S. 1.	Zwischeneinkünfte, die in einem Wirtschaftsjahr entstanden sind, das nach dem **31.12.2000** beginnt. Entspricht das Wirtschaftsjahr dem Kalenderjahr, so ist die Regelung erstmals auf den Hinzurechnungsbetrag anzuwenden, der den Steuerinländern am **1.1.2002** hinzuzurechnen ist.
	10 Abs. 7		Im Rahmen der Neuregelung unterliegen Einkünfte mit Kapitalanlagecharakter, die unter das Konzernfinanzierungsprivileg fallen, nur mit 60% der Hinzurechnungsbesteuerung (Rückkehr zu der vor dem StSenkG gültigen Rechtslage); Abschaffung der GewSt-Befreiung.	

Absatz	§§	in der Fassung des	Inhalt	Anwendungszeitraum
7			*Redaktionelle Änderung* Regelung des Konzernfinanzierungsprivilegs in einem eigenen Absatz.	
	11 n. F.		Neufassung des § 11 Der neu gefasste § 11 dient dazu Doppelbelastungen bei der Hinzurechnungsbesteuerung unterliegenden Veräußerungsgewinnen auszuschließen.	
	12 Abs. 1	**UntStFG** v. 20.12.2001 (BGBl. 2001 I 3858)	Rückkehr zu der vor dem StSenkG geltenden Rechtslage, nach der die nach § 10 Abs. 1 abziehbaren Steuern auf Antrag auf die Einkommen- oder Körperschaftsteuer des Steuerpflichtigen angerechnet werden.	Zwischeneinkünfte, die in einem Wirtschaftsjahr entstanden sind, das nach dem **31.12.2000** beginnt. Entspricht das Wirtschaftsjahr dem Kalenderjahr, so ist die Regelung erstmals auf den Hinzurechnungsbetrag anzuwenden, der den Steuerinländern am **1.1.2002** hinzuzurechnen ist.
	14		*Folgeänderung aus der Abschaffung des § 13* Bezugnahme auf die §§ 7–13 in § 14 Abs. 1 wird infolge der ersatzlosen Aufhebung des § 13 durch §§ 7–12 ersetzt.	
			Folgeänderung aus der Neufassung des § 11 Ersatzlose Aufhebung des § 14 Abs. 2, der eine analoge Anwendung des abgeschafften § 11 AStG a F auf der Stufe der ausländischen Untergesellschaft vorsieht.	
			Redaktionelle Anpassung des § 14 Abs. 3 Bezugnahme auf den abgeschafften Abs. 2 wird in § 14 Abs. 3 gestrichen.	
			Folgeänderungen aus der Einführung des § 10 Abs. 7 und des § 8 Abs. 1 Nr. 8 sowie der Abschaffung des § 11	

Absatz	§§	in der Fassung des	Inhalt	Anwendungszeitraum
7			Erweiterung des § 14 Abs. 4 dahingehend, dass § 10 Abs. 7 entsprechend gilt; Infolge dessen, dass Beteiligungserträge nicht mehr als Einkünfte aus passivem Erwerb gelten werden die Sätze 2–5 des § 14 Abs. 4 ersatzlos gestrichen.	
	20 Abs. 2	**UntStFG** v. 20.12.2001 (BGBl 2001 I 3858)	Einführung des Konzernfinanzierungsprivilegs für ausländische Betriebsstätten. Im Rahmen der Neuregelung unterliegen Einkünfte mit Kapitalanlagecharakter, die unter das Konzernfinanzierungsprivileg fallen nur mit 60% der Hinzurechnungsbesteuerung.	Zwischeneinkünfte, die in einem Wirtschaftsjahr entstanden sind, das nach dem **31.12.2000** beginnt. Entspricht das Wirtschaftsjahr dem Kalenderjahr, so ist die Regelung erstmals anzuwenden, der den Steuerinländern am **1.1.2002** hinzuzurechnen ist.
	12 Abs. 3		Rückwirkende Anrechnung oder Abzug von ausländischen Quellensteuern, die bei späteren Gewinnausschüttungen der ausländischen Gesellschaft einbehalten werden auf die Einkommen- oder Körperschaftsteuer des Steuerpflichtigen.	
	18 Abs. 1		Prüfung der Voraussetzungen des § 3 Nr. 41 EStG für Zwecke der Steuerfreistellung späterer Ausschüttungen erfolgt durch das zentral zuständige Finanzamt im Rahmen der Feststellung nach § 18.	Zwischeneinkünfte, die in einem Wirtschaftsjahr entstanden sind, das nach dem **31.12.2000** beginnt. Entspricht das Wirtschaftsjahr dem Kalenderjahr, so ist die Regelung erstmals anzuwenden, der den Steuerinländern am **1.1.2002** hinzuzurechnen ist.
	8 Abs. 2	**EGKStRG** v. 6.9.1976 (BGBl. 1976 I 2641)	Abschaffung der Regelungen bzgl. der Einkünfte als Landes- oder Funktionsholding (§ 8 Abs. 2), da Beteiligungserträge aufgrund der Erweiterung des Aktivitätskatalogs (§ 8 Abs. 1 Nr. 8 und 9) nicht mehr als Zwischeneinkünfte gelten.	**Letztmals anzuwenden** auf Zwischeneinkünfte, die in einem Wirtschaftsjahr entstanden sind, das vor dem **1.1.2001** beginnt. Entspricht das Wirtschaftsjahr dem Kalenderjahr, so ist die Regelung

Absatz	§§	in der Fassung des	Inhalt	Anwendungszeitraum
7		Geregelt durch: **UntStFG** v. 20.12.2001 (BGBl. 2001 I 3858)		letztmals auf den Hinzurechnungsbetrag anzuwenden, der den Steuerinländern am **1.1.2001** hinzuzurechnen ist.
	13	**StÄndG** v. 25.2.1992 (BGBl. 1992 I 297) Geregelt durch: **UntStFG** v. 20.12.2001 (BGBl. 2001 I 3858)	Abschaffung der in § 13 AStG geregelten Vorschriften bzgl. Schachteldividenden, da Gewinnanteile aufgrund der Erweiterung des Aktivitätskatalogs (§ 8 Abs. 1 Nr. 8 und 9 AStG) nicht mehr als Zwischeneinkünfte gelten.	**Letztmals anzuwenden** auf Zwischeneinkünfte, die in einem Wirtschaftsjahr entstanden sind, das vor dem **1.1.2001** beginnt. Entspricht das Wirtschaftsjahr dem Kalenderjahr, so ist die Regelung letztmals auf den Hinzurechnungsbetrag anzuwenden, der den Steuerinländern am **1.1.2001** hinzuzurechnen ist.
	11 a.F.	**StMBG** v. 21.12.1993 (BGBl. 1993 I 2310) Geregelt durch: **UntStFG** v. 20.12.2001 (BGBl. 2001 I 3858)	Abschaffung des die Ausschüttung von Gewinnanteilen regelnden § 11a F;	Nicht anwenden auf Gewinnausschüttungen der Zwischengesellschaft oder auf Gewinne aus der Veräußerung der Anteile an der Zwischengesellschaft, wenn § 8b Abs. 1 oder 2 KStG idF des StSenkG v. 23.10.2000 oder § 3 Nr. 41 EStG idF des UntStFG v. 20.12.2000 anwendbar sind. Dies ist im Fall ausländischer KapG, deren Wirtschaftsjahr mit dem Kalenderjahr übereinstimmt, ab dem 1.1.2001 der Fall.
8	6 Abs. 3 Nr. 4	**StMBG** v. 21.12.1993 (BGBl. 1993 I 2310)	Keine Wegzugsbesteuerung aufgrund der Beendigung der unbeschränkten Steuerpflicht im Fall eines Anteilstausches, der die Voraussetzungen des § 20 Abs. 6 S. 2 UmwStG erfüllt.	Einbringungen, die nach dem 31.12.1991 vorgenommen werden.

Systematische Stellung, Zweck und wesentlicher Inhalt   5 § 21

Absatz	§§	in der Fassung des	Inhalt	Anwendungszeitraum
8	6 Abs. 3 Nr. 4	**SEStEG** v. 7.12.2006 (BGBl. 2006 I 2782)	Wegzugsbesteuerung greift nach Aufhebung des Tauschgutachtens mit Wirkung vom 1. Januar 1999 auch im Fall eines Tauschs von Anteilen an einer inländischen Kapitalgesellschaft gegen Anteile an einer ausländischen Kapitalgesellschaft	Einbringungen, die nach dem 31.12.1998 vorgenommen werden.
9	8 Abs. 1 Nr. 7	**StandOG** v. 13.9.1993 (BGBl. 1993 I 1569)	Erträge ausländischer Finanzierungsgesellschaften aus der Kapitalaufnahme auf ausländischen Kapitalmärkten und die Vergabe ins Inland unterliegen nicht mehr der Zugriffsbesteuerung.	Zwischeneinkünfte, die in einem Wirtschaftsjahr entstanden sind, das nach dem **31.12.1991** beginnt. Entspricht das Wirtschaftsjahr dem Kalenderjahr, so ist die Regelung erstmals auf den Hinzurechnungsbetrag anzuwenden, der den Steuerinländern am **1.1.1993** hinzuzurechnen ist.
	10 Abs. 3 S. 6		Ausdehnung des Verlustvor- und -rücktrags auf Verluste, die sich durch den Abzug von Steuern gem. § 10 Abs. 1 ergeben.	
	10 Abs. 3 S. 1	**StMBG** v. 21.12.1993 (BGBl. 1993 I 2310)	Anwendung der steuerlichen Vorschriften des KAGG und des AuslInvestmG im Rahmen der Hinzurechnungsbesteuerung.	Zwischeneinkünfte, die in einem Wirtschaftsjahr entstanden sind, das nach dem **31.12.1993** beginnt. Entspricht das Wirtschaftsjahr dem Kalenderjahr, so ist die Regelung erstmals auf den Hinzurechnungsbetrag anzuwenden, der den Steuerinländern am **1.1.1995** hinzuzurechnen ist.
10	2 Abs. 1 S. 2	**StEuglG** v. 19.12.2000 (BGBl. 2000 I 1790)	Umstellung der Freigrenze für beschränkt steuerpflichtige Einkünfte von DM 32.000 auf Euro 16.500.	Ab VZ 2002
	2 Abs. 2 Nr. 1		Umstellung des im Rahmen des abstrakten Steuerbelastungsvergleichs anzusetzenden steuerpflichtigen Einkommens von DM 150.000 auf Euro 77.000.	

Absatz	§§	in der Fassung des	Inhalt	Anwendungszeitraum
10	2 Abs. 3 Nr. 2 und 3	**StEuglG** v. 19.12.2000 (BGBl. 2000 I 1790)	Umstellung der für das Vorliegen wesentlicher wirtschaftlicher Interessen entscheidenden Gesamteinkommens von DM 120.000 auf Euro 62.000 bzw. des Vermögens von DM 300.000 auf Euro 154.000.	Ab VZ 2002
	7 Abs. 6 S. 2		Umstellung der absoluten gesellschafts- als auch gesellschafterbezogenen absoluten Freigrenze bei Zwischeneinkünften mit Kapitalanlagecharakter von DM 120.000 auf Euro 62.000.	Zwischeneinkünfte, die in einem Wirtschaftsjahr entstanden sind, das nach dem **31.12.2001** beginnt. Entspricht das Wirtschaftsjahr dem Kalenderjahr, so ist die Regelung erstmals auf den Hinzurechnungsbetrag anzuwenden, der den Steuerinländern am **1.1.2003** hinzuzurechnen ist.
	9		Umstellung der Freigrenze bei gemischten Einkünften von DM 120.000 auf Euro 62.000.	
	10 Abs. 6 S. 1		Umstellung der Freigrenze bei der Freistellung von Zwischeneinkünften mit Kapitalanlagecharakter aufgrund von DBA-Regelungen von DM 120.000 auf Euro 62.000.	
11	1 Abs. 4	**StVergAbG** v. 16.5.2003 (BGBl. 2003 I 660)	Definition, dass eine nach den Grundsätzen des Fremdvergleichs zu würdigende Geschäftsbeziehung zwischen dem Steuerpflichtigen und einem ihm Nahestehenden nur dann anzunehmen ist, wenn es sich um eine schuldrechtliche Beziehung handelt, nicht jedoch im Fall einer gesellschaftsrechtlichen Vereinbarung.	VZ 2003
	7 Abs. 6		*Redaktionelle Folgeänderung;* Bezugnahme auf die bisher in § 10 Abs. 6 Satz 2 geregelte Definition des Ausdrucks „Zwischeneinkünfte mit Kapitalanlagecharakter" wird durch die Bezugnahme auf die nunmehr in § 7 Abs. 6a AStG inhaltlich unverändert übernommene Definition ersetzt.	Zwischeneinkünfte, die in einem Wirtschaftsjahr entstanden sind, das nach dem **31.12.2002** beginnt. Entspricht das Wirtschaftsjahr dem Kalenderjahr, so ist die Regelung erstmals auf den Hinzurechnungsbetrag anzuwenden, der den Steuerinländern am **1.1.2004** hinzuzurechnen ist.

Systematische Stellung, Zweck und wesentlicher Inhalt 5 § 21

Absatz	§§	in der Fassung des	Inhalt	Anwendungszeitraum
11	7 Abs. 6a		Unveränderte Übernahme der bisher in § 10 Abs. 6 S. 2 geregelten Definition des Ausdrucks „Zwischeneinkünfte mit Kapitalanlagecharakter" in § 7 Abs. 6a aufgrund Wegfall des § 10 Abs. 6.	
	8 Abs. 1 Nr. 9	**StVergAbG** v. 16.5.2003 (BGBl. 2003 I 660)	*Redaktionelle Folgeänderung;* Bezugnahme auf die bisher in § 10 Abs. 6 S. 2 geregelte Definition des Ausdrucks „Zwischeneinkünfte mit Kapitalanlagecharakter" wird durch die Bezugnahme auf die nunmehr in § 7 Abs. 6a inhaltlich unverändert übernommene Definition ersetzt.	
	10		Abschaffung der grundsätzlichen Abschirmwirkung durch DBA für die Hinzurechnungsbesteuerung (§ 10 Abs. 5) sowie der damit einhergehenden Sondervorschriften für Zwischeneinkünfte mit Kapitalanlagecharakter (§ 10 Abs. 6) und für Konzernfinanzierungseinkünfte (§ 10 Abs. 7).	Zwischeneinkünfte, die in einem Wirtschaftsjahr entstanden sind, das nach dem **31.12.2002** beginnt. Entspricht das Wirtschaftsjahr dem Kalenderjahr, so ist die Regelung erstmals auf den Hinzurechnungsbetrag anzuwenden, der den Steuerinländern am **1.1.2004** hinzurechnen ist.
	11		*Redaktionelle Folgeänderung;* Bezugnahme auf die bisher in § 10 Abs. 6 S. 2 geregelte Definition des Ausdrucks „Zwischeneinkünfte mit Kapitalanlagecharakter" wird durch die Bezugnahme auf die nunmehr in § 7 Abs. 6a inhaltlich unverändert übernommene Definition ersetzt.	

Absatz	§§	in der Fassung des	Inhalt	Anwendungszeitraum
11	14		*Folgeänderung aus der Abschaffung des § 10 Abs. 5–7.* Abschaffung des § 14 Abs. 4, da durch die generelle Abschaffung der Abschirmwirkung durch DBA für die Hinzurechnungsbesteuerung die diesbezügliche Sonderregelung für zugerechnete Zwischeneinkünfte nachgeschalteter Zwischengesellschaften entbehrlich wird.	
	20 Abs. 2	**StVergAbG** v. 16.5.2003 (BGBl. 2003 I 660)	*Folgeänderung aus der Abschaffung des § 10 Abs. 5–7.* Redaktionelle Anpassung der Regelung der faktischen Anwendbarkeit der Hinzurechnungsbesteuerung auf ausländische Betriebsstätten durch Anrechnung der ausländischen Steuern; aufgrund der generellen Abschaffung der Abschirmwirkung der DBA für den Hinzurechnungsbetrag wird die Regelung auf sämtliche Zwischeneinkünfte ausgedehnt und gilt nicht mehr nur für Einkünfte mit Kapitalanlagecharakter.	Zwischeneinkünfte, die in einem Wirtschaftsjahr entstanden sind, das nach dem **31.12.2002** beginnt. Entspricht das Wirtschaftsjahr dem Kalenderjahr, so ist die Regelung erstmals auf den Hinzurechnungsbetrag anzuwenden, der den Steuerinländern am **1.1.2004** hinzuzurechnen ist.
	7 Abs. 7		Einführung der Regelung, dass die Vorschriften der Hinzurechnungsbesteuerung trotz der Vorrangigkeitsregelung zugunsten der Besteuerung nach dem AuslInvestmG anwendbar bleiben, wenn die Besteuerung von Ausschüttungen und ausschüttungsgleichen Erträgen nach dem AuslInvestmG aufgrund eines DBA ausgeschlossen ist.	
	8 Abs. 1 Nr. 4	**Korb II** v. 22.12.2003 (BGBl. 2003 I 2840)	Berichtigung eines redaktionellen Fehlers in der ursprünglichen Neuregelung des § 8 Abs. 1 Nr. 4 idF des StVergAbG; Klarstellung, dass die nahestehende Person im Geltungsbereich dieses Gesetzes steuerpflichtig sein muss, um eine Hinzurechnungsbesteuerung auslösen zu können.	Zwischeneinkünfte, die in einem Wirtschaftsjahr entstanden sind, das nach dem **31.12.2002** beginnt. Entspricht das Wirtschaftsjahr dem Kalenderjahr, so ist die Regelung erstmals auf den Hinzurechnungsbetrag anzuwenden, der den Steuerinländern am **1.1.2004** hinzuzurechnen ist.

Systematische Stellung, Zweck und wesentlicher Inhalt

Absatz	§§	in der Fassung des	Inhalt	Anwendungszeitraum
11	14 Abs. 1		Konkretisierung des sog. „Dienenstatbestands" für Untergesellschaften; Demzufolge dienen Tätigkeiten einer Untergesellschaft nur dann einer Tätigkeit der ausländischen Gesellschaft, wenn sie in unmittelbaren Zusammenhang mit dieser Tätigkeit stehen. Für Einkünfte mit Kapitalanlagecharakter wird der Dienenstatbestand aus Missbrauchsgesichtspunkten gänzlich ausgeschlossen.	
12	7 Abs. 7	**EURLUmsG** v. 9.12.2004 (BStBl. 2004 I 1158)	Regelung der Nachrangigkeit der Hinzurechnungsbesteuerung in Verhältnis zur Besteuerung nach dem Investmentsteuergesetz.	Zwischeneinkünfte, die in einem Wirtschaftsjahr entstanden sind, das nach dem **31.12.2003** beginnt. Entspricht das Wirtschaftsjahr dem Kalenderjahr, so ist die Regelung erstmals auf den Hinzurechnungsbetrag anzuwenden, der den Steuerinländern am **1.1.2005** hinzuzurechnen ist.
	10 Abs. 3	**Investmentmodernisierungsgesetz** v. 15.12.2003 (BGBl. 2003 I 2676)	*Redaktionelle Änderung;* Bezugnahme auf das Gesetz über Kapitalanlagegesellschaften und des Auslandsinvestmentgesetz wird durch die Bezugnahme auf das InvStG ersetzt.	
13	6 Abs. 1		Einführung einer generellen Wegzugsklausel für den Fall des Ausschlusses oder der Beschränkung des Besteuerungsrechts Deutschland hinsichtlich des Gewinns aus der Veräußerung einer wesentlichen in- oder a usländischen Beteiligung nach Wegzug	Erstmals für den Veranlagungszeitraum 2007
	6 Abs. 2–7	**SEStEG** v. 7.12.2006 (BGBl. 2006 I 2782)	Zinslose Stundung der Einkommensteuer auf einen fiktiven Veräußerungsgewinn ohne Sicherheitsleistung bei Wegzug in einen EU Staat oder einen EWR Staat, der Amts- und Rechtshilfe gewährt; Ansonsten Möglichkeit der Stundung der Einkommensteuer auf den fiktiven	Fälle, in denen die Einkommensteuer (am Tag des Inkrafttretens des SEStEG, dh zum 13.12.2006) noch nicht bestandskräftig festgesetzt ist

Absatz	§§	in der Fassung des	Inhalt	Anwendungszeitraum
13			Veräußerungsgewinn für 5 Jahre gegen Sicherheitsleistung; Erhöhte Meldepflichten bzgl. Entstrickungstatbeständen und Pflicht zur jährlichen Mitteilung der Anschrift und der Höhe der Beteiligung	
14	8 Abs. 1 Nr. 10	**SEStEG** v. 7.12.2006 (BGBl. 2006 I 2782)	Ergänzung des Aktivitätskatalogs um Einkünfte aus Umwandlungen, die gem. UmwStG zu Buchwerten erfolgen können.	Zwischeneinkünfte, die in einem Wirtschaftsjahr entstanden sind, das nach dem **31.12.2005** beginnt. Entspricht das Wirtschaftsjahr dem Kalenderjahr, so ist die Regelung erstmals auf den Hinzurechnungsbetrag anzuwenden, der den Steuerinländern am **1.1.2007** hinzuzurechnen ist.
	10 Abs. 3 S. 4		Die Vorschriften des UmwStG sind bei der Ermittlung der den Hinzurechnungsbetrag zugrund liegenden Einkünfte nicht zu berücksichtigen, soweit diese nicht bereits gem. § 8 Abs. 1 Nr. 10 als aktiv qualifizieren.	
15	7 Abs. 8	**REITG** v. 28.5.2007 (BGBl. 2007 I 914)	Ausweitung der Hinzurechnungsbesteuerung auf inländische, steuerbefreite REITs (Gesellschaften iSd § 16 des REIT-Gesetzes), die ausländischen Gesellschaften nachgeschaltet sind – unabhängig von einer inländischen Beherrschung der ausländischen Gesellschaft.	Zwischeneinkünfte, die in einem Wirtschaftsjahr entstanden sind, das nach dem **31.12.2006** beginnt. Entspricht das Wirtschaftsjahr dem Kalenderjahr, so ist die Regelung erstmals auf den Hinzurechnungsbetrag anzuwenden, der den Steuerinländern am **1.1.2008** hinzuzurechnen ist.
	8 Abs. 1 Nr. 9	**REITG** v. 28.5.2007 (BGBl. 2007 I 914)	Qualifikation von Gewinnen aus der Veräußerung von Anteilen an einländischen, steuerbefreiten REITs (Gesellschaften iSd § 16 des REIT-Gesetzes) durch eine ausländische Gesellschaft als passive Einkünfte.	Zwischeneinkünfte, die in einem Wirtschaftsjahr entstanden sind, das nach dem **31.12.2006** beginnt. Entspricht das Wirtschaftsjahr dem Kalenderjahr, so ist die Regelung erstmals auf den Hinzurechnungsbetrag anzuwenden, der den Steuerinländern am **1.1.2008** hinzuzurechnen ist.
	14 Abs. 2		Analoge Anwendbarkeit der Regelungen des § 14 Abs. 1 für nachgeschaltete, ausländische Zwischengesellschaften auf nachgeschaltete, in	

Absatz	§§	in der Fassung des	Inhalt	Anwendungszeitraum
15			ländische, steuerbefreite REITs (Gesellschaften iSd § 16 des REIT-Gesetzes) mit der Folge, dass die Einkünfte des REIT als passive Einkünfte iSd § 8 Abs. 1 Nr. 6b gelten.	
16	1 Abs. 1, 3 und 4	**Unternehmensteuerreformgesetz 2008** v. 17.8.2007 (BGBl. 2007 I 1912)	Einführung von gesetzlichen Maßnahmen zur Anwendung des Fremdvergleichgrundsatzes insbesondere auch für den Fall der Funktionsverlagerung.	Erstmals für den Veranlagungszeitraum 2008 anzuwenden.
17	7 Abs. 6 S. 2		Erhöhung der absoluten gesellschafts- als auch gesellschafterbezogenen Freigrenze bei Zwischeneinkünften mit Kapitalanlagecharakter von Euro 62.000 auf EUR 80.000.	Zwischeneinkünfte, die in einem Wirtschaftsjahr entstanden sind, das nach dem **31.12.2007** beginnt. Entspricht das Wirtschaftsjahr dem Kalenderjahr, so ist die Regelung erstmals auf den Hinzurechnungsbetrag anzuwenden, der den Steuerinländern am **1.1.2009** hinzuzurechnen ist.
	8 Abs. 1 Nr. 9	**JStG 2008** v. 20.12.2007 (BGBl. 2007 I 3150)	*Redaktionelle Änderung;* Verschiebung des Wortes „oder" innerhalb des zweiten Halbsatzes zur Klarstellung, dass Veräußerungsverluste nur insoweit zu berücksichtigen sind, als sie auf Wirtschaftsgüter zurückzuführen sind, die Tätigkeiten – im Sinne der Nummer 6b, soweit es sich um Einkünfte einer REIT-Gesellschaft iSd – Im Sinne des § 7 Abs. 6a (Einkünfte mit Kapitalanlagecharakter) dienen.	Zwischeneinkünfte, die in einem Wirtschaftsjahr entstanden sind, das nach dem **31.12.2006** beginnt. Entspricht das Wirtschaftsjahr dem Kalenderjahr, so ist die Regelung erstmals auf den Hinzurechnungsbetrag anzuwenden, der den Steuerinländern am **1.1.2008** hinzuzurechnen ist.

Absatz	§§	in der Fassung des	Inhalt	Anwendungszeitraum
17	8 Abs. 2	**JStG 2008** v. 20.12.2007 (BGBl. 2007 I 3150)	Umsetzung des EUGH-Urteils in der Rechtssache C-196/04 *(Cadburry Schweppes)*, wonach eine Hinzurechnungsbesteuerung für inländisch beherrschte EU- und EWR-Gesellschaften mit tatsächlicher wirtschaftlicher Tätigkeit europarechtswidrig ist.	Zwischeneinkünfte, die in einem Wirtschaftsjahr entstanden sind, das nach dem **31.12.2007** beginnt. Entspricht das Wirtschaftsjahr dem Kalenderjahr, so ist die Regelung erstmals auf den Hinzurechnungsbetrag anzuwenden, der den Steuerinländern am **1.1.2009** hinzuzurechnen ist.
	8 Abs. 3		Für die Ermittlung, ob eine niedrige Besteuerung von weniger als 25 % vorliegt, ist darauf abzustellen, dass die Steuer rechtlich geschuldet und auch tatsächlich erhoben wird.	Zwischeneinkünfte, die in einem Wirtschaftsjahr entstanden sind, das nach dem **31.12.2007** beginnt. Entspricht das Wirtschaftsjahr dem Kalenderjahr, so ist die Regelung erstmals auf den Hinzurechnungsbetrag anzuwenden, der den Steuerinländern am **1.1.2009** hinzuzurechnen ist.
	9		Erhöhung der Freigrenze bei gemischten Einkünften von Euro 62.000 auf EUR 80.000.	
	10 Abs. 2 Satz 3		Nichtanwendbarkeit der mit dem Unternehmensteuerreformgsetz 2008 ab dem 1.1.2009 eingeführten 25%igen Abgeltungssteuer auf den Hinzurechnungsbetrag.	
	12 Abs. 3 S. 1		Klarstellung, dass Steuern von den nach § 3 Nr. 41 EStG befreiten Einkünften auf Antrag nicht nur bei der Einkommensteuer, sondern auch bei der Körperschaftsteuer angerechnet werden können.	Erstmals für Zeiträume anzuwenden, für die § 12 Abs. 3 in der am 25.12.2001 geltenden Fassung, d. h. in der Fassung des UntStFG anzuwenden ist. Das UntStFG war erstmals für Zwischeneinkünfte, die in einem Wirtschaftsjahr entstanden sind, das nach dem **31.12.2000** beginnt, anzuwenden. Entspricht das Wirtschaftsjahr dem Kalenderjahr, so war die Regelung erstmals auf den Hinzurechnungsbetrag anzuwenden, der den Steuerinländern am **1.1.2002** hinzuzurechnen war.

Systematische Stellung, Zweck und wesentlicher Inhalt

Absatz	§§	in der Fassung des	Inhalt	Anwendungszeitraum
17	14 Abs. 1 S. 1	JStG 2008 v. 20.12.2007 (BGBl. 2007 I 3150)	*Folgeänderung aufgrund Ergänzung des Aktivitätskatalogs um § 8 Abs. 1 Nr. 10:* Erzielt eine Untergesellschaft grundsätzlich aktive Einkünfte aus Umwandlungen, so sind diese nicht dem Anteilseigner in Form einer ausländischen Gesellschaft für Zwecke der Hinzurechnungsbesteuerung zuzurechnen.	Zwischeneinkünfte, die in einem Wirtschaftsjahr entstanden sind, das nach dem **31.12.2005** beginnt. Entspricht das Wirtschaftsjahr dem Kalenderjahr, so ist die Regelung erstmals auf den Hinzurechnungsbetrag anzuwenden, der den Steuerinländern am **1.1.2007** hinzuzurechnen ist
	18 Abs. 3 S. 1		Die Pflicht zur Abgabe einer Erklärung zur gesonderten Feststellung entfällt nicht aufgrund dessen, dass § 8 Abs. 2 anwendbar ist. Auch wenn es sich bei der ausländischen Gesellschaft um eine inländisch beherrschte EU- und EWR-Gesellschaft mit tatsächlicher wirtschaftlicher Tätigkeit handelt und demzufolge keine Hinzurechnungsbesteuerung ausgelöst wird ist eine Erklärung abzugeben.	Zwischeneinkünfte, die in einem Wirtschaftsjahr entstanden sind, das nach dem **31.12.2007** beginnt. Entspricht das Wirtschaftsjahr dem Kalenderjahr, so ist die Regelung erstmals auf den Hinzurechnungsbetrag anzuwenden, der den Steuerinländern am **1.1.2009** hinzuzurechnen ist.
	18 Abs. 4		Ist das Einkommen ausländischer Familienstiftungen mehreren unbeschränkt steuerpflichtigen Personen zuzurechnen, sind die Besteuerungsgrundlagen einheitlich und gesondert festzustellen.	
	20 Abs. 2		Keine Übertragung der Grundsätze des § 8 Abs. 2 auf die Vermeidung der Doppelbesteuerung einer ausländischen Betriebsstätte. Auch wenn es sich bei der ausländischen Betriebsstätte um eine EU- oder EWR-Betriebsstätte mit tatsächlicher wirtschaftlicher Tätigkeit handelt, wird die Doppelbesteuerung mittels Anrechnung vermieden, sofern die Doppelbesteuerung mittels Anrechnung vermieden, sofern die Einkünfte der Betriebsstätte	Zwischeneinkünfte, die in einem Wirtschaftsjahr entstanden sind, das nach dem **31.12.2007** beginnt. Entspricht das Wirtschaftsjahr dem Kalenderjahr, so ist die Regelung erstmals auf den Hinzurechnungsbetrag anzuwenden, der den Steuerinländern am **1.1.2009** hinzuzurechnen ist.

Absatz	§§	in der Fassung des	Inhalt	Anwendungszeitraum
17			als Zwischeneinkünfte steuerpflichtig wären, falls die Betriebsstätte eine ausländische Gesellschaft wäre.	
15	11	**JStG 2009** v. 19.12.2008 (BGBl. 2008 I 2794)	Berücksichtigung der Neuregelung des § 11, wonach sich dieser auch auf Gewinne aus der Veräußerung eines Anteils an einer Gesellschaft iSd § 16 des REIT-Gesetzes erstreckt	
17	18 Abs. 3 S. 1		Streichung des Verweises auf § 18 Abs. 4	
	18 Abs. 4		Neuregelung der Anwendungsregelung	Erstmals für den Veranlagungszeitraum 2008 anzuwenden.
18	2 Abs. 1		Fiktion einer inländischen Geschäftsleitungsbetriebsstätte bei erweitert beschränkt steuerpflichtigen, deren Einkünfte weder durch eine ausländische Betriebsstätte noch durch einen im Ausland tätigen ständigen Vertreter erzielt werden	
	2 Abs. 5	**JStG 2009** v. 19.12.2008 (BGBl. 2008 I 2794)	Anpassung des § 2 Abs. 5 an die Änderungen des § 50 EStG	Erstmals für den Veranlagungszeitraum 2009 anzuwenden
	15 Abs. 6		Ausschluss der Zurechnung von Familienstiftungen mit Sitz oder Geschäftsleitung in der EU/EWR sofern nachgewiesen wird, dass dem Stifter bzw. nahe stehenden Personen, die Verfügungsmacht über das Stiftungsvermögen rechtlich und tatsächlich entzogen ist.	

Absatz	§§	in der Fassung des	Inhalt	Anwendungszeitraum
18	15 Abs. 7		Klarstellung, dass für die Ermittlung des Einkommens, das dem Stifter zuzurechnen ist, die Grundsätze des deutschen Steuerrechts gelten. Negative Einkommen sind nicht zuzurechnen, aber im Rahmen der entsprechenden Anwendung des § 10 d EStG zu berücksichtigen.	In allen Fällen, in denen die Einkommensteuer und Körperschaftsteuer noch nicht bestandskräftig festgesetzt ist.
16	1 Abs. 3 S. 9 und 10	**StEUVUmsG** v. 8.4.2010 (BGBl. 2010 I 386)	Sprachliche Anpassung der Bewertungsvorschriften und der Glaubhaftmachung von Einzelverrechnungspreisen im Rahmen der Funktionsverlagerung.	Erstmals für den Veranlagungszeitraum 2008 anzuwenden.
19	8 Abs. 3 S. 2	**JStG 2010** v. 8.12.2010 (BGBl. 2010 I 1768)	Einbezug von Ansprüchen in die Belastungsberechnung, die dem unbeschränkt Steuerpflichtigen gewährt werden mit dem Ziel der Verhinderung sogenannter „Doppel-Malta-Strukturen".	Zwischeneinkünfte, die in einem Wirtschaftsjahr entstanden sind, das nach dem 31.12.2010 beginnt.
	10 Abs. 1 S. 3		Redaktionelle Folgeänderung aufgrund der Einfügung des § 8 Abs. 3 S. 2.	
	20 Abs. 2 S. 2		Einfügung der sogenannten Dienstleistungsausnahme in § 20 Abs. 2.	Ist in allen Fällen anzuwenden, in denen die Einkommensteuer noch nicht bestandskräftig festgesetzt ist.
20	1 Abs. 1 S. 2 1. Hs., Abs. 3 und 6	**Amtshilfe-RLUmsG** v. 26.6.2013 (BGBl. 2013 I 1809)	Ausdehnung des Begriffs des Steuerpflichtigen in § 1 auf Personengesellschaften und Mitunternehmerschaften sowie redaktionelle Folgeänderungen.	Erstmals für den Veranlagungszeitraum 2013 anzuwenden.

Absatz	§§	in der Fassung des	Inhalt	Anwendungszeitraum
20	1 Abs. 1 S. 1 2. Hs.	**Amtshilfe-RLUmsG** v. 26.6.2013 (BGBl. 2013 I 1809)		Gilt für alle noch nicht bestandskräftigen Veranlagungen.
	1 Abs. 4 und 5		Neudefinition des Begriffs der Geschäftsbeziehungen in § 1 Abs. 4 sowie Ausdehnung der Vorschrift auf Stammhaus-Betriebsstätten-Konstellationen.	Erstmals für Wirtschaftsjahre anzuwenden, die nach dem 31.12.2012 beginnen.
21	2 Abs. 5		Anpassung der Regelung zum anzuwendenden Steuersatz in § 2 Abs. 5 unter Berücksichtigung des besonderen Steuersatzes für Einkünfte aus Kapitalvermögen aufgrund der Abgeltungsteuer sowie Folgeänderungen aufgrund unionsrechtlich bedingter Änderungen beim Mindeststeuersatz beschränkt Steuerpflichtiger.	Erstmals für den Veranlagungszeitraum 2013 anzuwenden.
	2 Abs. 5 S. 1 und 3			Auf Antrag bereits für Veranlagungszeiträume vor 2013 anzuwenden. Zwischeneinkünfte, die in einem Wirtschaftsjahr entstanden sind, das nach dem 31.12.2010 beginnt.
	8 Abs. 2	**Amtshilfe-RLUmsG** v. 26.6.2013 (BGBl. 2013 I 1809)	Redaktionelle Anpassung des Motivtests in § 8 Abs. 2.	Zwischeneinkünfte, die in einem Wirtschaftsjahr entstanden sind, das nach dem 31.12.2012 beginnt.
	15 Abs. 1, 5 bis 11		Anpassung der Regelungen für ausländische Familienstiftungen in § 15 an unionsrechtliche Vorgaben.	Erstmals für den Veranlagungszeitraum 2013 anzuwenden.
	18 Abs. 4		Ausdehnung der Steuererklärungspflicht sowie der Regelungen zur einheitlichen und gesonderten Feststellung auf Stifter, Anfalls- und Bezugsberechtigte ausländischer Familienstiftungen.	

Systematische Stellung, Zweck und wesentlicher Inhalt

Absatz	§§	in der Fassung des	Inhalt	Anwendungszeitraum
22	1 Abs. 4	**Zollkodex-anpassungsG** v. 22.12.2014 (BGBl. 2014 I 2417)	Neudefinition des Begriffs der Geschäftsbeziehungen in § 1 Abs. 4.	Erstmals für den Veranlagungszeitraum 2015 anzuwenden.
23	6 Abs. 5 S. 3	**Zollkodex-anpassungsG** v. 22.12.2014 (BGBl. 2014 I 2417)	Ausdehnung der Stundungsregelung bei Wegzug auf Anteile an in EU-/EWR-Staaten domizilierte Gesellschaften beim Ausschluss oder der Beschränkung des Besteuerungsrechts der Bundesrepublik Deutschland.	In allen Fällen in denen die geschuldete Steuer noch nicht entrichtet ist.
24	7 Abs. 7	**InvStRefG** v. 19.2016 (BGBl. 2016 I 1730)	Anpassung der §§ 7 und 10 an das seit dem 1.1.2018 geltende Investmentsteuerrecht.	Anzuwenden ab dem 1.1.2018.
	10 Abs. 3 S. 1			

6 Im Zusammenhang mit den oben dargestellten Anwendungsvorschriften ist darauf hinzuweisen, dass bei Zwischengesellschaften, deren Wirtschaftsjahr dem Kalenderjahr entspricht, Hinzurechnungsbeträge, die für das Wirtschaftsjahr 2000 ermittelt und am 1.1.2001 hinzugerechnet werden, gem. § 8b Abs. 1 KStG steuerfrei zu stellen bzw. aufgrund § 3 Nr. 40 S. 1 Buchst. d EStG dem Halbeinkünfteverfahren zu unterwerfen sind. Grund hierfür sind die nicht aufeinander abgestimmten Anwendungsvorschriften des § 8b Abs. 1 KStG bzw. § 3 Nr. 40 S. 1 Buchst. d EStG einerseits und des § 10 Abs. 2 S. 3 andererseits. Während § 8b Abs. 1 KStG bzw. § 3 Nr. 40 S. 1 Buchst. d EStG auf Einkünfte anwendbar ist, die im Veranlagungszeitraum 2001 steuerlich anzusetzen sind, regelt § 10 Abs. 2 S. 3 die Nichtanwendbarkeit der § 8b Abs. 1 KStG bzw. § 3 Nr. 40 S. 1 Buchst. d EStG erstmalig für den Veranlagungszeitraum, in dem Zwischeneinkünfte hinzuzurechnen sind, die in einem Wirtschaftsjahr entstanden sind, das nach dem 1.1.2000 beginnt. Somit ist § 8b Abs. 1 KStG bzw. § 3 Nr. 40 Satz 1 Buchstabe d EStG auf Einkünfte einer ausländischen Zwischengesellschaft anwendbar, die für das Wirtschaftsjahr 2000 zu ermitteln und am 1.1.2001 zuzurechnen sind (*Eckstein/Naumburg* IStR 2004, 490).

3. Anwendung im Beitrittsgebiet (Abs. 6)

7 § 21 enthält keine expliziten Regelungen bzgl. der Anwendbarkeit der außensteuerlichen Regelungen im Beitrittsgebiet. Im Beitrittsgebiet ist das AStG somit am 1.1.1991 in Kraft getreten.

8 Für die Anwendung der §§ 2 bis 6, die an eine bestimmte Dauer der unbeschränkten Einkommensteuerpflicht nach § 1 Abs. 1 S. 1 EStG als Tatbestandsvoraussetzung der erweiterten beschränkten Steuerpflicht vor dem Zeitpunkt des Wegzugs aus Deutschland anknüpfen, stellt § 21 Abs. 6 klar, dass auch die Dauer der unbeschränkten Einkommensteuerpflicht in der ehemaligen DDR zu berücksichtigen ist.

II. Anwendungsvorschrift iZm erweitert beschränkter Steuerpflicht (Abs. 2)

9 § 21 Abs. 2 enthält eine nach hM (*FWBS* § 21 AStG Rz. 19; Brezing ua/ *Runge* § 20 AStG Rz. 7) klarstellende, rein deklaratorische Regelung über die Anwendbarkeit der §§ 2 bis 5 (Wohnsitzwechsel in niedrig besteuernde Gebiete). Demzufolge unterliegen auch solche Personen ab dem 1.1.1972 der erweitert beschränkten Steuerpflicht, deren unbeschränkte Steuerpflicht bereits vor dem 1.1.1972 geendet hat. In Anbetracht dessen, dass die erweitert beschränkte Steuerpflicht 10 Jahre nach dem Jahr des Wegzugs endet, kam diese Vorschrift letztmalig im Jahr 1981 zur Anwendung.

III. Bewertungsvorschriften für die eröffnende Hinzurechnungsbilanz (Abs. 3)

Sind im Hinblick auf eine ausländische Gesellschaft die Voraussetzungen für eine Hinzurechnungsbesteuerung erstmals gegeben, besteht gemäß § 6 EStDV iVm § 10 Abs. 3 AStG die Verpflichtung eine eröffnende Hinzurechnungsbilanz, kurz Eröffnungsbilanz zu erstellen. Aufgrund § 21 Abs. 3 sind hierbei die Wirtschaftsgüter der ausländischen Gesellschaft mit den Werten anzusetzen, die sich ergeben würden, wenn seit Übernahme der Wirtschaftsgüter der ausländischen Gesellschaft die Vorschriften des deutschen Steuerrechts angewendet worden wären. **10**

Nach absolut hM handelt es sich bei § 21 Abs. 3 AStG um eine Bilanzierungsvorschrift rein deklaratorischer Art (FG v. 20.11.1984, VII 335/79, EFG 1985, 220; Brezing ua/*Runge* § 20 AStG Rz. 8; *FWBS* § 21 AStG Rz. 23). Der Ansatz der Wirtschaftsgüter der Höhe und dem Grunde nach ergibt sich somit bereits aus § 6 EStG. Auch die rechtssystematische Stellung der Vorschrift erscheint verfehlt, vielmehr ist der Regelungsinhalt des § 21 Abs. 3 dem Bereich des § 10 Abs. 3 zuzuordnen. Dies dürfte auch der Grund dafür sein, dass sowohl die einschlägigen Kommentierungen als auch das Anwendungsschreiben zum AStG die Regelungen zur Eröffnungsbilanz im Rahmen des § 10 Abs. 3 abhandeln. Auch hier wird insoweit auf die Kommentierung zu § 10 Abs. 3 verwiesen. **11**

§ 22 Neufassung des Gesetzes

Das Bundesministerium der Finanzen kann den Wortlaut dieses Gesetzes in der jeweils geltenden Fassung im Bundesgesetzblatt bekannt machen.

1 Die Vorschrift enthält die Ermächtigung des Gesetzgebers an das Bundesfinanzministerium, den (zusammenhängenden) Gesetzeswortlaut in der jeweils geltenden Fassung im Bundesgesetzblatt bekannt zu machen. Diese Bekanntmachung dient der Erleichterung und Handhabbarkeit des Gesetzes durch den Rechtsanwender, da dieser auf die bekannt gemachte Wortlautfassung des Gesetzes – insbesondere nach punktuellen Änderungen – zurückgreifen kann.

Sachverzeichnis

Die halbfett gedruckten Zahlen bezeichnen die Paragrafen des AStG,
die mageren Zahlen die jeweiligen Randziffern

Abfluss von Kapital auf Dauer oder zeitweise 6 107
Abnehmerfunktionen 8 252
Abschirmwirkung 7 2; 15 301
Abschluss von Unternehmensverträgen 6 585
Abschlusserstellung nach deutschem Recht 10 304
Absichtserklärungen 6 437
Absolute Freigrenze, Gesellschaft 9 50 ff.
Gesellschafter 9 90 ff.
Absolute Freigrenze der Gesellschaft 9 50 ff.
Absolute Freigrenze des Gesellschafters 9 70 ff.
Abstrakter Steuerbelastungsvergleich 2 61
Abweichung, erhebliche s. *Erhebliche Abweichung*
Abwendungsbefugnis 16 53
Abzinsungszeitraum, Funktionsverlagerung 1 420
Abzug versus Anrechnung 12 126 ff.
aggressive Steuerplanung, BEPS **Vor § 7** 90
ähnliche Vermögenswerte 7 197
Aktionsplan 3, BEPS **Vor § 7** 90
Aktivierungsmöglichkeit beim ausländischen Unternehmen, Gewinnpotenzial 1 414
Aktivitätskatalog, Einkünfte aus Bank- und Versicherungstätigkeit 8 120 ff.
Einkünfte aus Dienstleistung 8 280 ff.
Einkünfte aus Finanzierungstätigkeit 8 420 ff.
Einkünfte aus Handelstätigkeit 8 220 ff.
Einkünfte aus industrieller Tätigkeit 8 85 ff.
Einkünfte aus land- und forstwirtschaftlicher Tätigkeit 8 73 ff.
Einkünfte aus Realisationstatbeständen 8 540 ff.
Einkünfte aus Umwandlungen 8 660 ff.
Einkünfte aus Vermietung und Verpachtung 8 340 ff.
Gewinnausschüttungen von Kapitalgesellschaften 8 490 ff.
Akzeptanz der Preise, Bandbreite von Verrechnungspreisen 1 273 ff.
Akzeptanz des gewählten Preises, Bandbreite von Verrechnungspreisen
–, uneingeschränkte Vergleichbarkeit 1 285
Allgemeine Hinzurechnungsbesteuerung, Zurechnung von Anteilen 7 70
Zurechnung von Stimmrechten 7 97
Allgemeine steuerliche Mitwirkung 16
Verschärfung 16 1 ff.
s. *auch Mitwirkung*
s. *auch Mitwirkungspflicht des Steuerpflichtigen*
Allgemeiner Entstrickungstatbestand 6 15
Allgemeiner wirtschaftlicher Verkehr 8 245
Allgemeines Freizügigkeitsrecht 4 35
Alternative Verrechnungspreismethoden, Anforderungen 1 244
Fremdvergleichsgrundsatz 1 244
Transaktionsbezogenheit 1 244
Amtshilfebedingung 6 500
Amtshilferichtlinie-Umsetzungsgesetz, Mitunternehmerschaften
–, Fremdvergleichsgrundsatz 1 6
Personengesellschaften
–, Fremdvergleichsgrundsatz 1 6
Anderen Tätigkeiten dienende Wirtschaftsgüter 8 615 ff.
Änderung von Unternehmensverträgen 6 585
Änderungen durch das UntStRefG 2008, Berichtigung von Einkünften 1 5
Änderungen im Gesellschafterbestand 6 585
Änderungsbescheid 6 580

Sachverzeichnis

halbfette Ziffern = §§

Anfallsberechtigte **15** 230, 230 ff.
Angemessenheit, Fremdvergleich **1** 100
Angemessenheit der Preise, Bandbreite von Verrechnungspreisen **1** 272
Angemessenheitsdokumentation 1 315
Anlagefonds 10 595
Anlaufkosten, Verteilung der Kosten
–, Geschäftsstrategie **1** 116
Anpassungsrechnung, angepasste Fremdvergleichspreise **1** 117
Anpassungsrechnungen,
Chancen und Risiken **1** 265
Funktionsanalyse **1** 260
Umrechnung von Marktpreisen **1** 119
Zweck **1** 255
Anrechnung 14 132
Anrechnung der Steuer bei tatsächlicher Veräußerung, (DBA-Kanada) **6** 48
Anrechnung der Steuern,
Betriebsausgabenabzug **12** 105 f.
Minderung des Hinzurechnungsbetrages **12** 102 ff.
Nicht besteuerte ausländische Einkünfte **12** 102 ff.
Technik **12** 90 ff.
Verweisung **12** 91 ff.
Anrechnung des besteuerten Vermögenszuwachses 6 322
Anrechnungszeitpunkt 12 55 ff.
Anreizsysteme im Ausland, Niedrigbesteuerung **8** 1050
Ansatz des gemeinen Wertes 6 520
Anschriftsmitteilungspflicht 6 616
Ansprüche, einzubeziehende 8 1087
Anteil am gezeichneten Kapital,
atypische stille Beteiligungen **1** 170
Begriff **1** 170
Anteil an einer anderen Gesellschaft 8 554 ff.
Anteile an einem Investmentvermögen, Ausländische Gesellschaft **10** 602 ff.
Einkünfteermittlung nach dem InvStG **10** 606 ff.
Inländisches und ausländisches Investmentvermögen **10** 593 ff.
Konkurrenzverhältnis zu § 7 Abs. 7 AStG **10** 597 ff.
Anteilsbegriff 8 554 ff.
Anteilsübertragung auf eine nicht in einem EU- oder EWR-Staat ansässige Person 6 523

Anteilsveräußerung 8 546 ff.
Einkünfteermittlung **8** 551 ff.
Veräußerungsbegriff **8** 546 ff.
Anteilsveräußerungsgewinn 8 595; **11** 35
Zuordnung zu Wirtschaftsgütern **8** 595 ff.
s. *Veräußerungsgewinn*
Anti Tax Avoidance Directive
Vor § 7 125 ff.; s. *ATAD*
Antrag, Gewinnausschüttungen der Zwischengesellschaft **12** 136 ff.
Antrag des Steuerpflichtigen, Steueranrechnung **12** 40 ff.
Anwendbarkeit der vGA,
Personenkreis **1** 26
Anwendbarkeit des InvStG 7 311
Anwendungsvorrang, Berichtigung von Einkünften **1** 157
Subsidiarität der Anwendung **1** 157
Anwendungsvorrang des europarechtlichen Diskriminierungsverbots 16 4
Anwendungsvorschriften,
Bewertungsvorschriften für die eröffnende Hinzurechnungsbilanz **21** 10 f.
Erweiterte beschränkte Steuerpflicht **21** 9
Gesetzesänderungen **21** 4 ff.
Systematik **21** 1
Anzahl Vergleichsunternehmen,
Bandbreite von Verrechnungspreisen **1** 270
Anzahl zu ermittelnder Ertragswerte, Gewinnpotenzial **1** 302
Anzurechnende Steuern 12 50 ff.
Anzusetzender Hinzurechnungsbetrag 10 250 ff.
Abzug von Werbungskosten und Betriebsausgaben
–, Gemischte Gesellschaften **10** 783 f.
–, Veranlassungsprinzip **10** 780 ff.
Allgemeines **10** 250 ff.
Beteiligung im Betriebsvermögen **10** 330 ff.
–, Abzug von Betriebsausgaben **10** 346 ff.
–, außerbilanzieller Gewinnzuschlag **10** 335 f.
–, Einkunftsermittlungsmethode **10** 337 ff.
–, Gewerbesteuer **10** 354 ff.
–, Weitere Wirkungen **10** 342 ff.
–, Zuflusszeitpunkt **10** 352 f.
–, Zuordnung zu den Gewinneinkünften **10** 330 ff.
Beteiligung im Privatvermögen **10** 280 ff.
–, Abzug von Werbungskosten **10** 294 ff.

magere Ziffern = Randziffern

Sachverzeichnis

–, Beschränkung der Einkünfteumqualifikation 10 282 ff.
–, Zuflusszeitpunkt 10 299 ff.
–, Zuordnung zu den Einkünften aus Kapitalvermögen 10 280 f.
Einkunftsermittlungsmethode
–, Beteiligung im Betriebsvermögen 10 337 ff.
Einordnung des Hinzurechnungsbetrages 10 260 ff.
Ermittlung der Einkünfte 10 450 ff.
–, Abzug von Werbungskosten und Betriebsausgaben 10 780 ff.
–, Allgemeines 10 450 ff.
–, Anteile an einem Investmentvermögen 10 590 ff.
–, Anwendbare Vorschriften 10 500 ff.
–, Einkünfteermittlung nach deutschem Steuerrecht 10 460 ff.
–, Gewinnermittlungsmethoden 10 640 ff.
–, Interperiodischer Verlustausgleich 10 740 ff.
–, steuerliche Vergünstigungen 10 690 ff.
AOA 1 564; **20** 95
Betriebsstättenfälle 1 6
Arbeitnehmerfreizügigkeit 4 35
Gemeinschaftsrechtskonformität der Berichtigung von Einkünften 1 51
Kündigung von Mitarbeitern 1 51
Mitarbeiterentsendung
–, grenzüberschreitend 1 51
Arithmetisches Mittel, Berechnung 1 338
Arms-length's-range, Bandbreite von Verrechnungspreisen 1 270
Art. 9 I OECD-MA, Abgrenzung zur Berichtigung von Einkünften 1 141
Doppelbesteuerung 1 128
Klarheit und Zeitpunkt der Vereinbarung 1 140
Sperrwirkung 1 141
treaty override 1 128
Verhältnis zur Berichtigung von Einkünften 1 43
–, innerstaatliche Umsetzung 1 44
Wirkung der Vorschrift 1 54
Zweck der Vorschrift 1 45
Arten der Produktion, Herstellung 8 93
ATAD, Einfluss auf die Hinzurechnungsbesteuerung Vor § 7 125 ff.
Aufführungsrechte 8 355
Aufgabe des Wohnsitzes im Inland 6 362

Aufhebung von Unternehmensverträgen 6 585
Aufkommenswirkung 4 26
Aufstockung des Hinzurechnungsbetrages 12 75 ff.
Aufsuchen und Gewinnung von Bodenschätzen 8 105 ff.
Aufsuchen von Bodenschätzen 8 107
Aufteilungsmaßstab 8 45
Aufteilungsregel, DBA USA 6 49
DBA-Schweden 6 48
DBA-Schweiz 6 48
Auskehrung von Vermögen 15 261, 273
Auskunftserteilung 17 10 ff.
Nichterfüllung der Mitwirkungspflichten 17 45 ff.
Offenbarungs- und Dokumentenvorlageverpflichtungen 17 30 ff.
Prüfungsvermerk 17 43
Rechtscharakter 17 10
Auskunftsverpflichtet 17 11
Ausländische Familienstiftung,
Abgrenzung von ausländischer Kapitalgesellschaft 15 310
Abgrenzungsschwierigkeiten 15 310
Anwendung auf erweitert beschränkt Steuerpflichtige 15 380
Begriff 15 300
Besteuerungsgrundlagen
–, Gesonderte Feststellung 18 110
EuGH 15 61
Europarechtliche Problematik 15 100 ff.
–, Kapitalverkehrsfreiheit 15 110 ff.
–, Niederlassungsfreiheit 15 104 ff.
–, Rechtfertigungslehre 15 130 ff.
–, Vertragsverletzungsverfahren 15 150 ff.
Europarechtliche Rettungsklausel 15 420 f.
Feststellungserklärungen 18 131
Gesonderte Feststellung
–, Besteuerungsgrundlagen 18 110
Gesonderte Feststellung nach § 180 AO 15 430 f., 430
Gleichgestellte Rechtsträger 15 360
–, discretionary irrevocable trust 15 361
–, Einzelfälle 15 361
–, nicht rechtsfähige ausländische Personenvereinigungen 15 362
–, trust 15 361
Mitwirkungspflichten 15 432
Möglichkeit zur Steueranrechnung 15 380
Nachgeschaltete ausländische Stiftungen 15 480

973

Sachverzeichnis

halbfette Ziffern = §§

Nachgeschaltete Kapitalgesellschaften **15** 450
Rechtstypenvergleich **15** 302
Tatbestands- und Rechtsfolgeschema **15** 80, 80 ff.
Tatsächliche Stiftungsauskehrungen **15** 495
Typenvergleich **15** 302 ff., 302
Unionsrechtliche Rettungsklausel **15** 400
Unternehmensstiftung **15** 22
–, Anfallsberechtigung **15** 331
–, Bezugsberechtigung **15** 331
Verfassungsrecht
–, Treaty Override **15** 90
Verfassungsrechtliche Problematik **15** 70, 70 ff.
Verhältnis zur Hinzurechnungsbesteuerung **15** 90
Verlustbehandlung **15** 422
Wertminderung der Anteile nach Wegzug **15** 160 ff., 180 ff.
–, Einkommensbegriff **15** 170 ff.
Widerruf der Stundung
–, Stifter **15** 190 ff.
Zurechnung von Einkommen **15** 311 ff., 311
–, Anfallsberechtigte **15** 180 ff.
–, Bezugsberechtigte **15** 230, 230 ff.
Ausländische Gesellschaft, Steuererhebung
–, Minderung um abziehbare Steuern **10** 142 ff.
Verschärfte Hinzurechnungsbesteuerung **7** 170
Ausländische REIT-Gesellschaften 14 160
Ausländische Steuern, Gewinnausschüttungen der Zwischengesellschaft **12** 120 ff.
–, Einkommensteuerpflichtige Inlandsbeteiligte **12** 122 ff.
–, Körperschaftsteuerpflichtige Inlandsbeteiligte **12** 133
Ausländischer Kapitalmarkt, Darlehensgewährung
–, Aktivitätsvoraussetzungen **8** 438 ff.
Ausländisches Gesellschaftsrecht, Maßgeblichkeit
–, inländische Besteuerung **8** 660 ff.
Auslandsbezug, Betriebsstätte **1** 73
Auslandsfonds, als ausländische Betriebsstätte **7** 284
Ausnahmeregelung für passive Veräußerungsgewinne 11 15 ff.
Ausschüttungsverhalten **11** 50 ff.

Bedeutung des 8-Jahres-Zeitraums **11** 34 ff.
Einkünfte der anderen Gesellschaft **11** 31 ff.
Einkünfte mit Kapitalanlagecharakter **11** 30 ff.
Gewinne aus Realisationstatbeständen **11** 18 ff.
Nachweispflicht **11** 50 ff.
Ausreizen der Bandbreite, Bandbreite von Verrechnungspreisen **1** 288
Ausschüttungsgleiche Erträge, Qualifikation als Dividenden **7** 317
Ausschüttungstheorie 10 183, 265
Außensteuerlicher Begriff der Gewinnausschüttung 8 501 ff.
Außerbetriebliche Steuern, Zwischeneinkünfte
–, Minderung um abziehbare Steuern **10** 160 ff.
Außerbilanzieller Gewinnzuschlag, Anzusetzender Hinzurechnungsbetrag **10** 335 f.
Beteiligung im Betriebsvermögen **10** 335 f.
Außergewöhnliche Belastungen 15 234
Ausstellungsrechte **8** 355
Auswanderung 2 111;
s. *Wegzugsbesteuerung*
Authorized OECD Approach s. *AOA*

Bagatellgrenze **9** 38
Bandbreite von Verrechnungspreisen, Akzeptanz der Preise **1** 273 ff.
Angemessenheit der Preise **1** 272
Anzahl Vergleichsunternehmen **1** 270
Arms-length's-range **1** 270
Ausreizen der Bandbreite **1** 288
Einengung der Bandbreite
–, Rechtsfolgen bei Nichteinhaltung der Einengung **1** 285
–, Verfassungsrechtliche Bedenken **1** 288
–, Zulässigkeit der Einengung **1** 276
eingeschränkte Vergleichbarkeit **1** 287
Näherungswert **1** 271
„richtiger Verrechnungspreis" **1** 271
uneingeschränkte Vergleichbarkeit
–, Akzeptanz des gewählten Preises **1** 285
Vergleich mit US-Regulations **1** 277
Verwendung verschiedener Methoden
–, Einschränkung oder Ausweitung der Bandbreite **1** 275

magere Ziffern = Randziffern

Sachverzeichnis

Bankgeschäfte, Depotgeschäft **8** 155
Diskontgeschäft **8** 148
E-Geld-Geschäft **8** 165
Einlagengeschäft **8** 135 ff.
Emissionsgeschäft **8** 162 f.
Finanzkommissionsgeschäft **8** 149 ff.
Garantiegeschäft **8** 160
Girogeschäft **8** 161
Investmentgeschäft **8** 156 f.
Kreditgeschäft **8** 139 ff.
Revolvinggeschäft **8** 158 f.
Bankgeschäfte, einzelne 8 134 ff.
Barwertkalkül, Ertragswertverfahren **1** 411
Base Erosion and Profit Shifting s. BEPS
Basisgesellschaft 7 2
Basisrechtsprechung 7 40, 61
Bearbeiten und Verarbeiten 8 94
Bedenken, europarechtliche
   s. Verbleibende europarechtliche Bedenken
Bedenken, verfassungsrechtliche
   s. Verfassungsrechtliche Bedenken
Bedeutung der Vorschrift, Berichtigung von Einkünften **1** 13
Bedienenstatbestand 8 301, 310
Befreiung durch Doppelbesteuerungsabkommen 7 313
Beherrschender Einfluss, Begriff
–, § 17 Abs. 1 AktG **1** 175
besondere Umstände **1** 176
Beteiligungshöhe **1** 176
–, besondere Umstände **1** 176
–, Widerlegbarkeit **1** 176
faktischer Einfluss **1** 175
mittelbar beherrschender Einfluss **1** 178
natürliche Personen **1** 177
Personengesellschaften **1** 177
potenzielle Einflussnahme **1** 175
strukturelle Möglichkeiten **1** 174
tatsächlicher Einfluss **1** 175
Voraussetzung
–, strukturelle Grundlage **1** 175
Beherrschungskriterium 14 34
Beitragsanalyse, Anwendung **1** 241
Gewinnpotenzial **1** 414
Beitreibungsbedingung 6 500
Belastungsberechnung 8 1085
Belastungsrechnung 8 893
Erstattungsansprüche **8** 1080
Belastungswirkungen, Switch-over-Klausel **20** 46
Umschaltklausel **20** 46

BEPS 1 149, 790; **Vor § 7** 11
aggressive Steuerplanung **Vor § 7** 90
Aktionsplan 3 **Vor § 7** 90
Einfluss auf die Hinzurechnungsbesteuerung **Vor § 7** 90
Steuerplanung, aggressive **Vor § 7** 90
Verhältnis zur ATAD **Vor § 7** 90
Berechnungsmethode 17 72
Berichtigung von Einkünften, Abgrenzung zur vGA **1** 25
Änderungen durch das UntStRefG 2008 **1** 5
Anwendbarkeit der Berichtigung von Einkünften auf zivilrechtliche Verträge **1** 11
Anwendungsvorrang **1** 157
Bedeutung der Vorschrift **1** 13
Entstehungsgeschichte
–, Anwendungsbereich **1** 3
–, Grundkonzeption **1** 3
–, Oasenerlass **1** 1
–, § 30 EStG 1934 **1** 1
erfasste Einkünfte **1** 3
geschäftsfremde Einflussmöglichkeit **1** 187
Gründe des Bestehens der Berichtigung von Einkünften
–, Fehlen eines Interessengegensatzes **1** 10
Grundfreiheiten **1** 157
Grundlage der Entstehung
–, Internationales Steuerrecht **1** 2
nahe stehende Person **1** 160
Personenkreis **1** 26
Rechtsfolgen **1** 150
Tatbestandsvoraussetzungen
–, Einkünfteminderung **1** 141
Umgehungsmöglichkeit **1** 171
Unternehmensteuerreform 2008 **1** 157
Vergangenheit **1** 21
Verhältnis zu Art. 9 OECD-MA **1** 2
Verhältnis zur vGA **1** 132
Verhältnis zur vGA und vE **1** 162
Voraussetzungen der Anwendbarkeit **1** 10
Vorrang der Gewinnermittlungsvorschriften **1** 22
Weitergehende Berichtigung **1** 157
Wirkungsweise **1** 12
–, Beurteilung **1** 12
zukünftig **1** 20
Zweck der Berichtigung von Einkünften **1** 10 ff.
Zweck der Vorschrift **1** 1
Berücksichtigung der Ausschüttungssteuer, Zeitpunkt **12** 130 ff.

Sachverzeichnis

halbfette Ziffern = §§

Beschränkung auf positive Einkünfte 2 86
Besteuerung, niedrige 8 870
Besteuerung zukünftiger Gewinne, Gewinnpotenzial 1 368
Bestimmtheit und Normenklarheit, Grundsatz 1 500
unbestimmte Rechtsbegriffe 1 501
Bestimmung des Bezugsberechtigten 15 240
Bestimmung des Fremdvergleichspreis 1 126
Anpassung 1 127
praktische Probleme 1 127
Beteiligung einer schädlichen Person 8 233 ff.
Beteiligung im Betriebsvermögen, Gewerbesteuer 10 354 ff.
Beteiligungen Vor § 7 52
Beteiligungen von Steuerinländern, REIT-Gesellschaft 14 164
Beteiligungsaufbau, dreistufiger s. *Dreistufiger Beteiligungsaufbau*
Beteiligungsaufbau, vier- und mehrstufiger s. *Vier- und mehrstufiger Beteiligungsaufbau*
Beteiligungshöhe, Beherrschender Einfluss 1 176
Beteiligungsidentität 10 384
Beteiligungsstrukturen, Investmentpraxis 7 322
Beteiligungsstrukturen in der Investmentpraxis 7 322
Beteiligungsstufen, Mehrstufige s. *Mehrstufige Beteiligungsstufen*
Beteiligungsstufen, Zweistufige s. *Zweistufige Beteiligungsstufen*
Beteiligungsverhältnisse 5 42; 14 40
Betrieb, in kaufmännischer Weise eingerichteter 8 180 ff.
Betrieb eines Kreditinstituts 8 122 ff.
Betrieb eines Versicherungsunternehmens 8 170 ff.
Betriebe oder Betriebsstätten als Mittelempfänger 8 470 ff.
Betriebliche Aufgaben, Funktionsverlagerung 1 380
Betriebsausgabenabzug 12 105 f.
Betriebsstätte, Auslandsbezug 1 73
Betriebsstätteneinkünfte 10 358
Betriebsstättenfälle, AOA 1 6
Betriebsstättenvorbehalt 6 370
Beurteilung, Berichtigung von Einkünften 1 12

Beweislast 8 605 ff.
Funktionsverlagerung 1 401
Beweislastumkehr 14 73
Gesetzesvorbehalt 1 506
Beweispflicht des Steuerpflichtigen, Einzelbewertung der Wirtschaftsgüter 1 440
Beweisvorsorgemaßnahmen 17 36 ff., 41
Beweisvorsorgepflicht 16 51
Bewertung, Entnahme 1 35
Funktionsverlagerung 1 410, 420, 440
Bewertung der Funktion, Hypothetischer Fremdvergleich 1 209
Bewertungsstandards, geeignete 1 412
Bewertungsvorschriften, Bewertungsvorschriften für die eröffnende Hinzurechnungsbilanz 21 10 f.
Bezeichnung des Gläubigers oder Empfängers 16 43
Bezugsberechtigte 15 210, 220 ff.
Bilanzauswirkungen, Einkünftekorrekturvorschrift 1 151
Billigkeit 1 40
Bodenschätze 8 106
Börsenklausel 7 214
Branchenüblichkeit 8 257
Briefkastengesellschaft 7 86
Brückenkopfgesellschaft 18 32
Buchwertfortführung 8 697 ff.
Buchwertumwandlungen s. *Buchwertfortführung*

Captive 8 191
CAT-Bonds (Catastrophe-Bonds) 8 176
Chance, Begriffsabgrenzung 1 364
Chancen, Funktionsverlagerung 1 363
Chancen und Risiken, Anpassungsrechnungen 1 265
Definition 1 265
Gesamtbewertung des Transferpaketes 1 265
Gewinnpotenziale 1 420
Transferpaket 1 363
Code général des impôts 6 501

Dachfonds 7 289, 300, 322
Darlegungs- und Feststellungslast 16 29
Darlehensgewährung, Aktivitätsvoraussetzungen
–, Ausländischer Kapitalmarkt 8 438 ff.

magere Ziffern = Randziffern

Sachverzeichnis

Darlehensweise Vergabe von Eigenmitteln 8 458
DBA, Erbschaft- und Schenkungsteuern 4 40
Zweck 1 45
DBA Italien 2 12 f., 12
DBA ohne Aktivitätsklausel 20 40
DBA Schweden 4 40 f.
DBA Schweiz 2 11; 20 22
Erweiterte beschränkte Steuerpflicht
–, Einkommensteuer 2 11
–, Erbschaft- und Schenkungsteuer 4 43 ff.
DBA USA, Aufteilungsregel 6 49
DBA-Anwendung, Überblick 20 1
Vorrangklausel 20
DBA-geschützte Betriebsstätte 20 59
DBA-Kanada, Anrechnung der Steuer bei tatsächlicher Veräußerung 6 48
DBA-Schweden, Aufteilungsregel 6 48
DBA-Schweiz, Aufteilungsregel 6 48
DCF-Verfahren, Barwertkalkül 1 411
Dealing-at-arm's-length, Fremdvergleichsgrundsatz 1 83
Definitive Besteuerung des Hinzurechnungsbetrages 10 370 ff.
Einkommensteuer 10 375 ff.
–, Gewinnausschüttungen 10 375 ff.
–, Veräußerungsgewinne 10 375 ff.
Gewerbesteuer 10 393 ff.
Körperschaftsteuer 10 391 f.
Depotgeschäft 8 155
Deutschbeherrscht 7 102; 14 36
Deutsche Abkommenspolitik 20 31
Deutsche Gewinnermittlungsgrundsätze 5 54
Deutscher Staatsangehöriger 2 3
Dienen 14 78, 81
Dienstleistung, verschiedene Arten 8 283 ff.
Dienstleistungen des Finanzwesens 8 286
Dienstleistungen des täglichen Lebens 8 289
Dienstleistungen im kulturellen Bereich 8 287
Dienstleistungen innerhalb eines Konzerns 8 300
Dienstleistungsausnahme 20 66
Dienstleistungsfreiheit, Gemeinschaftsrechtliche Bedenken 1 533
Gemeinschaftsrechtskonformität der Berichtigung von Einkünften 1 51

Verrechnungspreis
–, Fremdvergleichspreis 1 51
Direkte Vergleichbarkeit, Abgrenzung zur uneingeschränkten Vergleichbarkeit 1 252
Discretionary irrevocable trusts 15 360
Diskontgeschäft 8 148
Diversifikationsgrad, Fremdvergleich 1 111
Dividendenstripping 7 117
Dokumentationspflichten 1 142
Umlageverträge 1 832
Dokumentenvorlageverpflichtungen 17 30 ff.
Doppelbesteuerung, Einkünftekorrekturvorschrift 1 151 ff.
Fremdvergleichsgrundsatz 1 84
Funktionsverlagerung 1 420
juristisch
–, Vermeidung 1 45
wirtschaftlich
–, Vermeidung 1 45
–, Vermeidung durch Art. 9 II OECD-MA 1 46
Doppelbesteuerungsabkommen 2 10
Doppelerfassungen 10 54
Doppelstöckige Strukturen, Malta-Modell 8 1080
Doppelwohnsitzfälle 2 38
Dreistufiger Beteiligungsaufbau 14 3, 20
Folgen für die Hinzurechnung 14 138 ff.
Nachgeschaltete inländische REIT-Gesellschaft 14 160 ff.
Nachgeschaltete Zwischengesellschaften 14 20 ff.
–, gesellschaftsbezogene Freigrenzen 14 86 ff.
–, niedrig Besteuerte Einkünfte der Untergesellschaft 14 71 f.
–, Rechtsfolgen der Zurechnung 14 120 ff.
Dritte Person, Steuerpflicht 1 183
strukturelle Möglichkeiten der Einflussnahme 1 182
Drittstaaten, Anwendbarkeit der Grundfreiheiten 1 51
Dublin-Dock-Gesellschaften 7 2
Dublin-Docks 7 2
Durchfluss von Kapital auf Dauer oder zeitweise 6 107
Durchgriffsbesteuerung
s. Hinzurechnungsbesteuerung

977

Sachverzeichnis

halbfette Ziffern = §§

Echtes Factoring 8 143
Effektive Übersteuerung 7 50
E-Geld-Geschäft 8 165
Eidesstattliche Versicherung 16 70 ff.
Rechtsfolge **16** 75 ff.
Tatbestandsvoraussetzungen **16** 72 ff.
Eigene Rechtspersönlichkeit 15 302
Eigenhändler, Funktionsabschmelzung **1** 385
Eigenkapitalersatz, Geschäftsbeziehung **1** 572
Einengung der Bandbreite, Ordentlicher und gewissenhafter Geschäftsleiter
–, Plausibilitätsüberlegungen **1** 276
Plausibilitätsüberlegungen **1** 275
–, ordentlicher und gewissenhafter Geschäftsleiter **1** 276
VWG-Verfahren
–, mathematische Verfahren **1** 277
Zielsetzung **1** 274
Einfluss auf Beteiligungswert, Einkünftekorrekturvorschrift **1** 151
Eingeschränkte Vergleichbarkeit, Abgrenzung zur uneingeschränkten Vergleichbarkeit **1** 250 ff.
Anpassungsrechnungen **1** 255
Anwendungsbereich **1** 250 ff.
Bandbreite von Verrechnungspreisen **1** 287
Bandbreiten von Verrechnungspreisen **1** 270
Einengung der Bandbreite **1** 274
Nichtakzeptanz des gewählten Verrechnungspreises
–, Strafbesteuerung **1** 288
Praxistauglichkeit **1** 251
Einhaltung d. Fremdvergleichsgrundsatzes, Gewinnprognose **1** 419
Einheitliche Feststellung 18 1
Einheitliche und gesonderte Feststellung 18 33
Einigungsbereich, Existenz **1** 303
Gewinnerwartungen der Unternehmen
–, Funktionsanalyse **1** 307
–, innerbetriebliche Planrechnung **1** 307
Gewinnpotenziale **1** 330
Höchstpreis des Leistungsempfängers **1** 325
Hypothetischer Fremdvergleich **1** 209, 300
Korrektur
–, Einkünfteberichtigung **1** 343

Mindestpreis d. Leistenden **1** 320
Obergrenze **1** 302
Untergrenze **1** 302
unzutreffender **1** 344
–, Identifikation **1** 344
Einkommensteuerlicher Begriff der Gewinnausschüttung 8 497 ff.
Einkommensteuerpflichtige Inlandsbeteiligte 12 122 ff.
Einkünfte, Begriff **1** 67
Einkünfteerzielungsabsicht **1** 68
Einkünfte aus Bank- und Versicherungstätigkeit, Einkünfte von Zwischengesellschaften **8** 120 ff.
–, Konzerneigene Bank- und Versicherungsgeschäfte **8** 192 ff.
Einkünfte aus der Auflösung einer anderen Gesellschaft 8 557 ff.
Einkünfte aus der Vermietung beweglicher Sachen 5 6
Einkünfte aus Dienstleistung, Einkünfte von Zwischengesellschaften **8** 280 ff.
grundsätzlich aktive Einkünfte **8** 282 ff.
Einkünfte aus Finanzierungstätigkeit, Einkünfte von Zwischengesellschaften **8** 420 ff.
Einkünfte aus Gewinnausschüttungen von Kapitalgesellschaften, Einkünfte von Zwischengesellschaften **8** 490 ff.
Einkünfte aus Handelstätigkeit, Beteiligung einer schädlichen Person **8** 233 ff.
Einkünfte von Zwischengesellschaften **8** 220 ff.
grundsätzlich aktive Einkünfte **8** 222 ff.
–, Ausnahmeregelungen bei Handelstätigkeiten innerhalb eines Konzerns **8** 230 ff.
Verschaffung der Verfügungsmacht **8** 236 ff.
Einkünfte aus industrieller Tätigkeit, Einkünfte von Zwischengesellschaften **8** 85 ff.
–, Aufsuchen und Gewinnung von Bodenschätzen **8** 105 ff.
–, Energieerzeugung **8** 100 ff.
–, Produktion **8** 86 ff.
Produktion von Sachen **8** 86 ff.
Einkünfte aus Kapitalvermögen 5 6
Einkünfte aus land- und forstwirtschaftlicher Tätigkeit, Einkünfte von Zwischengesellschaften **8** 73 ff.

magere Ziffern = Randziffern

Sachverzeichnis

Einkünfte aus Realisationstatbeständen, Einkünfte von Zwischengesellschaften 8 540 ff.
grundsätzlich aktive Einkünfte 8 542 ff.
Einkünfte aus Umwandlungen, Einkünfte von Zwischengesellschaften 8 660 ff.
Einkünfte aus Vermietung und Verpachtung, Einkünfte von Zwischengesellschaften 8 340 ff.
grundsätzlich aktive Einkünfte 8 342 ff.
–, Ausnahmeregelungen 8 350 ff.
Einkünfte mit Kapitalanlagecharakter 20 31
Einkünfte von Zwischengesellschaften 8 70 ff.
Einkünfte aus Bank- und Versicherungstätigkeit 8 120 ff.
Einkünfte aus Finanzierungstätigkeit 8 420 ff.
Einkünfte aus Gewinnausschüttungen von Kapitalgesellschaften 8 490 ff.
Einkünfte aus Handelstätigkeit 8 220 ff.
Einkünfte aus industrieller Tätigkeit 8 85 ff.
–, Aufsuchen und Gewinnung von Bodenschätzen 8 105 ff.
–, Energieerzeugung 8 100 ff.
–, Produktion 8 86 ff.
Einkünfte aus land- und forstwirtschaftlicher Tätigkeit 8 73 ff.
Einkünfte aus Realisationstatbeständen 8 540 ff.
Einkünfte aus Umwandlungen 8 660 ff.
Einkünfte aus Vermietung und Verpachtung 8 340 ff.
Grundlagen 8 70 ff.
Katalogeinkünfte 8 70 ff.
Einkünfteberichtigung, Einigungsbereich
–, Korrektur 1 343
Einkünfteermittlung, Anteilsveräußerung 8 546 ff.
Einkünfteermittlung bei Anteilen an einem Investmentvermögen, Ausländische Gesellschaft unterliegt der Hinzurechnungsbesteuerung 10 602 ff.
Einkünfteermittlung nach dem InvStG 10 606 ff.
Inländisches und ausländisches Investmentvermögen 10 593 ff.
Konkurrenzverhältnis zu § 7 Abs. 7 AStG 10 597 ff.

Einkünfteermittlung nach dem InvStG, Grundnorm des § 3 InvStG 10 607 f.
Intransparente Fonds 10 622 ff.
Semi-Transparente Fonds 10 621
Steuerbegünstigungen 10 609 ff.
Transparente Fonds 10 616 ff.
Einkünfteermittlung nach deutschem Steuerrecht, Art der Einkunftsermittlung 10 469 ff.
Entsprechende Anwendung der Vorschriften des deutschen Steuerrechts 10 465 ff.
Ermittlungssubjekt 10 460 ff.
Wahl der Gewinnermittlungsmethode 10 478 ff.
Währungsumrechnung 10 485 ff.
Einkünfteermittlungssubjekt 10 113
Einkünfteerzielungssubjekt 10 112, 460
Einkünftekorrektur, Geschäftsbeziehung zw. Familienangehörigen 1 195
natürliche Personen 1 162
Einkünftekorrekturvorschrift, Bilanzauswirkungen 1 151
Doppelbesteuerung 1 151 ff.
–, Merkposten 1 154
Einfluss auf Beteiligungswert 1 151
Ergebnis 1 150
Höhe des Korrekturbetrags 1 152
Widerlegbarkeit 1 150
Zeitpunkt der Korrektur 1 153
Einkünfteminderung, Bedingung 1 141
Berichtigung von Einkünften 1 141
Einkünftequalifikation, Tatbestandskatalog 8 15 ff.
Einkünfteverlagerung, Gründe 1 195
Einkünftezurechnung 5 65 ff.
Einkunftsermittlung 10 464
Einkunftsermittlungsmethode, Beteiligung im Betriebsvermögen 10 337 ff.
Einlage, Anwendbarkeit 1 36
Verhältnis zur Berichtigung von Einkünften
–, Vorrang der Vorschrift 1 35
Einlagen stiller Gesellschafter, Finanzierung
–, Aktivitätsvoraussetzungen 8 460
Einlagengeschäft 8 135 ff.
Einschränkung der Funktionsausübung, Funktionsverdoppelung 1 389 ff.
Widerlegbarkeit 1 390

979

Sachverzeichnis

halbfette Ziffern = §§

Einschränkung oder Ausweitung der Bandbreite, Bandbreite von Verrechnungspreisen
–, Verwendung verschiedener Methoden **1** 275
Einzelbewertung, Hypothetischer Fremdvergleich **1** 209
Einzelbewertung der Wirtschaftsgüter, Beweispflicht des Steuerpflichtigen **1** 440
Escape-Klausuel **1** 440
Funktionsverlagerung **1** 430
Praxisrelevanz **1** 445
Voraussetzung **1** 442
–, wesentliche immaterielle Wirtschaftsgüter und Vorteile **1** 441
Einzelne Bankgeschäfte 8; s. *Bankgeschäfte, einzelne*
Einzubeziehende Faktoren, Gewinnpotenzial **1** 368 ff.
einzubeziehende Faktoren, Gewinnpotenzial **1** 369
Emissionsgeschäft 8 162 f.
Energieerzeugung 8 100 ff.
Entnahme, Bewertung **1** 35
Verhältnis zur Berichtigung von Einkünften **1** 35
Entstrickung 6 245
Erbanfallsteuer 4 1
Erbringenstatbestand 8 301
Erbschaftsteuer-DBA 4 40
ErbSt-Abkommen 4 40
ErbSt-DBA Österreich 4 40
ErbSt-DBA Schweiz 4 41
Erfahrung und Üblichkeit, Schätzung **1** 618 ff.
Ergänzungsbescheid 18 37
Ergebnis, Einkünftekorrekturvorschrift **1** 150
Erhebliche Abweichung, Anwendungsfall **1** 457
Begriffsbestimmung **1** 453
Beispiel **1** 453
Problematik der Begriffsdefinition **1** 453
Erhebungsdefizite, Niedrigbesteuerung **8** 1080
Erhebungsform 4 100
Ermittlung der Einkünfte aus der Veräußerung 8 546 ff.
Ermittlungsvorschrift 10 470
Ernsthaftigkeit, Auslegung **1** 137
Fremdvergleich **1** 90
Eröffnende Hinzurechnungsbilanz, Bewertungsvorschriften **21** 10 f.

Erscheinungsformen, Funktionsverlagerung **1** 383
Erstattung von Steuern 8 1080
Erstattungsansprüche, Belastungsrechnung **8** 1080
Erstbescheid 6 580
Ertragswert d. Geschäftsbeziehung, Gewinnpotenzial **1** 302
Ertragswertverfahren, Barwertkalkül **1** 411
Berücksichtigung von Ertragsteuern **1** 414
Chancen und Risiken
–, Besteuerungsfolgen **1** 330
–, Kritik **1** 330
Durchführung
–, IDW 1 **1** 410
Funktionsverlagerung **1** 363
Gewinnpotenzial **1** 410
–, Begriffsbestimmung **1** 410
Gewinnpotenziale **1** 330
hypothetischer Fremdvergleich **1** 330
Hypothetischer Fremdvergleich **1** 330
Verhältnis zum Discounted-Cash-Flow-Verfahren **1** 410
Erwartete Reingewinne, Gewinnprognose **1** 412
Erweiterte beschränkte Steuerpflicht, Beweislastverteilung **2** 210 ff.
DBA Italien **2** 12
DBA Schweiz **2** 11
Europarecht **2** 20 ff.
Konzeption **2** 6
Niedrige Besteuerung **2** 60
–, Abstrakter Steuerbelastungsvergleich **2** 61
–, konkreter Steuerbelastungsvergleich **2** 66; s. auch *Vorzugsbesteuerung*
–, Schattenveranlagung **2** 70
–, Vorzugsbesteuerung **2** 66; s. auch *konkreter Steuerbelastungsvergleich*
Persönliche Voraussetzungen
–, Ansässigkeitsbedingungen **2** 30 ff., 34 ff.
–, Staatsangehörige **2** 40
Rechtsfolgen **2** 110 ff.
–, Bemessungsgrundlage **2** 115 ff.
–, mittelbare wirtschaftliche Interessen **2** 160 ff.
–, Zeitliche Streckung **2** 110 ff.
Strafsteuereffekts **2** 200 ff.
Tarif **2** 165 ff.
–, abgeltender Steuerabzugs **2** 171 ff.
–, Progressionsvorbehalt **2** 165 ff.
Tatbestandsvoraussetzungen **2** 30 ff.

magere Ziffern = Randziffern

Sachverzeichnis

Verfassungsrechtliche Problematik **2** 15 ff.
Vergleichsrechnung **2** 205 ff.
Verhältnis zu Doppelbesteuerungsabkommen **2** 10 ff.
Wesentliche wirtschaftliche Interessen **2** 80
–, Gewerblichkeit **2** 85
–, inländische Mindesteinkünfte **2** 95
–, inländisches Vermögens **2** 100 ff.
Erwerb der Anteile an einer Kapitalgesellschaft von Todes wegen 6 343
Erwerb eigener Anteile (share buy-back) 6 585
Escape-Klausel, Einzelbewertung der Wirtschaftsgüter **1** 440
EU-Amtshilferichtlinie 6 493
EU-Beitreibungsrichtlinie 6 493
EuGH, Leitentscheidungen
–, Erbschaftsteuer **4** 37
EU-Niedrigsteuergebiet 2 191
EU-rechtliche Problematik der Berichtigung von Einkünften 1 13
EU-Rechtskonformität, Hinzurechnungsbetrag **10** 40 ff.
Euro-Marktgeldern 8 437
Europäische Kommission 4 35
Europarecht 16 4 ff.; **17** 9 ff.
erweiterte beschränkte Steuerpflicht
–, Einkommensteuer **2** 20 ff.
–, Erbschaft- und Schenkungsteuer **4** 35 ff.
Hinzurechnungsbesteuerung **8** 730 ff.
Europarechtliche Bedenken
s. Verbleibende europarechtliche Bedenken
Europarechtlicher Rettungsansatz, Amtshilfebedingung **8** 760 ff.
Drittvergleichsklausel **8** 782 f.
Exkulpationsklausel **8** 740 ff.
Fremdvergleich **8** 782 f.
Gegenständliche Einkünftezuordnung **8** 781
Hinzurechnungsbesteuerung **8** 760 ff.
Zwischengesellschaften und Betriebsstätten im Nicht-EU-/EWR-Raum **8** 770 ff.
EU-Staatsangehöriger 2 191
EWR-Mitgliedstaaten 6 493
Exit Tax 1 438
Externer Fremdvergleich, Einsatz von Datenbanken **1** 216
immaterielle Wirtschaftsgüter **1** 216
mögliche Probleme **1** 216
Verhältnis zum hypothetischen Fremdvergleich **1** 216
Verhältnis zum internen Fremdvergleich **1** 216
Voraussetzungen **1** 216

Factoring 8 140 ff.
Factoring/Forfaitierung, Finanzierung
–, Aktivitätsvoraussetzungen **8** 461 ff.
Faktischer Einfluss, Beherrschender Einfluss **1** 175
Familienstiftung *s. Ausländische Familienstiftung*
Familienstiftung, ausländische
s. Ausländische Familienstiftung
Feederfonds 7 300
Fehlen eines Interessengegensatzes, Berichtigung von Einkünften **1** 10
Fehlendes Nennkapital 7 153
Feststellungserklärungen, Ausländische Familienstiftung **18** 131
Feststellungszeitraum 18 8
Fiktive Verluste 6 291
Fiktiver Veräußerungsgewinn 6 291
Fiktiver Veräußerungsverlust 6 572
Fiktives Ausschüttungsvolumen 10 165
Film- und Softwareproduktionen 8 91
Finanzdienstleistungen 8 293
Finanzdienstleistungen innerhalb eines Konzerns 8 293
Finanzielle Risiken, Preisrelevante Risiken
–, Funktions- und Risikoverteilung **1** 109
Finanzierung, Aktivitätsvoraussetzungen
–, Ausländischer Kapitalmarkt **8** 431 ff.
–, Betriebe oder Betriebsstätten als Mittelempfänger **8** 470 ff.
–, Darlehensweise Vergabe von Eigenmitteln **8** 458
–, Darlehensweise Vergabe von Kapital **8** 455 ff.
–, Einlagen stiller Gesellschafter **8** 460
–, Emission von Wertpapieren **8** 431 ff.
–, Factoring/Forfaitierung **8** 461 ff.
–, Kapitalbeschaffungsseite **8** 425 ff.
–, Kapitalvergabeseite **8** 450 ff.
–, Leasing **8** 464
–, Vergabe von Mitteln als Eigenkapital **8** 457
grundsätzlich passive Tätigkeit **8** 421
Finanzierung, hybride 8 1017
Finanzierungsgesellschaften 8 10, 52
Finanzkommissionsgeschäft 8 149 ff.

981

Sachverzeichnis

halbfette Ziffern = §§

Flexible Plankostenrechnung, Nachteil **1** 315
Floating-Income 2 45
Folgerichtigkeit und der Systemkonformität der Besteuerung 6 36
Fonds Commun de Placement 10 595
Fonds Commun de Placement (FCP) 7 285
Fondsausgangsseite 7 311
Fondseingangsseite 7 311
Fondskapitalgesellschaft 7 325
Forderungen 7 187
Forfaitierung 8 144
Forfaitierung von Forderungen 8 144
Forschungs- und Entwicklungsarbeit 8 359 ff.
Fortführungsfrist, Beurteilung **1** 390
Freiberufliche Dienstleistungen 8 288
Freigrenze, Absolute s. *Absolute Freigrenze*
Freigrenze bei gemischten Einkünften 9 15 ff.
Begünstigende Rechtsfolge **9** 100 ff.
Tatbestandsvoraussetzungen **9** 25 ff.
Überblick **9** 15 ff.
Freigrenze, Relative s. *Relative Freigrenze*
Freigrenzen 5 17
Freigrenzenregelung 2 55
Freiwillige Steuerzahlungen 10 188 ff.
Freizügigkeitsabkommen, Schweizerische Eidgenossenschaft/EU **6** 494
Freizügigkeitsabkommen Schweiz 6 494
Fremdemission 8 436
Fremdheit der Geschäftspartner, Fremdvergleich **1** 118
Fremdvergleich, Abweichung **1** 91
Anwendbarkeit im Konzernverbund **1** 88
Begriff **1** 213
–, Widerlegbarkeit **1** 213
direkter Fremdvergleich **1** 118
–, Fremdheit der Geschäftspartner **1** 118
Geschäftsstrategie **1** 114
–, geringfügige Abweichungen **1** 113
–, Vergleichbarkeit der Verhältnisse **1** 113
indirekte Vergleichbarkeit **1** 119
Marktverhältnisse
–, Diversifikationsgrad **1** 111
–, Risikostrategie **1** 112
Merkmale **1** 90
–, Angemessenheit **1** 100
–, Ernsthaftigkeit **1** 90
–, relevanter Markt **1** 90
–, Üblichkeit **1** 100
–, Wettbewerbssituation **1** 90
relevanter Markt
–, Unabhängigkeit der Geschäftspartner **1** 111
Veranlassungsgrundsatz
–, Vereinbarungen **1** 89
–, Vergleichbarkeit der Verhältnisse **1** 89
Zielstellung
–, vergleichende Merkmale **1** 88
Fremdvergleichsgrundsatz, Alternative Verrechnungspreismethoden **1** 244
Alternativen
–, Ziel **1** 147
dealing-at-arm's-length **1** 83
Doppelbesteuerung **1** 84
Funktionsverdoppelung **1** 389
Gewinnpotenzial **1** 369
Hypothetischer Fremdvergleich **1** 292
Internationale Grundsätze **1** 535 ff.
Kritik **1** 146
Maßstab für Verrechnungspreise **1** 83
Mitunternehmerschaften
–, Amtshilferichtlinie-Umsetzungsgesetz **1** 6
OECD-Musterabkommen
–, Unabhängigkeit von Konzernunternehmen **1** 84
ordentlicher und gewissenhafter Geschäftsleiter **1** 132
Risiko der Doppelbesteuerung **1** 147
Unabhängigkeitsfiktion **1** 146
Unüblichkeit der Vereinbarung **1** 136
Verwaltungsgrundsätze 1983
–, Vertragsneutralität **1** 86
Fremdvergleichsmethode, eingeschränkte Vergleichbarkeit
–, Auslegung Fremdvergleich **1** 207
hypothetischer Fremdvergleich
–, Funktions- und Risikoanalyse **1** 207
uneingeschränkte Vergleichbarkeit
–, Verbindlichkeit **1** 207
Fremdvergleichspreis, Anpassung **1** 127
praktische Probleme **1** 127
Stufenverhältnis **1** 207
Unternehmensteuerreform 2008 **1** 207
Fremdvergleichspreise, Anpassungsrechnung **1** 117
Frühere Erwerbe 4 112
Fünfjahreszeitraum, Funktionsverlagerung **1** 380

magere Ziffern = Randziffern

Sachverzeichnis

Funktion, beizulegende Gewinnerwartung **1** 413
Definition **1** 360
Eigenständigkeit
–, Neuregelungen **1** 360
Funktionsverlagerung **1** 360
Geschäftstätigkeit **1** 360
steuerlicher Teilbetrieb
–, Definition **1** 360
Übernahme von Chancen und Risiken **1** 360
funktionale Betrachtungsweise 7 68
Funktionale Betrachtungsweise 7 199; **8** 30 ff.
Praktische Bedeutung **8** 40 ff.
–, Banken und Versicherungsunternehmen **8** 53
–, Holdinggesellschaften **8** 54 ff.
–, Produktionsunternehmen **8** 51 f.
Prinzip **8** 30 ff.
Zwischeneinkünfte mit Kapitalanlagecharakter **7** 191
Funktionen und Risiken, Aufzeichnungspflicht **1** 260
Funktions- und risikoadäquater Zuschlag, Höhe **1** 432
Funktions- und Risikoverteilung, Preisrelevante Risiken **1** 109 f.
–, Finanzielle Risiken **1** 109
Risikoverteilung
–, Gewährleistungsrisiken **1** 110
–, Marktrisiken **1** 110
verlängerte Werkbank
–, Verlust- und Geschäftsrisiken **1** 110
Funktionsabschmelzung, Begriffsbestimmung
–, Eigenhändler **1** 385
Beispiel
–, Handelsvertreter **1** 385
Funktionsverlagerung **1** 383
Funktionsabspaltung, Begriffsbestimmung **1** 386
Beispiel **1** 386
Funktionsverlagerung **1** 360
Transferpaketbewertung **1** 388
Funktionsanalyse, Anpassungsrechnungen **1** 260
Durchführung **1** 307
Einigungsbereich
–, Gewinnerwartungen der Unternehmen **1** 307
Funktionen und Risiken
–, verlängerte Werkbank **1** 260
Gewinnpotenziale **1** 330

Hypothetischer Fremdvergleich **1** 294
Vergleichbarkeit der Verhältnisse **1** 260
Voraussetzungen **1** 307
Funktionsausgliederung, Begriffsbestimmung **1** 384
Beispiel **1** 384
Funktionsverlagerung **1** 391
Funktionsneugründung 1 382
Abgrenzung zur Funktionsverlagerung **1** 382
zeitlicher Rahmen **1** 382
Funktionsprivileg, Nachgeschaltete Zwischengesellschaften **14** 78 ff.
Funktionsverdoppelung, Einschränkung der Funktionsausübung **1** 389 ff.
–, Fünfjahreszeitraum **1** 390
Fremdvergleichsgrundsatz **1** 389
Missbrauchsklausel
–, Bagatellfälle innerhalb der Fortführungsfrist **1** 388
Missbrauchsmöglichkeiten **1** 388
Preis des Transferpakets **1** 389
schleichende Funktionsverlagerung **1** 388
Vorliegen einer Funktionsverlagerung **1** 388 ff.
Funktionsverlagerung, Begriffsbestimmung **1** 380
betriebliche Aufgaben
–, Fünfjahreszeitraum **1** 380
Beweislast **1** 401
Bewertung **1** 410, 420, 440
–, Abzinsungszeitraum **1** 415
–, Einzelbewertung der Wirtschaftsgüter **1** 430
Chancen, Risiken und sonstige Vorteile
–, Ertragswertverfahren **1** 363
Doppelbesteuerung
–, Gewinnprognose **1** 420
einheitliche
–, Kapitalisierungszinssatz **1** 382
Erscheinungsformen **1** 383
–, Funktionsabschmelzung **1** 383
–, Grundsatz des Fremdvergleichs **1** 383
Funktion
–, Funktionsabspaltung **1** 360
Funktionsverdoppelung **1** 388 ff.
Gewinnprognose **1** 414
Inbound-Fall
–, Funktionsausgliederung **1** 391
Kapazitätsausweitung **1** 388
Mitarbeiterentsendung **1** 380
Nichtvorliegen **1** 380
Outbound-Fall **1** 391
Preisanpassungsklausel **1** 450

983

Sachverzeichnis

halbfette Ziffern = §§

rückwirkende **1** 382
strategische Geschäftseinheit **1** 410
Transferpaket **1** 400
übernehmendes Unternehmen **1** 380
Übertragung der Chancen und Risiken **1** 387
Umfang der Aufgabe der Funktionsausübung **1** 383
Verhältnis zur Unternehmensveräußerung **1** 401
verlagerndes Unternehmen **1** 380
Verständigungsverfahren **1** 414
Verwaltungsgrundsätze **1** 361
Voraussetzung **1** 382
Voraussetzung für das Vorliegen **1** 380
Funktionsverlagerungsbesteuerung 1 361
Funktionsverlagerungsverordnung, Hypothetischer Fremdvergleich **1** 209
Funktionsweise der Switch-over-Klausel 20 40 ff.
FVerlV, Gewinnpotenzial **1** 301
Höchstpreis des Einigungsbereichs **1** 301
Mindestpreis des Einigungsbereichs **1** 301

Garantiegeschäft 8 160
Gefährdungshaftung 16 1
Gegenberichtigung, innerstaatliche Rechtsgrundlage **1** 46
Gemeiner Wert 17 70
Gemeinkostenallokation, Gesellschaften
–, gemischt-tätig **7** 1034
Gemeinsame konsolidierte Körperschaftsteuer-Bemessungsgrundlage (GKKB), Globalmethoden **1** 243
Gemeinsamer Empfangsbevollmächtigter 18 21
Gemeinsamer Überschneidungsbereich 5 20
Gemeinschaftsrecht, Bedenken ggü. der Berichtigung von Einkünften **1** 50
Konformität der Berichtigung von Einkünften **1** 50
Verhältnis zum Völkervertragsrecht **1** 54
Verstoß
–, Urteil des BFH **1** 50
Gemeinschaftsrechtliche Bedenken, Dienstleistungsfreiheit **1** 533
Kapitalverkehrsfreiheit **1** 531
Niederlassungsfreiheit
–, Beschränkung **1** 526
–, Missbrauchsverhinderung **1** 528

–, Sicherung des Steuersubstrats **1** 527
–, Wegzugsbesteuerung **1** 525
Gemeinschaftsrechtskonformität der Berichtigung von Einkünften, Arbeitnehmerfreizügigkeit **1** 51
Beschränkung **1** 51
Dienstleistungsfreiheit **1** 51
Gemischte Einkünfte, Erweiterte Hinzurechnungsbesteuerung **9** 26
Gemischte Einkünften, Freigrenze **9** 15 ff.
–, Begünstigende Rechtsfolge **9** 100 ff.
Grundtatbestand **9** 25 ff.
Gemischte Gesellschaften 7 67; **12** 67 ff.
Begriff **9** 35 ff.
Hinzurechnungsbetrag
–, Abzug von Werbungskosten und Betriebsausgaben **10** 783 f.
Gemischt-tätig, Gesellschaften
–, Gemeinkostenallokation bei gemischt-tätigen **7** 1034
Geringfügige Abweichungen, Fremdvergleich **1** 113
Geringfügigkeit, Niederlassungsfreiheit
–, Preismethode **1** 118
Warenverkehrsfreiheit **1** 118
Gesamtentgelt für das Transferpaket, Chancen und Risiken **1** 400
Geschäftsbeziehung 17 35
Begriff **1** 570
–, Geschäftsbeziehung **1** 7
Definition **1** 4
Eigenkapitalersatz **1** 572
gesellschaftsvertragliche Regelung **1** 571
Rechtsentwicklung **1** 625 ff.
schuldrechtliche Regelung **1** 571
Zollkodex-Anpassungsgesetz
–, BEPS-Umsetzungsgesetz **1** 7
Geschäftsbeziehung zum Ausland, Ausland **1** 72
Begriff **1** 71
funktionale Zuordnung **1** 74
Nichtanwendungserlass **1** 71
personale Beziehung **1** 73
Geschäftschance, Begriffsabgrenzung **1** 366
Bewertung **1** 367
Geschäftschancenlehre
–, Auslandsbezug **1** 265
immaterielles Wirtschaftsgut **1** 367
Konkretisierung **1** 367
selbstständige Bewertung **1** 367
Geschäftschancenlehre 1 265

magere Ziffern = Randziffern

Sachverzeichnis

Geschäftsfremde Einflussmöglichkeit,
 Berichtigung von Einkünften **1** 187
 faktischer Einfluss **1** 189
 Grad der Einflussnahme **1** 189
 persönliche Beziehungen **1** 190
 strukturelle Möglichkeiten **1** 187
 tatsächliche Einflussnahme **1** 189
 zu beurteilende Geschäftsbeziehung
 –, Interessenidentität **1** 188
Geschäftsleitung im Inland
 s. *Inländische Geschäftsleitung*
Geschäftsstrategie, Beendigung **1** 114
 Dokumentation und Nachweis **1** 115
 Erfolgsaussichten
 –, Beweislast **1** 114
 –, Strafschätzung **1** 114
 Fremdvergleich **1** 114
 Gliederungsunternehmen des Konzerns
 –, Verlustphase **1** 115
 Konzern **1** 114
 Konzernstrategie **1** 115
 Markterschließung **1** 113
 Marktpenetrationsphase **1** 112
 Prüfung durch Finanzverwaltung **1** 114
 Verteilung der Kosten **1** 116
 –, Anlaufkosten **1** 116
 Zeitraum
 –, Anerkennung **1** 114
Gesellschaften, Gemeinkostenallokation
 –, gemischt-tätig **7** 1034
Gesellschaften, hybride 8 1017
Gesellschafteridentität 10 384
Gesellschaftsrechtliche Maßnahme,
 Abschluss, Aufhebung, Kündigung,
 Änderung von Unternehmensverträgen
 6 585
 Änderungen im Gesellschafterbestand
 6 585
 Begriff **6** 585
 Erwerb eigener Anteile (share buy-back)
 6 585
 Kapitalmaßnahmen wie Kapitaler-
 höhungen, Kapitalherabsetzungen
 6 585
 Maßnahmen der Unternehmens-
 umstrukturierung auf gesellschafts-
 rechtlicher Basis **6** 585
 share buy-back **6** 585
 Sicherheitenbestellung der Gesellschaft für
 die Gesellschafter **6** 585
 Sicherheitenbestellung des Gesellschafters
 für die Gesellschaft **6** 585
 Übernahme bzw. Kündigung von
 Bürgschaften **6** 585

Gesellschaftsvertragliche Regelung,
 Geschäftsbeziehung **1** 571
Gesellschaftsvertragliche Verein-
 barung, Anwendbarkeit des
 Berichtigung von Einkünften auf eine
 gesellschaftsvertragliche Vereinbarung
 –, relevante Faktoren **1** 4
Gesetzeslücke 6 451
Gesetzesvorbehalt, Grundsatz
 –, Verfassungsrechtliche Bedenken **1** 505
 Umkehr der Beweis- und Feststellungslast
 –, Verfassungsrechtliche Bedenken **1** 506
Gesonderte Feststellung 18 1
Gesonderte Feststellung von Besteu-
 erungsgrundlagen 18 1
Gestaltungsmodell, Wegzugsbe-
 steuerung **6** 60
Gestufte Beteiligungsstrukturen
 s. *mehrere Beteiligungsstufen*
Gewährleistungsrisiken, Risiko-
 verteilung
 –, Funktions- und Risikoverteilung
 1 110
Gewerbesteuer 12 80; **18** 10
 Anzusetzender Hinzurechnungsbetrag
 10 354 ff.
 Beteiligung im Betriebsvermögen
 10 354 ff.
 Hinzurechnungsbetrag
 –, Belastung mit **10** 354
Gewerbliche Dienstleistungen 8 284
Gewinnabgrenzung, Gewinnprognose
 1 414
Gewinnaufteilungsmethoden,
 Anwendungsbereich **1** 240
 Beitragsanalyse **1** 241
 Ermittlung der Gewinnanteile **1** 240
 Restgewinnanalyse **1** 242
Gewinnausschüttung 8 492
 Begriff
 –, Außensteuerlicher **8** 501 ff.
 –, Einkommensteuerlicher **8** 497 ff.
Gewinnausschüttungen, Definitive
 Besteuerung des Hinzurechnungs-
 betrages
 –, Einkommensteuer **10** 375 ff.
 Einkommensteuer **10** 375 ff.
Gewinnausschüttungen der
 Zwischengesellschaft, Abzug versus
 Anrechnung **12** 126 ff.
 Antrag **12** 136 ff.
 Ausländische Steuern **12** 120 ff.
 –, Einkommensteuerpflichtige
 Inlandsbeteiligte **12** 122 ff.

985

Sachverzeichnis

halbfette Ziffern = §§

–, Körperschaftsteuerpflichtige Inlandsbeteilige **12** 133
Berücksichtigung der Ausschüttungssteuer
–, Zeitpunkt **12** 130 ff.
Mehrstufige Beteiligungen **12** 134 f.
Verweisung auf § 3 Nr. 41 EStG **12** 122 ff.
Zeitpunkt
–, Berücksichtigung der Ausschüttungssteuer **12** 130 ff.
Gewinnausschüttungen von Kapitalgesellschaften 8 490 ff.
Gewinneinkünfte 10 641
Gewinnermittlungsmethoden, Gewinnermittlung bei aktiven und passiven Einkünften **10** 657 ff.
Gewinnermittlung nach §§ 4 Abs. 1, 5 EStG **10** 649 ff.
Gewinnermittlung nach § 4 Abs. 3 EStG **10** 644 ff.
Wahlrecht zwischen §§ 4 Abs. 1, 5 EStG und § 4 Abs. 3 EStG **10** 641 ff.
Gewinnerwartung, beizulegende
–, Funktion **1** 413
Gewinnmethoden, transaktionsbezogen **1** 202
Gewinnorientierte Verfahren, Anwendbarkeit
–, ordentlicher und gewissenhafter Geschäftsleiter **1** 238
Fremdvergleich **1** 238
Gewinnaufteilungsmethode **1** 237
Nettomargenmethode **1** 237
Gewinnpotenzial, Aktivierungsmöglichkeit beim ausländischen Unternehmen
–, Beitragsanalyse **1** 415
Begriffsbestimmung
–, Restwertanalyse **1** 368
Besteuerung zukünftiger Gewinne **1** 368
einzubeziehende Faktoren **1** 368 ff., 369
Ertragswert d. Geschäftsbeziehung
–, Standortvorteile **1** 302
–, Synergieeffekte **1** 302
Ertragswertverfahren **1** 410
Fremdvergleichsgrundsatz **1** 369
innerbetriebliche Planrechnungen
–, Anzahl zu ermittelnder Ertragswerte **1** 302
Marktkonformität **1** 369
Verstoß gegen internationales Recht **1** 369

Gewinnpotenziale, Definition
–, Funktionsanalyse **1** 330
Ertragswertverfahren **1** 330
Kapitalisierungszeitraum **1** 420
–, Chancen und Risiken **1** 420
Gewinnprognose, Einhaltung d. Fremdvergleichsgrundsatzes **1** 419
einzubeziehende Komponenten
–, pauschaler Prognosezeitraum **1** 419
erwartete Reingewinne **1** 414
Funktionsverlagerung **1** 414
Gewinnabgrenzung **1** 414
internationales Recht
–, Schwierigkeiten **1** 419
Liquidationswert **1** 419
Marktkonformität **1** 419
Zeitraum **1** 422
Gewinnung von Bodenschätzen 8 107
Gewinnverlagerung, Geschäftsstrategie **1** 115
Girogeschäft 8 161
Gliederungsunternehmen des Konzerns, Geschäftsstrategie
–, Verlustphase **1** 115
Globale formelhafte Gewinnaufteilungsmethode, Anwendbarkeit **1** 243
Gewinnaufteilung **1** 243
Probleme **1** 243
Globalmethoden 1 207
Ablehnung **1** 207
Gemeinsame konsolidierte Körperschaftsteuer-Bemessungsgrundlage (GKKB) **1** 243
Zulässigkeit
–, Doppelbesteuerung **1** 237
Grenzüberschreitende Mitarbeiterentsendung, Arbeitnehmerfreizügigkeit **1** 51
Gründe des Allgemeininteresses 6 93
Grundfreiheiten 4 35
Berichtigung von Einkünften **1** 157
Prüfung durch den EuGH **1** 52
Verhältnis zueinander **1** 52
Grundfreiheiten des EG-Vertrages, Hinzurechnungsbetrag **10** 40 ff.
Grundlagenforschungsergebnisse 8 325
Grundsatz, Bestimmtheit und Normenklarheit **1** 500
Gesetzesvorbehalt **1** 505
Rückwirkungsverbot
–, Verfassungsrechtliche Bedenken **1** 510
Grundsatz der Einzelbewertung, Funktion **1** 401

magere Ziffern = Randziffern

Sachverzeichnis

Grundsatz des Fremdvergleichs, Funktionsverlagerung **1** 383
grundsätzlich aktive Einkünfte, Einkünfte aus Vermietung und Verpachtung **8** 342 ff.
–, Ausnahmeregelungen **8** 350 ff.
Grundstücksvermietungsgesellschaft 8 370 ff.
aktive Tätigkeit
–, DBA-Freistellung bei Direktbezug der Einkünfte **8** 372 ff.
Vermietung und Verpachtung von Grundstücken als grundsätzlich passive Tätigkeit **8** 370 ff.
Gruppenbesteuerung 16 28

Haftende Vermögensteile 5 81
Haftendes Vermögen der ausländischen Zwischengesellschaft 5 82
Haftung 5 80 ff.
Halten 7 195
Handeln des ordentl. und gewissenhaften Geschäftsführers, Beziehung zu „dealing-at-arms-length's" **1** 28
Handelsregistereintragung 10 304
Handelstätigkeiten innerhalb eines Konzerns 8 230 ff.
Handelsvertreter, Funktionsabschmelzung **1** 385
Herabsetzung des Kapitals 8 561 ff.
Herausragende Leistungen auf dem Gebiet der Kunst oder der Wissenschaft 15 234
Herstellung 8 93
Hinzurechnungsbesteuerung, Einkünfte von Zwischengesellschaften **8** 70 ff.
Einkünftequalifikation
–, funktionale Betrachtungsweise **8** 30 ff.
–, Tatbestandskatalog **8** 15 ff.
Europarechtlicher Rettungsansatz **8** 730 ff.
Fundamentalkritik **Vor § 7** 1
funktionale Betrachtungsweise **8** 30 ff.
Grundkonzeption **Vor § 7** 1
Konstruktionsprinzipien **Vor § 7** 1
Verbleibende europarechtliche Bedenken **8** 790 ff.
–, Einkünfte mit Kapitalanlagecharakter **8** 790 ff.
Verbreitung
–, andere Staaten **Vor § 7** 5
Verhältnis zu anderen Vorschriften(gruppen) **Vor § 7** 20

Zusammenwirken mit der Berichtigung von Einkünften **1** 40
Hinzurechnungsbetrag 10 1, 40 ff., 337
Abzug von Werbungskosten und Betriebsausgaben
–, Veranlassungsprinzip **10** 780 ff.
Ansatz und Ermittlung **10** 100 ff.
–, Allgemeines **10** 100 ff.
Definitive Besteuerung **10** 370 ff.
–, Einkommensteuer **10** 375 ff.
–, Gewerbesteuer **10** 393 ff.
–, Körperschaftsteuer **10** 391 f.
Ermittlung der Einkünfte **10** 450 ff.
–, Abzug von Werbungskosten und Betriebsausgaben **10** 780 ff.
–, Allgemeines **10** 450
–, Anteile an einem Investmentvermögen **10** 590 ff.
–, Anwendbare Vorschriften **10** 500 ff.
–, Einkünfteermittlung nach deutschem Steuerrecht **10** 460 ff.
–, Gewinnermittlungsmethoden **10** 640 ff.
–, Interperiodischer Verlustausgleich **10** 740 ff.
–, steuerliche Vergünstigungen **10** 690 ff.
Gewerbesteuer
–, Belastung mit **10** 354
Passive Einkünfte der Zwischengesellschaft **10** 110 ff.
Überblick **10** 50 ff.
Zeitliche Anwendungsregeln **10** 30 ff.
Hinzurechnungsbetrag als Saldogröße 10 281
Hinzurechnungsbetrag, Anzusetzender s. *Anzusetzender Hinzurechnungsbetrag*
Hinzurechnungsbilanz 10 296
Hinzurechnungseröffnungsbilanz, Bewertungsvorschriften **21** 10 f.
Höchstpreis des Leistungsempfängers, Einigungsbereich **1** 325
potenzieller Gewinn **1** 325
Höhe des Korrekturbetrags, Einkünftekorrekturvorschrift **1** 152
Holdinggesellschaften 7 3
Hybride Finanzierungen 8 1053
Hybride Gesellschaften 8 1017
Hypothetischen Erbschaftsteuer 4 102
Hypothetischer Fremdvergleich, Bewertung der Funktion **1** 209
Durchführbarkeit
–, Vorrang **1** 303

987

Sachverzeichnis

halbfette Ziffern = §§

Einigungsbereich **1** 301
–, empfangendes Unternehmen **1** 300
–, Funktionsverlagerung **1** 301
–, leistendes Unternehmen **1** 301
Einzelbewertung
–, Problematik **1** 209
Ertragswertverfahren **1** 330
Fremdvergleichsgrundsatz
–, übernehmendes Unternehmen **1** 292
Funktionsanalyse
–, verlagerndes Unternehmen **1** 294
Funktionsverlagerungsverordnung **1** 209
innerbetriebliche Planrechnungen **1** 294
Notwendigkeit der Ermittlung eines Einigungsbereiches
–, Einigungsbereich **1** 301
Praxistauglichkeit **1** 301
spätere Preisanpassung **1** 209
–, Einigungsbereich **1** 209
Transferpaket **1** 209
Unabhängigkeitsfiktion
–, Üblichkeit **1** 292
Vergleich mit tatsächlichem Fremdvergleich **1** 293
Voraussetzungen **1** 292

Identifikation, Einigungsbereich
–, unzutreffender **1** 344
IDW 1, Geltungsbereich
–, Preissimulation **1** 410
IFSC-International Finance and Service Center 7 2
Im Ausland belegener Sachinbegriff 2 150
Immaterielle Wirtschaftsgüter 8 363
Immaterielles Wirtschaftsgut, Geschäftschance **1** 367
In kaufmännischer Weise eingerichteter Geschäftsbetrieb 8 321
Inbound-Fall, Berichtigung zugunsten des Steuerpflichtigen **1** 391
Funktionsverlagerung **1** 391
Indirekte Vergleichbarkeit, Abgrenzung zur eingeschränkten Vergleichbarkeit **1** 252
Anpassungsrechnungen **1** 119
–, gesetzliche Grundlage **1** 119
–, wirtschaftliche Unternehmenseinheit **1** 119
hypothetischer Fremdvergleich
–, Preisvergleichsmethode **1** 119
vergleichbare Verhältnisse
–, transaktionsbezogene Standardmethoden **1** 119

Inländische Besteuerung, ausländisches Gesellschaftsrecht
–, Maßgeblichkeit **8** 660 ff.
Inländische Geschäftsleitung 7 30 ff.
Inländische oder ausländische Personengesellschaft 18 16
Inländisches Investmentvermögen 10 593
Innerbetriebliche Planrechnung, Abweichungsanalyse **1** 313
Einigungsbereich
–, Gewinnerwartungen der Unternehmen **1** 307
Plankostenrechnung **1** 313 ff.
Planung **1** 313
Innerbetriebliche Planrechnungen, Gewinnpotenzial **1** 302
Hypothetischer Fremdvergleich **1** 294
Interessenidentität, persönliches Interesse **1** 195
Problematik **1** 194
Verwandtschaftsverhältnis
–, Begriff **1** 195
Voraussetzung **1** 193, 195
Internationale Grundsätze, Doppelbesteuerung
–, Preisanpassungsklausel **1** 546
–, Transferpaketbesteuerung **1** 545
Fremdvergleichsgrundsatz **1** 535 ff.
Territorialitätsprinzip **1** 542
Interner Fremdvergleich, mögliche Probleme **1** 215
Vergleichsmaßstäbe **1** 215
Voraussetzung **1** 215
Interperiodischer Verlustausgleich, Begriff der Verluste **10** 743 ff.
Verhältnis zu § 9 AStG **10** 755
Verluste von nachgelagerten Gesellschaften i. S. v. § 14 AStG **10** 756 ff.
Verrechnung der Verluste **10** 751 ff.
Intransparente Fonds, Einkünfteermittlung nach dem InvStG **10** 622 ff.
Investment Corporations 10 594
Investment-Aktiengesellschaft 10 593
Investmentanteil 10 617
Investmentgeschäft 8 156 f.
Investmentkette 7 325
Investmentpraxis, Beteiligungsstrukturen **7** 322
Isoliert anfechtbarer Verwaltungsakt 16 8
Istkostenrechnung, Probleme **1** 232

magere Ziffern = Randziffern

Sachverzeichnis

Kapazitätsausweitung, Funktionsverlagerung **1** 388
Kapitalanlageeinkünfte 11 45
Kapitalanlagegesellschaft 7 30
Kapitalerhöhungen 6 585
Kapitalherabsetzung 8 561 ff.
Kapitalherabsetzungen 6 585
Kapitalisierungszeitraum, Beweislastumkehr **1** 421
Gewinnpotenziale **1** 420
unbegrenzter **1** 421
zeitlich begrenzter **1** 421
Kapitalisierungszinssatz, Anpassung **1** 437
Basis
–, Nachweispflicht **1** 432
Berücksichtigung der Kapitalstruktur **1** 435
ertragsteuerliche Kürzung **1** 434
funktions- und risikoadäquater Zuschlag **1** 432
Funktionsverlagerung **1** 382
Regelung zur Bestimmung
–, WACC-Ansatz **1** 430
Kapitalmaßnahmen 6 585
Kapitalvergabeseite, Aktivitätsvoraussetzungen
–, Nämlichkeit aufgenommener und vergebener Mittel **8** 452 ff.
Kapitalverkehrsfreiheit 4 35
Anwendbarkeit in Bezug auf die Berichtigung von Einkünften **1** 52
Anwendung bei Drittstaaten **1** 51
Darlehensvergabe
–, IDW 1 **1** 51
Gemeinschaftsrechtliche Bedenken **1** 531
Unionsrechtskonformität der Berichtigung von Einkünften **1** 57
Kapitalverzinsung, Schätzung **1** 611 ff.
Katalog aktiver Einkünfte 8 15
Katalogeinkünfte 8 4
Keine Umqualifizierung der Einkünfte 14 130
Kenntnis aller wesentlichen Umstände, Informationsasymmetrien
–, Drittstaaten **1** 125
unabhängige Vertragspartner **1** 125
unabhängiger Dritter **1** 125
Kinderfreibeträge 2 75
Klarheit der Vereinbarung, Rechtsprechung
–, verfügbare Informationen **1** 140

Klassisches Körperschaftsteuersystem 12 7
Klassisches Niedrigsteuerland 20 53
Kleine Auskunftsklausel 6 493
Kohärenz des Steuersystems 15 137
Anwendbarkeit in Bezug auf die Berichtigung von Einkünften **1** 55
Bedeutung **1** 55
Rechtfertigung einer Beschränkung **1** 55
Kohärenzgedanken 16 5
Kohärenzprinzip 6 95
Kollision zwischen Verlustausgleich und Verlustabzug 14 137
Kompensatorische Abgaben 15 139
Kompensatorische Berücksichtigung 6 200
Kompensatorische Berücksichtigung fiktiver Verluste in Anteilen, fiktive Gewinne und fiktive Verluste **6** 295
Konkreter Fremdvergleich, Anforderungen **1** 137
Angemessenheit **1** 214
Anwendungsfälle
–, Vergleichsunternehmen **1** 402
externer Fremdvergleich **1** 215
interner Fremdvergleich **1** 215
Kostenaufschlagsmethode **1** 228
Methode **1** 214
Nachweispflichten **1** 402
Preisvergleichsmethode **1** 220
sonstige Verrechnungspreismethoden **1** 237
uneingeschränkte Vergleichbarkeit **1** 213
Verhältnis zum hypothetischen Fremdvergleich **1** 137
Voraussetzungen
–, Gewinnorientierte Verfahren **1** 213
Wiederverkaufspreismethode **1** 226
Zulässigkeit von Anpassungen **1** 250
Konkreter Steuerbelastungsvergleich 2 66; *s. auch Vorzugsbesteuerung*
Konkurrenzverhältnis 10 597
Kontrollbefugnisse 8 251
Konventionelle Hinzurechnungsbesteuerung *s. Allgemeine Hinzurechnungsbesteuerung*
Konzern, Geschäftsstrategie **1** 114
Konzerneignene Bank- und Versicherungsgeschäfte 8 190 ff.
mit unbeschränkt steuerpflichtigen Anteilseignern und ihnen nahestehende Personen **8** 192 ff.
Überwiegen der Konzerngeschäfte **8** 202 ff.

Sachverzeichnis

halbfette Ziffern = §§

Konzerninterne Dienstleistung 8 300
Konzerninterne Dienstleistungen,
Ausnahmeregelungen **8** 300 ff.
–, Bedienenstatbestand **8** 304 ff.
–, Erbringenstatbestand **8** 315 ff.
Bedienenstatbestand **8** 304 ff.
Erbringenstatbestand **8** 315 ff.
Konzernstrategie, Geschäftsstrategie
1 115
Koordinierung der Steuerpolitiken
4 35
Körperschaftsteuerpflichtige Inlandsbeteiligte 12 133
Korrekturbetrag, Einkunftsart **1** 151
Korrekturzeitpunkt, Einkünftekorrekturvorschrift **1** 153
Kostenaufschlagsmethode, Anwendungsbereich **1** 228, 233
Durchführung **1** 228
Probleme **1** 233
tatsächlicher Fremdvergleich **1** 217
Verhältnis zur Wiederverkaufspreismethode **1** 228
verlängerte Werkbank **1** 233
Krankheit 15 234
Kreditgeschäft 8 139 ff.
echtes Factoring **8** 143
Factoring **8** 140 ff.
Forfaitierung **8** 144
Leasinggeschäft **8** 145 ff.
Sonderformen **8** 140 ff.
–, echtes Factoring **8** 143
–, Factoring **8** 140 ff.
–, Forfaitierung **8** 144
–, Leasinggeschäft **8** 145 ff.
–, unechtes Factoring **8** 142
unechtes Factoring **8** 142
Kreditinstitutsbegriff 8 173
Kreditinstitutsbegriff des AStG
8 122 ff.
Kündigung von Mitarbeitern,
Arbeitnehmerfreizügigkeit **1** 51
Kündigung von Unternehmensverträgen 6 585

Leasing, Finanzierung
–, Aktivitätsvoraussetzungen **8** 464
Leasinggeschäft 8 145 ff., 145
Leasinggesellschaft 8 385 ff.
Vermietung und Verpachtung beweglicher Sachen als grundsätzlich passive
Tätigkeit **8** 385 ff.
Widerlegung der Passivität durch
Aktivitätsnachweis **8** 388 ff.

–, Keine Mitwirkung schädlicher Personen **8** 394 ff.
–, Teilnahme am allgemeinen wirtschaftlichen Verkehr **8** 393
–, Unterhalt eines Geschäftsbetriebs
8 390 ff.
Leasingvertrag 8 146
Leistungsfähigkeit 10 142
Leitentscheidungen des EuGH,
Erbschaftsteuer **4** 37
Lenkungszweck 4 25, 28
Lex specialis 10 351
Lex-specialis-Charakter des § 15
15 251
Lieferantenfunktionen 8 252
Liquidationsbesteuerung 6 233
Liquidationswert, Gewinnprognose
1 419
Lizenzeinkünfte 5 6

Malta-Modell, doppelstöckige Strukturen **8** 1080
Marketingleistungen 8 252
Markterschließung, Geschäftsstrategie
1 113
Marktkonformität, Gewinnpotenzial
1 369
Gewinnprognose **1** 419
Marktpenetrationsphase, Geschäftsstrategie **1** 112
Marktpreise, Konzerne
–, Anwendbarkeit **1** 221
Merkmale **1** 221
mögliche Probleme **1** 221
Zwischengewinne **1** 221
Marktrisiken, Risikoverteilung
–, Funktions- und Risikoanalyse **1** 110
Maßgebendes Wirtschaftsjahr 10 352
Maßgeblichkeit 1 118
ausländisches Gesellschaftsrecht
–, inländische Besteuerung **8** 660 ff.
Maßnahmen der Unternehmensumstrukturierung auf gesellschaftsrechtlicher Basis 6 585
Maßstab d. Fremdverhaltens, internationaler Kontext **1** 2
Maßstab für Verrechnungspreise,
Fremdvergleichsgrundsatz **1** 83
Master-Feeder 7 322
Master-Feeder-Strukturen 7 322
Masterfonds 7 300
Mathematische Verfahren, Beurteilung
1 285
Einengung der Bandbreite

magere Ziffern = Randziffern

Sachverzeichnis

–, Plausibilitätsüberlegungen **1** 275
–, VWG-Verfahren **1** 277
Interquartile Range **1** 277
Konfidenzintervalle **1** 277
Median, Definition **1** 286
Probleme der Anwendung **1** 286
Vorteil **1** 286
Mehrere ausgewanderte Beteiligten 5 41
Mehrere Beteiligtenstufen 7 265
Mehrsteuer 4 64
Mehrstufige Beteiligungen, Gewinnausschüttungen der Zwischengesellschaft **12** 134 f.
Mehrstufige Beteiligungsverhältnisse 11 22, 53
Merkposten, Einkünftekorrekturvorschrift **1** 154
Milderes Mittel zur Sicherstellung des Steueranspruchs 6 37
Minderung der Zwischeneinkünfte, abziehbare Steuern **10** 130 ff.
Mindestbeteiligungsquote 7 139
Mindestpreis d. Leistenden, Einigungsbereich **1** 320
einzubeziehende Faktoren **1** 320
gewinnbringende Funktion **1** 320
verlustbehaftete Funktion **1** 320
Mindestrendite 17 73
Mindestsubstanzerfordernisse 8 749
Missbrauch von Gestaltungsmöglichkeiten des Rechts
s. *Gestaltungsmissbrauch*
Missbrauch von rechtlichen Gestaltungsmöglichkeiten 7 50
Missbrauchsabsicht 7 53
Missbrauchsabwehr 10 342
Missbrauchsnorm, Ausländische Familienstiftung **15** 40, 120
Missbrauchsvermutung, Widerlegbarkeit **1** 56
Mitarbeiterentsendung, Arbeitnehmerfreizügigkeit
–, grenzüberschreitend **1** 51
Funktionsverlagerung **1** 380
Mitteilungspflicht 6 598
Mittelbar beherrschender Einfluss, Beherrschender Einfluss **1** 178
Mittelwert des Einigungsbereichs, Begriff
–, Ausgleichszahlungen an übernehmendes Unternehmen **1** 338
Fremdüblichkeit von Darlehenszinsen **1** 339

internationales Recht **1** 340
Praxistauglichkeit **1** 338 ff.
Mitunternehmerschaften, Fremdvergleichsgrundsatz **1** 6
Mitwirkung 8 254, 254 ff.; **16** 1 ff.
Rechtscharakter **16** 1 ff.
Mitwirkung des Steuerpflichtigen 16 15 ff.
Rechtsfolge **16** 40 ff.
–, Betroffene Abzugspositionen **16** 40 f.
–, Nichtberücksichtigung **16** 42 ff.
Tatbestandsvoraussetzungen **16** 16 ff.
Mitwirkungspflicht des Steuerpflichtigen 16 1 ff.
Mitwirkungspflichten 16 2
Nichterfüllung **17** 45 ff.
Mitwirkungspflichtgen 15 432
Mitwirkungstatbestand 8 306
Montage 8 96

Nachbildungsrechte **8** 355
Nachgelagerte Gesellschaften, Interperiodischer Verlustausgleich **10** 756 ff.
Nachgeordnete Gesellschaften, Steueranrechnung **12** 65 f.
Nachgeschaltete ausländische Stiftungen, Ausländische Familienstiftung **15** 480
Nachgeschaltete inländische REIT-Gesellschaft, dreistufiger Beteiligungsaufbau **14** 180 ff.
Rechtsfolge **14** 180 ff.
Tatbestand **14** 163 ff.
Nachgeschaltete Kapitalgesellschaften, Ausländische Familienstiftung **15** 450
Nachgeschaltete Untergesellschaften
s. *Nachgeschaltete Zwischengesellschaften*
Nachgeschaltete Zwischengesellschaften 14 1 ff., 9 ff., 10 f.
Allgemeiner Anwendungsbereich **14** 3
Andere ausländische Gesellschaft, Untergesellschaft **14** 24 ff.
Ausländische Gesellschaft **14** 22 f.
Beteiligungsvorraussetzung **14** 27 ff.
Charakteristika der Einkünfte der Untergesellschaft **14** 71 f.
dreistufiger Beteiligungsaufbau **14** 20 ff.
–, gesellschaftsbezogene Freigrenzen **14** 86 ff.
–, niedrig besteuerte Einkünfte der Untergesellschaft **14** 71 f.
Funktionsprivileg **14** 78 ff.

Sachverzeichnis

halbfette Ziffern = §§

–, Unmittelbarer Zusammenhang 14 79 ff.
–, Zurechnung von Zwischeneinkünften mit Kapitalanlagecharakter 14 85
Nachgeschaltete inländische REIT-Gesellschaft
–, dreistufiger Beteiligungsaufbau 14 160 ff.
Nachweis aktiver Tätigkeit 14 73 f.
–, Beweislastumkehr 14 73 f.
–, Verfahrensmäßige Umsetzung 14 75 ff.
Rechtsfolgen der Zurechnung 14 120 ff.
–, Dreistufiger Beteiligungsaufbau 14 120 ff.
Tatbestand der Zurechnung 14 22 ff.
Verfahrensrechtliche Besonderheiten 14 9 ff.
Vier- und mehrstufiger Beteiligungsaufbau 14 200 ff.
Vorrang anderer Vorschriften 14 4 ff.
Nachlasstrust 15 303
Nachlassvermögen 4 40
Nachweispflicht 11 50 ff.
Nahe stehende Person, Arten **1** 162
Berichtigung von Einkünften **1** 160
Definition **1** 3, 160
grenzüberschreitende Geschäftsbeziehung **1** 80
vGA **1** 161
Voraussetzungen **1** 80, 167
widerlegen **1** 161
Näherungswert, Bandbreite von Verrechnungspreisen **1** 271
Nahestehen 1 80
beherrschender Einfluss **1** 174
dritte Person **1** 182
mittelbare Beteiligung **1** 171
tatsächliche Einflussmöglichkeit **1** 167
Vorliegen verschiedener Voraussetzungen **1** 184
wesentliche Beteiligung **1** 168
Widerlegbarkeit **1** 167
Nahestehendenverhältnisses 16 2
Nämlichkeit aufgenommener und vergebener Mittel, Kapitalvergabeseite
–, Aktivitätsvoraussetzungen **8** 452 ff.
Natürliche Personen, Beherrschender Einfluss **1** 177
Negative Zwischeneinkünfte 18 12
Negativer Hinzurechnungsbetrag 10 220 ff.
Nennkapital, fehlendes 7 153

Nettomargenmethode, externer Fremdvergleich **1** 239
Fremdvergleichstauglichkeit **1** 239
interner Fremdvergleich **1** 239
Nicht ausländische Einkünfte 5 51
Nicht besteuerte ausländische Einkünfte 12 102 ff.
Nicht rechtsfähige Vermögensmassen und Zweckvermögen 15 350
Nicht regulierte Publikums-Sondervermögen 10 593
Nichtakzeptanz des gewählten Preises, Rechtsfolgen
–, Funktions- und Risikoanalyse **1** 285
Nichterfüllung der Mitwirkungspflichten 17 45 ff.
Niederlassungsfreiheit 4 35
Anwendbarkeit in Bezug auf die Berichtigung von Einkünften **1** 52
Geringfügigkeit
–, Preismethode **1** 118
Verstoß gegen N. **1** 53
Niedrig besteuerte Einkünfte der REIT-G 14 182
Niedrig Besteuerte Einkünfte der Untergesellschaft, Dreistufiger Beteiligungsaufbau
–, Nachgeschaltete Zwischengesellschaften **14** 71 f.
Nachgeschaltete Zwischengesellschaften
–, dreistufiger Beteiligungsaufbau **14** 71 f.
Niedrigbesteuerung 8 870
abweichende Bemessungsgrundlage **8** 1022
Anreizsysteme im Ausland **8** 1050
Definition **8** 890
Erhebungsdefizite **8** 1100
Fallgruppen
–, praxisrelevante **8** 1010
identische Bemessungsgrundlage **8** 1010
Switch-over-Klausel **20** 50 ff.
Tarifstrukturprobleme **20** 56
Niedrige Besteuerung 2 2; **5** 53
erweiterte beschränkte Steuerpflicht
–, Abstrakter Steuerbelastungsvergleich **2** 50
Niedrigsteuerland 2 60
Niedrigsteuerstaaten 2 10
Nießbraucher 2 85
Normalkostenrechnung, Vorteile
–, Median **1** 232
Notbedarf 15 234
Notwendigkeit der Ermittlung eines Einigungsbereiches, Hypothetischer Fremdvergleich **1** 301

magere Ziffern = Randziffern

Sachverzeichnis

Nutzung des internationalen Steuergefälles 15 134
Nutzungsüberlassung, Abgrenzung zur Übertragung
–, wesentliche Beteiligung 1 423
Gestaltungsspielraum
–, Rechtfertigung 1 423
Lizenzierung 1 423
unentgeltlich 1 13
verbilligt 1 13

Oasenerlass, Berichtigung von Einkünften 1 1
Obergesellschaft 14 3, 22, 39; 18 4
Obergrenze, Einigungsbereich 1 302
Objektive Beweislast 7 54
Objektive Beweislastregelung 4 101
Objektive Darlegungs- und Beweislastverteilung 5 82
OECD-Leitlinie 2017, Fremdvergleich 1 85
Verrechnungspreismethoden 1 206
–, Art. 9 OECD-MA 1 206
OECD-Musterabkommen, Fremdvergleich
–, nachgelagerte Besteuerung 1 85
OECD-Richtlinien, Kostenansatz
–, Schwierigkeiten 1 231
–, Vermischung 1 231
–, Vorrang 1 231
Offenbarungspflicht 17 32 ff., 37
Offenbarungsverpflichtungen 17 30 ff.
Offener Destinatärkreis 15 252
Offenlegung 16 50
ökonomische Wahlhandlung 2 1
Ökonomische Wahlhandlung 6 36
Ordentlicher und gewissenhafter Geschäftsleiter 1 132
Abgrenzung zu „dealing-at-arm's-length-Grundsatz"
–, Grenzkosten 1 132
Anwendbarkeit
–, Teilkosten 1 132
Einengung der Bandbreite
–, Plausibilitätsüberlegungen 1 276
Fremdvergleichsgrundsatz 1 132
Kriterien
–, Vollkosten 1 136
Rechtsprechung 1 132
Üblichkeit 1 132
Verdoppelung
–, Üblichkeit und Ernsthaftigkeit der Vereinbarung 1 132
Organgesellschaft 18 14

Organschaftsverhältnis 18 14
Organträger 18 14
Ort der Geschäftsleitung 7 30
Outbound-Fall, Funktionsverlagerung 1 391
outsourcing 8 750
Over-all-limitation 12 31

Pächter 2 85
Passive Einkünfte 5 52
Passive Einkünfte der Zwischengesellschaft, Hinzurechnungsbetrag 10 110 ff.
Passive Veräußerungsgewinne, Ausnahmeregelung 11 15 ff.
Patentverwertungsgesellschaft, Nutzungsüberlassung immaterieller Wirtschaftsgüter als grundsätzlich passive Tätigkeit 8 353 ff.
Widerlegung der Passivität durch Aktivitätsnachweis 8 358 ff.
Patronatserklärungen 1 562
Pauschaler Prognosezeitraum, Gewinnprognose 1 419
PCS (Property Claim Services) 8 176
Per-country-limitation 12 31
Personengesellschaften 7 78, 110; 8 193
Beherrschender Einfluss 1 177
Fremdvergleichsgrundsatz
–, Amtshilferichtlinie-Umsetzungsgesetz 1 6
Personengesellschaften als zivilrechtliche Träger von Betriebsstätten, Beherrschungserfordernis der Betriebsstätte 20 92
Switch-over-Klausel 20 90
Umschaltklausel 20 90
persönlicher Anwendungsbereich, Dokumentationspflichten
–, Betriebsstätte 1 676 ff.
Pflichtverletzung 17 32
Plankostenrechnung, Problematik 1 315 ff.
Probleme 1 232
Pönalisierende Pauschalbesteuerung 7 281
Pönalisierungseffekt 15 251
Positives erweitertes Inlandsvermögen 4 69
Potenzielle Einflussnahme, Beherrschender Einfluss 1 175
Praxisrelevanz, Einzelbewertung der Wirtschaftsgüter 1 445

993

Sachverzeichnis

halbfette Ziffern = §§

Praxistauglichkeit, Hypothetischer Fremdvergleich **1** 301
Preis des Transferpakets, Funktionsverdoppelung **1** 389
Preisanpassung, angemessener Anpassungsbetrag **1** 490
aufgrund tatsächlicher Preisanpassungsklauseln **1** 465
Beispiel **1** 481 ff.
Dokumentationsaufwand **1** 456
Durchführung
–, Voraussetzung **1** 490
eingeschränkte oder uneingeschränkte Vergleichbarkeit **1** 451
Einmaligkeit **1** 462
Gefahr der Doppelbesteuerung **1** 484
Gestaltungsmöglichkeiten **1** 462, 485
Gründe der zusätzlichen Gewinnerzielung **1** 456
hypothetischer Fremdvergleich und Funktionsverlagerung **1** 451
internationaler Kontext **1** 472
„negativer" Einigungsbereich
–, Voraussetzung **1** 490
Praxistauglichkeit **1** 455
Übertragung eines Firmenwerts **1** 452
Übertragung immaterieller Wirtschaftsgüter **1** 452
Übertragung materieller Wirtschaftsgüter **1** 452
Voraussetzung **1** 453
Widerlegbarkeit der Vermutung **1** 474
Zeitpunkt **1** 486
Zeitraum **1** 450, 461
–, erhebliche Abweichung **1** 461
zu Gunsten des Steuerpflichtigen **1** 480
–, Fremdüblichkeit **1** 482
Preisanpassungsklausel, Beurteilung **1** 471
Funktionsverlagerung **1** 450
Gründe des Abschlusses
–, maximaler Korrekturbetrag **1** 471
Internationale Grundsätze
–, Doppelbesteuerung **1** 546
mögliche Folgen **1** 473
Rückwirkungsverbot
–, Verfassungsrechtliche Bedenken **1** 511
Tatbestandsvoraussetzungen **1** 450
Üblichkeit **1** 470
Widerlegbarkeit der Vermutung einer P. **1** 470
Preisfestlegung, Akzeptanz **1** 345, 346
erhebliche Abweichung **1** 348

Gefahr eines Verständigungs- und Schiedsverfahrens
–, Beispiel **1** 349
Gestaltungsempfehlung **1** 347
höchste Wahrscheinlichkeit **1** 335
Mittelwert des Einigungsbereichs **1** 335
–, Nachweispflicht **1** 338
Probleme **1** 335
Preisrelevante Risiken, Funktions- und Risikoverteilung **1** 109 f.
–, Finanzielle Risiken **1** 109
Preissimulation, Ablauf **1** 293
Maßstab **1** 293
Preisvergleichsmethode, Anwendungsbereich **1** 222
äußerer Preisvergleich **1** 220
innerer Preisvergleich
–, doppelter ordentlicher und gewissenhafter Geschäftsführer **1** 220
Marktpreis **1** 220
Vergleichbarkeit **1** 222
Private Company Limited by Shares („Ltd.") **10** 594
Private Equity Fonds **17** 20
Privilegien, steuerliche s. Steuerliche Privilegien
Produktion **8** 92 ff., 95
Bearbeiten und Verarbeiten **8** 94
Herstellung **8** 93
Montage **8** 96 f.
Produktion **8** 95
Produktion von Sachen **8** 86 ff.
Produzentenfunktionen **8** 252
Profit-Split-Methode **1** 204
Progressionsvorbehalt **2** 115
Progressiver Erbschaftsteuertarif **4** 3
Protected Cell Company **7** 307
Prüfungsvermerk **17** 43
Prüfungsvermerk auf Verlangen **17** 43
Public Limited Company **10** 594
Publikums-Sondervermögen **10** 593

Quasi-Ausschüttung **10** 222

Realakte **6** 585
Realisationstatbestände **11** 20
Rechtfertigung von Beschränkungen, Art. 9 OECD-MA **1** 54
Kohärenz des Steuersystems
–, Bandbreite von Preisen **1** 55
Steuermindereinnahmen
–, Kriterien **1** 53

magere Ziffern = Randziffern

Sachverzeichnis

Verhinderung von Missbräuchen **1** 56
zwingende Gründe des Allgemeininteresses **1** 53
Rechtsfähige Vermögensmassen und Zweckvermögen 15 350
Rechtsfolge, Switch-over-Klausel **20** 65 ff.
Rechtsfolge der Hinzurechnungsbesteuerung 7 6
Rechtsfolgediskrepanzen 4 35
Rechtsfolgen, Ansatz der Einkünfte gemäß Drittvergleich **1** 150
Berichtigung von Einkünften **1** 29, 150
vGA **1** 29
Rechtsfolgen bei Nichteinhaltung der Einengung, Bandbreite von Verrechnungspreisen
–, Einengung der Bandbreite **1** 285
Rechtsfolgen der Zurechnung, Dreistufiger Beteiligungsaufbau
–, Nachgeschaltete Zwischengesellschaften **14** 120 ff.
Zurechnung versus Hinzurechnung **14** 124 ff.
–, Keine Umqualifizierung der Einkünfte **14** 130
–, Zurechnung negativer Einkünfte **14** 129
–, Zurechnungsempfänger **14** 125 ff.
–, Zurechnungszeitpunkt **14** 128
Rechtsfolgeverweisung 6 290, 310
Rechtsgeschäfte 6 585
Rechtsgrundverweisung 6 310
rechtsstaatliche Grundsätze 6 436
Rechtstypenvergleich 7 32
Ausländische Familienstiftung **15** 302
Refinanzierung des Kapitalgebers 8 430
Reflexwirkung 4 35
Regelungskonzeption 10 222
Rein steuerliche Gründe 7 86
REIT-Gesellschaft, Beteiligungen von Steuerinländern an der ausländischen Obergesellschaft **14** 164
Gesellschaft im Sinne des § 16 REIT-Gesetzes **14** 165
Nachgeschaltet **14** 160 ff.
–, Rechtsfolge **14** 180 ff.
–, Tatbestand **14** 163 ff.
Niedrig besteuerte Einkünfte **14** 182
Rechtsfolge
–, Ausnahmetatbestände **14** 183
–, Rechtsgrundverweis **14** 181 ff.
Verweis auf die Rechtsfolge des § 14 Abs. 1 **14** 184 ff.

Relative Freigrenze 7 220
Gesellschaft **9** 70 ff.
Relative Freigrenze der Gesellschaft 9 70 ff.
Relevanter Markt, Fremdvergleich **1** 90
Remittance-Basis 2 72
Repräsentationstheorie 10 266
Residence 2 36
Restgewinnanalyse, Anwendung
–, Einkünftekorrekturvorschrift **1** 242
Stufen der Durchführung **1** 242
Restwertanalyse, Gewinnpotenzial **1** 368
Rettungsansatz, Europarechtlicher
s. *Europarechtlicher Rettungsansatz*
Revolvinggeschäft 8 158 f.
Richtiger Verrechnungspreis, Bandbreite von Verrechnungspreisen **1** 271
Risiken, Begriffsabgrenzung **1** 365
Funktionsverlagerung **1** 363
Risiko der Doppelbesteuerung,
Fremdvergleichsgrundsatz **1** 147
Risikoanalyse 1 365
Risikosituation, Vorliegen von Wahrscheinlichkeiten **1** 365
Risikostrategie, Fremdvergleich **1** 112
Innovation **1** 113
Risikoverteilung, Funktions- und Risikoverteilung
–, Gewährleistungsrisiken **1** 110
–, Marktrisiken **1** 110
Rückwirkungsverbot, Grundsatz **1** 510
Preisanpassungsklausel **1** 511

Sachausschüttung 8 550
Sachausschüttung von Anteilen an einer Kapitalgesellschaft 8 550
Sachbegriff 8 89 ff.
Sachdienliche Unterlagen 17 39
Sache, Begriff **8** 89 ff.
Sachgesetzlichkeit 15 233
Sachhaftung 5 80
Sachliche und persönliche Steuerbegünstigungen 10 263
Sachverhaltsaufklärung 17 1 ff.
Auskunftserteilung
–, Nichterfüllung der Mitwirkungspflichten **17** 45 ff.
–, Prüfungsvermerk **17** 43
Beweisvorsorgemaßnahmen **17** 36 ff.
Dokumentenvorlageverpflichtungen **17** 30 ff.
Europarecht **17** 9 ff.
Offenbarungspflicht **17** 32 ff.

Sachverzeichnis

halbfette Ziffern = §§

Offenbarungsverpflichtungen **17** 30 ff.
Unmöglichkeit und Unzumutbarkeit **17** 44
Verhältnis der Regelung zu anderen Normen **17** 1 f.
Verhältnismäßigkeitsgrundsatz **17** 3 ff.
Sachverhaltsermittlung 18 1
Satzungsklauseln 15 280
Schachttheorie 14 212
Schädliche Person 8 233, 248
Schädliche Tätigkeit 8 250
Schattenveranlagung 2 70
Schätzung 16 3; **17** 60 ff.
Besteuerungsgrundlage **1** 601 ff.
Erfahrung und Üblichkeit **1** 618 ff.
Kapitalverzinsung **1** 611 ff.
Rechtsfolgen **17** 68 ff.
Tatbestandsvoraussetzungen **17** 64 ff.
Schema zur Ermittlung des Hinzurechnungsbetrages 10 52
Schleichende Funktionsverlagerung, Funktionsverdoppelung **1** 388
schuldrechtliche Beziehung 1 45
Schuldrechtliche Regelung, Geschäftsbeziehung **1** 571
Semi-Transparente Fonds, Einkünfteermittlung nach dem InvStG **10** 621
Senderechte 8 355
Settlor, Trust **15** 360 f.
Share buy-back 6 585
SICAV 7 307
Sicherheitenbestellung der Gesellschaft für die Gesellschafter 6 585
Sicherheitenbestellung des Gesellschafters für die Gesellschaft 6 585
Sicherung des Steuersubstrats, Niederlassungsfreiheit
–, Gemeinschaftsrechtliche Bedenken **1** 527
Sinn und Zweck der Hinzurechnungsbesteuerung 7 8
Sitzverlegung 6 261
Sitzverlegung von Kapitalgesellschaften 6 233
Société d'Investissement a Capital Fixe/Variable (SICAF/SICAV) 10 594
Société d'Investissement à Capital Variable (SICAV) 7 307
Sofortbesteuerung prognostizierter Gewinne, Vermeidung der Sofortbesteuerung **1** 423

Sonderausgaben, Einkommensermittlung der Stiftung **15** 174
Sonderbetriebsvermögen 18 17
Sonstige Vorteile, Funktionsverlagerung **1** 363
Spaltung 6 585
Sparer-Freibeträge, Einkommensermittlung der Stiftung **15** 174
Spätere Preisanpassung, Hypothetischer Fremdvergleich **1** 209
Spezial-Sondervermögen 10 593
Splittingtarif 2 75
Staatsangehörigkeit 6 82
Staatsangehörigkeitsbedingung 6 500
Standardmethoden, Anwendungsbereich **1** 222
transaktionsbezogen **1** 202
Vorrang **1** 208
Standortvorteile, Gewinnpotenzial **1** 302
Steueranrechnung, Antrag des Steuerpflichtigen **12** 40 ff.
Aufstockung des Hinzurechnungsbetrages **12** 75 ff.
Gemischte Gesellschaften **12** 67 ff.
nachgeordnete Gesellschaften **12** 65 f.
Steuerbegriff, Zwischeneinkünfte
–, Minderung um abziehbare Steuern **10** 132 ff.
Steuerbegünstigungen, Einkünfteermittlung nach dem InvStG **10** 609 ff.
Steuerbelastungsvergleich, abstrakter **2** 61
konkreter **2** 66
Steuerbemessungsgrundlage 2 62
Steuereffekte, transaktionsinhärente **1** 437
Steuererhebung zu Lasten der ausländischen Gesellschaft, Zwischeneinkünfte
–, Minderung um abziehbare Steuern **10** 142 ff.
Steuerflucht 2 38; **15** 132
Steuerfluchtmotiv 15 422
Steuerfreie Einkünfte 1 68
Progressionsvorbehalt **1** 68
Steuerfreiheit von Gewinnausschüttungen, Umfang **8** 525 ff.
Steuerinländer 7 2
Steuerinländer als Zurechnungs- und Einkünfteermittlungssubjekt 10 111
Steuerliche Privilegien, Finanzierungsgesellschaften **8** 420

magere Ziffern = Randziffern

Sachverzeichnis

Steuerliche Vergünstigungen, Begriff **10** 692 ff.
Beteiligungsprivilegien nach § 8b Abs. 1, 2 KStG **10** 700 ff.
Inlandsbezug **10** 697 f.
mit Inlandsbezug **10** 690 ff.
UmwStG **10** 703 ff.
–, Umwandlungsvorgänge nach dem 31.12.2005 **10** 705 ff.
–, Umwandlungsvorgänge vor dem 31.12.2005 **10** 708 ff.
Zinsschranke nach § 4h EStG, § 8a KStG **10** 699
Steuern iSd. § 3 Abs. 1 AO, Zwischeneinkünfte
–, Minderung um abziehbare Steuern **10** 132 ff.
Steueroasenbericht 7 2
Steuerobjekt 2 62; **10** 142
Steuerpflicht, beschränkte
s. Beschränkte Steuerpflicht
Steuerpflicht, unbeschränkte
s. Unbeschränkte Steuerpflicht
Steuerplanung, aggressive, BEPS **Vor § 7** 90
Steuersubjekt 2 62; **10** 142
Steuertarif 2 62
Stiftungsähnliches Gebahren 15 350
Stiftungsauskehrungen, Tatsächliche **15** 495
Strafbesteuerung, Median-Ansatz
–, Nutzungsüberlassung **1** 288
Strafsteuercharakter 15 251
Strategische Geschäftseinheit, Funktionsverlagerung **1** 410
Strukturelle Möglichkeiten, Beherrschender Einfluss **1** 174
Stufentheorie 14 212
Stundung ohne Sicherheitsleistung 6 478
Stundungswiderruf 6 565
Substance over form 1 171
Switch-over-Klausel, Belastungswirkungen **20** 46
Funktionsweise **20** 40 ff.
Niedrigbesteuerung **20** 50 ff.
Rechtsfolge **20** 65 ff.
–, Zwischeneinkünfte einer DBA-Betriebsstätte **20** 40 ff.
Tarifstrukturprobleme **20** 50 ff.
Zwischeneinkünfte einer DBA-Betriebsstätte **20** 40 ff.
Synergieeffekte, Gewinnpotenzial **1** 302

Tagesgeschäft 7 30
Tarifstrukturprobleme 20 50
Niedrigbesteuerung **20** 56
Switch-over-Klausel **20** 50 ff.
Tatbestand der Hinzurechnungsbesteuerung 7 6
Tatbestands- und Rechtsfolgeschema, Ausländische Familienstiftung **15** 80
Tatbestandsvoraussetzungen, Berichtigung von Einkünften **1** 26, 27
–, beherrschender Einfluss **1** 28
–, Beteiligungshöhe **1** 27
–, Beteiligungsverhältnis **1** 28
–, Fremdvergleichsgrundsatz **1** 27
–, Geschäftsbeziehung zum Ausland **1** 28
–, Handeln des ordentl. und gewissenhaften Geschäftsführers **1** 30
persönlich
–, Interessenidentität **1** 65
sachlich
–, Kenntnis aller wesentl. Umstände der Geschäftsbeziehung **1** 66
vGA
–, Steuerpflichtiger **1** 27
–, Widerlegbarkeit **1** 26
Tatsächliche Ausschüttung 7 134, 137
Tatsächliche Preisanpassungsklausel, Fremdüblichkeit
–, Minderung der Einkünfte **1** 465
Tatsächliche Stiftungsauskehrungen 15 495
Tatsächlicher Einfluss, Beherrschender Einfluss **1** 175
Technik der Steueranrechnung 12 90 ff.
Betriebsausgabenabzug **12** 105 f.
Minderung des Hinzurechnungsbetrages **12** 102 ff.
Nicht besteuerte ausländische Einkünfte **12** 102 ff.
Verweisung **12** 91 ff.
Technische Dienstleistungen 8 285
Teilfunktionen des Handels 8 252
Teilnahme am allgemeinen wirtschaftlichen Verkehr 8 243
Teilwertansatz 6 525
Territorialitätsprinzip, Internationale Grundsätze **1** 542
Testo Unico Delle Imposte Sui Redditi 6 491
Transaktionsbezogene Gewinnmethoden 1 202

Sachverzeichnis

halbfette Ziffern = §§

Transaktionsbezogene Gewinnmethoden, Anwendung
–, Beteiligungsverhältnis **1** 201
Transaktionsbezogene Standardmethoden 1 202
Transaktionsbezogenheit, Alternative Verrechnungspreismethoden **1** 244
Transaktionsinhärente Steuereffekte 1 437
Transferpaket, Begriffsbestimmung
–, Geschäftsbeziehung zum Ausland **1** 400
Chancen und Risiken **1** 363
Fremdvergleichsgrundsatz **1** 400
Funktion als Ganzes **1** 400
Funktionsverlagerung **1** 400
Gesamtentgelt **1** 400
Grundsatz der Einzelbewertung **1** 401
Hypothetischer Fremdvergleich **1** 209
Transferpaketbesteuerung, Internationale Grundsätze
–, Doppelbesteuerung **1** 545
Transferpaketbewertung, Funktionsabspaltung **1** 388
Transparente Fonds, Einkünfteermittlung nach dem InvStG **10** 616 ff.
Treaty override 6 46
Art 9 I OECD-MA **1** 128
Treaty Override, Verfassungsrecht
–, Ausländische Familienstiftung **15** 90
Treuhandgedanken 5 3
Treuhandschaft 5 3; **15** 360
Trust 15 303, 360 f., 360
Trust Deed („Treuhandvertrag") 10 596
Typenvergleich, Ausländische Familienstiftung **15** 302 ff., 302
Typisierung 7 16
Typisierungsansatz 2 31

Überbesteuerung 7 50
Überlassung einer Funktion 1 381
Übermaßbesteuerung 2 39
Übernahme bzw. Kündigung von Bürgschaften 6 585
Übernehmendes Unternehmen, Funktionsverlagerung **1** 380
Übertragung der Chancen und Risiken, Funktionsverlagerung **1** 387
Übertragung einer Funktion 1 381
Übertragung immaterieller Wirtschaftsgüter, Begründung einer möglichen Preisanpassung **1** 452
Üblichkeit, Auslegung **1** 137
Fremdvergleich **1** 100

Üblichkeit und Ernsthaftigkeit der Vereinbarung, dem Grunde nach **1** 136
der Höhe nach **1** 136
neuere Rechtsprechung **1** 136
Umfang der Aufgabe der Funktionsausübung, Funktionsverlagerung **1** 383
Umfang der Auskunftserteilungspflicht 17 13
Umfang der eidesstattlichen Versicherung 16 76
Umgehungen der Wegzugsbesteuerung 6 370, 400
Umgehungsmöglichkeit, Berichtigung von Einkünften **1** 171
Umkehr der Beweis- und Feststellungslast, Gesetzesvorbehalt **1** 506
Umkehr der Beweislast 1 401
Umlageverträge, Dokumentationspflichten **1** 832
Umqualifizierung der Einkünfte 14 130
Umrechnung von Marktpreisen, Anpassungsrechnungen **1** 119
Umschaltklausel, Belastungswirkungen **20** 46
Umwandlung 6 585
Begriff
–, Außensteuerlicher **8** 690 ff.
Umwandlung von Kapitalgesellschaften, Nichterfüllen von Aktivitätserfordernissen **8** 708 ff.
Umwandlungen, unterschiedliche Behandlung in zeitlicher Hinsicht
–, nach dem 31.12.2000 und vor dem 1.1.2006 **8** 675 ff.
–, nach dem 1.1.2006 **8** 690 ff.
–, vor dem 1.1.2001 **8** 665 ff.
Umwandlungsvorgänge, Ausgliederung **10** 721 ff.
Formwechsel nach ausländischem Recht **10** 712 ff.
Verschmelzung nach ausländischem Recht **10** 715 ff.
Unabhängigkeit der Geschäftspartner, fiktive Unabhängigkeit **1** 101 ff.
Fremdvergleich **1** 111
tatsächliche Unabhängigkeit **1** 101
unabhängige Dritte **1** 102
–, Konzerneffekte **1** 102
Unabhängigkeit von Konzernunternehmen, Fremdvergleichsgrundsatz **1** 84

magere Ziffern = Randziffern

Sachverzeichnis

Unabhängigkeitsfiktion, Hypothetischer Fremdvergleich **1** 292
Unbestimmte Rechtsbegriffe, Bestimmtheit und Normenklarheit **1** 501
Unechtes Factoring 8 142
Uneingeschränkte Vergleichbarkeit, Bandbreite von Verrechnungspreisen
–, Akzeptanz des gewählten Preises **1** 285
Unentgeltliches Rechtsgeschäft unter Lebenden 6 21
Ungeachtet des § 8 Abs. 2, Bedeutung **20** 70 ff.
Beurteilung **20** 75
mutmaßliche Diktion **20** 74
Praxisfolgen **20** 72
Regelungsgehalt **20** 73
unionsrechtliche Problematik der Berichtigung von Einkünften 1 13
Unionsrechtskonformität der Berichtigung von Einkünften, Kapitalverkehrsfreiheit **1** 57
Unit Trust 10 596
Unmögliche oder unzumutbare Pflichten 17 17
Unmöglichkeit 16 6; **17** 44
Unmöglichkeit und Unzumutbarkeit 17 44
Untergesellschaft 14 3, 24
Untergrenze, Einigungsbereich **1** 302
Unterhalt eines in kaufmännischer Weise eingerichteten Betriebs 8 180 ff.
Unterlagenvorlegungspflicht 17 41
Unternehmensstiftung 15 330
Begriff **15** 330, 330 ff.
s. *Ausländische Familienstiftung*
Unternehmensteuerreform 2008, Berichtigung von Einkünften **1** 157
Unternehmensveräußerung, Verhältnis zur Funktionsverlagerung **1** 401
Unternehmensverträge 6 585
Unternehmerbegriff 2 85
Unüblichkeit der Vereinbarung, Fremdvergleichsgrundsatz **1** 136
Widerlegbarkeit **1** 137
Unzulässige Typisierung 7 15
Unzumutbarkeit 16 6; **17** 44
Unzutreffender, Einigungsbereich **1** 344
Unzutreffender Einigungsbereich, Funktionsanalyse
–, Definition **1** 344
innerbetriebliche Planrechnung
–, nahe stehende Person **1** 344
Urheberrechte 8 355

Verarbeitung 8 94
Veräußerung, Begriff **6** 540
Veräußerung der Anteile 6 512
Veräußerung nachgeschalteter Beteiligungsgesellschaften, Entsprechende Geltung **8** 630 ff.
Veräußerung nachgeschalteter Zwischengesellschaften, Ausnahmeregelung
–, Anwendbarkeit **8** 625 ff.
Veräußerungsbegriff 8 546 ff.
Veräußerungsgewinn, auf „passive" Wirtschaftsgüter entfallend **8** 557 ff.
Veräußerungsgewinne, Einkommensteuer **10** 375 ff.
Verbleibende europarechtliche Bedenken, Beweislastverteilung **8** 796 ff.
Fremdvergleichsgrundsatz
–, Motivtest **8** 794
Hinzurechnungsbesteuerung **8** 790 ff.
–, Einkünften mit Kapitalanlagecharakter **8** 790 ff.
nachgeschaltete Zwischengesellschaften in Drittstaaten **8** 795
Nachweispflichten **8** 796 ff.
Verbreitungsrechte 8 355
Verdeckte Einlage, Bedeutung der Vorschrift **1** 13
Begriff **1** 30
Tatbestandsvoraussetzungen
–, unplausible Planwerte **1** 30
Verhältnis zur Berichtigung von Einkünften **1** 30
Zweck **1** 30
Verdeckte Einlage der Anteile in eine Gesellschaft 6 512
Verdeckte Gewinnausschüttung, Bedeutung der Vorschrift **1** 13
nahe stehende Person **1** 161
Verhältnis zur Berichtigung von Einkünften **1** 25, 29
Vereinbarungen, Fremdvergleich **1** 89
Verfahren auf Abnahme der Versicherung an Eides Statt 16 77
Verfassungsrecht, Ausländische Familienstiftung
–, Treaty Override **15** 90
Verfassungsrechtliche Bedenken 15 70, 70 ff., 282
Bandbreite von Verrechnungspreisen
–, Einengung der Bandbreite **1** 288
Bestimmtheit und Normenklarheit **1** 502
–, Grundsatz **1** 500
–, unbestimmte Rechtsbegriffe **1** 501

Sachverzeichnis

halbfette Ziffern = §§

Gesetzesvorbehalt **1** 507
–, Grundsatz **1** 505
–, Umkehr der Beweis- und Feststellungslast **1** 506
Gleichheitsgebot
–, grenzüberschreitende Tätigkeit **1** 516
–, Grundsatz **1** 515
–, Rechtfertigungsgründe **1** 517
Rechtsverordnung **1** 520 f.
Rückwirkungsverbot
–, Grundsatz **1** 510
–, Preisanpassungsklausel **1** 511
Verfassungswidrige substanzverzehrende Besteuerung 17 73
Verfassungswidrigkeit, substanzverzehrende Besteuerung **17** 73
Verfilmungsrechte 8 355
Vergabe von Mitteln als Eigenkapital 8 457
Vergleich mit tatsächlichem Fremdvergleich, Hypothetischer Fremdvergleich **1** 293
Vergleich mit US-Regulations, Bandbreite von Verrechnungspreisen **1** 277
Vergleichbarkeit der Verhältnisse, Fremdvergleich **1** 89, 113
Vergleichsgeschäft **1** 106
Voraussetzung der Vergleichbarkeit **1** 106, 107
vergleichende Merkmale, Fremdvergleich **1** 88
Vergleichsunternehmen, benötigte Anzahl **1** 137
Vergütungen für bestimmte kaufmännische Dienstleistungen 5 6
Verhältnis zu Art. 9 OECD-MA, Berichtigung von Einkünften **1** 2
Verhältnis zum Discounted-Cash-Flow-Verfahren, Ertragswertverfahren **1** 410
Verhältnis zur vGA, Berichtigung von Einkünften **1** 132
Verhältnis zur vGA und vE, Berichtigung von Einkünften **1** 162
Verhältnismäßigkeit des § 15 AStG 15 135
Verhältnismäßigkeitsgrundsatz 16 3, 4 ff.; **17** 3 ff.
Verhältnisrechnung 6 570
Verhinderung von Missbräuchen, Anwendbarkeit
–, relevante Merkmale **1** 56
Verkehrsauffassung 8 252

Verlagerndes Unternehmen, Funktionsverlagerung **1** 380
Verlagerung der Anteile 6 400
Verlagerung von Steuersubstrat 6 2
Verlängerte Werkbank, Funktions- und Risikoverteilung
–, Verlust- und Geschäftsrisiken **1** 110
Verlängerung der Frist 6 432
Verlegung des Wohnsitzes 6 527
Verlust- und Geschäftsrisiken, verlängerte Werkbank
–, Funktions- und Risikoverteilung **1** 110
Verlustausgleich 14 134
Verlustausgleich und Verlustabzug 14 133 ff.
Kollision **14** 137
Verluste, Begriff **10** 743 ff.
Verluste bei Anteilseignerwechsel 10 562
Verluste in Anteilen, kompensatorische Berücksichtigung **6**
Verluste von nachgelagerten Gesellschaften i. S. v. § 14 AStG, Interperiodischer Verlustausgleich **10** 756 ff.
Verlustphase, Dauer **1** 114
Gliederungsunternehmen des Konzerns
–, Geschäftsstrategie **1** 115
Verlustverrechnung, Verrechnung der Verluste **10** 751 ff.
Vermögensanfall 4 1, 3
Vermögensmehrungen 6 302
Vermögensverwaltende Tätigkeiten 2 85
Vermögensverwaltung 10 471
Vermögensverwaltungsgesellschaft 7 330
Vermögenswerte, ähnliche **7** 195
Vermögenszuwachsbesteuerung 6 274
Vermögenszuwächse 6 240
Verpflichtung zur Anfertigung von Unterlagen 17 40
Verrechnungspreis, Dienstleistungsfreiheit
–, Fremdvergleichspreis **1** 51
Fremdvergleichsgrundsatz **1** 200
–, künstliche Gestaltung **1** 200
Verrechenbarkeit **1** 92
Verrechnungspreiskorrektur, Anwendung
–, Vermeidung von Doppelbesteuerung **1** 272

magere Ziffern = Randziffern

Sachverzeichnis

Verrechnungspreismethode, Marktorientierung
–, Verrechnungspreismethoden 1 205
Vorgaben 1 205
Verrechnungspreismethoden, alternative V. 1 244
Doppelbesteuerung
–, Abweichen 1 200
eingeschränkte Vergleichbarkeit 1 250
Globalmethoden 1 201
transaktionsbezogene Gewinnmethoden 1 201
transaktionsbezogene Standardmethoden 1 201
Vorschriften 1 201
weltweite Vereinheitlichung 1 200
Verschaffung der Verfügungsmacht 8 236 ff.
Verschärfte Hinzurechnungsbesteuerung, Ausländische Gesellschaft 7 170
Verschärfung der allgemeinen steuerlichen Mitwirkung 16 1
Verschmelzung 6 585
Versicherungsunternehmen 8;
 s. *Betrieb eines Versicherungsunternehmens*
Versicherungsunternehmensbegriff 8 173
Verständigungsverfahren 6 250
Funktionsverlagerung 1 414
Verstoß gegen internationales Recht, Gewinnpotenzial 1 369
Verteilung der Kosten, auf das Vertriebsunternehmen 1 116
Beteiligung der nahestehenden Person 1 116
Markterschließungskosten 1 116
Verursachungszusammenhang 10 655
Vervielfältigungsrechte 8 355
Verwalten 7 195
Verwaltungsakt 17 10
Verwaltungsaufwand 4 27
Verwaltungsgesellschaft („Management Company") 10 596
Verwaltungsgrundsätze Funktionsverlagerung 1 361
Verweigerung der Abgabe einer eidesstattlichen Versicherung 16 79
Verwirklichung von Steueransprüchen 10 186
VGr 1983, Anwendbarkeit
–, widerlegen 1 238
Funktions- und Risikoverteilung
–, Rechtsfolgen 1 108

Kostenansatz
–, Tatbestandsvoraussetzungen 1 231
Kostenbasis 1 232
–, Kalkulationsmethoden 1 232
Verrechnungspreismethode
–, Istkostenrechnung 1 205
–, Normalkostenrechnung 1 205
–, Plankostenrechnung 1 205
Verständigungsverfahren
–, Fremdvergleich 1 141
Vier-, fünf- und mehrstufige Beteiligungsaufbau 14 3, 160, 200
Vier- und mehrstufiger Beteiligungsaufbau 14 200 ff.
vollständiger Steuertatbestandes 2 62
Voraussetzung, Beherrschender Einfluss 1 176
Vorführungsrechte 8 355
Vorlage 17 38
Vorrangklausel, DBA-Anwendung 20 1
Vorteil, Begriffsbestimmung
–, Standardmethode 1 441
Bewertbarkeit 1 441
Erforderlichkeit für die verlagerte Funktion 1 441
Wesentlichkeitsschwelle 1 441
Vorübergehende Abwesenheit 6 430
Vorweggenommene Erbfolge 6 21
Vorzugsbesteuerung 2 66; s. auch konkreter Steuerbelastungsvergleich
VWG-Verfahren, Einengung der Bandbreite 1 277

Wahlrecht 16 16
Währungsumrechnung 10 206 ff.
Warenverkehrsfreiheit, Geringfügigkeit 1 118
Wegzug s. *Wegzugsbesteuerung*
Wegzug ins Ausland 2 1
Wegzugsbesteuerung, Gestaltungsmodell 6 60
Subjekt der Einkommenszurechnung 6 45
Verhältnis zu § 50i EStG 6 60
Wegzugszeitpunkt 6 231
Weitergehende Berichtigung, Berichtigung von Einkünften 1 157
Werbungskostenpauschbeträge, Einkommensermittlung der Stiftung 15 174
Werterhaltung 7 195
Werterhöhung 7 195
Wertpapiere 7 195
Wertungswiderspruch 6 451
Wertzuwächse 6 241

1001

Sachverzeichnis

halbfette Ziffern = §§

Wesentliche Beteiligung, Addition der Beteiligungen **1** 171, 184
Beteiligungsquote **1** 170
Höhe **1** 169
Kapitalgesellschaften **1** 170
Konzerne
–, eigene Anteile **1** 167
Körperschaften **1** 169
Personengesellschaften
–, Anteil am gezeichneten Kapital **1** 170
strukturelle Möglichkeiten
–, Nahestehen **1** 168
Voraussetzungen **1** 170
Wesentliche immaterielle Wirtschaftsgüter und Vorteile, Einzelbewertung der Wirtschaftsgüter **1** 441
Wesentliche Umstände, Anknüpfungsmerkmal **1** 126
Wesentliche wirtschaftliche Interessen 2 2
Vertragsverletzungsverfahren der EG-Kommission gegen die Bundesrepublik Deutschland **2** 80
Wettbewerbssituation, Dumping **1** 112
Fremdvergleich **1** 90
Monopol
–, Schwierigkeiten **1** 112
Patent
–, veräußerte Ware **1** 112
Sondermarkt **1** 112
Subventionen **1** 112
Widerlegbarkeit, Einkünftekorrekturvorschrift **1** 150
Fremdvergleich **1** 213
Widerlegung der Passivität durch Aktivitätsnachweis, Unterhalt eines Geschäftsbetriebs
–, gewerbsmäßige Vermietung und Verpachtung **8** 390 ff.
Widerlegung der Passivitätsunterstellung durch Aktivitätsnachweis 8 239 ff.
Keine Mitwirkung schädlicher Personen **8** 248 ff.
Teilnahme am allgemeinen wirtschaftlichen Verkehr **8** 243 ff.
Unterhalt eines in kaufmännischer Weise eingerichteten Geschäftsbetriebs **8** 241 ff.
Wiederkehrende Bezügen 2 151
Wiederverkaufspreismethode, Annahmen **1** 226
Anwendungsbereich **1** 226, 227
äußerer Betriebsvergleich **1** 226

innerer Betriebsvergleich **1** 226
tatsächlicher Fremdvergleich **1** 217
Verhältnis zur Preisvergleichsmethode **1** 227
Wirksamkeit der steuerlichen Kontrolle 15 138
Wirkungsweise, Berichtigung von Einkünften **1** 12
Wirtschaftliche Doppelbelastung, Wertminderung der Anteile nach Wegzug **5** 68 ff.
Wirtschaftliche oder sonst beachtlichen Gründe 7 53, 62
Wirtschaftliche Unternehmenseinheit, Begriff **1** 410
Wohnsitzverlagerungen ins DBA-Ausland 6 17
Wohnsitzverlagerungen ins Nicht-DBA-Ausland 6 18
Wohnsitzverlegung 6 527

Zahlungsmittel 7 195
Zebrarechtsprechung 10 471
Zeitpunkt, Berücksichtigung der Ausschüttungssteuer **12** 130 ff.
Zeitpunkt der Vereinbarung 1 142
Rechtsprechung
–, Anwendbarkeit **1** 140
Zeitraum, Gewinnprognose **1** 422
Zeitraum der Gewinnprognose, Begrenzung
–, strategische Geschäftseinheit **1** 423
Planungsphasen **1** 422
Sofortbesteuerung prognostizierter Gewinne **1** 423
Zielfonds 7 300, 329
Zielsetzung, Einengung der Bandbreite **1** 274
Zielsetzung der Wegzugsbesteuerung 6 16
Zinsen und Nutzungsentgelte 17 71
Zirkelschluss 6 439
Zivilrechtliche Verträge, Berichtigung von Einkünften **1** 11
Zollkodex-Anpassungsgesetz, BEPS-Umsetzungsgesetz
–, Geschäftsbeziehung **1** 7
Zufallsdestinatäre 15 218
Zufluss, Abfluss und Durchfluss von Kapital auf Dauer oder zeitweise 6 107
Zufluss von Kapital auf Dauer oder zeitweise 6 107
Zuflussprinzip 10 645

magere Ziffern = Randziffern

Sachverzeichnis

Zuflusszeitpunkt, Anzusetzender Hinzurechnungsbetrag **10** 352 f.
–, Beteiligung im Betriebsvermögen **10** 352 f.
–, Beteiligung im Privatvermögen **10** 299 ff.
Zulässigkeit der Einengung, Bandbreite von Verrechnungspreisen
–, Einengung der Bandbreite **1** 276
Zuordnung von Steuern zu passiven Einkünften, Zwischeneinkünfte
–, Minderung um abziehbare Steuern **10** 172 ff.
Zurechnung 14 3
Zurechnung negativer Einkünfte 14 129
Zurechnung versus Hinzurechnung, Keine Umqualifizierung der Einkünfte **14** 130
Rechtsfolgen der Zurechnung **14** 124 ff.
Zurechnung negativer Einkünfte **14** 129
Zurechnungsempfänger **14** 125 ff.
Zurechnungszeitpunkt **14** 128
Zurechnung von Anteilen 7 70
Zurechnung von Anteilen oder Stimmrechten 7 70
Zurechnung von Stimmrechten 7 97
Zurechnung von Zwischeneinkünften mit Kapitalanlagecharakter 14 85
Zurechnungsbescheid 18 38
Zurechnungsbesteuerung 15 103, 120; *s. Hinzurechnungsbesteuerung*
Zurechnungsempfänger 14 125 ff., 125
Zurechnungssubjekt 10 112
Ansatz der Zwischeneinkünfte **10** 116 ff.
Zurechnungszeitpunkt 14 128; **18** 40
Zusammenrechnung der Zeiträume 6 406

Zusammenrechnung von Beteiligungen 5 41
Zusätzliche Gewerbesteuerbelastung 5 67
Zuzurechnende Einkünfte 14 131 f.
Zweck der Berichtigung von Einkünften, Berichtigung von Einkünften **1** 10 ff.
Zweitwohnsitz in Deutschland 6 451
Zwischeneinkünfte, Ansatz beim Zurechnungssubjekt **10** 116 ff.
Minderung um abziehbare Steuern **10** 130 ff.
–, Außerbetriebliche Steuern **10** 160 ff.
–, Begriff der Steuern **10** 132 ff.
–, Steuererhebung zu Lasten der ausländischen Gesellschaft **10** 142 ff.
–, Währungsumrechnung **10** 206 ff.
–, Zeitpunkt des Steuerabzugs **10** 180 ff.
–, Zuordnung zu passiven Einkünften **10** 172 ff.
Negativer Hinzurechnungsbetrag **10** 220 ff.
Währungsumrechnung **10** 206 ff.
Zwischeneinkünfte einer DBA-Betriebsstätte, Switch-over-Klausel **20** 40 ff.
Zwischeneinkünfte mit Kapitalanlagecharakter, Begriff **7** 195
funktionale Betrachtungsweise **7** 191
Zwischengesellschaft, Begriff **7** 6
Passive Einkünfte
–, Hinzurechnungsbetrag **10** 110 ff.
Zwischengesellschaft als Einkünfteerzielungssubjekt 10 111
Zwischengesellschaften, nachgeschaltete *s. Nachgeschaltete Zwischengesellschaften*